Brand

er Weg des Rigoristen Brand en-
et in der Einsamkeit von Schnee
und Eis des Gebirges.

Die Helden auf Helgeland (Nordische Heerfahrt)

Rückenlehne eines Brautstuhls aus dem 11. Jahrhundert.

Kaiser und Galiläer

Julian, als Dionysos auf einem Esel, zieht durch Konstantinopel.

Peer Gynt

Peer Gynts Weg durch den Orient führt ihn auch zur Sphinx bei Gizeh: „. . . Ein Märchenspuk? Ha, jetzt beginnt mir's zu tagen! / Das ist ja der Krumme, den ich einstens erschlagen, –"

HENRIK IBSEN

DIE GROSSEN KLASSIKER

LITERATUR DER WELT
IN BILDERN, TEXTEN, DATEN

HENRIK IBSEN

WERKE

ANDREAS

Der Text der Ausgabe folgt den 1881 ff in Leipzig erschienenen deutschsprachigen Einzelausgaben;
die jeweiligen Übersetzer sind im Zusammenhang der Werkhinweise am Ende dieses Bandes genannt.

ISBN 3-85012-172-0 (Normalausgabe)
ISBN 3-85012-173-9 (Luxusausgabe)

Einbandgestaltung: Volker Uiberreither, Salzburg

Gesamtherstellung: Druckhaus R. Kiesel, Salzburg. – Printed in Austria

INHALTSÜBERSICHT

Vorwort

„Wer sich ein Heim geschaffen hat in den vielen fremden Ländern draußen, der fühlt sich in der Tiefe seines Innern nirgends zu Hause – vielleicht nicht einmal im eigenen Vaterland." Mit diesem Bekenntnis anläßlich eines Festessens, das 1898 zu Ehren seines 70. Geburtstages in Christiania (Oslo) veranstaltet wurde, berührte Ibsen nicht allein ein Grundproblem seiner äußeren Biographie, sondern gab zugleich den Blick frei auf die Frage nach seiner gesellschaftlich-sozialen „Heimat". Als Kind erlebte er die soziale Deklassierung durch den Bankrott des väterlichen Unternehmens, durch den sein weiterer Bildungsweg bestimmt wurde. „Ich habe oft und hart kämpfen müssen, um mich durchzusetzen und dorthin zu gelangen, wo ich jetzt stehe", erinnerte sich der Schriftsteller 1877 in einem Brief, nachdem ihm elf Jahre zuvor mit dem Schauspiel „Brand" der literarische Durchbruch gelungen war. Dieser Kampf um soziale Anerkennung schärfte seine Wahrnehmung und bildete eine Grundlage für die Ausbildung jener Form des analytisch-sozialkritischen „Gesellschaftsdramas", die untrennbar mit dem Namen Ibsen verbunden ist. Durch ihn gelangte in Skandinavien wie in Deutschland der Naturalismus zum Durchbruch. Dennoch ist damit nur eine und keineswegs die ausschließlich aktuelle oder aktualisierbare Seite seines Schaffens genannt. Ähnlich wie später bei Gerhart Hauptmann, vergleichbar auch dem Romanschaffen Emile Zolas, entwickelte Ibsen innerhalb der naturalistischen Darstellung auf dem Wege der Versinnbildlichung eine künstlerische Gestaltungsweise, die auf eine „Vertiefung" der menschlich-sozialen Konflikte hinzielt. Vorbereitet wurde diese Wandlung durch Werke wie „Peer Gynt", die als „Ideendramen" zugleich moderne Formen der Dramaturgie und Darbietung erforderten und weiterhin verlangen.

Die vorliegende Werkausgabe ist ausschließlich dem Dramatiker Ibsen gewidmet, während der Lyriker in der begleitenden Gesamtdarstellung seiner Person, seines Schaffens und seiner Wirkung zur Geltung gelangt. Sie ermöglicht es nicht allein, die oben angedeutete Entwicklung vom „reifen" zum „späten" Ibsen zu verfolgen, sondern ebenso die Jugendwerke und das letztlich nur als Lesedrama anzueignende „Welthistorische Schauspiel" um Kaiser Julian den Abtrünnigen in die Betrachtung einzubeziehen.

Frau Inger auf Östrot

Schauspiel in fünf Aufzügen

PERSONEN

Frau Inger Ottisdatter Römer, Witwe des Reichshofmeisters Nils Gyldenlöve
Eline Gyldenlöve, ihre Tochter
Reichsrat Nils Lykke, dänischer Ritter
Olaf Skaktavl, ein geächteter norwegischer Edelmann
Nils Stensson
Herr Jens Bjelke, schwedischer Oberst
Björn, Kammerdiener auf Östrot
Hausdiener Finn
Schloßvogt Ejnar Huk

Gesinde, Bauern, schwedische Kriegsknechte

Die Handlung spielt auf dem Herrensitz Östrot am Drontheimfjord im Jahre 1528

Rechts und links vom Schauspieler

Erster Aufzug

Ein Gemach auf Östrot.
Durch die offne Tür in der Mitte sieht man den Rittersaal in schwachem Mondlicht, das dann und wann durch ein tiefes Bogenfenster auf die entgegengesetzte Wand hereinfällt. Rechts Ausgangstür, vor derselben ein Fenster mit Vorhang. Auf der linken Seite eine Tür, die in die innern Gemächer führt; näher dem Vordergrund ein großer offener Herd, von dem aus das Gemach beleuchtet wird.
Ein stürmischer Abend.
Rechts und links vom Schauspieler.

Erster Auftritt

Björn und Finn sitzen am Herd; letzterer ist mit dem Putzen eines Helms beschäftigt; verschiedene Waffenstücke, ein Schwert und ein Schild liegen neben ihnen.

FINN *nach einer Pause:* Wer war Knut Alfson?

BJÖRN: Die Herrschaft sagt, er sei Norwegens letzter Rittersmann gewesen.

FINN: Und die Dänen erschlugen ihn im Oslo-Fjord?

BJÖRN: Frag einen fünfjährigen Knaben, wenn du's nicht weißt.

FINN: Also war Knut Alfson unser letzter Rittersmann? Und nun ist er tot und dahin! *Indem er den Helm emporhält:* Ja, dann mußt du dich drein finden, blank und geputzt im Rittersaal zu hängen; jetzt bist du nichts als eine leere Nußschale; den Kern – den haben die Würmer schon vor manchem Winter gefressen. Hör, Björn – könnte man nicht sagen, daß Norwegens Land auch so eine leere Nußschale ist, gleich wie der Helm hier; außen blank, innen wurmstichig?

BJÖRN: Halts Maul und verricht deine Arbeit! – Ist der Helm fertig?

FINN: Er blitzt wie Silber im Mondenschein.

BJÖRN: So stell ihn fort. – Sieh da; kratz den Rost vom Schwert.

FINN *dreht und wendet es hin und her:* Aber wird das sich lohnen?

BJÖRN: Wie meinst du das?

FINN: Es hat keine Schneide.

BJÖRN: Kümmert dich nicht. Gib es mir. – Hier ist der Schild.

FINN *wie zuvor:* Dem fehlt der Handgriff!

BJÖRN *murmelt:* Ja, ich wollte, ich könnte dich auch mit einem Handgriff packen, wie –

Finn trällert einen Augenblick vor sich hin.

BJÖRN: Was soll das wieder?

FINN: Ein leerer Helm, ein Schwert ohne Schneide, ein Schild ohne Griff – sieh, das ist die ganze Herrlichkeit. Ich glaube, niemand kann Frau Inger tadeln, daß sie solche Waffenstücke blank geputzt an die Saalwand hängt, anstatt sie rosten zu lassen im Dänenblut.

BJÖRN: Ei, Geschwätz; wir haben ja Frieden im Lande meines Wissens.

FINN: Frieden? Ja, wenn der Bauer seinen letzten Pfeil verschossen hat und der Wolf ihm sein letztes Lamm aus dem Schuppen gestohlen hat, dann halten d i e beiden auch Frieden miteinander. Aber das ist solche wunderliche Freundschaft. Nun, nun, laß gut sein! Es ist ganz in der Ordnung, wie gesagt, daß die Rüstung blank im Saal hängt; denn du kennst wohl das alte Wort: „Nur der Rittersmann ist ein Mann" – und da es hierzulande nun keinen Rittersmann mehr gibt, so haben wir also auch keinen Mann mehr; und wo kein Mann ist, d a muß die Frau befehlen; sieh, deshalb –

BJÖRN: Deshalb – deshalb befehle ich dir, aufzuhören mit all dem faulen Gewäsch! *Er steht auf.* Der Abend rückt heran. Sieh hier, nun kannst du Helm und Schild wieder in den Saal hängen.

FINN *gedämpft:* Nein, ich lasse das lieber bis morgen.

BJÖRN: Nun, du bist doch wohl nimmermehr furchtsam?

FINN: Bei Tage nicht. Sollte es am Abend der Fall sein, so geht es mir wohl nicht allein so. Ja, du siehst mich an; aber du mußt wissen, unten in der Gesindestube wird so mancherlei gesprochen. *Leiser:* Dieser und jener meinen, daß jede einzige Nacht eine große, schwarzgekleidete Gestalt d r i n n e n umgeht.

BJÖRN: Altweibergeschwätz!

FINN: Ja, aber sie schwören alle miteinander darauf, daß es wahr ist.

BJÖRN: Das glaube ich schon.

FINN: Das Seltsamste ist, daß Frau Inger desselben Glaubens ist –

BJÖRN *stutzt:* Frau Inger? Nun, was glaubt sie?

FINN: Was Frau Inger glaubt? Ja, sieh mal, das wissen wohl nicht viele Leute. Gewiß aber ist, daß sie keine Ruhe hat. Siehst du nicht, daß sie Tag für Tag bleicher und magerer wird? *Mit forschendem Blick:* Die Leute sagen, daß sie niemals schläft, und zwar wegen des Gespenstes –

Eline Gyldenlöve ist während der letzten Worte in der halboffenen Tür links erschienen; sie steht und horcht, ohne daß sie bemerkt wird.

Zweiter Auftritt

Die Vorigen. Eline Gyldenlöve unbemerkt beobachtend.

BJÖRN: Und an solche Dummheit glaubst du?

FINN: Ja, so halb und halb. Es gibt übrigens noch Leute, die die Sache anders auslegen. Aber sieh, das ist bloße Bosheit. Hör, Björn, kennst du die Weise, die durch das ganze Land geht?

BJÖRN: Eine Weise?

FINN: Ja, sie ist im Volksmund. Es ist ein schändliches Spottgedicht, versteht sich. Es geht übrigens recht artig. Hör nur. *Er singt mit gedämpfter Stimme:*

Frau Inger haust auf Östrot allein,
Sie hüllt sich in kostbaren Nerz,
Sie hüllt sich in Samt und Geschmeide ein,
Im Haar trägt sie güldener Perlen Schein,
Und doch bricht der Kummer ihr Herz.
Frau Inger verkauft' sich dem dän'schen Herrn,
Die Knechte auch gab sie ihm hin!
Als Lohn dafür –

Björn packt ihn erbittert an der Brust. Eline zieht sich unbemerkt zurück.

BJÖRN: Und ich schicke dich ohne Lohn zum Teufel, wenn du noch e i n unziemliches Wort über Frau Inger sprichst!

FINN *indem er sich losreißt:* Nun, nun – bin i c h es, der die Weise gemacht hat?

Rechts draußen hört man ein Horn.

BJÖRN: Horch! – Was ist das?

FINN: Ein Horn. Da bekommen wir wohl noch Gäste heute abend.

BJÖRN *am Fenster rechts:* Sie öffnen das Tor. Ich höre Hufschläge im Burghof. Es muß ein Rittersmann sein.

FINN: Ein Rittersmann? Das kann kaum sein.

BJÖRN: Weshalb nicht?

FINN: Du selbst hast ja gesagt: unser letzter Rittersmann ist tot und dahin. *Er geht rechts ab.*

Dritter Auftritt

Björn allein.

BJÖRN: Der verfluchte Schelm – er hat die Augen überall. So wenig hat es also genützt – alles was ich zu verdecken und zu verbergen suchte. Sie ist in der Leute Mund; es wird nicht mehr lange dauern, bevor jedermann schreit, daß –

Eline Gyldenlöve kommt wieder durch die Tür zur Linken.

Vierter Auftritt

Björn, Eline Gyldenlöve.

ELINE *blickt umher und fragt mit unterdrückter Bewegung:* Bist du allein, Björn?

BJÖRN: Seid Ihr es, Jungfer Eline?

ELINE: Höre, erzähl mir eins deiner Märchen. Ich weiß, du kannst noch mehr als die, so –

BJÖRN: Erzählen? Aber jetzt, so spät am Abend –?

ELINE: Wenn du von der Zeit an rechnest, da es dunkel wurde hier auf Östrot, so ist es freilich spät.

BJÖRN: Was fehlt Euch? Ist Euch etwas widerfahren? Ihr seid so unruhig.

ELINE: Möglich.

BJÖRN: Etwas muß Euch sein. Seit dem letzten halben Jahre kenne ich Euch kaum wieder.

ELINE: Bedenk: seit einem halben Jahr schläft Lucia, meine geliebteste Schwester, in der Totengruft.

BJÖRN: Nicht deshalb, Jungfrau Eline – nicht deshalb allein geht Ihr umher, bald gedankenvoll und bleich und still, bald wild und ratlos, wie heute abend.

ELINE: Meinst du? Und weshalb nicht? War sie nicht mild und fromm und schön wie eine Sommernacht? Björn – ich sage dir, ich hatte Lucia lieb wie mein eigenes Leben. Hast du vergessen, wie gar manches Mal wir als Kinder an Winterabenden auf deinen Knien gesessen? Du sangst uns Weisen vor, und du erzähltest –

BJÖRN: Ja, damals wart Ihr froh und heiter.

ELINE: Ja, damals, du! Da lebte ich wohl ein schönes Leben in Märchen und in meinen eigenen Gedanken! Ist es glaublich, daß der Strand damals so kahl war wie jetzt? Und wenn er es war, so merkte ich es doch nicht. Dort unten ging ich am liebsten und dichtete all die schönen Fabeln; meine Helden kamen aus weiter Ferne und fuhren wieder übers Meer; ich lebte unter ihnen und folgte ihnen, wenn sie von dannen zogen. *Sie sinkt auf einen Stuhl.* Jetzt fühle ich mich so matt und müde; von meinen Märchen kann ich nicht mehr zehren – sie sind nur – Märchen. *Sie steht hastig auf.* Björn, weißt du, was mich krank gemacht hat? Eine Wahrheit. Eine böse, böse Wahrheit, die Tag und Nacht an mir nagt.

BJÖRN: Was meint Ihr?

ELINE: Kannst du dich erinnern, daß du uns zuweilen Lebensregeln und guten Rat erteiltest? Schwester Lucia befolgte sie; aber ich – Gott bessere es!

BJÖRN *tröstend:* Nun, nun!

ELINE: Ich weiß es, ich war stolz, hochmütig! Wenn wir zusammen spielten, wollte ich immer Königin sein, weil ich die Größte, die Schönste, die Klügste war. Ich weiß es!

BJÖRN: Das ist wahr.

ELINE: Einmal nahmst du mich bei der Hand und sahst mich ernst an, indem du sagtest: sei nicht stolz auf deine Schönheit und deine Klugheit; aber sei stolz wie der Adler auf den Bergeshöhen, wenn du daran denkst, daß du Inger Gyldenlöves Tochter bist!

BJÖRN: Ihr hattet wohl Grund, stolz darauf zu sein.

ELINE: Ja, das hast du mir gar oft erzählt, Björn! O damals erzähltest du mir so viele Märchen. *Sie drückt seine Hand.* Dank für alle miteinander! Erzähl mir noch e i n s; vielleicht könnte ich wieder leichten Sinnes werden, wie zuvor.

BJÖRN: Ihr seid ja kein Kind mehr.

ELINE: Gewißlich! Aber laß mich wähnen, daß ich es bin. – Nun, erzähl! *Sie wirft sich auf einen Stuhl.*

BJÖRN *setzt sich auf den Rand des Herdes:* Es war einmal ein hochgeborener Rittersmann –

ELINE *die unruhig nach dem Saal hingehorcht hat, packt seinen Arm und ruft heftig, aber flüsternd aus:* Still! Schrei doch nicht so; ich bin ja nicht schwerhörig!

BJÖRN *leiser:* Es war einmal ein hochgeborener Rittersmann, von dem die seltsame Sage ging –

Eline erhebt sich halb und lauscht in ängstlicher Spannung nach dem Saal.

BJÖRN: Jungfrau Eline, was fehlt Euch?

ELINE *setzt sich wieder:* Mir? Nichts. Erzähl du nur.

BJÖRN: Nun, wie gesagt, wenn er einem Weibe unverwandt ins Auge sah, so vergaß sie es nimmermehr, sondern folgte ihm in Gedanken, wo er ging und stand, und siechte hin vor Kummer.

ELINE: Das habe ich gehört. Das ist übrigens kein Märchen, was du da erzählst. Denn der Rittersmann, von dem du erzählst, ist Nils Lykke, der noch heutigentags im Reichsrat sitzt –

BJÖRN: Mag sein.

ELINE: Nun ja, gleichviel; fahr nur fort!

BJÖRN: Und da begab es sich einmal –

ELINE *steht auf:* Horch! Sei still!

BJÖRN: Was nun? Was ficht Euch an?

ELINE *horcht:* Hörst du?

BJÖRN: Was?

ELINE: Da i s t es! Ja, bei Christi Kreuz, da i s t es!

BJÖRN *steht auf:* W a s ist da? Wo?

ELINE: Sie selbst – im Rittersaal –

Sie eilt in den Hintergrund.

BJÖRN *geht ihr nach:* Wie könnt Ihr glauben –? Jungfrau Eline, geht in Eure Kammer!

ELINE: Still; bleib ruhig! Rühr dich nicht; laß dich nicht sehen! Warte – da kommt der Mond hervor – kannst du die schwarze Gestalt unterscheiden –?

BJÖRN: Bei allen Heiligen –!

ELINE: Siehst du – da wendet sie Knut Alfsons Bild nach der Wand zu. Ha, ha; es starrt ihr wohl zu unverwandt in die Augen!

BJÖRN: Jungfrau Eline, hört mich!

ELINE *indem sie nach der Feuerstätte hin geht:* Jetzt weiß ich, was ich weiß!

BJÖRN *vor sich hin:* So ist es doch wahr!

ELINE: Wer war es, Björn? Wer war es?

BJÖRN: Das saht Ihr ebenso deutlich wie ich.

ELINE: Wohlan? Wen sah ich?

BJÖRN: Ihr saht Eure Mutter.

ELINE *halb für sich:* Nacht für Nacht habe ich ihren Schritt da drinnen vernommen. Ich habe sie flüstern und ächzen hören, wie eine ruhelose Seele. Und die Weise sagt ja – ah, nun weiß ich es! Nun weiß ich, daß –

BJÖRN: Still!

Frau Inger Gyldenlöve kommt durch die Mitte.

Fünfter Auftritt

Die Vorigen. Frau Inger Gyldenlöve.

Inger tritt hastig durch die Mitte aus dem Saal, ohne die andern zu bemerken; sie geht geradenwegs an das Fenster rechts, zieht den Vorhang fort und starrt eine Weile hinaus, als spähe sie nach jemandem auf der Landstraße; darauf wendet sie sich ab und geht langsam wieder in den Saal zurück.

ELINE *folgt ihr mit den Blicken, leise:* So unstet und weiß wie eine Tote –!

Rechts draußen vor der Tür ertönen Lärm und eine Menge Stimmen.

BJÖRN: Was gibt es jetzt?

ELINE: Geh und sieh nach, was es gibt!

Ejnar Huk erscheint mit einer großen Schar Hausgesinde und Bauern im Vorgemach.

Sechster Auftritt

Björn, Eline, Ejnar Huk, Hausgesinde und Bauern.

HUK *in der Tür:* Gradenwegs hinein zu ihr! Und dann nicht verzagt!

BJÖRN: Was sucht ihr?

HUK: Frau Inger selbst.

BJÖRN: Frau Inger? So spät am Abend?

HUK: Spät, doch früh genug, denke ich!

BAUERN: Ja, ja, jetzt muß sie uns hören!

Die Menge drängt sich ins Gemach. Frau Inger zeigt sich im selben Augenblick in der Tür zum Rittersaal. Alle schweigen plötzlich.

Siebenter Auftritt

Die Vorigen. Frau Inger Gyldenlöve.

INGER: Was wollt ihr von mir?

HUK: Wir suchten Euch, wohledle Frau, um –

INGER: Nun, dann sprecht!

HUK: Es ist ja eine ehrliche Sache. Kurz und gut – wir kommen, Euch um Urlaub und Waffen zu bitten.

INGER: Urlaub und Waffen? Wozu?

HUK: Es ist ein Gerücht herüber von Schweden gekommen, daß das Volk sich in Dalekarlien erhoben hat und gegen König Gustav zieht –

INGER: Das tut das Volk in Dalekarlien?

HUK: Ja, so spricht man, und es soll ganz sicher sein.

INGER: Nun – wenn dem so wäre – was habt da ihr mit der Erhebung der Dalekarlier zu tun?

DIE BAUERN: Wir wollen mit! Wir wollen mit dabeisein! Uns selbst befreien!

INGER *leise:* Ah, sollte die Zeit gekommen sein!

HUK: Von allen norwegischen Grenzdörfern ziehen die Bauern hinüber nach Dalekarlien. Sogar Geächtete, die Jahr für Jahr wild in den Bergen umhergeirrt sind, wagen sich jetzt wieder hinunter auf die Höfe, sammeln Leute und schärfen die Schneiden ihrer rostigen Waffen.

INGER *nach einer Pause:* Hört – sagt mir, habt ihr's auch völlig bedacht? Habt ihr berechnet, was es euch kosten würde, wenn König Gustavs Leute siegen sollten?

BJÖRN *leise und flehentlich zu Frau Inger:* Berechnet, was es die Dänen kosten wird, wenn König Gustavs Leute verlieren.

INGER *abweisend:* Das ist nicht meine Sache. *Sie wendet sich an die Menge:* Ihr wißt, König Gustav kann auf sichern Beistand von Dänemark rechnen. König Friedrich ist sein Freund, und er wird ihn sicher nicht im Stich lassen –

HUK: Aber wenn nun die Bauern sich erhöben ringsum im ganzen Lande Norwegen? Wenn wir uns alle samt und sonders erhöben – Herren und Volk? Ja, Frau Gyldenlöve, jetzt glaube ich beinahe, daß die Gelegenheit gekommen ist, auf die wir gewartet haben. Bricht es jetzt los, so müssen die Fremden aus dem Lande.

DIE BAUERN: Ja, hinaus mit den dänischen Vögten! Hinaus mit den fremden Herren! Hinaus mit dem Reichsrat!

INGER *leise:* O M a r k ist in ihnen – aber doch, doch –!

BJÖRN *vor sich hin:* Sie ist unschlüssig. *Zu Eline:* Was gilt's, Jungfrau Eline – Ihr habt Euch in dem Urteil über Eure Mutter versündigt.

ELINE: Björn, ich könnte mir die Augen aus dem Kopf reißen, wenn sie mir gelogen hätten!

HUK: Seht, meine hochedle Frau, zuerst gilt es König Gustav; ist e r machtlos gemacht, so werden sich die Dänen nicht lange hier im Lande halten können –

INGER: Und dann?

HUK: Dann sind wir frei; wir haben keine fremden Oberherren mehr und können uns selbst einen König wählen, wie die Schweden vor uns getan haben.

INGER *lebhaft:* Selbst einen König! Denkst du an das Geschlecht der Sture?

HUK: König Christian, und andere nach ihm, haben rund umher auf den Erbgütern aufgeräumt. Die besten unserer Gutsherren irren geächtet auf Bergpfaden umher, wenn sie überhaupt noch sind, aber es könnte trotzdem wohl sein, daß einer oder der andere aus den alten Geschlechtern, der –

INGER *schnell:* Genug, Ejnar Huk! Genug! *Vor sich hin:* Ah, meine teuerste Hoffnung! *Sie wendet sich zu den Bauern und Hausleuten:* Ich habe euch nun ermahnt, so gut ich konnte. Ich habe euch gesagt, in welch große Gefahr ihr euch wagt. Wenn ihr aber so fest in eurem Vorsatz seid, so wäre es wohl töricht von mir, euch zu verbieten, was ihr ja auf eigene Faust durchsetzen könntet.

HUK: Wir haben also Eure Zustimmung zu –?

INGER: Ihr habt euren eignen festen Willen; zieht d e n zu Rat. Ist es so, wie ihr sagt, daß ihr täglich geplagt und bedrückt werdet –. Ich weiß so wenig von diesen Dingen. Ich will nicht mehr wissen! Was kann ich, ein Weib allein –? Selbst, wenn ihr den Rittersaal plündern wollt – und es gibt dort manch brauchbare Waffe –, ihr habt ja alle Macht auf Östrot heute abend. Ihr könnt tun, was euch beliebt. Gute Nacht!

Sie will gehen. Die Menge bricht in laute Hurrarufe aus. Es wird Licht angezündet. Die Hausleute holen allerhand Waffenstücke aus dem Rittersaal.

BJÖRN *faßt Frau Ingers Hand, als sie gehen will:* Dank, edle und großmütige Frau! Ich, die ich Euch seit den Kinderjahren kenne, ich habe niemals an Euch gezweifelt.

INGER: Still, Björn! Es ist ein gefahrvolles Spiel, das ich heute abend gewagt. Für die andern gilt es nur das Leben; aber für mich – tausendmal mehr; glaub mir!

BJÖRN: Wie das? Bangt Euch um Eure Macht und Euer gutes Einvernehmen mit –?

INGER: Meine Macht? O Gott im Himmel!

EIN KNECHT *kommt aus dem Saal mit einem großen Schwert:* Seht, hier ist ein richtiger Wolfszahn! Mit dem will ich die Knechte der Blutsauger jagen.

HUK *zu einem andern Knecht:* Was hast du da gefunden?

DER ANDERE KNECHT: Einen Brustschild, den sie Herlof Hyttefads nennen.

HUK: Der ist zu gut für dich; sieh, hier habe ich den Lanzenschaft von Sten Sture; häng den Brustschild dran, so führen wir das wackerste Kriegszeichen, das ein Mann verlangen kann.

Finn kommt mit einem Brief in der Hand aus der Tür zur Linken und geht auf Frau Inger zu.

Achter Auftritt

Die Vorigen. Finn.

FINN: Ich habe Euch in allen Gemächern gesucht –

INGER: Was gibt's?

FINN *reicht ihr den Brief:* Ein Bursche aus Drontheim hat Brief und Botschaft für Euch gebracht.

INGER: Laßt sehen! *Indem sie den Brief öffnet:* Aus Drontheim? Was mag das bedeuten? *Sie durchläuft das Schreiben.* Hilf, Christus! Von ihm! Und hier im Lande – *Sie liest in heftiger Bewegung weiter.*

Die Männer fahren fort, Waffen aus dem Saal hereinzuholen.

INGER *vor sich hin:* Er kommt also her. Er kommt her in dieser Nacht. Ja, dann gilt es mit Klugheit zu kämpfen und nicht mit dem Schwert.

HUK: Genug, genug, ihr guten Bauern; jetzt meine ich, sind wir wohlgerüstet. Jetzt können wir uns auf den Weg machen!

INGER *mit einer raschen Wendung:* Kein Mann darf heute nacht den Hof verlassen!

HUK: Aber, meine edle Frau, jetzt ist der Wind uns günstig; wir streichen durch den Fjord und –

INGER: Es bleibt bei dem, was ich gesagt habe.

HUK: Sollen wir denn bis morgen warten?

INGER: Bis morgen und länger. Kein bewaffneter Mann darf Östrot fürs erste verlassen.

Unwillen in der Menge.

EINIGE VON DEN BAUERN: Wir gehen trotzdem, Frau Inger.

VIELE ANDERE: Ja, ja, wir gehen trotzdem!

INGER *tritt einen Schritt näher:* Wer wagt es?

Alle schweigen.

INGER *nach kurzer Pause:* Ich habe für euch gedacht. Was wißt ihr geringen Männer aus dem Volke von den Sachen des Landes? Wie könnt ihr euch vermessen, über dergleichen zu urteilen? Ihr müßt versuchen, Druck und Lasten noch eine Weile zu tragen. Das kann euch wohl nicht zu nahe gehen, wenn ihr bedenkt, daß selbst uns, den vornehmen Geschlechtern, heutzutage kein besseres Los beschieden ist. Tragt alle Waffen wieder in den Saal. Später sollt ihr meinen Willen erfahren. Geht hinaus!

Die Hausleute tragen die Waffen fort. Die ganze Schar entfernt sich durch die Tür zur Rechten.

ELINE *leise zu Björn:* Meinst du noch, daß ich mich versündigt in meinem Urteil über die – Herrin von Östrot?

INGER *winkt Björn zu sich und sagt:* Habt ein Gastzimmer bereit.

BJÖRN: Wie Ihr befehlt, Frau Inger!

INGER: Und das Tor offen für jeden, der klopfen sollte.

BJÖRN: Aber – ?

INGER: Das Tor offen!

BJÖRN: Das Tor offen. *Er geht rechts ab.*

Eline wendet sich nach links.

Neunter Auftritt

Frau Inger, Eline.

INGER *zu Eline, die bereits in der Tür zur Linken ist:* Bleib!

Eline kehrt zurück.

INGER: Eline – mein Kind, ich habe dir etwas allein zu sagen.

ELINE: Ich höre Euch.

INGER: Eline – du glaubst Böses von deiner Mutter.

ELINE: Ich glaube, was Euer Treiben mich so schmerzlich zu glauben zwingt.

INGER: Und du antwortest mir, wie dein unfreundlicher Sinn dir gebietet.

ELINE: Wer hat Unfreundlichkeit in meinen Sinn gelegt? Seitdem ich ein Kind war, hatte ich mich daran gewöhnt, Euch als ein großes, hochherziges Weib anzusehen. Wie Euch dachte ich mir jene Frauen, von denen in den Chroniken und im Heldenbuche zu lesen steht. Mir war, als ob Gott der Herr selbst sein Zeichen auf Eure Stirn gedrückt und Euch zu der erkoren hätte, die die Furchtsamen und Unentschlossenen führen sollte. Im hohen Saale sangen Ritter und Herren Euren Preis, und selbst das Volk von nah und fern nannte Euch des Landes Hoffnung und Stütze. Und alle meinten, daß durch Euch die guten Zeiten wieder kommen würden. Alle meinten, daß es mit Euch wie ein neuer Tag über uns kommen würde. Noch ist es Nacht, und bald weiß ich nicht mehr, ob ich noch hoffen darf, daß ein Morgen mit Euch kommt.

INGER: Es liegt nahe, woher du solch giftige Worte nimmst. Es ist dir zugetragen, was der gedankenlose Haufe murmelt und flüstert über Dinge, die er wenig beurteilen kann.

ELINE: Im Volksmund ist Wahrheit, sagtet Ihr damals, als Euer Preis in Sang und Rede erklang.

INGER: Mag sein. Und wenn ich auch beschlösse, hier untätig zu sitzen, obgleich es mir zustünde, zu handeln – glaubst du nicht, daß solche Lage mir eine Bürde wäre, schwer genug, ohne daß du noch Steine darauf häufst?

ELINE: Die Steine, die ich auf Eure Bürde häufe, drücken mich ebenso schwer wie Euch. Leicht und frei schöpfte ich des Lebens Odem, solange ich Euch glauben konnte. Denn um leben zu können, muß ich Stolz empfinden können. Und stolz wäre ich mit Recht gewesen, wenn Ihr geblieben wärt, was Ihr einst wart.

INGER: Und was bürgt dir dafür, daß ich es nicht bin? Eline – woher weißt du so gewiß, daß du deiner Mutter nicht unrecht tust?

ELINE *ausbrechend:* O daß ich es täte!

INGER: Still! Du hast kein Recht, Rechenschaft von deiner Mutter zu verlangen. Mit einem einzigen Worte könnte ich – doch das täte dir nicht gut zu hören; du mußt abwarten, was die Zeit bringt; kann sein, daß –

ELINE *indem sie abgehen will:* Schlaft wohl, meine Mutter!

INGER *zögernd:* Nein – bleib bei mir; es ist noch etwas, das –. Komm näher; du mußt mich hören, Eline!

Sie setzt sich neben den Tisch am Fenster rechts.

ELINE: Ich höre Euch.

INGER: Wie schweigsam du auch bist, so weiß ich doch gewiß, daß du dich mehr als einmal von hier fortgesehnt hast. Es ist dir zu einsam und zu öde auf Östrot.

ELINE: Wie kann Euch das wundern, meine Mutter?

INGER: Es steht bei dir selbst, ob es künftighin anders werden soll.

ELINE: Wie?

INGER: Hör mich. In dieser Nacht erwarte ich einen Gast auf dem Hofe.

ELINE *näher:* Einen Gast?

INGER: Einen Gast, der fremd und unerkannt bleiben muß. Niemand darf wissen, von wannen er kommt, noch wohin er geht.

ELINE *wirft sich mit einem Freudenschrei vor ihr nieder und faßt ihre Hände:* Meine Mutter! Meine Mutter! Vergebt mir all mein Unrecht gegen Euch, wenn Ihr es könnt!

INGER: Was meinst du? Eline, ich verstehe dich nicht.

ELINE: So haben sich alle geirrt! Ihr seid doch noch treu im Herzen!

INGER: Aber so erheb dich und sprich –

ELINE: O glaubt Ihr denn nicht, daß ich weiß, wer der Gast ist?

INGER: Du weißt es? Und trotzdem –?

ELINE: Glaubt Ihr denn, daß Östrots Tore so dicht verschlossen sind, daß nicht einmal ein Jammergerücht sich hereingeschlichen hätte? Meint Ihr, ich wüßte nicht, daß mancher Sprößling aus altem Geschlecht als Geächteter umherirrt, ohne Schutz und Dach, während die dänischen Herren auf dem Hof seiner Väter schalten?

INGER: Und dann? Was mehr?

ELINE: Ich weiß wohl, daß mancher hochgeborene Ritter wie ein hungriger Wolf im Walde gehetzt wird. Er hat keinen Herd, um auszuruhen, keinen Bissen Brot.

INGER *kalt:* Genug! Jetzt verstehe ich dich.

ELINE *fährt fort:* Und deshalb öffnet ihr Östrots Tore bei Nachtzeit! Deshalb muß er fremd und unerkannt bleiben, dieser Gast, von dem niemand wissen darf, von wannen er kommt, noch wohin er geht! Ihr trotzt dem strengen Herrenbefehle, der Euch verbietet, den Verfolgten zu beherbergen, ihm beizustehen mit Obdach und Pflege –

INGER: Genug, sage ich! *Sie schweigt kurze Zeit und fügt mit Überwindung hinzu:* Du irrst, Eline – es ist kein Geächteter, den ich erwarte.

ELINE *erhebt sich:* Dann habe ich Euch gewißlich schlecht verstanden.

INGER: Hör mich, mein Kind! Aber hör mich mit Überlegung, wenn es dir überhaupt möglich ist, deinen wilden Sinn zu zähmen.

ELINE: Ich werde zahm sein, bis Ihr ausgesprochen habt.

INGER: So hör auf das, was ich dir zu sagen habe. Soweit es in meiner Macht stand, habe ich versucht, dich in Unkenntnis über all die Not und Bedrängnis zu erhalten, in der wir uns jetzt befinden. Denn was konnte es nützen, wenn ich Sorge und Kummer in deine junge Seele streute? Nicht Tränen und Weiberklagen werden uns aus der Bedrängnis befreien. Das verlangt Mut und Manneskraft.

ELINE: Und wer hat Euch gesagt, daß ich nicht Mut und Manneskraft besitze, wenn es gilt?

INGER: Still, Kind! Ich könnte dich beim Worte nehmen.

ELINE: Wie das, meine Mutter?

INGER: Ich könnte beides von dir verlangen! ich könnte –! Doch laß mich erst zu Ende reden. Du mußt also wissen, daß die Zeit zu nahen scheint, auf die der dänische Reichsrat viele Jahre hingewirkt hat – die Zeit, meine ich, wo sie unseren Gerechtsamen und unserer Freiheit den letzten Stoß geben können. Sieh, deshalb gilt es –

ELINE *lebendig:* Loszuschlagen, meine Mutter?

INGER: Nein, es gilt, Spielraum zu gewinnen. In Kopenhagen ist der Rat jetzt versammelt, um zu überlegen, wie man die Sache am besten angreifen könnte. Die meisten sollen der Ansicht sein, daß die Zwistigkeiten nicht beigelegt werden können, solange Norwegisch und Dänisch nicht eins ist, denn wenn wir unsere Gerechtsame als freies Reich behalten und die neue Königswahl einmal vor sich gehen soll, so ist es wahrscheinlich, daß die Fehde offen ausbricht. Sieh, das wollen die dänischen Herren verhindern –

ELINE: Sie wollen es verhindern – ja! Aber werden wir dergleichen dulden? Werden wir ruhig zusehen, daß –?

INGER: Nein, wir werden es nicht dulden. Aber Waffen gebrauchen – vortreten im offenen Kampf – wohin würde das führen, solange wir nicht alle einig sind? Und hat es zu irgendeiner Zeit schlechter um die Einigkeit hierzulande gestanden als grade jetzt? Nein, wenn wir etwas ausrichten wollen, so muß es heimlich und in der Stille geschehen. Wir müssen, wie ich dir sage, Zeit gewinnen, um uns zu bedenken. Im südlichen Norwegen ist ein großer Teil des Adels für die Dänen; aber hier nördlich vom Dovrefjeld ist es noch zweifelhaft. Deshalb hat König Friedrich einen seiner vertrautesten Männer heraufgeschickt, um sich mit eigenen Augen zu vergewissern, wie wir gesinnt sind.

ELINE *gespannt:* Nun – und dann –?

INGER: Dieser Ritter kommt heute nacht hierher nach Östrot.

ELINE: Hierher? Und heute nacht?

INGER: Ein Kauffahrer brachte ihn gestern nach Drontheim. Denn vorhin erhielt ich die Botschaft, daß er hier einkehren will. Binnen einer Stunde können wir ihn erwarten.

ELINE: Und Ihr bedenkt nicht, meine Mutter, welchen Dingen Ihr Euren Ruf aussetzt, wenn Ihr dem dänischen Sendling eine solche Zusammenkunft gestattet? Ist das Volk rund umher nicht schon mißtrauisch genug gegen Euch? Wie könnt Ihr hoffen, daß es sich einmal von Euch leiten und beraten lassen wird, wenn verlautet, daß –

INGER: Sei unbekümmert. Alles dies habe ich vollkommen bedacht; aber das hat keine Not. Sein Auftrag hier im Lande ist ein Geheimnis; deshalb ist er als Fremder nach Drontheim gekommen, und fremd und unbekannt wird er auch in Östrot weilen.

ELINE: Und des dänischen Herrn Name –?

INGER: Er hat einen guten Klang, Eline! Dänemarks Adel hat kaum einen besseren aufzuweisen.

ELINE: Aber was habt Ihr denn im Sinne? Noch habe ich Eure Meinung nicht erfaßt.

INGER: Du wirst bald begreifen. Da wir die Schlange nicht zertreten können, müssen wir sie binden.

ELINE: Hütet Euch wohl, daß die Schnur nicht reißt.

INGER: Es kommt auf dich an, wie fest sie angezogen wird.

ELINE: Auf mich?

INGER: Längst habe ich bemerkt, daß Östrot dir ein Käfig ist. Es behagt einem jungen Falken nicht zwischen Eisenstäben.

ELINE: Meine Flügel sind gelähmt. Gäbet Ihr mich auch frei, es würde mir wenig nützen.

INGER: Deine Flügel sind nur so lange lahm, als du selbst es willst.

ELINE: Als ich will? Mein Wille ist in Euren Händen. Fahrt fort zu sein, was Ihr wart, so will auch ich –

INGER: Genug davon. Hör mich weiter. Fortzuziehen von Östrot wird dir kaum zuwider sein.

ELINE: Mag sein, meine Mutter!

INGER: Du hast mir einst gesagt, daß du dein fröhlichstes Leben in deinen Märchen und Chroniken lebtest. Dieses Leben könnte wiederkehren für dich.

ELINE: Was meint Ihr?

INGER: Eline – wenn nun ein mächtiger Rittersmann käme und dich in seine Burg führte, wo du Zofen und Knappen, Seidengewänder und hohe Säle fändest?

ELINE: Ein Ritter, sagt Ihr?

INGER: Ein Ritter.

ELINE *leise:* Und der dänische Sendling kommt diese Nacht hierher.

INGER: Diese Nacht.

ELINE: Wenn dem so ist, so fürchte ich, Eure Worte zu deuten.

INGER: Da ist nichts zu fürchten, wenn du sie nicht m i ß - deuten willst. Es ist gewißlich nicht meine Absicht, dich zu zwingen. Nach eigenem Belieben sollst du wählen und selbst in dieser Sache beschließen.

ELINE *einen Schritt nähertretend:* Habt Ihr gehört von jener Mutter, die bei Nachtzeit mit ihren Kleinen im Schlitten über das Gebirge fuhr? Eine Wolfsherde folgte ihrer Spur, es galt Leben oder Tod, und sie warf ihre Kleinen hinter sich, eins nach dem andern, um Zeit zu gewinnen und sich selbst zu retten.

INGER: Märchen! Eine Mutter risse sich das Herz aus der Brust, bevor sie ihr Kind den Wölfen vorwürfe!

ELINE: Wenn ich nicht meiner Mutter Tochter wäre, so würde ich Euch recht geben. Aber Ihr seid jener Mutter gleich, und Eure Töchter habt Ihr den Wölfen hingeworfen, eine nach der andern. Zuerst warft Ihr die älteste hin. Vor fünf Jahren zog Merete von Östrot fort; jetzt sitzt sie in Bergen als Vinzents Lunges Gemahlin. Aber glaubt Ihr, daß sie glücklich ist als Weib des dänischen Ritters? Vinzents Lunge ist mächtig, fast wie ein König; Merete hat Zofen und Knappen, Seidengewänder und hohe Säle; aber der Tag hat keine Sonne für sie und die Nacht keine Ruhe; denn sie ist ihm niemals gut gewesen. Er kam her, er freite um sie, weil sie die reichste Erbin Norwegens war und weil es ihm damals not tat, festen Fuß im Lande zu fassen. Ich weiß es, ich weiß es nur zu gut! Merete war Euch gehorsam; sie folgte dem fremden Herrn. Aber was hat es sie gekostet? Mehr Tränen, als eine Mutter wünschen kann, am Tage des Weltgerichts verantworten zu müssen!

INGER: Ich kenne meine Rechenschaft, und sie schreckt mich nicht.

ELINE: Eure Rechenschaft ist hiermit nicht zu Ende. Wo ist Lucia, Euer zweites Kind?

INGER: Frage Gott, der sie genommen.

ELINE: E u c h frage ich; denn Ihr habt zu verantworten, daß sie ihr junges Leben lassen mußte. Fröhlich war sie wie ein Vogel im Lenz, als sie von Östrot fortsegelte, um Merete in Bergen zu besuchen. Ein Jahr darauf stand sie wieder hier im Gemach; da waren ihre Wangen weiß, und der Tod hatte sich in ihre Brust gefressen. Ja, Ihr wundert Euch, meine Mutter! Ihr meintet wohl, daß dieses garstige Geheimnis mit ihr begraben sei – aber sie hat mir alles gesagt. Ein höfischer Ritter hatte ihr Herz gewonnen. Er wollte sie ehelichen. Ihr wußtet, daß es ihre Ehre galt. Aber Ihr bliebt unbeugsam – und Euer Kind mußte sterben. Ihr seht, ich weiß das alles!

INGER: Alles? So hat sie dir auch seinen Namen gesagt?

ELINE: Seinen Namen? Nein, seinen Namen hat sie mir nicht gesagt. Sie hatte gleichsam eine bohrende Angst vor seinem Namen – sie nannte ihn nie.

INGER *erleichtert, vor sich hin:* Ah, dann weißt du doch nicht alles. Eline – die Sache, die du jetzt berührt hast, war mir vollauf bekannt. Aber etwas ist an der Sache, worauf du vielleicht nicht achtgegeben hast: Jener Ritter, den Lucia in Bergen traf, war ein Däne –

ELINE: Auch das weiß ich.

INGER: Und seine Liebe war eine Lüge. Durch List und glatte Worte hatte er sie umgarnt.

ELINE: Ich weiß es; aber sie hatte ihn lieb trotzdem, und hättet Ihr das Herz einer Mutter gehabt, so wäre die Ehre Eures Kindes allem vorangegangen.

INGER: Nicht Ihrem Glücke. Glaubst du, daß ich, mit Meretes Los vor Augen, mein zweites Kind einem Manne opfern wollte, der ihr nicht gut war?

ELINE: Kluge Worte betören so manchen Sinn; aber mich betören sie nicht. Glaubt nicht, daß mir so ganz fremd ist, was rund umher im Lande vorgeht. Vollkommen kenne ich Euer Treiben. Ich weiß wohl, daß die dänischen Herren keine völlig treue Freundin an Euch haben. Ihr haßt sie vielleicht, aber Ihr fürchtet sie zugleich. Als Ihr damals Merete an Vinzents Lunge gabt, hatten die dänischen Herren die Übermacht in allen Teilen des Landes. Drei Jahre später, als Ihr Lucia verbotet, den zu heiraten, an den sie ihr Leben gebunden, obgleich er sie verführt hatte – da standen die Sachen ganz anders. Des Königs dänische Vögte hatten schändliche Greuel gegen das Volk verübt, und Ihr fandet es nicht ratsam, Euch fester, als es geschehen war, an die fremden Gewalttäter zu binden. – Und was habt Ihr wohl getan, um jene zu rächen, die so jung sterben mußte? Ihr habt nichts getan. Wohlan, ich werde für Euch handeln; ich werde all die Schmach rächen, die über unser Volk und unser Geschlecht gekommen ist!

INGER: Du? Was hast du im Sinn?

ELINE: Ich gehe m e i n e n Weg, gleichwie Ihr den E u r e n geht. Was ich im Sinne habe, weiß ich selbst nicht; aber ich fühle Kräfte in mir, alles zu wagen für unsere gerechte Sache.

INGER: Dann wirst du einen harten Kampf zu bestehen haben. Ich habe einmal dasselbe gelobt wie du – und mein Haar ist ergraut unter der Last meines Gelübdes.

ELINE: Gute Nacht! Euer Gast kann kommen – und bei der Begegnung bin ich überflüssig. Vielleicht ist es noch Zeit für Euch – nun, Gott stärke und leite Euer Tun! Vergeßt nicht, daß die Augen vieler Tausender über Euch wachen. Denkt an Merete, die früh und spät über ihr verlorenes Leben weint. Denkt an Lucia, die in der schwarzen Truhe schläft. Und noch e i n s. Vergeßt nicht, daß Ihr heute nacht die Würfel werft um Euer letztes Kind! *Sie geht links ab.*

Zehnter Auftritt

Frau Inger allein.

INGER *sieht ihr eine Weile nach:* Mein letztes Kind? Da sprachst du wahrer, als du selbst wußtest. Aber das gilt nicht von meinem Kinde allein. Helfe mir Gott; heute nacht wird gewürfelt um das ganze norwegische Reich. *Sie tritt ans Fenster rechts.* Ah – reitet da nicht jemand durch das Burgtor? *Sie lauscht am Fenster.* Nein, noch nicht. Es war nur der Wind. Grabeskalt weht es. Hat Gott der Herr ein Recht hierzu? – Mich als Weib zu gestalten – und dann eine Mannestat auf meine Schultern zu bürden. Denn ich h a b e des Landes Wohlfahrt in meinen Händen. Es s t e h t in meiner Macht, sie alle wie e i n Mann aufstehen zu lassen. Von m i r erwarten sie das Zeichen; und gebe ich es jetzt nicht, so geschieht es – vielleicht nie. Zögern? Die vielen um des e i n e n willen opfern? Wäre es nicht besser, wenn ich könnte –? Nein, nein, nein – ich w i l l es nicht. Ich k a n n es nicht! *Sie wirft einen verstohlenen Blick nach dem Rittersaal, wendet sich ab wie in Angst und sagt flüsternd:* Nun sind sie wieder da drinnen. Bleiche Gespenster – tote Ahnen, gefallene Blutsfreunde. Pfui, diese bohrenden Augen aus allen Ecken! *Sie schlägt mit der Hand zurück und schreit:* Sten Sture! Knut Alfson! Olaf Skaktavl! Weicht – weicht! Ich k a n n dies nicht! Ich w i l l es nicht!

Elfter Auftritt

Frau Inger, ein fremder Mann.

EIN FREMDER, STARK GEBAUTER MANN *mit grau gesprenkeltem Haar und Bart, in zerrissenem Lammfellkittel, mit rostigen Waffen ist durch den Rittersaal eingetreten; er bleibt an der Tür stehen und sagt gedämpft:* Heil Euch, Frau Inger Gyldenlöve!

INGER *wendet sich mit einem Schrei:* Ah! Christ im Himmel steh mir bei! *Sie sinkt in einen Stuhl.*

Der fremde Mann starrt sie an, unbeweglich auf sein Schwert gestützt.

ZWEITER AUFZUG

Dasselbe Gemach wie im ersten Aufzug.

Erster Auftritt

Frau Inger, Olaf Skaktavl.

Inger sitzt rechts vor dem Fenster am Tisch.

OLAF *steht ein wenig von ihr entfernt; die Gesichter beider verraten, daß eine stark bewegte Unterredung stattgefunden hat:* Zum letztenmal, Inger Gyldenlöve, Ihr seid also unerschütterlich in Eurem Vorsatz?

INGER: Ich kann nicht anders. Und mein Rat an Euch geht dahin: Tut wie ich. Ist es des Himmels Wille, daß Norwegen durchaus untergehen soll, so geht es unter, ob wir es stützen oder nicht.

OLAF: Und mit d e m Glauben, meint Ihr, soll ich mich zufriedengeben? Ich sollte ruhig sitzen und zusehen, jetzt, wo die Zeit gekommen ist? Habt Ihr vergessen, was ich zu rächen habe? Meinen Grund und Boden haben sie geraubt und unter sich zerstückelt. Meinen Sohn, mein einziges Kind, den letzten Sprößling meines Geschlechts, haben sie vor meinen Augen erschlagen wie einen Hund. Mich selbst haben sie zwanzig Jahre lang vogelfrei durch Wald und Berge gejagt. Das Gerücht hat mich mehr als e i n mal totgesagt; aber ich hege nun den Glauben, daß sie mich nicht in die Grube legen werden, bevor ich nicht Rache genommen.

INGER: Dann habt Ihr noch ein langes Leben vor Euch. Was wollt Ihr nun tun?

OLAF: Tun? Weiß ich, was ich tun will? Ich habe mich nie mit Anschlägen abgegeben. Dazu sollt Ihr mir helfen. Ihr seid klug genug dazu. Ich habe nur zwei Arme und meine Waffe.

INGER: Eure Waffe ist verrostet, Olaf Skaktavl! Alle Waffen in Norwegen sind verrostet.

OLAF: Deshalb streiten gewisse Leute wohl nur mit der Zunge? Inger Gyldenlöve, Ihr habt Euch stark verändert. Es gab eine Zeit, da ein Mannesherz in Eurer Brust schlug.

INGER: Mahnt mich nicht an das, was w a r.

OLAF: Und doch bin ich deshalb zu Euch gekommen. Ihr sollt mich hören, und wenn –

INGER: Wohlan; aber macht es kurz; denn – ja, ich muß es Euch sagen – Ihr seid nicht sicher hier auf dem Hofe.

OLAF: Auf Östrots Hof der Geächtete nicht sicher? Das hab ich längst gewußt. Aber Ihr vergeßt, daß der Geächtete unsicher ist, wo er auch umherirrt.

INGER: So sprecht; ich verwehre Euch nicht.

OLAF: Es sind nun bald dreißig Jahre, seitdem ich Euch zum ersten Male sah. Es war zu Akershus bei Knut Alfson und seiner Hausfrau. Damals wart Ihr fast noch ein Kind; aber dennoch wart Ihr kühn, wie ein jagender Falke, und dazu bisweilen wild und unlenksam. Viele waren ihrer, die um Euch warben. Auch mir wart Ihr teuer – teuer, wie kein Weib es mir je vorher oder nachher gewesen. Aber Ihr hattet nur e i n Ziel vor Augen und e i n e n Gedanken. Das war der Gedanke an das Unglück und die große Not des Reichs.

INGER: Ich zählte fünfzehn Sommer – bedenkt! Und war es nicht, als hätte uns allesamt in jenen Tagen ein wilder Sinn erfaßt?

OLAF: Nennt es, wie Euch beliebt. Aber e i n s weiß ich: die Alten und Erfahrenen unter uns meinten, bei unserm Herrgott stände geschrieben, daß Ihr es seiet, die unserer Knechtschaft Joch brechen und uns all unsere Rechte wiedergeben würdet. Und ferner weiß ich, I h r dachtet damals ebenso.

INGER: Das war ein sündhafter Gedanke, Olaf Skaktavl! Hochmut war's und nicht der Ruf des Herrn, der aus mir sprach.

OLAF: Ihr k o n n t e t die Auserkorene sein, wenn Ihr gewollt hättet. Ihr stammtet aus Norwegens ältesten Geschlechtern; Ihr hattet Macht und Reichtum zu erwarten: und Ihr hattet ein Ohr für die Klagerufe – in jener Zeit. Gedenkt Ihr jenes Nachmittags, da Henrik Krummedike mit der dänischen Flotte vor Akershus kam? Die Schiffsherren boten gütlichen Vergleich, und sicher durch den Geleitsbrief ließ Knut Alfson sich an Bord rudern. Drei Stunden später trugen wir ihn durchs Schloßtor –

INGER: Als Leiche! Als Leiche!

OLAF: Norwegens bestes Herz brach, als Krummedikes Mietlinge ihn erschlugen. Noch dünkt mich, daß ich den langen Zug sehe, der kummerschwer, Paar für Paar, in den Rittersaal schritt. Da lag er auf der Bahre, mit dem Axthieb über der Stirn, bleich wie eine Frühlingswolke. Ich darf wohl sagen, daß Norwegens bravste Männer in jener Nacht dort versammelt waren. Frau Margrete stand zu Häupten ihres toten Mannes, und alle, alle schworen wir, Wohlfahrt und Leben zu wagen, um jene letzte Greueltat und all das übrige zu rächen. Inger Gyldenlöve, wer war es, die sich damals Bahn brach durch den Kreis der Männer? Eine Jungfrau, fast noch ein Kind, mit Feuer im Auge und tränenerstickter Stimme. Was schwur sie? Soll ich Eure Worte wiederholen?

INGER: Ich schwur, was ihr andern schwort; weder mehr noch minder.

OLAF: Ihr gedenkt Eures Eides – und habt ihn doch vergessen.

INGER: Und wie hielten die andern, was sie gelobt? Ich spreche nicht von Euch, Olaf Skaktavl, wohl aber von Euren Freunden, dem ganzen Adel Norwegens. Nicht ein einziger ist unter ihnen, der in all diesen Jahren Mut gehabt hätte, Mann zu sein; und doch legen sie mir zur Last, daß ich ein Weib bin.

OLAF: Ich weiß, was Ihr sagen wollt. Weshalb unterwarfen sie sich, anstatt den Gewalthabern Trotz zu bieten bis zum äußersten? Wohl wahr; es ist elendes Mark in unsern Geschlechtern heutzutage; aber hätten sie zusammengehalten – wer weiß, was geschehen wäre? Und Ihr hättet sie zusammenhalten können; denn vor Euch hätten sich alle gebeugt.

INGER: Leicht könnte ich Euch antworten; aber Ihr würdet meine Antwort nicht gelten lassen. Laßt uns deshalb nicht weiter über das sprechen, was nicht zu ändern ist. Kommt lieber vor mit dem, was Euch besonders nach Östrot führt. Braucht Ihr ein Obdach? Wohlan; ich will versuchen, Euch zu verbergen. Bedürft Ihr anderer Dinge, so sprecht; Ihr werdet mich bereitfinden –

OLAF: Zwanzig Jahre lang bin ich heimatlos gewesen. Auf Jämtelandsfelsen ist mein Haar ergraut. Ich habe bei Wölfen und Bären genächtigt. Ihr seht, Frau Inger, i c h brauche Euch nicht; aber Adel und Volk brauchen Euch.

INGER: Das alte Lied.

OLAF: Ja, es klingt garstig in Euren Ohren, das weiß ich wohl; aber Ihr müßt es trotzdem anhören. Kurz und gut: ich komme von Schweden her. Es entsteht Unruhe. In Dalekarlien soll es losbrechen.

INGER: Ich weiß es.

OLAF: Der Kanzler Peter ist mit dabei – aber insgeheim, versteht Ihr.

INGER *stutzt:* Wie?

OLAF: Er ist's, der mich nach Östrot schickt.

INGER *erhebt sich:* Der Kanzler Peter, sagt Ihr?

OLAF: Er selbst – oder, vielleicht, kennt Ihr ihn nicht mehr?

INGER *halb vor sich hin:* Nur allzugut! – Doch sagt mir, ich bitte Euch – welche Botschaft bringt Ihr?

OLAF: Als das Gerücht von dem Unfrieden hinauf in die Grenzberge drang, wo ich hauste, machte ich mich unverzüglich auf den Weg nach Schweden. Ich konnte mir wohl denken, daß der Kanzler seine Hand mit im Spiel hatte. Ich suchte ihn auf und bot ihm meinen Beistand; er kannte mich in früheren Zeiten, wie Ihr wißt.

Er wußte, daß man mir trauen kann – und da schickte er mich her.

INGER *ungeduldig:* Gewiß, gewiß – er schickte Euch her, um zu –?

OLAF *geheimnisvoll:* Frau Inger, ein Fremder kommt heute nacht nach Östrot.

INGER *überrascht:* Wie? Wißt Ihr, daß –?

OLAF: Ja, wohl weiß ich. Ich weiß alles. Um ihn zu treffen, hat der Kanzler mich hergesandt.

INGER: Ihn? Unmöglich, Olaf Skaktavl – unmöglich!

OLAF: Wie ich Euch sage. Wenn er noch nicht gekommen ist, so wird es nicht mehr lange dauern, bis –

INGER: Freilich; doch –

OLAF: Ihr wart also auf sein Kommen vorbereitet?

INGER: Gewiß. Er sandte mir darob Kunde. Deshalb wurde Euch aufgetan, sobald Ihr gepocht hattet.

OLAF *horchend:* Horch – da kommt jemand den Weg herauf geritten. *Er geht an das Fenster rechts.* Das Tor wird geöffnet.

INGER *sieht hinaus:* Ein Ritter mit seinem Knappen. Sie steigen im Hofe ab.

OLAF: Das also ist er. Sein Name?

INGER: Ihr wißt seinen Namen nicht?

OLAF: Der Kanzler weigerte sich, ihn mir zu nennen. Er sagte nur, daß ich den Sendling am dritten Abend nach der Sankt-Martins-Messe zu Östrot treffen würde –

INGER: Richtig; das ist genau der heutige Abend.

OLAF: Er würde Briefschaften mitbringen. Aus diesen oder aus Eurem eigenen Munde würde ich erfahren, wer er sei.

INGER: So laßt mich Euch nach Eurer Gastkammer geleiten. Ihr bedürft der Ruhe und Labung. Den fremden Herrn sollt Ihr bald sprechen.

OLAF: Wie es Euch beliebt.

Beide gehen links ab. Finn kommt nach kurzer Pause vorsichtig durch die Tür rechts, sieht sich im Zimmer um, wirft einen Blick in den Rittersaal, geht dann wieder an die Tür zurück und gibt einem Draußenstehenden ein Zeichen. Nils Lykke und der schwedische Befehlshaber Jens Bjelke treten gleich darauf ins Gemach.

Zweiter Auftritt

Finn, Nils Lykke, Jens Bjelke.

LYKKE *gedämpft:* Niemand?

FINN *ebenso:* Nein, Herr!

LYKKE: Und wir können uns in allem und jedem fest auf dich verlassen?

FINN: Der Befehlshaber in Drontheim gab mir stets das Zeugnis, daß ich zuverlässig sei.

LYKKE: Schon gut; das hat er auch mir gesagt. Also, vor allem andern – ist heute abend ein Fremder schon vor uns nach Östrot gekommen?

FINN: Ja, vor einer Stunde kam ein fremder Mann.

LYKKE *gedämpft zu Bjelke:* Er ist hier. *Er wendet sich wieder zu Finn:* Würdest du ihn wiedererkennen? Hast du ihn gesehen?

FINN: Nein, das hat wohl niemand außer dem Pförtner, soviel ich weiß. Er wurde augenblicklich vor Frau Inger geführt, und sie –

LYKKE: Nun? Und sie? Er ist doch wohl nicht schon wieder fort?

FINN: Nein; aber sie hält ihn wohl in einem ihrer eigenen Gemächer verborgen, denn –

LYKKE: Es ist gut.

BJELKE *flüstert:* Also vor allen Dingen Wache vors Tor; dann haben wir ihn sicher.

LYKKE *mit einem Lächeln:* Hm! *Zu Finn:* Höre, sag an – gibt es hier im Schlosse noch einen andern Ausgang als durchs Tor?

Finn sieht ihn frappiert an.

LYKKE: Sieh mich nicht so dumm an! Ich meine – kann jemand ungesehen von Östrot entkommen, wenn das Burgtor geschlossen wird?

FINN: Ja, das weiß ich nicht. Freilich spricht man von geheimen Gängen unten in den Gewölben; aber es kennt sie wohl niemand außer Frau Inger selbst. Ja, und dann vielleicht Jungfrau Eline.

BJELKE: Zum Teufel!

LYKKE: Es ist gut. Du kannst gehen.

FINN: Wohlan. Solltet Ihr später etwas von mir wollen, so braucht Ihr nur an die zweite Tür zur Rechten im Rittersaal zu pochen; ich werde dann gleich zur Hand sein.

LYKKE: Gut. *Er zeigt auf die Tür zum Gang.*

Finn geht ab.

Dritter Auftritt

Nils Lykke, Jens Bjelke.

BJELKE: Hört – wißt Ihr, teurer Freund und Bruder – das wird ein jämmerlicher Feldzug für uns beide.

LYKKE *lächelnd:* O nicht für mich, hoffe ich.

BJELKE: So? Erstens ist nur wenig Ehre dabei, auf einen bartlosen Burschen wie diesen Nils Sture Jagd zu machen. Soll ich ihn für klug oder verrückt halten nach der Art, wie er vorgegangen ist? Erst böses Blut bei den Bauern machen; ihnen Beistand und goldne Berge versprechen; und dann, wenn es dazu kommt, auf und davon laufen und sich hinter eine Weiberschürze verkriechen! Überdies reut es mich, offen gesagt, daß ich Euren Rat befolgte und nicht nach meinem eigenen Kopfe handelte.

LYKKE *leise:* Die Reue kommt ziemlich spät, Bruder!

BJELKE: Denn seht, nach Dachsen graben ist nie meine Sache gewesen. Ich habe etwas ganz anderes erwartet. Nun bin ich mit meinen Reitern aus Jämteland aufgebrochen, habe den Brief des Drontheimschen Befehlshabers bekommen, daß ich den Unruhstifter überall suchen kann, wo es mir beliebt. Alle Spuren deuten darauf hin, daß er sich nach Östrot geschlichen –

LYKKE: Er ist hier! Er ist hier, sage ich!

BJELKE: Ja, aber was wär' dann natürlicher gewesen, als daß wir das Tor geschlossen und streng bewacht gefunden hätten? Wäre es nur gewesen! Ich hätte dann doch Verwendung für meine Kriegsknechte gehabt.

LYKKE: Statt dessen öffnet man uns das Tor sehr höflich. Gebt acht, wenn Frau Inger ihrem Ruf entspricht, so läßt sie es ihren Gästen weder an Speise noch Trank mangeln.

BJELKE: Um mich von meinem Vorhaben abzubringen, ja! Wie kamt Ihr aber auch auf den Einfall, daß ich meine Reiter eine Viertelstunde hinter dem Schlosse zurücklassen solle? Wären wir mit Kriegsmannschaft angerückt, so –

LYKKE: So hätte sie uns deshalb doch wie willkommene Gäste aufgenommen. Bedenkt aber, daß der Besuch in solchem Falle Aufsehen gemacht hätte. Die Bauern ringsumher hätten darin eine Gewalttat gegen Frau Inger gesehen, sie wäre dadurch wieder in der Gunst der Menge gestiegen, und seht, das ist nicht ratsam.

BJELKE: Mag sein. Was aber jetzt beginnen? Graf Sture sei in Östrot, sagt Ihr. Ja, was hilft das mir? Frau Inger hat gewiß, dem Fuchse gleich, manchen Schlupfwinkel und mehr als e i n e n Ausgang. Hier können wir zwei einzelnen Männer wittern, solange wir wollen. Der Teufel hol die ganze Geschichte!

LYKKE: Wohlan, lieber Herr – wenn Euch die Wendung nicht gefällt, welche Eure Sendung genommen, so überlaßt das Schlachtfeld mir.

BJELKE: Euch? Was wollt Ihr denn beginnen?

LYKKE: Schlauheit und List können hier vielleicht ausrichten, was wir mit Waffenmacht nicht durchsetzen können. Nun, ehrlich gesprochen, Herr Jens Bjelke, ich habe schon etwas Ähnliches in Gedanken getragen, seitdem wir gestern in Drontheim zusammentrafen.

BJELKE: Habt Ihr mich deshalb überredet, mich von den Kriegsknechten zu trennen?

LYKKE: Sowohl Euer wie mein Geschäft konnte am besten ohne sie erledigt werden; und dann –

BJELKE: Hol Euch der Teufel – hätte ich beinahe gesagt! Und mich dazu! Ich hätte doch wissen müssen, daß Ihr den Fuchs nicht verleugnen könnt.

LYKKE: Ja, aber seht, hier kommt der Fuchs gut zustatten, wenn mit gleichen Waffen gekämpft werden soll. Und ich muß Euch sagen, daß es für mich von höchster Wichtigkeit ist, mich geschickt und in aller Stille meines Auftrags zu entledigen. Wißt nämlich, daß mein Herr und König mir bei meiner Abreise wenig gnädig gesinnt war. Er meinte, seine Gründe dazu zu haben, obgleich ich glaube, daß ich ihm bei mehr als e i n e m schwierigen Auftrage so nützlich gewesen bin als irgendeiner.

BJELKE: Das Zeugnis dürft Ihr Euch wahrlich geben. Gott und alle Welt weiß, daß Ihr der schlau'ste Teufel in allen drei Reichen seid.

LYKKE: Meinen Dank! Das will nun grade nicht viel sagen. Das, was mir hier bevorsteht, halte ich freilich für ein Meisterstück; denn hier gilt es ein Weib zu umgarnen –

BJELKE: Ha, ha, ha! In d e m Handwerk habt Ihr doch schon vor langer Zeit Euer Meisterstück gemacht, Bruder! Meint Ihr, wir kennen nicht auch in Schweden die Weise:

> Verzagt seufzt dort jede Jungfrau rein:
> „Wollt' Gott, Nils Lykke könnt' gut mir sein!"

LYKKE: Ach, die Weise gilt nur für Weiber bis zu zwanzig Jahren. Frau Inger Gyldenlöve aber ist gegen die fünfzig und dazu schlau wie keine andere. Es wird schwerhalten, mit ihr fertig zu werden. Aber es m u ß geschehen – um jeden Preis! Glückt es mir, dem König gewisse Vorteile über sie zu verschaffen, nach denen er schon lange trachtet, so kann ich darauf rechnen, daß ich im nächsten Frühling mit der Sendung nach Frankreich betraut werde. Ihr wißt wohl, daß ich volle drei Jahre auf der Hochschule zu Paris verbrachte? Mein ganzer Sinn steht wieder nach dort, besonders wenn ich in so hochangesehener Eigenschaft wie der des Gesandten eines Königs auftreten könnte. Nun – nicht wahr – Ihr überlaßt Frau Inger mir? Bedenkt – damals, als Ihr zuletzt am Hofe in Kopenhagen weiltet, räumte ich Euch den Platz bei mehr als e i n e r schönen Maid –

BJELKE: Ach, wißt Ihr – d e r Edelmut war nicht so groß. Ihr hattet ja doch Hals- und Handrecht über sie alle. Aber gleichviel; da ich die Sache nun doch einmal falsch angefaßt habe, sehe ich am liebsten, wenn Ihr sie auf Euch nehmt. Doch, darauf Euer Wort – ist der junge Graf Sture in Östrot, so schafft Ihr ihn zur Stelle, ob lebendig oder tot!

LYKKE: Lebendig sollt Ihr ihn haben. Wenigstens trachte ich ihm nicht nach dem Leben. Jetzt aber müßt Ihr zu Euren Leuten zurückreiten. Haltet die Landstraße besetzt. Sollte ich etwas Verdächtiges wahrnehmen, so sollt Ihr unverzüglich Kundschaft davon erhalten.

BJELKE: Gut, gut. Wie aber komme ich hinaus?

LYKKE: Der Bursche, der uns hereingeführt, wird Euch schon zurechthelfen. Aber in aller Stille –

BJELKE: Versteht sich. Nun – Glück auf!

LYKKE: Das Glück hat mich im Kampf mit Weibern noch nie im Stich gelassen. Beeilt Euch!

Bjelke geht rechts ab.

Vierter Auftritt

Nils Lykke allein.

LYKKE *steht eine Weile still, geht ein wenig im Gemach umher; dann gedämpft:* Da stehe ich denn endlich in Östrot. Dieser alte Herrensitz, von dem ein Kind mir vor zwei Jahren so viel erzählte. Lucia. Ja, vor zwei Jahren war sie noch ein Kind. Und jetzt – jetzt ist sie tot. *Er trällert mit einem halben Lächeln:*

> „Blüten welken und entblättern –"

Er sieht sich wieder um. Östrot. Mir ist, als hätte ich das alles schon zuvor gesehen; als wäre ich hier zu Hause. Da drinnen ist der Rittersaal. Und da unten ist – das Grabgewölbe. Dort liegt wohl auch Lucia. *Leiser, halb ernst, halb gezwungen scherzend:* Wenn ich ein furchtsamer Mann wäre, könnte ich mir einbilden, daß sie sich im Sarge umgedreht, als ich meinen Fuß über Östrots Schwelle setzte. Da ich über den Burghof schritt, hob sie den Deckel der Truhe. Und als ich jetzt ihren Namen aussprach, war es, als hätte eine Stimme sie aus der Gruft gerufen. Vielleicht tastet sie sich jetzt die Treppe hinauf. Das Schweißtuch ist ihr im Wege; aber sie tastet sich dennoch vorwärts. Nun ist sie oben im Rittersaal! Sie lehnt am Türpfosten und starrt mich an! *Er wirft den Kopf über die Schulter zurück, nickt und sagt laut:* Komm näher, Lucia! Plaudere ein wenig mit mir! Deine Mutter läßt mich warten. Es ist so langweilig zu warten – und du hast mir geholfen, so manche langweilige Stunde vertreiben. *Er fährt mit der Hand über die Stirn und geht ein paarmal auf und ab.* Sieh da! Richtig, dort ist das tiefe Fenster mit dem Vorhang. Dort pflegt ja Inger Gyldenlöve zu stehen und auf die Landstraße hinauszustarren, als harre sie auf einen, der niemals kommt. Da drinnen – *er sieht nach der Tür zur Linken:* da drinnen liegt irgendwo Schwester Elines Gemach. Eline? Ja, sie heißt Eline. Darf ich glauben, daß sie so eigentümlich ist – so klug und so mutig, wie Lucia sagte? Schön soll sie auch sein. Aber zur Ehefrau? – So offen hätte ich das nicht schreiben sollen. *Er will sich in Gedanken versunken an den Tisch setzen, erhebt sich aber sofort wieder.* Wie wird Frau Inger mich empfangen? Sie wird das Schloß nicht über uns in Brand stecken. Sie wird mich nicht in eine Falltür locken. Mich meuchlings mit dem Dolch überfallen ebenfalls nicht – *Er lauscht nach dem Saal hin.* Aha!

Frau Inger kommt durch die Mitte aus dem Saal.

Fünfter Auftritt

Nils Lykke, Frau Inger.

INGER *kalt:* Ich entbiete Euch meinen Gruß, Herr Reichsrat –

LYKKE *verneigt sich tief:* Ah, die Herrin von Östrot!

INGER: Und meinen Dank, daß Ihr mich zuvor Euer Kommen wissen ließt.

LYKKE: Nicht mehr als meine Schuldigkeit. Ich hatte Grund zu vermuten, daß mein Kommen Euch überraschen würde.

INGER: In Wahrheit, Herr Reichsrat, da gingt Ihr nicht fehl. Von allen hätte ich am wenigsten erwartet, Nils Lykke als Gast auf Östrot zu sehen.

LYKKE: Und noch weniger hättet Ihr wohl erwartet, daß er als Freund kommen werde.

INGER: Als Freund? Ihr fügt noch Spott zu all dem Jammer und der Schande, die Ihr auf mein Haus gehäuft? Nachdem Ihr mir ein Kind in die Grube gebracht, wagt Ihr noch –

LYKKE: Verzeiht, Frau Inger Gyldenlöve – in diesem Punkt werden wir kaum zur Einigkeit gelangen, denn Ihr zieht nicht in Betracht, was ich bei jener unglückseligen Gelegenheit verlor. Meine Absichten waren ehrliche. Ich war meines ungebundenen Lebens müde; über die dreißig Jahr war ich damals ja auch schon; ich sehnte mich nach einem guten, frommen Weibe. Fügt dazu noch die Aussicht auf das Glück, Euer Schwiegersohn zu werden –

INGER: Nehmt Euch wohl in acht, Herr Reichsrat! Was meinem Kinde widerfahren ist, habe ich nach besten Kräften niedergeschlagen. Aber glaubt nicht, daß es verborgen ist, wenn es auch verheimlicht ist. Es könnte bald eine Gelegenheit kommen –

LYKKE: Ihr droht mir, Frau Inger? Ich habe Euch meine Hand zum Vergleich geboten. Ihr weigert Euch, sie anzunehmen. Von nun an soll offene Fehde zwischen uns sein?

INGER: Ich wüßte nicht, daß es zuvor anders gewesen.

LYKKE: Von Eurer Seite mag sein. Ich bin niemals Euer Feind gewesen, obgleich ich als Untertan des Königs von Dänemark wohl guten Grund dazu gehabt hätte.

INGER: Ich verstehe Euch. Ich bin nicht fügsam genug gewesen. Es ging nicht so glatt, wie man wünschte, mich in Euer Lager hinüberzuziehen. Mir deucht doch, daß Ihr Euch über nichts zu beklagen habt. Meiner Tochter Meretes Gemahl ist Euer Landsmann. Weiter kann ich nicht gehen. Meine Lage ist schwierig, Nils Lykke!

LYKKE: Das begreife ich vollauf. Der Adel sowohl wie das gemeine Volk in Norwegen vermeinen, alte Ansprüche an Euch zu haben – Ansprüche, denen Ihr, wie man sagt, nur zur Hälfte gerecht geworden seid.

INGER: Verzeiht, Herr Reichsrat, über mein Tun gebe ich keinem Rechenschaft, außer Gott und mir selbst. Wenn es Euch daher gefällt, so laßt mich wissen, was Euch herführt.

LYKKE: Sogleich, Frau Inger! Der Zweck meiner Sendung in dieses Land kann Euch wohl nicht unbekannt sein –?

INGER: Ich weiß, welchen Auftrag man Euch im allgemeinen zuschreibt. Es ist unserm König von Wichtigkeit zu wissen, wie er sich mit dem norwegischen Adel steht.

LYKKE: Gewiß.

INGER: Deshalb kommt Ihr also nach Östrot?

LYKKE: Zum Teil deshalb. Doch komme ich durchaus nicht, um eine mündliche Zusage von Euch zu verlangen!

INGER: Nun?

LYKKE: Hört mich, Frau Inger! Ihr sagtet selbst soeben, daß Eure Stellung schwierig sei. Ihr steht zwischen zwei feindlichen Lagern, die beide nur zur Hälfte wagen, sich auf Euch zu verlassen. Euer eigener Vorteil muß Euch notwendigerweise an uns knüpfen. An die Mißvergnügten hingegen seid Ihr durch Landsmannschaft und – wer weiß – vielleicht auch durch ein anderes heimliches Band gebunden.

INGER *leise:* Ein heimliches Band! Christ, sollte er – ?

LYKKE *gewahrt von ihr unbemerkt ihre Bewegung und fügt ungezwungen hinzu:* Ihr seht gewiß selbst ein, daß diese Lage auf die Dauer nicht zu halten ist. Setzt nun den Fall, es stände in meiner Macht, Euch aus diesen Verhältnissen zu befreien, die –

INGER: In Eurer Macht, sagt Ihr?

LYKKE: Vor allem, Frau Inger, muß ich Euch bitten, kein Gewicht auf die leichtfertigen Worte zu legen, mit denen ich zuvor das besprochen habe, was uns beide angeht. Glaubt nicht, daß ich je einen Augenblick die Schuld aus den Gedanken verliere, in der ich zu Euch stehe. Nehmt an, daß es längst meine Absicht gewesen, soweit es möglich, wiedergutzumachen, was ich verbrochen habe. Nehmt an, daß ich mir zu diesem Zweck die Sendung hierher verschafft hätte.

INGER: Erklärt Euch genauer, Herr Reichsrat; jetzt verstehe ich Euch nicht.

LYKKE: Ich gehe vielleicht nicht fehl, wenn ich vermute, daß Ihr so gut wie ich von den Unruhen wißt, die in Schweden auszubrechen drohen. Ihr wißt oder ahnt auf jeden Fall, daß diese Unruhen eine größere Bedeutung haben, als man ihnen im allgemeinen beimißt, und Ihr werdet daher begreifen, daß unser König es nicht mehr ruhig mitansehen kann, wenn die Begebenheiten ihren eigenen Gang gehen. Nicht wahr?

INGER: Fahrt fort!

LYKKE *forschend, nach einer kleinen Pause:* Es gibt e i n e n denkbaren Fall, der Gustav Wasas Thron in Gefahr bringen könnte –

INGER *leise:* Wo will Er hinaus?

LYKKE: Der Fall nämlich, daß sich in Schweden ein Mann fände, der aufgrund seiner Geburt Anspruch hätte, zum Herrscher des Volks erkoren zu werden.

INGER *ausweichend:* Schwedens Adel ist gradeso blutig verstümmelt wie der unsere, Herr Reichsrat! Wo wolltet Ihr wohl suchen – ?

LYKKE *lächelnd:* Suchen? Der Mann ist bereits gefunden!

INGER *fährt zusammen:* Ah! Schon gefunden?

LYKKE: Und er steht Euch zu nahe, hochedle Frau, als daß Eure Gedanken nicht auf ihn fallen sollten. *Er sieht sie unverwandt an.* Der verstorbene Graf Sture hat einen Sohn hinterlassen –

INGER *mit einem Schrei:* Heiliger Erlöser, woher wißt Ihr?

LYKKE *stutzt:* Faßt Euch, hochedle Frau, und laßt mich zu Ende reden. Dieser junge Mann lebte bisher still bei seiner Mutter, Sten Stures Witwe.

INGER *atmet wieder auf:* Bei – ? Ach ja – ja, gewiß!

LYKKE: Jetzt hingegen ist er offen hervorgetreten. In Dalekarlien hat er sich als der Führer der Bauern gezeigt. Ihre Zahl wächst mit jedem Tage und – wie Ihr vielleicht wißt, finden sie diesseits der Grenzberge Freunde unter dem Volk.

INGER *die sich inzwischen gefaßt hat:* Herr Reichsrat, Ihr erwähnt all dieser Begebenheiten mit der vollen Zuversicht, daß ich Kenntnis von ihnen habe. Welchen Grund gab ich Euch, solches zu vermuten? Ich weiß nichts und wünsche nichts zu wissen. Meine Absicht ist, ruhig in meinem eigenen Bereich zu leben; ich leihe den Unruhstiftern nicht meinen Beistand; aber ebensowenig rechnet auf mich, wenn Ihr im Sinne habt, sie zu unterdrücken.

LYKKE *gedämpft:* Würdet Ihr Euch auch untätig verhalten, wenn ich im Sinne hätte, ihnen beizustehen?

INGER: Wie soll ich Euch verstehen?

LYKKE: Ihr habt also nicht begriffen, auf was ich die ganze Zeit abgezielt habe? Wohlan, ehrlich und offen will ich Euch denn alles sagen. Wisset also, daß der König und sein Rat vollauf eingesehen haben, wie wir auf die Dauer nicht sichern Fuß in Norwegen fassen können, wenn Adel und Volk wie jetzt fortfahren, sich für verunglimpft und unterdrückt zu halten. Wir haben wohl begriffen, daß willige Bundesgenossen besser sind als erzwungene Untertanen, und wir wünschen daher nichts herzlicher, als das Band zu lösen, das uns im Grunde ebensosehr drückt wie E u c h. Aber Ihr werdet gewiß auch anerkennen, daß die Gesinnung der Norweger gegen uns einen solchen Schritt allzu bedenklich macht – solange wir nicht eine zuverlässige Stütze im Rücken haben.

INGER: Und diese Stütze – ?

LYKKE: Diese Stütze ist vorerst in Schweden zu suchen. Aber, wohl aufgemerkt, nicht solange Gustav Wasa am Ruder sitzt. Denn s e i n e Rechnung mit Dänemark ist noch nicht abgeschlossen und wird es auch niemals sein. Ein neuer schwedischer König hingegen, der das Volk auf seiner Seite hätte und Dänemarks Beistand seine Krone verdankte – nein, Ihr beginnt wohl, mich zu verstehen. Dann könnten wir ruhig zu euch Norwegern sagen: „Nehmt eure alten, ererbten Rechte zurück; wählt euch einen Führer nach eigenem Belieben; seid unsere Freunde in der Not, gleichwie wir die euren waren!“ Merkt auch wohl auf, Frau Inger, diese Großmut ist im Grunde nicht so groß, wie es vielleicht scheint; denn Ihr werdet selbst einsehen, daß wir weit entfernt, dadurch schwächer zu werden, eigentlich dadurch gekräftigt werden. Und da ich nun offenherzig mit Euch geredet habe, so laßt auch jedes Mißtrauen fahren. Also – *bestimmt:* der Rittersmann aus Schweden, der eine Stunde vor mir eingetroffen ist –

INGER: Ihr wißt also schon?

LYKKE: Vollkommen. E r ist's, den ich suche.

INGER *für sich:* Seltsam. Also doch wie Olaf Skaktavl sagt. *Zu Nils Lykke:* Ich bitte Euch, hier zu warten, Herr Reichsrat! Ich gehe, um ihn Euch zuzuführen.

Sie geht durch den Rittersaal ab.

Sechster Auftritt

Nils Lykke allein.

LYKKE *sieht ihr eine Weile in triumphierender Verwunderung nach:* Sie holt ihn! Ja, wirklich – sie holt ihn! Der Kampf ist zur Hälfte gewonnen. Daß es so leicht gehen würde, habe ich nicht geglaubt. Sie hat sich tief mit den Unruhstiftern eingelassen. Fuhr zusammen vor Schreck, als ich Sten Stures Sohn nannte. Und nun? Hm! Ist Frau Inger vertrauensvoll in die Falle gegangen, so wird Nils Sture uns keine großen Schwierigkeiten bereiten. Ein junges Blut ohne Besonnenheit und Überlegung – mit meinem Versprechen auf Beistand zieht er ab. Unglücklicherweise fängt Jens Bjelke ihn auf dem Wege ab – und das ganze Vorhaben ist erstickt. – Und dann? Dann einen Schritt weiter zu eigenem Frommen. Es wird verbreitet, daß der junge Graf Sture zu Östrot war, daß ein dänischer Sendling eine Zusammenkunft mit Frau Inger hatte, daß als Folge davon Junker Nils eine Viertelstunde vom Hofe entfernt von König Gustavs Kriegsknechten aufgeschnappt wurde. Inger Gyldenlöves Ansehen beim Volke mag noch so groß sein – gegen einen solchen Stoß wird es sich schwer behaupten können. *Er fährt plötzlich unruhig auf:* Zu allen Teufeln! Wenn Frau Inger Unrat gewittert hätte! Vielleicht entwischt er uns in diesem Augenblick unter den Händen – *Er horcht beruhigt nach dem Rittersaal.* Ah, es hat keine Not. Da kommen sie.

Frau Inger kommt aus dem Saal, begleitet von Olaf Skaktavl.

Siebenter Auftritt

Der Vorige. Frau Inger, Olaf Skaktavl, dann Diener.

INGER *zu Lykke:* Hier bring ich den, so Ihr erwartet.

LYKKE *leise:* Zum Teufel – was bedeutet das?

INGER: Ich habe diesem Rittersmann Euren Namen und alles, was Ihr mir mitgeteilt habt, gesagt –

LYKKE *unschlüssig:* So? Ach so? Nun, ja –

INGER: Und ich will Euch nicht verhehlen, daß er nicht das festeste Vertrauen zu Eurem Beistand hegt.

LYKKE: Nicht?

INGER: Dürft Ihr Euch wundern? Ihr kennt doch seine Gesinnung, sein hartes Schicksal –

LYKKE: Dieses Mannes Schicksal –? Nun – ja, ja wohl –

OLAF *zu Lykke:* Da nun aber der Kanzler Peter selbst uns zur Zusammenkunft hierher gesandt hat –

LYKKE: Der Kanzler –? *Er faßt sich schnell.* Ja, richtig – ich habe eine Botschaft vom Kanzler.

OLAF: Und er muß ja am besten wissen, auf wen er sich verlassen darf. Ich will mir darum nicht den Kopf zerbrechen und grübeln, woher –

LYKKE: Da habt Ihr recht, lieber Herr; vor allen Dingen das nicht.

OLAF: Lieber gleich zur Sache –

LYKKE: Gleich zur Sache, ohne Umschweif – das ist stets meine Art.

OLAF: Und wollt Ihr mir nun sagen, welche Botschaft Ihr bringt?

LYKKE: Meine Botschaft, meine ich, könnt Ihr ungefähr erraten –

OLAF: Der Kanzler sagte etwas von Papieren, die –

LYKKE: Papiere? Nun ja, die Papiere!

OLAF: Ihr tragt sie wohl bei Euch?

LYKKE: Natürlich; gut verwahrt; fast allzugut, um sie so in der Eile – *Er tut, als suche er in seinem Wams und sagt leise:* Wer zum Teufel mag er sein? Was tue ich nur? Hier könnte ich große Entdeckungen machen. *Er bemerkt, daß die Diener im Rittersaal den Tisch decken und die Lampen anzünden und sagt zu Olaf:* Ah, ich sehe, Frau Inger läßt die Abendmahlzeit anrichten. Bei der Tafel könnten wir unsere Angelegenheiten besser besprechen.

OLAF: Gut; wie Ihr wollt.

LYKKE *leise:* Zeit gewonnen – alles gewonnen! *Mit großer Freundlichkeit zu Frau Inger:* Und inzwischen könnten wir erfahren, welchen Anteil Frau Inger Gyldenlöve an unserm Vorhaben zu nehmen gedenkt?

INGER: Ich? – Keinen!

LYKKE und OLAF *gleichzeitig:* Keinen?

INGER: Ihr wundert euch, edle Herren, daß ich mich nicht an ein Spiel wage, bei dem alles eingesetzt wird? Um so mehr, da keiner meiner Bundesgenossen sich sicher auf mich zu verlassen wagt.

LYKKE: Dieser Vorwurf trifft mich nicht. Ich glaube Euch blind; seid dessen sicher, ich bitte Euch.

OLAF: Wer könnte auf Euch bauen, wenn nicht Eure Landsleute?

INGER: Wahrlich – dies Vertrauen ehrt mich.

Sie geht an einen Schrank im Hintergrund und füllt zwei Becher mit Wein.

LYKKE *leise:* Verdammt, wenn sie sich aus der Schlinge zöge!

INGER *reicht jedem einen Becher:* Und da dem so ist, biet ich euch einen Willkommentrunk auf Östrot. Trinkt, edle Ritter! Trinkt bis auf den letzten Tropfen! *Sie betrachtet sie abwechselnd, nachdem sie getrunken haben, und sagt ernst:* Doch wisset nun – der eine Becher enthielt einen Willkommenstrunk für meinen Verbündeten, der andere – den Tod für meinen Feind!

LYKKE *schleudert den Becher fort:* Ah, ich bin vergiftet!

OLAF *zugleich, indem er nach seinem Schwert greift:* Tod und Hölle – habt Ihr mich gemordet!

INGER *lachend zu Olaf, indem sie auf Lykke deutet:* Das ist das Vertrauen der Dänen zu Inger Gyldenlöve! *Zu Lykke, indem sie auf Olaf zeigt:* Und ebenso der Glaube meiner Landsleute an mich! *Zu beiden:* Und dennoch sollte ich mich in eure Gewalt begeben? Gemach, meine edlen Herren, nur gemach! Die Herrin von Östrot hat noch ihren gesunden Verstand.

Eline Gyldenlöve kommt von links.

Achter Auftritt

Die Vorigen. Eline Gyldenlöve.

ELINE: Welch ein Lärm! Was gibt's?

INGER *zu Lykke:* Meine Tochter Eline.

LYKKE *leise:* Eline! So hätt' ich sie mir nicht gedacht.

Eline bemerkt Lykke und bleibt überrascht, ihn betrachtend, stehen.

INGER *berührt ihren Arm:* Mein Kind, dieser Ritter ist –

ELINE *macht eine abwehrende Handbewegung, indem sie Lykke fortgesetzt unverwandt betrachtet und sagt:* Tut nicht not! Ich sehe, wie er heißt. Das ist Nils Lykke.

LYKKE *leise zu Frau Inger:* Wie? Kennt sie mich? Sollte Lucia –? Sollte sie wissen –?

INGER *leise:* Still! Sie weiß nichts.

ELINE *vor sich hin:* Ich wußte es wohl – so mußte Nils Lykke aussehen.

LYKKE *tritt näher:* Wohlan, Eline Gyldenlöve, Ihr habt recht geraten. Und da ich Euch nun gewissermaßen bekannt – und überdies der Gast Eurer Mutter bin, so wollt Ihr mir den Blumenstrauß nicht versagen, den Ihr an Eurer Brust tragt. Solange der frisch und duftend ist, besitze ich in ihm ein Abbild Eurer selbst.

ELINE *stolz, ihn fortgesetzt anstarrend:* Vergebt, Herr Ritter – den hab ich in meiner eigenen Kammer gepflückt, und dort wachsen keine Blumen für Euch.

LYKKE *indem er einen Blumenstrauß löst, den er selbst vorn im Wams trägt:* Ah, dann werdet Ihr aber doch diese geringe Gabe nicht verschmähen. Eine sittsame Frau reichte sie mir zum Abschied, als ich heute in der Frühe von Drontheim zog. Gebt wohl acht, edle Jungfrau – wenn ich Euch ein Geschenk spenden wollte, das Eurer vollkommen würdig wäre, so müßte es eine Fürstenkrone sein.

ELINE *die die Blumen willenlos genommen hat:* Selbst wenn es Dänemarks Königskrone wäre, die Ihr mir reicht – eh' ich sie mit Euch teilte, zermalmte ich sie mit meinen eigenen Händen und würfe Euch die Stücke vor die Füße!

Sie wirft ihm den Blumenstrauß vor die Füße und geht in den Rittersaal.

OLAF *murmelt vor sich hin:* Kühn – wie Inger Ottisdatter an Knut Alfsons Bahre!

INGER *leise, nachdem sie Eline und Lykke abwechselnd beobachtet hat:* Man kann den Wolf zähmen! Jetzt gilt's, das Glied fertig zu schmieden.

LYKKE *indem der die Blumen aufnimmt und Eline hingerissen nachblickt:* Bei Christi heiligem Blut, wie ist sie stolz und schön!

DRITTER AUFZUG

Der Rittersaal.

Ein hohes Bogenfenster im Hintergrund; ein kleineres Fenster rechts im Vordergrund. Mehrere Türen zu beiden Seiten. Die Decke wird durch dicke, freistehende Holzpfeiler gestützt, die wie die Wände mit allen Arten von Waffenstücken behängt sind. Bilder von Heiligen, Rittern und Frauen hängen in langen Reihen. Von der Decke hängt eine große, brennende, vielarmige Lampe herab. Im Vordergrund rechts ein altmodisch geschnitzter Hochsitz. Mitten im Saal steht ein gedeckter Tisch mit den Überresten der Abendmahlzeit.

Erster Auftritt

Eline Gyldenlöve allein.

ELINE *kommt langsam und gedankenvoll von links; der Ausdruck ihres Gesichts verrät, wie sie in der Erinnerung den Auftritt mit Nils Lykke wieder durchlebt; zuletzt macht sie eine Armbewegung, als wenn sie den Blumenstrauß fortschleuderte; mit gedämpfter Stimme:* Und dann sammelte er die zertrümmerten Stücke von Dänemarks Krone – das waren Blumen; und – „Bei Christi heiligem Blut, wie ist sie stolz und schön!" Hätte er diese Worte geflüstert, im heimlichsten Winkel, meilenweit von Östrot – ich hätte sie trotzdem gehört! Wie ich ihn hasse! Wie ich ihn stets gehaßt habe – diesen Nils Lykke! Kein anderer Mann ist ihm gleich, sagen die Leute. Mit den Frauen spielt er – und tritt sie unter die Füße. Und ihm wollte meine Mutter mich hingeben! – Wie ich ihn hasse. Sie sagen, daß Nils Lykke anders ist wie andere Männer. Das ist nicht wahr! Es ist nichts Seltsames an ihm. Es gibt viele, viele wie er! Wenn Björn mir Märchen erzählte, dann sahen alle Prinzen aus wie Nils Lykke. Wenn ich einsam hier im Saal saß und meine Sagen träumte, und meine Ritter kamen und gingen – alle, alle sahen sie aus wie Nils Lykke. Wie seltsam es ist und wie süß zu hassen. Nie wußte ich, wie süß es sei – bis zum heutigen Abend. Nein – nicht um tausend Lebensjahre möchte ich die Augenblicke verkaufen, die ich durchlebt, seitdem ich ihn gesehen! „Bei Christi heiligem Blut, wie ist sie –"

Sie geht langsam nach dem Hintergrund zu, öffnet das Fenster und blickt hinaus. Lykke kommt durch die erste Tür rechts.

Zweiter Auftritt

Die Vorige. Nils Lykke.

LYKKE *vor sich hin:* „Schlaft wohl zu Östrot, Herr Ritter", sagte Inger Gyldenlöve, als sie ging. Schlaft wohl? Ja, das ist bald gesagt, aber –! Da draußen Himmel und Meer im Aufruhr; unten im Grabgewölbe das junge Blut auf der Bahre; das Schicksal zweier Reiche in meiner Hand – und auf meiner Brust ein welker Blumenstrauß, den ein Weib mir vor die Füße geschleudert. Wahrlich, ich fürchte sehr, daß der Schlaf sich nur spät melden wird.

Eline verläßt das Fenster und will links abgehen.

LYKKE *bemerkt sie, für sich:* Dort ist sie. Das stolze Auge blickt gedankenvoll. Ah, wenn ich wagen dürfte – *Laut:* Jungfrau Eline!

ELINE *bleibt an der Tür stehen:* Was wollt Ihr? Weshalb verfolgt Ihr mich?

LYKKE: Ihr irrt. Ich verfolg' Euch nicht. Ich werde selbst verfolgt.

ELINE: Ihr?

LYKKE: Von vielerlei Gedanken. Deshalb geht es mir mit dem Schlaf wie mit Euch – er flieht mich.

ELINE: Geht ans Fenster, dort findet Ihr Kurzweil – ein Meer im Sturm –

LYKKE *lächelnd:* Ein Meer im Sturm? Das kann ich auch bei Euch finden.

ELINE: Bei mir?

LYKKE: Unsere erste Begegnung hat mir Gewißheit darüber gegeben.

ELINE: Und Ihr beklagt Euch darüber?

LYKKE: Nein, keineswegs; aber ich wünschte doch, Euch milder gestimmt zu sehen.

ELINE *stolz:* Meint Ihr, daß Euch das glücken wird?

LYKKE: Des bin ich gewiß; denn ich bringe Euch willkommene Botschaft.

ELINE: Und welche?

LYKKE: Mein Lebewohl.

ELINE *tritt einen Schritt näher:* Euer Lebewohl? Ihr verlaßt Östrot – so schnell?

LYKKE: Vor Ablauf dieser Nacht.

ELINE *scheint einen Augenblick unschlüssig; darauf sagt sie kalt:* So empfangt meinen Abschiedsgruß, Herr Ritter! *Sie verneigt sich und will gehen.*

LYKKE: Eline Gyldenlöve – ich habe kein Recht, Euch zurückzuhalten; aber es ist unedel, wenn Ihr Euch weigert zu hören, was ich Euch zu sagen habe.

ELINE: Ich höre, Herr Ritter!

LYKKE: Ich weiß, daß Ihr mich haßt.

ELINE: Euer Scharfsinn ist ungeschwächt, wie ich merke.

LYKKE: Aber ich weiß auch, daß ich diesen Haß vollauf verdient habe. Unziemlich und kränkend waren die Worte, womit ich in meinem Schreiben an Frau Inger Eurer erwähnt habe.

ELINE: Wohl möglich; ich habe es nicht gelesen.

LYKKE: Aber der Inhalt ist Euch zum mindesten nicht unbekannt; ich weiß, Eure Mutter hat Euch darob nicht in Unkenntnis gelassen; sie hat Euch jedenfalls gesagt, daß ich den Mann glücklich gepriesen, welcher – ja, Ihr wißt, welche Hoffnung ich nährte!

ELINE: Herr Ritter, wenn Ihr davon zu sprechen gedenkt, so –

LYKKE: Ich gedenke davon zu sprechen, nur um mein Tun zu entschuldigen. Aus keinem andern Grunde – das schwöre ich Euch. Wenn mein Ruf zu Euch gedrungen ist – wie ich leider Ursache habe zu vermuten –, bevor ich selbst mich zu Östrot einfand, so müßt Ihr auch mein Leben hinlänglich kennenlernen, um Euch nicht zu verwundern, daß ich so dreist zu Werke gehe. Ich bin schon vielen Frauen begegnet, Eline Gyldenlöve! Unbesiegbar habe ich noch keine gefunden. Unter solchen Umständen wird man ein wenig bequem. Man kommt aus der Gewohnheit, Umwege zu machen –

ELINE: Schon möglich. Ich weiß nicht, aus welchem Stoff jene Frauen waren. Ihr irrt übrigens, wenn Ihr meint, daß es der Brief an meine Mutter ist, der meines Herzens Haß und Bitterkeit gegen Euch geweckt hat. Ich hatte ältere Gründe.

LYKKE *unruhig:* Ältere Gründe? Was wollt Ihr damit sagen?

ELINE: Es ist, wie Ihr vermutet – Euer Ruf ist vor Euch her nach Östrot gedrungen, wie durch das ganze Land. Wenn Nils Lykkes Name genannt wird, so wird er stets zusammen mit einer Frau genannt, die er umgarnt und verstoßen hat. Einige nennen ihn mit Kummer, andere mit Hohnlachen und leichtsinnigem Spott über jene schwachen Geschöpfe. Durch den Kummer aber, das Hohnlachen und den Spott klingt die Weise von Euch, übertäubend und zum Zorn reizend, gleich dem Siegesgesang des Feindes. Das alles hat meinen Haß gegen Euch erzeugt. Unablässig standet Ihr vor meinen Gedanken, und wie Sehnsucht zog es mich, Euch von Angesicht zu Angesicht gegenüberzustehen, um Euch erfahren zu lassen, daß es Frauen gibt, an die Ihr Eure glatten Worte umsonst verschwendet – wenn Ihr versuchen solltet, sie anzuwenden.

LYKKE: Ihr beurteilt mich ungerecht, wenn Ihr nach dem urteilt, was das Gerücht Euch vermeldet hat. Möglich, daß Wahrheit ist in allem, was Ihr gehört, aber die Ursache davon kennt Ihr nicht. Als siebzehnjähriger Junker begann ich mein lustiges Treiben. Fünfzehn Jahre sind seitdem vergangen. Leichtsinnige Frauen schenkten mir, was ich begehrte – noch bevor der Wunsch zur Bitte ward; und was ich ihnen bot, nahmen sie mit offenen Händen. Ihr seid die erste Frau, die mir meine Gabe verächtlich vor die Füße geschleudert hat. Glaubt nicht, daß ich mich beklage. Nein, im Gegenteil, ich ehre Euch dafür so hoch, wie ich noch kein Weib geehrt. Was ich aber beklage, und was an mir nagt, wie ein großer Seelenschmerz, das ist, daß das Schicksal mich Euch nicht früher entgegengeführt hat. Eline Gyldenlöve! Eure Mutter hat mir von Euch erzählt. Während das Leben fern von hier seinen unruhigen Lauf nahm, wandeltet Ihr im einsamen Östrot, still, mit Eurem Dichten und Euren Träumen. Seht, daher werdet Ihr begreifen, was ich Euch zu sagen habe. Wisset denn, daß auch ich einst ein Leben gelebt habe wie Ihr hier! Ich dachte mir, wenn ich hinausträte in die große, weite Welt, dann würde mir ein edles, herrliches Weib entgegentreten, das mir winken und mir den Weg zu einem ruhmreichen Ziel zeigen werde.

Die Hoffnung trog, Eline Gyldenlöve! Frauen sind mir entgegengetreten; aber sie war nicht unter ihnen. Noch ehe ich Mann geworden, hatte ich gelernt, sie alle zu verachten. Ist das nun meine Schuld? Weshalb waren die andern nicht wie Ihr? Ich weiß, das Schicksal Eures Vaterlandes lastet Euch schwer auf der Seele. Ihr kennt den Einfluß, den ich auf das Bestehende habe. Man sagt, ich sei falsch wie der Schaum des Meeres. Wohl möglich, aber wenn ich es bin, dann haben die Frauen mich gelehrt, es sein. Hätte ich früher gefunden, was ich suchte, wäre mir ein Weib begegnet, stolz, edel und hochherzig wie Ihr, dann wäre mein Weg ein anderer geworden. Vielleicht stände ich dann in diesem Augenblick an Eurer Seite als Verteidiger aller Unterdrückten im norwegischen Reich. Denn eins glaube ich: eine Frau ist das Mächtigste auf der Welt, und in ihrer Hand liegt es, einen Mann dorthin zu lenken, wo Gott der Herr ihn haben will.

ELINE *vor sich hin:* Könnte es sein, wie er sagt. Nein, nein, in seinem Auge ist Lüge und Falschheit auf seinen Lippen. Und doch – kein Lied bewegt mich wie seine Worte.

LYKKE *tritt näher, gedämpft und vertraulich:* Wie oft mögt Ihr hier einsam mit Euren wechselnden Gedanken gesessen sein. Es ist Euch beklommen ums Herz geworden; Decke und Mauern sind gleichsam zusammengesunken und haben Eure Seele eingeengt. Dann habt Ihr Euch hinausgesehnt; da hättet Ihr in die Ferne fliegen mögen, ohne selbst zu wissen, wohin. Wie oft seid Ihr nicht einsam am Fjord gewandelt; ein geschmücktes Schiff, mit Rittern und Damen an Bord, mit Sang und Saitenspiel segelte vorüber, weit draußen; ein dunkles Gerücht von großen Taten schlug an Euer Ohr; dann spürtet Ihr ein Verlangen in Eurer Brust, eine unbezwingliche Sehnsucht zu wissen, was jenseits des Meeres sei. Aber Ihr habt nicht verstanden, wonach Euch verlangte. Ihr habt zuweilen gemeint, es sei das Los Eures Vaterlandes, das Euch all die unruhigen Gedanken eingab. Ihr betrogt Euch selbst; eine Jungfrau in Euren Jahren hat über andere Dinge zu grübeln. Eline Gyldenlöve! Habt Ihr nie an heimliche Kräfte geglaubt, an eine starke, verborgene Macht, die die Schicksale der Menschen aneinanderknüpft? Wenn Ihr träumtet von dem bunten Leben da draußen in der weiten Welt, wenn Ihr von Ritterspiel und lustigen Festen träumtet – saht Ihr dann niemals in Euren Träumen einen Ritter, der mit Lächeln auf den Lippen und Gram im Herzen inmitten des lärmenden Treibens stand – einen Ritter, der einmal süß geträumt hatte wie Ihr, von einem Weibe, das edel und herrlich, das er vergeblich suchte unter all denen, die ihn umgaben?

ELINE: Wer seid Ihr, daß Ihr meine heimlichsten Gedanken in Worte zu kleiden vermögt? Wie könnt Ihr mir sagen, was ich zuinnerst in meiner Brust getragen, ohne es selbst zu wissen? Woher wißt Ihr – ?

LYKKE: Was ich Euch gesagt, las ich in Euren Augen.

ELINE: Nie hat ein Mann zu mir gesprochen wie Ihr. Nur dunkel hab ich Euch verstanden – und doch – alles, alles dünkt mich verändert seitdem. *Vor sich hin:* Jetzt begreif' ich, weshalb sie sagen, Nils Lykke sei anders als all die übrigen.

LYKKE: Eins gibt es auf der Welt, das eines Menschen Gedanken verwirren könnte, wenn er darüber grübelt: und das ist der Gedanke daran, wie es gekommen wäre, wenn alles sich so oder so gefügt hätte. Wäre ich Euch auf meinem Pfad begegnet, als mein Lebensbaum noch grün und üppig war, so wäret Ihr vielleicht zu dieser Stunde – aber verzeiht mir, edle Jungfrau! Dies kurze Zwiegespräch hat mich dahin gebracht, unsere gegenseitige Stellung zu vergessen. Es war, als hätte eine geheime Stimme mir von Anfang an gesagt, daß ich mit Euch offen reden könne, ohne Schmeichelei und ohne Verstellung.

ELINE: Das könnt Ihr auch.

LYKKE: Wohlan – und diese Offenherzigkeit hat uns vielleicht so halb und halb miteinander versöhnt. Ja, ich bin noch verwegener in meiner Hoffnung. Vielleicht kommt noch die Zeit, wo Ihr des fremden Ritters ohne Haß und ohne Harm in der Seele gedenkt. Nun, nun – mißversteht mich nicht! Ich meine nicht jetzt gleich – sondern dereinst, in späterer Zeit. Und um Euch dies minder schwerzumachen – und da ich nun einmal begonnen habe, offen und ehrlich mit Euch zu sprechen, so laßt mich Euch sagen –

ELINE: Herr Ritter – !

LYKKE *lächelnd:* Ah, ich merke, daß mein Brief Euch immer noch schreckt. Aber seid ganz ruhig. Ich gäbe Tausende drum, wenn er ungeschrieben wäre; denn – ja, da ich weiß, daß es Euch nicht sonderlich weh tut, es zu hören, so kann ich es frei heraussagen – ich liebe Euch nicht, und werd' Euch niemals lieben. Seid darum also, wie gesagt, ganz ruhig; ich werde nie den Versuch machen, zu –

Eline zeigt sich bewegt.

LYKKE: Doch was ist Euch – ?

ELINE: Mir? Nichts, nichts! Sagt mir nur eins: Weshalb tragt Ihr diese Blumen noch? Was sollen sie Euch?

LYKKE: Diese Blumen? Sind sie nicht ein Fehdehandschuh, den Ihr im Namen aller Frauen dem schlimmen Nils Lykke hingeworfen habt? Mußte ich ihn nicht aufheben? Was ich damit will, fragt Ihr? *Gedämpft:* Wenn ich wieder inmitten schöner Frauen in Dänemark bin, wenn das Saitenspiel verklungen und Stille im Saale herrscht, dann will ich diese Blumen nehmen und ein Märchen erzählen von einer Jungfrau, die einsam in einer dunklen Balkenhalle sitzt, im fernen Norwegen – *Er unterbricht sich, indem er sich ehrerbietig verneigt.* Aber ich fürchte, daß ich des Hauses schöne Tochter schon allzulange aufhalte. Wir sehen uns nicht mehr, denn noch vor Tagesgrauen breche ich auf. Ich biete Euch also mein Lebewohl.

ELINE: Und ich schenke Euch das meine, Herr Ritter!

Kurze Pause.

LYKKE: Ihr seid wieder so gedankenvoll, Eline Gyldenlöve! Ist es abermals das Schicksal Eures Vaterlandes, das an Euch nagt?

ELINE *kopfschüttelnd, indem sie zerstreut vor sich hinstarrt:* Mein Vaterland? Ich denke nicht an mein Vaterland.

LYKKE: So ist's also die Zeit mit all ihrem Kampf und ihrer Not, die Euch ängstigt.

ELINE: Die Zeit? Die vergeß ich jetzt. – Ihr geht nach Dänemark? Sagtet Ihr nicht so?

LYKKE: Ich gehe nach Dänemark.

ELINE: Kann ich von diesem Saal gen Dänemark sehen?

LYKKE *zeigt auf das Fenster zur Linken:* Ja, von jenem Fenster. Dort, gen Süden liegt Dänemark.

ELINE: Und ist das weit von hier? Mehr als hundert Meilen?

LYKKE: Viel weiter. Das Meer liegt zwischen Euch und Dänemark.

ELINE *vor sich hin:* Das Meer? Der Gedanke hat Möwenschwingen. Das Meer vermag ihn nicht aufzuhalten.

Sie geht links ab.

Dritter Auftritt

Nils Lykke allein.

LYKKE *blickt ihr eine Weile nach und sagt dann:* Wenn ich zwei Tage daran wenden könnte – oder nur einen –, so wäre sie in meiner Gewalt so gut wie all die andern. Dies junge Geschöpf ist aus seltsamem Stoff. Sie ist stolz. Sollte ich mich wirklich entschließen? Nein; lieber sie demütigen. *Er geht auf und nieder.* Wahrlich glaube ich nicht, daß sie mein Blut in Hitze gebracht! Wer hätte das heute noch für möglich gehalten? – Fort damit! Ich muß aus all diesem Wirrsal, darin ich mich verloren habe! *Er setzt sich rechts in einen Stuhl.* Wie soll ich es mir erklären? Olaf Skaktavl sowohl wie Inger Gyldenlöve scheinen blind für die Mißdeutung, der sie sich aussetzen, wenn verlautet, daß ich mit im Bunde bin. Oder sollte Frau Inger wirklich meine Absicht erkannt haben? Sollte sie durchschaut haben, daß alle Versprechen nur darauf berechnet waren, Nils Sture aus seinem Schlupfwinkel zu locken? *Er springt auf.* Verdammt! Bin ich selbst wirklich der Betrogene? Es ist höchst wahrscheinlich, daß Graf Sture gar nicht in Östrot ist. Vielleicht war das Gerücht seiner Flucht nur eine Kriegslist. Möglich, daß er zu dieser Stunde wohlbehalten bei seinen Freunden in Schweden weilt, während ich – *Er geht wieder unruhig auf und nieder.* Daß ich meiner Sache auch so sicher sein mußte! Wenn ich nun nichts ausrichte! Wenn Frau Inger meine Absichten durchschaut – und aus meinem Tun kein Hehl macht – verhöhnt und verspottet sowohl hier wie in Dänemark! Frau Inger in die Falle locken wollen – und dann ihre Sache aufs beste fördern, sie in der Gunst des Volkes heben –! Ah, ich wäre versucht, mich dem Teufel selbst zu verschreiben, wenn er mir helfen wollte, meine Hand auf Graf Sture zu legen –

Das Fenster im Hintergrund wird aufgestoßen. Nils Stensson zeigt sich vor demselben.

Vierter Auftritt

Nils Lykke, Nils Stensson.

LYKKE *greift nach dem Schwert:* Was gibt's?

STENSSON *indem er in das Gemach springt:* Nun, endlich bin ich also hier!

LYKKE *leise:* Was bedeutet das?

STENSSON: Gottes Friede mit Euch, Herr!

LYKKE: Danke, Herr! Ihr habt da übrigens einen seltsamen Eingang gewählt.

STENSSON: Ja, was zum Teufel blieb mir sonst übrig? Das Tor war ja verschlossen. Hier im Schlosse müssen die Leute einen Schlaf haben wie der Bär zur Winterszeit.

LYKKE: Gott sei gedankt! Ein gutes Gewissen ist ein sanftes Ruhekissen, wie Ihr wißt.

STENSSON: Ja, dem muß wohl so sein; denn wie ich auch hämmerte und klopfte –

LYKKE: Ward Euch doch nicht aufgetan?

STENSSON: Aufs Haar getroffen. Ich sagte mir also: da du nun heute abend in Östrot sein mußt und wenn du durch Feuer und Wasser sollst, so kannst du eigentlich auch durchs Fenster kriechen.

LYKKE *leise:* Ah, wenn er –! *Ein paar Schritte näher tretend:* Es lag Euch also viel daran, grade heute abend nach Östrot zu gelangen?

STENSSON: Ob mir daran lag! Ja, das sollte ich meinen. Ich lasse ungern auf mich warten, müßt Ihr wissen.

LYKKE: Aha – Frau Inger Gyldenlöve erwartet Euch also?

STENSSON: Frau Inger Gyldenlöve? Ja, das kann ich nicht so bestimmt beantworten. *Mit einem listigen Lächeln:* Aber es ist vielleicht noch ein anderer hier –

LYKKE *lächelt ebenfalls:* Nun, es ist vielleicht noch ein anderer hier –?

STENSSON: Sagt an, gehört Ihr zum Hause?

LYKKE: Ich? Ja, insoweit, als ich seit heute abend Frau Ingers Gast bin.

STENSSON: So? Ich glaube, wir haben den dritten Abend nach der Sankt-Martins-Messe?

LYKKE: Den dritten Abend nach –? Ja, Ihr habt wohl recht. – Wünscht Ihr vielleicht, sofort vor die Frau des Hauses geführt zu werden? Soviel ich weiß, ist sie noch nicht zur Ruhe gegangen. Doch wollt Ihr Euch nicht setzen und ausruhen, lieber junger Herr? Seht, hier ist noch eine Kanne Wein übriggeblieben. Ein wenig Speise findet Ihr auch wohl noch. Nun, langt nur zu; Ihr mögt der Stärkung bedürfen.

STENSSON: Ihr habt recht, Herr; das wäre nicht so übel. *Er setzt sich an den Tisch und ißt und trinkt während des Folgenden.* Braten und süßer Kuchen! Ihr führt ja hier ein Herrenleben! Wenn man, wie ich, auf der kahlen Erde geschlafen und von Wasser und Brot gelebt hat, vier, fünf Tage –

LYKKE *betrachtet ihn lächelnd:* Ja, das mag schwer sein für einen, der gewöhnt ist, am Hochsitz im gräflichen Saale zu sitzen.

STENSSON: Im gräflichen Saale – ?

LYKKE: Doch nun könnt Ihr Euch hier zu Östrot ausruhen, solange es Euch beliebt.

STENSSON: Ah! Kann ich das wirklich? Ich muß also nicht so schnell wieder fort?

LYKKE: Ich weiß es nicht. Das müßt Ihr selbst am besten beantworten können.

STENSSON *leise:* O zum Teufel! *Er macht sich's im Stuhl bequem.* Ja, seht – die Sache ist noch nicht so ganz entschieden. Ich, für m e i n Teil hätte freilich nichts dagegen, mich hier fürs erste niederzulassen, aber –

LYKKE: Aber Ihr seid nicht in allem und jedem Euer eigener Herr? Ihr habt noch andere Aufträge und andere Anliegen – ?

STENSSON: Ja, da grade sitzt der Knoten. Stünde es bei mir, so würde ich mich sicherlich den Winter über hier zu Östrot ausruhen; ich habe die meiste Zeit auf Kriegsfuß zugebracht, und daher – *Er bricht plötzlich ab, schenkt sich ein und trinkt.* Auf Euer Wohl, Herr!

LYKKE: Auf Kriegsfuß? Hm!

STENSSON: Nein, ich wollte d a s sagen: lange trug ich Verlangen danach, Frau Inger Gyldenlöve zu sehen, von der man so viel spricht. Sie muß ein herrliches Weib sein. Nicht wahr? Das einzige, worein ich mich nicht finden kann, ist, daß sie so verteufelt ungern losschlagen will.

LYKKE: Losschlagen?

STENSSON: Nun ja, Ihr versteht mich wohl; ich meine, daß sie so ungern etwas dazu tun will, die fremden Herren aus dem Lande zu treiben.

LYKKE: Ja, darin habt Ihr recht. Nun aber müßt Ihr alles tun, was Ihr könnt; dann erreicht Ihr's vielleicht.

STENSSON: Ich? Gott besser's! Es würde viel helfen, wenn ich –

LYKKE: Dann ist's doch seltsam, daß Ihr sie aufsucht, wenn Ihr keine bessere Hoffnung hegt.

STENSSON: Was meint Ihr damit? Hört, kennt Ihr Frau Inger?

LYKKE: Freilich – da ich ihr Gast bin, so –

STENSSON: Damit ist noch nicht gesagt, daß Ihr sie kennt. Ich bin gleichfalls ihr Gast und habe noch nicht einmal ihren Schatten gesehen.

LYKKE: Aber Ihr wißt doch zu erzählen –

STENSSON: Was jedermann sagt? Ja, das freilich. Überdies habe ich oft genug vom Kanzler gehört –

Er hält verwirrt inne und beginnt eifrig zu essen.

LYKKE: Ihr wolltet noch etwas sagen.

STENSSON *essend:* Ich? O nein – nichts von Wichtigkeit.

Lykke lacht.

STENSSON: Worüber lacht Ihr, Herr?

LYKKE: Über nichts, Herr!

STENSSON *trinkt:* Ihr trinkt hier einen feurigen Wein!

LYKKE *nähert sich vertraulich:* Hört – wär' es jetzt nicht an der Zeit, die Maske abzuwerfen?

STENSSON *lächelt:* Die Maske? Das mögt Ihr halten, wie Euch gut dünkt.

LYKKE: So gebt alle Verstellung auf. Ihr seid erkannt, Graf Sture!

STENSSON *unter Gelächter:* Graf Sture? Auch Ihr glaubt, daß ich Graf Sture bin? *Er steht auf.* Ihr irrt, Herr! Ich bin nicht Graf Sture!

LYKKE: Wirklich nicht? Wer seid Ihr da?

STENSSON: Mein Name ist Nils Stensson.

LYKKE *sieht ihn lächelnd an:* Hm! Nils Stensson? Und Ihr seid nicht Sten Stures Sohn Nils? Der Name trifft immerhin zu.

STENSSON: Wohl wahr; aber Gott mag wissen, mit welchem Recht ich ihn trage. Meinen Vater habe ich nie gekannt; meine Mutter war ein armes Bauernweib, das in einer der früheren Fehden ausgeplündert und erschlagen wurde. Der Kanzler Peter war zu jener Zeit grade in der Nähe; er nahm sich meiner an, zog mich auf und unterwies mich im Waffenhandwerk. Wie Ihr wißt, wurde er viele Jahre von König Gustav verfolgt, und ich habe ihn getreulich begleitet, wohin er auch ging.

LYKKE: Der Kanzler hat Euch mehr gelehrt als nur das Waffenhandwerk, wie es scheint. Nun gut, Ihr seid also nicht Nils Sture. Ihr kommt jedoch aus Schweden, der Kanzler Peter schickt Euch hier zu einem fremden Manne, der –

STENSSON *nickt verschlagen:* Der bereits gefunden ist.

LYKKE *ein wenig unsicher:* Und den Ihr nicht kennt?

STENSSON: Ebensowenig wie Ihr mich kennt, denn ich schwöre zu Gott: ich bin nicht Graf Sture!

LYKKE: Im Ernst, Herr?

STENSSON: So wahr ich lebe! Weshalb sollte ich es leugnen, wenn dem so wäre?

LYKKE: Aber wo ist dann Graf Sture?

STENSSON *gedämpft:* Ja, d a s eben ist das Geheimnis.

LYKKE *flüsternd:* Das Euch bekannt? Nicht so?

STENSSON *nickt:* Und das ich Euch mitzuteilen habe.

LYKKE: Mir? Wohlan – wo ist er?

Stensson zeigt nach oben.

LYKKE: Da oben? Frau Inger hält ihn auf dem Boden versteckt?

STENSSON: Nein, wahrlich nicht; Ihr mißversteht mich. *Er sieht sich vorsichtig um.* Nils Sture ist im Himmel.

LYKKE: Gestorben! Wo?

STENSSON: Auf seiner Mutter Schloß – vor drei Wochen schon.

LYKKE: Ah! Ihr betrügt mich! Vor fünf, sechs Tagen zog er über die Grenze in Norwegen ein.

STENSSON: O das war ich.

LYKKE: Aber kurze Zeit zuvor hatte der Graf sich in Dalekarlien gezeigt. Das Volk, das bereits unruhig war, brach in offenen Aufruhr aus und wollte ihn zum König küren.

STENSSON: Ha, ha, ha! Das war ja ich!

LYKKE: Ihr?

STENSSON: Jetzt sollt Ihr erfahren, wie das zugegangen. Eines Tages berief der Kanzler mich vor sich und ließ verlauten, daß sich große Begebenheiten vorbereiteten. Er gebot mir, nach Östrot in Norwegen zu ziehen, wo ich mich zu einer bestimmten Zeit einzufinden hätte –

LYKKE *nickt:* Am dritten Abend nach der Sankt-Martins-Messe.

STENSSON: Dort würd' ich einen Fremden treffen –

LYKKE: Richtig – der bin ich!

STENSSON: Von ihm würde ich erfahren, was ich weiter zu tun hätte. Ich sollt' ihm melden, daß der Graf plötzlich gestorben sei, daß aber noch niemand darum wisse als seine Mutter, die Gräfin, samt dem Kanzler und einigen alten Dienern der Stures.

LYKKE: Ich verstehe. Der Graf war das Haupt der Bauern. Wenn sein Tod ruchbar wird, gehen sie auseinander – und die ganze Sache zerfällt in sich.

STENSSON: Mag sein. Ich bin in diese Dinge nicht so eingeweiht.

LYKKE: Wie aber konnte es Euch einfallen, Euch für den Grafen auszugeben?

STENSSON: Wie es mir einfallen konnte? Ja, was weiß ich! Mir ist schon so manche Torheit im Leben eingefallen. Es war übrigens nicht m e i n e Erfindung; denn wohin ich in Dalekarlien kam, strömte das Volk zusammen und begrüßte mich als den Grafen Sture. Es half nichts, was ich ihnen auch entgegnen mochte. Der Graf sei vor zwei Jahren dortgewesen, erzählten sie, und das kleinste Kind erkenne mich wieder. Nun, sei's darum, dachte ich; Graf wirst du im Leben doch nie; versuch's einmal, wie das sein mag.

LYKKE: Nun – und was tatet Ihr weiter?

STENSSON: Ich? Ich speiste und trank und ließ mir's wohl sein. Nur schade, daß ich so bald wieder fort mußte. Als ich aber über die Grenze zog – ha, ha, ha –, da versprach ich ihnen, daß ich bald mit drei-, viertausend Mann – oder wieviel es sein möchten – wiederkehren werde, und dann solle es ordentlich losgehen.

LYKKE: Und es fiel Euch gar nicht ein, daß Ihr unbesonnen handeltet?

STENSSON: Ja, nachher fiel es mir ein; aber da war's freilich zu spät.

LYKKE: Es tut mir um Euretwillen leid, mein junger Freund; aber Ihr werdet bald die Folgen Eurer Torheit spüren. Ich kann Euch berichten, daß Ihr verfolgt werdet. Eine Abteilung schwedischer Reiter hat Euch nachgesetzt.

STENSSON: Mir nach? Ha, ha, ha! Nein, das ist prächtig. Und wenn sie nun kommen und vermeinen, daß sie Graf Sture in den Klauen haben – ha, ha, ha!

LYKKE *ernst:* So ist es um Euer Leben geschehen.

STENSSON: Um mein –? Ich bin ja nicht Graf Sture.

LYKKE: Aber Ihr habt das Volk unter die Waffen gerufen. Ihr habt rebellische Zusagen gemacht und Unfrieden im Lande gestiftet.

STENSSON: Ei, das war ja nur im Scherz.

LYKKE: König Gustav wird die Sache in einem andern Lichte ansehen.

STENSSON: Ja wahrlich, es ist wirklich etwas an dem, was Ihr da sagt. Daß ich auch so töricht sein konnte! Nun, ich werde mich schon wieder herausreden! Ihr werdet Euch meiner wohl annehmen; und überdies – die Reiter sind mir wohl noch nicht auf den Fersen.

LYKKE: Was habt Ihr mir weiter noch zu sagen?

STENSSON: Ich? Nichts. Wenn ich Euch nun noch das Paket übergeben habe –

LYKKE *unbedacht:* Das Paket?

STENSSON: Ja freilich, Ihr wißt ja –

LYKKE: Ach ja, richtig; die Papiere vom Kanzler –

STENSSON: Seht, hier habt Ihr sie samt und sonders.

Er reicht ihm ein Paket, das er unter dem Wams hervorgeholt hat.

LYKKE *leise:* Briefe und Pergamente an Herrn Olaf Skaktavl. *Zu Stensson:* Das Paket ist offen, wie ich sehe. So kennt Ihr wohl den Inhalt?

STENSSON: Nein, Herr, ich lese nicht gern Geschriebenes; das hat so seine Ursachen.

LYKKE: Verstehe; Ihr habt Euch zumeist aufs Waffenhandwerk verlegt. *Er setzt sich rechts an den Tisch und sieht die Papiere durch.* Aha! Aufklärungen, mehr als hinlänglich, um hinter das zu kommen, was im Werke ist. Dieser kleine Brief mit seidener Schnur darum. *Er prüft die Aufschrift.* Ebenfalls an Herrn Olaf Skaktavl. *Er öffnet den Brief und prüft flüchtig den Inhalt.* Vom Kanzler Peter. Das konnte ich mir denken. *Er liest murmelnd:* „Ich bin in harter Bedrängnis, denn" – Ja, ganz richtig, hier steht es: „Junker Sture ist zu seinen Vätern heimgegangen, grade in dem Augenblick, als die Unruhen losbrechen sollten – aber noch kann alles wiedergutgemacht werden –" Aber was soll das? *Er stutzt und liest weiter:* „Ihr müßt nun wissen, Herr Olaf Skaktavl, daß der junge Mann, der Euch diesen Brief bringt, ein Sohn von –" Himmel und Erde! steht das da? Ja, beim Blut des Gekreuzigten, so steht es da! *Mit einem Blick auf Stensson:* Er wäre –? Ah! wenn dem so wäre! *Er liest weiter:* „Ich habe ihn von seinem ersten Lebensjahre an erzogen; aber bis zum heutigen Tage habe ich mich stetig geweigert, ihn zurückzugeben, weil ich meinte, in ihm eine sichere Geisel für Inger Gyldenlöves Treue für uns und unsere Freunde zu haben. Doch hat er uns zu diesem Zweck wenig genützt. Ihr mögt Euch wundern, daß ich Euch dies Geheimnis nicht anvertraute, als Ihr vor kurzem hier bei mir zu Gaste wart, und ich will Euch darum ehrlich gestehen, daß ich fürchtete, Ihr könntet ihn zum selben Zwecke behalten wollen wie ich. Jetzt hingegen, da Ihr mit Frau Inger zusammengetroffen und Euch vermutlich vergewissert habt, wie wenig willens sie ist, sich unserer Angelegenheiten anzunehmen, werdet Ihr einsehen, daß es das klügste ist, ihr zurückzugeben, was ihr ist. Wohl dürfte es möglich sein, daß Freude und Dankbarkeit sie – das ist nun unsere letzte Hoffnung." – *Er sitzt eine Weile wie vor Überra-*

schung übermannt; dann plötzlich vor sich hin: Ah! welch ein Brief! Der ist Gold wert!

STENSSON: Ich habe Euch wohl wichtige Botschaft gebracht, wie ich sehe. Ja, ja, der Kanzler hat gar manches Eisen im Feuer, wie man sagt.

LYKKE *vor sich hin:* Was tue ich mit dem allen? Hier lassen sich tausend Wege einschlagen – Wenn ich –? Nein, das wäre zu unsicher. Aber wenn –? Ah, falls ich –? Es muß gewagt werden! *Er reißt den Brief mittendurch und birgt die Teile in seinem Wams; die übrigen Papiere legt er wieder in das Paket, steckt dieses in seinen Gürtel, steht auf und sagt:* Ein Wort noch, mein junger Freund!

STENSSON *nähert sich ihm:* Nun, es läßt, als stände das Spiel gut.

LYKKE: Ja, das sollt' ich meinen. Ihr habt mir lauter Figuren in die Hand gegeben – Damen und Buben und –

STENSSON: Aber ich, der Euch all diese guten Nachrichten gebracht, habe ich nun nichts mehr zu bestellen?

LYKKE: Ihr? Doch, das sollte ich meinen. Ihr gehört mit zum Spiel. Ihr seid König – und Trumpf obendrein.

STENSSON: Ich? O ja, jetzt verstehe ich Euch; Ihr denkt wohl an die Erhöhung –

LYKKE: Welche Erhöhung?

STENSSON: Wenn König Gustavs Leute meiner habhaft würden, prophezeitet Ihr, daß –

Er macht das Zeichen des Gehenktwerdens.

LYKKE: Nur allzu wahr – aber laßt Euch das nicht länger anfechten. Es steht jetzt bei Euch, ob Ihr vor Monatsende einen Hanfstrick oder eine güldene Kette um den Hals tragen wollt.

STENSSON: Eine güldene Kette? Und das steht bei mir?

Lykke nickt.

STENSSON: Nun, da wird sich der Teufel noch bedenken! Doch sagt mir nur, wie ich mich zu verhalten habe.

LYKKE: Das will ich. Doch zuvor leistet mir einen heiligen Eid, daß kein lebendes Wesen auf der weiten Welt erfährt, was ich Euch anvertraue.

STENSSON: Sonst nichts? Ich leiste Euch zehn Eide, wenn Ihr wollt.

LYKKE: Ernsthaft, Herr! Ich treibe keinen Scherz mit Euch.

STENSSON: Nun, nun, ja; ich bin ernsthaft.

LYKKE: In Dalekarlien nanntet Ihr Euch einen Grafensohn – nicht wahr?

STENSSON: Ei, fangt Ihr nun wieder damit an? Ich habe Euch ja ehrlich gebeichtet –

LYKKE: Ihr versteht mich nicht. Was Ihr dort gesagt, war Wahrheit.

STENSSON: Wahrheit? Wo wollt Ihr hinaus? Aber so sagt mir doch –!

LYKKE: Zuvor den Eid! Den heiligsten, den unverbrüchlichsten, den Ihr kennt.

STENSSON: Den sollt Ihr haben. Dort an der Wand hängt das Bild der Jungfrau Maria –

LYKKE: Jungfrau Maria hat in letzter Zeit an Ansehen verloren. Habt Ihr nicht gehört, was der Mönch in Wittenberg behauptet?

STENSSON: Pfui, wie könnt Ihr auf den Mönch in Wittenberg etwas geben? Der Kanzler sagt, er sei ein Ketzer.

LYKKE: Nun, laßt uns darob nicht streiten. Doch hier will ich Euch einen vollwertigen Heiligen zeigen, bei dem Ihr schwören sollt. *Er zeigt auf ein Bild, das an einem der Wandpfeiler hängt.* Kommt her – und gelobt mir Schweigen, bis ich selbst Eure Zunge löse. Schweigen, so wahr wie Ihr auf des Himmels Seligkeit hofft für Euch und den, der hier im Bilde hängt –

STENSSON *indem er sich dem Bilde nähert:* Das schwöre ich – so wahr mir Gott helfe und sein heiliges Wort! *Er weicht überrascht zurück.* Aber Christ, mein Erlöser –!

LYKKE: Was ist Euch?

STENSSON: Das Bild dort – das bin ich ja selbst!

LYKKE: Das ist der alte Sten Sture, so, wie er in jüngeren Jahren leibte und lebte.

STENSSON: Sten Sture! Und die Ähnlichkeit –? Und – ich habe die Wahrheit gesprochen, als ich mich Grafensohn nannte, sagtet Ihr? War es nicht so?

LYKKE: So war's.

STENSSON: Ah, ich hab's; ich hab's! Ich bin –

LYKKE: Ihr seid Sten Stures Sohn, Herr!

STENSSON *von stillem Erstaunen übermannt:* Ich Sten Stures Sohn!

LYKKE: Und auch von Mutterseite seid Ihr adliger Abkunft. Der Kanzler sprach unwahr, wenn er gesagt, daß ein armes Bauernweib Eure Mutter gewesen.

STENSSON: Seltsam; wunderbar! Aber darf ich denn auch glauben?

LYKKE: Alles, was ich Euch sage, dürft Ihr glauben. Aber bedenkt wohl, daß es Euer eigenes Verderben sein wird, wenn Ihr vergeßt, was Ihr mir bei Eures Vaters Seligkeit geschworen.

STENSSON: Das vergessen? O nein, seid sicher, das werde ich nie. Doch Ihr, dem ich mein Wort gegeben – sagt an – wer seid Ihr?

LYKKE: Mein Name ist Nils Lykke.

STENSSON *überrascht:* Nils Lykke? Doch wohl nicht der dänische Reichsrat?

LYKKE: Grade der.

STENSSON: Und Ihr solltet –? Seltsam. Wie kommt Ihr dazu –?

LYKKE: Botschaft vom Kanzler entgegenzunehmen? Das wundert Euch wohl?

STENSSON: Ja, das will ich nicht leugnen. Er hat Euch stets seinen erbittertsten Widersacher genannt –

LYKKE: Und daher mißtraut Ihr mir?

STENSSON: Nein, nicht deshalb grade, aber – nun, der Teufel grüble!

LYKKE: Da habt Ihr recht. Folgt Ihr Eurem eigenen Kopf, so ist die Hanfschnur Euch ebenso gewiß wie der Grafenname und die güldene Kette, wenn Ihr Euch auf mich verlaßt.

STENSSON: In allem und jedem! Hier meine Hand darauf,

lieber Herr! Steht mir bei mit gutem Rat, solange es vonnöten ist. Wenn es gilt, loszuschlagen, werd' ich mir schon selber helfen.

LYKKE: Gut. Folgt mir nun dort in die Kammer, dort will ich Euch sagen, wie alles zusammenhängt und was Ihr weiter zu tun habt. *Er geht rechts ab.*

STENSSON *mit einem Blick auf das Bild:* Ich Sten Stures Sohn! O wunderbar, wie ein Traum! *Er folgt Lykke.*

VIERTER AUFZUG

Der Rittersaal wie im vorigen Aufzug.
Der Speisetisch ist fortgenommen.

Erster Auftritt

Der Kammerdiener Björn leuchtet Frau Inger Gyldenlöve und Olav Skaktavl mit einem Armleuchter voran; sie treten links durch die zweite Tür ein; Frau Inger hat einige Papiere in der Hand.

INGER: Und du bist gewiß, daß meine Tochter hier im Saal mit dem Ritter gesprochen hat?

BJÖRN *indem er den Armleuchter auf den Tisch links setzt:* Ganz gewiß. Ich begegnete ihr grade, als sie in jenen Gang trat.

INGER: Und da schien sie erregt? War es nicht so?

BJÖRN: Sie sah bleich und verstört aus. Ich fragte, ob sie krank sei; statt aber meine Frage zu beantworten, sagte sie: „Geh hinein zu meiner Mutter und sag ihr, daß der Ritter noch vor Tagesanbruch von dannen zieht; wenn sie ihm Briefe oder andere Botschaft mitzugeben hat, so bitte sie, daß sie ihm keinen unnötigen Aufenthalt verursacht.“ Und dann fügte sie noch etwas hinzu, das ich nicht genau verstehen konnte.

INGER: Hast du es gar nicht verstanden?

BJÖRN: Es klang, als sagte sie: „Fast glaub' ich, daß er schon allzulang in Östrot war.“

INGER: Und der Ritter? Wo ist er?

BJÖRN: Ich meine, in seiner Kammer im Flügel über dem Tor.

INGER: Gut. Ich habe bereit, was ich ihm mitzugeben denke. Geh zu ihm und sag, daß ich ihn hier im Saal erwarte.

Björn geht rechts ab.

Zweiter Auftritt

Frau Inger, Olaf Skaktavl.

OLAF: Wißt Ihr, Frau Inger – allerdings bin ich in solchen Sachen blind wie ein Maulwurf – aber es will mich doch bedünken, als ob – hm!

INGER: Nun?

OLAF: Als ob Nils Lykke Eurer Tochter gut sei.

INGER: Da seid Ihr nicht ganz blind; denn ich müßte mich sehr irren, wenn Ihr nicht recht hättet. Habt Ihr nicht bemerkt, wie begierig er beim Nachtmahl auf jedes Wort horchte, das ich von Eline erzählte?

OLAF: Er vergaß Speise und Trank.

INGER: Und unsere geheimen Angelegenheiten dazu.

OLAF: Und was noch mehr ist – die Papiere vom Kanzler.

INGER: Und aus all diesem schließt Ihr wohl –?

OLAF: Aus all diesem schließe ich hauptsächlich, daß Ihr, die Ihr Nils Lykke kennt und wißt, welche Gerüchte über ihn gehen, wenn es sich um Frauen handelt –

INGER: Froh sein muß, wenn ich ihn wieder draußen weiß?

OLAF: Ja, und je früher, desto besser.

INGER *lächelt:* Nein, im Gegenteil, Olaf Skaktavl!

OLAF: Wie meint Ihr das?

INGER: Wenn es sich verhält, wie wir beide glauben, so darf Nils Lykke um keinen Preis Östrot fürs erste verlassen.

OLAF *sieht sie mißbilligend an:* Seid Ihr schon wieder auf Schleichwegen, Frau Inger? Auf was für Anschläge sinnt Ihr? Ist es etwas, das Eure Macht zu unserm Nachteil vergrößern kann und –?

INGER: O über diese Kurzsichtigkeit, die alle so unbillig gegen mich macht! Ich seh's Euch an, Ihr glaubt, es sei meine Absicht, Nils Lykke zu meinem Tochtermann zu machen. Wenn ich das wollte – weshalb hätte ich mich dann geweigert, teilzunehmen an den Dingen, die sich jetzt in Schweden vorbereiten und die Nils Lykke und der ganze dänische Anhang willens scheinen zu unterstützen?

OLAF: Wenn es also nicht Euer Wunsch ist, Nils Lykke zu gewinnen und an Euch zu fesseln – was habt Ihr dann mit ihm im Sinn?

INGER: Das will ich mit wenig Worten Euch erklären. In einem Schreiben an mich nannte Nils Lykke es ein Glück, in unser Geschlecht eintreten zu können; und ich will – ehrlich bekennen, daß ich die Sache wirklich einen Augenblick erwog.

OLAF: Nun, seht Ihr wohl!

INGER: Nils Lykke an meinen Stamm zu knüpfen, war ein mächtiges Mittel, viele Uneinige hier im Lande zu vergleichen.

OLAF: Eurer Tochter Merete Verbindung mit Vinzents Lunge, dünkt mich, sollte Euch zeigen, was solche Mittel bewirken. Kaum hatte Herr Lunge festen Fuß bei uns gefaßt, als er Güter und Vorrechte an sich riß –

INGER: Ach, ich weiß das, Olaf Skaktavl! Zuweilen aber durchkreuzen so vielerlei Gedanken meinen Sinn. Ich kann mich weder Euch noch einem andern voll und ganz anvertrauen. Oft weiß ich nicht, was für mich das Rechte ist. Und trotzdem – zum zweitenmal einen dänischen Herrn zum Tochtermann wählen – das ist ein Ausweg, zu dem ich nur im äußersten Notfall greifen kann; und, der Himmel sei gelobt, so weit ist es noch nicht gekommen!

OLAF: Jetzt bin ich so klug wie zuvor, Frau Inger. Weshalb wollt Ihr Nils Lykke in Östrot zurückhalten?

INGER *gedämpft:* Weil ich geheimen Groll gegen ihn hege. Nils Lykke hat mich schwerer beleidigt als je zuvor ein Mensch. Ich kann Euch nicht sagen, was es war. Aber Ruhe finde ich nicht, bevor ich nicht Rache an ihm genommen habe. Versteht Ihr mich nicht? Nehmt an, Nils Lykke wäre meiner Tochter gut. Mich dünkt, das ist wohl denkbar. Ich will ihn bewegen, hierzubleiben. Er soll Eline näher kennenlernen. Sie ist schön und klug zugleich. – Ah! Wenn er dann eines Tages mit heißer Liebe im Herzen vor mich träte und sie von mir erbäte! Dann – ihn fortzujagen wie einen Hund; ihn fortjagen mit Spott, mit Hohn, mit Verachtung; es im ganzen Lande ruchbar zu machen, daß Nils Lykke zu Östrot vergebens gefreit –! Ich sage Euch, ich gäbe zehn Jahre meines Lebens, um eine solche Stunde zu erleben!

OLAF: Hand aufs Herz, Frau Inger Gyldenlöve, das wäre Eure Absicht mit ihm?

INGER: Das und sonst nichts, so wahr ein Gott lebt! Ihr dürft mir glauben, Olaf Skaktavl, ich meine es ehrlich mit meinen Landsleuten. Aber ich bin so wenig meine eigene Herrin. Es gibt gewisse Dinge, die geheim bleiben müssen, wenn ich nicht zu Tode getroffen werden soll. Doch bin ich von jener Seite erst sicher, dann sollt Ihr erfahren, ob ich vergessen habe, was ich an Knut Alfsons Bahre schwur.

OLAF *schüttelt ihre Hand:* Dank für Eure Worte! Ich möchte ungern Böses von Euch glauben. Doch was das Vorhaben mit dem Ritter betrifft, so dünkt mich, daß Ihr ein gewagtes Spiel treibt. – Wenn Ihr Euch nun verrechnet hättet? Wenn Eure Tochter –? Denn man sagt ja, daß kein Weib jenem geschmeidigen Teufel zu widerstehen vermag.

INGER: Meine Tochter? Glaubt Ihr, daß sie –? Nein, seid nur ruhig; ich kenne Eline besser. Alles, was sie zu seinem Preise gehört, hat nur ihren Haß gegen ihn geweckt. Ihr selbst habt ja mit eigenen Augen gesehen –

OLAF: Ja, ja – Weibersinn ist ein unsicherer Grundstein. Aber Ihr solltet Euch doch vorsehen.

INGER: Das will ich auch; ich will über beide ein wachsames Auge haben. Sollte es ihm dennoch glücken, sie in seinen Netzen zu fangen, so brauche ich ihr nur ein einziges Wort ins Ohr zu flüstern, und sie –

OLAF: Und sie –?

INGER: Sie wird vor ihm zurückschrecken wie vor einem Sendboten des Versuchers in eigener Person. Still, Olaf Skaktavl. Da kommt er. Seid besonnen!

Nils Lykke kommt durch die erste Tür rechts.

Dritter Auftritt

Die Vorigen. Nils Lykke.

LYKKE *geht höflich auf Frau Inger zu:* Edle Frau, Ihr habt mich rufen lassen.

INGER: Durch meine Tochter habe ich erfahren, daß Ihr uns noch in dieser Nacht zu verlassen gedenkt.

LYKKE: Leider! mein Geschäft in Östrot ist nun zu Ende.

OLAF: Nicht, eh' ich die Briefschaften erhalten habe.

LYKKE: Ganz recht. Fast hätte ich das Wichtigste von meiner Sendung vergessen. Aber das ist auch die Schuld der edlen Hausfrau. Beim Mahl verstand sie es, ihre Gäste so klug und so lebhaft zu unterhalten –

INGER: Daß Ihr vergaßt, was Euch hierhergeführt? Das freut mich; denn das war grade meine Absicht. Ich dachte, wenn mein Gast, Nils Lykke, sich wohl in Östrot fühlen soll, so muß er –

LYKKE: Was, hohe Frau?

INGER: Vor allen Dingen seinen Auftrag vergessen – und alles, was seinem Kommen vorausgegangen ist.

LYKKE *zu Olaf, indem er das Paket hervorholt und es ihm reicht:* Die Briefschaften vom Kanzler. Ihr werdet da vollständige Aufklärung über unsere Anhänger in Schweden finden.

OLAF: Das ist gut.

Er setzt sich an einen Tisch links, öffnet das Paket und durchblättert die Papiere.

LYKKE: Und nun, Frau Inger Gyldenlöve, nun wüßte ich nicht, daß mir hier noch etwas zu tun bliebe.

INGER: Sofern uns einzig und allein Staatssachen zusammengeführt haben, mögt Ihr vielleicht recht haben. Doch möcht ich das ungern glauben.

LYKKE: Ihr meint –?

INGER: Ich meine, daß Nils Lykke nicht nur als dänischer Reichsrat oder als des Kanzlers Verbündeter bei mir zu Gaste kam. Sollte ich irren, wenn ich mir einbilde, daß Ihr dort unten in Dänemark mancherlei gehört, was Euch begierig machte, die Frau auf Östrot kennenzulernen?

LYKKE: Fern sei es von mir, das zu leugnen –

OLAF *blättert in den Papieren:* Seltsam! Kein Brief dabei.

LYKKE: Frau Inger Gyldenlöves Ruf ist allzuweit verbreitet, als daß mich's nicht längst gelüstet hätte, sie von Angesicht zu Angesicht zu sehen.

INGER: Ich dacht' es wohl. Doch reicht's dann hin, eine Stunde an der Abendtafel zu vertändeln? Wir wollen versuchen, auszulöschen, was vordem zwischen uns vorgefallen. Wohl könnte der Nils Lykke, den ich kenne, einen Schleier über den Groll decken, welchen ich gegen jenen hege, den ich nicht kannte. Verlängert Euren Aufenthalt hier um einige Tage, Herr Reichsrat! Olaf Skaktavl wage ich nicht zu überreden.

Er hat ja seine heimlichen Aufträge für Schweden. Was hingegen Euch betrifft, so habt Ihr gewiß alles im voraus so klug eingeleitet, daß Eure Anwesenheit kaum vonnöten sein wird. Glaubt mir, die Zeit soll Euch bei uns nicht lang werden; wenigstens wollen meine Tochter und ich alles aufbieten, um es Euch herzlich heimisch bei uns zu machen.

LYKKE: Ich zweifle nicht an Eurer noch an Eurer Tochter Wohlgesinntheit für mich. Davon habe ich vollauf Zeugnis bekommen. Wenn ich nun trotzdem erklären muß, daß ich meinen Aufenthalt in Östrot unmöglich verlängern kann, so werdet Ihr daraus ersehen, daß meine Anwesenheit anderswo unumgänglich notwendig ist.

INGER: Wohlan! Wißt Ihr, Herr Reichsrat, wenn ich boshaft wäre, so könnt' ich fast meinen, daß Ihr nach Östrot gekommen, um einen Kampf mit mir zu wagen. Diesen Kampf scheint Ihr nun verloren zu haben, und deshalb ist's Euch unlieb, auf dem Schlachtfeld und bei den Zeugen Eurer Niederlage länger zu verweilen.

LYKKE *lächelnd:* Zu solcher Deutung wäre manch ein Grund vorhanden; gewiß aber ist, daß ich die Schlacht noch nicht für verloren halte.

INGER: Sei's drum; wenn Ihr noch einige Tage bei uns verweilt, könnt Ihr sie allenfalls wieder gewinnen. Ja, Ihr seht ja selbst, wie schwankend unentschlossen ich am Scheidewege stehe – wie ich meinen gefährlichen Angreifer überrede, nicht das Feld zu räumen. Nun, offen gesprochen, die Sache liegt so: Euer Bündnis mit den Mißvergnügten in Schweden dünkt mich noch ein wenig – ja, wie soll ich's nennen – noch ein wenig seltsam, Herr Reichsrat! Ich sage Euch das ohn' Umschweif, teurer Herr! Der Gedanke, der des Königs Rat zu diesem heimlichen Schritte geleitet, dünkt mich sehr klug; aber er widerspricht dem Vorgehen Eurer Landsleute während der verflossenen Jahre. Es darf Euch daher nicht kränken, wenn mein Vertrauen zu Euren schönen Versprechungen stärkerer Stützen bedarf, bevor ich Wohlfahrt und Güter in Eure Hände lege.

LYKKE: Diesem Endzweck würde ein längerer Aufenthalt in Östrot kaum von Nutzen sein, denn ich gedenke keinen weiteren Versuch zu machen, um Euren Entschluß zu erschüttern.

INGER: Dann beklage ich Euch aus aufrichtigem Herzen. Ja, Herr Reichsrat, wohl stehe ich hier als ratlose Witwe; aber Ihr dürft mir aufs Wort glauben, wenn ich Euch prophezeie, daß Euch Dornen aus Eurer Fahrt nach Östrot erwachsen werden.

LYKKE *mit einem Lächeln:* Das prophezeit Ihr mir, Frau Inger?

INGER: Gewiß! Was wird man sagen, edler Herr? Die Menschen heutzutage lästern so gern. Mehr als ein Spottvogel wird Schmählieder auf Euch dichten. Vor Ablauf eines halben Jahres werdet Ihr in der Leute Mund sein; am Wege wird man stehenbleiben und Euch nachblicken; und man wird sagen: seht, seht, dort reitet Herr Nils Lykke, der hinaufzog nach Östrot, um Frau Inger Gyldenlöve zu fangen, und da in seiner eigenen Schlinge hängenblieb.

Lykke macht eine ungeduldige Bewegung.

INGER: Nun, nun, nicht so ungeduldig, Herr Ritter! Das ist nicht meine Meinung; doch so werden alle argen und boshaften Menschen urteilen. Und von denen gibt es leider Gottes genug! Ja, das ist schlimm; aber es ist gewiß und wahr, Spott wird Euer Lohn sein. Spott, daß ein Weib schlauer war als Ihr. „Listig wie ein Fuchs schlich er sich ein in Östrot", wird man sagen, „beschämt wie ein Hund zog er wieder von dannen." Und noch eins: Meint Ihr nicht, daß der Kanzler und seine Freunde für Euren Beistand danken werden, wenn verlautet, daß ich mich nicht getraue, unter Eurem Banner zu kämpfen?

LYKKE: Ihr sprecht weise, edle Frau! Und um mich nicht dem Spott auszusetzen, noch mehr, um nicht den Beistand aller guten Freunde in Schweden zu verwirken, bin ich genötigt –

INGER *rasch:* Den Aufenthalt in Östrot zu verlängern?

OLAF *der gelauscht hat, für sich:* Jetzt geht er in die Falle!

LYKKE: Nein, edle Frau; ich bin genötigt, noch in dieser Stunde ein Übereinkommen mit Euch zu schließen.

INGER: Und wenn es Euch nicht glückte?

LYKKE: Es wird glücken.

INGER: Ihr seid Eurer Sache sehr sicher, wie es scheint.

LYKKE: Was gilt die Wette, daß Ihr auf meinen und des Kanzlers Vorschlag eingeht?

INGER: Schloß Östrot gegen Eure Knieriemen!

LYKKE *schlägt sich auf die Brust und ruft:* Olaf Skaktavl – seht hier den Herrn von Östrot!

INGER: Herr Reichsrat –!

OLAF *steht vom Tisch auf:* Was nun?

LYKKE *zu Frau Inger:* Die Wette nehme ich nicht an; denn im nächsten Augenblick schenkt Ihr mir gern Östrot und mehr dazu, um Euch aus der Schlinge zu ziehen, die Euch und nicht mich umfängt.

INGER: Euer Scherz beginnt gar lustig zu werden, Herr Ritter!

LYKKE: Er wird noch lustiger – wenigstens für mich. Ihr pocht darauf, mich überlistet zu haben. Ihr droht damit, den Hohn und Spott aller Menschen auf mich zu häufen. Ah, Ihr solltet Euch hüten, meine Rachegelüste zu wecken, denn mit zwei Worten kann ich Euch auf die Knie niederzwingen.

INGER: Ha – ha –! *Sie hält plötzlich wie von einer Ahnung erfaßt inne.* Und diese zwei Worte, Nils Lykke? Diese zwei Worte –?

LYKKE: Sind das Geheimnis von Eurem und Sten Stures Sohn.

INGER *mit einem Schrei:* O Jesus Christus –!

OLAF: Inger Gyldenlöves Sohn! Was sagt Ihr da?

INGER *halb auf die Knie gesunken vor Lykke:* Gnade! O seid barmherzig –!

LYKKE *hebt sie empor:* Kommt zu Euch und laßt uns besonnen miteinander reden.

INGER *mit leiser Stimme, wie halb abwesend:* Habt Ihr's gehört, Olaf Skaktavl? Oder war's nur ein Traum? Habt Ihr gehört, was er sagte?

LYKKE: Es war kein Traum, Frau Inger!

INGER *schlägt die Hände zusammen:* Und Ihr wißt es! Ihr – Ihr! – Doch wo habt Ihr ihn? Wo habt Ihr ihn? Was wollt Ihr mit ihm tun? *Sie schreit auf:* Tötet ihn nicht, Nils Lykke! Gebt ihn mir zurück! Tötet ihn mir nicht!

OLAF: Ah, ich fange an zu begreifen –

INGER: Und diese Angst – diese quälende Furcht! Ich habe es so lange Jahre mit mir herumgetragen – und nun bricht alles zusammen, und ich muß solche Not und Qual ertragen! Herr mein Gott, ist das recht von dir? Hast du ihn mir deshalb gegeben? *Sie nimmt sich zusammen und sagt mit mühsam erkämpfter Stimme:* Nils Lykke – sagt mir eins. Wo habt Ihr ihn? Wo ist er?

LYKKE: Bei seinem Pflegevater.

INGER: Noch bei seinem Pflegevater. O dieser unerbittliche Mann! Stets hat er ihn mir verweigert! – Aber so darf es nicht länger bleiben! Helft mir, Olaf Skaktavl!

OLAF: Ich?

LYKKE: Des bedarf es gar nicht, wenn Ihr nur –

INGER: Hört mich, Herr Reichsrat! Was Ihr wißt, das sollt Ihr vollends wissen. Und auch Ihr, alter, treuer Freund! Wohlan! Ihr mahntet mich vorhin an jenen unseligen Tag, da Knut Alfson bei Oslo erschlagen wurde. Ihr mahntet mich an den Schwur, den ich tat, als ich inmitten Norwegens tapferster Männer an seiner Bahre stand. Damals war ich kaum erwachsen; aber ich fühlte Gottes Kraft in mir, und ich meinte, was nach mir viele gemeint haben, daß der Herr selbst mir sein Zeichen auf die Stirn gedrückt und mich erkoren habe, allen voran für Land und Reich zu kämpfen. War das Vermessenheit? Oder war es eine Offenbarung von oben? Ich hab es nie ergründet. Doch wehe dem, der eine große Tat zu vollbringen hat! Während sieben langer Jahre darf ich sagen, daß ich getreulich gehalten, was ich gelobt. In Not und Bedrängnis hielt ich treu zu meinen Landsleuten. All meine Gespielinnen waren Gattinnen und Mütter geworden. Ich allein durfte keinem Freier Gehör schenken. Keinem. Ihr wißt das am besten, Olaf Skaktavl! Da erblickte ich zum erstenmal Sten Sture. Einen schöneren Mann hatte ich nie zuvor gesehen.

LYKKE: Ah, jetzt wird mir's klar. Sten Sture kam damals in heimlicher Sendung nach Norwegen. Wir Dänen durften nicht wissen, daß er Euren Anhängern wohlgesinnt war.

INGER: Als geringer Kriegsknecht verkleidet lebte er einen Winter lang mit mir unter einem Dache. Während jenes Winters dacht' ich weniger und weniger an des Reiches Wohlfahrt. – Einen so schönen Mann hatte ich nie zuvor gesehen. Und ich war fast fünfundzwanzig Jahre alt geworden –! Im nächsten Herbst kehrte Sten Sture wieder. Und als er dann fortzog, nahm er heimlich ein zartes Kindlein mit sich. Nicht die bösen Zungen der Menschen fürchtete ich – aber es hätte unserer Sache geschadet, wenn es ruchbar geworden, daß Sten Sture mir so nahe stand. Das Kind wurde dem Kanzler Peter zur Erziehung übergeben. Ich harrte der besseren Zeiten, die bald kommen mußten. Sie kamen nie. Sten Sture verheiratete sich zwei Jahre später in Schweden, und als er starb, hinterließ er eine Witwe –

OLAF: Und mit ihr einen gesetzlichen Erben seines Namens und seiner Rechte.

INGER: Unzähligemal schrieb ich dem Kanzler und flehte ihn an, mir mein Kind zurückzugeben. Aber er weigerte sich stets. „Schließt Euch fest und unverbrüchlich an uns", antwortete er, „und ich werde Euch Euren Sohn nach Norwegen senden; früher nicht." Wie durft' ich das wagen? Wir Mißvergnügten wurden damals von vielen Furchtsamen hierzulande scheel angesehen. Erhielten sie Kunde von der Sache – o ich weiß es wohl! um die Mutter zu treffen, würden sie dem Kinde gern dasselbe Schicksal bereitet haben, das König Christian getroffen, wenn er sich nicht durch die Flucht gerettet hätte. Aber außerdem waren auch die Dänen tätig. Sie ließen es weder an Drohungen noch an Versprechen fehlen, um mich zu sich hinüberzuziehen.

OLAF: Wohl begreiflich. Aller Augen waren auf Euch gerichtet wie auf die Windfahne, nach der sie segeln wollten.

INGER: Dann kam Herlof Hyttefads Aufruhr. Gedenkt Ihr jener Zeit, Olaf Skaktavl? War es nicht, als ob ein sonniger Lenz über das ganze Land gekommen! Gewaltige Stimmen mahnten mich, hervorzutreten, aber ich hatte nicht den Mut. Ich blieb unschlüssig, fern vom Kampf, auf meinem einsamen Hof. Zuweilen war mir's, als ob Gott selbst mich riefe; aber dann kam jene tödliche Angst wieder über mich und lähmte allen Willen. „Wer wird siegen?" Seht, das war die Frage, die mir unaufhörlich im Ohr tönte. Es war ein kurzer Lenz nur, der damals in Norwegen angebrochen war. Herlof Hyttefad und viele andere mit ihm wurden in den Monaten, die nun folgten, aufs Rad geflochten. Von mir konnte niemand Rechenschaft fordern. Und doch ließ Dänemark es nicht an verblümten Drohungen fehlen. Wie, wenn sie um das Geheimnis wußten? Schließlich konnte ich es mir nicht anders mehr deuten, als daß sie drum wußten. In solch einer qualvollen Zeit kam Reichshofmeister Gyldenlöve hierher nach Östrot und begehrte mich zur Ehe. Laßt eine geängstigte Mutter sich an meine Stelle versetzen! Einen Monat später war ich die Gemahlin des Reichshofmeisters – und heimatlos in den Herzen meiner Landsleute. Dann kamen die stillen Jahre. Keiner erhob sich mehr. Die Machthaber konnten uns drücken so tief und schwer, wie es sie gelüstete. Es gab Stunden, wo ich Ekel vor mir selbst empfand. Denn was war mein Tun? Nichts, als mich von Angst martern, mich verhöhnen lassen und Töchter zur Welt bringen. Meine Töchter! Gott wolle mir verzeihen, wenn ich für sie kein Mutterherz habe. Die Pflicht der Gattin war für mich Frondienst. Wie konnte ich da meine Töchter lieben? O mit meinem Sohn war das anders! Er war das Kind meiner Seele! Er war das einzige, das mich an jene Zeit gemahnte, da ich Weib war und nichts als Weib. Und ihn hatten sie mir genommen! Er wuchs auf unter Fremden, die vielleicht die Saat der Verderbnis in seine Seele streuten! Olaf Skaktavl, hätte ich, gleich Euch, gehetzt und einsam in Wind und Wetter über Berg und Tal wandern müssen und hätte dabei mein Kind im Arm gehabt, glaubt mir, ich hätte nicht so bitter geweint und geklagt, als ich um ihn von der Stunde seiner Geburt an bis auf den heutigen Tag geweint und geklagt habe!

OLAF: Hier meine Hand! Ich habe Euch zu hart beurteilt, Frau Inger! Gebietet wieder über mich wie bisher. Ich werde gehorchen. Ja, bei allen Heiligen, ich weiß, was es heißt, um sein Kind trauern.

INGER: Das Eure erschlugen Gewalttäter. Was aber ist der Tod gegen die ruhelose Angst all der langen Jahre?

LYKKE: Wohlan, es steht in Eurer Macht, dieser Angst ein Ende zu machen. Versöhnt die streitenden Parteien, so kommt es keiner derselben in den Sinn, sich Euer Kind als Geisel für Eure Treue anzueignen.

INGER *vor sich hin:* Das ist eine Rache des Himmels! *Sie sieht ihn an.* Sagt kurz und gut, was Ihr fordert!

LYKKE: Vorerst verlange ich, daß Ihr das Volk im Norden zu den Waffen ruft, um die Mißvergnügten in Schweden zu unterstützen.

INGER: Und dann – ?

LYKKE: Daß Ihr dahin wirkt, daß der junge Graf Sture in die Rechte seines Stammes als Schwedens Herrscher eingesetzt wird.

INGER: Er? Ihr fordert, daß ich – ?

OLAF *leise:* Es ist der Wunsch vieler Schweden. Auch uns wäre wohl gedient damit.

LYKKE: Ihr bedenkt Euch, edle Frau? Ihr zittert für die Sicherheit Eures Sohnes? Wie könnt Ihr da Besseres wünschen, als seinen Halbbruder auf dem Thron zu sehen?

INGER *gedankenvoll:* Wohl wahr – wohl wahr –

LYKKE *betrachtet sie scharf:* Es müßte denn ein anderer Anschlag in Euch reifen –

INGER: Was meint Ihr?

LYKKE: Daß Inger Gyldenlöve darauf sinnt – Königsmutter zu werden.

INGER: Nein, nein! Gebt mir mein Kind zurück, dann mögt Ihr Kronen geben, wem Ihr wollt. Doch wißt Ihr auch, ob Graf Sture willens ist, zu – ?

LYKKE: Darüber kann er selbst Euch Gewißheit geben.

INGER: Er selbst? Und wann?

LYKKE: In dieser Stunde noch.

OLAF: Wie das?

INGER: Was sagt Ihr?

LYKKE: Mit einem Wort, Graf Sture befindet sich in Östrot.

OLAF: Hier?

LYKKE *zu Inger:* Es wurde Euch vielleicht berichtet, daß ich selbander durch das Burgtor ritt? Der Graf war mein Gefährte.

INGER *leise:* Ich bin in seiner Gewalt. Mir bleibt keine Wahl. *Sie sieht ihn an und sagt:* Wohlan, Herr Reichsrat – ich sichere Euch meinen Beistand zu.

LYKKE: Schriftlich?

INGER: Wie Ihr begehrt.

Sie geht an den Tisch zur Linken, setzt sich und entnimmt der Schublade Schreibgerät.

LYKKE *rechts am Tisch, beiseite:* Endlich ist der Sieg mein!

INGER *wendet sich, nach einem Augenblick des Bedenkens, plötzlich um und flüstert Olaf Skaktavl über den Tisch zu:* Olaf Skaktavl – jetzt weiß ich's mit Bestimmtheit – Nils Lykke ist ein Verräter!

OLAF *leise:* Wie? Ihr glaubt?

INGER: Er sinnt auf Betrug.

Sie legt das Papier zurecht und taucht die Feder ein.

OLAF: Und doch wollt Ihr ihm schriftlich diese Versicherung geben, die Euren Untergang herbeiführen kann?

INGER: Still, laßt mich gewähren.

Olaf will gehen.

INGER: Nein, bleibt und hört zuvor –

Sie spricht flüsternd zu ihm weiter.

LYKKE *behält sie im Auge, leise:* Ah, beratschlagt nur, soviel Ihr wollt. Jetzt ist alle Gefahr vorüber. Mit ihrer schriftlichen Zusage in der Tasche kann ich zu jeder Stunde Anklage wider sie erheben. Noch diese Nacht einen geheimen Boten an Jens Bjelke. – Ich werde meinem Wort nicht untreu, wenn ich ihn versichere, daß der junge Graf Sture nicht in Östrot ist. Und dann morgen, wenn der Weg frei ist, nach Drontheim mit dem Junker. Von dort zu Schiff mit ihm als Gefangenen nach Kopenhagen. Sitzt er nur erst im Verlies, dann können wir Frau Inger vorschreiben, was uns gelüstet. Und ich – ? Hiernach, denke ich, wird der König die Gesandtschaft nach Frankreich in keine andern Hände legen als die meinen.

INGER *immer noch flüsternd zu Olaf Skaktavl:* Nun, Ihr habt mich also verstanden?

OLAF: Vollkommen. Sei's denn gewagt, wie Ihr wollt.

Er geht durch den Hintergrund rechts ab. Stenson kommt durch die erste Tür rechts herein, ohne von Frau Inger bemerkt zu werden.

Vierter Auftritt

Frau Inger, Nils Lykke, Nils Stensson.

STENSSON *mit gedämpfter Stimme:* Herr Ritter – Herr Ritter!

Inger bemerkt ihn nicht, schreibt.

LYKKE *geht auf ihn zu; gedämpft, wie alles Folgende:* Unvorsichtiger! Was wollt Ihr hier? Hieß ich Euch nicht da drinnen warten, bis ich Euch rufen würde?

STENSSON: Wie konnt' ich das? Jetzt, da Ihr mir anvertraut habt, daß Inger Gyldenlöve meine Mutter ist, jetzt dürstet mich mehr denn je danach, sie von Angesicht zu Angesicht zu sehen! *Er bemerkt Frau Inger.* Das ist sie! Wie stolz und erhaben! So hab ich sie mir stets gedacht. Fürchtet nichts, lieber Herr, ich werde mich nicht verraten. Seitdem ich dies Geheimnis erfuhr, fühle ich mich gleichsam älter und besonnener. Ich werde nicht mehr wild und unbedacht sein; ich will werden wie andere edle Junker. Hört, sagt mir doch, weiß sie, daß ich hier bin? Ihr habt sie doch wohl vorbereitet?

LYKKE: Freilich; jedoch –

STENSSON: Nun?

LYKKE: Sie will Euch nicht als Sohn anerkennen.

STENSSON: Mich nicht anerkennen? Aber sie ist doch meine Mutter. O wenn's nichts anderes ist – *er zieht einen Ring hervor, den er an einer Schnur um den Hals trägt:* dann zeigt ihr diesen Ring. Ich trage ihn seit frühster Jugend. Um den muß sie Bescheid wissen.

LYKKE: Fort mit dem Ring, Mensch! Fort mit ihm, sage ich! Ihr versteht mich nicht. Frau Inger zweifelt keineswegs daran, daß Ihr ihr Kind seid: jedoch – ja, seht Euch um; seht all diesen Reichtum; seht all diese mächtigen Vorfahren, die Sippe, deren Bilder hoch und niedrig an allen Wänden prangen; und endlich seht sie selbst, die stolze Frau, die gewöhnt ist, als erste Edelfrau im Lande zu gebieten. Glaubt Ihr, es könnt' sie freuen, den Augen der Menschen einen armen, unwissenden Burschen zu zeigen und zu sagen: seht her, dies ist mein Sohn!

STENSSON: Ja, Ihr habt wohl recht. Ich bin arm und unwissend. Ich habe ihr nichts für das zu bieten, was ich von ihr verlange. O nie fühlt' ich der Armut Druck wie zu dieser Stunde! Doch sagt an, was glaubt Ihr, daß ich tun könnte, um ihre Liebe zu erringen? Sagt mir's, teurer Herr; Ihr müßt's doch wissen!

LYKKE: Ihr müßt Land und Reich erringen. Doch bevor Euch das geglückt, müßt Ihr Euch wohl hüten, ihr Ohr durch eine Andeutung auf Eure Verwandtschaft zu verletzen. Sie wird sich stellen, als ob sie Euch für den wirklichen Grafen Sture hielte, bis Ihr Euch würdig zeigt, ihr Sohn zu heißen.

STENSSON: O so sagt mir doch –!

LYKKE: Still, still!

INGER *steht auf und reicht ihm das Papier:* Herr Ritter – hier habt Ihr meine Zusage.

LYKKE: Ich danke Euch!

INGER *indem sie Stensson bemerkt:* Ah – dieser junge Mann ist –?

LYKKE: Ja, Frau Inger, dies ist Graf Sture.

INGER *sieht ihn verstohlen an, beiseite:* Zug für Zug! ja, bei Gott, das ist Sten Stures Sohn! *Sie tritt näher zu ihm und sagt mit kalter Höflichkeit:* Seid gegrüßt unter meinem Dache, Herr Graf! Es liegt in Eurer Hand, ob wir vor Ablauf eines Jahres diese Begrüßung segnen werden oder nicht.

STENSSON: In meiner Hand? O gebietet mir, was ich tun soll! Glaubt mir, ich habe Willen und Mut –

LYKKE *horcht unruhig:* Was ist das für ein Lärm und Toben, Frau Inger? Man will hier eindringen. Was bedeutet das?

INGER *mit erhobener Stimme:* Das sind die Geister, die erwachen!

Olaf Skaktavl, Ejnar Huk, Björn, Finn, Bauern und Gesinde kommen durch den Hintergrund von rechts.

Fünfter Auftritt

Die Vorigen. Olaf Skaktavl, Ejnar Huk, Björn, Finn, Gesinde, Bauern.

BAUERN und KNECHTE: Heil Euch, Frau Inger Gyldenlöve!

INGER *zu Olaf:* Habt Ihr ihnen gesagt, was im Werke ist?

OLAF: Alles, was sie zu wissen brauchen, habe ich ihnen gesagt.

INGER *zu der Menge:* Ja, ihr meine getreuen Diener und Bauern, jetzt mögt ihr euch bewaffnen, so gut ihr könnt. Was ich euch heute abend weigerte, das sei euch jetzt im vollsten Maße gestattet. Und hier stell ich euch den jungen Grafen Sture vor, Schwedens künftigen Führer – und auch Norwegens, so Gott will.

DIE MENGE: Heil ihm! Heil Graf Sture!

Allgemeine Bewegung. Bauern und Gesinde suchen sich unter großem Lärm Waffen aus und legen Panzer und Stahlhauben an.

LYKKE *leise und unruhig:* Die Geister erwachen, sagte sie? Zum Schein habe ich den Teufel des Aufruhrs heraufbeschworen. Verdammt, wenn er mir über den Kopf wüchse!

INGER *zu Stensson:* Von mir empfangt Ihr hier die erste Hilfeleistung, dreißig berittene Bauern, die Euch folgen und Euch schützen werden. Glaubt mir, bevor Ihr noch die Grenze erreicht, haben viele Hunderte sich um Euer und mein Banner geschart. Und nun zieht mit Gott!

STENSSON: Dank, Frau Inger Gyldenlöve, Dank! und seid gewiß, Ihr sollt Euch – des Grafen Sture nie zu schämen haben! Wenn Ihr mich wiederseht, habe ich Land und Reich errungen!

LYKKE *vor sich hin:* Ja, wenn sie dich wiedersieht.

OLAF: Die Pferde warten, ihr guten Leute! Seid ihr bereit –?

DIE BAUERN: Ja, ja, ja!

LYKKE *unruhig zu Frau Inger:* Wie? Ihr beabsichtigt doch wohl nicht, noch diese Nacht – ?

INGER: Noch diesen Augenblick, Herr Ritter!

LYKKE: Nein, nein, unmöglich!

INGER: Wie ich sage!

LYKKE *leise zu Stensson:* Gehorcht ihr nicht!

STENSSON *leise:* Wie kann ich anders? Ich will; ich muß!

LYKKE *leise:* Es wird Euer sicheres Verderben sein –

STENSSON *leise:* Gleichviel! Sie gebietet über mich –

LYKKE *befehlend, leise:* Und ich?

STENSSON *leise:* Mein Wort halte ich, verlaßt Euch drauf. Das Geheimnis soll nicht über meine Lippen kommen, bevor Ihr selbst mir nicht die Zunge löst. Aber sie ist meine Mutter!

LYKKE *beiseite:* Und Jens Bjelke, der am Wege lauert! Verdammt! Er schnappt mir die Beute aus den Händen – *Zu Frau Inger:* Wartet bis morgen!

INGER *zu Stensson:* Graf Sture – gehorcht Ihr mir oder nicht?

STENSSON: Aufs Pferd! *Er geht nach dem Hintergrund.*

LYKKE *beiseite:* Der Unglückliche! Er weiß nicht, was er tut. *Zu Frau Inger:* Nun, wenn es sein muß – lebt wohl! *Er verbeugt sich rasch und will gehen.*

INGER *hält ihn zurück:* Nein, bleibt! Nicht so, Herr Ritter, nicht so!

LYKKE: Was wollt Ihr?

INGER *mit gedämpfter Stimme:* Nils Lykke – Ihr seid ein Verräter! Still! Laßt niemand merken, daß Zwistigkeiten im Lager der Anführer ausgebrochen sind. Das Vertrauen des Kanzlers habt Ihr durch eine teuflische List gewonnen, die ich nicht zu durchschauen vermag. Mich habt Ihr zu offener Empörung gezwungen – nicht um unsere Sache zu stützen, sondern um Eure eigenen Anschläge zu fördern, welcher Art sie nun sein mögen. Ich kann nicht mehr zurück. Aber glaubt dennoch nicht, daß Ihr gesiegt habt! Ich werde wissen, Euch unschädlich zu machen –

LYKKE *legt unwillkürlich die Hand ans Schwert:* Frau Inger!

INGER: Seid ruhig, Herr Reichsrat! Es gilt nicht das Leben! Aber aus Östrots Tore kommt Ihr nicht, bevor nicht der Sieg unser ist.

LYKKE: Tod und Teufel!

INGER: Jeder Widerstand ist vergeblich. Ihr entkommt uns nicht. Verhaltet Euch daher ruhig; das ist das Klügste, was Ihr tun könnt.

LYKKE *vor sich hin:* Ah – ich bin überlistet. Sie war schlauer noch als ich. *Ein Gedanke schießt in ihm auf.* Wenn ich aber doch – ?

INGER *leise zu Olaf:* Folgt Graf Stures Schar bis zur Grenze. Dann zieht ohne Aufenthalt zum Kanzler Peter und bringt mir mein Kind. Jetzt hat er keinen Grund mehr, mir vorzuenthalten, was mein ist.

Olaf will gehen.

INGER *fügt hinzu:* Wart – ein Erkennungszeichen! Wer Sten Stures Ring trägt, der ist der Rechte.

OLAF: Bei allen Heiligen, Ihr sollt ihn haben!

INGER: Dank, Dank, mein treuer Freund!

LYKKE *zu Finn, den er unbemerkt zu sich gerufen hat und mit dem er flüstert:* Also – versuch hinauszuschleichen. Laß dich nicht sehen. Eine Viertelstunde von hier liegen die Schweden im Hinterhalt. Melde ihrem Anführer, Graf Sture sei tot. Jener junge Mann bleibe unangetastet. Das sag dem Obersten. Sag ihm, des Junkers Leben sei Tausende wert.

FINN *flüsternd:* Das soll geschehen.

INGER *die Lykke inzwischen im Auge behalten hat:* Und nun zieht alle mit Gott! *Sie zeigt auf Nils Lykke:* Dieser edle Ritter kann sich nicht bequemen, seine Freunde in Östrot so schnell zu verlassen. Er will bei mir verweilen, bis die Siegesbotschaft kommt.

LYKKE *für sich:* Satan!

STENSSON *faßt seine Hand:* Vertraut mir – Ihr werdet nicht lange zu warten brauchen.

LYKKE: Gut; gut! *Beiseite:* Noch ist nicht alles verloren. Wenn nur mein Bote beizeiten zu Jens Bjelke kommt –

INGER *zum Schloßvogt Ejnar Huk, indem sie auf Finn deutet:* Und der kommt unter sicherer Bewachung ins Burgverlies.

FINN: Ich?

HUK und GESINDE: Finn!

LYKKE *leise:* Da brach mein letzter Anker.

INGER *gebieterisch:* Ins Burgverlies!

Huk, Björn und einige vom Gesinde führen Finn links ab.

ALLE ÜBRIGEN: Fort! Aufs Pferd, aufs Pferd! Heil Euch, Frau Inger Gyldenlöve.

INGER *geht dicht an Lykke vorüber, indem sie den Abgehenden folgt:* Wer bleibt nun Sieger? *Ab.*

Sechster Auftritt

Nils Lykke allein.

LYKKE: Wer? Ja, wehe dir, den Sieg erkaufst du teuer. Ich wasche meine Hände in Unschuld. Nicht ich bin's, der ihn tötet. Aber meine Beute entgeht mir trotzdem. Und der Aufruhr wächst und breitet sich aus! Ah, es war ein verwegenes, wahnsinniges Spiel, auf das ich mich eingelassen! *Er lauscht am Fenster rechts.* Da sprengen sie zum Burgtor hinaus. – Jetzt wird es hinter ihnen geschlossen – und ich bleibe als Gefangener zurück. Keine Möglichkeit des Entkommens! In einer halben Stunde überfallen ihn die Schweden. Er hat dreißig wohlgewappnete Reiter bei sich. Es wird ein Kampf auf Leben und Tod. Wenn er ihnen aber doch lebend in die Hände fiele? Wär' ich nur frei, dann könnte ich die Schweden einholen, bevor sie die Grenze erreichen, und bekäme ihn lebendig ausgeliefert. *Er geht an das Fenster im Hintergrund und sieht hinaus.* Verdammt. Überall Wachen. Sollt' es denn gar keinen Ausweg geben? *Er geht eilig wieder durch den Saal, plötzlich bleibt er stehen und lauscht.* Was ist das? Gesang und Saitenspiel. Es kommt wohl aus

Jungfer Elinens Kammer. Ja, sie ist's, die da singt. Also noch auf! *Ein Gedanke scheint ihn zu erfassen.* Eline! – Ah! wenn das ginge! Wenn das sich tun ließe! – Und weshalb denn nicht? Bin ich denn nicht mehr ich selbst? Im Liede heißt es:

„Verzagt seufzt dort jede Jungfrau rein,
Wollt' Gott, Nils Lykke könnt' gut mir sein!"

Und sie? Eline Gyldenlöve soll mich retten!

Er geht schnell und leise durch die erste Tür links ab.

Fünfter Aufzug

Derselbe Rittersaal.
Es ist noch Nacht; der Saal wird matt durch einen Armleuchter erhellt, der rechts im Vordergrund auf dem Tisch steht.

Erster Auftritt

Frau Inger allein.

INGER *sitzt in Gedanken versunken am Tisch; nach kurzer Pause:* Die Klügste im Lande nennen sie mich. Ich glaube, ich bin es auch. Die Klügste. – Niemand weiß, weshalb ich die Klügste bin. Seit mehr als zehn Jahren kämpfe ich für meines Kindes Heil. Das ist der Schlüssel zum Rätsel. Das schärft den Verstand! Den Verstand? Wo blieb meine Klugheit diese Nacht? Wo ist meine Umsicht geblieben? Es klingt und saust mir vor den Ohren. Ich sehe Gestalten vor mir, so lebendig, daß ich sie greifen könnte. *Sie springt auf.* Herr, mein Erlöser – was ist das? Bin ich nicht mehr Herrin meiner Sinne? Sollte es dahin kommen, daß ich –? *Sie preßt die Hände um den Kopf, dann setzt sie sich wieder und sagt ruhiger:* O es ist nichts. Es geht vorüber. Es hat keine Not – es geht vorüber. – Wie friedlich es heute nacht hier im Saale ist. Die Ahnen und Vorfahren sehen mich nicht mehr drohend an. Ich brauche sie nicht mehr gegen die Wand zu drehen. *Sie steht wieder auf.* Ja, es war gut, daß ich endlich Mut faßte. Wir werden siegen – und dann stehe ich am Ziel. Ich bekomme mein Kind wieder. *Sie nimmt das Licht, um zu gehen, bleibt aber stehen und sagt vor sich hin:* Am Ziel? Am Ziel? Ihn wieder bekommen? Nur das – und weiter nichts? *Sie stellt den Leuchter wieder auf den Tisch.* Jenes flüchtige Wort, das Nils Lykke hinwarf. – Wie konnte er meinen ungeborenen Gedanken sehen? *Leiser:* Königsmutter – Königsmutter, sagte er. – Und weshalb nicht? Haben meine Vorfahren nicht geherrscht wie Könige, wenn sie auch nicht den Königsnamen trugen? Hat mein Sohn nicht denselben Anspruch an die Rechte des Sture-Geschlechts wie jener andere? Vor Gott hat er sie – so wahr es noch eine Gerechtigkeit im Himmel gibt. Und diesen Rechten habe ich in der Stunde der Angst schriftlich für ihn entsagt. Mit verschwenderischer Hand habe ich sie fortgeschenkt als Lösegeld für seine Freiheit. Ob sie wiedergewonnen werden können? Würde der Himmel zürnen, wenn ich –? Soll ich glauben, daß ich neue Drangsale auf mich herabbeschwören würde, wenn ich –? Wer weiß – wer weiß! Es ist vielleicht besser, zu entsagen. *Sie nimmt den Leuchter wieder.* Ich bekomme mein Kind ja wieder. Das muß mir genug sein. Ich will jetzt Ruhe suchen. All die verwegenen Gedanken will ich verschlafen. *Sie geht in den Hintergrund, bleibt dort stehen und sagt grübelnd:* Königsmutter?

Sie geht langsam links durch den Hintergrund ab. Lykke mit einer kleinen Laterne und Eline kommen nach kurzer Pause lautlos durch die erste Tür zur Linken.

Zweiter Auftritt

Nils Lykke, Eline Gyldenlöve.

LYKKE *leuchtet spähend umher und flüstert:* Alles still. Ich muß fort.

ELINE: O so laß mich dir noch ein einziges Mal in die Augen sehen, bevor du von mir gehst.

LYKKE *umarmt sie:* Eline!

ELINE *nach kurzer Pause:* Kommst du nie wieder nach Östrot?

LYKKE: Wie kannst du daran zweifeln? Bist du nicht von nun an meine verlobte Braut? Aber willst du mir auch treu sein, Eline? Wirst du mich nicht vergessen, bis wir uns wiedersehen?

ELINE: Ob ich dir treu sein will? Habe ich denn noch einen Willen? Vermöchte ich's wohl, dir untreu zu werden, selbst wenn ich wollte? Du kamst zu nächtlicher Stunde; du pochtest an meine Tür – und ich ließ dich ein. Du sprachst zu mir. Was sprachst du? Du blicktest mir ins Auge! Was war's für eine rätselhafte Macht, die mich betörte und mich umgaukelte wie ein Zaubernetz?! *Sie verbirgt heftig ihr Gesicht an seiner Schulter.* O sieh mich nicht an, Nils Lykke! Du darfst mich nicht mehr ansehen nach dem, was geschehen. Treu sagst du? Du hast mich ja. Ich bin ja dein – muß es sein – in alle Ewigkeit.

LYKKE: Nun, bei meiner Ritterehre, bevor das Jahr um ist, sollst du als meine Gattin auf der Burg meiner Väter sitzen!

ELINE *schüttelt schwermütig das Haupt:* Keine Schwüre, Nils Lykke! Schwöre mir nichts!

LYKKE: Was ist dir? Weshalb schüttelt'st du so schwermütig dein Haupt?

ELINE: Weil ich weiß, daß du die süßen Worte, die mir den Sinn betört, schon so vielen vor mir zugeflüstert hast. Nein, nein, zürne nicht, Geliebter! Ich tadle dich nicht, wie ich es tat, als ich dich noch nicht kannte. Jetzt sehe ich ja ein, wie hoch du über allen andern stehst. Wie kann die Liebe für dich etwas anderes sein als ein Spiel und das Weib ein Spielzeug?

LYKKE: Eline – hör mich an!

ELINE: Beim Klang deines Namens bin ich aufgewachsen. Ich haßte diesen Namen, denn mich dünkte, daß du alle Frauen durch dein Tun kränktest. Und doch – wie seltsam, wenn ich träumend mein eigenes künftiges Leben aufbaute, dann warst stets du mein Held, ohne daß ich selbst es wußte. Jetzt begreife ich alles. Was fühlte ich doch! Es war eine ahnende, rätselhafte Sehnsucht nach dir, du einziger – nach dir, der dereinst kommen sollte, um mir des Lebens ganze Herrlichkeit zu deuten.

LYKKE *beiseite, indem er die Laterne auf den Tisch stellt:* Was ficht mich an? Diese schwindelnde, unwiderstehliche Macht! Wenn das Liebe ist, so habe ich sie bis zu dieser Stunde nie empfunden. Sollte es nicht noch Zeit sein –? Ah, aber das Entsetzliche mit Lucia!

Er sinkt seufzend in den Stuhl.

ELINE: Was ist dir? Ein schwerer Seufzer –

LYKKE: O nichts – nichts! Eline, jetzt will ich dir ehrlich beichten. Mit Worten und Blicken habe ich betrogen; gar mancher habe ich gesagt, was ich in dieser Nacht dir zugeflüstert habe. Aber glaub mir –

ELINE: Still! Nichts mehr davon. Meine Liebe ist ja kein Entgelt für die, so du mir schenkst. O nein, ich liebe dich, weil jeder deiner Blicke ein Königsgebot ist, das mir befiehlt. *Sie kniet vor ihm.* O laß dieses Königsgebot sich mir noch einmal tief in die Seele prägen, wenn ich gleich weiß, daß es hier für Zeit und Ewigkeit eingegraben ist. Du guter Gott, wie war ich blind gegen mich! Noch heute abend sprach ich zu meiner Mutter: „Um leben zu können, muß ich mir meinen Stolz bewahren." Was ist's denn um meinen Stolz? Meine Landsleute frei zu wissen oder meinen Stamm geehrt über Land und Reich? O nein, nein! Meine Liebe ist mein Stolz. Das Hündchen ist stolz, wenn es zu seines Herrn Füßen sitzen und Brotkrumen aus seiner Hand schnappen darf. So bin ich auch stolz, wenn ich zu deinen Füßen sitzen darf, während deine Worte und deine Blicke mich mit dem Brote des Lebens nähren. Sieh, deshalb spreche ich zu dir, was ich vorhin zu meiner Mutter sprach: „Um leben zu können, muß ich mir meine Liebe bewahren"; denn in ihr liegt mein Stolz, jetzt und allezeit.

LYKKE *zieht sie auf seinen Schoß:* Nein, nein, nicht zu meinen Füßen, an meiner Seite ist dein Platz – wie hoch das Schicksal mich auch stellen mag. Ja, Eline, du hast mich auf einen besseren Weg geleitet; und wenn es mir noch einmal vergönnt wird, durch eine rühmenswerte Tat zu sühnen, was ich in meiner wilden Jugend verbrochen, so soll die Ehre dein sein und mein zugleich.

ELINE: O du sprichst, als wäre ich noch jene Eline, die dir am Abend den Blumenstrauß vor die Füße schleuderte. In meinen Büchern las ich von dem bunten Leben in fernen Landen. Unter Hörnerklang zieht der Ritter hinaus in den grünen Hain, den Falken auf der Hand. So ziehst auch du durchs Leben; dein Name klingt dir voran, wohin du auch kommst. Alles, was ich von dieser Herrlichkeit begehre, ist, wie der Falke auf deinem Arm ruhen zu dürfen. Wie er war auch ich blind für Leben und Licht, bis du mir die Binde vor den Augen gelöst hast und mich aufsteigen ließt, hoch über die grünen Waldesgipfel. Aber glaub mir, wie mutig ich auch die Flügel ausbreite, ich kehre dennoch immer in meinen Käfig zurück.

LYKKE *steht auf:* So biete auch ich der Vergangenheit Trotz! Sieh her; nimm diesen Ring und sei mein vor Gott und Menschen – mein – selbst wenn die Toten unruhige Träume darob haben sollten.

ELINE: Du ängstigst mich. Weshalb sagst du –

LYKKE: Es ist nichts. Komm jetzt, laß mich den Ring an deinen Finger stecken. *Er tut es.* So – jetzt habe ich dich mir verlobt!

ELINE: Ich Nils Lykkes Braut? Alles, was in dieser Nacht geschehen ist, deucht mir ein Traum! O aber es ist ein schöner Traum! Mir ist so leicht ums Herz. Meine Seele hegt nicht Haß, nicht Bitterkeit mehr. Ich will all mein Unrecht wiedergutmachen. Ich war lieblos gegen meine Mutter. Morgen will ich zu ihr gehen; sie muß mir verzeihen, was ich gefehlt habe.

LYKKE: Und ihre Zustimmung zu unserm Bund geben.

ELINE: Das wird sie. O ich glaube es sicher. Meine Mutter ist gut; alle Menschen sind gut; ich grolle niemand mehr – nur einem.

LYKKE: Nur einem?

ELINE: Ach, das ist eine traurige Geschichte. Ich hatte eine Schwester –

LYKKE: Lucia?

ELINE: Kanntest du Lucia?

LYKKE: Nein, nein; ich hörte sie nur nennen.

ELINE: Auch sie schenkte ihr Herz einem Ritter. Er betrog sie – nun ist sie im Himmel.

LYKKE: Und du –?

ELINE: Ich hasse ihn.

LYKKE: Hasse ihn nicht! Wenn Barmherzigkeit in deiner Seele wohnt, so vergib ihm, wo er gesündigt hat. Glaub mir, er trägt die Strafe in seiner eigenen Brust.

ELINE: Ihm vergebe ich nie! Ich kann nicht, selbst wenn ich wollte; denn ich habe so heilig geschworen – *Sie lauscht.* Horch! Hörst du nichts?

LYKKE: Was? Wo?

ELINE: Draußen – in weiter Ferne. Viele Reiter sprengen auf der Landstraße daher.

LYKKE: Ah, sie sind's! Und ich konnte vergessen –! Sie kommen hierher. Dann ist große Gefahr! Ich muß fort!

ELINE: Aber wohin? O Nils Lykke, was verbirgst du mir?

LYKKE: Morgen, Eline – denn, bei Gott, ich komme dann wieder. Jetzt nur schnell – wo ist der geheime Ausgang, von dem du sprachst?

ELINE: Durchs Grabgewölbe. Sieh, hier ist die Falltür –

LYKKE: Das Grabgewölbe! *Vor sich hin:* Gleichviel; ich muß ihn retten!

ELINE *am Fenster rechts:* Die Reiter sind gleich hier –

Sie reicht ihm die Laterne.

LYKKE: Wohlan! *Er beginnt hinabzusteigen.*

ELINE: Geh gradeaus durch den Gang bis zu dem Sarge mit dem Totenkopf und dem schwarzen Kreuz; dort ruht Lucia –

LYKKE *kommt eilig wieder herauf und schlägt die Falltür zu:* Lucia! Pfui –!

ELINE: Was sagst du?

LYKKE: O nichts. Der Leichengeruch machte mich schwindlig.

ELINE: Horch! Jetzt pochen sie ans Tor!

LYKKE *läßt die Laterne fallen:* Weh! Zu spät!

Björn kommt hastig mit einem Licht von rechts.

Dritter Auftritt

Die Vorigen. Björn, dann zwei Diener und Frau Inger.

ELINE *geht Björn entgegen:* Was gibt es, Björn? Was ist geschehen?

BJÖRN: Überfallen! Graf Sture –!

ELINE: Graf Sture? Was ist's mit ihm?

LYKKE: Erschlagen?

BJÖRN *zu Eline:* Wo ist Eure Mutter?

ZWEI DIENER *stürzen von rechts herein:* Frau Inger! Frau Inger!

INGER *kommt mit einem Armleuchter in der Hand durch die oberste Tür links und sagt hastig:* Ich weiß alles. Hinunter in den Burghof mit euch! Haltet das Tor offen für unsere Freunde; verschlossen aber für alle andern. *Sie setzt den Leuchter auf den Tisch links.*

Björn und die beiden Diener gehen wieder rechts ab.

INGER *zu Lykke:* D a s also war die Falle, Herr Reichsrat!

LYKKE: Inger Gyldenlöve, glaubt mir –!

INGER: Ein Hinterhalt, der ihn auffangen sollte, sobald Ihr die Zusage hattet, die mich vernichten kann!

LYKKE *indem er das Papier hervorzieht und es in Stücke reißt:* Hier ist Eure Zusage. Ich behalte nichts, das gegen Euch zeugen könnte.

INGER: Was tut Ihr?

LYKKE: Ich schütze Euch von Stund an. Habe ich mich gegen Euch versündigt – nun, beim Himmel, so will ich auch versuchen, mein Verbrechen wiedergutzumachen. Aber hinaus m u ß ich jetzt, und wenn ich mich mit dem Schwert durchschlagen sollte! Eline, sag deiner Mutter alles! Und Ihr, Frau Inger, laßt unsere Abrechnung vergessen sein! Seid hochherzig und schweigt! Glaubt mir, eh der Tag noch graut, werdet Ihr mir's Dank wissen. *Er eilt rechts ab.*

Vierter Auftritt

Frau Inger, Eline Gyldenlöve.

INGER *sieht ihm triumphierend nach:* Recht so, ich verstehe ihn! *Sie wendet sich zu Eline:* Nils Lykke –? Nun –?

ELINE: Er hat an meine Kammertür gepocht und mir diesen Ring an den Finger gesteckt.

INGER: Und er hat dich von Herzen lieb?

ELINE: Er hat es gesagt, und ich glaube ihm.

INGER: Klug gehandelt, Eline! Ha, ha, mein Herr Ritter, jetzt beginne i c h!

ELINE: Meine Mutter – Ihr seid so seltsam. O ich weiß wohl – mein liebloses Tun hat Euch erzürnt.

INGER: Gewiß nicht, liebe Eline! Du bist eine gehorsame Tochter. Du hast ihn eingelassen, du hast seine süßen Worte angehört. Ich begreife, was es dich kosten mochte, denn ich kenne ja deinen Haß –

ELINE: O meine Mutter!

INGER: Still! Wir sind uns in unsern Anschlägen begegnet. Wie hast du es angefangen, mein kluges Kind? Ich sah die Liebe in seinen Augen leuchten. Halt ihn jetzt fest! Zieh das Netz enger und enger um ihn; und dann –. Ah, Eline, wenn wir ihm das meineidige Herz aus der Brust reißen könnten!

ELINE: Weh mir – was sagt Ihr?

INGER: Laß den Mut nicht sinken. Hör mich an. Ich weiß das Wort, das dich aufrechterhalten soll. So wisse denn – *Sie horcht.* Jetzt kämpfen sie vor dem Tor. Besonnenheit! Bald gilt es – *Sie wendet sich wieder zu Eline:* Wisse denn, Nils Lykke war es, der deine Schwester ins Grab gelegt.

ELINE *mit einem Aufschrei:* Lucia!

INGER: Er war's, so wahr ein Rächer über uns ist!

ELINE: Dann sei der Himmel mir gnädig!

INGER *entsetzt:* Eline –!?

ELINE: Ich bin die S e i n e vor Gott.

INGER: Unglückliches Kind – was hast du getan?

ELINE *mit dumpfer Stimme:* Meinen Herzensfrieden eingebüßt. Gute Nacht, meine Mutter!

Sie geht links ab.

Fünfter Auftritt

Frau Inger allein.

INGER: Ha, ha, ha! Es geht bergab mit Inger Gyldenlöves Geschlecht. S i e war die letzte meiner Töchter. Weshalb konnt' ich nicht schweigen? Hätte sie nichts erfahren, so wäre sie vielleicht glücklich geworden auf ihre Weise. Es s o l l t e so sein. Droben in den Sternen steht's geschrieben, daß ich einen grünen Zweig nach dem andern abbrechen soll, bis der Stamm entblättert dasteht. Sei's drum; sei's drum! Jetzt bekomme ich meinen Sohn wieder. An die andern, an meine Töchter will ich nicht mehr denken. – Rechenschaft? Rechenschaft ablegen? Ah, das geschieht erst am großen Tage des Gerichts. Es dauert lange, bis d e r kommt.

Sechster Auftritt

Frau Inger, Nils Stensson.

STENSSON *ruft draußen rechts:* Hei – schlagt das Tor zu!

INGER: Graf Stures Stimme!

STENSSON *kommt ohne Waffen, mit zerrissenen Kleidern von rechts hereingestürzt und ruft mit verzweifeltem Lachen:* Grüß Gott, Inger Gyldenlöve!

INGER: Was habt Ihr verloren?

STENSSON: Mein Reich und mein Leben!

INGER: Und die Bauern? Meine Knechte – wo habt Ihr sie?

STENSSON: Das Aas findet Ihr längs der Landstraße. Wer das übrige genommen hat, weiß ich nicht Euch zu sagen.

OLAF *draußen rechts:* Graf Sture! Wo seid Ihr?

STENSSON: Hier, hier!

Olaf kommt mit verbundener rechter Hand von rechts.

Siebenter Auftritt

Die Vorigen. Olaf Skaktavl.

INGER: Ach, Olaf Skaktavl, auch Ihr –!

OLAF: Es war unmöglich, sich durchzuschlagen.

INGER: Ich sehe, Ihr seid verwundet?

OLAF: Ich habe einen Finger weniger, sonst nichts.

STENSSON: Wo sind die Schweden?

OLAF: Uns auf den Fersen. Sie stürmen das Tor –

STENSSON: O Jesus! Aber nein, nein! Ich kann nicht – ich will nicht sterben!

OLAF: Einen Schlupfwinkel, Frau Inger! Ist hier kein Winkel, wo wir ihn verstecken können?

INGER: Und wenn sie das Schloß durchsuchen –?

STENSSON: Ja, ja; so werden sie mich finden! Und in Gefangenschaft geschleppt werden oder zum Galgen –! O nein, Inger Gyldenlöve, ich weiß gewiß, das werdet Ihr nicht dulden.

OLAF *horchend:* Jetzt ward das Schloß gesprengt.

INGER *am Fenster rechts:* Viele Menschen stürmen in den Hof.

STENSSON: Und jetzt mein Leben lassen! Jetzt, da es erst beginnen sollte! Jetzt, da ich kaum erfahren, daß ich für etwas zu leben habe? Nein, nein, nein! Glaubt nicht, daß ich feige bin, Inger Gyldenlöve! Wenn mir nur noch so viel Lebenstage vergönnt wären, daß ich –

INGER: Ich höre sie schon unten in der Gesindestube. *Entschieden zu Olaf:* Er muß gerettet werden – was es auch kosten mag.

STENSSON *faßt ihre Hand:* O ich wußt' es wohl – Ihr seid edel und gut!

OLAF: Aber wie? Wenn wir ihn nicht verbergen können –

STENSSON: Ah, ich hab's; ich hab's! Das Geheimnis –!

INGER: Das Geheimnis?

STENSSON: Gewiß; Eures und das meine!

INGER: Christus im Himmel – Ihr kennt es?

STENSSON: Von Anfang bis zu Ende. Und jetzt, da das Leben auf dem Spiel steht – wo ist Herr Nils Lykke?

INGER: Geflohen.

STENSSON: Geflohen? Dann steh mir Gott bei, denn nur der Ritter kann meine Zunge lösen. Doch das Leben ist mehr wert als ein Schwur! Wenn der schwedische Oberst kommt –

INGER: Was dann? Was wollt Ihr dann tun?

STENSSON: Mir Leben und Freiheit erkaufen – ihm alles offenbaren.

INGER: O nein, nein; seid barmherzig.

STENSSON: Es gibt ja keine andere Rettung. Wenn ich ihm erzählt habe, was ich jetzt weiß –

INGER *sieht ihn mit unterdrückter Bewegung an:* So seid Ihr gerettet?

STENSSON: Ja, ja! Nils Lykke wird meine Sache führen. Ihr seht, es ist das letzte Mittel.

INGER *gefaßt und mit Nachdruck:* Das letzte Mittel? Ihr habt recht – das letzte Mittel darf jeder wagen. *Sie zeigt nach links:* Seht, da drinnen könnt Ihr Euch inzwischen verbergen.

STENSSON *gedämpft:* Glaubt mir – Ihr sollt Euer Tun nie zu bereuen haben.

INGER *halb für sich:* Gebe Gott, daß Ihr die Wahrheit spracht!

Stensson geht hastig durch die oberste Tür links ab. Olaf will ihm folgen. Inger hält ihn zurück.

Achter Auftritt

Frau Inger, Olaf Skaktavl.

INGER: Habt Ihr seine Meinung verstanden?

OLAF: Der Elende! Er verrät Euer Geheimnis. Er will Euren Sohn opfern, um sich selbst zu retten.

INGER: Wenn es das Leben gilt, sagte er, so muß das letzte Mittel gewagt werden. Wohlan, Olaf Skaktavl – es geschehe, wie er gesagt!

OLAF: Was meint Ihr?

INGER: Leben um Leben! Einer von ihnen muß untergehen.

OLAF: Ah – Ihr wollt –?

INGER: Wenn der da drinnen nicht stumm gemacht wird, bevor er den Schweden-Anführer spricht, so ist mein Sohn für mich verloren. Wird er hingegen beiseite geschafft, so werde ich mit der Zeit Ansprüche auf all seine Rechte zu Nutz und Frommen meines eigenen Kindes machen. Dann sollt Ihr sehen, daß noch Mark in Inger Ottisdatter ist. Verlaßt Euch drauf, lange sollt Ihr nicht mehr auf die Rache warten, nach der's Euch nun seit zwanzig Jahren gedürstet hat. – Hört Ihr? Jetzt kommen sie die Treppe herauf! Olaf Skaktavl, in Eurer Hand liegt es, ob ich morgen kinderlos sein oder –

OLAF: Es geschehe! Eine rührige Faust ist mir noch geblieben. *Er reicht ihr die Hand.* Inger Gyldenlöve, durch mich soll Euer Name nicht aussterben.

Er geht in das Zimmer zu Stensson.

Neunter Auftritt

Frau Inger allein.

INGER *bleich und bebend:* Darf ich es denn wagen –?

Man hört Lärm im Zimmer.

INGER *eilt mit einem Schrei nach der Tür:* Nein, nein, es darf nicht geschehen!

Man vernimmt drinnen einen dumpfen Fall.

INGER *hält sich beide Hände vor die Ohren und eilt mit verstörtem Blick wieder durch den Saal zurück; nach kurzer Pause nimmt sie die Hände behutsam fort, lauscht wieder und sagt:* Nun ist's vorüber. Da drinnen ist es still geworden. – Du sahst es, Gott – ich bedachte mich! Aber Olaf Skaktavl war zu schnell.

Olaf kommt schweigend in den Saal.

Zehnter Auftritt

Frau Inger, Olaf Skaktavl.

INGER *nach kurzer Pause, ohne ihn anzusehen:* Ist's getan?

OLAF: Seinetwegen könnt Ihr ruhig sein – er verrät niemand mehr.

INGER *wie zuvor:* Er ist also stumm?

OLAF: Sechs Zoll tief den Stahl in der Brust. Ich erstach ihn mit der linken Hand.

INGER: Ja, ja – die Rechte ist für dergleichen auch zu gut.

OLAF: Das ist Eure Sache; der Gedanke war Euer. Und nun nach Schweden! Friede mit Euch derweil! Wenn wir uns das nächste Mal in Östrot sehen, komme ich selbander.

Er geht durch die oberste Tür zur Rechten ab.

Elfter Auftritt

Frau Inger, dann Björn mit mehreren schwedischen Kriegsknechten durch die erste Tür rechts.

INGER: Blut an meinen Händen. Dahin mußte es also kommen! Ich erkaufe ihn mir teuer.

Björn tritt mit einigen schwedischen Kriegsknechten von rechts ein.

EIN KRIEGSKNECHT: Verzeiht, wenn Ihr des Hauses Herrin seid –

INGER: Sucht Ihr den Grafen Sture?

KRIEGSKNECHT: So ist's.

INGER: Dann seid Ihr nicht auf falscher Fährte. Der Graf hat bei mir Zuflucht gesucht.

KRIEGSKNECHT: Zuflucht? Verzeiht, hochedle Frau – doch die vermögt Ihr ihm nicht zu gewähren, denn –

INGER: Was Ihr da sagt, hat der Graf wohl schon selbst eingesehen, und deshalb – ja, überzeugt Euch nur – deshalb nahm er sich das Leben.

KRIEGSKNECHT: Das Leben?

INGER: Überzeugt Euch selbst, wie ich schon sagte. Da drinnen findet Ihr den Leichnam. Und da er nun bereits vor einem andern Richter steht, so bitte ich, daß er von hier mit all den Ehren geleitet werde, die seiner edlen Geburt ziemen. Björn, du weißt, in meiner Kammer steht mein eigener Sarg schon seit vielen Jahren bereit. *Zu den Kriegsknechten:* In ihm bitte ich, Graf Stures Leichnam nach Schweden zu bringen.

KRIEGSKNECHT: Es soll geschehen, wie Ihr verlangt. *Zu einem der andern:* Eil mit dieser Botschaft zu Herrn Jens Bjelke. Er hält mit den übrigen Reitern unten auf der Landstraße. Wir gehen indes dort hinein und –

Einer der Kriegsknechte geht rechts ab. Die übrigen treten mit Björn in das Gemach zur Linken.

Zwölfter Auftritt

Frau Inger allein.

INGER *geht eine Weile schweigend und unruhig umher:* Wenn Graf Sture der Welt nicht in so großer Eile Lebewohl gesagt hätte, so würde man ihn binnen Monatsfrist an den Galgen gehängt oder für Lebenszeit in den Kerker geworfen haben. Wäre ein solches Los besser gewesen? Oder auch, er hätte sich freigekauft, indem er mein Kind in die Gewalt meiner Feinde gegeben. Bin ich es da also, die ihn getötet? Verteidigt nicht selbst die Wölfin ihr Junges? Wer darf mich verdammen, weil ich meine Klauen demjenigen ins Fleisch schlug, der mir mein eigen Fleisch und Blut rauben wollte? Das mußte sein. Jede Mutter hätte getan wie ich. Doch jetzt ist keine Zeit zu müßigen Gedanken. Handeln muß ich. *Sie setzt sich an den Tisch links.* Ich will an alle Freunde rings umher im ganzen Lande schreiben. Jetzt müssen alle aufstehen und die große Sache stützen. Ein neuer König – Reichsverweser anfangs, und dann König! *Sie beginnt zu schreiben, hält nachdenklich inne und sagt leise:* Wen werden sie wählen anstelle des Toten? – Königsmutter –? Das ist ein stolzes Wort. Es ist nur ein Aber dabei – die häßliche Ähnlichkeit mit einem andern Worte. Königsmutter und – Königsmörder. Königsmörder – so heißt, wer einem König das Leben nimmt. Königsmutter – heißt, wer einem König das Leben schenkt. – *Sie erhebt sich.* Wohlan, ich will Ersatz bieten für das, was ich genommen. Mein Sohn soll König werden! *Sie setzt sich wieder an die Arbeit, legt die Feder jedoch abermals hin und lehnt sich in den Stuhl zurück.* Es ist immer unheimlich, wenn eine Leiche im Hause ist. Deshalb ist mir auch so seltsam zumute. *Sie wendet den Kopf schnell zur Seite, als ob sie zu jemand spräche.* Nicht? Woher sollte es sonst kommen? *Grübelnd:* Ist es denn ein so großer Unterschied, ob man seinen Feind tötet oder ihn ermordet? Knut Alfson hatte so manche Stirn mit seinem Schwert gespalten, und doch war die seine rein wie eine Kinderstirn. Weshalb sehe ich dann immer diesen – *sie macht eine Bewegung, als ob sie mit dem Messer zustieße:* diesen Stoß ins Herz – und dann den roten Blutstrom? *Sie läutet und fährt fort zu sprechen, indem sie zwischen den Papieren wühlt.* Von nun an will ich nichts mehr wissen von so garstigen Erscheinungen. Ich will tätig sein Tag und Nacht. Und nach Monatsfrist – nach Monatsfrist kommt mein Sohn zu mir –

Björn tritt von links ein.

Dreizehnter Auftritt

Die Vorige. Björn.

BJÖRN: Wart Ihr's, die geläutet, hohe Frau?

INGER *schreibend:* Bring mehr Lichter. Von nun an will ich viel Lichter im Gemach haben.

Björn geht wieder links ab.

INGER *erhebt sich nach einer Pause, mit Heftigkeit:* Nein, nein, nein – ich kann die Feder diese Nacht nicht führen! Es brennt und arbeitet in meinem Kopf –! *Sie lauscht erschrocken.* Was ist das? Ah, da drinnen schrauben sie den Deckel auf den Sarg. – Als ich noch ein Kind war, erzählten sie mir Märchen vom Ritter Aage, der mit dem Sarg auf dem Rücken kam. Wenn der da drinnen nun eines Nachts den Einfall bekäme, mit dem Sarg auf dem Rücken daherzukommen und sich für das Geliehene zu bedanken? *Sie lacht leise.* Hm, wir Erwachsenen haben nichts mit unserm Kinderglauben zu schaffen. *Heftig:* Aber solche Märchen taugen trotzdem nichts! Sie bringen unruhige Träume. Wenn mein Sohn König wird, müssen sie verboten werden. *Sie geht ein paarmal auf und ab, dann öffnet sie das Fenster.* Wie lange mag es gewöhnlich dauern, bis die Verwesung beginnt? Alle Gemächer müssen gelüftet werden! Bis das nicht geschehen, ist es ungesund, hier zu leben.

Björn tritt mit zwei Armleuchtern von links ein, die er auf den Tisch stellt.

Vierzehnter Auftritt

Frau Inger, Björn.

INGER *die wieder die Papiere zur Hand genommen hat:* Recht so. Vergiß nun nicht, was ich dir gesagt habe. Viele Kerzen auf den Tisch! Was tun sie jetzt da drinnen?

BJÖRN: Sie schrauben noch den Sargdeckel fest.

INGER *schreibend:* Schrauben sie ihn auch recht fest?

BJÖRN: So fest, wie es nötig ist.

INGER: Ja, ja – du weißt nicht, wie nötig das ist. Sieh nach, daß es sorgfältig geschieht. *Sie geht mit einer Handvoll Papieren zu ihm und sagt geheimnisvoll:* Björn, du bist ein alter Mann, aber eins lege ich dir ans Herz. Sei auf der Hut vor allen Menschen – vor denen, die schon tot sind, und denen, die sterben werden. Geh nun hinein – geh hinein und sorge, daß sie den Sargdeckel festschrauben.

BJÖRN *leise, kopfschüttelnd:* Ich werde nicht klug aus ihr. *Er geht wieder links ab.*

Fünfzehnter Auftritt

Frau Inger allein.

INGER *beginnt einen Brief zu versiegeln, wirft ihn aber halbfertig von sich, geht eine Weile auf und ab und sagt dann heftig:* Wenn ich feig wäre, hätte ich dies nie und nimmer getan! Wenn ich feig wäre, hätte ich mir zugeschrien: halt ein, während deiner Seele noch eine Aussicht auf Seligkeit bleibt! *Ihr Blick fällt auf Sten Stures Bild; sie weicht dem Anblick aus und sagt leise:* Da lächelt er leibhaftig auf mich herab! Pfui! *Sie dreht das Bild nach der Wand um, ohne es anzusehen.* Warum hast du gelacht? Weil ich schlecht an deinem Sohn gehandelt? Aber der andere – ist er nicht auch dein Sohn? Und er ist der meine zugleich; merk dir das! *Sie blickt verstohlen nach der übrigen Bilderreihe.* So wild wie diese Nacht habe ich sie noch nie gesehen. Sie folgen mir mit den Blicken, wo ich geh' und steh'. *Sie stampft mit dem Fuß.* Aber ich will nichts davon wissen! Ich will Frieden in meinem Hause haben. *Sie beginnt alle Bilder nach der Wand umzudrehen.* Und wenn es auch die heilige Jungfrau selbst ist. – Meinst du, daß es jetzt an der Zeit ist –? Weshalb hast du mein Flehen nie erhört, wenn ich dich so innig bat, mir mein Kind zurückzugeben? Weshalb? Weil der Mönch in Wittenberg recht hat: Es steht niemand zwischen Gott und den Menschen! *Sie atmet schwer und fährt fort unter stets wachsender Wildheit:* Es ist nur gut, daß ich über diese Dinge Bescheid weiß. Niemand hat gesehen, was da drinnen geschah. Niemand kann wider mich zeugen. *Sie breitet plötzlich die Arme aus und flüstert:* Mein Sohn! Mein geliebtes Kind! Komm zu mir! Hier bin ich! Horch! Ich will dir etwas sagen! Da droben bin ich verhaßt – jenseits der Sterne –, weil ich dich geboren. Es war meine Bestimmung, das Zeichen Gottes des Herrn im Reiche aufzurichten. Aber ich ging meinen eigenen Weg. Deshalb habe ich so viel und so lange leiden müssen.

Björn kommt von links aus dem Gemach.

Sechzehnter Auftritt

Frau Inger, Björn.

BJÖRN: Edle Frau, ich soll Euch melden – Christus mein Erlöser – was ist das?

INGER *die auf den Hochsitz emporgestiegen ist, der rechts an der Wand steht:* Still, still! Ich bin Königsmutter. Sie haben meinen Sohn zum König erwählt. Es hielt schwer, bis es soweit kam – denn ich mußte mit dem Gewaltigen selbst kämpfen.

Lykke kommt atemlos von rechts herein.

Siebzehnter Auftritt

Die Vorigen. Nils Lykke, Kriegsknechte.

LYKKE: Er ist gerettet! Ich habe Jens Bjelkes Zusage! Frau Inger, wisset –

INGER: Still, sage ich! Seht das Menschengetümmel.

Aus dem Zimmer zur Linken tönt ein Begräbnispsalm.

INGER: Jetzt kommt der Krönungszug. Welch ein Gewimmel! Alle beugen sich vor der Königsmutter. Ja, ja, sie hat auch für ihren Sohn gekämpft – so lange, bis ihre Hände blutrot davon wurden. Wo sind meine Töchter? Ich sehe sie nicht.

LYKKE: Um Christi Blut, was ist hier geschehen?

INGER: Meine Töchter, meine lieblichen Töchter! Ich habe keine mehr. Mir war noch eine geblieben, und sie verlor ich, als sie ins Brautbett steigen wollte. *Flüsternd:* Lucias Leiche lag darin. Es war nicht Platz für zwei.

LYKKE: Ah, dahin ist es also gekommen! Die Rache des Herrn hat mich getroffen.

INGER: Seht Ihr ihn? Seht, seht! Das ist der König. Das ist Inger Gyldenlöves Sohn! Ich kenne ihn an der Krone und an Sten Stures Ring, den er um den Hals trägt. Hört, wie lustig es klingt. Er naht! Bald werden meine Arme ihn halten! Ha, ha – wer siegt, Gott oder ich?

Die Kriegsknechte kommen mit dem Sarge heraus.

Achtzehnter Auftritt

Die Vorigen. Kriegsknechte, Jens Bjelke.

INGER *greift sich an den Kopf und ruft:* Die Leiche? *Flüsternd:* Pfui; das ist ein garstiger Traum.

Sie sinkt auf den Hochsitz zurück.

BJELKE *der von rechts eingetreten ist, bleibt stehen und ruft überrascht:* Tot! Also doch!

EIN KRIEGSKNECHT: Er tat es selbst!

BJELKE *mit einem Blick auf Lykke:* Er selbst?

LYKKE: Still!

INGER *matt, wie wenn sie sich besänne:* Ja, richtig – jetzt besinne ich mich auf alles.

BJELKE *zu den Kriegsknechten:* Setzt die Leiche nieder. Das ist nicht Graf Sture.

EIN KRIEGSKNECHT: Verzeiht, Herr Ritter – doch dieser Ring, den er am Halse trug –

LYKKE *packt seinen Arm:* Schweig, schweig!

INGER *fährt empor:* Der Ring? Der Ring! *Sie eilt hin und reißt ihn an sich.* Sten Stures Ring! *Mit einem Schrei:* O Jesus Christus! Mein Sohn!

Sie wirft sich über die Bahre.

DIE KRIEGSKNECHTE: Ihr Sohn?

BJELKE *zugleich:* Inger Gyldenlöves Sohn?

LYKKE: So ist es.

BJELKE: Aber weshalb sagtet Ihr mir nicht – ?

BJÖRN *der versucht, sie aufzurichten:* Helft, helft! Herrin, was fehlt Euch?

INGER *mit matter Stimme, indem sie sich halb emporrichtet:* Was mir fehlt – ? Noch ein Sarg. Ein Grab bei meinem Kinde!

Sie sinkt abermals kraftlos über die Bahre. Lykke geht eilig rechts ab. Allgemeine Erschütterung unter den übrigen.

NORDISCHE HEERFAHRT

SCHAUSPIEL IN VIER AUFZÜGEN

PERSONEN

Örnulf vom Fjord, Landesobmann in Island
Sigurd der Starke, Seekönig
Gunnar, reicher Bauer auf Helgeland in Norwegen
Thorolf, Örnulfs jüngster Sohn
Dagny, Örnulfs Tochter
Hjördis, seine Pflegetochter
Kore, ein Bauer
Egil, Gunnars Sohn, vier Jahre alt
Örnulfs sechs Söhne
Örnulfs und Sigurds Mannen

Bewaffnete, Gefolge, Gäste, Knechte, Mägde, Geächtete

Die Handlung spielt im 10. Jahrhundert zu Erik Blutökses Zeit im nördlichen Norwegen, teil auf, teils in der Nähe von Gunnars Hof

Rechts und links vom Schauspieler

ERSTER AUFZUG

Hoher Strand, der im Hintergrund jäh ins Meer abfällt. Rechts Felsen und Nadelwald, links ein Holzschuppen. Man sieht unten in der Bucht die Masten von zwei Schiffen; rechts weit hinaus Klippen und hohe Inseln; das Meer ist in wildem Aufruhr. Winter mit Schneesturm. Rechts und links vom Schauspieler.

Erster Auftritt

Sigurd kommt von den Schiffen herauf; er trägt ein weißes Wams mit Silbergürtel, blauen Mantel, rauhe Beinkleider, Pelzstiefel und Stahlhaube, an der Seite ein kurzes Schwert. Gleich darauf erscheint Örnulf rechts oben zwischen den Felsen; er trägt ein Wams aus dunklem Schaffell mit Brustplatte und Beinschienen sowie Pelzschuhe und wollene Beinkleider; um die Schultern einen braunen Friesmantel, dessen Kapuze über die Stahlhaube gezogen ist, so daß das Antlitz zum Teil verborgen ist; er ist groß und riesenhaft gebaut mit langem, weißem Bart, alt und ein wenig gebeugt; bewaffnet ist er mit rundem Schild, Schwert und Spieß.

Sigurd tritt zuerst auf, sieht umher, gewahrt links den Schuppen, geht eilig auf denselben zu und versucht, die Tür zu erbrechen.

ÖRNULF *wird rechts auf dem Felsen sichtbar, stutzt, als er Sigurd erblickt, scheint ihn zu erkennen, steigt herab und ruft:* Weich zurück, Krieger!

SIGURD *dreht sich um, legt die Hand ans Schwert und antwortet:* Es wär' das erste Mal, daß ich es täte!

ÖRNULF: Du sollst und mußt weichen, ich brauch' die Hütte zum Nachtlager für meine halberfrorenen Mannen.

SIGURD: Und ich für ein erschöpftes Weib.

ÖRNULF: Meine Mannen sind mehr wert als deine Weiber!

SIGURD: Dann müssen die Geächteten hierzuland hoch im Preis stehen!

ÖRNULF *hebt den Spieß:* Teuer soll dich dieses Wort zu stehen kommen.

SIGURD *zieht das Schwert:* Jetzt wird dir's schlimm ergehen, alter Mann!

Örnulf stürzt auf ihn ein. Sigurd verteidigt sich.

Zweiter Auftritt

Die Vorigen. Dagny und einige von Sigurds Mannen kommen vom Strand her, Örnulfs sechs Söhne rechts von den Felsen.

DAGNY *die ein wenig voran ist, rotes Gewand, blauen Mantel und Pelzkappe trägt, ruft hinunter zu den Schiffen:* Auf! alle Sigurds Mannen! Mein Herr kämpft mit einem Fremdling!

ÖRNULFS SÖHNE: Dem Greis zu Hilfe! *Sie steigen herab.*

SIGURD *zu seinen Mannen:* Bleibt, wo ihr seid! Ich zwing ihn wohl allein.

ÖRNULF *zu den Söhnen:* Laßt mich doch mit ihm kämpfen! *Er dringt wieder auf Sigurd ein.* Ich will dein Blut sehen!

SIGURD: Sieh zuerst dein eignes fließen!

Er verwundet ihn am Arm, so daß der Spieß fällt.

ÖRNULF: Das war ein guter Streich, Kriegsmann! Du haust scharf zu und weißt sicher zu treffen. Selbst Sigurd der Recke würd' vor dir zuschanden.

SIGURD *lächelnd:* So wird die Schande ihm zur Ehr!

ÖRNULFS SÖHNE *mit einem Ruf des Erstaunens:* Sigurd selbst! Sigurd der Starke!

ÖRNULF: Doch schärfer trafst du noch in jener Nacht, als du mir Dagny, meine Tochter raubtest.

Er wirft die Kapuze zurück.

SIGURD UND SEINE MANNEN: Örnulf vom Fjord!

DAGNY *voll Freude und doch mit einem Anflug von Unruhe:* Mein Vater und meine Brüder!

SIGURD: Stell dich hinter mich!

ÖRNULF: Das ist nicht nötig. *Er nähert sich Sigurd.* Ich erkannte dich, sobald du mir vor Augen kamst. Darum hub ich Streit an. Erproben wollt' ich, ob das Gerücht wahr sagt, das dich den kühnsten Kämpfer in Norwegen nennt. Doch jetzt sei Friede und Vergleich zwischen uns!

SIGURD: Ich bin zufrieden, wenn so sich's fügt.

ÖRNULF: Hier meine Hand drauf. Du bist ein heldenmütiger Kämpe; so scharfe Hiebe hat noch niemals einer mit dem alten Örnulf getauscht.

SIGURD *schüttelt die ihm dargereichte Hand:* Mögen es die letzten Schwerthiebe sein, die wir beiden tauschten! Und hiermit biete ich dir selbst das Richteramt in unserer Sache. Bist du willens, die Bedingungen zu stellen?

ÖRNULF: Ich bin's, und jetzt werde unser Zwist geschlichtet. *Zu den übrigen:* So tu' ich euch allen denn kund und zu wissen, um was es sich zwischen uns handelt. Vor fünf Wintern lagen Sigurd und Gunnar als Wikinger auf Island und hatten dicht unter meinem Hof Obdach genommen. Da raubte Gunnar mit List und Gewalt meine Pflegetochter Hjördis; aber du, Sigurd, nahmst Dagny, mein eigen Kind, und segeltest mit ihr von dannen. Für diesen Raub wirst du zu einer Geldbuße von dreihundert Silberlingen verurteilt, und damit soll deine Tat gesühnt sein.

SIGURD: Billige Sühne scheint mir zu sein, was du forderst; die dreihundert Silberlinge werde ich entrichten und noch einen verbrämten Seidenmantel dazulegen. Es ist eine Königsgabe von Aedelsthan in England und so gut, wie je ein Mann auf Island einen trug.

DAGNY: Recht so, mein tapfrer Gemahl! Und dir, mein Vater, Dank! Nun erst bin ich freudigen Sinnes!

Sie drückt dem Vater und den Brüdern die Hand und spricht leise mit ihnen.

ÖRNULF: So tritt denn der Vergleich zwischen uns in Kraft, und soll Dagny von Stund an vollauf so ehrenvoll gehalten sein, als ob sie dir gesetzlich mit Erlaubnis ihrer ganzen Sippschaft angelobt wäre.

SIGURD: Und auf mich darfst du nun bauen wie auf einen deines eigenen Stammes!

ÖRNULF: Das kann ich gewiß, und auf der Stelle will ich erproben, wie ergeben du mir bist.

SIGURD: Bereit sollst du mich finden; sag an – was ist dein Begehr?

ÖRNULF: Deine Hilfe mit Rat und Tat. Ich bin hierhergekommen, um Gunnar zu suchen und für Hjördis' Raub Buße zu verlangen.

SIGURD *überrascht:* Gunnar!

DAGNY *ebenso:* Und Hjördis. – Wo sind sie zu finden?

ÖRNULF: Daheim auf Gunnars Hof, denk ich.

SIGURD: Und wo liegt der –?

ÖRNULF: Wenig Pfeilschüsse von hier. Hast du das nicht gewußt?

SIGURD *mit unterdrückter Bewegung:* Gewiß nicht, nein! Spärlich nur hab ich nach Gunnar gefragt, seitdem wir das letzte Mal zusammen von Island segelten. Weit war ich zur See umher und diente manchem König in fremdem Land, während Gunnar zu Hause saß. Hier ans Land wurde ich heute in der Morgendämmerung vom Unwetter verschlagen; daß Gunnar hier im Norden den Hof seiner Väter habe, wußte ich wohl, aber –

DAGNY *zu Örnulf:* Und um deswillen verließest du die Heimat?

ÖRNULF: So ist's. *Zu Sigurd:* Daß wir zwei uns fanden, ist ein Werk der Gewaltigen dort oben gewesen; s i e haben es so gewollt. Hätte ich dich finden wollen, ich hätte nicht gewußt, wo ich dich suchen sollte.

SIGURD *gedankenvoll:* Wohl wahr, wohl wahr! – Doch dein Geschäft mit Gunnar – sag mir, Örnulf, gedenkst du mit allen Kräften, mit guten wie mit bösen, gegen ihn zu verfahren?

ÖRNULF: Das muß ich. Hör, Sigurd, was ich dir sagen will. Im Sommer ritt ich zum Thinggericht, und dort waren gar viele ehrenhafte Männer versammelt. Als die Tage des Gerichts zu Ende waren, saß ich in der Hütte und trank mit den Männern meines Stammes; da kam die Rede auf den Frauenraub. Höhnische Worte bekam ich zu hören, weil ich die Unbill so lange ungerächt gelassen. Da ward ich zornig, schwur, gen Norwegen zu segeln, Gunnar zu suchen, Buße oder Rache für den Raub zu nehmen und nicht eher nach Island heimzusegeln, als bis ich meine Sache gefördert hätte.

SIGURD: Ja, ja, steht es so, dann merk' ich wohl, daß es gilt, mit Strenge zu verfahren, wenn es sein m u ß.

ÖRNULF: Es m u ß sein; aber unbillig werde ich nicht sein, und Gunnar ist mir als ehrenwerter Mann gerühmt. Auch bin ich froh, daß ich dies Unternehmen begann; zuletzt ward mir die Zeit auf Island lang; da draußen auf den blauen Fluten war ich alt und grau geworden, es ahnte mir, als müsse ich noch einmal hinaus, bevor ich –; nun ja – Bergthora, meine gute Hausfrau, ist ja längst gestorben; meine ältesten Söhne gingen jeden Sommer auf Wikingerfahrt, und als nun Thorolf heranwuchs –

DAGNY *fröhlich:* Thorolf ist bei dir? Wo ist er?

ÖRNULF: Draußen auf dem Schiff. *Er zeigt rechts nach dem Hintergrund:* Da wirst du einen Knaben sehen; groß und stark und schön ist er geworden, seitdem du die Heimat verlassen. Der wird ein tüchtiger Kriegsmann werden, Sigurd; er wird dir gleichen.

DAGNY *lächelnd:* Ich merke wohl, es ist noch immer so wie einst; immer stand Thorolf deinem Herzen am nächsten.

ÖRNULF: Es kommt daher, weil er der Jüngste und seiner Mutter gleich ist.

SIGURD: Nun sag mir – dein Anliegen bei Gunnar – willst du noch heute –?

ÖRNULF: Lieber heute als morgen. Mit annehmbarer Buße bin ich zufrieden; verweigert Gunnar den Vergleich, so muß er tragen, was die Folge sein wird.

Dritter Auftritt

Die Vorigen. Kore kommt eilig von rechts; er trägt einen grauen Friesrock und breiten Filzhut, in der Hand hält er eine abgebrochene Zaungerte.

KORE: Glückauf zur Begegnung, Kriegsleute!

ÖRNULF: Begegnung mit Kriegsleuten gilt selten als Glück.

KORE: So ihr Männer von Ehre seid, versprecht mir Schutz in eurer Mitte! Gunnars Leute trachten mir nach dem Leben!

ÖRNULF: Gunnar?

SIGURD: So hast du Böses gegen ihn verübt?

KORE: Mein Recht nur habe ich geübt. Wir hielten Vieh auf einer Insel dicht unter Land. Gunnars Leute nahmen meine besten Ochsen fort, und einer der Männer schalt mich einen Knecht. Da nahm ich die Waffe und schlug ihn zu Boden.

ÖRNULF: Das war erlaubte Tat.

KORE: Nun rückten seine Leute heute morgen gegen mich an; das Glück war mir hold, denn ich wurde beizeiten gewarnt und konnte entschlüpfen; doch karge Frist ist mir nur gegeben, denn meine Widersacher suchen mich.

SIGURD: Kaum vermag ich dir zu glauben, Bauer! Es gab eine Zeit, da ich Gunnar so gut kannte wie mich selbst, und eins weiß ich: Niemals beging er Unrecht gegen einen friedlichen Mann.

KORE: Gunnar hat keinen Teil an all dem Unheil; er ist südwärts gezogen; nein, Hjördis, seine Hausfrau –

DAGNY: Hjördis!

ÖRNULF *murmelt:* Ja, ja, das könnt' ihr gleichen!

KORE: Ich bot Gunnar Sühne für den Knecht, und die war er gewillt zu nehmen; doch Hjördis kam hinzu und reizte den Gemahl mit vielen höhnischen Worten und hinderte den Vergleich; später zog Gunnar gen Süden, und heute morgen –

SIGURD *sieht nach rechts hinaus:* Dort kommen Reisige gen Norden; ist das nicht –?

KORE *zieht sich zurück:* Es ist Gunnar selbst.

ÖRNULF: Sei ruhig, ich denke wohl, daß ich euch versöhnen werde.

Vierter Auftritt

Die Vorigen. Gunnar kommt mit einigen Männern von rechts und nimmt die Mitte. Er trägt Hauskleider, braunen Rock, rauhe Beinkleider, blauen Mantel und breiten Hut; als Waffe trägt er nur eine kleine Handaxt.

GUNNAR *bleibt verwundert und unsicher beim Anblick der Versammelten stehen:* Örnulf vom Fjord! Ja, fürwahr –!

ÖRNULF: Da siehst du recht.

GUNNAR *tritt näher:* Nun denn – Glück und Heil auf meinem Grund und Boden, so du in friedlicher Absicht kommst.

ÖRNULF: Willst du wie ich, so soll keine Fehde entstehen.

SIGURD *nähert sich:* Sei gegrüßt, Gunnar.

GUNNAR *freudig:* Sigurd – mein Kampfgenosse! *Er schüttelt seine Hand.* Ja, wenn du mit bist, so weiß ich gewiß, daß Örnulf in Gutem kommt. *Zu Örnulf:* Reich mir die Hand, alter Mann! Was dich hier gen Norden führt, ist nicht schwer zu erraten; es gilt Hjördis, deiner Pflegetochter.

ÖRNULF: Du sagst es; großer Schimpf ward mir angetan, als du mit ihr von Island zogst, ohne meine Zustimmung zu begehren.

GUNNAR: Du kommst mit Fug und Recht; was der Jüngling zerriß, muß der Mann flicken. Lange hab ich dich erwartet, Örnulf, und wenn Buße etwas vermag, so werden wir bald einig.

SIGURD: Der Meinung bin auch ich. Örnulf wird billig sein.

GUNNAR *mit Wärme:* Das mußt du sein, alter Mann; wolltest du sie wertschätzen, wie es sich gehört, so würde all mein Hab und Gut nicht ausreichen!

ÖRNULF: Ich richte mich nach Gesetz und Brauch, darauf kannst du dich verlassen. Doch jetzt zu etwas anderem. *Er zeigt auf Kore:* Siehst du den Mann dort?

GUNNAR: Kore! *Zu Örnulf:* Du weißt also, daß Streit zwischen uns entbrannt?

ÖRNULF: Deine Leute haben ihm das Vieh geraubt, und für Raub zahlt man Buße.

GUNNAR: Für Totschlag auch; er hat meinen Knecht erschlagen!

KORE *tritt vor:* Weil er mich verhöhnte.

GUNNAR: Ich hab mich zum Vergleich bereit erklärt.

KORE: Doch danach stand Hjördis Sinn nicht, und heute morgen, als du fort warst, überfiel sie mich und trachtet mir jetzt nach dem Leben.

GUNNAR *aufgebracht:* Ist's wahr, was du sagst? Hat sie –?

KORE: Jedes Wort ist wahr.

ÖRNULF: Deshalb bat der Bauer mich um Beistand, und der ist ihm sicher.

GUNNAR *nach kurzem Bedenken:* Ehrlich hast du gegen mich gehandelt, Örnulf; daher ist es billig, daß ich mich deinem Willen füge. Hör mich an, Kore, ich bin gewillt, den Totschlag meines Knechts durch all die Unbill, die du erduldet hast, aufgewogen sein zu lassen.

KORE *reicht Gunnar die Hand:* Die Bedingung ist gut; ich nehme sie an.

ÖRNULF: Und er wird Frieden haben vor dir und den Deinen?

GUNNAR: Friede daheim und überall, wohin er kommt.

SIGURD *zeigt rechts hinaus:* Seht dort!

GUNNAR *mißvergnügt:* Es ist Hjördis!

ÖRNULF: Mit bewaffneten Männern!

KORE: Sie sucht mich!

Fünfter Auftritt

Die Vorigen. Hjördis von rechts mit einer Schar von Knechten. Sie ist schwarz gekleidet, schwarzen Mantel und Kapuze; die Knechte sind mit Schwertern und Äxten bewaffnet, sie selbst trägt einen leichten Spieß in der Hand.

HJÖRDIS *bleibt am Eingang stehen:* Zahlreiche Mannen finden wir hier, wie es scheint!

DAGNY *eilt ihr entgegen:* Heil und Segen, Hjördis!

HJÖRDIS *kalt, die Mitte nehmend:* Ich danke dir! Ich ahnte schon, daß du nicht fern seist. *Sie tritt näher, indem sie einen scharfen Blick über die Versammelten gleiten läßt.* Gunnar und – Kore, mein Feind – Örnulf und seine Söhne – und – *Als sie Sigurd erblickt, schrickt sie fast unmerklich zusammen, faßt sich jedoch und sagt:* Nun, viele seh' ich hier versammelt, die mir bekannt – doch weiß ich nicht, wer mir wohlgesinnt ist.

ÖRNULF: Wir alle sind dir wohlgesinnt.

HJÖRDIS: Wenn dem so ist, wirst du dich nicht weigern, Kore in meines Ehgemahls Gewalt zu geben.

ÖRNULF: Des braucht es nicht.

GUNNAR: Zwischen uns ist jetzt Friede und Einigkeit.

HJÖRDIS *mit unterdrücktem Spott:* Einigkeit? Nun ja, ich weiß, du bist ein kluger Mann, Gunnar! Kore hat zahlreiche Freunde getroffen, und da begreife ich wohl, daß es dich am sichersten dünkte –

GUNNAR: Es nützt dir nichts, mich mit höhnischen Worten zu reizen! *Mit Nachdruck:* Kore hat Ruhe vor uns!

HJÖRDIS *bezwingt sich:* Nun wohl; hast du ihm Frieden zugesagt, so muß das Versprechen gehalten werden.

GUNNAR *streng, doch ohne Heftigkeit:* Das muß es und das wird es!

ÖRNULF *zu Hjördis:* Und noch ein Vergleich wurde fast geschlossen, bevor du kamst.

HJÖRDIS *scharf:* Zwischen dir und Gunnar?

ÖRNULF *nickt:* Es betraf dich.

HJÖRDIS: Ich ahne, was es galt; doch wisse eins, mein Pflegevater: nimmermehr soll gesagt werden, daß Gunnar sich einschüchtern ließ, weil du mit Waffenmacht ins Land kamst. Wärst du allein, als einsamer Wandersmann in unsere Hütte getreten, so wäre der Streit leichter geschlichtet worden.

GUNNAR: Örnulf und seine Söhne kommen in friedlicher Absicht.

HJÖRDIS: Mag sein, doch anders wird der Volksmund sprechen: und du selbst, Gunnar, trautest gestern noch nicht so fest auf den Frieden, als du Egil, unsern Sohn, südwärts schicktest, weil du vernommen, Örnulf liege mit Heerschiffen im Fjord.

SIGURD *zu Gunnar:* Deinen Sohn schicktest du südwärts?

HJÖRDIS: Daß er in Sicherheit sei, wenn Örnulf uns überfiel.

ÖRNULF: Damit solltest du nicht spotten, Hjördis! Was Gunnar getan, war die Handlung eines klugen Mannes – wenn du den Ausgleich hindertest –

HJÖRDIS: Das Leben hängt vom Glück ab. Mag kommen, was da will; aber lieber will ich sterben, als mir das Leben durch feigen Vergleich retten.

DAGNY: Sigurd zahlt Buße, und man wird ihn deshalb keinen geringeren Mann nennen.

HJÖRDIS: Sigurd selbst mag am besten wissen, was seine Ehre vertragen kann.

SIGURD: Daran braucht mich niemand zu mahnen.

HJÖRDIS: Sigurd ist ein vielgepriesener, gewaltiger Held; doch kühnere Tat vollbrachte Gunnar, als er den Eisbären vor meinem Gemach erschlug.

GUNNAR *mit verlegenem Blick auf Sigurd:* Ja, ja, doch schweig davon!

ÖRNULF: Wohl wahr! Es ist die mutigste Tat, die je ein Mann auf Island vollbracht, und darum –

SIGURD: Nun ja, deshalb kann Gunnar sich auch leichter fügen, ohne daß man ihn feige nennt.

HJÖRDIS: Soll Sühne gegeben werden, so soll auch Sühne verlangt werden. Gunnar, gedenke, was du mir einst gelobt!

GUNNAR: Unbedacht war das Gelöbnis; begehrst du, daß es gehalten werde?

HJÖRDIS: Gehalten muß es werden, wenn wir von diesem Tag an noch unter einem Dach leben sollen. So wisse denn, Örnulf, begehrst du Sühne für deiner Pflegetochter Raub, so sollst du auch büßen, weil du Jökul, meinen Vater, getötet hast und all sein Hab und Gut zu eigen nahmst!

ÖRNULF: Jökul fiel im ehrlichen Waffengang; größere Schmach tat deine Sippschaft mir an, als sie dich ungekannt nach Island schickte, daß ich dich an Kindesstatt erzöge.

HJÖRDIS: Ehre und nicht Schmach hattest du davon, daß du Jökuls Tochter aufziehen durftest.

ÖRNULF: Eitel Hader hatte ich davon, das weiß ich.

HJÖRDIS: Und schlimmerer Hader droht dir, wenn du –

ÖRNULF: Nicht kam ich her, um mit Weibern zu keifen! – Gunnar, hör jetzt mein letztes Wort! Bist du willens, für den Weiberraub Buße zu zahlen?

HJÖRDIS *zu Gunnar:* Denk an das, was du gelobt!

GUNNAR *zu Örnulf:* Du hörst, ich tat ein Gelöbnis, und das muß ich –

ÖRNULF *erbittert:* Genug, genug! Nimmermehr soll von mir gesagt werden, daß ich Blutgeld gezahlt für ehrliche Tötung!

HJÖRDIS *mit Macht:* Dann trotzen wir dir und den Deinen!

ÖRNULF *mit steigendem Zorn:* Und wer hat hier ein Recht, Blutgeld für Jökul zu fordern? Wo ist seine Sippe? Keiner davon ist am Leben! Wo ist sein gesetzlicher Rächer?

HJÖRDIS: Das ist Gunnar in meinem Namen!

ÖRNULF: Gunnar! Ja, wärst du ihm angelobt mit deines Pflegers Zustimmung, oder hätte er Buße gezahlt für den Raub, so wäre er der gesetzliche Rächer, aber –

DAGNY *ängstlich flehend:* Vater, Vater!

SIGURD *rasch:* Sprich nicht zu Ende!

ÖRNULF *mit erhobener Stimme:* Ja, laut soll es gesagt werden! Ein geraubtes Weib hat keinen gesetzlichen Gatten.

GUNNAR *heftig:* Örnulf!

HJÖRDIS *in wildem Zorn:* Verhöhnt! Beschimpft! *Mit zitternder Stimme:* Das – das wirst du bereuen!

ÖRNULF *fährt fort:* Ein geraubtes Weib achtet das Gesetz nur als Kebsweib! Willst du deine Ehre wiedererlangen, so mußt du –

HJÖRDIS *bezwingt sich:* Nein, Örnulf. Besser weiß ich, was sich schickt. Bin ich nur als Gunnars Buhle zu erachten – nun wohlan, so muß er seine Ehre durch eine Tat wieder erringen – durch eine Tat, so groß, daß meine Schande durch seine Tapferkeit ausgelöscht wird. Aber nun hüte dich, Örnulf; hier trennen sich unsere Wege; doch die Waffen laß ich führen gegen dich und die Deinen, bedroht sollst du sein an Leib und Leben und mit dir jeder, der – *Mit einem scharfen Blick auf Kore:* Kore! Nun ja, Örnulf nahm sich deiner Sache an, und zwischen uns soll Frieden sein; aber ich will dir nicht raten, zu früh heimzukommen; der Erschlagene hat viele Rächer, und leicht könnte es geschehen, daß – nun habe ich dich vor der Gefahr gewarnt, du mußt die Folgen tragen. Komm, Gunnar, rüsten müssen wir uns jetzt. Eine rühmenswerte Tat hast du auf Island vollbracht, doch größere Tat muß hier geschehen, wenn nicht deine – deine Buhle sich deiner und ihrer selbst schämen soll!

GUNNAR: Sei vernünftig, Hjördis; unschicklich ist's, sich so zu gebärden!

DAGNY *flehend:* Bleib, Schwester – bleib; ich werde meinen Vater zur Vernunft bringen!

HJÖRDIS *ohne auf sie zu hören:* Heimwärts jetzt! Nie wurde mir geweissagt, daß ich mein Leben als elendes Kebsweib fristen würde; wenn ich aber dies Leben und diese Schande ertragen muß, es nur noch einen einzigen Tag ertragen, so muß mein Eheherr etwas vollbringen – eine Tat, die ihn berühmter macht als alle anderen Männer! *Sie geht rechts ab.*

GUNNAR *gedämpft:* Sigurd, eins mußt du mir geloben; wir reden miteinander, bevor du das Land verläßt.

Er geht mit seinen Leuten rechts ab.

Sechster Auftritt

Die Vorigen ohne Gunnar und Hjördis.
Während des Vorhergehenden hat das Unwetter aufgehört; man sieht die Mittagssonne wie eine rote Scheibe tief unten am Rand des Horizonts.

ÖRNULF *drohend:* Dein Gebaren soll dir teuer zu stehen kommen, Pflegetochter!

DAGNY: Vater, Vater! Du hast doch nichts Schlimmes im Sinn?

ÖRNULF: Laß mich! Jetzt, Sigurd, gilt es mehr als Buße zwischen mir und Gunnar!

SIGURD: Was willst du tun?

ÖRNULF: Noch weiß ich's nicht; doch weithin soll man's verkünden, daß Örnulf vom Fjord bei Gunnar eingekehrt ist!

SIGURD *ruhig und sicher:* Mag sein; doch eins sage ich dir, Örnulf, solange ich am Leben bin, sollst du nicht die Waffen gegen ihn führen!

ÖRNULF: Nicht? – Und wenn ich's will?

SIGURD: Nie wird es geschehen – auch wenn du willst!

ÖRNULF *heftig:* Gut; halt du nur zu meinen Widersachern! Ich bin mutig genug, gegen euch alle zu kämpfen!

SIGURD: Hör mich an, Örnulf; den Tag, wo wir beide gegeneinanderstehen, wirst du nicht erleben; ehrenvollen Vergleich haben wir geschlossen, Dagny ist mir teurer als Waffen und Gold, und nie will ich vergessen, daß du ihr näherstehst als alle anderen.

ÖRNULF: Das hab ich von dir erwartet, kühner Sigurd!

SIGURD: Doch Gunnar ist mein Kampfgenosse; Frieden und Freundschaft haben wir uns geschworen. Im Streit wie in friedlichen Tagen haben wir unser Glück zusammen versucht, und er ist mir teurer als alle Männer. Kriegszüge sagen ihm nicht zu, wie kühn er sonst auch ist; – wohlan, ihr kennt mich alle; von mir wißt ihr, daß kein Krieg mich schreckt; doch hier stehe ich vor dir, Örnulf, und bitte um Vergleich für Gunnar. Sei mir zu willen!

ÖRNULF: Ich kann nicht. Zum Spott würd' ich für alle Helden, wenn ich mit leeren Händen heim nach Island käm!

SIGURD: Mit leeren Händen sollst du nicht von dannen fahren. Hier in der Bucht liegen meine beiden Kriegsgaleeren mit all den Gütern, die ich im Wikingszug erbeutet; da findest du manche kostbare Königsgabe, Kisten mit guten Waffen und anderem prächtigen Hausrat; nimm du das eine Schiff, wähle das, welches dich am schönsten dünkt, es soll dein sein mit allem, was an Bord ist – nimm es hin als Buße für Hjördis und laß Gunnar in Frieden ziehen.

ÖRNULF: Guter Sigurd! Das wolltest du für Gunnar tun?

SIGURD: Für einen treuen Freund kann keiner je zuviel tun.

ÖRNULF: Die Hälfte deines Hab und Gut willst du hingeben?

SIGURD *eindringlich:* Nimm alles; nimm die beiden

Schiffe, alles, was mein ist, und laß mich als der ärmste Mann in deinem Gefolge mit dir nach Island ziehen; was ich gebe, kann ich wieder erringen; doch übst du Gewalttätigkeit gegen Gunnar, so kann ich nimmermehr froh werden. Nun, Örnulf, was entgegnest du?

ÖRNULF *bedenkt sich:* Zwei gute Kriegsgaleeren, Waffen und Hausrat – Güter erringt wohl niemand zuviel, aber – *heftig:* nein, nein! Hjördis hat mir gedroht; ich will nicht! Ehrlos wär es, wenn ich nehmen wollte, was dein Eigentum ist!

SIGURD: So hör zuvor –

KORE *nähertretend:* Freundesrat ist es, den Sigurd dir erteilt, doch willst du deine Absicht auf rechte Weise fördern, so kann ich besser raten. Rechne nie auf Bußgeld, solange Hjördis mitzusprechen hat; doch Rache kannst du nehmen, wenn du auf mich hörst.

ÖRNULF: Rache? Wozu rätst du mir?

SIGURD: Zu Bösem sehe ich!

DAGNY *zu Örnulf:* Hör ihn nicht an!

KORE: Hjördis hat mich in die Acht erklärt; mit List wird sie mir nach dem Leben trachten. Gelobst du, mir Schutz zu gewähren, so gehe ich heute nacht nach Gunnars Hof und stecke ihn in Brand. Ist das nach deinem Sinn?

SIGURD: Schändlicher!

ÖRNULF *ruhig:* Nach meinem Sinn? Weißt du, Kore, was mehr nach meinem Sinn wäre? *Mit Donnerstimme:* Dir Nase und Ohren abzuhauen, du elender Knecht! Wenig kennst du den alten Örnulf, wenn du meinst, daß er an solcher Schandtat teilnähme!

KORE *ist zurückgewichen:* Wenn du Gunnar nicht überfällst, so überfällt er dich.

ÖRNULF: Das zu hindern habe ich Fäuste und Waffen.

SIGURD *zu Kore:* Und nun fort mit dir! Ehrenhaften Männern bringt dein Umgang Schande!

KORE *am Ausgang:* Ja, ja. Dann muß ich selbst mich schützen, so gut ich kann; aber eins sage ich euch: bereuen werdet ihr's, wenn ihr so glimpflich fortfahrt; ich kenne Hjördis – und werde wissen, sie zu treffen!

Er geht hinab nach dem Meer.

Siebenter Auftritt

Die Vorigen ohne Kore.

DAGNY: Er sinnt auf Rache. Sigurd, das muß verhindert werden!

ÖRNULF *ärgerlich:* O laß ihn tun, was ihm behagt. Sie ist nichts Besseres wert!

DAGNY: So spricht dein Herz nicht. Vergißt du denn, daß du sie aufgezogen?

ÖRNULF: Unselige Stunde, da ich sie unter mein Dach nahm; jetzt erfüllt sich, was Jökul sagte.

SIGURD: Jökul?

ÖRNULF: Jökul, ihr Vater. Als ich ihm den Todesstreich versetzte, fiel er flach auf den Rasen, blickte mich an und sprach:

Jökuls Stamm soll Jökuls Mörder
Überall nur Weh bereiten,
Und wer Jökuls Schatz besitzet
Soll ihn stets aufs neu erstreiten!

Als er so gesungen, schwieg er eine Weile und lachte – dann starb er.

SIGURD: Das darfst du nicht beachten.

ÖRNULF: Ja, ja, wer kann es wissen! Es geht eine sichere Sage, daß Jökul seinen Kindern einst ein Wolfsherz zu essen gegeben, auf daß sie grimmen Sinnes würden; Hjördis hat gewiß ihr Teil bekommen, das sieht man ihr an. *Er stutzt, als er nach rechts hinaussieht.* Gunnar! – Müssen wir uns noch einmal treffen!

Achter Auftritt

Die Vorigen. Gunnar kommt von rechts.

GUNNAR: Ja, Örnulf, du magst über mich denken, wie du willst, aber ich kann nicht als Feind von dir scheiden.

ÖRNULF: Was ist deine Absicht?

GUNNAR: Dir die Hand zum Frieden zu reichen, ehe du von dannen gehst. Hört mich alle! Kommt mit mir nach meinem Haus und bleibt dort als meine Gäste, solange es euch behagt. An Schlafstätten und Schmaus soll es nicht fehlen, und von unserer Fehde soll weder heute noch morgen die Rede sein.

SIGURD: Doch Hjördis?

GUNNAR: Fügt sich meinem Willen; sie wurde andern Sinnes auf dem Heimweg und meinte gleich mir, daß wir uns vergleichen könnten, wenn ihr meine Gäste sein wolltet.

DAGNY: Ja, ja, so soll es sein!

SIGURD *zweifelnd:* Ich weiß doch nicht, ob –

DAGNY: Gunnar ist dein Kampfgenosse; fürwahr, ich müßte dich schlecht kennen, wenn du dich weigertest!

GUNNAR *zu Sigurd:* Freundschaft hast du mir erwiesen, wo wir auch waren. Diesmal wirst du mir nicht zuwider sein!

DAGNY: Das Land verlassen, während Hjördis voll Haß gegen uns zurückbleibt – nein, nein, das darf nicht sein.

GUNNAR: Großes Unrecht habe ich gegen Örnulf begangen; bevor ich es nicht wiedergutgemacht habe, finde ich nicht Frieden mit mir selbst.

SIGURD *heftig:* Alles kann ich für dich tun, Gunnar, nur nicht hierbleiben. *Er faßt sich.* Ich bin König Aedelsthans Vasall und muß noch diesen Winter zu ihm nach England.

DAGNY: Das kannst du ja trotzdem.

GUNNAR: Niemand weiß, was ihm bevorsteht; möglich, Sigurd, daß es das letzte Mal ist, wo wir uns treffen, und bereuen wirst du dann, daß du mir nicht geholfen, wo du konntest.

DAGNY: Und lange wirst du mich nicht wieder froh sehen, wenn du heute segelst.

SIGURD *entschlossen:* So mag's drum sein! Geschehen soll, was ihr wünscht, obgleich – doch nun steht es fest; nimm meine Hand drauf; ich bleibe hier und bin dein und Hjördis' Gast.

GUNNAR *schüttelt seine Hand:* Dank, Sigurd, ich wußt es wohl. Und du, Örnulf, sprichst du wie er?

ÖRNULF *verdrießlich:* Ich werde drüber sinnen – zu bitter hat Hjördis mich gekränkt – heute will ich keinen Bescheid geben.

GUNNAR: Ja, ja, alter Held. Sigurd und Dagny werden deine Stirn zu glätten wissen. Jetzt bereite ich das Mahl; Friede sei mit euch inzwischen und willkommen in meiner Halle! *Er geht rechts ab.*

Neunter Auftritt

Die Vorigen ohne Gunnar.

SIGURD *für sich:* Hjördis sei andern Sinnes geworden, sagte er! Dann kennt er sie wenig; eher glaube ich, daß sie darüber sinnt – *Er unterbricht sich und wendet sich zu seinen Mannen:* Nun folgt mir alle hinunter zu den Galeeren; prächtige Gaben will ich für Gunnar und seine Hausgenossen wählen.

DAGNY: Gaben vom Besten, was wir haben. Und du, mein Vater – ja, du wirst keine Ruhe vor mir haben, bis du dich fügst.

Sie geht mit Sigurd und seinen Leuten hinab ans Meer im Hintergrund und verschwindet dort.

Zehnter Auftritt

Örnulf, dann Thorolf.

ÖRNULF: Mich fügen? Ja, wenn Gunnar keine Weibsleute im Haus hätte! – Wüßte ich nur, wie ich ihr beikommen soll! –

Thorolf tritt eilig von rechts vom Meer her auf.

ÖRNULF: Thorolf, du bist's?

THOROLF: Wie du siehst! Ist wahr, was verlautet? Bist du mit Gunnar zusammengetroffen?

ÖRNULF: Ja!

THOROLF: Und hast Streit mit ihm gehabt?

ÖRNULF: Hm – mit Hjördis wenigstens.

THOROLF: Dann sei getrost; jetzt wirst du gerächt!

ÖRNULF: Gerächt? Wer wird mich rächen?

THOROLF: Hör nur; ich stand im Schiff, da kam ein Mann in schnellem Lauf daher, in der Hand trug er einen Stab und rief: „Gehörst du zu Örnulfs Kriegsgaleere, so bring ihm einen Gruß vom Bauer Kore und sag, daß ich jetzt Rache für uns beide nehme." Darauf stieg er in ein Boot und sagte, indem er fortruderte: „Zwanzig Geächtete liegen in der Bucht; mit denen ziehe ich gen Süden, und wenn der Abend kommt, wird Hjördis sich keines Leibessprossen mehr zu rühmen haben."

ÖRNULF: Das sagte er? Ha, nun verstehe ich. Gunnar hat seinen Sohn fortgeschickt, Kore lebt in Feindschaft mit ihm –

THOROLF: Und nun rudert er hin und tötet den Knaben!

ÖRNULF: Ihm nach, alle! Die Beute wollen wir ihm streitig machen!

THOROLF: Was hast du im Sinn?

ÖRNULF: Laß mich gewähren; ich werde Rache üben, nicht Kore!

THOROLF: Ich gehe mit dir!

ÖRNULF: Nein, du begleitest Sigurd und deine Schwester nach Gunnars Hof.

THOROLF: Sigurd? Ist der auch hier?

ÖRNULF *nach dem Meer hinten zeigend:* Dort siehst du seine Kriegsgaleeren; wir sind versöhnt – du gehst mit ihm.

THOROLF: Zu deinen Feinden?

ÖRNULF: Geh du nur zum Gelag. Jetzt soll Hjördis den alten Örnulf kennenlernen! Doch hör, Thorolf, keinem verrätst du, was ich im Sinn habe, hörst du, keinem!

THOROLF: Das gelob ich dir.

ÖRNULF *faßt seine Hand und blickt ihn liebevoll an:* Fahr wohl, mein tapfrer Knabe. Benimm dich fein sittig im Festhaus, daß du mir Ehre machst. Unnütze Rede sollst du nicht führen, aber was du sprichst, soll scharf sein wie ein schneidig Schwert. Sei liebreich, solange dir Gutes erwiesen wird; doch wirst du gereizt, so schweig nicht dazu. Trink nicht mehr, als du vertragen kannst; aber weise das Methorn nicht zurück, wenn es dir mit Maßen geboten wird, damit man dich nicht für eine Memme hält.

THOROLF: Nein, sei unbesorgt!

ÖRNULF: So, nun geh zum Gelag auf Gunnars Hof. Ich komme auch zum Schmaus, aber auf andere Weise, als man mich erwartet. *Munter zu den andern:* Nun fort mit euch, Wolfsbrut! Wetzt eure Zähne – ihr sollt jetzt Blut zu trinken bekommen!

Er geht mit den älteren Söhnen rechts ab durch den Hintergrund.

Elfter Auftritt

Thorolf. Sigurd und Dagny kommen in prächtig festlicher Kleidung vom Strand her; ihnen folgen zwei Männer, die eine Kiste niedersetzen und sich dann wieder entfernen.

THOROLF *sieht dem Vater nach:* Nun ziehen sie alle hinaus, um zu kämpfen, und ich darf ihnen nicht folgen; es ist hart, der Jüngste seines Stammes zu sein. *Er wendet sich.* Dagny! Glück und Heil dir, meine Schwester!

DAGNY: Thorolf! Alle guten Geister – wie groß du geworden bist!

THOROLF: Nun ja, in fünf Jahren sollt' ich meinen –

DAGNY: Ja, ja, du hast recht.

SIGURD *reicht ihm die Hand:* In dir erwächst dem Vater ein tapferer Jüngling, wenn nicht alles trügt.

THOROLF: Wenn er mich nur auf die Probe stellen wollte, so –

DAGNY *lächelnd:* Aber er schont dich mehr, als dir lieb ist; ich weiß es noch, er hat dich allzu lieb.

SIGURD: Wo ging er hin?

THOROLF *zeigt nach rechts:* Hinunter zum Schiff; doch fort mit uns, er kommt später!

SIGURD: Ich warte noch auf meine Leute, die Waren heraufbringen und die Schiffe festlegen.

THOROLF: Dabei muß ich helfen!

Er geht hinunter nach dem Strand.

Zwölfter Auftritt

Sigurd und Dagny.

SIGURD *nach kurzem Bedenken:* Dagny, mein Weib, jetzt sind wir allein; ich muß dir etwas sagen, was sich nicht länger verhehlen läßt.

DAGNY *verwundert:* Was meinst du?

SIGURD: Gefährlich kann sie werden, diese Fahrt nach Gunnars Hof.

DAGNY: Gefährlich? Denkst du, daß Gunnar – ?

SIGURD: Gunnar ist mutig und edel; nein, nein – aber besser wär's gewesen, ich wäre fortgezogen, ohne Gast unter seinem Dach zu sein.

DAGNY: Du machst mir Furcht! Sigurd, was ist's?

SIGURD: Zuvor beantworte mir eine Frage. Wo ist der Goldreif, den ich dir einst gab?

DAGNY *zeigt ihn:* Hier am Arm; du gebotest mir, ihn zu tragen.

SIGURD: Wirf ihn bis auf den tiefsten Grund des Meeres; so tief, daß niemand je ihn findet; denn manches braven Mannes Tod könnte er sein!

DAGNY: Der Goldreif?

SIGURD *gedämpft:* An jenem Abend, als der Frauenraub in deines Vaters Haus geschah – du weißt es noch –

DAGNY: Ob ich es weiß!

SIGURD: Davon will ich jetzt reden.

DAGNY *gespannt:* Was ist es, sprich!

SIGURD: Du weißt, es war ein Festgelag gewesen; frühzeitig gingst du in dein Schlafgemach; doch Hjördis blieb mit den Männern am Zechtisch sitzen. Fleißig kreiste das Methorn, und allerhand mächtige Schwüre wurden getan. Ich schwor, eine liebliche Jungfrau von Island mitzunehmen, wenn ich weitersegelte; Gunnar tat denselben Eid wie ich und gab Hjördis den Trunk. Da nahm sie das Trinkhorn, stand auf und tat den Schwur, daß nur d e r Held sie zum Weib erringen sollte, der in ihr Gemach ging, den Eisbären erschlüge, der dort an die Tür gebunden sei, und sie dann auf seinen Armen forttrüge.

DAGNY: Ja, ja, das weiß ich!

SIGURD: Doch alle meinten sie, es sei untunlich, denn der Bär war das wildeste Ungeheuer; niemand außer Hjördis durfte ihm nahekommen, und er war so stark wie zwanzig Männer.

DAGNY: Aber Gunnar tötete ihn dennoch und wurde in allen Landen berühmt durch diese Tat.

SIGURD *gedämpft:* Das ward er – doch – die Tat vollbrachte ich!

DAGNY *mit einem Schrei:* Du?

SIGURD: Als die Männer die Zechstube verließen, bat Gunnar mich, ihm in unser Schlafgemach zu folgen. Dort sagte er: Hjördis ist mir teurer als alle Frauen; ich kann nicht ohne sie leben. Ich entgegnete ihm: So geh in ihr Gemach, du kennst die Bedingung, die sie gestellt. Doch er erwiderte: Ein liebesiecher Mann schätzt das Leben hoch; ungewiß wäre der Ausgang, wenn i c h gegen den Bären kämpfte; und ich fürchte mich, das Leben jetzt zu lassen, denn mit dem Leben verlöre ich auch Hjördis. Lange sprachen wir zusammen, und das Ende war, daß Gunnar sein Schiff segelfertig machte. Doch ich zog mein Schwert, legte Gunnars Waffenkleider an und ging nach Hjördis' Gemach.

DAGNY *mit stolzer Freude:* Und du – d u gabst dem Bären den Tod!

SIGURD: Ich tat's. Es herrschte rabenschwarze Nacht im Raum; Hjördis glaubte, es sei Gunnar, der neben ihr säße – sie war erhitzt vom Met –; da zog sie einen Goldreifen vom Arm und gab ihn mir – d e r s e l b e, den du jetzt trägst.

DAGNY *zögernd:* Und du bliebst die ganze Nacht hindurch im Gemach bei Hjördis?

SIGURD: Mein gezogenes Schwert lag zwischen uns. *Kurzes Schweigen.* Eh' der Tag noch graute, trug ich Hjördis nach Gunnars Schiff; sie merkte unsere List nicht, und er ging mit ihr unter Segel. Darauf ging ich zu dir ins Schlafgemach und fand dich dort inmitten deiner Frauen; was dann folgte, weißt du; ich verließ Island, wie ich geschworen, mit einer holdseligen Jungfrau, und du bist mir seitdem gefolgt, wohin ich auch gesteuert.

DAGNY *bewegt:* Mein tapfrer Eheherr! Du vollbrachtest jene Heldentat? O ich hätte es wissen müssen! Niemand außer dir war dazu imstande! Hjördis, dies stolze, herrliche Weib, hättest du erringen können, und wähltest doch m i c h ! Zehnfach teurer müßtest du mir von heut an sein, wärst du mir nicht schon das Teuerste auf der Welt!

SIGURD: Dagny, mein treues Weib, jetzt weißt du alles – was du zu wissen brauchst. Ich mußte dich warnen; denn jener Ring – laß ihn Hjördis niemals vor Augen kommen! Willst du mir zu willen sein, so schleudere ihn hinaus – bis auf den tiefsten Meeresgrund!

DAGNY: Nein, Sigurd, dazu ist er mir zu teuer; es ist ja ein Geschenk von dir! Doch sei ruhig, ich werde ihn vor aller Augen verbergen, und nie will ich verraten, was du mir hier gesagt hast.

Dreizehnter Auftritt

Die Vorigen. Thorolf kommt mit Sigurds Leuten vom Schiff her.

THOROLF: Alles ist bereit zur Fahrt nach Gunnars Haus!

DAGNY: So komm denn, Sigurd – du edler, starker Held!

SIGURD: Still, Dagny – still! In deiner Hand liegt's jetzt, ob die Fahrt mit Frieden oder Totschlag enden soll. *Schnell zu den übrigen:* Auf alle denn zum Zechgelag in Gunnars Hof!

Er geht mit Dagny rechts ab; die andern folgen.

ZWEITER AUFZUG

Banketthalle in Gunnars Haus.

Die Eingangstür befindet sich in der Mitte des Hintergrundes; kleinere Türen rechts und links. Im Vordergrund links der große Ehrensitz, diesem grade gegenüber rechts der kleinere. Mitten im Gemach brennt ein Holzfeuer auf einem gemauerten Herd. Im Hintergrund zu beiden Seiten der Tür Erhöhungen für die Frauen des Hauses. Von beiden Hochsitzen ziehen sich an den Zimmerwänden nach dem Hintergrund zu zwei lange Tische mit Bänken zu beiden Seiten.

Draußen ist es dunkel; das Holzfeuer erleuchtet die Halle.

Erster Auftritt

Hjördis und Dagny treten von rechts auf.

DAGNY: Nein, Hjördis, ich verstehe dich nicht; nun hast du mir den ganzen Hof gezeigt; ich weiß nichts, woran es dir fehlen könnte, und alles, was dein, ist schön und prächtig; wie magst du noch klagen?

HJÖRDIS: Hm! Setz einen Adler in den Käfig, und er wird in die Stäbe beißen, ob sie nun von Eisen oder Gold sind.

DAGNY: In einem bist du doch reicher als ich; du hast Egil, deinen kleinen Knaben.

HJÖRDIS: Besser keine Nachkommen als einen, der unehrlich geboren ist.

DAGNY: Unehrlich?

HJÖRDIS: Hast du vergessen, was dein Vater sagte? Egil sei ein Bastard; das waren seine Worte.

DAGNY: Ein Wort, im Zorn gesprochen – wie magst du das nur achten!

HJÖRDIS: Doch Örnulf hatte recht; Egil ist schwach; man merkt ihm an, daß er unfrei geboren ist.

DAGNY: Hjördis, wie kannst du –

HJÖRDIS *ohne auf sie zu hören:* So vermag die Schande sich ins Blut zu saugen wie Gift nach einem Schlangenbiß. Von anderem Erz sind freigeborene Heldensöhne; ich hörte einst von einer Königin, die ihrem Sohn das Wams ins Fleisch nähte, ohne daß er mit den Augen gezuckt hätte. *Mit boshaftem Ausdruck:* Dagny, das will ich auch an Egil tun!

DAGNY *empört:* Hjördis! Hjördis!

HJÖRDIS *lachend:* Ha, ha, ha! Dachtest du, das sei mein Ernst? *Sie verändert den Ton:* Aber ob du mir nun glaubst, ob nicht – zuweilen kommt es über mich wie eine unwiderstehliche Lust, solche Taten zu begehen; das muß mir wohl im Blut liegen, denn man sagt ja, ich stamme aus dem Geschlecht der Riesen. Nun setz dich, Dagny; weit bist du in den fünf Jahren umhergekommen; sag mir, an Königshöfen warst du wohl oft zu Gast?

DAGNY: Gewiß! Vornehmlich bei Aedelsthan von England.

HJÖRDIS: Und warst überall hochgeehrt und nahmst den Ehrensitz bei der Tafel ein?

DAGNY: Wie kannst du fragen! Als Sigurds Gattin –

HJÖRDIS: Ja, wahrlich – ein berühmter Mann ist Sigurd – obgleich Gunnar noch über ihm steht.

DAGNY: Gunnar?

HJÖRDIS: Eine Tat vollbrachte Gunnar, an welche Sigurd sich nicht wagte; nun, mag's drum sein, aber sag mir eins, wenn Sigurd auf dem Wikingszug war und du mit ihm – wenn du da die Schwerter im wilden Spiel sausen hörtest, wenn das rote, rauschende Blut auf dem Schiffsdeck floß – kam's da nicht über dich wie unbezähmbare Lust, unter den Männern mitzukämpfen? Legtest du dann nicht Kriegsgewänder an und griffst zur Waffe?

DAGNY: Niemals! Wo denkst du hin! Ich – ein Weib!

HJÖRDIS: Ein Weib – ein Weib! – Niemand weiß, wozu ein Weib imstande ist! – Nun, eins wirst du mir doch sagen, Dagny, denn das weißt du sicher: Wenn ein Mann das Weib umfängt, das er liebt – ist es wahr, daß dann ihr Blut brennt und ihr Herz klopft – schwinden ihr die Sinne in wundersamer Freude?

DAGNY *errötend:* Hjördis, wie kannst du –!

HJÖRDIS: Nun, so sag mir doch –!

DAGNY: Ich mein', du selbst mußt das doch schon empfunden haben.

HJÖRDIS: Ja, einmal, nur ein einzig Mal. Das war in jener Nacht, als Gunnar bei mir im Gemach weilte; er drückte mich an seine Brust, so daß der Harnisch barst, und da, da –!

DAGNY *aufschreiend:* Wie! Sigurd –!

HJÖRDIS: Sigurd? Wer spricht von Sigurd? Ich nannte Gunnar – jene Nacht, da der Frauenraub –

DAGNY *faßt sich:* Ja, ja, ich entsinne mich – ich weiß wohl –

HJÖRDIS: Das war das einzige Mal; und niemals, niemals wieder! Mir war, als hätt' ein Zauber mich umfangen; denn daß Gunnar ein Weib so umschlingen könne, daß – *Sie hält inne und sieht Dagny an.* Bist du krank? Mich dünkt, du wirst bald bleich, bald rot!

DAGNY: Nein, nein, gewiß nicht!

HJÖRDIS *ohne sie zu beachten:* Nein! Hinaus in den lustigen Seekrieg hätte ich ziehen müssen; das wäre besser für mich gewesen und – vielleicht für uns alle. Das wäre ein reiches, volles Leben gewesen! Wunderst du dich nicht, Dagny, mich hier lebend zu finden? Fürchtest du dich nicht, allein mit mir zu sein, jetzt, wo die Dunkelheit hereinbricht? Kommt dir nicht der Gedanke, daß ich schon lange, lange tot sein muß und daß es nur ein Gespenst ist, das vor dir steht?

DAGNY *der unheimlich zumute wird:* Komm – laß uns gehen – zu den andern!

HJÖRDIS *faßt ihren Arm:* Nein, bleib! Begreifst du, Dagny, daß ein Mensch noch leben kann, der fünf lange Nächte hier geweilt hat?

DAGNY: Fünf Nächte?

HJÖRDIS: Hier im Norden ist jeder Winter eine lange Nacht. *Schnell mit verändertem Ausdruck:* Sonst, kannst du glauben, ist es hier schön. Dinge wirst du sehen, die du nie am Königshof in England geschaut; wie Schwestern wollen wir sein, solange du mein Gast bist; hinunter ans Meer werden wir gehen, wenn der Sturm tobt und die Wogen ans Land fliegen wie wilde, weißmähnige Rosse – und dann weit draußen die Wale! Sie kämpfen gegeneinander wie Krieger in Stahl und Harnisch! Ha, welch eine Lust wäre es, als Hexe auf dem Rücken des Wals vor den Schiffen herzuziehen, das Unwetter heraufzubeschwören und die Menschen mit wonnigem Zaubergesang in die Tiefe zu locken!

DAGNY: Pfui, Hjördis, wie magst du nur so sprechen!

HJÖRDIS: Kannst du Zauberlieder singen, Dagny?

DAGNY *mit Abscheu:* Ich?

HJÖRDIS: Ich glaubte es; womit hättest du Sigurd sonst zu locken vermocht?

DAGNY: Schändlich sprichst du zu mir; laß mich gehen!

HJÖRDIS *hält sie zurück:* Weil ich scherze? Nein, hör nur weiter! Denk dir, Dagny, am Abend hier bei der Luke zu sitzen und zu lauschen, wie das Gespenst da unten im Bootsschuppen jammert und klagt, dazusitzen und die Heimfahrt der Toten mitanzuschauen; denn hier im Norden müssen sie vorüber. Das sind die kühnen Streiter, die im Kampf fielen, die starken Weiber, die nicht wie du und ich ihr Leben zahm und tatenlos verbrachten; in Sturm und Unwetter sausen sie auf schwarzen Pferden mit klingenden Schellen durch die Lüfte! *Sie umschlingt Dagny mit den Armen und preßt sie wild an sich.* Ha! denk dir, die letzte Fahrt auf einem so prächtigen Renner zu machen!

DAGNY *reißt sich los:* Hjördis! Hjördis! Laß mich! Ich will dich nicht hören!

HJÖRDIS *lacht:* Weichen Sinnes bist du, und leicht zu erschrecken!

Zweiter Auftritt

Die Vorigen. Gunnar kommt mit Sigurd und Thorolf durch die Mitte.

GUNNAR: Ja, wahrlich, jetzt bin ich so glücklich, wie ich sein kann; dich, Sigurd, meinen ehrlichen, tapferen Bruder habe ich wiedergefunden, vollauf so treu wie ehemals; Örnulfs Sprosse befindet sich unter meinem Dach, und er, der Greis, wird selbst bald hier sein, nicht so?

THOROLF: Er versprach es.

GUNNAR: Mir fehlt nur mein kleiner Egil.

THOROLF: Er ist dir wohl sehr teuer; du nennst ihn so oft.

GUNNAR: Er ist mir teuer; ist er doch mein Einziger; und schön und lieblich wird er heranwachsen.

HJÖRDIS: Doch er wird kein Krieger.

GUNNAR: Nun, nun – wie kannst du das sagen?

SIGURD: Daß du ihn von dir ließest –

GUNNAR: Hätt' ich's nur nicht getan! *Halblaut:* Doch du weißt ja, Sigurd: unmännlich handelt der zuweilen, der ein anderes Wesen über alles liebt. *Laut:* Ich hatte nur wenige Leute auf dem Hof, und keiner von uns war seines Lebens sicher, als wir vernahmen, daß Örnulf mit einer Galeere in die Bucht steuerte.

HJÖRDIS: Eins weiß ich, das stets zuerst gerettet werden muß; dann erst kommt das Leben.

THOROLF: Und das ist?

HJÖRDIS: Ehre und Ruhm vor den Leuten.

GUNNAR: Hjördis!

SIGURD: Niemand darf Gunnar nachsagen, daß er durch diese Tat seine Ehre eingebüßt hat.

GUNNAR *streng:* Es wird dir nicht glücken, mich gegen Örnulfs Sippe aufzureizen!

HJÖRDIS *lächelnd:* Hm! sag doch, Sigurd, kann dein Schiff mit allen Winden segeln?

SIGURD: Ja, wenn es klug gelenkt wird.

HJÖRDIS: Nun, auch ich werde mein Schiff mit Klugheit lenken und komme dann wohl an mein Ziel.

Sie geht in den Hintergrund.

DAGNY *leise und unruhig:* Sigurd, laß uns fort – noch diese Nacht.

SIGURD: Jetzt ist's zu spät; du selbst wolltest ja –

DAGNY: Damals war mir Hjördis teuer; doch jetzt –! Worte hab ich von ihr vernommen, an die ich nur mit Schaudern denken kann.

Dritter Auftritt

Die Vorigen. Sigurds Mannen und andere Gäste, Männer, Frauen, Knechte und Mägde kommen durch die Mitte.

GUNNAR *nach kurzer Pause, die mit gegenseitigen Begrüßungen ausgefüllt wird:* Jetzt an den Zechtisch. Mein vornehmster Gast, Örnulf vom Fjord, kommt später; Thorolf hat es mir zugesagt.

HJÖRDIS *zu den Hausleuten:* Reicht Bier und Met herum. Das löst die Zunge, und der Sinn wird fröhlich.

Gunnar führt Sigurd nach dem Ehrensitz rechts. Dagny setzt sich an Sigurds rechte Seite, Hjördis ihm gegenüber auf die andere Seite desselben Tisches. Thorolf wird auf dieselbe Weise ein Platz am anderen Tisch angewiesen; er sitzt daher Gunnar gegenüber, der den großen Ehrensitz einnimmt. Die übrigen nehmen nach dem Hintergrund zu Platz.

HJÖRDIS *nach kurzer Pause, während der man zusammen trinkt und leise über den Tisch fort spricht:* Selten geschieht es, daß so viele tapfere Männer an einer Tafel versammelt sind wie heute abend hier in dieser Halle. Schön wär's daher, den alten Brauch zu üben, daß jeder seine Taten namhaft mache, auf daß entschieden werden könne, wer der Tapferste von allen.

GUNNAR: Das ist kein guter Brauch beim Trinkgelage; oft erzeugt er Streit.

HJÖRDIS: Ich wußte nicht, daß Gunnar furchtsam sei.

SIGURD: Das glaubt wohl keiner; aber spät kämen wir zu Ende, wollte jeder von uns seine Taten namhaft machen. Gunnar, erzähl uns lieber von deiner Reise nach Bjarmeland; so weit nordwärts zu fahren ist eine große Tat, und gern hören wir dir zu.

HJÖRDIS: Die Fahrt nach Bjarmeland ist Fährmannswerk, und wenig ziemt es sich, vor Helden sie zu nennen. Nein, beginne du, Sigurd! Wenn ich nicht glauben soll, daß du meinen Eheherrn nur ungern rühmen hörst, so sprich! Sag an, welche deiner Taten nennst du die größte?

SIGURD: Wenn du mich zwingst, so mag's drum sein. Als ich einst auf einem Wikingszug unter Orknö lag, kamen Feinde uns entgegen; wir aber verließen die Schiffe, und ich kämpfte allein gegen acht Männer.

HJÖRDIS: Gut war die Tat. Doch warst du voll gerüstet?

SIGURD: Voll gerüstet, mit Kriegsaxt, Spieß und Schild.

HJÖRDIS: Die Tat war dennoch groß. Jetzt mußt du, mein Ehgemahl, berichten, welche deiner Taten dich die rühmlichste dünkt.

GUNNAR *unwillig:* Ich tötete zwei Berserker, die ein Handelsschiff geraubt hatten; darauf schickte ich die gefangenen Schiffsleute heim und gab ihnen das Schiff frei ohne Lösegeld. Dem König von England gefiel die Tat gar wohl, er sagte, ich hätte ehrenhaft gehandelt, und gab mir Dank und prächtige Gaben dafür.

HJÖRDIS: Fürwahr, Gunnar, du hättest eine größere Tat anzuführen gehabt!

GUNNAR *heftig:* Ich rühme mich keiner andern Tat! Seitdem ich das letzte Mal von Islands Küste fuhr, hab ich in Frieden gelebt und Seefahrt getrieben. Jetzt nichts mehr davon!

HJÖRDIS: Wenn du selbst von deinem Ruhm schweigst, so wird deine Hausfrau reden.

GUNNAR: Hjördis, schweig – ich befehle es dir!

HJÖRDIS: Sigurd kämpfte allein gegen acht Männer und war in voller Rüstung, Gunnar aber ging bei finsterer Nacht in mein Gemach, streckte den Bären nieder, der so stark war wie zwanzig Männer, und hatte doch nur ein kurzes Schwert in der Hand.

GUNNAR *in heftiger Bewegung:* Weib, kein Wort mehr!

DAGNY *leise:* Sigurd – du wirst nicht dulden –!

SIGURD *ebenso:* Sei ruhig!

HJÖRDIS *zu den übrigen:* Und nun, ihr braven Männer – sagt an – wer ist mutiger – Sigurd oder Gunnar?

GUNNAR: Schweigt!

HJÖRDIS *mit erhobener Stimme:* Sprecht, ich verlange es mit Recht.

EIN ALTER MANN *unter den Gästen:* Wenn wir wahr sein sollen, so ist Gunnars Tat das Höchste, was je ein Mann vollbracht hat; Gunnar ist der tapferste Held – nach ihm kommt Sigurd.

GUNNAR *mit einem Blick über den Tisch:* O Sigurd, Sigurd, wenn du wüßtest –!

DAGNY *leise:* Das ist zuviel – selbst für einen Freund!

SIGURD *leise:* Schweig, mein Weib! *Laut zu den übrigen:* Sicher ist Gunnar der ruhmvollste aller Männer; und dafür würde ich ihn bis an meinen letzten Lebenstag halten, selbst wenn er jene Tat nicht vollbracht hätte; denn diese achte ich minder hoch als ihr.

HJÖRDIS: Das spricht der Neid aus dir, Sigurd der Wiking!

SIGURD *lächelnd:* Da irrst du. *Freundlich zu Gunnar, indem er ihm über den Tisch zutrinkt:* Heil dir, edler Gunnar! Fest bestehen soll unsere Freundschaft, wer auch versuchen mag, sie zu erschüttern.

HJÖRDIS: Soviel ich weiß, versucht dies niemand.

SIGURD: Sag das nicht; fast fühl' ich mich versucht zu glauben, daß du uns hier zum Trinkgelag entboten, um Unfrieden zu stiften.

HJÖRDIS: Das gleicht dir, Sigurd; jetzt bist du zornig, weil du hier beim Gastmahl nicht als der erste Mann giltst!

SIGURD: Zu jeder Zeit habe ich Gunnar höher gehalten als mich selbst.

HJÖRDIS: Nun ja – der Platz h i n t e r Gunnar ist ja auch noch gut, und – *mit einem Seitenblick auf Thorolf:* wenn Örnulf hiergewesen wäre, so hätte er den d r i t t e n Platz genommen.

THOROLF: Dann hätte Jökul, dein Vater, seinen Sitz weit unten bekommen, denn vor Örnulf hätte er doch weichen müssen.

Der folgende Wortwechsel wird von beiden Seiten mit steigender, aber unterdrückter Heftigkeit geführt.

HJÖRDIS: Wie magst du nur so sprechen! Örnulf ist ja Skalde; und es heißt im Land, daß er sich um größerer Taten willen pries, als er vollführt.

THOROLF: Weh dem, der so laut davon flüstert, daß es mir zu Ohren kommt!

HJÖRDIS *mit herausforderndem Lächeln:* Wolltest d u es rächen?

THOROLF: Ja, und so, daß es in alle Lande hinaus verkündet würde!

HJÖRDIS: Dann will ich mein Trinkhorn darauf leeren, daß dir zuvor ein Bart das Kinn decke.

THOROLF: Selbst ein bartloser Bursche ist noch zu gut, um mit Weibern zu zanken.

HJÖRDIS: Aber zu weich, um mit Männern zu streiten.

Deshalb ließ dein Vater dich daheim auf Island in der Ofenecke, während deine Brüder auf die Heerfahrt gingen.

THOROLF: Schlimm, daß er dich nicht ebenso gehütet hat; dann wärst du nicht als geraubtes Weib aus dem Land gezogen!

GUNNAR und SIGURD: Thorolf!

DAGNY *zu gleicher Zeit:* Mein Bruder!

HJÖRDIS *leise und bebend vor Zorn:* Ha, warte – warte nur!

THOROLF *reicht Gunnar die Hand:* Zürne mir nicht, Gunnar – böse Worte kamen über meine Lippen; doch deine Hausfrau reizte mich!

DAGNY *leise und flehend:* Meine Schwester, wenn ich dir jemals teuer war, so wecke keinen Streit!

HJÖRDIS *lächelnd:* Am Zechtisch bedarf's des Scherzes, wenn die Fröhlichkeit gedeihen soll.

GUNNAR *der leise mit Thorolf geredet hat:* Du bist ein braver Bursche! *Er reicht ihm ein Schwert, das beim Hochsitz hing.* Hier, Thorolf, hast du eine gute Gabe. Gebrauch sie wohl und laß uns Freunde sein.

HJÖRDIS: Du solltest deine Waffen nicht fortgeben, Gunnar; man könnte sonst sagen, daß du dich nur von Dingen trennst, die du selbst nicht brauchst!

THOROLF *der inzwischen das Schwert geprüft:* Dank für die Gabe, Gunnar; nie soll sie in ehrlosem Kampf geschwungen werden!

HJÖRDIS: Willst du dein Gelübde halten, so leih das Schwert niemals deinen Brüdern.

GUNNAR: Hjördis!

HJÖRDIS *fährt ebenso fort:* Und häng es auch nicht auf in deines Vaters Halle, sonst hängt es zwischen den Waffen ehrloser Männer.

THOROLF: Nur allzu wahr, Hjördis – deines Vaters Schild und Streitaxt hängen dort seit vielen Jahren.

HJÖRDIS *bezwingt sich:* Daß Örnulf meinen Vater tötete – die Tat führst du beständig im Mund; doch meldet das Gerücht wahr, so ist die Tat nicht so rühmlich, wie du wähnst.

THOROLF: Von welchem Gerücht sprichst du?

HJÖRDIS *lächelnd:* Ich wage nicht, es zu verkünden; es würde dich in Zorn versetzen.

THOROLF: So schweig – das seh ich lieber.

Er wendet sich ab von ihr.

HJÖRDIS: Nun, so mag es auch gesagt sein. Ist es wahr, Thorolf, daß dein Vater drei Nächte lang in Weiberkleidern am Hexenkessel saß und einen Zaubertrank braute, bevor er in den Zweikampf mit Jökul zu gehen wagte?

Alle stehen auf; große Bewegung unter den Gästen.

GUNNAR, SIGURD, DAGNY: Hjördis!

THOROLF *in höchster Erbitterung:* Solch schändliche Lüge hast du niemals über Örnulf vom Fjord vernommen! Du selbst hast das erdichtet; denn wer so Unerhörtes erfinden kann, muß giftig sein wie du! Die schwärzeste Untat, die ein Mann begehen kann, hast du meinem Vater nachgesagt. *Er wirft das Schwert von sich.* Da, Gunnar, da hast du deine Gabe wieder; ich nehme kein Geschenk aus dem Hause mit, wo man meinen Vater verhöhnt hat!

GUNNAR: Thorolf, so hör doch!

THOROLF: Laß mich gehen! Doch hütet euch beide, du und Hjördis, denn zu dieser Stunde ist das Teuerste, was ihr besitzet, in meines Vaters Gewalt!

HJÖRDIS *stutzt:* Dein Vater hat –

GUNNAR *schreit auf:* Was sagst du!

SIGURD *heftig:* Wo ist Örnulf?

THOROLF *hohnlachend:* Südwärts gezogen – mit meinen Brüdern!

GUNNAR: Südwärts!

HJÖRDIS *ruft aus:* Gunnar! Örnulf hat Egil, unsern Sohn, getötet!

GUNNAR: Getötet! – Egil getötet! Dann wehe Örnulf und seinem ganzen Stamm! Thorolf, sprich, ist es wahr?

SIGURD: Gunnar, Gunnar – hör mich an!

GUNNAR: Sprich, wenn dir dein Leben lieb ist!

THOROLF: Du schreckst mich nicht! Wart, bis mein Vater wiederkehrt; als Feind kommt er gen Gunnars Hof zurück. Und du, Hjördis, magst dich der Worte freuen, die ich heute vernahm: Bevor es Abend, sollen Gunnar und Hjördis sich keines Sprossen mehr rühmen dürfen. *Er eilt durch die Mitte ab.*

Vierter Auftritt

Die Vorigen ohne Thorolf.

GUNNAR *im tiefsten Schmerz:* Tot – tot! Mein kleiner Egil getötet!

HJÖRDIS *wild:* Und du – du läßt jenen ziehen! Läßt Egil, deinen Sprossen, ungerächt liegen! Ein Feigling sollst du sein vor jedermann, wenn du – !

GUNNAR *außer sich:* Ein Schwert – eine Axt! Das war die letzte Botschaft, die er je gebracht.

Er reißt einem der Umstehenden die Axt fort und stürzt durch die Mitte hinaus.

SIGURD *will ihm folgen:* Gunnar, mäßige dich!

HJÖRDIS *hält ihn zurück:* Bleib, bleib! Die Männer werden sie trennen; ich kenne Gunnar!

Aus der Menge, die sich am Mitteleingang gesammelt, ertönt ein Schrei.

SIGURD und DAGNY: Was ist das?

EINE STIMME AUS DER MENGE: Thorolf ist gefallen!

SIGURD: Thorolf! Ha, laßt mich!

Er will hinaus, im selben Augenblick teilt sich die Menge. Gunnar tritt durch die Mitte ein und wirft die Axt an der Tür fort.

Fünfter Auftritt

Die Vorigen. Gunnar, dann ein Knecht.

GUNNAR: Nun ist's getan. Egil ist gerächt!

SIGURD: Wohl dir, wenn du nicht zu rasch gehandelt hast.

GUNNAR: Mag sein, mag sein; doch Egil, Egil, mein süßer Knabe!

HJÖRDIS: Bewaffnen müssen wir uns jetzt und Hilfe suchen bei unseren Freunden; denn Thorolf hat viele Rächer.

GUNNAR *düster:* Er selbst wird sein furchtbarster Rächer sein; Tag und Nacht wird er mir vor Augen stehen.

HJÖRDIS: Thorolf bekam seinen Lohn. Für die Tat des Blutsfreunds muß der Blutsfreund büßen.

GUNNAR: Wohl wahr; doch eins weiß ich – mir war vor der Bluttat leichter ums Herz.

HJÖRDIS: Die Blutnacht ist stets die schlimmste – wenn die vorüber, ist es überstanden. Durch schändliche List ist Örnulfs Rache gelungen; im offenen Kampf wollte er uns nicht entgegenziehen; er stellte sich, als ob er versöhnlichen Sinnes sei – und nun überfällt er unser wehrloses Kind! Ha! ich sah schärfer als ihr; ich wußte, daß Örnulf böse und arglistig sei; wohl hatte ich Ursache, dich gegen ihn und seine falsche Sippe aufzureizen!

GUNNAR *erregt:* Du hattest recht! Gering ist meine Rache im Vergleich zu Örnulfs Untat. Er hat Thorolf verloren, aber ihm sind noch sechs Söhne geblieben, und ich habe keinen – keinen!

EIN KNECHT *kommt eilig durch die Mitte:* Örnulf vom Fjord kommt!

GUNNAR: Örnulf!

HJÖRDIS UND MEHRERE MÄNNER: Zu den Waffen! Zu den Waffen!

DAGNY *zu gleicher Zeit:* Mein Vater!

SIGURD *wie von einer Ahnung ergriffen:* Örnulf –! Ha, Gunnar, Gunnar!

GUNNAR *zieht das Schwert:* Auf, alle Mannen! Rache für Egils Tod!

Sechster Auftritt

Die Vorigen. Örnulf tritt mit Egil auf dem Arm ein.

GUNNAR *schreit auf:* Egil!

ÖRNULF: Hier habt ihr euern Egil wieder!

ALLE *durcheinander:* Egil! Egil lebt!

GUNNAR *läßt das Schwert fallen:* Weh mir! Was tat ich!

DAGNY: O Thorolf, mein Bruder!

SIGURD: Ich dacht' es wohl!

ÖRNULF *setzt Egil nieder:* Hier, Gunnar, hast du deinen schönen Knaben!

EGIL: Vater! Der alte Örnulf wollte mir nichts zuleid tun, wie du gesagt hast, als du mich fortschicktest!

ÖRNULF *zu Hjördis:* Jetzt hab ich Bußgeld für deinen Vater gezahlt; nun sollt' ich meinen, wären wir versöhnt.

HJÖRDIS *mit unterdrückter Bewegung:* Mag sein!

GUNNAR *als ob er erwachte:* Ist's ein böser Traum, der mich verwirrt? Du – du bringst Egil heim?

ÖRNULF: Wie du siehst; doch wisse, daß er dem Tod nahe war.

GUNNAR: Das weiß ich.

ÖRNULF: Und freust dich doch nicht mehr darüber, daß er kommt?

GUNNAR: Wäre er früher gekommen, so hätte ich mich mehr gefreut. Doch sag mir alles – was ist geschehen?

ÖRNULF: Das ist bald gesagt. Kore schmiedete böse Pläne gegen euch, mit andern Missetätern zog er südwärts Egil nach.

GUNNAR: Kore! *Leise:* Ha, jetzt verstehe ich Thorolfs Worte!

ÖRNULF: Sein Tun kam mir zu Ohren; solche Schandtat durfte nicht verübt werden. Bußgeld für Jökul wollte ich nicht zahlen, und gern hätte ich dich, Gunnar, im Zweikampf getötet, wenn es hätte sein müssen – doch deinen Stamm mußte ich schützen; deshalb zog ich mit meinen Söhnen Kore nach.

SIGURD leise: Unselige Tat ward hier verübt!

ÖRNULF: Als ich dazukam, lag Egils Gefolge gebunden, dein Sohn war bereits in der Gewalt deiner Feinde, und lange würden sie seiner nicht mehr geschont haben. Da entbrannte ein heißer Kampf! Schärfere Schwerthiebe hab ich selten getauscht; Kore und zwei Männer flüchteten landeinwärts; die andern schlafen fest und keiner wird sie wecken.

GUNNAR *in großer Spannung:* Doch du – du, Örnulf –?

ÖRNULF *düster:* Sechs Söhne folgten mir in den Streit.

GUNNAR *atemlos:* Und zurück?

ÖRNULF: Kam keiner.

GUNNAR *entsetzt:* Keiner? *Leise:* O Thorolf, Thorolf!

Tiefe Bewegung in der Menge.
Hjördis scheint einen gewaltigen innern Kampf zu kämpfen. Dagny weint still am Hochsitz zur Rechten. Sigurd steht schmerzlich bewegt neben ihr.

ÖRNULF *nach kurzer Pause:* Hart ist es, einer üppigen Tanne gleich dazustehen und dann durch ein einzig Unwetter entlaubt zu werden. Doch, auf Menschen müssen Menschen folgen – reicht mir ein Trinkhorn; ich will auf das Andenken meiner Söhne trinken.

Einer von Sigurds Männern bringt ihm ein Horn.

ÖRNULF: Heil euch, meine tapfern Söhne, die ihr nun nach Walhallas lichter Burg reitet! Die Kupfertüren werden nicht hinter euren Fersen ins Schloß fallen, denn ihr habt viele Mannen im Gefolge! *Er trinkt und gibt das Horn zurück.* Und nun zurück nach Island. Örnulfs Heerfahrt ist zu Ende; der alte Baum hat nur noch einen grünen Zweig, und der muß geschirmt werden. Wo ist Thorolf?

EGIL *zu seinem Vater:* Ja, laß mich Thorolf sehen! Örnulf sagte, er solle mir ein Schiff schnitzen mit vielen, vielen Kriegern am Steven.

ÖRNULF: Preisen muß ich alle guten Geister, daß Thorolf nicht mit mir zog; denn wenn auch er – – nein, wie stark ich auch sein mag, das zu ertragen wär' zu schwer gewesen. Doch weshalb kommt er nicht? Stets war er der erste, der seinem Vater entgegenkam; denn es war uns beiden, als könnten wir nicht einen Tag ohne einander leben.

GUNNAR: Örnulf! Örnulf!

ÖRNULF *mit wachsender Unruhe:* Schweigend steht ihr alle ringsumher; das gewahre ich jetzt erst – was ist's – wo ist Thorolf?

DAGNY: Sigurd, Sigurd – das ist das Schwerste für ihn!

GUNNAR *kämpft mit sich:* Alter Mann! – Nein – – und doch, es kann ja nicht verborgen bleiben –

ÖRNULF *heftig:* Mein Sohn! Wo ist er?

GUNNAR: Thorolf ist ermordet!

ÖRNULF: Ermordet? Thorolf? Thorolf? Ha, du lügst!

GUNNAR: Mein heißes Herzblut gäb' ich hin, wüßt' ich ihn am Leben!

HJÖRDIS *zu Örnulf:* Thorolf selbst trägt die Schuld an dem, was geschehen; in dunkler Rede gab er zu verstehen, daß du Egil überfallen und getötet hättest – halb im Unfrieden waren wir geschieden; du hast schon einmal Mord an meinem Stamm verübt – und überdies – ein geschwätziger Bursche, saß Thorolf beim Mahl, ein Scherz reizte ihn, und er gab manch böses Wort zurück – dann erst begann Gunnar zu zürnen; dann erst hob er die Waffe gegen deinen Sohn. Mich dünkt, er hatte billig Ursache zu solcher Tat.

ÖRNULF *ruhig:* Man merkt, daß du ein Weib bist; denn du machst viele Worte. Wozu? Ist Thorolf erschlagen, so ist sein Lied zu Ende.

EGIL: Wenn Thorolf erschlagen ist, so bekomme ich keine Krieger.

ÖRNULF: Ja, Egil – nun haben wir unsere Helden verloren, du wie ich. *Zu Hjördis:* Dein Vater sang:

Jökuls Stamm soll Jökuls Mörder
Überall nur Weh bereiten.

Du hast dafür gesorgt, daß sein Wort sich erfüllt. *Er schweigt einen Augenblick und wendet sich dann zu einem der Männer:* Wohin fiel der Todesstreich?

DER MANN: Quer über die Stirn.

ÖRNULF *zufrieden:* Hm; das ist eine ehrenvolle Stelle; dann hat er nicht den Rücken gewandt. Doch fiel er zur Seite oder vor Gunnars Füße?

DER MANN: Halb zur Seite und halb vor Gunnars Füße.

ÖRNULF: Das bedeutet nur halbe Rache; ja, ja – wir werden sehen!

GUNNAR *nähert sich:* Örnulf, wohl weiß ich, daß all mein Hab und Gut deinen Verlust nicht aufwiegen kann; doch begehr von mir, was du willst –

ÖRNULF *streng, unterbricht ihn:* Gib mir Thorolfs Leiche und laß mich ziehen! Wo liegt er?

Gunnar deutet mit stummer Gebärde nach dem Hintergrund.

ÖRNULF *macht ein paar Schritte, wendet sich dann um und sagt mit donnernder Stimme zu Sigurd, Dagny und mehreren anderen, die ihm teilnehmend folgen wollen:* Bleibt! – Meint ihr, daß Örnulf ein Trauergeleit braucht wie ein klagend Weib? Bleibt, sag' ich euch! – Ich vermag Thorolf allein zu tragen. *Mit ruhiger Kraft:* Ohne Sohn ziehe ich von dannen; aber niemand soll sagen, daß er mich gebeugt sah!

Er geht langsam hinaus.

Siebenter Auftritt

Die Vorigen ohne Örnulf.

HJÖRDIS *mit gezwungenem Lachen:* Ja, laßt ihn ziehen nach seinem Willen! Zahlreich brauchen wir nicht zu sein, wenn er in Unfrieden wiederkommt! Nun, Dagny – sollt' ich meinen, es sei das letzte Mal gewesen, daß dein Vater zu solchem Zweck von Island ausgezogen!

SIGURD *empört:* O schändlich!

DAGNY *ebenso:* Verhöhnen magst du ihn noch! Ihn verhöhnen – nach dem, was hier geschehen!

HJÖRDIS: Ist die Tat verübt, so soll sie auch gerühmt werden! Haß und Rache schwur ich Örnulf heute morgen; Jökuls Mord konnte ich vergessen; alles vergessen – nur nicht, daß er mich beschimpft hat. Buhle nannte er mich; bin ich's, so schäme ich mich dessen nicht; denn Gunnar ist jetzt mächtiger als dein Vater; er ist herrlicher und ruhmreicher als Sigurd, dein eigener Hausherr!

DAGNY *heftig erregt:* Du irrst, Hjördis – und jetzt soll jedermann erfahren, daß du unter eines Feiglings Dach wohnst.

SIGURD *heftig:* Dagny, was willst du tun?

GUNNAR: Feigling!

HJÖRDIS *hohnlachend:* Unverständlich redest du.

DAGNY: Nicht länger soll es geheim bleiben; ich habe geschwiegen, als du meinen Vater und meine gefallenen Brüder schmähtest; ich schwieg, solange Örnulf zugegen war; denn er sollte nicht wissen, daß Thorolf von der Hand eines Feiglings gefallen; doch jetzt – jetzt rühme Gunnar nicht mehr für jene Tat auf Island; denn Gunnar ist feig! Das Schwert, das lose zwischen dir und dem Räuber lag, hängt jetzt an meines Hausherrn Seite, und den Goldreif, den du von deinem Arm gezogen, den gabst du Sigurd! *Sie zieht den Ring ab und hält ihn hoch empor.* Hier ist er!

HJÖRDIS *wild:* Sigurd!

DIE MENGE: Sigurd! Sigurd vollbrachte die Tat!

HJÖRDIS *vor Erregung zitternd:* Er, er! – Gunnar, ist das wahr?

GUNNAR *mit edler Ruhe:* Jedes Wort ist wahr – nur nicht, daß ich feige bin. Ich bin weder ein Feigling noch ein Bösewicht.

SIGURD *bewegt:* Das bist du nicht, Gunnar! Das bist du nie gewesen! *Zu den übrigen:* Auf, meine Mannen, fort von hier!

DAGNY *am Ausgang zu Hjördis:* Wer ist jetzt der herrlichste Mann in der Runde? Mein Gatte oder der deine?

Sie geht mit Sigurd und seinem Gefolge ab.

HJÖRDIS *für sich:* Jetzt bleibt mir nur noch eins zu tun, nur auf eins zu sinnen: Sigurd muß sterben oder ich.

DRITTER AUFZUG

Halle in Gunnars Haus wie vorher. Es ist Tag.

Erster Auftritt

Hjördis allein; sie sitzt dem kleinen Hochsitz gegenüber auf der Bank und ist damit beschäftigt, einen Bogenstrang zu flechten; auf dem Tisch liegt ein Bogen mit mehreren Pfeilen.

HJÖRDIS *indem sie den Strang dehnt:* Er ist stark und zähe; *mit einem Blick auf die Pfeile:* der Pfeil ist scharf und schwer – *sie läßt die Hände in den Schoß sinken:* wo aber findet sich die Hand, die –! *Heftig:* Verhöhnt, verhöhnt von ihm – von Sigurd! Ich hasse ihn mehr als alle andern, das fühle ich; aber nur wenig Tage noch und ich habe – *Grübelnd:* Ja, aber der Arm, der Arm, der die Tat vollbringt –?

Zweiter Auftritt

Hjördis, Gunnar.

Gunnar kommt schweigend und gedankenvoll durch die Mitte.

HJÖRDIS *nach kurzer Pause:* Wie steht's mit dir, mein Gemahl?

GUNNAR: Schlecht, Hjördis, die Tat von gestern liegt mir schwer auf dem Herzen und will nicht weichen.

HJÖRDIS: Tu's mir nach; schaff dir eine Arbeit.

GUNNAR: Ich muß wohl. *Pause; er geht auf und nieder, wird aufmerksam und nähert sich ihr.* Was machst du da?

HJÖRDIS *ohne aufzusehen:* Du siehst es wohl; ich knüpfe einen Bogenstrang.

GUNNAR: Einen Bogenstrang – aus deinem eigenen Haar!

HJÖRDIS *lächelnd:* Jede Stunde gebiert jetzt eine große Tat; du erschlugst meinen Pflegebruder, und ich hab dieses hier seit Morgengrauen geknüpft.

GUNNAR: Hjördis, Hjördis!

HJÖRDIS *blickt auf:* Was gibt's?

GUNNAR: Wo warst du diese Nacht?

HJÖRDIS: Diese Nacht?

GUNNAR: Du warst nicht im Schlafgemach.

HJÖRDIS: Du weißt es?

GUNNAR: Ich fand keinen Schlaf. Das – das, was mit Thorolf geschehen, brachte mir unruhige Träume; mir war's, als käme er wieder – da erwachte ich. Wie süßer, wundersamer Sang zog es durchs Haus; ich stand auf, öffnete leise die Tür; – hier drinnen saßest du am Reisigfeuer – es brannte blau und rot – und schnitztest Pfeile und sangst Zauberweisen dazu.

HJÖRDIS: Das war gar nützliches Tun; denn hart ist die Brust, die heute getroffen werden soll.

GUNNAR: Ich verstehe dich; du willst Sigurd töten.

HJÖRDIS: Hm, mag sein.

GUNNAR: Das wird nimmermehr geschehen. Mit Sigurd bleibe ich in Frieden, wie sehr du mich auch reizen magst.

HJÖRDIS *lächelnd:* Glaubst du?

GUNNAR: Ich weiß es!

HJÖRDIS *reicht ihm den Bogenstrang:* Sag an, Gunnar – kannst du diesen Knoten lösen?

GUNNAR *versucht es:* Nein, er ist zu fest und künstlich verschlungen.

HJÖRDIS *erhebt sich:* Der Norne Gespinst ist künstlicher verschlungen; das vermagst du noch weniger zu lösen!

GUNNAR: Krumm und unentwirrbar sind die Wege der Mächtigen – und wir beide kennen sie nicht.

HJÖRDIS: Eins weiß ich aber gewiß: Sigurd wird uns beiden unseliges Los bereiten.

Pause. Gunnar steht in sich versunken da.

HJÖRDIS *die ihn schweigend beobachtet hat:* An was denkst du?

GUNNAR: An einen Traum, den ich jüngst gehabt. Mir war, als hätte ich die Tat vollbracht, die du jetzt von mir verlangst; Sigurd lag erschlagen auf dem Boden; du standst daneben und warst totenbleich. Da sprach ich: Bist du jetzt froh, da das geschehen, was du wolltest? – Du aber lachtest und entgegnetest: Froher wäre ich, wenn du, Gunnar, dort an Sigurds Stelle lägst.

HJÖRDIS *gezwungen lachend:* Schlecht nur mußt du mich kennen, wenn solch ein wahnwitziger Traum dich zurückzuhalten vermag!

GUNNAR: Hm! – Sprich, Hjördis, wie gefällt dir diese Halle hier?

HJÖRDIS: Wenn ich wahr sein soll, Gunnar – so dünkt sie mich bisweilen zu eng.

GUNNAR: Ja, ja – ich hab's gedacht: Einer ist hier zuviel.

HJÖRDIS: Vielleicht auch zwei.

GUNNAR *der ihre Worte nicht gehört hat:* Doch dem soll abgeholfen werden.

HJÖRDIS *sieht ihn fragend an:* Abgeholfen werden? So hast du im Sinn –?

GUNNAR: Meine Galeeren zu rüsten und aus dem Land zu ziehen; ich will die Ehre wiedererringen, die ich verlor, weil du mir teurer warst als alles andere.

HJÖRDIS *gedankenvoll:* Du willst aus dem Land ziehen? Ja, ja, das mag das Beste für uns beide sein.

GUNNAR: Schon von dem Tag an, da wir von Island steuerten, sah ich wohl, daß es mit uns kein gutes Ende nehmen würde. Dein Sinn ist stolz und stark; es gibt Zeiten, wo ich dich fast fürchte; doch, seltsam – darum grade bist du mir so teuer; eine schreckhaft zauberische Macht geht von dir aus – mir ist, als könntest du mich zu Untaten verleiten und mich würde alles gut bedünken, was du verlangtest. *Er schüttelt leise den Kopf.* Unerforschlich ist der Norne Ratschluß; Sigurd hätte dein Gemahl werden müssen.

HJÖRDIS *schreit auf:* Sigurd!

GUNNAR: Ja, Sigurd. Haß und Rache verblenden dich, sonst würdest du ihn besser schätzen. Wär' ich gewesen wie Sigurd, dann hätt' ich dir dein Leben fröhlicher gestaltet.

HJÖRDIS *mit heftiger, doch unterdrückter Bewegung:* Und du meinst, das – das hätte Sigurd vermocht?

GUNNAR: Er ist starken Sinnes, und dazu stolz wie du.

HJÖRDIS *heftig:* Wenn dem so ist – *sie faßt sich:* doch gleichviel, gleichviel! *Wild auffahrend:* Gunnar, nimm Sigurd das Leben!

GUNNAR: Nimmermehr!

HJÖRDIS: Durch List und Trug ward ich dein Weib – das soll vergessen sein! Fünf freudlose Jahre habe ich hier zugebracht – vergessen sein soll alles von dem Tag an, wo Sigurd nicht mehr lebt!

GUNNAR: Von meiner Hand soll ihn kein Unglück treffen. *Er weicht unwillkürlich zurück.* Hjördis, Hjördis, versuche mich nicht!

HJÖRDIS: Dann muß ich einen andern Rächer suchen; nicht lange mehr soll Sigurd dich und mich verhöhnen. *Sie ballt die Hände in krampfhafter Erbitterung zusammen.* Vielleicht sitzt er jetzt kosend bei ihr – bei dem einfältigen Weib und spottet unser; redet von all dem Schimpf, der mir angetan, als er mich an deiner Stelle raubte; erzählt ihr, wie er listig gelacht, als er unerkannt von mir in dem dunklen Gemach gestanden!

GUNNAR: Das tut er nicht; wahrlich, das tut er nicht.

HJÖRDIS *stark:* Sigurd und Dagny müssen sterben! Ich kann nicht frei atmen, bevor die beiden nicht aus der Welt geschafft sind. *Sie tritt dicht an ihn heran und sagt mit funkelnden Augen, wild, aber flüsternd:* Könntest du mir dazu verhelfen, Gunnar – dann würde ich in Liebe mit dir leben; ich würde dich so wild und so heiß in meine Arme pressen, wie du es nie geträumt!

GUNNAR *schwankend:* Hjördis! Du willst –

HJÖRDIS: Ans Werk, Gunnar – dann sollen die schweren Tage ein Ende haben; ich werde nicht mehr aus dem Gemach gehen, wenn du eintrittst; keine lieblosen Worte mehr sprechen und dein Lächeln dämpfen, wenn du fröhlich bist; ich will Pelze und köstliche seidene Gewänder anlegen; ich will dir folgen, ziehst du hinaus in den Krieg; reitest du fort zu friedlichem Beginnen, ich reite dir zur Seite; beim Festmahl sitze ich neben dir und fülle dein Trinkhorn und trinke dir zu und singe dir liebliche Weisen, die dein Herz erquicken!

GUNNAR *beinahe schon überwunden:* Ist es wahr – du wolltest –?

HJÖRDIS: Mehr noch als das, zehnfach mehr, glaub mir's! Nur Rache! Rache an Sigurd und Dagny – und ich will – *Sie hält inne, als sie die Tür sich öffnen sieht.* Dagny – du hier?

Dritter Auftritt

Die Vorigen. Dagny durch die Mitte.

DAGNY: Beeile dich, Gunnar – laß deine Mannen sich rüsten!

GUNNAR: Rüsten? Gegen wen?

DAGNY: Kore zieht mit vielen Geächteten heran; er will dir übel, Sigurd hat ihn soeben an seinem Vorhaben gehindert; aber wer kann wissen, ob –

GUNNAR *bewegt:* Das tat Sigurd für mich!

DAGNY: Sigurd ist dir wahrlich ein treuer Freund.

GUNNAR: Und wir, Hjördis – wir haben daran gedacht –! Ja, es ist, wie ich sagte – Zauberkraft birgt deine Rede; jede Tat dünkt mich groß, wenn du sie verlangst.

DAGNY *verwundert:* Was meinst du?

GUNNAR: Nichts, nichts! Dank für die Botschaft, Dagny; ich gehe jetzt, meine Knechte zu sammeln. *Er wendet sich dem Ausgang zu, hält jedoch inne und tritt wieder näher.* Sag mir – wie steht's um Örnulf?

DAGNY *senkt das Haupt:* Frag nicht danach. Gestern hat er Thorolfs Leichnam nach dem Schiff getragen; jetzt wirft er ein Grab am Strand auf – da sollen seine Söhne ruhen!

Gunnar schweigt und geht durch die Mitte ab.

Vierter Auftritt

Hjördis, Dagny.

DAGNY: Vor Abend ist keine Gefahr. *Sie tritt näher.* Ich habe noch ein Anliegen hier auf dem Hof; Hjördis, ich komme zu dir.

HJÖRDIS: Zu mir? Nach dem, was gestern geschehen?

DAGNY: Grade deshalb. Hjördis, Schwester, nähre keinen Haß gegen mich; vergiß die Worte, die Schmerz und böse Geister mir in den Mund legten; vergib mir all das Weh, das ich dir zugefügt, denn glaub mir, jetzt bin ich zehnfach unglücklicher als du!

HJÖRDIS: Unglücklich – du – Sigurds Weib?

DAGNY: Was geschah, ist ja alles mein Werk – daß der Streit entbrannte, daß Thorolf fiel, daß sich all jene Hohnreden über dich und Gunnar ergossen. An allem trage ich die Schuld! Weh mir! So glücklich war mein Los; aber von diesem Tag an werde ich nimmermehr froh.

HJÖRDIS *wie von einem plötzlichen Gedanken erfaßt:* Aber vorher – in den fünf langen Jahren – in all dieser Zeit warst du glücklich?

DAGNY: Zweifelst du?

HJÖRDIS: Hm! Gestern zweifelte ich nicht, aber –

DAGNY: Was meinst du?

HJÖRDIS: Ach, nicht viel; laß uns von anderen Dingen sprechen.

DAGNY: Nein, keineswegs. Hjördis, sag mir – !

HJÖRDIS: Wenig wird es dir nutzen; doch wenn du es verlangst – *Mit boshaftem Ausdruck:* Erinnerst du dich noch, es war drüben auf Island – wir waren mit Örnulf, deinem Vater, auf dem Thing und saßen mit unseren Spielgefährtinnen, wie es Schick und Brauch ist, in der Thingstube; da traten zwei fremde Männer ein.

DAGNY: Sigurd und Gunnar.

HJÖRDIS: Sie grüßten uns nach höfischer Sitte, setzten sich zu uns auf die Bank, und manch scherzhafte Rede wurde geführt. Einige wollten wissen, weshalb die beiden Krieger ans Land gekommen seien und ob sie sich Frauen von der Insel holen wollten. Da sprach Sigurd: „Schwer würde es fallen, ein Weib nach meinem Herzen zu finden." Örnulf lachte und meinte, auf Island sei kein Mangel an vornehmen und reichen Frauen; doch Sigurd entgegnete: „Ein hehres und prächtiges Weib braucht der Held. Die, so ich wähle, darf nicht mit geringem Los zufrieden sein; keine Ehre darf ihr zu hoch sein, daß sie nicht danach streben sollte; auf den Kriegszug muß sie mir willig folgen; Panzer und Harnisch muß sie tragen; zum Kampf muß sie mich aufreizen, und sie darf nicht mit der Wimper zucken, wenn die Schwerter blitzen; denn wenn sie furchtsamen Sinnes ist, so widerfährt mir wenig Ehre." – Nicht wahr, so sprach Sigurd?

DAGNY *unsicher:* Das tat er – doch –

HJÖRDIS: So mußte das Weib sein, das ihm das Leben wonnig machen sollte; und dann – *mit verächtlichem Lächeln:* erwählte er dich!

DAGNY *schmerzhaft überrascht:* Ha, du meinst, daß –

HJÖRDIS: Sieh, deshalb hast du dich wohl stolz und hochsinnig gezeigt, hast Ehre von allen verlangt, auf daß Sigurd durch dich geehrt werde – nicht wahr?

DAGNY: Nein, Hjördis, doch –

HJÖRDIS: Zu großen gewaltigen Taten hast du ihn angespornt, bist ihm in den Kampf gefolgt und fandest es gut, dort zu sein, wo der Streit am heißesten wütete – war's nicht so?

DAGNY *tief bewegt:* Nein, nein!

HJÖRDIS: Warst du denn furchtsamen Sinnes, daß Sigurd Schande davon hatte?

DAGNY *überwältigt:* Hjördis, Hjördis!

HJÖRDIS *höhnisch lächelnd:* Doch glücklich war dein Los allezeit; meinst du, daß Sigurd dasselbe sagen kann?

DAGNY: Halt ein! Weh mir! Du hast mich gelehrt, mich selbst erkennen!

HJÖRDIS: Ein einfach Wort im Scherz, und du weinst alsogleich! Schlag dir's jetzt aus dem Sinn. Sieh, was ich heute angefertigt habe. *Sie nimmt einige Pfeile vom Tisch.* Wie spitz und scharf, nicht wahr? Ich verstehe mich darauf, Pfeile zu schärfen!

DAGNY: Und sie zu brauchen. Du triffst gar sicher, Hjördis! Alles, was du mir jetzt gesagt, habe ich nie zuvor bedacht. *Heftiger:* Aber daß Sigurd – ! Daß ich ihm die langen Jahre das Leben schwer und ruhmlos gemacht – nein, nein, das kann nicht wahr sein!

HJÖRDIS: Nun, tröste dich, Dagny; es ist ja auch nicht wahr. Ja, wenn Sigurd noch desselben Sinnes wäre wie in alter Zeit, dann könnte es sein; damals ging sein Denken und Trachten dahin, der berühmteste Mann im Land zu sein – jetzt begnügt er sich mit bescheidenerem Glück.

DAGNY: Nein, Hjördis, Sigurd ist hochherzig wie damals; ich sehe wohl, ich bin nicht die rechte Gattin für ihn; er hat's mir nie gesagt; doch so soll es nicht bleiben.

HJÖRDIS: Was willst du tun?

DAGNY: Ich will kein Hemmnis auf seinem Weg mehr sein, seine Schritte nicht mehr hindern.

HJÖRDIS: Du gedenkst also –

DAGNY: Still, man kommt!

Fünfter Auftritt

Die Vorigen. Ein Knecht durch die Mitte.

DER KNECHT: Sigurd der Wiking kommt auf den Hof!

HJÖRDIS: Sigurd? So ruft Gunnar!

DER KNECHT: Gunnar ist ausgeritten, um seine Nachbarn aufzurufen; denn Kore will –

HJÖRDIS: Schon gut, ich weiß. Geh!

Der Knecht geht durch die Mitte hinaus.

HJÖRDIS *zu Dagny, die ebenfalls gehen will:* Wo willst du hin?

DAGNY: Hinaus, um Sigurd nicht zu treffen. Ich sehe es wohl ein, wir werden uns trennen müssen; doch ihm jetzt begegnen – nein, nein, das vermag ich nicht.

Sie geht links ab.

HJÖRDIS *sieht ihr einen Augenblick schweigend nach:* Und sie wollte ich – *Sie setzt den Gedanken, mit einem Blick auf den Bogenstrang, fort:* Zu gering wäre die Rache gewesen – nein, dieser Schlag hat besser getroffen! Hm! gar hart ist das Sterben, aber oft ist es härter noch zu leben!

Sechster Auftritt

Hjördis, Sigurd durch die Mitte.

HJÖRDIS: Du suchst wohl Gunnar? Setz dich; er wird bald kommen. *Sie will gehen.*

SIGURD: Nein, bleib; dich such ich mehr als ihn.

HJÖRDIS: Mich?

SIGURD: Wohl mir, daß ich dich allein finde.

HJÖRDIS: Kommst du, mich zu schmähen, so würd' es dich nicht hindern, wenn die Halle voll von Männern und Frauen wäre.

SIGURD: Ich weiß gar wohl, was du von mir denkst.

HJÖRDIS *bitter:* Ich tue dir wohl gar unrecht! Nein, nein; mein ganzes Leben hast du mir vergiftet. Vergiß nicht, daß du es warst, der jene schändlich listige Tat vollführt; du warst es, der bei mir im Gemach saß, mir Liebe heuchelnd, während du listig dabei lachtest und mich dann Gunnar hinwarfst, denn für den war ich ja noch gut genug. Dann zogst du aus dem Land und nahmst das Weib mit, das dir teuer war!

SIGURD: Gar manches Werk ist Menschenwill' imstande auszuführen; aber die großen Taten lenkt das Schicksal – so erging's uns beiden.

HJÖRDIS: Mag sein; böse Nornen herrschen auf Erden; doch nur gering ist ihre Macht, wenn sie keine Helfer in unserer eigenen Brust finden. Das Glück winkt dem, der stark genug ist, den Kampf mit den Nornen aufzunehmen – und das will ich jetzt tun.

SIGURD: Was willst du tun?

HJÖRDIS: Meine Kraft erproben an denen, die über mir stehen. Doch nichts mehr davon. Ich habe heute noch viel zu schaffen. *Sie setzt sich an den Tisch.*

SIGURD *nach kurzer Pause:* Du machst gute Waffen für Gunnar.

HJÖRDIS *mit leisem Lächeln:* Für Gunnar nicht, doch gegen dich.

SIGURD: Das kommt wohl auf eins heraus.

HJÖRDIS: Nun ja, mag sein; denn wenn ich der Norne gewachsen bin, so müssen auch du und Gunnar früher oder später – *Sie hält inne, lehnt sich rücklings an den Tisch, sieht lächelnd zu ihm auf und sagt mit veränder-tem Ausdruck in der Stimme:* Hm, weißt du, wie mir zuweilen ist? Oft finde ich meine Freude daran, mir freundliche Bilder in meinem Sinn auszumalen; dann sitze ich hier und schließe die Augen und denke: Jetzt kommt Sigurd der Starke ins Land; er wird alles versengen und verbrennen, mich und meinen Gatten dazu. Alle Mannen Sigurds sind gefallen; nur er und ich sind noch übrig; schon wird das Dach von draußen angezündet; „ein Bogenschuß, ein einziger kann uns retten", sagt Gunnar – da reißt der Strang. „Hjördis, schneide eine Flechte von deinem Haupthaar und winde einen Bogenstrang daraus – es gilt unser Leben!" – Doch ich – ich lache – „Laß ihn sengen, laß ihn brennen – das Leben ist mir keine Haarsträhne mehr wert!"

SIGURD: Mit seltsamer Macht packt's mich bei deinen Worten.

Er nähert sich ihr.

HJÖRDIS *sieht ihn kalt an:* Du setzest dich zu mir?

SIGURD: Du meinst, ich sei dir gram im Herzen. Hjördis, wir sprechen uns zum letztenmal; ein Etwas nagt an mir wie eine zehrende Krankheit, und deshalb kann ich nicht von dannen gehen; du mußt mich besser kennenlernen.

HJÖRDIS: Was willst du?

SIGURD: Dir eine Sage erzählen.

HJÖRDIS: Ist sie schwermütig?

SIGURD: Schwer wie das Leben.

HJÖRDIS *bitter:* Weißt du, daß das Leben schwer sein kann?

SIGURD: Darüber urteile, wenn meine Sage zu Ende ist.

HJÖRDIS: So erzähle; indessen arbeite ich.

SIGURD *setzt sich auf einen niederen Schemel zu ihrer Rechten:* Es waren einmal zwei junge Kriegsleute, die zogen von Norwegen aus, um Ruhm und Reichtum zu erringen; sie hatten einander Freundschaft gelobt und hielten ehrlich zusammen, wie weit sie auch umherkamen.

HJÖRDIS: Und die beiden jungen Krieger hießen Sigurd und Gunnar.

SIGURD: Ja, wir können sie so nennen. Endlich kamen sie auch nach Island; dort wohnte ein alter Landesobmann, der zu König Haralds Zeit von Norwegen fortgezogen war. Er hatte zwei holdselige Jungfrauen unter seinem Dach; doch die eine, seine Pflegetochter, war die herrlichere, denn sie war klug und starken Sinnes; und die beiden Krieger sprachen miteinander von ihr, und keiner von ihnen hatte je ein schöneres Weib gesehen – so dünkte es beide.

HJÖRDIS *gespannt:* Beide? Du willst meiner spotten!

SIGURD: Gunnar dachte Tag und Nacht an sie; und dasselbe tat Sigurd; aber beide schwiegen; ihr war's nicht anzusehen, ob Gunnar ihr gefiel; daß sie jedoch Sigurd nicht gut war, das konnte man leicht erraten.

HJÖRDIS *atemlos:* Fahr fort, ich bitte dich –!

SIGURD: Aber um so mehr mußte Sigurd an sie denken; doch niemand wußte davon. Da geschah es eines Abends, daß jenes stolze Weib beim Gastmahl schwur, kein Mann solle sie sein eigen nennen, der nicht jene Heldentat vollführte, die sie verlangen würde. Hoch schlug Sigurds Herz vor Freude; denn er fühlte die Kraft in sich, jene Tat zu vollbringen; da aber nahm Gunnar ihn beiseite und sprach von seiner Liebe. Sigurd schwieg und ging daran –

HJÖRDIS *schreit auf:* Sigurd! Sigurd! *Sie bezwingt sich.* Und diese Sage – ist sie wahr?

SIGURD: Wahr! Einer von uns mußte weichen; Gunnar war mein Freund – ich konnte nicht anders handeln. So wurdest du Gunnars Weib, und ich nahm eine andere.

HJÖRDIS: Gewannst du sie lieb?

SIGURD: Ich lernte sie wertschätzen; doch es gibt nur ein Weib, das Sigurd geliebt hat, und das ist das Weib, das ihm gram war von dem Tag an, wo sie sich zuerst sahen. *Er erhebt sich.* Hier ist meine Sage zu Ende. Laß uns scheiden. Fahr wohl, Gunnars Gattin; wir sehen uns niemals wieder.

HJÖRDIS *springt auf:* Nein, bleib! Wehe uns beiden; Sigurd, was hast du getan!

SIGURD *stutzt:* Ich getan? Was ficht dich an?

HJÖRDIS: Und alles dies sagst du mir jetzt! Doch nein – es kann nicht Wahrheit sein!

SIGURD: Es ist das letzte Mal, daß wir uns sprechen; jedes Wort ist wahr. Ich mußte jetzt reden, denn du solltest lernen, anders über mich zu denken.

HJÖRDIS *faltet unwillkürlich die Hände und sieht ihn in stummem Erstaunen an:* Geliebt – du – du hast – mich geliebt! *Heftig, indem sie nahe an ihn herantritt:* Ich glaube dir nicht! *Sie sieht ihn starr an und schreit dann in wildem Schmerz auf:* Doch, es ist wahr und – unselig für uns beide.

Sie schlägt die Hände ins Gesicht und entfernt sich.

SIGURD *entsetzt:* Hjördis!

HJÖRDIS *ruhig, zwischen Lachen und Weinen:* Laß mich nur! Ich, ich meinte nur – *Sie legt die Hand auf seinen Arm.* Sigurd, deine Sage war nicht zu Ende; jene stolze Jungfrau, die du genannt – sie liebte dich wieder!

SIGURD *tritt zurück:* Du?

HJÖRDIS *gefaßt:* Ja, Sigurd, ich habe dich geliebt, das sehe ich jetzt. Du sagst, ich sei mürrisch und schweigsam gegen dich gewesen; aber was soll ein Weib denn anders tun? Hätte ich dir meine Liebe entgegengetragen, so wäre ich deiner unwert gewesen. Du erschienst mir stets als der herrlichste unter den Männern; aber dich als Gatten einer anderen zu wissen – das bereitete mir jenen herben Schmerz, den ich selbst nicht begriff!

SIGURD *erschüttert:* Ein unseliges Gespinst hat die Norne um uns beide gewoben.

HJÖRDIS: Du selbst bist schuld daran; dem Mann geziemt es, stark und mutig zu handeln. Als ich jenem, der mich erringen wollte, jene schwere Bedingung machte, da dachte ich wahrlich nur an dich – und doch konntest du –!

SIGURD: Ich kannte Gunnars Seelenqual; ich allein konnte sie lindern; welche Wahl blieb mir da? Und doch, hätt' ich gewußt, was ich jetzt weiß – ich hätte nicht für mich bürgen können – die Macht der Liebe ist zu stark.

HJÖRDIS *schnell:* Nun wohlan, Sigurd – ein unseliges Mißverständnis hat uns lange Jahre hindurch getrennt; jetzt ist der Knoten gelöst; die Zukunft soll uns Ersatz geben.

SIGURD *kopfschüttelnd:* Das kann nicht sein; wir müssen uns von neuem trennen.

HJÖRDIS: Das müssen wir nicht. Ich liebe dich, jetzt darf ich's sagen, ohne zu erröten; denn meine Liebe ist nicht verlangend wie die weichlicher Weiber; wär' ich ein Mann – bei den gewaltigen Mächten! ich könnte dich grade so lieben, wie ich es jetzt tue! Auf denn, Sigurd! Das Glück ist einer Großtat wert; wir sind beide frei, wenn wir es sein wollen, und dann ist das Spiel unser.

SIGURD: Frei? Was willst du –

HJÖRDIS: Was ist dir Dagny? Was kann sie dir sein? Nicht mehr, als Gunnar mir in meinen geheimsten Gedanken gilt. Was liegt denn dran, wenn zwei elende Leben vernichtet werden!

SIGURD: Hjördis! Hjördis!

HJÖRDIS: Gunnar mag hierbleiben; Dagny laß mit ihrem Vater nach Island ziehen; ich folge dir in Panzer und Stahl, wohin du auch steuerst.

Sigurd zeigt sich stark erschüttert.

HJÖRDIS: Nicht als dein Weib will ich dir folgen; denn ich habe einem anderen angehört, und auch die Gattin lebt, die einst an deiner Seite ruhte. Nein, Sigurd, nicht als dein Weib – als Schildmaid, einer jener starken Frauen gleich will ich dir folgen, dich zum Kampf und männlichen Taten anfeuern, daß dein Name weit hinausdringen soll in alle Lande; beim Schwerterspiel will ich dir zunächst stehen, im Unwetter und auf Wikingszügen will ich inmitten deiner Mannen stehen; und wenn einst das Lied von deinen Taten ertönt, dann soll es gemeinsame Kunde von Sigurd und Hjördis geben!

SIGURD: Das war einst mein seligster Traum; jetzt ist's zu spät; Gunnar und Dagny stehen zwischen uns, und beide haben ein Recht auf ihren Platz. Ich opferte meine junge Liebe um Gunnars willen; muß ich auch die Pein dafür ertragen, so darf meine Tat doch nicht vergeblich gewesen sein. Und nun Dagny! Arglos und vertrauensvoll verließ sie Heim und Sippe; nie darf sie ahnen, daß ich nach Hjördis verlangte, wenn sie mich umschlang.

HJÖRDIS: Und deshalb willst du eine Last mit dir durchs Leben schleppen! Wozu wurden dir denn Kraft und Stärke und dazu alle herrlichen Geistesgaben gegeben? Und meinst du, daß es mir fernerhin ziemt, auf Gunnars Hof zu bleiben? Nein, Sigurd, glaub mir, hier gibt es viel für einen Mann wie dich zu tun. Erik lenkt Norwegens Reich, erheb dich gegen ihn; manch guter Held wird sich dir zur Seite stellen; mit unbezwinglicher Macht wollen wir vorgehen und kämpfen und handeln und nimmermehr ruhen, bis du auf Haralds Thron sitzest!

SIGURD: Hjördis, Hjördis, das war mein Traum in wilder Jugendzeit; laß es vergessen sein – führ mich nicht in Versuchung!

HJÖRDIS *mit Hoheit:* Es ist der Nornen Beschluß, daß wir beide zusammenhalten sollen; dem können wir nicht entgehen; jetzt seh ich deutlich mein Amt in diesem Leben: berühmt soll ich dich machen über alle Lande. Jeden Tag, jede Stunde, die ich hier verlebt, standest du vor mir; ich wollte dich aus meinem Herzen reißen, doch ich vermocht' es nicht; nun ist es nicht mehr nötig, denn ich weiß, daß du mich liebst.

SIGURD *mit erzwungener Kälte:* Wenn dem so ist – dann wisse – ich habe dich geliebt; jetzt ist's vorbei – ich hab jene Tage vergessen.

HJÖRDIS: Sigurd, du lügst! Denn so viel bin ich wert, daß du's nicht vergessen kannst, wenn du mich einmal geliebt hast.

SIGURD *heftig:* Ich muß es – ich will es!

HJÖRDIS: Mag sein; aber du kannst nicht! Hindern willst du mich; aber es wird dir nicht glücken; noch bevor es Abend wird, sollen Gunnar und Dagny alles wissen.

SIGURD: Ha, das darf nicht sein!

HJÖRDIS: Ich tu's!

SIGURD: Dann hätt' ich dich verkannt; für hochherzig hab ich dich gehalten.

HJÖRDIS: Böse Tage gebären böse Gedanken; zu viel Vertrauen hast du mir geschenkt. Ich will, ich muß dir folgen – hinaus ins Leben, in den Kampf; Gunnars Dach ist mir zu niedrig!

SIGURD *mit Nachdruck:* Doch die Ehre zwischen Männern hast du gewußt zu schätzen; es besteht ein triftiger Grund zum Kampf zwischen Gunnar und mir. Wenn er nun von meiner Hand fiele – würdest du doch alles offenbaren und mir folgen?

HJÖRDIS *stutzt:* Wie fragst du so?

SIGURD: Antworte mir zuvor! Was tätest du, wenn ich zum Mörder deines Gatten würde?

HJÖRDIS *sieht ihn starr an:* Dann müßt' ich schweigen und dürfte nimmermehr ruhen, bis ich dich getötet hätte.

SIGURD *lächelnd:* Gut, Hjördis – das wußt' ich wohl.

HJÖRDIS *lustig:* Doch das wird nicht geschehen!

SIGURD: Es muß geschehen; du selbst hast den Würfel um Gunnars Leben und um meins geworfen!

Siebenter Auftritt

Die Vorigen. Gunnar und einige Knechte treten durch die Mitte ein.

GUNNAR *düster zu Hjördis:* Nun keimt die Saat, die du gesät!

SIGURD *nähert sich ihm:* Was ist dir geschehen?

GUNNAR: Du bist's, Sigurd! Was mir geschehen? Nichts anderes, als ich erwarten mußte. Sobald Dagny, deine Hausfrau, die Botschaft von Kore gebracht, nahm ich mein Pferd und ritt zu meinen Nachbarn, um Hilfe gegen ihn zu suchen.

HJÖRDIS *gespannt:* Weiter?

GUNNAR: Mürrisch lautete die Antwort, wohin ich kam; unrühmlich sei mein Tun wider Kore, sagten sie. Hm! es wurden noch andere Dinge gesprochen, die ich nicht wiederholen mag; ich bin ein schmachbedeckter Mann; mir wird ja nachgesagt, daß ich ein Bubenstück verübt; es gilt für Schande jetzt, gemeinsam Tun mit mir zu betreiben.

SIGURD: Nicht lange mehr soll es für Schande gelten; bevor der Abend kommt, sollst du mit Heeresfolge gegen Kore ziehn.

GUNNAR: Sigurd!

HJÖRDIS *leise, triumphierend:* Ha, ich wußt' es wohl.

SIGURD *mit erzwungener Kraft:* Doch dann ist auch der Friede zwischen uns zu Ende; hör jetzt mein Wort, Gunnar – du hast Thorolf, meiner Hausfrau Bruder, erschlagen, und deshalb fordere ich dich zum Zweikampf, morgen, bevor die Sonne aufgeht!

Hjördis tut in heftiger innerer Bewegung einen Schritt gegen Sigurd, faßt sich aber und bleibt während des Folgenden unbeweglich stehen.

GUNNAR *in höchster Überraschung:* Zum Zweikampf! – Mich? Du scherzest, Sigurd!

SIGURD: Zum Zweikampf bist du hiermit nach Recht und Brauch beschieden; es wird ein Würfelspiel auf Leben und Tod. Einer von uns muß fallen!

GUNNAR *bitter:* Ha, ich begreife! Als ich kam, warst du allein mit Hjördis; sie hat dich aufs neue beleidigt!

SIGURD: Mag sein! *Halb zu Hjördis:* Ein hochherzig Weib muß ja des Gatten Ehre wahren. *Zu den Männern im Hintergrund:* Und ihr, Knechte, geht jetzt zu Gunnars Nachbarn und sagt ihnen, daß er morgen Schwerthiebe mit mir wechselt; keiner wird den Mann feige nennen, der die Waffe gegen Sigurd den Wiking führt!

Die Knechte gehen durch die Mitte hinaus.

GUNNAR *tritt schnell auf Sigurd zu und drückt ihm heftig bewegt die Hände:* Sigurd, mein tapfrer Bruder; jetzt erst versteh ich dich! Jetzt wagst du das Leben für meine Ehre, wie du es einst für mein Glück gewagt!

SIGURD: Sag deiner Gattin Dank; sie hat den größten Teil an meinem Tun. Morgen, wenn die Sonne aufgeht –

GUNNAR: Treff ich dich. *Weich:* Waffenbruder, willst du ein gutes Schwert von mir? Es ist eine herrliche Gabe.

SIGURD: Dank dir, doch laß es hängen. Niemand weiß, ob ich's am nächsten Abend noch werd' brauchen können.

GUNNAR *schüttelt ihm die Hand:* Fahr wohl, Sigurd!

SIGURD: Fahr wohl, und Glück zum Werk!

Sie trennen sich. Gunnar geht links ab. Sigurd wirft einen Blick auf Hjördis und geht durch die Mitte ab.

HJÖRDIS *nach einer Pause, leise und gedankenvoll:* Zum Zweikampf morgen? Wer wird fallen? *Sie schweigt kurze Zeit und ruft dann, wie von einem mächtigen Entschluß beseelt, aus:* Wer auch fallen mag! Sigurd und ich bleiben dennoch vereint!

VIERTER AUFZUG

Am Strand wie im ersten Aufzug. Es ist Abend. Der Mond wird dann und wann zwischen dunklen, zerrissenen Gewitterwolken sichtbar. Im Hintergrund ein schwarzer, frisch aufgeworfener Grabhügel.

Erster Auftritt

Örnulf sitzt rechts im Vordergrund mit entblößtem Kopf auf einem Stein; die Ellbogen hat er auf die Knie gestützt, das Gesicht in den Händen verborgen. Seine Leute graben an dem Hügel; einige leuchten mit Harzfackeln. Nach kurzer Pause treten Sigurd und Dagny von links aus dem Holzschuppen, in dem ein Reisigfeuer brennt.

DAGNY *gedämpft:* Er sitzt noch dort. *Sie hält Sigurd zurück.* Nein, sprich nicht zu ihm.

SIGURD: Du hast recht, es ist zu früh; besser, er bleibt sich selbst überlassen.

DAGNY *geht nach rechts und betrachtet den Vater in stillem Schmerz:* Gestern, da er Thorolfs Leiche auf die Schultern nahm, war er so stark; stark war er, als sie das Grab aufwarfen; als sie aber alle hineingelegt waren und Steine und Erde auf sie hinabgeworfen – da packte ihn der Schmerz; da versagte seine Kraft. *Sie trocknet die Tränen.* Sag an, Sigurd, wann gedenkst du nach Island heimzuziehen?

SIGURD: Sobald das Unwetter vorüber ist und ich meinen Handel mit Gunnar ausgetragen habe.

DAGNY: Dann kaufst du dir Land und baust einen Hof, und ziehst nie wieder hinaus in den Seekrieg?

SIGURD: Ja, ja – ich hab dir's ja gelobt!

DAGNY: Und ich darf wirklich glauben, daß Hjördis mich belog, als sie sagte, daß ich nicht würdig sei, dein Weib zu sein?

SIGURD: Ja, ja, Dagny, trau meinem Wort.

DAGNY: Dann bin ich wieder froh und will versuchen, all das böse Tun zu vergessen, das hier verübt wurde. An langen Winterabenden wollen wir von Gunnar und Hjördis sprechen und –

SIGURD: Nein, Dagny, meinst du es mit uns beiden gut, so nenne niemals Hjördis, wenn wir daheim auf Island sind!

DAGNY *mit mildem Vorwurf:* Dein Haß ist ungerecht. Sigurd, Sigurd, dies gleicht dir wenig!

EINER DER MÄNNER *tritt zu Örnulf:* Der Hügel ist fertig.

ÖRNULF *wie erwachend:* Der Hügel? Ist er – nun ja –

SIGURD: Sprich jetzt zu ihm, Dagny!

DAGNY *tritt zu ihm:* Vater, es ist kalt hier draußen; heute nacht wird ein Unwetter aufziehen.

ÖRNULF: Hm! Hab keine Sorge; der Hügel ist fest und gut; er deckt sie warm.

DAGNY: Ja, aber du –

ÖRNULF: Ich? Mich friert nicht.

DAGNY: Du hast heute noch keine Speise zu dir genommen; willst du nicht hineingehen? Das Nachtmahl ist dir bereitet.

ÖRNULF: Laß das Nachtmahl stehen; ich habe keinen Hunger.

DAGNY: Aber glaub mir, hier so still zu sitzen frommt dir nicht; daran bist du nicht gewöhnt.

ÖRNULF: Wohl wahr – etwas preßt mir die Brust zusammen; ich kann nicht atmen.

Er verbirgt von neuem das Gesicht in den Händen. Pause.

DAGNY *setzt sich zu ihm:* Morgen rüstest du wohl dein Schiff und ziehst mit uns nach Island?

ÖRNULF *ohne aufzublicken:* Was soll ich dort? Nein, ich will zu meinen Söhnen.

DAGNY *schmerzlich:* Vater!

ÖRNULF *hebt den Kopf:* Geh hinein und laß mich hier; wenn das Unwetter mich eine Nacht oder zwei umtobt hat, so hoff ich, ist's geschehen.

SIGURD: Das darfst du nicht einmal denken!

ÖRNULF: Wundert's dich, daß ich zur Ruhe gehen möchte? Mein Tagwerk ist ja vollbracht; ich habe meine Söhne bestattet. *Heftig:* Laßt mich hier! – Geht, geht! *Er verbirgt das Gesicht wieder.*

SIGURD *leise zu Dagny, die sich erhebt:* Laß ihn noch eine kurze Weile hier.

DAGNY: Nein, eins muß ich noch versuchen – ich kenne ihn. *Zu Örnulf:* Dein Tagwerk sei vollbracht – sagst du; das ist's noch nicht. Bestattet hast du deine Söhne; aber du bist ja Skalde; es ziemt sich, zu ihrem Gedächtnis eine Totenklage zu singen.

ÖRNULF *kopfschüttelnd:* Singen? Nein, nein; gestern konnt' ich es noch; heute bin ich zu alt.

DAGNY: Es muß dennoch sein. All deine Söhne waren ruhmreiche Männer; ihrem Gedächtnis muß eine Klage geweiht werden, und keiner unseres Stammes vermag das so wie du.

ÖRNULF *sieht fragend zu Sigurd:* Eine Totenklage für meine Söhne? Was dünkt dich, Sigurd?

SIGURD: Mich dünkt ihr Begehren nur billig. Tu, was sie verlangt.

DAGNY: Übel würden es deine Nachbarn auf Island deuten, wenn auf dem Leichenmahl kein Lied zum Gedächtnis von Örnulfs Sprößlingen gesungen würde. Es ist noch nicht Zeit für dich, deinen Söhnen zu folgen.

ÖRNULF: Es sei denn, ich will es versuchen; und du, Dagny, lausche mir, daß du das Lied in Runenschrift aufzeichnen kannst!

Die Männer nähern sich mit den Fackeln, so daß sich eine Gruppe um Örnulf bildet.

ÖRNULF *schweigt eine Weile und denkt nach; darauf spricht er:*

Der Skaldengott schenkte
Die Macht mir zu singen,
So künd' meine Klage,
Wie schwer mein Geschick!

Er erhebt sich.

Die zürnende Norne
Stahl mir mein Glück,
Nahm mir mein Eigen
Und stieß mich hinaus –
Stieß mich hinaus
Auf rauhen Pfad.

Sieben der Söhne
Dankt ich den Göttern –
Jetzt schreit' ich einsam
Und trauernd dahin.
Der Söhne sieben,
Heldengestalten,
Waren des greisen Vaters Glück.

Nun ist es geschwunden
Das hehre Glück –
Die Söhne sind tot,
Mein Haus steht öd',
Und öde – öde die Halle.

Thorolf, mein letzter,
Du Kühnster der Kühnen,
Wärst du mir geblieben,
So klagte ich nicht. –
Du Lenzesblüte,
Voll Liebe und Leben,
Du Stolz deines Vaters,
Du herrlicher Held!

Die Todeswunde,
Die dich getroffen,
Wie zwischen zwei Schilde
Preßt sie mein Haupt!
Wär' scharf noch mein Schwert,
Und schützten die Götter
Den Greis noch im Kampf –
Dann träfe sie Rache,
Die neidische Norne,
Die alles genommen,
Das Letzte geraubt!

Doch hat sie in Wahrheit
Alles genommen?
Nein! Eines – eins blieb mir!

Mit steigender Begeisterung:

Die Gabe der Götter,
In Worten zu klagen,
Mein Leid zu singen,
Das schwer mich bedrückt.

So mag er denn tönen,
Der traurige Sang!
Und bring er vom Vater
Den Söhnen im Grabe
Den letzten, liebenden Scheidegruß!

Heil euch, ihr Helden,
Heil euch, ihr Teuren,
Die ihr jetzt ziehet
Hin gen Walhall!
Mir lindern die Götter
Das Leid und das Wehe!
Mich macht genesen
Mein Lied und mein Sang.

Er tut einen tiefen Atemzug, streicht das Haar aus der Stirn und sagt ruhig: Wohlan; jetzt ist Örnulf wieder gesund und stark. *Zu den Männern:* Kommt zum Nachtmahl, Burschen; wir haben ein schweres Tagwerk gehabt!

Er geht mit den Männern nach links in den Holzschuppen.

Zweiter Auftritt

Sigurd, Dagny.

DAGNY: Preis den Hohen im Himmel, die mir so guten Rat eingaben! *Zu Sigurd:* Willst du nicht hineingehen?

SIGURD: Ich verspüre wenig Lust. Sag an, ist alles zu morgen bereit?

DAGNY: Alles ist bereit; ein Leichentuch mit seidenem Saum liegt drinnen auf der Bank; aber ich weiß gewiß, daß du vor Gunnar bestehen wirst; darum weinte ich nicht bei der Arbeit.

SIGURD: Alle guten Mächte mögen geben, daß du nie um meinetwillen eine Träne vergießest.

Er hält inne und blickt nach links hinaus.

DAGNY: Was lauschest du?

SIGURD: Hörst du nichts – dort? *Er zeigt nach links.*

DAGNY: Es zieht wie ein seltsam Unwetter übers Meer!

SIGURD *indem er einige Schritte nach dem Hintergrund geht:* Hm! Dies Unwetter wird uns scharfen Hagel bringen. *Er ruft:* Wer kommt?

KORE *links hinten:* Bekannte Leute, Sigurd der Wiking!

Dritter Auftritt

Die Vorigen. Kore mit einer Schar Bewaffneter von links.

SIGURD: Wohin wollt ihr?

KORE: Nach Gunnars Hof.

SIGURD: In feindlicher Absicht?

KORE: Des sei du sicher! Das letzte Mal hast du mich daran gehindert; jetzt aber, glaub ich, wird dir's recht sein!

SIGURD: Schon möglich.

KORE: Ich hab von deinem Streit mit Gunnar vernommen; doch geht's nach meinem Sinn, so wird er sich dir mit biegsamen Waffen stellen.

SIGURD: Es ist gewagtes Werk, auf das du sinnst; hüte dich, Bauer!

KORE *mit trotzigem Lachen:* Laß mich nur tun; willst du dein Schiff über Nacht takeln, so werden wir dir leuchten! – Kommt, ihr Leute, hier – *er zeigt nach rechts:* geht der Weg!

Kore und die Bewaffneten rechts hinten ab.

Vierter Auftritt

Sigurd, Dagny, darauf Örnulf mit seinen Leuten von links aus dem Holzschuppen.

DAGNY: Sigurd, Sigurd, dies Unheil mußt du verhindern!

SIGURD *geht schnell an die Tür des Schuppens und ruft hinein:* Auf vom Mahl, Örnulf; nimm Rache an Kore.

ÖRNULF *tritt mit den übrigen heraus:* Kore? Wo ist er?

SIGURD: Er zieht nach Gunnars Hof, um ihn in Brand zu stecken!

ÖRNULF: Ha, ha – laß ihn. So rächt er mich zugleich an Gunnar und Hjördis. Später will ich Kore suchen.

SIGURD: Nein, das ist schlechter Rat; noch diese Nacht mußt du Kore suchen, wenn du ihn treffen willst; sobald die Untat verübt ist, flieht er in die Berge. Gunnar hab ich zum Zweikampf entboten; er ist dir also sicher, wenn ich nicht selbst –. Doch gleichviel – diese Nacht muß er noch vor seinen Feinden geschützt werden; schlimm wär's, wenn ein Übeltäter wie Kore mich um meine Rache brächte!

ÖRNULF: Du sprichst wahr. Heute will ich Thorolfs Mörder schützen; doch morgen muß er sterben!

SIGURD: Er oder ich – darauf verlaß dich!

ÖRNULF: Auf, folgt mir, um Örnulfs Stamm zu rächen!

Er geht mit den Leuten rechts durch den Hintergrund ab.

Fünfter Auftritt

Sigurd, Dagny.

SIGURD: Dagny, geh mit ihnen – ich muß bleiben, denn das Gerücht vom Zweikampf macht schon die Runde, und ich darf Gunnar nicht begegnen, bevor die Zeit gekommen ist; doch du – führ und berate deinen Vater; ehrenhaft muß er zu Werk gehen; auf Gunnars Hof sind viele Frauen; niemand darf an Hjördis oder den andern Gewalttätigkeit verüben.

DAGNY: Ja, ja, ich eile nach, du denkst doch noch an Hjördis; hab Dank für deine Herzensgüte!

SIGURD: Geh, geh nur, Dagny!

DAGNY: Ich eile schon! Doch um Hjördis können wir unbesorgt sein; sie hat einen goldenen Panzer im Gemach und wird sich selbst wohl wehren.

SIGURD: Das denk ich auch; aber geh dennoch; wach über deines Vaters Tun; beschütze alle und auch – Gunnars Weib.

DAGNY: Bau auf mich. Auf glücklich Wiedersehen!

Sie folgt den Vorigen nach rechts.

Sechster Auftritt

Sigurd allein.

SIGURD: Dies ist das erste Mal, mein Waffenbruder, daß ich ungerüstet dastehe, während dir Gefahr droht. *Er lauscht nach rechts.* Ich hör' Geschrei und Schwertgeklirr – sie sind schon im Hof. *Er will rechts hinaus, bleibt jedoch stehen und weicht erstaunt zurück.* Hjördis! Sie kommt hierher!

Siebenter Auftritt

Sigurd. Hjördis in kurzem Scharlachgewand, mit goldenen Waffenstücken, Helm, Panzer, Arm- und Beinschienen; ihr Haar ist aufgelöst; auf dem Rücken trägt sie einen Köcher, am Gürtel einen kleinen Schild; in der Hand den Bogen mit dem Haarstrang.

HJÖRDIS *eilig, blickt zurück, als ängstige sie sich vor einem Verfolger, tritt dicht zu Sigurd heran, faßt seinen Arm und sagt mit gedämpfter Stimme:* Sigurd, Sigurd, siehst du ihn?

SIGURD: Wen? Wo?

HJÖRDIS: Den Wolf dort – ganz nahe; er rührt sich nicht; er starrt mich an mit roten, funkelnden Augen! Das ist eine Mahnung an mich, Sigurd! Dreimal hat er sich mir gezeigt; es bedeutet, daß ich sicher noch in dieser Nacht sterben werde!

SIGURD: Hjördis! Hjördis!

HJÖRDIS: Jetzt versank er in die Erde! Ja, ja, nun hat er mich gewarnt.

SIGURD *nach links zeigend:* Du bist krank. Komm dort hinein!

HJÖRDIS: Nein, hier will ich warten. Mir bleibt nur wenig Zeit!

SIGURD: Was ist dir geschehen?

HJÖRDIS: Was geschehen ist? Ich weiß es nicht; aber wahr ist, was du heute sagtest, daß Gunnar und Dagny zwischen uns stünden; fort von ihnen und aus dem Leben müssen wir; dann können wir zusammenbleiben!

SIGURD: Wir? Ha, du meinst –!

HJÖRDIS *mit Hoheit:* An dem Tag, da du eine andere zum Weib nahmst, wurde ich heimatlos in der Welt. Schlimm hast du damals gehandelt. Alle guten Gaben darf ein Mann seinem treuen Freund geben – alle, nur nicht das Weib, das er liebt; denn mit solcher Tat zerreißt er der Norne heimlich Gespinst, und zwei Leben sind vernichtet. Eine untrügliche Stimme in mir spricht, daß ich geschaffen ward, auf daß mein starker Sinn dich in schweren Zeiten erhebe und trage; und daß du geboren wurdest, damit ich in einem Mann alles fände, das mich groß und herrlich dünkt. Denn eins weiß ich, Sigurd – hätten wir beide uns verbunden, so wärst du ruhmreicher, ich glücklicher als alle anderen Menschen geworden!

SIGURD: Nutzlos ist jetzt die Klage. Meinst du, es sei ein freudvoll Leben, das meiner wartet? Jeden Tag in Dagnys Nähe zu sein und eine Liebe zu heucheln, die mir das Herz bedrückt? Und doch, es muß so sein; uns vermag nichts zu helfen.

HJÖRDIS *mit wachsender Heftigkeit:* Es muß nicht sein! Wir beide wollen aus dem Leben fliehen! Siehst du diesen Bogenstrang? Mit ihm treffe ich sicher; denn prächtige Zauberlieder hab ich über ihm gesungen. *Sie legt einen Pfeil auf den gespannten Bogen.* Horch, wie es durch die Luft saust! Das ist die Heimfahrt der Toten nach Walhall! Ich beschwor sie her – in ihrem Geleit wollen wir ziehn!

SIGURD *weicht zurück:* Hjördis, Hjördis – mir graut vor dir!

HJÖRDIS *ohne auf ihn zu achten:* Keine Macht kann unser Schicksal ändern! Ja – es ist auch besser so, als hättest du dich mir hier in diesem Leben verbunden, als hätte ich in deinem Haus gesessen, um Linnen und Wolle zu weben und dir Nachkommen zu gebären – pfui, pfui!

SIGURD: Halt ein! Deine Zauberkunst hat dich besiegt; sie hat deine Seele krank gemacht! *Entsetzt nach rechts zeigend:* Ha, sieh dort! Gunnars Hof – in Flammen!

HJÖRDIS: Laß brennen, laß brennen! Der Wolkensaal dort oben ist besser als Gunnars Balkenhalle!

SIGURD: Und Egil, dein Sohn – sie töten ihn!

HJÖRDIS: Laß sie ihn töten – dann stirbt meine Schande mit ihm!

SIGURD: Doch Gunnar – sie rauben deinem Gatten das Leben!

HJÖRDIS: Das achte ich nicht! Einem besseren Gatten folge ich diese Nacht in sein Haus! Ja, Sigurd, es muß so sein; hier blüht mir kein Glück mehr; der weiße Gott kommt nach dem Norden; ihn will ich nicht erwarten; die alten Götter sind nicht mehr stark wie früher; sie schlafen, sie sitzen halb wie Schatten; mit ihnen wollen wir kämpfen! Fort aus diesem Leben, Sigurd; auf den

Himmelsthron will ich dich setzen und mich selbst an deine Seite.

Das Unwetter bricht los.

HJÖRDIS: Horch, horch, dort kommt unser Gefolge! Siehst du die schwarzen, jagenden Rosse; eins für mich, eins für dich! *Sie legt den Bogen an die Wange und schießt.* So geh auf diese letzte Fahrt!

SIGURD: Gut getroffen, Hjördis! *Er fällt.*

HJÖRDIS *jubelnd, eilt zu ihm:* Sigurd, mein Bruder – nun gehören wir einander!

SIGURD: Jetzt weniger denn je. Hier trennen sich unsere Wege – denn ich bin Christ!

HJÖRDIS *entsetzt:* Du –? Ha! Nein, nein!

SIGURD: Ich bete zu dem weißen Gott. König Aedelsthan hat mich ihn kennen gelehrt – zu ihm gehe ich jetzt hinauf.

HJÖRDIS *in Verzweiflung:* Und ich –! *Sie wirft den Bogen hin.* Weh mir! Wehe!

SIGURD: Schwer war mein Leben von jener Stunde an, wo ich dich aus meinem Herzen riß und dich Gunnar zu eigen gab. Hab Dank, Hjördis – jetzt ist mir so leicht und frei. *Er stirbt.*

HJÖRDIS *leise:* Tot! – So habe ich meine Seele verloren!

Das Unwetter tobt heftiger.

HJÖRDIS *schreit wild auf:* Sie kommen! Ich habe sie herbeschworen! Doch nein, nein; ich gehe nicht mit euch; ich will nicht ohne Sigurd kommen! Keine Rettung mehr; sie sehen mich; sie lachen und winken, sie treiben ihre Rosse an! *Sie eilt an den Felsenrand im Hintergrund.* Schon sind sie über mir; und kein Schutz, keine Zuflucht! Doch – doch, auf dem Meeresgrunde vielleicht! *Sie stürzt hinab.*

Achter Auftritt

Örnulf, Dagny. Gunnar und Egil sowie Sigurds Mannen kommen nach und nach von rechts.

ÖRNULF *gegen den Grabhügel gewandt:* Jetzt könnt ihr ruhig schlafen; denn ihr seid gerächt!

DAGNY *kommt:* Vater, Vater – das Entsetzen tötet mich; all dies blutige Tun – und das Unwetter – horch nur, horch!

GUNNAR *mit Egil auf dem Arm:* Schutz und Frieden für mein Kind!

ÖRNULF: Gunnar, du!

GUNNAR: Ja, Örnulf, mein Haus ist niedergebrannt, und meine Mannen sind gefallen; ich bin in deiner Gewalt; tu, was du willst!

ÖRNULF: Das steht bei Sigurd. Doch jetzt unter Dach; hier draußen ist's nicht sicher!

DAGNY: Ja, hinein, hinein! *Sie geht nach dem Schuppen, erblickt die Leiche und stößt einen Schrei aus.* Sigurd, mein Gemahl – sie haben ihn getötet!

ÖRNULF *eilt hinzu:* Sigurd!

GUNNAR *setzt Egil zu Boden:* Sigurd getötet!

DAGNY *sieht verzweifelt auf die Männer, die Sigurds Leiche umstehen:* Nein, nein, es kann nicht sein – er muß noch leben! *Sie sieht den Bogen.* Ha, was ist das?

Sie erhebt sich.

ÖRNULF: Tochter, es ist, wie du gesagt – Sigurd ist ermordet.

GUNNAR *wie von einem plötzlichen Gedanken ergriffen:* Und Hjördis! – Ist Hjördis hiergewesen?

DAGNY *leise, mit Fassung:* Das weiß ich nicht; aber eins weiß ich: ihr Bogen war hier.

GUNNAR: Ich dacht' es wohl!

DAGNY: Schweig, schweig! *Für sich:* So bitter hat sie ihn also gehaßt!

GUNNAR *leise:* Sie hat ihn getötet – in der Nacht vor dem Zweikampf; sie hat mich also doch geliebt!

Die wilde Jagd saust durch die Luft. Alle fahren entsetzt zusammen.

EGIL *erschrocken:* Vater! Sieh! sieh dort!

GUNNAR: Was ist's?

EGIL: Dort oben – all die schwarzen Pferde –!

GUNNAR: Es sind die Wolken, die –

ÖRNULF: Nein, die Toten reiten nach Walhall.

EGIL *mit einem Schrei:* Die Mutter ist dabei!

DAGNY: Alle guten Geister!

GUNNAR: Kind – was sprichst du!

EGIL: Dort – vorauf – auf dem schwarzen Pferd! Vater, Vater! *Er klammert sich entsetzt an den Vater.*

Kurze Pause; das Unwetter zieht vorüber, die Wolken teilen sich, der Mond scheint friedlich über die Landschaft.

GUNNAR *leise und schmerzlich:* Wahrlich, jetzt ist Hjördis tot.

ÖRNULF: So ist es, Gunnar; und an ihr hatte ich mehr zu rächen als an dir. Uns beiden kam die Begegnung teuer zu stehen; hier, meine Hand; Friede und Versöhnung!

GUNNAR: Hab Dank, Örnulf! Und nun zu Schiff; ich ziehe mit nach Island!

ÖRNULF: Ja, nach Island; und lange noch wird man unserer Heerfahrt gedenken!

Laut von kühnen Heldentaten,
Die gekämpft am fremden Strande,
Tönt's von Islands letztem Stamm noch
Weit hin über nord'sche Lande!

DIE KOMÖDIE DER LIEBE

SCHAUSPIEL IN DREI AUFZÜGEN

PERSONEN

Frau Halm, Beamtenwitwe
Schwanhild } ihre Töchter
Anna }
Falk, ein junger Schriftsteller
Lind, Student der Theologie
Goldstadt, Großhändler
Stüber, Kopist
Fräulein Skäre, seine Braut
Strohmann, Landpfarrer
Frau Strohmann
Ihre acht Töchter
Ein Student
Ein Hausmann

Vier Tanten, Familien und verlobte Paare, Studenten, Gäste, eine Hausjungfer, Dienstmädchen

Ort der Handlung: das Landhaus der Frau Halm, nahe bei einer Hauptstadt

Zeit: Mitte des neunzehnten Jahrhunderts

Rechts und links vom Schauspieler

ERSTER AUFZUG

Ein hübscher Garten im englischen Geschmack. Im Hintergrund sieht man das Meer mit Inseln. Zur Linken liegt das Wohnhaus mit einer Veranda; über derselben ein offenstehendes Giebelfenster. Rechts im Vordergrund ein offenes Gartenhaus mit Tisch und Bänken. Die Landschaft liegt in starker Abendbeleuchtung; es ist Frühjahr, und die Fruchtbäume blühen. Der Schauplatz bleibt durch das ganze Stück unverändert.

Rechts und links vom Schauspieler.

Erster Auftritt

Frau Halm, Anna und Fräulein Skäre sitzen auf der Veranda, die beiden ersteren mit Handarbeiten, die letztere mit einem Buch. In dem Gartenhaus sieht man Falk, Lind, Goldstadt, Stüber; auf dem Tisch stehen ein Krug mit Punsch und Gläser. Schwanhild sitzt allein im Hintergrund am Wasser.

FALK *steht auf, erhebt das Glas und singt:*
Sonne lacht im Hain und Hage,
Lockt zum Spiel auf Weg und Wies';
Frag nicht, ob Septembertage
Halten, was der Mai verhieß;
Weiße Äpfelblüten breiten
Über dich ein duftig Dach:
Denk nicht ungeborner Zeiten –
Bald vielleicht ein Frost sie brach!

CHOR DER HERREN:
Denk nicht ungeborner Zeiten –
Bald vielleicht ein Frost sie brach!

FALK: Warum nach den Früchten fragen
In der Bäume Blütenzeit?
Warum seufzen, warum klagen,
Stöhnend unter Sturm und Streit?
Warum sollen Vogelscheuchen
Klappern jede Straß' entlang:
Füg dich nimmer solchen Bräuchen –
Vogelstimm' hat bessern Klang!

CHOR DER HERREN:
Füg dich nimmer solchen Bräuchen –
Vogelstimm' hat bessern Klang!

FALK: Warum nicht dem Star erlauben
Muntres Lied auf heitren Höhn?
Laß als Sängerlohn ihn rauben
Deine Hoffnung, noch so schön!
Glaub mir, du gewinnst beim Teilen:
Sang wird dir für späte Frucht!
Denk daran, die Stunden eilen –
Ankerst bald in stiller Bucht!

CHOR DER HERREN:
Denk daran, die Stunden eilen –
Ankerst bald in stiller Bucht!

FALK: Fröhlich sing' ich meiner Wege,
Bis die letzte Blüt' gelacht;
Alles dann zu Hauf' ich fege,
Werfe fort die ganze Pracht.
Auf das Gitter! Gierig weide
Kuh und Schaf in Park und Feld:
Ich brach Blüten; nicht beneide,
Wer den toten Rest erhält!

CHOR DER HERREN:
Ich brach Blüten; nicht beneide,
Wer den toten Rest erhält!
Sie stoßen an und leeren ihre Gläser.

FALK *zu den Damen:*
Das war das Lied, um das Sie mich gebeten –
Würd' gern gedankenreicher vor Sie treten.

GOLDSTADT: Gedanken! Bah! Wenn nur die Reime klingen!

SKÄRE *sieht sich um:*
Doch Schwanhild, die so eifrig erst, ist fort –?
Als Falk begann, da war's, als hätt' sie Schwingen;
Wo ist sie hin?

ANNA *zeigt nach dem Hintergrund:*
Nicht weit, am Wasser dort.

HALM *mit einem Seufzer:*
Das Kind, Gott weiß, sie macht mir viel Verdruß.

SKÄRE: Doch sagen Sie, Herr Falk, des Liedes Schluß
Schien wen'ger reich an solcher – Poesie,
Die erst ihm doch so großen Reiz verlieh.

STÜBER: Ja, und gewiß, du konntest doch so leicht
Noch nach dem Schluß hin etwas mehr plazieren.

FALK *stößt mit ihm an:*
Wie Sprünge man, im Holz, mit Kitt verstreicht,
So kann man Lieder spicken, marmorieren!

STÜBER *ohne sich stören zu lassen:*
Das geht ganz glatt, das kenn' ich ja von mir.

GOLDSTADT: Was? Haben Sie den Pegasus bestiegen?

SKÄRE: Mein Bräutigam? Gott, ja!

STÜBER: Hätt's gern verschwiegen –

SKÄRE *zu den Damen:*
Er ist romantisch!

HALM: Ja, das wissen wir.

STÜBER: O früher! Beßres jetzt zu tun ich hab'.

FALK: Ja, Firnis und Romantik blättern ab
Mit Zeiten! Also früher –?

STÜBER: Früher ja,
Als ich verliebt war –

FALK: Ei, was sagst du da?
Hat denn dein Liebesrausch schon ausgetobt?

STÜBER: Ich bin nicht mehr verliebt, ich bin verlobt!
Das ist mehr als verliebt, sollt' ich doch meinen.

FALK: Ganz recht, mein alter Freund, so will es scheinen;
Du bist befördert, kannst vom Streite ruhn:
Liebhaber warst du, bist Geliebter nun.

STÜBER *mit einem behaglichen Lächeln der Erinnerung:*
's ist eigen doch; ich möchte fast beschwören,
Mich täte nur ein falscher Traum betören.
Zu Falk: Und doch, acht Jahre sind's – du glaubst es nicht –
Da macht ich im Kontor gar manch Gedicht.

FALK: Du dichtetest?! Am Pult –?

STÜBER: Am Tisch daneben.

GOLDSTADT *schlägt ans Glas:*
Silentium! Der Herr Kopist soll leben!

STÜBER: Des Abends, wenn ich frei war, konzipierte
Ich ganze Haufen Poesie; ich produzierte
An zwei drei Bogen so in einem Schnitt.
Das ging –!

FALK: Du gabst der Muse einen Tritt,
Da trabte sie –

STÜBER: Ob ich Papier mit Stempel
Erfaßte, oder nicht, das war mir gleich.

FALK: Die Poesie floß drum nicht minder reich!
Doch sag, wie du erbrochen ihren Tempel?

STÜBER: Die Liebe war mein Brechzeug. Damals war es,
Daß Fräulein Skäre mir, im Herbst des Jahres,
Als Liebste öffentlich die Treue schwur;
Bis dahin war sie –

FALK: Die Geliebte nur.

STÜBER *ohne sich stören zu lassen:*
Ja! Seltsam war die Zeit! Mein Jus vergaß ich,
Ich lebte nur von Lieb' und Luft, kaum aß ich;
Und wenn beim Schreiben meine Feder spritzte,
Wenn ins Konzeptpapier sie kratzend ritzte:
Es war zu meinem Lied die Melodie.
Da expediert' ich einen Brief an sie,
Und denk! am selben Tag die Antwort kam –
Die Sache war bewilligt, sie mich nahm!

FALK: Da hast du wohl an deinem Pult gelacht:
Ins Trockne war die Liebe nun gebracht.

STÜBER: Natürlich!

FALK: Später hast du nie gedichtet?

STÜBER: Ich habe keinen Drang dazu verspürt,
Die Liederkehle ist wie zugeschnürt;
Und fühl' ich zum Versuche mich verpflichtet,
Ob ein Geburtstagsvers noch möglich wäre,
So kommt der Reim dem Versmaß in die Quere,
Und dann – Gott weiß, woran es liegen muß,
Es wird nicht Poesie, es wird nur Jus.

GOLDSTADT *stößt mit ihm an:*
Und deshalb sind Sie, meiner Treu, nicht schlechter!
Zu Falk: Sie glauben sich beim Schiff des Glücks ein Wächter,

Und daß gebaut es sei, nur Sie zu tragen;
Doch hüten Sie sich, wenn die Fahrt Sie wagen!
Was Ihr Gedicht betrifft, so weiß ich nicht,
Ob es poetisch sei in allen Stücken;
Doch die Moral, die Sie mit Reimen schmücken,
Ist schlecht, das sag' ich Ihnen ins Gesicht.
Wie würde man bei uns die Wirtschaft nennen,
Wenn man die Frucht den Vögeln überließe,
Den Kühen hier im Park auf Weg und Wiese
Erlauben wollt' zu weiden und zu rennen?
Recht hübsch wär's hier im künft'gen Mai, Frau Halm!

FALK *springt auf:*
Im künft'gen! O wie ich die Meinung hasse,
Die mit dem Worte „künftig" ich umfasse!
's ist wie ohn' Licht und Wärm' ein ferner Qualm!
Zum Bettler macht's den einst an Freude Reichen!
Wär' ich, als Herr der Sprach', des Sultans gleichen:
Die seidne Schnur erhielt's, trotz Ach und Weh!
Es sollte schnell und ohne Spur verschwinden,
Wie aus der Sachsen Sprache „p" und „t"!

STÜBER: Ich kann dies Hoffnungswort so schlimm nicht finden.

FALK: O Gottes Aug' am Himmel läßt's erblinden.
Die „künft'ge" Liebe und das „künft'ge" Sein,
Die „künft'ge" Mahlzeit und der „künft'ge" Wein –
Sieh, die Voraussicht ist's in diesem allen,
Die Freudenreiche schnell zu Bettlern macht.
Wohin du blickst, vertreibt dies Vorbedacht
Des Augenblicks Genuß aus unsern Hallen.
Man hat nicht Ruh', bis man zum andern Strande
Sein Boot gerudert hat mit Schweiß und Müh',
Und ist man dort, stößt wieder man vom Lande
Zum nächsten hin; so geht es spät und früh,
So geht es ohne Rast und Ruh' durchs Leben –
Gott weiß, ob dann ein Ruheplatz gegeben!

HALM: O pfui! Wie können Sie so häßlich reden!

ANNA *gedankenvoll:*
O was er meint, das kann ich gut verstehn,
Ich glaube auch was Wahres drin zu sehn.

SKÄRE *bekümmert:*
Das darf mein Schatz nicht hören; Sie verdrehten
Ihm gern den Kopf noch mehr. Ach, Stüber, reich
Mein Tuch mir, bitte –

STÜBER *beschäftigt, seine Pfeife auszuklopfen, langsam:*
Ja, ich komme gleich.

GOLDSTADT *zu Falk:* Das eine ist zum wenigsten mir klar:
Nicht klug Ihr Schmähen der Voraussicht war.
Gesetzt, Sie schüfen eine Dichtung, die
Enthielt die ganze Summe Poesie,
Die Sie auf Lager haben; was nun weiter?
Fürs künft'ge Liedchen ist nichts übrig leider.
Da nähme die Kritik Sie bald beim Kragen.

FALK: Ich glaub', ich müßt' ihr den Bankrott erst klagen!
Nun wohl, dann ging' ich eben, Arm in Arm,
Denselben Weg wie der Kritiker Schwarm.

Abbrechend und mit Übergang:
Doch, Lind, sag an, was grübelst du? Ein Harm,
So scheint's, ein großes Leid dir widerfuhr;
Vielleicht studierst du gar Architektur?

LIND *sich zusammennehmend:*
Ich? Meinst du mich? Wieso?

FALK: Gewiß! Denn seht,
Sein Aug' hängt am Altan, wie ein Magnet.
Es sind wohl der Veranda breite Bogen,
Die deinen Blick so mächtig angezogen;
Der Türen Haspen, künstlich ausgeschnitten,
Der Fenster Riegel? Sag, laß dich nicht bitten!

LIND *mit strahlendem Ausdruck:*
Du irrst dich! O ich sitze hier und lebe,
Berauscht vom Jetzt, ich „Künft'gem" Abschied gebe!
Ich fühl', als ob auf allen meinen Wegen
Vor meinem Fuß der Erde Schätze lägen!
Hab Dank, du, für dein Lied von Lenzeslust,
Das war wie mir genommen aus der Brust!

Er erhebt sein Glas und wechselt, unbemerkt von den übrigen, einen Blick mit Anna.

Ich leer' mein Glas auf duft'ge Maienblüten,
Die, ohn' an Frucht zu denken, hold erglühten!

Er trinkt aus.

FALK *sieht ihn überrascht und ergriffen an, zwingt sich indessen zu einem leichten Ton:*
Ei, meine Damen, hätten Sie gedacht,
Daß ihn zum Proseliten ich gemacht?
Noch gestern ging er mit dem Katechismus,
Um heut' dem Dichterstande sich zu weih'n.
Man glaubt ja stets, als erst' Erfordernis muß
Die Dichtergabe angeboren sein;
Nun sehn Sie, mästen kann man doch auch Laien,
Wie Gänse zum Gebrauch bei Schmausereien,
Mit metrischem Gewäsch ohn' Witz und Salz;
Und stülpt man, gleich dem Sack, ihr Inn'res dann,
Voll lyr'schen Schmeren und rhetor'schem Schmalz
Die Leber, das Gekrös man finden kann.
Zu Lind: Doch sag' ich Dank dir für die gute Meinung;
Nun schlagen wir die Harfe in Vereinung.

SKÄRE: Ja Sie, Herr Falk, Sie sind wohl fleißig nun
Hier auf dem Lande, unter Blütenzweigen,
Beim stillen Wandern auf den schatt'gen Steigen –

HALM *lächelnd:* Nein, faul ist er, er hat ja nichts zu tun!

SKÄRE: Ich dachte grade, bei Frau Halm als Mieter
Flöß doppelt reich die Quelle Ihrer Lieder.

Sie zeigt nach rechts:

Dies kleine Gartenhaus, von Laub bedacht,
Das liegt für einen Dichter wie gemacht.

FALK *geht zur Veranda hin und lehnt sich mit den Armen auf das Geländer:*
Den Spiegel meines Aug's deck' Blindheitsschimmel,
So will ich dichten von dem lichten Himmel.

O schafft mir, sei's für Wochen nur auf Borg,
Die tiefsten Qualen und die schwerste Sorg',
So säng' von Lebenslust ich rein und laut.
Am liebsten aber schafft mir eine Braut,
In deren Blick ich meinen Himmel schaut'!
Ich sandte viel Suppliken schon empor;
Doch stellte Gott sich taub auf diesem Ohr.

SKÄRE: Pfui, das war häßlich!

HALM: Ja, das war frivol,
Herr Falk!

FALK: Ach ja, die Damen meinen wohl,
Ich würde zärtlich unterm Arm sie nehmen
Und ihr die Cour zu machen mich bequemen?
Nein! Mitten aus der Jubeljagd des Glücks
Sollt' Charon sie befördern übern Styx.
Mein Geist braucht Gymnastik, ich fühl' es stündlich,
Auf diese Art erhielt ich sie recht gründlich.

SCHWANHILD *hat sich unter dem Vorhergehenden genähert, sie steht nun dicht bei Falk und sagt mit einem bestimmten, aber launigen Ausdruck:*
Ich will vom Himmel Ihnen solch Geschick
Erflehn; doch tragen Sie's auch wie ein Mann!

FALK *hat sich überrascht umgesehn:*
Nun wohl, Sie werden, kommt der Augenblick,
Bereit mich sehn; doch ob ich hoffen kann,
Daß Ihr Gebet auch richtig wirksam sei?
Den Himmel muß mit Vorsicht man behandeln.
Ich weiß, den Willen haben Sie für zwei,
Mir meine Seelenruh' in Qual zu wandeln;
Doch wird Erhörung nur dem festen Glauben,
Ob den Sie haben – ?

SCHWANHILD *zwischen Scherz und Ernst:*
Erst wenn Kummer kommt,
Des Sommers Grün, der Nächte Schlaf zu rauben,
Ein Urteil meines Glaubens Ihnen frommt.
Sie geht hinüber zu den Damen.

HALM *gedämpft:* Wie oft machst gegen Sitte du Verstöße,
Du siehst, Herr Falk ist diesmal ernstlich böse.
Sie fährt fort, leise und ermahnend zu sprechen. Skäre mischt sich ins Gespräch. Schwanhild steht kalt und schweigend.

FALK *geht nach kurzem, gedankenvollem Schweigen zum Lusthaus hinüber und sagt wie zu sich selbst:*
Aus ihrem Auge strahlte Zuversicht.
Darf ich, wie Sie es tut, mit Sicherheit
Erwarten, daß der Himmel –

GOLDSTADT: Tun Sie's nicht!
Er wär', verzeih' mir's Gott, nicht recht gescheit,
Wollt' solche Ordres er effektuieren.
Was Ihnen fehlt, gestehn Sie's ohne Zieren,
Das ist Motion für Arme, Bein' und Leib.
Sie schau'n den ganzen Tag, als Zeitvertreib,
Hinauf ins Blaue! Hacken Sie doch Holz!
In vierzehn Tagen, ich verwetten wollt's,
Wär'n Sie befreit von allen Ihren Grillen.

FALK: Nun lockt zur Rechten Fleisch, zur Linken Geist!
Die Wahl macht Qual, so wie's im Sprichwort heißt.

GOLDSTADT *indem er die Gläser füllt:*
Erst ein Glas Punsch, Verdruß und Durst zu stillen.

HALM *sieht auf die Uhr:*
Nun muß der Pfarrer kommen, 's ist bald sieben.
Sie erhebt sich und macht auf dem Altan Ordnung.

FALK: Was? Soll ein Pfarrer kommen?

SKÄRE: Gott! nun ja –

HALM: Erzählt' ich's nicht?

ANNA: Da war Herr Falk nicht da.

HALM: Nun wohl! Es ist ein Mann, den alle lieben,
Der Ihnen auch gefällt, Sie werden sehn.

FALK: Wie heißt der Liebespender, den so froh man
Erwartet?

HALM: Gott! Es ist ja Pastor Strohmann!

FALK: Auf den bin ich gespannt, ich muß gestehn,
Ist's der, auf den die Wahl zum Reichstag fiel?

STÜBER: Gewiß; er spricht recht gut –

GOLDSTADT: Doch räuspert viel.

SKÄRE: Er kommt mit seiner Frau –

HALM: Und seinen Kindern!

FALK: Will ihnen noch etwas zugute tun,
Ich kann mir's denken. Ach, bald sitzt er nun
Im Reichstag, unter den Ministerschindern.

HALM: Herr Strohmann ist ein ganzer Mann, Herr Falk!

GOLDSTADT: In seiner Jugend galt er für 'nen Schalk –

SKÄRE *beleidigt:*
Ja so, Herr Goldstadt! Doch ich sinn' vergebens,
Wer unter Leuten, deren Wort Gewicht
Hat, anders als mit großer Achtung spricht
Vom Pfarrer, vom Romane seines Lebens.

GOLDSTADT *lachend:* Roman?

SKÄRE *eifernd:* Jawohl! Ich nenne das romantisch,
Was Alltagsmenschen unverständlich ist.

FALK: Sie spannen meine Neugier ganz gigantisch.

STÜBER: Das wichtigste der Fakta –

SKÄRE: Du vergißt
Ja doch die Hälfte, ich –

HALM: Laßt mich! genug –

SKÄRE: Ach nein, Frau Halm! Ich bin ja schon im Zug.
Sehn Sie, Herr Falk, er war als Kandidat
Der besten Köpfe einer unsrer Stadt,
Verstand sich auf Kritik und neue Moden –

HALM: Er musizierte, malte, dichtet' Oden –

SKÄRE: Ja, ja, gewiß! Er konnt' Komödie spielen,
Bei Tische reden –

HALM: Denk auch an die vielen
Geschichten –

SKÄRE: Laß mich einen Augenblick –
Ja denk, er komponierte selbst Musik
Zu Liedern, die von ihm gedichtet waren,
Und auf dem Titel stand: „An meine Maren!"

HALM: Ja, das ist sicher, er war genial.

GOLDSTADT *gedämpft:*
Hm! Andre meinten freilich, er sei schal!

FALK: Ein alter Praktikus, dem frisches Leben,
Nicht Bücher bloß, den klugen Sinn gegeben,
Der sagte einst: „Nur Liebe ist vonnöten,
Und alle Menschen werden noch zu Goethen."
Doch wer ist Maren?
SKÄRE: Maren? Das ist sie,
Die er geliebt. Sie werden bald sie sehn.
Sie war die Tochter eines Kompagnie –
GOLDSTADT: Ja, eines Holzgeschäfts –
SKÄRE *spitz:* Ich muß gestehn –
GOLDSTADT: Das nach den Niederlanden Handel trieb.
SKÄRE: Wie Sie doch alles so in Prosa setzen.
FALK: Ein Kompagniegeschäft?!
SKÄRE *fortfahrend:* Mit vielen Schätzen.
Und daß von Freiern nicht verschont sie blieb
Aus allen Ständen, können Sie wohl denken –
HALM: Ein Graf sogar soll dagewesen sein –
SKÄRE: Doch sie ließ sich ihr Frauenrecht nicht kränken;
Sie hatte, im dramatischen Verein,
Strohmann gesehn, ihn sehn und lieben war
Nun eins –
FALK: Vergessen stand die Freierschar –
HALM: Ja, wie romantisch!
SKÄRE: Und ein Vater nun,
Der bloß bedacht war, Liebende zu trennen,
Die Tanten alle, die nicht konnten ruhn –
Wie man sie quälte, will ich gar nicht nennen!
Doch weder sie noch er die Treue brach!
Ein Hüttchen war ihr Traum, von Stroh das Dach,
Ein schneeweiß Schäflein, das für zwei genügte –
HALM: Und höchstens eine Kuh, wenn so sich's fügte.
FALK: Ach ja! Und dann –
SKÄRE: Ja dann! Sie brach mit allen –
FALK: Sie brach?!
HALM: Gewiß!
FALK: Sieh! Das kann mir gefallen!
SKÄRE: Und zog zu ihrem Strohmann unters Dach.
FALK: Sie zog zu ihm – so ohne – ohne Segen?!
SKÄRE: O pfui!
HALM: O pfui! Mein Sel'ger war zugegen,
Als feierlich man sie zusammensprach.
STÜBER *zu Fräulein Skäre:*
Das kommt davon, daß du so wicht'ge Fakta
Verschwiegst; man muß korrekt zuwege gehn!
Doch legen wir die Sache nun ad acta –
Wovon sie lebten, kann ich nicht verstehn.
FALK: Die Kuh, das Schäflein zogen wohl nicht mit?
SKÄRE *zu Stüber:* Bedenke doch, es war der Liebe Kitt,
Der sie verband! Ach, wer aufrichtig liebt,
Mit wenig Nahrung sich zufriedengibt;
Zu Falk: Er liebte sie bei der Gitarre Ton,
Und sie gab am Klavier Information –
HALM: Versteht sich, nahmen viel sie auf Kredit –
GOLDSTADT: Ein Jahr lang, bis das Holzgeschäft fallit.
HALM: Doch dann bekam Herr Strohmann eine Pfarre.
SKÄRE: Er schreibt: bei seiner Pflicht und Maren fände
Er wahres Glück –
FALK *ergänzend:* Doch schweigt nun die Gitarre,
Und der Roman des Pfarrers ist zu Ende.
HALM: Wer geht mit an das Tor? Ich denke wohl,
Wir können Pfarrers bald nun kommen sehn.
SKÄRE *nimmt die Mantille um:*
Es ist schon kühl.
HALM: Ja, bitte Schwanhild, hol
Mein Tuch –
LIND *heimlich zu Anna:*
Geh nur voraus!
HALM: So laßt uns gehn.
Schwanhild geht ins Haus. Die andern außer Falk gehen nach dem Hintergrund und links hinaus. Lind ist ihnen bloß ein Stück gefolgt und kommt zurück.

Zweiter Auftritt

Lind, Falk.

LIND: Mein Freund!
FALK: Desgleichen!
LIND: Gib mir deine Hand!
Ich bin so froh! Fast will's die Brust mir sprengen.
FALK: Nur ruhig! Erst muß man dich richten, hängen.
Was soll das heißen? Willst dem Freunde du
Den Schatz verheimlichen, den du gefunden?
Ich ahne recht, gesteh's nur unumwunden:
Im Glücksspiel fiel das große Los dir zu.
LIND: Ich hab' den Schmetterling des Glücks gefangen!
FALK: I was! Lebendig?
LIND: Ja, ich bin verlobt!
FALK *schnell:* Verlobt!
LIND: Gott weiß, wie ich es angefangen –
Du kannst's nicht fühlen, der es nie erprobt!
Ich sagte – Gott, was weiß ich – denk die Größe
Des Glücks: sie wurde rot, und gar nicht böse!
Nein, kannst du ahnen, Falk, was ich gewagt!
Sie weinte zwar, doch hat sie nichts gesagt –
Ist das ein gutes Zeichen?
FALK: Sicher! Fahr
Nur fort!
LIND: Da sind wir doch verlobt, nicht wahr!
FALK: Ich denke; doch damit ich sicher wäre,
Früg' ich an deiner Stelle Fräulein Skäre.
LIND: O nein! Ich weiß, ich fühl's in meiner Brust,
Ich bin so klar, so sicher, so voll Lust –
Glückstrahlend und heimlich:
Und hör, ich durfte an der Hand sie fassen,
Als sie vom Tische nahm die Kaffeetassen!
FALK *erhebt sein Glas und leert es:*
Nun, Maienblüt' um Euer Glück sich ranke!
LIND *ebenso:* Daß ewig ich, wie heut' – sie ist so gut –
Sie lieben werd': ich schwör's mit heil'gem Mut!
FALK: So, also deshalb muß daheim im Schranke
Verstauben das Gesetz und die Propheten?

LIND *lachend:*
Und du, du konntest glauben, daß dein Lied –
FALK: So starken Glauben haben oft Poeten.
LIND *ernst, die Hand auf die Brust legend:*
Doch glaub nur nicht, der Theologe schied,
Weil hier das Glück der Liebe eingezogen.
O nein! Nur kann nicht mehr die Schrift allein
Die Jakobsleiter mir zum Himmel sein,
Es spielt sein Bild auch in des Lebens Wogen.
Ich bin ein Beßrer, lieb' den Wurm, die Mücke –
Ich weiß, sie haben teil, wie ich, am Glücke.
FALK: Doch sag mir nur –
LIND: Da ist nichts mehr zu sagen,
Mein reiches Rätsel woll'n wir drei nun tragen.
FALK: Doch hast du an das „Künft'ge" auch gedacht?
LIND: Gedacht? Und an die Zukunft? Nein, wahrhaftig!
Heut' strahlt des Glückes Blume frisch und saftig,
Ich richt' mein Aug' auf ihrer Blüten Pracht;
Des Schicksals Zügel ruht mir fest in Händen,
Und niemand – selbst Frau Halm nicht – soll es wenden!
Ich hab' den Willen, sie die warmen Augen:
Das, mein' ich, wird im Kampf des Lebens taugen.
FALK: Recht so, mein Freund; dich kann Fortuna brauchen!
LIND: In meiner Seele glüht's wie Jubelsänge!
Läg' mir ein Abgrund vor dem Fuß, ich spränge
Hinüber, ohne Zögern, ohne Strauchen!
FALK: Das heißt, in simplen Prosastil gebracht,
Die Liebe hat zum Gemsbock dich gemacht;
Folgst ja den Sängern ins Gebirge morgen;
Du brauchst für warme Kleider nicht zu sorgen!
LIND: Den Sängern? Bah! Laß sie alleine klettern,
Ich atme Hochgebirgsluft hier im Tal;
Hier tanzt auf Blütenschnee der Sonne Strahl!
Hier hör' ich Wellen rauschen, Vögel schmettern!
Hier weilt die Fee des Glücks auf ihren Bahnen –
FALK: Die Fee des Glücks halt fest, das rat' ich dir,
Denn selten, wie ein Gemsbock, ist sie hier.
Er blickt nach dem Hause hin.
Pst! Schwanhild –
LIND *drückt seine Hand:*
Gut; ich geh! Laß niemand ahnen,
Von dem, was zwischen dir und mir und – ihr!
Du weißt nun mein Geheimnis. O begrab
Ins Herz es, tief und warm, wie ich dir's gab.
Er geht nach derselben Seite hinaus wie früher die andern. Falk sieht ihm einen Augenblick nach und geht einige Male im Garten auf und ab, augenscheinlich bestrebt, den Aufruhr zu bekämpfen, der in ihm tobt.

Dritter Auftritt

Falk, Schwanhild.

Schwanhild kommt aus dem Hause; sie trägt ein Tuch über dem Arm und will zu den übrigen gehen. Falk nähert sich ihr und betrachtet sie unausgesetzt.

SCHWANHILD *bleibt fragend stehen; nach kurzer Pause:*
Sie sehn mich an –?
FALK *halb zu sich selbst:* Da ist der Zug; ja, ja!
Im See des Aug's beschattet er den Grund,
Er wechselt mit dem Elf des Spott's am Mund.
Ja, er ist da –
SCHWANHILD: Ich fürchte mich beinah'.
FALK: Sie heißen Schwanhild?
SCHWANHILD: Wissen Sie das nicht?
FALK *lacht:* Hm! Schwanhild! Schwan – *ernst:* wer mochte nur im Leben
Grad' Ihnen solch' Memento mori geben.
SCHWANHILD: Ist „Schwanhild" häßlich?
FALK: Schön, wie ein Gedicht;
Nur allzu groß und stark für unsre Tage.
Ein Weib von heute, und dann dieses Wort –!
Nein! Werfen Sie den alten Namen fort!
SCHWANHILD: Sie denken an die Schwanhild in der Sage –?
FALK: Vom Roß zertreten, ohne Schuld und Klage!
SCHWANHILD: Die Grausamkeiten jetzt verboten sind.
Nein, auf das Roß! Gar oft, wenn still ich träume,
Jag' aufwärts ich durch ungemess'ne Räume,
Wie Freiheitsflaggen schlägt die Mähn' im Wind –
FALK: Ach ja; das ist nicht neu. Bei „stillen Träumen"
Hat niemand Furcht vor Gittern, Schlagebäumen,
Da kann mit Peitsch' und Sporn man aufwärts streben.
Beim Handeln bleibt man in der Niederung;
Denn jeder liebt im Grunde doch sein Leben,
Und keiner wagt so leicht den Todessprung.
SCHWANHILD *lebhaft:*
Ein Ziel! Und wenn es lohnt, den Sprung ich wage!
Ein Kalifornien hinterm Wüstensand –
Wenn nicht, so bleibt man, wo man ist, im Land.
FALK *spöttisch:* O ich versteh'! Ein Zeichen unsrer Tage!
SCHWANHILD *warm:*
Ja! Unsrer Tage! Sagen Sie, wer setzt,
Wohl Segel, wo kein Hauch die Stirne letzt?
FALK *ironisch:*
Was soll der Peitsche brauchen, oder Sporn,
Der jenseits keinen goldnen Preis gewahrt,
Wenn er vom Troß sich löst, nach Ritterart,
Und hoch im Sattel aufwärts jagt? Die Fahrt,
Nur um zu fahren, ist der Zeit ein Dorn
Im Aug'! Zwar galt's für adlig einst; doch nun
Nennt man's nicht edles, sondern eitles Tun.
So war die Meinung wohl?

SCHWANHILD: Gewiß! Noch mehr;
Sehn Sie den Baum dort, kahl und blütenleer,
Der stand im Herbst mit Früchten überladen.

FALK *unsicher:*
Das glaub' ich wohl; doch helfen Sie mir raten –

SCHWANHILD *fein:*
O unter anderm scheint es mir nicht billig,
Wenn heut' ein Zacharias Frucht verlangt.
Ein Baum, der gestern überreich und willig
Getragen, nicht schon heute wieder prangt.

FALK: Romantik und Historie, konnt' mir's denken,
Würd' auf die rechte Spur zurück Sie lenken.

SCHWANHILD: Ja, Tugend andrer Art hat unsre Zeit.
Wer geht wohl heut' für „Wahrheit" in den Streit?
Wer ist zum Lebenseinsatz wohl bereit?
Wo ist der Held?

FALK *sieht sie scharf an:*
Ja, wo gibt's noch Walküren?

SCHWANHILD *schüttelt den Kopf:*
Sagt nur, wozu man die noch brauchen kann?
Der Glaube war ja jüngst bedroht in Syrien,
Fuhr'n Sie da südwärts, als des Kreuzes Mann?
Im Hilfsverein erhielten Sie die Leitung
Und sandten ein'ges Geld der – Kirchenzeitung.

Pause. Falk scheint antworten zu wollen, hält inne und wendet sich einige Schritte ab.

SCHWANHILD *betrachtet ihn eine Weile, nähert sich dann und fragt mit weicher Stimme:*
Falk, sind Sie bös?

FALK: O nein, ich ging und dachte –

SCHWANHILD *mit gedankenvoller Teilnahme:*
Sie sind wie zwei Naturen, ganz verschieden –

FALK: Ich weiß.

SCHWANHILD *heftig:*
Den Grund! Den Grund!

FALK *ausbrechend:* Ja. Ich verachte
Frech ausgeschritten meine Seel' zu bieten,
Wie andre ihre Liebe, auf der Gasse;
Mein Herz entblößt zu tragen, das so warm,
Wie junge Weiber gehn mit nacktem Arm.
Nur Sie! Sie, Schwanhild, strahlten aus der Masse!
Bei Ihnen dacht' ich – doch vorbei, vorbei –

Er wendet sich nach ihr, während sie gegen die Laube hingeht und hinaussieht.

Sie lauschen – ?

SCHWANHILD: Ja; ich lausche andern Stimmen.
Wenn rot im Abendstrahl die Wolken glimmen,
Kommt stets der kleine Vogel dort herbei –
Dort! Sehn Sie ihn? Dort taucht er aus dem Laube.
Und wissen Sie, was voll und fest ich glaube?
Dem, welcher ohne eigne Lieder, sei
Solch Vöglein, als ein Freund, von Gott gegeben,
Dem e i n e n nur, für seinen Hain zu leben.

FALK *hebt einen Stein auf:*
Da gilt's, daß Herr und Vogel sich auch treffen,
Soll nicht das Schicksal tückisch beide äffen.

SCHWANHILD: Wohl wahr, doch meinen fand ich. Mir ward nicht
Des Sanges Gabe; doch so manch' Gedicht
Senkt sich ins Herz mir, wenn mein Vöglein spricht.
Und ob's auch flüchtig nicht für andre tauge –

Falk wirft den Stein mit Heftigkeit nach rechts hinaus.

SCHWANHILD *stößt einen Schrei aus:*
Falk! O mein Gott! Was haben Sie getan!
Sie eilt nach rechts hinaus und kommt bald wieder.
Sie trafen ihn! Wie schlecht! Wie schlecht!

FALK *in leidenschaftlichem Aufruhr:* Nein! Auge
Für Auge, Schwanhild! Ja, und Zahn für Zahn!
Nun singt er Ihnen keine Verse wieder,
Bringt keine Gabe aus dem Land der Lieder.
Aus Rache schlug ich Ihren Vogel nieder!

SCHWANHILD: Aus Rache?

FALK *schlägt auf seine Brust:*
Ja, aus Rache! Bis zur Stunde
Sang hier ein Vogel recht aus Herzensgrunde,
Sie aber schlugen ihm die Todeswunde.

SCHWANHILD: Doch wie –

FALK: Da Sie den Siegesmut mir brachen!
Verächtlich: Da Schwanhild, Sie! mit jenem sich versprachen!

SCHWANHILD: Erklären Sie mir nur!

FALK: Erklär'n? Nun ja:
Er wird geweiht, wird einen Platz erwerben,
Geht dann als Pfarrer nach Amerika –

SCHWANHILD *in demselben Ton:*
Auch wird er einen wackern Schilling erben –
Natürlich: Sie meinen Lind, nicht wahr?

FALK: Das müssen Sie
Doch wissen!

SCHWANHILD *mit gedämpftem Lächeln:*
Ja; als Annas Schwester weiß ich
Natürlich –

FALK: Fräulein Anna ist es, die –

SCHWANHILD: Vom Glück so reich beschert wird.

FALK *mit fast kindlicher Freude:* Gott, dich preis' ich!
Mein Schöpfer, laß mich deine Güte künden:
Ich seh sie nicht als eines andern Braut,
Du wolltest bloß der Schmerzen Fackel zünden!
Er greift nach ihrer Hand.
O hör mich, Schwanhild, hör –

SCHWANHILD *zeigt gegen den Hintergrund:*
Pst! Nicht so laut!
Sie geht gegen das Haus hin.

Vierter Auftritt

Die Vorigen. Frau Halm, Anna, Fräulein Skäre, Goldstadt, Stüber und Lind kommen aus dem Hintergrund. Während des Vorhergehenden ist die Sonne untergegangen; es dunkelt.

HALM *zu Schwanhild:*
Nun kommen Pfarrers gleich. Wo bliebst denn du?
SKÄRE *nach einem Blick auf Falk:*
Du scheinst erregt!
SCHWANHILD: Ein wenig Kopfweh; 's ist
Nicht schlimm!
HALM: So geht's, wenn man den Hut vergißt.
Nun eil' dich, mach den Tee, und sieh auch zu,
Daß alles blitzt; Frau Pfarrer ist genau.
Schwanhild geht ab in das Haus.

Fünfter Auftritt

Die Vorigen ohne Schwanhild.

STÜBER *zu Falk:* Weißt du, was man von Strohmanns Staatskunst spricht?
FALK: Für Teu'rungszulag' stimmt er sicher nicht.
STÜBER: Wenn jemand im geheimen ihm vertrau'
Den Inhalt meiner Verse, ob das nütze – ?
FALK: Ja, du! vielleicht –
STÜBER: Es wär' mir eine Stütze;
's ist knapp um uns bestellt, nun, da wir gern
Ein Nest uns bauten. Liebessorg' tut wehe.
FALK: Von der Galeere, sagt' ich schon, bleib fern!
STÜBER: Galeere? Wie, die Liebe –
FALK: Nein, die Ehe,
Mit Ketten, Sklaverei –
STÜBER *laut, als er Fräulein Skäre sich nähern sieht:*
Du kennst den Hort
Noch nicht, in Frauensinn und Frauenwort.
SKÄRE *leise:*
Wird Goldstadt wohl den Wechsel indossieren?
STÜBER *verdrießlich:*
Kann ich das wissen! Doch ich will probieren –
Sie entfernen sich im Gespräch.
LIND *gedämpft zu Falk, indem er sich mit Anna nähert:*
Ich halt's nicht aus! Ich muß es allen zeigen –
FALK: Ich würd' von dem, was euch nur angeht, schweigen –
LIND: Das war doch seltsam! Wie? Ich sollte dir
Mein Glück verheimlichen, der mit uns hier
Im Hause wohnt? Mein Kopf ist klar und hell –
FALK: Ja, möchtest du, daß man den Kopf dir kraus macht,
So deklarier' nur die Verlobung schnell.
LIND: Und du – sähst du es gern, wenn man dich auslacht?
Stell dir nur vor, daß Leute heimlich gingen,
Die nur bedacht, dich um dein Glück zu bringen,
Und deren Absicht gar nicht weiter fraglich –
Du mußt gestehn, das wär' doch unbehaglich.
FALK: Ja, ja, du bist, ich hatt' es fast vergessen,
Zum freien Liebespriester nicht bestimmt,
Du bist es nur, bis Höh'res du erklimmt.
Es streitet wider Sitt' und Brauch indessen,
Dich heut' schon zu befördern und zu weihn.
LIND: Ja, wenn nicht Goldstadt – ?
FALK: Wie? Was ist's mit dem?
ANNA *schämig:* Das bildet Lind sich ganz gewiß nur ein.
LIND: Das sag nur nicht! Er hat's ja so bequem,
Ist reich und ledig, gern bei euch gesehn,
Spaziert mit euch – und kurz, ich muß gestehn,
Ich fürcht', er werde unser Glück uns rauben.
ANNA *seufzend:* Wie schad', es war so schön!
FALK *mit Teilnahme zu Lind:* Du kannst mir glauben,
Bloß Grillen sind's, die besser du verbannst;
Wart mit der Beichte nur, so lang du kannst.
ANNA: Gott! Fräulein Skäre sieht hierher, sei stille!
Anna und Lind entfernen sich nach verschiedenen Seiten.
FALK *sieht ihnen nach:* Er opfert seine Jugend einer Grille.
GOLDSTADT *der inzwischen bei der Treppe im Gespräch mit Frau Halm und Fräulein Skäre gestanden hat, nähert sich und schlägt Falk auf die Schulter:*
Nun steht man hier und brütet ein Gedicht?
FALK: O nein, 's ist bloß ein Drama.
GOLDSTADT: Alle Wetter!
Damit, denk' ich, befassen Sie sich nicht!
FALK: Auch bin ich nicht der Autor; nein, ein Vetter
Ist's, in Apollo, Ihnen wohlbekannt.
Er dichtet reißend schnell, mein Wort zum Pfand;
Seit heute mittag hat er, denken Sie!
Ein ganz Idyll gefertigt.
GOLDSTADT *pfiffig:* Und der Schluß
Ist gut?
FALK: Der Vorhang fällt beim ersten Kuß;
Doch das ist bloß ein Teil der Trilogie,
Der zweite heißt: Komödie der Verlobung.
Erst dieser bringt des Dichtergeists Erprobung;
Fünf Akte lang muß er die Handlung spinnen,
Und doch noch Stoff zum dritten Teil gewinnen.
Als solcher folgt das Ehedrama dann –
GOLDSTADT *lächelnd:*
Ich glaube fast, Verfasserlust steckt an.
FALK: Wieso?
GOLDSTADT *geheimnisvoll:*
Ein Drama liegt auch mir im Sinn,
Ein faktisches –
FALK: Darf nach dem Held man fragen?
GOLDSTADT: Den kann ich Ihnen heute noch nicht sagen.
FALK: Sie sind es selbst!
GOLDSTADT: Ha – meinen Sie, ich bin
Zum Helden tauglich?
FALK: Keinen bessern wüßt' ich.
Doch nun die Heldin! Wohnt sie in dem Qualm
Der Stadt? Wohnt sie vielleicht auf hoher Alm – ?
GOLDSTADT *droht mit dem Finger:*
Nein, warten Sie! Den Knoten lösen müßt' ich!

Er geht in einen andern Ton über:
Doch still! Was denken Sie von Fräulein Halm?
FALK: Die kennen Sie weit besser doch als ich.
Was sagten Sie indessen, wenn das Ende
Des Dramas nun nicht Ihren Beifall fände?
Gesetzt, daß ich in Ihr Vertrau'n mich schlich,
Um Ausfall und Intrige umzugießen.
GOLDSTADT *gutmütig:*
Ich würde sie mit meinem „Amen" schließen.
FALK: Ein Mann, ein Wort!
GOLDSTADT: Gewiß, Sie sind ja Dichter,
Und ich gehör' zum Dilettant-Gelichter;
Verschmäht' ich Ihre Hilfe, wär' ich dumm.
Er geht nach dem Hintergrund.
FALK *im Vorbeigehen zu Lind:*
Du hattest recht. Der Kaufmann geht herum,
Und schmiedet Mordgedanken deinem Glücke.
Er entfernt sich.
LIND *leise zu Anna:*
Da siehst du nun. Doch komm nun schnell, ich rücke
Gleich mit der Sprache raus –
Sie nähern sich Frau Halm, die mit Fräulein Skäre beim Hause steht.
GOLDSTADT *im Gespräch mit Stüber:*
Ein schöner Tag.
STÜBER: Ach ja; wenn man bei Laune!
GOLDSTADT *scherzend:* Ei, was mag
Sie so verdrießen? Ist's mit Ihrer Liebe –?
STÜBER: Nicht grade damit –
FALK *hinzutretend:* Mit der Brautschaft, wie?
STÜBER: Das könnte sein –
FALK: Hurra! von Poesie
Blieb etwas Scheidemünze noch im Siebe!
STÜBER *pikiert:*
Wie kommst du denn auf Poesie? Von mir,
Von meiner Brautschaft ist die Rede hier.
FALK: Ja, Poesie und Liebe, beide schwinden,
Sucht man ihr innres Wesen auszufinden.
GOLDSTADT *zu Stüber:*
Nun, ist's etwas, womit ich helfen kann?
Heraus damit!
STÜBER: Den ganzen Tag schon sann
Ich, wie die Sachen vorzutragen wären –
FALK: Ich helfe dir! Ich kann mir's gut erklären.
Nicht wahr, seit du zum Bräut'gam vorgerückt,
So fühlst du, sozusagen, dich bedrückt –
STÜBER: Ja, oft recht schwer –
FALK *fortfahrend:* Belastet mit Verpflichtungen
Die du zum Teufel schicktest, ging's bloß an;
Das ist das Ding.
STÜBER: Was sind das für Bezichtungen!
Hab' pünktlich stets erneut, als Ordnungsmann.
Zu Goldstadt: Im nächsten Monat aber wird's noch schlimmer:
Wer Hochzeit macht, bekommt ein Frauenzimmer –
FALK *froh:* Das war ein Ton aus deinem Sängerhain;
Nun strahlt dein Jugendhimmel wieder rein!
So sei's! Ja, ich verstand dich gleich, auf Ehre;
Du brauchst nur Schwingen, eine Schere –
STÜBER: Schere?!
FALK: Des Willens, um die Fessel zu zerschneiden,
Die dich noch hemmt, die Schwingen auszubreiten
Und fortzufliegen –
STÜBER *zornig:* Nein! Das geht zu weit!
Für ein Verbrechen hältst du mich bereit?!
Ich soll mich heimlich absentieren wollen?!
Das heißt mich öffentlich blamieren wollen!
Verbalinjurien!
FALK: Freundchen, bist du krank?
Was meinst du eigentlich? So sprich doch – sprich –!
GOLDSTADT *lachend zu Stüber:*
Ja, was Sie meinen, das ist auch für mich
Nicht richtig klar.
STÜBER *nimmt sich zusammen:*
Ein Darlehn von der Bank!
FALK: Darlehn!
STÜBER *hurtig zu Goldstadt:*
Wenn einen Indossant ich fände,
Der sich für zirka hundert Mark verbände –
SKÄRE: O nein! Ich gratuliere! Unsern Segen!
GOLDSTADT: Was geht dort vor?
Er geht zu den Damen hin.
STÜBER: Ei, das kam ungelegen.
FALK *wirft übermütig den Arm um seinen Hals:*
Hurra! Trompeten künden unsern Ohren:
In Amor ist ein Bruder dir geboren!
Er zieht ihn mit zu den andern hin.
SKÄRE *überwältigt zu Stüber:*
Denk! Lind und Anna – nein, wer so was dachte –
Sind Bräutigam und Braut –
HALM *mit Tränen der Rührung, während man das Paar von allen Seiten beglückwünscht:*
Sie ist die achte,
Die gut versorgt dies arme Haus verlassen; –
Ja – sieben Nichten – *zu Falk:* alle mit Logierenden –
Sie ist stark ergriffen und hält das Tuch vor die Augen.
SKÄRE *zu Anna:*
Na, morgen fehlt es nicht an Gratulierenden!
Sie liebkost sie und ist sehr gerührt.
LIND *nimmt Falk bei den Händen:*
Ich kann die Seligkeit noch gar nicht fassen!
FALK: Still, still! Als Bräut'gam wirst du eingereiht
Dem Mäßigkeitsverein für Seligkeit.
Er wendet sich zu Goldstadt mit einem Anstrich von schadenfroher Teilnahme:
Nun, Goldstadt?!
GOLDSTADT *vergnügt:* Beiden ruf' „Glückauf" ich zu!
FALK *stutzend:*
Den Kummer tragen Sie mit großer Ruh',
Ich muß gestehn –

GOLDSTADT: Verehrtester, Sie meinen – ?
FALK: Nun, hofften Sie nicht selbst?
GOLDSTADT: So? Tat ich das?
FALK: So wollt' es wenigstens vor kurzem scheinen;
Sie nannten Fräulein Halm vielleicht im Spaß?
GOLDSTADT *lächelnd:*
Ja gibt's nicht zwei?
FALK *langgezogen:* Die andre – war es die – ?
GOLDSTADT: Die andre, ja; die Schwester; grade sie.
Studieren Sie ihr Herz und ihre Miene,
Sie werden selber sagen, sie verdiene,
Daß man sie etwas wen'ger übersieht,
Als es bis dato hier im Haus geschieht.
FALK *kalt:* Sie hat gewiß viel gute Eigenschaften.
GOLDSTADT: Nur fehlt ihr noch der rechte Umgangston.
Sie wurde oft ermahnt, doch bleibt nichts haften –
FALK: Das ist ja schlimm.
GOLDSTADT: Nun ja, das find't sich schon.
Ich wett', auch damit geht's bald wie am Fädchen,
Sie bleibt ja bei Frau Halm.
FALK: Der kann man traun.
GOLDSTADT *lachend:*
Es ist doch wunderbar mit jungen Mädchen!
FALK *lustig:* Sie sind wie Wintersaat im Feld zu schaun:
Selbst unter Schnee und Frost gedeiht der Keim.
GOLDSTADT: Von Weihnacht ist der Ballsalon ihr Heim –
FALK: Dort füttert man sie mit Skandal und Blamen –
GOLDSTADT: Und kommt des Frühjahrs Wärme dann im Mai –
FALK: So wachsen lauter kleine grüne Damen.
LIND *ergreift Falks Hände:*
Wie klug ich tat! Ich bin so froh, so frei!
GOLDSTADT: Da ist der Bräut'gam! Helfen Sie mir bitten:
Wie Neuverlobte fühlen, soll er sagen!
LIND *unbehaglich berührt:*
So was verrät man sicher keinem Dritten.
GOLDSTADT *scherzend:*
Wie? Schlechter Laune? Werd' es Anna klagen.
Er nähert sich den Damen.
LIND *sieht ihm nach:*
Der Mensch ist wirklich nicht mehr zu ertragen!
FALK: Doch irrst du dich in ihm –
LIND: Wieso? Bericht' –
FALK: Nicht Anna wird beglückt durch seine Huld.
LIND: Was? Schwanhild ist es – ?
FALK: Ja, das weiß ich nicht.
Launig: Vergib, Märtyrer du, für fremde Schuld!
LIND: Was denn?
FALK: Sahst du das Blatt?
LIND: Das heut'ge? Nein.
FALK: Es schreibt von einem Manne, mußt du wissen,
Dem ward ein guter Zahn herausgerissen,
Von Zahnschmerz seinen Vetter zu befrein.
Man hört einen Wagen kommen.
SKÄRE *sieht nach links:*
Der Pfarrer kommt.
STÜBER *sieht hinaus:* Gedeckt auf jeder Flanke.
HALM: Acht Kinder bringt er mit.
FALK: Das ist unbändig!
SKÄRE: Hm, ja! Fast möcht' ich sagen „unanständig".

Sechster Auftritt

Die Vorigen. Strohmann, seine Frau und seine acht, sich wie die Orgelpfeifen abstufenden Töchter treten auf; alle in Überkleidern.

HALM *entgegeneilend:*
Auf herzlichste willkommen hier!
STROHMANN: Ich danke!
FRAU STROHMANN: Hier ist Gesellschaft, scheint's!
HALM: O nein, o nein!
FRAU STROHMANN: Wir stör'n?!
HALM: Willkomm'ner könnten Sie nicht sein;
Denn Anna hier versprach sich just mit Lind.
STROHMANN *salbungsvoll, Annas Hand schüttelnd:*
Laßt mich bezeugen: Zärtlichkeit und Liebe
Sind Schätze, welche weder Rost noch Diebe
Verderben können – wenn nur echt sie sind.
HALM: Daß Sie die Kinder nicht zu Hause ließen,
War wirklich hübsch.
STROHMANN: Wir haben außer diesen
Noch vier zu Haus!
HALM: Ach so!
STROHMANN: Drei sind zu klein,
Um den Verlust des Vaters recht zu fassen,
Zur Reichstagszeit –
SKÄRE *zu Frau Halm, Abschied nehmend:*
Nun muß ich Sie verlassen.
HALM: Weshalb so bald?
SKÄRE: Ich will zur Stadt hinein,
Zu Jensens geh' ich gleich mit meiner Neuheit,
Die sind noch auf. Was sagen wohl die Tanten,
Mein Ännchen! Trenn dich nun von deiner Scheuheit,
Denn morgen gibt es viele Gratulanten,
's ist Sonntag morgen; na, du wirst ja sehn!
HALM: Gut' Nacht denn!
Zu den andern: Aber woll'n Sie länger stehn?
Soll'n wir zum Tee nicht in das Zimmer gehn?!
Frau Halm, Strohmann mit Frau und Kindern, Goldstadt, Lind und Anna gehen ins Haus.
SKÄRE *nimmt Stübers Arm:*
Nun laß uns schwärmen! Stüber! Siehst du da,
Wie Luna schwimmend sitzt auf ihrem Thron – !
Du guckst ja gar nicht hin?
STÜBER: Ich seh' es ja;
Ich dachte nur an die Obligation –
Sie gehen links hinaus. Falk, der während des Vorhergehenden unausgesetzt Strohmann und seine Frau beobachtet hat, bleibt allein zurück. Es ist nun vollkommen Abend. Die Fenster des Hauses sind erleuchtet.

Siebenter Auftritt

Falk allein.

FALK: Verbrannt und tot! Kein Trost, das Leid zu hemmen!
So gehn sie, zwei und zwei, durch diese Welt!
Sie stehn zusammen, gleich den schwarzen Stämmen,
Wenn lang ein Waldbrand schon die Kron' gefällt.
So weit das Auge reicht, nur kahle Höh'n!
Seh' nirgends einen Hoffnungsstern ich funkeln?

Achter Auftritt

Falk, Schwanhild.

Schwanhild tritt auf den Altan mit einem blühenden Rosenbusch in der Hand und setzt denselben auf das Geländer.

FALK: Ja, einen –! Einen –
SCHWANHILD: Falk! Allein, im Dunkeln?
FALK: Ich fürcht' mich nicht! Im Dunkeln just ist's schön.
Doch drinnen wird mir bange! Da bestreichen
Der Lampen Lichter nur vergilbte Leichen –
SCHWANHILD: O pfui!
FALK *nach Strohmann weisend, der sich im offnen Fenster zeigt:* Wie war er vormals reich an Mut,
Stritt mit der Welt um seiner Liebe Gut,
Man ihn der Sitte Kirchenstürmer nannte.
Sein liebend Herz in frohen Liedern brannte.
Nun steht er dort, im Sonntagsrock, dem langen,
Ein Zweibeins-Drama über tiefen Fall;
Und sie, an der die Kleider schlotternd hangen,
Mit schiefen Hacken, eingefall'nen Wangen,
Ist die beschwingte Maid, die durch das All
Ihn tragen sollte zu der Schönheitshall'!
Sic transit gloria amoris!!
SCHWANHILD: Kläglich!
Erbärmlich ist dies alles doch unsäglich!
Ich weiß nicht, wessen Schicksal ich möcht' teilen!
FALK *rasch:*
Nun gut! So woll'n wir zwei zum Kampfe eilen;
Denn alles dieses ist ja Unnatur!
SCHWANHILD *schüttelt mit dem Kopf:*
Wir wären bald verloren, glaub' ich nur.
FALK: Nein; dort ist Sieg, wo zwei zum Streit sich einen.
Weg mit den Trivialitäts-Gemeinen!
Und kein Gebet mehr in der Flachheit Tempel!
Selbständig dazustehn und frei und wahr:
Gibt der Persönlichkeit erst Ziel und Stempel!
Ich bleibe treu! Auch Sie – das seh' ich klar:
In Ihrem Herzen wohnt ein Seelenleben,
Und warmes Wort Sie starkem Denken geben.
Daß man Ihr Herz in Formenschnürleib packt –
Sie leiden's nimmer: Frei muß es pulsieren!
Und nie wird Ihre Stimme sekundieren
Im großen Chore, nach der Sitte Takt!
SCHWANHILD: Wie oft hat Jammer meine Brust beengt,
Mir bittre Tränen in das Aug' gedrängt!
Ich hab' versucht, mir selbst die Bahn zu brechen –
FALK: Gewiß „im stillen Träumen" –!
SCHWANHILD: Mit der Tat!
Doch kam der Tanten Schar mit gutem Rat,
Die Sache zu erörtern, zu besprechen –
Im „Träumen" sagen Sie?! Nein unverzagt,
Als Malerin hab' ich den Schritt gewagt.
FALK: Nun? Und –
SCHWANHILD: Ich hatte kein Talent. Doch binden
Ließ deshalb sich mein Freiheitsdrang noch nicht:
Ich suchte beim Theater Trost zu finden!
FALK: Den Plan zu stören hielt man wohl für Pflicht.
SCHWANHILD: Ja. Nach dem Vorschlag meiner ält'sten Tante
Such' nun ich einen Platz als Gouvernante
FALK: Von allen dem hör' ich das erste Wort!
SCHWANHILD: Und glauben Sie, man täte mir den Tort,
An junge Herren so was zu verraten?
Lächelnd: Das könnt' am Ende meiner Zukunft schaden.
FALK *sieht sie mit gedankenvoller Teilnahme an:*
So hab' ich eigentlich Ihr Los gedacht.
Schon, als wir uns zum ersten Male fanden,
Erkannt' ich Sie aus besserm Stoff gemacht
Als all die andern, die Sie nicht verstanden.
Man saß beim Tee und war so fein und sauber:
Verschämte Mädchen, Herr'n, wie girr'nde Tauber,
Matronen, alte Jungfern, die Moral,
Und junge Frau'n, die „das Zuhause" lobten.
Sie standen einsam im gefüllten Saal.
Und als im Prosarausch die andern tobten,
Das Teegeschwätz zum Bacchanal gestiegen,
Da schienen Sie, gewichtig und gediegen,
Wie Silber zwischen Kupfer und Papier;
Wie eine Münze mir, aus fremden Reichen,
Die hier berechnet wird mit anderm Kurs,
Die gangbar nicht im witzigen Diskurs
Von Mode, Butter, Kunst und mehr dergleichen.
Da, just als Fräulein Skäre sprach –
SCHWANHILD *mit ernstem Anstrich:* Und Stüber
Bei ihr stand, ein kühnes Heldenbild,
Den Hut im Arm, als trüg' er einen Schild –
FALK: Rief Ihre Mutter übern Tisch hinüber:
„Nun, Schwanhild? Trink; dein Tee wird kalt!" Und Sie,
Sie tranken ihn, den lauen, süßen, wie
Die Jungen und die Alten rings ihn tranken.
Ihr Name aber packte mich. Ich schaute
Die grause Wölsungssaga in Gedanken,
Wie in die Gegenwart sie fort sich baute.
In Ihnen ich die zweite Schwanhild fand –
In andern Formen und im Zeitgewand.

Gekämpft ward lange bei den Lügenmalen
Der Regel, Frieden weiß man jetzt zu schätzen;
Doch trotzt ein Zeitverbrechen den Gesetzen,
Muß Unschuld stets die Schuld der Zeit bezahlen.

SCHWANHILD *mit leichter Ironie:*
Ich hätte nie gedacht, daß Tees Dunst
Zu blut'gen Phantasien könnt' berauschen,
Doch scheint's fürwahr mir Ihre kleinste Kunst,
Da, wo der Geist schweigt, Geisterstimm' zu lauschen.

FALK *bewegt:* Sie lachen, aber hinter Ihrem Spott
Erkenn' ich Tränen. Schwanhild! Ja, bei Gott,
Man ist dabei, Sie in den Staub zu treten,
Auch Sie zum Klumpen Lehmes umzukneten,
An dem dann all die Tausendkünstler pfuschen –
Mit Messern schneiden und mit Pinseln tuschen –
Sie machen es dem Schöpfer nach, wie Affen,
Bis „sich zum Ebenbild" Sie umgeschaffen.
Dann stellt man Sie aufs Postament im Saal,
Ruft jubelnd: Seht! erst jetzt ist sie normal,
Bestrahlt vom Licht der Lampen und der Kron'
Paßt sie so herrlich zur Dekoration!

Er ergreift leidenschaftlich ihre Hand.

Wer geistig sterben soll, der leb' zuvor!
Drum singen Sie mit mir im Frühlingschor!
Sie sitzen früh genug in gold'nen Bauern,
Wo Damen wohl gedeih'n, das Weib muß trauern.
Ich lieb' als Weib Sie – nehm' Sie dann, wer mag!
Bei Ihnen sproß mein erster Lenzestag,
O sei'n Sie mein, ich fühl's, dann strahlen Lichter
Am Christbaum meines Sangs, dann werd' ich Dichter!

SCHWANHILD *mild und vorwurfsvoll, indem sie ihre Hand zurückzieht:*
O warum sprachen Sie! Muß man das Glück,
Damit's nicht weiche, mit Gelübden binden?
Es war so schön, in Freiheit sich zu finden!
O nähmen Sie Ihr rasches Wort zurück –!

FALK: Ein Ziel ich zeigte, wagen Sie den Sprung!
Nun, stolze Schwanhild, auf! Mit kühnem Schwung
Voran – wenn Mut Sie haben, frei zu sein!

SCHWANHILD: Wie? Frei zu sein?

FALK: Seinen Beruf erkennen
Und darnach handeln, muß ich Freiheit nennen!
Der Himmel weihte Sie, nur Sie allein,
Vom Sündenfall der Schönheit mich zu retten.
Will ich, dem Falken gleich, aus Nacht und Ketten
Zur Jagd in freier Höh', muß ich dem Wind
Entgegensteigen. Sie, o Schwanhild, sind
Der Lufthauch, der mich trägt, auf dem ich schwebe!
O sei'n Sie mein – bis ich der Welt Sie gebe:
Denn, wenn das Laub fällt, unser Bund zerbricht.
Sie singen mir ins Herz mit hellem Klang
Den Reichtum Ihrer Brust! Ich gebe Sang
Für Sang! Dann mögen Sie verblühn beim Licht
Der Kron' und Lampen, blumengleich im stillen –

SCHWANHILD *mit unterdrückter Bitterkeit:*
Ich danke nicht für Ihren guten Willen.
Ich seh', Sie wählen mich, wie Knaben Weiden,
Um Eintagsflöten sich daraus zu schneiden.

FALK: Ist das nicht besser, als im Sumpf zu stehn
Und einst im Herbstgrau langsam zu vergehn?!
Heftig: Sie sollen, müssen! es ist Ihre Pflicht,
Was Ihnen Gott so reich gab, mir zu weihn!
Was Sie nur träumen, mir wird's zum Gedicht!
Der Vogel dort, den roh ich mit dem Stein
Erschlug, der war für Sie das reichste Buch
Der Lieder: Sei'n Sie dies für mich! Mein Leben
Soll Ihnen für Gesang Gedichte geben.

SCHWANHILD: Und wenn vom Zweig ich nun den letzten Spruch,
Das letzte Lied gesungen, man mich kann –?

FALK *betrachtet sie:*
Was weiter? Wohl! Sie wissen ja, alsdann –

Er zeigt in den Garten hinaus.

SCHWANHILD *leise:*
Ich weiß! Ja! Sie verstehn den Stein zu brauchen.

FALK *lacht mit Hohn:*
Ist das der Freiheitssinn, mit dem man prahlte
Den Todessprung zu wagen, ohne Strauchen,
Gäb's nur ein Ziel? Nun wohl, das Ziel ich malte,
Nun will für ewig ich Bescheid! Nichts hält Sie –

SCHWANHILD: Ihr Weg ist nicht der meine!

FALK *kalt abbrechend:* Nehm' die Welt Sie!

Schwanhild hat sich schweigend von ihm abgewandt; sie stützt die Hände auf das Geländer des Altans und ruht mit dem Kopf auf ihnen. Falk geht einige Male auf und ab, nimmt eine Zigarre aus seinem Etui und bleibt nahe bei Schwanhild stehen.

Pause.

FALK: Sie finden sicher, daß es beinah' lästerlich,
Was heute über meine Lippen kam –?

Er hält inne, wie eine Antwort zu erwarten. Schwanhild schweigt.

Ich habe mich versehn; hier ist man zahm,
Hier fühlt allein man töchterlich und schwesterlich.
Damit wir uns verstehen, will ich künftig
Behandschuht Ihnen nahen, fein und zünftig.

Er wartet ein wenig. Schwanhild verharrt unbeweglich in ihrer Stellung. Falk wendet sich ab und geht nach rechts hinüber.

SCHWANHILD *hebt nach kurzer Pause den Kopf, sieht Falk fest an und nähert sich:*
Nun noch ein ernstes Wort, damit Sie sehn,
Daß dankbar für den Wunsch ich, mich zu retten.
Ihr Gleichnis vorhin ließ mich schnell verstehn,
Wie kühn gemeint Ihr Fluch „aus Nacht und Ketten".
Sie glichen, sagten Sie, dem Falken, der
Dem Wind entgegen steigen muß; ich wär'

Für Sie der Lufthauch, ohne den Sie machtlos.
Wie jämmerlich in allem! Wie bedachtlos –
Ja lächerlich, was Ihnen selber ahnte.
Dies Bild vor meinen Geist ein andres mahnte:
Ich sah Sie nicht als Falken, nein, als Drachen,
Wie von Papier und Holz ihn Knaben machen,
An dem das eigne „Ich" ein Beiwerk nur,
Und wesentlich allein die hänf'ne Schnur,
An dem voll Zukunftswechsel Brust und Bügel
Auf Dichtergold, an welchem jeder Flügel
Voll Epigrammen, die ins Blaue treffen,
An dem der lange Schwanz ein Zeitgedicht,
Das, statt zu peitschen, Sünden zahm bespricht,
Wie kleine Hunde meist von ferne kläffen.
So schwächlich konnten Sie vor mir sich zeigen!
So lagen Sie und flehten: „Laß mich steigen!
O heb mit meinen Versen mich empor,
Ob auch die Mutter schelt', der Tanten Chor!"

FALK *ballt die Hände in starker innerer Bewegung:*
Beim heil'gen Gott –!

SCHWANHILD: Nein, glauben Sie mir bloß,
Für solches Kinderspiel bin ich zu groß.
Doch Sie, bestimmt zu hohem Geistesflug,
Erreichen kaum den niedern Wolkenzug,
Und knüpfen an ein Band Ihr Dichterleben,
Das, wo und wann ich will, kann von mir geben.

FALK *rasch:*
Wir schreiben heute –?

SCHWANHILD *milder:* Sehn Sie, das ist recht:
Ein Merktag heut' sich in Ihr Leben flecht'.
Versuchen Sie es nur auf eignen Schwingen,
Es biege oder brech', empor zu dringen.
Papier'ne Dichtung schließt man in den Schrein,
Lebend'ge nur wirkt auf das Leben ein,
Nur sie darf mit dem Himmel sich vermählen –
Doch mögen Sie jetzt zwischen beiden wählen.
Näher bei ihm:
Nun tat ich, was Sie baten; hier im Hain
Hab' Ihnen ich mein letztes Lied gesungen.
Es war mein einzigstes; nun ist's verklungen;
Wenn's nun gelüstet – werfen Sie den Stein!

Sie geht ins Haus. Falk bleibt unbeweglich stehen und sieht ihr nach.

Weit draußen auf dem Wasser schimmert ein Boot durchs Dunkel, von welchem man fern und gedämpft folgende Strophe singen hört:

Ich breite mein Segel mit loderndem Mut;
Ich saus', wie der Aar, auf des Lebens Flut,
Überhole der Möwen Scharen.
Den Ballast Vernunft in den Wasserschlund!
Und segle ich auch meinen Kahn in den Grund –
O so ist es doch herrlich zu fahren!

FALK *fährt aus seinen Gedanken empor:*
Gesang? O ja, es ist ja Linds Quartett!
Man übt den Jubel ein.

Neunter Auftritt

Der Vorige. Goldstadt kommt mit einem Überzieher auf dem Arm aus dem Haus.

FALK: Herr Goldstadt? Wie,
So heimlich woll'n Sie fort? Das ist nicht nett.

GOLDSTADT: O helfen Sie mir mit dem Rock; ich flieh';
Uns Unpoeten ist die Nachtluft schädlich,
Ein schleun'ger Rückzug scheint mir darum rätlich.

FALK: Herr Goldstadt, eh' Sie gehn, ein Wörtchen bloß:
O könnten für mein Tun ein Ziel Sie geben,
Auf Tod und Leben –

GOLDSTADT *mit ironischem Nachdruck:*
Gehn Sie los aufs Leben,
Dann geht's gewiß auf Tod und Leben los.

FALK *sieht ihn gedankenvoll an und sagt langsam:*
Ja! Das war das Programm in kurzen Worten.
Mit lebhaftem Ausbruch:
Jetzt öffnen sich für mich des Lebens Pforten,
Ich bin erwacht aus dumpfer Schläfrigkeit:
Bei allen Heil'gen –!

GOLDSTADT: Lassen Sie sich raten,
Und schwören Sie mir nicht, das hilft nicht weit.

FALK: Nein, Worte nicht! Nur Taten! Taten! Taten!
Mein Weltgebäude liegt noch leer und stumm.
Den Arbeitsplan des Herrgott kehr' ich um!
Sechs Arbeitstage braucht' ich, um zu gaffen;
Doch morgen, Sonntag, hei, da will ich schaffen!

GOLDSTADT *lachend:*
Ja, schaffen morgen Sie mit ganzer Macht;
Doch heut' wird erst geschlafen. Gute Nacht!
Er geht nach links hinaus.

Zehnter Auftritt

Falk, Schwanhild.

Schwanhild erscheint mit Licht im Fenster über der Veranda; sie schließt dasselbe und läßt das Rouleau herab.

FALK *sieht hinauf zu Schwanhilds Fenster und bricht, wie von einem starken Entschluß ergriffen, in die Worte aus:* O nein! Zu lange schlief ich schon, erprobt
Sei nun die Tat! Träum süß in dieser Nacht,
Denn morgen, Schwanhild, sind wir zwei verlobt!

Er geht rasch rechts hinaus. Vom Wasser her ertönt der Gesang:

Und segle ich auch meinen Kahn in den Grund –
O so ist es doch herrlich zu fahren!

ZWEITER AUFZUG

Derselbe Garten. Es ist Sonntag nachmittag.

Erster Auftritt

Frau Halm, Anna, Falk, Lind, Goldstadt, Stüber, Fräulein Skäre, Herr und Frau Strohmann und Töchter, die Tanten, verlobte Paare, Gäste, dann eine Hausjungfer. Herren und Damen trinken Kaffee auf dem Altan. Durch die offene Glastür sieht man Gäste im Gartenzimmer; sie singen folgenden Chor:

CHOR DER GÄSTE:
Verlobte! Willkommen bei unserm Gelag!
Nun könnt ihr lieben bei offnen Toren,
Könnt euch umhalsen den langen Tag,
Könnt euch auch küssen nach Lust und Behag –
Fürchtet nicht lauschende Ohren!

Nun könnt ihr schwärmen so herrlich, ihr zwei;
Das ist erlaubt euch draußen und drinnen,
Könnt eure Liebe nun zeigen frei,
Gießt sie und pflegt sie, sie blüh' und gedeih' –
Zeigt, ihr versteht euch aufs Minnen!

SKÄRE *im Zimmer zu Lind:*
Daß ich's nicht sah! Wie hätt' ich Sie geneckt!
EINE DAME *ebenda:* Wie schade!
EINE ANDERE DAME: Lind, ja, Sie sind mir ein Feiner!
EINE DRITTE DAME *in der Tür zu Anna:*
Er schrieb wohl, Anna?
EINE TANTE: Nein!
SKÄRE: Ei, das tat meiner.
EINE DAME *auf dem Altan zu Anna:*
War's lange heimlich, eh' ihr's uns entdeckt?
Sie eilt in das Zimmer.
SKÄRE: Nun geh nur bald, die Ringe auszusuchen.
MEHRERE DAMEN *eifrig:*
Wir wollen's Maß ihm nehmen!
SKÄRE: Lächerlich!
Das muß sie selbst!
FRAU STROHMANN *auf dem Altan zu einer Dame mit Handarbeit:* Sie näh'n mit Hinterstich?
HAUSJUNGFER *in der Tür mit einem Präsentierbrett:*
Ein Täßchen Kaffee noch, ein Stückchen Kuchen?
EINE DAME: Ein halbes; danke.
SKÄRE *zu Anna:* Prächtig paßt es sich,
Daß du in nächster Woche zu Besuchen
Die neue Jacke hast –
EINE ÄLTERE DAME *im Zimmer zu Anna:*
Nun sag, wann sucht
Ihr Euch den Brautschatz aus?
FRAU STROHMANN: Das Porzellan
Ist teuer jetzt.
EIN HERR *zu den Damen auf dem Altan:*
Mit Annas Handschuh geht
Dort Lind!

EINIGE DAMEN *mit lautstimmiger Freude:*
Er küßt ihn!
ANDERE DAMEN *ebenso, indem sie aufspringen:*
Hat er das getan?
Nein, wirklich!
LIND *zeigt sich rot und verlegen in der Tür:*
Was für Unsinn!
SKÄRE: Doch, ich sah
Es auch.
STÜBER *in der Tür mit einer Kaffeetasse in der einen und einem Zwieback in der andern Hand:*
So muß man Fakta nicht entstellen;
Ich attestiere, daß es nicht geschah.
SKÄRE *ohne gesehen zu werden:*
Anna, du mußt dich vor den Spiegel stellen.
EINIGE DAMEN *rufend:*
Auch Lind! Auch Lind!
SKÄRE: Ich bin es, die sie mißt!
DIE DAMEN *auf dem Altan:*
Kommt! Laßt uns sehn, wieviel er höher ist!
Sie laufen in die Gartenstube, man hört eine Zeitlang Gelächter und lautes Gespräch von dort.
FALK *war unter dem Vorhergehenden im Garten auf und ab gegangen und kommt nun in den Vordergrund, bleibt stehen und sieht hinein, bis der Lärm sich einigermaßen gelegt hat:*
So plagt man Liebespoesie zu Tode!
Zeigt jemand je beim Schlachten Ungeschick,
Stirbt nicht das liebe Vieh im Augenblick,
So straft man ihn bei Wasser und bei Brote.
Doch diese Martergeister gehen frei!
Ich möchte – möchte – – nein! Kein Wort verloren!
Zur Tat! zur Tat! Das hab' ich mir geschworen.
LIND *kommt eilig und vorsichtig aus der Tür:*
Nun sprechen sie von dem, was Mode sei,
Da konnt' ich fort –
FALK: Hast du sie nun im Rücken?
Hier gibt's ja Gratulanten heut' wie Mücken!
LIND: Sie meinen's alle gut, im ganzen Heere;
Doch etwas wen'ger wär' genug, auf Ehre.
Die Herzlichkeit macht mir das Herz beklommen,
Ich freu' mich drauf, ein Stündchen loszukommen.
Er will rechts ab.
FALK: Wo willst du hin?
LIND: Auf unsre Bude, dacht' ich,
Und poch' nur an die Tür, willst du herein.
FALK: Soll ich nicht Anna zu dir bringen?
LIND: Nein!
Gesprochen hab' mit ihr die halbe Nacht ich,
Da sagten wir uns ungefähr das Wichtigste.
Nein, will sie was, so ruft sie, wirst du sehn;
Es scheint mir überhaupt das allerrichtigste,
Mit seinem Glücke sparsam umzugehn.
FALK: Ja, du hast recht; zum täglichen Gebrauche
Ist's besser so –

LIND: Pst! Laß mich fort! Nun rauche
Ich meine Pfeife, mache mir's bequem –
Ich hatt' schon Angst, daß was dazwischenkäm'.
Ich ging ja wie in dauernder Erstickung,
Und scheute einen Korb wie's ärgste Laster –
FALK: Ja, nach dem Siege brauchst du nun Erquickung –
LIND: Gewiß! Wie freu' ich mich auf meinen Knaster.
Er geht rechts ab.

Zweiter Auftritt

Die Vorigen ohne Lind. Fräulein Skäre und andere Damen kommen aus dem Gartenzimmer.

SKÄRE *zu Falk:*
War das nicht Lind?
FALK: Zur Flucht das Wild sich wandte!
EINIGE DAMEN: Von uns zu gehn!
ANDERE: 's ist wirklich eine Schande!
FALK: Er ist noch ungebärdig; doch ich wette,
Bald geht er wie ein Tanzbär an der Kette.
SKÄRE *sieht sich um:*
Wo ging er hin?
FALK: Nur unters Dach; er ist
Der Höhle zugeflohn, die uns gemeinsam.
Bittend: O lassen Sie ihn dort ein wenig einsam,
Er muß verschnaufen –!
SKÄRE: Gut! Doch ist die Frist
Nur kurz –!
FALK: Ein Viertelstündchen bleib' er drinnen –
Dann kann das Spiel mit neuer Kraft beginnen.
Kann sein, er übt auf englisch sich zu predigen –!
SKÄRE: Auf englisch –?
DIE DAMEN: O Sie necken uns!
FALK: Ja, ja!
Er geht als Pfarrer nach Amerika,
Und wird sich aller Fesseln hier entledigen.
SKÄRE *erschreckt:*
Gott! Will er wirklich zu den Emigranten?!
Er ist wohl nicht gescheit! Ruft alle Tanten,
Frau Halm, Frau Strohmann und das arme Ännchen!
EINIGE DAMEN *in Bewegung:*
Das muß verhindert werden!
ANDERE: Lärm gemacht!
SKÄRE: Da sind sie!
Strohmann, dessen Frau und Kinder, Stüber, Goldstadt, Frau Halm und die übrigen Gäste treten aus dem Gartenzimmer.
SKÄRE *zu Anna:* Weißt du, was dein künft'ges Männchen
In seinem stillen Sinn dir zugedacht?
Er will mit dir hinüber –
ANNA: Ja, ich weiß.
HALM: Und du –?
ANNA *verlegen:* Ich muß doch mit, kannst du noch fragen?
SKÄRE *empört:*
So hat er dich beschwatzt!
DIE DAMEN *schlagen die Hände zusammen:*
Nein, wie verschlagen!
FALK: Wenn seinem Drang er folgt –?
SKÄRE: Um keinen Preis!
Dem folgt man nur, solang man los und ledig;
Ein Bräutigam jedoch folgt seiner Braut.
Nein, Ännchen! Nach der Hauptstadt wirst du stetig
Dich sehnen; hier warst du Kind, vertraut
Mit allem –
FALK: Ist's nicht süß, für die Idee
Zu leiden?
SKÄRE: Wie! wir Bräute sollten leiden?!
Und gar für Bräutigamsideen?! Geh
Mit uns!
Sie nimmt Anna unter dem Arm.
Was er zu tun hat, was zu meiden,
Wir sagen's dir genau. *Zu den Damen:* Kommt alle mit –!
Sie geht mit mehreren Damen und Anna nach dem Hintergrund und rechts ab.

Dritter Auftritt

Die Vorigen ohne Fräulein Skäre und die mit ihr abgehenden Damen.

Die andern Gäste verteilen sich in verschiedenen Gruppen rings im Garten. Falk hält Strohmann an, dessen Frau und Kinder stets in des Pfarrers Nähe bleiben. Goldstadt kommt und geht während des Folgenden.
FALK *zu Strohmann:*
O helfen Sie dem jungen Glaubensmann,
Eh' man die Braut abspenstig machen kann!
STROHMANN *im Amtston:*
Es folg' das Weib dem Mann auf Schritt und Tritt!
Im gewöhnlichen Ton, bedenklich:
Doch wenn ich ihn heut' mittag recht verstand,
Ruht die Berufung noch auf lockerm Sand,
Und ob man drüben Opfer bringt, ist fraglich –
FALK: O nein; Herr Pfarrer! hier ist gar nichts waglich:
Berufen fühlt er sich aus Herzensgrund,
Dies Zeugnis geb' ich ihm mit Hand und Mund.
STROHMANN: Ja, hat er die Berufung, und verstand er's,
Gewiß es sich zu sichern, ist's was anders.
FALK *ungeduldig:*
Mir scheint, was Ihnen wichtig nach Gewöhnung,
Gering; ich sprach vom Drang, nicht von der – Löhnung.
STROHMANN *mit gefühlvollem Lächeln:*
Freund; ohne das, was Ihnen nur Lappalien,
Zeugt niemand je in Afrika, Australien
Und in Europa selbst von Gottes Wort.
Noch ging es, wär' er los und ledig dort:
Lind ist verlobt. Bedenk er sich im stillen!
Man kann nicht leben wie im Feld die Lilie;
Er ist ein kräft'ger Mann, erhält Familie;
Ich setz' voraus, er hat den besten Willen;

Doch fehlen Mittel ihm. „Baut nicht auf Sand",
Dies Wort der Schrift ist hier wohl angewandt.
Ja, wenn das Opfer –

FALK: Das ist nicht gering,
Ich weiß es wohl –

STROHMANN: Das ist ein ander Ding;
Wenn man das Opfer willig bringt und reich –

FALK: An Opfermut tun's ihm nur wen'ge gleich!

STROHMANN: Nur wen'ge ihm? Wie soll ich das verstehn?
Kraft seines Amtes soll er Opfer sehn,
Nicht bringen –

FRAU STROHMANN *sieht nach dem Hintergrund:*
Sieh, dort kommen sie zurück.

FALK *blickt Strohmann einen Augenblick erstaunt an und bricht dann in helles Gelächter aus:*
Hurra für Opfer – die bei Hochzeit, Taufen,
In strotzendem Papier herniedertraufen!

STROHMANN: Hat man viel Plag', so findet man zum Glück
Bei solchem Fest des Opfermuts Betätigung –

FALK *listig:* Gehör' man auch zu den Familienschaffern:
Dem Drange folgt man, bringt er nur Entschädigung –!

STROHMANN: Ist die genügend, predigt selbst man Kaffern.
Gedämpft: Ich sprech' im guten nun mit ihr und Lind.
Wo ist mein Kopf? *Zu einem der Mädchen:* O such ihn mir, mein Kind –
Den Pfeifenkopf, versteh mich recht; doch nein –
Wart' einen Augenblick – das wird er sein.

Er hat in alle seine Taschen gefühlt, stopft nun seine Pfeife und geht nach dem Hintergrund, gefolgt von Frau und Kindern.

GOLDSTADT *kommt zu Falk heran:*
Sie spielen, so vermelden die Gerüchte,
Im Liebesparadies ein wenig „Schlange".

FALK: Am Baume der Erkenntnis sind die Früchte
Noch grün, sie reizen nicht –

Vierter Auftritt

Die Vorigen. Lind kommt von rechts.

FALK *zu Lind:* Du bliebst nicht lange?

LIND: Daß Gott erbarm', wie sieht es oben aus!
Die Lamp' entzwei, die Tinte umgeschmissen,
Die Feder krumm, der Vorhang abgerissen –

FALK *schlägt ihn auf die Schulter:*
Freund! Das war meines Lebens erster Strauß!
Zu lang hab' hinterm Vorhang ich gesessen,
Bei Lampenlicht die Verse abgemessen:
Nun ist die tote Stubendichtung aus.
Mein Lenz ist nah' und meiner Seel' Verwandlung,
In Zukunft dicht' ich nur in Tat und Handlung,
In Gottes Sonnenschein tret' ich hinaus –

LIND: Ach, tritt wohin du willst, doch glaub' mir, froh
Ist meine Schwiegermutter sicher nicht,
Sieht sie die Tintenflecken, die Roleaus –

FALK: Was? Und ich dacht', sie hielt's für ihre Pflicht,
Ihr alles, selbst die Töchter den Logierenden
Zu opfern! Sollte solche Kleinigkeit –

LIND: Hör auf mit deinem mich kompromittierenden,
Unpassenden Gered', du gehst zu weit!
Nun, mach's mit ihr aus; doch die Lampe war
Mein Eigentum, mit Glas sowohl als Kuppel –!

FALK: Bah! Deine Lampe macht mir wenig Skrupel,
Du hast ja Gottes Sommer licht und klar!

LIND: Ach was; der Sommer ist nur kurz; du weißt's,
Ich muß zu Weihnacht fertig sein, da heißt's
Die Zeit zu nützen –!

FALK *mit großen Augen:* Wie? Du denkst voraus!?

LIND: Man geht doch nicht zur Prüfung wie zum Schmaus!

FALK: Doch denk an gestern abend: „O ich lebe,
Berauscht vom Jetzt, ich Künft'gem Abschied gebe –"
Du hattest vor der Prüfung wenig Bangen,
Du hattest ja den „Schmetterling des Glücks" gefangen,
Und ein Gefühl, als ob du, wo du ständest,
Vor deinem Fuß „der Erde Schätze" fändest!

LIND: Das ist – ich brannt' ja gestern lichterloh –
Cum grano salis zu verstehn –

FALK: So, so!

LIND: Der Vormittag bleibt unserm Glück geweiht,
Das hab' ich fest beschlossen –!

FALK: Wie gescheit!

LIND: Verwandte müssen wir ja auch besuchen,
Daß so wie so die Zeit verloren ist;
Doch weit're Zeitversäumnis zu versuchen,
Das würde schlecht sich lohnen.

FALK: Du vergißt,
Du wolltest in die Berge mit Gesang.

LIND: Ich seh', die Reise würde mir zu lang,
Ich brauche meine Zeit – und jetzt zumal.

FALK: Ach nein! Du sagtest: „Laß allein sie klettern,
Ich atme Hochgebirgsluft hier im Tal!
Hier hör' ich Wellen rauschen, Vögel schmettern" –

LIND: Nun ja, hier ist es schön, die Luft ist rein;
Doch das genieß' ich auch, wenn ich hier liege
Und forsche in der Schrift –

FALK: Die Schrift allein
Genüge dir nicht mehr als „Jakobsstiege";
So sprachst du gestern noch.

LIND: Wie du doch stetig bist!
So sagt man wohl, wenn man noch los und ledig ist.

FALK *sieht ihn an und faltet die Hände in stillem Erstaunen:* Auch Brutus, du?!

LIND *mit einem Anstrich von Verlegenheit und Ärger:*
Was ist das für Gebarung!
Als Bräut'gam hab' ich Pflichten. Alle andern
Verlobten, drunter Leute mit Erfahrung,
Behaupten, wollen zwei durchs Leben wandern,
So müssen sie –

FALK: O spar nur deine Lunge;
Wer hat dich denn so schnell bekehrt, mein Junge?
LIND: Wer mich bekehrt hat? Nun, zum Beispiel Stüber,
Der ist dir doch gewiß in manchem über,
Und Fräulein Skäre, die so wohl erfahren –
FALK: Gewiß der Pfarrer auch, und seine Maren?
LIND: 's ist eigentlich mit Pfarrers sonderbar:
Ein Seelenfrieden ruht auf ihrem Innern –
Ja, denk! Wie's unter ihrer Brautschaft war,
Was lieben heißt, kann sie sich nicht erinnern.
FALK: So geht es den vom Schlummer Absorbierten:
Die Vögel der Erinn'rung rebellierten –
Er legt die Hand auf Linds Schulter und sieht ihn ironisch an.
Doch du, mein Freund! Wie schliefst denn du heut' nacht?
LIND: Bis in den hellen Tag; ich war so müde,
Und trotzdem voll Erregung im Geblüte;
Ich fürchtet' schon, es hätt' mich toll gemacht.
FALK: Du warst behext! Das war gewiß fatal!
LIND: Nun, heut' erwacht' ich, Gott sei Dank, normal!

Fünfter Auftritt

Die Vorigen. Fräulein Skäre, Anne.

Strohmann hat man hin und wieder mit Anna im Hintergrund spazierend und in eifrigem Gespräch gesehen. Frau Strohmann und die Kinder folgen ihm auf Schritt und Tritt. Skäre zeigt sich wieder, Halm und einige Damen mit ihr.

SKÄRE *noch unsichtbar:*
Herr Lind!
LIND *zu Falk:* Da sind sie! Komm, und laß uns fort!
SKÄRE *kommt von rechts:*
Herr Lind! Wo woll'n Sie wieder hin? Erst schlichten Sie
Den Zwist mit Ihrer Braut! Ein einzig Wort –!
LIND: Sind wir nicht einig?
SKÄRE *zeigt auf Anna, die weiter hinten im Garten steht:*
Jene Tränen richten Sie.
Es gilt die Reise nach Amerika.
LIND: Was soll das heißen? Willig war sie ja –
SKÄRE: Sie wäre willig? Ei, das glaub' ich kaum,
Sie werden ein'ge Zweifel mir erlauben.
LIND: Doch dieser Glaubenskampf, mein schönster Traum –?!
SKÄRE: Wer wird auch heutzutag' an Träume glauben?
Es träumte Stüber jüngst, ein Brief – Wir freuten
Uns schon –
FRAU STROHMANN: Auf Schätze sollen Briefe deuten.
SKÄRE *nickend:* O ja! beschatzt ward er am andern Tag,
Weil er mit Steuern noch im Rückstand lag.
Die Damen umringen Lind und gehen im Gespräch mit ihm den Garten hinauf.
STROHMANN *gefolgt von seiner Familie, fortfahrend zu Anna, die ihm gern zu entgehen sucht:*
Aus diesen Gründen nun, mein liebes Kind,
Aus allen diesen Gründen, die dem Leben,
Der Schrift, ja, der Moral entnommen sind,
Ersehn Sie, daß ein Wort, das Sie gegeben,
Sie halten müssen, müssen Treue wahren.
ANNA *halb weinend:*
Mein Gott, ich bin ja noch so unerfahren – –
STROHMANN: Es ist natürlich ja in Ihren Jahren,
Daß Furcht man hat vor Fallen und Gefahren;
Noch trüben ein'ge Zweifel Ihren klaren
Verstand, doch denken Sie an mich und Maren –
FRAU STROHMANN: Erst heut' erzählte Ihre Mutter, wie
Auch ich, als Braut, so mutlos war den Fügungen
Des Himmels gegenüber, grad wie Sie,
Und erst als wir den Ruf –
STROHMANN: Ja, die Vergnügungen
Der Hauptstadt halten fest! Doch als wir Schillinge
Gesammelt hatten und die ersten Zwillinge
Bekamen, gab sich dieses.
FALK *leise zu Strohmann:* Bravo! Sie
Sind groß als Redner!
STROHMANN *nickt ihm freundlich zu; fortfahrend zu Anna:*
Halten Sie Ihr Wort.
Soll man verzagen? Falk erzählt ja, dort
Sind nicht gering die Opfer – oder wie?
FALK: So meint' ich's nicht, Herr Pfarrer!
STROHMANN: Doch! Und kann
Man nur auf Sich'res rechnen, dann
Braucht niemand zu verzagen. Ja, vertrauen
Sie auf den Herrn, und woll'n zurück Sie schauen
Auf Adam, Eva, Josef in der Gruft,
Im Feld die Vögel, Lilien in der Luft –
Die kleinen Vögel – kleinen Vögel – Fische –
Er geht mit Anna sprechend weiter. Skäre und die Tanten mit Lind kommen näher.
FALK: Hilfstruppen kommen dort, Herr Pfarrer, frische!
Die ganze alte Garde im Gewehr!
SKÄRE: Nun, 's ist nur gut, daß wir Sie endlich finden;
Gedämpft zu Falk:
Es war nicht schwer, Herrn Lind zu überwinden.
STROHMANN *abwehrend:*
Sie braucht nun keine Überredung mehr,
Und wo der Geist sprach, lass' die Welt ihr Toben!
Bescheiden: Hab' ich gewirkt, erhielt ich Kraft von oben –
HALM: So feiert ohne Zögern denn Versöhnung!
DIE TANTEN *gerührt:*
Wie rührend! ach!
STROHMANN: Selbst böse Angewöhnung
Verhärtet niemand so, daß solch ergreifende,
Das Edelste im Menschenherzen streifende,
Erhabne Schau, wie dies unmünd'ge Kind
Die liebsten Wünsche willig ihrem Lind
Zum Opfer bringt, ihn nicht zur Rührung wende.
HALM: Auch wir, wir haben teil am guten Ende.
SKÄRE: Ja, ich besonders, und dann auch die Tanten!
Zu Lind: Den Schlüssel Sie zu ihrem Herzen fanden;

Doch wir, wir haben einen Dietrich, und
Erschließen's, wo Ihr ganzer Schlüsselbund
Nichts nützt.

Sie drückt ihm warm die Hand.

Und tut er einmal not – in Jahren –
So kommen Sie zu uns, wir sind bereit –

HALM: Wir sind um euch, wo ihr auch immer seid.

STROHMANN: Freundschaft und Liebe rings, durch Gottes Führung!
Die Stunde ist so schön! Mir ist, als müsse sie
Nun ewig währ'n, so froh, so voller Rührung!

Er führt Anna zu Lind.

Nimm hin die Braut, die Braut nimm hin, und – küsse sie.

LIND *reicht Anna die Hand:*
Ich reise nicht!

ANNA *mit ihm zugleich:*
Ich folge mit hinüber!

ANNA *erstaunt:* Du willst n i c h t reisen?

LIND *erstaunt, mit ihr zugleich:* Du folgst mit hinüber!?

ANNA *mit einem hilflosen Blick auf die Umstehenden:*
So wollt ihr ihn ja trotzdem von mir treiben!

LIND: Was heißt denn das?

DIE DAMEN: Was nun?

SKÄRE *eifrig:* Gemach! gemach!
Ein Mißverständnis bloß –

STROHMANN: Sie hold versprach,
Mit ihm zu ziehn –

SKÄRE: Und Lind schwor laut, zu bleiben.

FALK *lachend:* Ei! Beide fügten sich, was fehlt denn da?

STROHMANN: Mir steht die Sache zu verwickelt da!

Er geht nach dem Hintergrund.

DIE TANTEN *durcheinander:*
Mein Gott! Wer ist nur schuld an diesem Streiten!

Goldstadt und Stüber, die bisher im Garten spazierten, nähern sich.

HALM *zu den beiden:*
Uneinigkeit ist hier auf allen Seiten.

Sie spricht leise mit ihnen.

FRAU STROHMANN *zu Skäre, als sie sieht, daß der Gartentisch gedeckt wird:*
Nun kommt der Tee!

SKÄRE *kurz:* Gottlob!

FALK: Ein Hurrahoch
Für Freundschaft, Liebe, Tee, für Tanten, Nichten –!

STÜBER: Mein Gott, der Streit ist gar nicht schwer zu schlichten;
Sie kennen alle das Gesetz ja doch:
„Es soll das Weib dem Ehegatten folgen."
Sein Wortlaut ist ja schlicht und klar –

SKÄRE: Mit solchen
Gesetzen willst du uns den Mund verbinden?

STROHMANN: In Gottes Willen muß sich jedes finden.

STÜBER *fortfahrend:*
Doch Lind kann das Gesetz ja eludieren!
Zu Lind: Du brauchst die Reise nur zu retardieren.

DIE TANTEN *froh:*
Das geht!

HALM: Gewiß!

SKÄRE: Das kann man akzeptieren!

Sechster Auftritt

Die Vorigen. Schwanhild, die Hausjungfer.

Schwanhild und die Hausjungfer haben inzwischen den Teetisch im Garten vor der Altantreppe gedeckt. Die Damen setzen sich auf Frau Halms Aufforderung um den Tisch. Die übrige Gesellschaft nimmt teils auf dem Altan, teils im Gartenhaus, teils rings im Garten Platz. Falk sitzt auf dem Altan. Unter den folgenden Gesprächen wird der Tee genommen.

HALM *lächelnd:* So zog die kleine Wolke denn vorbei;
Ein solch Gewitter kommt nicht ungelegen,
Und wird der Himmel wieder wolkenfrei
Ist's doppelt schön, da grünt es allerwegen.

SKÄRE: Der Regen hält die Liebesblume frisch.

FALK: Im Trocknen stirbt die Liebe wie ein Fisch.

SCHWANHILD: Ach nein; die Liebe lebt ja von der Luft –

SKÄRE: In der die Fische sterben.

FALK: Das ist wahr.

SKÄRE: Sie sehn, mit uns zu fechten, bringt Gefahr.

FRAU STROHMANN: Der Tee ist gut, das kennt man gleich am Duft.

FALK: Das Blumengleichnis mög' es also tun;
Denn wenn vom Himmel Sonnengluten brannten,
Und Liebe, blumengleich, verwelkt –

Er hält inne.

SKÄRE: Was nun?

FALK *mit einer galanten Verbeugung:*
Dann kommen mit dem Wasserkrug die Tanten.
Das Blumenbild hat der Poet gebraucht,
Der Laie hat die Zunge dran verstaucht –
Die meisten aber tappen doch im dunkel.
Viel Pflanzen gibt es zwischen Ros' und Runkel;
Drum frag' ich, welche Blume im speziellen
Wohl als ein Bild der Liebe hinzustellen?

SKÄRE: Die Rose ist's, das sieht doch jedes ein;
Sie gibt dem Leben einen Rosaschein.

EINE JUNGE DAME: Sie wächst wie unterm Schnee die Anemone,
Erst wenn sie blüht, entdeckt man ihre Krone.

EINE TANTE: Dem Löwenzahne gleichend, treibt sie Schosse,
Und wächst selbst unterm Tritt von Mann und Rosse.

LIND: Maiglöckchen ist's, in jeder jungen Brust
Verkündet es des Lebens Maienlust.

HALM: Dem Immergrüne gleicht sie, das, in Ruh nie,
Stets Blätter hat, sei's Jänner oder Juni.

GOLDSTADT: Isländschem Moos sie gleicht, das junge Damen
In frühern Zeiten gegen Brustweh nahmen.

EIN HERR: Sie gleicht der Roßkastanie, sehr zu preisen
Als Feu'rungsmaterial, doch nicht zu speisen.
FRAU STROHMANN: Ach nein; sie gleicht der Blume, die so nett –
Ich glaube, sie ist grau – nein, violett –
Wie heißt sie nur – sie glich – es ist doch gräßlich,
Ich bin in letzter Zeit so gar vergeßlich.
SCHWANHILD: Kamelien gleicht sie, die man auf den Kopf
Sich steckt, als Putz, geht winters man zu Balle.
STÜBER: Die Blumenbilder, scheint mir, hinken alle,
Die Liebe gleicht weit mehr dem Blumentopf;
Auf einmal ist nur einem Stock er nutzend,
Doch nacheinander hat er Platz für Dutzend.
STROHMANN *inmitten der Kinder:*
O nein! Die Liebe gleicht dem Birnenbaum;
Erst Birnen – Blüten – weiß wie Eierschaum,
Und, wie zur Nacht der Himmel von Gestirnen,
Im Sommer dann von grüner Frucht bedeckt,
Die nach dem Saft des Vaterstammes schmeckt;
Doch, will es Gott, so wird sie einst zu Birnen.
FALK: Aus jedem Kopf ein andres Gleichnis springt,
Der richt'ge Treffer keinem doch gelingt.
Nun sag' das Meine ich, den Streit zu enden,
Sie können's nach Behagen drehn und wenden.
Er erhebt sich in Rednerstellung; pathetisch:
Ein Kraut vom fernen Osten wir empfahn,
Es wächst dort in des Sonnenvetters Garten –
DIE DAMEN: Das ist der Tee!
FALK: Das ist er!
FRAU STROHMANN: Sein Organ
Erinnert mich an Strohmann –
STROHMANN: Du mußt warten!
FALK: Sein Heim ist uns ein Fabelland, ein Eden,
Wohl tausend Meilen hinterm Wüstensand.
Nun, Lind! Füll meine Tasse bis zum Rand:
Ich will beim Tee von Tee und Liebe reden.
Die Gäste rücken näher zusammen.
FALK: Er grünt und blüht im fernen Märchenland,
Und dort ist auch die Liebe nur zu Hause;
Allein dem Sohn der Sonne ward Verstand
Mit Sorgfalt ihn zu ziehn zu duft'gem Strauße.
Und mit der Liebe ist es ebenso;
Sie treibt nur Wurzeln in den Herzen, wo
Ein Tropfen Sonnenblut den Puls belebt:
Nur dort sie grünt und duft'ge Blüten webt.
SKÄRE: Doch China ist ein schrecklich altes Land;
Wie alt also der Tee, liegt auf der Hand.
STROHMANN: Älter gewiß als Tyrus und Jerusalem –
FALK: Er war schon da, als selig Herr Methusalem
Im Struwwelpeter las, auf seinem Schemel.
SKÄRE *triumphierend:*
Der Liebe Wesen doch ist jung vor allen,
Hier Ähnlichkeit zu sehn, wird schwierig fallen!
FALK: Im deutschen Reich, von Basel bis nach Memel,
In ganz Europa, in der ganzen Welt
Die Liebe man für alt, ja ewig hält.
Das letzte freilich scheint mir Übertreibung;
Doch alt ist sie wohl über die Beschreibung.
SKÄRE: Doch wahre Lieb' ist immer gleich und echt,
Der Tee jedoch ist wechselnd gut und schlecht.
STROHMANN: Ja, Tee gibt's in verschiedner Qualität.
ANNA: Zuallererst das grüne Frühjahrsschoß –
SCHWANHILD: Den trinkt man auf der Sonnentöchter Schloß.
EINE JUNGE DAME: Wie Äther, sagt man, er berauschen tät –
EINE ANDERE DAME: Er sei wie Lotos duftend, süß wie Mandeln –
GOLDSTADT: Und viel zu selten, hier damit zu handeln.
FALK *ist unterdessen vom Altan herabgetreten und legt die Hand auf die Brust:*
O meine Damen, jede hat hier innen
Solch „himmlisch Reich", das grüne Sprossen treibt,
Das hinter Schämigkeit, wie hinter Zinnen
Von Chinas Mauer, uns verborgen bleibt;
Dort seufzen im Kiosk der Phantasie
Chinesenpuppen, ja, dort träumen sie
So weit – so weit, den Schleier um die Lenden,
Der goldnen Tulipanen Flor in Händen;
Und d i e s e n wird der erste Schoß gebracht,
Dabei der spätern Ernte kaum gedacht.
Nachlese kommt zu uns mit Staub und Stengeln,
Unähnlich jenem, wie ein Mensch den Engeln,
Die, abgeschüttelt, man zusammenharkt –
GOLDSTADT: Das ist der schwarze Tee.
FALK *nickend:* Der füllt den Markt.
EIN HERR: Der Dichter Holberg spricht von Tee de bœuf –
SKÄRE *geziert:*
Der ist mir unbekannt!
EIN ANDERER HERR: Welch ein Gesöff
Mag das wohl sein!
FALK: Auch Liebe gibt's de bœuf,
Die ihren Mann vor'n Kopf schlägt, in Romanen
Und unter des Pantoffelheeres Fahnen –
Kurz, Ähnlichkeit ist da, wo Sie's kaum ahnen.
Man sagt auch, daß es das Aroma schwächte,
Wenn übers Meer den Tee man zu uns brächte;
Durch Wüsten müßt' er auf des Lasttiers Nacken,
Gestempelt sein von Russen und Kosaken –
Das sei das Zeichen, daß die Ware echt:
Der Liebe Weg durchläuft die Lebenswüste,
Und jeder unter uns es sicher büßte,
Hätt' er im kühnen Drange sich erfrecht,
Die Liebe übers Freiheitsmeer zu tragen.
Wie würd' sie schrein, die Welt, wie würd' sie klagen:
Gott! sie verlor die Würze der Moral,
Es fehlt der Duft, sie ist ja nicht legal!
STROHMANN *erhebt sich:*
Ja, Gott sei Dank! In unserm Vaterlande
Ist solche Ware doch noch Kontrabande.

FALK: Der Ordnungsstempel muß die Ware zieren,
Eh' frei sie hier ins Land darf einpassieren;
Ihr dürfen Siegel, Unterschrift nicht fehlen –
Außer dem Freipaß, den ihr Gott verleiht –
Von Stand'sbeamten, Küster, Geistlichkeit,
Von Sippe, Freund, Bekannten – wer mag's zählen.
Und nun die letzte große Ähnlichkeit:
„Des Himmels Reich" trägt schwer an der Kultur,
Der Mauerbau ist morsch, die Macht zersprengt,
Der letzte echte Mandarin gehängt,
Schon ernten dort profane Hände nur.
Das Märchenland ist selbst bald eine Märe,
An die man nicht mehr glaubt, es ist, als wäre
Die Welt nur grau in grau; und mit dem Wunder
Ging leider auch die echte Liebe unter.
Er erhebt die Tasse.
Vergeh denn, was nicht zeitgemäß, ich leere
Die Tasse zu des sel'gen Amors Ehre!
Er trinkt aus.
Starke Entrüstung und Bewegung in der Gesellschaft.
SKÄRE: Das war ein seltsam Wort, ich muß gestehn –
DAMEN: Was sagt er da?
ANDERE: Die Liebe wäre tot?
STROHMANN: Hier kann man sie, gesund und rund und rot,
Beim Tee in allen Altern sitzen sehn.
Die Witwe haben wir, in schwarzer Tracht –
SKÄRE: Ein Ehepaar –
STÜBER: Von dessen Ehesegen
Handfeste Pfänder den Beweis ablegen.
GOLDSTADT: Verlobte dann, der Liebe leichte Fracht.
STROHMANN: Und unter diesen gibt es Veteranen,
An deren Liebesbund kein Zahn der Zeit –
SKÄRE *schnell unterbrechend:*
Rekruten auch von heut! Voll Seligkeit
Betreten sie des Liebelebens Bahnen –
STROHMANN: Kurz: Sommer, Winter, Herbst und Frühling Sie
Vor Augen und vor allen Sinnen haben!
FALK: Nun ja –
SKÄRE: Ist da die Liebe wohl begraben?
FALK: Sie mißverstanden mich, mein Fräulein; nie
Bestritt ich, daß dies alles im Gebrauch!
Nur müssen Sie bedenken, daß ein Rauch
Noch nicht vom Dasein einer Flamme zeugt.
Ich weiß, daß man ins Ehejoch sich beugt,
Familien stiftet und dergleichen Dinge,
Daß Körbe in der Welt sich finden, Ringe
Und Briefchen, rosarot, ein Herz am Rand,
Im Siegel ein Paar Tauben, welche – keifen,
Daß allerorten Liebespärchen reifen,
Und Schokolade trinkt der Gratulant,
Daß Brauch, daß Sitte ein Reskript formiert,
Das dem Verliebten all sein Tun normiert; –
Doch, was beweist dies wohl? Auch Generale
Gibt's hier und wohlgefüllte Arsenale!
Wir haben Männer hier mit Schwertern, Spießen:
Ist damit wohl ihr Heldenmut bewiesen?
Ja, wenn das Lager auch voll Zelten ständ',
Ist's nicht gesagt, daß man dort Helden fänd'!
STROHMANN: Wir müssen billig sein, es stimmt nicht immer,
Malt man die Liebe junger Leute her
So stark, so – ja – als ob's die einz'ge wär;
Gar oft erscheint sie nur als falscher Schimmer.
Erst in der Ehe steht sie festgemauert,
Ein Fels, der niemals wankt, der ewig dauert.
SKÄRE: Da bin ich andrer Meinung: Zweier Herzen
Langjähr'ger Bund, bewährt in Freud' und Schmerzen,
Den stets man brechen könnte, doch nie bricht,
Am besten doch für wahre Liebe spricht.
ANNA *warm:* O eine Liebe, die noch frisch und jung,
Ist doch an Inhalt reicher und an Schwung.
LIND *nachdenklich:*
Wer weiß, ob hier nicht dufte, unterm Schnee,
Wie Fräuleins Anemone, die Idee.
FALK *plötzlich ausbrechend:*
Gefall'ner Adam du! Heimwehgedanken
Suchen dein Eden hinter Zaun und Planken.
LIND: Ach Unsinn!
HALM *gekränkt zu Falk, indem sie sich erhebt:*
Das ist just kein Freundschaftsstück:
Wo Frieden wir gestiftet, Zwist zu säen.
Nur ohne Furcht für Ihres Freundes Glück –!
DAMEN: Das ist gewiß!
ANDERE: Gewiß! Wenn Sie auch schmähen.
HALM *zu Falk:*
Das Kochbuch hat sie zwar noch nicht studiert,
Zu Anna: Weshalb im Herbst du fleißig lernen mußt –
SKÄRE: Ihr Hochzeitskleid jedoch sie selbst brodiert –
EINE TANTE *tätschelt Anna auf die Wange:*
Und wird vernünftig, daß es eine Lust.
FALK *lacht laut:*
Vernunft – Karikatur! Du weißt zu töten,
Mit Tollheits-Cancan auf dem Freundesmund!
War ihm „Vernunft" zu finden so vonnöten?
Schloß er mit einer „Küchenfee" den Bund?
Er weilte hier, des Frühlings froher Sohn;
Des Gartens wilde Rose war sein Glück.
Sie pflegten sie für ihn – er kam zurück –
Was trägt sie? Hagebutten!
SKÄRE: Welcher Hohn!
HALM: Ja, suchte eine Ballfee sich Herr Lind,
Er wissen konnt', daß die sich hier nicht find'.
FALK: O ja, ich weiß! Alltagskokketterie
Treibt man ja hier mit Häuslichkeitsgedanken.
Das ist ein Reis der großen Lüge, die
Nach oben wächst, so wie die Hopfenranken.
Ich, gnäd'ge Frau, ich zieh' den Hut geschwind
Vor einer Ballfee, vor der Schönheit Kind!
Das Ideal im Ballsaal Netze flicht,
Doch in der Ammenstube sicher nicht.

HALM *mit unterdrückter Erbitterung:*
Der Kern in Ihrer – seltsamen Gebarung
Ist der, daß Lind beim Trinkgelag' nun fehlt.
In dem Kapitel hab' ich ja Erfahrung –
FALK: Natürlich! Sieben Nichten schon vermählt –!
HALM: Glücklich vermählt!
FALK *mit Nachdruck:* Ob das wohl sicher ist!
GOLDSTADT: Nanu!
SKÄRE: Herr Falk!
LIND: Hör auf! Du stiftest Zwist –!
FALK *ausbrechend:*
Zwist! Streit und Krieg!
STÜBER: Ein Laie besser schwieg!
FALK: Ja, nenn mich so! Und dennoch will ich Krieg!
Ja, Krieg will ich, mit Worten, Füßen, Händen!
Der Lüge will den Fehdebrief ich senden,
Die fest hier wurzelt, die man gießt und pflegt,
Die hoch das Haupt, als wär' sie Wahrheit, trägt.
STÜBER: Bei allem Unbewiesnen aber will
Ich protestieren, will Regreß –
SKÄRE: Sei still!
FALK: So! Also das heißt man der Liebe Bronnen,
Was plaudernd nennt der Witwe Glück zerronnen –
Der Liebe, die in ihren jungen Tagen
Nicht Worte kannt' wie „klagen" und „entsagen"!
So! Das also der Liebe Siegesflut,
Was in des Ehepaares Adern rollt –
Der Liebe, die einst Himmel stürmen wollt'
Und lachte aller klugen Narrenbrut!
So! Das also der Liebe Schönheitsflamme,
Was langsam kohlt an morschem Brautschaftsstamme –
Der Liebe, die mit ungestümem Drang
Dem Federfuchser selber brachte Sang!
So! Das also der Liebe junges Glück,
Das furchtsam vor dem Wasser schreckt zurück,
Und, statt sich selbst als Opfer darzubringen –
Ihr schönster Schmuck – ein Opfer will erzwingen!
Nein, nein! Alltagspropheten Sie, der Lüge,
Wenn Sie der Dinge Namen nicht verschönten,
Des Eh'stands Rührung, den „Gewöhnung" trüge,
Des Witwenstands „Vermissen des Gewöhnten"!
STROHMANN: Nein! Junger Mann! Die Frechheit ist zu groß,
Nur Hohn und Läst'rung atmet Ihre Rede!
Er tritt Falk dicht unter die Augen.
Für alten Glauben rüst' ich nun zur Fehde,
Dem neuen Wissen geb' ich Stoß für Stoß –!
FALK: Mir ist's ein Fest; ich werd' im Kampf nicht weichen!
STROHMANN: Im Kugelregen steh' ich hier als Rüster!
Dem Priester ist ein Eh'paar zu vergleichen –
STÜBER *auf Falks andrer Seite:*
Ein Brautpaar aber –
FALK: Halb und halb dem Küster.
STROHMANN: Sehn Sie die Kinder, die mich hier umringen?
Ich kann von vornherein Viktoria singen.
Wär's möglich, daß – wär's tunlich – ja, was bliebe –
Wer nicht der Wahrheit weicht, der unerbittlichen,
Der zeigt als einen Tropf sich, einen krittlichen!
Sehn Sie die Kinder – Kinder sind's der Liebe –
Das heißt – ich sage bloß – ich mein' der sitt –
SKÄRE *fächelt sich mit ihrem Taschentuch:*
Das ist mir dunkel!
FALK: Doch Beweis genug!
Ein echter, nationaler! Sie sind klug,
Verstehn der Eh' und Liebe Pfand zu scheiden;
Ein Unterschied wie zwischen Kraut auf Heiden
Und Topfgewächsen, zwischen gar und roh.
Bei uns ist Liebe nicht mehr Leidenschaft:
Zur Wissenschaft hat man sie umgeschafft,
In Fächer eingeteilt dem Studio;
Ein Stand ist sie, von Bräutigams und Ehemännern,
Mit dienstbefliss'nen Wehefrau'n und Wehemännern,
Zahlreich und dicht, wie Blüten stehn im Fliederkranz –
In ihrem Bunde fehlt nur noch ein Liederkranz –
GOLDSTADT: Und dann ein Blatt –
FALK: Das schaff' ich! Alle Wetter,
Das war ein prächtig Wort! Man hat ja Blätter
Für Kinder, Damen, Gläubige und Schützen;
Auch solch ein Unternehmen wird man stützen!
Da nenn' ich offen alle zarten Bande,
Die Paul und Peter in der Hauptstadt knüpfen –
Kein einzig Rosabriefchen soll entschlüpfen,
Das Wilhelm seiner holden Laura sandte!
Da nehm' ich unter „Unglücksfälle" auf
Die Treuebrüche, die Verlobungstrennungen –
Wie andre Morde, Krinolinverbrennungen!
Da avertier' ich, wo man zum Verkauf
Gebrauchte Ringe hat, für wenig Schillinge!
Da annoncier' ich Zwillinge und Drillinge!
Da schlag' Alarm ich, ist wo eine Trauung,
Beruf' die ganze Sippe zur Beschauung!
Da künd' als Neuigkeit ich's, unverweilt,
Ward irgendwo ein kleiner Korb verteilt –
So ungefähr: „Der Liebesteufel hat
Ein Opfer jüngst ereilt in unsrer Stadt" –!
Ja, ja! Und kommt die Zeit – Sie sollen sehn –
Wo Abonnenten in die Netze gehn,
Werd' ich mein Garn, wie große Blätter, stellen:
Da schlacht' ich eben einen Junggesellen.
Das Wild werd' ich belauern, es betören
Den Tigern gleich, ja gleich den Redakteuren!
Mein Blatt wird jedem Dummkopf eine Grützenleitung –
GOLDSTADT: Wie soll es heißen?
FALK: „Amors deutsche Schützenzeitung"!

STÜBER: Das ist dein Ernst doch nicht! Du wagst zuviel;
Du setzest deinen guten Ruf aufs Spiel!
FALK: Es ist mein voller Ernst. Man sagt ja häufig,
Es könne niemand von der Liebe leben;
Daß dieses Wort nicht wahr, das so geläufig,
Dafür werd' ich euch die Beweise geben.
Ich bitt' wohl Fräulein Skäre nicht vergebens,
Daß sie fürs Feuilleton zurecht den Lebens-
Roman des Pfarrers schnitze – Span für Span –
STROHMANN *erschreckt:*
Gott steh mir bei, was ist das für ein Plan!
Wann war mein Leben irgendwie romantisch?
SKÄRE: Das hab' ich nie gesagt!
STÜBER: Ein Mißverständnis!
STROHMANN: Daß ich den Brauch verletzt', hat jemand Kenntnis?!
Das ist nicht wahr! Sie lügen ganz gigantisch!
FALK *schlägt Stüber auf die Schulter:*
Nun wohl! Hier steht ein Freund, der trügt mir nicht.
Mein Blatt beginnt mit deinem Brautgedicht!
STÜBER *nach einem Blick voll Entsetzen auf den Pfarrer:*
Jetzt bitte ich ums Wort! Was fällt dir ein!
Verse hätt' ich gemacht?!
SKÄRE: Wahrhaftig, nein!
FALK: Es kamen doch Gerüchte vom Kontor –
STÜBER *erbost:*
Aus unserem Kontor kann nie was kommen!
FALK: Nun ja! Wird mir dein Beistand auch genommen:
Hier steht noch einer, der mir Treue schwor.
„Erlebnisse des Herzens" schreibt mir Lind,
Daß Liebe, allzu fein für Meer und Wind,
Um sich in voller Pracht zu offenbaren,
Durft' Emigrantenseelen selbst nicht sparen.
HALM: Nun reißt mir die Geduld! Herr Falk, ich sehe
Sie passen nicht in unser friedlich Haus;
Ich hoffe, Herr, Sie ziehn noch heute aus.
FALK *mit einer Verbeugung:*
Darauf war ich gefaßt. Madame, ich gehe.
Halm geht mit ihren Gästen ab. Es bleiben nur Falk, Schwanhild, Strohmann mit Frau und Kindern, Fräulein Skäre, Stüber und Lind.

Siebenter Auftritt

Falk, Schwanhild, Strohmann mit Frau und Kindern, Fräulein Skäre, Stüber, Lind.

STROHMANN: Doch zwischen uns ist Krieg auf Tod und Leben!
Sie haben mich verhöhnt, mein Weib daneben,
Die Kinder alle, die Sie um mich sahn –
Ja, krähn Sie nur, als ein Ideenhahn –!
Er geht mit Frau und Kindern ab.
FALK: Ja, ziehn Sie nur auf der Apostel Bahn,
Mit Ihrer Liebe, der Sie abgeschworen,
Noch eh' der Hahn gekräht in Ihre Ohren.
SKÄRE *wird unwohl:*
Hilf das Korsett mir aufzuhefteln, Stüber,
Mir wird ganz schwarz vor Augen; dort hinüber –
STÜBER *zu Falk, indem er, Skäre stützend, abgeht:*
Die Freundschaft sag' ich auf!
LIND: Ich auch!
FALK *ernst:* Auch du?!
LIND: Leb wohl.
FALK: Du standst mir nah –
LIND: Laß mich in Ruh';
So will es meine Braut.
Er geht hinein. Schwanhild ist an der Altantreppe stehengeblieben.

Achter Auftritt

Falk, Schwanhild.

FALK: Nun sind sie fort,
Nun hab' ich aufgeräumt!
SCHWANHILD: Herr Falk, ein Wort!
FALK *zeigt höflich nach dem Haus:*
Mein Fräulein, Ihre Mutter, Freunde, Tanten
Sich eben dort nach jener Seite wandten.
SCHWANHILD *nähert sich:*
Ich folge ihnen nicht; sie mögen gehn;
In dieser Heerschar soll man mich nicht sehn!
FALK: So gehn Sie nicht?
SCHWANHILD: Wenn gegen Lug Sie streiten,
Steh' ich, als Knappe, treu zu Ihrer Seiten.
FALK: Sie, Schwanhild? Sie, die –
SCHWANHILD: Ja, die gestern bloß –!
Tun Sie dem Drachen denn von gestern gleichen?
Sie boten mir als Glück der Weide Los –
FALK: Die Weide pfiff, und ich, ich mußte weichen.
Sie hatten recht, das war ein Kinderquark.
Die Kirche, wo jetzt Wahrheit rein und stark
Erschallen soll, steht mitten im Gedränge!
Sie weckten gestern mich mit herber Strenge.
Nun gilt's nicht mehr in blauer Höh' zu fußen,
Walkürengleich, tobt unten Kampf so wild!
O nein! Der Schönheit Zeichen tief im Busen –
So wie Sankt Olaf trug das Kreuz im Schild –
Gilt es in Schlachten stürzen und Gefahren,
Und doch aufs Schlachtfeld sich den Blick bewahren!
Die Sonne sehn, wenn rings der Nebel drückt!
Das ist ein Tun, das freien Mann beglückt!
SCHWANHILD: Und Ihnen wird's gelingen, wenn Sie frei
Und einsam stehn!
FALK: Ständ' dann ich im Gewimmel?
Das ist das Wichtigste! Sie sind vorbei,
Die Isoliertheitspakten mit dem Himmel.
Das Dichten hinterm Ofen ist nun aus,
Nun leb' ich mein Gedicht bei Tann' und Eichen!
Im Tagsgedränge kämpf' ich meinen Strauß:
Ich oder Lüge – eins von uns muß weichen!

SCHWANHILD: Mit Gott voran denn, vom Gedicht zur Tat!
Ich habe Sie verkannt! – Die Stunde naht,
Wo wir uns trennen, sei es ohne Grollen –
FALK: O nein! Mein Zukunftsboot hat Platz für zwei!
Noch trennen wir uns nicht – wenn Sie nur wollen!
Sie stehen mir in meinem Kampfe bei – !
SCHWANHILD: Ich Ihnen bei – ?
FALK: Verfemt bin ich von allen,
Hab' Fehde selbst mit Freunden und Bekannten,
Die gegen mich des Hasses Pfeile wandten.
Nun heischt es Mut, mit mir zu stehn, zu fallen.
Mut, Schwanhild! Mut! Mein Weg geht wider Sitte
Und Brauch, durchbricht des Hergebrachten Zwinger:
So deck' ich denn den Tisch in Feindes Mitte,
Und steck' den Ring an der Geliebten Finger!
Er zieht einen Ring von seiner Hand und hält ihn empor.
SCHWANHILD *in atemloser Spannung:*
Das wollten Sie?
FALK: Der Liebe ew'ge Macht,
Wir tragen sie in uns, der Welt zum Trutze!
Wir wahren sie in ihrer ganzen Pracht
Im Werktagslärmen und im Alltagsschmutze!
Das Feuer der Idee, ich zeigt' es gestern,
Wie's, ein Signal, von steiler Zinne blinkt;
Sie zitterten, ein Weib, gleich Ihren Schwestern:
Doch heut' das wahre Ziel des Weibes winkt!
Ein Herz, wie Sie, hält Treue ohne Zagen –
Nun, Schwanhild, gilt's den Todessprung zu wagen.
SCHWANHILD *kaum hörbar:*
Und fallen wir – ?
FALK *jubelnd:* In Ihrem Auge steht
Ein Leuchten, das uns unsern Sieg verkündet!
SCHWANHILD: So nimm denn Schwanhild, wie sie steht und geht!
Nun sproßt mein Lenz, mein Glück von dir gegründet.
Sie wirft sich ihm keck in die Arme.

DRITTER AUFZUG

Derselbe Garten.
Es ist Abend und klarer Mondschein; an den Bäumen rings brennen farbige Lampen. Im Hintergrund stehen Tische, besetzt mit Weinflaschen, Gläsern, Kuchen usw. Aus dem Hause, dessen Fenster erleuchtet sind, klingt während der nächsten Auftritte gedämpftes Pianofortespiel und Gesang.

Erster Auftritt

Schwanhild steht am Altan. Falk kommt von rechts mit Büchern und einer Schreibmappe unter dem Arm, gefolgt vom Hausmann, der einiges Gepäck trägt.

FALK: Ist das der Rest?
HAUSMANN: Ich hab' nichts mehr gesehn;
Nur eine Reisetasche lag noch da.
FALK: Die häng' ich selber um. Du kannst nun gehn. –
Die Mappe hier –
HAUSMANN: Sie ist verschlossen?
FALK: Ja,
Sie ist verschlossen. Tu mir den Gefallen,
Verbrenne sie –
HAUSMANN: Verbrennen?
FALK *lächelnd:* Ja. Mit allen
Den Zukunftswechseln auf poetisch Gold,
Die ich darin mit Sorgfalt bergen wollt'.
Auch keine Bücher werden mitgenommen;
Ich geb' sie dir –
HAUSMANN: Nein! Soll ich die bekommen?
Kann mir Herr Falk die Bücher alle schenken,
So hat er ausstudiert, kann ich mir denken.
FALK: Ich brauche keine Bücher mehr zu fragen,
Weiß mehr als sie –
HAUSMANN: Potz Blitz! Das will was sagen!
FALK: Nun geh und hilf dem Dienstmann mit dem Wagen.
Hausmann geht links ab.

Zweiter Auftritt

Falk, Schwanhild.

Falk nähert sich Schwanhild. Schwanhild kommt ihm entgegen.
FALK: Nun bleibt uns noch ein Stündchen, uns allein,
In Gottes und in seiner Sterne Schein,
Die durch das dunkle Laub herniederblinken,
Als wären's Früchte, die von Zweigen winken.
Gebrochen ist das letzte Sklavenband,
Die Peitsche tat zum letztenmal mir wehe,
Ein Jakobssohn, den Wanderstab zur Hand,
Im Reisekleid, vorm Osterlamm ich stehe.
Du schlaff' Geschlecht, dem nicht zu schaun beschieden
Jenseits der Wüst' das Land der Herrlichkeit,
Du emsiger, besternter Sklav' der Zeit:
Bau Königsgräber du in Pyramiden!
Ich geh' zur Freiheit durch des Alltags Wüste,
Schreit' ungefährdet selbst durchs Rote Meer,
Wo Feindesmacht, der Lüge gift'ge Lehr',
Im tiefen, dunklen Wellengrabe büßte.
Kurze Pause; er sieht sie an und ergreift ihre Hand.
Schwanhild, du bist so still!
SCHWANHILD: Und doch so froh!
O laß mich träumen, träumt' ich immer so!
Sprich mehr; was nur Gedankenknospen waren,
Entfalten sich zu frohen Liederscharen,
Wie Lilien reifen auf dem See, dem klaren.
FALK: O nein, sag du noch einmal, daß du mein!
O Schwanhild, sprich! O sprich!
SCHWANHILD: Ja, ich bin dein!

FALK: Singvogel du, bestimmt für mich allein!
SCHWANHILD: Im Mutterhause war ich heimatlos,
Und einsam war ich selbst im eignen Herzen;
Ein ungebet'ner Gast bei Spiel und Scherzen,
Galt ich für nichts und war geduldet bloß.
Du kamst: In eines andern Worten fand
Ich da zum erstenmal mein eigen Denken,
Was einzeln war, du wußtest's zu verschränken,
Der jugendmutig zwischen Greisen stand.
Du zogst mich an mit deinen Sonnenblitzen,
Du stießest ab, zu scharf war dein Verstand –
So zieht's die Woge zum belaubten Strand,
Der Fels wirft sie zurück mit seinen Spitzen.
Nun sah dein Herz ich, das noch nie getrogen,
Du Laubdach, über krausem Wellentanz,
Das meines Herzens Fluten angezogen –
Nimm deine Schwanhild ungeteilt und ganz!
FALK: Gott sei gedankt, der meine Liebe tauft
Im Bad der Schmerzen. Dunkel war mir Toren,
Was für ein Drang mich zog, als, schwer erkauft,
In dir den Schatz ich sah, schon fast verloren.
Ja, unsrer Liebe ward ein Adelsbrief,
Den mit des Kummers Siegel Gott verschloß;
Zum Siegeszuge heimwärts er uns rief,
Durch dunkle Nächte und durch Waldestief',
Ein adlig Paar, auf dem beschwingten Roß.
SCHWANHILD *zeigt nach dem Haus:*
Im Hause, sieh, ist Fest in jedem Saal,
Die Kerzen dort der Nacht ihr Dunkel rauben,
Und Freundesworte tönen bei dem Mahl;
Man sollte auf der Straße draußen glauben,
Das Glück, es hab' sich jenen zugesellt.
Mitleidig: Du arme Schwester – Glückskind dieser Welt!
FALK: Du nennst sie arm?
SCHWANHILD: Ja. Teilt sie nicht geduldig
Ihr Seelengold mit ihm und all den andern?
Läßt vielgeteilt sie ihren Schatz nicht wandern,
Daß keiner ihr die volle Summe schuldig?
Von keinem hat sie alles zu verlangen,
An keinem hat sie ganz und gar zu hangen.
O zehnmal reicher doch als sie bin ich:
Ich leb' für einen bloß, leb' nur für dich.
Leer war mein Herz, als dort mit Siegesfahnen,
Mit tausendfält'gem Sang du eingezogen;
Du fülltest meine Brust mit Frühlingsahnen,
Und all mein Denken ist dir zugeflogen.
O Lob und Preis muß ich dem Schöpfer bringen,
Daß einsam er mich ließ, bis dich ich fand!
Ja, ich war tot, da hört' ich Glocken klingen –
Sie lockten mich zum Licht von ird'schem Tand.
FALK: So mußte uns, die freundelos auf Erden,
Die einsam draußen stehn in stiller Nacht
Und durch das Fenster schaun die eitle Pracht,
Des Glückes ganzer, voller Reichtum werden.
Laß Kerzen leuchten und laß Töne singen,
Laß die da drinnen sich in Tänzen schwingen:
Sieh aufwärts, Schwanhild, in die blaue Ferne,
Uns leuchten dort die tausend kleinen Sterne –
SCHWANHILD: Und lausch, Geliebter, durch die Nacht empor,
Uns füllt mit tausend Tönen sie das Ohr –
FALK: Uns funkelt jeder Stern im hohen Saale –
SCHWANHILD: Uns rauscht der Buchenhain im stillen Tale!
FALK: Ich fühle mich des Herrn verlorner Sohn,
Der ihn verlassen, mit der Welt verbündet;
Doch heimwärts ruft er mild von seinem Thron,
Und da ich komme, er die Lampen zündet,
Zum Willkommfest für mich, der ihn gekränkt,
Ja, heimlich er sein bestes Werk mir schenkt.
Drum schwör' ich heute Treue meinen Pflichten,
Für „Licht" auf Wacht zu stehn, im Weltgetriebe;
Mein Leben, und das deine, sollen dichten
Den Hochgesang vom Siege wahrer Liebe.
SCHWANHILD: Wo zwei zusammengehn, sind sie geborgen,
Wenn er ein Mann –
FALK: Und sie ein ganzes Weib!
SCHWANHILD: Zum Kampf denn wider Mangel, wider Sorgen –
FALK: Unmöglich ist's, daß uns der Sieg nicht bleib'!
SCHWANHILD: In dieser Stunde schaff' ich uns Befreiung –
FALK *schnell einfallend:*
Nein, Schwanhild, heute nicht; o wart bis morgen!
Heut' feiern wir des Adelsbriefs Verleihung;
Zum Tagwerk jetzt zu gehn, das wär' Entweihung.
Die Tür zur Gartenstube öffnet sich.
Die Mutter! – Komm; damit als meine Braut
Dich heut' kein ander Aug' als meines schaut.
Sie treten in den Schatten der Bäume beim Lusthaus. Halm und Goldstadt kommen auf den Altan heraus.

Dritter Auftritt

Die Vorigen. Frau Halm, Goldstadt, dann Stüber.

HALM: Wirklich; er zieht!
GOLDSTADT: So scheint's.
STÜBER *kommt auf den Altan:* Frau Halm, er zieht!
HALM: Du guter Gott, daß ich das nicht vermied!
STÜBER: Ich wußt' es wohl, ich kenne die Unbändigkeit;
Drum schlag' ich vor, man handle mit Verständigkeit,
Sonst setzt er uns ins Blatt, so, wie er's wollte;
Gedruckt wird meine Braut in vielen Auflagen,
Mit Körben, Zwillingen, Verlobungsaufsagen –
Ob man nicht Waffenstillstand schließen sollte?
HALM: Doch glauben Sie, daß er drauf eingeht?
STÜBER: Ja.
Indizien sind, gewisse Spuren, da,
Daß er die prahlerischen Worte neulich
In einem Zustand sprach, der nicht erfreulich.
Ein wenn auch nicht gerade überführendes,
So doch gewiß auf rechter Fährte spürendes,

Glaubwürdig' Zeugnis läßt zum Vorschein kommen,
Daß er wie ein Betrunk'ner sich benommen,
Auf Linds und eignem Zimmer –

Falk und Schwanhild trennen sich, indem Falk nach dem Hintergrund geht, Schwanhild aber im Schatten beim Lusthaus stehenbleibt.

GOLDSTADT *sieht einen Schimmer von beiden:*
Jetzt wird's Licht!
Vertraun Sie mir, Frau Halm; Herr Falk zieht nicht,
Und tut er's, ist's als Freund, nicht um zu kränken.

STÜBER: Sie glauben auch –?

HALM: Wie können Sie nur denken –!

GOLDSTADT: Ich bitte, kurze Zeit mich anzuhören.

HALM: Nun gut, so kommen Sie.

STÜBER: Ich will nicht stören.

Halm geht mit Goldstadt in den Garten; während der folgenden Auftritte sieht man beide ab und zu im Hintergrund in eifrigem Gespräch. Stüber steigt ebenfalls vom Altan und entdeckt Falk, der auf das Wasser hinausblickt.

STÜBER *für sich:*
Die Dichter sind der Rache, des Verrats Männer;
Doch wir Regierungsleute feine Staatsmänner:
Ich wirk' einstweilen für mich selber –

Strohmann tritt aus der Gartenstube.

Vierter Auftritt

Die Vorigen. Strohmann.

STÜBER *der Strohmann bemerkt:* Nun?

STROHMANN *auf dem Altan:*
Er zieht! *Er geht zu Stüber hinab.*
Ach, woll'n Sie mir die Liebe tun,
Hineinzugehn und meine Frau zu halten –

STÜBER: Was sagen Sie? Ich soll Frau Pfarrer halten?!

STROHMANN: Ich mein' zurückzuhalten, dort im Zimmer.
Mein Weib, ich und die Kinder sind sonst immer
Beisammen, nie –

Frau Strohmann und die Kinder treten in die Tür.

Fünfter Auftritt

Die Vorigen. Frau Strohmann und ihre Kinder.

STROHMANN *bemerkt seine Angehörigen:*
Dort sind sie auf der Schwelle.

FRAU STROHMANN: Wo bist du, Strohmann?

STROHMANN *leise zu Stüber:* Gibt's nicht in der Schnelle
Ein Etwas, das sie könnte int'ressieren?!

STÜBER *steigt auf den Altan und nimmt ein Buch aus der Tasche; zu Frau Strohmann:*
Sah'n Sie die Bittschrift des Departements?
Ein Muster ist's stilistischen Talents.
Ich werde in extenso referieren –

Indem er sein Buch aufschlägt, nötigt er sie mit den Kindern höflich in die Stube zurück.

Sechster Auftritt

Die Vorigen ohne Stüber, Frau Strohmann und Kinder.

Falk kommt nach dem Vordergrund und begegnet Strohmann; sie sehen einander eine Weile an.

STROHMANN: Nun?

FALK: Nun?

STROHMANN: Herr Falk?

FALK: Herr Strohmann?

STROHMANN: Lenkt man ein?
Ist man mehr fügsam jetzt als letzthin?

FALK: Nein!
Ich schreite vorwärts, nimmermehr zurück.

STROHMANN: Und unbekümmert um des Nächsten Glück?

FALK: Was irdisch Glück! Die Wahrheit find' Verbreitung!
Lächelnd: Sie denken übrigens an meine Zeitung.

STROHMANN: Es war vielleicht nur Spaß?

FALK: Das ist vorbei:
Durch Taten mach' ich, nicht durch Schrift mich frei.

STROHMANN: Und wenn Sie mich auch schonen, leider ist
Ein andrer da, vor dem kann nichts mich schützen.
Sie gaben eine Waffe dem Kopist,
Und allzu sicher weiß er sie zu nützen.
Sie rührten in den alten Schwärmereien,
Und bring' ich gegen das, wonach im Chor
Sie alle schreien, nur ein Wörtchen vor –
Ich bin gewiß, er wird mich ihrer zeihen.
Viel Einfluß haben, sagte man mir heute,
Auf unsre Presse die Regierungsleute,
Und eines Pfuschers Aufsatz kann mich fällen,
Wird er in jenes große Blatt gebracht,
Das künstlich sich versteht aufs Fallenstellen
Und um sich schlägt mit Samsons Wehr und Macht –
Absonderlich am Ende vom Quartal.

FALK *einräumend:*
Ja – wär', wie Sie gehandelt, ein Skandal –

STROHMANN *verzagt:*
Ach, trotzdem; und in jenem Blatt zumal;
Am R a c h altare werd' ich hingegeben –

FALK *mit Laune:*
Am S t r a f altare; und mit gutem Grunde.
Es schreitet eine Nemesis durchs Leben,
Die sicher trifft – da hilft kein Widerstreben,
Und sei's auch erst in später Lebensstunde.
Die Presse steht auf Wacht mit scharfen Waffen:
Hat man gesündigt wider die Idee,
So trage man die Folgen, tut's auch weh.

STROHMANN: Was hab' i c h mit Ideen denn zu schaffen?
Ich bin ja Ehemann, Familienvater,
Zahlreicher Herden geistlicher Berater,
Ich hab' Annexe und ein großes Gut;
Da soll man säen, ernten, dreschen, futtern,
Da soll man Dünger schaffen, melken, buttern,
Nach mir im Stall, im Haus man fragen tut;
Hab' ich denn Zeit zu leben für Ideen?

FALK: Ja dann – dann rat' ich schnell nach Haus zu gehen,
Und daß man dort zum Winterschlaf sich richte;
Denn unsre Fahne füllt des Lenzes Wehen,
Und tausend junge Freiheitskämpfer stehen
Und schauen hoffend nach dem neuen Lichte.

STROHMANN: Und ging' ich heim, und folgt' ich meinem Sehnen,
Mit all den Meinen, ja, mit allen jenen,
Die gestern noch mein kleines Königreich –
Ist denn das „Heute" auch dem „Gestern" gleich?
Sie haben meinen Reichtum mir genommen –

Falk will antworten.

STROHMANN: Nein! Lassen Sie mich jetzt zu Ende kommen!

Er tritt näher.

Auch ich hab' jung und furchtlos einst gestanden,
Und spähte nach dem Licht von hoher Wart';
Dann stritt fürs Brot ich – viele Jahre schwanden –
Das macht den Geist nicht, wie die Hände, hart.
Mein Heim liegt hinterm Berg im hohen Norden:
Zum Erdenrund ist mir mein Kirchspiel worden.
Mein Heim – ja – wissen Sie denn, was ein Heim ist?

FALK *kurz:*
Das hab' ich nie gewußt.

STROHMANN: Ich glaub' es gerne.
Da ist ein Heim: Wo allen Glückes Keim ist –
Vergeblich sucht man es in lauter Ferne;
Da ist ein Heim: Wo Feinde sagen, „hier ist's
Zu eng für zwei", und wo doch Platz für vier ist;
Da ist ein Heim: Wo frei Gedanken spielen,
Den Kindern gleich, auf ihres Vaters Schoß,
Wo deine Worte nach dem Herzen zielen,
Und Echo Herzen geben, klein und groß;
Ja, da ist Heimat: wo die Häupter grauen
Und niemand sieht, wie sie geworden alt,
Wo dämmernd die Erinnerungen blauen
Wie Bergesgipfel über grünem Wald.

FALK *mit erzwungenem Spott:*
Sie werden warm –

STROHMANN: Und Ihnen ist's ein Spott!
So ungleich schuf uns zwei der liebe Gott.
Mir fehlt, was Ihnen ward in reichem Maße,
Was Ihnen mangelt, liegt auf meiner Straße.
Sie streben hoch empor, zu Äthers Klarheit,
Ich strebe nur aufs Dach. Des Lebens Tennen
Enthalten manch verstreutes Körnlein Wahrheit,
Das niemand aus den Wolken kann erkennen.
Der Herrgott schuf den Adler –

FALK *lachend:* Und die Hennen.

STROHMANN: Ja, lachen Sie, Ihr Gleichnis ist ganz gut:
Ich hab' auch Küchlein – Sie, Sie haben keine –,
Die unter meinen Flügeln ich vereine;
Ich habe einer Henne Herz und Mut,
Und, gilt's die Meinen, ja, dann hack' ich um mich.
Sie meinen, daß ich dumm, ja Schlimmres wäre,
Und allzusehr der Erde Gut begehre.

Er ergreift Falks Arm und spricht gedämpft, aber mit steigender Wärme.

Gut! Halten Sie für blöd, begehrlich, dumm mich,
Darob entbrenne zwischen uns kein Streit:
Ich wurde blöd im Meer der Einsamkeit,
Verdummte in der schweren Drangsalszeit
Und bin begehrlich, ja – für meine Lieben.
Doch, ward mein Jugendschiff hinausgetrieben,
Versank es hinter endeloser Dünung –
Ein andres kam am Horizont empor,
Mit vollen Segeln bracht's des Lebens Sühnung.
Schwungfedern ich im Lebenssturm verlor,
Und meiner Jugend Träume gingen unter;
Statt ihrer gab mir Gott die kleinen Wunder;
Für meine Kinder deutet' ich die Schrift,
In ihrer Mitte heilt' ich meine Schrammen,
Für meine Kinder stritt ich, trug zusammen,
Die Sie befleckt mit Ihres Spottes Gift.
Ästhetisch, und – so darf ich's nennen – schächerlich,
Bewiesen Sie, daß Torheit all mein Glück,
Daß alles, was für Ernst ich nahm, nur „lächerlich" –
Nun fordr' ich meiner Seele Ruh' zurück:
Ich fordre sie zurück ohn' alles Kritteln –

FALK: Soll ich ein Heimrecht Ihrem Glück ermitteln?!

STROHMANN: Sie legten auf den Weg des Zweifels Stein,
Und Sie nur können mich von ihm befrein;
Ein Halfter ist mir um den Hals geschlungen,
Mein Glück und das der Meinen ist zersprungen –

FALK: Nun meinen Sie, ich hab' den Leim der Lügen,
Und soll für Sie Zersprungnes wieder fügen?

STROHMANN: Ich meine, konnt' Ihr Wort den Glauben brechen,
So kann es ihn von neuem auch verleihn:
Es wälze denn von meinem Weg den Stein!
Sie müssen sich besinnen, Wahrheit sprechen,
Die reine Wahrheit, wie Sie stets gesollt –

FALK *stolz:*
Messing des Glücks verteil' ich nicht als Gold.

STROHMANN *sieht ihn fest an:*
Nun gut. Erinnern Sie, hier ward gesagt
Von einem, der den Wahrheitshasen jagt:

Mit erhobenem Finger:

Es schreitet eine Nemesis durchs Leben,
Die sicher trifft – da hilft kein Widerstreben.

Er geht nach dem Haus hin. Stüber kommt heraus mit der Brille auf der Nase und dem offnen Buch in der Hand.

Siebenter Auftritt

Die Vorigen. Stüber, die Kinder in der Tür.

STÜBER: Herr Pfarrer! Meine Weisheit ist zu Ende,
Frau Pfarrer harrt –

DIE KINDER *in der Tür:* Papa!

STÜBER: Die Kinder schrein.

Strohmann geht mit den Kindern in das Haus.

Achter Auftritt

Die Vorigen ohne Strohmann und Kinder, dann Fräulein Skäre im Hause singend.

STÜBER *steckt Brille und Buch in die Tasche und nähert sich dann Falk:*
Die Frau versteht sich nicht auf Argumente.
Falk!
FALK: Stüber!
STÜBER: Wirst du nun vernünftig sein?
FALK: Wieso denn?
STÜBER: I, das ist doch leicht erklärlich.
Was heimlich anvertraut, verrät man nicht,
Das, weißt du, streitet wider Ehr' und Pflicht.
FALK: Gewiß; ich hab' gehört, das sei gefährlich –
STÜBER: Den Henker auch!
FALK: Doch nur für Superiore.
STÜBER *eifrig:* O nein, für alle Leute vom Kontore.
Denn könnten meine Vorgesetzten glauben,
Mir ständ' ein Pegasus im Stall bereit,
Den ich bestiege in der Arbeitszeit –
Es würde jeder Aussicht mich berauben.
Ach, bei der „Revision" und „Kirche" weiß
Das Flügelroß man leider nicht zu schätzen,
Erfahren darf man dort um keinen Preis,
Daß ich so grob das Schweigen konnt' verletzen
Und Heimliches verraten, das von Wichtigkeit.
FALK: So strafbar ist dergleichen Unvorsichtigkeit?
STÜBER *geheimnisvoll:*
Ja; zwingen kann sie eine Staatsperson,
Gleich zu begehren ihre Demission.
Ein Schloß muß man vor seinen Lippen tragen,
Selbst wo man unter Mächtige sich mischt –
FALK: Das ist denn doch tyrannisch, muß ich sagen,
Den Mund verschließen dem – Kopist, der drischt.
STÜBER *achselzuckend:*
Dem, was legal ist, muß man ohne Knurren
Sich unterwerfen; gerade jetzt zu murren,
Und etwas vom Gebrauch der Arbeitsstunden
Zu äußern, würde Unvernunft bekunden;
Denn „Gagerevision" steht vor dem Tor:
Drum bitt' ich, such' Vergangnes nicht hervor;
Ein Wort von deiner Seite trennt mich vom –
FALK: Portefeuille?
STÜBER: Bei uns heißt es Kopierbuch. Fromm
Verschließt wie Busennadeln es die Hülle,
Die auf den Busen des Kontors sich legt –
Es ist gefährlich, denkt man sich die Fülle –
FALK: Noch gestern hast du selbst den Wunsch gehegt,
Ich möcht' etwas vom Schatz im Pulte sagen.
STÜBER: Wer konnt' auch denken, Strohmann sei so schwach,
Der Weib und Kinder hat, ein eigen Dach,
Und Mittel, um des Lebens Last zu tragen!
Sank e r so tief, wie dürfte ich es wagen,
So, wie du willst, der Liebe Macht zu künden,
Ich, der noch auf Beförd'rung hoffen kann,
Der schon verlobt ist, bald ein Ehemann,
Und schauen muß, Familie zu begründen!
Heftiger: O wär' ich reich, ich zög' hinaus ins Feld
Und trotzte kühnlich einer ganzen Welt!
O ständ' ich noch allein, wie du im Schnee,
Der Prosa bräch' ich Bahnen der Idee!
FALK: So mach dich frei!
STÜBER: Ja, wie –
FALK: Reg nur die Schwingen!
Ob auch die Welt dich richte, überklug:
Selbst Raupen werden ja zu Schmetterlingen –
STÜBER *tritt zurück:*
Ich sollte brechen –!
FALK: Noch ist Zeit genug.
Ist erst die Perle fort, was nützt die Schale?
STÜBER: Mit solchem Vorschlag kommt man einem Fuchs,
Geprüftem Haupt bleib' fern dergleichen Jux!
Zwar wär's Verstoß nicht gegen das Legale;
Vom älteren Gesetze nicht zu sprechen,
Hat's neue, im Kapitel vom Verbrechen,
Verlobungsbrüche nicht mit aufgeführt,
Nichts Kriminelles just dabei verspürt –
FALK: Da siehst du nun –
STÜBER *fest:* Und dennoch sag' ich: „nein"!
Nie geh' auf solche Exzeption ich ein.
Zusammen trugen wir die trüben Zeiten,
Ihr Anspruch an das Leben ist bescheiden,
Und eine Stimme flüstert mir ins Ohr,
Ich sei fürs Haus geschaffen, fürs Kontor.
Flieg du mit Adlern zu gewalt'gen Höh'n –
Das Leben ist ja auch im kleinen schön.
Es hat Geheimrat Goethe irgendwo
Gesagt, man könne nicht mit ird'nen Töpfen
Vom Himmelsmilchstrom sich die Sahne schöpfen,
Glücksbutter draus zu schlagen –
FALK: Wär's auch so,
Wär' „Glück zu buttern" auch dein einzig Ziel:
So forme doch der Geist der Hände Spiel.
Man soll als Bürger seiner Zeit sich geben,
Doch bürgerliches Tun zu adeln streben.
Gewiß kann Schönheit man im kleinen sehn –
Doch heißt's, sie wirklich schauen und verstehn.
Nicht jeder, welcher an der Butterleier
Zu drehn beliebt, ist drum ein Schweizer Meier!
STÜBER: So laß uns friedlich wandern unsre Wege,
Wir hemmen dich ja nicht auf deinem Stege,
Der aufwärts steilt. Mein Weg liegt tief im Tal.
Auch ich wollt' einst zur Höhe singend streben,
Doch Arbeit fordert, nicht Gesang, das Leben;
Ihm stirbt man ab, in spät'rer Zeit zumal.
Das Jugendleben ist wie ein Prozeß,
Den's ganz unnötig ist zu provozieren;
Vergleich dich lieber, denk nicht an Regreß:
Du wirst vor jedem Richter ihn verlieren.

FALK *keck und trotzig, indem er einen Blick nach dem Gartenhaus wirft:*
Hätt' ihrer aller Bannspruch mich getroffen:
Ich weiß, ich hab' Begnadigung zu hoffen.
Ich weiß, ein Paar kann so durchs Leben ziehn,
Daß weder Glaube noch Begeist'rung fliehn.
Doch du vertrittst die Lehr' der Zeit, es wäre
Das Ideale stets das Sekundäre.
STÜBER: Primär ist es; erfüllt ist sein Beruf,
Wie das der Blüte, wenn erst Frucht es schuf.
Skäre singt und spielt im Haus auf dem Piano in sentimentaler Weise: „Ach, du lieber Augustin".
STÜBER *hält inne und lauscht in stiller Rührung:*
O hör! Sie ruft; als wir uns fanden, drang
Zu meinem Herzen sie mit diesem Sang.
Er legt die Hand auf Falks Arm und sieht ihm fest ins Auge.
Sooft ins Leben sie mit ihren Händen
Ihn sehnend weckt, ertönt aus den Tangenten
Ein Echo mir von ihrem ersten „Ja".
Und sollt' zu Grab auch unsere Liebe gehen
Und erst als Freundschaft wieder auferstehen –
Bei diesem Lied sind „sonst" und „jetzt" sich nah.
Und wird mein Rücken krumm im Lauf des Lebens,
Ist wider Hunger auch mein Krieg vergebens:
Zum Heim geh' ich doch stets mit leichtem Schritt.
Dort kann Verschwund'nes sich in Tönen zeigen –
Ein Feierabend dort, der ganz mein eigen,
Hält schadlos mich für alles, was ich litt.
Er geht ab in das Haus. Falk wendet sich nach dem Lusthaus. Schwanhild kommt hervor; sie ist bleich und erregt. Sie schauen einander eine Weile schweigend an und werfen sich dann einander mit Heftigkeit in die Arme.

Neunter Auftritt

Schwanhild, Falk.

FALK: Schwanhild! Halt aus! O laß sie uns nicht trennen,
Am Kirchhof du, ein frisches Heidekraut!
Da siehst du, was sie Lenzesleben nennen –
Nach Moder riechen Bräutigam und Braut!
Nach Moder, gehen auf der Gasse zwei,
Ein Lächeln auf den Lippen, dir vorbei,
Ein Lügengrab im Herz voll Spinneweben,
Und Todesschlaffheit über allem Streben.
Allmächt'ger Himmel! Und das heißt man leben!
Da lohnen wahrlich doch die Mühen nicht,
Mit welchen man zu Kinderherden spricht,
Um sie mit Redlichkeit zu füttern und mit Pflicht,
Um sie zu mästen: „Nur der Glaube frommt!"
Daß fett sie, wenn das Seelenschlachtfest kommt.
SCHWANHILD: Falk! Laß uns reisen!
FALK: Reisen? Und wohin?
Sind nicht die Menschen überall die gleichen,
Und sieht man nicht in eines jeden Sinn
Die Lüge im Gewand der Wahrheit schleichen?
Nein, bleiben wir; genießen das Spektakel,
Ein tragikomisch Harlekinsmirakel,
Wo jeder glaubt, was andre zugestutzt.
Sieh Strohmann, Stüber, Lind in diesem Bunde,
Im Herzen Lüge, Glauben auf dem Munde,
Als Liebesruprecht bunt herausgeputzt,
Und respektable Leute doch im Grunde.
Sich selbst belügen sie und all die andern,
Und ohne Tadel darf die Lüge wandern.
Schiffbrüchig sind sie und erscheinen doch
Sich selber als des Glückes Krösus noch.
Sie trieben selbst sich aus dem Paradies,
Bums, in den Schwefelpfuhl bis an die Ohren,
Und jeder gern doch „Edensritter" hieß,
Und von den Lippen nicht sein Lächeln ließ –
Denn keiner weiß und ahnt, was er verloren.
Kommt aber Beelzebub herangezogen,
Mit Horn und Pferdehuf, mit Spott und Plärr,
So stößt den Nachbarn man mit Ellenbogen:
„Du! Zieh den Hut! Denn sieh, dort kommt der Herr!"
SCHWANHILD *nach einer kurzen, gedankenvollen Stille:*
Wie wunderbar hat mich des Vaters Hand
Zu unserm Frühlingsstelldichein geleitet.
Das Tun, das nur in Träumen Leben fand,
Das ist mir nun als Tagewerk bereitet.
O guter Gott! Du gabst dein Licht der Blinden;
Nacht war's umher, da durft' ich diesen finden!
Sie blickt Falk mit stiller, liebreicher Bewunderung an.
O welche Kraft in dir, du starke Eiche!
Allein stehst du im Windbruch! Im Bereiche
Von deinem Schirm bin ich in guter Hut.
FALK: Die Wahrheit Gottes, Schwanhild, die gibt Mut.
SCHWANHILD *sieht nach dem Haus mit einem Ausdruck banger Scheu:*
Wie die Versucher kamen sie, die zwei,
Als ob der Menschheit Sprecher jeder sei.
Der erste frug, kann Liebe Knospen setzen,
Wo sich die Seele beugt der Erde Schätzen?
Der andre aber: Bleibt zum Lieben Zeit,
Wenn's Leben bloß ein steter Armutsstreit?
Entsetzlich, dies als Wahrheit uns zu predigen –
Ja – lieber noch des Lebens sich entledigen –!
FALK: Und gält' das letztre uns?
SCHWANHILD: Gält's uns? Was dann?
Ob äußre Zutat etwas ändern kann?
Ich sagte dir schon einmal: Willst du streiten,
Ich steh' und falle treulich dir zur Seiten.
Nichts ist so leicht doch wie des Herrn Gebot:
Das Elternhaus verlassen, jubeln, leiden,
Und seinem Lieb zu folgen in den Tod.
FALK *umarmt sie:* So komm denn, Wintertag! Kommt, Sturm und Wellen!
Wir stehen fest; kein Wetter soll uns fällen!
Halm und Goldstadt kommen von rechts aus dem Hintergrund.
Falk und Schwanhild bleiben beim Lusthaus stehen.

Zehnter Auftritt

Die Vorigen. Frau Halm, Goldstadt.

GOLDSTADT *gedämpft:*
Ah! Sehn Sie dort!
HALM *überrascht; ebenso:*
Zusammen!
GOLDSTADT *ebenso:* Gnäd'ge Frau?!
HALM *ebenso:* Bei Gott!
GOLDSTADT *ebenso:*
Nun schwand Ihr Zweifel, wie ich merke.
Ich ahnt' ihn lange schon bei diesem Werke.
HALM *für sich:*
Wer konnt' auch denken, Schwanhild sei so schlau?
Lebhaft und leise zu Goldstadt:
Nein, nein! Ich kann's nicht glauben!
GOLDSTADT *gedämpft:* Gut. Sie sollen
Gewißheit haben.
HALM *ebenso:* Wie? Sogleich –!
GOLDSTADT *ebenso:* Nachdrücklich!
HALM *ebenso, reicht ihm die Hand:*
Nun denn; mit Gott!
GOLDSTADT *ernst:* Er segnet ernstes Wollen.
Er geht auf Falk zu.
HALM: Wie auch das Ende sei, mein Kind wird glücklich.
Sie geht in das Haus.

Elfter Auftritt

Goldstadt, Falk, Schwanhild.

GOLDSTADT *zu Falk:*
Sie haben Hast?
FALK: Noch eine Viertelstunde,
Dann geh' ich.
GOLDSTADT: Gut, ich brauch' nicht mehr im Grunde.
SCHWANHILD *will gehen:*
Leb wohl!
GOLDSTADT: Nein; warten Sie –!
SCHWANHILD: Wer? Ich –?
GOLDSTADT: Ja, bitte.
Nun gilt es klar zu sein beim nächsten Schritte.
Notwendig ist ein ernstes Wort uns allen.
FALK *erstaunt:*
Uns allen?
GOLDSTADT: Ja, die Masken müssen fallen.
FALK *unterdrückt ein Lächeln:*
Ich steh' zu Diensten.
GOLDSTADT: Wohl. Es ist vielleicht
Ein halbes Jahr, daß wir uns kennen.
FALK: Ja.
GOLDSTADT: Uneinig sind wir oft, und keiner weicht.
Sie stehn als Führer einer Sache da,
Die, großgedacht, fast zu den Sternen reicht;
Ich steh', Gemeiner nur, im Alltagsleben.
Und dennoch hat es zwischen uns ein Band gegeben:
Mir war, als würd' aus längst vergess'nem Schacht
Durch Sie mein Jugendgold ans Licht gebracht.
Sie sehn mich an; im Lebenslenze wallten
Auch meine grauen Haare frei und braun,
Und meine Stirn, meist schweißbesprengt zu schaun,
Sie trug nicht immer sorgenvolle Falten.
Genug. Ich bin Geschäftsmann –
FALK *leicht spottend:* Ja, der nüchterne,
Der praktische Verstand.
GOLDSTADT: Der wenig schüchterne,
Der hoffnungsfrohe Sänger, das sind Sie.
Er tritt zwischen Falk und Schwanhild.
Und darum müssen wir jetzt reden. Nie
Kommt diese Stunde wieder, doch im Schoß
Hat sie ein heitres und ein dunkles Los.
FALK *gespannt:* So reden Sie!
GOLDSTADT *lächelnd:* Ich warf schon gestern hin,
Es läge ein Gedicht mir in dem Sinn –
FALK: Ein faktisches –
GOLDSTADT *nickt langsam:*
Gewiß.
FALK: Der Stoff liegt nah?
GOLDSTADT *sieht Schwanhild einen Augenblick an, dann zu Falk:*
Es ist derselbe Stoff, den Sie gewählt.
SCHWANHILD: Nun muß ich gehn.
GOLDSTADT: Nein; bleiben Sie noch da.
Von andrer dies zu bitten, wär' gefehlt,
Doch, Schwanhild, Sie, Sie kenn' ich auf den Grund,
Für Ziererei ist Ihr Geist zu gesund.
Ich sah Sie wachsen, sah Sie sich entfalten;
Sie haben das, worauf das Glück man baut.
Als Tochter hab' ich längst Sie hochgehalten:
Heut' aber bitt' ich – sei'n Sie – meine Braut!
Schwanhild weicht scheu zurück.
FALK *ergreift Goldstadt am Arm:*
Nicht weiter, Herr!
GOLDSTADT: Nur still! Sie soll entscheiden.
Jetzt fragen Sie, dann wähl' sie zwischen beiden.
FALK: Ich – sagen Sie!
GOLDSTADT *sieht ihn fest an:*
Ja, Sie! Nicht mir allein,
Nein, unsrer dreier Glück gilt es zu schützen.
Verstellen Sie sich nicht, was soll es nützen?
Denn, trat ich auch in niedre Dienste ein,
Ein klares Auge konnten sie verleihn.
Ich habe eure Liebe wachsen sehn,
Ich sah sie grünen und in Blüte stehn;
Doch diese Liebe, wie sie blüht und loht,
Sie ist's, die eurem Glück Gefährdung droht.
FALK *fährt auf:*
Wie dürfen Sie –!
GOLDSTADT *ruhig:* Mit der Erfahrung Recht.
Gesetzt, sie wählte Sie –
FALK *trotzig:* Nun ja?

GOLDSTADT *langsam mit Nachdruck:* Und dächt'
Ihr Glück zu baun auf diesen einen Grund,
Auf dieser Liebesblüte ew'ge Dauer,
Und 's Leben käm' mit Sturm und Hagelschauer
Und fegte alles fort in einer Stund' – ?
FALK *vergißt sich, mit plötzlichem Ausbruch:*
Unmöglich!
GOLDSTADT *sieht ihn bedeutend an:*
Hm! So sprach auch ich einmal.
Ich brannte für ein Mädchen, sang ihr Lieder;
Man trennte uns. Ich sah sie gestern wieder –
's ist alles aus – erloschen ist der Strahl.
FALK: Wie – gestern?
GOLDSTADT *lächelt ernst:*
Ja. Frau Pfarrer –
FALK: War es die?
GOLDSTADT: Für die hab' ich geloht, geweint um die.
So, wie sie in der Jugend vor mir stand,
Schaut ich sie stets – bis ich sie gestern fand.
Nun brennen Sie wie ich, das seh' ich klärlich,
Versuchen nun dasselbe Wagespiel;
Bedenken Sie sich wohl, es ist gefährlich –
Und deshalb ruf' ich „halt!" eh' Sie am Ziel.
FALK: Erst heut' bekannt' ich allen meinen Glauben,
Den lass' ich mir von keinem Zweifel rauben.
GOLDSTADT: Den Glauben, daß die Liebe nach Behag
Dem Kummer, Alter, Tod zu trotzen mag?
Nun meinetwegen; möglich, daß es wahr;
Doch stellt die Sache sich auch anders dar.
Was Liebe sei, wo man das wohl erfährt?
Worin's wohl liegt, dies jugendfrohe Meinen,
Die eine sei geschaffen nur dem einen?
Dies hat kein Mensch auf Erden noch erklärt.
Doch bei Verlobung, was man meist vergißt,
Beim Ehebund fürs Leben sei man praktisch;
Denn da fällt der Beweis nicht schwer, daß faktisch
Just diese nur für diesen passend ist.
Es wählt die Liebe mit verbund'nem Auge
Und wähnt, daß ihre Wahl fürs Leben tauge.
Doch nun gesetzt, der Gegenstand der Wahl,
Er pass' zum Liebchen wohl, nicht zum Gemahl –
FALK *gespannt:*
Was dann?
GOLDSTADT *achselzuckend:*
Dann ist das Lebensglück fallit.
Der Brautschaft Glück ist nicht allein bedingt
Durch Liebe; manches andre spricht hier mit:
Der Sippen Art, in deren Kreis man dringt,
Und die dem andern man entgegenbringt,
Der eignen Eigentümlichkeiten Heer –
Und dann die Ehe! O sie ist ein Meer,
Wo in der Forderungen Wellenspiel
Gar oft Gefährdung läuft der Liebe Kiel.
Da gelten Häuslichkeit und Sinn für Pflicht,
Die Kochkunst selbst ein wichtig Wörtlein spricht,
Und viel, von dessen Nennung ich im Beisein
Von Fräulein Halm am liebsten möchte frei sein.
FALK: Und deshalb – ?
GOLDSTADT: Hören Sie mich ohne Groll,
Und blicken Sie ins Leben nur hinein:
Ein jedes Paar nimmt dort den Mund so voll,
Als hätt' es Millionen, es allein.
Spornstreichs zur Hochzeit geht's, ins eigne Haus,
Dort lebt man kurze Zeit im Siegesbraus;
Doch eines Tags – ja, ja – ist alles aus.
Fallit sind dann die Rosen ihrer Wangen,
Fallit in seiner Brust der Siegesmut,
Fallit die Töne, die zum Herzen drangen,
Fallit Gedankenflor und Jugendglut,
Fallit, fallit des Handelshauses Masse,
Und da es anhub, war's doch erster Klasse.
FALK *mit starkem Ausbruch:*
Das ist nicht wahr!
GOLDSTADT *unerschütterlich:*
Woll'n Sie etwa bestreiten,
Was Ihnen Wahrheit schien vor einer Stunde,
Als sie befehdeten die Teetischrunde
Und standen wie ein Held aus alten Zeiten?
Sie hörten Widerspruch von allen Seiten,
So wie nun ich. Verständlich, in der Tat,
Nicht liebt vom Tod zu sprechen, wer ihm naht.
Sehn Sie den Pfarrer, dem Talent, Geschmack
Nicht abzusprechen war im Freiersfrack;
Wie wundert Sie, daß dies ein Ende fand,
Als er mit jener eh'lich sich verband?
Sie mocht' als Liebchen ihm Genüge geben,
Doch nicht als die Begleiterin durchs Leben.
Und der Kopist? Er sang einst froh und munter,
Indessen, kaum verlobt mit Fräulein Skäre,
Da kam sich Reim und Versmaß in die Quere,
Und seine Singkunst ging in Jura unter.
So sehn Sie –
Er betrachtet Schwanhild. Frieren Sie?
SCHWANHILD *leise:* Ich friere nicht.
FALK *zwingt sich zu einem leichten, spöttischen Ton:*
Und sollt' es wirklich stets mit Minus enden,
Warum dann legen Sie ein solch Gewicht
Darauf, das Kapital in Ihren Händen
An solch unvorteilhaft Geschäft zu wenden?
Sind Sie denn so begierig nach Bankrott?
GOLDSTADT *sieht ihn an, lächelt und schüttelt den Kopf:*
Mein kecker junger Falk, wozu der Spott?
Man fügt sein Glück mit gar verschied'nen Kitten.
Bald baut man es mit Illusionskrediten,
Mit ew'gen Rausches Wechseln, langer Sicht,
Auf Permanenz des Alters neunzehn, zwanzig,
Auf die Unmöglichkeit von Schnupfen, Gicht,
Daß nie der Liebe Butter werde ranzig
Und daß dergleichen Ware nie gebricht.
Bald baut man es auf Stimmung und Gedicht,
Auf Blumenflor, vom Wüstensand umzäunt,
Auf Herzen, die zu jeder Stunde pochen,
Wie da, als man das erste „Ja" gesprochen.

Der Mann jedoch, vom Lebenssturm gebräunt,
Der nennt dies Humbug – Humbug, junger Freund.
FALK: Aha! Jetzt ahn' ich erst, daß Sie gefährlich,
Der reiche Mann, vielleicht der Millionär,
Da all mein Gut zu leicht für zweie wär'.
GOLDSTADT *scharf:*
Was soll das heißen!
FALK: Das ist leicht erklärlich,
Denn der solide Grund, der jenen fehlt,
Ist Münze, Münze ja, das Wundermittel;
Sie macht, daß man auch ältre Witwen wählt,
Und ihnen schenkt Sankt Gertruds Heil'gentitel.
GOLDSTADT: O nein, mein Herr! Er ist ein beßrer, traun,
Er ist die stille, herzenswarme Achtung,
In deren Licht vollauf so gut Sie baun
Wie andre in des Liebestraums Umnachtung.
Er ist auch das Gefühl vom Glück der Pflicht,
Der Fürsorg' Wohltat und der Heimat Frieden,
Das Streben, das vom Weg die Dornen bricht,
Zwei Willen eint zum Lebensgang hienieden.
Er ist die milde Hand, die Wunden heilt,
Der starke Arm, der stets bereit, zu stützen,
Er ist die Manneskraft, die ungeteilt,
Gleich sicher stets, Erkor'ne weiß zu schützen.
Auf diesen Grund nun, Schwanhild, will ich baun,
Drum frag' ich wieder: Woll'n Sie mir vertraun?
Schwanhild macht eine starke Anstrengung, um zu sprechen.
GOLDSTADT *erhebt die Hand und hindert sie:*
Bedenken Sie sich wohl, eh' Sie entscheiden,
Und, Schwanhild, dann – antworten Sie uns beiden.
FALK: Und woher wissen Sie –?
GOLDSTADT: Daß Sie sie lieben?
Das steht in Ihren Blicken klar geschrieben.
Er drückt ihm die Hand.
Ich räume nun das Feld; Sie mögen frein.
Versprechen Sie, sich ihrem Glück zu weihn,
Wie ich, ein Freund im Leben ihr zu sein,
Wie ich ein Stab, ein Tröster in der Not –
Nun gut – dann sei vergessen, was ich bot,
Dann hab' ich nur gehandelt, wie ich sollte,
Ihr Glück war's, nicht das meine, was ich wollte –
Ja, und noch eins: Sie nannten Gut und Geld,
Die nur ein Tor verschmäht in dieser Welt,
Ich steh' allein mit meiner Arbeit Lohn –
Zu Schwanhild: Dann sei'n Sie meine Tochter,
zu Falk: Sie mein Sohn.
Ihr gründet hier ein Heim, ich zieh' aufs Land,
Im nächsten Sommer sehen wir uns wieder.
Nun kennt ihr mich, nun prüft euch mit Verstand:
Die Lebensreise fordert nicht bloß Lieder,
Heißt nicht genießen bloß, mit andern schmälen –
Und jetzt, in Gottes Namen, mögt ihr wählen!
Er geht ins Haus.

Zwölfter Auftritt

Falk und Schwanhild sehen einander scheu an.

FALK: Du bist so bleich.
SCHWANHILD: Und du so stille.
FALK: Ja.
SCHWANHILD: Er war uns schlimm.
FALK *für sich:* Er brach den Siegesmut.
SCHWANHILD: Wie hart er schlug –
FALK: Und traf dabei so gut.
SCHWANHILD: Wie liegt das Ganze nun in Trümmern da.
Sie tritt näher zu Falk.
Wie reich wir waren, jedes in dem andern,
Als jedes von der Welt verlassen stand.
Gedanken konnten, wie die Wellen, wandern,
Bis rauschend sie erreicht den grünen Strand.
Wir hatten Siegesmut im festen Glauben
An unsrer Jugendliebe ew'ges Spiel,
Da kam mit ird'schem Gut er, ihn zu rauben,
Er pflanzte Zweifel – und das Ganze fiel.
FALK *mit wilder Heftigkeit:*
Für uns ist es nicht wahr, was der da sprach!
Laß dich's nicht kümmern, such es zu vergessen.
SCHWANHILD *still den Kopf schüttelnd:*
Es kann die Ähre, die der Hagel brach,
Nie mehr im Trotz zu wehen sich vermessen.
FALK *mit ausbrechender Angst:*
Doch! Wir zwei –
SCHWANHILD: Such dich selbst nicht zu betrügen,
Denn Tränen sind die Ernte, sät man Lügen.
Für uns sei das nicht wahr, was er gesprochen?
Und glaubst du nicht, daß jeder so gedacht?
Daß jeder sich gerühmt, mit keckem Pochen,
Für ihn hab' keinen Strahl die Wetternacht?
Ihm gelte, der in eigner Kraft sich sonnt,
Die Wetterwolke nicht am Horizont?
FALK: Ich will nur deine Liebe, sie allein,
Für viele Ziele wirken selbst die Besten!
Sieh, wie sie sich im Leben überschrein –
Ich aber stütz' dich still mit starken Ästen.
SCHWANHILD: Und wenn die Liebe, der wir heut' vertraun,
Nun doch im Lebenssturm so heil nicht bliebe?
Kannst du ein sicher Glück auch dann uns baun?
FALK: Nein. Alles wär' vorbei mit meiner Liebe.
SCHWANHILD: Gelobst du mir, vor Gottes heil'gem Throne,
Daß stets wie heute dufte ihre Krone,
Sie nie zu Boden lieg' in Hagelschauern,
So wie die Ähre –
FALK *nach einer Pause:* Sie wird lange dauern.
SCHWANHILD *schmerzlich:*
Ja, lange! lange! O welch armes Wort,
Wie Mehltau nimmt's die grüne Hoffnung fort,

Es ist ein Todesurteil, dieses „lang“,
Und statt, so wie es früher jubelnd klang:
„Ich glaube, daß es ew'ge Liebe gibt“,
So heißt es bald: „Ich hab' dich einst geliebt.“
Wie von einer plötzlichen Eingebung erhoben:
Nein! Unser Glückstag soll nicht untergehen
Mit Sonnentränen, hinter Wolkenflor;
In Mittagsglorie soll er leuchtend stehen
Und plötzlich schwinden, wie ein Meteor.

FALK *erschrocken:*
Was willst du, Schwanhild – !

SCHWANHILD: Wir sind Sonnenkinder,
Und unsrer Sommersonne werd' kein Winter!
Ein Vogel singt in deiner Brust geborgen,
Und niemals drohe ihm ein Reuemorgen –
Auf Sonnenträume eine Leichendecke,
Wo seine Stimme schweigt in kahler Hecke!
Nein, unsre Lieb', die frohe, siegeskecke,
Die darf nicht altern, die bleib' ewig gleich,
Die sterbe, wie sie lebte, jung und reich!

FALK *in tiefem Schmerz:*
O weit von dir, was wäre mir das Leben?!

SCHWANHILD: Was könnt' bei mir es, ohne Liebe, geben?!

FALK: Ein Heim! Ein Heim!

SCHWANHILD: Wo Todesengel schweben!
Mit Stärke: Gott hat mich nicht zu deinem Weib bestimmt,
Die Binde er von meinem Auge nimmt.
Ich konnt' mit dir das Spiel der Liebe wagen,
Doch darf durch „Ernst“ nicht deine Seele tragen.
Näher, mit steigendem Feuer:
Gejubelt haben wir, vom Lenz berauscht,
Nun sei kein weich Verzagen eingetauscht;
Kein Hagel schlag' die Ähre von dem Stengel,
Dem Elf des Glückes nah' kein Todesengel.
Beschwing' den Elf, er steig' auf deinem Sang
Zum Himmel hoch in mächt'gem Götterdrang!
Ist auch gekentert unser Zukunftsboot:
Ich seh' die Rettungsplanke in der Not,
Das Paradies erreicht der kühne Schwimmer!
Ja, sinkt auch unser Glück ins Wellengrab:
Die Liebe, die ein guter Gott uns gab,
Die kommt zum Lande, die sinkt nie und nimmer!

FALK: O ich versteh' dich! Aber so zu scheiden,
Just nun, wo offen uns der Erde Rund,
Wo Fluren sich in Sommershoffnung kleiden,
Am Tauftag selbst für unsern jungen Bund!

SCHWANHILD: Just deshalb müssen wir. Von heute an
Würd' unser Jubelzug bergunter gehen,
Und wehe, wenn am Ende unsrer Bahn
Wir beichtend vor dem großen Richter stehen
Und stammeln: „Sieh, den Schatz, den du gegeben,
Verloren wir auf unserm Weg durchs Leben!“

FALK *mit starkem Entschluß:*
Fort mit dem Ring!

SCHWANHILD *feurig:* Du willst – ?

FALK: Fort mit dem Ringe!
Auf diesem Weg allein zu dir ich dringe!
So, wie das Grab der Weg zum ew'gen Licht,
So ist auch Liebe nur geweiht zum Leben,
Wenn sie der wilden Wünsche Fesseln bricht,
Zur Heimat der Erinnerung zu schweben!
Fort mit dem Ring!

SCHWANHILD *jubelnd:* Gelöst ist meine Pflicht!
Ich füllte dich mit Klarheit und Gedicht!
Flieg frei! Du bist zum Siege durchgedrungen,
Und Schwanhild hat ihr Schwanenlied gesungen.
Sie nimmt den Ring vom Finger und küßt ihn.
Nun bett' ich meinen Traum im tiefsten Bronnen!
Sie geht ein paar Schritte gegen das Ufer, wirft den Ring in das Meer und nähert sich Falk mit verklärtem Ausdruck.
Nun ist das Glück der Welt für mich zerronnen;
Doch du bist für die Ewigkeit gewonnen.

FALK *stark:* Zur Arbeit! Jedes unter andern Fahnen,
Nie kreuzen sich auf Erden unsre Bahnen!
Ein jedes geh' die seine ohne Klage!
Wir standen in dem Fieberdampf der Zeit,
Wir wollten Siegeslorbeer ohne Streit,
Wir wollten Sabbatsruh' am Werkeltage,
Das heißt die Ford'rung: „Kämpfe und entsage“!

SCHWANHILD: Doch niemals siech!

FALK: Nein, mit Gesundheitsmut!
Gefahrlos ist für uns die Strafeflut:
Erinn'rung soll durch unser Leben ziehen,
Dem Regenbogen gleich, auf dunklem Grund,
Ein sichtbar Zeichen, welches Gott verliehen,
Daß zwischen ihm und uns ein ew'ger Bund.
In seinem Glanz gehst du zu stillen Pflichten –

SCHWANHILD: Du strebst zum Sieg empor mit deinem Dichten –

FALK: Mit meinem Dichten! Dichter sei genannt
Ein jeder, der, in hohem, niederm Stand,
Im Gotteshause, im Versammlungssaale
Bei seinem Wirken sieht das Ideale.
Ich streb' zum Sieg empor! Das Leben setzte
Mir edle Ziele, scharrend steht mein Roß –
Lebwohl!

SCHWANHILD: Lebwohl!

FALK *umarmt sie:* Noch einen Kuß!

SCHWANHILD *küßt ihn und reißt sich los:* Der letzte,
Der freudig unsern Erdenbund beschloß.

FALK: Ob jedes Licht verlöscht in Hohn und Spott:
Der Lichtgedanke bleibt, er ist in Gott.

SCHWANHILD *entfernt sich nach dem Hintergrund:*
Lebwohl! *Sie geht weiter.*

FALK: Lebwohl! Ich rufe dennoch: „Ja!
Er schwingt den Hut.
Die schöne Liebe Gottes lebt! Hurra!“
Die Tür öffnet sich. Falk geht nach rechts hinüber.
Die jüngeren Gäste kommen unter Freude und Lust in den Garten.

Dreizehnter Auftritt

Die Vorigen. Die jüngeren Gäste.

DIE JUNGEN MÄDCHEN: Zum Tanz! zum Tanz hinaus!
EIN MÄDCHEN: Beim Sternenglanze!
EIN ANDERES: Ja, Maientanz im frischen Blütenkranze!
EINIGE: Zum Tanz, zum Tanz!
ANDERE: Das Leben flieh' im Tanze!

Stüber kommt mit Strohmann unterm Arm. Frau Strohmann und die Kinder folgen ihnen.

Vierzehnter Auftritt

Die Vorigen. Stüber, Strohmann, Frau Strohmann und Kinder.

STÜBER: Ja, du und ich, wir wurden Freunde heute!
STROHMANN: Wir stehen Mann für Mann!
STÜBER: Und sind im Staat
Zwei Mächte einig –
STROHMANN: Ist das Resultat –
STÜBER: Des Ganzen Bestes –
STROHMANN: Und des Ganzen Freude!

Frau Halm, Lind, Anna, Goldstadt und Fräulein Skäre sowie die übrigen Gäste kommen heraus. Die ganze Familie sucht mit den Augen Falk und Schwanhild. Allgemeines Stutzen, als man sie getrennt sieht.

Fünfzehnter Auftritt

Die Vorigen. Frau Halm, Lind, Anna, Goldstadt, Fräulein Skäre, die übrigen Gäste.

SKÄRE *zwischen den Tanten, schlägt die Hände zusammen:*
Was? Sagt mir, ob ich träume oder wache?!
LIND *der nichts bemerkt:*
Herr Schwager, nun? Wie steht denn deine Sache –?

Er, mit mehreren der Gäste, nähert sich Falk, fährt indessen einen Schritt zurück, als er ihn sieht, und bricht aus:

Doch wie? Was ist geschehn? Du hast, wie Janus,
Zwei Mienen –!
FALK *mit einem Lächeln:*
Ei, ich rufe mit Montanus:
Die Erd' ist flach, Messieurs, mein Auge trog;
Flach, wie ein Butterbrot; gewiß, ich log –

Er geht rasch nach rechts ab.

Sechzehnter Auftritt

Die Vorigen ohne Falk.

DIE TANTEN: Ein Korb!
HALM: Ich bitt' euch, schweigt!
SKÄRE: Du meine Zeit!
FRAU STROHMANN *zu Strohmann:*
Denk nur, ein Korb!
STROHMANN: Nein, ist es möglich?
SKÄRE: Ja!
DIE DAMEN *von Mund zu Mund, indem sie sich weiter zurück im Garten zu einem Haufen versammeln:*
Ein Korb! Ein Korb! Ein Korb!
STÜBER *steht versteinert:* Er hat gefreit?!
STROHMANN: Ja denk! Und lachte über uns! ha, ha –!

Sie sehen einander sprachlos an.

ANNA *zu Lind:*
Ach, das ist wirklich gut; er war abscheulich!
LIND *umarmt und küßt sie, sie gehen den Garten hinauf:*
Hurra! Jetzt bist du mein in allen Stücken!
GOLDSTADT *sieht auf Schwanhild:*
Hier ist ein Herz gebrochen! Doch getreulich
Will ich es warten: Mög' die Heilung glücken!
STROHMANN *erhält die Sprache zurück und umarmt Stüber:* Nun kommt er uns nicht wieder in die Quere,
Nun bleib getrost verlobt mit deiner Skäre!
STÜBER *ebenso:*
Und du kannst ohne Skrupel dein Geschlecht
In jedem Jahr vermehrn mit jungen Strohmännern!
STROHMANN *reibt sich vergnügt die Hände und sieht Falk nach:* Ja, das geschah dem frechen Burschen recht,
So geh' es allen solchen – solchen –
„Droh-Männern"!

Sie gehen im Gespräch den Garten hinauf.

HALM *nähert sich mit Schwanhild, gedämpft und eifrig:*
Und bandst du dich auch nicht?
SCHWANHILD: Ich band mich nicht.
HALM: Nun gut; so kennst du einer Tochter Pflicht.
SCHWANHILD: Bestimme du.
HALM: Ich danke dir, mein Kind.
Goldstadt ist reich, und da wir einig sind –
SCHWANHILD: Doch wünsch' ich zweierlei: Von hier zu ziehn –
HALM: Er wünscht ja selbst den Lärm der Stadt zu fliehn –
SCHWANHILD: Und Frist.
HALM: Doch nicht zu lange; du verderbst
Dir selbst dein Glück, wenn –
SCHWANHILD *lächelt still:* Mutter! Bis zum Herbst.

Sie geht gegen den Altan hin. Halm sucht Goldstadt auf.

STROHMANN *salbungsvoll zwischen den Gästen:*
Das eine, Freunde, haben wir gelernt,
Daß Wahrheit stets der Schlange Trug entfernt;
Ob Zweifel eine Zeitlang uns betrüge:
Die Liebe kommt zum Siege.
DIE GÄSTE: Ja. Zum Siege!

Sie umarmen und küssen sich paarweis. Draußen links hört man Gelächter und Gesang.

SKÄRE: Was ist denn das?
ANNA: Studenten?
LIND: Das Quartett!
Und reisefertig! Wetter, das ist nett!
Ich hab' mich abzumelden ganz vergessen –

Die Studenten kommen von links herein und bleiben beim Eingang stehen.

Siebzehnter Auftritt

Die Vorigen. Die Studenten.

EIN STUDENT *zu Lind:*
Hier sind wir.
HALM: Suchen Sie Herrn Lind?
SKÄRE: Ei nun,
Der ist verlobt –
EINE TANTE: Da können Sie ermessen,
Er hat im Grünen weiter nichts zu tun.
DER STUDENT: Verlobt!
ALLE STUDENTEN: Wir gratulieren!
LIND: Vielen Dank.
DER STUDENT *zu den Kameraden:*
Da lief das Sängerschiff auf eine Bank.
Was tun wir nun? Es fehlt uns der Tenor.
Falk kommt von rechts, mit Studentenmütze, Reisetasche und Stock.

Achtzehnter Auftritt

Die Vorigen. Falk.

FALK: Den singe ich in eurem Jugendchor!
DIE STUDENTEN: Du, Falk? Hurra!
FALK: Nun in die Welt hinaus,
So wie die Biene fliegt aus engem Haus.
Ich hab' ein Saitenspiel in meiner Brust –
Zwei Saitenreihen dort einander decken,
Und singt es oben hell in Lebenslust,
So muß der Klang auch tiefre Laute wecken.
Zu einzelnen unter den Studenten:
Du hast dein Malgeräte. Du Papier
Zu Noten. Schwärmt, ihr Bienen, denn ins Laub!
Heim bringen unsrer großen Mutter wir,
Der Königin, der Heimat Blütenstaub!
Die Studenten ziehen ab, und draußen erklingt gedämpft der Chor vom ersten Aufzug.
FALK *zu der Gesellschaft:*
Vergebt mir denn, das Große, wie das Kleine,
Vergessen will auch ich – *leise:* bis auf das eine.
STROHMANN *in ausgelassener Freude:*
Juch! Mir ist wieder froh und leicht zumute,
Mein Weib hat eine Hoffnung, eine reizende.
Er zieht Falk flüsternd beiseite, zuweilen unhörbar dazwischen:
Soeben erst gestand sie mir – die Gute –
Geht alles wohl – Micheli – kommt das dreizehnte.
STÜBER *zu Falk, mit Fräulein Skäre unter dem Arm und indem er, mit einem überlegenen Lächeln auf den Lippen, auf Strohmann zeigt:*
Er leiht mir Gold! Heim führ' ich meinen Schatz –
SKÄRE *verneigt sich ironisch:*
Und schon zu Weihnacht trag' ich eine Haube.
ANNA *ebenso, indem sie den Arm ihres Bräutigams nimmt:* Mein Lind sucht hier – was kümmert ihn der Glaube –
LIND *sucht seine Verlegenheit zu verbergen:*
An Mädchenschulen einen Lehrerplatz.
HALM: Ich lerne Anna auf in vielen Tüchtigkeiten.
GOLDSTADT *ernst:*
Und ich beginne prunklos mein Gedicht
Von einem Mann mit einer heil'gen Pflicht.
FALK *mit einem lächelnden Blick über die Menge:*
Ich streb' empor – jenseits des Lebens Flüchtigkeiten!
Gedämpft zu Schwanhild:
Gott segne dich, mein Weib im Lebenslenze;
Wie weit ich zieh', mein Tun und Denken finde dich!
Er schwingt den Hut und folgt den Studenten.

Neunzehnter Auftritt

Die Vorigen ohne Falk und die Studenten.

SCHWANHILD *sieht Falk eine Weile nach und sagt dann ruhig und stark:*
Nun sind dahin der Sonnentochter Tänze;
Nun kam der Herbst. Nimm, Welt, mich hin, und – binde mich.
In diesem Augenblick wird drinnen auf dem Piano zum Tanze gespielt, und der Champagner knallt im Hintergrund. Die Herren beginnen mit ihren Damen im Arm zu tanzen. Goldstadt nähert sich Schwanhild und verneigt sich vor ihr. Schwanhild fährt einen Augenblick zusammen, faßt sich aber und reicht ihm die Hand. Halm und die nächsten Angehörigen, die den Vorgang gespannt beobachtet hatten, eilen hinzu und umringen sie mit großer Freude, die übertäubt wird von der Musik und der Munterkeit unter den Tanzenden. Weit oben, und durch die Tanzmusik klingend, tönt kräftig und keck:
CHOR VON FALK UND DEN STUDENTEN:
Und segelt ich auch meinen Kahn in den Grund –
O so war es doch herrlich zu fahren!
Hurrarufe, Tanz und Jubel.

Brand

Ein dramatisches Gedicht

PERSONEN

Brand
Seine Mutter
Einar, ein Maler
Agnes
Der Vogt
Der Doktor
Der Probst
Der Küster
Der Schulmeister
Gerd
Ein Bauer
Sein halberwachsener Sohn
Ein anderer Bauer
Eine Frau
Eine andere Frau
Ein Schreiber
Priester und Beamte
Volk, Männer, Weiber, Kinder

Der Versucher in der Wüste
Der unsichtbare Chor
Eine Stimme

Das Stück spielt in den sechziger Jahren des 19. Jahrhunderts in einer Fjordlandschaft des westlichen Norwegen.

Erster Aufzug

Die Szene ist das norwegische Feldplateau.
Schwerer dichter Nebel mit Regen. Halbdunkel.

Erster Auftritt

Brand, schwarz gekleidet, mit Stock und Ränzel, müht sich durch den Schnee westwärts. Ein Bauer und dessen halberwachsener Sohn folgen ihm etwas weiter zurück.

BAUER *ruft Brand zu:*
Geh nicht so weiter, Fremder! – He! –
Wo bist du?
BRAND: Hier.
BAUER: Verirrst dich – steh!
Der Nebel wird so dicht, ich schau'
So weit kaum als den Stock ich halte.
DER KNABE: Hier Sprünge, Vater!
BAUER: Hier 'ne Spalte!
BRAND: Nicht eine Spur im Nebelgrau!
BAUER *schreit:*
Halt, Mann! Gotts Blitz, die Gletscherbrück'
Ist hohl, du brichst hindurch! Zurück!
BRAND *lauscht:* Das Brausen eines Wasserfalls –
BAUER: Ein Fluß stürzt hier in einen Schlund,
In eine Tiefe ohne Grund,
Die leicht uns alle drei verschlingt.
BRAND: Doch weiter muß ich jedenfalls.
BAUER: Kein schwacher Mensch so etwas zwingt.
Der Grund ist hohl, du wagst den Hals!
Steh Mann! 's gilt Leben oder Tod!
BRAND: Ich muß, ein Größrer mir's gebot.
BAUER: Wie nennt er sich?
BRAND: Gott selber ist's.
Als schwaches Werkzeug mich erkiest er.
BAUER: Und wer bist du?
BRAND: Ich bin ein Priester.
BAUER: Gut! doch nicht wen'ger sicher ist's,
Seist du ein Probst, ein Bischof gar,
Du bist des Lebens dennoch bar,
Noch heute, wenn du drauf bestehst
Und tollkühn immer weiter gehst.

Sich ihm vorsichtig nähernd, um ihn zu überreden:

Ihr seid wohl ein gelehrter Mann,
Doch könnt Ihr nicht, was keiner kann.
Kehrt um! Seid nicht so starr und stur,
Man hat ja doch ein Leben nur!
Ist das vorbei, ist alles aus. –
's ist meilenweit zum nächsten Haus.
Man könnt' mit einem Messer schneiden
Den dichten Nebel! folgt uns beiden!
BRAND: Dafür lockt mich im Nebel nicht
Ein blauer Eisglanz, irrend Licht.
BAUER: Doch hier sind Eisseen rings umher,
Sie zu vermeiden fällt Euch schwer.
BRAND: Wir gehn hinüber.
BAUER: Übers Wasser?
Statt trocknen Tod's ein eis'ger, nasser?

BRAND: Und doch hat einer es getan!
Wer glaubt, geht sicher jede Bahn.
BAUER: Das war wohl sonst, doch heutzutage
Geht man zugrund' ohn' alle Frage.
BRAND *will gehn:*
Lebt wohl!
BAUER: Du wirfst dein Leben weg!
BRAND: Wenn meinen Tod der Herr verlangt,
Mir nicht vor Flut und Abgrund bangt.
BAUER *leise:* Nein, der ist toll und überkeck.
KNABE *fast weinend:* Komm, Vater, komm, mir ist so kalt;
Siehst du, wie's sich im Westen ballt?
BRAND *stillstehend:* Hör, Bauersmann, du sprachst vorher
Von deiner Tochter dort am Meer,
Daß sie zu ihrem Sterbebette
Dich sehnsuchtsvoll gerufen hätte;
Sie könne sonst nicht selig scheiden.
BAUER: Gott strafe mich, wenn's nicht so ist.
BRAND: Sie gab dir noch bis heute Frist!
BAUER: Ja.
BRAND: Länger nicht?
BAUER: Nein.
BRAND: Komm darum!
BAUER: Es ist nicht möglich. Kehre um!
BRAND *ihn fest anblickend:*
Wollt'st du wohl hundert Taler geben,
Im Falle, daß sie selig schiede?
BAUER: Gewiß!
BRAND: Zweihundert?
BAUER: Haus und Hof
Verschenkt' ich willig, auch daneben
Mein ganzes Inventarium,
Käm' über sie ein sel'ger Friede.
BRAND: Doch gäbst du gerne auch dein Leben?
BAUER: Mein Leben, lieber Herr?
BRAND: Nun ja!
BAUER *sich hinter dem Ohr kratzend:*
Man muß doch unterscheiden da!
Ei Jesus, müßt doch nicht vergessen,
Wer schafft denn Weib und Kind zu essen!
BRAND: Er hatte eine Mutter – er!
BAUER: Doch das ist freilich lange her;
Da gab es Zeichen noch und Wunder,
So etwas kommt nicht vor jetzunder.
BRAND: Hier scheiden unsre Wege sich
Du kennst nicht Gott, Gott kennt nicht dich.
BAUER: Hu, du bist hart!
KNABE *den Vater fortziehend:*
Komm, laß ihn stehn!
BAUER: Nein, er soll mit uns beiden gehn.
BRAND: Soll ich?
BAUER: Ja, gingst du hier zugrund'
In dieses Wetters wüstem Graus,
Und würde unterm Volke kund,
Daß wir zusammen zogen aus,
Sie schleppten mich wohl vors Gericht! –
Wenn wir dich hier ertrinken ließen,
Müßt' ich's in Stock und Eisen büßen.
BRAND: Um Gott zu leiden wär' dir leid?
BAUER: Mich kümmern fremde Sachen nicht,
Die meinen lassen mir nicht Zeit
Dazu.
BRAND: Leb wohl!
Man hört in der Ferne ein dumpfes Krachen.
KNABE *schreit:* Ein Gletschersturz!
BRAND *zum Bauer, der ihn beim Kragen faßt:*
Laß los!
BAUER: Nein!
BRAND: Laß sofort!
KNABE: Mach's kurz!
BAUER *mit Brand ringend:*
Der Teufel hole mich –!
BRAND *reißt sich los und wirft ihn in den Schnee:*
Ja freilich,
Das tut er auch, und tut es eilig! *Geht.*
BAUER *sitzt und reibt sich den Arm:*
Au, au, der Kerl hat Riesenstärk'!
Und so was nennt er Gottes Werk?
Rufend, indem er aufsteht:
He, Mann!
KNABE: Er ging hinauf zum Joch.
BAUER: Ich seh' ihn durch den Nebel noch. *Ruft wieder.*
Erinnerst du – in Teufels Namen –
Dich noch, wo wir vom Wege kamen?
BRAND *aus dem Nebel:*
Des Kreuzwegs Wahl bleibt dir erspart; –
Du wanderst schon in sichrer Fahrt.
BAUER: Gott geb', es wäre alles gut
Und ich zu Haus' in sichrer Hut!
Er und sein Sohn gehn nach Osten.
BRAND *wird weiter oben wieder sichtbar und lauscht nach der Seite, wohin der Bauer ging:*
Sie tappen heim! Niedrer Gesell,
Spräng' in dir nur ein Willensquell
Und fehlte nichts dir als die Kraft,
So könnt' ich alles für dich wagen,
Todmüd', mit wundem Fuß dich tragen
Hinauf zum Licht, aus dunkler Haft.
Doch Hilf' ist unnütz für den Mann,
Der selbst nicht will, was er nicht kann.
Geht weiter fort.
O Leben, Leben, starker Trieb!
Wie ist dem Volk das Leben lieb! –
Der Bettler selbst so warm es hegt,
Als wenn die Rettung einer Welt,
Und was für Menschenglück man hält,
Auf seine Schultern sei gelegt.
Ein Opfer bringen – hält nicht schwer;
Allein das Leben nimmermehr!
Lächelt, wie von einer Erinnerung ergriffen.
Als Kind schon reizten immer schnell
Zwei Dinge mich zu lautem Lachen,
So daß, dem Spaß ein End' zu machen,

Der Lehrer oft mir gerbt' das Fell.
Ich stellte vor mir eine Eule,
Die scheu vor Nacht und Dunkel bangte,
Und in dem Wasser einen Fisch,
Der wasserscheu aufs Land verlangte.
Ich lachte laut, bezwang's 'ne Weile, –
Dann griff es mich von neuem frisch.
Wo lag der Reiz zum Lachen nur? –
Ich fühlte dunkel die Natur
Des Zwiespalts zwischen der Erscheinung
Und dem, wozu das Ding bestimmt;
Den Widerspruch in der Verneinung
Der Last, die doch den Rücken krümmt.
Hier jeder Mann, ob matt, ob frisch,
Ist solche Eule, solch ein Fisch.
Gesetzt ins tiefe Erdendunkel
Sollt' er am niedern Boden kleben,
Verschmähend unnatürlich Streben.
Doch davor er gerade bangt,
Vor Angst er auf das Land verlangt;
Er schaut die dunkle Sternennacht
Und schreit nach Licht und Flammenpracht.
Er steht einen Augenblick still, stutzt und lauscht.
Was war das? – Als ob einer sänge!
Ja, Lachen mit Gesang vermischt.
Jetzt klingt ein Hurra aus der Menge,
Der laute Jubel nicht erlischt.
Die Sonne steigt, der Nebel hebt sich,
Die weite Fläche schon belebt sich.
Dort hinten steht auf hohem Rücken
Die Schar, aus der die Klänge schallen;
Nach Westen ihre Schatten fallen,
Zum Abschied sie die Hand sich drücken.
Nun scheiden sie; nach Westen wandern
Im Sonnenglanz nur zwei, die andern
Zurück nach Osten, und sie senden
Sich letzten Gruß, indem sie winken
Mit Tüchern, Schleiern und mit Händen.
Die Sonne bricht mehr und mehr durch den Nebel, Brand steht lange still und schaut auf die Kommenden herab.
Die Sonne lacht, die Höhen blinken,
Es glänzt ein Licht um diese zwei,
Der Nebel weicht vor ihnen scheu.
Die Wildnis scheint, so weit man schaut,
Bedeckt von blühend Heidekraut. –
Sind's wohl Geschwister? – Hand in Hand
Hüpfen sie wie auf blum'gem Teppich,
Sie leicht, behende wie der Eppich,
Er schmiegsam wie ein Weidenband. –
Nun springt sie seitwärts, weicht im Spiel,
Er sputet sich, daß er sie fange,
Ein Laufen wird's, ein Haschespiel,
Das frohe Lachen zum Gesange.

Zweiter Auftritt

Einar und Agnes in leichten Reisekleidern, beide erhitzt und freudestrahlend, kommen über die Gebirgsebene. Der Nebel ist verschwunden, ein heller Sommermorgen ruht auf der Landschaft.

EINAR: Agnes, mein reizender Schmetterling,
Entfliehst du, ich fange dich wieder!
Ich knüpfe ein Garn, sei's noch so gering,
Und die Maschen sind meine Lieder.
AGNES *die stets vor ihm rückwärts tanzt und zurückweicht:*
Und bin ich ein Schmetterling hell und klein,
So laß von den Blüten mich naschen;
Und bist du ein Bursche flink und fein,
So jag mich, doch mußt mich nicht haschen.
EINAR: Agnes, mein reizender Schmetterling,
Siehst du, wie die Maschen sich schlangen?
Vergebens fliehst du, du armes Ding,
Bald sitzt du im Netze gefangen.
AGNES: Und bin ich ein Schmetterling jung und fein,
So flieg' über Tal ich und Hügel.
Und fängst du mich doch im Netze ein,
So schone mir ja die Flügel.
EINAR: Ich setze dich sanft auf meine Hand
Und schließe dich ein in mein Herze,
Da kannst du spielen dein Leben lang
Die fröhlichsten Spiele und Scherze.
Sie haben sich, ohne es zu bemerken, einem Abgrund genähert und stehen gerade an dessen Rande.
BRAND *ruft von oben ihnen zu:*
Halt! Steht! Ihr seid dem Abgrund nah!
EINAR: Wer ruft?
AGNES *zeigt hinauf:*
Sieh dort!
BRAND: Wahrt euch beizeiten!
Ihr steht auf einem Schneedach da,
Das überhängt, ihr könntet gleiten.
EINAR *Agnes umfassend und zu Brand hinauf lachend:*
Um mich und sie sei Euch nicht bang!
AGNES: Ein Spiel das ganze Leben lang!
EINAR: Im Sonnenschein wir lustig fahren,
Bis aus es, so nach hundert Jahren.
BRAND: Da erst geht ihr zugrund' – versteh'!
AGNES: O nein, da geht's zur blauen Höh'.
EINAR: Erst hundert Jahr im Lustgetümmel,
Bei Hochzeitslampen jede Nacht,
Ein Leben, schön verträumt, durchwacht –
BRAND: Und dann?
EINAR: Dann wieder heim zum Himmel!
BRAND: Von dort kommt ihr wohl eben her?
EINAR: Natürlich! Aus der Engel Heer!
AGNES: Das heißt, wir kamen eben beide
Von unten, aus dem grünen Tal.
BRAND: Ich sah euch auf der Wasserscheide.
EINAR: Da war's, wo wir zum letztenmal
Die teuren Freunde all erblickten

Und Händedruck, Umarmung, Kuß
Als Siegel auf die Freundschaft drückten.
Kommt her! Ich künd', was uns begegnet,
Von unsres Glückes Überfluß,
Und wie so reich uns Gott gesegnet; –
Damit Ihr unsern Jubel faßt.
Pfui, steht doch nicht, als frort Ihr ein;
Taut auf! Solch frostig Wesen haßt
Ein jeder Maler, und das bin ich;
Und freue mich der Gabe innig,
Gedanken Wesen zu verleihn,
Aus Farben zaubernd tausend Dinge,
Wie Gott aus Puppen Schmetterlinge.
Doch Schönres ward mir noch vertraut,
Da Gott mir Agnes gab als Braut.
Ich zog just hin als muntrer Wandrer,
Gerät, Malkasten auf dem Rücken –
AGNES: Froh wie ein König, ganz ein andrer!
Und singen konnt' er zum Entzücken!
EINAR: Als mich hieher der Zufall trug,
War sie da oben zum Besuch.
Sie sollte trinken Bergesluft
Und Sonn' und Tau und Tannenduft.
Mich trieb ein Gott hinauf zum Fjeld*.
Es klang: dort ist ein Schönheitsquell,
Im Tannenwald, am Waldesbach,
Im Wolkenflug, am Himmelsdach.
Da erst mein Meisterstück ich malte:
Der frischen Wangen Rosenglut,
Das Augenpaar, das selig strahlte,
Das Lächeln, drin die Seele ruht.
AGNES: Ums Urbild schienst du nicht zu sorgen,
Du trankst nur immer aus dem Quell,
Und standst an einem lichten Morgen
Ein wanderfertiger Gesell.
EINAR: Da fiel es mir auf einmal ein:
Vergessen hast du ja zu frein!
Hurra! Ich warb, erhielt ihr Wort,
Von allem andern sahn wir fort.
Der Doktor doch, das alte Haus,
Bereitete uns einen Schmaus,
Der euch drei ganze Tage währte,
Das Unterste zuoberst kehrte.
Der Vogt, die ganze Klerisei,
Die reife Jugend war dabei.
Heut' früh verließen wir sein Haus;
Doch deshalb war das Fest nicht aus.
Mit wehnden Fahnen, Kranz im Haar
Ging's über Berg und Bergesbreite,
Gefolgt von jener frohen Schar,
Im lauten, freudigen Geleite.
AGNES: Hier oben ward das Gehn zum Tanz,
Zu zweien erst, und dann zum Kranz.
EINAR: Im Silberkruge perlte Wein.
AGNES: Laut scholl's im frühen Morgenschein.

* Zu sprechen: Fjell.

EINAR: Der schwere Nebel kam von Nord,
Vor unsern Füßen wich er fort.
BRAND: Und wohin jetzt?
EINAR: Gerad hinaus
Zur Stadt.
AGNES: Zum Heim, ins Elternhaus.
EINAR: Nun geht's auf letzter Bergeslehne
Hinab zur Bucht am Fjord*, im West,
Auf Ägirs Roß mit Dampfesmähne
Reiten wir dann zum Hochzeitsfest –
Zuletzt nach Süden geht der Zug,
Den Schwänen gleich auf erstem Flug –!
BRAND: Und dort –?
EINAR: Ein Leben, liebestrunken,
In Traum und Märchenglück versunken.
Denn wißt, an diesem Sonntagsmorgen,
Obwohl kein Priester uns begegnet,
Ward unser Leben, frei von Sorgen,
Zu einem Glücksfest eingesegnet.
BRAND: Von wem?
EINAR: Nun, von dem heitern Volke
Der Freunde, die bei Becherklang
Verfluchten jede Wetterwolke,
Die unsre Herzen mache bang.
Die aus der Sprache, küssend, schieden,
Was rauh bedrohte unsern Frieden.
Sie waren's, die bekränzt uns weihten,
Uns gegen Frost und Eisbruch feiten.
BRAND: Lebt wohl, ihr beiden! *Will gehn.*
EINAR *stutzt und sieht Brand genauer an:*
Mit Verlaub,
In Euren Zügen – scheint mir – glaub'
Ich doch bestimmt –
BRAND *kalt:* Ein Fremder bin ich.
EINAR: Doch von der Schulzeit noch entsinn' ich –
Ja wohl –
BRAND: Ich denke auch daran;
Ein Knabe damals, jetzt ein Mann.
EINAR: Ihr scheint mir mehr und mehr bekannt –
Ihr seid doch nicht etwa –
Mit einem Male aufschreiend:
der Brand!
BRAND: Ich kannte dich beim ersten Blick.
EINAR: Von Herzen dank' ich dem Geschick!
Grüß Gott! – Ja ja, du bist der Alte,
Der stets genug sich selber war,
Der ferne blieb der frohen Schar,
Wo immer Scherz und Spiel erschallte.
BRAND: Ich war ein Fremder unter euch;
Dich aber hatt' ich lieb, obgleich
Ihr alle weiter dort im Süden
Von andrem Stoffe war't als ich.
Ein rauhes Heim war mir beschieden,
Vom Fels beschattet fürchterlich.
EINAR: Dein Heim – es war ja in der Nähe?

* Zu sprechen: Fjor.

BRAND: Mein Weg führt auch hindurch; – ich
gehe – –
EINAR: Hindurch? Und weiter?
BRAND: Einerlei!
Nur weit und fort – vorbei, vorbei!
EINAR: Du bist ja Pred'ger?
BRAND *lächelnd:* Kapellan.
Dem Hasen gleich auf wald'ger Bahn
Hab' ich mein Haus bald hier, bald dort.
EINAR: Mag sein, doch wohin ziehst du fort?
BRAND *schnell und hart:*
Frag nicht!
EINAR: Warum nicht?
BRAND *milder:* Nun, das Schiff,
Das eurer wartet, nimmt auch mich
Von hier.
EINAR: Mein Bräut'gamsroß! O griff'
Es aus erst! Agnes, er geht mit!
BRAND: Doch zum Begräbnis wandre ich.
AGNES: Begräbnis?
EINAR: Du? Wer wird begraben?
BRAND: Der Gott, den du und andre haben.
AGNES *zurückschreckend:*
Komm, Einar!
EINAR: Brand!
BRAND: Ja eingesargt
Der Gott der niedern Erdenseelen,
Den ihr in eurem Herzen bargt.
Ein höchst notwendiges Begebnis
Und längst erwartetes Erlebnis!
Er siecht ja hin schon tausend Jahre.
EINAR: Brand, du bist krank!
BRAND: Ei Gott bewahre!
Ich fühle mich gesund und frisch,
Wie Bergestann' und Waldgebüsch.
Doch dieser feigen Zeit Geschlecht
Kommt die Bestattung eben recht. –
Ihr wollt nur lachen, buhlen, spielen,
Ein wenig glauben, etwas fühlen.
Ihr legt, was euch nur irgend drückt,
Auf den, der alles auf sich nahm,
Als Gott ihn einst herabgeschickt.
Doch weil er einmal zu euch kam
Und litt für euch im Dornenkranz,
So denkt ihr nur an Spiel und Tanz.
Ja tanzt nur – doch wohin das führt,
Das lass' ich diesmal unberührt.
EINAR: Ach, ich versteh'! Aus diesem Ton
Geht's durch das Land seit langem schon.
Du bist wohl von der Muckerei,
Die weltverachtend, dumpf und scheu
Mit Höllenschreck und leerem Schnack
Die Welt jagt in den Aschensack.
BRAND: O nein, ich bin kein Pietist,
Auch sprech' ich hier als Pfarrer nicht;
Kaum weiß ich, ob ich sei ein Christ.
Doch schaue frei ich ins Gesicht
Der Krankheit, die am Leben frißt
Und unsres Landes Mark verzehrt.
EINAR *lächelnd:* Das hab' ich freilich nie gehört,
Daß solch ein Ruf das Land beschwert:
Ein Übermaß an Lebenslust.
BRAND: Nein, Jubel sprengt hier keine Brust.
Denn wär' es so, so wär' es billig.
Sei du ein Sklav der Lust, doch willig;
Sei, was du bist, auch voll bewußt.
Sei nicht das eine gestern, heut
Das andere nach ein'ger Zeit.
Bacchanten wirken ideal,
Silenus plastisch genial;
Allein des Trunkenbolds Figur
Ist eine Kunst-Karikatur.
Geh nur umher in diesem Land,
Mach mit den Leuten dich bekannt,
Ein jeder weiß, ob groß, ob klein,
Von allem etwas nur zu sein.
Ein wenig ernst bei heil'gen Fragen,
Ein wenig treu der Väter Brauch,
Ein wenig lüstern nach Gelagen,
Weil das die teuren Väter auch.
Ein wenig warm, wenn im Vereine
Der Ruhm erklinget für das kleine,
Doch felsenfeste Klippenvolk,
Das niemals Stock und Streiche duldet.
Ein wenig leichthin beim Versprechen,
Ein wenig sinnreich dann zu brechen
Das Wort und was man sonst verschuldet.
Doch alles eine Kleinigkeit,
Vorzüg' und Fehler gehn nicht weit;
Ein Bruchteil nur in Großem, Kleinem,
In Bös' und Gutem, schlimmst in einem:
Dies etwas Gute, etwas Schlechte
Schlägt endlich völlig tot das Rechte.
EINAR: 's ist freilich leichter so zu höhnen,
Als schonend Streitendes versöhnen.
BRAND: Mag sein, doch bringt es auch Genesung?
EINAR: Ich weiß, wie schwer des Volks Erlösung,
Und sage darum gerne Amen.
Doch ab wir von der Hauptsach' kamen:
Dem Gott, den du begraben wolltest,
Dem, undankbar, du also grolltest.
BRAND: Mein Freund, da du ein Maler bist,
Zeig deinen Gott mir, wie er ist.
Du hast sein Bild ja ausgeführt,
Das alle Leute tief gerührt.
Du stelltest ihn als Greis wohl dar?
EINAR: Nun ja.
BRAND: Natürlich graues Haar,
Spärlich, nach alter Leute Weis',
Der Bart wie Silber oder Eis –
Gutmütig zwar, doch streng genug,
Um Kinder in das Bett zu jagen.
Ob er auch noch Pantoffeln trug,
Das will ich weiter dich nicht fragen.

Doch gut wohl stand es deinem Gotte,
Gabst du ihm Brille und Kalotte.
EINAR *zornig:*
Wozu das alles – ?
BRAND: Nicht zum Spott,
Ich zeichne nur nach der Natur
Des Lands, des Volks Familiengott.
Der Katholik stellt den Erlöser
Oft als ein kleines Kind sich vor.
Ihr lacht und macht es noch viel böser:
Nach euch ist Gott ein greiser Tor;
Ein wenig fehlt zum Kinde nur.
Und wie der Papst hat als Symbol
Der Herrschaft seine Doppelschlüssel,
So schaut ihr zwischen Pol und Pol
Die Welt in eurer Täuflingsschüssel.
Ihr trennt vom Leben Glaub' und Lehre,
Als ob der Wandel gar nichts wäre.
Ihr möchtet euren Geist erheben,
Und wagt nicht voll und ganz zu leben.
Braucht einen Gott, der schwankend gehe
Und der euch durch die Finger sehe.
Weil euer ganzes Leben Fratze,
Hat euer Gott Kalott' und Glatze! –
Mein Gott ist nicht so matt gesinnt.
Der mein' ist Sturm, der deine Wind;
Unbeugsam meiner – deiner dumpf,
All-liebend meiner – deiner stumpf.
Der meine jung und stark, ein Rächer,
Kein schwacher Alter, feiger Schächer.
Sein Ruf ist wie ein Sturmgetön,
Das aus dem Feuerbusch erscholl
Zu Moses auf des Horebs Höhn,
Ein Riese er, jedweder Zoll.
Die Sonne stand in Gideons Tal
Auf sein Geheiß. Oh, ohne Zahl
Würd' er noch heute Wunder tun,
Wär' feige nicht die Welt wie du.
EINAR *ungläubig lächelnd:*
Und wird sie wirklich umgeschaffen?
BRAND: Ich mach' ein Ende diesem Ruhn,
Dem Wahn, dem kranken, irren Sinn,
So wahr als ich geboren bin.
EINAR *schüttelt den Kopf:*
Lösch nicht den Kienspan, ob er raucht,
Bis angezündet Walratkerzen;
Hüt dich ein Sprichwort auszumerzen,
Bevor du weißt, ob's neue taugt.
BRAND: Nach bloßem Neuen streb' ich nicht,
Aufs Ew'ge leg' ich nur Gewicht.
Der Kirche Satzungen und Lehren
Vermag ich füglich nicht zu ehren;
Sie sind entstanden in der Zeit,
Und also kann es wohl geschehn,
Daß sie auch in der Zeit vergehn.
Erschaffnes ist dem Tod geweiht.
Was Motten nicht und Würmer fressen,
Das muß nach einer festen Norm
Platz machen einer jüngern Form.
Doch eins bleibt ewig unermessen,
Der unerschaffne, freie Geist,
Der lebenbringend sich erweist;
Der, ob er auch verloren schien,
Im Völkerfrühling Wurzeln schlug
Und glaubensstark den Menschen trug
Aus träger Ruh' zum Himmel hin.
Fragt nur – es bringt euch wohl Gewinn –
Bei euren Krämern, Apothekern,
Wie pfiffig sie den Geist verhökern! –
Und doch, aus diesen Seelenstümpfen,
Aus diesen Geistes-Torsorümpfen,
Aus diesen Köpfen, diesen Händen
Soll einst ein Ganzes sich vollenden,
Das Gotteswerk: ein Mann voll Mark,
Der neue Adam, jung und stark.
EINAR *abbrechend:* Leb wohl, ich mein', es ist am besten,
Wir scheiden hier.
BRAND: Zwei Wege, beide
Gleich weit, gehn nieder zu dem Fjord.
Geht denn nach Westen, ich gen Nord.
Lebt wohl!
EINAR: Leb wohl!
BRAND *sich noch einmal umwendend:*
Noch eines! – Scheide
Auf deinem Wege Licht und Dunst!
Das Leben, Freund, ist eine Kunst.
EINAR *mit abwehrender Gebärde:*
Schaff du die Welt nur immer neu,
Ich bleibe meinem Gotte treu.
BRAND: Bild ihn nur mit dem Krückstock ab.
Ich geh' und leg' ihn in sein Grab.
Er geht den Steig hinab. Einar sieht Brand schweigend nach.
AGNES *steht einen Augenblick wie geistesabwesend da, dann fährt sie plötzlich auf und sieht sich unruhig um:*
Ging schon die Sonne unter?
EINAR: Nein.
Ein Wölkchen trübte ihren Schein.
AGNES: Es weht so kalt.
EINAR: Es zieht die Luft
Hier schärfer durch die enge Kluft.
Nun geht's hinab.
AGNES: Es wird noch wüster.
Im Süden schaut es nun so düster.
EINAR: Du sahst es nicht beim Spiel zuvor,
Bis er dazwischentrat, der Tor.
Doch mag er gehn nur seine Bahn,
Wir fangen nun von vorne an.
AGNES: Ach nein, jetzt nicht; – ich bin so müd'.
EINAR: Aufrichtig, ich bin's selbst, auch zieht
Der Weg hinab sich steil und jäh;
Viel leichter war es auf der Höh'.
Doch sind wir unten erst am Fjord,
Da tanzen wir, und ihm zum Tort,

Und zehnmal wilder tanzen wir
Als auf dem öden Fjelde hier. –
Doch sieh, da strahlt der blaue Belt,
Auf den das Licht nun zitternd fällt.
Bald kräuselt's sich, bald strahlt's umsonnt,
Wie Gold, wie Bernstein zu uns her.
Das ist das große frische Meer,
Das aufsteigt bis zum Horizont.
Und siehst du, wie der Rauch sich hebt
Und düster ob dem Wasser schwebt?
Und wie ums scharfe Felsenriff
Ein schwarzer Punkt sich nun bewegt?
Das ist der Dampfer, unser Schiff,
Der uns zu fernen Küsten trägt.
Am Abend ist er wieder fort,
Auf hoher See, mit uns an Bord.
Der Nebel wich, der Himmel lacht; –
Doch siehst du auch die Wunder dorten?

AGNES *starrt wie abwesend in die Weite:*
Gewiß, ich schau's; doch gabst du acht –?

EINAR: Was?

AGNES *ohne ihn anzusehn, mit gedämpfter Stimme:*
Wie er wuchs bei seinen Worten?
Sie geht den Weg hinab, Einar folgt ihr.

Weg an einer Felswand mit steilem Absturz rechts; darüber noch andre Berge und Schneespitzen.

BRAND *kommt von oben, steht auf einem Felsvorsprunge still und blickt in die Tiefe:*
Alles schaut mich an bekannt!
Jedes Bootshaus an dem Strand;
Hügel, Schlucht und Hängebirke,
Und die alte braune Kirche!
An dem Fluß die Erlenbüsche –
Alles lebt in Jugendfrische.
Doch es scheint mir alles klein
Und bemooster noch zu sein.
Mehr die Felsen überhängen
Mit dem Schneedach auf der Stirn;
Mehr die Wände und der Firn
Blauen Himmel mir verengen.
Alles neigt sich, schattet, droht,
Nimmt der Hoffnung Morgenrot.
Er setzt sich und schaut in die Ferne.
Dort der Fjord! War immer er
Also enge, trüb und schwer? –
Hinten regnet's und es blähen
Sich die Segel einer Jacht. –
Südwärts zeigt sich meinem Blicke,
In dem Schutz des Felsenhammers,
Bootshaus, Speicher, Ladebrücke,
Roter Hof mit Rasendach. –
Muß ich so dich wiedersehen,
Meine Heimat? – O des Jammers,
Denk' ich meiner Jugend nach!
Unter wüstem Felsgestein
Irrt 'ne Kindesseel' allein!
Und auf meiner Stirne lastet
Die Erinnrung an die Sippe,
Die Gebet nur auf der Lippe
Unverwandt zum Ird'schen blickte.
Meine Flügel werden bleiern,
Und ich schaue nur in Schleiern,
Was sonst Großes mich entzückte.
Mut und Kraft sind mir gebunden,
Ich bin matt und flügellos.
Da die Heimat ich gefunden,
Seh ich wachend mich verloren,
Wie ein Sklav' gezähmt, verschoren,
Simson in Delilas Schoß.
Er blickt wieder in die Tiefe.
Welch ein Eilen, welch ein Hasten
Seh' ich dort den Strand entlang!
Durch das Felsenlabyrinth
Ziehen wie im heißen Drang
Vater, Mutter, Greis und Kind,
Bald zu zweien, bald zu dreien,
Bald sich sammelnd und in Reihen,
Zu der Kirche, wo sie rasten. *Er steht auf.*
O ich kenn' euch nur zu gut!
Schlaffe Seelen, schlaffer Mut!
Euer Vaterunserflehn
Kann nicht auf zum Himmel gehn,
Weil ihr ohne Willensschwingen,
Ohne Mut zum Kämpfen, Ringen.
Nur der vierten Bitte Schrei
Geht als Losung durch das Land,
Ist das Feldgeschrei geblieben;
Jedem Herzen eingeschrieben,
Ohne Reu' und ohne Scheu,
Liegt sie frühern Glaubens Wrack,
Harrend bis zum Jüngsten Tag,
Eingesargt in Tang und Sand.
Fort aus dieser engen Kluft,
Wo nur Moderduft zu finden!
Weiter, wo in frischer Luft
Fahnen flattern in den Winden!
Er will gehn; ein Stein wird von oben hinabgeworfen und rollt an ihm dicht vorbei.

BRAND *ruft hinauf:*
He da! Wer warf den Stein?

GERD *ein fünfzehnjähriges Mädchen, mit Steinen in ihrer Schürze, läuft oben auf dem Bergkamm.*
Er schrie!
Ich traf!

BRAND: Hör, Kind, laß dieses Spiel!

GERD: Da sitzt er, daß ihn keiner störe!
Auf einer abgebrochnen Föhre.
Sie wirft wieder und schreit:
Da kommt er, grimmig anzuschaun,
Helft! Huh! Und haut mit seinen Klau'n!

BRAND: Um Gottes willen! –

GERD: Wer bist du? –
Sei still! Sei still! Laß ihn in Ruh'!

BRAND: Wen denn?
GERD: Sahst du den Habicht nicht?
BRAND: Hier? Nein!
GERD: Den Vogel, groß und häßlich,
Mit rotem Kamm zu schauen gräßlich,
Die Augen glühend, voller Wut!
BRAND: Wo gehst du hin?
GERD: Zur Kirche.
BRAND: Gut,
So gehn wir miteinander denn.
GERD: Mit dir? Ich gehe oben fort.
BRAND *zeigt nach unten:*
Die Kirche ist ja unten!
GERD *höhnisch lachend nach unten zeigend:*
Dort – ?
BRAND: Gewiß; komm mit.
GERD: Nein, die ist häßlich.
BRAND: Häßlich? Weshalb?
GERD: Sie ist zu winzig.
BRAND: Sahst du denn eine größre schon?
GERD: Ei komm nur mit, die größre find't sich.
Leb wohl!

Sie geht nach oben.

BRAND: Dein Kirchenweg, o Kind,
Führt in ein Felsenlabyrinth.
GERD: Komm mit, so sollst du oben, traun,
Von Eis und Schnee 'ne Kirche schaun.
BRAND: Von Eis und Schnee? – Nun komm' ich drauf –
Es senkt von graus'ger Felsenhöh' –
So sagte schon der Kindermund –
Sich in das Tal ein Felsenschlund.
Eiskirche wird er auch genannt,
Manch Märchen ist von ihm bekannt.
Auf einem Eissee baut sich's auf,
Darüber sich von Wand zu Wand
Die luft'ge Eisesbrücke spannt;
Doch oben liegt der ew'ge Schnee.
GERD: Dem Blöden sieht's wie Felsen aus,
Doch ist's ein lichtes Gotteshaus.
BRAND: Geh ja nicht hin! Ein Donnerkrach
Schon oft das hohle Eisdach brach.
Ein Schrei, ein Flintenschuß genug –
GERD *ohne auf ihn zu hören:*
Komm mit, dort liegt ein Rentiertrupp,
Den vor'ges Jahr das Eis begrub.
Jetzt legt' ihn bloß die Frühlingsflut.
BRAND: Geh ja nicht hin, 's ist böser Trug!
GERD *nach unten zeigend:* Nein, deine Kirche ist nicht gut.
BRAND: Gott sei mit dir!
GERD: Komm lieber mit!
Da pred'gen dir bei jedem Schritt
Lawinensturz und Wasserfall;
Aus Gletscherhöhlen pfeift der Wind,
Da wird dir heiß trotz kalter Bahn.
Der Habicht flieht die heil'ge Hall',
Er setzt sich auf den schwarzen Tind,
Wie auf den Turm der Wetterhahn.
BRAND: Irr ist dein Weg, irr dein Gefühl,
Wie ein zersprungnes Saitenspiel.
Aus Bösen kann noch Gutes keimen,
Gebrochner Geist ist nicht zu leimen.
GERD: Da kommt er sausend, streckt die Krallen,
Der Unhold, bietet frech mir Trutz.
Ich muß nach Haus', die heil'gen Hallen
Der Kirche sind ein sichrer Schutz.
Schreiend: Bleib mir vom Leibe! Laß das sein!
Krallst du nach mir, ich hab' 'nen Stein!

Sie läuft weiter über das Fjeld.

BRAND *nach einer Pause:* Sieh, wieder einer von der Zunft,
Ein rechter, echter Kirchengänger!
Wer flieht noch weiter von Vernunft?
Tappt so verirrt und seufzet bänger?
Der Leichtsinn, der mit Kranz im Haar
An eines Abgrunds Rande tanzt?
Der Stumpfsinn, der sich gern verschanzt
Hinter dem Brauch und dem, was war?
Der Wahnsinn, der so ganz umnachtet,
Daß Böses er als gut erachtet? –
Wohlan, zum Kampfe bis aufs Messer
Mit dieser Dreiheit, bis es besser!
Ich weiß mein Ziel, ich seh' es blitzen,
Wie Sonnenschein durch Mauerritzen.
Ich fühl' es, dies Dämonendrei
Vertilgt macht erst die Menschheit frei.
Ruhn diese nur im Grabesschoß,
Wird auch die Welt ihr Elend los.
Drum rüst dich, Seele, zieh das Schwert!
Es ist ein Ziel, des Kampfes wert!

Er steigt hinab.

ZWEITER AUFZUG

Unten am Fjord, ringsumher steile Felsenwände. Die alte verfallene Kirche liegt auf einer kleinen Anhöhe in der Nähe. Ein Unwetter zieht auf.

Erster Auftritt

Volk, Männer, Frauen und Kinder sind gruppenweise teils am Strande, teils auf der Anhöhe versammelt. Der Vogt sitzt in der Mitte auf einem Stein; ein Schreiber ist ihm behilflich, Getreide und Lebensmittel auszuteilen. Einar und Agnes stehn in einer Gruppe weiter hinten. Ein paar Boote liegen auf dem Strand. Brand kommt vom Kirchberg unbeachtet.

EIN MANN *sich vordrängend:*
Mach Platz!
EINE FRAU: Ich komm' zuerst!
DER MANN *sie fortschiebend:* Ei schnack!

Drängt sich an den Vogt.

Leg etwas auch in meinen Sack!

VOGT: Geduld!
DER MANN: Ich muß nach Haus', da hungern
Mir vier – vielleicht auch fünf – und lungern.
VOGT *scherzend:* Vier o d e r fünf? – Ein spaßhaft Ding!
DER MANN: Eins lag im Sterben, da ich ging.
VOGT: Warte! Ja stehst du auch im Buche?
Blättert in demselben.
Nein – ja –; zu deinem Glück, es fand sich.
Zum Schreiber: Hier, teil der Nummer neunundzwanzig.
Geduld, ihr Leutchen, seht ja, suche –;
Nils Sneemyr?
EIN MANN: Hier!
VOGT: Heut geb' ich dir
Dreiviertel nur von dem, was neulich;
Ihr seid ja jetzt nur drei.
DER MANN: Ach freilich –
Mein Weib starb gestern.
VOGT *notiert:* Eins gespart.
Zu dem Mann, der fortgeht:
Doch sei mir trotz der Hitze nicht so hitzig,
Gleich wiederum zu frein!
DER SCHREIBER *kichernd:* Hi, hi!
VOGT *scharf:* Herr Schreiber, warum lachen Sie?
DER SCHREIBER: Weil – weil –; Herr Vogt sind gar so witzig.
VOGT: Die Sache hier ist gar nicht lächerlich.
Mit Scherz wehrt oft man gegen Tränen sich.
EINAR *mit Agnes aus der Menge tretend:*
Brieftasch' und Börse sind geleert,
Der letzte Winkel ausgekehrt.
Ich komm' an Bord jetzt als ein Fant
Und setze Uhr und Stock zum Pfand.
VOGT: Ihr beide kamt zu guter Stund'.
Was ich gesammelt, ist nur klein,
Vermindert kaum die Hungerpein,
Wenn arme Hand, halbsatter Mund
Noch mit dem Ärmern teilen muß.
Er erblickt Brand und zeigt auf ihn:
Da kommt noch einer! Gott zum Gruß!
Vernahmt von unsrer Not Ihr schon,
Von Hunger, Dürre, Wassersnot –
Den Beutel auf, für Gotteslohn!
Wir nehmen Gaben jeden Schlags;
Zu End' ist unser Vorrat stracks;
Fünf Fischlein machen heutzutags
Nicht eine große Menge satt.
BRAND: Und teiltet Ihr zehntausend aus,
Sie gingen hungrig von dem Schmaus.
VOGT: Ei laßt den guten Rat nur sein!
Dem Hungrigen sind Worte Stein.
EINAR: Du weißt noch nicht, wie lange Zeit
Dies arme stille Volk gerungen;
Wie Mißwachs, Seuchen, jedes Leid
In diese Täler eingedrungen.
Nach Leichen riecht's –
BRAND: Ich weiß, hier ward
Ein fürchterlich Gericht gehalten.
Ich les' es in den tiefen Falten
Und in des Auges blauem Ring.
VOGT: Und dennoch bleibt Ihr kieselhart?
BRAND *tritt unter die Menge und spricht mit Nachdruck:*
Wenn matt und schlaff das Leben ging'
Im trägen Gang mit Werktagsnot,
Jammerte mich der Schrei nach Brot.
Denn wer auf allen vieren kriecht,
Wird leicht vom Tier in ihm besiegt.
Schleicht jeder Tag einförmig, zaudernd
Und träg hin, wie ein Leichenzug,
Da kommt wohl der Gedanke schaudernd:
Gott strich uns aus aus seinem Buch.
Doch euch war Gott wie keinem gut;
Er flößte Angst in euer Blut,
Durch Schrecken weckt' er euren Mut,
Da er mit Todesnot euch schlug.
MEHRERE STIMMEN *unterbrechen ihn drohend:*
Er höhnt uns noch in unsrer Not!
VOGT: Er schilt uns, die wir gaben Brot!
BRAND *den Kopf schüttelnd:*
O könnt' ich euch zu Gott erheben,
Wie gern wollt' ich mein Herzblut geben.
Es sollte fließen, euch zu lehren,
Bis alle Pulse trocken wären.
Doch hier zu helfen brächte Tod.
Gott will euch heben aus dem Kot. –
Ein edles Volk, sei's noch so klein,
Saugt Lebenskraft aus Not und Pein.
Der matte Blick wird falkenscharf,
Klebt nicht an niedrigem Bedarf.
Der schlaffe Wille greift zum Schwert,
Zieht siegessicher in die Schlacht.
Wenn Not die Tatkraft nicht entfacht,
Ist nicht ein Volk der Freiheit wert.
EINE FRAU: Da zieht ein Wetter übern Fjord,
Gerufen durch sein dreistes Wort.
EINE ANDERE: Er fordert wirklich Gott heraus.
BRAND: Oh, euer Gott bleibt wohl zu Haus'.
DIE FRAUEN: Das Wetter! Seht!
STIMMEN AUS DER MENGE: Was, er uns bessern?
Jagt ihn mit Steinen fort und Messern!
Das Volk drängt sich drohend um Brand. Der Vogt tritt dazwischen. Eine Frau kommt verwildert und in zerrissenen Kleidern über die Höhe gestürzt.
DIE FRAU *schreit schon aus der Ferne:*
Um Jesu willen helft! Erbarmen!
VOGT: Nenn deine Not! Was fehlt dir Armen?
DIE FRAU: Nicht Not! – Nichts fehlt! – O es ist gräßlich! –
O Grauen, furchtbar, unermeßlich!
VOGT: Was ist es? – Sprich!
DIE FRAU: 's ist namenlos!
Ist hier kein Pfarrer? Sagt mir bloß!
VOGT: Kein Pfarrer hier!

DIE FRAU: O Gott, verloren! –
Hart warst du, Gott, daß ich geboren!
BRAND *nähert sich:*
Vielleicht daß einer doch sich fände!
DIE FRAU *faßt seinen Arm:*
O laß ihn kommen! – Schicke – sende –!
BRAND: Künd deine Not! – So fang doch an!
DIE FRAU: Grad überm Fjorde –
BRAND: Nun?
DIE FRAU: Mein Mann –
Drei Kinder hungernd – leer das Haus; – –
O nicht verdammt er! – Sprich's nicht aus!
BRAND: Was tat er?
DIE FRAU: Meine Brust war leer;
Kein Gott, kein Mensch, der Hilfe brachte;
Das Jüngste rang im Tode schwer –
Das schnitt ihm in das Herz; – er lachte
Im Wahnsinn, zog das Messer – stach –!
BRAND: Er stach –!
VOLK *entsetzt:* Sein Kind!
DIE FRAU: Da erst erwachte
Sein Geist – ein Abgrund tat sich auf.
Nichts hemmt' der Reue wilden Lauf; –
Er legte selber Hand an sich. – –
O komme, rett', erbarme dich!
Bewußtlos, auf das Kind gebückt,
Ringt mit dem Leben er und Tod.
EINAR *bleich:* Entsetzlich!
BRAND *leise:* Ja, hier hat es Not.
VOGT: Gottlob, dort ist nicht mein Distrikt.
BRAND *kurz, zum Volke:*
Löst schnell ein Boot und setzt mich über!
DER MANN: In solchem Sturm? – Tu's selber, Mann.
VOGT: Am Fjorde führt ein Fußweg hin.
DIE FRAU: Ich selbst ihn zwar gewandert bin,
Doch geht es nun nicht länger an.
Die Brücke, als ich kaum darüber,
Schwemmte der Wildstrom plötzlich fort.
BRAND: Macht los das Boot!
EIN MANN: Unmöglich, Mann!
Es kocht und schäumt der ganze Fjord.
EIN ANDERER: Ein Sturzwind vom Gebirg! Welch Kampf!
Der ganze Fjord in Rauch und Dampf!
EIN DRITTER: Bei solchem Wüten, solchem Wetter
Ist ein Gebet der beste Retter.
BRAND: Des Sünders Seele wartet nicht,
Ob sich die Wut des Sturmes bricht.
Er steigt in ein Boot und macht das Segel los.
Ihr wagt das Boot?
DER BESITZER: Ei, wie Ihr fragt!
BRAND: So komm' denn, wer sein Leben wagt.
EIN MANN: Ich geh nicht.
EIN ANDERER: Was sind das für Sachen!
MEHRERE: Gerade in des Todes Rachen!
BRAND: Ja, euer Gott hilft keinem fort;
Doch wißt, der meine ist an Bord!

DIE FRAU *ringt die Hände:*
Er stirbt verdammt!
BRAND: Ich wollt' allein
Vom Steuer aus das Boot regieren.
Doch einer muß am Focke sein
Und auch den Schöpfer tapfer führen.
MEHRERE *zurückweichend:*
's wagt keiner.
EIN EINZELNER *drohend:*
Aus dem Boot heraus!
Du lästerst Gott, führst du es aus!
MEHRERE STIMMEN: Der Sturm nimmt zu!
ANDRE: Es riß die Leine.
BRAND *hält sich und das Boot mit dem Bootshaken am Ufer fest und ruft der fremden Frau zu:*
Gut, komme du, doch komm geschwind!
DIE FRAU *zurückweichend:*
Ich! – Hier, wo keiner –!
BRAND: Sie sind blind!
DIE FRAU: Ich kann nicht!
BRAND: Kannst nicht?
DIE FRAU: Denk' der Kleinen –!
BRAND *lacht:* Sand ist der Grund, darauf Ihr baut.
AGNES *wendet sich mit glühenden Wangen zu Einar und legt ihre Hand auf seinen Arm:*
Hörst du's?
EINAR: Ich beug' mich seiner Stärke.
AGNES: Gott segne dich! – Frisch auf zum Werke!
Ruft Brand zu:
Sieh, hier ist einer, froh der Tat,
Mit dir zu gehn der Rettung Pfad!
BRAND: So komme!
EINAR: Ich?
AGNES: Ich geb' dich hin! –
Ein Opfer, das ich freudig bring'.
EINAR: Eh' du mir gabst den Liebesring,
Hätt' ich geopfert selbst mein Leben –
Mich gern gesetzt zu ihm ans Steuer –
AGNES: Doch jetzt?
EINAR: Mein Leben ward mir teuer;
Jetzt kann ich's nicht.
AGNES *zurücktretend:* Du weichst zurück!
EINAR: Ich darf es nicht!
AGNES *aufschreiend:* O der Moment
Entscheidet mein und dein Geschick; –
Ein Weltmeer trennt uns, mich und dich!
Zu Brand: Ich geh mit dir!
BRAND: So eile dich!
DIE FRAUEN *entsetzt, während Agnes ins Boot springt:*
Hilf, Jesus!
EINAR *greift in Verzweiflung nach ihr:*
Agnes!
DIE MENGE *herbeieilend:*
Halt! Sie rennt –
In ihr Verderben! – Bringt sie her!
BRAND: Wo liegt das Haus?

DIE FRAU *zeigt hinaus:* Am Ende dort,
Beim Vorgebirg'. Siehst du die Schär?
Das Boot stößt vom Lande.
EINAR *ruft ihr nach:*
O dreht, ich fleh' euch an, den Kutter!
Denk deiner Lieben, deiner Mutter! –
O wende! –
AGNES: Hier sind d r e i an Bord!
Das Boot segelt fort. Das Volk drängt sich auf dem hohen Ufer zusammen und folgt ihm mit gespannter Aufmerksamkeit.
EIN MANN: Grad auf die Spitze zu!
EIN ANDRER: Ich seh'!
DER ERSTE: Schon liegt sie hinter ihm in Lee!
DER ANDRE: Ein Windstoß! Ha, der faßt sie gut!
VOGT: Ei, ei – der nimmt ihm seinen Hut.
EINE FRAU: Wie 'n Rabenfittich wunderbar
Fliegt wild im Sturm sein nasses Haar.
DER ERSTE MANN: Es kocht und dampft.
EINAR: Horcht, wie es klingt
Und graunvoll durch den Sturmwind dringt!
EINE FRAU: Vom Fjelde kommt's.
EINE ANDERE *hinaufzeigend:* Das ist die Gerd,
Sie lacht und jauchzt, da er so fährt.
DIE ERSTE: Sie bläst in eine Hirtenlur
Und wälzet Steine von dem Ur.
DIE ANDRE: Nun biegt das Horn sie wie ein Band
Und tutet durch die hohle Hand.
EIN MANN: Ja tut und schrei nur, häßlich Ding,
Die Macht des Manns ist nicht gering.
EIN ANDRER: Im schlimmern Sturm, mit ihm am Steuer,
Wär' mir die See doch ganz geheuer.
DER ERSTE MANN *zu Einar:*
Was ist er?
EINAR: Geistlicher.
DER ZWEITE: Er ist
Ein ganzer Mann und ist ein Christ.
Er hat den Trotz der Tat, des Munds.
DER ERSTE: Das wär' ein Pfarrer recht für uns!
VIELE STIMMEN: Das wär' ein Pfarrer recht für uns!
Das Volk zerstreut sich über die Anhöhen.
VOGT *sammelt seine Papiere und Bücher:*
Als formlos hab' ich stets verdammt,
Sich anzumaßen fremdes Amt
Und einzugreifen, geht es schief,
Ganz ohne zwingendes Motiv,
Gewiß, auch ich tu' meine Pflicht,
Doch außer dem Distrikte nicht.
Er geht ab.

Zweiter Auftritt

Vor der Hütte am Vorgebirge. Hoher Mittag. Der Fjord liegt glänzend und still da.
Agnes sitzt unten am Strand. Bald darauf kommt Brand aus der Tür.

BRAND: Welch ein Sterben! O der Tod
Sühnte Schrecken, Qual und Not!
Nun mit stillen, großen Zügen
Liegt er, ein zerschlagen Wrack. –
Kann ein noch so frommes Lügen
Wandeln Nacht in lichten Tag? –
Doch von seiner Todessünde
War bewußt ihm nur die Rinde,
Was mit Namen nennt der Mund,
Was man greifen kann mit Händen:
Diese Tat am eignen Kinde,
Ewig lebend, ihn zu schänden. –
Doch die beiden andern Kleinen,
Sich in die Kamineck drückend,
Wie zwei Vögel um sich blickend,
Saßen da und starrten immer,
Scheu und still, bereit zu weinen.
Ihrer Seele ward ein Fleck
Eingeätzet, den sie nimmer
Scheuern aus dem Herzen weg.
Ach ihr Lebensflutstrom bricht
Aus dem quälendsten Erinnern;
Und ein grauenvolles Licht,
Angezündet von dem Wahn,
Leuchtet auf der Lebensbahn
Diesen weinenden Beginnern.
Und so geht vielleicht es weiter
Glied um Glied zu Schmach und Sünden!
Weil sie – o wer kann's ergründen –
Alle auf derselben Leiter
Stammen ab von solchem Vater. –
Welche Sünd' ist still zu tilgen?
Wo ist Nachsicht zu bewill'gen?
Was ererbt, was zu vertreten?
Welche Neigung auszujäten?
Wo ein Anwalt, ein Berater?
Wo ein Richter, wo die Zeugen?
Zu entscheiden, wem gebührt es,
Wo ein jeder Delinquent?
Wer darf zeigen sein zediertes,
Schmutz-zerriss'nes Dokument? –
Wird die Antwort angenommen:
„'s ist ererbt und überkommen?" –
Schwindeltiefe Rätselfragen,
Wer darf euch zu deuten wagen? –
Doch am Abgrund tanzt die Schar,
Ohn' Bewußtsein der Gefahr.
Weinen sollten sie und beben!
Doch nicht eine Seele schaut,
Welch ein Schuldberg auf sich baut
Von dem einen Wörtchen – l e b e n.

Einige Männer aus dem Volke kommen hinter dem Hause hervor und nähern sich Brand.

EIN MANN: Wir treffen uns zum zweitenmal.
BRAND: Er ist erlöst von seiner Qual.
DER MANN: Er braucht uns weiter nicht, ist frei,
Doch in der Hütte sitzen drei.
BRAND: Und nun?
DER MANN: Wir teilen mit der Not,
Den Kindern dieses Stückchen Brot.
BRAND: Gibst alles du, doch nicht dein Leben,
So wisse, du hast nichts gegeben.
DER MANN: Wenn jener, der nun starr und tot,
Sich wieder fänd' in Todesnot
Auf seinem umgestürzten Boot,
Und hört' ich ihn um Rettung schrein,
Ich setzte wohl mein Leben ein.
BRAND: Hat Seelennot nicht auch ihr Recht?
DER MANN: Wir sind ein Erdenwurm-Geschlecht.
BRAND: So wendet ganz den scheuen Blick
Vom Himmelslicht zur Erd' zurück.
Seht nicht, in Euer Joch gespannt,
Mit einem Aug' zum Himmel schielend,
Zum Staube mit dem andern zielend;
Schaut stets zur Erde unverwandt.
DER MANN: Ins Joch gespannt – das ist es eben,
Sollt' es nicht ein Erlösen geben?
BRAND: Versucht's!
DER MANN: Wenn du die Freiheit bringst.
BRAND: Wie, ich?
DER MANN: Schon mancher hat's versucht,
Den Weg beschrieben und geflucht; –
Sie zeigten ihn, doch du, du gingst.
BRAND: Du meinst – ?
DER MANN: Das Wort ist wie im Meer ein Pfad, –
Doch eine tiefe Wegspur läßt die Tat.
Wir stehn in der Gemeinde Namen; –
Du bist ein Mann, und drum wir kamen.
BRAND *unruhig:* Ihr wollt – ?
DER MANN: Sei unser Seelenhirt!
BRAND: Ich? Hier?
DER MANN: Längst ohne Führer irrt
Das Volk.
BRAND: Jawohl, nun fällt's mir ein.
DER MANN: Freilich sind wir nur schwach. Zuvor
Da ging's noch an, nun sind wir klein.
Als Mißwachs kam, das Korn erfror,
Die Seuche traf das Volk, das Vieh,
Die Armut lähmte unsre Knie,
Im Hause weder Saat noch Brot,
Der Hunger selbst dem Geist gebot,
Da traf uns auch die Pfarrersnot.
BRAND: Heisch, was du willst, doch dieses nicht,
Ich folge einer größern Pflicht;
Wo tausend Lebensquellen rauschen,
Wo Tausende dem Worte lauschen.
Was soll ich hier, wo eingeklemmt
Die Felswand Wort und Rede hemmt!
DER MANN: Die Felswand wird ein kräftig Wort
Dir doppelt kräftig wiedergeben.
BRAND: Wer flieht an einen finstern Ort,
Kann er im blauen Lichte leben?
Wer bricht die Wildnis, menschenfern,
Kann er den nahen Acker pflügen?
Wer wartet auf die Frucht vom Kern,
Wo reichbeschwert sich Äste biegen?
Wer müht sich ab in Werktagspflichten,
Darf er den Blick zum Himmel richten?
DER MANN *den Kopf schüttelnd:*
Dein Tun verstand ich – nicht dein Wort.
BRAND: Dring weiter nicht in mich! An Bord!
Er will gehen.
DER MANN *vertritt ihm den Weg:*
Ist der Beruf, in dem du lebst,
Das hohe Ziel, nach dem du strebst,
Dir wirklich teuer?
BRAND: Wie mein Leben!
DER MANN *mit Nachdruck:*
Gibst alles du, doch nicht dein Leben,
So wisse, du hast nichts gegeben.
BRAND: Doch eines kannst du nie verschenken:
Dein Selbst, dein Ich, den heil'gen Dom;
Du darfst's nicht binden, nicht es lenken,
Nicht dämmen deines Lebens Strom.
Er schäumt dahin und rauscht und schwillt,
Bis er im Meer die Sehnsucht stillt.
DER MANN: Verlör' er sich in Sümpfen, Teichen,
Als Tau würd' er das Meer erreichen.
BRAND *sieht ihn erstaunt an:*
Wer gab solch Rede deinem Munde?
DER MANN: Du selber in der großen Stunde,
Da du trotz Sturm und Meeresgraus
Zogst kühn in deinem Nachen aus;
Da einem Sünder Trost zu bringen,
Du warfst dein Leben auf ein Brett.
Da zog in manche Seele ein
Bald kaltes Wehn, bald Sonnenschein,
Da war's wie helles Glockenklingen.
Mit gesenkter Stimme:
Doch morgen ist der Rausch verflogen,
Da nehmen wir die Flagge fort,
Die wir so freudig aufgezogen.
BRAND: Wo keine Kraft, ist kein Beruf.
Hart: Seid ihr nicht, wozu Gott euch schuf,
So wandelt ruhig eure Bahn,
Seid ganz dem Staube untertan!
DER MANN *sieht Brand eine Weile an und spricht:*
Weh dir, es losch dein Lichtgefunkel!
Weh uns, wir sahn, nun ist es dunkel!
Der Mann geht, die andern folgen ihm schweigend.
BRAND *schaut ihnen lange nach:*
Schweigend, einer hinterm andern,
Langsam sie nach Hause wandern;
Trüb, als ob sie Worte sammelten,
Matt, als wenn die Füße stammelten;

Als wenn aus dem Paradies
Rauh der Engel sie verstieß.
Menschen hab' ich schaffen wollen,
Neu und ganz, nach Gottes Bildnis,
Kein verzerrtes Sein; – was sollen
Mir in dieser Menschenwildnis
Diese Seelen, matt gesinnt? –
Fort von hier zu größern Weiten!
Fort, hier ist kein Raum zum Streiten!

Er will gehn, steht aber still, da er Agnes am Strande erblickt.

Ruhig sitzt sie wie ein Kind;
Lauscht sie einem fernen Sang? –
So auch saß sie auf der Bank,
Als das Boot im Sturme war.
Lauschend sah sie nach dem Gischte,
Der sich mit dem Sturme mischte;
Nur zuweilen von dem Haar
Sie die salz'ge Meerflut wischte. –
Mit dem Ohr das Auge tauscht; –
Nicht das Ohr, ihr Auge lauscht.

Er nähert sich ihr.

Fesselt, Mädchen, dich die Windung
Dieses Fjordes, diese Wände –?

AGNES *ohne sich umzusehen:*

Nicht die Windung noch die Mündung,
Noch die Uferwand mich kümmert.
Doch ein größres Land ich schaue,
Das sich wölbt wie eine Braue.
Schau' ein Meer, wo Ströme münden,
Sonnig es durch Nebel schimmert;
Sehe rote Lichter glühen,
Nebel um die Berge ziehen.
Palmen rauschen in den Winden,
Weithin ihre Schatten fallen.
Nichts Lebendiges zu finden;
Diese Welt ist wie ein Lallen,
Wie ein Stoff, der noch zu kneten.
Und ich höre Stimmen klingen,
Halb ein Singen, halb ein Beten:
Ob du siegest, ob du bebest,
Wag es nur zum Licht zu dringen,
Daß du diese Welt belebest.

BRAND *hingerissen:*

Sprich, was siehst du mehr?

AGNES *die Hand auf die Brust legend:*

Hier drinnen
Fühl' ich mächt'ge Ströme rinnen,
Fühl' ich's fluten, wallen, schwellen,
Licht im Morgenrot sich's hellen.
Weltengroß nach allen Seiten
Fühle ich mein Herz sich weiten,
Und ich höre Stimmen klingen:
D i e s e Welt sollst du bezwingen!
Und Gedanken, lang erwartet,
Frohe Taten, groß geartet,
Kommen flüsternd, atmend, lebend,
Neuen Welten Dasein gebend;
Und ich ahne mehr als schau'
Ihn da oben in dem Blau,
Fühle, daß er niederblickt,
Daß er an sein Herz mich drückt,
Licht und mild wie Morgenrot
Und betrübt doch bis zum Tod.
Und ich höre Stimmen klingen:
Ob du stirbst und ob du lebest,
Ob du siegest oder bebest,
Wag es nur zum Licht zu dringen!

BRAND: Ja im Innern – da, da liegt es,
Wer dort kämpfet, der besiegt es:
Eignes Herz, das ist die Welt,
Die sich uns entgegenstellt.
Da soll Selbstsucht untergehn,
Da der neue Mensch erstehn. –
Geh' die Welt nur immer weiter
Auf des Leichtsinns morscher Leiter!
Aber tritt auf meinen Wegen
Sie als Feindin mir entgegen,
Läßt mein Werk sie nicht in Ruh,
Da, beim Himmel, schlag' ich zu.
Eines fordr' ich nur als mein:
Platz, um ganz ich selbst zu sein.
Dies zu heischen ist gesetzlich:
Daß mein Selbst sei unverletzlich.

Er denkt eine Weile nach und sagt:

Ganz ich selbst? Doch wie verhält sich's
Zum Ererbten? Und wie stellt sich's,
Denk' ich des Geschlechtes Sünden?

Er schweigt und sieht in die Weite.

Welch ein Weib kommt da geklettert
Übern Hügel? Wie sie hastet!
Krumm, gebückt, mit steifem Nacken,
Wangen wie vom Frost verwettert?
Auf den Stock gestützet rastet
Oft sie, greift mit magern Fingern
In die Tasche, wie zum Packen –
Birgt sie etwa einen Schatz? –
Um die hagern Glieder schlingern
Falten, wie beim Vogelfratz,
Den im Feld ein Sturm verhagelt'.
Diese Augen, Hände gleichen
Einem Habicht, den man nagelt'
An die Speicherwand, zu scheuchen
Vögel von dem leckern Futter. – –

Plötzlich erschreckend:

Welch ein schreckliches Erinnern
Macht erstarren meinen Leib! –
Weht ein Eishauch aus dem Innern
Eines Gletschers, der das Weib
Ganz in Reif und Eis mir hüllt? –
Ist es nur ein schrecklich Bild? –
Großer Gott, hier weicht der Zweifel –
Dieses Weib ist meine Mutter!

BRANDS MUTTER *kommt über die Anhöhe, bleibt auf halbem Wege stehn, hält die Hand über die Augen und sieht sich um:* Hier sei er, sagten sie.
Sie kommt näher.
Der Teufel
Hole die Sonne! – Macht mich blind! –
Sohn, bist du's?
BRAND: Ja.
DIE MUTTER *die Augen reibend:*
Ins Auge sticht
Mich das verfluchte Sonnenlicht.
Da weiß man nicht, ist es das Kind,
Ist es ein Pfarrer oder Bauer.
BRAND: Daheim gab's keinen Sonnenschein
Vom Laubfall bis zum Kuckucksschrein; –
Nur eine lange Wintertrauer.
MUTTER *lacht in sich hinein:*
Das ist auch gut. Da friert man hart
Wie 'n Eiszapf an dem Rasendach.
Da wird man stark zu jeder Fahrt.
Man schläft und sinnt nicht Dummem nach.
BRAND: Leb wohl! Ich reise bald von hier.
MUTTER: Immer ging's im Galopp bei dir.
Als Kind schon sannst du in die Weite.
BRAND: Auch dir war's recht, ich schied von Hause.
MUTTER: Es kommt drauf an, von welcher Seite
Man's ansieht, doch die Priesterkrause
War mir ganz recht.
Ihn näher betrachtend:
Du wurdest groß.
Doch acht auf deiner Mutter Lehr':
Halt wert dein Leben!
BRAND: Und was mehr?
MUTTER: Was gibt es Höh'res als das Leben?
BRAND: Ich meine: War's dein ganzer Rat?
MUTTER: Ich kann dir keinen andern geben.
Zornig: Du freilich bleibst wie früher taub.
Mit Schrecken hab' ich heut' gehört
Von deinem Wagnis, deinem Pfad!
Wie leicht wardst du des Meeres Raub!
Ist dir die Mutter gar nichts wert?
Du bist mein Sohn, mein Fleisch und Blut.
Du krönst das Haus, das ich gebaut
Und das gezimmert fest und gut.
Halt fest! Sei stark! Leb, da's noch Zeit ist!
Hüte dein Leben! Weiche nicht!
Zu leben ist des Erben Pflicht –
Du bist's – ich meine – wenn's soweit ist.
BRAND: So? darum kamst du, mich zu haschen,
Hast dir wohl brav gefüllt die Taschen?
MUTTER: Sohn, bist du toll?
Zurückweichend: Bleib mir vom Leib!
Sonst wehr' ich mich, schlag' mit dem Stabe!
Ruhiger: Was meintest du damit? Nun freilich –
Einst gehet ja „das alte Weib",
Sei's früher, später, hin zum Grabe.
Du erbst du alles, was ich habe,
Nicht unter andre Erben teil' ich.
Nichts trag' ich bei mir, alles liegt
Zu Haus', gemessen und gezählt.
Viel ist es nicht, doch der es kriegt,
Ein Bettler ist er eben nicht. –
Komm nicht zu nahe! Hier versprech' ich,
Nichts zu vergraben, nichts zu bergen,
Nach Art von Dieben oder Zwergen,
In Ritzen, in dem Kellergrund,
Noch wo ein Brett im Boden fehlt.
Und das Versprochne nimmer brech' ich.
Du kriegst das Ende voll und rund;
Dir, meinem Sohn, gehört's alleine.
BRAND: Und die Bedingung?
MUTTER: Nur die eine!
Du sollst dein Leben nicht verschwenden,
Nicht wie ein Halbverrückter enden.
Wahr' das Geschlecht von Sohn zu Sohn,
Ich fordre keinen andern Lohn.
Und halt mir alles wohl vergittert,
Und sorg dafür, daß nichts zersplittert! –
Gleichviel, ob du das Ganze mehrst,
Wenn du nur der Vermindrung wehrst!
BRAND *nach kurzer Pause:*
Eins werde, Mutter, endlich klar:
Dir trotzt' ich, als ich Kind noch war.
Ich war nicht Sohn, du Mutter nicht,
Wir warten beide aufs Gericht.
MUTTER: Auch ich will nimmer Liebe heucheln.
Sei, wie du willst; ich brauch' nicht Schmeicheln.
Sei hart und rauh und kalt wie Eis,
Ein jeder leb' nach seiner Weis'.
Nur wahr' dein Erbe! Dir zum Frommen!
Laß nichts in fremde Hände kommen!
BRAND *tritt ihr etwas näher:*
Und wenn gerade das mich freute,
Und ich's in alle Winde streute?
MUTTER *zurücktaumelnd:*
Ausstreun, was manch ein Sklavenjahr
Mich hat gekrümmt, gebleicht das Haar?
BRAND *langsam mit dem Kopfe nickend:*
Und wenn ich's tu'?
MUTTER: Dann sind wir quitt,
Dann streust du meine Seele mit.
BRAND: Und wenn ich's doch mich unterstände?
Wenn an dein Bett ich abends tretend,
Wo bei der Kerzen mattem Schein
Du lägst in deinem Kämmerlein,
Mit dem Gesangbuch in den Händen,
Wie 'n Mensch, der eingeschlafen betend –
Wenn dann, Verborgnes zu ergründen,
Ich tastend wühlte, kratzte, wendete,
Ich nähm' das Licht und dann erst endete,
Wenn nichts Verstecktes mehr zu finden –?
MUTTER *nähert sich ihm gespannt:*
Welch ein Gedanke! – Was geschah? – –
BRAND: Soll ich die Mär erzählen?

MUTTER: Ja!
BRAND: Sie stammt noch aus der Jugendzeit,
Von ihr sich nie mein Geist befreit,
Die Seele schändend wie die Narbe,
Die von der Hasenscharte blieb. –
Herbstabend war's, der Vater tot,
Du krank; zum Sterbebette trieb
Die Neugier mich, ich schlich mich ein,
Wo bleich er lag im Wachslichtschein,
Mit dem Gesangbuch auf der Brust,
Gemäht, geknickt die reiche Garbe.
In einem Winkel stand ich scheu,
Und stiert' ihn an und stiert' aufs neu.
Es blieb so still, ich starrt' und mußt',
Betäubt vom feuchten Linnenduft
Nur immer schaun auf seine Hand:
Wie war sie weiß und schmal und fein!
Da bebten Tritte durch die Luft.
Ein Weib trat ein. Ich armer Tropf
Verborgen in der Ecke stand
Und sah ihr heimlich Tun mit Schaudern.
Sie ging zum Bette ohne Zaudern,
Suchte, schob fort des Toten Kopf,
Wühlte und fand 'nen Beutel schwer.
Doch greifend suchte sie nach mehr.
Sie wühlte zwischen allen Kissen
Und hob und schob die Last des Toten,
Bis sie ein Pack, mit vielen Knoten
Fest zugebunden, endlich fand.
Wie gierig ihre Hände rissen!
Sie biß es auf mit ihren Zähnen!
Nach Art von hungrigen Hyänen.
Sie wühlt' von neuem, fühlt' umher,
Sie zählte, flüsterte: noch mehr!
Sie weinte, betete, sie jammerte,
An jede Spur sie jäh sich klammerte;
Und fand sie's, stürzte drauf sie ächzend,
Dem Raubtier gleich nach Beute lechzend.
Zuletzt war jeder Winkel leer. –
Sie ging und schwankte wie gebrochen,
Wie wenn das Urteil ihr gesprochen,
Zur Tür und stöhnte: Was! Nicht mehr?
MUTTER: Groß war mein Recht, doch klein mein Fund;
Mein Lebensglück lag auf dem Grund.
BRAND: Viel Schlimmeres du noch erkorst,
Da du des Sohnes Herz verlorst.
MUTTER: Mag's sein! Doch Brauch ist's allerwärts,
Für Geld verkaufen Will' und Herz.
Ich gab für einen Scheingewinn
Mein ganzes Lebensglück dahin.
Ein Etwas, das nun längst verkohlt,
Das keine Stunde wiederholt;
Das flüchtig wie ein dummes Lied,
Doch leuchtend durch die Seele zieht.
Ich gab, was jetzt mir kaum bekannt,
Von Menschen *Liebe* wird genannt.
Ich weiß noch gut, wie schwer es tat,
Den harten Kampf, des Vaters Rat:
Vergiß den armen Kötnertropf;
Sieh nicht des andern dünnen Schopf;
Das ist ein Kerl, der hat's im Kopf;
Er doppelt dir das Eingebrachte! –
Ich nahm ihn, hatte Schimpf statt Dank,
Im Hause nichts als Streit und Zank,
Zum Doppelten er's auch nicht brachte.
Dann habe ich gekratzt, gerafft
Und unablässig uns geschafft.
BRAND: Doch nah' dem Grab siehst du's wohl ein:
Du gabst die Seele obendrein.
MUTTER: Es kann wohl sein, drum ließ ich eben
Dem Sohn die Priesterweihe geben.
Als Dank wird mir, wenn einst ich sterbe,
Dein Priestersegen für das Erbe.
Ich hab' das Gut, die Macht des Hortes,
Dir ward der Trost, die Kraft des Wortes.
BRAND: So klug du bist, doch irrst du dich,
Siehst du in diesem Lichte mich.
Im ganzen Lande, weit und breit
Die gleiche Elternzärtlichkeit!
Das Kind ist euch nur der Verwalter
Für eure aufgetragnen Kappen.
Und wo es riß, da mag er's lappen,
Die Lumpen nur in Ehren halt' er!
Ihr habt von einer Ewigkeit
Gelegentlich gehört und meint,
Wenn ihr Geschlecht und Erbschaft eint,
Sei euch die Ewigkeit gewiß.
Ihr glaubt, versöhnt sei Tod und Leben,
Wenn des Geschlechtes Faden eben
In vielen Jahren nur nicht riß.
MUTTER: Was ich auch denke – laß es sein!
Du wirst ja Erbe!
BRAND: Gut! Allein
Die Schuld?
MUTTER: Du meinst, so etwas kenn' ich?
Wir schulden keinem einen Pfennig.
BRAND: Doch wenn es wär', für jeden Schein
Trät' ich mit meinem Erbe ein.
Ich zahlte auf der Mutter Grab,
Nach Sohnespflicht, die Schulden ab.
Wär' leer das Haus bei deinem Sterben,
Das Schuldbuch würd' ich immer erben.
MUTTER: Ist das Gesetz?
BRAND: Wer recht gerieben,
Weiß freilich, daß es nicht geschrieben;
Doch folget anderen Gesetzen,
Wer frei sich weiß von list'gen Netzen,
Und diesen soll genug geschehn.
Verblendete, o lern doch sehn!
Verringert hast du Jahr für Jahr
Das Pfand, das dir vertrauet war.
Dein reines Bild, o Gott im Himmel,
Hast du – verzerrt, bedeckt mit Schimmel.

Dem Ewigen hast du gekargt,
Den Geist im Staube eingesargt.
Das deine Schuld! Wohin nun fliehn,
Verlangt einst Gott, was dir geliehn?

MUTTER *scheu:*
Wohin? Wohin?

BRAND: O bange nicht!
Ich nehm's auf mich, nach Sohnes Pflicht.
Dein Gottesbild, entstellt, gepeinigt,
Von mir wird's wiederum gereinigt.
Du sollst im Tode Ruhe finden;
Ich löse dich von Schuld –

MUTTER: Auch Sünden?

BRAND: Von deiner Schuld, von dem, was du
Versäumt, verdarbst in träger Ruh.
Für deine Sünde stehst du selbst. –
Die Summe, die ein Mensch vertan
Auf seiner ird'schen Sklavenbahn,
Wird wohl durch eines andern Mühn
Getilgt und damit, was geliehn.
Doch daß vertan, bringt Sündennot;
Da hilft nur Reue oder – Tod.

MUTTER *unruhig:* In diesem schwülen Sonnenschein
Schießt's auf wie Gift und macht mir Pein;
Ich bin ganz schwindlig und ermattet.
Ich geh' nach Hause, wo es schattet;
Der Gletscherbach bringt Kühlung mir.

BRAND: Die Felswand stiehlt den Himmel dir.
Ich bleib' dir nah; und zieht es dich
Zum Licht des Himmels, zur Versöhnung,
So zögre nicht und rufe mich.

MUTTER: Nur Strafen wäre meine Löhnung!

BRAND: Nein, sohneszärtlich, priestermild
Will ich dir Trost und Kühlung bringen,
Am Fuße deines Bettes singen,
Dich decken mit des Glaubens Schild.

MUTTER: Versprichst du das mit Hand und Munde?

BRAND: Ich komm' in deiner Reue Stunde.

Nähert sich ihr.

Doch eins beding' auch ich zum Schluß:
Freiwillig, vor dem letzten Muß,
Entäußerst du dich deiner Habe!
Nackt wanderst du zu deinem Grabe!

MUTTER *schlägt wild nach ihm:*
Trenn Flamm' und Hitze, Licht und Helle!
Trenn Eis und Kälte, Meer und Welle!

BRAND: Es wär' derselbe Widerspruch,
Als würfst dein Kind du über Bord
Und bätst um Segen für den Mord.

MUTTER: Heisch andres, Durst und Hungerpein,
Nur laß mir diese Fordrung sein!

BRAND: Entsagst du nicht dem Größten gern,
So mildert nichts den Spruch des Herrn.

MUTTER: Ich füll' mit Geld den Opferstock!

BRAND: Ach –

MUTTER: Forderst du den letzten Rock?
Sollt' vieles nicht genug schon sein?

BRAND: O dies Genug mehrt nur die Pein.
Vergebens sitzt du in der Asche
Wie Hiob, leerst du nicht die Tasche.

MUTTER *die Hände ringend:*
Mein Leben hin, die Seligkeit!
Mein Gut vertan in kurzer Zeit!
Nach Haus', und an mein Herz gelegt,
Was jetzt noch meinen Namen trägt!
Mein Geld, mein Schmerzenskind, mein Gut,
Für das ich gab mein Herzensblut.
Nach Hause, um mich auszuweinen,
Wie Mütter bei den kranken Kleinen!
Was schufst du meine Seel' im Fleische? –
Daß Fleischeslieb' den Tod erheische? –
Bleib bei mir, Pfarrer, steh beim Kissen,
Bring geistlich Trost, soll ich dem Graun
Der letzten Stund' ins Auge schaun.
Und muß ich alles – nein – gesetzt
Ich müßt' es – noch im Leben missen,
So wart' ich doch bis ganz zuletzt.

Sie geht ab.

BRAND *ihr nachschauend:*
Ja, dein Sohn wird nah sich halten,
Deiner Botschaft sein gewärtig,
Wärmen deine magern, kalten
Hände, bis die Seele fertig.

Er geht zu Agnes hinab.

Abend, Morgen sind nicht gleich,
Morgen war an Kampf so reich,
Schlachtgesänge hört' ich klingen,
Wollt' ein Schwert des Zornes schwingen,
Lüg' und Spukgestalten töten,
Aus die Saat des Bösen jäten.

AGNES *hat sich begeistert zu ihm gewendet:*
O der Morgen war so schwül,
Spiel und Lüge war mein Ziel,
Dacht' ins Leben einzuführen,
Was Gewinn war zu verlieren.

BRAND: Starke Träume, schöne Träume
Kamen zu mir her gleich Schwänen,
Hoben mich auf breiten Schwingen,
In die Ferne ging mein Sehnen; –
Alle Schuld wollt' ich bezwingen;
Durch die weiten Weltenräume
Als ein Sieger rastlos dringen.
Und der Prozessionen Pracht,
Hymnen, Weihrauch, seidne Fahnen,
Goldne Schalen, Siegsgesänge,
Lauter Jubel aus der Menge,
Glänzte aus der finstern Nacht
Meines Lebens, reich und licht,
Aber göttlich war es nicht;
Nur ein farbenreich Gedicht,
Nur der Ferne Glitzerschein
In dem Schattenmeer der Pein. –
Und nun steh' ich hier, wo's dunkelt,
Da noch hell der Himmel funkelt,

Zwischen Felswand, Mur' und Sund,
Fern vom bunten Weltgetümmel
Seh' ein Streifchen nur vom Himmel –
Doch ich steh' auf Heimatsgrund.
Dieser Traum ist ausgeträumt
Und mein Flügelroß entzäumt;
Nicht im glänzenden Turnier
Winkt des Sieges Palme mir,
Nicht in stolzen Festgedichten; –
Stet'gem Tagwerk, schweren Pflichten
Sei mein Leben ganz geweiht.

AGNES: Doch der Gott, der fallen sollte?

BRAND: Fallen soll er, wie ich's wollte –
Doch allmählich, mit der Zeit,
Unsichtbar, in einer Wolke.
Deutlich seh' ich's nun, dem Volke
Sei ich anders hilfsbereit.
Keine prahlerische Handlung
Bringt hervor des Menschen Wandlung;
Ohne Wirkung ist die Kraft,
Wo die Seelenwunde klafft.
Nein, der Wille ist's, dem gilt es,
Wer ihn frei macht, der erfüllt es;
Will' im einzelnen und einen,
Will' im großen und im kleinen.

Er blickt begeistert auf das Land, auf welches bereits die Abendschatten fallen.

Kommt denn, all ihr müden Wandrer,
Aus der Heimat fels'gen Gründen,
Daß wir, Aug' in Aug', uns finden,
Läutern, helfen uns einander.
Daß wir aus dem Herzen reuten
Schlaffheit, Lüge, und nicht ruhn,
Bis von Halbheit wir befreiten
Unsern Willen, unser Tun.
Gleich die Hacke wie das Schwert!
Beide sind des Mannes wert;
Gleich das Ziel – zu sein, zu bleiben
Tafeln, darauf Gott kann schreiben.

Er will gehn. Einar kommt ihm entgegen.

EINAR: Steh! Sie weilt an diesem Ort!

BRAND: Suchst du Agnes? Sie ist dort!

EINAR *zu Agnes:* Wähle zwischen Licht und Flucht
Und der düstern Sorgenschlucht!

AGNES: Mir ist jede Wahl genommen.

EINAR: Agnes, Agnes, dir zum Frommen,
Denk', was alte Lehren sagen:
Leicht zu heben, schwer zu tragen.

AGNES: O ich trag' – du winkst vergebens! –
Sink' ich auch – die Last des Lebens.

EINAR: Denke deiner Lieben Klagen!

AGNES: Hier ist keine Wahl, ich muß;
Mutter, Schwestern meinen Gruß!

EINAR: Draußen auf den blauen Wogen
Glänzen Segel an dem Strand,
Wie der Sehnsucht Traumgedanken;
Und die hohen Masten schwanken;
Und die Schiffe ziehn im Bogen
Nach dem fernen Wunderland.

AGNES: Mal es weiter nicht, o Bester,
Denk, daß ich gestorben wär'.

EINAR: Agnes, folge mir als Schwester!

AGNES *mit dem Kopfe schüttelnd:*
Nein, uns trennt ein Weltenmeer.

EINAR: Wend' zur Mutter denn dies Ruder!

AGNES *leise:* Nicht von Lehrer, Freund und Bruder.

BRAND *kommt einen Schritt näher:*
Mädchen, o bedenk es wohl!
Zwischen diesen Felsenmauern,
Wo die Stürme brausen hohl,
Wo der Tag nur Dämmernacht,
Rinnen soll mein Leben sacht,
Und das Grauen überdauern.

AGNES: Angst bleibt meiner Seele fern:
Durch den Nebel bricht ein Stern.

BRAND: Doch ich bin im Fordern strenge,
Alles oder nichts verlang' ich.
Straucheltest du im Gedränge,
Wäre für dein Leben bang ich.
Hoffe nichts mir abzudingen,
Zu entgehn dem Opferbringen;
Unerbittlich das Gebot:
Fest und treu bis in den Tod!

EINAR: Flieh, o flieh dies wilde Spiel,
Diesen Mann, der unerbittlich
Setzt ein unerreichbar Ziel.
Freundlich Dasein dir vermittl' ich.

BRAND: Wohl, so sei's! Du hast die Wahl.

Er geht ab.

EINAR: Wähle zwischen Sturm und Stille!
Ruh' und Angst in deinem Herzen,
Wähle zwischen Freud' und Qual! –
Zwischen heitrer Lust und Schmerzen,
Elend und des Glückes Fülle,
Tod und Leben – triff die Wahl!

AGNES *steht auf und spricht mit Nachdruck:*
Mir die Nacht! Durch Todesnot!
Fernher winkt ein Morgenrot.

Sie folgt Brand. Einar steht eine Weile wie in Verzweiflung und geht, das Haupt gebeugt, dem Fjorde zu.

Dritter Aufzug

Drei Jahre später.
Ein kleiner Garten neben dem Pfarrhause, umgeben von einem Steinwall. Oben hohe Felsenwand. Der Fjord liegt eng und geschlossen im Hintergrund. Man tritt aus der Haustür unmittelbar in den Garten. Nachmittag.

Erster Auftritt

Brand steht auf der Treppe draußen. Agnes sitzt tiefer auf einer Stufe.

AGNES: Geliebter Mann, schon wieder schweifte
Dein Auge ängstlich übern Fjord. –
BRAND: Ich wart' auf Botschaft –
AGNES: Nun – ?
BRAND: Drum streifte
Mein Aug' unruhig Ort um Ort.
Vergebens wart' ich seit drei Jahren;
Die Mutter schickte nicht nach mir;
Bis heut' ich als gewiß erfahren,
Zu Ende geh' es wohl mit ihr.
AGNES *leise und innig:* Du solltest ungerufen gehn.
BRAND *schüttelt mit dem Kopfe:*
Fühlt sie nicht Reu', kann's nicht geschehn.
AGNES: Die Mutter ist's.
BRAND: Ich hab' kein Recht
Auf Götzen, sei's auch im Geschlecht.
AGNES: Brand, du bist hart!
BRAND: Wie, gegen dich?
AGNES: O nein!
BRAND: Ich hab' es dir versprochen.
AGNES *lächelnd:* Dann hast du ja dein Wort gebrochen.
BRAND: Und doch, hier weht es scharf und hart,
Die Farbe deiner Wangen blich,
Dein zärtliches Gemüt erstarrt.
Von Fels und Muren eng umschlossen,
Gibt's hier kein Blühen und kein Sprossen.
AGNES: Ei desto sichrer liegt das Haus,
Der Gletscher schützt es ganz und gar.
Denn wenn im Frühling los er bricht,
So schießt er über uns hinaus.
Wir wohnen, sicher vor Gefahr,
Wie unter einem Bogenfall.
BRAND: Die Sonne selbst, uns scheint sie nicht.
AGNES: So spielt sie um so heitrer, Lieber,
Dort auf der Höh' uns gegenüber.
BRAND: Im Sommer, ja; drei ganze Wochen! –
Weiter ist sie noch nie gekrochen!
AGNES *sieht ihn fest an, steht auf und sagt:*
Dich quälet etwas, sag's mir, Brand!
BRAND: Nein, dich!
AGNES: Nein, dich!
BRAND: Dich quälet Angst,
Und im geheimen.
AGNES: Du auch bangst.
BRAND: Dir schwindelt wie am Abgrundsrand!
Sag alles!
AGNES *hält inne:*
Oft es eisig rinnt – –
BRAND: Du fürchtest – was?
AGNES: Für unser Kind.
BRAND: Für Alf?
AGNES: Du auch?
BRAND: Zuweilen, ja! –
Doch nein und tausend Male nein!
Gott ist ja gut! Es kann nicht sein!
Du wirst schon sehn, er wächst sich aus.
Wo ist er jetzt?
AGNES: Er schläft im Haus.
BRAND *sieht durch die Tür:*
Der träumt dir nicht von Leid und Graus;
Die kleine Hand ist dick und rund –
AGNES: Doch bleich.
BRAND: Ja bleich; so sind die Bübchen!
AGNES: Schlaf lang und süß, mein kleines Liebchen!
BRAND: Gott segne dich! Schlaf dich gesund!
Er schließt die Tür.
Mit dir und ihm ward's still und hell
Auf meines Tagwerks schwerem Wege;
Mein Tun, mein Denken, schwer und träge,
Ward leicht, trank ich aus diesem Quell.
Bei dir verließ mich nie der Mut,
Sein Spiel goß Kraft mir in das Blut.
Im Amt sah ich ein Märtyrtum.
Und sieh, wie freundlich kehrt sich's um,
Es folgt Gelingen meiner Spur.
AGNES: Du hast's verdient; doch denke nur,
Wie du gekämpft und heiß gerungen,
Das Böse oft nur schwer bezwungen;
Blutstränen hast du oft geweint.
BRAND: Kann sein, doch hatt' ich einen Freund.
Mit dir zog hier die Liebe ein
Wie heller Frühlingssonnenschein.
Ich hatte niemals sie gekannt,
Nie zündete sie Elternhand.
Es war, als ob es sie verstimmte,
Wenn's irgend in der Asche glimmte,
Sie löschten jeden Funken gleich.
Die Summe all der Lieb' und Güte,
Die ich verborgen, still und reich,
Blieb aufgespart zu später Blüte,
Zum Kranze um dein Haupt, für euch.
AGNES: Nicht bloß für uns, für alle hier,
Die unsrer Kirche Glieder sind.
Weint eine Mutter, schreit ein Kind,
Da fehlt es nimmer auch an dir;
Du bist dem Elend Stab und Krücke.
An deines Herzens reichem Tisch
Findet die Not stets Brot und Fisch.
BRAND: Durch dich und ihn. Ihr schlugt die Brücke
Auf meinem Weg zum Himmel mir.
Man kann die Menschheit nicht umarmen,

Eh' einen man geliebt allein.
Ich mußte lieben, mußt' erwarmen –
Sonst ward mein sehnend Herz zu Stein.
AGNES: Wenn du's nur milder nehmen wolltest!
Du schlägst oft, wo du streicheln solltest.
BRAND: Dich, Agnes?
AGNES: Mich? O nein, du hast
Mir aufgelegt geringe Last; –
Doch manchem wohl an Kraft gebricht's
Bei deinem: Alles oder nichts.
BRAND: Das, was die Menschen Liebe nennen,
Das kenn' ich nicht und will's nicht kennen.
Doch Gottes Liebe kenn' ich gut
Und weiß, wie diese Liebe tut.
Hart ist sie, bis du zitternd sinkst,
Bis du zerknirscht die Hände ringst;
Er streichelt dich, doch bis aufs Blut.
Wie war's doch in der schweren Stunde
Des Sohnes, da in Todesangst
Er bat: Laß ihn vorübergehn! –
Nahm Gott den Kelch ihm von dem Munde? –
O nein! Er trank ihn bis zum Grunde.
AGNES: Willst du nach solchem Maße messen,
Wer könnte fürder noch bestehn?
BRAND: Wie das Gericht – wer kann's ermessen;
In Feuer aber steht's geschrieben:
Harr aus bis zu dem letzten Schluß,
Willst du die Krone dir erringen;
Vergebens hoffst du abzudingen
Ein Etwas nur vom ew'gen Muß! –
Du wirst durch Folterpein getrieben.
Daß du nicht kannst, wird dir vergeben,
Doch nimmermehr, daß du nicht willst.
AGNES: Wie du mein stilles Dasein füllst,
So folg' ich gern dir, ohne Beben;
Ich sehne mich nach deinen Höhn.
Doch oft, ich muß es dir gestehn,
Wird mir so angst, mein Mut entweicht,
Der Zweifel in die Seele schleicht;
Da wird mein Fuß mir schwer wie Blei.
BRAND: Merk dir die Wahrheit, wie vertrackt
Sie auch dem großen Haufen sei:
Schließ niemals einen feigen Pakt!
Verurteilt ist, wer seine Pflicht
Nur halb tut oder nebenbei.
Das sei die ew'ge Richtschnur, nicht
In Worten bloß, nein in der Tat.
Nur Durchgelebtes bringt das Heil.
AGNES *wirft sich ihm um den Hals:*
Ich folge dir auf deinem Pfad.
BRAND: Gehn wir vereint, ist er nicht steil.
Der Doktor kommt den Weg herabgegangen und bleibt draußen am Gartenzaun stehn.
DER DOKTOR: In dieser Wüste – wunderbar –
Ein zärtlich Turteltaubenpaar!
AGNES: Mein alter Doktor! Bist du's? – Ja? –
O komm herein!
Sie eilt die Treppe hinab und öffnet die Gartentür.
DOKTOR: Bleib mir nur da!
Du weißt es wohl, wie's mich verdrießt,
Daß ihr euch hier just niederließt,
Wo euch die Sommersonne narrt
Und selbst die Seel' im Leib erstarrt.
BRAND: Nun die wohl nicht.
DOKTOR: Die nicht? Hoho!
Es scheint mir freilich selber so.
Auch euer rasch geschloss'ner Bund
Steht – scheint es – auf solidem Grund.
Nun, eine Ausnahm' von der Regel,
Wenn zwei so wanderlust'ge Vögel
Es treiben also kunterbunt.
AGNES: Ein Sonnenkuß, ein Glockenschlag
Erweckt wohl einen Sommertag.
DOKTOR: Lebt wohl. Ein Kranker wartet mein.
BRAND: Die Mutter wohl?
DOKTOR: Ja. Geht Ihr mit?
BRAND: Noch nicht.
DOKTOR: So wart Ihr dort schon?
BRAND: Nein.
DOKTOR: Brand, Ihr seid hart. Der Sturm und Regen
Hielt mich nicht auf auf meinen Wegen,
Obwohl ich weiß, die Alte zahle
Wie eine aus dem Hospitale.
BRAND: Gott segne Eure kund'gen Hände!
Erleichtert ihr das schwere Ende.
DOKTOR: Mein Wollen segne er; ich kam,
Da ich von ihrer Not vernahm.
BRAND: Dort Botschaft! Mich hat sie vergessen!
Mir will's das Herz zusammenpressen.
DOKTOR: Kommt ungerufen!
BRAND: Ruft sie nicht,
So handl' ich nicht in Amt und Pflicht.
DOKTOR *zu Agnes:* Du armes Kind, wie kamst du doch
In solchen harten Mannes Joch!
BRAND: Ich bin nicht hart.
AGNES: Er gäbe gern
Sein Blut, wüsch' es die Seel' ihr rein.
BRAND: Als Sohn zahl' ihren Gläubigern
Ich jede Schuld, nach Buch und Schein.
DOKTOR: Tilgt erst die eignen!
BRAND: Vieler Schuld
Tilgt einer auch durch Gottes Huld.
DOKTOR: Doch solche Tilgung dann nicht kleckt,
Wer selber tief in Schulden steckt
Bis über die Ohren.
BRAND: Doch ich will's,
Ich will es ganz, und ich erfüll's.
DOKTOR *sieht Brand fest an:*
Des Manneswillens quantum satis,
Dein Soll, wohl viele Seiten hat;
Allein dein conto caritatis
Ist nur ein einz'ges weißes Blatt.
Er geht ab.

Brand *folgt ihm eine Weile mit den Augen:*
Kein Wort, das so zur Lüge wird
Auf Erden, als das Wörtchen Liebe!
Das kriecht versteckt heran und irrt
Des matten Geistes schlaffe Triebe.
Ein Teppich über tausend Pfuhlen,
Darunter ungestraft zu buhlen. –
Ist eng der Weg und steil und krumm,
Man kehrt aus purer Liebe um;
Wer geht auf breitem Sündenwege,
Hofft, daß sich Lieb' ins Mittel lege.
Wer Großes wollte, nie sich mühte,
Erreicht es wohl durch Lieb' und Güte.
Geht einer irr', bewußt, im Laster,
Die Liebe deckt's mit einem Pflaster.
Agnes: Wie schlimm! Doch muß ich oft mich fragen:
Ließ' das sich nicht auch anders sagen?
Brand: Eins überspringt man gern – den Willen,
Nur er vermag den Durst zu stillen
Der ewigen Gerechtigkeit.
Erst mußt du wollen, und nicht bloß
Was tunlich ist, sei's klein, sei's groß;
Nicht bloß, wo schon das Tun an sich
Befriedigung als Preis verleiht.
Nein, wollen mußt du stark und frei,
Ob Graun auch im Gefolge sei.
Darfst nicht die Märt'rerkrone tragen,
Wenn nur ans Kreuzesholz geschlagen.
Erst wollen mußt du Kreuzestod,
Ihn wollen, trotz des Fleisches Not,
Ihn wollen in des Geistes Angst: –
Nur so du zu dem Heil gelangst.
Agnes *schmiegt sich dicht an ihn:*
O schütze mich, du starker Mann,
Tritt das Gebot an mich heran!
Brand: Doch siegt der Will' in solchem Streit,
Dann kommt der Liebe rechte Zeit,
Sie schwebt herab auf Taubenschwingen,
Des Lebens Ölblatt uns zu bringen.
Doch hier beim Volke schlaff wie Gras
Die beste Liebe ist der Haß!
Erschreckend: Der Haß! – dies kleine Wort? – Ja das
Zu wollen, in das Herz zu zwingen – –
Im Weltenkampf nur zu erringen!
Er geht rasch in das Haus.
Agnes: Er kniet am Bett bei seinem Kind
Und wiegt das Haupt, als wein' er lind;
Er drückt die Stirn in seine Kissen,
Als ob die letzten Anker rissen.
O welchen reichen Liebesschatz
Birgt doch dies starke Mannesherz!
Alf darf er lieben ohne Schmerz.
In seiner Seele, ungebrochen,
Hat Erd- und Sündennot nicht Platz.
Noch hat die Schlang' ihn nicht gestochen.
Sie bricht erschreckt aus:
Auf springt er plötzlich, ringt die Hände –
Was sieht er nur? O Ew'ger, wende – !
Brand *auf die Treppe tretend:*
Kam noch kein Bote?
Agnes: Nein.
Brand *in das Haus zurücksehend:*
Es hämmern
Die Schläfen, seine Pulse jagen,
Und seine Haut ist fieberheiß! –
O fürcht nicht, Agnes!
Agnes: Gott welch Dämmern!
Brand: Nein, fürchte – nicht – ! Ich darf's nicht sagen! –
Nach dem Wege zu rufend:
Der Bote!
Ein Mann *durch die Gartentür:*
Komm nun schnell!
Brand *eilig:* Ich weiß!
Und was hat sie dir aufgetragen?
Mann: Sie saß in ihrem Bett gebückt
Und rief mit heisrer Stimme: Schickt
Schnell nach dem Pfarrer! Eilt euch, rennt!
Mein halbes Gut fürs Sakrament!
Brand *weicht zurück:*
Das halbe! Nein! Sag nein!
Mann *schüttelt den Kopf:* Bewahre,
Daß ich von ihrer Botschaft spare.
Brand: Das halbe – halbe? – War nicht alles Gemeint?
Mann: Kann sein, doch keines Falles
Gesagt; denn sie sprach ganz verständlich.
Ich sagte Wort für Wort ihr nach.
Brand *faßt ihn beim Arm:*
Beim Jüngsten Tag – o es wär' schändlich –
Bezeugst du, daß sie also sprach?
Mann: Ja.
Brand *fest:* Sag ihr, die meine Fordrung kennt:
Kein Pfarrer und kein Sakrament.
Mann *sieht ihn unsicher an:*
Hab' ich's nicht richtig ausgedrückt?
Die Mutter, deine Mutter schickt.
Brand: Ich kenne nicht ein zwiefach Recht
Für Fremde und für mein Geschlecht.
Mann: Ein hartes Wort!
Brand: Bei ihr gebricht's –
Sie weiß es – alles oder nichts.
Mann: Du kommst nicht, Pfarrer?
Brand: Sag ihr noch,
Vom goldnen Kalb der kleinste Teil
Beraubt sie ihrer Seele Heil.
Mann: Ich führ' der Antwort Geißelschlag
So leicht und lind, als ich vermag.
Vielleicht gibt der Gedank' ihr Ruh',
Daß Gott nicht halb so hart wie du.
Er geht ab.
Brand: Aus dieses Trostes Aasgeruch
Entspringet Pest und Erdenfluch.

Gebet, Gesang in letzter Stund'
Sind Honig um des Richters Mund!
Natürlich! Das gebührt sich da,
Sie kennen ihn von alters ja.
Denn wohin auch und wie sie wandeln,
Der Alte läßt ja mit sich handeln!
Der Mann ist schon draußen auf dem Wege einem andern begegnet; sie kommen nun beide zurück.
BRAND: Noch einer?
ERSTER MANN: Ja.
BRAND: Was bringst du, Mann?
DER ZWEITE: Neun Zehntel bietet sie dir an.
BRAND: Nicht alles?
ZWEITER: Nein.
BRAND: Mein Wort Ihr kennt:
Kein Pfarrer und kein Sakrament.
ZWEITER: Schwer büßte sie in Leid und Schmerzen.
ERSTER: Sie trug dich unter ihrem Herzen!
BRAND *die Hände ringend:*
Ich wäg' den Feind und mein Geschlecht
Mit einerlei Gewicht, wie's recht.
ZWEITER: Der Kranken Not ist schwer und groß,
O send ein freundlich Wort ihr bloß.
BRAND *zum ersten:*
Sag ihr: rein muß die Tafel sein
Für unsres Herren Brot und Wein.
Die Männer gehen ab.
AGNES *schmiegt sich an Brand:*
Oft fürcht' ich für dich selber, Brand:
Ein Flammenschwert führt deine Hand.
BRAND *seine Tränen unterdrückend:*
Trotzt nicht die Welt mir ohne Ende
Mit leerer Scheid' an ihrer Lende?
Schlägt sie nicht meine Seele blutig?
Nur darin zäh und fest und mutig?
AGNES: Hart ist und schwer, was du verlangst.
BRAND: Wenn weniger – mir wäre angst.
AGNES: Leg dieses Maß an tausend an,
Du findest nicht den rechten Mann.
BRAND: Da hast du leider nur zu recht!
So flach und leer, verzerrt und schlecht
Ist diese Generation,
Es gilt als eine große Tat,
Wenn ein Testator ungenannt –
Verzichtend auf des Ruhmes Lohn –
Sein Gut der Armut zugewandt.
Laß einen Helden namenlos
Sich mit dem Sieg allein begnügen;
Gib einem Kaiser, König bloß
Erfolg, doch keinen Ruhm vom Siegen –
Schaffte wohl Großes solch Genügen? –
Sag einem Dichter, ganz im stillen
Mög' er die Vögel fliegen lassen
Aus seiner goldnen Voliere,
Und keiner wüßte, wer es wäre,
Der ihnen Farb' und Sang verliehn,
Er tu es nicht um seinetwillen. –
Versuch das Holz, ob dürr, ob grün,
Selbstlosigkeit wird keinem passen.
Prüf nur der Sterblichen Gedanken; –
Sie klammern bei des Abgrunds Rand
Sich fest an lose, ird'sche Ranken,
Die flüchtig überm Schlunde schwanken –
Um schließlich sich, da sie schon fallen,
Noch mit den Nägeln einzukrallen.
AGNES: Denk auch, wie dem, der ratlos fällt,
Dein Wahlspruch in die Ohren gellt!
BRAND: Wer siegen will, darf nimmer weichen:
Wie tief du fielst, du kannst's erreichen.
Er schweigt eine Weile und spricht dann weicher:
Und doch, wenn einer Menschenseele
Ich's unerbittlich so befehle,
Da ist mir's oft, als wenn im Meere
Schiffbrüchig ich verschlagen wäre,
Geklammert an ein winzig Brett.
Ich beiße mir in Qual und Schmerz
Wohl auf die Zung', und statt zu zücht'gen,
Möcht' ich den Armen gern beschwicht'gen,
Ihn drücken an mein liebend Herz! –
Geh, Agnes, an sein kleines Bett,
Sing ihn in lichte Träume ein.
So eine Kindesseel' ist rein
Als wie im Sonnenschein ein Weiher;
Die Mutterliebe schwebt darüber,
Unhörbar, still, gleich einem Reiher,
Und spiegelt sich in seiner Flut.
AGNES *bleich:* Was ist das nur, stets blickst du trüber,
Denkst du an ihn. Was ist dir, Lieber?
BRAND: O nichts. Behüt ihn treu und gut.
AGNES: Sag nur ein Wort!
BRAND: Ein starkes?
AGNES: Nein –
BRAND *sie umarmend:*
Wer frei von Schuld, soll fürder leben.
AGNES *sieht ihn mit hellen Augen an und spricht:*
Eins gibt es – o ich will nicht beben –
Gott darf nicht, er wird gnädig sein!
Sie geht in das Haus.
BRAND *sieht still vor sich hin:*
Und wenn er dürfte? – O er darf!
War nicht auch Abrahams Messer scharf?
Er schüttelt den Gedanken von sich ab.
Nein, nein, mein Opfer ist gebracht!
Ich folg' dem Ruf, aus dunkler Nacht
Mit Donnerton sie aufzuschrecken,
Aus mattem Traume sie zu wecken.
Ein Opfer? – Wieder eine Lüge!
Ist träge Ruh' mir nicht Genüge?
Seit meine Agnes ich gewonnen
Und jäh der stolze Traum zerronnen?
Er blickt nach dem Wege.
Noch keine Botschaft von der Kranken,
Von Buß' und reuigen Gedanken,

Die sünd'gen Triebe auszureuten,
Wie hoch und weit sie sich auch breiten! –
Ha, jetzt! – Doch nein, 's ist nur der Vogt,
Mit glücklichem Embonpoint,
Wohlwollend, nur zum Scheine streng,
Die Händ' in seinen beiden Taschen,
Als ob um eine Parenthese
Ihr ein paar feste Klammern zogt.
DER VOGT *spricht durch die Gartentür:*
Ei, guten Tag! Seid mir nicht böse!
Man muß den Augenblick erhaschen!
BRAND *zeigt nach dem Hause:*
Tretet hinein!
VOGT: Nein, bitte, bloß
Ein klein Geschäftchen, 's ist nicht groß;
Und hört Ihr mich nur freundlich an,
So ist's im Augenblick getan.
BRAND: Und das Geschäft –?
VOGT: 's geht das Gerücht,
Daß Eure Mutter – hoffnungslos –
Es tut mir leid.
BRAND: Ich zweifle nicht.
VOGT: Ja, äußerst leid.
BRAND: Ich bitte – weiter!
VOGT: Doch sie ist alt; – und, lieber Gott –
Man darf's wohl sagen ohne Spott –
Einmal steigt jeder diese Leiter!
Doch da ich heut' hier ging vorbei,
So meint' ich, 's ist wohl einerlei,
Ob eingesprungen, eingekrochen,
Wenn nur nicht grade eingebrochen!
So kam ich denn; und außerdem –
Ich hoff', 's ist Euch nicht unbequem –
Hab' ich die Leute reden hören –
Wer kann den Menschen das verwehren –
Von Zwistigkeit – Familienstreit – –
BRAND: Familienstreit?
VOGT: Es tut mir leid,
Sie hält ihr Geld so zäh und fest,
Als ob ein Reicher niemals sterbe.
Sie sitzt auf ungeteiltem Erbe
Mit Eurem Väterlichen, läßt
Nichts los.
BRAND: Ja, ungeteilt – sehr richtig!
VOGT: Für Gläubiger ist das sehr wichtig.
Und da ich aus verschiednen Gründen
Vermute, daß Ihr ziemlich kühl
Erwartet ihres Lebens Ziel,
Laßt freundliches Gehör mich finden,
Wählt' ich die Zeit auch nicht zu best.
BRAND: Jetzt oder später – einerlei!
VOGT: Zur Sache denn! Ich bin so frei. –
Wenn nun die Sel'ge ruhet, los
Von aller Qual, im Erdenschoß –
Was bald geschehn wird – seid Ihr reich.
BRAND: Ihr meint?
VOGT: Gewiß kein armer Schlucker!
Sie hat Euch Güter im Bereich
Von einem scharfen Operngucker.
Ihr habt es bald.
BRAND: Trotz des Gerichts?
VOGT *lächelnd:* Das tritt nur ein, wo zwei sich zanken.
Für einen gibt es keine Schranken,
Den einz'gen Erben kümmert nichts.
BRAND: Doch wenn nun doch ein andrer käme,
Das Erbe in Besitz sich nähme,
Weil er der Rechte?
VOGT: Ei, der Teufel!
Laßt Euch nicht solchen Unsinn grämen!
Seht mich doch an! – Ist hier ein Zweifel?
Wer weiß Bescheid wie ich? – Wer wagt
Hier mitzureden? – Wie gesagt,
Auf Reichtum könnt bestimmt Ihr hoffen;
'nen andern faßte wohl der Dünkel!
Ihr braucht nicht länger diesen Winkel!
Das Land, die Welt steht Euch ja offen!
BRAND: Hört, Vogt, ist nicht der Rede Sinn:
Geht fort von hier, gleichviel wohin?
VOGT: So ungefähr, und jedem Teile
Gereichte das wohl auch zum Heile.
Schaut Euch doch um bei diesen Leuten,
Berufen, Gottes Wort zu deuten,
Paßt Ihr zu uns, das Volk zu Euch? –
Ihr seid der Hecht im Karpfenteich.
Versteht mich wohl. Bei Euren Gaben
Braucht Ihr 'nen großen Wirkungskreis,
Raum, um die Kräfte zu entfalten.
Lebt man wie wir in Felsenspalten,
Fern von der Welt und halb begraben
In Grus und Stein, in Schnee und Eis,
Da fehlt Euch eben Luft und Raum.
BRAND: Ein Mann saugt seine beste Kraft
Aus seiner Heimat, wie der Baum
Aus tiefer Wurzel seinen Saft.
Treibt dort es ihn zu Taten nicht,
Dann fort mit solchem feigen Wicht.
VOGT: Doch nötig ist's bei allen Werken,
Auf das Bedürfnis wohl zu merken.
BRAND: Das schaut man wohl von hohen Bergen,
Doch nicht aus felsbegrabnen Särgen.
VOGT: So spricht man unter Millionen,
Doch nicht, wo lauter Arme wohnen.
BRAND: O geht mir doch mit Euren Grenzen
Inzwischen Niedrung und Gebirg'!
Ihr wollt als Weltenbürger glänzen,
Obwohl im eigenen Bezirk
Untätig, feig Ihr immer schreit:
Wir kleines Volk, wir haben Zeit!
VOGT: Es ward wohl jeder Zeit ihr Recht
Bestimmt und jeglichem Geschlecht
Sein eignes Handeln vorgeschrieben.
So sind auch wir nicht ausgeblieben,
Und haben zu dem Weltzwecksfond

Auch unser Scherflein beigesteuert.
Ob man es später noch erneuert,
Ich weiß es nicht, 's ist etwas lang,
Doch war das Scherflein nicht so winzig.
Noch lebt, und jedes Kind entsinnt sich,
Wenn auch aus Büchern nur, der Zeiten,
Da hier der König Bele thronte,
Und manch verwegner Kämpe wohnte.
Die zogen gerne, um zu streiten,
Wo man nur eine Küste wußt',
Und Schlösser, die an Schätzen reich,
Und plünderten nach Herzenslust.
Europa schrie, vor Schrecken bleich:
Gott schütze uns vor diesen Teufeln!
Doch sie – wie länger nicht zu zweifeln –
Stammten aus unserm teuern Lande.
Und brennen konnte diese Bande
Und schlagen, kräft'ger kaum zu finden.
Dunkel die Sage weiß zu künden
Von einem, der das Kreuz gar nahm; –
Doch schweigt sie, ob's zum Kreuzzug kam.
BRAND: Es stammen wohl recht viele hier
Von diesem Manne, der's gelobt?
VOGT: Freilich! doch woher wisset Ihr –?
BRAND: Wir haben's ja so oft erprobt!
Die guten Leute des Versprechens,
Des Nimmerhaltens, Wortebrechens.
VOGT: Das mag wohl sein. Doch ich erzähle
Euch weiter noch von König Bele.
Erst raubten wir die Fremde aus,
Dann suchten wir des Nachbarn Haus,
Das heißt mit Messer und mit Beil,
Und gasteten bei ihm 'ne Weil'.
Wir trampelten ihm seinen Acker,
Verbrannten wohl beim Juleschmaus
Den armen ausgeraubten Racker,
Dazu noch Kirchen, Meßgewänder
Und andre heil'ge Gottesständer.
Man hat das stark oft ausgemalt,
Ein wenig auch damit geprahlt.
Doch darf ich wohl auf jene Sagen
Und unsere Vergangenheit
Bescheiden hinzudeuten wagen;
Und daß wir redlich beigetragen
Mit Blut und Eisen, Schwert und Feuer –
Ein Scherflein, unserm Herzen teuer –
Zum Fortschritt unsrer eignen Zeit.
BRAND: Doch will mir's scheinen, Ihr vergeßt,
Daß Adel einen Mann verpflichtet:
Daß man den Hügel ebnen läßt,
Der einst für Bele aufgeschichtet.
VOGT: O nein, da hat es keine Not!
Kommt nur zu einem Gastgebot,
Wo wir, der Lehnsmann, Glöckner, Richter
Als Ehrengäste sind zu finden.
Seht nur, wenn da die Bowle kommt,
Ob uns noch König Bele frommt,
Seht nur die leuchtenden Gesichter!
Wie Toast, Gesang und Becherklang,
Dazu auch Reden, kurz und lang,
Des Edlen Namen noch verkünden!
Ich selbst hab' oft im tiefen Drang –
Begeistert wie ein trunkner Dichter –
Ein Redetüchlein ihm gewebt;
Was manchen wunderbar erhebt. –
Ich mag ein bißchen Poesie,
Das tun im Grunde alle hie
In dieser Gegend; doch mit Maß;
Im Leben wär's ein bloßer Spaß.
Nein, so am stillen Feierabend,
Wenn's uns zur engen Klause zieht,
Wenn wir vom Tagewerke matt,
Wenn's im Kamin, wenn's Pfeifchen glüht,
Da ist die Poesie ein Bad,
Erfrischend und die Seele labend.
Das eben ist es, was uns trennt,
Wenn den Begriff wir recht entkernten;
Ihr wollet sä'n zugleich und ernten;
Ihr wollt, wenn ich es recht versteh',
Vereinen Leben und Idee.
Ihr liebenswürd'ger Attentäter
Wollt gern hinauf zum Ew'gen dringen
Und auch zugleich den Acker düngen,
Darinnen man Kartoffeln setzt,
So wie aus Kohlen und Salpeter
Samt Schwefel Pulver wird zuletzt.
BRAND: Fast so.
VOGT: Doch hier ist's schwer zu lehren;
In großen Kreisen ließ' sich's hören,
Geht dorthin, bringt die Fordrung vor,
Man hat vielleicht dafür ein Ohr.
Doch uns wollt Ihr nicht weiter stören!
Wir pflügen rüstig nach wie vor
Das wilde Meer, das magre Moor.
BRAND: Pflügt unter erst – darf ich Euch raten –
Das Prahlen mit der Väter Taten.
Ein Zwerg bleibt doch ein Zwerg und hätt' er
Auch einen Goliath zum Vetter.
VOGT: Ein Großes wächst aus hohen Ahnen.
BRAND: Wenn sie zur Tat, zu Großem mahnen. –
Kann Euch der Väter Helmbusch nützen? –
Ihr macht daraus nur Narrenmützen.
VOGT: Mein erstes bleibt mein letztes Wort; –
Am besten wär's, Ihr ginget fort.
In Wahrheit ist Euch niemand grün,
Hier wird nicht Euer Weizen blühn.
Das bißchen Aufschwung, die Erhebung,
Die wohl auf seiner Erdenbahn
Der Mensch braucht, ist es auch ein Wahn,
Werd' ich besorgen mit Ergebung.
Es zeigt Euch meine Amtsverwaltung
So manche günst'ge Umgestaltung.
Die Zahl des Volkes ist verdoppelt,
Ja fast verdreifacht, und ich habe –

Wenn ich so sagen darf – gekoppelt
Manchen Erwerbszweig an die Gegend,
Wo's still sonst war als wie im Grabe.
Mit feindlicher Natur im Kampf
Fort schritten wir als wie mit Dampf.
Doch blieb auch unser Tun gesegnet.
Wir brachen Wege, bauten Brücken –
BRAND: Doch zwischen Glauben, Leben klafft es.
VOGT: Man muß allmählich vorwärtsrücken.
BRAND: Den Trieb zum Höheren erschlafft es.
VOGT: Erst gute Kommunikation,
Das schien uns stets der beste Lohn
Für unsre Mühen, unsre Fron.
Ihr mischtet alles bald in eins:
Des Lämpchens Licht, des Nordlichtscheins.
In solchem Zwielicht sieht man schlecht,
Was gut und böse ist, was recht,
Was grad und krumm, was falsch und echt.
Was ruhig hier zusammenhielt,
Habt Ihr verfitzt, verwirrt, zerwühlt.
Vereinigt hätten sie gesiegt,
Jetzt eins das andere bekriegt.
BRAND: Und dennoch bleib ich, Euch zum Trotz,
Da hier den Wirkungskreis ich fand;
Ich lache Eures bittern Spotts. –
Der Mann, der recht sein Ziel erkannt,
Folgt einer Schrift von Gottes Hand,
Der Feuerschrift: Hier ist dein Land!
VOGT: So bleibt, doch auch in Euren Schranken.
Ich weiß wohl, daß die Leute kranken
Und schnappen nach der Sündenangel,
An Sünd' und Lastern ist kein Mangel.
Doch laßt den Werktag Werktag sein
Und gebt ihm keinen Heil'genschein.
Hißt nicht die Flagge in Ekstase,
Kommt nur ein Fahrzeug in den Fjord,
Und wendet um des Vorbergs Nase,
Als wär' der Heiland selbst an Bord.
BRAND: Wollt' ich auf Euren Ratschlag hören,
Müßt' ich erst Will' und Geist verkehren.
Doch mein Beruf ist, treu mir selbst
Zu bleiben und das Volk zu lehren.
Und ich vollbring' es, bis das Licht
Allmächtig in die Herzen bricht.
Was Ihr so trefflich eingelullt,
Gewiegt in schweigende Geduld,
Ich weck' es auf, ich hab's versprochen!
Seht Euch nur um, kaum eine Spur
Von der granitnen Felsnatur!
So hat die geist'ge Hungerkur
Des Volkes beste Kraft gebrochen.
Ihr zapftet ihm das warme Blut,
Ihr nahmt ihm Will' und Kraft und Mut;
In Stümpfchen ist nur noch zu sehn,
Was erzgegossen sollte stehn.
Doch führt ein Schrei uns noch zum Sieg,
Der donnernd Euch betäubet: Krieg!
VOGT: Krieg?
BRAND: Krieg!
VOGT: Laßt Ihr den Ruf erschallen,
Ihr werdet als der erste fallen.
BRAND: Mit Klarheit tritt es einst zutage:
Kein größrer Sieg als Niederlage!
VOGT: Erwägt es wohl, worauf Ihr zielt,
Spielt nicht die letzten Trümpfe aus!
BRAND: Ich tu' es doch!
VOGT: Wenn Ihr verspielt,
Da ist es mit Euch selber aus.
Ihr habt die Güter dieser Welt,
Talent und Brot, dazu auch Butter –
Ich mein' die Erbschaft von der Mutter.
Ihr habt ein Kind, ein teures Weib;
Kurz, was man hoch und teuer hält,
Ward Euch, als ob es niemals endete.
BRAND: Und wenn ich doch den Rücken wendete
Dem Los, das mir das Glück verhieß?
Weil ich es muß?
VOGT: Ich fürcht', es wackel',
Wenn hier, umdroht von Eis und Firn,
Ihr zündet Eure Kriegesfackel.
Zieht südwärts nach den reichen Küsten,
Wo sich des Geists Heroen rüsten
Zum Kampfe mit erhobner Stirn.
Da habt Ihr recht, das Volk zu rufen
Zum Opferblut an Altarstufen.
Statt Blutes opfern wir nur Schweiß. –
Ja ja, der Kampf ums Brot macht heiß!
BRAND: Hier kämpf' ich's aus, wo ich geboren,
Hier hab' die Walstatt ich erkoren.
VOGT: Denkt, was Ihr wagt, seid nicht betört!
Vor allem denkt, was Ihr verlört!
BRAND: Zuerst mich selber, schwankt' ich bloß.
VOGT: Ein einzelner kämpft hoffnungslos.
BRAND: Die Besten folgen meinen Fahnen.
VOGT: Die meisten gehn auf meinen Bahnen.

Er geht ab.

BRAND *ihm nachblickend:*
Der richt'ge Volksmann, wie im Buch
Er steht; rechtschaffen, klug und billig;
Auf seine Art zu helfen willig
Und doch für alle nur ein Fluch.
Nicht Bergfall, Flut und Sturm aus West,
Nicht Frost samt Hungersnot und Pest
Verschulden solche Niederlage
Als er an einem einz'gen Tage.
Die andern Plagen drohn dem Leben; –
Doch wie erstickt manch edles Streben,
Wie bricht des mut'gen Willens Wellen,
Wie dämpft des frischen Sanges Schwellen
Solch niedrer und engbrüst'ger Sinn.
Wie viele Scherz' im Volkesmunde,
Wie viele Blitz' in Volkes Brust,
Wie manch Erwachen, Schmerz und Lust,

Erhabner Taten frohe Kunde –
Mordet unblutig er nicht hin! – –
Plötzlich in Angst:
Kein Bote? – Wie, noch immer nichts?
Der Doktor! *Ihm entgegeneilend:*
Sprecht! Was bringt Ihr mir?
DER DOKTOR: Sie steht und harret des Gerichts.
BRAND: Tot! – doch in Reu'?
DOKTOR: Unmöglich ihr;
Sie hielt am Ird'schen bis aufs letzte,
Bis daß der Tod das Ziel ihr setzte.
BRAND *blickt schaudernd zur Erde:*
Ward eine Seele hier verspielt?
DOKTOR: Ja, wenn ihr wird der Sünden Lohn
Nach dem Gesetz, nicht nach der Gnade.
BRAND *leise:*
Was sprach sie?
DOKTOR: Dumpf erklang's, doch mild:
Gott ist so hart nicht wie mein Sohn.
BRAND *sinkt voll Schmerz auf die Bank:*
Im Sündenqualm, in Schmerz und Tod
Dieselbe Lüge, Qual und Not!
Er verbirgt sein Gesicht in den Händen.
DOKTOR *tritt näher zu ihm, sieht ihn an und schüttelt den Kopf:* Ich seh', Ihr wollt, was längst verflossen,
Versetzen in die heut'ge Zeit;
Ihr meint, der Pakt, den Gott geschlossen
Einst mit den Menschen, gelt' noch heut'.
Doch jede Zeit verlangt ihr Recht,
Das Flammenschwert scheint uns kaum echt;
Wir nennen Ammenmärchen Wahn,
Fordernd vor allem: sei human!
BRAND *sieht auf:* Human! Das ist das Feldgeschrei,
Das Wort, damit man feige sei.
In das hüllt jeder Stümper sich,
Dem beuget jeder Krümper sich.
Dem Schwächling passet es als Schöße,
Er deckt damit die eigne Blöße.
In seinem Schutz wird feig gebrochen,
Was eben man noch leicht versprochen,
Den trägen Zwergenseelen ist
Der Mensch vor allem Humanist.
War Gott human, da Jesus Christ
Den Kreuzestod erlitt? – O schade,
Daß Euer Gott nicht schon regierte,
Der hätte wohl gerufen: Gnade!
Wenn ihn der Umstand nicht genierte,
Daß dann des Sohns Versöhnungswerk
Die Tat nur war von einem Zwerg.
Er verhüllt das Haupt und sitzt in stummem Schmerze da.
DOKTOR *leise:* Brich aus, brich aus, du krankes Herz!
O könntest du recht satt dich weinen!
AGNES *die auf die Treppe herausgekommen ist, flüstert dem Doktor zu:*
Kommt mit! Hier drinnen –!
DOKTOR: Zu dem Kleinen?
Was hast du, Kind?
AGNES: Die Angst – der Schmerz,
O wie das schlangengleich hier frißt!
DOKTOR: Was gibt es?
AGNES *ihn mit sich ziehend:*
Komm! – O komm sogleich!
Sie gehen in das Haus, ohne daß es Brand bemerkt.
BRAND *still vor sich hin:*
Tod ohne Buße! Wie sie lebte. –
Ist das nicht Gottes Fingerzeig?
Nun muß durch mich gehoben werden
Der Schatz, den sie verspielt auf Erden; –
Nun zehnfach Wehe, wenn ich bebte!
Er erhebt sich.
So sei's! – In dieser heil'gen Stunde,
Als Sohn, auf meiner Heimat Grunde,
Will fest ich in dem Kampfe stehn
Und meinem Feind ins Auge sehn!
Gott hat mir selbst das Schwert gereicht,
Den Zorn erweckt, den Weg gezeigt;
Auf springt der Quell – wer will ihn halten!
Nun darf, nun kann ich Felsen spalten!
DOKTOR *von Agnes gefolgt, kommt eilig auf die Treppe draußen und ruft:*
Beschick dein Haus und zieh von hier!
BRAND: Und bebt' die Erd' – ich bliebe hier!
DOKTOR: So ist dein Kind dem Tod geweiht.
BRAND *entsetzt:*
Mein Kind? – Alf? – Seid Ihr nicht gescheit!
Welch bittrer Scherz! – Mein Kind!
Er will in das Haus.
DOKTOR *ihn zurückhaltend:* Nein, bleib! –
Hier ist nicht Sonne, ist nicht Licht,
Ein Eishauch vom Gebirge bricht,
Ein feuchter Nebel steigt vom Fjord,
Ein Winter noch an diesem Ort,
Und welken wird sein zarter Leib.
Zieht fort und rettet Euer Kind,
Eh' es zu spät! O tut's geschwind!
BRAND: Noch heute, rasch, in dieser Stund'!
Stark soll er werden und gesund!
Kein Hauch vom Gletscher oder Meere
Die kleine, liebe Brust beschwere.
Komm, Agnes, nimm ihn, laß uns fliehn,
Mit ihm zu schönern Küsten ziehn!
O, Agnes, Todesgarn umspinnt
Lauernd das liebe, herz'ge Kind.
AGNES: Ich bebte lang schon, ahnt' es zwar,
Doch sah ich halb nur die Gefahr.
BRAND *zum Doktor:*
Genest er, wenn wir fliehn? – O sagt!
DOKTOR: Das Leben, das ein Vater wagt
Bei Tag und Nacht, wird Sieg auch krönen.
Sorgt nur für ihn – er wird gedeihn,
Gesundheit doppelt ihn verschönen.
BRAND: Habt Dank!
Zu Agnes: Hüll ihn in Bettchen ein,
Er ist der Meerluft nicht gewöhnt.

Agnes geht in das Haus.

DOKTOR *betrachtet erst still Brand, der unbeweglich durch die Tür blickt, dann geht er zu ihm, legt die Hand auf seine Schulter und sagt:*
Ei ei, mein Bester, ist das sittlich –
Bei andern streng und unerbittlich
Und gegen sich so leicht und lässig?
Dort wenig nicht, nicht viel zulässig,
Da heißt's nur alles oder nichts.
Doch steht man selber ganz gebeugt,
Da es mit einemmal sich zeigt,
Man hab' das Opfer selbst zu liefern.

BRAND: Was meinet Ihr?

DOKTOR: Ja, da gebricht's!
Als Eure Mutter in den Kiefern
Des Todes stöhnend lag, wer gab
Die Donnerantwort: Wirf's erst ab!
Geh nackt in dein geöffnet Grab! –
Und dieser Ruf erscholl noch oft,
Wo auf ein Trostwort man gehofft. –
Nun sitzt Ihr selbst in Angst und Not,
Im Sturm, auf umgestürztem Boot,
Und werfet, meilenweit vom Hafen,
Die Strafgesetzbuchs-Paragraphen
Ins Meer, vielleicht das ganze Buch,
Womit des Bruders Brust man schlug. –
Nun gilt es in dem scharfen Sturm
Zu bergen Euren armen Wurm. –
Hinaus, hinaus aus dem Bereiche!
Nur fort von Eurer Mutter Leiche!
Von Amt, Gemeine, aus der Welt! –
Nun wird die Messe abbestellt!

BRAND *faßt sich wie verwirrt an die Stirn:*
War sonst ich blind? – Bin ich es nun?

DOKTOR: Ich seh' nur eines Vaters Tun,
Und weit entfernt, Euch drum zu tadeln,
Mein' ich, daß solche Schwächen adeln.
Lebt wohl! Ich reicht' Euch nur den Spiegel,
Blickt denn hinein und seufzt: O Graus,
So sieht ein Weltenstürmer aus!

Er geht ab.

BRAND *stiert eine Weile vor sich hin, dann bricht er aus:*
Es traf – zerschossen ist der Flügel!

Zweiter Auftritt

Agnes kommt in einem Mantel, das Kind auf dem Arme. Brand sieht sie nicht. Sie will reden, steht aber erschrokken still, da sie den Ausdruck seines Gesichts bemerkt. In demselben Augenblick kommt ein Mann eilig durch die Gartentür, die Sonne geht unter.

DER MANN: Hör, Pfarrer, du hast einen Feind!

BRAND *die Hand auf die Brust drückend:*
Ja, hier.

MANN: Nein, nein, den Vogt, es scheint,
Daß ihm dein Tun nicht eben recht;
Er macht dich vor den Leuten schlecht,
Ja hat schon zu verstehn gegeben,
Bald werd' es keinen Pfarrer geben;
Du würdest uns den Rücken kehren,
Sobald erst deine Mutter tot.

BRAND: Und wenn's so wäre – ?

MANN: Wir verehren
Dich viel zu sehr – da hat's nicht Not.
Wir kennen auch den wahren Grund:
Du schließest mit ihm keinen Bund,
Du gibst ihm auf den gift'gen Mund,
Bist ihm entgegen, nicht gewogen.

BRAND *unsicher:* Und wenn er richtig doch gekündet?

MANN: So hättest schändlich du gelogen!

BRAND: Hätt' ich – ?

MANN: Das war es ja, was so gezündet!
Wie oft hast du uns nicht gesagt,
Gott selber habe dich erweckt,
Hier sei der ew'ge Kampf gewagt,
So weit die Heimat sich erstreckt.
Ging' der Beruf auch über Leichen,
Man könne fallen, nimmer weichen. –
Du bist berufen, fest und stark;
Du fandst den Weg zum Lebensmark.

BRAND: Du irrst dich, Mann, sie sind zu stumpf,
Was kommt aus einem trägen Sumpf?

MANN: Du weißt es wohl, selbst manchen Wicht
Traf schon ein Strahl vom Sonnenlicht.

BRAND: Doch tausend Augen bleibt es Nacht.

MANN: Du wardst als Leuchte uns gebracht. –
Doch laß uns nicht mit Zahlen quälen,
Erwägen wollen wir, nicht zählen!
Und wenn du mich auch von dir bannst,
Ich sage: Gehe, wenn du kannst!
Ich hab' ein Herz so gut wie einer,
Hilfst du mir nicht, so hilft mir keiner.
Aus Tiefen hast du mich gehoben,
Ich falle, hältst du mich nicht oben.
Du darfst es nicht, ich halt' dich fest
Wie einer, der vom Heil nicht läßt.
Ich warte still und unbeirrt,
Es täuscht uns nicht der Seelenhirt. *Er geht ab.*

AGNES *schüchtern:*
Von bleichen Wangen, bleichem Munde
Geht aus die fürchterliche Kunde.

BRAND *in Gedanken versunken:*
„Die Felswand wird ein kräftig Wort
Dir doppelt kräftig wiedergeben!"

AGNES *tut einen Schritt vorwärts:*
Ich bin bereit.

BRAND: Wozu?

AGNES *mit Kraft:* Nur fort!
Aus dieser Totengruft ins Leben!

Gerd läuft draußen auf der Straße und bleibt an der Gartentür stehn.

GERD *klatscht in die Hände und ruft in wilder Freude:*
Sahet Ihr schon solchen Narrer?
Fort floh er, der harte Pfarrer! –

Aus den Hügeln, aus den Haugen,
Wie aus einem Satansnest,
Wimmelt es von garst'gen Draugen,
Schwarz und häßlich, groß und klein,
Schlagen mir ein Auge ein,
Nehmen auch die halbe Seele.
Nun, ich frage nicht, was fehle,
Bleibt mir doch der ganze Rest.

BRAND: Wild dir die Gedanken gehn; –
Sieh den Pfarrer vor dir stehn.

GERD: Du? Ja du, doch nicht der Pfarrer!
Von dem Svartetind entwich er,
Über Höhn und Hügel strich er.
Aufgezäumt, gesattelt, wild,
Dieser gift'ge Bodenscharrer.
Und ein Mann im Sattel ritt –
Das der Pfarrer, ja der Pfarrer! –
Du bist nur sein Schattenbild! –
Eure Kirche steht nun leer,
Ohne Pfarrer, ohne Ehr'!
Kommt zu m e i n e r Kirche jetzt.
Drauf sich nicht der Habicht setzt.
Dort steht nun der echte Pfarrer
In dem weißen Meßgewand,
Das ihm webt des Winters Hand
Aus des Gletschers Eisesfäden.
Und mein Pfarrer weiß zu reden,
Daß es weit tönt durch das Land.

BRAND: Irrer Geist, in dein Entsetzen
Flüchtest du auch deine Götzen?

GERD *kommt in den Garten:*
Götze? Götze? – Was ist das?
Ist es nicht ein Ding zum Spaß?
Manchmal groß und manchmal klein,
Immer golden, bunt und fein? –
Götze? – Jene da – ei suche!
Siehst du unter ihrem Tuche
Kinderfüßchen, Kinderhändchen?
Siehst du, wie's sich faltig legt
Um ein Etwas, und die Bändchen? –
Ist's vielleicht ein schlafend Kind?
Sie erschrickt, bedeckt's geschwind; –
Das der Götze –!

AGNES: Kannst du weinen? –
Hier ist's leer und ausgebrannt.

BRAND: Agnes, weh' – wie kann ich's einen?
Diese hat mir Gott gesandt.

GERD: Horch, nun läuten alle Glocken
Auf der wilden Bergeshöh',
Um die Leute hinzulocken
Zu der Kirch' in Eis und Schnee.
Siehst du nun die tausend Fexen,
Die der Pfarrer einst gebannt?
Und die Zwerg' und Koboldhexen,
Wie sie steigen zu den Bergen
Mit den Siegeln von den Särgen,
Die sie trotzig aufgebrochen!
Naßkalt kommen sie gekrochen
Aus dem Meer, wo Gletscher schmelzen.
Manche greinen scheintot, wälzen
Von sich ab den Leichenblock.
Aus dem dichtgedrängten Flock
Rufen Kinder: Vater, Mutter!
Wie ein Lamm schreit nach dem Futter; –
Mann und Weib erwidernd schrein.
In die Leichenprozession
Mischt sich Vater, Tochter, Sohn.
Weiber reichen ihre Brust
Toten Kindern, die mit Lust
Saugen, und die Mütter prahlen,
Gleich als ging's zu Taufesschalen. –
O welch lust'ges, schnurr'ges Ding!
Leben kam in diesen Ring,
Da der Pfarrer von uns ging!

BRAND: Weiche von mir, finstre Macht!
Schlimmres seh' ich –

GERD: Hört! Er lacht,
Er, der an dem Bergweg sitzt,
Grinsend schon die Feder spitzt.
Er notiert sich alle Seelen,
Die den Weg zur Höhe wählen,
Keine einz'ge darf ihm fehlen.
Eure Kirche steht ja leer,
Ohne Pfarrer, ohne Ehr'.

Sie springt über den Gartenzaun und verschwindet zwischen den Felsen.

AGNES *nähert sich Brand und spricht mit gedämpfter Stimme:* Zeit ist's, Brand, o laß uns gehn!

BRAND *sie anstarrend:*
Welchen Weg?
Er zeigt erst auf die Gartenpforte, dann auf die Haustür:
Den? – oder den?

AGNES *erschrocken zurückweichend:*
Brand, dein Kind! –

BRAND *folgt ihr:* Gib Antwort mir!
War ich eher Vater hier
Oder Pfarrer?

AGNES *weicht noch weiter zurück:*
Welche Frage!
Fordre nimmer, daß ich sage! – –

BRAND *folgt ihr:* Doch du mußt, das Mutterherz
Träfe ja der größre Schmerz!

AGNES: Gattin bin ich, so gebiete,
Ich vertraue deiner Güte!

BRAND *will sie am Arm fassen:*
Nimm mir dieses Kelches Qual!

AGNES *weicht hinter einen Baum zurück:*
Hat die Mutter eine Wahl?

BRAND: Das ist die Entscheidung fast.

AGNES *bestimmt:* Frag dich, ob die Wahl du hast.

BRAND: Stärker noch klingt dein Gebot.

AGNES: Sprich, ist klar dir dein Beruf,
Klar, daß Gott dazu dich schuf?

BRAND: Ja! *Sie bei der Hand ergreifend:*
So sprich auch du das Wort
Über Leben, über Tod!
AGNES: Geh den Weg, den Gott gebot!
Pause.
BRAND: Es ist Zeit – so laß uns gehn!
AGNES *tonlos:* Welchen Weg, Brand?
Brand schweigt.
AGNES *nach der Gartentür zeigend:* Den?
BRAND *nach der Haustür zeigend:* Nein, den!
AGNES *hebt das Kind auf ihren Armen hoch in die Höhe:*
Gott, muß ich dies Kind dir geben,
Laß es mich zum Himmel heben,
Lehr mich meine schwere Pflicht!
Sie geht in das Haus.
BRAND *starrt eine Weile vor sich hin, dann bricht er in Tränen aus, schlägt die Hände über dem Kopf zusammen, wirft sich auf der Treppe nieder und ruft:*
Jesus, Jesus, gib mir Licht!

VIERTER AUFZUG

Weihnachtsabend im Pfarrhof.
Dunkles Zimmer; in der Hinterwand die Haupttür; ein Fenster auf der einen Seite, auf der andern eine Tür.

Erster Auftritt

Agnes in Trauerkleidern steht am Fenster und starrt in das Dunkel hinaus.

AGNES: Immer noch nicht! – O wie traurig,
Still zu warten und zu harren,
In das Dunkel trüb und schaurig,
Suchend, sehnend hinzustarren! –
Und der Schnee fällt weich und dicht –
Fast das Dach der Kirche bricht
Unter seiner Linnenhaube. *Sie lauscht.*
Horch, ich hör' das Pförtchen knarren!
Mannesschritte – feste Tritte –
Sie eilt nach der Tür und öffnet sie.
O er kommt wie Noahs Taube!
Brand tritt herein, ganz mit Schnee bedeckt, in Reisekleidern, die er während des Folgenden abwirft.
AGNES *ihn umarmend:*
Ach, wie bliebst du doch so lange! –
Geh nicht von mir! O ich bitte! –
Einsam schaudr' ich oft und bange
Vor den schwarzen Nachtgestalten,
Wie sie um mein Lager walten,
Diese Tage, diese Nacht!
BRAND: Kind, dafür hast du mich wieder!
Er zündet ein Licht an, das einen matten Schein verbreitet.
Du bist bleich.

AGNES: Auf meine Lider
Sank kein Schlaf; ich lauschte, wacht'
Viele schmerzensvolle Stunden; –
Und so hab' ich auch gebunden
Etwas Grün – soviel ich hegte,
Und vom Sommer her noch pflegte
Für das Weihnachtsbäumchen heut'.
Sein Busch war es, und ich band's
Um sein Köpfchen schon als Kranz!
Sie bricht in Tränen aus.
Sieh, nun ist er halb verschneit –
Dort – o Gott –
BRAND: Du meinst sein Grab.
AGNES: Ach, das Wort!
BRAND: Nein, wirf es ab!
Keine Tränen!
AGNES: O ich will es!
Wart ein wenig und ich still' es,
Was aus blut'gem Herzen bricht.
Meine Kraft ist ganz versiecht.
Doch, bald wird es besser, Lieber!
Keine Klage sollst du hören,
Sind die Tage nur vorüber.
BRAND: So willst Gottes Fest du ehren?
AGNES: Nein, ich weiß – o sei geduldig! –
Denke doch vergangnes Jahr,
Was er unserm Herzen war,
Wie so frisch, gesund und wacker –
Und jetzt – –
Sie schweigt schaudernd.
BRAND *mit Nachdruck:*
Auf dem Gottesacker!
AGNES *schreit:*
Nenn es nicht!
BRAND: Das grade schuld' ich
Dir, weil du davor erschrickst!
AGNES: O mit diesem Wort, ich weiß,
Du den eignen Schmerz erstickst.
Doch auf deiner Stirn der Schweiß
Sagt mir alles!
BRAND: Meine Stirn
Tropft vom Fjord, vom Schnee und Firn.
AGNES: Ist die Trän' in deinem Auge
Auch des Fjordes salz'ge Lauge?
Nein, o nein, sie ist zu warm! –
O dein Herz ist nicht so arm!
BRAND: Agnes, Gattin, laß uns beide
Stark den Feind in uns bezwingen,
Unerschrocken, auch im Leide,
Fuß um Fuß zum Ziele ringen! –
O wie stark war mir zumute
Auf der sturmgeschlagnen Schute,
Als der Sturmwind uns umschnob,
Überm Riff die Woge hob,
Daß sogar die Männer weilten.
Mit dem wilden Wogengischte
Sich das Heulen, Pfeifen mischte

Von dem Maste, von dem Takel,
Wie wir trotz'ge Wogen teilten. –
Laut erächzte jeder Nagel. –
Und das Segel traf der Hagel,
Und der Sturm sich drin verfing,
Daß es halb in Fetzen hing,
Flatterte und flackernd zischte. –
Von den Gletschern ob den Wänden
Stürzten Blöcke und Lawinen. –
Und der Rudrer bleiche Mienen –
Schlaffe Ruder in den Händen –
Fast mir die von Leichen schienen. –
Doch ich saß gefaßt am Steuer,
Und ich wuchs und fühlte freier;
Wußte mich als Gottgetauften
Zum Beruf, dem teu'r erkauften.
AGNES: Leicht wohl ist's im Sturm zu stehn,
Mutig seinen Weg zu gehn,
Zwischen Felsensturz und Gletschern,
Aber denke auch an mich! –
Wie beim halberwachten Morgen
Schon im Baum die Vögel zwitschern,
So auch kommen mir die Sorgen,
Und die Zeit schleicht fürchterlich.
Denk an mich, die ganz zerstückt
Keine Tat, kein Kampf erquickt; –
Der so wenig zugemessen,
Deren Schale doch so voll; –
Denk an mich, die nicht vergessen
Kann und nicht erinnern soll.
BRAND: Wenig wär's, was dir zu tun –?
Niemals war's so groß als nun.
Aber laß dir auch gestehn,
Wenn der Schmerz mich ganz bezwingt,
Oft vermag ich kaum zu sehn,
Fühle mich so matt; mich dünkt,
Leuchtend würd' es um mich scheinen,
Könnt' ich nur recht satt mich weinen.
Doch dann ist's, als ob ich sehe
Gott, doch nicht in ferner Höhe,
Nein, als wollt' er mich umfahn,
Und ich dürfte mich ihm nahn.
– O dann möcht' ich mich im Schmerz
Wie ein Kind, verirrt, gefunden,
Mit den aufgeriss'nen Wunden
Stürzen an sein Vaterherz.
AGNES: Brand, o sieh ihn immer so,
Dem du nahtest gern und froh –
Sieh den Vater, nicht den Herren!
BRAND: Darf den Weg ich, Agnes, sperren,
Welcher führt zu seinen Werken?
Stark und groß muß er mir sein,
Eben weil die Zeit so klein,
Daß die Menschen ihn auch merken. –
Aber du kannst zu ihm gehn,
Ihm ins Vaterauge sehn,
Darfst, wie schwer dein Herz auch litt,
Müd in seinen Armen ruhn.
Dunkel, trüb ist all mein Tun;
Doch du bringst die Glorie mit,
Seinen Glanz in deinem Auge,
Draus ich neue Stärke sauge,
Der ich oft so mutlos stritt. –
Siehst du, Agnes, so zu teilen
Ist der rechte Kern der Ehe,
Einer kämpfe, widerstehe,
Einer soll die Wunden heilen.
Da erst zeigt es sich in Klarheit,
Daß die beiden eins in Wahrheit. –
Seit du von der Welt dich wandtest
Und mein liebes Weib dich nanntest,
Deines Lebens Würfel warfst,
Weißt du auch, was du bedarfst
Und wozu dich Gott berufen.
Ich steh' in dem heil'gen Kriege,
Gleichviel, ob ich fall', ob siege,
Steh' als unerschrockne Wacht –
Sei's bei Tage, sei's bei Nacht –
Auf des Tempels heil'gen Stufen.
Deine Aufgab' ist, der Liebe
Kühlen Labetrunk zu bringen,
Dem Verdurstenden zu reichen,
Unterm Harnisch ihm die weichen
Falten um die Brust zu schlingen. –
Wenig wär' es, was dir bliebe? –
AGNES: Ach, wohin den Blick ich hefte,
Geht es über meine Kräfte;
All mein Denken, all mein Meinen
Fließt zusammen in dem e i n e n,
Wie ein schrecklich Traumgesicht.
Laß mich klagen, laß mich weinen,
Hilf mir zweierlei zu einen:
Meinen Schmerz und meine Pflicht! – –
Als von Haus du – ich mir fremde –
Vor'ge Nacht – in meinem Jammer –
Plötzlich trat er in die Kammer,
Voll und rund, die Füßchen bloß; –
Leicht bedeckt vom kurzen Hemde
Trippelt' er herein und eilte
Nach dem Bette, wo ich weilte,
Streckte aus die kleinen Arme,
Bittend, daß er hier erwarme! –
O ich sah ihn – unser Kind!
BRAND: Welch ein Traumbild stellst du vor!
AGNES: Nein, ich sah's recht gut, er fror –
Und wie könnt's auch anders sein –
Auf den kalten Hobelspänen! –
BRAND: Seine L e i c h e liegt im Schrein,
Ein zum Himmel ging das K i n d.
AGNES *zurücktretend:* O du spottest meiner Tränen,
Meines Leidens, hartgesinnt.
Was du kalt die Leiche nennst,
Ist mir immer noch das Kind.
Ob du Seel' und Körper trennst –

Ich vermag sie nicht zu scheiden;
Eins und ganz sind mir die beiden.
Ob im Schnee, im Himmel droben,
Beide sind mein Alf hier oben.
BRAND: Oft muß noch die Wunde bluten,
Eh' die Krankheit ist vorüber.
AGNES: Ja, doch sei geduldig, Lieber,
Leite, führe mich zum Guten.
Steh mir nah und stärk mich, Brand;
Aber reich mir sanft die Hand.
Du, der spricht mit Sturmesmacht
In den großen Augenblicken,
Da die Herzen sich erquicken,
Da die Seel' aus dunklem Schacht
Wagt zum Ew'gen aufzublicken,
Hast du keines Liedes Mildheit
Für des Mutterschmerzes Wildheit?
Nicht ein Wort, das mich belebt
Und den Blick zum Lichte hebt? –
Gott, wie du ihn mir gezeigt,
Ist ein König stolz und groß.
Wag' ich's wohl, vor ihn zu treten,
Ich, vom Schmerze tief gebeugt,
Weinend, eine Mutter bloß?
BRAND: Glaubst du, besser sei's zu beten
Zu dem Gott, den sonst du ehrtest?
AGNES: Niemals wieder, seit du lehrtest
Und du lenktest meinen Blick.
Und doch denk' ich oft zurück
Zu den hellen, lichten Tagen. –
„Leicht zu heben, schwer zu tragen!" –
Ach, ich stehe hoffnungslos.
Alles ist für mich zu groß:
Du, dein Amt, dein Ziel, dein Handeln,
All dein Wollen, Sein und Wandeln;
Selbst die Wand, die überhängt,
Und der Fjord, der ein mich zwängt –
Schmerz, Erinnrung, Streit und Pein –
Selbst die Kirche engt mich ein.
BRAND *betroffen:* Unsre Kirche? Warum die?
Alles groß und sie allein
Scheint dem Blicke eingeschrumpft?
AGNES: Ach, ich weiß es selbst nicht wie,
Reim' es nicht mit der Vernunft.
Stimmung kommt aus fernem Raum,
Kommt und geht, man merkt es kaum.
Und so f ü h l' ich's auch allein:
Unsre Kirche ist zu klein.
BRAND: Sinn liegt in des Volkes Traum.
Hundert haben's ausgesprochen;
Sie selbst, deren Geist gebrochen,
In der Wüste des Gebirgs
Rief: die Kirche dort ist häßlich! –
Hundert Frauen des Bezirks
Riefen's auch. Ich darf vergeßlich
Diesen Ruf nicht überhören,
Nicht, was diese Stimmen lehren. –
Agnes, o nun seh ich's klar,
Dich hat aus der Engel Schar
Gott als Führer mir gesandt.
Sicher, selbst in dunklen Gründen,
Weißt die Straße du zu finden,
Die mir nimmer sonst bekannt.
Dich verführt kein falscher Schein.
O du wiesest mich sogleich
Zu des rechten Wirkens Reich.
Da ich wollte himmelwärts,
Grenzenlos ins Blaue steigen,
Gabst du mich mir selbst zu eigen,
Zeigtest mir zuerst mein Herz. –
Agnes, wieder sprachst du's aus,
Was sonst dunkel mir auf Erden:
Unsre Kirche ist zu klein! –
Gut, so soll ein größres Haus,
Gottes Haus, gezimmert werden! –
Niemals hab' ich's so erkannt,
Was ich, Agnes, in dir fand. –
Und so fleh' auch ich mit dir:
Geh nicht von mir, nicht von mir!
AGNES: Ich will ab die Sorgen schütteln,
Meine Tränen trocknen ab;
Nicht an der Erinnrung rütteln,
Wie's sich ziemet für ein Grab.
Ich will des Vergessens Meer
Fahren, ohne Wiederkehr; –
Tilgen jene Welt von Bildern,
Die verlornes Glück mir schildern;
O ich folg' dir, ist's auch schwer!
BRAND: In die Weite aus der Enge!
AGNES: Aber sei nicht allzustrenge!
BRAND: Nur ein Höh'rer aus mir spricht.
AGNES: Aber einer, der den Willen
Ansieht, wenn auch zum Erfüllen
Uns die rechte Kraft gebricht.
Sie will gehn.
BRAND: Wohin, Agnes?
AGNES *lächelnd:* Ei, das Haus
Darf auch nicht vergessen werden.
Vor'ge Weihnacht ging's zu kraus,
Meintest du, da wir bescherten.
Da war Licht an allen Enden,
Grüne Kränze, schmucke Sachen,
Und du hingst mit eignen Händen,
Unter Singen, unter Lachen,
Spielzeug an den Weihnachtsbaum.
Dieses Jahr, dem Fest zu Ehren,
Wollen wieder wir bescheren,
Lichter zünden zu dem Feste,
Schmücken alles auf das beste.
Blickt dann Gott in diesen Raum,
Soll er uns gebeugt zwar sehn,
Doch wie Menschen, die verstehn,
Nicht zu grollen, nicht zu schmollen;
Die der Freude nicht entsagen,

Weil er uns hat zürnen wollen
Und so Schweres gab zu tragen. –
Siehst du Tränen noch?
BRAND *sie an sich ziehend:* O Kind,
Zünde Lichter! – Licht zu bringen
Ist ja dein Beruf!
AGNES: Geschwind! –
Aber bau, ich fleh' – die Kirche,
Eh' die Lerchen wieder singen! *Sie geht ab.*
BRAND *ihr nachsehend:* Willig, willig auch im Schmerz,
Willig in der Marter Qual.
Sinkt der Mut und zagt das Herz,
Kommt es ohne ihre Wahl. –
Gib, o Gott, ihr neuen Mut! –
Und von mir, o nimm des Kelches
Bittern Trank, ihr des Gesetzes
Raubtier zuzuschicken, welches
Durstig trinkt ihr Herzensblut! –
Braucht es Blut – mein eignes letz' es! –
Ich hab' Kraft, ich habe Mut;
Gerne trag' für zwei den Schmerz ich –
O mit ihr nur sei barmherzig!
Es klopft an die Stubentür, der Vogt kommt herein.
DER VOGT: Hier kommt Euch ein geschlagner Mann!
BRAND: Wieso?
VOGT: Seht mich als solchen an!
Nun ja, das Blatt hat sich gewandt.
Ich wollt' Euch treiben aus dem Land,
Wenn auch nicht eben mit den Fäusten;
Nur Widerstand wollt' ich Euch leisten,
Und prophezeit' Euch nicht das Beste –
BRAND: Nun allerdings.
VOGT: Trotz meines Rechts
Begebe ich mich des Gefechts.
BRAND: Weshalb?
VOGT: Je nun Ihr habt die meisten.
BRAND: Sollt' ich?
VOGT: Ei seht, von allen Enden
Die Leute ja zu Euch sich wenden;
Wer kennt die Namen all der Gäste!
Und dann hat hier in letzter Zeit
Ein neuer Geist sich eingedrängt,
Der mich nun mehr und mehr beengt. –
Daß es so ist, es tut mir leid; –
Doch hier die Hand: – aus ist der Streit!
BRAND: Ich mein', der Krieg beginnt von vorn,
Werft Ihr die Flinte auch ins Korn.
VOGT: Ein ernstgemeinter Friedensschluß
Beseitigt jeglichen Verdruß.
Was lohnt es wider 'n Stachel lecken? –
Und halt' ich sonst auch steif die Ohren,
Ich geb' ohn' weitres mich verloren,
Merk' ich, daß gier'ge Lanzenspitzen
Nach meiner nackten Brust sich strecken.
Weshalb da länger sich erhitzen? –
Führt man als Waffe bloß ein Stöckchen –
Man sucht nach einem sichern Eckchen.
Wer einsam kämpft, begreift das leicht:
Man unterliegt ja doch, man weicht.
BRAND: Auch ich halt's nicht mit den Berserkern.
Doch warum nennt Ihr mich den Stärkern?
VOGT: Ihr habt die meisten.
BRAND: Ja, gesetzt
Ich hätte sie; doch dann, zuletzt
Am großen Opfertag, wo's gilt,
Da zeigt sich wohl ein andres Bild.
VOGT: Am Opfertag? – Ei bester Herr,
Die Furcht, er komme, nenn' ich eitel.
Im schlimmsten Fall erleichtert er
Den guten Leuten bloß den Beutel.
Viel zu human ist diese Zeit,
Man macht sich nicht mit Opfern breit.
Das Ärgerlichste ist nur das:
Ich selbst war stets bereit zu fördern
Humanes Streben, ich verminderte
Das Opferbringen und verhinderte
Den Opfertag, als wär's ein Spaß.
Ich selbst gab mit frivolem Mute
Mich preis und band mir auf die Rute,
Als hätt' ich mich assoziiert
Mit meines Lebenswerkes Mördern.
BRAND: Ich weiß nicht, ob Ihr Euch nicht irrt.
Im übrigen begreift sich's schwer,
Weshalb Ihr strecktet das Gewehr.
Ein Mann mit einem festen Ziel
Geht unbeirrt auf schwerem Wege,
Auch wenn ein Meer dazwischenläge.
VOGT: Allein bedenkt, bei allem Tun,
Man muß doch irgendwo auch ruhn!
Wenn von dem Mühen nichts herauskommt,
So sinnt man nach, wie man nach Haus' kommt.
's ist einmal so: man will den Lohn
Für seine Sorgen, seine Fron;
Kann man durch Kämpfen nichts erreichen,
Muß man sich fügen oder weichen.
BRAND: Doch niemals wird, was schwarz ist, weiß.
VOGT: Mein lieber Freund, was hilft's, ich seh',
Der Schnee sei weiß und rein das Eis,
Wenn alle Welt ruft: schwarz wie Schnee!
BRAND: Ihr ruft wohl mit?
VOGT: Nicht so genau!
Ich rufe: schwarz zwar nicht, doch grau.
Wir sind human; weshalb erbosen?
Den Leuten vor die Köpfe stoßen?
Ihr wollet freundlich nicht vergessen,
Daß dies ein freies, stolzes Land ist,
Wo einer nicht sich darf vermessen
Zu tadeln, was als recht erkannt ist,
Weil ihm die Mehrheit zugewandt ist. –
Und da sie nun Euch zugefallen,
So seid Ihr auch der erste Mann;
Ich schließe mich der Mehrheit an
Und folg' Euch mit den andern allen.

Nur seht, steht Euch auch offner Tadel frei,
Ob ich nicht auch von rechtem Adel sei.
Das Volk nennt jetzt – ich seh's wohl ein –
Beschränkt mein Wirken, eng und klein.
Sie meinen, mehr sei jetzt vonnöten,
Als sä'n und Jahr für Jahr zu jäten;
Sie sind nicht mehr wie früher willig
Zu geben, was gerecht und billig; –
Und fehlt es an dem freud'gen Willen,
Da ist es auch kein recht Erfüllen. –
Wie schwer hält's, etwas zu verbessern
An Strand, an Wegen oder Brücken,
Den Sumpf, die Wiesen zu entwässern –
Man will nur noch zum Himmel blicken. –
Doch, lieber Gott, was soll man sagen!
Kann man sich nicht den Sieg erjagen,
Hofft man geduckt auf beßre Zeiten
Und hält sich klüglich fern vom Streiten.
Nun ja, die Volksgunst ging mir flöten –
Ich werde drum nicht gleich erröten!
Ich muß auf andre Wege sinnen,
Wie ich sie wieder mag gewinnen.

BRAND: So habt Ihr Eure beste Kunst
Nur ausgeübt um Volkesgunst?

VOGT: Nein, nein, weiß Gott, das war es nicht,
Der Leute Bestes ist mein Ziel,
Nur darauf war ich stets erpicht.
Doch leugn' ich nicht, zu diesem Spiel
Trat auch die Hoffnung auf Entgelt
Für alles, was ich angestellt.
Je nun, 's ist einmal so, ein Mann,
Der es versteht und auch wohl kann,
Will gern auch Resultate sehn
Und nicht bloß abgemattet stehn
Zu Nutz und Frommen von Ideen.
Auch kann ich, selbst beim letzten Willen,
Nicht alle Fordrungen erfüllen. –
Ihr wißt ja – ein Familienvater,
Die Kinder gut versorgen möcht' er; –
Und ich – ich habe viele Töchter. –
Ideen löschen keinen Durst,
Hungrigen sind sie gänzlich Wurst,
Zumal hat man sein Häuschen voll.
Und käm' einmal ein kluger Rater,
Ich sagt' ihm – wenn auch ohne Groll –
Werd' mir nur erst Familienvater!

BRAND: Und was ist Euer Plan?

VOGT: Zu gründen.

BRAND: Zu gründen, saget Ihr?

VOGT: Jawohl –
Zu meinem, unser aller Wohl.
Zuerst den Ruf von meinem Namen,
Daß keiner drin mir wagt zu kramen. –
Bald nahen sich die Landtagswahlen,
Da heißt's mit etwas Großem zahlen
Und etwas auf die Bahn zu bringen,
Die Unentschlossenen zu zwingen –
Sonst sticht ein andrer mich noch aus.
So denk' ich denn, man bleibt zu Haus',
Rudert nicht gegen Wind und Wellen. –
Die Leute wollen, wie's nun heißt,
Erhebung, Aufschwung, kurz den Geist.
Doch das ist meine Sache nicht. –
Auf eigne Füße sie zu stellen,
Mir wiederum die Kraft gebricht,
Da man mir halb die Türe weist.
So bin nach reiflicher Erwägung,
Nach Pro- und Kontra-Überlegung,
Ich denn zu dem Entschluß gekommen:
Die Armut sei jetzt vorgenommen!

BRAND: Ihr meint sie auszurotten?

VOGT: Nein!
Sie ist ja ein notwend'ges Übel,
Wie tief man auch darüber grübel';
Man muß sie nun einmal verschlucken.
Doch kann man sie auch etwas ducken,
In Formen zwingen, regulieren,
Greift man es nur beizeiten an.
Armut ist eine Düngerpfütze,
Ein Brutplatz in der Sündenhitze; –
Ich dämm' sie ein, so gut ich kann.

BRAND: Wodurch?

VOGT: Ich will es weiterführen.
Ich habe zweierlei im Sinn;
Ich möcht' zu des Distrikts Gewinn
Erbaun ein Armen-, Kranken-, Pesthaus.
Ich nenn' es Pesthaus, weil's befrein soll
Von Not und Sünd' und was sonst peinvoll.
Hiermit mein' ich denn zu verbinden,
Im engsten Anschluß, ein Arresthaus;
So daß sich Grund und Wirkung finden
Vereinigt unter einem Dach,
Hinter demselben Schloß und Riegel,
Wie neben einem Hund der Prügel. –
Und da ich einmal bin im Zug,
So füg' ich noch dazu ein Fach,
'nen Seitenflügel, groß genug
Zu Wahlversammlungen und Festen,
Licht und behaglich unsern Gästen –
Kurzum ein kommunales Festhaus.

BRAND: Ei, Vogt, Ihr baut ja wie der Daus!
Doch scheint mir, eins Ihr überseht.

VOGT: Ihr meint gewiß ein Irrenhaus? –
Ich habe längst daran gedacht,
Es als 'nen Herzenswunsch gehegt.
Doch als ich's weiter überlegt,
Da sagt' ich – zu mir selbst, versteht –,
Wo hätten wir dazu die Macht,
Solch Haus zu baun, und gar den Raum,
Wenn jeder Würd'ge und Berechtigte
Auch nur ein einz'ges Mal hier nächtigte. –
Und dann, wie wächst der Zeiten Baum
Allmählich in den Himmel auf!
Das Volksbedürfnis nimmt 'nen Lauf,

Als ging's mit Siebenmeilenstiefeln.
Seht, wie's sich überall entwickelte,
Als ob der Böse selbst sie prickelte;
Man führt zu Teufeln und zu Tüfeln –
Natürlich in denselben Stiefeln.
Nur wär's wahrhaftig doch zu kraus,
Erbauten wir ein solches Haus,
Das auch für 'n Nachwuchs groß genug! –
Den kranken Zahn ziehn doch wir aus! –
Ich hoff', Ihr billigt meine Wahl!
BRAND: Und wer sich gar zu toll betrug,
Den sperrt man in den großen Saal.
VOGT *vergnügt:* Ja freilich, meist ja steht er leer!
Der Einfall, der ist prächtig, der! –
Erst bauen wir – ich mein' pro Ratis –
Dann wird das Irrenhaus uns gratis.
Den besten Fortgang nimmt die Sache.
Wir sammeln unter einem Dache
Die wesentlichsten Elemente,
Auch die prägnantesten Talente:
Das ganze Proletariat,
Die Schufte, die mit Wort und Tat
Die bürgerliche Ordnung wirrten,
Dazu die Tollen, die sonst irrten
Verlassen, ohne Acht und Zucht;
Ferner der süßen Freiheit Frucht,
Den Wahlkampf und der Rede Wucht,
Wo Geister aufeinanderplatzen.
Da ist der Ratsaal, wo wir schwatzen
Über Gemeinwohl und dergleichen;
Der Festsaal für des Geists Erhebung
Und unsrer Heldenzeit Belebung. –
Fällt unser Plan nur nicht ins Wasser,
Besiegen wir die schlimmsten Hasser,
Da wird dem „Klippensohn" zuteil,
Was er bedarf zu seinem Heil.
Gott weiß, uns ward ein magrer Schmaus,
Obwohl wir einst der Feinde Graus;
Doch steht erst das Gemeindehaus,
Ist alles trefflich arrangiert,
Und der Distrikt organisiert.
BRAND: Allein das Geld? –
VOGT: Da liegt der Has'
Im Pfeffer, damit sieht es übel aus.
Fehlt's Geld, so bleibt's ein bloßer Spaß,
Ich streich' die Flagge auf dem Giebelhaus.
Doch leiht Ihr Eures Wortes Macht
Dem Plan, so trotzen wir den Kühnsten –
Und ist er nur erst durchgebracht,
So steh' ich gern auch Euch zu Diensten.
BRAND: Das heißt, Ihr möchtet mich erkaufen!
VOGT: Ich will's mit anderm Namen taufen –
Ich möcht' mit Euch zum Schlusse kommen,
Zu allgemeinem Nutz und Frommen,
Die Tiefen füllen, die uns schieden –
Ich möcht' zu beider Wohl den Frieden.
BRAND: Da habt die Zeit Ihr schlecht gewählt.
VOGT: Ich weiß es wohl, welch tiefer Schmerz
Euch und die teure Gattin quält;
Doch seid Ihr stark und habt ein Herz
Für alles, was den Leuten fehlt.
BRAND: In Freud' und Leid, zu jeder Stunde,
Werdet Ihr hilfsbereit mich sehn;
Doch kann aus einem trift'gen Grunde
Ich diesmal nicht zu Diensten stehn.
VOGT: Und dieser Grund – ?
BRAND: Ich selbst will bauen.
VOGT: Wie, baun? – Nach meinem Plan?
BRAND *indem er zum Fenster hinauszeigt:* Nicht ganz,
Beliebet hier hinauszuschauen!
VOGT: Was meint Ihr?
BRAND: Dort.
VOGT: Der große Schuppen?
Soll der sich als Palais entpuppen?
BRAND: Nicht der – ich mein' das kleine Haus.
VOGT: Die Kirche?
BRAND: Ja, zu neuem Glanz
Will ich das Wankende beleben.
VOGT: Zum Henker, nein! Das wär' ein Graus!
An der darf mir kein andrer rütteln! –
Wer war der erste? Wer erfand's? –
Ihr wollt die reifen Früchte schütteln,
Mich gänzlich aus dem Sattel heben.
Zwei Ding' auf einmal sind zuviel – !
Tretet zurück – !
BRAND: Ich weiß mein Ziel.
VOGT: Hier müßt Ihr, Freund! Baut mein
Arresthaus,
Mein Pest- und kommunales Festhaus,
Mit einem Wort – das Irrenhaus,
So baut Ihr auch die Kirche aus. –
Wer fragt nach einer Kirche heut'? –
Auch steht sie schon so lange Zeit.
BRAND: Sie ist zu klein geworden.
VOGT: Schön!
Doch habt Ihr je sie voll gesehn?
BRAND: Hier fehlt selbst einer einzigen Seele
Der Raum, zu Gott sich zu erheben.
VOGT *schüttelt verwundert den Kopf:*
Da haben den Beweis wir eben,
Wie sehr ein Irrenhaus uns fehle. –
Aus einem andern Tone:
Ihr müßt die Kirche stehenlassen;
Denn seht, sie ist gewissermaßen
Ein altes, edles Erbstück, das
Nicht fallen darf, bloß Euch zum Spaß. –
Ich hab' den Bauplan in der Tasche;
Und wenn Ihr törich ihn verbrennt,
Ich steig', ein Phönix, aus der Asche;
Ich weiß, wie man die Volksgunst hasche,
Wie diese Festung man berennt.
Ich tret' als Ritter auf des Landes,
Und ganz besonders dieses Strandes. –
Einst, da sie noch an Götter glaubten,

Befand sich hier ein heil'ger Hain.
Dann baute man die Kirche, klein,
Mit dem, was fromme Helden raubten.
Ehrwürdig durch die simple Pracht,
Hochheilig in des Alters Tracht
Stand sie bis heute, still und fest.
BRAND: Doch jene Zeichen früherer Macht
Sind längst beiseite schon gebracht,
Ich hörte noch von keinem Rest,
Der übrig.
VOGT: Daß man nichts mehr findet,
Das hohe Alter grad' begründet. –
Doch einst, vor vielen Jahren fand
Sich noch ein Loch in einer Wand.
BRAND: Ein Loch?
VOGT: Ja, wie ein schwarzer Fleck!
BRAND: Allein die Wand –?
VOGT: Ja, die war weg.
Drum sag' ich Euch grad' ins Gesicht,
Der Kirche Abbruch ist unmöglich!
Ja, eine Schande, unerträglich,
Barbarisch – kurz, ich duld' es nicht! –
Und dann – gesetzt, die Leute wären
So unklug und so kirchenschänderisch –
Glaubt Ihr, sie sei'n auch so verschwenderisch
Das nöt'ge Geld Euch zu gewähren? –
Daß blind sie ins Verderben rennen,
Wenn die Behörden nur bescheinigen,
Daß sie sie auch noch stützen können? –
Nun, nun, Ihr werdet Euch besinnen; –
Wo nicht – muß ich den Sieg gewinnen.
BRAND: Nicht einen Pfennig press' ich aus
Für meines Gottes neues Haus.
Ich bau' es gänzlich aus dem Meinigen;
Mein Erbe bis zum letzten Deut
Sei diesem großen Werk geweiht. –
Nun, Vogt, seid Ihr auch noch so kühn,
Zu tadeln meine Liebesmühn?
Bin ich noch länger Euch ein Tropf?
VOGT *mit gefalteten Händen:*
Ich stehe bloß und fall' vom Stengel! –
Und das geschieht in unserm Land,
Im Heim des Mangels und der Mängel,
Wo man auf jeder Stirne liest:
Den Daumen auf den Beutelknopf! –
Da kommt Ihr nun zu uns und gießt,
Was gießt – stürzt einen Wasserfall
Auf uns herab, so daß es schäumt,
Und einer fragt, ob man nicht träumt!
BRAND: Im Herzen hab' ich längst verschenkt
Mein Erbe.
VOGT: Ja man spricht, man denkt
Schon längst an eine Kirchengründung,
Doch hielt ich's immer für Erfindung.
Wenn es den eignen Vorteil gilt,
Ein solcher Opfermut wohl quillt.
Doch ist es wirklich fester Schluß,
Ich folge Euch; Ihr seid im Schuß;
Ihr werdet, was Ihr wollt, erreichen;
Allein würd' ich nur stolpern, schleichen: –
Wir baun die Kirche, Brand, zusammen!
BRAND: So wollt Ihr Euren Plan verdammen?
VOGT: Das will ich, weiß der liebe Gott!
Ich würde sonst zum Kinderspott.
Wem strömt der ganze Haufen zu?
Da, wo man düngt und mästet, füttert,
Oder wo man den Fleischer wittert? –
Nein, nein, es läßt mir keine Ruh'.
Ich bin ganz voll von dem Gedanken,
Ich möchte sagen – ganz gerührt,
Und halt' ihn fest und ohne Wanken.
Mich hat mein Glücksstern, teurer Freund,
Zu Eurem Hause heut' geführt.
Denn ohne meinen Plan – so scheint
Es fast – kam Euch der Eure nicht,
Trat mindestens er nicht ans Licht. –
Nun ist mir klar mein Wirkungskreis:
Ich bau' die Kirch' um jeden Preis!
BRAND: Doch die Ruine – fällt mir ein –
Der Bau, alt-hochehrwürdig, simpel!
VOGT: Seh' ich's von hier im Mondenschein,
Scheint sie mir eher ein Gerümpel.
BRAND: Wie, Vogt?
VOGT: Verzeiht, ich war ein Gimpel!
Es ist mir selber unerklärlich,
Daß ich es nicht schon früher merkte,
Den Hahnenbalken nicht verstärkte!
Fast ist sie schon gemeingefährlich! –
Und wo bleibt Stil, Architektur?
Das Ganze fast Karikatur! –
Wie nennt man wohl ein solches Bauer?
Ein Fachmann hieß' es zweifelsohne
Abscheulich, wert nicht eine Bohne.
Nein, fort mit diesem Wagenschauer! –
Die stammte noch aus Beles Zeit! –
Ja, Pietät geht oft recht weit.
Denn das muß doch ein Blinder sehn,
Sie ist nicht würdig, ist nicht schön,
Nein, nur ein alter, finstrer Stall.
BRAND: Denkt Euch nun aber, setzt den Fall,
Das Volk versagte, weigert' sich –?
VOGT: Ja, will kein andrer, so will i c h.
Jetzt, da die Feiertage kommen,
Sei frisch es in die Hand genommen!
Ins Werk will ich es schleunigst setzen,
Doch keine einz'ge Form verletzen.
O ich will wirken, eifern, schreiben –
Je nun, ich denk', Ihr kennet mich.
Kann ich sie nicht zum Werke treiben,
Den dummen, trotz'gen Sinn nicht wenden,
So tu' ich es mit eignen Händen;
Im schlimmsten Fall mit meinen Helfern,

Mit meiner Frau und meinen Töchtern! –
Was kümmert's mich, wie laut sie belfern!
BRAND: Erst klang es mir – verzeiht – mehr nüchtern.
VOGT: Das lehrt schon die Humanität,
Einseitigkeit uns widersteht.
Und wenn die Dichter uns nicht lügen,
So kleidet's einen Mann auch schön,
Zu folgen herrlichen Ideen,
Gelegentlich auch wohl zu fliegen.
Lebt wohl! *Indem er seinen Hut nimmt:*
Ich muß zu meinen Vagabunden!
BRAND: Zu wem?
VOGT: Ja denkt, was ich gefunden –
Ich selbst –, 'ne ganze Schar Zigeuner.
Ein Teufelsvolk! – Was nützte einer
Gegen so viele, zehn bis zwölfe!
Ich schrie und rief, daß man mir helfe.
Nun sitzen sie mir fest, die Wölfe.
Nur zwei entwischten, oder drei.
BRAND: Steht nicht der Durchzug ihnen frei?
VOGT: Was kam das Teufelspack hieher? –
Doch das begreift sich nicht so schwer,
Sie haben etwas doch zu passen;
Sie wollen von dem Heim nicht lassen –
Lachend: Von Euch nicht! – Nun – gleich sollt Ihr's fassen –
Löst dieses Rätsel, wenn Ihr könnt!
's sind Leute drunter, die ihr Leben
Der danken, die es Euch gegeben;
Und doch paßt's wiederum nicht recht,
Weil sie aus anderem Geschlecht.
BRAND *schüttelt mit dem Kopfe:*
Manch Rätsel auf der Seele brennt,
Man starrt und sinnt und kann's nicht raten.
VOGT: Nun, diesmal merkt man doch den Braten.
Ihr habt zuweilen wohl gehört
Von einem Burschen dort im Westen,
Der war so klug und so gelehrt
Wie 'n Pfarrer, ja wie vier der besten.
Von ihm erzählen nun die Leute,
Daß er um Eure Mutter freite. –
BRAND: Was weiter?
VOGT: Könnt es Euch wohl denken!
Ein reiches Mädchen so zu kränken! –
Sie, die so viele Freier narrte,
Schickt' ihn zum Blocksberg, daß er warte. –
Was aber tat der arme Junge? –
Ein andrer biss' sich auf die Zunge
Und ging' den Weg, woher er kam.
Er wurde halb verrückt vor Gram,
Bis schließlich er ein Weib sich nahm –
Von den Zigeunern eins – und sterbend
Die garst'ge Bande noch vermehrte,
Den ganzen Nachwuchs ihr vererbend.
Ja, einen liebenswürd'gen Bankert
Er unserm Kirchspiel gar verehrte,
Wo er nun fest und sicher ankert.
BRAND: Wer ist's –?
VOGT: Nun, die Zigeunrin Gerd.
BRAND *mit gedämpfter Stimme:*
Die Gerd!
VOGT *munter:*
Nun, war's des Ratens wert? –
Führt nicht der Nachwuchs zu der Stelle,
Die Eures eignen Lebens Quelle?
Der Bande Ursprung – das ist klar –
Die Lieb' zu Eurer Mutter war.
BRAND: Gibt's keine Rettung diesen Seelen?
VOGT: Wer so im Sündenpfuhl geboren,
Ist für das Zuchthaus nur erkoren.
Solch Pack erretten, hieß' sie stehlen –
Dem Teufel nämlich, der fallierte,
Wenn man sie seinem Reich entführte.
BRAND: Ihr meintet doch ein Haus zu baun
Zum Schutze gegen Mißgeschick?
VOGT: Den Antrag – kaum gemacht – zog, traun,
Der Antragsteller selbst zurück.
BRAND: Wenn dennoch –; 's wär ein schöner Lohn. –
VOGT *lächelnd:* Jetzt sprecht Ihr aus ganz anderm Ton.
Klopft ihm auf die Schulter.
Laßt tot nur sein, was einmal tot,
Dem Mann tut festes Handeln not. –
Lebt wohl, ich darf nicht länger zaudern,
Und ich vergaß bei unserm Plaudern
Der Ausgerißnen heimlich Nest.
Wir sehn uns bald. Vergnügtes Fest!
Lebt wohl; grüßt Eure Frau aufs best'! *Er geht ab.*
BRAND *nach gedankenvollem Schweigen:*
O welch ein Leid ist hier zu sühnen,
Welch Elend, hilflos und versteckt! –
So wild verschlingt sich und so irr
Der Schicksalsfäden bunt Gewirr; –
Die Schuld liegt neben ihrer Frucht,
Und eins das andere befleckt.
Recht – Unrecht –, wie das Auge sucht,
Wer sieht's – wer scheidet zwischen ihnen! –
Er geht zum Fenster und blickt lange hinaus.
Mein liebes Kind, du Opferlamm
Für meiner Mutter schnödes Tun,
Vergebens klangen unsre Harfen.
Ein irrer Geist ließ uns nicht ruhn;
Er war's, der mit der Botschaft kam,
Er macht', daß wir die Würfel warfen. –
Ihr Geist nur darum sich verwirrte,
Weil meiner Mutter Herz sich irrte.
Gott braucht die Schuld, den ersten Keim
Zum ew'gen Ausgleich für die Sünde,
Und sucht der Eltern Sünde heim
Am Kinde und am Kindeskinde.
Er tritt erschrocken vom Fenster zurück.
Ja, hoch von oben kommt mir Licht:
Das Höchste ist das Gleichgewicht. –
Sich opferwillig zu ergeben,
Heißt, sich zu Gottes Höh' erheben. –

Doch weislich wird dies Wort verschwiegen; –
Sie wollen nichts als unterliegen.
Er geht lange in der Stube auf und ab.
Und beten? – Ach, dies Wort Gebet
Das leicht von allen Lippen geht,
Verschwendrisch brauchen's alle Stände.
Gebet – das ist der Schrei nach Gnade,
Daß ihnen Wettersturm nicht schade,
Ein Betteln, Christi Last zu mehren;
Ein Aufwärtsstrecken beider Hände,
Der Reu', des Zweifels Qual zu wehren.
Ja, wär' genug so dumpfes Dämmern,
Ich wollte mich wie sie erweisen
Und mutig an die Pforte hämmern
Des, der so fürchterlich zu preisen. –
Er steht still und denkt nach.
Und doch – am schlimmsten Schreckenstage,
In jener fürchterlichen Stunde,
Da unser Kind – o Gott – entschlief; –
Da selbst ein Kuß vom Muttermunde
Kein Lächeln auf die Wangen rief; –
Was war es? – Betete ich da?
Woher die Ohnmacht und das Licht –
Der Sangesstrom, die Melodien –
Dies Klingen und Vorüberziehn –
Dies Staunen, Zittern in den Knien? –
Hat damals mich Gebet erquickt? –
Hat Gott mir Trost herabgeschickt –
In meine Kammer mild geblickt –
Hat er gehört mein lautes Weinen? –
Vorbei! – Alles ins Grab gesenkt –
Der blaue Himmel mir verhängt –
Kein Licht, kein einz'ges Licht zu finden – –
O Agnes – bringe Licht dem Blinden – !
Er ruft voll Angst:
Licht, Agnes, – Licht! – Laß es erscheinen! –
Agnes öffnet die Tür und tritt mit den brennenden Weihnachtslichtern ein; ein heller Schein erleuchtet die Stube.
BRAND: Licht! Licht!
AGNES: Da, sieh die Weihnachtslichtchen!
BRAND *leise:* Die Weihnachtslichter!
AGNES *setzt die Leuchter auf den Tisch:*
Blieb ich lange?
BRAND: Nein, nein!
AGNES: Hier ist es kalt, ich bange,
Du frierst – du zitterst –
BRAND: Nein!
AGNES *lächelnd:* Wie stolz!
Du willst nicht Wärme! – Doch das Holz
Muß dennoch brennen!
Sie legt es in den Ofen ein. Still für sich, indem sie die Stube ausputzt:
Dieses Lichtchen
Stell' ich auf unsern Weihnachtstisch. –
Vergangnes Jahr, wie war er frisch!
Wie leuchteten in dem Gesichtchen
Die klaren Augen, und er streckte
Die lieben kleinen Fingerlein
Nach all dem hellen Lichterschein! –
Wie er am Süßen heimlich leckte! –
Die Lichter brannten, ach, so schön –
Die Sonne meinte er zu sehn.
Sie schiebt das Licht etwas weiter.
Nun fällt des Lichtes volle Helle
Gerad' auf jene – jene Stelle.
Nun guckt von seinem Ruheplätzchen
Durchs Fensterlein mein kleines Schätzchen
Zum hellen, frohen Weihnachtsschein. –
Doch tränentrübe sind die Scheiben –
Wart nur, ich trockne sie dir rein!
Sie wischt das Fenster ab.
BRAND *ist ihr mit den Augen gefolgt und spricht leise:*
Wann ebnet sich zu stiller Ruh'
Das aufgeregte, trübe Meer?
Es muß zur Ruh', so kann's nicht bleiben!
AGNES: Jetzt sind sie klar. O sieh nur zu! –
Als ob kein Glas im Fenster wär'! –
Als ob die Stube größer würde
Und aus der Erde kalter Bürde
Sich bildete ein Kämmerlein,
Drin schläft mein liebes Kindelein.
BRAND: Was tust du, Agnes?
AGNES: Still! Gut' Nacht!
BRAND *näher:* Was zogst du die Gardine fort?
AGNES: O nur ein Traum! Ich bin erwacht.
BRAND: Bleib wach! Es ist der beste Hort.
Schließ wieder!
AGNES *bittend:* Brand!
BRAND: Recht dicht, recht dicht!
AGNES: Sei nicht zu hart! – O schwere Pflicht! –
BRAND: Mach zu!
AGNES *schließt die Läden:*
Nun sind sie zu – ich schloß.
Doch mein' ich, Gott wird mir verzeihn,
Wenn mir ein flücht'ger Trostquell floß
Aus einem schönen Traum –
BRAND: O nein,
Er ist ein milder, güt'ger Richter;
Er hebt dich auf – wie selten bricht er
Den Stab. Doch darfst du, ihn zu schänden,
Dich nicht zu einem Götzen wenden.
AGNES *in Tränen ausbrechend:*
Wohin? Wo ist das Ziel des Strebens?
Oh, ich bin müd' und flügellos.
BRAND: Ein jedes Opfer ist vergebens,
Gibst du, statt alles, etwas bloß.
AGNES: War's nicht mein alles? Hab' ich mehr?
BRAND *schüttelt mit dem Kopfe:*
Noch ist dein Opferschrein nicht leer.
AGNES *lächelnd:* Fordre! Ich hab' des Armseins Mut.
BRAND: Gib!
AGNES: Nimm! Such nur – hier ist mein Herz!

BRAND: Du hast Erinnrung, deinen Schmerz –
Hast deiner sünd'gen Tränen Flut –
AGNES *verzweifelt:* Ich hab' mein heißes Herzensblut!
So nimm denn das! O nimm, o nimm! –
BRAND: Vergebens, opferst du's im Grimm.
Solch Opfermut hat keinen Sinn,
Du mußt es freud'gen Herzens bringen.
AGNES *schaudernd:* O schwer zu deinem Gott zu dringen!
BRAND: Ein schwerer Weg nur bringt Gewinn.
Wer will, folgt freudig diesem einen.
AGNES: Der Weg der Gnade – sollt' ich meinen –
BRAND *abweisend:* Er ist erbaut aus Opfersteinen.
AGNES *starrt vor sich und spricht mit Schaudern:*
Nun öffnet wie ein tiefer Schlund
Sich mir das Schriftwort, dessen Grund
Ich sonst nicht faßte.
BRAND: Welches Wort?
AGNES: Wer Gott schaut, stirbt!
BRAND *schlingt die Arme um sie und drückt sie fest an sich:* O schließ sofort
Die Augen! Birg dich! Sieh ihn nicht!
AGNES: Nicht?
BRAND *sie loslassend:*
Du bist meiner Augen Licht!
AGNES: Du leidest, Brand.
BRAND: Ich bin dir gut.
AGNES: Doch deine Lieb' ist harter Art.
BRAND: Zu hart?
AGNES: Frag nicht! In deiner Hut
Folg' ich dir gern auf schwerer Fahrt.
BRAND: Glaubst du, daß ich gedankenlos
Dich aus dem bunten Reigen schlang –
Um nichts, für eine Halbheit bloß
Auf stetes, freud'ges Opfern drang?
Weh dir und mir; zu teuer wär'
Ein solches Opfer und zu schwer
Von uns erkauft. Du bist mein Weib,
Und du mußt Gott gehorsam sein!
AGNES: Ja, fordre, was du willst, nur bleib
Bei mir. O laß mich nicht allein!
BRAND: Ich bin recht müd' – ich merk' es – traun! –
Halblaut: Ich muß die große Kirche baun. –
AGNES: Die meine sank in Schutt und Staub.
BRAND: Weil du dem Wort des Ew'gen taub. –
Dein Götzenhaus, zu schwach gezimmert,
Ward von dem ersten Sturm zertrümmert.
Er umarmt sie, wie voll Angst.
Friede mit dir, Friede durch dich! –
Komm gleicher Friede auch auf mich! –
Er geht durch die Seitentür.
AGNES: Brand, darf ich nicht ans Fenster gehn,
Ganz heimlich durch die Ritze sehn?
Ein wenig? Sag mir – darf ich?
BRAND *in der Tür:* Nein.
Er geht in sein Zimmer.
AGNES: Zugekrampt und fest verriegelt
Alles, alles schloß ich ab!
Klag' und Seufzer sind versiegelt,
Schloß vor Himmel und vor Grab!
Einsam, still wie in der Gruft; –
Fort, hinaus, ich brauche Luft! –
Fort? – Wohin? – O sehn nicht strafend
Strenge Augen niederwärts?
Bliebe nicht zurück mein Herz –
Hier, wo unterm Hügel schlafend
Bei dem Kinde weilt mein Schmerz?
Kann ich fliehn – wie fest ich wäre –
Dieses Grauens Qual und Leere?
Sie lauscht an Brands Tür.
Laut liest er; bis an sein Ohr
Dringt nicht meine Stimme vor.
Hilfe nicht, nicht Trost und Rat!
Und des Weihnachtsgottes Pfad
Geht nur zu den kinderreichen
Müttern, geht zu Spiel und Tanz,
Wo man froh im Weihnachtsglanz;
Nicht wo träge Füße schleichen
Zu dem welken Totenkranz.
Was sollt' ihn, den Frohen, kümmern
Einer Mutterseele Wimmern?
Sie nähert sich vorsichtig dem Fenster.
Mach' ich wohl den Laden auf?
Daß des Lichtes voller Schein
Fällt ins dunkle Kämmerlein,
Ihm ein Strahlenkränzlein flicht? –
Nein, da unten ist er nicht!
Weihnacht ist ja Kinderzeit.
O er kommt und darf's ja heut',
Ach, und ist vielleicht nicht weit,
Klopft mit seinem Fingerlein
An die Raute, klar und rein! –
Klingt das nicht wie Kinderweinen? –
Alf, o nein – ich mach' nicht auf!
Kann's mit meiner Pflicht nicht einen.
Sieh, der Vater schloß ja zu,
Artig warst du immer, du,
Und wir wollen ihn nicht kränken. –
Habe dir auch nichts zu schenken! –
Fliege lieber auf zum Himmel!
Ach, da ist's so hell und licht;
Pferdchen sind dort, Rapp' und Schimmel,
Und der Kinder froh' Gewimmel; –
Aber weinen mußt du nicht; –
Sprich nicht vom Verbot des Vaters,
Heute, da du zu uns mochtest
Und du an die Scheiben pochtest –
Sieh, nicht ohne Gründe tat er's.
Kleines Kind kann nicht verstehn,
Was wir Großen deutlich sehn. –
Sag, er trauert, weint gebückt,
Blutet, ach, aus tiefen Wunden,
Hat die Blätter dir gepflückt
Und zu einem Kranz gewunden.
Sie lauscht, besinnt sich und schüttelt mit dem Kopfe.

O ich träume! Nicht bloß das
Trennt uns, nicht bloß Fensterglas.
Erst im Glühn der Läutrungsflammen
Bricht die Scheidewand zusammen;
Bricht Gewölbe und Gestänge,
Kreischt des Kerkertors Gehänge,
Springt das große Schloß wie Glas.
Viel, o viel muß noch geschehn,
Ehe wir uns wiedersehn.
Ich will wirken, will nicht fehlen,
Meine Pflicht erfüllen ganz,
Mich und meinen Willen stählen. –
Aber heut' noch Weihnachtsglanz! –
Ach, wie anders vor'ges Jahr! – –
Doch nicht aller Freude bar! –
Ist mir eines doch gelassen,
Eins vom guten Gott beschert,
Dessen namenlosen Wert,
Seit mein Lebensglück verheert,
Nur ein Mutterherz kann fassen.

Sie kniet an einer Kommode hin und nimmt aus einer Schublade verschiedene Sachen heraus. In demselben Augenblick öffnet Brand die Tür, um mit ihr zu sprechen. Da er bemerkt, was sie vorhat, bleibt er schweigend stehn. Agnes sieht ihn nicht.

BRAND *leise:* Vor, zurück, hinauf, hinab –
Immer um das eine Grab.

AGNES: Hier der Mantel und der Schleier,
Den er trug zur Taufesfeier. –
Hier das Kleidchen in dem Bündel –
Sie hält es in die Höhe, sieht es an und lacht.
Lieber Gott, wie lieb und schön
War mein Bübchen anzusehn,
Wie ein dickes Christuskindel,
Da er saß auf weichem Pfühlchen
In dem hohen Birkenstühlchen! –
Und das Jäckchen in dem Päckchen,
Das zum erstenmal er trug
In dem Frühlingssonnenschein.
Damals war es viel zu weit,
Aber bald drauf viel zu klein; –
Nun ich leg' es zu dem Kleid.
Handschuh', Strümpfe – welche Beine!
Und die seidene Kapuze,
Warm und weich, zum guten Schutze –
Alles sauber, neu und reine. –
Ach – das kleine Weidenstöckchen
Neben seinem Reiseröckchen.
Reisen sollte er darin; –
Ja, er reiste, doch wohin –?
Als ich's schloß in die Kommode,
War ich müde bis zum Tode.

BRAND *schmerzlich die Hände ringend:*
Willst den Tempel du zerwettern,
Mag ein andrer ihn zerschmettern –
Doch mein Gott – wie dir es scheint!

AGNES: Hier ein Fleck, – hab' ich geweint?
Welch ein Reichtum! Perlgestickt,
Tränentrunken, schmerzzerdrückt,
Glanzumstrahlt vom Opfergraun: –
O der heil'ge Krönungsschleier
Zu des Opfers Taufesfeier!
O ich bin noch reich zu schaun!

Zweiter Auftritt

Es klopft laut an die Tür. Agnes wendet sich mit einem Schrei um und erblickt zu gleicher Zeit Brand. Die Tür wird aufgerissen, und ein Weib in zerlumpten Kleidern, mit einem Kinde auf dem Arme, tritt hastig ein.

WEIB *erblickt das Kinderzeug und ruft Agnes zu:*
Reiche Mutter, teil der Armen!

AGNES: Hundertmal bist du so reich!

WEIB: Ha, du bist den andern gleich;
Hast nur Worte statt Erbarmen!

BRAND *nähert sich ihr:* Was hast du vonnöten? Sprich!

WEIB: Nicht den Pfarrer, nein, nicht dich!
Fang mir nicht zu pred'gen an!
Lieber wieder in den Sturm –
Hungern, leiden wie ein Wurm –
Sitzen in dem wilden Meere
Einsam auf der kahlsten Schäre; –
Das, das brächte wohl Gewinn! –
Nur nicht zu dem schwarzen Mann,
Diesem Höllenrosselenker!
Kann ich was dafür, zum Henker,
Daß ich wurde, was ich bin?

BRAND *leise:* Diese Stimme – diese Züge –
O mein Gott, ob ich mich trüge?

AGNES: Setz dich, wärmt euch, wenn ihr friert –
Euren Hunger will ich letzen.

WEIB: Ein Zigeunerweib sich setzen,
Wo es warm ist, licht und fein? –
Wähnt nicht, daß Ihr mich verführt!
Uns die Landstraß' und die Heide,
Fels, Gebirg' und Waldesscheide,
Wo die Wölf' und Eulen schrein.
Ziehen müssen wir und wandern;
Haus und Heim sind für die andern.
Blitzschnell muß ich wieder weiter;
Sie sind hinter mir wie Hunde!
Vogt und Lehnsmann, tapfre Streiter,
Eine auserlesne Runde; –
O sie gar zu gern uns bänden!

BRAND: Sicher bist du hier.

WEIB: Im Kerker –
Unter Dach und zwischen Wänden? –
Frischer ist's im Felsenerker –
Und man fühlt sich freier, stärker.
Aber gebt mir Tuch und Windel
Für das Kind. Sein ältrer Bruder –
Hol' der Teufel gleich das Luder –
Ging davon mit unserm Bündel.
Siehst du wohl, es ist fast nackt,

Blau, erfroren und kontrakt
Von dem Sturm, der es gepackt.
BRAND: Weib, du liegst im Höllennetze,
Enger ziehn sich schon die Maschen!
Reich dein Kind mir, daß ich's letze; –
Ab läßt sich das Brandmal waschen.
WEIB: Albern klingt es mir und hohl;
Du verstehst zu zaubern wohl –
Sollst es nimmermehr erfüllen! –
Krieg mit Euch! Weißt du, Erkorner,
Wer die Mutter, wo geborn er? –
An der Landstraß', an dem Graben,
Unter Trinken, Spiel und Brüllen.
Weißt du, wie getauft sie haben,
Ihn bekreuzt mit Kohl' und Asche,
Und getränkt aus ihrer Flasche –?
In der Stund', da er geboren,
Haben sie geflucht, geschworen; –
Kennst du solche list'gen Beter? –
Kennst du seine würd'gen Väter?
BRAND: Agnes!
AGNES: Ja.
BRAND: Sieh deine Pflicht!
AGNES *voll Entsetzen:* Ihr? – o Gott, ich kann es nicht!
WEIB: Gib mir alles schnell, o gib!
Alles, was Euch übrigblieb!
Seidenzeug und bunte Läppchen,
Zu 'nem Kleide, zu 'nem Käppchen,
Nichts zu klein mir, nichts zu groß,
Deckt es ihn und hüllt's ihn bloß.
O er stirbt mir fast – o schaut –,
Sterb' er mindstens aufgetaut!
BRAND *zu Agnes:* Hör, hier gilt es zu betät'gen!
WEIB: O du hast genug im Lädchen;
Sag mir – ich geh' nicht von hinnen –,
Hast du Kleider nicht und Linnen –
Für das Leben, für den Tod?
BRAND: Agnes, folge dem Gebot!
WEIB: Gib!
AGNES: Es wär' ein Sakrileg –
Blutschuld an dem Toten!
BRAND: Nein!
Nutzlos war es, ihn zu senden
Auf den finstern Todesweg –
An der Schwelle umzuwenden!
AGNES *gebrochen:* Gut, so sei's! Ich werd' zu Stein,
Trete mit den eignen Füßen
Kalt mein Herz. So komm, wir teilen!
WEIB: Gib mir!
BRAND: T e i l e n? – Agnes; t e i l e n?
AGNES *wild und stark:* Eher wollt' den Tod ich grüßen!
A l l e s nicht! O Gott, ich wich
Fuß für Fuß! – Ich kann nicht länger! –
Enger wird's um mich und enger; –
Ist die H ä l f t e nicht genug?
BRAND: Ach, welch trauriger Betrug!
War es g a n z zuviel für dich?
AGNES *gibt:* Komm denn, Frau, hier in der Truhe
Dieses Röckchen und die Schuhe –
Nimm den Mantel für dein Kind,
Guter Schutz in Nacht und Wind.
Nimm, daß er dem Regen trutze,
Auch die seidene Kapuze.
Nimm denn alles, nimm's geschwind!
WEIB: Gib mir!
BRAND: Agnes, gabst du alles?
AGNES *geht weiter:* Hier auch ist der Krönungsschleier
Von des Opfers Taufesfeier.
WEIB: Freilich, nun ist alles leer. –
Wer nur erst von hinnen wär'!
Zieh's ihm auf der Treppe an,
Und dann fort, so rasch ich kann.
Sie geht hinaus.
AGNES *steht in heftigem innerem Kampfe da; endlich fragt sie:* Sag mir, Brand, wär' es wohl billig,
Wenn du mehr von mir verlangtest?
BRAND: Sag mir erst, gabst du es willig –
Ob du auch im Grauen bangtest?
AGNES: N e i n.
BRAND: So war es denn vergebens –
Und umsonst die Qual des Gebens. *Er will gehn.*
AGNES *schweigt, bis er an seiner Tür ist, dann ruft sie:*
Brand!
BRAND: Was ist's?
AGNES: Ich hab' gelogen!
Sieh, es brennt die tiefe Wunde,
Ich war schwach – hab' dich betrogen,
Und mich reut's; du meinst, ich gab
Alles, was ich übrighab'.
BRAND: Nun –?
AGNES *indem sie ein zusammengelegtes Wintermützchen aus ihrer Brust nimmt:*
Ich habe e i n s behalten.
Dieses Mützchen, das er trug
In der fürchterlichen Stunde,
Naß von Tränen – Todesschweiß –,
Das ich auf dem Herzen trug –
O du zürnst mir nicht, ich weiß –
BRAND: Geh, wo deine Götzen walten.
Er will gehen.
AGNES: Wart!
BRAND: Was ist es?
AGNES: Brand, du weißt es.
Sie reicht ihm das Mützchen hin.
BRAND *nähert sich und fragt, ohne es zu nehmen:*
Gern und willig?
AGNES: Freud'gen Geistes!
BRAND: Gib mir denn die kleine Mütze,
Daß auch sie der Armen nütze.
Er geht hinaus.
AGNES: Alles hin – zerstampft – zertreten –
Letzte Hoffnung – Glauben – Beten!
Sie steht eine Weile unbeweglich still. Allmählich geht der Ausdruck ihres Gesichtes in strahlende Freude über.

Brand kommt zurück, sie fliegt ihm jubelnd entgegen, wirft sich um seinen Hals und ruft:
Ich bin frei, Brand, ich bin frei!
BRAND: Wie?
AGNES: Das Dunkel ist vorbei!
Ach der Alp, der meine Brust
Drückte, da ich träumt' und schlief,
Liegt nun weit und abgrundtief,
Und die Brust schwellt Siegeslust.
Alle Nebel sind gewichen,
Alle Wolken fortgestrichen,
Über Dunkel, über Tod
Leuchtet mir ein Morgenrot.
Und der Kirchhof macht nicht länger
Mich in meiner Liebe bänger,
Reißt nicht mehr die Wunde auf –
Denn mein Kind ist nicht mehr tot,
Stieg zum Himmel ja hinauf.
BRAND: Agnes, ja, du hast gesiegt!
AGNES: Ja, gesiegt, du sollst es schaun –
Über Grab und über Graun.
O wie schön hat's Gott gefügt!
All mein Sehnen aufwärts fliegt.
Siehst du unsern Alf nicht stehn,
Freudestrahlend niedersehn
Und die Arme nach uns breiten,
Wie in frühern, schönen Zeiten? –
Aber hätt' ich tausend Munde,
Dürft' ich, könnt' ich's diese Stunde,
Nie erbät' ich ihn zurück.
Nein, o nein, es wäre Spott! –
O wie groß und reich ist Gott!
O wie gut und mild sein Blick!
Dieses Opfer ward mir Weihe,
Daß es mich vom Tod befreie.
Dieses Kind mußt' ich verlieren,
Sollt' es mich zum Siege führen! –
Dank, du hast mich gut geleitet,
Deinen Mantel ausgebreitet –
O ich merkte deine Qual. –
Doch nun hast du selbst die Wahl,
Fühlst den Druck des Vollgewichts,
Deines Alles oder Nichts!
BRAND: Rätselvoll sind deine Worte;
Aller Streit ist nun vorbei.
AGNES: Aber lies ob eh'rner Pforte
Jenen Spruch, vor dem ich graute:
Der stirbt, wer Jehova schaute.
BRAND *weicht zurück:* Weh, welch fürchterliches Ende! –
Nein und tausend Male nein!
Ich hab' starke Arm' und Hände;
Aber du mußt bei mir sein.
Mag mich alles hier auch täuschen –
Jedes Opfer kannst du heischen –
Aber du bleibst mein, ja mein!
AGNES: Wähl, du stehst am Scheidewege! –
Lösch in mir das Licht, das helle,
Schütte zu die frische Quelle
Meiner süßen Weihnachtslieder,
Daß sich nichts im Herzen rege. –
Gib mir meine Götzen wieder; –
Draußen sitzt wohl noch die Frau. –
Gib die Tage mir zurück,
Jene Tage, da ich stumpf
Schaute in des Himmels Blau.
Senk mich wieder in den Sumpf
Unbewußten, sünd'gen Lebens.
Alles kannst du, mein Geschick
Ist in deiner Hand wie Ton,
Wider dich kämpf' ich vergebens.
Tagwerks Bleilot sei der Zügel,
Ruh' und Frieden sei mein Lohn.
Eng den Geist mir, stutz den Flügel,
Bind mich, zieh mich wieder nieder
Dort, von wo du einst mich hobst.
Laß mich leben, wie ich lebte,
Da ich noch im Dunkel bebte.
Wenn du dieses mir gelobst,
Bin ich deine Gattin wieder; –
Wähl, du stehst am Scheidewege!
BRAND: Weh, wenn solchen Weg ich ging!
Aber fort aus diesem Ring!
Fort zu blumigem Gehege,
Neues Lebenslicht zu finden!
AGNES: Weißt du nicht, daß hier dich binden
Amt, Beruf und Opferqual?
Denkst du nicht der tausend Seelen,
Die auf deine Hilfe zählen,
Welche Gott dir anbefahl
Auf des Lebens schwankem Stege? – –
Wähl, du stehst am Scheidewege!
BRAND: Nein – ich habe keine Wahl.
AGNES *wirft sich um seinen Hals:*
Dank für alles – für das Brot,
Das du treu gereicht der Schwachen!
Ich bin müde bis zum Tod –
Du wirst treu am Lager wachen.
BRAND: Schlaf, dein Tun ist heut zu End'.
AGNES: End', ja – und das Nachtlicht brennt.
Ach, der Sieg nahm mir die Kraft,
Sog den letzten Lebenssaft.
Aber bald bin ich im Hafen!
Gute Nacht – Brand!
BRAND: Gute Nacht!
AGNES: Gute Nacht!
Dank, o Dank! – Nun will ich schlafen.
Sie geht ab.
BRAND *die Hände auf seine Brust pressend:*
Herz, halt fest bis zu dem Schluß!
Sieg liegt auch im harten Muß.
Der Verlust sei dein Erkornes:
Ewig bleibt uns nur Verlornes!

Fünfter Aufzug

Ein und ein halbes Jahr später.
Die neue Kirche steht fertig und zur Einweihung geschmückt. Ein Fluß fließt an ihr dicht vorbei. Früher, nebliger Morgen.

Erster Auftritt

Der Küster ist damit beschäftigt, Girlanden aufzuhängen. Bald darauf kommt der Schulmeister.

SCHULMEISTER: Schon auf dem Platz?
KÜSTER: Je nun, es drängt.
Helft mir ein bißchen; aufgehängt
Von Stock zu Stock, als Zaun den Leuten;
Zugleich ein Schutz auf beiden Seiten.
SCHULMEISTER: Beim Pfarrhof sah ich auch sich breiten
Girlanden, schließend mit 'nem Rund.
KÜSTER: Gewiß.
SCHULMEISTER: Wißt Ihr, wie man's erkläre?
KÜSTER: Ein Schild zu unsres Pfarrers Ehre,
Mit Namenszug auf goldnem Grund.
SCHULMEISTER: Ja, alles glänzt im Festesscheine;
Sie strömen her aus weitem Kreis;
Von Segeln ist der Fjord fast weiß.
KÜSTER: Ei, aufgewacht ist die Gemeine.
Zu unsres sel'gen Pfarrers Zeit
Da gab es niemals Zwist noch Streit,
Da schlief man, selbst bei hohem Feste –
Ich weiß nicht, ob's nicht auch das beste.
SCHULMEISTER: Bewegung, Fortschritt, Küster!
KÜSTER: Nun,
Wenig berührt das unser Tun.
Woher mag das wohl kommen?
SCHULMEISTER: Seht!
Sie schliefen – und da wachten wir;
Sie wachen – und da schlafen wir,
Die Welt geht ohn' unser Gebet.
KÜSTER: Gut sei der Fortschritt, saget Ihr.
SCHULMEISTER: Auch Probst und Pfarrer sind dafür.
Mir selbst vortrefflich das behagt,
Doch, wohl zu merken, wenn's sich fragt
Um unsrer guten Leute Wohl. –
W i r halten fest, gleich wie der Pol,
Und uns verführt kein trüber Schein.
Wir sind Beamte im Distrikt;
Wir halten stets, wie's sich auch schickt,
Auf Kirchenzucht und Wissenschaften,
Wir weisen fern die Leidenschaften; –
Kurz – wir stehn über den Partei'n.
KÜSTER: Der Pfarrer doch steht mittendrin.
SCHULMEISTER: Das ist es just, was er nicht sollte.
Ich kann Euch sagen im Vertraun,
Die hohen Vorgesetzten schaun
Nicht eben freundlich auf ihn hin;
Und wäre nicht das Volk, man wollte
Ihn selbst aus seinem Amt entfernen.
Doch er – man kann von ihm was lernen –
Roch Lunte, ließ den Bau vollenden.
So etwas muß natürlich blenden! –
W a s einer tut, ist unerheblich,
Doch d a ß er's tut, niemals vergeblich.
Wir alle, Volk mitsamt dem Führer,
Wir gelten als ein Heer Vollführer.
KÜSTER: Ihr freilich wart ein Deputierter,
Ihr wißt, daß wir kein Heer Verführter.
Ja einer, der 'ne Reise machte,
Kurz drauf, als alles hier erwachte,
Der uns als Schläfer noch gekannt,
Hat Vielverheißer uns genannt.
SCHULMEISTER: Ja, vielversprechend ist das Volk,
Das so unbändig viel versprochen;
Es hat, wenn man so weitertrabt,
Verheißung einer großen Zeit.
KÜSTER: Ich hab' mir oft den Kopf zerbrochen,
Sagt mir, der Ihr studiert ja habt,
Was ist denn Aufschwung, große Zeit?
SCHULMEISTER: Ein Aufschwung, große Zukunft, Freund,
Das deuten führte wohl zu weit.
Ein Etwas ist's, das alle eint,
Kraft einer zündenden Idee,
Daß etwas Herrliches gescheh',
In Zukunft nämlich.
KÜSTER: Dank! Ich wage
Nur noch die andre Zweifelsfrage.
SCHULMEISTER: Sprecht frei!
KÜSTER: Wann kommt die Zukunft?
SCHULMEISTER: Hi – !
Die kommt natürlich niemals!
KÜSTER: Nie?
SCHULMEISTER: Kommt sie, so ist sie auch dahin,
Und wird zur Gegenwart sofort –
Das liegt ja klar schon in dem Wort.
KÜSTER: Stets bringt mir Eure Red' Gewinn,
Ich merke mir der Worte Sinn.
Doch sagt, wann wird denn Wort gehalten?
SCHULMEISTER: Ich sagt' es ja schon ganz exakt:
Verheißung ist ein Zukunftspakt,
Der einst erfüllt wird.
KÜSTER: Künftig – ja! –
Doch sagt, wann ist die Zukunft da?
SCHULMEISTER *leise:* Ein rechter Küster!
Laut: Lieber Freund,
Da's Euch so schwer begreiflich scheint:
Die Zukunft halten wäre dumm:
Denn wenn sie da ist, ist sie um.
KÜSTER: Dank!
SCHULMEISTER: Hinter jedes Dings Begriff
Verbirgt sich etwas wie ein Kniff,
Doch ganz verständlich jedermann,
Der nur bis fünfe zählen kann.
V e r s p r e c h e n reimt sich gut auf b r e c h e n.

Ist der Versprecher noch so ehrlich,
Das Halten wäre zu beschwerlich.
Ja, man darf sagen unerträglich –
Wenn eines Geist nur halb beweglich.
Doch sagt mir –
KÜSTER: Horch!
SCHULMEISTER: Was ist das?
KÜSTER: Still!
SCHULMEISTER: Wer spielt die Orgel? Laut und schrill
Erklingt das Werk.
KÜSTER: Er ist's, bei Gott!
SCHULMEISTER: Der Pfarrer?
KÜSTER: Ja.
SCHULMEISTER: Ei, uns zum Spott
Stand er so zeitig auf, ich wette.
KÜSTER: Kaum glaub' ich, daß er diese Nacht
Auch nur geruht auf seinem Bette.
SCHULMEISTER: Wie?
KÜSTER: Ja, ich weiß, weshalb er wacht.
Er ist ein Mann zwar, hart wie Erz,
Doch nagt ihn ein geheimer Schmerz,
Seit Witwer er. Er birgt ihn wohl,
Doch blickt sein Auge trüb und hohl,
Sein Herz ist wie ein leck Gefäß,
Stets bis zum Laufen übervoll,
Es leckt und leckt. – Ja ja, ich seh's,
Ob ich es gleich nicht sehen soll.
So spielt er auch. – Hört doch – es scheint,
Als ob um Weib und Kind er weint.
SCHULMEISTER: Als ob man spricht und klagt und scheidet –
KÜSTER: Eins tröstet und das andre leidet. –
SCHULMEISTER: Wär' es erlaubt, man würd' gerührt!
KÜSTER: Ja, wär' man nur Beamter nicht!
SCHULMEISTER: Doch eingeengt und eingeschnürt
Durch Rücksichten und Standespflicht!
KÜSTER: Ja, könnte man dem Teufel eben
Nur Buch und Feder übergeben!
SCHULMEISTER: Ja, wäre man bloß ein Philister
Und dürfte fühlen, lieber Küster!
KÜSTER: Freund, niemand sieht uns, laß uns fühlen!
SCHULMEISTER: Unschicklich wär' es, sich zu sielen
Im Kote, in der Menschheit Sphäre.
Ein Mann kann, nach des Pfarrers Lehre,
Nicht zweierlei zugleich erstreben,
Nicht Sel'ger sein und auch Verdammter,
Nicht Mensch und nebenbei Beamter.
Man sei – ein Beispiel Euch zu geben,
Wenn Ihr auch mit den Schultern zieht –
Ein Abbild ganz von unsrem Vogt.
KÜSTER: Warum von dem?
SCHULMEISTER: Denkt nur, als jach
In der Rentei der Brand ausbrach;
Da selbst Ihr zu der Brandstatt flogt,
Um das Archiv zu retten –
KÜSTER: Ach!
Das war 'ne Nacht!
SCHULMEISTER: Wie lief und strebte
Der Vogt, als ob er zehnfach lebte! –
Da schreit mit einemmal die Frau,
In seiner Stube steh' der Teufel
Und lache laut, sie seh's genau. –
O Freund, ruft sie, hier ist kein Zweifel,
Mache, daß du auf Rettung sinnst –
Der Teufel lauert schon und grinst –
Gewiß will er die Seele holen! –
Da schreit der Vogt, durch Brand und Kohlen:
Die kann ich allenfalls auch missen –
Wenn nur die Akten ihm entrissen! –
Das ist er, wie er leibt und lebt,
Der pflichttreu unablässig strebt,
Das Amt hegt wie 'nen treuen Schatz –
Ihm wird dafür auch einst sein Platz.
KÜSTER: Doch wo?
SCHULMEISTER: Im Paradies der Vögte.
KÜSTER: Gelehrter Freund!
SCHULMEISTER: Was tut's?
KÜSTER: Ei, prägte
Die Zeit, die alles hat zum Kauf,
Auch Euch den eignen Stempel auf? –
Daß Ihr das Würd'ge so verletzt,
Zeigt mir, wie alles schon zersetzt.
Wo will's nur hin mit Achtung, Sitten –?
SCHULMEISTER: Was lohnt's, Zerbrochenes zu kitten! –
Verrottetes nährt gut das Junge. –
Hat einer eine kranke Lunge,
Mag er Verstocktes, böse Krusten
Dreist bringen über seine Zunge!
Statt zu ersticken, muß er husten! –
Gewiß, auch uns fehlt's nicht an Gärung –
Dafür bringt vieles uns Gewährung.
Als unsre alte Kirche fiel,
Da war's, als ob mit Stumpf und Stiel
Nun alles ausgerottet wäre –
Man starrte gleichsam in das Leere.
KÜSTER: Wie hatte nicht erhitzt die Menge
Gerufen: Reißt sie, reißt sie nieder!
Doch hielt es aus nicht auf die Länge,
Und die Vernunft kam ihnen wieder.
Sie standen scheu und blickten nieder,
Da unser altes Gotteshaus,
Das jedem hoch und unverletzlich,
Nun wirklich sollt' in Schutt und Graus;
Ja, manche fanden's ganz entsetzlich.
SCHULMEISTER: Sie fühlten tausendfach das Band,
Da man die Kirche ab nun brach,
Und harrten ängstlich und gespannt,
Solange nicht die neue stand,
Auf der Vollendung Feiertag.
Da sollt' die alte Flagge sinken
Und farbenfrisch die neue winken.
Doch als der Turm nun aufwärtsstieg,
Ward's immer stiller, und man schwieg;
Nun ist sie fertig.

KÜSTER *mit der Hand zeigend:*
Möcht' es frommen! –
Doch seht nur, wie die Leute kommen!
SCHULMEISTER: Zu Tausenden; und alles still.
KÜSTER: Doch braust es, wie das Meer erdröhnt,
Wenn es ein Schiff verschlingen will.
SCHULMEISTER: Das ist des Volkes Herz, das stöhnt –
Als ob die Ahnung sie durchschauerte,
Daß etwas Großes auf sie lauerte;
Als ob sie wähnten, wüßten, grollten,
Daß ihren Gott sie wechseln sollten.
Wo ist der Pfarrer? – Bang ist mir –
Ich wollt', ich wäre weit von hier!
KÜSTER: Ich auch, ich auch!
SCHULMEISTER: In solcher Stunde
Reicht nicht das Lot zum Herzensgrunde;
Wie tief man auch den Boden peilt,
Stets tiefrer Grund; man flieht, man weilt.
KÜSTER: Freund!
SCHULMEISTER: Freund!
KÜSTER: Hm.
SCHULMEISTER: Wohin wollt Ihr zielen –?
KÜSTER: Ich glaub' wahrhaftig, daß wir fühlen.
SCHULMEISTER: Ich nicht!
KÜSTER: Auch mir ist's nicht passiert;
Ein Zeuge noch nicht überführt.
SCHULMEISTER: So sind wir beid' auch nicht geartet! –
Guten Morgen! Meine Jugend wartet.
Er geht ab.
KÜSTER: Erst hatt' ich allerlei Gesichte;
Nun denk' ich kühl von der Geschichte,
Und hüte mich, daß ich's berichte. –
Jetzt an die Arbeit! – Magrer Bissen! –
Doch Müßiggang des Teufels Kissen!
Die Orgel, welche während des Vorhergehenden gedämpft erklungen ist, erbraust mit einemmal stark und endigt mit einer schneidenden Dissonanz. Bald darauf kommt Brand heraus.
BRAND: Nein, ich kann den Ton nicht zwingen,
Nicht zum vollen Ausdruck bringen,
Immer klingt es wie ein Schrei.
Wölbung, Bogen und die Wände
Und der Pfeiler lange Reih'
Drücken mich und meines Sanges
Schmerzensvolle Melodei,
Wie der Deckel eines Sarges. –
Wie ich's drehe, wie ich's wende,
Aus der Orgel klingt ein banges
Todesmüdes, mattes, karges
Seufzen. Sie hat keine Stimme. –
Ich erhob den Ton zum Flehn,
Doch er kam zurück, verklang,
Einer Glocke gleich, die sprang,
Wie ein wimmerndes Gestöhn'.
Und Gott selber wies im Grimme
Taub dem Schmerz, dem Sang, dem Wort,
Mich von seiner Schwelle fort. –
Groß erhebe sich sein Haus! –
Wie vermessen sprach ich's aus.
Ich riß nieder, brach und lichtete,
Fügte, ebnete und richtete,
Und nun steht sie groß und herrlich –
Mindestens so ruft die Welt. –
Bin ich blind; allein nur ehrlich? –
Ist sie groß? Ist sie erfüllt
Von der Ahnung schönem Traum?
Gleicht sie jenem Tempelbild,
Herrlich wie das Himmelszelt,
Wie des Lebens frischer Baum? –
O wär' Agnes nur am Leben,
Würd' ich nicht so mutlos beben.
Großes sah sie in dem Kleinen,
Zweifel schwanden ihrem Scheinen;
O sie konnte alles einen!
Erd' und Himmel war ihr kaum
Mehr als Kron' und Stamm am Baum.
Er bemerkt die Anstalten zum Feste.
Kränze, Fahnen an der Stange,
Und die Schüler mit Gesange;
Und das Volk mit freud'gem Gruß
Sieht man in den Pfarrhof drängen;
Andre über Zäune klettern –
Und mein Nam' in goldnen Lettern! –
Gott, gib Licht! – Sonst tausend Fuß
Senk' mich in den tiefsten Schlund! –
Bald beginnt man nun das Fest;
Aller Blicke an mir hängen,
Und ich bin in aller Mund.
O wie schmerzen mich die blanken
Lettern, Worte und Gedanken!
Und ich fühl' mich wie genarrt,
Wie verhext und eisumstarrt
Von den fratzenhaften Seelen. –
Könnt' ich fliehn zum tiefsten Grund!
Ach, vergessen, fort mich stehlen
Zu der wilden Tiere Höhlen!
DER VOGT *kommt in voller Uniform und grüßt ihn mit strahlender Freude:*
Nun ist er da, der große Tag,
Der Sabbat nach den schweren Sechsen.
Nun lassen wir das Segel fallen
Und hissen auf die Sonntagsflagg'.
Nun gehn wir weiter ohne Hexen,
Still mit dem Strom, und schaun voll Mut
Zum großen Werk, das schön und gut.
Viel Glück denn, edler, großer Mann,
Der dieses Wunderwerk ersann! –
Viel Glück! – Ihr seht mich ganz gerührt
Und auch so ungeheuer froh!
Doch Ihr –?
BRAND: Mein Hals wie zugeschnürt.
VOGT: Ei nun, es bleibt nicht immer so!
Ihr müßt nur Donnerworte pred'gen,
Der hohen Aufgab' Euch entled'gen

Mit Eurem altgewohnten Glanz.
Was ist das für 'ne Resonanz!
Die Leute stehen ganz erstaunt
Und schauen –
BRAND: So?
VOGT: Der Probst ist ganz
Entzückt – hat mir's ins Ohr geraunt. –
Welch edler Stil, welch geist'ge Hoheit
In jeder Form. Hier hieße Roheit
Der kleinste Tadel!
BRAND: Lobt Ihr bloß?
VOGT: Gewiß.
BRAND: Scheint sie Euch wirklich groß?
VOGT: Sie scheint nicht nur, sie ist es auch,
Weit wie ein großer Walfischbauch.
BRAND: Sie wär' es? Glaub' ich Eurem Wort?
VOGT: Die größte an dem ganzen Fjord,
Wenn auch zu groß für uns im Nord.
In andern Ländern weiter südlich,
Da hieße sie vielleicht bloß niedlich;
Doch hier, wo wir im fels'gen Land,
Eng zwischen Fjeld und Fjord gebannt,
Auf Brachfeld, öde Höhn gewiesen,
Hier scheint sie fast ein Bau von Riesen.
BRAND: Wir haben eine neue Lüge
Für eine alte eingetauscht.
VOGT: Wie das?
BRAND: Das Volk, das stets berauscht
Vom Neuen, findet sein Genüge,
Indem es vom ehrwürd'gen Schmutz
Sich flüchtet in der Jetztzeit Schutz.
Sonst rief der Chor: O wie ehrwürdig!
Nun brüllt der Chor: Wie majestätisch! –
In beiden Fällen nur ein Fetisch.
VOGT: Mein Freund, Ihr habt wohl recht, doch würd' ich
Es so nicht nennen, nicht so scharf
Verdammen, was doch nur ästhetisch
Von Euch beurteilt werden darf.
BRAND: Doch einer, der verlangt nach Klarheit,
Sieht, daß die Kirche klein in Wahrheit.
Verheimlichen ist auch ein Lügen.
VOGT: Nein, laßt mir solche Grillen fliegen!
Wozu das eigne Werk bekritteln?
Erst bauen, dann am Fert'gen rütteln? –
Das Volk ist ganz und gar zufrieden,
Für sie ist's idealisch schön;
Sie haben Gleiches nicht gesehn
Und wünschen Beßres nicht hienieden.
Soll ihnen denn durchaus was fehlen?
Weshalb mit Fackellicht sie quälen,
Da sie beglückt auf dunkler Bahn! –
Nur auf die Meinung kommt es an.
Wär' auch die Kirch' ein Hundestall,
Sie blieb' ein Tempel doch, im Fall
Die Leute sie für groß erklärten.
BRAND: Allüberall dieselbe Lehre!
VOGT: Bedenkt, daß heute bei dem Feste
Die Leute gleichsam Eure Gäste,
Und daß es nicht ganz schicklich wäre,
Wenn wir sie nicht als solche ehrten.
's wär' wider Eure eigne Ehre
Und wider unser Festprogramm,
Rührtet Ihr heut' an solchem Kram.
BRAND: Warum denn das?
VOGT: Ja, hört nur zu!
Verehren will Euch die Gemeinde
'nen prächt'gen silbernen Pokal.
Dess' Inschrift wär' nun anomal,
Ein rechtes Gaudium für die Feinde! –
Dann der Gesang, schön durchgeführt;
Die Rede, die ich einstudiert –
Dies alles wäre höchst fatal,
Sänk' Euer Werk mit einemmal. –
Ihr seht, Ihr müßt, gebt Euch verloren! –
Nur, bitte, haltet steif die Ohren!
BRAND: Wie schmerzlich sich die Dinge fügen:
Ein Lügenfest als Preis für Lügen!
VOGT: Ei, lieber Freund, wo wollt Ihr hin? –
So heftig – hat das einen Sinn? –
So starke Worte und so stracks
In einer Sache des Geschmacks!
Doch hört, was ich noch sagen wollt' –
War Frühres Silber, ist dies Gold.
Man ist Euch gnädig, ist Euch hold –
Seid wohl als Sonntagskind geboren –
Man hat zum Ritter Euch erkoren.
Ja, auf den Falten Eures Kleids
Prangt heute noch ein Ritterkreuz.
BRAND: Ich trag' ein schweres Kreuz schon lange,
Vom Schlage schmerzet mich die Wange.
VOGT: Wie? Was? – Ihr seid nicht ganz erschüttert,
Nicht tief gerührt von solcher Gnade?
Ein Rätsel seid Ihr und verbittert
Euch selbst die besten Gaben – schade!
BRAND *stampft mit dem Fuße:*
Laßt doch das alberne Geschwätz –
Ihr wirrt mich wie in einem Netz!
Ihr faßtet nicht der Worte Sinn.
Nicht darauf deutete ich hin,
Auf eine Größe, die in Zollen
Man ausmißt und bestimmt in Zahlen!
Nein, sie, deren verborgne Strahlen
Bald heiß, bald kalt die Seele füllen,
Aus welcher tausend Bäche quillen,
Daraus wir durstig trinken sollen –
Die Traum und Sehnsucht in uns stillen –
Die hoch gleich einer Sternennacht –
Die – geht, Ihr habt mich müd' gemacht –
Beweist, erklärt – sprecht zu den andern!
Er geht hinauf zur Kirche.
VOGT *für sich:*
Wer kann durch solchen Wirrwarr wandern,

Zurecht sich finden? – Größe – Zahlen –?
Verborgne Bäche – Sehnsucht – Strahlen –?
Und Sternennacht –! – Ei, alter Sohn,
Du warst gewiß beim Frühstück schon!
Er geht ab.

Brand *kommt zurück:*
Die Einsamkeit, die ich muß tragen,
Hab' ich noch nie so tief empfunden;
Als Antwort aller meiner Fragen
Kommt nur das Echo, schlägt mir Wunden,
Und aus der Menge klingt Gelächter.
Er schaut dem Vogt nach.
Ich könnt' ihn treten, den Verächter
Von allem, was da groß und gut! –
Versuch' ich's, seinen Blick zu heben
Bloß über Kniff' und feiges Streben,
So speit er aus, mit dreistem Mut,
Die freche, angefaulte Seele. –
O Agnes, ratlos ich mich quäle! –
O warum warst du doch so zart! –
Matt bin ich, müd' der langen Fahrt,
Wo keiner weicht und keiner Sieger: –
Einsam und hoffnungslos – ein Krieger!

Der Probst *kommt:*
O meine Kinder – meine Schafe – –!
Verzeiht, mein Bruder in dem Herrn
Und Amt, ich rede wie im Schlafe.
Das Fest – wo alle Geister fliegen –
Die Predigt, die ich einstudierte
Und gestern nur noch memorierte –
Ist ganz mir in den Kopf gestiegen.
Doch still davon! – Euch Dank und Preis,
Der Ihr, trotz Lärmens und Geschreis,
So unerschrocken bracht das Eis;
Der umriß, was doch einmal wackelte,
Und mit den Leuten nicht viel fackelte. –
Dafür steht sie auch herrlich nun.

Brand: O nein!

Probst: Was bliebe noch zu tun?

Brand: Ins neue Haus geh nur hinein
Ein Geist, der neu, ein Mensch, der rein!

Probst: Das kommt von selbst schon, nur Geduld!
Die hohe Wölbung hell und licht
Zieht Euch die Leute an, daß nicht
Ein einziger kommt ungewaschen!
Und dann die schöne Resonanz,
Steht man am reichgeschnitzten Pult –
Die Worte fliegen, nicht zu haschen;
Aus einem werden gleichsam zwei. –
Das mehrt den Glauben und den Glanz
Um hundert, wenn nicht mehr Prozent. –
Fürwahr, das nenn' ich Resultate,
Wie kaum in einem größern Staate
Man eine Parallele kennt.
Und bin ich auch von höherm Rang,
Zugleich als Bruder sprech' ich frei:
Nehmt meinen tiefgefühlten Dank! –
Beim Mittagstische, den Ihr heut',
Wie ich vermute, uns noch beut,
Kommt wohl noch weitre Feier Euch
Von jüngern Kräften der Probstei. –
Doch, lieber Brand, Ihr seht so bleich –?

Brand: Sonst war an Kraft und Mut ich reich –
Jetzt –

Probst: Ganz begreiflich! Solche Hetz! –
Ohn' Hilf' vom Staate, vom Gesetz! –
Doch jetzt ist ja das Schwerste über –
Ein schöner Festtag winkt uns, Lieber.
Nur ja nicht bang! In ganzen Haufen
Sieht man sie nach dem Pfarrhof laufen;
Und Eure Amtsgenossen haben
In reicher Zahl sich auch versammelt.
Wer kommt Euch gleich an Rednergaben! –
Der Beste neben Euch nur stammelt! –
So eilt man denn mit offnem Arm
Euch zu empfangen, gern und warm.
Und nun das Werk, das so geglückt,
Das man so prächtig ausgeschmückt! –
Der heut'ge Text, so tief, so innig! –
Dann Eure Wirtschaft –! Eben bin ich
Den ganzen Pfarrhof durchgeschritten;
Man hat das Kalb just aufgeschnitten –
In Wahrheit, Brand, ein köstlich Tier!
Ich wette, Mühe hattet Ihr,
Bis Ihr solch leckres Stück gefunden,
Und das in dieser teuren Zeit,
Wo für ein Pfund, selbst von den Kunden,
Man fordert fünfundsechzig Pfennig! –
Doch lassen wir's auf sich beruhn,
Heut hab' ich anderes zu tun.

Brand: Sprecht nur, reißt auf, stecht ungescheut!

Probst: Nach solchem Dienste, Freund, nicht brenn' ich!
Doch kurz, denn knapp ist unsre Zeit.
Ein kleiner Punkt nur, doch Ihr müßt
Ihn ändern, und von dieser Frist.
Und ich vermute, halb und halb
Erratet Ihr's –

Brand: Ihr meint das Kalb –?

Probst: Nein, diesmal nicht; von Eurer Pflicht,
Von Eurem Amte wollt' ich sprechen.
Zu wenig legtet Ihr Gewicht
Auf Sitt' und Brauch, es muß sich rächen.
Denn Sitt' und Brauch sind doch das Nächste,
Wenn auch gerade nicht das Höchste.
Nun, lieber Gott, ich will nicht lästern –
Man ist ja jung, voll Geist, da brennt's,
Kommt eben aus der Residenz,
Verkehrt nicht mit den Kaffeeschwestern,
Versteht nicht, was dem Volk Bedürfnis.
Doch jetzt, mein Freund, muß das Zerwürfnis
Definitiv beendigt sein.
Die Sach' ist wichtig, ob auch klein.
Ihr habt bisher zuviel gepflegt,
Was einer nötig braucht und hegt;

Der Fehler war – erlaubt mir – grob; –
In Massen wägt man nur den Mob.
Kämmt alle mit demselben Kamm –
Sie sind ja doch vom selben Stamm!
BRAND: Erklärt Euch deutlicher!
PROBST: Nun seht,
Wie prächtig Eure Kirche steht!
Ein Haus, als Wohnung eingeweiht
Dem Frieden, der Gesetzlichkeit.
Der Staat sieht in der Religion
Die Macht, die regelt Sitte, Ton –
Den Schutz, den überall man merkt,
Die Kraft, die die Moral verstärkt.
Allein sein Vorrat ist nur klein,
Er fordert drum Valuta ein. –
Ein guter Christ, ein guter Bürger. –
Meint Ihr, er geb' die Gelder aus
Bloß für der Leutchen Gottesschmaus,
Und für sein eignes Wohl nicht wirk' er?
Der Staat, mein Freund, ist nicht darnach,
Auch ständ' es mit den Leuten schwach,
Wenn er nicht strenge darauf hielte
Und nach dem eignen Besten zielte.
Doch diesen Staatszweck, teurer Mann,
Er sicher nur erreichen kann
Durch seine Pfarrer als Beamte.
BRAND: Wie weis' Ihr sprecht!
PROBST: Von Euch entstammte
Die Kirche und was sonst Ihr schenktet
Zum Wohl des Staats; so wär's auch gut,
Wenn Ihr's in diesem Sinne lenktet,
Und nähmt's in Eure treue Hut.
In diesem Geist seh' ich das Fest,
Das man am heut'gen Tage feiert,
Wo manch Gelübde sich erneuert,
Und lasse ich die Glocken läuten.
Doch mit der Schenkung müßt Ihr fest
Und treu mir ein Versprechen geben,
Des Kern wir untersuchten eben.
BRAND: So hab' ich's nie gemeint.
PROBST: Ihr seht,
Man faßt's so auf, nun ist's zu spät.
BRAND *auffahrend:*
Zu spät, zu spät! Das möcht' ich sehn!
PROBST: Seid doch vernünftig! – Wollt verstehn! –
Ihr braucht wie toll nicht auszubrechen! –
Ihr sollt nichts Schlimmes mir versprechen! –
Die Sorge für der Leute Seelen
Braucht Ihr darum nicht zu verneinen –
Könnt's mit dem Staatsdienst gut vereinen,
Wenn Sinn und Klugheit Euch nicht fehlen.
Seid Ihr – ich spreche unter uns –
Pfarrer für Peter, Hans und Kunz? –
Ihr seid's für Euere Gemeine,
Daß sie am Gnadenquell sich eine!
Und wird durch Euch ihr ew'ges Heil,
Wird auch dem einzelnen sein Teil.
Seht nur den Staat – wie sehr er's haßt –,
Ist ein Republikaner fast;
Die Freiheit bringt ihn halb in Wut,
Allein die Gleichheit dünkt ihm gut.
Doch Gleichheit läßt sich nicht erlangen,
Wenn man nicht alles nivelliert –
Das ist's, worin Ihr Euch vergangen.
Denn umgekehrt habt Ihr forciert
Die Ungleichheit in jeder Lage,
Die niemals sonst hier tritt zutage.
Erst war man still und voll Versöhnlichkeit,
Ein Glied der Kirche, keine Persönlichkeit.
Damit ist nicht dem Staat gedient,
Der kaum zu fordern sich erkühnt,
Was er an Steuern, Sporteln braucht.
Die Kirche ist nicht mehr der Hut,
Der gut für alle Köpfe taugt.
BRAND: O welch ein Blick! Wo bleibt da Mut?
PROBST: Erschreckt nur nicht, das tut noch nichts;
Obwohl man merkt, hier liegt's, hier sticht's;
Hier zeigt sich uns der Mangel offen.
Wie heißt es doch: Wer lebt, darf hoffen;
Und durch der Kirche Gnadenweih'
Habt Ihr die Kraft erlangt zu wirken
Zur Staatsräson, wie schwer's auch sei
In abgelegenen Bezirken. –
In allem muß 'ne Regel sein,
Weil sonst die Kräfte sich entzwein
Und wie ein ungebändigt Füllen
Zerstören Heck und Hag und Zaun
Und was als Scheide sonst zu schaun. –
In jedem Fach wird sich enthüllen
Ein oberstes Gesetz, das man
Verschieden tauft, doch merken kann.
Man nennt es Schule in der Kunst,
Beim Militär zu halten Tritt;
Das ist die Rettung aus dem Dunst
Des Allgemeinen: gleicher Schritt! –
So immerfort im Schritt und Tritt,
Da kommt der Kleine auch wohl mit.
In jedem Fuß derselbe Takt,
Da geht's und wär' man selbst kontrakt.
BRAND: Der Aar im Rinnstein, und die Gans
Im Ätherblau, im Himmelsglanz!
PROBST: Nun, Gott sei Dank, wir sind nicht Tiere –
Doch ziehn wir an Gedicht und Fabel,
So ist's am besten, wenn ich führe
Zur Bibel Euch durch weite Türe,
Durch Genesis und Offenbarung
Zu manch anregender Parabel;
Zum Beispiel, um nur eins zu nennen,
Zum projektierten Turm von Babel.
Sagt selbst, wie weit die Leutchen kamen! –
Weshalb? Nun, leicht ist die Gewahrung,
Obwohl sich die Gelehrten streiten,
Weil sie nicht fest in Reih und Glied
Die große Arbeit unternahmen.

Sie zogen nicht am selben Strang,
Ein jeder grölte seinen Sang –
Sie wurden auch – Persönlichkeiten.
Das ist der Fabel Doppelkern,
Die Lehre, die man daraus zieht,
Die Euch – wie's scheint – noch meilenfern: – –
Verloren ist, wer einzeln glaubt
Zu dem ersehnten Ziel zu kommen.
Wen Gott vernichten will, den macht er
Zum Individuum, und dann lacht er.
Die Römer meinten, solchem Herrn
Hab' den Verstand ein Gott genommen. –
Doch toll und einsam fällt zusammen,
Weil sie vom selben Unsinn stammen.
Nur selten wird ihm des Elias
Geschick, nein öfter des Urias.

BRAND: Wohl möglich! Doch was will das sagen! –
Was ist der Tod? – Auch möcht' ich fragen,
Ist es denn sicher, daß den Leuten,
Wenn sie sich e i n e r Sprach' erfreuten,
Wenn nichts sie auseinandertrieb,
Der Endzweck leicht erreichbar blieb,
Zum Himmel hin den Bau zu führen?

PROBST: Zum Himmel, meint Ihr, wolkenfern? –
Wie sollte Menschen das gebühren! –
Das ist der andre halbe Kern,
Der birgt sich in der Rätselnuß –
Daß jedes Bauwerk fallen muß,
Strebt es zu einem Himmelsstern.

BRAND: Zum Himmel ging doch Jakobs Leiter,
Und unsre Sehnsucht geht noch weiter.

PROBST: Auf d i e Manier! – S o es gewahren! –
Man kann sich's Schwatzen drüber sparen! –
Natürlich ist der Himmel Lohn
Für Leben, Glauben, Erdenfron.
Doch Leben, Glauben muß man trennen,
Sie nicht in einem Atem nennen.
Sechs Tage seufzt man unterm Joche,
Am Sonntag fühlt man sich gerührt;
Wär' Gottesdienst die ganze Woche,
Wer käm' zur Kirche noch kutschiert? –
Der schmäht des Wortes Läutrungskraft,
Der täglich es in Rauch verpafft.
Religion so gut als Kunst
Verflüchtigt sich gar leicht in Dunst.
Zum Ideale darf man, traun,
Vom heil'gen Kanzelholze schaun;
Doch denkt, daß der Talar nicht frommt,
Wenn in das Sonnenlicht Ihr kommt.
Denn überall ist festgesetzt
Die Grenze, die man achten muß –
Und da ich das erörtert jetzt,
So komm' ich zum ersehnten Schluß.

BRAND: Eins ist mir klar – nur matte Schächer
Passen in Eure Seelenfächer.

PROBST: Was Euch betrifft, Ihr habt die Wahl
Im alleroberstenRegal! –
Wenn Ihr nur wolltet –

BRAND: Man erreicht
Es doch nur, wenn man feige schleicht.

PROBST: Wer sich erniedrigt – nun, der steigt.
Ein Häkchen krümmt sich, bis es taugt.

BRAND: Gebraucht der Mann und dann verbraucht.

PROBST: Gott steh' mir bei, wie könnt' Ihr wähnen,
Ich möchte solcherlei ersehnen!

BRAND: Erst bluten, ja – und dann verbluten!
Für Euch paßt doch nur ein Skelett!
Als Maß nur ein Prokrustesbett!

PROBST: Ich krümmt' nicht eines Haares Spitze
'ner Katze – und geschweige Euch!
Doch meint' ich, daß es Euch auch paßt,
Wenn ich Euch zeigte, ganz im guten
Und sozusagen durch 'ne Ritze,
Wie ich das Leben angefaßt.

BRAND: Und hab' ich wirklich eine Wahl? –
Soll bei des Staates Hahnenruf
Verleugnen ich das Ideal,
Für das mich einmal Gott erschuf!

PROBST: Verleugnen, Freund? – Das fordr' ich nicht;
Ich weise nur auf Eure Pflicht!
Ich wünsche, daß Ihr selbst verschluckt,
Was Ihr für die Gemeine bukt.
Kratzt Euch allein, wenn es Euch juckt.
Ich gönn' Euch gern den ganzen Rest,
Doch schließt ihn ein, hermetisch fest. –
Fliegt, schwärmt nach Herzenslust – inwendig,
Und nicht im Angesicht der Menge!
Glaubt mir, es straft sich auf die Länge,
Wenn eigensinnig und unbändig.

BRAND: Du kannst dem eignen Bild nur gleichen –
Auf deiner Stirn das Kainszeichen –
Es schreiet laut: Seht ihn, der weltklug
Des Herzens Abel auf dem Feld schlug!

PROBST *leise:* Nun nennt er, meiner Treu, mich d u!
Das geht zu weit! *Laut:* Mögt denn in Ruh'
Die Sache weiter an Euch sehn.
Wer vorwärts will, muß seine Zeit,
Das Land, in dem er lebt, verstehn;
Sonst wird ihm nimmer Sieg im Streit. –
Seht nur den Künstler und den Dichter,
Worauf am meisten wohl erpicht er –
Folgt er nicht dem Geschmack der Zeit?
Wo nichts zu wälzen, nützt kein Hebel.
Seht unsre Krieger an, ein Säbel
Mit scharfer Schneide wär' ein Luxus.
Warum? – Ihr kennt den Spruch des Fuchses –
Des Volkes Stimme – Gottes Stimme.
Sein Eignes mag man kultivieren –
Doch Eigenheiten exstirpieren
Und sich wie jedermann gerieren.
Human nennt unsre Zeit der Vogt.
Wenn Ihr's doch auch auf Euch bezogt

Und ließt von Eurem dumpfen Grimme!
Ihr könntet nach dem Größten streben;
Doch alles Eck'ge muß sich geben;
Vertilgt muß sein, was gar zu geil! –
Glatt müßt Ihr werden wie die andern
Und nicht besondre Wege wandern –
Erst dann wird Euch der Preis zuteil.

BRAND: Fort, fort von hier!

PROBST: Ja, das ist weis',
Ein Mann wie Ihr muß doch zuletzt
In einen bessern Wirkungskreis.
Doch wo man Euch auch eingesetzt,
Als großer oder kleiner Mann,
Zieht ja die Zeitmontur mir an! –
Der Korporal, die Hand am Stock,
Prügelt den Takt ein einem Schock.
Denn unser Führerideal
Ist doch zur Zeit ein Korporal. –
Und wie der Korporal die Seinen
Zur Kirche führt, abteilungsweise,
So gehn die Pfarrer den Gemeinen
Den Weg voran zum Paradeise.
Leicht ist's; auf der Autorität
Ja doch der ganze Glaube steht.
Und weil auf Wissen sie beruht,
So traut man ihr, hält sie für gut.
Beim Vortrag aber, ohne Wahl,
Folgt man Gesetz und Ritual. –
Also, mein Bruder, unverdrossen!
Wie bald ist nicht die Zeit verflossen! –
Erforscht Euch selbst, das Amt, die Stellung –
So weicht Ihr aus der Urteilsfällung –
Ich mein' in höherer Instanz. –
Lebt wohl!
Ich prüfe noch die Resonanz,
Um gut der Pflicht mich zu entled'gen,
Und denke späterhin zu pred'gen
Von Mensch, Natur, im Widerstreit –
Von Gott und seines Bilds Verwischung. –
Doch umzuschaun wohl ist es Zeit
Nach einer leiblichen Erfrischung.

Er geht ab.

BRAND: Ich opfert' alles dem Beruf,
Zu dem – wähnt' ich – mich Gott erschuf;
Nun tönt der Tagstrompete Schmettern
Und zeigt mir, wem ich diente! – Nein,
Und nochmals nein! Nur nicht gesunken!
Ich halte mich noch an den Brettern! –
Der Grund dort hat mein Blut getrunken,
Mein Herzensblut, mein Licht, mein Leben –
Die Seele kann ich Euch nicht geben! –
O fürchterlich, so einsam sein! –
Wohin ich blicke, dämmert Tod;
Ich flehe um ein Stückchen Brot: –
Sie reichen mir den harten Stein.
Wie wahr sprach er, wie schrecklich wahr –
Doch auch jedweden Trostes bar! –
Des Geistes Taube sitzt verborgen,
Kommt nicht zu eines Menschen Sorgen. –
O wär' ein Mensch mir nur beschieden
Und brächte Ruhe mir und Frieden!

Einar, bleich, abgemagert, schwarzgekleidet, kommt auf dem Weg gegangen und bleibt beim Anblick Brands stehen.

BRAND: Du, Einar?

EINAR: Ja, so nenn' ich mich.

BRAND: Nach einem Menschen dürste ich –
Nach einem Herzen, zu erwarmen! –
An meine Brust! – Laß dich umarmen!

EINAR: Bedarf's nicht, bin im sichern Hafen.

BRAND: Dich läßt Erinnrung wohl nicht schlafen,
Da wir zuletzt uns sahen –

EINAR: Nein!
Du warst nicht schuld; du warst ja nur
Das blinde Werkzeug, mir gesandt,
Mich von der Weltlust zu befrein,
Da ich verirrt auf sünd'ger Spur.

BRAND *zurücktretend:*
Welch eine Sprache?

EINAR: Sonst bekannt –
Dem Auferweckten, Neugebornen,
Von Jesus Christus Auserkornen.

BRAND: Gar wunderbar! – Von andern Wegen
Und andrem Zeug hab' ich gehört.
Es hieß, du seist –

EINAR: Ich war betört,
Hochmütig, glaubt' an eigne Stärke,
Vertraute auf die eignen Werke –
Woran den Menschen sonst gelegen.
Doch mein Talent, mein Malen, Singen
Verstrickte mich in Satansschlingen.
Nun, Gott sei Dank, es wurde Licht,
Er ließ das schwache Schäflein nicht,
Er zeigte meiner Lust ein Ziel.

BRAND: Ein Ziel? Und welches?

EINAR: Ich verfiel –

BRAND: Verfiel – ?

EINAR: Der Würfellust, dem Spiel,
Dem Saufen, Fluchen – andern Suiten –

BRAND: Und dazu mußt' Gott die Hand dir bieten – ?

EINAR: Der erste Schritt zur Rettung war:
Er nahm mir meines Leibs Gesundheit;
Ich wurde des Talentes bar,
Des Sinns auch für des Lebens Buntheit.
Drauf in das Hospital gesandt,
An einer häßlichen Entzündung
Lag ich im Fieber viele Wochen
Und sah, wie aus den Windeln krochen
Viel Tausende von eklen Fliegen.
Kam dann heraus und ward bekannt
Mit Schwestern, in der Zahl der Grazien,
Die mit dem Himmel in Verbindung.
Die drei, samt einem Theologen
Ein Paroli dem Teufel bogen

Und führten mich, nach ein'gen Spatien,
Zum Gottesreich und ew'gen Siegen.
BRAND: Ha, so!
EINAR: Verschieden sind die Wege,
Der geht im Tal, der steile Stege.
BRAND: Doch später – ?
EINAR: Reist' ich durch das Land
Als Mäßigkeitsvereins-Apostel.
Doch der Beruf ist sehr riskant,
Oft mit Versuchungen verbunden;
Der Teufel kommt wohl in die Quer –
Drum hab' ich andres aufgefunden
Und reise jetzt als Missionär.
BRAND: Wohin?
EINAR: Zum Negerlande Kostel.
Doch ist es gut, wir brechen ab.
Ich hab' nicht Zeit.
BRAND: Willst du nicht ruhn?
Heut' ist ein Kirchenfest hier –
EINAR: Hab'
Mit schwarzen Seelen nur zu tun.
Lebwohl!
Er will gehn.
BRAND: Hält kein Erinnrungsschimmer
Dich fest und zwingt dich, mich zu fragen – ?
EINAR: Wonach?
BRAND: Nach der, die möchte klagen,
Daß du aufs trockne so gesetzt.
EINAR: Klagen, um mich? – Ich merk' es jetzt.
Du meinst das junge Frauenzimmer,
Das fest mich hielt in seinen Maschen,
Eh' mich der Glaube reingewaschen.
Wie steht's mit ihr? Was für 'nen Lauf – ?
BRAND: Sie ward mein Weib ein Jahr darauf.
EINAR: Unwesentlich! – Es ist mir gleich;
Ist des Beachtens gar nicht wert.
Was ward denn Wicht'ges dir beschert?
BRAND: Gesegnet wurden wir, o reich
An Freud und Leid – ein Kind –, ich hab' es
Begraben!
EINAR: Pah! – Unwesentlich!
BRAND: Er ward geliehn uns, nicht geschenkt,
Es war ein Traum, er mußt' zerrinnen.
Dann aber ging sie selbst von hinnen;
Sieh nur das frische Grün des Grabes!
EINAR: Unwesentlich!
BRAND: Das auch?
EINAR: Wer denkt
An so was! Nein – ich frage dich,
Sag mir, wie ging sie in den Tod?
BRAND: Voll Hoffnung auf ein Morgenrot,
Mit einem Herzen, ganz erfüllt
Von hoher Sehnsucht, schmerzgestillt;
Voll Dank für alles, was das Leben
Ihr gab und nahm.
EINAR: Ei Kinderspott!
Wie sah's mit ihrem Glauben aus?
BRAND: Unwandelbar.
EINAR: An wen?
BRAND: An Gott.
EINAR: Ach, bloß an ihn? Sie ist verdammt.
BRAND: Was sagst du da?
EINAR: Leider verdammt!
BRAND *ruhig:* Geh, Schuft!
EINAR: Ihr beide insgesamt!
Du kommst in eine gute Schule,
Ich meine in des Teufels Küche!
BRAND: Dein Wissen ging dir in die Brüche!
Und das wagt einer, welcher stammt,
Ja frisch kommt aus dem Sündenpfuhle!
EINAR: An mir klebt nicht der kleinste Fleck,
Des Glaubens Wäsche nahm ihn weg.
Denn auf dem Waschbrett hoher Gnaden
Ward rein gerieben jeder Faden.
Gereinigt hat mein Adamskleid
Das Klopfholz reger Wachsamkeit;
Mein Meßgewand ist rein und zart,
Weil ich die Seife nicht gespart,
Ich meine des Gebets.
BRAND: O pfui!
EINAR: Hier riecht's nach Schwefel! – Wieder pfui! –
Auch seh' ich was wie Teufels Horn.
Ich bin des Himmels Weizenkorn,
Du Spreu des höllischen Gerichts,
So bist du gegen mich ein Nichts.
Er geht ab.
BRAND *sieht ihm eine Weile nach, dann leuchten seine Augen auf und er bricht aus:*
Das der Mensch, nach dem ich brannte,
Daß er einen Abgrund fülle! –
Fort mit allem, was mich bannte! –
Auf die Flagge! Fest mein Wille! –
Sturm in diese Totenstille!
DER VOGT *kommt eilig:* Lieber Pastor, kommt sogleich,
Denn die Kirchenprozession
Wartet ja seit langem schon.
BRAND: Laßt sie kommen!
VOGT: Ohne Euch?
Ei, bedenkt doch, geht zum Pfarrhaus,
Werft Euch in das schwarze Zeug! –
Länger wollen sie nicht warten,
Drängen sich in Euren Garten
Wie ein Fluß, der überschwoll –
Machen uns wohl noch den Garaus.
Und sie schreien nach dem Pfarrer,
Nennen Euch gar einen Narrer!
BRAND: Niemals mocht' ich mich verbergen
Unter Zwergen oder Schergen.
Ich bleib' hier.
VOGT: Nein, Ihr seid toll!
BRAND: Euer Weg ist mir zu eng.
VOGT: Kommt nur erst in das Gedräng',
O da wird er noch viel enger. –
Seht, sie halten sich nicht länger!

Probst und Priester, die Beamten,
Weiber, Kinder, die verdammten,
Wälzen sich heran vereint. –
Kommt doch, kommt doch, teurer Freund!
Nichts hilft Uniform und Handschuh –
Besser wäre schon ein Kantschu* –
Nichts mein Bitten, Drohen, Flüche! –
Ha, zu spät! Es bricht der Zaun –
Unser Zug geht in die Brüche!

Die Menge strömt herein und bricht sich in wilder Unordnung durch den Festzug Bahn zur Kirche.

EINZELNE STIMMEN: Pfarrer!
ANDRE *deuten auf die Kirchenstufen, wo Brand steht, und rufen:* Dort ist er zu schaun!
WIEDER ANDRE: Gib uns das Eröffnungszeichen!
PROBST *im Gedränge:*
Vogt, macht, daß sie von uns weichen!
VOGT: Ganz umsonst! – Nichts zu erreichen!
SCHULMEISTER *zu Brand:*
Sprecht und werft nur einen Schein
In die Menge, die wie toll.
Ist es herrlich, ist es klein,
Was sich hier entfalten soll?
BRAND: O so geht ja doch ein Strom
Durch des Volkes dumpfes Grollen! –
Volk, du stehst am Scheideweg –
Ganz mußt du das Neue wollen!
Was verrottet, wirf zur Erden! –
Eher darf der große Dom
Nicht geweiht, betreten werden.
DIE BEAMTEN: Hört, er rast!
DIE GEISTLICHEN: Er ist verrückt!
BRAND: Ja, ich war es, da ich wähnte,
Daß das Volk den Gott ersehnte,
Der die Wahrheit ist, das Licht.
Ja, ich war es, da ich meinte,
Daß ich euch dem Höchsten einte,
Rettet' euch vor dem Gericht. –
Weil die Kirche klein, geflickt,
Wiegt' ich ein mich in den Trug:
Doppelt groß – das muß verschlagen!
Fünffach gar – da fehlet nichts! –
Aber zweifelnd mußt' ich fragen,
Welche Zahl ist groß genug,
Für dein Alles oder Nichts? –
Welche Feigheit, abzuhandeln,
Des Akkordes Bahn zu wandeln! –
Heute aber sprach der Herr. –
Die Posaunen des Gerichts
Schmetterten in dieser Stunde,
Weithin dröhnend in die Runde,
Füllten uns mit heil'gem Schreck.
Und ich hört' und atmet' schwer,
Stand, wie David stand vor Nathan.
Jetzt ist jeder Zweifel weg:
Volk, ein feiger Pakt ist Satan!
DIE MENGE *unter steigender Aufregung:*
Fort mit denen, die uns listig
Stahlen Leben, Saft und Kraft!
BRAND: Einen schlimmern Gegner wüßt' ich,
Der in euch das Böse schafft.
Eure Kraft habt ihr vertrödelt,
Euer eignes Selbst zerklaubt.
Darum dies zerriss'ne Sein! –
Habt ihr je an das geglaubt,
Was das Menschentum veredelt? –
Was ist euch die Kirche? – Schein! –
Orgelspiel, Gesang und Glocken: –
Prunk und Glanz, euch anzulocken. –
Ihr wollt euch durchschauern lassen
Halb von Flammen, halb von Eis,
Wenn man lispelt, seufzt und witzelt,
Donnert und die Wunden kitzelt;
Aufloht wie in heil'ger Brunst,
Aufschäumt, braust und flüstert leis' –
Nach den Regeln ihrer Kunst.
PROBST *leise:* Ganz der Vogt, der plappert, pratert!
VOGT *ebenso:* Ganz der Probst, wenn er salbadert!
BRAND: Was sind euren matten Herzen
Hoher Feierstunde Kerzen? –
Nur die blanke Außenseite. –
Darum fort vom schweren Streite
Zu des Hauses enger Dumpfheit,
Heim zu Müh' und Sorg' und Stumpfheit! –
Seele geht in Alltagskleidern,
Leer des Wunsches und des Strebens –
Ziemend geist'gen Hungerleidern
Und das heil'ge Buch des Lebens
Ruht vergessen in der Lade
Bis zum nächsten Fest der Gnade! –
Das war's nicht, was ich begehrte,
Da den Opferkelch ich leerte.
Darum baut' ich sie so groß –
Daß sie berg' in ihrem Schoß,
Schütze mit dem weiten Dach
Nicht bloß Glauben, Lehre – nein,
Alles, dem von Gott ein Leben
Und das Recht dazu gegeben: –
Nach der Arbeit lichter Schein,
Abendruhe, still Gemach,
Und des Herzens banges Ach!
Heitrer Jugend frische Lust,
Und was still im Herzen wirkt;
Alles, was die Menschenbrust
Unbewußt besitzt und birgt. –
Seht, der Fluß, der rastlos schäumt,
Und der stille Wald, der träumt,
Und der Sturm mit vollen Lungen –
Sollten schmelzen hier in eins
Mit der Orgel lautem Klange,
Mit der Menschen frohem Sange. –

* Slawisch: Riemenpeitsche.

Alles das ist nun verklungen. –
Fort mit diesem Werk des Scheins –
Das – wie euer Leben – keins!
Denn die besten Keim' erstickt ihr,
Und an eurer Arbeit flickt ihr. –

STIMMEN AUS DER MENGE: Fort, es braust in Sturmgewittern!
Führ uns, daß die Feind' erzittern!

DER PROBST: Hört ihn nicht, er ist kein Christ!
Und sein Glaube ist nicht echt!

BRAND: Ja, so nanntest du es recht!
Das der Krebs, der um sich frißt,
Das die ew'ge Schuld und Fehle.
Glauben kann nur eine Seele!
Zeig mir eine, die nicht tastete
Und zu dem Verderben hastete,
Gab dahin ihr bestes Teil.
Unter Lust und Gaukelspiel
Misset ihr das hohe Ziel.
Erst wenn eure Kraft verbrannt,
Wenn euch jede Freude schwand,
Denkt ihr an der Seele Heil.
Ist des Leibes Kraft verzehrt,
Ist der Becher ausgeleert –
O da ist es Zeit zu hoffen –
Betern steht der Himmel offen.
Ist verwischt der heil'ge Stempel
Und der Mensch von euch geschieden,
Schleicht ihr hin zum Gottestempel,
Suchet Gott – als Invaliden. –
Kann sein ew'ges Reich sich gründen,
Wo nur Schwächlinge zu finden
An des Ew'gen Thronesstufen? –
Hat er nicht es laut gerufen:
Aus des Blutes frischer Quillung,
Aus der Adern neuer Füllung
Kommt euch nur das Himmelreich!
Werdet erst den Kindern gleich! –
Kommet, kommet denn gegangen!
Kommt mit frischen Kinderwangen
In des Lebens Gotteshaus!

VOGT: Schließt denn auf!

DIE MENGE *schreit wie voll Angst:*
O nein, nicht diese!

BRAND: Ohne Maß dehnt sie sich aus,
Und ihr Boden ist die Erde,
Meer und Feld, Gebirg' und Wiese;
Und der Himmel spannt sich drüber,
Daß in Wahrheit groß sie werde.
Da sollst du dein Werk vollbringen,
Darfst zu Gottes Ohr es bringen;
Darfst am Tagwerk dich beteil'gen,
Ohn' den Sonntag zu entheil'gen.
Alles deckt sie, wie die Rinde
Deckt im Stamm den ganzen Baum.
Glauben, Leben trennt kein Raum.
Eins ist dort dein Erdenwallen
Mit dem Flug zu Sternenhallen;
Kinderspiel am Weihnachtsbaum
Strahlt im hohen, lichten Glanz –
Eint sich Davids Königstanz.

Es geht wie ein Sturm durch die Menge; einzelne weichen zurück; die meisten drängen sich dicht um Brand.

TAUSEND STIMMEN: Eine Leucht' ist uns erschienen:
Eins ist Leben und Gott dienen.

PROBST: Welch ein Wühler, Hetzer, Treiber!
Helft doch, Lehnsmann, Vogt und Schreiber!

VOGT *mit gedämpfter Stimme:*
Schweigt! Seht doch die grimmen Weiber!
Laßt ihn nur! – Ich retirier'. –
Wer nimmt's auf mit einem Stier? –
Wartet nur! Er rast sich aus!

BRAND *zu der Menge:*
Fort, hier ist nicht Gottes Haus! –
Niemals kann es hier erstehn,
Denn sein Reich ist freiheitsschön.

Er verschließt die Kirchentür und nimmt die Schlüssel.

Will nicht länger Pfarrer heißen;
Kein Geschenk! Ich halt' es fest!
Keine Hand soll mir entreißen
Diese Schlüssel! – Aus das Fest!

Er wirft sie in den Fluß.

Sklaven, wollt hinein ihr doch –
Kriechet durch das Kellerloch!
Krümmt den Rücken, beugt und bückt euch!
Wälzt im Schmutz und Qualm entzückt euch.
Füllt die Welt mit gift'gem Hauch
Und verweht wie flücht'ger Rauch!

VOGT *leise und erleichtert:*
Ha, kein Orden – zuverlässig!

PROBST *ebenso:* Mit dem Bischof ist es Essig!

BRAND: Kommt denn, ihr, die frisch und jung,
Fort aus dieser Niederung,
Abzustäuben, abzuschütteln
Staub von Schuhen und von Kitteln;
Folget meinem Siegeszug!
Aus sei es mit Lug und Trug!
Freiheit habt ihr euch erkoren!
Fort, zerreißt die feigen Pakte!
Fort mit Jammer, fort mit Not!
Aus der Halbheit neu geboren,
Schlagt den Feind, der euch verschworen –
Krieg auf Leben und auf Tod!

VOGT: Halt! – Verlest die Aufruhrsakte!

BRAND: Lest nur, o es steht euch frei;
Zwischen uns ist's längst vorbei!

DIE MENGE: Zeig den Weg, wir sind bereit!

BRAND: Aus dem Gifthauch des Bezirkes,
Durch die Wüste des Gebirges,
Durch das Land hin ziehn wir weit;
Lösen alle Geistesschlingen,
Drin das Volk gefesselt schmachtet,
Läutern, leuchten, wo es nachtet. –

Alle Menschen werden Priester,
Aufgehellt wird jedes Düster,
Neu geprägt der matte Stempel,
Und die Erde Gottes Tempel!

Die Menge, darunter der Schulmeister und der Küster, drängt sich um Brand zusammen; die Männer heben Brand auf ihre Schultern.

VIELE STIMMEN: Große Zeiten sind gekommen,
Blitze zucken durch die Luft.

PROBST *zu den Fortziehenden:*
O Verblendete! – – Der Schuft! –
Ist euch der Verstand genommen?
Merkt ihr nicht das Satansspiel?

VOGT: He, kehrt um – zu welchem Ziel
Strebt ihr denn – ihr geht zugrunde! –
Keine Antwort – diese Hunde!

PROBST: Denkt an euer Haus! – – Die Racker! –

STIMMEN AUS DER MENGE: Größre wachsen uns im Schlafe!

VOGT: Denkt an Wiese und an Acker –
Denkt an Rindvieh, Ziegen, Schafe!

STIMMEN: Himmelstau wird uns zum Manna –
Hunger singt ein Hosianna!

PROBST: Hört ihr eure Weiber schrein?

STIMMEN *in der Ferne:* Nimmer sehen sie es ein!

PROBST: Und die Kinder, wer ernährt sie?

STIMMEN: Uns zu folgen einst, belehrt sie! –

DIE GANZE SCHAR: Mit uns oder wider uns!

PROBST *blickt ihnen eine Weile mit gefalteten Händen nach und sagt mutlos:* Ohne Herde, wie verirrt,
Steht der alte Seelenhirt,
Ausgeplündert bis aufs Hemd.

VOGT: Jetzt vergebens man sich stemmt,
Aber bald gehn wir zum Siege.

PROBST *dem Weinen nahe:* Siege? Da sie uns verlassen?

VOGT: O man weiß sich schon zu fassen,
Und – ich kenn' sie zur Genüge!
Er folgt den Leuten.

PROBST: In der Tat, er hat den Mut –
Nun, vielleicht geht es noch gut;
Ich will ihnen folgen langsam.
Geht es, fang' ich ein paar Männer.
Sattelt drum mir – keinen Renner! –
Nein, 'ne Stute, fromm und gangsam!
Er geht ab.

Zweiter Auftritt

Die Szene ist bei der obersten Säterhütte. Die Landschaft steigt im Hintergrund mehr und mehr auf und geht in die Hochgebirgswüste über. Regen.

Brand, von der Menge – Männer, Weiber, Kinder – gefolgt, steigt aufwärts.

BRAND: Blickt aufwärts! Dort ist's, wo wir siegen.
Verschlossen liegt, von wo wir stiegen,
Und düster, grau, von Fjeld zu Fjeld
Ist ausgespannt ein Nebelzelt.
Vergeßt den Schlaf im dumpfen Tal;
Fliegt hoch und frei – ihr habt die Wahl.

EIN MANN: Wartet, mein Vater ist ganz matt.

EIN ANDRER: Ich hab' seit gestern nichts gegessen –

MEHRERE: Gib uns zu trinken! Mach uns satt!

BRAND: Nur weiter, wer denkt jetzt ans Essen!

SCHULMEISTER: Doch welchen Weg?

BRAND: Das ist gleichviel,
Führt er nur zum ersehnten Ziel.
Nur weiter!

EIN MANN: Nein, der ist zu steil;
Und mir ist meine Haut nicht feil.

DER KÜSTER: Dort ist die Kirche – ob sie stürzt?

BRAND: Der steile Weg den langen kürzt.

EINE FRAU: Mein Kind ist krank.

EINE ANDRE: Mein Fuß ist wund.

EINE DRITTE: Ach, nur ein Tropfen meinem Mund!

SCHULMEISTER: O speis das Volk! Ich fürcht', es wackel'.

MEHRERE STIMMEN: Ja, tu ein Wunder, ein Mirakel!

BRAND: Meint ihr, ich seh' es nicht und merke?
Ihr wollt Belohnung vor dem Werke.
Auf, schüttelt eure Schlaffheit ab –
Wo nicht, steigt wieder in das Grab!

SCHULMEISTER: Ja, er hat recht; erst in den Streit;
Der Lohn kommt auch dann seinerzeit!

BRAND: Gewiß kommt er, so wahr ein Gott;
Folgt ihm nur treu und ohne Spott!

VIELE STIMMEN: Er ist Prophet! Ja, ein Prophet!

MEHRERE: Sag uns, wie mit dem Streit es steht!

ANDRE: Ja, währt er lang, und ist er blutig?

EIN MANN: Ist es vonnöten, daß man mutig?

SCHULMEISTER *gedämpft:*
Riskier' ich nicht vielleicht das Leben?

EIN ANDRER MANN: Wieviel wird mir vom Siegeslohn?

EINE FRAU: Verschont bleibt doch mein guter Sohn?

KÜSTER: Ist Sieg vor Dienstag uns gegeben?

BRAND *blickt sich verwirrt um:*
Was fragt ihr, und was wollt ihr wissen?

KÜSTER: Zuerst, wie lang wir streiten müssen; –
Dann, welche Opfer sind zu bringen;
Zuletzt – den Preis, den wir erringen.

BRAND: Das fragt ihr?

SCHULMEISTER: Ja, da unten waren
Wir drüber noch nicht recht im klaren.

BRAND *aufgeregt:* So sollt ihr jetzt es werden!

DIE MENGE *sich dichter zusammendrängend:* Sprecht!

BRAND: Wie lang das Streiten währen wird? –
Es währt bis an des Lebens Ende –
Bis alle Opfer ihr gebracht,
Bis ihr vom Pakt euch frei gemacht,
Bis ihr es wollt, wollt unbeirrt.
Bis jeder Zweifel schwindet, nichts
Euch trennt vom: Alles oder Nichts. –
Und eure Opfer? – Alle Götzen,
Die euch den ew'gen Gott ersetzen;
Die blanken goldnen Sklavenketten,
Samt eurer schlaffen Trägheit Betten. –

Der Siegespreis? – Des Willens Einheit,
Des Glaubens Schwung, der Seelen Reinheit;
Die Freudigkeit, die euch durchschauert,
Die alles opfert, überdauert;
Um eure Stirn die Dornenkrone: –
Seht, das erhaltet ihr zum Lohne!
DIE MENGE *unter rasendem Geschrei:*
Verraten! – Hört! – Verführt! – Betrogen!
BRAND: Mein Wort hat euch noch nie belogen.
EINZELNE: Den Sieg versprachst du, Festesschmaus –
Nun machst ein Opfer du daraus.
BRAND: Den Sieg versprach ich – und ihr sollt
Gewinnen ihn, wenn ihr es wollt.
Doch wer im Vordertreffen steht,
Der sei zu fallen auch bereit.
Will er es nicht, so ist es Zeit,
Die Waffen vor dem Kampf zu strecken. –
Verächtlich, schlaff die Fahne weht,
Die aufrecht hält ein mattes Hoffen. –
Wollt Ihr vor Opfern feig erschrecken,
Seid Ihr des Todes, eh' getroffen.
DIE MENGE: Wie er zu fordern sich erfrecht
Für ein noch unerzeugt Geschlecht!
BRAND: Ja, einzig durch des Opfers Wüsten
Geht es zu unserm Kanaan.
Zum Sieg im Falle, Mann für Mann!
O sel'ger Tod, den sie erkiesten!
KÜSTER: Wir sitzen prächtig in der Tinte –
Und unten sind wir auch im Bann.
SCHULMEISTER: Zurück? Nein, nein – das geht nicht an.
KÜSTER: Doch vorwärts, vorwärts keiner kann.
EINIGE: So schlagt ihn tot!
SCHULMEISTER: Ihr dummen Stinte!
Wer bliebe uns als Führer dann?
DIE FRAUEN *indem sie erschrocken auf den Weg unten deuten:* O weh! der Probst!
SCHULMEISTER: Ist das 'ne Finte?
PROBST *kommt mit einigen der Zurückgebliebenen:*
O meine Kinder, meine Schafe!
Hört auf die Stimme eures Hirten!
SCHULMEISTER *zur Menge:*
Sie sähen gern, daß sie uns kirrten –
Am besten, wenn wir weitergehn.
PROBST: Mich so zu kränken! Seht mich stehn,
Blutend, zerschlagen ganz und gar.
BRAND: Du trafst sie tiefer, Jahr für Jahr!
PROBST: Hört nicht auf ihn, er speist euch nur
Mit leeren Worten!
MEHRERE: Das ist wahr!
PROBST: Doch wir sind milde; keine Strafe!
Aufricht'ger Reue wir verzeihn.
O folgt nicht länger seiner Spur –
Seht seine schwarze Höllenlist!
Es lockte euch der Antichrist!
VIELE: Ja, das ist wahr, er hat gelockt!
PROBST: O denkt doch nach – seid nicht verstockt –,
Ein Häuflein ihr, und arm geboren,
Seid ihr zu Großem auserkoren?
Könnt ihr Gefesselte befrein?
Ihr habt eu'r Tagwerk, eure Bibel,
Was drüber liegt, ist nur vom Übel.
Was könnt ihr auf dem Walplatz nützen?
Nein, eure Hütte müßt ihr schützen! –
Was wollt ihr zwischen Falk und Aar?
Sie bleiben doch dieselben Schinder! –
O meine Schafe – meine Kinder!
DIE MENGE: Ja, wehe uns! Uns droht Gefahr!
KÜSTER: Wir zogen von der Heimat fort,
Warfen die Türen in das Schloß: –
Es ist nicht mehr der alte Ort.
SCHULMEISTER: Er sprach uns manch ein kräftig Wort;
Er sprach von Schwäche, Krankheit, Tücken
Und was noch sonst ins Kraut uns schoß –
Wir lassen uns nicht länger drücken!
Sonst lag uns ferne höh'res Trachten,
Jetzt treibt's uns fort, denn wir erwachten.
PROBST: Wie friedlich euer Dasein floß! –
Ja, alles kommt in alte Falten,
Wollt ihr 'ne Weile still nur halten.
Ich nehm's auf mich, der alte Frieden
Ist euren Hütten bald beschieden.
BRAND: Wählt Männer, Fraun!
EINIGE: Wir wollen heim!
ANDRE: Zu spät, zu spät, nur weiter fort!
KÜSTER: Wir gehen nicht auf solchen Leim!
VOGT *kommt eilig:* Ich folge nicht bloß meiner Pflicht –
DIE WEIBER: O Lieber, Guter, zürnt uns nicht!
VOGT: Ei, kommt nur erst von diesem Ort!
Ich kann euch beßre Zeiten künden. –
Wenn ihr vernünftig – sag' ich euch –
Seid ihr vor Abend alle reich.
MEHRERE: Wie das?
VOGT: Je nun, ein Heringshaufen –
Man zählt sie kaum nach Millionen –
Hat sich in unsern Fjord verlaufen.
DIE MENGE: Was sagt er?
VOGT: Werdet's selber finden!
Das gibt 'nen Zug, das muß sich lohnen! –
Sonst mied der Hering unsre Küsten –
Nun aber flink, nun gilt's zu rüsten
Und einzuheimsen unsern Teil.
BRAND: Wählt zwischen ihm und ew'gem Heil!
VOGT: Folgt eurer Einsicht!
PROBST: Ein Mirakel!
Ein Fingerzeig, von Gott gesandt,
So wahr wie in der Hand mein Bakel.
Wie oft hab' ich es nicht geträumt,
Nur leider niemals recht erkannt –
Ich meint', es drückte mich der Alp! –
Nun ist's mir klar! Nun nicht gesäumt!
BRAND: Euch selbst verliert ihr!
MEHRERE: Meinethalb!

VIELE: Ein Heringszug!
VOGT: 'ne Million!
PROBST: Ja, Brot und Gold statt harter Fron!
VOGT: Nun seht ihr wohl, 's ist an der Zeit,
Gebt endlich nach und laßt vom Streit.
Nun habt ihr eine andre Schau
Als leer zu starren in das Blau.
Der liebe Gott hält selbst schon Wacht,
Der Himmel hält wohl auch noch fest.
Und mischet euch nicht in Geschäfte,
Die fremd und über eure Kräfte. –
Doch nun den Schatz ans Land gebracht!
Ich mein', daß das sich hören läßt;
Für eure Not kein kleiner Stopfer;
Auch fordert's nicht das kleinste Opfer.
BRAND: Das Opfer findet sich geschrieben
In Flammenschrift von Gottes Hand!
PROBST: Ei, fühlt Ihr Euch dazu getrieben,
Nur frisch sich dann an mich gewandt!
Zum Beispiel nächsten Sonntag –
VOGT *ihn unterbrechend:* Ja!
KÜSTER *leise zum Probst:*
Behalt' ich auch mein Amt als Küster?
SCHULMEISTER *ebenso:*
Seid Ihr auf mich auch nicht erbittert?
PROBST *gedämpft:* Wer nur den Widerstand erschüttert,
Bleibt, was er war; willkommen ist er.
VOGT: Nur fort! Vergeudet nicht die Zeit!
KÜSTER: Ins Boot, ins Boot, wenn ihr gescheit!
EINIGE: Allein der Pfarrer!
KÜSTER: Laßt den Narren!
SCHULMEISTER: Ihr seht, Gott selbst hat hier gesprochen
Und über ihm den Stab gebrochen.
VOGT: Ei, laßt doch den Gedanken fahren –
Bei ihm ist alles Schwindelei.
MEHRERE: Ja, er belog uns!
PROBST: Und er glaubt nicht;
Er hat nicht einmal Nummer eins!
EINIGE: Ihr sagt –?
ANDRE: Man traut ihm überhaupt nicht.
KÜSTER: Ja, das ist wahr – es glaubt ihm keins.
PROBST: Die alte Mutter bat vergebens
Ihn um das Brot des ew'gen Lebens!
VOGT: Den Tod des Kinds hat er verschuldet!
KÜSTER: Auch seiner Frau!
EINIGE: Er ist ein Schuft!
DIE WEIBER: Und so was haben wir geduldet!
PROBST: Ein schlechter Vater, Sohn und Gatte –
Das stempelt ihn zum schlechten Christ.
VIELE STIMMEN: Er brach die Kirche ab!
ANDRE: Er hatte
Uns nicht gebeten zu dem Schmause!
NOCH ANDRE: Er lockte uns mit Höllenlist!
Er warf das Boot um, drin wir saßen!
VOGT: Ja, ja, er stahl – gewissermaßen –
Den Plan zu meinem Irrenhause.
BRAND: An Mienen, Blicken, unheilvollen –
Erkenn' ich, wohinaus sie wollen.
DIE GANZE SCHAR *brüllend:*
Ha, hört ihn nicht! – Jagt ihn vereinigt!
Der Aufruhrstifter! – Steinigt! Steinigt!
Sie treiben Brand mit Steinwürfen hinauf in die Gebirgswüste. Dann kehren sie allmählich wieder zurück.
PROBST: O meine Kinder, meine Schafe!
Wollt nun zu eurem Herde kehren;
Laßt Reue eure Augen klären,
Dann ruht ihr bald in süßem Schlafe.
Wir wissen ja, der Herr ist gut,
Er fordert nicht unschuldig Blut; –
Und die Regierung ist zugleich
So mild wie kaum in einem Reich,
Sobald die Obrigkeit, den Vogt
Ihr nur in eu'r Vertrauen zogt.
Auch ich bin gern der Liebe voll,
Wie's ein humaner Christ sein soll. –
So werden die Respektspersonen
In Fried' und Eintracht bei euch wohnen.
VOGT: Doch findet wo ein Mangel sich,
Beseit'gen wir ihn sicherlich.
Laßt uns nur erst zur Ruhe kommen;
Da wählen wir 'ne Kommission,
Die prüfen soll, was uns vonnöten,
Was neu zu gießen, was zu löten.
Ich wähle mit dem Probst sie schon;
In erster Reihe Leute frommen
Gemüts als wie den Lehrer, Küster,
Als unsrer Kirche Komminister –
Und andre Leute von Bedeutung;
Ihr lest's dann später in der Zeitung.
PROBST: Verziehn sei allen, die sich irrten. –
Und wie dem alten Seelenhirten
Ihr heut' die Angst genommen habt,
So seid auch ihr gestärkt, gelabt! –
Doch eilt zu eurem Fang jetzunder!
Lebt wohl! – Fürwahr ein Gotteswunder!
KÜSTER: Ach, welche Güte, welche Milde!
SCHULMEISTER: Die gehn nicht prahlerisch wie Wilde.
DIE FRAUEN: Die sprechen gar so hübsch und prächtig!
ANDRE: So schlecht und recht und niederträchtig!
KÜSTER: Die gehn nicht um mit Lug und Trug.
SCHULMEISTER: Ja, liebe Freunde, die sind klug!
Die Menge zieht hinab.
PROBST *zum Vogt:* Sie singen schon aus andrer Tonart,
Nun ist ein völl'ger Umschwung nah,
Und, Gott sei Dank, es zeigt sich da,
Daß die Bewegung Reaktion ward.
VOGT: Mein Werk war es, daß dies Spektakel
Erstickte in dem eignen Trug.
PROBST: Am meisten half doch das Mirakel.
VOGT: Mirakel?
PROBST: Nun, der Heringszug.
VOGT: Die Dummheit? – Pah! – Erfindung bloß!
PROBST: Ihr sagt –?

VOGT: Natürlich ließ ich los
Den ersten besten Unsinn; galt's
Die gute Sache doch! – Nicht wahr –
So etwas kostet nicht den Hals?
PROBST: In solcher Sache – Gott bewahr'!
Das bringt der Seele nicht Gefahr!
VOGT: Und gehn die Leute nur von dannen
Mit neuer Kraft und Lust zum Fügen –
Was tut es da, ob wir's gewannen
Durch Wahrheit oder heitre Lügen?
PROBST: Nun, Freund, ich bin kein Rigorist.
Hinaufblickend: Wer schleicht dort blutend hin?
Das ist
Doch nicht –?
VOGT: Gewiß! Er trägt sein Joch! –
Ein einzelner – so blieb er's doch!
PROBST: Ich sehe einen andern noch,
Weit hinter ihm –
VOGT: Das ist die Gerd!
Nun, das Gefolg' ist seiner wert.
PROBST *heiter:* Ist erst sein Opferdurst geletzt,
Wird wohl dies Denkmal ihm gesetzt:
„Hier ruhet Brand im Siegesvollglanz –
Nur eine blieb ihm, die war toll ganz!"
VOGT *den Finger an die Nase legend:*
Ich weiß nicht, wie mir's eben kommt;
Doch dieses blut'ge Volksgericht,
Human erscheint es eben nicht.
PROBST *zuckt mit den Schultern:*
Vox populi vox dei – kommt!
Sie gehen ab.

Dritter Auftritt

Mitten in der norwegischen Fjeldwüste.
Das Unwetter nimmt zu und treibt die Wolken dicht über die Schneeflächen. Schwarze Bergspitzen und Kuppen treten hier und da hervor und werden wieder vom Nebel verhüllt.

Brand kommt blutig und zerschlagen gegangen.
BRAND *steht still und blickt zurück:*
Tausend folgten mir in Haufen,
Keiner mocht' die Höh' erkaufen. –
Zwar es geht ein tiefer Zug
Nach der Zeit, die kommen soll,
Durch die Herzen; übervoll
Streben sie nach hohem Flug.
Aber opfern –? das verscheucht sie; –
Wollen, stark und fest – das beugt sie.
Einer litt ja schon für alle –
Warum stürmen zu dem Falle!
Er sinkt auf einen Stein nieder und blickt scheu umher.
Oft erfaßte schon als Bube
Mich ein Grauen, wunderbar,
Zitternd sträubte sich mein Haar,
War ich in der finstern Stube.
Doch ich zwang des Herzens Klopfen,
Stellt' den Tag, das Licht mir vor
Und des Morgens offnes Tor;
Ahnt' es durch die Nebeltropfen
Trüber Rauten, und der Schein
Fiel in meine finstre Grube,
In die spukerfüllte Stube. –
Ach – so wähnte ich als Bube! –
Welch ein schmerzlicher Betrug! –
Draußen finstre Nacht mich schlug! –
Wieder sah ich mich allein! –
Auch die Menschen saßen schüchtern
Wie bei ihres Geistes Sarg,
Gleich dem Kön'ge, welcher barg
Viele Jahre Schneefrieds Leiche;
Der im Schein von hundert Lichtern
Oft die weiße Decke hob,
Wartend, ob der Traum zerstob,
Ob der kalte Alp nicht weiche. –
Geht von hinnen! – Ach, dem Grab
Ringt die Klage doch nichts ab! –
Bergt die Leiche ohne Säumen: –
Zweimal ist kein Traum zu träumen! – –
Nacht, nur Nacht! – O sie erretten
Aus des Geistestodes Ketten.
Er springt auf.
Düstre Bilder durch die Nacht
Ziehen gleich der wilden Jagd.
Mahnend steigt es aus den Grüften,
Gellend klingt es in den Lüften:
Laßt die Ruh' des dumpfen Grabes!
Faßt das Schwert anstatt des Stabes!
Reißt die Messer von den Hüften! –
Dort ziehn Brüder in den Kampf,
Andre, scheuend vor dem Dampf,
Kriechen feige in ein Loch. –
O ich schaue andres noch,
Wie sie ihres Herzens Klopfen
Überschrein und sich die Ohren
Gegen Bitten, Rufen, Flehn
Mit dem feigen Wort verstopfen:
Wir, als armes Volk geboren,
Müssen auf das Kleine sehn,
Sind als Schilling nur geprägt. – –
Gut, nur weiter überlegt! –
Doch wo bleibt der Regenbogen?
Wo die Flagg' in Farbendreiheit?
Wo die Sonne und die Freiheit? – –
Schlimmeres noch kommt gezogen.
Finstre Kohlenöfen qualmen,
Und der Rauch zieht übers Land,
Über Wiesen, über Almen,
Deckt den frischen, grünen Strand
Und die Keime, die sich regen,
Mit dem schweren Aschenregen,
Wie die alte Griechenstadt. –
O da wird die Seele matt,
Da entfallen ihr die Psalmen. –

In den krummen Grubengängen,
Wo die Wasser tropfen, träufeln,
Sieht man sich die Menschen drängen
Und verkrümmt an Seel' und Rücken,
Mit des Zwerges gier'gen Blicken
Sich zum blanken Erze bücken.
Fremdes Leid rührt nicht das Herz,
Fremd bleibt da der eigne Schmerz. –
Welch ein Hasten und ein Eilen! –
Und sie hämmern, münzen, feilen,
Gleich als ging's zu allen Teufeln;
Und der Tag verliert sein Licht,
Niemand kennt mehr eine Pflicht –
Und sie weinen und verzweifeln.

Er wirft sich in den Schnee und bedeckt sich die Augen; dann sieht er auf.

Träumt' ich nur, bin ich erwacht?
Grauer Nebel? – Trübe Nacht? –
Bilder meines kranken Hirns? – –
Widerschein des kalten Firns? – –
Wahrheit, Traum vermischt, verwischt? –
Ist des Menschen Gottesbild,
Draus des Geistes Ursprung quillt,
Ganz vergessen, ganz verhüllt? –
Ruht es in der Totengruft? –
Lauschend: Welch ein Klingen in der Luft?

DER UNSICHTBARE CHOR *im Sturm dahinbrausend:*
Niemals, Tor, wirst du ihm gleichen,
Denn du bist dem Fleisch entstammt;
Magst ihm folgen, ihm entweichen:
Immer bist du doch verdammt.

BRAND *wiederholt die Worte und sagt leise:*
Weh' mir, ja, ich trau' dem Ohre.
Stand er nicht im Kirchenchore?
Wies zurück mich, laut und zornig?
Nahm mir alles? Stieß vom Born mich?
Ließ mich kämpfen mit dem Muß
Bis zum harten, letzten Schluß?

DER CHOR *noch stärker über Brand erklingend:*
Niemals, Wurm, wirst du ihm gleichen,
Bittern Trank hast du geleert;
Magst ihm folgen, von ihm schleichen,
Deine Tat bleibt dir verwehrt..

BRAND *leise:* Agnes, Alf, die lichten Tage,
Leben, Frieden, süßes Weilen
Tauscht' ich gegen Kampf und Klage,
Traf die Brust mit Opferpfeilen –
All mein Streiten – Niederlage.

DER CHOR *freundlich und lockend:*
Träumer, nie wirst du ihm gleichen,
All dein eigen gabst du hin –
Alles opfern – nichts erreichen –
Ird'sches nur ist dein Gewinn.

BRAND *leise weinend:* Agnes, Alf, o kommt mir wieder!
Kommt zu mir, der einsam trauert,
Krank, vom eis'gen Wind durchschauert;
Oh, Gespenster steigen nieder –!

Er schaut auf. Eine lichte Stelle im Nebel öffnet sich und wird weiter. Eine Frauengestalt – der Versucher in der Wüste – erscheint darin, hell gekleidet, einen Mantel über den Schultern.

DIE GESTALT *lächelt und breitet die Arme nach ihm:*
Brand, ich bin's, du hast mich wieder!

BRAND *fährt wild in die Höhe:*
Agnes, Agnes! Was ist das?

DIE GESTALT: Alles war ein Fiebertraum,
Und das Leid zergeht wie Schaum.

BRAND: Agnes! Agnes!
Er will ihr entgegen.

DIE GESTALT *schreiend:* Nicht herüber! –
Zwischen uns die tiefe Schlucht
Und der Strom in wilder Flucht.
Sanft: O du schaust nicht länger, Lieber,
Wilde Fieberphantasien; –
Träumst nicht – ach, du warst recht krank –
Trankst des Wahnsinns bittern Trank,
Sahst sogar mich von dir ziehn. –

BRAND: O du lebst! – dem Ew'gen Dank! –

DIE GESTALT *schnell:*
Still, sprich nicht davon! Nein, später;
Folge mir zum stillen Säter!

BRAND: Aber Alf!

DIE GESTALT: Auch er nicht tot!

BRAND: O mein Gott!

DIE GESTALT: Gesund und rot!
All dein Leid war nur ein Traum,
All dein Ringen nichts als Schaum.
Alf ist bei der alten Mutter,
Schnitzt und baut sich einen Kutter.
Auch die alte Kirche steht,
Und das Volk da unten geht
Rüstig, ohne zu ermüden –
Wie in alter guter Zeit.

BRAND: Guter –?

DIE GESTALT: Ja – denn da war Frieden.

BRAND: Frieden!

DIE GESTALT: Komm, es ist nicht weit.

BRAND: Ach, ich träume! –

DIE GESTALT: Lang entbehrt
Komm zu einem trauten Herd!

BRAND: Ich bin stark.

DIE GESTALT: Auf deinen Brauen
Lastet noch des Traumes Grauen.
Wieder wirst du schwankend schreiten,
Mir und unserm Alf entgleiten,
Wieder wird dein Geist erblinden,
Wenn wir nicht ein Mittel finden.

BRAND: Gib es mir!

DIE GESTALT: Du bist der Mann,
Bist der einz'ge, der es kann.

BRAND: Nenn es mir!

DIE GESTALT: Der alte Freund,
Der ja Wissen, Leben eint,
Der gelesen manches Buch,

Dem so manch Verborgnes kund,
Fand auch deiner Krankheit Grund.
Was sich gräßlich dir gestaltete
Und so grauenvoll entfaltete,
Sind drei Worte, dir zum Fluch.
Diese Worte mußt du streichen,
Soweit die Gedanken reichen. –
Tilg das Fürchterliche, ätz es
Aus den Tafeln des Gesetzes! –
Denn von diesen eh'rnen drei'n
Trübte sich dein Geist, des Lichts
Milder Frühlingssonnenschein. –
Wasche dich von ihnen rein!
BRAND: Nenn sie!
DIE GESTALT: Alles oder nichts.
BRAND *tritt zurück:* Das?
DIE GESTALT: Sieh zu, was du erwirbst –
Ob du lebest, ob du stirbst!
BRAND: Wehe uns, noch immer droht's
Über uns, das Schwert des Tods.
DIE GESTALT: Brand, sei mild, mein Herz ist warm;
Halt mich mit dem starken Arm!
Hin zu Frühling, Luft und Licht!
BRAND: O noch einmal kommt sie nicht,
Jene Krankheit –
DIE GESTALT: Und wenn's bricht?
BRAND *schüttelt mit dem Kopf:*
Nein, ich warf es hinter mich,
Dieses wilden Traumes Graun.
Neues Leben will ich baun!
DIE GESTALT: Leben? – das der letzte Schluß? –
Und was willst du?
BRAND: Was ich muß; –
Was ich sonst geträumt – erleben –
Dem Gedachten – Wesen geben.
DIE GESTALT: Ach, unmöglich! – Keine Wahl! –
Du beginnst es – ?
BRAND: Noch einmal!
DIE GESTALT: Deines Traums Gespensterreigen
Willst du reiten frei und offen?
BRAND: Frei und offen.
DIE GESTALT: Ohne Hoffen?
BRAND: Ohne Hoffen.
DIE GESTALT: Und dein Alf?
BRAND: Muß ich ihn verlieren? – Ja!
DIE GESTALT: Mich mit Opferzangen fassen,
Völlig mich verbluten lassen –
Ruhig sehn, daß keiner half,
Selbst nicht Gott?
BRAND: Ich muß es – ja!
DIE GESTALT: Jeden Lebenskeim ersticken,
Nicht am Lichte sich erquicken,
Nie des Lebens Früchte pflücken –
Mit der Lieder süßer Lust
Füllen die beklommne Brust. –
Ach, ich weiß ja doch so viele! –
BRAND: Fleh nicht länger – ach, ich muß.
DIE GESTALT: Kehrst du zu dem wilden Spiele?
Keine Hoffnung, die nicht log,
Keiner, der dich nicht betrog.
BRAND: Nicht um eignen Lohn ich litt,
Nicht für eignen Sieg ich stritt.
DIE GESTALT: O vergebens, Licht zu bringen
Menschen, die in Gruben keuchten.
BRAND: Einer auch kann vielen leuchten.
DIE GESTALT: Niemals kommen sie ans Ziel.
BRAND: Starker Wille zwinget viel.
DIE GESTALT: Denk, daß aus dem Paradies
Gott den Menschen zornig stieß.
Einen Abgrund ließ er offen –
Hoff ihn nicht zu überspringen! –
BRAND: Wohl, so bleibt uns Sehnsucht, Hoffen.
DIE GESTALT *verschwindet unter Krachen; der Nebel wälzt sich über die Stelle, wo sie stand. Man hört einen lauten, durchdringenden Schrei, wie von einem, der flieht:*
Stirb, die Welt bedarf nicht deiner!
BRAND *steht eine Weile wie betäubt:*
Fort flog er, der grimme Greiner,
Habichtgleich, ein Unglücksbringer –
Wüßte gerne, wie er heißt.
Wollte nur den kleinen Finger,
Um die ganze Hand zu fassen: –
War's nicht des Akkordes Geist?
GERD *kommt mit einer Flinte:*
Sahst du ihn, den grimmen, grassen?
BRAND: Ja, ich sah ihn, wie er flog.
GERD: Zeig den Weg mir, den er zog;
Diesmal werd' ich ihn nicht lassen!
BRAND: O vergebens, ihn zu fassen! –
Oft zwar sieht es aus, er sei
Herzgetroffen von dem Blei;
Aber nahst du dich, um eben
Ihm den Gnadenstoß zu geben,
Hebt er sich mit einem Schrei,
Necket, locket dich aufs neu.
GERD: Eines Rentierschützen Flinte
Lud mit Silber ich, statt Eisen;
Ich versteh' die Jägerfinte –
Bin so toll nicht!
BRAND: Magst es weisen!
GERD: Pfarrer, was ist dir am Fuß? –
Lahmst ja.
BRAND: Meines Volkes Gruß.
GERD *tritt näher:* Rot wie warmes Herzensblut
Deine Stirn!
BRAND: Sie trafen gut.
GERD: Deine Stimme, sonst so rein,
Klingt wie heisrer Raben Schrei'n.
BRAND: O die Glocke traf ein Stein!
GERD *sieht ihn mit großen Augen an:*
Pfarrer – ? Nein, ich irrte mich!
Pfarrer – ? Nein, nun kenn' ich dich.
BRAND: Mädchen!
GERD: Zeig mir einmal, reiche –

BRAND: Meine Hände?
GERD: Wunderbar!
Wundenmale – Blut im Haar!
Wie der Dornenkrone Zacken
Deine Stirne beißend packen! –
Deine Finger feucht und klamm –
Hingst du nicht am Kreuzesstamm? –
Das geschah vor langen Zeiten –
Vater hat es oft erzählt,
Und er nannt' 'nen andern Namen –
Einer, den man auserwählt,
Für die Armen, Blinden, Lahmen! –
Doch nun weiß ich es zu deuten:
Du bist's selbst –
BRAND: Entsetzlich! – Weiche!
GERD: Soll ich dich als Heiland grüßen –
Fall' ich betend dir zu Füßen! –
BRAND: Fort!
GERD: Es tut dir doch nicht leid,
Daß du alle hast befreit
Durch dein Blut?
BRAND: Was gäb' ich, hätt'
Ich für mich ein rettend Brett!
GERD: Hier, die Flinte! Triff sie alle!
BRAND *schüttelt mit dem Kopfe:*
Nein, bereit sein zu dem Falle!
GERD: Ei, nicht du, der uns erlöste,
Du bist auserwählt – der Größte.
BRAND: Was bin ich? – Ich bin ein Wurm.
GERD *blickt nach oben; die Wolken brechen sich:*
Weißt du, wo du stehst?
BRAND: Ich steh'
Auf der untersten der Stufen.
Ach, mein Fuß ist wund, ich seh'
Zagend auf zum hohen Turm.
GERD *wilder:* Soll ich es noch lauter rufen?
Weißt du, wo du stehst –?
BRAND: Es klärt sich.
GERD: Siehst du dort den Svartetind:
Was ich sagte – es bewährt sich – –
BRAND: Svartetind – Eiskirche –?
GERD: Ja!
Endlich kamst du! – Bist nun da!
BRAND: Tausend Meilen fern! – O gleich! –
O wie sehn' ich mich nach Süden,
Nach der Sonne warmer Fülle,
Nach des Herzens Kirchenstille,
In des Lebens Blütenreich! –
O wie sehn' ich mich nach Frieden!
Er bricht in Tränen aus.
Jesus, o ich rief nach dir –
Doch du faßtest nicht die Hand,
Glittest immer von der Seite
Wie ein Wort, das ich nicht fand.
Reiche vom Erlöserkleide
O nur einen Zipfel mir!
GERD *bleich:* Wie, du weinst, du armer Mann? –
Warm es von der Backe raucht –
Warm, wie wenn der Frühling haucht
Und des Gletschers Bahrtuch schmilzt.
Ach, du kannst, was keiner kann. –
Und wie ist mir nur? Du stillst
Meinen Fieberfrost; – es gleiten
Selbst die weißen Meßgewänder
Von des Gletscherpriesters Seiten,
Auf dem hohen Eiseschor. –
Zitternd: Mann, du weintest nie zuvor!
BRAND *heiter, strahlend, gleichsam verjüngt:*
Dank, o Dank dem ew'gen Spender! –
Frostweg führt zu dem Gesetz,
Doch die Sonne scheint zuletzt. –
O bis heute galt's zu bleiben
Eine Tafel, drauf zu schreiben. –
Jetzt soll anders sich gestalten
Und sich warm und reich entfalten
Meines Lebens Festgedicht!
O die Eisesrinde bricht;
Ich kann vor den Vater treten,
Ich kann weinen, knien, beten! *Er sinkt in die Knie.*
GERD *verstohlen nach oben blickend, leise und ängstlich:*
Seht, da sitzt der Unhold wieder,
Schlägt mit gräßlichem Gefieder,
Wirft den schwarzen Schatten nieder
Auf den zack'gen Svartetind.
Endlich, endlich kam die Zeit,
Bald sind wir von ihm befreit!
Gut beißt Eisen, besser Silber!
Sie legt die Büchse an und schießt. Dumpfes Dröhnen wie rollender Donner tönt hoch oben von der Bergwand herab.
BRAND: Ha, was tust du?
GERD: Siehst du ihn? –
Ja, ich traf ihn! – Sieh, er fällt! –
Horch, er schreit, so daß es gellt! –
Aus dem Federkleide gleiten
Von den schwarzen Bergesseiten
Tausend Flocken, Flaume, Federn
Wie auf unsichtbaren Rädern; –
Sieh, wie groß er wird und schwer!
Ei, er kommt sogar hieher!
BRAND *sinkt nieder:* Für die Sünde im Geschlecht
Wird dem letzten nun sein Recht.
GERD: Höher wird der Himmel, offen
Steht die Welt, da er getroffen.
Seht, er wälzt sich! Hör sein Lachen!
O du sollst nicht bang mir machen! –
Sie schreit entsetzt: Welch ein fürchterliches Krachen!
BRAND *sich unter der stürzenden Lawine krümmend, ruft nach oben:* Sag mir, Gott, im Todesgraus:
Reicht nicht zur Errettung aus
Manneswillens quantum satis –?
Die Lawine begräbt ihn und füllt das ganze Tal.
EINE STIMME ruft durch das Donnergekrach:
Er ist Deus caritatis!

PEER GYNT

EIN DRAMATISCHES GEDICHT

PERSONEN

Aase (gesprochen Ohße), Witwe eines Landmanns
Peer (Peter) Gynt, ihr Sohn
Zwei Weiber mit Getreidesäcken
Aslak, ein Schmied
Hochzeitsgäste, Küchenmeister, Spielleute usw.
Ein Paar Neuzugezogene
Solveig (gesprochen Ssohlweig) } dessen Töchter
Helga }
Der Hägstadbauer
Ingrid, seine Tochter
Der Bräutigam und dessen Eltern
Drei Sennerinnen
Ein grüngekleidetes Frauenzimmer
Der Dovrealte
Ein Hoftroll, mehrere andere Trolle, Trollprinzen und -prinzessinnen, ein paar Hexen, Erdgeister, Nissen (Kobolde) usw.
Ein häßlicher Junge, Stimme im Dunkeln, Vogelstimme
Kari, ein Hausmannsweib
Master Cotton } Reisende
Monsieur Ballon }
von Eberkopf }
Trumpeterstråle }
Ein Dieb, ein Hehler
Anitra, eines Beduinenhäuptlings Tochter
Araber, Sklaven, tanzende Mädchen usw.
Die Memnonssäule (singend)
Sphinx bei Gizeh (stumme Person)
Professor Begriffenfeldt, Dr. phil., Vorsteher des Irrenhauses in Kairo
Huhu, ein Sprachverbesserer von der malabarischen Küste
Hussein, ein orientalischer Minister
Ein Fellache mit einer Königsmumie
Mehrere Wahnsinnige nebst deren Wächtern
Ein norwegischer Schiffer und dessen Mannschaft
Ein fremder Passagier
Ein Geistlicher, Leichengefolge, mehrere Burschen, ein Amtmann, ein Knopfgießer, eine magere Person, Kirchenbesucher

Die Handlung beginnt am Anfang des 19. Jahrhunderts und schließt ungefähr in den sechziger Jahren. Das Stück spielt teils im Gudbrandstal und auf dem benachbarten Hochgebirge, teils an der Küste von Marokko, teils in der Wüste Sahara, im Irrenhause zu Kairo, auf der See usw.

ERSTER AUFZUG

Ein Bergabhang mit Laubbäumen und Aases Hof. Unten ein rauschender Fluß mit einem kleinen Mühlenhause auf dem andern Ufer.
Heißer Sommertag.
Peer Gynt, ein starker, zwanzig Jahre alter Jüngling, kommt den Steig herab. Aase, seine Mutter, klein und schmächtig, folgt ihm. Sie ist zornig und schilt.

AASE: Peer, das lügst du!
PEER GYNT *ohne stillzustehen:*
Nein, wahrhaftig!
AASE: Schwöre denn, daß alles wahr!
PEER GYNT: Weshalb schwören?
AASE: Pfui, so saftig
Logst du nicht im ganzen Jahr!
PEER GYNT *stillstehend:* Ei, gelogen –
keinesfalls! –
AASE: Schämst dich nicht in deinen Hals,
Wie die Mutter du betrügst!
Erst da läufst du auf das Fjäll*,
Hinterm Rentier keuchend, liegst
Monatlang auf Eis und Firnen.
Kehrst zurück, zerschrammt das Fell,
Dazu mit zerrißnem Rock,
Ohne Büchse, ohne Bock.
Und ich sollte dir nicht zürnen
Für die frechen Jagdgeschichten! –
Nun, wo trafst du denn das Böckchen?
PEER GYNT: Laß die Wahrheit dir berichten! –
Westlich an dem grünen Genden,
Dessen Flut die Felsen wusch,
Stand er hinter einem Busch,
In dem Schnee nach Moosen scharrend.
AASE *lacht spöttisch:* O das allerliebste Böckchen!

* Fjäll oder Fjeld (Feld), das norwegische Gebirgsland

PEER GYNT *fortfahrend:*
Fast ohn' Atem stand ich harrend;
Auf dem Bauch durch Steine gleitend,
Hört' ich seines Hufes Knistern,
Sah des Hornes spitze Enden. –
Plötzlich weitet er die Nüstern – –
Mutter, solch ein fettes Tier
Kam noch nie vor Augen dir.
AASE: Ei, wie sollt' es wohl!
PEER GYNT: Da knallt es –
Lautlos fällt der Bock und zappelt;
Doch bevor er auf sich rappelt,
Stürz' ich vor – hier, Mutter, galt es –,
Sitze schon ihm auf dem Rücken –
Fass' ihn bei dem linken Ohr,
Ziehe flugs das Messer vor,
In den Nacken ihm's zu stoßen.
Drob scheint er sich zu erbosen –
Schreit wild auf, rafft sich empor,
Schlägt mir's Messer aus der Hand,
Stemmt das Horn mir an das Bein,
Preßt mich wie im Schraubstock ein –
Springt mit ein, zwei, dreien Sätzen
Übern Rand der Gendeheide.
AASE *unwillkürlich:* Halt, in Jesu Namen!
PEER GYNT: Hast du
Schon gesehn die Gendehöh'?
Diese wilden Felsenfetzen,
Scharf wie einer Sichel Schneide?
Senkrecht stürzt es in den See,
Wohl zweitausend Fuß und mehr.
Oben Gletscher, Schneelawinen,
Felsen, Absturz unter ihnen,
Schließen ein die dunkle Flut,
Welche unten gräßlich ruht,
Wie ein schwarzer Zauberspiegel. –
Schaudervollres niemals sahst du. – –
Unten lag's im blauen Duft,
Nieder ging es durch die Luft,
Fallend, gleitend, ohne Zügel.
Ritt noch nie auf solchem Roß!
Vor den Augen schwamm's mir, funkelten
Tausend Sonnen; Adlerflügel
Schwebten unter mir, verdunkelten,
Wie es hinter mir sich schloß.
Eis schwamm auf den dunklen Wogen,
Die gejagt zum Ufer zogen.
Nur das Auge stellt' sich vor
Dieses Brausen, diesen Chor
Wilder Fluten: bald zum Ohr
Drang der Klang, der wilde Sang.
AASE *fast taumelnd:* O Gott, schütze mich!
PEER GYNT: Da plötzlich,
Nahe einem Schneehuhnnestchen,
Bei der Wand, wie angekleckst
An ein fußbreit Felsenrestchen,
Wo noch kaum ein Grashalm wächst,
Fliegt vor meines Rosses Huf
Auf der Hahn erschreckt. – Der Fratz
Scheuet bei dem Gackerruf,
Setzt mit einem wilden Satz
In die Tiefe. – Gar ergötzlich
Schien mir diese wilde Hatz.
Aase wankt und greift nach einem Baum, Peer Gynt fährt fort:
Hinter uns die schwarze Wand –
Unter uns der Fels verschwand.
Erst durchschnitt ich mit dem Bock
Eine Wolke, drauf den Flock
Schreinder Möwen, die enteilten,
Wie wir ihre Masse teilten.
Weiter ohne Aufenthalt
In die Tiefe, wo es flimmert
Und ein Bildnis wiederschimmert,
Weißlich, wie ein Rentierbauch. –
Mutter, 's war derselbe Gauch,
Der sich aus dem Alpsee schwang,
Mit demselben Ungestüm,
Wie er von der Höhe sprang.
AASE *schnappt nach Luft:*
Peer, sprich weiter, wie es ihm –
PEER GYNT: Bock von oben, Bock von unten
Treffen sich zu gleicher Zeit.
Von dem unerhörten Klatsche
Spritzt das Wasser schäumend weit. –
Doch wie kommen aus der Patsche?
Nun da war nicht viel zu raten!
Er schwamm leicht; ich hielt am Schwanz mich,
Ließ mich an das Ufer schleppen –
Und so endete der Tanz sich.
AASE: Doch der Bock?
PEER GYNT: Der weidet wieder
Auf den höchsten Felsentreppen.
Er knipst mit den Fingern, dreht sich auf dem Absatz um und fügt hinzu:
Such, bekommst vielleicht 'nen Braten!
AASE: Und du brachst nicht das Genick?
Nahmst an Beinen und an Armen
Keinen Schaden – welch ein Glück!
Dank, mein Gott, für dein Erbarmen,
Der du halfst aus all der Not! –
Dieser Riß in Jack' und Hosen
Soll mich weiter nicht erbosen! –
War's doch wie der sichre Tod!
Sie hält plötzlich inne, sieht ihn mit offnem Mund und großen Augen an, findet längere Zeit keine Worte und bricht endlich aus:
Du infamer Ränkeschmied
Lügst, daß sich die Balken biegen!
Kenn' ich doch recht gut die Schlaufe,
Wo ihr niederfuhrt zur Taufe,
Seit ich zwanzig Jahre alt! –
Gudbrand Glesne war wohl mit! –

PEER GYNT: Ihm wie mir ist es passiert;
Ei, das kann sich wiederholen.
AASE: Neue Lügen, neue Sohlen!
Alter Rock, dreist umgewandt
Und mit Tressen ausstaffiert! –
Wer erkennt den alten Trug
In dem glänzenden Gewand! –
Darum dieser Schwung und Flug!
Auf steigt's wie aus Zaubertiegeln,
Ausgeputzt mit Adlerflügeln;
All das Zeug so gräßlich, häßlich,
Und der Sprung, das gibt 'nen Schreck,
Daß uns fast der Atem weg –
Nicht bemerken, wie du schwärmst,
Alt Gericht von neuem wärmst.
PEER GYNT: Wagt' ein andrer das zu sagen,
Möcht' ich krumm und lahm ihn schlagen.
AASE *weinend:* Ach mein Gott, wie geht's mir schlecht!
Läg' ich doch in kühler Erde!
Tränen, Bitten, Drohen, nichts
Dringt zum Herzen dieses Wichts.
PEER GYNT: Liebe, gute Mutter, werde
Nur nicht böse, hast ja recht;
Doch sei gut und froh –
AASE: Schweig still!
Kann ich froh sein, ob ich's will?
Muß ich nicht der Zukunft denken?
Muß es mich nicht bitter kränken,
Wird mir statt erhofften Lohns
Nur zuteil die Schmach des Sohns?
Weint wieder.
Sag, was blieb uns wohl zurück
Von dem altgewohnten Glück,
Von den reichen Silberschätzen,
Die der alte Rasmus Gynt
Aufgehäuft fürs liebe Kind,
Deinen Vater? – Der verstand es,
Ihnen Füße anzusetzen,
Sie zu streun wie Körner Sandes. –
Unbesehen kauft' er Äcker,
Fuhr im goldgezierten Wagen.
Wo sind hin die Silberbatzen,
Wenn auf lauten Gastgelagen
Flaschen an die Wände krachten
Und die sinnlos Trunknen lachten –?
Werden's nicht zusammenkratzen.
PEER GYNT: Und wo ist der Schnee, der schmolz?
AASE: Schweige! Achte deine Mutter! –
Sieh den Hof! – Verfault das Holz,
Fenster sind verstopft mit Lappen,
In dem Stalle fehlt das Futter;
Pferd' und Kühe ohne Dach.
Schief die Zäune, schief die Stappen,
Acker liegt seit Jahren brach.
Jeden Monat kommt der Büttel.
PEER GYNT: Schweige doch von dem Kapitel,
Oft hat sich das Blatt gewandt.
AASE: Salzig da, wo Korn einst stand.
Aber du bist mir ein Rechter!
Weißt so großzutun, zu prahlen,
Wie der Pfarrer dazumalen,
Welcher kam aus Kopenhagen,
Fragte, wie du heißest, gleich.
An Verstand nannt' er dich reich,
Reicher als ein Prinz, ein echter.
Und der Vater gab entzückt ihm
Für das abgeschmackte Plappern –
Jedes Handwerk fordert Klappern –
Pferd samt Schlitten, dankt' gebückt ihm. –
Damals war hier offnes Haus,
Probst, Kap'tän und all die andern
Sah man nach dem Hofe wandern,
Saßen hier tagein, tagaus.
Doch zuletzt ward's still im Haus.
Ach der Hochmut kam zu Fall ganz
An dem Tag, da Jon als Krämer
Auszog, aber dafür einzog Schmalhans.
Trocknet sich die Augen mit dem Taschentuch.
Ach, du bist doch groß und stark,
Solltest deine Mutter schützen,
Kommen her die gier'gen Nehmer;
Wankendes und Schiefes stützen,
Retten letzten Rest. Auch Quark
Wird uns teuer – – *weint wieder:* O ich platz'
Noch von dem, was er erwirbt! –
Am Kamine sitzt der Matz,
Scharrt nach Schätzen in der Grube –
Was er anfaßt, das verdirbt.
Kommst du in die Spinnerstube,
Fliehn vor dir die Mägd' und laufen
Auf der Straße nichts als Raufen!
PEER GYNT *geht:* Laß mich, Mutter!
AASE *folgt ihm:* Kannst du's leugnen?
Bist du nicht der Fähnchenführer,
Wo sich Schlägerein ereignen,
Überall der Rührer, Schürer,
Beißest wie ein toller Hund!
Neulich, ja da war's der Schmied,
Brachst den Arm ihm morsch entzwei –
Oder ging ein Finger mit?
PEER GYNT: Wer tat solch Geschwätz dir kund?
AASE *aufgeregt:* Kari hörte das Geschrei.
PEER GYNT *reibt sich den Arm:*
Ja, doch weißt du auch, wer schrie?
AASE: Du?
PEER GYNT: Nun freilich – er ist stark –
AASE: Wer ist stark?
PEER GYNT: Ja, er hat Mark,
Dieser Schmied –
AASE: Nun muß ich spucken,
Spucken gleich dir ins Gesicht.
O du Feiger, schämst dich nicht!
Solch ein Säufer macht' dich ducken!
Weint wieder.

Schand' und Schmach hab' ich erlebt,
Schlimmeres doch ward mir nie!
Ließt dich schlagen wie ein Vieh!
Mag er noch so kräftig sein,
Brauchst du darum schwach zu sein?
PEER GYNT: Ob ich Amboß oder Hammer –
Laß – auf andre fällt der Jammer! –
Lacht: Tröst' dich, Mutter –
AASE: Was, du Tauge-
Nichts, du logst schon wieder?
PEER GYNT: Wischen
Magst du dir die Trän' vom Auge.
Er zeigt seine linke Faust.
Sieh, mit solchem Kneipzanggriff
Hielt ich ihn gefaßt, inzwischen
Braucht' die Rechte ich als Schlegel.
AASE: O du Raufbold, toller Flegel,
O du bringst mich noch ins Grab!
PEER GYNT: Nein, so läuft es wohl nicht ab!
Anders soll das Ende sein,
Liebe, schlimmes Mütterlein!
Einst, verlaß dich auf mein Wort,
Wird die ganze Welt dich ehren.
Wart, weil ich nach Großem trachte –
Bis was Großes ich vollbrachte.
AASE: Erst muß sich die Welt verkehren.
PEER GYNT: Was ist unerreichbar, Mutter!
AASE: Könnt'st du dein zerrißnes Futter
Flicken erst, den Hosenschlitz!
PEER GYNT *aufgeregt:* Ich will König werden, Kaiser!
AASE: Bläh dich auf nur, schrei dich heiser,
Flöten ging der letzte Witz.
PEER GYNT: Ja ich werd's, laß mir nur Zeit!
AASE: O gewiß, man pflückt ja Rosen
Mit der Zeit; da kommt man weit!
PEER GYNT: Du sollst sehn!
AASE: Nun halt den Mund!
Toll bist du bis in den Grund. – –
Freilich etwas könnt'st du werden,
Wollt'st du anders dich gebärden,
Nicht auf Lügenbahnen schweifen. –
Die aus Hägstad ist dir gut,
Ist ein junges, frisches Blut –
Meinst nicht? – Brauchst nur zuzugreifen.
PEER GYNT: Glaubst du?
AASE: Viel zu zahm der Alte,
Töchterlein führt's Regimente –
Ja, wer nicht die Dinge kennte!
Erst gleich einem stät'gen Pferde
Sperrt er sich, dann wird er schwach,
Geht sie vor, so hinkt er nach.
Sie beginnt wieder zu weinen.
Ach, mein Peer, am eignen Herde –
Hägstadbauer – goldnes Fischchen –
Säßt an einem vollen Tischchen,
Stündest jetzt als Bräut'gam da –
PEER GYNT: Nun, so komm, der Hof ist nah –
AASE: Wie?
PEER GYNT: Nach Hägstad –
AASE: Armer Schlucker
Nicht für dich ist dieser Zucker;
Mit der Freischaft ist's vorbei.
PEER GYNT: Ei warum?
AASE: Ich möchte weinen –
Du verspieltest Glück und Braut –
Schluchzend: Während auf dem Bock du rittst,
Hat Mats Moen die Braut stibitzt.
PEER GYNT: Was, die Weiberscheuche? –
AASE: Ei,
Besser ihn, meint sie, als keinen.
PEER GYNT: Warte Mutter, bis den Gaul – *Will gehn.*
AASE: Dieses Mal sei lieber faul!
Peer, die Hochzeit ist schon morgen.
PEER GYNT: Morgen? – Pah! Ich komm' ja heute!
AASE: Schweige still! Genug der Sorgen!
Lade nicht den Spott der Leute
Noch auf mich!
PEER GYNT: Beruhige dich!
Schreit und lacht zu gleicher Zeit:
Heißa, Mutter, keinen Wagen,
Will als Gaul dich lustig tragen!
Er hebt sie auf.
AASE: Laß mich!
PEER GYNT: Trag' dich auf den Armen
Hin zum lust'gen Hochzeitsfest.
Watet in den Fluß.
AASE: Hilfe! Heil'ger Gott, Erbarmen! –
Wir ertrinken –
PEER GYNT: Halt nur fest! –
Anders sterb' ich wohl –
AASE: Ja freilich –
Aufgeknüpft am Galgen eilig.
Reißt ihn an den Haaren.
O du Untier!
PEER GYNT: Halt dich still!
Glatt und schleimig ist der Grund.
AASE: Schlingel!
PEER GYNT: Brauche nur den Mund;
Das macht keinem Mann Verdruß. –
Flacher, stiller wird der Fluß.
AASE: Halt mich fester!
PEER GYNT: Heißa! Hopp!
Wollen Bock und Peter spielen –
Galoppierend: Ich der Bock und du der Peter –
So, nun geht es im Galopp!
AASE: Peter halt, ich rufe Zeter –
PEER GYNT: Siehst du – haben festen Grund!
Watet an das Land.
Gib dem Bock nun einen Kuß,
Bracht' dich sicher durch den Fluß.
AASE *gibt ihm eine Ohrfeige:*
Das der Dank für solch ein Fuhrwerk!
PEER GYNT: Au! das klappte wie ein Uhrwerk!
AASE: Laß mich!

Peer Gynt: Erst zum Hochzeitsschmause!
Sprich mit ihm, dem alten Hause;
Sprich für mich, du weißt wohl wie,
Sag, Mats Moen ist ein Vieh.
Aase: Laß!
Peer Gynt: Mach ihn mir hold gesinnt!
Sprich vor allem von Peer Gynt!
Aase: Ja, das Zeugnis kannst dir denken;
Will dir keinen Tüpfel schenken,
Male dich von vorn und hinten;
Alle deine Teufelsfinten
Mach' dem Alten ich bekannt.
Peer Gynt: So? –
Aase *stößt zornig mit den Füßen:*
Mach' nimmer meinen Mund zu,
Bis der Alte ruft dem Hund zu,
Hetzt ihn auf den Bettlerfant.
Peer Gynt: Geh' allein denn auf den Schmaus. –
Aase: Doch ich folg' dir auf den Hacken.
Peer Gynt: Mütterlein, du hältst's nicht aus.
Aase: Fest sitz' ich dir auf dem Nacken.
O ich könnte Steine beißen,
Bäume auseinanderreißen –
Laß mich!
Peer Gynt: Ja, wenn du versprichst –
Aase: Nichts versprech' ich, will dich schildern,
Wissen soll er, wer du bist!
Peer Gynt: Willst du deinen Zorn nicht mildern?
Ei, sonst bleibst du mir zu Hause.
Aase: Nein, nun will auch ich zum Schmause!
Peer Gynt: Darf nicht sein!
Aase: Willst du mich zwingen?
Peer Gynt: Nein, in Sicherheit nur bringen.
Er setzt sie aufs Mühlendach; Aase schreit.
Aase: Peer! Was tust du? Laß mich 'nunter
Peer Gynt: Du versprichst – –
Aase: Nichts!
Peer Gynt: Mütterlein!
Aase *mit einem Stück Rasen nach ihm werfend:*
Auf der Stelle!
Peer Gynt: Darf nicht sein!
Nähertretend: Doch nun sei mir nicht zu munter!
Darfst an Rasen und an Steinen
Nicht so unbesonnen rücken,
Schlenkern nicht so mit den Beinen,
Sonst geht noch das Dach in Stücken.
Du kannst fallen –
Aase: O du Unflat!
Peer Gynt: Ruhig!
Aase: O du Wechselbalg!
Peer Gynt: Pfui doch, Mutter!
Aase: Welche Untat!
Peer Gynt: Gib mir lieber deinen Segen
Auf den Weg –
Aase: O meinetwegen
Könntest du den Hals dir brechen!
Peer Gynt: Mütterchen, sei nur nicht bang!
Hab Geduld; ich bleib' nicht lang.
Er geht fort, kehrt sich aber noch einmal um, droht mit dem Finger und sagt:
Denk mir dran, nur nicht gestrampelt!
Er geht ab.
Aase: Peer! – Gott helfe mir, da geht er!
Lügner – Rentierreiter – Peter –
Lieber Peter! – Was – er trampelt
Übern Berg schon –!
Schreiend: Helft, ich falle! –
Zwei Weiber mit Säcken auf dem Rücken kommen nach der Mühle herunter.
Erstes Weib: Ei, wer ruft?
Aase: Ich rufe, ich!
Zweites Weib: Aase? – Auf so hohem Thron?
Aase: Nachbarin, ich fürchte mich –
Ach, als ging's zum Himmel schon.
Die erste: Glück denn!
Aase: Bringt die Leiter her!
Ich will 'nunter! – Teufelspeer! –
Die zweite: Also Euer Sohn war's, Aase?
Aase: Den ich trug in meinem Schoße –
Das der Dank! –
Die erste: Wir sind Euch Zeugen –
Aase: Er ist fort – ist unterwegs da –
Doch ich folg' ihm gleich nach Hägsta(d).
Die zweite: Dorten werdet Ihr gerächt;
Denn der Schmied haut auch nicht schlecht.
Aase *ringt die Hände:* Treffen sie den armen Jungen,
Schlagen sie gewiß ihn tot.
Die erste: Ei, das ist ihm längst gesungen! –
Die zweite: Ja, er achtet kein Gebot. –
Ruft nach oben: Eivind, Andres, kommt geschwind!
Eine Männerstimme: Was ist los?
Die zweite: Hier auf dem Gaden
Sitzt die Mutter von Peer Gynt.

Eine kleine Anhöhe mit Buschwerk und Heidekraut. Die Dorfstraße geht hinten vorbei, vor ihr ein Zaun. Peer Gynt kommt auf einem Fußweg, geht auf den Zaun zu, steht still und schaut in die Ferne.

Peer Gynt: Da liegt nun Hägstad, bald bin ich da.
Er steigt halb hinüber und zaudert.
Ich meine, Ingrid sitzt einsam im Hause.
Er hält sich die Hand über die Augen und schaut hinaus.
Das wimmelt wie Fliegen unten – pah!
Das Beste, ich halte mich weit vom Schmause –
Das Beste für mich, für sie, für beide!
Er zaudert wieder.
Stets wispert und pispert es um mich her,
Als brännte mir drinnen mein Eingeweide;
Er geht ein paar Schritte vom Zaun und pflückt zerstreut Blätter ab.
Hätt' ich zum trinken, was stark und schwer –

Nein, könnte zurückgehn, unbemerkt –
Von niemand gekannt. – Ein Trank, der stärkt,
Wär' freilich das Beste; man fühlte das Lachen nicht.
Er sieht sich mit einem Male erschreckt um, dann verbirgt er sich zwischen den Büschen. Einige Leute kommen mit allerlei Gaben und gehen nach dem Hochzeitshause.
EIN MANN *zu einer Frau:*
Sein Vater ein Säufer, die Mutter toll,
DIE FRAU: Kein Wunder, wird der Junge ein Troll.
Die Leute gehn weiter. Allmählich kommt Peer Gynt vor, über und über rot und sieht ihnen nach.
PEER GYNT *leise:* Mir war es, sie sprachen von mir –
Mit einem gezwungenen Lachen: Die Schwätzer.
Sie kommen mir doch nicht ans Leben, die Hetzer.
Er wirft sich ins Heidekraut auf den Rücken, die Hände unter dem Kopf und starrt in die Luft.
Wie seltsam die Wolke; sie gleicht 'nem Gaul,
Und ein Reiter sitzt drauf – mit Sattel, mit Zügel.
Ein Weib auf 'nem Besen, für den Fuß kein Bügel –
Er lacht für sich:
Die Mutter! – Sie schreit und schilt mich faul;
Ruft: Peer, heda!
Ihm fallen allmählich die Augen zu.
Ja, nun ist ihr bang. –
Peer Gynt führt sie an, sein Gefolg' ist lang. –
Sein Roß hat Silber an allen vieren.
Ihn selber Hut und Handschuh zieren.
Faltig der Mantel, gefüttert mit Seide,
Herrlich das Schwert in der goldenen Scheide.
Seht, welch ein Anstand, er sitzt auf dem Pferde
Leuchtend, als schiene die Sonne zur Erde. –
Unten da steht das Volk auf den Gassen,
Weiß sich vor Jubel und Lust nicht zu lassen.
Schwenken die Hüte, verbeugen, verneigen sich,
Da Kaiser Peer Gynt und die Edlen zeigen sich. –
Nun läßt er Münzen aufs Pflaster rieseln,
Gleich einem Schauer von wertlosen Kieseln.
Reich werden alle wie Grafen und Prasser.
Peer Gynt aber reitet quer über die Wasser.
Englands Prinz steht am Strande und wartet,
Englands Jungfraun auch, reizend geartet.
Englands Herzög' und Große erheben sich,
Englands Kaiser setzet ihn neben sich,
Nimmt seine Krone vom Haupte und sagt –
DER SCHMIED ASLAK *zu einigen andern, die auf der andern Seite des Zaunes gehn:*
Nein seht doch, Peer Gynt, das betrunkene Schwein!
PEER GYNT *auffahrend:*
Wie? – Kaiser – ?
ASLAK *sich an den Zaun lehnend, grinsend:*
Steh auf, du Bürschchen mein!
PEER GYNT: Was Teufel, der Schmied; was soll das sein!
ASLAK *zu den andern:*
Ihm sitzt noch der letzte Rausch im Nacken.
PEER GYNT *aufspringend:*
Geh mir im guten!
ASLAK: Ich soll mich packen – –
Nun ja – doch wo kommst du hergeschneit?
Weg warst du der Wochen fünf oder sechs;
Saßt du im Berg gleich einem Fex?
PEER GYNT: Gar Seltsames hab' ich dort getan.
ASLAK *den andern zublinzelnd:*
Ei laß doch hören!
PEER GYNT: 's geht keinen was an.
ASLAK *nach einer Pause:*
Kommst mit nach Hägstad?
PEER GYNT: Nein.
ASLAK: 's war 'ne Zeit,
Sie sagten, das Mädchen wär' dir gut.
PEER GYNT: Du schwarzer Rabe – !
ASLAK *ein wenig zurücktretend:* Warum so heftig?
Gab Ingrid 'nen Korb dir, es sind noch andre –
Mut, Sohn Jon Gynts, nach Hägstad wandre –
Du findst wohl ein Lämmchen mit krausen Füßen –
PEER GYNT: Zur Hölle!
ASLAK: Auch Witwen, verliebt und kräftig –
Guten Abend – will die Braut von dir grüßen.
Sie gehn lachend und zischelnd weiter.
PEER GYNT *sieht ihnen eine Weile nach und dreht sich halb um:* Nun, meinetwegen mag sie nehmen
Der Teufel selbst, mir einerlei!
Er besieht sich.
Die Hosen zerrissen, im Rock ein Loch –
Ja, hätt' ich nur Kleider, hübsch und neu! –
Doch nein, mich soll das wenig grämen.
Stampft mit dem Fuße.
Könnt' ich mit einem Griff, wie 'n Schlächter,
Aus der Brust die Verachtung ihnen reißen!
Sieht sich plötzlich um.
Was ist d a s? – Wer ist d a? – Noch ein Verächter? –
Es war mir doch, als ob einer hier kroch –
Nein, ich will zur Mutter! –
Er geht nach oben zurück, steht still und lauscht nach dem Hochzeitshause hin.
Sie spielen zum Tanz!
Er starrt in die Ferne, lauscht und geht langsam hinab; seine Augen leuchten; er streicht seine Beine.
Es wimmelt von Mädchen – welch bunter Kranz!
Ja, Tod und Teufel – ich muß bei dem Fest sein! –
Was schert mich die Mutter, mag's auch der Rest sein!
Er sieht unverwandt hinab, springt und lacht:
Wie sie im Hallingtanz drehn sich und schwingen,
Ist's wie des Wasserfalls Donnern und Klingen.
Guttorm versteht die Geige zu streichen.
Mädchen den Burschen die Hände reichen. –
Tod und Teufel – ich muß bei dem Fest sein!
Er setzt mit einem Sprung über den Zaun und eilt hinab.

Der Hofplatz von Hägstad. Das Wohnhaus im Hintergrund. Viele Gäste. Man tanzt lebhaft auf dem Gras-

platz. Der Musikant sitzt auf einem Tisch. Der Koch steht in der Tür. Mägde gehn hin und her zwischen den Gebäuden. Ältere Personen sitzen an verschiedenen Stellen und unterhalten sich.

EINE FRAU *nimmt Platz unter den Leuten, die sich auf Bauholz gruppiert haben:*
Die Braut? – Nun die weint wohl noch ein bißchen –
Doch alles macht gut ein warmes Küßchen.
DER KOCH *in einem andern Haufen:*
Hier, liebe Leute, ein frischer Krug.
EIN MANN: Ei lieber Freund, es ist genug.
EIN BURSCHE *indem er mit einem Mädchen an der Hand vorbeispringt:*
Heißa, Guttorm, streich, daß es klingt!
DAS MÄDCHEN: Ja, streich, daß über den Berg es dringt!
MÄDCHEN *um einen Burschen, der tanzt:*
Das nenn' ich 'nen Sprung!
EIN MÄDCHEN: Er hat Kraft, der Fant!
DER BURSCHE *tanzend:*
Hier ist's hoch bis zur Decke und weit bis zur Wand!
DER BRÄUTIGAM *fast weinend, nähert sich seinem Vater, der sich mit andern unterhält, und zupft ihn am Ärmel:*
Sie will nicht, Vater, sie ist so stolz!
DER VATER: Was will sie nicht?
DER BRÄUTIGAM: Hat sich eingeschlossen –
DER VATER: So such den Schlüssel! Laß die Possen!
BRÄUTIGAM: Ich versteh' das nicht.
DER VATER: Du bist von Holz!
Er wendet sich wieder zu den andern. Der Bräutigam schleicht über den Hof.
EIN BURSCHE *hinter dem Hause herkommend:*
Mädels, nun wird's ein lustiges Fest –
Peer Gynt ist da!
DER SCHMIED *der eben hinzugekommen:*
Wer lud ihn?
DER KOCH: Keiner.
Geht nach dem Hause.
DER SCHMIED *zu den Mädchen:*
Spricht er, so schweigt; stets bleib' allein er!
EIN MÄDCHEN *zu den andern:*
Nein nein, wir fliehn ihn wie die Pest.
PEER GYNT *kommt erhitzt, steht mitten unter den Mädchen still und klatscht in die Hände:*
Wer ist die Flinkste im ganzen Nest?
DIE ERSTE *der er sich nähert:*
Ich nicht –
EINE ANDERE *ebenso:*
Ich nicht –
EINE DRITTE Ich ebensowenig.
PEER GYNT *zu einer vierten:*
So komm denn du! – Bitt' untertänig –!
VIERTE *sich abwendend:*
Hab' keine Zeit!
PEER GYNT *zu einer fünften:*
Du?
FÜNFTE *indem sie fortgeht:*
Muß nach Haus!
PEER GYNT: Heut abend? Du hältst mich wohl zum besten?
DER SCHMIED *bald darauf, halblaut:*
Sie geht zu dem ält'sten von den Gästen.
PEER GYNT *rasch sich zu einem älteren Manne wendend:*
Wo sind die andern?
DER MANN: Such sie dir aus!
Geht von ihm fort. Peer Gynt wird plötzlich still und blickt scheu und verstohlen nach den Leuten. Alle sehn ihn an, aber keiner spricht mit ihm. Er nähert sich andern Gruppen. Wo er hinkommt, schweigt man; entfernt er sich, lacht man ihm nach.
PEER GYNT: Gedanken – Blicke – scharf wie Pfeile –
Das zischt wie ein Sägeblatt unter der Feile.
Er geht längs dem Zaun. Solveig nebst der kleinen Helga kommt zusammen mit ihren Eltern auf den Hofplatz.
EIN MANN: Die fremden Leute –
EIN ANDERER: Die von West?
DER ERSTE: Ja, von Hedal.
DER ANDERE: Wollen auch zum Fest.
PEER GYNT *ihnen entgegengehend, deutet auf Solveig und fragt den Mann:*
Darf ich tanzen mit ihr?
DER MANN *sanft:* 's ist ja Hochzeitsschmaus!
Doch erst begrüß' ich die Leute im Haus.
Sie gehen hinein.
DER KOCH *zu Peer Gynt, indem er ihm einen Krug anbietet:*
Ein Schluck ist gut, wenn du knurrst und murrst. –
PEER GYNT *unverwandt den Gehenden nachblickend:*
Verzeihe – ich habe keinen Durst.
Der Koch verläßt ihn. Peer Gynt sieht nach dem Hause und lächelt.
Welch Wesen! So hab' ich's noch nicht gesehn! –
Ganz Demut vom Kopf bis zu den Zeh'n,
Den Blick auf die weiße Schürze gesenkt,
In der Hand das silberbeschlagene Buch,
Darauf das weiße linnene Tuch. –
Und wie sie sich an die Mutter drängt –!
Ich muß ihr nach. –
Will in das Haus.
EIN BURSCHE *der mit andern kommt:*
Du gehst schon, Peer,
Vom Tanze?
PEER GYNT: Nein.
DER BURSCHE: Nun, da gehst du quer!
Er faßt ihn an der Schulter und will ihn umdrehen.
PEER GYNT: Laß mich!
DER BURSCHE: Du fliehst wohl vor dem Schmied?
PEER GYNT: Ich fliehn?
DER BURSCHE: Seid ihr schon von Lunde quitt?
Die Burschen lachen und gehn auf den Tanzplatz.
SOLVEIG *in der Tür:*
Du bist wohl der Bursche, der mich zum Tanze – –

PEER GYNT: Ich bin es, Kind, ich führ' dich zum Kranze.
Er faßt sie an der Hand.
SOLVEIG: Doch nur – sagt die Mutter – ein kleines Weilchen!
PEER GYNT: Sagt die Mutter, die Mutter? – O simples Veilchen!
SOLVEIG: Du spottest –!
PEER GYNT: Ei, bist du erwachsen schon?
SOLVEIG: Vergangenes Jahr war Konfirmation.
PEER GYNT: Sag deinen Namen mir, großes Kind!
SOLVEIG: Ich heiße Solveig – und du?
PEER GYNT: Peer Gynt.
SOLVEIG *zieht die Hand zurück:*
Mein Strumpfband ist los – ich bind' es fester!
Sie geht fort.
DER BRÄUTIGAM: Sie will nicht, Mutter –!
DIE MUTTER: Was will sie nicht, Bester?
DER BRÄUTIGAM: Sie will nicht –
DIE MUTTER: Was?
DER BRÄUTIGAM: Nicht auf mir schließen.
DER VATER *zornig:*
Du bist wert, daß ich dich an die Krippe bind'!
DIE MUTTER: O schilt nicht, Vater, das gute Kind!
Sie gehn vorüber.
EIN BURSCHE *kommt mit einem ganzen Schwarm auf den Tanzplatz:*
'nen Schluck, Peer?
PEER GYNT: Nein.
BURSCHE: Nur eine Träne!
PEER GYNT *sieht ihn finster an:*
Hast noch was übrig?
BURSCHE: Nun freilich, ich wähne.
Er zieht eine Flasche aus der Tasche und trinkt.
Wie das brennt! – Nun, willst du?
PEER GYNT: Nur auf die Lippen. *Trinkt.*
EIN ANDRER BURSCHE: Mußt auch von meiner Flasche nun nippen!
PEER GYNT: Nein, Freund –
DERSELBE: Ei was! Du brauchst nicht den Pfropfen
Erst auszuziehn.
PEER GYNT: Gib mir 'nen Tropfen!
Er trinkt wieder.
EIN MÄDCHEN *halblaut:*
Komm, laß uns gehn.
PEER GYNT *lachend:* Hast du Angst? Vor wem?
DRITTER BURSCHE: Vor d i r – wer nicht?
VIERTER: Nun, auf Lunde pochtest
Du gut; da zeigtest du, was du vermochtest.
PEER GYNT: Ich kann mehr als das; 's war nichts mit dem!
ERSTER BURSCHE *flüsternd:*
Er kommt in den Zug –
MEHRERE *einen Kreis um ihn bildend:*
Erzähl, erzähl!
Was kannst du?
PEER GYNT: Nein, morgen –!
ANDRE: Mach kein Hehl.
EIN MÄDCHEN: Kannst du hexen, Peer?
PEER GYNT: Ich zitiere den Teufel!
EIN MANN: Macht meiner Großmutter auch nicht Verdruß.
PEER GYNT: Was i c h kann, kann keiner, da ist kein Zweifel –
Ich bannt' ihn einmal in eine Nuß,
Die war wurmstichig – wißt!
MEHRERE *lachend:* Ei, läßt sich denken!
PEER GYNT: Er flucht' und weinte und wollte mir schenken
Die halbe Welt –
EINER AUS DER MENGE: Doch mußt' er hinein?
PEER GYNT: Versteht sich. Drauf mehrt' ich die Höllenpein,
Ich schloß mit einem Pflock das Loch –
EIN MÄDCHEN: Was du sagst!
PEER GYNT: Nun denkt euch, wie's drinnen brummte,
Als ob 'ne Hummel im Spinnennetz summte.
EIN MÄDCHEN: So sitzt er in der Nuß wohl noch?
PEER GYNT: Nein, längst ist er fort; doch der Zeitvertreib
Lud mir dafür den Schmied auf den Leib.
EIN BURSCHE: Wie das?
PEER GYNT: Ich ging zur Schmiede und bat,
Er möchte die Teufelsnuß mir knacken.
Nun, Aslak, der Schmied, wußt' auch bald Rat.
Er nahm 'ne Zange, die Nuß zu packen,
Er legte sie auf den Amboß dann,
Stand mit breiten Beinen und hob den Hammer –
EINE STIMME AUS DER MENGE: Schlug er ihn tot?
PEER GYNT: Er schlug wie 'n Mann.
Beim ersten Schlag zerbrach die Klammer.
Der Teufel duckte sich, fuhr als Brand
Grad durch das Dach, zerspaltet' die Wand. –
MEHRERE: Und der Schmied?
PEER GYNT: Rieb sich die verbrannten Hände.
Seitdem hat unsre Freundschaft ein Ende.
Allgemeines Gelächter.
EINIGE: Die Geschichte war gut!
ANDRE: 's ist seine neu'ste.
PEER GYNT: Glaubt ihr, ich hätt' sie erfunden?
EIN MANN: Nein, bitt',
Bist unschuldig dran; ich kenne das meiste
Vom Großvater –
PEER GYNT: Lügen! Ich spielte mit!
DER MANN: Ja, das tust du immer.
PEER GYNT *sich auf dem Absatz umdrehend:*
O ich kann reiten

Auf wieherndem Roß durch die blaue Luft! –
O ich kann mehr! – Wer's nicht glaubt – ein Schuft!

Alle lachen laut.

EINER AUS DER MENGE: Reit durch die Luft!
VIELE: Ach, lieber Peer Gynt – –
PEER GYNT: Ihr braucht nicht so flehentlich zu bitten.
Ich komm' wie der Donner angeritten –
Sie fallen zu Füßen mir alle geschwind.
EIN ÄLTERER MANN: Er ist betrunken, ihr seht –
EIN ANDRER: Der Esel!
EIN DRITTER: Das Großmaul!
EIN VIERTER: Der Lügenhals!
PEER GYNT *ihnen drohend:* Greises Genäsel!
EIN MANN *halb betrunken:*
Peer, wart, wir klopfen dir noch den Rock aus!
MEHRERE: Ja windelweich! – Er gehört in das Stockhaus!

Der Schwarm löst sich auf, die Älteren zornig, die Jüngeren spottend und lachend.

DER BRÄUTIGAM *dicht an ihn herantretend:*
Ist's wahr, du vermagst durch die Luft zu reiten?
PEER GYNT *kurz:*
Ja, Mats, wenn den Mantel aus wir breiten.
BRÄUTIGAM: So hast du wohl auch 'ne Nebelkappe?
PEER GYNT: Mein Hut ist der allerflinkste Rappe!

Er wendet sich von ihm. Solveig, mit Helga an der Hand, geht über den Hofplatz.

PEER GYNT *ihnen entgegen; seine Augen leuchten:*
Solveig, o daß du kommst, ist gut!

Er faßt ihre Hand.

Nun will ich dich schwingen im Hallingtanz!
SOLVEIG: Nein, laß mich!
PEER GYNT: Weshalb?
SOLVEIG: Du bist rasend ganz!
PEER GYNT: Wild ist der Renbock, kocht sein Blut –
Komm, Mädchen! Hörst du die Melodie?
SOLVEIG *ihre Hand aus der seinen ziehend:*
Darf's nicht.
PEER GYNT: Weshalb nicht?
SOLVEIG: Du hast getrunken.

Sie geht mit Helga auf die andre Seite.

PEER GYNT: Vor meinen Augen tanzende Funken –!
Gern stieß' ich mein Messer in alle – auch sie!
DER BRÄUTIGAM *stößt ihn mit dem Ellenbogen an:*
Kannst du zu meiner Braut mich bringen?
PEER GYNT *zerstreut:*
Zur Braut? Wo ist sie?
DER BRÄUTIGAM: Nun, in der Kammer.
Wenn du es versuchst – dir muß es gelingen.
PEER GYNT: Hab' selber genug, was schert mich dein Jammer! –

Ein Gedanke schießt ihm durch den Kopf; er sagt leise, aber fest:

In der Kammer im Speicher?

Nähert sich Solveig: Hast du's auch bedacht?

Solveig will gehn, er vertritt ihr den Weg.

Du schämst dich – seh' wohl wie 'n Vagabund aus –
SOLVEIG *rasch:*
Das ist nicht wahr! Das sprach nur dein Mund aus!
PEER GYNT: Ich versteh's – sie haben mich schwach gemacht –
Ich trank – doch aus Trotz nur; weil du mich gekränkt.
Komm jetzt!
SOLVEIG: Ich darf nicht, wenn ich auch wollt'.
PEER GYNT: So ist's dein Vater, der mir grollt?
Er ist der Frommen einer, hängt
Den schwachen Kopf – nun ja – doch du?
SOLVEIG: Was soll ich sagen?
PEER GYNT: Kenn' diese Stillen!
Hast du und Mutter dieselben Grillen? –
Antworte mir doch!
SOLVEIG: Laß mich in Ruh!
PEER GYNT *mit gedämpfter, aber fester und angsterweckender Stimme:*
Nein, ich komme zu dir – nimm dich in acht –
Als ein Ungeheuer um Mitternacht!
Und hörst du, was zischt und schnaubt und kraut,
So denke nur nicht, daß der Kater miaut.
Ich kratze und beiße dich, nicht um zu scherzen;
Ich sauge dein Blut ganz nahe dem Herzen.
Deine kleine Schwester, die fresse ich ganz –
Denn ich bin ein Werwolf – –

Er schweigt plötzlich und fleht voll Angst:

O komm zum Tanz!
SOLVEIG: Nun warst du recht häßlich!

Sie geht in das Haus.

DER BRÄUTIGAM *kommt wieder:* Komm, hilf, Peer Gynt –
Ich geb' dir 'nen Ochsen –
PEER GYNT: Hinweg! Geschwind!

Sie gehn hinter das Haus. Es kommen viele Leute vom Tanzplatz. Die meisten sind betrunken. Lärm und Aufregung. Solveig mit Helga nebst ihren Eltern und mehrere ältere Personen treten aus dem Haus.

DER KOCH *zum Schmied, der voraneilt:*
Sei ruhig!
DER SCHMIED *sich die Jacke ausziehend:*
Hier muß sich's endlich entscheiden,
Wer denn der Stärkste von uns beiden.
EINIGE: Ja, mögen sie ringen!
ANDRE: Nein, bloß schelten!
SCHMIED: Was sollen hier Worte! Die Faust regiert!
SOLVEIGS VATER: Nur Fassung, Schmied!
EIN BURSCHE: Wir wollen's vergelten,
Die frechen Lügen, wie's ihm gebührt.
EIN ANDRER: 'nen Fußtritt!
EIN DRITTER: Wir speien ihm ins Gesicht!

EIN VIERTER *zum Schmied:*
Packst ein?
DER SCHMIED *indem er die Jacke fortwirft:*
Ich will das Böckchen schlachten!
SOLVEIGS MUTTER: Da siehst du, wie sie den Burschen achten.
AASE *kommt mit einem Stock in der Hand:*
Ist mein Sohn hier, bekommt er für seinen Streich
'ne gute Tracht Prügel! Wo ist er gleich?
DER SCHMIED *die Hemdärmel aufkrempelnd:*
Für solch 'nen Kerl ist ein Knüttel zu weich!
EINIGE: Der Schmied will ihn prügeln –
ANDERE: – zügeln!
DER SCHMIED *spuckt in die Hände und nickt Aase zu:*
– bügeln!
AASE: Was, prügeln ihn! – Zurück, ihr Flegel!
Auch ich hab' Zähne und krumme Nägel! –
Doch wo ist er?
Über den Hof rufend: Peer!
DER BRÄUTIGAM *kommt gelaufen:*
Daß dich der Donner!
Kommt, Vater und Mutter! –
DER VATER: Was hat's für Not?
DER BRÄUTIGAM: Denkt nur – Peer Gynt – !
AASE *schreit auf:* Sie schlugen ihn tot?
DER BRÄUTIGAM: O nein, denkt – ! Eben lief davon er!
DIE MENGE: Mit der Braut?
AASE *läßt den Stock fallen:* Der Tollkopf!
DER SCHMIED *verdutzt:* Auf das Fjäll.
Da klimmt er wahrhaftig wie 'ne Geiß!
DER BRÄUTIGAM *weinend:*
Trägt wie ein Kalb sie – !
DER SCHMIED: Glück auf die Reis'!
AASE *ihm drohend:*
Ich wollte, du fielst – !
Schreit plötzlich auf:
Sieh' dich vor, Gesell!
DER HÄGSTADBAUER *kommt barhäuptig und bleich vor Zorn:* Ich biete dem frechen Räuber Trutz!
AASE: Nein, Gott, nimm ihn in deinen Schutz!

ZWEITER AUFZUG

Ein enger Gebirgssteig, hoch oben. Früher Morgen. Peer Gynt kommt rasch und unwillig längs dem Steige. Ingrid, noch halb im Brautschmuck, sucht ihn zurückzuhalten.

PEER GYNT: Geh von mir!
INGRID *weinend:* Hörst nicht mein Flehen?
Und wohin?
PEER GYNT: Mir einerlei!
INGRID *die Hände ringend:*
Wehe mir!
PEER GYNT: Der Weg ist frei;
Nur von mir mußt fort du gehen.
INGRID: Schuld und Doppelschuld uns bindet!
PEER GYNT: Das erst recht den Haß entzündet.
Hol' der Henker alle Weiber – –
Außer einer! –
INGRID: Wer die eine?
PEER GYNT: Du nicht!
INGRID: Eine? – Wer alleine – ?
PEER GYNT: Geh, von wo du hergekommen!
Fort! – Zum Vater!
INGRID: Lieber, Bester – !
PEER GYNT: Schweig!
INGRID: Hab's wohl nicht recht vernommen –
Fort – ?
PEER GYNT: Du machst mich nur noch fester.
INGRID: Erst mich locken – dann verstoßen!
PEER GYNT: Und was bietest du mir denn?
INGRID: Hägstad und wohl mehr noch – wenn –
PEER GYNT: Hast du golden-seidnes Haar?
Ein Gesangbuch in der Hand?
Hast du solch ein Augenpaar?
Hältst dich scheu am Mutterkleide?
INGRID: Nein, doch – ?
PEER GYNT: Bist du vor'ges Jahr
Eingesegnet?
INGRID: Wissen's beide – !
PEER GYNT: Bist du frei von jedem Neide?
Ruht's wie Scham dir auf der Stirn?
Sagst auf meine Bitten nein?
INGRID: Weh' wie seine Augen irr'n!
PEER GYNT: Strömt von dir ein lichter Schein?
Wird der fromm, wer an dich sah?
Sprich!
INGRID: O Peer!
PEER GYNT: Was bleibt denn da?
Er will gehn.
INGRID *ihm in den Weg tretend:*
Weißt du auch – 's ist ein Verbrechen,
Wenn du gehst – ?
PEER GYNT: Das ist mir gleich!
INGRID: Reichtum kann ich dir versprechen,
Wenn du treu bleibst –

PEER GYNT: Was ist reich?
INGRID *in Tränen ausbrechend:*
O du locktest –
PEER GYNT: Du warst willig.
INGRID: Ratlos war ich!
PEER GYNT: Ich war toll.
INGRID *drohend:* Doch die Schale ist bald voll!
PEER GYNT: Trifft mich Strafe, ist's nur billig.
INGRID: Bleibst du unbewegt?
PEER GYNT: Wie Stein.
INGRID: Gut, einst wird die Tat geahnt!
Sie geht den Weg hinab.
PEER GYNT *schweigt eine Weile, dann ruft er:*
Hol' der Teufel, was mich mahnt;
All die tollen Zeitvertreiber;
Doch vor allem alle Weiber!
INGRID *wendet den Kopf und ruft höhnisch:*
Außer einer!
PEER GYNT: Die allein!
Jeder geht seinen Weg.

An einem Gebirgssee mit sumpfigen Ufern. Ein Wetter zieht auf.
Aase, verzweifelt, ruft und sieht sich nach allen Seiten um. Solveig vermag ihr nur schwer zu folgen. Die Eltern der letzteren sind mit Helga ein Ende zurück.

AASE *mit den Händen fechtend und sich in die Haare fassend:*
Ach, alles ist wider mich, wo ich auch geh'!
Die schrecklichen Fjälle, der Himmel, der See.
Der Berg schickt Nebel aus, daß er verwirrt
Dem tückischen Sumpf in die Fangarme irrt.
Von den Halden stürzen die Steine herab,
Und die Menschen graben ihm schon das Grab! –
Ob sie's dürfen? – O Gott, du wirst es nicht wollen! –
Der Bube! – Der Teufel plagte den Tollen! –
Sie wendet sich zu Solveig:
Ist's nicht unfaßbar bei solchem Kinde,
Daß er, der nichts als Geschichten erfand
Und Lügen spann, wo er ging und stand,
Der niemals ein tauglich Werk vollendet –
Mit einemmal –! Und wie das endet! – –
Wir hielten zusammen wie Baum und Rinde,
Seit mein sel'ger Mann aufs Trinken sich legte
Und allerlei tolles Aufsehn erregte.
Das Geld schmolz wie in der Sonne die Butter;
Der Junge saß zu Haus bei der Mutter;
Wir wußten nichts Beßres als zu vergessen. –
Mit dem Manne zu kämpfen fehlte der Mut;
Vielleicht war ich auch zu schwach, zu gut.
Mit dem Schicksal zu ringen ist gar zu vermessen,
Man sinnt nur die Sorgen abzuschütteln
Und von den Gedanken sich zu befrein,
Die an dem gequälten Herzen rütteln.
Der eine betäubt sich mit Branntewein,
Der andre lügt. – Wir erzählten uns Märchen
Von Prinzen und Zauberern, manchem Pärchen,
Auch wohl von einer geraubten Braut;
Doch hätt' ich es nimmermehr geglaubt,
Daß die dummen Geschichten – –. Was für ein Schrei'n?
Der Wassermann? – Peer! – dort muß er sein!
Sie läuft eine kleine Anhöhe hinan und blickt über den See. Solveigs Eltern mit Helga treten auf.
AASE: Nicht eine Spur!
DER MANN *sanft:* Das ist das schlimmste.
AASE *weinend:*
Ach, ach, mein Peer, mein verlornes Schaf!
DER MANN *freundlich nickend:*
Jawohl, verloren!
AASE: Das wäre das dümmste,
Wenn's einer glaubte; nein, er ist brav!
DER MANN: Du törichtes Weib!
AASE: Ihr habt nicht recht –
Der Junge ist brav, bin ich auch schlecht.
DER MANN *stets mit gedämpfter Stimme und freundlich blickend:* Sein Geist ist verdunkelt, er ist verloren.
AASE *voll Angst:*
Gott hat schon manchen Sünder erkoren.
DER MANN: Glaubst du, er werde dereinst bestehn?
AASE *eifrig:* Du sollt'st durch die Luft ihn reiten sehn!
DIE FRAU: Was war das, Frau?
DER MANN: Was sprachst du eben?
AASE: O ihm ist keine Tat zu schwer.
Sollt sehn, er gewinnt noch Ruhm und Ehr'!
DER MANN: Am besten, ihr säht ihn am Galgen schweben!
AASE *aufschreiend:*
O schweigt! schweigt!
DER MANN: Unter des Henkers Händen
Wird er vielleicht zur Reue sich wenden.
AASE *betäubt:*
Ihr sprecht so seltsam, mir wird ganz schwindelig!
Wir finden ihn!
DER MANN: Retten die Seel'.
AASE: Und den Leib!
Ich find' ihn, obwohl ein schwaches Weib –
Im Sumpf, in der Kluft, in der Gruft – ich finde dich!
DER MANN: Hier ist ein Viehsteig –
AASE: Verlaßt mich nicht!
O helft mir zurecht!
DER MANN: 's ist Christenpflicht.
AASE: Pfui, dann sind Heiden alle die andern! –
Nicht einer wollte mit mir wandern.
DER MANN: Sie kennen zu gut ihn.
AASE: Der Brave fiel –
Doch denkt, sein Leben steht auf dem Spiel!
Sie ringt die Hände.
DER MANN: Hier Tritte.
AASE: Der Unhold, ich möcht' ihm fluchen!

DER MANN: Mußt weiter bei meiner Sennhütte suchen!
Er und die Frau gehen voran.
SOLVEIG: Erzähl mir noch etwas.
AASE *sich die Augen wischend:* Von meinem Peer?
SOLVEIG: Ja, alles!
AASE *lächelt und zieht mit den Schultern:*
Alles? – Da würdest du müd.
SOLVEIG: Nein, Mutter Aase, eh' das geschieht,
Da würdest zu sprechen du eher müd.

Spät am Abend auf einer baumlosen Höhe unterhalb des Fjälls. In der Ferne Schneeberge. Die Schatten fallen bereits lang.

PEER GYNT *im vollen Laufe, dann steht er plötzlich still:*
Die ganze Gesellschaft mir auf den Hacken,
Mit Büchsen und Knütteln, mich zu packen.
Die Wut des Alten vor allem groß.
Nun heißt es weit: Peer Gynt ist los!
Das ist mehr als ein Ringkampf mit einem Schmied! –
Man fühlt sich – ein Bär in jedem Glied! –
Er schlägt um sich und macht einen Satz.
Ja – brechen, schlagen, Steine schmeißen,
Den tobenden Wasserfall überschrein!
Den Baum mit den Wurzeln dem Felsen entreißen,
Der ihn festhält – das ist Leben, ist Sein!
Das härtet und stärkt wie der Sturm die Fichten! –
Zum Teufel mit all den Lügengeschichten!
DREI SENNERINNEN *über die Höhe laufend, schreiend und singend:* Trohn im Walfjäll, Kohre und Bohr,
Trollpack! – Wollt ihr tanzen? – Hervor!
PEER GYNT: Nach wem ruft ihr so laut?
DIE MÄDCHEN: Nach den Trollen!
ERSTE: Trohn, komm mit Gewalt!
ZWEITE: Nein, Bohr, mit Glimpf!
DRITTE: Leer sind die Kammern, die sonst so vollen.
ERSTE: Gewalt ist Glimpf –
ZWEITE: Nein Glimpf ist Schimpf!
DRITTE: Statt des Burschen muß ein Troll nun frommen!
PEER GYNT: Wo sind die Burschen?
ALLE DREI *laut lachend:* Die können nicht kommen!
ERSTE: Der meine hielt mich gleich einem Schatze. –
Da heiratet' er 'ne Witwenfratze!
ZWEITE: Der meine eine Bettlerin fand,
Nun ziehn mit dem Wind sie durch das Land.
DRITTE: Der meine schlug unserm Jungen ins Genick,
Nun steht sein Kopf auf der langen Brück'.
ALLE DREI: Trohn im Walfjäll, Kohre und Bohr,
Trollpack! – Wollt ihr tanzen? – Hervor!
PEER GYNT *steht mit einem Sprung mitten unter ihnen:*
Ich bin ein Troll und habe drei Köpfe.
DIE MÄDCHEN: Ist's wahr?
PEER GYNT: Kann mehr als eure Tröpfe!
ERSTE: Zum Säter!*
ZWEITE: 's gibt Met!
PEER GYNT: Ei, laßt ihn fließen!
DRITTE: Wir sind jung, wir wollen das Leben genießen!
ZWEITE *küßt ihn:*
Er funkelt und sprüht wie Eisen in Glut.
DRITTE *ebenso:* Wie Kinderaugen aus dunkler Flut.
PEER GYNT *tanzt mit allen dreien:*
Trotziger Sinn, Gedanken lüstern;
Lachendes Auge, weinendes Flüstern.
DIE DREI MÄDCHEN *indem sie nach den Bergen eine lange Nase machen, rufen und singen:*
Trohn im Walfjäll, Kohre und Bohr,
Trollpack! – Wir tanzen euch was vor!
Sie tanzen über die Höhe mit Peer Gynt in ihrer Mitte.

Im Róndanegebirge. Sonnenuntergang. Glänzende Schneekuppen stehen ringsum.

PEER GYNT *kommt aufgeregt und verwildert:*
Schloß über Schloß sich erbaut.
Tore in schimmernder Pracht. –
Halt! – Steht still! – Wie das graut
Weiter und weiter in Nacht! –
Auf der Fahne der Hahn mit den Flügeln
Hebt sich zum Flug durch die Luft. –
Ein Buch mit sieben Siegeln: –
Kein Ausweg aus dieser Kluft. – –
Welch seltsame Bäume schießen
Aus diesem zersprungnen Gestein!
Das sind Riesen mit Reiherfüßen –
Nun bloß ein nebliger Schein.
Dort schimmert's wie Regenbogen;
Das sticht mir in Augen und Hirn. –
Was kommt von ferne gezogen?
Es legt sich mir schwer auf die Stirn.
Es glüht wie ein Eisenreifen,
Der fest in das Hirn sich beißt –
Ich weiß nicht, ich kann's nicht begreifen –
Wer hat ihn mir umgeschweißt? –
Er sinkt nieder.
Erst auf dem Gendegrat –
Der Lügen ein halbes Schock –
Betrunken – auf schwindligem Pfad
Mit der Braut, verfolgt vom Flock
Schreinder Raben und bissiger Hunde –
Bedroht von Hexen und Trug –
Dazu mit den Mädchen im Bunde
Getollt – – ob's nun genug –?
Starrt lange in die Luft.
Da fliegen zwei wilde Gänse,
Nach dem Süden streben sie.
Nehmt mich mit, ihr schreinden Hänse,
Ich wat' im Kot bis zum Knie!

* Sennhütte

Springt auf.
Ich will mit, mir baden die Glieder
Rein in dem scharfen Wind!
In die Taufschale tauchen wieder
Wie einst, da ich noch Kind!
Fort über die Sennerhütten,
Nicht ruhn, bis ich klaren Sinns;
Dann über die See geritten –
Und höher als Englands Prinz! –
Ja lacht nur, ihr törichten Dinger,
Was kümmert euch mein Ritt!
Ihr kriegt nicht einen Finger,
Viel eher 'nen kräftigen Tritt! – –
Wo blieben die beiden Schwimmer? –
Leer bis zum Himmelsrand! – –
Nun hebt sich des Daches Gezimmer,
Es dehnt sich Giebel und Wand.
Das wächst aus dem Grus in die Höhe,
Weit offen jedem Gast;
Und da ich's recht nun sehe –
Des Großvaters neuer Palast!
Verschwunden die alten Lappen,
Verschwunden das schiefe Staket.
Die Fenster bunt wie 'n Wappen,
Im Saale gibt's ein Bankett.
Da ist's, wo der Pfarrer klinket
Mit dem Messer an das Glas,
Der Kap'tän aus der Flasche trinket
Und den Spiegel zersplittert – zum Spaß. –
Laß, Mutter, laß gehn in Scherben,
Dem reichen Jon ist's recht!
Was kümmern ihn die Erben!
Es lebe das Gyntsche Geschlecht! – –
Was für ein Lärm und Gezeter!
Macht sie der Wein erbost? –
Laut ruft der Kap'tän nach Peter –
Der Pfarrer bringt ihm 'nen Toast.
Peer Gynt, zu deinem Frommen!
Es klingt aus jedem Pokal:
Du bist vom Großen gekommen,
Und was Großes wirst du einmal.

Er springt auf, stößt sich aber an einem Felsen, fällt hin und bleibt liegen.

Ein Bergabhang mit großen Laubbäumen. Die Sterne blinken durch das Laub. Vögel singen in den Baumkronen.

Ein Mädchen in einem grünen Kleid geht vorüber. Peer Gynt folgt ihr mit allerlei verliebten Manieren.

DIE GRÜNE *indem sie stillsteht und sich umwendet:*
Ist's auch wahr?
PEER GYNT *indem er sich mit dem Finger über den Hals schneidet:* So gewiß, als mein Name Peer;
So gewiß, als du ein schönes Weibchen bist!
Wenn du mich nimmst, hast du's nicht schwer;
Fern bleibt, was nicht für dein zartes Leibchen ist.
Du sollst nicht spinnen, nicht Wolle kratzen;
Und zu essen bekommst du, als solltest du platzen.
Auch reiß' ich kein Haar dir aus dem Schöpfchen –
DIE GRÜNE: Auch nicht schlagen?
PEER GYNT: Zum Küssen nur fass' ich das Köpfchen! –
Traust einem Königssohne so wenig?
DIE GRÜNE: Ein Prinz du –? Mein Vater, der Dovrekönig –
PEER GYNT: Bist du's? – Ei, ei, das trifft sich ja prächtig!
DIE GRÜNE: Inmitten der Róndane steht sein Palast.
PEER GYNT: Doch meine Mutter ist ebenso mächtig.
DIE GRÜNE: Wenn er wütet, stürzen die Berge fast.
PEER GYNT: Sie stürzen, wenn meine Mutter nur schilt.
DIE GRÜNE: Mein Vater im Sprunge die Wolken streift.
PEER GYNT: Kein Strom für die Mutter zu breit, zu wild.
DIE GRÜNE: Hast du andere Kleider als diese Lumpen?
PEER GYNT: Du solltest nur sehn, wie ich sonntags mich kleide!
DIE GRÜNE: Ich geh' auch werktags in Gold und Seide.
PEER GYNT: Du scheinst mir eher eine der Schlumpen.
DIE GRÜNE: Nun freilich, so spricht, wer's nicht begreift.
Nun ist's bei den Róndane-Leuten der Schick:
Sie haben für alles 'nen zwiefachen Blick.
Kämst du zu meines Vaters Schloß,
Du sähest vielleicht nur Felsenklumpen,
'nen Steinfall, der von der Höhe schoß.
PEER GYNT: So seltsam verhält es auch zu Haus sich;
Die Mutter schiene dir schmutzig und lausig;
Du sähst, und möchtest dein Näschen rümpfen,
Die Fenster verstopft mit alten Strümpfen.
DIE GRÜNE: Schwarz scheint oft weiß und Grobes fein.
PEER GYNT: Oft Großes klein und Schmutz'ges rein.
DIE GRÜNE *ihm um den Hals fallend:*
Ja, Peer, ich seh's, wir passen zusammen!
PEER GYNT: Wie das Bein zur Hose, das Haar zum Kamme.
DIE GRÜNE *in die Ferne rufend:*
Komm, Hochzeitsroß, lieb Pferdchen mein!

Es kommt ein riesengroßer Eber mit einem Strick statt des Zaums im Maul und einem alten Sack anstelle des Sattels. Peer Gynt schwingt sich auf denselben und nimmt die Grüne vor sich.

PEER GYNT: Heißa, nun geht's zur Pforte hinein!
Spute dich, spute dich, edles Roß!
DIE GRÜNE *zärtlich:*
Verstimmt ging ich aus des Vaters Schloß –
Wahrhaftig, ich lobe mir das Heute!
PEER GYNT *schlägt den Eber und reitet im Trabe fort:*
Am Reitzeug erkennt man die vornehmen Leute!

Die Königshalle des Dovrealten. Große Versammlung von Hoftrollen, Hausgeistern und Erdmännchen. Der Dovrealte sitzt auf seinem Thron mit Krone und Zepter, seine Kinder und nächsten Verwandten zu beiden Seiten. Peer Gynt steht vor ihm. Bewegung.

DIE HOFTROLLE: Ha, schlachtet ihn! Schlachtet, er hat betört
Unseres Königs herrliches Kind!
ANDRE: Weh, weh, ist solche Schmach erhört!
EIN TROLLPRINZ: Schneid' ich in den Finger ihm geschwind?
EIN ANDRER: Reiß' ich ihm rasch das zottige Haar aus?
EINE TROLLPRINZESSIN: Ich biß' ihm gerne in das Bein!
EINE ANDERE: Ich macht' ihm lieber gleich den Garaus!
EINE HEXE *mit einem Kochlöffel:*
He, sollen wir kochen ihn oder braten?
EINE ANDERE *mit einem Tranchiermesser:*
Braten am Spieß? Oder schmoren ihn ein?
DER DOVREALTE: Still! – Ruhig Blut!
Seine Vertrauten zu sich heranwinkend: Wir wollen beraten! –
Wir gingen zurück in den letzten Jahren!
Wir wissen nicht recht mehr, wie wir fahren;
Und frisches Blut ist nicht zu unterschätzen.
Kaum ist an dem Burschen was auszusetzen!
Er ist schlank und frisch und stark gebaut.
Das errettet ihn freilich nicht vom Tode,
Wenn auf den drei Köpfen ihr besteht.
Auch die Tochter hat einen nur, wie ihr seht;
Dreiköpfige Trolle sind ganz aus der Mode.
Zweiköpf'ge sogar sind selten – 'ne Schmach
Für uns – und leider auch die sind darnach!
Zu Peer Gynt:
Du verlangst meine Tochter zur Eh' also?
PEER GYNT: Auch bitt' ich das Reich mir als Mitgift aus!
DER DOVREALTE: Die Hälfte bekommst du so wie so,
Doch die andre erst, wenn's mit mir aus.
PEER GYNT: Ich bin's zufrieden.
DER DOVREALTE: Doch halt, mein Sohn,
Du mußt ein paar Dinge uns auch versprechen
Und darfst nicht e i n e Bedingung brechen,
Sonst kommst mit dem Leben du nicht davon.
Zuvörderst darfst du dich niemals kümmern
Um das, was jenseits der Rondane ist,
Den Tag nicht schaun und der Erde Schimmern.
PEER GYNT: Wer König wird, es nicht vermißt.
DER DOVREALTE: Sodann – nun fühl' ich dir auf den Zahn – *Er steht auf.*
DER ÄLTESTE HOFTROLL *zu Peer Gynt:*
Nun halte, Peer Gynt, mir steif den Nacken,
Daß du die Rätselnuß magst knacken!
DER DOVREALTE: Wie unterscheiden sich Mensch und Troll?
PEER GYNT: Sie gleichen einander Zoll für Zoll:
Der Große will schneiden, der Kleine kratzen,
Ein jeder braucht, wie er kann, die Tatzen.
DER DOVREALTE: Sehr richtig! Ich sehe, wir harmonieren.
Doch muß ich dich weiter examinieren
Und fragen, was ist's für 'n Unterschied:
Da draußen, wo die Menschen wohnen,
Heißt's: „Mensch, sei stets dir selber treu!"
Doch hier, wo wir, die Trolle, thronen,
„Troll, sei dir selbst – g e n u g!"
DER HOFTROLL *zu Peer Gynt:* Es sieht
Wohl tief und schwindelnd aus?
PEER GYNT: Kaum neu!
DER DOVREALTE: Dies Wort g e n u g, das zwingend starke,
Sei deines Wappenschildes Marke!
PEER GYNT *sich hinter dem Ohr kratzend:*
Doch wenn –
DER DOVREALTE: Es m u ß, willst Herr du heißen!
PEER GYNT: So sei's! Man kann ja an wohl beißen. –
DER DOVREALTE: Sodann, mein Sohn, mußt du halten in Ehren,
Was wir als Speise und Trank verzehren.
Er winkt. Zwei Trolle mit Schweineköpfen, weißen Nachtmützen usw. bringen zu essen und zu trinken.
Der Ochse gibt Met, die Kuh Konfekt,
Frag nicht, ob's süß oder sauer schmeckt;
Die Hauptsach' ist – ich sag' dir's treu –,
's ist alles heimisches Gebräu.
PEER GYNT *stößt das Gebrachte von sich:*
Ich gönne gern dergleichen euch,
Doch gewöhn' ich mich nicht an solches Zeug!
DER DOVREALTE: Doch die Schale folgt mit, die ist von Gold;
Wer sie hat, dem ist meine Tochter hold.
PEER GYNT *überlegend:*
Es steht geschrieben: Zwing deine Natur –
Und schließlich ist schwer der Anfang nur –
Mag's sein! – *Er fügt sich.*
DER DOVREALTE: Nun ja, das nenn' ich vernünftig. –
Du speist –?
PEER GYNT: Man gewöhnt sich daran wohl künftig.
DER DOVREALTE: Sodann mußt du ausziehn die Christenkleider;
Wir haben – das lassen uns selbst die Neider –
Gesponnen, gewebt, genäht das Ganze;
Nur die Schleife nicht auf der Spitze am Schwanze.
PEER GYNT *zornig:*
Hab' keinen Schwanz –
DER DOVREALTE: Leicht ist es getan!
Bindet ihm meinen Staatsschwanz an!
PEER GYNT: Bleibt mir vom Leibe! Bin ich ein Narr?
DER DOVREALTE: Nie wirst du mein Sohn, wenn dein Hintrer bar.
PEER GYNT: Ihr macht Menschen zu Tieren!
DER DOVREALTE: Mein Sohn, du irrst,
Nur so erst erscheinst du als ein Fürst.
Du erhältst eine gelbe Schleife am Schwanz*,
Sie vertritt den herrlichsten Ehrenkranz.

* Zu vergleichen Holberg, „Nils Klim", Kap. 10

PEER GYNT *sich bedenkend:*
Der Mensch ist ja auch nur 'ne Flocke, ein Hauch;
Am besten, man fügt sich gemeinem Brauch –
Bind an!
DER DOVREALTE: Erst warst du etwas sturr'sch,
Nun bist du ein ganz anstelliger Bursch.
HOFTROLL: Versuch nur, ein wenig zu tänzeln und schwänzeln!
PEER GYNT *zornig:*
Ich lass' dem Gesind sein fades Scharwenzeln! –
Schwör' ich vielleicht noch dem Glauben ab?
DER DOVREALTE: Nein, den behalte nur bis zum Grab.
Der Glaub' ist frei, zahlt keinen Zoll;
Am Schritt und Tritt erkennt man den Troll.
Nicht nötig, daß davor du bangst;
Du nennst es Glauben, wir heißen's Angst.
PEER GYNT: Du bist doch, wenn man's recht erfäßt,
Ein Kerl, mit dem sich's leben läßt.
DER DOVREALTE: Mein Sohn, wir sind besser als unser Ruf;
Wir hehlen keinen Pferdehuf. –
Doch da beseitigt alle Zerwürfnisse,
Um zu befried'gen auch geist'ge Bedürfnisse –
Mädchen, hervor! Laß die Harfe erklingen!
Tänzerin vor! Magst dich schwingen und springen!
Spiel und Tanz.
HOFTROLL: Gefällt dir's?
PEER GYNT: Hm –
HOFTROLL: Sie spielen und tanzen Graziös –
PEER GYNT: Du blickst mit dem Auge des Schranzen.
Die schnarrenden Saiten schlägt 'ne Kuh,
Ein scheußliches Untier tanzt dazu.
DIE HOFTROLLE: Freßt ihn!
DER DOVREALTE: Er blickt noch mit Menschenaugen!
DIE TROLLPRINZESSINNEN: Wir wollen ihn kratzen, saugen, laugen!
DIE GRÜNE *weinend:*
Zum Henker, wer ließe sich gern kuranzen,
Wenn ich und die Schwester spielen und tanzen!
PEER GYNT: Du warst es? – Ei nun, da's 'nmal geschehn –
Man muß auch einen Spaß verstehn!
DIE GRÜNE: So widerruf es!
PEER GYNT: Tanz und Spiel
War – hol' mich der Henker – ganz wunderschön.
DER DOVREALTE: Ja freilich, das ist bei euch so Stil;
Dem folgt ihr, den werdet ihr nicht los. –
Gibt's mal mit uns 'nen Zusammenstoß,
Die Wunde heilt, doch es bleibt, wie's war. –
Mein Schwiegersohn ist so vernünftig,
Er trägt die Kleidung, die hier zünftig;
Er leerte den Metpokal mit Anstand;
Er duldete, daß man den Schwanz ihm anband.
Kurz, alles tat er gern und willig.
Der alte Adam, so glaubt' ich billig,
Sei ausgezogen für immerdar.
Ja ja, mein Sohn, es bedarf 'ner Kur,
Zu zwingen die störrische Menschennatur.
PEER GYNT: Was willst du noch?
DER DOVREALTE: Dein Augenpaar
Verändr' ich, schneid' in das linke dir
Und nehme das rechte ganz heraus;
So sieht dir alles harmonisch aus.
PEER GYNT: Bist du betrunken?
DER DOVREALTE *einige scharfe Instrumente auf den Tisch legend:* Hier ist das Messer,
Bald siehst du alle Dinge besser.
'ne Scheuklapp' bekommst du, wie 'n stößiger Stier,
Da scheint die Braut vollkommen dir.
Du schielst nicht länger, bist nicht betört –
PEER GYNT: Ich glaube wahrhaftig, du bist gestört!
DER ÄLTESTE HOFTROLL: Es ist der Dovrealte, Freund,
Der alle Weisheit in sich vereint!
DER DOVREALTE: Bedenke, wieviel Verdruß und Plag'
Du los wirst binnen Jahr und Tag.
Und war nicht stets für die beizende Lauge
Der Tränen die Quelle dein klares Auge?
PEER GYNT: Nicht immer, zuweilen ist's eine Zwiebel. –
DER DOVREALTE: Erinnere dich auch: es steht in der Bibel:
Ärgert dein Auge dich, reiß es aus! –
PEER GYNT: Doch sprich, der Trollblick, währt er lang?
Wann erhalt' ich wieder den Menschenblick?
DER DOVREALTE: Niemals!
PEER GYNT: So habt meinen besten Dank!
DER DOVREALTE: Was willst du?
PEER GYNT: Ich kehre zur Welt zurück.
DER DOVREALTE: Nein, halt! Man schlüpft wohl in das Haus,
Doch führt – wie du weißt – kein Weg hinaus.
PEER GYNT: Ihr werdet doch nicht mit Gewalt mich zwingen?
DER DOVREALTE: Ich hoffe, du bist vernünftig, Prinz!
Du hast Talente, 's wird dir gelingen,
Den greulichen Menschen abzuschütteln. –
Du willst doch?
PEER GYNT: Bin noch der Sohn Jon Gynts.
Für 'ne Braut und ein Königreich obendrein
Fragt man nach Hosen nicht oder Kitteln.
Doch für alles muß auch ein Ende sein! –
's ist wahr, ich ließ den Schwanz mir knüpfen,
Doch braucht man nicht immer mit ihm zu hüpfen.
Ablegt' ich die Jacke, sie war voll Flicken,
Doch zieh' ich sie später wohl auf den Rücken.
Und was den scheußlichen Trank betrifft,
So findet sich wohl ein Gegengift.
Ich will schwören, die Kuh sei eine Maid –
Ein verschluckter Eid läßt sich auch verdaun.
Doch zu wissen, es währt in die Ewigkeit –
Ich soll wie ein Christenmensch nicht schaun,
Soll gehn als Bergtroll, mit schielendem Blick,
Gefesselt, niemals treten zurück: –

Da dank' ich für euren bequemen Wollsack!
Der Teufel hole das ganze Trollpack!
DER DOVREALTE: Der Tollkopf macht mich noch wirklich zornig!
Du meinst, daß noch einmal von vorn ich
Versuch's, Gesell? – 's ist unerhört!
Erst hast du meine Tochter betört –
PEER GYNT: Das lügst du!
DER DOVREALTE: Du mußt zur Frau sie nehmen!
PEER GYNT: Seh' nicht den Grund.
DER DOVREALTE: Was? Willst dich schämen!
Versprachst du ihr nicht Hand und Herz?
PEER GYNT *leicht:*
Nichts weiter? – Was gilt mir solch ein Scherz!
DER DOVREALTE: Ihr bleibt dieselben, wie weit ihr schweift.
Den Geist bekennt ihr vor den Leuten,
Doch gilt nur, was die Faust ergreift.
So soll dein Wort dir nichts bedeuten?
Ein Eid wiegt federleicht dir, Schnöder?
PEER GYNT: Ich beiße nicht auf solchen Köder!
DIE GRÜNE: Mein Peer, nicht lang, so bist du Vater.
PEER GYNT: Öffnet das Tor!
DER DOVREALTE: Ein schwarzer Kater
Folgt dir der Junge.
PEER GYNT *sich den Schweiß abwischend:*
Wär' ich erst wach!
DER DOVREALTE: Wo schick' ich ihn hin?
PEER GYNT: Schick ihn zum Teufel!
DER DOVREALTE: Doch siehst du, Prinz, wohl ohne Zweifel,
Die Sache ist darum nicht aus.
Du hast den Jungen nicht zum Spaße;
Maßlos wächst solche Mischlingsrasse.
PEER GYNT: Alter, so sei kein störriges Pferd! –
Sei vernünftig, Jungfrau! – Laßt mich hinaus!
Bin weder Prinz noch sonst was wert;
Und freßt ihr mich auf, ist's ein magrer Schmaus.
Die Grüne fällt in Ohnmacht und wird von den Trollmädchen hinausgetragen.
DER DOVREALTE *sieht ihn eine Weile mit tiefer Verachtung an, dann sagt er:*
Zerschmettert ihn an der Felsenwand!
DIE TROLLPRINZEN: Ei, Vater, wir spielen erst Katze und Maus,
Und Wolf und Reh, und Habicht und Sperling
Mit diesem liebenswürdigen Närrling!
DER DOVREALTE: Macht ein End'! – Ich bin schläfrig – Gute Nacht! *Er geht ab.*
PEER GYNT *von den Trollprinzen verfolgt:*
Laßt mich, ihr Teufelspack!
Er will durch den Schornstein kriechen.
TROLLPRINZEN: Kobolde, Nissen!
Zwickt ihn!
PEER GYNT: Au! Au!
Er will durch die Kellerluke.
TROLLPRINZEN: Nur frisch gebissen!
DER HOFTROLL: Wie gut sie sich amüsieren!
PEER GYNT *mit einem Trollprinzen kämpfend, der sich in sein Ohr gebissen hat:* Laß los!
DER HOFTROLL *ihm auf die Hand schlagend:*
Du bist, Bursche, in einem Königsschloß!
PEER GYNT: Ein Mausloch!
Läuft demselben nach.
DIE TROLLPRINZEN: Nissen, schließt das Nestchen!
PEER GYNT: Der Alte war schlimm, die Jungen sind Bestien.
DIE TROLLPRINZEN: Schindet ihn!
PEER GYNT: Wär' ich nur 'ne Maus!
Er läuft herum.
DIE TROLLPRINZEN *einen Kreis um ihn bildend:*
Schließt den Kreis!
PEER GYNT *verzweifelt:* Ach wär' ich zu Haus!
Er fällt zu Boden.
DIE TROLLPRINZEN: Nun drauflos!
PEER GYNT *vom Haufen ganz bedeckt:*
Hilf, Mutter, schnell!
Man hört in der Ferne Kirchenglocken.
DIE TROLLPRINZEN: Horch, die Kuhglocken des Schwarzrocks im Fjäll!
Die Trolle flüchten sich unter Heulen und Schreien; die Halle stürzt zusammen; alles verschwindet.

Tiefe Finsternis. Man hört Peer Gynt mit einem großen Ast um sich schlagen.

PEER GYNT: Gib Antwort! Wer bist du?
EINE STIMME: Ich selbst.
PEER GYNT: Aus dem Wege!
DIE STIMME: Geh herum, weit genug ist das Gehege!
PEER GYNT *will nach einer andern Seite, stößt aber auf jemand:*
Wer bist du?
DIE STIMME: Ich selbst. Kannst du dasselbe sagen?
PEER GYNT: Ich sag', was ich will, und mein Schwert kann schlagen.
Nun nimm dich in acht, schon regnet es sausend.
Saul schlug tausend, Peer Gynt zehntausend!
Wer bist du?
DIE STIMME: Ich selbst.
PEER GYNT: Das sagtest du schon.
's klingt dumm, ohn' Inhalt, ein bloßer Ton.
Was bist du?
DIE STIMME: Der große Krumme.
PEER GYNT: Ei munkel!
Erst klang es albern, nun ist es dunkel.
Aus dem Wege, Krummer!
DIE STIMME: Geh außen herum.
PEER GYNT: Nein durch!

Indem er heftig zuschlägt: Er fiel!
Er will weiter, stößt aber wieder an.
Ei das war dumm!
Seid ihr mehrere?
DIE STIMME: Nein, ein einziger nur.
Der Krumme ist's, gefeit, und von Blut keine Spur.
Der Krumme ist's, tot, und doch lebt er weiter.
PEER GYNT *den Ast fortwerfend:*
Auch die Waffe behext! – Fühl die Faust, Gefeiter!
Er schlägt sich durch.
DIE STIMME: Verlaß auf die Faust dich, die führt zum Ziel!
Das ist die Kampfart im höhern Stil.
PEER GYNT *kommt wieder:*
Hin und zurück ist ebenso weit –
Draußen und drinnen – ebenso breit.
Er ist hier und dort! Wohin ich mich wende,
Ich finde vom Krummen nicht das Ende! –
Wie heißt du? – Tritt vor! – Was bist du für einer?
DIE STIMME: Der Krumme.
PEER GYNT *umhertastend:* Nicht tot – nicht lebend? – Schleimig? – Keiner? –
Gestaltlos? – Als träf' man im Ungefähren
Auf 'nen Haufen halb aufgewachter Bären! –
Schreit: So schlag doch!
DIE STIMME: Der Krumme ist nicht so toll!
PEER GYNT: Schlag! Schlag!
DIE STIMME: O nein.
PEER GYNT: So kämpfe, Troll!
DIE STIMME: Der Krumme siegt auch ohne Kampf.
PEER GYNT: Wär' nur ein Nisse hier, der mich prickelte!
Ein einz'ger Kobold, jung oder alt,
Es wär' doch einer, den man zerstückelte! –
Nun schnarcht er! – Krummer! –
DIE STIMME: Beliebt?
PEER GYNT: Brauch Gewalt!
DIE STIMME: Der große Krumme siegt allmählich.
PEER GYNT *beißt sich in die Arme und Hände:*
Nägel und Zähne ins Fleisch! – Ha, gut!
Ich muß tröpfeln hören mein eignes Blut!
Man hört den Flügelschlag von großen Vögeln.
VOGELSTIMME: Ho, kommt er, Krummer?
DIE STIMME IM DUNKELN: Ja, Schritt für Schritt.
VOGELSTIMME: Alle Schwestern weit hinten, kommet mit!
PEER GYNT: Willst du bergen mich, Mädchen, so tu es gleich!
Hier heißt's nicht still und schüchtern sein –
Das Gesangbuch ihm grad ins Aug' hinein!
VOGELSTIMME: Er wimmert!
DIE STIMME: Wir haben ihn!
VOGELSTIMME: Schwestern sogleich!
PEER GYNT: Zu teuer erkauft man das bißchen Leben
Mit solch einer Stunde verzehrendem Beben.
Er sinkt zusammen.

DIE VÖGEL: Da liegt er! Faß ihn, Krummer! – Nicht länger entrinnt er!
Man hört in der Ferne Glockengeläute und Gesang.
DER KRUMME *indem er zu einem Nichts zusammenschrumpft, zuckend:*
Er war zu stark, und Weiber standen dahinter.

Sonnenaufgang. Auf dem Fjäll vor Aases Säter. Die Tür ist verschlossen. Alles öde und still.

PEER GYNT *liegt an die Wand gelehnt und schläft, dann erwacht er; er sieht sich um und wirft einen matten Blick auf seine Umgebung. Er speit aus:*
Bloß einen gesalzenen Fisch zur Zehrung!
Er speit wieder aus und erblickt Helga, die mit einem Proviantkorb kommt.
Bist du es, Kind? Für wen die Bescherung?
HELGA: Für Solveig.
PEER GYNT *aufspringend:*
Wo ist sie?
HELGA: Nicht weit von dir.
SOLVEIG *hinter der Wand:*
Komm mir nicht zu nahe; bleibe dort!
PEER GYNT *steht still:*
Du meinst, ich trüg' auf der Stelle dich fort?
SOLVEIG: Schäm dich!
PEER GYNT: Weißt, wo ich die Nacht gewesen? –
Die Dovreprinzessin ist hinter mir.
SOLVEIG: Wohl deshalb erklangen so hell die Glocken?
PEER GYNT: Peer Gynt ist mit solchem Klang nicht zu locken! –
Solveig geht fort.
HELGA *weinend:*
Du verjagst sie immer mit deinem Wesen! –
Wart! *Läuft ihr nach.*
PEER GYNT *sie beim Arm ergreifend:*
Sieh, was ich hab' in meinen Taschen!
Ein silberner Knopf – den bekommst du – bloß
Du sprichst für mich!
HELGA: Ei, laß mich los!
PEER GYNT: Da nimm!
HELGA: Laß mich! – Kannst vom Korbe naschen!
PEER GYNT: Gott sei dir gnädig, wenn – –!
HELGA: Willst du mich fressen?
PEER GYNT *mit weicher Stimme, indem er sie losläßt:*
Nein, sag nur, sie soll mich nicht vergessen!
Helga läuft davon.

Dritter Aufzug

Mitten in einem Kiefernwald. Trübes Herbstwetter. Schneefall.
Peer Gynt steht in Hemdsärmeln und fällt einen Baum.

Peer Gynt *indem er auf eine große Kiefer mit knorrigen Ästen haut:*
O ja, du bist zäh, du alter Patron,
Doch es währt nicht lange; du neigst dich schon.
Haut wieder.
Ich merk' wohl, du hast 'nen Panzer von Stahl,
Doch hab' ich auch Schläge ohne Zahl.
Und wenn du voll Schmerz mit den Armen rüttelst –
's ist ganz vernünftig, daß du dich schüttelst –
Du beißt mir zuletzt doch in das Gras!
Er hört plötzlich zu schlagen auf.
Ei Unsinn, ein alter Baum ist das,
Kein alter stahlgepanzerter Ritter! –
Eine schwere Arbeit, Bäume fällen!
Doch wenn zu den Schlägen sich Träume gesellen
Und Hunger – da schmeckt sie doppelt bitter. –
Das geht nicht weiter; so darfst du nicht leben,
Nicht träumend im Nebel Bilder weben –
Du bist friedlos, Bursche, gejagt in den Wald!
Er haut eine Weile weiter.
Ja, friedlos bist du; hast keine Mutter;
Und keiner deckt den bekannten Tisch.
Willst du essen, Bursche, so hole dein Futter
Aus dem Wald, aus dem Fluß – du bekommst es kalt;
Schneid Späne dir und mache dir Feuer,
Röst Wurzeln, brate dir den Fisch
Und träume beim Kienspan dir's geheuer.
Brauchst Kleider, zieh zur Jagd hinaus;
Brich Steine für dein niedrig Haus;
Steh früh auf mit den schreinden Falken,
Schlag im Walde eisenharte Balken
Und trag auf den Schultern sie nach Haus.
Er läßt die Axt sinken und blickt auf den Boden.
Schön soll es werden, Turm und Fahne
Stolz an den reichen Herrn gemahne.
Auch schnitz' ich 'nen prächtigen Giebelknauf:
Eine Meerfrau, die steigt aus dem Wasser auf.
Von gelbem Metall sind Fahn' und Riegel. –
Ich suche mir Glas noch zu verschaffen,
Daß die Fremden verwundert stehn und gaffen
Nach all dem Glanz auf dem fernen Hügel.
Er lacht schmerzlich.
Teuflische Bilder! Da war es wieder!
Du bist friedlos, Bursche!
Scharf zuhauend: Ein Rindendach
Dein Schutz wider Wetters Ungemach.
Er sieht nach dem Baum hinauf.
Er steht und wackelt. Er muß mir nieder! –
Er schlägt.
Er fällt und zerschlägt in ganzer Länge
Des jungen Aufschlags freud'ges Gedränge.
Er beginnt den Stamm abzuästeln, plötzlich steht er mit erhobner Axt lauschend still.
Einer hinter mir! – Bist du es, Alter
Von Hägstad? – Du listiger Schädelspalter!
Er verbirgt sich hinter dem Baum und späht.
Ein Bursche! – Nur einer! – Er scheint erschreckt –
Blickt scheu umher. – Was hat er versteckt
In der Tasche? – 'ne Sichel. – Er steht und zaudert –
Nun legt er die Hand auf einen Pfahl. –
Was ist das? – Er schüttelt sich und schaudert – –
Halt ein! – – Hieb er sich mit einemmal
Den Finger nicht ab? – Er wickelt 'nen Fetzen
Um den blutenden Stummel, enteilt in langen Sätzen.
Er steht auf.
Ein Teufelskerl! – Ein ganzer Finger! –
Ganz ab! – Und wie scheu und behutsam ging er
Zu Werke! – Nun freilich, das ist das Mittel,
Sich zu entziehn dem Soldatenkittel.
So ist es. – Er sollt' in den Krieg marschieren
Und mochte doch nicht gern parieren.
Doch abhaun –? Von einem Glied sich trennen –?
Ja denken das; wünschen es; doch es tun,
Es wirklich vollbringen –? Wie soll ich's nennen?
Er schüttelt den Kopf und geht wieder an seine Arbeit.

Aases Haus. Alles ist in Unordnung; Kästen stehen offen, Kleider liegen zerstreut umher; ein Kater im Bett.
Aase und die Hausmannsfrau eifrig dabei beschäftigt, zusammenzupacken und Ordnung zu machen.

Aase *indem sie auf die eine Seite läuft:*
Kari, höre!
Die Frau: Was wünscht Ihr?
Aase *auf die andere Seite laufend:* Sage –
Wo liegt, wo finde ich? – Sprich doch – frage –
Was suche ich doch? – Ich bin wie von Sinnen –
Wo ist der Schlüssel?
Die Frau: Im Schlosse drinnen.
Aase: Was für ein Geräusch?
Die Frau: Die letzte Fuhr,
Die nach Hägstad ging.
Aase *weinend:* Wenn ich selber nur
Hinaus im Sarge getragen würde!
Ich unterliege! Zu schwer die Bürde!
Gott sei mir gnädig! Leer das Haus! –
Das Gericht nahm, was die andern nicht mochten,
Sie zogen bis auf das Hemd uns aus.
Pfui – wie sie auf ihre Rechte pochten!
Sie setzt sich auf die Kante des Bettes.
Der Hof und das Gut, wir retteten's nimmer.
Der Alte schlimm, das Gericht noch schlimmer.
Da war nicht Hilfe, gab's keine Gnad',
Ach, Peer war fort, wußt' keinen Rat.

DIE FRAU: Doch bleibt Ihr hier wohnen bis an den Tod?
AASE: Ja, sie gaben uns freundlich das Gnadenbrot,
Mir und dem Kater.
DIE FRAU: Wie steht's mit Peer?
Der Junge kam Euch teuer zu stehn!
AASE: Er? – Peer? – Du redest dumm und leer! –
Gesund kam Ingrid von der Flucht.
Sie hätten den Teufel schelten müssen,
Der schuld an all den Ärgernissen!
Der Böse hat meinen Jungen versucht!
DIE FRAU: Wär's nicht gut, Ihr folgtet altem Brauch?
Schickt nach dem Pfarrer! – Vielleicht tut's not.
AASE: Nach dem Pfarrer? – O ja, das mein' ich auch. –
Auffahrend: Doch nein, ich vermag's nicht! Und wär's mein Tod!
Ich helfe dem Jungen, 's ist meine Pflicht;
Ich folge dem Beispiel der Schlechten nicht.
Wo ist doch der Rock, den ich ihm geflickt?
Wie gern hätt' ein Fell ich ihm geschickt!
Wo sind die Socken? Ich will sie stöpfen.
DIE FRAU: Dort liegen sie unter zerbrochenen Töpfen.
AASE *die Sachen umwühlend:*
Was find' ich? Wahrhaftig, 'nen alten Löffel,
Mit dem er oft gespielt, der Töffel,
Geschmolzen, gegossen, geformt und geprägt.
Einst war es, sie saßen beim Schmause drin,
Da kam er und bat um ein Stückchen Zinn.
Der Vater, Jon Gynt, gut aufgelegt,
„Hier hast du 'nen blanken Silbertaler,
Nicht Zinn" – so rief der betrunkne Prahler.
Gott verzeih' dem Schlemmer den frechen Sinn! –
Hier sind die Socken. Ja, Loch an Loch!
Kaum lohnt's sie zu stöpfen –
DIE FRAU: Bedenk es doch –!
AASE: Wenn das geschehn, will ich zu Bett,
Das heißt auf das harte Bankenbrett.
Mir fehlt der Atem – – *Froh:* Zwei wollne Jacken!
DIE FRAU: Die vergaß der Exekutor –
AASE: Der Heide!
Die eine will zu dem Rock ich packen.
Doch nein – was meinst du – wir nehmen beide –
Die er anhat, ist schon so fadenscheinig.
DIE FRAU: Doch, Mutter Aase, 's ist Sünde, mein' ich.
AASE: Mag's sein; doch du weißt ja, der Pfarrer verspricht
Auch Vergebung für alles, was man verbricht.

Vor einer Hütte im Wald; ein Rentiergeweih über der Tür. Der Schnee liegt hoch. Es ist dunkel.
Peer Gynt steht vor der Tür und schlägt einen großen Holzriegel fest.

PEER GYNT *indem er von Zeit zu Zeit auflacht:*
Ein Riegel muß sein, um abzuhalten
Das giftige Trollpack, Männer und Weiber.
Ein Riegel muß sein. – Sie kämen und krallten
Die Nägel sonst in der Schlafenden Leiber.
Sie kommen, wenn's dunkelt, sie klopfen leise:
„Mach auf, Peer Gynt" – – ich kenne die Weise –
„Unterm Bett, in der Asche wir tanzen und lachen,
Hinaus zum Schornstein als feurige Drachen.
Hi, hi, Peer Gynt, meinst Nägel und Planken
Beschützen vor teuflischen Koboldgedanken?"
Solveig kommt auf Schneeschuhen über die Heide; sie hat auf dem Kopf ein Tuch und in der Hand ein Päckchen.
SOLVEIG: Gott segne die Arbeit! – Sei freundlich zu mir!
Ich ward gerufen und bin nun hier.
PEER GYNT: Solveig, ist's wahr? Bist du's wirklich? – Ja? –
Und wird dir nicht angst, wenn du mir nah?
SOLVEIG: Erst kam mir Botschaft durch Helga, das Kind;
Doch andre brachte der kosende Wind.
Ich sah dich, ich hört' dich in meinen Gedanken;
Wenn die Mutter von dir Geschichten erzählte,
Wenn nachts auf mich die Träume sanken,
War's die eine Botschaft, die immer mich quälte,
Die frohe Botschaft: Nun darfst du kommen! –
Da wollt' Alltägliches länger nicht frommen;
Mir war es, der Tag hört' auf zu scheinen,
Ich konnte von Herzen nicht lachen, nicht weinen;
Ich wußte nicht, ob du gut mir bist,
Ich wußte nur, daß ich kommen müßt'.
PEER GYNT: Doch dein Vater?
SOLVEIG: Auf Gottes weiter Welt
Ist nichts, was mich zurück noch hält,
Gelöst alle Bande.
PEER GYNT: Solveig – o nein –
Um zu mir zu kommen?
SOLVEIG: Zu dir allein.
Du bist mir nun alles, Lieber, Bester!
In Tränen ausbrechend:
Doch war es wohl schwer, von der kleinen Schwester
Zu gehn, und schwer vom Vater, von beiden;
Am schwersten von der, die am Herzen mich trug.
Doch verzeihe mir Gott, ich rede nicht klug –
Am schwersten, von allen, allen zu scheiden!
PEER GYNT: Doch kennst du auch das harte Gericht,
Das mich von Haus und Hofstatt schied?
SOLVEIG: Um solchen Vorteil war es nicht,
Daß ich die Teuren alle mied!
PEER GYNT: Und weißt du, daß sie lauernd mich greifen,
Wollt' jenseits der Waldesgrenz' ich schweifen?
SOLVEIG: Auf Schneeschuhn kam ich durch Sturm und Graus;
Sie fragten: Wohin? – Ich sagte: Nach Haus.
PEER GYNT: Dann fort mit Riegel, mit Nägeln und Planken!
Nun kommen nicht teuflische Koboldgedanken,
Bist du beim Jäger zu bleiben bereit,
So ist auch die Hütte geweiht und gefeit.
O laß dich anschaun! – Doch nicht zu nah!
Du bist lieblich und schön! – Nur anschaun! – Ja!
Ich hebe dich auf – wie leicht und licht;
Und wenn ich dich trage, fühl' ich's nicht.

Ich beschmutze dich nicht! Sei nur nicht bang,
Ich halt' dich mit ausgestreckten Armen. –
Wie hätt' ich gewähnt im wüsten Drang,
Du solltest in meiner Hütte erwarmen! –
Doch ich bau' dir ein neues, ein schönres Haus –
Wie häßlich sieht mir nun alles aus!

SOLVEIG: Gering oder fein – hier ist's 'ne Lust,
Zu atmen die reine erfrischende Luft!
Da unten war's gleich einer Gruft,
So schwül und beklommen; es engte die Brust.
Auch darum hab' ich fortgemußt.
Doch hier, wo im Winde die Kiefern sausen,
Hier bin ich zu Haus und will hier hausen.

PEER GYNT: Allein für immer? – Fürs ganze Leben?

SOLVEIG: Für mich kann's keine Rückkehr geben.

PEER GYNT: So halt' ich dich fest; doch tritt hinein;
Ich hole zum Feuer auf niedrigem Herde
Noch Späne, daß hell und warm es werde;
Wir plaudern dann bei dem freundlichen Schein.

Er öffnet, Solveig geht hinein. Er steht eine Weile still, dann lacht er vor Freude laut auf und springt in die Höhe.

PEER GYNT: Meine Königstochter! Nun endlich gefunden!
Nun sind geheilt die schwersten Wunden.

Er ergreift die Axt und will fortgehn. Es tritt eine ältliche Frau auf in einem zerlumpten grünen Rock. Ein häßlicher Junge mit einem Bierkrug hinkt ihr nach und hält sie am Rock.

DIE FRAU: Guten Abend, Peer Schnellfuß!

PEER GYNT: Was gibt's? – Wer da?

DIE FRAU: Bekannte, Peer Gynt; meine Hütte ist nah;
Wir sind Nachbarn.

PEER GYNT: So? – Ei, wunderlich!

DIE FRAU: Als du bautest, war es ja auch für mich.

PEER GYNT *will gehn:*
Hab' Eile –

DIE FRAU: Die hast du immer gehabt.
Doch ich komme dir stätig nachgetrabt.

PEER GYNT: Ihr irrt Euch, Mutter!

DIE FRAU: Das tat ich schon 'nmal –
's war damals, als du mir alles versprachst.

PEER GYNT: Ich versprach? – Schon einmal? – Dir? –

DIE FRAU: Und brachst?
Vergaßt du den Trank im Dovresaal?

PEER GYNT: Vergessen, ja, was ich nie gewußt!
Was rührst du daran mit teuflischer Lust!
Wann hätten wir beide uns je gesehn?

DIE FRAU: Zuerst war's auch zuletzt geschehn.
Zum Jungen: Gib dem Vater zu trinken – er hat wohl Durst.

PEER GYNT: Vater? – Bist du betrunken? – Er wäre –?

DIE FRAU: Man erkennt doch das Schwein an der hohen Stirn!
Wo hast du die Augen? – Er macht dir Ehre!
Seine Hüfte ist lahm wie bei dir das Hirn.

PEER GYNT: Du bildest dir ein –?

DIE FRAU: 's ist freilich kein Engel!

PEER GYNT: Der schielende, langbeinige Bengel –!

DIE FRAU: Je nun, er wuchs.

PEER GYNT: Du dummes Tier!

DIE FRAU: Ei, du bist stößig wie ein Stier!
Weinend: Was kann ich dafür, daß ich nicht mehr schön
Wie einst, da du locktest auf die Höhn? –
Als ich drauf gebar, stand der Teufel mir bei;
Darunter litt das Konterfei.
Doch willst du so schön mich schaun wie sonst,
So mußt du die drinnen jagen fort,
Aus deinen Augen und Sinnen verbannen –
Geschieht das, so zieht auch das „Tier" von dannen.

PEER GYNT: Weich von mir, Hexe!

DIE FRAU: An welchen Ort?

PEER GYNT: Ich schlag' dir den Schädel ein!

DIE FRAU: Ganz umsonst!
Oho, Peer Gynt, ich halte das aus;
Ich komme täglich zu eurem Haus.
Ich will mich an eure Türe schleichen,
Durch die Ritze sehn, nicht von euch weichen.
Sitzt du mit ihr auf dem Bankenbette,
Bist du zärtlich, Peer, verliebt und geil,
Hängst du an ihr gleich einer Klette –
Ich setz' mich zu euch und fordre mein Teil.
Wir wollen dich wechselseitig drücken. –
Lebwohl! Kannst morgen nach dem Pfarrer schicken.

PEER GYNT: Du Teufelsweib!

DIE FRAU: Bald hätt' ich's vergessen –
Den Jungen behältst du und gibst ihm zu essen! –
Teufelchen, willst du zum lieben Väterchen?

DER JUNGE *spuckt nach ihm aus:*
O ja, ich erschlag' ihn mit meinem Beil!

DIE FRAU *den Jungen küssend:*
Gott's Blitz – gib mir 'nen Kuß, lieb Peterchen!
Wirst ganz dein Vater, wart nur 'ne Weil!

PEER GYNT *mit dem Fuße stampfend:*
Wärt ihr so weit –!

DIE FRAU: Wie wir nah dir sind –?

PEER GYNT *die Hände ringend:*
Und alles das –!

DIE FRAU: Nur Gedankensünd'!
Du trägst es in dir.

PEER GYNT: Weh der Süßen!
Solveig, du rein wie Gold! Und alles heute –?

DIE FRAU: „Der Unschuld'ge" – sagte der Teufel – „muß es büßen,
Als die Mutter, weil Vater betrunken, ihn zerbleute."

Sie geht mit dem Jungen in das Dickicht. Dieser wirft den Bierkrug nach Peer.

PEER GYNT *nach langem Schweigen:*
Geh herum – so sagte er; hier auch gilt es. –
Mein Luftschloß brach, versank zu bald!

Schon stiegen die Mauern, ich sah erfüllt es: –
Das Gehoffte ward häßlich, die Zukunft alt. –
Draußen herum – 's gibt keinen Weg,
Der mitten hindurch zu ihr mich führte;
Hindurch? – Wär's auch auf schwindelndem
Steg! –
Von Reue, welche die Herzen rührte,
Steht etwas – doch was? – in einem Buche.
Ich hab's vergessen, und wie ich auch suche,
Kein Führer in dieser waldigen Wildnis.
Reue? – Da möchte manch Jahr vergehn,
Eh' ich's gefunden. – Ein traurig Sein! –
Zerbrechen, was ganz und licht und schön,
Und dann die Stückchen zusammenleimen
Zu einem geflickten Menschenbildnis –
Das geht mit Geigen, doch nicht mit Glocken –
Daraus läßt sich kein Ton mehr locken. – –
Doch vorbei mit den Lügen und Hexenträumen,
Da das häßliche Weib aus den Augen mir
schwand. –
Ja, aus den Augen, nicht aus den Gedanken!
Die folgen mir schmeichelnd, wohin ich mich wende,
Und weisen höhnend nach Ingrid hin,
Und nach den drei'n, die ich auf mir band.
Sie wollen wohl mit? – Sie heben die Hände,
Als forderten sie, ich soll sie umarmen,
Auf ausgestreckten Händen sie tragen
Wie jene, die in der Hütte drin. –
Geh herum, Gesell, wär' der Arm so lang
Wie die Tannen, die auf zum Himmel ragen,
Ich hielte sie doch zu nahe mir –
Sie verlöre den Glanz und die reine Zier.
Herum auf die ein' oder andere Weise!
Ich muß aus diesem Hexenkreise!
Am besten, wenn ich's vergessen könnt'! –

Er geht einige Schritte der Hütte zu, dann steht er still.

Zu ihr, da's in mir stöhnt und brennt?
Mit der ganzen Schar von Hexen und Zwergen?
Sprechend schweigen? Beichtend verbergen –?

Er wirft die Axt von sich.

's ist heiliger Abend – jetzt ihr begegnen –
Sie suchen –? – Gott strafte den Verwegnen!

SOLVEIG *in der Tür:*
Kommst du?
PEER GYNT *halblaut:*
Geh herum!
SOLVEIG: Was?
PEER GYNT *laut:* Du mußt warten;
Ich hole noch ein paar Kiefernschwarten.
SOLVEIG: Ich will dir helfen, wir teilen – –
PEER GYNT: Nein,
Bleibe nur hier; ich trag' es allein.
SOLVEIG: Doch laß mich nicht zu lange warten!
PEER GYNT: Lang oder kurz – du mußt warten. –
SOLVEIG *ihm zunickend:* Ja, warten!

Peer Gynt geht längs dem Waldwege. Solveig bleibt in der offenen Haustür stehen.

Aases Stube. Abend. Im Kamin brennt Feuer. Ein Kater sitzt auf einem Stuhl am Fußende des Bettes. Aase liegt im Bett, unruhig auf der Decke tastend.

AASE: Er läßt sich noch immer nicht blicken.
Und der Weg ist doch nicht weit,
Ich habe keinen zu schicken,
Und es drängt, es drängt die Zeit.
So bald – was ich wähnte noch ferne –
Und die Brust wird mir so eng –
Auch quält's mich – ich wüßt' es gerne –
Erzog ich vielleicht ihn zu streng?
PEER GYNT *kommt:* Guten Abend!
AASE: Kommst du endlich,
Mein Junge, gelobt sei Gott!
Sie spielten auf dir schändlich –
O teuflisches Komplott!
PEER GYNT: Das soll mich wenig grämen,
Ich kam nur nach dir sehn.
AASE: Ja, da mag sich Kari schämen;
Und ich kann in Frieden gehn.
PEER GYNT: Du gehn? Wohin dich wenden?
Wer war's, der dir's gebot?
AASE: O Peer, es will sich enden,
Das ist, das ist – der Tod.
PEER GYNT *schüttelt sich und geht auf und ab:*
Ich ging mit den wilden Tieren;
Hier, Mutter, wähnt' ich mich frei. – –
Doch du zitterst, du scheinst zu frieren –?
AASE: Ja, Peer, bald ist es vorbei.
Wenn meine Augen gebrochen,
So drücke sie sanft mir zu
Und bette die alten Knochen
In den Sarg zu langer Ruh.
Doch laß ihn auch hübsch mir malen;
Nur freilich –
PEER GYNT: O mach' mich nicht weich!
AASE: Es fehlt wohl zum Bezahlen
Am Besten. –

Indem sie sich unruhig in der Stube umsieht:

Was nehmen wir gleich?
PEER GYNT *hart:* Ich weiß, ich hab' es verschuldet –
Was gemahnst du mich daran?
AASE: Nein, schlimm, daß ich es geduldet,
Da das Schlemmen und Saufen begann.
Du warst ja betrunken, Junge!
Wer tut da, was er soll?
So kam's zu dem Rentiersprunge –
Natürlich! Du warst toll!
PEER GYNT: Du meinst das wilde Gebaren
Am Genden und all das Tun –
Wir wollen die Sache uns sparen,
Bis morgen mag sie ruhn.

Er setzt sich auf die Kante des Bettes.

Laß, Mutter, uns ohne Zaudern
Erwägen, was sich schickt,
Und recht gemütlich plaudern,

Vergessend, was uns drückt. –
Ei seht doch, der alte Kater,
Ich glaubt' ihn schon lange tot?
Aase: In der letzten Nacht, da tat er
So seltsam – bedeutet's den Tod?
Peer Gynt *ausweichend:*
Was gibt es Neues im Städtchen?
Aase *lächelnd:* Aufs Gebirg soll zuweilen gehn
Zum fernen Schatz ein Mädchen –
Peer Gynt *schnell:* Hast du Mats Moen gesehn?
Aase *fortfahrend:* Man sagt, sie lass' sich nicht stören
Auf ihrem heimlichen Pfad.
Du solltest nach doch hören –
Du weißt vielleicht 'nen Rat.
Peer Gynt: Kannst du vom Schmied mir erzählen?
Aase: Schweig von dem unsauberen Geist! –
Du brauchst dich nicht lange zu quälen,
Du weißt, wie die Dirne heißt.
Peer Gynt: Nein, laß uns ohne Zaudern
Erwägen, was sich schickt,
Und recht gemütlich plaudern,
Vergessend, was uns drückt. –
Hast du Durst – ich will dich erquicken.
Streck dich aus – das Bett ist nicht lang.
Und nun steht es vor meinen Blicken:
Ist's nicht meine eigene Bank? –
Weißt, wie du am Abend mich strecktest
Und setztest dich auf die Kant',
Mich mit dem Schaffell bedecktest
Und sangst von der Kuh und dem Fant?
Aase: Ja freilich, wir spielten Schlitten,
Wenn Vater von Hause fort;
Auch stiegen wir ab und schritten
Auf Schneeschuhn über 'nen Fjord.
Peer Gynt: Doch Mutter, das Allerbängste –
Wie rieselt's durch Mark und Bein –
War doch die Fahrt mit dem Hengste!
Aase: Ja, meinst du, mir fällt's nicht ein? –
Das war ja der Kater, der festlich
Auf hohem Stuhle thront' –
Peer Gynt: Zum Schloß von der Sonne westlich,
Zum Schlosse östlich vom Mond,
Zum Soria-Moria-Palaste*,
Das war das ersehnte Ziel.
Ich nahm einen Stock, der paßte
Uns grade zum Peitschenstiel.
Aase: Ich saß auf dem Kutscherbock – du!
Peer Gynt: Der Kater bekam an das Ohr;
Doch knöpftest du auch mir den Rock zu
Und fragtest mich, ob ich fror.
Gott segne dich, gute Alte,
Und dein kindlich frommes Gefühl –
Doch du stöhnst – ?
Aase: Mich drückt 'ne Falte
In dem ausgelegenen Pfühl.
Peer Gynt: Richt dich auf, ich will dich stützen.
Sieh – so; nun liegst du weich.
Aase *unruhig:* Nein, Peer, es kann nichts nützen,
Ich reise – am besten gleich.
Peer Gynt: O Unsinn! – Leg unter das Fell dich,
Ich setze mich auf die Kant'
Und begleite als treuer Gesell dich
Und sing' von der Kuh und dem Fant.
Aase: Hol lieber die Hauspostille,
Mir ist so traurig zumut' –
Peer Gynt: Ei Mutter, 'ne bloße Grille –
Es wird noch alles gut!
Im Soria-Moria-Palaste
Ist Hochzeit bei König und Prinz.
Aase: Doch Peer, sind wir auch zu Gaste
Geladen?
Peer Gynt: Ei freilich, wir sind's.

Er wirft eine Schnur um den Stuhl, auf dem der Kater liegt, nimmt einen Stock in die Hand und setzt sich auf das Fußende des Bettes.

Rapp', spute dich, keine Flausen!
Die Mutter, die ist mit –
Ja ja, man merkt's am Sausen,
Du hast einen guten Schritt.
Aase: Doch Peer, da lacht und klingt es –
Peer Gynt: 's ist die Schelle am Pferdeohr.
Aase: Und jetzt, da kracht und singt es –
Peer Gynt: Wir fahren über ein Moor.
Aase: Halt an! Um die drohenden Gipfel
Seufzt es so seltsam schrill?
Peer Gynt: Der Sturm durchbraust die Wipfel
Der Heide – sitz nur still!
Aase: Es funkelt von tausend Fenstern –
Was ist das für ein Glanz?
Peer Gynt: Das Schloß ist voll von Gespenstern –
Hörst du – – ?
Aase: Den Ringeltanz!
Peer Gynt: Doch draußen steht Sankt Peter
Und ladet dich freundlich ein.
Aase: Grüßt er mich?
Peer Gynt: Lächelnd steht er
Und schenkt vom süßesten Wein.
Aase: Wie, Wein? – Hat er auch Kuchen?
Peer Gynt: Ja freilich, soviel man nur bäckt.
Dich kommt die Probstin suchen,
Beut Kaffee dir und Konfekt.
Aase: So treffen wir dort zusammen?
Peer Gynt: Sooft es dir gefällt.
Aase: O Peer, mit dir zusammen
Fahr' gern ich aus der Welt. – –
Peer Gynt *knallt mit der Peitsche:*
Rapp', spute dich, laß dich bitten!
Aase: O Peer, fährst du auch recht?
Peer Gynt *knallt wieder:*
Auf dem Hauptweg fährt der Schlitten –
Aase: Nein, Peer, es geht uns schlecht.

* Einem norwegischen Märchen entnommen

PEER GYNT: Schon seh' ich das Schloß sich erheben,
Da nimmt die Fahrt ein End'.
AASE: O Peer, ich will nicht beben –
Zum Guten alles wend! – –
PEER GYNT: Mein Pferd, bald gibt es Futter! –
Am Tor ist's Gewimmel groß –
Peer Gynt kommt mit der Mutter;
Sie sitzt auf seinem Schoß.
Nun, was sagst du, heiliger Peter,
Läßt du die Mutter ein?
Mach auf, du Schwerenöter,
Laß die frommen Seelen schrein!
Mich mögen sie weiter verfluchen,
Ich habe sie selten erbaut –
Doch kannst du lange suchen
Nach solch einer ehrlichen Haut.
Ich will nicht die Frommen erbosen,
Ich kehr' an der Türe um;
Hab' sie oft vor den Kopf gestoßen,
Das nahmen sie wahrlich krumm. –
Doch s i e sollt ihr ehren und achten
Und machen ihr alles zum Dank.
Denn wenn wir's recht betrachten –
's ist mancher Gesunde krank. – –
Doch wie, da ist ja Gott Vater!
Sankt Peter, hüte dich fein!
Mit tiefer Stimme: „Hör auf mit deinem Geprater!
Mutter Aase kommt frei herein!"
Er lacht laut auf und wendet sich nach seiner Mutter.
Ja, das wollt' ich auch aus mir bitten,
Sonst säng' ich ein andres Lied! –
Ängstlich: Was sitzt du so steif auf dem Schlitten,
O Mutter, und rührst kein Glied?
Er geht zum Kopfende des Bettes.
Du sollst nicht so liegen und starren! –
Sprich, Mutter – es ist dein Peer!
Er befühlt ihre Stirn und Hände, dann wirft er die Schnur auf den Stuhl und spricht mit dumpfer Stimme:
Das also –?
Gleichsam zum Rappen: Kannst ruhen und harren!
Wir fahren nicht länger mehr.
Er drückt ihr die Augen zu und beugt sich über sie.
Hab Dank für alles, fürs Zanken,
Für Schläge, für Scherz und Kuß! –
Doch mußt du nun auch mir danken
Für die Fahrt – –
Er drückt seine Wange an ihren Mund.
Das ist der Schluß. –
KARI *kommt:* Was – Peer? – So ist überwunden
Die schwerste Sorg und Not! –
Wie schläft sie so gesunden
Schlaf! – Oder –?
PEER GYNT: Still, sie ist tot.
Kari weint an der Leiche; Peer Gynt geht lange in der Stube auf und ab; endlich steht er am Bett still.
Nun der Mutter die letzte Ehre,
Dann hinaus über Berg und Joch.
KARI: Gehst du weit?
PEER GYNT: Bis hin zum Meere.
KARI: So weit?
PEER GYNT: Und weiter noch. *Er geht.*

VIERTER AUFZUG

An der Südwestküste von Marokko.
Palmenwald. Gedeckter Mittagstisch, Zelt und Binsenmatten. Weiter im Wald Hängematten. Auf der See liegt eine Dampfjacht mit norwegischer und amerikanischer Flagge. Am Strand ein kleines Boot. Es ist gegen Sonnenuntergang.
Peer Gynt, ein hübscher Herr im mittleren Lebensalter, in elegantem Reiseanzug, eine goldne Lorgnette auf der Brust, präsidiert als Wirt am Tisch. Master Cotton, Monsieur Ballon nebst den Herren von Eberkopf und Trumpeterstråle im Begriff, das Mahl zu schließen.

PEER GYNT: Trinkt, meine Herrn! Ist man geboren
Zur Freude – sei man auch gesellig!
Wie heißt's? Verloren ist verloren –
Und fort ist fort. – Was noch gefällig?
MASTER COTTON: Wie fein Sie alles angestellt!
PEER GYNT: Ich teil' die Ehr' mit meinem Geld,
Mit meinem Koch und Steward –
TRUMPETERSTRÅLE: Skål!*
Ein Hoch auf aller Viere Wohl!
MONSIEUR BALLON: Monsieur, Sie haben 'nen Gout, 'nen Ton,
Wie heutzutag' man's selten findet
Bei Männern, lebend en garçon –
Ein Etwas, das man nicht ergründet.
VON EBERKOPF: Ein Abglanz freier Weltbetrachtung,
Weltbürgertum und halb Verachtung;
Ein Blick, der in die Weite dringt
Und den kein trüber Nebel zwingt;
Ein Hauch von höherer Gewahrung,
Dazu 'ne praktische Erfahrung,
Und eine Urnatur – ein Pli: –
Nicht wahr, Monsieur, so meinten's Sie?
MONSIEUR BALLON: Wohl möglich; doch ich muß gestehn,
Französisch klingt es nicht so schön.
VON EBERKOPF: Eh bien, da traft ihr grad den Punkt;
Da klingt's so steif! – Doch wollt Ihr künden
Die wahre Ursach' –
PEER GYNT: Leicht zu finden.
Das kommt, weil ich kein Eh'adjunkt.
Ja, meine Herrn, die Sach' ist klar,
Wenn ich das Leben recht mir zimmre:
S e l b s t sei der Mann; bleib', wie er war;
Um s i c h und S e i n e s er sich kümmre!

* „Hoch!" – eigentlich „Schale"

Und kann ich das, wenn ich mich quäl'
Als andrer Leute Pack-Kamel?
VON EBERKOPF: Doch dieses An-und-für-sich-Sein
Hat wohl gekostet manchen Streit?
PEER GYNT: Nun freilich, ja, in frührer Zeit;
Doch hielt die Ehre stets ich rein.
Nur einmal hätt' mich fast gefangen
So eine heilige Cäcilie. –
Ich weiß nicht, wie sie's angefangen;
Ich war verliebt bis über die Ohren,
Und meine Dame war geboren
Gar hoch, aus königlicher Familie.
MONSIEUR BALLON: Ei wirklich?
PEER GYNT *leichthin:* Eines der Geschlechter –
Sie wissen –
TRUMPETERSTRÅLE *auf den Tisch schlagend:*
Diese Volksverächter!
PEER GYNT *mit den Schultern ziehend:*
Depossedierte Größen – setzen
'nen Stolz darin, Plebejerflecken
Von ihrem Schilde fernzuhalten;
Drapieren sich mit Purpurfetzen.
MASTER COTTON: So mußt' die Liebe wohl erkalten?
MONSIEUR BALLON: Ich sehe der Familie Schrecken!
PEER GYNT: Nein, au contraire!
MONSIEUR BALLON: Ah!
PEER GYNT *schonend:* Sie verstehn –
's gab Dinge, die den Hochmut beugten
Und selbst die Schlimmsten überzeugten,
Uns möglichst bald getraut zu sehn.
Doch frei heraus, die Ehrbezeugung
Entsprach nicht meiner eignen Neigung.
Bin auch von Haus aus etwas wählerisch. –
Als nun der Alte mir befehlerisch,
Wenn auch verblümt, die Fordrung stellte
Von einem Wechseln meiner Stellung,
Aristokrat'scher Zugesellung,
Von Adelsbrief und höhern Pflichten
Und andern albernen Geschichten –
Zog ich mit Anstand mich heraus,
Verwarf sein dreistes Ultimatum
Und ließ die junge Braut zu Haus.
Er trommelt auf den Tisch, mit andächtiger Miene:
Ja, es regieret doch ein Fatum,
Auf das mit Recht wir Menschen baun,
Und das stärkt unser Gottvertraun. –
MONSIEUR BALLON: Und war damit die Sache aus?
PEER GYNT: Nein, keineswegs. Denn schließlich mengten
Sich Unberufene darein.
Von allen Seiten welch ein Schrei'n,
Da wutentbrannt sie ein mich engten.
Am kecksten waren doch die Jüngsten.
Mit sieben gab es ein Duell;
Ich focht sie alle aus zur Stell'.
Die Ehre litt nicht im geringsten;
Auch zeigte mein vergoßnes Blut,
Daß ich noch stets in höh'rer Hut.
VON EBERKOPF: Sie haben für des Lebens Gang
Den Blick, der hebt zum Denkerrang.
Denn während andre zögernd stammeln
Und ratlos stehn vor all den wirren
Erscheinungen und immer irren,
Verstehen Sie's in eins zu sammeln.
Für alles haben Sie 'ne Norm,
Sie sehn das Wesen, nicht die Form;
Für Sie gibt's keine Sinnsumnachtung.
Vom Lichte Ihrer Weltbetrachtung
Geht's aus in tausend hellen Strahlen. –
Sie hätten wirklich nicht studiert?
PEER GYNT: Kann nur mit eigner Münze zahlen.
Ich bin, verzeiht, Autodidakt.
Methodisch lernen ist vertrackt,
Ich hab' gedacht und spekuliert,
Allmählich so mich einstudiert.
Ich fing erst an im reifern Alter.
Doch wissen Sie, 's ist nicht bequem,
Pflügt man so einen alten Psalter
Und starrt man Seit' um Seite an,
Gleichviel ob alles auch genehm
Und ob man's Rechte auch erfaßt.
Mit der Geschichte fing ich an,
Lernt' sie natürlich fragmentarisch.
Und da in mancher schweren Zeit
Doch die Religion ein werter Gast,
So ging auch sie ich durch – summarisch.
Auf diese Art kam ich so weit.
Denn hätt' ich Buch um Buch verschlungen,
Ich wär' so weit nicht vorgedrungen.
MASTER COTTON: Das nenn' ich praktisch!
PEER GYNT *sich eine Zigarre anzündend:* Sehn Sie,
Freund,
Wie sich mein Leben aufgebaut,
Als ich zuerst kam nach dem Westen,
Ein armer Bursch mit leeren Taschen,
Da hieß es hungernd stehn bei Festen,
Tagein, tagaus ums Brot sich mühn,
Den günst'gen Augenblick erhaschen.
Doch, Freund, das Leben ist so schön,
Der Tod ein nur zu bittres Kraut!
Nun, endlich war das Glück mir grün,
Das Schicksal mehr und mehr gefällig;
Es ging. Und da ich selbst anstellig,
So ließ es mehr und mehr sich ködern: –
Zehn Jahre später nannt' man mich
Den Krösus unter Charlestowns Reedern.
In jedem Hafen kannt' man mich,
Das Glück an meine Borde bracht' ich.
MASTER COTTON: Was für Geschäft?
PEER GYNT: Am meisten
macht' ich
In Negern hin nach Karolina;
Zurück in Fetischen nach China.
MONSIEUR BALLON: Fi donc!
TRUMPETERSTRÅLE: Der Tausend, Onkel Peer!

PEER GYNT: Es scheint, Sie finden's etwas bös,
Vielleicht schon etwas unanständig?
Nun ja, auch ich empfand's lebendig,
Die Sache war recht odiös.
Doch glauben Sie mir, erst begierig
Gemacht, da löst sich's eben schwer.
In jedem Fall ist's äußerst schwierig
Bei solcher zarten Unternehmung,
Machte man plötzlich reinen Tisch –
Es brächte tausend Händen Lähmung. –
Dies „plötzlich" mag ich überhaupt nicht,
Es klingt zu hell, zu grell, zu frisch.
Doch muß ich offen auch gestehn,
Stets achtet' ich die Konsequenzen,
Die einmal festgezognen Grenzen
Des, was „erlaubt" und was „erlaubt nicht".
Inzwischen kamen auch die Jahre,
Ich nähert' mich den Fünfzigern,
Bekam die graumelierten Haare,
Die Sie an meinen Schläfen sehn;
Und sind Gebresten auch mir fern,
So ist doch der Gedanke peinlich:
Wer weiß, wie bald die schwere Stunde schlägt,
Da offenbar wird, was uns angekreidet,
Da man die Böcke von den Lämmern scheidet. –
Was war zu machen? – Augenscheinlich
Mußt's bei der Chinafahrt verbleiben.
Ich fand 'nen Ausweg, ein Vehikel:
Daß erst ich Götzen exportierte,
Dann Missionäre ausklarierte,
Gab mit die nötigen Artikel,
Wie Strümpfe, Bibeln, Rum und Reis –
MASTER COTTON: Doch mit Profit?
PEER GYNT: Ei selbstverständlich!
Ein jedes Ding hat seinen Preis. –
Es ging. Bald war die Wirkung kenntlich.
Für jeden Götzen, der verkauft,
Ward rasch ein Kuli umgetauft,
Die Wirkung so neutralisiert.
Drum lag das Feld auch niemals brach;
Denn jeden kolportierten Fetisch
Hielten die Priester mir im Schach.
MASTER COTTON: Jedoch die afrikan'schen
Waren? –
PEER GYNT: Ich nahm die Sache gleichfalls ethisch,
Ganz objektiv, wie's sich gebührt,
Und fand, für einen ältern Herrn
Sei das Geschäft schon mehr poetisch.
Denn überall läuft man Gefahren,
Nicht bloß vom Wetter in den Tropen,
Von Krankheit, liebenswürd'gen Kapern,
Auch von humanitären Schlingen,
Gelegt von unsern Philanthropen.
So fing die Sache an zu hapern.
Ich dachte: Nieder mit den Segeln,
Eh's gar zu sehr brennt auf den Nägeln!
So kauft' ich mir denn Land im Süden,
Behielt den letzten Fleischimport –
Er war gerade prima Sort' –,
Sie prosperierten, wurden fett –
Als ob man sie gemästet hätt' –
Wir waren beiderseits zufrieden.
Ich sorgte, ohne zu ermüden,
Und darf wohl sagen, wie ein Vater.
Doch Gott war hier auch mein Berater;
So wurd' ich des Gewinns auch froh.
Ich baute Schulen für die Jugend
Und hielt darauf, daß nicht die Tugend
Sänk' unter ein gewiss' Niveau.
Zu hoch steht nicht das Thermometer
Bei solchen schwarzen Paul und Peter,
Man steuert nur der Hauptblamage.
Nun hab' ich mich herausgezogen
Aus dem Geschäft; in Bausch und Bogen
Verkauft die Muster-Farm-Plantage.
Am letzten Tag gab ich gewogen
Den Leuten Grog, dazu ein Pack
Zigarren und auch Schnupftabak.
So bin ich denn auch unverzagt
Und denke, wie das Sprichwort sagt,
Daß gut tut, wer nicht Böses tut.
Vergangenes für immer ruht.
Die Tugend soll allein noch walten
Und frührer Sünd' die Stange halten.
VON EBERKOPF *mit ihm anstoßend:*
Wie klingt erfrischend es und stärkend,
Prinzipien realisierend,
Theorien ein ins Leben führend,
Das Äußerliche kaum bemerkend.
PEER GYNT *der während des Vorhergehenden dem Glase fleißig zugesprochen hat:*
Wir Leute, nah dem Eisespol,
Verstehn den Kampf des Lebens wohl;
Die schwere Kunst, zu ziehn ein Gatter,
Daß ein ins Ohr nicht schlüpf' 'ne Natter.
MASTER COTTON: Was für 'ne Natter, lieber Freund?
PEER GYNT: Nur eine kleine, höchst gefährlich
Für das, was keinem doch entbehrlich. *Trinkt wieder.*
Das, was des Wagens Kunst von allen
Verlangt: den frischen Mut der Tat;
Das ist: zu gehn auf freiem Pfad
Zwischen des Lebens tück'schen Fallen –
Zu wissen, daß sich jeden Tag
Erneut des Lebens Streit und Plag –
Zu wissen, daß im Rücken steht
Die Brücke, drauf zurück es geht: –
Die Theorie hat mich beseelt,
Mein Tun und Lassen ganz gefärbt.
Doch hab' ich sie nicht frei gewählt,
Von meinen Ahnen sie ererbt.
MONSIEUR BALLON: Norweger sind Sie?
PEER GYNT: Von Geburt,
Doch Weltenbürger durch Beruf.
Das Glück, von dem Ihr schon erfuhrt,

Verdanke ich Amerika.
Die wohlgefüllten Bücherschränke
Den jüngern Schulen Deutschlands schuld' ich.
Frankreich mit Kleidern mich versah,
Mit Witz, Esprit und auch Zynismus.
Von England lernt' ich, wie man denke,
Arbeit und etwas Egoismus;
Vom Juden, wie man sei geduldig.
Das bißchen Dolcefarniente
Gab mir die italiana gente.
Auch schuf ich Eisen mir ins Blut
Mit schwed'schem Stahl; das stärkt den Mut.

TRUMPETERSTRÅLE *sein Glas erhebend:*
Der schwed'sche Stahl!

VON EBERKOPF: Hoch den Pokal!
Es lebe, wer ihn kräftig schwingt!

Sie stoßen mit ihm an und trinken. Ihm beginnt schon heiß zu werden.

MASTER COTTON: Sehr schön das alles freilich klingt –
Doch, Sir, ich wüßte gar zu gern,
Was ist denn eigentlich Ihr Plan?

PEER GYNT *lächelnd:*
Mein Plan?

ALLE VIER *zusammenrückend:*
Ja, zeigt ihn nur von fern!

PEER GYNT: Mit bloßem Reisen fängt er an.
Nur darum nahm ich euch an Bord
Als Kameraden in Gibraltar.
Man hat doch gern 'nen treuen Hort
Von Freunden um den Goldkalb-Altar.

VON EBERKOPF: Sehr witzig!

MASTER COTTON: Doch, mir scheint, ein Weiser
Fährt nicht, um immerfort zu segeln,
Man strebt nach Zielen und nach Regeln,
Und dieses ist – ?

PEER GYNT: Ich werde Kaiser.

ALLE VIER: Wie?

PEER GYNT *nickt:* Kaiser!

DIE HERREN: Wo?

PEER GYNT: Der ganzen Welt.

MONSIEUR BALLON: Wodurch?

PEER GYNT: Wozu hätt' ich mein Geld?
Der Plan ist mir nicht neu entsprossen.
Er war der Inhalt meines Strebens.
Ritt schon als Knabe nicht vergebens
Weit übers Meer auf Wolkenrossen.
Ich trug 'nen Mantel, Krone, Schwert;
Und war der Schluß auch oft nichts wert,
Hielt ich doch immer fest am Ziel.
Es steht ja irgendwo geschrieben –
Vielleicht ist's auch nur wo gesagt:
Wenn dir die ganze Welt geblieben,
Doch du nicht achtetest, was edel,
Dich selbst verlörst, mutlos, verzagt,
Wär' alles doch, was zu dir fiel,
Ein Kranz nur um 'nen Totenschädel. –
So steht es, oder etwas Ähnliches;
In jedem Fall ein sehr Ersehnliches.

VON EBERKOPF: Doch was ist denn dies Gyntsche Selbst?

PEER GYNT: Die Welt ist's hinter meiner Stirn,
Hier ist mein Selbst, mein Ich, nichts andres,
So gut wie Gott niemals der Teufel.

TRUMPETERSTRÅLE: Das hebt mir freilich jeden Zweifel!

MONSIEUR BALLON: Erhaben wie ein Dichterhirn!

VON EBERKOPF: Philosophie des Weltenwandrers!

PEER GYNT *in steigender Erregung:*
Das Gyntsche Selbst, das ist das Heer
Von Wünschen, Sehnsucht und Verlangen;
Das Gyntsche Selbst, das ist das Meer
Von Hoffnung, von Genuß und Bangen,
Kurz das, was mir die Brust bewegt
Und mich bis in den Grund erregt.
Doch wie der Herrgott braucht den Staub,
Soll er bestehn als Weltenlenker,
So bin ich für den Klang nicht taub,
Der ausgeht von dem goldnen Dollar.

MONSIEUR BALLON: Je nun, Ihr Beutel ist nicht leer.

PEER GYNT: Ein Bettel, wär' er auch noch voller.
Blieb es dabei, hol' ihn der Henker!
Für 'n Kaiser à la Monaco
Wär's wohl genug; doch Gynt will mehr,
Er strebt nach höherem Niveau,
Er will der Welt Gebieter werden.

MONSIEUR BALLON *entzückt:*
Der größten Schönheiten auf Erden!

VON EBERKOPF: Täglich ein frisches Faß anstecken!

TRUMPETERSTRÅLE: Mit Karls des Zwölften großen Recken!

MASTER COTTON: Doch erst 'ne passende Gelegenheit
Zur Transaktion –

PEER GYNT: Sie fand sich schon.
Drum ankert' ich an diesem Strand;
Am Abend geht die Fahrt nach Nord.
Die Blätter, die ich hab' an Bord,
Verkünden eine Revolution –

Er steht auf und erhebt sein Glas.

Auch jetzt trifft zu, was oft ich fand,
Das Glück krönt immer die Verwegenheit!

DIE HERREN: So sprecht doch!

PEER GYNT: Griechenland stand auf.

ALLE VIER *springen auf:*
Der Grieche? – Wie?

PEER GYNT: 's ist keine Memme!

DIE VIER: Hoch!

PEER GYNT: Doch der Türke in der Klemme.

Er leert sein Glas.

MONSIEUR BALLON: Nach Hellas! Herrliches Gedankenreich!
Ich bringe Waffen aus dem Frankenreich!

VON EBERKOPF: Mit einem Aufruf helf' ich – par distance.

MASTER COTTON: Ich ebenso mit leverance.

TRUMPETERSTRÅLE: Ich denke an die Schmach von Bender,
Vertilg' die frechen Ehrenschänder.
MONSIEUR BALLON *Peer Gynt um den Hals fallend:*
Vergib, daß ich 'nen Augenblick
Dich hab' verkannt!
VON EBERKOPF *seine Hand drückend:*
Ich Galgenstrick,
Ich hielt Sie für 'nen halben Schuft.
MASTER COTTON: Das ist zu stark; ich meint' ein Narr –
TRUMPETERSTRÅLE *indem er ihn küssen will:*
Ich, Onkel, für ein Exemplar
Der raffiniert'sten Yankeesorte – !
Verzeiht!
VON EBERKOPF: Das ist nun rasch verpufft.
PEER GYNT: Was für Geschwätz?
VON EBERKOPF: An einem Orte
Vereinigt ist das Gyntsche Heer
Von Wünschen, Sehnsucht und Verlangen – !
MONSIEUR BALLON *ganz Bewunderung:*
Das also ist der große Gynt!
VON EBERKOPF *ebenso:* Ich bin dagegen nur ein Kind.
PEER GYNT: Doch sagt mir bloß –
MONSIEUR BALLON: Verstehn Sie nicht?
PEER GYNT: Wenn nur ein Wort, laß ich mich hängen!
MONSIEUR BALLON: Legen Sie nicht Ihr schwer Gewicht
Des Goldes in der Griechen Schale?
PEER GYNT *wegwerfend:*
Ja wenn ich toll mit einem Male! –
Es ist das Darlehn für den Türken.
MONSIEUR BALLON: Wie?
VON EBERKOPF: Geistreich – kann als Scherz nur wirken!
PEER GYNT *schweigt eine Weile, stützt sich auf einen Stuhl und nimmt eine vornehme Miene an:*
Hört, meine Herrn, es ist das best',
Wir trennen uns, bevor der Rest
Von Freundschaft sich in Rauch verflüchtigt.
Wer sein Gewissen rasch beschwichtigt
Und gar nichts hat, ist leicht verwegen,
Zumal kommt eben vom Bankrutt er.
Wer nichts besitzt als eine Mutter
Und kaum 'nen Fleck, sich draufzulegen,
Oder soviel sein Schatten deckt,
Ist nichts als bloß Kanonenfutter.
Doch sitzt man in der Wolle, trocken,
Ist doch der Einsatz zu riskant,
Die Frechheit selbst gerät ins Stocken. –
Doch geht nach Hellas, seht, wie's schmeckt;
Ich setz' euch alle an das Land,
Und geb' dazu euch Waffen gratis.
Je mehr ihr schürt den wilden Brand,
Um desto besser; niemals satis!
Schlagt euch für Freiheit gegenseitig
Tot; macht euch jeden Fußbreit streitig;
Man trägt wohl schließlich euren Kopf
Auf einer Lanzenspitz' als Knopf. –
Doch mich entschuldigt; mir ist's gleich,
Was von mir Peter oder Paul hält.
Sich auf die Tasche schlagend:
Ich habe Geld und bin kein Maulheld.
Er macht seinen Sonnenschirm auf und geht in den Wald, in dem man die Hängematten erblickt.
TRUMPETERSTRÅLE: Der dumme Kerl!
MONSIEUR BALLON: Nicht Sinn für Ehr' – !
MASTER COTTON: Ei nun, die wiegt nicht eben schwer!
Bedenk' ich aber den Profit,
Wenn sie der Türkenherrschaft quitt!
MONSIEUR BALLON: Ich sah mich schon als Triumphator,
Im schönen Kreis als Jupiter Stator!
TRUMPETERSTRÅLE: Ich fand des Heldenkönigs Sporen,
Die er bei Bender einst verloren!
VON EBERKOPF: Ich trug schon meines Vaterlands
Kultur bis zu den Antipoden!
MASTER COTTON: Goddamn – welch Handel mit Byzanz –
Welch reicher, fruchtergieb'ger Boden! –
Wer soll dies alles aus nun nützen?
Ich sah mich den Olymp besitzen,
Der, täuschte uns nicht das Gerücht,
An Kupfererz hat Überfluß! –
Und dazu der Kastalsche Quell,
Des Wasser schon, geschätzt reell,
An tausend Pferdekraft entspricht!
TRUMPETERSTRÅLE: Ich gehe fort. Mein schwed'sches Schwert
Ist mehr als Yankeedollars wert.
MASTER COTTON: Mag sein; doch stehn wir erst im Haufen,
Wir könnten gar zu leicht ersaufen –
Wer weiß, ob etwas für uns abfiel.
MONSIEUR BALLON: So nahe der ersehnten Spitze
Wär's schade, wenn das Glück ins Grab fiel'!
MASTER COTTON *nach dem Schiffe zeigend:*
Ich sah den Kasten durch 'ne Ritze –
Des Nabobs goldnen Negerschweiß – !
VON EBERKOPF: Ein herrlicher Gedanke! Fort!
Sein Kaisertum, es sei der Preis!
Hurra!
MONSIEUR BALLON: Was wollen Sie?
VON EBERKOPF: An Bord!
Die Mannschaft folgt der größern Macht,
Ich annektiere flugs die Jacht!
MASTER COTTON: Sie – was?
VON EBERKOPF: Ich nehme, was mir vorkommt!
Er geht hinab zur Jolle.
MASTER COTTON: Ich fürchte, daß er mir zuvorkommt –
Ich folge. *Geht ihm nach.*
TRUMPETERSTRÅLE: Ei, der schuft'ge dräng*!

* Schwedisch: Bursche

MONSIEUR BALLON: Ein Schelmenstückchen – !
Mais enfin –
Folgt den andern.
TRUMPETERSTRÅLE: Ich folge, ist es gleich ein Fauxpas –
Doch protestier' ich vor Europa. *Geht nach.*

Eine andere Stelle an der Küste. Mondschein und jagende Wolken. Die Jacht fährt auf hoher See mit vollem Dampf.
Peer Gynt läuft längs dem Strande. Bald kneift er sich in den Arm, bald starrt er hinaus auf die See.

PEER GYNT: Ein schrecklicher Traum! – Doch nun bin ich erwacht!
Sie steuern von Land – welche Niedertracht! –
Ein Traum! – Ich bin betrunken und toll –
Die Hände ringend:
Unmöglich, Gott, daß ich sterben soll!
Er rauft sich die Haare.
Ein Traum! – Ich will es so! – Ich träume! –
Entsetzlich! – Weh! – Doch leider ist's Wahrheit!
Meine schuftigen Freunde! – Vernichtende Klarheit! –
O Gott, du bist weis' und gerecht – erhör mich – !
Ich bin es ja – ich, Peer Gynt! – Nicht säume!
Sei gütig – und sie vergehn wie Schäume! – –
Laß sie heizen, so daß der Kessel gesprengt wird,
Den tollen Dieben das Fell versengt wird!
Laß ruhn der andern Geschichten und hör mich –
Die Welt geht weiter auch unterdessen! – –
Nein, er hört nicht. Er ist taub wie gewöhnlich!
Er hebt die Hände nach oben.
Du hast wohl die Negerplantage vergessen!
Die Missionäre, die ich persönlich
Ausgestattet mit Delikatessen!
Eine Liebe ist doch der andern wert!
O hilf mir an Bord – !
Plötzlich geht ein Feuerschein, dann ein dichter Rauch von der Jacht aus. Man hört einen dumpfen Knall. Peer Gynt stößt einen Schrei aus und fällt in den Sand. Allmählich verzieht sich der Rauch, das Schiff ist verschwunden.
PEER GYNT *bleich und leise:* Der Rache Schwert!
Zugrund' gegangen mit Mann und Maus!
Gelobt sei der Zufall. – Er führt' es aus – –
Gerührt: Der Zufall? – O nein, viel mehr als das!
Er wollte mich retten – sie mußten versinken –
Sie schlugen den Boden aus dem Faß.
Er verließ mich nicht – hat mich angeblickt! –
Er atmet tief auf.
Wie fühlt man getröstet sich und erquickt,
Wenn man weiß, daß man ganz speziell beschützt wird! –
Doch in der Wüste! – Wer gibt mir zu trinken?
Wer Speise? – Das überlass' ich ihm!
Laut und schmeichelnd:
's hat keine Not – er hat mich beachtet,
Will nicht, daß ein armer Sperling verschmachtet,
Daß mir Armen auch nur die Haut geritzt wird. –
Nur demüt'gen Sinns – ohn' Ungestüm!
Ihn walten, die Ohren nicht hängen lassen! –
Er fährt erschreckt auf.
War's nicht ein Löwe, der brüllte im Röhricht?
Mit klappernden Zähnen:
's ist keiner.
Sich ermannend: Die Bestien sind nicht so töricht,
Mit ihrem Herrn sich einzulassen!
Sie wissen recht gut, nicht lange Zeit währt's,
So geht's an das Fell; sie halten sich seitwärts. –
Gleichwohl – ich suche 'nen Baum als Schutz –
Dort seh' ich ein paar Akazien und Palmen –
Und oben biet' ich ihnen Trutz –
Auch sing' ich ein paar erbauliche Psalmen.
Er klettert hinauf.
Der Abend ist oft nicht dem Morgen gleich;
Dies Bibelwort paßt recht auf mich.
Er setzt sich zurecht.
Doch ist's hier so lustig und feierlich. –
Wer edel denkt, ist mehr als reich;
Nur vertraue man ihm. Er kennt die Portion,
Die jedem frommt, und das rechte Gewicht.
Er schirmet väterlich meine Person –
Mit einem Blick über das Meer und einem Seufzer:
Doch ein guter Wirt – nein, das ist er nicht!

Marokkanisches Lager an der Grenze der Wüste. Wachtfeuer und ruhende Krieger.

EIN SKLAVE *kommt und rauft sich die Haare:*
Fort ist des Kaisers gesattelter Schimmel!
EIN ZWEITER *kommt und zerreißt seine Kleider:*
Das Festkleid des Kaisers ist gestohlen!
AUFSEHER *kommt:* Hundert Schläge auf die Sohlen,
Wer den Dieb nicht fängt, ihr Lümmel!
Die Krieger steigen zu Pferde und galoppieren nach allen Richtungen davon.

Tagesgrauen. Baumgruppe mit Akazien und Palmen. Peer Gynt auf dem Baum hält sich mit einem abgebrochenen Ast eine Schar Affen vom Leibe.

PEER GYNT: Fatal! Eine unbehagliche Nacht!
Schlägt um sich.
Bist du wieder da? – Abscheuliche Fratzen! –
Nun werfen sie Nüsse. Nehmt euch in acht! –
Scheußliche Bestien, diese Meerkatzen! –
Wohl heißt's, der Mensch ist da, daß er wacht.
Doch ich kann nicht länger, bin schach und matt.
Er wird wieder angegriffen, ungeduldig:
Ich habe das Unwesen gründlich satt;
Ich fange mir einen haarigen Knecht,
Ich bind' ihn und schind' ihn und kleid' mich zur Stell'
In sein rauhes, abgezogenes Fell –
Da halten die andern mich für echt.

Was sind wir Menschen? Nur ein Hauch.
Man muß sich schicken in Sitte und Brauch. –
Schon wieder ein Schwarm! Welch Klettergewimmel!
Packt euch! – Hutscheh! – Welch toller Tanz! –
Hätt' ich nur einen verlornen Schwanz
Und was einigermaßen zum Affen mich machte –
Nun über meinem Kopf so ein Lümmel – !

Er sieht hinauf.

Der Alte – die Hände voll Unrat ganz – !

Er krümmt sich voll Angst zusammen und hält sich eine Weile still. Der Affe macht eine Bewegung; Peer Gynt lockt ihn und redet ihm gut zu wie einem Hund:

Ei, bist du da, du altes Köterchen? –
Er ist freundlich, er – ei, wie er lacht! –
Du wirst nicht werfen, du Schwerenöterchen!
Ich bin es ja! – Schuh – Schuh! – Wir verstehn uns!
Hau hau! – Wo haben wir schon gesehn uns?
Sind wir nicht verwandt? – Gib das Pfötchen, Peterchen!
Du bekommst auch Zucker morgen! – – Das Biest!
Die ganze Ladung – wie wenn man gießt
Aus einem Fenster 'nen vollen Kübel. –
Und der Geschmack erst! – Es macht mir übel! –
Doch übern Geschmack läßt sich's ja streiten;
Man hoffe nur auf die Macht der Gewöhnung. – –
Nun die Jungen auch! –
Er schlägt um sich. Das Eure Löhnung,
Ihr Satanskinder! – Und das muß leiden
Der Herr der Schöpfung? – Was hilft da das Ästchen! –
„Der Alte war schlimm, die Jungen sind Bestien!"

Früher Morgen. Steinige Gegend mit Aussicht über die Wüste. Auf der einen Seite eine Felskluft und eine Höhle.

Ein Dieb und ein Hehler in der Kluft mit dem Pferd und der Kleidung des Kaisers. Das Pferd, reich gesattelt, an einen Stein gebunden. Reiter in der Ferne.

DER DIEB: Leckende Spitzen
Der Lanzen blitzen –
Sieh, sieh!

DER HEHLER: Schon seh' ich 'nen Knopf
Im Sande, mein Kopf!
Flieh, flieh!

DER DIEB *die Arme über die Brust kreuzend:*
Mein Vater ein Dieb,
Sein Sohn muß stehlen.

DER HEHLER: Mein Vater ein Hehler,
Sein Sohn muß hehlen.

DER DIEB: Dein Los mußt du tragen,
Dir selbst behagen.

DER HEHLER *lauscht:* Tritte im Busch!
Flucht unser Los!

DER DIEB: Die Höhle ist tief,
Der Prophet ist groß!

Sie fliehen und lassen die Sachen im Stich. Die Reiter verschwinden in der Ferne.

PEER GYNT *eine Rohrpfeife schneidend, kommt:*
O welche herrliche Morgenstunde! –
Der Mistkäfer rollt seine Kugel zum Schmause,
Die Schnecke kriecht aus dem engen Hause.
Ja, die Morgenstunde hat Gold im Munde! –
Es liegt doch 'ne wunderbare Macht
In solcher lichten Morgenpracht.
Man fühlt die Muskeln und Adern schwellen,
Man möcht' sich zum Kampfe mit Stieren stellen. –
Wie still ist's rings! – Ja die ländlichen Freuden –
Unbegreiflich genug, daß ich sie verschmähte.
Man schließt sich ein in die großen Städte,
Um vom Pöbel Stöße und Püffe zu leiden. –
Seht, wie die Eidechse läuft umher
Und blinzelt und schnappt aufs ungefähr. –
Welch' Unschuld auf dieser Tierwelt ruht;
Was der Schöpfer befiehlt, ein jeder tut.
Sie mühn sich und arbeiten, niemals träge,
Und bewahren ihr S e l b s t, ihr reines Gepräge.

Er setzt die Lorgnette auf.

Eine Kröte in einem Block – ei lug! –
Rings eingeschlossen, der Kopf nur frei.
Da sitzt sie und starrt; ihr einerlei
Was draußen geschieht – sie ist sich genug. –
Nachdenkend: G e n u g? – S i c h s e l b s t – ? Es klingt so eigen;
Ich hab' es wohl einst als Kind gelesen.
Doch weiß ich wirklich nicht, wo's gewesen.
Ja, ja, ich fühl's, wie die Jahre sich neigen,
Man wird schwächer und mehr und mehr vergeßlich.

Er setzt sich im Schatten nieder.

Hier ist's kühl zu ruhn; ich strecke mich aus.
Da ist Farnkraut; die Wurzeln sehn so eßlich.

Er schmeckt ein wenig.

Das ist wohl eher fürs Vieh ein Schmaus –
Doch steht geschrieben: Zwing deine Natur!
Und weiter: Hochmut muß sich beugen,
Wer sich erniedrigt, der wird steigen. –
Unruhig: Steigen? – Ja, dahin führt die Spur
Von allen meinen Lebenswegen.
Das Schicksal muß sich ins Mittel legen,
Es führt mich aus dieser Klemme heraus.
Dies ist die Prüfung, ihr folgt die Erhörung –
Nur leid' die Gesundheit keine Störung.

Er zündet sich eine Zigarre an, streckt sich aus und blickt über die Wüste.

Welch grenzenlose, erdrückende Öde! –
Dort in der Ferne schreitet ein Strauß
Und hebt bedächtig den Vogelhuf.
Was meinte Gott, als er dies blöde,
Leer tote Ungeheuer schuf?
Das ohne Nutzen glühend liegt,
Wo jede Lebensquelle versiegt;

Dies Bruchstück der Erde, das ewig brach;
Ein drückendes Rätsel, ein banges Ach;
Ein Leichnam, der seit dem Weltbeginn
Noch niemals Dank dem Schöpfer gestammelt: –
Wo kommt es her? – Was ist der Sinn? – –
Ist's ein Meer, was im Osten blinkend ruht?
Wie hätte sich Wasser dort angesammelt? –
Ist das Meer doch im Westen; es dämmt die Flut,
Ein schräger Wall, wehrt ihrer Wut.

Ein Gedanke blitzt in ihm auf.

Gedämmt? – So könnt' ich –! Die Höhe ist schmal.
Ein Durchstich genügte, ein Kanal –
Ein Lebensbringer wäre die Flut,
Die durch den zerschnittenen Wall sich ergösse
Und in die verbrannte Wüste flösse.
Wo eben die Sonne brütete schwer,
Wallte ein frisches bewegtes Meer.
Draus stiegen als Inseln die Oasen;
Am Atlas würden die Rinder grasen.
Als muntre Vögel zögen die Schiffe
Nach Süden, der Karawanen Spur.
Erfrischende Luft verdrängte den Qualm,
Man atmete frei wie auf einer Alm,
Und Tau fiel' auf die bewaldeten Riffe;
Bald ragten Häuser auf, freundliche Städte,
Durch die Palmenkronen die Seeluft wehte.
Das Land im Süden der weiten Wüsten
Würde zum Küstland mit reicher Kultur;
Von weitem schon den Fremden grüßten
Timbuktus Fabriken und rauchende Essen.
Bornu würd' ein Auswandrerziel.
Durch Abessinien reiste der Forscher
Mit der Eisenbahn zu dem obern Nil. –
Doch mitten im Meer auf fetter Oase –
Um nicht die Hauptsache zu vergessen –
Siedelt' ich an die norwegische Rasse.
Ihr Stammbaum reicht ja oft bis zu Königen,
Doch wird er mit jedem Jahre morscher;
'ne arabische Kreuzung würd' manches beschönigen.
Um eine Bucht mit reizendem Strand
Legt' ich die Hauptstadt Peeropolis an.
Die Welt ist alt, und nun kommt heran
Die Gyntiana, mein junges Land.

Er springt auf.

Nur Kapitalien! Die Tat zum Worte!
Den Schlüssel von Gold zu des Meeres Pforte!
Dem Tode Krieg! Wie er's auch hütet,
Er öffne den Sack, drauf er liegt und brütet!
Für Freiheit schwärmt man in allen Landen –
Wie die Noahstaube bringe ich Kunde
Zu den schönen, gefesselten, ringenden Stranden,
Reichtum und Freiheit in schönem Bunde. –
So günstig es nie mehr wiederkehrt! –
Mein Reich, mein halbes Reich für ein Pferd!

Der Schimmel wiehert in der Gebirgsschlucht.

Ein Pferd! Und Kleider! – Nur drauf sich zu setzen!

Geht näher.

Unmöglich! – Nein wirklich! – Man hat mich gelehrt,
Es könne der Wille selbst Berge versetzen –
Gilt auch dasselbe von einem Pferd? –
Doch das Faktum steht fest, ich bin ein Reiter –
Ab esse ad posse – und so weiter.

Er zieht die Kleider an und besieht sich.

Sir Peter – und Türke vom Kopf bis zum Fuß! –
„Wahrhaftig, ich lobe mir das Heute" –
So hieß es ja einst nach einem Kuß!

Er steigt in den Sattel.

„Am Reitzeug erkennt man die vornehmen Leute!"

Er galoppiert in die Wüste hinein.

Im Zelt bei einem Araberhäuptling auf einer Oase. Peer Gynt ruht in seiner orientalischen Tracht auf einem Polster. Er trinkt Kaffee und raucht aus einer langen Pfeife. Anitra und eine Schar von Mädchen tanzen und singen vor ihm.

CHOR DER MÄDCHEN: Der Prophet ist gekommen,
Der Prophet, der alle Geleitende,
Der über das Sandmeer Reitende,
Zu uns ist er gekommen.
Der Prophet, der niemals Irrende,
Wie ein Pfeil durchs Sandmeer Schwirrende,
Zu uns ist er gekommen. –
Spielet die Trommeln, die Flöten!
Ehret im Staub den Propheten!

ANITRA: Sein Zelter ist weiß wie die Milch,
Die fließt im Paradiese.
Daß er uns zum Heil erkiese,
Beugt eure Kniee willig.
Seine Augen sind glänzende Sterne;
Doch wir schauen sie nur von ferne;
Uns blendete sonst ihr Glanz. –
Durch die Wüste kam er, Gefunkel
Von Perlen und Gold auf der Brust,
Wohin er kam, erwachte Lust;
Hinter ihm ward es dunkel
In des Samums schrecklichem Tanz.
Ihm war nicht die Wüste verderblich;
Sein Auge blickt unsterblich,
Von Begeistrung ganz entzündet,
So kam er zu uns her. –
Die Kaaba, die Kaaba steht leer –
Er hat es uns selbst verkündet.

CHOR DER MÄDCHEN: Spielet die Trommeln und Flöten!
Begrüßt, begrüßt den Propheten!

Die Mädchen tanzen bei gedämpfter Musik.

PEER GYNT: Ich las einst gedruckt, und es ist ja bekannt,
„Der Prophet gilt nichts im eigenen Land." –
Hier trifft's nicht zu; das sieht ein jeder;
So gut ging's nicht dem reichen Reeder,
Denn es hatte ein Loch die ganze Beschäftigung,
Ich habe jetzt dafür die Bekräftigung.

Ich fühlte mich niemals recht zu Hause,
Schon weil ich nicht ein Mann von Fach;
So kam der hinkende Bote nach.
Ich war ein Fremder bei meinem Schmause,
Kaum begreif' ich, wie ich kam zu dem Tanze –
Es traf sich so, das ist das Ganze. – –
Sich selbst genügen auf goldenem Thron
Ist so, als hätt' man auf Sand gebaut.
Vor Uhren, Ringen und andrem Blanken
Zieht der Pöbel den Hut und preist uns laut;
Wir hören freilich nicht die Gedanken.
Auch sind Uhren und Ringe nicht die Person.
Prophet ist 'ne klarere Kondition,
Man weiß doch, auf welchem Fuß man steht
Mit den Leuten; uns gilt die Ovation,
Nicht unserm Taler oder Gulden.
Man ist, was man ist, wie man steht und geht,
Und braucht nicht Patente und andre Hulden.
Prophet, das ist ganz nach meinem Penchant,
Und ich ward es recht eigentlich en passant,
Bloß weil ich durch die Wüste kutschiert kam
Und man mich als Gentleman ungeniert nahm.
Den lieblichen Kindern der Natur
War ich der Prophet; 's war so natürlich.
Ich meinte sie nimmer zu betrügen;
Verschieden ist Prophetie von Lügen. –
Auch tret' ich zurück, wird's mir genierlich.
Bin nicht gebunden an meinen Thron;
Das Ganze ist, sozusagen, privat;
Kann gehn, wenn ich will, mein Pferd steht parat;
Kurz, ich bin Herr der Situation.

ANITRA *sich ihm vom Eingange nähernd:*
Prophet und Herr!

PEER GYNT: Ich neig' mich in Hulden.

ANITRA: Es stehen draußen die Söhne des Stamms,
Sie bitten, dein Antlitz ihnen zu zeigen.

PEER GYNT: Sag ihnen, sie möchten sich draußen gedulden,
Will ihren Bitten von ferne mich neigen;
Ich mag im Zelte kein Männerwams.
Die Männer, Kind, sind ein böses Geschlecht,
Recht, was man nennt, ein scheußlich Gesindel!
Anitra, du weißt nicht, mein süßes Mündel,
Wie mich zu betrügen sie sich erfrecht! –
Doch weiter, Mädchen, getanzt und gesungen!
Verscheucht die trüben Erinnerungen!

DIE MÄDCHEN *tanzend:*
Der Prophet ist gut! Der Prophet ist betrübt,
Weil die Söhne des Staubes Schlimmes verübt.
Der Prophet ist die Milde, er verhieß
Den reuigen Sündern das Paradies.

PEER GYNT *dessen Augen der tanzenden Anitra folgen:*
Ei, die Beine gehn wie zwei Trommelstöcke,
Und im raschen Wirbel fliegen die Röcke.
Sie hat etwas extravagante Formen,
Nicht stimmend ganz mit der Schönheit Normen.
Doch was ist Schönheit? – Konventionelles!
Nur Scheidemünze! Nichts Reelles!
Und grade das Extravagante gefällt,
Wenn man bis zum Grunde Normales gekostet.
Beim Erlaubten wird der Genuß vergällt,
Man fühlt sich gleichsam eingerostet.
Entweder voll oder gänzlich mager,
Halb Backfisch oder bedenklich alt –
Das Mittlere läßt den Verwöhnten kalt.
Ihre Füße sind nicht eben feine,
Auch die Arme nicht, zumal der eine.
Doch freilich das nenn' ich keine Schmälerung
Der Schönheit, auch ist sie – und das ist kein Fehler – jung. –
Anitra, hör mich! Tritt her zum Lager!

ANITRA *nähert sich:*
Was befiehlst du? Gehorsam der Sklavin gebührt.

PEER GYNT: Du bist zaubrisch, Kind, der Prophet ist gerührt.
Glaubst du mir wohl, daß ich dich erkiese?
Ich mach' dich zur Huri im Paradiese.

ANITRA: Unmöglich, Herr!

PEER GYNT: Du glaubst, es sei Scherz?
Ich mein' es aufrichtig, liebes Herz!

ANITRA: Hab' keine Seele.

PEER GYNT: Ich schaffe sie dir!

ANITRA: Doch wie, Herr?

PEER GYNT: Das überlasse mir! –
Will deiner auch weiter an mich nehmen.
Du scheinst mir freilich ein wenig beschränkt,
Ich merkt' es gleich, doch darfst dich nicht grämen,
Für 'ne Seele findet sich wohl noch ein Plätzchen.
Komm, laß dein Köpfchen messen, Schätzchen.
Da ist Raum genug, wenn auch etwas beengt.
Freilich, sehr weit wirst du niemals kommen,
Drum kann nur ein kleines Seelchen dir frommen.
Doch laß mir nicht hängen das lockige Köpfchen.
Du bekommst 'ne Seele, mein kleines Tröpfchen.

ANITRA: Der Prophet ist gut – –

PEER GYNT: Doch dein Auge fragt – –

ANITRA: Ich wünschte lieber –

PEER GYNT: Sprich nur frei!

ANITRA: Die Seel' ist im Grunde mir einerlei!
Gib lieber mir –

PEER GYNT: Was?

ANITRA *auf seinen Turban zeigend:*
Den schönen Smaragd!

PEER GYNT *entzückt ihr den Schmuck reichend:*
Anitra, es reißt zu dir mich fort
Magnetisch entzückt, ich bin ein Mann!
Denn wie lautet das alte Dichterwort:
„Das ewig Weibliche zieht uns an!"*

* Wörtliches deutsches Zitat im Original

Mondscheinnacht. Palmenhain und Anitras Zelt. Peer Gynt sitzt mit einer arabischen Laute in den Händen unter einem Baum. Sein Bart ist gestutzt. Er sieht bedeutend jünger aus.

Peer Gynt *spielt und singt:*
Ich schloß die Tür zum Paradies
Und zog den Schlüssel ab.
Das Schiff flog vor der frischen Bris',
Die Schönen ich am Strande ließ
Bei ihrer Hoffnung Grab.

Nach Süden ging des Kieles Flucht,
Nach einem fernen Land.
Wo goldig glänzt die süße Frucht
Der Palmen um die Meeresbucht,
Steckt' ich mein Schiff in Brand.

Ich stieg dafür aufs Wüstenschiff,
Verfüßig, hoch und rasch.
Ich lenkt' es leicht mit einem Pfiff.
Ich bin ein flücht'ger Vogel, griff
Dein Händchen mich! O hasch!

Anitra, süßer Palmenmost,
Du Milch der Himmelskuh,
Ach, selbst Angora-Ziegen-Ost*
Ist keine halb so süße Kost,
Anitra, ach, wie du!

Er hängt die Laute über die Schulter und kommt näher.
Stille! – Ob die Schöne lauscht? –
Hörte sie mein kleines Lied,
Unbekleidet, ohne Schleier –?
Ob nicht die Gardine rauscht? –
Horch, nun klang es lauter, freier,
Fast wie eines Frosches Sang.
Ist's ein Seufzen, Liebesklang? –
Nein, nur ein gesundes Schnarchen. –
Schlaf, Anitra, schlaf in Fried'! –
Nachtigall, hör auf zu schlagen,
Deine Lust, dein Leid zu klagen!
Schweigst du nicht und lärmst du länger,
Dreh' ich um dir das Genick! –
Aber ach, es ist ein Sänger!
Kann ich ihm den Sang verargen?
Folgt er doch dem Augenblick
So wie ich und muß ja klagen!
Beide rühren wir die Herzen,
Lindern singend unsre Schmerzen.
Nach Gesang verlangt die Nacht;
Nach des lichten Tages Wühlen
Ist Gesang des Daseins Fühlen.
Und was ganz mich glücklich macht,
Ist, daß die Geliebte schläft,
Daß ich nur die Lippen neige
Auf den Rand des holden Bechers. –
Doch da ist sie, sie erwacht!

Anitra *aus dem Zelte:*
Rufst du, Herr, daß ich mich zeige,
Bringe Kühlung dir des Fächers?

Peer Gynt: Freilich ruf' ich, der Prophete.
Eben weckte mich die Katze
Auf der Jagd, mit weitem Satze –

Anitra: Ach, das war kein Jagdlärm, Herr:
Schlimmres war es –

Peer Gynt: Was noch mehr?

Anitra: Schon' mich!

Peer Gynt: Sprich!

Anitra: O ich erröte –

Peer Gynt *näher:* War's vielleicht, was mich erfüllte,
Als ich deine Sehnsucht stillte
Nach dem glänzenden Smaragd?

Anitra *erschreckt:* Dich vergleichen, hoher Vater,
Mit 'nem alten, schlimmen Kater?

Peer Gynt: Kind, vom Liebesstandpunkt aus
Kommt ein Kater und Prophet
Auf dasselbe wohl heraus.

Anitra: Wie der Scherz dir lieblich steht!
Honig fließt von deinen Lippen.

Peer Gynt: Mädchen – im Vertraun gesagt –
Wissen meist nur anzutippen
An die Schale großer Männer,
Werden selten rechte Kenner.
Leicht zum Scherz bin ich geneigt,
Und zumal unter vier Augen,
Wie du, Mädchen, eben lernst,
Wenn auch meine Stellung zeigt
Einer Maske starren Ernst.
All die Werktagspflichten saugen
Mir die Freude aus den Adern,
Machen mich prophetisch dumm;
Doch bei dir bin ich nicht stumm.
Fort solch Zeug und töricht Hadern!
Denn bei dir, im Tête-à-tête
Bin ich nur ich selbst, bin Peer,
Bin nicht länger der Prophet
Und will außer dir nichts mehr.
Er setzt sich unter einen Baum und zieht sie an sich.
Sieh, die Palmen Kühlung fächeln,
Und die Blätter kosen lüstern.
Unter diesen hohen Bäumen
Laß von Lieb' und Glück uns träumen.
Ich will flüstern, du sollst lächeln,
Ich will lächeln, du sollst flüstern.

Anitra *legt sich zu seinen Füßen nieder:*
Süß klingt alles, was du sagst,
Ob ich wenig auch verstehe;
Aber bringt mir deine Nähe
Auch die Seele?

Peer Gynt: Wie, du zagst?
Sieh, des Geistes Licht und Äther
Wird zuteil dir, aber später,

* Käse

Wenn im Ost aus Rosenmunden
Klingt der Ruf: der Tag erwacht,
Da, mein Kind, geb' ich dir Stunden,
Sorge ich für deine Bildung.
Aber in der stillen Nacht
Wär' es seltsame Verwildung,
Füllte ich mit Wissensrestchen
Des Gehirnes zierlich Kästchen.
Auch ist's, wenn man's recht betrachtet,
Nicht die Seel', was wünschenswertest,
Nein, das Herz!

ANITRA: Ich war umnachtet,
Doch du brachtest Lichtgefunkel,
Wie du meine Einsicht mehrtest.

PEER GYNT: Grellstes Licht ist tiefstes Dunkel,
Allzu große Klugheit Dummheit;
Übermenschlich Schreien Stummheit;
Wahrheit, wenn sie übertrieben,
Eine Weisheitsschrift, geschrieben
Rückwärts; Feigheit oft Verwegenheit.
Ja, mein Kind, ich hatt' Gelegenheit,
Menschenseelen zu betrachten,
Die's zu keiner Klarheit brachten,
Waren's gleich verwegne Kerle.
Einen kannt' ich, eine Perle,
In dem ganzen wüsten Haufen;
Er auch fehlt' das Ziel im Laufen,
Stolpert' über leere Phrasen. –
Wüste rings um die Oasen;
Wollt' ich meinen Turban schwingen,
Würd' das Weltmeer sie bezwingen
Und dem Spaß ein Ende machen.
Doch ich wär' ein rechter Gimpel,
Schafft' ich Land und salz'ge Tümpel! –
Weißt du, was bedeutet leben?

ANITRA: Klar vor dir sind alle Sachen.

PEER GYNT: Leben heißt hinunterschweben
(Wehe, wer verwegen rennt!)
Trocknen Fußes auf dem Strom,
Der im fernen Weltmeer mündet.
Das gelingt nur, wenn der Dom
Dieses Lebens fest sich gründet
Auf der Mannheit Fundament.
Alter Adler senkt die Flügel,
Altes Roß folgt schlaffem Zügel,
Alte Weiber sitzen zahnlos,
Schwache Greise wandern bahnlos;
Zahm die Seelen und Gedanken. –
Jugend! Jugend! Ich will herrschen
Wie ein Sultan, voll und ganz,
Nicht in Gyntianas Glanz,
Unter Palmen, Blüten, Ranken –
Nein, ich will das Beßre wählen,
Herrschen über Jungfraunseelen,
Unberührten, wenn auch närr'schen.
Siehst du nun, mein kleines Mädchen,
Warum grad ich dich betört hab'
Und, obwohl Prophet, versehrt hab'
Deines Herzens leeres Lädchen?
Warum drin ich aufgerichtet
Meines Wesens Kalifat?
Ich allein bin Autokrat
In dem neuen Liebesstaat.
Du hast auf ein Sein verzichtet.
All dein Sinnen, das ist mein,
Ich besitze dich allein!
Trennten wir uns, ging' es toll
Mit dem Leben – heißt für dich;
All dein Dasein, jeder Zoll,
Ohne Wille, Ja und Nein,
Füllt das Denken nur an mich.
Deiner Locken dunkle Ringe
Und was lieblich sonst zu preisen,
Führen mich zu Zauberkreisen,
Wo ich Liebesopfer bringe.
Darum ist es auch das beste,
Wenn du ohne Seele bleibst
Und mit deinem leeren Neste
Deinen engen Kreis beschreibst.
Seele führt zu Selbstbetrachtung
Und zu klaren Sinns Umnachtung. –
Doch weil eben mir es einfällt –
Wenn du willst, leg' ich ein Fesselchen
Dir um deinen zarten Fuß,
Daß mein kleines flügges Gässelchen
Sich auch treulich bei mir einstellt,
Sag' ich ihr den Morgengruß. –

Anitra schnarcht.

Wie? Sie schläft? Sie lächelt süß,
Hörte nicht die Liebesworte?
Weilt an einem lichten Orte,
In der Huri Paradies.
Doch sie schläft, durch mich entzückt;
Schlaf, Anitra, träum beglückt!

Er steht auf und legt Geschmeide in ihren Schoß.

Hier sind Spangen, nichts soll fehlen!
Schlaf, Anitra, träum von Peer! –
Schlaf, im Traum hast du die Krone
Deinem Kaiser aufgesetzt! – –
Anders doch der Sieg ergötzt,
Der uns selber wird zum Lohne,
Nicht dem Golde, den Juwelen.

Karawanenweg. Die Oase liegt weit zurück. Peer Gynt jagt auf seinem Schimmel durch die Wüste. Er hat Anitra vor sich.

ANITRA: Laß sein, ich beiße!

PEER GYNT: Du kleiner Schalk!

ANITRA: Was willst du?

PEER GYNT: Spielen Taube und Falk!
Dich entführen, dumme Streiche machen!

ANITRA: Ei schäm dich! Ein alter Prophet – !

PEER GYNT: O Hänschen,
Es scheint, du willst auf mein Alter sticheln!
Der Prophet ist nicht so alt, du Gänschen!
ANITRA: Laß mich! Will heim!
PEER GYNT: Da muß ich lachen!
Zum Schwiegervater? Zu Vettern und Micheln? –
Wir lustigen Vögel, dem Bauer entflogen,
Wir schiffen nun frei auf des Lebens Wogen.
Und überhaupt, mein Kind, es wenig taugt,
Wenn man sich zu fest an eine Stelle saugt.
Man vermehrt die Kenntnis, doch nicht die Achtung.
Schleppt gar man mit des Propheten Gewicht,
So merkt man, wie's überall gebricht.
Flüchtig sei man, wie ein Jugendgedicht! –
's war höchste Zeit zu dieser Betrachtung.
Sie begannen zu zaudern, ohne Entschuldigungen;
Ich vermißte den Weihrauch und andre Huldigungen.
ANITRA: Doch bist du Prophet?
PEER GYNT *will sie küssen:* Ich bin dein Kaiser!
Ei seht doch den kleinen Specht, den Beißer!
ANITRA: Gib mir nur den Ring an deinem Finger.
PEER GYNT: Nimm, liebe Anitra, den ganzen Quark!
ANITRA: Das klingt wie Musik; wirst immer jünger.
PEER GYNT: O wer geliebt wird, so innig, so stark! –
Ich will hinunter, ich leite das Pferd –
Dein Sklave!
Er reicht ihr die Reitpeitsche und steigt ab.
Du meine schönste Rose,
Ich will im Sande gehn und waten,
Muß ich in der Sonne auch schwitzen und braten;
Ich bin noch einen Sonnenstich wert. –
Ich bin jung, Anitra, reizende, lose –
Sieh, wie ich vor Übermut scherze und kose!
Späße und Scherz sind der Jugend Kriterium
Und bedürfen keiner Entschuldigung.
So simpel du bist; 's ist kein Mysterium –
Dein Geliebter treibt Scherz – ergo ist er jung!
ANITRA: Ja freilich jung! – Hast du mehr noch der Ringe?
PEER GYNT: Ei ob? – Da sieh! – Wie 'n Bock ich springe.
Wär' hier nur Weinlaub, ich nähm' es zum Kranze.
Ja, wahrhaftig jung! – Sieh, wie ich tanze!
Er tanzt und singt:

Ich bin ein glückliches Hähnchen,
Ei hack mich, mein kleines Hühnchen!
Ei hopp! Mein loses Trinchen –
Ich bin ein glückliches Hähnchen!

ANITRA: Du schwitzest, Prophet, du vergehst ja fast;
Gib mir, was du Schweres im Gürtel hast!
PEER GYNT: O rührende Angst! Trag für immer den Beutel –
Dem liebenden Herzen ist Gold nur eitel!
Er tanzt und singt wieder:

Der junge Peer Gynt ist toll ganz;
Auf welchem Fuß soll er stehn?
Ei was, sagte Peer – laß gehn!
Der junge Peer Gynt ist toll ganz.

ANITRA: Erbaulich, Prophet, solche Verse zu drechseln!
PEER GYNT: À bas der Prophet! Wir wollen die Kleider wechseln!
ANITRA: Was macht' ich mit deines Kaftans Länge?
Dein Gürtel zu weit, die Strümpfe zu enge –
PEER GYNT: Eh bien – *Kniet.* Doch bereit mir 'nen heftigen Schmerz,
Es ist süß, für liebende Herzen zu leiden!
Weißt du was – wenn wir ziehen heimatwärts – –
ANITRA: Zum Paradies? – Ist es weit zu reiten?
PEER GYNT: O an tausend Meilen –
ANITRA: Zu weit!
PEER GYNT: Ein Spiel!
Doch die Seele bekommst du noch vor dem Ziel!
ANITRA: Ich behelfe mich ohne Seele wohl. –
Doch du meintest – – ein Schmerz –
PEER GYNT *aufstehend:* Ja Tod und Plage!
Recht tüchtig und kurz – so für 'n paar Tage!
ANITRA: Anitra gehorcht dem Propheten! – Lebwohl!
Sie gibt ihm einen gehörigen Schlag über die Finger und jagt im vollen Galopp durch die Wüste nach Hause.
PEER GYNT *steht eine Weile wie vom Donner gerührt:*
Ei da sollte doch gleich – –

Dieselbe Stelle. Eine Stunde später.
Peer Gynt zieht ruhig und bedächtig die Türkenkleider, Stück für Stück, ab. Zuletzt nimmt er seine kleine Reisemütze aus der Tasche des Überrocks, setzt sie auf und steht wieder in seiner europäischen Tracht da.

PEER GYNT *indem er den Turban weit von sich wirft:*
Da liegt der Türke, und hier steh' ich!
Das Heidentum taugt nicht für mich, das seh' ich.
Ein Glück, daß es nur an das Kleid sich gehängt hat
Und sich nicht hinein in das Fleisch gezwängt hat.
Ich war zu dem Ganzen wenig fähig. –
Man steht sich am besten doch, lebt man als Christ,
Vermeidet des Pfauenhabites Geprahl,
Verläßt sich allein auf Gesetz und Moral,
Und bleibt sich treu bis zur letzten Frist,
Wo 'ne Leichenred' und ein Kranz uns sicher ist.
Er macht einige Schritte.
Die Törin! – Sie hätte bei einem Haar
Durch ihr Lärvchen mir ganz den Kopf verdreht.
Es läßt sich nicht leugnen, 's war etwas bête. –
Vielleicht macht ein andrer den Grund mir klar,
Weshalb ich halb von Sinnen war.
Den Spaß einen Schritt nur weiter getrieben,
Und ich wär' ein Narr und Schlimmres geblieben. –

Es war ein Fehler. Doch seh ich's lebendig,
Die Stellung machte ihn fast notwendig.
Das dumme Gebaren, sinnlose Gebalz
Entsprang der Propheten-Fiktion,
Der Stellung auf einem luft'gen Thron,
Die ohne das wahre, lebendige Salz.
Ein sinnloses Ding, die Prophetenkunst!
Die amtliche Rolle – ein bloßer Dunst!
Sei noch so nüchtern und noch so vernünftig,
Nur das Dumme und Dumpfe erscheint als zünftig.
So dient mir auch das vielleicht zur Entschuldigung,
Daß der Gans ich brachte meine Huldigung –
Hier war ich Prophet ganz!
Er bricht in Lachen aus: Wahrhaftig, wie ethisch!
Das Alter aufhalten wollen durch Tänzeln!
Kämpfen gegen den Strom mit Schwänzeln!
Die Zither schlagen, gurgeln und hupfen
Und enden als Hähnchen, das heißt mit Rupfen.
Dies Ganze nenn' ich mit Recht prophetisch!
Gerupft also! – Freilich, 's ist schlimm zur Stunde!
Doch hab' ich noch manches im Hintergrunde,
In Amerika etwas auch in der Tasche;
Ich gehöre noch nicht in des Herdes Asche,
Wie's dem Bettler ziemt. Doch den meisten Wert
Leg' darauf ich: Bin nicht an Pferd,
Nicht an Kutscher, noch an die Bagage gebunden;
Bin Herr der Situation, bin frei. –
Doch welcher Weg wird als richt'ger empfunden?
Die Wahl zeigt, wer weise, wer töricht sei.
Mein Geschäft – ein abgeschloss'nes Kapitel;
Die Liebe – ein abgelegter Kittel.
Zum Krebsgang fehlt mir ganz die Richtung.
„Hin und zurück ist ebenso weit;
Draußen und drinnen ebenso breit" –
So heißt es ja wohl in einer Dichtung. –
Was Neues also! – Zu Edlem gekehrt! –
Ein Ziel, das Geld und Mühe wert.
Schreib' ich mein Leben ohne Verkehrung –
Ein Buch zur Nachfolge und Belehrung?
Wie, wenn ich mich ganz zur Forschung wende,
Studiere die fernste Vergangenheit
Im Lichte heutiger Zustände?
Die Chroniken las ich schon im Nebel
Der Heimat; ich hatte dafür ein Faible.
Ich folge des Menschengeschlechtes Spuren,
Ich schwimm' wie 'ne Feder auf dem Strom,
Drin spiegelt sich der Geschichte Dom;
Ich wohne dem Kampf bei großer Naturen
Für Freiheit und Recht, für alles, was groß –
Doch in sicherer Ferne, als Zuschauer bloß;
Seh' Denker fallen, Märtyrer bluten,
Seh' Reiche gründen und Reiche vergehn,
Seh' Weltepochen aus Kleinem entstehn;
Kurz, von der Geschichte wogenden Fluten
Schöpf' ich den Rahm ab; das andr' ignorier' ich.
Womöglich 'nen Band vom „Becker" führ ich
Bei mir und reise, so weit er reicht,
Streng chronologisch. Wohl ist's nicht leicht,
Der Geschichte Wesen ist problematisch,
Mein Wissen nicht tief; da heißt's diplomatisch
Das Ende dem Anfang anzupassen,
Die Resultate zusammenfassen.
Denn wo der Beginn ganz leer und schal,
Ist der Schluß oft höchst original. –
Wie erhebend, entsagend dem bloßen Spiel,
Zu streben nach festem, hohem Ziel!
Still bewegt: Lösen die Bande, die mich fesseln
An die Heimat, an Freunde, Jugendplätze;
In die Luft gesprengt mit berstenden Kesseln
Die sauer erworbenen klingenden Schätze;
Dazu zerrissen bestrickende Netze;
Und alles nur um der Wahrheit Mysterium
Zu ergründen – –

Er wischt sich eine Träne ab.

Des echten Forschers Kriterium! –
Ich fühle mich glücklich, ja überselig,
Den Tag zu meinen schönsten zähl' ich.
Ich fand meines Lebensrätsels Lösung
Und damit dauernde Genesung.
Nun bringt dich sobald nichts in die Tinte!
Nicht älter nur bist du, nein, auch weiser;
Du darfst dich fühlen als Mann, Peer Gynte,
Und nennen des Menschendaseins Kaiser. –
Ich ziehe das Fazit nur des Vergangnen –
Die Gegenwart ein Kampf von Gefangnen,
Ohn' Inhalt, kaum einen Schuß Pulver wert.
Ohne Saft und Kraft der Männer Taten,
Man weiß nicht, wohin die Galeere fährt – –

Er zieht mit den Schultern.

Und die Weiber – da ist man nun ganz verraten!

Er geht ab.

Sommertag. Hoch im Norden. Eine Hütte im Wald. Offne Tür mit einem großen Riegel, ein Rentiergeweih über derselben. Eine Herde Ziegen neben der Hütte. Eine blonde und hübsche Frau im mittleren Alter sitzt und spinnt draußen im Sonnenschein.

DIE FRAU *über den Weg blickend, singt:*
Wohl vergeht der Winter, die Sommerzeit,
Dann das Jahr, und du bist noch immer weit –
Doch endlich kommst du, dann bleibst du hier,
Und ich warte so lang, das versprach ich dir.
Sie lockt die Ziegen, spinnt und singt weiter:
Gott gebe dir Kraft, wo auch immer du ziehst!
Gott segne dich, wenn du vor ihm kniest!
Hier wart' ich so lang, bis du kommst, mein Freund;
Und wartest du droben – bald sind wir vereint.

In Ägypten. Morgendämmerung. Die Memnonssäule im Sand.

Peer Gynt kommt gegangen und sieht sich eine Weile um.

PEER GYNT: Hier könnt' ich nun meine Wandrung beginnen –
Zur Abwechslung also auch Ägypter –
Doch Ägypter, gegründet aufs Gyntsche Ich.
Assyrien such' ich darauf zu gewinnen;
Denn gleich mit der Schöpfung der Welt zu beginnen,
Das wäre der Sache nicht förderlich!
Die biblische Geschichte ist noch beliebter;
Man trifft auf ihre Spuren fortwährend.
Sie genau zu verfolgen, wohl belehrend,
Doch zeigt die Beschränkung ja den Meister.
Er stützt sich auf einen Stein.
Ich will nun ruhn und harren der Geister,
Von deren Gesang die Säule klingen soll.
Nach dem Frühstück auf eine der Pyramiden. –
Ob ich in das Innre auch dringen soll?
Ein rechter Forscher darf nicht ermüden!
Vielleicht entdeck' ich des Potiphar Grab. –
Am Roten Meer bieg' rechts ich ab –
So bin ich Asiate. In Babylon buch' ich
Die galanten Damen und hängenden Gärten,
Das heißt der Bildung wichtigste Fährten.
Die Lage Trojas dann untersuch' ich
Und fahr' mit dem Dampfer sogleich direkte
Zu dem heiligen Paß, den Leonidas deckte,
Und drauf zu dem herrlichen alten Athen.
Hier darf kein Stein dem Blick entgehn.
Ich durchforsche die philosoph'schen Systeme –
Ich meine die besten – sowie das Gefängnis,
In welchem der Weise den Giftbecher trank. –
Doch wie? – Ist das Land nicht an Zuckungen krank? –
Ich vergaß den Krieg! – Es will das Verhängnis,
Daß ich den Forschergeist bezähme.
Er sieht nach seiner Uhr.
Es ist doch seltsam, wie lange es währt,
Eh' die Sonne aufgeht! – Die Zeit verrinnt. – –
Von Troja also – wohin geschwind? – –
Er steht auf und lauscht.
Welch ein Brausen durch die Lüfte fährt? –
Sonnenaufgang.

DIE MEMNONSSÄULE *singt:*
Aus des Halbgotts Asche steigen verjüngend
Vögel singend.
Zeus der Allwisser,
Der Allumfasser
Schuf sie zum Verderben.
Weisheitseulen,
Wo weilen
Meine Vögel? –
Du mußt's erraten,
Oder sterben.

PEER GYNT: Wahrhaftig – mir war's doch, es ging ein Klang
Von der Säul' aus – Vergangenheitsmusik.
Die Stimme stieg vernehmlich und sank. –
Ich zeichn' es auf für spätre Kritik.
Er notiert im Taschenbuch:
„Die Säule sang, ganz eigner Stil,
Vom Text verstand ich nicht eben viel.
Das Ganze war Sinnestäuschung natürlich –
Die Säule singt wohl nur figürlich."
Geht weiter.

Bei dem Dorf Gizeh: die große Sphinx aus dem Felsen gehauen. In der Ferne Kairos Kuppeln und Minarette. Peer Gynt kommt, betrachtet die Sphinx aufmerksam, bald durch die Lorgnette, bald durch die hohle Hand.

PEER GYNT: Nein, sage mir einer, wo traf ich 'nen Block,
Der ganz wie dieser Haubenstock?
Gesehn hab' ich's sicher – vielleicht nicht so groß;
War's eine Person? – Ich werd' es nicht los. –
Der Memnon, das fiel mir erst später ein,
Erinnerte ganz an den Dovrealten,
So unbeweglich und starr wie 'n Stein
Saß er auch auf seinem Säulenstumpf.
Doch dieses abscheuliche Zwittertier,
Wo Löwe und Weib an einem Rumpf,
Blieb es aus einem Erlebnis mir? –
Hab' ich's von einem Märchen behalten?
Von einem Märchen? – Hoho, Freund Edel!
Das ist ja der Krumme mit eisernem Schädel! –
Das heißt, ich träumte – ich lag im Fieber. –
Er geht näher.
Dieselben Augen, derselbe Mund –
Nicht ganz so glotzend, doch mehr verschlagen –
Ich weiß nicht, wer von beiden mir lieber. –
Du gleichst 'nem Löwen also, Krummer,
Besonders von hinten gesehn. – Soll ich fragen? –
Du verstehst dich auf Rätsel, bist kein Dummer! –
Bin doch neugierig. – So tu mir kund:
He, Krummer, wer bist du?

EINE STIMME *hinter der Sphinx:* Ach Sphinx, wer bist du?*

PEER GYNT: Das Echo antwortet deutsch!

DIE STIMME: Wer bist du?*

PEER GYNT: Ich notiere, bevor es mich weiter geckt:
„Echo deutsch. Berliner Dialekt."

BEGRIFFENFELDT *hinter der Sphinx hervorkommend:*
Ein Mensch!

PEER GYNT: Aha, da ist nichts zu raten.
Notiert: „Kam später zu andern Resultaten."

BEGRIFFENFELDT *unter allerlei unruhigen Bewegungen:*
Mein Herr, um Entschuldigung –! Darf ich fragen –
Was führt Sie zu dieser Stelle her?

PEER GYNT: Ein Besuch bei diesem Freunde, der –

BEGRIFFENFELDT: Dem Sphinx?

PEER GYNT: Ein Freund aus alten Tagen.

---

* Im Original deutsch

BEGRIFFENFELDT: Famos! – Und das nach dieser Nacht! –
Meine Schläfen hämmern, als sollten sie springen,
Sie kennen ihn, Mann? Sie könnten mir bringen
Ersehnte Lösung? Sie hätten die Macht?
PEER GYNT: Nun sehn Sie nicht, wie er höhnisch lacht? –
Er ist – e r s e l b s t.
BEGRIFFENFELDT *mit einem Sprung:*
Des Rätsels Lösung!
Ein leuchtender Blitz! – Er also wär'
Er selbst?
PEER GYNT: So sagt er ungefähr.
BEGRIFFENFELDT: Er selbst! – So endet der Tod, die Verwesung!
Nimmt den Hut ab.
Ihr Name, mein Herr?
PEER GYNT: Ich heiße Peer Gynt.
BEGRIFFENFELDT *mit stiller Bewunderung:*
Peer Gynt! – Allegorisch – Das Unbenannte! –
Peer Gynt! – Das will sagen: Das Unbekannte –
Das Kommende, doch das längst Verkündete –
PEER GYNT: Doch sagen Sie mir, was so entzündete –?
BEGRIFFENFELDT: Peer Gynt! Tiefsinnig! Rätselhaft! Was?
Jedes Wort eine nicht zu fassende Lehre! –
Wer sind Sie?
PEER GYNT: Ich rechnet' es stets mir zur Ehre,
Ich selbst zu sein – auch ist hier mein Paß.
BEGRIFFENFELDT: Schon wieder das Rätselwort auf den Grunden!
Ihn bei der Hand fassend:
Nach Kairo – ich habe den Kaiser gefunden!
PEER GYNT: Den Kaiser –?
BEGRIFFENFELDT: Fort!
PEER GYNT: Bin ich wirklich erkannt –?
BEGRIFFENFELDT *indem er ihn mit sich fortzieht:*
Der Denkenden Kaiser! Der das S e l b s t erfand!

In Kairo. Ein großer Hofraum mit hohen Mauern und Gebäuden ringsum. Vergitterte Fenster. Eiserne Bauer. Drei Wächter im Hof, ein vierter kommt.

DER KOMMENDE: Schafmann, sagt mir, wo ist der Direktor?
EIN WÄCHTER: Heut morgen gefahren durch das Hecktor.
DER ERSTE: Ich fürcht', es ist ihm was Übles passiert.
Denn heut nacht –
EIN ANDRER: Soeben er retourniert.
Begriffenfeldt führt Peer Gynt hinein, schließt die Tür zu und steckt den Schlüssel in die Tasche.
PEER GYNT *für sich:* In Wahrheit ein äußerst begabter Mann;
Man seinem Verstand kaum folgen kann.
Er sieht sich um:
Dies also ist der Klub der Gelehrten?

BEGRIFFENFELDT: Hier trifft man alle die Hochgeehrten,
Den ganzen Kreis der hohen Siebenzig
Nach Wahrheit suchend, innig liebend sich. –
Michel, Schlingelberg, Schafmann, Fuchs –
Hinein mit euch in die Bauer flugs!
DIE WÄCHTER: Was? – Wir?
BEGRIFFENFELDT: Wer sonst? – Hinweg, hinweg! –
Auch die Erde bleibt nicht auf demselben Fleck.
Er nötigt sie in ein Bauer.
Heut morgen kam er, der große Peer –
Ihr seid nicht mehr nötig – ich sage nicht mehr.
Er schließt das Bauer und wirft den Schlüssel in einen Brunnen.
PEER GYNT: Doch bester Herr Doktor und Direkteur –
BEGRIFFENFELDT: Bin leider keins von beidem mehr – –
Doch können Sie schweigen? – 's gehört zur Zunft –
PEER GYNT *in steigender Unruhe:*
Was ist's?
BEGRIFFENFELDT: Ich bitte, geben Sie acht!
PEER GYNT: Ich versuch's –
BEGRIFFENFELDT *ihm ins Ohr zischelnd:*
Die absolute Vernunft
Ging ab mit Tod in der letzten Nacht.
PEER GYNT: Gott schütz' mich –!
BEGRIFFENFELDT: Ja, es ist äußerst beklaglich
Und meine Stellung sehr unbehaglich,
Denn diese Anstalt galt bis zuletzt
Als ein Irrenhaus! – doch nicht mehr jetzt.
PEER GYNT *bleich und leise:*
Ein Irrenhaus! – Nun erkenn' ich den Ort!
Und der Mensch ist verrückt! – Wie komm' ich fort?
Er zieht sich seitwärts.
BEGRIFFENFELDT *ihm folgend:*
Wir wollen zum rechten Verständnis gelangen!
Sagt' ich, mit Tod sei sie abgegangen,
So mein' ich, sie ging aus ihrem Fell
Wie Münchhausens Fuchs, der schlaue Gesell.
PEER GYNT: Entschuld'gen Sie mich!
BEGRIFFENFELDT *ihn festhaltend:* Nein, es war ein Aal –
Nicht wie ein Fuchs. Durch den Kopf eine Ahl' –
Er zappelte an der Wand – –
PEER GYNT: Mir graut!
BEGRIFFENFELDT: Ein Schnitt um den Hals – ab mit der Haut!
PEER GYNT: Entsetzlich! Der Mensch ist gänzlich verrückt.
BEGRIFFENFELDT: Nun ist es klar und kaum zu verheimlichen: –
Dies Vonsichgehn aus zeitlichen, räumlichen
Verhältnissen leimte, was sonst zerstückt.
Die Kranken wurden mit einemmal,
Um elf Uhr abends nämlich, normal,

Konform mit der neuesten der Phasen,
Womit uns beim Scheiden Vernunft beglückt.
Dagegen – überleg' ich's gebührlich –
Vom Glockenschlag elf ab mußten natürlich
Die sogenannten Gesunden rasen.

PEER GYNT: Sie nannten die Uhr; meine Zeit ist gemessen –

BEGRIFFENFELDT: Ihre Zeit? Bald hätt' ich das Beste vergessen!

Er öffnet eine Tür und ruft:

Heraus! Die Zeit kam, ein wachsendes Kind;
Die Vernunft ist tot. Es lebe Peer Gynt!

PEER GYNT: Nein, teuerster Herr!

Die Wahnsinnigen kommen nach der Reihe aus dem Hofraum.

BEGRIFFENFELDT: Die Vernunft ist tot,
Begrüßt nun der Freiheit Morgenrot!
Euer Kaiser ist da!

PEER GYNT: Wie, Kaiser?

BEGRIFFENFELDT: Nun freilich!

PEER GYNT: Doch wie dürft' ich's wagen? So große Ehre –

BEGRIFFENFELDT: Nein, keine falsche Bescheidenheit störe
Eine Stunde wie diese!

PEER GYNT: Warum so eilig?
Bin nur auf der Reise und ganz zerschlagen!

BEGRIFFENFELDT: Ein Mann, dem das dunkelste Rätsel klar,
Der ganz er selbst –

PEER GYNT: Das ist wohl wahr,
Ich bin ich selbst mit Haut und Haar,
Doch grade darum nicht euer Mann,
Wo man selbst nur trotzdem, sozusagen.

BEGRIFFENFELDT: Ein großer Irrtum! Ein jeder kann
Er selbst hier sein, ohn' alle Grenzen,
Ja bis zu den äußersten Konsequenzen.
Man steigt hier in des Selbstes Faß,
Taucht tief in selbstischer Gärung bis zum Grund,
Verschließt sich hermetisch mit des Selbstes Spund
Und verdichtet sich mit des Selbstes Naß.
Was kümmert hier der Schmerz des Kranken? –
Man fragt nicht nach andrer Ideen und Gedanken –
Wir selbst in allem Dichten und Trachten,
Wir selbst, soweit man nur reichen kann.
Und drum, wenn wir Sie zum Kaiser machten,
So wählten wir grade den rechten Mann.

PEER GYNT: Ich wollt', ich wär' – –

BEGRIFFENFELDT: Nur ohne Scheu!
Jedes Ding ist ja am Anfang neu.
„Sich selbst" – hier sehn Sie ein Exempel,
Ich wählte den ersten besten mir aus.
Guten Tag, Huhu! – Nun, altes Haus,
Noch immer mit dem Weltschmerzstempel?

HUHU: Kann ich anders, wenn Geschlechter
Sterben hin als Sprachverächter?

Zu Peer Gynt:

Du bist fremd hier, willst du hören?

PEER GYNT *verneigt sich:*
Gott bewahr' mich!

HUHU: Laß dich lehren!
Fern im Ost, im blühnden Lande
Sind die malabarschen Strande.
Portugiesen und Holländer
Kamen als Kulturenspender.
Außer ihnen wohnen Scharen
Autochthoner Malabaren.
Diese rührten sprachlich Wischwasch
Ein zu einem bunten Mischmasch.
Doch in Zeiten, längst vergangen,
Herrschten die Orang-Utangen.
Diese waren einz'ge Herren,
Durften beißen sich und zerren;
Wie Natur sie grad geschaffen,
Mochten greinen sie und gaffen;
Niemand störte sie im Brüllen;
Alles ehrte ihren Willen.
Urwaldssprache wich den Fremden,
Wie die Nacktheit wich den Hemden.
Viermalhundertjähr'ges Nachten
Herrschte, wo sonst Affen wachten;
Und man weiß, so langes Dienen
Ändert Denken, Sprache, Mienen. –
Urwalds Urlaut ist verstummet,
Länger nicht wird mehr gebrummet.
Wollen wir Gedanken tauschen,
Müssen wir auf Worte lauschen.
Schmach und Zwang für alle Länder!
Portugiesen und Holländer,
Mischlingsrasse, Malabaren,
Alle dreie übel fahren. –
Ich versucht' es wohl zu fechten
Für die Urwaldslaut', die echten,
Zu beleben diese Leiche
Durch galvanisch kräft'ge Streiche.
Wollt' sie mindestens befeuern,
Für den Volksgesang erneuern.
Töricht schilt man all mein Flehen –
Meinen Schmerz wirst du verstehen.
Dank, daß du gehört mein Lehren –
Weißt du Rat, so laß mich hören.

PEER GYNT *für sich:* Freilich heißt es, mit den Wölfen
Soll man heulen – will ihm helfen. –
Laut: Freund, wenn mich nicht täuscht Erinnern,
Gibt es in Marokkos Innern
Eine Schar von dreisten Affen,
Machten tüchtig mir zu schaffen.
Was sie sprachen, höchst barbarisch
Klang es, mindestens nicht arisch.
Dorthin geh und bind 'nen Schwanz an,
Bildung bringend manchem Landsmann.

HUHU: Dank, daß du mich freundlich hörtest –
Westwärts zieh' ich, wie du lehrtest.
Erhaben: Vaterland ist taub dem Sange;
Westen hat Orang-Utange. *Er geht ab.*

BEGRIFFENFELDT: Nun ist der Bursch er selbst? –
Ich meine –
Von seinem Selbst erfüllt alleine.
Er selbst in allem, was er gibt,
Sein Selbst, was er allein noch liebt. –
Nun zeig' ich Ihnen einen vom Lande,
Kam gestern gleichfalls zu Verstande.

Zu einem Fellachen, der eine Mumie auf dem Rücken trägt:

Nun, König Apis, wie geht es seit gestern?

DER FELLACHE *wild zu Peer Gynt:*
Bin ich König Apis?

PEER GYNT *zieht sich hinter den Doktor zurück:*
Ich möcht' Sie nicht lästern,
Ich überschaue noch nicht die Lage;
Doch überzeugt mich Ton und Frage.

DER FELLACHE: Du lügst.

BEGRIFFENFELDT: Ihre Hoheit wolle geruhn,
Uns zu belehren.

DER FELLACHE: Das will ich tun.

Er wendet sich an Peer Gynt:

Siehst du den, den ich trag' auf dem Rücken?
König Apis ward er genannt.
Nun heißen sie ihn eine Mumie
Und ist uns als solche bekannt.

Pyramiden hat er erbauet
Und errichtet den großen Sphinx,
Und gekriegt, wie der Doktor ermittelt,
Mit dem Türken, rechts und links.

Drum hat das ganze Ägypten
Als Gott verehrt ihn bald
Und ihn aufgestellt in den Tempeln
In eines Ochsen Gestalt. –

Ich bin dieser König Apis,
Das ist ja sonnenklar;
Und wenn du es nicht begreifest,
So stell' ich es jetzt dir dar.

Auf der Jagd war König Apis
Und stieg vom Pferde ab,
Und ging auf den Acker beiseite,
Den er meinem Vater gab.

Der Acker, den Apis düngte,
Mich nährt' er mit seinem Korn;
Und willst du noch andre Beweise,
Ich zeig' dir das Apishorn.

Und ist's nicht ein seltsam Schicksal,
's preist keiner meine Macht.
Von Geburt bin ich König Apis,
Doch den Fellach jeder verlacht.

Und kannst du 'nen Rat mir geben,
So machst du mich doppelt reich: –
Wie stell' ich es an, daß ich werde
König Apis dem Großen gleich?

PEER GYNT: Deren Hoheit erbau' Pyramiden
Und errichte 'nen größren Sphinx
Und kriege wie deren Ahnherr
Mit dem Türken rechts und links.

DER FELLACHE: Das klingt wohl alles plausibel! –
Ein Fellach! 'ne hungrige Laus!
Hab' genug zu tun, meine Hütte
Zu säubern von Ratte und Maus.
Nein, Mann, find etwas Beßres,
Das berühmt und groß mich macht,
So berühmt wie der König Apis,
Auf meinem Rücken die Tracht.

PEER GYNT: Wie, wenn deren Hoheit sich hängten
Und legten sich dann ins Grab?
Da ist doch fürs Leben 'ne Grenze –
'nen besseren Rat ich nicht hab'.

DER FELLACHE: In der Tat! – Für 'nen Strick mein Leben!
An den Galgen mit Haut und Haar!
Am Anfang ist's wohl dasselbe –
Bin tot ich nur übers Jahr!

Er macht Anstalten sich zu erhängen.

BEGRIFFENFELDT: Das war auch eine Persönlichkeit –
Ein Mann von Methode –

PEER GYNT: Der bringt's noch weit –;
Doch er hängt sich wirklich! – Gott sei uns gnädig!
Mir wird übel – bin fast der Gedanken ledig!

BEGRIFFENFELDT: Ein Übergang; nur kurz, auf mein Wort.

PEER GYNT: Ein Übergang? – Wozu? – Ich muß fort –

BEGRIFFENFELDT *ihn zurückhaltend:*
Sind Sie toll?

PEER GYNT: Noch nicht – ei Gott bewahre!

Lärm. Der Minister Hussein drängt sich durch den Haufen.

HUSSEIN: Ich höre, es kam ein Kaiser heut;
Zu Peer Gynt: Sind Sie's?

PEER GYNT *außer sich:* Natürlich; und sehr erfreut –

HUSSEIN: Hier sind Noten, man wartet auf Antwort lange.

PEER GYNT: Ho, heißa, recht so – ich rauf' mir die Haare!

HUSSEIN: Geruhn Sie vielleicht mich einzutauchen?

Verbeugt sich tief:

Ich bin 'ne Feder.

PEER GYNT *verbeugt sich noch tiefer:*
Ich halt' ihm die Stange!
Und ich ein Papier, zum Schreiben, zum Schmauchen!

HUSSEIN: Meine Geschichte erzählt Ihnen leider ein jeder: –
Ich gelt' für ein Sandfaß und bin eine Feder.

PEER GYNT: Auch meine, Herr Feder, ist tragisch geblieben: –
Das Papier ist noch immer unbeschrieben.

HUSSEIN: Sie versichern mich alle und geben die Hand drauf,
Ich sei nur nütze, zu streuen Sand drauf.
PEER GYNT: Mich nahm ein Mädchen für 'n schönes Buch;
's ist ein Druckfehler bloß, ob verrückt oder klug.
HUSSEIN: Und wie aufreibend, als Feder, Gott besser's,
Nie zu empfinden den Schnitt eines Messers!
PEER GYNT *in die Höhe springend:*
Als Rentierbock von oben springen
Und niemals den festen Boden erringen!
HUSSEIN: Ich bin stumpf! Ein Messer! Ich will geritzt sein!
Die Welt vergeht, läßt man mich ungespitzt sein!
PEER GYNT: Ei, jammerschade um diese Welt,
Die Gott und den Menschen so gut gefällt!
BEGRIFFENFELDT: Ein Messer – hier!
HUSSEIN *es ergreifend:* Ich muß es nützen!
Welche Lust sich zu schneiden!
Er schneidet sich den Hals ab.
BEGRIFFENFELDT *tritt zur Seite:* Du mußt nicht spritzen!
PEER GYNT *in steigender Angst:*
Faßt ihn!
HUSSEIN: Ja, faßt mich! – Beginne frisch!
Die Feder! Rasch das Papier auf den Tisch! – –
Er fällt um.
Ich bin ausgeschrieben. – Nachschrift: – Es weiß jeder,
Er lebte und starb als tüchtige Feder!
PEER GYNT *wankt:*
Was soll ich? – Was bin ich? – Du Großer, Weiser –
Ich bin, was du willst, ein Türke, ein Wicht,
Ein Bergtroll – doch hilf! – Das gab mir den Rest –!
Schreiend: Ich komme auf deinen Namen nicht! – –
Hilf du – der Toren Vormund! – Halt fest –!
Er fällt in Ohnmacht.
BEGRIFFENFELDT *mit einem Strohkranz in der Hand, springt auf ihn zu und setzt sich rittlings über ihn:*
Ha, seht, wie er im Staube prächtig
Daliegt! – Nicht seiner Sinne mächtig –
's ist Zeit!
Er setzt ihm den Kranz auf und ruft:
Er lebe! Es lebe des Selbstes Kaiser!
SCHAFMANN *im Bauer:*
Es lebe hoch der große Peer!*

* Im Original deutsch

FÜNFTER AUFZUG

Die Szene spielt auf einem Schiff in der Nordsee an der norwegischen Küste. Sonnenuntergang. Sturm. Peer Gynt, ein noch rüstiger alter Mann mit schneeweißem Bart und Haar, steht in der Nähe des Steuers. Er trägt eine Matrosenjacke und hohe Wasserstiefel, alles ziemlich abgetragen. Sein Gesicht ist vom Wetter gebräunt und von hartem Ausdruck. Der Kapitän steht am Steuerrad beim Steuermann. Die Matrosen sind weiter vorn.

PEER GYNT *legt die Arme auf die Reling und starrt nach dem Lande:*
Sieh, der Hallingskarven in Wintertracht,
Das Haupt vom Abendrot angeglüht.
Der Hardanger Jökul in blauer Pracht
Sich über das Ohr den Eismantel zieht.
Und Folgefonden blickt so fein,
Ruht wie 'ne Jungfrau in schneeigem Lein. –
Seid keine Toren, ihr alten Lumpen,
Steht, wo ihr steht, ihr granitnen Klumpen!
DER KAPITÄN *ruft nach vorn:*
Zwei Mann ans Ruder! – Die Laternen hinauf!
PEER GYNT: 'ne steife Brise!
KAPITÄN: Ein Wetter zieht auf.
PEER GYNT: Sieht man von der See den großen Rónden?
KAPITÄN: Nein, nicht von hier, ihn deckt der Fonden.
PEER GYNT: Vielleicht die Blauhöh'?
KAPITÄN: Nein, nur vom Rigg
Erblickt man zuweilen den Galdhöpig.
PEER GYNT: Wo liegt der Hårteigen?
KAPITÄN: Dort am Rand.
PEER GYNT: Ja freilich.
KAPITÄN: Sie scheinen hier bekannt.
PEER GYNT: Da ich reiste von Haus, war's mein letzter Blick,
Und die Hefe bleibt ja am längsten zurück.
Er spuckt aus und schaut nach der Küste.
Dort hinten, wo's dunkelt im blauen Duft,
Wo das Felstal sich öffnet, als wär's 'ne Gruft,
Und unten am Fjord, an dem schmalen Strand –
Dort also der Mensch ein Heim auch fand! –
Zum Kapitän: Sie wohnen vereinzelt und weit voneinander –
KAPITÄN: Nicht leicht, daß einer zum andern wander'.
PEER GYNT: Sind wir vor dem Morgen drin?
KAPITÄN: Nur knapp;
Das hängt von Wind und Wetter ab.
PEER GYNT: Im Westen zieht's auf –
KAPITÄN: Das tut's.
PEER GYNT: Kapitän,
Erinnert mich, wenn wir uns morgen sehn –
Ich dachte den Leuten was zu verehren.
KAPITÄN: Ei danke!

PEER GYNT: Viel kann ich nicht entbehren.
Ich grub nach Gold, verlor, was ich fand –
Stets blieb ich Fortunen unbekannt.
Und das bißchen, was ich nach Hause bring',
Ist der Rest von dem, was zum Teufel ging.
KAPITÄN: Mehr als genug, um Ihnen zu schaffen
Gewicht bei den Leuten.
PEER GYNT: Verwandte und Laffen?
Es erwartet niemand den reichen Kauz –
So gibt es auch kein Gedränge.
KAPITÄN: Da schaut's!
Da ist das Wetter!
PEER GYNT: Ja, was ich sagt' –
Ist einer der Leute wirklich in Nöten –
Ich meine, wen recht die Sorge plagt –
Ich sehe nicht grade auf die Moneten. –
KAPITÄN: Das ist brav. Die meisten haben's schmal
Und Weib und Kinder in reicher Zahl.
Mit der Heuer allein ist es schwach bestellt;
Ja, käme dazu ein Sümmchen Geld,
Da gäb' es ein lustiges Wiedersehn.
PEER GYNT: Verheiratet also? – Weib und Kind? –
KAPITÄN: Ein ganzer Haufen – daher das Loch! –
Doch dem es am schlimmsten geht, der Koch –
Sie sahn wohl den Burschen, ein frischer, junger –,
Zu Hause hat er den blassen Hunger.
PEER GYNT: Verheiratet – lustiges Wiedersehn – ?
Und Weib und Kinder, die einen erwarten,
Kehrt man zurück von weiten Fahrten,
Sich freun? –
KAPITÄN: Nun ja, nach ihrer Art!
PEER GYNT: Und wenn er spät an die Türe pocht – ?
KAPITÄN: Nun, da holt die Frau, was sie aufbewahrt
Für den Vater; da wird gebraten, gekocht. –
PEER GYNT: Da zündet sie wohl 'nen Lichtstumpf an?
KAPITÄN: Vielleicht auch zwei, und wenn sie's kann,
Bringt sie 'nen Schnaps dem erfrornen Mann.
PEER GYNT: Und sie sitzen zusammen am warmen
Kamin –
Die Kinder um sich – ? Die lärmen und schrein;
Der Vater erzählt, und sie fragen ihn
Nach tausend Dingen – ?
KAPITÄN: Das mag wohl sein.
Drum wär's auch gut, was beizutragen
Zum Fehlenden –
PEER GYNT *auf die Reling schlagend:*
Müßt mich der Teufel plagen!
Glaubt Ihr, ich sei toll? – Ich hätt' mich gequält,
Zu schaffen den Leuten, was ihnen fehlt?
Mit meinem Schweiß hab' ich's sauer verdient!
Es erwartet keiner den alten Peer Gynt!
KAPITÄN: Nun, wie Sie wollen! Ihr Geld ist's freilich!
PEER GYNT: Getroffen! Und nicht mit andern teil' ich. –
Berechnet, sobald das Fahrzeug ankerte,
Mein Fahrgeld von Panama, zweite Kajüte.
Den Leuten gebt Branntwein! – Ei, ich mühte
Für alte Weiber mich und für Bankerte!
KAPITÄN: Ich bin nicht die Ursach' solcher Erbitterung –
Doch ich muß zum Ruder; Sie sehn die Witterung.
Er geht über das Deck; es wird finster; man zündet ein Licht in der Kajüte an; die See wird immer unruhiger. Nebel und schwere Regenschauer.
PEER GYNT: Haben Weib und Kinder daheim,
Hängen am Vater wie Fliegen am Leim;
Wissen, daß in der fernsten Fern'
Sie folgen mit ihren Gedanken gern – !
Gibt's einen Menschen, der meiner gedacht? – –
Ein Licht – zwei Lichter – ? Mir ist es Nacht. –
Will was erdenken – ! Ich mache sie trunken –
Nicht einer komme mir nüchtern ans Land.
Ja, ohne Besinnung, im Schmutz versunken,
Ein Abscheu den Kindern, ganz ohne Verstand –
So sollen sie auf den Tisch mir schlagen,
Das weinende Weib aus dem Hause jagen! – –
Das Schiff neigt sich stark, er taumelt und hat Mühe, sich zu halten.
Nun das war 'ne gute Überhalung!
Das arbeitet stramm, wie gegen Bezahlung. –
Der Norden ist noch der alte Querkopf –
Und die See kocht über wie 'n voller Teertopf. –
Was für ein Schrei?
WACHT *vorn:* Ein Wrack in Lee!
KAPITÄN *in der Mitte des Schiffes kommandierend:*
Halb Steuerbord!
STEUERMANN: Sind Leute drauf?
WACHT: Drei!
PEER GYNT: Die Heckjolle nieder!
KAPITÄN: Die traf 'ne See.
Geht nach vorne.
PEER GYNT: Wer denkt auch an so was?
Zu einigen von den Leuten:
's geht an den
Kragen!
Eine nasse Jacke könnt Ihr schon wagen! –
BOOTSMANN: Es ist unmöglich bei solchen Wellen.
PEER GYNT: Sie rufen wieder – sie zerschellen!
He, Koch – hier gilt's – ich bezahle – geschwind!
DER KOCH: Und zahlet Ihr gleich mir zwanzig Pfund –
PEER GYNT: Ihr feigen Seelen – gier'ger Hund!
Auch das sind Leute, die Weib und Kind
Erwarten –
BOOTSMANN: Geduld ist auch gesund.
KAPITÄN: Abfallen!
STEUERMANN: Jesus, das Wrack ging rund!
PEER GYNT: 's ward still mit eins –
BOOTSMANN: War's, wie Sie
meinen,
So können drei neugebackene Witwen nun weinen.
Der Sturm nimmt zu, Peer Gynt geht nach dem Hinterdeck.
PEER GYNT: 's ist keine Treu unter Menschen mehr –
Kein Christentum, wie die Schrift es verlangt;
Sie beten noch kaum, die Herzen leer,
Und keinem mehr vor den Gewaltigen bangt.

Bei solchem Sturm ist mit Gott nicht zu spaßen,
Ich bilde mir ein, daß sie's schon erkannten,
Wie bedenklich das Spielen mit Elefanten!
's gibt manchen, den schon die Wölfe fraßen. –
Ich freilich bin schuldlos, ich öffnet' sofort –
Ich kann's beweisen – mein Portemonnaie.
Doch was hilft das mir! – Wohl lautet das Wort:
Ein gutes Gewissen ein ruhig Kissen. –
Damit kommt man wohl auf dem Trocknen fort;
Taugt aber wenig beim Sturm, an Bord,
Wenn ein Gerechter mit solchen auf See,
Die nichts von Wohltun und Christentum wissen.
Hier heißt es nicht auf sich selbst beruhn,
Man muß folgen den andern, tun, was sie tun.
Schlägt die Stund' der Vergeltung für diese Tröpfe,
Man kommt in dieselben Laugentöpfe.
Man ist eine Null, nicht wert des Beachtens,
Als wär' man 'ne Wurst in der Woche des
Schlachtens.
Ich freilich war immer zu fromm und dumm,
Und Undank bloß hat man für allen Spaß.
Wär' ich jünger, ich sattelte wahrlich um
Und spielte zur Abwechslung einmal den Baß.
Noch ist's nicht zu spät! Sie sollen's gewahren,
Peer Gynt kam über die See gefahren.
Den Hof muß ich haben, und wär' es mit Kniffen –
Wenn im guten nicht – bin vertraut mit den Pfiffen.
Ich bau' ihn aus zum prächtigen Schloß;
Da kommen sie an, der ganze Troß –
Sie betteln, sie winseln – oh, wir sind quitt!
Es folgt kein gebogener Schilling mit.
Hat m i c h das Schicksal mit Füßen getreten,
So mögen sie auch einmal heulen und beten. – –

DER FREMDE PASSAGIER: Guten Abend!
PEER GYNT: Guten Abend!
Wen hab' ich die Ehr'?
DER PASSAGIER: Ich bin ihr Mitpassagier, zu dienen.
PEER GYNT: Ich wähnte den einzigen mich, bin Ihnen
Noch nie – –
DER PASSAGIER: Sie sehn, die Vermutung war leer.
PEER GYNT: Doch wunderlich bleibt's, erst heute
abend –
DER PASSAGIER: Ich geh' erst aus, wenn's frisch und
labend.
PEER GYNT: Sie scheinen nicht munter, sind weiß wie
'n Laken –
DER PASSAGIER: Ich bin nicht seekrank, ich fühle mich
wohl.
PEER GYNT: Es stürmet kräftig, die See geht hohl.
DER PASSAGIER: Ja herrlich!
PEER GYNT: Herrlich? – Darf man
fragen –?
DER PASSAGIER: Nun schauen Sie doch die haushohen
Wellen!
Das Wasser läuft einem zusammen im Mund,
Denkt man, wieviel Schiffe noch heute zerschellen –
Wie die Menschen schwimmen, versinken und –
PEER GYNT: Behüte Gott!
DER PASSAGIER: Sie sahn wohl schon
'nen Ertrunknen, Erhängten, dem's ging an den
Kragen?
Die Leichen lächeln – nur etwas gezwungen,
Als bissen sie sich auf die Zungen.
PEER GYNT: Herr, mir vom Leibe! Was soll der
Hohn? –
DER PASSAGIER: Nicht Hohn. Ich möchte noch weiter
fragen:
Wenn wir nun an eine Blindschär stießen,
Verlören die Planken unter den Füßen
Und sänken plötzlich –
PEER GYNT: Sie meinen, hier wäre –?
DER PASSAGIER: Gesetzt, ich käme davon mit dem
Schreck,
Sie, Bester, doch gingen um die Eck –
PEER GYNT: Welch Geschwätz!
DER PASSAGIER: Je nun, wenn die Angst
so groß,
Wird man weich, man denkt an milde Gaben –
PEER GYNT *greift in die Tasche:*
Geld also!
DER PASSAGIER: O nicht doch! Ich möchte bloß
Ihren hochgeehrten Leichnam haben.
PEER GYNT: Das geht zu weit –
DER PASSAGIER: Um der Wissenschaft willen!
PEER GYNT: Genug!
DER PASSAGIER: Ich sezier' den Kadaver im stillen,
Nach neu'stem System, der Wissenschaft Stärke –
Und spähe genau nach dem Sitz der Träume;
Im übrigen geh' ich kritisch zu Werke.
PEER GYNT: Das geht zu weit, Herr, einer räume –!
DER PASSAGIER: Geduld, Verehrtester, nur 'ne Leiche!
PEER GYNT: 's ist Blasphemie! – Verruchter, weiche!
's sieht ernst genug aus. In solchem Graus
Kann jeder Augenblick Tod uns bringen,
Der gier'ge Abgrund uns verschlingen.
Und Sie fordern das Schicksal noch mehr heraus!
DER PASSAGIER: Sie scheinen geneigt nicht zu weitrer
Verhandlung –
Nun die Zukunft bringt ja so manche Wandlung. –
Freundlich grüßend:
Ich spreche noch, wenn wir sinken, vor,
Vielleicht sind Sie dann bei beßrem Humor.
Er geht in die Kajüte.
PEER GYNT: Abscheuliche Kerle, diese Fanatiker
Der Wissenschaft, diese Atheisten!
Spielen sich auf als Systematiker –
Doch – *zum Bootsmann, der vorbeigeht:*
auf ein Wort, mein Freund, wer ist denn
Der Passagier, bei dem's nicht ganz richtig? –
BOOTSMANN: Sie sind der einz'ge, wir haben nicht mehr.
PEER GYNT: Nur mich? Nicht andre? – Der Fall ist
wichtig. –
Zum Schiffsjungen, der aus der Kajüte kommt:
Wer ging da hinab?

JUNGE: Der Schiffshund, Herr!
Geht weiter.
WACHE *ruft:* Land rechts voraus!
PEER GYNT: Mein Koffer – mein Geld
Sofort auf Deck!
BOOTSMANN: Haben andres zu passen!
PEER GYNT: 's war nur Scherz, Kapitän! Ein schlechter Witz!
Ich helfe dem Koch! – Mögt euch drauf verlassen!
KAPITÄN: Der Klüwer fiel! –
STEUERMANN: Das Focksegel riß!
BOOTSMANN *ruft vorn:* Wir laufen auf!
KAPITÄN: Das Schiff zerschellt!
Das Schiff läuft auf. Geschrei und Verwirrung.

In der Nähe des Landes zwischen den Schären und der Brandung. Das Schiff geht unter. Im Nebel erblickt man eine Jolle mit zwei Mann. Eine Sturzwelle füllt sie; sie kentert; man hört einen Schrei; es ist eine Weile still. Bald darauf kommt die Wölbung des Bootes zum Vorschein. Peer Gynt taucht in der Nähe desselben auf.

PEER GYNT: Hilfe! Ein Boot in die Brandung geschoben!
Rette mich Gott – ich will dich loben!
Er hält sich am Kiel des Bootes fest.
DER KOCH *auf der andern Seite auftauchend:*
O lieber Gott, denk meiner Kleinen!
Sei gnädig, laß mich mit ihnen vereinen!
Er hält sich am Kiel.
PEER GYNT: Los!
DER KOCH: Los!
PEER GYNT: Ich schlage!
DER KOCH: Ich schlage wieder!
PEER GYNT: Laß los, ich haue dich kurz und klein!
Die Hand fort! Das Boot genügt nicht zwei'n!
DER KOCH: Das merk' ich.
PEER GYNT: Fort!
DER KOCH: Fort selber!
PEER GYNT: Nieder!
Sie kämpfen; der Koch schlägt sich die eine Hand lahm und hält sich mit der andern fest.
PEER GYNT: Die Tatze weg!
DER KOCH: O Lieber, schone!
Mein armes Weib und meine Kinder!
PEER GYNT: Ich sehne mich auch nach einem Sohne
Und brauch' das Leben drum nicht minder.
DER KOCH: Sie haben gelebt, ich bin noch jung.
PEER GYNT: Fort, spute dich! Genug, Halunk!
DER KOCH: Erbarmen Sie sich als guter Christ!
Sie werden von keinen Lieben vermißt –
Er schreit auf und läßt los.
Ich sinke –
PEER GYNT *ergreift ihn:*
Ich halte dich am Schopf –
Bete dein Vaterunser, Tropf!

DER KOCH: Mir fällt nichts ein – ich seh' nichts mehr – –
PEER GYNT: Sag nur das Wesentlichste her!
DER KOCH: Unser täglich Brot – !
PEER GYNT: Spring über, Koch;
Was du bedarfst, erhältst du doch!
DER KOCH: Unser täglich Brot – –
PEER GYNT: Das Gebet der Toren –
Man sieht es, du bist zum Koch geboren.
Er läßt ihn los.
DER KOCH *sinkend:*
Unser täglich – *Geht unter.*
PEER GYNT: – Amen, närrischer Gauch!
Doch bliebst du dir treu bis zum letzten Hauch.
Er schwingt sich auf die Wölbung des Bootes.
Nun, Peer, wie steht's bei dir mit dem Leben? –
DER FREMDE PASSAGIER *faßt nach dem Boot:*
Guten Morgen!
PEER GYNT: Ha!
DER PASSAGIER: Sie riefen eben –
Ich war so glücklich, Sie zu finden –
Sie schelten wohl nicht mein Vorausverkünden?
PEER GYNT: Los! Hier ist kaum für einen Platz!
DER PASSAGIER: Ich schwimme, Verehrtester, wie ein Ratz.
Ein Bein genügt mir, mich zu halten,
Nur einen Finger in eine der Spalten
Des Bootes – doch was die Leiche –
PEER GYNT: Pfui!
DER PASSAGIER: Das andre ging freilich in einem Hui –
PEER GYNT: Ach, halten Sie den Mund!
DER PASSAGIER: O völlig!
Sie schweigen beide.
PEER GYNT: Was gibt's?
DER PASSAGIER: Ich schweige.
PEER GYNT: Bin in der Höll' ich?
Was tun Sie?
DER PASSAGIER: Ich warte.
PEER GYNT *faßt sich in die Haare:*
Ich werde verrückt! –
Wer sind Sie?
DER PASSAGIER: Ihr Freund.
PEER GYNT: Wie er lächelt und nickt!
DER PASSAGIER: Was meinen Sie, haben Sie keinen gekannt,
Der mir glich?
PEER GYNT: O ja, den man malt an die Wand!
DER PASSAGIER *leise:*
Ist's seine Art wohl, ein Licht zu zünden
Auf dem Nachtweg des Lebens durch Angstverkünden?
PEER GYNT: Sie sind wohl der Meinung manchen Wichts:
Eigentlich sei'n Sie ein Bote des Lichts.
DER PASSAGIER: Erfuhren Sie schon in Ihrem Leben
Recht tiefe Seelenangst? Ernstes Beben?

PEER GYNT: Das klingt ja alles recht pathetisch –
Naht sich Gefahr, greift man zum Fetisch.
DER PASSAGIER: Ja, haben Sie einmal schon errungen
Den Sieg, der solcher Angst entsprungen?
PEER GYNT *ihn ansehend:*
Ei, hatten für mich Sie ein Hinterpförtchen,
So hätt' ich ein früheres Kommen gelobt.
Auch paßt wohl zum Pred'gen ein besseres Örtchen
Als diese See, die uns rasend umtobt.
DER PASSAGIER: War es vielleicht ein größrer Triumph,
Wenn gefeiert am Ofen, dumpf und stumpf?
PEER GYNT: Mag sein! Doch haben Sie etwas Neckendes
In Ihrer Art – und durchaus nichts Weckendes.
DER PASSAGIER: Ich komme von einem Ort, wo Lächeln
Gleich hoch steht mit strafendem Durchhecheln.
PEER GYNT: Jedes Ding seine Zeit! Was für Zöllner paßt,
Für einen Bischof erniedrigend fast.
DER PASSAGIER: Was lange ruht' in Aschenurnen,
Geht werktags selten auf Kothurnen.
PEER GYNT: Weich von mir, Vogelscheuche! Scher dich! –
Ich will nicht sterben! – Ich lebe – wehr' mich!
DER PASSAGIER: Was das betrifft, nur unverzagt –
Man stirbt nicht mitten im fünften Akt. *Gleitet fort.*
PEER GYNT: Da kam's zum Vorschein! Der Prahler ist
Bloß ein langweiliger Moralist.

Kirchhof in einer Gebirgsgegend. Leichenzug. Geistlicher und Volk. Man singt den letzten Vers eines Liedes. Peer Gynt geht auf dem Wege außerhalb.

PEER GYNT *an der Pforte:*
Da tragen sie einen Landsmann hin!
Nun Gott sei Dank, daß ich's nicht bin!
GEISTLICHER *spricht am Grabe:*
Da nun die Seele ihren Richter sucht,
Die Hülse nur zurückblieb, ohne Frucht,
Da, liebe Freunde, schaun wir noch einmal
Auf seine Wandrung durch das Erdental. –
Ihr alle kanntet ihn, mit schlichtem Haar,
Die Stimme schwach, unmännlich seine Haltung;
Wenig begabt, stellt er sich schüchtern dar;
Es rang das Wort nach rechten Sinns Entfaltung.
Trat in die Kirch' er, zögernd, war's, als flehten
Die Augen um Erlaubnis auch zu beten.

Er war gekommen aus dem Gudbrandstal,
Ein Knabe fast, hieher; sein Kinn noch kahl;
Doch denkt ihr wohl bei dieses Toten Asche,
Wie stets er trug die Rechte in der Tasche.

Die Hand stets in der Tasche – seht, das drückte
Das ganze Wesen dieses Menschen aus.
Und dann, wie er sich trug und lächelnd bückte,
Trat er verlegen in ein Nachbarhaus.
Stets lebt' er einsam, stille Wege ging er;
Doch ob er auch ein Fremdling bei uns blieb
Und sein Geheimnis wahrte wie ein Dieb,
Die Hand, wir wußten's – hatte nur vier Finger.

Ich denke noch der Zeit – es war in Lunde,
Vor manchem Jahr, wie man sich eingestellt.
Der Krieg war los, auch diese kleine Welt
Voll Sorg', das Vaterland in aller Munde.

Ich war dabei. Am langen Tische saß man:
Kap'tän, Chirurg und Amtmann, und es traten
Die Burschen nacheinander an. Die maß man,
Schrieb in ein Buch sie, waren so Soldaten.
Voll war die Stube, niemand wagt' zu stören;
Doch draußen ließ sich Mädchenkichern hören.

Da ruft man eines Namen. Er tritt ein,
Bleich wie der Gletscherschnee im Winterschein,
Die rechte Hand in Lappen eingehüllt.
Er zögert, schwankt und tritt zum Rand des Tisches;
Er schnappt nach Luft und ringt; es ist, als zisch' es
Ihm aus der Brust, nicht mehr, kein Wort entquillt.
Doch ja, zuletzt, mit fieberheißen Wangen,
Hastig und leis' – sich mühend, unbefangen
Es vorzutragen – spricht von einem Keil,
Den eingetrieben er – von einem Beil,
Das unversehens von dem Block geglitten
Und ihm den Finger mittendurch geschnitten. –

Doch still ward's in dem ganzen Raum zur Stund,
Man warf sich Blicke zu, verzog den Mund,
Und stumm und wie versteinert stand der Wicht.
Er fühlte wohl, was vorging – sah es nicht.
Doch der Kap'tän stand auf, wies nach der Tür,
Spie zornig aus und sagte: Fort von hier!

Er ging. Man wich zu beiden Seiten aus,
Genug, Spießruten laufen ihn zu lassen.
Er kam zur Tür; er stürzte aus dem Haus,
Hinauf durch Wald und Heid' und Felsengassen.
So laufend, kam er hin zu seiner Hütte,
Hoch im Gebirg, in düstrer Felsen Mitte. – –

Ein halb Jahr später zog er mit 'ner Dirne
Zu uns samt seiner Mutter und 'nem Kinde.
Er siedelte sich an tief unterm Firne,
Zu wohnen einsam, ohne Knechtsgesinde.
Er machte Hochzeit, baut' aus Föhrenzimmern
Ein Haus und brach das Feld. Bald ist's bestellt.
Nicht lange währt's, da sieht man's golden schimmern –
Im lauen Winde wogt ein Ährenfeld.
Die rechte Hand, versteckt, zwar niemand kennt –
Zuhause doch da braucht er die neun Finger
Wie zehn; es fördert darum nicht geringer.

Das alles nahm die Flut – 's war ein Moment. –
Er rettet nichts. – Er beut dem Schicksal Trutz.
Sucht eine Stelle, wo ein beßrer Schutz,
Baut auf von neuem, rodet, bricht den Boden: –
Bald steigt der Rauch auf aus den grünen Loden,
Die seinen Hof umstehn. – Da kommt es jäh –
Ein Gletschersturz – rings alles Schutt und Schnee. –

Doch dieses Mannes Willen beugt kein Graus.
Es gräbt und karrt und schaufelt, daß es frommt –
Und ehe noch der nächste Winter kommt,
Da steht zum drittenmal sein niedrig Haus.

Drei Söhne hatte er, drei muntre Jungen;
Zur Schule sollten sie; wie hingelangen?
War man zum steilen Bergpaß vorgedrungen,
Galt's vor dem Schwindelpfade nicht zu bangen.
Was tat der Mann? – Der ält'ste Bursche mußt',
So gut es ging, sich passen; ward's ihm warm,
Dann band er einen Strick ihm um die Brust –
Die andern trug auf Rücken er und Arm.

Sie wuchsen auf; er kämpft', oft blutend tat er's:
Wie werden sie das alles einst vergelten! –
Drei reiche Herren in den fernen Welten
Erinnern sich noch kaum des alten Vaters. – –

Eng war sein Horizont, darüber drang
Er nicht hinaus, das Ferne sah er nicht.
Für ihn war inhaltslos, ein leerer Klang,
Was sonst mit Urgewalt zum Herzen spricht.
Volk, Vaterland, das Leuchtende, das Hohe –
Ihm galt's nicht mehr als rauchumhüllte Lohe.

Bescheiden und voll Demut war der Mann.
Zwar an dem großen Tag, wo's gilt, da kann
Er seinem Gott und Richter nicht entfliehn: –
Er muß die Rechte aus der Tasche ziehn! –
Verbrecher gegen seines Landes Recht! –
Doch nicht verdammt ist jeder schwache Knecht.
Ein Etwas gibt's, das über Wolken zeigt,
Gleich wie das Gletscherhorn zum Himmel steigt.

Ein schlechter Bürger war er, für den Staat
Baum ohne Frucht. Doch hier in dieser Wildnis,
Wo er gewirkt, gerungen, früh und spat,
Da war er groß, er selbst, sein eigen Bildnis.
Der Ton, der aus ihm klang, ob er auch schwieg,
War wie ein Saitenspiel, darauf ein Dämpfer.
Und darum Frieden dir, gefallner Kämpfer
In unsrer Heimat kleinem Bauernkrieg.

Nicht uns, nicht niedrem Staube will's gebühren
Zu fragen – – Er dort prüfet Herz und Nieren.
Doch sprech' ich frei, als seines Worts Verkünder:
Vor Gott steht nicht als Schwächling dieser Sünder!

Das Trauergefolge geht auseinander. Peer Gynt bleibt allein zurück.

PEER GYNT: Nun ja, das nenne christlich auch ich!
Durchaus nichts, was einem machte graulich. –
Denn sich treu zu bleiben, so recht beschaulich –
Das war ja der Inhalt, drum drehte es sich –
Ist an und für sich nicht unerbaulich.
Sieht in das Grab.
Vielleicht war er es, der sich entstellte,
Den Tag, da im Wald ich Bäume fällte? –
Wer weiß? Ständ' ich nicht mit meinem Stab
Am Rande von dieses Sünders Grab,
Ich könnte wähnen, daß ich es wäre,
Und weinte gerührt mir nach 'ne Zähre. –
Es ist doch ein hübscher, christlicher Schick,
'nen sogenannten Erinnerungsblick
Zu werfen auf eines Toten Leben;
Ich selber würde wohl auch nicht beben,
Hielt' dieser Herr die Gedächtnisfeier.
Doch hat's wohl noch Zeit zu solchem Geleier,
Bis der Totengräber zu Gast mich lädt –
Gern bleibt verschoben dieses Begebnis!
Denn „besser ist besser" – „jeder Tag seine Plag'" –
„Du sollst nicht borgen auf dein Begräbnis –"
Wie das alles ja in der Bibel steht. –
Sonst klang mir dergleichen ziemlich hohl;
Nun erkenn' ich's recht gut, es tut doch wohl,
Sagt ein Sachverständ'ger, was eben ich lernte –
Das Trostwort: Wie die Saat, so die Ernte. –
Sich selbst getreu – klingt sehr verständig –
Im großen und kleinen, nicht unbändig.
Denn geht's konträr auch, man hat doch die Ehre
Zu leben im Einklang mit Sitte und Lehre. –
Doch nun zur Heimat! Was auch im Weg steht,
Laß dir vom Schicksal bang nicht machen –
Der alte Peer Gynt seinen eigenen Weg geht,
Zwar arm, doch stät in allen Sachen. *Er geht ab.*

Ein Hügel neben einem trocknen Flußbett. Eine eingestürzte, unterspülte Mühle am Flusse. Ringsum Verwüstung. Weiter oben ein großer Hof.
Man hält bei demselben eine Auktion. Viele Menschen. Trinken und Lärm. Peer Gynt sitzt unten auf einem Rasenhügel an der Mühle.

PEER GYNT: „Hin und zurück ist ebenso weit –
Draußen und drinnen ebenso breit." –
Es frißt die Zeit und verschlingt der Fluß.
„Geh herum!" – Daß ich immer es denken muß!
EIN MANN IN TRAUER: Nichts bleibt als altes Gerümpel zurück. *Er erblickt Peer Gynt.*
Ein fremder Mann mit hohlem Blick.
Guten Tag!
PEER GYNT: Schön Dank! – 's sieht lustig aus.
Kindstaufe, Hochzeit? – Begräbnisschmaus?
DER MANN: Ich nenn' es lieber ein Heimkehrfest –
Die Braut liegt in einem Würmernest.
PEER GYNT: Und Würmer reißen sich um die Lappen.
DER MANN: Das Ende des Lieds von den Narrenkappen.
PEER GYNT: Alle Lieder haben denselben Schluß,
Man weiß im voraus, wie's kommen muß.
EIN ZWANZIGJÄHRIGER *mit einem Gießlöffel:*
Seht hier, was ich kaufte mit alten Töpfen!
Den brauchte Peer Gynt zum Gießen von Knöpfen.
EIN ANDRER: Ich die Schippe fürs Geld, das sie verpraßten!

EIN DRITTER: Ich fünftehalb Schilling für Jons Kramkasten!
PEER GYNT: Peer Gynt – ? Wer war das?
DER MANN IN TRAUER: Ich weiß es genau,
Der Schwager vom Schmied und der toten Frau.
EIN GRAUGEKLEIDETER MANN: Du vergißt mich wohl! Bist nicht gescheit.
DER MANN IN TRAUER: Auf Hägstad ward einst seltsam gefreit.
DER GRAUE: Warst auch nicht lecker und hast gelacht.
DER SCHWARZE: Wenn sie nur den Tod nicht zum Narren macht!
DER GRAUE: Komm, Schwager, vertragen wir uns! Ein Schnaps!
DER SCHWARZE: Der Teufel dein Schwager! Du hast 'nen Raps –
DER GRAUE: Man hat doch nicht kaltes Blut wie 'n Stint –
Man fühlt sich verwandt mit dem sel'gen Peer Gynt.
Zieht ihn mit sich fort.
PEER GYNT *für sich:*
Man trifft noch Bekannte.
EIN BURSCHE *dem Schwarzgekleideten nachrufend:*
Die Mutter sitzt
Dir zur Seite, wenn du die Kohlen bespritzt.
PEER GYNT *aufstehend:* Der Agronomen Wort hier lügt:
Es riecht um so besser, je tiefer man pflügt.
EIN JUNGE *mit einem Bärenfell:*
Das ist die Katze, das heißt ihr Fell,
Die den Troll verjagt auf dem Dovrefjäll.
EIN ANDERER *mit einem Rentierschädel:*
Dies ist der Bock mit vierzehn Enden,
Auf dem Peer Gynt einst ritt am Genden.
EIN DRITTER *mit einem Hammer, dem Schwarzgekleideten nachrufend:* War das der Hammer, Aslak Rußhand,
Mit dem du beim Teufel verdient 'ne Kußhand?
EIN VIERTER *mit leeren Händen:*
Mats Moen, hier ist die Nebelkappe –
Diente Peer Gynt und Ingrid als Rappe.
PEER GYNT: Branntwein! – Einst rafft' ich zusammen – wie dumm!
Jetzt verkauf' ich mein Inventarium!
EIN JUNGE: Was hast du Schönes?
PEER GYNT: Ich hab' 'nen Palast
Hoch in der Rondane, königlich fast.
DER BURSCHE: Ein Knopf zum ersten!
PEER GYNT: Zum mindsten ein Schnaps!
Und bietest du wen'ger, bekommst du 'nen Klaps.
EIN ANDRER: Er ist spaßig, der Alte!
Sie versammeln sich um ihn.
PEER GYNT *ausrufend:* Grane, mein Roß! – Wer bietet?
EINER IM HAUFEN: Wo ist es?
PEER GYNT: Westlich vom Schloß –
Im Abend; der Traber kann laufen und fliegen,
So rasch, so rasch, wie Peer Gynt konnt' lügen.

MEHRERE STIMMEN: Was hast du mehr noch?
PEER GYNT: Gold und Gerümpel,
Gekauft mit Schaden; kauft, ihr Gimpel!
EIN BURSCHE: Biet aus!
PEER GYNT: Ein Traum von einem Buch! –
Ein Nestelhaken dafür! – O Fluch!
DER BURSCHE: Was soll ich mit Träumen?
PEER GYNT: Mein Kaisertum!
Da habt ihr's! Könnt euch balgen drum!
DER BURSCHE: Wo ist die Krone?
PEER GYNT: Vom schönsten Stroh.
Paßt jedem! – Mehr! – Ein Windei – ho!
Dann das graue Haar eines tollen Manns,
Ein Prophetenbart und ein Affenschwanz –
Dies alles ist euer, zeigt ihr im Geheg
Mir den Pfahl mit der Inschrift: Hier geht der Weg.
DER AMTMANN *hinzukommend:*
Du benimmst dich so seltsam, es scheint mir fast,
Daß nach dem Prison du Verlangen hast.
PEER GYNT *mit dem Hut in der Hand:*
Sehr glaublich. Doch sagt mir, wer war Peer Gynt?
DER AMTMANN: Ei Unsinn!
PEER GYNT: Ihn kennt hier jedes Kind –
DER AMTMANN: Es heißt, er gab sich ab mit Dichten –
PEER GYNT: Mit Dichten – ?
DER AMTMANN: Er brachte keck auf die Bahn,
Was groß, und hatt' es dann selbst getan.
Doch entschuldigt mich, Freund, hab' andre Pflichten. *Er geht ab.*
PEER GYNT: Und wo ist der seltsame Mensch geblieben?
EIN ÄLTRER MANN: Er hat sich im Ausland umhergetrieben
Und ist, wie Ihr's Euch selbst wohl denkt,
Vor langen Jahren nun schon gehenkt.
PEER GYNT: Gehenkt? – Ei seht: – Das letzte das Fett'ste –
So blieb er sich wenigstens treu bis aufs letzte.
Er grüßt: Lebt wohl!
Er geht einige Schritte und steht wieder still.
Nun, Burschen, wollt ihr zum Entgelt
'ne Geschichte hören, die euch gefällt?*
MEHRERE: Ja, kannst du eine?
PEER GYNT: Ich reist' durch die Welt!
Er kommt näher, sein Gesicht nimmt einen fremdartigen Ausdruck an.
In San Francisco grub ich nach Gold;
Die Schwindelstadt war den Gauklern hold.
Der eine spielt' Violin mit den Zeh'n,
Der andre konnt' an der Decke gehn;
Der tanzt' den Bolero auf den Knien;
Der vierte dichtet' 'nen Liebesvers,
Indes sie das Fell vom Körper ihm ziehn.

* Nach einer Fabel des Phädrus

Auch der Teufel kam zu dieser Gesellschaft,
Die so viele Braten ihm zur Stell' schafft.
Sein Fach, sein Repertoire nur klein: –
Er konnt' wie ein Ferkel quieken und schrein.
Und er zog – obwohl von Person nicht gekannt.
Das Haus war gefüllt, die Erwartung gespannt.
Auf trat er im Mantel mit weiten Falten;
Man muß sich drapieren, auf Faltenwurf halten. –
Doch hört, was der Schlaue ausgeheckt!
Unterm Mantel hat er ein Schweinchen versteckt.
Und da nun begann die Produktion,
Bezeichnet als Improvisation
Übers Schweinedasein, halb Phantasie: –
Der Teufel kniff, das Ferkel schrie.
Zum Schlusse quiekt's, als bekäm's 'nen Stich;
Der Künstler verbeugt und entfernet sich.
Man lobte, tadelte das Gequiek,
Man unterzog's einer strengen Kritik.
Man begann den Künstler herunterzuhunzen:
Zu dünn sei die Stimme, das Ganze studiert;
Auch war man einig darin, qua Grunzen,
Sei die ganze Leistung doch äußerst outriert. –
So ging es dem Teufel, weil er dumm
Berechnete nicht sein Publikum.
Er grüßt und geht; die Leute schweigen still.

Abend vor Pfingsten. Tief im Walde; weiter auf einem freien Platz eine Hütte mit einem Rentiergeweih über dem Türgiebel.
Peer Gynt kriecht im Gebüsch umher und sammelt Erdlauch.

PEER GYNT: Ein neuer Standpunkt! Ist er der feste? –
Nun, prüfet alles, behaltet das Beste!
So hab' ich's getan vom Kahlkopf Cäsar
Bis herab zum Grasfresser Nebukadnezar. –
So wär' ich doch bei dem biblischen Futter! –
Ja, im Alter flüchtet man wieder zur Mutter. –
Da heißt's auch: Von Erde bist du genommen,
Und zur Erde wirst du wieder kommen. –
Das gestattet die praktische Deutung auch:
Füll dir vor allem den hungernden Bauch! –
Doch mit Erdlauch? – Macht nicht stramme Schenkel;
Da stell' ich lieber den Drosseln Sprenkel. – –
Hier ist Wasser im Bach, das ist mein Bier;
Ich leb' akkurat wie 'n wildes Tier.
Und geht's zum Sterben – lang dauert's kaum –,
Da kriech' ich zu einem gefallnen Baum,
Bedeck' wie der Bär mich mit trocknen Blättern
Und schreib' in die Rinde mit großen Lettern:
„Hier ruht Peer Gynt, der ging auf vieren
Und befahl als Kaiser den wilden Tieren!" –
Kaiser? – *Lacht für sich:* Du alter prophet'scher Gauch –
Du bist kein Kaiser, du bist ein Lauch! –
Nun will ich dich schälen, mein lieber Peter,
Magst dich auch sperren und rufen Zeter! –
Er nimmt eine Zwiebel und pflückt Haut nach Haut ab.
Da erst die Hüll' um das ganze Pack:
Der Mann in der Not auf dem engen Wrack.
Dann der Passagier, der so albern verkünd'te,
Er schmeckt mir etwas nach dir, Peer Gynte.
Und drinnen das Goldgräber-Ich, die Ratte;
Der Saft ist doch fort, wenn's je ihn hatte.
Dann das dicke Fell – ich mein', es sei
Der Pelzjäger an der Hudsonbai.
Das drinnen erinnert an eine Krone –
Ja prosit die Mahlzeit, 's gilt keine Bohne! –
Da ist der historische Forscher wahrhaftig;
Und hier der Prophet, ganz frisch und saftig.
Er stinkt; wie's geschrieben steht, von Lügen,
Man kann Wasser davon in die Augen kriegen. –
Die Haut, die rollt zusammen sich weich,
Sieht ganz dem vornehmen Reeder gleich.
Die nächste scheint krank, mit schwarzen Streifen;
Läßt sich als Pfarrer und Neger begreifen.
Er pflückt mehrere Häute zugleich ab.
Wie, lauter Häutchen? – Ich wüßte doch gern,
Kommt nicht zuletzt ein fester Kern?
Er pflückt die ganze Zwiebel auseinander.
Wahrhaftig nein! Bis ins innerste Innre
Bloß lauter Häutchen – nur dünnre und dünnre. –
Die Natur ist witzig. *Er wirft die Reste fort.*
Der Teufel grübel'!
Geht man in Gedanken, fährt man übel.
Wer freilich, wie ich, auf den Boden sich legt,
Nicht eben viel nach dem Stolpern frägt.
Er kratzt sich hinter dem Ohr.
Eine seltsame Jagd; oft kommt's mir vor,
Das Leben hätt' 'nen Fuchs hinterm Ohr.
Greift zu, und Reineke springt davon;
Man bekommt was andres, auch nichts zum Lohn.
Er kommt in die Nähe der Hütte, erblickt sie und stutzt.
Diese Hütte im Walde – ich muß gestehn –
Er reibt sich die Augen.
Ich habe sie wohl schon früher gesehn!
Der Rentierschädel dort an der Gabel –
Und die Seejungfrau, ein Fisch vom Nabel! –
Lügen! Nein! – Oh, Nägel und Planken –
Ein Riegel vor teuflische Koboldsgedanken!

SOLVEIG *singt in der Hütte:*
Nun ist alles zu Pfingsten bereit,
Lieber Knabe, noch immer weit –
Kommest du wohl?
Bist auf weiten Fahrten,
So sei nicht bang –
Ich will schon warten,
Sei's noch so lang.

PEER GYNT *sich still erhebend, totenbleich:*
Eine, die gedacht – und einer, der vergessen!
Eine, die entsagt – und einer, der vermessen! –
O Grauen! – Und niemals wandl' ich's um!
O Gott – h i e r war mein Kaisertum!
Er stürzt fort in den Wald.

Nacht. Waldige Heide, von einem Brand verwüstet. Man erblickt meilenweit verkohlte Baumstämme. Weiße Nebelwolken ziehen hier und da über den Boden. Peer Gynt läuft über die Heide.

PEER GYNT: Asche, Nebel, Staub darinnen –
Gibt zum Bauen manches ab!
Pesthauch, angefault von innen,
Wie ein übertünchtes Grab.
Träume, schaler Witz und Dichten
Auf die Pyramide richten,
Sind ein gutes Fundament
Für die tausend Treppenstufen,
Drauf die Lüge hurtig rennt.
Angst statt Reue, Flucht statt Grauen,
Weltgerichts Posaunenrufen;
Auf der Spitze, weit zu schauen,
Goldnes Schild, das pranget stets mit:
Petrus Gyntus Caesar fecit. *Er lauscht.*
Für die Ohren welch ein Greuel!
Kinderstimmen, Weinen, Klänge. –
Vor den Füßen rollen Knäuel – –
Stößt mit dem Fuße.
Fort! Ihr macht den Weg mir enge!

DIE KNÄUEL: Wir sind Gedanken,
Du mußtest uns denken;
Füßchen den schwanken
Mußtest du schenken.

PEER GYNT *herumgehend:*
Gab mein Leben fort an e i n e n –
Wankte hin auf krummen Beinen.

DIE KNÄUEL: Wir strebten nach vollen
Rauschenden Chören,
Und müssen hier rollen –
Wer will uns hören?

PEER GYNT *stolpernd:*
Legt ihr Schlingen mir, ihr Tröpfe!
Fort, ich tret' euch auf die Köpfe! *Er flieht.*

TROCKNE BLÄTTER *vom Winde fortgewirbelt:*
Wir sind ein Wort,
Du solltest es künden;
Haltlos, verdorrt
Mußten wir schwinden.
Wir wurden nicht Kränze,
Nicht Früchtebeschirmer;
Im blühenden Lenze
Fraßen uns Würmer.

PEER GYNT: Euch auch wird zuteil Verjüngung,
Legt euch ruhig hin als Düngung!

KLÄNGE IN DER LUFT: Wir sind die Lieder,
Du solltest sie singen;
Du zwangst uns nieder;
O durften wir klingen!
In deines Herzens Tiefen
Stille wir warteten;
Dir gleich, ob wir schliefen,
Ob frech entarteten.

PEER GYNT: Gift'ges Zeug, zu den Gevattern!
Hatt' ich Zeit zum Verseschnattern? *Er geht rascher.*

TAUTROPFEN *von den Zweigen tröpfelnd:*
Wir sind die Tränen,
Du mußtest sie weinen;
Hassen und Sehnen
Konnten wir einen.
Nun sitzet dir heiser
Im Halse die Schuld;
Du wardst nicht weiser,
Du, ohne Geduld!

PEER GYNT: Und was half Geduld und Bücken?
Immer gab's doch auf den Rücken!

GEKNICKTE HALME: Wir sind die Werke,
Du mußtest sie üben.
Dahin die Stärke,
Du wolltest nicht lieben.
Am letzten der Tage,
Die Ungeschehnen
Kommen mit Klage –
's ist Zeit zu Tränen!

PEER GYNT: Nun, das ließ' sich wohl vermeiden –
Negatives anzukreiden! *Läuft weiter.*

AASES STIMME *in der Ferne:*
Pfui, lumpiger Kutscher,
Du warfest mich um! –
Du Fingerlutscher,
Ich alt? – Wie dumm!
Du hast mich irr gefahren –
Wo ist das Schloß denn, Peer?
Bald wirst du den Teufel gewahren,
Mit dem Stocke hinter dir her!

PEER GYNT: Einem Armen im besten Lauf
Legt man des Teufels Sünden noch auf.
Und es läßt sich doch nicht leugnen,
Schwer genug sind schon die eignen.

Eine andre Stelle auf der Heide.

PEER GYNT *singt:*
Ein Totengräber! Wo seid ihr Hunde?
Ein Lied aus blökendem Küstermunde!
Um den Hut ein Flor! Folg ohn' Ermatten!
Hab' viele Tote zu bestatten.

DER KNOPFGIESSER *mit einem Kasten und einem großen Gießlöffel kommt von einem Seitenweg:*
Grüß Gott, Alter!

PEER GYNT: Guten Abend, Freund!

DER KNOPFGIESSER: Du hast wohl Eile – gehn wir vereint?

PEER GYNT: Ich zum Begräbnis; dank' für die Ehr'!

DER KNOPFGIESSER: Mit Verlaub – du heißt doch nicht etwa Peer?

PEER GYNT: Peer Gynt, so sagt man.

DER KNOPFGIESSER: Das nenn' ich Glück!
's ist grade Peer Gynt, den suchte mein Blick.

PEER GYNT: Ist's wahr? – Was willst du?

DER KNOPFGIESSER: Schein' dir ein Töffel!
Bin Gießer – Sollst in meinen Löffel!
PEER GYNT: Was soll ich in dem?
DER KNOPFGIESSER: Wirst umgeschmolzen.
PEER GYNT: Wie?
DER KNOPFGIESSER: Ausgeklopft sind schon die Bolzen. –
Dein Grab ist gegraben, dein Sarg bestellt;
Ich hoffe, dein Leib den Würmern gefällt.
Auch glühen schon tüchtig des Meisters Kohlen.
Doch ich soll bloß die Seele holen.
PEER GYNT: Unmöglich! – Und ohn' es anzusagen –!
DER KNOPFGIESSER: Es ist der Gebrauch seit alten Tagen,
Beim Kindstauf- und auch Begräbnisschmause,
Man holt die Gäste ohn' weitres von Hause.
PEER GYNT: Sehr wahr! – Mir geht in der Runde der Kopf!
Du bist –?
DER KNOPFGIESSER: Nun, ich goß schon manchen Knopf.
PEER GYNT: Das Nesthäkchen ruft man bei vielen Namen!
Du angelst nach mir – gern sagt' ich amen –
Und mancher fühlte sogar sich geehrt.
Doch halt' ich mich mildrer Behandlung wert.
Ich bin nicht so schlimm, als vielleicht Ihr glaubt,
Hab' auch Gutes getan – und überhaupt
Man beurteilt heute 'nen Fehler gelinder –
Man sei denn ein wirklich großer Sünder.
DER KNOPFGIESSER: Das ist ja der Knoten – du bist uns bekannt,
Und leider kein Sünder im höhern Verstand.
Drum gibt man dir nicht den Gnadenstoß
Ins Feuer, du kommst in den Löffel bloß.
PEER GYNT: Nenn's Höllenpfuhl, nenn's Löffel, mir
Ist Dünnbier und Porter beides Bier.
Weich', Satan!
DER KNOPFGIESSER: Ich hoffe, du bist nicht so grob,
Zu behaupten, ich trabt' oder ritt' im Galopp?
PEER GYNT: Ein Pferdehuf und ein Fuß vom Fuchs
Sind sich nahe verwandt; drum packe dich flugs!
DER KNOPFGIESSER: Du scheinst nicht den Irrtum zu gewahren;
Ich habe Eil', und um Zeit zu sparen,
Erklär' ich dir der Sache Grund.
Du bist – und ich hab's aus deinem eignen Mund –
Nicht, was man 'nen hartgesottnen Sünder nennt;
Ja kaum halbhart.
PEER GYNT: Wenn Ihr so mich kennt,
So kann man sich ein'gen –
DER KNOPFGIESSER: Da hat's wohl Zeit –
Doch dich gut zu nennen, ging' auch zu weit.
PEER GYNT: Die Forderung würd' ich niemals stellen.
DER KNOPFGIESSER: Nein, einer der mittelschlechten Gesellen.
Denn der Sünder im wirklich großen Stil
Gibt's heutzutage nicht eben viel.
Dazu gehört noch mehr, als im Kot zu waten –
Denn ohne Kraft kein rechter Teufelsbraten.
PEER GYNT: Ich seh', du bedauerst, daß ich nicht stärker –
Man muß wohl drauf wie die alten Berserker?
DER KNOPFGIESSER: Du nahmst, mein Freund, die Sünde zu feig.
PEER GYNT: Nun ja, wie 'n Schmutzfleck, wer merkt ihn gleich!
DER KNOPFGIESSER: So sind wir einig. Im Schwefelpfuhle
Wärst du nicht in der rechten Schule.
PEER GYNT: So hättest du einen Bock geschossen?
DER KNOPFGIESSER: So wirst du also umgegossen.
PEER GYNT: Ihr habt wohl die Kniffe ausgedacht,
Während im Ausland ich Reisen gemacht?
DER KNOPFGIESSER: Uralt ist die Sitte, soviel mir bewußt,
Man vermeidet doch gern 'nen Wertverlust.
Du kennst ja das Ding, nicht alles sich deckt;
Der Guß mißlingt, wird oft defekt.
So fehlen zum Beispiel oft die Ösen
An den Knöpfen –
PEER GYNT: Nun, die würf' ich fort.
DER KNOPFGIESSER: Das stimmte zu deines Vaters Wesen,
Als er zog mit dem Plunder von Ort zu Ort.
Doch der Meister – das mußt du wissen – ist sparsam,
Hält alles gut in seinem Gewahrsam.
Er wirft nicht fort, wär's auch wenig begehrt,
Was sonst als Rohstoff noch von Wert.
Du warst allerdings ein blanker Knopf
An der Erdenweste; nur fehlte die Öse –
Drum kommst du zum Umguß in einen Topf
Mit den andern. Du siehst, wir meinen's nicht böse.
PEER GYNT: Du willst mich doch nicht mit den andern gießen?
Soll ich mit Lumpen zusammenfließen?
DER KNOPFGIESSER: Ja freilich hab' ich mir das gedacht,
Und wir haben's mit manchem schon so gemacht.
In Kongsberg prägt man so um die Münzen,
Gleichviel ob Könige drauf und Prinzen.
PEER GYNT: Doch das alles ist schändliche Gaunerei!
Ich bitte dich, Lieber, laß mich frei –
Ein Knopf, eine abgeschliffene Mark –
Was will der Meister mit solchem Quark!
DER KNOPFGIESSER: O ein Knopf und Geld hat in jedem Fall Wert;
Zum mindesten bleibt doch der Metallwert.
PEER GYNT: Nein, sag' ich, nein! Mit Händen und Füßen
Streit' ich! So jämmerlich will ich nicht büßen.
DER KNOPFGIESSER: Doch wie denn büßen? Sei doch vernünftig! –
Für die Seelen im Himmel bist ja nicht zünftig!
PEER GYNT: Ich verzicht' auf alles, was sie erfreut,
Doch vom Selbst geb' ich auf nicht einen Deut.
Richtet! Ich unterwerfe mich gern!
Mögt mich zu dem Pferdefüßigen sperrn –
So ein hundert Jahr, sei's wen'ger, sei's mehr;
Ein Provisorium ist nicht so schwer

Und die Pein wohl kaum so exemplarisch
Als die Erdenpein, nein, mehr moralisch.
Nur ein Übergang – wenn man's recht erwägt –,
Wie der Fuchs auch sagte. Man wartet; es schlägt
Die Erlösungsstunde; es schweigt die Klage;
Bis dahin hofft man auf beßre Tage. –
Doch jenes andre – aufzugehn,
In einem Fremden auferstehn!
Zu denken, ich hätte mein Selbst auf Kauf nur –
Das bringt meine Geister in höchsten Aufruhr.

DER KNOPFGIESSER: Doch lieber Peer, wer wird denn wegen
Einer solchen Kleinigkeit sich erregen!
Du bist ja niemals du selbst gewesen –
Was tut's, trennst du dich von deinem Wesen?

PEER GYNT: Ich nicht ich selbst? – Da muß ich lachen!
Peer Gynt war er selbst in allen Sachen!
Nein, freundlicher Gießer, du urteilst blind.
Prüf Herz und Nieren von Peer Gynt,
Du triffst nichts andres als Peer und Peer. –
Da sieht man, ein Teufel geht auch wohl quer.

DER KNOPFGIESSER: Du wirst persönlich! – Ich bin beordert!
Da steht es: Peer Gynt wird vorgefordert.
Er bot seiner Lebensbestimmung Hohn;
In dem Löffel wird ihm der verdiente Lohn!

PEER GYNT: Ei Unsinn! Du meinst eine andre Person! –
Steht wirklich Peer? Nicht Rasmus, nicht Jon?

DER KNOPFGIESSER: Die hab' ich ja längst schon umgegossen. –
Doch nun komm im guten und laß die Possen!

PEER GYNT: Ja, da kannst du warten! Geh nur, mein Freund.
's wär' schön, zeigt' sich morgen, ich sei nicht gemeint!
Drum nimm dich in acht, mein lieber Mann,
Und bedenk, was Schlimmes folgen kann.

DER KNOPFGIESSER: Ich riskiere nichts, hab's schwarz auf weiß.

PEER GYNT: Gönn mir nur Frist, ich führ' den Beweis,
Daß ich ich selbst war zu aller Zeit –
Und darum drehte sich ja der Streit.

DER KNOPFGIESSER: Womit?

PEER GYNT: Mit Zeugen und Urkunden.

DER KNOPFGIESSER: Und werden sie unzureichend erfunden –?

PEER GYNT: Unmöglich! – Doch das 'ne spätere Sorg! –
Gib mich denn quasi mir selbst auf Borg,
Bin bald zurück! – Man lebt ja nur einmal,
Und sein eigenes Selbst ersetzt kein Steinmal.

DER KNOPFGIESSER: Allein versuch es mich nicht zu äffen!
Auf dem nächsten Kreuzweg werd' ich dich treffen.

Peer Gynt läuft davon.

An einer andern Stelle auf der Heide.

PEER GYNT *in großer Eile:*
Ich wüßte gern – denn Zeit ist Geld –,
Wie's eigentlich mit dem Kreuzweg bestellt.
Die Erde brennt wie ein glühendes Eisen.
Ein Zeuge – ein Zeuge! – Wo find' ich ihn bald?
Höchst unwahrscheinlich – mitten im Wald!
's ist alles Stückwerk und Niedertracht,
Will einer sein klares Recht beweisen.

Ein gebückter Greis, mit dem Stock in der Hand und dem Sack auf dem Rücken, geht langsam vor ihm.

DER GREIS *stillstehend:*
Ach Lieber, Bester – habt doch acht,
Bedenkt 'nen alten armen Krüppel!

PEER GYNT: Ei, lieber Freund, das ist der Tüppel –
Ich habe kein kleines Geld zur Hand.

DER GREIS: Prinz Peer – Wahrhaftig, die Freud' ist groß –!

PEER GYNT: Wer bist du –?

DER GREIS: Denkst nicht ans Róndeschloß?

PEER GYNT: Du bist doch nicht etwa –?

DER GREIS: Der Dovrealte.

PEER GYNT: Der Dovrealte –? Das klingt so bekannt,
Als ob's aus einem Walde schallte.

DER DOVREALTE: Nun ja, ich kam auf Stumpf und Stiel –!

PEER GYNT: Geplündert –?

DER DOVREALTE: Freilich, vom treuen Rolf,
Trabe wie 'n Bettler, bin hungrig wie 'n Wolf.

PEER GYNT: Hurra! Solcher Zeugen gibt's nicht viel!

DER DOVREALTE: Ja, ja, der Herr Prinz wurden auch nicht jünger!

PEER GYNT: Lieber Schwiegervater, die Jahre zehren.
Doch vergessen wir alle privaten Affären –
Und vor allem den Streit und die törichten Dinger! –
War damals zu hitzig –

DER DOVREALTE: O ja, o ja,
Der Prinz waren jung; und was tut man nicht da?
Doch klug, daß der Prinz die Braut verschmäht,
Sie betrug sich später etwas bête;
Sie sprang den Männern fast in die Taschen
Und ist nun in allen Laugen gewaschen. –
Denkt nur – jetzt lebt sie zusammen mit Trohn!

PEER GYNT: Mit welchem?

DER DOVREALTE: Vom Walfjeld.

PEER GYNT: Das ist der Lohn,
Daß ich ihm die Liebste abwendig gemacht.

DER DOVREALTE: Doch mein Tochtersohn ist frisch und lacht,
Seine Kinder sind über das Land zerstreut –

PEER GYNT: Ei Lieber, das interessiert nicht heut –
Ich sitz' in einer fatalen Klemme
Und komme nicht los, wie sehr ich mich stemme,
Ich bringe denn Zeugen und ein Attest;
Und wenn du, Freund, nicht im Stich mich läßt –
Mir kommt es auf ein paar Schilling nicht an.

DER DOVREALTE: O nicht doch, kann ich von Nutzen nur sein! –
Ich bitte dafür auch um 'nen Schein.
PEER GYNT: Mit Freuden. Der Mangel an Kontanten
Ist recht verdrießlich, zumal bei Verwandten.
Doch höre, worum es sich handelt. Du denkst
Wohl der Zeit noch, da ich deine Tochter gewann.
DER DOVREALTE: Herr Prinz, wir nahmen's für bare Münze!
PEER GYNT: Am besten, wenn du den Prinzen dir schenkst! –
Auch triebt ihr es damals etwas toll;
Ihr schnittet mir gern in des Auges Linse,
Um mich umzuschaffen zu einem Troll.
Was tat ich damals? Ich weigert' mich heftig,
Schwur, ein Mensch zu bleiben, laut und kräftig;
Ich entsagte der Liebe, Macht und Ehren,
Um ich selbst zu bleiben, ganz und voll:
Und das sollst du vor Gericht beschwören.
DER DOVREALTE: Das kann ich nicht.
PEER GYNT: Welch ein Geschwätz!
DER DOVREALTE: Sie wollen doch nicht zum Lügen mich zwingen?
Sie akzeptierten der Trolle Gesetz;
Sie schmeckten vom Met –?
PEER GYNT: Ihr legtet Schlingen –
Doch ließ ich gar nichts ab mir dringen.
Und daran gerad erkennt man den Mann –
Auf den Schlußvers kommt es vor allem an.
DER DOVREALTE: Doch der Schluß war das gerade Gegenteil!
PEER GYNT: Geschwätz!
DER DOVREALTE: Als du weiter suchtest dein Heil,
Schriebst du hinters Ohr dir die Wahlspruchsmarke –
PEER GYNT: Nun, welche?
DER DOVREALTE: Das Wort, das dreiste, starke –
PEER GYNT: Das Wort –?
DER DOVREALTE: Das klar und ohne Trug;
Das Wort: Troll, sei dir selbst genug!
PEER GYNT *einen Schritt zurücktretend:*
Genug!
DER DOVREALTE: Du hast ohn' alle Frage.
Danach gehandelt in jeder Lage.
PEER GYNT: Wie, ich?
DER DOVREALTE *weinend:*
So dankst du dem Dovrealten!
Hast als Troll gelebt, doch es heimlich gehalten!
Ich lehrt' es dich ja! – Dies kleine Wort
War dir ein Schutz an jedem Ort.
Nun kommst du her und trittst mit Füßen
Mich und das Wort; das wirst du büßen!
PEER GYNT: Genug? – Ein Bergtroll – ein Egoist!
Wenn das nicht ein dummes Geplapper ist!
DER DOVREALTE *ein Päckchen alte Blätter hervorziehend:*
Du meinst wohl, wir halten keine Zeitung?
Hier kann ich's dir rot auf schwarz beweisen –
Aus der „Blocksbergpost", die sich großer Verbreitung
Erfreut –, drei Artikel von deinen Reisen,
Die dich ganz übermäßig preisen.
Und ähnlich lautet das „Heckelfeld" –
Das in manchen Kreisen noch mehr gefällt. –
Hier eine Notiz mit der Unterschrift „Pferdefuß";
Dann über das „Trollisch-Nationale".
Der Skribent zieht hier den vernünftigen Schluß:
Es entscheide nicht, daß mit Horn und Schwanz man prahle.
„Nein, das Genug" – so schließt er – „drückt unsern Stempel
Dem Menschen auf" – und nennt dich als Exempel.
PEER GYNT: Ein Bergtroll – ich?
DER DOVREALTE: Die Sach' ist klar.
PEER GYNT: Da war es ja besser, ich blieb, wo ich war?
Ich säß' in Rónden in guter Ruh,
Spart' Fleiß und Müh und manches Paar Schuh. –
Peer Gynt – ein Troll? – Ei, dummes Geschnack!
Da hast du 'nen Schilling zum Päckchen Tobak! –
DER DOVREALTE: Behalt ihn, Prinz Peer!
PEER GYNT: Du bist nicht klug –
Oder kindisch; geh in ein Hospital!
DER DOVREALTE: Das will ich; auch bleibt mir keine Wahl.
Von den Tochterkindern, wie schon gesagt,
Nach dem alten Großvater keins mehr fragt;
Auch gibt es ihrer mehr als genug.
Sie meinen, ich lebte gar nicht mehr,
Nur höchstens in alten zerlesenen Schmökern.
Nun ist's doch für einen betrübend und schwer,
Nur als Sage zu end'gen bei schmierigen Hökern! –
PEER GYNT: Lieber Mann, das ist schon manchem passiert!
DER DOVREALTE: Wir haben auch keine Armenkassen –
Und niemand, der uns umsonst kuriert;
Für Rónden wollte sich das nicht passen.
PEER GYNT: Ja, da galt: Sei dir selbst genug!
DER DOVREALTE: Der Herr Prinz mag freilich so etwas nicht –
Und wenn er huldreich für mich spricht –
PEER GYNT: Mein Bester, du bist auf falscher Fährt',
Ich bin als ein Bettler heimgekehrt.
DER DOVREALTE: Unmöglich! – Ein Prinz ein Vagabund –?
PEER GYNT: Mein Gold, mein Prinzentum liegt im Grund.
Und das dank' ich dir, du verdammter Troll!
Fürwahr, euch zahlt' ich den stärksten Zoll!
DER DOVREALTE: So schleich' ich mich fort wie 'n alter Kater,
Und bettle mich bis zur Stadt, Prinz Peere.

PEER GYNT: Was willst du da?
DER DOVREALTE: Ich geh' zum Theater –
Man verlangt nationale Charaktere.
PEER GYNT: Nun, Glück auf die Reise! Grüße von mir!
Komm' ich hier los, so folg' ich dir.
Ich bring' in 'ne Posse die ganze Historia
Unterm Titel: „Sic transit mundi gloria."
Er läuft fort; der Dovrealte ruft ihm nach.

An einem Kreuzweg.

PEER GYNT: Nun gilt es, Peer, nun wird es gerochen,
Dies Wörtchen g e n u g hat das Urteil gesprochen!
Das Schiff ist wrack, man muß es verlassen,
Sich nicht samt dem Krimskrams ersäufen lassen.
DER KNOPFGIESSER *mitten auf dem Wege:*
Nun, Freund Peer Gynt, wo ist das Attest?
PEER GYNT: Ist hier der Kreuzweg? – Ich hab' es – Pest!
DER KNOPFGIESSER: Mir sagt dein Gesicht, dein ganzes Wesen,
Was der Zettel enthält; brauch's nicht zu lesen.
PEER GYNT: Ich war müde geworden, hatt' mich verirrt –
DER KNOPFGIESSER: Dadurch der Defekt nicht beseitigt wird.
PEER GYNT: Allerdings; doch im Walde, in finstrer Nacht –
DER KNOPFGIESSER: Da geht ein Alter, ich ruf' ihn; paßt es Dir so –
PEER GYNT: Laß ihn gehn, er ist nicht recht klug –
DER KNOPFGIESSER: Vielleicht doch könnt' er –
PEER GYNT: Hört, Alter! – Nein laßt es! –
DER KNOPFGIESSER: So komm denn!
PEER GYNT: Ich muß Zeit gewinnen! –
Sag, Bester, was heißt das: Sich selbst genug?
DER KNOPFGIESSER: Du scheinst auf neuen Trug zu sinnen.
PEER GYNT: Antworte mir kurz, so wie ich frug.
DER KNOPFGIESSER: Sich selbst? – Sich selbst das Leben nehmen. –
Doch für dich eine andre Erklärung gilt:
Um den Hals zu tragen ohne Schämen
Des Meisters Absicht als Aushängschild.
PEER GYNT: Doch wer nun niemals den Sinn verstanden?
DER KNOPFGIESSER: Mein Lieber, so mußte er es f ü h l e n.
PEER GYNT: Doch wie oft macht nicht Gefühl zuschanden –
Und so geht man ad undas und dunklen Zielen.
DER KNOPFGIESSER: Gewiß, doch findet in diesem Mangel
Der Mann mit dem Hufe die beste Angel.
PEER GYNT: Das ist ja 'ne ganz verfluchte Geschicht'! –
Weißt du was – ich lege nicht länger Gewicht
Auf mein Selbst; ich führ' den Beweis doch nicht;
Ich geh' mich in der Beziehung verloren.
Doch neulich – ich ging in guter Ruh –,
Da drückte mich doch der Gewissensschuh,
Ich sagte: Du bist in Wahrheit ein Sünder. –
DER KNOPFGIESSER: Du beginnst von vorne, wie die Kinder –
PEER GYNT: Ich sei als ein g r o ß e r Sünder zu achten,
Nicht bloß im Tun, auch im Dichten und Trachten.
Im Ausland lebt' ich etwas bedenklich –
DER KNOPFGIESSER: Mein Bester, wir alle sind schwach und kränklich –
Da müßte ich erst das Register sehn!
PEER GYNT: Ich will dir sogleich zu Diensten stehn.
Ich beicht' einem Pfarrer, er mag's bescheinigen.
DER KNOPFGIESSER: Ja, kannst du vom ersten Vorwurf dich reinigen,
Daß du bloß ein Sünder von niederer Art,
So bleibt dir der Umguß freilich erspart.
Doch die Order, Peer –
PEER GYNT: Das Papier ist alt.
Es trägt gewiß ein älteres Datum.
Ich lebte einmal nicht warm, nicht kalt,
Spielte Prophet und glaubt' an ein Fatum –
's ist aus jener Zeit wohl!
DER KNOPFGIESSER: Aber –
PEER GYNT: Nun,
Du hast doch schwerlich hier viel zu tun.
In diesem Distrikt ist die Luft so rein,
Daß mancher Methusalems Alter erwirbt.
Auch fällt der Bericht gewiß dir ein,
Den der Pfarrer in Jostedal einst schrieb:
„'s ist selten, daß einer im Tal hier stirbt!"
DER KNOPFGIESSER: Bis zum nächsten Kreuzweg also, Peer!
PEER GYNT: Ein Pfarrer! Wer bringt 'nen Pfarrer her!
Er läuft davon.

Ein Hügel, mit Heidekraut bewachsen. Man sieht den Weg, der sich über die Höhe zieht.

PEER GYNT: Zu vielem noch dienlich, sagte Hans,
Da er aufhob den alten Elsternschwanz.
Wie hätt' ich jemals denken sollen,
Daß ich eine Sünde suchen wollen,
Um mich aus der letzten Klemme zu bringen.
In jedem Fall ein kitzlich Gelingen,
Weil aus dem Regen in die Traufe! –
Doch gilt für das Wort ja des Alters Taufe:
Daß niemals wir verzagen sollen.
Eine magere Person in hochaufgeschürztem Talar und mit einem Schmetterlingsnetz über der Schulter läuft über die Höhe.
PEER GYNT: Ein Pfarrer mit einem Schmetterlingsnetz –
Wahrhaftig, ich war ein Glückskind stets! –
Guten Abend, Herr Pfarrer! Gehn leicht hier fehl!
DER MAGERE: Was tut man nicht für eine Seel'?
PEER GYNT: Aha, es soll wohl einer zum Himmel?

DER MAGERE: Nein, er reitet 'nen Höllenrappen, nicht Schimmel.
PEER GYNT: Herr Pastor, darf ich ein Stückchen mit?
DER MAGERE: Recht gern, doch hab' ich 'nen kräftigen Schritt.
PEER GYNT: Ich hätte wohl etwas –
DER MAGERE: Heraus! Leg an!*
PEER GYNT: Sie sehen vor sich 'nen Biedermann,
Ich bot den Gesetzen niemals Trotz;
Saß niemals in Eisen, auch nicht im Klotz.
Ich suchte immer den Fuß zu festen;
Doch strauchelt' ich manchmal –
DER MAGERE: Passiert den Besten!
PEER GYNT: Nun, diese Quarkereien –
DER MAGERE: So?
PEER GYNT: Stets hielt ich mich fern von den Sündern en gros.
DER MAGERE: Dann, lieber Freund, muß die Freundschaft erkalten;
Ich bin nicht der, für den Sie mich halten.
Was sehn Sie an meinen Fingern? Zum Beispiel an dem?
PEER GYNT: Ein äußerst entwickeltes Nagelsystem.
DER MAGERE: Und blicken herab Sie an meinen Beinen –?
PEER GYNT *mit dem Finger zeigend:*
Ist der Huf natürlich?
DER MAGERE: Das will ich meinen.
PEER GYNT *den Hut lüftend:*
Ich hätte geschworen, Sie wären ein Pfaffe;
Und so hab' ich die Ehr – nun, ich bin kein Laffe.
Steht die Saaltür offen, man geht nicht durch die Küche;
Besucht man den König, läßt man Lakaienschliche.
DER MAGERE: Sie scheinen mir einer der Vorurteilsfrei'n;
Womit kann ich Ihnen gefällig sein?
Doch bitten Sie nicht um Macht oder Geld;
Sie können nicht denken, wie schwer das hält!
Das Geschäft noch immer erstaunlich flau;
Die Stimmung der Leute grau in grau.
Kein Angebot von Seelen; ein Töffel
Das einz'ge –
PEER GYNT: Sie haben sich also verbessert?
DER MAGERE: Nein umgekehrt; nur mehr verwässert;
Drum kommen die meisten auch in den Löffel.
PEER GYNT: Nun ja, von dem hab' ich schon gehört;
Nur wär' ich gern noch weiter belehrt –
DER MAGERE: Sprecht frei!
PEER GYNT: Wenn's nicht zu unbescheiden,
So möcht' ich gern –
DER MAGERE: Ein Plätzchen natürlich!
PEER GYNT: Ich hoffe, Sie finden's nicht ungebührlich!
Die Geschäfte ja manchen Abbruch leiden,
Da drücken auch Sie wohl ein Auge zu.

* Im Original deutsch

DER MAGERE: Doch Bester –
PEER GYNT: Läßt man mich nur in Ruh,
Auf hohen Lohn will ich nicht dringen,
Doch gute Behandlung muß ich bedingen.
DER MAGERE: Ein warmes Zimmer?
PEER GYNT: Doch nicht zu warm –
Vor allem Erlaubnis, ohne Alarm
Zurückzutreten, läßt sich's erreichen,
Ins Land der Seligen einzuschleichen.
DER MAGERE: Mein Freund, das tut mir wirklich leid;
Doch Sie glauben nicht, wie viele Suppliken
Von gleichem Inhalt die Leute mir schicken,
Soll's fort von der irdischen Herrlichkeit.
PEER GYNT: Bedenk' ich meinen frühern Wandel,
So bin ich zum Eintritt wohl berechtigt.
DER MAGERE: Quarkerei'n!
PEER GYNT: Ich bin so simpel schlecht nicht –
So im niedern Stil – trieb den Negerhandel –
DER MAGERE: Manch andre mit Herzen und Geistern handelten
Und doch den ersehnten Weg nicht wandelten.
PEER GYNT: Ich versandte Brahmafiguren nach China.
DER MAGERE: Nun freilich, man schickt die heil'ge Rosina
Und noch manch andre Karikatur
In Predigten, Künsten und Literatur
In die Welt und bleibt doch vor der Schwelle.
PEER GYNT: Bei mir ging's mehr in das Reelle;
In Afrika spielt' ich einmal den Propheten.
DER MAGERE: Im Ausland! – Humbug! Nichts zum Erröten!
Im Gießlöffel schmelzen solche Nöten!
Was kleines Sie fehlten, kann nichts nützen –
Sie müssen auf größere Dinge sich stützen.
PEER GYNT: Dann weiter, in Seenot, auf einem Kiel
Einst saß ich, neben mir ein Koch.
Wir rangen verzweifelt – der Koch – er fiel –
Ich meine, das genügte doch;
Ich nahm ihm eigentlich doch das Leben!
DER MAGERE: Ein jeder ist sich der Nächste eben!
Der Ertrinkende greift nach einem Halm! –
Doch das alles macht mir bloßen Qualm –
Mit Respekt zu sagen; und um zu enden,
Sie meinen doch nicht, wir möchten verschwenden
Für Ihre lumpige Sünderqual
Ein gutes Quantum Brennmaterial –
Und das bei den heut'gen hohen Preisen!
Nun, ich rede frischweg von der Leber –
Ich wollte den Irrtum nur erweisen.
Was hilft es, daß der trotz'ge Eber,
Mit den Zähnen blindlings um sich haut!
Drum schnell nur mit dem Gedanken vertraut –
An den Löffel nämlich; es ist das bequemste.
Sie sind ja doch ein vernünft'ger Mann,
Und mit dem Erinnern geht's auch noch an.

Doch der Rückblick auf der Erinnerung Land
Ist für das Herz und für den Verstand –
Sie sehn's – nicht eben das angenehmste.
Sie passen nicht zu Engeln, zu Teufeln;
Kein Grund zu jubeln, zu verzweifeln;
's gibt nichts, was zum Lachen, zum Weinen Sie zwänge;
Das Ganze nur Ärger und leid'ges Gedränge.

PEER GYNT: Es weiß doch keiner, wie drückt der Schuh,
Man habe denn ihn selber an.

DER MAGERE: Sehr richtig; doch läßt mich das in Ruh,
Da ich Stiefel selber nicht tragen kann.
Doch gut, daß ich an Stiefel gedacht,
Das gemahnt mich, daß ich weiter vor Nacht.
Ich hol' noch 'nen Braten, hoff', er ist fett;
Bereit schon der Spieß und das Höllenbrett.

PEER GYNT: Und darf man fragen, welch Sündenfutter
Den Mann gemästet?

DER MAGERE: Der gute Tor
War immer er selbst, seit er kam von der Mutter.

PEER GYNT: Und gehören auch solche zu Ihrem Ressort?

DER MAGERE: Wie's trifft. Die Tür steht immer halboffen. –
Selbst kann man sein auf zweierlei Art,
Vom Rock das Zeug, doch auch das Futter. –
Unlängst empfing aus Paris ich Briefe,
Die von einer Entdeckung Nachricht geben,
Wie Sonnenstrahlen 'ne Platte beleben.
Man kann nun direkte Bilder geben,
Auch sogenannte negative.
Bei den letztern ist Licht und Schatten verkehrt,
Und sie scheinen gewöhnlichen Augen häßlich,
Doch die Ähnlichkeit selbst ist unversehrt;
Nur ein neuer Prozeß ist unerläßlich.
Hat nun eine Seele sich fotografiert,
Aufgrund ihres Lebens, negativ,
So wird die Platte doch nicht kassiert;
Man legt das Bildchen einfach mir vor;
Ich unterwerf' es einer Behandlung;
Durch geeignete Mittel entsteht 'ne Verwandlung;
Ich dämpfe, ich tauche, brenne und rein'ge
So lange, bis Licht und Schatten ich ein'ge,
Bis gerad wird, was verborgen und schief,
Bis das Bildnis ganz deutlich tritt hervor,
Doch umgekehrt nun, positiv.
Doch hat man, wie Sie, sich halb verwischt,
Da bleibt es, wieviel man zusammen auch mischt,
Doch nur ein verpfuschtes, halbes Ding.

PEER GYNT: Ich denke von Ihrer Kunst nicht gering. –
Man kommt als Rabe also von fern,
Um zu gehn als Schneehuhn. – Doch wüßt' ich gern,
Wess' ist denn das negative Bild,
Das positiv nun wird gedrillt?

DER MAGERE: Das ist Peer Gynt.

PEER GYNT: Peer Gynt? – Hoho!
Ist Herr Gynt er selbst?

DER MAGERE: Er versichert so.

PEER GYNT: Nun, da kann man ihm glauben, er lügt nicht gern.

DER MAGERE: Sie kennen ihn?

PEER GYNT: O nur von fern –
So von Ansehn nur –

DER MAGERE: Meine Zeit ist knapp.
Wo war er zuletzt?

PEER GYNT: Dort unten am Kap –

DER MAGERE: Di buona speranza!

PEER GYNT: Um fortzusegeln.
Es schien ihm zu brennen auf den Nägeln.

DER MAGERE: Sehr lieb mir zu hören! – Da sattl' ich flugs
Zur Reise das allerbeste Pferd.
Das Kapland war mir immer 'ne Crux,
Da gibt's Missionäre von Kaiserswerth!

Er entfernt sich nach Süden.

PEER GYNT: Der dumme Hund! – Da springt er davon!
Die Zung' aus dem Halse. Man kennt dich schon!
Der Esel mit seiner frommen Miene
Spielt sich auf als erste Violine;
Macht sich breit und ist mager wie ein Brett,
Das vor Hunger sich selbst gefressen hätt' –
Will geizig am Höllenholze sparen;
Wird selbst noch einst zum Teufel fahren. – –
Ich freilich bin auch nicht einer der Großen,
Seit ich aus der Selbst-Zunft ausgestoßen.

Eine Sternschnuppe fällt; er winkt ihr zu:

Grüß' von mir, Kurier des Sternenlichts!
Leuchten, verlöschen, vergehn im Nichts! – –

Er wird von Angst ergriffen, geht tiefer in den Nebel hinein, schweigt eine Weile und ruft dann:

Ist keiner, keiner im ganzen Gewimmel? –
Keiner im Abgrund – keiner im Himmel? –

Er kommt weiter herab, wirft seinen Hut auf die Erde und rauft sein Haar. Allmählich wird er ruhiger.

Ist's möglich? Darf eine Seele schaun
So unsäglich arm ins Todesgraun! –
Du schöne Erde, trag' mir nicht Haß,
Daß ich zertrat dein junges Gras.
Du schöne Sonne, du mußtest verschwenden
Dein freundliches Licht in leeren Wänden.
's war niemand darin, der sich wärmte und sonnte,
Weil der Herr nicht nach Hause finden konnte. –
Du leuchtende Sonne, du schöne Erd,
Ihr wart dumm, daß ihr meine Mutter genährt;
Da läg' ich im tiefen dunklen Schoß. –
Die Natur verschwendet, ein Nichts das Streben;
Man bezahlt die Geburt mit seinem Leben. –
Ich will auf die höchsten Berge gehn,
Noch einmal die steigende Sonne sehn;
Schaun, bis ich müd, aufs gelobte Land.
Die Lawine will über dem Kopf ich haben;
Da schreibt nur: „Hier ist niemand begraben";
Und dann –! Zerrissen jedes Band!

KIRCHENBESUCHER *auf dem Waldwege singend:*

O herrlicher Morgen,
Da des Gottesreiches Zungen
Die Erde trafen wie flammender Stahl.
Von der Erde zum Himmel
Nun singen die Menschen
In der flammenden Sprache
Des Gottesreichs.

PEER GYNT *fährt erschreckt zusammen:*
Niemals dorthin, wo kein Morgenrot! –
Ich war lange tot vor meinem Tod.
Er will zwischen den Büschen davonschleichen, trifft aber auf den Kreuzweg.
DER KNOPFGIESSER: Guten Morgen, Peer, wo ist das Register?
PEER GYNT: Ei hol dich der Kuckuck und sein Küster!
Meinst, ich hab' nicht gesucht?
DER KNOPFGIESSER: Nicht einer –?
PEER GYNT: Mich traf
Nur ein eilig reisender Fotograf.
DER KNOPFGIESSER: Die Frist verstrich.
PEER GYNT: Ja, alles verstrich.
Man riecht die Lunte. – Hörst du das Schrein?
DER KNOPFGIESSER: Der Morgengesang –
PEER GYNT *mit dem Finger zeigend:* Siehst du den Schein –?
DER KNOPFGIESSER: Nur Licht in der Hütte.
PEER GYNT: Was für ein Braus –?
DER KNOPFGIESSER: Der Gesang eines Weibes.
PEER GYNT: Da finde ich
Das Sündenregister –
DER KNOPFGIESSER *ihn anfassend:*
Bestell dein Haus!
Sie sind beide aus dem Wald herausgekommen und stehn an der Hütte.
Morgengrauen.
PEER GYNT: Mein Haus bestellen? Da ist es! – Geh!
Wär' der Löffel so groß wie eine Kiste,
Er faßte doch nicht meiner Sünden Liste!
DER KNOPFGIESSER: Am dritten Kreuzweg, Peer – da seh'
Ich dich zuletzt – da ist es aus! *Er geht.*
PEER GYNT *sich der Hütte nähernd:*
Hin und zurück ist ebenso weit,
Draußen und drinnen ebenso breit.
Steht still.
O tiefes Leid, unendliches Klagen,
Die ganze weite Welt durchjagen
Und sterbend den Fuß nach Hause tragen!
Er macht einige Schritte und steht wieder still.
Geh herum, so sagte –
er hört in der Hütte singen:
nein, dieses Mal
Gerad hindurch! Wär's auch zur Qual!

Er läuft nach dem Haus; unterdessen kommt Solveig aus der Tür, zur Kirche angekleidet, mit einem Gesangbuch und einem Stab in der Hand. Sie steht aufgerichtet und freundlich da.
PEER GYNT *sich an der Türschwelle niederwerfend:*
Ein Sünder – das Urteil – o sprich es aus!
SOLVEIG: Da ist er! – O Gott – er kam nach Haus!
Sie tastet nach ihm.
PEER GYNT: Ruf laut, was ich verbrochen habe!
SOLVEIG: O nichts verbrachst du, mein lieber Knabe!
Sie tastet nach ihm und findet ihn.
DER KNOPFGIESSER *hinter dem Hause:*
Das Register, Peer?
PEER GYNT: Schrei aus meine Sünden!
SOLVEIG *sich neben ihn setzend:*
Du hast mir zu einem schönen Gesang
Das ganze Leben gemacht – o Dank!
Dank, daß du kamst, währt's noch so lang! –
O herrliches Pfingsten-Wiederfinden!
PEER GYNT: Verloren!
SOLVEIG: Ein andrer wiegt die Taten.
PEER GYNT *lacht:*
Verloren! – Du könntest denn Rätsel raten!
SOLVEIG: Ein Rätsel? – Nenn es!
PEER GYNT: Ja, nenn es! – Jetzt! –
Weißt du, wo ich war, da wir sahn uns zuletzt?
SOLVEIG: Wo du warst?
PEER GYNT: Mit der Marke auf meiner Stirn;
Mit dem Gottesfunken in meinem Hirn!
Kannst du es sagen? – Kannst du's entwirrn? –
Wenn nicht, versink' ich zum tiefsten Grund.
SOLVEIG *lächelnd:*
O das Rätsel ist leicht.
PEER GYNT: Gesegnet dein Mund!
Wär's möglich, daß ein Trost mir bliebe?
Wo war ich, ich selbst – ungebrochen – ganz –
Wie einst umstrahlt von Gottes Glanz?
SOLVEIG: Bei mir, in Glaube, Hoffnung, Liebe.
PEER GYNT *zurückbebend:*
Was sagst du? – O schweige! – So wärst du gar
Des Irrenden Mutter! – O rede wahr!
SOLVEIG: Das bin ich auch, und an ihrer Seit'
Der Vater, der dem Sünder verzeiht.
PEER GYNT *sein Gesicht verklärt sich und er ruft:*
O meine Mutter, du sprichst mich los –?
Verbirg mich, verbirg mich in deinem Schoß!
Er klammert sich fest an sie und verbirgt sein Gesicht.
Lange Stille. Die Sonne geht auf.
SOLVEIG *singt leise:*

Schlaf nun, geliebter Knabe mein,
Ich will wiegen dich, ich will wachen.

Knabe saß auf der Mutter Schoß,
Spielten zusammen, bis er groß.

Knabe ruht' an der Mutter Brust
Sein Leben lang; o meine Lust!

Ruht' im Herzen, im Muttergemüt
Sein Leben lang; nun ist er müd.

Schlaf nun, geliebter Knabe mein,
Ich will wiegen dich, ich will wachen.

DIE STIMME DES KNOPFGIESSERS *hinter dem Hause:*
Wir treffen uns noch auf dem Kreuzweg, Peer;
Da wollen wir sehn, ob – ich sage nicht mehr.

SOLVEIG *singt lauter, da es immer heller wird:*

Ich will wiegen dich, ich will wachen –
Schlaf und träume, du Knabe mein!

Kaiser und Galiläer

Welthistorisches Schauspiel

ERSTER TEIL

CÄSARS ABFALL

SCHAUSPIEL IN FÜNF AKTEN

PERSONEN

Kaiser Konstantios
Kaiserin Eusebia
Fürstin Helena, Schwester des Kaisers
Fürst Gallos, Vetter des Kaisers
Fürst Julian, des Gallos jüngerer Halbbruder
Memnon, ein Äthiopier, Leibsklave des Kaisers
Der Goldschmied Potamon
Der Färber Fokion
Der Haarschneider Eunapios
Ein Fruchthändler
Ein Führer der Wache
Ein Soldat
Ein geschminktes Weib
Ein gichtbrüchiger Mann
Ein blinder Bettler
Agathon, der Sohn eines Winzers aus Kappadocien
Der Weisheitslehrer Libanios
Gregor von Nazianz
Basilios von Cäsarea
Sallust von Perusia
Der Schriftlehrer Hekebolios
Der Mystiker Maximos
Der Hausmeister Eutherios
Der Quästor Leontes
Die Sklavin Myrrha
Der Tribun Decentius
Der Stallmeister Sintula
Der Heerführer Florentius
Der Heerführer Severus
Der Arzt Oribazes
Der Unterführer Laipso
Der Unterführer Varro
Der Fahnenträger Mauros

Soldaten, Kirchgänger, heidnische Zuschauer, Hofvolk, Priester, Schüler der Weisheitsschulen, Tänzerinnen, Diener, Gefolge des Quästors, gallisches Kriegsvolk, Geistererscheinungen und Stimmen

Der erste Akt spielt in Konstantinopel, der zweite in Athen, der dritte in Ephesos, der vierte bei Lutetia in Gallien und der fünfte in Vienna ebendaselbst

Zeit: das Jahrzehnt von 351 bis 361

ERSTER AKT

Schauplatz in Konstantinopel. Die Bühne stellt eine offene Anlage mit Bäumen, Gebüschen und umgestürzten Statuen in der Nähe des kaiserlichen Schlosses dar. Im Hintergrund liegt die Hofkirche, hell erleuchtet. Zur Rechten ein Marmorgeländer, von dem eine Treppe zum Wasser herabführt. Zwischen Pinien und Zypressen Aussicht auf den Bosporus und die asiatische Küste. Gottesdienst. Die kaiserliche Leibwache auf der Kirchentreppe. Große Scharen von Andächtigen strömen herbei. Bettler, Krüppel und Blinde am Eingang. Heidnische Zuschauer, Fruchthändler und Wasserverkäufer füllen den Platz.

LOBGESANG in der Kirche:
„Dem Kreuz und seiner Lehre
Für ewig Preis und Ehre!
Die Schlange liegt
Im Abgrundsschlunde;
Das Lamm hat gesiegt!
O Feierstunde!"

GOLDSCHMIED POTAMON *kommt mit einer Papierlaterne von links, klopft einem der Soldaten auf die Schulter und fragt:* Pst, guter Freund – wann kommt der Kaiser?

DER SOLDAT: Weiß nicht.

DER FÄRBER FOKION *wendet in dem Gedränge sein Haupt:* Der Kaiser? Ich glaube, da fragte jemand nach dem Kaiser? Der Kaiser kommt kurz vor Mitternacht. Ganz kurz vorher. Ich habe es von Memnon selbst.

DER HAARSCHNEIDER EUNAPIOS *kommt eilig dahergelaufen und stößt einen Fruchthändler zur Seite:* Aus dem Wege, Heide!

DER FRUCHTHÄNDLER: Sachte, Herr!

POTAMON: Das Schwein muckst!

EUNAPIOS: Hund, Hund!

FOKION: Muckst du gegen einen wohlgekleideten Christen; gegen einen Mann von des Kaisers eigenem Glauben!

EUNAPIOS *stößt den Fruchthändler zu Boden:* In den Schmutz mit dir!

POTAMON: Recht so! Siehle dich dort, wie deine Götter!

FOKION *schlägt ihn mit dem Stock:* Nimm das – und das – und das!

EUNAPIOS *stößt ihn mit dem Fuße:* Und da und da! Ich werde dein verfluchtes Fell schon mürbe machen.

Der Fruchthändler entschlüpft ihnen.

FOKION *mit der augenscheinlichen Absicht, daß es von dem Führer der Leibwache gehört werden soll:* Ich würde höchlichst wünschen, daß der eine oder der andere diesen Auftritt vor das Ohr unseres geliebten Kaisers brächte. Der Kaiser hat neulich sein Mißfallen darüber geäußert, daß wir christlichen Bürger mit den Heiden im Verkehr stehen, gerade als wenn kein Unterschied zwischen uns –

POTAMON: Du zielst auf jenen Anschlag auf dem Markte? Das habe ich auch gelesen. Und ich glaube, daß ebenso, wie echtes und unechtes Gold in der Welt gefunden wird –

EUNAPIOS: Man darf nicht alle über einen Kamm scheren; das ist meine Meinung. Es gibt doch, Gott sei gelobt, genug eifrige Seelen unter uns.

FOKION: Wir sind noch lange nicht eifrig genug, teure Brüder! Seht nur, wie hochnasig diese Spötter sich benehmen. Oder glaubt ihr, daß viele von diesen Lumpen das Zeichen des Kreuzes und Fisches auf dem Arme tragen?

POTAMON: Nein – seht nur, selbst vor der Hofkapelle kribbelt und wibbelt es von ihnen –

FOKION: – in einer so hochheiligen Nacht –

EUNAPIOS: – sie versperren den reinen Gliedern der Kirche den Weg –

EIN GESCHMINKTES WEIB *im Gedränge:* Sind die Donatisten rein?

FOKION: Was? Donatisten! Bist du ein Donatist?

EUNAPIOS: Was denn? Bist du es nicht auch?

FOKION: Ich? Ich? Daß der Donner in dein Maul schlage!

POTAMON *macht das Zeichen des Kreuzes:* Daß dich die Pest –

FOKION: Ein Donatist! Du Aas; du verfaultes Holz!

POTAMON: Recht so! Recht so!

FOKION: Du Nahrung für den Feuerherd des Satans!

POTAMON: Recht so! Schimpf ihn, schimpf ihn, teurer Bruder!

FOKION *stößt den Goldschmied Potamon fort:* Halt's Maul! Weg von mir. Jetzt kenne ich dich – du bist der Manichäer Potamon –

EUNAPIOS: Ein Manichäer? Ein stinkender Ketzer! Pfui! Pfui!

POTAMON *hält seine Papierlaterne vor:* Ei ja! Das ist ja der Färber Fokion aus Antiochia! Der Kainite!

EUNAPIOS: Weh mir, in was für eine Gesellschaft von Lügnern bin ich gekommen!

FOKION: Weh mir, der einem Sohne des Teufels half!

EUNAPIOS *schlägt ihm hinter die Ohren:* Nimm das als Lohn für die Hilfe!

FOKION *schlägt wieder:* O, du infamer Hund!

POTAMON: Verflucht, verflucht seid ihr beide!

Allgemeine Schlägerei; Gelächter und Spott unter den Zuschauern.

DER WACHTFÜHRER *ruft den Soldaten zu:* Der Kaiser kommt!

Die Streitenden werden getrennt und strömen mit den übrigen Andächtigen in die Kirche.

LOBGESANG AM HOCHALTAR:

„Die Schlange liegt
Im Abgrundsschlunde;
Das Lamm hat gesiegt!
O Feierstunde!"

Der Hof kommt in großem Aufzug von links. Priester mit Rauchfässern gehen voran; darauf Trabanten und Fackelträger, Hauptleute und die Leibwache. In der Mitte der Kaiser Konstantios, ein vierunddreißigjähriger Mann von vornehmem Äußern, bartlos und mit braunem, gekräuseltem Haar; seine Augen haben einen düstern und mißtrauischen Ausdruck; sein Gang und ganze Haltung verraten Unruhe und Schwäche. An seiner linken Seite geht die Kaiserin Eusebia, eine bleiche und feine Frauenerscheinung, von demselben Alter wie der Kaiser. Dicht hinter dem Kaiserpaar folgt Fürst Julian, ein noch nicht vollständig entwickelter Jüngling von neunzehn Jahren. Er hat schwarzes Haar, mit beginnendem Bartwuchs, lebhafte, braune, oft jäh aufleuchtende Augen; die Hoftracht kleidet ihn schlecht, seine Bewegungen sind linkisch; sonderbar und hastig. Die Schwester des Kaisers, Fürstin Helena, eine üppige fünfundzwanzigjährige Schönheit, folgt nach, begleitet von Jungfrauen und älteren Weibern. Hofleute und Trabanten schließen den Zug. Der Leibsklave des Kaisers, Memnon, ein starkgebauter, prächtig gekleideter Äthiopier, ist unter dem Gefolge.

KONSTANTIOS *bleibt plötzlich stehen, wendet sich nach dem Fürsten Julian um und fragt rauh:* Wo ist Gallos?

JULIAN *erbleicht:* Gallos? Was willst du von Gallos?

KONSTANTIOS: Da habe ich dich ertappt!

JULIAN: Herr –!

EUSEBIA *faßt des Kaisers Hand:* Komm, komm!

KONSTANTIOS: Das Gewissen rief. Worauf sinnt ihr beide?

JULIAN: Wir?

KONSTANTIOS: Du und er!

EUSEBIA: O komm; komm, Konstantios!

KONSTANTIOS: Eine so schwarze Tat! Welche Antwort gab das Orakel?

JULIAN: Das Orakel? Bei meinem heiligen Erlöser –

KONSTANTIOS: Hat euch jemand etwas angedichtet, so wird er es auf dem Schafott büßen. *Zieht ihn beiseite.* Oh, laß uns zusammenhalten, Julian! Teurer Verwandter!

JULIAN: Alles liegt in deinen Händen, geliebter Herr!

KONSTANTIOS: Meine Hände!

JULIAN: Oh, strecke sie in Gnade über uns aus!

KONSTANTIOS: Meine Hände? Was dachtest du von meinen Händen?

JULIAN *ergreift seine Hände und küßt sie:* Die Hände des Kaisers sind weiß und kühl.

KONSTANTIOS: Was sollten sie sonst sein? Was meinst du? Jetzt habe ich dich wieder ertappt!

JULIAN *küßt die Hände wieder:* Sie sind wie die Rosenblätter in dieser Mondscheinnacht.

KONSTANTIOS: Ja, ja, ja, Julian.

EUSEBIA: Vorwärts; es ist Zeit.

KONSTANTIOS: Ich soll hinein, vor des Herrn Antlitz? Ich, ich! Oh, bete für mich, Julian! Sie wollen mir den heiligen Wein bieten. Ich sehe ihn! Er strahlt wie Schlangenaugen in dem goldenen Kelche – *Schreit:* Blutige Augen –! O Jesus Christus, betet für mich!

EUSEBIA: Der Kaiser ist krank –!

HELENA: Wo ist Cäsarios? Der Leibarzt, der Leibarzt – holt ihn!

EUSEBIA *winkt:* Memnon, guter Memnon.

Sie spricht leise mit dem Sklaven.

JULIAN *leise:* Herr, habe Barmherzigkeit und schicke mich weit fort.

KONSTANTIOS: Wo würdest du am liebsten hin wollen?

JULIAN: Nach Ägypten. Es gehen ja so viele dorthin – in die tiefe Einsamkeit.

KONSTANTIOS: In die Einsamkeit? So? In der Einsamkeit grübelt man. Ich verbiete dir zu grübeln.

JULIAN: Ich werde nicht grübeln, wenn du mir nur gestatten willst – hier wächst meine Seelennot mit jedem Tage. Böse Gedanken scharen sich um mich. Neun Tage habe ich das härene Gewand getragen, und es hat mich nicht dagegen geschützt; neun Nächte habe ich mich gegeißelt, aber es hat sie nicht vertrieben.

KONSTANTIOS: Wir müssen standhaft sein, Julian! Der Teufel ist sehr mächtig in uns allen. Sprich mit Hekebolios –

MEMNON *zum Kaiser:* Jetzt ist es an der Zeit –

KONSTANTIOS: Nein, nein, ich will nicht –

MEMNON *faßt ihn beim Handgelenk:* Komm, gnädigster Herr – komm, sage ich.

KONSTANTIOS *richtet sich auf und sagt mit Würde:* Treten wir in das Haus des Herrn!

MEMNON *leise:* Und das andere später –

KONSTANTIOS *zu Julian:* Gallos soll vor mir erscheinen.

Julian faltet hinter dem Rücken des Kaisers die Hände bittend gegen die Kaiserin.

EUSEBIA *schnell und leise:* Fürchte nichts!

KONSTANTIOS: Bleibe außen. Nicht in die Kirche mit solchem Sinn wie der deine. Wenn du betest vor dem Altar, geschieht es, um Böses auf mich herabzuflehen. – O lade nicht solche Schuld auf dich, geliebter Verwandter!

Der Zug schreitet gegen die Kirche vor. Auf der Treppe scharen sich Bettler, Krüppel und Blinde um den Kaiser.

EIN GICHTBRÜCHIGER: O mächtigster Herrscher der Welt, laß mich den Zipfel deines Gewandes berühren, damit ich geheilt werde.

EIN BLINDER: Bete für mich, du Gesalbter des Herrn, damit ich mein Gesicht wiederbekomme!

KONSTANTIOS: Sei getröstet, mein Sohn! – Memnon, streue Silbergeld unter sie. Hinein, hinein!

Der Hof schreitet zur Kirche vor, deren Pforte geschlossen wird; der Menschenschwarm zerstreut sich nach und nach; nur Fürst Julian bleibt in einer der Alleen zurück.

JULIAN *sieht nach der Kirche:* Was will er von Gallos? In dieser heiligen Nacht kann er doch nicht daran denken –! Oh, wer das wüßte – *Wendet sich um und stößt gegen den fortschreitenden Blinden:* Sieh dich vor, Freund.

DER BLINDE: Ich bin blind, Herr.

JULIAN: Noch immer? Kannst du wirklich nicht einmal jenen funkelnden Stern sehen? Pfui über dich, du Kleingläubiger. Gelobte nicht der Gesalbte Gottes, für dein Gesicht zu beten?

DER BLINDE: Wer bist du, der eines blinden Bruders spottet?

JULIAN: Ein Bruder in Wahn und Blindheit.

Er will auf dem Wege nach links hinausgehen.

EINE STIMME *leise, hinter ihm, zwischen den Gebüschen:* Julian, Julian!

JULIAN *mit einem Schrei:* Ah!

DIE STIMME *näher:* Julian!

JULIAN: Steh, steh; ich bin gewaffnet! Hüte dich wohl.

EIN JUNGER MANN *in ärmlicher Kleidung und mit einem Wanderstabe wird zwischen den Bäumen sichtbar:* Stille; ich bin es –

JULIAN: Bleib, wo du bist! Komm mir nicht zu nahe, Mensch!

DER JUNGE MANN: Oh, erinnerst du dich nicht des Agathon –?

JULIAN: Agathon! Wie sagst du? Agathon war ja ein Knabe –

AGATHON: Vor sechs Jahren. Ich kannte dich gleich wieder. *Kommt näher.*

JULIAN: Agathon – ja bei dem heiligen Kreuz, ich glaube nicht, daß du es bist!

AGATHON: Sieh mich an; sieh ordentlich –

JULIAN *umfaßt und küßt ihn:* Freund meiner Jugend! Spielgenosse! Du liebster mir von allen! Und du bist jetzt hier? Welches Wunder! Du hast den weiten Weg über die Berge und dann über das Meer gemacht – den ganzen, langen Weg von Kappadocien!

AGATHON: Ich kam vor zwei Tagen mit einem Schiff von Ephesos. Oh, wie habe ich dich in diesen zwei Tagen vergebens gesucht. An der Pforte des Schlosses wollte die Wache mich nicht hineinlassen und –

JULIAN: Nanntest du jemand meinen Namen? Oder sagtest du, daß du mich suchtest?

AGATHON: Nein, das durfte ich nicht, da –

JULIAN: Darin hast du recht getan; man darf niemals mehr wissen lassen, als durchaus notwendig ist. – Dorthin, Agathon; heraus in den vollen Mondschein, damit ich dich sehen kann. – Du; du! Wie du gewachsen bist, Agathon – wie kräftig du aussiehst.

AGATHON: Du aber bist bleicher geworden.

JULIAN: Ich kann die Schloßluft nicht vertragen. Ich

glaube, es ist hier ungesund. – Es ist hier nicht wie in Makellon. Makellon liegt hoch. Keine andere Stadt in ganz Kappadocien liegt so hoch; ah, wie strich nicht der frische Schneewind vom Tauros darüber hin –! Bist du müde, Agathon?

AGATHON: Oh, keineswegs.

JULIAN: Wir wollen uns dennoch setzen. Hier ist es so still und einsam. Dicht zusammen; sieh, so! *Zieht ihn auf eine Bank bei dem Geländer nieder.* – Man sagt: „Kann etwas Gutes von Kappadocien kommen?" Ja – Freunde können kommen. Gibt es etwas Besseres? *Sieht ihn lange an.* Unfaßbar, daß ich dich nicht gleich erkannte. O du mein teures Gut, ist es nicht wie in den Kinderjahren –?

AGATHON *sinkt vor ihm nieder:* Ich zu deinen Füßen, wie damals.

JULIAN: Nein, nein, nein –!

AGATHON: Oh, laß mich so liegen –!

JULIAN: Ach Agathon, es ist Sünde und Spott, vor mir zu knien. Du solltest wissen, wie schuldbeladen ich geworden bin. Hekebolios, mein teurer Lehrer, hat viel Sorge um mich, Agathon. Er könnte dir erzählen – – – Wie dein Haar dicht und glänzend geworden ist. Und wie gelockt es ist. – Mein Mardonios – wie geht es ihm? Jetzt ist er wohl schon grau?

AGATHON: Er ist ganz weiß geworden.

JULIAN: Wie Mardonios den Homer auszulegen verstand! Ich glaube nicht, daß mein alter Mardonios darin seinesgleichen hat. – Helden im Kampf mit Helden – und zürnende Götter über ihnen. Ich sah das alles mit Augen.

AGATHON: Damals stand dein Sinn darnach, ein großer und glücklicher Krieger zu werden.

JULIAN: Es waren frohe Jahre, jene sechs in Kappadocien! Waren in jener Zeit die Jahre länger als jetzt? Es scheint so, wenn ich mich alles dessen erinnere, was sie umfassen. Ja, es waren frohe Jahre. Wir bei unsern Büchern, und Gallos auf seinem persischen Hengst. Wie der Schatten einer Wolke jagte er über die Ebene. – Aber eins mußt du mir noch sagen. Die Kirche –?

AGATHON: Die Kirche? Über dem Grabe des heiligen Mamas?

JULIAN *lächelt schwach:* Welche Gallos und ich bauten. Gallos bekam seinen Flügel fertig; aber ich – es wollte niemals recht glücken. – Wie ist es seitdem damit geworden?

AGATHON: Gar nichts. Bauleute sagten, daß es auf diese Weise unmöglich wäre.

JULIAN *gedankenvoll:* Jawohl; jawohl. Ich tat ihnen unrecht, da ich sie für unkundig hielt. Jetzt weiß ich, warum es nicht gehen konnte. Ich werde es dir sagen, Agathon – Mamas war ein falscher Heiliger.

AGATHON: Der heilige Mamas?

JULIAN: Jener Mamas ist niemals ein Blutzeuge gewesen. Die ganze Sage von ihm war ein seltsamer Irrtum. Hekebolios hat mit erstaunlicher Gelehrtheit den rechten Zusammenhang herausgefunden, und ich selbst habe neulich eine kleine Schrift darüber abgefaßt, eine Schrift, mein Agathon, welche gewisse Weisheitsfreunde unbegreiflicherweise mit Lob in den Lehrsälen erwähnt haben sollen. – Der Herr halte mein Herz von Eitelkeit rein! Der böse Versucher hat zahllose Schleichwege; man kann niemals wissen –. Daß es Gallos glücken sollte, aber mir nicht! Ach, mein Agathon, wenn ich an jenen Kirchenbau denke, so meine ich Kains Altar zu sehn –

AGATHON: Julian!

JULIAN: Gott will von mir nichts wissen, Agathon!

AGATHON: Oh, sprich nicht so! War nicht Gott stark in dir, da du mich aus dem Dunkel des Heidentums hinausführtest und mir das Licht für alle Zeiten gabst – du, damals noch ein Kind!

JULIAN: Ja, es ist mir wie ein Traum.

AGATHON: Und doch voll seliger Lebenswahrheit.

JULIAN *ernst:* Das sollte jetzt sein! – Woher nahm ich das Feuer des Wortes? Es waren Lobgesänge in der Luft – eine Leiter führte von der Erde zum Himmel – – *Starrt hinaus.* Sahst du ihn?

AGATHON: Wen?

JULIAN: Den fallenden Stern; dort, hinter den beiden Zypressen. *Schweigt kurze Zeit und schlägt plötzlich um.* – Habe ich dir erzählt, was meine Mutter in der Nacht vor meiner Geburt träumte?

AGATHON: Ich entsinne mich nicht.

JULIAN: Nein, nein, es ist wahr, ich erfuhr es erst später.

AGATHON: Was träumte sie?

JULIAN: Meine Mutter träumte, daß sie den Achilleus gebären würde.

AGATHON *lebhaft:* Glaubst du noch so fest an Träume?

JULIAN: Warum fragst du?

AGATHON: Du sollst es hören, denn es hängt mit dem zusammen, was mich über das Meer trieb –

JULIAN: Du hast einen besonderen Auftrag? Ich habe gar nicht daran gedacht, dich zu fragen –

AGATHON: Einen seltsamen Auftrag; und gerade darum zögere ich in Zweifel und Unruhe. Es ist so vieles, was ich zuvörderst wissen möchte – über das Leben in der Stadt – über dich selbst – über den Kaiser.

JULIAN *sieht ihn fest an:* Sage die Wahrheit, Agathon – mit wem hast du gesprochen, bevor du mich trafst?

AGATHON: Mit niemand.

JULIAN: Wann kamst du an?

AGATHON: Ich sagte es dir schon – vor zwei Tagen.

JULIAN: Und sogleich willst du wissen? – Was willst du vom Kaiser wissen? Hat dich jemand gebeten –? *Umfaßt ihn.* Oh, vergib mir, Freund Agathon!

AGATHON: Wie? Was?

JULIAN *erhebt sich und lauscht:* Hst! – Nein, es war nichts; es war nur ein Vogel im Gebüsch. – – Ich bin sehr glücklich hier. Warum glaubst du es nicht? Warum sollte ich nicht glücklich sein? Habe ich hier nicht mein ganzes Geschlecht beisammen? Ja, ich meine – alle die, welche unser gnädiger Heiland beschirmt hat.

AGATHON: Und der Kaiser vertritt ja Vaterstelle bei dir?

JULIAN: Der Kaiser ist über alle Maßen weise und gut.

AGATHON *der sich auch erhoben hat:* Julian, ist das Gerücht wahr, daß du einmal der Nachfolger des Kaisers werden sollst?

JULIAN *hastig:* Sprich nicht von solch gefährlichen Dingen. Ich weiß nicht, was törichte Gerüchte melden. – Warum forschest du mich soviel aus? Nicht ein Wort bekommst du aus mir heraus, bevor du mir gesagt hast, was du in Konstantinopel willst.

AGATHON: Ich komme im Namen Gottes, des Herrn.

JULIAN: Hast du deinen Erlöser und dein Heil lieb, so ziehe wieder heim. *Lauscht über das Geländer hinaus.* Sprich leise. Dort legt ein Boot an. – *Er zieht ihn nach der andern Seite hinüber.* Was willst du hier? Den Splitter des heiligen Kreuzes küssen? – Zieh wieder heim, sage ich! Weißt du, was Konstantinopel in den letzten fünf Monaten geworden ist? Ein Babylon der Lästerung. – Hast du es nicht gehört – weißt du nicht, daß Libanios hier ist?

AGATHON: Ach Julian, ich kenne Libanios nicht.

JULIAN: Du einsamer Kappadocier! Glückliches Land, wo seine Lehre und Stimme nicht gehört wird.

AGATHON: So ist er einer von jenen heidnischen Irrlehrern –?

JULIAN: Der gefährlichste von allen.

AGATHON: Doch nicht gefährlicher als Ädesios in Pergamon?

JULIAN: Ei, was? – Wer denkt jetzt noch an Ädesios in Pergamon? Ädesios ist abgetan –

AGATHON: Ist er auch gefährlicher als jener rätselvolle Maximos?

JULIAN: Maximos! Sprich nicht von diesem Gaukler. Wer weiß von Maximos etwas Zuverlässiges?

AGATHON: Er behauptet, drei Jahre in einer Höhle jenseits des Jordan geschlafen zu haben.

JULIAN: Hekebolios hält ihn für einen Betrüger, und darin hat er sicherlich nicht ganz unrecht. – – Nein, nein, Agathon – Libanios ist der Gefährlichste. Unsere sündige Erde jammert unter ihm, gleich wie unter einer Geißel. Zeichen gingen seiner Ankunft voran. Eine pestartige Seuche mordete die Menschen ohne Unterschied. Und dann, als sie vorüber war, im Monat November, regnete es hier jede Nacht Feuer vom Himmel. Du mußt nicht zweifeln, Agathon! Ich habe selbst die Sterne sich aus ihren Kreisen lösen, zur Erde niedersinken und unterwegs erlöschen sehen. – Seitdem hat er hier gelehrt, als Weisheitsfreund, als Redner. Alle nennen ihn den König der Lehrer der Beredsamkeit. Ja, sie müssen es wohl. Ich sage dir, er ist furchtbar. Jünglinge und Männer scharen sich um ihn; er fesselt ihre Seele, so daß sie ihm wohl folgen müssen. Die Verleugnung fließt betörend von seinen Lippen, gleich den Gedichten und Gesängen von den Trojanern und Griechen –

AGATHON *erschreckt:* Und du hast ihn auch besucht, Julian!

JULIAN *weicht zurück:* Ich! – Gott bewahre mich davor! Sollten dir gewisse Gerüchte zu Ohren kommen, so schenke ihnen keinen Glauben. Es ist nicht wahr, daß ich während der Nacht und in Verkleidung Libanios besucht habe. Seine Nähe würde mir entsetzlich sein. Außerdem hat der Kaiser es verboten und Hekebolios noch nachdrücklicher. – Alle Gläubigen, die diesem spitzfindigen Manne nahekommen, fallen ab und werden Spötter. Und nicht s i e allein. Sein Wort wird von Mund zu Mund getragen, bis ins Kaiserschloß hinein. Sein lächelnder Hohn, seine unumstößlichen Gründe, seine Spottgedichte schlagen in meine Gebete nieder – alles dieses zusammen ist für mich wie jene Ungeheuer in Vogelgestalt, die ehemals die Speise eines frommen, umherwandernden Helden besudelten. Ich fühle manchmal mit Entsetzen, daß mich die Nahrung des Glaubens und des Wortes anekelt – *Mit ausbrechender Unbändigkeit:* Hätte ich die Macht des Kaisers, so würde ich dir das Haupt des Libanios auf einer Silberschüssel senden!

AGATHON: Aber wie ist es möglich, daß der Kaiser das duldet? Wie kann unser frommer, gläubiger Kaiser –?

JULIAN: Der Kaiser? Gepriesen sei der Glaube und die Frömmigkeit des Kaisers! Aber der Kaiser denkt an nichts anderes als den unglücklichen Perserkrieg. Derselbe erfüllt alle seine Sinne. Niemand beachtet den Krieg, der hier gegen den Fürsten Golgothas geführt wird. Ach, mein Agathon, es ist jetzt nicht wie vor zwei Jahren. Damals mußten die beiden Brüder des Mystikers Maximos mit ihrem Leben für ihre falschen Lehren büßen. Du weißt nicht, welche mächtigen Stützen Libanios hat. Dieser oder jener der geringeren Weisheitslehrer wird aus der Stadt verbannt. I h n wagt niemand zu berühren. Ich habe sowohl Hekebolios als auch die Kaiserin gebeten und angefleht, seine Ausweisung zu erwirken. Aber nein, nein! – Was hilft es, daß die andern entfernt werden? Dieser eine Mensch vergiftet uns allen die Luft. Oh, du mein Erlöser, wenn ich vor all dem heidnischen Greul flüchten könnte! Hier leben, heißt in der Höhle des Löwen leben –

AGATHON *lebhaft:* Julian – was sagtest du da!

JULIAN: Ja, ja, nur ein Wunder kann uns befreien.

AGATHON: Oh, so höre! Das Wunder ist geschehen!

JULIAN: Was meinst du?

AGATHON: Du sollst es hören, Julian; denn jetzt darf ich nicht länger zweifeln, daß du es bist, dem es gilt. Was mich nach Konstantinopel trieb, war eine Erscheinung –

JULIAN: Eine Erscheinung, sagst du!

AGATHON: Eine heilige Offenbarung –

JULIAN: Oh, um Gottes Gnade willen sprich! – Hst! sprich nicht. Warte; dort kommt jemand. Bleibe hier stehen; ganz gleichgültig; mache, als ob du nichts sähest.

Sie bleiben beide bei dem Geländer stehen.

Ein hoher, stattlicher Mann, mittleren Alters, nach Art der Weisheitslehrer gekleidet, in einem kurzen Mantel, kommt durch die Allee links. Eine Schar Jünglinge begleitet ihn, alle in aufgeschürzten Gewändern, mit Efeukränzen im Haar und Bücher, Papiere und Pergamentrollen tragend. Gelächter und lautes Gespräch unter den Kommenden.

DER WEISHEITSLEHRER: Laß nichts ins Wasser fallen, mein heiterer Gregor! Denke daran, daß das, was du trägst, mehr wert ist als Gold.

JULIAN *der dicht bei ihm steht:* Um Vergebung – gibt es etwas gutes Greifbares, das mehr wert ist als Gold?

DER WEISHEITSLEHRER: Kannst du die Früchte deines Lebens für Gold wiederkaufen?

JULIAN: Wahr, wahr. Aber wenn dem so ist, solltest du nicht auf treuloses Wasser bauen.

DER WEISHEITSLEHRER: Menschengunst ist noch treuloser.

JULIAN: Das Wort war Weisheit. Und wo segelst du denn mit deinen Schätzen hin?

DER WEISHEITSLEHRER: Nach Athen. *Will vorbeigehen.*

JULIAN *mit unterdrücktem Gelächter:* Nach Athen? O reicher Herr, so besitzest du ja deinen eigenen Reichtum nicht.

DER WEISHEITSLEHRER *bleibt stehen:* Wieso?

JULIAN: Ist es Sache des Weisen, Eulen nach Athen zu tragen?

DER WEISHEITSLEHRER: Meine Eulen vertragen sich nicht mit dem Kirchenlicht in der Kaiserstadt. *Zu einem der jungen Leute:* Reich mir die Hand, Sallust!

Er will herabsteigen.

DER SCHÜLER SALLUST *halb unten auf der Treppe, leise:* Bei den Göttern, das ist er!

DER WEISHEITSLEHRER: Er?

SALLUST: So wahr ich lebe! Ich kenne ihn! – Ich habe ihn mit Hekebolios zusammen gehen sehen.

DER WEISHEITSLEHRER: Ha! *Er betrachtet Julian mit verborgener Aufmerksamkeit; darauf geht er ihm einen Schritt näher und sagt:* Du lächeltest soeben. Worüber lächeltest du?

JULIAN: Als du über das Kirchenlicht klagtest, dachte ich daran, ob es nicht eher das Königslicht im Lehrsaale wäre, das dir zu stark in die Augen schiene.

DER WEISHEITSLEHRER: Neid hat unter dem kurzen Mantel nicht Platz.

JULIAN: Was nicht Platz hat, das steckt hervor.

DER WEISHEITSLEHRER: Du hast eine scharfe Zunge, hoher Galiläer!

JULIAN: Warum Galiläer? Was ist mein Galiläerkennzeichen?

DER WEISHEITSLEHRER: Die Hoftracht.

JULIAN: Ich bin innerlich ein Weisheitsfreund. Denn ich trage ein sehr grobes Hemd. – Aber sage mir, was suchst du in Athen?

DER WEISHEITSLEHRER: Was suchte Pontius Pilatus?

JULIAN: Ei was! Ist nicht die Wahrheit hier, wo Libanios ist?

DER WEISHEITSLEHRER *sieht ihn starr an:* Hm! – Libanios, ja! Libanios wird bald verstummen, Libanios ist des Kampfes müde, Herr!

JULIAN: Müde? Er – der Unverwundbare, der immer Siegreiche – ?

DER WEISHEITSLEHRER: Er ist müde davon, auf seinen Ebenbürtigen zu warten.

JULIAN: Jetzt spottest du, Fremder! Wie kann Libanios daran denken, einen Ebenbürtigen zu finden?

DER WEISHEITSLEHRER: Es gibt einen, der ihm ebenbürtig.

JULIAN: Wer? Wo? Nenne ihn!

DER WEISHEITSLEHRER: Das dürfte gefährlich sein.

JULIAN: Warum?

DER WEISHEITSLEHRER: Bist du nicht Hofmann?

JULIAN: Und was folgt daraus?

DER WEISHEITSLEHRER *leiser:* Hast du selbst die Kühnheit, den Nachfolger des Kaisers zu preisen?

JULIAN *erschreckt:* Ah!

DER WEISHEITSLEHRER *schneller:* Verrätst du mich, so leugne ich alles!

JULIAN: Ich verrate niemand. Gewiß, gewiß nicht! – Der Nachfolger des Kaisers, sagst du? Ich weiß nicht, wen du meinst – der Kaiser hat keinen erwählt. Aber wozu jener Scherz? Warum sprachst du von einem, der Libanios ebenbürtig sei?

DER WEISHEITSLEHRER: Ja oder nein – lebt ein Jüngling dort am Kaiserhofe, welcher mit Gewalt und strengem Befehl, durch Bitten und Überredungen von dem Lichte des Lehrsaales ferngehalten wird?

JULIAN *schneller:* Solches geschieht, um seinen Glauben rein zu erhalten.

DER WEISHEITSLEHRER *lächelt:* Hat dieser junge Mann so geringen Glauben an seinen Glauben? Was weiß er von seinem Glauben? Was weiß ein Krieger von seinem Schild, bevor derselbe ihn geschirmt hat?

JULIAN: Wahr, wahr – aber es sind liebe Freunde und Lehrer, mußt du wissen –

DER WEISHEITSLEHRER: Redensarten, Herr! Ich will es dir sagen. Es geschieht um des Kaisers willen, daß sein junger Verwandter von den Weisheitsfreunden ferngehalten wird. Der Kaiser hat nicht die göttliche Gabe des Wortes. Der Kaiser ist groß im übrigen; aber er erträgt es nicht, daß sein Nachfolger über das Reich hinleuchte –

JULIAN *verwirrt:* Und das sagst du – !

DER WEISHEITSLEHRER: Ja, ja, du zürnst namens deines Herrschers, aber –

JULIAN: Keineswegs; gerade im Gegenteil – ; ja, das heißt – – höre, ich stehe diesem jungen Fürsten ziemlich nahe. Es würde mir lieb sein, zu erfahren – *wendet sich:* geh weiter zur Seite, Agathon; ich muß mit diesem Manne allein sprechen.

Entfernt sich mit dem Fremden einige Schritte.

Du sagtest leuchten? Über das Reich hinleuchten? Was weißt du, was wißt ihr alle von Fürst Julian?

DER WEISHEITSLEHRER: Kann der Sirios von einer Wolke

verborgen werden? Wird nicht der treibende Wind hier oder dort die Wolke zerreißen, so daß er –

JULIAN: Sprich offen; ich bitte dich.

DER WEISHEITSLEHRER: Das Schloß und die Kirche sind wie ein doppelter Käfig, worin der Fürst gefangengehalten wird. Der Käfig ist nicht dicht genug. Manchmal läßt er ein seltsames Wort fallen –; das Hofgeschmeiß – vergib mir, Herr – die Hofleute tragen es hinaus zum Spott; die tiefe Bedeutung ist nicht für diese Herren – vergib, Herr –, denn die meisten von ihnen haben kein Verständnis dafür.

JULIAN: Keiner. Du kannst ruhig sagen, keiner.

DER WEISHEITSLEHRER: Du scheinst es doch zu haben. Und in jedem Falle wir. – – Ja, er könnte über das Reich hinleuchten! Geht hier nicht eine Sage aus seinen Kinderjahren in Kappadocien um, da er im Wortkampf mit seinem Bruder Gallos die Partei der Götter nahm und sie gegen den Galiläer verteidigte?

JULIAN: Das war Scherz, Redeübung –

DER WEISHEITSLEHRER: Was hat nicht Mardonios von ihm aufgezeichnet? Und Hekebolios später! Welche Kunst lag nicht überall in der Rede des Knaben – welche Schönheit, welche Anmut in dem leichten Spiel der Gedanken!

JULIAN: Und was deucht dir?

DER WEISHEITSLEHRER: Ja, wohl könnte er uns ein Gegner werden, welchen wir sowohl fürchten als auch verehren müßten. Was mangelt ihm denn, um eine so ehrenvolle Höhe zu erreichen? Mangelt ihm etwas anderes als dieselbe Schule, die Paulus durchmachte, und zwar so ganz ohne Schaden für ihn, daß er sich hernach den Galiläern anschließen konnte, glänzender als alle andern Verkünder zusammen, weil er Wissen und Beredsamkeit besaß! Hekebolios fürchtet für den Glauben seines Schülers. Und ich weiß recht wohl, daß das von ihm kommt. Aber vergißt er denn, dieser außerordentlich gewissenhafte Mann, daß er selbst in seiner Jugend von den Quellen getrunken hat, welche er jetzt seinem Schüler verstopfen will? Hat er nicht bei uns gelernt, die Waffe der Sprache zu gebrauchen, welche er jetzt mit einer so hoch preiswürdigen Fertigkeit gegen uns schwingt?

JULIAN: Oh, wahr, unbestreitbar wahr!

DER WEISHEITSLEHRER: Und welche Gaben hat denn dieser Hekebolios im Vergleich zu den Gaben, welche sich so wunderbar in jenem fürstlichen Kinde offenbaren, welches in Kappadocien, gemäß dem, was dort erzählt wird, auf den Gräbern hingerichteter Galiläer eine Lehre verkündete, welche ich zwar für irrig halte und die deshalb um so wahrscheinlicher Eingang finden wird, welche er aber mit einer solchen Begeisterung verkündet hat, daß – wenn ich einem sehr verbreiteten Gerüchte glauben dürfte – zahlreiche Kinder seines Alters sich ihm hingaben und ihm als Schüler nachfolgten! Ah, Hekebolios ist wie ihr andern – mehr eifersüchtig als eifrig; darum hat Libanios vergebens gewartet.

JULIAN *ergreift seinen Arm:* Was hat Libanios gesagt? Bei Gott – ich beschwöre dich, laß mich es wissen!

DER WEISHEITSLEHRER: Er hat alles das gesagt, was du soeben gehört hast. Und er hat mehr als das gesagt. Er hat gesagt: seht jenen fürstlichen Galiläer; er ist der Achilleus des Geistes.

JULIAN: Achilleus! *Leiser:* Meiner Mutter Traum!

DER WEISHEITSLEHRER: Dort im offenen Lehrsaale ist das Feld; Licht und Freude ruht über dem Streit und über den Streitenden. Die Wortpfeile schwirren; das scharfe Schwert des Verstandes blitzt in der Schlacht; die seligen Götter sitzen lächelnd in einer Wolke –

JULIAN: O weiche von mir mit deinem Heidentum –

DER WEISHEITSLEHRER: Die Helden gehen heim zu ihrem Lager, armumschlungen, ohne Groll, mit glühenden Wangen, mit dem schwellenden Strom des Blutes in allen Adern, mit der Beute der Anerkennung und mit Laub um die Stirn. Ah, wo ist Achilleus? Ich sehe ihn nicht! Achilleus zürnt –

JULIAN: Achilleus ist unglücklich! – Aber kann ich das glauben! O sage mir –; mir schwindelt –; alles das hat Libanios gesagt?

DER WEISHEITSLEHRER: Warum kam Libanios nach Konstantinopel? Kam er aus einem andern Grunde her, als um die ehrenvolle Freundschaft eines gewissen Jünglings zu suchen?

JULIAN *gespannt:* Sprich die Wahrheit! Nein, nein, das kann nicht wahr sein. Wie sollte sich das mit all dem Spott und Hohn vertragen, welchen –? Man höhnt den nicht, dessen Freundschaft man sucht.

DER WEISHEITSLEHRER: Galiläerränke, um eine Mauer von Haß und Zorn zwischen den beiden Kämpfern aufzutürmen.

JULIAN: Du willst doch wohl nicht leugnen, daß es Libanios war –?

DER WEISHEITSLEHRER: Solches leugne ich bis zum Geringsten.

JULIAN: Die Spottgedichte sollten nicht von i h m kommen?

DER WEISHEITSLEHRER: Nicht ein einziges. Sie sind alle zusammen im Kaiserschlosse entstanden und unter seinem Namen verbreitet –

JULIAN: Ah, was sagst du da –?

DER WEISHEITSLEHRER: Für was ich einstehen könnte, vor wem es auch sei. Du hast eine scharfe Zunge –; wer weiß, ob du nicht selbst –

JULIAN: Ich –! Aber kann ich das glauben? Libanios sollte sie nicht geschrieben haben? Keines von ihnen?

DER WEISHEITSLEHRER: Nein, nein!

JULIAN: Nicht einmal das schändliche Gedicht vom Atlas mit der hohen Schulter?

DER WEISHEITSLEHRER: Nein, nein, sage ich.

JULIAN: Auch nicht jenen törichten und höchst unverschämten Vers von dem Affen in Hofkleidern?

DER WEISHEITSLEHRER: Ha, ha! der ist in der Kirche und nicht im Lehrsaal geschrieben. Du glaubst es nicht? Ich sage dir, es ist Hekebolios –

JULIAN: Hekebolios!

DER WEISHEITSLEHRER: Ja, Hekebolios selbst, der, um seinen Feind und seinen Schüler zu entzweien –

JULIAN *mit gerungenen Händen:* Ach, wenn dem so wäre!

DER WEISHEITSLEHRER: Hätte dieser verblendete und betrogene Jüngling uns Weisheitsfreunden getraut, so hätte er nicht so hart gegen uns gehandelt.

JULIAN: Wovon sprichst du?

DER WEISHEITSLEHRER: Jetzt ist es zu spät. Lebe wohl, Herr. *Er will gehen.*

JULIAN *ergreift seine Hand:* Freund und Bruder – wer bist du?

DER WEISHEITSLEHRER: Ein Mann, der trauert, weil er das Gottgeborene untergehen sieht.

JULIAN: Was nennst du das Gottgeborene?

DER WEISHEITSLEHRER: Das Ungeschaffene in dem Wechselnden.

JULIAN: Ebenso dunkel für mich.

DER WEISHEITSLEHRER: Es gibt eine ganze und herrliche Welt, für die ihr Galiläer blind seid. In ihr ist ein Fest zwischen Bildsäulen unter Tempelgesängen mit vollen, schäumenden Schalen und mit Rosen im Haar. Schwindelnde Brücken spannen sich zwischen Geist und Geist, gerade bis zum fernsten Licht im Raume. – Ich kenne den, der Herrscher sein könnte in diesem großen, sonnigen Reiche.

JULIAN *ängstlich:* Ja, mit Verlust der Seligkeit.

DER WEISHEITSLEHRER: Was ist Seligkeit? Die Wiedervereinigung mit dem Ursprung.

JULIAN: Ja, in einem bewußten Leben. Eine Wiedervereinigung für m i c h mit meinem Selbst!

DER WEISHEITSLEHRER: Wiedervereinigung, wie die des Regentropfens mit dem Meer, wie die des welken Laubes mit der Erde, die es erzeugte.

JULIAN: O hätte ich Gelehrsamkeit! Hätte ich Waffen, mich gegen dich zu erheben!

DER WEISHEITSLEHRER: Hole dir Waffen, junger Mann! Der Lehrsaal ist ein Fechtsaal der Gedanken und Fähigkeiten –

JULIAN *zurückweichend:* Ah!

DER WEISHEITSLEHRER: Sieh jene frohen Jünglinge dort unten. Es sind Galiläer unter ihnen. Irrtümer in den göttlichen Dingen verursachen keine Zwietracht unter uns. – Lebe wohl! Ihr Galiläer habt die Wahrheit verbannt. Sieh du nun selbst, wie wir den Schlag des Schicksals tragen. Sieh uns mit Laub um die erhobenen Stirnen. So gehen wir fort – indem wir die Nacht mit Gesang verkürzen und Helios erwarten.

Er steigt die Treppe herab, wo die Schüler auf ihn gewartet haben; darauf hört man das Boot mit ihnen fortrudern.

JULIAN *sieht lange auf das Wasser hinaus:* Wer war der rätselvolle Mann?

AGATHON *kommt näher:* Höre mich, Julian –!

JULIAN *in lebhafter Bewegung:* E r verstand mich! Und Libanios selbst, der große, unvergleichliche Libanios! – Denke dir, Agathon, Libanios hat gesagt – oh, wie scharf mußten nicht diese heidnischen Augen sein!

AGATHON: Das war ein Werk des Versuchers, glaube mir!

JULIAN *ohne auf ihn zu achten:* Ich halte es unter diesen Menschen nicht länger aus. Von ihnen also kommen jene abscheulichen Spottgedichte. Hier werde ich verhöhnt; sie lachen hinter meinem Rücken; hier ist keiner, der an das glaubt, was ich in mir trage. Sie gehen mir nach; sie verdrehen meine Miene und meine Reden; Hekebolios selbst. – Oh, ich fühle es – Christus weicht von mir; hier werde ich schlecht.

AGATHON: Oh, du weißt es nicht – gerade du bist besonders in seiner Gnade.

JULIAN *geht an dem Geländer auf und nieder:* Ich bin es, mit dem Libanios kämpfen möchte. Welch seltsamer Wunsch! Libanios erachtet m i c h für ebenbürtig. Ich bin es, auf den er wartet –

AGATHON: Höre und gehorche; Christus wartet auf dich!

JULIAN: Freund, was sagst du?

AGATHON: Die Erscheinung, welche mich nach Konstantinopel trieb –

JULIAN: Ja, ja, die Erscheinung; die hatte ich fast vergessen. Eine Offenbarung, sagtest du ja? O erzähle, erzähle!

AGATHON: Es war daheim in Kappadocien vor einem Monat oder etwas mehr, da tauchte das Gerücht auf, daß die Heiden wieder begonnen hätten, geheime Zusammenkünfte bei Nachtzeit im Tempel der Kybele abzuhalten –

JULIAN: Die Dummdreisten! Das ist ja streng verboten –

AGATHON: Alle Gläubigen erhoben sich auch im Schmerz. Die Obrigkeit ließ den Tempel niederbrechen, und wir zerschlugen die anstößigen Götzenbilder. Ja, die Eifrigeren unter uns wurden vom Geiste des Herrn angetrieben, noch weiter zu gehen. Unter Psalmengesang und mit heiligen Fahnen voran zogen wir durch die Stadt und fielen wie ein Racheengel über die Gottlosen her; wir nahmen ihnen die Kostbarkeiten weg; viele Häuser wurden in Brand gesteckt; viele Heiden kamen im Feuer um; noch mehr töteten wir flüchtend auf den Straßen. Oh, es war eine große Zeit zu Gottes Ehre.

JULIAN: Und dann? Die Erscheinung, Agathon!

AGATHON: Drei volle Tage und Nächte war der Zorn des Herrn stark in uns. Aber siehe, dann konnte die Schwachheit des Fleisches nicht länger Schritt halten mit dem Eifer des Geistes, und wir ließen von der Verfolgung ab. – Ich lag auf meinem Lager. Ich konnte weder wachen noch schlafen. Da deuchte es mir, daß ich inwendig hohl wäre und daß der Geist von mir gewichen war. Ich lag in brennender Glut; ich raufte meine Haare, ich weinte, ich betete, ich sang; ich weiß nicht mehr, wie es war. – Da, mit einmal, sah ich vor mir an der Wand ein weißschimmerndes Licht, und in dem Lichtschein stand ein Mann, in einem bis an die Füße reichenden Gewande. Strahlen gingen von seinem Haupte aus; er hielt einen Stab im Arme und heftete seine Augen mild auf mich.

JULIAN: Das sahst du!

AGATHON: Ich sah es. Und dann wendete er sich und sprach: stehe auf, Agathon; suche ihn, welcher das Reich erben soll; heiße ihn in die Höhle hineingehen und mit den Löwen kämpfen –

JULIAN: Mit den Löwen kämpfen? O seltsam, seltsam. Ja, ich sehe es; so ist es, Agathon! Es ist Gottes Wille, daß ich Libanios besuchen soll –

AGATHON: Nein, nein, höre mich zu Ende.

JULIAN: – ihm seine Kunst und Gelehrsamkeit ablisten, den Irrglauben mit seinen eigenen Waffen fällen, schlagen, schlagen wie Paulus, siegen wie Paulus in des Herrn Sache.

AGATHON: Nein, nein, so ist es nicht gemeint.

JULIAN: Kannst du zweifeln? Libanios – ist er nicht gewaltig, wie der Löwe des Berges, und ist nicht der Lehrsaal – ?

AGATHON: Ich sage dir, es ist nicht so; denn die Erscheinung fügte hinzu: verkünde dem Erkorenen, daß er den Staub der Kaiserstadt von seinen Füßen schütteln und niemals mehr zu ihren Pforten hineingehen soll.

JULIAN: Und das weißt du gewiß, Agathon?

AGATHON: Ja vollkommen.

JULIAN: Also nicht hier mit dem Löwen kämpfen? Wo, wo? Oh, wo finde ich hierin Licht!

Fürst Gallos, ein hübscher, starkgebauter Mann von vierundzwanzig Jahren mit blondem gekräuseltem Haar und völlig gewaffnet, kommt durch die Allee auf der linken Seite.

JULIAN *ihm entgegen:* Gallos!

GALLOS: Was gibt's? *Zeigt auf Agathon:* Wer ist der Mensch?

JULIAN: Agathon.

GALLOS: Welcher Agathon? Du hast Umgang mit so vielen der Art. – Ah, bei Gott, das ist ja der Kappadocier! Du bist ein ganzer Mann geworden –

JULIAN: Weißt du, Gallos, daß der Kaiser nach dir gefragt hat?

GALLOS *gespannt:* Jetzt? In der Nacht?

JULIAN: Ja, ja, er will mit dir reden. Er scheint im höchsten Zorne zu sein.

GALLOS: Woher weißt du das? Was sagte er?

JULIAN: Ich verstand es nicht. Er wollte wissen, was das Orakel geantwortet hätte.

GALLOS: Ah!

JULIAN: Verbirg mir nichts. Was gilt es?

GALLOS: Tod oder Verbannung!

AGATHON: Gütiger Heiland!

JULIAN: Was ahnte ich nicht! Doch nein, die Kaiserin war ruhig. Oh, aber rede, sprich!

GALLOS: Was soll ich sagen? Weiß ich mehr als du? Hat der Kaiser von einem Orakel gesprochen, so muß ein gewisser Bote gefangen sein, oder jemand hat mich verraten –

JULIAN: Bote? – Gallos, was hast du gewagt?

GALLOS: Oh, konnte ich denn dieses Leben in Ungewißheit und Angst länger zubringen? Laß ihn handeln mit mir, wie er will. Alles andere ist besser als dieses.

JULIAN *leise, indem er ihn etwas beiseite führt:* Vorsichtig, Gallos! Was ist das mit dem Boten?

GALLOS: Ich habe eine Frage an die Osiris-Priester in Abydos gerichtet –

JULIAN: Ach, das Orakel! Und solch Heidnisches –

GALLOS: Über das Heidnische sollte man sich wohl hinwegsetzen; aber – ja, jetzt kannst du es schon wissen – ich habe nach dem Ausfall des Perserkrieges gefragt –

JULIAN: Welche Torheit! – Gallos – ich sehe es dir an; du hast noch mehr gefragt –

GALLOS: Halt! Ich habe nicht gefragt –

JULIAN: Ja, ja, du hast nach dem Leben oder Tode eines mächtigen Mannes gefragt.

GALLOS: Und wenn es nun so wäre? Was liegt uns beiden mehr am Herzen als dieses?

JULIAN *fällt ihm in die Arme:* Sei stille, du Rasender!

GALLOS: Weg von mir! Krieche du vor ihm wie ein Hund; ich bin nicht gesonnen, es länger zu ertragen. Ich will es auf allen Märkten ausschreien. *Ruft Agathon zu:* Hast du ihn gesehen, Kappadocier? Hast du den Mörder gesehen?

JULIAN: Gallos! Bruder!

AGATHON: Den Mörder!

GALLOS: Den Mörder in dem roten Mantel, den Mörder meines Vaters, meiner Stiefmutter, meines ältesten Bruders –

JULIAN: Oh, du rufst das Verderben über uns herab!

GALLOS: Elf Häupter in einer Nacht; elf Leichen; unser ganzes Geschlecht. – Ach, aber du kannst glauben, das Gewissen treibt ihn, es rieselt ihm durch die Gebeine wie Schlangengift.

JULIAN: Höre nicht auf ihn! Fort, fort!

GALLOS *ergreift Julian bei den Schultern:* Steh – du siehst so bleich und verstört aus; hast du mich vielleicht verraten?

JULIAN: Ich! Dein eigener Bruder – !

GALLOS: Ach was, Bruder, Bruder! Die Bruderschaft schützt in unserm Geschlecht nicht. Hast du heimlich meinen Wegen nachgespürt, so sage es. Wer anders sollte es sein? Glaubst du, ich weiß nicht, was hier geflüstert wird? Der Kaiser denkt ja daran, dich zu seinem Nachfolger zu machen.

JULIAN: Niemals! Ich beschwöre dich, geliebter Gallos, das wird niemals geschehen! Ich will nicht. Ein Stärkerer hat mich erwählt. – O glaube mir, Gallos; mein Weg ist mir vorgezeichnet. Ich gehe nicht dorthin, sage ich. O Herr der Heerscharen, ich auf dem Kaisersitze – nein, nein, nein.

GALLOS: Ha, ha; gut gespielt, Gaukler!

JULIAN: Ja, du hast gut spotten, du, der du nicht weißt, was sich ereignet hat. Ich weiß es selber kaum. O Agathon – wenn dieses Haupt sollte gesalbt werden, wäre es nicht ein Abfall – eine Todsünde? Würde nicht des Herrn heiliges Öl mich brennen wie tröpfelndes Blei?

GALLOS: Da müßte unser hoher Verwandter kahler als Julius Cäsar sein.

JULIAN: Versündige dich nicht. – Gib dem Kaiser, was des Kaisers ist.

GALLOS: Das Blut meines Vaters – deines Vaters und deiner Mutter Blut!

JULIAN: Oh, was wissen wir von jenem Schrecken! Wir waren ja damals noch klein, das meiste war Schuld der Soldaten; es waren Aufrührer – böse Ratgeber –

GALLOS *lacht:* Der Nachfolger übt sich!

JULIAN *in Tränen:* O Gallos, könnte ich an deiner Stelle sterben oder verbannt werden! Ich verliere hier meine Seele. Ich sollte vergeben – und ich kann es nicht. Das Böse wächst in mir, Haß und Rache lockt mich –

GALLOS *schnell, sieht nach der Kirche:* Jetzt kommt er!

JULIAN: Sei ruhig, teurer Bruder! Ah, Hekebolios!

Die Kirchentür ist inzwischen geöffnet worden. Die Menge strömt heraus; einige gehen fort, andere bleiben draußen stehen, um den Hof vorbeiziehen zu sehen. Unter den Kommenden ist der Schriftlehrer Hekebolios; er trägt priesterliche Kleidung.

HEKEBOLIOS *indem er nach links vorbeigehen will:* Bist du es, mein Bruder Julian? Ach, ich habe wieder eine schwere Stunde um deinetwillen gehabt.

JULIAN: Leider; das hast du gewiß allzuoft.

HEKEBOLIOS: Christus ist erzürnt auf dich, mein Sohn! Er zürnt über deine trotzige Gesinnung, deine lieblosen Gedanken, alle diese weltliche Eitelkeit.

JULIAN: Ich weiß das, mein Hekebolios! Du sagst es mir ja so oft.

HEKEBOLIOS: Neulich erhob ich mich im Gebete für deine Besserung. Oh, es war, wie wenn unser sonst so gnädiger Erlöser es von sich wies – wie wenn er nicht auf mich hören wollte; er ließ es zu, daß sich Tand und Zerstreutheit in meine Gedanken einschlichen –

JULIAN: Du betetest für mich? O du liebevoller Hekebolios – du betest selbst für uns unvernünftige Tiere –, das heißt, wenn wir in Hofkleidern gehen.

HEKEBOLIOS: Was sagst du, mein Sohn?

JULIAN: Hekebolios, wie konntest du jenes schändliche Gedicht schreiben?

HEKEBOLIOS: Ich! Ich schwöre dir bei allem, was hoch und heilig ist – !

JULIAN: In deinen Augen steht es geschrieben, du lügst! Ich weiß mit voller Gewißheit, du hast es geschrieben. Wie konntest du es schreiben, frage ich – und das noch dazu in Libanios Namen?

HEKEBOLIOS: Nun wohl, mein Inniggeliebter, wenn du es weißt, so –

JULIAN: Ah, Hekebolios! Betrug und Lüge und Falschheit –

HEKEBOLIOS: Sieh, du Geliebter, so liebe ich dich. Alles kann ich für die Seele des Mannes tun, den der Herr einstmals salben wird. Habe ich gelogen und betrogen aus Sorgfalt für dich, so weiß ich, daß ein gnädiger Gott mit Wohlgefallen auf mein Tun herabschaut und seine billigende Hand darüber ausgestreckt hat.

JULIAN: Ich Tor! Laß mich diese meineidige Hand drücken – !

HEKEBOLIOS: Der Kaiser!

Kaiser Konstantios mit seinem ganzen Gefolge kommt aus der Kirche. Agathon ist bereits während des Vorhergegangenen zwischen die Büsche auf der rechten Seite zurückgetreten.

KONSTANTIOS: O dieser holdselige, himmlische Friede über mir!

EUSEBIA: Du fühlst dich gestärkt, Konstantios?

KONSTANTIOS: Ja, ja! Ich sah die Taube sich lebend über mich herabsenken. Sie nahm alle Schuldbürde mit. – Jetzt darf ich viel wagen, Memnon!

MEMNON *leise:* Wage schnell, Herr!

KONSTANTIOS: Dort stehen die beiden.

Er geht ihnen entgegen.

GALLOS *greift unwillkürlich nach dem Schwert und ruft ängstlich:* Tu mir nichts zuleide!

KONSTANTIOS *mit ausgestreckten Armen:* Gallos, Verwandter! *Er umfaßt und küßt ihn.* Sieh, im Lichte der Sterne der Osternacht wähle ich den, welcher meinem Herzen nahesteht. – Neigt euch alle zur Erde! Heil dem Cäsar Gallos!

Allgemeines Erstaunen unter dem Gefolge, man hört unwillkürliche Ausrufe.

EUSEBIA *mit einem Schrei:* Konstantios!

GALLOS *verwirrt:* Cäsar!

JULIAN: Ah!

Er greift, gleichsam freudig, nach den Händen des Kaisers.

KONSTANTIOS *schlägt abwehrend gegen ihn:* Nähere dich nicht! Was willst du? Ist nicht Gallos der Ältere? Welche Hoffnung hast du dir gemacht? Welche Gerüchte hast du in deinem verblendeten Hochmut –? Fort; fort!

GALLOS: Ich – ich Cäsar!

KONSTANTIOS: Mein Erbe und mein Nachfolger. In drei Tagen gehst du zum Heere in Asien. Der Perserkrieg liegt dir ja sehr am Herzen –

GALLOS: Oh, mein gnädigster Herr – !

KONSTANTIOS: Danke mir mit der Tat, geliebter Gallos! König Saporos steht westlich vom Euphrat. Ich weiß ja, wie bekümmert du für mein Leben bist; laß es also dein Auftrag sein, ihn zu schlagen. *Er wendet sich um, faßt mit beiden Händen Julians Haupt und küßt ihn.* Und du, Julian, frommer Freund und Bruder – es mußte so sein.

JULIAN: Des Kaisers Wille sei gesegnet!

KONSTANTIOS: Keinen Wunsch! Doch höre – ich habe auch an dich gedacht. Wisse, Julian, daß du jetzt in Konstantinopel frei atmen kannst –

JULIAN: Ja, gelobt sei Christus und der Kaiser!

KONSTANTIOS: Du weißt also schon? Wer hat es dir gesagt?

JULIAN: Was, Herr?

KONSTANTIOS: Daß Libanios verbannt ist?
JULIAN: Libanios verbannt!
KONSTANTIOS: Ich habe ihn nach Athen verbannt.
JULIAN: Ah!
KONSTANTIOS: Dort draußen liegt das Schiff; er segelt heute nacht.
JULIAN *leise:* Er selbst; er selbst!
KONSTANTIOS: Du hast es ja lange gewünscht. Ich habe dir nicht früher folgen können; aber jetzt – ; laß es dir ein geringer Ersatz sein, mein Julian –
JULIAN *ergreift rasch seine Hand:* Erweise mir noch eine Gnade!
KONSTANTIOS: Fordere alles, was du willst.
JULIAN: Laß mich nach Pergamon reisen. Du weißt, der alte Ädesios lehrt dort.
KONSTANTIOS: Ein höchst seltsamer Wunsch. Du, unter Heiden – ?
JULIAN: Ädesios ist nicht gefährlich, er ist ein hochsinniger Greis und überdies altersschwach –
KONSTANTIOS: Und was willst du von ihm, Bruder?
JULIAN: Ich will lernen, mit Löwen zu kämpfen.
KONSTANTIOS: Ich verstehe deine frommen Gedanken. Und du fürchtest nicht – ; und fühlst dich stark genug – ?
JULIAN: Gott, der Herr, hat mich mit lauter Stimme gerufen. Gleich Daniel gehe ich ruhig und froh in die Löwengrube hinein.
KONSTANTIOS: Julian!
JULIAN: In dieser Nacht wirst du selbst sein Werkzeug, ohne es zu wissen. Oh, laß mich gehen und die Welt säubern.
GALLOS *leise zum Kaiser:* Willfahre ihm, Herr, es wird ihn abhalten, an größere Dinge zu denken.
EUSEBIA: Ich bitte dich, Konstantios – stehe dieser drängenden Sehnsucht nicht im Wege.
HEKEBOLIOS *leise:* Hoher Kaiser, laß ihn nach Pergamon reisen. Ich verzweifle daran, ihn hier zu beugen, und jetzt kommt es ja auch nicht mehr so sehr darauf an –
KONSTANTIOS: Wie sollte ich dir in dieser Stunde etwas versagen können? Geh mit Gott, Julian!
JULIAN *küßt seine Hände:* Oh, Dank – Dank!
KONSTANTIOS: Und jetzt zur Freudenmahlzeit! Mein kapuanischer Koch hat einige neue Fastenspeisen erfunden. Karpfenrücken in Chioswein und – vorwärts – du zunächst hinter mir, Cäsar Gallos!

Der Zug setzt sich in Bewegung.

GALLOS *leise:* Helena, welche wunderbare Veränderung!
HELENA: O Gallos, jetzt tagt es über unserer Hoffnung!
GALLOS: Ich kann es kaum glauben! Wer aber ist daran schuld?
HELENA: Schweige!
GALLOS: Du, Geliebte? Oder wer – wer?
HELENA: Memnons spartanischer Hund.
GALLOS: Wie, meinst du?
HELENA: Memnons Hund. Julian hat ihm einen Fußtritt gegeben; das ist es, was sich rächt.
KONSTANTIOS: Warum so still, Eusebia?
EUSEBIA *leise, in Tränen:* O Konstantios – daß du so wählen konntest!
KONSTANTIOS: Elf Schatten forderten es.
EUSEBIA: Weh uns! Dieser beschwört nicht die Schatten.
KONSTANTIOS *ruft:* Flötenspieler! Warum schweigen die Schurken? Blast, blast!

Alle, ausgenommen Fürst Julian, gehen hinaus nach links. Agathon kommt zwischen den Bäumen hervor.

JULIAN: Gallos sein Nachfolger; und ich – frei, frei, frei!
AGATHON: Wunderbar hat sich des Herrn Wille offenbaret.
JULIAN: Hörtest du, was hier vor sich ging?
AGATHON: Ja, alles.
JULIAN: Und morgen, mein Agathon, morgen nach Athen!
AGATHON: Nach Athen? Du gehst ja nach Pergamon.
JULIAN: Hst! Du kennst das nicht – wir müssen listig sein wie die Schlangen. Zuerst nach Pergamon – und dann nach Athen.
AGATHON: Lebe wohl, mein Freund und Herr!
JULIAN: Willst du mir folgen, Agathon?
AGATHON: Ich kann es nicht. Ich muß heim; ich habe für meinen kleinen Bruder zu sorgen.
JULIAN *beim Geländer:* Dort lichten sie die Anker. Gott behüte dich, du beschwingter Löwe, Achilleus folgt dir im Kielwasser. *Ruft gedämpft:* Ah!
AGATHON: Was war das?
JULIAN: Dort fiel ein Stern.

ZWEITER AKT

In Athen. Offner Platz, umgeben von Säulenhallen. Auf dem Platze Standbilder und Springbrunnen. In der einen Ecke links mündet eine schmale Gasse. Sonnenuntergang.

Basilios von Cäsarea, ein feingebauter, junger Mann, sitzt lesend an einem Sockel. Gregor von Nazianz und andere Schüler der Hochschule gehen in zerstreuten Scharen in den Säulengängen auf und nieder. Ein großer Haufen läuft lärmend über den Platz hinaus nach rechts; der Lärm entfernt sich.

BASILIOS *von seinem Buche aufsehend:* Was bedeutet jenes wilde Geschrei?
GREGOR: Ein Schiff aus Ephesos ist gelandet.
BASILIOS: Mit neuen Schülern?
GREGOR: Ja.
BASILIOS *erhebt sich:* So bekommen wir eine unruhige Nacht. Komm Gregor; laß uns nicht all den Unfug ansehen.
GREGOR *zeigt nach links hinaus:* Sieh dort! Ist das ein ergötzlicherer Anblick?
BASILIOS: Fürst Julian – ; mit Rosen im Haar, mit glühendem Antlitz –

GREGOR: Ja, und hinter ihm diese taumelnde, trübäugige Schar. Höre, wie die müden Zungen weinschwer lallen! Sie haben den ganzen Tag in der Schenkstube Lykons gesessen.

BASILIOS: Und viele unter ihnen sind von den Unsern, Gregor, Christenjünglinge –

GREGOR: So nennen sie sich. Nannte nicht Lampon sich einen Christen – er, der die Tochter des Ölhändlers Zenon schändete? Und Hilarion von Agrigent und die beiden andern, welche Dinge verübten, die ich mich auszusprechen scheue –

FÜRST JULIAN *ruft außerhalb links:* Ei, ei, sieh, sieh – Kastor und Pollux aus Kappadocien!

BASILIOS: Er hat uns erblickt. Ich will gehen; ich ertrage es nicht, ihn so zu sehen.

GREGOR: Ich bleibe; er bedarf wohl eines Freundes.

Basilios ab nach rechts. Im selben Augenblick kommt Fürst Julian mit einer Schar junger Leute aus der engen Gasse heraus. Er hat ungeordnetes Haar und ist mit einem kurzen Mantel gleich wie die andern gekleidet. Unter den Schülern ist Sallust aus Perusia.

EINIGE DER SCHAR: Es lebe das Licht Athens! Es lebe der Schüler der Weisheit und Beredsamkeit!

JULIAN: Alle Schmeicheleien sind an mir verloren. Nicht einen Vers bekommt ihr heute mehr.

SALLUST: Wenn unser Führer schweigt, so kommt es uns leer vor wie der Morgen nach einem nächtlichen Gelage.

JULIAN: Wenn es sein soll, so laßt es etwas Neues sein. Laßt es ein Prozeßspiel sein.

DIE GANZE SCHAR: Ja, ja, ja; Fürst Julian auf den Richtersitz!

JULIAN: Weg mit dem Fürsten, ihr Freunde –

SALLUST: Steige herauf, du Unvergleichlicher!

JULIAN: Ich sollte mich vermessen –? Hier steht der Mann. Wer ist wohl mehr erfahren in der Rechtswissenschaft als Gregor von Nazianz?

SALLUST: Das ist wahr!

JULIAN: Auf den Richtersitz! mein weiser Gregor, ich bin ein Angeklagter.

GREGOR: Ich bitte dich, Freund, laß mich aus dem Spiel.

JULIAN: Auf den Richtersitz, sage ich! Auf den Richtersitz! *Zu den andern:* Was habe ich verbrochen?

EINIGE STIMMEN: Ja, was soll es sein? Wähle selbst!

SALLUST: Laßt es etwas Galiläisches sein, wie wir Gottlosen es nennen.

JULIAN: Richtig; etwas Galiläisches. Jetzt hab' ich's. Ich habe mich geweigert, dem Kaiser die Steuer zu entrichten –

VIELE STIMMEN: Ha, ha; nicht übel! Vorzüglich!

JULIAN: Hier werde ich vorgeführt; in den Nacken gestoßen; und mit zusammengeschnürten Händen –

SALLUST *zu Gregor:* Blinder Richter – ja, ich meine blind, weil die Gerechtigkeit blind ist –, sieh diesen verwegenen Mann; er hat sich geweigert, dem Kaiser die Steuer zu entrichten.

JULIAN: Gestatte mir, ein Wort in die Waagschale der Erwägung zu werfen. Ich bin ein griechischer Bürger. Wieviel ist ein griechischer Bürger dem Kaiser schuldig?

GREGOR: Was der Kaiser fordert.

JULIAN: Gut; aber wieviel – ja, antworte mir, als wenn der Kaiser selbst im Gericht zugegen wäre –, wieviel darf der Kaiser fordern?

GREGOR: Alles.

JULIAN: Das war wahrlich geantwortet, als wenn der Kaiser selbst zugegen wäre. Aber da ist ein Haken; denn es steht geschrieben: „Gib dem Kaiser, was des Kaisers ist – und Gott, was Gottes ist."

GREGOR: Und was dann?

JULIAN: So sage mir, du hochweiser Richter, wieviel von mir gehört Gott?

GREGOR: Alles.

JULIAN: Und wieviel von Gottes Eigentum habe ich das Recht, dem Kaiser zu geben?

GREGOR: Teure Freunde, nichts mehr von diesem Spiel.

DIE SCHÜLER *unter Jubel und Gelächter:* Ja, ja, antworte ihm!

JULIAN: Wieviel von Gottes Eigentum dürfte der Kaiser fordern?

GREGOR: Ich antworte nicht. Es ist unziemlich gegen Gott und den Kaiser. Laßt mich fort!

VIELE STIMMEN: Umringt ihn!

JULIAN: Haltet ihn fest! Was, du höchst unglückseliger Richter, du hast des Kaisers Sache verplempert und jetzt willst du entschlüpfen? Du willst flüchten? Wohin, wohin? Zu den Skythen? Immer vorwärts! Antwortet mir, ihr angehenden Diener des Kaisers und der Weisheit – hat er sich nicht der Macht des Kaisers entziehen wollen?

DIE SCHÜLER: Ja, ja!

JULIAN: Und welche Strafe setzt ihr auf solch eine Untat?

STIMMEN: Den Tod! Den Tod in einem Weinfaß!

JULIAN: Laßt uns nachdenken. Laßt uns antworten, als wenn der Kaiser selbst zugegen wäre. Wo ist die Grenze für die Macht des Kaisers?

EINIGE IN DER SCHAR: Des Kaisers Macht ist grenzenlos.

JULIAN: Das sollte ich meinen. Aber sich dem Grenzenlosen entziehen wollen, ihr Freunde, ist das nicht Wahnwitz?

DIE SCHÜLER: Ja, ja; der Kappadocier ist verrückt!

JULIAN: Und was ist denn Wahnwitz? Was urteilten unsere Vorväter von diesem Zustande? Was lehrten die ägyptischen Priester? Und was sagt der Mystiker Maximos und die andern Weisheitsfreunde im Morgenlande? Sie sagen, daß die himmlischen Geheimnisse sich im Wahnwitz offenbaren. Unser Gregor – indem er sich gegen den Kaiser aufsetzt – ist also im innigsten Verein mit den Himmlischen. – Spendet Wein für den Kappadocier; stimmt Gesänge an zum Preis für unsern Gregor; – eine Ehrensäule für Gregor von Nazianz!

DIE SCHÜLER *unter Gelächter und Jubel:* Gepriesen sei

der Kappadocier! Gepriesen sei der Richter Kappadociens!

Der Weisheitslehrer Libanios, umgeben von Schülern, kommt über den Platz.

LIBANIOS: Ei sieh – ich glaube, mein Bruder Julian verkündet die Weisheit auf offnem Markte!

JULIAN: Sage die Torheit, mein Lieber; die Weisheit ist ja ausgewandert.

LIBANIOS: Ist die Weisheit ausgewandert?

JULIAN: Oder im Begriff auszuwandern; denn nicht wahr, auch du beabsichtigst zum Piräos hinabzugehen?

LIBANIOS: Ich, mein Bruder, was sollte ich in Piräos?

JULIAN: Unser Libanios ist also der einzige Lehrer, der nicht weiß, daß soeben ein Schiff von Ephesos gelandet ist?

LIBANIOS: Ei Freund, was kümmere ich mich um jenes Schiff?

JULIAN: Es ist bis zum Rande mit neuen Schülern belastet.

LIBANIOS *höhnisch:* Es kommt ja aus Ephesos!

JULIAN: Ist nicht das Gold gleich viel wert, von wo es auch kommt?

LIBANIOS: Gold? Ha, ha, die Goldenen behält Maximos für sich selbst; sie entschlüpfen ihm nicht. Was ist das für eine Art Schüler, die gewöhnlich aus Ephesos herkommen? Krämersöhne, Erstgeborene von Handwerkern. Gold sagst du, mein Julian? Ich sage Mangel an Gold. Aber diesen Goldmangel will ich benutzen, um daraus eine echte, gewichtige Goldmünze für euch, ihr Jungen, zu prägen! Oder ist es vielleicht nicht eine für das Leben nützliche Lehre – wenn ihnen in einer sinnreichen und anziehenden Form vorgestellt wird – einer vollwichtigen Goldmünze zu gleichen? – Höret, wenn es euch gut scheint. Man sagte hier, daß gewisse Männer in Eile zum Piräos hinabgeeilt sind? Wer sind sie, diese Eilfertigen? Es sei ferne von mir, Namen zu nennen; sie selbst nennen sich Weisheitsfreunde und Weisheitslehrer. Flieget in Gedanken jetzt zum Piräos herab. Was geht dort in diesem Augenblick vor sich, während ich hier in eurer freundlich aufhorchenden Schar stehe? Ich will euch sagen, was dort vor sich geht. Jene Männer, die selbst behaupten, die Weisheit zu lieben und zu verkünden, strömen auf der Landungsbrücke zusammen; sie stoßen, zanken und beißen sich, vergessen allen Anstand und setzen alle Sitte beiseite. Und warum? Um die ersten bei den Ruderbänken zu sein – um die am meisten wohlgekleideten Jünglinge an sich zu reißen, sie in ihr Haus zu führen, sie aufzunehmen, hoffend, daß sie aus ihnen später allerhand Vorteil ziehen werden. – Welche Scham, welches Erwachen in Leerheit, gleich wie nach einem Rausch, wenn es sich in kurzer Zeit zeigt – ha, ha, ha! –, daß jene Jünglinge kaum das Nötige mit sich führten, um das Ankunftsgelage zu bezahlen! – Lernt hieraus, ihr Jünglinge, wie schlecht es Weisheitsfreunde kleidet und wie wenig es lohnt, nach Gütern zu trachten, welche außerhalb der Wahrheit liegen.

JULIAN: O mein Libanios, wenn ich dich anhöre mit leuchtenden Augen, versinke ich in den süßen Traum, daß Diogenes unter uns wieder auferstanden ist.

LIBANIOS: Dein Mund ist in fürstlicher Weise verschwenderisch, mein innig Geliebter!

JULIAN: Nichts weniger. Und doch war ich fast im Begriff, deine Rede abzubrechen; denn diesmal wird in jedem Fall einer deiner Mitbrüder sich nicht getäuscht fühlen.

LIBANIOS: Mein Freund spottet.

JULIAN: Dein Freund versichert dich, daß die beiden Söhne des Statthalters Milon an Bord sind.

LIBANIOS *ergreift ihn am Ärmel:* Was sagst du?

JULIAN: Der Nachfolger des Diogenes, der sie zu erziehen bekommt, wird nicht nötig haben, der Armut halber aus der hohlen Hand zu trinken.

LIBANIOS: Die Söhne des Statthalters Milon! Jener edle Milon, der dem Kaiser sieben persische Hengste schickte mit Sattelzeug, übersät von Perlen.

JULIAN: Viele fanden, daß es eine zu geringe Gabe für Milon war.

LIBANIOS: Sehr wahr, Milon hätte ein Gedicht senden sollen; oder eine wohlabgefaßte Rede, oder einen Brief. Milon ist ein reich ausgestatteter Mann; das ganze Geschlecht des Statthalters Milon ist reich ausgestattet.

JULIAN: Am meisten die beiden Jünglinge.

LIBANIOS: Das will ich glauben. Die Götter geben um ihres wohltätigen Vaters willen, daß sie in gute Hände fallen mögen! So hattest du doch recht, o Julian; das Schiff brachte wirklich Gold von Ephesos. Denn sind nicht die Geistesgaben das echte Gold? Aber ich habe länger keine Ruhe; die Wohlfahrt dieser jungen Männer ist in Wahrheit eine wichtige Sache; es hängt soviel davon ab, wer sie zuerst in seine Hand bekommt. Meine jungen Freunde, wenn ihr wie ich denket, so reichen wir diesen beiden Fremden unsere leitende Hand und helfen ihnen die nützlichste Wahl der Lehrer und der Wohnung treffen und –

SALLUST: Ich bin dabei!

DIE SCHÜLER: Zum Piräos, zum Piräos!

SALLUST: Wir wollen uns für die Söhne Milons wie Wildschweine schlagen.

Sie gehen alle mit Libanios nach rechts hinaus. Nur Gregor und Julian bleiben in der Säulenhalle zurück.

JULIAN *folgt ihnen mit den Augen:* Sieh, wie sie sich tummeln, gleich einer Schar Faune. Wie sie sich die Mundwinkel lecken voll Begierde nach der Mahlzeit, welche es diese Nacht geben wird. *Wendet sich zu Gregor:* Wenn sie in diesem Augenblick ein Gebet zu Gott senden würden, würde es sein, daß er ihren Magen für das Frühstück leeren möchte.

GREGOR: Julian –

JULIAN: Sieh mich nur an, ich bin nüchtern.

GREGOR: Ich weiß es; du bist die Mäßigkeit in allen Dingen. Und doch machst du dieses Leben mit.

JULIAN: Warum nicht? Weißt du oder ich, wann der Blitz niederschlägt? Warum denn nicht einen heitern sonnenreichen Tag verleben? Vergißt du, daß ich meine Kindheit und meine ersten Jugendjahre in einer goldenen Sklaverei hingeschleppt habe? Es war mir zu einer Gewohnheit geworden, ja zu einer Art Notwendigkeit, einen gewissen Schreck über mir zu fühlen. Und jetzt? Diese Grabesstille von seiten des Kaisers – dieses lauernde Schweigen! Ich verließ Pergamon ohne des Kaisers Zustimmung; der Kaiser schwieg dazu. Ich zog auf eigene Hand nach Nikomedia, ich lebte dort und lernte von Nikokles und den andern; der Kaiser ließ es geschehen. Ich kam nach Athen, besuchte Libanios, welchen der Kaiser mir verboten hatte zu sehen – der Kaiser hat bis zu diesem Tage geschwiegen. Wie soll ich das deuten?

GREGOR: Du sollst es in Liebe deuten.

JULIAN: Oh, du weißt nicht –! Ich hasse diese Macht außer mir, entsetzlich, wenn sie handelt, noch entsetzlicher, wenn sie ruht.

GREGOR: Sei ehrlich, Freund, und sage mir, ob es nur das ist, was dich auf all die seltsamen Wege geleitet hat.

JULIAN: Was nennst du seltsame Wege?

GREGOR: Ist es wahr, was das Gerücht sagt, daß du deine Nächte damit zubringst, die heidnischen Geheimnisse in Eleusis zu erforschen?

JULIAN: Ach was, ich versichere dich, bei jenen geheimnisvollen Träumern ist nur geringe Ausbeute zu holen. Reden wir nicht mehr davon.

GREGOR: Also doch wahr! O Julian, wie konntest du diesen schändlichen Verkehr suchen!

JULIAN: Ich muß leben, Gregor – und dieses Leben hier bei der Weisheitsschule ist keines. Dieser Libanios! Ich vergebe ihm niemals, daß ich ihn so sehr geliebt habe! Wie ging ich nicht bei meiner Ankunft demütig und zitternd vor Freude diesem Menschen entgegen, verneigte mich vor ihm, küßte ihn und nannte ihn meinen großen Bruder.

GREGOR: Ja, es war die Meinung aller Christen, daß du es zu weit triebst.

JULIAN: Und doch war ich in so feierlicher Stimmung, als ich herkam. Ich sah im Geiste einen gewaltigen Kampf zwischen uns beiden entbrennen – es sollte die Wahrheit der Welt mit der Wahrheit Gottes ringen. – Was ist daraus geworden? Libanios hat niemals im Ernst diesen Kampf gewollt. Er hat überhaupt niemals einen Kampf gewollt; er will nur, was er hat. Ich sage dir, Gregor – Libanios ist kein großer Mann

GREGOR: Und doch ruft das ganze erleuchtete Griechenland, daß er es sei.

JULIAN: Und doch ist er kein großer Mann, sage ich dir. Ein einziges Mal habe ich Libanios groß gesehen; das war in jener Nacht in Konstantinopel. Da war er groß, weil er ein großes Unrecht erlitten hatte und weil ein erhabener Zorn ihn erfüllte. Aber hier! Oh, wovon bin ich nicht alles Zeuge gewesen! Libanios hat eine große Lehre, aber er ist kein großer Mann. Libanios ist habgierig, er ist eitel, er ist von Mißgunst entbrannt. Oder glaubst du, er hat den Ruf dulden können, welchen ich – sicherlich zum großen Teil durch die Nachsicht meiner Freunde – glücklich genug gewesen bin, mir zu erwerben? Kommst du zu Libanios, so kann er dir das Wesen und die Kennzeichen aller Tugenden aufzählen. Er hat sie zur Hand, gleich wie er die Bücher in seinem Büchersaal zur Hand hat. Aber übt er diese Tugenden? Gleicht sein Leben seiner Lehre? Er ein Nachfolger von Sokrates und Plato – ha, ha! Schmeichelte er nicht dem Kaiser, bevor er vertrieben wurde? Schmeichelte er nicht mir, bei unserm Zusammentreffen in Konstantinopel; dieses Zusammentreffen, welches er seitdem den äußerst mißlungenen Versuch gemacht hat, in ein lächerliches Licht zu stellen! Und was bin ich ihm jetzt? Jetzt schreibt er Briefe an Gallos, an Cäsar Gallos, an den Erben des Kaisers, und wünscht ihm Glück zu seinem Erfolg gegen die Perser, obschon dieser Erfolg bis jetzt dürftig genug gewesen ist und obschon Cäsar Gallos sich weder durch Weisheit noch durch eine besondere Beredsamkeit auszeichnet. – Und die Griechen bleiben dabei, diesen Libanios den König der Weisheitsfreunde zu nennen! Ah, ich will nicht leugnen, daß das mich ärgert, ich glaubte doch, um die Wahrheit zu sagen, die Griechen müßten eine bessere Wahl treffen können, wenn sie ihre Blicke ein wenig mehr auf die Verehrer der Weisheit und Beredsamkeit wie in den frühern Jahren richteten.

BASILIOS VON CÄSAREA *kommt von der rechten Seite:* Briefe! Briefe von Kappadocien!

GREGOR: Auch für mich?

BASILIOS: Sieh hier, von deiner Mutter!

GREGOR: Meine fromme Mutter!

Er öffnet das Papier und liest.

JULIAN *zu Basilios:* Ist es deine Schwester, welche schreibt?

BASILIOS *der mit seinem eigenen Brief geöffnet aufgetreten ist:* Ja, es ist Makrina, sie meldet schwere und seltsame Nachrichten.

JULIAN: Welche; welche?

BASILIOS: Zuerst von deinem erhabenen Bruder Gallos. Er übt eine strenge Herrschaft in Antiochia.

JULIAN: Ja, Gallos ist hart. – Schreibt Makrina „strenge Herrschaft"?

BASILIOS *sieht ihn an:* Makrina schreibt: „blutig" –

JULIAN: Ach, ich dachte es! Warum gab doch der Kaiser ihm diese ruchlose Witwe, diese Konstantina zur Ehe!

GREGOR *lesend:* O welche unerhörte Schandtat!

JULIAN: Was gibt es, Freund?

GREGOR *zu Basilios:* Erwähnt Makrina nichts von dem, was in Antiochia vor sich geht?

BASILIOS: Nichts Genaueres. Was gibt es? Du bist bleich –

GREGOR: Du kanntest doch den edlen Klematios aus Alexandria?

BASILIOS: Ja, ja, was ist mit ihm?

GREGOR: Er ist ermordet, Basilios!

BASILIOS: Was sagst du? Ermordet!

GREGOR: Ich nenne es ermordet – sie haben ihn ohne Gesetz und Urteil hingerichtet.

JULIAN: Wer? Wer hat ihn hingerichtet?

GREGOR: Ja wer? Wie kann ich sagen wer? Meine Mutter erzählt den Zusammenhang folgendermaßen: Klematios' Schwiegermutter war von einer unreinen Leidenschaft zu ihrem Tochtermann entbrannt; aber da sie ein Einverständnis mit ihm nicht erzielen konnte, verschaffte sie sich durch eine Hintertür Zugang zum Schlosse –

JULIAN: Welchem Schlosse?

GREGOR: Meine Mutter schreibt nur: „das Schloß".

JULIAN: Nun? Und dann –?

GREGOR: Man weiß nur, daß sie dort einer vornehmen und mächtigen Frau einen sehr kostbaren Schmuck geschenkt hat, um ein Todesurteil auszuwirken –

JULIAN: Ah, aber sie bekam es nicht.

GREGOR: Sie bekam es, Julian!

JULIAN: O Jesus!

BASILIOS: Entsetzlich! Und Klematios –?

GREGOR: Das Todesurteil wurde zum Statthalter Honoratos gesandt. Dieser schwache Mann wagte nicht, sich so hohem Befehl zu widersetzen. Klematios wurde gefangen und früh am nächsten Morgen hingerichtet, ohne daß er, wie meine Mutter schreibt, seinen Mund zu seiner Verteidigung zu öffnen bekam.

JULIAN *leise und bleich:* Verbrenne diese gefährlichen Briefe, sie können uns alle ins Unglück bringen.

BASILIOS: So offenbare Gewalt, mitten in einer großen Stadt! Wo sind wir; wo sind wir?

JULIAN: Ja, du magst wohl fragen, wo wir sind! Ein Christenmörder, eine Christenbuhlerin, eine Christin –

GREGOR: Klagen nützen nichts in dieser Sache. Was gedenkst du zu tun?

JULIAN: Ich? Ich will nicht mehr nach Eleusis gehen; ich will jeden Verkehr mit den Heiden abbrechen, und ich danke dem Herrn, meinem Gott, daß er die Versuchung der Macht von mir nahm.

GREGOR: Gut; aber dann?

JULIAN: Ich verstehe dich nicht –

GREGOR: So höre. Du mußt nicht glauben, daß es mit dem Morde des Klematios genug ist. Diese unerhörte Schandtat hat Antiochia wie eine Pest getroffen. Alles Böse wacht auf und kriecht aus seinen Schlupfwinkeln hervor. Meine Mutter schreibt, es wäre, wie wenn ein stinkender Abgrund sich eröffnet hätte. Frauen geben ihre eigenen Männer an, Söhne ihre Väter, Priester ihre eigenen Gemeindemitglieder –

JULIAN: Es wird weiter um sich greifen. Die Abscheulichkeit wird uns alle verderben. – O Gregor, daß ich an die äußersten Grenzen der Welt flüchten könnte –!

GREGOR: Dein Platz ist auf dem Nabel der Welt, Fürst Julian!

JULIAN: Was forderst du?

GREGOR: Du bist der Bruder dieses blutigen Cäsaren. Tritt vor ihn hin – er nennt sich ja einen Christ. Wirf ihm seine Schandtat ins Antlitz; schmettere ihn zu Boden in Nacht und Schrecken.

JULIAN *zurückweichend:* Wahnsinniger, was denkst du!

GREGOR: Hast du deinen Bruder lieb? Willst du ihn erretten?

JULIAN: Ich hatte Gallos lieb wie keinen andern.

GREGOR: Du h a t t e s t –?

JULIAN: Solange er nur mein Bruder war. Aber jetzt – ist er nicht Cäsar? Gregor – Basilios – o ihr teuren Freunde, ich zittere für mein Leben, ich atme in Angst vor Cäsar Gallos. Und ich sollte daran denken, ihm unter die Augen zu treten, ich, dessen bloßes Dasein eine Gefahr für ihn ist.

GREGOR: Warum kamst du nach Athen? Du ließest mit großem Lärm in alle Lande verkünden: Fürst Julian geht von Konstantinopel, um gegen die falsche Weisheit zu kämpfen – um die christliche Wahrheit gegen die heidnische Lüge zu behaupten. Was hast du nach der Richtung hin ausgerichtet?

JULIAN: Oh, hier sollte die Schlacht nicht geschlagen werden.

GREGOR: Nein, nicht hier – nicht mit Rede gegen Rede, nicht mit Buch gegen Buch, nicht mit gleißenden Wortspielereien im Lehrsaal! Nein, Julian, draußen im Leben sollst du hervortreten, mit dem Leben in den Händen.

JULIAN: Ja, ich sehe es; ich sehe es!

GREGOR: Ja, wie Libanios es sieht! Ihn verspottest du. Er wüßte das Wesen und die Kennzeichen aller Tugenden, aber die Lehre wäre ihm nur Lehre. Wieviel von dir gehört Gott? Wieviel darf der Kaiser fordern?

JULIAN: Du sagtest selbst, es war Spott –

GREGOR: Gegen wen? Gegen Gott oder den Kaiser?

JULIAN: Nun wohl, werdet ihr folgen?

GREGOR *abweisend:* Ich habe meinen kleinen Kreis; ich habe mein Geschlecht zu schützen. Weiter geht weder meine Macht noch meine Kraft.

JULIAN *will antworten, plötzlich lauscht er nach rechts hinaus und ruft:* Zum Bacchanal!

BASILIOS: Julian!

JULIAN: Zum Bacchanal, ihr Freunde!

Gregor von Nazianz sieht ihm einen Augenblick nach; darauf geht er durch den Säulengang nach links hinaus. Große Scharen von Schülern der Hochschule, mit den Neuangekommenen, stürmen mit Geschrei und Lärm auf den Markt.

BASILIOS *näher:* Julian, willst du mich hören?

JULIAN: Sieh, sieh! Sie haben ihre neuen Freunde ins Bad geführt – ihr Haar gesalbt. Sieh, wie sie die Stöcke schwingen; wie sie heulen und sich die Brust schlagen. Was sagst du dazu, Perikles? Ich glaube deinen zornigen Schatten zu hören –

BASILIOS: Komm, komm!

JULIAN: Ah, sieh jenen, den sie nackend vor sich hertreiben. Jetzt kommen Tänzerinnen. Ah, siehst du was – !

BASILIOS: Pfui; pfui – wende deine Augen fort!

Es ist vollständig Abend geworden. Die ganze Schar lagert sich auf dem Markt beim Springbrunnen. Man bringt Wein und Früchte. Geschminkte Weiber tanzen beim Fackelschein.

JULIAN *nach kurzer Pause:* Sage mir, Basilios, warum war die heidnische Sünde so schön?

BASILIOS: Du irrst, mein Freund, man hat schön gedichtet und gesprochen von der heidnischen Sünde; aber sie war nicht schön.

JULIAN: Oh, was sagst du? War Alcibiades nicht schön, wenn er im Feuer des Weines wie ein junger Gott durch die Gassen Athens zur Nachtzeit stürmte? War er nicht schön in seinem Trotz, wenn er Hermes verhöhnte und an die Türen der Bürger pochte – wenn er ihre Frauen und Töchter herbeirief, während die Weiber drinnen bebten und in seufzendem, atemlosem Schweigen sich nichts anderes wünschten, als daß –

BASILIOS: Oh, ich bitte dich flehentlich, höre mich an.

JULIAN: War nicht Sokrates schön beim Symposion? Und Plato und all die andern schwelgenden Brüder! Und doch begingen sie Dinge, welche jene christlichen Halbschweine dort vor Gott abschwören würden, wenn sie jemand dessen beschuldigte. Und denke dir ferner Ödipus, Medea, Leda –

BASILIOS: Dichtung, Dichtung – du mengst Wahrheit und Dichtung zusammen.

JULIAN: Ist nicht Sinn und Willen der erdichteten Personen den Gesetzen alles Erschaffenen unterworfen? Und betrachte unsere heiligen Schriften, die alten wie die neuen. War die Sünde in Sodom und Gomorrha schön? Rächte nicht Jehovas Feuer, wovor Sokrates nicht zurückwich? – Oh, wenn ich dieses Leben in Saus und Braus lebe, so denke ich oft darüber nach, ob die Wahrheit wirklich die Feindin der Schönheit sein sollte.

BASILIOS: Und in einem solchen Augenblick kannst du nach Schönheit seufzen? Hast du so leicht vergessen, was du soeben hörtest – ?

JULIAN *hält sich die Ohren zu:* Nicht ein Wort mehr von jenen Schrecknissen! Alles, was in Antiochia geschehen ist, wollen wir vergessen. – – Sage mir, was schreibt Makrina weiter? Es war noch etwas – ich glaube, du sagtest – was nanntest du die übrigen Nachrichten?

BASILIOS: Seltsame.

JULIAN: Ja, ja – was war es?

BASILIOS: Sie schreibt von Maximos in Ephesos –

JULIAN *lebhaft:* Dem Mystiker?

BASILIOS: Ja, von diesem rätselvollen Manne. Er ist wieder aufgetaucht; diesmal in Ephesos. Alle umliegenden Landschaften sind in Gärung. Der Name Maximos schwebt auf allen Lippen. Entweder ist er ein Schwindler, oder er steht in einem unheilschwangern Pakt mit gewissen Geistern. Selbst Christen werden von seinen lästerlichen Zeichen und Taten wunderbar hingerissen.

JULIAN: Mehr; mehr; ich bitte dich!

BASILIOS: Es steht hier nichts weiter von ihm. Makrina schreibt nur, daß sie in seiner Wiederkehr ein Zeichen dafür erblicke, daß wir unter dem Zorne des Herrn leben. Sie glaubt, daß uns große Drangsal um unserer Sünden willen bevorstehe.

JULIAN: Ja, ja, ja! – Höre, Basilios, deine Schwester muß wirklich ein seltenes Weib sein.

BASILIOS: In der Tat, das ist sie.

JULIAN: Wenn du mir von ihren Briefen meldetest, ist es mir, als wenn ich etwas Ganzes und Volles vernehme, wonach ich lange geseufzt habe. Sage mir, steht ihr Gedanke noch darnach, sich von der Welt abzuwenden und in einer einsamen Gegend zu leben?

BASILIOS: Der Gedanke steht bei ihr völlig fest.

JULIAN: Wirklich? Sie, über die alle Gaben ausgeschüttet zu sein scheinen? Sie, die so jung und schön sein soll? Sie, welche Reichtum zu erwarten hat und welche über ein – für ein Weib – höchst ungewöhnliches Wissen gebietet! Weißt du, Basilios, daß ich darnach brenne, sie zu sehen? – Was will s i e in der Einsamkeit?

BASILIOS: Ich habe dir ja von dem Tode ihres Bräutigams erzählt, sie hält ihn für ihren harrenden Hausherrn, welchem sie alle ihre Gedanken schulde und dem rein entgegenzutreten sie verpflichtet sei.

JULIAN: Seltsam, wie viele in diesen Zeiten sich zur Einsamkeit hingezogen fühlen. – Wenn du an Makrina schreibst, kannst du ihr sagen, daß auch ich –

BASILIOS: Sie weiß es, Julian; aber sie glaubt es nicht.

JULIAN: Warum nicht? Was schreibt sie?

BASILIOS: Ich bitte dich, Freund, verschone mich –

JULIAN: Hast du mich lieb, so verbirgst du mir kein Wort von dem, was sie schreibt!

BASILIOS *reicht ihm den Brief:* Du willst es – so lies; es beginnt hier.

JULIAN *liest:* „Jedesmal, wenn du von dem jungen Verwandten des Kaisers schreibst, welcher dein Freund ist, wird mein Geist von einer großen und strahlenden Freude erfüllt –" O Basilios, sei du mein Auge; lies weiter für mich.

BASILIOS *liest:* „Deine Erzählung von der vertrauensvollen Gewißheit, mit der er nach Athen kam, war mir wie ein Bild aus der Zeit der alten Schriften. Ja, ich meine, er ist der wiedergeborene David, welcher die Kämpfer der Heiden niederschlagen soll. Gottes Geist sei über ihm in dem Streite, alle Tage."

JULIAN *ergreift ihn am Arme:* Laß es genug sein damit! Sie auch? Was fordert ihr alle, gleich wie aus einem Munde von mir? Habe ich einen Schuldbrief darauf gegeben, mit dem Löwen der Macht zu kämpfen – ?

BASILIOS: Woher kommt es, daß alle Gläubigen in atemloser Erwartung auf dich sehen?

JULIAN *geht einige Male in dem Säulengang auf und ab, bleibt stehen und streckt die Hand nach dem Brief aus:* Gib her, laß mich sehen. *Er liest:* Gottes Geist sei über ihm im Streite, alle Tage. – O Basilios, wenn ich könnte! Aber ich fühle mich wie jener Dädalus zwischen Himmel und Meer. Eine schwindelnde Höhe und eine bodenlose Tiefe. – Welcher Sinn liegt in diesen Stimmen, die mir von Ost und West zurufen, ich solle die Christenheit erlösen? Wo ist sie, diese Christenheit, die erlöst werden soll? Ist sie bei dem Kaiser oder bei dem Cäsaren? Ich denke, ihre Taten rufen laut genug: nein, nein! Ist sie bei den Mächtigen und Vornehmen – bei diesen lüsternen Halbmenschen des Hofes, welche die Hände über dem gemästeten Bauch falten und säuseln: „Ob wohl Gottes Sohn aus Nichts geschaffen ist?" Oder bei den Erleuchteten, bei denen, welche gleich wie du und ich Schönheit und Weisheit aus den heidnischen Quellen getrunken haben? Neigen nicht die meisten von unsern Brüdern der arianischen Ketzerei zu, für welche der Kaiser selbst so große Gunst hegt? Und nun die große zerlumpte Menge im Reich – alle jene, welche gegen die Tempel rasen, die Heiden und deren Geschlecht ermorden! Geschieht es um Christi willen? Ha, ha! Hernach schlagen sie sich gegenseitig um die Nachlassenschaft der Erschlagenen. – Du kannst Makrina fragen, ob das Christentum in der Einsamkeit zu suchen ist – auf der Säule, wo der Schutzheilige auf einem Bein steht. Oder in den Städten? Vielleicht bei jenen Bäckern in Konstantinopel, welche neulich mit Fäusten kämpften, um auszumachen, ob die Dreieinigkeit aus drei Personen oder aus drei Hypostasien bestehe! – Wem von allen diesen würde Christus wohl beistimmen, wenn er wieder zur Erde herniederstiege? – Hervor mit der Diogenes-Laterne, Basilios! Leuchte hinein in dieses nächtliche Dunkel! – Wo ist das Christentum?

BASILIOS: Suche die Antwort dort, wo sie in allen schwächlichen Zeiten zu finden war.

JULIAN: Versperre nicht die Quelle deiner Weisheit! Erquicke mich, wenn du kannst. Wo soll ich suchen und finden?

BASILIOS: In den Schriften der heiligen Männer.

JULIAN: Dieselbe verzweifelnde Antwort. Bücher – immer Bücher! Komme ich zu Libanios, so lautet es: Bücher, Bücher! Komme ich zu euch – Bücher, Bücher, Bücher! Steine für Brot! Ich kann keine Bücher brauchen – nach dem Leben hungre ich, nach einem Verkehr, Angesicht zu Angesicht, mit dem Geiste. Wurde Saulus sehend von einem Buche? War es nicht ein Lichtstrahl, der ihm entgegenschlug, eine Erscheinung, eine Stimme – !

BASILIOS: Vergißt du die Erscheinung und Stimme, welche jener Agathon aus Makellon – ?

JULIAN: Eine rätselvolle Botschaft; ein Orakelspruch, welchen ich nicht deuten kann. War **ich** der Erkorene? Des Reiches Erbe hieß es. Und welches Reich – ? Es ruhen tausend Zweifel auf der Sache. Nur eines weiß ich: in Athen ist nicht die Höhle des Löwen. Aber wo, wo? Oh, ich tappe wie Saulus in der Nacht. Will Christus etwas von mir, so mag er deutlich reden. Den Finger in die Nagelwunde –

BASILIOS: Und doch steht geschrieben –

JULIAN *mit abwehrender Handbewegung:* Ich weiß alles, was geschrieben steht. Alles Geschriebene ist nicht Wahrheit im Fleische. Fühlst du nicht Ekel und Übelkeit, gleich wie an Bord eines Schiffes bei Windstille, – so umhergeworfen zwischen Leben, Schrift und heidnischer Weisheit und Schönheit? Es muß eine neue Offenbarung kommen. Oder eine Offenbarung von etwas Neuem. Es **muß**, sage ich – die Zeit ist da. – Ja, eine Offenbarung! O Basilios, könntest du sie über mich herabbeten! Den Bluttod, wenn es sein muß – ! Den Bluttod – ah, mir schwindelt in dem Gefühl seiner Süße; die Dornenkrone um meine Stirne – ! *Er greift mit beiden Händen nach seinem Haupte, faßt den Rosenkranz, welchen er abreißt, besinnt sich einen Augenblick und sagt leise:* Der! Den hatte ich vergessen. *Er wirft den Kranz weg.* Ein einziges habe ich in Athen gelernt.

BASILIOS: Was, Julian?

JULIAN: Die alte Schönheit ist nicht länger schön und die neue Wahrheit nicht länger wahr.

Der Weisheitslehrer Libanios kommt schnell durch die Säulenhalle von links.

LIBANIOS *noch entfernt:* Jetzt haben wir ihn; jetzt haben wir ihn!

JULIAN: Ihn? Ich dachte, du hättest alle beide.

LIBANIOS: Welche beiden?

JULIAN: Die Söhne des Milon.

LIBANIOS: Ah, die hab' ich auch. Aber wir haben **ihn**, mein Julian!

JULIAN: Wen, teurer Bruder?

LIBANIOS: Er hat sich in seinem eigenen Netz gefangen!

JULIAN: Aha – ein Gelehrter also?

LIBANIOS: Aller Gelehrten Gegner.

JULIAN: Wer, wer frage ich?

LIBANIOS: Weißt du es wirklich nicht? Hast du nicht die Neuigkeit von Maximos gehört?

JULIAN: Von Maximos? Oh, habe doch die Güte –

LIBANIOS: Dahin mußte es mit diesem unruhigen Schwärmer kommen – Schritt für Schritt hinein in den Wahnsinn –

JULIAN: Mit andern Worten: in die höchste Weisheit.

LIBANIOS: Ja, so kann man sagen. Aber jetzt gilt es zu handeln und den Augenblick zu ergreifen. Du, unser höchster Schatz, Julian, du bist der Mann dazu. Du bist der nahe Verwandte des Kaisers. Die Hoffnung aller wahren Weisheitsfreunde ist auf dich gerichtet, sowohl hier als in Nikomedia –

JULIAN: Höre, o vortrefflicher Libanios – da ich nicht allwissend bin –

LIBANIOS: So erfahre denn, daß Maximos neulich offenkundig mit dem hervorgetreten ist, was seiner Lehre zugrunde liegt.

JULIAN: Und das wirfst du ihm vor?

LIBANIOS: Er hat behauptet, daß er über Geister und Schatten gebieten könne.

JULIAN *erfaßt seinen Mantel:* Libanios!

LIBANIOS: Alle auf dem Schiff waren voll von den wunderbaren Erzählungen, und hier – *er zeigt einen Brief vor:* schreibt mein Mitbruder Eusebios ausführlich über die Sache.

JULIAN: Geister und Schatten –

LIBANIOS: In Ephesos hat Maximos neulich in einer großen Versammlung, sowohl von Anhängern als von Gegnern, verbotene Künste mit der Bildsäule der Hekate getrieben. Es geschah in dem Tempel der Göttin. Eusebios schreibt, daß er selbst zugegen und Zeuge von allem gewesen, vom ersten bis zum letzten. Es war rabenschwarze Nacht um sie. Maximos sprach seltsame Beschwörungen, darauf sang er eine Hymne ab, die niemand verstand. Da entzündete sich die Marmorfackel in der Hand der Bildsäule –

BASILIOS: Gottloses Werk!

JULIAN *atemlos:* Und dann?

LIBANIOS: Und in dem starken bläulichen Lichte sahen sie alle, daß das Antlitz der Bildsäule Leben annahm und sie anlächelte.

JULIAN: Was weiter?

LIBANIOS: Entsetzen ergriff den Geist der meisten. Alle stürzten nach dem Ausgange. Viele haben danach in Krankheit und Wahnsinn gelegen. Aber er selbst – solltest du es glauben, Julian? – zum Trotz für das Schicksal, welches seine beiden Brüder in Konstantinopel traf, beharrte er doch auf seinem gefährlichen und anstößigen Wege.

JULIAN: Anstößig? Nennst du diesen Weg anstößig? Läuft nicht aller Weisheit Ziel auf dieses hinaus? Verkehr zwischen Geistern und Geistern –

BASILIOS: O teurer, verirrter Freund –

LIBANIOS: Mehr als anstößig, sage ich! Was ist Hekate? Was sind die Götter überhaupt für die aufgeklärte Erkenntnis? Glücklicherweise leben wir doch nicht mehr in der Zeit jenes alten, blinden Sängers. Maximos durfte doch wohl Besseres wissen als solches. Hat nicht Plato – und nach ihm wir andern – mit dem Lichte der Deutung das Ganze aufgehellt? Ist es nicht anstößig, jetzt in diesen unsern Tagen, diesen bewundrungswürdigen, handgreiflichen und ich darf wohl sagen mühsam aufgeführten Bau von Ausdeutung wieder in Rätsel und nebelhafte Träume einhüllen zu wollen, welche wir als Weisheitsfreunde, als Schule, als –

JULIAN *stürmisch:* Lebe wohl, Basilios, ich seh' ein Licht auf meinem Wege!

BASILIOS *umfaßt ihn:* Ich lasse dich nicht; ich halte dich fest.

JULIAN *reißt sich von ihm los:* Niemand hält mich – löcke nicht gegen den Stachel!

LIBANIOS: Welcher Anfall von Wahnsinn! Freund, Bruder, Mitbruder, wo willst du hin?

JULIAN: Dort, dorthin, wo sich Fackeln entzünden und Standbilder lächeln!

LIBANIOS: Das könntest du!? Du, Julian, du, unser Stolz, unser Licht, unsre Hoffnung – du solltest zu diesem verblendeten Ephesos eilen wollen, um dich in die Gewalt eines Gauklers zu begeben! Wisse, in derselben Stunde, in der du dich so tief erniedrigst, in derselben Stunde hast du dir den herrlichen Ruhm der Weisheit und Beredsamkeit entzogen, den du in diesen Jahren sowohl in Pergamon als auch in Nikomedia und vornehmlich hier auf der hohen Schule Athens –

JULIAN: O Schule, Schule! Bleibe du bei deinen Büchern; – du hast mir jetzt jenen Mann gezeigt, den ich suchte!

Er geht eilig durch den Säulengang nach links hinaus.

LIBANIOS *sieht ihm einen Augenblick nach:* Dieser fürstliche Jüngling ist gefährlich für die Wissenschaft.

BASILIOS *halb vor sich hin:* Julian ist für noch mehr gefährlich.

DRITTER AKT

In Ephesos. Erleuchteter Saal in Fürst Julians Wohnung. Der Eingang von der Vorhalle ist auf der rechten Seite; weiter nach hinten eine kleinere Tür, verdeckt von einem Vorhang. Auf der linken Seite eine Tür, die zu dem innern Raum des Hauses führt. Der Hintergrund in dem Saal wird von einer durchbrochenen Wand gebildet, außerhalb der man einen kleinen eingeschlossenen Hof sieht, geschmückt mit kleinen Statuen.

Diener bereiten ein festliches Abendmahl und legen Polster um den Tisch. Der Hausmeister Eutherios steht beim Eingang und nötigt unter vielen Höflichkeiten Gregor von Nazianz und Basilios von Cäsarea einzutreten.

EUTHERIOS: Ja, ja; ich versichere euch, es ist alles richtig.

GREGOR: Unmöglich! Treibe keinen Spott mit uns.

BASILIOS: Du spottest, Freund! Wie kann dein Herr uns erwarten? Kein Mensch wußte von unserer Abreise in Athen; keine Verzögerung hat uns unterwegs aufgehalten; wir sind mit den Wolken und den wilden Kranichen um die Wette gesegelt.

EUTHERIOS: Seht euch um; seht dort den Tisch. Für gewöhnlich lebt er von Kräutern und Brot.

GREGOR: Ja, unleugbar; alle Sinne zeugen für dich – Weinkannen, umwunden mit Blumen und Laub; Lampen und Früchte; Räucherwerk, welches den Saal mit seinem Duft erfüllt; Flötenspieler vor der Haustüre –

EUTHERIOS: Frühmorgens ließ er mich heute rufen. Er schien ungewöhnlich froh zu sein; denn er ging im Zimmer auf und nieder und rieb sich die Hände. Bereite ein reichliches Mahl, sagte er, denn am Abend kommen zwei Freunde von Athen –

Er hat inzwischen einen Blick nach der offenen Tür links geworfen, schweigt plötzlich und zieht sich ehrerbietig zurück.

BASILIOS: Ist er dort?

Hausmeister Eutherios nickt bejahend, darauf gibt er den Dienern einen Wink, sich zu entfernen; sie gehen durch die große Tür rechts hinaus; er selbst folgt ihnen nach. Fürst Julian kommt kurz darnach von links herein. Er ist mit einem langen, morgenländischen Gewand bekleidet; sein ganzes Benehmen ist lebhaft und verrät eine starke innere Bewegung.

JULIAN *geht ihnen entgegen und begrüßt sie mit großer Heftigkeit:* Ich sehe euch! Ich habe euch! Dank, Dank, daß euer Geist euern Körpern vorausflog!

GREGOR: Julian!

BASILIOS: Mein Freund und Bruder!

JULIAN: Ich habe mich wie ein verschmachtender Liebhaber nach euerm Händedruck gesehnt. Das nach dem Beifall gewisser Leute trachtende Hofgeschmeiß nannte mich einst einen Affen – oh, hätte ich doch die vier Hände des Affen, damit ich eure vier auf einmal ergreifen könnte!

GREGOR: Aber erkläre doch – deine Diener begegnen uns mit Flötenspiel vor der Haustüre, wollen uns ins Bad führen, unser Haar salben und uns mit Rosen schmücken –

JULIAN: Ich sah euch letzte Nacht. Es war Vollmond, wißt ihr – und da ist der Geist immer so wunderbar wirksam in mir. An meinem Tisch saß ich im Büchersaal und war in Schlaf gesunken, müde, o ihr Freunde, so müde vom Forschen und Schreiben. Da wurde das Haus wie von einem Sturmwind erfüllt; der Vorhang hob sich flatternd empor, und ich sah hinaus in die Nacht, weit über das Meer. Ich hörte lieblichen Gesang; aber die, von denen der Gesang herrührte, waren zwei große Vögel mit Weibergesichtern. Sie schnitten in schrägem Flug zur Küste hin; dort senkten sie sich sanft hernieder; die Vogelbälge lösten sich auf wie ein weißlicher Nebel, und in einem mild dämmernden Schein sah ich euch beide.

GREGOR: Bist du alles dessen gewiß?

JULIAN: Dachtet ihr an mich; spracht ihr von mir diese Nacht?

BASILIOS: Ja, ja – vorne im Schiffe –

JULIAN: Um welche Zeit in der Nacht war das?

GREGOR: Um welche Zeit in der Nacht hattest du jene Erscheinung?

JULIAN: Eine Stunde nach Mitternacht.

GREGOR *mit einem Blick auf Basilios:* Wunderbar.

JULIAN *reibt seine Hände und geht auf und nieder:* Seht ihr! Ha, ha! seht ihr wohl?

BASILIOS *folgt ihm mit den Augen:* Oh, so ist es wahr –

JULIAN: Was? Was ist wahr?

BASILIOS: Das Gerücht von den geheimnisvollen Künsten, welche du hier treibst.

JULIAN: Ei, was kann nicht das Gerücht übertreiben? – Aber was sagt das Gerücht von mir zuerst? Ich habe mir erzählen lassen, daß viele Gerüchte über mich umgehen. Wenn ich der Versicherung einiger Glauben schenken dürfte, so müßte ich annehmen, es gibt wenig Männer im Reich, von denen so viel gesprochen wird wie von mir.

GREGOR: Das kannst du sicher glauben.

JULIAN: Und was sagt denn Libanios zu alledem? Es war ihm immer unlieb, daß die Menge sich mit anderm als mit ihm beschäftigte. Und was sagen die vielen unvergleichlichen Freunde in Athen im übrigen? Man weiß wohl, daß ich in des Kaisers und in des ganzen Hofes Ungnade bin?

GREGOR: Du? Ich höre doch fortwährend Neuigkeiten vom Hoflager, aber davon schreibt mein Bruder Cäsarios nichts.

JULIAN: Ich kann es nicht anders deuten, guter Gregor! Überall hält man es für rätlich, mich im Auge zu behalten. Neulich sandte Cäsar Gallos seinen Hauspriester Aëtios hierher, um mich auszuforschen, ob ich bei der unverfälschten Lehre festhielte.

BASILIOS: Und dann – ?

JULIAN: Ich versäume nicht leicht eine Morgenandacht in der Kirche. Auch rechne ich die Blutzeugen zu den ausgezeichneten Menschen; denn es ist in der Tat keine geringe Sache, so große Schmerzen, ja selbst den Tod um seiner Meinung willen zu erdulden. Im ganzen glaube ich wohl, daß Aëtios wohl zufrieden mit mir war, als er abreiste.

BASILIOS *ergreift seine Hand:* Julian, um unserer innigen Freundschaft willen – sprich offen von deiner Stellung.

JULIAN: Ich bin der glücklichste Sohn der Erde, ihr teuren Freunde! Und Maximos – ja, er trägt seinen Namen mit Recht – Maximos ist der größte Mensch, der jemals gelebt hat.

GREGOR *im Begriff, sich zu entfernen:* Wir wollten dich nur sehen, Herr!

JULIAN: Kann das Bruder gegen Bruder so fremd machen? Ihr weicht in Angst vor dem Geheimnisvollen zurück. Oh, ja, es wundert mich nicht. So wich auch ich, bevor ich sehend geworden war und bevor ich ahnte, was der Kern des Lebens ist.

BASILIOS: Was nennst du den Kern des Lebens?

JULIAN: Maximos weiß es, in ihm ist die neue Offenbarung.

BASILIOS: Und sie ist dir zuteil geworden?

JULIAN: Beinahe. Ich stehe unmittelbar davor. Noch in dieser Nacht hat Maximos mir gelobt –

GREGOR: Maximos ist ein Schwärmer, oder er betrügt dich – !

JULIAN: Wie darfst du über die heimlichen Dinge urteilen? Das ist nichts für deine Lehre, Gregor! Der Weg in die große Herrlichkeit ist entsetzlich. Jene Träumer in Eleusis waren der rechten Spur nahe; Maximos fand die Spur, und seitdem auch ich – an seiner Hand. Ich habe dunkle Klüfte durchwandert. Ein düstres, sumpfiges Wasser war zu meiner linken Seite – ich glaube, es war ein Strom, der vergessen hatte zu fließen. Rauhe Stimmen sprachen wirr durcheinander, plötzlich und ohne alle Ursache in der Nacht. Ab und zu sah ich ein bläuliches Licht; schreckliche Erscheinungen jagten an mir vorbei – ich ging und ging in Todesangst; aber ich überstand die Prüfung. – Seitdem, seitdem – o ihr Teuren – bin ich mit diesem meinem zum Geist verwandelten Körper lange Zeit im Paradiese gewesen; die Engel haben ihre Lobgesänge vor mir gesungen; ich habe das mittelste Licht geschaut.

GREGOR: Weh über diesen gottlosen Maximos! Weh über diesen dem Teufel verfallenen heidnischen Gaukler!

JULIAN: Verblendung, Verblendung! Maximos ehrt seinen vorausgegangenen Bruder; er ehrt jene beiden großen Brüder, sowohl den Gesetzgeber vom Sinai als auch den Lehrer von Nazareth. – – Weißt du, wie der Geist der Erkenntnis über mich kam? – Es geschah in einer Nacht unter Gebet und Fasten. Da vernahm ich, daß ich weit, weit im Raum und in der Zeit hinausgerückt war; denn es war hoher sonnenflimmernder Tag um mich her, und ich stand einsam auf einem Schiff, mit schlaffem Segel, mitten in dem hellstrahlenden Griechenmeer. Inseln türmten sich auf, gleich einer dichten Wolkenschicht, weithin in der Ferne, und das Schiff lag schwer, wie wenn es schlief, auf der weinblauen Flut. – Sieh, da wurde diese Flut mehr und mehr durchsichtig, leicht und klar; zuletzt war sie gar nicht mehr da, und mein Schiff hing über einem leeren entsetzlichen Abgrund. Kein Grün, kein Boden darunter, nur der tote, schleimige, schwarze Meergrund in all seiner schaurigen Kahlheit. – Aber droben, in der unendlichen Wölbung, die mir früher leer erschienen war –, dort war Leben; dort erschienen ununterscheidbare Formen, und Töne erklangen aus dem Schweigen. – Da erfaßte ich die große, erlösende Erkenntnis.

GREGOR: Welche Erkenntnis meinst du?

JULIAN: Was ist, ist nicht; und was nicht ist, ist.

BASILIOS: Oh, du bist verloren und verirrt in diesem Gespinst von Licht und Nebel!

JULIAN: Ich? Geschehen nicht Wunder? Verkünden nicht Wahrzeichen und gewisse seltsame Ereignisse zwischen den Sternen, daß der göttliche Wille noch etwas Unaufgeklärtes mit mir im Sinne hat?

GREGOR: Glaube nicht dergleichen Zeichen; du kannst nicht wissen, wessen Werk sie sind.

JULIAN: Ich sollte nicht an glückbringende Zeichen glauben, welche sich bereits bekräftigt haben? *Er zieht sie näher an sich und sagt leise:* Ich kann euch wissen lassen, ihr Freunde, daß eine große Umwälzung vor der Tür steht. Cäsar Gallos und ich werden binnen kurzer Zeit die Herrschaft über die Erde teilen können – er als Kaiser und ich als – ja, wie soll ich es nennen? Das Ungeborene kann ja nicht beim Namen genannt werden; denn es hat keinen. Also nichts mehr von dieser früheren Zeiten Fülle. Aber vom Cäsar dürfte ich wohl sprechen. – Wißt ihr etwas von jener Erscheinung, um deretwillen man den Bürger Apollinaris in Sidon gefangen und gefoltert hat?

BASILIOS: Nein, nein; wie können wir wissen –?

JULIAN: Apollinaris hat erzählt, daß er einige Male zur Nachtzeit jemanden habe an seine Türe pochen hören. Er stand auf und trat vor das Haus; und sieh – draußen erblickte er eine Erscheinung – Mann oder Weib – er wußte es nicht. Und die Erscheinung sprach zu ihm und gebot ihm, ein Purpurgewand fertigzustellen, so wie es ein neugewählter Herrscher trägt. Aber da Apollinaris im Schreck eine so gefährliche Sache verweigerte, war die Erscheinung plötzlich verschwunden, und nur eine Stimme rief: geh, geh, Apollinaris, und stelle das Purpurgewand schleunigst fertig!

GREGOR: War es dieses Zeichen, von dem du eben sagtest, daß es sich bekräftigt hätte?

JULIAN *nickt langsam:* Sieben Tage später starb des Cäsars Gattin in Bithynia. Konstantina ist immer sein böser Engel gewesen; darum mußte sie jetzt fort, infolge der Umwandlung, welche in dem göttlichen Willen vor sich gegangen ist. Drei Wochen nach dem Tode Konstantinas kam ein Bote des Kaisers, der Tribun Skudilo, mit großem Gefolge nach Antiochia, erwies dem Cäsar Gallos kaiserliche Ehre und bat ihn im Namen des Kaisers zu dem Hoflager in Rom zu Gast. – Die Reise des Cäsaren gleicht jetzt dem Zuge eines Siegers durch die Lande. In Konstantinopel hat er einen Wettlauf im Hippodrom abgehalten, und die Menge jubelte laut, da er, obschon nur Cäsar von Namen, hervortrat, nach der Art und Weise der früheren Kaiser, und den Kranz jenem Korax reichte, der den Wettlauf gewann. So wunderbar erhöht Gott wieder unser Geschlecht, welches unter Sünde und Verfolgung gesunken war.

GREGOR: Seltsam. In Athen gingen andere Gerüchte um.

JULIAN: Ich habe sichere Botschaft. Es eilt mit der Purpurkleidung, Gregor! Und sollte ich noch zweifeln an Dingen, die Maximos als nahe bevorstehend für mich verkündet hat? In dieser Nacht fällt der letzte Schleier. Hier innen soll das große Rätsel offenbart werden. Oh, bleibet bei mir, meine Brüder – bleibet bei mir in diesen Nachtstunden der Angst und Erwartung! Wenn Maximos kommt, werdet ihr Zeugen sein –

BASILIOS: Niemals!

GREGOR: Kann nicht sein; wir sind auf der Heimreise nach Kappadocien.

JULIAN: Und was hat euch so plötzlich aus Griechenland vertrieben?

BASILIOS: Meine Mutter ist Witwe, Julian!

GREGOR: Mein Vater ist schwach, sowohl an Körper als auch an Geist; er bedarf wohl einer Stütze.

JULIAN: Oh, bleibet in der Herberge; bloß bis morgen –!

GREGOR: Unmöglich! Unser Reisegefolge bricht beim Morgengrauen auf.

JULIAN: Beim Morgengrauen? Vor Mitternacht könnte der Tag für euch grauen.

BASILIOS: Julian, laß mich nicht fortziehen in allzu großer Angst. Sage mir – wenn Maximos alle Rätsel für dich gedeutet hat – was dann?

JULIAN: Erinnerst du dich jenes Flusses, Strabon schreibt

davon – jenes Flusses, der seine Quellen auf den libyschen Bergen hat? Er wächst und wächst in seinem Lauf; aber wenn er gleich einem Strom ist, versiegt er im Wüstensande und begräbt sich selbst in dem Mutterschoß, woraus er hervorging.

BASILIOS: Du trachtest doch nicht nach dem Tode, Julian!

JULIAN: Auf was ihr sklavenhaft nach dem Tode hofft, das ist gerade das große geheimnisvolle Ziel, hier in unserm irdischen Leben alles Mitwissen zu erwerben. Das ist die Wiedererhebung, welche Maximos und seine Schüler suchen – das ist die verlorene Ähnlichkeit mit der Gottheit. Warum zweifelt ihr, Brüder? Warum steht ihr da wie vor etwas Unübersteiglichem? Ich weiß, was ich weiß. In jedem von den wechselnden Geschlechtern ist eine Seele gewesen, worin der reine Adam wiedergeboren wurde; er war stark in dem Gesetzgeber Moses; er hatte die Kraft, sich die Welt zu unterwerfen in dem makedonischen Alexander; er war fast vollkommen in Jesus von Nazareth. Aber sieh, Basilios, *ergreift ihn am Arme:* ihnen allen fehlte, was mir gelobt ist, das reine Weib!

BASILIOS *reißt sich los:* Julian, Julian!

GREGOR: Du Spötter – dorthin hat dich der Hochmut deines Herzens getrieben!

BASILIOS: O Gregor, er ist krank und verirrt!

JULIAN: Warum all dieser höhnische Zweifel? Zeugt mein schmächtiger Wuchs gegen mich? Ha, ha! ich sage euch, dieses grobe, fleischige Geschlecht wird vergehen. Das werdende wird mehr vom Geist als vom Körper empfangen werden. In dem ersten Adam war Harmonie, wie in jenen Bildern des Gottes Apollo. Seitdem ist keine Harmonie mehr dagewesen. Hatte nicht Moses eine stammelnde Zunge? Mußten nicht seine Arme gestützt werden, da er sie gebietend ausgestreckt halten sollte, dort an dem Roten Meere? Bedurfte nicht der Makedonier, um sich anzufeuern, der Hilfe gewisser starker Getränke und andrer künstlicher Mittel? Und nun Jesus von Nazareth? Hatte er nicht einen hinfälligen Körper? Fiel er nicht in Schlaf auf dem Schiffe, während doch die andern sich wach hielten? Brach er nicht unter dem Kreuz zusammen, jenem Kreuz, welches der Jude Simon mit Leichtigkeit trug? Die beiden Schächer brachen nicht zusammen. – Ihr nennt euch gläubig und habt doch so wenig Glauben zu der wunderbaren Offenbarungsmacht. Wartet, wartet – ihr sollt es zu sehen bekommen –; die Braut wird mir sicherlich geschenkt werden, und dann – wollen wir Hand in Hand gen Ost wandeln, dorthin, wo man sagt, daß Helios geboren wird – hinein in die Einsamkeit, uns verbergen, wie der Gott sich verbirgt, den Hain suchen bei den Gestaden des Euphrat, ihn finden und dort – o Herrlichkeit – dort soll ein neues Geschlecht in Schönheit und Gleichgewicht hervorgehen über die Erde; dort, ihr schriftgebundenen Zweifler, d o r t soll das Kaiserreich des Geistes begründet werden!

BASILIOS: Oh, ich muß meine Hände über dich in Sorge ringen. Bist du jener selbe Julian, welcher vor drei Jahren von Konstantinopel zog?

JULIAN: Damals war ich blind, wie ihr jetzt; ich kannte nur den Weg, der bei der Lehre stehenbleibt.

GREGOR: Weißt du, wo d e i n Weg endigt?

JULIAN: Wo Weg und Ziel eins sind. – Zum letzten Male, Gregor und Basilios – ich flehe euch an, bleibet bei mir. Die Erscheinung, die ich letzte Nacht hatte – sowohl dieses als vieles andere deutet auf ein geheimnisvolles Band zwischen uns. Dir, mein Basilios, hätte ich so viel zu sagen, du bist ja das Haupt deines Geschlechtes; und wer weiß, ob nicht all das Verführerische, welches mir zugesagt ist –; ob nicht durch dich und in deinem Hause –

BASILIOS: Niemals! Mit meinem Willen soll niemand deinem Unverstand und deinen wilden Träumen zugeführt werden.

JULIAN: Ah, was sprichst du von Willen? Ich sehe eine schreibende Hand an der Wand; bald werde ich die Schrift deuten.

GREGOR: Komm, Basilios!

JULIAN *mit ausgestreckten Armen:* O ihr Freunde; ihr Freunde!

GREGOR: Wir sind geschieden von heute ab.

Er zieht Basilios mit sich; beide ab nach rechts.

JULIAN *fleht ihnen einen Augenblick nach:* Ja, geht! Geht, geht! – Was wißt ihr beiden gelehrten Männer! Was bringt ihr aus der Stadt der Weisheit mit? Du, mein starker, trotziger Gregor – und du, Basilios, mehr Mädchen als Mann –, ihr kennt nur zwei Straßen in Athen, die Straße zur Schule und die zur Kirche; die dritte Straße über Eleusis und weiter, die kennt ihr nicht, und noch weniger – ah!

Der Vorhang rechts wird zur Seite gezogen. Zwei Diener in morgenländischen Gewändern bringen einen hohen, verhüllten Gegenstand herein und stellen ihn in die Ecke hinter den Tisch. Gleich darauf kommt der Mystiker Maximos durch dieselbe Tür. Es ist ein magerer, mittelgroßer Mann, mit einem braunen habichtartigen Gesicht; Haar und Bart sind stark mit Grau vermischt mit Ausnahme der dichten Augenbrauen und des Schnurrbartes, die noch ihre tiefschwarze Farbe haben. Er trägt eine spitze Mütze und ein langes, schwarzes Gewand; in der Hand hat er einen weißen Stab. Er geht, ohne auf Julian zu achten, auf den verhüllten Gegenstand zu, bleibt stehen und gibt den Dienern einen Wink; die Diener entfernen sich lautlos.

JULIAN *leise:* Endlich!

Maximos zieht den schwarzen Vorhang fort; man sieht eine Bronzelampe auf einem hohen Dreifuß; sodann nimmt er einen kleinen silbernen Krug vor und gießt Öl in die Lampenschale. Die Lampe entzündet sich von selbst und brennt mit einem starken, rötlichen Schein.

JULIAN *mit gespannter Erwartung:* Ist die Stunde da?

MAXIMOS *ohne ihn anzusehen:* Ist dein Sinn und Körper rein?
JULIAN: Ich habe gefastet und mich gesalbt.
MAXIMOS: So kann das Fest der Nacht beginnen!
Er gibt ein Zeichen; Tänzerinnen und Flötenspieler zeigen sich im Vorgarten. Musik und Tanz während der folgenden Szene.
JULIAN: Maximos, was ist das?
MAXIMOS: Rosen ins Haar! Perlender Wein! Sieh, sieh dort die schönen Glieder im Spiel!
JULIAN: Und mitten unter diesem Taumel der Sinne willst du –?
MAXIMOS: Die Sünde ist nur in deinem Sehen des Sündigen.
JULIAN: Rosen ins Haar! Perlender Wein! *Er wirft sich auf einem der Polster am Tische nieder, leert eine gefüllte Schale, setzt sie schnell von sich und fragt:* Ah, was war in dem Wein?
MAXIMOS: Eine Kohle des Feuers, das Prometheus stahl! *Er legt sich auf der andern Seite des Tisches nieder.*
JULIAN: Meine Sinne vertauschen die Wirklichkeit; ich höre Klarheit, und ich sehe Töne.
MAXIMOS: Der Wein ist die Seele der Trauben. Die befreite, freiwillig Gefangene. Logos in Pan!
DIE TANZENDEN MÄDCHEN *singen im Vorgarten:*

„Trinkend des Bacchus Blut,
Mache dich frei!
Strömender Rhythmen Flut
Wiegt dich dabei!"

JULIAN *trinkt:* Ja, ja, es gibt im Rausche Befreiung. Kannst du diese Seligkeit deuten?
MAXIMOS: Der Rausch ist deine Hochzeit mit der Seele der Natur.
JULIAN: Süßes Rätsel; versuchend, verlockend –! Was war das? Warum lachtest du?
MAXIMOS: Ich?
JULIAN: Es flüstert an meiner linken Seite! Das seidene Kissen knistert – *Bleich, springt halb empor:* Maximos, wir sind nicht allein!
MAXIMOS *ruft:* Wir sind fünf zu Tisch!
JULIAN: Ein Symposion mit Geistern!
MAXIMOS: Mit Schatten!
JULIAN: Nenne meine Gäste!
MAXIMOS: Nicht jetzt. Höre, höre!
JULIAN: Was gibt es? Es braust wie ein Sturm durchs Haus –
MAXIMOS *schreit:* Julian! Julian! Julian!
JULIAN: Sprich, sprich! Was geschieht mit uns?
MAXIMOS: Die Stunde der Verheißung ist über dir!
JULIAN *springt auf und weicht vom Tisch zurück:* Ah!
Die Tischlampe scheint verlöschen zu wollen; über der großen Bronzelampe erhebt sich ein bläulich leuchtender Kreis.
MAXIMOS *wirft sich ganz zur Erde:* Schau auf das Licht!
JULIAN: Dort?
MAXIMOS: Ja, ja!
GESANG DER MÄDCHEN *gedämpft vom Vorgarten:*

„Nacht dann, die wachende,
Spinnet so fein.
Licht, das hell lachende,
Lockt dich hinein."

JULIAN *starrt nach dem Lichtschein:* Maximos! Maximos!
MAXIMOS *leise:* Siehst du etwas?
JULIAN: Ja!
MAXIMOS: Was siehst du?
JULIAN: Ich sehe ein schimmerndes Antlitz im Licht!
MAXIMOS: Mann oder Weib?
JULIAN: Ich weiß nicht!
MAXIMOS: Sprich zu ihm!
JULIAN: Darf ich?
MAXIMOS: Sprich, sprich!
JULIAN *näher:* Warum wurde ich?
EINE STIMME IM LICHT: Um dem Geiste zu dienen.
MAXIMOS: Antwortet es?
JULIAN: Ja, ja.
MAXIMOS: Frage mehr!
JULIAN: Was ist meine Tat?
DIE STIMME: Du sollst das Reich begründen.
JULIAN: Welches Reich?
DIE STIMME: Das Reich!
JULIAN: Und auf welchem Wege?
DIE STIMME: Auf dem der Freiheit.
JULIAN: Rede aus! Welches ist der Weg der Freiheit?
DIE STIMME: Der Weg der Notwendigkeit.
JULIAN: Und durch welche Macht?
DIE STIMME: Durch den W i l l e n.
JULIAN: W a s soll ich wollen?
DIE STIMME: Was du mußt.
JULIAN: Es bleicht, es schwindet –! *Näher:* Sprich, sprich! Was muß ich?
DIE STIMME *wehklagend:* Julian!
Der Lichtkreis löst sich auf; die Lampe auf dem Tisch brennt wie vorher.
MAXIMOS *sieht auf:* Fort?
JULIAN: Fort.
MAXIMOS: Bist du j e t z t wissend?
JULIAN: Jetzt am wenigsten. Ich schwebe über der Feste der bodenlosen Tiefe, mitten zwischen Licht und Dunkel. *Er legt sich wieder nieder.* Welches ist das Reich?
MAXIMOS: Es gibt drei Reiche.
JULIAN: Drei?
MAXIMOS: Zuerst jenes Reich, das auf den Baum der Erkenntnis gegründet ist; dann jenes Reich, das auf den Stamm des Kreuzes gegründet wurde –
JULIAN: Und das dritte?
MAXIMOS: Das dritte ist das große Reich des Geheimnisses, das Reich, das auf den Baum der Erkenntnis und auf den Stamm des Kreuzes zusammen gegründet werden soll, weil es beide haßt und liebt und weil es seine Lebensquellen im Haine Adams und auf Golgotha hat.
JULIAN: Und das Reich soll kommen –?
MAXIMOS: Es steht vor der Türe. Ich habe gerechnet und gerechnet –

JULIAN *bricht hastig ab:* Es flüstert wieder! Wer sind meine Gäste?
MAXIMOS: Die drei Ecksteine unter dem Zorne der Notwendigkeit.
JULIAN: Wer, wer?
MAXIMOS: Die großen Helfer in der Verleugnung.
JULIAN: Nenne sie!
MAXIMOS: Das kann ich nicht; ich kenne sie nicht – aber ich könnte sie dir zeigen –
JULIAN: So zeige sie mir! Schnell, Maximos –!
MAXIMOS: Hüte dich –!
JULIAN: Schnell, schnell, ich will sie sehen; ich will mit ihnen reden, einem nach dem andern.
MAXIMOS: Über dich selbst komme die Schuld! *Er schwingt einen weißen Stab und ruft:* Nimm Gestalt an und laß dich sehen, du erstes Opferlamm der Erwählung!
JULIAN: Ah!
MAXIMOS *mit verhülltem Antlitz:* Was siehst du?
JULIAN *gedämpft:* Dort liegt er; dicht an der Ecke. – Er ist groß wie Herakles und schön – doch nein, nicht – *zögernd:* kannst du, so sprich zu mir!
EINE STIMME: Was willst du wissen?
JULIAN: Was war dein Beruf im Leben?
DIE STIMME: Meine Schuld.
JULIAN: Welche Schuld begingst du?
DIE STIMME: Warum wurde ich nicht mein Bruder?
JULIAN: Keine Ausflüchte. Welche Schuld begingst du?
DIE STIMME: Warum wurde ich ich selbst?
JULIAN: Und was w o l l t e s t du, als du selbst?
DIE STIMME: Was ich mußte.
JULIAN: Und warum mußtest du?
DIE STIMME: Ich war ich.
JULIAN: Du bist wortknapp.
MAXIMOS *ohne aufzusehen:* In vino veritas.
JULIAN: Du trafst es, Maximos! *Er hält eine gefüllte Schale nach dem leeren Sitz hin.* Bade dich im Weinduft, mein bleicher Gast! Erquicke dich. Mehr, noch mehr – es steigt wie Opferrauch empor.
DIE STIMME: Opferrauch s t e i g t nicht immer.
JULIAN: Warum rötet sich jener Streifen auf deiner Stirne? Nein, nein – streiche nicht das Haar darüber! Was ist das?
DIE STIMME: Das Zeichen.
JULIAN: Hm; nichts mehr davon. Und welche Frucht hat deine Schuld dir gebracht?
DIE STIMME: Die herrlichste.
JULIAN: Was nennst du die herrlichste?
DIE STIMME: Das Leben.
JULIAN: Und des Lebens Grund?
DIE STIMME: Der Tod.
JULIAN: Und des Todes?
DIE STIMME *verliert sich in einem Seufzer:* Ja, d a s ist das Rätsel.
JULIAN: Fort!
MAXIMOS *sieht auf:* Fort?
JULIAN: Ja.
MAXIMOS: Kanntest du ihn?
JULIAN: Ja.
MAXIMOS: Wer war es?
JULIAN: Kain.
MAXIMOS: D e n Weg also! Forsche nicht weiter.
JULIAN *schlägt mit der Hand durch die Luft:* Den anderen, Maximos!
MAXIMOS: Nein, nein, nein – ich tu' es nicht!
JULIAN: Den andern, sage ich! Du hast mir versprochen, ich soll gewissen Dingen auf den Grund kommen. Den andern, Maximos! Ich will ihn sehen; ich will meine Gäste kennen!
MAXIMOS: D u hast es gewollt, nicht ich. *Er schwingt den Stab.* Hier hervor und laß dich sehen, du wollender Sklave, du, der half bei der nächsten großen Weltwendung!
JULIAN *starrt einen Augenblick in den leeren Raum, plötzlich streckt er die Hand abwehrend nach dem Sitze neben sich aus und sagt leise:* Nicht näher!
MAXIMOS *abgewandt:* Siehst du ihn?
JULIAN: Ja.
MAXIMOS: Wie siehst du ihn?
JULIAN: Ich sehe ihn als rotbärtigen Mann. Er hat zerrissene Kleider und einen Strick um den Hals – sprich zu ihm, Maximos.
MAXIMOS: D u mußt sprechen.
JULIAN: Was warst du im Leben?
EINE STIMME *dicht bei ihm:* Des Weltenwagens zwölftes Rad.
JULIAN: Das zwölfte, schon das fünfte wird als unnötig erachtet.
DIE STIMME: Wo wäre der Wagen ohne mich hingerollt?
JULIAN: Wo rollte er mit dir hin?
DIE STIMME: In die Herrlichkeit.
JULIAN: Warum halfst du?
DIE STIMME: Weil ich wollte.
JULIAN: Warum wolltest du?
DIE STIMME: Weil ich wollen mußte.
JULIAN: Wer wählte dich?
DIE STIMME: Der Meister.
JULIAN: War der Meister vorwissend, da er dich wählte?
DIE STIMME: Ja, d a s ist das Rätsel!

Kurze Pause.

MAXIMOS: Du schweigst?
JULIAN: Er ist nicht mehr hier.
MAXIMOS *sieht auf:* Kanntest du ihn?
JULIAN: Ja.
MAXIMOS: Wie hieß er im Leben?
JULIAN: Judas Ischariot.
MAXIMOS *springt auf:* Der Abgrund treibt Blumen hervor; die Nacht verrät sich selbst!
JULIAN *schreit ihm zu:* Den dritten hervor!
MAXIMOS: Er soll kommen. *Schwingt den Stab.* Hervor, du dritter Eckstein! Hervor, du dritter großer Befreiter unter der Notwendigkeit! *Er wirft sich wieder auf dem Polster nieder und wendet sein Antlitz fort.* Was siehst du?

JULIAN: Ich sehe nichts.

MAXIMOS: Und doch ist er hier. *Schwingt wieder den Stab.* Bei dem Auge im Dreieck – ich beschwöre dich – laß dich sehen! – – Was siehst du?

JULIAN: Nichts, nichts!

MAXIMOS *schwingt wieder den Stab:* Hervor, du –! – – *Hält plötzlich inne, stößt einen Schrei aus und springt vom Tisch auf.* Ah, ein Blitz in der Nacht! Ich hab's – alle Kunst ist vergebens.

JULIAN *erhebt sich:* Warum? Sprich, sprich!

MAXIMOS: Der dritte ist noch nicht unter den Schatten.

JULIAN: Er lebt?

MAXIMOS: Ja, er lebt.

JULIAN: Und hier, sagtest du –!

MAXIMOS: Hier oder dort oder unter den Ungeborenen – ich weiß nicht –

JULIAN *drängt sich an ihn:* Du lügst! Du betrügst mich! Hier, hier, sagtest du –!

MAXIMOS: Laß meinen Mantel los!

JULIAN: Entweder du oder ich! Aber wer von uns?

MAXIMOS: Laß den Mantel los, Julian!

JULIAN: Wer von uns? Wer? Alles hängt an diesem einen!

MAXIMOS: Du weißt mehr als ich. Was verkündete die Stimme im Licht?

JULIAN: Die Stimme im Licht –? *Mit einem Schrei:* Das Reich! Das Reich? Begründen das Reich –?

MAXIMOS: Das dritte Reich!

JULIAN: Nein; und tausendmal nein! Weiche, Verderber! Ich sage mich los von dir und all deinem Werk –

MAXIMOS: Von der Notwendigkeit?

JULIAN: Ich trotze der Notwendigkeit! Ich will ihr nicht dienen. Ich bin frei, frei, frei!

Lärm außerhalb; die Tänzerinnen und Flötenspieler flüchten.

MAXIMOS *lauscht nach rechts:* Welche Angst und das Geschrei –?

JULIAN: Fremde Menschen drängen sich ins Haus –

MAXIMOS: Man mißhandelt deine Diener; sie wollen uns morden!

JULIAN: Sei ruhig; uns kann nichts geschehen.

HAUSMEISTER EUTHERIOS *kommt eilig vom Vorgarten:* Herr, Herr!

JULIAN: Wer verursacht den Lärm draußen?

EUTHERIOS: Fremde Männer haben das Haus umringt; sie haben Wachen bei allen Ausgängen aufgestellt; sie brechen herein – fast mit Gewalt. Dort kommen sie, Herr! Da sind sie.

Quästor Leontes mit einem großen prachtvollen Gefolge kommt von rechts herein.

LEONTES: Ich bitte hundertmal um Verzeihung, mein gnädigster Herr –

JULIAN *einen Schritt zurückweichend:* Was seh' ich!

LEONTES: Deine Diener wollten mir verwehren einzutreten; und da es mir äußerst wichtig war –

JULIAN: Du hier in Ephesos, mein vortrefflicher Leontes!

LEONTES: Ich bin Tag und Nacht gereist als Bote des Kaisers.

JULIAN *bleich:* An mich? Was will der Kaiser von mir? Ich bin mir wahrlich keines Verbrechens bewußt. Ich bin krank, Leontes! Dieser Mann – *deutet auf Maximos:* ist bei mir als Arzt.

LEONTES: Gestatte mir, gnädiger Herr –!

JULIAN: Warum dringt man gewaltsam bei mir ein? Was ist des Kaisers Wille?

LEONTES: Er will dich erfreuen, Herr, mit einer großen und wichtigen Botschaft.

JULIAN: Ich bitte dich, laß mich wissen, welche Botschaft du bringst.

LEONTES *kniet nieder:* Mein allerhöchster Herr – preisend mein und dein Glück, begrüße ich dich als Cäsaren.

DAS GEFOLGE DES QUÄSTORS: Lang lebe Cäsar Julian!

MAXIMOS: Cäsar!

JULIAN *tritt mit einem Ausruf zurück:* Cäsar! Steh auf, Leontes! Welcher Wahnsinn spricht aus dir!

LEONTES: Ich bringe die Botschaft des Kaisers.

JULIAN: Ich – ich Cäsar! – Oh, wo ist Gallos?

LEONTES: Oh, frage nicht.

JULIAN: Wo ist Gallos? Ich beschwöre dich – wo ist Gallos?

LEONTES *steht auf:* Cäsar Gallos ist bei seiner geliebten Gattin.

JULIAN: Tot!

LEONTES: Selig bei seiner Gattin.

JULIAN: Tot, tot! Gallos tot! Tot mitten auf seinem Siegeszug! Aber wann und wo?

LEONTES: O teurer Herr, verschone mich –

GREGOR VON NAZIANZ *mit der Wache am Eingang ringend:* Ich muß zu ihm hinein! Zur Seite, sage ich. – Julian!

JULIAN: Gregor, Bruder – so kommst du doch wieder!

GREGOR: Ist es wahr, was das Gerücht wie ein Pfeilregen über die Stadt verbreitet?

JULIAN: Ich bin selbst wie von den Pfeilen des Gerüchtes getroffen. Darf ich an diese Mischung von Glück und Unglück glauben?

GREGOR: Um Christi willen, weise den Versucher von dir!

JULIAN: Des Kaisers Botschaft, Gregor!

GREGOR: Du willst auf den blutigen Leichnam deines Bruders treten –

JULIAN: Blutig –?

GREGOR: Weißt du es nicht? Cäsar Gallos ist ermordet!

JULIAN *mit zusammengeschlagenen Händen:* Ermordet!

LEONTES: Ah, wer ist dieser Verwegene –?

JULIAN: Ermordet; ermordet! *Zu Leontes:* Er lügt doch?

LEONTES: Cäsar Gallos ist durch seine Taten gefallen.

JULIAN: Ermordet – wer ermordete ihn?

LEONTES: Was geschehen ist, war eine Notwendigkeit, hoher Herr! Cäsar Gallos hat die Macht wie ein Rasender hier im Morgenlande mißbraucht. Seine Stellung als Cäsar war ihm nicht länger genug. Sein Benehmen sowohl in Konstantinopel als auch anderwärts unterwegs bewies vollkommen, worauf er sann.

JULIAN: Ich frage nicht nach seiner Schuld; das andere will ich wissen!

LEONTES: Oh, laß mich dein Bruderohr verschonen.

JULIAN: Mein Bruderohr kann ertragen, was mein Sohnesohr ertragen hat. Wer tötete ihn?

LEONTES: Der Tribun Skudilo, welcher ihn begleitete, fand es nötig, ihn hinrichten zu lassen.

JULIAN: Was? Doch nicht in Rom?

LEONTES: Nein, Herr, es geschah auf der Reise dorthin – in der Stadt Pola in Illyrien.

JULIAN *verneigt sich:* Der Kaiser ist groß und rechtschaffen. – Der letzte des Geschlechtes, Gregor! – Kaiser Konstantios ist groß.

LEONTES *nimmt einen Purpurmantel von einem aus dem Gefolge:* Hoher Cäsar, vergönne, dich zu bekleiden –

JULIAN: Rot! Weg mit ihm! War es der, den er in Pola trug –?

LEONTES: Er ist neu von Sidon gekommen.

JULIAN *mit einem Blick auf Maximos:* Von Sidon! Der Purpurmantel –!

MAXIMOS: Die Erscheinung des Apollinaris!

GREGOR: Julian, Julian!

LEONTES: Sieh, er wird dir von deinem Verwandten, dem Kaiser, geschickt. Er läßt dir sagen, daß er kinderlos, wie er ist, hofft, daß du diese seines Lebens tiefste Wunde heilen willst. Er wünscht dich in Rom zu sehen. Darnach ist es sein Wille, daß du als Cäsar nach Gallien gehen sollst. Die alemannischen Grenzvölker haben über den Rheinstrom gesetzt und einen gefährlichen Einfall in das Reich gemacht. Er baut sicher auf dein Glück und deinen Erfolg gegen die Barbaren. Im Traume haben sich ihm gewisse Dinge offenbart, und sein letztes Wort zu mir bei der Abreise war, daß es dir glücken werde, das Reich zu begründen.

JULIAN: Das Reich begründen! Die Stimme im Licht, Maximos!

MAXIMOS: Zeichen gegen Zeichen!

LEONTES: Wie, hoher Cäsar?

JULIAN: Auch mir sind gewisse Dinge prophezeit; aber dieses –

GREGOR: Sage nein, Julian! Sie wollen die Schwingen des Verderbens an deine Schultern heften.

LEONTES: Wer bist du, der dem Kaiser trotzt?

GREGOR: Mein Name ist Gregor, ich bin der Sohn des Bischofs in Nazianz; macht mit mir, was Ihr wollt.

JULIAN: Er ist mein Freund und Bruder; niemand rühre ihn an!

Eine große Menschenmenge hat inzwischen den Vorgarten angefüllt.

BASILIOS VON CÄSAREA *bahnt sich einen Weg durch die Menge:* Nimm nicht den Purpur, Julian!

JULIAN: Du auch, mein treuer Basilios!

BASILIOS: Nimm ihn nicht! Um Gottes des Herren willen –

JULIAN: Was erschreckt dich an diesem?

BASILIOS: Das Entsetzen, das kommen wird.

JULIAN: Durch mich soll das Reich begründet werden.

BASILIOS: Christi Reich?

JULIAN: Das große schöne Reich des Kaisers.

BASILIOS: War es das Reich des Kaisers, das im Lichte vor dir stand, da du als Kind die Lehre von den Gräbern der kappadocischen Blutzeugen verkündigtest? Zogst du von Konstantinopel, um das Reich des Kaisers auf Erden zu begründen? War es das Reich des Kaisers –

JULIAN: Dunst! Dunst! – alles jenes liegt hinter mir, wie ein wilder Traum.

BASILIOS: Dir wäre besser, du lägest selbst mit einem Mühlstein um den Hals auf dem tiefsten Grunde des Meeres, als daß dieser Traum hinter dir läge – siehst du nicht das Werk des Versuchers? Alle Herrlichkeit der Erde liegt zu deinen Füßen.

MAXIMOS: Zeichen gegen Zeichen, Cäsar.

JULIAN: Ein Wort, Leontes! *Ergreift seine Hand und zieht ihn beiseite.* Wo führst du mich hin?

LEONTES: Nach Rom, Herr.

JULIAN: Darnach frage ich nicht; zu Glück und Macht oder zur Schlachtbank?

LEONTES: O Herr, ein solch höhnendes Mißtrauen –

JULIAN: Gallos' Körper ist noch kaum verwest.

LEONTES: Ich kann alle Zweifel heben. *Zeigt ein Papier vor:* Diesen Brief vom Kaiser, welchen ich dir am liebsten allein überreicht hätte –

JULIAN: Ein Brief? Was schreibt er? *Er öffnet das Papier und liest.* Ah, Helena! – O Leontes! Helena – Helena mir!

LEONTES: Der Kaiser schenkt sie dir. Er schenkt dir diese geliebte Schwester, um die Cäsar Gallos vergeblich bat.

JULIAN: Helena mir! Das Unerreichte gewonnen! – Aber sie, Leontes –?

LEONTES: Beim Abschied nahm er die Fürstin bei der Hand und führte sie zu mir hin. Ein Strom von jungfräulichem Blut schoß in ihre Wangen, sie schlug ihre Augen nieder und sagte: grüße meinen teuren Vetter und laß ihn wissen, daß er immer der Mann gewesen ist, welcher –

JULIAN: Weiter, Leontes!

LEONTES: Mit diesem Worte verstummte sie, das züchtige und reine Weib.

JULIAN: Das reine Weib! – Wunderbar vollzieht sich alles! *Er ruft laut:* Den Purpurmantel um meine Schultern!

MAXIMOS: Du hast gewählt?

JULIAN: Gewählt, Maximos!

MAXIMOS: Gewählt, trotz Zeichen gegen Zeichen?

JULIAN: Hier steht kein Zeichen gegen Zeichen. Maximos, Maximos du bist blind gewesen, du Sehender!

Leontes bekleidet ihn mit dem Mantel.

BASILIOS: Es ist geschehen!

MAXIMOS *murmelt für sich selbst mit ausgestreckten Händen:* Sieg und Licht über den Wollenden!

LEONTES: Und jetzt zur Wohnung des Statthalters, das Volk will den Cäsaren begrüßen.

JULIAN: Der Cäsar bleibt auch in seiner Erhöhung, was er war – der arme Weisheitsfreund, welcher alles von des Kaisers Gnade empfing. – Zur Wohnung des Statthalters, gütige Herren!

STIMMEN *im Gefolge des Quästors:* Platz, Platz für Cäsar Julian!

Alle gehen durch den Vorgarten unter Beifallsruf der Menge hinaus; nur Basilios und Gregor bleiben zurück.

BASILIOS: Gregor, was auch kommen mag, laß uns zusammenhalten.

GREGOR: Hier meine Hand.

VIERTER AKT

Bei Lutetia in Gallien. Ein Saal in dem Palast des Cäsaren, „die warmen Bäder" genannt, außerhalb der Stadt. Eingangstür im Hintergrund; rechts eine andere kleine Tür; vorne links ist ein Fenster mit einem Vorhang. Fürstin Helena, reich geschmückt mit Perlen im Haar, sitzt in einem Armstuhl und sieht zum Fenster hinaus. Die Sklavin Myrrha steht hinter ihr und hält den Vorhang beiseite.

HELENA: Welches Gewimmel! Die ganze Stadt strömt ihnen entgegen. – Still, Myrrha – hörst du nicht Flöten und Trommeln?

MYRRHA: Ja, ich glaube sicher –

HELENA: Du lügst! Der Lärm ist zu stark; du kannst nichts hören. *Springt auf.* Oh, diese martervolle Unsicherheit! Nicht zu wissen, ob er als Sieger oder als Flüchtling kommt.

MYRRHA: Ängstige dich nicht, meine Herrscherin; der Cäsar ist ja immer als Sieger gekommen.

HELENA: Ja, früher; nach all den kleinen Zusammenstößen; aber diesmal, Myrrha! Diese große, entsetzliche Schlacht. Alle diese sich kreuzenden Gerüchte. Wenn der Cäsar als Sieger gekommen wäre, warum sollte er jenen Brief an den Stadtvorstand geschickt und verboten haben, ihm mit Ehrenbeweisen außerhalb der Tore entgegenzukommen?

MYRRHA: Oh, du weißt ja, Herrin, wie wenig dein hoher Gemahl nach solchen Dingen trachtet.

HELENA: Ja, ja, das ist wohl wahr. Und wenn er eine Niederlage erlitten hätte – in Rom müßte man es ja wissen – ob der Kaiser uns dann wohl diesen Boten geschickt hätte, welcher heute schon hier sein müßte und dessen Eilbote mir alle diese reichen Gaben und Schmucksachen gebracht hat? Ah, Eutherios! Nun, nun?

HAUSMEISTER EUTHERIOS *vom Hintergrunde:* Meine Fürstin, es ist ganz unmöglich, etwas Bestimmtes zu erfahren –

HELENA: Unmöglich? Du betrügst mich! Die Soldaten selbst müssen doch wissen –

EUTHERIOS: Es sind nur barbarische Hilfstruppen, welche hereinrücken – Bataver und andere –, und die wissen nichts.

HELENA *ringt die Hände:* Oh, habe ich diese Qual verdient! Süßer heiliger Christus, habe ich dich nicht Tag und Nacht angerufen – *Lauscht und schreit auf:* Ah, mein Julian! Ich höre ihn! – Julian; mein Geliebter!

CÄSAR JULIAN *in bestaubter Rüstung kommt vom Hintergrunde:* Helena!

EUTHERIOS: Mein hoher Cäsar!

JULIAN *umfaßt die Fürstin mit Ungestüm:* Helena! – Schließe alle Türen, Eutherios!

HELENA: Geschlagen! Verfolgt!

EUTHERIOS: Herr!

JULIAN: Doppelte Wachen an die Türen; laß niemand hinein! Höre! ist kein Gesandter vom Kaiser gekommen?

EUTHERIOS: Nein, Herr; aber man erwartet einen.

JULIAN: Geh, geh! *Zur Sklavin:* Weg mit dir!

Eutherios und Myrrha gehen im Hintergrunde hinaus.

HELENA *sinkt in den Lehnstuhl:* So ist es denn mit uns aus!

JULIAN *zieht den Vorhang zu:* Wer weiß. Nur vorsichtig, so kann das Unwetter noch –

HELENA: Nach einer solchen Niederlage –?

JULIAN: Niederlage? Wer spricht davon, meine Geliebte?

HELENA: Haben die Alemannen dich nicht geschlagen?

JULIAN: Hätten sie mich geschlagen, so hättest du mich nicht lebend wiedergesehen.

HELENA *springt auf:* Aber Herr des Himmels, was ist denn geschehen?

JULIAN *leise:* Das Schlimmste, Helena – ein ungeheurer Sieg.

HELENA: Sieg, sagst du! Ein ungeheurer Sieg? Du hast gesiegt und doch –?

JULIAN: Du kannst nicht begreifen, wie ich stehe. Du kennst nur die goldene Außenseite des Elendes eines Cäsaren.

HELENA: Julian!

JULIAN: Kannst du es mir verdenken, daß ich es dir verborgen habe? Gebietet nicht Pflicht und Scham, daß –? Ah – was ist das? Welche Veränderung –

HELENA: Was? Was?

JULIAN: Welche Veränderung mit dir in diesen Monaten! Helena, bist du krank gewesen?

HELENA: Nein, nein; aber sage mir –?

JULIAN: Ja, du bist krank gewesen! Du mußt noch krank sein – diese fieberhaften Schläfen, diese blauen Ringe um die Augen –

HELENA: O nichts, mein Geliebter! Sieh mich nicht an, Julian! Nur Angst und Nachtwachen um deinetwillen; glühende Gebete zu dem Gesegneten am Kreuzesstamm –

JULIAN: Schone dich, Teure; denn es ist ja höchst unsicher, ob der Eifer soviel nützt.

HELENA: Pfui, dein Sinn ist nicht fromm. – Aber sprich von deinen eigenen Angelegenheiten, Julian! Ich bitte dich, verbirg mir nichts.

JULIAN: Es kann nicht länger verborgen werden. Seitdem die Kaiserin gestorben ist, habe ich keinen Schritt hier in Gallien tun können, ohne daß es bei Hofe übel gedeutet wurde. Ging ich vorsichtig mit den Alemannen zu Werke, so hieß es, ich sei furchtsam und untätig. Man spottete über den Weisheitsfreund, welcher sich nicht daran gewöhnen könnte, die Kriegsrüstung zu tragen. Gewann ich einen Vorteil über die Barbaren, so mußte ich hören, daß ich mehr hätte erreichen können.

HELENA: Aber alle deine Freunde im Heere –

JULIAN: Wer, glaubst du, sind meine Freunde im Heere? Nicht einer, meine liebe Helena! Ja, ein einziger – jener perusische Ritter Sallust, welchem ich bei unserm Hochzeitsfeste in Mailand eine billige Bitte abschlagen mußte. Er ist edelmütig zu mir ins Lager gekommen, hat mich an unsere alte Freundschaft in Athen erinnert und gebeten, mir in allen Gefahren folgen zu dürfen. Aber was gilt wohl Sallust beim Kaiserhofe? Er ist ja einer von denen, die man Heiden nennt. Er kann mir nichts nützen. – Und nun die anderen! Der Kriegsoberste Arbetio, welcher mich im Stiche ließ, da ich im Gebiete der Sennonen eingeschlossen lag! Der alte Severus, welcher unter dem Gefühl seiner eigenen Unbrauchbarkeit niedergedrückt wird und der sich doch nicht mit meiner neuen Kriegsführung versöhnen kann! Oder glaubst du, ich kann mich auf jenen Florentius stützen – den Prätorianerhauptmann? Ich sage dir, dieser unruhige Mann trachtet nach den höchsten Dingen.

HELENA: Ach Julian!

JULIAN *geht auf und nieder:* Könnte ich ihren Ränken nur auf die Spur kommen! Jede Woche gehen heimliche Briefe vom Lager nach Rom ab. Alles, was ich mir vornehme, wird berichtet und entstellt. Kein Sklave im Reich ist mehr gebunden als der Cäsar. Weißt du wohl, Helena, daß der Speisezettel, nach welchem der Koch sich zu richten hat, ihm vom Kaiser gesendet ist? Und ich habe kein Recht, daran etwas zu ändern, weder etwas zuzulegen noch etwas fortzunehmen.

HELENA: Und alles das hast du heimlich getragen –!

JULIAN: Alle wissen es, außer dir. Alle spotten über die Ohnmacht des Cäsaren. Ich trage es nicht länger! Ich will es nicht tragen!

HELENA: Aber die große Schlacht –? Erzähle mir doch – hat das Gerücht übertrieben?

JULIAN: Das Gerücht hat nicht übertreiben k ö n n e n. – Still! was war das? *Lauscht nach der Tür.* Nein, nein; ich dachte nur. Ich darf wohl sagen, daß ich in diesen Monaten alles ausgerichtet habe, was in menschlicher Macht stand. Schritt für Schritt, und trotz aller Hindernisse in meinem Lager, trieb ich die Barbaren nach den östlichen Grenzen zurück. Vor Argentoratum, mit dem Rhein im Rücken, zog König Knodomar alle seine Streitkräfte zusammen. Fünf Könige und zwei geringere Fürsten stießen zu ihm. Aber bevor er die notwendigen Boote zum Übergang im Notfall hatte sammeln können, ließ ich mein Heer zum Angriff vorrücken.

HELENA: Mein Held, mein Julian!

JULIAN: Lupicin mit Bogenschützen und den Leichtbewaffneten umging den Feind im Norden; die alten Legionen unter Severus trieben die Barbaren mehr und mehr östlich gegen den Fluß; die Bataver, unsere Bundesgenossen, unter dem treuen Bainabaudes, standen den Legionen ehrlich bei, und da Knodomar bemerkte, daß er in Gefahr war, suchte er nach Süden zu entkommen, um zu den Inseln hinüber zu gelangen. Aber bevor es geschehen konnte, ließ ich ihm Florentius mit den Prätorianern und der Reiterei entgegenrücken. Helena, ich möchte es nicht laut sagen, aber sicher ist, daß Verräterei und Mißgunst mir beinahe die Frucht des Sieges entrissen hätten. Die römischen Ritter wichen Schlag um Schlag vor den Barbaren, welche sich zur Erde warfen und die Pferde in den Bauch stießen. Ich sah unsere Niederlage vor Augen –

HELENA: Aber der Gott der Schlachten war mit dir!

JULIAN: Ich ergriff eine Fahne, feuerte die kaiserlichen Haustruppen mit meinem Zuruf an, hielt in aller Eile eine Rede an sie, eine Rede, welche vielleicht selbst eines mehr erleuchteten Zuhörerkreises nicht ganz unwürdig gewesen wäre, und dann, bevor der Beifallsruf der Soldaten mich belohnt hatte, stürzte ich mich in das dichteste Kampfgetümmel.

HELENA: Julian! Oh, du liebst mich nicht!

JULIAN: In dem Augenblicke warst du nicht in meinen Gedanken. Ich wollte sterben; einen andern Ausweg wußte ich nicht. Aber nun kommt's, meine Geliebte! Es war, wie wenn ein blitzschleuderndes Entsetzen von unsern Lanzenspitzen ausblinkte. Ich sah Knodomar, jenen furchtbaren Krieger – ja du hast ihn ja selbst gesehen –, ich sah ihn zu Fuß aus der Schlacht flüchten, und mit ihm flüchteten seine Brüder, Vestralp und die Könige Hortar und Suoma und alle, welche nicht unserm Schwerte erlagen.

HELENA: Oh, ich seh' es; ich seh' es! Gütiger Erlöser, du warst es, der wieder seine Mordengel von der mulvischen Brücke aussandte!

JULIAN: Niemals habe ich solches Jammergeschrei gehört; niemals habe ich solch klaffende Wunden gesehen wie die, in die wir traten, als wir über die Gefallenen hinschritten. Der Fluß tat den Rest; die Ertrinkenden kämpften miteinander, bis sie die Besinnung verloren und zugrunde gingen. Die meisten Fürsten fielen lebend in unsere Hände; Knodomar hatte in einem Schilfdickicht Zuflucht gesucht, einer seiner Begleiter verriet ihn, unser Kriegsvolk sandte einen Pfeilregen nach dem Versteck, aber ohne ihn zu treffen. Da kam er freiwillig hervor und ergab sich.

HELENA: Und nach einem solchen Siege solltest du dich nicht sicher fühlen?

JULIAN *zögernd:* Nach dem Siege, noch denselben Abend, trat ein Zufall ein, eine Unbedeutendheit –

HELENA: Ein Zufall?

JULIAN: Ich möchte es am liebsten so nennen. In Athen grübelten wir so viel über die Nemesis. – Mein Sieg war so überwältigend groß, Helena; meine Stellung war gleichsam aus dem Gleichgewichte gekommen; ich weiß nicht –

HELENA: O sprich doch, du ängstigst mich!

JULIAN: Es war eine Unbedeutendheit, sage ich dir. Ich ließ den gefangenen Knodomar im Beisein des Heeres vor mich führen. Vor der Schlacht hatte er gedroht, er werde mich lebendig schinden lassen, wenn er mich in seine Hand bekäme. Jetzt ging er mir mit unsichern Schritten entgegen, am ganzen Leibe bebend. Niedergebeugt vom Unglück, so wie es die Art der Barbaren ist, warf er sich vor mir nieder, umklammerte meine Knie, vergoß Tränen und bat um sein Leben.

HELENA: Mit dem Schauder des Entsetzens in den kraftvollen Gliedern. Ich sehe den liegenden Knodomar. – Tötetest du ihn, mein Geliebter?

JULIAN: Ich konnte diesen Mann nicht töten. Ich sagte ihm Sicherheit zu und versprach, ihn als Gefangenen nach Rom zu senden.

HELENA: Ohne ihn zu foltern?

JULIAN: Die Klugheit gebot mir, mild zu sein. Aber da – ich begreife nicht, wie es zuging – in überströmender Freude und mit einem Geheul auf den Lippen, sprang der Barbar auf, streckte seine gebundenen Hände empor und wenig kundig, wie er unserer Sprache war, rief er mit lauter Stimme: Gepriesen seist du, Julian, du mächtiger Kaiser!

HELENA: Ah!

JULIAN: Meine Begleiter wollten lachen; aber der Ruf des Barbarenkönigs schlug wie ein Blitz in die Scharen der Soldaten nieder. „Es lebe Kaiser Julian!" riefen die Umstehenden; und der Ruf pflanzte sich in weitern und weitern Kreisen bis in die fernsten Fernen fort – es war, wie wenn ein Titan einen Berg in das Weltmeer hinausgeschleudert hätte – o meine Geliebte, vergib mir diesen heidnischen Vergleich, aber –

HELENA: Kaiser Julian! Er sagte: Kaiser Julian!

JULIAN: Was wußte der rohe Alemanne von Konstantios, welchen er niemals gesehen hatte? Ich, sein Überwinder, war für ihn der größte –

HELENA: Ja, ja; aber die Soldaten –?

JULIAN: Ich tadelte sie strenge; denn ich sah wohl – Florentius, Severus und gewisse andere standen still herum; bleich vor Schreck und Zorn.

HELENA: Ja, ja, s i e; aber nicht die Soldaten!

JULIAN: Es war kaum eine Nacht vergangen, als meine heimlichen Feinde die Sache schon verdreht hatten. Der Cäsar hat sich durch Knodomar zum Kaiser ausrufen lassen, hieß es; und zum Entgelt hat er dem Barbarenkönig das Leben geschenkt. – So, um- und umgekehrt, ist es nach Rom gemeldet worden.

HELENA: Bist du dessen gewiß? Und von wem?

JULIAN: Ja, von wem? Von wem? Ich selbst schrieb eilig an den Kaiser und erzählte ihm alles, aber –

HELENA: Nun – und was hat er geantwortet?

JULIAN: Wie gewöhnlich. Du kennst dieses unglückverkündende Schweigen, wenn er jemand treffen will.

HELENA: Ich glaube doch, du mißverstehst alles das. Es ist anders unmöglich. Sieh, der Gesandte wird dir bald Sicherheit bringen, damit –

JULIAN: Ich h a b e Sicherheit, Helena! Hier auf meiner Brust verberge ich aufgefangene Briefe, welche –

HELENA: O Herr mein Gott, laß mich sehen.

JULIAN: Später, später. *Geht auf und nieder.* Und das alles nach den Diensten, die ich ihm geleistet habe! Ich habe hier den Angriff der Alemannen für lange Zeit niedergeworfen, während er selbst Niederlage auf Niederlage an der Donau erlitten hat und während das Heer in Asien nicht einen Schritt gegen die Perser vorwärtszukommen scheint. Schmach und Unglück an allen Enden, ausgenommen hier, wo man einen widerstrebenden Weisheitsfreund an die Spitze stellte. Und doch werde ich bei Hofe weiter verhöhnt. Ja selbst nach dem letzten, großen Sieg hat man ein Spottgedicht auf mich gemacht und mich Victorinus genannt. Das muß ein Ende haben.

HELENA: Ja, ich meine es auch.

JULIAN: Was ist die Würde eines Cäsaren unter solchen Umständen?

HELENA: Nein, du hast recht, Julian, wir können nicht dabei stehenbleiben.

JULIAN *bleibt stehen:* Helena, könntest du mir folgen?

HELENA *leise:* Fürchte nicht für mich; ich werde nicht zurückweichen.

JULIAN: Dann fort von all diesen undankbaren Beschwerden; fort, zu der so lang ersehnten Einsamkeit –!

HELENA: Was sagst du? Einsamkeit?

JULIAN: Mit dir, meine Geliebte; und mit meinen lieben Büchern, die ich hier so selten habe öffnen können und denen ich nur meine schlaflosen Nächte weihen konnte.

HELENA *sieht auf ihn herab:* Ah, so war's gemeint!

JULIAN: Was sonst?

HELENA: Nun ja; was sonst?

JULIAN: Ja, ja – ich frage, was sonst?

HELENA *näher:* Julian – wie grüßte dich der Barbarenkönig?

JULIAN *zurückweichend:* Helena!

HELENA *noch näher:* Was war es für ein Name, der in den Reihen der Soldaten widerhallte?

JULIAN: Unvorsichtige; hier steht vielleicht ein Lauscher draußen vor jeder Tür!

HELENA: Was fürchtest du Lauscher? Ist nicht Gottes Gnade über dir? Bist du nicht in allen Treffen glücklich gewesen? – Ich sehe den mahnenden Erlöser; ich sehe den Engel mit dem Feuerschwert, welcher meinem Vater den Weg bahnte, da er den Maxentius in den Tiber warf.

JULIAN: Ich sollte mich gegen den Herrscher des Reiches erheben?

HELENA: Nur gegen den, welcher zwischen euch steht. Oh, geh, geh; schlage sie mit dem Blitz deines Zornes nieder; mache ein Ende mit diesem zehrenden, freudenlosen Leben! Gallien ist eine Wüstenei. Ich friere hier, Julian. Ich will wieder heim, zur Sonnenwärme, nach Rom und Griechenland.

JULIAN: Heim, wieder zu deinem Bruder?

HELENA *leise:* Konstantios ist hinfällig.

JULIAN: Helena!

HELENA: Ich halte es nicht länger aus, sage ich dir. Die Zeit vergeht. Eusebia ist fort; ihr leerer Sitz steht winkend da, zu Ehre und Herrlichkeit, aber ich werde alt –

JULIAN: Du alterst nicht; du bist jung und schön!

HELENA: Nein, nein, nein! Die Zeit vergeht; ich kann das nicht mit Geduld ertragen; das Leben entschwindet mir!

JULIAN *sieht sie an:* Wie verführerisch schön, wie göttlich bist du nicht!

HELENA *schmiegt sich an ihn:* Bin ich das, Julian?

JULIAN *umfaßt sie:* Du bist das einzige Weib, das ich geliebt habe – das einzige, das mich geliebt hat.

HELENA: Ich bin älter als du. Ich will nicht mehr altern. Wenn alles vorüber ist, dann –

JULIAN *reißt sich los:* Still! Ich will nichts mehr hören.

HELENA *geht ihm nach:* Konstantios kann jeden Tag sterben; er hängt nur an einem Haar über dem Grabe. Oh, mein geliebter Julian, du hast ja die Soldaten für dich –

JULIAN: Schweige, schweige!

HELENA: Er erträgt keine Gemütserschütterung mehr. Wovor denn zurückweichen? Ich denke ja an nichts Blutiges. Pfui, wie konntest du sowas denken? Der Schreck wird genug sein; er wird ihn in den Arm nehmen und liebevoll seine Leiden endigen.

JULIAN: Vergißt du die unsichtbare Leibwache um den Gesalbten?

HELENA: Christus ist gut. Oh, sei fromm, Julian, so vergibt er vieles. Ich werde helfen. Gebete sollen für dich emporsteigen. Gelobt seien die Heiligen. Gelobt seien die Blutzeugen! Glaube mir, wir werden später alles sühnen. Schenke mir die Alemannen zur Bekehrung; ich will Priester unter sie aussenden; sie sollen sich der Gnade des Kreuzes unterwerfen.

JULIAN: Die Alemannen unterwerfen sich ihm nicht.

HELENA: Dann sollen sie sterben. Wie ein süßer Opferrauch soll ihr Blut zu ihm, dem gütigen Herrn, emporsteigen. Wir wollen seine Herrlichkeit vermehren; sein Preis soll durch uns verkündet werden. Ich selbst will mit dabeisein. Die alemannischen Weiber für mich! Unterwerfen sie sich nicht, so sollen sie geopfert werden! Und dann, mein Julian, wenn du mich wiedersiehst – verjüngt, verjüngt! Schenke mir die Alemannenweiber, du Geliebter! Blut – es ist ja kein Mord, und das Mittel soll untrüglich sein – ein Bad in frischem Jungfrauenblut –

JULIAN: Helena, du versündigst dich!

HELENA: Ist es ein Verbrechen, sich um deinetwillen zu versündigen?

JULIAN: Du Schöne, du einzige!

HELENA *beugt sich über seine Hände nieder:* Mein Herr vor Gott und Menschen! – Weiche diesmal nicht, Julian! Mein Held, mein Kaiser! Ich sehe den Himmel offen. Die Priester werden Christus lobsingen; meine Weiber werden sich im Gebet versammeln. *Mit erhobenen Armen:* O du Allgütiger! O du Gott der Heerscharen – der du immer Gnade und Sieg in deiner Hand hast –

JULIAN *mit einem Blick nach der Tür ruft:* Helena!

HELENA: Ah!

HAUSMEISTER EUTHERIOS *im Hintergrunde:* Herr, der Gesandte des Kaisers –

JULIAN: Ist er gekommen?

EUTHERIOS: Ja, Herr!

JULIAN: Sein Name? Wer ist es?

EUTHERIOS: Der Tribun Decentius.

HELENA: Wirklich? Der fromme Decentius?

JULIAN: Mit wem hat er gesprochen?

EUTHERIOS: Mit niemand, Herr; er kam in diesem Augenblicke an.

JULIAN: Ich will ihn sogleich sehen. Und höre; noch eins. Die Heerführer und Kriegsobersten sollen sich bei mir einfinden.

EUTHERIOS: Gut, gnädigster Herr!

Geht im Hintergrunde hinaus.

JULIAN: Nun, meine Helena, nun wird es sich zeigen –

HELENA *leise:* Was sich auch zeigt, so vergiß nicht, daß du auf die Soldaten bauen kannst.

JULIAN: Ach, bauen, bauen – ich weiß nicht, ob ich überhaupt auf einen bauen kann.

Tribun Decentius tritt im Hintergrunde auf.

HELENA *ihm entgegen:* Willkommen, edler Decentius! Ein römisches Antlitz – und vor allem dieses Antlitz – oh, das breitet einen glänzenden Sonnenschein über unser graues Gallien.

DECENTIUS: Der Kaiser kommt deiner Sehnsucht und deiner Hoffnung auf halbem Wege entgegen, hohe Fürstin! Wir dürfen glauben, daß dich Gallien nicht mehr lange fesseln wird.

HELENA: Wirklich, du Freudenbringer? Der Kaiser denkt also immer mit Liebe an mich? Wie steht es mit seiner Gesundheit?

JULIAN: Geh, geh, meine geliebte Helena!

DECENTIUS: Die Gesundheit des Kaisers hat sich in keiner Weise verschlimmert.

HELENA: Nein, nicht wahr, das wußte ich ja. Alle diese beängstigenden Gerüchte – Gott sei gelobt, daß es nur Gerüchte waren! Danke ihm freundlichst, du frommer Decentius! Und sei selbst bedankt. Mit welchen reichen Gaben hast du nicht deine Ankunft angemeldet! Kaiserliche Gaben – nein, nein, vielmehr brüderliche Gaben! Zwei glänzendschwarze Nubier – du solltest sie sehen, mein Julian – und Perlen! Ich trage sie bereits. Und Früchte – süße, schwellende; ah; Pfirsiche von Damaskus, Pfirsiche in Goldschalen! Wie werden sie mich erquicken – Früchte, Früchte; ich verschmachte hier in Gallien.

JULIAN: Ein Freudenmahl soll den Tag endigen; aber die Geschäfte zuerst. Geh, meine teure Gattin!

HELENA: Ich gehe zur Kirche – zum Gebet für meinen Bruder und für alle Hoffnungen. *Ab nach rechts.*

JULIAN *nach einer kurzen Pause:* Botschaft oder Brief?

DECENTIUS: Brief. *Er reicht ihm eine Papierrolle.*

JULIAN *liest, unterdrückt ein Lächeln und streckt die Hand aus:* Mehr!

DECENTIUS: Hoher Cäsar, das ist so ziemlich alles.

JULIAN: Wirklich? Hat der Kaiser seinen Freund einen so weiten Weg gesandt, nur um – *Er bricht in ein kurzes Lachen aus; darauf geht er auf und nieder.* War der Alemannenkönig Knodomar vor deiner Abreise nach Rom gekommen?

DECENTIUS: Ja, hoher Cäsar.

JULIAN: Und wie half er sich zurecht in dem fremden Lande, unkundig der Sprache, wie er war? Ja, er war höchst unkundig, Decentius, er wurde geradewegs zum Gelächter für meine Soldaten! Denke dir, er verwechselte so gebräuchliche Worte wie Kaiser und Cäsar.

DECENTIUS *zuckt mit den Schultern:* Ein Barbar. Was will das sagen?

JULIAN: Nein, was will das sagen? Aber der Kaiser ist ihm doch gnädig?

DECENTIUS: Knodomar ist tot, Herr!

JULIAN *stutzt:* Knodomar ist tot?

DECENTIUS: Im Fremdenlager, auf dem cölischen Berge.

JULIAN: Tot? So? Ja, die Luft in Rom ist ungesund.

DECENTIUS: Der Alemannenkönig starb am Heimweh, Herr! Die Sehnsucht nach den Seinigen und nach Freiheit –

JULIAN: Sie zehrt, Decentius; ja, ja, ich weiß es. – Ich hätte ihn nicht lebend nach Rom schicken, ich hätte ihn hier töten lassen sollen.

DECENTIUS: Der Sinn des Cäsaren ist milde.

JULIAN: Hm –! Heimweh? Freilich! *Zum Stallmeister Sintula, welcher vom Hintergrunde kommt:* Bist du da, alter Faun? Versuche mich nicht mehr. *Zu Decentius:* Seit der Schlacht bei Argentoratum spricht er fortwährend zu mir von einem Siegeswagen und weißem Gespann. *Zu Sintula:* Es würde die Fahrt Phaëtons mit den libyschen Sonnenrossen werden. Wie endete es doch? Hast du es vergessen – hast du dein Heidentum vergessen, hätte ich bald gesagt. – Um Vergebung, Decentius, wenn ich dein frommes Ohr verwunde.

DECENTIUS: Der Cäsar berührt nur das Ohr seines Dieners, er verwundet es nicht.

JULIAN: Ja, ja; habe Nachsicht mit dem Cäsar, wenn er scherzt. Ich weiß es wirklich anders nicht aufzunehmen. – Da haben wir sie.

Heerführer Severus, Prätorianerhauptmann Florentius mit mehreren Kriegsobersten und Herren vom Hofe des Cäsaren kommen vom Hintergrunde.

JULIAN *geht ihnen entgegen:* Guten Morgen, ihr Waffenbrüder und Freunde! Seid nicht böse, wenn ich euch gleich von dem Schmutz und der Mühe des Landweges hierherrufe; ich würde euch auch sicherlich einige Stunden Ruhe vergönnt haben; aber –

FLORENTIUS: Ist etwas Besonderes vorgefallen, Herr?

JULIAN: So ist es in der Tat. Doch könnt ihr mir sagen – was an dem Glück des Cäsaren fehlte?

FLORENTIUS: Was sollte wohl am Glück des Cäsaren fehlen?

JULIAN: Jetzt nichts mehr. *Zu Decentius:* Das Heer verlangte, ich sollte den Siegeseinzug in die Stadt halten. Man wollte, daß ich an der Spitze der Legionen durch die Tore Lutetias einzöge. Die gefangenen Barbarenfürsten sollten mit gebundenen Händen neben den Wagenrädern gehen. Die Sklaven und Weiber zwanzig überwundener Völkerstämme sollten nachfolgen, dicht zusammengedrängt, Haupt bei Haupt – *Bricht plötzlich ab.* Freuet euch, meine tapfern Mitkämpfer; hier seht ihr den Tribun Decentius, den vertrauten Freund und Ratgeber des Kaisers. Er kam heute früh mit Gaben und Grüßen von Rom.

FLORENTIUS: So fehlt gewiß nichts am Glücke des Cäsars.

SEVERUS *leise zu Florentius:* Unfaßbar! Also wieder in des Kaisers Gunst!

FLORENTIUS *leise:* O dieser wankelmütige Kaiser!

JULIAN: Es scheint, als wenn eine seltsame Stummheit euch alle geschlagen hätte. – Man findet, daß der Kaiser zuviel getan hat, guter Decentius.

FLORENTIUS: Wie kann so etwas dem Cäsaren in den Sinn kommen?

SEVERUS: Zuviel, hoher Cäsar? Keineswegs. Sollte nicht der Kaiser die richtigen Grenzen für seine Gnade zu ziehen wissen?

FLORENTIUS: Gewiß ist es eine große und seltene Auszeichnung –

SEVERUS: Ich will sie übermäßig groß und selten nennen.

FLORENTIUS: Namentlich legt es ein glänzendes Zeugnis dafür ab, daß der Sinn unseres erhabenen Kaisers frei ist von aller Mißgunst –

SEVERUS: Ein Zeugnis ohne Vorbild; das darf ich wohl sagen.

FLORENTIUS: Aber was hat der Cäsar nicht auch in diesen wenigen Jahren in Gallien ausgerichtet?

JULIAN: Ein jahrelanger Traum, teuere Freunde! Ich habe eben nichts ausgerichtet. Nichts, nichts!

FLORENTIUS: Und das rechnet deine Bescheidenheit für nichts? Was war das Heer, da du es übernahmst? Ein ungeordneter Haufe –

SEVERUS: – ohne Zusammenhang, ohne Gehorsam, ohne Leitung –

JULIAN: Übertreibung, Severus!

FLORENTIUS: Und zogst du nicht mit diesem disziplinlosen Haufen gegen die Alemannen; schlugst du sie nicht mit diesen Banden, welche du durch Siege zu einem Heer von Siegern umschufest; nahmst du nicht Colonia Agrippina wieder ein –?

JULIAN: Ei, ei, du blickst mit den Augen der Freundschaft, mein Florentius! – Oder ist es wirklich wahr? Ist es wahr, daß ich die Barbaren von den Inseln des

Rheins verjagte? Daß ich das verfallene Tres Tabernae in Verteidigungszustand setzte, zum Frommen für des Reiches Sicherheit? Ist es wirklich so?

FLORENTIUS: Wie, Herr? Kannst du an so großen Dingen zweifeln?

JULIAN: Nein, in der Tat, ich meine so – und die Schlacht bei Argentoratum? War ich nicht mit dabei? Es schwebt mir doch so vor, als ob ich über Knodomar gesiegt hätte. Und nach dem Siege – Florentius, hab' ich geträumt? oder baute ich nicht das Kastell Trajans wieder auf, da wir in die germanischen Gaue einrückten?

FLORENTIUS: Gibt es einen Menschen, der so toll wäre, dir diese Ehre streitig zu machen?

SEVERUS *zu Decentius:* Ich preise das Schicksal, das mir vergönnte, in meinen alten Tagen einem so glücklichen Führer zu folgen.

FLORENTIUS *ebenso zum Tribunen:* Welche Wendung der alemannische Überfall ohne die Tapferkeit und Klugheit des Cäsaren hätte nehmen können, wage ich kaum zu denken.

MEHRERE HAUPTLEUTE *drängen sich vor:* Ja, Herr, der Cäsar ist groß!

ANDERE HERREN *klatschen in die Hände:* Der Cäsar hat nicht seinesgleichen!

JULIAN *sieht einen Augenblick abwechselnd Decentius und die andern an; darauf bricht er in ein lautes, kurzes Gelächter aus:* So blind ist Freundschaft, Decentius! So blind, blind! *Er wendet sich zu den übrigen und rollt die Papierrolle auf, die er in der Hand hält.* Hier stehen ganz andere Dinge! Hört zu und saugt es wie einen erquickenden Tau der Erkenntnis ein. Dieses ist die Botschaft des Kaisers an alle Statthalter ringsum im Reich – unser ausgezeichneter Decentius hat eine Abschrift mitgebracht. Hier steht es; ich habe nichts in Gallien ausgerichtet. Es war ein Traum, wie ich soeben sagte. Hier haben wir des Kaisers eigene Worte: unter den glücklichen Wahrzeichen des Kaisers wurde das Reich von der drohenden Gefahr befreit.

FLORENTIUS: Alle Angelegenheiten des Reiches haben Erfolg unter den Wahrzeichen des Kaisers.

JULIAN: Mehr, mehr! Hier wird berichtet, daß der K a i s e r am Rhein gekämpft und gesiegt hat; daß der Kaiser den demütig bittenden Alemannenkönig aufgehoben hat, der sich vor ihm niederwarf. M e i n e n Namen glückt es mir nicht, irgendwo in diesem Schriftstück zu finden – und auch deinen nicht, Florentius, noch deinen, Severus! Und hier in der Schilderung der Schlacht bei Argentoratum – wo hatte ich es doch? Ja hier; hier steht es, ordnete der Kaiser die Schlachtordnung an; der Kaiser war es, der mit Lebensgefahr sein Schwert stumpf schlug, in den vordersten Reihen kämpfend; es war der Kaiser, welcher durch den Schrecken seines Kommens die Barbaren kopfüber in die Flucht schlug; lest, lest, sage ich!

SEVERUS: Hoher Cäsar, dein Wort genügt.

JULIAN: Und wo wollt ihr denn mit eurer törichten Rede hin, ihr Freunde? Wollt ihr aus übertriebener Liebe zu mir mich zu einem Schmarotzer machen, den ihr mit dem Überfluß mästet, welchen ihr vom Tische meines Verwandten raubtet? – Was deucht dich, Decentius? Was sagst du dazu? Du siehst, daß ich in meinem eigenen Lager meine Anhänger im Auge behalten muß, welche manchmal aus Blindheit im Begriff sind, sich über die Grenzpfähle des Aufruhrs hinaus zu verirren.

FLORENTIUS *schnell zu dem Tribunen:* In Wahrheit, meine Worte sind höchlichst mißdeutet worden, wenn –

SEVERUS *gleichfalls zu dem Tribunen:* Es konnte mir niemals einfallen, in d e r Weise –

JULIAN: So sei es, ihr Kampfbrüder; laßt uns alle zusammen unsern Hochmut in uns fressen. Ich fragte früher, was dem Glücke des Cäsaren mangelte. Jetzt wißt ihr es. Die Erkenntnis der Wahrheit mangelte dem Glück des Cäsaren. Dein Silberhelm wird nicht dazu kommen, von dem Staub des Siegeszuges bedeckt zu werden, tapfrer Florentius! Der Kaiser hat bereits für uns den Siegeseinzug in Rom gehalten. Er findet deshalb, daß alle Festlichkeiten hier überflüssig sind. Geh, Sintula, und sorge dafür, daß der anbefohlene Aufzug abgesagt werde. Der Kaiser gönnt seinen Soldaten eine zuträgliche Ruhe. Es ist sein Wille, daß sie in dem Lager außerhalb der Mauern verbleiben.

Stallmeister Sintula geht im Hintergrunde hinaus.

JULIAN: War ich nicht einmal ein Philosoph? Man sagte es zum mindesten, in Athen und auch in Ephesos. So schwach ist der menschliche Geist im Glück. Beinahe wäre ich der Weisheit untreu geworden. Der Kaiser hat mich wieder daran erinnert. Danke ihm bestens dafür, Decentius. Hast du mehr zu melden?

DECENTIUS: Noch etwas. Nach allem, was der Kaiser vernommen hat, und infolge des Briefes, den du ihm von Argentoratum schriebst, ist das große Friedenswerk hier in Gallien glücklich zu Ende geführt.

JULIAN: Gewiß; der Kaiser hat teils durch seine Tapferkeit, teils durch seine großmütige Milde –

DECENTIUS: Die Grenzen des Reiches sind gegen den Rhein gesichert.

JULIAN: Vom Kaiser; vom Kaiser.

DECENTIUS: In den Landschaften um die Donau dagegen steht es schlimm, und noch schlimmer in Asien; König Sapores hat dauernd Erfolg.

JULIAN: Der verwegene Mann. Das Gerücht sagt, daß es dem Kaiser im Sommer noch nicht beliebt hat, ihn durch seine Heerführer vernichten zu lassen.

DECENTIUS: Der Kaiser beabsichtigt, ihn selbst zum Frühjahr zu vernichten. *Nimmt eine Papierrolle vor.* Hier ist sein Wille, hoher Cäsar.

JULIAN: Laß sehen, laß sehen! *Liest.* Ah! *Er liest noch einmal lange und unter einer starken innern Bewegung. Dann sieht er auf und sagt:* Es ist also des Kaisers Wille, daß –? Gut, gut, edler Decentius; des Kaisers Wille soll erfüllt werden.

DECENTIUS: Es ist notwendig, daß er noch heute erfüllt werde.

JULIAN: Noch heute, versteht sich. Komm her, Sintula! Nun, wo ist er? Ach so! – Holt Sintula zurück.

Ein Höfling geht im Hintergrunde hinaus; Julian geht zum Fenster und liest die Papierrolle von neuem durch.

FLORENTIUS *gedämpft zum Tribunen:* Ich bitte flehentlich, mißdeute nicht, was ich vorher sagte. Wenn ich dem Cäsar Ehre beilegte, so war selbstverständlich damit nicht gemeint, daß –

SEVERUS *leise:* Niemals konnte es mir in den Sinn kommen, daß es nicht des Kaisers weise oberste Leitung war, welche –

EIN HÖFLING *auf der andern Seite zum Tribunen:* Ich bitte dich, edler Herr – lege ein Wort für mich bei Hofe ein und erlöse mich aus dieser peinlichen Stellung bei einem Cäsar, welcher – nun ja, er ist des Kaisers hoher Verwandter, aber –

EIN ANDERER HÖFLING: Ich könnte dir leider Dinge erzählen, welche ebenso seine grenzenlose Eitelkeit beweisen wie seine verwegenen Hoffnungen –

JULIAN: Also noch heute! Laß mich dir ein Wort sagen, Decentius! Es wäre mein höchster Wunsch erfüllt, könnte ich diese verantwortungsvolle Würde niederlegen.

DECENTIUS: Es soll dem Kaiser gemeldet werden.

JULIAN: Ich rufe den Himmel zum Zeugen an, daß ich niemals – ah, da ist Sintula; so können wir also – *Zum Tribunen:* Du gehst?

DECENTIUS: Ich habe mit den Heerführern zu verhandeln, hoher Cäsar.

JULIAN: Ohne meine Vermittelung?

DECENTIUS: Der Kaiser hat mich beauftragt, seinen teuren Verwandten zu schonen.

Er geht im Hintergrunde hinaus, von den übrigen gefolgt, ausgenommen Sintula, der an der Tür stehenbleibt.

JULIAN *betrachtet ihn einen Augenblick:* Sintula!

SINTULA: Ja, hoher Herr!

JULIAN: Komm näher. – Ja wahrlich, du siehst ehrlich aus. Vergib; ich habe niemals gedacht, daß du mir so ergeben sein könntest.

SINTULA: Woher weißt du, daß ich dir ergeben bin, Herr?

JULIAN *zeigt auf die Papierrolle:* Hier kann ich es mir herauslesen; da steht, daß du mich verlassen sollst.

SINTULA: Ich, Herr?

JULIAN: Der Kaiser löst das gallische Heer auf, Sintula!

SINTULA: Löst auf –?

JULIAN: Ja; was ist es anders als eine Auflösung –? Der Kaiser bedarf einer Verstärkung sowohl in der Donaugegend als auch gegen die Perser. Unsere batavischen und ärulischen Hilfstruppen sollen in aller Eile aufbrechen, damit sie zum Frühjahr in Asien stehen können.

SINTULA: Aber das ist ja unmöglich, Herr! Du hast ja feierlich gerade diesen unseren Bundesgenossen gelobt, daß sie unter keinen Umständen jenseits der Alpen verwendet werden sollten.

JULIAN: Gerade das, Sintula! Der Kaiser schreibt, ich hätte jene Zusage in Übereilung und ohne seine Zustimmung gegeben. Das habe ich freilich niemals gewußt; aber so steht es hier. Ich soll gezwungen werden, mein Wort zu brechen, mich in den Augen des Heeres zu entehren, der Barbaren wilden Zorn, vielleicht ihre todbringenden Waffen gegen mich zu wenden.

SINTULA: Das wird fehlschlagen, Herr! Die römischen Legionen werden dir ihre Brust zum Schilde bieten.

JULIAN: Die römischen Legionen? Hm! – argloser Freund! Von jeder Legion sollen dreihundert Mann ausgewählt und gleichfalls auf dem kürzesten Wege zum Kaiser gesandt werden.

SINTULA: Ah, das ist –!

JULIAN: – – wohl berechnet; nicht wahr? Alle Heeresabteilungen sollen gegen mich aufgestachelt werden, damit man mit desto geringerer Gefahr mich waffenlos machen könne.

SINTULA: Und ich sage dir, Herr, nicht ein einziger von deinen Heerführern wird sich dazu brauchen lassen.

JULIAN: Meine Heerführer werden auch nicht in Versuchung kommen. Du bist der Mann.

SINTULA: Ich, mein Cäsar?

JULIAN: Hier steht es geschrieben. Der Kaiser überträgt dir, alles Nötige anzuordnen und darauf die ausgewählten Abteilungen nach Rom zu führen.

SINTULA: Und das wird mir übertragen? Hier, wo Männer wie Florentius und der alte Severus –

JULIAN: Du hast keine Siege auf deinem Sündenregister, Sintula!

SINTULA: Nein, das ist wirklich wahr. Niemals hat man mir hier die Gelegenheit gönnen wollen, zu beweisen –

JULIAN: Ich bin ungerecht gegen dich gewesen. Dank für deine Treue.

SINTULA: Eine so große kaiserliche Gnade! Herr, darf ich sehen –

JULIAN: Was willst du sehen? Du willst dich ja dazu nicht brauchen lassen.

SINTULA: Gott verhüte, daß ich dem Kaiser den Gehorsam verweigern sollte.

JULIAN: Sintula – du könntest deinen Cäsar entwaffnen!

SINTULA: Der Cäsar hat immer wenig Wert auf mich gelegt. Der Cäsar hat mir niemals vergeben können, daß er einen Stallmeister um sich dulden mußte, der vom Kaiser gewählt war.

JULIAN: Der Kaiser ist groß und weise, er versteht zu wählen.

SINTULA: Herr – ich brenne darnach, meine Pflicht zu tun; darf ich um des Kaisers Befehl bitten?

JULIAN *reicht ihm eine der Papierrollen:* Hier ist der Befehl des Kaisers. Geh und tu deine Pflicht.

SKLAVIN MYRRHA *kommt eilig von rechts:* Oh, erbarm dich, Erlöser!

JULIAN: Myrrha! Was gibt's?

MYRRHA: O gnädiger Himmel, meine Herrin –

JULIAN: Deine Herrin – was ist mit ihr?

MYRRHA: Krankheit oder Wahnsinn – Hilfe, Hilfe!

JULIAN: Helena krank! Der Arzt! Oribazes soll kommen, Sintula! Hole ihn!

Stallmeister Sintula geht im Hintergrunde hinaus. Julian will nach rechts hinauseilen, begegnet aber in der Tür der Fürstin Helena, von ihren Frauen umringt; ihr Antlitz ist wild und verstört, ihre Haare und Kleider in Unordnung.

HELENA: Löse den Kamm! Löse den Kamm, sage ich! Er ist glühend. Feuer im Haar; ich brenne, ich brenne!

JULIAN: Helena! Um der Gnade Gottes willen –

HELENA: Ist keiner, der helfen will? Sie morden mich mit Nadelstichen!

JULIAN: Meine Helena! Was ist mit dir geschehen?

HELENA: Myrrha, Myrrha! Befreie mich von den Mägden, Myrrha!

ARZT ORIBAZES *kommt vom Hintergrunde:* Welche Schreckensbotschaft wird berichtet –? Ist es wahr? Ah!

JULIAN: Helena! Meine Liebe, meines Lebens Licht!

HELENA: Weg von mir! O süßer Jesus, Hilfe!

Sie sinkt ihren Frauen in die Arme.

JULIAN: Sie ist außer sich. Was kann das sein, Oribazes? Sieh – sieh, die Augen, wie groß –!

ORIBAZES *zu Myrrha:* Was hat die Fürstin genossen? Was hat sie gegessen oder getrunken?

JULIAN: Ah, du glaubst –?

ORIBAZES: Antwortet, Weiber! Was habt ihr der Fürstin gegeben?

MYRRHA: Wir? O nichts, glaube mir; sie hat selbst –

ORIBAZES: Nun, weiter!

MYRRHA: Einige Früchte; es waren Pfirsiche, glaube ich – oh, ich weiß nicht –

JULIAN: Früchte! Pfirsiche? Von denen, welche –?

MYRRHA: Ja – nein – ja; ach, ich weiß nicht, Herr – es waren zwei Nubier –

JULIAN: Hilfe, Hilfe, Oribazes!

ORIBAZES: Leider, ich fürchte –

JULIAN: Nein, nein, nein!

ORIBAZES: Still, gnädiger Herr, sie kommt zu sich.

HELENA *flüsternd:* Warum ging die Sonne unter? O heiliges, geheimnisvolles Dunkel!

JULIAN: Helena! Höre! sammle deine Gedanken –

ORIBAZES: Meine hohe Fürstin –

JULIAN: Das ist der Arzt, Helena! *Nimmt ihre Hand.* Nein, hier, wo ich stehe.

HELENA *reißt sich los:* Pfui! Da war er wieder!

JULIAN: Sie sieht mich nicht. Hier, hier, Helena!

HELENA: Der Abscheuliche – immer ist er um mich.

JULIAN: Was meint sie?

ORIBAZES: Geh beiseite, gütiger Herr –

HELENA: Süße Stille! Er ahnt nicht – o mein Gallos!

JULIAN: Gallos?

ORIBAZES: Geh, hoher Herr; es ist nicht gut –

HELENA: Wie dein kurzes gekräuseltes Haar sich trotzig um den Nacken rundet. Oh, dieser kurze fleischige Nacken –

JULIAN: Aller Abgründe Abgrund –!

ORIBAZES: Ihre Verwirrung nimmt zu –

JULIAN: Ich merke, ich merke. Wir müssen forschen, Oribazes.

HELENA *lacht leise:* Jetzt will er wieder forschen. – Tinte an den Fingern; Bücherstaub im Haar; ungewaschen; pfui, pfui, wie er stinkt!

MYRRHA: Herr, befiehlst du nicht, daß ich –

JULIAN: Weg mit dir, Weib!

HELENA: Wie konntest du dich von ihm überwinden lassen, du brauner kräftiger Barbar? Er kann nicht einmal Weiber überwinden. Wie mich anekelt diese Tugend aus Ohnmacht.

JULIAN: Zur Seite mit euch allen! Nicht so nahe, Oribazes! Ich selbst werde die Fürstin bewachen.

HELENA: Zürnst du mir, du Herrlicher? Gallos ist ja tot. Enthauptet. Welcher Hieb muß das gewesen sein! Nicht eifersüchtig, du mein erster und letzter. Gallos brenne in den Flammen der Hölle! – du warst es ja doch, nur du, du –

JULIAN: Nicht näher, Oribazes!

HELENA: Töte auch den Priester! Ich will ihn nicht mehr sehen. Du weißt ja unser süßes Geheimnis! O du Sehnsucht meiner Tage, Entzücken meiner Nächte! Du warst es ja selbst – in der Gestalt deines Dieners – in der Betkammer; ja, ja, du warst dort; du warst es – im Dunkeln, in der Luft, in der verschleiernden Wolke des Weihrauchs, jene Nacht, da der werdende Cäsar unter meinem Herzen –

JULIAN *weicht mit einem Schrei zurück:* Ah!

HELENA *mit ausgebreiteten Armen:* Mein Geliebter und Herr! Mein, mein –!

Sie sinkt zu Boden; die Sklaven eilen herbei und scharen sich um sie.

JULIAN *steht einen Augenblick unbeweglich; dann streckt er die Faust in die Höhe und ruft:* Galiläer!

Die Sklavinnen tragen die Fürstin nach rechts hinaus; in demselben Augenblick tritt der Ritter Sallust eilig durch die Tür im Hintergrunde herein.

SALLUST: Die Fürstin in Ohnmacht! Also war es doch so!

JULIAN *ergreift den Arzt am Arme und führt ihn zur Seite:* Sage die Wahrheit! Hast du früher schon gewußt, daß – nun ja, du verstehst mich; hast du eher als heute schon etwas gewußt von – von dem Zustand der Fürstin?

ORIBAZES: Ich ebenso wie alle andern, Herr!

JULIAN: Und du hast mir nichts davon gesagt, Oribazes!

ORIBAZES: Wie, mein Cäsar?

JULIAN: Wie konntest du wagen, so etwas zu verschweigen!

ORIBAZES: Herr, es gab nur e i n e s, was wir alle nicht gewußt haben.

JULIAN: Und das war?

ORIBAZES: Daß der Cäsar nichts wußte. *Er will gehen.*

JULIAN: Wohin?

ORIBAZES: Die Mittel versuchen, die meine Kunst –

JULIAN: Ich glaube, deine Kunst wird sich als nutzlos erweisen.

ORIBAZES: Herr, es wäre doch möglich, daß –

JULIAN: Nutzlos, sage ich!

ORIBAZES *weicht einen Schritt zurück:* Hoher Cäsar, es ist meine Pflicht, dir darin ungehorsam zu sein.

JULIAN: Wie deutest du meine Worte? Geh, geh; versuche, was deine Kunst –; rette die Schwester des Kaisers; der Kaiser würde untröstlich sein, wenn seine liebevolle Sorgfalt ein Unglück nach sich ziehen würde. Ja, du weißt doch, daß jene Früchte ein Geschenk des Kaisers waren?

ORIBAZES: Ha!

JULIAN: Geh, geh, Mann, und versuche, was deine Kunst –

ORIBAZES *verneigt sich ehrerbietig:* Ich glaube, meine Kunst ist nutzlos, Herr! *Ab nach rechts.*

JULIAN: Ah du, Sallust! Was deucht dir? Jetzt brechen die Wogen des Geschickes wieder über unser Geschlecht herein.

SALLUST: Oh, aber es gibt Rettung. Oribazes wird –

JULIAN *kurz und abweisend:* Die Fürstin stirbt.

SALLUST: Oh, wenn ich reden dürfte! Wenn ich den geheimnisvollen Fäden in diesem Gespinst des Verderbens nachforschen dürfte!

JULIAN: Sei getrost, Freund; alle Fäden werden an den Tag kommen und dann –

TRIBUN DECENTIUS *kommt aus dem Hintergrunde:* Wie soll ich vor das Antlitz des Cäsaren treten! Wie unerforschlich sind nicht Gottes Wege! Zerknirscht –; könntest du in meinem Herzen lesen! Ich Bote des Unglücks und der Trauer –!

JULIAN: Ja, das mußt du zweimal sagen, edler Decentius! Und wie kann ich wohl genügend besänftigende und verschleiernde Worte ausfindig machen, um dieses in einer erträglichen Darstellung vor das Bruderohr des Kaisers zu bringen!

DECENTIUS: Unselig, daß so etwas geschehen mußte fast gleichzeitig mit meiner Sendung! Und gerade jetzt! Oh, dieser Blitz aus wolkenlosem Hoffnungshimmel!

JULIAN: Ja, dieser plötzlich losbrechende und alles verschlingende Meeresstrom, gerade da das Schiff glaubte in den lange ersehnten Hafen einlaufen zu können; dieser, dieser – Schmerz macht uns wohl beredt, Decentius – dich wie mich. Aber erst das Geschäft. Die beiden Nubier sollen gefangengesetzt und verhört werden.

DECENTIUS: Die Nubier, Herr? Wähnst du, mein zornvoller Eifer konnte es dulden, daß diese beiden nachlässigen Diener noch einen Augenblick länger –

JULIAN: Wie, du hast doch nicht etwa –?

DECENTIUS: Nenne mich einen zu hitzigen Mann, hoher Cäsar; aber meine Liebe zum Kaiser und zu seinem vom Unglück betroffenen Hause müßte in der Tat geringer sein, als sie es ist, wenn sie in solcher Stunde irgendeiner besonnenen Überlegung hätte Raum geben können.

JULIAN: Du hast beide Sklaven töten lassen?

DECENTIUS: Hatten sie nicht siebenfach den Tod verdient, die Nachlässigen? Es waren zwei wilde Heiden, Herr! Ihr Zeugnis würde zu nichts gedient haben; es war mir unmöglich, aus ihnen etwas anderes herauszupressen, als daß sie jene wichtigen Dinge eine ziemlich lange Zeit im Vorsaal, der für jedermann zugänglich, ohne Aufsicht hatten stehen lassen –

JULIAN: Aha! Das also, Decentius!

DECENTIUS: Ich klage niemand an. O mein teurer Cäsar, ich warne dich; du bist von untreuen Dienern umgeben. Dein Hof – welch unseliges Mißverständnis! – man hat geglaubt, eine Art von Ungnade, wie soll ich es sonst nennen – schimmere hinter den Verhaltensmaßregeln hervor, welche der Kaiser hier notgedrungen treffen mußte; kurz und gut –

STALLMEISTER SINTULA *kommt vom Hintergrunde:* Herr, du hast mir einen Auftrag gegeben, dem ich in keiner Weise gewachsen bin.

JULIAN: Der Kaiser hat dir den Auftrag gegeben, guter Sintula!

SINTULA: Nimm ihn zurück, Herr; ich bin ihm wirklich nicht gewachsen.

DECENTIUS: Was ist geschehen?

SINTULA: Das Lager ist in wildem Aufruhr. Die Legionen und Bundesgenossen rotten sich zusammen –

DECENTIUS: Trotz gegen den Willen des Kaisers!

SINTULA: Die Soldaten rufen, sie wollen sich an die Versprechungen des Cäsaren halten.

JULIAN: Hört, hört, dies Gebrüll draußen –!

SINTULA: Der Haufe strömt hierher –

DECENTIUS: Laß niemand hier eindringen!

RITTER SALLUST: Es ist zu spät; der ganze Platz ist von drohenden Soldaten angefüllt.

DECENTIUS: Das teure Leben des Cäsaren ist in Gefahr! Wo ist Florentius?

SINTULA: Geflüchtet.

DECENTIUS: Der großprahlerische Feigling! Aber Severus?

SINTULA: Severus meldet sich krank, er hat sich zu seinem Landgut hinausfahren lassen.

JULIAN: Ich will selbst mit den Rasenden sprechen.

DECENTIUS: Nicht von der Stelle, hoher Cäsar!

JULIAN: Was nun?

DECENTIUS: Es ist meine Pflicht, gnädigster Herr; das Gebot des Kaisers –; das Leben seines teuren Verwandten –; der Cäsar ist mein Gefangener.

SALLUST: Ha!

JULIAN: So kommt es also doch!

DECENTIUS: Die Haustruppen, Sintula! Du hast den Cäsaren in Sicherheit nach Rom zu führen.

JULIAN: Nach Rom!

SINTULA: Was sagst du, Herr!

DECENTIUS: Nach Rom, sage ich!

JULIAN: Wie Gallos! *Ruft durch das Fenster:* Hilfe! Hilfe!

SALLUST: Fliehe, mein Cäsar! Fliehe, fliehe!

Wildes Geschrei außerhalb. Römische Legionssoldaten, batavische Hilfstruppen und andere Bundesgenossen steigen durch das Fenster herein. Im selben Augenblick drängt ein anderer Haufe durch die Tür im Hintergrund herein. Unter den vordersten ist der Fahnenträger Mauros; Weiber, zum Teil mit Kindern auf den Armen, folgen den Hereindrängenden nach.

SCHREI DER SOLDATEN: Cäsar, Cäsar!

ANDERE STIMMEN: Cäsar, warum hast du uns verraten?

WIEDER ANDERE: Nieder mit dem treulosen Cäsar!

JULIAN *wirft sich mit ausgebreiteten Armen unter die Soldaten und ruft:* Mitkämpfer, Kriegsbrüder – rettet mich vor meinen Feinden!

DECENTIUS: Ha, was ist das –!

WILDER SCHREI: Nieder mit dem Cäsar, schlagt den Cäsar nieder!

JULIAN: Schließt einen Kreis um mich, zieht euer Schwert!

MAUROS: Sie sind alle gezogen!

WEIBER: Haut ihn nieder; haut ihn nieder!

JULIAN: Dank, daß ihr kamt! Mauros! Ehrlicher Mauros! Ja, ja, auf dich kann ich bauen!

BATAVISCHE SOLDATEN: Wie darfst du uns an die Grenzen der Welt senden? War es das, was du uns versprachst?

ANDERE BUNDESGENOSSEN: Nicht über die Alpen! Dazu sind wir nicht verpflichtet!

JULIAN: Nicht nach Rom! Ich gehe nicht; sie wollen mich morden, wie sie meinen Bruder Gallos mordeten!

MAUROS: Was sagst du, Herr?

DECENTIUS: Glaubt ihm nicht!

JULIAN: Rührt nicht den edlen Decentius an, er ist ohne Schuld.

UNTERFÜHRER LAIPSO: Das ist wahr, der Cäsar ist der Schuldige.

JULIAN: Ah, du bist es, Laipso! Mutiger Freund, bist du es? Du schlugst gut bei Argentoratum.

LAIPSO: Dessen erinnert sich der Cäsar?

UNTERFÜHRER VARRO: An seine Versprechungen erinnert er sich nicht!

JULIAN: War das nicht die Stimme des unerschrockenen Varro, die ich vernahm? Da haben wir ihn ja vor uns! Deine Wunde ist geheilt, sehe ich. O du wohlverdienter Krieger – daß es mir doch versagt wurde, dich zum Hauptmann zu machen!

VARRO: Hast du das wirklich gewollt?

JULIAN: Lege es nicht dem Kaiser zur Last, daß er meine Bitte abschlug, der Kaiser kennt keinen von euch, so, wie ich euch kenne.

DECENTIUS: Soldaten, hört mich –!

VIELE STIMMEN: Wir haben nichts mit dem Kaiser zu schaffen!

ANDERE *drängen drohend vor:* Der Cäsar soll uns Rede stehen!

JULIAN: Welche Macht hat wohl euer unglücklicher Cäsar, meine Freunde? Man will mich nach Rom führen. Man verweigert mir sogar, meine eigenen Angelegenheiten zu verwalten. Man legt auf meinen Anteil an der Kriegsbeute Beschlag. Fünf Goldstücke und ein Pfund Silber hatte ich gemeint jedem Soldaten zu schenken, aber –

SOLDATEN: Was sagt er?

JULIAN: Es ist nicht der Kaiser, der das verbietet; es sind böse und mißgünstige Ratgeber. Der Kaiser ist gut, ihr lieben Freunde! Oh, aber der Kaiser ist krank; er kann nichts ausrichten –

EINIGE SOLDATEN: Fünf Goldstücke und ein Pfund Silber!

ANDERE SOLDATEN: Und das wird uns verweigert!

WIEDER ANDERE: Wer dürfte dem Cäsaren etwas verweigern!

MAUROS: So handelt man mit dem Cäsaren, dem Vater der Soldaten!

LAIPSO: Mit dem Cäsar, welcher uns mehr ein Freund als ein Herr gewesen ist! Oder ist er das etwa nicht?

VIELE STIMMEN: Ja, ja, das ist er!

VARRO: Darf nicht der Cäsar, der Sieger, zum Hauptmann wählen, wen er will?

MAUROS: Darf er nicht freie Verfügung über die Beute haben, welche ihm zugefallen ist?

LAUTER RUF: Ja, ja, ja!

JULIAN: Ach, was würde euch das wohl nützen? Welchen Gebrauch könnt ihr von irdischen Gütern machen, ihr, die ihr zu den fernsten Landen geführt werden sollt und einem ungewissen Schicksal entgegengeht –

DIE SOLDATEN: Wir gehen nicht!

JULIAN: Seht nicht auf mich; ich schäme mich, denn ich bin nahe daran, einen Tränenstrom zu vergießen, wenn ich bedenke, daß ihr in wenigen Monaten dem Siechtum, dem Hunger und den Waffen eines blutdürstigen Feindes preisgegeben werden sollt.

EINIGE SOLDATEN *drängen sich um ihn:* Cäsar! Guter Cäsar!

JULIAN: Und nun eure schutzlosen Frauen und Kinder, die ihr in euren einsamen Hütten zurücklassen müßt! Wer soll diese Bemitleidungswürdigen, diese werdenden Witwen und Waisen schützen, welche bald dem haßerfüllten Überfall der Alemannen ausgesetzt sein werden?

DIE WEIBER *weinend:* Cäsar, Cäsar, nimm dich unsrer an!

JULIAN *ebenso und in Tränen:* Was ist der Cäsar? Was vermag der gefallene Cäsar?

LAIPSO: Schreibe an den Kaiser und laß ihn wissen –

JULIAN: Ach, was ist der Kaiser? Der Kaiser ist krank an Körper und Gemüt; er ist von der Sorge für die Wohlfahrt des Reiches gebrochen. Nicht wahr, Decentius?

DECENTIUS: Ja, gewiß, aber –

JULIAN: Wie schnitt es mir nicht ins Herz, da ich hörte – *Er drückt den Umstehenden die Hände.* Betet für seine Seele, ihr, die ihr den guten Christus verehrt! Bringet Opfer für seine Genesung, ihr, die ihr den Göttern eurer Väter treu geblieben seid! – – Wißt ihr wohl, daß der Kaiser den Siegeseinzug in Rom gehalten hat?

MAUROS: Hat das der Kaiser?

VARRO: Wie? Geschlagen, wie er kam von der Donau?

JULIAN: Wie er kam von der Donau, hat er den Siegeseinzug für unsere Siege gehalten –

DECENTIUS *drohend:* Hoher Cäsar, bedenke –

JULIAN: Ja, es ist so, wie der Tribun sagt; bedenket, wie der Geist des Kaisers umnachtet sein muß, wenn so etwas geschehen kann! O mein hart heimgesuchter Verwandter! Als er in Rom durch den gewaltigen Konstantinsbogen ritt, deuchte er sich so groß, daß er den Rücken krümmte und sein Haupt bis auf den Sattelknopf niederbeugte.

MAUROS: Wie ein Hahn in einem Torweg!

Gelächter unter den Soldaten.

EINZELNE STIMMEN: Ist das ein Kaiser!

VARRO: Und ihm sollen wir gehorchen!

LAIPSO: Fort mit ihm!

MAUROS: Cäsar, ergreife du das Steuer!

DECENTIUS: Aufruhr –!

VIELE STIMMEN: Nimm die Macht! Nimm die Macht, Cäsar!

JULIAN: Unsinnige! Heißt das wie Römer sprechen? Wollt ihr den alemannischen Barbaren nachfolgen? Was rief Knodomar bei Argentoratum? Antworte mir, guter Mauros – was rief er doch?

MAUROS: Er rief: es lebe Kaiser Julian!

JULIAN: Ach schweige, schweige! Was sagst du doch?

MAUROS: Es lebe Kaiser Julian!

DIE HINTENSTEHENDEN: Was geht vor sich?

VARRO: Sie rufen den Cäsar Julian zum Kaiser aus!

LAUTER SCHREI: Es lebe der Kaiser! Es lebe Kaiser Julian!

Der Ruf pflanzt sich außen in weiteren und weiteren Kreisen fort; alle sprechen durcheinander; Julian kann lange nicht zum Wort kommen.

JULIAN: Oh, ich bitte euch flehentlich –! Soldaten, Freunde, Kampfgenossen – seht, ich strecke meine bebenden Arme aus –! Ängstige dich nicht, mein Decentius! – Oh, daß ich das erleben mußte! Ich lege euch nichts zur Last, ihr Getreuen; es ist Verzweiflung, was euch dahin getrieben hat. Ihr wollt es. Gut; ich unterwerfe mich dem Willen des Heeres. – Sintula, laß meine Kriegsobersten sich versammeln. – Du, Tribun, kannst vor Konstantios bezeugen, daß ich nur notgezwungen – *Wendet sich zu Varro:* Geh, Hauptmann, und verkünde in dem Lager diese unerwartete Änderung. Ich selbst will ohne Verzug nach Rom schreiben –

SALLUST: Herr, die Soldaten wollen dich sehen.

MAUROS: Einen goldenen Reif um dein Haupt, Kaiser!

JULIAN: Einen solchen Schmuck habe ich niemals besessen.

MAUROS: Dies kann es auch tun.

Er nimmt seine Halskette ab und schlingt sie mehrere Male um die Stirn des Cäsaren.

RUF AUSSERHALB: Der Kaiser! der Kaiser! Wir wollen den Kaiser sehen!

DIE SOLDATEN: Auf den Schild mit ihm! Hinauf, hinauf!

Die Umstehenden heben Julian auf einen Schild hoch empor und zeigen ihn der Menge unter lange anhaltendem Beifallsruf.

JULIAN: Der Wille des Heeres geschehe! Ich beuge mich vor der Notwendigkeit und erneuere alle Zusagen –

LEGIONSSOLDATEN: Fünf Goldstücke und ein Pfund Silber!

BATAVER: Nicht über die Alpen!

JULIAN: Wir wollen uns in Vienna festsetzen. Diese Stadt ist die stärkste in Gallien und überdies reich an allerhand Vorrat. Es ist meine Absicht zu warten, bis wir sehen, ob mein tiefgebeugter Verwandter billigt, was wir hier zum Besten des Reiches unternommen haben –

SALLUST: Das tut er nicht, Herr!

JULIAN *mit erhobenen Armen:* Göttliche Weisheit leuchte in seine verdunkelte Seele und leite ihn zum Besten! Und du, o Glück, das mich bis dahin noch niemals verlassen hat, sei auch ferner mit mir!

MYRRHA UND DIE WEIBER *wehklagend außerhalb rechts:* Tot, tot, tot!

FÜNFTER AKT

In Vienna. Ein gewölbter Raum in den Katakomben. Links schlängelt sich ein Wendelgang empor. Durch die Bergseite im Hintergrund ist eine Treppe ausgehauen, die oben an einer geschlossenen Tür endet. Vorne rechts führen eine Menge Stufen zu den tieferliegenden Gängen hinab. Der Raum ist von einer brennenden Hängelampe schwach erleuchtet.

Cäsar Julian mit unrasiertem Bart und schmutzigen Kleidern steht lauschend über der Öffnung rechts. Gedämpfter Psalmengesang tönt durch die Tür der außerhalb angebauten Kirche.

JULIAN *spricht nach unten:* Noch kein Zeichen?

EINE STIMME *tief unten:* Nichts.

JULIAN: Weder ja noch nein? Weder für noch gegen?

DIE STIMME: Beides.

JULIAN: Das ist ja ebensogut als nichts.

DIE STIMME: Warte, warte.

JULIAN: Ich habe fünf Tage gewartet; du fordertest nur drei. Ich sage dir – ich bin nicht willens – *Er lauscht nach dem Ausgange hin und ruft mit gedämpfter Stimme hinunter:* Sprich nicht!

RITTER SALLUST *kommt den Gang links herauf:* Herr, Herr!

JULIAN: Bist du es, Sallust? Was willst du hier unten?

SALLUST: Dieses brütende Dunkel – ah, nun sehe ich dich.

JULIAN: Was willst du?

SALLUST: Dir dienen, wenn ich könnte – dich wieder zu den Lebenden zurückführen.

JULIAN: Was Neues oben auf der Welt?

SALLUST: Die Soldaten sind in Unruhe; wir sehen an

allerhand Vorboten, daß ihnen bald die Geduld zu Ende geht.

JULIAN: Jetzt scheint dort oben gewiß die Sonne?

SALLUST: Ja, Herr.

JULIAN: Der Himmel wölbt sich wie ein Meer funkelnden Lichtes. Es ist vielleicht hoher Mittag. Es ist warm; die Luft zittert längs den Hauswänden. Der Fluß rieselt halb ausgetrocknet über weiße Kieselsteine. – Schönes Leben; schöne Welt!

SALLUST: O komm, komm, Herr! Dein Aufenthalt in den Grabgewölben wird zum Schaden für dich gedeutet.

JULIAN: Wie wird es ausgelegt?

SALLUST: Dürfte ich es sagen?

JULIAN: Du darfst und sollst. Wie wird es ausgelegt?

SALLUST: Viele glauben, daß es weniger Trauer als Reue wäre, was dich so seltsam unter die Erde hinabtriebe.

JULIAN: Sie glauben, ich tötete sie?

SALLUST: Das Rätselvolle in der Sache muß sie entschuldigen, wenn –

JULIAN: Niemand tötete sie, Sallust! Sie war zu rein für diese Welt der Sünde; darum stieg jede Nacht ein Engel zu ihr vom Himmel herab in ihre Gebetkammer und rief sie. Oder wie? Weißt du nicht, daß die Priester in Lutetia auf diese Weise ihren Tod deuteten? Und die Priester müssen das ja wissen. Ist nicht ihr Leichenzug hierher gleich einem Siegeszug durch die Lande gewesen? Strömten nicht alle Weiber Viennas ihrem Sarge außerhalb der Tore entgegen und begrüßten sie mit grünen Zweigen in den Händen, breiteten Teppiche auf dem Wege aus und stimmten Lobgesänge an zu Ehren der Himmelsbraut, die zu dem Hause ihres Bräutigams heimgeführt wurde? – Warum lachtest du?

SALLUST: Ich, Herr?

JULIAN: Tag und Nacht habe ich seitdem Hochzeitsgesänge gehört. Höre, höre; in Verherrlichung wird sie emporgetragen. Ja, sie war gewiß ein echtes Christenweib. Sie hielt die Gebote pünktlich –; sie gab dem Cäsar, was des Cäsaren war, und dem andern gab sie – nun, d a v o n wollten wir nicht reden; du bist nicht in die Heimlichkeiten der Lehre eingeweiht, Sallust! – Was Neues, fragte ich?

SALLUST: Das Wichtigste, was ich weiß, ist, der Kaiser soll auf die Nachricht von den Vorgängen in Lutetia eilig hinüber nach Antiochia geflüchtet sein.

JULIAN: Die Neuigkeit kenne ich. Konstantios sah uns wohl im Geiste bereits vor den Toren Roms.

SALLUST: Die Freunde, welche sich dir verwegen in dieser gefährlichen Sache anschlossen, sahen im Geiste dasselbe.

JULIAN: Die Zeit ist uns nicht günstig, Sallust! Weißt du nicht, daß während der Kampfspiele vor der Abreise von Lutetia mein Schild in Stücke brach, so daß ich nur den Griff in der Hand behielt? Und weißt du nicht, daß, als ich zu Pferde steigen wollte, jener Diener taumelte, auf dessen zusammengefalteten Händen ich mich hinaufschwingen sollte?

SALLUST: Du kamst doch in den Sattel, Herr!

JULIAN: Aber der Mann fiel.

SALLUST: Bessere Männer werden fallen, wenn der Cäsar zögert.

JULIAN: Der Kaiser ist hinfällig.

SALLUST: Der Kaiser lebt. Die Briefe, die du ihm von deiner Ausrufung geschrieben hast –

JULIAN: Von meiner erzwungenen Ausrufung. Man zwang mich; es war nicht Wahl.

SALLUST: Der Kaiser läßt diese Erklärung nicht gelten. Es ist seine Absicht, sobald in den östlichen Landschaften ein Heer gesammelt ist, in Gallien einzurücken.

JULIAN: Woher weißt du –?

SALLUST: Durch einen Zufall, Herr! Ich flehe dich an, glaube mir –!

JULIAN: Gut, gut, wenn es geschieht, will ich dem Konstantios entgegengehen – nicht mit dem Schwert in der Hand –

SALLUST: Nicht! Wie denkst du ihm denn entgegenzugehen?

JULIAN: Ich will dem Kaiser geben, was des Kaisers ist.

SALLUST: Meinst du damit, daß du zurücktreten willst?

JULIAN: Der Kaiser ist hinfällig.

SALLUST: O diese eitle Hoffnung! *Wirft sich auf die Knie.* So nimm mein Leben, Herr!

JULIAN: Was nun!

SALLUST: Cäsar, nimm mein Leben; ich will lieber auf deinen als auf des Kaisers Befehl sterben.

JULIAN: Freund, erhebe dich!

SALLUST: Nein, laß mich zu den Füßen meines Cäsaren liegen und alles gestehen. O teurer Herr – daß ich dir das sagen mußte! – Da ich dich im Lager am Rhein aufsuchte – da ich dich an unsere ehemalige Freundschaft während des Zusammenlebens in Griechenland erinnerte – da ich dich bat, die Gefahren des Krieges mit dir teilen zu dürfen – da, o Cäsar, da kam ich als ein geheimer Kundschafter im Solde des Kaisers –

JULIAN: Du –!

SALLUST: Mein Sinn war einige Zeit von Zorn gegen dich entbrannt gewesen. Du erinnerst dich jenes geringen Zwistes in Mailand – doch nicht gering für mich, der gehofft hatte, der Cäsar sollte meinem wankenden Glück wieder auf die Füße helfen. Aus all diesem zog man in Rom Vorteil; man hielt mich für den rechten Mann dazu, deinen Wegen nachzuspüren.

JULIAN: Und zu so etwas konntest du dich verkaufen? Ein so schwarzer Betrug!

SALLUST: Ich war zugrunde gerichtet, Herr; und ich glaubte, daß der Cäsar seine Hand von mir abgezogen hätte. Ja, mein Cäsar, ich verriet dich – in den ersten Monaten; seitdem nicht. Deine Leutseligkeit, dein großer Sinn, alle Gnade, die du mir erwiesest –; ich wurde, wofür ich mich ausgegeben hatte, dein treuer Anhänger, und in meinen geheimen Briefen nach Rom führte ich jene hinters Licht, die mich ausgesandt hatten.

JULIAN: Diese Briefe waren von dir? O Sallust!

SALLUST: Sie enthielten nichts, was dir schaden konnte, Herr! Was andere geschrieben haben mögen, weiß ich nicht; ich weiß nur, daß ich mich nur noch in Qual wand unter einem notgedrungenen und verhaßten Schweigen. Ich wagte mich so weit vor, als ich es irgend durfte. Jenes an einen ungenannten Mann in deinem Lager gerichtete Schreiben, worin von dem Siegeseinzug des Kaisers in Rom gemeldet wurde und welches du eines Morgens auf dem Wege nach Lutetia unter deinem Zelt verborgen fandest – ja, du hast es doch gefunden, Herr?

JULIAN: Ja, ja –

SALLUST: Das war an mich gerichtet, und ein glücklicher Zufall war mir günstig, daß es in deine Hände kam. Reden durfte ich ja nicht. Ich w o l l t e reden; aber ich konnte es nicht; ich setzte es von Tag zu Tag aus, meine Schande zu verraten. Oh, strafe mich, Herr; sieh, hier liege ich!

JULIAN: Steh auf; du bist mir so lieber – gewonnen gegen meinen und deinen eigenen Willen. Steh auf, Freund meiner Seele; niemand soll ein Haar auf deinem Haupte krümmen.

SALLUST: Nimm lieber das Leben, das du doch nicht mehr lange die Macht haben wirst zu schirmen. Du sagst, der Kaiser ist hinfällig. *Erhebt sich.* Mein Cäsar, was ich geschworen habe zu verschweigen, das verrate ich nun. Die Hinfälligkeit des Kaisers enthält keine Hoffnung für dich. Der Kaiser nimmt eine neue Gattin zur Ehe.

JULIAN: Ah, welcher Wahnwitz! Wie kannst du denken –?

SALLUST: Der Kaiser nimmt eine neue Gattin, Herr! *Reicht ihm einige Papiere.* Lies, lies, hoher Cäsar; diese Briefe werden dir keinen Zweifel übriglassen.

JULIAN *ergreift die Papierrolle und liest:* Ja, bei dem Licht und der Macht der Sonne –!

SALLUST: Oh, hätte ich doch früher reden dürfen!

JULIAN: Er nimmt ein Weib zur Ehe. Konstantios – dieser schwindende Menschenschatten – Faustina – was steht da? Jung – kaum neunzehn Jahre alt – eine Tochter von – ah! Eine Tochter jenes übermütigen Geschlechtes. Ein eifriges Christenweib also! *Faltet die Papiere zusammen.* Du hast recht, Sallust; seine Hinfälligkeit enthält keine Hoffnung. Wenn er hinfällig ist, sterbend – was will das sagen? Ist Faustina nicht fromm? Ein Engel der Verheißung wird sich offenbaren; oder auch – ha, ha! Kurz und gut – auf eine oder die andere Weise – wird dort schon ein junger Cäsar zuwege gebracht werden, und dann –

SALLUST: Zögern heißt hier zugrunde gehen.

JULIAN: Das ist lange und in aller Stille vorbereitet worden, Sallust! Ja, wenn es so ist, lösen sich alle Rätsel. Helena – es war also nicht, wie ich dachte, ihre unvorsichtige Zunge, welche sie fällte –

SALLUST: Nein, Herr!

JULIAN: – man hat gedacht man hat geglaubt, daß – o unergründliche, ausgleichende Gerechtigkeit! Darum mußte sie aus dem Wege.

SALLUST: Ja, darum; ich war es, auf den man in Rom zuerst seine Blicke warf. O Herr, du zweifelst doch nicht daran, daß ich es abschlug? Ich schob die Unmöglichkeit vor, eine Gelegenheit zu finden; man versicherte mich, daß das verbrecherische Vorhaben aufgegeben sei, und dann –!

JULIAN: Sie bleiben nicht dabei stehen – bei der Doppelleiche im Sarge dort oben; Konstantios vermählt sich. Darum sollte ich in Lutetia entwaffnet werden.

SALLUST: Nur e i n s kann dich erretten, mein Cäsar; du mußt handeln, bevor der Kaiser zu Kräften kommt.

JULIAN: Wenn ich mich freiwillig in die Einsamkeit zurückzöge, mich der Weisheit widmend, die ich hier genötigt gewesen bin zu versäumen? Würden die neuen Machthaber ein solches Dasein dulden? Würde nicht schon das eine, daß sie mich am Leben wüßten, wie ein über ihrem Haupte schwebendes Schwert sein?

SALLUST: Die Verwandten der zukünftigen Kaiserin sind die Männer, die Cäsar Gallos in seinen letzten Stunden umgaben.

JULIAN: Der Tribun Skudilo. Glaube mir, Freund – ich habe es nicht vergessen. Oh, vor diesem blutigen Kaiser soll ich weichen und fallen! Ihn soll ich schonen, ihn, welcher jahrelang über die Leichen meiner nächsten Verwandten stolperte!

SALLUST: Schonst du ihn, so wird er in drei Monaten über die Leichen deiner Anhänger stolpern.

JULIAN: Ja, ja; darin hast du gewiß recht. Es ist für mich fast wie ein zwingendes Gebot, gegen ihn aufzutreten. Tue ich es, so tue ich es nicht um meiner selbst willen. Handelt es sich hier nicht um das Wohl und Weh Tausender? Oder stände es in meiner Macht, dieses Äußerste abzuwenden? Du bist mehr schuld als ich, Sallust! Warum sprachst du nicht schon früher?

SALLUST: In Rom ließen sie mich einen feierlichen Eid schwören, zu schweigen.

JULIAN: Einen Eid. So. Bei den Göttern deiner Vorväter?

SALLUST: Ja, Herr – bei Zeus und bei Apollo.

JULIAN: Und doch brichst du den Eid?

SALLUST: Ich wünsche zu leben.

JULIAN: Aber die Götter?

SALLUST: Die Götter – die sind weit fort.

JULIAN: Ja, eure Götter sind weit fort; sie hindern nichts; sie hemmen keinen; sie geben dem Menschen Raum zum Handeln. O dieses griechische Glück, sich frei zu fühlen! – – Du sagtest, daß der Kaiser, von Rache erfüllt, wie er es ist, das Blut meiner Getreuen vergießen wird. Ja, wer kann daran zweifeln? Wurde Knodomar geschont? Mußte dieser unschädliche Gefangene nicht mit dem Leben für einen Sprachfehler büßen? Denn – ich weiß es, Sallust – sie töteten ihn; jenes Gerücht von dem Heimweh des Barbaren war eine Lüge. Was haben w i r nicht für uns zu erwarten?

In welchem verhaßten Licht mag nicht der Tribun Decentius in Rom die Sache dargestellt haben?

SALLUST: Das erhellt am besten aus der eiligen Flucht des Hofes nach Antiochia.

JULIAN: Und bin ich nicht der Vater des Heeres, Sallust?

SALLUST: Der Vater der Soldaten; ihrer Gattinnen und Kinder Schild und Schutz.

JULIAN: Und was würde das Los des Reiches sein, wenn ich jetzt wankte? Ein hinfälliger Kaiser, und nach ihm ein unmündiges Kind auf dem Herrschersitz; Zwietracht und Aufruhr; die Hände aller gegen alle, um die Macht an sich zu reißen. – Vor einigen Nächten hatte ich ein Gesicht. Mir enthüllte sich eine Erscheinung mit einem Lichtkranz um das Haupt; sie sah zürnend auf mich und sprach: wähle! Dann löste sie sich auf, gleich einem emporsteigenden Morgennebel. Bis jetzt habe ich dieses Gesicht als auf ganz andere Dinge zielend ausgelegt; aber jetzt, da ich von der bevorstehenden Vermählung des Kaisers weiß –. Ja, es gilt in der Tat zu wählen, bevor das Unglück über das Reich hereinbricht. Ich denke nicht an eigenen Vorteil; aber d a r f ich die Wahl von mir weisen, Sallust? Und ist es nicht meine Pflicht gegen den Kaiser, mein Leben zu schützen? Habe ich das Recht, die Hände in den Schoß zu legen und auf die Mörder zu warten, welche er in seiner wahnwitzigen Angst dingt, mich niederzustoßen? Habe ich das Recht dazu, dem unglücklichen Konstantios Gelegenheit zu geben, eine neue Blutschuld auf sein schuldbeladenes Haupt zu wälzen? Ist es nicht besser für ihn – wie in der Schrift steht –, Unrecht zu leiden als Unrecht zu tun? Wenn also d a s, was ich meinem Verwandten zufüge, ein Unrecht genannt werden kann, so meine ich, mein Unrecht werde dadurch ausgeglichen, daß ich meinen Verwandten verhindere, m i r ein Unrecht zuzufügen. Ich glaube, sowohl Plato als auch Mark Aurel, jener gekrönte Bräutigam der Weisheit, würden mir hierin beistimmen. In jedem Falle keine ganz unwürdige Aufgabe für Weisheitsfreunde, mein lieber Sallust! – Oh, hätte ich doch Libanios hier!

SALLUST: Herr, du bist ja selbst so weit in der Weisheit vorgeschritten, daß du –

JULIAN: Wahr, wahr; aber ich möchte gern gewisse andere Meinungen hören. Nicht weil ich wanke. Glaube das nicht! Auch finde ich nicht, daß wir irgendeinen Grund haben, an einem glücklichen Ausfall zu zweifeln. Denn jene vorbedeutenden Ereignisse dürfen uns keineswegs abschrecken. Daß ich den Handgriff zurückbehielt, als mein Schild während der Kampfspiele zerbrach, das mag man mir mit vollem Fug und Recht so auslegen, es werde mir glücken zu behalten, was meine Hand erfaßt hat. Und wenn ich, mich auf mein Pferd schwingend, den Mann zur Erde riß, der mir in den Sattel half, so scheint das einen jähen Fall für Konstantios zu bedeuten, dem ich meine Erhöhung verdanke. Wie dem auch sei, mein Sallust, so denke ich eine Schrift abzufassen, welche ganz deutlich rechtfertigen soll, daß –

SALLUST: Sehr wohl, gnädiger Herr; aber die Soldaten sind ungeduldig; sie wünschen dich zu sehen und ihr Schicksal aus deinem eigenen Munde zu hören.

JULIAN: Geh, geh und stelle sie zufrieden – sage ihnen, daß der Cäsar sich bald wieder zeigen wird.

SALLUST: Herr, es ist nicht der Cäsar, es ist der Kaiser selbst, den sie sehen wollen.

JULIAN: Der Kaiser kommt.

SALLUST: Dann kommt er – selbst mit leerer Hand – mit dem Leben von Tausenden in seiner Hand.

JULIAN: Ein Tauschhandel, Sallust; das Leben Tausender gegen den Tod Tausender.

SALLUST: Haben deine Feinde ein Recht auf das Leben?

JULIAN: Glücklich du, dessen Götter weit fort sind. O diese Wehrfähigkeit des Willens!

EINE STIMME *ruft tief unten in den Grabgängen:* Julian, Julian!

SALLUST: Ah, was ist das?

JULIAN: Geh fort, Lieber, geh eilig fort!

DIE STIMME: Mache dem Kirchengesang ein Ende, Julian!

SALLUST: Es ruft wieder. Oh, so ist es doch wahr!

JULIAN: Was sollte wahr sein?

SALLUST: Daß du hier unten mit einem geheimnisvollen Fremden lebst, mit einem Wahrsager oder Hexenmeister, welcher bei Nachtzeit zu dir gekommen ist.

JULIAN: Ha, ha! das sagt man? Geh, geh!

SALLUST: Ich beschwöre dich, Herr – laß diese verderblichen Träume fahren. Komm mit; komm hinauf an den Tag!

DIE STIMME *näher von unten:* Alle Mühe umsonst.

JULIAN *beim Abstieg rechts:* Kein Zeichen, mein Bruder?

DIE STIMME: Leere und Schweigen!

JULIAN: O Maximos!

SALLUST: Maximos!

JULIAN: Geh, sage ich! Trete ich aus diesem Hause der Verwesung heraus, so komme ich als Kaiser.

SALLUST: Ich flehe dich an – was suchst du hier in der Finsternis?

JULIAN: Licht. Geh, geh!

SALLUST: Zögert der Cäsar, so fürchte ich, er findet den Weg versperrt.

Er geht durch den Gang links ab. Gleich darauf steigt der Mystiker Maximos die Treppe herauf; er trägt eine weiße Opferbinde um die Stirn; in der Hand hat er ein langes blutiges Messer.

JULIAN: Sprich, mein Maximos!

MAXIMOS: Alle Mühe ist verloren, hörst du ja. Warum konntest du nicht dem Kirchengesang ein Ende machen? Er hat alle Wahrzeichen erstickt; sie wollten reden, aber sie konnten nicht zu Wort kommen.

JULIAN: Schweigen, Dunkel – und ich kann nicht länger warten! Wozu rätst du mir?

MAXIMOS: Geh blind vorwärts, Kaiser Julian! Das Licht sucht dich.

Julian: Ja, ja, ja; ich glaube das auch. Ich hätte nicht nötig gehabt, dich den weiten Weg machen zu lassen. Weißt du, was ich neulich erfahren habe – ?

Maximos: Ich will nicht wissen, was du erfahren hast. Nimm dein Schicksal in deine eigene Hand.

Julian *geht unruhig auf und nieder:* In der Tat, was ist wohl dieser Konstantios – dieser furiengepeitschte Sünder, diese verwitterte Ruine von einem ehemaligen Menschen?

Maximos: Das Grabmal über ihn, Kaiser Julian!

Julian: Ist er nicht in seinem ganzen Benehmen gegen mich wie ein Schiffswrack ohne Steuer gewesen – bald nach links auf dem Strom des Mißtrauens treibend, bald nach rechts vom Sturmhauch der Reue geworfen? Taumelte er nicht auf den Kaisersitz hinauf, schreckensbleich, mit dem vom Blute meines Vaters triefenden Purpurmantel? Vielleicht auch meiner Mutter. – Mußte nicht mein ganzes Geschlecht fallen, damit er dort ruhig sitzen konnte? Nein, nicht das ganze; Gallos wurde verschont und ich – es mußten ein paar Leben übrigbleiben, von welchen er sich ein bißchen Vergebung erkaufen konnte. Dann trieb er wieder in der Strömung des Mißtrauens. Die Reue zwang ihm den Cäsarentitel für Gallos ab; dann zwang ihm die Furcht ein Todesurteil über den Cäsaren ab. Und ich? Bin ich ihm Dank für das Leben schuldig, das er mir bis dahin vergönnt hat? Einen nach dem andern; zuerst Gallos und dann –; jede Nacht habe ich im Angstschweiß gelegen, daß der kommende Tag mein letzter sein werde.

Maximos: Waren Konstantios und der Tod deine ärgste Angst? Denke darüber nach.

Julian: Ja, du hast wohl recht. Die Priester –! Meine ganze Jugend war gleichsam ein beständiges Entsetzen vor dem Kaiser und vor Christus. Oh, er ist entsetzlich, dieser rätselvolle – dieser schonungslose Gottmensch! Überall, wo ich vorwärts wollte, trat er mir groß und streng in den Weg mit seiner unbedingten, unerbittlichen Forderung.

Maximos: Und diese Forderung – war sie in dir?

Julian: Immer außerhalb. Ich sollte! Krampfte sich meine Seele in wühlendem, zehrendem Haß gegen den Mörder meines Geschlechtes zusammen, so hieß es: liebe deine Feinde! Schmachtete mein schönheitsdürstendes Gemüt nach den Sitten und Bildern der vergangenen Griechenwelt, so brach die Christenforderung in mich hinein mit ihrem: suche das einzig Notwendige! Fühlte ich des Leibes süße Lust und die Begierde nach diesem oder jenem, so schreckte mich der Fürst der Entsagung zurück, mit seinem: stirb hier ab, um dort zu leben! – Das Menschliche ist etwas Unerlaubtes geworden mit dem Tage, da der Seher von Galiläa das Weltensteuer ergriff. Leben heißt bei ihm sterben. Lieben und Hassen ist sündigen. Hat er denn des Menschen Fleisch und Blut verwandelt? Oder ist der erdgebundene Mensch nicht weiter geblieben, was er war? Unsere gesunde innerste Seele erhebt sich dagegen – und doch sollen wir wollen, gerade gegen unsern eigenen Willen! Wir sollen, sollen, sollen!

Maximos: Und weiter als bis dahin bist du nicht gekommen? Schäme dich!

Julian: Ich?

Maximos: Ja, du, der Mann von Athen und Ephesos.

Julian: Ach jene Zeiten, Maximos! Damals war es leicht zu wählen. Was war es, womit wir uns beschäftigten? Ein Weisheitsbau; weder mehr noch weniger.

Maximos: Steht nicht irgendwo in euern Schriften: Entweder für uns oder wider uns?

Julian: Blieb nicht Libanios derselbe, der er war, mochte er in einem Wortstreite auf seiten der Anklage oder der Verteidigung stehen? Hier liegt es tiefer. Hier ist eine Handlung, über welche ich hinweg soll. „Gib dem Kaiser, was des Kaisers ist, und Gott, was Gottes." In Athen machte ich einmal ein Spiel daraus – aber das liegt tiefer. Du kannst es nicht fassen, du, der du niemals unter der Gewalt dieses Gottmenschen gewesen bist. Es ist mehr als eine Lehre, was er über die Welt ausgebreitet hat, es ist ein Zauber, der die Sinne gefangennimmt. Wer sich einmal unter ihm befunden hat – glaube ich, kommt niemals mehr ganz von ihm los.

Maximos: Weil du es nicht ganz willst.

Julian: Wie soll ich das Unmögliche wollen können?

Maximos: Ist es der Mühe wert, das Mögliche zu wollen?

Julian: Wortschwall aus den Lehrsälen! Ihr befriedigt mich nicht länger damit. Und doch – o nein, nein, Maximos! Aber ihr könnt nicht fassen, wie uns zumute ist. Wir sind wie Weinstöcke, die man in ein fremdes, ungewohntes Erdreich umgepflanzt hat – pflanze uns wieder zurück und wir werden ausgehen, aber in dem neuen entarten wir.

Maximos: Wir? Wen nennst du wir?

Julian: Alle, welche unter der Furcht des Offenbarenden stehen.

Maximos: Gespensterfurcht!

Julian: Sei dem, wie ihm wolle. Aber siehst du nicht, daß diese lähmende Furcht sich verdichtet und aufgetürmt hat zu einer Mauer um den Kaiser? Oh, ich begreife wohl, warum der große Konstantin eine solche den Willen bindende Lehre zu Sieg und Macht in seinem Reiche führte. Keine Leibwache mit Spieß und Schild umschließt den Kaisersitz so sicher wie dieser überwältigende Glaube, der immer über das Erdenleben hinausweist. Hast du sie dir angesehen, diese Christen? Hohläugig, bleichwangig, engbrüstig sind sie alle zusammen. Sie gleichen den Leinwebern in Byssos; keine Ehrsucht darf in ihrem hinbrütenden Dasein aufkeimen; die Sonne leuchtet ihnen, und sie sehen sie nicht; die Erde bietet ihnen ihre Fülle, und sie begehren sie nicht – alles, was sie begehren, ist entsagen und leiden, um zu sterben.

Maximos: So brauche sie, wie sie sind; aber dann mußt du selbst außen stehen. Kaiser oder Galiläer – das ist die Wahl. Sei Sklave unter dem Schrecken oder Herrscher im Lande des Tages und des Lichts und der

Freude! Du kannst nicht das Widersprechende wollen; und doch ist es das, was du willst. Du willst das Unvereinbare vereinen – die beiden versöhnen, die nicht zu versöhnen sind; darum liegst du hier und verzehrst dich im Dunkel.

JULIAN: Kannst du, so erleuchte mich!

MAXIMOS: Bist du der Achilleus, von dem deine Mutter träumte, daß sie ihn der Welt schenken würde? Eine verwundbare Ferse macht noch keinen Achilleus. Erhebe dich, Herr! Siegesmutig, wie ein Ritter auf seinem feurigen Roß, mußt du über den Galiläer hinwegsetzen, wenn du den Kaisersitz erringen willst –

JULIAN: Maximos!

MAXIMOS: Mein geliebter Julian, sieh dich doch in der Welt um! Jene Christen mit der Todessehnsucht, wie du es vorhin nanntest, sind die wenigsten. Aber wie verhält es sich mit allen andern? Fallen nicht die Gemüter vom Meister ab, eines nach dem andern? Ja, antworte mir – was ist von dieser seltsamen Liebeslehre übriggeblieben? Rast nicht Gemeinde gegen Gemeinde? Und nun die Bischöfe, jene goldprunkenden Herren, die sich die Oberhirten der Kirche nennen! Geben sie selbst den Großen des Hofes etwas nach in Gier, Herrschsucht und Kriecherei –?

JULIAN: So sind sie nicht alle; denke an jenen gewaltigen Athanasios in Alexandria –

MAXIMOS: Athanasios war auch der einzige. Und wo ist Athanasios jetzt? Vertrieben sie ihn nicht, weil er nicht dem Willen des Kaisers feil war? Mußte er nicht in der libyschen Wüste Zuflucht suchen, wo er von Löwen zerrissen worden ist? Und kannst du mir denn noch einen wie Athanasios nennen? Denke an den Bischof Maris von Kalkedon, der in den arianischen Streitigkeiten nun dreimal seine Meinung geändert hat. Denke an den alten Bischof Markos in Arethusa; du kennst ihn ja von deiner Jugend her. Hat er nicht kürzlich wider Gesetz und Billigkeit der Bürgerschaft alles gemeinschaftliche Eigentum weggenommen und es der Kirche überwiesen? Und denke weiter an den hinfälligen, willenlosen Bischof in Nazianz, welcher ein Spott für seine eigene Gemeinde umherwandelt, weil er auf dieselbe Sache ja und nein antwortet und weil er allen Streitenden gefallen möchte.

JULIAN: Wahr, wahr, wahr!

MAXIMOS: Das sind deine Waffenbrüder, mein Julian; bessere findest du unter ihnen nicht. Oder rechnest du vielleicht auf jene beiden erwarteten großen galiläischen Leuchten von Kappadocien? Ha, ha; der Bischofssohn Gregor führt Rechtssachen in seiner Vaterstadt, und Basilios erforscht die Schriften weltlicher Gelehrter auf seinem Landgut im Morgenlande.

JULIAN: Ja, ich weiß es wohl. Abfall an allen Enden! Hekebolios, mein ehemaliger Lehrer, ist ein reicher Mann durch seinen Glaubenseifer und seine Schriftauslegung geworden; und seitdem –! Maximos – es ist nicht mehr weit davon, daß ich im Ernst ganz allein stehe.

MAXIMOS: Du stehst allein. Dein ganzes Heer ist in wilder Flucht, oder es liegt erschlagen um dich herum. Blase zum Kampf – und keiner wird dich hören; geh vor – und keiner wird dir folgen. Bilde dir nicht ein, du könnest eine Sache fortführen, die sich selbst aufgegeben hat. Du unterliegst, sage ich dir! Und wo willst du dann hin? Verstoßen von Konstantios, wirst du von allen Mächten auf Erden verstoßen sein – auch von denen über der Erde. Oder willst du zu der Brust des Galiläers deine Zuflucht nehmen? Wie steht es zwischen dir und ihm? Hast du nicht selbst gesagt, daß du im Banne der Furcht stehest? Trägst du seine Forderung in dir? Liebst du deinen Feind Konstantios, bloß weil du ihn nicht erschlägst? Hassest du des Fleisches Lust und der Erde lockendes Werk, bloß weil du nicht, wie ein eifriger Schwimmer, dich darin untertauchst? Entsagst du der Welt, bloß weil du nicht den Mut hast, sie zu besitzen? Und weißt du so gewiß, daß – wenn du hier stirbst – du dort leben werdest?

JULIAN *geht auf und nieder:* Was hat er für mich getan, dieser große Anspruchsvolle? Hält er die Zügel des Weltenwagens in seiner Hand, so hätte er ja können – *Der Psalmengesang tönt stärker oben von der Kirche.* Höre, höre! Das nennen sie ihm dienen; und das nimmt er wie einen süßen Opferrauch hin. Lobgesang über ihm – und Lobgesang über ihr in dem Sarge! Ist er der Allwissende, wie kann er denn –?

HAUSMEISTER EUTHERIOS *kommt eilig durch den Gang links herab:* Mein Cäsar! Herr, Herr; wo bist du?

JULIAN: Hier, Eutherios! Was willst du von mir?

EUTHERIOS: Du mußt heraufkommen, Herr; du mußt es mit eigenen Augen sehen – es geschehen Zeichen und Wunder an der Leiche der Fürstin.

JULIAN: Du lügst!

EUTHERIOS: Ich lüge nicht, Herr! Ich bin kein Anhänger dieser fremden Lehre; aber was ich gesehen habe, kann ich nicht bezweifeln.

JULIAN: Was sagst du?

EUTHERIOS: Die ganze Stadt ist in Aufruhr. Kranke und Krüppel werden zum Sarge der Fürstin geführt; auf Geheiß der Priester berühren sie ihn und gehen geheilt von dannen.

JULIAN: Und das hast du selbst gesehen?

EUTHERIOS: Ja, Herr, ich habe ein fallsüchtiges Weib gesund aus der Kirche gehen sehen und den Gott der Galiläer preisen.

JULIAN: Ah, Maximos, Maximos!

EUTHERIOS: Höre, wie die Christen jubeln – jetzt geschieht wieder ein neues Wunder.

DER ARZT ORIBAZES *ruft oben im Gange links:* Eutherios – fandest du ihn? Eutherios, Eutherios, wo ist der Cäsar?

JULIAN *ihm entgegen:* Hier, hier – ist es wahr, Oribazes?

ORIBAZES *kommt hervor:* Unglaublich, unerklärlich – und doch wahr; sie rühren den Sarg an, die Priester lesen und beten über ihnen, und sie werden geheilt;

eine Stimme verkündet von Zeit zu Zeit: heilig, heilig ist das reine Weib!

JULIAN: Eine Stimme verkündet – ?

ORIBAZES: Eine unsichtbare Stimme, mein Cäsar; eine Stimme, hoch unter der Wölbung der Kirche – niemand weiß, wo sie herkommt.

JULIAN *steht einen Augenblick ohne sich zu rühren da, dann wendet er sich plötzlich zu Maximos und ruft:* Das Leben oder die Lüge!

MAXIMOS: Wähle!

ORIBAZES: Komm, komm, Herr; die erschreckten Soldaten drohen dir –

JULIAN: Laß sie drohen.

ORIBAZES: Sie geben dir und mir die Schuld an dem Tode der wundertätigen Fürstin –

JULIAN: Ich werde kommen; ich werde sie zufriedenstellen –

ORIBAZES: Es gibt nur ein Mittel; du mußt ihren Gedanken eine andere Richtung geben, Herr – sie sind erbittert aus Verzweiflung über das Schicksal, das sie erwartet, wenn du länger zögerst.

MAXIMOS: Steige zum Himmel empor, du Tor; du stirbst jetzt für deinen Herrn und Meister!

JULIAN *ergreift ihn am Arme:* Das Reich des Kaisers für mich!

MAXIMOS: Achilleus!

JULIAN: Was löst den Pakt?

MAXIMOS *reicht ihm das Opfermesser:* Dieses.

JULIAN: Was wäscht das Wasser ab?

MAXIMOS: Das Blut des Opfertieres.

Er reißt die Opferbinde von seiner Stirn und bindet sie um die des Cäsaren.

ORIBAZES *nähert sich:* Was hast du im Sinn, Herr?

JULIAN: Forsche nicht.

EUTHERIOS: Höre den Lärm! Hinauf, hinauf, mein Cäsar!

JULIAN: Zuerst herab – dann hinauf. *Zu Maximos:* Das Heiligtum, mein geliebter Bruder – ?

MAXIMOS: Gleich unten in dem andern Gewölbe.

ORIBAZES: Cäsar, Cäsar – wohin gehst du?

MAXIMOS: Zur Freiheit!

JULIAN: Durch Dunkel zum Licht. Ah – !

Er steigt in das Grabgewölbe hinab.

MAXIMOS *leise, sieht ihm nach:* So kam es also doch.

EUTHERIOS: Sprich, sprich; was bedeuten jene geheimen Künste?

ORIBAZES: Und das jetzt, wo jeder Augenblick kostbar ist –

MAXIMOS *flüstert unruhig, indem er den Platz wechselt:* Diese schwebenden feuchten Schatten. Pfui; dies schleimige Gewürm um die Füße – !

ORIBAZES *lauscht:* Der Lärm wächst, Eutherios! Das sind die Soldaten; höre, höre!

EUTHERIOS: Das ist der Gesang in der Kirche –

ORIBAZES: Nein, das sind die Soldaten – da kommen sie!

Der Ritter Sallust zeigt sich oben im Gange, von einer großen Schar erregter Soldaten umringt. Der Fahnenträger Mauros ist unter ihnen.

DIE SOLDATEN: Der Cäsar hat uns verraten! Der Cäsar soll sterben!

SALLUST: Und was dann, ihr Rasenden?

MAUROS: Was dann? Mit dem Haupte des Cäsaren erkaufen wir uns Vergebung –

DIE SOLDATEN: Hervor, hervor, Cäsar!

SALLUST: Cäsar – mein Cäsar, wo bist du?

JULIAN *ruft unten im Grabgewölbe:* Helios! Helios!

MAXIMOS: Befreit!

CHORGESANG *in der Kirche:* Vater unser, der du bist in dem Himmel!

SALLUST: Wo ist er? Eutherios, Oribazes – was geht hier vor?

CHORGESANG *in der Kirche:* Geheiliget werde dein Name!

JULIAN *steigt die Treppe empor; er hat Blut an der Stirn, auf der Brust und den Händen:* Vollbracht!

DIE SOLDATEN: Cäsar!

SALLUST: Blutig – was hast du getan?

JULIAN: Den Nebel der Furcht durchhauen.

MAXIMOS: Das Erschaffene ist in deiner Hand.

CHORGESANG *in der Kirche:* Dein Wille geschehe, wie im Himmel also auch auf Erden!

Der Gesang dauert während des Folgenden fort.

JULIAN: Jetzt steht keine Leibwache mehr um Konstantios.

MAUROS: Was sagst du, Herr?

JULIAN: Ah, meine Getreuen! Hinauf an den Tag. Nach Rom und Griechenland!

DIE SOLDATEN: Es lebe Kaiser Julian!

JULIAN: Wir wollen nicht rückwärtsschauen; alle Wege liegen offen vor uns. Hinauf in den Tag. Durch die Kirche! Die Lügner sollen verstummen – ! *Er eilt die Treppe im Hintergrund empor.* Mein Heer, mein Schatz, mein Kaiserthron!

CHORGESANG *in der Kirche:* Führe uns nicht in Versuchung, sondern erlöse uns von allem Übel!

Julian schlägt die Tür weit auf. Man erblickt die hellerleuchtete Kirche. Die Priester stehen vor dem Hochaltar, Scharen von Andächtigen knien unten rings um den Sarg der Fürstin.

JULIAN: Frei, frei! Mein ist das Reich!

SALLUST *ruft ihm zu:* Und die Kraft und die Herrlichkeit –

CHORGESANG *in der Kirche:* Dein ist das Reich und die Kraft und die Herrlichkeit –

JULIAN *vom Lichte geblendet:* Ah!

MAXIMOS: Sieg!

CHORGESANG *in der Kirche:* – in Ewigkeit; Amen! –

Zweiter Teil

Kaiser Julian

Schauspiel in fünf Akten

PERSONEN

Kaiser Julian
Kriegsoberster Nevita
Goldschmied Potamon
Der Leibarzt Cäsarios von Nazianz
Der Redner Themisteos
Der Redner Mamertinos
Der Haarschneider Eunapios
Barbara, ein Weib
Der Schatzmeister Ursulos
Der Schriftlehrer Hekebolios

Hofleute und Staatsdiener, Volk in Konstantinopel, Teilnehmer am Dionysoszug, Flötenspieler, Tänzer, Gaukler und Weiber, Boten von den morgenländischen Königen

Hausmeister Eutherios

Palastdiener, Richter, Redner, Lehrer und Bürger in Antiochia

Der Kornhändler Medon
Der Steuereinnehmer Malkos
Gregor von Nazianz, Bruder des Cäsarios
Der Färber Fokion
Publia, ein Weib
Hilarion, ihr Sohn
Agathon aus Kappadocien
Bischof Maris aus Kalkedon

Teilnehmer am Apollozug, Opferpriester, Tempeldiener, Harfenschläger und Stadtvögte

Agathons jüngerer Bruder
Ein Zug gefangener Christen
Der Dichter Herakleos
Der Leibarzt Oribazes
Der Redner Libanios, Stadtvorsteher in Antiochia
Der Psalmendichter Apollinaris
Der Lehrer Kyrillos
Ein alter Priester des Kybele-Tempels
Psalmensinger in Antiochia
Der Hauptmann Fromentinos
Der Kriegsoberste Jovian
Der Mystiker Maximos
Der Wahrsager Numa
Zwei andere etruskische Wahrsager
Fürst Hormisdas, ein verbannter Perser
Leibwachführer Anatolos
Der Weisheitslehrer Priskos
Der Weisheitslehrer Kytron
Der Hauptmann Ammian
Basilios von Cäsarea
Makrina, seine Schwester
Ein persischer Überläufer

Römische und griechische Soldaten, persisches Kriegsvolk

Der erste Akt spielt in Konstantinopel, der zweite und dritte in Antiochia, der vierte an der Ostgrenze des Kaiserreichs und der fünfte auf den Ebenen jenseits des Tigris

Die Ereignisse umfassen den Zeitraum vom Dezember des Jahres 361 bis Ende Juni 363

Erster Akt

Am Meere in Konstantinopel. Im Vordergrund zur Rechten eine prachtvolle Landungsbrücke, überdeckt mit Teppichen. Auf der Höhe des Ufers, etwas von der Landungsbrücke entfernt, sieht man einen verhüllten Stein, von Wachen umgeben. Weit draußen auf dem Bosporus liegt die kaiserliche Flotte, mit Trauerfahnen behängt. Zahllose Menschenmenge in Booten und am Strande. Am äußersten Ende der Landungsbrücke steht Kaiser Julian in Purpur und goldenem Schmuck. Er ist von Hofleuten und hohen Staatsdienern umgeben. Unter denen, die ihm zunächst stehen, ist der Kriegsoberste Nevita, der Leibarzt Cäsarios mit den Rednern Themisteos und Mamertinos.

JULIAN *weit auf das Wasser hinausblickend:* Welches Zusammentreffen! Der tote Kaiser und der lebende. – Oh, daß er seinen letzten Atemzug in so fernen Gegenden aushauchen mußte! Oh, daß ich trotz all meiner

Eile nicht das Glück genießen konnte, meinen Verwandten zum letztenmal zu umarmen! Bittres Los für uns beide! – – – Wo ist das Leichenschiff?

NEVITA: Dort kommt es.

JULIAN: Jenes lange Boot?

NEVITA: Ja, gnädigster Kaiser.

JULIAN: Armer Oheim! So groß im Leben; und jetzt mußt du dich mit einem so niedrigen Dach begnügen. Jetzt wirst du deine Stirn nicht gegen den Sargdeckel stoßen, du, der du dein Haupt beugtest, als du durch den Konstantinsbogen rittst.

EIN BÜRGER UNTER DEN ZUSCHAUERN *zum Goldschmied Potamon:* Wie jung unser neuer Kaiser aussieht.

POTAMON: Er ist doch stärker geworden. Als ich ihn das letztemal sah, war er schmächtig und mager – das ist jetzt wohl neun bis zehn Jahre her.

EIN ANDRER BÜRGER: Ja, er hat in den Jahren große Taten ausgeführt.

EIN WEIB: Und all die Gefahren, in denen er von Kindheit auf geschwebt hat!

EIN PRIESTER: Auf wunderbare Weise aus allen gerettet; Gottes Schutz ist über ihm.

POTAMON: Das Gerücht sagt, er habe sich in Gallien unter einen Schutz ganz anderer Art begeben.

DER PRIESTER: Lüge, Lüge! dessen könnt ihr sicher sein.

JULIAN: Jetzt kommt er. Die Sonne, welche ich anrufe, und der große blitzschleudernde Gott wissen, daß ich den Tod des Konstantios nicht gewünscht habe. Das ist in der Tat meinen Gedanken fern gewesen. Ich habe Gebete für sein Leben zum Himmel gesendet. – Sage mir, Cäsarios – du mußt es ja am besten wissen –, hat man der kaiserlichen Leiche unterwegs alle geziemenden Ehren erwiesen?

CÄSARIOS: Der Leichenzug war wie der eines Siegers durch ganz Kleinasien. In allen Städten, durch die wir kamen, strömten die Gläubigen auf den Gassen zusammen; die ganzen Nächte hallten die Kirchen vom Gebet und Gesang wider; das Dunkel wurde zum leuchtenden Tag unter dem Glanz Tausender angezündeter Kerzen –

JULIAN: Gut, gut, gut! – Ich werde von unglaublichem Bangen bei dem Gedanken ergriffen, daß ich das Steuer nach einem so großen, tugendhaften und hochgeliebten Kaiser ergreifen soll. Warum wurde es mir nicht vergönnt, in zurückgezogener Stille zu leben!

MAMERTINOS: Und wer sollte ihn in dem schwierigen Amte so vollkommen ersetzen, als du, unvergleichlicher Herr, es tun wirst? Ich rufe dreist jenen andern, welche nach der Kaiserwürde gestrebt haben, zu: kommt her und nehmet das Steuer des Reiches; aber nehmt es so, wie es Julian nimmt. Wachet Tag und Nacht für die Wohlfahrt aller. Seid Herren dem Namen nach und doch Diener der Bürgerfreiheit. Wählet euern Platz ganz vorn in den Reihen der Kämpfer und nicht bei den Gastmählern. Nehmet nichts für euch selbst; aber streuet für alle Gaben aus. Laßt eure Gerechtigkeit ebenso fern sein von Fügsamkeit als von Grausamkeit. Lebet so, daß keine Jungfrau auf der Erde über euch die Hände ringen muß. Bietet Trotz sowohl der Unwegsamkeit Galliens als der Kälte Germaniens. Was würden sie antworten? Entsetzt über solch strenge Forderungen, würden sie ihre empfindlichen Ohren zustopfen und rufen: nur ein Julian kann diesem allen volle Genüge tun!

JULIAN: Der Alleslenkende gebe, es möchten so große Hoffnungen nicht getäuscht werden. Aber wieviel fehlt mir nicht? Ein Schauder erfaßt mich. Ich soll mit Alexander, mit Mark Aurel und mit so vielen andern vortrefflichen Männern verglichen werden! Hat nicht Plato gesagt, nur ein Gott könne über Menschen herrschen? O betet mit mir, daß ich den Schlingen des Ehrgeizes und den Versuchungen der Macht glücklich entrinne. Athen, Athen! Dorthin geht meine Sehnsucht. Ich war wie ein Mann, der um seiner Gesundheit willen eine nützliche Leibesübung betrieb – und jetzt kommt man zu mir und sagt: tritt heraus auf den Schauplatz und siege in den olympischen Spielen. Alle Griechen werden als Zuschauer zugegen sein! Muß nicht mein Geist von Schreck ergriffen werden, noch bevor ich den Kampf beginne?

THEMISTEOS: Warum Schreck, o Kaiser? Hast du nicht bereits den Beifall der Griechen vor dem Kampfspiele? Bist du nicht gekommen, um alle vertriebenen Tugenden in ihr altes Recht einzusetzen? Ist nicht bei dir in einem Mann vereinigt alle Siegeskraft, welche Herakles, welche Dionysos, welche Solon, welche –?

JULIAN: Still! Heute soll nur des Toten Preis vernommen werden. Dort legen sie ans Land. Nimm den Stirnring und meine Kette; ich will keinen kaiserlichen Schmuck in einer Stunde wie dieser tragen.

Er gibt den Schmuck einem der Umstehenden. Der Leichenzug kommt mit großer Pracht über die Landungsbrücke. Priester mit brennenden Fackeln an der Spitze; der Sarg wird auf einem Wagen mit niedrigen Rädern gefahren; Kirchenfahnen werden vor und nach dem Wagen getragen; Chorknaben schwingen Rauchfässer; Scharen von christlichen Bürgern folgen nach.

JULIAN *legt die Hände auf den Sarg und seufzt laut auf:* Ach!

EIN ZUSCHAUER: Schlug er das Zeichen des Kreuzes vor sich?

EIN ANDERER IN DER MENGE: Nein.

DER ERSTE: Siehst du; siehst du!

EIN DRITTER ZUSCHAUER: Er verneigte sich auch nicht vor dem Allerheiligsten.

ERSTER ZUSCHAUER: Siehst du wohl! Was sagte ich?

JULIAN: So fahre heim unter Pracht und Ehre, du entseelter Leib meines Verwandten! Ich mache diesen Staub nicht verantwortlich für das, was dein Geist gegen mich verbrach. Was sage ich? War es dein Geist, welcher so hart mit meinem Geschlechte verfuhr, daß ich jetzt allein übrig bin? War es dein Geist, der gebot, daß meine Jugend durch tausend Ängste verdunkelt werden sollte? War es dein Geist, welcher das Haupt jenes edeln Cäsaren fallen ließ? Warst du es, welcher mich, den unerfahrenen Jüngling, auf einen so schwierigen Posten im ungastlichen Gallien stellte und welcher später, da es dem Unglück und den Widerwärtigkeiten nicht glückte, mich zu überwinden, mir die Ehre für meine Siege streitig machte? O Konstantios, teurer Verwandter – alles dieses hatte nicht seinen Ursprung in deinem großen Herzen. Warum wandest du dich in Gewissensbissen und Qualen; warum sahst du blutige Schatten um dich auf deinem letzten schmerzenreichen Lager? Böse Ratgeber haben dein Leben und deine Todesstunde verbittert. Ich kenne sie, diese Ratgeber; es waren Männer, denen es Schaden brachte, sich in dem unaufhörlichen Sonnenschein deiner Gnade zu bewegen. Ich kenne sie, diese Männer, welche sich so willig mit dem Gewand der Überzeugung bekleideten, die dem Hof am angenehmsten schien.

EIN HEIDNISCHER BÜRGER *unter den Umstehenden:* Es lebe Kaiser Julian!

CÄSARIOS: Gnädigster Herr, der Zug wartet –

JULIAN *zu den Priestern:* Laßt euern frommen Gesang um meinetwillen nicht verstummen. Vorwärts, meine Freunde! *Der Zug zieht langsam nach links hinaus.* Folge nach, wer da will; und bleibe da, wer will. Aber das mögt ihr alle an diesem Tage wissen, daß mein Platz hier ist. *Unruhe und Bewegung in der Menge.* Was bin ich? Der Kaiser. Aber habe ich damit alles gesagt? Gibt es nicht e i n kaiserliches Amt, welches höhnisch in den letzten Jahren aus der Erinnerung ausgelöscht zu sein scheint? Was war der gekrönte Weisheitsfreund Mark Aurel? Kaiser? Bloß Kaiser? Fast hätte ich gefragt: war er nicht noch mehr als Kaiser? War er nicht zugleich Oberpriester?

STIMMEN IN DER MENGE: Was sagt der Kaiser? Was war das? Was sagte er?

THEMISTEOS: O Herr, sollte es in Wahrheit deine Absicht sein –?

JULIAN: Selbst mein großer Oheim Konstantios wagte nicht, diese Würde niederzulegen. Selbst dann, als er einer gewissen, neuen Glaubenslehre so ganz außerordentliche Vorrechte eingeräumt hatte, blieb er doch dabei, sich von allen jenen, welche an den uralten Göttern des Griechenvolkes festhielten, Oberpriester nennen zu lassen. Daß dieses Amt in den spätern Zeiten schmählich versäumt wurde, davon will ich hier nicht sprechen, sondern nur davon, daß keiner meiner erhabenen Vorgänger, selbst der nicht, dem wir heute mit tränenfeuchtem Antlitz den letzten Gruß zurufen, gewagt hat, sie niederzulegen. Sollte ich mich zu etwas vermessen, was so weise und gerechte Kaiser für recht und rätlich hielten? Das sei ferne von mir!

THEMISTEOS: O großer Kaiser, willst du damit sagen –?

JULIAN: Ich will damit sagen, daß vollständige Freiheit für alle Bürger sein soll. Haltet fest an dem Gotte der Christen, ihr, die ihr es für eure Gemütsruhe wünschenswert findet. Was mich angeht, so wage ich nicht, meine Hoffnung auf einen Gott zu setzen, welcher mir bis jetzt in allen Unternehmungen feindlich gewesen ist. Ich habe sichere Zeichen und Stimmen dafür, daß ich allen Erfolg, den ich innerhalb Galliens Grenzen hatte, jenen andern Göttern schulde, welche einen Alexander in ähnlicher Weise begünstigten. Unter dem Schirm und Schutz dieser Götter bin ich glücklich allen Gefahren entronnen; und namentlich waren sie es, die mich auf meiner Reise hierher mit so wunderbarer Schnelligkeit und Glück führten, daß ich hier in den Gassen Zurufe gehört habe, welche darauf deuten, daß man mich für einen göttlichen Menschen hält – was wohl eine große Übertreibung ist, ihr Freunde! Aber sicher ist, daß ich mich nicht undankbar erweisen darf für solch andauernde Gnadenbeweise.

STIMMEN IN DER MENGE *gedämpft:* Was will er tun?

JULIAN: So setze ich denn die alten Götter unserer Vorfahren in ihr altes Recht ein. Aber keine Kränkung soll dem Gott der Galiläer, auch nicht dem der Juden widerfahren. Die Tempel, welche fromme Herrscher in vergangenen Tagen mit soviel Kunstfertigkeit erbauen ließen, sollen sich in verjüngter Herrlichkeit wieder erheben, mit Altären und Standbildern für jeden der Götter besonders, so daß geziemende Verehrung von neuem dort stattfinden kann. Doch werde ich keineswegs dulden, daß den christlichen Kirchen irgendeine gehässige Behandlung widerfährt; auch soll ihren Grabstätten sowie den andern Plätzen, die sie infolge einer seltsamen Verirrung für heilig halten, keinerlei Überlast geschehn. Wir werden Nachsicht haben mit den Verirrungen anderer; bin ich doch selbst von Irrtümern umstrickt gewesen – doch werfe ich darüber einen Schleier. Was ich seit meinem einundzwanzigsten Jahre über die göttlichen Dinge gedacht habe, dabei will ich nicht verweilen. Ich will nur sagen, daß ich diejenigen beglückwünsche, welche mir nachfolgen – daß ich lache über die, welche nicht in meine Fußspuren treten wollen – daß ich versuchen werde, zu überreden, aber ohne einen zu etwas zwingen zu wollen. *Er hält einen Augenblick erwartungsvoll inne; man hört hier und dort in der Menge schwachen Beifall.*

JULIAN *heftiger:* Mit Recht hatte ich auf dankbare Zurufe gerechnet, wo ich jetzt nur eine neugierige Verwunderung bemerke. Doch ich hätte es wissen können – es herrscht eine klägliche Gleichgültigkeit unter denen, welche behaupten, an dem alten Glauben festzuhalten. Unterdrückung und Spott hat der Väter ehrwürdige Gebräuche in Vergessenheit gebracht. Ich habe vorher bei Hoch und Niedrig herumgefragt; aber kaum e i n e r konnte mir glaubwürdigen Bescheid darüber geben, wie ein Opfer für Apollo oder Fortuna im einzelnen und ganzen vorzunehmen sei. Ich muß also in diesem wie in anderem vorangehen. Es hat mich den Schlaf mancher Nacht gekostet, um aus alten Büchern herauszufinden, was ehemals darin gebräuchlich gewesen ist; aber ich beschwere mich darüber nicht, wenn ich bedenke, wie großen Dank wir gerade jenen Göttern schuldig sind; auch schäme ich mich nicht, alles selbst zu verrichten – – wohin, Cäsarios?

CÄSARIOS: Zur Kirche, gnädigster Kaiser; ich will für die verlorene Seele meines Herrn beten.

JULIAN: Geh, geh! Jeder hat seine Freiheit in dergleichen Dingen.

Cäsarios mit mehreren älteren Hofleuten und Staatsdienern ab nach links.

JULIAN: Aber die Freiheit, welche ich den geringsten Bürgern zugestehe, behalte ich auch mir selber vor. – So verkünde ich denn euch, ihr Griechen, daß ich mich mit ganzem Herzen zurückwende zu der Lehre und den Gebräuchen, welche unsern Vorvätern heilig waren – daß sie frei verbreitet und ausgeübt werden dürfen, neben allen neuen und fremden Lehren – und da ich ein Kind dieser Stadt bin und sie darum vor allem liebe, so verkünde ich dieses im Namen der die Stadt beschützenden Gottheiten.

Er gibt ein Zeichen; einige Diener nehmen den Vorhang von dem verhüllten Stein ab; man sieht einen Altar und an seinem Fuße eine Weinkanne, einen Ölkrug, einen kleinen Holzstab und anderes Zubehör. Starke, aber stumme Bewegung in der Menge, während Julian zum Altar hinaufsteigt und die Vorbereitungen für das Opfer trifft.

THEMISTEOS: Oh, ich möchte wohl als Grieche in Tränen hinschmelzen bei dem Anblick von soviel Demut und frommem Eifer.

EIN BÜRGER: Sieh, er bricht das Holz selbst.

EIN ANDERER BÜRGER: Über den linken Schenkel, muß es so gebrochen werden?

DER ERSTE BÜRGER: Es muß wohl.

MAMERTINOS: In dem Feuer, das du entzündest, o großer Kaiser, wird die Forschung und die Wissenschaft leuchten, ja verjüngt auferstehen, gleich jenem wunderbaren Vogel –

NEVITA: Dieses Feuer wird die griechischen Waffen stählen. Ich weiß nicht viel von den galiläischen Erfindungen; aber das habe ich doch bemerkt, daß alle, welche dieser Lehre anhangen, verzagt und unbrauchbar sind zu großen Dingen.

THEMISTEOS: In diesem Feuer, o du Unvergleichlicher, sehe ich die Weisheit gereinigt von allen Anklagen und von allen Beschuldigungen. Der Wein, den du ausgießest, ist gleich einem Purpur, womit du die Wahrheit schmückest und sie auf einen königlichen Sitz erhebst. Jetzt, da du die Hände emporstreckest –

MAMERTINOS: Jetzt, da du die Hände emporstreckest, ist es, als wenn du die Stirn der Wissenschaft mit einem Goldkranze ehrtest; und die Tränen, die du vergießest –

THEMISTEOS *drängt sich näher:* Ja, ja; die Tränen, die ich dich vergießen sehe, sind wie köstliche Perlen, womit die Beredsamkeit wieder königlich belohnt werden soll. Oh, so ist es denn den Griechen wieder gestattet, ihre Augen zum Himmel zu erheben und dem Laufe der ewigen Gestirne zu folgen! Wie lange ist es her, daß uns das nicht vergönnt war! Mußten wir nicht, aus Furcht vor Angebern, erzittern und unser Antlitz gleich den Tieren zur Erde beugen? Wer unter uns durfte sich erdreisten, den Aufgang und den Untergang der Sonne zu beschauen? *Er wendet sich zur Menge:* Nicht einmal ihr, Ackerbauer, die ihr in so großen Scharen heute hierher geströmt seid, nicht einmal ihr wagtet, auf die Stellung der Himmelskörper zu achten, obschon ihr doch eure Arbeiten darnach einrichten solltet –

MAMERTINOS: Und ihr Schiffer – habt ihr oder eure Väter gewagt, die Namen der Sternbilder auszusprechen, nach denen ihr doch eure Fahrt richten solltet? Jetzt dürft ihr es; jetzt ist es keinem verwehrt –

THEMISTEOS: Jetzt hat kein Grieche länger nötig, zu Lande oder zu Wasser zu leben, ohne den unveränderlichen Lauf der Gestirne um Rat zu fragen; er braucht sich nicht mehr, wie ein Ball, von Zufällen und plötzlichen Ereignissen umherschleudern zu lassen; er –

MAMERTINOS: O was für ein Mann, dieser Kaiser, welchem wir so große Güter verdanken!

JULIAN *am Altar mit ausgestreckten Armen:* So habe ich denn vor allem Volk und in Demut Öl und Wein für euch ausgegossen, ihr wohltuenden Götter, die ihr so lange diese für euch so gewinnende Erinnerung habt entbehren müssen. Ich habe dir meinen Dank emporgesendet, o Apollo, dem einige Gelehrte – und besonders morgenländische – den Namen des Sonnenkönigs beilegen, weil du bringst und erneuerst das Licht, darin das Leben seinen Grund und seinen Urquell hat. – Ich habe dir mein Opfer dargebracht, o Dionysos, du Gott der Verzückung, welcher die Seele der Menschen aus der Seichtheit erhebt und sie zu einem des Geistes würdigen Verkehr mit höheren Geistern emporträgt. – Und obschon ich dich zuletzt nenne, habe ich doch darum deiner nicht minder gedacht, o Fortuna! Stände ich wohl hier ohne deinen Beistand? Wohl weiß ich, daß du selbst dich nicht mehr sehen läßt, wie es im goldenen Zeitalter geschah, wovon uns jener unvergleichliche blinde Sänger erzählt hat. Aber das weiß ich doch – und darin stimmen alle Weisheitsfreunde mit mir überein, daß du einen wesentlichen Anteil hast an der Wahl jenes begleitenden Geistes, welcher gut oder böse jedem Menschen ja auf seinem Lebenswege folgen soll. Ich habe keine Ursache, über dich zu klagen, o Fortuna! Vielmehr fühle ich mich auf das lebhafteste dazu gedrungen, dir Lob und Preis darzubringen. Dieser für mein Herz so teuern Pflicht habe ich mich heute unterzogen. Keine, auch nicht die niedrigste Arbeit habe ich gescheut. Hier stehe ich bei hellem Tageslicht; aller Griechen Augen sind auf mich gerichtet; ich erwarte, daß die Stimmen aller Griechen sich mit mir vereinigen werden in dem Zuruf zu euch, ihr unsterblichen Götter!

Während der Opferhandlung haben die meisten christlichen Zuschauer sich nach und nach entfernt; nur ein kleiner Haufe ist zurückgeblieben. Da Kaiser Julian inne-

hält, hört man einen schwachen Beifallsruf, vermischt mit leisem Gelächter und verwundertem Flüstern.

JULIAN *sieht sich um:* Ah, so! Wie viele blieben von allen übrig? Schleicht man sich fort?

THEMISTEOS: Ja, mit Schamröte über eine so langjährige Undankbarkeit.

MAMERTINOS: Nein, es war das Rot der Freude. Sie gingen fort, um die große Botschaft in allen Gassen zu verkünden.

JULIAN *entfernt sich vom Altar:* Die ungebildete Menge weiß sich niemals in das Unerwartete zu finden. Ich habe eine schwierige Arbeit vor mir; aber keine Mühe soll mich verdrießen. Was ist einem Weisheitsfreund geziemender, als Irrtümer auszurotten? In dieser Hinsicht rechne ich auf euch, ihr erleuchteten Freunde! Doch müssen wir uns das noch eine kurze Zeit aus dem Sinne schlagen. Folgt mir; ich gehe jetzt zur Erfüllung anderer Pflichten.

Er geht schnell nach rechts ab, ohne den Gruß der Bürger zu erwidern; die Hofleute und seine übrigen Begleiter folgen ihm.

Ein großer Saal im kaiserlichen Palast. Türen auf beiden Seiten und im Hintergrunde; auf einer Erhöhung an der linken Wand im Vordergrunde der kaiserliche Thron. Kaiser Julian, umgeben von seinem Hofe und hohen Staatsmännern, darunter der Schatzmeister Ursulos und die Redner Themisteos und Mamertinos.

JULIAN: Soweit haben die Götter geholfen. Jetzt wird das Werk vorwärtsrollen wie die Wogen einer Sturmflut. Der stumme Trotz, den ich von gewisser Seite spüre, wo ich ihn am wenigsten erwarten sollte, soll meinen Geist nicht aus dem Gleichgewicht bringen. Das ist ja gerade das echte Kennzeichen der Weisheit, Duldsamkeit an den Tag zu legen. Wir alle wissen, daß man mit passenden Mitteln die Leiden des Körpers heilen kann – aber kann man mit Feuer und Schwert Verirrungen in den göttlichen Dingen zunichte machen? Und was nützt es mir, wenn eure Hände opfern, während eure Seelen verdammen, was die Hände tun? So wollen wir in Eintracht miteinander leben. Mein Hof soll zugänglich sein allen ausgezeichneten Männern, welche Meinungen sie auch haben mögen. Laßt uns der Welt das ungewöhnliche Schauspiel geben eines Hofes ohne Heuchelei – gewiß der einzige Hof in seiner Art –, eines Hofes, wo Schmeichler zu den gefährlichsten Feinden gerechnet werden. Wir wollen einander anklagen und tadeln, wenn solches an der Zeit sein sollte, jedoch ohne darum einander weniger zu lieben. *Zum Kriegsobersten Nevita, der vom Hintergrund kommt:* Dein Angesicht leuchtet, Nevita – welche guten Nachrichten bringst du?

NEVITA: Wahrlich die besten und erfreulichsten. Eine große Anzahl Gesandter von Fürsten in dem fernen Indien ist angekommen, um dir Gaben zu bringen und um deine Freundschaft zu bitten.

JULIAN: Ah, erzähle mir doch – von welchen Völkern?

NEVITA: Von den Armeniern und anderen jenseits des Tigris. Ja, es sind einige unter den Fremden, welche behaupten, von den Inseln Diu und Serandib zu kommen.

JULIAN: Also von den äußersten Grenzen der Welt, ihr Freunde!

THEMISTEOS: Selbst bis dorthin ist das Gerücht von deinem Namen und deinen Taten gedrungen!

MAMERTINOS: Selbst in jenen unbekannten Gegenden flößt dein Schwert den Fürsten und Völkern Schrecken ein!

THEMISTEOS: Diu und Serandib! Weit östlich im Indischen Ozean –

MAMERTINOS: Ich trage kein Bedenken zu sagen: außerhalb des Erdkreises –

JULIAN: Der Haarschneider soll kommen! *Ein Hofmann entfernt sich nach rechts.* Ich will die Gesandten mit Anstand empfangen – doch ohne Pracht und Schmuck. So würde der erhabene Mark Aurel sie empfangen haben; und ich wähle lieber ihn zum Vorbilde als den Kaiser, der uns neulich durch seinen Weggang betrübte. Keinen Prunk mehr mit vergänglichen Dingen! Selbst die Barbaren sollen bemerken, daß die Weisheit – freilich in der Gestalt ihres geringsten Dieners – wieder auf dem Kaisersitz Platz genommen hat.

Der Hofmann kommt zurück mit dem Haarschneider Eunapios, der prächtig gekleidet ist.

JULIAN *betrachtet ihn verwundert, geht ihm entgegen und begrüßt ihn:* Was suchst du hier, Herr?

EUNAPIOS: Gnädigster Kaiser, du hast mich befohlen –

JULIAN: Du irrst, Freund; ich habe kein Verlangen nach einem meiner Räte gehabt.

EUNAPIOS: Allergnädigster Kaiser –

URSULOS: Vergib, Herr; dieser Mann ist der kaiserliche Haarschneider.

JULIAN: Was sagst du! Wirklich? Dieser Mann – oh, du spottest – dieser Mann, in Seide, mit goldgestickten Schuhen sollte –? Ei, ei! Du also bist der Haarschneider! *Verneigt sich vor ihm.* Niemals würde ich mich vermessen, mich von so feinen Händen bedienen zu lassen.

EUNAPIOS: Allergnädigster Kaiser – ich bitte um Gottes und meines Erlösers willen –

JULIAN: Ho, ho! Ein Galiläer! Ei, das konnte ich mir wohl gleich denken! Ist das die Entsagung, mit der ihr prahlt? Aber ich kenne euch wohl! Welches Gottes Tempel hast du geplündert oder wieviel Griffe in die kaiserliche Kasse getan, um dich so ausstaffieren zu können? – Du kannst wieder gehn, ich kann dich nicht brauchen. *Eunapios ab nach rechts.* Sage mir, Ursulos, wieviel Lohn bekommt dieser Mensch?

URSULOS: Gnädigster Kaiser, nach dem Befehl deines erhabenen Vorgängers ist ihm der tägliche Unterhalt von zwanzig Männern zuerteilt –

JULIAN: Sieh, sieh; nicht mehr?

URSULOS: Ja, Herr; in der spätern Zeit hatte er noch ein paar freie Pferde in dem kaiserlichen Marstall sowie eine gewisse Summe Geldes jährlich und ein Goldstück für jedesmal, daß er –

JULIAN: Und das alles für einen Haarschneider! Was müssen dann nicht die andern – ? Dem soll schleunigst ein Ende gemacht werden. – Laß die fremden Gesandten hereinkommen! *Nevita ab nach dem Hintergrunde.* Ich will sie mit unbeschnittenem Haar empfangen. Es ist so am schicklichsten; denn obschon ich wohl weiß, daß nicht das ungeordnete Haar oder der zerrissene Mantel den wahren Weisheitsfreund machen, so meine ich doch, daß Vorbilder, wie sie Antisthenes und Diogenes gegeben haben, wohl beachtet werden dürfen von dem Manne, welcher – selbst auf dem Kaisersitze – gerne den Fußtapfen so großer Lehrer folgen will.

Er steigt auf die Erhöhung, wo der Thronsessel steht. Der Hof ordnet sich unten. Die Gesandtschaft, eingeführt von Nevita und Hausmeister Eutherios, kommt in prachtvollem Aufzuge, begleitet von Sklaven, die Gaben aller Art tragen.

NEVITA: Gnädigster Kaiser und Herr! Da diese Gesandten der morgenländischen Fürsten der edlen Sprache nicht mächtig sind, welche so viele wohlberedte Männer, und nicht am wenigsten du selbst, vor allen Sprachen zur Vollkommenheit ausgebildet haben, und da sie außerdem sich scheuen, mit barbarischen Lauten deine Ohren zu belästigen, so haben sie mich zu ihrem Dolmetscher erwählt.

JULIAN *sitzend im Thronsessel:* Ich bin bereit, dich zu hören.

NEVITA: Zuerst legt der König von Armenien zu deinen Füßen diese Rüstung nieder, die er dich bittet, im Kampfe gegen die Feinde deines Reiches zu tragen, obschon er wohl weiß, daß du, unüberwindlicher Held, unter der Götter schirmenden Augen stehst, welche nicht gestatten, daß dich die Waffen eines Sterblichen verwunden. – Hier werden dir köstliche Teppiche, Zelte und Sattelzeug von den Fürsten jenseits des Tigrisflusses gebracht. Sie wollen damit zu erkennen geben, daß, wenn die Götter jenen Ländern einen ungewöhnlichen Reichtum verliehen haben, es geschah, damit es dem Günstling der Götter zugute komme. – Der König von Serandib und ebenso der König von Diu senden dir diese Waffen: Schwert, Spieß und Schild samt Pfeilen und Bogen; denn, so sagen sie, wir halten es für rätlich, dem Sieger gegenüber wehrlos dazustehen, welcher gleich einem Gotte sich mächtig genug gezeigt hat, jeden Widerstand zu brechen. – Zum Entgelt bitten sie alle als höchste Gnade um deine Freundschaft, und besonders flehen sie, du mögest, wenn du, wie es ihnen ein Gerücht gemeldet hat, zum Frühling beabsichtigst, den verwegenen Perserkönig niederzuschmettern, ihre Länder vor feindlichem Einfall verschonen.

JULIAN: Eine solche Sendung konnte mir nicht ganz unerwartet kommen. Die mitgebrachten Gaben sollen in meiner Schatzkammer niedergelegt werden, und durch euch lass' ich eure Herrscher wissen, daß es meine Absicht ist, Freundschaft mit allen Völkern zu halten, welche nicht – sei es mit Waffen oder mit Hinterlist – sich meinen Plänen in den Weg stellen. – Was das anbetrifft, daß man in euren fernen Landen, durch meine glücklichen Siegestaten verleitet, sich dazu hat hinreißen lassen, mich für einen Gott anzusehn, so will ich mich nicht weiter darauf einlassen. Ich achte die Götter zu hoch, als daß ich mir einen unpassenden Platz unter ihnen sollte anmaßen lassen; obschon ich wohl weiß, daß öfter, und besonders in älteren Zeiten, Helden und Herrscher gelebt haben, welche durch die Gunst und Gnade der Götter so ausgezeichnet worden sind, daß es schwierig zu sagen ist, ob man sie am richtigsten den Sterblichen oder den Unsterblichen zurechnen soll. Es ist indessen bedenklich, über dergleichen Dinge zu urteilen, selbst für uns Griechen. Um wieviel mehr da für euch? Also genug davon. – Du, Eutherios, führe die Fremden zur Rast und sorge dafür, daß es ihnen an nichts fehle.

Die Gesandten und das Gefolge verlassen den Saal, begleitet von dem Hausmeister Eutherios. Kaiser Julian steigt von der Erhöhung nieder; die Hofleute und Redner umringen ihn unter bewundernden Beglückwünschungen.

THEMISTEOS: So jung – und bereits so verehrt vor allen Kaisern!

MAMERTINOS: Ich frage: wird Fama genug Lungen haben, um deinen Ruhm zu verkünden, wenn die Götter, was ich sicher hoffe, dir ein langes Leben verleihen?

THEMISTEOS: Der Ruf des Schreckens, den die flüchtenden Alemannen an den fernsten Gestaden des Rheinstromes ausstießen, hat sich ostwärts gewälzt, bis er vom Taurus und Kaukasus widerhallte –

MAMERTINOS: – jetzt tönt er wie ein donnerndes Echo über ganz Asien hin.

NEVITA: Was die Inder so erschreckt hat, das ist diese Ähnlichkeit zwischen unserm griechischen Julian und jenem makedonischen Alexander –

MAMERTINOS: Ach was, Ähnlichkeit! Hatte König Alexander geheime Feinde in seinem Lager? Hatte er gegen einen mißgünstigen und verleumderischen Kaiserhof zu kämpfen?

NEVITA: Wahr, wahr; auch gab es dort keine untauglichen Heerführer, die Alexanders Erfolge hemmten.

JULIAN: Ursulos, es ist mein Wille, daß die Ankunft dieser Gesandten in der Stadt und in den sämtlichen Landschaften des Reiches bekanntgemacht werde. Alles soll genau erzählt werden – wo sie herstammen und welche Gaben sie mitgebracht haben. Ich will den Bürgern nichts vorenthalten, was meine Regierung betrifft. Du kannst auch einige Worte einfließen lassen von der sonderbaren Meinung unter den Indern, daß Alexander wiedergekommen wäre.

URSULOS *zögernd:* Vergib mir, gnädigster Kaiser, aber –
JULIAN: Nun?
URSULOS: Du selbst hast gesagt, daß bei deinem Hof keine Schmeichler geduldet werden –
JULIAN: Gewiß, Freund!
URSULOS: So laß mich dir ehrlich sagen, daß diese Gesandtschaft hierherkam, um deinen Vorgänger zu suchen und nicht dich.
JULIAN: Was wagst du mir einbilden zu wollen!
THEMISTEOS: Oh, welches Märchen!
MAMERTINOS: Welche Erdichtung!
URSULOS: Es ist Wahrheit. Ich habe lange gewußt, daß diese Männer kommen würden, lange bevor Kaiser Konstantios seine Augen schloß. O mein gnädigster Herr, laß keine falsche Eitelkeit in dein junges Herz Eingang finden –
JULIAN: Genug, genug! Du willst damit also sagen, daß –
URSULOS: Erwäge selbst. Wie sollten deine Siege in Gallien, so rühmlich sie auch gewesen sind, in solcher Eile jenen fernen Völkerstämmen zu Ohren gekommen sein? Wenn die Boten von den Heldentaten des Kaisers sprachen, so dachten sie an den Krieg gegen den Perserkönig.
NEVITA: Ich wüßte nicht, daß der Krieg gegen König Sapores so geführt worden wäre, daß er bis an die Grenzen der Welt hätte Schreck verbreiten sollen.
URSULOS: Sehr wahr; das Glück ist unsern Waffen in jenen Gegenden feindlich gewesen. Aber das Gerücht von großen Rüstungen, welche der Kaiser Konstantios zum Frühling beabsichtigte, ängstigte die Armenier und die andern Volksstämme. – Oh, rechne doch die Zeit nach, Herr; zähle die Tage, wenn du willst, und sage dann, ob es anders möglich ist. Dein Zug von Gallien hierher geschah mit wunderbarer Schnelligkeit; aber die Reise jener Männer von den indischen Inseln –; es würde doch zehnfach wunderbarer sein, wenn –; frage sie selbst, und du wirst es zu hören bekommen –
JULIAN *bleich vor Zorn:* Warum sagst du mir das alles?
URSULOS: Weil es die Wahrheit ist, und weil ich es nicht dulden kann, deinen jungen schönen Ruhm durch ein erborgtes Gewand verdunkelt zu sehn.
THEMISTEOS: Welche verwegene Rede!
MAMERTINOS: Welche höchst verwegene Rede!
JULIAN: Du kannst es nicht dulden? So! Oh, ich kenne dich besser. Ich kenne euch Alten an diesem Hofe sämtlich. Es sind die Götter, deren Ruhm ihr verringern wollt. Denn ist es nicht der Götter Ruhm, daß sie große Dinge durch einen Menschen vermögen? Aber ihr haßt sie, diese Götter, deren Tempel ihr niedergerissen, deren Standbilder ihr zerschlagen und deren Schätze ihr euch zugeeignet habt. Nicht einmal geduldet habt ihr sie, diese unsre höchst wohltuenden Götter. Nicht einmal gestattet, daß die Frommen sie insgeheim in ihren Herzen trugen. Jetzt wollt ihr auch den Tempel der Dankbarkeit niederreißen, welchen ich für sie in meinem Herzen errichtet habe; ihr wollt mir den Erkenntlichkeit fordernden Gedanken nehmen, daß ich den Unsterblichen eine neue und so wünschenswerte Wohltat schulde – denn ist nicht der Ruhm für eine solche zu achten?
URSULOS: Der alleinige Gott des Himmels ist mein Zeuge, daß –
JULIAN: Der alleinige! Da haben wir es wieder! So seid ihr immer. Welche Unduldsamkeit! Seht doch auf uns! Sagen wir, daß unsere Götter die einzigen sind? Achten wir nicht die Götter der Ägypter und jenen jüdischen Jehova, der sicherlich viele große Dinge in seinem Volk ausgeführt hat? Aber ihr dagegen – und das ein Mann, wie du, Ursulos –! Bist du ein Römer, von griechischen Vorvätern entsprossen? Den alleinigen! Welche barbarische Unverschämtheit!
URSULOS: Du hast gelobt, du wollest keinen um seiner Meinungen willen hassen.
JULIAN: Das habe ich gelobt; aber ich dulde auch nicht, daß ihr uns zu nahe tretet. Die Gesandten sollten nicht gekommen sein, um –? Das soll also mit anderen Worten heißen, daß der große göttliche Dionysos, dessen Macht besonders darin besteht, den Menschen die verborgenen Dinge zu offenbaren – jetzt nicht mehr so wirksam sei wie in vergangenen Zeiten. Darf ich so etwas dulden? Ist das nicht eine unerhörte Frechheit? Werde ich nicht gezwungen, dich zur Rechenschaft zu ziehen?
URSULOS: Dann würden alle Christen sagen, daß es ihr Glaube sei, was du verfolgst.
JULIAN: Es soll niemand um seines Glaubens willen verfolgt werden. Aber habe ich ein Recht dazu, einen Strich durch alles zu machen, dessen ihr euch schuldig machen möchtet, bloß weil ihr Christen seid? Soll eure Verirrung etwa auch eure Fehler decken? Was habt ihr verwegenen Männer nicht schon alles verübt, sowohl hier bei Hofe als anderwärts? Wie habt ihr nicht allen Lastern geschmeichelt und euch allen Launen gebeugt? Ja, wem hast nicht du, Ursulos, selbst durch die Finger gesehn? Ich denke an jenen schamlos ausgeputzten Haarschneider, jenen salbenstinkenden Narren, der mich hier soeben mit Ekel erfüllte. Bist du nicht Schatzmeister? Wie hast du solch unverschämten Forderungen nachgeben können?
URSULOS: Ist es ein Verbrechen, daß ich der Diener meines Herrn gewesen bin?
JULIAN: Ich brauche keine solch verschwenderischen Diener. Alle jene frechen Halbmänner sollen aus dem Palaste gejagt werden; und ebenso alle Köche und Gaukler und Tänzer. Eine geziemende Dürftigkeit soll wieder eingeführt werden. *Zu Themisteos und Mamertinos:* Ihr, meine Freunde, sollt mir dabei zur Hand gehen. Und du, Nevita, dem ich, damit du mit größerem Ansehen auftreten kannst, die Würde eines Heerführers verleihe – dir übertrage ich zu untersuchen, wie die Ämter des Staates unter meinem Vorgänger und besonders in den letzten Jahren verwaltet worden

sind. Du kannst geeignete Männer hinzuziehen, wenn du willst, um mit dir über diese Dinge zu richten. *Zu den älteren Hofleuten und Räten:* Ich kann euch nicht brauchen. Als mein beweinter Verwandter mich auf seinem Sterbebette als Erben einsetzte, gab er mir auch die Gerechtigkeit zum Erbe, welche auszuüben ihn sein langer Zustand der Schwäche gehindert hatte. Gehet heim; und wenn ihr Rede und Antwort gestanden habt, könnt ihr ziehen, wohin ihr wollt.

URSULOS: Gott der Herr erhalte und beschirme dich, mein Kaiser!

Er verneigt sich und geht im Hintergrunde mit den ältern Hofleuten hinaus; Nevita, Themisteos, Mamertinos mit allen jungen sammeln sich um den Kaiser.

NEVITA: Mein erhabener Herrscher, wie soll ich dir genug für das Zeichen der Gnade danken, welches du soeben –

JULIAN: Keinen Dank. Ich habe in diesen wenigen Tagen deine Treue und deine Urteilskraft schätzen gelernt. Auch die Bekanntmachung der morgenländischen Botschaft sollst du abfassen. Schreibe sie so, daß die wohltuenden Götter darin keinen Grund finden können, auf einen von uns erzürnt zu werden.

NEVITA: Ich werde in allem nach dem Willen meines Kaisers handeln. *Ab nach rechts.*

JULIAN: Und jetzt, ihr Getreuen, jetzt preisen wir die unsterblichen Mächte, die uns den rechten Weg gewiesen haben.

THEMISTEOS: Die Unsterblichen und ihren mehr als sterblichen Günstling! Welchen Jubel werden wir nicht durch das Reich ertönen hören, wenn sich das Gerücht verbreitet, wie du jenen gewaltsamen und eigennützigen Männern gedient hast!

MAMERTINOS: Mit welcher Spannung und mit welcher ungeduldigen Hoffnung wird man nicht auf die Wahl ihrer Nachfolger warten!

THEMISTEOS: Alle Griechen werden wie aus einem Munde rufen: Plato selbst hat das Steuer des Staates ergriffen!

MAMERTINOS: Nein, nein, würdiger Freund; alle Griechen rufen: Platos Ausspruch ist Wahrheit geworden – nur ein Gott kann über Menschen herrschen!

THEMISTEOS: Jetzt wünsche ich nur, daß das Wohlwollen der Glückbringenden Nevita folgen möge. Er hat eine große und schwierige Aufgabe bekommen; ich kenne ihn nicht so genau; aber wir dürfen ja alle hoffen, daß er sich als der Rechte erweisen möge –

MAMERTINOS: Ganz gewiß; obschon vielleicht andre Männer gefunden werden dürften, welche –

THEMISTEOS: Nicht will ich damit gesagt haben, daß die Wahl, welche du, o unvergleichlicher Kaiser –

MAMERTINOS: Nein, nein; in keiner Weise!

THEMISTEOS: Aber wenn es ein Fehler sein sollte, vor Eifer darnach zu brennen, einem geliebten Herrscher zu dienen –

MAMERTINOS: – so hast du in Wahrheit mehr als e i n e n fehlenden Freund –

THEMISTEOS: – selbst wenn du sie nicht so ehrtest, wie du den höchst glücklichen Nevita geehrt hast –

MAMERTINOS: – selbst wenn sie jedes sichtbaren Zeichens deiner Gnade entbehren müßten –

JULIAN: Wir wollen keinen tüchtigen Mann ungenützt und auch nicht unbelohnt lassen. Was dich betrifft, Themisteos, übertrage ich dir die Statthalterschaft in Konstantinopel; und du, Mamertinos, kannst dich vorbereiten, im kommenden Frühjahr nach Rom zu reisen und eins von den ledigen Konsulaten zu übernehmen.

THEMISTEOS: Mein Kaiser! Mir schwindelt bei soviel Ehre – !

MAMERTINOS: Eine solche Ehre! Konsul! Gab es jemals einen so hochgeehrten Konsul wie mich? Etwa Lucius, etwa Brutus, etwa Publius Valerius? Was war ihre Ehre gegen meine? Jene wurden vom Volke ernannt, aber ich von Julian!

EIN HOFMANN: Gepriesen sei der Kaiser, der die Gerechtigkeit walten läßt!

EIN ANDERER HOFMANN: Gepriesen er, dessen bloßer Name die Barbaren mit Schrecken schlägt!

THEMISTEOS: Gepriesen seien alle die erhabenen Götter, die in Eintracht ihre verliebten Augen auf einen einzigen Mann geworfen haben, so daß dieser einzige, wenn er zum erstenmal – was spät geschehen möge! – uns Schmerz bereiten und von uns gehen sollte, man sagen muß, er habe Sokrates und Mark Aurel und Alexander in den Schatten gestellt!

JULIAN: Da trafst du den Kern der Sache, mein Themisteos! Zu den Göttern müssen wir unsere Hände und unsere Herzen erheben. Ich sage das nicht, um euch zu belehren, sondern um euch daran zu erinnern, was an diesem Hofe so lange versäumt worden ist. Es sei ferne von mir, jemand zwingen zu wollen. Aber bin ich wohl zu tadeln, weil ich gerne auch andere des süßen Entzückens teilhaftig machen will, welches mich durchströmt, wenn ich mich gewiegt fühle in der Unsterblichen Gemeinschaft? Gepriesen, gepriesen seist du, weinlaubumkränzter Dionys! Denn du bist es doch zunächst, der so große und geheimnisvolle Dinge bewirkt. Gehet ihr jeder an eure Arbeit. Ich für mein Teil habe einen Freudenaufzug durch die Gassen der Stadt versprochen. Kein Fest für mein Hofvolk oder ein Gastmahl zwischen vier Wänden. Frei mögen die Bürger sich mir anschließen oder sich fernhalten; ich will scheiden die Reinen von den Unreinen, die Frommen von den Verirrten. – O Sonnenkönig, wirf Licht und Schönheit über diesen Tag! O Dionysos, senke deine schwellende Herrlichkeit auf die Geister; erfülle die Seelen mit deinem heiligen Sturmbrausen, erfülle sie, bis alle Bande springen und der freigemachte Jubel aufatmet in Tanz und Gesang! – Leben, Leben, Leben in Schönheit!

Eilig ab nach rechts.

Die Hofleute sammeln sich in flüsternden Gruppen und entfernen sich allmählich.

Eine enge Gasse in Konstantinopel.
Große Menschenmenge; alle blicken in einer Richtung die Straße entlang. Lärm, Gesang und Musik von Flöten und Trommeln wird in einiger Entfernung gehört.

EIN SCHUHMACHER *in seiner Haustür ruft quer über die Straße:* Was gibt es, lieber Nachbar?

EIN KRAMHÄNDLER *in dem Hause gegenüber:* Es sollen ein paar syrische Gaukler sein, die zur Stadt gekommen sind.

EIN FRUCHTHÄNDLER *auf der Gasse:* Keineswegs; es ist eine ägyptische Bande, die mit Affen und Dromedaren herumzieht.

HAARSCHNEIDER EUNAPIOS *ärmlich gekleidet, sucht vergebens durch das Gedränge hindurchzudringen:* Platz doch, ihr Toren! Wer zum Teufel kann an solchem Unglückstage scherzen und schwatzen!

EIN WEIB *in einem kleinen Fenster:* Pst, pst! Eunapios! Schöner Herr!

EUNAPIOS: Sprich nicht auf offner Gasse mit mir, du Kupplerin!

DAS WEIB: Schleiche dich von hinten hinein, süßer Freund!

EUNAPIOS: Pfui über dich! Bin nicht aufgelegt zu scherzen –

DAS WEIB: Du sollst schon noch aufgelegt werden. Komm, schöner Eunapios; vorgestern empfing ich eine Sendung frischer Tauben –

EUNAPIOS: O du sündige Welt! *Will vorbei.* Platz! Platz! in Satans Namen laßt mich durch!

SCHRIFTLEHRER HEKEBOLIOS *in Reisekleidung, begleitet von einigen belasteten Sklaven:* Ist die Stadt ein Narrenhaus geworden? Alle schreien durcheinander, und keiner kann mir Bescheid sagen. Ah sieh – Eunapios, mein frommer Bruder!

EUNAPIOS: Gruß und Heil, ehrwürdiger Herr! Du bist also zur Stadt zurückgekommen?

HEKEBOLIOS: In diesem Augenblick – ich habe die heißen Herbstmonate der stillen Andacht auf meinem Landgute auf Kreta gewidmet. Aber sage mir vor allen Dingen, was geht hier vor?

EUNAPIOS: Unglück und Verwirrung. Der neue Kaiser –

HEKEBOLIOS: Ja, ja, ich habe wunderbare Gerüchte gehört –

EUNAPIOS: Tausendfach schlimmer als die Gerüchte. Alle treuen Diener sind aus dem Palaste gejagt.

HEKEBOLIOS: Sprichst du die Wahrheit?

EUNAPIOS: Weh mir; ich selbst war der erste –

HEKEBOLIOS: Entsetzlich! So bin vielleicht auch ich –?

EUNAPIOS: Gewiß. Alle Rechnungen sollen untersucht werden; alle Gaben zurückgenommen, alle ungenauen Erhebungen –

HEKEBOLIOS *bleich:* Gott erbarme sich!

EUNAPIOS: Gott sei gelobt, ich habe ein gutes Gewissen.

HEKEBOLIOS: Ich auch, ich auch; aber immerhin –; so ist es also doch wahr, daß der Kaiser dem Apollo und der Fortuna geopfert hat?

EUNAPIOS: Ja gewiß; aber wer kümmert sich um solche Kleinigkeiten?

HEKEBOLIOS: Kleinigkeiten? Begreifst du nicht, verblendeter Freund, daß es unsere Gesinnung als gute Christen ist, die er verfolgt?

EUNAPIOS: Was sagst du? Beim Kreuz des Herrn, sollte es möglich sein?

WEIBER *im Gedränge:* Dort kommen sie!

EIN MANN *auf dem Dache eines Hauses:* Ich kann ihn sehen!

ANDERE STIMMEN: Wer kommt? Wer, wer?

DER MANN AUF DEM DACHE: Der Kaiser Julian. Er hat Weinlaub im Haar.

VOLK AUF DER STRASSE: Der Kaiser!

EUNAPIOS: Der Kaiser!

HEKEBOLIOS: Komm, komm, frommer Bruder!

EUNAPIOS: Laß mich, Herr; ich bin gar nicht fromm.

HEKEBOLIOS: Nicht fromm –?

EUNAPIOS: Wer darf das von mir sagen –? Will man mich zugrunde richten? Fromm? Wann war ich fromm? Ich gehörte einmal zur Sekte der Donatisten; das ist aber viele Jahre her. Der Teufel hole die Donatisten! *Er klopft an das Fenster.* He Barbara, Barbara; mach auf, alte Metze!

Er schlüpft durch die Tür hinein.

DIE MENGE: Da ist er! Da kommt er!

HEKEBOLIOS: Alle ungenauen Erhebungen –! Untersuchungen! Welch Blitz aus heiterm Himmel!

Er schleicht sich mit den beiden Sklaven fort.

Der Dionysoszug kommt die Gasse herab. Flötenspieler gehen voran; betrunkene Männer, zum Teil als Faune und Satyre gekleidet, tanzen nach dem Takte. Mitten in dem Zuge sieht man Kaiser Julian auf einem Esel reitend, der mit einem Pantherfell bedeckt ist; er ist wie der Gott Dionysos gekleidet, mit einem Pantherfell um die Schultern, einem Rebenkranz um die Stirne und in der Hand einen mit Laub umwundenen Stab, auf dessen äußerster Spitze ein Pinienapfel befestigt ist. Halbnackte, geschminkte Weiber und Jünglinge, Tänzer und Gaukler umringen ihn; einige tragen Weinkannen und Trinkschalen, andere schlagen Tamburine und bewegen sich unter wilden Sprüngen und Grimassen vorwärts.

DIE TÄNZER *singen:*

„Feurigen Trank aus gefüllten Schalen,
Feurigen Trank,
Lippen, trinkende,
Augen, blinkende,
Bockbeine, sinkende,
Huldigt dem Weingott im taumelnden Schwang!"

DIE WEIBER *singen:*

„Liebesspiel, das die Nacht kaum erlaubt,
Übt es, Bacchanten!
Übt es, wo strahlender Tag es schaut!
Seht, auf dem Panther
Sitzet er prächtig.
Küßt uns, Bacchanten!

Seht unsre Liebe, wie heiß, wie mächtig!
Tanzende, singende,
Taumelnde, springende,
Küßt uns, Bacchanten!"

JULIAN: Platz! Ordentlich, ihr Bürger! Tretet ehrerbietig zur Seite; nicht vor uns, sondern vor ihm, den wir ehren.

EINE STIMME IN DER MENGE: Der Kaiser in Gesellschaft von Gauklern und Dirnen!

JULIAN: Ergreift euch nicht Scham, daß ich mit solchen vorliebnehmen muß? Schämt ihr euch nicht, daß mehr Eifer und mehr Frömmigkeit bei diesen gefunden wird als bei euch?

EIN ALTER MANN: Christus erleuchte dich, Herr!

JULIAN: Aha, du bist ein Galiläer! Und du willst mitreden? Saß nicht dein großer Meister mit Sündern zu Tisch? Ging er nicht aus und ein in Häusern, die nicht für sehr anständig galten? Antworte mir darauf.

EUNAPIOS *umringt von Mädchen in Barbaras Haustür:* Ja, antworte, antworte, wenn du kannst, du Tor!

JULIAN: Ei sieh – bist du nicht jener Haarschneider, welcher –?

EUNAPIOS: Ein freigewordener Mann, gnädigster Kaiser! – Platz, ihr Bacchanten; Platz für einen Bruder!

Er und die Mädchen tanzen in die Reihen des Dionysoszuges hinein.

JULIAN: Das mag ich wohl leiden. Nehmt euch diese Griechen zum Vorbild, wenn ihr noch einen Funken von dem Geist der Alten in euch habt. Und das ist auch wohl nötig, ihr Bürger; denn kein Gott ist so verkannt worden – ja lächerlich gemacht – wie dieser Entzückung bringende Dionys, welchen die Römer auch Bacchus nennen. Meint ihr, er sei ein Gott für Trunkenbolde? O ihr höchst Unwissenden, ich bemitleide euch, wenn ihr so denkt. Wem anders als ihm schulden die Dichter und Seher ihre wunderbaren Gaben? Wohl weiß ich, daß einige diese Wirksamkeit dem Apollo beilegen, und das sicher nicht ohne Recht; aber der Zusammenhang davon ist ganz anders zu verstehen – was ich euch aus verschiedenen Schriften beweisen kann. Doch hierüber will ich mich mit euch auf offener Gasse nicht streiten. Auch gestattet es die Zeit nicht. Ja, spottet nur! Schlagt nur das Zeichen des Kreuzes! Ich sehe es wohl. Ihr pfifft gern in die Finger; ihr würfet gern Steine nach mir, wenn ihr es wagtet. Oh, muß ich mich nicht dieser Stadt schämen, welche noch unter die Barbaren gesunken ist und nichts Besseres zu tun weiß, als an der irreführenden Erfindung eines unwissenden Juden festzuhalten! – Vorwärts! Zur Seite! – steht uns nicht im Wege!

DIE TÄNZER:

„Seht, auf dem Panther
Sitzet er prächtig!"

DIE WEIBER:

„Seht unsre Liebe, wie heiß, wie mächtig,
Küßt uns, Bacchanten!"

Der Aufzug zieht unter Gesang in die Seitengasse hinein. Die Menge sieht in stummer Verwunderung zu.

Der Büchersaal des Kaisers im Palaste. Eingangstür auf der linken Seite; eine kleine Tür mit Vorhang vorn zur Rechten.

Hausmeister Eutherios kommt von links, gefolgt von zwei Dienern, die Teppiche tragen.

EUTHERIOS *ruft rechts durch die Tür hinaus:* Agilo, Agilo, wärme Rosenwasser! Der Kaiser will ein Bad nehmen.

Mit beiden Dienern ab nach rechts. Kaiser Julian eilig von links. Er trägt noch das Pantherfell und den Rebenkranz; in der Hand hat er den umwundenen Stab. Er geht ein paarmal auf der Bühne auf und nieder, darauf schleudert er den Stab in einen Winkel.

JULIAN: War Schönheit in diesem? – – Wo waren die Greise mit weißem Bart? Wo waren die reinen Jungfrauen mit Bändern um die Stirne, mit anständigen Gebärden, züchtig mitten in den Freuden des Tanzes? Pfui über euch, ihr Dirnen! – – *Er reißt das Pantherfell ab und wirft es beiseite.* Wo ist die Schönheit geblieben? Kann nicht der Kaiser gebieten: stehe wieder auf! und sie steht auf? Pfui über diese stinkende Unzucht! – – Welche Gesichter! Alle Laster schrien aus diesen verzerrten Zügen. Geschwüre des Leibes und der Seele. – Pfui, pfui! Ein Bad, Agilo! Der Gestank erstickt mich.

BADEDIENER AGILO *in der Türöffnung rechts:* Das Bad ist bereit, gnädigster Herr!

JULIAN: Das Bad? Laß es sein. Was ist der Schmutz des Leibes gegen all das andere? Geh! *Agilo wieder ab. Der Kaiser bleibt einen Augenblick in Gedanken stehen.* Der Seher von Nazareth saß unter Zöllnern und Sündern zu Tische. – Wo liegt der Abgrund zwischen jenem und diesem?

Schriftlehrer Hekebolios kommt von links und bleibt ängstlich an der Tür stehen.

JULIAN: Was willst du, Mann?

HEKEBOLIOS *kniend:* Herr!

JULIAN: Ah, was seh' ich? Hekebolios – bist du es wirklich?

HEKEBOLIOS: Derselbe, und doch ein anderer.

JULIAN: Mein alter Lehrer. Was willst du? Stehe auf!

HEKEBOLIOS: Nein, nein, laß mich liegen. Und zürne nicht, daß ich von meinem ehemaligen Rechte, bei dir aus und ein zu gehen, Gebrauch mache.

JULIAN *kalt:* Ich fragte, was du von mir willst?

HEKEBOLIOS: Mein alter Lehrer, sagtest du. Oh, könnte ich den Schleier der Vergessenheit über jene Zeiten decken.

JULIAN *wie vorher:* Ich verstehe. Du meinst, daß –

HEKEBOLIOS: O daß ich in die Erde sinken und meine Beschämung verbergen könnte! Sieh, sieh – hier liege ich vor dir, ein Mann, dessen Haar im Begriff ist, grau zu werden – ein Mann, der geforscht und gegrübelt hat all sein Lebtag und der jetzt bekennen muß, daß er irreging und auch seinen geliebten Schüler irreführte!

JULIAN: Was willst du damit sagen?

HEKEBOLIOS: Du nanntest mich deinen alten Lehrer. Sieh, hier liege ich zu deinen Füßen und sehe mit Bewunderung zu dir auf und nenne dich meinen neuen Lehrer.

JULIAN: Erhebe dich, Hekebolios!

HEKEBOLIOS *erhebt sich:* Du sollst alles hören, Herr, und beurteile mich dann nach deiner Gerechtigkeit. – Als du fort warst, wurde es mir fast unerträglich, an dem Hofe deines Vorgängers zu leben. Ich weiß nicht, ob du erfahren hast, daß ich zu des Kaisers Vorleser und zum Almosenausteiler ernannt wurde? Ach, konnten die Ehrenstellen mir den Verlust meines Julian ersetzen? Ich hielt es fast nicht aus, länger zuzusehen, wie Männer, welche prahlend ihre Tugend zur Schau trugen, Geschenke und Bestechungen aller Art annahmen. Mir wurde dieser Verkehr mit gierigen Glücksjägern verhaßt, deren Fürbitte jedem zugänglich war, welcher klingendes Wort mit klingender Münze aufwiegen konnte. O mein Kaiser, du weißt nicht, was hier im Schwange gewesen ist –!

JULIAN: Ich weiß es, ich weiß es.

HEKEBOLIOS: Ein ärmliches Leben in Einsamkeit lockte mich. Sooft es geschehen konnte, zog ich mich zurück nach Kreta, zu meinem bescheidenen Tuskulum – meinem kleinen Landgute –, wo noch nicht alle Tugend von der Welt verschwunden zu sein schien. Dort habe ich auch diesen Sommer gelebt, die menschlichen Dinge und die himmlischen Wahrheiten erwägend.

JULIAN: Glücklicher Hekebolios!

HEKEBOLIOS: Da gelangte das Gerücht von allen deinen Wundertaten nach Kreta –

JULIAN: Ah!

HEKEBOLIOS: Ich fragte mich selbst: ist er mehr als ein Mensch, dieser ganz unvergleichliche Jüngling? Unter wessen Schutz steht er? Pflegt der Christengott auf solche Weise seine Macht zu offenbaren –?

JULIAN *gespannt:* Nun; nun!

HEKEBOLIOS: Ich übernahm es von neuem, die alten Schriften durchzuforschen. Licht um Licht ging vor mir auf –; o daß ich es gestehen muß!

JULIAN: Rede aus, ich beschwöre dich!

HEKEBOLIOS *wirft sich auf die Knie:* Strafe mich in deiner Gerechtigkeit, Herr; aber stehe ab von den Irrtümern deiner Jugend in betreff der göttlichen Dinge! Ja, gnädigster Kaiser, du bist in Verirrung umstrickt; und ich – o unfaßbar, daß die Scham mich nicht tötet – ich, ich habe dazu beigetragen, dich irrezuführen –

JULIAN *mit ausgebreiteten Armen:* Komm an mein Herz!

HEKEBOLIOS: Oh, ich flehe dich an, erweise den unsterblichen Göttern, deren Günstling du bist, Dankbarkeit! Und kannst du es nicht, so strafe mich, weil ich es an deiner Stelle tue –

JULIAN: Komm, komm in meine offnen Arme, sage ich! *Er hebt ihn empor, drückt ihn in seine Arme und küßt ihn.* Mein Hekebolios, welch große und unerwartete Freude!

HEKEBOLIOS: Herr, wie soll ich das verstehen?

JULIAN: Oh, so weißt du nicht –? Wann kamst du zur Stadt?

HEKEBOLIOS: Ich verließ das Schiff vor einer Stunde.

JULIAN: Und eiltest gleich hierher?

HEKEBOLIOS: Auf den Flügeln der Angst und der Reue, Herr!

JULIAN: Ohne mit jemand zu reden?

HEKEBOLIOS: Ja, ja, ohne mit jemand zu reden; aber –?

JULIAN: Oh, so kannst du ja nicht wissen – *er umarmt ihn wieder:* mein Hekebolios, so erfahre es denn! Ich, so wie du, habe das Joch des Irrtums abgeworfen. Den unsterblichen Sonnenkönig, dem wir Menschen so viel verdanken, habe ich in sein ehemaliges Recht wieder eingesetzt; Fortuna hat von meinen demütigen Händen ihr Opfer empfangen, und wenn du mich in diesem Augenblick müde und ein wenig entkräftet findest, so kommt es daher, daß ich soeben ein Fest zu Ehren des göttlichen Dionys gefeiert habe.

HEKEBOLIOS: Ich höre und staune!

JULIAN: Sieh hier – noch sitzt der Kranz in meinem Haar. Unter dem frohen Zuruf der Menge – ja, es waren ziemlich viele –

HEKEBOLIOS: Und ich, der ich so große Dinge nicht geahnt habe!

JULIAN: Nun wollen wir alle Freunde der Wahrheit und Weisheit um uns sammeln, alles, was mit Anstand und Ehrerbietung die Götter verehrt – schon gibt es einige – freilich nicht eben viele –

Der Leibarzt Cäsarios, begleitet von mehreren Beamten und Herren vom früheren Hofe, kommt von links herein.

JULIAN: Ei, da haben wir ja den guten Cäsarios – in zahlreichem Gefolge und mit einem Antlitz, das auf etwas Wichtiges deutet.

CÄSARIOS: Gnädigster Kaiser, willst du deinem Diener eine Frage in seinem eigenen Namen und in dem aller dieser bekümmerten Männer gestatten?

JULIAN: Frage, mein teuerster Cäsarios! Bist du nicht meines geliebten Gregors Bruder? Frage nur!

CÄSARIOS: Sage mir denn, o Herr – *Er bemerkt Hekebolios:* Was sehe ich! Hekebolios hier?

JULIAN: Eben heimgekommen –

CÄSARIOS *will sich zurückziehen:* Dann bitte ich, warten zu dürfen –

JULIAN: Keineswegs, mein Cäsarios, dieser Freund darf alles hören.

CÄSARIOS: Freund, sagst du? O mein Kaiser, diese Verhaftungen geschehen also nicht mit deinem Willen?

JULIAN: Wovon sprichst du?

CÄSARIOS: Du weißt es also nicht? Der Kriegsoberste Nevita – der Heerführer, wie er sich jetzt nennt – läßt unter dem Vorwande, daß es in deinem Namen geschehe, Verfolgungen gegen alle betrauten Männer deines Vorgängers anstellen.

JULIAN: Untersuchungen, sehr notwendige Untersuchungen, mein Cäsarios!

CÄSARIOS: O Herr, verbiete ihm aber, so gewaltsam zu verfahren. Der Buchführer Pentadios wird von Soldaten überall gesucht und ebenso ein gewisser Prätorianerhauptmann, dessen Namen du verboten hast zu nennen; du weißt, wen ich meine, Herr – dieser unglückliche Mann, der sich bereits mit seinem ganzen Hause in Angst vor dir verborgenhält.

JULIAN: Du kennst diesen Mann nicht, in Gallien ging er mit höchst verwegenen Gedanken um.

CÄSARIOS: Sei es so; aber jetzt ist er ja unschädlich. Doch nicht er allein wird mit Untergang bedroht; auch der Schatzmeister Ursulos ist gefangengesetzt –

JULIAN: Ah, Ursulos? So war es also doch nötig.

CÄSARIOS: Nötig! War d a s nötig, Herr? Denke dir doch, Ursulos, dieser Greis, auf dem kein Flecken ruht – dieser Mann, vor dessen Wort sich hoch und niedrig in Ehrfurcht beugt –

JULIAN: Dieser Mann ohne alle Urteilskraft, sage ich! Ursulos ist ein Verschwender, welcher ohne zu widersprechen die Gier der Hofleute gemästet hat. Überdies ist er in Staatssachen ein unbrauchbarer Mensch. Ich habe das selbst erfahren. Ich würde ihn niemals damit betrauen dürfen, Botschaften fremder Fürsten entgegenzunehmen.

CÄSARIOS: Und doch bitten wir dich, Herr, so viele wir hier vor dir stehen: Sei großmütig, sowohl gegen Ursulos als gegen die übrigen.

JULIAN: Wer sind die übrigen?

CÄSARIOS: Allzu viele, fürchte ich. Ich will nur nennen den Unterschatzmeister Evagrios, den vorigen Hausmeister Saturninos, den Oberrichter Kyrenos und –

JULIAN: Warum stockst du?

CÄSARIOS *zögernd:* Herr, unter den Angeklagten ist auch der Hofvorleser Hekebolios.

JULIAN: Was?

HEKEBOLIOS: Ich, unmöglich!

CÄSARIOS: Angeklagt, von unwürdigen Stellensuchern Bestechungen angenommen zu haben.

JULIAN: Und das sollte Hekebolios –? Ein Mann wie Hekebolios –?

HEKEBOLIOS: Welch schändliche Verleumdung! O Christus – was ich sagen wollte – o ihr himmlischen Götter!

CÄSARIOS: Ha!

JULIAN: Was meinst du?

CÄSARIOS *kalt:* Nichts, mein gnädigster Kaiser!

JULIAN: Cäsarios!

CÄSARIOS: Ja, mein hoher Herr?

JULIAN: Nicht Herr; nenne mich Freund.

CÄSARIOS: Dürfte ein Christ dich so nennen?

JULIAN: Ich bitte dich: nähre nicht solche Gedanken, Cäsarios! Du mußt so etwas nicht glauben. Was kann ich dafür, daß all jene angeklagten Männer Christen sind? Zeigt das nicht bloß, daß die Christen es verstanden haben, alle einträglichen Ämter an sich zu reißen? Aber darf der Kaiser gestatten, daß die wichtigsten Ämter des Reiches schlecht verwaltet werden? *Zu den übrigen:* Ihr meint doch wohl nicht, daß euer Glaube mich zum Zorne gegen die Unredlichen entflammt hat? Ich rufe alle Götter zu Zeugen an, ich will nicht, daß man gegen euch Christen anders als nach Recht und Gesetz verfahren soll, und auch nicht, daß man euch etwas Böses zufüge. Ihr oder in jedem Fall viele von euch sind ja doch fromm, da ihr ja auch zu dem Herrn betet, der allmächtig ist und über die ganze unsichtbare Welt herrscht. – O mein Cäsarios, bete ich nicht auch zu ihm, nur unter anderm Namen?

CÄSARIOS: Vergönne mir, gnädigster Kaiser –

JULIAN: Im übrigen ist es meine Absicht, Milde zu zeigen, wo solches geziemenderweise geschehen kann. Was Hekebolios angeht, so müssen seine geheimen Feinde sich nicht einbilden, daß sie ihm mit Angebereien oder mit irgendeiner andern Art lumpiger Ränke schaden dürften.

HEKEBOLIOS: Mein Kaiser! Mein Schild und mein Schutz!

JULIAN: Ich will auch nicht, daß man unbarmherzig allen niedern Hofdienern das Brot wegnehme. Ich denke da an jenen Haarschneider, den ich wegjagte. Das tut mir leid. Der Mann kann bleiben. Er sah mir aus wie ein Mensch, der sein Handwerk gründlich versteht. Ehre sei solchen Männern! So weit kann ich gehen, mein Cäsarios, aber nicht weiter. Ursulos muß selbst die Folgen tragen. Wir müssen so handeln, daß die blinde und doch so strenge Göttin der Gerechtigkeit keinen Grund hat, über einen Sterblichen die Stirn zu runzeln, in dessen Hände sie eine solch große Verantwortung niedergelegt hat.

CÄSARIOS: Dann habe ich kein Wort mehr für die Unglücklichen zu sagen. Ich bitte nur darum, den Hof und die Stadt verlassen zu dürfen.

JULIAN: Das wolltest du?

CÄSARIOS: Ja, gnädigster Kaiser!

JULIAN: Du bist hartnäckig, wie dein Bruder.

CÄSARIOS: Das Neue gibt mir viel zu denken.

JULIAN: Ich hatte Großes mit dir vor, Cäsarios! Es wäre mir sehr lieb, wenn du von deinen Irrtümern abließest. Kannst du es nicht?

CÄSARIOS: Gott weiß, was ich vor einem Monat gekonnt hätte – jetzt kann ich es nicht.

JULIAN: Eine Heirat in eines der mächtigsten Geschlechter würde dir offenstehen. Bedenkst du dich nicht?

CÄSARIOS: Nein, gnädigster Herr!

JULIAN: Ein Mann wie du könnte schnell von Stellung zu Stellung emporsteigen. Cäsarios, sollte es dir nicht möglich sein, in Gemeinschaft mit mir meine neuen Pläne zu fördern?

CÄSARIOS: Nein, gnädigster Herr!

JULIAN: Ich meine nicht hier, sondern anderswo. Es ist meine Absicht fortzugehen. Konstantinopel ist mir gänzlich zuwider; ihr Galiläer habt es nach jeder Richtung hin für mich verdorben. Ich gehe nach Antiochia; dort finde ich einen bessern Boden. Du solltest mich begleiten. Willst du es, Cäsarios?

CÄSARIOS: Gnädigster Kaiser, ich will auch zu den Landschaften im Osten; aber ich möchte allein reisen.

JULIAN: Und was willst du dort?

CÄSARIOS: Meinen alten Vater aufsuchen; Gregor helfen, ihn zu dem Kampfe stärken, der uns bevorsteht.

JULIAN: Geh!

CÄSARIOS: Lebe wohl, mein Kaiser!

JULIAN: Glücklicher Vater, der so unglückliche Söhne hat!

Er winkt mit der Hand; Cäsarios und seine Begleiter verneigen sich tief und gehen nach links hinaus.

HEKEBOLIOS: Welcher verwegene und höchst ungeziemliche Trotz!

JULIAN: Mein Herz ist hiervon und von vielem andern bis aufs Blut verwundet. Du, mein Hekebolios, sollst mir folgen. Die Erde brennt mir unter den Füßen in dieser vergifteten galiläischen Stadt. Ich will an jene Weisheitsfreunde Priskos und Kytron schreiben, welche in den letzten Jahren so großen Ruhm gewonnen haben. Auch Maximos kann ich jeden Tag hier erwarten; er soll mit uns gehen. – Ich sage dir, es stehen uns glückliche Siegestage bevor, Hekebolios! In Antiochia, Freund – dort werden wir dem unvergleichlichen Libanios begegnen – und dort sind wir dem Helios näher bei seinem Aufgange. – O diese zwingende Sehnsucht hin zu dem Sonnenkönige –!

HEKEBOLIOS: Ja, ja, ja –!

JULIAN *umarmt ihn:* Mein Hekebolios! – Weisheit; Licht; Schönheit!

ZWEITER AKT

Eine große Vorhalle des Kaiserpalastes. Offener Eingang im Hintergrund; an der linken Wand befindet sich eine Tür, die zu den innern Gemächern führt.

Auf einem erhöhten Sitze vorne rechts sitzt Kaiser Julian, umgeben von seinem Hof. Richter, Redner, Dichter und Lehrer, unter den letzteren Hekebolios, auf niedrigern Stühlen als er. Gegen die Wand gelehnt, nahe beim Ausgang, steht ein wie ein christlicher Priester gekleideter Mann; er verbirgt sein Gesicht in seinen Händen und scheint in Gebet versunken. Eine große Versammlung von Bürgern der Stadt erfüllt die Halle. Bei der Ausgangstür und an der Tür links stehen Wachen.

JULIAN *spricht zu den Versammelten:* So großen Erfolg haben die Götter mir vergönnt. Kaum einer einzigen Stadt habe ich mich auf meiner Reise genähert, ohne daß die Galiläer mir in hellen Haufen auf dem Landwege entgegengeströmt wären, jammernd über ihre Verirrungen und sich unter die Wahrzeichen der göttlichen Mächte stellend. Was ist hiergegen zu rechnen das törichte Benehmen der Spötter? Sind dieselben nicht fast mit Hunden zu vergleichen, welche in ihrer Dummheit den Mond anbellen? Doch will ich nicht leugnen, es hat mich erzürnt zu erfahren, daß einige Einwohner dieser Stadt höhnische Worte über die Lebensweise haben fallen lassen, die ich den Priestern der Kybele, der guten Göttin, eingeschärft habe. Sollte nicht die Ehrfurcht vor einer so hohen Göttin ihre Diener davor bewahren, zum Gegenstande des Spottes gemacht zu werden? Ich rufe jenen dummdreisten Menschen zu: seid ihr Barbaren, daß ihr nicht wißt, wer Kybele ist? Soll ich im Ernste gezwungen sein, euch daran zu erinnern, wie damals, als die römische Herrschaft so hart von jenem punischen Feldherrn bedroht wurde, dessen Grab ich vor kurzem in Libussa gesehen habe – da gab die kumäische Sibylle den Rat, das Standbild der Kybele aus dem Tempel in Pessinos zu nehmen und sie nach Rom zu führen! Was nun die Lebensweise der Priester betrifft, so haben sich einige darüber aufgehalten, daß es denselben verboten worden, Kräuter und alles, was unten auf der Erde wächst, zu essen, während es ihnen gestattet ist, solche Früchte zu genießen, welche in der Höhe wachsen. O ihr höchst Unkundigen – ihr tut mir leid, wenn ihr das nicht versteht! Kann des Menschen Geist sich von dem nähren, was auf dem Boden kriecht? Lebt nicht die Seele von allem, was nach dem Himmel und der Sonne strebt? Aber ich will darüber nicht weiter reden. Was sonst noch zu sagen ist, werdet ihr aus einer Schrift erfahren, an welcher ich in meinen wachen Nächten arbeite und von der ich hoffe, daß sie binnen kurzem in den Lehrsälen und auf den Märkten verlesen werden wird. *Er erhebt sich.* Und hiermit, meine Freunde, wenn niemand etwas Wichtiges sonst vorzubringen hat –

EIN BÜRGER *drängt sich vor:* O gnädigster Kaiser, entlaß mich nicht ungehört!

JULIAN *setzt sich wieder:* Gewiß nicht, mein Freund! Wer bist du?

DER BÜRGER: Ich bin der Kornhändler Medon. O Herr, falls nicht meine Liebe zu dir, du Erhabener und Göttlicher –

JULIAN: Vorwärts, was willst du, Mann!

MEDON: Ich habe einen Nachbar, Alites, welcher mir seit vielen Jahren auf alle erdenkliche Weise geschadet hat; er handelt nämlich auch mit Korn und schmälert mir auf die schändlichste Weise meinen Verdienst –

JULIAN: Aha, mein guter Medon, du siehst mir aber doch recht wohlgenährt aus.

MEDON: Es ist auch nicht das, allergnädigster Kaiser! Oh, bei den ehrwürdigen Göttern, die ich von Tage zu Tage mehr lieben und preisen lerne – die Kränkungen, die er m i r zufügt, könnte ich übersehen; aber was ich unmöglich dulden kann –

JULIAN: Er höhnt doch nicht die Götter?

MEDON: Er tut etwas noch Schlimmeres – ja in jedem Fall etwas ebenso Verwegenes; er – oh, der Schmerz gestattet mir kaum, es auszusprechen – er höhnt dich selbst, allergnädigster Herr!

JULIAN: So? Welches Wort hat er gebraucht?

MEDON: Er hat gar kein Wort gebraucht; er hat noch etwas viel Schlimmeres gebraucht.

JULIAN: Und was ist schlimmer?

MEDON: Ein purpurfarbener Mantel –

JULIAN: Den trägt er? Ei, ei, das ist dreist.

MEDON: Ja, du großer flügelfüßiger Merkur, wenn ich bedenke, wie teuer der Mantel ihn unter deinem Vorgänger zu stehen gekommen wäre! Und dieses Kleid des Hochmutes habe ich alle Tage vor Augen –

JULIAN: Dieses Kleid, das für Geld gekauft ist, welches deins sein könnte –

MEDON: O gnädigster Kaiser – bestrafe diesen vermessenen Mann; laß ihn aus der Stadt jagen; meine Liebe zu meinem großen, erhabenen Herrscher gestattet mir nicht, Zeuge einer solchen unverschämten Anmaßung zu sein.

JULIAN: Sage mir, guter Medon, was für Kleidungsstücke trägt Alites außer dem Purpurmantel?

MEDON: Daran erinnere ich mich wahrlich nicht, Herr; ich denke die gewöhnlichen; ich habe nur auf den Purpurmantel geachtet.

JULIAN: Also ein Purpurmantel und ungegerbte Sohlen –

MEDON: Ja, Herr, es sieht ebenso lächerlich wie unverschämt aus.

JULIAN: Das müssen wir bestrafen, Medon!

MEDON *glücklich:* Ah, gnädigster Kaiser – !

JULIAN: Morgen kommst du zeitig zum Palaste –

MEDON *noch glücklicher:* Ich werde sehr zeitig kommen, gnädigster Kaiser!

JULIAN: Du meldest dich bei meinem Hausmeister.

MEDON: Ja, ja, mein allergnädigster Kaiser!

JULIAN: Von ihm empfängst du ein Paar Purpurstiefel, mit Gold gestickt –

MEDON: Ach, ach, mein freigebiger Herr und Kaiser!

JULIAN: Diese Stiefel trägst du zum Alites hin, ziehst sie ihm an und sagst zu ihm, er solle sie vor allem jedesmal anziehen, wenn er sich bei lichtem Tage im Purpurmantel auf der Gasse zeigen wolle –

MEDON: Oh!

JULIAN: – und wenn du das getan hast, kannst du ihm in meinem Namen mitteilen, daß er ein Narr ist, wenn er sich durch den Purpurmantel geehrt glaubt, ohne die Macht des Purpurs zu besitzen. – Geh; und komme morgen wieder nach den Stiefeln!

Der Kornhändler geht niedergeschlagen unter dem Gelächter der Bürger hinaus; die Hofleute, Redner, Dichter und alle übrigen klatschen in die Hände und rufen dem Kaiser Beifall zu.

EIN ANDERER BÜRGER *tritt aus der Menge heraus:* Des Kaisers Gerechtigkeit sei gepriesen! Oh, wie dieser neidische Kornwucherer verdient hat, so bestraft zu werden! Oh, höre mich, und laß deine Gnade –

JULIAN: Aha, ich glaube, ich kenne dich. Warst du nicht einer von denen, die vor meinem Wagen herriefen, da ich in die Stadt einzog?

DER BÜRGER: Ich war einer von den eifrigsten Rufern, unvergleichlicher Kaiser! Ich bin der Steuereinnehmer Malkos. Ach nimm dich meiner an! Ich habe einen Rechtsstreit mit einem bösen und geizigen Mann.

JULIAN: Und darum kommst du zu mir? Gibt es hier keine Richter?

MALKOS: Die Sache ist etwas verwickelt, hoher Kaiser! Es handelt sich um ein Feld, das ich jenem bösen Mann in Pacht gegeben habe und welches ich vor sieben Jahren in Besitz nahm, als ein Teil des Gottesackers der Apostelkirche verkauft wurde.

JULIAN: Sieh, sieh; Kirchengut also?

MALKOS: Rechtlich erworben; aber jetzt weigert sich dieser Mensch, mir die Pacht zu zahlen, und will mir auch nicht mein Eigentum zurückgeben, alles unter dem Vorgeben, daß dieses Feld einmal dem Apollotempel gehört habe und, wie er sagt, diesem Tempel vor vielen Jahren ungerechterweise fortgenommen worden sei.

JULIAN: Höre, sage mir, Malkos – du bist gewiß ein Anhänger des Galiläers?

MALKOS: Gnädigster Kaiser, es ist ein alter Brauch in unserer Familie, Christus zu bekennen.

JULIAN: Und das sagst du so geradezu, ohne Scheu?

MALKOS: Mein Widersacher ist noch dreister als ich, o Herr! Er geht aus und ein in seinem Hause wie früher; er flüchtete nicht aus der Stadt, als es bekannt wurde, daß du kommen würdest.

JULIAN: Flüchtete nicht? Und warum sollte er es auch, er, ein Mann, der mit den Göttern aufs beste steht?

MALKOS: Allergnädigster Kaiser, du hast ohne Zweifel von dem Buchführer Thalassios gehört?

JULIAN: Was! Jener Thalassios, der, um sich bei meinem Vorgänger einzuschmeicheln, während ich verleumdet und von Gefahren bedroht in Gallien stand, hier in Antiochia, mitten auf dem Markte, den Bürgern vorschlug, sie sollten den Kaiser bitten, ihnen das Haupt des Cäsaren Julian zu senden!

MALKOS: Herr, es ist dein Todfeind, der mir Unrecht zufügt.

JULIAN: Wahrlich, Malkos, gegen diesen Mann habe ich ebenso großen Grund zu klagen wie du.

MALKOS: Zehnfach größern, mein gnädigster Kaiser!

JULIAN: Und nun meinst du, wir sollen beide unsere Sache vereinigen und ihn auf einmal verklagen?

MALKOS: Oh, welche außerordentliche Gnade! Ich zehnfach glücklicher Mann!

JULIAN: Du zehnfach törichter! Thalassios, sagst du, geht wie früher in seinem Hause aus und ein? Er ist nicht aus der Stadt geflüchtet bei meinem Kommen. Thalassios hat mich besser gekannt als du. Fort mit dir, Mensch! Wenn ich Thalassios wegen meines Hauptes verklage, kannst du ihn wegen deines Feldes verklagen!

MALKOS *händeringend:* Ich zehnfach Unglücklicher!

Er geht im Hintergrunde hinaus; die Versammelten klatschen dem Kaiser wieder Beifall.

JULIAN: Recht so, meine Freunde; freuet euch, daß es mir geglückt ist, nicht ganz unwürdig diesen Tag zu beginnen, der besonders zu einem Fest für den strahlenden Apollo geweiht ist. Denn ist es nicht eines Weisheitsfreundes würdig, die Beleidigungen zu übersehen, die gegen ihn selbst gerichtet werden, während er das Unrecht streng bestraft, welches den unsterblichen Göttern zugefügt wird? Ich entsinne mich nicht, ob jener gekrönte Verehrer der Weisheit, Mark Aurel, jemals in einem ähnlichen Fall gewesen ist; aber ist er es gewesen, so dürfen wir hoffen, er werde nicht ganz unähnlich mir gehandelt haben, der eine Ehre darein setzt, in Demut seiner Fußspur zu folgen. Laßt euch dieses zur Richtschnur dafür dienen, was ihr für die Zukunft zu beobachten habt. Im Palaste, auf dem Markte, ja in dem Theater – wenn ich nicht Ekel empfände, eine solche Stätte der Torheit zu betreten – mag es sich ziemen, wenn ihr mich mit Zuruf und frohem Händeklatschen begrüßt. Ein solcher Gruß ist, wie ich weiß, wohl entgegengenommen auch von dem makedonischen Alexander und von Julius Cäsar, welchen Männern es auch von der Göttin des Glückes vergönnt worden ist, allen andern Sterblichen voranzuleuchten. Aber sehet ihr mich in einen Tempel treten, so ist es doch etwas anderes; da will ich, daß ihr schweiget und euern Zuruf an die Götter und nicht an mich richtet, den ihr mit niedergeschlagenen Augen und gesenkter Stirne vorschreiten sehet. Und besonders hoffe ich, ihr werdet es an diesem Tage beobachten, wo ich einem so außerordentlichen und mächtigen Gotte zu opfern habe, wie es der ist, welchen wir unter dem Namen des Sonnenkönigs kennen, der in unsern Augen noch größer wird, wenn wir bedenken, daß es derselbe ist, welchen gewisse morgenländische Völker Mitra nennen. Und hiermit – wenn niemand sonst etwas zu sagen hat –

DER PRIESTER AN DER TÜR *richtet sich empor:* Im Namen Gottes des Herrn!

JULIAN: Wer spricht da?

DER PRIESTER: Ein Diener Gottes und des Kaisers.

JULIAN: Komm näher. Was willst du?

DER PRIESTER: Zu deinem Herzen und zu deinem Gewissen sprechen.

JULIAN *springt auf:* Welche Stimme! Was sehe ich! Trotz Bart und Kleidung –! Gregor!

DER PRIESTER: Ja, mein hoher Herr!

JULIAN: Gregor! Gregor von Nazianz!

GREGOR: Ja, gnädiger Kaiser!

JULIAN *ist niedergestiegen, hat seine Hände ergriffen und sieht ihn lange an:* Etwas älter, brauner und stärker. Nein; es war nur im ersten Augenblick; jetzt bist du derselbe wie ehemals.

GREGOR: O wäre es doch auch so mit dir, Herr!

JULIAN: Athen. Jene Nacht in dem Bogengange. Kein Mann hat meinem Herzen so nahe gestanden wie du.

GREGOR: Dein Herz? Ach Kaiser, aus deinem Herzen hast du einen bessern Freund vertrieben als mich.

JULIAN: Du meinst Basilios?

GREGOR: Ich meine einen größern als Basilios.

JULIAN *düster:* Ach so! Das ist es, was du mir zu sagen kommst? Und in dieser Kleidung –

GREGOR: Ich habe diese Kleidung nicht gewählt, Herr!

JULIAN: Du nicht? Wer denn?

GREGOR: Er, der größer ist als der Kaiser.

JULIAN: Ich kenne diese galiläischen Redensarten. Um unserer Freundschaft willen, unterlasse sie.

GREGOR: Laß mich damit beginnen, dir zu sagen, wie es zugeht, daß du mich hier siehst, geweiht zum Priester der Kirche, die du verfolgst.

JULIAN *ihn scharf ansehend:* Verfolgst! *Er steigt wieder auf die Erhöhung und setzt sich.* Jetzt kannst du weiterreden.

GREGOR: Du weißt, was ich über die göttlichen Dinge während unsres frohen Zusammenlebens in Athen dachte. Aber es lag damals meinen Gedanken ferne, auf die Freuden der Erde zu verzichten. Ehrbegier oder Habsucht, das darf ich wohl sagen, hat mich niemals verlockt; aber ich bliebe kaum der Wahrheit treu, wenn ich leugnen wollte, daß mein Auge und mein Sinn mit Bewunderung an all der Herrlichkeit hingen, welche sich mir in der alten Wissenschaft und Kunst der Griechen offenbarte. Die Zänkereien, alle jene kleinlichen Streitigkeiten in unserer Kirche betrübten mich tief; aber ich nahm keinen Teil an ihnen; ich diente meinen Landsleuten in weltlichen Dingen; weiter nicht. – Da kamen Nachrichten von Konstantinopel. Man sagte, daß Konstantios aus Schreck über das, was du getan, gestorben wäre und dich zu seinem Erben eingesetzt hätte. Wie ein Übermenschlicher empfangen, während die Fama des Sieges vor dir herflog, warst du, der Held Galliens und Germaniens, ohne Schwertstreich auf Konstantios' Thron gestiegen. Die Welt lag zu deinen Füßen. Da kamen wieder Nachrichten. Der Herr der Welt rüstete sich zum Kriege gegen den Herrn des Himmels –

JULIAN: Gregor, was erdreistest du dich –?

GREGOR: Der Herr der Körper rüstete sich zum Kampfe gegen den Herrn der Seelen. Ich stehe hier vor dir in Furcht und Beben des Fleisches; aber ich darf nicht lügen. Willst du die Wahrheit hören, oder soll ich schweigen?

JULIAN: Du sollst reden, Gregor!

GREGOR: Was haben meine Glaubensgenossen nicht schon in diesen wenigen Monaten leiden müssen? Wie viele Todesurteile sind nicht gefällt und auf die grausamste Weise vollzogen worden? Der Staatsschreiber Gaudenzios – Artemios, jener ehemalige Statthalter in Ägypten – die beiden Tribunen Romanos und Vicentios –

JULIAN: Du kennst das nicht. Ich sage dir, die Göttin der Gerechtigkeit würde Tränen vergossen haben, wenn jene Verräter mit dem Leben davongekommen wären.

GREGOR: Sei es so, mein Kaiser; aber ich sage dir, daß ein Todesurteil dort gefällt worden ist, das die Göttin der Gerechtigkeit dir niemals vergeben kann. Ursulos! Dieser Mann, welcher dir in den Tagen der Bedrängnis ein Freund war! Ursulos, der mit Gefahr seines Lebens dir in Gallien Geld vorstreckte; Ursulos, dessen ganzes Verbrechen sein Christenglaube und seine Aufrichtigkeit war –

JULIAN: Ah, das hast du von deinem Bruder Cäsarios!

GREGOR: Strafe mich Herr; aber schone meinen Bruder.

JULIAN: Du weißt recht gut, daß du nichts wagst, Gregor! Im übrigen will ich dir darin recht geben, daß Nevita zu streng verfahren ist.

GREGOR: Ja, dieser Barbar, dem es nicht glückt, unter der Griechenmaske seine Herkunft zu verleugnen!

JULIAN: Nevita ist zu eifrig in seiner Pflicht, und ich kann nicht überall sein. Über Ursulos habe ich aufrichtig getrauert, und ich beklage tief, daß Zeit und Umstände es mir nicht gestatteten, die Sache selbst zu untersuchen. Ich hätte ihn sicherlich geschont, Gregor! Ich habe auch daran gedacht, seinen Erben zurückzugeben, was er etwa hinterlassen hat.

GREGOR: Hoher Kaiser, du schuldest mir keine Rechenschaft für deine Handlungen. Ich habe dir nur sagen wollen, daß alle diese Nachrichten wie ein Blitzstrahl in Cäsarea und in Nazianz und in die übrigen kappadocischen Städte niederschlugen. Wie soll ich dir die Wirkung schildern? Unsere gegenseitigen Streitigkeiten verstummten unter der gemeinsamen Gefahr. Viele ungesunde Glieder der Kirche fielen ab; aber in vielen gleichgültigen Herzen wurde das Licht des Herrn in einer früher nie geahnten Klarheit entzündet. Unter all diesem brach die Bedrängnis über Gottes Volk herein. Die Heiden – ja, mein Kaiser, sie, die ich Heiden nenne – begannen uns zu bedrohen, zu schädigen und zu verfolgen –

JULIAN: Vergeltung – Vergeltung, Gregor!

GREGOR: Es sei ferne von mir, alles verantworten zu wollen, was meine Glaubensbrüder in ausschweifendem Eifer für die Sache der Kirche verübt haben könnten. Aber du, der hoch erleuchtet ist und der alles beherrscht, du darfst nicht dulden, daß die Lebenden für die Sünden der Toten bestraft werden. Das ist aber in Kappadocien geschehen. Die Feinde der Christen, gering an Anzahl, aber dürstend nach Gewinn und brennend vor Eifer, den neuen Beamten nach Wunsch zu sein, haben Unruhe und Trauer in den Städten und auf dem Lande hervorgerufen. Ich denke zunächst nicht an die Verhöhnungen, die wir haben erleiden müssen, auch nicht an die Kränkungen unsers wohlerworbenen Eigentums, denen wir in der letzten Zeit häufig ausgesetzt gewesen sind. Was mich und alle meine ernsten Brüder am meisten betrübt, ist die Gefahr, die alles dieses für die Seelen mit sich bringt. Viele sind schwach im Glauben und vermögen nicht ganz von den irdischen Dingen abzusehen. Die harte Behandlung, welche jetzt von jedem, der den Christennamen trägt, erduldet werden muß, hat überall mehr als e i n e n Abfall zur Folge gehabt. Herr, dieses ist Seelenraub an Gottes Reich.

JULIAN: O mein kluger Gregor, wie kannst du so reden? Ich erstaune! Solltest du als ein guter Galiläer dich nicht gerade freuen, daß eure Gemeinde diese Menschen los wird?

GREGOR: Gnädiger Kaiser, ich bin nicht der Meinung. Ich bin selbst im Glauben gleichgültig gewesen, und ich halte einen jeden solchen für einen Kranken, der die Möglichkeit der Heilung so lange in sich trägt, als er im Schoß der Kirche bleibt. So dachte auch unsere kleine Gemeinde in Nazianz. Bekümmerungsvoll kamen Brüder und Schwestern zusammen, um über die Hilfe gegen die Not der Zeit zu beratschlagen. Mit ihnen vereinten sich Boten aus Cäsarea und den andern Städten. Mein Vater ist hinfällig, und wie er mit Bekümmernis bekennt, hat er nicht den festen untrüglichen Glauben, der in diesen Tagen der Drangsal von dem gefordert wird, welcher auf dem Bischofsstuhle sitzt. Da beschloß die Versammlung, daß zu seiner Hilfe ein jüngerer Mann erwählt werden sollte, der die Herde des Herrn zusammenhalten könnte. Die Wahl fiel auf mich.

JULIAN: Ha!

GREGOR: Ich war zu der Zeit abwesend auf Reisen. Aber in meiner Abwesenheit und ohne mich zu fragen, weihte mich mein Vater zum Priester und sandte mir die Priesterkleidung. Diese Botschaft traf mich in Tiberina auf meinem Landgute, wo ich einige Tage zusammen mit meinem Bruder und mit meinem Jugendfreunde aus Cäsarea zubrachte. Herr, wäre mir mein Todesurteil verkündet worden, es könnte mich nicht mehr erschreckt haben als dieses. Ich Priester! Ich wollte es, und ich wollte es nicht. Ich mußte es, und ich durfte es nicht. Ich rang mit dem Herrn, so wie der Patriarch mit ihm in den Tagen des Alten Bundes rang. Was mit mir in der Nacht, die darauf folgte, vorging, weiß ich nicht. Das aber weiß ich, daß, bevor der Hahn krähte, ich Angesicht zu Angesicht mit dem Gekreuzigten sprach. – Da ward ich sein.

JULIAN: Torheit, Torheit, ich kenne solche Träume.

GREGOR: Auf der Heimreise kam ich durch Cäsarea. O welch ein trostloser Zustand! Ich fand die Stadt voll von flüchtigen Landleuten, die Haus und Heim verlassen hatten, weil die Hitze in diesem Sommer alle Saaten verbrannt und alle Weinberge und Ölgärten vernichtet hatte. Um der Hungersnot zu entgehen, waren sie zu den Hungernden geflüchtet. Dort lagen sie – Männer, Weiber und Kinder – in Scharen längs den Mauern der Häuser; das Fieber schüttelte sie, der Hunger nagte in ihren Eingeweiden. Was hatte Cäsarea ihnen zu bieten – diese verarmte, unglückliche Stadt, die sich nach dem großen Erdbeben vor zwei Jahren kaum halb erhoben hatte? Und mitten unter diesen, unter der brennenden Hitze und den häufigen Erderschütterungen mußten wir sehn, wie gottlose Opferfeste bei Tage und Nacht vor sich gingen. Die umgestürzten Altäre wurden in Eile wieder aufgerichtet, das Opferblut rann in Strömen; Gaukler und Dirnen zogen unter Gesang und Tanz durch die Gassen der Stadt. Herr – kann es dich wundern, wenn meine hartgeprüften Brüder in der Heimsuchung, welche sie traf, eine Strafe des Himmels zu erblicken glaubten, weil sie so lange den Irrglauben und des Irrglaubens ärgerliche Zeichen unter sich geduldet hatten?

JULIAN: Was verstehst du unter Zeichen?

GREGOR: Sie entsetzten sich; die Rufe der Fieberkranken wurden immer lauter; sie forderten, daß der Vorstand der Stadt ein greifbares Zeugnis für Christus dadurch ablegen sollte, daß er niederreißen ließ, was noch, gleich einem Denkmal der ehemaligen Macht des Heidentums, in Cäsarea dasteht.

JULIAN: Du willst damit doch nicht sagen, daß –

GREGOR: Die Obrigkeit der Stadt ließ eine Versammlung berufen, bei der auch ich zugegen war. Du weißt, gnädigster Kaiser, daß alle Tempel Eigentum der Bürgerschaft sind. Die Bürger können also auch über sie nach eigenem freiem Willen verfügen.

JULIAN: Nun, nun? Und wenn dem so wäre?

GREGOR: Bei jenem entsetzlichen Erdbeben, welches Cäsarea vor zwei Jahren heimsuchte, wurden alle Tempel bis auf einen zerstört.

JULIAN: Ja, ja; der Tempel der Fortuna.

GREGOR: Auf der Versammlung, von der ich spreche, beschloß die Gemeinde, Gottes strafendes Werk zu vollenden als ein Zeugnis dafür, daß sie sich ganz allein zu ihm halten und nicht länger das Ärgernis in ihrer Mitte dulden wollte.

JULIAN *mit heiserer Stimme:* Gregor – Jugendfreund – ist dir dein Leben lieb?

GREGOR: Die Menge faßte einen Beschluß, welchen ich nicht billigen konnte, der aber fast alle Stimmen erhielt. Da wir jedoch fürchteten, es könnte dir die Sache in entstellter Form zu Ohren kommen und vielleicht deinen Zorn gegen die Stadt entflammen, so wurde beschlossen, daß ein Mann sich hierherbegeben sollte, um dich wissen zu lassen, was wir beschlossen haben und was jetzt dort geschehen wird. Erhabener Kaiser – es fand sich kein anderer, der bereit war, dieses Amt zu übernehmen. Ich mußte es also übernehmen. Darum, Herr, stehe ich jetzt in Demut vor dir und lasse dich wissen, daß wir Christen beschlossen haben, den Tempel, worin die Heiden ihrer Zeit eine falsche Gottheit unter dem Namen Fortuna verehrten, niederzureißen und dem Erdboden gleichzumachen.

JULIAN *springt auf:* Und das muß ich mit meinen eigenen Ohren vernehmen! So unerhörte Dinge wagt ein einzelner Mann mir zu sagen!

DIE HOFLEUTE, REDNER UND DICHTER: O frommer Kaiser, dulde es nicht! Strafe diesen Verwegenen!

HEKEBOLIOS: Er ist wahnsinnig, Herr! Laß ihn gehen. Sieh, sieh – der Wahnwitz glüht aus seinen Augen.

JULIAN: Ja, wohl muß man es Wahnwitz nennen. Aber es ist mehr als Wahnwitz. Diesen hervorragenden Tempel, für eine ebenso hervorragende Göttin errichtet, niederreißen zu wollen! Und ist es nicht gerade diese Göttin, deren Gunst ich die Taten verdanke, von denen selbst die fernsten Völker reden? Welche Hoffnung auf Sieg oder Glück sollte ich mir nach diesem Tage noch machen können, wenn ich so etwas geschehen ließe? – Gregor, ich befehle dir, nach Cäsarea zurückzureisen und die Bürger wissen zu lassen, ich verbiete diese verwegene Tat.

GREGOR: Das ist nicht mehr möglich, Herr! Die Sache ist jetzt so weit gekommen, daß uns nur die Wahl geblieben ist zwischen Menschenfurcht und Gottesfurcht. Wir können nicht mehr zurück.

JULIAN: So sollt ihr denn zu fühlen bekommen, wie weit des Kaisers Arm reicht!

GREGOR: Der Arm des Kaisers ist gewaltig in den irdischen Dingen; und ich wie andere erbeben unter ihm.

JULIAN: Ganz gewiß, in der Tat! Ha, ihr Galiläer, ihr baut auf meine Langmut. Bauet nicht darauf; denn wahrlich –

Lärm am Eingang. Haarschneider Eunapios, von mehreren Bürgern gefolgt, stürzt herein.

JULIAN: Was ist das? Eunapios, was ist dir geschehen?

EUNAPIOS: Oh, daß meine Augen Zeugen eines solchen Anblicks sein mußten!

JULIAN: Welchen Anblick hast du gehabt?

EUNAPIOS: Sieh, allergnädigster Kaiser, ich komme blutig, zerschlagen und doch glücklich, der erste zu sein, der deine Strafe anruft –

JULIAN: Sprich, Mann; wer hat dich geschlagen?

EUNAPIOS: Gestatte mir, meine Klage vorzutragen, Herr. Ich ging in der Morgenstunde vor die Stadt, um den kleinen Venustempel aufzusuchen, den du neulich hast instand setzen lassen. Da ich herauskam, tönte mir Gesang und Flötenspiel entgegen. Die Weiber führten schöne Tänze in den Vorhallen auf, und innen fand ich den ganzen Raum von einer jubelnden Schar erfüllt, während die Priester vor dem Altar die Opfer vollzogen, welche du geboten hast.

JULIAN: Ja, ja; und dann?

EUNAPIOS: Kaum hatte ich Zeit, meine Gedanken in Andacht zu jener entzückenden Göttin zu wenden, welche ich sehr ehre und bewundere – da drang ein Schwarm junger Männer in den Tempel –

JULIAN: Doch nicht Galiläer?

EUNAPIOS: Ja, Herr – Galiläer.

JULIAN: Ha!

EUNAPIOS: Und welcher Auftritt folgte! Weinend, unter den Scheltworten und Stockschlägen der Gewaltsamen, flüchteten jene tanzenden Mädchen aus der Vorhalle zu uns hinein. Die Galiläer fielen über uns her, mißhandelten und verhöhnten uns auf die schändlichste Weise.

JULIAN *steigt von der Erhöhung nieder:* Wartet, wartet!

EUNAPIOS: Ach, hätte dieser Unglimpf nur uns allein getroffen! Aber die Unzähmbaren gingen weiter. Ja, gnädigster Kaiser – mit einem Wort: der Altar ist niedergerissen, das Bildnis der Göttin in Stücke gebrochen, die Eingeweide der Opfertiere zum Fraß für die Hunde hinausgeworfen –

JULIAN *geht auf und nieder:* Wartet, wartet, wartet!

GREGOR: Herr, dieses einen Mannes Wort ist nicht genug –

Julian: Schweige! *Zu Eunapios:* Kennst du einen von diesen Tempelschändern?

Eunapios: Ich nicht, Herr; aber diese Bürger kannten mehrere von ihnen.

Julian: Nehmet die Leibwache mit euch. Ergreift so viele von den Schuldigen, wie ihr bekommen könnt. Werft sie ins Gefängnis. Die Gefangenen sollen die Namen der übrigen angeben; und wenn ich sie alle in meiner Macht habe –

Gregor: Was dann, Herr?

Julian: Das wird dir der Henker sagen können. Du und die Bürger in Cäsarea sollen erfahren, was ihr zu erwarten habt, wenn ihr mit galiläischem Eigensinn an euerm Vorhaben festhaltet.

Der Kaiser geht in heftigem Zorne nach links hinaus; Eunapios und seine Zeugen entfernen sich mit der Wache; die übrigen trennen sich.

Ein Markt in Antiochia. Im Vordergrunde rechts mündet eine Straße auf den Markt; zur Linken im Hintergrunde sieht man in eine schmale, gekrümmte Gasse hinein. Eine große Menschenmenge erfüllt den Markt. Verkäufer rufen Waren aus. An mehreren Stellen sind die Bürger eifrig redend in Haufen versammelt.

Ein Bürger: Aber du lieber Gott des Himmels, wann geschah dieses Unglück?

Ein zweiter Bürger: Heute morgen, sage ich; ganz früh morgens.

Der Färber Fokion *der von der Gasse rechts aufgetreten ist:* Lieber Mann, findest du es passend, das ein Unglück zu nennen? Ich nenne es ein Verbrechen, und sogar ein höchst freches Verbrechen.

Zweiter Bürger: Ja, ja; es ist wahr; es war höchst frech ausgeführt.

Fokion: An sowas zu denken – ja, ihr sprecht doch von dem Überfall im Venustempel? Ja. An sowas zu denken, sage ich, zu einer Zeit, da der Kaiser selbst in der Stadt ist –! Und dann an einem Tage wie diesem – einem Tage –

Ein dritter Bürger *nähert sich den Redenden:* Hört, sagt mir, liebe Leute, was ist denn eigentlich –?

Fokion: Ich sage, an einem Tage wie diesem, da unser erhabener Herrscher selbst bei dem Apollofeste sein Amt verrichten will.

Dritter Bürger: Ja, gewiß, das weiß ich; aber warum nimmt man diese Christen gefangen?

Fokion: Was? Nimmt man sie gefangen? Ist man ihnen wirklich auf die Spur gekommen? *Man hört laute Schreie.* Pst! was ist das? Ja, bei den Göttern, ich glaube, jetzt hat man sie!

Ein altes Weib, verstört und mit fliegenden Haaren, bahnt sich durch die Menschenmenge den Weg; sie ist von anderen Weibern umringt, welche sie vergebens zurückzuhalten suchen.

Das alte Weib: Haltet mich nicht auf! Er ist mein Einziger; er ist die Stütze meines Alters! Laßt mich los; laßt mich los! Kann mir keiner sagen, wo ich den Kaiser finden kann?

Fokion: Was willst du vom Kaiser, alte Mutter?

Das alte Weib: Ich will meinen Sohn wiederhaben. Helft mir! Mein Sohn! Hilarion! O denkt, sie rissen ihn von mir! Sie brachen in unser Haus ein und schleppten ihn mit sich fort!

Ein Bürger *zu Fokion:* Wer ist das Weib?

Fokion: Was? Kennst du nicht die Witwe Publia – die Psalmensingerin?

Der Bürger: Ach ja, ja, ja!

Publia: Hilarion! Mein Kind! Was werden sie mit ihm machen? Ah, sieh, Fokion – bist du da? Bei Gott ein Glück, daß ich einen Christenbruder traf –

Fokion: Pst, stille, stille! Schrei nicht so; der Kaiser kommt.

Publia: O der gottlose Kaiser! Der Zorn des Herrn sucht uns heim um seiner Sünden willen; die Hungersnot verheert die Lande; die Erde erbebt unter uns!

Eine Abteilung Soldaten kommt von der Gasse rechts.

Führer der Abteilung: Beiseite, Platz!

Publia: O komm, guter Fokion – hilf mir, um unserer Freundschaft und unserer Bruderschaft willen –

Fokion: Bist du verrückt, Weib? Ich kenne dich nicht.

Publia: Was? Du kennst mich nicht? Bist du nicht der Färber Fokion? Bist du nicht der Sohn des –?

Fokion: Ich bin keinem sein Sohn. Geh von mir, Weib! Du bist verrückt! Ich kenne dich nicht; ich habe dich niemals gesehen!

Er verschwindet schnell im Gedränge.

Ein Unterführer *mit Soldaten von rechts:* Macht Ordnung!

Die Soldaten drängen die Menschenmenge gegen die Wände der Häuser zurück. Die alte Publia fällt in die Arme der Weiber auf der linken Seite. Alle starren erwartungsvoll die Gasse entlang.

Fokion *in dem Haufen hinter den Soldaten auf der rechten Seite:* Ja, beim Sonnengott, kommt er nicht dort, der liebe gute Herr!

Ein Soldat: Drängt nicht so dort hinten!

Fokion: Könnt ihr ihn sehen? Der Mann mit der weißen Binde um die Stirne, das ist der Kaiser.

Ein Bürger: Der Mann, welcher ganz weiß gekleidet ist?

Fokion: Ja, ja, gerade der.

Der Bürger: Aber warum ist er weiß gekleidet?

Fokion: Wahrscheinlich der Hitze wegen – oder nein, wartet 'nmal, ich denke als Opferpriester muß er –

Ein anderer Bürger: Will denn der Kaiser selbst opfern?

Fokion: Ja, Kaiser Julian tut alles selbst.

Ein dritter Bürger: Er sieht nicht so gewaltig aus wie Kaiser Konstantios.

Fokion: Das dächte ich doch. Er ist nicht so groß wie der vorige Kaiser; aber dafür sind seine Arme länger als jenem seine. Und dann hat er einen Blick – o ihr Freunde! Ja, jetzt könnt ihr es nicht sehen; er schlägt das Auge auf dem Gange ehrbar nieder. Ja, ehrbar ist er, das mögt ihr glauben. Weiber sieht er nicht an. Darauf darf ich schwören, daß er seit dem Tode seiner Frau nicht gerade oft – –; ich will euch sagen, er schreibt die ganze Nacht. Darum sind seine Finger auch oft so schwarz wie die eines Färbers; ja gerade wie meine. Ich bin auch Färber. Ihr könnt mir glauben, ich kenne den Kaiser mehr als die meisten. Ich bin hier in der Stadt geboren; aber ich habe fünf Jahre in Konstantinopel gelebt bis ganz vor kurzem –

EIN BÜRGER: Sollte etwas Wahres an dem Gerücht sein, daß der Kaiser hier für immer zu wohnen gedenkt?

FOKION: Ich kenne den Haarschneider des Kaisers, und der sagt es. Möchte ihn dieser schändliche Unfug nur nicht allzusehr aufbringen.

EIN BÜRGER: Ach, ach, das wäre ärgerlich!

ZWEITER BÜRGER: Bleibt der Kaiser hier, so fällt auf uns alle etwas ab.

FOKION: Darauf habe ich auch gerechnet; darum kam ich hierher. Aber jetzt bekommen wir unser Bestes zu tun, Freunde; wenn der Kaiser kommt, wollen wir lauten Freudenruf erheben, zu ihm und zu Apollo.

EIN BÜRGER *zu einem andern:* Was ist das eigentlich für ein Apollo, von dem das Volk immer so viel redet?

DER ANDERE BÜRGER: Ei, das ist ja der Priester in Korinth – der da pflegte, was der heilige Paulus gepflanzt hatte.

ERSTER BÜRGER: Ja, so; ja nun weiß ich, ich besinne mich drauf!

FOKION: Ei, ei, ei! Das ist nicht der Apollo; das ist ein ganz anderer; das ist der Sonnenkönig – der große, die Leier spielende Apollo.

ZWEITER BÜRGER: Ah, so, der Apollo! Ist der besser?

FOKION: Ja, das sollte ich meinen. – Sieh, sieh dort kommt er. Oh, der äußerst gepriesene Herr!

Kaiser Julian, gekleidet als Oberpriester, tritt auf, umgeben von Tempeldienern. Hofleute und Lehrer, unter ihnen der Lehrer Hekebolios, haben sich dem Zuge angeschlossen; ebenso Bürgervolk. Vor dem Kaiser gehen Flöten- und Harfenspieler; Soldaten und Staatsdiener mit langen Stöcken machen vorne und auf den Seiten Platz.

DIE MENGE AUF DEM MARKTE *klatscht in die Hände:* Gepriesen sei der Kaiser! Gelobt sei Julian, der Held und Glückbringende!

FOKION: Gegrüßt sei Julian und der Sonnenkönig! Es lebe Apollo!

DIE BÜRGER *im Vordergrunde rechts:* Kaiser, Kaiser, bleibe lange bei uns!

Kaiser Julian macht ein Zeichen mit der Hand, der Zug bleibt stehen.

JULIAN: Bürger von Antiochia! Nichts wüßte ich euch in Eile zu nennen, was mein Herz mehr erfreuen möchte als diese ermunternden Zurufe von euch. Oh, wohl bedarf mein Herz dieser Erquickung. Mit niedergeschlagenem Gemüte trat ich diese Wanderung an, welche ein Gang der Freude und der Erhebung sein sollte. Ja, ich will es nicht verbergen, ich war heute morgen nicht weit davon, aus jenem Gleichgewicht der Sinne zu kommen, das ein Weisheitsfreund sich geziemend unter allen Schicksalsschlägen zu bewahren hat. Aber sollte es jemand wagen, mit mir deswegen ins Gericht zu gehen? Ich gebe jedem zu bedenken, auf welche Frechheiten man anderswo sinnt und hier bereits ins Werk gesetzt hat.

PUBLIA: Herr, Herr!

FOKION: O frommer und gerechter Kaiser, strafe diese Verwegenen!

PUBLIA: Herr, gib mir Hilarion wieder!

FOKION: Alle guten Bürger rufen deine Gnade für die Stadt an.

JULIAN: Suchet die Gnade der Götter, so habt ihr die meine sicherlich. Und ist es nicht billig, daß Antiochia hierin vorangehe? Ist es nicht, als wenn die Blicke des Sonnengottes mit besonderem Wohlgefallen auf dieser Stadt weilten? Erkundigt euch bei weitgereisten Männern, und ihr werdet erfahren, in welch traurigem Übermaße es anderwärts der Verirrung geglückt ist, unsere heiligen Stätten zu verwüsten. Was blieb übrig? Eine Ruine hier und dort; und nichts wirklich Schönes. Aber bei euch, ihr Bürger von Antiochia! Oh, meine Augen füllten sich mit Freudentränen, da ich dieses unvergleichliche Heiligtum zum ersten Male sah, das eigene Haus des Apollo, von dem man kaum glauben sollte, daß es von Menschenhänden aufgeführt ist. Steht nicht das herrliche Bild darin in ungetrübter Schönheit wie früher? Nicht eine Ecke ist abgeschlagen oder zerbröckelt an seinem Altar; nicht ein Sprung ist in den schlanken, tragenden Säulen. Oh, wenn ich das bedenke – wenn ich die Binde um meine Stirne fühle – wenn ich hinab auf meine Kleidung blicke, welche mir teurer ist als der Purpurmantel, so fühle ich die Nähe des Gottes in einem heiligen Schauer. Seht, seht; das Licht flimmert um uns in Herrlichkeit! Fühlet, wie die Luft erfüllt ist von dem Dufte frischer Kränze! Schöne Erde, Heimat des Lichtes und des Lebens, Heimat der Freude, des Glückes und der Schönheit – was du einst warst, sollst du wieder werden! – Am Busen des Sonnenkönigs! Mitra, Mitra! Vorwärts auf unserm Siegeszuge!

Der Zug setzt sich wieder in Bewegung unter dem Beifallsruf der Menge, aber die ersten machen am Eingang der schmalen Gasse halt, durch die ein anderer Zug zum Markt herabkommt.

JULIAN: Was hindert uns?

HEKEBOLIOS: Gnädigster Herr, da ist etwas in der Gasse im Wege.

GESANG *entfernt:*

„Selig zu leiden, selig zu sterben;
Selig nach Drangsalen aufzuerstehn."

FOKION: Die Galiläer, Herr! Man hat sie!

PUBLIA: Hilarion!

FOKION: Man hat sie! Ich höre die Fesseln –

JULIAN: An ihnen vorbei –!

HAARSCHNEIDER EUNAPIOS *eilig durch die Menge:* Es ist über alle Maßen geglückt, Herr!

JULIAN: Wer sind sie, diese Schamlosen?

EUNAPIOS: Einige von ihnen sind Bürger der Stadt; aber die meisten sollen geflüchtete Landleute aus Kappadocien sein.

JULIAN: Ich will sie nicht sehen. Vorwärts, habe ich befohlen!

GESANG DER GEFANGENEN *näher:*

„Selig den Märtyrerkranz zu erben,
Selig den Blutzeugen nachzugehn!"

JULIAN: Die Wahnwitzigen. Mir nicht so nahe! Fort, fort!

Beide Züge sind inzwischen in dem Gedränge zusammengestoßen. Der Apollozug ist genötigt haltzumachen, während der Zug mit den Gefangenen, die Männer in Fesseln, umgeben von Soldaten und einer großen Menschenmenge, vorbeischreitet.

PUBLIA: Mein Sohn! Mein Hilarion!

HILARION *unter den Gefangenen:* Freue dich, meine Mutter!

JULIAN: Ihr armen Verirrten! Höre ich den Wahnwitz so aus euch reden, so zweifle ich fast, ob ich das Recht habe, euch zu strafen!

EINE ANDERE STIMME *unter den Gefangenen:* Beiseite! Nimm nicht die Dornenkrone von uns.

JULIAN: Nacht und Graus – welche Stimme!

DER FÜHRER DER WACHE: Herr, dieser war es, der sprach.

Er stößt einen von den Gefangenen, einen jungen Mann, der einen halberwachsenen Jüngling an der Hand hält, hervor.

JULIAN *mit einem Schrei:* Agathon!

Der Gefangene sieht ihn an und schweigt.

JULIAN: Agathon, Agathon! Antworte mir, bist du nicht Agathon?

DER GEFANGENE: Ja.

JULIAN: Du unter diesen! Sprich zu mir!

AGATHON: Ich kenne dich nicht.

JULIAN: Du kennst mich nicht? Du weißt nicht, wer ich bin?

AGATHON: Ich weiß, daß du der Herr der Erde bist; darum bekenne ich mich nicht zu dir.

JULIAN: Und das Kind – ? Ist es dein kleiner Bruder? *Zu dem Führer der Wache:* Dieser Mann muß unschuldig sein.

EUNAPIOS: Herr, dieser Mann ist gerade der Leiter des Ganzen gewesen. Er hat es selbst gestanden; ja, er hat sich sogar seiner Tat gerühmt.

JULIAN: So seltsam kann Hunger, Krankheit und Unglück den Sinn eines Menschen verirren. *Zu den Gefangenen:* Sagt mir nur ein Wort, daß ihr bereut, und es soll euch nichts Böses geschehen.

PUBLIA *schreit:* Sag es nicht, Hilarion!

AGATHON: Sei stark, teurer Bruder.

PUBLIA: Geh, geh zu dem, der dich erwartet, mein Einziger!

JULIAN: Hört und bedenkt euch, ihr andern –

AGATHON *zu den Gefangenen:* Wählt zwischen Christus und dem Kaiser!

DIE GEFANGENEN: Gelobt sei Gott in der Höhe!

JULIAN: Entsetzlich ist des Galiläers irreführende Macht. Sie muß gebrochen werden. Vorbei denn, ihr Widerspenstigen! Sie verschatten unsere Freude; sie verdunkeln den Tag mit ihrer brütenden Todessehnsucht. – Flötenspieler – Männer, Weiber – stimmt an! Gesang – Gesang zum Preise für Leben, Glück und Licht!

DER APOLLOZUG *singt:*

„Schön, wenn uns kühlet der Rosenkranz,
Schön sich zu wiegen im Sonnenglanz."

DER ZUG DER GEFANGENEN *singt:*

„Selig zu sinken in blutvolle Gruft,
Selig zu steigen zur Himmelsluft."

DER APOLLOZUG:

„Schön zu atmen des Weihrauchs Flut."

ZUG DER GEFANGENEN:

„Selig erstickt uns qualmendes Blut."

DER APOLLOZUG:

„Wild überfließende Schalen der Freude,
An deine Verehrer, Apollo, vergeude."

ZUG DER GEFANGENEN:

„Zehrende Wunden, geschundne Gebeine
Heilet der eine."

DER APOLLOZUG:

„Schön zu jubeln im Sonnenrot."

ZUG DER GEFANGENEN:

„Selig zu leiden der Bluttaufe Tod."

Beide Züge sind unter Gesang aneinander vorbeigezogen. Die Menge auf dem Markt sieht ihnen in dumpfem Schweigen nach.

Der heilige Hain um den Apollotempel. Man sieht die von Säulen getragene Vorhalle, zu der eine breite Treppe hinaufführt, zwischen Bäumen im Hintergrund links. Eine Menge Menschen läuft erschreckt und unter lautem Klageruf im Hain umher. In weiter Ferne hört man die Musik des Festzuges.

WEIBER: Erbarmen! Wieder erzitterte die Erde!

EIN FLÜCHTENDER MANN: Wie entsetzlich! Donnerschläge unter unsern Füßen –

EIN ZWEITER MANN: War es wirklich so? War es die Erde, die erbebte?

EIN WEIB: Hörtest du es nicht? Der Baum dort schwankte so, daß es in der Laubkrone sauste.

VIELE STIMMEN: Hört, hört, hört!

EINIGE: Es ist ein Wagen auf dem Straßenpflaster.

ANDERE: Es sind die Trommeln. Hört die Musik – der Kaiser kommt!

Man sieht den Apollozug von der rechten Seite durch den Hain kommen und sich unter Spiel von Harfen und Flöten in einem Halbkreis vor dem Tempel aufstellen.

JULIAN *gegen den Tempel gewandt mit ausgestreckten Armen:* Ich nehme das Wahrzeichen an! – So nahe im Bunde mit den unsterblichen Göttern hab' ich mich niemals gefühlt. Der Bogenspanner ist unter uns. Die Erde erdröhnt unter seiner Ferse, wie sie ehemals erdröhnte, da er im Zorne das trojanische Meeresufer stampfte. Aber nicht gegen uns richtet er die gefaltete Stirne; nein, gegen jene Unglücklichen, welche ihn und sein sonnenstrahlendes Reich hassen. Ja – so gewiß wie die Fülle des Glückes oder Unglücks den rechten Maßstab für die Gunst der Götter gegen die Sterblichen abgibt – so gewiß offenbart sich hier der Unterschied zwischen uns und jenen. Wo sind die Galiläer jetzt? Einige unter den Händen des Henkers, andere flüchtend in den schmalen Gassen, aschgrau vor Entsetzen mit aufgerissenen Augen – einen Schrei zwischen den halbgeöffneten Zähnen – ihr Haar vor Schreck emporstarrend oder von ihnen in Verzweiflung gerauft. Und wo sind wir? Hier in Daphnes frischem Hain, wo der Dryaden duftender Hauch unsere Schläfen kühlt – hier vor dem herrlichen Tempel des Herrlichen, umwallt von Leier- und Flötenklang – hier in Licht und Glück und Freude, während der Gott selbst sich unter uns offenbart. Wo ist der Gott der Galiläer? Wo ist der Jude, jener gekreuzigte Zimmermannssohn? Mag er sich doch offenbaren! Er hütet sich wohl! Und darum ziemt es sich, das Heiligtum zu füllen. Dort will ich mit eigenen Händen den Dienst verrichten, ja, so weit bin ich davon entfernt, ihn für gering oder unpassend zu halten, daß ich ihn im Gegenteil über jeden andern setze.

Er geht an der Spitze des Zuges durch die Volksmenge zum Tempel hin.

EINE STIMME *ruft im Gedränge:* Halt, Gottloser!

JULIAN: Ein Galiläer unter uns?

DIESELBE STIMME: Nicht weiter, Gottesverächter!

JULIAN: Wer ist der Mann, der da spricht?

EINE ANDERE STIMME IN DER MENGE: Ein Galiläerpriester. Ein blinder Greis, hier steht er.

WIEDER ANDERE: Fort, fort mit dem Schamlosen!

Ein blinder Mann, in Priesterkleidung und gestützt auf zwei ebenfalls priesterlich gekleidete jüngere Männer, wird vorwärtsgedrängt, so daß er am Fuß der Treppe und vor den Kaiser zu stehen kommt.

JULIAN: Ha, was muß ich sehen! Sage mir, alter Mann, bist du nicht der Bischof Maris aus Kalkedon?

DER ALTE MANN: Ja, ich bin dieser unsrer Kirche unwürdigster Diener.

JULIAN: Du nennst dich den unwürdigsten; und ich glaube, daß du nicht so ganz unrecht hast. Wenn ich mich nicht irre, bist du einer von denen gewesen, der am eifrigsten Zwietracht unter die Galiläer gesäet hat.

MARIS: Ich habe getan, was mir noch viel tiefrer Reue wert scheint. Da du die Herrschaft übernahmst und deine Gesinnung bekannt wurde, wurde mein Herz von unsäglicher Angst ergriffen. Altersschwach und blind, wie ich war, gab ich nicht dem Gedanken Raum, mich dem mächtigen Herrn der Welt entgegenzustellen. Ja – Gott sei mir gnädig, ich verließ die Herde, zu deren Schutz ich bestimmt war, entzog mich verzagt alledem, was sich drohend um die Gemeinde des Herrn sammelte, und suchte hier in Syrien auf meinem Landgute Schutz –

JULIAN: Sieh, sieh; äußerst seltsam, und du, dieser verzagte Mann, welcher früher die Gunst des Kaisers so hoch schätzte, du trittst jetzt vor mich, wie du es soeben getan hast, und schleuderst mir einen Ruf der Verhöhnung gerade ins Antlitz.

MARIS: Jetzt fürchte ich dich nicht mehr; denn jetzt besitzt Christus ganz und gar mein Herz. In der Drangsalszeit der Kirche ging sein Licht und seine Herrlichkeit vor mir auf. All das Blut, das du vergießest, alle Gewalt und alles Unrecht, das du verübst, schreit zum Himmel empor, schlägt mit Gewalt zurück, hallt vor meinen schuldigen Ohren wider und zeigt mir in der Nacht meiner Blindheit, welchen Weg ich zu wandeln habe.

JULIAN: Zieh heim, alter Mann!

MARIS: Nicht, bevor du gelobt hast, von deinem teuflischen Verfahren abzustehen. Worauf sinnst du? Will der Staub sich gegen den Geist erheben? Will der Herr der Erde den Herrn des Himmels stürzen? Siehst du nicht, daß der Tag des Zornes über uns ist um deiner Sünden willen? Die Quellen vertrocknen, wie Augen, die sich leergeweint haben. Die Wolken, die das Manna der Fruchtbarkeit über uns fallen lassen sollten, ziehen an unsern Häuptern vorbei und ergießen sich nicht. Die Erde, die verflucht gewesen ist seit dem Morgen der Tage, sie erzittert und erbebt unter der Blutschuld des Kaisers.

JULIAN: Welche Gunst erwartest du von deinem Gotte für diesen übermäßigen Eifer, törichter Greis? Hoffst du, dein galiläischer Meister werde, wie ehemals, ein Wunder tun und dir deine Sehkraft wiederschenken?

MARIS: Ich habe die Sehkraft, die ich wünsche; und ich danke dem Herrn, daß er mein leibliches Auge schloß, da ich so verschont werde, den Mann zu sehen, der in grauenvollerer Nacht wandelt denn ich.

JULIAN: Platz für mich!

MARIS: Wohin?

JULIAN: In das Haus des Sonnenkönigs.

MARIS: Du gehst nicht! Ich verbiete es dir im Namen des alleinigen Gottes!

JULIAN: Wahnwitziger Greis! – Weg mit ihm!

MARIS: Ja, legt Hand an mich! Aber wer es wagt, dessen Hand soll verdorren. Der Gott des Zornes wird sich in seiner Macht offenbaren –

JULIAN: Dein Gott ist kein mächtiger Gott. Ich werde dir beweisen, daß der Kaiser stärker ist als er –

MARIS: Verloren! – So spreche ich denn den Fluch über dich, du abgefallner Sohn der Kirche!

HEKEBOLIOS *bleich:* Herr und Kaiser, laß es nicht geschehen!

MARIS *mit lauter Stimme:* Verflucht seist du, Julianus Apostata! Verflucht seist du, Kaiser Julian! Gott der Herr hat dich aus seinem Munde ausgespien! Verflucht seien deine Augen und deine Hände! Verflucht sei dein

Haupt und all dein Beginnen! Weh, weh, weh über den Apostata! Weh, weh, weh –

Hohlrollendes Getöse. Das Dach des Tempels und die Säulen wanken und scheinen unter donnerndem Krachen zusammenzustürzen, während der ganze Bau in eine Staubwolke eingehüllt wird. Die Menge stößt einen Schrei des Entsetzens aus; einige flüchten, andere fallen zur Erde. Einen Augenblick herrscht atemlose Stille. Gleich darauf sinkt die Staubwolke, und man sieht den Apollotempel in Trümmern.

MARIS *dessen beide Begleiter geflüchtet sind, steht allein und sagt gedämpft:* Gott sprach!

JULIAN *bleich und mit gedämpfter Stimme:* Apollo sprach! Sein Tempel war besudelt, darum zerschmetterte er ihn.

MARIS: Und ich sage dir, es war der Herr, der den Tempel Jerusalems in Schutt und Trümmer legte.

JULIAN: Wenn es so ist, dann sollen die Kirchen der Galiläer versperrt und ihre Priester sollen mit Peitschenschlägen gezwungen werden, den Tempel wieder aufzubauen.

MARIS: Versuch es, Ohnmächtiger! Wer vermöchte Jerusalems Tempel aufzurichten, da der Fürst Golgothas den Fluch der Zerstörung über ihn verkündet hat?

JULIAN: Ich werde es! Der Kaiser wird es! Euer Gott soll zum Lügner werden. Stein für Stein werde ich jenen Tempel Jerusalems aufbauen, in der Pracht und Herrlichkeit, wie er in Salomos Tagen war.

MARIS: Nie wird es dir glücken, einen Stein zum andern zu fügen; denn er ist verflucht von dem Herrn.

JULIAN: Warte, warte; du sollst es sehen – wenn du sehen könntest – du, der du verlassen und hilflos dastehst, hinaustappend in die Nacht, nicht wissend, wohin du deinen Fuß flüchten sollst.

MARIS: Mir leuchtet der Blitz, der dereinst niederschmettern wird dich und die Deinen.

Er tappt sich hinaus; Kaiser Julian bleibt zurück, umringt von einer kleinen bleichen Schar.

DRITTER AKT

In Antiochia. Ein offner Säulengang mit Standbildern und einem Springbrunnen. Auf der linken Seite in dem Säulengang führt eine Treppe zum kaiserlichen Palast hinauf.

Eine Schar Hofleute, Lehrer, Redner und Dichter, unter ihnen der Leibarzt Oribazes und der Dichter Herakleos, sind versammelt, teils im Säulengang, teils vorn um den Springbrunnen; die meisten von ihnen sind mit zerrissenen Mänteln bekleidet, ihr Haar und ihr Bart sind wirr.

HERAKLEOS: Dieses Leben halte ich nicht lange aus. Mit der Sonne aufstehn, in ein kaltes Bad gehn, laufen und sich darnach müde fechten –

ORIBAZES: Das ist doch alles zusammen recht gesund.

HERAKLEOS: Ist es auch gesund, Seetang und rohe Fische zu essen?

EIN HOFMANN: Ist es gesund, das Fleisch in großen Stücken zu verschlingen, ganz blutig, wie es vom Schlächter kommt?

HERAKLEOS: Fleisch habe ich nun in den letzten Wochen nicht viel gesehn. Das meiste geht für die Opfer drauf. Ich glaube, daß man binnen kurzer Zeit von den höchst ehrwürdigen Göttern wird sagen können, daß sie die einzigen Fleischesser in Antiochia sind.

ORIBAZES: Du bist noch der alte Spottvogel, Herakleos!

HERAKLEOS: Ei was denkst du, Freund! Es sei ferne von mir, über des Kaisers weise Verordnungen zu spotten. Gepriesen sei Kaiser Julian! Tritt er nicht in die Fußspur der Unsterblichen? Denn, sagt mir, scheint nicht eine gewisse Sparsamkeit auch in dem göttlichen Haushalt eingeführt zu sein?

EIN HOFMANN: Ha, ha, ha! Du hast nicht so ganz unrecht.

HERAKLEOS: Seht nur Kybele, diese ehemals so überreiche Göttin, deren Bild der Kaiser neulich in einer Aschengrube wiedergefunden hat –

EIN ANDERER HOFMANN: Nein, in einem Misthaufen –

HERAKLEOS: Wohl möglich; Kybele hat ja mit dem Fruchtbarmachenden zu schaffen. Seht nur diese Göttin, sage ich – trotz ihrer hundert Brüste fließt sie weder von Milch noch von Honig.

Ein Kreis von lachenden Zuhörern hat sich um ihn gesammelt. Während seiner Reden ist Kaiser Julian oben auf der Treppe im Säulengang aufgetreten, ohne von den Untenstehenden bemerkt zu werden. Er trägt einen zerrissenen Mantel, der mit einem Strick zusammengebunden ist; Haar und Bart sind ungekämmt, die Finger sind mit Tinte beschmutzt; in beiden Händen, unter den Armen und im Gürtel hält er Stöße von Pergament und Papierrollen. Er bleibt stehen und hört dem Herakleos mit allen Zeichen der Erbitterung zu.

HERAKLEOS *fortfahrend:* Ja, man muß wirklich glauben, daß die Amme der Welt unfruchtbar geworden ist. Man sollte fast glauben, daß sie über das Alter hinausgekommen ist, wo die Weiber –

EIN HOFMANN *der den Kaiser bemerkt hat:* Pfui, pfui, Herakleos – schäme dich doch!

Julian gibt dem Hofmann ein Zeichen, daß er schweigen soll.

HERAKLEOS *fortfahrend:* So laß sie fahren. Aber geht es nicht ebenso mit Ceres? Legt sie nicht einen höchst betrüblichen – ich könnte es fast kaiserlichen nennen – Geiz an den Tag? Ja, glaubt mir, hätten wir gegenwärtig etwas mehr Verkehr mit dem hohen Olymp, so würden wir viele ähnliche Dinge zu hören bekommen. Ich darf darauf schwören, daß Nektar und Ambrosia so knapp wie möglich zugeteilt werden. O Zeus, wie schwach mußt du nicht geworden sein! O du schalkhafter Dionysos, wieviel ist wohl noch übrig von der Fülle deiner Lenden? O du lüsterne, leichterrötende Venus – o du allen Ehemännern zu nahe tretender Mars –!

JULIAN *in vollem Zorne:* O du höchst unverschämter Herakleos! O du lumpiges gallespeiendes Giftmaul –

HERAKLEOS: Ah, mein gnädigster Kaiser!

JULIAN: O du frecher Verhöhner aller erhabenen Dinge! Das also sollte mir ziemen, deine schnatternde Zunge in demselben Augenblicke zu hören, da ich aus meinem Büchersaal in die frische Morgenluft hinaustrete! *Er kommt näher.* Weißt du, was ich hier unter meinem linken Arm halte? Nein, das weißt du nicht. Es ist eine Streitschrift gegen dich, du lästernder und törichter Herakleos!

HERAKLEOS: Was, mein Kaiser – gegen mich?

JULIAN: Ja, eine Streitschrift gegen dich. Eine Streitschrift, welche ich diese Nacht im Zorn verfaßt habe. Oder mußte ich nicht zum Zorne gereizt werden über deine höchst ungeziemende Aufführung gestern? Was erlaubtest du dir in dem Lehrsaal, in meiner und vieler andrer Männer Gegenwart? Mußten wir nicht mehrere Stunden hintereinander jene schändlichen Fabeln von den Göttern, die du zum besten gabst, ertragen? Wie durftest du mit solchen Erdichtungen hervortreten? Waren es nicht alles zusammen Lügen, vom ersten bis zum letzten?

HERAKLEOS: Ach mein Kaiser, wenn du das Lügen nennst, so haben Ovid und Lucian auch gelogen.

JULIAN: Was sonst? Oh, ich kann es gar nicht aussprechen, welchen Unwillen es mir verursachte, da ich vernahm, wohin deine unverschämte Rede zielte. „Laß Mensch nichts dich überraschen", wurde ich versucht, mit dem Komödienschreiber auszurufen, da ich dich gleich einem rohen Bauernköter losbellen hörte – nicht einen Ruf der Dankbarkeit, sondern ungereimte Ammenmärchen, welche überdies töricht abgefaßt waren. Denn deine Verse waren schlecht, Herakleos; ich habe das in dieser Schrift bewiesen. Ja, welche Lust empfand ich nicht, mich von meinem Sitz zu erheben und fortzugehen, da ich dich sowohl den Dionysos als jenen großen Unsterblichen, nach dem du genannt bist, gleichsam auf einem Theater vorführen sah. Aber wenn ich mich bezwang und sitzen blieb, so kann ich dich versichern, es geschah weniger aus Rücksicht auf den Dichter als auf die Schauspieler – wenn ich sie so nennen dürfte. – Doch zumeist aus Rücksicht auf mich selbst. Denn mußte ich nicht fast fürchten, es würde aussehen, als flüchtete ich gleich einer aufgescheuchten Taube? Sieh, darum ließ ich mir nichts merken, sondern hielt mir im stillen die Verse Homers vor:

„Trag es mein Herz eine Zeit; du hast schwerere Dinge bestanden,
Dulde, wie sonst, daß ein toller Hund die Unsterblichen höhnet."

Ja, wir müssen wohl dieses und noch mehr verdauen. Die Zeit ist nicht besser als damals. Zeige mir den Glücklichen, dem es vergönnt ist, seine Augen und Ohren unbeschmutzt in diesem eisernen Zeitalter zu bewahren!

ORIBAZES: Ich bitte dich, mein hoher Herr, dich nicht zu ereifern. Laß es dir ein Trost sein, daß wir alle mit Unwillen die Torheiten dieses Mannes anhörten.

JULIAN: Das ist nicht wahr! Ich merkte auf den meisten Gesichtern etwas ganz anderes als Unwillen, jedesmal, wenn dieser schamlose Gaukler seine Taktlosigkeiten herplapperte und sich dabei im Kreise umsah mit einem feisten Lächeln, gerade, als wenn er etwas getan hätte, dessen man sich rühmen könne.

HERAKLEOS: Ach mein Kaiser, ich bin höchst unglücklich –

JULIAN: Ja, das mußt du wohl sein; denn es ist in der Tat nichts Geringes. Oder haben vielleicht die Erzählungen von den Göttern nicht eine große Bedeutung und ein wichtiges Ziel? Sind nicht diese Erzählungen zu dem Zwecke entstanden, den Menschengeist auf einem bequemen und leichten Wege zu den geheimnisvollen Wohnungen emporzuführen, wo der höchste Gott herrscht – und dadurch die Seelen tüchtig zu machen, mit ihm vereint zu werden? Was sonst? Ist das nicht der Grund, warum die alten Dichter dergleichen Erzählungen erfanden und warum sowohl Plato als auch die andern sie wiederholten oder wohl noch ihre Zahl vermehrten? Ich sage euch, ohne diese Absicht sind jene Erzählungen nur für Barbaren und Kinder zu brauchen – ja, kaum dazu. Aber waren es denn Kinder und Barbaren, die du gestern vor dir hattest? Wo nimmst du die Dreistigkeit her, mit mir zu sprechen, als wenn ich ein Kind wäre? Meinst du, du seist ein Weiser geworden und habest das Recht der Redefreiheit der Weisen, bloß weil du dich mit einem zerrissenen Mantel bekleidet und den Bettelstab in die Hand genommen hast?

EIN HOFMANN: Oh, wie wahr gesprochen, mein Kaiser! Nein, nein, dazu gehört sicherlich mehr.

JULIAN: So? Tut es das wirklich? Und was denn? Vielleicht sein Haar wachsen zu lassen und sich niemals die Nägel zu reinigen? O du heuchlerischer Kleon! Aber ich kenne euch alle zusammen. Hier in der Schrift habe ich euch einen Namen gegeben, welcher –; jetzt sollt ihr zu hören bekommen –

Er blättert in den Papierrollen. In demselben Augenblick kommt der Redner Libanios, reich gekleidet und mit hochmütiger Miene, von rechts herein.

ORIBAZES *gedämpft:* Ach, welch ein Glück, daß du kommst, wertester Libanios!

JULIAN *weiterblätternd:* Wo steht es doch –?

LIBANIOS *zu Oribazes:* Welches Glück meinst du, Freund?

ORIBAZES: Der Kaiser ist in großem Zorne, dein Kommen wird ihn milder stimmen.

JULIAN: Ah sieh, hier habe ich es – *Verdrießlich:* Was will der Mensch?

ORIBAZES: Herr, es ist –

JULIAN: Gut, gut, gut! Jetzt sollt ihr zu hören bekommen, ob ich euch kenne oder nicht. Es gibt unter den unglücklichen Galiläern eine Anzahl Rasender, welche sich bußfertig nennen. Diese verachten alle irdischen Güter, aber doch verlangen sie große Gaben von all den Toren, welche sie gleich Heiligen und fast Anbetungswürdigen grüßen. Seht, diesem Volk gleicht ihr, mit dem Unterschiede, daß ich euch nichts schenke. Denn ich bin nicht so töricht wie jene. Ja, ja, wenn ich in der Beziehung nicht fest wäre, würdet ihr den Hof bald mit eurer Unverschämtheit überlaufen. Oder tut ihr es nicht etwa schon jetzt? Sind nicht viele unter euch, welche wiederkommen würden, selbst wenn ich sie fortjagte? O meine teuren Freunde, wohin soll das führen? Seid ihr Weisheitsfreunde? Seid ihr Nachfolger des Diogenes, dessen Kleidung und Benehmen ihr angenommen habt? In Wahrheit, man sieht euch nicht soviel im Lehrsaal wie bei meinem Schatzmeister. Oh, wie ist doch die Weisheit eine jämmerliche und verächtliche Sache um euretwillen geworden! O ihr Heuchler und gänzlich unwissenden Redner! O ihr – aber was will denn der dicke Mann hier drinnen?

ORIBAZES: Herr, es ist der Stadtvorsteher –

JULIAN: Der Stadtvorsteher kann warten. Die Sachen, um die es sich hier handelt, gehen allen geringern Dingen vor. Oder wie? Dieser Mann hat solch eine ungeduldige Miene. Ist es denn so wichtig –?

LIBANIOS: Keineswegs, Herr; ich kann einen andern Tag wiederkommen. *Er will gehen.*

ORIBAZES: Herr, kennst du diesen ausgezeichneten Mann nicht wieder? Es ist der Beredsamkeitslehrer Libanios.

JULIAN: Was? Libanios? Unmöglich. Libanios – der unvergleichliche Libanios – sollte hier sein? Wie ist das denkbar?

LIBANIOS: Ich glaubte, der Kaiser wüßte, daß die Bürger von Antiochia mich zum Oberhaupte des Stadtvorstandes gewählt haben.

JULIAN: Gewiß wußte ich es. Aber da ich meinen Einzug in die Stadt hielt und der Vorstand mir entgegenkam, mich mit einer Rede zu begrüßen, sah ich mich vergebens nach Libanios um. Libanios war nicht unter ihnen.

LIBANIOS: Der Kaiser hatte keinen Wunsch geäußert, die Rede des Libanios bei der Gelegenheit zu hören.

JULIAN: Der Redner Libanios mußte wissen, was der Kaiser in der Beziehung wünscht.

LIBANIOS: Libanios wußte nicht, was Zeit und Trennung bewirkt haben könnten. Libanios fand es daher am geziemendsten, sich unter die Menge zu stellen. Dort stand er auf einer keineswegs unbemerkbaren Stelle; aber es gefiel dem Kaiser nicht, seine Blicke auf ihn fallen zu lassen.

JULIAN: Ich glaubte doch, daß du den Tag darauf meinen Brief empfingst –?

LIBANIOS: Priskos, dein neuer Freund, brachte ihn mir.

JULIAN: Und nichtsdestoweniger – oder vielleicht gerade deshalb – hieltst du dich fern?

LIBANIOS: Kopfweh und wichtige Arbeiten –

JULIAN: Ach! Libanios, ehemals machtest du dich nicht so rar.

LIBANIOS: Ich komme, wenn man mich ruft. Sollte ich mich aufdrängen? Sollte ich dem vom Kaiser hochgeehrten Maximos in den Weg kommen?

JULIAN: Maximos zeigt sich niemals bei Hof.

LIBANIOS: Sehr richtig: Maximos hält selbst hof. Der Kaiser hat ihm ja einen ganzen Palast eingeräumt.

JULIAN: O mein Libanios, habe ich dir nicht mein Herz eingeräumt? Wie kannst du da Maximos um seinen Palast beneiden?

LIBANIOS: Ich beneide niemand. Ich beneide nicht einmal meine Mitbrüder Themisteos und Mamertinos, obschon du ihnen so große Beweise deiner Gunst gegeben hast. Ich beneide auch nicht Hekebolios, dessen Eigentum du mit so ansehnlichen Gaben vermehrt hast. Ja, ich bin noch froh dabei, daß ich der einzige bin, welchem du nichts geschenkt hast. Denn ich fasse wohl den Grund dieser Ausnahme. Du hast gewollt, daß die Städte deines Kaiserreiches an allem, und vornehmlich an Beredsamkeit, Überfluß haben, wohl wissend, daß das der Unterschied ist, der uns von den Barbaren trennt. Nun hast du aber gefürchtet, daß ich – gleich gewissen anderen – in meiner Kunst lau werden würde, wenn du mir Reichtum schenktest. Der Kaiser hat darum vorgezogen, seinen Jugendlehrer arm bleiben zu lassen, damit er ihn um so fester zu seinem Dienste heranziehen könnte. Auf diese Weise lege ich mir ein Benehmen aus, welches einige verwundert hat, deren Namen ich lieber verschweigen will. Um der Ehre und des Wohls des Staates willen hast du mir nichts gegeben. Du willst, daß ich des Reichtums entbehren soll, damit ich Überfluß an Beredsamkeit habe.

JULIAN: Und ich, mein Libanios, habe auch den Grund davon verstanden, warum mein Jugendlehrer mich hier in Antiochia mehrere Monate hat weilen lassen, ohne sich mir vorzustellen. Libanios hat wohl gemeint, daß die Dienste, welche sein ehemaliger Schüler den Göttern oder dem Staate oder der Wissenschaft geleistet haben kann, nicht groß genug wären, um mit Recht das Lob eines Mannes zu verdienen, welcher der

König der Beredsamkeitslehrer genannt wird. Libanios hat wohl gemeint, daß geringere Lehrer sich besser für so mittelmäßige Dinge eigneten. Und weiter hat Libanios dieses alles wohl unterlassen aus Fürsorge für das Gleichgewicht meines Geistes. Ja, du hast sicherlich gefürchtet, den Kaiser von Übermut berauscht zu sehn, taumelnd gleich einem, der im Durste, mit allzugroßer Gier, aus einer laubumkränzten Schale getrunken hat, wenn du auf ihn etwas von jener Kunst verschwendetest, welche alle Griechen bei dir bewundern, und ihn gewissermaßen zu der Höhe der Götter erhöbest, indem du ihm ein so kostbares Opfer brächtest.

Libanios: Ach mein Kaiser, wenn ich glauben könnte, daß meine Rede eine so große Macht besäße –

Julian: Und das solltest du nicht glauben können, du unvergleichlicher Freund? Oh, gehe von mir, ich bin böse auf dich, Libanios! Aber es ist der Zorn des Liebenden gegen den Geliebten.

Libanios: Ist es wirklich so? O mein gekrönter Bruder, laß mich dir sagen, daß seit deiner Herkunft kein Tag vergangen ist, ohne daß ich die Standhaftigkeit verfluchte, welche mir nicht gestattete, den ersten Schritt zu tun. Meine Freunde gaben nicht ohne einen Schein von Recht mir zu bedenken, daß du diese lange Reise zunächst unternommen habest, um mich zu sehn und reden zu hören. Aber Julian selbst ließ nichts von sich hören. Was sollte ich tun? Sollte ich dem Kaiser schmeicheln, den ich als Menschen liebte?

Julian *umfaßt und küßt ihn:* Mein Libanios!

Libanios *küßt Julian wieder:* Mein Freund und Bruder!

Oribazes: Wie ehrend für beide!

Hofleute und Lehrer *klatschen in die Hände:* Wie schön! Wie erhaben!

Julian: O Libanios, du böser Freund – wie konntest du es über dein Herz bringen, mir diesen frohen Augenblick so lange vorzuenthalten? In den Wochen und Monaten, da ich auf dich wartete, war mein Antlitz in ein wolkiges Dunkel gehüllt.

Libanios: Ach, du warst doch besser gestellt als ich; denn du hattest doch jemand, mit dem du von deinem abwesenden Freunde sprechen konntest.

Julian: Sprich nicht so. Ich hatte nur den Trost des unglücklich Liebenden; den nämlich, betrübt deinen Namen zu wiederholen und auszurufen: Libanios, Libanios!

Libanios: Ach, während du so zu der leeren Luft sprachst, redete ich mit den vier Wänden meines Gemaches. Die meisten Stunden des Tages brachte ich im Bette zu und malte mir aus, wer jetzt bei dir wäre – bald dieser, bald jener. Ehemals war das anders, sagte ich mir, da hörte Julian nur auf dich.

Julian: Und inzwischen ließest du mich vor Sehnsucht hinsiechen. Sieh mich an, bin ich nicht hundert Jahre älter geworden?

Libanios: Oh, ist mit mir nicht eine ebensogroße Veränderung vorgegangen? Du kanntest mich ja nicht wieder.

Julian: Diese Begegnung ist für uns beide ein Bad gewesen, aus dem wir beide geheilt emporsteigen. *Sie umarmen und küssen einander von neuem.* Und jetzt, mein inniggeliebter Lehrer, jetzt sage mir, was dich heute hergetrieben hat; denn ich kann nicht daran zweifeln, daß du in einer wichtigen Angelegenheit kommst.

Libanios: Meine Sehnsucht abgerechnet – ist es so. Möchte doch ein anderer an meiner Stelle gesandt sein! Aber der Ehrenplatz, auf den der Bürger Vertrauen mich berufen hat, macht es mir zur Pflicht, das eine wie das andere zu tragen.

Julian: Sprich, mein Libanios, und sage, womit ich dir dienen kann.

Libanios: Laß mich damit beginnen, dir zu sagen, daß die Einwohner dieser Stadt in Sorge geraten sind, weil du deine Gnade von ihnen genommen hast.

Julian: Hm –!

Libanios: Und diese Sorge ist mit Angst und Unruhe gepaart, seit Alexandros, der neue Statthalter, sein Amt antrat.

Julian: Aha; so!

Libanios: Die Erhöhung eines solchen Mannes kam uns sicherlich unerwartet. Alexandros hat bis jetzt nur geringe Ämter verwaltet, und das in einer Weise, welche ihm nicht die Achtung oder Liebe der Bürger erwerben konnte.

Julian: Ich weiß es wohl, Libanios.

Libanios: Alexandros ist gewaltsam in allem seinem Beginnen, und die Gerechtigkeit gilt nicht viel in seinen Augen –

Julian: Ich weiß es; ich weiß das alles. Alexandros ist ein roher Mann, ohne Sitte und Beredsamkeit. Alexandros hat keineswegs eine so große Erhöhung verdient. Aber du kannst den Bürgern Antiochias sagen, daß sie den Alexandros verdient haben. Ja sie hätten, wenn möglich, einen noch schlimmeren Herrscher verdient, die geizigen und ungelehrigen Menschen.

Libanios: Das ist es gerade, was wir fürchteten; es ist eine Strafe –

Julian: Höre mich, Libanios! Wie kam ich hierher? Mit Vertrauen zu den Einwohnern der Stadt. Antiochia, welches der Sonnenkönig besonders zu seinem Sitze erwählt hatte, sollte mir helfen, all das Unrecht und die Undankbarkeit wiedergutzumachen, welche so lange gegen die Unsterblichen verübt worden sind. Aber wie seid ihr mir begegnet? Einige mit Trotz, andere mit Lauheit. Was mußte ich hier nicht erleben? Treibt sich nicht jener Kappadocier Gregor von Nazianz noch in der Stadt herum und reizt die unwissenden Galiläer mit seinen verwegenen Reden auf? Ist nicht ein Dichter unter ihnen auferstanden – ein gewisser Apollinaris –, welcher ihre Verirrungen mit seinen wilden Gesängen gleichsam bis zum Wahnsinn steigert? Und was muß ich nicht von anderwärts erfahren? Hat man nicht in Cäsarea Ernst mit seiner Drohung gemacht? Den Fortunatempel niedergerissen! O Schmach und

Schande! Wo waren die Verehrer der Göttin indessen? Ob sie es wohl hinderten? Nein, sie ließen es ruhig geschehen, Libanios, obschon sie hätten ihr Leben opfern müssen, um das Heiligtum zu verteidigen. Aber wartet, wartet! Die Galiläer in Cäsarea werden es mit ihrem Blut büßen, und die ganze Stadt soll in Feuerflammen aufgehn, sobald ich die Zeit dazu übrighabe.

LIBANIOS: Herr und Freund – wenn du mir gestatten wolltest –

JULIAN: Gestatte mir zuerst. Ja, sage selbst, ob ich solches dulden durfte? Sage selbst, ob mein Eifer dergleichen Verhöhnungen der Göttlichen ertragen kann, welche sich schirmend hinter und über mich stellen? Aber wozu soll ich greifen? Habe ich nicht in langen Nächten gegen diese unsägliche Verirrung geschrieben – geschrieben, Libanios, so daß meine Augen rot und meine Finger schwarz von Tinte geworden sind? Und was meinst du, daß es gefruchtet hat? Spott habe ich zum Dank bekommen, nicht allein von den Verirrten, sondern sogar von denen, die behaupten, meine Ansichten zu teilen. Ja, und als Übermaß all dieses Ärgers muß ich es heute erleben, dich als Fürsprecher derer hier zu sehen, welche Klage über Alexandros führen, von dem man doch sagen muß, daß er sein Bestes tut, um die Galiläer im Zaum zu halten.

LIBANIOS: O mein erhabener Freund – daß er das tut, ist gerade unser Grund zur Klage.

JULIAN: Was muß ich hören?

LIBANIOS: Es ist nicht mit meinem guten Willen, daß ich den Auftrag der Stadt erfülle. In der Versammlung legte ich den Bürgern ans Herz, daß sie zu diesem Amte die am meisten ausgezeichneten Männer der Stadt erwählen müßten, womit ich ihnen zu erkennen gab, daß ich nicht erwählt zu werden wünschte. Trotz dieses Fingerzeiges fiel die Wahl doch auf mich, welcher sicher nicht –

JULIAN: Gut, gut, gut! Aber daß ich das aus deinem Munde, o Libanios, hören muß – !

LIBANIOS: Ich bitte, mein gekrönter Bruder, zu bedenken, daß ich im Namen der Stadt spreche. Was mich selbst angeht, so schätze ich die unsterblichen Götter so hoch wie einer. Was würde die Kunst der Beredsamkeit ohne die Erzählungen sein, welche die Dichter der vergangenen Zeit uns hinterließen? Sind nicht diese Erzählungen zu vergleichen mit einem köstlichen Bergwerk, woraus ein gebildeter Redner sich Schmuck und Waffen schmieden kann, wenn er das Metall zierlich zu benutzen versteht? Ja, wem würden nicht die Regeln der Weisheit flach und geschmacklos erscheinen, wenn sie sollten ohne Bilder und Gleichnisse, die von den Unsterblichen genommen sind, ausgedrückt werden? Aber sage, o Freund, kannst du hoffen, diese Gesinnung bei der Menge zu finden, besonders in einem Zeitalter wie dem unsrigen? Ich versichere dich, in Antiochia steht es nicht so gut. Die Bürger hier – sowohl die Galiläer als auch die besser Erleuchteten – haben in den letzten Jahren miteinander gelebt, ohne sonderlich auf dergleichen Dinge zu achten. Es gibt kaum einen Hausstand in der Stadt, wo nicht verschiedene Meinungen über die göttlichen Dinge herrschen. Aber dies hat bis vor kurzer Zeit nicht das gute Einvernehmen gestört. Jetzt ist das anders geworden. Man hat begonnen, Lehre gegen Lehre zu prüfen. So ist Zwietracht unter die nächsten Verwandten gekommen. Ja neulich hat ein Bürger, dessen Namen ich nicht nennen möchte, seinen Sohn enterbt, weil der junge Mensch sich von der Gemeinde der Galiläer lossagte. Handel und Wandel leiden unter alledem, doppelt fühlbar jetzt, wo Teuerung und Hungersnot vor der Türe stehn.

JULIAN: Genug, genug – mehr als genug, Libanios! Ihr klagt über Teuerung. Aber sage mir, ob die Verschwendung jemals mehr geblüht hat als jetzt? Steht der Schauplatz einen Tag leer, wenn es heißt, es sei ein neuer Löwe aus Afrika angekommen? Als in den letzten Wochen davon die Rede war, um der Teuerung willen alle Müßiggänger und Tagediebe aus der Stadt zu weisen, forderten da nicht die Bürger mit lautem Ruf, daß eine Ausnahme mit den Fechtern und Tänzerinnen gemacht werde? denn sie meinten, ohne sie nicht leben zu können! Ach, wohl müssen die Götter die Hand im Zorne über eure Torheit von euch abziehen! Weisheitslehrer gibt es genug in dieser Stadt; aber wo ist die Weisheit? Warum treten so wenige in meine Fußtapfen? Warum bleibt man bei Sokrates stehen? Warum geht man nicht ein Stückchen weiter und folgt Diogenes oder – wenn ich so sagen darf – mir, da wir euch doch zum Glücke führen? Denn ist nicht das Glück das Ziel aller Weisheitslehrer? Und was ist das Glück anders, als in Übereinstimmung mit sich selbst zu sein? Fordert der Adler Goldfedern? Wünscht der Löwe sich Klauen von Silber? Oder trachtet der Granatbaum darnach, Früchte von funkelnden Steinen zu tragen? Ich sage euch, daß kein Mensch das Recht hat zu genießen, bevor er sich abgehärtet genug gezeigt hat, um den Mangel des Genusses zu tragen. Ja, er darf nicht einmal den Genuß mit seinen Fingerspitzen berühren, bevor er imstande ist, ihn unter die Füße zu treten. Ach wahrlich, davon ist man noch weit entfernt. Aber ich will alle meine Kraft darauf wenden. Um dieser Dinge will ich andere aufgeben, welche auch wichtig sind. Der Perserkönig – geängstigt durch mein Herannahen – hat mir Friedensvorschläge gemacht. Ich denke darauf einzugehen, um freie Hand zu bekommen, euch zu erleuchten und zu bessern, ihr Ungelehrigen! Was das übrige angeht, so bleibt es, wie es ist. Alexandros sollt ihr behalten. Sehet zu, wie ihr mit ihm auskommt. Jedoch, mein Libanios, will ich nicht, daß es heißen soll, ich hätte dich in Ungnade von mir gehen lassen –

LIBANIOS: Ach mein Kaiser –

JULIAN: Du sprachst mit einer gewissen Bitterkeit davon, daß ich Themisteos und Mamertinos viel geschenkt hätte. Aber nahm ich ihnen nicht auch etwas weg?

Entzog ich ihnen nicht meinen täglichen Umgang? Dir gedenke ich noch mehr als jenen zu schenken.

LIBANIOS: Ach, was du sagst, mein erhabener Bruder!

JULIAN: Ich denke dir nicht Gold oder Silber zu schenken. So töricht war ich nur in der ersten Zeit, bis ich sah, wie man sich um mich drängte, gleich durstigen Schnittern um eine Quelle, alle einander stoßend und drängend, alle die hohle Hand vorstreckend, um sie zuerst und hoch bis zum Rande gefüllt zu erhalten. Ich bin seitdem klüger geworden. Namentlich glaube ich, man muß sagen, die Göttin der Weisheit hat mir nicht ihren Beistand entzogen bei den Handlungen, die ich zum Besten dieser Stadt unternommen habe.

LIBANIOS: Gewiß, gewiß!

JULIAN: Darum übertrage ich dir, mein Libanios, die Abfassung einer Lobrede auf mich.

LIBANIOS: Ach, welche Ehre!

JULIAN: Du sollst sie mit besonderer Berücksichtigung der Wohltaten abfassen, für die die Bürger Antiochias mir Dank schuldig sind. Ich hoffe, du wirst sie so abfassen, daß sie sowohl des Redners als des Gegenstandes würdig ist. Dieser Auftrag, mein Libanios, sei meine Gabe für dich. Ich weiß nichts Besseres einem Manne wie dir zu schenken.

LIBANIOS: O mein gekrönter Freund, welche übermäßige Gnade!

JULIAN: Und jetzt wollen wir zum Fechtsaal gehen. Darauf, meine Freunde, wandern wir durch die Gassen, um den lächerlich Aufgeputzten ein nützliches Vorbild zu geben in der Dürftigkeit der Tracht und in der Einfachheit der Sitten.

ORIBAZES: Durch die Gassen, Herr? Ach, in dieser Mittagshitze –

EIN HOFMANN: O Herr, entschuldige mich, aber ich fühle mich sehr unwohl –

HERAKLEOS: Ich auch, gnädigster Herr! Den ganzen Morgen hab' ich mit einer Übelkeit gekämpft –

JULIAN: So nimm ein Brechmittel ein und versuche gleichzeitig mit demselben deine Unwissenheit von dir zu geben. O Diogenes, welche Nachfolger hast du! Sie schämen sich, deinen Mantel auf offener Straße zu tragen.

Er geht schnell und im Zorne durch den Säulengang ab.

Eine kleine Gasse in einer abgelegenen Gegend der Stadt. In der Häuserreihe links liegt eine kleine Kirche. Eine große Menge wehklagender Christen ist versammelt, der Psalmendichter Apollinaris und der Lehrer Kyrillos sind unter ihnen. Weiber mit Kindern auf den Armen erheben lautes Jammergeschrei. Gregor von Nazianz geht durch die Gasse.

DIE WEIBER *laufen zu ihm und halten ihn bei seiner Kleidung fest:* Ach Gregor, Gregor – sprich mit uns! Tröste uns in diesem Jammer.

GREGOR: Nur e i n e r kann hier trösten. Haltet fest an ihm. Haltet euch dicht zu euerem Herrn und Hirten.

EIN WEIB: Und weißt du auch, Gottesmann – der Kaiser hat befohlen, alle unsre heiligen Schriften zu verbrennen!

GREGOR: Ich habe es gehört, aber ich kann solche Torheit nicht glauben.

APOLLINARIS: Es ist Wahrheit. Alexandros, der neue Statthalter, hat Soldaten ausgeschickt, welche die Häuser unserer Brüder durchsuchen sollen. Selbst Kinder und Weiber werden blutig gepeitscht, wenn sie im Verdacht stehen, Bücher verborgenzuhalten.

KYRILLOS: Des Kaisers Gebot gilt nicht Antiochia allein – nicht Syrien allein; es gilt dem Reich und der ganzen Erde. Jeder geschriebene Titel, der von Christus handelt, soll aus dem Dasein und aus der Erinnerung der Gläubigen verlöscht werden.

APOLLINARIS: O ihr Mütter, weinet über euch selbst und über eure Kinder! Die Zeit wird kommen, da ihr mit denen streiten werdet, die ihr jetzt auf euren Armen tragt, über das, was eigentlich in Gottes Wort stand. Die Zeit wird kommen, da eure Kindeskinder über euch spotten und nicht wissen werden, wer und was Christus war. Die Zeit wird kommen, da es aus euerm Herzen ausgelöscht sein wird, daß der Erlöser der Welt einmal lebte und starb. Der letzte Gläubige wird blind in sein Grab gehen, und von der Stunde an wird Golgotha vom Erdboden weggeweht sein, gleich jener Stelle, wo der Garten Edens lag. Weh, weh über den neuen Pilatus! Er begnügt sich nicht, wie jener den Leib des Erlösers zu töten, er mordet das Wort und die Lehre!

DIE WEIBER *raufen sich die Haare und zerreißen ihre Kleider:* Weh, weh, weh!

GREGOR: Und ich sage euch, seid getrost! Gott stirbt nicht. Nicht von Julian kommt die Gefahr. Die Gefahr ist lange vor ihm dagewesen, in der Schwachheit und Zwietracht unserer Herzen.

KYRILLOS: O Gregor, wie kannst du fordern, daß wir unter all diesen Schrecknissen standhaft bleiben sollen? – Brüder und Schwestern – wißt ihr, was in Arethusa geschehen ist? Die Wahngläubigen haben den greisen Bischof mißhandelt, ihn am Haar durch die Gassen geschleppt, in die Kloaken geworfen, ihn wieder herausgezogen, besudelt und blutend, mit Honig bestrichen, ihn auf einen Baum emporgezogen und den Stichen der Wespen und Giftfliegen ausgesetzt.

GREGOR: Und hat Gottes Kraft sich nicht gerade herrlich in Markos offenbart? Was war Markos zuvor? Ein Mann von zweifelhaftem Glauben. Ja, als Unruhen in Arethusa ausbrachen, flüchtete er sogar aus der Stadt. Aber sieh – kaum hatte er in seinem Versteck erfahren, daß die rasenden Menschen die Flucht des Bischofs an schuldlosen Bürgern rächten, da wandte er sich eilends freiwillig zurück. Und wie ertrug er nicht die Folterqualen, welche selbst seine Henker so entsetzten, daß sie, um sich einigermaßen ehrenvoll zurückziehen zu können, ihm anboten, ihn gegen Bezahlung einer äußerst geringen Summe entschlüpfen zu lassen?

War nicht seine Antwort: nein, nein und tausendmal nein? Gott der Herr war bei ihm. Er starb nicht, noch gab er nach. Sein Antlitz zeigte weder Entsetzen noch Ungeduld. In dem Baum, wo er hing, pries er sich glücklich, weil er einige Schritte näher zum Himmel erhoben wäre, während die andern, wie er sagte, auf der platten Erde herumkrochen.

KYRILLOS: Es muß dort ein Wunder mit diesem standhaften Greis geschehen sein. Hättest du, wie ich, das Geschrei der Gefangenen an jenem Sommertage gehört, als Hilarion und die andern gefoltert wurden – ! Es glich keinem andern Schrei – unfreiwillig, brüllend vermischte er sich mit dem zischenden Laut, jedesmal, wenn das weißglühende Eisen sich in das geschundene Fleisch eingrub.

APOLLINARIS: O Kyrillos, vergißt du den Gesang, der das Geschrei ablöste? Sang nicht Hilarion im Tode? Sang nicht jener heldenmütige kappadocische Jüngling, bis er seinen Geist unter den Händen der Peiniger aufgab? Sang nicht Agathon, der Bruder dieses Kindes, bis eine Ohnmacht ihn überfiel und er im Wahnsinn aufwachte? Wahrlich, ich sage euch, solange der Gesang unsere Not übertönt, solange wird Satan nicht siegen!

GREGOR: Seid getrost. Liebet einander und leidet für einander, wie Serapion in Doristora neulich für seine Brüder litt, der sich um ihretwillen peitschen und lebend in den Schmelzofen werfen ließ. Seht, seht, hat nicht des Herrn rächende Hand sich bereits gegen die Gottlosen geballt? Oder habt ihr nicht die Botschaft von Heliopolis am Libanon vernommen?

APOLLINARIS: Ich weiß es. Mitten unter der Unzucht des Aphroditefestes brachen die Heiden in das Haus unserer Schwestern ein, schändeten die Weiber, mordeten sie unter unaussprechlichen Peinigungen –

DIE WEIBER: Weh, weh!

APOLLINARIS: – ja, es gab einige unter den Elenden, welche einen der Körper der Blutzeugen öffneten, die Eingeweide herausrissen und die rohe Leber aßen!

DIE WEIBER: Weh, weh, weh!

GREGOR: Der Gott des Zornes würzte die Mahlzeit. Wie ist es ihnen bekommen? Reist nach Heliopolis, und ihr werdet jene Männer zu sehen bekommen mit dem Gift der Verwesung in allen Adern, mit ausgefallenen Augen und Zähnen, beraubt des Gebrauches der Sprache und des Verstandes. Entsetzen traf die Stadt. Viele Heiden haben sich seit jener Nacht umgewandt. Darum fürchte ich auch nicht jenes unheilschwangere Tier, welches sich gegen die Kirche erhoben hat; ich fürchte nicht diesen gekrönten Sendling der Hölle, welcher daran denkt, das Werk des Erbfeindes zu vollenden. Laß er uns mit Feuer und Schwert und mit seinen wilden Tieren im Zirkus überfallen! Ja, sollte sein Wahnsinn ihn noch weiter treiben, als es bis heute geschehen ist – was tut es? Gegen alles dieses gibt es ein Heilmittel und einen Weg zum Siege!

DIE WEIBER: Christus, Christus!

ANDERE STIMMEN: Da ist er! Da kommt er!

WIEDER ANDERE: Wer?

NOCH ANDERE: Der Kaiser! Der Mörder! Der Gottesfeind!

GREGOR: Stille! Laßt ihn ruhig vorbeiziehen.

Eine Abteilung kaiserlicher Haustruppen kommt durch die Gasse. Darauf folgt Kaiser Julian, begleitet von Hauptleuten und Weisheitsfreunden, alle umgeben von Wachen. Eine andere Abteilung Palastsoldaten, vom Hauptmann Fromentinos angeführt, schließt den Zug.

EIN WEIB *leise zu den andern:* Seht, seht, er hat sich in Lumpen gehüllt wie ein Bettler.

EIN ANDRES WEIB: Er muß von Sinnen sein.

EIN DRITTES WEIB: Gott hat ihn schon geschlagen.

EIN VIERTES WEIB: Verberget die Kinder an eurer Brust, laßt ihre Augen nicht das Entsetzliche sehen.

JULIAN: Ei, ei, sind das nicht alles zusammen Galiläer? Was tut ihr hier im Sonnenschein auf offener Straße, ihr Brut der Finsternis?

GREGOR: Du hast unsere Kirchen versperrt; darum stehen wir draußen und preisen Gott, unsern Herrn.

JULIAN: Sieh, du bist es, Gregor? Was, du treibst dich noch immer hier herum! Aber hüte dich, lange dulde ich das nicht.

GREGOR: Ich suche den Bluttod nicht, ja ich wünsche ihn nicht einmal; aber wenn er mir beschieden ist, so setze ich meine Ehre darein, für Christus zu sterben.

JULIAN: Eure Redensarten ermüden mich. Ich will euch hier nicht sehen. Warum haltet ihr euch nicht in euern stinkenden Höhlen auf? Gehet heim, sage ich!

EIN WEIB: O Kaiser, wo ist unser Heim?

EIN ANDRES WEIB: Wo sind unsere Häuser? Die Heiden haben sie geplündert und uns daraus verjagt.

STIMMEN IN DER MENGE: Deine Soldaten haben unser Eigentum fortgenommen.

ANDRE STIMMEN: O Kaiser, Kaiser, warum hast du unser Eigentum genommen?

JULIAN: Ihr fragt warum? Ich werde es euch sagen, ihr unwissenden Menschen! Hat man euch euer Eigentum genommen, so ist es aus Fürsorge für das Wohl eurer Seelen geschehen. Hat nicht der Galiläer gesagt, daß ihr weder Silber noch Gold besitzen sollt? Hat nicht euer Meister euch gelobt, daß ihr dereinst gen Himmel fahren werdet? Solltet ihr mir nicht vielmehr danken, daß ich euch die Fahrt so leicht wie möglich mache?

DIE WEISHEITSFREUNDE: Oh, unvergleichlich gesagt!

APOLLINARIS: Herr, du hast uns genommen, was mehr wert ist als Silber und Gold. Du hast uns Gottes eigenes Wort genommen. Du hast uns unsere heiligen Schriften genommen.

JULIAN: Ich kenne dich schon, du hohläugiger Psalmensinger! Du bist ja Apollinaris! Und ich meine, daß, wenn ich euch eure ungereimten Bücher wegnehme, so wirst du wohl bald der Mann dazu sein, ebensolch ungereimtes Zeug in Menge zu dichten. Aber ich sage dir, du bist ein elender Buchschreiber und Versemacher! Bei Apollo, kein echter Grieche würde deine Verse in seinen Mund nehmen. Deine Schrift, die du mir neulich gesendet hast und die du frech genug gewesen bist, „die Wahrheit“ zu nennen, habe ich, wie du wissen magst, gelesen, verstanden und verdammt.

APOLLINARIS: Es ist wohl möglich, daß du sie gelesen hast; aber du hast sie nicht verstanden; denn hättest du sie verstanden, so hättest du sie nicht verdammt.

JULIAN: Ha, ha! Die Gegenschrift, die ich in Arbeit habe, wird dir zeigen, daß ich sie verstanden habe. – Aber was jene Bücher angeht, über deren Verlust ihr jetzt heult und jammert, so kann ich euch sagen, daß ihr in kurzer Zeit dahin kommen werdet, sie geringer zu achten, da es sich zeigen wird, daß jener Jesus von Nazareth ein Lügner und Betrüger war.

DIE WEIBER: Weh, weh, weh!

KYRILLOS *tritt aus der Menge hervor:* Kaiser – was sagtest du da?

JULIAN: Hat nicht der gekreuzigte Jude verkündet, daß der Tempel Jerusalems in Trümmern liegen wird bis zum Ende aller Tage?

KYRILLOS: So wird es auch geschehen!

JULIAN: O ihr Toren! In dieser Stunde steht der Kriegsoberste Jovian mit zweitausend Arbeitern in Jerusalem und baut den Tempel in all seiner Herrlichkeit wieder auf. Wartet, wartet, ihr steifnackigen Zweifler – ihr sollt erfahren, wer der Mächtigste ist, der Kaiser oder der Galiläer.

KYRILLOS: Herr, das wirst du zu deinem Entsetzen selbst erfahren. Ich schwieg, bis du den Heiligen verspottetest und ihn einen Lügner nanntest; aber jetzt will ich dir sagen, daß du auch nicht das geringste gegen den Gekreuzigten vermagst!

JULIAN *bezwingt sich:* Wer bist du, und wie heißest du?

KYRILLOS *näher:* Das sollst du hören. Zuerst und vor allem heiße ich ein Christ, und das ist ein sehr ehrenvoller Name, weil er niemals auf Erden wird ausgelöscht werden. Sodann trage ich auch den Namen Kyrillos, und unter diesem Namen bin ich bekannt unter Brüdern und Schwestern. Aber bewahre ich den ersten Namen unbefleckt, so erhalte ich ein ewiges Leben zum Lohn.

JULIAN: Du irrst, Kyrillos! Du weißt, ich kenne auch die geheimnisvollen Dinge in eurer Lehre ein wenig. Glaube mir – er, auf den du dein Vertrauen setzest, ist nicht ein solcher, wie du ihn dir denkst. Er ist wahrhaft und wirklich gestorben zu der Zeit, da Pontius Pilatus Statthalter war im Judenlande.

KYRILLOS: Ich irre nicht. Du bist es selbst, o Kaiser, der irrt. Du bist es, der auf Christus verzichtet hat in jenem Augenblick, da er dir die Herrschaft der Erde schenkte. Darum verkünde ich dir in seinem Namen, daß er dir bald Herrschaft und Leben nehmen wird, und dann wirst du zu spät erkennen, wie stark der ist, den du in deiner Blindheit verachtest. Ja, gleich wie du seine Wohltaten vergessen hast, wird er seiner Liebe nicht Spielraum geben, wenn er aufsteht, dich zu bestrafen. Du hast seine Altäre umgestürzt – er wird dich von deinem Kaisersitze herabstürzen. Du hast deine Freude daran gefunden, sein Gesetz unter die Füße zu treten, dasselbe Gesetz, das du einst selbst vor den Gläubigen verkündigtest. Auf dieselbe Weise wird der Herr dich unter seine Ferse treten. Dein Körper wird in alle Winde fortgeweht werden, und deine Seele wird herniederfahren, wo es noch größere Pein geben wird als die, welche du für mich und die Meinigen ausdenken kannst!

Die Weiber scharen sich unter Jammern und Wehklagen um Kyrillos.

JULIAN: Ich wollte dich gern schonen, Kyrillos! Die Götter sind meine Zeugen, daß ich dich nicht um deines Glaubens willen hasse. Aber du hast meine kaiserliche Macht und mein Ansehen verspottet, und das muß ich bestrafen. *Zum Hauptmann der Wache:* Fromentinos, führe diesen Mann ins Gefängnis und laß den Henker Tyfon ihm so viele Peitschenschläge geben wie nötig sind, um ihn zu zwingen, auszusagen, der Kaiser und nicht der Galiläer habe alle Macht auf Erden.

GREGOR: Sei stark, mein Bruder Kyrillos!

KYRILLOS *mit emporgestreckten Armen:* Ich Seliger, der zu Ehren des Herrn leiden darf!

Die Soldaten ergreifen ihn und schleppen ihn hinaus.

DIE WEIBER *weinend und klagend:* Weh uns! Weh, weh über den Lästerer!

JULIAN: Treibt sie auseinander, diese Rasenden! Laßt sie aus der Stadt als Aufrührer verjagen. Ich dulde nicht länger diesen Trotz und diese Widerspenstigkeit!

Die Wache treibt die jammernde Menge in die Seitengasse. Nur der Kaiser und sein Gefolge bleiben zurück. Da bemerkt man, vor der Kirche liegend und bisher verborgen, einen Mann in zerrissenen Kleidern und sein Haupt mit Asche bestreut.

EIN SOLDAT *stößt ihn mit dem Lanzenschaft:* Auf, auf! Pack dich!

DER MANN *steht auf:* Tritt dieses taube Salz unter die Füße, das von des Herren Hand verworfen ist!

JULIAN: O ewige Götter – Hekebolios!

DIE HOFLEUTE: Ah, in der Tat – Hekebolios!

HEKEBOLIOS: Ich heiße nicht mehr so! Ich bin namenlos. Ich habe die Taufe betrogen, die mir den Namen gab!

JULIAN: Erhebe dich, Freund! Dein Geist ist krank –

HEKEBOLIOS: Der Bruder des Judas ist von der Pest befallen. Weiche von mir –

JULIAN: O du wankelmütiger Mann –

HEKEBOLIOS: Weiche von mir, Versucher! Nimm deine dreißig Silberlinge zurück! Steht nicht geschrieben: du sollst Frau und Kinder verlassen um des Herren willen? Und ich –? Um der Frau und Kinder willen habe ich den Herrn, meinen Gott, verraten! Weh, weh, weh!

Er wirft sich wieder auf sein Gesicht nieder.

JULIAN: Solches Feuer des Wahnwitzes entzünden diese Schriften auf Erden. Und ich sollte sie nicht verbrennen? Wartet! Ehe noch ein Jahr um ist, soll der Judentempel wieder auf Zions Berg errichtet stehen – mit der Pracht seines Golddaches über die Lande leuchten und zeugen: Lügner, Lügner, Lügner!

Er geht eilig ab, von den Weisheitsfreunden gefolgt.

Ein Landweg außerhalb der Stadt. Links am Wege steht eine Bildsäule der Kybele zwischen abgehauenen Baumstümpfen. Ein Stück weiter nach links ist eine Quelle mit einem Wasserbassin. Es ist gegen Sonnenuntergang.

Auf einer Stufe des Fußgestelles des Götterbildes sitzt ein alter Priester mit einem zugedeckten Korb im Schoße. Rings um das Bassin eine Schar Männer und Weiber, die Wasser holen. Man sieht Ab- und Zugehende auf dem Wege. Von links kommt der Färber Fokion, schlecht gekleidet, mit einem Bündel auf dem Kopfe. Er begegnet dem Haarschneider Eunapios, der von der Stadt kommt.

FOKION: Ei, sieh – mein Freund Eunapios in voller Hofkleidung!

EUNAPIOS: Pfui über dich, daß du über einen armen Mann spottest.

FOKION: Nennst du das Spott? Ich meinte, es wäre die höchste Ehre.

EUNAPIOS: Du magst so reden. Es ist jetzt eine Ehre, in Lumpen zu gehen, besonders wenn sie recht lange in der Gosse gelegen haben.

FOKION: Wie, glaubst du, wird das alles enden?

EUNAPIOS: Mit solchen Gedanken zerbreche ich mir nicht den Kopf. Ich weiß, daß es mit mir zu Ende ist, und das ist genug.

FOKION: Bist du nicht mehr in des Kaisers Diensten?

EUNAPIOS: Was sollte Kaiser Julian mit einem Haarschneider? Läßt er sein Haar schneiden? Oder meinst du, daß er sich den Bart stutzen läßt? Er kämmt ihn nicht einmal. Aber wie geht es denn dir? Du siehst mir auch nicht mehr glücklich aus.

FOKION: Ach Eunapios, die Zeit der Purpurfärber ist vorbei.

EUNAPIOS: Ja richtig; jetzt werden nur noch die Christenrücken gefärbt. Aber womit schleppst du dich da?

FOKION: Ein Bündel Weidenrinde. Ich will Narrenkappen für die Weisheitsfreunde färben.

Eine Abteilung Soldaten kommt von rechts und stellt sich bei der Kybelesäule auf.

FOKION *zu einem der Männer an dem Wasserbassin:* Was bedeutet das?

DER MANN: Das Steinbild soll wieder gefüttert werden.

FOKION: Will der Kaiser hier am Abend opfern?

EIN ANDERER MANN: Opfert er nicht abends und morgens, bald hier, bald dort?

EIN WEIB: Es ist ein Unglück für die Armen, daß der neue Kaiser so viel auf die Götter hält.

EIN ANDRES WEIB: Ei, Dione, sprich nicht so. Sollen wir nicht alle auf die Götter halten?

ERSTES WEIB: Ja, es kann sein; aber es ist dennoch ein Unglück –

EINER VON DEN MÄNNERN *nach rechts hinausdeutend:* Wollt ihr sehen – dort kommt er.

Kaiser Julian kommt in Priesterkleidung und mit dem Opfermesser. Mehrere Weisheitslehrer, Tempelpriester, Diener und Wache umgeben ihn. Ihnen folgt eine große Schar Menschen nach, teils spottend, teils erbittert.

EINER VON DEN ANKOMMENDEN: Dort steht die Göttin. Jetzt werdet ihr den Unsinn zu sehn bekommen.

EIN ÄLTERER MANN: Nennst du das Unsinn? Wieviel hungrige Mäuler könnten nicht mit dem gesättigt werden, was hier draufgeht.

JULIAN *geht zu dem Bildnis hin:* O dieser Anblick! Er erfüllt mein Herz mit Entzücken und meine Augen mit Wehmutstränen. Ja gewiß muß ich weinen, wenn ich bedenke, daß das Bild dieser ehrfurchtgebietenden Göttin – umgestürzt von gottlosen und verwegenen Händen – so lange Zeit gleichsam in einem Schlaf der Vergessenheit zugebracht hat – und das noch dazu an einer Stelle, die ich schaudre zu beschreiben.

Unterdrücktes Gelächter unter der umstehenden Menge.

JULIAN *wendet sich kurz um:* Aber ich fühle darum kein geringeres Entzücken, wenn ich bedenke, daß ich es war, dem es vergönnt wurde, die göttliche Mutter aus einem so unwürdigen Zustand zu befreien. Und sollte ich nicht entzückt werden bei dem Gedanken? – Man sagt von mir, daß ich einige Schlachten gegen die Barbaren gewonnen habe, und rühmt mich deswegen. Was mich angeht, so setze ich größeren Ruhm in das, was ich zum Besten der Götter ausgerichtet habe; denn ihnen schulden wir all unsere Kraft und unser Denken. *Zu denen bei dem Wasserbassin:* Im übrigen ist es mir lieb, daß es doch einige in dieser halsstarrigen Stadt gibt, welche sich nicht taub für meine Aufforderungen zeigen, sondern sich einfinden, so wie geziemende Frömmigkeit gebietet – und ich zweifle nicht daran, daß ihr anständige Opfergaben mitgebracht habt. *Er geht zu dem alten Priester hin.* Was sehe ich da? Ein einziger Greis! Wo sind deine Tempelbrüder?

DER ALTE PRIESTER: Herr, es ist keiner außer mir von ihnen am Leben.

JULIAN: Ausgestorben. Die Landstraße in unpassender Nähe am Heiligtum vorbeigeführt. Der ehrwürdige Hain niedergehauen – alter Mann, wo sind die Opfergaben?

DER ALTE PRIESTER *zeigt auf den Korb:* Hier, Herr!

JULIAN: Gut, gut. Aber die übrigen?

DER ALTE PRIESTER: Das ist alles. *Er öffnet den Korb.*

JULIAN: Eine Gans! Diese Gans ist alles?

DER ALTE PRIESTER: Ja, Herr.

JULIAN: Und wer war der fromme Mann, der uns mit einer so freigebigen Gabe bedachte?

DER ALTE PRIESTER: Ich selbst habe sie mitgebracht. O Herr, zürne nicht; ich hatte nicht mehr als die eine.

Gelächter und Gemurmel unter den Versammelten.

GEDÄMPFTE STIMMEN: Es ist genug. Eine Gans ist mehr als genug.

JULIAN: O Antiochia – du stellst meine Geduld auf eine harte Probe!

EIN ALTER MANN IN DER MENGE: Erst Brot, dann Opfergaben!

FOKION *stößt ihn in die Seite:* Gut gesagt; gut gesagt!

EIN ANDRER MANN: Gib den Bürgern Speise; die Götter mögen sich helfen, wie sie können.

EIN DRITTER BÜRGER: Wir hatten es besser hier unter Chi und Kappa!

JULIAN: Ei, ihr frechen Schreier! Ihr mit euerm Chi und Kappa! Ihr glaubt vielleicht, ich weiß nicht, was ihr mit Chi und Kappa meint? Ho, ho! Ich weiß es recht gut. Es ist ja eine gangbare Redensart unter euch geworden. Ihr meint Christus und Konstantios. Aber die Herrschaft jener beiden ist vorbei, und ich werde auf Mittel sinnen, den Trotz und die Undankbarkeit zu beugen, welche ihr gegen mich und die Götter zeigt. Ihr haltet euch darüber auf, daß ich den Göttern die schuldigen Opfer bringe. Ihr spottet, weil ich mich ärmlich kleide und meinen Bart unbeschnitten wachsen lasse. Ja, dieser Bart ist euch recht ein Dorn im Auge! Ihr nennt ihn ohne alle Ehrerbietung einen Ziegenbart. Aber ich sage euch, ihr Toren, es ist der Bart eines Weisen. Ja ich schäme mich nicht, euch wissen zu lassen, daß dieser Bart Ungeziefer beherbergt, gleich wie das Weidengebüsch Wild birgt – und doch trage ich diesen meinen verhöhnten Bart mit größerer Ehre als ihr eure glattrasierten Gesichter!

EUNAPIOS *halblaut:* Töricht gesprochen; ganz ungereimt.

JULIAN: Aber glaubt ihr, ich lasse diese Spöttereien hingehen, ohne darauf zu antworten? Nein, nein, ihr werdet es bald zu wissen bekommen. Wartet nur; ihr sollt von mir früher hören, als ihr denkt. Ich arbeite gegenwärtig eine Schrift aus, welche der „Barthasser" heißt. Und wißt ihr, gegen wen diese Schrift gerichtet ist? Sie ist gegen euch gerichtet, ihr Bürger Antiochias – ja, gegen euch, welche ich in der Schrift „die unwissenden Hunde" nenne. Da sollt ihr meine Gründe sowohl für das eine wie für das andere, was euch jetzt in meinem Benehmen so seltsam dünkt, zu erfahren bekommen.

HAUPTMANN FROMENTINOS *kommt von rechts:* Hoher Kaiser, ich habe dir eine Freudenbotschaft zu bringen. Kyrillos hat sich unterworfen –

JULIAN: Ah, dachte ich's doch.

FROMENTINOS: Tyfon machte seine Sache auch vortrefflich. Der Gefangene wurde nackt an den Handgelenken so hoch unter das Dach gewunden, daß seine Zehspitzen kaum die Erde berührten; darauf peitschte Tyfon ihn mit einer Geißel aus Ochsensehnen von hinten derart, daß die Schläge rings um die Brust trafen.

JULIAN: O die Lasterhaften, die uns zwingen, solche Mittel zu gebrauchen!

FROMENTINOS: Um ihm nicht das Leben zu rauben, mußten wir schließlich den hartnäckigen Mann loslassen. Da war er einen Augenblick ganz stille und schien sich zu besinnen; aber plötzlich begehrte er doch vor den Kaiser geführt zu werden.

JULIAN: Das ist mir sehr lieb. Und du bringst ihn hierher?

FROMENTINOS: Ja, Herr, dort kommen sie mit ihm.

Ein Abteilung Soldaten mit dem Lehrer Kyrillos in der Mitte.

JULIAN: Nun, mein guter Kyrillos – du bist nicht ganz so übermütig mehr wie das letzte Mal, seh' ich.

KYRILLOS: Hast du vielleicht in den Eingeweiden eines Tieres oder Vogels gelesen, was ich dir zu sagen habe?

JULIAN: Nun, ich denke, daß ich ohne Wahrzeichen glauben dürfte, du bist zur Vernunft gekommen, daß du von deinen Irrtümern in betreff der Macht des Galiläers abstehst und jetzt den Kaiser und unsere Götter für größer anerkennst als ihn.

KYRILLOS: Bilde dir so etwas nicht ein. Deine Götter sind machtlos; und hältst du an diesen Steinbildern, welche weder sehen noch hören können, fest, so wirst du bald ebenso machtlos sein wie sie.

JULIAN: Kyrillos, das hast du mir zu sagen?

KYRILLOS: Nein, ich komme, um dir zu danken. Früher zitterte ich vor dir und deinen Peinigungen, aber in der Stunde der Qual gewann ich den Sieg des Geistes über das Schwache. Ja, Kaiser, als deine Dienstleute wähnten, ich hinge in Qualen unter dem Dache des Gefängnisses – da lag ich selig, wie ein Kind, in den Armen meines Erlösers; und da deine Henker wähnten, sie schlügen Riemen aus meinem Körper, da strich der Herr mit seiner lindernden Hand über die Wunden, nahm die Dornenkrone fort und setzte mir die Krone des Lebens aufs Haupt. Dafür danke ich dir; denn kein Mensch hat mir eine so große Wohltat erwiesen wie du. Und damit du nicht glaubest, ich fürchte dich noch länger, so sieh – *er schlägt seinen Mantel zurück, zerreißt seine Wunden und wirft die Fetzen dem Kaiser vor die Füße:* – sieh, sieh! – sättige dich an meinem Blute, nach dem du dürstest! Aber von mir magst du wissen, daß ich mich an Jesus Christus sättige.

Man hört einen Schrei des Entsetzens unter der Menge.

MEHRERE STIMMEN: Das bringt Unglück über uns alle!

JULIAN *der zurückgewichen ist:* Haltet diesen Wahnwitzigen, daß er sich nicht an uns vergreife!

Die Soldaten umringen Kyrillos und schleppen ihn zu dem Wasserbassin. Gleichzeitig hört man Gesang von Weibern außerhalb rechts.

JULIAN: Sieh dort, Fromentinos – was ist das für ein seltsamer Aufzug –?

FROMENTINOS: Gnädigster Kaiser, es sind die Psalmensinger –

JULIAN: Ah, jener Bund rasender Weiber –

FROMENTINOS: Der Statthalter Alexandros hat ihnen einige Schriften weggenommen, welche sie für heilig halten. Jetzt wandern sie aus der Stadt, um auf den Christengräbern zu weinen.

JULIAN *mit gerungenen Händen:* Trotz; Trotz – von Männern und Weibern!

Die alte Publia und eine große Schar Weiber kommen auf dem Landwege vorüber.

PUBLIA *singt:*

„Ihre Götter aus Silber und Gold und Stein
Bald werden in Staub zerfallen sein."

CHOR DER WEIBER:
„In Staub! In Staub!"

PUBLIA:
„Sie mordeten unsere Brüder und Söhne,
Gesangestaube zum Himmel stöhne!"

CHOR DER WEIBER:
„Zum Himmel stöhne!"

PUBLIA *erblickt den Kaiser:* Da steht er! Weh über den Gottlosen, welcher des Herrn Wort verbrannt hat! Glaubst du, daß du des Herrn Wort verbrennen kannst? Ich werde dir sagen, wo das Wort brennt. *Sie ergreift ein Messer von einem Opferpriester, zerschneidet ihre Brust und zerreißt ihre Wunden.* Hier brennt das Wort. Verbrenne du unsere Bücher, das Wort wird in den Herzen der Menschen bis zum Jüngsten Tage fortbrennen! *Sie wirft das Messer von sich.*

DIE WEIBER *singen unter steigender Wildheit:*
„Der Leib mag sterben, die Schriften vergehn,
Das Wort wird bestehn,
Das Wort wird bestehn!"

Sie ziehen mit Publia in der Mitte weiter hinaus.

DAS VOLK AM BRUNNEN: Weh uns, der Galiläergott ist der stärkste!

ANDRE STIMMEN: Was vermöchten all unsere Götter gegen diesen einen?

WIEDER ANDRE: Kein Opfer! Keine Verehrung! Das würde den Entsetzlichen gegen uns aufregen.

JULIAN: O ihr Toren! Ihr fürchtet einen zu erzürnen, welcher längst tot ist – einen falschen Propheten – ja, ihr sollt es bald selbst sehn. Er ist ein Lügner, sage ich! Habt nur noch kurze Zeit Geduld. Jeden Tag, jede Stunde kann ich Botschaft von Jerusalem erwarten –

KRIEGSOBERSTER JOVIAN *in bestaubten Kleidern kommt mit einigen Begleitern eilig von rechts:* Gnädigster Kaiser, vergib, wenn dein Diener dich hier aufsucht.

JULIAN *mit einem Freudenschrei:* Jovian! Oh, frohe Botschaft –

JOVIAN: Ich komme geradewegs aus dem Judenlande. In dem Palast hörte ich, du wärest hier draußen –

JULIAN: O ihr preiswürdigen Götter – so soll also doch nicht die sinkende Sonne über der Lüge untergehen! Wie weit sind wir? Sprich, mein Jovian!

JOVIAN *mit einem Blick auf die Menge:* Herr – soll ich alles erzählen?

JULIAN: Alles, alles – vom ersten bis zum letzten!

JOVIAN: Ich kam nach Jerusalem mit Baumeistern, Soldaten und zweitausend Arbeitern. Wir gingen schnell ans Werk, um den Erdboden zu ebnen. Gewaltige Mauerreste standen noch da. Sie fielen unter unsern Hacken und Brechstangen, gleich als wenn eine unsichtbare Macht uns hälfe, sie zu vertilgen –

JULIAN: Seht ihr; seht ihr wohl!

JOVIAN: Während dieses geschah, wurden ungeheure Kalkhaufen zu dem neuen Bau herbeigeschleppt. Da erhob sich ganz unerwartet ein wirbelnder Sturm, welcher den Kalk gleich einer Wolke über die ganze Gegend ausbreitete.

JULIAN: Weiter, weiter!

JOVIAN: Dieselbe Nacht erbebte die Erde wiederholt.

STIMMEN IN DER MENGE: Hört ihr? Die Erde erbebte.

JULIAN: Weiter, sage ich!

JOVIAN: Wir ließen jedoch unsern Mut durch dieses seltsame Ereignis nicht niederschlagen. Aber, da wir tiefer in den Grund eingedrungen waren und es uns gelungen war, die unterirdischen Wölbungen zu öffnen, und die Steinbrecher hineingingen, um bei Fackelschein zu arbeiten –

JULIAN: Jovian – was geschah da?

JOVIAN: Herr, da brach ein entsetzlicher, ein ungeheurer Feuerstrom aus den Öffnungen heraus. Ein donnerndes Getöse erschütterte die ganze Stadt. Die Gewölbe zersprangen, Hunderte von Arbeitern unten wurden getötet, und die wenigen, welche sich retteten, flüchteten mit zerrissenen Gliedern.

FLÜSTERNDE STIMMEN: Der Gott der Galiläer!

JULIAN: Kann ich alles das glauben? Sahst du es wirklich?

JOVIAN: Ich war selbst zugegen. Wir begannen von neuem, Herr, in Anwesenheit von vielen Tausenden – Entsetzten, Knienden, Jubelnden, Betenden – vollzog sich dasselbe Wunder zweimal.

JULIAN *bleich und zitternd:* Und dann –? Mit einem Wort – was hat der Kaiser in Jerusalem ausgerichtet?

JOVIAN: Der Kaiser hat die Prophezeiung des Galiläers wahrgemacht –

JULIAN: Wahrgemacht?

JOVIAN: Durch dich ist zur vollen Wahrheit geworden das Wort: kein Stein soll auf dem andern bleiben.

DIE WEIBER UND MÄNNER: Der Galiläer hat gesiegt über den Kaiser! Der Galiläer ist größer als Julian!

JULIAN *zu dem Kybelepriester:* Du kannst heimgehen, alter Mann! Und nimm deine Gans mit dir. Wir wollen an diesem Abend kein Opfer vornehmen. *Er wendet sich zur Menge:* Ich hörte einige hier sagen, der Galiläer habe gesiegt. Es könnte so scheinen; aber ich sage euch, es ist ein Irrtum. Ihr Unwissenden, ihr verächtlichen Dummköpfe – ihr könnt mir glauben – es wird nicht lange mehr dauern, bis das Blatt sich gewandt hat, ich werde – ich werde –! Ja bellt nur! Ich bereite mich bereits auf eine Schrift gegen den Galiläer vor, dieselbe wird in sieben Kapiteln abgefaßt sein; und wenn seine Anhänger d i e zu lesen bekommen – und wenn überdies der „Barthasser" – – fasse mich unter, Fromentinos! Dieser Widerstand hat mich müde gemacht. *Zu der Wache, indem er am Wasserbassin vorbeigeht:* Gebt Kyrillos frei.

DIE MENGE AM BRUNNEN *ruft ihm unter Hohngelächter nach:* Da geht der Opferschlächter! – Da geht der struppige Bär! – Da geht der Affe mit den langen Armen!

Mondscheinnacht, Ruinen des Apollotempels. Kaiser Julian und der Mystiker Maximos in langen Gewändern kommen zwischen den umgestürzten Säulen im Hintergrunde hervor.

MAXIMOS: Wohin, mein Bruder?

JULIAN: Wo es am einsamsten ist.

MAXIMOS: Aber hier – an dem abscheulichen Ort? Mitten unter Schutthaufen – ?

JULIAN: Ist nicht die ganze Welt ein Schutthaufen?

MAXIMOS: Du hast doch bewiesen, daß das Versunkene wiederaufgerichtet werden kann.

JULIAN: Spottvogel! In Athen sah ich einen Schuhflicker, welcher sich eine kleine Werkstätte im Theseustempel eingerichtet hatte. In Rom, höre ich, ist ein Winkel der Julischen Basilika zum Ochsenstall umgewandelt worden. Nennst du das auch Wiederaufrichtung?

MAXIMOS: Warum nicht? Geschieht nicht alles stückweise? Was ist die Ganzheit anders als die volle Summe sämtlicher Stücke?

JULIAN: Törichte Weisheit. *Er zeigt auf das umgestürzte Apollobildnis:* Sieh dieses nasenlose Haupt. Sieh diese zerbrochenen Arme – diese zersplitterten Lenden. Ist die Summe all dieser Häßlichkeiten die ganze, volle, göttliche, ehemalige Schönheit?

MAXIMOS: Woher weißt du, daß jene ehemalige Schönheit schön war – an und für sich – und nicht nur in der Vorstellung des Beschauers?

JULIAN: Ach Maximos, das ist gerade der Kern. Was ist an und für sich? Ich weiß es nach dem heutigen Tage nicht mehr zu sagen. *Er stößt gegen den Apollokopf mit dem Fuße.* Bist du einmal mächtiger in dir selbst gewesen? Seltsam, Maximos, daß im Irrtum Stärke liegen kann. Sieh jene Galiläer. Und sieh mich ehemals, da ich es für möglich hielt, die gefallene Welt der Schönheit wiederaufzurichten.

MAXIMOS: Freund – wenn der Irrtum dir eine Notwendigkeit ist, so kehre zurück zu den Galiläern. Sie werden dich mit offenen Armen empfangen.

JULIAN: Du weißt recht gut, es ist unmöglich. Kaiser und Galiläer! Wie das Widersprechende vereinen? Ja, dieser Jesus Christus ist der größte Aufrührer, der jemals gelebt hat. Was war Brutus – was war Cassius gegen ihn? Sie mordeten nur den einen Julius Cäsar; aber er mordet Cäsar und Augustus überhaupt. Oder kann man an einen Ausgleich zwischen Kaiser und Galiläer denken? Ist Raum auf Erden für beide zusammen? Und er lebt auf Erden, Maximos – der Galiläer lebt, sage ich, so gründlich die Juden und die Römer sich auch einbilden, ihn getötet zu haben – ; er lebt in dem widerspenstigen Geist der Menschen; er lebt in ihrem Trotz und Hohn gegen alle sichtbare Macht. Gib dem Kaiser, was des Kaisers – und Gott, was Gottes ist! – Niemals hat ein Menschenmund ein mehr hinterlistiges Wort ausgesprochen als dieses. Was steckt dahinter? Was und wieviel kommt dem Kaiser zu? Dieses Wort ist wie ein Streitkolben, der die Krone von des Kaisers Haupt schlägt.

MAXIMOS: Und doch wußte der große Konstantin mit dem Galiläer zurechtzukommen – und dein Vorgänger ebenfalls.

JULIAN: Ja, wer genügsam sein könnte gleich jenen. Aber nennst du das das Weltenreich lenken? Konstantin erweiterte die Grenzen seiner Herrschaft. Aber zog er nicht die Grenzen um seinen Geist und seinen Willen eng zusammen? Ihr stellt den Mann zu hoch, wenn ihr ihn den Großen nennt. Von meinem Vorgänger will ich gar nicht reden, er war mehr Sklave als Kaiser, und ich kann nicht bei dem Namen stehenbleiben. Nein, nein, es ist an keinen Ausgleich in diesen Dingen zu denken. Und doch – nachgeben! O Maximos, nach dieser Niederlage kann ich nicht mehr Kaiser bleiben – und ich kann doch auch nicht darauf verzichten. Maximos, du, der Wahrzeichen deuten kann, deren rätselvoller Sinn allen verborgen ist – der du in dem Buche der ewigen Sterne liest – kannst du mir den Ausgang dieses Streites sagen?

MAXIMOS: Ja, mein Bruder, ich kann dir den Ausgang sagen.

JULIAN: Das könntest du? So sage es mir. Wer wird siegen, der Kaiser oder der Galiläer?

MAXIMOS: Beide werden untergehen, der Kaiser und der Galiläer.

JULIAN: Untergehen? Alle beide?

MAXIMOS: Beide. Ob zu unserer Zeit oder in Hunderten von Jahren, das weiß ich nicht; aber geschehen wird es, wenn der Rechte kommt.

JULIAN: Und wer ist der Rechte?

MAXIMOS: Er, der sowohl den Kaiser als den Galiläer verschlingen wird.

JULIAN: Du lösest das Rätsel mit einem noch dunkleren.

MAXIMOS: Höre mich, mein Weisheitsfreund und Bruder! Ich sage, sie werden beide untergehn, aber nicht vergehn. Geht nicht das Kind unter im Jüngling und der Jüngling wieder im Mann? Aber weder das Kind noch der Jüngling vergehen. Und du, mein geliebtester Schüler – hast du unsere Unterredung in Ephesos von den drei Reichen vergessen?

JULIAN: Ach, Maximos, es liegen Jahre dazwischen. Sprich!

MAXIMOS: Du weißt, ich habe niemals gebilligt, was du als Kaiser unternommen hast. Du hast den Jüngling wieder zum Kinde umschaffen wollen. Des Fleisches Reich ist vom Reiche des Geistes verschlungen. Aber das Reich des Geistes ist nicht das abschließende, gleich wie es der Jüngling nicht ist. Du hast den Jüngling hindern wollen zu wachsen – hindern, Mann zu werden. O du Tor, der du das Schwert gegen das Werdende gezogen hast – gegen das dritte Reich, wo der Zweiseitige herrschen soll!

JULIAN: Und dieser – ?

MAXIMOS: Das Judenvolk hat einen Namen für ihn. Sie nennen ihn Messias und warten auf ihn.

JULIAN *langsam und gedankenvoll:* Messias? – Weder Kaiser noch Erlöser?

MAXIMOS: Beide in einem und einer in beiden.

JULIAN: Kaiser-Gott – Gott-Kaiser. Kaiser im Reiche des Geistes – und Gott in dem des Fleisches.

MAXIMOS: Das ist das dritte Reich, Julian!

JULIAN: Ja, Maximos, das ist das dritte Reich.

MAXIMOS: In diesem Reich ist das Wort des früheren Aufrührers Wahrheit geworden.

JULIAN: Gib dem Kaiser, was des Kaisers ist – und Gott, was Gottes ist – ja, ja – da ist der Kaiser in Gott und Gott in dem Kaiser. – Ah, Träume, Träume – wer bricht die Macht des Galiläers!

MAXIMOS: Wo liegt des Galiläers Macht?

JULIAN: Ich habe vergebens darüber gegrübelt.

MAXIMOS: Es steht einmal geschrieben, du sollst nicht fremde Götter haben neben mir.

JULIAN: Ja, ja, ja!

MAXIMOS: Der Seher von Nazareth verkündete nicht diesen oder jenen Gott; er sagte: Gott bin ich – ich bin Gott.

JULIAN: Ja, dieses außer mir –! Darum ist der Kaiser machtlos. Das dritte Reich? Messias? Nicht der Messias des Judenvolkes, sondern des Geist- und Weltenreiches –?

MAXIMOS: Gott-Kaiser.

JULIAN: Kaiser-Gott.

MAXIMOS: Logos in Pan – Pan in Logos.

JULIAN: Maximos – wie wird er?

MAXIMOS: Er wird in dem sich selbst Wollenden.

JULIAN: Mein geliebter Lehrer, ich muß dich verlassen.

MAXIMOS: Wo gehst du hin?

JULIAN: Zur Stadt. Der Perserkönig hat mir Friedensvorschläge gemacht, auf welche ich in Übereilung einging. Meine Sendboten sind schon unterwegs. Sie sollen eingeholt und zurückgerufen werden.

MAXIMOS: Du willst von neuem den Krieg gegen König Sapores eröffnen?

JULIAN: Ich will, was Kyros träumte und Alexander versuchte –

MAXIMOS: Julian!

JULIAN: Ich will die Welt besitzen. – Gute Nacht, mein Maximos!

Er winkt zum Abschied mit der Hand und geht eilig fort. Maximos sieht ihm gedankenvoll nach.

CHOR DER PSALMENSÄNGERINNEN *in weiter Ferne auf den Märtyrergräbern:*

„Der Menschen Götter von Silber und Gold
Zerfallen in Staub!"

VIERTER AKT

An den östlichen Grenzen des Kaiserreiches. Wilde Gebirgslandschaft. Eine tiefe Talschlucht trennt den hohen Vordergrund von den dahinterliegenden Bergen.

Kaiser Julian, in Kriegskleidern, steht dicht an einer äußersten Bergkante und blickt in die Tiefe nieder. Etwas von ihm zur Linken stehen der Heerführer Nevita und der persische Fürst Hormisdas, der Kriegsoberste Jovian und mehrere andere Befehlshaber. Zur Rechten, bei einem roh aufgebauten Steinaltar, liegen der Wahrsager Numa und zwei andre etruskische Wahrsager, damit beschäftigt, Wahrzeichen aus den Eingeweiden eines Opfertieres zu suchen. Weiter vorn sitzt der Mystiker Maximos auf einem Stein, umringt von den Weisheitslehrern Priskos, Kytron und mehreren andern. Ab und zu ziehen kleinere Abteilungen von Leichtbewaffneten über die Höhe von links nach rechts.

JULIAN *nach unten deutend:* Seht, seht, die Legionen winden sich wie eine gepanzerte Schlange durch die Kluft.

NEVITA: Die gerade unter uns, in den Wämsern von Schafsfellen, sind die Skythen.

JULIAN: Welch durchdringendes Geheul!

NEVITA: Das ist der gewöhnliche Gesang der Skythen, Herr!

JULIAN: Mehr Geheul als Gesang.

NEVITA: Jetzt kommen die Armenier. Arsakes führt sie selbst.

JULIAN: Die römischen Legionen müssen schon außen auf der Ebene sein. Alle umwohnenden Volksstämme eilen herbei und unterwerfen sich. *Er wendet sich zu den Kriegsobersten:* Auf dem Euphrat liegen die zwölfhundert Schiffe versammelt, welche unsere Vorräte und alles sonst Nötige enthalten. Ich habe jetzt volle Gewißheit dafür, daß die Flotte durch jene alte, künstlich gegrabene Rinne in den Tigris hinaufkommen kann. Das ganze Heer soll die Schiffe besteigen. Sodann rücken wir längs dem östlichen Ufer vor, so schnell, als nur die Gegenströmung der Flotte uns zu folgen gestattet. Sage mir, Hormisdas, welches Zutrauen hast du zu diesen Maßregeln?

HORMISDAS: Unüberwindlicher Heerführer, ich weiß, daß es mir vergönnt sein wird, unter deinem siegreichen Schutze mein Vaterland wieder zu betreten.

JULIAN: Welch Wonnegefühl, mich außerhalb des Verkehrs mit jenen engherzigen Bürgern zu wissen. Mit welch erschreckten Blicken liefen sie nicht um meinen Wagen, als ich die Stadt verließ! „Kehre bald zurück und sei uns gnädiger als jetzt", schrien sie. Niemals kehre ich wieder nach Antiochia zurück. Ich will diese undankbare Stadt nie mehr sehen. Wenn ich gesiegt habe, kehre ich über Tharses zurück. *Geht zu den Wahrsagern hin.* Numa, welche Wahrzeichen für unsern Zug liest du in dieser Morgenstunde?

NUMA: Das Wahrzeichen rät dir ab, in diesem Jahre die Grenzen deines Reiches zu überschreiten.

JULIAN: Hm! Wie deutest du dieses Wahrzeichen, Maximos?

MAXIMOS: Ich deute es so: das Wahrzeichen rät, du mögest dir alles Land unterwerfen, durch das du ziehst; dann überschreitest du nicht die Grenzen deines Reiches.

JULIAN: So ist's. Wir müssen genau achtgeben auf dergleichen wunderbare Zeichen; denn es liegt oftmals ein doppelter Sinn in ihnen. Ja es scheint bisweilen, als wenn geheimnisvolle Mächte eine Freude darein setzten, die Menschen irrezuführen, zumal bei großen Unternehmungen. Gab es nicht auch einige, welche es zu unserm Schaden auslegen wollten, daß der Säulengang in Hierapolis zusammenstürzte und ein halbes Hundert Soldaten begrub, gerade als wir durch die Stadt zogen? Aber ich sage, es verkündigte ein doppeltes Glück. Denn erstens bedeutet es, daß das Perserreich zusammenstürzen wird, und zweitens verheißt es uns den Untergang der unglücklichen Galiläer. Denn jene Soldaten, welche getötet wurden – was waren sie wohl? Galiläische Strafsoldaten, welche nur höchst ungern in den Krieg gingen und deshalb vom Schicksal ein so furchtbar plötzliches und unehrenhaftes Ende zuerteilt bekamen.

JOVIAN: Gnädigster Kaiser, dort kommt ein Hauptmann vom Vortrab.

HAUPTMANN AMMIAN *von rechts kommend:* Herr, du hast mir befohlen, zu melden, wenn sich irgend etwas Seltsames beim Ausrücken ereignen sollte.

JULIAN: Nun ja? Hat sich etwas derartiges heute morgen zugetragen?

AMMIAN: Ja, Herr, ein doppeltes Wahrzeichen!

JULIAN: Ei, Ammian, erzähle doch!

AMMIAN: Zuerst, Herr, geschah es, da wir ein Stück hinter das Dorf Zaita gekommen waren, daß ein Löwe von ungeheurer Größe aus dem Dickicht hervorbrach und gerade auf unsere Soldaten losging, welche ihn mit vielen Pfeilschüssen töteten.

JULIAN: Ah!

DIE WEISHEITSLEHRER: Welch glückliches Wahrzeichen!

HORMISDAS: König Sapores nennt sich der „Löwe des Landes".

NUMA *beim Altar beschäftigt:* Wend um! wend um! Kaiser Julian.

MAXIMOS: Schreite mutig vorwärts, Siegeserkorener!

JULIAN: Umwenden nach diesem? Wie jener Löwe dort vor Zaita, so wird „der Löwe des Landes" vor unsern Pfeilen fallen. Oder habe ich nicht frühere Zeugnisse, auf die ich mich stützen kann, wenn ich dieses zu unserem Vorteile auslege? Brauche ich solche erleuchtete Männer daran zu erinnern, daß, als Kaiser Maximilian über den Perserkönig Narseus siegte, ebenso ein Löwe – und darnach ein gewaltiges Wildschwein – vor den römischen Reihen niedergestreckt wurde? *Zu Ammian:* Aber jetzt das andere? Mir deucht, du sprachst von zwei Zeichen.

AMMIAN: Das andere ist zweifelhafter, Herr! Dein Streithengst Babylonios wurde, wie du befohlen hattest, vollständig gesattelt vorgeführt, um auf dich am Abstieg jenseits zu warten. Aber sieh, in demselben Augenblick wird eine Abteilung galiläischer Strafsoldaten vorbeigetrieben. Schwer belastet, wie sie waren, und nicht sonderlich willig, wurde es nötig, Peitschenschläge gegen sie anzuwenden. Nichtsdestoweniger streckten sie ihre Arme empor, gleichsam in Freude, und stimmten einen lauten Gesang zur Ehre ihrer Gottheit an. Durch diesen plötzlichen Lärm wurde Babylonios scheu, bäumte sich vor Schreck empor, fiel hintenüber, und indem er sich auf der Erde wälzte, wurde das goldgeschmückte Sattelzeug vom Straßenkot bespritzt und beschmutzt.

NUMA *beim Altar:* Kaiser Julian, wend um, wend um!

JULIAN: Das haben die Galiläer aus Bosheit getan – und doch haben sie damit gegen ihren Willen ein Wahrzeichen zuwege gebracht, welches ich mit hoher Freude begrüße. Ja, gleich wie Babylonios fiel, wird auch Babylon fallen, seiner schmucken Pracht und Herrlichkeit beraubt.

PRISKOS: Welche Weisheit in der Auslegung!

KYTRON: Bei den Göttern, so ist es!

DIE ANDERN WEISHEITSLEHRER: So, und nicht anders!

JULIAN *zu Nevita:* Das Heer soll weiter vorrücken. Dennoch will ich diesen Abend der größeren Sicherheit willen Opfer darbringen und sehen, was die Zeichen bekräftigen werden. – Aber was euch angeht, ihr etruskischen Gaukler, welche ich mit so großen Kosten habe hierherkommen lassen, so mögt ihr wissen, daß ich euch nicht länger in dem Lager dulde, wo ihr nur dazu beitragt, die Soldaten mutlos zu machen. Ich sage, ihr versteht nichts von dem schwierigen Handwerk, welches ihr übernommen habt. Welche Frechheit! Welches Übermaß von Verwegenheit! Fort mit ihnen! Ich will sie nicht länger sehen.

Einige von der Leibwache treiben die Wahrsager nach links hinaus.

JULIAN: Babylonios fiel. Der Löwe unterlag meinen Soldaten. Doch wissen wir darum nicht, auf welche unsichtbare Hilfe wir bauen dürfen. Die Götter, deren Wesen noch lange nicht genug erforscht ist, scheinen manchmal – wenn ich so sagen darf – zu schlummern oder mindestens nur wenig in die menschlichen Dinge einzugreifen. Wir, meine teuren Freunde, befinden uns leider in einer solchen Zeit. Ja, wir sind sogar Zeugen gewesen, daß gewisse Götter unterlassen haben, wohlgemeinte Bestrebungen zu unterstützen, welche auf ihren eigenen Nutzen und ihre Ehre zielen. Wir dürfen jedoch nicht weiter darüber urteilen. Man könnte vielleicht denken, daß die Unsterblichen, welche die Welt lenken und erhalten, manchmal ihre Macht in menschliche Hände niederlegen – wodurch die Götter sicherlich in keiner Weise herabgesetzt werden; denn ihnen verdankt man doch, daß ein so außerordentlich Begnadeter – vorausgesetzt, daß er gefunden wird – hat auf Erden auftreten können.

PRISKOS: O unvergleichlicher Kaiser, legen nicht deine eigenen Taten hiervon Zeugnis ab?

JULIAN: Ich weiß nicht, o Priskos, ob ich meine Taten so hoch schätzen darf. Daß die Galiläer dem Juden von Nazareth eine solche Erwählung beilegen, davon will ich nicht sprechen; denn diese Menschen gehen fehl, was ich ausführlich in meiner Schrift gegen sie beweisen werde. Aber ich will Prometheus in den alten Zeiten nennen, welcher vortreffliche Held den Menschen noch größere Dinge verschaffte, als die unsterblichen Götter ihnen zu gönnen scheinen – wofür er auch viel leiden mußte, sowohl Schmerz als Hohn, bis er endlich in die Gemeinschaft der Götter aufgenommen wurde – der er im Grunde genommen schon die ganze Zeit angehört hatte. Und kann man nicht dasselbe sagen sowohl von Herakles als auch von Achilleus und endlich von dem Makedonier Alexander, mit dessen Taten einige verglichen haben, teils, was ich in Gallien ausgeführt habe, und teils und vornehmlich, was ich auf diesem Zug vor Augen habe?

NEVITA: Mein Kaiser – der Nachtrab ist jetzt gerade unter uns – es wäre vielleicht an der Zeit –

JULIAN: Sogleich, Nevita! Zuerst will ich euch aber einen Traum mitteilen, den ich diese Nacht hatte. Ich träumte, daß ich vor meinen Augen ein Kind sah, das ein reicher Mann verfolgte. Derselbe besaß zahllose Herden, aber er achtete die Verehrung der Götter gering. Dieser böse Mann vertilgte das ganze Geschlecht des Kindes. Aber über das Kind erbarmte sich Zeus und hielt seine Hand über ihm. Darauf sah ich das Kind unter der Obhut Minervas und Apollos zum Jüngling heranwachsen. Und weiter träumte ich, daß der Jüngling auf einem Steine unter freiem Himmel in Schlaf fiel. Da stieg Hermes auf das Feld hernieder in der Gestalt eines jungen Mannes und sprach: komm! Ich will dir den Weg weisen, welcher zur Wohnung der obersten Götter führt! Dann leitete er den Jüngling an den Fuß eines sehr steilen Berges. Dort verließ er ihn. Da brach der Jüngling in Klagen und Tränen aus und rief mit lauter Stimme zu Zeus. Siehe, da stiegen Minerva und der Sonnenkönig, welche über die Erde herrschen, in seine Nähe nieder, hoben ihn zum Gipfel des Berges empor, wiesen vor ihm hinaus und zeigten ihm das ganze Erbe seines Geschlechtes. Aber dieses Erbe war der Erdkreis von Meer zu Meer und über das Meer hinaus. Dann verkündeten sie dem Jüngling, daß alles dieses ihm gehören sollte, und gaben ihm dabei drei Ermahnungen: er sollte nicht schlafen, wie es sein Geschlecht getan hätte; er sollte nicht auf den Rat der Heuchler hören; und endlich sollte er als Götter diejenigen ehren, welche ihnen gleichen. Vergiß nicht, sagten sie, indem sie ihn verließen, daß du eine unsterbliche Seele hast und daß diese deine Seele göttlichen Ursprungs ist. Und folgst du unserm Rate, so wirst du unsern Vater schauen und ein Gott werden, gleich wie wir.

PRISKOS: Was wollen dagegen Zeichen und Wahrzeichen!

KYTRON: Ich glaube nicht zu viel zu sagen, wenn ich erwarte, daß die Schicksalsgöttinnen es sich zweimal bedenken werden, wofern ihre Ratschläge mit den deinen nicht übereinstimmen sollten.

JULIAN: Wir dürfen nicht mit Sicherheit auf eine solche Ausnahme bauen. Aber sicherlich finde ich diesen Traum nach wie vor auffällig, obschon mein Bruder Maximos mit seinem Schweigen – gegen alle billige Erwartung – weder an dem Traume noch an der Einkleidung, die ich ihm gegeben habe, Gefallen zu finden scheint. – Wir müssen es indes ertragen! *Er zieht eine Papierrolle hervor.* Sieh her, Jovian; hier habe ich heute in früher Morgenstunde auf meinem Lager aufgezeichnet, was ich träumte. Nimm es und laß es in zahlreichen Abschriften vor den verschiedenen Heeresabteilungen verlesen. Ich halte es auf einem so gewagten Zuge für wichtig, daß die Soldaten mitten unter allen Gefahren und Beschwerden mit Sicherheit ihr Schicksal in die Hand eines Führers legen, den sie für unfehlbar halten in all den Dingen, welche den Ausfall des Krieges entscheiden.

JOVIAN: Ich bitte dich, mein Kaiser, mir das zu erlassen.

JULIAN: Was willst du damit sagen?

JOVIAN: Daß ich meine Hand nicht bieten darf zu etwas, was der Wahrheit zuwider ist. O höre mich, erhabener Kaiser und Herr! Dürfte es denn einen einzigen unter deinen Soldaten geben, welcher daran zweifelt, daß er in deinen Händen sicher sei? Hast du dir nicht an den Grenzen Galliens trotz der Übermacht der Feinde und verschiedener Schwierigkeiten größere Siegesvorteile erfochten, als sich irgendein anderer Heerführer in unsern Tagen rühmen kann?

JULIAN: Ei – sieh, sieh, welche Neuigkeiten!

JOVIAN: Alle wissen, daß das Glück dir bis jetzt in wunderbarer Weise gefolgt ist. In Gelehrsamkeit stehst du über allen andern Sterblichen, und in der schönen Kunst der Beredsamkeit trägst du unter den Vorzüglichsten den Preis davon –

JULIAN: Und weiter? – Trotz alledem?

JOVIAN: Trotz alledem, mein Kaiser, bist du nur ein Mensch. Aber indem du dem Heere jenen Traum meldest, willst du die Meinung ausbreiten, du seist ein Gott – und hierin darf ich dir meine Hilfe nicht leihen.

JULIAN: Was sagt ihr, meine Freunde, zu dieser Rede?

KYTRON: Daß sie sicherlich ebenso dreist ist, als sie Unkenntnis verrät.

JULIAN: Es scheint, als wenn du, wahrheitsliebender Jovian, vergißt, daß jener Kaiser Antonin, mit dem Zunamen „der Fromme", in einem besonderen Tempel auf dem Forum Roms wie ein unsterblicher Gott verehrt worden ist. Ja, nicht bloß er, auch seine Gattin Faustina und andere Kaiser vor und nach dieser Zeit.

JOVIAN: Ich weiß es, Herr; aber unsern Vorvätern war es nicht verliehen, im Lichte der Wahrheit zu wandeln.

JULIAN *mit einem langen Blick auf ihn:* Ah, Jovian! – Sage mir – gestern abend, da ich Wahrzeichen für die kommende Nacht suchte, da tratest du hinzu und brachtest mir eine Botschaft, gerade als ich mit Reinigungswasser das Blut von meinen Händen spülte.

JOVIAN: Ja, mein Kaiser.

JULIAN: Eilig, wie ich war, geschah es, daß ich einige Wassertropfen auf deinen Mantel spritzte. Da tratst du jäh einen Schritt zurück und schütteltest das Wasser ab, als wenn dein Mantel beschmutzt worden wäre.

JOVIAN: Mein Kaiser, das entging dir also nicht?

JULIAN: War es deine Absicht, daß es mir entgehen sollte?

JOVIAN: Ja, Herr; denn es war eine Sache zwischen mir und dem einzig wahren Gotte.

JULIAN: Galiläer!

JOVIAN: Herr, du selbst hast mich nach Jerusalem geschickt, und ich ward Zeuge von allem, was dort vor sich ging. Viel habe ich seit der Zeit gegrübelt; ich habe in den christlichen Schriften gelesen, mit vielen davon gesprochen – und jetzt bin ich dahintergekommen, daß in dieser Lehre die göttliche Wahrheit liegt.

JULIAN: Ist es möglich! Ist es wirklich möglich! So greift also jener ansteckende Wahnwitz um sich! Meine nächste Umgebung, meine eigenen Kriegsführer fallen von mir ab –

JOVIAN: Stelle mich als den Vordersten gegen deine Feinde, Herr – und du sollst sehen, daß ich freudig dem Kaiser gebe, was des Kaisers ist.

JULIAN: Wieviel? –

JOVIAN: Leib und Blut.

JULIAN: Leib und Blut ist nicht genug. Wer herrschen soll, muß über Willen und Sinn der Menschen herrschen können. Hierin gerade steht mir jener Jesus von Nazareth entgegen und macht mir die Macht streitig. Bilde dir nicht ein, daß ich dich strafen will, Jovian! Die, denen du angehörst, trachten darnach wie nach einem Glück. Und da nennt man euch hernach Blutzeugen. Oder wie? Hat man sie nicht so gepriesen, da ich gezwungen war, sie um ihrer Widerspenstigkeit willen zu strafen? Geh zu dem Vortrab! Ich möchte dich nicht gern öfter sehen. – O dieser Betrug gegen mich, welchen ihr mit Redensarten von einer doppelten Pflicht und von einem doppelten Reich umhüllt! Aber es soll anders werden. Noch andere als der Perserkönig sollen meinen Fuß auf ihren Nacken fühlen. Zum Vortrab, Jovian!

JOVIAN: Ich werde meine Schuldigkeit tun!

Ab nach rechts.

JULIAN: Wir wollen nicht, daß diese Morgenstunde, welche unter so vielen glückbedeutenden Wahrzeichen begann, für uns verdunkelt werde. Wir wollen dieses und anderes mehr mit Gleichmut aufnehmen. Mein Traum soll dennoch dem Heere bekanntgemacht werden. Du, Kytron, du, mein Priskos, und ihr andern Freunde mögt dafür sorgen, daß es auf eine würdige Weise geschehe.

DIE WEISHEITSLEHRER: Mit Freuden, mit unsäglicher Freude, Herr!

Sie nehmen die Papierrolle und gehen nach rechts ab.

JULIAN: Ich bitte dich, o Hormisdas, nicht an meiner Macht zu zweifeln, wenn es auch scheinen könnte, als wenn hier widerspenstiger Wille herrschte. Geh! und auch du, Nevita, und all ihr übrigen, jeder zu den Seinen – ich komme nach, wenn das Heer draußen auf der Ebene versammelt ist.

Alle, ausgenommen der Kaiser und Maximos, ab nach rechts.

MAXIMOS *nach einer Pause, sich vom Stein erhebend, wo er gesessen hat, und zum Kaiser gehend:* Mein kranker Bruder!

JULIAN: Mehr verwundet als krank. Der Hirsch, der von des Schützen Pfeil getroffen wird, flieht ins Dickicht, wo ihn die Meute nicht sehen kann. Es war mir unerträglich, mich länger auf den Straßen von Antiochia zu zeigen – jetzt, scheint es, kann ich mich auch vor dem Heere nicht länger zeigen.

MAXIMOS: Keiner sieht dich, Freund; denn sie tappen in Blindheit. Aber du wirst ein Arzt für ihre Augen werden, und dann werden sie dich schauen in deiner Herrlichkeit.

JULIAN *in die Felsschlucht niederstarrend:* Wie tief unter uns! Wie verschwindend klein winden sie sich hervor, zwischen Dornen und Gebüsch, längs dem steinigen Strom. Als wir vor diesem Engpaß standen, da drangen die Führer alle zugleich hinein; es galt eine Stunde Weges zu kürzen, ein wenig Mühe zu sparen auf der Bahn – zum Tode. Und die Scharen folgten ihnen so willig, keiner dachte daran, seinen Weg oben herum zu nehmen; kein Verlangen nach dem freien Luftzug hier oben, welcher die Brust ausweitet und Raum zum Aufatmen gewährt. Dort gehen sie und gehen und gehen und sehen nicht, daß sie einen schmalen Himmelsstreif – über sich haben – und wissen nicht, daß es Höhen gibt, wo er größer ist. Ist es nicht, Maximos, als wenn die Menschen nur lebten, um zu sterben? Der Geist des Galiläers ist darin. Wenn es wahr ist, was gesagt wird, daß sein Vater die Welt geschaffen hat, dann verachtet der Sohn des Vaters Werk. Und gerade um dieses vermessenen Wahnwitzes wird er so hoch gepriesen. Was war nicht Sokrates gegen ihn! Liebte nicht Sokrates den Genuß, das Glück und die Schönheit? Und doch entsagte er. Aber welch bodenloser Abgrund dazwischen: auf der einen Seite nicht begehren und auf der andern Seite begehren und doch entsagen. Oh, diesen verlorenen Schatz der Weisheit will ich den Menschen zurückbringen. Wie einst Dionys komme ich ihnen froh und jung entgegen, mit Laub um die Stirn, die Fülle der Trauben in meinen Armen. Aber sie weisen meine Gaben von sich, und ich werde verhöhnt, gehaßt und verspottet von Freunden und Feinden.

MAXIMOS: Warum? Ich will dir sagen warum. In der Nähe einer Stadt, wo ich einmal lebte, war ein Weinberg, weitberühmt wegen seiner Trauben; und wenn die Bürger in der Stadt recht süße Trauben für ihren Tisch wünschten, schickten sie ihre Diener zu jenem hinaus und ließen dort Trauben holen. Viele Jahre darnach kam ich in dieselbe Stadt; aber da wußte keiner mehr Bescheid über die ehemals so hochgepriesenen Trauben. Da suchte ich den Winzer des Weingartens auf und fragte ihn: sage mir, o Freund, sind deine Weinstöcke ausgestorben, daß keiner mehr deine Trauben kennt? Nein, antwortete der Winzer, aber du weißt, daß junge Weinstöcke gute Trauben geben, aber schlechten Wein; alte Weinstöcke dagegen schlechte Trauben, aber guten Wein. Daher, o Fremder, fügte er hinzu, erfreue ich noch jetzt die Herzen meiner Mitbürger mit dem Überflusse des Weinberges, nur in anderer Weise – durch Wein und nicht durch Trauben.

JULIAN *gedankenvoll:* Ja, ja, ja!

MAXIMOS: Das ist es, worauf du nicht achtgegeben hast. Der Weinstock der Welt ist alt geworden, und doch meinst du, wie ehemals, denen Trauben darbieten zu können, welche nach dem neuen Wein dürsten.

JULIAN: Ach nein, Maximos, wer dürstet? Nenne mir einen einzigen außerhalb unserer Brüderschaft, welcher von einem geistigen Bedürfnis erfaßt ist! – Unglücklich bin ich, daß ich in einem solchen Zeitalter geboren wurde.

MAXIMOS: Lästere nicht die Zeit. Wäre sie größer gewesen, wärest du kleiner geworden. Die Seele der Welt ist wie ein reicher Mann, welcher unzählige Söhne hat. Verteilt er seinen Reichtum unter alle Söhne, so werden sie alle wohlhabend, aber keiner wird reich. Macht er sie alle bis auf e i n e n erblos und schenkt er alles einem, so steht dieser eine als ein reicher Mann da in einem Kreise von Armen.

JULIAN: Kein Vergleich paßt weniger als dieser, oder stehe ich etwa so da? Findet man nicht gerade in viele Hände verteilt das, was der Herrscher der Welt in reicherem Maße besitzen sollte als alle andern? ja, ich darf wohl sagen, was er allein besitzen sollte! O wie ist nicht die Macht verteilt! Hat nicht jener Libanios die Macht der Beredsamkeit in so hohem Maße, daß man ihn den König der Redner genannt hat? Hast nicht du, mein Maximos, die Macht der geheimnisvollen Wissenschaft? Hat nicht jener rasende Apollinaris die Macht des Gesanges und der Begeisterung in einer Fülle, daß ich sie ihm wohl mißgönnen könnte? Und jetzt der Kappadocier Gregor! Hat er nicht die unbändige Macht des Willens in solchem Übermaße, daß einige ihm den für einen Untertanen unpassenden Zunamen „der Große“ geben! Ja, was noch seltsamer, derselbe Zuname wird auch Gregors Freund Basilios gegeben, einem Manne mit reichem Gemüt und mit Mädchenaugen. Und doch tritt er nicht in die Welt hinaus. H i e r lebt er, dieser Basilios, gerade in diesen fernen Gegenden, bekleidet mit dem Gewande eines Einsiedlers, im Verkehr allein mit seinen Schülern und mit seiner Schwester und andern Frauen, welche fromme und heilige genannt werden. Und wie wirken nicht er und seine Schwester durch die Briefe, welche von Zeit zu Zeit von ihnen ausgehen? Alles, selbst Entsagung und Zurückgezogenheit, wird eine Macht gegen meine Macht. Aber der Schlimmste von ihnen allen ist doch der gekreuzigte Jude.

MAXIMOS: So kämpfe mit diesen verschiedenen Mächten! Aber glaube nicht, du werdest die Aufrührer niederwerfen, wenn du über sie kommst wie ein Feldherr, ausgesandt von einem Herrscher, den sie nicht kennen. In deinem e i g e n e n Namen mußt du kommen, Julian! Kam Jesus von Nazareth als der Abgesandte eines anderen? Behauptete er nicht, er selbst wäre der, welcher ihn aussandte? Wahrlich, in dir ist die Vollendung der Zeit, und du siehst es nicht. Weisen nicht alle Zeichen und Wahrzeichen mit unfehlbarem Finger gerade auf dich hin? Soll ich dich an den Traum deiner Mutter erinnern? –

JULIAN: Sie träumte, daß sie den Achilleus gebären würde.

MAXIMOS: Soll ich dich an das Glück erinnern, das dich gleichsam auf starken Schwingen durch ein bewegtes und gefahrvolles Leben getragen hat? Wer bist du, Herr? Bist du der wiedergekommene Alexander, damals unfertig, jetzt reif und gerüstet, das Werk zu vollenden?

JULIAN: Maximos!

MAXIMOS: Es ist e i n e r, welcher immer, in gewissen Zwischenräumen, in den Leib des Menschengeschlechtes wiederkehrt. Er ist gleichsam ein Ritter, der in der Reitbahn ein wildes Pferd zähmen soll. Jedesmal wirft das Pferd ihn ab. Aber eine Weile, und der Ritter ist wieder im Sattel, immer sicherer und mehr geübt; aber h e r u n t e r mußte er in seinen wechselnden Gestalten, jedesmal bis auf diesen Tag. H e r u n t e r mußte er als der gottentsprungene Mensch in dem Garten Eden; h e r u n t e r als der Grundleger zum Weltenreich; h e r u n t e r als der Fürst des Gottesreiches. Wer weiß, wie viele Male er unter uns gewandert ist, ohne daß einer ihn kannte? Weißt du, Julian, ob du nicht schon w a r s t in jenem, den du jetzt verfolgst?

JULIAN *sieht vor sich hin:* O bodenloses Rätsel –

MAXIMOS: Soll ich dich an jene alte Weissagung erinnern, welche jetzt wieder im Schwange ist? Es ist verkündet worden, „so viele Jahre, als das Jahr Tage habe, solle das Reich des Galiläers Bestand haben“. Noch zwei Jahre, und es werden dreihundertundfünfundsechzig Jahre her sein, daß dieser Mann in Bethlehem geboren wurde.

JULIAN: Glaubst du an jene Weissagung?

MAXIMOS: Ich glaube an das Kommende.

JULIAN: Immer Rätsel!

MAXIMOS: Ich glaube an die freie Notwendigkeit!

JULIAN: Noch rätselhafter.

MAXIMOS: Sieh, Julian, da das Chaos sich wälzte in der leeren, entsetzlichen Öde und Jehova allein war, jenen Tag, da er, nach den alten jüdischen Schriften, seine Hand ausstreckte und schied das Licht von der Finsternis, Wasser von Land, an jenem Tag stand der große schaffende Gott auf dem Gipfel seiner Macht. Aber mit den Menschen erstand der Wille auf Erden. Und Menschen, Tiere, Bäume und Kräuter schufen ihresgleichen nach ewigen Gesetzen; und nach ewigen Gesetzen wandeln alle Sterne im Himmelsraum. Hat es Jehova bereut? Die alten Sagen aller Völker wissen von einem bereuenden Schöpfer zu erzählen. Das Gesetz der Erhaltung hat er in die Schöpfung gelegt. Zu spät zur Reue! Das Geschaffene w i l l sich erhalten – und so wird es erhalten. Aber die beiden Reiche der Einseitigkeit führen Krieg miteinander. Wo ist er, wo ist er, der Friedensfürst, der sie vergleichen soll?

JULIAN *vor sich hin:* Zwei Jahre? Alle Götter machtlos. Keine launenvolle Macht dahinter, welche meine Absichten kreuzen könnte – – zwei Jahre? In zwei Jahren kann ich die Erde meiner Herrschaft unterwerfen.

MAXIMOS: Du sprachst, mein Julian – was sagtest du?

JULIAN: Ich bin jung, stark und gesund. Maximos, es ist mein Wille, lange zu leben.

Ab nach rechts, Maximos folgt ihm.

Eine hüglige Waldgegend mit einem Flüßchen zwischen Bäumen. Oben auf der Höhe ein kleines Gehöft. Es ist gegen Sonnenuntergang.

Heeresabteilungen ziehen von links nach rechts unten an den Hügeln vorbei. Basilios von Cäsarea und seine Schwester Makrina, beide in der Kleidung von Eremiten, stehen unten am Wege und reichen den ermatteten Soldaten Wasser und Früchte.

MAKRINA: O Basilios, sieh, der eine immer bleicher und abgezehrter als der andere.

BASILIOS: Und so unzählig viele Christenbrüder unter ihnen! Wehe über den Kaiser Julian! Das ist grausamer ausgedacht als alle Qualen der Folterbank. Gegen wen führt er wohl alle seine Heerscharen? Weniger gegen den Perserkönig als gegen Christus.

MAKRINA: Glaubst du so Entsetzliches von ihm?

BASILIOS: Ja, Makrina, es wird mir mehr und mehr klar, daß der Schlag u n s treffen soll. Alle Niederlagen, die er in Antiochia erlitten, allen Widerstand, den er gefunden, alle Demütigungen und Täuschungen, die er für sein gottloses Beginnen hat erleiden müssen, denkt er alle zusammen mit Vergessenheit zu bedecken durch einen siegreichen Kriegszug. Und es wird ihm glücken. Ein großer Sieg wird alles dort auslöschen. Die Menschen sind nicht anders, sie sehen im Glücke das Recht, und unter der Macht beugen sich die meisten.

MAKRINA *zeigt nach links hinaus:* Neue Scharen! Unzählige, ohne Aufhören –

Eine Abteilung Soldaten wird vorbeigeführt; ein junger Mann in der Reihe fällt vor Ermattung auf dem Wege nieder.

EIN UNTERANFÜHRER *schlägt ihn mit einem Stock:* Auf mit dir, du fauler Hund!

MAKRINA *eilt herbei:* O schlage ihn nicht!

DER SOLDAT: Laß ihn schlagen – ich leide so gern.

HAUPTMANN AMMIAN *kommt herbei:* Wieder Aufenthalt! Na, das ist der. Kann er wirklich nicht mehr?

UNTERANFÜHRER: Ich weiß nicht, was ich sagen soll, Herr; er fällt alle Augenblicke.

MAKRINA: O sei geduldig! Wer ist dieser Unglückliche? – Sieh her, sauge den Saft aus diesen Früchten. Wer ist er, Herr?

AMMIAN: Ein Kappadocier – einer von den Verirrten, welche bei der Schändung des Venustempels in Antiochia dabeiwaren.

MAKRINA: Oh, einer von jenen Blutzeugen! –

AMMIAN: Versuche aufzustehen, Agathon! Ich empfinde Mitleid mit diesem Menschen. Sie züchtigten ihn ärger, als er es vertragen konnte. Er ist seitdem nicht mehr bei Verstand gewesen.

AGATHON *erhebt sich:* Ich kann es ganz gut ertragen. Und ich bin vollkommen bei Verstand, Herr! Schlagt, schlagt, schlagt! – ich leide so gern.

AMMIAN *zum Unteranführer:* Vorwärts! hier ist keine Zeit zu verlieren.

UNTERANFÜHRER *zu den Soldaten:* Vorwärts, vorwärts!

AGATHON: Babylonios fiel – bald wird der babylonische Lästerer fallen. Der Löwe von Zaita wurde niedergestreckt – bald wird niedergestreckt werden der gekrönte Löwe der Welt!

Die Soldaten werden nach rechts hinausgetrieben.

AMMIAN *zu Basilios und Makrina:* Ihr seltsamen Menschen; ihr seid Verirrte und verübt dennoch Gutes. Habet Dank, daß ihr die Ermatteten erquicktet; und möchte die Sache des Kaisers mir gestatten, daß ich gegen eure Brüder so milde handeln dürfte, wie ich gerne möchte. *Ab nach rechts.*

BASILIOS: Gott sei mit dir, edler Heide!

MAKRINA: Wer dieser Mann wohl war?

BASILIOS: Ich kannte ihn nicht. *Zeigt hinaus nach links:* O sieh, sieh, sieh, da ist er selbst!

MAKRINA: Der Kaiser? Ist d a s der Kaiser?

BASILIOS: Ja, er ist es.

Kaiser Julian mit mehreren Kriegsobersten, begleitet von dem Führer der Leibwache Anatolos mit einer Abteilung der Wache, kommen von links.

JULIAN *zu seinen Begleitern:* Ei was, müde? Sollte ein gefallenes Pferd mich zum Haltmachen bringen? Oder sollte es sich weniger ziemen, zu Fuß zu gehn, als ein geringeres Tier zu besteigen? Müde! Mein Stammvater hat gesagt, ein Kaiser müßte im Stehen sterben. Ich sage, ein Kaiser muß in seinem ganzen Leben, nicht nur in seiner Todesstunde, eine nachahmungswürdige Ausdauer zeigen; ich sage – ah, bei dem großen Lichte des Himmels, sehe ich da nicht vor meinen Augen den Basilios von Cäsarea!

BASILIOS *verneigt sich tief:* Dein geringer Diener, o mächtigster Herr!

JULIAN: Ja, das will ich glauben! Du dienst mir in Wahrheit gut, Basilios! *Kommt näher.* So, dieses ist also das Landhaus, welches in so großen Ruf gekommen ist durch die Briefe, die von hier ausgehen. Man spricht in allen Landen mehr von diesem Hause als von den Lehrsälen, obschon ich weder Mühe noch Fleiß gescheut habe, sie wieder in die Höhe zu bringen. Nicht wahr, dieses Weib ist deine Schwester Makrina?

BASILIOS: So ist es, Herr!

JULIAN: Du bist ein schönes Weib und jung dazu. Und doch hast du, wie ich höre, dem Leben entsagt.

MAKRINA: Ja, Herr, ich habe diesem Leben entsagt, um später wahrhaft zu leben.

JULIAN: Ah, ich kenne eure Verirrung sehr gut. Ihr seufzt nach dem, was jenseits liegt und wovon ihr nichts mit Bestimmtheit wißt; ihr kasteit euer Fleisch; ihr unterdrückt alle menschlichen Lüste. Und doch sage ich euch, daß das ebensogut Eitelkeit sein kann wie jede andere.

BASILIOS: Glaube nicht, Herr, daß ich blind bin für die Gefahren, welche in der Entsagung liegen. Ich weiß wohl, daß mein Freund Gregor recht hat, wenn er schreibt, daß er sich damit tröstet, ein Einsiedler mit dem Herzen zu sein, ohne daß er es mit dem Körper ist. Und ich weiß auch, daß diese grobe Kleidung wenig meiner Seele frommt, wenn ich es mir zum Verdienst anrechne, sie zu tragen. Aber so fühle ich es nicht; dieses zurückgezogene Leben erfüllt mich mit einem unsäglichen Glück; das ist alles. Jene schweren Kämpfe, welche die Welt in dieser Zeit erlebt, treten mir hier nicht in ihrer Unschönheit vor Augen. Hier fühle ich meinen Körper im Gebet erhoben und meine Seele durch eine ärmliche Lebensweise gereinigt.

JULIAN: O mein genügsamer Basilios, ich glaube doch, daß du nach mehr trachtest. Wenn man wahr gesprochen hat, hat deine Schwester hier um sich einen Haufen junger Weiber versammelt, welche sie nach ihrem Vorbilde unterweist. Und du selbst hast ja, gleich deinem galiläischen Meister, zwölf Jünger erwählt. Was ist deine Absicht mit ihnen?

BASILIOS: Sie in alle Lande hinauszusenden, um unsere Brüder im Streite zu stärken.

JULIAN: So! Ausgerüstet mit allen Waffen der Beredsamkeit, sendest du dein Heer gegen mich, und wo hast du diese schöne griechische Kunst her? Du hast sie aus unsern Lehrsälen, und mit welchem Recht besitzest du sie? Du hast dich wie ein Kundschafter in unser Lager hineingeschlichen, um zu erforschen, wo wir am sichersten getroffen werden können. Und jetzt nützest du diese Kenntnis zu unserm größten Schaden! Weißt du wohl, Basilios, daß ich nicht willens bin, dieses Ungeziemende länger zu ertragen? Ich will euch diese Waffe aus den Händen schlagen. Haltet euch zu Matthäus und Lukas und andern solchen ungehobelten Bücherschreibern. Aber ihr sollt hernach nicht die Freiheit haben, eure alten Dichter oder eure alten Weisheitslehrer auszulegen; denn ich halte es für unbillig, daß ihr aus jenen Quellen Kenntnis und Vorteil saugt, in deren Wahrheit ihr gerade keinen Glauben setzt. Ebenso soll es allen galiläischen Schülern verboten sein, in unsere Lehrsäle zu kommen; denn was wollen sie wohl dort? Uns unsere Kunst stehlen und sie gegen uns selbst brauchen.

BASILIOS: Herr, ich habe schon früher von diesem seltsamen Vorsatz sprechen hören. Und ich muß Gregor beistimmen, wenn er schreibt, daß du kein ausschließliches Recht auf die griechische Lehre oder auf die griechische Redekunst hast. Ich muß ihm recht geben, wenn er sagt, daß auch du ja die Buchstabenschrift gebrauchst, welche doch von den Ägyptern erfunden ist, und daß du dich mit dem Purpur bekleidest, obschon er zuerst bei den Leuten in Tyrus in Gebrauch war. Ja, Herr – mehr als das. Du unterwirfst dir Länder und machst dich zum Herrscher über Völker, deren Sprache du nicht verstehst und deren Sitten du nicht kennst. Und dazu hast du das Recht. Aber das Recht, welches du in der sichtbaren Welt hast, dasselbe Recht hat er, den du den Galiläer nennst, in der unsichtbaren –

JULIAN: Genug davon! Ich will nicht öfter solches Zeug hören. Ihr sprecht, als wenn es zwei Weltherrscher gebe, und mit der Einwendung versucht ihr mir überall im Wege zu stehen. Ihr Lächerlichen! Ihr stellt einen Toten gegen einen Lebenden auf. Aber ihr werdet bald erfahren, wie das zusammenhängt. Ihr müßt nicht glauben, ich hätte die Schrift gegen euch, an der ich lange gearbeitet habe, unter den Sorgen des Krieges beiseite gelegt. Denkt ihr vielleicht, ich bringe meine Nächte mit Schlafen zu? Ihr verrechnet euch! Für den „Barthasser" habe ich zwar nur Spott geerntet, und das selbst von solchen, welche besonderen Nutzen hätten davon haben können, sich gewisse Wahrheiten zu Herzen zu nehmen. Aber das wird mich durchaus nicht abschrecken. Oder sollte es sich für einen Mann mit dem Stocke in der Hand geziemen, vor einer Schar bellender Hunde zurückzuweichen? – Warum lächeltest du, Weib? Was gab es zu lachen?

MAKRINA: Warum, o Herr, eiferst du so sehr gegen einen, den du tot nennst?

JULIAN: Ha, ich verstehe! Du willst damit sagen, daß er lebt.

MAKRINA: Ich will damit sagen, daß du, o mächtigster Herr, in deinem Herzen fühlst, daß er wirklich lebt.

JULIAN: Ich! Das wäre! Ich sollte fühlen –?

MAKRINA: Was hassest und verfolgst du denn? Nicht ihn, sondern deinen Glauben an ihn. Und lebt er in deinem Hasse und in deiner Verfolgung nicht ebenso, wie er lebt in unserer Liebe?

JULIAN: Ich kenne eure verdrehten Redensarten. Ihr Galiläer sagt das eine und meint damit das andere. Und das nennt ihr Redekunst! O ihr mittelmäßigen Geister! Welche Torheit! Ich sollte fühlen, daß der gekreuzigte Jude lebt? O welche gesunkene Zeit, die sich damit genügen läßt! Aber die Menschen sind heutzutage nicht besser. Tollheit gilt für Weisheit. Wie unsäglich viele Nächte habe ich nicht gewacht und geforscht, um den wahren Grund der Dinge zu finden! Aber wo sind jene, welche mir nachfolgen? Viele preisen meine Rede; aber wenige oder keiner läßt sich überzeugen. Doch wahrlich, wir sind noch nicht am Ende. Es wird etwas über euch kommen, eine Überraschung. Ihr werdet vernehmen, wohin all dies Zerstreute strebt, um sich in e i n s zu einen. Ihr werdet erfahren, daß alles das, was ihr jetzt verachtet, die Herrlichkeit in sich hat – und das Kreuz, an dem ihr euern Trost aufhängt, will ich in eine Stiege umzimmern für ihn, den ihr nicht kennt.

MAKRINA: Und ich sage dir, Kaiser, daß du nichts bist als eine Geißel in Gottes Hand – eine Geißel, welche uns um unserer Sünden willen schlagen m u ß. Weh uns, daß es so kommen mußte! Wehe uns, daß wir uneinig und lieblos abwichen von dem rechten Weg! Es war kein König mehr in Israel. Darum schlug der Herr dich mit Wahnwitz, daß du uns züchtigen solltest. Welchen Geist hat er nicht verdunkelt, auf daß er gegen uns rasen sollte! Welchen blühenden Baum hat er nicht entästelt zu Ruten für unsere schuldbeladenen Schultern! Wahrzeichen mahnten dich, und du beachtetest sie nicht. Stimmen riefen dich, und du hörtest sie nicht. Hände schrieben ihre Feuerschrift auf die Wand für dich, und du löschtest die Schrift aus, ohne sie zu deuten.

JULIAN: Basilios, ich wollte, ich hätte dieses Weib schon früher gekannt.

BASILIOS: Komm, Makrina.

MAKRINA: Weh mir, daß ich diese leuchtenden Augen zu sehn bekam! Engel und Schlange vereint zu einem; des Abtrünnigen Sehnsucht und des Versuchers List auf einmal! Oh, wie haben unsere Brüder und Schwestern die Siegeshoffnung hochhalten können in der Nähe dieses Sendlings. In ihm ist ein Größerer. Siehst du es nicht, Basilios, in ihm will Gott der Herr uns zu Boden schlagen.

JULIAN: Du sagst es!

MAKRINA: Nicht ich!

JULIAN: Die erste überwundene Seele!

MAKRINA: Weiche von mir!

BASILIOS: Komm – komm!

JULIAN: Bleibt hier! Anatolos, eine Wache um sie! Es ist mein Wille, daß ihr dem Heere folgen sollt, sowohl ihr als eure Jünger, Männer und Weiber.

BASILIOS: Herr, das kannst du nicht wollen.

JULIAN: Es ist nicht klug, Festungen in seinem Rücken zu lassen. Siehe, ich recke meine Hand aus und dämpfe diesen brennenden Pfeilregen, welchen ihr von jenem kleinen Landhaus ausgießet.

BASILIOS: Nein, nein, Herr – diese Gewalttat.

MAKRINA: Ach Basilios – hier oder dort – alles ist aus!

JULIAN: Steht nicht geschrieben, ihr sollt dem Kaiser geben, was des Kaisers ist? Ich brauche alle Hände auf diesem Kriegszug. Ihr könnt meine Kranken und Verwundeten pflegen. Damit dient ihr dem Galiläer zugleich; und wenn ihr dieses noch für eine Pflicht haltet, rate ich euch, die Zeit zu nützen. Er hat nicht mehr viel übrig.

Einige Soldaten haben Basilios und Makrina umringt; andere eilen durch das Dickicht hinauf zum Gehöft.

MAKRINA: O Sonne, sinkend über der Heimat; sinkende Hoffnung und sinkendes Licht der Welt! O Basilios, daß wir es erleben mußten, die Nacht zu sehen.

BASILIOS: Das Licht besteht.

JULIAN: Licht wird es werden! Den Rücken dem Abendrot zugekehrt, Galiläer! Blickt gen Osten, gen Osten, wo Helios träumt. Wahrlich, ich sage euch, ihr werdet den Sonnenkönig der Erde schaun.

Ab nach rechts, alle folgen ihm.

Jenseits des Euphrat und Tigris. Eine weite Ebene mit dem kaiserlichen Zeltlager; niedriges Gebüsch zur Linken und im Hintergrund verbirgt die Krümmungen des Tigrisflusses. Schiffsmaste ragen in einer langen, unübersehbaren Reihe über das Gebüsch hervor. Bewölkter Abend. Soldaten und Kriegsvolk aller Art sind damit beschäftigt, das Lager auf der Ebene aufzuschlagen. Allerhand Vorrat wird von den Schiffen gebracht. Wachtfeuer längsaus. Der Heerführer Nevita, Kriegsoberste Jovian und mehrere Hauptleute kommen von der Flotte.

NEVITA: Siehst du nun, ob nicht der Kaiser das Rechte wählte. Hier stehen wir ohne Schwertschlag auf Feindes Grund; keiner hat uns den Übergang über den Fluß streitig gemacht; auch nicht ein persischer Reiter ist zu erblicken.

JOVIAN: Nein, Herr, auf diesem Wege hat der Feind uns sicher nicht erwartet.

NEVITA: Du sagst das, als wenn du noch jetzt daran festhieltest, daß die Wahl dieses Weges unklug war.

JOVIAN: Ja, Herr, es ist auch ferner meine Meinung, daß wir lieber eine etwas mehr nördliche Richtung hätten einschlagen sollen. Dort könnten wir unsern linken Flügel auf Armenien stützen, welches uns freundlich gesinnt ist, und allen nötigen Unterhalt aus dieser fruchtbaren Landschaft holen. Aber hier? In unserm Vormarsch durch die schweren Lastschiffe gehemmt. Rund um uns eine öde Ebene, fast eine Wüste – ah, der Kaiser kommt. Ich will gehen; er ist mir in dieser Zeit nicht gnädig.

Er geht ab nach rechts. In demselben Augenblick kommt Julian mit einigen Begleitern von den Schiffen. Leibarzt Oribazes, die Weisheitslehrer Priskos und Kytron mit einigen andern treten zwischen den Zelten auf der rechten Seite hervor und gehen dem Kaiser entgegen.

JULIAN: So sehen wir das Kaiserreich wachsen. Jeder Schritt, den ich gen Osten mache, erweitert die Grenzen des Reichs. *Er stampft mit dem Fuß auf die Erde.* Diese Erde gehört mir! Ich bin in meinem Reiche, nicht außerhalb. – Nun, Priskos?

PRISKOS: Unvergleichlicher Kaiser, dein Gebot ist ausgeführt. Deinen wunderbaren Traum haben wir vor allen Abteilungen des Heeres verlesen.

JULIAN: Wohl, wohl, und welche Wirkung schien mein Traum auf die Soldaten auszuüben?

KYTRON: Einige priesen dich mit lauter Stimme und nannten dich den Göttlichen; andere dagegen –

PRISKOS: Diese andern waren Galiläer!

KYTRON: Die meisten andern waren Galiläer, und diese schlugen sich vor die Brust und stießen laute Klagerufe aus.

JULIAN: Ich will hierbei nicht stehenbleiben. Die Brustbilder von mir, die ich habe anfertigen lassen, um sie in den Städten, welche ich mir unterwerfen werde, aufzustellen, sollen ringsum im Lager, bei allen Tischen, wo die Schatzmeister die Löhnung an das Kriegsvolk verteilen, errichtet werden. Zur Seite der Bilder sollen Lampen angezündet werden und Kohlenbecken mit wohlriechendem Kräuterwerk davor brennen, und jeder Soldat soll, indem er vortritt, um seinen Lohn zu empfangen, einige Räucherkörner auf das Feuer werfen.

ORIBAZES: Mein gnädigster Kaiser, vergib mir, aber – ist das rätlich?

JULIAN: Wieso nicht rätlich? Ich erstaune über meinen Oribazes.

PRISKOS: Ach Herr, du mußt wohl erstaunen! Sollte es nicht rätlich sein, daß –

KYTRON: Sollte nicht ein Julian wagen dürfen, was weniger göttliche Männer gewagt haben?

JULIAN: Ich finde, das Gewagteste hier würde sein, die rätselvollen Ratschläge der Mächte zu verheimlichen. Ist es einmal soweit gekommen, daß die Göttlichen ihre Macht in irdische Hände niederlegen – worauf wir aus mancherlei Zeichen schließen dürfen –, so würde es in der Tat höchst undankbar sein, solches zu verheimlichen. Es ist unter so gefahrvollen Umständen wie diesen keineswegs gleichgültig, ob die Soldaten ihre Verehrung einem Unrechten darbringen, da sie doch einen ganz andern anrufen sollten. Ich sage dir, Oribazes, und ich sage euch andern – falls sich noch ein anderer finden sollte, der die Grenzen für die kaiserliche Macht so abstecken wollte –, gerade dieses würde wirkliche Gottlosigkeit sein und ich mich gezwungen sehn, dagegen zu eifern. Hat nicht schon Plato die Wahrheit verkündet, daß nur ein Gott über Menschen herrschen könne? Was meinte er mit dieser Behauptung? Antworte mir darauf – was meinte er? Fern sei es mir, behaupten zu wollen, daß Plato – dieser im übrigen tadellose Weise – damit gleichsam in einer Prophezeiung auf einen einzelnen Menschen, und sei es selbst der vorzüglichste, gezielt haben sollte. Aber ich denke, wir alle sind Zeugen gewesen von den Störungen, welche entstehen, wenn die höchste Macht gleichsam zerspalten und zerteilt wird unter mehrere Hände. – Doch genug davon. Ich habe bereits befohlen, daß die kaiserlichen Bilder im Lager zur Schau gestellt werden sollen. Ah, was suchst du so eilig, Eutherios?

Hausmeister Eutherios, begleitet von einem Manne mit aufgeschürzten Kleidern, kommt von den Schiffen.

EUTHERIOS: Erhabener Kaiser, dieser Antiochier ist ausgesandt von dem Statthalter Alexandros und bringt dir einen Brief, der, wie er sagt, wichtig sei.

JULIAN: Ah, laß doch sehen! Licht her! *Eine Fackel wird gebracht; der Kaiser öffnet den Brief und liest.* Kann es möglich sein! Leuchte besser! Ja, da steht es – und hier –; was nun? – Das geht in der Tat über alles, was ich mir denken konnte!

NEVITA: Schlimme Neuigkeiten aus den westlichen Landen, o Herr?

JULIAN: Nevita, sage mir, wieviel Zeit brauchen wir, um nach Ktesifon zu gelangen?

NEVITA: Es kann unmöglich in kürzerer Zeit als in dreißig Tagen ausgeführt werden.

JULIAN: Es muß in kürzerer Zeit gemacht werden! Dreißig Tage! Ein ganzer Monat! Und während wir hier vorwärtskriechen, sollte ich diese Rasenden lassen –

NEVITA: Du weißt, Herr, daß wir um der Schiffe willen allen Krümmungen des Flusses folgen müssen. Der Strom ist reißend und dabei seicht und steinig, ich halte es für unmöglich, schneller vorwärtszukommen.

JULIAN: Dreißig Tage! Und darnach soll die Stadt eingenommen, das Perserheer in die Flucht geschlagen, der Friede geschlossen werden. Wieviel Zeit wird das nicht alles fordern? Und dennoch waren einige unter euch, die mir den törichten Vorschlag machten, einen noch weitern Umweg zu machen. Ha, ha, man sinnt auf meinen Untergang!

NEVITA: Herr, sei ruhig, der Zug wird mit aller Macht gefördert werden.

JULIAN: Das wird wohl nötig sein. Könnt ihr euch denken, was Alexandros meldet? Der Wahnwitz der Galiläer übersteigt seit meinem Weggange alle Grenzen. Und dieses Unwesen wächst mit jedem Tage. Sie sehen ein, daß mein Sieg in Persien ihre Unterdrückung nach sich ziehen werde; und mit jenem schamlosen Gregor als Anführer stehen sie jetzt, gleich einem feindlichen Heer, in meinem Rücken; in Phrygien bereiten sich heimliche Dinge vor, aus denen keiner recht klug zu werden vermag –

NEVITA: Was soll das heißen, Herr? Was unternehmen sie denn?

JULIAN: Was sie unternehmen? Beter, Prediger und Sänger verkünden das Ende der Welt. Oh, wäre es nur das – aber sie reißen unsere Anhänger mit sich fort und ziehen sie in ihren aufrührerischen Bund hinein. In Cäsarea hat die Gemeinde den Richter Eusebios zu ihrem Bischof gewählt – Eusebios, ein ungetaufter Mann –, und dieser Verirrte hat ein solches Amt erlangt, was überdies nach ihren eigenen Kirchengesetzen ungültig ist. Doch das ist noch lange nicht das Schlimmste. Schlimmer, schlimmer, tausendmal schlimmer ist es, daß Athanasios nach Alexandria zurückgekommen ist.

NEVITA: Athanasios?

PRISKOS: Jener rätselhafte Bischof, welcher vor sechs Jahren in der Wüste verschwand?

JULIAN: Eine Kirchenversammlung verjagte ihn um seines unziemlichen Eifers willen. Die Galiläer waren fügsam unter meinem Vorgänger. Ja, könnt ihr euch denken, jetzt ist dieser rasende Schwärmer nach Alexandria zurückgekommen. Sein Einzug glich dem eines Königs; der Weg war mit Teppichen und grünen Palmenzweigen bedeckt. Und was geschah darnach? Was glaubt ihr wohl? Dieselbe Nacht brach ein Aufruhr unter den Galiläern aus. Georgios, ihr rechtmäßiger Bischof, dieser rechtliche und wohlwollende Mann, welchen sie der Lauheit im Glauben beschuldigten, ist ermordet, noch lebend in den Straßen der Stadt zerrissen worden.

NEVITA: Aber Herr, wie konnte es soweit kommen? Wo war denn der Statthalter Artemios?

JULIAN: Du magst wohl fragen, wo Artemios war. Ich werde es dir sagen. Artemios ist zu den Galiläern übergegangen! Artemios ist selbst mit bewaffneter Hand in das Serapeion, jenen herrlichsten Tempel der Welt, eingedrungen, hat die Standbilder zerschlagen, die Altäre geplündert und jene ungeheuern Bücherschätze vernichtet, welche wir gerade in dieser irrewandelnden und törichten Zeit äußerst nötig hatten und welche ich beweinen möchte, gleich einem vom Tode entrückten Freunde, falls mein Zorn mir gestattete, Tränen zu vergießen.

KYTRON: Wahrlich, das übersteigt alles Denken!

JULIAN: Und diese Elenden nicht erreichen können, um sie zu züchtigen! Zeuge solcher Ausschreitungen sein müssen, die weiter und weiter um sich greifen! Dreißig Tage, sagst du! Was zaudert man? Warum schlägt man das Lager auf? Warum schläft man? Wissen meine Heerführer nicht, was hier auf dem Spiele steht? Wir müssen Kriegsrat halten. Wenn ich bedenke, was der makedonische Alexander in dreißig Tagen ausrichtete –

Der Kriegsoberste Jovian, begleitet von einem Mann in persischer Kleidung, ohne Waffen, kommt vom Lager.

JOVIAN: Zürne nicht, Herr, daß ich dir vor Augen trete; aber dieser Fremde –

JULIAN: Ein persischer Krieger!

DER PERSER *wirft sich auf die Erde nieder:* Kein Krieger, du Mächtiger!

JOVIAN: Er kam waffenlos zu Pferde über die Ebene gejagt und meldete sich bei den Vorposten –

JULIAN: So sind deine Landsleute in der Nähe?

DER PERSER: Nein, nein!

JULIAN: Aber wo kommst du denn her?

DER PERSER *reißt seine Kleider auf:* Sieh diese Arme, Beherrscher der Erde, blutig von den verrosteten Ringen der Ketten. Befühle diesen zerschundenen Rücken – Wunde an Wunde. Ich komme von der Folterbank!

JULIAN: Ah, du bist dem König Sapores entflohen?

DER PERSER: Ja, du Gewaltiger, der du alles weißt! Ich stand bis jetzt hoch in Gnaden bei König Sapores; bei deinem Herannahen erkühnte ich mich, ihm vorauszusagen, daß dieser Krieg sein Untergang sein würde. Weißt du, Herr, wie er mich belohnte? Meine Frau gab er seinen Bogenschützen von den Bergen preis; meine Kinder ließ er als Sklaven verkaufen, all mein Eigentum seine Diener untereinander teilen; mich selbst ließ er neun Tage lang peinigen. Darauf gebot er mir, hinauszureiten und in der Steppe wie ein Tier zu sterben.

JULIAN: Und was willst du von mir?

DER PERSER: Was ich nach solcher Behandlung von dir will? Ich will dir helfen, meinen Verfolger vernichten.

JULIAN: Ah, du gefolterter Mann, was kannst du helfen?

DER PERSER: Ich kann den Knöcheln deines Kriegsvolks Schwingen verleihen.

JULIAN: Was willst du damit sagen? Erhebe dich und sage mir, was du meinst.

DER PERSER *erhebt sich:* Es war niemand in Ktesifon, welcher dachte, du würdest diesen Weg wählen –

JULIAN: Das weiß ich.

DER PERSER: Jetzt ist es länger kein Geheimnis mehr.

JULIAN: Du lügst, Mann, ihr Perser wißt nichts von meinen Absichten.

DER PERSER: Herr, du, dessen Weisheit vom Feuer und von der Sonne stammt, du weißt wohl, daß meine Landsleute jetzt deine Absichten kennen. Du hast auf deinen Schiffen über die Flüsse gesetzt; diese Schiffe, mehr als tausend an Zahl und belastet mit allem, was für das Heer nötig ist, sollen den Tigris stromauf gezogen werden, und das Heer soll neben den Schiffen vorrücken.

JULIAN: Unglaublich –

DER PERSER: Wenn die Schiffe Ktesifon so nahe als möglich gekommen sind – das heißt zwei Tagereisen von der Stadt –, willst du auf sie losgehen, sie umringen und König Sapores zwingen, sich zu ergeben.

JULIAN *sieht sich um:* Wer hat uns verraten?

DER PERSER: Dieses Vorhaben ist jetzt nicht mehr auszuführen. Meine Landsleute haben in aller Eile Steindämme in das Flußbett gebaut, und auf diesen werden deine Schiffe stranden.

JULIAN: Mensch, weißt du, was es dich kostet, wenn du nicht die Wahrheit sprichst?

DER PERSER: Mein Leib ist in deiner Gewalt, du Mächtiger! Spreche ich nicht die Wahrheit, so steht es dir frei, mich lebendig verbrennen zu lassen.

JULIAN *zu Nevita:* Der Fluß versperrt, es werden Wochen nötig sein, ihn wieder fahrbar zu machen.

NEVITA: Wenn es überhaupt gemacht werden k a n n, Herr! Solche Werkzeuge fehlen –

JULIAN: Und dieses sollte uns jetzt begegnen – jetzt, da es gilt, mit aller Eile vorzurücken!

DER PERSER: Du Herrscher der Welt, ich habe dir gesagt, daß ich deinem Heere Schwingen verleihen könne.

JULIAN: Sprich, weißt du einen kürzern Weg?

DER PERSER: Wenn du gelobst, mir nach dem Siege mein geraubtes Eigentum wieder zu verschaffen, und dazu eine neue Frau von hoher Geburt, so kann ich –

JULIAN: Ich gelobe dir alles; sprich nur, sprich!

DER PERSER: Schlägst du den Weg quer über die Ebene ein, so kannst du in vier Tagen vor den Toren Ktesifons stehen.

JULIAN: Vergißt du den Bergrücken jenseits der Ebene?

DER PERSER: Herr, hast du niemals von jenem seltsamen Engpaß zwischen den Bergen reden hören?

JULIAN: Ja, ja, eine Kluft; „Arimans Gasse" wird sie genannt. Ist es wahr, daß es eine solche gibt?

DER PERSER: Ich ritt vor zwei Tagen durch die Arimans-Gasse.

JULIAN: Nevita!

NEVITA: In Wahrheit, Herr, wenn es so ist –

JULIAN: Wunderbare Hilfe in der Not!

DER PERSER: Aber wenn du auf diesem Weg vorwärts willst, du Gewaltiger, so ist keine Zeit zu verlieren. Das persische Heer, welches in den nördlichen Landschaften zusammengedrängt war, ist jetzt zurückgerufen worden, um die Bergklüfte zu besetzen.

JULIAN: Weißt du das mit Bestimmtheit?

DER PERSER: Zögerst du, so wirst du es selbst erfahren.

JULIAN: Wieviel Tage brauchen deine Landsleute, um dorthin zu gelangen?

DER PERSER: Vier Tage, Herr!

JULIAN: Nevita, wir müssen in drei Tagen jenseits der Klüfte stehen.

NEVITA *zu dem Perser:* Ist es für uns möglich, in drei Tagen die Klüfte zu erreichen?

DER PERSER: Ja, großer Krieger, es ist möglich, wenn ihr die Nächte zu Hilfe nehmt.

JULIAN: Das Lager soll abgebrochen werden! Kein Schlaf! Keine Rast und Ruhe jetzt! In vier, höchstens fünf Tagen muß ich vor Ktesifon stehen. – Worüber sinnst du? Ah, ich weiß es.

NEVITA: Die Flotte, Herr!

JULIAN: Ja, ja, die Flotte.

NEVITA: Wenn das Perserheer einen Tag später zu den Klüften gelangt als wir, so wird es, wenn es dir keinen andern Schaden tun kann, sich westlich gegen deine Schiffe wenden –

JULIAN: – eine ungeheuere Beute machen, um damit den Krieg zu verlängern –

NEVITA: Könnten wir zwanzigtausend Mann bei den Schiffen zurücklassen, so würde es sicherer sein –

JULIAN: Was fällt dir ein! Zwanzigtausend? Fast ein Drittel aller bewaffneten Mannschaft. Wo wäre denn die Streitmacht, mit der ich siegen sollte? Zersplittert, ausgedehnt, geteilt. Nicht einen Mann kann ich in einem solchen Augenblick entbehren. Nein, nein, Nevita; aber es dürfte wohl noch ein drittes Mittel geben –

NEVITA *weicht zurück:* Mein großer Kaiser –

JULIAN: Die Flotte muß entweder in die Hände der Perser fallen oder uns einen Verlust an Mannschaft verursachen. Es gibt einen dritten Ausweg, sage ich! Warum zögerst du? Warum sprichst du es nicht aus?

NEVITA *zu dem Perser:* Weißt du, ob die Bürger von Ktesifon Vorrat an Brot und Öl haben?

DER PERSER: In Ktesifon ist Überfluß an Vorrat aller Art.

JULIAN: Und haben wir erst die Stadt erobert, so liegt die ganze reiche Landschaft offen vor uns.

DER PERSER: Die Bürger wollen die Tore vor dir öffnen, Herr! Ich bin nicht der einzige, der König Sapores haßt. Sie werden sich gegen ihn erheben und dir zu Füßen fallen, wenn du unerwartet über sie kommst, mit der Gewalt des Schreckens und mit all deiner gesammelten Macht.

JULIAN: Ganz recht; ganz recht.

DER PERSER: Verbrenne die Schiffe, Herr!

NEVITA: Ha!

JULIAN: Sein Haß sieht, während deine Treue im dunkeln tappt, Nevita!

NEVITA: Meine Treue sah, o Herr; aber es jammerte sie des, was ich sah.

JULIAN: Sind nicht diese Schiffe wie eine Fessel um unsern Fuß? Wir haben Lebensmittel für volle vier Tage im Lager. Es ist gut, wenn die Soldaten nicht zu sehr belastet werden. Und wozu dienen die Schiffe? Wir haben keine Flüsse mehr zu überschreiten.

NEVITA: Herr, wenn es wirklich dein Wille ist –

JULIAN: Mein Wille – mein Wille? Oh, an einem Abend wie diesem – voll Unwetter und stürmisch –; warum könnte nicht ein Blitz niederfahren und –

MYSTIKER MAXIMOS *eilig von links kommend:* Erkorner Sohn der Sonne, höre, höre!

JULIAN: Nicht jetzt, mein Maximos!

MAXIMOS: Nichts ist wichtiger als dieses, du m u ß t mich hören!

JULIAN: Im Namen des Glückes und der Weisheit, sprich, mein Bruder!

MAXIMOS *zieht ihn beiseite und spricht gedämpft:* Du weißt, ich habe gesucht und geforscht, in Büchern und durch Wahrzeichen, um hinter den Ausfall dieses Kriegszuges zu kommen.

JULIAN: Ich weiß, daß du mir nichts hast voraussagen können.

MAXIMOS: Die Wahrzeichen sprachen, und die Schriften stimmten damit überein. Aber die Antwort, die ich immer wieder erhielt, war so seltsam, daß ich glauben mußte, ich hätte mich verrechnet.

JULIAN: Aber jetzt – ?

MAXIMOS: Als wir von Antiochia fortzogen, holte ich mir Rat von den sibyllinischen Büchern –

JULIAN: Ja, ja – !

MAXIMOS: In diesem Augenblick ist die Antwort angekommen; ein Briefträger vom Statthalter aus Antiochia hat sie gebracht.

JULIAN: Ah, Maximos – und sie lautet – ?

MAXIMOS: Sie lautet wie alles, was die Wahrzeichen und Schriften mir gesagt haben; und jetzt darf ich es deuten. Freue dich, mein Bruder, du bist unverwundbar in diesem Kampfe.

JULIAN: Die Botschaft – die Botschaft?

MAXIMOS: Die sibyllinischen Bücher sagen: „Julian soll sich hüten vor den phrygischen Gegenden."

Julian *weicht zurück:* Die phrygischen –? Ah, Maximos!

Maximos: Warum wirst du bleich, mein Bruder?

Julian: Sage mir, teurer Lehrer – wie deutest du diese Antwort?

Maximos: Ist mehr als eine Auslegung denkbar? Die phrygischen Gegenden? Was hast du in Phrygien zu tun? In Phrygien – einer Landschaft, welche ganz abseits liegt, weit hinter dir, und wohin du niemals nötig hast, deinen Fuß zu setzen? Keine Gefahr droht dir, das ist der Sinn.

Julian: Diese geheimnisvolle Antwort hat eine zwiefache Bedeutung. Keine Gefahren drohen mir im Kampfe – aber von jener fernen Landschaft. – Nevita, Nevita!

Nevita: Herr –?

Julian: In Phrygien also? Alexandros schreibt von geheimnisvollen Dingen, die sich in Phrygien vorbereiteten. Es ist einmal prophezeit worden, der Galiläer werde wiederkommen. – Verbrenne die Schiffe, Nevita!

Nevita: Herr, ist das dein fester, unabänderlicher Wille –?

Julian: Verbrenne sie! Zögere nicht, es drohen uns im Rücken geheime Gefahren. *Zu einem von den Hauptleuten:* Gib acht auf diesen Fremden. Er soll uns als Wegweiser dienen. Erquicke ihn mit Speise und Trank und laß ihn gut ausruhen.

Jovian: Mein Kaiser, ich flehe dich an, baue nicht zu sicher auf die Aussage eines solchen Überläufers.

Julian: Aha – du scheinst erschreckt, mein galiläischer Ratgeber: Alles das ist nicht ganz nach deinem Sinn. Vielleicht weißt du mehr, als du sagen möchtest. Geh, Nevita, und verbrenne die Schiffe!

Der Heerführer Nevita verbeugt sich und geht nach links hinaus, der Hauptmann führt den Perser nach rechts hinaus.

Julian: Verräter in meinem eigenen Lager! Wartet, wartet – ich werde dieser Hinterlist auf den Grund kommen. Das Heer soll aufbrechen! Geh, Jovian, und sorge dafür, daß der Vortrab in einer Stunde ausrückt. Der Perser kennt den Weg. Geh!

Jovian: Wie du gebietest, mein hoher Kaiser!

Ab nach rechts.

Maximos: Du verbrennst die Flotte? Sicherlich hast du große Dinge im Sinn.

Julian: Ich möchte wohl wissen, ob der makedonische Alexander das gewagt hätte?

Maximos: Wußte Alexander, wo die Gefahr drohte?

Julian: Wahr; wahr! Ich weiß es. Alle siegbringenden Mächte sind mit mir im Bunde. Wahrzeichen und Zeichen offenbaren ihre geheimnisvolle Kenntnis zum Nutzen für mein Reich. Sagt man nicht von dem Galiläer, daß die Geister kamen und ihm dienten? – Wem dienen die Geister jetzt? Was würde der Galiläer sagen, wenn er unsichtbar unter uns wäre?

Maximos: Er würde sagen, das dritte Reich ist nah.

Julian: Das dritte Reich ist gekommen, Maximos! Ich fühle, daß der Messias der Welt in mir lebt. Der Geist ist Fleisch geworden und das Fleisch Geist! Alles Geschaffene liegt innerhalb meines Willens und meiner Macht. Sieh, sieh – dort fliegen die ersten Funken in die Höhe. Die Flammen züngeln im Tauwerk und in dem dichten Mastenwald empor. *Gegen das Feuer rufend:* Brennt! brennt!

Maximos: Der Wind ahnt deinen Willen. Er wächst und dient dir.

Julian *mit ausgestreckter Hand gebietend:* Werde Sturm! Mehr westlich! Ich will es!

Hauptmann Fromentinos *von rechts kommend:* Gestatte mir, dich zu warnen. Es ist eine gefährliche Unruhe im Lager ausgebrochen.

Julian: Ich dulde keine Unruhe mehr, das Heer soll ausrücken.

Fromentinos: Ja, ja, mein Kaiser, aber die widerspenstigen Galiläer –

Julian: Die Galiläer? Was ist mit ihnen?

Fromentinos: Als die Schatzmeister neulich die Löhnung unter die Soldaten verteilen sollten, hatten sie deine erhabenen Bilder vor den Zahltischen aufgestellt –

Julian: So soll es jetzt immer geschehen.

Fromentinos: Es wurde jedem Manne befohlen, während er hervortrat, Räucherwerk auf die Kohlenbecken zu werfen –

Julian: Nun ja, nun ja?

Fromentinos: Viele von den galiläischen Soldaten taten es, ohne sich etwas dabei zu denken; aber andere weigerten sich –

Julian: Was! Sie weigerten sich?

Fromentinos: Anfangs, Herr; aber als die Schatzmeister ihnen vorstellten, daß es ein alter Gebrauch wäre, welcher wieder eingeführt werden sollte und nichts zu schaffen hätte mit den göttlichen Dingen –

Julian: Aha; was dann?

Fromentinos: – dann fügten sie sich und taten, wie man ihnen gebot.

Julian: Seht ihr wohl, sie fügten sich!

Fromentinos: Aber später, Herr, lachten unsere eigenen Soldaten über sie und spotteten und sagten unbedachterweise, sie täten jetzt am besten, das Zeichen des Kreuzes und des Fisches, welches sie in ihren Armen einzuritzen pflegen, auszulöschen; denn jetzt hätten sie den göttlichen Kaiser angebetet.

Julian: Ja, ja! Und die Galiläer?

Fromentinos: Sie brachen in laute Klagen aus – –; höre, höre, Herr; es ist unmöglich, das zu schildern.

Man hört wildes Geschrei draußen zwischen den Zelten.

Julian: Die Rasenden! Trotz bis zum letzten. Sie wissen nicht, daß ihres Meisters Werk gebrochen ist.

Die christlichen Soldaten kommen auf die Ebene hinausgestürzt. Einige schlagen sich vor die Brust; andere zerreißen ihre Kleider, alles unter Weh- und Klagegeschrei.

Ein Soldat: Christus starb für mich, und ich verließ ihn!

Ein anderer Soldat: O du strafender Herr im Himmel, schlage mich; ich habe falsche Götter angebetet!

DER SOLDAT AGATHON: Der Teufel auf dem Kaisersitze hat meine Seele getötet! Weh, weh, weh!

ANDERE SOLDATEN *die Bleizeichen, die sie um den Hals tragen, abreißend:* Wir wollen keinen Abgöttern dienen!

WIEDER ANDERE: Der Gottesverächter ist nicht unser Herrscher! Wir wollen heim! Heim!

JULIAN: Fromentinos, ergreife diese Wahnsinnigen! Haue sie nieder!

Fromentinos und mehrere andere von den Umstehenden wollen sich auf die christlichen Soldaten stürzen. In demselben Augenblick verbreitet sich ein leuchtender Schein; die Flammen steigen von den Schiffen auf.

DIE FÜHRER UND DIE SOLDATEN *vor Schrecken starr:* Die Flotte brennt!

JULIAN: Ja, die Flotte brennt! Und mehr noch als die Flotte brennt. Auf diesem roten, qualmenden Scheiterhaufen brennt der gekreuzigte Galiläer zu Asche; und der irdische Kaiser verbrennt mit dem Galiläer. Aber aus der Asche steigt empor – gleich jenem wunderbaren Vogel – der Gott der Erde und der Kaiser des Geistes in e i n e m, in e i n e m, in e i n e m!

MEHRERE STIMMEN: Wahnsinn hat ihn geschlagen!

NEVITA *kommt von links:* Es ist vollbracht.

JOVIAN *eilig vom Lager:* Löscht, löscht, löscht!

JULIAN: Brennt, brennt!

HAUPTMANN AMMIAN *vom Lager:* Herr, du bist verraten! Jener persische Überläufer war ein Betrüger –

JULIAN: Du lügst, Mensch! Wo ist er?

AMMIAN: Geflüchtet!

JOVIAN: Verschwunden, wie ein Schatten –

NEVITA: Geflüchtet!

JOVIAN: Die ihn begleiteten, sagen aus, er wäre ihnen gleichsam unter den Händen verschwunden.

AMMIAN: Sein Pferd ist auch fort aus der Einfriedung, wo es stand; der Fremde muß über die Ebene hin geflüchtet sein.

JULIAN: Lösche den Brand, Nevita!

NEVITA: Unmöglich, mein Kaiser!

JULIAN: Lösch, lösch; es s o l l möglich sein!

NEVITA: Nichts ist unmöglicher. Alle Landungstaue sind durchhauen; alle Schiffe treiben als brennende Wracks stromabwärts.

FÜRST HORMISDAS *kommt zwischen den Zelten hervor:* Fluch über meine Landsleute! O Herr, wie konntest du diesem Hinterlistigen gehorchen!

RUFE VOM LAGER: Die Flotte brennt! Von der Heimat geschieden! Den Tod vor uns!

DER SOLDAT AGATHON: O Götze, Götze – gebiete dem Sturm zu schweigen; gebiete den Flammen zu erlöschen!

JOVIAN: Der Sturm wächst. Das Feuer gleicht einem wogenden Meere –

MAXIMOS *flüstert:* Hüte dich vor den phrygischen Gegenden.

JULIAN *ruft zum Lager:* Mag die Flotte brennen! In sieben Tagen werdet ihr Ktesifon in Asche legen!

FÜNFTER AKT

Eine öde, steinige Wüstenebene ohne Bäume und Gräser. Zur Rechten das Zelt des Kaisers. Nachmittag. Ermattete Soldaten liegen in Scharen auf der Ebene. Ab und zu ziehen Heeresabteilungen vorbei von links nach rechts. Außerhalb des Zeltes gehen die Weisheitslehrer Priskos und Kytron mit mehreren andern Begleitern des Kaisers in Spannung und Unruhe wartend auf und ab. Der Führer der Leibwache, Anatolos, steht mit Soldaten vor der Zeltöffnung.

KYTRON: Ist es nicht unbegreiflich, daß dieser Kriegsrat so lange dauern kann?

PRISKOS: Ja, in der Tat, man sollte meinen, hier wäre nur zwischen zwei Dingen zu wählen: entweder rückt man vor oder zurück.

KYTRON: Man kann daraus nicht klug werden. Sage mir, guter Anatolos, warum, in der Götter Namen, rücken wir nicht vor?

PRISKOS: Ja, warum ängstigt man uns und macht hier mitten in der Wüste halt?

ANATOLOS: Seht ihr den zitternden Luftstreifen unten am Himmelssaum im Norden, Osten und Süden?

KYTRON: Jawohl, jawohl, das ist die Hitze –

ANATOLOS: Das ist die brennende Steppe.

PRISKOS: Was sagst du! Die Steppe brennt?

KYTRON: Spaße doch nicht so unheimlich, guter Anatolos! Sage uns – was ist es?

ANATOLOS: Die Steppe brennt, sage ich euch. Dort unten, wo die Wüste aufhört, haben die Perser das Gras angezündet. Wir können nicht einen Schritt vorwärtskommen, bevor der Erdboden abgekühlt ist.

KYTRON: Oh, ist das nicht schrecklich? Welche Barbaren! Zu solchen Mitteln zu greifen!

PRISKOS: Aber so haben wir ja keine Wahl! Ohne Lebensmittel, ohne Wasser; warum kehren wir nicht um?

ANATOLOS: Über den Tigris und Euphrat?

KYTRON: Und die Flotte ist verbrannt! Wie wird doch dieser Krieg geführt? O daß der Kaiser auch nicht mehr an seine Freunde denkt! Wie werde ich wieder heimkommen?

ANATOLOS: Du wie wir andern, Freund!

KYTRON: Wie ihr andern? Wie ihr andern! Ja, du hast gut reden! Mit euch ist das etwas ganz anderes! Ihr seid Kriegsleute. Es ist euer Beruf, gewisse Beschwerden auszuhalten, an welche ich eben nicht gewöhnt bin. Ich bin dem Kaiser nicht gefolgt, um so viel Böses zu erdulden. Hier werde ich von Mücken und giftigen Fliegen gepeinigt – seht, wie meine Hände aussehen!

PRISKOS: Sicherlich sind wir deshalb nicht hergekommen! Wir waren bereit, dem Heere zu folgen, um Lobreden über die Siege abzufassen, welche der Kaiser zu gewinnen dachte. Was ist aus diesen Siegen geworden? Was hat man in den sechs mühevollen Wochen ausgerichtet, seit dem Brande der Flotte? Man hat einige verlassene Dörfer elendester Art zerstört. Man hat im Lager einige Gefangene gezeigt, welche der Vortrab gemacht haben sollte. Ich weiß wirklich nicht, in welchen Schlachten das geschehen wäre. Und es scheint mir auch, daß jene Gefangenen mehr nach aufgefangenen Hirten und Bauern aussahen –

KYTRON: Daß man die Flotte verbrennen konnte! Sagte ich nicht gleich, daß das eine Quelle von Unglück werden würde?

ANATOLOS: Das habe ich nun eben nicht gehört.

KYTRON: Was? Sagte ich es nicht? Hörtest du nicht, o Priskos, daß ich es sagte?

PRISKOS: Ich weiß es wahrlich nicht, lieber Freund; aber ich weiß, daß ich selbst ohne jeden Erfolg gegen dieses unglückliche Unternehmen eiferte. Ja, ich kann sagen, daß ich gegen den ganzen Kriegszug um diese Jahreszeit gewesen bin. Welche Übereilung! Wo hat der Kaiser nur seine Augen gehabt! Ist das derselbe Held, der so übermäßig glücklich am Rheinstrome kämpfte? Sollte man nicht glauben, er wäre mit Blindheit oder einer Geisteskrankheit geschlagen?

ANATOLOS: St, st, was sind das für Reden?

KYTRON: Ja, das war gewiß nicht sehr geziemend von unserm Priskos gesprochen. Aber dennoch kann ich nicht leugnen, daß ich in den meisten spätern Taten des gekrönten Weisheitsfreundes einen traurigen Mangel an Weisheit spüre. Wie übereilt, seine Bilder im Lager aufzustellen und sich verehren zu lassen, als wenn er ein Gott wäre. Wie unklug, so offenbar jenen seltsamen Lehrer von Nazareth zu höhnen, von dem man doch sagen muß, daß er über eine ganz besondere Macht gebietet, die sonst vielleicht uns allen unter diesen gefahrvollen Umständen zum Heile gereichen könnte. Ah, dort kommt Nevita selbst. Nun werden wir wohl hören –

Der Heerführer Nevita kommt aus dem Zelte. In der Öffnung wendet er sich um und macht nach innen ein Zeichen. Gleich darauf kommt der Leibarzt Oribazes heraus.

NEVITA *nimmt den Leibarzt beiseite:* Sage mir ehrlich, Oribazes, ist es mit dem Verstand des Kaisers etwa nicht ganz richtig?

ORIBAZES: Wie kommst du darauf, Herr?

NEVITA: Wie soll ich sein Betragen sonst deuten?

ORIBAZES: O mein geliebter Kaiser!

NEVITA: Oribazes, du mußt mir nichts verheimlichen.

KYTRON *nähert sich:* O tapferer Heerführer, wenn es nicht aufdringlich erscheint –

NEVITA: Später, später!

ORIBAZES *zu Nevita:* Sei ruhig, Herr. Es wird kein Unglück geschehen. Eutherios und ich haben einander gelobt, ihn im Auge zu behalten.

NEVITA: Ah, du willst damit doch nicht sagen – ?

ORIBAZES: Letzte Nacht war er nahe daran, seinem Leben ein Ende zu machen. Glücklicherweise kam Eutherios dazu – oh, sprich zu niemandem davon!

NEVITA: Laß ihn nicht aus den Augen!

PRISKOS *nähert sich:* Es würde uns ein großer Trost sein zu erfahren, was der Kriegsrat – ?

NEVITA: Vergebt, ich habe wichtigere Dinge zu tun.

Er geht ab hinter das Zelt. Der Kriegsoberste Jovian kommt in demselben Augenblick vor die Zeltöffnung heraus.

JOVIAN *nach innen zurücksprechend:* Soll geschehen, mein gnädiger Kaiser!

KYTRON: Ah, vortrefflicher Jovian! Nun, ist der Rückzug beschlossen?

JOVIAN: Ich will niemand raten, es einen Rückzug zu nennen. *Er geht ab hinter das Zelt.*

KYTRON: O diese Kriegsleute! Die Geistesruhe eines Weisheitsfreundes gilt ihnen nichts. Ah –

Kaiser Julian kommt aus dem Zelte. Seine Wangen sind eingefallen. Zusammen mit dem Kaiser kommen der Hausmeister Eutherios und mehrere Kriegsoberste, die schnell über die Ebene nach rechts fortgehen.

JULIAN *zu den Weisheitslehrern:* Freuet euch jetzt, meine Freunde. Jetzt wird bald alles gutwerden.

KYTRON: Ach, hochgepriesener Herr, hast du einen Ausweg gefunden?

JULIAN: Wir haben Auswege genug, Kytron; es kommt nur darauf an, den besten zu wählen. Wir wollen jetzt etwas an dem Vormarsch des Heeres ändern –

PRISKOS: Oh, gepriesen sei deine Klugheit!

JULIAN: Dieser Zug gen Osten – der führt zu nichts.

KYTRON: Nein, nein, das ist gewiß!

JULIAN: Jetzt rücken wir nach Norden, Kytron!

KYTRON: Wie, Herr? Nach Norden?

PRISKOS: Also nicht nach Westen?

JULIAN: Nicht nach Westen! Noch lange nicht nach Westen! Das würde der Flüsse wegen seine Schwierigkeiten haben. Und Ktesifon müssen wir für später liegen lassen. Ohne Schiffe können wir nicht daran denken, die Stadt zu erobern. Die Galiläer haben den Brand der Schiffe veranlaßt, ich habe es wohl gemerkt und noch anderes. Wer darf es einen Rückzug nennen, wenn ich nach Norden rücke? Was wißt ihr von meinen Absichten? Das Perserheer steht ein Stück nördlicher; darüber sind wir jetzt ziemlich sicher. Habe ich erst Sapores geschlagen – das soll in einer Schlacht abgetan werden; in dem Lager der Perser werden wir ungeheure Vorräte finden. – Wenn ich den Perserkönig als Gefangenen durch Antiochia und die andern Städte führen werde, dann möchte ich doch sehen, ob die Bürger mir nicht zu Füßen fallen werden.

CHRISTLICHE SOLDATEN *ziehen singend über die Ebene:*

„An der Wurzel des Baumes die Axt schon ruht,
Die Zeder der Welt zu spalten.
Auf Golgotha sprießt aus des Herren Blut
Die Palme, um nimmer zu alten."

JULIAN *folgt ihnen mit den Augen:* Die Galiläer singen immer. Gesänge von Tod und Wunden und Schmerzen. Jene Weiber, die ich als Krankenpflegerinnen mitnahm, haben uns mehr Schaden als Nutzen gebracht. Sie haben die Soldaten seltsame Gesänge gelehrt, welche ich früher nie gehört habe. Doch will ich künftig niemand mehr dafür strafen. Sie verwildern dadurch nur um so mehr. Weißt du, Priskos, was mit den Widerspenstigen geschah, die sich neulich weigerten, den kaiserlichen Bildern die schuldige Ehrfurcht zu erweisen?

PRISKOS: Neulich, Herr?

JULIAN: Als ich einige von diesen Menschen, um den Gleichgesinnten einen heilsamen Schrecken einzujagen, töten lassen wollte, trat der Älteste hervor und bat, unter lautem Freudenruf, darum, zuerst sterben zu dürfen. – Siehst du, Priskos – als ich das gestern erfuhr –

PRISKOS: Gestern? O Herr, du irrst! Das geschah ja vor vierzig Tagen.

JULIAN: So lange? Ja, ja, ja! Die Hebräer mußten vierzig Jahre in der Wüste wandern. Alle Alten mußten aussterben. Es mußte ein neues Geschlecht aufwachsen; aber das – merkt es euch –, das kam hinein in das Land, welches allen gelobt war.

EUTHERIOS: Es ist hoch am Tage, Herr – willst du nicht an die Mahlzeit denken?

JULIAN: Noch nicht, mein Eutherios! Des Fleisches Kasteiung ist allen Menschen nützlich. Ja, ich sage euch, wir müssen darnach trachten, ein neues Geschlecht zu werden. Ich kann nichts mit euch vollbringen, so, wie ihr jetzt seid. Wollt ihr hinaus aus der Wüste, so müßt ihr in einem reinen Leben wandeln. Seht auf die Galiläer. Wir könnten gewisse Dinge von diesen Menschen lernen. Es gibt keinen Notleidenden und Hilflosen unter ihnen. Sie leben wie Brüder und Schwestern miteinander – und am meisten jetzt, da ihre Widerspenstigkeit mich gezwungen hat, sie zu züchtigen. Diese Galiläer, sollt ihr wissen, haben etwas in ihren Herzen, von dem ich höchlichst wünschte, auch ihr möchtet euch dessen befleißigen. Ihr nennt euch Nachfolger von Sokrates, Plato und Diogenes. Ist unter euch einer, der freudig um Platos willen in den Tod ginge? Ob wohl unser Priskos seine linke Hand für Sokrates opfern möchte? Ob wohl Kytron sich für Diogenes würde ein Ohr abhauen lassen? Ihr tätet das wahrlich nicht! Ich kenne euch, ihr übertünchten Gräber! Geht aus meinen Augen! – ich kann euch nicht brauchen.

Die Weisheitslehrer gehen niedergeschlagen fort; die übrigen entfernen sich auch unter bekümmertem Flüstern. Nur der Leibarzt Oribazes und der Hausmeister Eutherios bleiben bei dem Kaiser zurück. Der Führer der Leibwache, Anatolos, steht weiter hinten mit seinen Soldaten außerhalb des Zeltes.

JULIAN: Wie seltsam! Ist es nicht völlig unfaßbar? Oribazes – kannst du mir dieses Rätsel erklären?

ORIBAZES: Mein Kaiser – welches Rätsel meinst du?

JULIAN: Mit zwölf geringen Männern, Fischern, unwissenden Menschen, begründete er das.

ORIBAZES: O Herr, diese Gedanken entkräften dich.

JULIAN: Und wer hat es bis zu diesem Tage zusammengehalten? Größtenteils Weiber und Unwissende –

ORIBAZES: Ja, ja, Herr; aber jetzt wird bald eine glückliche Wendung des Kriegszuges –

JULIAN: Sehr wahr, Oribazes; sobald sich das Glück gewandt hat, wird alles wieder gutwerden. Das Reich des Zimmermannssohnes wird binnen kurzer Zeit fallen; das wissen wir bestimmt. Soviel Jahre, als das Jahr Tage hat, soll er herrschen; und jetzt haben wir ja –

EUTHERIOS: Mein geliebter Herr, würde dir nicht ein Bad guttun?

JULIAN: Meinst du? – Du kannst gehn, Eutherios! Geh, geh! Ich habe etwas mit Oribazes zu reden.

Hausmeister Eutherios geht ab hinter das Zelt. Der Kaiser zieht Oribazes nach der andern Seite hinüber.

JULIAN: Hat Eutherios dir heute morgen etwas erzählt?

ORIBAZES: Nein, Herr!

JULIAN: Hat er dir nicht etwas von heute nacht erzählt –

ORIBAZES: Nein, mein Kaiser – durchaus nichts. Eutherios ist sehr schweigsam.

JULIAN: Sollte er dir etwas erzählen, so mußt du es nicht glauben. Es ist keineswegs so zugegangen, wie er sagt. Er selbst ist es, der mir nach dem Leben trachtet.

ORIBAZES: Er – dein alter, treuer Diener!

JULIAN: Ich werde ihn im Auge behalten.

ORIBAZES: Das werde ich auch.

JULIAN: Wir wollen ihn beide im Auge behalten.

ORIBAZES: Herr, ich glaube, du hast wenig Schlaf heute nacht genossen.

JULIAN: Ja. *Oribazes will reden, besinnt sich aber.* Weißt du, woher es kam, daß ich nicht schlafen konnte?

ORIBAZES: Nein, mein Kaiser.

JULIAN: Der Sieger von der Mulvischen Brücke war bei mir.

ORIBAZES: Der große Konstantin?

JULIAN: Ja. In den letzten Nächten habe ich keine Ruhe vor diesem Schatten gehabt. Er kommt gleich nach Mitternacht und geht erst kurz vor dem Morgengrauen fort.

ORIBAZES: Herr, es ist Vollmond; das hat immer eine seltsame Wirkung auf deinen Geist ausgeübt.

JULIAN: Nach der Meinung der Alten pflegen dergleichen Erscheinungen – wo bleibt doch Maximos? Aber auf ihre Meinung ist doch keineswegs zu bauen. Wir sehen ja, sie haben in so vielem geirrt. Selbst was sie über die Götter erzählen, dürfen wir nicht unbedingt glauben. Auch nicht von den Schatten und den übrigen Mächten, welche über der Menschen Wohlfahrt gebieten. Was wissen wir von diesen Mächten? Wir wissen nichts, Oribazes – abgesehen von ihrer Launenhaftigkeit und ihrer Unbeständigkeit, für welche Eigenschaften wir ziemlich sichere Beweise haben. Ich wünschte, daß Maximos käme. – – *Vor sich hin:* Hier? Hier ziehen ja die gefahrdrohenden Unwetter nicht herauf. Es sollte ja in den phrygischen Gegenden sein –

ORIBAZES: Welche Gegenden, Herr – und welches Unwetter?

JULIAN: O nichts, nichts.

Heerführer Nevita von der rechten Seite der Ebene kommend.

NEVITA: Jetzt, mein Kaiser, ist das Heer aufgebrochen –

JULIAN: Nordwärts.

NEVITA *stutzt:* Versteht sich, Herr!

JULIAN: Ja, wir sollten doch warten, bis Maximos –

NEVITA: Was soll das heißen, mein Kaiser! Hier ist nichts zu warten. Wir sind ohne Lebensmittel; zerstreute feindliche Reiterscharen zeigen sich überall, sowohl im Osten als im Süden –

JULIAN: Ja, ja, wir m ü s s e n vorwärts – nach Norden. Jetzt kommt Maximos gleich. Ich habe die etruskischen Wahrsager von dem Nachtrab holen lassen; sie sollen noch einmal versuchen – einige Magier habe ich auch bekommen, welche behaupten, in den chaldäischen Geheimkünsten sehr erfahren zu sein. Unsere eigenen Priester suchen an neun verschiedenen Stellen Wahrzeichen –

NEVITA: Herr, wie die Wahrzeichen auch ausfallen mögen, so sage ich dir, wir müssen vorwärts. Auf die Soldaten können wir uns nicht länger verlassen; sie wissen recht gut, daß unsere einzige Rettung darin besteht, die armenischen Berge zu erreichen.

JULIAN: Dorthin wollen wir, Nevita, wie auch die Wahrzeichen ausfallen. Aber es gibt doch ein Gefühl der Sicherheit, zu wissen, daß man gleichsam nach Beratung mit jenen unergründlichen Mächten handelt, welche, wenn sie wollen, so außerordentlich tief in das Schicksal der Menschen eingreifen können.

NEVITA *geht von ihm fort und sagt kurz und befehlend:* Anatolos, brecht des Kaisers Zelt ab!

Er flüstert einige Worte mit dem Führer der Leibwache und geht nach rechts hinaus.

JULIAN: Alle Wahrzeichen sind in diesen vierzehn Tagen unglückverkündend gewesen; und das zeigt gerade, daß man in sie Vertrauen setzen darf; denn in all dieser Zeit ist unsere Sache nur wenig vorwärtsgekommen. Aber siehst du wohl, mein Oribazes – jetzt, da ich ein neues Unternehmen im Auge habe – ah, Maximos!

MAXIMOS *kommt von der Ebene herein:* Das Heer ist schon unterwegs; steige zu Pferde!

JULIAN: Die Wahrzeichen – die Wahrzeichen?

MAXIMOS: Ei was – Wahrzeichen! Frage nicht nach den Wahrzeichen.

JULIAN: Sprich! Ich will wissen, was sie geantwortet haben.

MAXIMOS: Alle Wahrzeichen schweigen.

JULIAN: Sie schweigen?

MAXIMOS: Ich war bei den Priestern; die Eingeweide der Opfertiere gaben kein Zeichen. Ich war bei den etruskischen Gauklern; der Flug der Vögel sagte ihnen nichts. Bei den Magiern war ich auch; ihre Schriften gaben keine Antwort. Und ich selbst –

JULIAN: Du selbst, mein Maximos?

MAXIMOS: Jetzt kann ich es dir sagen. Ich habe in dieser Nacht die Stellung der Sterne erforscht. Sie verkündeten mir nichts.

JULIAN: Nichts. – Schweigen – Schweigen, als wenn die Sonnenscheibe im Begriff wäre, sich zu verdunkeln. Allein! Keine Brücke mehr zwischen mir und den Geistern. Wo bist du nun, du weiße segelschimmernde Flotte, welche im Glanze des Tages kam und ging und zwischen der Erde und dem Himmel Botschaft trug? Die Flotte ist verbrannt. Auch diese Flotte ist verbrannt. Oh, alle meine leuchtenden Schiffe. Oder wie, Maximos – was glaubst du davon?

MAXIMOS: Ich glaube an dich.

JULIAN: Ja, ja – tue das!

MAXIMOS: Der Wille der Welt hat seine Macht niedergelegt in deine Hand; darum schweigt er.

JULIAN: So wollen wir es deuten, und wir müssen darnach handeln – obschon wir lieber wünschten, daß – – dieses Schweigen! So ganz allein dazustehn. Doch gibt es noch andere, von denen man auch sagen muß, sie stehen ganz allein. Die Galiläer. Sie haben nur den einen Gott; und e i n Gott ist doch kaum ein Gott. Wie geht es zu, daß wir täglich diese Menschen sehen –?

ANATOLOS, FÜHRER DER LEIBWACHE *der inzwischen das Lager hat abbrechen lassen:* Mein Kaiser, jetzt mußt du zu Pferde steigen; ich darf dich hier nicht länger zurücklassen.

JULIAN: Ja, nun will ich zu Pferde steigen. Wo habt ihr meinen guten Babylonios? Sieh, so; mit dem Schwert in der Hand – kommt, teure Freunde!

Alle ab nach rechts.

Sumpfige Waldgegend. Ein dunkles, stillstehendes Wasser zwischen Bäumen. Wachtfeuer längsaus. Mondschein mit jagenden Wolken.

Einige Soldaten stehen im Vordergrund auf Wacht.

MAKRINA UND DIE WEIBER *singen hinter der Szene links:*

„Weh mir, weh!
Gottes Zornesstraf'
Dies Geschlecht jetzt traf!
Bald den Tod ich seh!"

EINER VON DEN SOLDATEN *lauschend:* Horch! Hört ihr? Dort singen die galiläischen Weiber.

EIN ANDRER SOLDAT: Sie singen wie Eulen und Nachtraben.

EIN DRITTER SOLDAT: Und dennoch wollte ich gerne bei ihnen sein. Es ist sicherer bei den Galiläern als bei uns. Der Gott der Galiläer ist stärker als der unsrige.

DER ERSTE SOLDAT: Der Kaiser hat die Götter erzürnt, das ist wahr. Wie konnte er darauf kommen, sich an der Götter Stelle zu setzen?

DER DRITTE SOLDAT: Es ist schlimmer, daß er den Gott der Galiläer erzürnt hat. Wißt ihr nicht, was man als ganz sicher erzählt, daß er und sein Hexenmeister in einer der letzten Nächte einem schwangern Weibe den Bauch aufgeschlitzt haben, um Wahrzeichen in ihren Eingeweiden zu suchen?

ERSTER SOLDAT: Ja, aber ich glaube es nicht. In jedem Fall ist es kein griechisches Weib gewesen; es muß ein Barbarenweib gewesen sein.

DER DRITTE SOLDAT: Man sagt, der Gott der Galiläer nehme sich auch der Barbaren an; und wenn dem so ist, so werden wir es zu entgelten haben.

DER ZWEITE SOLDAT: Ach was – der Kaiser ist ein großer Krieger.

DER ERSTE SOLDAT: König Sapores soll auch ein großer Krieger sein.

DER ZWEITE SOLDAT: Glaubst du, daß es das ganze Perserheer ist, das wir da vor uns haben?

DER ERSTE SOLDAT: Einige sagen, es soll nur der Vortrab sein; es weiß das keiner genau.

DER DRITTE SOLDAT: Ich wollte, ich wäre drüben bei den Galiläern.

DER ERSTE SOLDAT: Willst du auch abfallen?

DER DRITTE SOLDAT: Es fallen ja so viele ab. In den letzten Tagen haben –

DER ERSTE SOLDAT *ruft hinaus in das Dunkel:* Halt – halt! Wer da?

EINE STIMME: Freunde von den Vorposten!

Einige Soldaten kommen zwischen den Bäumen hervor mit dem Kappadocier Agathon in der Mitte.

DER ZWEITE SOLDAT: Oho! Einer, der hat weglaufen wollen.

EINER VON DEN ANGEKOMMENEN: Nein, er hat seinen Verstand verloren.

DER SOLDAT AGATHON: Ich habe meinen Verstand nicht verloren. Oh, um Gottes großer Barmherzigkeit willen – laßt mich los!

DER SOLDAT VON DEN VORPOSTEN: Er sagt, er wolle ein Tier mit sieben Köpfen töten.

AGATHON: Ja, ja, ja, das will ich! O laßt mich doch los! Seht ihr diesen Spieß? Wißt ihr, was das für ein Spieß ist? Mit diesem Spieß will ich das Tier mit den sieben Köpfen töten, und dann bekomme ich meine Seele wieder. Christus hat es mir selbst gelobt, er war diese Nacht bei mir.

DER ERSTE SOLDAT: Es ist der Hunger und die Müdigkeit, welche ihn so verstört gemacht haben.

EINER VON DEN ANGEKOMMENEN: Zum Lager mit ihm; dort kann er ausschlafen.

AGATHON: Laßt mich! O wenn ihr wüßtet, was das für ein Spieß ist!

Die Soldaten führen ihn im Hintergrunde rechts ab.

DER DRITTE SOLDAT: Was konnte er mit dem Tier meinen?

DER ERSTE SOLDAT: Das ist ein galiläisches Geheimnis. Sie haben viele dergleichen untereinander.

Hausmeister Eutherios und Leibarzt Oribazes kommen schnell und umherspähend von rechts.

EUTHERIOS: Siehst du ihn nicht?

ORIBAZES: Nein. – Ah, Soldaten! – Sagt mir, gute Freunde, ging hier jemand vorbei?

DER ERSTE SOLDAT: Ja, eine Abteilung Lanzenknechte.

ORIBAZES: Gut, gut! Aber kein anderer? Keiner von den hohen Herrn? Keiner von den Heerführern?

DIE SOLDATEN: Nein, keiner.

ORIBAZES: Also nicht hier! O Eutherios, wie konntest du – ?

EUTHERIOS: Ja, wie konnte ich – ? Wie konnte ich – ? Meine alten Augen hatten sich seit drei Nächten nicht geschlossen –

ORIBAZES *zu den Soldaten:* Ihr müßt uns suchen helfen. Ich fordre es in des obersten Heerführers eigenem Namen. Zerstreut euch zwischen den Bäumen; und findet ihr einen von den vornehmen Herren, so meldet es bei dem Wachtfeuer dort unten.

DIE SOLDATEN: Soll geschehen, Herr!

Sie gehen alle auf verschiedenen Wegen nach links hinaus. Ein wenig später kommt Kaiser Julian hinter einem Baume zur Rechten zum Vorschein. Er lauscht, sieht sich um und winkt zurück.

JULIAN: Hst! Komm hervor, Maximos! Sie sehen uns nicht.

MAXIMOS *von derselben Seite:* Oribazes war der eine von ihnen.

JULIAN: Ja, ja; er und Eutherios behalten mich im Auge. Sie bilden sich schon ein, daß – – hat keiner von ihnen dir etwas gesagt?

MAXIMOS: Nein, mein Julian! Aber warum weckst du mich auf? Und was willst du hier in der dunkeln Nacht?

JULIAN: Ich will zum letzten Male mit dir allein sein, mein geliebter Lehrer.

MAXIMOS: Nicht zum letzten Male, Julian!

JULIAN: Sieh dieses schwarze Wasser. Glaubst du – wenn ich spurlos vom Erdboden verschwände, und mein Leib nirgends gefunden würde, und niemand wüßte, wo ich geblieben wäre – glaubst du nicht, daß sich die Sage verbreiten möchte, Hermes wäre zu mir gekommen und hätte mich fortgeführt und ich wäre in die Gemeinschaft der Götter aufgenommen?

MAXIMOS: Die Zeit ist nahe, da die Menschen nicht mehr nötig haben zu sterben, um auf Erden als Götter zu leben.

JULIAN: Ich werde von Heimweh verzehrt, Maximos – von Heimweh nach dem Licht, der Sonne und allen Sternen.

MAXIMOS: Und ich beschwöre dich, denke nicht an solch traurige Dinge. Das Perserheer steht dir gegenüber. Morgen wird es zu einer Schlacht kommen. Du wirst siegen –

JULIAN: Ich – siegen? Du weißt wohl nicht, wer vor einer Stunde bei mir war.

MAXIMOS: Wer war bei dir?

JULIAN: Ich war auf meinem Lager im Zelte in Schlaf gesunken. Da wurde ich durch einen starken, rötlichen Schein erweckt, welcher gleichsam durch meine geschlossenen Augenlider schnitt. Ich blickte empor und gewahrte eine Erscheinung, welche im Zelte stand, sie hatte über dem Scheitel ein langes Gewand, welches zu beiden Seiten herniederfallend das Antlitz freiließ.

MAXIMOS: Kanntest du diese Erscheinung?

JULIAN: Es war dasselbe Antlitz, welches ich vor vielen Jahren jene Nacht zu Ephesos in dem Lichte sah – jene Nacht, da wir das Symposion mit den beiden andern hielten.

MAXIMOS: Der Geist des Reiches.

JULIAN: Seitdem hat er sich mir noch einmal in Gallien gezeigt – bei einer Gelegenheit, an die ich nicht denken möchte.

MAXIMOS: Sprach er?

JULIAN: Nein, es schien, als wenn er sprechen wollte; aber er sprach nicht. Er stand unbeweglich und schaute auf mich. Sein Antlitz war bleich und verzerrt, plötzlich schlug er das Gewand mit beiden Händen um das Haupt zusammen, verhüllte sein Antlitz und ging quer durch die Zeltwand hinaus.

MAXIMOS: Die Entscheidung steht vor der Tür.

JULIAN: Ja, sie steht sicher vor der Tür.

MAXIMOS: Nicht verzagt, Julian. Der Wille siegt.

JULIAN: Und was gewinnt der Siegende? Ist es der Mühe wert zu siegen? Was hat der makedonische Alexander, was hat Julius Cäsar gewonnen? Die Griechen und Römer sprechen von ihrem Ruhm mit kalter Bewunderung – während der andere, der Galiläer, der Zimmermannssohn als König der Liebe, in den warmen gläubigen Herzen der Menschen sitzt. Wo ist er jetzt? – Ist er anderswo wirksam seit der Zeit, da jenes auf Golgotha vor sich ging? Ich träumte neulich von ihm. Ich träumte, ich hätte mir die ganze Erde unterworfen. Ich befahl, daß die Erinnerung an den Galiläer auf Erden ausgelöscht sein solle; und sie war ausgelöscht. – Da kamen die Geister und dienten mir und banden mir Schwingen an die Schultern, und ich schwang mich hinaus in den endlosen Raum, bis ich den Fuß auf eine andere Erde setzte. Es war eine andere als meine Erde. Ihre Rundung war größer, sie hatte einen gelberen Lichtschein, und mehrere Mondscheiben drehten sich um sie. Da sah ich nieder auf meine eigene Erde, auf die Erde des Kaisers, welche ich von dem Galiläer befreit hatte – und ich fand, daß alles, was ich gemacht hatte, sehr gut war. Aber sieh, mein Maximos – da kam auf der fremden Erde, wo ich stand, ein Zug an mir vorbei. Es war Kriegsvolk, Richter und Henker an der Spitze, und klagende Weiber folgten dem Zuge. Und sieh – mitten in der langsam schreitenden Schar ging der Galiläer leibhaftig und trug ein Kreuz auf dem Rücken. Da rief ich ihn an und sprach: wohin, Galiläer? Und er wandte mir sein Angesicht zu, lächelte, nickte langsam und sprach: zur Schädelstätte! Wo ist er jetzt? War jenes auf Golgotha bei Jerusalem nur eine Kinderei, ausgeübt gleichsam auf der Durchreise, in einer freien Stunde? Ob er geht und geht, und leidet, und stirbt, und siegt, wieder und wieder, von einer Erde zur andern? Oh, wenn ich die Welt vernichten könnte! Maximos – gibt es kein Gift, kein verzehrendes Feuer, welches das Geschaffene veröden könnte wie an jenem Tage, da der einsame Geist über den Wassern schwebte?

MAXIMOS: Ich höre Lärm von den Wachtposten. Komm, Julian –

JULIAN: Sich denken zu müssen, daß Jahrhunderte auf Jahrhunderte folgen und daß in allen diesen Menschen leben werden, die wissen, daß ich es war, der unterlag, und er, der siegte! Ich will nicht unterliegen! Ich bin jung! Ich bin unverwundbar – das dritte Reich ist nahe – *Mit einem lauten Schrei:* Dort steht er!

MAXIMOS: Wer? Wo?

JULIAN: Siehst du ihn? Dort zwischen den Baumstämmen – mit Krone und Purpurmantel –

MAXIMOS: Es ist der Mond, der im Wasser spielt. Komm – komm, mein Julian!

JULIAN *geht drohend auf die Erscheinung los:* Weg von mir! Du bist tot. Dein Reich ist aus. Fort mit dem Gauklermantel, Zimmermannssohn! Was machst du da? Was zimmerst du? – – Ah!!

EUTHERIOS *von links:* Alle Götter seien gepriesen! – Oribazes – hier, hier!

JULIAN: Wo blieb er?

LEIBARZT ORIBAZES *von links:* Ist er da?

EUTHERIOS: Ja. – O mein geliebtester Kaiser!

JULIAN: Wer sagte da: Ich zimmere den Sarg des Kaisers?

ORIBAZES: Wie meinst du, Herr?

JULIAN: Wer sprach, fragte ich! Wer war es, der da sagte: ich zimmere den Sarg des Kaisers?

ORIBAZES: Folge mir ins Zelt, ich beschwöre dich.

Man hört Lärm und Geschrei in weiter Ferne.

MAXIMOS: Kriegsgeschrei, die Perser überfallen uns –

EUTHERIOS: Die Vorposten sind schon in vollem Kampf.

ORIBAZES: Der Feind ist im Lager! – Ah, Herr, du bist waffenlos –

JULIAN: Ich will den Göttern opfern.

MAXIMOS: Welchen Göttern, du Tor? Wo sind sie – und was sind sie?

JULIAN: Ich will diesem oder jenem opfern. Ich will etwas außer und über mir anrufen –

ORIBAZES: Hier ist kein Augenblick zu verlieren – !

JULIAN: Ah, saht ihr die brennende Fackel hinter der Wolke? Sie ward angezündet und verlöschte im selben Augenblick. Eine Botschaft von den Geistern! Ein leuchtendes Schiff zwischen Himmel und Erde! – Mein Schild, mein Schwert!

Er eilt nach rechts ab. Oribazes und Eutherios folgen ihm.

MAXIMOS *ruft:* Kaiser, Kaiser – kämpfe nicht in dieser Nacht! *Ab nach rechts.*

Offene Ebene mit einem Dorf im Hintergrund. Morgengrauen, Nebel.

Schlachtgetümmel, Geschrei und Waffenlärm draußen auf der Ebene. Im Vordergrund römische Lanzenträger unter Hauptmann Ammian im Kampf mit persischen Bogenschützen. Diese werden allmählich nach links zurückgetrieben.

AMMIAN: Recht so! Drauflos! Stecht sie nieder! Gebt ihnen nicht Zeit zum Schießen!

HEERFÜHRER NEVITA *mit Gefolge von rechts:* Gut gekämpft, Ammian!

AMMIAN: O Herr, warum kommen nicht die Reiter zu Hilfe?

NEVITA: Es ist unmöglich, die Perser haben Elefanten in den vordern Reihen. Der bloße Geruch macht die Pferde scheu. Stecht zu – stecht zu! Von unten, Freunde – unter die Brustplatten!

WEISHEITSLEHRER KYTRON *im Nachtgewand, belastet mit Büchern und Papierrollen, von rechts:* O daß ich mitten in diese Schrecken hineingeraten mußte!

NEVITA: Hast du den Kaiser gesehen, Freund?

KYTRON: Ja, aber er beachtete mich nicht. Oh, ich bitte inständigst um eine Abteilung Kriegsknechte, die mich beschützen könnte!

NEVITA *zu seinen Begleitern:* Sie weichen, die Schildträger sollen vorrücken.

KYTRON: Du hörst mich nicht, Herr! Es ist höchst wichtig, daß ich nicht zu Schaden komme; meine Schrift „über die Gemütsruhe in schwierigen Verhältnissen" ist noch nicht fertig –

NEVITA *wie oben:* Die Perser haben auf der rechten Seite Verstärkung bekommen, sie dringen wieder vor.

KYTRON: Dringen sie vor? O diese blutige Mordlust! Ein Pfeil! Er hätte mich beinah getroffen! Wie unvorsichtig sie schießen; keine Rücksicht auf Leib und Leben!

Er flüchtet im Vordergrunde nach links hinaus.

NEVITA: Der Kampf steht, es geht weder vorwärts noch zurück. *Zum Hauptmann Fromentinos, welcher mit einer neuen Schar von rechts kommt:* He, Hauptmann – hast du nicht den Kaiser gesehen?

FROMENTINOS: Ja, Herr, er kämpft an der Spitze der weißgekleideten Reiter.

NEVITA: Unverwundet?

FROMENTINOS: Er scheint unverwundbar. Pfeile und Wurfspeere biegen ab, wo er sich zeigt.

AMMIAN *aus dem Kampfgetümmel zurückrufend:* Zu Hilfe! Wir können es nicht länger aushalten!

NEVITA: Vorwärts, mein tapfrer Fromentinos!

FROMENTINOS *zu den Soldaten:* Dicht zusammen, und dann drauflos, Griechen!

Er eilt Ammian zu Hilfe, der Kampf entfernt sich weiter.

ANATOLOS, FÜHRER DER LEIBWACHE *mit einigem Kriegsvolk von rechts:* Ist nicht der Kaiser hier?

NEVITA: Der Kaiser! Sollst du nicht für den Kaiser einstehen?

ANATOLOS: Sein Pferd wurde unter ihm erschossen – es entstand ein ungeheures Gedränge; es war unmöglich, zu ihm zu gelangen.

NEVITA: Ah, glaubst du, daß er zu Schaden gekommen?

ANATOLOS: Nein, ich glaube es nicht. Man rief, er wäre unbeschädigt, aber –

MEHRERE VOM GEFOLGE DER HEERFÜHRER: Da ist er! Da ist er!

Kaiser Julian ohne Helm und Rüstung, nur mit Schwert und Schild, begleitet von kaiserlichen Haustruppen, kommt von rechts.

JULIAN: Gut, daß ich dich fand, Nevita!

NEVITA: Ah, Herr – ohne Panzer; wie unvorsichtig –!

JULIAN: In dieser Gegend trifft mich keine Waffe. Aber geh, Nevita, übernimm die ganze Leitung; das Pferd wurde unter mir erschossen und –

NEVITA: Mein Kaiser, so bist du doch zu Schaden gekommen?

JULIAN: Nein, nur ein Stoß gegen den Kopf; ein leichter Schwindel. Geh, geh – – was ist d a s? Es drängen sich so viele wunderbare Scharen zwischen uns hinein.

NEVITA *gedämpft:* Anatolos, du stehst für den Kaiser ein.

ANATOLOS: Sei ruhig, Herr!

Der Heerführer Nevita mit seinen Begleitern ab nach rechts. Kaiser Julian, der Leibwachführer Anatolos und einige von den Haustruppen bleiben zurück. Der Kampf auf der Ebene entfernt sich mehr und mehr.

JULIAN: Wie viele von den Unsern, glaubst du, sind gefallen, Anatolos?

ANATOLOS: Es ist sicher keine geringe Anzahl, Herr! Aber ich glaube bestimmt, daß von den Persern mehr gefallen sind.

JULIAN: Ja, ja; aber es sind doch viele gefallen, sowohl Griechen als Römer. Glaubst du nicht?

ANATOLOS: Dir ist gewiß nicht wohl, mein Kaiser. Dein Antlitz ist ganz bleich –

JULIAN: Siehst du die, die da liegen – einige auf dem Rücken, andere vornüber mit ausgestreckten Armen? Sie sind doch alle tot?

ANATOLOS: Ja, Herr, daran ist nicht zu zweifeln.

JULIAN: Sie sind tot, ja! Sie wissen also nichts, weder von der Niederlage in Jerusalem noch von den andern Niederlagen. – Glaubst du nicht, Anatolos, es werden in dieser Schlacht noch viel mehr Griechen fallen?

ANATOLOS: Herr, wir wollen hoffen, daß die blutigste Arbeit vorüber.

JULIAN: Es werden viel, viel mehr fallen, sage ich! Aber das verschlägt nichts. Was hilft es, daß v i e l e fallen? Die Nachkommen erfahren ja doch – –. Sage mir, Anatolos, wie dachte sich wohl Caligula jenes Schwert?

ANATOLOS: Welches Schwert, Herr?

JULIAN: Du weißt, er wünschte sich ein Schwert, mit dem er in einem einzigen Schlage –

ANATOLOS: Höre das Kriegsgeschrei, Herr! Jetzt weiß ich sicher, daß die Perser weichen.

JULIAN *lauscht:* Was für ein Gesang in der Luft?

ANATOLOS: Herr, gestatte, daß ich den Oribazes hole; oder noch besser – komm, komm; du bist krank!

JULIAN: Es ist Gesang in der Luft. Kannst du es nicht hören?

ANATOLOS: Wenn es so ist, so sind es die Galiläer –

JULIAN: Ja, sicher sind es die Galiläer. Ha, ha, ha, sie kämpfen in unsern Reihen und wissen nicht, wer auf der andern Seite steht. O ihr Toren alle zusammen!

Wo ist Nevita? Warum zieht er gegen die Perser? Sieht er nicht, daß die Perser nicht die gefährlichsten sind – ihr verratet mich alle.

ANATOLOS *leise zu einem Soldaten:* Laufe zum Lager; hole den Leibarzt des Kaisers!

Der Soldat ab nach rechts.

JULIAN: Welch unzählige Scharen! Glaubst du, daß sie uns gesehen haben, Anatolos?

ANATOLOS: Wer, Herr? Wo?

JULIAN: Siehst du sie nicht, dort – hoch oben und in weiter Ferne! Du lügst, du siehst sie recht gut.

ANATOLOS: Bei den ewigen Göttern, es sind nur die Morgenwolken; es ist der Tag, der anbricht.

JULIAN: Es sind die Heerscharen der Galiläer, sage ich dir! Sieh – die in den rotverbrämten Kleidern, das sind die, welche den Martertod erlitten. Singende Weiber umringen sie und drehen aus ihren langen ausgerauften Haaren Bogenstränge. Kinder folgen ihnen und winden Steinschleudern aus ihren herausgehaspelten Gedärmen. Brennende Fackeln –? Tausende und Abertausende! Zahllose! Sie streben gerade hierher! Alle sehen auf mich; alle kommen gerade auf mich los!

ANATOLOS: Es sind die Perser, Herr! Unsere Reihen weichen –

JULIAN: Sie s o l l e n nicht weichen. – Ihr s o l l t nicht weichen! Steht fest, Griechen! Steht, steht, Römer! Heute gilt es die Welt zu befreien.

Der Kampf hat sich inzwischen wieder nach vorn auf die Ebene gezogen. Kaiser Julian stürzt sich mit erhobenem Schwert in das wildeste Schlachtgetümmel hinein. Allgemeine Verwirrung.

ANATOLOS *ruft nach rechts hinaus:* Zu Hilfe! Der Kaiser ist in der größten Gefahr!

JULIAN *unter den Kämpfenden:* Ich sehe ihn; ich sehe ihn! Ein längeres Schwert! Wer leiht mir ein längeres Schwert?

SOLDATEN *von rechts hervorstürzend:* Mit Christus für den Kaiser!

SOLDAT AGATHON *unter den Kommenden:* Mit Christus für Christus!

Er wirft seinen Speer, der den linken Arm des Kaisers streift und sich in seine Seite einbohrt.

JULIAN: Ach!

Er faßt nach dem Eisen des Speeres, um ihn herauszuziehen, zerschneidet aber damit seine Hand, stößt einen lauten Schrei aus und fällt.

AGATHON *ruft im Gedränge:* Die Römerlanze von Golgotha!

Er wirft sich waffenlos unter die Perser; man sieht, wie er niedergehauen wird.

WIRRES GESCHREI: Der Kaiser! Ist der Kaiser verwundet?

JULIAN *versucht sich zu erheben, fällt aber zurück und ruft:* Du hast gesiegt, Galiläer!

VIELE STIMMEN: Der Kaiser ist gefallen!

ANATOLOS: Der Kaiser ist verwundet! Schützt ihn – schützt ihn, im Namen der Götter!

Er stellt sich den herannahenden Persern verzweifelnd entgegen. Der Kaiser wird ohnmächtig fortgetragen. Im selben Augenblick kommt der Kriegsoberste Jovian mit neuen Scharen auf die Ebene hinaus.

JOVIAN: Vorwärts – vorwärts, gläubige Brüder; gebt dem Kaiser, was des Kaisers ist!

DIE ZURÜCKWEICHENDEN SOLDATEN *rufen ihm entgegen:* Er ist gefallen! Der Kaiser ist gefallen!

JOVIAN: Gefallen! O gewaltiger Gott der Rache! Vorwärts! Der Herr will, daß sein Volk leben soll! Ich sehe den Himmel offen; ich sehe die Engel mit flammenden Schwertern –!

DIE SOLDATEN *vorstürmend:* Christus ist unter uns!

DIE SCHAREN AMMIANS: Der Gott der Galiläer ist unter uns! Dicht um ihn! Er ist der stärkste!

Wildes Schlachtgetümmel, der Kriegsoberste Jovian dringt in die feindlichen Reihen ein. Sonnenaufgang, die Perser flüchten nach allen Seiten.

Das Zelt des Kaisers mit verdecktem Eingang im Hintergrunde. Lichter Tag.

Julian liegt bewußtlos auf seinem Lager. Die Wunden in der rechten Seite, am Arm und an der Hand sind verbunden. Dicht bei ihm stehen sein Leibarzt Oribazes und Makrina mit dem Hausmeister Eutherios. Weiter zurück Basilios von Cäsarea und der Weisheitslehrer Priskos. Am Fußende seines Lagers der Mystiker Maximos.

MAKRINA: Er blutet wieder. Ich muß den Verband fester binden.

ORIBAZES: Habe Dank, du mildes Weib; deine behutsamen Hände kommen uns sehr zupaß.

EUTHERIOS: Lebt er wirklich noch?

ORIBAZES: Gewiß lebt er.

EUTHERIOS: Aber er atmet ja nicht.

ORIBAZES: Er atmet wohl.

Hauptmann Ammian kommt leise mit dem Schwert und Schild des Kaisers hinein, welche er fortlegt, und bleibt beim Vorhang stehen.

PRISKOS: Ach, guter Hauptmann, wie steht es draußen?

AMMIAN: Besser als hier. Ist er bereits –?

PRISKOS: Nein, nein, noch nicht. Aber ist es sicher, daß wir die Perser zurückgeschlagen haben?

AMMIAN: Ja, vollständig. Der Kriegsoberste Jovian schlug sie in die Flucht. Soeben kamen drei vornehme Boten von König Sapores zum Lager, um um Waffenstillstand zu bitten.

PRISKOS: Und glaubst du, daß Nevita darauf eingeht?

AMMIAN: Nevita hat die Leitung Jovian übergeben. Alle scharen sich um Jovian. Alle sehen in ihm den einzigen Retter. –

ORIBAZES: Sprich leise; er rührt sich.

AMMIAN: Rührt sich? Erwacht vielleicht zu vollem Bewußtsein? O wenn er das erleben sollte!

EUTHERIOS: Was, Ammian?

AMMIAN: Soldaten und Heerführer beratschlagen über die Wahl eines neuen Kaisers.

PRISKOS: Was sagst du?

EUTHERIOS: O welche schamlose Ungeduld!

AMMIAN: Die gefahrvolle Stellung des Heeres entschuldigt sie zum Teil; und doch –

MAKRINA: Er erwacht – er schlägt die Augen auf –

Julian liegt einen Augenblick still und betrachtet die Umstehenden mit mildem Blick.

ORIBAZES: Herr, erkennst du mich?

JULIAN: Ja, vollkommen, mein Oribazes.

ORIBAZES: Liege nur stille.

JULIAN: Stille liegen? Woran erinnerst du mich? Ich muß auf!

ORIBAZES: Unmöglich, Herr; ich flehe dich an –

JULIAN: Ich muß auf, sage ich. Wie kann ich jetzt stille liegen? Ich muß Sapores vollständig schlagen.

EUTHERIOS: Sapores ist geschlagen, Herr! Er hat Boten zum Lager geschickt und bittet um Waffenstillstand.

JULIAN: Hat er wirklich? Das ist mir sehr lieb. – Über ihn siegte ich also doch. Aber kein Waffenstillstand. Ich will ihn ganz niederwerfen. – Ah, wo habe ich meinen Schild? Sollte ich meinen Schild verloren haben?

AMMIAN: Nein, mein Kaiser, hier ist dein Schwert und dein Schild.

JULIAN: Das ist mir doch sehr lieb. Mein guter Schild. Ich würde ihn ungern in den Händen der Barbaren wissen. Gib ihn mir auf den Arm –

MAKRINA: O Herr, er ist dir jetzt zu schwer!

JULIAN: Ach – du? Du hast recht, fromme Makrina; er ist ein wenig zu schwer. – Lege ihn vor mich hin, so daß ich ihn sehn kann. Was? Bist du es, Ammian? Hältst du bei mir Wacht? Wo ist Anatolos?

AMMIAN: Herr, er ist jetzt selig.

JULIAN: Gefallen? Der treue Anatolos gefallen für mich! – Selig, sagst du? Hm! – Ein Freund weniger. Ach, mein Maximos! – Ich will die Boten des Perserkönigs heute nicht empfangen. Sie denken nur daran, Zeit zu gewinnen. Aber ich gehe auf keinen Vergleich ein. Ich will den Sieg mit dem äußersten Nachdruck verfolgen. Das Heer soll sich wieder nach Ktesifon wenden.

ORIBAZES: Unmöglich, Herr; denke an deine Wunden.

JULIAN: Meine Wunden werden bald geheilt sein. Nicht wahr, Oribazes – versprichst du mir nicht –

ORIBAZES: Vor allen Dingen Ruhe, Herr!

JULIAN: Welch unglücklicher Zufall! Und das gerade jetzt, wo so viele wichtige Dinge auf mich eindringen. Ich kann diese Angelegenheiten nicht in Nevitas Hände legen. Ich habe weder zu ihm noch zu den andern Zutrauen; ich muß selbst –. Ich fühle mich doch etwas matt. Höchst unangenehm! – Sage mir, Ammian, wie heißt jener unheilschwangere Ort?

AMMIAN: Welcher Ort, mein gnädiger Kaiser?

JULIAN: Jener Ort, wo der persische Wurfspieß mich traf.

AMMIAN: Er heißt nach dem Dorfe Phrygia –

MAXIMOS: Ah!

JULIAN: Wie wird er genannt –? Wie sagtest du, daß die Gegend heiße?

AMMIAN: Herr, sie heißt nach dem Dorfe unten die phrygische Gegend.

JULIAN: Ah, Maximos – Maximos!

MAXIMOS: Betrogen!

Er verhüllt sein Antlitz und sinkt am Fußende des Bettes nieder.

ORIBAZES: Mein Kaiser, was verursacht dir diese Angst?

JULIAN: Nichts – nichts. – Phrygia? Das also? – Nevita und die andern werden nun doch die Sachen in die Hand nehmen. Geh und sage ihnen –

AMMIAN: Herr, sie haben bereits in deinem Namen –

JULIAN: Haben sie? Ja, ja, es ist gut. – Der Wille der Welt hat hinter mir im Hinterhalt gelegen, Maximos!

MAKRINA: Deine Wunde bricht auf, Herr!

JULIAN: O Oribazes, warum willst du es mir verheimlichen?

ORIBAZES: Was sollte ich dir verheimlichen, mein Kaiser?

JULIAN: Ich muß fort. Warum hast du es mir nicht früher gesagt?

ORIBAZES: O mein Kaiser!

BASILIOS: Julian – Julian!

Er wirft sich weinend am Lager nieder.

JULIAN: Basilios – Freund, Bruder – wir beide haben schöne Tage zusammen verlebt. – – Ihr sollt nicht klagen, weil ich in einem so jungen Alter von euch gehe. Es ist nicht immer ein Zeichen vom Mißfallen der Schicksalsmächte, wenn sie einen Menschen in jungen Jahren von hier fortnehmen. Was ist wohl der Tod? Ist er etwas anderes als eine dem ewig wechselnden Reiche des Staubes zu zahlende Schuld? Klaget nicht! Lieben wir nicht alle die Weisheit? Und lehrt uns nicht die Weisheit, daß die höchste Seligkeit an das Leben der Seele, nicht an das des Körpers gebunden ist? Darin haben die Galiläer recht, obschon – doch darüber wollen wir nicht reden. Hätten die Mächte des Lebens und des Todes mir vergönnt, eine gewisse Schrift zu vollenden, so glaube ich doch, es würde mir geglückt sein –

ORIBAZES: O mein Kaiser, ermattet es dich nicht, so lange zu reden?

JULIAN: Nein, nein, nein. Ich fühle mich ganz leicht und frei.

BASILIOS: Julian, geliebter Kaiser – hast du nichts zu widerrufen?

JULIAN: Ich weiß in der Tat nicht, was es sein sollte.

BASILIOS: Bereust du nichts, Julian?

JULIAN: Ich habe nichts zu bereuen. Die Macht, welche die Verhältnisse in meine Hand legten und die ein Abglanz der göttlichen ist, habe ich – dessen bin ich sicher – nach besten Kräften gebraucht. Ich habe niemals jemand kränken wollen. Dieser Kriegszug hatte gute und gültige Gründe für sich; und sollten einige meinen, ich hätte nicht vollständig alle Erwartungen erfüllt, so mögen sie billig bedenken, daß es außer uns eine geheimnisvolle Macht gibt und daß dieselbe in hohem Grade über den Ausfall der menschlichen Unternehmungen gebietet.

MAKRINA *leise zu Oribazes:* O höre – höre, wie schwer sein Atem geht.

ORIBAZES: Die Stimme wird ihm bald versagen.

JULIAN: In betreff der Wahl eines Nachfolgers wage ich nicht, einen Rat zu geben. – Du, Eutherios, sollst mein Eigentum unter diejenigen verteilen, welche mir nahestanden. Ich hinterlasse nicht viel, denn ich habe immer darauf gehalten, daß ein rechter Weisheitsfreund – –. Was ist das? Geht die Sonne schon unter?

ORIBAZES: Sicher nicht, mein Kaiser; es ist noch lichter Tag.

JULIAN: Seltsam. Es wurde mir vor den Augen so dunkel. – – – Die Weisheit – die Weisheit. Halte fest an der Weisheit, guter Priskos! Aber sei immer gerüstet gegen etwas Unergründliches außerhalb, das –. Ist Maximos fortgegangen?

MAXIMOS: Nein, mein Bruder!

JULIAN: Mein Schlund brennt, könnt ihr mich nicht löschen?

MAKRINA: Einen Trunk Wasser, Herr!

Sie hält eine Schale an seine Lippen.

ORIBAZES *winkt Makrina:* Seine Wunde blutet nach innen.

JULIAN: Weinet nicht. Kein Grieche soll um mich weinen; ich steige zu den Sternen empor. – – Schöne Tempel. Bilder. – Aber, ach, so weit!

MAKRINA: Wovon spricht er?

ORIBAZES: Ich weiß nicht; ich glaube nicht, daß er bei Bewußtsein ist.

JULIAN *mit leuchtenden Augen:* Alexander durfte seinen Einzug halten – in Babylon. – Ich will auch – –. Schöne laubbekränzte Jünglinge – tanzende Mädchen – – aber in so weiter Ferne. Schöne Erde – schönes Leben – *Er schlägt die Augen weit auf.* O Sonne, Sonne – warum betrogst du mich? *Sinkt zusammen.*

ORIBAZES *nach einer Pause:* Das war der Tod.

DIE UMSTEHENDEN: Tot – tot!

ORIBAZES: Ja, er ist tot.

Basilios und Makrina knien im Gebet nieder. Eutherios verhüllt sein Haupt. Geräusch von Trommeln und Hörnern in weiter Ferne.

RUF VOM LAGER: Es lebe Kaiser Jovian!

ORIBAZES: Oh, hörtet ihr diesen Ruf?

AMMIAN: Der Kriegsoberste Jovian ist zum Kaiser ausgerufen.

MAXIMOS *lacht:* Der Galiläer Jovian! Ja – ja – ja!

ORIBAZES: Schändliche Übereilung! Noch bevor sie wußten, daß –

PRISKOS: Jovian – dieser siegreiche Held, der uns alle errettet hat! Kaiser Jovian ist sicher eine Lobrede wert. Ich will doch nicht hoffen, daß der schlaue Kytron bereits – *Er geht eilig hinaus.*

BASILIOS: Vergessen, bevor deine Hand erkaltete. Und für diese Vergänglichkeit verkauftest du deine unsterbliche Seele.

MAXIMOS *erhebt sich:* Der Weltenwille soll Rechenschaft ablegen für Julians Seele.

MAKRINA: Spotte nicht; obschon du sicher diesen Toten geliebt hast –

MAXIMOS *näher bei der Leiche:* Ich habe ihn geliebt und verlockt. – Nein, nicht ich! Verlockt wie Kain. Verlockt wie Judas. – – Euer Gott ist ein verschwenderischer Gott, Galiläer! Er braucht viele Seelen. Warst du auch diesmal nicht der Rechte – du Schlachtopfer der Notwendigkeit? Was ist es wert zu leben? Alles ist Spiel und Tand. – Wollen heißt wollen müssen. O mein Geliebter – alle Zeichen betrogen mich, alle Wahrzeichen sprachen mit zwei Zungen, so glaubte ich in dir den Versöhner zwischen den beiden Reichen zu sehn. Das dritte Reich wird kommen! Der Menschengeist wird sein Erbe wiederfordern – und dann werden Sühnopfer für dich und deine beiden Gäste im Symposion angezündet werden.

Er geht ab.

MAKRINA *erhebt sich bleich:* Basilios, erfaßtest du die Rede des Heiden?

BASILIOS: Nein, aber groß und strahlend geht es vor mir auf, hier liegt ein herrliches, zerschmettertes Werkzeug des Herrn.

MAKRINA: Ja, in der Tat, ein teures und kostbares Werkzeug.

BASILIOS: Christus, Christus – wo war dein Volk, daß es nicht deinen offenbaren Rat sah? Kaiser Julian war uns eine Zuchtrute – nicht zum Tode, sondern zur Erhebung.

MAKRINA: Das Geheimnis der Erwählung ist furchtbar. Was wissen wir –?

BASILIOS: Steht nicht geschrieben: „Geschaffen werden Gefäße zur Schmach und Gefäße zur Verherrlichung?"

MAKRINA: O Bruder, laß uns diesen Abgrund nicht ausdenken. *Sie beugt sich über den Toten und bedeckt sein Antlitz.* Irrende Menschenseele – mußtest du irren, so wird es dir gewißlich zugute gerechnet werden an jenem großen Tage, da der Gewaltige kommt in der Wolke, um zu richten über die lebendigen Toten und über die toten Lebendigen. – –

DIE STÜTZEN DER GESELLSCHAFT

SCHAUSPIEL IN VIER AUFZÜGEN

PERSONEN

Konsul Bernick
Betty, seine Frau
Olaf, beider Sohn, dreizehn Jahre alt
Fräulein Bernick, Schwester des Konsuls
Johann Tönnesen, Frau Bernicks jüngerer Bruder
Fräulein Hessel, ihre ältere Halbschwester
Hilmar Tönnesen, Frau Bernicks Vetter
Hilfsprediger Rohrland
Kaufmann Rummel
Frau Rummel
Fräulein Rummel
Kaufmann Wiegeland
Kaufmann Altstedt
Dina Dorff, ein junges Mädchen im Hause des Konsuls
Prokurist Krapp
Schiffsbauer Auler
Frau Doktor Lingen
Frau Postmeister Holt
Fräulein Holt

Bürger der Stadt, fremde Seeleute usw.

Die Handlung spielt im Hause des Konsuls Bernick, in einer kleinern norwegischen Küstenstadt

ERSTER AUFZUG

Großer Gartensalon im Hause des Konsuls Bernick. Im Vordergrund links führt eine Tür in das Zimmer des Konsuls; etwas weiter zurück eine ähnliche Tür; rechts in der Mitte große Haupttür. Die Wand im Hintergrund besteht fast ganz aus Spiegelglas, mit einer offnen Tür zu einer breiten Gartentreppe, über die eine Markise gespannt ist. Man erblickt vor der Treppe einen Teil des Gartens, der von einem Gitter mit Pförtchen umgeben ist. Am Gitter entlang führt eine Straße, die an der andern Seite mit kleinen, hell angestrichenen Häusern bebaut ist. Es ist ein warmer Sommertag. Von Zeit zu Zeit gehen einzelne Leute über die Straße; man bleibt stehen und unterhält sich; in einem an der Ecke liegenden Kramladen wird Handel getrieben usw.

Im Salon sitzt um einen Tisch eine Damengesellschaft. Mitten vor dem Tisch sitzt Frau Bernick, an ihrer linken Seite Frau Holt nebst Tochter, dann Frau Rummel und Fräulein Rummel. Rechts von Frau Bernick sitzen Frau Lingen, Fräulein Bernick und Dina Dorff. Sämtliche Damen sind mit Handarbeit beschäftigt. Auf dem Tisch liegen große Haufen von halbfertigem und zugeschnittenem Leinenzeug sowie andere Kleidungsstücke. Etwas weiter zurück, an einem kleinen Tisch, auf dem Blumentöpfe und ein Glas Zuckerwasser stehen, sitzt Hilfsprediger Rohrland und liest aus einem Buch mit Goldschnitt vor, doch so, daß die Zuschauer nur einzelne Worte hören. Draußen im Garten läuft Olaf Bernick umher und schießt mit Pfeil und Bogen nach irgendeinem Ziel. Nachdem Rohrland eine kleine Weile gelesen, kommt Schiffsbauer Auler durch die Tür rechts. In der Lektüre tritt eine kleine Störung ein. Frau Bernick nickt ihm zu und zeigt nach der Tür links. Auler geht sachte durch das Zimmer und klopft mehrmals leise und mit Zwischenräumen an die Tür des Konsuls. Prokurist Krapp, den Hut in der Hand und Papiere unter dem Arm, kommt aus dem Zimmer.

KRAPP: Ah, haben S i e geklopft?
AULER: Der Herr Konsul hat mich hierherbestellt.
KRAPP: Freilich; kann Sie aber nicht empfangen; hat mich beauftragt, Ihnen zu –
AULER: Sie? Ich möchte doch lieber
KRAPP: – m i c h b e a u f t r a g t, Ihnen zu sagen, daß diese Sonnabendsvorträge für die Arbeiter aufhören müssen.
AULER: So? Ich glaubte, ich dürfte doch meine freie Zeit dazu verwenden, die –
KRAPP: Sie dürfen Ihre freie Zeit nicht dazu verwenden, die Leute für die Arbeitszeit unbrauchbar zu machen. Vorigen Sonnabend haben Sie von dem Schaden geredet, den die Arbeiter durch unsre neuen Maschinen und die neue Arbeitsmethode auf der Werft erleiden würden. Warum tun Sie das?
AULER: Das tu' ich, um die Gesellschaft zu stützen!

KRAPP: Das merkt man! Der Konsul sagt, daß dadurch alle Bande der Gesellschaft gelöst würden!

AULER: Meine Gesellschaft ist nicht die des Konsuls, Herr Prokurist! Als Vorstand des Arbeitervereins muß ich –

KRAPP: Vor allen Dingen sind Sie „Vorstand" auf der Werft des Konsuls Bernick. Vor allen Dingen haben Sie Ihre Schuldigkeit zu tun gegen die Gesellschaft, die Konsul Bernicks Firma trägt; denn von ihr leben wir alle miteinander. – So, nun wissen Sie, was der Konsul Ihnen zu sagen hatte.

AULER: Der Konsul hätte es nicht in der Weise gesagt, Herr Prokurist! Aber ich kann mir denken, bei wem ich mich für diese Lektion zu bedanken habe. Es ist der verwünschte Amerikaner. Die Leute wollen, daß man hier nach ihrer Art arbeite, und das –

KRAPP: Ja, ja, ja; auf Weitläufigkeiten kann ich mich nicht einlassen. Sie kennen jetzt des Konsuls Meinung; damit basta! Gehn Sie nun gefälligst wieder nach der Werft; Sie sind da gewiß notwendig; ich komme selbst sogleich hinunter. – Um Verzeihung, meine Damen!

Er grüßt und geht durch den Garten die Straße hinunter. Auler entfernt sich still durch die Tür rechts. Rohrland, der während des vorhergehenden, in gedämpftem Tone geführten Gesprächs die Lektüre fortgesetzt hat, ist kurz nachher mit seiner Geschichte zu Ende und macht das Buch ziemlich laut zu.

ROHRLAND: So, meine verehrten Zuhörerinnen, damit ist die Geschichte zu Ende.

FRAU RUMMEL: Ach, welch eine lehrreiche Erzählung!

FRAU HOLT: Und so moralisch!

FRAU BERNICK: Ein solches Buch gibt wirklich viel zu denken.

ROHRLAND: Ach ja; es bildet einen wohltuenden Gegensatz zu jenen Produkten, die uns leider täglich die Zeitungen und Zeitschriften bieten. Diese vergoldete und geschminkte Außenseite, welche die große Gesellschaft zur Schau trägt – was verbirgt sich eigentlich darunter? Hohlheit und Fäulnis! Kein moralischer Boden unter den Füßen. Mit einem Wort – es sind übertünchte Gräber, diese moderne große Gesellschaft.

FRAU HOLT: Sehr wahr!

FRAU RUMMEL: Wir brauchen ja nur diese amerikanischen Seeleute anzusehen, die sich jetzt hier aufhalten.

ROHRLAND: Nun, von solchem Abschaum der Menschheit will ich schon gar nicht reden. Aber selbst die höhern Kreise – wie steht es damit? Überall Zweifel und gärende Unruhe; Unfrieden in den Gemütern, Unsicherheit in allen Verhältnissen. Wie ist dort nicht das Familienleben untergraben! Wie äußern sich nicht freche Umsturzgelüste selbst gegenüber den heiligsten Wahrheiten!

DINA *ohne aufzusehen:* Aber geschieht dort nicht auch manches Große und Schöne?

ROHRLAND: Große und Schöne –?! Ich versteh' nicht –

FRAU HOLT *erstaunt:* Aber, mein Gott, Dina –!

FRAU RUMMEL *gleichzeitig:* Aber Dina, wie kannst du nur –!

ROHRLAND: Ich glaube nicht, daß es uns heilsam wäre, wenn das „Große und Schöne" bei uns Anklang fände. Nein, da müssen wir doch Gott danken, daß es bei uns so ist, wie es jetzt ist. Wohl wuchert leider auch hier Unkraut unter dem Weizen; aber das suchen wir doch nach besten Kräften redlich auszujäten. Es gilt, meine Damen, die Gesellschaft rein zu bewahren – all das Aufrührerische fernzuhalten, das eine fieberhafte Zeit uns aufzwingen möchte.

FRAU HOLT: Und dessen gibt es leider mehr als genug.

FRAU RUMMEL: Ja, im vorigen Jahr hing es an einem Haar, so hätten wir die Eisenbahn hierherbekommen.

FRAU BERNICK: Nun, das hat Bernick denn doch verhindert.

ROHRLAND: Die Vorsehung, Frau Bernick! Sei'n Sie überzeugt, Ihr Gatte war nur ein Werkzeug in der Hand eines Höhern, als er seine Unterstützung verweigerte.

FRAU BERNICK: Und doch mußte er sich so viel Unangenehmes in den Zeitungen sagen lassen. Allein wir vergessen ganz, Ihnen zu danken, Herr Hilfsprediger. Es ist wirklich mehr als freundlich von Ihnen, daß Sie uns so viel Zeit opfern.

ROHRLAND: Ich bitte Sie – jetzt in den Ferien –

FRAU BERNICK: Ja ja, ein Opfer ist es dennoch, Herr Hilfsprediger.

ROHRLAND *stellt seinen Stuhl näher:* Reden Sie nicht davon, beste Frau Bernick. Bringen Sie nicht alle um einer guten Sache willen ein Opfer? Und bringen Sie es nicht gern und freudig? Diese moralisch Verdorbenen, an deren Besserung wir arbeiten, sind gewissermaßen als Soldaten zu betrachten, die auf dem Schlachtfelde verwundet wurden; Sie, meine Damen, sind die Diakonissinnen, die barmherzigen Schwestern, die Scharpie zupfen für diese unglücklichen Blessierten, die sanft den Verband um die Wunden legen, sie pflegen und heilen –

FRAU BERNICK: Es muß eine große Gabe Gottes sein, alles in so schönem Lichte sehn zu können.

ROHRLAND: Vieles ist uns in dieser Beziehung angeboren, allein manches kann auch erworben werden. Es gilt nur, die Dinge im Lichte einer ernsten Lebensaufgabe zu sehen... Ja, was sagen Sie dazu, Fräulein Bernick? Finden Sie nicht, daß Sie gleichsam auf einer sicherern Grundlage stehn, seitdem Sie sich ganz der Schule gewidmet?

FRÄULEIN BERNICK: Ach, ich weiß nicht, was ich sagen soll. Manchmal, wenn ich nach der Schule gehe, wünsche ich, ich wäre weit fort von hier auf dem wilden Meere.

ROHRLAND: Ja, sehn Sie, das sind die Anfechtungen, liebes Fräulein. Aber solch unruhigen Gästen muß man die Tür weisen... Das wilde Meer – das meinen Sie natürlich nicht wörtlich; Sie meinen jene große wogende Gesellschaft, in welcher so manche zugrunde gehn. Und liegt Ihnen wirklich so viel an dem Leben, dessen Brausen Sie da draußen vernehmen? Blicken Sie nur auf die Straße. Da gehn die Menschen in der Sonnenhitze und schwitzen und plagen sich mit ihren kleinen Sorgen. Nein, da haben wir es doch wirklich besser – wir, die wir hier im kühlen Zimmer sitzen und den Rücken nach der Seite wenden, von der die Störung kommt.

FRÄULEIN BERNICK: Ja, da haben Sie vollkommen recht –

ROHRLAND: Und in einem Hause wie diesem – in einem so guten, behaglichen Daheim, wo das Familienleben in seiner schönsten Gestalt zur Erscheinung kommt – wo Frieden und Eintracht herrschen – – *Zu Frau Bernick:* Wonach hören Sie, gnädige Frau?

FRAU BERNICK *nach der vorderen Tür links gewendet:* Wie laut die da drinnen werden!

ROHRLAND: Handelt es sich um etwas Besonderes?

FRAU BERNICK: Ich weiß nicht. Ich höre, da ist jemand drinnen bei meinem Manne.

Hilmar Tönnesen kommt mit der Zigarre im Mund durch die Tür rechts, bleibt aber beim Anblick so vieler Damen stehen.

HILMAR: Oh, um Verzeihung – *Will sich zurückziehen.*

FRAU BERNICK: Nein, Hilmar, komm nur näher, du störst nicht. Wolltest du etwas?

HILMAR: Nein ... ich wollte mich nur umsehn. – Guten Morgen, meine Damen. *Zu Frau Bernick:* Nun, was wird daraus?

FRAU BERNICK: Woraus?

HILMAR: Bernick hat ja ein Konventikel zusammengetrommelt.

FRAU BERNICK: So? Was gibt's denn eigentlich?

HILMAR: Ach, wieder dieser Eisenbahnschwindel.

FRAU RUMMEL: Nein, ist's möglich!

FRAU BERNICK: Der arme Richard – soll er denn noch mehr Unannehmlichkeiten haben –

ROHRLAND: Aber wie reimt sich das, Herr Tönnesen? Konsul Bernick gab ja voriges Jahr so deutlich zu erkennen, daß er keine Eisenbahn haben wolle...

HILMAR: Ja, freilich. Aber Krapp erzählte mir da eben, die Eisenbahngeschichte sei wieder aufs Tapet gebracht und Bernick halte eine Konferenz mit drei Finanzmännern der Stadt.

FRAU RUMMEL: Ja, mir war, als hörte ich die Stimme meines Mannes.

HILMAR: Natürlich, Herr Rummel ist mit dabei – ebenso Kaufmann Altstedt und Reineke Wiegeland – vulgo „Heiliger Reineke".

ROHRLAND: Hm –

HILMAR: Um Verzeihung, Herr Hilfsprediger.

FRAU BERNICK: Und es war hier so ruhig und friedlich –

HILMAR: Nun, ich meinerseits hätte nichts dagegen, wenn sie sich wieder der Eisenbahn wegen in die Haare gerieten. Dann hätte man wenigstens etwas Zerstreuung.

ROHRLAND: Oh, derartige Zerstreuungen, scheint mir, muß man entbehren können.

HILMAR: Je nachdem man organisiert ist. Gewisse Naturen bedürfen von Zeit zu Zeit aufregender Kämpfe. Aber so etwas vermag das kleinstädtische Leben leider nicht zu bieten, und es ist nicht jedem gegeben, in – *Blättert in dem Buche des Hilfspredigers.* „Neuntes Kapitel: Die Frau als die Dienerin der Gesellschaft." Na, was ist denn das für verrücktes Zeug?

FRAU BERNICK: Gott, Hilmar, so mußt du nicht reden. Du hast das Buch sicherlich nicht gelesen.

HILMAR: Nein, Gott sei Dank nicht.

FRAU BERNICK: Du befindest dich heute nicht recht wohl.

HILMAR: Das tu' ich auch nicht.

FRAU BERNICK: Hast du vielleicht heute nacht nicht gut geschlafen?

HILMAR: Nein, ich habe sehr schlecht geschlafen. Meiner Krankheit wegen machte ich gestern abend einen kleinen Abstecher. Dann setzte ich mich im Klub fest und las die Beschreibung einer Nordpolfahrt. Es liegt etwas Kräftigendes darin, dem Menschen in seinem Kampfe mit den Elementen zu folgen.

FRAU RUMMEL: Aber das ist Ihnen gewiß nicht gut bekommen, Herr Tönnesen?

HILMAR: Ihre Vermutung ist richtig, Frau Rummel: die ganze Nacht dreht' ich mich im Halbschlaf hin und her und träumte, ich würde von einem widerwärtigen Walroß verfolgt.

OLAF *der auf die Gartentreppe gekommen ist:* Von einem Walroß wurdest du verfolgt, Onkel?

HILMAR: So träumte mir, du Dummkopf! Aber spielst du noch mit dem lächerlichen Bogen? Warum nimmst du kein richtiges Gewehr zur Hand?

OLAF: Ja, ich möchte schon gern, aber –

HILMAR: Denn ein solches Gewehr – das hat doch Sinn. Es liegt immer etwas Nervenspannendes darin, wenn man es abfeuern will.

OLAF: Und dann könnte ich Bären schießen, Onkel. Aber Papa erlaubt es nicht.

FRAU BERNICK: Du mußt ihm wirklich so etwas nicht in den Kopf setzen, Hilmar.

HILMAR: Hm – ja, das ist eine Generation, die man sich jetzt großzieht! Immer nur schwatzt man von Übungen und Fertigkeiten – Gott sei's geklagt! – alles ist Spiel und Tändelei; wo fände man noch jenen natürlichen Mut, welcher der Gefahr mannhaft ins Auge blickt –; ziele nicht so mit dem Bogen nach mir, du Tölpel; er könnte losgehen.

OLAF: Aber Onkel, es ist ja kein Pfeil drin!

HILMAR: Das kannst du nicht wissen; es könnte doch einer drin sein. Nimm ihn weg, sag' ich dir!... Warum zum Geier bist du nie auf einem von deines Vaters Schiffen hinüber nach Amerika gefahren? Dort könntest du dir einmal eine Büffeljagd oder einen Kampf mit den Rothäuten ansehn.

FRAU BERNICK: Aber Hilmar –

OLAF: Ja, das möcht' ich gern, Onkel; und dann könnt' ich auch Onkel Johann und Tante Lona aufsuchen.

HILMAR: Hm –; papperlapapp!

FRAU BERNICK: Jetzt geh wieder in den Garten, Olaf.

OLAF: Mama, darf ich auch auf die Straße gehn?

FRAU BERNICK: Ja; aber nicht zu lange.

Olaf läuft zu dem Gitterpförtchen hinaus.

ROHRLAND: Sie sollten dem Kinde nicht solche Grillen in den Kopf setzen, Herr Tönnesen.

HILMAR: Denn das Söhnchen muß ja natürlich daheim bleiben und ein Duckmäuser werden wie so viele andre.

ROHRLAND: Aber warum reisen Sie selbst nicht?

HILMAR: Ich? Mit meiner Krankheit? Nun ja, freilich, darauf gibt man ja in dieser Stadt nicht viel. Aber trotzdem – man hat doch gewisse Pflichten gegen die Gesellschaft, in der man lebt. Hier muß doch wenigstens einer sein, der das geistige Banner hochhält... Hu, wie er da wieder schreit!

DIE DAMEN: Wer schreit?

HILMAR: Ach, ich weiß nicht. Sie sind nur ein wenig laut da drinnen, und das macht mich nervös.

FRAU RUMMEL: Das ist gewiß mein Mann, Herr Tönnesen. Aber er ist so sehr daran gewöhnt, in großen Versammlungen zu reden –

ROHRLAND: Die andern scheinen auch nicht gerade sehr leise zu sprechen.

HILMAR: Sehr natürlich; denn wenn es gilt, den Geldbeutel zu verteidigen, dann –; hier geht ja alles in kleinlichen materiellen Berechnungen auf. Hu!

FRAU BERNICK: Das ist jedenfalls besser als früher, wo alles in Verlusten aufging.

FRAU LINGEN: Stand es hier früher wirklich so schlimm?

FRAU RUMMEL: Das kann ich Sie versichern, Frau Doktor. Sie können sich glücklich schätzen, daß Sie damals hier nicht wohnten.

FRAU HOLT: Ja, hier hat sich manches geändert! Wenn ich an meine Mädchentage zurückdenke –

FRAU RUMMEL: Oh, Sie brauchen nur vierzehn, fünfzehn Jahre zurückzudenken. Gott, welch ein Leben war das hier! Wir hatten damals zwei Vereine: den Tanzverein und den musikalischen Verein –

FRÄULEIN BERNICK: Und den dramatischen Verein. Dessen erinnere ich mich noch sehr gut.

FRAU RUMMEL: Ja, darin wurde Ihr Stück aufgeführt, Herr Tönnesen.

HILMAR *geht in den Hintergrund:* Ach, was –!

ROHRLAND: Ein Stück von Herrn Tönnesen?

FRAU RUMMEL: Ja, das war lange bevor Sie hierherkamen, Herr Hilfsprediger... Es wurde übrigens nur einmal gespielt.

FRAU LINGEN: War es nicht dieses Stück, worin Sie, wie Sie mir erzählten, die Liebhaberin spielten, Frau Rummel?

FRAU RUMMEL *sieht verstohlen nach dem Hilfsprediger:* Ich? Ich kann mich wirklich nicht entsinnen, Frau Doktor. Aber sehr wohl erinnere ich mich noch, welch lautes, geselliges Leben in den Familien herrschte.

FRAU HOLT: Gott, und in manchen Häusern wurden wöchentlich zwei große Feten gegeben!

FRAU LINGEN: Und dann war ja auch wohl eine reisende Theatergesellschaft hier...

FRAU RUMMEL: Ja, das war nun das Allerärgste –!

FRAU HOLT *unruhig:* Hm, hm –

FRAU RUMMEL: Schauspieler? Nein, dessen erinnere ich mich gar nicht.

FRAU LINGEN: Ja, die Leute sollen ja so viele dumme Streiche gemacht haben. Wie verhält es sich eigentlich damit?

FRAU RUMMEL: Oh, im Grunde ist es nichts, Frau Doktor.

FRAU HOLT: Liebe Dina, reiche mir doch eben das Linnen dort.

FRAU BERNICK *gleichzeitig:* Dina, geh doch mal eben in die Küche und sag Käthe, sie möchte den Kaffee bringen.

FRÄULEIN BERNICK: Ich geh' mit, Dina.

Dina und Fräulein Bernick gehen durch die oberste Tür links.

FRAU BERNICK *aufstehend:* Ich bitte mich einen Augenblick zu entschuldigen, meine Damen; ich denke, wir trinken den Kaffee draußen.

Sie geht auf die Gartentreppe und deckt einen Tisch. Der Hilfsprediger steht in der Tür und spricht mit ihr. Hilmar sitzt draußen und raucht.

FRAU RUMMEL *leise:* Gott, Frau Doktor, wie Sie mich erschreckt haben!

FRAU LINGEN: Ich?

FRAU HOLT: Ja – aber Sie selbst fingen ja davon an, Frau Rummel.

FRAU RUMMEL: Ich? Nein, wie können Sie das sagen, Frau Holt? Es kam ja kein Sterbenswörtchen über meine Lippen.

FRAU LINGEN: Aber was ist es denn?

FRAU RUMMEL: Wie konnten Sie nur anfangen von –! Bedenken Sie... Sahen Sie nicht, daß Dina hier war?

FRAU LINGEN: Dina? Aber mein Gott, ist denn die –?

FRAU HOLT: Und hier im Hause! Wissen Sie denn nicht, daß es Frau Bernicks Bruder war –?

FRAU LINGEN: Wie –? Ich weiß ja gar nichts; ich bin ja erst vor kurzem –

FRAU RUMMEL: Haben Sie denn nicht gehört, daß –? Hm – *Zu ihrer Tochter:* Du kannst ein wenig in den Garten gehn, Hilda.

FRAU HOLT: Du auch, Nettchen. Und sei recht freundlich gegen die arme Dina...

Hilda Rummel und Nettchen Holt gehen in den Garten.

FRAU LINGEN: Nun, was war denn mit Frau Bernicks Bruder?

FRAU RUMMEL: Wissen Sie nicht, daß der den häßlichen Skandal verursachte?

FRAU LINGEN: Hat Hilmar Tönnesen einen Skandal –?

FRAU RUMMEL: Du lieber Gott, nein – Hilmar ist ja ihr Vetter, Frau Lingen. Ich meine ihren Bruder –

FRAU HOLT: – den zugrunde gegangenen Tönnesen –

FRAU RUMMEL: Johann hieß er. Er ging nach Amerika.

FRAU HOLT: Mußte nach Amerika gehn – natürlich.

FRAU LINGEN: Und der also hatte einen häßlichen Skandal –

FRAU RUMMEL: Ja, es war ein solcher – wie soll ich's nur nennen?... Es war so etwas mit Dinas Mutter. Oh, ich weiß es noch so gut, als wär's gestern geschehen!... Johann Tönnesen war damals in dem Geschäft der alten Frau Bernick; Richard Bernick war soeben aus Paris zurückgekehrt – war noch nicht verlobt –

FRAU LINGEN: Ja, aber der häßliche Skandal?

FRAU RUMMEL: Ja, sehn Sie – in jenem Winter war die Müllersche Schauspielergesellschaft hier –

FRAU HOLT: – und bei dieser Gesellschaft befand sich der Schauspieler Dorff nebst Frau. Alle jungen Männer waren rein vernarrt in sie.

FRAU RUMMEL: Ja, Gott weiß, wie sie d i e schön finden konnten. Aber da kommt der Schauspieler Dorff eines Abends spät nach Hause –

FRAU HOLT: – ganz unerwartet –

FRAU RUMMEL: – und da findet er – nein, es läßt sich wirklich nicht erzählen.

FRAU HOLT: Nein, Frau Rummel, er fand nichts, denn die Tür war von innen verschlossen.

FRAU RUMMEL: Ja, das sag' ich ja; er fand die Tür verschlossen. Und denken Sie sich, der da drinnen muß aus dem Fenster springen.

FRAU HOLT: Hoch oben aus einem Giebelfenster!

FRAU LINGEN: Und das war Frau Bernicks Bruder?

FRAU RUMMEL: Frau Bernicks Bruder.

FRAU LINGEN: Und da ging er nach Amerika?

FRAU HOLT: M u ß t e er nach Amerika gehn –

FRAU RUMMEL: Denn später ward etwas entdeckt, das fast ebenso schlimm war; denken Sie sich, er hatte sich an der Kasse vergriffen –

FRAU HOLT: Aber das weiß man ja so recht nicht, Frau Rummel; vielleicht waren es nur solche Gerüchte.

FRAU RUMMEL: Ich bitte Sie – ! War es denn nicht in der ganzen Stadt bekannt? Hätte die alte Frau Bernick infolge des Kassendiebstahls nicht beinah Bankrott gemacht? Das hat mir Rummel selbst erzählt. Aber Gott bewahre m e i n e n Mund.

FRAU HOLT: Nun, die Madam Dorff hat das Geld jedenfalls nicht bekommen, denn sie –

FRAU LINGEN: Ja, wie gestaltete sich später das Verhältnis zwischen Dinas Eltern?

FRAU RUMMEL: Nun, Dorff ließ Frau und Kind im Stich und ging seines Weges. Aber die – Madam war wirklich frech genug, noch ein ganzes Jahr hierzubleiben! Auf der Bühne durfte sie sich freilich nicht mehr zeigen; aber sie ernährte sich mit Waschen und Nähen –

FRAU HOLT: Und dann versuchte sie Tanzunterricht zu geben.

FRAU RUMMEL: Das ging natürlich nicht. Denn welche Eltern hätten einer solchen Frau ihre Kinder anvertraut? Aber es währte auch nicht lange mit ihr; die feine Frau war nicht ans Arbeiten gewöhnt; sie bekam's auf der Brust, und dann starb sie.

FRAU LINGEN: Oh, das war wirklich ein häßlicher Skandal!

FRAU RUMMEL: Ja, Sie können sich denken, das ist für Bernicks eine bittre Pille gewesen. Das ist der dunkle Fleck in der Sonne ihres Glücks, wie mein Mann sich einmal ausdrückte. Reden Sie daher nie von diesen Dingen hier im Hause, Frau Lingen.

FRAU HOLT: Und auch um Gottes willen nicht von der Halbschwester!

FRAU LINGEN: Ja, Frau Bernick hat ja wohl auch eine Halbschwester?

FRAU RUMMEL: Gehabt – glücklicherweise; denn jetzt ist's mit der Verwandtschaft aus zwischen den beiden... Ja, das war eine! Denken Sie sich, sie trug das Haar kurz geschnitten und ging bei Regenwetter mit Mannsstiefeln umher.

FRAU HOLT: Und als ihr Halbbruder – das zugrunde gegangene Subjekt – nach Amerika ausgewandert und die ganze Stadt natürlich über ihn empört war – wissen Sie, was sie da tut? Da reist sie ihm nach!

FRAU RUMMEL: Ja, aber der Skandal, den sie vor ihrer Abreise machte, Frau Holt!

FRAU HOLT: St, reden Sie nicht davon!

FRAU LINGEN: Gott, machte sie auch Skandal?

FRAU RUMMEL: Ja, hören Sie, Frau Doktor. Richard Bernick hatte sich soeben mit Betty Tönnesen verlobt; und grade als er mit ihr am Arm zu ihrer Tante kommt, um es ihr mitzuteilen –

FRAU HOLT: Die Tönnesens hatten nämlich keine Eltern mehr, müssen Sie wissen –

FRAU RUMMEL: – da steht Lona Hessel auf und gibt dem feingebildeten Richard Bernick eine Ohrfeige, daß es ihm blau vor den Augen wurde.

FRAU LINGEN: Aber hat man je – !

FRAU HOLT: Ja, so ist es.

FRAU RUMMEL: Und dann packte sie ihren Koffer und ging nach Amerika.

FRAU LINGEN: Aber dann muß sie wohl selbst ein gutes Auge auf ihn gehabt haben?

FRAU RUMMEL: Das können Sie sich denken. Sie bildete sich wirklich ein, er würde sie heiraten, wenn er von Paris zurückkäme.

FRAU HOLT: Sich so etwas einzubilden! Bernick – der junge feine Weltmann – der vollendete Kavalier – der Liebling aller Damen –

FRAU RUMMEL: – und doch so anständig, Frau Holt, und so moralisch!

FRAU LINGEN: Aber was hat dieses Fräulein Hessel in Amerika angefangen?

FRAU RUMMEL: Ja, sehn Sie, darüber schwebt, wie mein Mann sich einmal ausdrückte, ein Schleier, der schwerlich gelüftet werden dürfte.

FRAU LINGEN: Wieso?

FRAU RUMMEL: Sie steht ja nicht mehr mit der Familie in Verbindung; aber so viel weiß doch die ganze Stadt, daß sie in Wirtshäusern für Geld gesungen –

FRAU HOLT: – und öffentliche Vorträge gehalten –

FRAU RUMMEL: – und ein ganz verrücktes Buch herausgegeben hat.

FRAU LINGEN: Nicht möglich!

FRAU RUMMEL: Ja, Lona Hessel ist auch so ein Sonnenfleck in dem Bernickschen Familienglück ... Aber nun wissen Sie Bescheid, Frau Doktor. Ich habe, weiß Gott, nur von diesen Dingen gesprochen, damit Sie sich in acht nehmen können.

FRAU LINGEN: Oh, unbesorgt, ich werde mich sehr in acht nehmen. – Aber diese arme Dina Dorff! Es tut mir recht leid um sie.

FRAU RUMMEL: Nun, für sie war es ja ein wahres Glück, daß es so kam. Bedenken Sie, wenn sie in den Händen ihrer Eltern geblieben wäre! Wir nahmen uns ihrer natürlich alle an und ermahnten sie, so gut wir konnten. Dann setzte es Fräulein Bernick durch, daß sie hier ins Haus kam.

FRAU HOLT: Aber sie ist doch immer schwer zu behandeln gewesen. Natürlich – all die schlechten Beispiele! Ein solches Mädchen ist ja nicht wie u n s r e Kinder ...

FRAU RUMMEL: St – da kommt sie! *Laut:* Ja, diese Dina ist wirklich ein tüchtiges Mädchen ... Ah, bist du da, Dina?

FRAU HOLT: Ach, wie schön dein Kaffee duftet, liebe Dina! Ein solches Vormittagstäßchen –

FRAU BERNICK *auf der Gartentreppe:* Haben Sie die Güte, meine Damen!

Fräulein Bernick und Dina haben inzwischen dem Dienstmädchen das Kaffeegeschirr bringen helfen. Sämtliche Damen nehmen draußen Platz; sie reden ungemein freundlich mit ihr. Kurz nachher kommt sie in den Salon und sucht ihre Handarbeit.

FRAU BERNICK *draußen am Kaffeetisch:* Dina, willst du nicht auch – ?

DINA: Nein, danke.

Sie setzt sich zu ihrem Nähzeug. Frau Bernick und der Hilfsprediger wechseln einige Worte; einen Augenblick später kommt er in den Salon.

ROHRLAND *macht sich etwas in der Nähe des Tisches zu tun und sagt gedämpft:* Dina.

DINA: Nun?

ROHRLAND: Warum wollen Sie nicht draußen sein?

DINA: Als ich mit dem Kaffee hereinkam, sah ich der fremden Dame an, daß sie von mir geredet hatten.

ROHRLAND: Und sahen Sie nicht auch, wie freundlich sie gegen Sie war?

DINA: Aber das lasse ich mir nicht gefallen!

ROHRLAND: Sie haben einen starren Sinn, Dina.

DINA: Ja.

ROHRLAND: Aber warum sind Sie so?

DINA: Ich bin einmal nicht anders.

ROHRLAND: Könnten Sie nicht versuchen, anders zu werden?

DINA: Nein.

ROHRLAND: Warum nicht?

DINA *ihn ansehend:* Ich gehöre ja zu den moralisch Verdorbenen.

ROHRLAND: Pfui, Dina!

DINA: Auch meine Mutter gehörte zu den moralisch Verdorbenen.

ROHRLAND: Wer hat Ihnen von solchen Dingen geredet?

DINA: Niemand; man redet nicht mit mir. Warum tut man das nicht? Alle gehn so behutsam mit mir um, als würde ich zerbrechen, wenn ... O wie ich all diese Gutherzigkeit hasse!

ROHRLAND: Liebe Dina, ich begreife so gut, daß Sie sich sehr gedrückt fühlen, aber –

DINA: Ja, könnte ich nur weit fortkommen! Ich würde mir schon selbst durch die Welt helfen – wenn ich nur nicht unter Menschen lebte, die so – so –

ROHRLAND: Die so – ?

DINA: Die so anständig und moralisch sind!

ROHRLAND: Aber, Dina – wie meinen Sie das?

DINA: Oh, Sie begreifen recht gut, wie ich es meine. Täglich kommen Fräulein Rummel und Nettchen Holt hierher, damit ich mir ein Muster an ihnen nehme. So wohlerzogen wie die kann ich niemals werden. Und ich w i l l's auch nicht! O wär' ich nur weit fort – dann würde ich schon brav werden.

ROHRLAND: Sie s i n d ja brav, liebe Dina.

DINA: Was hilft mir das hier?

ROHRLAND: Also reisen ... Denken Sie wirklich ernstlich daran?

DINA: Ich würde hier keinen Tag länger bleiben, wenn S i e nicht wären.

ROHRLAND: Sagen Sie mir doch, Dina – warum sind Sie eigentlich so gern mit mir zusammen?

DINA: Weil Sie mich so viel Schönes lehren.

ROHRLAND: Schönes? Nennen Sie das, was ich Sie lehren kann, etwas Schönes?

DINA: Ja. Oder eigentlich ... Nicht daß Sie mich etwas lehrten; aber wenn ich Sie reden höre, so ist's mir, als umgäbe mich so viel Schönes ...

ROHRLAND: Was verstehn Sie eigentlich darunter: etwas Schönes?

DINA: Darüber hab' ich nie nachgedacht.

ROHRLAND: So denken Sie jetzt einmal darüber nach. Was verstehn Sie unter etwas Schönem?

DINA: Etwas Schönes ... das ist ... was großartig ist – und weit fort von hier!

ROHRLAND: Hm. – Teure Dina, ich bin so aufrichtig besorgt um Sie.

DINA: Nur d a s?

ROHRLAND: Sie wissen ja doch, wie unendlich teuer Sie mir sind.

DINA: Wenn ich Hilda oder Nettchen wäre, würden Sie nicht so ängstlich besorgt sein, jemand könnte es merken.

ROHRLAND: O Dina, wie können Sie so klein denken von den tausend Rücksichten ... Wenn man den Beruf hat, die moralische Stütze der Gesellschaft zu sein, in der man lebt – man kann nie vorsichtig genug sein ... Wenn ich nur sicher wäre, daß man mir keine unrichtigen Motive unterlegen würde ... Aber gleichviel: Ihnen s o l l und m u ß geholfen werden! ... Dina, wenn ich sage – wenn die Verhältnisse mir gestatten zu sagen: hier ist meine Hand – wollen Sie sie dann annehmen und meine Frau werden? – Geloben Sie mir das, Dina?

DINA: Ja.

ROHRLAND: Dank! Dank! Denn auch ich... O Dina, Sie sind mir so teuer... St! Da kommt jemand... Dina, um meinetwillen – gehn Sie hinaus zu den andern.

Sie geht hinaus zu dem Kaffeetisch. In demselben Augenblick kommen Rummel, Altstedt und Wiegeland aus dem vordern Zimmer links, gefolgt von Bernick, der einen Stoß Papiere in der Hand hat.

BERNICK: Die Sache ist also abgemacht...

WIEGELAND: Nun, in Gottes Namen...

RUMMEL: Abgemacht, Bernick! Ein Mann, ein Wort!

BERNICK: Und niemand tritt zurück, auf welchen Widerstand wir auch stoßen!

RUMMEL: Wir stehn und fallen miteinander, Bernick!

HILMAR *der in die Gartentür getreten ist:* Fallen? Um Verzeihung, ist es nicht die Eisenbahn, die da fällt?

BERNICK: Im Gegenteil; sie soll in Gang kommen –

RUMMEL: – mit Dampf, Herr Tönnesen!

HILMAR *nähertretend:* So?

ROHRLAND: Wie, die Eisenbahn?

FRAU BERNICK *in der Gartentür:* Lieber Richard, was gibt es eigentlich –?

BERNICK: Ach, liebe Betty, wie kann dich das interessieren? *Zu den drei Herren:* Aber jetzt müssen wir die Listen anfertigen – je eher, desto besser. Selbstredend zeichnen wir vier uns zuerst ein. Unsere Stellung in der Gesellschaft macht es uns zur Pflicht, uns soviel wie möglich –

ALTSTEDT: Versteht sich, Herr Konsul!

RUMMEL: Es muß gehen, Bernick!

BERNICK: Oh, für den Erfolg ist mir gar nicht bange. Wir müssen für die Sache zu wirken suchen, jeder in seinem Bekanntenkreise; und können wir erst auf eine lebhafte Beteiligung in allen Schichten der Gesellschaft hinweisen, so wird natürlich auch die Kommune das Ihrige beisteuern.

FRAU BERNICK: Aber Richard, willst du denn nicht endlich herauskommen und uns erzählen –

BERNICK: Ach, liebe Betty, das hier ist nichts für Damen.

HILMAR: Du willst also wirklich die Eisenbahngeschichte in die Hand nehmen?

BERNICK: Natürlich.

ROHRLAND: Aber im vorigen Jahr, Herr Konsul –

BERNICK: Im vorigen Jahr war die Sache eine ganz andre. Da handelte es sich um eine Küstenlinie –

WIEGELAND: – die ganz und gar überflüssig gewesen wäre; denn wir haben ja Dampfschiffe –

ALTSTEDT: – und die uns heidenmäßiges Geld gekostet –

RUMMEL: – ja, und obendrein wesentliche Interessen hier am Orte geschädigt hätte.

BERNICK: Das Entscheidende war, daß sie nicht der größern Gesellschaft zugute gekommen wäre. Deshalb opponierte ich dagegen, und so ward die Binnenlinie gewählt.

HILMAR: Aber die berührt ja die Städte unsrer Gegend nicht.

BERNICK: Sie wird unsre Stadt berühren, mein Lieber; denn wir legen eine Zweigbahn an.

HILMAR: Aha! ein neues Projekt also.

RUMMEL: Und zwar ein herrliches – he?

ROHRLAND: Hm –

WIEGELAND: Es läßt sich nicht leugnen, daß die Vorsehung das Terrain für eine Zweigbahn gleichsam zurechtgelegt hat.

ROHRLAND: Meinen Sie wirklich, Herr Wiegeland?

BERNICK: Ja, ich muß gestehn, auch ich betrachte es als eine höhere Fügung, daß ich in diesem Frühjahr die Gegend in Geschäften bereiste und so zufällig in ein Tal kam, wo ich früher nie gewesen. Wie der Blitz durchzuckte es mich: hier läßt sich eine Zweigbahn anlegen! Ich habe einen Ingenieur die Gegend befahren lassen: hier hab' ich den Überschlag und die vorläufigen Berechnungen; nichts steht im Wege.

FRAU BERNICK *mit den anderen Damen in der Gartentür stehend:* Aber, lieber Richard, daß du das alles vor uns geheimgehalten hast –

BERNICK: Den eigentlichen Zusammenhang, meine gute Betty, hättet ihr doch nicht fassen können. Übrigens hab' ich bis heute mit keinem lebenden Wesen davon geredet. Aber jetzt ist der entscheidende Augenblick gekommen; jetzt soll offenkundig und mit aller Kraft gehandelt werden.

ROHRLAND: Versprechen Sie sich denn wirklich so viel von diesem Unternehmen, meine Herren?

BERNICK: Das tun wir. Welch ein Hebel wird das für unsre ganze Gesellschaft werden! Denken Sie an die großen Waldflächen, die nun zugänglich werden – denken Sie an all die reichen Bergwerke, die jetzt in Betrieb genommen werden können, denken Sie an den Fluß: – ein Wasserfall über dem andern! Welche Industrie kann dort nicht ins Leben gerufen werden!

ROHRLAND: Und Sie befürchten nichts von einem häufigen Verkehr mit einer verderbten Außenwelt –?

BERNICK: Nein – sei'n Sie nur ganz unbesorgt, Herr Hilfsprediger. Unser kleiner betriebsamer Ort steht Gott sei Dank auf einem gesunden moralischen Boden; wir haben ihn ja alle dränieren helfen, wenn ich mich so ausdrücken darf; und das werden wir auch in Zukunft tun, jeder in seiner Weise. Sie, Herr Hilfsprediger, setzen Ihre segensreiche Tätigkeit in der Schule und in der Familie fort. Wir, die Männer der praktischen Arbeit, stützen die Gesellschaft dadurch, daß wir die Wohlfahrt in möglichst weite Kreise verbreiten; – und unsre Frauen – ja, treten Sie nur näher, meine Damen – unsre Frauen, sag' ich, unsre Frauen und Töchter – ja, wirken Sie nur ungestört weiter im Dienst der Wohltätigkeit, meine Damen, und sei'n Sie im übrigen Ihren Angehörigen eine Hilfe und Stütze – so wie meine teure Betty und Martha es mir und meinem Olaf – *Sieht sich um.* Ja, wo steckt denn Olaf heute?

FRAU BERNICK: Ach, jetzt in den Ferien ist's nicht möglich, ihn im Hause zu halten.

BERNICK: Dann ist er gewiß wieder unten am Wasser! Du sollst sehn, das nimmt noch ein böses Ende!

HILMAR: Pah – ein kleines Spiel mit den Naturkräften –

FRAU RUMMEL: Wie schön von Ihnen, Herr Bernick, daß Sie so viel Familiensinn haben.

BERNICK: Nun, die Familie ist ja doch der Kern der Gesellschaft. Ein trautes Daheim, treue Freunde, ein kleiner enggeschlossener Kreis, in welchen keine störenden Elemente ihren Schatten werfen –

Krapp kommt mit Briefen und Zeitungen von rechts.

KRAPP: Die ausländische Post, Herr Konsul – und ein Telegramm aus New York.

BERNICK *nimmt es:* Ah, von den Reedern der „Gazelle".

RUMMEL: So, ist die Post angekommen? Ja, dann muß ich mich empfehlen.

WIEGELAND: Ich ebenfalls.

ALTSTEDT: Adieu, Herr Konsul.

BERNICK: Adieu, adieu, meine Herren. Und denken Sie daran, daß wir heute nachmittag um fünf Uhr Konferenz haben.

DIE DREI HERREN: Ja; jawohl; versteht sich.

Sie gehn rechts hinaus.

BERNICK *der das Telegramm gelesen hat:* Nein, das ist wirklich echt amerikanisch! Wahrhaft empörend –

FRAU BERNICK: Gott, Richard, was gibt es?

BERNICK: Da sehn Sie, Herr Krapp; lesen Sie!

KRAPP *liest:* „Machen Sie möglichst wenig Reparaturen. Schicken Sie die ‚Gazelle', sobald sie flott ist. Gute Jahreszeit; schwimmt im Notfall auf der Ladung." – Na, das muß ich sagen –

BERNICK: Schwimmt auf der Ladung! Die Herren wissen recht gut, daß das Schiff mit der Ladung untersinkt wie ein Stein, wenn ihm etwas zustößt.

ROHRLAND: Ja, da sieht man, wie es in dieser gepriesenen großen Gesellschaft aussieht.

BERNICK: Da haben Sie recht. Nicht einmal Respekt vor dem Menschenleben, sobald es sich um einen Vorteil handelt. *Zu Krapp:* Kann die „Gazelle" in vier, fünf Tagen in See stechen?

KRAPP: Ja – das heißt, wenn Kaufmann Wiegeland nichts dagegen hat, daß wir die Arbeit auf dem „Palmbaum" solange einstellen.

BERNICK: Hm, das erlaubt er nicht. Nun ... sehen Sie gefälligst die Post durch ... Hören Sie, sahen Sie Olaf nicht unten am Hafen?

KRAPP: Nein, Herr Konsul.

Er tritt in das vordere Zimmer links.

BERNICK *sieht noch einmal in das Telegramm:* Achtzehn Menschenleben auf das Spiel zu setzen, tragen die Herren gar kein Bedenken –

HILMAR: Ih, das ist Seemanns Beruf, den Elementen zu trotzen; es muß etwas Aufregendes darin liegen, so mit einer dünnen Planke zwischen sich und dem Abgrunde –

BERNICK: Ja, den Reeder möcht' ich hier sehn, der sich zu dergleichen verstehn könnte! Nicht e i n e r, nicht ein e i n z i g e r – *Gewahrt Olaf.* Gott sei Dank, da ist er wohlbehalten!

Olaf ist mit der Angelschnur in der Hand die Straße herauf und durch die Gartentür gelaufen.

OLAF *noch im Garten:* Onkel Hilmar, ich war unten und hab' das Dampfschiff gesehn.

BERNICK: Bist du wieder am Hafen gewesen?

OLAF: Nein, ich war nur in einem Kahn. Aber denke dir, Onkel Hilmar, da ist eine ganze Kunstreitergesellschaft mit Pferden und wilden Tieren ans Land gestiegen; und so viele Passagiere –!

FRAU RUMMEL: Gott, sollen wir wirklich Kunstreiter bekommen!

ROHRLAND: W i r? Das denk' ich doch nicht.

FRAU RUMMEL: Nein, w i r natürlich nicht, aber –

DINA: Ich möchte so gerne mal Kunstreiter sehn.

OLAF: Ja, ich auch.

HILMAR: Du bist ein Dummkopf. Ist denn dergleichen sehenswert? Nichts als Dressur! Da ist's doch etwas andres, den Gaucho auf seinem schnaubenden Mustang durch die Pampas jagen zu sehen. Aber du lieber Gott, hier in diesem Buxtehude –

OLAF *zieht Fräulein Bernick am Arm:* Tante Martha, sieh, sieh – da kommen sie!

FRAU HOLT: Ja, bei Gott, da haben wir sie.

FRAU LINGEN: Hu, welch häßliche Menschen!

Eine Menge Passagiere und eine Anzahl Leute aus der Stadt kommen die Straße herauf.

FRAU RUMMEL: Ja, d i e Gaukler scheinen mir von der richtigen Sorte. Sehn Sie die mit dem grauen Kleide, Frau Holt; die trägt die Reisetasche auf dem Rücken.

FRAU HOLT: Richtig ... und noch am Sonnenschirm! Das ist natürlich die Frau des Direktors.

FRAU RUMMEL: Und da ist der Direktor selbst ... der mit dem Barte. Hu, der sieht ja grade aus wie ein Räuber! Blicke nicht hin, Hilda!

FRAU HOLT: Du auch nicht, Nettchen!

OLAF: Mama, sieh, der Direktor grüßt zu uns herauf.

BERNICK: Was tut er?

FRAU BERNICK: Was sagst du, Kind?

FRAU RUMMEL: Ja, bei Gott, da grüßt das Frauenzimmer ebenfalls!

BERNICK: Aber d a s ist doch zu unverschämt!

FRÄULEIN BERNICK *mit einem unwillkürlichen Ausruf:* Ah –!

FRAU BERNICK: Was ist, Martha?

FRÄULEIN BERNICK: O nichts, nichts! Ich glaubte nur –

OLAF *vor Freude schreiend:* Sieh, sieh, da kommen die andern mit den Pferden und wilden Tieren! Und da sind auch die Amerikaner! Und sämtliche Matrosen von der „Gazelle" –

Man hört den „Yankee Doodle" unter Begleitung von Trommel und Klarinette.

HILMAR *hält sich die Ohren zu:* Au, au, au!

ROHRLAND: Ich denke, meine Damen, wir isolieren uns

ein wenig; dies ist nichts für uns. Lassen Sie uns wieder an unsre Arbeit gehen.

FRAU BERNICK: Sollen wir vielleicht die Rouleaus herunterlassen?

ROHRLAND: Ja, das meinte ich damit.

Die Damen nehmen ihre Plätze am Tisch ein. Der Hilfsprediger schließt die Gartentür, zieht den Vorhang vor dieselbe und läßt die Rouleaus an den Fenstern herab. Es entsteht ein Halbdunkel im Salon.

OLAF *hinauslugend:* Mama, jetzt steht die Frau des Direktors am Springbrunnen und wäscht sich das Gesicht.

FRAU BERNICK: Was? Mitten auf dem Markt!

FRAU RUMMEL: Und am hellichten Tage!

HILMAR: Nun, wenn ich mich auf einer Entdeckungsreise in der Wüste befände und eine Zisterne erspähte, würde auch ich kein Bedenken tragen, mich zu – Hu, die entsetzliche Klarinette!

ROHRLAND: Die Polizei hätte wirklich alle Veranlassung, einzuschreiten.

BERNICK: Ih was. Mit Ausländern muß man's so streng nicht nehmen. Diese Leute haben ja nicht das angeborne Schicklichkeitsgefühl, das uns in den richtigen Schranken hält. Lassen wir sie nur über die Schnur hauen. Was kümmert uns das? All dieses Unwesen, das sich wider Anstand und gute Sitte auflehnt, ist glücklicherweise mit unsrer Gesellschaft nicht verwandt, wenn ich mich so ausdrücken darf. – Was soll das?!

Die fremde Dame tritt rasch durch die Tür rechts herein.

DIE DAMEN *erschrocken, aber gedämpft:* Die Kunstreiterin! Die Frau des Direktors!

FRAU BERNICK: Mein Gott, was bedeutet das!

FRÄULEIN BERNICK *aufspringend:* Ah –!

DIE DAME: Guten Tag, liebe Betty! Guten Tag, Martha! Guten Tag, Schwager!

FRAU BERNICK *mit einem Schrei:* Lona –!

BERNICK *einen Schritt zurücktaumelnd:* So wahr ich lebe –!

FRAU HOLT: Mein Gott im Himmel –!

FRAU RUMMEL: Kann es möglich sein –!

HILMAR: O, o!

FRAU BERNICK: Lona –! Bist du's wirklich –?

FRÄULEIN HESSEL: Ob ich's wirklich bin? Ja freilich bin ich's! Ihr dürft mich nur getrost umarmen.

HILMAR: O, o!

FRAU BERNICK: Und nun kommst du hierher –?

BERNICK: – und willst wirklich auftreten –?

FRÄULEIN HESSEL: Auftreten? Wieso auftreten?

BERNICK: Ja, ich meine – bei den Kunstreitern –

FRÄULEIN HESSEL: Hahaha! Bist du verrückt, Schwager? Glaubst du, ich gehöre zu den Kunstreitern? Nein; ich habe allerdings mancherlei Künste geübt und mich in mancherlei Weise lächerlich gemacht –

FRAU RUMMEL: Hm –

FRÄULEIN HESSEL: – aber auf den Pferden habe ich noch nie Kunststücke gemacht.

BERNICK: Also doch nicht –

FRAU BERNICK: Ah, Gott sei Dank!

FRÄULEIN HESSEL: Nein, wir sind wie alle andern anständigen Leute gereist –

FRAU BERNICK: W i r, sagst du?

BERNICK *einen Schritt nähertretend:* Welche w i r?

FRÄULEIN HESSEL: Ich und das Kind, natürlich.

DIE DAMEN *mit einem Ausruf:* Das Kind!

HILMAR: Was!

ROHRLAND: Nun, das muß ich sagen –!

FRAU BERNICK: Aber wen meinst du damit, Lona?

FRÄULEIN HESSEL: Natürlich John; ich habe ja kein andres Kind als John – oder Johann, wie ihr ihn nanntet.

FRAU BERNICK: Johann –!

FRAU RUMMEL *leise zu Frau Lingen:* Der zugrunde gegangne Bruder!

BERNICK *zögernd:* Ist Johann auch gekommen?

FRÄULEIN HESSEL: Jawohl; jawohl; ohne ihn reis' ich doch nicht. Aber ihr macht ja so klägliche Gesichter! Und da sitzt ihr hier im Zwielicht und näht an etwas Weißem. Doch kein Sterbefall in der Familie?

ROHRLAND: Mein Fräulein, Sie befinden sich hier in dem Verein für die moralisch Verdorbenen –

FRÄULEIN HESSEL *halblaut:* Was sagen Sie? Diese feinen Damen wären –?

FRAU RUMMEL: Nein, das ist doch –!

FRÄULEIN HESSEL: Ah, versteh', versteh'! Aber zum Geier, das ist ja Frau Rummel! Und da sitzt ja auch Frau Holt! Nun, wir drei sind keineswegs jünger geworden, seit wir uns das letztemal gesehen... Aber nun hört, ihr lieben Leute: laßt die moralisch Verdorbenen noch einen Tag warten – sie werden darum nicht schlechter werden. Ein so froher Augenblick wie dieser –

ROHRLAND: Eine Heimkehr ist nicht immer ein froher Augenblick.

FRÄULEIN HESSEL: Nicht? Wie verstehn Sie denn Ihre Bibel, Herr Pastor?

ROHRLAND: Ich bin nicht Pastor.

FRÄULEIN HESSEL: Nun, dann werden Sie's gewiß noch einmal. – Aber pfui, pfui – dieses moralische Leinenzeug riecht so verdorben – just wie Leichentücher. Ich bin an die frische Prärieluft gewöhnt...

BERNICK *sich die Stirn trocknend:* Ja, 's ist hier wirklich etwas schwül.

FRÄULEIN HESSEL: Warte, warte; aus diesem Grabgewölbe müssen wir heraus. *Zieht die Rouleaus in die Höhe.* Helles Tageslicht muß hier sein, wenn der gute Junge kommt. Ja, da sollt ihr einen Burschen sehn, der sich gewaschen hat –

HILMAR: O, o!

FRÄULEIN HESSEL *Tür und Fenster öffnend:* – das heißt, n a c h d e m er sich im Hotel gewaschen hat; denn auf dem Dampfschiff ward er rußig wie ein Köhler.

HILMAR: O, o!

FRÄULEIN HESSEL: O, o? Ah, wahrhaftig – ist das nicht –! *Zeigt auf Hilmar und fragt die andern:* Treibt sich der noch hier umher und sagt noch immer „o, o"?

HILMAR: Ich treibe mich nicht umher; ich befinde mich hier meiner Krankheit wegen.

ROHRLAND: Hm, meine Damen, ich glaube nicht –

FRÄULEIN HESSEL *die Olaf erblickt hat:* Ist das der Deine, Betty? – Gib mir die Hand, Kleiner! Oder bist du vielleicht bange vor deiner häßlichen alten Tante?

ROHRLAND *sein Buch unter den Arm nehmend:* Meine Damen, ich glaube nicht, daß hier die Stimmung danach ist, um heute weiterzuarbeiten. Aber morgen kommen wir ja wohl wieder zusammen?

FRÄULEIN HESSEL *während die fremden Damen aufstehen, um sich zu entfernen:* Ja, kommen wir wieder zusammen. Ich werde auf dem Posten sein.

ROHRLAND: Sie? Um Verzeihung, mein Fräulein, was wollen Sie in unserm Verein?

FRÄULEIN HESSEL: Ihn auslüften, Herr Pastor!

ZWEITER AUFZUG

Gartensalon im Hause des Konsuls Bernick. Frau Bernick sitzt mit einer Näharbeit allein am Arbeitstisch. Kurz nachher kommt Konsul Bernick mit Stock und Handschuhen und dem Hut auf dem Kopf von rechts.

FRAU BERNICK: Du kommst schon nach Hause, Richard?

BERNICK: Ja. Ich habe jemanden hierherbestellt.

FRAU BERNICK *seufzend:* Ach ja – Johann wird ja wohl wiederkommen.

BERNICK: Freilich. *Stellt den Hut auf einen Tisch.* Wo sind heute all die Damen?

FRAU BERNICK: Frau Rummel und Hilda hatten keine Zeit.

BERNICK: So? Ließen absagen?

FRAU BERNICK: Ja; sie hätten so viel im Hause zu tun!

BERNICK: Versteht sich... Und die andern kommen natürlich auch nicht?

FRAU BERNICK: Nein – auch die sind heute verhindert.

BERNICK: Das hätten wir uns vorhersagen können. Wo ist Olaf?

FRAU BERNICK: Ich ließ ihn ein wenig mit Dina ausgehn.

BERNICK: Hm ... Dina ... dieses leichtsinnige Mädchen... Daß sie sich gestern gleich so viel mit Johann abgeben konnte –!

FRAU BERNICK: Aber, lieber Richard, Dina weiß ja gar nicht –

BERNICK: Aber dann hätte Johann wenigstens soviel Takt haben sollen, ihr keine Aufmerksamkeiten zu erweisen. Wenn du gesehn hättest, was für Augen Kaufmann Wiegeland machte!

FRAU BERNICK *die Näharbeit in den Schoß legend:* Richard, kannst du dir denken, was sie hier in der Heimat wollen?

BERNICK: Hm; er hat ja eine Farm da drüben, mit der es wohl nicht besonders geht; und sie spielte darauf an, daß sie nicht auf dem ersten Platze reisen könnten –

FRAU BERNICK: Ja, es muß wohl so etwas sein. Aber daß sie mitgekommen ist. Sie! Nach jener blutigen Beschimpfung, die sie dir angetan –!

BERNICK: Ach, denk doch nicht mehr an diese alten Geschichten.

FRAU BERNICK: Wie kann ich gegenwärtig an etwas andres denken? Er ist ja doch mein Bruder ... ja, nicht um seinetwillen ... aber all die Unannehmlichkeiten, die dir das bereiten würde... Richard, mir ist so schrecklich ängstlich zumute...

BERNICK: Warum denn?

FRAU BERNICK: Könnte man nicht darauf verfallen, ihn wegen des Geldes, das deiner Mutter wegkam, zu verhaften?

BERNICK: Ach, dummes Zeug! Wer kann beweisen, daß Geld weggekommen ist?

FRAU BERNICK: Mein Gott, das weiß ja doch leider die ganze Stadt; und du selbst hast ja gesagt –

BERNICK: Nichts habe ich gesagt. Was weiß die Stadt von solchen Dingen! Es waren alles nur leere Gerüchte.

FRAU BERNICK: Oh, wie großmütig du bist, Richard!

BERNICK: Laß mich in Ruh mit diesen Erinnerungen, sag' ich dir! Du weißt nicht, wie du mich quälst, indem du das alles wieder hervorziehst. *Er geht auf und ab, dann wirft er den Stock von sich.* Daß sie auch gerade jetzt zurückkehren mußten – jetzt, da ich in der Stadt sowohl wie in der Presse einer ungetrübt guten Stimmung bedarf. Die Blätter der Nachbarstädte werden von hier aus Korrespondenzen bringen. Ob ich sie gut oder schlecht empfange – gleichviel, man wird die Sache drehn und deuteln. Man wird all diese alten Geschichten wieder aufrühren – just wie du es tust. In einer Gesellschaft wie der unsern – *Wirft die Handschuhe auf den Tisch.* Und keinen Menschen habe ich, mit dem ich reden und bei dem ich eine Stütze suchen könnte.

FRAU BERNICK: Gar niemand, Richard?

BERNICK: Nein – wen denn zum Beispiel? – Daß sie mir auch gerade jetzt auf den Hals kommen! Kein Zweifel, daß sie Skandal machen werden, so oder so – namentlich sie. Ist es da nicht ein Unglück, solche Menschen in seiner Familie zu haben!

FRAU BERNICK: Ja, ich kann nicht dafür, daß –

BERNICK: Wofür kannst du nicht? Daß du mit ihnen verwandt bist?... Sehr wahr – dafür kannst du nicht.

FRAU BERNICK: Und ich habe sie auch nicht gebeten, zurückzukehren.

BERNICK: Siehst du – da haben wir's! Ich habe sie nicht gebeten, zurückzukehren – ich hab' ihnen nicht geschrieben – ich habe sie nicht zurückgeholt! Oh, ich weiß die ganze Litanei auswendig.

FRAU BERNICK *in Weinen ausbrechend:* Aber du bist auch so unfreundlich –

BERNICK: So ist's recht: weine nur, damit man in der

Stadt auch d a v o n reden kann... Laß das kindische Benehmen, Betty. Setz dich draußen hin; hier könnte jemand kommen. Soll man vielleicht die Frau Konsul Bernick mit roten Augen sehn? Ja, das wäre herrlich, wenn's unter die Leute käme, daß... Da hör' ich jemand im Flur! *Es klopft.* Herein!

Frau Bernick geht mit ihrer Näharbeit auf die Gartentreppe hinaus. Auler kommt von rechts.

AULER: Guten Tag, Herr Konsul.

BERNICK: Guten Tag. Nun, Sie werden wohl erraten haben, weshalb ich Sie bestellt?

AULER: Der Prokurist sagte mir gestern, Sie würden unzufrieden damit sein, wenn –

BERNICK: Mit der ganzen Wirtschaft auf der Werft bin ich unzufrieden, Auler. Die Arbeit schreitet ja gar nicht fort. Der „Palmbaum" müßte schon längst flott sein. Kaufmann Wiegeland quält mich in einem fort; der ist ein sehr lästiger Mitreeder.

AULER: Der „Palmbaum" kann übermorgen in See stechen.

BERNICK: Na, endlich! Aber der Amerikaner, die „Gazelle", welche seit fünf Wochen hier liegt, und –

AULER: Der Amerikaner? Ich hab' es so verstanden, als ob wir z u n ä c h s t all unsre Kräfte auf Ihr eignes Schiff verwenden sollten.

BERNICK: Das zu glauben hab' ich Ihnen gar keine Veranlassung gegeben. Auch der Amerikaner sollte so rasch wie möglich repariert werden; aber es geschieht nicht.

AULER: Der Boden des Schiffes ist total verfault, Herr Konsul; je mehr wir daran flicken, desto ärger wird's.

BERNICK: Das ist der Grund nicht. Krapp hat mir gesagt, woran es liegt. Sie verstehn mit den neuen Maschinen, die ich angeschafft, nicht zu arbeiten – oder vielmehr, Sie w o l l e n nicht damit arbeiten.

AULER: Herr Konsul, ich bin nun schon hoch in den Fünfzigern; von frühster Jugend her bin ich an die alte Arbeitsweise gewöhnt –

BERNICK: Die können wir heutzutage nicht mehr brauchen. Sie müssen nicht denken, Auler, es sei mir um den Vorteil zu tun; den hab' ich glücklicherweise nicht nötig; aber ich muß Rücksicht nehmen auf die Gesellschaft, in der ich lebe, und auf das Etablissement, an dessen Spitze ich stehe. Von m i r muß der Fortschritt ausgehn, oder – es bleibt stets beim alten.

AULER: Ich will ja auch gern den Fortschritt, Herr Konsul –

BERNICK: Ja, für Ihren beschränkten Kreis, für den Arbeiterstand. Oh, ich bin von Ihren Agitationen unterrichtet; Sie halten Reden; Sie wiegeln die Leute auf; Sie wühlen; aber handelt es sich um einen handgreiflichen Fortschritt, wie jetzt bei unsern Maschinen, dann wollen Sie nicht mittun – dann wird Ihnen angst und bange.

AULER: Ja, mir wird wirklich angst und bange, Herr Konsul; mir wird bange um die vielen Arbeiter, denen die Maschinen ihr Brot nehmen. Sie reden so oft davon, Herr Konsul, daß man Rücksicht auf die Gesellschaft nehmen müsse; aber ich denke, die Gesellschaft hat auch ihre Pflichten. Wie dürfen die Gelehrsamkeit und das Kapital die neuen Erfindungen einführen, ehe die Gesellschaft sich ein Geschlecht erzogen hat, das sie gebrauchen kann?

BERNICK: Sie lesen und grübeln zuviel, Auler; das bekommt Ihnen nicht gut; das macht Sie unzufrieden mit Ihrer Stellung.

AULER: D a s nicht, Herr Konsul; aber ich kann es nicht ruhig mitansehn, daß dieser Maschinen wegen ein braver Arbeiter nach dem andern entlassen und brotlos gemacht wird.

BERNICK: Hm; als die Buchdruckerkunst erfunden ward, wurde gar mancher Schreiber brotlos.

AULER: Würden Sie, Herr Konsul, sich über diese Kunst gefreut haben, wenn Sie damals Schreiber gewesen wären?

BERNICK: Ich habe Sie nicht hierherbestellt, um mit Ihnen zu disputieren. Ich habe Sie rufen lassen, um Ihnen zu sagen, daß die „Gazelle" übermorgen unter Segel gehn muß.

AULER: Aber, Herr Konsul –

BERNICK: Hören Sie: übermorgen! Gleichzeitig mit unserm eignen Schiffe; keine Stunde später. Ich habe meine guten Gründe, die Sache zu beschleunigen. Haben Sie die Morgenzeitung gelesen?... Nun, so wissen Sie, daß die Amerikaner wieder tolle Streiche gemacht. Dieses ruchlose Gesindel stellt die ganze Stadt auf den Kopf; keine Nacht vergeht, ohne daß in den Wirtshäusern und auf der Straße Schlägereien stattfinden – von allen andern Nichtswürdigkeiten gar nicht zu reden.

AULER: Ja, es ist ein böses Volk.

BERNICK: Und wen macht man für dieses Unwesen verantwortlich? Mich! Ja, m i c h läßt man's entgelten. Diese Zeitungsschreiber schimpfen mich in verblümter Weise aus, weil wir die ganze Arbeitskraft auf den „Palmbaum" verwenden. Ich, der die Aufgabe hat, durch die Macht des Beispiels auf meine Mitbürger zu wirken, muß mir dergleichen ins Gesicht schleudern lassen! Das duld' ich nicht. Damit ist mir nicht gedient, daß solcherart mein Name beschmutzt wird.

AULER: Oh, Ihr Name, Herr Konsul, ist so gut, daß er dies und noch viel mehr ertragen kann.

BERNICK: Gegenwärtig nicht; grade jetzt bedarf ich all der Achtung und des Wohlwollens, das meine Mitbürger mir schenken können. Ich habe ein großes Unternehmen vor, wie Sie wohl gehört haben werden; und gelingt es böswilligen Menschen, das unbedingte Vertrauen zu meiner Person zu erschüttern, so können mir daraus die größten Schwierigkeiten erwachsen. Deshalb will ich mich um jeden Preis diesen boshaften, verleumderischen Zeitungsschreibereien entziehen, und darum hab' ich die Frist auf übermorgen festgesetzt.

AULER: Herr Konsul, Sie könnten die Frist ebensogut auf heute nachmittag festsetzen.

BERNICK: Meinen Sie, ich verlange Unmögliches?

AULER: Ja – bei der Arbeiterzahl, die wir jetzt haben –

BERNICK: Gut, gut: – dann müssen wir uns anderweitig umsehn.

AULER: Wollen Sie wirklich noch mehr von den alten Arbeitern entlassen?

BERNICK: Nein, denke nicht daran.

AULER: Denn ich glaube, es würde böses Blut machen, wenn Sie das täten – in der Stadt sowohl wie in den Zeitungen.

BERNICK: Nicht unmöglich; deshalb lassen wir's auch bleiben. Aber ist die „Gazelle" übermorgen nicht segelklar, so entlasse ich Sie.

AULER *zusammenfahrend:* Mich! *Lächelt:* Das ist doch wohl nur Scherz, Herr Konsul.

BERNICK: Glauben Sie das nicht.

AULER: Sie könnten wirklich daran denken, mich zu entlassen? Mich, dessen Vater und Großvater ihr ganzes Leben lang auf der Werft gearbeitet haben und der ich selbst –

BERNICK: Wer zwingt mich dazu?

AULER: Sie verlangen Unmögliches, Herr Konsul.

BERNICK: Ach, guter Wille kennt nichts Unmögliches. Ja oder nein! Geben Sie mir eine bestimmte Antwort oder Sie haben Ihre Entlassung sofort.

AULER *einen Schritt nähertretend:* Herr Konsul, haben Sie es wohl erwogen, was es heißt, einen alten Arbeiter zu entlassen? Meinen Sie, er brauche sich nur nach andrer Arbeit umzutun? O ja, das kann er. Aber ist die Sache damit abgetan? Sie sollten einmal in dem Hause eines solchen entlassenen Arbeiters sein an dem Abend, wo er heimkommt und seine Gerätschaften hinter die Tür stellt.

BERNICK: Glauben Sie, ich entlasse Sie leichten Herzens? Bin ich nicht stets ein humaner, billig denkender Arbeitgeber gewesen?

AULER: Um so schlimmer, Herr Konsul. Eben darum werden die Meinigen daheim nicht Ihnen die Schuld geben. Sie werden mir nichts sagen, denn dazu haben sie nicht das Herz; aber sie werden mich, wenn ich's nicht merke, fragend ansehn und bei sich denken: er muß es doch wohl verdient haben. Sehn Sie, das – das kann ich nicht ertragen. Wie gering ein Mann wie ich auch ist, so bin ich doch immer gewohnt gewesen, als das Haupt meiner Familie betrachtet zu werden. Mein bescheidenes Daheim bildet auch eine kleine Gesellschaft. Und diese kleine Gesellschaft hab' ich nur stützen und aufrechterhalten können, weil meine Frau und meine Kinder an mich glaubten... Und nun soll das alles zusammenfallen?

BERNICK: Ja, wenn's nicht anders geht, muß das Kleinere des Größern wegen fallen; das einzelne mag in Gottes Namen der Allgemeinheit geopfert werden. Eine andre Antwort kann ich Ihnen nicht geben, und anders geht's auch nicht in der Welt. Aber Sie sind ein halsstarriger Mann, Auler! Sie opponieren mir, nicht weil Sie nicht anders können, sondern weil sich die Überlegenheit der Maschinen über die Handarbeit nicht dokumentieren soll.

AULER: Und Sie halten daran fest, Herr Konsul, weil Sie wissen, daß die Presse, wenn Sie mich fortjagen, wenigstens Ihren guten Willen anerkennen wird.

BERNICK: Und wenn dem so wäre? Sie hören ja, um was es sich handelt – es gilt, die Presse mir entweder auf den Leib zu hetzen oder sie wohlwollend gegen mich zu stimmen in dem Augenblick, wo ich im Interesse des Gemeinwohls an einer großen Sache arbeite. Ich bitte Sie – kann ich da anders handeln? Ich versichere Sie, die Frage dreht sich darum, entweder Ihr Daheim aufrechtzuerhalten, wie Sie's nennen, oder vielleicht Hunderte von neuen Heimstätten niederzuhalten – Heimstätten, die niemals gegründet werden können, niemals einen rauchenden Schornstein erhalten werden, wenn es mir nicht glückt, das durchzusetzen, was ich jetzt in die Hand genommen... Darum hab' ich Sie vor diese Wahl gestellt.

AULER: Wenn es so steht, dann hab' ich nichts mehr zu sagen.

BERNICK: Hm... Mein lieber Auler, es tut mir aufrichtig leid, daß wir uns trennen müssen.

AULER: Wir trennen uns nicht, Herr Konsul.

BERNICK: Wieso?

AULER: Ein einfacher Mann hat auch etwas aufrechtzuerhalten hier in der Welt.

BERNICK: Jawohl, jawohl... Sie meinen also, Sie könnten versprechen –?

AULER: Die „Gazelle" wird übermorgen segelfertig sein.

Er grüßt und geht rechts hinaus.

BERNICK: Aha, den steifen Nacken hab' ich doch gebeugt. Das betracht' ich als eine gute Vorbedeutung –

Hilmar, die Zigarre im Munde, kommt durch die Gartentür.

HILMAR *auf der Gartentreppe:* Guten Tag, Betty! Guten Tag, Bernick!

FRAU BERNICK: Guten Tag.

HILMAR: Na, du hast ja geweint, seh' ich. Du weißt es also?

FRAU BERNICK: Was soll ich wissen?

HILMAR: Daß der Skandal im besten Zuge ist. O, o!

BERNICK: Was sagst du?

HILMAR *kommt herein:* Ja, die beiden Amerikaner spazieren auf den Straßen umher und zeigen sich in Dinas Gesellschaft.

FRAU BERNICK *ihm folgend:* Aber, Hilmar, kann's möglich sein –?

HILMAR: Ja leider ... die reinste Wahrheit. Lona trieb sogar die Taktlosigkeit so weit, mir nachzurufen; aber ich tat natürlich, als hörte ich's nicht.

BERNICK: Und das ist gewiß nicht unbemerkt geblieben.

HILMAR: Das kannst du dir denken. Die Leute blieben stehen, um ihnen nachzusehn. Es war, als hätte sich die Kunde wie ein Lauffeuer durch die Stadt verbreitet – so ungefähr wie ein großer Präriebrand. In allen Häusern standen die Leute an den Fenstern und warteten darauf, daß der Zug vorbeikäme; hinter den Gardinen Kopf an Kopf – o, o! Du mußt entschuldigen, Betty, daß ich o, o! sage; denn so etwas macht mich nervös ... geht das so fort, so seh' ich mich genötigt, eine längere Reise zu unternehmen.

FRAU BERNICK: Aber du hättest ihm doch zureden und ihm vorstellen sollen –

HILMAR: Auf offner Straße? Da mußt du wirklich entschuldigen... Aber daß der Mensch sich überhaupt hier in der Stadt zu zeigen wagt!... Na, wollen sehn, ob ihm die Presse nicht einen Dämpfer aufsetzt; ja, entschuldige, Betty, aber –

BERNICK: Die Presse, sagst du? Hast du Anspielungen der Art gehört?

HILMAR: Ja, es liegt so etwas in der Luft. Als ich euch gestern abend verließ, schlug ich den Weg nach dem Klub ein, um meine Krankheit zu pflegen. An dem Schweigen, das eintrat, merkte ich deutlich, daß die beiden Amerikaner auf dem Tapet gewesen. Da kommt der unverschämte Redakteur Hammer herein und beglückwünscht mich ganz laut zu der Heimkehr meines reichen Vetters.

BERNICK: Reich –?

HILMAR: Ja, so drückte er sich aus. Ich maß ihn natürlich mit einem wohlverdienten Blick und gab ihm zu verstehen, daß mir von dem Reichtum des Herrn Johann Tönnesen nichts bekannt sei. „So", sagte er, „das ist merkwürdig; in Amerika pflegt man doch zu etwas zu kommen, wenn man etwas zum Anfang hat, und Ihr Vetter reiste ja nicht mit leeren Händen hinüber."

BERNICK: Hm, tu mir den Gefallen –

FRAU BERNICK *bekümmert:* Da siehst du, Richard –

HILMAR: Ja, jedenfalls hab' ich dieser Person wegen eine schlaflose Nacht gehabt. Und da promeniert er sogar mit einem Gesicht in den Straßen umher, als sei ihm nichts passiert. Warum kam uns der teure Verwandte nicht g a n z abhanden? Es ist unglaublich, welch ein zähes Leben gewisse Menschen haben.

FRAU BERNICK: Gott, Hilmar, was sagst du da?

HILMAR: Ich sage nichts. Aber allen Eisenbahnkatastrophen und sämtlichen Überfällen der kalifornischen Bären und der Schwarzfußindianer ist er mit heiler Haut entschlüpft; nicht einmal skalpiert – O, o, da haben wir sie.

BERNICK *die Straße hinaufblickend:* Und Olaf ist auch bei ihnen!

HILMAR: Natürlich. Sie müssen doch die Leute daran erinnern, daß sie zu der ersten Familie der Stadt gehören... Sieh, sieh, da kommen sämtliche Bummler aus der Apotheke und gucken und machen ihre Bemerkungen. Dies ist wirklich nichts für m e i n e Nerven; wie man unter solchen Umständen das geistige Banner hochhalten soll, das –

BERNICK: Sie kommen direkt hierher. Nun höre, Betty, es ist mein bestimmter Wunsch, daß du so freundlich wie möglich gegen sie bist.

FRAU BERNICK: Erlaubst du das, Richard?

BERNICK: Gewiß; gewiß. Und du auch, Hilmar. Hoffentlich bleiben sie nicht lange hier; und wenn wir unter uns sind ... keine Anspielungen ... wir dürfen sie in keiner Weise beleidigen.

FRAU BERNICK: O Richard, wie großmütig du bist!

BERNICK: Nu, nu, laß gut sein.

FRAU BERNICK: Nein, laß mich dir danken; und verzeihe, daß ich vorhin so heftig wurde. Oh, du hattest ja allen Grund zu –

BERNICK: Schon gut, schon gut, sag' ich!

HILMAR: O, o!

Johann Tönnesen und Dina, dann Lona Hessel und Olaf kommen durch den Garten.

FRÄULEIN HESSEL: Guten Tag, guten Tag, ihr lieben Leute.

JOHANN: Nun sind wir draußen gewesen, Richard, und haben uns an all den alten Plätzen umgesehen.

BERNICK: Ja, das hör' ich. Manche Veränderung, nicht wahr?

FRÄULEIN HESSEL: Überall Konsul Bernicks große und schöne Taten ... Wir sind auch oben in den Anlagen gewesen, die du der Stadt geschenkt hast –

BERNICK: Wie, d o r t?

FRÄULEIN HESSEL: „Geschenk des Konsuls Bernick", wie über dem Eingang steht. Ja, du bist wohl der erste Mann hier in der Stadt –

JOHANN: Und prächtige Schiffe hast du auch. Ich traf den Kapitän vom „Palmbaum", meinen alten Schulkameraden –

FRÄULEIN HESSEL: Und ein neues Schulhaus hast du ja auch gebaut –

JOHANN: Und sowohl die Wasserleitung wie die Gasanstalt hat dir die Stadt zu verdanken, wie ich höre.

BERNICK: Nun, man muß doch für die Gesellschaft wirken, in der man lebt.

FRÄULEIN HESSEL: Das ist schön, Schwager; aber es ist auch eine Freude zu hören, wie die Leute von dir reden. Ich bin nicht eitel, glaub' ich; aber ich konnt' es mir nicht versagen, den einen oder andern, mit dem wir sprachen, daran zu erinnern, daß wir zu der Familie gehören.

HILMAR: O, o –!

FRÄULEIN HESSEL: Sagst du wieder o, o?

HILMAR: Nein, ich sagte aha!...

FRÄULEIN HESSEL: Übrigens soll dich nichts daran hindern, du Ärmster... Aber heute seid ihr wohl ganz allein?

FRAU BERNICK: Ja, heute sind wir allein.

FRÄULEIN HESSEL: Richtig, auf dem Markte begegneten wir einigen dieser Moralischen; sie taten, als hätten sie es sehr eilig... Aber wir haben ja noch gar nicht ordentlich miteinander plaudern können; gestern waren ja diese drei Bahnbrecher hier, und dann hatten wir den Pastor –

HILMAR: Hilfsprediger.

FRÄULEIN HESSEL: I c h sage Pastor... Aber was haltet

ihr nun von m e i n e m Werke? Ist er nicht ein wackerer Bursch geworden? Wer würde in ihm den Wildfang wiedererkennen, der vor fünfzehn Jahren fortlief?

HILMAR: Ah –!

JOHANN: Ach, Lona, prahle doch nicht zu stark!

FRÄULEIN HESSEL: Wie, ich sollte nicht stolz auf dich sein? Herrgott, du bist ja das einzige, was ich hier in der Welt ausgerichtet habe –

HILMAR: Ausgerichtet – o, o!

FRÄULEIN HESSEL: Ja, Johann, wenn ich daran denke, wie wir beide da drüben mit unsern leeren vier Händen anfingen –

HILMAR: Leer? Da muß ich doch sagen –!

FRÄULEIN HESSEL: Was mußt du sagen?

BERNICK: Hm!

HILMAR: Da muß ich doch sagen – o, o!

Er geht auf die Gartentreppe hinaus.

FRÄULEIN HESSEL: Was hat denn der Mensch?

BERNICK: Ach, laß ihn; er ist gegenwärtig etwas nervös. Aber willst du dich nicht ein wenig im Garten umsehn? Du bist ja noch gar nicht darin gewesen, und ich habe grade eine Stunde frei.

FRÄULEIN HESSEL: Mit Vergnügen; ihr könnt mir's glauben, gar oft bin ich in Gedanken hier bei euch im Garten gewesen.

FRAU BERNICK: Du wirst sehn, auch dort sind große Veränderungen vorgenommen.

Der Konsul, seine Frau und Fräulein Hessel gehen in den Garten, worin man sie während des Folgenden von Zeit zu Zeit bemerkt.

OLAF *in der Gartentür:* Onkel Hilmar, weißt du, was Onkel Johann mich fragte? Er fragte, ob ich mit ihm nach Amerika gehn wollte.

HILMAR: Du Dummkopf, der noch an Mutters Unterrock hängt –?

OLAF: Ja, das will ich aber nicht mehr. Du sollst sehn, wenn ich mal groß bin –

HILMAR: Ach, papperlapapp! Du fühlst keinen ernstlichen Drang in dir zu jenen großen nervenaufregenden Taten, welche –

Sie gehn zusammen in den Garten hinunter.

JOHANN *zu Dina, welche den Hut abgenommen hat, in der Tür rechts steht und den Staub von ihrem Kleide klopft:* Sie sind durch diese Tour ordentlich warm geworden.

DINA: Ja, es war eine schöne Tour ... einen so schönen Spaziergang hab' ich noch nie gemacht.

JOHANN: Pflegen Sie vielleicht am Vormittag nicht oft spazierenzugehn?

DINA: Ja; aber nur mit Olaf.

JOHANN: So. – Möchten Sie vielleicht lieber in den Garten gehn?

DINA: Nein, ich bleibe lieber hier.

JOHANN: Ich auch... Es ist also abgemacht, daß wir jeden Morgen eine solche Tour zusammen machen...

DINA: Nein, Herr Tönnesen, tun wir das lieber nicht.

JOHANN: Warum nicht? Sie versprachen's doch.

DINA: Ja ... aber ... nachdem ich darüber nachgedacht... Sie müssen nicht mit mir ausgehn.

JOHANN: Aber warum nicht?

DINA: Weil... Sie sind hier fremd, Sie können das nicht begreifen; aber ich will's Ihnen sagen –

JOHANN: Nun?

DINA: Nein, ich will doch lieber nicht davon sprechen.

JOHANN: Nur immerhin; mit mir können Sie ganz ungeniert reden, was es auch sei.

DINA: Ja, ich muß Ihnen sagen ... ich bin nicht wie die andern jungen Mädchen; es ist etwas – so etwas an mir... Darum müssen Sie's nicht tun.

JOHANN: Aber von alledem versteh' ich gar nichts... Sie haben doch nichts Böses getan?

DINA: I c h nicht; aber... Nein, nun wollen wir nicht mehr davon reden. Sie werden es schon von den andern erfahren.

JOHANN: Hm.

DINA: Aber wegen etwas a n d e r m möcht' ich Sie gern befragen.

JOHANN: Und was ist das?

DINA: Es soll ja so leicht sein, da drüben in Amerika etwas Ordentliches zu werden?

JOHANN: Nun, sehr leicht ist es grade nicht immer; man muß im Anfang oft recht hart arbeiten.

DINA: Eben das möcht' ich gern –

JOHANN: Sie?

DINA: Oh, ich verstehe zu arbeiten; ich bin gesund und stark, und Tante Martha hat mich in vielem unterrichtet.

JOHANN: Aber zum Geier, so reisen Sie mit uns!

DINA: Ach, da scherzen Sie doch nur; das sagten Sie zu Olaf auch. Aber was ich wissen wollte, war, ob die Menschen da drüben sehr – gar sehr moralisch sind?

JOHANN: Moralisch?

DINA: Ja, ich meine, ob sie so – so anständig und honett sind wie hier.

JOHANN: Nun, sie sind jedenfalls nicht so schlecht, wie man hier glaubt. Davor brauchen Sie nicht bange zu sein.

DINA: Sie verstehn mich nicht. Im Gegenteil, ich wünschte, sie wären n i c h t so sehr anständig und moralisch.

JOHANN: Nicht? Und wie sollten sie denn sein?

DINA: Ich wollte, sie wären natürlich...

JOHANN: Ja ja, grade d a s dürften sie wohl sein.

DINA: Denn dann wäre es gut für mich, wenn ich hinkommen könnte.

JOHANN: Ja freilich; und darum reisen Sie mit uns.

DINA: Nein, nicht mit Ihnen; ich müßte allein reisen. Oh, ich würd' es schon zu etwas bringen; ich würde schon brav werden –

BERNICK *vor der Gartentreppe bei den beiden Damen:* Bleib, bleib; ich will ihn holen, liebe Betty. Du könntest dich so leicht erkälten.

Er kommt in den Salon und sucht den Schal seiner Frau.

FRAU BERNICK *draußen im Garten:* Du mußt auch mitkommen, Johann; wir wollen hinunter in die Grotte gehn.

BERNICK: Nein, Johann muß nun hierbleiben. Da, Dina; bring meiner Frau den Schal und begleite sie. Johann bleibt hier bei mir, liebe Betty. Ich muß mich doch ein wenig über die Verhältnisse da drüben unterrichten lassen.

FRAU BERNICK: Ja ja; aber komm gleich nach; du weißt ja, wo wir sind.

Frau Bernick, Fräulein Hessel und Dina gehen links den Garten hinunter.

BERNICK *sieht ihnen einen Augenblick nach, schließt die oberste Tür links, tritt dann zu Johann, ergreift seine beiden Hände und schüttelt und drückt sie:* Johann, endlich sind wir allein; und nun laß mich dir danken!

JOHANN: Wofür?!

BERNICK: Haus, Heimat und Familienglück – meine ganze bürgerliche Stellung in der Gesellschaft – alles verdanke ich dir!

JOHANN: Nun, das freut mich, lieber Richard. Sie hat sich also zum Guten gewendet, jene tolle Geschichte...

BERNICK *schüttelt ihm wieder die Hände:* Dank, herzlichsten Dank. Nicht e i n e r unter Tausenden hätte getan, was du damals für mich tatest!

JOHANN: War auch was Rechtes! Waren wir nicht beide jung und leichtsinnig? Einer von uns mußte ja doch die Schuld auf sich nehmen –

BERNICK: Aber wer war ihr näher als der Schuldige?

JOHANN: Halt! Damals war der Unschuldige ihr am nächsten. Ich war elternlos, frank und frei. Du dagegen hattest noch deine alte Mutter am Leben; und zudem hattest du dich grade heimlich mit Betty verlobt, die so sehr an dir hing. Was wäre aus ihr geworden, wenn sie erfahren –?

BERNICK: Freilich, freilich, freilich; aber –

JOHANN: Und geschah's nicht just Bettys halber, daß du mit Frau Dorff brachest? Und nur um der Sache ein für allemal ein Ende zu machen, warst du an jenem Abend –

BERNICK: Ja, jener unglückselige Abend, als der betrunkene Mensch nach Hause kam –! Gewiß, Johann, es geschah Bettys halber; und dennoch – daß du so großmütig die Schande auf dich nehmen und fortreisen konntest –

JOHANN: Keine Skrupel, lieber Richard. Wir machten ja miteinander aus, daß es so sein sollte; gerettet mußtest du ja doch werden – und warst du nicht mein Freund? Wie stolz war ich auf diese Freundschaft! Hier ging ich armer Duckmäuser unter der Last meiner Kontorarbeit einsam umher – da kommst du, fein und vornehm, von deiner großen Reise ins Ausland zurück; warst in London und Paris gewesen. Und da wählst du mich zu deinem Umgangsfreunde, obschon ich vier Jahre jünger war als du – ja, das geschah nun freilich, weil du Betty den Hof machtest; das ist mir jetzt klar. Aber wie stolz war ich darauf! Und wer wäre das nicht gewesen? Wer würde sich nicht gern geopfert haben – namentlich da es sich um weiter nichts als einige Wochen Stadtklatsch handelte und man zugleich hinauslaufen konnte in die weite Welt...

BERNICK: Hm, mein lieber Johann, ich will dir's aufrichtig gestehn: so ganz ist die Geschichte j e t z t noch nicht vergessen.

JOHANN: Nicht? Na, was liegt mir daran, wenn ich wieder da drüben auf meiner Farm sitze –?

BERNICK: Du reisest also wieder zurück?

JOHANN: Versteht sich.

BERNICK: Aber doch hoffentlich nicht so bald?

JOHANN: Sobald als möglich. Ich bin ja nur Lona zu Gefallen mit herübergekommen.

BERNICK: So? ... Aber wie –?

JOHANN: Ja, siehst du, Lona ist nicht mehr jung, und in der letzten Zeit begann sie sehr an Heimweh zu leiden; aber sie wollt' es nie gestehn; *lächelt:* wie durfte sie's wagen, mich leichtsinnigen Burschen allein zurückzulassen – mich, der schon mit neunzehn Jahren sich abgegeben hatte mit –

BERNICK: Und da?

JOHANN: Ja, Richard, jetzt komm' ich mit einer Beichte, die mich tief beschämt.

BERNICK: Du hast ihr doch nicht gesagt, wie's sich eigentlich verhält?

JOHANN: Ja, das hab' ich. Es war unrecht von mir; aber ich konnte nicht anders. Du machst dir keine Vorstellung davon, was Lona mir gewesen. Du hast sie nie leiden mögen; aber mir ist sie eine Mutter gewesen. In den ersten Jahren, als es uns drüben so ärmlich ging – wie hat sie da nicht gearbeitet! Und als ich dann lange Zeit krank war und nichts verdiente – da ging sie hin (ich konnt' es nicht hindern) und sang und hielt humoristische Vorträge in den Kaffeehäusern; und dann schrieb sie ein Buch, über dem sie hernach weinte und lachte – alles, um mich am Leben zu erhalten. Konnte ich's da mitansehn, daß sie umherging und von Heimweh verzehrt wurde – sie, die für mich gearbeitet und gedarbt hatte? Nein, Richard, das konnt' ich nicht. Und da sagte ich zu ihr: Reise nur, Lona; um m i c h sei nicht besorgt; ich bin nicht so leichtsinnig, wie du glaubst... Und da – da hat sie's erfahren.

BERNICK: Und wie nahm sie's auf?

JOHANN: Nun, sie meinte – und mit Recht –, wenn ich mich unschuldig wüßte, so könnt' ich ja nichts dagegen haben, einen kleinen Abstecher mit hinüberzumachen... Aber sei nur unbesorgt: Lona schweigt, und i c h werde meinen Mund schon zum zweitenmal hüten.

BERNICK: Ja ja, darauf verlass' ich mich.

JOHANN: Hier ist meine Hand. Und nun wollen wir von der alten Geschichte nicht mehr reden; zum Glück ist's der einzige dumme Streich, dessen wir uns schuldig gemacht... Aber nun will ich die wenigen Tage, die ich hier zubringe, ordentlich genießen. Du kannst dir nicht denken, welch eine prächtige Tour wir heute morgen gemacht. Wer hätte geglaubt, daß das kleine Dirnchen, das hier herumlief und Engelchen auf dem Theater spielte –! Aber so sage mir doch – was wurde später aus ihren Eltern?

BERNICK: Ach, mein Bester, da kann ich dir weiter nichts sagen, als was ich dir gleich nach deiner Abreise schrieb – ja, du hast die beiden Briefe doch erhalten?

JOHANN: Gewiß, gewiß; und ich habe sie noch beide. Der Trunkenbold von Ehemann ließ sie also im Stich?

BERNICK: Und brach später irgendwo den Hals.

JOHANN: Sie starb ja auch wohl kurz nachher? Aber du tatest doch für sie, was sich unter der Hand machen ließ?

BERNICK: Sie war stolz; sie verriet nichts, wollte aber auch nichts annehmen.

JOHANN: Nun, es war jedenfalls recht von dir, daß du Dina ins Haus nahmst.

BERNICK: Jawohl, jawohl... Übrigens war es eigentlich Martha, welche das durchsetzte.

JOHANN: So, Martha? Ja, Martha ... es ist wahr ... wo ist sie heute?

BERNICK: Oh, die ... wenn sie keinen Unterricht gibt, hat sie ihre Kranken.

JOHANN: Also Martha hat sich ihrer angenommen...

BERNICK: Sie hatte ja von jeher ein gewisses Faible für das Erziehungswesen. Deshalb hat sie auch eine Stelle an der Volksschule angenommen. Das war eine kapitale Dummheit von ihr.

JOHANN: Ja, sie sah gestern sehr angegriffen aus; ich fürchte auch, ihre Gesundheit hält das nicht aus.

BERNICK: Oh, was die Gesundheit betrifft, das hat nichts zu sagen. Aber es ist unangenehm für mich; es sieht aus, als wollte ich, ihr Bruder, nicht für ihren Unterhalt sorgen.

JOHANN: Unterhalt? Ich glaubte, sie hätte selbst soviel Vermögen –

BERNICK: Keinen Schilling. Du wirst dich erinnern, welch harte Zeit es für meine Mutter war, als du fortgingst. Eine Weile setzte sie mit meiner Hilfe das Geschäft fort; aber damit konnte mir natürlich auf die Dauer nicht gedient sein. Und so ließ ich mich in die Firma aufnehmen; aber auch auf die Weise ging's nicht. Ich mußte also das Ganze übernehmen – und da beim Rechnungsabschluß stellte sich heraus, daß auf seiten der Mutter so gut wie nichts übrigblieb. Als dann kurz nachher die Mutter starb, stand natürlich auch Martha mit leeren Händen da.

JOHANN: Die arme Martha!

BERNICK: Arm? Wieso? Du glaubst doch wohl nicht, ich ließ' es ihr an etwas fehlen? O nein ... das darf ich von mir sagen: ich bin ein guter Bruder... Natürlich wohnt sie bei uns und ißt mit uns; von ihrem Lehrerinnengehalt kann sie sich reichlich kleiden, und eine alleinstehende Dame – was will sie mehr?

JOHANN: Hm; so denken wir in Amerika nicht.

BERNICK: Das glaub' ich! In einer unterwühlten Gesellschaft wie der amerikanischen... Aber hier in unserm kleinen Kreise, wo das Verderben bis dato Gott sei Dank keinen Eingang gefunden – hier begnügen die Frauen sich mit einer anständigen, wenn auch bescheidnen Stellung... Übrigens ist das Marthas eigne Schuld; sie hätte längst versorgt sein können, wenn sie nur gewollt hätte.

JOHANN: Du meinst – heiraten –?

BERNICK: Ja, sie hätte sogar sehr günstig ankommen können; es wurden ihr mehrere gute Anträge gemacht. Merkwürdig! – ein unbemitteltes, nicht mehr junges Mädchen – und zudem ganz unbedeutend –

JOHANN: Unbedeutend?

BERNICK: Nun, ich leg' ihr das nicht zur Last. Ich wünsche sie überhaupt nicht anders. Du weißt, in einem großen Hause wie dem unsern ist's immer gut, eine solche schlichte Persönlichkeit zu haben, der man trauen kann, mag vorfallen was will.

JOHANN: Ja, aber sie –?

BERNICK: Sie? Wieso? Nun ja – es fehlt ihr doch nicht an Personen, für die sie sich interessieren kann! Sie hat ja mich und Betty und Olaf und mich. Der Mensch darf nicht in erster Linie an sich selbst denken, und am allerwenigsten die Frau. Wir haben ja doch alle für eine größere oder kleinere Gesellschaft zu wirken. Wenigstens tu' ich das. *Deutet auf Krapp, der mit Akten von rechts kommt:* Sieh, da hast du gleich einen Beweis. Glaubst du, es seien meine eigenen Geschäfte, die mich da in Anspruch nehmen? Durchaus nicht! *Rasch zu Krapp:* Nun?

KRAPP *leise, auf seinen Stoß Papiere zeigend:* Sämtliche Kaufkontrakte in Ordnung.

BERNICK: Herrlich, ausgezeichnet! – Ja nun, Schwager, mußt du mich wirklich solange entschuldigen. *Gedämpft und mit einem Händedruck:* Dank, Johann, Dank! Und sei überzeugt, alles, was ich für dich tun kann – nu, du verstehst mich! – Kommen Sie, Herr Krapp. *Sie gehn in des Konsuls Zimmer.*

JOHANN *sieht ihm eine Weile nach:* Hm – – *Er will in den Garten gehn. In demselben Augenblick kommt Martha Bernick mit einem Korb am Arm von rechts.* Sieh da, Martha!

FRÄULEIN BERNICK: Ah – Johann – bist du's?

JOHANN: Hast du's auch so eilig?

FRÄULEIN BERNICK: Ja... Warte ein wenig; gleich kommen gewiß die andern. *Will links hinausgehn.*

JOHANN: Höre, Martha, hast du immer solche Eile?

FRÄULEIN BERNICK: Ich?

JOHANN: Gestern gingst du mir gleichsam aus dem Wege, so daß ich kein einziges Wort mit dir reden konnte, und heute –

FRÄULEIN BERNICK: Ja, aber –

JOHANN: Früher waren wir doch immer zusammen – wir beiden alten Spielkameraden.

FRÄULEIN BERNICK: Ach, Johann, das ist so viele, viele Jahre her!

JOHANN: Du lieber Gott, fünfzehn Jahre – nicht mehr, nicht weniger. Findest du vielleicht, daß ich mich sehr verändert habe?

FRÄULEIN BERNICK: Du? Ach ja, du auch; obgleich –

JOHANN: Was meinst du?

FRÄULEIN BERNICK: O nichts...

JOHANN: Sehr froh scheinst du mir grade nicht zu sein über unser Wiedersehen, Martha.

FRÄULEIN BERNICK: Ich habe so lange gewartet, Johann – zu lange.

JOHANN: Gewartet? Daß ich kommen würde?

FRÄULEIN BERNICK: Ja.

JOHANN: Und warum, meintest du, würde ich kommen?

FRÄULEIN BERNICK: Um wiedergutzumachen, was du verbrochen.

JOHANN: Ich?

FRÄULEIN BERNICK: Hast du vergessen, daß durch deine Schuld eine Frau in Not und Schande starb? Hast du vergessen, daß durch deine Schuld einem heranwachsenden Kinde die schönsten Jahre verbittert wurden?

JOHANN: Und das muß ich von dir hören? Martha, hat dir dein Bruder denn niemals –?

FRÄULEIN BERNICK: Mein Bruder – was –?

JOHANN: Hat er niemals ... nun, ich meine, hat er niemals auch nur ein entschuldigendes Wort für mich gehabt?

FRÄULEIN BERNICK: Ach, Johann, du kennst ja Richards strenge Grundsätze.

JOHANN: Hm ... jawohl, jawohl, ich kenne sie ja, die strengen Grundsätze meines alten Freundes Richard. – Aber das ist denn doch –! Nun... Ich sprach soeben mit ihm. Mir scheint, er hat sich in mehr als einer Hinsicht geändert.

FRÄULEIN BERNICK: Wie kannst du das sagen? Richard ist immer ein ausgezeichneter Mann gewesen.

JOHANN: So war's just nicht gemeint; aber lassen wir das. – Hm; jetzt wird mir's klar, in welchem Lichte du mich gesehn: des Verlornen Heimkehr ist es, die du erwartet hast.

FRÄULEIN BERNICK: Hör, Johann, ich will dir sagen, in welchem Lichte ich dich gesehn. *Zeigt hinunter in den Garten:* Siehst du das Mädchen, das dort mit Olaf auf dem Rasen spielt? Das ist Dina. Erinnerst du dich des unverständlichen Briefes, den du mir bei deiner Abreise schriebst? Du batest mich, ich möchte Vertrauen zu dir hegen. Und ich habe Vertrauen zu dir gehabt, Johann. All das Schlechte, das man sich hier später erzählte, mag in augenblicklicher Verirrung, gedankenlos, ohne Überlegung geschehn sein –

JOHANN: Ich versteh' dich nicht...

FRÄULEIN BERNICK: Oh, du verstehst mich recht gut... Doch schweigen wir davon. Aber fort mußtest du ja, um ein neues Leben zu beginnen... Siehst du, Johann, ich, deine alte Spielgenossin, bin daheim deine Stellvertreterin gewesen. Die Pflichten, die du zu erfüllen vergessen hattest oder nicht erfüllen konntest, ich habe sie statt deiner übernommen. Ich sage dir das, damit du dir nicht auch das noch vorzuwerfen hast. Ich bin dem armen Kinde eine Mutter gewesen, habe es erzogen, so gut ich's konnte –

JOHANN: Und darum dein ganzes Leben fortgeworfen –

FRÄULEIN BERNICK: Es ist nicht fortgeworfen. Aber du bist spät gekommen, Johann.

JOHANN: Martha – wenn ich dir sagen könnte – ... Aber laß mich dir wenigstens danken für deine treue Freundschaft.

FRÄULEIN BERNICK *gezwungen lächelnd:* Hm... Ja, nun haben wir uns also gegenseitig ausgesprochen, Johann... Still; da kommt jemand. Adieu; ich kann jetzt nicht –

Sie entfernt sich durch die hinterste Tür links. Fräulein Hessel kommt aus dem Garten, gefolgt von Frau Bernick.

FRAU BERNICK *noch im Garten:* Aber um Gottes willen, Lona, was fällt dir ein!

FRÄULEIN HESSEL: Laß mich, sag' ich; ich will und muß mit ihm reden.

FRAU BERNICK: Aber das wäre ja der größte Skandal! Ah, Johann, bist du noch da?

FRÄULEIN HESSEL: Hinaus mit dir; was drückst du dich hier im Zimmer herum! Geh in den Garten und rede mit Dina.

JOHANN: Ich war grade im Begriff –

FRAU BERNICK: Aber –

FRÄULEIN HESSEL: Höre, John, hast du dir Dina ordentlich angesehn?

JOHANN: Ich denke doch.

FRÄULEIN HESSEL: Ja, du mußt sie dir mal so recht ordentlich ansehn, John. Das wäre etwas für dich!

FRAU BERNICK: Aber Lona –!

JOHANN: Etwas für mich?

FRÄULEIN HESSEL: Ja – zum Ansehn, mein' ich. Nun geh!

JOHANN: Mit dem größten Vergnügen.

Er geht in den Garten.

FRAU BERNICK: Lona, ich bin starr vor Schreck. Das konnte doch unmöglich dein Ernst sein!

FRÄULEIN HESSEL: Ei, freilich! Ist sie nicht frisch, gesund und ordentlich? Die ist grade die richtige Frau für John. Just so eine braucht er da drüben; die könnte ihm etwas ganz andres sein als eine alte Halbschwester.

FRAU BERNICK: Dina! Dina Dorff! Bedenke doch –!

FRÄULEIN HESSEL: Ich bedenke vor allen Dingen sein Glück... Und ich muß ihm helfen; er selbst ist in dergleichen nicht bewandert; mit Mädchen und Frauen versteht er gar nicht umzugehn.

FRAU BERNICK: Er? Johann?... Nun, ich dächte doch, dafür hat er uns traurige Beweise geliefert –

FRÄULEIN HESSEL: Ei zum Geier mit der dummen Geschichte! Wo ist Bernick? Ich will ihn sprechen.

FRAU BERNICK: Lona, das tust du nicht, sag' ich!

FRÄULEIN HESSEL: Doch, doch!... Gefällt sie ihm und er ihr – dann sollen sie sich auch haben. Bernick ist ja ein solch kluger Mann; er muß einen Ausweg finden –

FRAU BERNICK: Und du glaubst, daß diese amerikanischen Unschicklichkeiten hier geduldet würden –?

FRÄULEIN HESSEL: Schnickschnack, Betty –

FRAU BERNICK: – daß ein Mann wie Richard, mit so strengen moralischen Grundsätzen –

FRÄULEIN HESSEL: Ach was, die werden wohl so unvernünftig streng nicht sein.

FRAU BERNICK: Was wagst du zu sagen?

FRÄULEIN HESSEL: Ich wage zu sagen, daß Bernick wohl nicht viel moralischer ist als andre Männer.

FRAU BERNICK: So tief also ist noch dein Haß gegen ihn! Aber was willst du denn hier, wenn du nie hast vergessen können, daß –? Ich begreife nicht, wie du nach jener schändlichen Beschimpfung, die du ihm damals angetan, ihm wieder unter die Augen zu treten wagtest!

FRÄULEIN HESSEL: Ja, Betty, damals hab' ich mich häßlich vergriffen.

FRAU BERNICK: Und wie großmütig hat er dir nicht verziehen – er, der doch gar nichts verbrochen hatte! Denn er konnte doch nicht dafür, daß du dir Hoffnungen machtest. Aber seitdem hassest du auch mich. *Bricht in Tränen aus:* Du hast mir nie mein Glück gegönnt. Und nun kommst du her, um alles auf mich zu wälzen – um der Stadt zu zeigen, in welche Verwandtschaft ich Richard gebracht. Ja, ich muß darunter leiden, und darauf hast du's ja abgesehn. Oh, das ist abscheulich von dir!

Sie entfernt sich weinend durch die hintere Tür links.

FRÄULEIN HESSEL *ihr nachsehend:* Arme Betty.

Bernick kommt aus seinem Zimmer.

BERNICK *noch in der Tür:* Ja ja, sehr schön, Herr Krapp; ausgezeichnet. Schicken Sie dem Verein gegen Verarmung und Bettelei fünfhundert Mark. *Wendet sich um.* Lona! *Kommt näher.* Bist du allein? Kommt Betty nicht hierher?

FRÄULEIN HESSEL: Nein. Soll ich sie vielleicht holen?

BERNICK: Nein, nein, nein; laß sein! O Lona, du weißt nicht, wie feurig ich danach verlangt habe, offen mit dir reden – dich um Verzeihung bitten zu können!

FRÄULEIN HESSEL: Höre, Richard, werden wir nicht sentimental; das kleidet uns nicht.

BERNICK: Du mußt mich anhören, Lona. Ich weiß ja, daß der Schein gegen mich ist, da du das mit Dinas Mutter erfahren hast. Aber ich schwöre dir's zu, es war nur eine kurze Verirrung; ich habe dich einst wirklich, wahrhaft und aufrichtig geliebt!

FRÄULEIN HESSEL: Aus welchem Grunde, meinst du, sei ich zurückgekehrt?

BERNICK: Was du auch vorhast, ich beschwöre dich, nichts zu unternehmen, eh' ich mich gerechtfertigt habe. Ich kann es, Lona; wenigstens kann ich mich entschuldigen.

FRÄULEIN HESSEL: Nun hast du Angst. – Du hättest mich einst geliebt, sagst du. Ja, in deinen Briefen hast du mich dessen oft genug versichert; und vielleicht war es auch wahr – solange du draußen in einer großen und freien Welt lebtest, die dir den Mut verlieh, selbst frei und groß zu denken. Vielleicht fandest du bei mir etwas mehr Charakter und Selbständigkeit als bei den meisten andern hier zu Hause. Und dann war's ja auch ein Geheimnis unter uns beiden; da konnte sich niemand über deinen schlechten Geschmack lustig machen.

BERNICK: Lona, wie kannst du nur glauben –

FRÄULEIN HESSEL: Aber als du dann zurückkehrtest – als du überall Spottreden auf mich vernahmst – als du alle über das, was man meine Verkehrtheiten nannte, lachen hörtest –

BERNICK: Du warst damals rücksichtslos.

FRÄULEIN HESSEL: Im Grunde nur deshalb, um diese gezierten Wesen beiderlei Geschlechts hier in der Stadt zu ärgern. Und als du dann die junge verführerische Schauspielerin kennenlerntest –

BERNICK: Es war ein dummer Streich; weiter nichts; ich schwöre dir's, nicht der zehnte Teil von dem Klatsch, an dem man sich ergötzte, war wirklich wahr.

FRÄULEIN HESSEL: Mag sein; aber als dann Betty nach Hause kam – schön, blühend, von allen vergöttert – und als es bekannt wurde, daß sie das ganze Vermögen der Tante erben und ich nichts bekommen würde –

BERNICK: Ja, da sind wir bei der Sache, Lona; und nun sollst du's ohne Umschweif hören. Ich liebte Betty damals nicht; nicht einer neuen Neigung wegen brach ich mit dir. Es geschah einfach des Geldes halber. Ich war dazu gezwungen; ich mußte.

FRÄULEIN HESSEL: Und das sagst du mir direkt ins Gesicht!

BERNICK: Ja, das tu' ich. Höre, Lona –

FRÄULEIN HESSEL: Und doch schriebst du mir, eine unbezwingliche Liebe zu Betty habe dich ergriffen, appelliertest an meine Großmut, beschworst mich, Bettys wegen zu verschweigen, was zwischen uns beiden gewesen –

BERNICK: Ich mußte, sag' ich dir.

FRÄULEIN HESSEL: Wahrlich, bei dem lebendigen Gotte, jetzt gereut es mich nicht, daß ich mich damals so vergaß!

BERNICK: Laß mich dir kalt und ruhig sagen, wie zu jener Zeit unsre Lage war. Meine Mutter stand, wie du dich erinnerst, an der Spitze des Geschäfts; aber sie war ohne allen Geschäftssinn. Ich mußte eiligst aus Paris nach Hause kommen; die Zeiten waren kritisch; ich sollte die Geschäfte wieder in Flor bringen. Was fand ich? Ich fand, was tiefstes Geheimnis bleiben mußte, ein fast ruiniertes Haus. Ja, es war ja so gut wie ruiniert, dieses alte angesehne Haus, das seit drei Generationen bestand. Was hatte ich, der Sohn, der einzige Sohn, andres zu tun, als mich nach einem Rettungsmittel umzusehn?

FRÄULEIN HESSEL: Und da rettetest du das Haus Bernick auf Kosten einer Frau.

BERNICK: Du weißt, wie sehr Betty mich liebte.

FRÄULEIN HESSEL: Aber ich?

BERNICK: Glaube mir, Lona – du wärst nie glücklich mit mir geworden.

FRÄULEIN HESSEL: Ließest du mich vielleicht im Stich aus Besorgnis um mein Glück?

BERNICK: Glaubst du etwa, ich hätte aus eigennützigen Beweggründen so gehandelt? Hätte ich damals allein gestanden, fröhlichen Mutes würd' ich von vorn angefangen haben. Du begreifst nicht, wie der Geschäftsmann unter einer ungeheuern Verantwortung mit dem Geschäft, das er erblich übernimmt, gleichsam verwächst. Weißt du, daß das Wohl und Wehe von Hunderten, ja von Tausenden von ihm abhängt? Bedenkst du, daß die ganze Gesellschaft, die wir beide die unsre nennen, auf das empfindlichste davon betroffen worden, wenn das Haus Bernick zugrunde gegangen wäre?

FRÄULEIN HESSEL: Geschah es auch aus Rücksichten auf die Gesellschaft, daß du während dieser fünfzehn Jahre der Lüge treu bliebst?

BERNICK: Der Lüge?!

FRÄULEIN HESSEL: Was weiß Betty von alledem, was vor und während deines Verhältnisses mit ihr geschehen?

BERNICK: Glaubst du, ich hätte durch ein Bekenntnis nutzlos ihre Gefühle verletzen sollen?

FRÄULEIN HESSEL: Nutzlos, sagst du? Ja, ja, du bist ja Geschäftsmann; du mußt dich ja auf das Nützliche verstehen. – Aber nun höre, Richard; jetzt will auch ich kalt und ruhig reden. Sag mir – bist du nun auch wirklich glücklich?

BERNICK: In der Familie, meinst du?

FRÄULEIN HESSEL: Ja.

BERNICK: Das bin ich, Lona. Oh, du bist mir nicht umsonst eine so aufopfernde Freundin gewesen! Ich darf sagen, von Jahr zu Jahr bin ich glücklicher geworden. Betty ist gut und nachgiebig. Und wie sie im Laufe der Zeit gelernt hat, ihr Wesen nach meinen Eigenheiten umzuformen –

FRÄULEIN HESSEL: Hm

BERNICK: Früher hatte sie eine Menge überspannter Vorstellungen von der Liebe. Sie konnte sich nicht mit dem Gedanken versöhnen, daß ihre heftige Glut nach und nach in eine milde Freundschaftsflamme übergehn sollte.

FRÄULEIN HESSEL: Aber jetzt hat sie sich damit abgefunden?

BERNICK: Vollständig. Du kannst dir denken, daß der tägliche Umgang mit mir nicht ohne bildenden Einfluß auf sie gewesen ist. Die Menschen müssen ihre Forderungen gegenseitig herabstimmen lernen, wollen sie ihren Platz in der Gesellschaft ganz ausfüllen. Das hat Betty nach und nach eingesehen, und darum ist unser Haus jetzt ein Musterhaus für unsre Mitbürger.

FRÄULEIN HESSEL: Aber diese Mitbürger wissen nichts von deiner Lüge?

BERNICK: Meiner Lüge?

FRÄULEIN HESSEL: Ja, von der Lüge, mit der du dich fünfzehn Jahre umgeben hast.

BERNICK: Und das nennst du –?

FRÄULEIN HESSEL: Eine Lüge. Eine dreifache Lüge. Erst die Lüge gegen dich; dann die Lüge wider Betty, und endlich die Lüge gegen Johann.

BERNICK: Betty hat nie ein Bekenntnis von mir gefordert.

FRÄULEIN HESSEL: Weil sie nichts wußte.

BERNICK: Und auch du wirst es nicht verlangen aus Rücksicht gegen sie.

FRÄULEIN HESSEL: Ach nein; ich werde die Spöttereien schon zu ertragen wissen; ich habe einen breiten Rücken.

BERNICK: Und Johann wird es ebenfalls nicht fordern; das hat er mir versprochen.

FRÄULEIN HESSEL: Aber du selbst, Richard? Regt sich nichts in dir, das die Lüge abschütteln möchte?

BERNICK: Ich sollte freiwillig mein Familienglück und meine Stellung in der Gesellschaft opfern!

FRÄULEIN HESSEL: Welches Recht hast du auf dein Glück?

BERNICK: Seit fünfzehn Jahren hab' ich mir täglich einen Teil dieses Rechtes erworben – und zwar durch meinen Lebenswandel und durch das, was ich gewirkt und geschaffen.

FRÄULEIN HESSEL: Und du hast viel getan, für dich sowohl wie für andre. Du bist der reichste und mächtigste Mann der Stadt; alle beugen sich deinem Willen, weil sie dich für rein und fleckenlos halten; dein Haus gilt für ein Musterhaus, dein Leben für ein Musterleben. Aber all diese Herrlichkeit ruht gleichsam auf schwankem Moorgrunde – und du mit ihr. Ein Augenblick kann kommen, ein Wort kann gesprochen werden – und du gehst mit deiner ganzen Herrlichkeit zugrunde, wenn du dich nicht beizeiten in Sicherheit bringst.

BERNICK: Lona – was willst du hier?

FRÄULEIN HESSEL: Ich will dir helfen, Richard, einen festen Boden unter den Füßen zu gewinnen.

BERNICK: Rache! Du willst dich rächen! Mir ahnte es! Aber es soll dir nicht gelingen! Hier ist nur einer, der das Recht hat zu reden, und der schweigt.

FRÄULEIN HESSEL: Johann?

BERNICK: Ja, Johann. Will sonst jemand mich anklagen, so leugn' ich alles. Will man mich vernichten, so wehr' ich mich auf Leben und Tod. Aber das soll dir niemals glücken, sag' ich dir! Der, welcher mich zugrunde richten könnte – der schweigt – und geht wieder fort.

Rummel und Wiegeland kommen von rechts.

RUMMEL: Guten Tag, guten Tag, lieber Bernick; du mußt mit uns kommen in den kaufmännischen Verein; du weißt, wir haben Versammlung in der Eisenbahnsache.

BERNICK: Ich kann nicht. Unmöglich!

WIEGELAND: Sie müssen wirklich mitgehn, Herr Konsul –

RUMMEL: Du mußt, Bernick. Es sind Leute da, die uns entgegenarbeiten. Redakteur Hammer und die andern, welche für die Küstenlinie eintraten, behaupten, es steckten Privatinteressen hinter dem neuen Vorschlag.

BERNICK: Ei, so erklär ihnen –

WIEGELAND: Das nützt nichts, was wir erklären, Herr Konsul –

RUMMEL: Nein, nein, du mußt selbst kommen; gegen dich wird natürlich niemand einen solchen Verdacht auszusprechen wagen.

FRÄULEIN HESSEL: Das sollt' ich meinen.

BERNICK: Ich kann nicht, sag' ich euch. Ich bin unwohl ... oder ... wenigstens ich muß mich erst sammeln.

Rohrland kommt von rechts.

ROHRLAND: Entschuldigen Sie, Herr Konsul; Sie sehn mich hier in der heftigsten Aufregung –

BERNICK: Ja ja, was fehlt Ihnen?

ROHRLAND: Ich muß eine Frage an Sie richten, Herr Konsul. Geschieht es mit Ihrer Erlaubnis, daß das junge Mädchen, das ein Asyl unter Ihrem Dache gefunden, sich auf öffentlicher Straße in Gesellschaft eines Menschen zeigt, der –

FRÄULEIN HESSEL: Was für einen Menschen meinen Sie, Herr Pastor?

ROHRLAND: – eines Menschen, dem sie von allen Menschen auf Gottes Erde am weitesten aus dem Wege gehen sollte.

FRÄULEIN HESSEL: Oho!

ROHRLAND: Geschieht das mit Ihrer Erlaubnis, Herr Konsul?

BERNICK *Hut und Handschuhe suchend:* Ich weiß von nichts. Entschuldigen Sie; ich habe Eile; ich muß in den kaufmännischen Verein.

HILMAR *kommt aus dem Garten und tritt an die hintere Tür links:* Betty, Betty, komm mal her!

FRAU BERNICK *in der Tür:* Was gibt's?

HILMAR: Du mußt gleich in den Garten gehn und der Liebelei ein Ende machen, die sich eine gewisse Person mit dieser Dina Dorff erlaubt. Ich bin ganz nervös davon geworden.

FRÄULEIN HESSEL: So? Und was hat denn die Person gesagt?

HILMAR: Nichts mehr und nichts weniger, als daß sie mit ihm nach Amerika gehn solle. O, o!

ROHRLAND: Ist's möglich!

FRAU BERNICK: Was sagst du?

FRÄULEIN HESSEL: Aber das wäre ja herrlich!

BERNICK: Unmöglich! Du hast dich verhört!

HILMAR: So frag ihn selbst. Da kommt das Pärchen. Aber laß mich aus der Geschichte heraus.

BERNICK *zu Rummel und Wiegeland:* Ich komme nach – in einem Augenblick –

Rummel und Wiegeland rechts ab. Johann und Dina kommen aus dem Garten.

JOHANN: Hurra, Lona, sie geht mit!

FRAU BERNICK: Aber Johann! – du unbesonnener –!

ROHRLAND: Ist's möglich! Ein so haarsträubender Skandal! ... Durch welche Verführungskünste haben Sie –

JOHANN: Sachte, sachte, guter Freund; was sagen Sie da?

ROHRLAND: Dina, antworten Sie mir: – ist es Ihre Absicht – ist es Ihr voller freier Entschluß?

DINA: Ich muß fort von hier.

ROHRLAND: Aber mit ihm – mit ihm!

DINA: Nennen Sie mir sonst jemand, der den Mut hätte, mich mitzunehmen.

ROHRLAND: Nun, so sollen Sie auch erfahren, wer er ist.

JOHANN: Schweigen Sie!

BERNICK: Kein Wort mehr!

ROHRLAND: Da diente ich der Gesellschaft sehr schlecht, über deren Moral und Sitten ich zum Hüter bestellt bin; und unverantwortlich handelte ich gegen dieses junge Mädchen, an deren Erziehung auch ich einen wesentlichen Anteil gehabt und die mir –

JOHANN: Hüten Sie sich –!

ROHRLAND: Sie soll es wissen! Dina, das ist der Mann, der Ihre Mutter in all das Unglück und die Schande brachte!

BERNICK: Herr Prediger –!

DINA: Er! *Zu Johann:* Ist das wahr?

JOHANN: Richard, antworte du!

BERNICK: Kein Wort mehr! Heute kein Wort mehr!

DINA: Also wahr –!

ROHRLAND: Ja, wahr, wahr! Und noch mehr als das. Dieser Mensch, dem Sie Ihr Vertrauen schenken, machte sich nicht mit leeren Händen aus dem Staube – die Kasse der Witwe Bernick –; der Konsul kann's bezeugen!

FRÄULEIN HESSEL: Lügner!

BERNICK: Ha –!

FRAU BERNICK: O Gott! O Gott!

JOHANN *mit erhobenem Arm auf ihn eindringend:* Und das wagen Sie –!

FRÄULEIN HESSEL *abwehrend:* Johann, du schlägst ihn nicht!

ROHRLAND: Ja, vergreifen Sie sich nur an mir. Aber die Wahrheit soll an den Tag; und es ist wahr. Konsul Bernick hat es selbst gesagt, und die ganze Stadt weiß es. – So, Dina, jetzt kennen Sie ihn.

Kurzes Schweigen.

JOHANN *leise, Bernicks Arm ergreifend:* Richard, Richard, was hast du getan!

FRAU BERNICK *gedämpft und unter Tränen:* O Richard, daß ich all diese Schande über dich bringen mußte!

ALTSTEDT *kommt rasch von rechts und ruft, die Hand an der Türklinke:* Sie müssen unbedingt sofort kommen, Herr Konsul! Die Eisenbahn hängt nur noch an einem Haar!

BERNICK *geistesabwesend:* Was ist? Was soll ich –?

FRÄULEIN HESSEL *ernst und mit Nachdruck:* Du sollst gehn und die Gesellschaft stützen, Schwager.

ALTSTEDT: Ja, kommen Sie, kommen Sie; wir bedürfen Ihres ganzen moralischen Übergewichts.

JOHANN *dicht neben ihm:* Bernick – morgen sprechen wir uns!

Er entfernt sich durch den Garten. Bernick geht wie willenlos mit Altstedt durch die Tür rechts.

Dritter Aufzug

Der Gartensalon im Hause des Konsuls Bernick. Bernick, ein spanisches Rohr in der Hand, kommt in heftigem Zorn aus dem hintersten Zimmer links und läßt die Tür halb offen hinter sich.

BERNICK: So! Nun ist endlich mal Ernst daraus geworden. Die Prügel wird er so bald nicht wieder vergessen. *Zu jemand in dem Zimmer:* Was sagst du? – Und ich sage dir, du bist eine unverständige Mutter! Du entschuldigst ihn, du deckst ihm den Rücken bei all seinen Bubenstreichen. – Kein Bubenstreich? Wie nennst du's denn? Sich nachts aus dem Hause schleichen, mit den Fischern auf die See hinausfahren, bis morgens in die zehnte Stunde ausbleiben und mich in eine so tödliche Angst bringen – mich, der so viele andre Sorgen hat! Und da wagt's der Lümmel noch, damit zu drohen, er würde fortlaufen! Er versuch' es mal! – Du? Ja, das glaub' ich schon; du kümmerst dich herzlich wenig um sein Wohl und Wehe. Ich glaube in der Tat, wenn er sein Leben aufs – ! – So? Aber m i r ist nicht damit gedient, kinderlos zu werden. – Keine Einwendungen, Betty; es bleibt dabei; er hat Hausarrest – *Lauscht:* Still; laß niemand etwas merken.

Krapp kommt von rechts.

KRAPP: Haben Sie einen Augenblick Zeit, Herr Konsul?

BERNICK *das spanische Rohr von sich werfend:* Jawohl, jawohl. Kommen Sie von der Werft?

KRAPP: Direkt. Hm –

BERNICK: Nun? Es ist doch nichts mit dem „Palmbaum" – ?

KRAPP: Der „Palmbaum" kann morgen in See stechen, aber –

BERNICK: Die „Gazelle" also? Ahnte es mir nicht, daß dieser steifnackige –

KRAPP: Die „Gazelle" kann ebenfalls morgen in See stechen; allein – weit kommt sie sicherlich nicht!

BERNICK: Was meinen Sie damit?

KRAPP: Um Verzeihung, Herr Konsul; die Tür da steht halb offen und ich glaube, es ist jemand da drin –

BERNICK *schließt die Tür:* So. Aber was ist es denn, das niemand hören darf?

KRAPP: Was es ist? ... daß der Schiffsbaumeister Auler die Absicht hat, die „Gazelle" mit Mann und Maus untergehn zu lassen.

BERNICK: Aber mein Gott, wie können Sie glauben – ?

KRAPP: Anders kann ich's mir nicht erklären, Herr Konsul.

BERNICK: Nun, so sagen Sie mir kurz –

KRAPP: Soll geschehn. Sie wissen selbst, wie langsam es auf der Werft gegangen ist, seitdem wir die neuen Maschinen und die neuen ungeübten Arbeiter haben –

BERNICK: Ja ja.

KRAPP: Aber als ich heute morgen hinunterkam, bemerkte ich, daß die Reparatur an dem amerikanischen Schiff auffallend weit vorgeschritten war; der große Spund im Boden – Sie wissen, die total verfaulte Stelle –

BERNICK: Ja ja – nun?

KRAPP: Vollständig repariert – dem Anschein nach; war bekleidet; sah ganz wie neu aus; hörte, daß Auler selbst die ganze Nacht bei Licht da unten gearbeitet habe.

BERNICK: Ja ja, und da – ?

KRAPP: Ging hin und untersuchte; die Leute waren grad beim Frühstück, und so war's mir möglich, das Schiff unbemerkt von innen und außen zu besichtigen; gelang mir nur mit großer Mühe, in das beladene Schiff hinunterzukommen; da geschehn arge Dinge, Herr Konsul.

BERNICK: Das kann ich nicht glauben, Herr Krapp. Ich kann, ich will so etwas von Auler nicht glauben.

KRAPP: Tut mir leid – ist aber die nackte Wahrheit. Da geschehn arge Dinge, sag' ich. Keine neuen Balken hineingesetzt, soweit ich's untersuchen konnte; nur mit Platten und dergleichen verstopft und vernietet. Reine Pfuscherarbeit! Die „Gazelle" kommt mein Lebtag nicht bis nach New York; geht zugrunde wie ein geborstner Topf.

BERNICK: Das ist ja entsetzlich! Aber was, meinen Sie, kann seine Absicht dabei gewesen sein?

KRAPP: Will vermutlich die Maschinen in Mißkredit bringen; will sich rächen; will, daß die alten Arbeiter wieder zu Gnaden angenommen werden.

BERNICK: Und opfert auf diese Weise vielleicht all die vielen Menschenleben –

KRAPP: Er sagte neulich: Das sind keine Menschen an Bord der „Gazelle" – sondern nur Tiere.

BERNICK: Ja ja, mag sein; aber bedenkt er denn nicht das große Kapital, das verlorengeht?

KRAPP: Auler hat kein gutes Auge auf das große Kapital, Herr Konsul.

BERNICK: Freilich, freilich; er ist ein Wühler; aber eine so gewissenlose Tat – . Hören Sie, Herr Krapp; so etwas muß zweimal untersucht werden. Gegen keinen Menschen eine Silbe davon! Unsere Werft ist blamiert, wenn so etwas unter die Leute kommt.

KRAPP: Versteht sich, aber –

BERNICK: Während der Mittagsruhe müssen Sie wieder hinunterzukommen suchen; volle Gewißheit müssen wir haben.

KRAPP: Soll geschehn, Herr Konsul; aber erlauben Sie – was gedenken Sie dann zu tun?

BERNICK: Natürlich Anzeige von der Sache machen. Wir können uns doch nicht bei einem Verbrechen zu Mitschuldigen machen. Ich muß mein Gewissen rein bewahren. Zudem wird's in der Presse und in der Gesellschaft überhaupt einen guten Eindruck machen, wenn man sieht, daß ich alle persönlichen Rücksichten beiseite setze und der Gerechtigkeit ihren Lauf lasse.

KRAPP: Sehr wahr, Herr Konsul.

BERNICK: Aber vor allen Dingen volle Gewißheit. Und reinen Mund bis dahin –

KRAPP: Kein Wort, Herr Konsul; und Gewißheit – die sollen Sie haben.

Er geht durch den Garten und die Straße hinunter.

BERNICK *halblaut:* Empörend! Aber nein, das ist ja unmöglich – undenkbar!

Indem er in sein Zimmer gehen will, kommt Hilmar von rechts.

HILMAR: Guten Tag, Bernick! Na, gratuliere zu dem gestrigen Siege im kaufmännischen Verein.

BERNICK: Danke.

HILMAR: Es war ja ein ganz glänzender Sieg, hör' ich – ein Sieg des intelligenten Bürgersinns über Egoismus und Vorurteil – so etwas wie eine französische Razzia wider die Kabylen ... Merkwürdig, daß du nach dem unangenehmen Auftritte hier –

BERNICK: Ja ja, laß das –

HILMAR: Aber die Hauptschlacht muß ja noch geschlagen werden.

BERNICK: In der Eisenbahnsache, meinst du?

HILMAR: Ja; du weißt ja doch, was Redakteur Hammer zusammenbraut?

BERNICK *gespannt:* Nein! Was denn?

HILMAR: Er hat sich ja des Gerüchts bemächtigt, das jetzt umgeht, und darüber will er einen Artikel loslassen.

BERNICK: Welches Gerücht?

HILMAR: Natürlich das über die großen Ankäufe von Grundstücken längs der Zweigbahn.

BERNICK: Was sagst du? Ist hier ein solches Gerücht verbreitet?

HILMAR: Jawohl; in der ganzen Stadt. Ich hörte es soeben im Klub. Einer unsrer Advokaten soll im geheimen alle Waldungen, alle Erzlager, alle Wasserfälle etc. angekauft haben.

BERNICK: Und sagt man nicht, für wen?

HILMAR: Im Klub meinte man, es müsse für eine auswärtige Gesellschaft sein, die Wind davon erhalten, was du im Werke hättest, und die sich sehr beeilt, ehe die Grundstücke im Preise stiegen ... Ist das nicht niederträchtig?

BERNICK: Niederträchtig?

HILMAR: Jawohl – daß Fremde in solcher Weise in unsre Gegend eindringen. Und daß noch ein Advokat hier aus der Stadt sich zu so etwas hergeben kann! Nun haben also fremde Leute den Vorteil.

BERNICK: Aber es ist doch nur ein unbestimmtes Gerücht –?

HILMAR: Das jedoch geglaubt wird, und morgen oder übermorgen wird Redakteur Hammer es natürlich als ein Faktum festnageln. Die Erbitterung ist schon allgemein. Ich hörte verschiedene sagen, wenn sich das Gerücht bestätige, ließen sie sich aus den Listen streichen.

BERNICK: Unmöglich!

HILMAR: So? Warum, glaubst du, waren diese Krämerseelen so gern bereit, bei deinem Unternehmen mitzutun? Meinst du, sie hätten sich nicht selbst schon die Mäuler geleckt in Erwartung –?

BERNICK: Unmöglich, sag' ich dir! So viel Bürgersinn ist doch wohl in unsrer kleinen Gesellschaft –

HILMAR: Hier? Ja, du bist nun einmal Optimist, und so beurteilst du andre nach dir selbst. Aber ich, der ich ein ziemlich geübter Beobachter bin –. Hier gibt es nicht e i n e n – wir natürlich ausgenommen – nicht e i n e n, sag' ich, der das geistige Banner hochhält. *Geht in den Hintergrund.* O, o, da sind sie ja wieder!

BERNICK: Wer?

HILMAR: Die beiden Amerikaner. *Sieht rechts hinaus.* Und wer ist da in ihrer Gesellschaft? Ja, bei Gott, ist das nicht der Kapitän von der „Gazelle"? O, o!

BERNICK: Was könnten sie mit d e m zu tun haben?

HILMAR: Ei, das ist ja recht passende Gesellschaft. Er soll ja Sklavenhändler oder Seeräuber gewesen sein; und wer weiß, was die andern in all diesen Jahren getrieben haben.

BERNICK: Ich sage dir, es ist höchst unrecht, so von ihnen zu reden.

HILMAR: Du bist nun einmal Optimist. Aber da haben wir sie natürlich wieder auf dem Halse; ich will mich daher drücken, solang es noch Zeit ist ...

Geht nach der Tür links. Fräulein Hessel kommt von rechts.

FRÄULEIN HESSEL: Sieh mal an, Hilmar, bin ich es, die dich in die Flucht jagt?

HILMAR: Durchaus nicht ... ich habe Eile ... ich habe mit Betty zu reden.

Geht in das hintere Zimmer links.

BERNICK *nach kurzem Schweigen:* Nun, Lona?

FRÄULEIN HESSEL: Ja, nun ...

BERNICK: Wie steh' ich heute vor dir?

FRÄULEIN HESSEL: Wie gestern. Eine Lüge mehr oder weniger –

BERNICK: Du mußt klar in der Sache sehn. Wo ist Johann?

FRÄULEIN HESSEL: Er kommt; er hatte mit einem Manne zu reden.

BERNICK: Nach dem, was du gestern gehört, wirst du begreifen, daß meine ganze Existenz vernichtet ist, wenn die Wahrheit ans Licht kommt.

FRÄULEIN HESSEL: Das begreif' ich.

BERNICK: Es versteht sich natürlich von selbst, daß i c h mich des Verbrechens, von dem das Gerücht hier wissen wollte, nicht schuldig gemacht habe.

FRÄULEIN HESSEL: Gewiß, das versteht sich von selbst. Aber wer war der Dieb?

BERNICK: Es war gar kein Dieb vorhanden. Es ist gar kein Geld gestohlen worden; nicht ein Schilling ist weggekommen.

FRÄULEIN HESSEL: Wie –?

BERNICK: Nicht ein Schilling, sag' ich dir.

FRÄULEIN HESSEL: Aber das Gerücht? Wie ist das schändliche Gerücht entstanden, daß Johann –?

BERNICK: Lona, ich glaube, mit dir kann ich reden wie mit sonst niemand; ich will dir nichts verschweigen. I c h habe meinen Anteil daran, daß das Gerücht verbreitet wurde.

FRÄULEIN HESSEL: Du? Und das konntest du gegen den tun, der um deinetwillen –!

BERNICK: Du mußt mich nicht verurteilen, ohne zu bedenken, wie damals die Dinge standen. Ich erzählte dir's ja gestern. Als ich heimkehrte, fand ich meine Mutter in eine ganze Reihe unverständiger Unternehmungen verwickelt; dazu Unfälle aller Art; es war, als ob alles Böse zugleich auf uns einstürmte; unser Haus war dem Ruin nahe. Ich war halb leichtsinnig, halb verzweifelt.

FRÄULEIN HESSEL: Hm –

BERNICK: Lona, du kannst dir denken, daß allerlei Gerüchte verbreitet wurden, als du und Johann fort wart. Das sei jedenfalls nicht sein erster leichtsinniger Streich, sagte dieser; – Dorff habe eine große Summe Geld von ihm erhalten, damit er schweige und seines Weges gehe, erzählte jener. Zur selben Zeit ward bekannt, daß es unserm Hause sehr schwer wurde, seinen Verbindlichkeiten nachzukommen. Was war natürlicher, als daß die Klatschbasen diese beiden Gerüchte miteinander in Zusammenhang brachten. Als sie hierblieb und ein armseliges Leben führte, behauptete man, er habe das Geld mit sich nach Amerika genommen, und das Gerücht machte die Summe immer größer und größer.

FRÄULEIN HESSEL: Und du, Richard –?

BERNICK: Ich griff nach diesem Gerücht wie nach einer Rettungsplanke.

FRÄULEIN HESSEL: Um es weiterzuverbreiten ...?

BERNICK: Ich widersprach ihm nicht. Die Gläubiger gingen uns zuleibe; es galt, sie zu beruhigen; es kam darauf an, jedem Zweifel an der Solidität unsres Hauses vorzubeugen; ein augenblicklicher Unfall hatte uns betroffen – wenn man uns nur nicht drängte! – wenn man uns nur Zeit ließ! – jeder sollte das Seine bekommen!

FRÄULEIN HESSEL: Und es bekam auch jeder das Seine?

BERNICK: Ja, Lona, dieses Gerücht rettete unser Haus und machte mich zu dem Manne, der ich jetzt bin.

FRÄULEIN HESSEL: Eine Lüge also hat dich zu dem Manne gemacht, der du jetzt bist ...

BERNICK: Wem schadete das damals? Johann hatte die Absicht, niemals zurückzukehren.

FRÄULEIN HESSEL: Du fragst, wem es schadete? Schau in dein Inneres und sage mir, ob du keinen Schaden dabei genommen!

BERNICK: Prüfe das Innere jedes beliebigen Menschen – in jedem wirst du wenigstens einen dunklen Punkt finden, der verhüllt werden muß!

FRÄULEIN HESSEL: Und ihr nennt euch die Stützen der Gesellschaft!

BERNICK: Sie hat keine bessern.

FRÄULEIN HESSEL: Und was liegt daran, ob eine solche Gesellschaft gestützt wird oder nicht? Was hat denn hier Geltung? Der Schein und die Lüge – nichts andres. Da lebst du hier, der erste Mann der Stadt, in Freud' und Herrlichkeit, in Macht und Ehre – du, der einem Unschuldigen das Verbrecherzeichen auf die Stirn gedrückt hat!

BERNICK: Glaubst du, ich fühle mein Unrecht gegen ihn nicht tief genug? Glaubst du, ich sei nicht bereit, es wiedergutzumachen?

FRÄULEIN HESSEL: Wodurch? Durch ein offnes Bekenntnis?

BERNICK: Und das könntest du fordern?

FRÄULEIN HESSEL: Was andres kann ein solches Unrecht wiedergutmachen?

BERNICK: Ich bin reich, Lona; Johann mag jede beliebige Forderung –

FRÄULEIN HESSEL: Ja, wag's, ihm Geld zu bieten, und du sollst hören, was er dir antwortet!

BERNICK: Weißt du, was seine Absichten sind?

FRÄULEIN HESSEL: Nein. Seit gestern ist er ganz verschlossen. Es ist, als hätte dies alles ihn mit einemmal zu einem ganzen Manne gemacht.

BERNICK: Ich muß mit ihm reden!

FRÄULEIN HESSEL: Da ist er.

Johann kommt von rechts.

BERNICK *ihm entgegengehend:* Johann –!

JOHANN *abwehrend:* Erst ich. Gestern morgen gab ich dir mein Wort, zu schweigen.

BERNICK: Das tatest du.

JOHANN: Aber da wußte ich noch nicht –

BERNICK: Johann, laß mich dir doch mit zwei Worten den Zusammenhang erklären –

JOHANN: Ist nicht nötig; ich errate den Zusammenhang. Das Haus befand sich damals in einer schwierigen Lage; und da ich fort war und du über den guten Namen eines Wehrlosen zu verfügen hattest –. Nun, ich will es dir nicht allzu hoch anrechnen; wir waren in jenen Tagen beide jung und leichtsinnig. Aber jetzt bedarf ich der Wahrheit, und nun mußt du reden.

BERNICK: Und grade jetzt bedarf ich meines ganzen moralischen Ansehens, und darum kann ich jetzt nicht reden.

JOHANN: An den Erdichtungen, die du unter die Leute gebracht, liegt mir nicht viel; aber das andre – dafür mußt du die Schuld auf dich nehmen. Dina soll meine Frau werden, und hier, hier in dieser Stadt will ich mit ihr leben und wohnen.

FRÄULEIN HESSEL: Hier?

BERNICK: Mit Dina! Als deiner Frau? Hier in dieser Stadt!

JOHANN: Ja, just hier. Ich will hierbleiben, um all diesen Lügen und Verleumdungen zu trotzen. Aber um sie zu gewinnen, ist's unumgänglich notwendig, daß ich fleckenlos dastehe.

BERNICK: Hast du bedacht, daß, wenn ich das eine auf mich nehme, ich damit auch das andre eingestehe? Du willst sagen, ich könne aus unsern Büchern beweisen, daß keine Unredlichkeit stattgefunden? Aber das kann ich nicht; unsre Bücher wurden damals nicht sehr sorgfältig geführt. Und selbst wenn ich's könnte – was wäre damit gewonnen? Würde ich nicht jedenfalls als der Mann dastehn, der sich einst durch eine Unwahrheit rettete und dann fünfzehn Jahre lang diese Unwahrheit und alles andre sich verbreiten ließ, ohne auch nur e i n e n Schritt dagegen zu tun? Du kennst unsre Gesellschaft nicht mehr, sonst müßtest du wissen, daß dies mich vollständig vernichten würde.

JOHANN: Ich kann dir nur erwidern, daß ich Frau Dorffs Tochter zu meiner Gattin haben und hier in dieser Stadt mit ihr leben will.

BERNICK *sich den Schweiß von der Stirn wischend:* Höre mich an, Johann – und du auch, Lona. Es ist keine gewöhnliche Lage, in der ich mich grade in diesen Tagen befinde. Sie ist derart, daß, wird dieser Schlag gegen mich geführt, ihr mich ganz und gar vernichtet – und nicht bloß mich, – nein, auch die große segensreiche Zukunft einer Gesellschaft, welcher ihr durch eure Geburt doch angehört.

JOHANN: Und richte ich den Schlag nicht gegen dich, so vernichte ich selbst mein ganzes zukünftiges Glück.

FRÄULEIN HESSEL: Weiter, Bernick!

BERNICK: So hört denn. Es hängt mit der Eisenbahn zusammen; die Sache ist nicht ganz so glatt, als ihr denkt. Ihr habt gewiß gehört, daß hier im vorigen Jahr für eine Küstenlinie agitiert wurde? Dieselbe hatte viele und gewichtige Stimmen für sich hier in der Stadt und der Umgegend, namentlich in der Presse; aber ich wußte die Agitation lahmzulegen, weil d i e s e Bahn unsrer Dampfschiffahrt längs der Küste geschadet hätte.

FRÄULEIN HESSEL: Bist du selbst bei der Dampfschiffahrt interessiert?

BERNICK: Ja. Aber niemand wagte es, mich nach d e r Seite zu verdächtigen; ich hatte meinen geachteten Namen als Schutz und Schirm. Übrigens hätt' ich den Verlust auch ertragen können; aber unsre Stadt würde ihn nicht ertragen haben. Und so ward die Binnenlinie gewählt. Als das geschehn, vergewisserte ich mich ganz im geheimen, ob eine Zweigbahn herunter zu unsrer Stadt angelegt werden könnte.

FRÄULEIN HESSEL: Warum ganz im geheimen, Bernick?

BERNICK: Habt ihr von dem großen Ankauf von Waldungen, Gruben und Wasserfällen gehört –?

JOHANN: Ja, es soll ja eine auswärtige Gesellschaft sein, die –

BERNICK: So wie diese Grundstücke etc. jetzt liegen, sind sie so gut wie wertlos für die zerstreut wohnenden Besitzer; sie wurden daher verhältnismäßig billig verkauft. Hätte man gewartet, bis die Kunde von der Zweigbahn sich verbreitet, so hätten die Eigentümer unverschämte Preise gefordert.

FRÄULEIN HESSEL: Ja ja; aber –?

BERNICK: Jetzt kommt das, was man verschiedenartig deuten kann – was ein Mann in unsrer Gesellschaft nur eingestehn darf, wenn er sich auf einen makellosen und geachteten Namen zu stützen vermag.

FRÄULEIN HESSEL: Nun?

BERNICK: Ich bin's, der alles angekauft hat.

FRÄULEIN HESSEL: Du?

JOHANN: Für eigne Rechnung?

BERNICK: Für eigne Rechnung. Kommt die Zweigbahn zustande, so bin ich Millionär; kommt sie nicht zustande, so bin ich ruiniert.

FRÄULEIN HESSEL: Das ist gewagt, Bernick.

BERNICK: Mein ganzes Vermögen hab' ich daran gewagt.

FRÄULEIN HESSEL: An das Vermögen denk' ich nicht; aber wenn es ans Licht kommt, daß –

BERNICK: Ja, da steckt der Knoten! Mit dem fleckenlosen Namen, den ich bisher getragen, darf ich diese Sache getrost auf meine Schultern nehmen, vor meine Mitbürger treten und sagen: seht, das hab' ich gewagt zum Besten der Gesellschaft!

FRÄULEIN HESSEL: Der Gesellschaft?

BERNICK: Ja; und nicht e i n e r wird an meinen guten Absichten zweifeln.

FRÄULEIN HESSEL: Da gibt es hier doch noch Männer, die offener gehandelt hätten als du – ohne Hintergedanken, ohne Nebenrücksichten.

BERNICK: Und die wären?

FRÄULEIN HESSEL: Rummel und Altstedt und Wiegeland – natürlich.

BERNICK: Um d i e für mich zu gewinnen, war ich genötigt, sie in die Sache einzuweihen.

FRÄULEIN HESSEL: Und da –?

BERNICK: Sie haben sich den fünften Teil des Gewinns zur Verteilung unter sich ausbedungen.

FRÄULEIN HESSEL: O diese Stützen der Gesellschaft!

BERNICK: Und ist es nicht die Gesellschaft selbst, die uns zwingt, Schleichwege zu gehn? Was wäre hier geschehn, wenn ich nicht im geheimen gehandelt hätte? Sofort hätten sich alle miteinander auf das Unternehmen gestürzt und das Ganze zerrissen, verzettelt, verhunzt und verpfuscht. Keinen einzigen Mann gibt's hier in der Stadt außer mir, der ein so großes Geschäft, wie dieses werden wird, zu leiten versteht; hierzulande sind's überhaupt nur die eingewanderten Familien, welche Talent haben zur Geschäftstätigkeit im großen. Eben darum spricht mich mein Gewissen in diesem Punkte frei. Nur in meinen Händen können diese Besitzungen ein bleibender Segen werden für die Tausende, denen sie Brot verschaffen werden.

FRÄULEIN HESSEL: Darin hast du vielleicht recht, Bernick.

JOHANN: Aber ich kenne diese Tausende nicht, und das Glück meines Lebens steht auf dem Spiel.

BERNICK: Die Wohlfahrt deines Geburtsortes steht ebenfalls auf dem Spiel. Kommen Dinge an den Tag, die auf mein früheres Leben einen Schatten werfen, so werden alle meine Gegner mit vereinten Kräften über mich herfallen. Eine jugendliche Unbesonnenheit kann in unsrer Gesellschaft niemals getilgt werden. Man wird mein ganzes dazwischenliegendes Leben durchgehen, tausend kleine Begebenheiten hervorziehn und es im Sinne dessen deuteln und drehen, was an den Tag gekommen ist; man wird mich zermalmen unter der Last der Gerüchte und Verleumdungen. Von dem Eisenbahnunternehmen muß ich zurücktreten; und zieh' ich meine Hand davon, so fällt es, und ich bin zugleich ruiniert und bürgerlich tot!

FRÄULEIN HESSEL: Johann, nach dem, was du jetzt gehört hast, mußt du abreisen und schweigen.

BERNICK: Ja ja, Johann, das mußt du!

JOHANN: Ja, ich will abreisen und schweigen; aber ich komme wieder, und dann rede ich.

BERNICK: Bleibe drüben, Johann; schweige, und ich will gern mit dir teilen –

JOHANN: Behalte dein Geld, aber gib mir meinen guten Namen wieder!

BERNICK: Und meinen eignen opfern!

JOHANN: Das magst du und deine Gesellschaft unter euch abmachen. Ich muß und will Dina für mich gewinnen. Deshalb reise ich schon morgen mit der „Gazelle" ab –

BERNICK *lebhaft:* Mit der „Gazelle"?

JOHANN: Ja. Der Kapitän versprach mich mitzunehmen. Ich reise hinüber, sag' ich; verkaufe meine Farm und ordne meine Angelegenheiten. In zwei Monaten bin ich wieder hier.

BERNICK: Und dann willst du reden?

JOHANN: Dann soll der Schuldige die Schuld selbst auf sich nehmen.

BERNICK: Vergißt du, daß ich dann auch das auf mich nehmen muß, was ich nicht verschuldet habe?

JOHANN: Wer hat sich vor fünfzehn Jahren dieses schändliche Gerücht zunutze gemacht?

BERNICK: Du treibst mich zur Verzweiflung! Aber redest du, so leugn' ich alles! Ich sage, es sei ein Komplott gegen mich! – ein Akt der Rache! – du seist herübergekommen, um mir Geld abzupressen!

FRÄULEIN HESSEL: Schäm dich, Richard!

BERNICK: Ich bin in Verzweiflung, sag' ich euch: und ich kämpfe um mein Leben! Ich leugne alles, alles!

JOHANN: Für den Fall hab' ich deine beiden Briefe. In meinem Koffer fand ich sie unter meinen andern Papieren. Heute morgen las ich sie wieder durch; sie sind beweiskräftig genug.

BERNICK: Und die willst du vorlegen?

JOHANN: Wenn's nötig ist.

BERNICK: Und in zwei Monaten bist du wieder hier?

JOHANN: So hoff' ich. Der Wind ist gut. In drei Wochen bin ich in New York – wenn die „Gazelle" nicht untergeht.

BERNICK *stutzend:* Untergeht? Warum sollte die „Gazelle" untergehn?

JOHANN: Das denk' ich auch.

BERNICK *kaum hörbar:* Untergeht?

JOHANN: So, Bernick, nun weißt du, was bevorsteht; inzwischen magst du mit dir zu Rate gehn. Leb wohl! Betty kannst du von mir grüßen, obgleich sie mich nicht wie eine Schwester empfangen hat. Aber Martha will ich erst sehn. Sie soll Dina sagen ... sie soll mich loben ... *Er entfernt sich durch die hintere Tür links.*

BERNICK *vor sich hin:* Die „Gazelle" –? *Rasch:* Lona, das mußt du verhindern!

FRÄULEIN HESSEL: Du siehst es selbst, Richard – ich habe keinen Einfluß mehr auf ihn.

Sie geht Johann nach in das Zimmer links.

BERNICK *in unruhigen Gedanken:* Untergeht –?

Schiffsbaumeister Auler kommt von rechts.

AULER: Um Verzeihung, Herr Konsul, komm' ich ungelegen –?

BERNICK *sich heftig umwendend:* Was wollen Sie?

AULER: Ich möchte gern eine Frage an Sie richten, Herr Konsul.

BERNICK: Gut, aber schnell! Was haben Sie zu fragen?

AULER: Ich wollte fragen, ob es feststeht – unerschütterlich fest –, daß ich meine Entlassung bekommen würde, wenn die „Gazelle" morgen nicht in See stechen könnte.

BERNICK: Was soll das? Das Schiff wird ja segelklar!

AULER: Ja – das tut es. Aber wenn es das nun nicht würde – hätte ich dann meine Entlassung?

BERNICK: Was sollen diese müßigen Fragen?

AULER: Ich möchte so gern Bestimmtheit haben, Herr Konsul. Sagen Sie mir daher dieses eine: hätte ich dann meine Entlassung?

BERNICK: Pfleg' ich mein Wort zurückzunehmen oder nicht?

AULER: Ich hätte also morgen die Stellung verloren, die ich in meinem Hause und unter denen einnehme, die mir am nächsten stehn – meinen Einfluß in den Arbeiterkreisen verloren – alle Gelegenheit verloren, Gutes zu wirken unter den Niedriggestellten in der Gesellschaft! ...

BERNICK: Auler –

AULER: Gut, dann muß also die „Gazelle" in See stechen.

Kurzes Schweigen.

BERNICK: Hören Sie: ich kann die Augen nicht überall haben; kann nicht für alles verantwortlich sein – Sie dürfen mich doch versichern, daß die Reparatur untadelhaft ausgeführt ist?

AULER: Sie stellten mir eine kurze Frist, Herr Konsul.

BERNICK: Aber, nicht wahr, die Reparatur ist untadelhaft?

AULER: Es ist ja gutes Wetter und – Mittsommer.

Wiederum Schweigen.

BERNICK: Haben Sie mir sonst noch etwas zu sagen?

AULER: Sonst nichts, Herr Konsul ...

BERNICK: Also – die „Gazelle" – sticht in See –

AULER: Morgen?

BERNICK: Ja.

AULER: Gut. *Grüßt und entfernt sich.*

Bernick steht einen Augenblick unentschlossen; dann geht er rasch nach der Tür, als wollte er Auler zurückrufen, bleibt aber, die Hand am Schloß, unruhig stehen. In demselben Augenblick wird die Tür von außen geöffnet und Krapp tritt herein.

KRAPP *gedämpft:* Aha; er war hier. Hat er gestanden?

BERNICK: Hm ... Haben Sie etwas entdeckt?

KRAPP: Wessen braucht's denn noch? Leuchtete ihm nicht das böse Gewissen aus den Augen, Herr Konsul?

BERNICK: Ach was! – so etwas merkt man nicht. Haben Sie etwas entdeckt – ja oder nein?

KRAPP: Konnte nicht hinkommen; war zu spät; sie trafen schon Anstalten, das Schiff aus dem Dock zu holen. Aber grade diese Eile beweist klar, daß –

BERNICK: Beweist nichts. Die Besichtigung hat also stattgefunden?

KRAPP: Versteht sich; aber –

BERNICK: Sehn Sie wohl! Und man hat natürlich nichts zu tadeln gefunden?

KRAPP: Herr Konsul, Sie wissen recht gut, wie derartige Besichtigungen vor sich gehn, namentlich auf einer Werft, die in einem so guten Rufe steht wie die unsre.

BERNICK: Gleichviel; wir haben keine Verantwortung mehr.

KRAPP: Herr Konsul, haben Sie es Auler wirklich nicht ansehn können, daß –?

BERNICK: Auler hat mich vollkommen beruhigt, sag' ich Ihnen.

KRAPP: Und ich sage Ihnen, ich bin moralisch überzeugt, daß –

BERNICK: Was soll das bedeuten, Herr Krapp? ... Ich kann mir denken, daß Sie Auler nicht grün sind; aber wollen Sie ihm zuleibe, so müssen Sie einen andern Anlaß suchen. Sie wissen, wie sehr mir – oder vielmehr der Reederei – daran gelegen ist, daß die „Gazelle" morgen in See sticht.

KRAPP: Gut, gut ... es sei ... aber wenn wir von d e m Schiffe wieder hören ... hm!

Kaufmann Wiegeland kommt von rechts.

WIEGELAND: Allergehorsamster Diener, Herr Konsul. Haben Sie einen Augenblick Zeit?

BERNICK: Ich steh' zu Diensten, Herr Wiegeland.

WIEGELAND: Ja, ich wollte nur hören, ob Sie auch dafür stimmen, daß der „Palmbaum" morgen absegelt?

BERNICK: Gewiß; das ist ja eine abgemachte Sache.

WIEGELAND: Aber da kommt soeben der Kapitän zu mir und sagt, es seien Anzeichen von Sturm vorhanden ...

KRAPP: Das Barometer ist seit heute morgen stark gefallen.

BERNICK: So? Sollte wirklich Sturm zu erwarten sein?

WIEGELAND: Jedenfalls sehr starker Wind; aber kein Gegenwind; im Gegenteil –

BERNICK: Hm ... ja, was sagen Sie dazu?

WIEGELAND: Ich sage, was ich zu dem Kapitän sagte: der „Palmbaum" steht in der Hand der Vorsehung. Und zudem geht's ja zunächst nur über die Nordsee; und in England haben die Frachtgüter augenblicklich einen so anständig hohen Preis, daß –

BERNICK: Ja, wir würden wahrscheinlich Verluste haben, wenn wir warteten.

WIEGELAND: Das Schiff ist ja so solid und überdies vollständig versichert. Na, da ist das Risiko für die „Gazelle" denn doch viel größer –

BERNICK: Wie meinen Sie das?

WIEGELAND: Die segelt ja auch morgen ab.

BERNICK: Ja, die Reederei hat so sehr gedrängt, und zudem –

WIEGELAND: Nun, wenn der alte Kasten sich hinauswagen kann – und noch obendrein mit einer solchen Mannschaft –, so wär's eine Schande, wenn wir nicht –

BERNICK: Gut, gut. Sie haben wahrscheinlich die Schiffspapiere bei sich?

WIEGELAND: Ja, hier.

BERNICK: Gut; wollen Sie sich gefälligst mit Herrn Krapp hineinbemühen?

KRAPP: Bitte! Ist bald besorgt.

WIEGELAND: Gern. – Und den Erfolg, Herr Konsul, legen wir in die Hand des Allerhöchsten.

Er geht mit Krapp in das erste Zimmer links. Durch den Garten kommt Hilfsprediger Rohrland.

ROHRLAND: Ah, trifft man Sie um diese Tageszeit zu Hause, Herr Konsul?

BERNICK *in Gedanken:* Wie Sie sehn.

ROHRLAND: Ja, ich komme eigentlich wegen Ihrer Gattin. Ich dachte, sie könnte vielleicht nach einem Worte des Trostes verlangen.

BERNICK: Leicht möglich. Aber ich möchte auch gern ein Wort mit Ihnen reden.

ROHRLAND: Freut mich, Herr Konsul. Aber was fehlt Ihnen? Sie sehn ganz bleich und verstört aus.

BERNICK: Ich? Tu' ich? Ja, wie kann's anders sein – bei alledem, was sich gegenwärtig um mich auftürmt! Mein ganzes großes Geschäft – und dann das Eisenbahnunternehmen ... Hören Sie ... erlauben Sie mir ein Wort, Herr Hilfsprediger, eine Frage.

ROHRLAND: Mit dem größten Vergnügen, Herr Konsul.

BERNICK: Da kam mir soeben ein Gedanke ... Wenn man vor einem so großartigen Unternehmen steht – vor einem Unternehmen, das darauf abzielt, das Wohl von Tausenden zu fördern ... Wenn dieses nun ein einzelnes Opfer forderte –?

ROHRLAND: Wie meinen Sie das?

BERNICK: Nehmen wir ein Beispiel. Jemand will eine große Fabrik anlegen. Er weiß mit Bestimmtheit – denn das hat langjährige Erfahrung ihn gelehrt –, daß früher oder später beim Betriebe dieser Fabrik Menschenleben zugrunde gehn werden ...

ROHRLAND: Ja, das ist nur zu wahrscheinlich ...

BERNICK: Oder es wirft sich jemand auf die Bergwerksindustrie. Er nimmt Familienväter sowohl wie junge lebensfrische Männer in seinen Dienst. Läßt es sich da nicht mit Gewißheit sagen, daß nicht alle diese Arbeiter mit dem Leben davonkommen werden?

ROHRLAND: Ja, Sie haben leider recht.

BERNICK: Gut. Ein solcher Mann weiß also im voraus, daß das Unternehmen, welches er ins Werk setzen will, unzweifelhaft einmal Menschenleben kosten wird. Aber dieses Unternehmen ist von allgemeinem Nutzen; für jedes Menschenleben, das es kostet, wird es ebenso unzweifelhaft das Wohlergehen von Hunderten, ja von Tausenden fördern.

ROHRLAND: Aha, Sie denken an die Eisenbahn – an all diese gefahrvollen Erdarbeiten und Sprengungen und all die –

BERNICK: Ja – jawohl; ich denk' an die Eisenbahn. Und außerdem – die Eisenbahn wird ja auch Fabriken und Bergwerke ins Leben rufen. Aber meinen Sie nicht doch –?

ROHRLAND: Lieber Herr Konsul, Sie sind fast allzu gewissenhaft. Ich meine, wenn Sie Ihr Unternehmen der Vorsehung in die Hand legen –

BERNICK: Ja – jawohl – Vorsehung –

ROHRLAND: – dann brauchen Sie sich keine Skrupel zu machen. Bauen Sie nur getrost Ihre Eisenbahn.

BERNICK: Ja, aber nun will ich einen besondern Fall setzen. Angenommen, da sei ein Bohrloch vorhanden, das an einer gefährlichen Stelle gesprengt werden müsse; ohne daß dieses Bohrloch gesprengt wird, kann die Eisenbahn nicht zustande kommen. Angenommen, der Ingenieur weiß, daß es dem Arbeiter, der die Mine sprengt, das Leben kosten wird; aber gesprengt muß sie werden, und es ist des Ingenieurs Pflicht, einen Arbeiter hinzusenden, um sie anzuzünden ...

ROHRLAND: Hm –

BERNICK: Ich weiß, was Sie sagen wollen. Es wäre eine große Tat, wenn der Ingenieur selbst die Lunte nähme, hinginge und das Bohrloch anzündete. Aber dergleichen tut man nicht. Er muß also einen Arbeiter opfern.

ROHRLAND: Das würde bei uns niemals ein Ingenieur tun.

BERNICK: In den großen Ländern würde kein Ingenieur Bedenken tragen, es zu tun.

ROHRLAND: In den großen Ländern? Ja, das will ich glauben. In jener verdorbenen und gewissenlosen Gesellschaft –

BERNICK: Oh, jene Gesellschaft hat manches Gute!

ROHRLAND: Und das können Sie sagen, Sie, der selbst –!

BERNICK: In der großen Gesellschaft findet man doch Raum, ein nützliches Unternehmen ins Werk zu setzen – da hat man den Mut, einer großen Sache Opfer zu bringen – aber hier wird man von allerlei kleinlichen Rücksichten und Bedenklichkeiten gefesselt.

ROHRLAND: Ist ein Menschenleben eine kleinliche Rücksicht?

BERNICK: Wenn dieses Menschenleben dem Wohlergehen von Tausenden im Wege steht –

ROHRLAND: Aber Sie nehmen ja ganz undenkbare Fälle an, Herr Konsul! Ich versteh' Sie heute gar nicht. Sie weisen auf die große Gesellschaft hin. Ja, da draußen – was gilt dort ein Menschenleben? Da rechnet man mit Menschenleben wie mit Kapitalien. Aber wir stehn doch auf einem ganz andern moralischen Standpunkt, sollt' ich meinen. Blicken Sie auf unsern ehrenhaften Schiffsreederstand! Nennen Sie mir einen einzigen Reeder hier bei uns, der um schnöden Gewinst ein Menschenleben opfern würde! Und dann denken Sie an jene Schurken in der großen Gesellschaft, die des Vorteils halber ein nicht seetüchtiges Schiff nach dem andern auf das Meer hinausschicken –

BERNICK: Von nicht seetüchtigen Schiffen red' ich nicht!

ROHRLAND: Aber ich rede davon, Herr Konsul.

BERNICK: Ja – aber wozu? Das hat ja mit unsrer Sache nichts zu tun. – O diese kleinen ängstlichen Rücksichten! Wenn bei uns ein General seine Leute ins Feuer führte und sie niederschießen ließe – er hätte später schlaflose Nächte. So ist es anderwärts nicht. Sie sollten hören, was der da drinnen erzählt –

ROHRLAND: Der? ... Wer? ... Der Amerikaner –?

BERNICK: Jawohl. Sie sollten hören, wie man in Amerika –

ROHRLAND: Ist der hier? Und das sagen Sie mir nicht?! Ich will sofort –

BERNICK: Nützt Ihnen nichts; Sie kommen gar nicht gegen ihn auf.

ROHRLAND: Das wollen wir doch sehn ... Ha, da haben wir ihn!

Johann Tönnesen kommt aus dem Zimmer links.

JOHANN *redet durch die offne Tür zurück:* Ja ja, Dina; dabei bleibt's; ich lasse Sie nicht. Ich komme wieder, und dann wird alles gut zwischen uns!

ROHRLAND: Um Verzeihung, was meinen Sie damit? Was wollen Sie?

JOHANN: Ich will, daß das junge Mädchen, vor dem Sie mich gestern so schändlich verleumdeten, meine Frau werde.

ROHRLAND: Ihre –?! Und Sie können glauben, daß –?!

JOHANN: – daß sie meine Frau wird.

ROHRLAND: Nun, dann sollen Sie auch erfahren – *Geht nach der halboffnen Tür.* Frau Bernick, wollen Sie gütigst Zeuge sein – und Sie ebenfalls, Fräulein Martha ... und lassen Sie Dina kommen. *Bemerkt Fräulein Hessel.* Ah, sind Sie auch da?

FRÄULEIN HESSEL *in der Tür:* Soll ich auch kommen?

ROHRLAND: So viele nur wollen; je mehr, desto besser.

BERNICK: Was haben Sie vor?

Fräulein Hessel, Frau Bernick, Fräulein Bernick, Dina und Hilmar Tönnesen kommen aus dem Zimmer.

FRAU BERNICK: Herr Hilfsprediger, mit meinem besten Willen konnt' ich ihn nicht hindern –

ROHRLAND: Ich werde ihn verhindern, Frau Bernick! – Dina, Sie sind ein unbesonnenes Mädchen. Aber ich will Sie nicht zu sehr tadeln. Sie haben hier allzulange der moralischen Stütze entbehren müssen, die Sie aufrechterhalten hätte. Mich selbst tadle ich, daß ich Ihnen nicht früher diese Stütze geliehen habe...

DINA: Sie sollen jetzt nicht reden!

FRAU BERNICK: Aber was bedeutet das?

ROHRLAND: Grade jetzt muß und will ich reden, obgleich Ihr gestriges und heutiges Benehmen es mir zehnfach erschwert hat. Aber der Rücksicht auf Ihre Rettung müssen alle andern Rücksichten weichen ... Sie erinnern sich des Versprechens, das ich Ihnen gab. Sie erinnern sich auch, was Sie mir zu antworten gelobten, wenn ich die Zeit für gekommen erachte. Jetzt darf ich nicht länger zaudern, und darum – *zu Johann:* dieses junge Mädchen, dem Sie nachstellen, ist meine Braut!

FRAU BERNICK: Was sagen Sie?

BERNICK: Dina!

JOHANN: Sie! Ihre – !?

FRÄULEIN BERNICK: Nein, nein, Dina!

FRÄULEIN HESSEL: Lüge!

JOHANN: Dina – redet der Mann Wahrheit?

DINA *nach kurzem Zaudern:* Ja.

ROHRLAND: Hiermit sind hoffentlich alle Künste der Verführung entwaffnet. Der Schritt, den ich um ihres Heiles willen zu tun beschlossen, mag in allen Kreisen unsrer Gesellschaft bekanntgegeben werden. Ich hege die sichere Hoffnung, man wird ihn nicht mißdeuten ... Aber jetzt, Frau Bernick, denke ich, es ist das beste, wir bringen sie fort von hier und suchen ihrem Gemüt die Ruhe und das Gleichgewicht wiederzugeben.

FRAU BERNICK: Ja, komm. O Dina, welch ein Glück für dich!

Sie führt Dina links hinaus; Rohrland folgt ihnen.

FRÄULEIN BERNICK: Leb wohl, Johann! *Sie geht.*

HILMAR *in der Gartentür:* Hm ... na, da muß ich denn doch sagen –

FRÄULEIN HESSEL *die Dina mit den Augen gefolgt ist:* Nicht den Mut verloren, John! Ich bleibe hier und passe dem Pastor auf!

Sie geht rechts hinaus.

BERNICK: Johann, jetzt reisest du nicht mit der „Gazelle"!

JOHANN: Jetzt grade.

BERNICK: Aber du kommst doch nicht wieder?

JOHANN: Ich komme wieder.

BERNICK: Nach dieser Enthüllung? Was willst du hier denn noch?

JOHANN: Mich an euch allen rächen – so viele als möglich von euch vernichten!

Er geht rechts ab. Wiegeland und Krapp kommen aus des Konsuls Zimmer.

WIEGELAND: So, nun sind die Papiere in Ordnung, Herr Konsul.

BERNICK: Gut, gut –

KRAPP *gedämpft:* Und es steht also fest, daß die „Gazelle" morgen unter Segel geht?

BERNICK: Sie geht unter Segel.

Er tritt in sein Zimmer. Wiegeland und Krapp rechts ab. Hilmar will ihnen folgen, aber in demselben Augenblick steckt Olaf vorsichtig den Kopf durch die Tür links heraus.

OLAF: Onkel! Onkel Hilmar!

HILMAR: Was, bist du da? Warum bleibst du nicht oben? Du hast ja Arrest.

OLAF *einige Schritte vorkommend:* Scht! Onkel Hilmar, weißt du was Neues?

HILMAR: Ja, ich weiß, daß du heute Prügel bekommen hast.

OLAF *sieht drohend nach des Vaters Zimmer:* Er soll mich nicht oft mehr prügeln. Aber weißt du auch, daß Onkel Johann morgen mit den Amerikanern abreist?

HILMAR: Was geht das dich an? Mach, daß du wieder nach oben kommst!

OLAF: Ich geh' vielleicht auch noch mal auf die Büffeljagd, Onkel.

HILMAR: Dummes Zeug, Junge! Solch ein Hasenfuß wie du –

OLAF: Ja, warte nur! Morgen sollst du schon sehn!

HILMAR: Ach du Tölpel!

Er geht in den Garten. Olaf eilt wieder in das Zimmer und schließt die Tür, als er Krapp erblickt, der von rechts kommt.

KRAPP *geht an die Tür des Konsuls und öffnet sie halb:* Verzeihen Sie, Herr Konsul, daß ich noch einmal komme; aber ein sehr schweres Gewitter ist im Anzuge. *Wartet einen Augenblick; keine Antwort.* Soll die „Gazelle" trotzdem unter Segel gehn?

BERNICK *antwortet nach kurzer Pause in seinem Zimmer:* Die „Gazelle" geht trotzdem unter Segel.

Krapp schließt die Tür und geht wieder rechts hinaus.

VIERTER AUFZUG

Gartensalon bei Konsul Bernick.

Der Arbeitstisch ist entfernt. Es ist ein stürmischer Nachmittag. Die Dämmerung ist bereits eingetreten; während des Folgenden nimmt sie zu. Ein Bedienter steckt den Kronleuchter an; ein paar Dienstmädchen bringen Blumentöpfe, Lampen und Lichter, die auf die Tische und die Pfeilerspiegel an den Wänden gestellt werden. Kaufmann Rummel, im Frack, mit Handschuhen und weißer Krawatte, steht im Salon und gibt Anordnungen.

RUMMEL *zu dem Bedienten:* Nur jedes zweite Licht, Jakob. Es darf nicht allzu festlich aussehn; es soll ja eine Überraschung sein. Und all diese Blumen – ? Nun ja ... lassen Sie sie nur stehn ... es kann ja so aussehn, als ständen sie da zum täglichen –

Bernick tritt aus seinem Zimmer.

BERNICK *in der Tür:* Was hat das zu bedeuten?

RUMMEL: O weh, bist du da! *Zu den Domestiken:* Ja, nun könnt ihr solange gehn.

Der Diener und die Mädchen entfernen sich durch die hintere Tür links.

BERNICK *näherkommend:* Aber, Rummel, was soll das bedeuten?

RUMMEL: Das bedeutet, daß dein stolzester Augenblick gekommen ist. Die Stadt bringt heute abend ihrem ersten Bürger eine Serenade.

BERNICK: Was sagst du!

RUMMEL: Eine Serenade mit Musik! Wir würden auch Fackeln genommen haben; aber das durften wir bei diesem stürmischen Wetter nicht wagen. Nun, illuminiert wird dort; und das klingt ja auch ganz gut, wenn es in die Zeitungen kommt.

BERNICK: Höre, Rummel, von so etwas will ich nichts wissen.

RUMMEL: Ja, das ist nun zu spät; in einer halben Stunde sind sie hier.

BERNICK: Aber warum hast du das nicht früher gesagt?

RUMMEL: Eben weil ich befürchtete, du könntest Einwendungen machen. Aber ich setzte mich mit deiner Frau in Verbindung; sie erlaubte mir, ein wenig zu arrangieren, und sie wird für Erfrischungen sorgen.

BERNICK *aufhorchend:* Was ist das? Kommen sie schon? Ich glaub', ich höre Gesang.

RUMMEL *an der Gartentür:* Gesang? Oh, das sind nur die Amerikaner. Die „Gazelle" wird hinausgeholt.

BERNICK: Hinausgeholt! Ja – nein, ich kann heut abend nicht, Rummel; ich bin krank.

RUMMEL: Ja, du siehst wirklich schlimm aus. Aber du mußt dich ermannen. Zum Geier, du m u ß t dich ermannen! Wenn du wüßtest, was ich und Altstedt und Wiegeland alles getan haben, um diesen Aufzug zustande zu bringen! Unsre Gegner müssen unter der Last einer möglichst allgemeinen Meinungsäußerung erdrückt werden. Es bilden sich Gerüchte in der Stadt; die Mitteilung der großen Ankäufe läßt sich nicht länger zurückhalten. Du mußt sie unbedingt schon heut abend – bei Gesang und Reden, beim Klang der Gläser, kurz inmitten einer schäumenden Feststimmung wissen lassen, was du zum Besten der Gesellschaft riskiert hast. Bei so einer schäumenden Feststimmung, wie ich mich soeben ausdrückte, kann man hier bei uns unglaublich viel fertigbringen. Aber d i e muß auch vorhanden sein, sonst geht's nicht.

BERNICK: Ja ja ja –

RUMMEL: Und namentlich, wenn ein so delikater, kitzliger Punkt ans Licht soll. Nun, du hast Gott sei Dank einen Namen, der's wagen kann, Bernick. Aber nun höre; wir müssen uns doch ein wenig verständigen. Cousin Hilmar hat ein Lied auf dich gedichtet und komponiert. Es beginnt sehr schön mit den Worten: „Hoch, hoch das geist'ge Banner!" Und Hilfsprediger Rohrland hat den Auftrag erhalten, die Festrede zu halten. Die mußt du natürlich beantworten.

BERNICK: Heut abend kann ich nicht, Rummel. Solltest du nicht –?

RUMMEL: Unmöglich, so gern ich auch wollte. Die Rede wird ja selbstverständlich direkt an dich gerichtet. Nun, vielleicht wendet man sich auch an uns mit einigen Worten. Ich habe schon mit Altstedt und Wiegeland darüber gesprochen. Wir meinen, du könntest mit einem Hoch auf das Gedeihen unsrer Gesellschaft antworten; Altstedt wird einige Worte sagen über die Eintracht unter den verschiedenen Schichten der Gesellschaft; Wiegeland will eine kurze Ansprache halten über die Notwendigkeit, daß die moralische Grundlage, auf der wir jetzt stehn, durch das neue Unternehmen nicht verschoben werde; und ich gedenke mit einigen wenigen passenden Worten an die Frauen zu erinnern, deren mehr bescheidnes Wirken keineswegs ohne Bedeutung sei für die Gesellschaft. Aber du hörst ja nicht –

BERNICK: Ja – ja doch. Aber sage mir, glaubst du, daß das Meer da draußen sehr gefahrdrohend –?

RUMMEL: Ah, du fürchtest für den „Palmbaum"? ... Er ist ja gut versichert!

BERNICK: Ja, versichert; aber –

RUMMEL: Und in gutem Stand; und das ist das wichtigste.

BERNICK: Hm ... Wenn dem Fahrzeug etwas zustößt, so ist's ja noch nicht ausgemacht, daß Menschenleben dabei zugrunde gehn ... Schiff und Ladung können verlorengehn ... man kann Koffer und Papiere ver– –

RUMMEL: Zum Henker, an Koffern und Papieren ist nicht viel gelegen!

BERNICK: Nicht! Nein, nein, ich meinte nur ... Horch ... da singen sie wieder.

RUMMEL: Das ist an Bord des „Palmbaums".

Kaufmann Wiegeland erscheint von rechts.

WIEGELAND: Ja, jetzt holen sie den „Palmbaum" hinaus. Guten Abend, Herr Konsul.

BERNICK: Und Sie als seekundiger Mann halten noch immer daran fest, daß –?

WIEGELAND: Ich halte an der Vorsehung fest, Herr Konsul; zudem bin ich selbst an Bord gewesen und habe einige Traktätchen verteilt, von denen ich mir eine segensreiche Wirkung verspreche.

Altstedt und Krapp kommen von rechts.

ALTSTEDT *noch in der Tür:* Ja, geht d a s gut, so geht alles gut. Ah sieh, guten Abend, guten Abend!

BERNICK: Etwas vorgefallen, Herr Krapp?

KRAPP: Ich sage nichts, Herr Konsul.

ALTSTEDT: Die ganze Mannschaft auf der „Gazelle" ist betrunken; ich will kein ehrlicher Mann sein, wenn die Unmenschen lebendig ankommen.

Fräulein Hessel von rechts.

FRÄULEIN HESSEL *zu Bernick:* Ja, nun kann ich von ihm grüßen.

BERNICK: Schon an Bord?

FRÄULEIN HESSEL: Jedenfalls bald. Wir verabschiedeten uns vor dem Hotel.

BERNICK: Und sein Entschluß steht fest?

FRÄULEIN HESSEL: Felsenfest.

RUMMEL *an den Fenstern:* Zum Geier mit diesen neumodischen Einrichtungen. Ich kann die Vorhänge nicht herunterbekommen.

FRÄULEIN HESSEL: Sollen sie herab? Ich glaubte im Gegenteil –

RUMMEL: Vorläufig herab, Fräulein. Ja, Sie wissen doch, was bevorsteht?

FRÄULEIN HESSEL: Jawohl. Lassen Sie mich helfen; *ergreift die Schnüre:* ich will den Vorhang für meinen Schwager herablassen ... obschon ich ihn lieber in die Höhe gehn ließe ...

RUMMEL: Das können Sie später auch. Wenn der Garten mit der wogenden Menschenmenge angefüllt ist, gehn die Vorhänge in die Höhe, und man erblickt hier im

Innern eine überraschte, fröhliche Familie ... ein Bürgerhaus muß wie ein Glasschrank sein.

Bernick scheint etwas sagen zu wollen, wendet sich jedoch rasch ab und geht in sein Zimmer.

RUMMEL: Ja, lassen Sie uns jetzt die letzte Beratung halten ... Kommen Sie mit, Herr Krapp; Sie müssen uns mit einigen faktischen Aufklärungen zur Seite stehn.

Sämtliche Herren treten in des Konsuls Zimmer. Fräulein Hessel hat die Gardinen vor die Fenster gezogen und will grade den Vorhang vor die offne Glastür ziehn, als Olaf von oben auf die Gartentreppe herabspringt. Er hat ein Plaid um die Schultern und ein Bündel in der Hand.

FRÄULEIN HESSEL: Ach, Gott verzeih' dir, Junge, wie hast du mich erschreckt!

OLAF *versteckt das Bündel:* Scht, Tante!

FRÄULEIN HESSEL: Bist du aus dem Fenster gesprungen? Wo willst du hin?

OLAF: Scht – sag nichts! Ich will zu Onkel Johann ... nur hinunter zum Hafen, weißt du ... ihm nur Lebewohl sagen. Gute Nacht, Tante!

Er läuft durch den Garten hinaus.

FRÄULEIN HESSEL: Nein, bleib! Olaf – Olaf!

Johann kommt in Reisekleidern mit einer Tasche um die Schultern vorsichtig durch die Tür rechts.

JOHANN: Lona!

FRÄULEIN HESSEL *sich umwendend:* Was! Kehrst du wieder um?

JOHANN: Ich hab' noch einige Minuten Zeit. Ich muß sie noch einmal sehn. So können wir nicht scheiden.

Fräulein Bernick und Dina, beide in Mänteln und die letztere mit einer kleinen Reisetasche in der Hand, kommen aus der hintern Tür links.

DINA: Zu ihm – zu ihm!

FRÄULEIN BERNICK: Ja, du sollst zu ihm, Dina!

DINA: Da ist er!

JOHANN: Dina!

DINA: Nehmen Sie mich mit!

JOHANN: Wie –!

FRÄULEIN HESSEL: Du willst –?

DINA: Ja, nehmen Sie mich mit! Der andre hat mir geschrieben; er sagt, heut abend solle es vor allen Menschen bekanntgemacht werden –

JOHANN: Dina – Sie lieben ihn nicht?

DINA: Ich habe den Menschen nie geliebt. Ich stürze mich ins Meer, wenn ich seine Braut werden muß! Oh, wie er mich gestern kränkte mit seinen hochmütigen Reden! Wie ließ er mich fühlen, daß er ein geringes Geschöpf zu sich emporziehe! Man soll mich nicht mehr geringschätzig behandeln! Ich will fort. Darf ich mit Ihnen reisen?

JOHANN: Ja ja – tausendmal ja!

DINA: Ich will Ihnen nicht lange lästigfallen. Helfen Sie mir nur hinüber; helfen Sie mir nur anfangs ein wenig zurecht –

JOHANN: Hurra, das wird sich schon finden, Dina!

FRÄULEIN HESSEL *nach des Konsuls Tür zeigend:* St! Leise, leise!

JOHANN: Dina, auf den Händen werd' ich Sie tragen!

DINA: Das erlaub' ich Ihnen nicht ... Ich will mir selbst forthelfen; und da drüben kann ich das doch wohl. Wenn ich nur von hier fortkomme. O diese Damen – Sie wissen das nicht – die haben mir heute ebenfalls geschrieben. Sie ermahnen mich, doch mein Glück zu erkennen, und halten mir vor, wie großmütig er sich gegen mich gezeigt. Morgen und übermorgen und alle Tage werden sie mir aufpassen, um zu sehen, ob ich mich so vielen Glückes würdig mache. Mir graut vor all dieser Anständigkeit!

JOHANN: Sagen Sie mir, Dina, reisen Sie nur deshalb? Bin ich Ihnen nichts?

DINA: Ja, Johann, Sie sind mir mehr als alle andern Menschen.

JOHANN: O Dina –!

DINA: Alle sagen sie mir hier, ich müsse Sie hassen und verabscheuen; das sei meine Pflicht; aber eine solche Pflicht begreife ich nicht; ich werde sie wohl niemals begreifen.

FRÄULEIN HESSEL: Das wirst du auch nicht, Kind!

FRÄULEIN BERNICK: Und das sollst du auch nicht; und darum sollst du ihm als seine Frau folgen.

JOHANN: Ja ja!

FRÄULEIN HESSEL: Was? ... Da muß ich dich küssen, Martha! Das hätte ich von dir nicht erwartet.

FRÄULEIN BERNICK: Das glaub' ich, ich hatte es selbst nicht erwartet. Aber einmal mußte das Eis brechen! Oh, wie wir hier von Sitten und Gewohnheiten zu leiden haben! Empöre dich dagegen, Dina! Werde seine Frau ... Es soll etwas geschehen, das all dieser Wohlanständigkeit ins Gesicht schlägt!

JOHANN: Was antworten Sie, Dina?

DINA: Ja, ich will Ihre Frau werden.

JOHANN: Dina!

DINA: Aber zuvor will ich arbeiten, selbst etwas werden ... Ich will keine Sache sein, die man nimmt.

FRÄULEIN HESSEL: Ja, so ist's recht; so soll's sein.

JOHANN: Gut; ich harre und hoffe –

FRÄULEIN HESSEL: – um sie zu gewinnen, John! Aber nun an Bord!

JOHANN: Ja, an Bord! Ach, Lona, liebe Schwester, ein Wort; höre mal –

Er führt sie in den Hintergrund und spricht rasch mit ihr.

FRÄULEIN BERNICK: Dina, du Glückliche – laß mich dich ansehn, dich noch einmal – zum letztenmal ... küssen –

DINA: Nicht zum letztenmal! Nein, teure geliebte Tante, wir sehn uns wieder!

FRÄULEIN BERNICK: Nie! Versprich es mir, Dina, komm niemals zurück. *Ergreift ihre beiden Hände und sieht sie an.* Nun gehst du dem Glück entgegen, geliebtes Kind ... über das Meer. Oh, wie oft hab' ich mich im Schulzimmer hinübergesehnt! Da draußen muß es schön sein ... ein weiterer Himmel ... Die Wolken gehn höher als hier, und eine freiere Luft umgibt dort die Menschen –

DINA: O Tante Martha, einst folgst du uns nach!

FRÄULEIN BERNICK: Ich? Nie; nie. Hier habe ich meine kleine Lebensaufgabe ...

DINA: Immer von dir getrennt sein – nein, in den Gedanken kann ich mich nicht finden.

FRÄULEIN BERNICK: Ach, der Mensch kann sich von vielem trennen, Dina. *Küßt sie.* Versprich mir, ihn glücklich zu machen, liebes Kind.

DINA: Ich will nichts versprechen; ich hasse alle Versprechungen; alles muß kommen, wie Gott es will.

FRÄULEIN BERNICK: Ja ja, das muß es; bleibe wie du bist – wahr und treu gegen dich selbst.

DINA: Das will ich, Tante.

FRÄULEIN HESSEL *steckt einige Papiere, die Johann ihr gegeben, in die Tasche:* Gut, gut, mein lieber John. Aber nun fort!

JOHANN: Ja, es ist keine Zeit mehr zu verlieren. Leb wohl, Lona; hab Dank für all deine Liebe! Leb wohl, Martha, und hab auch du Dank für deine treue Freundschaft!

FRÄULEIN BERNICK: Leb wohl, Johann! Leb wohl, Dina! Werdet glücklich zusammen!

Sie und Fräulein Hessel drängen sie nach der Tür im Hintergrund. Johann und Dina entfernen sich rasch durch den Garten. Fräulein Hessel schließt die Tür und zieht den Vorhang vor dieselbe.

FRÄULEIN HESSEL: Nun sind wir allein, Martha. Du hast sie und ich habe ihn verloren.

FRÄULEIN BERNICK: Du – ihn?

FRÄULEIN HESSEL: Ach, ich hatte ihn schon drüben halb verloren. Es verlangte ihn danach, auf eignen Füßen zu stehen; deshalb bildete ich ihm ein, daß ich an Heimweh litte.

FRÄULEIN BERNICK: Deshalb? Ja, nun versteh' ich, daß du kamst. Aber er wird dich wieder zurückverlangen, Lona.

FRÄULEIN HESSEL: Eine alte Halbschwester – was soll ihm die jetzt? ... Die Männer zerreißen gar manches Band, um das Glück zu erlangen.

FRÄULEIN BERNICK: Das tun sie ...

FRÄULEIN HESSEL: Aber wir wollen zusammenhalten, Martha.

FRÄULEIN BERNICK: Kann ich dir etwas sein?

FRÄULEIN HESSEL: Wer mehr als du? Wir beiden Pflegemütter – haben wir nicht beide unsre Kinder verloren? Jetzt sind wir allein.

FRÄULEIN BERNICK: Ja, allein. Und darum sollst du's auch wissen ... ich habe ihn geliebt ...

FRÄULEIN HESSEL: Martha! *Ergreift ihren Arm.* Ist das wahr?

FRÄULEIN BERNICK: Mein ganzer Lebensinhalt liegt in diesen Worten. Ich habe ihn geliebt und auf ihn gewartet. Sommer um Sommer hoffte ich, er würde kommen ... Und da kam er ... aber er sah mich nicht.

FRÄULEIN HESSEL: Ihn geliebt! Und du selbst warst diejenige, welche ihm das Glück in die Hände legte.

FRÄULEIN BERNICK: Sollte ich ihm das Glück nicht in die Hände legen, da ich ihn liebte? Ja, ich habe ihn geliebt. Mein ganzes Leben hat ihm gehört ... von seiner Abreise an. Welchen Grund ich hatte zu hoffen, meinst du? Oh, ich glaube, ich hatte doch einigen Grund dazu! ... Aber als er dann heimkehrte – da war es, als sei alles aus seiner Erinnerung ausgelöscht ... Er sah mich nicht ...

FRÄULEIN HESSEL: Dina stellte dich in den Schatten, Martha.

FRÄULEIN BERNICK: Und es ist gut, daß sie das tat. Als er fortging, waren wir gleichaltrig; als ich ihn wiedersah – o der entsetzliche Augenblick! – da ward es mir klar, daß ich zehn Jahre älter geworden als er. Da draußen war er umhergezogen in dem hellen zitternden Sonnenschein und hatte Jugend und Gesundheit eingesogen mit jedem Atemzug; und inzwischen saß ich hier und spann und spann –

FRÄULEIN HESSEL: – am Faden seines Glückes, Martha.

FRÄULEIN BERNICK: Ja, es war Gold, was ich spann. Keine Bitterkeit! Nicht wahr, Lona, wir sind ihm zwei gute Schwestern gewesen?

FRÄULEIN HESSEL *den Arm um sie legend:* Martha!

Bernick kommt aus seinem Zimmer.

BERNICK *zu den Herren in demselben:* Ja ja, macht's nur, wie ihr wollt. Wenn die Zeit kommt, werde ich schon – *Schließt die Tür.* Ah, seid ihr da? Höre, Martha, du mußt ein wenig Toilette machen. Und sag Betty, sie ebenfalls. Ich wünsche natürlich keine Pracht; nur ein netter häuslicher Zuschnitt. Aber ihr müßt euch beeilen.

FRÄULEIN HESSEL: Und glückliche, aufgeräumte Gesichter ... und recht strahlende Augen ...

BERNICK: Olaf soll ebenfalls herunterkommen; ich will ihn hier an meiner Seite haben.

FRÄULEIN HESSEL: Hm; Olaf –

FRÄULEIN BERNICK: Ich will Betty Bescheid sagen.

Sie entfernt sich durch die hintere Tür links.

FRÄULEIN HESSEL: So, der große feierliche Augenblick ist also gekommen.

BERNICK *der unruhig hin und her geht:* Ja, er ist gekommen.

FRÄULEIN HESSEL: In einem solchen Augenblick muß ein Mann sich stolz und glücklich fühlen ...

BERNICK *sieht sie an:* Hm!

FRÄULEIN HESSEL: Die ganze Stadt wird ja illuminieren, hör' ich.

BERNICK: Ja, es geschieht so etwas.

FRÄULEIN HESSEL: Sämtliche Vereine werden mit ihren Fahnen erscheinen. Dein Name wird in Flammenschrift leuchten. Nach allen Gegenden des Landes wird heute nacht telegrafiert werden: „Umgeben von seiner glücklichen Familie empfing Konsul Bernick – eine der Stützen der Gesellschaft – die Huldigungen seiner Mitbürger."

BERNICK: Das wird nicht ausbleiben; und man wird da draußen hurra rufen, und die Menge wird mich in die

Tür dort herausjubeln, und ich werde genötigt sein, mich zu bücken und zu danken.

FRÄULEIN HESSEL: Ah, genötigt –

BERNICK: Glaubst du, ich fühle mich glücklich in diesem Augenblick?

FRÄULEIN HESSEL: Nein, ich glaube nicht, daß du dich so ganz glücklich fühlen kannst.

BERNICK: Lona, du verachtest mich!

FRÄULEIN HESSEL: Noch nicht.

BERNICK: Du hast auch kein Recht dazu ... Mich zu verachten nicht! – Lona, du kannst nicht begreifen, wie unendlich verlassen ich hier stehe in dieser verschrumpften und verkrüppelten Gesellschaft – wie ich Jahr für Jahr meine Ansprüche an ein mein ganzes Leben ausfüllendes Werk habe herabstimmen müssen! Was habe ich zustande gebracht, so mannigfach es auch scheinen mag? Stückwerk – Filigranarbeit. Aber mehr oder etwas andres wird hier nicht geduldet. Wollte ich der Stimmung, die just an der Tagesordnung ist, einen Schritt vorauseilen – sofort wäre es aus mit meiner Macht ... Weißt du, was wir sind, wir, die als die Stützen der Gesellschaft betrachtet werden? Die Werkzeuge der Gesellschaft sind wir – nicht mehr, nicht weniger.

FRÄULEIN HESSEL: Warum siehst du das erst jetzt ein?

BERNICK: Weil ich in der letzten Zeit – seit du hier bist – und namentlich heute abend – viel nachgedacht habe. – O Lona, warum kannte ich dich damals – in früheren Tagen – so wenig! ...

FRÄULEIN HESSEL: Nun –?

BERNICK: Niemals hätte ich dich verlassen; und hätte ich dich an meiner Seite gehabt, dann stände ich nicht, wo ich jetzt stehe!

FRÄULEIN HESSEL: Und bedenkst du nicht, was sie dir hätte werden können, sie, die du statt meiner wähltest?

BERNICK: Jedenfalls weiß ich, daß sie mir nicht geworden ist, wonach ich verlangte.

FRÄULEIN HESSEL: Weil du nie deine Lebensaufgabe mit ihr geteilt hast – weil du sie nie in ein wahres und freies Verhältnis zu dir gestellt hast – weil du sie mit Selbstanklagen sich peinigen läßt wegen der Schande, in welche du ihre Verwandten gebracht hast.

BERNICK: Ja ja ja; das alles kommt von der Lüge.

FRÄULEIN HESSEL: Warum brichst du denn nicht mit der Lüge?

BERNICK: Jetzt? Jetzt ist es zu spät, Lona.

FRÄULEIN HESSEL: Richard, sage mir, welche Befriedigung gewähren dir diese Täuschung und dieser Schein?

BERNICK: Gar keine gewähren sie mir. Ich mag zugrunde gehn, wie diese ganze verpfuschte Gesellschaft. Aber nach uns wächst ein andres Geschlecht heran; mein Sohn ist es, für den ich arbeite; ihm bereite ich eine wirkliche Lebensaufgabe. Es wird eine Zeit kommen, wo die Wahrheit in das gesellschaftliche Leben eindringt, und auf ihr wird er sich eine glücklichere Existenz gründen, als die seines Vaters war.

FRÄULEIN HESSEL: Mit einer Lüge als Grundlage? Bedenke, welch ein Erbe du deinem Sohne hinterläßt!

BERNICK *in unterdrückter Verzweiflung:* Ich hinterlasse ihm ein tausendmal schlimmeres Erbe, als du weißt. Aber irgendeinmal muß doch der Fluch weichen. Und doch – und dennoch – *Ausbrechend:* Wie konntet ihr dies alles auf mich herabbeschwören! Aber es ist nun geschehn. Ich muß weiter, ich kann nicht haltmachen. Aber es soll euch nicht gelingen, mich zu vernichten!

Hilmar, ein offenes Billett in der Hand, kommt rasch und verstört von rechts.

HILMAR: Aber das ist ja ... Betty, Betty!

BERNICK: Was gibt's? Kommen sie schon?

HILMAR: Nein, nein; aber ich muß unbedingt jemand sprechen – *Geht durch die hintere Tür links.*

FRÄULEIN HESSEL: Richard ... du sagst, wir seien gekommen, dich zu vernichten. So laß mich dir denn sagen, aus welchem Metall er ist, dieser verlorne Sohn, den eure moralische Gesellschaft flieht wie einen Pestkranken. Er kann euch entbehren, denn jetzt ist er fort.

BERNICK: Aber er wollte wiederkommen –

FRÄULEIN HESSEL: Johann kommt niemals wieder. Er hat diesen Ort für immer verlassen, und Dina ist mit ihm gegangen.

BERNICK: Kommt niemals wieder? Und Dina geht mit ihm?

FRÄULEIN HESSEL: Ja, um seine Frau zu werden. So schlagen die beiden eurer tugendhaften Gesellschaft ins Angesicht ... wie ich einst ... ja!

BERNICK: Abgereist ... sie ebenfalls ... mit der „Gazelle" –!

FRÄULEIN HESSEL: Nein; ein so teures Gut durfte er dem ruchlosen Gesindel nicht anvertrauen. Johann und Dina sind mit dem „Palmbaum" abgereist.

BERNICK: Ha! Also – vergebens – *Geht rasch über die Bühne, reißt die Tür zu seinem Zimmer auf und ruft hinein:* Krapp, halten Sie die „Gazelle" zurück; die darf heut abend nicht in See stechen!

KRAPP *im Zimmer:* Die „Gazelle" ist bereits auf der See, Herr Konsul.

BERNICK *schließt die Tür und sagt matt:* Zu spät – und ganz nutzlos –

FRÄULEIN HESSEL: Was meinst du?

BERNICK: Nichts, nichts. Entferne dich von mir –!

FRÄULEIN HESSEL: Hm. Höre, Richard. Johann läßt dir sagen, daß er mir den guten Namen anvertraut, den er dir einst geliehen – ebenso das, was du ihm gestohlen, als er fort war. Johann schweigt; und ich kann in der Sache tun und lassen, was ich will. Sieh, hier habe ich deine beiden Briefe in der Hand.

BERNICK: Du hast sie! Und jetzt – jetzt willst du – schon heut abend – vielleicht wenn die Serenade –

FRÄULEIN HESSEL: Ich bin nicht hierhergekommen, um dich zu verraten, sondern um dich aufzurütteln, damit du freiwillig reden solltest. Es ist mir nicht geglückt. So beharre denn in der Lüge. Sieh her; hier zerreiße ich deine beiden Briefe ... Nimm die Fetzen; da hast du sie. So, Richard, jetzt existiert nichts mehr, was gegen dich zeugen könnte. Jetzt bist du sicher; und nun sei glücklich – wenn du kannst.

BERNICK *erschüttert:* Lona – warum hast du das nicht früher getan? Jetzt ist es zu spät; jetzt habe ich mein ganzes Leben verscherzt ... es ist mir unmöglich, noch ferner zu leben ...

FRÄULEIN HESSEL: Was ist hier denn geschehn?

BERNICK: Frag mich nicht. – Und dennoch – ich muß leben! Ich will leben – meines Sohnes wegen. Er soll alles sühnen und wiedergutmachen –

FRÄULEIN HESSEL: Richard –

Hilmar kommt rasch zurück.

HILMAR: Niemand zu finden; fort! Auch Betty nicht!

BERNICK: Was hast du?

HILMAR: Ich wag's dir nicht zu sagen.

BERNICK: Was ist's? Du sollst und mußt mir's sagen!

HILMAR: Wohlan denn – Olaf ist mit der „Gazelle" fortgefahren.

BERNICK *zurücktaumelnd:* Olaf – mit der „Gazelle"! Nein, nein! Du lügst!

FRÄULEIN HESSEL: Ja, es ist wahr! Jetzt versteh' ich –; ich sah ihn aus dem Fenster springen.

BERNICK *in der Tür zu seinem Zimmer, ruft verzweifelt:* Krapp, um jeden Preis die „Gazelle" zurückhalten!

KRAPP *kommt heraus:* Unmöglich, Herr Konsul. Wie können Sie denken, daß –

BERNICK: Wir müssen sie zurückhalten; Olaf ist an Bord!

KRAPP: Was sagen Sie?

RUMMEL *kommt heraus:* Olaf fortgelaufen? Nicht möglich!

ALTSTEDT *kommt:* Er wird mit dem Lotsen zurückgeschickt, Herr Konsul.

HILMAR: Nein, nein; er hat mir geschrieben. *Zeigt das Billett.* Er sagt, er werde sich zwischen der Ladung verstecken, bis das Schiff auf offner See sei.

BERNICK: Ich seh' ihn nie wieder!

RUMMEL: Ach was, dummes Zeug; ein solides gutes Schiff – soeben erst repariert –

WIEGELAND *der ebenfalls herausgekommen ist:* – auf Ihrer eignen Werft, Herr Konsul!

BERNICK: Ich seh' ihn nie wieder, sag' ich euch! Ich hab' ihn verloren, Lona, und – jetzt seh' ich's – er ist nie mein gewesen! *Lauscht:* Was ist das?

RUMMEL: Musik. Der Zug kommt.

BERNICK: Ich kann, ich will niemand empfangen!

RUMMEL: Wo denkst du hin? Das geht unmöglich an.

ALTSTEDT: Unmöglich, Herr Konsul; bedenken Sie, was für Sie auf dem Spiele steht.

BERNICK: Was liegt mir jetzt an alledem! Für wen habe ich jetzt zu arbeiten?

RUMMEL: Das kannst du fragen? Du hast ja doch uns und die Gesellschaft.

WIEGELAND: Sehr wahr.

ALTSTEDT: Und Sie vergessen doch nicht, Herr Konsul, daß wir –

Fräulein Bernick kommt durch die hintere Tür links. Die Musik ist in gedämpften Tönen fern von der Straße herauf zu hören.

FRÄULEIN BERNICK: Jetzt kommt der Zug; aber Betty ist nicht zu Hause; ich begreife nicht, wo sie –

BERNICK: Nicht zu Hause! Da siehst du, Lona; keine Stütze, weder in Freud' noch in Leid.

RUMMEL: Fort mit den Vorhängen! Hier, helfen Sie mir, Herr Krapp. Und auch Sie, Altstedt! Jammerschade, daß die Familie grade jetzt so zersplittert ist ... ganz gegen das Programm.

Die Vorhänge werden von den Fenstern und der Tür gezogen. An dem Hause gegenüber befindet sich ein großes Transparent mit der Inschrift: „Hoch lebe Konsul Bernick, die Stütze unsrer Gesellschaft!"

BERNICK *weicht scheu zurück:* Fort mit alledem! Ich will's nicht sehn! Löscht aus! Löscht aus!

RUMMEL: Mit Respekt zu fragen, bist du nicht bei Sinnen?

FRÄULEIN BERNICK: Was fehlt ihm, Lona?

FRÄULEIN HESSEL: St! *Redet leise mit ihr.*

BERNICK: Fort mit der höhnischen Inschrift, sag' ich euch! Seht ihr nicht, daß alle diese Lichter die Zungen nach uns ausstrecken!

RUMMEL: Nein, da muß ich gestehn –

BERNICK: Ha, was versteh' ich –! Aber ich, ich –! Das alles sind Lichter in einem Leichenhaus!

KRAPP: Hm –

RUMMEL: Nein, weißt du was – du nimmst es dir viel zu sehr zu Herzen.

ALTSTEDT: Der Junge macht einen Abstecher über den Atlantischen Ozean, und dann bekommen Sie ihn wieder.

WIEGELAND: Setzen Sie nur Ihr Vertrauen auf den Allerhöchsten, Herr Konsul.

RUMMEL: Und auf das Schiff, Bernick; es ist doch nicht dem Versinken nahe, sollt' ich meinen!

KRAPP: Hm –

RUMMEL: Ja, wär' es einer von jenen schwimmenden Särgen, wie sie die große Gesellschaft – –

BERNICK: Ich fühl's – o, o! –

Frau Bernick, ein großes Tuch um den Kopf, kommt durch die Gartentür.

FRAU BERNICK: Richard, Richard, weißt du –?

BERNICK: Ja, ich weiß –; aber du – du, die nichts sieht – die nie ein mütterliches Auge auf ihn –!

FRAU BERNICK: O hör doch –!

BERNICK: Warum hast du nicht über ihn gewacht? Jetzt hab' ich ihn verloren! Gib mir ihn wieder, wenn du kannst!

FRAU BERNICK: Ja, ich kann's; ich habe ihn!

BERNICK: Du hast ihn!?

DIE HERREN: Ah!

HILMAR: Na, das dacht' ich mir.

FRÄULEIN BERNICK: Du hast ihn wieder, Richard!

FRÄULEIN HESSEL: Ja, verdiene ihn jetzt auch ...

BERNICK: Du hast ihn! – ist das wahr? – wo ist er?

FRAU BERNICK: Das erfährst du nicht eher, als bis du ihm verziehen hast.

BERNICK: Ach was, verziehen –! Aber wie hast du erfahren –?

FRAU BERNICK: Meinst du, eine Mutter sehe nicht? Ich war in Todesängsten, du könntest etwas erfahren. Ein paar Worte, die er gestern fallen ließ –; und da sein Zimmer leer und Reisetasche und Kleider fort waren –

BERNICK: Ja ja –?

FRAU BERNICK: Ich eilte fort; fand Auler; fuhren in seinem Segelboot hinaus; das amerikanische Schiff war grad' im Begriff abzufahren. Gott sei Dank, wir kamen noch früh genug – stiegen an Bord – ließen den Schiffsraum durchsuchen – fanden ihn! – O Richard, du mußt ihn nicht bestrafen!

BERNICK: Betty!

FRAU BERNICK: Und auch Auler nicht!

BERNICK: Auler? Was weißt du von ihm? Ist die „Gazelle" wieder unter Segel?

FRAU BERNICK: Nein, das ist es grade –

BERNICK: Rede, sprich!

FRAU BERNICK: Auler war ebenso erschüttert wie ich; die Durchsuchung erforderte Zeit; die Dunkelheit brach herein, der Lotse machte Schwierigkeiten; und da erkühnte sich Auler – in deinem Namen –

BERNICK: Nun –?

FRAU BERNICK: – das Schiff bis morgen anzuhalten.

KRAPP: Hm –

BERNICK: O welch unendliches Glück!

FRAU BERNICK: Und du bist nicht erzürnt?

BERNICK: O welches Übermaß von Glück, Betty!

RUMMEL: Du bist auch allzu gewissenhaft.

HILMAR: Ja, sobald es einen kleinen Kampf gilt mit den Elementen, dann – o, o!

KRAPP *an den Fenstern:* Da kommt der Zug durch die Gartentür, Herr Konsul.

BERNICK: Ja, jetzt mag er kommen!

RUMMEL: Der ganze Garten füllt sich mit Menschen.

ALTSTEDT: Die ganze Straße ist gedrängt voll.

RUMMEL: Die ganze Stadt ist auf den Beinen, Bernick! Dies ist wirklich ein zündender Augenblick.

WIEGELAND: Genießen wir ihn demütigen Herzens, Herr Rummel.

RUMMEL: Sämtliche Fahnen entfaltet! Welch ein Zug! ... Ah, da ist das Festkomitee mit Prediger Rohrland an der Spitze.

BERNICK: Laßt sie kommen, sag' ich!

RUMMEL: Aber höre – in dem aufgeregten Gemütszustande, in welchem –

BERNICK: Was denn?

RUMMEL: Ich würde nicht abgeneigt sein, statt deiner das Wort zu nehmen –

BERNICK: Nein, danke; heut abend will ich selbst reden!

RUMMEL: Aber weißt du auch, was du zu sagen hast?

BERNICK: Sei unbesorgt, Rummel – j e t z t weiß ich, was ich zu sagen habe.

Die Musik ist mittlerweile verstummt. Die Gartentür geht auf. Rohrland an der Spitze des Festkomitees tritt herein, begleitet von einigen Lohndienern, die einen zugedeckten Korb tragen. Ihnen folgen Bürger der Stadt aus allen Klassen, soviel der Salon fassen kann. Eine unabsehbare Menge mit Fahnen und Flaggen gewahrt man im Garten und auf der Straße.

ROHRLAND: Hochverehrter Herr Konsul! An der Überraschung, die ich auf Ihrem Antlitz lese, seh' ich, wir drängen uns als unerwartete Gäste in Ihren glücklichen Familienkreis, an Ihren friedlichen Herd, umgeben von hochangesehnen und rastlos wirkenden Freunden und Mitbürgern. Aber es war uns ein Herzensbedürfnis, Ihnen unsre Huldigung darzubringen. Es ist nicht das erstemal, daß solches geschieht, wohl aber geschieht es zum erstenmal in so großartigem Maßstabe. Schon oft durften wir Ihnen unsern Dank darbringen für die breite moralische Grundlage, auf welcher Sie sozusagen unsre Gesellschaft auferbaut haben ...

STIMMEN AUS DER MENGE UND WIEGELAND: Bravo, bravo!

ROHRLAND: Heute huldigen wir Ihnen vorzugsweise als dem klarblickenden, unermüdlichen, uneigennützigen, opferfreudigen Mitbürger, der die Initiative ergriffen zu einem Unternehmen, das nach der einhelligen Ansicht aller Sachkundigen dem irdischen Wohlergehen und Gedeihen unsrer Gesellschaft einen mächtigen Aufschwung geben wird.

STIMMEN: Bravo, bravo!

ROHRLAND: Herr Konsul, durch eine Reihe von Jahren sind Sie unsrer Stadt mit einem leuchtenden Beispiel vorangegangen. Ich rede hier nicht von Ihrem musterhaften Familienleben, nicht von Ihrem makellosen moralischen Wandel überhaupt. Dergleichen gehört in das stille Kämmerlein und nicht in den Festsaal! Aber ich rede von Ihrer bürgerlichen Tätigkeit, wie sie vor aller Augen offen daliegt. Wohlausgerüstete Schiffe gehen aus von Ihren Werften und zeigen Ihre Flagge auf den fernsten Meeren. Eine zahlreiche und glückliche Arbeiterschar schaut zu Ihnen wie zu einem Vater auf. Dadurch, daß Sie neue Erwerbszweige ins Leben riefen, haben Sie die Wohlfahrt von Hunderten von Familien begründet. Mit andern Worten – Sie sind in eminentem Sinne der Grundpfeiler unsrer Gesellschaft.

STIMMEN: Hört, hört! Bravo!

ROHRLAND: Und grade dieser Glanz der Uneigennützigkeit, der auf Ihrem ganzen Wandel ruht, ist es, der so unendlich wohltuend wirkt, besonders in diesen Zeiten ... Sie stehn jetzt im Begriff, uns eine – ich trage kein Bedenken, das prosaische Wort ohne Umschweif auszusprechen – uns eine Eisenbahn zu verschaffen.

VIELE STIMMEN: Bravo! Bravo!

ROHRLAND: Allein dieses Unternehmen läßt sich so an, als sollte es auf Schwierigkeiten stoßen – wesentlich diktiert von engherzigen, selbstsüchtigen Rücksichten ...

STIMMEN: Hört, hört!

ROHRLAND: Es ist nämlich nicht unbekannt geblieben, daß gewisse Individuen, die nicht zu unsrer Gesellschaft gehören, den betriebsamen Bürgern dieses Ortes zuvorgekommen sind und sich gewisse Vorteile zu sichern verstanden haben, die rechtens unsrer eignen Stadt hätten zugute kommen müssen.

STIMMEN: Ja ja! Hört, hört!

ROHRLAND: Diese beklagenswerte Tatsache ist natürlich auch zu Ihrer Kenntnis gelangt, Herr Konsul. Allein nichtsdestoweniger halten Sie unerschütterlich fest an Ihrem Unternehmen – wohl wissend, daß ein Staatsbürger nicht lediglich seine eigne Vaterstadt im Auge haben darf.

VERSCHIEDENE STIMMEN: Hm! – Nein! Nein! – Ja! Ja!

ROHRLAND: Es ist also der Mitbürger und der Staatsbürger – kurz der Mann im vollsten Sinne des Wortes –, dem wir heut abend in Ihnen unsre Huldigung darbringen. Möchte Ihr Unternehmen dieser Gesellschaft zum wahren und dauernden Heile werden! ... Die Eisenbahn kann freilich ein Weg werden, auf dem wir verderbliche Elemente von außen uns zuzuführen Gefahr laufen – aber auch ein Weg, der sie uns rasch entführt. Und von schlechten auswärtigen Elementen vermögen wir uns ja sogar jetzt nicht frei zu erhalten. Aber daß wir grade an diesem festlichen Abend, wie das Gerücht geht, glücklich und schneller, als zu erwarten war, von gewissen derartigen Elementen befreit worden sind –

STIMMEN: Scht! St!

ROHRLAND: – das betrachte ich als ein glückverheißendes Zeichen für das Unternehmen. Daß ich diesen Punkt hier berühre, beweist, daß wir uns in einem Hause befinden, wo die ethische Forderung über Familienbande gestellt wird.

STIMMEN: Hört, hört! Bravo!

BERNICK *gleichzeitig:* Gestatten Sie mir –

ROHRLAND: Nur noch wenige Worte, Herr Konsul ... Was Sie für diese Kommune gewirkt, das haben Sie sicherlich nicht mit dem Hintergedanken geschaffen, daß es Ihnen auch materiellen Vorteil bringen sollte. Aber ein bescheidenes Zeichen der Anerkennung seitens Ihrer dankbaren Mitbürger dürfen Sie doch nicht zurückweisen – am wenigsten in diesem bedeutsamen Moment, wo wir nach der Versicherung praktischer Männer vor dem Beginn einer neuen Zeit stehen.

VIELE STIMMEN: Bravo! Hört! Hört!

Er gibt den Lohnbedienten einen Wink. Diese bringen den Korb näher; Mitglieder des Festkomitees nehmen und präsentieren während des Folgenden die Gegenstände, von denen die Rede ist.

ROHRLAND: Hier, Herr Konsul, überreichen wir Ihnen ein silbernes Kaffeeservice. Lassen Sie es Ihren Tisch schmücken, wenn uns in der Folge, wie bisher so oft, die Freude wird, uns in diesem gastlichen Hause zu vereinen. Und auch Sie, meine Herren, die so bereitwillig unserm ersten Mitbürger zur Seite gestanden, bitten wir, eine kleine Gabe der Erinnerung anzunehmen. – Dieser silberne Pokal ist für Sie, Herr Großhändler Rummel. Sie haben so oft bei schäumenden Pokalen in beredten Worten die bürgerlichen Interessen unsrer Gesellschaft verfochten; möchten Sie recht oft würdigen Anlaß finden, diesen Pokal zu erheben und zu leeren. – Ihnen, Herr Kaufmann Altstedt, überreiche ich dieses Album mit Fotografien unsrer Mitbürger. Ihre bekannte und anerkannte Humanität hat Sie in die angenehme Lage gebracht, in allen Parteien der Gesellschaft Freunde zu zählen. – Und Ihnen, Herr Kaufmann Wiegeland, habe ich – zum Schmuck Ihres Privatkabinetts – diese Hauspostille auf Velinpapier und in Prachtband zu bieten. Unter dem reifenden Einfluß der Jahre sind Sie zu einer besonders ernsten Lebensanschauung gelangt; Ihre Arbeit ward stets von dem Gedanken an das Höhere und das Jenseits geläutert und geadelt. – *Wendet sich zu der Menge:* Und hiermit, meine Freunde, ein Hoch auf Konsul Bernick und seine Mitkämpfer! Ein Hurra auf die Stützen unsrer Gesellschaft!

DIE GANZE SCHAR: Konsul Bernick lebe hoch! ... Hoch die Stützen der Gesellschaft! Hurra, hurra, hurra!

FRÄULEIN HESSEL: Ich gratuliere, Schwager!

Erwartungsvolles Schweigen.

BERNICK *beginnt ernst und langsam:* Meine Mitbürger – Ihr Sprecher sagte, wir ständen heut abend vor dem Beginn einer neuen Zeit – und das wird, ich hoff' es zuversichtlich, sich bewahrheiten. Aber damit das geschehen kann, müssen wir uns die Wahrheit aneignen – die Wahrheit, welche bis zu diesem Abend durchgehends und in allen Verhältnissen bei uns keine Stätte gefunden. *Überraschung unter den Umstehenden.* Ich muß damit beginnen, das Lob zurückzuweisen, mit dem Sie mich, Herr Hilfsprediger, wie es bei derartigen Anlässen Sitte und Brauch, überschüttet haben. Ich habe es nicht verdient; denn ich bin bis auf diesen Tag kein uneigennütziger Mann gewesen. Habe ich auch nicht immer nach greifbaren Vorteilen gestrebt, so bin ich mir doch jetzt bewußt, daß ein Streben und Trachten nach Macht, Einfluß und Ansehen die Triebfeder gewesen bei den meisten meiner Handlungen.

RUMMEL *halblaut:* Was soll denn das!

BERNICK: Meinen Mitbürgern gegenüber mache ich mir deshalb keine Vorwürfe; denn noch jetzt glaube ich, daß ich mich mit in die erste Reihe der verdienstvollen Männer hier bei uns stellen darf.

VIELE STIMMEN: Ja, ja, ja!

BERNICK: Aber was ich mir selbst zur Last lege, ist, daß ich so oft schwach genug gewesen, Schleichwege zu gehen, weil ich die Neigung unsrer Gesellschaft kannte und fürchtete, hinter allem, was hier jemand unternimmt, unlautere Motive zu erblicken ... Und nun komme ich zu dem betreffenden Punkte.

RUMMEL *unruhig:* Hm – hm!

BERNICK: Es hat sich hier das Gerücht verbreitet vom Ankauf großer Grundstücke. Diese Grundstücke habe ich gekauft, alle miteinander, ich allein.

GEDÄMPFTE STIMMEN: Was sagt er? Der Konsul? Konsul Bernick?

BERNICK: Sie befinden sich vorläufig in meiner Hand. Natürlich habe ich mich meinen Mitarbeitern, den Herren Rummel, Altstedt und Wiegeland, anvertraut, und wir haben uns vereinbart –

RUMMEL: Das ist nicht wahr! Beweis – Beweis –!

WIEGELAND: Wir haben uns nie vereinbart!

ALTSTEDT: Aber da muß ich denn doch sagen –

BERNICK: Ganz recht – wir haben uns noch nicht geeinigt über das, was ich mitteilen will. Aber ich hoffe zuversichtlich, die drei Herren stimmen mir zu, wenn ich sage, daß ich heut abend bei mir beschlossen habe, diese Grundstücke zur allgemeinen Aktienzeichnung auszubieten; jeder, der will, kann sich daran beteiligen.

VIELE STIMMEN: Hurra! Konsul Bernick lebe hoch!

RUMMEL *leise zu Bernick:* Eine so niederträchtige Verräterei –!

ALTSTEDT *ebenso:* Also an der Nase herumgeführt –!

WIEGELAND: Aber da hol' doch der Satan –! O weh, was hab' ich da gesagt!

DIE MENGE *draußen:* Hurra, hurra, hurra!

BERNICK: Still, meine Herren. Ich habe keinen Anspruch auf diese Huldigung; denn was ich jetzt beschlossen, war nicht gleich anfangs meine Absicht. Meine Absicht war, das Ganze selbst zu behalten; und ich bin ferner der Ansicht, daß diese Besitzungen am besten ausgebeutet werden können, wenn sie in e i n e r Hand verbleiben. Aber Sie haben die Wahl. Wird es gewünscht, so bin ich bereit, sie nach bester Einsicht zu verwalten.

STIMMEN: Ja! Ja! Ja!

BERNICK: Aber zuvor müssen meine Mitbürger mich vollständig kennen. Mag dann jeder sich selbst prüfen, auf daß wir mit dem heutigen Tage eine neue Zeit beginnen. Die alte mit ihrer Schminke, ihrer Heuchelei und Hohlheit, ihrer verlogenen Wohlanständigkeit und elenden Rücksichtnahme soll gleichsam wie ein Museum, zu jedermanns Belehrung geöffnet, vor uns stehen; und diesem Museum schenken wir – nicht wahr, meine Herren? – sowohl das Kaffeeservice wie den Pokal und das Album und die Hauspostille auf Velinpapier und in Prachtband.

RUMMEL: Natürlich.

WIEGELAND *murmelt:* Haben Sie alles andre genommen, so –

ALTSTEDT: Sei'n Sie so gut.

BERNICK: Und nun die Hauptabrechnung mit meiner Gesellschaft. Es wurde soeben gesagt, heut abend hätten uns schlechte Elemente verlassen. Ich kann etwas hinzufügen, das man noch nicht weiß: der Mann, auf den angespielt wurde, reiste nicht allein ... es begleitet ihn, um seine Frau zu werden –

FRÄULEIN HESSEL *laut:* Dina Dorff!

ROHRLAND: Was!

FRAU BERNICK: Was sagst du!

Große Erregung in der Menge

ROHRLAND: Entflohn? Fortgelaufen? – mit ihm! Unmöglich!

BERNICK: Um seine Frau zu werden, Herr Hilfsprediger. Ich füge noch mehr hinzu. *Leise:* Betty, fasse dich und ertrage, was jetzt kommt. *Laut:* Ich sage: Hut ab vor dem Manne! Denn er hat großmütig eines andern Vergehen auf sich genommen. Meine Mitbürger – fort mit der Unwahrheit! Sie war nahe daran, jede Fiber in mir zu vergiften. Sie sollen alles erfahren. Ich war vor fünfzehn Jahren der Schuldige.

FRAU BERNICK *leise und bebend:* Richard!

FRÄULEIN BERNICK *ebenso:* Ah, Johann –!

FRÄULEIN HESSEL: Endlich hast du dich selbst wieder gefunden!

Sprachloses Erstaunen unter den Anwesenden.

BERNICK: Ja, meine Mitbürger, i c h war der Schuldige, und er verließ die Heimat. Die boshaften und unwahren Gerüchte, die sich später verbreiteten, zu widerlegen, liegt jetzt nicht mehr in menschlicher Macht. Aber vor fünfzehn Jahren schwang ich mich auf diesen Gerüchten empor; ob sie mich jetzt zu Falle bringen sollen – das mag jeder bei sich selbst überlegen.

ROHRLAND: Welch ein Donnerschlag! Der erste Mann der Stadt –! *Gedämpft zu Frau Bernick:* Oh, wie ich Sie bedaure, gnäd'ge Frau!

HILMAR: Ein solches Bekenntnis! Na, das muß ich denn doch sagen –!

BERNICK: Aber keine Entscheidung heut abend! Ich bitte Sie, nach Hause zu gehn – sich zu sammeln – in Ihr eignes Innere zu blicken. Haben die Gemüter sich wieder beruhigt, dann wird es sich zeigen, ob ich hierdurch verloren oder gewonnen habe. Leben Sie wohl! Ich habe noch viel, viel zu bereuen; aber das betrifft nur mein Gewissen. Gute Nacht! Fort mit allem festlichen Gepränge! Wir alle fühlen es, dergleichen ist hier jetzt nicht am Platze!

ROHRLAND: Gewiß nicht. *Gedämpft zu Frau Bernick:* Fortgelaufen! Sie war meiner also doch vollständig unwürdig. *Halblaut zu dem Festkomitee:* Ja, meine Herren, nach diesem Zwischenfall denk' ich, ist es das beste, daß wir uns in aller Stille entfernen.

HILMAR: Wie man nun noch das geistige Banner wird hochhalten können, das ... O, o!

Die Mitteilung hat sich inzwischen unter Geflüster von Mund zu Mund verbreitet. Sämtliche Teilnehmer an dem Zug entfernen sich durch den Garten. Rummel, Altstedt und Wiegeland gehen unter heftigem, aber gedämpftem Wortwechsel fort. Hilmar schleicht sich rechts hinaus. Stumm bleiben im Salon zurück Bernick, seine Frau, Fräulein Bernick, Fräulein Hessel und Krapp.

BERNICK: Betty, kannst du mir verzeihen?

FRAU BERNICK *sieht ihn lächelnd an:* Weißt du, Richard, daß du mir jetzt die froheste Aussicht in die Zukunft eröffnet hast?

BERNICK: Wie –?

FRAU BERNICK: Viele Jahre hindurch glaubte ich, ich hätte dich einst besessen und wieder verloren. Jetzt weiß ich, daß ich dich nie besessen habe; aber nun sollst du mein werden!

BERNICK *umarmt sie:* O Betty, ich bin dein! Erst durch Lona habe ich dich wirklich kennengelernt. Aber nun laß Olaf kommen.

FRAU BERNICK: Ja, nun sollst du ihn haben. – Herr Krapp –!

Sie redet leise im Hintergrund mit ihm. Er geht durch die Gartentür. Während des Folgenden werden nach und nach alle Transparente und Lichter im Hause ausgelöscht.

BERNICK *gedämpft:* Dank, Lona, du hast das Beste in mir – und für mich gerettet.

FRÄULEIN HESSEL: Wollte ich etwas andres?

BERNICK: Ja – – oder nicht? Ich kann nicht klug aus dir werden.

FRÄULEIN HESSEL: Hm –

BERNICK: Also kein Haß? Keine Rache? Warum kamst du denn herüber?

FRÄULEIN HESSEL: Alte Liebe rostet nicht.

BERNICK: Lona!

FRÄULEIN HESSEL: Als Johann mir den wahren Sachverhalt erzählte, da gelobte ich mir selbst: der Held meiner Jugend soll frei und wahr dastehn!

BERNICK: Oh, wie wenig hab' ich erbärmlicher Mensch das von dir verdient!

FRÄULEIN HESSEL: Ja, wenn wir Frauen nach dem Verdienst fragten, Richard –!

Auler kommt mit Olaf aus dem Garten.

BERNICK *ihm entgegengehend:* Olaf!

OLAF: Vater, ich verspreche dir, ich will nie wieder –

BERNICK: Fortlaufen?

OLAF: Ja ja, das versprech' ich dir, Vater!

BERNICK: Und ich verspreche dir, du sollst nie wieder Grund haben. Von jetzt an sollst du aufwachsen nicht als der Erbe meiner Lebensaufgabe, sondern wie ein junger Mensch, der sich selbst seine Lebensaufgabe suchen muß.

OLAF: Und darf ich also werden, was ich gern werden möchte?

BERNICK: Ja, das darfst du.

OLAF: Ich danke dir, Vater ... So höre denn – eine Stütze der Gesellschaft will ich nicht werden.

BERNICK: So? Warum denn nicht?

OLAF: Oh ... ich glaube, das muß so langweilig sein!

BERNICK: Du sollst ein ordentlicher Junge werden. Olaf; im übrigen wie Gott will. – Und Sie, Auler –

AULER: Ich weiß es, Herr Konsul – ich habe meine Entlassung.

BERNICK: Wir bleiben zusammen, Auler; und verzeihen Sie mir –

AULER: Wie –? Aber das Schiff geht heut abend nicht unter Segel.

BERNICK: Es geht auch morgen noch nicht unter Segel. Ich stellte Ihnen eine zu kurze Frist. Es muß gründlicher untersucht werden.

AULER: Soll geschehn, Herr Konsul – und zwar mit den neuen Maschinen!

BERNICK: So ist's recht, Auler. Aber gründlich und ehrlich. Es gibt hier manches bei uns, das einer gründlichen und ehrlichen Reparatur bedarf. Nun gute Nacht, Auler.

AULER: Gute Nacht, Herr Konsul – und Dank, Dank, Dank! *Rechts ab.*

FRÄULEIN HESSEL: Nun sind alle fort.

BERNICK: Und wir sind allein. Mein Name leuchtet nicht mehr in Flammenschrift; alle Lichter in den Fenstern sind ausgelöscht.

FRÄULEIN HESSEL: Könntest du wünschen, daß sie wieder angezündet würden?

BERNICK: Um keinen Preis der Welt! Wo bin ich gewesen! Ihr würdet schaudern, wenn ihr's erführt. Jetzt ist mir's, als sei ich nach einer Vergiftung wieder zum Bewußtsein und zur Ruhe gekommen. Aber ich fühl' es – ich kann wieder jung und gesund werden. Oh, kommt näher – schließt euch fester an mich! Komm, Betty! Komm, Olaf, mein Sohn! Und du, Martha – mir ist, als hätt' ich dich in all diesen Jahren nicht bemerkt!

FRÄULEIN HESSEL: Das glaub' ich gern; eure Gesellschaft ist eine Gesellschaft von Junggesellenseelen; die Frau bemerkt ihr nicht.

BERNICK: Ganz recht – und eben darum – ja, das steht fest, Lona – du bleibst immer bei Betty und mir!

FRAU BERNICK: Ja, Lona, bei uns!

FRÄULEIN HESSEL: Wie könnt' ich's auch verantworten, euch jungen Leute, die ihr euch soeben erst gefunden, zu verlassen? Bin ich nicht eine Pflegemutter? Ich und du, Martha, wir beiden alten Tanten – – Wonach schaust du aus?

FRAU BERNICK: Wie der Himmel sich klärt! Wie das leuchtet auf dem Meere! Der „Palmbaum" hat Glück.

FRÄULEIN HESSEL: Ja, mit dem Glücke an Bord.

BERNICK: Und wir – wir haben einen langen ernsten Arbeitstag zu erwarten; namentlich ich. Aber er mag kommen; schließt euch nur fest an mich, ihr treuen wahrhaftigen Frauen! Auch das hab' ich in diesen Tagen gelernt: die Frauen sind die Stützen der Gesellschaft!

FRÄULEIN HESSEL: Da hast du eine schwächliche Weisheit gelernt, Schwager. *Legt ihm gewichtig die Hand auf die Schulter.* Nein ... Freiheit und Wahrheit – das sind die Stützen der Gesellschaft!

Nora oder Ein Puppenheim

Schauspiel in drei Aufzügen

PERSONEN

Robert Helmer, Advokat
Nora, seine Frau
Erwin, *Bob*, *Emmy* – ihre Kinder
Doktor Rank
Frau Linden
Günther
Marianne, Kinderfrau; *Helene,* Hausmädchen; *Ein Dienstmann* – bei Helmer

Das Stück spielt in Helmers Wohnung

Erster Aufzug

Ein behaglich und geschmackvoll, aber nicht kostbar eingerichtetes Zimmer.

Eine Tür im Hintergrund rechts führt in den Flur; eine andre Tür im Hintergrund links in Helmers Arbeitskabinett. Zwischen diesen beiden Türen ein Pianoforte. Mitten in der Wand links eine Tür und etwas weiter vorn ein Fenster. In der Nähe des Fensters ein runder Tisch mit Lehnstuhl und einem kleinen Sofa. In der Seitenwand rechts, etwas zurück, eine Tür. In derselben Wand, mehr nach dem Vordergrunde zu, ein Ofen aus Steingut mit ein paar Lehnstühlen und einem Schaukelstuhl davor. Zwischen dem Ofen und der Seitentür ein kleiner Tisch. Kupferstiche an den Wänden. Eine Etagere mit Porzellan und kleinen Kunstgegenständen. Ein kleiner Bücherschrank mit Büchern in Prachteinbänden. Teppich. Im Ofen brennt Feuer. Es ist Winter.

Erster Auftritt

Nora, Bote, Helene, dann Helmer. Draußen im Flur wird geklingelt. Etwas später hört man, daß geöffnet wird. Nora tritt vergnügt summend ins Zimmer. Sie trägt Überkleider und hat eine ganze Anzahl Pakete auf dem Arm, die sie auf den Tisch rechts legt. Sie läßt die Tür nach dem Flur hinter sich offen, und man sieht draußen einen Boten, der einen Weihnachtsbaum und einen Korb trägt; er übergibt dieselben dem Hausmädchen, das ihnen geöffnet hat.

NORA: Verstecken Sie den Weihnachtsbaum recht sorgfältig, Helene; daß ihn die Kinder ja nicht zu sehn bekommen vor heut abend, wenn er geschmückt ist! *Zum Boten, ihr Portemonnaie hervorziehend:* Wieviel – ?

BOTE: Fünfzig Pfennig.

NORA: Da ist eine Mark ... Nein, behalten Sie das Ganze. *Der Bote dankt und geht. Nora schließt die Tür. Sie fährt fort, stillvergnügt zu lächeln, während sie die Überkleider ablegt. Dann nimmt sie eine Tüte mit Makronen aus der Tasche und ißt einige. Darauf tritt sie vorsichtig an die Tür ihres Mannes und lauscht:* Ja, er ist zu Hause.

Summt wieder, indem sie zu dem Tisch rechts geht.

HELMER *in seinem Zimmer:* Ist das meine Lerche, die da draußen zwitschert?

NORA *damit beschäftigt, einige von den Paketen zu öffnen:* Jawohl.

HELMER: Ist's das Eichkätzchen, das da rumort?

NORA: Ja!

HELMER: Wann nach Haus gekommen?

NORA: Soeben. *Steckt die Tüte mit den Makronen in die Tasche und wischt sich den Mund.* Komm herein, Robert, und sieh, was ich gekauft habe.

HELMER: Keine Störung! *Etwas später öffnet er die Tür und sieht mit der Feder in der Hand herein.* Gekauft, sagst du? Den ganzen Haufen da? Hat mein lockrer Zeisig wieder Geld verschwendet?

NORA: Aber, Robert, dies Jahr müssen wir uns doch wirklich eine kleine Freude machen. 's ist ja das erste Weihnachtsfest, wo wir nicht zu sparen brauchen.

HELMER: Verschwenden können wir auch nichts.

NORA: Doch, Robert, ein wenig können wir jetzt schon verschwenden. Nicht wahr? Nur ein ganz klein wenig. Nun bekommst du ja ein großes Gehalt und verdienst viel, viel Geld.

HELMER: Ja, von Neujahr ab. Aber es dauert noch ein ganzes Quartal, eh' die nächste Rate fällig ist.

NORA: Bah! Solange können wir leihen.

HELMER: Nora! *Tritt zu ihr und faßt sie scherzend am*

Ohr. Geht dein Leichtsinn wieder mit dir durch? Angenommen, ich lieh' heut tausend Mark, und du brächtest sie während der Weihnachtswoche an den Mann, und ich bekäm' am Silvesterabend einen Dachziegel auf den Kopf und läge dann –

NORA *ihm den Mund zuhaltend:* Pfui! Wie kannst du so häßlich reden!

HELMER: Ja, angenommen, so etwas passierte – was dann?

NORA: Wenn ein solches Unglück passierte, könnt' es mir ganz gleichgültig sein, ob ich Schulden hätte oder nicht.

HELMER: Aber die Leute, von denen ich geliehen hätte?

NORA: Die? Wer kümmerte sich darum! Es wären ja Fremde.

HELMER: Nora, Nora! Aber im Ernst, liebes Kind: du weißt, wie ich in dieser Beziehung denke. Keine Schulden! Niemals leihen! Es kommt etwas Unfreies und damit etwas Unschönes in das Hauswesen, das auf Leihen und Schulden gegründet ist. Wir beide haben nun tapfer bis heut ausgehalten; das wollen wir auch die kurze Zeit bis zum zweitnächsten Quartalswechsel.

NORA *zum Ofen gehend:* Ja ja, wie du willst, Robert.

HELMER *ihr folgend:* Nun nun, meine Lerche muß nicht gleich die Flügel hängen lassen ... Wie, Mäulchenverziehen? *Nimmt sein Portemonnaie.* Nora, was meinst du, daß ich hier habe?

NORA *sich schnell umwendend:* Geld!

HELMER: Da! *Reicht ihr einige Scheine.* Gott, ich weiß ja, daß zu Weihnachten gar mancherlei notwendig ist.

NORA *gehend:* Zehn – zwanzig – dreißig – vierzig. O Dank, Dank, Robert! Nun ist mir für lange Zeit geholfen.

HELMER: Das hoff' ich, Nora.

NORA: Ja, ja, für lange Zeit. Aber nun komm auch und sieh, was ich alles gekauft habe. Und so billig! Schau, hier sind neue Kleider für Erwin – auch ein Säbel. Hier ist ein Pferdchen und eine Trompete für Bob. Und hier eine Puppe und ein Puppenbett für Emmy. Das ist nun ganz einfach; aber sie reißt es ja doch bald entzwei. Und hier hab' ich Kleider und Tücher für Helene und Marianne.

HELMER: Und was ist in d e m Paket?

NORA *aufschreiend:* Nein, Robert, das bekommst du vor heut abend nicht zu sehn!

HELMER: Ah so. Aber nun sag mir, du kleine Verschwenderin; womit hast du dich nun selbst bedacht?

NORA: Bah, mich selbst? Ich wünsche mir gar nichts.

HELMER: Doch, doch! Nenne mir mal etwas Vernünftiges, das du gerne haben möchtest.

NORA: Nein, ich weiß wirklich nichts ... Ja, höre, Robert –

HELMER: Nun?

NORA *an seinen Knöpfen hantierend, ohne ihn anzusehen:* Wenn du mir etwas geben willst, so könntest du ja ... könntest du –

HELMER: Nun, nun? Heraus damit.

NORA *schnell:* Du könntest mir Geld geben, Robert. Nur so viel, als du glaubst entbehren zu können; dann werd' ich mir später etwas dafür kaufen.

HELMER: Aber Nora –

NORA: Ach ja, tu's, lieber Robert; ich bitte dich inständig. Ich würde dann das Geld in schönem Goldpapier an den Weihnachtsbaum hängen. Wär' das nicht amüsant?

HELMER: Wie nennt man die Vögel, die immer alles verschwenden?

NORA: Ja ja, lockre Zeisige; ich weiß schon. Aber tu mir nun den Gefallen, Robert; dann hab' ich Zeit zu überlegen, was ich am meisten brauche. Ist das nicht sehr vernünftig? Wie?

HELMER *lächelnd:* Gewiß; das heißt, wenn du das Geld, das ich dir gebe, wirklich festhalten könntest und dir selbst etwas dafür kauftest. Aber es geht alles im Haushalt und für allerlei unnütze Dinge drauf, und dann muß ich wieder herausrücken.

NORA: Aber Robert –

HELMER: Kannst du's leugnen, liebe Nora? *Legt den Arm um sie.* Meine Lerche ist ein allerliebstes Geschöpfchen; aber sie braucht einen sehr großen Haufen Geld. 's ist unglaublich, wie teuer einem ein solches Vögelchen zu stehen kommt.

NORA: Pfui, wie kannst du so reden? Ich spare doch wirklich, soviel ich kann.

HELMER *lächelnd:* Sehr wahr. Soviel du kannst. Aber du kannst gar nicht.

NORA *summt und lächelt stillvergnügt:* Hm, du solltest nur wissen, Robert, wieviel Ausgaben wir Lerchen und Eichkätzchen haben.

HELMER: Du bist ein seltsames Wesen. Ganz wie dein Vater war. Immer eifrig bemüht, Geld zu erwerben; aber sobald du's hast, zerfließt es dir zwischen den Fingern; du weißt nie, wo du's gelassen. Nun, man muß dich nehmen, wie du bist. Es liegt im Blut. Ja ja ja, Nora, so etwas vererbt sich.

NORA: Ach, ich möchte wünschen, ich hätte manche Eigenschaft von Vater geerbt.

HELMER: Und ich möchte dich nicht anders wünschen als just so, wie du bist, meine holde kleine Lerche. Aber hör: da fällt mir etwas ein. Du siehst heute so – so – wie soll ich's nennen? – so verdächtig aus –

NORA: Wirklich?

HELMER: Jawohl. Sieh mir mal stramm in die Augen.

NORA *ihn ansehend:* Nun?

HELMER *mit dem Finger drohend:* Das Leckermäulchen hat doch heute nicht in der Stadt genascht?

NORA: Behüte! Wie kannst du so etwas von mir denken.

HELMER: Hat das Leckermäulchen wirklich keinen Abstecher in die Konditorei gemacht?

NORA: Nein, ich versichre dich, Robert –

HELMER: Nicht ein bißchen Eingemachtes gekostet?

NORA: Nein, durchaus nicht.

HELMER: Nicht mal ein paar Makronen probiert?

NORA: Nein, Robert, ich versichre dich wirklich –

HELMER: Nun nun nun; 's ist ja natürlich nur Scherz ...

NORA *geht zu dem Tisch rechts:* Wie könnte mir's einfallen, dich so zu betrüben.

HELMER: Das weiß ich; und du hast mir dein Wort gegeben – *Tritt zu ihr.* Nein, behalt deine kleinen Weihnachtsgeheimnisse nur für dich, liebe Nora. Sie kommen heut abend schon ans Licht, wenn der Weihnachtsbaum angezündet ist.

NORA: Hast du auch daran gedacht, Doktor Rank einzuladen?

HELMER: Nein. Aber das ist ja nicht nötig; versteht sich ja von selbst, daß er mit uns ißt. Übrigens werd' ich's ihm doch sagen, wenn er heute kommt. Guten Wein hab' ich schon bestellt. Nora, du kannst nicht glauben, wie ich mich auf heut abend freue.

NORA: Ich auch. Und wie die Kinder jubeln werden, Robert!

HELMER: Ach, 's ist doch herrlich zu wissen, daß man eine feste sichre Stellung und sein reichliches Auskommen hat. Nicht wahr, das Bewußtsein ist ein großer Genuß?

NORA: Ach ja!

HELMER: Erinnerst du dich des vorigen Weihnachtsfestes? Ganze drei Wochen vorher schlossest du dich jeden Abend bis lange nach Mitternacht ein, um Blumen für den Christbaum und all die andern Herrlichkeiten zurechtzumachen, mit denen wir überrascht werden sollten. Hu, das war die langweiligste Zeit, die ich je erlebt!

NORA: Ich langweilte mich gar nicht.

HELMER *lächelnd:* Aber es fiel doch ziemlich dürftig aus.

NORA: Ach, willst du mich nun wieder d a m i t necken! Was konnt' ich dafür, daß die Katze hereinkam und mir alles entzweiriß?

HELMER: Gewiß, dafür konntest du nichts, meine arme kleine Nora. Du hattest den besten Willen, uns allen eine Freude zu machen, und das ist die Hauptsache ... Aber 's ist doch gut, daß die knappen Zeiten vorüber sind.

NORA: Das ist es, Robert.

HELMER: Nun brauch' ich nicht mehr hier allein zu sitzen und mich zu langweilen; und du brauchst deine Augen und deine feinen kleinen Hände nicht mehr so anzustrengen ...

NORA *in die Hände klatschend:* Nicht wahr, Robert, das ist jetzt nicht mehr nötig? Ach, wie herrlich! *Nimmt ihn unter den Arm.* Und nun will ich dir sagen, wie ich mir gedacht, daß wir uns einrichten sollten, Robert ... Sobald Weihnachten vorüber ist – *Es klingelt im Flur.* Ach, da klingelt es! *Räumt ein wenig im Zimmer auf.* Da kommt gewiß jemand hierher. Das ist ärgerlich.

HELMER: Für Besuch bin ich nicht zu Hause; vergiß das nicht.

Zweiter Auftritt

Vorige. Helene.

HELENE *in der Entreetür zu Nora:* Da ist eine fremde Dame.

NORA: Ich lasse bitten.

HELENE *zu Helmer:* Und der Herr Doktor ist ebenfalls gekommen.

HELMER: Ist er gleich in mein Zimmer gegangen?

HELENE: Ja.

Helmer geht in sein Zimmer. Helene führt Frau Linden, die im Reiseanzug ist, herein und schließt die Tür hinter ihr.

Dritter Auftritt

Nora, Frau Linden.

FRAU LINDEN *zaghaft und etwas zögernd:* Guten Tag, Nora.

NORA *unsicher:* Guten Tag –

FRAU LINDEN: Du erkennst mich wohl nicht wieder ...

NORA: Nein, ich weiß nicht – ja doch ... mir scheint – *Ausbrechend:* Wie! Christine! Bist du's wirklich!?

FRAU LINDEN: Ja, ich bin's.

NORA: Christine! Und ich, die dich nicht wiedererkannte! Aber wie konnt' ich auch – *Leiser:* Wie du dich verändert hast, Christine!

FRAU LINDEN: Das hab' ich. In neun ... zehn langen Jahren –

NORA: So lang ist es schon, daß wir uns nicht gesehn? Ja, wirklich! Oh, die letzten acht Jahre waren eine glückliche Zeit, das glaube mir ... Und nun bist du also zur Residenz gekommen? Hast mitten im Winter die weite Reise gemacht! Das war tapfer.

FRAU LINDEN: Ich bin soeben mit der Bahn gekommen.

NORA: Um dich während der Weihnachtstage zu amüsieren, natürlich. Ach, wie schön das ist! Ja, uns amüsieren, das wollen wir ... Aber leg doch ab. Du frierst doch wohl nicht? *Hilft ihr ablegen.* So! Nun setzen wir uns hier gemütlich an den Ofen. Nein, in den Lehnstuhl dort! Hier in den Schaukelstuhl setz' ich mich. *Ergreift ihre Hände.* Ja, nun zeigst du wieder dein liebes altes Gesicht ... es war nur im ersten Augenblick ... Etwas blasser bist du doch geworden, Christine ... und vielleicht auch ein wenig magerer.

FRAU LINDEN: Und viel, viel älter, Nora.

NORA: Ja, vielleicht auch ein wenig älter; ein ganz, ganz klein wenig; nicht viel! *Hält plötzlich inne; ernst:* Ach, welch ein gedankenloses Geschöpf ich bin! Da sitz' ich und plaudre und –. Liebe gute Christine, kannst du mir verzeihen?

FRAU LINDEN: Was meinst du, Nora?

NORA *leise:* Arme Christine, du bist ja Witwe geworden!

FRAU LINDEN: Ja, vor drei Jahren.

NORA: O ich wußt' es recht gut; ich las es ja in der Zeitung. Ach, glaube mir, Christine, ich hatte damals oft vor, dir zu schreiben; aber immer verschob ich's wieder, und immer kam etwas dazwischen.

FRAU LINDEN: Liebe Nora, das kann ich sehr wohl begreifen.

NORA: Nein, Christine, das war abscheulich von mir! Ach du Ärmste, wieviel du durchgemacht haben mußt! ... Und er hinterließ dir ja wohl nichts, wovon du leben konntest?

FRAU LINDEN: Nein.

NORA: Auch keine Kinder?

FRAU LINDEN: Nein.

NORA: Also gar nichts?

FRAU LINDEN: Nicht einmal eine Sorge.

NORA *sie ungläubig ansehend:* Ja, aber, Christine, wie ist das möglich?

FRAU LINDEN *schwermütig lächelnd und ihr das Haar streichelnd:* Oh, das kommt zuweilen vor, Nora.

NORA: So ganz allein ... Wie schrecklich hart das für dich sein muß! Ich habe drei allerliebste Kinder. Ja, jetzt kann ich sie dir nicht zeigen – sie sind mit der Kinderfrau draußen. Aber nun mußt du mir alles erzählen –

FRAU LINDEN: Nein nein; erzähle du lieber.

NORA: Nein, du mußt anfangen. Heut will ich nicht egoistisch sein. Heut will ich nur an dich denken. Aber eins muß ich dir doch erzählen. Weißt du schon, welch großes Glück uns dieser Tage zuteil geworden?

FRAU LINDEN: Nein. Was ist's?

NORA: Denke dir, mein Mann ist Direktor der Aktienbank geworden!

FRAU LINDEN: Dein Mann? Ah, das ist wirklich ein großes –

NORA: – ein sehr großes Glück; nicht wahr? Advokat sein, das ist so unsicher, wenn man davon leben muß, namentlich wenn man sich nicht mit andern Dingen befassen will als solchen, die ... fein und anständig sind. Und das hat Robert natürlich nie gewollt; und darin bin ich nun ganz mit ihm einverstanden. Oh, du kannst mir's glauben, wir freuen uns recht sehr! Er wird schon zu Neujahr seine Stelle antreten, und dann bekommt er ein großes Gehalt und hohe Prozente. In Zukunft können wir ganz anders leben als bisher – ganz wie wir wollen. O Christine, wie leicht und glücklich fühl' ich mich! ... 's ist doch schön, recht viel Geld zu haben und sorgenfrei leben zu können. Nicht wahr?

FRAU LINDEN: Ja, jedenfalls muß es schön sein, das Notwendige zu haben.

NORA: Nein, nicht bloß das Notwendige, sondern viel, recht viel Geld!

FRAU LINDEN *lächelnd:* Nora, Nora, bist du noch nicht vernünftig geworden? In deinen Pensionstagen warst du eine große Verschwenderin.

NORA *still lächelnd:* Ja, das behauptet Robert noch. *Droht mit dem Finger.* Aber „Nora, Nora" ist nicht so töricht, wie ihr glaubt. – Oh, so ist's uns wahrlich nicht gegangen, daß ich verschwenden konnte. Wir mußten beide arbeiten.

FRAU LINDEN: Du auch?

NORA: Jawohl, leichte Handarbeit: Sticken, Häkeln und dergleichen; *leichthin:* und auch andres. Du weißt doch, daß Robert, als wir heirateten, den Staatsdienst quittierte? Er hatte keine Aussicht auf Beförderung, und dann mußt' er ja auch mehr Geld verdienen als früher. Aber im ersten Jahr überanstrengte er sich ganz schrecklich. Wie du dir denken kannst, mußt' er ja allerlei Nebenverdienst suchen und früh und spät arbeiten. Aber das konnt' er nicht vertragen, und so ward er todkrank. Da erklärten es die Ärzte für notwendig, daß er nach dem Süden käme.

FRAU LINDEN: Ja, ihr hieltet euch ja ein ganzes Jahr in Italien auf?

NORA: Gewiß. Es war nicht leicht, fortzukommen, das glaube mir. Erwin war damals grade geboren. Aber fort mußten wir! Ach, das war eine wunderschöne Reise! Und sie rettete Robert das Leben. Aber sie kostete schrecklich viel Geld, Christine.

FRAU LINDEN: Das kann ich mir denken.

NORA: Achtzehnhundert Taler. Fünftausendvierhundert Mark. Du, das ist viel Geld.

FRAU LINDEN: Aber in solchen Fällen ist's immerhin ein großes Glück, wenn man es hat.

NORA: Ja, wir bekamen es von Vater.

FRAU LINDEN: Ah so. Er starb ja wohl grade zu der Zeit, dein Vater?

NORA: Ja, Christine, grade damals. Und denke dir, ich konnte nicht zu ihm reisen und ihn pflegen. Ich erwartete ja täglich, daß der kleine Erwin zur Welt kommen sollte. Und dann hatt' ich ja auch meinen todkranken Robert zu pflegen. Mein lieber guter Vater! Ich bekam ihn nie wieder zu sehn, Christine. Ach, das ist das Schwerste, was ich seit meiner Verheiratung erlebt habe.

FRAU LINDEN: Ich weiß, du hingst mit großer Liebe an ihm. Und dann reistet ihr also nach Italien?

NORA: Ja, vier Wochen später; da hatten wir das Geld; und die Ärzte drängten so sehr.

FRAU LINDEN: Und dein Mann kam vollständig geheilt zurück?

NORA: Gesund wie ein Fisch!

FRAU LINDEN: Aber – der Doktor?

NORA: Wieso?

FRAU LINDEN: Mir scheint, das Mädchen sagte, der Herr, welcher zugleich mit mir eintrat, wäre der Doktor ...

NORA: Ja, das war Doktor Rank. Aber der macht hier keine Krankenbesuche. Er ist unser bester Freund und spricht wenigstens einmal täglich bei uns vor. Nein, Robert ist seitdem keine einzige Stunde wieder krank gewesen. Und auch die Kinder sind frisch und gesund, und ich ebenfalls. *Springt auf und klatscht in die Hände.* Ach Gott, ach Gott, Christine, es ist doch wunderschön, zu leben und glücklich zu sein! – – Oh, aber das ist wirklich abscheulich von mir –! Ich rede ja nur von meinen eignen Verhältnissen! *Setzt sich auf einen Schemel dicht neben sie und legt die Arme auf Christines Knie.* Oh, sei mir deshalb nicht bös! – Sag mal, ist's wirklich wahr, daß du deinen Mann nicht leiden mochtest? Warum nahmst du ihn denn?

FRAU LINDEN: Meine Mutter lebte noch; und sie war krank und hilflos; und dann hatt' ich für meine beiden jüngern Brüder zu sorgen. Ich hielt es für meine Pflicht, seinen Antrag anzunehmen.

NORA: Ja ja, darin magst du recht haben. Er war also damals reich?

FRAU LINDEN: Ganz wohlhabend, glaub' ich. Aber es waren unsichre Geschäfte, Nora. Als er starb, zerfiel alles, und es blieb nichts übrig.

NORA: Und da –?

FRAU LINDEN: Ja, da mußt' ich mich mit einem kleinen Handel, einer kleinen Schule und was sich sonst fand, durchzuschlagen suchen. Die letzten drei Jahre waren für mich ein einziger langer ruheloser Arbeitstag. Nun ist er zu Ende, Nora. Meine arme Mutter bedarf meiner nicht mehr, denn sie ruht im Grabe. Und die Knaben ebenfalls nicht; sie sind nun in Stellung und können für sich selbst sorgen.

NORA: Wie du dich erleichtert fühlen mußt –

FRAU LINDEN: Nein, Nora: nur unaussprechlich leer. Niemand haben, dem man sein Leben widmen kann –! *Steht unruhig auf.* Darum konnt' ich's in dem kleinen abgelegnen Orte nicht mehr aushalten. Hier muß doch leichter etwas zu finden sein, das einen in Anspruch nimmt und die Gedanken beschäftigt. Wär' ich nur so glücklich, eine feste Stelle ... etwas Kontorarbeit zu erhalten ...

NORA: Aber, Christine, das ist so schrecklich anstrengend; und du siehst schon so angegriffen aus! Es wäre dir viel besser, wenn du in ein Bad kommen könntest.

FRAU LINDEN *nach dem Fenster gehend:* Ich habe keinen Vater, der mir das Reisegeld geben könnte, Nora.

NORA *aufstehend:* Oh, nimm mir's nicht übel!

FRAU LINDEN *ihr entgegen:* Nein, ich muß dich um Nachsicht bitten, liebe Nora. Das Schlimmste an einer Stellung wie der meinen ist, daß sie uns verbittert macht. Man hat niemand, für den man arbeiten könnte; und doch ist man genötigt, immer eifrig tätig zu sein. Leben muß man ja; und so wird man selbstsüchtig. Als du mir von der glücklichen Veränderung in euern Verhältnissen erzähltest – kannst du's glauben? –, da freut' ich mich mehr meinet- als deinetwegen.

NORA: Wieso? Ah, versteh'. Du meinst, Robert könnte vielleicht etwas für dich tun.

FRAU LINDEN: Ja, das dacht' ich.

NORA: Das soll er auch, liebe Christine. Überlaß das nur mir. Ich werd' es so fein, so fein einfädeln – auf etwas Liebenswürdiges sinnen, um ihn der Sache geneigt zu machen. Oh, ich möchte dir so gern einen Gefallen tun.

FRAU LINDEN: Wie schön von dir, Nora, daß du dich meiner so eifrig annimmst – doppelt schön von dir, die selbst so wenig von den Mühen und Beschwerden des Lebens kennt.

NORA: Ich –? Ich kennte so wenig von –?

FRAU LINDEN *lächelnd:* Du lieber Gott, das bißchen Handarbeit und dergleichen ... Du bist ein Kind, Nora.

NORA *wirft den Kopf in den Nacken und schreitet durch das Zimmer hin:* Das solltest du nicht mit so überlegner Miene sagen.

FRAU LINDEN: So?

NORA: Du bist wie die andern. Ihr glaubt alle, zu etwas wirklich Ernstem taug' ich nicht –

FRAU LINDEN: Nun, nun –

NORA: – ich hätte noch keine Erfahrungen gemacht in dieser bösen Welt.

FRAU LINDEN: Liebe Nora, du hast mir ja soeben all deine Widerwärtigkeiten erzählt.

NORA: Bah – die kleinen! *Leise:* Die großen hab' ich dir nicht erzählt.

FRAU LINDEN: Welche großen? Was meinst du damit?

NORA: Du siehst mich nur so über die Achsel an, Christine; aber das solltest du nicht. Du bist stolz darauf, daß du so hart und so lange für deine Mutter gearbeitet hast.

FRAU LINDEN: Ich seh' gewiß niemand über die Achsel an. Aber das ist wahr: ich bin stolz und froh darüber, daß es mir vergönnt war, meiner Mutter einen sorgenfreien Lebensabend zu bereiten.

NORA: Und auch darauf bist du stolz, was du für deine Brüder getan.

FRAU LINDEN: Mir scheint, ich hab' ein Recht dazu.

NORA: Das scheint mir ebenfalls. Aber nun will ich dir etwas sagen, Christine: ich kann auch über etwas froh und stolz sein.

FRAU LINDEN: Daran zweifl' ich nicht. Aber wie meinst du das?

NORA: Nicht so laut. Bedenke, wenn es Robert hörte! Um keinen Preis darf er – niemand darf es erfahren, Christine; niemand als du.

FRAU LINDEN: Aber was denn?

NORA: Komm hierher. *Zieht sie neben sich auf das Sofa.* Ja ... ich kann auch über etwas froh und stolz sein ... Ich bin's, die Robert das Leben gerettet hat.

FRAU LINDEN: Leben gerettet –? Wieso Leben gerettet?

NORA: Ich erzählte dir von unsrer italienischen Reise. Ohne dieselbe wäre Robert verloren gewesen ...

FRAU LINDEN: Nun ja: dein Vater gab euch das nötige Geld ...

NORA *lächelnd:* Ja, das glaubt nicht bloß Robert, sondern auch all die andern; aber –

FRAU LINDEN: Aber –?

NORA: Vater gab uns keinen Pfennig. Ich war's, die das Geld schaffte.

FRAU LINDEN: Du? Die ganze große Summe?

NORA: Achtzehnhundert Taler. Fünftausendvierhundert Mark. Was sagst du dazu?

FRAU LINDEN: Ja aber, Nora, wie war das möglich? Hattest du in der Lotterie gewonnen?

NORA *geringschätzig:* In der Lotterie? *Wegwerfend:* Was wär's d a für eine Kunst gewesen?

FRAU LINDEN: Aber wo bekamst du's denn her?

NORA *summt und lächelt geheimnisvoll:* Hm; tralalala!

FRAU LINDEN: Denn leihen konntest du's ja nicht.

NORA: So? Warum nicht?

FRAU LINDEN: Nein, denn wie könnte eine Frau ohne ihres Mannes Einwilligung eine so bedeutende Summe leihen?

NORA *den Kopf zurückwerfend:* Oh, wenn's eine Frau ist, die ein wenig Geschäftskenntnis hat – eine Frau, die sich ein bißchen klug zu benehmen versteht, so –

FRAU LINDEN: Aber, Nora, ich begreife gar nicht –

NORA: Brauchst du auch nicht. 's ist ja nicht gesagt, daß ich das Geld g e l i e h e n habe. Ich kann's ja auf andre Weise bekommen haben. *Wirft sich im Sofa zurück.* Ich kann's ja von dem einen oder andern Anbeter erhalten haben. Wenn man wie ich leidlich hübsch aussieht –

FRAU LINDEN: Du bist eine Närrin.

NORA: Nun bist du gewiß schrecklich neugierig, Christine ...

FRAU LINDEN: Hör mal, liebe Nora – hast du da nicht eine Unbesonnenheit begangen?

NORA *sich wieder aufrecht setzend:* Ist es unbesonnen, seinem Manne das Leben zu retten?

FRAU LINDEN: Mir scheint, es war unbesonnen, daß du ohne sein Wissen –

NORA: Aber er durfte ja nichts davon wissen! Mein Gott, kannst du das nicht begreifen? Er durfte nicht einmal erfahren, wie schlimm es mit ihm stand. Nur mir allein sagten die Ärzte, daß sein Leben in Gefahr wäre; daß nichts ihn retten könnte als ein Aufenthalt im Süden. Meinst du, ich hätt's nicht erst auf andre Weise versucht? Ich schilderte ihm, wie schön es für mich sein würde, wenn ich wie andre Frauen eine Reise ins Ausland machen könnte; ich weint' und flehte; ich sagte, er möchte doch bedenken, in welchen Umständen ich sei – es wäre seine Pflicht, mir den Willen zu tun; und dann deutete ich an, daß er ja ein Anlehen machen könnte. Aber da, Christine, ward er fast zornig. Er sagte, ich sei leichtsinnig, und es wäre seine Pflicht als Ehemann, meinen Launen und Kaprizen – ja, so nannt' er's, glaub' ich – nicht nachzugeben. Ja ja, dacht' ich, gerettet mußt du werden; und da schafft' ich Rat ...

FRAU LINDEN: Und erfuhr dein Mann nicht von deinem Vater, daß das Geld nicht von ihm kam?

NORA: Nein, nie. Vater starb ja gerade in den Tagen. Es war meine Absicht, ihn in die Sache einzuweihen und ihn zu bitten, nichts zu verraten. Aber da er so krank war ... Leider ward es nicht notwendig.

FRAU LINDEN: Und hast du dich später deinem Manne nie anvertraut?

NORA: Um Gottes willen, wie kannst du denken –! Er, der in dieser Beziehung so streng ist! Und zudem – Robert mit seinem männlichen Selbstbewußtsein – wie peinlich und demütigend würd' es für ihn sein, zu wissen, daß er mir etwas verdanke! Das würd' unser gegenseitiges Verhältnis ganz verschieben; unser schönes glückliches Daheim würde nicht mehr sein, was es jetzt ist.

FRAU LINDEN: Willst du es ihm nie sagen?

NORA *nachdenklich, halb lächelnd:* Ja – später vielleicht – nach vielen Jahren, wenn ich nicht mehr so hübsch bin wie jetzt. Du mußt mich nicht auslachen! Ich meine natürlich: wenn Robert mich nicht mehr so gern leiden mag wie jetzt; wenn er kein Vergnügen mehr daran findet, daß ich vor ihm herumtanze und mich verkleide und deklamiere. Dann könnt' es gut sein, etwas in der Hinterhand zu haben – *Abbrechend:* Ach Unsinn! D i e Zeit kommt nie! – Na, was sagst du nun zu meinem großen Geheimnis, Christine? Taug' ich nicht auch zu etwas? – Übrigens kannst du mir glauben, die Sache hat mir viel Kummer gemacht. Es war mir wahrlich nicht leicht, rechtzeitig meinen Verpflichtungen nachzukommen. Du mußt wissen, Christine, in der Geschäftswelt gibt es etwas, das man Abzahlung und Quartalszinsen nennt; und die sind immer so schrecklich schwer herbeizuschaffen! Da mußt' ich hier und dort, überall wo ich eben konnte, ein wenig absparen. Von dem Wirtschaftsgelde konnt' ich mir nichts beiseite legen, denn Robert mußte ja doch gut leben. Die Kinder konnt' ich auch nicht ärmlich gekleidet gehen lassen; was ich d a z u bekam, mußt' ich alles verbrauchen. Die süßen lieben Kinderchen!

FRAU LINDEN: Und so mußten wohl deine eignen Bedürfnisse herhalten, arme Nora?

NORA: Ja natürlich. Mich ging's ja doch zunächst an. Jedesmal, wenn Robert mir Geld zu neuen Kleidern und dergleichen gab, braucht' ich nie mehr als die Hälfte; kaufte immer die einfachsten und billigsten Stoffe. Ein wahres Glück war's, daß mich alles so gut kleidet – so merkte Robert nichts. Aber manchmal, Christine, kam es mich doch schwer an; denn es ist doch schön, fein gekleidet zu gehn. Nicht wahr?

FRAU LINDEN: Ach ja.

NORA: Na, und dann hatt' ich auch noch andre Einnahmequellen. Im vorigen Winter z. B. war ich so glücklich, für eine Zeitung einen Roman übersetzen zu können – natürlich anonym. Da schloß ich mich jeden Abend ein und saß und schrieb bis tief in die Nacht. Ach, ich war manchmal so müde, so müde. Aber amüsant war's doch, so zu arbeiten und Geld zu verdienen. Mir war fast, als wär' ich ein Mann.

FRAU LINDEN: Aber wieviel hast du von diesen Schulden abzahlen können?

NORA: Ja, das kann ich so genau nicht sagen. Bei solchen Geschäften, siehst du, ist es sehr schwer, Ordnung zu halten. Ich weiß nur, daß ich alles hingab, was ich zusammenscharren konnte. Manchmal wußt' ich mir keinen Rat. *Lächelt:* Dann saß ich hier und stellte mir vor, daß ein alter reicher Herr sich in mich verliebt –

FRAU LINDEN: Was! ... Welcher Herr?

NORA: Ach Unsinn! – Daß er nun tot wäre – – und als man sein Testament öffnete, stand da mit großen Buchstaben: „Meine sämtlichen Gelder sollen der liebenswürdigen Frau Nora Helmer sofort bar ausgezahlt werden ..."

FRAU LINDEN: Aber liebe Nora – was ist das für ein Herr?

NORA: Herrgott, kannst du das nicht begreifen? Der alte Herr existierte ja gar nicht; das dacht' und träumt' ich mir ja nur, wenn ich nicht wußte, wo ich Geld herschaffen sollte. Aber lassen wir ihn – der langweilige alte Mensch kann meinetwegen bleiben, wo er ist; ich kümmre mich weder um ihn noch um sein Testament; denn nun bin ich aller Sorge enthoben. *Aufspringend:* Ach Gott, Christine, der Gedanke tut wohl! Sorgenfrei! Sorgenfrei sein, ganz sorgenfrei; mit den Kindern spielen und sich tummeln können; es geschmackvoll und fein und gemütlich im Hause haben, ganz so wie Robert es sich wünscht! Und dann kehrt bald der Frühling wieder mit der hellblauen Luft. Vielleicht können wir dann eine kleine Reise machen, und ich bekomme vielleicht wieder das Meer zu sehn. Ach ja ja, es ist doch herrlich, zu leben und glücklich zu sein!

Im Flur ertönt die Glocke.

FRAU LINDEN *aufstehend:* Es klingelt; es ist vielleicht das beste, ich gehe.

NORA: Nein, bleib nur; hier herein kommt gewiß niemand; der Besuch wird wohl Robert gelten –

Vierter Auftritt

Vorige. Helene, dann Günther.

HELENE *in der Tür zum Entree:* Um Verzeihung – da ist ein Herr, welcher Herrn Helmer zu sprechen wünscht –

NORA: Den Herrn Bankdirektor, meinen Sie.

HELENE: Ja, den Herrn Bankdirektor; aber ich wußte nicht – da der Doktor bei ihm ist –

NORA: Wer ist der Herr?

GÜNTHER *in der Tür zum Entree:* Ich bin's, gnädige Frau.

Helene ab. Frau Linden stutzt, fährt zusammen und wendet sich nach dem Fenster.

NORA *geht ihm einen Schritt entgegen; gespannt, mit halber Stimme:* Sie? Was bedeutet das? Worüber wünschen Sie mit meinem Manne zu reden?

GÜNTHER: Über Bankgeschäfte – gewissermaßen. Ich hab' eine kleine Anstellung bei der Aktienbank, und Ihr Mann soll ja nun unser Chef werden, hör' ich –

NORA: Es handelt sich also – ?

GÜNTHER: – nur um langweilige Geschäfte, gnädige Frau; um weiter gar nichts.

NORA: Ja, wollen Sie dann so gut sein, sich dort in das Kontor zu bemühen?

Günther ab. Sie grüßt gleichgültig, während sie die Tür zum Entree schließt; dann geht sie zum Ofen und sieht nach dem Feuer.

Fünfter Auftritt

Nora, Frau Linden.

FRAU LINDEN: Nora – wer war der Mann?

NORA: Ein gewisser Herr Günther, früher Rechtsanwalt.

FRAU LINDEN: Er war's also wirklich.

NORA: Kennst du den Mann?

FRAU LINDEN: Ich hab' ihn gekannt – vor einer Reihe von Jahren. Er war bei uns längere Zeit Vertreter des Rechtsanwalts.

NORA: Ja, richtig.

FRAU LINDEN: Wie er sich verändert hat!

NORA: Er ist sehr unglücklich verheiratet gewesen.

FRAU LINDEN: Und ist er jetzt Witwer?

NORA: Mit einer ganzen Schar Kinder. So; nun brennt's.

Sie schließt die Ofentür und schiebt den Schaukelstuhl etwas beiseite.

FRAU LINDEN: Er befaßt sich wohl mit allerhand Geschäften, wie man behauptet?

NORA: So? Mag sein. Ich weiß es nicht ... Aber denken wir nicht an Geschäfte; das ist so langweilig.

Sechster Auftritt

Vorige. Rank, aus Helmers Zimmer kommend.

RANK *noch in der Tür; zurücksprechend:* Nein nein; ich will nicht stören; ich geh' lieber ein wenig zu deiner Frau. *Schließt die Tür und bemerkt Frau Linden.* Oh, um Verzeihung; hier stör' ich wohl auch?

NORA: Nein, durchaus nicht. *Vorstellend:* Herr Doktor Rank – Frau Linden.

RANK: Ah so. Ein Name, den man hier im Hause oft hört. Ich glaub', ich ging vorhin auf der Treppe an Ihnen vorbei.

FRAU LINDEN: Ja; ich ging sehr langsam; ich kann das Treppensteigen nicht recht vertragen.

RANK: Aha, ein kleiner innerer Schaden.

FRAU LINDEN: Eigentlich mehr Überanstrengung.

RANK: Weiter nichts? Dann sind Sie wohl nach der Hauptstadt gekommen, um sich bei den Festlichkeiten zu erholen?

FRAU LINDEN: Ich bin hierhergekommen, um Arbeit zu suchen.

RANK: Soll das ein probates Mittel gegen Überanstrengung sein?

FRAU LINDEN: Man muß leben, Herr Doktor.

RANK: Ja, 's ist die allgemeine Ansicht, daß das notwendig sei.

NORA: Nun, Sie, Herr Doktor, wollen auch noch gern leben.

RANK: Gewiß will ich das. So elend ich bin, möcht' ich mich doch gern möglichst lange peinigen lassen. Und meine Patienten hegen alle denselben Wunsch. Den moralisch Schadhaften geht's just ebenso. Da ist grad in diesem Augenblick so ein moralisches Hospitalsmitglied da drin bei Helmer ...

FRAU LINDEN *gedämpft:* Ah!

NORA: Wen meinen Sie?

RANK: Oh, 's ist ein gewisser Günther, Rechtsanwalt a. D., ein Ihnen ganz unbekannter Mensch. Ist bis an die innersten Wurzeln seines Charakters angefault. Aber selbst der begann wie von etwas sehr Wichtigem davon zu schwatzen, daß er leben müsse.

NORA: So? Worüber wollt' er denn mit Robert sprechen?

RANK: Ich weiß es wirklich nicht; ich hörte nur, daß es mit der Aktienbank zusammenhing.

NORA: Ich wußte nicht, daß Günt– daß dieser Herr Günther etwas mit der Aktienbank zu tun hat.

RANK: Er hat 'ne Art Anstellung dabei. *Zu Frau Linden:* Ich weiß nicht, ob's auch bei Ihnen jene Sorte von Menschen gibt, die überall herumspuken, um moralische Fäulnis auszuwittern und dann die betreffenden Kandidaten in die eine oder andre vorteilhafte Stellung zu befördern. Die Gesunden haben das Zusehen.

FRAU LINDEN: Nun, zunächst sind's doch wohl auch die Kranken, welche der Pflege bedürfen.

RANK *achselzuckend:* Da haben wir's. Eben die Erwägung ist's, welche die Gesellschaft zu einem Krankenhause macht.

Nora, in ihre eignen Gedanken versunken, bricht in halblautes Lachen aus und klatscht in die Hände.

RANK: Warum lachen Sie darüber? Wissen Sie denn, was die Gesellschaft ist?

NORA: Was kümmre ich mich um die langweilige Gesellschaft? Ich lachte über etwas ganz andres – etwas ungeheuer Komisches ... Sagen Sie mal, Doktor – alle die, welche bei der Aktienbank angestellt sind, werden die nun von Robert abhängig?

RANK: Finden Sie das so ungeheuer komisch?

NORA *lächelt und summt:* Lassen Sie mich! Lassen Sie mich! *Spaziert im Zimmer umher.* Ja, zu denken, daß wir – daß Robert jetzt auf viele Menschen einen so großen Einfluß hat, das macht mich in der Tat ungeheuer vergnügt. *Nimmt die Tüte aus der Tasche.* Doktor, wollen Sie eine Makrone?

RANK: Ei ei! Makronen. Ich glaubte, das sei hier Kontrebande.

NORA: Ja ... aber diese hat mir Christine geschenkt.

FRAU LINDEN: Wie? Ich –?

NORA: Nun nun nun; erschrick nicht so. Du konntest ja nicht wissen, daß Robert sie verboten hat. Er fürchtet nämlich, ich könnte schlechte Zähne davon bekommen. Aber ... bah ... einmal –! Nicht wahr, Doktor? Sei'n Sie so gut! *Steckt ihm eine Makrone in den Mund.* Und du auch, Christine. Und ich will ebenfalls eine haben; nur eine kleine – oder höchstens zwei. *Spaziert wieder umher.* Ja, nun bin ich wirklich ganz außerordentlich glücklich. Nun gibt's nur noch eins in der Welt, was ich ganz besonders gern möchte.

RANK: Nun? Und das ist?

NORA: Etwas, das ich so sehr gern sagen möchte – aber so, daß Robert es hörte.

RANK: Warum sagen Sie's denn nicht?

NORA: Weil ich nicht darf; denn es klingt so häßlich.

FRAU LINDEN: Häßlich?

RANK: Ja, dann ist's nicht ratsam. Aber zu uns können Sie ja doch ... Wohlan, was ist's, das Sie in Helmers Gegenwart gerne –?

NORA: Ich möchte mal so recht von Herzen rufen: Himmeldonnerwetter!

RANK: Sind Sie verrückt?

FRAU LINDEN: Aber mein Gott, Nora –!

RANK: Sagen Sie's, da ist er.

NORA *versteckt die Makronentüte:* St, st, st!

Helmer kommt mit dem Überzieher auf dem Arm und dem Hut in der Hand aus seinem Zimmer.

Siebenter Auftritt

Vorige. Helmer.

NORA *ihm entgegen:* Nun, lieber Robert, bist du ihn los?

HELMER: Ja, jetzt ist er fort.

NORA: Darf ich dich vorstellen – das ist Christine, die –

HELMER: Christine –? Verzeihung, aber ich weiß nicht –

NORA: Frau Linden, lieber Robert; Frau Christine Linden.

HELMER *zu Frau Linden:* Ah so. Vermutlich eine Jugendfreundin meiner Frau?

FRAU LINDEN: Ja, wir haben uns schon früher gekannt.

NORA: Und denke dir, nun hat sie eine weite Reise gemacht, um mit dir zu sprechen.

HELMER: Um mit mir zu sprechen?

FRAU LINDEN: Nun, eigentlich nicht –

NORA: Christine ist nämlich so außerordentlich geschickt in Kontorarbeiten, und dann hat sie eine solche Lust, unter die Leitung eines tüchtigen Mannes zu kommen und noch mehr zu lernen, als sie schon kann –

HELMER *zu Frau Linden:* Sehr vernünftig.

NORA: Und da sie hörte, du seist Bankdirektor geworden – sogar der „Telegraph" hat es der Welt verkündet – da reiste sie so schnell wie möglich hierher und –. Nicht wahr, Robert, du kannst etwas für Christine tun? Ja?

HELMER: Das wäre nicht unmöglich. Sie sind wohl Witwe?

FRAU LINDEN: Ja.

HELMER: Und haben schon Übung in Kontorarbeiten?

FRAU LINDEN: Ziemlich viel.

HELMER: Nun, dann kann ich Ihnen höchstwahrscheinlich eine Anstellung verschaffen ...

NORA *in die Hände klatschend:* Siehst du; siehst du!

HELMER: Sie kommen grade in einem günstigen Augenblick, Frau Linden –

FRAU LINDEN: Oh, wie soll ich Ihnen danken –!

HELMER *lächelnd:* Ist gar nicht nötig. *Zieht seinen Überzieher an.* Heut jedoch müssen Sie mich entschuldigen ...

RANK: Wart; ich geh' mit.

Holt seinen Pelz aus dem Entree und wärmt ihn am Ofen.

NORA: Bleib nicht zu lange, lieber Robert.

Helmer: Nur eine Stunde; nicht länger.

Nora: Gehst du auch, Christine?

Frau Linden *ihre Überkleider anziehend:* Ja, nun muß ich fort und mich nach einem Zimmer umsehn.

Helmer: Dann können wir vielleicht zusammen gehn.

Nora *ihr helfend:* Wie ärgerlich, daß wir so beschränkt wohnen; aber es ist uns wirklich unmöglich, dir –

Frau Linden: Wo denkst du hin! Adieu, liebe Nora, und Dank für alles.

Nora: Adieu solange. Ja, heut abend kommst du natürlich wieder. Und Sie auch, Doktor ... Wie? Wenn's Ihre Gesundheit erlaubt? Natürlich tut sie das; hüllen Sie sich nur recht warm ein.

Man geht unter allgemeinem Sprechen in das Entree. Draußen auf der Treppe ertönen Kinderstimmen.

Nora: Da sind sie! Da sind sie!

Sie läuft nach der Tür und schließt auf. Marianne erscheint mit den Kindern.

Achter Auftritt

Vorige. Marianne, die Kinder.

Nora: Kommt herein, kommt herein! *Neigt sich herab und küßt die Kinder.* Ach, meine süßen, herzigen –! Siehst du sie, Christine! Sind sie nicht allerliebst?

Rank: Nicht so hier in der Zugluft stehn!

Helmer: Kommen Sie, Frau Linden; nun wird's hier für Leute, die nicht Mütter sind, nicht zum Aushalten.

Rank, Helmer und Frau Linden ab. Marianne tritt mit den Kindern in das Zimmer; Nora ebenfalls, wobei sie die Tür schließt.

Neunter Auftritt

Nora, Marianne, die Kinder.

Nora: Wie frisch und munter ihr ausseht. Nein, und wie rote Wangen ihr habt! Wie Äpfel und Rosen. *Die Kinder sprechen während des Folgenden durcheinander mit ihr.* Ja, und ihr habt euch gut amüsiert? Das ist ja prächtig. Ja so; du hast Emmy und Bob auf dem Schlitten gefahren? Beide zugleich! Herrje! Ja, du bist ein wackrer Bursch, Erwin. Ach, geben Sie sie mir ein wenig, Marianne. Mein süßes, herziges Püppchen! *Nimmt das Kleinste der Kinderfrau ab und tanzt mit demselben.* Ja ja, Mama wird mit Bob auch tanzen. Wie, mit Schneebällen habt ihr euch beworfen? Ah, da hätt' ich dabeisein müssen! Nein, lassen Sie, Marianne; ich will sie selbst ausziehen. Nein nein, lassen Sie's mich tun; das ist so amüsant. Gehn Sie solange hinein; Sie sehn so verfroren aus. Da steht warmer Kaffee für Sie auf der Maschine. *Die Kinderfrau geht in das Zimmer links, Nora nimmt den Kindern die Überkleider ab und wirft sie umher, während sie die Kleinen durcheinander reden und erzählen läßt.* So? Also ein großer Hund war da, der hinter euch herlief? Aber er biß doch nicht? Nein, artige Kinder beißen die Hunde nicht. Nicht in die Pakete gucken, Erwin! Was das ist? Ja, das solltet ihr nur wissen. Ach nein, nein; das ist nicht schön. So? Spielen sollen wir? Was sollen wir denn spielen? Verstecken? Ja, spielen wir Verstecken. Bob soll sich zuerst verstecken. Ich soll's? Ja, ich will mich zuerst verstecken.

Sie und die Kinder spielen unter Lachen und Jubeln im Zimmer und in dem anstoßenden Gemach rechts. Schließlich versteckt sich Nora unter dem Tisch; die Kinder kommen hereingestürmt, suchen, können sie aber nicht finden, hören ihr halbunterdrücktes Lachen, stürzen nach dem Tisch, heben die Decke auf und sehen sie. Stürmischer Jubel. Sie kriecht hervor, wie um sie zu erschrecken. Neuer Jubel. Inzwischen hat es an der Eingangstür geklopft; niemand hat es gehört. Jetzt wird die Tür halb geöffnet und Günther wird sichtbar. Er wartet ein wenig; das Spiel wird fortgesetzt.

Zehnter Auftritt

Nora, die Kinder, Günther.

Günther: Um Vergebung, Frau Helmer –

Nora *mit einem gedämpften Schrei, wendet sich um und springt halb empor:* Ah! Was wollen Sie?

Günther: Um Verzeihung; die Korridortür war nur angelehnt; da muß jemand vergessen haben, sie zuzumachen.

Nora *aufstehend:* Mein Mann ist nicht zu Hause, Herr Günther.

Günther: Das weiß ich.

Nora: Ja – was wollen Sie dann hier?

Günther: Ein paar Worte mit Ihnen reden.

Nora: Mit –? *Zu den Kindern, leise:* Geht hinein zu Marianne. Wie? Nein, der fremde Mann will Mama nichts tun. Wenn er fort ist, spielen wir wieder.

Sie führt die Kinder in das Zimmer links und schließt die Tür hinter ihnen.

Nora *unruhig, gespannt:* Mit mir wollen Sie reden?

Günther: Ja.

Nora: Heute –? Aber 's ist ja noch nicht der Erste –

Günther: Nein, heut ist Heiliger Abend. Es wird von Ihnen selbst abhängen, welche Weihnachtsfreude Ihnen beschert wird.

Nora: Was wollen Sie denn eigentlich? Ich kann heute gar nicht –

Günther: Davon wollen wir vorläufig nicht reden. Es handelt sich um etwas andres. Sie haben doch einen Augenblick Zeit?

Nora: O ja; gewiß; das wohl, obgleich –

Günther: Gut. Ich saß drüben in der Restauration und sah Ihren Mann über die Straße gehn –

Nora: Ja, nun?

Günther: – mit einer Dame.

Nora: Und was weiter?

Günther: Darf ich fragen, ob die Dame eine gewisse Frau Linden war?

Nora: Ja.

Günther: Soeben hier angekommen?

NORA: Ja, heute morgen.

GÜNTHER: Sie ist wohl eine gute Freundin von Ihnen?

NORA: Das ist sie. Aber ich begreife nicht –

GÜNTHER: Ich habe sie auch einst gekannt.

NORA: Das weiß ich.

GÜNTHER: So? Sie sind also eingeweiht. Das dacht' ich mir. Nun, darf ich fragen, ob Frau Linden bei der Aktienbank angestellt werden soll?

NORA: Wie können S i e sich erlauben, m i c h auszufragen, Herr Günther, Sie, ein Unterbeamter meines Mannes? Aber da Sie nun einmal gefragt haben, sollen Sie's erfahren: Ja, Frau Linden soll angestellt werden. Und ich bin es, die sich ihrer angenommen hat, Herr Günther. Nun wissen Sie's.

GÜNTHER: Ich hatte also richtig geraten.

NORA *auf und ab gehend:* Ah, man hat doch auch ein klein wenig Einfluß, sollt' ich meinen. Weil man nur Frau ist, darum ist es noch gar nicht gesagt, daß ... Wenn man sich in einem Abhängigkeitsverhältnis befindet, Herr Günther, sollte man sich wirklich hüten, jemand zu verletzen, der – hm –

GÜNTHER: – der Einfluß hat?

NORA: Sie haben meinen Gedanken vollkommen richtig aufgefaßt.

GÜNTHER *einen andern Ton annehmend:* Frau Helmer, wollen Sie die Güte haben, Ihren Einfluß zu meinen Gunsten zu verwenden?

NORA: Wie –? Was meinen Sie damit?

GÜNTHER: Wollen Sie so freundlich sein, dafür zu sorgen, daß ich meine abhängige Stellung bei der Bank behalte? ...

NORA: Was soll das bedeuten? Wer will Ihnen denn Ihre Stelle nehmen?

GÜNTHER: Oh, Sie brauchen mir gegenüber nicht die Unwissende zu spielen. Ich begreife sehr wohl, daß es Ihrer Freundin nicht angenehm sein kann, sich einer Begegnung mit mir auszusetzen; auch begreif' ich jetzt, wem ich's zu danken habe, daß ich fortgejagt werden soll.

NORA: Aber ich versichre Sie –

GÜNTHER: Ja ja ja, kurz und gut: noch ist es Zeit, und ich rat' Ihnen, wenden Sie Ihren Einfluß an, um es zu verhindern.

NORA: Aber Herr Günther, ich h a b e gar keinen Einfluß.

GÜNTHER: Nicht? Mir scheint, Sie sagten vorhin selbst –

NORA: So war das natürlich nicht zu verstehn. Ich! Wie können Sie glauben, ich hätte einen solchen Einfluß auf meinen Mann?

GÜNTHER: Oh, Ihren Mann kenn' ich von unsrer Studentenzeit her. Ich denke, der Herr Bankdirektor ist nicht standhafter als andre Ehemänner.

NORA: Wenn Sie geringschätzig von meinem Manne reden, weis' ich Ihnen die Tür.

GÜNTHER: Sie sind sehr mutig, gnädige Frau.

NORA: Ich fürchte Sie nicht mehr. Wenn Neujahr vorüber ist, werd' ich aus der ganzen Verlegenheit bald heraus sein.

GÜNTHER *sich mehr beherrschend:* Nun hören Sie, Frau Helmer. Wenn es sein muß, werd' ich bis zum äußersten kämpfen, um meinen kleinen Posten bei der Bank zu behalten.

NORA: Ja, das sieht wirklich so aus.

GÜNTHER: Es ist nicht bloß des Gehalts wegen; um das ist mir's sogar am wenigsten zu tun. Aber da ist etwas andres ... nun ja, heraus damit! Sehn Sie, es ist folgendes: Sie wissen natürlich ebensogut wie alle andern, daß ich mich vor einer Reihe von Jahren einmal einer Unbesonnenheit schuldig machte.

NORA: Ich glaube so etwas gehört zu haben.

GÜNTHER: Die Sache kam nicht vor Gericht; aber alle Wege waren mir von dem Augenblick an wie verbarrikadiert. Da warf ich mich auf die Geschäfte, welche Sie ja kennen. Irgend etwas mußt' ich ja doch ergreifen; und ich darf sagen, ich war keiner der Schlimmsten. Aber nun muß ich aus alledem heraus. Meine Kinder wachsen heran; ihretwegen muß ich mir so viel bürgerliche Achtung wieder zu erwerben suchen, als eben möglich ist. Diese Stelle bei der Bank war gleichsam die erste Stufe. Und nun will Ihr Mann mich wieder in den Schmutz hinabstoßen.

NORA: Aber um Gottes willen, Herr Günther, es steht gar nicht in meiner Macht, Ihnen zu helfen.

GÜNTHER: Weil Sie nicht wollen; aber ich habe die Mittel, Sie zu zwingen.

NORA: Sie wollen doch meinem Mann nicht sagen, daß ich Ihnen Geld schuldig bin?

GÜNTHER: Hm; wenn ich's ihm nun sagte?

NORA: Das wäre schändlich von Ihnen. *Mit unterdrückten Tränen:* Dies Geheimnis, das meine Freude und mein Stolz ist, er sollt' es auf so gemeine und plumpe Weise erfahren – und noch von I h n e n! Sie würden mich den schrecklichsten Unannehmlichkeiten aussetzen –

GÜNTHER: Bloß Unannehmlichkeiten?

NORA *heftig:* Aber tun Sie's nur; die Folgen werden für Sie selbst am schlimmsten sein; denn dann sieht mein Mann klar, welch schlechter Mensch Sie sind, und Sie behalten Ihre Stelle erst recht nicht.

GÜNTHER: Ich fragte, ob es nur häusliche Unannehmlichkeiten seien, die Sie befürchteten?

NORA: Erfährt es mein Mann, so wird er natürlich den Rest sofort bezahlen; und dann haben wir nichts mehr mit Ihnen zu schaffen.

GÜNTHER *einen Schritt nähertretend:* Hören Sie, Frau Helmer – entweder haben Sie ein etwas schwaches Gedächtnis oder Sie verstehn nicht viel von Geschäften. Da muß ich Sie etwas gründlicher in die Sache einweihen.

NORA: Wieso?

GÜNTHER: Als Ihr Mann krank war, kamen Sie zu mir, um achtzehnhundert Taler von mir zu leihen.

NORA: Ich wußte niemand anders.

GÜNTHER: Ich versprach Ihnen die Summe zu schaffen –

NORA: Sie schafften sie ja auch ...

GÜNTHER: Ich versprach Ihnen die Summe unter gewissen Bedingungen zu schaffen. Sie waren damals über die Krankheit Ihres Mannes so aufgeregt und so eifrig bemüht, das Reisegeld zu erhalten, daß Sie vermutlich an die damit verbundenen Schwierigkeiten nicht weiter dachten. Es ist daher nicht überflüssig, Sie daran zu erinnern. Nun, ich versprach Ihnen das Geld gegen einen Schuldschein zu verschaffen, den ich aufsetzte.

NORA: Ja, und den ich unterschrieb.

GÜNTHER: Gut. Aber dann fügt' ich noch einige Zeilen hinzu, worin Ihr Vater sich für die Schuld verbürgte. Diese Zeilen sollte Ihr Vater unterschreiben.

NORA: Sollte –? Er unterschrieb ja.

GÜNTHER: Ich hatte das Datum in blanko beigefügt; das heißt, Ihr Vater sollte selbst den Tag angeben, an welchem er das Dokument unterschrieb. Erinnern Sie sich dessen, Frau Helmer?

NORA: Ja, ich glaube –

GÜNTHER: Darauf übergab ich Ihnen den Schuldschein, damit Sie ihn Ihrem Vater schickten. Ist dem nicht so?

NORA: Ja.

GÜNTHER: Und natürlich taten Sie das auch sofort; denn schon nach fünf, sechs Tagen brachten Sie mir den Schuldschein mit Ihres Vaters Unterschrift zurück. Da erhielten Sie die Summe von mir ausbezahlt.

NORA: Nun ja; hab' ich nicht pünktlich abgezahlt?

GÜNTHER: So ziemlich, ja. Aber – um darauf zurückzukommen, wovon wir sprachen – es war damals wohl eine schwere Zeit für Sie, Frau Helmer?

NORA: Das war es.

GÜNTHER: Ihr Vater war ja wohl auch schwer krank, glaub' ich.

NORA: Er lag auf dem Sterbebett.

GÜNTHER: Starb also kurz darauf?

NORA: Ja.

GÜNTHER: Sagen Sie mal, Frau Helmer, sollten Sie sich zufällig des Sterbetags Ihres Vaters erinnern? Welcher Tag im Monat, mein' ich.

NORA: Vater starb am 29. September.

GÜNTHER: Ganz recht; ich habe mich danach erkundigt. Eben deshalb vermag ich mir einen merkwürdigen Umstand – *zieht ein Schriftstück hervor* – nicht zu erklären ...

NORA: Welchen merkwürdigen Umstand? Ich weiß nicht –

GÜNTHER: – d e n merkwürdigen Umstand, gnädige Frau, daß Ihr Vater diesen Schuldschein drei Tage nach seinem Tode unterschrieben hat.

NORA: Wie? Ich begreife nicht –

GÜNTHER: Ihr Vater starb am 29. September. Aber sehn Sie her. Hier hat Ihr Vater seine Unterschrift vom 2. Oktober datiert. Ist das nicht merkwürdig, Frau Helmer?

Nora schweigt.

GÜNTHER: Können Sie mir das erklären?

Nora schweigt noch immer.

GÜNTHER: Auffallend ist es auch, daß die Worte „2. Oktober" sowie die Jahreszahl nicht Ihres Vaters Handschrift zeigen, sondern eine Schrift, die ich zu kennen glaube. Nun, das läßt sich ja erklären; Ihr Vater mag das Datum vergessen haben, und da hat jemand es aufs Geratewohl hinzugefügt, eh' man noch etwas von dem Todesfall wußte. Darin liegt nichts Ungehöriges. Es ist die N a m e n s unterschrift, auf die es ankommt. Und d i e ist ja echt, Frau Helmer? Es ist ja wirklich Ihr Vater, der eigenhändig seinen Namen hierhergeschrieben hat?

NORA *wirft nach kurzem Schweigen den Kopf zurück und sieht ihn trotzig an:* Nein – ich bin's, die seinen Namen daruntergesetzt hat.

GÜNTHER: Hören Sie, Frau Helmer – wissen Sie auch, daß das ein gefährliches Geständnis ist?

NORA: Warum? Sie werden Ihr Geld bald erhalten.

GÜNTHER: Darf ich mir eine Frage erlauben – weshalb schickten Sie Ihrem Vater das Dokument nicht?

NORA: Es war unmöglich. Vater lag ja schwer krank. Hätt' ich ihn um seine Unterschrift gebeten, so hätt' ich ihm auch sagen müssen, wozu ich das Geld brauchte. Aber in seinem Zustande konnt' ich ihm ja doch nicht sagen, daß meines Mannes Leben in Gefahr schwebte. Das war ja unmöglich.

GÜNTHER: Dann wär's besser für Sie gewesen, Sie hätten die Reise ins Ausland aufgegeben.

NORA: Das war auch unmöglich. Von der Reise hing ja das L e b e n meines Mannes ab. Die konnt' ich nicht aufgeben.

GÜNTHER: Aber bedachten Sie denn nicht, daß es ein Betrug gegen mich war –?

NORA: Darauf konnt' ich keine Rücksicht nehmen. Um Sie kümmert' ich mich gar nicht. Ich mochte Sie nicht ausstehn wegen all der hartherzigen Schwierigkeiten, die Sie machten, obgleich Sie wußten, wie schlimm es mit meinem Manne stand.

GÜNTHER: Frau Helmer, Sie haben offenbar keine klare Vorstellung davon, wessen Sie sich eigentlich schuldig gemacht haben. Aber ich kann Sie versichern, es war weder etwas andres noch etwas Schlimmeres, was ich einst beging und was meine ganze bürgerliche Stellung vernichtete.

NORA: Sie? Wollen Sie mich glauben machen, Sie hätten eine mutige Tat gewagt, um Ihrer Frau das Leben zu retten?

GÜNTHER: Die Gesetze fragen wenig nach den Beweggründen.

NORA: Dann müssen wir sehr schlechte Gesetze haben.

GÜNTHER: Schlecht oder nicht – leg' ich dies Dokument dem Staatsanwalt vor, so werden Sie nach den Gesetzen verurteilt.

NORA: Das glaub' ich nicht. Eine Tochter sollte nicht das Recht haben, ihren alten todkranken Vater mit Kummer und Sorgen zu verschonen? Eine Frau sollte nicht das Recht haben, ihrem Manne das Leben zu retten?

Ich kenne die Gesetze so genau nicht; aber ich bin überzeugt, irgendwo muß es darin stehn, daß so etwas erlaubt ist. Und das wissen Sie nicht, Sie, ein Rechtsanwalt? Sie müssen ein schlechter Jurist sein, Herr Günther.

GÜNTHER: Mag sein. Aber Geschäfte – solche Geschäfte wie das unsrige hier –, daß ich mich darauf versteh', werden Sie doch wohl glauben? Gut. Tun Sie nun, was Ihnen beliebt. Aber das sag' ich Ihnen: werd' ich zum zweitenmal ausgestoßen, so sollen Sie mir Gesellschaft leisten. *Er grüßt und geht durch den Flur ab.*

Elfter Auftritt

Nora, dann die Kinder.

NORA *steht eine Weile nachdenkend; dann wirft sie den Kopf zurück:* Ach was! Er wollte mich nur erschrecken! So einfältig bin ich nicht. *Beginnt die Kleidungsstücke der Kinder zusammenzulegen; hält bald inne.* Aber –? – – Nein, aber das ist ja unmöglich! Ich tat es ja aus Liebe.

DIE KINDER *in der Tür links:* Mama, nun ist der fremde Mann fortgegangen.

NORA: Ja ja, ich weiß. Aber erzählt niemand von dem fremden Mann. Hört ihr? Auch Papa nicht!

DIE KINDER: Nein, Mama; aber willst du nun wieder mit uns spielen?

NORA: Nein, nein; jetzt nicht.

DIE KINDER: Ach ja, Mama; du versprachst es doch.

NORA: Ja, aber ich kann jetzt nicht. Geht hinein; ich hab' so viel zu tun. Geht hinein, geht hinein, meine lieben guten Kinder.

Sie nötigt sie sanft, in das Zimmer zu gehen, und schließt die Tür hinter ihnen.

Zwölfter Auftritt

Nora, dann Helene.

NORA *setzt sich auf das Sofa, nimmt eine Stickerei und tut einige Stiche, hält aber bald inne:* Nein! *Wirft die Stickerei hin, steht auf, geht an die Tür nach dem Flur und ruft hinaus:* Helene! Bringen Sie den Baum herein. *Tritt an den Tisch links und öffnet die Tischlade; bleibt wieder gedankenvoll stehen.* Nein ... aber das ist ja ganz unmöglich!

HELENE *mit dem Weihnachtsbaum:* Wo soll ich ihn hinstellen, gnädige Frau?

NORA: Dahin; mitten ins Zimmer.

HELENE: Soll ich sonst noch etwas hereinbringen?

NORA: Nein, danke; ich habe, was ich brauche.

Helene, die den Baum hingestellt hat, geht wieder hinaus.

NORA *damit beschäftigt, den Baum zu schmücken:* Hier ein Licht – und hier Blumen. – Der abscheuliche Mensch! Unsinn, Unsinn! Es ist nichts Schlimmes dabei ... Der Weihnachtsbaum soll schön werden. Ich will alles tun, was dir Freude macht, Robert – ich werde singen und tanzen und –

Dreizehnter Auftritt

Nora, Helmer von draußen mit einem Stoß Akten unter dem Arm.

NORA: Ah – kommst du schon wieder?

HELMER: Ja. Ist jemand hiergewesen?

NORA: Hier? Nein.

HELMER: Merkwürdig. Ich sah Günther aus dem Hause kommen.

NORA: So? Ach ja, 's ist wahr, Günther war einen Augenblick hier.

HELMER: Nora, ich seh's dir an, er ist hiergewesen und hat dich gebeten, ein gutes Wort für ihn einzulegen.

NORA: Ja.

HELMER: Und das solltest du wie aus eignem Antrieb tun? Du solltest mir verschweigen, daß er hiergewesen. Bat er nicht auch darum?

NORA: Ja, Robert, aber –

HELMER: Nora, Nora, und dazu konntest du dich verstehen? Mit einem solchen Menschen dich in ein Gespräch einlassen und ihm ein Versprechen geben! Und mir dann noch eine Unwahrheit sagen!

NORA: Eine Unwahrheit –?

HELMER: Sagtest du nicht, es sei niemand hiergewesen? *Droht mit dem Finger:* Das muß meine Lerche nie wieder tun. Ein Singvögelchen darf nie falsche Töne hören lassen. *Legt den Arm um sie.* Nicht wahr, so muß es sein? ... Ja, das wußt' ich wohl. *Läßt sie los.* Und nun nichts mehr davon. *Setzt sich vor den Ofen.* Ah, wie behaglich und gemütlich es hier ist.

Blättert ein wenig in seinen Akten.

NORA *mit dem Baum beschäftigt, nach kurzem Schweigen:* Robert!

HELMER: Ja.

NORA: Ich freue mich so außerordentlich auf den Kostümball bei Steinbergs übermorgen.

HELMER: Und ich bin so außerordentlich neugierig, womit du mich überraschen willst.

NORA: Ach, die dumme Geschichte.

HELMER: Wieso?

NORA: Ich kann nichts Passendes finden. Es nimmt sich alles so närrisch, so nichtssagend aus.

HELMER: Ist die kleine Nora zu der Erkenntnis gekommen?

NORA *hinter seinem Stuhle, mit den Armen auf der Lehne:* Bist du sehr beschäftigt, Robert?

HELMER: Ah –

NORA: Was sind das für Akten?

HELMER: Papiere, welche die Bank betreffen.

NORA: Schon?

HELMER: Ich habe mir von der abtretenden Direktion die Vollmacht geben lassen, im Personal und im Geschäftsplan die nötigen Änderungen vorzunehmen. Dazu muß ich die Weihnachtswoche benutzen. Zu Neujahr will ich alles in Ordnung haben.

NORA: Also deshalb war dieser arme Günther –

HELMER: Hm –

NORA *über die Lehne weiter vorgeneigt, kraut ihn langsam im Nackenhaar:* Hättest du nicht eine so dringende Arbeit, so würd' ich dich um einen sehr, sehr großen Gefallen bitten, Robert.

HELMER: Laß hören. Was kann das sein?

NORA: Niemand hat ja einen so feinen Geschmack wie du. Nun möcht' ich so gern gut aussehn auf dem Kostümball. Robert, könntest du dich meiner nicht annehmen und bestimmen, als was ich auftreten und wie mein Kostüm beschaffen sein soll?

HELMER: Aha, sitzt der kleine Trotzkopf fest und sieht sich nach Rettung um?

NORA: Ja, Robert, ohne dich steh' ich ganz hilflos da.

HELMER: Gut, gut; ich will daran denken; wir wollen schon Rat schaffen.

NORA: Ach, wie liebenswürdig das von dir ist. *Geht wieder zum Baum. Pause.* Wie hübsch die roten Blumen sich ausnehmen. – Aber sag mal, war die ... Sache, welche dieser Günther sich zuschulden kommen ließ, wirklich so schlimm?

HELMER: Hatte Namen gefälscht. Hast du eine Vorstellung davon, was das bedeutet?

NORA: Sollte er's nicht aus Not getan haben?

HELMER: Ja, oder, wie so viele andre, aus Leichtsinn. Ich bin nicht so herzlos, jemanden einer solchen einzelnen Handlung wegen unbedingt zu verurteilen.

NORA: Ja, nicht wahr, Robert?

HELMER: Mancher kann sich moralisch wieder erheben, wenn er sein Vergehen offen bekennt und seine Strafe abbüßt.

NORA: Strafe –?

HELMER: Aber den Weg betrat Günther nicht; er suchte sich durch Kniffe und Kunstgriffe herauszuwinden; und eben dadurch hat er sich moralisch ruiniert.

NORA: Glaubst du, daß es –?

HELMER: Denke dir nur, wie ein solcher schuldbewußter Mann überall lügen und heucheln und sich verstellen muß, wie er seinen Nächsten, ja sogar Weib und Kindern gegenüber die Maske anlegen muß. Und den eignen Kindern gegenüber – das ist das Schrecklichste, Nora.

NORA: Warum?

HELMER: Weil ein solcher Dunstkreis von Lüge Krankheitsstoff in eine ganze Familie bringt. Jeder Atemzug, den die Kinder tun, birgt den Keim zu etwas Bösem.

NORA *näher hinter ihm:* Bist du davon überzeugt?

HELMER: Als Advokat, liebes Kind, hab' ich das oft genug beobachtet. Fast alle frühverdorbnen Menschen haben lügenhafte Mütter gehabt.

NORA: Warum grade – Mütter?

HELMER: Am häufigsten kommt es von der Mutter; aber natürlich ist der Vater ebenfalls schuld; das weiß jeder Richter. Und doch hat dieser Günther jahrelang seine eignen Kinder durch Verstellung und Lüge vergiftet; eben darum nenn' ich ihn moralisch verkommen. *Streckt die Hände nach ihr aus.* Deshalb muß meine liebe kleine Nora mir geloben, sich nicht für ihn zu verwenden. Hand drauf. Nun, nun, was ist das? Gib mir deine Hand. So. Also abgemacht. Ich versichere dich, es wäre mir unmöglich gewesen, mit ihm zusammenzuarbeiten; ich empfinde in der Nähe solcher Leute gradezu ein körperliches Unbehagen.

NORA *zieht ihre Hand zurück und tritt an die andre Seite des Weihnachtsbaumes:* Wie warm es hier ist. Und ich habe noch so viel zu tun.

HELMER *steht auf und legt seine Papiere zusammen:* Ja, ich muß auch sehn, daß ich vor dem Essen noch einige dieser Akten durchlese; auch an dein Kostüm werd' ich denken. Und so 'ne Kleinigkeit, die man etwa in Goldpapier da an den Weihnachtsbaum hängen könnte, hab' ich vielleicht ebenfalls in Bereitschaft. *Legt die Hand auf ihren Kopf.* Meine liebe kleine Lerche.

Er geht in sein Zimmer und schließt die Tür hinter sich.

Vierzehnter Auftritt

Nora, dann Marianne.

NORA *leise, nach einer Pause:* Ach was! So ist es nicht ... Das ist unmöglich ... Es muß unmöglich sein.

MARIANNE *in der Tür links:* Die Kleinen bitten so inständig, sie zu Mama hereinzulassen.

NORA: Nein, nein; lassen Sie sie nicht herein zu mir! Bleiben Sie bei ihnen, Marianne.

MARIANNE: Gut. *Schließt die Tür.*

NORA *bleich vor Entsetzen:* Ich meine Kinder verderben –! Mein Heim vergiften? *Kurze Pause. Sie richtet den Kopf stolz empor.* Das ist nicht wahr. Das ist nie und nimmer wahr!

ZWEITER AUFZUG

Dasselbe Zimmer.
In der Ecke neben dem Pianoforte steht der Weihnachtsbaum, gepflückt, zerzaust und mit herabgebrannten Lichtenden. Auf dem Sofa Noras Überkleider.

Erster Auftritt

NORA *allein. Sie geht unruhig umher. Endlich bleibt sie am Sofa stehen und nimmt ihren Mantel. Nach kurzem Besinnen läßt sie ihn wieder auf das Sofa fallen:* Da kommt jemand! *Geht auf die Tür zu, lauscht.* Nein – niemand. Natürlich – heut, am ersten Weihnachtstage kommt niemand ... und morgen auch nicht. – Aber vielleicht – *Öffnet die Tür und blickt hinaus.* Nein; nichts im Briefkasten; ganz leer. *Kommt nach vorn.* Ach, dummes Zeug! Er sollte Ernst daraus machen! So etwas kann nicht geschehn. Es ist unmöglich. Ich habe ja drei kleine Kinder.

Zweiter Auftritt

Nora, Marianne mit einer großen Pappschachtel aus dem Zimmer links.

MARIANNE: Endlich hab' ich die Schachtel mit dem Maskenanzug gefunden.

NORA: Danke; stellen Sie sie da auf den Tisch.

MARIANNE *tut es:* Aber er ist noch sehr in Unordnung.

NORA: Ach, ich möcht' ihn in hunderttausend Stücke reißen!

MARIANNE: Du lieber Gott, das läßt sich leicht zurechtmachen; nur ein bißchen Geduld.

NORA: Ja, ich will zu Frau Linden gehn, damit sie mir hilft.

MARIANNE: Sie wollen schon wieder fort? Bei dem häßlichen Wetter? Sie erkälten sich – werden krank ...

NORA: Oh, das wär' das Schlimmste nicht. – Was machen die Kinder?

MARIANNE: Die kleinen Krabben spielen mit den Weihnachtsgeschenken, aber –

NORA: Fragen sie oft nach mir?

MARIANNE: Sie sind ja so dran gewöhnt, ihre Mama immer um sich zu haben ...

NORA: Ja, aber, Marianne, von jetzt an kann ich nicht mehr so viel bei ihnen sein wie früher.

MARIANNE: Nun, kleine Kinder gewöhnen sich an alles.

NORA: Meinen Sie? Glauben Sie, daß sie ihre Mutter vergessen würden, wenn sie ganz fortginge?

MARIANNE: Mein Gott – ganz fort!

NORA: Sagen Sie mal, Marianne ... ich hab' so oft darüber nachgedacht – wie konnten Sie's übers Herz bringen, Ihr Kind fremden Leuten zu übergeben?

MARIANNE: Aber das mußt' ich ja doch, wenn ich der kleinen Nora ihre Amme werden wollte.

NORA: Ja, aber daß Sie das w o l l t e n – ?

MARIANNE: Da ich eine so gute Stelle bekommen konnte? Ein armes Mädchen, das so 'n Unglück gehabt, muß noch froh darüber sein. Denn der schlechte Mensch tat ja nichts für mich.

NORA: Aber Ihre Tochter hat Sie doch gewiß vergessen? ...

MARIANNE: O nein, durchaus nicht. Da sie konfirmiert wurde und als sie sich verheiratete, da hat sie mir beidemal geschrieben.

NORA *sie umarmend:* Liebe Marianne, Sie waren mir eine gute Mutter, als ich klein war.

MARIANNE: Die arme kleine Nora hatte ja keine andre Mutter als mich.

NORA: Und wenn meine Kleinen niemand anders hätten, so bin ich überzeugt, Sie würden – – Unsinn, Unsinn! *Öffnet die Schachtel.* Gehn Sie hinein zu ihnen. Jetzt muß ich ... Morgen sollen Sie sehn, wie schön mich das kleidet.

MARIANNE: Ja, 's wird wirklich niemand auf dem ganzen Balle so schön sein wie Frau Nora.

Sie geht in das Zimmer links.

NORA *beginnt das Kostüm aus der Schachtel auszupacken, wirft aber bald alles wieder hin:* Ach, wenn ich doch fortgehn könnte. Wenn nur niemand käme. Wenn sich inzwischen hier zu Hause nur nichts ereignete ... Dummes Zeug; es kommt niemand. Nur nicht denken ... Den Muff glattstreichen. Schöne Handschuh, schöne Handschuh ... Fort mit der Sache, fort damit! ... Eins, zwei, drei, vier, fünf, sechs – *Schreit:* Ah, da kommt der –

Will nach der Tür, bleibt aber unentschlossen stehen.

Dritter Auftritt

Nora; Frau Linden kommt aus dem Flur, wo sie abgelegt hat.

NORA: Ah, du bist's Christine! Es ist doch niemand anders draußen? – Wie schön, daß du kommst.

FRAU LINDEN: Ich höre, du bist in meiner Wohnung gewesen und hast nach mir gefragt.

NORA: Ja, ich ging grade vorbei. Da ist etwas, wobei ich deiner Hilfe bedarf. Setzen wir uns hier aufs Sofa. Sieh her. Morgen abend findet beim Konsul Steinberg hier über uns ein Kostümball statt, und nun will Robert, daß ich als neapolitanisches Fischermädchen erscheine und die Tarantella tanze, denn die lernt' ich auf Capri.

FRAU LINDEN: Ei, ei; du sollst also eine förmliche Vorstellung geben?

NORA: Ja, Robert wünscht es. Sieh, hier hab' ich das Kostüm. Das ließ mir Robert in Italien machen; aber nun ist alles so zerrissen, und ich weiß gar nicht –

FRAU LINDEN: Oh, das wollen wir bald wieder in Ordnung bringen; 's ist ja nur der Besatz, der hier und da etwas losgegangen ist ... Nadel und Faden? Ah, da ist ja, was wir brauchen.

NORA: Wie freundlich das von dir ist ...

FRAU LINDEN *nähend:* Du willst dich also morgen verkleiden, Nora ... Weißt du was – dann komm' ich auf einen Augenblick hierher, um dich geschmückt zu sehn. Aber ich habe ja ganz vergessen, dir für den gemütlichen Abend gestern zu danken.

NORA *steht auf und geht quer durch das Zimmer:* Ach, gestern abend schien es mir hier nicht so gemütlich wie sonst gewöhnlich. – Du hättest etwas früher nach der Residenz kommen müssen, Christine. – Ja, Robert versteht's, unser Heim schön und gemütlich zu machen.

FRAU LINDEN: Du doch auch, denk' ich; du bist doch nicht umsonst deines Vaters Tochter. Aber sag mal, ist Doktor Rank immer so niedergeschlagen wie gestern abend?

NORA: Ja, gestern war's besonders auffallend. Aber er leidet ja an einer sehr gefährlichen Krankheit. Er hat die Rückenmarkschwindsucht, der Ärmste. Du mußt nämlich wissen, sein Vater war ein abscheulicher Mensch, der sich Geliebte und dergleichen hielt; und deshalb, siehst du, ist sein Sohn von Kindheit an krank gewesen.

FRAU LINDEN *läßt das Nähzeug in den Schoß sinken:* Aber, liebste beste Nora, wo erfährst du so etwas?

NORA *spazierend:* Bah – wenn man drei Kinder hat, bekommt man zuweilen Besuch von – von Frauen, die einige medizinische Kenntnisse haben, und die erzählen einem das eine oder andre.

FRAU LINDEN *näht wieder; kurze Pause:* Kommt Doktor Rank täglich hierher?

NORA: Tagtäglich. Er ist ja Roberts bester Jugendfreund; und auch m e i n guter Freund. Doktor Rank gehört gleichsam zur Familie.

FRAU LINDEN: Aber sag mal: ist der Mann ganz aufrichtig? Ich meine, sagt er den Leuten nicht gern Schmeicheleien?

NORA: Im Gegenteil! Wie kommst du darauf?

FRAU LINDEN: Als du mich ihm gestern vorstelltest, versicherte er, er hätte meinen Namen hier im Hause schon oft gehört; aber dann merkt' ich, daß dein Mann gar nicht wußte, wer ich eigentlich war. Wie konnte also Doktor Rank – ?

NORA: Du hast recht, Christine. Aber siehst du, Robert liebt mich so unbeschreiblich; und deshalb will er mich ganz allein besitzen, wie er sich ausdrückt. In der ersten Zeit ward er fast eifersüchtig, wenn ich nur einen meiner Lieben daheim nannte. Da unterließ ich's natürlich. Aber mit Doktor Rank red' ich oft davon; denn er hört mich so gern plaudern.

FRAU LINDEN: Liebe Nora, in manchen Dingen bist du noch wie ein Kind; ich bin etwas älter als du und hab' ein wenig mehr Erfahrung. Ich will dir etwas sagen: du solltest der Sache mit diesem Doktor ein Ende zu machen suchen.

NORA: Welcher Sache?

FRAU LINDEN: Dem einen wie dem andern, scheint mir. Gestern erzähltest du von einem reichen Bewunderer, der dir Geld schaffen sollte –

NORA: Ja, und der nicht existiert – leider. Aber was weiter?

FRAU LINDEN: Hat Doktor Rank Vermögen?

NORA: Das hat er.

FRAU LINDEN: Und für niemand zu sorgen?

NORA: Für niemand. Aber – ?

FRAU LINDEN: Und er kommt täglich hier ins Haus?

NORA: Du hörst ja – tagtäglich.

FRAU LINDEN: Aber wie kann der feine Mann so undelikat sein?

NORA: Ich versteh' dich gar nicht.

FRAU LINDEN: Verstell dich doch nicht, Nora. Glaubst du, ich hätte nicht erraten, von wem du die achtzehnhundert Taler geliehen hast?

NORA: Bist du von Sinnen? Das glaubst du! Ein Hausfreund, der täglich zu uns kommt! Welch schrecklich peinliches Verhältnis wäre das!

FRAU LINDEN: Er ist's also wirklich nicht?

NORA: Nein, das versicher' ich dich. Es ist mir nie einen Augenblick in den Sinn gekommen, ihm – . Zudem hatte er damals auch nichts zu verleihen; er hat erst später geerbt.

FRAU LINDEN: Nun, das war gewiß ein Glück für dich, liebe Nora.

NORA: Nein wirklich, es wäre mir nie eingefallen, Doktor Rank zu bitten – übrigens weiß ich bestimmt, wenn ich ihn ersuchte –

FRAU LINDEN: Aber das tust du doch natürlich nicht!

NORA: Behüte. Ich glaub' auch nicht, daß es notwendig werden könnte. Aber davon bin ich fest überzeugt, wenn ich Doktor Rank sagte –

FRAU LINDEN: Hinter dem Rücken deines Mannes?

NORA: Aus der andern Sache muß ich heraus; die ist ja auch hinter seinem Rücken geschehen. Ich m u ß heraus.

FRAU LINDEN: Ja, ja, das sagtest du schon gestern, aber –

NORA *auf und ab gehend:* Ein Mann kann so etwas besser in Ordnung bringen als eine Frau –

FRAU LINDEN: Der eigne Mann, ja.

NORA: Unsinn. *Bleibt stehen.* Wenn man alles bezahlt, was man schuldig ist, bekommt man doch den Schuldschein zurück – ?

FRAU LINDEN: Natürlich.

NORA: – und kann es in hunderttausend Stücke zerreißen und verbrennen, das abscheuliche schmutzige Papier!

FRAU LINDEN *sieht sie starr an, legt das Nähzeug hin und steht langsam auf:* Nora, du verheimlichst mir etwas.

NORA: Kannst du mir das ansehn?

FRAU LINDEN: Seit gestern morgen ist dir etwas begegnet. Nora, was ist's?

NORA *ihr entgegen:* Christine! *Horcht:* Still! Da kommt Robert nach Hause. Hier – setz dich solange zu den Kindern. Robert kann Schneiderei nicht sehen. Laß dir Marianne helfen.

FRAU LINDEN *sucht einen Teil der Sachen zusammen:* Ja, ja, aber ich geh' nicht fort, eh' wir offen miteinander geredet haben.

Sie geht links ab; in demselben Augenblick kommt Helmer aus dem Flur.

Vierter Auftritt

Nora, Helmer.

NORA *geht ihm entgegen:* Oh, wie sehnlich ich dich erwartet habe, lieber Robert.

HELMER: War die Näherin hier?

NORA: Nein, Christine; sie hilft mir mein Kostüm in Ordnung bringen. Du sollst sehn, ich werde ganz reizend aussehen.

HELMER: Ja, war das nicht ein ganz glücklicher Einfall von mir?

NORA: Ein herrlicher! Aber ist das nicht auch schön von mir, daß ich mich dir füge?

HELMER *faßt sie unters Kinn:* Schön von dir ... daß du dich deinem Manne fügst? Nun, nun, du kleiner Schelm, ich weiß ja, so meintest du's nicht. Aber ich will dich nicht stören; du willst wohl Probe halten?

NORA: Und du willst wohl arbeiten?

HELMER: Ja. *Zeigt auf einen Stoß Akten.* Sieh mal. Ich war an der Bank – *Will in sein Zimmer gehen.*

NORA: Robert.

HELMER *stehenbleibend:* Ja.

NORA: Wenn nun dein Eichkätzchen dich so recht artig und herzlich um etwas bäte –?

HELMER: Dann –?

NORA: Würdest du's dann tun?

HELMER: Erst muß ich doch natürlich wissen, was es ist.

NORA: Das Eichkätzchen würde umherspringen und allerlei lustige Streiche machen, wenn du liebenswürdig und folgsam sein wolltest.

HELMER: Heraus damit.

NORA: Die Lerche würde in allen Zimmern herumzwitschern, laut und leise –

HELMER: Ih was, das tut sie ja ohnehin schon.

NORA: Ich würde Elfe spielen und im Mondschein tanzen, Robert.

HELMER: Nora – es ist doch nicht das, worauf du heute morgen anspieltest?

NORA *näher:* Ja, Robert, ich bitte dich so inständig!

HELMER: Du hast wirklich den Mut, die Sache wieder zu berühren?

NORA: Ja ja, du m u ß t meine Bitte erfüllen; du m u ß t Günther seine Stelle bei der Bank lassen.

HELMER: Liebe Nora, seine Stelle habe ich für Frau Linden bestimmt.

NORA: Ja, das ist sehr schön von dir; aber statt des Günther kannst du ja einen andern Kontoristen entlassen.

HELMER: Das ist doch ein unglaublicher Eigensinn! Weil du unbesonnenerweise versprochen hast, ein Wort für ihn einzulegen, sollte ich –!

NORA: Darum nicht, Robert. Es geschieht d e i n e t w e g e n. Der Mensch ist ja Mitarbeiter bei den unverschämtesten Zeitungen; das hast du selbst gesagt. Er kann dir so ungemein viel Böses zufügen. Ich hab' eine so schreckliche Angst vor ihm –

HELMER: Aha, ich versteh'; es sind alte Erinnerungen, die dich aufschrecken.

NORA: Was meinst du damit?

HELMER: Ich denke natürlich an deinen Vater.

NORA: Ja, jawohl. Erinnere dich nur, was boshafte Menschen über Vater in den Zeitungen schrieben und wie entsetzlich sie ihn verleumdeten. Ich glaube, sie hätten seine Absetzung durchgesetzt, wenn die Regierung dich nicht hingeschickt hätte, um die Sache zu untersuchen, und wenn du nicht so wohlwollend und nachsichtig gegen ihn gewesen wärst.

HELMER: Meine liebe Nora, zwischen deinem Vater und mir ist ein bedeutender Unterschied. Dein Vater war als Beamter nicht unangreifbar. Aber das bin ich; und das hoff' ich zu bleiben, solang ich mich in meiner Stellung befinde.

NORA: Oh, du begreifst gar nicht, was boshafte Menschen alles erfinden. Jetzt könnten wir's so gut haben und so ruhig und glücklich hier in unserm friedlichen, sorgenfreien Heim leben – du und ich und die Kinder, Robert! Darum bitt' ich dich so inständig –

HELMER: Und just dadurch, daß du dich seiner annimmst, machst du mir's unmöglich, ihn zu behalten. Man weiß an der Bank schon, daß ich Günther verabschieden will. Sollt' es nun bekanntwerden, daß der neue Bankdirektor sich von seiner Frau hätte umstimmen lassen –

NORA: Nun, dann –?

HELMER: Wenn nur der kleine Trotzkopf seinen Willen bekommt – weiter hat's natürlich keinen Zweck ... Ich soll mich vor dem ganzen Personal lächerlich machen – die Leute auf den Gedanken bringen, ich stände unter fremdem Einfluß? Glaube mir, die Folgen würd' ich bald spüren! Und zudem – da ist noch ein Umstand, der Günther bei der Bank ganz unmöglich macht, solang ich Direktor bin.

NORA: Welcher Umstand?

HELMER: Seine moralischen Fehler hätt' ich vielleicht übersehen können –

NORA: Ja, nicht wahr, Robert?

HELMER: Und wie ich höre, soll er auch ganz brauchbar sein. Aber er ist ein Jugendbekannter von mir. Es ist eine von jenen übereilten Bekanntschaften, die einen im spätern Leben so oft genieren. Ja, gerad heraus gesagt: wir duzen uns. Und daraus macht dieser taktlose Mensch gar kein Hehl, wenn andre zugegen sind. Im Gegenteil – er glaubt, das berechtige ihn mir gegenüber zu einem familiären Ton; und so trumpft er jeden Augenblick sein Du aus: „du, du Helmer!" Ich versichre dich, das berührt mich höchst peinlich. Er würde mir meine Stellung an der Bank unerträglich machen.

NORA: Robert, das alles ist dir nicht Ernst.

HELMER: Nicht? Warum nicht?

NORA: Nein, denn das sind ja nur kleinliche Rücksichten.

HELMER: Was sagst du? Kleinliche Rück –? Hältst du mich für kleinlich!?

NORA: Nein, im Gegenteil, lieber Robert; und eben deshalb –

HELMER: Gleichviel; du nennst meine Beweggründe kleinlich; da muß ich's wohl auch sein. Kleinlich! Ah so! ... Nun, dem muß wirklich ein Ende gemacht werden. *Geht nach der Tür zum Flur und ruft:* Helene!

NORA: Was willst du –?

HELMER *unter seinen Akten suchend:* Der Sache ein Ende machen.

F ü n f t e r A u f t r i t t

Vorige. Helene.

HELMER *zu Helene:* Da, bringen Sie den Brief fort. Geben Sie ihn einem Dienstmann. Aber daß er ihn sofort besorgt. Die Adresse steht darauf. Hier ist Geld.

HELENE: Gut. *Ab mit dem Brief.*

Sechster Auftritt

Nora, Helmer.

HELMER *seine Akten ordnend:* So, mein kleiner Trotzkopf.

NORA *wie geistesabwesend:* Robert – was war das für ein Brief?

HELMER: Günthers Entlassung.

NORA: Hol ihn wieder zurück, Robert! Es ist noch Zeit! O Robert, hol ihn wieder zurück! Tu es meinetwegen – deiner selbst wegen; um unsrer Kinder willen! Hörst du, Robert; tu es! Du weißt nicht, was dieser Brief uns allen bringen kann.

HELMER: Zu spät.

NORA: Ja, zu spät.

HELMER: Liebe Nora, ich verzeihe dir diese deine Angst, obgleich sie im Grunde für mich eine Beleidigung ist. Ja, das ist sie! Oder ist es vielleicht keine Beleidigung zu glauben, ich fürchtete mich vor der Rache eines verkommenen Winkeladvokaten? Aber ich vergebe es dir, weil es zugleich ein schöner Beweis deiner großen Liebe zu mir ist. *Nimmt sie in seine Arme.* So muß es sein, meine teure, geliebte Nora. Mag da kommen, was will. Sei überzeugt, wenn es gilt, hab' ich nicht bloß Mut, sondern auch die nötige Kraft. Du sollst sehn, ich bin stark genug, alles auf mich zu nehmen.

NORA *plötzlich erschreckt:* Was meinst du damit?

HELMER: Alles, sag' ich –

NORA *gefaßt:* Das sollst du nie und nimmer.

HELMER: Gut; dann teilen wir, Nora – wie Mann und Frau. Ganz wie es sich gehört. *Streichelt sie.* Bist du nun zufrieden? Nun, nun, nun; nicht diese erschreckten Taubenaugen! 's ist ja alles nur leere Einbildung. – Nun solltest du die Tarantella spielen und dich auf dem Tamburin üben. Ich setze mich da in das andre Kontor und schließe die Mitteltür, dann hör' ich nichts; du kannst so viel Lärm machen, wie du willst. *Wendet sich in der Tür um.* Und wenn Rank kommt, so sag ihm, wo ich zu finden bin.

Er nickt ihr zu, tritt mit seinen Akten in sein Kabinett und schließt die Tür hinter sich.

Siebenter Auftritt

Nora, dann Rank, später Helene.

NORA *verstört vor Angst, steht wie angewurzelt, flüstert:* Das könnt' er tun! Ja, er tat es. Er tat es, trotz allem und allem! – Nein, das in alle Ewigkeit nicht! Lieber alles andre! Rettung –! Ein Ausweg – *Es klingelt im Flur.* Doktor Rank –! Lieber alles andre, was es auch sein mag! *Sie fährt sich langsam mit der Hand über das Gesicht, nimmt sich zusammen, geht nach der Tür zum Flur und öffnet sie. Rank steht draußen und hängt seinen Pelzmantel auf. Während des Folgenden beginnt es zu dunkeln.* Guten Abend, Herr Doktor. Ich erkannte Sie am Klingeln. Aber Sie dürfen jetzt nicht zu Robert gehn; denn ich glaub', er hat zu arbeiten.

RANK: Und Sie?

NORA *während er ins Zimmer tritt und sie die Tür hinter ihm schließt:* Oh, das wissen Sie ja – für Sie hab' ich immer ein Stündchen übrig.

RANK: Ich dank' Ihnen. Ich werde mir Ihre Freundlichkeit zunutze machen, solang ich noch kann.

NORA: Was meinen Sie damit? Solange Sie noch können?

RANK: Ja. Erschreckt Sie das?

NORA: Das ist so wunderlich ausgedrückt. Sollte denn etwas bevorstehen –?

RANK: Etwas, worauf ich schon lange gefaßt gewesen. Aber ich glaubte nicht, daß es so schnell eintreten würde.

NORA *seinen Arm ergreifend:* Was ist's? ... Doktor, Sie müssen mir's sagen!

RANK *sich an den Ofen setzend:* Es geht bergab mit mir. Es ist nichts dagegen zu machen.

NORA *erleichtert aufatmend:* Sie sind es, der –?

RANK: Wer denn sonst? Wozu sich selbst belügen? Ich bin der miserabelste aller meiner Patienten, Frau Helmer. In diesen Tagen hab' ich eine Generaluntersuchung meines innern Status vorgenommen. Bankrott. Eh' vier Wochen vergehn, lieg' ich vielleicht für die Würmer auf dem Kirchhof.

NORA: Pfui, wie häßlich Sie reden!

RANK: Die Sache ist auch verflucht häßlich. Aber das Schlimmste ist, daß so viel andre Häßlichkeit vorausgehn wird. Es ist nur noch eine einzige Untersuchung vorzunehmen; bin ich damit fertig, dann weiß ich so ungefähr, wann die Auflösung beginnt ... Für diesen Fall eine kurze Benachrichtigung: Helmer hat bei seiner feinen Natur einen so ausgeprägten Widerwillen gegen alles, was häßlich ist: Ich will ihn nicht in meinem Krankenzimmer haben –

NORA: Aber Doktor –

RANK: Ich will ihn darin nicht haben. Unter keiner Bedingung. Ich verschließ' ihm meine Tür! – Sobald ich über das Schlimmste volle Gewißheit habe, schick' ich Ihnen meine Visitenkarte mit einem schwarzen Kreuz darauf, und dann wissen Sie, daß die Widerwärtigkeiten der Vernichtung begonnen haben.

NORA: Nein, heute sind Sie aber in der Tat abgeschmackt. Und ich, die so gern gesehn, daß Sie bei wirklich guter Laune gewesen –

RANK: Mit dem Tode vor Augen? – Und so eines andern Schuld zu büßen. Wo bleibt da die Gerechtigkeit? Und so waltet in jeder Familie auf die eine oder andre Weise solch eine unerbittliche Vergeltung –

NORA *hält sich die Ohren zu:* Unsinn! Lustig, lustig!

RANK: Ja, die ganze Geschichte ist wahrlich nur zum Lachen. Mein armes unschuldiges Rückgrat muß für meines Vaters lustige Leutnantstage büßen.

NORA *an dem Tisch links:* Er war ja wohl ein großer Freund von Spargel und Gänseleberpastete. Nicht wahr?

RANK: Jawohl; und von Trüffeln.

NORA: Ja, und von Trüffeln, ja. Und auch von Austern, glaub' ich.

RANK: Ja, die Austern, die Austern; versteht sich.

NORA: Und dann all der Portwein und Champagner. Es ist traurig, daß all diese leckern Sachen so auf die Glieder schlagen.

RANK: Namentlich aber, daß sie auf ein so unglückseliges Glied schlagen, das nicht den geringsten Vorteil davon gehabt hat.

NORA: Ach ja, das ist das Allertraurigste.

RANK *sieht sie forschend an:* Hm –

NORA *etwas später:* Warum lächelten Sie?

RANK: Nein, Sie lächelten ja.

NORA: Nein, Sie, Doktor!

RANK *aufstehend:* Sie sind doch ein größrer Schalk, als ich dachte.

NORA: Ich bin heute so zu Narrenstreichen aufgelegt.

RANK: Das scheint so.

NORA *mit beiden Händen auf seinen Schultern:* Lieber, guter Doktor, der Tod soll Sie Robert und mir nicht entreißen.

RANK: Ach, Sie werden den Verlust leicht verschmerzen. Die Fortgehenden sind bald vergessen.

NORA *ihn ängstlich ansehend:* Glauben Sie?

RANK: Man schließt neue Verbindungen, und dann –

NORA: Wer schließt neue Verbindungen?

RANK: Sie und auch Helmer, sobald ich fort bin. Ja, Sie sind schon auf dem besten Wege, scheint mir. Was sollte hier gestern abend diese Frau Linden?

NORA: Aha – Sie sind doch wohl nicht eifersüchtig auf die arme Christine?

RANK: Ja, das bin ich. Sie wird hier im Hause meine Nachfolgerin werden. Diese Frau wird vermutlich –

NORA: St! Nicht so laut; sie ist da drin.

RANK: Heut auch? Sehn Sie wohl.

NORA: Nur um mir mein Kostüm zurechtzumachen. Aber mein Gott, wie abgeschmackt Sie reden. *Setzt sich auf das Sofa.* Sei'n Sie nun vernünftig, Doktor; morgen sollen Sie sehn, wie schön ich tanze; und dann mögen Sie sich einbilden, daß ich's bloß Ihretwegen tu' – ja, und natürlich auch Robert zuliebe – das versteht sich. *Nimmt verschiedne Sachen aus der Schachtel.* Doktor, setzen Sie sich hierher; ich will Ihnen etwas zeigen.

RANK *sich setzend:* Was denn?

NORA: Sehn Sie her. Sehn Sie!

RANK: Seidene Strümpfe.

NORA: Fleischfarbene. Sind die nicht wunderschön? Ja, jetzt ist es hier so dunkel; aber morgen ... Nein nein nein; sie bekommen nur das Fußblatt zu sehn. Nun ja, meinetwegen können Sie den obern Teil auch sehn.

RANK: Hm –

NORA: Warum machen Sie ein so kritisches Gesicht? Glauben Sie vielleicht, sie paßten nicht?

RANK: Darüber kann ich unmöglich eine begründete Ansicht haben.

NORA *sieht ihn einen Augenblick an:* Pfui, schämen Sie sich. *Schlägt ihn mit den Strümpfen leicht aufs Ohr.* Das haben Sie dafür. *Packt sie wieder ein.*

RANK: Und was sind da sonst noch für Herrlichkeiten, die ich sehn sollte?

NORA: Sie bekommen nichts mehr zu sehn; denn Sie sind unanständig.

Sie summt ein wenig und sucht unter den Sachen.

RANK *nach kurzem Schweigen:* Wenn ich hier so ganz vertraulich mit Ihnen zusammensitze, muß ich darüber nachsinnen, was wohl aus mir geworden wäre, wenn ich niemals dieses Haus betreten hätte.

NORA *lächelnd:* Ja, ich glaube wirklich, es gefällt Ihnen ganz gut bei uns.

RANK *leiser, vor sich hinblickend:* Und nun dies alles verlassen müssen –

NORA: Unsinn! Sie verlassen uns nicht.

RANK *wie vorhin:* – und nicht einmal ein armseliges Zeichen des Dankes zurücklassen können; kaum ein flüchtiges Vermissen – weiter nichts als eine leere Stelle, die von dem ersten besten ausgefüllt werden kann ...

NORA: Und wenn ich Sie nun bäte um –? Nein –

RANK: Um was?

NORA: Um einen großen Beweis Ihrer Freundschaft –

RANK: Ja, ja?

NORA: Nein, ich meine – um einen sehr, sehr großen Dienst –

RANK: Sie wollten mich wirklich einmal so glücklich machen?

NORA: Ach, Sie wissen ja noch gar nicht, was es ist.

RANK: Gut; so sagen Sie's.

NORA: Aber ich kann nicht, Doktor; es ist so außerordentlich viel ... nicht bloß ein Dienst, sondern auch Rat und Hilfe ...

RANK: Um so besser. Ich begreife gar nicht, was Sie meinen können. Aber so reden Sie doch. Besitz' ich denn nicht Ihr Vertrauen?

NORA: Ja, wie kein andrer. Sie sind mein bester und treuester Freund, das weiß ich. Darum will ich's Ihnen auch sagen. Nun wohl, Herr Doktor: Sie müssen mir etwas verhindern helfen. Sie wissen, wie innig, wie unbeschreiblich Robert mich liebt; keinen Augenblick würd' er zaudern, für mich sein Leben hinzugeben.

RANK *nach ihr vorgeneigt:* Nora – glauben Sie denn, daß er der einzige sei –?

NORA *mit einem leichten Ruck:* Der –?

RANK: Der freudig für Sie sein Leben hingeben würde.

NORA *schwermütig:* Ah so.

RANK: Ich hatte mir den Schwur getan, daß Sie es erfahren sollten, eh' ich für immer fortginge. Eine beßre Gelegenheit würd' ich nie finden. – Ja, Nora, nun wissen Sie's. Und nun wissen Sie also auch, daß Sie sich mir wie keinem andern anvertrauen dürfen.

NORA *steht auf; einfach und ruhig:* Lassen Sie mich vorbei.

RANK *macht ihr Platz, bleibt aber sitzen:* Nora –

NORA *in der Tür zum Flur:* Helene, bringen Sie die

Lampe. *Geht nach dem Ofen.* Ach, lieber Doktor, das war wirklich schlecht von Ihnen.

RANK *aufstehend:* Daß ich Sie so innig geliebt wie nur irgend jemand? War d a s schlecht?

NORA: Nein, aber daß Sie mir's sagen. Es war ja gar nicht notwendig ...

RANK: Was meinen Sie damit? Wußten Sie denn – ?

Helene kommt mit der Lampe herein, stellt sie auf den Tisch und geht wieder hinaus.

RANK: Nora – Frau Helmer –, ich frage Sie, wußten Sie etwas?

NORA: Ach, was weiß ich, was ich wußte oder nicht wußte? Ich kann Ihnen wirklich nicht sagen ... Daß Sie auch so ungeschickt sein konnten, Herr Doktor! Es war alles so schön.

RANK: Nun, jedenfalls haben Sie jetzt die Gewißheit, daß ich Ihnen ganz zur Verfügung steh', mit Leib und Seele. Und nun reden Sie.

NORA *ihn ansehend:* Jetzt noch?

RANK: Ich bitte Sie, sagen Sie mir, was es ist.

NORA: Jetzt kann ich Ihnen nichts mehr sagen.

RANK: Doch, doch. So müssen Sie mich nicht strafen. Gestatten Sie mir, für Sie zu tun, was in menschlicher Macht steht.

NORA: Jetzt können Sie nichts mehr für mich tun. – Und übrigens bedarf ich auch keiner fremden Hilfe. Sie sollen sehn, es sind alles nur Einbildungen. Ja ja, Einbildungen. Natürlich! *Setzt sich in den Schaukelstuhl, sieht ihn an, lächelt.* Ja, Sie sind wirklich ein netter Freund, Herr Doktor. Sagen Sie mal, schämen Sie sich nicht, nun die Lampe dasteht?

RANK: Nein; eigentlich nicht. Aber ich soll vielleicht gehen – für immer gehen?

NORA: Nein, das sollen Sie nicht. Sie sollen nach wie vor zu uns kommen. Sie wissen ja, daß Robert Sie nicht entbehren kann.

RANK: Ja, aber S i e?

NORA: Oh, mir kommt es hier immer so außerordentlich vergnügt vor, wenn Sie bei uns sind.

RANK: Das ist's ja eben, was mich auf eine falsche Fährte lockte. Sie sind mir ein Rätsel. Manchmal schien es mir, als möchten Sie fast ebensogern mit mir zusammensein wie mit Helmer.

NORA: Ja, sehn Sie, den einen Menschen liebt man, und mit dem andern möchte man gern zusammensein.

RANK: Ja, da ist etwas Wahres dran.

NORA: Als ich noch zu Hause war, liebt' ich natürlich Vater über alles. Aber es machte mir immer ein so außerordentliches Vergnügen, wenn ich mich in die Mädchenstube fortstehlen konnte; denn erstens bemoralisierten sie mich nie, und dann ging's immer so vergnügt bei ihnen zu.

RANK: Aha; d i e sind es also, welche ich abgelöst habe.

NORA *springt auf und eilt zu ihm:* O lieber, bester Doktor, so meint' ich's gar nicht. Aber Sie können sich doch wohl denken, daß es mit Robert grad' so ist wie mit Vater ...

HELENE *aus dem Flur kommend:* Gnädige Frau!

Flüstert ihr etwas zu und reicht ihr eine Karte.

NORA *wirft einen Blick auf die Karte:* Ah!

Steckt sie in die Tasche.

RANK: Etwas Unangenehmes?

NORA: Nein nein, durchaus nicht; 's ist nur – 's ist mein neues Kostüm –

RANK: Wieso? Das liegt ja da.

NORA: Ach ja das; aber 's ist ein andres, das ... ich bestellte es ... Robert darf's nicht wissen ...

RANK: Aha, da haben wir also das große Geheimnis.

NORA: Jawohl; gehn Sie nur hinein zu ihm; er befindet sich in dem zweiten Zimmer; halten Sie ihn solange auf –

RANK: Unbesorgt; er soll mir nicht entschlüpfen.

Ab in Helmers Zimmer.

NORA *zu Helene:* Er wartet also in der Küche?

HELENE: Ja, er kam die Hintertreppe herauf ...

NORA: Aber sagten Sie ihm denn nicht, daß ich Besuch hätte?

HELENE: Gewiß, aber es half nichts.

NORA: Er will gar nicht wieder fortgehn?

HELMER: Nein, nicht eher, als bis er mit Ihnen gesprochen hätte.

NORA: So lassen Sie ihn herein; aber leise. Und daß Sie es niemand sagen, Helene; es ist eine Überraschung für meinen Mann.

HELENE: Ja ja, versteh' schon ... *Ab.*

NORA: Das Entsetzliche kommt. Es kommt dennoch. Nein, nein, nein, es kann, es darf nicht geschehn.

Sie tritt an Helmers Tür und schiebt den Riegel vor. Helene öffnet Günther die Flurtür und schließt sie wieder hinter ihm. Er trägt einen Reisepelz, hohe Stiefel und eine Pelzmütze.

Achter Auftritt

Nora, Günther.

NORA *ihm entgegen:* Reden Sie leise; mein Mann ist zu Hause.

GÜNTHER: Nun, mag er doch ...

NORA: Was wollen Sie von mir?

GÜNTHER: Bescheid über etwas haben.

NORA: So machen Sie schnell. Was ist's?

GÜNTHER: Sie wissen, daß ich meine Entlassung erhalten habe.

NORA: Ich konnt's nicht verhindern, Herr Günther. Ich hab' bis zum äußersten für Ihre Sache gekämpft; aber ohne Erfolg.

GÜNTHER: Hat Ihr Mann so wenig Liebe zu Ihnen? Er weiß, was ich gegen Sie tun kann, und doch wagt er –

NORA: Wie können Sie denken, ich hätt's ihm gesagt?

GÜNTHER: Herrgott, das dacht' ich auch gar nicht. So viel Mannesmut zu zeigen, das sah meinem braven Robert Helmer gar nicht ähnlich ...

NORA: Herr Günther, ich fordre Achtung vor meinem Manne.

GÜNTHER: Natürlich, alle schuldige Achtung vor ihm! Aber da die gnädige Frau es so ängstlich geheimhält, so darf ich auch wohl annehmen, daß Sie jetzt ein wenig besser als gestern darüber aufgeklärt sind, was Sie eigentlich getan haben?

NORA: Mehr, als Sie mich jemals lehren konnten.

GÜNTHER: Gewiß, ein so schlechter Jurist wie ich –

NORA: Was wollen Sie?

GÜNTHER: Nur sehn, wie es Ihnen geht, Frau Helmer. Den ganzen Tag hab' ich an Sie gedacht. Ein Kassierer, ein Winkeladvokat, ein – kurz ein Mensch wie ich, sehn Sie, hat auch etwas von dem, was man Herz nennt.

NORA: So beweisen Sie's; denken Sie an meine kleinen Kinder.

GÜNTHER: Hat Ihr Mann an die meinen gedacht? Aber lassen wir das. Ich wollte Ihnen nur sagen, daß Sie diese Sache nicht gar zu ernst zu nehmen brauchen. Für's erste wird sie von meiner Seite nicht anhängig gemacht.

NORA: Ach nein, nicht wahr? Das wußt' ich ja.

GÜNTHER: Sie kann ja in der Güte geordnet werden; sie braucht gar nicht unter die Leute zu kommen; sie bleibt unter uns dreien.

NORA: Mein Mann darf nie etwas davon erfahren.

GÜNTHER: Wie wollen Sie das verhindern? Können Sie den Rest vielleicht bezahlen?

NORA: Nein, sofort nicht.

GÜNTHER: Oder wissen Sie vielleicht ein Mittel, um die Summe in den nächsten Tagen zu beschaffen?

NORA: Keines, von dem ich Gebrauch machen kann.

GÜNTHER: Würde Ihnen jetzt auch nichts mehr genützt haben. Und hätten Sie das ganze Geld hier bar in der Hand, Ihren Schuldschein bekämen Sie doch nicht zurück.

NORA: So sagen Sie mir, was Sie damit machen wollen.

GÜNTHER: Ihn nur behalten – ihn nur in meinen Händen haben. Kein Fremder erfährt etwas davon. Wenn Sie also mit irgendeinem verzweifelten Entschluß umgehn sollten –

NORA: Das tu' ich.

GÜNTHER: – wenn Sie die Absicht hegen sollten, Mann und Kinder zu verlassen –

NORA: Das tu' ich!

GÜNTHER: – oder wenn Sie etwas vorhaben sollten, das noch schlimmer ist –

NORA: Woher wissen Sie das?

GÜNTHER: – lassen Sie all dergleichen.

NORA: Woher wissen Sie, daß ich das vorhabe?

GÜNTHER: Die meisten von uns haben das anfangs vor. Ich hatt's auch vor; aber ich besaß nicht den Mut ...

NORA *tonlos:* Ich auch nicht.

GÜNTHER *erleichtert:* Ja, nicht wahr? Sie haben nicht den Mut dazu ... Sie auch nicht?

NORA: Nein ... nein ...

GÜNTHER: Es wär' auch eine große Dummheit. Ist nur der erste häusliche Sturm vorüber – Ich hab' hier einen Brief an Ihren Mann in der Tasche ...

NORA: Und da steht alles drin?

GÜNTHER: So schonend wie möglich.

NORA *schnell:* Den Brief darf er nicht erhalten. Reißen Sie ihn entzwei. Ich schaffe das Geld.

GÜNTHER: Um Verzeihung, Frau Helmer, aber ich glaube, ich sagt' Ihnen schon –

NORA: Ich spreche ja nicht von dem Gelde, das ich Ihnen schuldig bin. Sagen Sie mir, eine wie große Summe Sie von meinem Manne fordern: ich schaffe sie Ihnen!

GÜNTHER: Ich fordre kein Geld von Ihrem Manne.

NORA: Was denn?

GÜNTHER: Das will ich Ihnen sagen. Ich will wieder empor, Frau Helmer; ich will mich rehabilitieren; und dazu soll Ihr Mann mir behilflich sein. Seit anderthalb Jahren hab' ich mir nichts Unehrenhaftes zuschulden kommen lassen; während dieser ganzen Zeit hab' ich mit den drückendsten Verhältnissen gekämpft; ich war damit zufrieden, daß ich mich Schritt für Schritt emporarbeiten konnte. Jetzt bin ich fortgejagt, und da begnüg' ich mich nicht damit, daß man mich wieder zu Gnaden annimmt. Ich will empor, sag' ich Ihnen ... Ich will wieder an die Bank – in eine höhere Stellung; Ihr Mann soll mir eigens einen Posten errichten ...

NORA: Das tut er niemals!

GÜNTHER: Er tut es; ich kenne ihn; er wagt nicht zu mucksen. Und bin ich erst mit ihm zusammen da drin, dann sollen Sie schon sehn! Eh' ein Jahr um ist, bin ich des Direktors rechte Hand. Nicht Robert Helmer, sondern Heinrich Günther wird dann die Aktienbank leiten.

NORA: Dahin werden Sie es niemals bringen!

GÜNTHER: Wollen Sie vielleicht –?

NORA: Ja, jetzt hab' ich den Mut dazu!

GÜNTHER: Oh, Sie machen mir nicht bange. Eine feine verwöhnte Dame wie Sie –

NORA: Das sollen Sie sehn; das sollen Sie sehn!

GÜNTHER: Unter das Eis vielleicht? Hinein in das schwarze kalte Wasser? Um dann im Frühling ans Ufer gespült zu werden, häßlich, unkenntlich, mit ausgefallnem Haar –

NORA: Sie erschrecken mich nicht.

GÜNTHER: Sie mich auch nicht. So etwas tut man nicht, Frau Helmer. Und zudem, was würd' es nützen? Ich hab' ihn ja doch grad so vollständig in der Tasche.

NORA: Auch dann noch? Wenn ich nicht mehr –?

GÜNTHER: Sie vergessen, daß von mir dann Ihr guter Name abhängt.

Nora steht sprachlos und sieht ihn an.

GÜNTHER: So, nun sind Sie vorbereitet. Begehn Sie keine Dummheiten. Sobald Helmer meinen Brief erhalten hat, erwart' ich Nachricht von ihm. Und bedenken Sie wohl, daß Ihr Mann selbst es ist, der mich wieder auf solche Wege gedrängt hat. Das werd' ich ihm nie vergeben. Leben Sie wohl, Frau Helmer.

Ab durch den Flur.

Neunter Auftritt

Nora, dann Frau Linden.

NORA *eilt nach der Tür, öffnet sie ein wenig und lauscht:* Er geht. Gibt den Brief nicht ab. Nein nein, das wär' ja auch unmöglich! *Öffnet die Tür mehr und mehr.* Was bedeutet das? Er bleibt stehn, geht nicht die Treppe hinunter. Besinnt er sich? Sollt' er –?

Es fällt ein Brief in den Briefkasten; dann hört man Günthers Schritte, welche sich die Treppe hinunter verlieren.

NORA *mit gedämpftem Aufschrei, läuft durch das Zimmer nach dem Sofatisch; kurze Pause:* Im Briefkasten. *Eilt leise und scheu nach der Tür.* Da liegt er. – Robert, Robert – nun sind wir verloren!

FRAU LINDEN *mit dem Kostüm aus dem Zimmer links:* Ja, nun ist alles wieder in Ordnung ... Sollen wir vielleicht mal probieren –?

NORA *heiser und leise:* Christine, komm mal her ...

FRAU LINDEN *wirft die Kleider auf das Sofa:* Was fehlt dir? Du siehst so verstört aus.

NORA: Komm mal her. Siehst du den Brief? D o r t; sieh – durch das Gitter im Briefkasten.

FRAU LINDEN: Ja ja; ich seh' ihn.

NORA: Der Brief ist von Günther –

FRAU LINDEN: Nora – Günther hat dir das Geld geliehen!

NORA: Ja; und nun wird Robert alles erfahren.

FRAU LINDEN: Glaube mir, Nora, das ist für euch beide das beste.

NORA: Du weißt noch nicht alles. Ich hab' eine Unterschrift gefälscht.

FRAU LINDEN: Aber ums Himmels willen –?

NORA: Jetzt bloß eins, Christine: du sollst mein Zeuge sein.

FRAU LINDEN: Wieso Zeuge? Was soll ich –?

NORA: Wenn ich den Verstand verliere – und das könnte ja leicht geschehen –

FRAU LINDEN: Nora!

NORA: Oder wenn mir etwas andres zustoßen sollte – etwas der Art, daß ich hier nicht zugegen sein könnte –

FRAU LINDEN: Nora, Nora, du weißt nicht, was du sagst!

NORA: Wenn dann jemand alles auf sich nehmen wollte ... die ganze Schuld, mein' ich –

FRAU LINDEN: Ja ja; aber wie kannst du glauben –?

NORA: Dann sollst du bezeugen, daß es nicht wahr ist, Christine. Ich weiß sehr wohl, was ich sage; ich habe meinen vollen Verstand; und ich sage dir: niemand anders hat darum gewußt; ich allein hab' alles getan. Vergiß das nicht!

FRAU LINDEN: Ich werd' es nicht vergessen. Aber von alledem begreif' ich nicht das geringste.

NORA: Ach, wie könntest du auch! Aber das Wunderbare wird noch geschehen.

FRAU LINDEN: Wunderbare?

NORA: Ja, das Wunderbare –. Aber das ist so entsetzlich, Christine; es d a r f nicht geschehen, um keinen Preis der Welt.

FRAU LINDEN: Ich will gleich zu Günther gehn und mit ihm reden.

NORA: Geh nicht zu ihm; er tut dir etwas zuleide!

FRAU LINDEN: Es gab eine Zeit, wo er mir zuliebe gern alles getan hätte.

NORA: Der?

FRAU LINDEN: Wo wohnt er?

NORA: Ach, was weiß ich –? Ja, *greift in die Tasche:* hier hab' ich ja seine Karte; aber der Brief, der Brief –

Zehnter Auftritt

Vorige. Helmer draußen.

HELMER *in seinem Zimmer, klopft an die Tür:* Nora!

NORA *schreit angstvoll auf:* Ja, was ist das? Was willst du von mir?

HELMER: Nun nun, erschrick doch nicht so. Wir kommen ja nicht; du hast ja die Tür verriegelt; probierst du vielleicht?

NORA: Ja ja; ich probiere. Es kleidet mich so schön, Robert.

FRAU LINDEN *welche die Karte gelesen hat:* Er wohnt ja hier gleich um die Ecke.

NORA: Ja; aber es nützt ja nichts mehr. Wir sind verloren. Der Brief liegt ja im Kasten.

FRAU LINDEN: Und dein Mann hat den Schlüssel?

NORA: Immer.

FRAU LINDEN: Günther muß seinen Brief ungelesen zurückverlangen, er muß einen Vorwand suchen –

NORA: Aber grad um diese Zeit pflegt Robert –

FRAU LINDEN: Verhindre das, geh solange zu ihm hinein. Ich komme so schnell wie möglich zurück.

Rasch ab durch die Entreetür.

NORA *tritt an Helmers Tür, öffnet sie und guckt hinein:* Robert!

Elfter Auftritt

Nora, Helmer, dann Rank, später Frau Linden und Helene.

HELMER *im Hinterzimmer:* Na, darf man endlich wieder in sein eignes Zimmer? Komm, Rank, nun wollen wir mal sehn – *in der Tür:* aber was ist das?

NORA: Was denn, lieber Robert?

HELMER: Rank bereitete mich auf eine großartige Verkleidungsszene vor.

RANK *in der Tür:* Ich verstand es so; ich hab' mich also geirrt.

NORA: Nein, vor morgen abend bekommt ihr keine Gelegenheit, mich zu bewundern.

HELMER: Aber liebe Nora, du siehst so angegriffen aus. Hast du zuviel geübt?

NORA: Nein, ich hab' noch gar nicht geübt.

HELMER: Das ist aber doch notwendig –

NORA: Ja, es ist durchaus notwendig, Robert! Aber ohne deine Hilfe geht's nicht; ich hab' alles vergessen.

HELMER: Oh, wir werden's bald wieder auffrischen.

NORA: Ja, sei mir behilflich, Robert. Du versprichst mir's? Ach mir ist so ängstlich. Die große Gesellschaft ... heut abend mußt du dich mir ganz ausschließlich widmen. Gar nicht arbeiten; keine Feder angerührt. Ja? Nicht wahr, lieber Robert?

HELMER: Ich versprech' es dir; heut abend will ich ganz zu deiner Verfügung stehn – du kleines hilfloses Ding. – Hm, 's ist wahr, ich will doch eben erst –

Geht nach der Flurtür.

NORA: Was willst du draußen?

HELMER: Nur sehn, ob keine Briefe gekommen sind.

NORA: Nein nein, tu das nicht, Robert!

HELMER: Warum denn nicht?

NORA: Robert, ich bitte dich: 's ist keiner da.

HELMER: Laß mich doch eben nachsehen. *Will gehn.*

Nora am Piano schlägt die ersten Takte der Tarantella.

HELMER *an der Tür, bleibt stehen:* Aha!

NORA: Ich kann morgen nicht tanzen, wenn ich nicht zuvor mit dir Probe halten kann.

HELMER *zu ihr gehend:* Ist dir wirklich so bange, liebe Nora?

NORA: Ja, so schrecklich bange. Laß mich gleich probieren; wir haben noch etwas Zeit, eh' wir zu Tische gehn. O setz dich hierher und begleite mich, lieber Robert; korrigiere und belehre mich, wenn ich –

HELMER: Gern, sehr gern, da du's wünschest.

Er setzt sich ans Piano.

NORA *nimmt das Tamburin und einen langen bunten Schal aus der Schachtel; mit dem letztern drapiert sie sich eiligst; darauf stellt sie sich mit einem Sprung vorn auf die Bühne:* Nun spiel mir auf! Nun will ich tanzen!

Helmer spielt, Nora tanzt; Rank steht am Piano hinter Helmer und sieht zu.

HELMER *spielend:* Langsamer, langsamer.

NORA: Ich kann nicht anders.

HELMER: Nicht so stürmisch, Nora!

NORA: Grad so gehört es sich.

HELMER *hört auf:* Nein, nein, es geht nicht.

NORA *lacht und schwingt das Tamburin:* Sagt' ich's dir nicht?

RANK: I c h will sie mal begleiten.

HELMER *steht auf:* Ja, tu das; dann kann ich sie besser korrigieren.

Rank setzt sich ans Piano und spielt; Nora tanzt mit steigender Wildheit. Helmer stellt sich an den Ofen und richtet während des Tanzes häufig korrigierende Bemerkungen an sie; sie scheint dieselben nicht zu hören; ihr Haar löst sich und fällt über die Schultern herab; sie achtet nicht darauf, sondern fährt fort zu tanzen. – Frau Linden tritt ein.

FRAU LINDEN *steht wie festgebannt an der Tür:* Ah –!

NORA *während des Tanzens:* Hier geht's lustig her, Christine.

HELMER: Aber liebste, beste Nora, du tanzest ja, als ging's auf Leben und Tod.

NORA: Das tut's auch.

HELMER: Rank, hör auf; das ist ja der reinste Wahnsinn ... Hör auf, sag' ich.

Rank hört auf zu spielen, und Nora bleibt plötzlich stehen.

HELMER *auf sie zugehend:* Das hätt' ich nie geglaubt. Du hast ja alles vergessen.

NORA *wirft das Tamburin fort:* Da siehst du selbst.

HELMER: Hier bedarf's wirklich erst eines gründlichen Unterrichts.

NORA: Ja, nun siehst du, wie notwendig es ist. Du mußt bis zum letzten Augenblick mit mir üben. Willst du das, Robert?

HELMER: Gewiß, gewiß.

NORA: Du sollst weder heut noch morgen an etwas andres als an mich denken; du sollst keinen Brief öffnen – ja nicht einmal den Briefkasten –

HELMER: Aha, es ist noch die Angst vor diesem Menschen –

NORA: Ja ja, auch das.

HELMER: Nora, ich seh' dir's an, es ist schon ein Brief von ihm da.

NORA: Ich weiß nicht; ich glaub' es; aber du sollst jetzt nichts der Art lesen; es darf nichts Widerwärtiges zwischen uns kommen, eh' alles vorüber ist.

RANK *leise zu Helmer:* Du darfst ihr nicht widersprechen.

HELMER *den Arm um sie legend:* Das Kind soll seinen Willen haben. Aber morgen nacht, wenn du getanzt hast –

NORA: Dann bist du frei.

HELENE *in der Tür rechts:* Gnädige Frau, es ist serviert.

NORA: Wir wollen auch Champagner haben, Helene.

HELENE: Gut. *Ab.*

HELMER: Ei ei – also ein förmliches Gelage?

NORA: Ja, ein Gelage mit Champagner, bis zum hellen Morgen. *Ruft hinaus:* Und auch Makronen, Helene, viel, viel – dies e i n e Mal!

HELMER *ergreift ihre Hände:* Nun nun; nicht diese bange Wildheit. Sei nun wieder wie sonst meine holde, kleine Lerche.

NORA: Ach ja, das will ich. Aber geh jetzt hinein; und Sie auch, Doktor. Christine, du mußt mir das Haar ordnen helfen.

RANK *leise, während sie gehen:* Es steht doch nichts zu erwarten? Nichts ... ich meine –

HELMER: Bewahre, lieber Rank; 's ist nur diese kindliche Angst, von der ich dir erzählte.

Beide rechts ab.

NORA: Nun!?

FRAU LINDEN: Verreist.

NORA: Ich sah's dir an.

FRAU LINDEN: Er kommt erst morgen abend zurück. Ich hab' ihm einen Zettel dagelassen.

NORA: Das hättest du nicht tun sollen. Du sollst nichts

verhindern. Im Grunde ist es doch herrlich, so das Wunderbare zu erwarten.

FRAU LINDEN: Was erwartest du denn?

NORA: Ach, das kannst du nicht begreifen. Geh hinein zu ihnen; ich komm' im Augenblick.

Frau Linden tritt ins Speisezimmer.

Zwölfter Auftritt

Nora, dann Helmer.

NORA *steht eine Weile da, wie um sich zu sammeln; dann sieht sie auf ihre Uhr:* Sieben Stunden bis Mitternacht. Darauf vierundzwanzig Stunden bis nächste Mitternacht. Dann ist die Tarantella aus. Vierundzwanzig und sieben? Noch einunddreißig Stunden zu leben.

HELMER *in der Tür rechts:* Aber wo bleibt denn meine kleine Lerche?

NORA *eilt mit offnen Armen auf ihn zu:* Hier ist sie!

DRITTER AUFZUG

Dasselbe Zimmer.

Der Sofatisch ist samt den ihn umgebenden Stühlen vorn in die Mitte gestellt. Auf dem Tisch befindet sich eine brennende Lampe. Die Entreetür steht offen. Man hört Tanzmusik aus dem obern Stock.

Erster Auftritt

Frau Linden sitzt an dem Tisch und blättert zerstreut in einem Buch; sie versucht zu lesen, scheint aber ihre Gedanken nicht festhalten zu können; wiederholt blickt sie gespannt lauschend nach der Eingangstür. Dann Günther.

FRAU LINDEN *auf ihre Uhr sehend:* Noch nicht. Und es ist doch nun die höchste Zeit. Wenn er nur nicht – *Lauscht wieder.* Ah, da ist er. *Sie geht in den Flur und öffnet vorsichtig die Korridortür; man hört leise Schritte auf der Treppe; sie flüstert:* Kommen Sie herein. Es ist niemand hier.

GÜNTHER *in der Tür:* Ich fand zu Hause einen Zettel von Ihnen. Was soll das bedeuten?

FRAU LINDEN: Ich muß unbedingt mit Ihnen reden.

GÜNTHER: So? Und muß das unbedingt hier geschehn?

FRAU LINDEN: Bei mir war's nicht möglich; mein Zimmer hat keinen besondern Eingang. Kommen Sie herein; wir sind ganz allein; das Mädchen schläft, und Helmers sind oben auf dem Balle.

GÜNTHER *in das Zimmer tretend:* Sieh mal an: Helmers tanzen heut abend? Wirklich?

FRAU LINDEN: Ja. Warum nicht?

GÜNTHER: Ganz recht: warum nicht?

FRAU LINDEN: Und nun, Günther, lassen Sie uns miteinander reden.

GÜNTHER: Haben wir beiden uns denn noch etwas zu sagen?

FRAU LINDEN: Wir haben uns sogar viel zu sagen.

GÜNTHER: Das glaubt' ich nicht.

FRAU LINDEN: Weil Sie mich niemals richtig verstanden haben.

GÜNTHER: Was ist das viel zu verstehn bei einer Sache, die vollständig klar ist? Eine herzlose Frau gibt einem Manne den Laufpaß, wenn sich eine vorteilhaftere Partie bietet!

FRAU LINDEN: Halten Sie mich für so ganz herzlos? Glauben Sie, ich hätte leichten Herzens gebrochen?

GÜNTHER: Nicht?

FRAU LINDEN: Günther, haben Sie das wirklich geglaubt?

GÜNTHER: Weshalb schrieben Sie mir denn damals einen solchen Brief?

FRAU LINDEN: Ich konnte ja nicht anders. Da ich mit Ihnen brechen mußte, war's ja doch auch meine Pflicht, aus Ihrem Herzen alles auszurotten, was Sie für mich fühlten.

GÜNTHER *seine Hände zusammenpressend:* So also. Und das – das nur des Geldes wegen!

FRAU LINDEN: Sie dürfen nicht vergessen, daß ich eine hilflose Mutter und zwei kleine Brüder hatte. Auf Sie, Günther, konnten wir nicht warten; Sie hatten ja damals erst so geringe Aussichten.

GÜNTHER: Mag sein; aber Sie hatten nicht das Recht, mich eines andern Menschen wegen zu verstoßen.

FRAU LINDEN: Ja, ich weiß nicht. Ich hab' mich oft genug gefragt, ob ich das Recht dazu hatte.

GÜNTHER *leiser:* Als ich Sie verloren, da war's, als wär' mir aller feste Boden unter den Füßen weggezogen. Sehn Sie mich an: jetzt bin ich ein hilfloser schiffbrüchiger Mann.

FRAU LINDEN: Die Hilfe dürfte doch wohl nahe sein.

GÜNTHER: Sie w a r nahe; aber da kamen Sie und stellten sich mir in den Weg.

FRAU LINDEN: Ohne mein Wissen, Günther. Erst heute morgen hörte ich, daß ich Ihre Stelle erhalten sollte.

GÜNTHER: Ich glaub' Ihnen, wenn Sie es sagen. Aber treten Sie, nun Sie es wissen, auch zurück?

FRAU LINDEN: Nein; denn es würd' Ihnen doch nicht das geringste nützen.

GÜNTHER: Ah nützen, nützen ... ich würd' es trotzdem tun.

FRAU LINDEN: Das Leben und die harte bittre Notwendigkeit haben mich gelehrt, vernünftig zu handeln.

GÜNTHER: Und mich hat das Leben gelehrt, Redensarten nicht zu trauen.

FRAU LINDEN: Da hat es Sie etwas sehr Vernünftiges gelehrt. Aber den Taten werden Sie doch wohl trauen?

GÜNTHER: Wie meinen Sie das?

FRAU LINDEN: Sie sagten, Sie seien ein hilfloser schiffbrüchiger Mann.

GÜNTHER: Ich hab' guten Grund, das zu sagen.

FRAU LINDEN: Auch ich habe Schiffbruch erlitten.

GÜNTHER: Sie wählten selbst.

FRAU LINDEN: Ich hatte damals keine andre Wahl.

GÜNTHER: Aber was weiter?

FRAU LINDEN: Günther, wenn wir beiden Schiffbrüchigen zueinander gelangen könnten ...

GÜNTHER: Was sagen Sie?

FRAU LINDEN: Zwei können sich auf e i n e m Wrack eher retten, als wenn jeder für sich allein dahinsteuert.

GÜNTHER: Christine!

FRAU LINDEN: Warum glauben Sie, daß ich hierhergekommen sei?

GÜNTHER: Sollten Sie an mich gedacht haben?

FRAU LINDEN: Ich muß arbeiten, um das Leben ertragen zu können. Von Jugend auf hab' ich gearbeitet, und das ist meine einzige und beste Freude gewesen. Aber nun steh' ich ganz allein in der Welt; so schrecklich leer und verlassen! Für sich selbst arbeiten, das gewährt doch keine Freude. Günther, geben Sie mir jemand, für den ich arbeiten kann.

GÜNTHER: An das alles glaub' ich nicht. Das ist weiter nichts als überspannte opferwillige Frauengroßmut.

FRAU LINDEN: Haben Sie je gemerkt, daß ich überspannt war?

GÜNTHER: Wie, Sie könnten wirklich –? Sagen Sie – kennen Sie meine Vergangenheit?

FRAU LINDEN: Ja.

GÜNTHER: Und wissen Sie, wofür ich hier gelte?

FRAU LINDEN: Deuteten Sie nicht vorhin an, mit mir hätten Sie ein andrer werden können?

GÜNTHER: Davon bin ich sogar überzeugt.

FRAU LINDEN: Sollt' es nicht jetzt noch geschehn können?

GÜNTHER: Christine! ... Das sagen Sie mit voller Überlegung! Ja, das tun Sie. Ich seh' es Ihnen an. Sie haben also wirklich den Mut –?

FRAU LINDEN: Ich bedarf jemandes, für den ich leben kann; und Ihre Kinder bedürfen einer Mutter. Wir beiden sind einander notwendig. Günther, ich glaub' an die edle Grundlage in Ihnen – gemeinsam mit Ihnen wag' ich alles.

GÜNTHER *ihre Hände ergreifend:* Dank, Dank, Christine ... nun werd' ich mich auch in den Augen andrer wieder zu erheben wissen. – Ah, aber ich vergaß –

FRAU LINDEN *lauscht:* Still! Die Tarantella! Gehn Sie, gehn Sie!

GÜNTHER: Warum? Was ist das?

FRAU LINDEN: Hören Sie das Tanzen da über uns? Wenn das vorbei ist, kommen sie zurück.

GÜNTHER: Ja ja, ich geh'. Es ist ja schon vergebens. Sie wissen doch natürlich nicht, was ich gegen Helmers unternommen habe?

FRAU LINDEN: Ja, Günther, ich weiß es.

GÜNTHER: Und dennoch sollten Sie den Mut haben, mir –?

FRAU LINDEN: Ich begreife sehr wohl, wohin die Verzweiflung einen Mann wie Sie treiben kann.

GÜNTHER: O könnt' ich's doch ungeschehen machen!

FRAU LINDEN: Das können Sie; denn Ihr Brief liegt noch im Kasten.

GÜNTHER: Ist das wahr?

FRAU LINDEN: Ja; aber –

GÜNTHER *sie forschend ansehend:* Sollt' es so zu verstehen sein? Sie wollen Ihre Freundin um jeden Preis retten. Sagen Sie es offen heraus. Verhält es sich so?

FRAU LINDEN: Günther, wer sich andern zuliebe einmal verkauft hat, tut es niemals wieder.

GÜNTHER: Ich werde meinen Brief zurückverlangen.

FRAU LINDEN: Nein, nein.

GÜNTHER: Ja! Ich bleib' hier, bis Helmer kommt. Ich verlange meinen Brief zurück – ich sag' ihm, es handle sich nur um meine Entlassung – er solle ihn nicht lesen –

FRAU LINDEN: Nein, Günther, Sie sollen den Brief nicht zurückverlangen.

GÜNTHER: Aber sagen Sie mir, war das nicht eigentlich der Grund, daß Sie mich hierher bestellten?

FRAU LINDEN: Ja, im ersten Schreck; aber seitdem sind mehr als vierundzwanzig Stunden verflossen, und während dieser Zeit hab' ich hier im Hause unglaubliche Dinge gesehn. Helmer muß alles erfahren; dies unglückselige Geheimnis muß an den Tag; zwischen den beiden muß es zu einer offnen Auseinandersetzung kommen; bei diesen Ausflüchten und Verheimlichungen kann es unmöglich bleiben.

GÜNTHER: Nun wohl; wenn Sie's also wagen –. Aber eins kann ich jedenfalls tun, und das soll sofort geschehn ...

FRAU LINDEN *lauscht:* Eilen Sie! Gehn Sie, gehn Sie! Der Tanz ist aus; wir sind keinen Augenblick mehr sicher.

GÜNTHER: Ich erwarte Sie unten vorm Hause.

FRAU LINDEN: Ja, tun Sie das; Sie müssen mich begleiten.

GÜNTHER: Oh, so unendlich glücklich bin ich noch nie gewesen! *Ab.*

Die Tür zwischen dem Zimmer und dem Entree bleibt während des Folgenden offen.

Zweiter Auftritt

Frau Linden, dann Helmer und Nora.

FRAU LINDEN *räumt ein wenig auf und legt ihre Überkleider zurecht:* Welche Wendung! Ja, welche Wendung! Jemand haben, für den man arbeiten – für den man leben kann; in ein verödetes Heim liebevolle Ordnung bringen ... ja ja, das will ich! ... Wenn sie doch bald kämen – *Lauscht:* Aha, da sind sie schon. Schnell meine Sachen.

Nimmt Hut und Mantel. Man hört Helmers und Noras Stimme; ein Schlüssel wird im Schloß umgedreht, und Helmer führt Nora fast mit Gewalt in das Entree. Sie trägt das italienische Kostüm mit einem großen schwarzen Schal darüber; er ist im Gesellschaftsanzug mit einem offnen schwarzen Domino darüber.

NORA *noch in der Tür, widerstrebend:* Nein, nein, nein; nicht hinein; ich will wieder hinauf. Ich will nicht so früh fortgehn ...

HELMER: Aber liebste Nora –

NORA: Oh, ich bitte dich so flehentlich, Robert, so inständig – nur noch eine Stunde.

HELMER: Keine Minute mehr, liebe Nora. Du weißt, so war's abgeredet. So; hinein ins Zimmer; hier erkältest du dich.

Er führt sie trotz ihres Widerstandes sanft ins Zimmer.

FRAU LINDEN: Guten Abend.

NORA: Christine!

HELMER: Wie, Frau Linden, Sie noch so spät hier?

FRAU LINDEN: Ja, verzeihn Sie; ich wollte Nora so gern in ihrem Kostüm sehen.

NORA: Hast du hier gesessen und auf mich gewartet?

FRAU LINDEN: Ja; ich kam leider nicht früh genug; du warst schon oben, und da mocht' ich nicht wieder gehn, ohne dich erst gesehn zu haben.

HELMER *Nora den Schal abnehmend:* Ja, dann betrachten Sie sie nur ordentlich. Ich denke, sie ist das Ansehn wert. Ist sie nicht schön, Frau Linden?

FRAU LINDEN: Ja, das muß ich sagen –

HELMER: Ist sie nicht wunderschön? Das war auch die allgemeine Ansicht auf dem Ball. Aber schrecklich eigensinnig ist sie – das holde, kleine Geschöpfchen. Was ist dabei zu machen? Wollen Sie wohl glauben, daß ich fast Gewalt brauchen mußte, um sie fortzubringen?

NORA: O Robert, du wirst es bereuen, daß du mir nicht wenigstens noch ein halbes Stündchen gönntest.

HELMER: Da hören Sie, Frau Linden. Sie tanzt ihre Tarantella – erntet stürmischen Applaus – der übrigens ehrlich verdient war – obgleich im Vortrag vielleicht etwas zuviel Realismus lag; ich meine ... etwas mehr, als sich, strenggenommen, mit den Forderungen der Kunst vereinigen ließ. Aber gleichviel! Die Hauptsache war ... sie erntete Applaus, stürmischen Applaus. Sollt' ich sie da noch dortlassen? Die Wirkung abschwächen? Danke bestens. Ich nahm mein reizendes Mädchen von Capri – mein kapriziöses Mädchen von Capri, möcht' ich sagen – unter den Arm; eine blitzschnelle Runde durch den Saal, Verbeugung nach allen Seiten, und – verschwunden war der schöne Anblick. Ein Abgang muß immer effektvoll sein, Frau Linden; aber das kann ich Nora gar nicht begreiflich machen ... Puh, ist das hier warm. *Wirft den Domino auf einen Stuhl und öffnet die Tür zu seinem Zimmer.* Was? Da ist's ja finster. Ach ja; natürlich. Verzeihn Sie –

Er geht hinein und zündet ein paar Kerzen an.

NORA *flüstert schnell und atemlos:* Nun –?

FRAU LINDEN *leise:* Ich hab' mit ihm gesprochen.

NORA: Und –?

FRAU LINDEN: Nora – du mußt deinem Manne alles sagen.

NORA *tonlos:* Ich wußte es.

FRAU LINDEN: Von seiten Günthers hast du nichts zu fürchten; aber du mußt reden.

NORA: Ich rede nicht.

FRAU LINDEN: Dann redet der Brief.

NORA: Hab Dank, Christine; ich weiß nun, was ich zu tun habe. St –!

HELMER *wieder eintretend:* Nun, Frau Linden, haben Sie sie bewundert?

FRAU LINDEN: Ja; und nun will ich gute Nacht sagen.

HELMER: I was, schon? Gehört das Ihnen, dies Strickzeug?

FRAU LINDEN *es nehmend:* Ja, danke; das hätt' ich bald vergessen.

HELMER: Stricken Sie also?

FRAU LINDEN: Ja.

HELMER: Wissen Sie was, Sie sollten lieber sticken.

FRAU LINDEN: So? Warum?

HELMER: Weil das viel schöner aussieht. Sehn Sie mal; man hält die Stickerei so mit der linken Hand, und dann führt man mit der rechten die Nadel – so – hinaus in einem leichten, langgestreckten Bogen; nicht wahr –?

FRAU LINDEN: Ja, mag schon sein –

HELMER: Beim Stricken dagegen – das sieht immer unschön aus. Sehn Sie her; die zusammengeklemmten Arme – die Stricknadeln, die auf und ab gehn – das hat etwas Chinesisches an sich. – Ah, das war wirklich ein herrlicher Champagner ...

FRAU LINDEN: Nun gute Nacht, Nora, und sei jetzt nicht mehr eigensinnig.

HELMER: Schön gesprochen, Frau Linden!

FRAU LINDEN: Gute Nacht, Herr Direktor.

HELMER *sie bis an die Tür begleitend:* Gute Nacht, gute Nacht. Ich hoffe doch, Sie kommen gut nach Hause? Ich würde gern – aber Sie haben ja nicht weit. Gute Nacht, gute Nacht.

Sie geht. Er schließt die Tür hinter ihr und kommt wieder nach vorn.

Dritter Auftritt

Helmer, Nora.

HELMER: So; endlich sind wir sie los. Die ist entsetzlich langweilig.

NORA: Bist du nicht sehr müde, Robert?

HELMER: Nein, nicht im mindesten.

NORA: Auch nicht schläfrig?

HELMER: Gar nicht; ich fühle mich im Gegenteil außerordentlich munter. Aber du? Ja, du siehst wirklich müd' und schläfrig aus.

NORA: Ja, ich bin sehr müde. Nun werd' ich bald schlafen.

HELMER: Siehst du; siehst du! Es war also doch richtig von mir, daß ich nicht länger mit dir blieb.

NORA: Oh, es ist alles richtig, was du tust.

HELMER *küßt sie auf die Stirn:* Da redet mein liebes

Weibchen doch mal vernünftig. Aber hast du auch bemerkt, wie lustig Rank heut abend war?

NORA: So? War er wirklich? Ich konnte nicht mit ihm reden.

HELMER: Ich auch fast gar nicht; aber seit langer Zeit hab' ich ihn nicht bei so guter Laune gesehn. *Sieht sie ein Weilchen an, dann kommt er näher.* Hm ... 's ist doch schön, daß wir wieder in unsrer eignen Wohnung sind; daß ich ganz allein mit dir bin. – Ach, du entzückendes herrliches Weib!

NORA: Sieh mich nicht so an, Robert.

HELMER: Ich soll nicht mein teuerstes Gut ansehn? All die Herrlichkeit, die mein ist, nur mein, ganz und gar mein.

NORA *geht an die andre Seite des Tisches:* Du mußt heut abend nicht so zu mir reden.

HELMER *ihr folgend:* Du hast noch die Tarantella im Blut, merk' ich. Und das macht dich noch verführerischer. Horch! Nun beginnen die Gäste zu gehn. *Leiser:* Nora – bald ist es still im ganzen Hause.

NORA: Das hoff' ich.

HELMER: Ja, nicht wahr, meine geliebte Nora? Ach, weißt du ... wenn ich so mit dir in Gesellschaft bin – weißt du, weshalb ich dann so wenig mit dir spreche, mich so fern von dir halte, dir nur gelegentlich einen verstohlenen Blick zuwerfe – weißt du, warum ich das tu'? Weil ich mir dann einbilde, du seist meine heimlich Geliebte, meine heimlich Verlobte, und niemand ahne, daß zwischen uns beiden etwas bestehe.

NORA: Ja ja ja; ich weiß ja, all deine Gedanken sind bei mir.

HELMER: Und wenn wir dann gehen wollen und ich den Schal um deine zarten jugendlichen Schultern lege – um diesen herrlichen Nacken –, dann stell' ich mir vor, du seist meine junge Braut und wir kämen grade von der Trauung und ich führte dich zum erstenmal in meine Wohnung – und ich sei zum erstenmal allein mit dir – ganz allein mit dir, du junge bebende Schönheit! Den ganzen Abend sehnt' ich mich nur nach dir. Als ich dich während der Tarantella locken und jagen sah – da kochte mir das Blut; ich hielt es nicht mehr aus ... das war's, weshalb ich dich so früh mit mir herunterzog.

NORA: Geh nun, Robert! Du mußt mich allein lassen. Ich will das alles nicht.

HELMER: Was bedeutet das? Ich darf doch mit dir schäkern, süße Nora ... Willst du wohl! Bin ich nicht dein Mann –?

Es klopft.

NORA *fährt zusammen:* Hörst du –?

HELMER *nach der Entreetür:* Wer ist da?

Vierter Auftritt

Vorige. Rank.

RANK *draußen:* Ich bin's. Darf ich einen Augenblick herein?

HELMER *leise, ärgerlich:* Ach, was will der jetzt noch? *Laut:* Wart ein wenig. *Geht und schließt auf.* Na, das ist ja schön von dir, daß du an unsrer Tür nicht vorbeigehst.

RANK: Ich glaubte deine Stimme zu hören, und da wollt' ich doch erst eben hereinblicken. *Läßt den Blick flüchtig umhergleiten.* Ach ja, diese lieben bekannten Räume. Es ist so still und traulich hier bei euch beiden.

HELMER: Es schien dir dort oben doch auch recht gut zu gefallen.

RANK: Ausgezeichnet. Warum auch nicht? Weshalb soll man in dieser Welt nicht alles mitnehmen? Jedenfalls so viel und so lange, als man kann. Der Wein war vorzüglich –

HELMER: Namentlich der Champagner.

RANK: Hast du das auch gemerkt? Es ist unglaublich, wieviel ich hinunterspülen konnte.

NORA: Robert hat heut abend auch viel Champagner getrunken.

RANK: So?

NORA: Ja; und dann ist er später immer so vergnügt.

RANK: Nun, weshalb soll man sich nach einem wohlangewendeten Tage nicht einen lustigen Abend machen?

HELMER: Wohlangewendet? Dessen kann ich mich leider nicht rühmen.

RANK *ihm auf die Schulter klopfend:* Aber ich, siehst du!

NORA: Dann haben Sie heute gewiß eine wissenschaftliche Untersuchung vorgenommen, Doktor.

RANK: Ganz recht.

HELMER: Sieh mal an: Nora redet von wissenschaftlichen Untersuchungen!

NORA: Und darf ich Ihnen zu dem Ergebnis gratulieren?

RANK: Freilich dürfen Sie das.

NORA: Also ein gutes Resultat?

RANK: Das bestmögliche, sowohl für den Arzt wie für den Patienten, nämlich – Gewißheit.

NORA *hastig und forschend:* Gewißheit?

RANK: Volle Gewißheit. Sollt' ich mir daraufhin nicht einen lustigen Abend machen?

NORA: Ja, daran taten Sie recht, Doktor.

HELMER: Das sag' ich auch. Wenn du nur morgen nicht dafür büßen mußt.

RANK: Nun, für nichts ist hier im Leben ja nichts zu haben.

NORA: Doktor – Sie sind gewiß ein großer Freund von Maskenbällen.

RANK: Wenn recht viele interessante Masken da sind, gewiß –

NORA: Hören Sie, wie sollen wir beide auf der nächsten Maskerade erscheinen?

HELMER: Du kleiner Leichtsinn – denkst du jetzt schon an den nächsten Ball?

RANK: Wir beide? Das will ich Ihnen sagen: Sie sollen das Glückskind darstellen –

HELMER: Ja, aber schaff auch ein Kostüm, das einem solchen entspricht.

RANK: Laß deine Frau auftreten, wie sie geht und steht –

HELMER: Sehr treffend bemerkt. Aber was willst du selbst darstellen?

RANK: Damit, lieber Freund, bin ich schon vollständig im klaren.

HELMER: Nun?

RANK: Auf der nächsten Maskerade werd' ich unsichtbar erscheinen.

HELMER: Ein drolliger Einfall.

RANK: Es war einmal ein großer schwarzer Hut – hast du nicht von dem unsichtbarmachenden Hute gehört? Den zieht man sich über, und dann wird man von niemand gesehn.

HELMER *mit unterdrücktem Lächeln:* Da hast du recht.

RANK: Aber ich vergesse ja ganz, weshalb ich hereinkam. Helmer, gib mir eine Zigarre, eine von den dunklen Havannas.

HELMER: Mit dem größten Vergnügen.

Hält ihm das Etui hin.

RANK *nimmt eine und schneidet die Spitze ab:* Danke.

NORA *streicht ein Wachszündhölzchen an:* Hier haben Sie Feuer.

RANK: Besten Dank. *Sie hält ihm das Zündhölzchen hin; er steckt sich die Zigarre an.* Und nun lebt wohl!

HELMER: Adieu, adieu, lieber Freund!

NORA: Schlafen Sie wohl, Doktor.

RANK: Ich dank' Ihnen für diesen Wunsch.

NORA: Wünschen Sie mir dasselbe.

RANK: Ihnen? Nun ja, wenn Sie das verlangen ... Schlafen Sie wohl. Und Dank für das Feuer.

Er nickt den beiden zu und geht.

Fünfter Auftritt

Helmer, Nora, später Helene.

HELMER *gedämpft:* Er hat heute sehr viel getrunken.

NORA *geistesabwesend:* Mag sein. *Helmer nimmt seinen Schlüsselbund aus der Tasche und geht in das Entree.* Robert – was willst du dort?

HELMER: Ich muß den Briefkasten leeren; er ist ganz voll; sonst ist morgen früh kein Platz für die Zeitungen ...

NORA: Willst du noch arbeiten?

HELMER: Behüte. – Was ist das? Hier ist ja jemand am Schloß gewesen.

NORA: Am Schloß – ?

HELMER: Jawohl. Was bedeutet das? Ich will doch nicht hoffen, daß die Mädchen – ? Hier liegt eine abgebrochne Haarnadel. Nora, das ist eine von deinen –

NORA *schnell:* Dann müssen's die Kinder gewesen sein –

HELMER: Das mußt du ihnen wirklich abgewöhnen. Hm hm ... na, da hab' ich ihn doch noch aufbekommen. *Nimmt den Inhalt heraus und ruft in die Küche hinein:* Helene! – Helene, machen Sie das Licht im Entree aus. *Er kommt wieder ins Zimmer und schließt die Tür zum Entree. Mit den Briefen in der Hand:* Sieh her. Sieh mal, wie sich das aufgehäuft hat. *Blättert darunter.* Was ist das?

NORA *am Fenster:* Der Brief! Ach nein, nein, Robert!

HELMER: Zwei Visitenkarten – von Rank.

NORA: Von Doktor Rank!

HELMER *daraufsehend:* Doctor medicinae Rank. Sie lagen obenauf; er muß sie soeben erst hineingesteckt haben.

NORA: Steht etwas darauf?

HELMER: Über dem Namen befindet sich ein schwarzes Kreuz. Sieh her. Das ist doch ein unheimlicher Einfall. 's ist ja, als zeigte er seinen eignen Tod an.

NORA: Das tut er auch.

HELMER: Wie!? Weißt du etwas? Hat er dir etwas gesagt?

NORA: Ja. Wenn die Karte komme, habe er Abschied von uns genommen. Er will sich einschließen und sterben.

HELMER: Armer Freund! Ich wußte, ja, daß wir ihn nicht mehr lange behalten würden. Aber so bald ... Und da versteckt er sich wie ein verwundetes Tier.

NORA: Wenn es geschehn muß, ist es das beste, es geschieht ohne Worte. Nicht wahr, Robert?

HELMER *auf und ab gehend:* Er war mit uns so innig vereint. Mir ist, als könnt' ich ihn mir gar nicht fort von uns denken. Er mit seinen Leiden und seiner Vereinsamung gab gleichsam einen bewölkten Hintergrund ab für unser sonnenhelles Glück. – Nun, es ist vielleicht am besten so. Jedenfalls für ihn. *Bleibt stehen.* Und vielleicht auch für uns, Nora. Jetzt sind wir beide ganz auf uns allein angewiesen. *Legt den Arm um sie.* O mein geliebtes Weib; mir ist, als könnt' ich dich nicht fest genug halten. Weißt du, Nora – manchmal wünsch' ich, es möchte dir eine Gefahr drohen, auf daß ich Leib und Leben und alles, alles andre deinetwegen aufs Spiel setzen könnte.

NORA *reißt sich los und sagt stark und bestimmt:* Nun sollst du deine Briefe lesen, Robert.

HELMER: Nein nein; heute nacht nicht. Ich will bei dir bleiben, mein geliebtes Weib.

NORA: Mit den Todesgedanken an deinen Freund – ?

HELMER: Du hast recht. Dies hat uns beide erschüttert; es ist etwas Unschönes zwischen uns gekommen: Gedanken an Tod und Auflösung. Davon müssen wir uns zu befreien suchen. Bis dahin – wir wollen jeder in sein Zimmer gehn.

NORA *an seinem Halse:* Robert – gute Nacht! Gute Nacht!

HELMER *küßt sie auf die Stirn:* Gute Nacht, du mein teures Weib. Schlaf wohl, Nora. Nun les' ich die Briefe eben durch.

Er geht mit dem Pack Briefe in sein Zimmer und schließt die Tür hinter sich.

NORA *mit wilden Blicken, tastet umher, ergreift Helmers Domino, wirft ihn sich um und flüstert hastig, heiser und abgebrochen:* Ihn niemals wiedersehn! Niemals. Niemals. Niemals. *Wirft ihren Schal über den Kopf.*

Und auch die Kinder niemals wiedersehn. Sie auch nicht. Niemals; niemals. – O dieses schwarze, eiskalte Wasser. O dieses bodenlose – dieses ... O wär's doch erst vorüber! – Jetzt hat er ihn; jetzt liest er ihn. Ach nein, nein; noch nicht. Robert, lebt wohl, du und die Kinder –

Sie will durch den Flur hinausstürzen; in demselben Augenblick reißt Helmer seine Tür auf und steht da mit einem offnen Brief in der Hand.

HELMER: Nora!

NORA *laut aufschreiend:* Ah –!

HELMER: Was ist das? Weißt du, was in diesem Briefe steht?

NORA: Ja, ich weiß es. Laß mich gehn! Laß mich hinaus!

HELMER *sie zurückhaltend:* Wo willst du hin?

NORA *versucht sich loszureißen:* Du sollst mich nicht retten, Robert!

HELMER *zurücktaumelnd:* Wahr! Ist es wahr, was er schreibt? ... Entsetzlich! Nein, nein! Es ist ja unmöglich, es k a n n nicht wahr sein!

NORA: Es i s t wahr. Ich habe dich über alles in der Welt geliebt.

HELMER: Komm mir nicht mit albernen Ausflüchten.

NORA *einen Schritt auf ihn zu:* Robert –!

HELMER: Unglückselige – was hast du getan!?

NORA: Laß mich fort. Du sollst nicht dafür büßen: du sollst es nicht auf dich nehmen.

HELMER: Keine Komödie. *Verschließt die Tür zum Entree.* Hier bleibst du und legst Rechenschaft. Begreifst du, was du getan hast? Antworte! Begreifst du das?

NORA *sieht ihn unverwandt an und sagt mit steigendem Nachdruck:* Ja, jetzt beginn' ich es ganz zu begreifen.

HELMER *umhergehend:* O welch ein entsetzliches Erwachen! Während all dieser acht Jahre – sie, die meine Freude und mein Stolz war – eine Heuchlerin, eine Lügnerin – ja noch Schlimmeres, noch Schlimmeres – eine Verbrecherin! – O diese bodenlose Häßlichkeit, die darin liegt! Pfui, pfui!

Nora schweigt und sieht ihn fortwährend unverwandt an.

HELMER *bleibt vor ihr stehen:* Ich hätte ahnen müssen, daß so etwas geschehen würde. Ich hätte es voraussehen müssen. Deines Vaters leichtsinnige Grundsätze – schweig! Deines Vaters leichtsinnige Grundsätze, du hast sie alle geerbt. Keine Religion, keine Moral, kein Pflichtgefühl ... Oh, wie bin ich dafür gestraft worden, daß ich ihm durch die Finger sah. Ich tat es um deinetwillen; und so lohnst du mir's.

NORA: Ja, so.

HELMER: Mein ganzes Glück hast du vernichtet; meine ganze Zukunft mir vereitelt. Oh, der Gedanke ist furchtbar. Ich befinde mich in der Gewalt eines gewissenlosen Menschen; er kann mit mir machen, was er will, von mir verlangen, was ihm beliebt, mir gebieten und befehlen, was ihm gefällt – ich muß es mir schweigend gefallen lassen ... Und so jämmerlich muß ich sinken und zugrunde gehn eines leichtsinnigen Weibes wegen!

NORA: Wenn ich nicht mehr bin, bist du frei.

HELMER: Keine Phrasen. Mit solchen Redensarten warf dein Vater auch um sich. Was könnte es mir nützen, wenn du nicht mehr „b i s t"? Nicht das allergeringste. Er kann die Sache trotzdem bekanntmachen; und tut er das, so komm' ich vielleicht in den Verdacht, um deine verbrecherische Tat gewußt zu haben. Man wird vielleicht glauben, ich wäre der Urheber – ich hätte dich dazu verleitet! Und dies alles hab' ich dir zu danken, dir, die ich während unsres ganzen Zusammenlebens auf Händen getragen. Begreifst du nun, was du mir getan hast?

NORA *mit kalter Ruhe:* Ja.

HELMER: Es ist so unglaublich, daß ich es noch immer nicht fassen kann. Aber es muß ein Entschluß gefaßt werden. Den Schal herunter. Herunter damit, sag' ich! ... Ich muß ihn auf die eine oder andre Weise zu befriedigen suchen. Die Sache muß um jeden Preis vertuscht werden. – Und was dich und mich angeht, so muß es aussehn, als sei alles zwischen uns wie bisher. Aber natürlich nur vor den Augen der Welt. Du bleibst also auch fernerhin hier im Hause; das ist selbstverständlich. Aber die Kinder zu erziehen, das erlaub' ich dir nicht; die wag' ich dir nicht anzuvertrauen ... Oh, das zu derjenigen sagen müssen, die ich so innig geliebt und die ich noch –! Aber es muß aus sein. Von heut an gilt es nicht mehr das Glück; es gilt nur noch, die Trümmer, die Reste, den Schein zu retten – *Es klingelt. Helmer fährt zusammen.* Was ist das? So spät noch! Sollte das Schrecklichste –! Sollte er –? Versteck dich, Nora! Sag, du seist krank.

Nora bleibt regungslos stehen. Helmer geht nach der Tür und öffnet sie.

HELENE *halb ausgekleidet, im Entree:* Hier ist ein Brief an die gnädige Frau.

HELMER: Geben Sie her. *Ergreift den Brief und schließt die Tür.* Ja, von ihm. Du bekommst ihn nicht; ich will ihn selbst lesen.

NORA: So lies ihn.

HELMER *bei der Lampe:* Ich hab' kaum den Mut dazu. Vielleicht sind wir verloren, du sowohl wie ich. Nein; ich m u ß es wissen. *Reißt den Brief hastig auf; durchfliegt einige Zeilen; besieht ein beigelegtes Schriftstück; ein Freudenschrei:* Nora! *Nora sieht ihn fragend an.*

HELMER: Nora! ... Nein, ich muß es noch einmal lesen. – Ja, ja, es ist so. Ich bin gerettet! Nora, ich bin gerettet!

NORA: Und ich?

HELMER: Du natürlich auch; wir sind beide gerettet, alle beide. Sieh her. Er schickt dir deinen Schuldschein zurück. Er schreibt, er bedaure und bereue – eine glückliche Wendung in seinem Leben – ach, es kann uns ja gleichgültig sein, was er schreibt. Wir sind gerettet, Nora! Niemand kann dir etwas anhaben. O Nora, Nora – nein, erst all diese abscheulichen Schriftstücke aus der Welt geschafft! ... Will doch mal sehn – *Wirft einen Blick auf den Schuldschein.* Nein, ich will's nicht sehn; all das soll mir weiter nichts sein als ein Traum. *Reißt den Schein und beide Briefe entzwei, wirft alles in den Ofen und sieht zu, während es brennt.* So; nun existiert es nicht mehr. – Er schrieb, seit dem Heiligen Abend hättest du –. O Nora, das müssen drei entsetzliche Tage für dich gewesen sein.

NORA: Ich habe einen harten Kampf gekämpft in diesen drei Tagen.

HELMER: Welche Qualen du gelitten haben mußt, ohne einen andern Ausweg zu haben als – nein, wir wollen all dieser häßlichen Dinge nicht mehr gedenken. Wir wollen nur jubeln und wiederholen: es ist vorüber, es ist vorüber! Hörst du denn nicht, Nora? Du scheinst es noch nicht fassen zu können; ja, es ist vorüber. Was ist denn das – dieser starre Gesichtsausdruck? Ah, liebe, arme Nora, ich versteh' schon: du kannst noch nicht recht glauben, daß ich dir vergeben habe. Aber ich habe dir wirklich vergeben, Nora; ich schwöre dir's: ich hab' dir alles vergeben. Ich weiß ja, du tatest es aus Liebe zu mir.

NORA: Ja, aus Liebe.

HELMER: Du hast mich so geliebt, wie eine Frau ihren Mann lieben muß. Es waren nur die Mittel, welche du nicht zu beurteilen verstandest. Aber glaubst du, du seist mir weniger teuer, weil du nicht auf eigne Hand zu handeln vermagst? Nein nein; stütze dich nur auf mich; ich werde dir raten, dich führen und leiten. Ich müßte kein Mann sein, wenn nicht just diese weibliche Hilflosigkeit dich doppelt anziehend in meinen Augen machte. Du mußt dich nicht an die harten Worte halten, die ich dir im ersten Schreck sagte, in einem Moment, da ich glaubte, alles drohe über meinem Haupt zusammenzustürzen. Ich habe dir verziehen, Nora; ich schwöre dir's: ich habe dir verziehen.

NORA: Ich danke dir für deine Verzeihung.

Ab durch die Tür links.

HELMER: Nein, bleib ... *Blickt hinein.* Was willst du dort im Alkoven?

NORA *draußen:* Den Maskenanzug ablegen.

HELMER *an der offnen Tür:* Ja, tu das; suche zur Ruhe zu kommen und dein Gemüt wieder ins Gleichgewicht zu bringen, meine verschüchterte Taube. Ruhe dich nur getrost aus; ich werde dich schützen und schirmen. *Geht in der Nähe der Tür umher.* Oh, wie schön und traulich es in unserm Heim ist, Nora. Hier bist du vor allem Ungemach gesichert; hier werd' ich dich schützen wie eine verfolgte Taube, die ich aus den Klauen des Habichts noch glücklich gerettet habe; ich werde dein armes pochendes Herz schon wieder beruhigen. Glaube mir, Nora, nach und nach kehrt der Frieden wieder. Morgen wird dir dies alles ganz anders erscheinen; ich werde dir nicht mehr zu wiederholen brauchen, daß ich dir vergeben habe; du wirst es selbst fühlen, daß ich das getan. Wie kannst du denken, ich vermöcht' es übers Herz zu bringen, dich zu verstoßen oder dir auch nur einen Vorwurf zu machen! Oh, du kennst die Natur eines wahren echten Mannes nicht, Nora. Es liegt für den Mann etwas so unbeschreiblich Süßes und Beruhigendes darin, zu fühlen, daß er seiner Frau vergeben hat – daß er ihr aufrichtig, von ganzem Herzen vergeben hat. Sie ist ja dadurch gleichsam in doppeltem Sinne sein Eigentum geworden; sie ist durch ihn gleichsam neu geboren; sie ist gewissermaßen zugleich seine Gattin und sein Kind geworden. Und das sollst du mir von jetzt an wirklich sein, du rat- und hilfloses Wesen. Ängstige dich um nichts, Nora; sei nur offenherzig gegen mich, dann werd' ich zugleich dein Wille und dein Gewissen sein. – Was ist das? Nicht zu Bett? Du hast dich umgekleidet?

NORA *in ihrem Alltagskleide wieder eintretend:* Ja, Robert, nun hab' ich mich umgekleidet.

HELMER: Aber weshalb? Jetzt, so spät –?

NORA: Heute nacht schlaf' ich nicht.

HELMER: Aber, liebe Nora –

NORA *auf ihre Uhr blickend:* So spät ist es noch nicht. Setz dich hierher, Robert; wir beide haben uns viel zu sagen. *Sie setzt sich an die eine Seite des Tisches.*

HELMER: Nora – was bedeutet das? Dies kalte, starre Gesicht –

NORA: Setz dich. Ich hab' über vieles mit dir zu reden.

HELMER *sich ihr gegenüber an den Tisch setzend:* Nora, du ängstigst mich ... Ich versteh' dich gar nicht.

NORA: Das ist es eben. Du verstehst mich nicht. Und ich habe dich ebenfalls nicht verstanden – bis heut abend. Nein, unterbrich mich nicht. Höre nur, was ich sage ... Es ist dies eine Abrechnung, Robert.

HELMER: Wie meinst du das?

NORA *nach kurzem Schweigen:* Ist dir, wie wir hier sitzen, nicht eines auffallend?

HELMER: Was könnte das sein?

NORA: Wir sind nun acht Jahre verheiratet gewesen. Fällt es dir nicht auf, daß wir beide, du und ich, Mann und Frau, heut zum erstenmal ernst miteinander reden?

HELMER: Ja, ernst – was bedeutet das?

NORA: Während voller acht Jahre – ja noch länger – von dem Tage unsrer ersten Bekanntschaft an haben wir niemals ein ernstes Wort über ernste Dinge gewechselt.

HELMER: Sollt' ich dich denn beständig in Sorgen einweihen, die du mir doch nicht tragen helfen konntest?

NORA: Von Sorgen red' ich nicht. Ich sage, noch niemals haben wir irgendeine Sache ernstlich miteinander besprochen.

HELMER: Aber, liebste Nora, wäre denn das etwas für dich gewesen?

NORA: Da sind wir bei der Sache. Du hast mich nie verstanden ... Es ist mir viel Unrecht zugefügt worden, Robert. Erst von Vater und dann von dir.

HELMER: Wie! Von uns beiden – von uns beiden, welche dich inniger geliebt als alle andern Menschen?

NORA *schüttelt den Kopf:* Ihr habt mich nie geliebt. Es machte euch nur Vergnügen, in mich verliebt zu sein.

HELMER: Aber Nora, was sind das für Worte!

NORA: Verhält es sich nicht so, Robert? Als ich noch zu Hause bei Vater war, teilte er mir all seine Ansichten mit, und so hatte ich dieselben Ansichten; hatte ich einmal eine andre, so verheimlichte ich sie; denn eigne Meinungen – die wären ihm nicht angenehm gewesen. Er nannte mich sein Püppchen und spielte mit mir, wie ich wieder mit meinen Puppen spielte. Dann kam ich zu dir ins Haus –

HELMER: Was sind das für Ausdrücke, deren du dich da über unsre Ehe bedienst!?

NORA *ungestört:* Ich meine, dann ging ich aus Vaters Händen in die deinen über. Du richtetest alles nach deinem Geschmack ein, und so bekam ich denselben Geschmack wie du; oder ich tat nur so; ich weiß nicht recht, was ... ich glaub', es war beides: bald das eine, bald das andre. Wenn ich jetzt darauf zurückblicke, so kommt es mir vor, als hätt' ich hier wie ein armer Mensch gelebt – nur von der Hand in den Mund. Ich lebte davon, daß ich dir Kunststücke vormachte, Robert. Aber du wolltest es so haben. Du und Vater, ihr habt eine große Sünde gegen mich begangen. Ihr seid schuld, daß nichts aus mir geworden ist.

HELMER: Wie unvernünftig und undankbar du bist! ... Bist du hier nicht glücklich gewesen?

NORA: Nein, niemals. Ich glaubt' es zu sein; aber ich war es niemals.

HELMER: Nicht glücklich! Nicht –

NORA: Nein; nur lustig. Und du warst immer so freundlich gegen mich. Aber unser Heim war nichts andres als eine Spielstube. Zu Hause bei Vater ward ich wie eine k l e i n e Puppe behandelt, hier wie eine g r o ß e. Und die Kinder waren wiederum m e i n e Puppen. Ich war recht vergnügt, wenn du mit mir spieltest, just wie die Kinder ihrerseits vergnügt waren, wenn ich mit i h n e n spielte. Das war unsre Ehe, Robert.

HELMER: Es ist etwas Wahres daran, was du da sagst – so übertrieben und überspannt es auch ist. Aber von jetzt an soll's anders werden. Die Zeit des Spielens ist vorbei; jetzt kommt die der Erziehung.

NORA: Wessen Erziehung? Meine oder die der Kinder?

HELMER: Sowohl die deine wie die der Kinder, meine liebe Nora.

NORA: Ach, Robert, du bist nicht dazu geeignet, mich zu einer richtigen Gattin für dich zu erziehen.

HELMER: Und das sagst du?

NORA: Und ich – wie bin ich darauf vorbereitet, die Kinder zu erziehen?

HELMER: Nora!

NORA: Sagtest du nicht selbst vorhin – d i e Aufgabe wagtest du mir nicht anzuvertrauen?

HELMER: In der Aufregung! Wie kannst du darauf Gewicht legen?

NORA: Nein, du hattest vollkommen recht: d e r Aufgabe bin ich nicht gewachsen. Zuvor muß eine andre gelöst werden. Ich muß mich selbst zu erziehen suchen. Dabei vermagst du mir nicht zu helfen. Ich muß mich allein damit befassen. Und darum verlasse ich dich jetzt.

HELMER *aufspringend:* Was sagst du?!

NORA: Ich muß lediglich auf mich selbst angewiesen sein, will ich mir von mir und meiner Umgebung Rechenschaft geben. Deshalb kann ich nicht länger bei dir bleiben.

HELMER: Nora, Nora!

NORA: Ich verlasse jetzt sofort deine Wohnung. Christine wird mich wohl für heute nacht aufnehmen ...

HELMER: Du bist wahnsinnig! Das erlaub' ich dir nicht! Ich verbiete dir's!

NORA: Es wird dir nichts nützen, mir von jetzt an noch etwas zu verbieten. Was mir gehört, nehm' ich mit. Von dir will ich nichts haben, weder jetzt noch später.

HELMER: Welche Verrücktheit ist das!

NORA: Morgen reis' ich nach Hause – ich meine, nach meinem Geburtsort. Dort wird es mir leichter werden, auf die eine oder andre Weise meinen Lebensunterhalt zu verdienen.

HELMER: O du verblendetes, unerfahrnes Wesen!

NORA: Ich muß mir Erfahrung zu e r w e r b e n suchen, Robert.

HELMER: Deine Wohnung, deinen Mann und deine Kinder verlassen! Und bedenkst du nicht, was die Leute dazu sagen werden?!

NORA: Darauf kann ich keine Rücksicht nehmen. Ich weiß nur, daß es für mich notwendig ist.

HELMER: Oh, es ist empörend! So kannst du dich über deine heiligsten Pflichten hinwegsetzen?

NORA: Was hältst du für meine heiligsten Pflichten?

HELMER: Und das muß ich dir erst sagen! Sind es nicht die Pflichten gegen deinen Mann und deine Kinder?

NORA: Ich habe andre ebenso heilige Pflichten.

HELMER: Das hast du nicht ... Welche denn?

NORA: Die Pflichten gegen mich selbst.

HELMER: Vor allem bist du Gattin und Mutter.

NORA: Das glaub' ich nicht mehr. Ich glaube, vor allem bin ich ein menschlich Wesen – ebenso wie du – oder ich will es wenigstens zu werden versuchen. Ich weiß wohl, daß die meisten Menschen dir recht geben, Robert, und daß etwas der Art in den Büchern steht. Aber ich kann mich nicht mehr damit begnügen, was die meisten Menschen sagen und was in den Büchern steht. Ich muß selbst über die Dinge nachdenken und mir über dieselben klarzuwerden suchen.

HELMER: Du solltest dir über deine Stellung in deiner eignen Familie nicht klar sein? Hast du bei solchen Fragen nicht einen untrüglichen Führer? Hast du nicht die Religion?

NORA: Ach, Robert, ich weiß ja gar nicht, was Religion ist.

HELMER: Was sagst du?

NORA: Ich weiß weiter nichts, als was Pastor Jakobi sagte, da ich konfirmiert wurde. Er sagte, Religion wäre das und das. Komm' ich aus alledem hier heraus und bin auf mich ganz allein angewiesen, dann will ich auch diese Frage untersuchen. Ich will sehn, ob es richtig ist, was Pastor Jakobi sagte, oder vielmehr: ob es für m i c h richtig ist.

HELMER: Das ist denn doch unerhört in dem Munde einer jungen Frau! Aber kann die Religion dich nicht zum Rechten leiten, so will ich wenigstens dein Gewissen aufrütteln. Denn moralisches Gefühl hast du doch? Oder ... antworte mir – hast du das auch nicht?

NORA: Ja, Robert, es ist wohl das beste, darauf nicht zu antworten. Ich weiß es ja nicht. Über d i e Dinge bin ich mir gar nicht klar. Ich weiß nur, daß ich über so etwas eine ganz andre Meinung habe als du. Ich höre ja jetzt auch, daß die Gesetze anders sind, als ich glaubte; aber daß die Gesetze gut sein sollten, das will mir nicht in den Kopf. Eine Frau sollte also nicht das Recht haben, ihren alten sterbenden Vater zu schonen oder ihren Mann zu retten! So etwas glaub' ich nicht.

HELMER: Du sprichst wie ein Kind. Du verstehst die Gesellschaft nicht, in der du lebst.

NORA: Das tu' ich auch nicht. Aber nun will ich sie kennenlernen. Ich muß mich überzeugen, wer recht hat, die Gesellschaft oder ich.

HELMER: Nora, du bist krank; du fieberst; ja, ich glaube fast, du bist von Sinnen.

NORA: Niemals bin ich mir über alles so klar gewesen wie heute nacht.

HELMER: Und mit klarem Bewußtsein verläßt du Mann und Kinder?

NORA: Ja; das tu' ich.

HELMER: Dann ist nur e i n e Erklärung möglich.

NORA: Welche?

HELMER: Du liebst mich nicht mehr.

NORA: Ja, das ist es grade.

HELMER: Nora! ... Und das sagst du!

NORA: Es tut mir weh, Robert; denn du bist immer so freundlich gegen mich gewesen. Aber ich kann's nicht ändern. Ich liebe dich nicht mehr.

HELMER *mit mühsam erkämpfter Fassung:* Ist dies auch eine klare Überzeugung?

NORA: Ja, eine vollkommen klare. Eben darum will ich nicht länger hier sein.

HELMER: Und kannst du mir auch erklären, wodurch ich deine Liebe verscherzt habe?

NORA: Ja, das kann ich. Es war heut abend, als das Wunderbare nicht kam; denn da sah ich, daß du nicht der Mann warst, für den ich dich gehalten.

HELMER: Erklär dich deutlicher; ich versteh' dich nicht.

NORA: Ich hab' nun acht Jahre lang so geduldig gewartet; denn ... Gott, ich sah ja ein, daß das Wunderbare nicht so als etwas Alltägliches kommt ... Dann brach dieses Unglück über mich herein; und da war ich so unerschütterlich fest überzeugt: nun kommt das Wunderbare. Als Günthers Brief da draußen lag – niemals kam mir der Gedanke, du könntest dich durch die Drohungen dieses Menschen einschüchtern lassen. Ich war so unerschütterlich fest überzeugt, du würdest zu ihm sagen: „Machen Sie die Sache nur der ganzen Welt bekannt." Und wenn das geschehen –

HELMER: Dann? Wenn ich meine eigne Frau der Schmach und Schande preisgegeben –

NORA: Wenn das geschehen, dann würdest du, wie ich unerschütterlich fest glaubte, vor die Welt hintreten, alles auf dich nehmen und sagen: Ich bin der Schuldige!

HELMER: Nora – !

NORA: Du meinst, ein solches Opfer hätt' ich niemals von dir angenommen? Nein, gewiß nicht. Aber was würden meine Versicherungen gegenüber den deinen gegolten haben? – D a s war das Wunderbare, worauf ich mit Furcht und Beben hoffte. Und nur um d a s zu verhindern, wollt' ich meinem Leben ein Ende machen.

HELMER: Freudig würd' ich Tag und Nacht für dich arbeiten, Nora – Kummer und Not um deinetwillen ertragen. Aber niemand opfert derjenigen, die er liebt, seine E h r e !

NORA: Das haben Millionen Frauen getan!

HELMER: Ach, du denkst und redest wie ein unverständiges Kind.

NORA: Mag sein. Aber du denkst und redest n i c h t wie der Mann, an den ich mich anschließen könnte. Als dein Schrecken vorüber war – nicht über das, was m i r drohte, sondern über das, was dir selbst bevorstand – und als nichts mehr zu befürchten war – da war's in deinen Augen, als sei gar nichts geschehen. Ich war ganz so wie früher deine Lerche, deine Puppe, die du, da sie ja so schwach und gebrechlich war, in Zukunft doppelt behutsam auf den Händen tragen wolltest. *Steht auf.* Robert – in dem Augenblick ward es mir klar, daß ich hier durch acht Jahre mit einem fremden Manne zusammengelebt und daß ich drei Kinder geboren – oh, der Gedanke ist mir unerträglich! Ich könnte mich selbst zermalmen, in Stücke reißen!

HELMER *mit schwerem Herzen:* Ich seh' es, ich seh' es; ein Abgrund hat sich zwischen uns aufgetan! ... Aber, Nora, sollte er sich nicht überbrücken lassen?

NORA: So, wie ich jetzt bin, bin ich keine Frau für dich.

HELMER: Ich habe die Kraft, ein andrer zu werden.

NORA: Vielleicht – wenn dir die Puppe weggenommen ist.

HELMER: Mich trennen – mich von dir trennen! Nein, nein, Nora, d e n Gedanken kann ich nicht fassen.

NORA *in das Zimmer links gehend:* Um so notwendiger muß es geschehen.

Sie kommt mit ihren Überkleidern und einer kleinen Reisetasche zurück, die sie auf den Stuhl neben dem Tisch stellt.

HELMER: Nora, Nora, nicht jetzt! Warte bis morgen.

NORA *sich den Mantel umwerfend:* Ich kann mich nicht während der Nacht in der Wohnung eines fremden Mannes aufhalten.

HELMER: Aber können wir denn nicht wie Bruder und Schwester hier wohnen – ?

NORA *bindet sich den Hut fest:* Du weißt recht gut, das würde nicht lange dauern ... *Wirft sich den Schal um.* Leb wohl, Robert. Die Kleinen will ich nicht erst sehen. Ich weiß, sie sind in bessern Händen als den meinen. So, wie ich jetzt bin, kann ich ihnen nichts sein.

HELMER: Aber später, Nora – später –?

NORA: Wie kann ich das wissen? Ich weiß ja gar nicht, was aus mir wird.

HELMER: Aber du bist meine Frau, nicht bloß jetzt, sondern auch –

NORA: Höre, Robert: – Wenn eine Frau ihres Mannes Wohnung verläßt, so wie ich's jetzt tue, dann ist er, wie ich gehört, nach dem Gesetz von allen Verpflichtungen gegen sie entbunden. Jedenfalls entbinde ich dich aller Verpflichtungen. Du sollst dich nicht durch irgend etwas gefesselt fühlen, ebensowenig, wie ich es will. Auf beiden Seiten muß volle Freiheit herrschen. Da, hier hast du deinen Ring zurück. Gib mir den meinen.

HELMER: Auch das?

NORA: Auch das.

HELMER: Hier ist er.

NORA: So. Ja, nun ist es also vorbei. Hier leg' ich die Schlüssel hin. Die Mädchen wissen über alles im Hause Bescheid – besser als ich. Morgen, wenn ich abgereist bin, kommt Christine hierher, um die Sachen einzupacken, welche mein Eigentum sind. Die sollen mir nachgeschickt werden.

HELMER: Vorbei, vorbei! Nora, wirst du nie mehr an mich denken?

NORA: Ich werde gewiß noch oft an dich und die Kinder und dies Haus hier denken müssen.

HELMER: Darf ich dir schreiben, Nora?

NORA: Nein – niemals. Das sollst du nicht.

HELMER: Ach, aber ich darf dir doch schicken, was –?

NORA: Nichts; nichts.

HELMER: – dir helfen, wenn du in Not geraten solltest.

NORA: Nein, sag' ich. Ich nehme von Fremden nichts an.

HELMER: Nora – kann ich dir niemals mehr als ein Fremder werden?

NORA *ihre Reisetasche nehmend:* Ach, Robert, dann müßte das Wunderbarste geschehen. –

HELMER: Nenne mir dies Wunderbarste!

NORA: Dann müßten wir beide, du sowohl wie ich, uns so verändern, daß – ach, Robert, ich glaube nicht mehr an etwas Wunderbares.

HELMER: Aber ich glaube daran. Nenne es! Uns so verändern, daß –?

NORA: Daß ein Zusammenleben zwischen uns beiden eine E h e werden könnte. Leb wohl.

Sie geht durch den Flur hinaus.

HELMER *sinkt neben der Tür auf einen Stuhl und schlägt die Hände vors Gesicht:* Nora! Nora! *Er sieht sich um und steht auf.* Leer. Sie ist nicht mehr hier. *Eine Hoffnung zuckt in ihm auf.* Das Wunderbarste –?!

Von unten herauf hört man eine Tür dröhnend ins Schloß fallen.

Gespenster

Ein Familiendrama in drei Aufzügen

Personen

Frau Helene Alving, Witwe des Hauptmanns und Kammerherrn Alving
Oswald Alving, Maler, ihr Sohn
Pastor Manders
Tischler Engstrand
Regine Engstrand, im Hause bei Frau Alving

Ort der Handlung: auf Frau Alvings Besitzung an einem großen Fjord im westlichen Norwegen

Erster Aufzúg

Ein geräumiges Gartenzimmer mit einer Tür auf der linken Seitenwand und zwei Türen auf der rechten Wand. In der Mitte des Zimmers ein runder Tisch, um diesen Stühle; auf dem Tisch liegen Bücher, Zeitschriften und Zeitungen. Im Vordergrund links ein Fenster, an diesem ein kleines Sofa, vor dem ein Nähtisch steht. Den Hintergrund bildet ein offenes, schmäleres Blumenzimmer, das nach außen durch Glaswände mit großen Scheiben abgeschlossen wird. Auf der rechten Seitenwand des Blumenzimmers befindet sich eine Tür, die zum Garten hinunterführt. Durch die Glaswände unterscheidet man eine düstere Fjordlandschaft, die durch einen gleichmäßigen Regen verschleiert wird.

Tischler Engstrand steht oben an der Gartentür. Sein linkes Bein ist etwas krumm; unter der Stiefelsohle hat er einen Holzklotz. Regine, mit einer leeren Blumenspritze in der Hand, hindert ihn am Näherkommen.

REGINE *mit gedämpfter Stimme:* Was willst du? Rühr dich nicht von der Stelle. Du triefst ja von Regen.

ENGSTRAND: Das ist ja der Regen unseres Herrgotts, mein Kind.

REGINE: Des Teufels Regen ist es.

ENGSTRAND: Wie du doch sprichst, Regine. *Hinkt ein paar Schritte weiter ins Zimmer hinein.* Ja, das war es, was ich sagen wollte – –

REGINE: Stoß nicht so mit dem Fuße auf, Mensch! Der junge Herr liegt oben und schläft.

ENGSTRAND: Jetzt liegt er und schläft? Am hellichten Tage?

REGINE: Das kümmert dich nicht.

ENGSTRAND: Ich war gestern abend auf einem Gelage –

REGINE: Das glaube ich gern.

ENGSTRAND: Ja, denn wir Menschen sind schwach, mein Kind –

REGINE: Ja, das sind wir wirklich.

ENGSTRAND: – – und der Versuchungen sind gar viele auf dieser Welt, siehst du –; und doch stand ich – Gott weiß es – heute morgen schon um halb sechs Uhr bei meiner Arbeit.

REGINE: Schon gut, schon gut, mach jetzt nur, daß du fortkommst. Ich mag hier nicht stehen und Rendezvous mit dir haben.

ENGSTRAND: Was magst du nicht haben?

REGINE: Ich mag nicht, daß irgend jemand dich hier trifft. Also, geh deiner Wege.

ENGSTRAND *kommt ein paar Schritte näher:* Bei Gott, ich gehe nicht, bevor ich nicht mit dir gesprochen habe. – Heute nachmittag werde ich mit meiner Arbeit da unten im Schulhause fertig, und dann fahre ich noch diese Nacht mit dem Dampfschiff in die Stadt und nach Hause.

REGINE *murmelt:* Glückliche Reise!

ENGSTRAND: Dank dir, mein Kind. – Morgen soll ja das Asyl eingeweiht werden, und da wird es wahrscheinlich berauschende Getränke in Hülle und Fülle geben, siehst du. Und niemand soll Jacob Engstrand nachsagen, daß er nicht widerstehen kann, wenn die Versuchung kommt.

REGINE: Oho!

ENGSTRAND: Ja, denn morgen kommen hier eine Menge feiner Leute zusammen. Pastor Manders wird ja auch aus der Stadt erwartet.

REGINE: Er kommt schon heute.

ENGSTRAND: Da siehst du's also. Und nun wirst du auch wohl begreifen, daß ich ihm keine Ursache geben will, mir etwas nachzureden.

REGINE: So liegen die Dinge also!

ENGSTRAND: Was liegt?

REGINE *sieht ihn fest an:* Wozu willst du Pastor Manders jetzt schon wieder verleiten?

ENGSTRAND: Stille! Stille! Bist du verrückt? Wozu ich Pastor Manders verleiten will? O nein, dazu ist Pastor Manders viel zu gütig gegen mich gewesen. – Aber siehst du, ich wollte mit dir darüber sprechen, daß ich nun diese Nacht wieder nach Hause reise.

REGINE: Meinetwegen. Je früher, je besser.

ENGSTRAND: Ja, aber ich will dich mithaben, Regine.

REGINE *mit offenem Munde:* Mich mithaben – –? Was sagst du?

ENGSTRAND: Ich sage, daß ich dich mit nach Hause haben will.

REGINE *höhnisch:* Nie und nimmer bekommst du mich nach Hause!

ENGSTRAND: Oh, das werden wir doch sehen!

REGINE: Ja; du kannst sicher sein, daß wir das sehen werden. Ich, die ich bei der Kammerherrin Alving aufgewachsen bin? – Ich, die ich hier beinahe wie das Kind vom Hause gehalten worden bin? Ich sollte mit dir nach Hause gehen? In ein solches Heim? Pfui!

ENGSTRAND: Was zum Teufel ist das? Widersetzest du dich deinem Vater, Mädchen?

REGINE *murmelt, ohne ihn anzublicken:* Du hast oft genug gesagt, daß ich dich nichts angehe.

ENGSTRAND: Bah; was kümmert dich das?

REGINE: Hast du mich nicht gar manches liebe Mal beschimpft und gesagt, ich sei ein –? Pfui!

ENGSTRAND: Nein, nein, solch häßliches Wort habe ich niemals gebraucht.

REGINE: Oh, ich weiß noch, welches Wort du gebraucht hast.

ENGSTRAND: Ja, hm! Das war aber nur, wenn ich berauscht war. Und es gibt so viele Versuchungen auf dieser Welt, Regine.

REGINE: Mir graut.

ENGSTRAND: Und dann geschah es auch immer nur, wenn deine Mutter mürrisch war. Irgend etwas mußte ich doch auch haben, um sie zu ärgern, mein Kind. Sie wollte immer so fein tun. *Nachahmend:* „Laß mich, Engstrand! Laß mich in Frieden! Ich habe drei Jahre bei Kammerherr Alvings auf Rosenvold gedient, ich!“ *Lacht:* Gott bewahre! Sie konnte niemals vergessen, daß der Hauptmann Kammerherr wurde, während sie hier diente.

REGINE: Arme Mutter! – Sie hast du früh genug zu Tode gepeinigt.

ENGSTRAND *sich aufrichtend:* Ja, das versteht sich! Ich bin ja immer an allem schuld.

REGINE *wendet sich ab, halblaut:* Ah! – Und dann das Bein!

ENGSTRAND: Was sagst du, mein Kind?

REGINE: Pied de mouton.

ENGSTRAND: Ist das englisch?

REGINE: Ja.

ENGSTRAND: Ja, ja; Unterricht hast du hier draußen genossen, und das kann uns jetzt gut zustatten kommen, Regine.

REGINE *nach kurzem Schweigen:* Und was hast du denn für Absichten mit mir in der Stadt?

ENGSTRAND: Kannst du noch fragen, was ein Vater mit seinem einzigen Kinde will? Bin ich nicht ein einsamer und verlassener Witwer?

REGINE: Oh, mir komm nur nicht mit solchem Gewäsch. Weshalb willst du mich durchaus hineinhaben?

ENGSTRAND: Ja; du mußt nämlich wissen, daß ich es mit etwas Neuem versuchen will.

REGINE: Das hast du schon oft genug versucht; aber es ging immer schief.

ENGSTRAND: Nun ja; aber diesmal sollst du staunen, Regine! – Der Teufel soll mich holen – –

REGINE *stampft mit dem Fuße:* Laß das Fluchen!

ENGSTRAND: Still, still! Darin hast du recht, mein Kind! – Ich wollte dir also erzählen, daß ich bei der Arbeit an diesem neuen Asyl etwas Geld auf die Seite gelegt habe.

REGINE: Wirklich? Nun, das ist ja ein Glück für dich.

ENGSTRAND: Wofür kann man denn auch hier auf dem Lande sein Geld ausgeben?

REGINE: Nun, und weiter?

ENGSTRAND: Ja, siehst du, da habe ich mir nun so gedacht, das Geld in etwas Lohnendem anzulegen. So eine Art Wirtshaus für Seeleute – –

REGINE: Ach, pfui!

ENGSTRAND: Ein feines Wirtshaus, verstehst du; nicht solch eine Spelunke für Matrosen. Nein, Tod und Teufel – das soll für Schiffskapitäne und Steuermänner und – – und andere feine Leute sein; begreifst du?

REGINE: Und was sollte ich dabei – – – –?

ENGSTRAND: Du solltest dabei helfen, ja. Nur so zum Schein, wie du wohl denken kannst. Du solltest es beim Teufel nicht schwer haben, mein Kind. Du solltest nur tun, was dir gefällt.

REGINE: Jawohl, ja!

ENGSTRAND: Aber Frauenzimmer müssen wir im Hause haben, das ist doch klar wie der Tag. Denn des Abends soll es lustig hergehen mit Gesang und Tanz und dergleichen. Du mußt verstehen, es sind ja reisende Seeleute auf dem Weltenmeer. *Tritt näher.* Sei nun nicht dumm, Regine, und steh deinem Glück nicht selbst im Wege. Was kann denn hier draußen aus dir werden? Kann es dir irgend etwas nützen, daß Frau Alving dich so viel hat lernen lassen? Ich höre, daß du auf die Kinder im neuen Asyl passen sollst. Ist das vielleicht etwas für dich? Hast du denn so große Lust, dich um der schmutzigen Rangen willen müde und krank zu arbeiten?

REGINE: Nein; wenn es ginge, wie ich möchte, so – – –. Nun, das kann noch kommen! Das kann noch kommen!

ENGSTRAND: Was kann kommen?

REGINE: Das kümmert dich nicht. – Hast du dir hier draußen viel Geld erspart?

ENGSTRAND: Alles in allem können es so gegen sieben- bis achthundert Kronen sein.

REGINE: Das ist nicht übel.

ENGSTRAND: Es ist genug, um etwas damit anzufangen, mein Kind.

REGINE: Und denkst du gar nicht daran, mir etwas von dem Gelde zu geben?

ENGSTRAND: Nein, Gott weiß, daß ich nicht daran denke, nein.

REGINE: Nicht einmal soviel wie ein armseliges Kleid wirst du mir schicken?

ENGSTRAND: Komm nur mit mir in die Stadt, und du kannst so viele Kleider haben, wie du willst.

REGINE: Bah! Wenn ich dazu Lust hätte, so könnte ich es auch auf eigene Hand tun.

ENGSTRAND: Nein, an der führenden Hand eines Vaters geht das besser, Regine. Ich kann jetzt in der Kleinen Hafengasse ein hübsches Haus bekommen. Dazu gehört nicht viel bares Geld; und das könnte so eine Art von Seemannsheim werden; siehst du?

REGINE: Aber ich will nicht zu dir gehen! Ich habe nichts mit dir zu schaffen. Geh doch!

ENGSTRAND: Zum Teufel! Du würdest auch nicht lange bei mir bleiben, mein Kind. So gut würde es nicht kommen! Wenn du nur verständest, dich zu benehmen. So hübsch, wie du in dem letzten Jahr geworden bist – –

REGINE: Nun? – – –

ENGSTRAND: Da käme dann bald ein Steuermann – – ja, vielleicht gar ein Kapitän – –

REGINE: So einen heirate ich nicht. Die Seeleute haben kein Savoir vivre.

ENGSTRAND: Was haben sie nicht?

REGINE: Ich sage, daß ich die Seeleute kenne. Das sind keine Menschen zum Heiraten.

ENGSTRAND: So laß das Heiraten. Es kann sich auch anderweitig lohnen. *Vertraulicher:* Er – – der Engländer – mit der Vergnügungsjacht – er gab dreihundert Speziestaler; und sie war nicht hübscher als du.

REGINE *ihm entgegen:* Hinaus mit dir!

ENGSTRAND *weicht zurück:* Nun, nun; du willst doch nicht schlagen?

REGINE: Ja! Wenn du über die Mutter sprichst, so schlage ich zu! Hinaus mit dir, sage ich! *Treibt ihn hinauf zur Gartentür.* Und wirf die Tür nicht ins Schloß; der junge Herr Alving – – –

ENGSTRAND: Schläft, ja, das weiß ich. Es ist doch sonderbar, wie du dich um den jungen Herrn Alving kümmerst! – – *Leise:* Hoho; es ist doch am Ende nicht gar er, der – – –?

REGINE: Hinaus! und das schnell! Du mußt verrückt sein, Mensch! Nein, nicht den Weg. Da kommt Pastor Manders. Über die Küchentreppe mit dir.

ENGSTRAND *nach rechts:* Ja, ja, ich gehe schon. Aber sprich du mit dem, der da kommt. Er ist der Mann, um dir zu sagen, was ein Kind seinem Vater schuldig ist. Denn ich bin nun doch einmal dein Vater, siehst du. Das kann ich aus dem Kirchenbuch beweisen.

Er geht durch die zweite Tür ab, die Regine geöffnet hat und wieder hinter ihm schließt. Regine sieht hastig in den Spiegel, fächelt sich mit dem Taschentuch und zupft an der Krawatte; dann beschäftigt sie sich wieder mit den Blumen.

PASTOR MANDERS *im Überrock mit Regenschirm, eine kleine Reisetasche an einem Riemen über die Schulter gehängt, tritt durch die Gartentür ins Blumenzimmer:* Guten Tag, Jungfer Engstrand.

REGINE *wendet sich freudig überrascht um:* Nein, seht doch! Guten Tag, Herr Pastor! Ist das Dampfschiff denn schon angekommen?

PASTOR MANDERS: Es ist gerade angekommen. *Geht ins Gartenzimmer.* Dies unaufhörliche Regenwetter ist doch recht ärgerlich.

REGINE *geht ihm nach:* Es ist aber ein gesegnetes Wetter für den Landmann, Herr Pastor.

PASTOR MANDERS: Ja, darin haben Sie gewiß recht. Wir Leute aus der Stadt denken so wenig daran.

Fängt an, den Überrock abzulegen.

REGINE: Kann ich nicht helfen? – – So! – Nein, wie naß er ist! Ich will ihn nur im Vorzimmer aufhängen. Und dann der Regenschirm –; den werde ich zum Trocknen aufspannen.

Geht mit den Sachen durch die zweite Tür rechts ab. Pastor Manders nimmt die Reisetasche ab und legt diese samt seinem Hut auf einen Stuhl. Inzwischen kommt Regine wieder herein.

PASTOR MANDERS: Ah, es tut wohl, unter Dach und Fach zu kommen. Nun? Hier auf dem Hofe steht doch alles gut?

REGINE: Ja, ich denke.

PASTOR MANDERS: Aber viel zu tun für den morgenden Tag; wie?

REGINE: O ja, wir haben viel Arbeit.

PASTOR MANDERS: Und Frau Alving ist hoffentlich zu Hause?

REGINE: Gewiß, gewiß; sie ist augenblicklich oben und bringt dem jungen Herrn die Schokolade.

PASTOR MANDERS: Ja, sagen Sie mir – ich hörte unten an der Landungsbrücke, daß Oswald nach Hause gekommen sei.

REGINE: Ja, er kam schon vorgestern. Wir erwarteten ihn erst heute.

PASTOR MANDERS: Und hoffentlich frisch und gesund?

REGINE: Gewiß; ich danke für die Nachfrage. Er ist nur sehr ermüdet von der Reise, denn er ist ohne Aufenthalt von Paris hierhergefahren –; ich glaube beinahe, er hat den Zug auf der ganzen Fahrt nicht einmal gewechselt. Jetzt schläft er wohl ein wenig, deshalb müssen wir leise sprechen.

PASTOR MANDERS: Also leise, leise.

REGINE *indem sie einen Lehnstuhl an den Tisch schiebt:* Herr Pastor, wollen Sie sich nicht setzen und sich's bequem machen? *Er setzt sich; sie schiebt einen Schemel unter seine Füße.* So! Ist es so recht, Herr Pastor?

PASTOR MANDERS: Danke! Danke; ich sitze hier vortrefflich. *Betrachtet sie.* Wissen Sie, Jungfer Engstrand, ich glaube fast, Sie sind gewachsen, seitdem ich Sie zuletzt gesehen habe.

REGINE: Glauben Sie, Herr Pastor? Die gnädige Frau sagt, daß ich auch stärker geworden bin.

PASTOR MANDERS: Stärker geworden? Nun ja, vielleicht ein wenig; – grade hinlänglich.

Kurze Pause.

REGINE: Soll ich Frau Alving vielleicht rufen?

PASTOR MANDERS: Danke, danke, es eilt nicht, mein liebes Kind. – Nun, und sagen Sie mir jetzt, meine gute Regine, wie es Ihrem Vater hier draußen geht.

REGINE: Besten Dank, Herr Pastor, es geht ihm ziemlich gut.

PASTOR MANDERS: Als er das letzte Mal in der Stadt war, hat er mich besucht.

REGINE: Wirklich? Er ist immer so froh, wenn er mit dem Herrn Pastor reden darf.

PASTOR MANDERS: Und Sie gehen jetzt wohl fleißig zu ihm hinüber?

REGINE: Ich? – Ja, gewiß, wenn ich Zeit dazu habe –

PASTOR MANDERS: Ihr Vater ist kein starker Mensch, Jungfer Engstrand. Er braucht eine leitende Hand so notwendig.

REGINE: O ja, das muß ich zugeben!

PASTOR MANDERS: Er braucht jemanden um sich, den er lieb hat, auf dessen Urteil er Gewicht legen kann. Er selbst gestand das so treuherzig zu, als er das letzte Mal bei mir war.

REGINE: Ja, mir hat er dergleichen auch vorgeredet. Aber ich weiß nicht, ob Frau Alving mich entbehren kann, besonders jetzt, wo wir all die Arbeit mit dem neuen Asyl haben werden. Und dann wird es mir auch so schwer, Frau Alving zu verlassen, denn sie war immer so gütig gegen mich.

PASTOR MANDERS: Aber die Kindespflicht, mein gutes Mädchen –. Natürlich müßten wir zuerst die Einwilligung Ihrer Gebieterin haben.

REGINE: Ich weiß nicht, ob es sich für mich paßt – in meinem Alter –, den Haushalt eines einzelnen Mannes zu führen.

PASTOR MANDERS: Aber liebe Jungfer Engstrand, es ist ja Ihr eigener Vater, von dem hier die Rede ist!

REGINE: Ja, das mag sein – aber trotzdem! – Ja, wenn ich in ein g u t e s Haus und zu einem wirklich anständigen Herrn kommen könnte – – –

PASTOR MANDERS: Aber, meine liebe Regine – –

REGINE: – – zu einem, für den ich Hingebung hegen und wie zu einem Vater aufblicken könnte – –

PASTOR MANDERS: Ja – aber mein liebes, gutes Kind –

REGINE: Denn ich möchte wohl gern hinein in die Stadt. Hier draußen ist es ja so schrecklich einsam – und Herr Pastor, Sie wissen doch selbst, was es heißt, einsam in der Welt dazustehen. Ich darf wohl sagen, daß ich flink und fleißig bin und den besten Willen habe. Wissen S i e nicht eine solche Stelle für mich, Herr Pastor?

PASTOR MANDERS: Ich?? Nein, wahrhaftig nicht.

REGINE: Aber lieber, lieber Herr Pastor – denken Sie auf alle Fälle an mich, wenn, wenn – – –

PASTOR MANDERS *erhebt sich:* Gewiß, das werde ich tun, Jungfer Engstrand.

REGINE: Ja, denn wenn ich – – –

PASTOR MANDERS: Wollen Sie jetzt nicht Frau Alving holen?

REGINE: Sie wird gleich kommen, Herr Pastor.

Nach links ab.

PASTOR MANDERS *geht ein paarmal im Zimmer auf und ab; steht dann einige Augenblicke mit den Händen auf dem Rücken im Hintergrund und sieht in den Garten hinaus. Darauf kommt er wieder an den Tisch, nimmt ein Buch und sieht das Titelblatt an, stutzt, sieht dann noch mehrere an:* Hm – ja, ja!

Frau Alving tritt durch die Tür links ein. Ihr folgt Regine, die sofort wieder durch die vordere Tür rechts abgeht.

FRAU ALVING *streckt ihm die Hand entgegen:* Willkommen, Herr Pastor.

PASTOR MANDERS: Guten Tag, Frau Alving. Hier bin ich, wie ich es versprochen habe.

FRAU ALVING: Stets mit dem Glockenschlag!

PASTOR MANDERS: Aber Sie können mir glauben, daß es mir schwergeworden ist, fortzukommen. All diese gesegneten Kommissionen und Ämter, in denen ich sitze – –

FRAU ALVING: Desto liebenswürdiger ist es von Ihnen, daß Sie so früh gekommen sind. Jetzt können wir unsere Geschäfte noch vor dem Mittagessen erledigen. Aber wo ist Ihr Koffer?

PASTOR MANDERS *schnell:* Mein Gepäck ist unten beim Landkrämer. Ich werde bei ihm übernachten.

FRAU ALVING *unterdrückt ein Lächeln:* Sind Sie wirklich auch dieses Mal nicht zu bewegen, in meinem Hause zu übernachten?

PASTOR MANDERS: Nein, nein, Frau Alving; ich danke Ihnen bestens; ich bleibe wie gewöhnlich da unten. Es ist so bequem für mich, wenn ich wieder an Bord gehe.

FRAU ALVING: Nun, Sie sollen Ihren Willen haben. Aber mich sollte doch dünken, daß wir beiden alten Leute – –

PASTOR MANDERS: Gott bewahre mich, wie Sie nur scherzen! Ja, Sie sind heute natürlich so unendlich froh. Einerseits der morgende Festtag – und dann ist ja auch Oswald heimgekehrt.

FRAU ALVING: Ja, denken Sie nur, wie glücklich ich bin! Vor zwei Jahren war er zum letztenmal zu Hause. Und jetzt hat er versprochen, den ganzen Winter bei mir zu bleiben.

PASTOR MANDERS: In der Tat? Das ist schön und kindlich von ihm. Denn das Leben in Rom und Paris muß doch eigentlich mehr Anziehungskraft für ihn haben als dies ruhige Dasein hier zu Hause.

FRAU ALVING: Ja, aber sehen Sie, hier zu Hause hat er seine M u t t e r! O mein lieber, gesegneter Junge – er hat noch ein Herz für seine Mutter!

PASTOR MANDERS: Nun, es wäre aber auch zu traurig, wenn die Trennung und die Beschäftigung mit der

Kunst imstande wären, die natürlichsten Gefühle zu ertöten.

FRAU ALVING: Ja, da haben Sie recht. Aber Gott sei Dank, mit ihm hat es keine Not. Jetzt bin ich aber begierig, ob Sie ihn wiedererkennen werden. Er muß gleich kommen; er liegt nur noch ein wenig auf dem Sofa, um auszuruhen. – Aber setzen Sie sich, mein lieber Herr Pastor.

PASTOR MANDERS: Danke. Es kommt Ihnen also gelegen – –?

FRAU ALVING: Ja, gewiß! *Setzt sich an den Tisch.*

PASTOR MANDERS: Gut; jetzt sollen Sie also sehen – *Geht an den Stuhl, auf dem die Reisetasche liegt, nimmt ein Paket Papier aus derselben, setzt sich an das entgegengesetzte Ende des Tisches und sucht einen leeren Platz für seine Papiere.* Hier haben wir also erstens – – *Unterbricht sich:* Sagen Sie mir, Frau Alving, wie kommen diese Bücher hier her?

FRAU ALVING: Diese Bücher? Das sind Bücher, welche ich lese.

PASTOR MANDERS: Lesen Sie solche Schriften?

FRAU ALVING: Ja, gewiß tue ich das.

PASTOR MANDERS: Und fühlen Sie, daß Sie durch diese Lektüre besser oder glücklicher werden?

FRAU ALVING: Mir ist, als würde ich ruhiger.

PASTOR MANDERS: Das ist merkwürdig. Wie das?

FRAU ALVING: Ja, denn ich erhalte dort gleichsam Erklärung und Bekräftigung dessen, was ich oft selbst gedacht habe. Denn das ist das Seltsame, Pastor Manders – es steht eigentlich durchaus nichts Neues in diesen Büchern; es steht nichts anderes darin als das, was die meisten Menschen selbst gedacht und geglaubt haben. Es ist nur, daß die meisten Menschen sich nicht klar darüber werden oder nichts davon wissen wollen.

PASTOR MANDERS: O du mein Gott! Glauben Sie in allem Ernst, daß die meisten Menschen – –?

FRAU ALVING: Ja, gewiß glaube ich das.

PASTOR MANDERS: Aber doch nicht hier bei uns zulande? Nicht hier bei uns?

FRAU ALVING: O gewiß, auch hier bei uns!

PASTOR MANDERS: Nun, da muß ich aber sagen – !

FRAU ALVING: Aber was haben Sie denn eigentlich gegen diese Bücher einzuwenden?

PASTOR MANDERS: Einzuwenden? Sie glauben doch wohl nicht, daß ich mich damit beschäftige, solche Erzeugnisse durchzustudieren.

FRAU ALVING: Das heißt also, Sie kennen nicht einmal, was Sie verdammen?

PASTOR MANDERS: Ich habe hinlänglich über diese Schriften gelesen, um sie zu mißbilligen.

FRAU ALVING: Ja, aber Ihre eigene Meinung – –

PASTOR MANDERS: Beste Frau, es gibt gar manche Fälle im Leben, wo man sich auf andere verlassen muß. Es ist nun einmal so auf dieser Welt; und es ist gut, daß es so ist. Wie sollte es sonst mit der menschlichen Gesellschaft werden?

FRAU ALVING: Ja, ja, darin mögen Sie recht haben.

PASTOR MANDERS: Übrigens leugne ich gar nicht, daß dergleichen Schriften manches Anziehende enthalten können. Und ich verdenke es Ihnen auch gar nicht, wenn Sie sich mit den geistigen Strömungen bekanntzumachen wünschen, welche draußen in der großen Welt vor sich gehen, wie ich höre – und wo Sie Ihren Sohn so lange umherziehen ließen. Aber – –

FRAU ALVING: Aber – ?

PASTOR MANDERS *spricht leiser:* Aber man spricht nicht darüber, Frau Alving. Man braucht doch wahrhaftig nicht allen und jedem Rechenschaft über das abzulegen, was man innerhalb seiner vier Wände liest oder denkt.

FRAU ALVING: Nein, gewiß nicht; dieser Ansicht bin ich auch.

PASTOR MANDERS: Bedenken Sie doch nur, welche Rücksichten Sie diesem Asyl schulden, das Sie zu errichten beschlossen zu einer Zeit, als Ihre Ansichten über geistige Dinge so grundverschieden waren von Ihren jetzigen – soweit ich es zu beurteilen vermag.

FRAU ALVING: Ja, ja, das räume ich vollkommen ein. Aber wir wollten ja vom Asyl – – –

PASTOR MANDERS: Wir wollten vom Asyl reden, ja. Also – Vorsicht, beste Frau! Und nun gehen wir zu den Geschäften über. *Öffnet den Umschlag und nimmt eine Anzahl Papiere heraus.* Sehen Sie diese hier?

FRAU ALVING: Sind das die Dokumente?

PASTOR MANDERS: Ja, und in vollkommenster Ordnung. Sie können glauben, es hat schwergehalten, sie zu rechter Zeit zu bekommen. Ich habe förmlich eine Pression üben müssen. Die Behörden sind beinahe peinlich gewissenhaft, wo es sich um Entscheidungen handelt. *Sucht in dem Papierbündel.* Sehen Sie, hier ist die gerichtlich bestätigte Übergabsurkunde des Gehöftes Solvik, Vorwerk des Ritterguts Rosenvold, mit den darauf befindlichen Neubauten an Häusern, Schullokalen, Lehrerwohnung und Kapelle. Und hier ist die Anerkennung der Legate und Stiftungsurkunde. Wollen Sie gefälligst sehen – *Liest:* Die Statuten des Kinderasyls „Zu Hauptmann Alvings ewigem Gedächtnis" –

FRAU ALVING *blickt lange auf das Papier:* – Also das ist es.

PASTOR MANDERS: Ich habe die Bezeichnung Hauptmann und nicht Kammerherr gewählt. Hauptmann klingt prunkloser.

FRAU ALVING: Ja, ja; ganz wie Sie meinen.

PASTOR MANDERS: Und hier ist das Sparkassenbuch über das rententragende Kapital, welches ausgesetzt ist, um die Betriebskosten des Asyls zu decken.

FRAU ALVING: Besten Dank; aber haben Sie die Güte, es der Bequemlichkeit wegen zu behalten.

PASTOR MANDERS: Sehr gern. Ich halte es für das beste, wenn wir das Geld vorläufig in der Sparkasse liegen lassen. Der Zinsfuß ist zwar nicht sehr verlockend, vier Prozent bei sechsmonatlicher Kündigung. Wenn man dann später zu einer guten Pfandobligation kommen könnte – es müßte natürlich erste Priorität und ein Papier von unzweifelhafter Sicherheit sein –, so könnten wir weiter darüber reden.

FRAU ALVING: Ja, ja, lieber Pastor Manders, alles das verstehn Sie am besten.

PASTOR MANDERS: Auf alle Fälle werde ich die Augen offenhalten. – Und nun noch etwas, über das ich schon mehrere Male mit Ihnen sprechen wollte.

FRAU ALVING: Und das wäre?

PASTOR MANDERS: Soll das Asylgebäude versichert werden oder nicht?

FRAU ALVING: Gewiß muß es versichert werden.

PASTOR MANDERS: Sachte, sachte, beste Frau. Betrachten wir die Sache ein wenig näher.

FRAU ALVING: Ich habe stets alles versichert, sowohl die Gebäude und den Hausrat wie auch die Scheunenvorräte und die Ackergerätschaften.

PASTOR MANDERS: Selbstverständlich. Auf Ihrer eigenen Besitzung. Das tue auch ich natürlicherweise. Aber sehen Sie, hier ist es eine ganz andere Sache. Das Asyl soll doch gleichsam einer höheren Lebensaufgabe geweiht sein.

FRAU ALVING: Ja, aber deshalb – –

PASTOR MANDERS: Für meine eigene Person würde ich natürlich nicht das geringste darin finden, wenn wir uns gegen alle Möglichkeiten sichern –

FRAU ALVING: Nun, das sollte ich auch denken.

PASTOR MANDERS: – aber wie verhält es sich mit der Stimmung des Volkes hier in der Gegend? Diese müssen Sie ja besser kennen als ich.

FRAU ALVING: Hm – die Stimmung –

PASTOR MANDERS: Gibt es hier eine beträchtliche Anzahl von Meinungsberechtigten – von wirklich Meinungsberechtigten, die Anstoß daran nehmen könnten?

FRAU ALVING: Ja, was verstehen Sie denn eigentlich unter wirklich Meinungsberechtigten?

PASTOR MANDERS: Nun, ich denke in erster Reihe an Männer, die soweit in unabhängiger und einflußreicher Stellung sind, daß man nicht gut unterlassen kann, ihrer Meinung ein gewisses Gewicht beizulegen.

FRAU ALVING: Deren gibt es hier mehrere, die sich vielleicht daran stoßen könnten, wenn – –

PASTOR MANDERS: Nun, sehen Sie nur! In der Stadt haben wir eine ganze Menge von dieser Sorte. Denken Sie nur an all die Anhänger meines Amtsbruders! Man könnte wirklich leicht dahin kommen, es so aufzufassen, als wenn weder Sie, verehrte Frau, noch ich das rechte Vertrauen auf eine Vorsehung hätten.

FRAU ALVING: Aber was Sie anbetrifft, lieber Herr Pastor, so wissen Sie doch für alle Fälle selbst, daß – –

PASTOR MANDERS: Ja, ich weiß, ich weiß – ich habe meine gute Überzeugung, das ist wahr. Aber trotzdem würden wir eine falsche und unvorteilhafte Auslegung nicht hindern können. Und diese könnte wieder sehr leicht einen hemmenden Einfluß auf die Tätigkeit des Asyls üben.

FRAU ALVING: Nun, wenn das der Fall wäre, so – –

PASTOR MANDERS: Und ich kann mich auch nicht gänzlich der unangenehmen – ja, ich kann sogar sagen peinlichen Stellung verschließen, in welche ich möglicherweise kommen könnte. In den leitenden Kreisen der Stadt beschäftigt man sich viel mit dieser Asylangelegenheit. Das Asyl ist ja auch teilweise zum Nutzen der Stadt errichtet, und hoffentlich wird es in nicht unbeträchtlichem Maße dazu dienen, unsere kommunalen Armenlasten zu erleichtern. Da ich nun aber Ihr Ratgeber gewesen bin und den geschäftlichen Teil der Sache geführt habe, so muß ich befürchten, daß die Eifersüchtigen und Neider sich zuerst gegen mich wenden würden.

FRAU ALVING: Ja, dem sollen Sie sich nicht aussetzen.

PASTOR MANDERS: Gar nicht zu reden von den Angriffen, welche gewisse Blätter und Zeitschriften unzweifelhaft gegen mich richten würden –

FRAU ALVING: Genug, lieber Pastor Manders; diese Rücksichten sind entscheidend.

PASTOR MANDERS: Sie wollen also nicht, daß wir versichern?

FRAU ALVING: Nein, lassen wir es.

PASTOR MANDERS *lehnt sich im Stuhl zurück:* Aber wenn nun doch einmal das Unglück hereinbräche? Man kann ja niemals wissen – –. Würden Sie dann den Schaden wiedergutmachen können?

FRAU ALVING: Nein. Das sage ich Ihnen grade heraus. Das könnte ich nicht.

PASTOR MANDERS: Ja, aber wissen Sie, Frau Alving – dann ist es eigentlich eine bedenkliche Verantwortung, die wir auf uns laden.

FRAU ALVING: Aber meinen Sie denn, daß wir anders können?

PASTOR MANDERS: Nein, das ist grade die Sache; wir können eigentlich nicht anders. Wir dürfen uns doch nicht einer schiefen Beurteilung aussetzen; und wir dürfen auch durchaus in der Gemeinde kein Ärgernis geben.

FRAU ALVING: Sie, als Priester, gewiß nicht.

PASTOR MANDERS: Und mich dünkt doch auch wirklich, wir dürfen darauf bauen, daß das Glück einer solchen Anstalt hold ist – ja, daß sie unter einem besonderen Schutz und Schirm steht.

FRAU ALVING: Hoffen wir es, Pastor Manders.

PASTOR MANDERS: Wollen wir die Sache also auf sich beruhen lassen?

FRAU ALVING: Ja, gewiß.

PASTOR MANDERS: Gut. Wie Sie wollen. *Notiert:* Also – nicht versichern.

FRAU ALVING: Es ist übrigens seltsam, daß Sie grade heute über diese Angelegenheit sprachen – –

PASTOR MANDERS: Ich beabsichtigte schon oft, Sie darüber zu befragen –

FRAU ALVING: – denn gestern hätten wir drüben beinahe eine Feuersbrunst gehabt.

PASTOR MANDERS: Ist das möglich!

FRAU ALVING: Es hatte übrigens nichts auf sich. Einige Hobelspäne in der Tischlerwerkstätte waren in Brand geraten.

PASTOR MANDERS: Dort, wo Engstrand arbeitet?

FRAU ALVING: Ja. Die Leute sagen, daß er oft so unvorsichtig mit den Zündhölzern umgeht.

PASTOR MANDERS: Der Mann hat so viele Dinge in seinem Kopf – – so viele Anfechtungen. Gott sei Dank, wie ich höre, befleißigt er sich jetzt indessen, ein tadelloses Leben zu führen.

FRAU ALVING: So? Wer sagt das?

PASTOR MANDERS: Er selbst hat mir das versichert. Und ein geschickter Arbeiter ist er ja auch.

FRAU ALVING: O ja, solange er nüchtern ist –

PASTOR MANDERS: Ja, diese unglückselige Schwäche! Aber er sagt, daß er zuweilen seines kranken Beines wegen trinken muß. Als er das letzte Mal bei mir in der Stadt war, hat er mich wirklich tief gerührt. Er kam zu mir, um mir für die Arbeit zu danken, die ich ihm hier verschafft hatte, weil es ihm nun doch möglich gemacht war, mit Regine zusammen zu sein.

FRAU ALVING: Er sieht sie aber doch nur sehr selten.

PASTOR MANDERS: Nein, er sieht sie täglich; er hat es mir ja selbst gesagt.

FRAU ALVING: Nun, nun, es kann ja sein!

PASTOR MANDERS: Er fühlt sehr wohl, daß er jemanden braucht, der ihn zurückhält, wenn die Versuchung an ihn herantritt. Das ist das Liebenswürdige an Jacob Engstrand, daß er selbst so hilflos daherkommt und sich anklagt und seine Schwäche bekennt. Als er das letzte Mal bei mir war und mir erzählte – – –. Hören Sie, Frau Alving, wenn es für ihn eine Herzensbefriedigung wäre, Regine wieder bei sich zu Hause zu haben –

FRAU ALVING *erhebt sich hastig:* Regine?!

PASTOR MANDERS: – so müßten Sie sich dem nicht widersetzen.

FRAU ALVING: Oh, dem widersetze ich mich ganz entschieden. Und überdies – Regine bekommt eine Beschäftigung im Asyl.

PASTOR MANDERS: Aber bedenken Sie, er ist doch ihr Vater –

FRAU ALVING: Ja, ich weiß am besten, was für ein Vater er ihr gewesen ist. Nein, mit meiner Zustimmung wird sie niemals zu ihm zurückkehren.

PASTOR MANDERS *erhebt sich:* Aber beste Frau, ereifern Sie sich nicht so. Es ist traurig, wie sehr Sie den Tischler Engstrand verkennen. Sie waren ja förmlich erschrocken –

FRAU ALVING *ruhiger:* Es ist einerlei. Ich habe Regine zu mir genommen, und bei mir bleibt sie. *Horcht:* Still, lieber Pastor, sprechen wir nicht mehr über diesen Gegenstand! *Ein Freudenstrahl erhellt ihr Gesicht.* Hören Sie! Oswald ist schon auf der Treppe. Jetzt wollen wir nur an ihn denken.

Oswald Alving, in leichtem Rock, den Hut in der Hand, aus einer großen Meerschaumpfeife rauchend, tritt durch die Tür links ein.

OSWALD *bleibt an der Tür stehen:* Ich bitte um Verzeihung – ich glaubte, die Herrschaften seien im Schreibzimmer. *Tritt näher.* Guten Tag, Herr Pastor.

PASTOR MANDERS *ihn anstarrend:* Ah! – Das ist aber sonderbar –

FRAU ALVING: Ja, was sagen Sie zu dem da, Pastor Manders!

PASTOR MANDERS: Ich sage – ich sage –. Nein, aber ist denn das wirklich –?

OSWALD: Ja, Herr Pastor, es ist wirklich der verlorene Sohn.

PASTOR MANDERS: Aber mein lieber, junger Freund –

OSWALD: Nun also, der heimgekehrte Sohn.

FRAU ALVING: Oswald denkt an die Zeit, als Sie so sehr dagegen waren, daß er Maler wurde.

PASTOR MANDERS: Menschlichen Augen mag ja mancher Schritt bedenklich erscheinen, der später trotzdem – *Schüttelt Oswalds Hand.* Nun, willkommen! willkommen! Nein, mein lieber Oswald – ich darf Sie doch noch bei Ihrem Vornamen nennen?

OSWALD: Aber wie wollten Sie mich denn sonst nennen?

PASTOR MANDERS: Gut. Es war also das, was ich Ihnen sagen wollte – Sie dürfen nicht glauben, daß ich den Künstlerstand unbedingt verdamme. Nein, ich nehme an, daß es auch in diesem Stand viele gibt, die ihren innern Menschen unverderbt bewahren.

OSWALD: Das wollen wir hoffen.

FRAU ALVING *strahlend glücklich:* Ich kenne einen, der sowohl seinen innern wie seinen äußern Menschen unverderbt bewahrt hat, sehen Sie ihn nur an, Pastor Manders.

OSWALD *geht auf und ab:* Ja, ja, liebste Mutter. Aber lassen wir das.

PASTOR MANDERS: Nun, wahrhaftig – – das läßt sich nicht leugnen. Und jetzt haben Sie auch schon angefangen, sich einen Namen zu machen. Die Zeitungen haben oft unendlich günstig von Ihnen gesprochen. Ja, übrigens in letzter Zeit war nicht mehr viel von Ihnen die Rede, wie mich dünkt.

OSWALD *der hinten bei den Blumen steht:* Ich habe nicht mehr so viel malen dürfen.

FRAU ALVING: Ein Maler muß sich doch auch zuweilen ausruhen.

PASTOR MANDERS: Das kann ich mir denken. Dann bereitet man sich vor und sammelt neue Kräfte zu einem großen Werke.

OSWALD: Ja. – Mutter, speisen wir bald?

FRAU ALVING: In einer kleinen halben Stunde. Appetit hat er doch, Gott sei Dank.

PASTOR MANDERS: Und Rauchlust auch.

OSWALD: Ich fand Vaters Pfeife da oben auf dem Zimmer und da –

PASTOR MANDERS: Aha! Da haben wir es also!

FRAU ALVING: Was?

PASTOR MANDERS: Als Oswald ins Zimmer trat mit der Pfeife im Munde, war mir's, als stände sein Vater lebendig vor mir.

OSWALD: Nein, wirklich?

FRAU ALVING: Oh, wie können Sie das nur sagen! Oswald gerät doch ganz mir nach.

PASTOR MANDERS: Ja, aber jener Zug um die Mundwinkel, um die Lippen, erinnert so deutlich an Alving – – besonders jetzt, wo er raucht.

FRAU ALVING: Durchaus gar nicht. Mich dünkt, Oswald hat eher einen priesterlichen Zug um den Mund.

PASTOR MANDERS: O ja, o ja; mehrere meiner Amtsbrüder haben einen ähnlichen Zug.

FRAU ALVING: Aber stell die Pfeife jetzt fort, mein lieber Junge; ich mag hier keinen Tabakrauch haben.

OSWALD *tut es:* Gern. Ich wollte sie nur probieren, denn einmal als Kind habe ich daraus geraucht.

FRAU ALVING: Du?

OSWALD: Ja. Ich war damals noch ganz klein. Aber ich erinnere mich, wie ich eines Abends zu Vater ins Zimmer kam und er so lustig und vergnügt war.

FRAU ALVING: Bah, du erinnerst dich an gar nichts aus jenen Jahren.

OSWALD: Doch; ich erinnere mich ganz deutlich, wie er mich auf sein Knie setzte und mich aus der Pfeife rauchen ließ. „Rauche, Junge", sagte er, „rauch tüchtig!" Und ich rauchte aus aller Kraft, bis ich fühlte, wie ich bleich wurde und der Schweiß mir in großen Tropfen auf der Stirn stand. Da lachte er so herzlich –

PASTOR MANDERS: Das war aber doch seltsam.

FRAU ALVING: Mein Bester, das hat Oswald nur geträumt.

OSWALD: Nein, Mutter, das hat mir durchaus nicht geträumt. Denn – erinnerst du das nicht noch – da kamst du und trugst mich hinüber in die Kinderstube. Dort wurde mir übel und ich sah, daß du weintest. – – Hat Vater oft solche Possen getrieben?

PASTOR MANDERS: In seiner Jugend war er ein unendlich lebenslustiger Mensch –

OSWALD: Und hat doch so viel auf dieser Welt zustande gebracht. So vieles, das gut und nützlich – und er ist doch nicht alt geworden!

PASTOR MANDERS: Ja, mein lieber Oswald Alving, Sie haben in der Tat den Namen eines tätigen und würdigen Mannes geerbt. Nun, das wird Ihnen hoffentlich ein Sporn sein – –

OSWALD: Es sollte so sein, ja.

PASTOR MANDERS: Auf jeden Fall war es schön von Ihnen, daß Sie zu seinem Ehrentage nach Hause kamen.

OSWALD: Weniger konnte ich für meinen Vater doch nicht tun.

FRAU ALVING: Und daß ich ihn jetzt so lange hier behalten kann – das ist doch das Schönste von ihm.

PASTOR MANDERS: Ja, wie ich höre, werden Sie den ganzen Winter hindurch daheim bleiben.

OSWALD: Ich bleibe für unbestimmte Zeit hier, Herr Pastor! – Ach! es ist doch gut, wieder zu Hause zu sein!

FRAU ALVING *strahlend:* Ja, nicht wahr, du?

PASTOR MANDERS *sieht ihn teilnehmend an:* Sie sind früh in die Welt hinausgekommen, mein lieber Oswald.

OSWALD: Das ist wahr. Zuweilen denke ich, daß es zu früh war.

FRAU ALVING: O durchaus nicht. Das tut einem gesunden Burschen nur gut. Und besonders einem, der einziges Kind ist. Ein solcher soll nicht zu Hause bei Vater und Mutter sitzen und verhätschelt werden.

PASTOR MANDERS: Das ist eine durchaus bestreitbare Frage, Frau Alving. Das Vaterhaus ist und bleibt doch die rechte Zufluchtsstätte, der beste Aufenthalt für ein Kind.

OSWALD: Darin muß ich dem Pastor ganz recht geben.

PASTOR MANDERS: Sehen Sie nur Ihren eigenen Sohn an. Ja, wir können ja sehr wohl in seiner Gegenwart darüber sprechen. Welches sind die Folgen davon für ihn gewesen? Er ist sechs- bis siebenundzwanzig Jahre alt geworden und hat noch niemals Gelegenheit gehabt, ein ordentliches Heim kennenzulernen.

OSWALD: Um Verzeihung, Herr Pastor – aber da irren Sie doch.

PASTOR MANDERS: So? – Ich glaubte, Sie hätten ausschließlich nur in Künstlerkreisen verkehrt.

OSWALD: Das ist auch der Fall gewesen.

PASTOR MANDERS: Und meistens doch mit den jüngern Künstlern.

OSWALD: Ja, gewiß.

PASTOR MANDERS: Aber ich glaubte, daß die Mehrzahl dieser Leute nicht die Mittel besäßen, eine Familie zu gründen und ein Heim zu haben.

OSWALD: Zweifelsohne gibt es viele unter ihnen, die nicht Geld genug haben, um sich zu verheiraten.

PASTOR MANDERS: Nun, das ist es ja, was ich sage.

OSWALD: Aber deshalb können sie doch ein Heim haben. Und einer oder der andere hat es sogar; und ein sehr ordentliches und behagliches Heim obendrein.

Frau Alving horcht gespannt, nickt zuweilen, sagt aber nichts.

PASTOR MANDERS: Aber ich spreche ja nicht von Junggesellenwirtschaften. Unter einem Heim verstehe ich ein Familienheim, in welchem ein Mann mit seinem Weibe und seinen Kindern lebt.

OSWALD: Ja. Oder mit seinen Kindern und der Mutter seiner Kinder.

PASTOR MANDERS *stutzt; schlägt dann die Hände zusammen:* Aber du barmherziger Gott – –!

OSWALD: Nun?

PASTOR MANDERS: Zusammenleben mit – – der Mutter seiner Kinder!

OSWALD: Ja! Oder wäre es besser, wenn er die Mutter seiner Kinder verstieße?

PASTOR MANDERS: Sie reden also von ungesetzlichen Verhältnissen! Von diesen sogenannten wilden Ehen?!

OSWALD: Mir ist niemals etwas besonders Wildes in dem Zusammenleben dieser Leute aufgefallen.

PASTOR MANDERS: Aber wie ist es nur möglich, daß ein – ein einigermaßen wohlerzogener Mann oder ein junges Weib sich dazu verstehen kann, in dieser Weise zu leben – so vor den Augen aller Welt!

OSWALD: Aber was sollen sie tun? Ein armer, junger Künstler – ein armes, junges Mädchen –. Es kostet viel Geld, wenn man sich verheiraten will. Was sollen sie denn tun?

PASTOR MANDERS: Was sie tun sollen? Ja, Herr Alving, ich werde Ihnen sagen, was sie tun sollen. Sie sollten sich von Anfang an ferngeblieben sein – das sollten sie.

OSWALD: Mit solchen Reden werden Sie bei jungen, heißblütigen, verliebten Menschen nicht weit kommen.

FRAU ALVING: Nein, damit kommen Sie nicht weit!

PASTOR MANDERS: Und daß die Behörden dergleichen dulden! Daß dergleichen ganz offenkundig geschehen darf! *Stellt sich vor Frau Alving.* Nun, hatte ich nicht Ursache, um Ihren Sohn besorgt zu sein? In Kreisen, wo die unverhüllte Unsittlichkeit geduldet wird und sich gleichsam ein Recht erworben hat – –

OSWALD: Ich will Ihnen etwas sagen, Herr Pastor. Ich bin ein steter Sonntagsgast an ein paar solcher unregelmäßiger Familienherde gewesen – –

PASTOR MANDERS: Und das noch dazu am Sonntag!

OSWALD: Ja gewiß, das ist ja der Tag, an dem man sich amüsieren soll. Aber niemals habe ich dort ein anstößiges Wort gehört, und noch weniger war ich Zeuge von irgend etwas, das man unsittlich nennen könnte. Nein; wissen Sie, wann und wo ich die Unsittlichkeit in Künstlerkreisen getroffen habe?

PASTOR MANDERS: Nein, Gott Lob, das weiß ich nicht!

OSWALD: Nun, so werde ich mir erlauben, es Ihnen zu sagen. Ich habe sie getroffen, wenn einer oder der andere unserer mustergültigen Ehemänner und Familienväter hinuntergekommen ist, um sich dort so ein wenig auf eigene Hand umzusehen – und dann den Künstlern die Ehre antat, sie in ihren bescheidenen Kneipen aufzusuchen. Da konnten wir etwas lernen! Die Herren wußten uns über Dinge und Örtlichkeiten zu erzählen, von denen wir uns niemals hatten träumen lassen.

PASTOR MANDERS: Was? Wollen Sie wirklich behaupten, daß Ehrenmänner von hier zu Hause da draußen – –?

OSWALD: Haben Sie denn niemals gehört, wie diese Ehrenmänner bei ihrer Heimkehr sich über die zunehmende Unsittlichkeit im Auslande ausgesprochen haben?

PASTOR MANDERS: Ja, natürlich –

FRAU ALVING: Das habe auch ich gehört.

OSWALD: Ja, man kann ihnen getrost aufs Wort glauben. Sie sind zuweilen sachkundige Leute! *Greift sich an den Kopf.* Oh – daß das schöne, das herrliche Freiheitsleben da draußen – daß es so besudelt werden muß!

FRAU ALVING: Du darfst dich nicht ereifern, Oswald; es schadet dir.

OSWALD: Du hast recht, Mutter. Es schadet mir. Siehst du, es ist diese verdammte Müdigkeit. Ich will noch einen kleinen Spaziergang vor dem Mittagessen machen. Verzeihen Sie, Herr Pastor; Sie können sich nicht hineindenken; aber es überwältigte mich wieder einmal. *Ab durch die zweite Tür rechts.*

FRAU ALVING: Mein armer Junge –!

PASTOR MANDERS: Ja, Sie haben Ursache, das zu sagen! So weit ist es also mit ihm gekommen! *Frau Alving sieht ihn an und schweigt. Auf und ab gehend:* Er nannte sich den verlorenen Sohn. Ja, leider – leider! *Frau Alving sieht ihn immer noch an.* Und was sagen Sie zu alldem?

FRAU ALVING: Ich sage, daß Oswald mit jedem Worte recht hatte.

PASTOR MANDERS *hält inne:* Recht? Recht! Mit solchen Grundsätzen!

FRAU ALVING: Hier in meiner Einsamkeit bin ich dahin gekommen, ebenso zu denken, Herr Pastor. Aber ich habe mich niemals erkühnt, daran zu rühren. Nun wohl; mein Sohn soll für mich sprechen.

PASTOR MANDERS: Sie sind ein beklagenswertes Weib, Frau Alving. Aber jetzt muß ich ein ernstes Wort mit Ihnen reden. Jetzt ist es nicht mehr Ihr Geschäftsführer und Ratgeber, Ihr und Ihres verstorbenen Mannes Jugendfreund, der vor Ihnen steht. Es ist der Priester! So wie er in dem schwersten Augenblick Ihres Lebens vor Ihnen stand.

FRAU ALVING: Und was ist es, das der Priester mir zu sagen hat?

PASTOR MANDERS: Ich muß zuerst an Ihrer Erinnerung rütteln, Frau Alving. Der Augenblick ist gut gewählt. Morgen ist der zehnte Todestag Ihres Gatten; morgen soll das Ehrendenkmal des Verstorbenen enthüllt werden; morgen soll ich zu der ganzen Schar der Versammelten reden – aber heute will ich mit Ihnen allein sprechen.

FRAU ALVING: Gut, Herr Pastor; sprechen Sie!

PASTOR MANDERS: Erinnern Sie sich, daß Sie nach kaum einjähriger Ehe am äußersten Rande des Abgrunds standen? Daß Sie Ihr Haus und Ihr Heim verließen – daß Sie Ihrem Manne entflohen – ja, Frau Alving, flohen, flohen und sich weigerten, zu ihm zurückzukehren, wie sehr er auch bat und flehte?

FRAU ALVING: Haben Sie vergessen, wie grenzenlos unglücklich ich während dieses ersten Jahres war?

PASTOR MANDERS: Das ist grade der rechte Geist des Aufruhrs, der immer das Glück hier im Leben erstrebt. Welches Recht haben wir Menschen denn ans Glück? Nein, wir sollen unsere Pflicht tun, Frau Alving! Und Ihre Pflicht war es, fest zu dem Manne zu halten, den Sie einmal gewählt hatten und an den Sie durch ein heiliges Band geknüpft waren.

FRAU ALVING: Sie wissen sehr wohl, welches Leben Alving in jener Zeit führte, welcher Ausschweifungen er sich schuldig machte.

PASTOR MANDERS: Ich weiß leider, welche Gerüchte über ihn gingen; und ich bin der letzte, der seinen Lebenswandel während der Jugendjahre billigt. Aber die Gattin ist nicht zum Richter über ihren Gatten gesetzt. Es wäre Ihre Schuldigkeit gewesen, mit demütigem Sinn das Kreuz zu tragen, welches ein höherer Wille Ihnen auferlegt hatte. Aber statt dessen werfen Sie in Empörung dieses Kreuz von sich, verlassen den Strauchelnden, den Sie hätten stützen sollen, gehen hin und setzen Ihren guten Namen und Ihren Ruf aufs Spiel, und – – sind nahe daran, den Ruf anderer obendrein zu verscherzen.

FRAU ALVING: Anderer? Sie meinen doch nur eines anderen.

PASTOR MANDERS: Es war äußerst rücksichtslos von Ihnen, bei mir Zuflucht zu suchen.

FRAU ALVING: Bei unserem Priester? – Bei unserem Hausfreund?

PASTOR MANDERS: Grade deshalb. – Ja, danken Sie Ihrem Herrn und Gott, daß ich die nötige Festigkeit besaß – daß ich Sie von Ihrem überspannten Vorhaben abbrachte und daß es mir vergönnt war, Sie auf den Weg der Pflicht zurückzuführen, in Ihr Heim – zu Ihrem rechtmäßigen Gatten.

FRAU ALVING: Ja, Pastor Manders, das war allerdings Ihr Werk!

PASTOR MANDERS: Ich war nur ein bescheidenes Werkzeug in der Hand des Höchsten. Und ist es nicht zum größten Segen für all Ihre übrigen Lebenstage geworden, daß es mir gelang, Sie unter das Joch der Pflicht und des Gehorsams zu beugen? Ist es nicht gekommen, wie ich Ihnen vorhersagte? Ließ Alving nicht von seinen Verirrungen ab, so wie es einem Manne gebührt? Verlebte er nicht seit jener Zeit all seine Tage in Liebe und ohne Vorwurf mit Ihnen? Wurde er nicht zum Wohltäter der ganzen Gegend, und hob er Sie nicht dergestalt zu sich empor, daß Sie ein Mitarbeiter an all seinen Unternehmungen wurden? Und dazu ein tüchtiger Mitarbeiter – oh, ich weiß das, Frau Alving; den Ruhm werde ich Ihnen lassen. – Aber jetzt komme ich zu dem zweiten großen Fehltritt in Ihrem Leben.

FRAU ALVING: Was wollen Sie damit sagen?

PASTOR MANDERS: Und so wie Sie dereinst die Pflichten der Gattin verleugnet haben, so verleugneten Sie seitdem die Pflichten der Mutter.

FRAU ALVING: Ah –!

PASTOR MANDERS: Ein unheilschwangerer Geist des Eigenwillens hat Sie während Ihres ganzen Lebens geleitet. Ihr ganzes Sinnen und Trachten ist dem Zwanglosen, dem Ungesetzlichen zugewendet gewesen. Niemals haben Sie irgendeinen Zwang ertragen können. Alles, was Sie im Leben beengt und bedrückt hat, haben Sie gewissenlos und rücksichtslos wie eine Bürde abgeworfen, über die Sie selbst Gewalt hatten. Es behagte Ihnen nicht länger, Gattin zu sein – und Sie verließen Ihren Gatten. Es war Ihnen beschwerlich, Mutter zu sein, und Sie schickten Ihr Kind hinaus in die Fremde.

FRAU ALVING: Ja, das ist wahr; das habe ich getan.

PASTOR MANDERS: Aber deshalb sind Sie auch eine Fremde für ihn geworden.

FRAU ALVING: Nein, nein; das bin ich nicht!

PASTOR MANDERS: Das sind Sie; das müssen Sie sein. Und wie ist er zu Ihnen zurückgekehrt! Bedenken Sie das wohl, Frau Alving. Sie haben gegen Ihren Gatten ein Verbrechen begangen – das sehen Sie ein und errichten ihm deshalb jenes Denkmal da unten. Erkennen Sie jetzt aber auch, was Sie gegen Ihren Sohn verbrochen haben; vielleicht ist es noch Zeit, ihn von dem Wege der Verirrung zurückzuführen. Kehren Sie selbst um; und richten Sie in ihm auf, was vielleicht noch aufzurichten ist. Denn – *mit erhobenem Zeigefinger:* wahrlich, Frau Alving, Sie sind eine schuldbeladene Mutter! – Dies Ihnen zu sagen, habe ich für meine Pflicht gehalten.

Langes Schweigen.

FRAU ALVING *langsam und sich beherrschend:* Jetzt haben Sie gesprochen, Herr Pastor, und morgen sollen Sie öffentlich zum Gedächtnis meines Mannes reden. Ich werde morgen nicht sprechen; aber jetzt werde ich ein wenig mit Ihnen reden, gradeso, wie Sie zu mir gesprochen haben.

PASTOR MANDERS: Natürlich, Sie wollen Entschuldigungen für Ihr Betragen vorbringen –

FRAU ALVING: Nein. Ich will nur erzählen.

PASTOR MANDERS: Nun –?

FRAU ALVING: Alles das, was Sie hier soeben über mich und meinen Gatten und unser Zusammenleben gesagt, nachdem Sie mich, wie Sie es nennen, auf den Weg der Pflicht zurückgeführt hatten – alles das sind Dinge, die Sie ja nicht aus eigener Anschauung kennen. Denn seit jenem Augenblick setzten Sie – unser Freund und täglicher Gast – Ihren Fuß ja nicht mehr über unsere Schwelle.

PASTOR MANDERS: Sie und Ihr Gatte verließen die Stadt ja gleich darauf.

FRAU ALVING: Ja; und hier heraus sind Sie bei Lebzeiten meines Mannes nicht mehr gekommen. Erst die Geschäfte in den Angelegenheiten des Asyls zwangen Sie, mich zu besuchen.

PASTOR MANDERS *leise und unsicher:* Helene – soll dies ein Vorwurf sein, so muß ich Sie bitten zu überlegen – –

FRAU ALVING: – die Rücksichten, welche Sie Ihrer Stellung schuldeten; ja. Und dann war ich ja eine entlaufene Frau! Solchen rücksichtslosen Frauenzimmern gegenüber kann man niemals zurückhaltend genug sein.

PASTOR MANDERS: Liebe – Frau Alving, dies ist eine so ungeheure Übertreibung.

FRAU ALVING: Ja, ja, ja, lassen wir das. Ich wollte nur das sagen; wenn Sie über meine ehelichen Verhältnisse urteilen, so stützen Sie sich so ohne weiteres auf die allgemein verbreiteten Ansichten.

PASTOR MANDERS: Nun ja; und was weiter?

FRAU ALVING: Aber jetzt, Manders, jetzt werde ich Ihnen die Wahrheit sagen. Ich habe mir geschworen, daß Sie sie einmal erfahren sollten! Sie allein!

PASTOR MANDERS: Und was ist denn die Wahrheit?

FRAU ALVING: Die Wahrheit ist, daß mein Mann ebenso ruchlos starb, wie er all seine Tage gelebt hatte!

PASTOR MANDERS *tastet nach einem Stuhl:* Was sagen Sie?

FRAU ALVING: Nach neunzehnjähriger Ehe ebenso ruchlos – in seinen Neigungen wenigstens –, wie er gewesen, bevor Sie uns vor dem Altar verbanden.

PASTOR MANDERS: Und diese Jugendverirrungen – diese Unregelmäßigkeiten – Ausschweifungen, wenn Sie wollen, nennen Sie ein ruchloses Leben!

FRAU ALVING: Unser Hausarzt gebrauchte diesen Ausdruck.

PASTOR MANDERS: Jetzt verstehe ich Sie nicht.

FRAU ALVING: Ist auch nicht nötig.

PASTOR MANDERS: Mir schwindelt beinahe. Ihre ganze Ehe – Ihr ganzes vieljähriges Zusammenleben mit Ihrem Gatten sollte nichts anderes gewesen sein als ein überdeckter Abgrund!

FRAU ALVING: Nichts anderes! Jetzt wissen Sie es.

PASTOR MANDERS: Darin – darin kann ich mich nicht zurechtfinden. Ich kann es nicht fassen! Es nicht begreifen! Aber wie war es denn möglich, daß –? Wie hat so etwas verborgen bleiben können?

FRAU ALVING: Tag für Tag ist dies auch mein unaufhörlicher Kampf gewesen. Als wir Oswald bekamen, schien es gleichsam etwas besser mit Alving zu werden. Aber das dauerte nicht lange. Und nun mußte ich ja doppelt kämpfen, kämpfen auf Leben und Tod, damit niemand erfuhr, welch ein Mensch der Vater meines Kindes war. Und dann wissen Sie ja auch, wie herzgewinnend Alving sein konnte. Es schien, als konnte niemand anders als gut von ihm denken. Er war einer von jenen Menschen, dessen Ruf besser als sein Leben. – Aber dann, Manders – auch das sollen Sie wissen – – dann kam das Abscheulichste von allem.

PASTOR MANDERS: Noch abscheulicher als dies!

FRAU ALVING: Ich hatte alles ertragen, obgleich ich sehr wohl wußte, was heimlich außerhalb des Hauses vorging. Aber als dann das Ärgernis innerhalb unserer eigenen vier Wände kam –

PASTOR MANDERS: Was sagen Sie! Hier!

FRAU ALVING: Ja, in unserem eigenen Heim. Da drinnen – *zeigt auf die erste Tür rechts:* im Speisezimmer war es, wo ich zuerst die Sache entdeckte. Ich hatte dort etwas zu tun, und die Tür stand halb geöffnet. Da hörte ich unser Stubenmädchen mit dem Wasser für die Blumen da drüben aus dem Garten kommen.

PASTOR MANDERS: Nun ja –?

FRAU ALVING: Gleich darauf hörte ich auch, wie Alving kam. Ich vernahm, daß er leise zu ihr sprach. Und dann hörte ich – *Mit kurzem Lachen:* Ah, es klingt mir heute noch so herzzerreißend und lächerlich in den Ohren – ich hörte meine eigene Magd flüstern: „Lassen Sie mich los, Herr Kammerherr! Lassen Sie mich in Ruhe!"

PASTOR MANDERS: Welch unbegreiflicher, unverzeihlicher Leichtsinn von ihm! Oh, mehr als Leichtsinn ist es nicht gewesen, Frau Alving. Glauben Sie mir.

FRAU ALVING: Ich erfuhr dann bald, was ich zu glauben hatte. Der Kammerherr setzte seinen Willen bei dem Mädchen durch – und dieses Verhältnis hatte Folgen, Pastor Manders.

PASTOR MANDERS *wie versteinert:* Und alles das in diesem Hause! In diesem Hause!

FRAU ALVING: Ich hatte viel in diesem Hause ertragen. Um ihn des Abends zu Hause zu halten – während der Nacht –, mußte ich mich zum Genossen seiner einsamen Gelage oben in seinem Zimmer machen. Da mußte ich allein mit ihm sitzen, mit ihm anstoßen und trinken, auf seine sinnlosen Reden hören, mit Anspannung all meiner Kräfte mit ihm kämpfen, um ihn ins Bett zu schleppen –

PASTOR MANDERS *erschüttert:* Und alles dies konnten Sie ertragen?

FRAU ALVING: Ich hatte meinen kleinen Knaben, für den ich es ertrug. Aber als dann die letzte Verhöhnung kam; als meine eigene Magd –; da schwor ich mir selbst: dies soll ein Ende nehmen! Und da nahm ich die Gewalt im Hause – die ganze Gewalt – sowohl über ihn wie über alles andere. Denn sehen Sie, jetzt hatte ich Waffen gegen ihn; er wagte nicht sich zu wehren. Damals wurde Oswald fortgeschickt. Er ging schon in sein siebentes Jahr und begann aufmerksam zu werden und Fragen zu stellen, wie Kinder es zu tun pflegen. Alles das konnte ich nicht ertragen, Manders. Mir war, als müsse das Kind Gift einsaugen, indem es nur in diesem besudelten, entweihten Heim atmete. Deshalb schickte ich ihn fort. Und jetzt begreifen Sie auch, weshalb er niemals einen Fuß hierhersetzen durfte, solange sein Vater lebte. Niemand weiß, was es mich gekostet hat.

PASTOR MANDERS: Sie haben in Wahrheit das Leben kennengelernt.

FRAU ALVING: Und ich würde es ja auch niemals ausgehalten haben, wenn ich meine Arbeit nicht gehabt hätte. Ja, ich darf wohl sagen, daß ich gearbeitet habe! All diese Vergrößerungen der Güter, alle Verbesserungen, all die nützlichen Einrichtungen, für welche Alving Preis und Ruhm erhielt – glauben Sie, daß er für so etwas Interesse oder Beruf hatte? Er, der den ganzen Tag auf dem Sofa lag und in einem alten Staatskalender las?! Nein; jetzt will ich Ihnen auch das sagen: ich war es, die ihn aufrüttelte, wenn er seine lichten Stunden hatte; ich war es, welche die ganze Last schleppen mußte, wenn er dann von neuem mit seinen Ausschweifungen begann oder in Jammer und Krankheit zusammenfiel.

PASTOR MANDERS: Und diesem Manne errichten Sie ein Ehrendenkmal!

FRAU ALVING: Da sehen Sie die Macht des bösen Gewissens.

PASTOR MANDERS: Des bösen –? Was meinen Sie damit?

FRAU ALVING: Es war mir stets, als müsse die Wahrheit doch einmal an den Tag kommen und dann geglaubt werden. Deshalb sollte das Asyl gleichsam alle Gerüchte niederschlagen und alle Zweifel aus dem Wege räumen.

PASTOR MANDERS: Und da haben Sie gewiß Ihren Zweck erreicht, Frau Alving.

FRAU ALVING: Und dann hatte ich noch einen Grund. Ich wollte nicht, daß Oswald, mein geliebter Knabe, irgendeine Erbschaft seines Vaters antreten sollte.

PASTOR MANDERS: Es ist also von Alvings Vermögen, daß – –?

FRAU ALVING: Ja. Die Summen, welche ich Jahr für Jahr diesem Asyl geschenkt habe, machen jenen Betrag aus – ich habe es ganz genau ausgerechnet –, jenen Betrag, welcher seinerzeit Leutnant Alving zu einer guten Partie machte.

PASTOR MANDERS: Ich verstehe Sie –

FRAU ALVING: Das war die Kaufsumme –. Ich will nicht, daß jenes Geld in Oswalds Hände übergehe. Mein Sohn soll alles von mir empfangen. *Oswald Alving tritt durch die zweite Tür rechts ein; Hut und Überrock hat er draußen abgelegt. Ihm entgegen:* Bist du schon zurück?? Mein lieber, lieber Junge!

OSWALD: Ja. Was soll man draußen in diesem ewigen Regenwetter beginnen? Aber ich höre, daß wir zu Tische gehen können. Das ist prächtig!

REGINE *mit einem Paket aus dem Speisezimmer:* Hier ist ein Paket für die gnädige Frau.

Reicht Frau Alving dasselbe.

FRAU ALVING *mit einem Blick auf Pastor Manders:* Vermutlich die Festgesänge für morgen.

PASTOR MANDERS: Hm! –

REGINE: Es ist auch schon serviert.

FRAU ALVING: Gut; wir kommen gleich; ich will nur –

Beginnt das Paket zu öffnen.

REGINE *zu Oswald:* Herr Oswald, wünschen Sie hellen oder dunklen Portwein?

OSWALD: Beides, Jungfer Engstrand.

REGINE: Bien! – sehr wohl, Herr Alving.

Geht ins Speisezimmer.

OSWALD: Ich muß ihr wohl mit dem Entkorken helfen.

Geht ebenfalls ins Speisezimmer, dessen Tür sich halb hinter ihm öffnet.

FRAU ALVING *die das Paket geöffnet hat:* Ja, in der Tat; hier haben wir die Festgesänge für morgen, Pastor Manders.

PASTOR MANDERS *mit gefalteten Händen:* Wie ich morgen mit freudigem Sinn meine Rede halten soll, das – –!

FRAU ALVING: Oh, Sie werden sich schon damit abfinden!

PASTOR MANDERS *leise, damit man ihn im Speisezimmer nicht hört:* Ja, es muß sein, denn ein Ärgernis dürfen wir doch nicht geben.

FRAU ALVING *leise, aber fest:* Nein. Aber dann hat die lange, häßliche Komödie auch ein Ende. Von übermorgen an wird es für mich sein, als hätte der Verstorbene niemals in diesem Hause gelebt. Hier soll kein anderer sein als mein Sohn und seine Mutter.

Aus dem Speisezimmer hört man den Lärm eines fallenden Stuhls; zu gleicher Zeit ertönt:

REGINES STIMME *scharf, aber flüsternd:* Oswald, aber Oswald! Bist du närrisch? Laß mich!

FRAU ALVING *fährt entsetzt zusammen:* Ah!

Sie starrt wie im Wahnsinn auf die halbgeöffnete Tür. Man hört Oswald husten und ein Lied summen. Eine Flasche wird entkorkt.

PASTOR MANDERS *erregt:* Aber was ist denn das! Was ist das, Frau Alving?

FRAU ALVING *heiser:* Gespenster! Das Paar aus dem Blumenzimmer – geht wieder um.

PASTOR MANDERS: Was sagen Sie! Regine –? Ist sie –?

FRAU ALVING: Ja. Kommen Sie. Kein Wort –!

Sie ergreift Pastor Manders' Arm und geht schwankend dem Speisezimmer zu.

ZWEITER AUFZUG

Dasselbe Zimmer. Der Regennebel liegt noch immer über der Landschaft.

Pastor Manders und Frau Alving treten aus dem Speisezimmer.

FRAU ALVING *noch in der Tür:* Gesegnete Mahlzeit, Herr Pastor. *Spricht ins Speisezimmer hinein:* Kommst du nicht mit, Oswald?

OSWALD *drinnen:* Nein, danke; ich will ein wenig ausgehen.

FRAU ALVING: Ja, tu das; der Regen hat jetzt nachgelassen. *Schließt die Tür des Speisezimmers, geht zur Vorzimmertür und ruft:* Regine!

REGINE *draußen:* Ja, gnädige Frau?

FRAU ALVING: Geh hinunter ins Bügelzimmer und hilf mit den Kränzen.

REGINE: Sehr wohl, gnädige Frau.

Frau Alving vergewissert sich, daß Regine geht; schließt dann die Tür.

PASTOR MANDERS: Er kann uns da drinnen doch nicht hören?

FRAU ALVING: Unmöglich, wenn die Tür geschlossen ist. Überdies will er ja spazierengehen.

PASTOR MANDERS: Ich bin noch ganz betäubt. Ich begreife nicht, wie ich nur einen Bissen von den gesegneten Speisen hinunterbringen konnte.

FRAU ALVING *sucht ihrer Unruhe Herr zu werden, auf und ab gehend:* Auch ich fasse es nicht. Aber was ist hier zu tun?

PASTOR MANDERS: Ja, was ist zu tun? Ich weiß es meiner Treu nicht; in solchen Dingen bin ich gänzlich unerfahren.

FRAU ALVING: Ich bin überzeugt, daß bis jetzt wenigstens kein Unglück geschehen ist.

PASTOR MANDERS: Nein, das möge der Himmel verhüten! Aber ein unpassendes Verhältnis ist es trotzdem.

FRAU ALVING: Das Ganze ist ein loser Einfall Oswalds; davon können Sie überzeugt sein.

PASTOR MANDERS: Ja, wie gesagt, ich verstehe mich auf solche Sachen nicht; aber mich dünkt doch entschieden

FRAU ALVING: Aus dem Hause muß sie auf jeden Fall. Und das sofort. Das wenigstens ist sonnenklar. –

PASTOR MANDERS: Ja, das versteht sich.

FRAU ALVING: Aber wohin? Wir können es doch nicht verantworten, sie –

PASTOR MANDERS: Wohin? Natürlich nach Hause zu ihrem Vater.

FRAU ALVING: Zu wem meinen Sie?

PASTOR MANDERS: Zu ihrem –. Aber nein, Engstrand ist ja nicht –. Aber, mein Gott, Frau Alving, wie ist dies möglich? Vielleicht irren Sie sich doch!

FRAU ALVING: Leider irre ich mich in keiner Hinsicht. Johanna mußte mir alles bekennen – – und Alving konnte nicht leugnen. Es blieb nichts anderes mehr zu tun übrig, als die Sache möglichst zu vertuschen.

PASTOR MANDERS: Ja, das war wohl das einzig Mögliche.

FRAU ALVING: Das Mädchen mußte sofort den Dienst verlassen und bekam eine ziemlich große Summe, um bis auf weiteres zu schweigen. Für das übrige sorgte sie selbst, als sie in die Stadt kam. Sie erneuerte ihre alte Bekanntschaft mit dem Tischler Engstrand; vermutlich ließ sie ihn auch verstehen, wieviel Geld sie habe, und weiter erzählte sie ihm irgend etwas von einem Ausländer, der während des Sommers mit seiner Vergnügungsjacht hier gelegen haben sollte. Dann wurden Engstrand und sie in aller Eile getraut. Ja, Sie selbst haben sie ja getraut.

PASTOR MANDERS: Aber wie soll ich mir das alles erklären –? Ich erinnere mich noch heute so deutlich, wie Engstrand zu mir kam, um die Trauung zu bestellen. Er war ganz niedergeschmettert und klagte sich so bitter an wegen des Leichtsinns, dessen er und seine Verlobte sich schuldig gemacht hatten.

FRAU ALVING: Ja, er mußte ja alle Schuld auf sich nehmen.

PASTOR MANDERS: Aber eine solche Falschheit seinerseits! Und das mir gegenüber! Das hätte ich wahrlich Jacob Engstrand nicht zugetraut. Nun, ich werde ihn ordentlich vornehmen, darauf kann er sich verlassen. – Und dann das Unsittliche in einer solchen Verbindung! Um des Geldes willen! Wie hoch belief sich die Geldsumme, über die das Mädchen verfügen konnte?

FRAU ALVING: Es waren dreihundert Speziestaler.

PASTOR MANDERS: Aber denken Sie nur – für lumpige dreihundert Spezies hinzugehen und sich mit einer Gefallenen trauen zu lassen!

FRAU ALVING: Was sagen Sie denn von mir, die hinging und sich mit einem gefallenen Manne trauen ließ?

PASTOR MANDERS: Aber Gott soll uns behüten! – Was sagen Sie? – Ein gefallener Mann!

FRAU ALVING: Glauben Sie vielleicht, daß Alving reiner war, da ich mit ihm an den Altar trat, als Johanna, da sie sich mit Engstrand trauen ließ?

PASTOR MANDERS: Das sind doch aber himmelweit verschiedene Dinge –

FRAU ALVING: Durchaus nicht so verschieden. Allerdings war ein großer Unterschied im Preise – lumpige dreihundert Taler – und ein ganzes Vermögen!

PASTOR MANDERS: Daß Sie aber so ungleiche Dinge nebeneinanderstellen mögen. Sie hatten sich doch mit Ihrem Herzen und Ihren Angehörigen beraten!

FRAU ALVING *blickt ihn nicht an:* Ich glaubte, Sie hätten erraten, wohin das, was Sie mein Herz nennen, sich damals verirrt hatte.

PASTOR MANDERS *fremd:* Hätte ich etwas derartiges erraten, so wäre ich nicht ein täglicher Gast in dem Hause Ihres Mannes gewesen.

FRAU ALVING: Nun, auf alle Fälle steht es fest, daß ich mich mit mir selbst nicht beriet.

PASTOR MANDERS: Dann aber doch mit Ihren nächsten Verwandten; so wie es vorgeschrieben ist; mit Ihrer Mutter und Ihren beiden Tanten.

FRAU ALVING: Ja, das ist wahr. Die drei machten das Rechenexempel für mich. Oh, es ist unglaublich, wie klar sie mir bewiesen, daß es der reine Wahnsinn wäre, einen solchen Antrag auszuschlagen. Wenn meine Mutter jetzt herabsehen und wissen könnte, was aus all der Herrlichkeit geworden ist!

PASTOR MANDERS: Für den Ausgang kann niemand verantwortlich gemacht werden. Soviel steht wenigstens fest, daß Ihre Ehe in Übereinstimmung mit jeder gesetzlichen Ordnung geschlossen wurde.

FRAU ALVING *am Fenster stehend:* Ach ja, die Ordnung und das Gesetz! Manchmal glaube ich beinahe, daß diese beiden alles Unglück hier auf Erden stiften.

PASTOR MANDERS: Frau Alving, jetzt versündigen Sie sich.

FRAU ALVING: Ja, das mag sein; aber ich ertrage all diese Bande und Rücksichten nicht länger. Ich kann nicht mehr! Ich muß mich zur Freiheit emporarbeiten!

PASTOR MANDERS: Was wollen Sie damit sagen?

FRAU ALVING *trommelt gegen die Fensterscheiben:* Ich hätte Alvings Leben niemals verheimlichen sollen. Aber damals wagte ich nicht anders zu handeln – auch um meiner selbst willen nicht. So feige war ich.

PASTOR MANDERS: Feige?

FRAU ALVING: Hätten die Leute etwas erfahren, so würden sie gesagt haben: Armer Mann, es ist ja begreiflich, daß er ausschweifend lebt, er, der eine Frau hat, die ihm davonläuft.

PASTOR MANDERS: Solche Worte hätten auch eine gewisse Berechtigung gehabt.

FRAU ALVING *blickt ihn fest an:* Wenn ich wäre, was ich sein sollte, so würde ich Oswald vornehmen und ihm sagen: Hör, mein Kind, dein Vater war ein gesunkener Mensch –

PASTOR MANDERS: Aber du barmherziger Gott – –

FRAU ALVING: – – und dann würde ich ihm alles erzählen, was ich Ihnen gesagt habe – haarklein!

PASTOR MANDERS: Frau Alving, ich bin beinahe empört über Sie!

FRAU ALVING: Das weiß ich. Das weiß ich ja! Ich selbst empöre mich gegen den Gedanken. *Verläßt das Fenster.* So feige bin ich!

PASTOR MANDERS: Und Sie nennen es feige, wenn Sie auch noch fernerhin Ihre Pflicht und Schuldigkeit tun. Haben Sie vergessen, daß ein Kind Vater und Mutter ehren soll?

FRAU ALVING: Nehmen wir die Sache nicht so allgemein. Fragen wir hingegen: soll Oswald Alving den Kammerherrn Alving ehren und lieben?

PASTOR MANDERS: Ist denn keine Stimme in Ihrem Mutterherzen, die Ihnen verbietet, die Ideale Ihres Sohnes zu zertrümmern?

FRAU ALVING: Und was wird dann aus der Wahrheit?

PASTOR MANDERS: Und was wird aus den Idealen?

FRAU ALVING: Ach – Ideale, Ideale! Wenn ich nur nicht so feige wäre, wie ich bin!

PASTOR MANDERS: Verwerfen Sie die Ideale nicht, Frau Alving – denn das rächt sich bitter. Und besonders bei Oswald. Oswald hat leider nicht so viele Ideale. Aber soviel habe ich doch schon bemerkt, daß sein Vater ihm ein Ideal ist.

FRAU ALVING: Darin haben Sie recht.

PASTOR MANDERS: Und diese Vorstellungen haben Sie ja selbst durch Ihre Briefe in ihm geweckt und genährt.

FRAU ALVING: Ja; Pflichten und Rücksichten zwangen mich dazu. Deshalb log ich jahraus, jahrein meinem Jungen gegenüber. Ah! wie feig – wie feig bin ich gewesen!

PASTOR MANDERS: Es hat eine glückliche Illusion bei Ihrem Sohne befestigt, Frau Alving – und das dürfen Sie wahrlich nicht unterschätzen.

FRAU ALVING: Hm! – wer weiß, ob das sich jetzt als gut erweist. Aber irgendwelche Gemeinschaft mit Regine dulde ich unter keinen Umständen. Er soll nicht hingehen und das arme Mädchen unglücklich machen.

PASTOR MANDERS: Nein; du großer Gott, das wäre ja entsetzlich!

FRAU ALVING: Wenn ich nur wüßte, ob er es ehrlich meint und ob es zu seinem Glücke führen würde – –

PASTOR MANDERS: Wie? Und was dann?

FRAU ALVING: Aber dazu würde es nicht führen; denn Regine ist leider nicht derartig veranlagt.

PASTOR MANDERS: Nun, was dann? Was meinen Sie?

FRAU ALVING: Wenn ich nicht so gottsjämmerlich feige wäre, wie ich es bin, so würde ich zu ihm sagen: „verheirate dich mit ihr, oder richtet euch ein, wie ihr wollt; aber nur keinen Betrug!"

PASTOR MANDERS: Aber du barmherziger –! Eine gesetzmäßige Ehe dann! Etwas so Entsetzliches –! Etwas so Unerhörtes!

FRAU ALVING: Ja. Sagen Sie unerhört? Die Hand aufs Herz, Pastor Manders; glauben Sie nicht, daß es da draußen im ganzen Lande umher viele Ehepaare gibt, die ebenso nahe verwandt sind?

PASTOR MANDERS: Ich verstehe Sie durchaus gar nicht!

FRAU ALVING: Oh, Sie verstehen mich sehr wohl.

PASTOR MANDERS: Nun – Sie denken sich den möglichen Fall, daß –. Ja, leider ist das Familienleben nicht immer so rein, wie es sein sollte. Aber das, worauf Sie abzielen, sind doch immer nur Dinge, die man nicht wissen kann – wenigstens nicht mit Bestimmtheit. Hier hingegen –; daß Sie, die Mutter, zugeben wollen, daß Ihr –!

FRAU ALVING: Aber ich will es ja nicht. Ich will es um keinen Preis der Welt; das ist's ja grade, was ich sage.

PASTOR MANDERS: Aber nur deshalb nicht, weil Sie feig sind, wie Sie sich ausdrücken. Wenn Sie also nicht feig wären –! Du mein Schöpfer! – eine so empörende Verbindung!

FRAU ALVING: Ja, man sagt, daß wir alle miteinander aus solchen Verbindungen stammen. Und wer ist es, der es derartig auf dieser Welt eingerichtet hat, Pastor Manders?

PASTOR MANDERS: Solche Fragen erörtere ich nicht mit Ihnen, Frau Alving; dazu haben Sie durchaus nicht den rechten Sinn. Daß Sie aber zu sagen wagen, es sei nur Feigheit Ihrerseits – –!

FRAU ALVING: Jetzt sollen Sie hören, wie ich es meine! Ich bin furchtsam und scheu, weil in mir etwas von diesem Gespensterartigen steckt, das ich niemals so recht loswerden kann.

PASTOR MANDERS: Wie nannten Sie es?

FRAU ALVING: Gespensterartig. Als ich Regine und Oswald da drinnen hörte, war mir's, als sähe ich Gespenster vor mir. Aber ich glaube beinahe, Pastor Manders, wir alle sind Gespenster. Es ist nicht allein das, was wir von Vater und Mutter geerbt haben, das in uns umgeht. Es sind allerhand alte, tote Ansichten und aller mögliche alte Glaube und dergleichen. Es lebt nicht in uns; aber es steckt in uns, und wir können es nicht loswerden. Wenn ich nur eine Zeitung in die Hand nehme, um daraus zu lesen, so ist's mir schon, als sähe ich die Gespenster zwischen den Zeilen umherschleichen. Im ganzen Lande müssen Gespenster leben. Mir ist's, als müßten sie so dicht sein wie der Sand am Meer. Und dann sind wir alle miteinander ja so gottsjämmerlich lichtscheu.

PASTOR MANDERS: Aha! Da haben wir also die Ausbeute Ihrer Lektüre. Schöne Früchte, in der Tat! O diese abscheulichen, aufrührerischen, freigeistigen Schriften!

FRAU ALVING: Sie irren, lieber Pastor. Sie selbst sind der Mann, der mich zum Denken geführt hat, und dafür danke ich Ihnen!

PASTOR MANDERS: Ich!

FRAU ALVING: Ja; als Sie mich in das hineinzwängten, was Sie Pflicht und Schuldigkeit nannten; als Sie das als recht und wahr lobpriesen, wogegen meine ganze Seele sich als etwas Widerliches empörte. Da war es, daß ich Ihre Lehren an meinem eigenen Saum prüfen wollte. Nur einen einzigen kleinen Stich gedachte ich aufzuziehen; aber als ich den gelöst hatte, riß das Ganze auf. – Und da sah ich, daß alles nur Maschinennäherei sei!

PASTOR MANDERS *leise, erschüttert:* Sollte das der Gewinn aus dem schwersten Kampf meines Lebens gewesen sein?

FRAU ALVING: Nennen Sie es lieber Ihre traurigste Niederlage!

PASTOR MANDERS: Es war der größte Sieg meines Lebens, Helene; der Sieg über mich selbst.

FRAU ALVING: Es war ein Verbrechen gegen uns beide.

PASTOR MANDERS: Daß ich Ihnen gebot und sagte: „Weib, geh heim zu deinem angetrauten Gatten", als Sie wie im Wahnsinn zu mir kamen und riefen: „hier bin ich, nimm mich!" War das ein Verbrechen?

FRAU ALVING: In meinen Augen, ja!

PASTOR MANDERS: Wir verstehen einander nicht.

FRAU ALVING: Wenigstens jetzt nicht mehr.

PASTOR MANDERS: Niemals – niemals, nicht einmal in meinen geheimsten Gedanken habe ich anders an Sie gedacht als an die Gattin meines Freundes.

FRAU ALVING: Glauben Sie selbst das?

PASTOR MANDERS: Helene –!

FRAU ALVING: Man verliert sich selbst so leicht aus dem Gedächtnis!

PASTOR MANDERS: Ich nicht. Ich bin derselbe, der ich immer war.

FRAU ALVING *schlägt einen andern Ton an:* Ja, ja, ja – sprechen wir nicht mehr von alten Zeiten. Jetzt sitzen Sie bis über die Ohren in Kommissionen und Ämtern; und ich gehe hier umher und kämpfe mit sichtbaren und unsichtbaren Gespenstern.

PASTOR MANDERS: Die sichtbaren will ich Ihnen bannen helfen. Nach allem, was ich mit Schrecken heute von Ihnen vernommen habe, kann ich es nicht vor meinem Gewissen verantworten, ein junges, argloses Mädchen in Ihrem Hause zu lassen.

FRAU ALVING: Halten Sie es nicht für das beste, wenn wir sie versorgen könnten? Ich meine – durch eine gute Heirat.

PASTOR MANDERS: Ohne Zweifel. Das scheint mir in jeder Beziehung wünschenswert für sie. Regine ist ja jetzt in dem Alter, wo –; ja, ich verstehe mich nicht recht darauf, aber –

FRAU ALVING: Regine war schon frühzeitig erwachsen.

PASTOR MANDERS: Ja, nicht wahr? Mir ist, als wäre sie in körperlicher Beziehung schon auffallend stark entwickelt gewesen, als ich sie für die Konfirmation vorbereitete. Aber vorläufig muß sie auf jeden Fall nach Hause gehen, unter die Aufsicht ihres Vaters –. Nein, aber Engstrand ist ja nicht – –. Daß er – daß er auf solche Weise mir die Wahrheit verheimlichen konnte!

Starkes Klopfen an der Tür des Vorzimmers.

FRAU ALVING: Wer kann das nur sein? Herein!

ENGSTRAND *in Sonntagskleidern, in der Tür:* Ich bitte untertänigst um Entschuldigung, aber –

PASTOR MANDERS: Aha! Hm –

FRAU ALVING: Sind Sie es, Engstrand?

ENGSTRAND: Es war keines von den Dienstmädchen zu sehen, und da nahm ich mir selbst die Freiheit, ein wenig anzuklopfen.

FRAU ALVING: Nun ja, ja. Kommen Sie nur herein. Wollen Sie mit mir sprechen?

ENGSTRAND *tritt ein:* Nein, ich danke untertänigst. Ich möchte gern mit dem Herrn Pastor ein kleines Wort reden.

PASTOR MANDERS *geht auf und ab:* Hm! Mit mir wollen Sie sprechen? Das wollten Sie?

ENGSTRAND: Ja, ich möchte gern – –

PASTOR MANDERS *bleibt vor ihm stehen:* Nun, darf ich fragen, was Sie möchten?

ENGSTRAND: Ja, es war nämlich das, Herr Pastor, daß wir da unten klarierten. Vielen Dank, gnädige Frau. – Und nun sind wir mit allem fertig; und da scheint es mir, daß es so schön und passend wäre, wenn wir, die wir während der ganzen Zeit so ehrlich miteinander gearbeitet haben – wenn wir heute abend mit einer kleinen Andacht schlössen.

PASTOR MANDERS: Eine Andacht? Unten im Asyl?

ENGSTRAND: Ja, aber wenn es dem Herrn Pastor nicht passend scheint, so –

PASTOR MANDERS: O gewiß scheint es mir das, aber – hm –

ENGSTRAND: Ich habe oft selbst des Abends dort unten eine Andacht gehalten – – –

FRAU ALVING: Wirklich?

ENGSTRAND: Ja, von Zeit zu Zeit. Was man so eine kleine Erbauung nennt. Aber ich bin ja ein geringer, gemeiner Mann und habe nicht die richtige Gabe – Gott bessere mich –, und so dachte ich, weil doch Herr Pastor Manders grade hier draußen ist, so –

PASTOR MANDERS: Ja, sehen Sie, Tischler Engstrand, ich muß erst eine Frage an Sie richten. Sind Sie in der rechten Stimmung für eine solche Versammlung? Fühlen Sie Ihr Gewissen frei und leicht?

ENGSTRAND: Ach, Gott helfe uns, Herr Pastor, es ist wohl nicht der Mühe wert, über das Gewissen zu reden.

PASTOR MANDERS: Ja, g r a d e werden wir darüber reden. Was haben Sie mir also zu antworten?

ENGSTRAND: Ja, das Gewissen – damit kann es zuweilen schlecht bestellt sein.

PASTOR MANDERS: Das sehen Sie also wenigstens ein! Aber wollen Sie mir jetzt ohne Umschweif sagen – wie hängt das mit Regine zusammen?

FRAU ALVING *heftig:* Pastor Manders!

PASTOR MANDERS *beruhigend:* Lassen Sie mich nur –

ENGSTRAND: Mit Regine! Jesus, wie Sie mich erschrekken! *Sieht Frau Alving an.* Es ist doch wohl nichts mit Regine geschehen?

PASTOR MANDERS: Das wollen wir hoffen. Aber ich meine, wie hängt die Sache mit Ihnen und Regine zusammen? Sie gelten für ihren Vater. Nun?

ENGSTRAND *unsicher:* Ja – hm – Herr Pastor, Sie wissen ja die Geschichte mit mir und der seligen Johanna.

PASTOR MANDERS: Jetzt keine Verdrehung der Wahrheit mehr. Ihre verstorbene Frau hat Frau Alving den wahren Sachverhalt mitgeteilt, bevor sie aus dem Dienst ging.

ENGSTRAND: Nun, da soll doch gleich –! Hat sie das wirklich getan?

PASTOR MANDERS: Sie sind also entlarvt, Engstrand.

ENGSTRAND: Und sie, die so heilig geschworen und geflucht – –

PASTOR MANDERS: Fluchte sie!?

ENGSTRAND: Nein, sie schwor nur, aber so innig aufrichtig.

PASTOR MANDERS: Und während all dieser Jahre haben Sie die Wahrheit vor mir verheimlicht. Verheimlicht vor m i r, der Ihnen in einem und allem so unbedingt getraut hat.

ENGSTRAND: Ja, leider tat ich das.

PASTOR MANDERS: Habe ich das um Sie verdient, Engstrand? Bin ich nicht stets bereit gewesen, Ihnen mit Rat und Tat an die Hand zu gehen, soweit es in meiner Macht stand? Antworten Sie! War es nicht so?

ENGSTRAND: Es wäre mir gar manches Mal schlecht ergangen, wenn ich Pastor Manders nicht gehabt hätte.

PASTOR MANDERS: Und jetzt danken Sie mir's auf diese Weise. Bringen mich dazu, Unwahrheiten ins Kirchenbuch einzutragen, und vorenthalten mir dann Jahre hindurch die Aufklärungen, welche Sie mir und der Wahrheit schuldig waren. Ihre Handlungsweise ist ganz unverantwortlich gewesen, Engstrand; und von heute an ist es mit uns beiden aus!

ENGSTRAND *seufzend:* Ja, so wird es wohl sein müssen!

PASTOR MANDERS: Wie wollten Sie sich denn auch rechtfertigen?

ENGSTRAND: Hätte sie denn hingehen sollen und die Schande noch größer machen, indem sie darüber klatschte? Herr Pastor, stellen Sie sich nur vor, daß Sie in derselben Verfassung wären wie die selige Johanna –

PASTOR MANDERS: Ich!?

ENGSTRAND: Jesus ja, ich meine ja nicht akkurat so. Ich meine nur, wenn Sie, Herr Pastor, etwas hätten, wovor Sie sich in den Augen der Menschen zu schämen hätten, wie man so sagt. Wir Mannsleute sollten ein armes Weib nicht zu strenge beurteilen, Herr Pastor.

PASTOR MANDERS: Aber das tue ich ja gar nicht. Gegen S i e richte ich meine Vorwürfe.

ENGSTRAND: Darf ich vielleicht eine kleinwinzige Frage tun, Herr Pastor?

PASTOR MANDERS: Meinetwegen, fragen Sie.

ENGSTRAND: Ist es nicht gut und recht, wenn ein Mann eine Gefallene aufrichtet?

PASTOR MANDERS: Selbstverständlich, ja.

ENGSTRAND: Und muß ein Mann sein aufrichtig gegebenes Wort nicht halten?

PASTOR MANDERS: Gewiß muß er das; aber –

ENGSTRAND: Damals, als Johanna ins Unglück gekommen war durch jenen Engländer – oder vielleicht war es auch ein Amerikaner oder ein Rußländer, wie man sie nennt –, damals kam sie in die Stadt. Die Arme! Ein- oder zweimal hatte sie mich schon verschmäht; denn sie sah ja nur auf das, was schön war; und ich hatte diesen Schaden hier am Bein. Ja, Herr Pastor, Sie erinnern sich ja, ich hatte mich auf einen Tanzboden gewagt, wo seefahrende Leute, wie man so sagt, mit Rausch und Trunkenheit umgingen. Und als ich sie nun ermahnen wollte, ein neues Leben zu beginnen –

FRAU ALVING *drüben am Fenster:* Hm –!

PASTOR MANDERS: Ja, ich weiß, Engstrand. Die rohen Menschen warfen Sie die Treppe hinunter. Die Begebenheit haben Sie mir schon öfter erzählt. Sie tragen Ihr Gebrechen in Ehren.

ENGSTRAND: Ich brüste mich nicht damit, Herr Pastor. Aber das war's, was ich erzählen wollte. Sie kam damals zu mir und vertraute mir ihr Unglück unter Tränen und Zähneklappern an. Ich muß sagen, Herr Pastor, es tat mir so in der Seele weh, das mitanzuhören.

PASTOR MANDERS: W i r k l i c h, Engstrand? Nun, und weiter?

ENGSTRAND: Ja, da sagte ich zu ihr: Der Amerikaner streift auf dem Weltmeer umher. Und du, Johanna, sagte ich, du hast einen S ü n d e n f a l l begangen und bist ein verlorenes Geschöpf. Aber Jacob Engstrand, sagte ich, der steht auf zwei reellen Beinen – ja, das meinte ich so ungefähr wie ein Gleichnis, Herr Pastor.

PASTOR MANDERS: Ich verstehe schon, nur weiter.

ENGSTRAND: Ja, so richtete ich sie auf und heiratete sie ehrlich, damit die Leute nicht erfahren sollten, wie sie sich mit den Ausländern verirrt hatte.

PASTOR MANDERS: Das war schön gehandelt von Ihnen. Ich kann nur nicht billigen, daß Sie sich dazu bequemten, Geld anzunehmen und –

ENGSTRAND: Geld? Ich? Nicht einen Heller.

PASTOR MANDERS *fragend zu Frau Alving gewendet:* Aber –!

ENGSTRAND: Ach ja – warten Sie nur; jetzt fällt mir's ein. Johanna hatte ein paar Schillinge. Aber davon wollte ich nichts wissen: Pfui, sagte ich, Mammon! Sündensold! das elende Gold – oder vielleicht war es auch Papiergeld – – das werfen wir dem Amerikaner wieder ins Gesicht, sagte ich. Aber er war fort und verschwunden über das wilde Meer, Herr Pastor.

PASTOR MANDERS: War er das, mein guter Engstrand?

ENGSTRAND: Jawohl. Und dann wurden Johanna und ich darüber einig, daß das Kind für das Geld erzogen werden sollte; das geschah auch; und ich kann für jeden einzigen Schilling Rechenschaft ablegen.

PASTOR MANDERS: Aber das verändert die Sache ja ganz bedeutend.

ENGSTRAND: So hängt die Geschichte zusammen, Herr Pastor. Und ich darf wohl sagen, daß ich für Regine ein aufrichtiger Vater gewesen bin – soweit meine Kräfte reichten –, denn ich bin leider nur ein schwacher Mensch.

PASTOR MANDERS: Nun, nun, mein lieber Engstrand – –

ENGSTRAND: Aber das darf ich wohl sagen, daß ich das Kind in der Furcht erzogen und in Liebe mit der seligen Johanna gelebt und Hauszucht gehalten habe, wie es geschrieben steht. Aber das konnte mir doch niemals einfallen, zu Pastor Manders hinaufzugehen und mich zu brüsten und ihm zu sagen, daß ich auch einmal im Leben ein gutes Werk getan habe. Nein, wenn Jacob Engstrand so etwas passiert, so schweigt er hübsch still. Leider kommt so etwas nicht oft vor. Und wenn ich zum Herrn Pastor hinaufkomme, so habe ich immer so viel zu sprechen von dem, was schwach und elend ist. Denn ich sage, was ich neulich schon sagte – das Gewissen kann einen dann und wann gewaltig plagen.

PASTOR MANDERS: Geben Sie mir die Hand, Jacob Engstrand.

ENGSTRAND: Jesus, Herr Pastor!

PASTOR MANDERS: Keine Ausflüchte. *Drückt seine Hand.* So ist's recht!

ENGSTRAND: Und wenn ich den Herrn Pastor schön um Verzeihung bitten dürfte –

PASTOR MANDERS: Sie? Nein, umgekehrt; ich habe Sie um Verzeihung zu bitten – –

ENGSTRAND: Nein! Gott behüte!

PASTOR MANDERS: Ja, wahrhaftig. Und ich tue es von ganzem Herzen. Verzeihen Sie, daß ich Sie so verkennen konnte. Und Gott gebe, daß ich Ihnen bald einen Beweis meines Vertrauens und meines Wohlwollens geben könnte –

ENGSTRAND: Möchten Sie das tun, Herr Pastor?

PASTOR MANDERS: Mit dem allergrößten Vergnügen –

ENGSTRAND: Nun, dazu wäre gleich eine Gelegenheit. Mit dem gesegneten Gelde, das ich mir hier draußen erspart habe, denke ich in der Stadt so eine Art von Seemannsheim zu gründen.

FRAU ALVING: Das wollen Sie?

ENGSTRAND: Ja, es sollte so eine Art Asyl werden. Die Versuchungen sind so mannigfaltig für den Seemann, der auf dem Festlande wandelt. Aber bei mir, in solchem Hause, wäre er wie unter Aufsicht eines Vaters, dächte ich.

PASTOR MANDERS: Was sagen Sie dazu, Frau Alving?

ENGSTRAND: Es ist nicht viel, womit ich beginnen kann, Gott bessere es; aber wenn irgendein Wohltäter mir nur die Hand reichte, so – –

PASTOR MANDERS: Ja, überlegen wir die Sache näher. Ihr Vorhaben sagt mir ganz außerordentlich zu. – Aber jetzt gehen Sie nur hinunter und machen Sie alles in Ordnung, zünden Sie Licht an, damit es ein wenig feierlich aussieht. Dann werden wir eine schöne Erbauungsstunde miteinander halten, mein lieber Engstrand; denn jetzt glaube ich wirklich, daß Sie in der rechten Stimmung sind.

ENGSTRAND: Mir scheint es auch so, ja. Und nun leben Sie wohl, Frau Alving, ich danke Ihnen für alles. Behüten Sie mir die Regine auch gut. *Trocknet eine Träne.* Johannas Kind – hm, es ist wunderlich damit – aber es ist grade, als ob sie mir fest ans Herz gewachsen wäre. Ja, ja, es ist so!

Er grüßt und geht durch das Vorzimmer ab.

PASTOR MANDERS: Nun, was sagen Sie jetzt von dem Manne, Frau Alving? Das war eine andere Erklärung, die wir da gehört haben.

FRAU ALVING: Ja, das war es allerdings!

PASTOR MANDERS: Da sehen Sie nun wieder, wie sehr wir uns hüten müssen, einen Menschen zu verdammen. Freilich ist es dann wiederum auch eine große Freude, einzusehen, daß man einen Irrtum begangen hat. Oder was meinen Sie dazu?

FRAU ALVING: Ich meine, daß Sie ein großes Kind sind und bleiben werden, Manders.

PASTOR MANDERS: Ich?

FRAU ALVING *legt ihre beiden Hände auf seine Schultern:* Und ich meine weiter, daß ich Lust hätte, meine beiden Arme um Ihren Hals zu schlingen.

PASTOR MANDERS *zieht sich hastig zurück:* Nein, nein, Gott behüte uns! – solche Gelüste –

FRAU ALVING *lächelnd:* Ach! Sie fürchten sich sogar vor mir!

PASTOR MANDERS *am Tisch stehend:* Sie haben zuweilen eine so übertriebene Art und Weise, sich auszudrücken. – Doch jetzt will ich erst die Dokumente sammeln und sie in meine Tasche legen. *Tut es.* Das wäre also geschehen. Und nun leben Sie inzwischen wohl. Passen Sie auf, wenn Oswald zurückkommt. Ich komme später wieder zu Ihnen.

Nimmt seinen Hut und geht durch die Vorzimmertür ab.

FRAU ALVING *seufzt tief auf, blickt einen Augenblick zum Fenster hinaus, räumt ein wenig im Zimmer auf und will dann in das Speisezimmer gehen, bleibt aber mit einem unterdrückten Aufschrei in der Tür stehen:* Oswald! Du sitzest noch bei Tische!

OSWALD *im Speisezimmer:* Ich rauche nur meine Zigarre zu Ende.

FRAU ALVING: Wolltest du nicht einen kleinen Spaziergang machen?

OSWALD: In solchem Wetter? *Ein Glas klirrt. Frau Alving läßt die Tür offenstehen und setzt sich mit ihrem Strickzeug auf das Sofa am Fenster. Von drinnen:* War es nicht Pastor Manders, der eben fortging?

FRAU ALVING: Ja, er ist zum Asyl hinuntergegangen.

OSWALD: Hm!

Glas und Karaffe klirren wieder.

FRAU ALVING *mit bekümmerter Miene:* Lieber Oswald, du solltest mit dem Likör vorsichtig sein. Er ist sehr stark.

OSWALD: Er ist gut bei so feuchtem Wetter.

FRAU ALVING: Willst du nicht lieber zu mir hereinkommen?

OSWALD: Da drinnen darf ich ja nicht rauchen.

FRAU ALVING: Du weißt doch, daß du eine Zigarre rauchen darfst!

OSWALD: Ja, ja, dann komme ich. Nur noch einen kleinen Tropfen. – Gleich! *Er tritt mit seiner Zigarre ins Zimmer und schließt die Tür hinter sich. Kurze Pause.* Wohin ist der Pastor gegangen?

FRAU ALVING: Ich sagte dir ja schon, hinunter ins Asyl.

OSWALD: Ach ja, das ist wahr.

FRAU ALVING: Du solltest nicht so lange bei Tische sitzen, Oswald.

OSWALD *mit der Zigarre auf dem Rücken:* Aber Mutter, ich fühle mich so gemütlich dabei. *Streichelt sie.* Denk nur – was ist das doch für mich, der jetzt heimgekehrt ist, an Mutters Tisch zu sitzen, in Mutters Zimmer – und Mutters gute Speisen zu essen.

FRAU ALVING: Mein lieber, lieber Junge!

OSWALD *ein wenig ungeduldig, geht rauchend auf und ab:* Und was soll ich hier sonst auch beginnen? Ich habe nichts zu tun –

FRAU ALVING: Schaffe dir etwas zu tun – –

OSWALD: Bei diesem düstern Wetter? Den ganzen Tag keinen Sonnenstrahl? *Auf und ab gehend:* Ach ja, das – nicht arbeiten zu können – !

FRAU ALVING: Vielleicht war es doch nicht wohl überlegt von dir, heimzukommen.

OSWALD: Doch, Mutter; es mußte sein.

FRAU ALVING: Ja, denn zehnmal lieber will ich das Glück entbehren, dich zu Hause zu haben, als daß du –

OSWALD *bleibt am Tisch stehen:* Aber sag mir doch, Mutter, ist es wirklich ein so großes Glück für dich, mich hierzuhaben?

FRAU ALVING: Ob es ein Glück für mich ist!

OSWALD *zerknittert eine Zeitung:* Mir ist's, als müsse es dir gleichgültig sein, ob ich lebe oder nicht.

FRAU ALVING: Und du hast das Herz, deiner Mutter das zu sagen?

OSWALD: Du hast ja früher so gut ohne mich leben können.

FRAU ALVING: Ja; ich habe ohne dich gelebt; – es ist wahr.

Pause. Die Dämmerung beginnt langsam sich herabzusenken. Oswald geht auf und nieder. Er hat die Zigarre fortgelegt.

OSWALD *bleibt vor Frau Alving stehen:* Mutter, darf ich mich neben dich auf das Sofa setzen?

FRAU ALVING *macht ihm Platz:* Ja, komm mein lieber Junge.

OSWALD *setzt sich:* Ich muß dir etwas sagen, Mutter.

FRAU ALVING *gespannt:* Nun?

OSWALD *starrt vor sich hin:* Ich kann es nicht länger ertragen.

FRAU ALVING: Was! Was ist es?

OSWALD *wie zuvor:* Ich habe nicht den Mut gehabt, es dir zu schreiben; und seitdem ich wieder daheim bin – – –

FRAU ALVING *erfaßt seinen Arm:* Oswald! Was ist es?

OSWALD: Sowohl gestern wie heute habe ich versucht, die Gedanken von mir zu weisen – mich loszumachen. Aber es geht nicht.

FRAU ALVING *erhebt sich:* Jetzt mußt du offen reden, Oswald!

OSWALD *zieht sie wieder auf das Sofa herab:* Bleib, Mutter, und ich will versuchen, es dir zu sagen. – Ich habe über Müdigkeit nach der Reise geklagt –

FRAU ALVING: Nun ja. Und was weiter?

OSWALD: Aber das ist es nicht – keine gewöhnliche Müdigkeit –

FRAU ALVING *will aufspringen:* Du bist doch nicht krank, Oswald?

OSWALD *zieht sie wieder auf das Sofa:* Bleib, Mutter. Nimm es nur ruhig. Ich bin ja auch nicht wirklich krank; nicht das, was man gewöhnlich krank nennt. *Schlägt die Hände über dem Kopf zusammen.* Mutter, ich bin geistig gebrochen – vernichtet – ich kann niemals wieder arbeiten!

Verbirgt das Gesicht in den Händen, wirft sich in den Schoß der Mutter und bricht in lautes Weinen aus.

FRAU ALVING *bleich und zitternd:* Oswald! Sieh mich an! Nein, nein, das ist nicht wahr.

OSWALD *blickt verzweifelt zu ihr auf:* Niemals wieder arbeiten können! Niemals! – niemals! Lebendig tot sein! Mutter, kannst du dir etwas so Entsetzliches vorstellen?

FRAU ALVING: Mein unglücklicher Sohn! Wie ist dies Furchtbare über dich gekommen?

OSWALD *richtet sich wieder empor:* Ja, das ist's ja grade, was mir unmöglich ist zu fassen und zu begreifen. Ich habe niemals ein stürmisches Leben geführt. In keiner Beziehung. Das darfst du nicht von mir glauben, Mutter! Das habe ich nie getan!

FRAU ALVING: Das glaube ich auch nicht, Oswald.

OSWALD: Und trotzdem ist dies über mich gekommen! Dieses entsetzliche Unglück!

FRAU ALVING: Aber es wird wieder besser werden, mein lieber, gesegneter Junge. Es ist nichts als Überanstrengung. Das kannst du glauben.

OSWALD *schwermütig:* Das glaubte ich anfangs auch; aber – es ist nicht der Fall.

FRAU ALVING: Erzähle mir alles von Anfang bis zu Ende.

OSWALD: Das will ich auch.

Frau Alving: Wann hast du es zuerst bemerkt?

Oswald: Gleich nachdem ich das letzte Mal zu Hause war und nach Paris zurückkam. Da bekam ich die heftigsten Kopfschmerzen – meistens im Hinterkopf, wie es mir schien. Es war, als würde mir ein enger Eisenring um Nacken und Kopf geschraubt.

Frau Alving: Und dann?

Oswald: Anfangs glaubte ich, es sei nichts anderes als der gewöhnliche Kopfschmerz, der mich in meiner Jugend so sehr gequält.

Frau Alving: Ja, ja –

Oswald: Aber dem war nicht so; das merkte ich bald. Ich konnte nicht mehr arbeiten. Ich wollte ein neues, großes Bild beginnen; aber es war, als hätten alle Kräfte mich verlassen; ich war wie gelähmt; ich konnte mich nicht mehr zu festen Vorstellungen sammeln; mir schwindelte – alles ging im Kreise. Ah, es war ein entsetzlicher Zustand! Schließlich ließ ich den Arzt holen – und von ihm erfuhr ich die Wahrheit.

Frau Alving: Wie meinst du das?

Oswald: Er war einer der größten Ärzte dort unten. Ich mußte ihm erzählen, was ich empfand; und dann begann er, mir eine Menge Fragen zu stellen, die mir scheinbar gar nicht zur Sache gehörig schienen; ich begriff nicht, wohinaus der Mann wollte – –

Frau Alving: Nun?

Oswald: Und schließlich sagte er dann: schon seit Ihrer Geburt haben Sie diese wurmstichige Stelle – ja, er gebrauchte grade den Ausdruck „vermoulu“.

Frau Alving *gespannt:* Was meinte er damit?

Oswald: Auch ich verstand ihn anfangs nicht und bat ihn um eine nähere Erklärung. Und da sagte der alte Zyniker – *Ballt die Faust.* – Ah –!

Frau Alving: Was sagte er?

Oswald: Er sagte: Die Sünden der Väter werden an den Kindern heimgesucht.

Frau Alving *erhebt sich langsam:* Die Sünden der Väter –!

Oswald: Ich hätte ihn beinahe zu Boden geschlagen –

Frau Alving *geht durch das Zimmer:* Die Sünden der Väter –

Oswald *lächelt schwermütig:* Ja, was sagst du dazu? Ich versicherte ihn selbstverständlich, daß von solchen Dingen gar nicht die Rede sein könne. Aber meinst du, daß er mir glaubte? Nein; er blieb bei seiner Meinung; und erst, als ich deine Briefe hervornahm und ihm all jene Stellen übersetzte, die vom Vater handelten –

Frau Alving: Da –?

Oswald: Ja, da mußte er einräumen, daß er auf falscher Fährte – und dann erfuhr ich die Wahrheit. Die unfaßbare Wahrheit! Ich hätte mich fernhalten sollen von diesem jubelnden, glückseligen Jugendleben mit den Kameraden. Es sei für meine Kräfte zu stürmisch gewesen. Selbstverschuldet also!

Frau Alving: Oswald! Nein, nein! Glaub das nicht!

Oswald: Es sei keine andere Erklärung möglich, sagte er. Das ist das Entsetzliche. Unheilbar vernichtet für das ganze Leben – – durch meine eigene Unbesonnenheit. – All das Schöne, das Große, das ich auf dieser Welt geschaffen haben würde – nicht einmal daran denken dürfen – nicht daran denken können! – Ach, könnte ich das Leben von neuem beginnen – alles, alles ungeschehen machen! *Wirft sich aufs Sofa, verbirgt das Gesicht. Frau Alving ringt die Hände, geht schweigend, aber sichtbar kämpfend auf und ab. Nach einer Pause aufblickend und auf den Ellenbogen gestützt liegen bleibend:* Wenn es wenigstens ererbt gewesen wäre – etwas, das ich nicht selbst verschuldet. Aber dieses! Sein eignes Glück – seine Gesundheit – alles auf der Welt – seine Zukunft – sein Leben auf so schmähliche, gedankenlose, leichtsinnige Weise vergeudet zu haben –! Fürchterlich!

Frau Alving: Nein, nein, mein lieber, teurer Sohn; das ist unmöglich! *Beugt sich über ihn.* Es steht nicht so verzweifelt mit dir, wie du glaubst.

Oswald: Oh, du weißt nicht – *Springt auf.* Und dann, Mutter, daß ich dir all diesen Kummer bereiten muß! Wie manches Mal habe ich doch gewünscht und gehofft, daß du mich nicht so innig lieben möchtest!

Frau Alving: Ich! Oswald, mein einziger Sohn! Das einzige, was ich auf der Welt besitze; das einzige, woran meine Seele hängt.

Oswald *ergreift ihre beiden Hände und küßt sie:* Ja, ja, ich sehe es wohl. Wenn ich hier bei dir daheim bin, so sehe ich es. Und das ist grade das schwerste für mich. – Aber nun weißt du es. Laß uns heute nicht mehr darüber sprechen. Ich darf niemals lange daran denken. *Auf und ab gehend:* Schaffe mir etwas zu trinken, Mutter!

Frau Alving: Trinken? Was willst du jetzt trinken?

Oswald: Ach, irgend etwas. – Du hast ja kalten Punsch im Hause.

Frau Alving: Ja – aber mein lieber Oswald –

Oswald: Widersprich mir nicht, Mutter. Sei gut! Ich muß etwas haben, um all diese nagenden Gedanken hinunterzuspülen. *Geht ins Blumenzimmer.* Und dann – – wie dunkel es hier ist! *Frau Alving zieht einen Glockenzug rechts.* Dieses ununterbrochene Regenwetter obendrein. Woche auf Woche kann es anhalten – ganze Monate. Niemals einen Sonnenstrahl zu sehen! Ich kann mich nicht erinnern, hier in der Heimat jemals Sonnenschein gesehen zu haben.

Frau Alving: Oswald –! Du denkst daran, von mir zu reisen!

Oswald: Hm – *Atmet schwer.* Ich denke an gar nichts. Kann an nichts denken! *Leise:* Das gebe ich auf.

Regine *aus dem Speisezimmer:* Haben Sie geläutet, gnädige Frau?

Frau Alving: Ja, bring uns die Lampe.

Regine: Sofort. Sie ist schon angezündet. *Ab.*

Frau Alving *geht zu Oswald:* Oswald, verheimliche mir nichts.

Oswald: Das tue ich ja nicht, Mutter. *Geht an den Tisch.* Ich denke, ich habe dir schon genug gesagt.

Regine bringt die Lampe und stellt sie auf den Tisch.

FRAU ALVING: Hör, Regine, du könntest uns eine halbe Flasche Champagner bringen.

REGINE: Sehr wohl, gnädige Frau. *Geht wieder hinaus.*

OSWALD *nimmt Frau Alvings Kopf in beide Hände:* So ist's recht. Ich wußte wohl, daß Mutter ihren Jungen nicht verdursten lassen würde.

FRAU ALVING: Du mein armer, lieber Oswald; wie sollte ich dir noch irgend etwas verweigern können?

OSWALD *lebhaft:* Ist das wahr, Mutter? Meinst du das wirklich?

FRAU ALVING: Wie? Was?

OSWALD: Daß du mir nichts verweigern kannst?

FRAU ALVING: Aber lieber Oswald – –

OSWALD: Stille! –

REGINE *bringt auf einer Platte eine halbe Flasche Champagner und zwei Gläser, die sie auf den Tisch stellt:* Soll ich aufmachen – ?

OSWALD: Nein danke, das tue ich selbst.

Regine geht wieder hinaus.

FRAU ALVING *setzt sich an den Tisch:* Was war es – das ich dir nicht verweigern sollte?

OSWALD *mit dem Öffnen der Flasche beschäftigt:* Zuerst ein Glas – oder zwei.

Der Pfropfen springt, Oswald schenkt in das eine Glas und will auch in das zweite schenken.

FRAU ALVING *hält die Hand darüber:* Danke – für mich nicht.

OSWALD: Nun, dann für mich!

Er leert das Glas, füllt es aufs neue und leert es wieder; dann setzt er sich an den Tisch.

FRAU ALVING *erwartungsvoll:* Nun?

OSWALD *ohne sie anzublicken:* Hör mich an. Mir war's, als seien du und Pastor Manders so – hm, so schweigsam während des Mittagessens gewesen.

FRAU ALVING: Hast du das bemerkt?

OSWALD: Ja. Hm – *Nach einer kurzen Pause:* – Sag mir – was denkst du von Regine?

FRAU ALVING: Was ich denke?

OSWALD: Ja. Ist sie nicht herrlich?

FRAU ALVING: Lieber Oswald, du kennst sie nicht so genau wie ich.

OSWALD: Nun?

FRAU ALVING: Regine ist leider zu lange bei ihrem Vater daheim geblieben. Ich hätte sie früher zu mir nehmen sollen.

OSWALD: Ja, aber ist sie nicht herrlich anzusehen, Mutter? *Füllt sein Glas.*

FRAU ALVING: Regine hat viele und große Fehler –

OSWALD: Nun ja; was tut das? *Trinkt wieder.*

FRAU ALVING: Aber ich halte trotzdem viel von ihr; und ich habe die Verantwortlichkeit für sie übernommen. Um keinen Preis der Welt möchte ich, daß ihr etwas geschähe.

OSWALD *springt auf:* Mutter! Regine ist meine einzige Rettung!

FRAU ALVING *erhebt sich:* Was meinst du damit?

OSWALD: Ich kann all diese Seelenqual nicht länger allein tragen.

FRAU ALVING: Hast du nicht deine Mutter, die sie dir mitträgt?

OSWALD: Ja, das hoffte ich; und deshalb kehrte ich heim zu dir. Aber es geht nicht auf diese Weise. Ich sehe es ein, es geht nicht. Ich kann das Leben hier nicht ertragen!

FRAU ALVING: Oswald!

OSWALD: Ich muß ein anderes Leben führen, Mutter. Und deshalb muß ich fort von dir. Ich will nicht, daß du es mitansiehst.

FRAU ALVING: Mein unglücklicher Sohn! Aber Oswald, solange du so krank bist wie jetzt –

OSWALD: Wenn es nur die Krankheit allein wäre, so würde ich bei dir bleiben, Mutter. Denn du bist die treuste Freundin.

FRAU ALVING: Ja, nicht wahr, Oswald? Bin ich das nicht?

OSWALD *geht unruhig umher:* Aber es sind diese Qualen – die Reue – – und dann die furchtbare, tödliche Angst. Oh – diese entsetzliche Angst!

FRAU ALVING *geht ihm nach:* Angst? – Welche Angst? Was meinst du?

OSWALD: Ach, frag mich nicht weiter. Ich weiß es nicht. Ich kann es dir nicht beschreiben. *Frau Alving nach rechts, zieht den Glockenzug.* Was willst du tun?

FRAU ALVING: Ich will, daß mein Junge lustig sein soll; das will ich. Er soll hier nicht umhergehen und grübeln. *Zu Regine, die in die Tür tritt:* Mehr Champagner! Eine ganze Flasche.

Regine geht.

OSWALD: Mutter!

FRAU ALVING: Glaubst du vielleicht, daß wir hier draußen auf dem Lande nicht auch zu leben verstehen?

OSWALD: Ist sie nicht prächtig anzusehen? Wie sie gewachsen ist! Und so kerngesund!

FRAU ALVING *setzt sich an den Tisch:* Setz dich, Oswald, und laß uns ruhig sprechen.

OSWALD *setzt sich:* Du weißt wohl nicht, Mutter, daß ich an Regine ein Unrecht wiedergutzumachen habe.

FRAU ALVING: Du!

OSWALD: Oder eine kleine Unbedachtsamkeit – wie du es nun nennen willst. Übrigens sehr unschuldig. Als ich das letzte Mal zu Hause war –

FRAU ALVING: Nun?

OSWALD: – da fragte sie mich so oft nach Paris, und ich erzählte ihr dies und jenes von dort. So erinnere ich mich, daß ich sie eines Tages fragte, ob sie nicht auch Lust habe, hinzukommen. –

FRAU ALVING: Und weiter?

OSWALD: Ich sah, daß sie feuerrot wurde, und dann sagte sie: „Ja, dazu hätte ich wahrhaftig Lust." – Ja, ja, antwortete ich, dazu kann wohl Rat werden – oder etwas ähnliches.

FRAU ALVING: Was dann?

OSWALD: Ich hatte das Ganze natürlich vergessen; als ich

sie aber vorgestern fragte, ob sie froh sei, daß ich jetzt so lange zu Hause bleiben würde –

FRAU ALVING: Da?

OSWALD: – da sah sie mich so seltsam an und fragte dann: „Was wird jetzt aber aus meiner Reise nach Paris?"

FRAU ALVING: Ihre Reise!

OSWALD: Und so erfuhr ich denn, daß sie die Sache ernst genommen hatte, daß sie während der ganzen Zeit an mich gedacht und angefangen hatte, Französisch zu lernen.

FRAU ALVING: Deshalb also –

OSWALD: Mutter – als ich in jenem Augenblick das prächtige, schmucke, kernfrische Mädchen vor mir stehen sah – früher hatte ich sie ja gar nicht beachtet –, wie sie so vor mir stand, gleichsam mit offenen Armen, um mich zu umfangen –

FRAU ALVING: Oswald!

OSWALD: – da ward es mir klar, daß in ihr meine Rettung sei – denn in ihr ist Lebensfreudigkeit!

FRAU ALVING *erstaunt:* Lebensfreudigkeit? – Kann die Rettung bringen?

REGINE *mit einer Champagnerflasche aus dem Speisezimmer:* Verzeihen Sie, daß ich so lange blieb, aber ich mußte in den Keller hinunter –

Stellt die Flasche auf den Tisch.

OSWALD: Bring noch ein Glas.

REGINE *sieht ihn verwundert an:* Das Glas der gnädigen Frau steht da, Herr Alving.

OSWALD: Ja; aber hol noch eins für dich selbst, Regine. *Regine zuckt zusammen und wirft einen hastigen, scheuen Seitenblick auf Frau Alving.* Nun?

REGINE *leise und zögernd:* Geschieht es mit dem Willen der gnädigen Frau?

FRAU ALVING: Hol das Glas, Regine.

Regine geht ins Speisezimmer.

OSWALD *blickt ihr nach:* Hast du bemerkt, wie sie geht? So fest und mutig!

FRAU ALVING: Das wird nicht geschehen, Oswald.

OSWALD: Die Sache ist abgemacht. Das siehst du ja. Es nützt nichts mehr, dagegen zu reden. *Regine kommt mit einem leeren Glas, das sie in der Hand behält.* Setz dich, Regine.

Regine sieht fragend auf Frau Alving.

FRAU ALVING: Setz dich nur. *Regine setzt sich auf einen Stuhl neben der Tür des Speisezimmers und hat noch immer das leere Glas in der Hand.* Oswald – was war doch das, was du von der Lebensfreudigkeit sagtest?

OSWALD: Ja, die Lebensfreudigkeit, Mutter – die kennt ihr hier zu Hause wenig. Ich verspüre sie hier niemals.

FRAU ALVING: Auch nicht, wenn du bei mir bist?

OSWALD: Niemals, wenn ich zu Hause bin. – Doch das verstehst du nicht.

FRAU ALVING: Doch, doch, ich glaube beinahe, daß ich es verstehe – jetzt!

OSWALD: Diese – und dann die Arbeitsfreudigkeit. Ja, das ist im Grunde beinahe dasselbe. Aber auch von der wißt ihr hier nichts.

FRAU ALVING: Darin magst du recht haben. Oswald, laß mich mehr davon hören.

OSWALD: Ja, ich meine nur, daß euch hier gelehrt wird zu glauben, daß die Arbeit ein Fluch und eine Sündenstrafe sei – und daß das Leben ein jämmerliches Etwas, mit dem man je früher, desto besser zu Ende kommt.

FRAU ALVING: Ein Jammertal, ja. Und dazu machen wir es auch ehrlich und redlich.

OSWALD: Aber von solchen Dingen wollen die Menschen da draußen nichts wissen. Da gibt es niemanden mehr, der noch an solche Lehren glaubt. Da draußen empfindet man das bloße Dasein als etwas so jubelnd Glückseliges. Mutter, hast du nicht bemerkt, daß alles, was ich gemalt habe, sich um die Lebensfreudigkeit dreht? Immer und beständig um die Lebensfreudigkeit. Da draußen sind Licht und Sonnenschein und Sonntagsluft – und strahlende, glückliche Menschengesichter. – Deshalb fürchte ich mich, hier bei dir in der Heimat zu bleiben.

FRAU ALVING: Du fürchtest dich? Was fürchtest du hier bei mir?

OSWALD: Ich fürchte, daß alles, was in mir tobt, hier in Unsittlichkeit ausarten könnte.

FRAU ALVING *blickt ihn fest an:* Glaubst du, daß das geschehen würde?

OSWALD: Das weiß ich gewiß. Wenn man auch hier zu Hause dasselbe Leben lebt wie da draußen – es ist ja doch nicht dasselbe Leben.

FRAU ALVING *die gespannt gelauscht hat, erhebt sich mit großen, gedankenvollen Augen und sagt:* Jetzt sehe ich den Zusammenhang.

OSWALD: Was siehst du?

FRAU ALVING: Jetzt sehe ich ihn zum erstenmal. Und jetzt darf ich reden.

OSWALD *erhebt sich:* Mutter, ich verstehe dich nicht.

REGINE *die sich ebenfalls erhoben hat:* Soll ich vielleicht gehen?

FRAU ALVING: Nein, bleib. Jetzt kann ich reden. Jetzt, mein Sohn, sollst du alles wissen. Und dann kannst du wählen. Oswald! Regine!

OSWALD: Sei still. Der Pastor –

PASTOR MANDERS *tritt durch die Vorzimmertür ein:* So, so! Jetzt haben wir da unten eine herzerweckende Stunde gehabt.

OSWALD: Wir auch.

PASTOR MANDERS: Engstrand muß mit seinem Seemannsheim geholfen werden. Regine muß mit ihm ziehen und ihm behilflich sein –

REGINE: Nein, danke, Herr Pastor.

PASTOR MANDERS *bemerkt sie jetzt erst:* Was? – Hier –? Und mit einem Glase in der Hand?

REGINE *stellt das Glas schnell fort:* Pardon –!

OSWALD: Regine geht mit mir, Herr Pastor.

PASTOR MANDERS: Geht mit Ihnen!

OSWALD: Ja. Als mein Weib – wenn sie es verlangt.

PASTOR MANDERS: Aber du barmherziger –!

REGINE: Es ist nicht meine Schuld, Herr Pastor.

OSWALD: Oder sie bleibt hier – wenn ich bleibe.

REGINE *unwillkürlich:* Hier –?!

PASTOR MANDERS: Frau Alving – Sie versteinern mich!

FRAU ALVING: Keins von beiden wird geschehen, denn jetzt kann ich offen reden.

PASTOR MANDERS: Aber das werden Sie doch nicht tun! Nein, nein, nein!

FRAU ALVING: Doch, ich kann und ich will. Und trotzdem werden keine Ideale fallen.

OSWALD: Mutter, was ist es, das mir verheimlicht wird?

REGINE *horchend:* Gnädige Frau! Hören Sie! Draußen schreien die Leute.

Sie geht ins Blumenzimmer und sieht hinaus.

OSWALD *am Fenster links:* Was ist los? Woher kommt der Lichtschein?

REGINE *schreit:* Es brennt im Asyl!

FRAU ALVING *stürzt ans Fenster:* Es brennt!

PASTOR MANDERS: Es brennt? Unmöglich. Ich war ja soeben noch dort unten.

OSWALD: Wo ist mein Hut? Nein, ich brauche ihn nicht –. Das Asyl des Vaters –!

Läuft durch die Gartentür hinaus.

FRAU ALVING: Mein Tuch, Regine! Es brennt lichterloh!

PASTOR MANDERS: Entsetzlich! – Frau Alving, das ist das Strafgericht, das über dieses Haus der Verirrung leuchtet!

FRAU ALVING: Ja, ja, gewiß. Komm, Regine.

Sie und Regine eilen durch das Vorzimmer hinaus.

PASTOR MANDERS *schlägt die Hände zusammen:* Und nichts assekuriert! *Den Vorigen nach.*

DRITTER AUFZUG

Dasselbe Zimmer. Alle Türen geöffnet. Die Lampe steht noch brennend auf dem Tisch. Draußen Dunkelheit; nur links im Hintergrund ein schwacher Lichtschimmer. Frau Alving, mit einem großen Tuch über dem Kopf, steht oben im Blumenzimmer und blickt hinaus. Regine, die ebenfalls in ein Tuch gehüllt ist, steht hinter ihr.

FRAU ALVING: Alles abgebrannt! Bis auf den Grund!

REGINE: Es brennt noch in den Kellern.

FRAU ALVING: Daß Oswald nicht heraufkommt! Es gibt ja nichts mehr zu retten.

REGINE: Soll ich ihm nicht seinen Hut hinuntertragen?

FRAU ALVING: Hat er nicht einmal seinen Hut aufgesetzt?

REGINE *zeigt ins Vorzimmer hinaus:* Nein, dort hängt er.

FRAU ALVING: So laß ihn hängen. Jetzt muß er doch heraufkommen. Ich will selbst nachsehen.

Ab durch die Gartentür.

PASTOR MANDERS *kommt durch das Vorzimmer:* Ist Frau Alving nicht hier?

REGINE: Sie ist soeben in den Garten hinuntergegangen.

PASTOR MANDERS: Dies ist die schrecklichste Nacht meines Lebens!

REGINE: Ja, ist es nicht ein grausames Unglück, Herr Pastor?

PASTOR MANDERS: Ach, sprechen Sie nicht davon! Ich darf gar nicht darüber nachdenken.

REGINE: Aber wie kann es nur zugegangen sein –?

PASTOR MANDERS: Fragen Sie mich nicht, Jungfer Engstrand! Wie kann ich das wissen? Wollen Sie vielleicht auch –? Ist es nicht genug, daß Ihr Vater –?

REGINE: Was ist mit ihm?

PASTOR MANDERS: Ach, er hat mich ganz verwirrt im Kopf gemacht.

ENGSTRAND *tritt durch das Vorzimmer ein:* Herr Pastor –!

PASTOR MANDERS *wendet sich erschreckt um:* Kommen Sie mir auch hierher nach?!

ENGSTRAND: Ja, Gott soll mich strafen –! O du guter Heiland! Aber dies ist eine garstige Geschichte, Herr Pastor!

PASTOR MANDERS *geht auf und ab:* Leider! Leider!

REGINE: Was gibt es denn?

ENGSTRAND: Ja, siehst du, das kam von dieser Andacht. *Leise:* Jetzt haben wir den Vogel endlich, mein Kind! *Laut:* Und daß ich schuld daran sein muß, daß Pastor Manders so etwas verschuldet!

PASTOR MANDERS: Aber ich versichere Sie, Engstrand –

ENGSTRAND: Niemand anders als Sie, Herr Pastor, hat da unten mit dem Licht hantiert.

PASTOR MANDERS *steht still:* Ja, das behaupten Sie. Aber ich kann mich durchaus nicht erinnern, ein Licht in der Hand gehabt zu haben.

ENGSTRAND: Und ich habe so deutlich gesehen, Herr Pastor, daß Sie das Licht nahmen und es mit den Fingern putzten und darauf die Schnuppe zwischen die Hobelspäne warfen.

PASTOR MANDERS: Das haben Sie gesehen?

ENGSTRAND: Ja, das habe ich deutlich gesehen.

PASTOR MANDERS: Das kann ich unmöglich glauben. Es ist doch sonst nicht meine Gewohnheit, das Licht mit den Fingern zu putzen.

ENGSTRAND: Ja, es sah auch sehr ungeschickt aus; wirklich. Aber kann es denn gefährlich werden, Herr Pastor?

PASTOR MANDERS *geht unruhig auf und ab:* Ach! Fragen Sie mich nicht!

ENGSTRAND *geht neben ihm:* Herr Pastor, assekuriert haben Sie es auch nicht?

PASTOR MANDERS *immer gehend:* Nein, nein, nein; das hören Sie ja.

ENGSTRAND *immer neben ihm:* Nicht assekuriert! Und dann hinzugehen und das Ganze anzuzünden! Jesus, Jesus, was für ein Unglück!!

PASTOR MANDERS *trocknet sich den Schweiß von der Stirn:* Ja, das können Sie wohl sagen, Engstrand.

ENGSTRAND: Und daß dies noch obendrein mit einer Wohltätigkeitsanstalt geschehen mußte, die für Stadt und Land von Nutzen sein sollte, wie die Leute sagen. Die Zeitungen werden nicht sauber mit dem Herrn Pastor umgehen; das kann ich mir vorstellen.

PASTOR MANDERS: Das ist's ja grade, worüber ich nachdenke. Das ist das schlimmste bei der ganzen Sache. All diese gehässigen Angriffe und Beschuldigungen –! Ach, es ist fürchterlich, nur daran zu denken!

FRAU ALVING *kommt aus dem Garten:* Er ist nicht zu bewegen, von den Löscharbeiten fortzugehen.

PASTOR MANDERS: Ach, sind Sie da, Frau Alving!

FRAU ALVING: Nun sind Sie Ihrer Festrede doch überhoben worden, Pastor Manders!

PASTOR MANDERS: Ach, ich würde ja mit Freuden –

FRAU ALVING *gedämpft:* Es war am besten, daß es kam, wie es kam! Dieses Asyl wäre niemand zum Segen geworden.

PASTOR MANDERS: Glauben Sie das wirklich?

FRAU ALVING: Glauben Sie das nicht?

PASTOR MANDERS: Es war aber trotzdem ein furchtbares Unglück.

FRAU ALVING: Wir wollen kurz und bündig darüber sprechen, wie über eine Geschäftssache. – Engstrand, warten Sie auf den Pastor?

ENGSTRAND *an der Vorzimmertür:* Ja, das tue ich.

FRAU ALVING: Dann setzen Sie sich solange.

ENGSTRAND: Danke; ich kann auch stehen.

FRAU ALVING *zu Pastor Manders:* Jetzt reisen Sie vermutlich mit dem nächsten Dampfschiff?

PASTOR MANDERS: Ja. In einer Stunde geht es ab.

FRAU ALVING: Sei'n Sie so gut, alle Papiere wieder mitzunehmen. Ich will von der ganzen Sache kein einziges Wort mehr hören. Jetzt habe ich an andere Dinge zu denken – –

PASTOR MANDERS: Frau Alving –

FRAU ALVING: Später werde ich Ihnen Vollmacht senden, alles nach Ihrem Gutdünken zu ordnen.

PASTOR MANDERS: Das werde ich herzlich gern übernehmen. Die ursprüngliche Bestimmung des Legats muß jetzt leider gänzlich verändert werden.

FRAU ALVING: Das versteht sich.

PASTOR MANDERS: Dann denke ich es vorläufig so zu ordnen, daß das Vorwerk Solvik der Landgemeinde zufällt. Die Felder und Wiesen sind ja durchaus nicht wertlos. Sie werden immer zu irgendeinem Zweck ausgenutzt werden können. Und die Zinsen des kontanten Rückstandes, der in der Sparkasse liegt, könnte ich vielleicht verwenden, um ein oder das andere Unternehmen zu stützen, welches der Stadt von Nutzen ist.

FRAU ALVING: Wie Sie wollen! Das Ganze ist mir jetzt durchaus gleichgültig.

ENGSTRAND: Denken Sie an mein Seemannsheim, Herr Pastor!

PASTOR MANDERS: Ja, zuverlässig, sobald es dazu kommt. Nun, das muß noch genau überlegt werden.

ENGSTRAND: Zum Teufel mit dem Überlegen! Nein!

PASTOR MANDERS *seufzend:* Und ich weiß ja leider auch gar nicht, wie lange ich noch etwas mit diesen Dingen zu tun haben werde; ob die öffentliche Meinung mich nicht zwingen wird, abzutreten. Das hängt ja alles von dem Resultat der Branduntersuchung ab.

FRAU ALVING: Was sagen Sie?

PASTOR MANDERS: Und das Resultat läßt sich im voraus gar nicht berechnen.

ENGSTRAND *nähertretend:* Oh, gewiß läßt es sich berechnen. Denn hier stehen Jacob Engstrand und ich!

PASTOR MANDERS: Ja, ja, aber –?

ENGSTRAND *leiser:* Und Jacob Engstrand ist nicht der Mann, der einen würdigen Wohltäter in der Stunde der Not verläßt, wie man so sagt.

PASTOR MANDERS: Ja, mein Bester – aber wie?

ENGSTRAND: Jacob Engstrand ist wie ein rettender Engel, Herr Pastor!

PASTOR MANDERS: Nein, nein, das kann ich wahrlich nicht annehmen.

ENGSTRAND: Oh, es wird aber trotzdem geschehen. Ich kenne einen, der schon einmal die Schuld anderer auf sich genommen hat.

PASTOR MANDERS: Jacob! *Drückt seine Hand.* Sie sind ein seltener Mensch. Nun, Ihnen soll auch zu Ihrem Seemannsasyl verholfen werden; darauf können Sie sich verlassen.

Engstrand vermag vor Rührung nicht zu danken.

PASTOR MANDERS *hängt sich die Reisetasche um:* Und jetzt von dannen. Wir beide reisen zusammen.

ENGSTRAND *an der Speisezimmertür leise zu Regine:* Geh mit mir, Mädchen! Du sollst wie eine Prinzessin leben.

REGINE *wirft den Kopf zurück:* Merci!

Geht in das Vorzimmer und holt die Reisekleider des Pastors.

PASTOR MANDERS: Leben Sie wohl, Frau Alving. Gott gebe, daß der Geist der Ordnung und der Gesetzlichkeit recht bald seinen Einzug in dieses Haus halte.

FRAU ALVING: Leben Sie wohl, Manders!

Sie geht ins Blumenzimmer, da sie Oswald durch die Gartentür eintreten sieht.

ENGSTRAND *indem er und Regine dem Pastor beim Anziehen des Überrocks behilflich sind:* Lebe wohl, mein Kind. Und wenn dir etwas zustoßen sollte, so weißt du, wo Jacob Engstrand zu finden ist. *Leise:* Kleine Hafengasse, hm –! *Zu Frau Alving und Oswald:* Und das Haus für die fahrenden Seeleute soll heißen „Kammerherr Alvings Asyl". Und wenn ich das Haus nach meinem Kopf leiten darf, so kann ich versprechen, daß es des verstorbenen Kammerherrn würdig sein wird!

PASTOR MANDERS *in der Tür:* Hm – hm! Kommen Sie nur, mein lieber Engstrand. – Leben Sie wohl; leben Sie wohl!

Er und Engstrand durch das Vorzimmer ab.

OSWALD: Was war das für ein Haus, von dem er sprach?

FRAU ALVING: Es ist eine Art Asyl, das er und Pastor Manders gründen wollen.

OSWALD: Es wird auch abbrennen, wie das Ganze hier.

FRAU ALVING: Wie kommst du auf den Gedanken?

OSWALD: Alles wird verbrennen. Nichts bleibt übrig, das an Vater erinnert. Ich gehe ja auch umher und verbrenne.

Regine sieht ihn erschreckt an.

FRAU ALVING: Oswald! Du hättest nicht so lange da unten bleiben sollen, mein armer Junge.

OSWALD *setzt sich an den Tisch:* Ich glaube beinahe, du hast recht.

FRAU ALVING: Laß mich dein Gesicht abtrocknen, Oswald. Du bist ganz naß.

Trocknet ihn mit ihrem Taschentuch ab.

OSWALD *starrt gleichgültig vor sich hin:* Danke, Mutter.

FRAU ALVING: Bist du nicht müde, Oswald? Willst du schlafen?

OSWALD *angstvoll:* Nein, nein – nicht schlafen! – Ich schlafe niemals! Ich stelle mich nur zuweilen schlafend. *Schleppend:* Es wird bald genug kommen.

FRAU ALVING *sieht ihn kummervoll an:* Ja, du bist aber trotzdem krank, mein geliebter Junge.

REGINE *gespannt:* Ist Herr Alving krank?

OSWALD *ungeduldig:* Und dann schließt alle Türen! Oh! diese tödliche Angst –

FRAU ALVING: Schließ die Türen, Regine. *Regine tut es und bleibt an der Tür des Vorzimmers stehen. Frau Alving legt ihr Tuch ab, Regine ebenfalls. Frau Alving rückt einen Stuhl an Oswalds Seite und setzt sich zu ihm.* So, jetzt setze ich mich zu dir. –

OSWALD: Ja, tu das. Und Regine soll auch hierbleiben. Regine muß immer um mich sein. Du wirst mir hilfreiche Hand leisten, nicht wahr, Regine?

REGINE: Ich verstehe nicht –

FRAU ALVING: Hilfreiche Hand leisten?

OSWALD: Ja – wenn es nötig sein wird.

FRAU ALVING: Oswald, hast du nicht deine Mutter, die dir jeden Liebesdienst leistet?

OSWALD: Du? – *Lächelt.* Nein Mutter, den Liebesdienst wirst du mir nicht erweisen. *Lächelt schwermütig.* Du! Ha – ha! *Blickt sie ernst an.* Übrigens wärst du ja die nächste dazu! *Heftig:* Weshalb nennst du mich nicht „Du", Regine? Weshalb nennst du mich nicht Oswald?

REGINE *leise:* Ich glaube nicht, daß es der gnädigen Frau recht wäre.

FRAU ALVING: Binnen kurzem gebe ich dir die Erlaubnis dazu. – Und jetzt setz dich her zu uns. *Regine setzt sich langsam und leise an die andere Seite des Tisches.* Und nun werde ich die schwere Bürde von deiner Seele nehmen, mein armer, gequälter Junge –

OSWALD: Du, Mutter?

FRAU ALVING: – alles das, was du Gewissensbisse und Reue und Vorwürfe nennst –

OSWALD: Glaubst du, daß du das kannst?

FRAU ALVING: Ja, jetzt kann ich es, Oswald. Du sprachst vorhin von der Lebensfreudigkeit; und da sah ich plötzlich mein ganzes Leben in einem neuen Licht.

OSWALD *schüttelt den Kopf:* Davon verstehe ich nichts.

FRAU ALVING: Du hättest deinen Vater kennen sollen, als er noch junger Leutnant war. In ihm war Lebensfreudigkeit – das kannst du glauben!

OSWALD: Ja, das weiß ich.

FRAU ALVING: Es war wie Frühlingswetter, wenn man ihn nur ansah. Und dann diese unbändige Kraft, diese Lebhaftigkeit in ihm!

OSWALD: Nun und –?

FRAU ALVING: Und nun mußte dies lebensfrohe Kind – denn damals war er nichts anderes als ein Kind – mußte es hier in einer halbgroßen Stadt umhergehen, die keine erhebende Freude, sondern nur Vergnügungen zu bieten vermag. Hier mußte er bleiben, ohne einen Lebenszweck zu haben – er hatte nur ein Amt. Er sah nirgend eine Arbeit, der er sich mit all seinen Kräften hätte widmen können – er hatte nur eine Beschäftigung. Er besaß keinen Kameraden, der imstande gewesen wäre, mit ihm zu empfinden, was Lebensfreudigkeit ist – er hatte nur Zechbrüder, er kannte nur Müßiggänger –

OSWALD: Mutter!

FRAU ALVING: So kam es dann, wie es kommen mußte.

OSWALD: Und wie mußte es kommen?

FRAU ALVING: Du selbst hast heute abend schon gesagt, was aus dir werden würde, wenn du hier zu Hause bliebest.

OSWALD: Willst du damit sagen, daß Vater –?

FRAU ALVING: Dein armer Vater hat niemals eine Ableitung für seine übergroße Lebensfreudigkeit gefunden. Auch ich brachte den Frühling nicht in sein Heim.

OSWALD: Auch du nicht?

FRAU ALVING: Man hatte mich etwas gelehrt von Pflichten und dergleichen, an die ich bis dahin geglaubt hatte. Alles mündete nur in Pflichten aus – – in meine Pflichten und seine Pflichten und – –. Oswald, ich fürchte, ich habe deinem armen Vater das Heim unerträglich gemacht.

OSWALD: Weshalb hast du mir darüber nie etwas geschrieben?

FRAU ALVING: Es erschien mir ja bis jetzt niemals in einem solchen Lichte, daß ich es dir, seinem Sohne, gegenüber hätte berühren können.

OSWALD: Nun – und wie sahst du es denn bis dahin an?

FRAU ALVING *langsam:* Ich sah nur das eine, daß dein Vater ein gebrochener Mann war, ehe du geboren wurdest.

OSWALD *gedämpft:* Ah –!

Er erhebt sich und geht ans Fenster.

FRAU ALVING: Und dann dachte ich tagaus, tagein nur an die eine Sache, daß Regine hier eigentlich ebensogut ins Haus gehöre – wie – mein eigenes Kind!

OSWALD *wendet sich schnell:* Regine –!

REGINE *springt auf und fragt mit gedämpfter Stimme:* Ich –?!

FRAU ALVING: Ja – nun wißt ihr es beide.

OSWALD: Regine!

REGINE *vor sich hin:* Mutter war also auch eine solche –

FRAU ALVING: Deine Mutter hatte viele gute Seiten, Regine.

REGINE: Ja, aber trotzdem war sie – – –. Zuweilen habe ich mir das wohl gedacht – aber – – –. Gnädige Frau, erlauben Sie, daß ich auf der Stelle reise?

FRAU ALVING: Willst du fort, Regine?

REGINE: Ja, gewiß will ich das.

FRAU ALVING: Du hast natürlich deinen Willen, aber –

OSWALD *geht zu Regine:* Jetzt willst du reisen? Du gehörst ja hierher.

REGINE: Merci, Herr Alving – nun, jetzt werde ich wohl Oswald sagen dürfen. Aber s o hatte ich es nicht gemeint.

FRAU ALVING: Regine, ich bin nicht offen gegen dich gewesen –

REGINE: Nein, leider nicht! Hätte ich gewußt, daß Oswald kränklich sei, so –. Und da es jetzt auch nicht ernst mit uns beiden werden kann –. Nein, ich kann nicht hier draußen auf dem Lande bleiben und mich für kranke Leute abmühen.

OSWALD: Nicht einmal für einen, der dir so nahesteht?

REGINE: Nein, ich kann es wahrhaftig nicht. Ein armes Mädchen muß seine Jugend ausnützen; sonst kann man, ehe man sich's versieht, auf dem Strohsack liegen. Und i c h habe auch Lebensfreudigkeit in mir, gnädige Frau!

FRAU ALVING: Ja, leider; aber wirf dich nicht fort, Regine.

REGINE: Nun, wenn's geschieht, so hat es wohl geschehen müssen. Artet Oswald seinem Vater nach, so arte ich vermutlich meiner Mutter nach. – Darf ich fragen, Frau Alving, ob Pastor Manders diese Angelegenheit kennt?

FRAU ALVING: Pastor Manders weiß alles.

REGINE *ist emsig mit ihrem Tuch beschäftigt:* Ja, dann muß ich sehen, so schnell wie möglich mit dem Dampfschiff fortzukommen. Ich möchte gern mit dem Pastor zusammen reisen. Und dann scheint es mir auch, daß ich ebensoviel Recht an jenes Geld habe wie er – der elende Tischler.

FRAU ALVING: Das Geld soll dir gegönnt sein, Regine.

REGINE *sieht sie starr an:* Frau Alving, Sie hätten mich wohl wie das Kind eines vornehmen Mannes erziehen lassen können; das hätte besser für mich gepaßt. *Wirft den Kopf zurück.* – Aber nun ist's geschehen! Es ist schließlich auch gleichgültig! *Mit einem gehässigen Seitenblick auf die Champagnerflasche:* Ich kann vielleicht doch noch einmal Champagner mit vornehmen Leuten trinken!

FRAU ALVING: Und wenn du dich nach einem Heim sehnst, Regine, so komm zu mir.

REGINE: Nein, ich danke Ihnen, Frau Alving. Pastor Manders wird sich meiner wohl annehmen. Und wenn es mir sehr schlecht gehen sollte, so weiß ich ja immer noch ein Haus, wo ich hingehöre.

FRAU ALVING: Und das wäre?

REGINE: Kammerherr Alvings Asyl.

FRAU ALVING: Regine – jetzt sehe ich es klar – du wirst zugrunde gehen!

REGINE: Ah, bah! – Adieu.

Sie grüßt und geht durch das Vorzimmer ab.

OSWALD *steht am Fenster und blickt hinaus:* Ist sie gegangen?

FRAU ALVING: Ja.

OSWALD *murmelt vor sich hin:* Ich glaube, dies hier war verkehrt.

FRAU ALVING *geht zu ihm und legt die Hände auf seine Schultern:* Oswald, mein lieber Sohn – hat es dich sehr ergriffen?

OSWALD *wendet ihr das Gesicht zu:* Diese Dinge über Vater, meinst du?

FRAU ALVING: Ja, über deinen unglücklichen Vater. Ich fürchte jetzt, daß es dich zu sehr erschüttert hat.

OSWALD: Was fällt dir ein? Es kam mir natürlich höchst überraschend; aber im Grunde kann es mir ja ganz gleichgültig sein.

FRAU ALVING *zieht ihre Hände zurück:* Gleichgültig! – Daß dein Vater so grenzenlos unglücklich war!?

OSWALD: Natürlich hege ich Teilnahme für ihn wie für jeden andern, aber –

FRAU ALVING: Nichts anderes? – Für deinen eigenen Vater!

OSWALD *ungeduldig:* Ja, Vater – Vater – Vater! Ich habe meinen Vater ja niemals gekannt. Ich habe keine andere Erinnerung an ihn, als daß er mir einmal Übelkeit verursacht hat.

FRAU ALVING: Es ist entsetzlich, das zu denken! Sollte ein Kind nicht trotzdem Liebe für seinen Vater hegen?

OSWALD: Wenn ein Kind seinem Vater für nichts zu danken hat? Wenn es ihn gar nicht gekannt hat? Hältst du wirklich noch an dem alten Aberglauben fest, du, die du doch sonst so aufgeklärt bist?

FRAU ALVING: Und das sollte nur Aberglaube sein –!

OSWALD: Ja, das mußt du doch einsehen, Mutter. Dies ist auch eine von jenen Ansichten, die in der Welt in Umlauf gesetzt werden und dann –

FRAU ALVING *erschüttert:* Gespenster!

OSWALD *geht durch das Zimmer:* Ja, du kannst sie wahrlich Gespenster nennen!

FRAU ALVING *aufschreiend:* Oswald – dann liebst du mich auch nicht!

OSWALD: Dich kenne ich ja doch –

FRAU ALVING: Ja, du kennst mich – aber das ist auch alles!

OSWALD: Und dann weiß ich ja, wie lieb du mich hast; dafür muß ich dir dankbar sein. Du kannst mir auch so unendlich nützlich sein, jetzt, wo ich krank bin.

FRAU ALVING: Ja, nicht wahr, Oswald? Das kann ich. Ach, ich könnte diese Krankheit beinahe segnen, die dich zu mir nach Hause getrieben hat. Denn ich sehe es wohl ein; ich habe dich nicht, ich muß dich erst gewinnen.

OSWALD *ungeduldig:* Ja, ja, ja; dies sind lauter Redensarten. Du darfst nicht vergessen, Mutter, daß ich ein kranker Mensch bin. Ich kann mich nicht so viel mit andern beschäftigen; ich habe genug mit mir selbst zu tun.

FRAU ALVING *leise:* Ich werde genügsam und geduldig sein.

OSWALD: Und froh und lustig, Mutter!

FRAU ALVING: Ja, mein lieber Junge, du hast recht. *Geht zu ihm.* – Habe ich jetzt allen Kummer und alle Gewissensbisse von dir genommen?

OSWALD: Ja, das hast du. – Aber wer wird die Angst von mir nehmen?

FRAU ALVING: Die Angst?

OSWALD *auf und ab gehend:* Regine würde es für ein gutes Wort getan haben.

FRAU ALVING: Ich verstehe dich nicht. Was ist's mit der Angst – und mit Regine?

OSWALD: Ist es spät in der Nacht, Mutter?

FRAU ALVING: Es ist schon früh am Morgen. *Sieht in das Blumenzimmer hinein.* Der Tag beginnt schon die Bergspitzen zu erhellen. Und heute wird es ein klarer Tag, Oswald! – Bald wirst du die Sonne sehen.

OSWALD: Darauf freue ich mich. – Ach, es gibt ja doch noch so viel, wofür ich leben, worauf ich mich freuen kann –

FRAU ALVING: Das sollte ich auch glauben!

OSWALD: Wenn ich auch nicht arbeiten kann, so –

FRAU ALVING: Oh, jetzt wirst du bald wieder arbeiten können, mein lieber Sohn. Nun hast du ja nicht mehr all diese nagenden, drückenden Gedanken, die dich quälen.

OSWALD: Nein, es ist gut, daß du mir all diese Einbildungen genommen hast. Und wenn ich jetzt nur noch über dies eine fortkommen kann – – *Setzt sich aufs Sofa.* Jetzt wollen wir miteinander plaudern, Mutter –

FRAU ALVING: Ja, laß uns das tun.

Sie schiebt einen Lehnstuhl zum Sofa und setzt sich dicht neben Oswald.

OSWALD: – und inzwischen wird die Sonne aufgehen. Und dann weißt du es. Und ich habe nicht mehr diese fürchterliche Angst.

FRAU ALVING: Was soll ich wissen?

OSWALD *ohne auf sie zu hören:* Mutter, hast du heute abend nicht gesagt, daß es gar nichts auf der Welt gäbe, was du nicht für mich tun würdest, wenn ich dich darum bäte?

FRAU ALVING: Ja, das habe ich allerdings gesagt!

OSWALD: Und du bleibst dabei, Mutter?

FRAU ALVING: Darauf kannst du bauen, mein einziger, lieber Sohn. Ich lebe ja nur für dich allein.

OSWALD: Ja, ja, nun sollst du hören. – Du, Mutter, du hast eine starke, kraftvolle Seele, das weiß ich. – Du mußt ganz ruhig bleiben, wenn du es erfährst.

FRAU ALVING: Aber ist es denn etwas so Entsetzliches –!

OSWALD: Du darfst nicht aufschreien. Hörst du? Versprichst du mir das? Wir werden ganz stillsitzen und darüber sprechen. Versprichst du mir das, Mutter?

Frau Alving. Ja, ja, ich verspreche es dir; aber sprich nur!

OSWALD: Nun, du mußt also wissen, daß das mit der Müdigkeit – und daß ich an keine Arbeit denken darf – daß alles dies nicht die eigentliche Krankheit ist –

FRAU ALVING: Was ist denn die eigentliche Krankheit?

OSWALD: Die Krankheit, welche ich als Erbteil bekommen, die – *zeigt auf die Stirn und fügt ganz leise hinzu:* die sitzt hier.

FRAU ALVING *beinahe sprachlos:* Oswald! – Nein – nein!

OSWALD: Nicht aufschreien! Ich kann es nicht ertragen. Ja, Mutter, sie sitzt hier drinnen und lauert. Und sie kann zu jeder Zeit, zu jeder Stunde hervorbrechen.

FRAU ALVING: O welches Entsetzen –! –

OSWALD: Sei nur ruhig. – So steht es mit mir –

FRAU ALVING *springt auf:* Es ist nicht wahr, Oswald! Es ist unmöglich! Es kann nicht sein!

OSWALD: Dort unten habe ich einen Anfall gehabt. Er ging schnell vorüber. Als ich aber erfuhr, was mit mir vorgegangen, da kam die rasende, jagende Angst über mich – und ich reiste so schnell wie möglich zu dir nach Hause.

FRAU ALVING: Das ist also die Angst –!

OSWALD: Ja, denn siehst du, dies ist so unbeschreiblich grauenhaft. O wäre es nur eine gewöhnliche Todeskrankheit gewesen –! Denn ich fürchte mich ja nicht vor dem Tode, obgleich ich gern so lang wie möglich leben möchte.

FRAU ALVING: Ja, ja, Oswald, das mußt du auch!

OSWALD: Aber dies! Dies ist so grauenhaft abscheulich. Wieder zum kleinen Kinde zu werden; gefüttert werden müssen – Oh! – Es ist nicht zu beschreiben!

FRAU ALVING: Das Kind hat seine Mutter, die es pflegt.

OSWALD *springt auf:* Nein, niemals; das ist es grade, was ich nicht will! Ich ertrage den Gedanken nicht, daß ich vielleicht viele Jahre so daliegen könnte – alt und grau werden. Und du könntest vielleicht noch vor mir sterben. *Setzt sich auf Frau Alvings Stuhl.* – Denn es braucht ja nicht gleich tödlich zu enden, sagt der Arzt. Er nannte es eine Art Weichheit im Gehirn – – oder etwas Ähnliches. *Lächelt müde.* Die Bezeichnung klingt so hübsch, nicht wahr? Ich muß immer an kirschrote Draperien denken – an etwas, das zart und weich zu streicheln ist.

FRAU ALVING *schreit auf:* Oswald! Oswald!

OSWALD *springt wieder auf und geht im Zimmer hin und her:* Und nun hast du Regine von mir genommen! Wenn ich sie nur gehabt hätte. Sie würde mir jene Handreichung schon geleistet haben!

FRAU ALVING *geht zu ihm:* Was meinst du damit, mein geliebtes Kind? Gibt es irgendeinen Liebesdienst auf der Welt, den ich dir nicht leisten würde?

OSWALD: Als ich mich dort unten nach jenem Anfall erholt hatte, so sagte der Arzt mir, daß wenn es wiederkäme – und es kommt wieder – –, so sei keine Hoffnung mehr.

FRAU ALVING: Und er war herzlos genug, dir das –

OSWALD: Ich verlangte es von ihm. Ich sagte ihm, daß ich Verfügungen zu treffen hätte – *Lächelt listig.* – Und das hatte ich auch. *Zieht aus der inneren Brusttasche eine kleine Schachtel hervor.* Mutter, siehst du dies hier?

FRAU ALVING: Was ist das?

OSWALD: Morphiumpulver.

FRAU ALVING *sieht ihn entsetzt an:* Oswald, mein Liebling –?

OSWALD: Ich habe zwölf Kapseln zusammengespart –

FRAU ALVING *greift nach der Schachtel:* Gib mir die Schachtel, Oswald!

OSWALD: Noch nicht, Mutter.

Steckt die Schachtel wieder in die Tasche.

FRAU ALVING: Dies überlebe ich nicht!

OSWALD: Es muß überlebt werden. Wenn ich Regine jetzt hiergehabt hätte, so würde ich ihr gesagt haben, wie es mit mir steht – und ich würde sie um diese letzte Handreichung gebeten haben. Sie würde mir geholfen haben; dessen bin ich gewiß.

FRAU ALVING: Niemals!

OSWALD: Wenn das Entsetzliche über mich gekommen wäre, und sie hätte mich hilflos daliegen sehen wie ein kleines Kind, unrettbar, verloren, hoffnungslos – keine Rettung möglich –

FRAU ALVING: Nie und nimmer würde Regine das getan haben!

OSWALD: Regine würde es getan haben. Regine war so wunderbar leichtsinnig. Und sie wäre auch bald müde geworden, einen Kranken wie mich zu pflegen.

FRAU ALVING: Dann sei Gott Lob und Dank, daß Regine nicht mehr hier ist!

OSWALD: Ja, Mutter, nun mußt du mir jenen Dienst leisten!

FRAU ALVING *schreit laut auf:* Ich!

OSWALD: Wer steht mir denn näher als du?

FRAU ALVING: Ich! Deine Mutter!

OSWALD: Grade deshalb!

FRAU ALVING: Ich, die dir das Leben gegeben!

OSWALD: Ich habe dich nicht um das Leben gebeten. Und welch ein Leben hast du mir gegeben? Ich will es nicht! Du kannst es zurücknehmen!

FRAU ALVING: Hilfe! Hilfe! *Läuft ins Vorzimmer.*

OSWALD *ihr nach:* Geh nicht von mir! Wohin willst du?

FRAU ALVING *im Vorzimmer:* Einen Arzt holen, Oswald! Laß mich hinaus!

OSWALD *ebenfalls im Vorzimmer:* Du kommst nicht hinaus. Und niemand kommt herein.

Dreht den Schlüssel um.

FRAU ALVING *kommt wieder herein:* Oswald! Oswald! – mein Kind!

OSWALD *folgt ihr:* Hast du das Herz einer Mutter für mich – du, die mich so namenlose Angst erdulden sieht?!

FRAU ALVING *nach einem Augenblick, sich beherrschend:* Hier hast du meine Hand darauf.

OSWALD: Du willst –?

FRAU ALVING: Wenn es notwendig ist. Aber es wird nicht notwendig sein. Nein, nein, es ist ja nicht möglich!

OSWALD: Laß uns hoffen, Mutter. Und laß uns zusammen leben, so lange wir können. – – Danke, Mutter!

Er setzt sich in den Lehnstuhl, den Frau Alving an das Sofa geschoben hat. Der Tag bricht an. Die Lampe brennt noch immer.

FRAU ALVING *nähert sich ihm behutsam:* Bist du jetzt ruhiger, mein Kind?

OSWALD: Ja.

FRAU ALVING *über ihn gebeugt:* Oswald, das ist eine entsetzliche Einbildung bei dir gewesen. Alles nur Einbildung! All diese Aufregungen sind zuviel für dich gewesen. Aber jetzt sollst du ausruhen. Daheim bei deiner Mutter, du mein gesegneter Junge. Du sollst alles haben, was du willst, grade so wie damals, als du noch ein kleines Kind warst. – Siehst du! Jetzt ist der Anfall vorüber. Und ganz leicht. Ach, ich wußte es ja. – Und siehst du, Oswald, den schönen Tag da draußen? Strahlender Sonnenschein. Jetzt kannst du die Heimat so recht sehen.

Sie geht an den Tisch und löscht die Lampe aus. Die Gletscher und Berggipfel im Hintergrund liegen in strahlendem Sonnenschein da.

OSWALD *sitzt im Lehnstuhl mit dem Rücken gegen den Hintergrund, ohne sich zu rühren; plötzlich sagt er:* Mutter, gib mir die Sonne.

FRAU ALVING *am Tisch, sieht ihn erschreckt an:* Was sagst du?

OSWALD *wiederholt dumpf und tonlos:* Die Sonne. Die Sonne.

FRAU ALVING *zu ihm eilend:* Oswald, wie ist dir? *Oswald scheint im Stuhl zusammenzuschrumpfen; alle Muskeln erschlaffen; sein Gesicht wird ausdruckslos; die Augen werden blöde und stier. Bebend vor Furcht:* Was ist das! *Schreit laut:* Oswald! Was ist mit dir! *Wirft sich neben ihn auf die Knie und schüttelt ihn.* Oswald! Oswald! Sieh mich an! Kennst du mich nicht?

OSWALD *tonlos wie zuvor:* Die Sonne. – Die Sonne.

FRAU ALVING *springt verzweifelt auf, fährt sich mit beiden Händen ins Haar und schreit:* Dies ist unmöglich zu ertragen! *Flüstert wie erstarrt:* Wo hat er sie nur? *Fährt pfeilschnell über seine Brust.* Hier! *Weicht ein paar Schritte zurück und ruft:* Nein – nein – nein! – Doch! – Nein, nein!

Sie steht ein paar Schritte von ihm, den Kopf mit beiden Händen gepackt, und starrt ihn wie in sprachloser Furcht an.

OSWALD *unbeweglich wie zuvor, sagt:* Die Sonne. – Die Sonne.

Ein Volksfeind

Schauspiel in fünf Aufzügen

PERSONEN

Doktor Otto Stockmann, Badearzt
Johanna, seine Frau
Petra, ihre Tochter, Lehrerin
Walter / *Fredrik* } ihre Söhne, zehn und dreizehn Jahre alt
Hans Stockmann, älterer Bruder des Doktors, Bürgermeister, Direktor der städtischen Badeanstalt usw.
Niels Worse, Gerbermeister, Frau Stockmanns Pflegevater
Haustad, Redakteur / *Billing,* Mitarbeiter } des „Volksboten"
Schiffskapitän Holster
Buchdruckereibesitzer Thomsen

Bürger aus den verschiedensten Ständen, einige Frauen, eine Anzahl Schulknaben

Das Stück spielt in einer Küstenstadt im südlichen Norwegen

Erster Aufzug

Doktor Stockmanns Wohnzimmer, bescheiden, aber anheimelnd ausgestattet und möbliert. Abendbeleuchtung. An der rechten Seitenwand zwei Türen, von denen die hintere in das Vorzimmer und die vordere in das Arbeitszimmer des Doktors führt. An der entgegengesetzten Wand, der Tür zum Vorzimmer grade gegenüber, befindet sich eine dritte Tür, die zu den übrigen Zimmern führt. Mitten an derselben Wand ein Ofen und etwas näher im Vordergrund ein Sofa, über dem sich ein Spiegel befindet; vor dem Sofa ein ovaler Tisch mit Decke. Auf dem Tisch eine brennende Lampe mit Schirm. Im Hintergrund führt eine offne Tür zum Speisezimmer; man sieht darin eine gedeckte Tafel mit einer brennenden Lampe.

Erster Auftritt

Johanna, Billing, dann Bürgermeister, später Haustad. Billing sitzt am Speisetisch mit einer Serviette unter dem Kinn. Johanna steht neben dem Tisch und reicht ihm einen Teller mit einem großen Stück Braten. Die übrigen Plätze am Tisch sind verlassen, das Tischzeug ist ein wenig in Unordnung, wie nach einer beendeten Mahlzeit.

JOHANNA: Ja, wenn Sie eine Stunde zu spät kommen, Herr Redakteur, müssen Sie mit einem gewärmten Mahl fürliebnehmen.

BILLING *essend:* Schmeckt ausgezeichnet – ganz vorzüglich!

JOHANNA: Sie wissen ja, wie sehr mein Mann auf Hausordnung hält –

BILLING: Ich komme dabei durchaus nicht zu kurz. Ja, ich möchte sagen, es schmeckt mir am besten, wenn ich so ganz allein und ungestört speisen kann.

JOHANNA: Ja, ja, wenn es Ihnen nur schmeckt. *Horcht nach dem Vorzimmer hin.* Da kommt gewiß auch Ihr Herr Kollege –

BILLING: Höchstwahrscheinlich.

BÜRGERMEISTER STOCKMANN *im Überrock, mit Stock und Hut in der Hand:* Guten Abend, Frau Schwägerin!

JOHANNA *in das Wohnzimmer tretend:* Ah, Sie sind's! Guten Abend, guten Abend! Das ist ja schön von Ihnen!

BÜRGERMEISTER: Ich kam grad vorbei, und da – *Mit einem Blick auf das Speisezimmer:* Ah! Sie haben wohl Gäste?

JOHANNA *etwas verlegen:* Nein ... Das ist nur ganz zufällig. *Schnell:* Ist Ihnen nicht auch eine Kleinigkeit gefällig?

BÜRGERMEISTER: Mir? Nein, danke sehr. Des Abends Warmes – das wäre meiner Verdauung nicht zuträglich.

JOHANNA: Oh, aber einmal –

BÜRGERMEISTER: Nein, nein, muß wirklich danken. Ich halte mich an Tee, kalten Aufschnitt und dergleichen; zudem ist's auch gesünder – und ein wenig billiger –

JOHANNA *lächelnd:* Nun, Sie glauben doch nicht, daß Otto und ich Verschwender sind?

BÜRGERMEISTER: Oh, Sie nicht, Frau Schwägerin; das sei fern von mir. *Zeigt nach des Doktors Arbeitszimmer:* Ist er vielleicht nicht zu Hause?

JOHANNA: Nein, er wollte nach dem Essen mit den Knaben eine kleine Promenade machen –

BÜRGERMEISTER *lächelnd:* Vermutlich aus Gesundheitsrücksichten. *Lauscht.* Das ist er gewiß!

JOHANNA: Nein, das kann er noch nicht sein. *Es klopft.* Herein!

Haustad kommt aus dem Vorzimmer.

JOHANNA: Willkommen, Herr Redakteur, willkommen!

HAUSTAD: Ja, ich muß sehr um Entschuldigung bitten, aber ich wurde in der Druckerei zurückgehalten. Guten Abend, Herr Bürgermeister!

BÜRGERMEISTER *etwas steif grüßend:* Ihr Diener! Kommen vermutlich in Geschäften?

HAUSTAD: Zum Teil. Es sollte da etwas in unsere Zeitung –

BÜRGERMEISTER: Kann ich mir denken. Mein Bruder soll ja ein ganz fruchtbarer Mitarbeiter des „Volksboten" sein.

HAUSTAD: Ja, er ist so freundlich, unser Organ zu bevorzugen, wenn er dem Publikum mal etwas zu sagen hat.

JOHANNA *zu Haustad:* Aber wollen Sie nicht gefälligst –? *Zeigt nach dem Speisezimmer.*

BÜRGERMEISTER: Oh, ich verarge es ihm gar nicht, daß er für den Leserkreis schreibt, bei dem er am meisten Anklang zu finden hofft. Und zudem hab' ich persönlich keinen Grund, Herr Redakteur, gegen Ihr Blatt eine Art Antipathie zu hegen.

HAUSTAD: Das sollt' ich auch denken.

BÜRGERMEISTER: Im allgemeinen herrscht in unsrer Stadt ein tüchtiger Geist, der Geist der Verträglichkeit – guter echter Bürgersinn. Und das kommt daher, weil uns eine große gemeinsame Sache eint – eine Sache, die in gleich hohem Grade alle gutgesinnten Bürger angeht.

HAUSTAD: Die Badeanstalt, ja –

BÜRGERMEISTER: Ganz recht. Wir haben unsre große neue prächtige Badeanstalt. Sie sollen sehn, Herr Redakteur: das Bad wird die vornehmste Lebensbedingung unsrer Stadt. Unbedingt!

JOHANNA: Das sagt Otto auch.

BÜRGERMEISTER: Welch außerordentlichen Aufschwung hat die Stadt nicht schon in diesen paar Jahren genommen! Es ist Geld unter die Leute gekommen; überall Leben und Bewegung! Mit jedem Tage steigen die Häuser und der Grundbesitz im Wert.

HAUSTAD: Und der Arbeitsmangel nimmt mehr und mehr ab.

BÜRGERMEISTER: Gewiß auch das. Die Armenabgaben haben sich in erfreulichem Maße für die besitzenden Klassen gemindert und werden es noch mehr, wenn wir nur in diesem Jahr einen guten Sommer bekommen – recht zahlreichen Fremdenbesuch – recht viele Kranke, welche die Anstalt in Ruf bringen.

HAUSTAD: Und dazu ist ja alle Aussicht vorhanden, wie ich höre.

BÜRGERMEISTER: Ja, die Symptome sind die denkbar besten. Tagtäglich laufen Anfragen ein in bezug auf Wohnungen und dergleichen.

HAUSTAD: Na, da kommt ja des Doktors Aufsatz grade zur rechten Zeit.

BÜRGERMEISTER: Hat er Ihnen wieder einen Beitrag geliefert?

HAUSTAD: Er hat ihn schon im Winter geschrieben: eine Empfehlung des Bades, eine Schilderung der günstigen Gesundheitsverhältnisse hier bei uns. Aber damals ließ ich den Aufsatz liegen.

BÜRGERMEISTER: Es war wohl irgendein kleiner Haken dabei?

HAUSTAD: O durchaus nicht! Aber ich war der Ansicht, es sei besser, bis jetzt, zum Frühling zu warten; denn nun beginnt man die Vorbereitungen zum Sommeraufenthalt zu treffen –

BÜRGERMEISTER: Sehr wahr, Herr Redakteur, sehr wahr!

JOHANNA: Ja, Otto ist wirklich ganz unermüdlich, wenn es das Bad gilt.

BÜRGERMEISTER: Nun, er steht ja auch im Dienste der Anstalt.

HAUSTAD: Ja, und e r ist ja eigentlich auch der Schöpfer derselben.

BÜRGERMEISTER: E r? So, so! Ja, ich höre bisweilen, daß gewisse Leute wirklich dieser Ansicht sind. Aber ich sollte doch meinen, ich hätte auch einen bescheidenen Anteil an dem Unternehmen.

JOHANNA: Gewiß, das sagt Otto immer –

HAUSTAD: Wer möchte das leugnen, Herr Bürgermeister? Sie haben die Sache in Gang gebracht und praktisch ausgeführt – das ist ja allgemein bekannt. Ich wollte nur sagen, die erste Idee, die Veranlassung sei vom Doktor ausgegangen.

BÜRGERMEISTER: Ja, Ideen hat mein Bruder zeit seines Lebens genug gehabt – leider. Aber gilt es, etwas ins Werk zu setzen, so braucht man andre Männer, Herr Redakteur. Ich hätte wirklich erwarten können, daß man wenigstens hier im Hause –

JOHANNA: Aber lieber Herr Schwager –

HAUSTAD: Wie können Sie denken, Herr Bürgermeister –

JOHANNA *nach dem Speisezimmer zeigend:* Bitte treten Sie gefälligst ein, Herr Redakteur, mein Mann wird gewiß sogleich kommen.

HAUSTAD: Danke ... höchstens so einen kleinen Imbiß.

Ab ins Speisezimmer.

BÜRGERMEISTER *etwas gedämpft:* 's ist doch merkwürdig – solche Leute aus den untern Volksklassen – die Taktlosigkeit können sie sich nie abgewöhnen.

JOHANNA: Aber wozu sich darüber aufhalten? Können Sie und Otto nicht als Brüder sich in die Ehre teilen?

BÜRGERMEISTER: Ja, das sollte man meinen. Aber wie's scheint, ist nicht jedem mit einer T e i l u n g der Ehre gedient.

JOHANNA: Wer sagt denn das! Sie und Otto vertragen sich ja so ausgezeichnet. *Lauscht.* Ah, ich glaube, da kommt er!

Sie geht nach der Tür zum Vorzimmer und öffnet dieselbe.

Zweiter Auftritt

Bürgermeister, Stockmann, Johanna, Holster, Fredrik und Walter.

STOCKMANN *draußen, lachend und lärmend:* So, da hast du noch einen Gast, Johanna. Ist das nicht lustig? Wie? Bitte, Herr Kapitän! So, den Überrock hier an den Haken ... Denke dir, Johanna, ich nahm ihn auf der Straße fest – wollte durchaus nicht mit.

Holster kommt herein und grüßt Johanna.

STOCKMANN *in der Tür:* Hinein mit euch, Jungens. Na, jetzt sind sie wieder hungrig wie Wölfe! Kommen Sie, Kapitän, jetzt sollen Sie auch mal unseren Wildbraten probieren.

Er drängt Holster ins Speisezimmer; auch Fredrik und Walter treten dort ein, nachdem sie den Bürgermeister begrüßt.

JOHANNA: Aber Otto, siehst du denn nichts –

STOCKMANN *sich in der Tür umwendend:* Ah, bist du's, Hans? *Geht und reicht ihm die Hand.* Wie mich das freut!

BÜRGERMEISTER: Ich habe leider nur einen Augenblick Zeit –

STOCKMANN: Unsinn! Nun gibt's gleich Punsch. Du hast doch den Punsch nicht vergessen, Johanna?

JOHANNA: Bewahre. Das Wasser kocht bereits.

Tritt ins Speisezimmer.

BÜRGERMEISTER: Punsch?

STOCKMANN: Ja, laß dich nur nieder; du sollst sehn, wie gemütlich es hier wird.

BÜRGERMEISTER: Danke; ich beteilige mich niemals an Trinkgelagen.

STOCKMANN: Aber dies kann man doch kein Gelage nennen!

BÜRGERMEISTER: Mir scheint doch – *Sieht nach dem Speisezimmer.* Es ist merkwürdig, wie sie nur all die Vorräte vertilgen können.

STOCKMANN *sich die Hände reibend:* Ja, ist's nicht ein wohltuender Anblick, junge Leute so essen zu sehn? Immer Appetit! So lob' ich's mir. Ohn' Speis' und Trank kein' Kraft und Saft! Das sind die Leute, Hans, die in dem gärenden Zukunftsstoff den Sauerteig bilden werden, denn solche alte Knaben wie du und ich –

BÜRGERMEISTER: Alte Knaben! Nun, nun, das scheint mir doch eine etwas burschikose Bezeichnung –

STOCKMANN: Na, so genau darfst du's mit mir nicht nehmen. Denn du mußt wissen, ich bin so von Herzen vergnügt ... ich fühle mich so unbeschreiblich glücklich in all diesem treibenden unruhigen Leben! Ja, es ist wirklich eine herrliche Zeit, in der wir jetzt leben! Es ist, als gestalte sich rings um uns her eine ganz neue Welt –

BÜRGERMEISTER: Findest du das wirklich?

STOCKMANN: Nun, du kannst das natürlich nicht so gut begreifen wie ich. Du bist ja dein Lebtag nicht von hier fortgekommen. So etwas trübt einem den Blick. Aber ich, der all die Jahre da hoch im Norden in meinem einsamen Winkel zubringen mußte, fast nie einen Menschen zu sehn bekam, der mir ein anregendes Wort sagen konnte – auf mich wirkt das hier, als säh' ich mich in eine lärmende Weltstadt versetzt –

BÜRGERMEISTER: Hm, Weltstadt –

STOCKMANN: Oh, ich weiß sehr wohl, daß die Verhältnisse klein sind im Vergleich zu denjenigen so vieler andern Städte. Aber hier ist Leben, Bewegung, Fortentwicklung, hier kann man für so manches wirken und kämpfen, und das ist die Hauptsache. *Ruft:* Johanna! Ist der Briefträger nicht hiergewesen?

JOHANNA *im Speisezimmer:* Nein.

STOCKMANN: Und dann das gute Auskommen, Hans! So etwas lernt man schätzen, wenn man wie wir am Hungertuch genagt hat –

BÜRGERMEISTER: Aber –

STOCKMANN: Jawohl, am Hungertuch! Denn du kannst dir denken, daß es uns da oben im Norden sehr knapp ging; und nun alles in Hülle und Fülle! Heute mittag zum Beispiel gab's bei uns Wildbraten; ja auch noch heut' abend. Willst du nicht mal kosten? Soll ich ihn dir nicht wenigstens mal zeigen? Komm her –

BÜRGERMEISTER: Nein, nein! Ich bitte dich –

STOCKMANN: Na, komm doch wenigstens mal her! Sieh nur, welch schöne Tischdecke!

BÜRGERMEISTER: Ja, hab's schon bemerkt.

STOCKMANN: Und dann diese Lampen! Siehst du, das alles hat Johanna eigentlich vom Wirtschaftsgelde erspart. Nicht wahr, so etwas macht einem sein Heim lieb und wert? Stell dich mal hierher ... nein, nein, nicht so ... Ja, so! Siehst du ... hä, das ist mir eine Beleuchtung! Ich finde wirklich, es sieht ganz elegant bei uns aus, nicht?

BÜRGERMEISTER: Ja, wenn uns unsre Mittel einen solchen Luxus gestatten –

STOCKMANN: O ja, jetzt kann ich mir's gestatten. Johanna sagt, ich verdiene jetzt fast soviel, als wir brauchen.

BÜRGERMEISTER: Fast – ah!

STOCKMANN: Aber ein Mann der Wissenschaft muß doch ein wenig vornehm leben.

BÜRGERMEISTER: Hm, hm –

STOCKMANN: Im übrigen, Hans, mach' ich wirklich keine unnützen Ausgaben. Aber die Freude, Menschen bei mir zu sehn, kann ich mir nicht versagen. Siehst du, das ist mir Lebensbedürfnis. Ich, der so lange von aller Gesellschaft ausgeschlossen war, ich muß junge, fröhliche, tatendurstige Menschen um mich sehn – und das sind sie alle, die dort so tapfer speisen. Ich möchte wünschen, du lerntest diesen Haustad näher kennen.

BÜRGERMEISTER: Haustad; ach ja, 's ist wahr: er erzählte mir, in diesen Tagen würde sein Blatt wieder einen Aufsatz von dir bringen.

STOCKMANN: Von mir?

BÜRGERMEISTER: Ja, über das Bad. Du hättest ihn schon im Winter geschrieben.

STOCKMANN: Ah den ... ja, ja! ... Nein, aber vorderhand soll mir der nicht hinein.

BÜRGERMEISTER: Nicht? Da find' ich doch, daß es grade jetzt die günstigste Zeit ist.

STOCKMANN: Da magst du recht haben – unter gewöhnlichen Verhältnissen – *Geht durch das Zimmer.*

BÜRGERMEISTER *ihm nachblickend:* Was sollten denn die Verhältnisse hier jetzt Ungewöhnliches haben?

STOCKMANN *stehenbleibend:* Ja, Hans, das kann ich dir im Augenblick noch nicht sagen. Jedenfalls noch nicht heut' abend. Vielleicht gestalten sich die Verhältnisse höchst ungewöhnlich, vielleicht auch bleibt's ganz beim alten. Möglich, daß es nur eine Einbildung ist –

BÜRGERMEISTER: Das klingt ja ganz rätselhaft. Hängt denn irgend etwas in der Luft? Etwas, das du mir verheimlichen willst? Ich sollte doch meinen, ich als Direktor der Badeanstalt –

STOCKMANN: Und ich sollte meinen, ich als ... na, Hans, fahren wir uns nicht gegenseitig in die Haare.

BÜRGERMEISTER: Es ist nicht meine Gewohnheit, jemand in die Haare zu fahren, wie du dich auszudrücken beliebst. Allein ich muß auf das bestimmteste verlangen, daß alle Anordnungen den geschäftsmäßigen Instanzenweg gehn. Ich kann nicht gestatten, daß krumme Wege eingeschlagen werden.

STOCKMANN: Hab' ich jemals krumme Wege eingeschlagen?

BÜRGERMEISTER: Jedenfalls hast du einen angebornen Hang, stets deinen eignen Weg zu gehn, und das ist in einem wohlgeordneten Gemeinwesen fast ebenso unstatthaft. Der einzelne muß sich nun einmal dem Ganzen unterordnen, oder vielmehr – korrekter ausgedrückt –: den Behörden, welche über das Wohl des Ganzen zu wachen haben.

STOCKMANN: Mag sein. Aber was zum Geier kümmert das mich?

BÜRGERMEISTER: Nun, just das, mein lieber Otto, scheinst du niemals lernen zu wollen. Aber gib wohl acht, du wirst es noch einmal büßen müssen – früher oder später! Ich habe dich gewarnt! Leb wohl!

STOCKMANN: Aber bist du denn verrückt? Du bist auf ganz falscher Fährte.

BÜRGERMEISTER: Ich auf falscher Fährte! ... Übrigens muß ich mir's verbitten, daß du mich – *Grüßt in das Speisezimmer hinein:* Adieu, Frau Schwägerin! Empfehle mich, meine Herren! *Ab.*

Dritter Auftritt

Stockmann, Johanna, dann Haustad, Billing, Holster, Fredrik und Walter.

JOHANNA *ins Wohnzimmer tretend:* Ist er schon wieder fortgegangen?

STOCKMANN: Ja, und zwar in hellem Ärger.

JOHANNA: Aber lieber Otto, was hast du ihm denn wieder getan?

STOCKMANN: Gar nichts. Er kann doch nicht verlangen, daß ich ihm vor der Zeit Rechenschaft ablege.

JOHANNA: Über was?

STOCKMANN: Hm, hm; lassen wir das, Johanna ... Merkwürdig, daß der Briefträger gar nicht kommt.

Haustad, Billing und Holster haben sich vom Speisetisch erhoben und kommen ins Wohnzimmer. Kurz darauf folgen ihnen Fredrik und Walter.

BILLING *die Arme reckend:* Ah, nach einem solchen Mahl fühlt man sich ordentlich wie neu geboren.

HAUSTAD: Es scheint, der Herr Bürgermeister war heut' nicht grade in der besten Stimmung.

STOCKMANN: Das kommt vom Magen, er leidet an schlechter Verdauung.

HAUSTAD: Da haben Sie recht; namentlich der „Volksbote" liegt ihm schwer im Magen.

JOHANNA: Ich denke, Sie wären noch ganz leidlich mit ihm fertiggeworden –

HAUSTAD: O ja; aber im Grunde besteht doch nur eine Art Waffenstillstand zwischen uns.

BILLING: Waffenstillstand – ja, das ist das richtige Wort.

STOCKMANN: Wir dürfen nicht außer acht lassen, daß mein Bruder Junggesell ist. Der Ärmste! Er hat ja kein Heim, in welchem er sich gemütlich fühlen könnte; immer und ewig nichts als Geschäfte. Und dann dies verwünschte dünne Teewasser, das ist ja fast sein einziges Getränk ... Na, Jungens, jetzt mal Stühle um den Tisch gestellt ... Bekommen wir nun bald unsern Punsch?

JOHANNA *nach dem Speisezimmer gehend:* Sogleich, sogleich.

STOCKMANN: Bitte, Kapitän, setzen Sie sich hier zu mir aufs Sofa. Ein so seltner Gast wie Sie ... Nehmen Sie gefälligst Platz, meine Herren.

Die Herren setzen sich um den Tisch. Frau Stockmann bringt ein Brett mit Teemaschine, Gläsern, Karaffe usw.

JOHANNA: So. Hier ist Arrak und hier Rum ... und hier Kognak. Nun mag jeder sich selbst bedienen.

STOCKMANN *ein Glas nehmend:* Das wollen wir. *Während der Punsch bereitet wird:* Und dann die Zigarren. Fredrik, du weißt ja, wo die Kiste steht. Und du, Walter, kannst mir die Pfeife holen. *Die Knaben gehn in das Zimmer rechts.* Ich habe Fredrik in Verdacht, daß er mir dann und wann eine Zigarre wegstibitzt, aber ich tu', als merkt' ich nichts. *Die Knaben bringen das Verlangte.* Bitte, meine Herren! Wissen Sie, ich halte mich an die Pfeife. Diese hier hat mich auf mancher stürmischen Fahrt da oben in Nordland begleitet. *Stößt an.* Prosit! ... Ja, so ein gemütliches warmes Zimmer ist wirklich Sturm und Wetter vorzuziehn.

JOHANNA *mit einer Stickerei beschäftigt:* Wann gehen Sie unter Segel, Herr Kapitän?

HOLSTER: Wahrscheinlich schon nächste Woche.

JOHANNA: Sie fahren ja wohl nach Amerika?

HOLSTER: Jawohl, Frau Doktor.

BILLING: Aber dann können Sie sich ja nicht mehr an den Wahlen beteiligen!

HOLSTER: Wird hier schon wieder gewählt?

BILLING: Wissen Sie das nicht?

HOLSTER: Nein, mit solchen Dingen geb' ich mich nicht ab.

BILLING: Sie kümmern sich also gar nicht um Politik?

HOLSTER: Nein, davon versteh' ich nichts.

BILLING: Gleichviel; man muß doch jedenfalls sein Wahlrecht ausüben.

HOLSTER: Auch die, welche keine Ahnung von so etwas haben?

BILLING: Keine Ahnung haben? Wie meinen Sie das? Die Gesellschaft ist wie ein Schiff. Alle an Bord müssen es steuern helfen.

HOLSTER: Auf dem Lande mag das gut sein; aber an Bord würde man damit böse Erfahrungen machen.

HAUSTAD: Es ist doch seltsam, daß die meisten Seeleute so gleichgültig sind gegen das öffentliche Leben.

BILLING: Ja, sehr seltsam!

STOCKMANN: Die Seeleute gleichen den Zugvögeln, sie fühlen sich überall zu Hause. Aber darum müssen wir andern um so nachdrücklicher Hand anlegen, Herr Redakteur. Enthält der „Volksbote" morgen etwas Interessantes?

HAUSTAD: Selbstverständlich. Aber nichts Lokales. Indes, übermorgen gedenk' ich Ihren Aufsatz zu bringen –

STOCKMANN: Ach ja, dieser Aufsatz! ... Nein, damit müssen Sie noch warten.

HAUSTAD: So? Und grade jetzt haben wir so viel Raum, und mir scheint, dies wäre just die günstigste Zeit.

STOCKMANN: Ja, ja, Sie mögen recht haben, aber einige Tage müssen wir noch warten. Den Grund sag' ich Ihnen später.

Vierter Auftritt

Vorige. Petra.

PETRA *mit Hut und Mantel und einem Pack Schreibhefte unter dem Arm, aus dem Vorzimmer:* Guten Abend.

STOCKMANN: Guten Abend, Petra; bist du endlich da?

Gegenseitige Begrüßung. Petra legt Kleider und Hefte auf einen Stuhl neben der Tür.

PETRA: Nun, hier ist's ja recht gemütlich.

STOCKMANN: Nur du hast uns noch gefehlt –

BILLING *eifrig:* Darf ich mir erlauben, Fräulein Petra, Ihnen ein Glas Punsch zu bereiten?

PETRA *an den Tisch tretend:* Danke, das tu' ich lieber selbst. Sie machen ihn mir immer zu stark ... Aber 's ist ja wahr, Papa, ich hab' einen Brief für dich.

Tritt an den Stuhl, auf den sie die Sachen gelegt hat.

STOCKMANN: Einen Brief? Von wem?

PETRA *in der Manteltasche suchend:* Der Briefträger gab ihn mir, als ich zur Schule ging.

STOCKMANN *aufstehend und zu ihr tretend:* Und da bringst du ihn mir erst jetzt?

PETRA: Ich hatte wirklich keine Zeit mehr, wieder umzukehren. Bitte, hier ist er.

STOCKMANN *hastig den Brief nehmend:* Laß mal sehn, laß mal sehn, Kind! *Auf die Adresse sehend:* Ja, ganz recht!

JOHANNA: Ist es der erwartete, Otto?

STOCKMANN: Ja ... Jetzt muß ich sogleich – bitte, Licht, Johanna.

JOHANNA: Die Lampe steht angezündet auf dem Schreibtisch.

STOCKMANN: Gut, gut. Verzeihn Sie einen Augenblick.

Ab in das Zimmer rechts.

Fünfter Auftritt

Vorige ohne Stockmann.

PETRA: Was mag das sein, Mama?

JOHANNA: Ich weiß es nicht; in den letzten Tagen hat er so oft nach dem Briefträger gefragt.

BILLING: Vermutlich ein berühmter deutscher oder englischer Badegast –

PETRA: Der arme Vater! Eigentlich arbeitet er viel zuviel. *Bereitet sich ein Glas Punsch.* Ah, das soll mir schmekken!

HAUSTAD: Haben Sie heut' auch in der Abendschule unterrichtet?

PETRA *an dem Glase nippend:* Zwei Stunden.

BILLING: Und am Vormittag vier Stunden in der Pension –

PETRA *sich an den Tisch setzend:* Fünf.

JOHANNA: Und heut' abend, seh' ich, hast du noch Hefte zu korrigieren.

PETRA: Einen ganzen Haufen, ja.

HOLSTER: Es scheint also, Sie haben mehr als genug zu tun.

PETRA: Ja, und das freut mich. Man wird dann so schön müde.

BILLING: Und das lieben Sie?

PETRA: Gewiß; denn dann schläft man so herrlich.

WALTER: Du mußt wohl viele Sünden auf dem Gewissen haben, Petra?

PETRA: Sünden – ?

WALTER: Ja, weil du so viel arbeitest. Der Prediger sagt, die Arbeit sei uns als Strafe für unsre Sünden auferlegt.

FREDRIK *mit einer überlegenen Gebärde:* Bah! Wie dumm du bist, daß du sowas glaubst!

JOHANNA: Nun, nun, Fredrik!

BILLING *lachend:* Nein, das ist ausgezeichnet!

HAUSTAD: Möchtest du denn nicht gern viel arbeiten, Walter?

WALTER: Nein, wahrhaftig!

HAUSTAD: Ja, aber was soll dann aus dir werden?

WALTER: Am liebsten möcht' ich ein Wiking werden!

FREDRIK: Aber die Wikinger waren ja Heiden!

WALTER: Na, könnt' ich denn nicht auch Heide werden?

BILLING: In diesem Punkte halt' ich's mit dir, Walter! Ich sage ganz dasselbe.

JOHANNA *ihm ein Zeichen gebend:* Das tun Sie doch gewiß nicht, Herr Billing.

BILLING: Ja, das tu' ich wirklich! Ich bin ein Heide, und das ist mein Stolz. Sie sollen sehn, bald werden wir alle miteinander wieder Heiden.

WALTER: Und können wir dann tun, was wir wollen?

BILLING: Ja, siehst du, Walter, was das angeht –

JOHANNA: Nun macht, daß ihr fortkommt, Kinder; ihr habt gewiß noch Schularbeiten zu machen.

FREDRIK: Ich könnte doch wohl noch ein Weilchen bleiben –

JOHANNA: Du auch nicht; geht – alle beide!

Die Knaben sagen gute Nacht und gehn in das Zimmer links.

HAUSTAD: Glauben Sie wirklich, es könnte den Knaben schaden, wenn sie so etwas hören?

JOHANNA: Ja, ich weiß nicht ... jedenfalls ist es mir nicht lieb.

PETRA: Aber Mama, du bist doch gar zu ängstlich.

JOHANNA: Mag sein; allein ich hab's nicht gern; jedenfalls nicht hier im Hause.

PETRA: Ja, ja: Unwahrheit zu Hause und in der Schule. Im Hause darf man nicht reden, und in der Schule muß man die Kinder belügen.

HOLSTER: Sie müssen lügen?

PETRA: Ja; bedenken Sie denn nicht, daß wir mancherlei sagen müssen, an das wir selbst nicht glauben?

BILLING: Das leidet gar keinen Zweifel.

PETRA: Hätt' ich nur die Mittel, so würde ich selbst eine Schule errichten, und darin sollt' es anders zugehn.

BILLING: Oh, was die Mittel betrifft –

HOLSTER: Ja, ist es Ihnen damit wirklich ernst, Fräulein Petra, dann stell' ich Ihnen ein großes Zimmer zur Verfügung. Mein Haus steht ja fast ganz leer; und im untern Stock befindet sich ein geräumiger Speisesaal, der –

PETRA *lächelnd:* Ich dank' Ihnen, Herr Kapitän; aber es wird wohl nichts daraus werden.

HAUSTAD: Nein, Fräulein Petra geht hoffentlich noch einmal unter die Zeitungsschreiber ... Apropos: haben Sie den englischen Roman, den Sie uns zu übersetzen versprachen, bereits gelesen?

PETRA: Nein, noch nicht; aber Sie werden die Übersetzung schon noch zur rechten Zeit erhalten.

Sechster Auftritt

Stockmann, Johanna, Petra, Holster, Haustad, Billing, später Fredrik und Walter.

STOCKMANN *den Brief schwenkend:* Da hab' ich etwas, das wird Aufsehn in der Stadt machen. Das ist eine Neuigkeit!

BILLING: Neuigkeit?

JOHANNA: Was für eine Neuigkeit?

STOCKMANN: Eine große Entdeckung, Johanna!

HAUSTAD: Entdeckung –!?

JOHANNA: Die du gemacht hast?

STOCKMANN: Ja, ich, ich! *Geht auf und ab.* Jetzt mögen sie nur sagen, es seien Grillen von mir – Grillen und verrückte Einfälle. Aber sie werden sich hüten! Haha, sie werden sich hüten!

PETRA: Aber Papa, was ist's denn?

STOCKMANN: Nur Geduld – werdet schon alles erfahren. Wie schade, daß jetzt mein Bruder nicht hier ist! Ja, da sieht man, wie wir Menschen jahrelang wie blinde Maulwürfe umhergehn können –

HAUSTAD: Aber was meinen Sie denn, Herr Doktor?

STOCKMANN *am Tisch stehenbleibend:* Herrscht hier nicht allgemein die Ansicht, unsre Stadt sei ein kerngesunder Ort –?

HAUSTAD: Selbstverständlich –

STOCKMANN: – ein ganz ungemein gesunder Ort – ein Ort, der Kranken und Gesunden aufs wärmste empfohlen zu werden verdiene –?

JOHANNA: Ja, aber Otto –

STOCKMANN: Und haben wir unsre Stadt nicht wirklich als solche der ganzen Menschheit angepriesen? Hab' ich nicht selbst Broschüren und im „Volksboten" Artikel über Artikel veröffentlicht –?

HAUSTAD: Nun ja! Was weiter?

STOCKMANN: Diese Badeanstalt, die wir den Lebensnerv, die Lungen, die Pulsadern der Stadt und weiß der Himmel wie sonst noch genannt haben –

BILLING: Ja, in einem feierlichen Moment hab' ich sie sogar einmal als unser „pochendes Herz" verherrlicht –

STOCKMANN: Ja ja, erinnre mich. Aber wissen Sie, was sie in Wirklichkeit ist, diese große, prachtvolle, vielgepriesene Badeanlage, die so viel Geld gekostet – wissen Sie, was sie ist?

HAUSTAD: Nun, was denn?

JOHANNA: So sag's doch endlich!

STOCKMANN: Das ganze Bad ist eine Pesthöhle!

PETRA: Das Bad, Papa!

JOHANNA *gleichzeitig:* Unser Bad!

HAUSTAD *ebenso:* Aber Herr Doktor!

BILLING: Unmöglich!

STOCKMANN: Die ganze Badeanstalt, sag' ich, ist ein vergiftetes Grab; im allerhöchsten Grade gesundheitsgefährlich! All der Schmutz da oben im Mühltal – all das, was da herum so abscheulich riecht – es infiziert das Wasser, das die Leitungsröhren dem Brunnenhause zuführen; und ganz derselbe verwünschte giftige Schmutz kommt auch am Strande zum Vorschein –

HOLSTER: Dort, wo die Seebäder liegen?

STOCKMANN: Ebendort.

HAUSTAD: Aber woher wissen Sie das alles so bestimmt, Herr Doktor?

STOCKMANN: Ich habe die gesamten Verhältnisse so gewissenhaft wie nur möglich untersucht. Oh, schon lange argwöhnte ich so etwas. Im vorigen Sommer hatten wir hier unter den Badegästen eine Anzahl höchst merkwürdiger Krankheitsfälle – Typhus – gastrisches Fieber –

JOHANNA: Ja, ich erinnere mich.

STOCKMANN: Damals glaubten wir, die Fremden hätten

die Krankheit mitgebracht; aber später – im Winter – kam ich auf andre Gedanken; und da unterzog ich das Wasser einer möglichst sorgfältigen Untersuchung.

JOHANNA: Also darum hast du so unermüdlich gearbeitet!

STOCKMANN *lächelnd:* Unermüdlich; das magst du wohl sagen, Johanna. Aber hier gebrach mir's ja an den notwendigen wissenschaftlichen Hilfsmitteln; und so sandte ich Proben unsres Trink- und Seewassers nach der Universität, um den berühmten Chemiker Nissen zu einer exakten Analyse zu veranlassen.

HAUSTAD: Und die haben Sie nun erhalten?

STOCKMANN *auf den Brief deutend:* Hier hab' ich sie! Es ist in der überzeugendsten Weise nachgewiesen, daß sich im Wasser verfaulte organische Stoffe – Millionen von Bakterien befinden; nun stellt euch vor, wie das beim Baden und gar beim Trinken der Gesundheit schadet!

JOHANNA: Da ist's ja ein wahres Glück, daß du noch beizeiten dahintergekommen bist.

STOCKMANN: Nicht wahr?

HAUSTAD: Und was gedenken Sie jetzt zu tun, Herr Doktor?

STOCKMANN: Natürlich dafür sorgen, daß wir gesundes Wasser bekommen.

HAUSTAD: Ist denn das möglich?

STOCKMANN: Das muß möglich sein; sonst ist die ganze Badeanstalt unbrauchbar – ruiniert. Doch das hat keine Gefahr. Ich bin schon ganz mit mir im klaren, was hier zu geschehn hat.

JOHANNA: Aber, Otto, daß du uns dies alles so geheimgehalten –

STOCKMANN: So, ich sollt' es wohl in der ganzen Stadt ausposaunen, eh' ich selbst volle Gewißheit hatte? So töricht bin ich nicht.

PETRA: Nun, aber uns –

STOCKMANN: Keiner lebenden Seele! Indes morgen magst du nur zu dem „alten Dachs" gehn –

JOHANNA: Aber Otto –!

STOCKMANN: Nun, nun: also zum Herrn Großvater. Ja, der wird Augen machen, der alte Mann. Er behauptet ja immer, ich sei nicht recht gescheit; nun ja, manche andre glauben ja dasselbe – das hab' ich wohl gemerkt. Aber nun sollen die guten Leutchen sehn – nun sollen sie sehn! *Geht, sich die Hände reibend, umher.* Wird das eine Aufregung geben, Johanna! Die ganze Wasserleitung muß umgelegt werden.

HAUSTAD *aufstehend:* Die ganze Wasserleitung –?

STOCKMANN: Versteht sich. Sie liegt zu niedrig; muß viel höher gelegt werden.

PETRA: So hast du also doch recht bekommen –

STOCKMANN: Ja, erinnerst du dich, Petra – ich schrieb dagegen, als sie gebaut werden sollte. Aber damals wollte niemand auf mich hören. Ihr könnt euch denken, daß ich den Herren Stadtvätern die Pille nicht allzustark versüßt habe – ja, natürlich hab' ich für die Badeverwaltung eine Darstellung des Sachverhalts niedergeschrieben; eine ganze Woche hat der Aufsatz da fertig gelegen; nur hierauf wartete ich noch. *Zeigt auf den Brief.* Aber nun sollen sie das Dokument sofort haben. *Geht in sein Zimmer und kommt fast im selben Augenblick mit einem Pack Papiere zurück.* Sehn Sie! Ganze vier enggeschriebene Bogen! Und dieser Brief des berühmten Chemikers wird beigelegt ... Eine Zeitung, Johanna! Etwas zum Umschlagen ... gut ... so ... und nun gib's dem Mädchen; sag, es müßte sofort zum Bürgermeister gebracht werden.

Johanna geht mit dem Paket durch das Speisezimmer hinaus.

PETRA: Aber Papa, was wird Onkel Hans dazu sagen?

STOCKMANN: Was soll er dazu sagen? Er wird von Herzen froh sein, daß eine so wichtige Wahrheit an den Tag gekommen.

HAUSTAD: Ist's Ihnen recht, Herr Doktor, daß ich im „Volksboten" eine kleine Notiz über Ihre Entdeckung bringe?

STOCKMANN: Ich wär' Ihnen sehr verbunden.

HAUSTAD: Es ist ja doch wünschenswert, daß das Publikum je eher, je besser Kenntnis davon erhält.

STOCKMANN: Gewiß, gewiß.

JOHANNA *zurückkommend:* So, das wäre besorgt.

BILLING: Wahrhaftig, Herr Doktor, nun sind Sie mit einem Schlage der erste Mann der Stadt!

STOCKMANN *geht vergnügt umher:* Ach was! Im Grunde hab' ich ja doch nur meine Pflicht getan. Ich war ein glücklicher Schatzgräber, weiter nichts; indes – trotzdem –

BILLING: Herr Kollege, meinen Sie nicht auch, daß die Stadt Doktor Stockmann einen Fackelzug bringen sollte?

HAUSTAD: Eine glückliche Idee! Nehmen wir die Sache sofort in die Hand!

BILLING: Ja, suchen wir noch heut' abend ein Komitee zu bilden. Buchdruckereibesitzer Thomsen vielleicht – und Sie – und ich – und andre –

STOCKMANN: Aber, liebe Freunde, laßt doch solche Narreteien –

HAUSTAD: Aber Herr Doktor, wer sich um seine Vaterstadt solche Verdienste erworben –

STOCKMANN: Nein nein, von so etwas will ich nichts wissen ... Und sollte die Badeverwaltung geneigt sein, mir eine Gehaltszulage zu bewilligen – ich nehme sie nicht an! Johanna, mein Wort drauf: ich nehme sie nicht an!

JOHANNA: Daran tust du recht, Otto.

PETRA *ihr Glas erhebend:* Dein Wohl, Papa!

HAUSTAD und BILLING: Ihr Wohl, Herr Doktor, Ihr Wohl! *Stoßen mit Stockmann an.*

HOLSTER *mit Stockmann anstoßend:* Möchten Sie nur recht viel Freude von Ihrer Entdeckung haben!

STOCKMANN: Danke, danke, liebe Freunde! Ich fühle mich so von Herzen glücklich! Ja, 's ist doch ein herrliches Gefühl, das Bewußtsein, daß man sich um Heimat und Mitbürger wahrhaft verdient gemacht! Hurra, Johanna!

Er faßt sie um die Taille und wirbelt mit ihr herum. Frau Stockmann schreit auf und sucht ihn abzuwehren. Lachen, Händeklatschen und Hochrufe auf den Doktor. Fredrik und Walter stecken die Köpfe zu den Türen herein.

Zweiter Aufzug

Dasselbe Zimmer. Die Tür zum Speisezimmer ist geschlossen. Vormittag.

Erster Auftritt

Johanna, dann Stockmann.

JOHANNA *kommt mit einem versiegelten Brief in der Hand aus dem Speisezimmer, geht an die hintere Tür rechts und klopft:* Bist du da, Otto?

STOCKMANN *in seinem Zimmer:* Ja, soeben gekommen. *Tritt herein.* Was gibt's?

JOHANNA: Ein Brief von deinem Bruder.
Gibt ihm denselben.

STOCKMANN: Aha! Laß sehn. *Reißt schnell den Umschlag ab und liest:* „Das übersandte Manuskript wird anbei remittiert" ... *Liest murmelnd weiter.* Hm –

JOHANNA: Was schreibt er dir?

STOCKMANN *die Papiere in die Tasche steckend:* Er sagt nur, gegen Mittag würde er selbst zu mir kommen.

JOHANNA: So vergiß ja nicht, zu Hause zu bleiben.

STOCKMANN: Unbesorgt. Ich habe bereits alle Vormittagsbesuche erledigt.

JOHANNA: Ich bin wirklich neugierig, wie er die Sache nimmt.

STOCKMANN: Du sollst sehn, es ist ihm gar nicht recht, daß er diese Entdeckung nicht selbst gemacht hat.

JOHANNA: Ja, das fürcht' ich auch.

STOCKMANN: Im Grunde müßt' es ihn doch freuen ... aber – Hans hat nun einmal eine solche Angst davor, auch andre Leute könnten etwas zum Wohl der Stadt tun –

JOHANNA: Ah, ich weiß einen Ausweg, Otto – teile dich mit ihm in die Ehre der Entdeckung! Könnt' es nicht heißen, er habe dich auf die Spur gebracht – ?

STOCKMANN: Nun meinetwegen; wenn die Schäden nur gründlich beseitigt werden – alles andre ist mir gleichgültig.

Zweiter Auftritt

Vorige. Niels Worse.

NIELS WORSE *steckt den Kopf durch die Tür zum Vorzimmer, sieht sich forschend um, lächelt innerlich und fragt pfiffig:* Ist es wahr?

JOHANNA *ihm entgegen:* Vater! Du?

STOCKMANN: Ah sieh, der Schwiegervater. Guten Morgen, guten Morgen!

JOHANNA: Aber so komm doch herein, Vater.

NIELS WORSE: Ja, wenn's wahr ist; sonst geh' ich wieder.

STOCKMANN: Wahr? – was denn?

NIELS WORSE: Die närrische Geschichte da mit dem Wasserwerk. Ist die wahr?

STOCKMANN: Natürlich. Wie haben Sie denn die schon erfahren?

NIELS WORSE *hereinkommend:* Petra kam auf dem Weg zur Schule zu mir hereingestürmt –

STOCKMANN: Aha – !

NIELS WORSE: Ja-a ... und da erzählte sie mir ... Ich denke, sie will mich zum besten halten; aber sowas sieht Petra nicht ähnlich.

STOCKMANN: Behüte.

NIELS WORSE: Na, na; so recht trauen kann man niemand; eh' man sich's versieht, haben einem die Leute einen Bären aufgebunden. Also 's ist wirklich wahr?

STOCKMANN: Ja, gewiß. Aber so nehmen Sie doch Platz, Schwiegervater. *Nötigt ihn auf das Sofa.* Und ist das nicht ein wahres Glück für die Stadt?

NIELS WORSE *mit Lachen kämpfend:* Glück für die Stadt?

STOCKMANN: Ja, daß ich noch beizeiten diese Entdeckung gemacht –

NIELS WORSE *wie oben:* Ja ja ja! ... Hätt' ich doch nie gedacht, daß Sie Ihrem eignen leiblichen Bruder solchen Possen spielen könnten.

STOCKMANN: Possen!

JOHANNA: Aber lieber Vater –

NIELS WORSE *Hände und Kinn auf den Knopf seines Stocks legend und den Doktor pfiffig anblinzelnd:* Na, wie verhält sich's denn? Soll da nicht so ein Tier in die Wasserleitungsröhren gekommen sein?

STOCKMANN: Ja, Bakterien.

NIELS WORSE: Ba-Bakterien ... hm! ... Und wie Petra sagt, soll ja eine ganze Menge dieser – Bakterien hineingeraten sein; Millionen oder Billionen oder –

STOCKMANN: Ganz recht.

NIELS WORSE: Und doch kann kein Mensch sie sehn – nicht wahr?

STOCKMANN: Nein, sehn kann man sie nicht.

NIELS WORSE *mit stillem, glucksendem Lachen:* Das ist, hol' mich dieser und jener, der prächtigste Streich, den ich je von Ihnen gehört habe.

STOCKMANN: Wie meinen Sie das?

NIELS WORSE: Aber nie und nimmer werden Sie dem Bürgermeister sowas weismachen.

STOCKMANN: Das wollen wir sehn.

NIELS WORSE: Glauben Sie, er könnte wirklich so närrisch sein?

STOCKMANN: Ich hoffe, die ganze Stadt wird so närrisch sein.

NIELS WORSE: Die ganze Stadt! Ja, das mag wohl sein. Wohl bekomm's den Herren Stadtvätern. Da wollen sie nun alle klüger sein als wir Alten. Waren so nichtsnutzig, mich aus dem Gemeindevorstand hinauszubugsieren. Aber nun kriegen sie's heimgezahlt. Binden Sie ihnen nur einen recht ordentlichen Bären auf, Stockmann!

STOCKMANN: Aber Schwiegervater –

NIELS WORSE: Einen recht ordentlichen, hören Sie! *Steht auf.* Bringen Sie's fertig, daß der Bürgermeister samt seinen Freunden Ihnen auf den Leim geht, so geb' ich auf dem Fleck zweihundert Kronen für die Armen.

STOCKMANN: Ah, das wäre sehr schön von Ihnen.

NIELS WORSE: Ja; im Überfluß hab' ich's zwar nicht, wie Sie wissen; aber bringen Sie das fertig, so bekommen die Armen zum nächsten Weihnachten hundert Kronen von mir.

Dritter Auftritt

Vorige. Haustad.

HAUSTAD *aus dem Vorzimmer kommend:* Guten Morgen! *Bleibt stehen.* Oh, verzeihn Sie –

STOCKMANN: Nein, treten Sie nur näher.

NIELS WORSE *wieder glucksend:* Der! Steckt der auch dahinter?

HAUSTAD: Was meinen Sie damit?

STOCKMANN: Ja, gewiß steckt er auch dahinter.

NIELS WORSE: Konnt' ich mir denken! Die Geschichte muß ja in die Blätter. Ja, Stockmann, Sie sind mir der Rechte. Aber beleimen Sie sie nun mal recht ordentlich, die hochweisen Stadtväter ... Und jetzt muß ich gehn ...

STOCKMANN: Nein, nein, bleiben Sie noch ein wenig, Schwiegervater.

NIELS WORSE: Danke, muß wieder fort. Und all den Schabernack, den Sie ihnen antun können – je toller je besser ... Es soll Ihr Schaden nicht sein ... *Ab. Johanna geleitet ihn hinaus.*

STOCKMANN *lachend:* Denken Sie sich: mein Schwiegervater glaubt kein Wort von der ganzen Geschichte.

HAUSTAD: Also das meinte er –?

STOCKMANN: Ja. Und vermutlich kommen Sie wegen derselben Sache?

HAUSTAD: Gewiß. Haben Sie einen Augenblick Zeit?

STOCKMANN: Steh' ganz zu Ihrer Verfügung, lieber Haustad.

HAUSTAD: Haben Sie bereits Antwort von dem Bürgermeister?

STOCKMANN: Noch nicht. Er kommt später hierher.

HAUSTAD: Ich habe gestern abend viel über die Sache nachgedacht.

STOCKMANN: Nun?

HAUSTAD: Für Sie als Arzt und Gelehrten steht dieser Fall mit dem Wasserwerk als etwas Vereinzeltes da. Ich meine: Ihnen fällt es nicht ein, daß diese Sache nur ein Glied ist in einer ganzen Kette von Mißgriffen.

STOCKMANN: Ja, wie –? Bitte, Herr Redakteur, setzen wir uns ... nein, hier aufs Sofa – *Haustad setzt sich aufs Sofa, der Doktor auf einen Stuhl an die andre Seite des Tisches.* Nun, Sie meinen also –?

HAUSTAD: Gestern sagten Sie, das Wasser sei durch allerlei in der Erde verfaulte Stoffe verdorben.

STOCKMANN: Ja, es kommt ganz unzweifelhaft von dem vergifteten Sumpf oben im Mühltal.

HAUSTAD: Verzeihn Sie, Herr Doktor, aber ich glaube, es kommt von einem ganz andern Sumpfe.

STOCKMANN: Von welchem andern Sumpf?

HAUSTAD: Von dem Sumpf, in welchem unser ganzes kommunales Leben steckt.

STOCKMANN: Aber, Herr Haustad, was sind das für Reden?

HAUSTAD: Alle städtischen Anlegenheiten sind nach und nach ausschließlich einer Schar von Beamten, von Stockbürokraten in die Hände geraten.

STOCKMANN: Nun, alle sind sie doch nicht Beamte.

HAUSTAD: Entweder Beamte oder Freunde und Anhänger derselben. Nur die Reichen, nur Leute mit alten angesehenen Namen führen hier das Regiment.

STOCKMANN: Aber diese Leute sind doch alle tüchtige, einsichtsvolle Männer.

HAUSTAD: Gaben unsre Stadtväter Beweise ihrer Einsicht und Tüchtigkeit, als sie die Wasserleitung dort anlegten, wo sie sich jetzt befindet?

STOCKMANN: Ja, das war natürlich eine arge Dummheit von ihnen. Aber das wird ja wiedergutgemacht.

HAUSTAD: Meinen Sie, die Sache würde so glatt abgehen –?

STOCKMANN: Glatt oder nicht glatt – jedenfalls wird's gehen.

HAUSTAD: Ja, wenn die Presse kräftig eingreift.

STOCKMANN: Ist durchaus nicht nötig, mein Lieber; ich bin überzeugt, mein Bruder –

HAUSTAD: Bitte sehr um Verzeihung, Herr Doktor, aber ich muß Ihnen bemerken, daß ich die Sache in Behandlung zu nehmen gedenke.

STOCKMANN: Im „Volksboten"?

HAUSTAD: Ja. Als ich die Leitung dieser Zeitung übernahm, trug ich mich mit dem Gedanken, diesen Ring von alten, eigensinnigen Pfahlbürgern, welche die Macht in Händen haben, zu brechen.

STOCKMANN: Aber Sie haben mir ja selbst erzählt, welches Ende die Sache nahm: daß Sie den „Volksboten" beinah zugrunde gerichtet –

HAUSTAD: Ja, damals mußten wir allerdings die Waffen auf den Fechtboden legen, das ist wahr. Denn es lag die Gefahr nahe, daß die Badeanstalt nicht zustande kommen würde, wenn die Beherrscher der Stadt fielen. Aber nun haben wir die Badeanstalt, und jetzt können wir die hohen Herren entbehren.

STOCKMANN: Entbehren, ja. Allein wir schulden ihnen doch großen Dank.

HAUSTAD: Der soll ihnen auch mit der größten Gewissenhaftigkeit gezollt werden. Aber ein Zeitungsschreiber von meiner volkstümlichen Richtung kann sich eine so herrliche Gelegenheit wie diese hier nicht entgehn lassen. Da gilt's an der Fabel von der Unfehlbarkeit der Regierenden zu rütteln. So etwas muß wie jede andre Art von Aberglauben ausgerottet werden.

STOCKMANN: In dem Punkte bin ich ganz mit Ihnen einverstanden, Herr Redakteur; ist's ein Aberglauben, dann fort damit!

HAUSTAD: Dem Bürgermeister möchte ich nun, da er Ihr Bruder ist, nicht gern zu nahe treten. Doch Sie wissen, die Wahrheit kennt keine Rücksichten.

STOCKMANN: Gewiß, selbstverständlich ... ja aber – aber –!

HAUSTAD: Sie müssen nicht schlecht von mir denken. Ich bin weder egoistischer noch ehrgeiziger als die meisten andern Menschen.

STOCKMANN: Aber mein Lieber – wer behauptet denn das?

HAUSTAD: Wie Sie wissen, bin ich aus dem Volke hervorgegangen, und so hab' ich Gelegenheit gehabt zu erfahren, was dem gemeinen Mann vor allem nottut – nämlich, daß er an der Leitung der öffentlichen Angelegenheiten mitbeteiligt werde, Herr Doktor. Das allein entwickelt seine Fähigkeiten, sein Selbstbewußtsein, sein Pflichtgefühl –

STOCKMANN: Das vermag ich sehr wohl zu verstehn –

HAUSTAD: Ja – und dann meine ich: ein Journalist lade eine schwere Verantwortung auf sich, wenn er eine günstige Gelegenheit verabsäumt, die Masse, die Kleinen, die Unterdrückten aufzurütteln! Ich weiß recht gut, daß man das im Lager der Großen als Aufwiegelung und dergleichen brandmarken wird. Aber das kann mich nicht anfechten. Wenn nur mein Gewissen rein ist.

STOCKMANN: Ganz recht, ganz recht, lieber Herr Haustad: wenn nur unser Gewissen rein ist! ... Allein ... trotzdem – die Sache ist doch höchst bedenklich –! *Es klopft.* Herein!

Vierter Auftritt

Stockmann, Haustad. Thomsen durch die Tür des Vorzimmers, dürftig, aber anständig gekleidet; in Schwarz, mit weißem Halstuch; Handschuh und Filzhut in der Hand.

THOMSEN *sich verbeugend:* Um Verzeihung, Herr Doktor, daß ich so frei bin –

STOCKMANN *aufstehend:* Sie, Herr Thomsen –

THOMSEN: Ja –

HAUSTAD *aufstehend:* Kommen Sie meinetwegen?

THOMSEN: Nein, des Herrn Doktors wegen –

STOCKMANN: Nun, womit kann ich dienen?

THOMSEN: Ist es wahr, was mir Herr Billing erzählte, daß Sie uns bessere Wasserwerke verschaffen wollen?

STOCKMANN: Ja, für die Badeanstalt.

THOMSEN: So. Nun, für diesen Fall wollt' ich Ihnen nur sagen, daß ich bereit bin, Ihre Sache mit allem Nachdruck zu unterstützen.

HAUSTAD *zu Stockmann:* Sehn Sie!

STOCKMANN: Meinen herzlichsten Dank; indes –

THOMSEN: Denn vielleicht könnt' es nicht schaden, wenn Sie uns Kleinbürger als Reserve im Rücken haben. Wir bilden gewissermaßen eine kompakte Majorität hier in der Stadt – das heißt, wenn wir w o l l e n. Und es ist immer gut, die Mehrheit auf seiner Seite zu haben, Herr Doktor.

STOCKMANN: Unzweifelhaft. Nur seh' ich nicht recht ein, daß hier irgendwelche Vorkehrungen notwendig sein sollten. Mir scheint, eine so einfache klare Sache –

THOMSEN: Oh, vielleicht könnt' es doch nicht schaden – ich kenne unsre Behörden durch und durch; wer die Macht in Händen hat, geht nicht gern auf einen Vorschlag ein, der von andrer Seite kommt. Und so dürft' es sich empfehlen, wenn wir so ein bißchen demonstrierten –

HAUSTAD: Ganz meine Ansicht!

STOCKMANN: Aber wie wollen Sie denn demonstrieren?

THOMSEN: Natürlich nur mit Maß, Herr Doktor; ich befleißige mich stets der größten Mäßigung; denn Maßhalten – das ist die erste Bürgertugend.

STOCKMANN: Nun, Sie sind ja wegen Ihrer Mäßigung bekannt, Herr Thomsen.

THOMSEN: Und hoffentlich mit Recht ... Was nun diese Sache mit den Wasserwerken angeht: die ist für uns Kleinbürger von höchster Bedeutung. Das Bad verspricht ja für die Stadt eine kleine Goldgrube zu werden; von dem Bade gedenken wir alle zu leben; namentlich wir Hausbesitzer. Darum wollen wir die Anstalt gern nach bestem Vermögen unterstützen. Und da ich nun Vorstand des Hausbesitzervereins bin –

STOCKMANN: Nun?

THOMSEN: – und außerdem Agent der Mäßigkeitsgesellschaft – ja, Sie wissen doch, Herr Doktor, daß ich auch in dieser Richtung tätig bin?

STOCKMANN: Gewiß, gewiß.

THOMSEN: – so hab' ich die beste Gelegenheit, mit allerlei Menschen zusammenzukommen. Und da ich zugleich als besonnener friedliebender Staatsbürger bekannt bin, hab' ich einen gewissen Einfluß hier in der Stadt, eine kleine Art von Machtstellung –

STOCKMANN: Das alles weiß ich sehr wohl, Herr Thomsen.

THOMSEN: Ja, sehn Sie – darum wäre mir's ein leichtes, eine Adresse zustande zu bringen, wenn die Sache heiß werden sollte.

STOCKMANN: Eine Adresse?!

THOMSEN: Ja, eine Art Dankadresse der Bürgerschaft – weil Sie eine so höchst wichtige Sache an den Tag gebracht haben. Selbstverständlich müßte sie in maßvollem Ton gehalten sein, so daß sie die Behörden und all die andern Machthaber nicht vor den Kopf stieße. Und lassen wir dies nicht aus den Augen, so kann uns kein Mensch die Adresse verübeln.

HAUSTAD: Und selbst wenn man sie mit schiefen Augen ansähe –

THOMSEN: Nein, nein, nein, keine Anzüglichkeiten gegen die Behörden, Herr Haustad! Keine Opposition gegen Leute, die uns so nah auf dem Leibe sitzen. In dieser Beziehung hab' ich Erfahrungen genug gemacht; auch kommt nie etwas Gutes dabei heraus. Doch eine maßvolle, wenn auch etwas freimütige Meinungsäußerung kann man keinem Staatsbürger verargen.

STOCKMANN *ihm die Hand schüttelnd:* Ich kann Ihnen nicht sagen, lieber Herr Thomsen, wie wohl es mir tut, daß meine Mitbürger sich so um mich scharen! ... Hören Sie: darf ich Ihnen ein Gläschen Sherry anbieten, wie?

THOMSEN: Nein, danke sehr. Derartige Spirituosen trink' ich nicht.

STOCKMANN: Na dann ein Glas Bier –

THOMSEN: Danke, danke; auch das nicht, Herr Doktor. So früh am Tage genieß' ich noch nichts ... doch nun muß ich in die Stadt, um mit einem Teil der Hausbesitzer Rücksprache zu nehmen und die Stimmung zu bearbeiten.

STOCKMANN: Es ist wirklich sehr zuvorkommend von Ihnen, Herr Thomsen! Aber es will mir durchaus nicht in den Sinn, daß all diese Maßregeln notwendig sein sollten; ich denke, die Sache macht sich ganz von selbst –

THOMSEN *lächelnd:* Die Behörden, Herr Doktor, arbeiten ein wenig schwerfällig.

HAUSTAD: Nun, morgen wollen wir ihnen im „Volksboten" einen kleinen aufmunternden Stoß geben.

THOMSEN: Aber bitte, nicht zu kräftig! Hören Sie auf meinen Rat; denn ich hab' gar manche Erfahrung gesammelt in der Schule des Lebens ... Und nun adieu, Herr Doktor. Also: auf jeden Fall stehn wir Kleinbürger wie eine schützende Mauer hinter Ihnen! Sie haben die kompakte Majorität auf Ihrer Seite!

STOCKMANN: Nochmals meinen besten Dank, lieber Herr Thomsen. *Schüttelt ihm die Hand.* Auf Wiedersehn!

THOMSEN: Auf Wiedersehn, Herr Doktor!

Grüßt und geht; Stockmann begleitet ihn bis ins Vorzimmer.

HAUSTAD *während der Doktor wieder hereinkommt:* Nun, was sagen Sie dazu, Herr Doktor? Ist es nicht endlich Zeit, daß man all dieser Schlaffheit und Feigheit zuleibe geht?

STOCKMANN: Meinen Sie Thomsen – ?

HAUSTAD: Ja. Auch er gehört zu den Leuten, die im Sumpfe stecken – so tüchtig er im übrigen auch sein mag. Und so sind die meisten hier bei uns. Immer drehn und winden sie sich nach allen Seiten; vor lauter Rücksichten und Bedenken wagen sie nicht einen einzigen Schritt vorwärts zu tun.

STOCKMANN: Aber Thomsen ist doch ein Mann von so echter Gesinnung, scheint mir –

HAUSTAD: Es gibt Dinge, die ich noch höher schätze: nämlich Zuverlässigkeit und Mannesmut!

STOCKMANN: Hm – da haben Sie recht.

HAUSTAD: Eben deshalb will ich jetzt die Gelegenheit ergreifen und die Bessern aufzurütteln suchen. Die Autoritätsanbetung hier bei uns muß ausgerottet werden. Diesen unverantwortlichen Mißgriff mit dem Wasserwerk müssen wir unsern steuerzahlenden Mitbürgern in die hellste Beleuchtung rücken.

STOCKMANN: Gut; wenn Sie meinen, es sei zum Besten der Gemeinde, so hab' ich nichts dagegen; aber nicht eher, bis ich mit meinem Bruder Rücksprache genommen.

HAUSTAD: Jedenfalls will ich inzwischen einen Artikel für den „Volksboten" bereitstellen. Und wenn der Bürgermeister auf Ihre Vorschläge nicht eingeht – ?

STOCKMANN: Aber wie können Sie nur so etwas denken?

HAUSTAD: Das kann ich mir sehr wohl denken. Nun, dann – ?

STOCKMANN: Ja, dann versprech' ich Ihnen – *Plötzlich:* Dann drucken Sie meine Abhandlung im „Volksboten" ab!

HAUSTAD: Darf ich das?!

STOCKMANN *ihm das Manuskript reichend:* Hier haben Sie den Aufsatz; nehmen Sie ihn vorläufig mit.

HAUSTAD: Danke, danke. Und nun adieu, Herr Doktor!

STOCKMANN: Auf Wiedersehn, lieber Haustad! ... Sie sollen sehn, die Sache wickelt sich ganz glatt ab, ganz glatt!

HAUSTAD: Hm, wollen sehn.

Grüßt und geht durch das Vorzimmer hinaus.

STOCKMANN *tritt an die Tür des Speisezimmers und blickt hinein:* Johanna! ... Ah, kommst du schon, Petra?

Fünfter Auftritt

Stockmann, Petra, dann Johanna.

PETRA *eintretend:* Ja; aus der Schule.

JOHANNA *im Eintreten:* Ist er noch nicht hiergewesen?

STOCKMANN: Hans? Nein; aber ich habe allerlei mit dem Redakteur verhandelt. Er ist ganz entzückt von meiner Entdeckung. Siehst du, sie ist von weit größrer Tragweite, als ich anfangs dachte. Er hat mir seine Zeitung zur Verfügung gestellt, wenn ich auf Schwierigkeiten stoße.

JOHANNA: Solltest du wirklich der Presse bedürfen?

STOCKMANN: Kein Gedanke. Aber immerhin macht es einen doch stolz, die freisinnige unabhängige Presse auf seiner Seite zu wissen. Und denke dir: auch der Vorstand des Hausbesitzervereins war soeben hier.

JOHANNA: So? Was wollte der denn?

STOCKMANN: Mir ebenfalls seine Unterstützung anbieten. Alle wollen sie mich unterstützen, wenn es bedenklich werden sollte! Johanna – weißt du, was ich hinter mir habe?

JOHANNA: Was du hinter dir hast? Nein. Was denn?

STOCKMANN: Die kompakte Majorität.

JOHANNA: Ja so. Ist denn das gut, Otto?

STOCKMANN: Du Unschuld! Natürlich! *Reibt sich vergnügt die Hände und geht auf und ab.* Ja, wie wohl tut einem das Bewußtsein, so brüderlich Hand in Hand zu gehn mit seinen Mitbürgern!

PETRA: Und so viel Gutes und Nützliches zu wirken, Vater!

STOCKMANN: Ja, und noch obendrein für die Heimat!

JOHANNA: Da klingelt es.

STOCKMANN: Das ist er! *Es klopft.* Herein!

Sechster Auftritt

Vorige. Bürgermeister.

BÜRGERMEISTER *aus dem Vorzimmer:* Guten Morgen.

STOCKMANN: Willkommen, Hans!

JOHANNA: Guten Morgen, Schwager. Wie geht's?

BÜRGERMEISTER: Danke, so so. *Zum Doktor:* Ich empfing gestern abend nach Schluß der Bürostunden eine Abhandlung von dir, betreffend die Wasserverhältnisse der Badeanstalt.

STOCKMANN: Nun? Hast du sie gelesen?

BÜRGERMEISTER: Ja.

STOCKMANN: Und was sagst du zu der Sache?

BÜRGERMEISTER *mit einem Seitenblick:* Hm –

JOHANNA: Komm, Petra.

Sie geht mit Petra in das Zimmer links.

Siebenter Auftritt

Stockmann, Bürgermeister.

BÜRGERMEISTER *nach kurzem Schweigen:* War es wirklich notwendig, all diese Untersuchungen hinter meinem Rücken anzustellen?

STOCKMANN: Ja, solang ich nicht die absolute Gewißheit hatte, mußt' ich –

BÜRGERMEISTER: Und die glaubst du jetzt also zu haben?

STOCKMANN: Nun, davon wirst du dich wohl selbst überzeugt haben!

BÜRGERMEISTER: Hast du die Absicht, dieses Aktenstück der Badeverwaltung als eine Art offizielles Dokument vorzulegen?

STOCKMANN: Selbstverständlich. Es muß doch etwas in der Sache geschehn; und zwar sofort.

BÜRGERMEISTER: Du gebrauchst – wie gewöhnlich – sehr starke Ausdrücke in deiner Abhandlung. Unter anderm behauptest du, das, was wir unsern Badegästen böten, sei eine permanente Vergiftung.

STOCKMANN: Aber Hans, weißt du vielleicht einen mildern Ausdruck dafür? Bedenke doch: vergiftetes Wasser, äußerlich wie innerlich! Und das für arme Kranke, die sich uns in bestem Glauben anvertrauen und ihr gutes Geld hingeben, um ihre Gesundheit wiederzuerlangen!

BÜRGERMEISTER: Und dann kommst du in deinen Deduktionen zu dem Resultat: wir müßten eine Kloake bauen, welche all den angeblichen Schmutz da oben im Mühltal aufnehmen könnte; auch müsse die Wasserleitung umgelegt werden.

STOCKMANN: Ja, weißt du vielleicht einen andern Ausweg? Ich nicht.

BÜRGERMEISTER: Ich machte heut' vormittag dem Stadtbaumeister einen Besuch, und da brachte ich – so halb im Scherz – die Rede auf diese deine Vorschläge als etwas, das wir vielleicht später einmal in nähere Erwägung ziehen könnten.

STOCKMANN: Später einmal!

BÜRGERMEISTER: Er lächelte über meine vermeintliche Extravaganz – natürlich. Hast du dir die Mühe gegeben zu bedenken, was die vorgeschlagenen Änderungen kosten würden? Nach den Aufklärungen, die ich erhielt, würden sich die Ausgaben wahrscheinlich auf mehrere hunderttausend Kronen belaufen.

STOCKMANN: So hoch!

BÜRGERMEISTER: Ja. Aber das Schlimmste kommt noch. Die Arbeit würde mindestens zwei Jahre in Anspruch nehmen.

STOCKMANN: Zwei Jahre, sagst du? Zwei volle Jahre?

BÜRGERMEISTER: Mindestens. Und was sollen wir inzwischen mit dem Bade anfangen? Es vielleicht schließen? Ja, etwas andres bliebe uns nicht übrig. Oder meinst du, es käme auch nur ein einziger Badegast zu uns, wenn das Gerücht sich verbreitete, das Wasser sei gesundheitsgefährlich?

STOCKMANN: Aber, Hans, das ist es ja wirklich!

BÜRGERMEISTER: Und dann dies alles jetzt, grade jetzt, da die Anstalt in Schwung und Ruf kommt. Auch in unsern Nachbarstädten lassen sich gute Seebäder einrichten. Meinst du, man würde dort nicht sofort alle Hebel in Bewegung setzen, um den ganzen Fremdenstrom sich selbst zuzuleiten? Ja, ganz unzweifelhaft. Dann ständen wir da. Wahrscheinlich müßten wir die ganze kostspielige Anstalt abbrechen; und dann hättest du deine Vaterstadt ruiniert.

STOCKMANN: Ruiniert – ich – !

BÜRGERMEISTER: Lediglich durch das Bad hat die Stadt eine nennenswerte Zukunft vor sich. Das siehst du doch ebensogut ein wie ich?

STOCKMANN: Aber was müßte denn nach deiner Ansicht in der Sache geschehn?

BÜRGERMEISTER: Aus deiner Abhandlung hab' ich die Überzeugung nicht gewinnen können, daß die Wasserverhältnisse des Bades so bedenklich seien, wie du sie darstellst.

STOCKMANN: Sie sind eher noch ärger! Jedenfalls werden sie es im Sommer, wenn die warmen Tage kommen.

BÜRGERMEISTER: Wie gesagt, ich glaube, du übertreibst sehr stark. Ein tüchtiger Arzt muß seine Verhaltensmaßregeln zu treffen – den schädlichen Einwirkungen vorzubeugen und abzuhelfen verstehn, wenn sie sich in ganz unzweideutiger Weise geltend machen sollten.

STOCKMANN: Und darum? ... Was weiter – ?

BÜRGERMEISTER: Die eingerichtete Art der Wasserversorgung ist nun einmal eine Tatsache und muß selbstverständlich als solche behandelt werden. Aber wahrscheinlich wird die Direktion seinerzeit nicht abgeneigt sein, in Erwägung zu ziehn, inwiefern es bei angemessenen pekuniären Opfern möglich sein dürfte, gewisse Verbesserungen einzuführen.

STOCKMANN: Und du bildest dir ein, auf eine solche Hinterlist würd' ich eingehn?

BÜRGERMEISTER: Hinterlist!

STOCKMANN: Ja, eine Hinterlist wär' es – ein Betrug, eine Lüge, ja gradezu ein Verbrechen gegen das Publikum, gegen die ganze Gesellschaft!

BÜRGERMEISTER: Wie vorhin bemerkt, habe ich mir nicht die Überzeugung aneignen können, daß hier wirklich Gefahr vorhanden sei.

STOCKMANN: Nicht?! Das ist unmöglich. Meine Darstellung des Sachverhalts ist so schlagend, so wahr und richtig! Und das siehst du sehr wohl ein, Hans; du willst es nur nicht wahrhaben. Du hast es durchgesetzt, daß die Gebäude der Badeanstalt und das Wasserwerk dort angelegt wurden, wo sie sich jetzt befinden; und das ist's – dieser verwünschte Mißgriff ist's, den du nicht eingestehn willst. Bah – meinst du, ich durchschaute dich nicht?

BÜRGERMEISTER: Und wenn dem wirklich so wäre? Wenn ich vielleicht mit einer gewissen Ängstlichkeit über mein Ansehen wache, so geschieht das im Interesse der Stadt. Ohne moralische Autorität kann ich die Geschäfte nicht so leiten, wie ich es für das Wohl des Ganzen förderlich erachte. Darum – und aus verschiednen andern Gründen – liegt mir daran, daß deine Darstellung der Badedirektion nicht vorgelegt werde. Im Interesse der Allgemeinheit muß die Sache unter uns bleiben. Später werd' ich sie dann zur Sprache bringen, und im stillen wollen wir inzwischen unser Bestes tun; aber nichts, nicht das geringste darf von dieser fatalen Angelegenheit in die Öffentlichkeit dringen.

STOCKMANN: Ja, das läßt sich nun nicht mehr verhindern, lieber Hans.

BÜRGERMEISTER: Es muß und wird verhindert werden!

STOCKMANN: Unmöglich, sag' ich; es wissen schon zu viele darum.

BÜRGERMEISTER: Es wissen schon Fremde darum!? Wer? Doch nicht etwa diese Herren vom „Volksboten", die da – ?

STOCKMANN: Ja, die auch. Die freisinnige unabhängige Presse wird schon dafür sorgen, daß ihr eure Pflicht tut.

BÜRGERMEISTER *nach kurzem Schweigen:* Du bist ein höchst unbesonnener Mann, Otto. Hast du denn nicht bedacht, welche Folgen dies für dich selbst haben kann?

STOCKMANN: Folgen? Für mich?

BÜRGERMEISTER: Für dich und die Deinen – ja.

STOCKMANN: Was meinst du damit?

BÜRGERMEISTER: Ich denke, ich habe mich dir gegenüber stets als hilfreicher Bruder bewährt.

STOCKMANN: Gewiß, das hast du; und dafür weiß ich dir herzlich Dank.

BÜRGERMEISTER: Wird nicht verlangt. Zum Teil war ich dazu ja auch genötigt – meiner selbst wegen. Ich hegte stets die Hoffnung, du würdest dich einigermaßen in Schranken halten lassen, wenn ich dir behilflich wäre, deine ökonomische Stellung zu verbessern.

STOCKMANN: Was? Also bloß deiner selbst wegen – !

BÜRGERMEISTER: Zum Teil, sag' ich. Es ist peinlich für einen Beamten, wenn seine nächsten Angehörigen sich fortwährend kompromittieren.

STOCKMANN: Und du meinst, das tue ich?

BÜRGERMEISTER: Ja leider ... ohne es selbst zu wissen. Du hast einen unruhigen, kampflustigen, aufrührerischen Sinn. Und dann dein unglückseliger Hang, öffentlich über alle möglichen und unmöglichen Dinge zu schreiben. Kaum hast du irgendeinen Einfall – gleich mußt du einen Zeitungsartikel oder gar eine ganze Broschüre daraus machen.

STOCKMANN: Ja, aber ist es denn nicht jedes Staatsbürgers Pflicht, sich dem Publikum mitzuteilen, wenn er einen neuen Gedanken hat?!

BÜRGERMEISTER: Ach, wozu braucht das Publikum neue Gedanken? Mit den guten alten anerkannten Gedanken, die es bereits hat, ist ihm vollkommen gedient.

STOCKMANN: Und das sagst du so – ganz offen!

BÜRGERMEISTER: Ja, einmal muß ich offen mit dir reden. Bis jetzt hab' ich es vermieden, da ich weiß, wie reizbar du bist; aber nun muß ich dir die Wahrheit sagen, Otto. Du machst dir keine Vorstellung davon, wie sehr du dir durch deine unbesonnene Rücksichtslosigkeit schadest. Du beschwerst dich über die Behörden, ja selbst über die Regierung – schleuderst ihr sogar Anklagen ins Gesicht – behauptest, du seist zurückgesetzt, verfolgt worden! Aber kannst du – ein so lästiger Bürger – denn etwas anderes erwarten?

STOCKMANN: Was – ich bin auch noch lästig?

BÜRGERMEISTER: Ja, Otto, du bist ein sehr lästiger Mitarbeiter. Das hab' ich fühlen müssen. Über alle Rücksichten setzest du dich hinweg. Du scheinst vollständig zu vergessen, daß du deine hiesige Stelle als Badearzt lediglich mir zu danken hast –

STOCKMANN: Nein, sie kam mir von Rechts wegen zu, mir und niemand anders! Ich zuerst gelangte zu der Einsicht, daß die Stadt ein blühender Badeort werden könnte; und ich war der e i n z i g e, der das damals einsah. Jahrelang stand ich allein – jahrelang mußt' ich ganz allein für diesen meinen Gedanken kämpfen; und ich schrieb und schrieb –

BÜRGERMEISTER: Das leugn' ich nicht. Aber damals war noch nicht der rechte Zeitpunkt gekommen. Nun, da oben in deinem weltentlegenen Winkel konntest du das nicht beurteilen. Aber als dann der rechte Augenblick kam, da nahm ich – im Verein mit andern – die Sache in die Hand.

STOCKMANN: Jawohl, um meinen herrlichen Plan vollständig zu verpfuschen. Jetzt zeigt es sich, was für kluge Leute ihr wart.

BÜRGERMEISTER: Meiner Ansicht nach zeigt sich jetzt nur, daß du wieder eines Stichblatts bedarfst für deine Kampflust. Du willst deinen Vorgesetzten zuleibe – das ist ja eine alte Gewohnheit von dir. Du kannst keine Autorität über dir dulden; du siehst jeden scheel an, der einen höhern Beamtenposten bekleidet; du betrachtest ihn als deinen persönlichen Feind, und dabei ist dir jede Waffe gerade gut genug. Aber jetzt hab' ich dich darauf aufmerksam gemacht, welche Interessen für die ganze Stadt – und folglich auch für dich – auf dem Spiele stehn. Und darum sag' ich dir, Otto: mit unerbittlicher Strenge werd' ich bei der Forderung beharren, die ich jetzt an dich zu stellen gedenke.

STOCKMANN: Und diese Forderung wäre?

BÜRGERMEISTER: Da du so offenherzig gewesen, mit Unberufenen über diese heikle Angelegenheit zu sprechen, obgleich sie als ein Direktionsgeheimnis hätte gewahrt werden müssen – so kann sie natürlich nicht mehr vertuscht werden. Es werden sich gar bald allerlei Gerüchte verbreiten, und die Übelgesinnten werden denselben durch allerhand Zusätze und Entstellungen immer neue Nahrung geben. Es wird deshalb notwendig sein, daß du öffentlich derartigen Gerüchten entgegentrittst.

STOCKMANN: Ich! Wie? Ich versteh' dich nicht.

BÜRGERMEISTER: Es darf wohl die Erwartung ausgesprochen werden, daß du bei nochmaliger Untersuchung zu dem Resultat gelangst, die Sache sei durchaus nicht so bedenklich, wie du dir im ersten Augenblick eingebildet hast.

STOCKMANN: Aha – also das erwartest du!

BÜRGERMEISTER: Ferner erwartet man, daß du zu der Verwaltung das Vertrauen hegst und öffentlich aussprichst, dieselbe werde mit gewissenhafter Gründlichkeit die notwendigen Anordnungen treffen, um etwaige Mängel abzustellen.

STOCKMANN: Ja, aber das werdet ihr nimmermehr können, solang ihr euch mit einer Pfuscherei behelft. Und es ist meine feste, vollste Überzeugung, Hans –!

BÜRGERMEISTER: Als Beamter hast du nicht das Recht, eine Separatüberzeugung zu hegen.

STOCKMANN *stutzt:* Ich habe nicht das Recht, eine –?

BÜRGERMEISTER: Als Beamter, sag' ich. Als Privatperson – Gott, das ist etwas anderes. Aber als untergeordneter Badebeamter hast du nicht das Recht, eine Überzeugung auszusprechen, welche mit der deiner Vorgesetzten im Widerspruch steht.

STOCKMANN: Das geht zu weit! Als Arzt, als Gelehrter hätt' ich nicht das Recht –!

BÜRGERMEISTER: Die Sache, um die es sich hier handelt, ist nicht eine rein wissenschaftliche; es ist vielmehr eine kombinierte, eine technisch-ökonomische Angelegenheit –

STOCKMANN: Ach zum Teufel, das ist mir höchst gleichgültig! Ich beanspruche für mich die Freiheit, mich über alle möglichen Angelegenheiten der Welt aussprechen zu dürfen!

BÜRGERMEISTER: Bitte. Aber nicht über die des Bades – das verbiet' ich dir.

STOCKMANN *fast schreiend:* Ihr verbietet mir –! Ihr! Leute, die –!

BÜRGERMEISTER: Ich verbiet' es dir – ich, dein höchster Vorgesetzter; und wenn ich dir etwas verbiete, so hast du zu gehorchen.

STOCKMANN *sich bezwingend:* Hans – wahrlich, wärst du nicht mein Bruder –!

Achter Auftritt

Stockmann, Bürgermeister, Petra, Johanna.

PETRA *die Tür aufreißend:* Vater, so etwas darfst du dir nicht bieten lassen!

JOHANNA *ihr nacheilend:* Petra! Petra!

BÜRGERMEISTER: Aha, man hat gelauscht!

JOHANNA: War nicht nötig; ihr spracht so laut, daß –

PETRA: Ja, ich hörte zu.

BÜRGERMEISTER: Nun, im Grunde ist mir das lieb –

STOCKMANN *näher auf ihn zutretend:* Du sprachst von verbieten und gehorchen –!

BÜRGERMEISTER: Du zwangst mich, in solchem Ton mit dir zu reden.

STOCKMANN: Ich soll also in einer öffentlichen Erklärung mich selbst auf den Mund schlagen?

BÜRGERMEISTER: Wir erachten es als unumgänglich notwendig, daß du eine Erklärung in dem angedeuteten Sinne veröffentlichst.

STOCKMANN: Und wenn ich nun nicht – gehorche?

BÜRGERMEISTER: Dann treten wir zur Beruhigung des Publikums selbst mit einer Erklärung an die Öffentlichkeit.

STOCKMANN: Gut. Aber dann trete ich öffentlich gegen euch auf. Ich halte an meiner Überzeugung fest; ich werde beweisen, daß ich recht habe und ihr unrecht. Und dann – was werdet ihr dann tun?

BÜRGERMEISTER: Dann werd' ich es nicht verhindern können, daß du deine Entlassung erhältst.

STOCKMANN: Was –!

PETRA: Vater – Entlassung!

JOHANNA: Entlassung –!

BÜRGERMEISTER: Ja, deine Entlassung als Badearzt. Ich werde mich veranlaßt sehen, deine sofortige Kündigung zu beantragen.

STOCKMANN: Und das solltet ihr wagen!

BÜRGERMEISTER: Du selbst forderst uns dazu heraus.

PETRA: Onkel, ein solches Verfahren gegen einen Mann wie meinen Vater ist empörend!

JOHANNA: Petra!

BÜRGERMEISTER *auf Petra herabsehend:* Ah, man erlaubt sich bereits Meinungsäußerungen. Ja, natürlich. *Zu Johanna:* Frau Schwägerin, Sie sind wahrscheinlich die Vernünftigste hier im Hause. Wenden Sie Ihren ganzen

Einfluß an, um Ihren Gatten zu der Einsicht zu bringen, welche Folgen seine Widersetzlichkeit sowohl für seine Familie –

STOCKMANN: Um meine Familie hat sich außer mir kein Mensch zu kümmern –

BÜRGERMEISTER: – sowohl für seine Familie, sag' ich, wie für unsre Stadt nach sich ziehen könnte.

STOCKMANN: Ich, ich allein will das wahre Wohl der Stadt! Ich will die Mängel aufdecken, die früher oder später doch an den Tag kommen müssen. Oh, es wird sich schon zeigen, wer von uns beiden seine Vaterstadt wahrhaft liebt.

BÜRGERMEISTER: Du, der in blindem Trotz der Stadt die wichtigste Nahrungsquelle verschließen will –

STOCKMANN: Aber Mensch, diese Quelle ist ja vergiftet! Bist du denn von Sinnen! Wir handeln hier mit Schmutz! – das ist unsre Erwerbsquelle! Unser ganzes aufblühendes Gesellschaftsleben zieht seine Nahrung aus einer Lüge.

BÜRGERMEISTER: Einbildung – oder noch etwas Schlimmeres. Wer so beschimpfende Insinuationen wider seine eigne Vaterstadt schleudert, muß ein Feind der Gesellschaft sein.

STOCKMANN *auf ihn eindringend:* Und das wagst du –!

JOHANNA *sich zwischen sie werfend:* Otto!

PETRA *sich an ihres Vaters Arm klammernd:* Beruhige dich doch, Vater!

BÜRGERMEISTER: Ich will mich hier keinen Tätlichkeiten aussetzen. Du bist nun gewarnt. Bedenke wohl, was du dir und den Deinen schuldig bist. Empfehle mich. *Ab.*

Neunter Auftritt

Stockmann, Johanna, Petra, später Fredrik und Walter.

STOCKMANN *auf und ab gehend:* Und eine solche Behandlung muß ich mir gefallen lassen! In meinem eignen Hause!

JOHANNA: Ja, es ist eine Schande –

PETRA: Oh, ich möchte diesen Onkel –!

STOCKMANN: Aber es ist meine eigne Schuld. Ich hätte ihnen schon längst die Zähne weisen, um mich beißen müssen!

JOHANNA: Aber, Otto, dein Bruder hat nun einmal die Macht –

STOCKMANN: Aber ich das Recht –!

JOHANNA: Ja, ja, Recht, Recht! Was nützt das Recht ohne die Macht?

PETRA: Aber Mutter –!

STOCKMANN: Wie? In einer freien Gesellschaft sollte das Recht keine Macht sein!

JOHANNA: Aber bedenke, Otto, wenn du deine Entlassung erhieltest: deine Familie, deine Kinder –

PETRA: Mutter, denke doch bei allem nicht immer zuerst an uns!

STOCKMANN: Soll ich mich denn in jämmerlicher Feigheit vor diesem Herrn Bruder und seinem verwünschten Anhang beugen und der Wahrheit ins Gesicht schlagen?! Ich hätte ja keinen glücklichen Augenblick mehr im Leben!

JOHANNA: Aber Gott behüte uns vor dem Glück, das unser harrt, wenn du bei deiner Weigerung bleibst. Dann bist du wieder ohne feste Einnahmen, ohne Existenzmittel. Ich sollte meinen, das hätten wir in frühern Tagen gründlich durchgekostet. Das vergiß nicht, Otto; bedenke, was auf dem Spiele steht!

STOCKMANN *in innerm Kampf sich windend und die Fäuste ballend:* Und mit so etwas wagt dieser Aktenmensch einem freien, ehrlichen Manne zu drohen! Ist das nicht entsetzlich, Johanna?

JOHANNA: Ja, es ist schändlich, so gegen dich zu handeln. Aber man muß so manche Ungerechtigkeit erdulden hier auf Erden ... Da sieh die Knaben, Otto! Sieh sie an! Was soll aus ihnen werden! Ach nein, nein, du bringst es nicht übers Herz –

Walter und Fredrik sind inzwischen mit den Schulbüchern hereingekommen.

STOCKMANN: Meine Kinder –! *Bleibt plötzlich wie mit einem bestimmten, festen Entschlusse stehen.* – Nein, und wenn die ganze Welt zugrunde geht: nie und nimmer beug' ich meinen Nacken unter ein so schmachvolles Joch! *Geht auf sein Zimmer zu.*

JOHANNA *ihm nach:* Otto, was willst du beginnen!?

STOCKMANN *an der Tür:* Ich will mir das Recht wahren, meinen Kindern offen in die Augen zu sehn!

Ab in sein Zimmer.

JOHANNA *in Tränen ausbrechend:* Oh, nun möge Gott uns beistehn!

PETRA: Weine nicht, Mutter! Vater handelt nur, wie er handeln muß!

Die Knaben fragen verwundert, um was es sich handle; Petra bedeutet ihnen zu schweigen.

DRITTER AUFZUG

Redaktionsbüro des „Volksboten". Im Hintergrund links Eingangstür. Rechts an derselben Wand eine zweite Tür mit Glasscheiben, durch die man in die Druckerei hineinsieht. An der rechten Wand eine dritte Tür. Mitten im Zimmer ein großer, mit Papieren, Zeitungen und Büchern bedeckter Tisch. Vorn links ein Fenster und an diesem ein Schreibpult mit hohem Stuhl. An dem Tisch ein paar Lehnstühle, längs den Wänden einige andere Stühle. Es ist ziemlich düster und unfreundlich in dem Raum, das Möblement altfränkisch, die Stühle schmutzig und der Überzug derselben zerrissen. In der Druckerei sieht man einige Setzer an der Arbeit; noch etwas weiter hinten eine Handpresse in Tätigkeit.

Erster Auftritt

Haustad sitzt am Tisch und schreibt. Kurz darauf kommt Billing mit dem Manuskript des Doktors in der Hand von rechts.

BILLING: Na das muß ich sagen – !

HAUSTAD *schreibend:* Haben Sie's gelesen?

BILLING *das Manuskript auf das Pult legend:* Ja.

HAUSTAD: Nicht wahr, der Doktor geht etwas scharf ins Zeug?

BILLING: Jedes Wort trifft wie ein Hammerschlag – mit zermalmender Wucht.

HAUSTAD: Ja, aber solche Herren fallen ja auch nicht auf den ersten Schlag.

BILLING: Gewiß nicht. Aber dann fahren wir fort zu schlagen, bis sie am Boden liegen. Als ich das Manuskript da vorhin las, war mir's, als hört' ich in der Ferne die Revolution grollen.

HAUSTAD *sich wendend:* Psst! Daß nur ja Thomsen so etwas nicht hört!

BILLING *die Stimme dämpfend:* Thomsen ist ein Hasenfuß, eine Memme; steckt kein Funken Mannesmut in ihm. Aber diesmal werden Sie doch Ihren Willen durchsetzen, was? Der Aufsatz des Doktors wird doch gedruckt?

HAUSTAD: Ja, wenn der Bürgermeister sich nur nicht gutwillig fügt!

BILLING: Das wäre höchst ärgerlich.

HAUSTAD: Nun, glücklicherweise können wir uns, was auch geschieht, die Situation zunutze machen. Geht der Bürgermeister auf des Doktors Vorschlag nicht ein, so bekommt er sämtliche Kleinbürger, den ganzen Hausbesitzerverein auf den Hals. Und geht er darauf ein, so überwirft er sich mit den großen Aktionären, die bisher seine beste Stütze waren –

BILLING: Ach ja, ja, denn diese müssen dann sicherlich ein ganz respektables Sümmchen hergeben –

HAUSTAD: Darauf können Sie sich verlassen, und dann, sehen Sie, ist der Ring gebrochen, und dann werden wir Tag für Tag dem Publikum beweisen, daß der Bürgermeister in keiner Beziehung seiner Aufgabe gewachsen ist und daß sämtliche Vertrauensämter, die ganze Kommunalverwaltung in die Hände des freisinnigen Volkes gelegt werden müssen.

BILLING: In der Tat, die Lage könnte für uns nicht besser sein! Ich seh's, ich seh's: wir stehn am Vorabend einer lokalen Revolution!

Es klopft.

HAUSTAD: Psst! *Ruft:* Herein!

Zweiter Auftritt

Vorige. Stockmann durch die Tür links im Hintergrund.

HAUSTAD *ihm entgegengehend:* Ah, Sie, Herr Doktor! – Nun?

STOCKMANN: Drucken Sie, Herr Redakteur, drucken Sie nur!

BILLING: Hurra!

STOCKMANN: Drucken Sie nur, sag' ich! Jetzt gibt's Krieg hier in der Stadt, Herr Billing!

BILLING: Krieg? Doch hoffentlich bis aufs Messer – auf Leben und Tod, Herr Doktor!

STOCKMANN: Dieser Aufsatz ist erst die Einleitung. Ich habe bereits den Entwurf zu vier, fünf andern im Kopf. Wo steckt Thomsen?

BILLING *in die Druckerei hineinrufend:* Thomsen – bitte, einen Augenblick!

HAUSTAD: Noch vier, fünf andre Artikel, sagen Sie? Über denselben Gegenstand?

STOCKMANN: Behüte, mein Lieber. Nein, über ganz andre Dinge. Aber es kommt alles von dem Wasserwerk und der Kloake. Das eine hat notwendig das andre zur Folge. Es ist, wie wenn man an einem alten Gebäude zu rütteln beginnt.

BILLING: Ja – man wird nicht eher fertig, bis die ganze Baracke niedergerissen ist.

Dritter Auftritt

Vorige. Thomsen.

THOMSEN *aus der Druckerei:* Niedergerissen! Der Herr Doktor will doch nicht das Badehaus niederreißen?

HAUSTAD: Bewahre! Haben Sie nur keine Angst.

STOCKMANN: Nein, wir gehn ganz andern Einrichtungen zuleibe. Nun, was sagen Sie zu meiner Abhandlung, Herr Redakteur?

HAUSTAD: Ein wahres Meisterwerk –

STOCKMANN: Nicht wahr? Na, das freut mich.

HAUSTAD: Die Darstellung ist so klar, so überzeugend, man braucht gar nicht Fachmann zu sein, um einen vollen Einblick in die Sache zu gewinnen. Jeder Denkende wird unbedingt auf Ihre Seite treten.

THOMSEN: Hoffentlich auch alle Besonnenen?

BILLING: Besonnene und Unbesonnene, kurz die ganze Stadt.

THOMSEN: Nun, dann wollen wir's mit dem Abdruck mal wagen.

HAUSTAD: Morgen früh erscheint der Artikel.

STOCKMANN: Ja, Sie dürfen keinen einzigen Tag mehr zaudern ... Herr Thomsen, sorgen Sie, daß ja keine Druckfehler stehnbleiben. Jedes Wort ist von Bedeutung. Ich spreche später wieder vor, um den Bürstenabzug ein wenig durchzusehen ... Ja, ich kann Ihnen nicht sagen, wie ich danach dürste, den Aufsatz gedruckt zu sehn, um ihn hinauszuschleudern. –

BILLING: Hinauszuschleudern – ja – wie einen Blitz!

STOCKMANN: – in die ganze Welt, und dem Urteil aller Unbefangenen zu unterbreiten. Oh, Sie machen sich keine Vorstellung davon, was ich mir heut' gefallen lassen mußte. Man hat mir gedroht, wollte mir meine sonnenklarsten Menschenrechte nehmen –

BILLING: Was! Ihre Menschenrechte!

STOCKMANN: – man wollte mich demütigen; mich zu einem feigen Lump erniedrigen; verlangte, daß ich persönliche Vorteile über meine innerste, heiligste Überzeugung stelle –

BILLING: Das ist, straf mich Gott, zu grob.

HAUSTAD: Ach ja, so etwas läßt sich von jener Seite schon erwarten.

STOCKMANN: Aber bei mir kommen sie zu kurz; das werd' ich ihnen schwarz auf weiß geben. Jetzt leg' ich mich Tag für Tag im „Volksboten" gleichsam vor Anker und bestreiche sie mit einem explodierenden Artikel nach dem andern –

THOMSEN: Ja aber – das ist doch –

BILLING: Hurra, 's gibt Krieg, 's gibt Krieg!

STOCKMANN: – ich werde sie zu Boden schlagen, sie zermalmen, all ihre Festungswerke angesichts des ganzen rechtlichdenkenden Publikums rasieren! Ja, das werd' ich!

THOMSEN: Aber bitte mit Maß, Herr Doktor –

BILLING: Ach was „mit Maß!" Nur das Dynamit nicht geschont!

STOCKMANN *unbeirrt fortfahrend:* Denn jetzt, sehen Sie, handelt sich's nicht bloß um das Wasserwerk und die Kloake: Nein, die ganze Gesellschaft soll gesäubert, desinfiziert werden –

BILLING: Desinfiziert – das ist das erlösende Wort!

STOCKMANN: Fort mit allen Flickarbeitern und Pfuschern! Und zwar auf allen Gebieten! Heut' haben sich mir unendliche Fernsichten eröffnet. Wir bedürfen junger, frischer Fahnenträger, meine Freunde; neuer Kommandeure – auf allen Vorposten –

BILLING: Hört, hört!

STOCKMANN: Und wenn wir nur fest zusammenhalten, dann geht alles so glatt, so glatt! Die ganze Umwälzung wird gleichsam wie ein Schiff vom Stapel laufen. Ja, oder glauben Sie nicht?

HAUSTAD: Ich meinerseits glaube, daß wir jetzt alle Aussicht haben, die Kommunalverwaltung in diejenigen Hände zu legen, denen sie von Rechts wegen zukommt.

THOMSEN: Und wenn wir nur maßvoll zu Werke gehn, so denk' ich, die Sache kann nicht gefährlich werden.

STOCKMANN: Wer zum Henker schert sich darum, ob sie gefährlich ist oder nicht! Was ich tue, tue ich im Namen der Wahrheit und um meines Gewissens willen.

HAUSTAD: Ja, Sie sind der Mann, Herr Doktor, der kräftige Unterstützung verdient.

THOMSEN: Das steht fest, der Doktor ist der wahre Freund der Stadt.

BILLING: Doktor Stockmann ist ein echter Volksfreund!

THOMSEN: Ich denke, der Hausbesitzerverein wird sich dieses Wort bald zu eigen machen.

STOCKMANN *ihnen bewegt die Hand drückend:* Danke, danke, meine lieben treuen Freunde ... Wie wohl tun mir solche Worte ... Mein Herr Bruder gab mir einen ganz andern Namen. Nun, das werd' ich ihm mit Zinsen heimzahlen! Aber jetzt muß ich fort, um nach einem armen Teufel zu sehn ... Wie gesagt, ich komme wieder. Und in meinem Manuskript – bitte, streichen Sie mir kein einziges Ausrufungszeichen! Setzen Sie lieber noch ein Dutzend hinzu! Gut, gut; adieu solange; adieu, adieu!

Gegenseitiges Abschiednehmen, während die anderen ihn bis an die Tür begleiten.

HAUSTAD: Er kann uns ein unbezahlbarer Mitarbeiter werden!

THOMSEN: Ja, solange er sich nur an die Geschichte mit der Badeanstalt hält; geht er jedoch weiter, so dürft' es nicht ratsam sein, ihm Heeresfolge zu leisten.

HAUSTAD: Hm, das käme doch darauf an –

BILLING: Sie sind aber auch ein schrecklicher Ängsterling.

THOMSEN: Ängsterling? Ja wenn's den lokalen Machthabern gilt, dann bin ich wirklich ein Ängsterling, Herr Billing; in dieser Beziehung hab' ich etwas gelernt in der Schule der Erfahrung. Aber kommen Sie mir mit hoher Politik; machen Sie selbst der Regierung Opposition, und Sie sollen sehn, ob ich Angst habe.

BILLING: I behüte, nein, dann nicht! Aber darin besteht ja eben der Zwiespalt der Natur in Ihrem Busen.

THOMSEN: Die Sache ist sehr einfach: ich bin ein Mann von Gewissen! Fällt einer über die Regierung her, so richtet er nicht den geringsten Schaden an; denn die Männer kümmern sich den Geier um das, was die Zeitungen sagen – sie bleiben, wo sie sind. Aber die Lokalbehörden – die können gestürzt werden, und dann kommen vielleicht unbrauchbare Menschen ans Ruder, zum unendlichen Schaden der Hausbesitzer und andrer Leute. Darum: in der kleinen Politik hübsch bei der Stange geblieben!

HAUSTAD: Aber die politische Erziehung des gemeinen Mannes durch die Selbstverwaltung – wie denken Sie darüber?

THOMSEN: Wenn man's zu etwas gebracht hat, das es festzuhalten gilt, so kann man nicht an alles denken, Herr Haustad.

HAUSTAD: Dann wollt' ich, daß ich's nie zu etwas brächte.

BILLING: Hört, hört!

THOMSEN *lächelnd:* Hm. *Auf das Pult deutend:* Auf dem Redaktionsstuhl dort hat vor Ihnen der Stiftsamtmann Steinhoff gesessen.

BILLING *ausspuckend:* Pfui, solch ein Überläufer!

HAUSTAD: Ich bin keine Wetterfahne – und werd' es nie und nimmer werden.

THOMSEN: Ein Politiker soll nichts verschwören, Herr Haustad. Und Sie, Herr Billing, haben ja doch, wie ich höre, noch in den letzten Tagen das Netz ausgeworfen; denn Sie bewerben sich ja um den Sekretärsposten beim Magistrat.

BILLING: Ich –!

HAUSTAD: Ist das wahr?

BILLING: Nun ja; aber Sie können sich doch wohl denken, daß es nur geschieht, um diese hochweisen Herren zu ärgern.

THOMSEN: Nun, mich geht das ja nichts an. Aber wenn man mich der Feigheit und Inkonsequenz beschuldigt, möchte ich nur das betont haben: Buchdrucker Thomsens politische Vergangenheit liegt vor aller Augen offen da. Ich habe keine andern Wandlungen durchgemacht, als daß ich maßvoller geworden bin. Mein Herz gehört noch immer dem Volke; allein ich leugne nicht, daß mein Verstand ein wenig den Machthabern zuneigt – das heißt den lokalen. *Ab in die Druckerei.*

Vierter Auftritt

Billing, Haustad.

BILLING: Sollen wir nicht versuchen, ihn loszuwerden, Haustad?

HAUSTAD: Kennen Sie jemand, der uns für Papier und Druck einen Vorschuß leistet?

BILLING: Es ist doch verwünscht, daß es uns an dem nötigen Betriebskapital fehlt.

HAUSTAD *sich an das Pult setzend:* Ja, hätten wir das, dann –

BILLING: Wenn Sie sich mal an Doktor Stockmann wendeten.

HAUSTAD *in Papieren blätternd:* Wozu? Der hat ja selbst nichts.

BILLING: Aber einen guten Hintermann, seinen Schwiegervater Niels Worse, den „alten Dachs", wie er ihn nennt.

HAUSTAD *schreibend:* Wissen Sie denn so bestimmt, daß der etwas hat?

BILLING: Ja, das weiß ich bestimmt! Und ein Teil seines Geldes muß doch unbedingt der Familie seiner Pflegetochter zufallen. Doktor Stockmann wird doch jedenfalls darauf bedacht sein, seinen Kindern eine Ausstattung zu geben.

HAUSTAD *sich halb umwendend:* Bauen Sie d a r a u f?

BILLING: Bauen? Ich baue natürlich auf nichts.

HAUSTAD: Das möcht' ich Ihnen auch nicht raten. Und auf diesen Sekretärsposten beim Magistrat sollten Sie erst recht nicht bauen, denn ich versichere Sie – Sie erhalten ihn nicht.

BILLING: Meinen Sie, das wüßt' ich nicht? Ja, es ist mir sogar lieb, daß ich ihn nicht erhalte. Eine solche Zurücksetzung stachelt einem die Kampflust – man bekommt gleichsam einen frischen Ansatz von Galle; und das kann man schon brauchen in einem so gottverlassenen Erdenwinkel wie hier, wo so selten etwas recht Aufregendes geschieht.

HAUSTAD *schreibend:* Ach ja, ja.

BILLING: Na – sie sollen bald von mir hören! ... Ja, nun will ich den Aufruf an den Hausbesitzerverein zurechtzimmern. *Ab in das Zimmer rechts.*

Fünfter Auftritt

Haustad, dann Petra.

HAUSTAD *am Pult; kaut am Federhalter und sagt langsam:* Hm, ja, so ... so geht's. *Es klopft:* Herein!
Petra kommt durch die Tür links im Hintergrund.

HAUSTAD *steht auf:* Ah! Sie, Fräulein Petra!

PETRA: Bitte sehr um Entschuldigung –

HAUSTAD *rückt ihr einen Lehnstuhl hin:* Wollen Sie nicht gefälligst Platz nehmen?

PETRA: Nein, danke; ich gehe sogleich wieder.

HAUSTAD: Sie kommen wohl im Auftrage Ihres Vaters –?

PETRA: Ich komm' in eigner Sache. *Zieht ein Buch aus der Manteltasche.* Hier ist die englische Novelle.

HAUSTAD: Wie, Sie geben sie mir zurück?

PETRA: Ja, denn ich kann sie Ihnen nicht übersetzen.

HAUSTAD: Aber Sie versprachen es mir doch so bestimmt –

PETRA: Weil ich sie nicht gelesen hatte. Und vermutlich haben Sie sie auch nicht gelesen?

HAUSTAD: Nein; Sie wissen ja, ich verstehe kein Englisch; indes –

PETRA: Gut; eben darum wollte ich Ihnen sagen, daß Sie sich nach etwas anderm umsehen müssen. *Legt das Buch auf den Tisch.* Die Geschichte da ist für den „Volksboten" gar nicht zu gebrauchen.

HAUSTAD: Warum denn nicht?

PETRA: Weil sie mit Ihren eigenen Ansichten in vollem Widerspruch steht.

HAUSTAD: Oh, was das betrifft –

PETRA: Sie verstehen mich nicht. Sie handelt davon, wie eine übernatürliche Leitung sich der sogenannten guten Menschen hier auf Erden annehme und schließlich alles für sie zum Besten lenke – und daß alle sogenannten schlechten Menschen ihre Strafe erhielten.

HAUSTAD: Ja aber das ist doch ganz schön. Just solche Speise verlangt das Publikum.

PETRA: Und S i e wollen ihm eine solche Speise geben? Sie selbst glauben ja kein Wort davon. Sie wissen sehr wohl, daß es in der Wirklichkeit so nicht zugeht.

HAUSTAD: Da haben Sie recht; aber ein Redakteur kann nicht immer so handeln, wie er am liebsten möchte. In minder wichtigen Dingen muß er sich oft den Anschauungen seiner Leser anbequemen. Die Politik ist ja doch die Hauptsache im Leben, jedenfalls für ein Blatt; und soll mir mein Publikum auf der Bahn des Fortschritts und der Freiheit treu bleiben, so darf ich es nicht kopfscheu machen. Wenn es eine so moralische Erzählung unter dem Strich, im Erdgeschoß der Zeitung findet, so läßt es sich das, was über dem Strich steht, viel bereitwilliger bieten – es wird dadurch gleichsam sicher gemacht.

PETRA: Pfui, Ihren Lesern solche Schlingen zu legen – nein, so heimtückisch können Sie unmöglich sein; Sie sind doch keine Spinne.

HAUSTAD *lächelnd:* Ich danke Ihnen für die gute Meinung, die Sie von mir haben. Nein, es ist dies in der Tat nur Billings Gedankengang und nicht der meine.

PETRA: Billings!

HAUSTAD: Jedenfalls sprach er sich dieser Tage in diesem Sinne hierüber aus. Eben Billing war ja so eifrig bemüht, die Erzählung in den „Volksboten" zu bringen; ich kenne sie gar nicht.

PETRA: Aber wie kann denn Herr Billing mit seinen freien Anschauungen –

HAUSTAD: Oh, Billing ist vielseitig. Wie ich höre, bewirbt er sich jetzt auch um die Sekretärsstelle beim Magistrat.

PETRA: Herr Redakteur, das glaub' ich nicht! Wie sollte er sich zu so etwas bequemen können?

HAUSTAD: Ja das müssen Sie ihn selbst fragen.

PETRA: Das hätt' ich von Herrn Billing nie gedacht!

HAUSTAD *sie fester ansehend:* Nicht? Kommt Ihnen das so unerwartet?

PETRA: Ja. Oder vielleicht auch – nein. Ach, ich weiß es im Grunde selbst nicht –

HAUSTAD *lächelnd:* Wir Zeitungsschreiber, liebes Fräulein, taugen nicht sehr viel.

PETRA: Behaupten Sie das wirklich?

HAUSTAD: Ich denke es wenigstens manchmal.

PETRA: Ja, bei dem gewöhnlichen Tagesgezänk. Aber jetzt, da Sie eine große Sache zu vertreten haben –

HAUSTAD: Meinen Sie die Ihres Vaters?

PETRA: Ja. Ich denke, heut' müssen Sie sich als einen wichtigen, ja bedeutenden Mann fühlen.

HAUSTAD: Ja, so etwas fühle ich auch.

PETRA: Nicht wahr? Oh, es ist ein herrlicher Beruf, den Sie erwählt haben! Verkannten Wahrheiten und neuen mutigen Anschauungen so die Bahn zu brechen – ja schon der Umstand, furchtlos an einem hervorragenden Platz zu stehen und für einen geschmähten Mann das Wort zu führen –

HAUSTAD: Namentlich, wenn dieser geschmähte Mann – hm – ich weiß nicht recht, wie ich's nennen soll –

PETRA: Wenn er ein so rechtschaffener ehrlicher Mann ist, meinen Sie!

HAUSTAD *leise:* Namentlich wenn er Ihr Vater ist, meint' ich.

PETRA *plötzlich betroffen:* Also darum?!

HAUSTAD: Ja, Petra – Fräulein Petra –

PETRA: Also das ist Ihre Haupttriebfeder? Nicht die Sache selbst? Nicht die Wahrheit – nicht meines Vaters große warme Gesinnung?

HAUSTAD: Gewiß – selbstverständlich – das auch.

PETRA: Nein, da haben Sie sich verplaudert, Herr Redakteur; und nun glaub' ich Ihnen nichts mehr.

HAUSTAD: Können Sie es mir denn so übelnehmen, daß ich vor allem Ihnen zuliebe –?

PETRA: Was ich Ihnen verüble, ist, daß Sie gegen meinen Vater nicht ehrlich gewesen sind. Wenn man Sie reden hörte, mußte man glauben, die Wahrheit und das Gemeinwohl gingen Ihnen über alles; Sie haben meinen Vater sowohl wie mich zum besten gehabt; Sie sind nicht der Mann, für den Sie sich ausgaben. Und das verzeih' ich Ihnen nie – niemals.

HAUSTAD: Das sollten Sie doch nicht in so scharfem Ton sagen, Fräulein Petra, und am allerwenigsten jetzt.

PETRA: Warum denn nicht?

HAUSTAD: Weil Ihr Vater meine Unterstützung nicht mehr entbehren kann.

PETRA *ihn von oben herab ansehend:* Also auch ein solcher sind Sie noch! Pfui!

HAUSTAD: Nein, nein, nein; es kam mir nur so – im Ärger – über die Lippen –! Sie werden doch so etwas von mir nicht denken?

PETRA: Ich weiß, was ich zu denken habe. Leben Sie wohl!

Sechster Auftritt

Vorige. Thomsen.

THOMSEN *aus der Druckerei, schnell und geheimnisvoll:* Zum Geier, Herr Haustad – *Erblickt Petra.* O weh!

PETRA: Also da liegt das Buch; lassen Sie sich's von jemand anders übersetzen. *Geht nach der Ausgangstür.*

HAUSTAD *ihr folgend:* Aber Fräulein!

PETRA: Leben Sie wohl! *Ab.*

THOMSEN: Herr Haustad! *Haustad hört nicht. Lauter:* Herr Haustad!

HAUSTAD: Was gibt's? Ach Sie –

THOMSEN: Der Bürgermeister befindet sich in der Druckerei!

HAUSTAD: Der Bürgermeister?

THOMSEN: Ja, er wünscht Sie zu sprechen; er kam durch die Hintertür – wollte nicht gesehen sein.

HAUSTAD: Was will er denn? ... Nein warten Sie, ich will selbst – *Geht nach der Tür, die zur Druckerei führt, öffnet, grüßt und fordert den Bürgermeister zum Eintreten auf.* Sorgen Sie dafür, Thomsen, daß niemand –

THOMSEN: Versteh', versteh' – *Ab in die Druckerei.*

Siebenter Auftritt

Haustad, Bürgermeister, später Thomsen.

BÜRGERMEISTER: Sie haben mich hier wohl nicht erwartet.

HAUSTAD: Eigentlich nicht.

BÜRGERMEISTER *sich umsehend:* Sie sind hier recht gemütlich eingerichtet; wirklich ganz nett.

HAUSTAD: Oh, das ... Bitte ... *Nimmt dem Bürgermeister Hut und Stock ab und legt sie auf einen Stuhl.* Und wollen Sie nicht gefälligst Platz nehmen, Herr Bürgermeister?

BÜRGERMEISTER *sich an den Tisch setzend:* Danke.

Haustad setzt sich ebenfalls an den Tisch.

BÜRGERMEISTER: Ich hatte heut' eine – eine recht große Unannehmlichkeit, Herr Redakteur.

HAUSTAD: So? Nun ja: bei den vielen Amtspflichten, die Sie –

BÜRGERMEISTER: Die heutige Unannehmlichkeit rührt von dem Badearzt her.

HAUSTAD: Ah so, vom Doktor.

BÜRGERMEISTER: Er hat für die Badeverwaltung so eine Art Abhandlung geschrieben über einige angebliche Mängel unseres Bades.

HAUSTAD: So, so –

BÜRGERMEISTER: Ja, hat er Ihnen nichts davon gesagt –? Ich meine, er hätte mir erzählt –

HAUSTAD: Ach ja, richtig; er ließ da einige Worte fallen, die –

THOMSEN *aus der Druckerei:* Wo das Manuskript nur hingeraten ist?

HAUSTAD *ärgerlich:* Hm, da liegt's ja auf dem Pult.

THOMSEN *findet es:* Gut.

BÜRGERMEISTER: Aber da ist es ja –

THOMSEN: Ja, das ist der Aufsatz des Doktors, Herr Bürgermeister.

HAUSTAD: Also den meinten Sie?

BÜRGERMEISTER: Denselben. Was halten Sie davon?

HAUSTAD: Ich bin ja nicht Fachmann ... auch habe ich ihn nur ganz flüchtig gelesen.

BÜRGERMEISTER: Aber Sie wollen ihn doch in Ihrer Zeitung abdrucken.

HAUSTAD: Einem so angesehenen Mann kann man das nicht gut abschlagen –

THOMSEN: Ich habe in den redaktionellen Angelegenheiten des Blattes nichts zu sagen, Herr Bürgermeister –

BÜRGERMEISTER: Natürlich.

THOMSEN: Ich muß alles drucken, was ich in die Hände bekomme.

BÜRGERMEISTER: Ganz in der Ordnung!

THOMSEN: Und darum muß ich –

Geht nach der Druckerei.

BÜRGERMEISTER: Nein, bleiben Sie noch einen Augenblick, Herr Thomsen. Mit Ihrer Erlaubnis, Herr Redakteur –

HAUSTAD: Bitte, bitte, Herr Bürgermeister –

BÜRGERMEISTER: Sie sind ein besonnener nüchterner Mann, Herr Thomsen –

THOMSEN: Ein solches Zeugnis aus solchem Munde ist mir außerordentlich schmeichelhaft.

BÜRGERMEISTER: – ein Mann, der in weiten Kreisen einen bedeutenden Einfluß übt.

THOMSEN: Doch wohl vorzugsweise nur unter den kleinen Leuten.

BÜRGERMEISTER: Die kleinen Steuerzahler sind bei uns – wie anderwärts – am zahlreichsten vertreten.

THOMSEN: Das ist wahr, Herr Bürgermeister.

BÜRGERMEISTER: Und ich zweifle nicht, daß Sie mit der Stimmung, die in diesen Volkskreisen herrscht, innig vertraut sind. Nicht wahr?

THOMSEN: Allerdings dürft' ich mir dies Zeugnis wohl geben, Herr Bürgermeister.

BÜRGERMEISTER: Ja – wenn also eine so lobenswerte Opferwilligkeit unter den minderbemittelten Bürgern unserer Stadt herrscht, dann –

THOMSEN: Wieso?

HAUSTAD: Opferwilligkeit?

BÜRGERMEISTER: Das ist ein sehr schönes Zeichen, ein Beweis echten Bürgersinnes. Das hätt' ich kaum erwartet. Aber Sie kennen ja die Stimmung besser als ich.

THOMSEN: Ja, aber Herr Bürgermeister –

BÜRGERMEISTER: Und das Opfer, das die Stadt zu bringen hat, ist doch wahrlich kein geringes.

HAUSTAD: Die Stadt?

THOMSEN: Aber ich begreife nicht – es handelt sich ja doch um das Bad –!

BÜRGERMEISTER: Nach einem vorläufigen Überschlag werden die Veränderungen, die der Badearzt als wünschenswert erachtet, sich auf mehrere hunderttausend Kronen belaufen.

THOMSEN: Das ist ja eine sehr bedeutende Summe; indes –

BÜRGERMEISTER: Natürlich können wir nicht umhin, ein Kommunalanlehen zu machen.

HAUSTAD *sich erhebend:* Wie, die Stadt sollte –?

THOMSEN: Aus dem Säckel der Stadt sollte es bezahlt werden! Aus den armen Taschen der Kleinbürger!

BÜRGERMEISTER: Ja, verehrter Herr Thomsen, wo sollen die Mittel sonst herkommen?

THOMSEN: Das ist Sache der Herren Aktionäre!

BÜRGERMEISTER: Die Aktionäre sehn sich nicht in der Lage, weitere Opfer zu bringen.

THOMSEN: Steht das ganz unzweifelhaft fest, Herr Bürgermeister?

BÜRGERMEISTER: Unzweifelhaft. Wünscht man also diese umfassenden Veränderungen, so muß die Stadt selbst die Kosten tragen.

THOMSEN: Aber zum Teufel – um Verzeihung! – aber damit bekommt ja die Sache ein ganz andres Gesicht, Herr Haustad!

HAUSTAD: Ja, in der Tat.

BÜRGERMEISTER: Das Fatalste jedoch ist, daß wir uns genötigt sehn, das Bad auf ein paar Jahre zu schließen.

HAUSTAD: Zu schließen! Ganz zu schließen!

THOMSEN: Auf ein paar Jahre!

BÜRGERMEISTER: Ja, so lange wird die Arbeit dauern – mindestens.

THOMSEN: Aber zum Teufel, Herr Bürgermeister, wie sollen wir das aushalten! Wovon sollen wir Hausbesitzer inzwischen leben!?

BÜRGERMEISTER: Diese Frage, Herr Thomsen, ist leider sehr schwer zu beantworten. Aber was sollen wir machen? Meinen Sie, wir würden auch nur einen einzigen Badegast hierherbekommen, wenn man ihnen einredet, das Wasser sei vergiftet, wir lebten auf verpestetem Grund und Boden, und die ganze Stadt –

THOMSEN: Und das alles sind bloße Hirngespinste?

BÜRGERMEISTER: Ich habe beim besten Willen zu keiner andern Überzeugung gelangen können.

THOMSEN: Aber dann ist's ja ganz unverantwortlich von Doktor Stockmann – bitt' um Verzeihung, Herr Bürgermeister, 's ist Ihr Bruder, aber –

BÜRGERMEISTER: Damit sprechen Sie nur eine traurige Wahrheit aus, Herr Thomsen. Mein Herr Bruder hat leider zeit seines Lebens unbesonnen gehandelt.

THOMSEN: Und doch wollen Sie ihn bei einem solchen Vorgehen unterstützen, Herr Haustad!

HAUSTAD: Aber wer hätte auch ahnen können, daß –

BÜRGERMEISTER: Ich habe eine kurze Darstellung des Sachverhalts niedergeschrieben – so, wie er von einem nüchternen Standpunkt angesehen werden muß; zugleich habe ich darin angedeutet, wie etwaige Mängel in einer der Badekasse entsprechenden Weise abgestellt werden könnten.

HAUSTAD: Haben Sie den Aufsatz bei sich, Herr Bürgermeister?

BÜRGERMEISTER *in der Tasche tastend:* Ja, ich nahm ihn gleich mit für den Fall, daß Sie –

THOMSEN *hastig:* Donnerwetter, da ist er!

BÜRGERMEISTER: Wer? Mein Bruder?

HAUSTAD: Wo – wo?

THOMSEN: Er kommt durch die Druckerei!

BÜRGERMEISTER: Fatal. Ich möchte hier nicht gern mit ihm zusammentreffen und hätte doch noch verschiedenes mit Ihnen zu besprechen.

HAUSTAD *nach der Tür rechts zeigend:* Bitte, treten Sie dort solange ein.

BÜRGERMEISTER: Aber –?

HAUSTAD: 's ist niemand darin als Billing.

THOMSEN: Schnell, schnell, Herr Bürgermeister! Er kommt schon!

BÜRGERMEISTER: Nun ja denn; aber sehn Sie, daß Sie ihn recht bald wieder loswerden.

Ab durch die Tür rechts, die Thomsen ihm öffnet und dann hinter ihm schließt.

HAUSTAD: Machen Sie sich da irgend etwas zu tun, Thomsen.

Er setzt sich und schreibt. Thomsen wühlt eifrig in einem Haufen Zeitungen, die auf einem Stuhl rechts liegen.

Achter Auftritt

Haustad, Thomsen, Stockmann.

STOCKMANN *aus der Druckerei kommend:* So, da bin ich wieder. *Legt Hut und Stock fort.*

HAUSTAD *schreibend:* Schon, Herr Doktor? Beeilen Sie sich, Thomsen; heut' ist unsere Zeit sehr kostbar.

STOCKMANN *zu Thomsen:* Noch keine Korrektur zu bekommen, hör' ich.

THOMSEN *ohne sich zu wenden:* Nein, wie wär' das auch möglich, Herr Doktor?

STOCKMANN: Aber Sie werden begreifen, daß ich ungeduldig bin. Ich hab' keine Ruh', eh' ich's gedruckt seh'.

HAUSTAD: Hm; das wird wohl noch eine gute Stunde dauern. Meinen Sie nicht, Thomsen?

THOMSEN: Ja, das möcht' ich fast befürchten.

STOCKMANN: Gut, gut, liebe Freunde; dann komm' ich wieder; ich komme gern zweimal, wenn's sein muß. Eine so große Sache – das Wohl der ganzen Stadt – da darf man sich wahrlich nicht auf die Bärenhaut legen. *Will gehn, bleibt jedoch stehen und kehrt wieder um.* Ah – noch eins –

HAUSTAD: Verzeihn Sie; aber könnten wir nicht ein andermal –?

STOCKMANN: 's ist mit zwei Worten gesagt. Ich meine – wenn man nun morgen meinen Aufsatz im Blatte liest und dadurch erfährt, daß ich hier den ganzen Winter im stillen für das Wohl der Stadt gewirkt habe –

HAUSTAD: Ja, aber Herr Doktor –

STOCKMANN: Ich weiß, was Sie sagen wollen; Sie meinen, das sei einfach meine verfluchte Pflicht und Schuldigkeit, meine simple Bürgerpflicht gewesen. Gewiß, natürlich –; das weiß ich ebensogut wie Sie. Aber meine Mitbürger, sehn Sie – du lieber Gott, die guten Menschen halten ja so viel von mir –

THOMSEN: Ja, Ihre Mitbürger haben bis heut' sehr viel von Ihnen gehalten, Herr Doktor.

STOCKMANN: Ja, und just darum fürcht' ich, daß – kurz, ich meine: wenn dies nun an sie herantritt – namentlich an die unbemittelten Klassen – als ein mahnender Ruf, in Zukunft die Angelegenheiten der Stadt selbst in die Hand zu nehmen –

HAUSTAD *sich erhebend:* Hm, Herr Doktor, ich will Ihnen nicht verschweigen, daß –

STOCKMANN: Aha – dachte ich's mir nicht, daß etwas im Werke sei? Aber davon will ich nichts wissen. Wenn man so etwas vorbereitet –

HAUSTAD: Was denn?

STOCKMANN: Na, dies oder jenes – einen Fackelzug – oder ein Festessen – oder eine Subskription zu einer Ehrengabe – oder was es auch sein möge – – bitte, Sie müssen mir hoch und heilig geloben, so etwas zu hintertreiben! Und Sie ebenfalls, Herr Thomsen, hören Sie –

HAUSTAD: Um Verzeihung, Herr Doktor, wir können Ihnen jetzt ebensogut wie später die reine Wahrheit sagen –

Neunter Auftritt

Vorige. Johanna kommt in Hut und Mantel durch die Tür links im Hintergrund.

JOHANNA *den Doktor erblickend:* Ja richtig –!

HAUSTAD *ihr entgegengehend:* Ah, ah – die Frau Doktor ebenfalls!

STOCKMANN: Aber zum Geier, was willst du hier, Johanna?

JOHANNA: Das kannst du dir doch wohl denken.

HAUSTAD: Wollen Sie nicht gefälligst Platz nehmen?

JOHANNA: Danke, bemühen Sie sich nicht. Und Sie müssen's mir nicht übelnehmen, daß ich hierherkomme, um meinen Gatten abzuholen; denn ich bin Mutter von drei Kindern.

STOCKMANN: Glaubst du uns damit etwas Neues zu sagen?

JOHANNA: Nun, es sieht wirklich so aus, als dächtest du heut' nicht sonderlich an Frau und Kinder; denn sonst wärst du nicht so darauf aus, uns alle ins Unglück zu stürzen.

STOCKMANN: Aber bist du denn ganz von Sinnen, Johanna?! Als ob ein Mann mit Frau und Kindern nicht die Wahrheit sagen dürfte – sich nicht als nützlicher, um das Gemeinwohl besorgter Staatsbürger betätigen dürfte – nicht das Recht hätte, der Stadt, in der er lebt, einen großen Dienst zu erweisen!

JOHANNA: Alles mit Maß, Otto.

THOMSEN: Das sag' ich auch: Alles mit Maß.

JOHANNA: Und darum ist es unrecht von Ihnen, Herr Redakteur, daß Sie meinen Gatten von Haus und Familie fort und in all diese Dinge hinein locken.

HAUSTAD: Ich locke niemand in irgend etwas hinein, Frau Doktor!

STOCKMANN: Locken! Du meinst, ich ließe mich verlocken!

JOHANNA: Ja, das tust du. Ich weiß sehr wohl, du bist der klügste Mann hier in der Stadt; aber du bist so ungemein leicht zu etwas zu verleiten, Otto. *Zu Haustad:* Und bedenken Sie doch – er verliert seine Stelle als Badearzt, wenn er seine Abhandlung drucken läßt –

THOMSEN: Was!

HAUSTAD: Ja in dem Fall, Herr Doktor –

STOCKMANN *lachend:* Ha ha, mögen sie's nur versuchen! Ach nein, sie werden sich schon hüten. Denn siehst du, ich habe die kompakte Majorität hinter mir.

JOHANNA: Ja, das ist eben das Unglück.

STOCKMANN: Larifari, Johanna – geh wieder heim und sorge für Haus und Kinder und überlaß mir die Sorge um die kranke Menschheit. Wie kannst du so ängstlich sein, wenn ich so heiter, so siegesgewiß bin? *Reibt sich die Hände und geht auf und ab.* Die Wahrheit und das Volk werden siegen, darauf kannst du fest bauen. Oh, ich seh' die freisinnige Bürgerschaft sich schon zu einem triumphierenden Heere rings um mich scharen –! *Bleibt an einem Stuhl stehen.* Was – was zum Geier ist denn das da?

THOMSEN *hinblickend:* O weh, o weh!

HAUSTAD *ebenso:* Hm –

STOCKMANN: Hier liegt ja die höchste Spitze unserer städtischen Autorität!

Er ergreift des Bürgermeisters Hut vorsichtig mit den Fingerspitzen und hält ihn empor.

JOHANNA: Der Hut des Bürgermeisters!

STOCKMANN: Und hier ist auch der Kommandostab. Aber wie in aller Welt kommen die denn –?

HAUSTAD: Nun denn –

STOCKMANN: Ah, versteh'! Er war hier, um Sie zu beschwatzen. Ha ha, da kam er an den Rechten! Und als er mich in der Druckerei gewahr wurde, *bricht in Lachen aus:* nahm er Reißaus, Herr Thomsen!

THOMSEN *schnell:* Jawohl, nahm er Reißaus, Herr Doktor.

STOCKMANN: Nahm Reißaus und ließ Stock und – aber wo zum Geier habt ihr ihn gelassen? Ah – da drin natürlich. Nun sollst du mal sehen, Johanna!

JOHANNA: Otto! Ich bitte dich!

THOMSEN: Aber Herr Doktor, Herr Doktor!

Zehnter Auftritt

Vorige. Bürgermeister, Billing.

Stockmann hat sich des Bürgermeisters Hut aufgesetzt und dessen Stock genommen; dann tritt er an die Tür, stößt dieselbe auf und grüßt mit der Hand am Hut. Der Bürgermeister kommt ganz rot vor Zorn herein, unmittelbar hinter ihm Billing.

BÜRGERMEISTER: Was soll die Kinderei bedeuten?

STOCKMANN: Respekt, Hans. Jetzt bin ich die höchste Autorität hier in der Stadt. *Spaziert auf und ab.*

JOHANNA *fast weinend:* Aber Otto –!

BÜRGERMEISTER *ihm folgend:* Gib mir meinen Hut und meinen Stock!

STOCKMANN: Meinst du mir mit diesem hohen Ton zu imponieren? Gestern drohtest du mich abzusetzen, aber jetzt setze ich dich ab – entkleide dich all deiner Vertrauensämter. Meinst du, ich könnte das nicht? O doch; denn ich habe eine unwiderstehliche Macht hinter mir. Haustad und Billing werden im „Volksboten" donnern, und Thomsen rückt an der Spitze des ganzen Hausbesitzervereins gegen dich vor –

THOMSEN: Das werd' ich bleibenlassen, Herr Doktor.

STOCKMANN: Gewiß tun Sie das.

BÜRGERMEISTER: Aha! Der Herr Redakteur schließt sich doch vielleicht der Agitation an?

HAUSTAD: Nein, Herr Bürgermeister, nein!

THOMSEN: Nein, so wahnsinnig ist Herr Haustad nicht, daß er um einer Phantasie willen sich und das Blatt zugrunde richten sollte.

STOCKMANN *sich umsehend:* Was bedeutet das?

HAUSTAD: Sie haben Ihre Sache in einem falschen Lichte dargestellt, Herr Doktor; und darum kann ich Sie nicht unterstützen.

BILLING: Nein, nach den freundlichen Aufklärungen, die der Herr Bürgermeister mir da soeben gegeben hat –

STOCKMANN: In falschem Lichte! Ich bitte Sie! Drucken Sie meine Abhandlung nur; ich werde schon Manns genug sein, sie zu verteidigen.

HAUSTAD: Ich drucke sie nicht. Das kann und darf ich nicht.

STOCKMANN: Sie dürfen nicht? Was sind das für Reden? Sie sind ja doch der Redakteur; und ich denke, der Redakteur leitet eine Zeitung.

THOMSEN: Nein, Herr Doktor, das tun die Abonnenten.

BÜRGERMEISTER: Glücklicherweise, ja.

THOMSEN: Die öffentliche Meinung, das aufgeklärte Publikum, die Hausbesitzer und all die andern – ja, die leiten ein Blatt.

STOCKMANN *gefaßt:* Und all diese Mächte hab' ich gegen mich?

THOMSEN: Ja. Es wäre der vollständige Ruin der Bürgerschaft, wenn Ihr Aufsatz gedruckt würde.

STOCKMANN: Ah so –

Kleine Pause.

BÜRGERMEISTER: Meinen Hut und Stock! *Stockmann nimmt den Hut ab und legt ihn nebst dem Stock auf den Tisch. Der Bürgermeister nimmt beide an sich.* Deine Bürgermeisterwürde nahm ein jähes Ende.

STOCKMANN: Noch sind wir nicht zu Ende. *Zu Haustad:* Es ist also ganz unmöglich, meinen Aufsatz im „Volksboten" zu bringen?

HAUSTAD: Ganz unmöglich; auch aus Rücksicht auf Ihre Familie –

JOHANNA: Ach, die lassen Sie nur vollständig aus dem Spiel, Herr Haustad!

BÜRGERMEISTER *nimmt ein Schriftstück aus der Tasche:* Zur Orientierung des Publikums wird es genügen, wenn dies hier abgedruckt wird; es ist eine authentische Erklärung. Bitte.

HAUSTAD *das Papier nehmend:* Gut: soll sofort eingerückt werden.

STOCKMANN: Und mein Artikel nicht! ... Man bildet sich ein, man könnte mich und die Wahrheit totschweigen! Aber so glatt, wie ihr meint, geht das nicht. Herr Thomsen, wollen Sie mein Manuskript sofort als Flugblatt drucken – auf meine eignen Kosten, in meinem eigenen Verlage? Vierhundert Exemplare; nein – fünf-, sechshundert!

THOMSEN: Und wenn Sie mir Gott weiß was böten – zu so etwas wag' ich meine Offizin nicht herzugeben, Herr Doktor. Das darf ich nicht – der öffentlichen Meinung wegen. Und Sie bekommen Ihre Abhandlung auch sonst nirgends hier in der Stadt gedruckt.

STOCKMANN: So geben Sie sie mir wieder.

HAUSTAD *reicht ihm das Manuskript:* Bitte.

STOCKMANN *Hut und Stock nehmend:* In die Öffentlichkeit soll sie dennoch. Ich werde sie in einer großen Volksversammlung vorlesen. Alle meine Mitbürger sollen die Stimme der Wahrheit hören.

BÜRGERMEISTER: Kein Verein in der ganzen Stadt wird dir zu einem solchen Zweck sein Lokal zur Verfügung stellen.

THOMSEN: Nicht ein einziger, das versichere ich Sie!

BILLING: Und auch kein Privatmann!

JOHANNA: Das wäre doch empörend! Aber warum sind denn alle so gegen dich, Otto?

STOCKMANN *gereizt:* Ja, das will ich dir sagen, Johanna: Weil sie alle Feiglinge sind – just wie du; weil alle nur an sich und ihre Familie und nicht an die Allgemeinheit denken!

JOHANNA *seinen Arm ergreifend:* Dann werd' ich ihnen beweisen, wie ein – feiges Weib auch einmal Mannesmut beweisen kann! Denn jetzt halt' ich's ganz mit dir, Otto!

STOCKMANN: Bravo, Johanna, bravo! Und ich schwöre es euch: in die Öffentlichkeit soll die Wahrheit dennoch! Kann ich kein Lokal bekommen, so werbe ich mir einen Tambour, durchziehe mit ihm die ganze Stadt und lese meinen Artikel an allen Straßenecken vor!

BÜRGERMEISTER: So wahnsinnig wirst du doch wohl nicht sein!

STOCKMANN: Ja, das bin ich!

THOMSEN: Kein Mensch in der ganzen Stadt wird mit Ihnen gehen.

BILLING: Bei Gott, keine Seele!

JOHANNA: Bleibe standhaft, Otto! Dann sollen deine Söhne mit dir gehen.

STOCKMANN: Das ist ein prächtiger Einfall!

JOHANNA: Walter und Fredrik – mit Freuden werden sie mit dir gehen!

STOCKMANN: Ja, und Petra auch! Und du ebenfalls, Johanna!

JOHANNA *lächelnd:* Nein nein, ich nicht; aber ich werde am Fenster stehen und dir zusehen!

STOCKMANN *den Arm um sie legend und sie küssend:* Dank, hab' Dank, mein braves Weib! ... Ja, nun rüstet euch zum Strauß, ihr wackeren Herren! Ich will doch einmal sehen, ob die Erbärmlichkeit und Feigheit die Macht haben, einen freien ehrlichen Mann mundtot zu machen!

Geht mit seiner Frau durch die Tür links im Hintergrund ab.

BÜRGERMEISTER *bedenklich den Kopf schüttelnd:* So, nun hat er sie auch verrückt gemacht!

VIERTER AUFZUG

Ein großer altertümlicher Saal im Hause des Kapitäns Holster. Im Hintergrund führt eine offene Flügeltür zu einem Vorzimmer. An der linken Wand drei Fenster; mitten an der rechten Wand befindet sich eine Erhöhung und auf dieser ein kleiner Tisch mit zwei Lampen, eine Karaffe mit Wasser, ein Glas und eine Glocke. Im übrigen ist der Saal mit zwischen den Fenstern angebrachten Lampetten beleuchtet. Im Vordergrund links ein Tisch mit einer Lampe; neben demselben ein Stuhl; ganz vorn rechts eine Tür, neben derselben ein paar Stühle.

Große Versammlung: Bürger der Stadt aus allen Ständen. Man bemerkt unter der Menge einzelne Frauen und einige Schulknaben. Immer mehr Menschen strömen nach und nach durch den Hintergrund herein, so daß der ganze Saal gefüllt wird.

ERSTER BÜRGER *zu einem neben ihm Stehenden:* Na, auch hier, Allstedt?

ZWEITER BÜRGER: Ich fehle ja bei keiner Versammlung.

DRITTER BÜRGER: Sie haben doch eine Pfeife mitgebracht?

VIERTER BÜRGER: Natürlich; Sie denn nicht?

DRITTER BÜRGER: Da, sehn Sie! Und der Schiffer Eversen versprach sogar ein großes Horn mitzubringen.

ZWEITER BÜRGER: Das gibt einen Hauptspaß.

DIE ANDERN: Einen Hauptspaß! *Sie lachen.*

FÜNFTER BÜRGER *hinzutretend:* Na, sag mal, was ist denn hier eigentlich los?

ZWEITER BÜRGER: Weißt du denn nicht, daß Doktor Stockmann einen Vortrag gegen den Bürgermeister halten will?

FÜNFTER BÜRGER: Aber das ist ja sein Bruder, der Bürgermeister!

ERSTER BÜRGER: Tut nichts; daraus macht der Doktor sich nichts.

DRITTER BÜRGER: Aber er hat ja unrecht, das hab' ich selbst im „Volksboten" gelesen.

ZWEITER BÜRGER: Ja, diesmal muß er wirklich unrecht haben, denn weder der Hausbesitzerverein noch der Bürgerklub wollten ihm ihr Lokal zur Verfügung stellen.

ERSTER BÜRGER: Nicht einmal den Saal in der Badeanstalt wollte man ihm überlassen.

ZWEITER BÜRGER: Da muß es sehr bedenklich mit seiner Sache stehen.

EIN HANDWERKER *in einer anderen Gruppe:* Na, sagen Sie mal, mit wem soll man's nun in dieser Sache halten?

ZWEITER HANDWERKER *in derselben Gruppe:* Richten Sie sich nur nach dem Buchdruckereibesitzer Thomsen und tun Sie, was der tut – das tu' ich auch.

BILLING *drängt sich mit einer Mappe unterm Arm durch die Menge:* Um Verzeihung, meine Herren! Wollen Sie mich gefälligst durchlassen? Ich bin Berichterstatter des „Volksboten". Danke, danke!

Setzt sich an den Tisch links.

ERSTER ARBEITER: Wer war das?

ZWEITER ARBEITER: Kennst du den nicht? Das ist ja der Billing von Thomsens Zeitung.

Holster führt Frau Stockmann und Petra durch die Tür rechts im Vordergrund herein. Walter und Fredrik folgen ihnen.

HOLSTER: Ich denke, hier sitzen Sie ganz bequem; man kann hier leicht hinausschlüpfen, wenn's stürmisch werden sollte.

JOHANNA: Befürchten Sie denn, daß es Lärm geben könnte?

HOLSTER: Man kann nie wissen – unter so vielen Menschen – aber nehmen Sie nur ruhig Platz.

JOHANNA *sich setzend:* Wie schön das von Ihnen war, daß Sie meinem Gatten diesen Saal anboten!

HOLSTER: Da sonst niemand wollte, so –

PETRA *die sich ebenfalls gesetzt hat:* Und Mut gehörte auch dazu, Herr Kapitän!

HOLSTER: Mut – ich bitte Sie, was gehörte denn groß für Mut dazu?

Haustad und Thomsen kommen gleichzeitig, aber jeder für sich, durch die Menge nach vorn.

THOMSEN *zu Holster tretend:* Ist der Doktor noch nicht da?

HOLSTER: Er wartet dort nebenan.

Bewegung an der Tür im Hintergrund.

HAUSTAD *zu Billing:* Da ist der Bürgermeister, sehen Sie!

BILLING: Ja wahrhaftig!

Der Bürgermeister bahnt sich mit Mühe einen Weg durch die Versammlung, grüßt höflich und stellt sich an die Wand links. Kurz darauf kommt Dr. Stockmann durch die Tür rechts im Vordergrund; er ist schwarz gekleidet, mit Überrock und weißer Binde. Hier und da klatschen einige zaghaft mit den Händen, werden aber sofort durch ein gedämpftes Zischen zum Schweigen gebracht. Es wird ganz still.

STOCKMANN *halblaut:* Nun, Johanna, wie ist dir zumut?

JOHANNA *lächelnd:* Mir? Ganz wohl. *Leiser:* Aber bitte, Otto, werde nicht zu heftig!

STOCKMANN: Oh, ich weiß mich zu beherrschen! *Sieht auf seine Uhr, steigt auf die Erhöhung und verbeugt sich.* Es ist ein Viertel nach der angesetzten Zeit – und so will ich denn beginnen. *Zieht sein Manuskript hervor.*

THOMSEN: Ich stelle den Antrag, daß zunächst ein Vorsitzender gewählt werde.

STOCKMANN: Wozu? Ist durchaus nicht nötig.

EINIGE HERREN *rufen:* Doch, doch!

BÜRGERMEISTER: Auch ich bin der Ansicht, daß ein Präsident gewählt werden muß.

STOCKMANN: Aber Hans, ich allein habe ja die Anwesenden eingeladen!

BÜRGERMEISTER: Der Vortrag des Badearztes dürfte vielleicht zu divergierenden Meinungsäußerungen Anlaß geben.

MEHRERE STIMMEN *aus der Menge:* Einen Vorsitzenden! Einen Präsidenten!

HAUSTAD: Der allgemeine Bürgerwille scheint einen Vorsitzenden zu verlangen.

STOCKMANN *sich beherrschend:* Gut denn; dann soll der Bürgerwille seinen Willen haben.

THOMSEN: Sollte nicht der Herr Bürgermeister geneigt sein, den Vorsitz zu übernehmen?

DREI HERREN *klatschen:* Bravo, bravo!

BÜRGERMEISTER: Aus verschiedenen leicht begreiflichen Gründen muß ich diese Ehre ablehnen. Aber glücklicherweise haben wir ja einen Mann in unserer Mitte, den wohl alle willkommen heißen werden. Ich meine den Präses des Hausbesitzervereins, Herrn Buchdruckereibesitzer Thomsen!

VIELE STIMMEN: Ja, ja! Thomsen! Thomsen!

Stockmann nimmt sein Manuskript und geht von der Erhöhung herunter.

THOMSEN: Wenn das Vertrauen meiner Mitbürger mich ruft, so bin ich nicht abgeneigt –

Händeklatschen und Beifallsrufen. Thomsen steigt auf die Erhöhung.

BILLING *schreibend:* Also: „Herr Buchdruckereibesitzer Thomsen mit Akklamation zum Präsidenten gewählt" –

THOMSEN: Indem ich diesen Platz einnehme, möchte ich mir erlauben, Ihnen ein paar kurzgefaßte Worte zu sagen ... Ich bin ein ruhiger, friedliebender Bürger, der auf besonnene Mäßigung – auf maßvolle Besonnenheit hält; das weiß jeder, der mich kennt!

VIELE STIMMEN: Jawohl, Thomsen, jawohl!

THOMSEN: Ich habe in der Schule des Lebens und der Erfahrung gelernt, daß keine Tugend den Staatsbürger schöner kleidet als Maßhalten.

BÜRGERMEISTER: Hört –!

THOMSEN: Und daß Besonnenheit und Maßhalten die Elemente sind, mit denen der Gesellschaft am besten gedient ist. Ich möchte es daher unserem verehrten Mitbürger, der diese Versammlung einberufen hat, dringend ans Herz legen, sich in den Schranken der Mäßigung zu halten.

EIN MANN *an der Tür im Hintergrund:* Der Mäßigkeitsverein soll leben!

EINE STIMME: Pfui Teufel!

VIELE STIMMEN: St! Psst!

THOMSEN: Keine Unterbrechung, meine Herren! – Verlangt jemand das Wort?

BÜRGERMEISTER: Ich bitte ums Wort.

THOMSEN: Herr Bürgermeister Stockmann hat das Wort.

BÜRGERMEISTER: In Anbetracht des nahen Verwandtschaftsverhältnisses, in welchem ich, wie vermutlich bekannt, zu dem fungierenden Badearzt stehe, hätte ich mich hier heut' abend am liebsten nicht zum Worte gemeldet. Indes, meine Stellung zu der Badeanstalt und die Rücksicht auf tiefeinschneidende Interessen der Stadt zwingen mich, einen Antrag zu stellen. Ich darf wohl voraussetzen, nicht ein einziger der hier anwesenden Bürger erachtet es als wünschenswert, daß unzuverlässige und übertriebene Behauptungen in bezug auf die sanitären Verhältnisse des Bades und der Stadt in weiteren Kreisen verbreitet werden.

VIELE STIMMEN: Nein, nein, nein! Wir protestieren!

BÜRGERMEISTER: Ich stelle daher folgenden Antrag: Die Versammlung gestattet dem Badearzt Doktor Stockmann nicht, seine Darstellung des Sachverhalts, sei es in wörtlicher, sei es in freier Form, hier vorzutragen.

STOCKMANN *aufbrausend:* Gestattet nicht –! Was, was!

JOHANNA *hustend:* Hm, hm!

STOCKMANN *sich fassend:* Nun, so gestattet ihr's also nicht!

BÜRGERMEISTER: Ich habe in meinem im „Volksboten" abgedruckten Bericht das Publikum mit den wesentlichsten Tatsachen bekanntgemacht, so daß alle gutgesinnten Bürger sich leicht ein Urteil bilden können. Man wird aus diesem Bericht ersehen, daß der Vorschlag des Badearztes – abgesehen von einem Mißtrauensvotum gegen die leitenden Männer des Ortes – im Grunde darauf abzielt, den steuerzahlenden Bewohnern der Stadt eine unnötige Ausgabe von mindestens hunderttausend Kronen aufzubürden.

Unruhe, da und dort Zischen.

THOMSEN *mit der Glocke klingelnd:* Ruhe, meine Herren! ... Ich erkläre mich mit dem Antrage des Herrn Bürgermeisters vollkommen einverstanden. Auch ich bin der Ansicht, die Agitation des Doktor Stockmann hat einen Hintergedanken. Er spricht vom Bade; aber was er anstrebt, ist ein lokale Revolution: er will die städtische Verwaltung in andere Hände bringen. An der Ehrlichkeit des Herrn Doktor zweifelt kein Mensch – in diesem Punkte dürfte unter den Anwesenden nur eine Meinung herrschen. Auch ich bin ein Freund der Selbstverwaltung, aber die Sache darf den steuerzahlenden Bürgern nicht zu kostspielig werden. Das jedoch würde hier der Fall sein; und darum opponiere ich diesmal dem Doktor Stockmann auf das allerentschiedenste. Man kann auch das Gold zu teuer bezahlen! So, das ist m e i n e Ansicht!

Lebhafte allseitige Zustimmung.

HAUSTAD: Bitte ums Wort.

THOMSEN: Herr Redakteur Haustad hat's Wort.

HAUSTAD: Auch ich fühle mich veranlaßt, meinen Standpunkt zu motivieren. Doktor Stockmanns Agitation schien im Anfang auf verschiedenen Seiten die Stimmung für sich zu gewinnen, und so unterstützte ich dieselbe so unparteiisch wie möglich. Aber dann überzeugten wir uns, daß wir uns durch eine falsche Darstellung hatten irreleiten lassen –

STOCKMANN: Falsche –!

HAUSTAD *schnell:* Nun, sagen wir: durch eine minder zuverlässige Darstellung. Das hat die Darlegung des Herrn Bürgermeisters klar bewiesen. Ich hoffe, niemand von den hier Anwesenden zweifelt an meiner echt liberalen Gesinnung; ich brauche mich dabei nur auf die Haltung des „Volksboten" in den großen politischen Fragen zu berufen. Allein, von erfahrnen, besonnenen Männern habe ich gelernt, daß eine politische Zeitung in den rein lokalen Angelegenheiten mit einer gewissen Behutsamkeit vorgehen muß.

THOMSEN: Vollkommen mit dem Redner einverstanden.

HAUSTAD: Und in der vorliegenden Sache ist es nun völlig unzweifelhaft, daß Herr Doktor Stockmann den allgemeinen Willen, die öffentliche Meinung gegen sich hat. Was aber, meine Herren, ist die erste, vornehmste Pflicht eines Redakteurs? Besteht dieselbe nicht darin, stets in Übereinstimmung zu wirken mit seinen Lesern? Hat er nicht gewissermaßen ein stillschweigendes Mandat erhalten, beharrlich, unermüdlich die Wohlfahrt seiner Gesinnungsgenossen zu fördern? Oder sollt' ich in dieser Hinsicht irren?

VIELE STIMMEN: Nein, nein, nein! Redakteur Haustad hat recht!

HAUSTAD: Es hat mich einen schweren Kampf gekostet, mit einem Manne zu brechen, in dessen Hause ich in der letzten Zeit ein häufiger Gast war – mit einem Manne, der bis zum heutigen Tage sich der ungeteilten Sympathie seiner Mitbürger erfreute – mit einem Manne, dessen einziger – oder doch wesentlichster Fehler darin besteht, daß er mehr sein Herz als seinen Kopf zu Rate zieht.

EINIGE ZERSTREUTE STIMMEN: Das ist wahr! Bravo, Doktor Stockmann, bravo!

HAUSTAD: Indes, meine Pflicht gegen die Allgemeinheit gebot mir, mit ihm zu brechen... Und dann bestimmt mich noch eine andere Rücksicht, ihn zu bekämpfen, ihn womöglich auf der verhängnisvollen Bahn, die er betreten, aufzuhalten: die Rücksicht auf seine Familie –

STOCKMANN: Bleiben Sie bei der Wasserleitung und der Kloake!

HAUSTAD: Die Rücksicht auf seine Gattin und seine unversorgten Kinder.

WALTER: Mama, sind wir das?

JOHANNA: Still, Kind!

THOMSEN: Wenn niemand mehr das Wort verlangt, werd' ich über den Antrag des Herrn Bürgermeisters abstimmen lassen.

STOCKMANN: Ist nicht nötig! Heut' abend gedenk' ich über all den Schmutz unten im Badehause überhaupt nicht zu reden, sondern ihr sollt etwas ganz andres zu hören bekommen.

BÜRGERMEISTER *halblaut:* Was hat er denn nun wieder?

EIN BETRUNKNER *an der Ausgangstür:* Ich bin auch ein steuerzahlender Bürger! Und darum bin ich ebenfalls meinungs- und stimmberechtigt. Und so bin ich der vollen – festen – unmaßgeblichen Meinung, daß –

MEHRERE STIMMEN: Ruhe dahinten!

ANDRE STIMMEN: Er ist betrunken! Hinaus!

Der Betrunkne wird hinausgeführt.

STOCKMANN: Ich bitte ums Wort.

THOMSEN *mit der Glocke klingelnd:* Herr Doktor Stockmann hat das Wort!

STOCKMANN: Einen solchen Versuch, mich mundtot zu machen, hätte jemand vor wenigen Tagen wagen sollen! Wie ein Löwe hätt' ich meine heiligsten Menschenrechte verteidigt! Aber jetzt ist mir diese Vergewaltigung gleichgültig. Denn jetzt habe ich über wichtigere Dinge zu reden.

Die Menge drängt sich dichter um ihn, Niels Worse wird unter den Umstehenden sichtbar.

STOCKMANN *fortfahrend:* In diesen letzten Tagen hab' ich über gar vieles nachgedacht und gegrübelt – über so vieles, daß es mir schließlich wie ein Mühlrad im Kopf herumging –

BÜRGERMEISTER *hustend:* Hm, hm!

STOCKMANN: – aber dann begann ich in allem klarer zu sehen. Und da durchschaute ich den Zusammenhang, und darum steh' ich heut' abend hier. Ich werde euch, meine Mitbürger, große Enthüllungen machen. Ich will euch eine Entdeckung von ganz andrer Tragweite mitteilen als die Kleinigkeit, daß unsre Wasserleitung vergiftet ist und unser Gesundheitsbad auf einem pestschwangern Boden steht.

VIELE STIMMEN *schreiend:* Nicht vom Bade reden! Wollen nichts davon hören! Bad aus dem Spiel lassen!

STOCKMANN: Ich sagte, ich will von der großen Entdekkung sprechen, die ich in den letzten Tagen gemacht habe – von der Entdeckung, daß unsre sämtlichen geistigen Lebensquellen vergiftet sind und unsre ganze bürgerliche Gesellschaft auf dem pestschwangeren Grunde der Lüge ruht.

VERBLÜFFTE STIMMEN *halblaut:* Was sagt er da?

BÜRGERMEISTER: Eine solche Verdächtigung –!

THOMSEN *mit der Hand auf der Glocke:* Ich bitte den Herrn Redner, sich zu mäßigen.

STOCKMANN: Ich liebte meine Vaterstadt so warm, wie nur irgendein Mensch die Heimat lieben kann, in der er eine glückliche Kindheit verlebt hat. Ich war noch ziemlich jung, als ich unsre Stadt verließ, und die Entfernung, Entbehrungen und die Jugenderinnerungen breiteten gleichsam einen Glorienschein über den Ort und seine Bewohner.

Da und dort Händeklatschen und Bravorufe.

STOCKMANN: Dann sah ich mich viele Jahre in eine schreckliche Einöde hoch im Norden verschlagen. Wenn ich mit einem Manne aus dem Volke zusammenkam, das dort zerstreut zwischen Klippen und Schluchten sein armseliges Dasein fristet, so schien es mir manchmal, es wäre für diese bedauernswerten, verkommenen Geschöpfe besser gewesen, es hätte sich dort statt eines Menschenarztes ein Tierarzt niedergelassen.

Murren.

BILLING *die Feder hinlegend:* Herr mein Gott, hat man je so etwas gehört!

HAUSTAD: Das ist ein Hohn auf eine ehrenwerte Bevölkerung.

STOCKMANN: Warten Sie noch ein wenig mit Ihrer Entrüstung! ... Ich hoffe, niemand wird mir nachsagen können, ich hätte dort oben meine Vaterstadt vergessen. Unablässig war ich darauf bedacht, etwas für meine Heimat zu tun. Endlich hatte ich's gefunden: es war der Plan zu der Badeanstalt – *Beifallklatschen und Widerspruch* – und als dann endlich das Geschick es so fügte, daß ich wieder heimkehren konnte – ja, meine Mitbürger, da war mir's, als könnt' ich mir kaum noch etwas wünschen hier auf Erden. Mit unermüdlichem, glühendem Eifer für das Wohl der Allgemeinheit, namentlich aber für das meiner Vaterstadt zu wirken – das war mein heißester Wunsch.

BÜRGERMEISTER *in die Luft sehend:* Die Methode ist etwas wunderlicher Art – hm!

STOCKMANN: Und dann schwelgte ich hier gleichsam im Glück der Verblendung. Allein gestern vormittag – nein, eigentlich war es vorgestern abend – da öffneten sich mir meine geistigen Augen so weit, so weit, und das erste, was ich erblickte, war die ganz außerordentliche Dummheit der Behörden –

Lärm, Rufen und Lachen. Johanna hustet eifrig.

BÜRGERMEISTER: Herr Präsident!

THOMSEN *klingelnd:* Kraft meiner Machtbefugnisse –!

STOCKMANN: Es ist kleinlich, Herr Thomsen, sich an ein Wort zu klammern! Ich wollte sagen: da entdeckte ich die ganz außerordentliche Pfuscherei, deren die leitenden Männer sich bei der Anlage des Bades schuldig gemacht. Leitende Männer mag ich in der Seele nicht ausstehn – diese Menschengattung habe ich in meinem Leben kennengelernt; sie gleichen den Ziegen in einer jungen Baumpflanzung; überall richten sie Schaden an; einem freien Mann stehen sie im Wege, wo er sich nur blicken läßt – und am besten wäre es, wir könnten sie ausrotten wie andre schädliche Insekten –

Unruhe.

BÜRGERMEISTER: Herr Präsident! Solche Äußerungen –

THOMSEN *mit der Hand auf der Glocke:* Herr Doktor –!

STOCKMANN: Ich begreife gar nicht, daß mein Blick sich erst jetzt für diese Herrn geschärft hat; denn ich habe doch hier in der Stadt fast Tag für Tag ein ganz herrliches Prachtexemplar vor Augen gehabt – meinen Bruder Hans – zähe in seinen Vorurteilen und –

Lachen, Lärmen, Zischen. Frau Stockmann hustet, Thomsen klingelt heftig.

DER BETRUNKNE *der wieder hereingekommen ist:* Meinen Sie mich? Ja, Hansen heiß' ich –

ZORNIGE STIMMEN: Hinaus mit dem Betrunknen! Hinaus!

Der Mann wird wieder hinausgeworfen.

BÜRGERMEISTER: Wer war der Mann?

EIN IN DER NÄHE STEHENDER: Der ist nicht von hier.

THOMSEN: Fahren Sie fort, Herr Doktor; aber befleißigen Sie sich doch endlich einer gewissen Mäßigung.

STOCKMANN: Nun gut denn, meine lieben Mitbürger, ich will mich über unsre leitenden Männer nicht weiter aussprechen. Wenn jemand aus dem, was ich soeben gesagt, schließen sollte, ich wollte diesen Herrn hier heut' abend zuleibe, so irrt er – irrt er gewaltig; denn ich hege den wohltuenden Trost, daß diese Nachzügler, diese Ruinen aus einer absterbenden Gedankenwelt sich selbst ganz vorzüglich die letzte Ehre erweisen; es bedarf keiner ärztlichen Nachhilfe, um ihren tödlichen Abgang zu beschleunigen. Und im übrigen bildet auch diese Gattung durchaus nicht die größte Gefahr für die Gesellschaft. Sie ist es nicht, welche in der wirksamsten Weise unsre geistigen Lebensquellen vergiftet und den Boden unter uns verpestet; diese Leute sind noch keineswegs die gefährlichsten Feinde der Wahrheit und der Freiheit.

RUFE VON ALLEN SEITEN: Wer denn sonst? Namen!

STOCKMANN: Ja, ihr könnt fest darauf rechnen, daß ich Namen nenne! Denn darin besteht ja eben die große Entdeckung, die ich gestern gemacht habe. *Mit gehobener Stimme:* Der gefährlichste Feind der Wahrheit und der Freiheit – das ist die kompakte Majorität; ja diese verfluchte kompakte liberale Majorität – das ist unser ärgster Feind! So, nun wißt ihr's!

Großer Lärm. Die meisten schreien, stampfen, zischen und pfeifen. Einige ältere Herren tauschen verstohlne Blicke miteinander aus und scheinen sich zu amüsieren. Frau Stockmann steht ängstlich auf; Fredrik und Walter gehen drohend auf die Schulknaben zu, die Lärm machen. Thomsen klingelt und ermahnt zur Ruhe. Man sieht Haustad und Billing eifrig miteinander reden. Endlich wird es wieder still.

THOMSEN: Das Präsidium spricht die Erwartung aus, daß der Redner seine unbesonnenen Äußerungen zurücknimmt.

STOCKMANN: Niemals, Herr Thomsen. Denn wer anders ist es als die große Mehrheit, die mich meiner Freiheit beraubt und mir verbieten will, die Wahrheit auszusprechen?

HAUSTAD: Die Mehrheit hat stets das Recht auf ihrer Seite!

BILLING: Ja, und auch die Wahrheit!

STOCKMANN: Die Mehrheit hat niemals das Recht auf ihrer Seite, sage ich. Das ist eine jener landläufigen Gesellschaftslügen, gegen die jeder freie, denkende Mann sich auflehnen muß. Wer bildet denn die Mehrheit der Bewohner eines Landes, die Klugen oder die Dummen? Ich denke, wir alle sind darin einig, daß die Dummen die gradezu überwältigende Majorität bilden rings um uns her auf der ganzen weiten Erde. Aber das kann doch nie und nimmer das Richtige sein, daß die Dummen über die Klugen herrschen sollen. *Lärm und Schreien.* Ja, ja, überschreien könnt ihr mich, aber nicht wiederlegen. Die Mehrheit hat die Macht – leider –, aber das Recht hat sie nicht. Das Recht hab' ich und einige wenige, einzelne. Die Minderheit hat immer recht.

Wieder großer Lärm.

HAUSTAD: Haha! Doktor Stockmann ist also seit vorgestern Aristokrat geworden.

STOCKMANN: Ich habe bereits bemerkt, daß ich nicht ein Wort an die kleine, engbrüstige, kurzatmige Schar zu verschwenden gedenke, die hinter uns zurückgeblieben ist. Mit dieser hat das pulsierende Leben nichts mehr zu tun. Allein ich denke an die wenigen, die einzelnen unter uns, welche sich all die jungen keimenden Wahrheiten angeeignet haben. Diese Männer stehn gewissermaßen draußen unter den Vorposten, die so weit vorgeschoben sind, daß die kompakte Majorität bis dahin noch nicht hat nachrücken können – und dort kämpfen sie für Wahrheiten, die noch zu jung sind im Bewußtsein der Welt, als daß sie bereits eine Mehrheit hätten für sich gewinnen können.

HAUSTAD: Nun, wenn nicht Aristokrat, so ist der Doktor ein Revolutionär geworden.

STOCKMANN: Ja wahrlich, Herr Haustad, das bin ich! Denn ich gedenke Krieg zu führen gegen die Lüge, daß die Mehrheit im Besitz der Wahrheit sei. Was sind denn das für Wahrheiten, um welche die Majorität sich zu scharen pflegt? Es sind die Wahrheiten, die so hoch zu Jahren gekommen, daß sie sich bereits abgelebt haben. Ist jedoch eine Wahrheit so alt geworden, so ist sie auf dem besten Wege, eine Lüge zu werden. *Gelächter und höhnisches Zurufen.* – Ja, ja, ihr möget mir glauben oder nicht, aber die Wahrheiten sind nicht so zählebige Methusalems, wie die Menschen sich einbilden. Eine normal gebaute Wahrheit lebt – nun sagen wir: in der Regel fünfzehn, sechzehn, höchstens zwanzig Jahre; selten länger. Aber solche bejahrte Wahrheiten sind stets entsetzlich dürr und mager. Und dennoch macht sich erst dann die Mehrheit mit ihnen zu schaffen und empfiehlt sie der Menschheit als gesunde geistige Nahrung. Aber ich kann euch versichern: es ist nicht viel Nahrungsstoff in einer solchen Kost, und darauf muß ich mich als Arzt verstehen. Alle diese Majoritätswahrheiten gleichen dem überjährigen ranzigen Speck; sie sind wie verdorbner, grün angelaufener Schinken; und daher kommt all der moralische Skorbut, der rings um uns her in der Gesellschaft grassiert.

THOMSEN: Mir scheint, der geehrte Redner schweift sehr weit vom Gegenstande ab.

BÜRGERMEISTER: Ich teile vollständig die Ansicht unsres Vorsitzenden.

STOCKMANN: Dann teilst du eine durchaus törichte Ansicht, Hans. Ich halte mich ja so eng an den Gegenstand wie nur möglich, denn wovon anders red' ich hier, als daß die Masse, die Mehrheit, die verwünschte kompakte Majorität es ist, welche unsre geistige Lebensquelle vergiftet und den Boden unter uns verpestet?

HAUSTAD: Und das tut die große, freisinnige Mehrheit des Volkes, weil sie besonnen genug ist, nur den sichern, anerkannten Wahrheiten zu huldigen?

STOCKMANN: Ach, mein lieber Herr Haustad, reden Sie doch nicht von sichern Wahrheiten! Die Wahrheiten, welche die Masse anerkennt – das sind die, für welche in den Tagen unsrer Großväter gekämpft wurde. Wir, die jetzt lebenden Vorposten des Wahrheitskampfes, anerkennen dieselben nicht mehr, und ich glaube auch nicht, daß es irgendeine andre sichre Wahrheit gibt als die, daß keine Gesellschaft von solchen alten, marklosen Wahrheiten gesund zu leben vermag.

HAUSTAD: Aber statt so ins Blaue hineinzureden, wird es uns interessieren zu hören, was das für alte marklose Wahrheiten sind, von denen wir leben.

Mehrseitige Zustimmung.

STOCKMANN: Oh, ich könnte euch einen ganzen Haufen nennen; doch will ich mich zunächst nur an eine anerkannte Wahrheit halten, die im Grunde eine häßliche Lüge ist, von der aber nicht bloß Herr Haustad und der „Volksbote", sondern sämtliche Anhänger des „Volksboten" leben.

HAUSTAD: Und die wäre – ?

STOCKMANN: Das ist die Lehre, die ihr von euren Vätern ererbt habt und gedankenlos weit und breit verkündet – die Lehre, daß die Menge, der Haufen, die Masse der Kern des Volkes sei – ja, daß sie das Volk selbst sei –, daß der gemeine Mann, dieser unser unwissender, geistig unreifer Mitbruder dasselbe Recht besitze, ein Urteil abzugeben, zu herrschen und zu regieren, wie die wenigen geistig Vornehmen und Freien.

BILLING: Aber eine solche Schmähung –

HAUSTAD *gleichzeitig, ruft:* Bürger, beweist ihm sofort das Gegenteil!

ERBITTERTE STIMMEN: Ha ha ha; wir seien nicht das Volk? Nur die Vornehmen sollen regieren?

EIN ARBEITER: Hinaus mit dem Mann, der sowas behauptet!

ANDERE ARBEITER: Fort! Hinaus mit ihm!

EIN BÜRGER *schreit:* Zischt ihn aus!

Heftiges Zischen und Lärmen.

STOCKMANN *als der Lärm sich wieder etwas gelegt hat:* Aber so seid doch vernünftig! Könnt ihr denn nicht ein einziges Mal die Stimme der Wahrheit hören? Ich verlange ja gar nicht, daß ihr mir alle miteinander sofort beistimmt. Aber das hatte ich freilich erwartet, daß Herr Haustad mir recht geben würde, denn Herr Haustad erhebt ja den Anspruch, ein Freidenker zu sein –

STUTZENDE FRAGEN *gedämpft:* Freidenker, sagt er? Was? Redakteur Haustad Freidenker?

HAUSTAD *rufend:* Beweise, Herr Doktor Stockmann! Wann habe ich das geschrieben?

Pause. – Dann:

STOCKMANN: Ja, da haben Sie wirklich recht – den Freimut haben Sie nie besessen, so etwas zu schreiben. Nun, ich will nicht so grausam sein, Sie auf die Folter zu spannen, Herr Redakteur. So will ich denn der Freidenker sein. Denn nun will ich euch – und zwar naturwissenschaftlich – beweisen, daß der „Volksbote" euch schändlich an der Nase herumführt, wenn er euch erzählt, ihr, das Volk, die Masse wäre der wahre Kern des Volks! Seht ihr, das ist nur so eine Zeitungslüge. Die Menge ist bloß der Rohstoff, aus dem wir, die Besseren, ein Volk erst bilden sollen. *Murren, Lachen und Unruhe.* Ja, geht es denn in der ganzen übrigen lebenden Welt nicht so zu? Welcher Unterschied ist nicht zwischen einer kultivierten und einer unkultivierten Tierfamilie? Seht euch nur eine gemeine Bauernhenne an. Was für Fleisch hat denn so ein verkrüppeltes Tier an sich? Ach, es ist kaum der Rede wert! Und was für Eier legt eine solche Henne? Ein einigermaßen anständiger Rabe legt fast ebenso gute Eier. Aber dann nehmt einmal ein kultiviertes spanisches oder japanesisches Huhn – oder einen vornehmen Fasan, oder eine Truthenne –, ja, dann seht ihr den Unterschied! Und dann ferner erlaube ich mir, euch auf die Hunde hinzuweisen, denen wir Menschen so außerordentlich nahestehen. Denkt euch nun zunächst einen simpeln Bauernhund – ich meine: so einen widerwärtigen, zottigen, pöbelhaften Köter, der da alle Welt auf der Gasse belästigt. Und dann stellt den Köter neben einen Pudel, der durch mehrere Generationen hindurch aus einem vornehmen Hause stammt, wo er feine Kost erhalten und Gelegenheit gehabt, harmonische Stimmen und Musik zu hören. Meint ihr, das Gehirn des Pudels habe sich nicht ganz anders entwickelt als das des Köters? Ja, darauf könnt ihr euch fest verlassen! Solche zivilisierte Pudel sind es, welche die Gaukler zu den unglaublichsten Kunststücken abrichten. So etwas vermag ein gemeiner Bauernköter niemals zu lernen, und wenn er sich auf den Kopf stellt.

Lärm und Gelächter.

EIN BÜRGER *ruft:* Sie wollen uns nun auch noch zu Hunden machen?

EIN ANDERER ZUHÖRER: Wir sind keine Tiere, Herr Doktor!

STOCKMANN: Doch, doch, mein Wertester. Wir sind allzumal so gute Tiere, als man nur irgend verlangen kann! Allein, vornehme Tiere gibt es freilich nicht viele unter uns. Oh, es ist ein ganz schrecklicher Unterschied zwischen dem Pudelmenschen und dem Kötermenschen! Und das Amüsante an der Sache ist, daß Redakteur Haustad ganz mit mir einverstanden ist, solang es sich nur um die vierbeinigen Tiere handelt –

HAUSTAD: Ach lassen Sie die nun endlich laufen.

STOCKMANN: Sogleich. Aber sobald ich das Gesetz auf die zweibeinigen anwende, dann bäumt sich Herr Haustad; dann wagt er seine eigenen Ansichten nicht mehr zu hegen, seine eigenen Gedanken nicht auszudenken; dann stellt er die ganze Lehre auf den Kopf und verkündet im „Volksboten", der Bauernhahn und der Straßenköter – just das seien die richtigen Prachtexemplare der Menagerie. Aber so geht's immer, wenn einem der Bauer im Nacken sitzt, wenn man sich nicht zu geistiger Vornehmheit emporgearbeitet hat –

HAUSTAD: Ich mache keinen Anspruch an irgendeine Art Vornehmheit. Ich stamme von schlichten Bauern ab; und ich bin stolz darauf, daß ich tief in dem Volke wurzle, das hier so verhöhnt wird.

VIELE ARBEITER: Hoch Haustad! Hurra! Hoch!

STOCKMANN: Die Art Volk, von der ich hier rede, existiert nicht bloß in der Tiefe; das wühlt und schleicht und kriecht rings um uns her bis in die höchsten Schichten der Gesellschaft. Seht euch nur euren feinen eleganten Bürgermeister an! Mein Bruder Hans gehört wahrlich ebenso zum großen Haufen wie nur irgend jemand –

Gelächter und Zischen.

BÜRGERMEISTER: Ich protestiere gegen solch persönliche Angriffe!

STOCKMANN *unbeirrt:* – aber nicht weil er – just wie ich – von so einem nichtsnutzigen alten Seeräuber unten aus Pommern oder da herum abstammt – denn das tun wir wirklich, wir Stockmanns –

BÜRGERMEISTER: Eine lächerliche Sage. Wird bestritten!

STOCKMANN: – sondern weil er nur die Gedanken seiner Vorgesetzten denkt. Und wer das tut, gehört zum geistig unkultivierten Pöbel; seht, darum ist mein imponierender Bruder Hans im Grunde so schrecklich wenig vornehm – und folglich auch so wenig freisinnig.

BÜRGERMEISTER: Herr Vorsitzender – !

HAUSTAD: Mit andern Worten: die Vornehmen sind die wahrhaft Freisinnigen! Eine ganz neue Entdeckung.

Lachen.

STOCKMANN: Ja, das gehört ebenfalls zu meiner neuen Entdeckung. Aber noch etwas ganz andres: daß nämlich Freisinnigkeit fast gleichbedeutend ist mit Sittlichkeit. Und darum behaupte ich: es ist ganz unverantwortlich von dem „Volksboten", daß er Tag für Tag die Irrlehre verkündet: die Masse, die Menge, die kompakte Majorität habe allein Freisinnigkeit und Moral gepachtet – und Verderbtheit und allerlei geistiger Schmutz seien nur ein Ausfluß der Kultur, just wie unten beim Bade aller Schmutz sich ablagert aus den Gerbereien oben im Mühltal! *Lärm und Unterbrechung. – Unbeirrt, in seinem Eifer lächelnd:* Und doch kann dieser selbe „Volksbote" noch predigen, die Masse müsse zu höheren Lebensbedingungen emporgehoben werden! Aber ins Geiers Namen: wäre die Lehre des „Volksboten" stichhaltig, so wäre ja dieses Emporheben der Masse gleichbedeutend mit Zugrunderichten! Doch glücklicherweise ist es nur eine alte ererbte Volkslüge, daß die Kultur demoralisiere. Nein, Verdummung, Armut und Elend, kurz der ganze Jammer des Lebens – das sind die Ursachen aller Verderbtheit! In einem Hause, wo der Fußboden nicht täglich gefegt wird – meine Frau behauptet sogar, er müsse auch gescheuert werden; aber darüber läßt sich wohl noch streiten –, in einem solchen Hause, sag' ich, verliert der Mensch in zwei, drei Jahren die Fähigkeit, moralisch zu denken und zu handeln. Der Mangel an Sauerstoff schwächt das Gewissen. Ja und mit dem Sauerstoff scheint es sehr bedenklich auszusehn in vielen, vielen Häusern unsrer Stadt, da die ganze kompakte Majorität so gewissenlos sein kann, das Emporblühen der Stadt auf einem Moorgrund von Lüge und Betrug aufbauen zu wollen.

THOMSEN: Eine solche Beleidigung darf einer ganzen

Versammlung von Bürgern nicht ins Gesicht geschleudert werden!

EIN HERR: Ich stelle den Antrag, dem Redner das Wort zu entziehen.

EIFRIGE STIMMEN: Ja, ja! Das ist das einzig Richtige! Das Wort entziehen!

STOCKMANN *aufbrausend:* Dann schrei' ich die Wahrheit auf allen Gassen aus! Ich bringe sie in fremde Zeitungen! Das ganze Land soll erfahren, wie es hier bestellt ist!

HAUSTAD: Es gewinnt fast den Anschein, als wolle der Herr Doktor unsere Stadt ruinieren.

STOCKMANN: Ja, ich liebe meine Vaterstadt so sehr, daß ich sie lieber ruinieren will, als sie auf einer Lüge emporblühen zu sehen.

THOMSEN: Das ist zu stark!

Lärm und Pfeifen. Johanna hustet vergebens, der Doktor hört es nicht mehr.

HAUSTAD *den Lärm übertönend:* Wer eine ganze Bürgerschaft ruinieren will, der ist ein Feind dieser Bürgerschaft!

STOCKMANN *mit steigender Hitze:* Nein! Ausgerottet müssen sie werden wie schädliche Tiere, alle die, welche in der Lüge leben! Ihr verpestet schließlich das ganze Land, ihr bringt es noch dahin, daß auch dieses vernichtet zu werden verdient. Und kommt es soweit, dann sag' ich aus vollstem innerstem Herzen: mag das ganze Land zugrunde gehen, mag dieses ganze Volk ausgerottet werden!

EIN MANN *in der Menge:* Das heißt wie ein Volksfeind reden!

BILLING: Hört, hört! So spricht die Volkesstimme!

DIE GANZE MENGE: Ja ja! Er ist ein Volksfeind! Er haßt seine Vaterstadt! Er haßt das ganze Volk!

THOMSEN: Ich fühle mich sowohl als Staatsbürger wie als Mensch tief erschüttert durch das, was ich hier habe hören müssen. Doktor Stockmann hat in einer Weise die Maske fallen lassen, wie ich es nie geträumt hätte. Leider muß ich der Meinung beitreten, die soeben von achtenswerten Bürgern ausgesprochen wurde; und ich halte dafür, wir müssen dieser Meinung in einer Resolution Ausdruck geben. Ich schlage daher vor: „Die Versammlung erklärt den Badearzt Doktor Otto Stockmann für einen Volksfeind."

Stürmischer Beifall. Viele bilden einen Kreis um den Doktor und pfeifen und zischen. Frau Stockmann und Petra sind aufgestanden, Fredrik und Walter prügeln sich mit anderen Schulknaben, die ebenfalls gepfiffen haben. Einige Erwachsene trennen sie.

STOCKMANN *zu den Pfeifenden:* O ihr Toren, die ihr seid – ich sage euch –

THOMSEN *klingelt:* Der Herr Doktor hat nicht mehr das Wort... Es muß eine förmliche Abstimmung stattfinden. Doch um persönliche Empfindungen zu schonen, soll es eine schriftliche und geheime sein. Herr Billing, haben Sie reines Papier?

BILLING: Hier, hier – blaues und weißes –

THOMSEN *herabsteigend:* Gut; auf diese Weise geht es schneller. Schneiden Sie's in einzelne Stücke ... ja, so. *Zu der Versammlung:* Blau bedeutet Ablehnung meines Antrags, weiß Annahme. Ich will selbst die Stimmen einsammeln.

Der Bürgermeister verläßt den Saal. Thomsen und ein anderer Bürger gehen mit den Papierstücken in Hüten in der Versammlung herum.

ERSTER HERR *zu Haustad:* Aber was hat denn der Doktor? Was soll man von so etwas halten?

HAUSTAD: Sie wissen ja, wie unbesonnen er immer handelt.

ZWEITER HERR *zu Billing:* Hören Sie mal: Sie verkehren ja in seiner Familie. Haben Sie vielleicht bemerkt, daß er trinkt?

BILLING: Gott, was soll ich Ihnen darauf sagen! Der Punsch kommt nie vom Tische.

DRITTER HERR: Ich möchte lieber annehmen, er ist manchmal nicht recht bei Troste.

ERSTER HERR: Ja wenn der Wahnsinn in der Familie nur nicht erblich ist.

BILLING: Das kann schon sein.

VIERTER HERR: Nein, dies ist doch die purste Bosheit; nichts als Rachsucht.

BILLING: In der Tat sprach er dieser Tage von Gehaltszulage; aber er bekam sie nicht.

SÄMTLICHE HERREN *durcheinander:* Aha; das erklärt alles!

DER BETRUNKENE *in der Menge:* Ich will einen blauen Zettel haben! Und auch einen weißen!

RUFE: Da ist der Betrunkene wieder! Hinaus!

NIELS WORSE *sich dem Doktor nähernd:* Na, Stockmann, sehn Sie jetzt, wozu solches Possenspiel führt?

STOCKMANN: Ich habe nur meine Pflicht getan.

NIELS WORSE: Was sagten Sie da von den Gerbereien im Mühltal?

STOCKMANN: Das hörten Sie ja: ich sagte, von diesen Gerbereien komme all der Schmutz her.

NIELS WORSE: Von meiner Gerberei ebenfalls?

STOCKMANN: Leider, die Ihre ist die allerschlimmste.

NIELS WORSE: Und das wollen Sie in den Zeitungen drucken lassen?

STOCKMANN: Ich schiebe nichts unter den Tisch.

NIELS WORSE: Das kann Ihnen teuer zu stehn kommen, Stockmann. *Geht fort.*

EIN DICKER HERR *tritt zu Holster, ohne die Dame zu grüßen:* Na, Kapitän, Sie vermieten also Ihr Haus an Volksfeinde?

HOLSTER: Ich denke, ich kann mit meinem Eigentum machen, was ich will, Herr Wiek.

DER DICKE HERR: So haben Sie wohl auch nichts dagegen, daß ich es ebenso mit meinem Eigentum halte.

HOLSTER: Was meinen Sie damit?

DER DICKE HERR: Morgen werden Sie von mir hören. *Wendet sich und geht.*

PETRA: War das nicht Ihr Reeder, Herr Kapitän?

HOLSTER: Ja, der Großhändler Wiek.

THOMSEN *mit den Stimmzetteln in der Hand steigt auf die Erhöhung und klingelt:* Meine Herrn, ich erlaube mir, Sie mit dem Resultat der Abstimmung bekanntzumachen: mit allen Stimmen gegen eine –

EIN JUNGER HERR: Die eine rührt von dem Betrunkenen her.

THOMSEN: Mit allen Stimmen gegen eine, die eines Betrunkenen, erklärt diese Bürgerversammlung den Badearzt Doktor Otto Stockmann für einen Volksfeind. *Rufe und Beifallszeichen.* Es lebe unser altes ehrenfestes Bürgertum! *Neuer Beifall.* Es lebe unser wackerer tatkräftiger Bürgermeister, der so loyal die Stimme des Bluts unterdrückt hat! *Hurrarufe.* Die Versammlung ist geschlossen.

BILLING: Ein Hoch auf den Präsidenten!

DIE GANZE MENGE: Hoch Buchdrucker Thomsen!

STOCKMANN: Meinen Hut und Überrock, Petra! Kapitän, haben Sie Platz für Passagiere nach der Neuen Welt?

HOLSTER: Für Sie und die Ihren wird Platz geschafft werden, Herr Doktor.

STOCKMANN *während Petra ihm den Rock anziehen hilft:* Gut. Komm, Johanna! Kommt, Kinder!

Er reicht seiner Frau den Arm.

JOHANNA *leise:* Lieber Otto, laß uns über die Hintertreppe gehen.

STOCKMANN: Keine Hintertreppen, Johanna! *Mit gehobener Stimme:* Ihr werdet von dem Volksfeinde hören, eh' er den Staub von seinen Füßen schüttelt! Ich sage nicht mit eurer christlichen Moral: ich vergebe euch, denn ihr wisset nicht, was ihr tut.

THOMSEN *rufend:* Das ist eine Gotteslästerung, Herr Doktor!

BILLING: Ja, wahrlich – das ist stark!

EINE GROBE STIMME: Was, er droht uns auch noch!

HETZENDE RUFE: Werft ihm die Fenster ein! Bringt ihm eine Katzenmusik! Zischt ihn aus!

Pfeifen, Zischen und wildes Schreien. Stockmann geht mit den Seinen nach dem Ausgang. Holster bahnt ihnen den Weg.

DIE GANZE MENGE *den Fortgehenden nachheulend:* Volksfeind! Volksfeind! Volksfeind!

BILLING *während er seine Notizen ordnet:* Wahrhaftig, heut' abend wär's etwas gefährlich, beim Doktor Punsch zu trinken!

Die Anwesenden drängen nach dem Ausgang. Der Lärm verpflanzt sich nach draußen. Von der Straße hört man den Ruf: „Volksfeind! Volksfeind!"

FÜNFTER AUFZUG

Doktor Stockmanns Arbeitszimmer. An den Wänden Büchergestelle und Schränke mit verschiedenen Apparaten. Im Hintergrund Ausgang nach dem Vorzimmer. Eine Tür im Vordergrund links führt zum Wohnzimmer. An der rechten Wand zwei Fenster, deren sämtliche Scheiben zertrümmert sind. Mitten im Zimmer ein Schreibtisch, bedeckt mit Büchern und Papieren. Das Zimmer ist in Unordnung. Vormittag.

Erster Auftritt

Stockmann steht gebückt vor einem der Schränke und scharrt darunter mit einem Stock; endlich holt er einen Stein hervor. Dann Johanna.

STOCKMANN *durch die offene Tür des Wohnzimmers sprechend:* Johanna, hier hab' ich noch einen!

JOHANNA *im Wohnzimmer:* Oh, du findest gewiß noch eine ganze Anzahl.

STOCKMANN *legt den Stein zu einem Haufen anderer auf den Tisch:* Diese Steine will ich wie ein Heiligtum bewahren. Fredrik und Walter sollen sie täglich sehn, und wenn ich sterbe, werd' ich sie ihnen als Erbteil vermachen. *Scharrt unter einem Bücherständer.* Ist das Mädchen noch nicht beim Glaser gewesen?

JOHANNA *eintretend:* Ja, aber er sagte, er wisse nicht, ob er heut' kommen könne.

STOCKMANN: Du sollst sehn, er wagt es nicht.

JOHANNA: Ja, das meinte das Mädchen auch; er scheue sich vor seinen Nachbarn. *In das Wohnzimmer hineinsprechend:* Was willst du, Elise? Ah so. *Geht hinein und kommt sofort wieder zurück.* Hier ist ein Brief an dich, Otto.

STOCKMANN: Laß sehn. *Öffnet ihn und liest.* Ja so.

JOHANNA: Von wem ist er?

STOCKMANN: Vom Hauswirt. Er kündigt uns.

JOHANNA: Nicht möglich! Er, ein so anständiger Mann –

STOCKMANN *in den Brief sehend:* Er könne nicht anders, sagt er. Er tue es so ungern; aber er könne nicht anders – seiner Mitbürger wegen – aus Rücksicht auf die öffentliche Meinung – sei von andern abhängig – dürfe gewisse einflußreiche Leute nicht vor den Kopf stoßen –

JOHANNA: Da kannst du sehen, Otto.

STOCKMANN: Ja, ja, ich seh's; alle miteinander sind sie feige Memmen; kein Mensch wagt etwas aus Rücksicht auf alle andern Menschen. *Schleudert den Brief auf den Tisch.* Aber das kann uns ja gleichgültig sein. Jetzt reisen wir nach der Neuen Welt und dann –

JOHANNA: Ja, aber Otto, hast du das auch wohl bedacht, diese Auswanderung?

STOCKMANN: Sollte ich vielleicht hierbleiben – hier, wo sie mich als Volksfeind an den Pranger gestellt, mich gebrandmarkt, mir die Fenster eingeworfen haben!

Und sieh her, Johanna: hier haben sie mir in meinen Rock ein Loch gerissen.

JOHANNA: Oh, oh! Und das ist noch dein bester!

STOCKMANN: Man sollte niemals seine besten Kleider anziehen, wenn man für Freiheit und Wahrheit kämpft. Nun, das hat nichts zu bedeuten; aber daß der Mob es wagt, mir in einer Weise zuleibe zu gehen, als sei er meinesgleichen – das kann ich nicht verwinden!

JOHANNA: Ja, sie haben sich alle sehr nichtswürdig gegen dich benommen, Otto; aber müssen wir darum die Heimat ganz verlassen?

STOCKMANN: Meinst du vielleicht, in den andern Städten sei der Pöbel weniger naseweis als hier? Ach, der ist überall so ziemlich von demselben Holze. Nun, lassen wir die Köter kläffen; das ist das schlimmste nicht; das ärgste ist, daß die Menschen rings im ganzen Lande Parteisklaven sind. Zwar in dieser Beziehung steht es in dem freien Westen auch nicht besser; dort grassiert ja ebenfalls die kompakte Majorität und die liberale öffentliche Meinung und all die andre Teufelei. Aber die Verhältnisse, siehst du, sind dort größer; sie können dort morden; aber sie peinigen einen freien Mann nicht wie hier langsam mit Nadelstichen zu Tode. Und im Notfall kann man sich dort ja dem öffentlichen Getriebe fernhalten. *Hin und her gehend:* Wenn ich nur wüßte, ob da drüben irgendein Urwald oder eine kleine Südseeinsel für billiges Geld zu kaufen wäre –

JOHANNA: Aber die Knaben, Otto?

STOCKMANN *stehenbleibend:* Wie wunderlich du bist, Johanna! Willst du denn, daß die Knaben in einer solchen Gesellschaft wie der unsern aufwachsen? Du sahst ja selbst gestern abend, daß die Hälfte der ganzen Bevölkerung vollständig wahnsinnig ist; und wenn die andre Hälfte den Verstand nicht verloren hat, so kommt das nur daher, weil sie keinen zu verlieren hat.

JOHANNA: Aber lieber Otto, du bist aber auch so unvorsichtig in deinen Reden.

STOCKMANN: So! Ist es vielleicht nicht wahr, was ich sage? Stellen sie etwa nicht alle Begriffe auf den Kopf? Rühren sie nicht Recht und Unrecht zu einem einzigen Brei zusammen? Nennen sie nicht Lüge, was ich als Wahrheit erkannt? Aber das Allertollste ist, daß hier ganze Haufen von erwachsenen Männern sich und andern einbilden, sie seien freisinnig!

JOHANNA: Ja, ja, das ist freilich recht töricht; indes –

Zweiter Auftritt

Vorige. Petra aus dem Wohnzimmer.

JOHANNA: Du kommst schon aus der Schule?

PETRA: Ja; man hat mir gekündigt!

JOHANNA: Gekündigt?

STOCKMANN: Dir ebenfalls!

PETRA: Ja, Frau Busch hat mir gekündigt; und da hielt ich's für das beste, gleich auf der Stelle zu gehen.

STOCKMANN: Daran hast du recht getan, mein Kind!

JOHANNA: Wer hätte gedacht, daß Frau Busch so schlecht sein könnte!

PETRA: O Mutter, Frau Busch ist so schlecht nicht, ich sah deutlich, wie weh es ihr tat; aber sie könne nicht anders, sagte sie.

STOCKMANN *sich lächelnd die Hände reibend:* Sie könne nicht anders! Oh, es ist herrlich!

JOHANNA: Ach ja, nach den häßlichen Ereignissen gestern abend –

PETRA: Das war es nicht allein. Höre nur, Vater!

STOCKMANN: Nun?

PETRA: Frau Busch zeigte mir drei Briefe, die sie heute morgen erhalten –

STOCKMANN: Natürlich alle drei anonym –

PETRA: Ja.

STOCKMANN: Denn ihren Namen zu nennen wagen sie nicht, Johanna!

PETRA: Und in zweien stand: ein Herr, der hier in unserer Familie verkehre, habe gestern im Klub erzählt, über gewisse Dinge hätte ich so schrecklich freie Ansichten –

STOCKMANN: Und das hast du doch nicht geleugnet?

PETRA: Das kannst du dir doch denken. Frau Busch huldigt selbst ziemlich freien Anschauungen, wenn wir unter vier Augen allein sind, aber da dies nun über mich bekanntgeworden, wagte sie nicht, mich zu behalten.

JOHANNA: Und das hat noch einer erzählt, der in unsrer Familie verkehrt! Da siehst du, Otto, was du von deiner Gastfreundlichkeit hast.

STOCKMANN: In solcher Gemeinheit wollen wir nicht länger leben. Pack so schnell wie möglich ein, Johanna; machen wir, daß wir fortkommen, je eher, je lieber.

JOHANNA: Still – ich glaube, da ist jemand draußen im Flur; sieh einmal nach, Petra.

PETRA *die Tür öffnend:* Ah, Sie sind's, Herr Kapitän! Bitte, treten Sie näher.

Dritter Auftritt

Vorige. Holster aus dem Vorzimmer.

HOLSTER: Guten Morgen! Na, ich dachte, mußt doch mal hingehn und sehn, wie's da steht.

STOCKMANN *ihm die Hand schüttelnd:* Ah, das ist schön von Ihnen.

JOHANNA: Und nochmals unsern herzlichsten Dank, daß Sie uns das Geleit gaben, Kapitän.

PETRA: Aber wie kamen Sie nur wieder nach Hause?

HOLSTER: Oh, das ging schon; ich gehöre ja gerade nicht zu den Schwächlichsten; und die Leute hier gebrauchen meist nur ihr Mundstück.

STOCKMANN: Ja, diese Feigheit – ist das nicht ärgerlich? Kommen Sie mal her; hier will ich Ihnen mal was zeigen. Sehn Sie, hier liegen sämtliche Steine, die sie uns hereingeworfen. Sehn Sie mal! In dem ganzen Haufen nur zwei ordentliche, tüchtige Kampfsteine; der Rest bloße Schleudersteine. Und doch kreischten und schwuren sie da draußen, sie wollten mich umbringen; aber mit der Tat –! Mit der Tat – ach, damit sieht's jämmerlich aus hier in der Stadt!

HOLSTER: Na diesmal, Doktor, war das auch das beste für Sie.

STOCKMANN: Gewiß war es das. Aber ärgerlich ist es doch; denn kommt's einmal zu einem ernsten Handgemenge, so sollen Sie sehn, die ganze öffentliche Meinung duckt sich! Und dann, Kapitän, läuft die ganze kompakte Majorität wie eine Herde Schweine in den Wald in sichres Versteck. Das ist ein so trauriger Gedanke; das wurmt einen ... Aber zum Teufel – im Grunde sind das alles doch nur Dummheiten; haben sie mich für einen Volksfeind erklärt, gut, so will ich's auch sein.

JOHANNA: Das wirst du niemals, Otto!

STOCKMANN: Beschwören solltest du das nicht, Johanna. Ein häßliches Wort kann wirken wie ein Nadelstich in der Lunge; und dies verwünschte Wort – ich kann's gar nicht loswerden; es hat sich mir hier fest ins Herz gegraben; da liegt es und saugt gleich sauren Säften. Dagegen hilft kein Magnesia.

PETRA: Bah, du solltest dir's von der Seele fortlachen, Papa.

HOLSTER: Die Leute kommen schon wieder auf andre Gedanken, Herr Doktor.

JOHANNA: Ja, Otto, darauf kannst du fest bauen.

STOCKMANN: Vielleicht wenn es zu spät ist. Wann segeln Sie ab, Kapitän?

HOLSTER: Hm – das war's eigentlich, wovon ich mit Ihnen reden wollte, Doktor.

STOCKMANN: Nun? Ist etwas mit dem Schiffe dazwischengekommen?

HOLSTER: Nein, aber die Sache ist die, daß ich nicht mitfahre.

PETRA: Ihnen ist doch nicht gekündigt worden?

HOLSTER *lächelnd:* Ja, das ist es wirklich.

PETRA: Ihnen auch!

JOHANNA: Da siehst du, Otto.

STOCKMANN: Und das um der Wahrheit willen! O hätt' ich das ahnen können –

HOLSTER: Das nehmen Sie sich nur nicht weiter zu Herzen; ich finde schon wieder eine Stelle auf einer andern Reederei.

STOCKMANN: Und das tut dieser Großhändler Wiek – ein vermögender Mann, der von niemand abhängig ist – pfui!

HOLSTER: Er ist sonst ein durchaus rechtlich denkender Mann; er sagte selbst, er würde mich gern behalten, wenn er nur dürfte –

STOCKMANN: Aber er dürfe nicht – natürlich!

HOLSTER: Die Sache sei etwas heikler Art, meinte er, wenn man zu einer Partei gehöre –

STOCKMANN: Da hat der Ehrenmann ein wahres Wort gesprochen! So eine Partei ist gleichsam eine moralische Saugpumpe, die nach und nach Verstand und Gewissen vollständig aufsaugt. Daher die vielen Hohlköpfe.

JOHANNA: Aber Otto!

PETRA *zu Holster:* Hätten Sie uns nur nicht nach Hause begleitet, wär' es vielleicht nicht soweit gekommen.

HOLSTER: Ich bedaure es durchaus nicht, liebes Fräulein.

PETRA *ihm die Hand reichend:* Wie dankbar wir Ihnen sind!

HOLSTER *zum Doktor:* Ja und dann wollt' ich Ihnen sagen: gedenken Sie wirklich zu reisen, so hätt' ich einen andern Rat für Sie –

STOCKMANN: Schön; wenn wir nur bald fortkommen können.

JOHANNA: Still; klopft es da nicht?

PETRA: Das ist gewiß der Onkel.

STOCKMANN: Aha! *Ruft:* Herein!

JOHANNA: Liebster Otto, versprich mir nun in die Hand, daß du –

BÜRGERMEISTER *aus dem Vorzimmer in der Tür:* Ah, du bist beschäftigt. Dann will ich lieber –

STOCKMANN: Nein, nein, komm nur.

BÜRGERMEISTER: Aber ich wünschte unter vier Augen mit dir zu reden.

JOHANNA: Wir gehn solange ins Wohnzimmer.

HOLSTER: Und ich komme später wieder.

STOCKMANN: Nein, gehen Sie auch da hinein, Kapitän; ich muß noch näher Bescheid wissen.

HOLSTER: Gut, dann wart' ich.

Folgt Frau Stockmann und Petra ins Wohnzimmer.

Vierter Auftritt

Stockmann, Bürgermeister, später Johanna.

Der Bürgermeister sagt nichts, sondern sieht verstohlen nach den Fenstern.

STOCKMANN: Nicht wahr, 's ist hier heut' etwas luftig? Setz den Hut auf.

BÜRGERMEISTER: Wenn du erlaubst. *Setzt sich den Hut auf.* Ich habe mich gestern abend erkältet –

STOCKMANN: So? Aber es war doch so warm –

BÜRGERMEISTER: Ich bedaure, daß es nicht in meiner Macht lag, diese nächtlichen Ausschreitungen zu verhindern.

STOCKMANN: Hast du mir sonst noch etwas zu sagen?

BÜRGERMEISTER *einen großen Brief hervorziehend:* Ich habe dir von seiten der Badedirektion dieses Aktenstück zu übergeben.

STOCKMANN: Meine Entlassung?

BÜRGERMEISTER: Ja. Vom heutigen Datum an. *Legt den Brief auf den Tisch.* Es tut uns leid; indes – offen gestanden – der öffentlichen Meinung wegen konnten wir nicht anders.

STOCKMANN *lächelnd:* Konntet ihr nicht anders! Ich glaube, diese Redensart hab' ich heut' schon gehört.

BÜRGERMEISTER: Ich bitte dich, mach dir deine Stellung doch klar: für die Zukunft hast du hier in der Stadt auf keine Praxis mehr zu rechnen.

STOCKMANN: Ach zum Geier mit der Praxis! Aber woher weißt du das so bestimmt?

BÜRGERMEISTER: Der Hausbesitzerverein läßt eine Liste zirkulieren – von Haus zu Haus; und darin werden alle gutgesinnten Bürger aufgefordert, deine ärztliche Hilfe nicht mehr in Anspruch zu nehmen; und du kannst versichert sein, nicht ein einziger Familienvater wagt es, seine Unterschrift zu verweigern; man d a r f das einfach nicht.

STOCKMANN: Daran zweifl' ich nicht. Aber was weiter?

BÜRGERMEISTER: Dürfte ich dir einen Rat geben, so wäre es der, für einige Zeit von hier fortzuziehen –

STOCKMANN: Daran hab' ich auch schon gedacht –

BÜRGERMEISTER: Gut. Und wenn du dann ein halbes Jahr Bedenkzeit gehabt und nach reiflicher Überlegung dich dazu bequemen könntest, mit ein paar bedauernden Worten dein Unrecht einzugestehn –

STOCKMANN: So könnt' ich meine Stelle vielleicht zurückerhalten, meinst du?

BÜRGERMEISTER: Vielleicht; das wäre durchaus nicht unmöglich.

STOCKMANN: Ja, aber die öffentliche Meinung? Ihr dürft ja nicht wegen der öffentlichen Meinung –

BÜRGERMEISTER: Die öffentliche Meinung ist ein sehr wandelbares Ding. Und – offen gestanden – es ist für uns von besondrer Wichtigkeit, ein solches Zugeständnis von dir zu erhalten.

STOCKMANN: Kann ich mir denken! Aber zum Geier, erinnerst du dich nicht mehr, was ich früher von derartigen Intrigantenstückchen sagte?!

BÜRGERMEISTER: Damals war deine Position bei weitem günstiger; damals durftest du annehmen, du hättest die ganze Stadt im Rücken –

STOCKMANN: – während sie mir jetzt auf dem Nacken sitzt ... *Braust auf:* Nein, und säße mir der leibhaftige Teufel samt seiner Großmutter auf dem Nacken –! Niemals – niemals, sag' ich!

BÜRGERMEISTER: Ein Familienvater darf nicht so handeln, Otto!

STOCKMANN: Ich darf nicht! Nur e i n e s gibt es, was ein freier ehrlicher Mann nicht darf; und weißt du, was das ist?

BÜRGERMEISTER: Nein.

STOCKMANN: Natürlich! Wie solltest du auch! Nun, so will ich dir's sagen: Ein freier ehrlicher Mann darf nicht handeln wie ein Lump!

BÜRGERMEISTER: Das klingt außerordentlich plausibel; und gäbe es keine andre Erklärung für deine Halsstarrigkeit –

STOCKMANN: Andre Erklärung –! Drücke dich deutlicher aus!

BÜRGERMEISTER: Oh, du weißt recht gut, was ich meine. Aber als Bruder und besonnener Mann rate ich dir: baue nicht allzufest auf Aussichten und Hoffnungen, die sehr leicht fehlschlagen könnten.

STOCKMANN: Aber auf was spielst du denn eigentlich an?!

BÜRGERMEISTER: Willst du mir wirklich einbilden, du wüßtest nicht, welche testamentarischen Bestimmungen der Gerbermeister Worse getroffen hat?

STOCKMANN: Ich weiß, daß das bißchen, was er besitzt, einer Stiftung für alte bedürftige Handwerker zufallen wird. Aber was geht das mich an?

BÜRGERMEISTER: Zunächst kann hier nicht von einem b i ß c h e n Vermögen die Rede sein. Gerbermeister Worse ist ein ziemlich wohlhabender Mann.

STOCKMANN: Davon hab' ich gar keine Ahnung gehabt –!

BÜRGERMEISTER: Hm – wirklich nicht? Du hast also auch keine Ahnung davon, daß ein nicht unbedeutender Teil seines Vermögens deinen Kindern zufallen wird – und daß du und deine Frau für Lebenszeit die Nutznießung haben werden? Hat er dir das nicht gesagt?

STOCKMANN: Nein, wahrhaftig nicht! Im Gegenteil: in einem fort hat er darüber gejammert, daß er so schrecklich hoch besteuert sei! Aber weißt du das auch ganz bestimmt, Hans?

BÜRGERMEISTER: Ich hab' es aus durchaus zuverlässiger Quelle.

STOCKMANN: Herrgott, dann ist ja Johanna gesichert –! Und die Kinder ebenfalls! Das kann ich ihr nicht verheimlichen –! *Ruft:* Johanna! Johanna!

BÜRGERMEISTER *ihn zurückhaltend:* Still, sag ihr noch nichts!

JOHANNA *die Tür öffnend:* Was wünschest du, Otto?

STOCKMANN: Nichts, nichts! Geh nur wieder.

Johanna schließt die Tür wieder.

STOCKMANN *hin und her gehend:* Gesichert! ... gesichert ... alle gesichert! Und auf Lebenszeit! Ach, es ist doch ein wohltuendes Gefühl, sich und die Seinen gesichert zu wissen!

BÜRGERMEISTER: Aber eben das bist du n i c h t! Der Gerbermeister Worse kann das Testament jeden Augenblick annullieren.

STOCKMANN: Aber das tut er nicht. Der gute Alte freut sich ja wie ein Zaunkönig, daß ich dich und deine hochweisen Freunde ein wenig gezwickt habe.

BÜRGERMEISTER *stutzt und sieht ihn forschend an:* Aha, das erklärt gar manches!

STOCKMANN: Aber was denn?!

BÜRGERMEISTER: Das Ganze war also ein kombiniertes Manöver! Diese heftigen, rücksichtslosen Angriffe, die du – im Namen der Wahrheit! – wider die leitenden Männer der Stadt richtetest –!

STOCKMANN: Nun –! Nun –!?

BÜRGERMEISTER: Das alles war also weiter nichts als die verabredete Gegenleistung für das Testament dieses alten rachsüchtigen Niels Worse.

STOCKMANN *fast sprachlos:* Hans – du bist doch der ordinärste Plebejer, der mir je in meinem Leben vorgekommen ist!

BÜRGERMEISTER: Zwischen uns ist alles aus! Deine Entlassung ist eine definitive – denn jetzt haben wir eine Waffe gegen dich! *Ab.*

Fünfter Auftritt

Stockmann, dann Johanna und Petra, später Niels Worse.

STOCKMANN: Pfui, pfui, pfui! *Ruft:* Johanna, den Fußboden gescheuert, wo er gestanden –!

JOHANNA *in der Tür des Wohnzimmers:* Aber Otto, Otto!

PETRA *ebenfalls in der Tür:* Papa, Großvater ist hier und fragt, ob er dich allein sprechen könne.

STOCKMANN: Ja gewiß. *An der Tür:* Bitte, Schwiegervater. *Niels Worse kommt herein. Stockmann schließt die Tür hinter ihm.* Nun, um was handelt sich's? ... Nehmen Sie gefälligst Platz.

NIELS WORSE: Nein, nicht setzen. *Sieht sich um.* Es sieht hier heute recht hübsch bei Ihnen aus, Stockmann.

STOCKMANN: Ja, nicht wahr?

NIELS WORSE: Ganz hübsch – ja ... und frische Luft haben Sie heute auch; heut' leiden Sie wohl keinen Mangel an dem sauren Stoff, von dem Sie gestern redeten. Da müssen Sie heut' ein sehr gutes Gewissen haben.

STOCKMANN: Hab' ich auch.

NIELS WORSE: Kann ich mir denken. *Klopft sich auf die Brust.* Aber wissen Sie auch, was ich hier habe?

STOCKMANN: Hoffentlich ebenfalls ein gutes Gewissen.

NIELS WORSE: Bah! Etwas weit Besseres!

Nimmt eine dicke Brieftasche hervor, öffnet sie und zeigt eine Anzahl Papiere.

STOCKMANN *sieht ihn verwundert an:* Aktien der Badeanstalt?

NIELS WORSE: Waren heut' unschwer zu bekommen.

STOCKMANN: Und die haben Sie in der Stadt aufgekauft –?

NIELS WORSE: Soweit mein bares Geld reichte –

STOCKMANN: Aber, lieber Schwiegervater – jetzt, da es so verzweifelt mit dem Bade steht –!

NIELS WORSE: Handeln Sie wie ein vernünftiger Mensch, so kommt das Bad schon wieder in guten Ruf.

STOCKMANN: Ja, Sie sehn ja selbst, ich tu' alles, was ich kann; aber – die Menschen sind hier so unvernünftig!

NIELS WORSE: Sie sagten gestern abend, der ärgste Schmutz komme von meiner Gerberei. Wäre das wahr, so müßten ja mein Großvater und Vater und ich selbst viele Jahre lang die Stadt wie so drei Würgengel mit Verderben heimgesucht haben. Meinen Sie, die Schande lasse ich auf mir sitzen?

STOCKMANN: Leider wird Ihnen nichts andres übrigbleiben.

NIELS WORSE: Nein, dafür dank' ich. Ich höre, die Leute nennen mich den „alten Dachs". Ein Dachs ist ja so eine Art Schmutztier; aber hierin sollen die Leute nie und nimmer recht bekommen. Ich will als reinlicher Mensch leben und sterben.

STOCKMANN: Und wie wollen Sie das anfangen?

NIELS WORSE: Sie, Stockmann, sollen mich wieder reinwaschen!

STOCKMANN: Ich?!

NIELS WORSE: Wissen Sie, für welches Geld ich diese Aktien gekauft habe? Für das Geld, das Johanna und Petra und Ihre Jungens von mir erhalten sollten. Denn, sehn Sie, ich habe mir so 'n bißchen beiseite gelegt.

STOCKMANN *aufbrausend:* Und für so etwas werfen Sie Johannas Geld fort!

NIELS WORSE: Ja, das ganze Geld steht jetzt im Bade. Und nun will ich doch mal sehn, ob Sie wirklich so ganz und gar verrückt sind, Stockmann. Lassen Sie noch fernerhin diese häßlichen Tiere und dergleichen aus meiner Gerberei kommen, so ist's akkurat, als ob Sie die Haut Ihrer Frau und Ihrer Kinder zu Markte trügen. Aber sowas tut kein ordentlicher Familienvater – das heißt, wenn er nicht verrückt ist.

STOCKMANN *auf und ab gehend:* Ja, aber das bin ich ja; das bin ich ja!

NIELS WORSE: Nein, das sind Sie nicht, wenn's Frau und Kinder gilt!

STOCKMANN *vor ihm stehenbleibend:* Warum nahmen Sie auch nicht erst Rücksprache mit mir, eh' Sie all den Kram da kauften!

NIELS WORSE: Was geschehn, ist am besten so.

STOCKMANN *unruhig hin und her gehend:* Wenn ich meiner Sache nur nicht so gewiß wäre –! Aber ich bin so fest überzeugt, daß ich recht habe!

NIELS WORSE *die Brieftasche in der Hand wiegend:* Bleiben Sie bei Ihrer Verrücktheit, so sind diese hier nicht viel wert. *Steckt die Brieftasche wieder ein.*

STOCKMANN: Aber zum Teufel, die Wissenschaft müßte, scheint mir, doch auch Gegenmittel zu finden wissen – irgendein Präservativ –

NIELS WORSE: Meinen Sie etwas, um die Tiere totzumachen?

STOCKMANN: Ja, tot oder unschädlich.

NIELS WORSE: Könnten Sie's nicht mal mit Rattengift versuchen?

STOCKMANN: Ach was! ... Aber die Leute sagen ja alle, es sei nur Einbildung. Könnt' es nicht wirklich bloße Einbildung sein! ... Hat der unwissende, engherzige Haufe mich nicht einen Volksfeind geschimpft – mir nicht beinah die Kleider vom Leibe gerissen –

NIELS WORSE: Und Ihnen alle Fenster eingeworfen!

STOCKMANN: Und dann das andre – die Pflichten gegen die Familie! Darüber muß ich mit Johanna reden; sie ist in dem Punkte so streng.

NIELS WORSE: Das ist schön; hören Sie nur auf den Rat einer vernünftigen Frau.

STOCKMANN *auf ihn zufahrend:* Daß Sie auch so verkehrt handeln konnten! Johannas Geld aufs Spiel setzen; mich in diese entsetzliche qualvolle Lage bringen! Wenn ich Sie so anseh', ist mir's, als säh' ich den leibhaftigen Teufel –!

NIELS WORSE: Dann geh' ich wohl lieber. Aber bis zwei muß ich Bescheid haben. Ja oder nein. Gibt's ein Nein, so wandern die Aktien zur Stiftung – und zwar noch am heutigen Tage!

STOCKMANN: Und was bekommt dann Johanna?

NIELS WORSE: Nicht einen Heller.

Die Tür zum Vorzimmer geht auf, und draußen werden Haustad und Thomsen sichtbar.

Sechster Auftritt

Stockmann, Niels Worse, Haustad, Thomsen.

NIELS WORSE: Ei ei, sehn Sie die beiden dort!

STOCKMANN *sie anstarrend:* Was, was! Sie wagen es noch, meine Schwelle zu betreten!

HAUSTAD: Allerdings.

THOMSEN: Denn sehn Sie, wir haben etwas Wichtiges mit Ihnen zu besprechen.

NIELS WORSE *flüsternd:* Ja oder nein – bis zwei Uhr!

THOMSEN *Haustad einen Blick zuwerfend:* Aha!

Niels Worse ab.

STOCKMANN: Nun, was wünschen Sie von mir? Machen Sie's kurz.

HAUSTAD: Ich finde es begreiflich, daß Sie uns böse sind wegen unserer Haltung gestern in der Versammlung –

STOCKMANN: Und das nennen Sie Haltung! Eine schöne Haltung! Ich nenne es haltlos, nichtswürdig – pfui Teufel!

HAUSTAD: Nennen Sie's, wie Sie wollen; aber wir konnten nicht anders.

STOCKMANN: Und d u r f t e n nicht anders! Nicht wahr?

HAUSTAD: Wenn Sie wollen – nein.

THOMSEN: Aber warum ließen Sie vorher auch nicht e i n Wörtchen fallen! Nur ein leiser Wink für Herrn Haustad oder mich –

STOCKMANN: Wink? Worüber?

THOMSEN: Über das, was dahintersteckte.

STOCKMANN: Ich versteh' Sie gar nicht.

THOMSEN *ihm vertraulich und lächelnd zunickend:* Oh, Sie nicht verstehn, Doktor!

HAUSTAD: Na, jetzt kann's doch nicht mehr verheimlicht werden –

STOCKMANN *sie abwechselnd ansehend:* Ja, aber ins Teufels Namen –!

THOMSEN: Darf ich mir eine Frage erlauben? Geht Ihr Schwiegervater nicht in der Stadt umher, um sämtliche Badaktien aufzukaufen?

STOCKMANN: Ja, er hat heute Badaktien gekauft; aber –?

THOMSEN: Wär' es nicht klüger gewesen, Sie hätten jemand anders damit beauftragt – jemand, der Ihnen nicht so nahesteht?

HAUSTAD: Und dann hätten Sie nicht unter Ihrem eignen Namen auftreten sollen. Es brauchte ja niemand zu wissen, daß der Angriff auf die Badeanstalt von Ihnen ausging. Warum nahmen Sie nicht vorher Rücksprache mit mir, Doktor?

STOCKMANN *sieht starr gradeaus; es scheint ihm ein Licht aufzugehn, und er sagt wie aus den Wolken gefallen:* Ist das möglich?

THOMSEN *lächelnd:* Na, das hat der Erfolg doch bewiesen, daß es möglich ist. Aber, sehn Sie, es hätte fein gemacht werden müssen.

HAUSTAD: Und dann hätten m e h r e r e dabeisein müssen; denn je größer das Konsortium, um so geringer die Verantwortung für den einzelnen.

STOCKMANN *gefaßt:* Kurz und gut, meine Herren – was wünschen Sie?

THOMSEN: Das kann Ihnen Herr Haustad am besten –

HAUSTAD: Nein, sagen Sie's, Thomsen.

THOMSEN: Nun ja denn ... die Sache ist die: jetzt, da wir wissen, wie das Ganze zusammenhängt, glauben wir Ihnen den „Volksboten" zur Verfügung stellen zu dürfen.

STOCKMANN: J e t z t dürfen Sie das? Aber die öffentliche Meinung? Fürchten Sie nicht, es werde sich ein Sturm wider uns erheben?

HAUSTAD: Wir werden diesen Sturm energisch abzuwehren wissen.

THOMSEN: Und Sie, Doktor, müssen sehn, daß Sie Ihre – Wendung recht geschickt ausführen. Sobald Ihr Angriff seine Wirkung getan –

STOCKMANN: Sie meinen: sobald mein Schwiegervater und ich die Aktien für billiges Geld in der Tasche haben –?

HAUSTAD: Es sind ja doch vorzugsweise wissenschaftliche Gründe, die Sie veranlassen, die Leitung des Bades selbst in die Hand zu nehmen –

STOCKMANN: Versteht sich; nur aus wissenschaftlichen Gründen mußte mir der alte Dachs die Aktien aufkaufen. Und dann flicken wir so 'n bißchen an der Wasserleitung und wühlen ein wenig da unten am Strande herum, ohne daß es den Stadtsäckel auch nur einen Heller kostet. Nicht wahr, das läßt sich doch machen? Was?

HAUSTAD: Ich denke doch – wenn Sie den „Volksboten" im Rücken haben –

THOMSEN: In einer freien Gesellschaft ist die Presse eine Macht, Herr Doktor.

STOCKMANN: Gewiß; und die öffentliche Meinung ja ebenfalls; und den Hausbesitzerverein – nicht wahr, Herr Thomsen, den nehmen Sie auf Ihr Gewissen?

THOMSEN: Sowohl den Hausbesitzer- wie den Mäßigkeitsverein. Da sei'n Sie nur ganz ruhig.

STOCKMANN: Ja – aber, meine Herren – ich schäme mich danach zu fragen; aber – die Gegenleistung –?

HAUSTAD: Am liebsten möchten wir Sie natürlich ganz umsonst unterstützen. Indes – der „Volksbote" steht auf etwas schwachen Füßen; er will nicht recht vorwärts; und das Blatt jetzt, da es in der hohen Politik so viel zu tun gibt, eingehn lassen – das möcht' ich nicht gern.

STOCKMANN: Sehr begreiflich; das müßte einem Volksfreunde wie Ihnen außerordentlich nahegehn. *Aufbrausend:* Aber ich, ich bin ja ein Volks f e i n d ! *Fährt im Zimmer umher.* Wo hab' ich meinen Stock? Wo zum Teufel hab' ich meinen Stock?

HAUSTAD: Was bedeutet das?

THOMSEN: Sie wollen doch nicht etwa –?

STOCKMANN *stehenbleibend:* Und wenn ich Ihnen nun von meinem ganzen Gewinn nicht einen Heller abgäbe? Sie wissen ja, reiche Leute halten den Daumen gern fest auf dem Beutel.

HAUSTAD: Und Sie wissen ja doch, daß die Aktiengeschichte sich auf zweierlei Weise darstellen läßt –

STOCKMANN: Ja, dazu sind Sie der Mann; greif' ich dem „Volksboten" nicht unter die Arme, so erscheint Ihnen die Sache sicherlich unter einem schiefen Gesichtswinkel; Sie werden mich jagen, hetzen, würgen wie – wie der Hund den Hasen!

HAUSTAD: Das ist nur ein Gesetz der Natur; jedes Tier sucht sich zu nähren.

THOMSEN *lächelnd:* Man nimmt sein Futter, wo man's findet.

STOCKMANN: So seht, ob ihr nicht da draußen etwas findet! *Fährt im Zimmer umher.* Denn wahrlich, jetzt will ich euch zeigen – *Findet einen Schirm und schwingt ihn.* Hä, seht mal her –!

HAUSTAD: Sie werden sich doch nicht an uns vergreifen!

THOMSEN: Bitte, nehmen Sie sich ein wenig in acht mit dem Schirm da!

STOCKMANN: Hinaus, Herr Haustad!

HAUSTAD *an der Tür zum Vorzimmer:* Sind Sie denn vollständig wahnsinnig?!

STOCKMANN: Hinaus, Herr Thomsen! Hinaus, sag' ich Ihnen!

THOMSEN *um den Schreibtisch herumlaufend:* Mit Maß, Herr Doktor! Ich bin ein schwächlicher Mann; ich kann nicht viel vertragen! *Schreit:* Hilfe, Hilfe!

Siebenter Auftritt

Stockmann, Haustad, Thomsen; Johanna, Petra und Holster eilen aus dem Wohnzimmer herein, später Fredrik und Walter.

JOHANNA: Aber mein Gott, Otto, was ist hier los?!

STOCKMANN *den Stock schwingend:* Hinaus, sag' ich!

HAUSTAD: Ein Überfall auf wehrlose Menschen! Ich rufe Sie zum Zeugen an, Herr Kapitän!

Schlüpft hastig durch das Vorzimmer hinaus.

THOMSEN *ratlos:* Ja, wer hier mit den Lokalverhältnissen bekannt wäre –

Entwischt durch das Wohnzimmer hinaus.

JOHANNA *ihren Mann festhaltend:* Aber so mäßige dich doch, Otto!

STOCKMANN *den Schirm fortwerfend:* Teufel, da sind sie mir dennoch entwischt!

JOHANNA: Aber was wollten sie denn von dir?

STOCKMANN: Später das! Jetzt hab' ich an ganz andre Dinge zu denken. *Geht an den Tisch und schreibt auf eine Visitenkarte.* Sieh her, Johanna; was steht hier?

JOHANNA: Drei große Nein. Was bedeutet das?

STOCKMANN: Auch das sollst du später erfahren. *Die Karte hinhaltend:* Da, Petra, die soll das Mädchen zum alten Dachs bringen – so rasch sie laufen kann. Schnell, schnell!

Petra geht mit der Karte durch das Vorzimmer hinaus.

STOCKMANN: Ja, hab' ich heut' nicht von allen Sendboten des Teufels Besuch gehabt, dann weiß ich's nicht. Aber nun werd' auch ich meine Feder gegen sie spitzen und in Essig und Galle tauchen!

JOHANNA: Ja aber wir reisen ja doch, Otto!

Petra kommt zurück.

STOCKMANN: Nun?

PETRA: Besorgt.

STOCKMANN: Gut. – Wir reisen, sagst du? Nein, nein! Wir bleiben, wo wir sind, Johanna!

PETRA: Wir bleiben!

JOHANNA: Hier in der Stadt?

STOCKMANN: Ja, hier, just hier auf dem Kampfplatze! Hier soll die Schlacht geschlagen werden; hier will ich siegen! Sobald mein Rock wieder ausgebessert ist, geh' ich eine Wohnung suchen; denn zum Winter müssen wir doch ein Dach über dem Kopfe haben.

HOLSTER: Das kann ich Ihnen bieten.

STOCKMANN: Sie?

HOLSTER: Gewiß; denn in meinem Hause ist Platz genug; und zudem bin ich ja fast nie daheim.

JOHANNA: Ach, wie schön das von Ihnen ist, Herr Kapitän.

PETRA: Herzlichen Dank! *Drückt ihm die Hand.*

STOCKMANN *ihm die Hand schüttelnd:* Dank! Dank, lieber Freund! Die Sorge wär' also beseitigt. Noch heut' geh' ich an die Arbeit. O Johanna, hier ist so unendlich viel zu tun! Aber es ist gut, daß ich nun meine ganze Zeit zur Verfügung habe; ja, denn – sieh her – ich habe meine Entlassung als Badearzt erhalten –

JOHANNA *seufzend:* Ach ja, das war zu erwarten.

STOCKMANN: – und nun wollen sie mir auch noch meine Praxis nehmen. Mögen sie nur! Die Armen behalt' ich auf jeden Fall – die, welche nicht bezahlen; du lieber Gott, die bedürfen meiner ja auch am meisten. Aber wahrlich, hören sollen sie alle auf mich; bei Tag und Nacht will ich ihnen die Ohren vollpredigen!

JOHANNA: Aber, Otto, ich denke, du hast doch nun gesehn, was das Predigen nützt.

STOCKMANN: Du bist wirklich komisch, Johanna. Soll ich mich vielleicht von der öffentlichen Meinung, der kompakten Majorität und ähnlichen Teufeleien aus dem Felde schlagen lassen? Nein, danke! Und was ich will, ist ja so klar und einfach. Ich will den noch unentwickelten Köpfen begreiflich machen, daß die Liberalen die ärgsten Feinde jedes freien Mannes sind – daß die Parteiprogramme alle jungen lebensfähigen Wahrheiten erdrosseln – daß das ewige Rücksichtnehmen Moral und Gerechtigkeit auf den Kopf stellt, so daß einem schließlich das Leben zur Hölle wird. Ja, meinen Sie nicht auch, Kapitän, daß sich das dem Volke begreiflich machen lasse?

HOLSTER: Möglich; ich versteh' mich auf dergleichen nicht so recht.

STOCKMANN: Denn sehn Sie: vor allem müssen die Parteihäuptlinge ausgerottet werden. Ein Parteihäuptling ist wie ein Wolf – wie so ein heißhungriger Wolf – will er bestehn, braucht er jährlich soundso viel Stück Kleinvieh. Sehn Sie nur Haustad und Thomsen! Wie vielem Kleinvieh machen d i e nicht schon den Garaus! Alle werden entweder zerrissen oder so zugerichtet, daß nie etwas andres aus ihnen wird als Hausbesitzer und Abonnenten des „Volksboten"! *Setzt sich auf den Tischrand.* Ach, komm doch mal her, Johanna – sieh, wie schön heut' die Sonne scheint. Und dann die herrliche frische Frühlingsluft, die hier zu uns hereinströmt!

JOHANNA: Ja, Otto, wenn wir von Sonnenschein und Frühlingsluft leben könnten –

STOCKMANN: Nun, wir sparen und knapsen so 'n bißchen – dann geht's schon. Das ist mein geringster Kummer. Nein, was mich wurmt, ist, daß ich keinen freien, geistig vornehmen Mann weiß, der bereit wäre, meinen Kampf gegen die Lüge fortzusetzen.

PETRA: O Papa, du hast noch so viel Zeit vor dir! ... Ah, da sind ja schon die Knaben.

Fredrik und Walter kommen durch das Wohnzimmer.

JOHANNA: Habt ihr heute frei?

FREDRIK: Nein, aber in der Pause wurden wir von den andern geprügelt.

WALTER: Das ist nicht wahr: wir prügelten die andern!

FREDRIK: Ja und da sagte der Lehrer, wir möchten lieber ein paar Tage zu Hause bleiben.

STOCKMANN *mit den Fingern schnalzend und vom Tische springend:* Nun hab' ich's! Ja, ja, nun hab' ich's! Keinen Fuß sollt ihr mehr in die Schule setzen!

DIE KNABEN: Nicht mehr in die Schule!

JOHANNA: Aber Otto –

STOCKMANN: Niemals! Ich will euch selbst unterrichten – das heißt, nicht in all dem Schulkram –

WALTER: Hurra!

STOCKMANN: – nein, zu freien vornehmen Männern will ich euch heranbilden! ... Und du, Petra, mußt mich dabei unterstützen.

PETRA: Ja, Vater, das will ich.

STOCKMANN: Und die Schule – die richten wir in dem Saal ein, in welchem sie mich zum Volksfeinde erklärten. Aber meine Zöglinge – ich muß mindestens zwölf Schüler haben.

JOHANNA: Die bekommst du hier in der Stadt nicht.

STOCKMANN: Das wollen wir sehn. *Zu den Knaben:* Kennt ihr gar keine Gassenjungen – so recht zerlumpte –?

WALTER: O Papa, 'ne ganze Masse!

STOCKMANN: Ausgezeichnet! Dann führ mir einige Exemplare zu. Einmal will ich doch mit den Lümmeln experimentieren; manchmal können ganz merkwürdige Köpfe darauf sitzen.

WALTER: Aber was sollen wir denn machen, wenn wir freie vornehme Männer geworden sind?

STOCKMANN: Dann, Jungens, sollt ihr sämtliche Parteihäuptlinge, diese heißhungrigen Wölfe, nach dem fernen Westen fortjagen!

Fredrik macht ein etwas bedenkliches Gesicht. Walter hüpft umher und ruft hurra.

JOHANNA: Ach, Otto, wenn diese Wölfe nur dich nicht fortjagen!

STOCKMANN: Bist du nicht gescheit, Johanna! M i c h f o r t j a g e n! Jetzt, da ich der stärkste Mann der Stadt bin!

JOHANNA: Der stärkste – j e t z t?

STOCKMANN: Ja, denn ich darf das große Wort aussprechen: j e t z t bin ich der stärkste Mann der Welt!

WALTER: Aber Papa!

STOCKMANN *gedämpft:* Ssst! Noch dürft ihr's nicht laut sagen; aber ich hab' eine große Entdeckung gemacht.

JOHANNA: Schon wieder?

STOCKMANN: Jawohl! *Sammelt alle um sich und sagt vertraulich:* Seht ihr, die Sache ist die: Der stärkste Mann der Welt ist derjenige, welcher – allein steht!

JOHANNA *schüttelt lächelnd den Kopf:* Oh, oh, lieber Otto –!

PETRA *vertrauensvoll seine Hände ergreifend:* Vater!

Die Wildente

Schauspiel in fünf Aufzügen

PERSONEN

Werle, Werkbesitzer und Großhändler
Gregor Werle, sein Sohn
Der alte Ekdal
Hjalmar Ekdal, sein Sohn, Fotograf
Gina Ekdal, Hjalmars Gattin
Hedwig, deren Tochter, vierzehn Jahre alt
Frau Sörby, Haushälterin bei Großhändler Werle
Relling, Arzt
Molvig, ehemaliger Theologe
Groberg, Buchhalter
Pettersen, Bedienter des Großhändlers
Jensen, Lohndiener
Kammerherr Flor, korpulent und blaß
Kammerherr Balle, kahlköpfig
Kammerherr Kaspersen, kurzsichtig
Sechs andere Herren, Mittagsgäste bei Werle
Mehrere Lohndiener

Der erste Aufzug spielt beim Großhändler Werle, die vier folgenden Aufzüge beim Fotografen Ekdal

Erster Aufzug

Im Hause des Großhändlers Werle. Kostbar und bequem eingerichtetes Arbeitszimmer, Bücherschränke und gepolsterte Möbel, Schreibtisch mit Papieren und Geschäftsformularen mitten auf der Bühne, angezündete Lampen mit grünen Schirmen, so daß das Zimmer nur matt erleuchtet ist. An der Hinterwand offene Flügeltüren mit zurückgeschlagenen Portieren, durch die man in ein großes, elegantes, durch Lampen und Armleuchter hell erleuchtetes Zimmer blickt. Im Arbeitszimmer führt vorn zur Rechten eine kleine Tapetentür zum Kontor; zur Linken ein Kamin mit glühenden Kohlen und weiter zurück Flügeltüren nach dem Speisesaal.

Pettersen, Bedienter des Großhändlers in Livree, und der Lohndiener Jensen, im Frack, räumen im Arbeitszimmer auf. In dem Hinterzimmer gehen ein paar Lohndiener umher und zünden mehrere Lichter an. Vom Speisesaal hört man summendes Gespräch und das Gelächter vieler Stimmen; es wird mit dem Messer an ein Glas geschlagen, worauf Stille eintritt. Ein Toast wird ausgebracht, Bravorufe und wieder summendes Gespräch.

PETTERSEN *zündet eine Lampe auf dem Kamin an und setzt einen Schirm darüber:* Nein, hören Sie nur, Jensen, nun steht der Alte am Tisch und bringt einen langen Toast auf Frau Sörby aus.

JENSEN *rückt einen Lehnstuhl vor:* Sollte es wahr sein, was die Leute sagen, daß zwischen ihnen etwas los ist?

PETTERSEN: Weiß der Teufel.

JENSEN: Er ist doch seinerzeit ein arger alter Sünder gewesen.

PETTERSEN: Kann wohl sein.

JENSEN: Man sagt ja, er gäbe dieses Diner für den Sohn.

PETTERSEN: Ja. Der Sohn kam gestern nach Hause.

JENSEN: Früher wußte ich gar nicht, daß der Großhändler Werle einen Sohn hätte.

PETTERSEN: Jawohl, er hat einen, aber der hält sich dauernd dort oben auf dem Hochtalswerk auf. In all den Jahren, die ich hier im Hause diene, ist er nicht in der Stadt gewesen.

EIN LOHNDIENER *in der Tür zu dem andern Zimmer:* Sie, Pettersen, hier ist ein alter Kerl, der –

PETTERSEN *murmelt:* Was zum Henker, kommt denn noch jetzt einer!

Der alte Ekdal tritt von rechts auf. Er ist mit einem abgetragenen Mantel mit hohem Kragen bekleidet; wollene Fausthandschuhe, in der Hand einen Stock und eine Pelzmütze, unter dem Arm ein Paket in Packpapier. Er hat eine rotbraune, schmutzige Perücke und einen kleinen grauen Schnurrbart.

PETTERSEN *geht ihm entgegen:* Jesus, was wollen Sie denn hier?

EKDAL *in der Tür:* Muß notwendig in das Kontor, Pettersen.

PETTERSEN: Das Kontor ist vor einer Stunde geschlossen und –

EKDAL: Hörte es an der Tür, Freundchen. Aber Groberg sitzt noch dort. Seien Sie so gut, Pettersen, lassen Sie mich hier durch. *Zeigt auf die Tapetentür.* Ich bin den Weg schon früher gegangen.

PETTERSEN: Ja, das können Sie. *Öffnet die Tür.* Aber

daß Sie mir daran denken, auf dem richtigen Wege wieder herauszukommen! Wir haben Besuch.

EKDAL: Weiß schon – hm! Danke, lieber Pettersen. Alter guter Freund. Danke. *Murmelt leise:* Schafskopf.

Er geht in das Kontor, Pettersen schließt hinter ihm die Tür.

JENSEN: Gehört der auch zum Kontorpersonal?

PETTERSEN: Nein, er schreibt nur außer dem Hause, wenn Not am Mann ist. Aber er ist seinerzeit wirklich ein feiner Kerl gewesen, der alte Ekdal.

JENSEN: Ja, er sah nach allem möglichen aus.

PETTERSEN: Jawohl; denken Sie sich, er ist Leutnant gewesen.

JENSEN: Zum Teufel – der Leutnant!

PETTERSEN: Freilich war er es. Aber er warf sich auf den Holzhandel oder was es sonst war. Er soll dem Großhändler einmal einen ganz abscheulichen Streich gespielt haben. Denn damals waren die beiden zusammen auf dem Hochtalswerk, wissen Sie. Oh, ich kenne den alten Ekdal ganz gut. Wir trinken so manches liebe Mal einen Bittern und auch eine Flasche Bayrisch zusammen, bei Frau Eriksen.

JENSEN: Der kann doch nicht viel zum Spendieren haben.

PETTERSEN: Nanu, Jensen, Sie können sich doch wohl denken, daß ich es bin, der spendiert; denn ich bin der Meinung, man muß immer gentil gegen bessere Leute sein, denen es später so schlecht ergangen ist.

JENSEN: Hat er denn Bankrott gemacht?

PETTERSEN: Nein, noch schlimmer als das. Er kam auf die Festung.

JENSEN: Auf die Festung?

PETTERSEN: Oder vielleicht auch ins Zuchthaus. *Lauscht:* Stille, nun kommen sie von Tisch.

Die Tür zum Speisesalon wird durch einige Diener von innen geöffnet. Frau Sörby, im Gespräch mit einigen Herren, tritt herein. Nach und nach folgt die ganze Tischgesellschaft, darunter Großhändler Werle, Kammerherr Flor, Balle, Kaspersen. Zuletzt treten Hjalmar Ekdal und Gregor Werle auf.

FRAU SÖRBY *im Vorbeigehen zu dem Bedienten:* Pettersen, lassen Sie den Kaffee im Musiksalon servieren.

PETTERSEN: Sehr wohl, Frau Sörby.

Frau Sörby und die beiden Herren gehn in das hintere Zimmer und von dort zur Rechten hinaus. Pettersen und Jensen gehn auf demselben Wege hinaus.

KAMMERHERR FLOR *zu Kammerherr Balle:* Puh – dieses Diner – ein ordentliches Stück Arbeit.

KAMMERHERR BALLE: Oh, mit etwas gutem Willen kann man in drei Stunden ganz Unglaubliches leisten.

KAMMERHERR FLOR: Ja, aber nachher, nachher, mein lieber Kammerherr.

EIN DRITTER HERR: Ich höre, der Mokka und der Maraschino sollen im Musiksalon kredenzt werden.

KAMMERHERR FLOR: Bravo! So spielt Frau Sörby uns vielleicht ein Stückchen vor.

KAMMERHERR BALLE *leise:* Wenn uns Frau Sörby nur nicht sowieso bald ein Stückchen aufspielt.

KAMMERHERR FLOR: Ach nein, gewiß nicht; Bertha zieht nicht die Hand von ihren alten Freunden ab.

Sie lachen und gehen in das hintere Zimmer.

GROSSHÄNDLER WERLE *leise und verstimmt:* Ich glaube nicht, daß jemand darauf achtgegeben hat, Gregor.

GREGOR *sieht ihn an:* Worauf?

WERLE: Achtetest du auch nicht darauf?

GREGOR: Worauf sollte ich achten?

WERLE: Wir waren dreizehn bei Tisch.

GREGOR: So? Dreizehn?

WERLE *mit einem Blick auf Hjalmar Ekdal:* Wir sind sonst immer gewöhnt, zwölf zu sein. *Zu den übrigen:* Seien Sie so gut, meine Herren!

Er und die Zurückgebliebenen, ausgenommen Hjalmar und Gregor, gehen im Hintergrund rechts ab.

HJALMAR *der das Gespräch gehört hat:* Du hättest mir die Einladung nicht schicken sollen, Gregor.

GREGOR: Was! Es heißt ja, diese Gesellschaft werde für mich gegeben; da hätte ich nicht meinen einzigen und besten Freund einladen sollen –

HJALMAR: Aber ich glaube nicht, daß es dein Vater gern sieht. Ich komme ja sonst niemals in dies Haus.

GREGOR: So höre ich. Aber ich mußte dich doch sehn und mit dir sprechen; denn ich gehe gewiß bald wieder fort. – Ja, wir beiden alten Schulkameraden sind doch wahrlich lange genug getrennt gewesen; wir haben uns ja nun in sechzehn bis siebzehn Jahren nicht gesehn.

HJALMAR: Ist das schon so lange?

GREGOR: Ja, gewiß. Nun, wie geht es dir denn? Du siehst gut aus. Du bist beinahe dick und fett geworden.

HJALMAR: Hm, fett kann man es wohl nicht nennen; aber ich sehe wahrscheinlich etwas männlicher aus als damals.

GREGOR: Ja, allerdings; dein Äußeres hat nicht gelitten.

HJALMAR *in düsterm Tone:* Aber das Innere. Da, kannst du mir glauben, sieht es anders aus. Du weißt ja, was für Entsetzliches über mich und die Meinen hereingebrochen ist, seit wir beide uns zuletzt gesehen haben.

GREGOR *leiser:* Wie geht es deinem Vater jetzt?

HJALMAR: Lieber, sprechen wir nicht davon. Mein armer unglücklicher Vater lebt natürlich bei mir zu Hause. Er hat ja keinen sonst in der ganzen Welt, an den er sich halten kann. Aber es ist so fürchterlich für mich, davon zu sprechen, weißt du. – Sage mir lieber, wie du es oben auf dem Werk gehabt hast.

GREGOR: Schön einsam habe ich es gehabt und daher gute Veranlassung, über dieses und jenes zu grübeln. – Komm, wir wollen es uns bequem machen.

Er setzt sich in einen Lehnstuhl beim Kamin und nötigt Hjalmar in einen andern an seiner Seite.

HJALMAR *gerührt:* Ich muß dir eigentlich doch danken, daß du mich bei deinem Vater zu Tisch batest; denn nun sehe ich doch, daß du nichts mehr gegen mich hast.

GREGOR *verwundert:* Wie konntest du darauf kommen, daß ich etwas gegen dich haben sollte?

HJALMAR: In den ersten Jahren war es doch so.

GREGOR: Welche ersten Jahre?

HJALMAR: Nachdem das große Unglück geschehn war. Und das war ja auch so natürlich. Es hing ja nur an einem Haar, daß dein Vater selbst mit in diese – o diese schrecklichen Geschichten wäre verwickelt worden.

GREGOR: Und deshalb sollte ich etwas gegen dich haben? Wer hat dir das eingebildet?

HJALMAR: Ich weiß, daß es so war; dein Vater selbst hat es mir gesagt.

GREGOR *stutzt:* Mein Vater! Ja so! – Hm – deshalb also ließt du seitdem nichts mehr von dir hören – nicht ein Wort.

HJALMAR: Ja.

GREGOR: Nicht einmal zu der Zeit, als du dich entschlossest, Fotograf zu werden.

HJALMAR: Dein Vater sagte, es lohne nicht, dir von etwas zu schreiben, was es auch wäre.

GREGOR *sieht vor sich hin:* Darin könnte er vielleicht recht haben. – Aber sage mir nun, Hjalmar – findest du einigermaßen Befriedigung in deiner jetzigen Stellung?

HJALMAR *seufzt leicht:* O ja, gewiß; ich kann eigentlich nicht anders sagen. In der ersten Zeit freilich, wie du dir denken kannst, war es etwas wunderlich. So völlig veränderte Verhältnisse, in die ich hineinkam. Aber auch alles andere war ja vollständig verändert. Das große, den Ruin herbeiführende Unglück meines Vaters – die Schande und Schmach – o Gregor –

GREGOR *erschüttert:* Jawohl! – Jawohl!

HJALMAR: Ich konnte ja nicht daran denken, beim Studieren zu bleiben; dazu war nicht ein Schilling übrig; im Gegenteil, eher Schulden; meistens an deinen Vater, glaube ich –

GREGOR: Hm –

HJALMAR: So schien es mir denn am besten – so mit einem Ruck, siehst du –, aus all den alten Verhältnissen und Verbindungen herauszukommen. Besonders riet mir dein Vater dazu; und da er sich meiner so hilfreich annahm –

GREGOR: Tat das mein Vater?

HJALMAR: Ja, du weißt es doch? Woher hätte ich das Geld nehmen sollen, um das Fotografieren zu erlernen, ein Atelier einzurichten und mich zu etablieren? Das, kannst du mir glauben, kostet viel.

GREGOR: Und all das hat mein Vater bezahlt?

HJALMAR: Ja, Lieber, weißt du es nicht? Ich verstand ihn so, als hätte er es dir geschrieben.

GREGOR: Nicht ein Wort, daß e r es war. Er mag es vergessen haben. Wir haben niemals andere als Geschäftsbriefe gewechselt. So – also mein Vater war es –

HJALMAR: Ja, er allerdings. Er wollte nicht, daß es bekannt würde; aber e r war es. Und er setzte mich ja auch in den Stand zu heiraten. Oder vielleicht weißt du das auch nicht?

GREGOR: Nein, das wußte ich allerdings nicht. *Er faßt seinen Arm.* Aber, lieber Hjalmar, ich kann dir gar nicht sagen, wie das alles mich erfreut – und quält. Ich habe meinem Vater vielleicht doch Unrecht getan – in einzelnen Stücken. Ja, denn dieses da zeugt ja von Herz, siehst du; gleichsam eine Art Gewissen. –

HJALMAR: Gewissen –?

GREGOR: Ja, ja, oder wie du es sonst nennen willst. Ich habe gar kein Wort dafür, wie froh ich bin, so etwas von Vater zu hören. – Du bist also verheiratet, Hjalmar. Da hast du es weiter gebracht, als ich es jemals erreichen werde. Nun, ich hoffe, daß du dich als Ehemann glücklich fühlst.

HJALMAR: Ja, das tue ich wirklich. Sie ist ein so flinkes und braves Weib, wie ein Mann verlangen kann; und durchaus nicht ohne alle Bildung.

GREGOR *etwas verwundert:* Sicher nicht.

HJALMAR: Nein, das Leben erzieht, siehst du. Der tägliche Umgang mit mir – und dann kommen ja häufig ein paar geistig begabte Leute zu uns. Ich versichre dich, du würdest Gina nicht wiedererkennen.

GREGOR: Gina?

HJALMAR: Ja, Lieber, erinnerst du dich nicht, daß sie Gina heißt?

GREGOR: Wer heißt Gina? Ich weiß ja gar nichts –

HJALMAR: Aber erinnerst du dich denn nicht, daß sie hier im Hause eine Zeitlang konditionierte?

GREGOR *sieht ihn an:* Ist es etwa Gina Hansen?

HJALMAR: Ja, natürlich ist es Gina Hansen!

GREGOR: Welche während des letzten Jahres, da meine Mutter krank zu Bett lag, den Haushalt führte?

HJALMAR: Ja, gewiß, so ist es. Aber, lieber Freund, ich weiß doch bestimmt, daß dein Vater dir schrieb, ich hätte mich verheiratet.

GREGOR *der sich erhoben hat:* Ja, das tat er freilich; aber nicht, daß – *Geht ein paarmal auf und ab.* – Ja, wart einmal – vielleicht doch – wenn ich ein wenig nachdenke. Aber Vater schreibt immer so kurz an mich. *Setzt sich halb auf die Stuhllehne.* Höre, Hjalmar, sage mir –; das ist doch gar zu köstlich –; wie ging es denn zu, daß du mit Gina – mit deiner Frau bekannt wurdest?

HJALMAR: Ganz einfach. Gina blieb ja nicht lange hier im Hause; hier war damals solch eine Verwirrung; die Krankheit deiner Mutter –; für alles konnte Gina nicht einstehn, und so kündigte sie und ging weg. Das war ein Jahr vor dem Tode deiner Mutter – oder vielleicht auch in demselben Jahre.

GREGOR: In demselben Jahre. Und ich war damals oben auf dem Werke. Aber dann?

HJALMAR: Ja, dann wohnte Gina zu Hause, bei ihrer Mutter, einer Frau Hansen, einer äußerst fleißigen und strebsamen Frau, die ein kleines Speisehaus und auch ein Zimmer zu vermieten hatte, ein wirklich sauberes und gemütliches Zimmer.

GREGOR: Und du warst wahrscheinlich so glücklich, es zu bekommen.

HJALMAR: Ja, dein Vater machte mir den Vorschlag. Und dort – siehst du – war es, wo ich Gina eigentlich kennenlernte.

GREGOR: Und so kam es zur Verlobung?

HJALMAR: Ja. Junge Leute verlieben sich ja so leicht ineinander –; hm –

GREGOR *steht auf und geht mehrmals auf und ab:* Sage mir – als du dich verlobt hattest, ließ dich gerade damals mein Vater – ich meine – fingst du gerade damals an, dich auf das Fotografieren zu legen?

HJALMAR: Ja, gerade damals. Ich wollte je eher, je lieber dazu kommen, mir ein Heim zu gründen. Und so fand denn sowohl dein Vater als auch ich, es möchte mit dem Fotografieren am leichtesten gehn. Gina schien es auch so. Ja, und es kam noch ein Grund dazu, weißt du. Es traf sich so glücklich, daß Gina sich schon mit dem Retuschieren befaßt hatte.

GREGOR: Das paßte ja wunderbar gut zusammen.

HJALMAR *vergnügt, steht auf:* Ja, nicht wahr? Findest du nicht auch, daß es wunderbar gut zusammenpaßte?

GREGOR: Ja, ich muß es zugeben. Mein Vater ist ja für dich schon fast eine Art Vorsehung gewesen.

HJALMAR *bewegt:* Er ließ in den Tagen der Drangsal den Sohn seines alten Freundes nicht im Stiche; denn er hat Herz, siehst du.

FRAU SÖRBY *kommt am Arme des Großhändlers Werle herein:* Keine Einwendungen, lieber Freund; Sie sollen sich nicht länger da drinnen aufhalten und in all die Lichter starren. Es tut Ihnen nicht gut.

WERLE *läßt ihren Arm los und fährt mit der Hand über die Augen:* Ich glaube auch beinahe, Sie haben recht.

Pettersen und Jensen kommen mit Präsentiertellern.

FRAU SÖRBY *zu den Gästen in dem andern Zimmer:* Seien Sie so gut, meine Herren, wer ein Glas Bowle haben will, möge sich hierhinein bemühen.

KAMMERHERR FLOR *kommt zu Frau Sörby:* Aber, du lieber Gott, ist es denn wirklich wahr, daß Sie die köstliche Rauchfreiheit aufgehoben haben?

FRAU SÖRBY: Ja, Herr Kammerherr, hier im Bereiche des Herrn Werle ist es verboten.

KAMMERHERR BALLE: Seit wann haben Sie denn diese verschärften Bestimmungen im Rauchgesetz eingeführt, Frau Sörby?

FRAU SÖRBY: Seit dem letzten Diner, Herr Kammerherr, denn da waren hier gewisse Leute, welche sich erlaubten, über die Schnur zu hauen.

KAMMERHERR BALLE: Und es wäre nicht erlaubt, ein ganz klein wenig über die Schnur zu hauen, Frau Bertha? Wirklich nicht?

FRAU SÖRBY: Nach keiner Seite hin, Herr Kammerherr.

Die meisten Gäste haben sich in dem Zimmer des Großhändlers versammelt; die Diener reichen gefüllte Gläser herum.

WERLE *zu Hjalmar an einen Tisch herantretend:* Was studieren S i e denn da, Ekdal?

HJALMAR: Nur ein Album, Herr Werle.

KAMMERHERR BALLE *der auf und ab geht:* Aha, Fotografien! Ja, das ist freilich etwas für Sie.

KAMMERHERR FLOR *in einem Lehnstuhl:* Haben Sie nicht einige von Ihren eigenen mitgebracht?

HJALMAR: Nein, das habe ich nicht!

KAMMERHERR FLOR: Das hätten Sie doch tun sollen, es ist so gut für die Verdauung, zu sitzen und Bilder anzusehen.

KAMMERHERR BALLE: Und dann ist es ja immer ein Scherflein für die Unterhaltung, nicht wahr?

KAMMERHERR KASPERSEN: Und alle Beiträge werden mit Dank angenommen.

FRAU SÖRBY: Die Kammerherren meinen, Herr Ekdal, wenn man zu Mittag eingeladen wird, müsse man auch für die Mahlzeit arbeiten.

KAMMERHERR FLOR: In einem guten Speisehaus ist d a s ein reines Vergnügen.

KAMMERHERR BALLE: Herrgott, wenn es den Kampf ums D a s e i n gilt, so –

FRAU SÖRBY: Ja, darin haben Sie recht.

Sie setzen die Unterhaltung unter Gelächter und Scherz fort.

GREGOR *leise:* So rede doch mit, Hjalmar.

HJALMAR *mit einer Wendung:* Wovon sollte ich wohl sprechen?

KAMMERHERR FLOR: Glauben Sie nicht auch, Herr Werle, daß der Tokayer als ein relativ gesundes Getränk für den Magen anzusehen ist?

WERLE *am Kamin:* Für den Tokayer, den Sie heute getrunken haben, kann ich in jedem Falle Garantie leisten. Er ist einer von den allerallerfeinsten Jahrgängen. Ja, das merkten Sie doch wohl auch.

KAMMERHERR FLOR: Ja, er schmeckte merkwürdig delikat.

HJALMAR *unsicher:* Ist denn ein Unterschied in den Jahrgängen?

KAMMERHERR FLOR *lacht:* Nein, Sie sind köstlich!

WERLE *lächelt:* Ihnen lohnt es wirklich nicht, edlen Wein vorzusetzen.

KAMMERHERR BALLE: Es ist mit dem Tokayer wie mit den Fotografien, Herr Ekdal. Es gehört Sonnenschein dazu. Oder vielleicht nicht?

HJALMAR: Ja, das Licht tut gewiß das Seinige dazu.

FRAU SÖRBY: Aber dann ist es ja genauso wie mit den Kammerherrn. Sie sollen ja auch sehr des Sonnenscheins bedürftig sein.

KAMMERHERR BALLE: Au, au! Der Kalauer ist doch gar zu veraltet!

KAMMERHERR KASPERSEN: Frau Sörby produziert sich –

KAMMERHERR FLOR: Und noch dazu auf unsere Kosten. *Droht:* Frau Bertha, Frau Bertha!

FRAU SÖRBY: Ja, aber es ist nun einmal wahr und gewiß, daß die Jahrgänge höchst verschieden sein können. Die ältesten sind die feinsten.

KAMMERHERR KASPERSEN: Rechnen Sie mich zu den alten?

FRAU SÖRBY: O noch lange nicht.

KAMMERHERR BALLE: Da haben Sie's. Aber mich, liebe Frau Sörby?

KAMMERHERR FLOR: Ja und mich! Zu welchen Jahrgängen rechnen Sie uns?

FRAU SÖRBY: Zu den süßen Jahrgängen, meine Herren.

Sie nippt an einem Glase; die Kammerherren lachen und scherzen mit ihr.

WERLE: Frau Sörby findet immer einen Ausweg – wenn sie will. Langen Sie zu, meine Herren! – Pettersen, sorgen Sie dafür! – Gregor, ich denke, wir trinken ein Glas zusammen. *Gregor rührt sich nicht.* Wollen Sie nicht mit dabeisein, Ekdal? Ich fand bei Tisch keine Gelegenheit, Sie zu nötigen.

Buchhalter Groberg sieht durch die Tapetentür herein.

GROBERG: Verzeihung, Herr Werle, aber ich kann nicht hinaus.

WERLE: Na, sind Sie wieder einmal eingeschlossen worden?

GROBERG: Ja, und Flagstad ist mit den Schlüsseln davongegangen.

WERLE: So gehen Sie nur hier durch.

GROBERG: Aber da ist noch einer –

WERLE: Kommen Sie nur, kommen Sie beide, genieren Sie sich nicht. *Groberg und der alte Ekdal kommen aus dem Kontor. – Unwillkürlich:* Ha!

Das Gelächter und Geplauder unter den Gästen verstummt. Hjalmar fährt bei dem Anblick seines Vaters zusammen, stellt sein Glas fort und wendet sich zum Kamin.

DER ALTE EKDAL *macht, ohne aufzusehen, kurze Verbeugungen nach beiden Seiten und durchschreitet das Zimmer, indem er murmelt:* Bitte um Verzeihung. – Bin den unrechten Weg gekommen. Die Tür war verschlossen. Bitte um Verzeihung.

Er und Groberg gehen im Hintergrund rechts hinaus.

WERLE *zwischen den Zähnen:* Der verdammte Groberg!

GREGOR *mit offenem Munde und starrem Blicke zu Hjalmar:* Aber das war doch nicht etwa gar –

KAMMERHERR FLOR: Was ist das für ein Mensch? Wer war das?

GREGOR: O niemand; nur der Buchhalter und noch einer.

KAMMERHERR KASPERSEN *zu Hjalmar:* Kannten Sie den Mann?

HJALMAR: Ich weiß nicht – ich achtete nicht auf ihn –

KAMMERHERR FLOR *aufstehend:* Was zum Teufel steckt da dahinter?

Er geht zu einigen andern, die leise miteinander sprechen.

FRAU SÖRBY *flüstert dem Bedienten zu:* Stecken Sie ihm draußen etwas zu, etwas Ordentliches.

PETTERSEN *nickt:* Soll geschehn! *Geht ab.*

GREGOR *leise und erschüttert zu Hjalmar:* Er war es also wirklich!

HJALMAR: Ja!

GREGOR: Und dennoch standest du da und leugnetest, daß du ihn kennst?

HJALMAR *leise und heftig:* Aber konnte ich denn –

GREGOR: – deinen Vater anerkennen?

HJALMAR *schmerzlich:* Oh, wenn du an meiner Stelle wärest, so –

Die Gespräche unter den Gästen, die mit leisen Stimmen geführt worden waren, gehen plötzlich in einen gezwungen-lauten Ton über.

KAMMERHERR BALLE *nähert sich Hjalmar und Gregor freundschaftlich:* Aha, steht man hier und frischt alte Erinnerungen aus den Studentenjahren auf? Was? Rauchen Sie nicht, Herr Ekdal? Wollen Sie Feuer haben? – Ach so – wir dürfen ja nicht.

HJALMAR: Danke sehr, ich möchte nicht –

KAMMERHERR FLOR: Haben Sie nicht ein kleines, hübsches Gedicht zum Deklamieren, Herr Ekdal? Früher taten Sie das so reizend.

HJALMAR: Mir fällt leider keins ein.

KAMMERHERR FLOR: Ach, wie schade. Ja, was sollen wir denn sonst anfangen, Balle?

Beide Herren gehen über die Bühne in das hintere Zimmer.

HJALMAR *düster:* Gregor, ich will gehen! Wenn ein Mensch den zermalmenden Schlag des Schicksals auf seinem Haupte gefühlt hat, siehst du –. Empfiehl mich deinem Vater.

GREGOR: Ja, ja, gehst du direkt nach Hause?

HJALMAR: Ja. Warum fragst du?

GREGOR: Weil ich vielleicht später zu dir komme.

HJALMAR: Nein, tu es nicht. Nicht zu mir nach Hause. Meine Wohnung ist trist und einsam, Gregor – zumal nach solch einem glänzenden Gastmahl. Wir können uns ja sonst an irgendeinem Orte in der Stadt treffen.

FRAU SÖRBY *die sich genähert hat, leise:* Sie gehen, Ekdal?

HJALMAR: Ja.

FRAU SÖRBY: Grüßen Sie Gina.

HJALMAR: Danke.

FRAU SÖRBY: Und sagen Sie ihr, ich würde in den nächsten Tagen bei ihr vorsprechen.

HJALMAR: Sehr freundlich. *Zu Gregor:* Bleibe hier, ich will unbemerkt verschwinden.

Er geht schnell über die Bühne in das hintere Zimmer und von dort rechts hinaus.

FRAU SÖRBY *leise zu Pettersen, der zurückgekommen ist:* Nun, gaben Sie dem Alten etwas mit?

PETTERSEN: Jawohl, ich steckte ihm eine Flasche Kognak zu.

FRAU SÖRBY: Oh, da hätten Sie wohl auch etwas Besseres finden können.

PETTERSEN: Nicht doch, Frau Sörby. Kognak ist für ihn das Beste, was es gibt.

KAMMERHERR FLOR *in der Tür, mit einem Notenheft in der Hand:* Wollen wir nicht ein wenig zusammen spielen, Frau Sörby?

FRAU SÖRBY: Jawohl! Tun wir das.

DIE GÄSTE: Bravo! Bravo!

Frau Sörby und alle Fremden gehen durch das hintere Zimmer nach rechts hinaus. Gregor bleibt am Kamin stehen. Großhändler Werle sucht etwas auf dem Schreib-

tisch, als ob er wünschte, Gregor solle gehn; da derselbe sich nicht rührt, geht der Großhändler nach der Ausgangstür.

GREGOR: Vater, möchtest du nicht ein wenig warten?

WERLE *bleibt stehen:* Was gibt's?

GREGOR: Ich muß ein Wort mit dir reden.

WERLE: Hat das nicht Zeit, bis wir allein sind?

GREGOR: Nein, das hat es nicht, denn es könnte sich ereignen, daß wir eben nicht allein bleiben.

WERLE *kommt näher:* Was soll das heißen?

Während der folgenden Szene hört man Klavierspiel aus dem Musiksalon.

GREGOR: Wie war es möglich, die Familie so jämmerlich verkommen zu lassen?

WERLE: Du meinst wahrscheinlich die Ekdals, ich kann's mir denken.

GREGOR: Ja, ich meine die Ekdals. Leutnant Ekdal stand dir doch einst sehr nahe.

WERLE: Leider, er stand mir nur allzu nahe. Wie manches Jahr habe ich es schmerzlich fühlen und büßen müssen. Habe ich es ihm doch zu danken, daß auch m e i n guter Name und Ruf eine Art Flecken bekam.

GREGOR *leise:* War e r wirklich der allein Schuldige?

WERLE: Wer wohl noch sonst?

GREGOR: Er und du, beide wart ihr doch beteiligt – bei dem großen Waldkaufe.

WERLE: Aber war es nicht Ekdal, der die Terrainkarte aufnahm, jene unzuverlässige Karte? E r betrieb den ungesetzlichen Holzschlag auf Staatsgrund. Er allein war es ja, der den ganzen Betrieb dort oben leitete. Ich hatte keine Ahnung davon, was Leutnant Ekdal unternahm.

GREGOR: Leutnant Ekdal hatte wohl selbst keine Ahnung davon, was er unternahm.

WERLE: Mag es so sein; aber es ist doch einmal Tatsache, daß e r verurteilt und i c h freigesprochen wurde.

GREGOR: Ja, ich weiß wohl, es fehlten die Beweise.

WERLE: Freisprechung ist Freisprechung. Weshalb rührst du diese alten peinlichen Geschichten wieder auf, die mein Haar vor der Zeit haben ergrauen lassen? Hast du etwa darüber alle diese Jahre dort oben nachgegrübelt? Ich kann dich versichern, Gregor, hier in der Stadt sind die Geschichten schon lange vergessen – wenigstens soweit es mich betrifft.

GREGOR: Aber die unglückliche Ekdalsche Familie?

WERLE: Was hätte ich denn eigentlich für die Leute tun sollen? Als Ekdal wieder auf freien Fuß kam, war er ein gebrochener Mann, völlig hilflos. Es gibt Menschen auf der Welt, welche zugrunde gehen, wenn sie auch nur ein paar Schrotkörner in den Leib bekommen, und niemals mehr emporkommen. Du kannst mir auf mein Wort glauben, Gregor, ich bin so weit gegangen, als ich nur konnte, ohne mich geradezu bloßzustellen und allerlei Verdächtigungen und Klatschereien Nahrung zu geben –

GREGOR: Verdächtigungen – nun freilich, ja.

WERLE: Ich habe Ekdal Schreibereien für das Kontor geben lassen und bezahle ihm weit, weit mehr, als seine Arbeit wert ist –

GREGOR *ohne ihn anzusehen:* Hm; d a r a n zweifle ich nicht.

WERLE: Lachst du? Glaubst du vielleicht nicht, daß es wahr ist, was ich sage? In meinen Büchern steht allerdings nichts davon; denn solche Ausgaben buche ich niemals.

GREGOR *lächelt kalt:* Nein; es gibt gewisse Ausgaben, die man am besten nicht bucht.

WERLE *stutzt:* Was meinst du damit?

GREGOR *mit erzwungenem Mut:* Hast du etwa gebucht, was es dich gekostet hat, um Hjalmar Ekdal fotografieren lernen zu lassen?

WERLE: Ich? Wieso gebucht?

GREGOR: Ich weiß jetzt, du hast die Kosten bezahlt, und ich weiß auch, nur du hast ihn so freigebig in den Stand gesetzt, sich zu etablieren.

WERLE: Nun, und dennoch sagst du, ich hätte nichts für Ekdals getan! Ich kann dich versichern, diese Menschen haben mir Ausgaben genug verursacht.

GREGOR: Hast du irgendeiner dieser Ausgaben gebucht?

WERLE: Weshalb fragst du das?

GREGOR: Je nun, es hat so seine Ursachen. Bitte, sage mir – als du dich des Sohnes deines alten Freundes so warm annahmst – war es nicht gerade da, als er sich verheiraten wollte?

WERLE: Ja, zum Henker – wie soll ich nach Verlauf so vieler Jahre –?

GREGOR: Du schriebst mir damals einen Brief – einen Geschäftsbrief natürlich, und in einer Nachschrift stand ganz kurz, daß Hjalmar Ekdal sich mit einem Fräulein Hansen verheiratet hätte.

WERLE: Ja, und das war ja auch ganz richtig, so hieß sie.

GREGOR: Aber du schriebst nichts davon, daß jenes Fräulein Hansen Gina Hansen war, unsere ehemalige Hausmamsell.

WERLE *lacht spöttisch, aber gezwungen:* Nein, ich dachte wirklich nicht, du möchtest dich so ganz besonders für unsere ehemalige Hausmamsell interessierten.

GREGOR: Das tat ich auch nicht. Aber – *senkt die Stimme:* es gab hier im Hause andere, welche sich für sie ganz besonders interessierten.

WERLE: Was meinst du damit? *Aufbrausend:* Du zielst doch nicht etwa auf mich?

GREGOR *leise, aber fest:* Ja, ich ziele auf dich.

WERLE: Und das wagst du – das unterstehst du dich! – Wie kann er, der Undankbare – der Fotograf – wie darf er sich erdreisten, mit solchen Anspielungen zu kommen!

GREGOR: Hjalmar hat dieses alles mit keinem Worte berührt. Ich glaube nicht, daß er auch nur eine Ahnung davon hat.

WERLE: Aber von wem hast du es denn? Wer hat so etwas sagen können?

GREGOR: Das hat meine arme, unglückliche Mutter gesagt, und zwar, als ich sie das letztemal sah.

WERLE: Deine Mutter! Hätte ich es mir doch denken

können. Sie und du – ihr hieltet stets zusammen. Sie wandte von Anfang an deinen Sinn von mir ab.

GREGOR: Nein, es kam von alledem, was sie hier zu leiden und zu dulden hatte, bis sie unterlag und so jämmerlich zugrunde ging.

WERLE: Oh, sie hatte durchaus nichts zu leiden und zu dulden, jedenfalls nicht mehr als so viele andere. Aber mit kranken, überspannten Menschen ist ja nicht auszukommen. Das habe auch ich zur Genüge fühlen müssen. Und nun kommst du und greifst mit einem solchen Verdacht – kommst und gräbst dich in allerlei alte Gerüchte und Verleumdungen gegen deinen eigenen Vater. Weißt du, Gregor, ich finde wirklich, du könntest dich in deinem Alter wohl mit etwas Nützlicherem beschäftigen.

GREGOR: Ja, das dürfte wohl an der Zeit sein.

WERLE: Dann würde vielleicht auch dein Sinn leichter werden, als es jetzt der Fall zu sein scheint. Wozu soll es führen, wenn du jahrein, jahraus dort oben auf dem Werk sitzest und dich wie ein einfacher Kontorist quälst und nicht einen Schilling über deinen gewöhnlichen Monatslohn annehmen willst? Das ist doch die reine Torheit.

GREGOR: Ja, falls ich dessen ganz sicher sein könnte –

WERLE: Ich verstehe dich wohl. Du willst unabhängig sein, willst mir nichts schulden. Aber jetzt ist gerade eine Gelegenheit für dich da, unabhängig, dein eigener Herr in jeder Beziehung zu werden.

GREGOR: So? Und auf welche Weise?

WERLE: Als ich dir schrieb, daß du notwendig sofort zur Stadt kommen müßtest, da –

GREGOR: Ja, was willst du eigentlich von mir? Ich habe den ganzen Tag darauf gewartet, es zu erfahren.

WERLE: Ich will dir vorschlagen, als Teilhaber in meine Firma einzutreten.

GREGOR: Ich, in deine Firma? Als Kompagnon?

WERLE: Ja, wir brauchen darum ja nicht beständig zusammenzusein. Du könntest die Geschäfte hier in der Stadt übernehmen, und ich zöge zum Werk hinauf.

GREGOR: Das wolltest du?

WERLE: Ja, siehst du, ich bin nicht mehr so arbeitsfähig wie früher. Ich sehe mich genötigt, meine Augen zu schonen, Gregor. Sie fangen an, schwach zu werden.

GREGOR: Das sind sie ja immer gewesen.

WERLE: Nicht so wie jetzt – und dann, außerdem – die Umstände könnten es mir vielleicht wünschenswert erscheinen lassen, dort oben zu wohnen, wenigstens für einige Zeit.

GREGOR: Das hätte ich mir niemals träumen lassen.

WERLE: Siehe, Gregor. Es ist so mancherlei, was uns trennt. Aber wir sind doch nun einmal Vater und Sohn. Ich denke, wir müßten zu einer Art Verständigung gelangen können.

GREGOR: Äußerlich meinst du wohl?

WERLE: Auch das wäre jedenfalls schon etwas. Denke darüber nach, Gregor, findest du nicht, daß es sich müßte machen lassen? Wie?

GREGOR *sieht ihn mit kalten Blicken an:* Da steckt etwas dahinter.

WERLE: Wieso?

GREGOR: Du mußt mich zu irgend etwas nötig haben.

WERLE: In solch einem nahen Verhältnis wie das unsrige hat der eine den andern immer nötig.

GREGOR: Ja, man sagt so.

WERLE: Ich möchte dich jetzt gern eine Zeitlang bei mir zu Hause haben. Ich bin ein einsamer Mann, Gregor, ich habe mich immer einsam gefühlt, mein ganzes Leben hindurch; aber am meisten jetzt, da ich anfange, alt zu werden. Ich fühle das Bedürfnis, jemand um mich zu haben.

GREGOR: Du hast ja Frau Sörby.

WERLE: Das habe ich, und sie ist mir, sozusagen, fast unentbehrlich geworden. Sie ist munter und von schlichtem Sinn, sie belebt das ganze Haus – und das habe ich so sehr nötig.

GREGOR: Nun ja; aber so hast du ja alles, was du wünschest.

WERLE: Ja, aber ich fürchte, es möchte nicht dabei bleiben. Eine Frau in solchen Verhältnissen kommt der Welt gegenüber leicht in eine schiefe Stellung. Ja, ich hätte fast gesagt, einem Mann sei damit auch nicht gedient.

GREGOR: Oh, wenn man solche Diners gibt wie du, kann man schon manches wagen.

WERLE: Ja, aber s i e, Gregor? Ich fürchte nämlich, sie wird sich nicht länger darein finden. Und selbst wenn sie es täte – selbst wenn sie, aus Anhänglichkeit für mich, sich dem Klatsch und der Verleumdung und allem ähnlichen aussetzte – findest du nicht, Gregor, du mit deinem stark ausgeprägten Schicklichkeitsgefühl –

GREGOR *unterbricht ihn:* Sage mir kurz und bündig eins: gedenkst du dich mit ihr zu verheiraten?

WERLE: Und wenn ich nun an so etwas dächte? Was dann?

GREGOR: Ja, das frage ich auch. Was dann?

WERLE: Würde es dir so ganz unüberwindlich und zuwider sein?

GREGOR: Nein, durchaus nicht, in keiner Beziehung.

WERLE: Ich konnte ja nicht wissen, ob es dir vielleicht mit Rücksicht auf die Erinnerung an deine verstorbene Mutter –

GREGOR: Ich bin nicht überspannt.

WERLE: Was du auch bist oder nicht bist, jedenfalls hast du mir einen schweren Stein vom Herzen genommen. Es ist mir ungemein lieb, daß ich in dieser Sache auf deinen Beifall rechnen darf.

GREGOR *sieht ihn unverwandt an:* Jetzt sehe ich ein, wozu du mich gebrauchen willst.

WERLE: Dich gebrauchen? Was für ein Ausdruck!

GREGOR: Laß uns doch nicht so peinlich sein in der Wahl der Worte – jedenfalls nicht unter vier Augen. *Lacht kurz.* Tod und Teufel! Deshalb also mußte ich mich in der Stadt in eigener Person einfinden. Frau Sörbys wegen wird hier ein Familienleben in Szene gesetzt. Tableau zwischen Vater und Sohn! Einmal etwas ganz Neues!

WERLE: Wie darfst du in solchem Tone mit mir sprechen!

GREGOR: Wann hätte es hier ein Familienleben gegeben? Niemals, solange ich mich erinnern kann. Aber jetzt kann man schon ein bißchen davon brauchen; denn es wird sich ja unstreitig gut ausnehmen, wenn da erzählt werden kann, es sei der Sohn – auf den Flügeln der Pietät – zu der Hochzeit des alternden Vaters heimgeeilt. Was wird dann wieder aus all den Gerüchten, was die arme Verstorbene leiden und dulden mußte? Nicht ein Fünkchen. Ihr Sohn schlägt sie ja zu Boden.

WERLE: Gregor, gibt es wohl einen Menschen auf der Welt, der dir so zuwider wäre wie ich?

GREGOR *leise:* Ich habe dich zu sehr aus der Nähe geschaut.

WERLE: Du hast mich mit den Augen deiner Mutter angesehen. *Senkt ein wenig die Stimme:* Aber du solltest dich doch auch erinnern, daß diese Augen mitunter umnachtet waren.

GREGOR *bebend:* Ich verstehe, worauf du zielst. Wer aber trägt die Schuld an der unglücklichen Schwäche meiner Mutter? Wer anders als du und alle diese –! Die letzte von ihnen war jenes Frauenzimmer, mit der Hjalmar Ekdal zusammengetan wurde, als du nicht länger – oh!

WERLE *zuckt die Achseln:* Worte und nichts als Worte, gerade als hörte ich deine Mutter.

GREGOR *ohne auf ihn zu achten:* – und da sitzt er nun, mit seiner großen, arglosen Kinderseele, er mitten im Betruge – lebt unter einem Dache zusammen mit einer solchen Person und weiß nicht, daß das, was er sein Heim nennt, sich auf einer Lüge aufbaut. *Tritt einen Schritt näher.* Wenn ich auf alle deine Unternehmungen zurückblicke, so ist es mir, als überschaute ich ein Schlachtfeld mit zertrümmerten Menschenschicksalen längs allen Wegen.

WERLE: Ich glaube beinahe, die Kluft zwischen uns beiden ist zu breit.

GREGOR *sich mit erzwungener Fassung verneigend:* Das habe ich auch bemerkt, und deshalb nehme ich lieber meinen Hut und gehe.

WERLE: Du gehst? – Aus dem Hause?

GREGOR: Ja, denn jetzt erblicke ich endlich einmal eine Lebensaufgabe.

WERLE: Und was für eine Aufgabe?

GREGOR: Du würdest nur lachen, wenn du es hörtest.

WERLE: Ein einsamer Mann lacht nicht so leicht, Gregor.

GREGOR *zeigt nach dem Hintergrunde hinaus:* Sieh, Vater – dort spielen die Kammerherren blinde Kuh mit Frau Sörby. – Gute Nacht! – Lebe wohl! –

Er geht im Hintergrund nach rechts hinaus. Man hört Geplauder und Gelächter der Gesellschaft, die im Hintergrund sichtbar wird.

WERLE *murmelt höhnisch hinter Gregor:* He –! Schwächling! Und doch sagt er, er sei nicht überspannt!

ZWEITER AUFZUG

Das Atelier Hjalmar Ekdals. Der Raum ist ziemlich groß, man sieht ihm an, daß es ein Dachzimmer ist. Rechts befindet sich ein schräges Dach mit großen Glasscheiben, halb verdeckt durch einen blauen Vorhang. Hinten in der Ecke rechts ist die Eingangstür, vorn auf derselben Seite eine Tür, die zur Wohnstube führt. An der linken Wand befinden sich ebenfalls zwei Türen; zwischen denselben ein eiserner Ofen. An der Hinterwand eine breite Doppeltür, die zur Seite geschoben werden kann. Das Atelier ist ärmlich, aber gemütlich eingerichtet und möbliert. Zwischen den Türen rechts, etwas von der Wand entfernt, steht ein Sofa mit einem Tisch und einigen Stühlen; auf dem Tisch eine angezündete Lampe mit Schirm; in der Ofenecke ein alter Lehnstuhl. Verschiedene fotografische Apparate und Instrumente sind hier und dort aufgestellt. An der Hinterwand links von der Doppeltür ein Regal, darauf einige Bücher, Schachteln und Flaschen mit chemischen Stoffen, verschiedene Gerätschaften, Werkzeuge und andere Gegenstände. Fotografien und Kleinigkeiten wie Pinsel, Papiere etc. liegen auf dem Tisch.

Gina sitzt auf einem Stuhl am Tisch und näht. Hedwig sitzt auf dem Sofa, die Arme auf den Tisch gestützt, und beschattet die Augen mit den Händen, indem sie die Daumen in die Ohren steckt. Sie liest in einem Buch.

GINA *sieht sie ein paarmal verstohlen, gleichsam mit unterdrückter Besorgnis an, dann sagt sie:* Hedwig. *Hedwig hört es nicht. Lauter:* Hedwig.

HEDWIG *nimmt die Hände fort und sieht auf:* Ja, Mutter.

GINA: Liebe Hedwig, nun darfst du nicht länger da sitzen und lesen.

HEDWIG: Ach Mutter, kann ich nicht noch ein ganz klein wenig lesen?

GINA: Nein, nein, du mußt jetzt das Buch fortlegen. Dein Vater hat es nicht gern; er selbst liest niemals des Abends.

HEDWIG *schließt das Buch:* Nein, Vater gibt sich nicht viel mit dem Lesen ab.

GINA *legt das Nähzeug beiseite und nimmt einen Bleistift und ein kleines Heft vom Tisch:* Besinnst du dich vielleicht, wieviel wir heute für Butter ausgegeben haben?

HEDWIG: Eine Krone und fünfundsechzig Öre.

GINA: Richtig. *Notiert.* Es ist furchtbar, was hier im Hause für Butter verbraucht wird. – Ferner für Rauchwurst und Käse – laß sehn – *notiert,* und dann für Schinken – hm – *summiert,* ja, das macht gleich –

HEDWIG: Und dazu das Bier.

GINA: Ja, das versteht sich. *Notiert.* Das läuft auf, aber es muß ja sein.

HEDWIG: Aber wir beide brauchten dafür auch nichts Warmes zu Mittag, da Vater fort war.

GINA: Ja, das war sehr gut. Na und dann nahm ich ja auch acht Kronen fünfzig für die Fotografien ein.

HEDWIG: Wirklich – machte das soviel?

GINA: Genau acht Kronen fünfzig.

Pause. Gina nimmt wieder ihr Nähzeug vor. Hedwig nimmt Papier und Bleistift und fängt zu zeichnen an, sich mit der linken Hand die Augen beschattend.

HEDWIG: Ist es nicht drollig, sich vorzustellen, daß Vater auf einem großen Diner beim Großhändler Werle ist?

GINA: Du kannst doch nicht sagen, er sei beim Großhändler. Eigentlich hat ihn doch der Sohn eingeladen. *Gleich darauf:* Wir haben ja mit dem Großhändler nichts zu schaffen.

HEDWIG: Ich freue mich so schrecklich darauf, wenn Vater nach Hause kommt, er versprach mir, Frau Sörby um etwas Schönes für mich zu bitten.

GINA: Ja, es gibt allerlei schöne Dinge in dem Hause, das kannst du glauben.

HEDWIG *zeichnet weiter:* Ja, ja, ein bißchen hungrig bin ich doch auch.

Der alte Ekdal mit einem Stoß Papiere unter dem Arm und einem andern Paket in der Rocktasche kommt durch die Korridortür herein.

GINA: Wie spät Großvater wieder nach Hause kommt!

EKDAL: Sie hatten das Kontor geschlossen. Mußte bei Groberg warten, durfte schließlich durchgehen – hm –

HEDWIG: Gaben Sie dir etwas Neues zum Abschreiben, Großvater?

EKDAL: Das ganze Paket, sieh nur.

GINA: Das ist schön.

HEDWIG: Und in der Tasche hast du noch ein Paket!

EKDAL: So? Unsinn! Das ist nichts. *Setzt den Stock in die Ecke.* Da habe ich Arbeit für lange Zeit, Gina. *Er schiebt die eine Halbtür im Hintergrund etwas zur Seite.* Hst! *Blickt einen Augenblick in den Raum hinein und schiebt die Tür wieder vorsichtig zu.* Ha – ha, sie schlafen wirklich alle zusammen auf einem Haufen. Und sie selbst hat sich in den Korb gesetzt. Ha – ha!

HEDWIG: Bist du auch sicher, Großvater, daß sie in dem Korbe nicht friert?

EKDAL: Wie kannst du sowas glauben? Frieren – in all dem Stroh? *Geht nach der hintersten Tür links.* Ich finde drinnen wohl Zündhölzchen?

GINA: Die Zündhölzchen stehn auf der Kommode.

Ekdal geht in sein Zimmer.

HEDWIG: Es ist wirklich gut, daß Großvater wieder so viel zu schreiben bekam.

GINA: Ja, der arme, alte Vater! So verdient er sich doch ein kleines Taschengeld.

HEDWIG: Und dann kann er nicht den ganzen Vormittag unten in der abscheulichen Restauration bei Frau Eriksen sitzen.

GINA: Ja, das auch.

Kurze Pause.

HEDWIG: Ob sie wohl noch bei Tische sitzen?

GINA: Weiß Gott, aber kann schon sein.

HEDWIG: Ach, all das Schöne, das Vater zu essen bekommt. Gewiß wird er froh und vergnügt sein, wenn er nach Hause kommt. Meinst du nicht auch, Mutter?

GINA: Ja, aber sieh, wenn wir ihm nur sagen könnten, daß wir das Zimmer vermietet hätten.

HEDWIG: Aber das brauchen wir ja heute abend nicht.

GINA: Ei, es könnte sich noch gut machen, weißt du. Auch steht es ja ganz nutzlos da!

HEDWIG: Nicht doch, ich meine, es ist nicht nötig, weil Vater heute abend schon ohnedies gut aufgelegt sein wird. Es ist besser, wir lassen das mit dem Zimmer für ein andermal.

GINA *sieht zu ihr hinüber:* Erzählst du dem Vater gern etwas Gutes, wenn er abends nach Hause kommt?

HEDWIG: Gewiß, er wird ja dann fröhlicher.

GINA *nachdenklich vor sich hin:* O ja, es liegt etwas Wahres darin. *Der alte Ekdal kommt wieder herein und will durch die vorderste Tür links hinausgehn. Gina wendet sich halb auf dem Stuhl um:* Großvater, willst du etwas aus der Küche haben?

EKDAL: Ich wollte, ja; bleib nur sitzen. *Geht hinaus.*

GINA: Er spenkert doch nicht etwa in den glühenden Kohlen herum. *Wartet einen Augenblick.* Hedwig, sieh doch nach, was er macht.

Ekdal kommt wieder herein mit einem kleinen Kruge dampfenden Wassers.

HEDWIG: Holst du warmes Wasser, Großvater?

EKDAL: Ja, brauche es. Muß schreiben, und die Tinte ist dick geworden wie Brei.

GINA: Aber Großvater, du solltest doch erst Abendbrot essen. Es ist warmgestellt.

EKDAL: Das Abendbrot ist mir eins, Gina. Bin sehr eilig, sage ich dir; will keinen in meiner Kammer haben – keinen – hm! –

Er geht in sein Zimmer. Gina und Hedwig sehen einander an.

GINA *leise:* Kannst du dir denken, wo er das Geld dazu her hat?

HEDWIG: Er hat gewiß etwas von Groberg bekommen.

GINA: Nein, das nicht, Groberg schickt ja das Geld immer mir.

HEDWIG: So wird er irgendwo eine Flasche auf Borg bekommen haben.

GINA: Der arme, alte Vater, sie borgen ihm schon lange nichts mehr. *Hjalmar Ekdal, im Überrock mit einem grauen Filzhut, kommt von rechts herein. Gina legt das Nähzeug fort und steht auf.* Was, Ekdal, bist du schon zurück?

HEDWIG *gleichzeitig, springt auf:* Kommst du schon, Vater?

HJALMAR *legt den Hut fort:* Ja, jetzt gingen die meisten.

HEDWIG: So zeitig?

HJALMAR: Es war ja ein Diner.

Will den Überrock ausziehen.

GINA: Laß mich dir helfen.

HEDWIG: Mich auch. *Sie ziehen ihm den Rock aus. Gina hängt ihn an der Hinterwand auf.* Waren viele dort, Vater?

HJALMAR: O nein, nicht viele, wir waren so zwölf bis vierzehn Personen zu Tisch.
GINA: Und du unterhieltest dich wohl mit allen?
HJALMAR: O ja, ein wenig, aber Gregor legte besonders Beschlag auf mich.
GINA: Ist Gregor noch immer so häßlich?
HJALMAR: Nun, er sieht noch immer nicht gut aus. – Ist nicht der Alte schon nach Hause gekommen?
HEDWIG: Ja, Großvater sitzt drinnen und schreibt.
HJALMAR: Sagte er etwas?
GINA: Nein, was sollte er sagen?
HJALMAR: Erwähnte er nicht etwas von –? Ich meine gehört zu haben, daß er bei Groberg gewesen wäre. Ich will ein wenig zu ihm hineingehen.
GINA: Nein, nein, das lohnt nicht.
HJALMAR: Warum nicht? Sagte er, daß er mich nicht drinnen haben wollte?
GINA: Er will heute abend keinen drinnen haben –
HEDWIG *macht Zeichen:* Hm – hm –
GINA *merkt es nicht:* Er war hier und hat sich warmes Wasser geholt –
HJALMAR: Aha, er sitzt und –
GINA: Jawohl, so ist es.
HJALMAR: Ach Gott! Mein armer, alter, grauer Vater! Laßt ihn nur sitzen und sich einmal ordentlich gütlich tun.

Der alte Ekdal im Hausrock und mit angezündeter Tabakspfeife kommt aus seinem Zimmer.

EKDAL: Nach Hause gekommen? War mir doch so, als hörte ich dich sprechen.
HJALMAR: Ich kam soeben.
EKDAL: Du sahst mich wohl nicht?
HJALMAR: Nein, aber sie sagten, du wärest hindurchgegangen – und da wollt' ich dir folgen.
EKDAL: Hm – nett von dir, Hjalmar. – Was waren es denn für Leute?
HJALMAR: Oh, verschiedene; da war der Kammerherr Flor und Kammerherr Balle und Kammerherr Kaspersen und Kammerherr soundso, ich weiß nicht –
EKDAL *nickt:* Hörst du, Gina. Er ist mit lauter Kammerherren zusammengewesen.
GINA: Ja, jetzt ist es furchtbar fein in dem Hause.
HEDWIG: Sangen die Kammerherren, oder trugen sie etwas vor, Vater?
HJALMAR: Nein, sie schwatzten nur allerlei. Sie wollten zwar, ich sollte ihnen etwas vordeklamieren, aber dazu bekamen sie mich nicht.
EKDAL: Sie bekamen dich nicht dazu?
GINA: Aber das hättest du doch tun können.
HJALMAR: Nein, man muß nicht gleich jedem beliebigen zu Diensten stehen. *Geht auf und nieder.* Ich tue es jedenfalls nicht.
EKDAL: Nein, nein, Hjalmar ist nicht so leicht zu haben.
HJALMAR: Ich weiß nicht, warum gerade ich für die Unterhaltung sorgen soll, wenn ich gelegentlich einmal aus bin. Laß doch die andern sich anstrengen! Da gehen diese Kerle aus einem Haus ins andere, tagaus, tagein, und essen und trinken. Mögen sie sich doch für all das gute Essen, das sie bekommen, bedanken und gefällig erweisen.
GINA: Aber das sagtest du doch nicht etwa?
HJALMAR *singend:* Ha – ha – ha, sie bekamen allerlei zu hören.
EKDAL: Sogar die Kammerherren?
HJALMAR: Oh, sie gingen nicht leer aus. *Leichthin:* Sodann kamen wir in einen kleinen Disput über den Tokayerwein.
EKDAL: Tokayerwein? Ei, das ist ein feiner Wein, weißt du.
HJALMAR *bleibt stehen:* Er kann fein sein. Aber ich will dir sagen, nicht alle Jahrgänge sind gleich fein, es kommt darauf an, wieviel Sonne die Trauben bekommen haben.
GINA: Aber du weißt auch alles, Ekdal.
EKDAL: Und darüber disputierten sie?
HJALMAR: Sie versuchten es, aber da ward ihnen der Bescheid, daß es mit den Kammerherren ebenso sei. Von denen wären auch nicht alle Jahrgänge gleich fein – wurde gesagt.
GINA: Nein, worauf du nur kommst!
EKDAL: Ha, ha, und das bekamen sie auf ihr Butterbrot?
HJALMAR: Ja, geradezu ins Gesicht.
EKDAL: Du, Gina, er hat es den Kammerherren geradezu ins Gesicht gesagt.
GINA: Denk dir, sowas einem so ins Gesicht zu sagen!
HJALMAR: Ja, aber ich wünsche nicht, daß darüber gesprochen werde. So etwas erzählt man nicht. Das Ganze ging ja auch natürlich in aller Freundschaft zu. Es waren ja nette, gemütliche Leute; weshalb sie verwunden? Nein.
EKDAL: Aber gerade ins Gesicht?
HEDWIG *schmeichelnd:* Wie drollig, Vater, dich im Frack zu sehen. Du nimmst dich darin gut aus.
HJALMAR: Ja, nicht wahr? Und dieser sitzt mir wirklich tadellos. Er paßt, gerade als wenn er für mich gemacht wäre; vielleicht etwas eng unter den Armen – hilf mir, Hedwig. *Zieht den Frack aus.* Ich ziehe lieber die Joppe an. Wo hast du die Joppe, Gina?
GINA: Hier ist sie. *Bringt die Joppe und hilft ihm.*
HJALMAR: So! Denke ja daran, daß Molvig morgen früh den Frack wiederbekommt.
GINA *legt ihn hin:* Soll besorgt werden.
HJALMAR *streckt sich:* Ach, man fühlt sich doch gleich viel heimischer. Eine solche lose und freie Haustracht paßt auch besser zu meiner ganzen Erscheinung. Nicht wahr, Hedwig?
HEDWIG: Ja, Vater.
HJALMAR: Wenn ich das Halstuch so in ein paar flatternde Enden binde – sieh nur! Was?
HEDWIG: Ja, das macht sich sehr gut zum Schnurrbart und dem vollen krausen Haar.
HJALMAR: Kraus möchte ich es eigentlich nicht nennen, ich möchte eher sagen gelockt.
HEDWIG: Ja, weil es so große Krausen hat.

Hjalmar: Das heißt Locken.

Hedwig *gleich darauf, zupft ihn am Rock:* Vater!

Hjalmar: Nun, was gibt's?

Hedwig: Ach, du weißt ganz gut, was ich möchte.

Hjalmar: Nein, nein, wirklich nicht.

Hedwig *zwischen Lachen und Weinen:* O ja, Vater, du solltest mich nicht länger auf die Folter spannen.

Hjalmar: Aber was ist denn?

Hedwig *zerrt ihn:* Ach rede nicht, gib es mir jetzt, Vater. Du weißt doch, all das Schöne, das du mir versprachst.

Hjalmar: Ach so – ja, daß ich das auch vergessen konnte.

Hedwig: Nein, du willst mich nur zum Narren machen, Vater! Das ist nicht recht von dir! Wo hast du es denn? Du weißt schon.

Hjalmar: Ja, so ganz vergaß ich es doch nicht. Aber warte ein wenig. Ich habe etwas anderes für dich, Hedwig. *Geht hin und sucht in den Fracktaschen.*

Hedwig *hüpft und klatscht in die Hände:* O Mutter, Mutter!

Gina: Siehst du, wenn du nur Zeit läßt, dann –

Hjalmar *mit einem Papier:* Sieh, hier haben wir es.

Hedwig: Das ist ja nur ein Stückchen Papier.

Hjalmar: Das ist der Speisezettel. Der ganze Speisezettel. Hier steht „Menu"; das bedeutet Speisezettel.

Hedwig: Hast du nichts anderes?

Hjalmar: Ich habe das andere ja vergessen, Kind. Aber du kannst es mir auf mein Wort glauben, es ist ein törichtes Vergnügen mit solcher Näscherei. Setze dich nun dort an den Tisch und lies den Speisezettel, so werde ich dir nachher beschreiben, wie die Gerichte schmecken. Sieh, dort, Hedwig.

Hedwig *unterdrückt das Weinen:* Danke!

Sie setzt sich, aber ohne zu lesen; Gina macht ihr Zeichen, Hjalmar bemerkt es.

Hjalmar *auf und ab gehend:* Ein Familienvater soll aber auch an die unglaublichsten Dinge denken, und vergißt er nur das allergeringste – sofort bekommt er saure Gesichter zu sehen. Nun, man gewöhnt sich auch daran. *Bleibt am Ofen bei dem Alten stehen.* Hast du heute abend schon dort hineingeblickt, Vater?

Ekdal: Ja, das kannst du dir doch denken. Sie ist in den Korb gegangen.

Hjalmar: Wirklich? Sie fängt also an, sich an den Korb zu gewöhnen.

Ekdal: Ja, du, ich sagte es ja voraus. Aber, siehst du, es sind noch ein paar kleine Einrichtungen zu –

Hjalmar: Ja, ja, einige Verbesserungen.

Ekdal: Aber die müssen gemacht werden.

Hjalmar: Ja, sprechen wir ein wenig von den Verbesserungen, Vater. Komm her, setzen wir uns aufs Sofa.

Ekdal: Jawohl. Hm, schon gut – aber ich will mir erst noch die Pfeife stopfen – muß sie auch wohl rein machen, hm – *Er geht in sein Zimmer.*

Gina *lächelnd zu Hjalmar:* Die Pfeife rein machen, die –

Hjalmar: Ach ja, Gina, laß ihn nur. – Der arme, schiffbrüchige Greis. – Also, die Verbesserungen – am besten, wenn wir es gleich morgen erledigen.

Gina: Morgen hast du ja keine Zeit, Ekdal.

Hedwig *einfallend:* O ja, gewiß, Mutter.

Gina: Denke doch an die Kopien, die retuschiert werden sollen; es ist schon so oft danach geschickt worden.

Hjalmar: So? Also wieder die Kopien? Sie werden schon fertig werden. Sind hier vielleicht auch neue Bestellungen gekommen?

Gina: Leider nein, morgen habe ich nichts anderes als die beiden Porträts, wie du weißt.

Hjalmar: Nichts anderes? Freilich, wenn man sich nicht bemüht, so –

Gina: Aber was soll ich denn machen! Ich annonciere ja, soviel ich nur kann.

Hjalmar: Ja, die Zeitungen, die Zeitungen, da siehst du, was das hilft. Dann ist wohl auch niemand hiergewesen, um sich das Zimmer anzusehen?

Gina: Nein, noch nicht.

Hjalmar: War ja zu erwarten, wenn man sich nicht darum kümmert, dann –. Man muß sich wirklich zusammennehmen, Gina –

Hedwig: Soll ich dir nicht die Flöte geben, Vater?

Hjalmar: Nein, keine Flöte. Ich brauche keine Freude auf dieser Welt. *Heftig auf und ab gehend:* Ja, ja, ich will wahrhaftig morgen arbeiten, es soll daran nicht mangeln. Ich will arbeiten, solange meine Kräfte reichen –

Gina: Aber lieber, guter Ekdal, so war es nicht gemeint.

Hedwig: Vater, soll ich nicht eine Flasche Bier hereinbringen?

Hjalmar: Nein, gar nichts, ich brauche für mich nichts. – *Bleibt stehen.* Bier? – Sprachst du nicht von Bier?

Hedwig *lebhaft:* Ja, Vater, schönes frisches Bier.

Hjalmar: Nun – wenn du durchaus willst, so kannst du ja allenfalls eine Flasche hereinbringen.

Gina: Ja, tue es, dann werden wir es gemütlich haben.

Hedwig läuft nach der Küchentür.

Hjalmar *beim Ofen, hält sie auf, sieht sie an, umfaßt ihren Kopf und drückt sie an sich:* Hedwig! Hedwig!

Hedwig *freudig, mit Tränen im Auge:* O mein lieber Vater!

Hjalmar: Nein, nenne mich nicht so. Da habe ich an dem Tische des reichen Mannes gesessen und für mich gesorgt – gesessen und geschwelgt an der vollen brechenden Tafel! – Und ich konnte dennoch –!

Gina *am Tisch sitzend:* Ach rede doch nicht so, Ekdal.

Hjalmar: Aber ihr müßt es nicht so genau mit mir nehmen. Ihr wißt ja, daß ich euch dessenungeachtet sehr lieb habe.

Hedwig *umarmt ihn:* Und wir dich so unendlich, lieber Vater.

Hjalmar: Und sollte ich einmal aufgeregt sein, lieber Gott, so denkt daran, daß ich ein Mann bin, der von einem Heer von Sorgen bestürmt wird. – Nein, *trock-*

net die Augen: kein Bier in einer solchen Stunde – gib mir die Flöte.

Hedwig eilt zum Regal und bringt sie.

HJALMAR: Danke! Ja, so! Mit der Flöte in der Hand und euch beiden um mich. –

Hedwig setzt sich an den Tisch zu Gina.

HJALMAR *geht auf und nieder, setzt stark ein und spielt einen böhmischen Volkstanz, aber in einem langsamen, elegischen Tempo und mit gefühlvollem Ausdruck. Plötzlich unterbricht er sein Spiel, reicht Gina die linke Hand und sagt bewegt:* Mag es auch eng und ärmlich unter unserm Dache sein, Gina, es ist doch unser Heim. Und ich sage, hier ist es gut sein.

Er fängt wieder an zu spielen, gleich darauf klopft es an die Korridortür.

GINA *erhebt sich:* Still, Ekdal! – Ich glaube, es kommt jemand.

HJALMAR *legt die Flöte auf das Regal:* Was! Schon wieder!

Gina geht hin und öffnet die Tür.

GREGOR WERLE *draußen:* Um Vergebung –

GINA *tritt ein wenig zurück:* Ah –

GREGOR: Wohnt hier nicht Herr Fotograf Ekdal?

GINA: Jawohl.

HJALMAR *geht zur Tür:* Gregor, so bist du doch da? Nun, komm nur herein!

GREGOR *kommt herein:* Ich sagte dir ja, daß ich dich aufsuchen wollte.

HJALMAR: Aber heute abend? Bist du aus der Gesellschaft fortgegangen?

GREGOR: Aus der Gesellschaft und aus dem Vaterhause. – Guten Abend, Frau Ekdal. Ich weiß nicht, ob Sie mich wiedererkennen?

GINA: O ja! Der junge Herr Werle ist nicht so schwer wiederzuerkennen.

GREGOR: Nein, ich ähnle meiner Mutter, und ihrer werden Sie sich wohl erinnern.

HJALMAR: Du bist von Hause fortgegangen, sagst du?

GREGOR: Ja, ich bin in ein Hotel gezogen.

HJALMAR: So. Nun, da du gekommen bist, lege ab und setz dich.

GREGOR: Danke!

Zieht den Überzieher aus. Er ist umgekleidet in einen einfachen grauen Anzug von ländlichem Schnitt.

HJALMAR: Hier, aufs Sofa, mache es dir bequem.

Gregor setzt sich aufs Sofa, Hjalmar auf einen Stuhl am Tisch.

GREGOR *sieht umher:* So, also hier hältst du dich auf, Hjalmar. Hier wohnst du also?

HJALMAR: Dieses ist das Atelier, wie du wohl siehst –

GINA: Hier ist es geräumiger, und deshalb halten wir uns am liebsten hier auf.

HJALMAR: Wir wohnten früher besser, aber diese Gelegenheit hat einen großen Vorteil: hier ist ein so prächtiger Bodenraum –

GINA: Und dann haben wir noch ein Zimmer auf der andern Seite des Korridors, das wir vermieten können.

GREGOR *zu Hjalmar:* Sieh mal an – auch Aftermieter hast du.

HJALMAR: Noch nicht. Das geht nicht so schnell, siehst du; man muß sich darum bemühen. *Zu Hedwig:* Aber wie ist's mit dem Bier, Hedwig?

Hedwig nickt und geht in die Küche.

GREGOR: Das also ist deine Tochter?

HJALMAR: Ja, Hedwig.

GREGOR: Und sie ist das einzige Kind?

HJALMAR: Ja, das einzige. Unsre höchste Freude auf der Welt, und – *senkt die Stimme:* auch unsere größte Sorge, Gregor.

GREGOR: Wie meinst du das?

HJALMAR: Es ist in der Tat so, denn es liegt die drohende Gefahr nahe, daß sie das Augenlicht verliert.

GREGOR: Blind wird!

HJALMAR: Bis jetzt sind nur die ersten Zeichen wahrzunehmen; und es kann ja noch ein Weile gutgehen! Aber der Arzt hat uns gewarnt. Es kommt rettungslos.

GREGOR: Das ist ja ein schreckliches Unglück. Woher hat sie das?

HJALMAR *seufzt:* Wahrscheinlich erblich.

GREGOR *stutzt:* Erblich?

GINA: Ekdals Mutter hatte ebenfalls schwache Augen.

HJALMAR: Ja, der Vater sagt es; ich kann mich ihrer nicht mehr erinnern.

GREGOR: Armes Kind, und wie trägt sie es?

HJALMAR: Ach, du kannst dir ja denken, wir haben nicht das Herz, ihr so etwas zu sagen. Sie ahnt keine Gefahr, froh und sorglos, zwitschernd wie ein kleiner Vogel flattert sie hinein in des Lebens ewige Nacht. *Überwältigt:* Ach, das ist so erdrückend schwer für mich, Gregor. *Hedwig bringt ein Tablett mit Bier und Gläsern, das sie auf den Tisch stellt. Hjalmar streicht ihr über das Haar.* Danke, danke, Hedwig. *Hedwig umschlingt seinen Hals und flüstert ihm etwas ins Ohr.* Nein, kein Butterbrot jetzt. *Vor sich hinstarrend:* Vielleicht nimmt Gregor ein Stück?

GREGOR *abwehrend:* Nein, nein, danke.

HJALMAR *noch immer mit wehmütigem Ton:* Nun, du kannst ja immerhin etwas hereinbringen. Solltest du ein Ränftchen haben, so wäre es mir lieb. Und bestreiche es nur tüchtig mit Butter.

Hedwig nickt vergnügt und geht wieder in die Küche.

GREGOR *der ihr mit den Augen gefolgt ist:* Sie sieht doch sonst noch so frisch und gesund aus, finde ich.

GINA: Ja, sonst mankiert ihr, Gott sei Dank, nichts.

GREGOR: Sie wird Ihnen mit der Zeit gewiß ähnlich werden, Frau Ekdal. Wie alt kann sie jetzt wohl sein?

GINA: Hedwig ist jetzt gerade vierzehn Jahre alt; sie hat übermorgen Geburtstag.

GREGOR: Sie ist ziemlich groß für ihr Alter.

GINA: Ja, sie ist im letzten Jahre so aufgeschossen.

GREGOR: An denen, welche aufwachsen, sieht man am besten, wie alt man selber wird. – Wie lange ist es her, daß Sie verheiratet sind?

GINA: Wir sind jetzt verheiratet seit – ja, seit fünfzehn Jahren.

GREGOR: Wirklich schon so lange?

GINA *wird aufmerksam, sieht ihn an:* Ja, wirklich, so ist es.

HJALMAR: Ja, gewiß ist es so. In einigen Monaten werden es fünfzehn Jahre. *Rechnet nach.* Das müssen lange Jahre für dich dort oben auf dem Werk gewesen sein, Gregor.

GREGOR: Sie waren lang, solange ich sie durchlebte – jetzt weiß ich kaum, wo die Zeit geblieben ist.

DER ALTE EKDAL *kommt aus seinem Zimmer, ohne Pfeife, aber mit seiner einstigen Uniformmütze auf dem Kopf; sein Gang ist etwas unsicher:* So Hjalmar, jetzt können wir uns setzen und davon reden – hm – wer ist denn das?

HJALMAR *geht ihm entgegen:* Vater, hier ist jemand. Gregor Werle – ich weiß nicht, ob du dich seiner erinnerst.

EKDAL *sieht Gregor an, der aufgestanden ist:* Werle? Der Sohn? Was will er von mir?

HJALMAR: Nichts, er kommt zu mir.

EKDAL: Na, so ist also nichts Besonders los?

HJALMAR: Nein, gewiß nicht.

EKDAL *schwingt die Arme:* Nicht deswegen, siehst du; ich bin nicht furchtsam, aber –

GREGOR *geht zu ihm hin:* Ich wollte Sie nur von den alten Jagdplätzen grüßen, Herr Leutnant Ekdal.

EKDAL: Den Jagdplätzen?

GREGOR: Ja, dort oben rings um das Hochtalswerk.

EKDAL: Dort oben. Ja, da war ich früher gut bekannt.

GREGOR: Damals waren Sie ein gewaltiger Jäger.

EKDAL: War es, ja. Kann schon sein, ja. – Sie sehen auf die Montur. Ich frage keinen um die Erlaubnis, sie hier drinnen zu tragen. Wenn ich nur nicht damit in den Gassen gehe, so –

Hedwig bringt einen Teller Butterbrot, den sie auf den Tisch setzt.

HJALMAR: Setze dich nun, Vater, und trink ein Glas Bier. Sei so gut, Gregor.

Ekdal murmelt und stolpert nach dem Sofa hin. Gregor setzt sich auf den Stuhl neben ihn, Hjalmar auf die andere Seite von Gregor. Gina sitzt etwas vom Tisch entfernt und näht; Hedwig steht bei ihrem Vater.

GREGOR: Können Sie sich noch darauf besinnen, Herr Leutnant Ekdal, wenn Hjalmar und ich dort oben waren und wir Sie im Sommer und zu Weihnachten besuchten?

EKDAL: Waren Sie das? Nein, nein, nein, das weiß ich nicht mehr. Aber darf wohl sagen, ich bin ein wilder Jäger gewesen; Bären habe ich auch geschossen, ganze neun.

GREGOR *sieht ihn teilnehmend an:* Und jetzt jagen Sie niemals mehr?

EKDAL: Möchte das doch nicht sagen, Freundchen. Jage wohl noch mitunter. Ja, nicht auf die Art wie sonst, denn der Wald, sehen Sie – der Wald, der Wald – *Trinkt.* – Steht der Wald schön dort oben?

GREGOR: Nicht so prächtig wie zu Ihrer Zeit. Er ist stark gelichtet.

EKDAL: Gelichtet? *Leiser und gleichsam ängstlich:* Das ist ein gefährliches Ding. Das hat böse Folgen. Im Walde haust die Rache.

HJALMAR *füllt sein Glas:* Sei so gut, noch ein wenig, Vater.

GREGOR: Wie kann ein Mann wie Sie – solch ein Mann der freien Luft – mitten in einer dumpfigen Stadt, zwischen vier Wänden, leben?

EKDAL *lächelt und blickt Hjalmar verstohlen an:* Oh, hier ist es nicht so schlimm, nicht so schlimm.

GREGOR: Aber alles das, womit Ihr Gemüt zusammengewachsen ist? Die frische wehende Luft, das freie Leben im Walde und auf dem Gebirge, mit dem Jagdwild und den Vögeln – ?

EKDAL *lächelt:* Hjalmar, sollen wir es ihm zeigen?

HJALMAR *schnell und etwas verlegen:* O nein, nein, Vater, nicht heute abend.

GREGOR: Was will er mir zeigen?

HJALMAR: Ach, es ist nur so etwas – du kannst es ein anderes Mal sehn.

GREGOR *fährt zu dem Alten gewendet fort:* Ich meinte, Herr Leutnant Ekdal, Sie sollten jetzt mit mir zum Werk hinaufkommen, denn ich gehe bald wieder dorthin. Etwas zu schreiben könnten Sie da oben auch schon bekommen. Hier haben Sie ja nichts auf der Welt, was Sie erfreuen und erfrischen könnte.

EKDAL *starrt ihn erstaunt an:* Ich habe nichts auf der Welt, was – ?

GREGOR: Ja, Sie haben Hjalmar, aber der hat ja wieder die Seinen. Und ein Mann wie Sie, der sich stets zu dem hingezogen gefühlt hat, was frei und wild –

EKDAL *schlägt auf den Tisch:* Hjalmar, nun soll er es sehen.

HJALMAR: Aber Vater, lohnt das jetzt? Es ist ja dunkel.

EKDAL: Unsinn, es ist ja Mondschein. *Steht auf.* Er soll es sehen, sage ich. Laß mich durch. Komm und hilf mir, Hjalmar.

HEDWIG: O ja, tue es, Vater.

HJALMAR *erhebt sich:* Ja, ja, meinetwegen.

GREGOR *zu Gina:* Was hat er denn?

GINA: Ach, Sie müssen nur nicht glauben, daß es etwas Besonderes ist.

Ekdal und Hjalmar sind zum Hintergrund gegangen und schieben jeder eine Hälfte der Tür zur Seite, Hedwig hilft dem Alten, Gregor bleibt beim Sofa stehen, Gina sitzt ungestört und näht. Durch die Türöffnung sieht man einen großen, langgestreckten, unregelmäßigen Bodenraum mit Winkeln und ein paar freistehenden Schornsteinen. Durch einige Dachfenster fällt das klare Mondlicht über einzelne Teile des großen Raumes, andere liegen in tiefem Schatten.

EKDAL *zu Gregor:* Sie müssen schon ganz nahe kommen.

GREGOR *geht zu ihm:* Was ist es denn eigentlich?

EKDAL: Sie können ja nachsehen – hm –

HJALMAR *etwas verlegen:* Das da gehört Vater, verstehst du.

GREGOR *an der Tür, in den Bodenraum hineinsehend:* Sie halten ja Hühner, Herr Leutnant Ekdal.

EKDAL: Das sollte ich meinen, wir halten Hühner. Sie sind jetzt aufgeflogen, aber Sie sollten die Hühner nur 'nmal bei Tageslicht sehen –

HEDWIG: Und dann ist da noch –

EKDAL: St! St! Sag es noch nicht.

GREGOR: Und Tauben haben Sie auch, wie ich sehe.

EKDAL: O ja! Kann schon sein, daß wir Tauben haben. Sie haben ihre Brutkästen dort oben unter der Dachtraufe, denn die Tauben halten sich am liebsten hoch oben auf, wissen Sie.

HJALMAR: Aber es sind nicht alles gewöhnliche Tauben.

EKDAL: Gewöhnliche, nein, sollte meinen! Wir haben Tummler, und ein paar Kropftauben haben wir auch. Aber kommen Sie nur her! Sehen Sie die hölzerne Kiste da hinten an der Wand?

GREGOR: Ja, aber wozu brauchen Sie die?

EKDAL: Darin liegen des Nachts die Kaninchen, Freundchen.

GREGOR: So haben Sie auch Kaninchen?

EKDAL: Ja, zum Teufel! Sie können sich doch wohl denken, daß wir Kaninchen haben! Du, Hjalmar, er fragt, ob wir Kaninchen haben! Hm – aber jetzt kommt das Wahre, sehen Sie. Nun kommt es! Geh weg, Hedwig. Stellen Sie sich hierher, so, ja, und sehen dort unten hin – sehen Sie nicht einen Korb mit Stroh darin?

GREGOR: Ja – und ich sehe, daß ein Vogel im Korbe liegt.

EKDAL: Hm – „ein Vogel" –

GREGOR: Ist es nicht eine Ente?

EKDAL *verletzt:* Natürlich eine Ente.

HJALMAR: Aber was für eine Art Ente, glaubst du?

HEDWIG: Es ist keine gewöhnliche Ente.

EKDAL: St!

GREGOR: Eine türkische Ente ist es auch nicht.

EKDAL: Nein, Herr – Werle, es ist keine türkische Ente, sondern eine Wildente.

GREGOR: Was! Wirklich eine Wildente?

EKDAL: Ja, ja, das ist es. „Der Vogel", wie Sie sagten – das ist die Wildente, unsere Wildente, Freundchen.

HEDWIG: Meine Wildente, denn sie gehört mir.

GREGOR: Und die vermag hier oben auf dem Boden zu leben? Und hier zu gedeihn?

EKDAL: Sie können sich doch wohl denken, daß sie einen Trog mit Wasser hat, in dem sie herumplätschern kann.

HJALMAR: Frisches Wasser jeden andern Tag.

GINA *sich zu Hjalmar wendend:* Aber lieber Ekdal, jetzt wird es hier so eisig kalt.

EKDAL: Hm – wollen denn zumachen. Ist auch nicht wert, daß wir ihnen die Nachtruhe rauben. Fasse an, Hedwig. *Hjalmar und Hedwig schieben die Bodentür zu.* Ein anderes Mal können Sie sie ordentlich zu sehen bekommen. *Setzt sich in den Lehnstuhl am Ofen.* Oh, die Wildenten sind sehr merkwürdig, können Sie glauben.

GREGOR: Aber wie fingen Sie dieselbe, Herr Leutnant Ekdal?

EKDAL: Habe sie nicht gefangen, aber es gibt hier in der Stadt einen gewissen Mann, dem wir sie zu verdanken haben.

GREGOR *stutzt etwas:* Der Mann ist doch nicht etwa mein Vater?

EKDAL: Ja, wahrlich, akkurat Ihr Vater – hm –

HJALMAR: Es war doch drollig, daß du das erraten konntest, Gregor.

GREGOR: Du erzähltest ja früher, daß du meinem Vater alles mögliche verdanktest, und so dachte ich, daß –

GINA: Aber wir haben die Ente nicht von dem Großhändler selbst –

EKDAL: Wir haben sie Hagen Werle doch zu verdanken, Gina. *Zu Gregor:* Er war im Boot draußen, verstehen Sie, und da schoß er auf sie. Aber Ihr Vater sieht jetzt so schlecht. Hm – und so wurde sie nur angeschossen.

GREGOR: Ja, sie bekam ein paar Schrotkörner in den Leib.

HJALMAR: Ja, so zwei bis drei Stück.

HEDWIG: Und zwar unter die Schwingen und konnte deshalb nicht fliegen.

GREGOR: Da tauchte sie wohl auf den Grund?

EKDAL *schläfrig, mit schwerer Zunge:* Kenne das. Machen es immer so – die Wildenten; stechen auf den Grund, so tief sie nur gelangen können, Freundchen – beißen sich fest in Tang und Algen und in all dem Teufelskram, den es da unten gibt. Und dann kommen sie niemals wieder herauf.

GREGOR: Aber Herr Leutnant Ekdal, Ihre Wildente kam doch wieder herauf.

EKDAL: Ihr Vater hat solch einen unbändig wilden Hund – dieser Hund tauchte hinterher und holte die Ente wieder herauf.

GREGOR *zu Hjalmar gewendet:* Und so bekamt ihr sie hierher?

HJALMAR: Nicht gleich; zuerst kam sie nach Hause zu deinem Vater; aber dort wollte sie nicht gedeihen, und so sollte Pettersen mit ihr ein Ende machen.

EKDAL *halb im Schlaf:* Hm – ja, Pettersen – der Schafskopf –

HJALMAR *leiser:* So kam es, daß wir sie erhielten, siehst du; Vater kennt nämlich Pettersen, und da er die Geschichte mit der Wildente hörte, bewirkte er, daß sie ihm überlassen wurde.

GREGOR: Und da drinnen auf dem Bodenraum gedeiht sie nun so gut?

HJALMAR: Ja, so unglaublich gut; sie ist fett geworden. Nun, sie ist ja auch so lange da drinnen gewesen, daß sie das richtige wilde Leben vergessen hat; und darauf allein kommt es ja an.

GREGOR: Darin hast du gewiß recht, Hjalmar. Laß sie nur niemals wieder Meer und Himmel sehn. – Aber ich darf nicht länger bleiben, denn ich glaube, dein Vater schläft.

HJALMAR: O deswegen –

GREGOR: Aber, es ist wahr – du sagtest, du hättest ein Zimmer zu vermieten – ein freies Zimmer?

HJALMAR: Jawohl; wieso? Weißt du vielleicht jemand?

GREGOR: Könnte ich das Zimmer bekommen?

HJALMAR: Du?

GINA: Nein, Sie, Herr Werle –

GREGOR: Wenn ich das Zimmer bekommen kann, ziehe ich gleich morgen früh ein.

HJALMAR: Mit dem größten Vergnügen.

GINA: Aber Herr Werle, das ist durchaus kein Zimmer für Sie.

HJALMAR: Aber Gina, wie kannst du das sagen?

GINA: Nun, weil das Zimmer weder groß noch hell genug ist, und –

GREGOR: Darauf kommt es nicht so genau an, Frau Ekdal.

HJALMAR: Ich denke doch, es ist ein ganz nettes Zimmer, auch durchaus nicht so schlecht möbliert.

GINA: Aber denke doch an die beiden, die unten wohnen.

GREGOR: Welche beiden?

GINA: Ach, einer, der Hauslehrer gewesen ist –

HJALMAR: Ein Kandidat Molvig.

GINA: Und dann ein Doktor namens Relling.

GREGOR: Relling? Ihn kenne ich ein wenig; er praktizierte einmal auf Hochtal.

GINA: Es sind ein paar richtige Bummler. Sie sind so oft des Abends auswärts und kommen spät in der Nacht nach Hause, und dann sind sie nicht immer so –

GREGOR: Daran gewöhnt man sich bald. Ich hoffe, es wird mit mir wie mit der Wildente gehen –

GINA: Hm, ich denke, Sie sollten das doch noch erst beschlafen.

GREGOR: Sie wollen mich wohl sehr ungern in Ihr Haus haben, Frau Ekdal?

GINA: Nein, Gott bewahre; wie können Sie das glauben?

HJALMAR: Ja, es ist wirklich sonderbar von dir, Gina. *Zu Gregor:* Aber sage mir, denkst du also fürs erste hier in der Stadt zu bleiben?

GREGOR *zieht seinen Überzieher an:* Ja, jetzt denke ich hierzubleiben.

HJALMAR: Aber nicht zu Hause bei deinem Vater? Was gedenkst du denn jetzt anzufangen?

GREGOR: Ja, wüßte ich das nur selbst! Da wäre ich noch nicht so übel daran. Aber wenn man das Pech hat, Gregor zu heißen – „Gregor" – und noch „Werle" dazu; hast du schon so etwas Häßliches gehört?

HJALMAR: Oh, das scheint mir nicht so schlimm.

GREGOR: Hu! Ich könnte Lust haben, den Kerl anzuspeien, der so heißt. Aber da man nun einmal das Unglück hat, Gregor – Werle hier auf Erden zu sein, so wie ich es bin –

HJALMAR *lacht:* Ha ha, wenn du nicht Gregor Werle wärst, was wolltest du denn eigentlich sein?

GREGOR: Könnte ich wählen, so wollte ich am liebsten ein flinker Hund sein.

GINA: Ein Hund.

HEDWIG *unwillkürlich:* O nicht doch!

GREGOR: Ja, ein ganz selten flinker Hund; ein solcher, der auf den Grund nach Wildenten geht, wenn sie untertauchen und sich unten im Schlamme in Tang und Algen festbeißen.

HJALMAR: Weißt du, Gregor – davon verstehe ich nicht ein Wort.

GREGOR: Oh, es liegt auch gerade nichts Besonderes darin. Auf morgen früh also – dann ziehe ich ein. *Zu Gina:* Sie sollen keine Umstände mit mir haben, ich mache alles selbst. *Zu Hjalmar:* Das übrige besprechen wir morgen. – Gute Nacht, Frau Ekdal. *Nickt Hedwig zu:* Gute Nacht!

GINA: Gute Nacht, Herr Werle!

HEDWIG: Gute Nacht!

HJALMAR *der ein Licht angezündet hat:* Warte ein wenig, ich will dir leuchten, es ist auf den Treppen gewiß dunkel.

Gregor und Hjalmar gehen durch die Korridortür hinaus.

GINA *sieht vor sich hin, das Nähzeug im Schoß:* Was für eine wunderliche Rede, daß er gern ein Hund sein möchte!

HEDWIG: Ich will dir was sagen, Mutter – ich glaube, er meinte etwas anderes damit.

GINA: Was sollte das wohl sein?

HEDWIG: Ich weiß es nicht, aber es war gleichsam, als wenn er etwas anderes meinte, als was er sagte – die ganze Zeit über.

GINA: Glaubst du das? Ja, wunderlich war es.

HJALMAR *kommt zurück:* Die Lampe brannte noch. *Löscht das Licht aus und stellt es fort.* Ach, endlich kann man doch ein bißchen zu essen bekommen. *Fängt an, das Butterbrot zu essen.* Na, siehst du, Gina, wenn man sich nur bemüht, dann –

GINA: Wieso sich bemüht?

HJALMAR: Es ist doch immerhin ein Glück, daß wir endlich einmal das Zimmer vermietet haben. – Und dann, denke, an einen Menschen wie Gregor – einen alten, guten Freund.

GINA: Sehr gut, und doch weiß ich nicht, was ich dazu sagen soll.

HEDWIG: Ach Mutter, du sollst sehen, es wird so hübsch werden.

HJALMAR: Du bist doch auch sonderbar, erst warst du so versessen darauf, das Zimmer zu vermieten, und nun willst du es nicht.

GINA: Ja, Ekdal, wenn es nur ein anderer gewesen wäre – aber was, glaubst du, wird der Großhändler dazu sagen?

HJALMAR: Der alte Werle? Das geht ihn doch nichts an.

GINA: Aber du kannst dir doch wohl denken, daß wieder etwas zwischen ihnen vorgefallen ist, da der Junge aus dem Hause fortgegangen ist. Du weißt doch, wie die beiden miteinander stehen.

HJALMAR: Kann schon sein, aber –

GINA: Und nun glaubt der Großhändler vielleicht, du habest dahintergesteckt –

HJALMAR: Mag er es doch glauben, solange er will! Großhändler Werle hat außerordentlich viel für mich getan, weiß Gott, das sehe ich ein. Aber deshalb kann ich mich doch nicht für ewig von ihm abhängig machen.

GINA: Aber, lieber Ekdal, es könnte sich ereignen, daß der alte Vater es entgelten müßte, vielleicht verliert er den kleinen, ärmlichen Verdienst, den er bei Groberg hat.

HJALMAR: Fast hätte ich gesagt: möchte es doch erst soweit sein! Ist es nicht demütigend genug für einen Mann wie mich, seinen grauen Vater wie einen Pracher gehen zu sehen? Aber nun wird bald die Zeit erfüllt sein, denke ich. *Nimmt ein andres Stück Butterbrot.* So wahr ich eine Aufgabe im Leben habe, werde ich sie auch ausführen.

HEDWIG: O ja, Vater, tue es!

GINA: Still, wecke ihn nur nicht auf!

HJALMAR *leiser:* Ich werde sie ausführen, sage ich. Einst wird der Tag kommen, da – und deshalb ist es gut, daß wir das Zimmer vermietet haben, ich bin so unabhängiger gestellt. Und das muß ein Mann sein, der eine Lebensaufgabe hat. *Nach dem Lehnstuhl hin, bewegt:* Armer alter, weißhaariger Vater – baue auf deinen Hjalmar, er hat breite Schultern – kräftige Schultern zum mindesten – du wirst eines schönen Tages erwachen und – *zu Gina:* glaubst du es vielleicht nicht?

GINA *erhebt sich:* Ja, gewiß, aber erst laß uns sehn, ihn zu Bett zu bringen.

HJALMAR: Wohlan! *Sie fassen den Alten behutsam an.*

DRITTER AUFZUG

Hjalmar Ekdals Atelier. Es ist Morgen, das Tageslicht fällt durch das große Fenster des schrägen Daches herein; der Vorhang ist zurückgezogen.

Hjalmar sitzt am Tisch, mit dem Retuschieren einer Fotografie beschäftigt, mehrere andere Bilder liegen vor ihm; gleich darauf kommt Gina in Hut und Mantel durch die Korridortür herein, sie trägt einen Deckelkorb am Arm.

HJALMAR: Bist du schon wieder da, Gina?

GINA: O ja, man muß sich sputen.

Setzt den Korb auf einen Stuhl und zieht sich aus.

HJALMAR: Sahst du bei Gregor hinein?

GINA: Jawohl, das tat ich. Es sieht da drinnen recht nett aus, er hat es wirklich recht sauber bei sich gemacht, sobald er nur ankam.

HJALMAR: Wieso?

GINA: Nun, er wollte sich ja alles selbst machen, so sagte er. So wollte er denn auch selber einheizen und hat die Ofenklappe zugemacht, so daß das ganze Zimmer voll Rauch wurde. Hu, es war ein Gestank, gleich zum –

HJALMAR: Nicht möglich!

GINA: Jetzt aber das Beste! Nun wollte er nämlich das Feuer auslöschen, und so gießt er alles Waschwasser in den Ofen, so daß der Fußboden wie im Schweinestall aussieht.

HJALMAR: Das ist doch ärgerlich.

GINA: Ich habe nun die Portiersfrau hinaufkommen lassen, um bei dem Ferkel zu scheuern, aber es wird vor heute nachmittag da drinnen nicht zu hausen sein.

HJALMAR: Wo ist er denn inzwischen geblieben?

GINA: Er ging ein wenig aus, wie er sagte.

HJALMAR: Ich war auch einen Augenblick bei ihm drinnen – nachdem du fortgegangen warst.

GINA: Ich hörte es. Du hast ihn ja zum Frühstück eingeladen.

HJALMAR: Nur so ein ganz kleines Vormittagsfrühstück, verstehst du. Es ist ja der erste Tag –; wir können nicht umhin; du hast ja immer etwas im Hause.

GINA: Ich muß schon sehen, etwas zu finden.

HJALMAR: Aber laß es ja nicht zu knapp sein, denn ich glaube, Relling und Molvig kommen auch wohl herauf. Ich traf Relling gerade auf der Treppe, siehst du, und da mußte ich doch –

GINA: Na – die beiden auch?

HJALMAR: Herrgott – ein paar mehr oder weniger, das tut nichts zu Sache.

DER ALTE EKDAL *öffnet seine Tür und sieht herein:* Hör mal, Hjalmar – *Bemerkt Gina.* Ach so! –

GINA: Willst du etwas haben, Großvater?

EKDAL: Ach nein, 's ist schon gut! Hm!

Verschwindet wieder.

GINA *nimmt den Korb:* Passe nur gut auf ihn auf, daß er nicht ausgeht.

HJALMAR: Ja, ja, das werde ich schon. – Höre, Gina, etwas Heringssalat würde recht gut sein, Relling und Molvig haben diese Nacht herumgebummelt.

GINA: Wenn sie mir nur nicht zu bald auf den Hals kommen, dann –

HJALMAR: Nein, gewiß nicht, laß dir nur Zeit.

GINA: Ach ja; und da kannst du ja inzwischen noch etwas arbeiten.

HJALMAR: Ich sitze ja und arbeite. Ich arbeite ja schon, soviel ich nur kann!

GINA: Denn dann bist du das los.

Sie geht mit dem Korb in die Küche hinaus. Hjalmar sitzt einen Augenblick und pinselt an der Fotografie, er arbeitet träge und mit Unlust.

EKDAL *sieht herein, blickt im Atelier herum und sagt leise:* Hast du zu tun, du?

HJALMAR: Ja, ich sitze hier und quäle mich mit diesen Bildern ab.

EKDAL: Ja, ja, Gott bewahre, wenn du es so eilig hast – hm.

Geht wieder in sein Zimmer, die Tür bleibt offen stehn.

HJALMAR *setzt seine Arbeit einen Augenblick ruhig fort; dann legt er den Pinsel weg und geht zur Tür:* Hast du zu tun, Vater?

EKDAL *brummt drinnen:* Wenn du zu tun hast, habe ich auch zu tun! Hm!

HJALMAR: Ja, ja doch. *Geht wieder an seine Arbeit.*

EKDAL *kommt gleich darauf wieder an die Tür:* Hm – siehst du, Hjalmar, so furchtbar eilig habe ich es nun gerade nicht.

HJALMAR: Ich glaubte, du sitzest und schriebst.

EKDAL: Zum Teufel, kann Groberg nicht einen oder zwei Tage warten? Es geht ja nicht ans Leben, wie ich weiß.

HJALMAR: Nein, und du bist doch auch kein Sklave.

EKDAL: Und dann das andre da drinnen –

HJALMAR: Ja, freilich. Willst du vielleicht hinein? Soll ich dir öffnen?

EKDAL: Das wäre wirklich nicht so übel.

HJALMAR *steht auf:* So wären wir das doch los.

EKDAL: Just so. Soll ja bis morgen früh fertig sein. Der Geburtstag ist doch morgen? – Hm?

HJALMAR: Ja, gewiß ist er morgen.

Jeder von beiden schiebt eine Halbtür zur Seite. Die Morgensonne scheint durch die Dachfenster herein; einige Tauben fliegen hin und her; andere girren auf den Gerüsten; dazwischen gackern die Hühner weiter hinten auf dem Boden.

HJALMAR: Nun, so geh doch hinein, Vater.

EKDAL *geht hinein:* Kommst du nicht mit?

HJALMAR: Ja, weißt du was, ich glaube fast – *Erblickt Gina in der Küchentür.* Ich? Nein – ich habe keine Zeit, ich muß arbeiten. – So war ja wohl die Mechanik.

Zieht an einer Schnur; von innen gleitet ein Vorhang nieder, dessen unterer Teil aus einem Streifen alten Segeltuches, der Rest nach oben zu aus einem ausgespannten Stück Fischnetz besteht. Der Fußboden des Bodenraumes ist jetzt mithin nicht mehr sichtbar.

HJALMAR *geht zum Tisch:* So; nun kann ich doch wohl einen Augenblick in Ruhe sitzen bleiben.

GINA: Wollte er dort hinein und wieder herumwirtschaften?

HJALMAR: Wäre es vielleicht besser, wenn er hinunter zu Frau Eriksen gegangen wäre? *Setzt sich.* Willst du etwas? Du sagtest ja –

GINA: Ich wollte nur fragen, ob wir den Frühstückstisch hier decken können?

HJALMAR: Jawohl! So früh hat sich hier doch wohl noch niemand angemeldet?

GINA: Nein, ich erwarte keinen als die beiden Brautleute, die zusammensitzen wollen.

HJALMAR: Zum Teufel! Daß die nicht einen andern Tag zusammensitzen können!

GINA: Nein, lieber Ekdal, ich habe sie zu heute nachmittag bestellt, wenn du schläfst.

HJALMAR: Nun, so ist es ja gut! Dann essen wir hier.

GINA: Aber es eilt nicht mit dem Decken; du kannst den Tisch ganz gut noch einen Augenblick benutzen.

HJALMAR: Ich sollte meinen, du siehst doch, daß ich hier sitze und den Tisch benutze, soviel ich nur kann.

GINA: Dann bist du nachher frei, siehst du.

Geht wieder in die Küche hinaus. Kurze Pause.

EKDAL *in der Bodentür, innerhalb des Netzes:* Hjalmar!

HJALMAR: Nun?

EKDAL: Ich fürchte, wir müssen doch den Wassertrog wegrücken.

HJALMAR: Ja, das habe ich ja schon immer gesagt.

EKDAL: Hm – hm – hm –

Geht von der Tür weg. Hjalmar arbeitet ein wenig, blickt verstohlen nach dem Bodenraum und erhebt sich halb. Hedwig kommt aus der Küche herein.

HJALMAR *setzt sich schnell wieder nieder:* Was willst du?

HEDWIG: Ich wollte nur zu dir, Vater!

HJALMAR *kurz darauf:* Du kommst wohl, um hier herumzuschnüffeln. Sollst du vielleicht aufpassen?

HEDWIG: Ach nein, durchaus nicht.

HJALMAR: Was macht die Mutter da draußen?

HEDWIG: Oh, Mutter ist jetzt gerade beim Heringssalat. *Geht zum Tisch.* Könnte ich dir nicht ein ganz klein wenig helfen, Vater?

HJALMAR: O nein. Es ist am besten, wenn ich alles zusammen allein mache – solange die Kräfte ausreichen –. Es hat keine Not, Hedwig, wenn dein Vater nur seine Gesundheit behält, so –

HEDWIG: Ach nein, Vater, du mußt nicht so garstig reden.

Geht ein wenig umher, bleibt bei der Türöffnung stehen und sieht in den Bodenraum hinein.

HJALMAR: Du, was tut er jetzt?

HEDWIG: Das soll gewiß ein neuer Weg zum Wassertrog hinauf werden.

HJALMAR: Niemals wird er das allein fertigbekommen. Und da muß ich verdammt sein, hier zu sitzen.

HEDWIG *geht zu ihm:* Gib mir den Pinsel, Vater, ich kann schon.

HJALMAR: Ach, Unsinn, du verdirbst dir nur die Augen damit.

HEDWIG: Keineswegs. Gib mir nur den Pinsel.

HJALMAR *steht auf:* Ja, es würde ja auch nicht mehr als ein oder zwei Minuten dauern.

HEDWIG: Pah, was sollte das denn schaden? *Nimmt den Pinsel.* Sieh, so. *Setzt sich.* Und hier habe ich eins, um nachzusehen.

HJALMAR: Aber verdirb dir nicht die Augen! Hörst du? Ich will dafür nicht verantwortlich sein, du mußt selbst die Verantwortung auf dich nehmen – das sage ich dir.

HEDWIG *retuschiert:* Ja, ja, ich werde es schon.

HJALMAR: Du bist sehr flink, Hedwig. Nur ein paar Minuten, verstehst du. *Er schmiegt sich an dem Vorhang vorbei auf den Bodenraum. Hedwig sitzt bei ihrer Arbeit. Man hört Hjalmar und Ekdal drinnen sprechen. Hjalmar kommt an das Netz.* Hedwig, bitte, gib mir die Kneipzange, die auf dem Regal liegt. Und dann den Hammer. *Wendet sich nach hinten:* So, nun sollst du 'nmal sehen, Vater. Laß mich dir nur erst zeigen, wie ich es meine! *Hedwig hat das verlangte Werkzeug vom Regal geholt und reicht es ihm hinein.* So, danke. Ja, es war doch gut, daß ich kam.

Geht von der Türöffnung weg, sie hämmern und plaudern drinnen. Hedwig bleibt stehen und sieht ihnen zu. Gleich darauf klopft es an die Korridortür, sie achtet nicht darauf.

GREGOR WERLE *mit bloßem Kopf und ohne Überzieher kommt herein und bleibt an der Tür stehen:* Hm!

HEDWIG *wendet sich um und geht ihm entgegen:* Guten Morgen. Seien Sie so gut, näherzutreten!

GREGOR: Danke. *Sieht nach dem Boden.* Sie scheinen Handwerker im Hause zu haben.

HEDWIG: Nein. Es ist nur Vater und Großvater. Ich werde Sie anmelden.

GREGOR: Nein, nein, tun Sie das nicht, ich will lieber ein wenig warten. *Setzt sich auf das Sofa.*

HEDWIG: Es ist so unordentlich hier. – *Sie will die Fotografien fortnehmen.*

GREGOR: Oh, lassen Sie nur. Sind es Bilder, die fertiggemacht werden sollen?

HEDWIG: Ja, etwas, wobei ich Vater helfen sollte.

GREGOR: Lassen Sie sich durch mich ja nicht stören.

HEDWIG: O nein!

Sie schiebt die Sachen auf ihren Platz und setzt sich, um zu arbeiten; Gregor betrachtet sie indessen schweigend.

GREGOR: Hat die Wildente heute nacht gut geschlafen?

HEDWIG: Danke, ich glaube es wohl.

GREGOR *gegen den Bodenraum gewendet:* Bei Tageslicht sieht es ganz anders aus als gestern im Mondschein.

HEDWIG: Ja, es kann sehr verschieden sein. Morgens sieht es anders aus als nachmittags, und wenn es regnet, wieder anders als bei gutem Wetter.

GREGOR: Haben Sie darauf geachtet?

HEDWIG: Das sieht man doch.

GREGOR: Halten Sie sich auch gern drinnen bei der Wildente auf?

HEDWIG: Ja, wenn es sich machen läßt –

GREGOR: Aber Sie haben gewiß nicht soviel freie Zeit, Sie gehen wohl zur Schule.

HEDWIG: Nein, jetzt nicht mehr, Vater fürchtet, ich könnte mir die Augen verderben.

GREGOR: So unterrichtet er Sie wohl selbst?

HEDWIG: Vater hat mir versprochen, mich zu unterrichten, aber er hat bis jetzt nicht die Zeit dazu gefunden.

GREGOR: Könnte Ihnen nicht ein anderer ein wenig helfen?

HEDWIG: Ja, Kandidat Molvig, aber der ist nicht immer so – richtig – so –

GREGOR: Er ist wohl oft betrunken?

HEDWIG: Ja leider.

GREGOR: Nun dann haben Sie ja zu allem Zeit. Und dort drinnen, das ist wohl förmlich eine Welt für sich, nicht wahr?

HEDWIG: Ganz für sich, gewiß. Und es gibt da auch so manche wunderliche Dinge.

GREGOR: So?

HEDWIG: Ja, da sind große Schränke mit Büchern, und in vielen dieser Bücher sind Bilder.

GREGOR: Aha!

HEDWIG: Und dann ist da ein alter Schrank mit Schubladen und Klappen und eine große Uhr mit Figuren, die herauskommen können. Aber die Uhr geht nicht mehr.

GREGOR: Die Zeit ist also stehngeblieben – da drinnen bei der Wildente.

HEDWIG: Ja. Ferner ist da ein alter Farbenschrank und dergleichen, vor allem aber all die Bücher.

GREGOR: Und in den Büchern lesen Sie wohl?

HEDWIG: O ja, wenn ich es kann, aber die meisten sind englisch, und das verstehe ich nicht. Aber ich besehe die Bilder – namentlich ist da ein sehr großes Buch, das heißt: „Harryson's History of London". Das ist gewiß hundert Jahre alt, und darin ist eine Unmasse Bilder. Vorn ist der Tod abgebildet mit einem Stundenglase, und eine Jungfrau, das finde ich häßlich; aber da sind auch alle die andern Bilder, mit Kirchen, Schlössern, Straßen und großen Schiffen, die auf dem Meere fahren.

GREGOR: Aber sagen Sie mir, von wo haben Sie denn alle diese seltenen Sachen her?

HEDWIG: Oh, hier hat einmal ein alter Schiffskapitän gewohnt, der hat sie hergebracht. Die Leute nannten ihn den „fliegenden Holländer", und das ist eigentlich komisch, denn er war ja gar kein Holländer.

GREGOR: Nicht?

HEDWIG: Nein. Zuletzt blieb er aber ganz fort, und da ist alles so stehngeblieben wie zu seiner Zeit.

GREGOR: Aber sagen Sie mir – wenn Sie so da drinnen sitzen und die Bilder besehn, bekommen Sie dann nicht Lust, hinauszugelangen und die große wirkliche Welt selbst kennenzulernen?

HEDWIG: O nein, keineswegs! Ich will immer zu Hause bleiben und Vater und Mutter helfen.

GREGOR: Die Fotografien fertigmachen, nicht wahr?

HEDWIG: Nicht das allein. Am liebsten möchte ich lernen, solche Bilder zu gravieren wie die in den englischen Büchern.

GREGOR: Hm – was sagt denn Ihr Vater dazu?

HEDWIG: Ich glaube nicht, daß Vater es wünscht; in solchen Sachen ist er so sonderbar. Denken Sie sich, er redet davon, ich solle das Korb- und Strohflechten lernen! Aber ich denke, d a s kann doch nichts sein.

GREGOR: O nein, das scheint mir auch nicht.

HEDWIG: Aber darin hat Vater ja recht; hätte ich das Korbflechten erlernt, so hätte ich den neuen Korb für die Wildente machen können.

GREGOR: Das könnten Sie, ja, und Sie wären auch die Nächste dazu.

HEDWIG: Freilich, ist es doch m e i n e Wildente.

GREGOR: Das ist sie.

HEDWIG: Ja, ja, mir gehört sie. Aber Vater und Großvater bekommen sie geliehen, sooft sie wollen.

GREGOR: So? Wozu gebrauchen die sie denn?

HEDWIG: Oh, sie warten sie und bauen für sie und all so etwas.

GREGOR: Ich kann es mir denken, die Wildente ist wohl die allervornehmste da drinnen.

HEDWIG: Freilich, denn sie ist ja ein wirklich wilder Vogel. Und doch ist es schade um sie; sie hat keinen, an den sie sich halten kann, die Arme.

GREGOR: Hat keine Familie, wie die Kaninchen –

HEDWIG: Auch die Hühner haben so viele, mit denen sie als Küchlein zusammengewesen sind; aber sie ist von all den Ihrigen völlig getrennt, und dann ist das alles so wunderlich mit der Wildente; niemand kennt sie, niemand weiß, woher sie eigentlich stammt.

GREGOR: Und sie ist in der Tiefe des Meeres gewesen.

HEDWIG *sieht ihn flüchtig an, unterdrückt ein Lächeln und sagt:* Warum sagen Sie: „in der Tiefe des Meeres"?

GREGOR: Was sollte ich sonst sagen?

HEDWIG: Sie könnten sagen: „auf dem Grunde des Meeres" oder „auf dem Meeresgrunde".

GREGOR: Kann ich nicht ebensogut sagen: „in der Tiefe des Meeres"?

HEDWIG: Ja, aber mir klingt es so sonderbar, wenn andere sagen, „in der Tiefe des Meeres."

GREGOR: Warum denn? Sagen Sie mir, warum?

HEDWIG: Nein, ich möchte nicht; denn es ist so dumm.

GREGOR: Ach nein, gewiß nicht. Sagen Sie mir nur, weshalb Sie lächelten.

HEDWIG: Deshalb, weil mir immer, wenn ich so mit einem Male – so plötzlich – an das da drinnen denke, scheint, der ganze Raum und alles zusammen heiße „die Tiefe des Meeres". – Aber das ist ja so dumm.

GREGOR: Das sollten Sie doch nicht sagen.

HEDWIG: Ist es ja doch nur ein Bodenraum.

GREGOR *sieht sie fest an:* Sind Sie dessen so sicher?

HEDWIG *erstaunt:* Daß es ein Bodenraum ist?

GREGOR: Ja, wissen Sie das so gewiß? *Hedwig schweigt und sieht ihn mit offenem Munde an. Gina kommt mit Tischzeug aus der Küche. Gregor steht auf.* Ich bin wohl zu früh zu Ihnen herübergekommen?

GINA: Nun, irgendwo mußten Sie ja doch bleiben; und nun ist es auch bald fertig. – Räume den Tisch ab, Hedwig.

Hedwig räumt ab, sie und Gina decken während des Folgenden. Gregor setzt sich in den Lehnstuhl und blättert in einem Album.

GREGOR: Ich höre, Sie können retuschieren, Frau Ekdal.

GINA *mit einem Seitenblick:* Jawohl, das kann ich.

GREGOR: Das traf sich da wirklich recht glücklich.

GINA: Wieso glücklich?

GREGOR: Da Ekdal Fotograf wurde, meine ich.

HEDWIG: Mutter kann auch fotografieren.

GINA: O ja, ich habe genug Gelegenheit gehabt, die Kunst zu lernen.

GREGOR: So sind Sie wohl die eigentliche Leiterin des Geschäfts?

GINA: Ja, wenn Ekdal nicht selber Zeit hat, so –

GREGOR: Ich kann mir wohl denken, daß er von seinem alten Vater sehr in Anspruch genommen wird.

GINA: Ja, auch ist es nichts für einen Mann wie Ekdal, von Kreti und Pleti Porträts aufzunehmen.

GREGOR: Das finde ich auch; aber da er nun einmal diesen Weg eingeschlagen hat, so –

GINA: Sie können sich doch wohl denken, Herr Werle, daß Ekdal keiner von den gewöhnlichen Fotografen ist.

GREGOR: Bewahre! Aber – *Draußen auf dem Bodenraum wird ein Schuß abgefeuert; fährt auf:* Was ist das?

GINA: Ach, jetzt schießen sie wieder.

GREGOR: Sie schießen auch?

HEDWIG: Ja, sie gehen auf die Jagd.

GREGOR: Auf was für eine? *Zur Bodentür hin:* Gehst du auf die Jagd, Hjalmar?

HJALMAR *außerhalb des Netzes:* Ach, du bist da? Das wußte ich nicht, ich war so in Anspruch genommen – *Zu Hedwig:* Und du sagst uns nichts davon!

Kommt ins Atelier herein.

GREGOR: Du schießt auf dem Bodenraum?

HJALMAR *zeigt eine doppelläufige Pistole:* Ach, nur mit der hier.

GINA: Ja, du und Großvater, ihr werdet noch einmal ein Unglück anrichten mit eurer Pigstole.

HJALMAR *ärgerlich:* Ich glaube, ich hätte dir doch gesagt, eine solche Schußwaffe heiße „Pistole"!

GINA: Ach, das ist auch nicht viel besser.

GREGOR: Du bist also auch Jäger geworden, Hjalmar?

HJALMAR: Nur hin und wieder eine kleine Kaninchenjagd. Du kannst dir ja denken, meist nur des Vaters wegen.

GINA: Die Männer sind ja so wunderlich, sie müssen immer etwas haben, womit sie sich dividieren können.

HJALMAR *zornig:* Jawohl, ja, wir müssen immer etwas haben, um uns zu „divertieren".

GINA: Aber das ist ja akkurat, was ich sage.

HJALMAR: So, hm – *Zu Gregor:* Und dann, siehst du, ist der Bodenraum glücklicherweise so gelegen, daß keiner hören kann, wenn wir schießen. *Legt die Pistole auf das oberste Regalbrett.* Fasse nicht die Pistole an, Hedwig! Der eine Lauf ist geladen, denke daran!

GREGOR *sieht durch das Netz hinein:* Ein Jagdgewehr hast du auch, wie ich sehe.

HJALMAR: Ja, es ist Vaters altes Gewehr. Man kann nicht mehr damit schießen, denn es ist etwas am Schloß verdorben. Aber es ist doch ganz amüsant, es zu haben, denn wir können es auseinandernehmen, rein machen, mit Knochenfett einschmieren und wieder zusammensetzen. – Ja, hauptsächlich beschäftigt sich Vater damit.

HEDWIG *zu Gregor gewendet:* Nun können Sie gerade die Wildente sehen.

GREGOR: Ich sehe sie mir schon an. Den einen Flügel scheint sie etwas hängen zu lassen.

HJALMAR: Das ist nicht so wunderbar, sie ist ja angeschossen.

GREGOR: Und dann schleift sie ein wenig den Fuß nach, oder nicht?

HJALMAR: Vielleicht ein ganz kleines bißchen.

HEDWIG: In den Fuß hat sie ja der Hund gebissen.

HJALMAR: Aber sonst hat sie durchaus keine Fehler und Gebrechen, und das ist wirklich merkwürdig für einen, der eine Ladung Schrot in den Leib bekommen und sich zwischen Hundezähnen befunden hat.

GREGOR *mit einem Blick auf Hedwig:* Und so lange in der Tiefe des Meeres gewesen ist.

HEDWIG *lächelt:* Ja.

GINA *bringt den Tisch in Ordnung:* Die liebe Wildente! Man schlägt schließlich noch ein Kreuz vor ihr.

HJALMAR: Hm – ist vielleicht bald gedeckt?

GINA: Ja, sofort. Hedwig, komm und hilf mir!

Gina und Hedwig gehen in die Küche.

HJALMAR *halblaut:* Es lohnt nicht, dazustehen und Vater zuzusehen, er mag es nicht. *Gregor geht von der Bodentür fort.* Auch ist es am besten, ich schließe, ehe die andern kommen. *Scheucht mit den Händen:* Husch! – Husch! Fort mit euch! *Währenddessen zieht er den Vorhang auf und schiebt die Türen zusammen.* Diese Hilfsmittel hier sind meine eigene Erfindung. Es ist wirklich ganz amüsant, so etwas zu haben, es in Ordnung zu bringen und instand zu setzen, wenn es entzweigeht. Auch ist es durchaus notwendig, siehst du; Gina will nicht gern die Kaninchen und Hühner in dem Atelier haben.

GREGOR: Ganz gewiß, und ist es nicht eigentlich deine Frau, die das Geschäft leitet?

HJALMAR: Ich überlasse ihr im allgemeinen die laufenden Geschäfte, denn dann kann ich mich mittlerweile ins Wohnzimmer flüchten, um über Dinge nachzudenken, die wichtiger sind.

GREGOR: Über was für Dinge, Hjalmar?

HJALMAR: Ich wundere mich, daß du nicht schon früher darnach gefragt hast. Oder hättest du noch nicht von der Erfindung sprechen hören?

GREGOR: Erfindung? Nein.

HJALMAR: So? Noch nicht? Ach freilich, da oben in den Wäldern und Einöden –

GREGOR: Du hast also eine Erfindung gemacht?

HJALMAR: Noch nicht ganz, aber ich bin dabei. Du kannst dir ja denken, als ich beschlossen hatte, mich für die Fotografie zu opfern, geschah es nicht, um hier stillzusitzen und von allerhand Alltagsmenschen Porträts aufzunehmen.

GREGOR: Nein, das sagte soeben auch deine Frau.

HJALMAR: Ich schwor, müßte ich meine Kräfte diesem Handwerk widmen, so wollte ich es auch so hoch heben, daß es ebenso zu einer Kunst wie zu einer Wissenschaft würde. Und so beschloß ich, die merkwürdige Erfindung zu machen.

GREGOR: Und worin besteht denn diese Erfindung? Worauf läuft sie hinaus?

HJALMAR: Ja, mein Lieber, du mußt mich nicht so nach den Einzelheiten fragen. Das erfordert Zeit, siehst du. Und dann denke nur nicht, daß es Eitelkeit ist, was mich treibt. Ich arbeite wahrlich nicht um meinetwillen. O nein, es ist die Lebensaufgabe, die mir Tag und Nacht vor Augen steht.

GREGOR: Welche Lebensaufgabe?

HJALMAR: Vergißt du den Greis mit dem Silberhaar?

GREGOR: Deinen armen Vater, aber was kannst du denn für ihn tun?

HJALMAR: Ich kann sein Selbstgefühl von den Toten auferwecken, indem ich den Ekdalschen Namen wieder zu Ehren und Würden bringe.

GREGOR: Das also ist deine Lebensaufgabe?

HJALMAR: Ja, ich will den schiffbrüchigen Mann retten aus dem Schiffbruch, den er erlitt, als das Unwetter über ihn losbrach. Schon während dieser schrecklichen Untersuchungen war er nicht mehr er selbst. Die Pistole dort, dieselbe, mit welcher wir jetzt Kaninchen schießen – hat eine Rolle in der Tragödie des Ekdalschen Geschlechtes gespielt.

GREGOR: Die Pistole! So?

HJALMAR: Als das Urteil gefällt war und er eingesteckt werden sollte – da hielt er die Pistole in seiner Hand –

GREGOR: Wirklich?

HJALMAR: Ja, aber, er vermochte es nicht. Er war feige. So verkommen, so ruiniert an seiner Seele war er schon damals. Oh, kannst du das begreifen? Er, ein Soldat, er, der neun Bären geschossen hatte und von zwei Oberstleutnants abstammt – natürlich von dem einen nach dem andern. – Kannst du das begreifen, Gregor?

GREGOR: Oh, ich begreife es sehr gut.

HJALMAR: Ich nicht. – Und zum zweiten Male griff die Pistole wieder in die Geschichte des Ekdalschen Geschlechtes ein. Da er die graue Kleidung bekommen hatte und hinter Schloß und Riegel saß – oh, es waren schreckliche Zeiten für mich, wie du mir wohl glauben wirst –, da hatte ich an meinen beiden Fenstern die Rouleaus niedergelassen. Wenn ich hinausschaute, sah ich, die Sonne schien wie gewöhnlich. Ich begriff das nicht. Ich sah die Menschen auf der Straße gehen, lachen und von gleichgültigen Dingen reden. Ich begriff das nicht. Ich meinte, die ganze Schöpfung müßte stillstehen, wie bei einer Sonnenfinsternis.

GREGOR: Genau dasselbe fühlte ich, als meine Mutter tot war.

HJALMAR: In einer solchen Stunde hatte Hjalmar Ekdal die Pistole gegen seine eigene Brust gerichtet –

GREGOR: Du dachtest auch daran, dich –

HJALMAR: Ja!

GREGOR: Aber du schossest nicht?

HJALMAR: Nein. In dem entscheidenden Augenblick gewann ich den Sieg über mich selbst. Ich blieb am Leben. Aber du kannst glauben, es gehört Mut dazu, unter den Verhältnissen das Leben zu wählen.

GREGOR: Je nun, wie man es nimmt.

HJALMAR: Nein, unbedingt. Doch es war so am besten, denn nun mache ich bald die Erfindung, und dann, meint Doktor Relling geradeso wie ich, könnte Vater die Erlaubnis bekommen, wieder die Uniform zu tragen. Ich will das fordern als meinen einzigen Lohn.

GREGOR: Also so verhält es sich mit der Uniform, welche er –

HJALMAR: Ja, nach ihr trachtet und strebt er am meisten. Du kannst dir nicht vorstellen, wie es mir um seinetwillen in das Herz schneidet. Jedesmal, wenn wir ein kleines Familienfest feiern – zum Beispiel Ginas und meinen Hochzeitstag oder sonst etwas, tritt der Greis hier herein, angetan mit seiner Leutnantsuniform aus den Tagen des Glückes, aber klopft es nur an die Korridortür – denn er darf sich ja nicht vor Fremden zeigen, wie du weißt –, so läuft er wieder in seine Kammer, so schnell ihn nur seine alten Beine tragen. Das zu sehen, ist für einen Sohn herzzerreißend.

GREGOR: Und wann, glaubst du, wird ungefähr deine Erfindung fertig werden?

HJALMAR: Aber mein Gott, wie kannst du mich nach solchen Einzelheiten wie die Zeit fragen! Eine Erfindung ist etwas, bei dem man nicht ganz und gar Herr über sich selbst ist. Es kommt größtenteils auf die Inspiration an – auf eine Eingebung –, und es ist fast unmöglich, von vornherein zu berechnen, in welcher Zeit das eintreten möchte.

GREGOR: Aber vorwärts geht es doch wohl?

HJALMAR: Gewiß geht es. Ich quäle mich jeden Tag mit der Erfindung, die mich erfüllt. Jeden Nachmittag, wenn ich gegessen habe, schließe ich mich in der Wohnstube ein, um in Ruhe nachzugrübeln. Aber man muß mich nur nicht treiben wollen, das nützt zu gar nichts, und so sagt Relling auch.

GREGOR: Und findest du nicht, daß all die Anstalten dort auf dem Bodenraum dich abziehen und zu sehr zerstreuen?

HJALMAR: Nein, nein, im Gegenteil. Du darfst so etwas nicht sagen. Ich kann doch nicht immer und ewig hier herumgehen, um denselben anstrengenden Gedanken nachzuhängen. Ich muß doch etwas daneben haben, um die Wartezeit auszufüllen. Die Inspiration, die Eingebung, mußt du wissen, wenn sie kommt, kommt sie auch trotz alledem.

GREGOR: Mein lieber Hjalmar, ich möchte fast glauben, du habest etwas von der Wildente in dir.

HJALMAR: Von der Wildente, wie meinst du das?

GREGOR: Du bist untergegangen und hast dich in das Bodenkraut festgebissen.

HJALMAR: Spielst du vielleicht auf den beinahe todbringenden Schuß an, der Vater in den Flügel traf und mich mit?

GREGOR: Darauf durchaus nicht. Ich will nicht sagen, du seiest angeschossen, aber du bist in einen giftigen Sumpf geraten; du hast eine schleichende Krankheit in deinen Körper bekommen und bist auf den Grund gegangen, um im Dunkel zu sterben.

HJALMAR: Ich? Im Dunkel sterben! Weißt du was, Gregor, du solltest wirklich solche Redensarten unterlassen.

GREGOR: Sei nur ruhig; ich werde dich schon wieder emporzubringen suchen. Ich habe nämlich jetzt auch eine Lebensaufgabe erhalten; seit gestern.

HJALMAR: Ja, mag schon sein; mich aber solltest du nur in Ruhe lassen. Ich kann dich versichern, daß – meine leicht erklärliche Melancholie natürlich abgerechnet – ich mich so wohl befinde, als es ein Mensch nur wünschen kann.

GREGOR: Daß du das tust, kommt auch von der Vergiftung.

HJALMAR: Nein, nein, lieber guter Gregor, rede mir nur nicht mehr von Krankheit und Gift; ich bin an derartige Gespräche durchaus nicht gewöhnt. In meinem Hause redet man mit mir niemals von solch unheimlichen Dingen.

GREGOR: Das kann ich mir nur zu sehr denken.

HJALMAR: Mir bekommt dergleichen nicht gut. Auch ist hier keine Sumpfluft, wie du dich auszudrücken beliebst. Das Heim des armen Fotografen hat zwar ein niedriges Dach – ich weiß es wohl –, und meine Verhältnisse sind bescheiden, aber ich bin ein Erfinder und gleichzeitig Familienversorger. Das erhebt mich über die kleinlichen Verhältnisse. – Ach, da kommen sie mit dem Frühstück!

Gina und Hedwig bringen Bierflaschen, eine Branntweinkaraffe, Gläser und anderes Gerät. Gleichzeitig kommen Relling und Molvig vom Korridor herein; sie sind beide ohne Hut und Überzieher. Molvig ist schwarz gekleidet.

GINA *setzt die Sachen auf den Tisch:* Nun, die beiden kommen in der Tat zur rechten Zeit.

RELLING: Molvig glaubte Heringssalat zu riechen, und da war er nicht zu halten. – Noch einmal guten Morgen, Ekdal.

HJALMAR: Gregor, darf ich dir den Herrn Kandidaten Molvig vorstellen – Herr Doktor – Relling, du kennst ihn ja?

GREGOR: Ja, flüchtig.

RELLING: Ach, das ist Herr Werle junior. Ja, wir haben uns da oben auf dem Hochtalswerk oft in den Haaren gelegen. Sie sind wohl eben hier eingezogen?

GREGOR: Heute morgen.

RELLING: Und unter Ihnen wohnen Molvig und ich, da haben Sie nicht weit zum Arzt und Prediger, falls Sie nach dergleichen Verlangen haben sollten.

GREGOR: Danke, könnte schon passieren; denn gestern waren wir dreizehn zu Tisch.

HJALMAR: Ach komm mir doch nicht wieder mit den unheimlichen Geschichten.

RELLING: Du kannst es ganz ruhig hinnehmen, Ekdal; dich trifft es glücklicherweise nicht.

HJALMAR: Ich will es um meiner Familie willen wünschen. Aber wohlan, setzen wir uns, essen, trinken wir und seien wir vergnügt.

GREGOR: Sollen wir nicht auf deinen Vater warten?

HJALMAR: Nein, er will das Seinige hernach zu sich hinein haben. Kommt also.

Die Herren setzen sich an den Frühstückstisch, essen und trinken; Gina und Hedwig gehen auf und ab und bedienen.

RELLING: Gestern war Molvig schwach auf den Beinen, Frau Ekdal.

GINA: So, gestern wieder?

RELLING: Hörten Sie ihn nicht, als ich mit ihm heute nacht nach Hause kam?

GINA: Nein, kann es nicht sagen.

RELLING: Sehr gut; denn heute nacht war Molvig wirklich scheußlich.

GINA: Ist das wahr, Molvig?

MOLVIG: Machen wir einen Strich über die Ereignisse der letzten Nacht. So etwas hängt ja nicht mit meinem bessern Ich zusammen.

RELLING *zu Gregor:* Es kommt über ihn wie eine Eingebung; dann muß ich mit ihm hinaus zum Bummeln; denn sehen Sie, der Kandidat Molvig ist dämonisch.

GREGOR: Dämonisch?

RELLING: Molvig ist dämonisch, ja.

GREGOR: Hm –

RELLING: Und dämonische Naturen sind nicht dazu geschaffen, auf geraden Beinen durch die Welt zu gehen; sie müssen mitunter hinaus auf Abwege. Und Sie halten es also noch immer oben auf dem häßlichen, schwarzen Werk aus?

GREGOR: Bis jetzt habe ich es.

RELLING: Nun und haben Sie auch die Forderung einkassiert, mit welcher Sie umhergingen?

GREGOR: Forderung? *Versteht ihn.* Ach so –

HJALMAR: Hast du Forderungen einkassiert, Gregor?

GREGOR: Ach, Unsinn.

RELLING: Ja, gewiß hat er es; er ging nämlich in alle Kätnerhütten umher und präsentierte etwas, das er die „ideale Forderung" nannte.

GREGOR: Ich war damals jung.

RELLING: Da haben Sie recht; Sie waren noch sehr jung; und die ideale Forderung wurde Ihnen doch niemals honoriert, solange ich dort oben war.

GREGOR: Später auch nicht.

RELLING: Nun, ich kann mir denken, Sie werden wohl so klug geworden sein, etwas von dem Betrage abzulassen.

GREGOR: Niemals, wenn ich vor einem wirklichen, echten Menschen stehe.

HJALMAR: Nein, das ist auch ganz vernünftig. – Etwas Butter, Gina –

RELLING: Und dann ein Stückchen Speck für Molvig.

MOLVIG: Huh, kein Speck!

Es klopft an die Bodentür.

HJALMAR: Mach auf, Hedwig; Vater will herein.

Hedwig geht hin und öffnet ein wenig. Der alte Ekdal kommt mit einem frischen Kaninchenfell in der Hand herein; sie schließt hinter ihm.

EKDAL: Guten Morgen, meine Herren! Habe heute gute Jagd gehabt. Habe ein „großes" geschossen.

HJALMAR: Und hast es abgezogen, ehe ich kam! –

EKDAL: Habe es auch eingesalzen. Gutes, mürbes Fleisch, das Kaninchenfleisch; und dazu süß; schmeckt wie Zucker. – Guten Appetit, meine Herren.

Geht in sein Zimmer.

MOLVIG *erhebt sich:* Verzeihen Sie –; ich kann nicht – ich muß sofort hinab. *Schnell ab.*

RELLING *ihm nachrufend:* Trinke Sodawasser, Mensch. *Zu Hjalmar:* Laßt uns einen Schnaps auf das Wohl des alten Jägers trinken.

HJALMAR *stößt mit ihm an:* Auf den tatkräftigen Mann am Rande des Grabes.

RELLING: Auf den Graukopf! *Trinkt.* Ja, sage mir doch, hat er eigentlich graues oder weißes Haar?

HJALMAR: Es ist so mittel; übrigens hat er nicht mehr so sehr viele Haare auf seinem Scheitel.

RELLING: Nun, mit falschen kommt man auch durch die Welt! Im Grunde genommen bist du doch ein glücklicher Mann, Ekdal; du hast diese schöne Lebensaufgabe, für die du streben kannst –

HJALMAR: Und ich strebe auch, kannst mir glauben.

RELLING: Und hast deine druggeliche und flinke Frau, welche auf Filzschuhen so sanft ein und aus schlendert und dich bemuttert und betut.

HJALMAR: Ja, Gina. *Nickt ihr zu.* Du bist eine gute Gefährtin auf meinem Lebenswege.

GINA: Ach, sitze nicht da und ressensiere über mich.

RELLING: Und dann deine Hedwig, Ekdal!

HJALMAR: Das Kind, ja, sie vor allem! Hedwig, komm her zu mir. *Streichelt ihr den Kopf.* Was ist doch morgen für ein Tag?

HEDWIG *rüttelt ihn:* Ach nein, du mußt nichts sagen, Vater.

HJALMAR: Es schneidet mir wie ein Messer ins Herz, wenn ich daran denke, daß es so wenig sein wird, nur ein kleines festliches Arrangement dort auf dem Boden –

HEDWIG: Ach, das ist ja gerade so schön!

RELLING: Und warte nur, bis die merkwürdige Erfindung zur Welt kommt, Hedwig.

HJALMAR: Ja, da – da sollst du sehn –! Hedwig, ich bin entschlossen, deine Zukunft zu sichern. Du sollst es gut haben, solange du lebst. Ich will etwas für dich fordern – was es auch sei. Das soll der einzige Lohn des armen Erfinders sein.

HEDWIG *flüstert, den Arm um seinen Hals geschlungen:* Ach du lieber, guter Vater.

RELLING *zu Gregor:* Nun, finden Sie es nicht ganz schön, einmal zur Abwechslung an einem gutbesetzten Tisch in einem glücklichen Familienkreise zu sitzen?

HJALMAR: Ja, diese Stunden bei Tische schätze ich wirklich hoch.

GREGOR: Ich für meinen Teil gedeihe nicht in Sumpfluft.

RELLING: Sumpfluft?

HJALMAR: Ach, komme doch nicht wieder mit dem Unsinn.

GINA: Hier ist, weiß Gott, keine Sumpfluft, Herr Werle, denn ich lüfte jeden Tag aus, den Gott gibt.

GREGOR *steht vom Tisch auf:* Den Gestank, den ich meine, lüften Sie gewiß nicht aus.

HJALMAR: Gestank!

GINA: Ja, was sagst du dazu, Ekdal?

RELLING: Um Verzeihung – Sie sind es doch nicht etwa selber, der den Gestank von den Gruben dort oben mitbringt?

GREGOR: Es wäre Ihnen ähnlich, das Gestank zu nennen, was ich ins Haus bringe.

RELLING *geht zu ihm:* Hören Sie, Herr Werle junior, ich habe Sie stark im Verdacht, daß Sie noch immer die „ideale Forderung" unverkürzt mit sich in der Hintertasche herumtragen.

GREGOR: In der Brust trage ich sie mit mir herum.

RELLING: Ja zum Teufel, wo Sie dieselbe auch haben mögen, möchte ich Ihnen nicht raten, hier den Einkassierer zu spielen, solange ich da bin.

GREGOR: Und wenn ich es dennoch tue?

RELLING: Dann kommen Sie kopfüber die Treppen hinunter, nun wissen Sie es.

HJALMAR *erhebt sich:* Aber Relling!

GREGOR: Ja, werfen Sie mich nur hinaus –

GINA *tritt zwischen sie:* Das dürfen Sie nicht, Relling. Aber das will ich Ihnen sagen, Herr Werle, Sie, der Sie all den Schmutz in den Kachelofen hineintaten, sollten nicht kommen und von Gestank reden.

Es klopft an die Korridortür.

HEDWIG: Mutter, es klopft jemand.

HJALMAR: Siehst du, nun werden wir das Gelaufe auch noch haben!

GINA: Laß mich nur. – *Geht hin und öffnet die Tür, stutzt, fährt zusammen und weicht zurück.* Ach! Jesus!

Großhändler Werle im Pelzrock tritt einen Schritt herein.

WERLE: Bitte um Verzeihung, aber mein Sohn soll hier wohnen.

GINA *mit gepreßter Stimme:* Ja.

HJALMAR *kommt näher:* Wollen Sie nicht so freundlich sein, Herr Werle?

WERLE: Danke, ich wünsche nur mit meinem Sohne zu sprechen.

GREGOR: Was gibt's? Hier stehe ich.

WERLE: Ich wünsche mit dir auf deinem Zimmer zu sprechen.

GREGOR: Auf meinem Zimmer – nun – *Will gehen.*

GINA: Nein, das ist, weiß Gott, nicht in dem Zustande, daß –

WERLE: Nun, dann draußen auf dem Korridor, ich wünsche eine Unterredung unter vier Augen.

HJALMAR: Das kann auch hier geschehen, Herr Werle. Komm herein in die Wohnstube, Relling.

Hjalmar und Relling gehen rechts hinaus, Gina mit Hedwig in die Küche.

GREGOR *nach einer kurzen Pause:* Nun sind wir allein.

WERLE: Du ließest gestern abend einige Äußerungen fallen. – Und da du zu Ekdals gezogen bist, muß ich fast vermuten, daß du irgend etwas gegen mich im Sinne hast.

GREGOR: Ich habe im Sinne, Hjalmar Ekdal die Augen zu öffnen. Er soll seine Stellung sehn, wie sie ist – das ist alles.

WERLE: Ist das deine Lebensaufgabe, von der du gestern sprachst?

GREGOR: Ja, du hast mir keine andere übriggelassen.

WERLE: Habe ich etwa deinen Sinn verdorben?

GREGOR: Du hast mein ganzes Leben verdorben. Ich denke nicht an all das mit Mutter. – Aber keinem als dir habe ich es zu danken, daß ich dahinwandele, gejagt und gequält von einem schuldbeladenen Gewissen.

WERLE: Aha, mit dem Gewissen ist es also nicht richtig.

GREGOR: Ich hätte damals gegen dich auftreten sollen, als für Leutnant Ekdal die Fallen gestellt wurden. Ich hätte ihn warnen sollen, denn ich ahnte, wohin es führen würde.

WERLE: Ja, dann hättest du wahrhaftig sprechen sollen.

GREGOR: Ich wagte es nicht, so feige und eingeschüchtert war ich. Ich hatte so unsägliche Angst vor dir – damals und noch lange nachher.

WERLE: Die Furcht scheint jetzt vorübergegangen.

GREGOR: Glücklicherweise. Was dort gegen den alten Ekdal verbrochen worden, von mir und von – andern, das kann niemals gesühnt werden, aber Hjalmar kann ich befreien aus all der Lüge und Verheimlichung, an welcher er im Begriff ist, zugrunde zu gehen.

WERLE: Glaubst du, damit eine gute Tat zu vollbringen?

GREGOR: Ich glaube es getrost.

WERLE: Du meinst wohl, Fotograf Ekdal sei der Mann dazu, dir für einen solchen Freundschaftsdienst zu danken?

GREGOR: Ja, das ist er.

WERLE: Hm – wir werden ja sehn.

GREGOR: Und außerdem – soll ich länger leben, so muß ich suchen, Genesung zu finden für mein krankes Gewissen.

WERLE: Das wird niemals gesund. Dein Gewissen ist von Kindheit an kränklich gewesen; ein Erbteil von deiner Mutter, Gregor – das einzige Erbe, das sie dir hinterließ.

GREGOR *mit einem höhnischen Lächeln:* Hast du es noch nicht verwinden können, daß du dich verrechnet hattest, als du glaubtest, mit ihr Vermögen zu bekommen?

WERLE: Laß uns nicht Dinge berühren, die nicht zur Sache gehören. – Hältst du also an deinem Vorsatz fest, Fotograf Ekdal auf die Spur zu leiten, die dir die richtige scheint?

GREGOR: Ja, daran halte ich fest.

WERLE: So hätte ich den Gang hierher sparen können. Denn nun ist es wohl nutzlos zu fragen, ob du wieder zu mir in mein Haus kommen willst?

GREGOR: Nein.

WERLE: Gut. Doch da ich beabsichtige, eine neue Ehe einzugehen, wird die Erbschaftsmasse zwischen uns geteilt werden.

GREGOR *schnell:* Nein, das wünsche ich nicht.

WERLE: Du wünschest es nicht?

GREGOR: Nein, ich darf es nicht, meines Gewissens wegen.

WERLE *gleich darauf:* Gehst du wieder zum Werk hinauf?

GREGOR: Nein; ich betrachte mich als aus deinem Dienste ausgetreten.

WERLE: Aber womit willst du dich denn befassen?

GREGOR: Meine Lebensaufgabe lösen; nichts weiter.

WERLE: Nun und nachher? Wovon willst du leben?

GREGOR: Ich habe etwas von meinem Gehalte zurückgelegt.

WERLE: Wie lange wird das reichen!

GREGOR: Ich denke, es hält meine Zeit aus.

WERLE: Was willst du damit sagen?

GREGOR: Jetzt antworte ich auf nichts mehr.

WERLE: So leb denn wohl, Gregor.

GREGOR: Lebe wohl.

Großhändler Werle geht ab.

HJALMAR *sieht herein:* Ging er schon?

GREGOR: Ja.

Hjalmar und Relling kommen aus der Wohnstube herein, Gina und Hedwig aus der Küche.

RELLING: Das Frühstück ist doch zu Wasser geworden.

GREGOR: Zieh dich an, Hjalmar; du mußt einen längeren Spaziergang mit mir machen.

HJALMAR: Ja, gern. Was wollte dein Vater? Handelte es sich um mich?

GREGOR: Komm nur. Wir wollen ein wenig miteinander reden. Ich gehe auf mein Zimmer und ziehe meinen Überzieher an. *Durch die Korridortür ab.*

GINA: Du solltest nicht mit ihm gehen, Ekdal.

RELLING: Nein, tue es nicht, bleibe hier.

HJALMAR *nimmt seinen Hut und Überzieher:* Was denn! Wenn ein Jugendfreund das Bedürfnis fühlt, mir unter vier Augen sein Herz zu öffnen –

RELLING: Ach zum Teufel – merkst du denn nicht, daß der Kerl verdreht, verrückt und verstört ist!

GINA: Ja, da hörst du es. Seine Mutter hatte auch mitunter solche physische Raptusse.

HJALMAR: Um so mehr bedarf er des wachsamen Auges eines Freundes. *Zu Gina:* Laß nur das Mittagessen zu rechter Zeit fertig sein. Adieu solange.

Geht durch die Korridortür hinaus.

RELLING: Es ist wirklich ein Unglück, daß der Mensch nicht in einer der Hochtalsgruben zur Hölle niedergefahren ist.

GINA: Jesus! – Warum sagen Sie das?

RELLING *murmelt:* O ja, denn ich habe so meine Vermutungen.

GINA: Glauben Sie, daß der junge Werle wirklich verrückt ist?

RELLING: Leider nein; er ist nicht verrückter, als die meisten Leute zu sein pflegen. Aber eine Krankheit hat er allerdings im Leibe.

GINA: Was fehlt ihm denn?

RELLING: Ja, das will ich Ihnen sagen, Frau Ekdal. Er leidet an einem akuten Rechtlichkeitsfieber.

GINA: Rechtlichkeitsfieber?

HEDWIG: Ist das eine Art Krankheit?

RELLING: Jawohl, es ist eine Nationalkrankheit; aber sie tritt nur sporadisch auf. *Nickt Gina zu:* Besten Dank!

Geht durch die Korridortür hinaus.

GINA *geht unruhig auf und ab:* Ach, dieser Gregor Werle – der ist stets ein fauler Kunde gewesen.

HEDWIG *steht am Tisch und sieht sie forschend an:* Das scheint mir doch recht sonderbar.

VIERTER AUFZUG

Hjalmar Ekdals Atelier. Es ist eben fotografiert worden; ein Apparat mit Tuch darüber, ein Gestell, ein paar Stühle, ein Pfeilertisch und dergleichen mehr stehen vorn auf der Bühne. Nachmittagsbeleuchtung; die Sonne ist im Untergehen; etwas später fängt es an dunkel zu werden. Gina steht in der offenen Korridortür, einen kleinen Kasten und eine nasse Glasplatte in der Hand, und spricht mit jemand draußen.

GINA: Ja, ganz bestimmt. Wenn ich etwas verspreche, halte ich es auch. Am Montag soll das erste Dutzend fertig sein. – Adieu, adieu!

Man hört jemand die Treppe hinuntergehn. Gina schließt die Tür, legt die Platte in den Kasten und setzt ihn in den zugedeckten Apparat.

HEDWIG *kommt aus der Küche:* Gingen sie jetzt?

GINA *räumt auf:* Gott sei Dank, daß ich sie endlich loswurde.

HEDWIG: Aber kannst du dir erklären, daß Vater noch nicht nach Hause gekommen ist?

GINA: Bist du gewiß, daß er nicht unten bei Relling ist?

HEDWIG: Nein, dort ist er nicht. Ich war eben die Hintertreppe hinuntergelaufen und habe nachgefragt.

GINA: Und da steht nun das Essen für ihn und wird kalt.

HEDWIG: Ja, und Vater, der stets so genau darauf achtet, rechtzeitig zu Mittag nach Hause zu kommen.

GINA: Du sollst sehen, jetzt kommt er gleich.

HEDWIG: Ja, wenn er doch nur käme. Mir kommt jetzt hier alles so sonderbar vor.

GINA *ruft:* Da ist er!

Hjalmar Ekdal kommt durch die Korridortür herein.

HEDWIG *ihm entgegen:* Vater! Nein, was wir auf dich gewartet haben!

GINA *ihn verstohlen ansehend:* Du bliebst aber sehr lange fort, Ekdal.

HJALMAR *ohne sie anzusehen:* Ich blieb etwas lange, ja.

Er zieht den Überzieher aus, Gina und Hedwig wollen ihm helfen, er wehrt es ab.

GINA: Hast du vielleicht mit Werle gespeist?

HJALMAR *hängt den Rock auf:* Nein.

GINA *geht zur Küchentür:* Dann werde ich dir das Essen bringen.

HJALMAR: Nein, laß das Essen nur sein. Ich esse jetzt nicht.

HEDWIG *kommt näher:* Bist du nicht wohl, Vater?

HJALMAR: Wohl? O ja, so leidlich. Wir machten einen anstrengenden Spaziergang zusammen, Gregor und ich.

GINA: Das hättest du nicht tun sollen, Ekdal; du bist es nicht gewöhnt.

HJALMAR: Hm, es gibt manches auf dieser Welt, an das sich ein Mann gewöhnen muß. *Geht einige Male erregt auf und ab.* Ist jemand hiergewesen, während ich aus war?

GINA: Kein anderer als das Brautpaar.

HJALMAR: Keine neue Bestellung?

GINA: Nein, heute nicht.

HEDWIG: Du sollst sehen, Vater, morgen wird schon jemand kommen.

HJALMAR: Möchte es so sein, denn morgen gedenke ich mit ganzem Ernst daranzugehn.

HEDWIG: Morgen! Denkst du denn nicht daran, was morgen für ein Tag ist?

HJALMAR: Ach, das ist ja wahr. – Nun, dann übermorgen. Von da an will ich alles selbst machen, ich will mich ganz allein um die Arbeit bekümmern.

GINA: Aber wozu sollte das dienen, Ekdal? Du würdest dir nur das Leben sauer machen. Ich besorge doch das Fotografieren, und du kannst dich mit deiner Erfindung befassen.

HEDWIG: Und dann mit der Wildente, Vater – und mit all den Hühnern und Kaninchen und –

HJALMAR: Sprich mir nicht von dem dummen Zeug! Von morgen ab setze ich keinen Fuß mehr auf den Bodenraum.

HEDWIG: Aber Vater, du versprachst mir doch, morgen dort eine kleine Festlichkeit zu –

HJALMAR: Hm, das ist wahr. Nun, dann von übermorgen ab. Der verdammten Wildente möchte ich am liebsten den Hals umdrehn.

HEDWIG *schreit:* Der Wildente!

GINA: So etwas habe ich noch nie gehört!

HEDWIG *rüttelt ihn:* Aber Vater – es ist ja meine Wildente.

HJALMAR: Deshalb tue ich es ja auch nicht. Ich habe nicht das Herz dazu – nicht das Herz um deinetwillen, Hedwig. Aber ich fühle es tief innerlich, daß ich es tun müßte. Ich sollte unter meinem Dache kein Geschöpf dulden, welches in den Händen gewesen ist.

GINA: Aber, Herrgott, weil Großvater sie von dem schoflen Pettersen bekommen hat –

HJALMAR *läuft umher:* Es gibt gewisse Forderungen – wie soll ich sie nur nennen? Laß mich sagen – ideale Forderungen, die ein Mann nicht beiseite setzen kann, ohne Schaden an seiner Seele zu nehmen.

HEDWIG *geht hinter ihm her:* Aber bedenke doch, die Wildente – die arme Wildente!

HJALMAR *bleibt stehen:* Du hörst ja, ich schone sie – deinetwegen. Es soll ihr kein Haar gekrümmt werden auf –; nun, wie gesagt, ich schone sie ja. Es gibt auch größere Aufgaben zu erfüllen als diese da. Doch nun solltest du ein wenig ausgehn, wie gewöhnlich, Hedwig, es ist gerade passend dämmerig für dich.

HEDWIG: Nein, ich mache mir jetzt nichts daraus.

HJALMAR: Ja, tue es, du blinzelst so mit den Augen, dir tun all diese Dünste hier drinnen nicht gut. Es weht eine dumpfe Luft unter diesem Dache.

HEDWIG: Nun denn, so laufe ich die Hintertreppe hinunter und gehe ein kleines Weilchen spazieren. – Mantel und Hut –? Ach, die liegen drinnen bei mir. Vater – du darfst aber der Wildente nichts zuleide tun, während ich aus bin.

HJALMAR: Nicht eine Feder soll aus ihrem Haupte gerupft werden. *Drückt sie an sich.* Du und ich, Hedwig – wir zwei! Nun geh nur! *Hedwig nickt ihren Eltern zu und geht durch die Korridortür hinaus. Hjalmar geht umher, ohne aufzusehen.* Gina!

GINA: Ja?

HJALMAR: Von morgen ab – oder laß uns sagen, von übermorgen ab – möchte ich das Wirtschaftsbuch selbst führen.

GINA: Du willst jetzt auch das Wirtschaftsbuch führen?

HJALMAR: In jedem Falle einen Einblick in die Einkünfte haben.

GINA: Ach, lieber Gott, das ist bald gemacht.

HJALMAR: Es ist kaum glaublich. Ich finde nämlich, daß du mit dem Gelde, das du bekommst, merkwürdig lange ausreichst. *Steht still und sieht sie an.* Wie geht das zu?

GINA: Das kommt, weil Hedwig und ich so wenig brauchen.

HJALMAR: Ist es wahr, daß Vater für die schriftlichen Arbeiten bei Großhändler Werle so reichlich bezahlt wird?

GINA: Ich weiß nicht, ob es so reichlich ist. Ich kenne den Preis für so etwas nicht.

HJALMAR: Nun, was bekommt er denn so ungefähr? Laß mich hören!

GINA: Das ist so verschieden, es wird wohl ungefähr soviel sein, als er uns kostet, und noch ein kleines Taschengeld.

HJALMAR: Als er uns kostet! Und das hast du mir nicht früher gesagt!

GINA: Nein, das konnte ich doch nicht, du warst ja so froh, weil du glaubtest, er bekäme alles von dir.

HJALMAR: Also er bekommt es vom Großhändler Werle?

GINA: Nun ja, der Großhändler hat es doch wohl dazu.

HJALMAR: Zünde die Lampe an!

GINA *zündet an:* Auch können wir nicht wissen, ob es vom Großhändler selbst ist, es kann ja ebensogut Groberg sein –

HJALMAR: Weshalb diese Ausrede mit Groberg?

GINA: Ich weiß nicht, ich dachte nur –

HJALMAR: Hm!

GINA: I c h habe dem Großvater die Schreiberei ja nicht besorgt. Das tat ja Bertha Sörby, als sie dort ins Haus kam.

HJALMAR: Mir scheint, deine Stimme zittert.

GINA *setzt den Schirm auf die Lampe:* So?

HJALMAR: Auch deine Hände zittern. Oder etwa nicht?

GINA *fest:* Sag es gerade heraus, Ekdal. Was hat er von mir erzählt?

HJALMAR: Ist es wahr – k a n n es wahr sein, daß – daß zwischen dir und dem Großhändler Werle eine Art Verhältnis bestand, als du dort im Hause dientest?

GINA: Das ist nicht wahr. Damals nicht, nein. Der Großhändler stellte mir nach – ja, ich kann es nicht leugnen. Und die Frau glaubte, es wäre etwas dahinter, daher all der Hokuspokus und Skandal, sie schlug und schimpfte mich, wo sie nur konnte, und deshalb ging ich aus dem Dienst.

HJALMAR: Also später.

GINA: Ja; ich kam ja nach Hause. Und Mutter – sie war wirklich nicht so reell, wie du dachtest, Ekdal; und sie kam und redete mir dieses und jenes vor. Denn damals war der Großhändler ja schon Witwer.

HJALMAR: Nun, und weiter?

GINA: Es ist wohl am besten, wenn du alles erfährst. Er ließ nicht eher nach, als bis er seinen Willen bekam.

HJALMAR *schlägt die Hände über dem Kopf zusammen:* Und das die Mutter meines Kindes! Wie konntest du mir so etwas verschweigen!

GINA: Es war unrecht von mir, ich hätte es dir schon lange sagen sollen.

HJALMAR: Sofort hättest du es mir sagen sollen – da hätte ich doch gewußt, was du für eine warst.

GINA: Aber hättest du mich dann trotzdem geheiratet?

HJALMAR: Wie kannst du sowas denken!

GINA: Nein, gerade deshalb durfte ich dir damals nichts sagen. Denn ich hielt ja so unendlich viel von dir, wie du weißt. Und ich konnte mich doch nicht selbst ganz unglücklich machen.

HJALMAR *geht umher:* Und das meiner Hedwig Mutter! Und zu wissen, daß ich alles, was ich hier vor meinen Augen sehe – *stößt einen Stuhl mit dem Fuße von sich:* – mein ganzes Heim – einem begünstigten Vorgänger zu verdanken habe! O dieser Verführer Werle!

GINA: Bereust du die vierzehn bis fünfzehn Jahre, welche wir zusammen gelebt haben?

HJALMAR *stellt sich vor sie hin:* Sage mir, hast du nicht jeden Tag, jede Stunde das Lügengewebe der Verheimlichung bereut, in welches du mich gleich einer Spinne eingesponnen hast? Antworte mir darauf! Bist du hier wirklich nicht mit Reue und Gewissensbissen umhergegangen?

GINA: Ach, lieber Ekdal, ich habe reichlich genug damit zu tun gehabt, an das Haus und all die tägliche Arbeit zu denken.

HJALMAR: Du warfst also niemals einen prüfenden Blick auf deine Vergangenheit?

GINA: Nein, ich hatte, weiß Gott, diese alten Intrigen fast vergessen.

HJALMAR: O diese abgestumpfte, fühllose Ruhe! Sie allein schon hat für mich etwas so Aufregendes. Bedenke nur – nicht einmal Reue!

GINA: Aber sage mir doch, Ekdal – was wäre wohl aus dir geworden, wenn du nicht eine solche Frau wie mich bekommen hättest?

HJALMAR: Eine solche – !

GINA: Ja, denn ich bin doch sozusagen immer ein wenig mehr kontant und süffisant gewesen als du. Nun, es versteht sich ja auch von selbst, ich bin ja ein paar Jahre älter.

HJALMAR: Was aus mir geworden wäre?

GINA: Du befandst dich doch auf ziemlich schlimmen Wegen damals, als du mich kennenlerntest, das kannst du doch nicht leugnen.

HJALMAR: So, also das nennst du schlimme Wege? Oh, du verstehst nicht, wie einem Manne zumut ist, der trauert und verzweifelt; namentlich einem Manne mit meinem feurigen Gemüt.

GINA: Das kann schon sein. Und ich regaliere ja auch nicht weiter darauf; denn du wurdest ja ein so herzensguter Mann, gleich nachdem du Haus und Heim erlangt hattest. – Und nun hatten wir es so nett und behaglich bei uns; und Hedwig und ich wollten nun auch bald anfangen, für uns ein wenig mehr auf Essen und Kleider zu verwenden.

HJALMAR: Ja, in dem Sumpf der Verheimlichung.

GINA: Ach, daß dieser abscheuliche Mensch die Paschaje in dies Haus finden mußte.

HJALMAR: Auch mir schien es gut sein in unserem Heim. Es war ein Irrtum. Woher nehme ich nun die nötige Spannkraft, um die Erfindung in die Welt der Wirklichkeit hinüberzuführen? Vielleicht stirbt sie mit mir; und dann ist es deine Vergangenheit, Gina, die sie gemordet hat.

GINA *fast weinend:* Nein, du darfst so etwas nicht sagen, Ekdal. Ich, die ich mein ganzes Leben lang nur das Beste für dich im Auge hatte!

HJALMAR: Ich frage – was wird nun aus meinem Traum eines Familienversorgers? Wenn ich drinnen auf dem Sofa lag und über die Erfindung grübelte, da ahnte ich es schon, sie würde meine letzte Lebenskraft aufzehren. Ich fühlte, daß der Tag, da ich das Patent in die Hand bekäme, daß dieser Tag – sage ich – mein – Abschiedstag sein würde. Und da war es mein Traum, dich als die wohlhabende Witwe des heimgegangenen Erfinders zurückzulassen.

GINA *trocknet die Tränen:* Nein, Ekdal, so mußt du nicht reden. Unser Herrgott möge mich nie den Tag erleben lassen, wo ich Witwe würde.

HJALMAR: Ach eins wie das andere; jetzt ist ja doch alles vorbei; alles.

Gregor Werle öffnet vorsichtig die Korridortür und sieht herein.

GREGOR: Darf ich kommen?

HJALMAR: Ja, komme nur.

GREGOR *tritt mit strahlendem, vergnügtem Gesichte herein und will ihnen die Hände reichen:* Nun, ihr lieben Leute –! *Sieht sie abwechselnd an und flüstert Hjalmar zu:* Also noch nicht geschehn?

HJALMAR *laut:* Es ist geschehn.

GREGOR: Es ist?

HJALMAR: Ich habe die bitterste Stunde in meinem Leben durchlebt.

GREGOR: Aber ich denke doch auch die erhebendste.

HJALMAR: Nun, vorläufig haben wir es jedenfalls hinter uns.

GINA: Gott verzeihe Ihnen, Herr Werle.

GREGOR *in großer Verwunderung:* Aber ich verstehe nicht.

HJALMAR: Was verstehst du nicht?

GREGOR: Eine solch große Abrechnung – eine Abrechnung, auf welche eine ganz neue Lebensbahn gegründet werden soll – eine Lebensbahn, ein Zusammenleben in Wahrheit und ohne jedes Geheimnis –

HJALMAR: Ja, ich weiß schon; ich weiß es so gut.

GREGOR: Ich hatte sicher erwartet, wenn ich zur Türe hereinkäme, würde mir ein Licht der Verklärung von Mann und Frau entgegenstrahlen. Und nun sehe ich nichts als dieses dumpfe, schwere, traurige –

GINA: Nun denn, so – *Nimmt den Lampenschirm ab.*

GREGOR: Sie wollen mich nicht verstehen, Frau Ekdal; für Sie bedarf es wohl einiger Zeit. – Aber du, Hjalmar? Du mußt doch eine höhere Weihe von der großen Abrechnung empfangen haben.

HJALMAR: Ja, natürlich habe ich das, das heißt – so auf eine Art –

GREGOR: Denn es gibt doch wohl nichts auf der Welt, was damit verglichen werden könnte, einer Fehlenden zu verzeihen und sie in Liebe zu sich zu erheben.

HJALMAR: Glaubst du, ein Mann könne den bittern Trank, den ich soeben geleert habe, so leicht verwinden?

GREGOR: Ein gewöhnlicher Mann, nein; aber ein Mann wie du.

HJALMAR: Ja, lieber Gott, ich weiß schon. Aber du mußt mich nicht treiben, Gregor. Dazu gehört Zeit, siehst du.

GREGOR: Du hast viel von der Wildente in dir, Hjalmar.

RELLING *ist zur Korridortür hereingekommen:* Sieh da; ist schon wieder von der Wildente die Rede?

HJALMAR: Des Großhändlers Werle flügellahme Jagdbeute, ja.

RELLING: Des Großhändlers Werle –? Sprecht ihr von dem?

HJALMAR: Von ihm und – uns andern!

RELLING *halblaut zu Gregor:* Hol' Sie der Teufel!

HJALMAR: Was sagst du da?

RELLING: Ich äußerte nur den innigen Herzenswunsch, der Quacksalber da möchte sich auf den Heimweg begeben. Bleibt er hier, so ist er ganz der Mann dazu, euch beide zugrunde zu richten.

GREGOR: Das wird nicht geschehen, Herr Relling. Von Hjalmar gar nicht zu reden. Ihn kennen wir. Aber auch sie hat sicherlich im Grunde ihres Wesens etwas Treuherziges, etwas Solides –

GINA *weinerlich:* Hätten Sie mich nur weiter für das gelten lassen, was ich war.

RELLING *zu Gregor:* Ist es vorlaut zu fragen, was Sie hier im Hause eigentlich wollen?

GREGOR: Ich will den Grund zu einer wahren Ehe legen.

RELLING: So finden Sie nicht, Ekdals Ehe sei gut genug so, wie sie ist?

GREGOR: Es ist gewiß eine gradsogute Ehe wie leider so viele andere. Aber zu einer wahren Ehe ist es noch nicht gekommen.

HJALMAR: Du hast niemals ein Verständnis für die ideale Forderung gehabt, Relling.

RELLING: Dummes Zeug, mein Lieber! Mit Verlaub, Herr Werle, wieviel – nur so ungefähr – wieviel wahre Ehen haben Sie in Ihrem Leben schon kennengelernt?

GREGOR: Ich glaube, kaum eine einzige.

RELLING: Ich auch nicht.

GREGOR: Aber ich kenne unzählige Ehen von der entgegengesetzten Art, und ich habe Veranlassung gehabt, aus der Nähe zu beobachten, was alles eine solche Ehe in einem Menschenpaar vernichten kann.

HJALMAR: Eines Mannes ganze moralische Grundlage kann unter seinen Füßen verschwinden; das ist das Schreckliche.

RELLING: Ich bin eigentlich niemals verheiratet gewesen und darf daher über diese Dinge nicht urteilen. Aber das weiß ich doch: zu einer Ehe gehört auch das Kind. Und das Kind sollt ihr in Frieden lassen.

HJALMAR: Ach – Hedwig! Meine arme Hedwig!

RELLING: Ja, Hedwig müßt ihr davon fernzuhalten suchen. Ihr beide seid erwachsene Menschen; ihr mögt euch in Gottes Namen zanken und mit euern Verhältnissen experimentieren, wenn ihr dazu Lust habt. Aber mit Hedwig müßt ihr behutsam umgehen, sage ich euch; sonst könntet ihr sie leicht unglücklich machen.

HJALMAR: Unglücklich!

RELLING: Ja, oder sie selbst könnte sich unglücklich machen – und vielleicht andere mit.

GINA: Aber wie können Sie so etwas wissen, Relling?

HJALMAR: Es droht doch nicht etwa eine Gefahr für ihre Augen?

RELLING: Dies hier hat mit den Augen nichts zu schaffen. Aber Hedwig ist in einem bedenklichen Alter. Sie kann auf alles verfallen, was unklug ist.

GINA: Ja denke nur – sie tut es schon! Sie fängt an, in der Küche mit dem Feuer so wild herumzuspenkern, und nennt es Feuerchen spielen. Ich bin manchmal bange, sie möchte das Haus in Brand stecken.

RELLING: Sehen Sie, ich wußte es.

GREGOR *zu Relling:* Aber wie erklären Sie dergleichen?

RELLING *unfreundlich:* Sie befindet sich im Stimmwechsel, mein Bester.

HJALMAR: Solange das Kind m i c h hat –! Solange mein Haupt über der Erde ist! –

Es klopft an die Tür.

GINA: Still, Ekdal; es sind Leute auf dem Flur. *Ruft:* Herein!

Frau Sörby, im Straßenanzug, kommt herein.

FRAU SÖRBY: Guten Abend!

GINA *ihr entgegengehend:* Bist du's, Bertha?

FRAU SÖRBY: Gewiß bin ich's. Aber ich komme vielleicht ungelegen.

HJALMAR: Behüte. Ein Abgesandter aus d e m Hause –

FRAU SÖRBY *zu Gina:* Aufrichtig gesagt, hatte ich nicht gehofft, deine Herren um diese Zeit zu Hause zu treffen; deshalb lief ich herauf, um ein wenig mit dir zu plaudern und dir Lebewohl zu sagen.

GINA: So? Reisest du fort?

FRAU SÖRBY: Ja, morgen früh – hinauf nach Hochtal. Der Großhändler ist heute nachmittag abgereist. *Zu Gregor hinwerfend:* Kann vielmals von ihm grüßen.

GINA: Ei, was du sagst!

HJALMAR: So, der Großhändler Werle ist abgereist? Und jetzt reisen Sie ihm nach?

FRAU SÖRBY: Ja, was sagen Sie dazu, Ekdal?

HJALMAR: Ich sage: nehmen Sie sich in acht.

GREGOR: Ich werde es dir erklären. Mein Vater verheiratet sich mit Frau Sörby.

HJALMAR: Verheiratet sich mit ihr!

GINA: Ach, Bertha; also doch endlich!

RELLING *mit bebender Stimme:* Das ist doch wohl nicht wahr?

FRAU SÖRBY: Jawohl, mein lieber Herr Relling, das ist wirklich wahr.

RELLING: Sie wollen sich jetzt wieder verheiraten?

FRAU SÖRBY: Gewiß. Werle hat den Heiratsschein gelöst, und wir werden unsere Hochzeit in aller Stille oben auf dem Werke feiern.

GREGOR: Da darf ich Ihnen wohl als guter Stiefsohn Glück wünschen.

FRAU SÖRBY: Ich danke Ihnen, falls Sie es aufrichtig meinen. Und ich hoffe, es wird sowohl für Herrn Werle als auch für mich zum Glück gereichen.

RELLING: Das können Sie getrost hoffen. Großhändler Werle betrinkt sich niemals – soviel i c h weiß; und pflegt seine Frauen auch nicht zu mißhandeln, wie es der selige Pferdedoktor machte.

FRAU SÖRBY: Ach, lassen Sie doch Sörby ruhen, wo er ruht. Er hatte doch auch seine guten Seiten.

RELLING: Großhändler Werle besitzt wohl die besseren Seiten, nicht wahr?

FRAU SÖRBY: Er hat jedenfalls nicht das Beste in sich vergeudet. Der Mann, der d a s tut, hat die Folgen davon zu tragen.

RELLING: Heute abend gehe ich mit Molvig aus.

FRAU SÖRBY: Das sollen Sie nicht, Herr Relling. Tun Sie es nicht – um meinetwillen.

RELLING: Das geht nun einmal nicht anders. *Zu Hjalmar:* Willst du mit dabeisein, so komm.

GINA: Nein, danke. Ekdal geht nicht mit auf solche Schwieten.

HJALMAR *ärgerlich, halblaut:* Ach, schweige doch!

RELLING: Adieu, Frau – Werle!

Geht zur Korridortür hinaus.

GREGOR *zu Frau Sörby:* Es scheint, Sie und Doktor Relling kennen einander ziemlich genau.

FRAU SÖRBY: Wir haben einander schon viele Jahre gekannt. Es hätte einmal zwischen uns etwas werden können.

GREGOR: Gut für Sie, daß nichts daraus wurde.

FRAU SÖRBY: Ja, das können Sie schon sagen. Aber ich habe mich stets davor gehütet, nach bloßen Eindrücken zu handeln. Ein Weib darf sich doch auch nicht ganz wegwerfen.

GREGOR: Haben Sie denn gar keine Furcht, daß ich meinem Vater einen Wink geben könnte von dieser alten Bekanntschaft?

FRAU SÖRBY: Sie können sich doch wohl denken, daß ich ihm das bereits selbst gesagt habe.

GREGOR: So?

FRAU SÖRBY: Ihr Vater kennt jeden einzelnen Punkt, über den die Leute mit einigem Recht von mir reden könnten. Ich habe ihm alles gesagt; es war das erste, was ich tat, da er seine Absichten merken ließ.

GREGOR: Sie scheinen mehr als gewöhnlich offenherzig zu sein.

FRAU SÖRBY: Offenherzig bin ich stets gewesen. Damit kommen wir Frauen am weitesten.

HJALMAR: Was sagst du dazu, Gina?

GINA: Ach, wir Frauen sind ja so verschieden. Einige halten es auf diese Art und andere auf jene.

FRAU SÖRBY: Ja, Gina, ich glaube aber doch, es sei am klügsten, sich auf meine Weise einzurichten. Und Werle hat aus dem, was ihn betrifft, auch kein Hehl gemacht. Das ist es gerade, was uns am meisten verbunden hat. Nun kann er sitzen und mit mir so offen reden wie ein Kind. Dazu hat er früher niemals Gelegenheit gehabt. Er, der gesunde, lebenskräftige Mann, bekam in seiner ganzen Jugend und seine besten Jahre hindurch nichts als Strafpredigten zu hören. Und manches Mal drehten sich diese Predigten um bloß eingebildete Vergehen – nach dem, was i c h mir habe sagen lassen.

GINA: Ja, das ist in der Tat wahr.

GREGOR: Wenn die Damen auf das Thema kommen, ist es wohl am besten, ich gehe.

FRAU SÖRBY: Deswegen können Sie ruhig bleiben. Ich werde kein Wort mehr sagen. Aber ich wollte Sie nur darüber ins klare setzen, daß ich nicht mit Heimlichkeiten oder einer Art Hinterlist zu Werke gegangen bin. Es könnte vielleicht den Anschein haben, daß ich ein ungemein großes Glück mache; und das ist es ja auch in gewissem Sinne. Aber ich meine doch, ich empfange nicht mehr, als ich gebe. Ich werde ihn sicher niemals im Stiche lassen, sondern ihm dienen und helfen wie kein zweiter; zumal jetzt, da er bald hilflos sein wird.

HJALMAR: Wieso hilflos?

GREGOR *zu Frau Sörby:* Sprechen Sie hier nicht davon.

FRAU SÖRBY: Es nützt nichts, es länger zu verheimlichen, so gern er es auch will. Er wird blind.

HJALMAR *stutzt:* Er wird blind? Das ist doch sonderbar. – Er wird auch blind.

GINA: Das werden ja so viele.

FRAU SÖRBY: Und man kann sich nicht vorstellen, was das für einen Geschäftsmann sagen will. Nun, ich werde versuchen, meine Augen für ihn zu brauchen, so gut ich kann. Aber jetzt darf ich nicht länger bleiben; ich bin in dieser Zeit so in Anspruch genommen. – Ja, noch eins; Ihnen, Herr Ekdal, sollte ich noch sagen, wenn Ihnen Werle mit irgend etwas dienen könnte, so sollten Sie sich nur an Groberg wenden.

GREGOR: Für dieses Anerbieten wird Hjalmar Ekdal sich gewiß schön bedanken.

FRAU SÖRBY: So? Früher schien er doch nicht –

GINA: Ja, Bertha, jetzt braucht Ekdal nichts mehr vom Großhändler Werle.

HJALMAR *langsam und mit Nachdruck:* Wollen Sie Ihren künftigen Herrn Gemahl von mir grüßen und ihm sagen, ich beabsichtigte in der allernächsten Zeit zum Buchhalter Groberg zu gehn –

GREGOR: Das wolltest du?

HJALMAR: – zum Buchhalter Groberg zu gehn, sage ich, um einen Kontoauszug über den Betrag zu verlangen, den ich seinem Prinzipal schulde! Ich will diese Ehrenschuld bezahlen –. Ha ha ha, wahrhaftig eine Ehrenschuld! Doch genug davon. Ich will alles bezahlen mit fünf Prozent Zinsen.

GINA: Aber lieber Ekdal, dazu haben wir doch, weiß Gott, nicht das Geld.

HJALMAR: Wollen Sie Ihrem Verlobten sagen, daß ich unverdrossen an meiner Erfindung arbeite. Wollen Sie ihm ferner sagen, was meine Geisteskräfte unter dieser anstrengendsten Beschäftigung aufrechterhalte, sei der Wunsch, eine peinliche Schuldverpflichtung loszuwerden. Deshalb die Erfindung. Der ganze Ertrag soll aufgewendet werden, um mich von den pekuniären Verpflichtungen Ihrem zukünftigen Gatten gegenüber zu befreien.

FRAU SÖRBY: Hier im Hause ist schon irgend etwas vorgefallen.

HJALMAR: So ist es.

FRAU SÖRBY: Nun denn, adieu. Ich hätte noch manches mit dir zu besprechen, Gina; aber wir können es auf ein andermal lassen. Adieu!

Hjalmar und Gregor grüßen stumm; Gina begleitet Frau Sörby zur Tür.

HJALMAR: Nicht über die Schwelle, Gina! *Frau Sörby geht, Gina schließt hinter ihr.* Sieh, Gregor, so wäre ich nun diese drückende Last los.

GREGOR: Jedenfalls schnell.

HJALMAR: Ich denke, mein Benehmen muß korrekt genannt werden.

GREGOR: Du bist der Mann, für den ich dich stets gehalten habe.

HJALMAR: In gewissen Fällen ist es unmöglich, sich über die idealen Forderungen hinwegzusetzen. Als Familienversorger muß ich mich ja voll Schmerz darunter beugen und krümmen. Denn es ist wahrlich keine Kleinigkeit für einen unbemittelten Mann, eine vieljährige Schuldforderung einzulösen, über die sich, sozusagen, der Staub der Vergessenheit gelagert hat. Das ist mir aber gleich. Der Mensch in mir fordert auch sein Recht.

GREGOR *legt die Hände auf seine Schultern:* Lieber Hjalmar – war es also nicht doch gut, daß ich kam?

HJALMAR: Ja.

GREGOR: War es nicht gut, daß dir über alle Verhältnisse volle Wahrheit wurde?

HJALMAR *etwas ungeduldig:* Ja, gewiß. Aber da bleibt ein Umstand, der mein Gerechtigkeitsgefühl empört.

GREGOR: Und das wäre?

HJALMAR: Daß –; aber ich weiß nicht, ob ich mich so rückhaltlos über deinen Vater auslassen darf.

GREGOR: Nimm auf mich durchaus keine Rücksicht.

HJALMAR: Nun gut. Ja siehst du, es hat etwas so Peinliches, sich zu denken, daß jetzt nicht ich, sondern er die wahre Ehe verwirklicht.

GREGOR: Aber wie kannst du sowas sagen!

HJALMAR: Und doch ist es so. Dein Vater und Frau Sörby gehn ja nun eine Ehe ein, welche auf volles Vertrauen gegründet ist; gegründet auf volle und ganze Offenherzigkeit von beiden Seiten; sie verbergen voreinander nichts; es gibt kein Geheimnis in ihrem Verhältnis; es findet zwischen ihnen, wenn ich mich so ausdrücken darf, eine gegenseitige Verzeihung seitens der Sünder statt.

GREGOR: Und was folgt daraus?

HJALMAR: Nun, es trifft doch dort alles zusammen. Solche Schwierigkeiten gehören ja, wie du selbst sagst, dazu, um eine wahre Ehe zu gründen.

GREGOR: Das ist ja etwas ganz anderes, Hjalmar. Du wirst doch weder dich noch Gina mit diesen beiden vergleichen wollen. Du verstehst mich doch.

HJALMAR: Aber ich kann doch nicht davon los, daß in alledem etwas liegt, was mein Rechtsgefühl verletzt. Es sieht ja geradeso aus, als wenn es überhaupt keine gerechte Weltordnung gäbe.

GINA: Pfui, Ekdal, so etwas darfst du doch, weiß Gott, nicht sagen.

GREGOR: Hm, lassen wir die Frage unerörtert.

HJALMAR: Andererseits ist es aber wiederum, als erblicke man die waltende Hand des Schicksals. Er wird blind.

GINA: Oh, das steht wohl noch nicht so fest.

HJALMAR: Es ist unzweifelhaft. Wir dürfen keineswegs daran zweifeln; denn gerade in diesem Faktum liegt die gerechte Vergeltung. Er hat seinerzeit ein argloses Mitgeschöpf verblendet.

GREGOR: Leider hat er viele verblendet.

HJALMAR: Und jetzt kommt die unerbittliche, die rätselvolle Vergeltung und fordert des Großhändlers eigene Augen.

GINA: Wie kannst du etwas so Entsetzliches sagen? Mir wird ganz angst.

HJALMAR: Es ist ganz gut, sich gelegentlich auch in die Nachtseiten des Daseins zu vertiefen.

Hedwig kommt mit Hut und Mantel fröhlich und atemlos durch die Korridortür herein.

GINA: Bist du schon wieder da?

HEDWIG: Ja, ich wollte nicht weiter gehn, und das war gut; denn ich traf nun jemand vor der Tür.

HJALMAR: Wohl diese Frau Sörby.

HEDWIG: Ja.

HJALMAR *geht auf und ab:* Ich will hoffen, daß du sie zum letzten Male gesehen hast.

Pause. Hedwig sieht schüchtern bald den einen, bald den andern an, als ob sie deren Stimmung erforschen wollte.

HEDWIG *nähert sich einschmeichelnd:* Vater!

HJALMAR: Nun – was gibt's, Hedwig?

HEDWIG: Frau Sörby hatte etwas für mich mitgebracht.

HJALMAR *bleibt stehen:* Für dich?

HEDWIG: Ja; etwas für morgen.

GINA: Bertha hat an dem Tage für dich immer eine Kleinigkeit gehabt.

HJALMAR: Was ist es denn?

HEDWIG: Das darfst du jetzt noch nicht wissen; Mutter soll es mir morgen früh im Bette geben.

HJALMAR: Ach, immer diese Gemeinschaft, von der ich ausgeschlossen bin.

HEDWIG *schnell:* Nein, du sollst es doch sehn. Es ist ein großer Brief. *Nimmt den Brief aus der Manteltasche.*

HJALMAR: Ach, ein Brief?

HEDWIG: Ja, nur der Brief. Das andere kommt wohl später. Aber denke dir nur – ein Brief! Ich habe noch niemals einen Brief bekommen. Und da steht oben drauf: „Fräulein" – *liest:* „Fräulein Hedwig Ekdal". Denke dir – das bin ich!

HJALMAR: Laß mich den Brief sehn.

HEDWIG *gibt ihm denselben:* Da, sieh.

HJALMAR: Die Hand des Großhändlers Werle.

GINA: Bist du dessen gewiß, Ekdal?

HJALMAR: Sieh selbst.

GINA: Ach glaubst du, ich verstehe mich auf so etwas?

HJALMAR: Hedwig, darf ich den Brief öffnen – und ihn lesen?

HEDWIG: Ja freilich, wenn du willst!

GINA: Nicht, nicht heute abend, Ekdal; es soll ja für morgen sein.

HEDWIG *leise:* Ach, lasse ihn den Brief doch lesen! Es ist gewiß etwas Gutes; und dann wird Vater froh; und es wird hier wieder heiter sein.

HJALMAR: Ich darf ihn also öffnen?

HEDWIG: Ja, sei so gut, Vater. Es wird nett sein zu erfahren, was es ist.

HJALMAR: Gut. *Öffnet den Brief, nimmt ein Papier heraus, liest es durch und scheint verwirrt.* Was ist das?

GINA: Was steht denn darin?

HEDWIG: Ach ja, Vater – sag es!

HJALMAR: Seid still! *Liest es noch einmal durch; ist blaß geworden, aber sagt, sich beherrschend:* Es ist eine Schenkungsurkunde, Hedwig.

HEDWIG: Ei der Tausend! Was bekomme ich denn?

HJALMAR: Lies selbst. *Hedwig geht zur Lampe hin und liest einen Augenblick. – Halblaut, ballt die Faust:* Die Augen! Die Augen! Und dazu der Brief!

HEDWIG *das Lesen unterbrechend:* Ja, aber ich glaube, Großvater soll es haben.

HJALMAR *nimmt ihr den Brief fort:* Gina – kannst du das begreifen?

GINA: Ich weiß ja nicht das geringste; sag es doch nur.

HJALMAR: Großhändler Werle schreibt an Hedwig, daß ihr alter Großvater sich nicht mehr mit dem Abschreiben abzuquälen brauchte, sondern daß er künftig monatlich hundert Kronen auf dem Kontor beheben könne.

GREGOR: Aha.

HEDWIG: Hundert Kronen, Mutter! Das las ich.

GINA: Das ist ja für Großvater gut.

HJALMAR: – hundert Kronen, solange er sie nötig hat – das will natürlich sagen, so lange, bis er seine Augen geschlossen hat.

GINA: So ist ja der Arme versorgt.

HJALMAR: Aber jetzt kommt es. Das lasest du noch nicht, Hedwig. Nachher soll dieses Geschenk auf dich übergehn.

HEDWIG: Auf mich! Das Ganze?

HJALMAR: Dir ist derselbe Betrag für dein ganzes Leben zugesichert, schreibt er. Hörst du's, Gina?

GINA: Ja, höre schon.

HEDWIG: Denk nur, all das Geld, das ich bekommen soll! *Rüttelt ihn:* Ach Vater, Vater, bist du darüber nicht froh?

HJALMAR *ihr ausweichend:* Froh! *Geht auf und ab.* – O welche Aussichten – welche Perspektiven öffnen sich vor mir! Hedwig ist es; sie ist es, die er so reichlich bedenkt!

GINA: Hedwig hat doch Geburtstag –

HEDWIG: Und du bekommst es ja doch, Vater! Du kannst dir doch denken, daß ich all das Geld dir und Mutter geben werde.

HJALMAR: Der Mutter! Da haben wir's.

GREGOR: Hjalmar, es ist eine Falle, die dir gestellt wird.

HJALMAR: Glaubst du, es sollte wieder eine Falle sein?

GREGOR: Als er heute morgen hier war, sagte er: Hjalmar Ekdal ist nicht der Mann, für den du ihn hältst.

HJALMAR: Nicht der Mann – !

GREGOR: Du wirst es schon sehn, sagte er.

HJALMAR: Du würdest es sehn, daß ich mich mit Geld abspeisen lassen würde! –

HEDWIG: Aber Mutter, was ist das?

GINA: Geh hinaus und lege deine Kleider ab.

Hedwig geht, dem Weinen nahe, zur Küchentür hinaus.

GREGOR: Ja, Hjalmar – nun soll es sich zeigen, wer recht hat, er oder ich.

HJALMAR *reißt das Papier langsam quer durch, legt die beiden Stücke auf den Tisch und sagt:* Das meine Antwort.

GREGOR: Ich erwartete es.

HJALMAR *geht zu Gina, die am Ofen steht, und sagt mit gedämpfter Stimme:* Und nun keine Heimlichkeit mehr. Als das Verhältnis zwischen dir und ihm zu Ende war, als du – dazu kamst, soviel von mir zu halten, wie du es nennst – weshalb setzte er uns damals in den Stand, uns verheiraten zu können?

GINA: Er dachte wohl, er werde hier im Hause aus und ein gehen können.

HJALMAR: Nur das? War ihm nicht vor einer gewissen Möglichkeit bange?

GINA: Ich verstehe nicht, was du damit meinst.

HJALMAR: Ich will wissen, ob – dein Kind das Recht hat, unter meinem Dache zu leben.

GINA *richtet sich auf, ihre Augen blitzen:* Und darnach fragst du!

HJALMAR: Du sollst mir nur das eine beantworten: gehört Hedwig mir – oder – ? Nun?

GINA *sieht ihn mit kaltem Trotz an:* Ich weiß nicht.

HJALMAR *zittert leicht:* Du weißt nicht!

GINA: Wie kann ich das wissen; so eine wie ich –

HJALMAR *sich ruhig von ihr wendend:* Dann habe ich hier nichts mehr zu tun.

GREGOR: Bedenke doch, Hjalmar!

HJALMAR *zieht seinen Überzieher an:* Hier ist nichts mehr für einen Mann wie mich zu bedenken.

GREGOR: Oh, hier ist außerordentlich viel zu bedenken. Ihr drei müßt zusammenhalten, wenn du der großen, verzeihenden Opferstimmung teilhaftig werden willst.

HJALMAR: Das will ich gar nicht. Niemals, niemals! Meinen Hut! *Nimmt den Hut.* Mein Heim ist um mich her in Trümmer gestürzt. *Bricht in Tränen aus:* Gregor, ich habe kein Kind mehr!

HEDWIG *die die Küchentür geöffnet hat:* Was sagst du! *Geht zu ihm.* Vater, Vater!

GINA: Sieh da!

HJALMAR: Komm mir nicht nahe, Hedwig! Weit fort. Ich ertrage deinen Anblick nicht. Ach, die Augen – . Lebe wohl. *Will zur Tür.*

HEDWIG *hängt sich an ihn fest und schreit laut:* Nicht doch! Nicht doch! Geh nicht von mir fort!

GINA *ruft:* Sieh doch das Kind, Ekdal! Sieh doch das Kind!

HJALMAR: Ich will nicht! Ich kann nicht! Ich muß hinaus – fort von alledem!

Er reißt sich von Hedwig los und geht zur Korridortür hinaus.

HEDWIG *mit verzweifeltem Blick:* Er geht von uns, Mutter! Er geht von uns! Er kommt niemals wieder!

GINA: Weine nicht, Hedwig. Vater kommt schon wieder.

HEDWIG *wirft sich schluchzend aufs Sofa:* Nein, nein, er kommt nie mehr zu uns nach Hause.

GREGOR: Glauben Sie mir, Frau Ekdal, daß ich nur das Beste wollte!

GINA: Ja, ich glaube es fast; aber möge Gott Ihnen verzeihen.

HEDWIG *liegt auf dem Sofa:* Ach mir ist, ich werde davon sterben! Was habe ich ihm getan? Mutter, du mußt ihn wieder heimbringen!

GINA: Ja, ja; sei nur ruhig; ich werde ausgehn und nach ihm sehn. *Zieht die Überkleider an.* Vielleicht ist er zu Relling gegangen. Du mußt aber nicht so daliegen und heulen. Versprichst du mir das?

HEDWIG *weint krampfhaft:* Ja, ich werde es seinlassen; wenn Vater nur wiederkommt.

GREGOR *zu Gina, die gehen will:* Wäre es nicht doch besser, ihn erst seinen Schmerz auskämpfen zu lassen?

GINA: Ach, das kann er nachher. Vor allem müssen wir das Kind beruhigen. *Geht zur Korridortür hinaus.*

HEDWIG *setzt sich aufrecht und trocknet die Tränen:* Nun müssen Sie mir sagen, was es ist. Weshalb will Vater nichts mehr von mir wissen?

GREGOR: Sie müssen darnach nicht fragen, bevor Sie groß und erwachsen sind.

HEDWIG *schluchzt:* Aber ich kann doch nicht so namenlos betrübt bleiben, bis ich groß und erwachsen bin. – Ich weiß schon, was es ist. – Vielleicht bin ich nicht Vaters rechtes Kind.

GREGOR *unruhig:* Wie sollte das zugehen?

HEDWIG: Mutter kann mich ja gefunden haben. Und jetzt hat es Papa vielleicht zu wissen bekommen; denn von so etwas habe ich schon gelesen.

GREGOR: Nun und wenn dem so wäre –

HEDWIG: Ja, er könnte mich deshalb doch ebenso liebhaben. Ja, beinahe noch mehr. Die Wildente haben wir doch auch zum Geschenk erhalten, und dennoch habe ich sie so sehr lieb.

GREGOR *ablenkend:* Ja, die Wildente, das ist wahr! Lassen Sie uns ein wenig von der Wildente plaudern, Hedwig.

HEDWIG: Die arme Wildente! Die will er auch nicht mehr vor Augen sehen. Denken Sie sich nur, er hat Lust, ihr den Hals umzudrehen!

GREGOR: Oh, das tut er doch wohl nicht.

HEDWIG: Nein, aber er hat es gesagt. Und das finde ich garstig von Vater; denn ich bete jeden Abend für die Wildente und bitte, sie möge vor dem Tode und allem Bösen bewahrt bleiben.

GREGOR *sieht sie an:* Pflegen Sie abends zu beten?

HEDWIG: Jawohl.

GREGOR: Wer hat Sie daran gewöhnt?

HEDWIG: Ich selbst; denn einmal war Vater so krank und hatte Blutegel am Halse; und da sagte er, er kämpfe mit dem Tode.

GREGOR: Nun und – ?

HEDWIG: Da betete ich für ihn, als ich mich niedergelegt hatte. Und später bin ich dabei geblieben.

GREGOR: Und jetzt beten Sie auch für die Wildente?

HEDWIG: Ich meinte, es sei am besten, die Wildente in das Gebet miteinzuschließen; denn sie war in der ersten Zeit so krank.

GREGOR: Beten Sie vielleicht auch des Morgens?

HEDWIG: Nein, das nicht.

GREGOR: Warum denn nicht ebensogut ein Morgengebet?

HEDWIG: Des Morgens ist es ja hell; und da gibt es nichts, wovor man Angst haben könnte.

GREGOR: Und der Wildente, die Sie so sehr liebhaben, wollte Ihr Vater den Hals umdrehn?

HEDWIG: Nein, er sagte, es wäre am besten für ihn, wenn er es täte; aber er wollte sie um meinetwillen schonen; und das war doch freundlich von Vater.

GREGOR *etwas näher:* Aber wenn S i e nun freiwillig die Wildente s e i n e t w e g e n opferten?

HEDWIG *steht auf:* Die Wildente!

GREGOR: Wenn Sie nun das Beste, was Sie auf der Welt kennen und besitzen, für ihn opferwillig hingäben?

HEDWIG: Glauben Sie, das würde helfen?

GREGOR: Versuchen Sie es, Hedwig.

HEDWIG *leise, mit leuchtenden Augen:* Ja, ich will es versuchen.

GREGOR: Und glauben Sie auch die nötige Geisteskraft zu besitzen?

HEDWIG: Ich werde Großvater bitten, die Wildente für mich zu schießen.

GREGOR: Tun Sie das. Doch nicht ein Wort zu Ihrer Mutter davon.

HEDWIG: Warum nicht?

GREGOR: Sie versteht uns nicht.

HEDWIG: Die Wildente? Ich will es morgen früh versuchen! *Gina kommt zur Korridortür herein. Hedwig ihr entgegen:* Trafst du ihn, Mutter?

GINA: Nein; aber ich hörte, er wäre bei Relling gewesen und habe ihn mit sich genommen.

GREGOR: Sind Sie dessen gewiß?

GINA: Ja, die Portiersfrau sagte es. Molvig wäre auch mitgegangen, sagte sie.

GREGOR: Und das jetzt, da es für sein Gemüt so notwendig war, in der Einsamkeit auszukämpfen –

GINA *legt ab:* Ja, die Männer sind so verschieden. Gott weiß, wohin Relling ihn mitgeschleppt hat! Ich lief zur Frau Eriksen hinüber; aber dort waren sie nicht.

HEDWIG *kämpft mit den Tränen:* Ach, wenn er nun gar nicht wieder heimkäme!

GREGOR: Er k o m m t wieder heim. Ich werde ihn morgen holen; und dann sollen Sie sehen, w i e er kommt. Schlafen Sie deswegen getrost, Hedwig. Gute Nacht.

Er geht zur Korridortür hinaus.

HEDWIG *wirft sich schluchzend an Ginas Hals:* Ach Mutter, Mutter!

GINA *klopft ihr auf den Rücken und seufzt:* Ach ja, Relling hatte recht. So geht es, wenn verrückte Leute kommen und die intrikate Forderung präsentieren. –

FÜNFTER AUFZUG

Hjalmar Ekdals Atelier. Ein kaltes graues Morgenlicht fällt herein; auf den großen Scheiben des Dachfensters liegt nasser Schnee.

Gina, mit einer Küchenschürze, kommt mit Besen und Staublappen aus der Küche und geht zur Wohnstubentür. Gleichzeitig kommt Hedwig schnell vom Korridor herein.

GINA *bleibt stehen:* Nun?

HEDWIG: Ja, Mutter, ich glaube fast, er ist unten bei Relling –

GINA: Siehst du wohl.

HEDWIG: – denn die Portiersfrau sagte, sie hätte gehört, daß Relling zwei mit sich hatte, als er heute nacht nach Hause kam.

GINA: Dachte ich's doch.

HEDWIG: Doch das nützt ja nichts, wenn er nicht zu uns heraufkommen will.

GINA: So will ich doch wenigstens hinunter und mit ihm reden.

Der alte Ekdal, in Schlafrock und Pantoffeln, mit angezündeter Pfeife, kommt aus der Tür seines Zimmers heraus.

EKDAL: Du, Hjalmar? – Ist Hjalmar nicht zu Hause?

GINA: Nein, er ist schon ausgegangen.

EKDAL: So früh? Und in einem solch tollen Schneegestöber? Ja, ja; sei so gut; kann meine Morgentour auch allein machen.

Er schiebt die Bodentür beiseite; Hedwig hilft ihm; er geht hinein; sie schließt hinter ihm.

HEDWIG: Denke nur, Mutter, wenn der arme Großvater hören wird, daß Vater uns verlassen will.

GINA: Ach rede nicht. Großvater braucht nichts davon zu erfahren. Ein Glück, daß er gestern nicht zu Hause war während all des Spektakels.

HEDWIG: Ja, aber –

Gregor kommt zur Korridortür herein.

GREGOR: Nun? Haben Sie seine Spur gefunden?

GINA: Er soll, wie man sagt, noch unten bei Relling sein.

GREGOR: Bei Relling! Ist er wirklich mit den Menschen ausgewesen?

GINA: Ja, wahrscheinlich.

GREGOR: Ja, aber e r, der so notwendig der Einsamkeit bedurfte und sich im Ernste sammeln wollte – !

GINA: Ja, Sie mögen es so nennen.

Relling kommt vom Korridor herein.

HEDWIG *ihm entgegen:* Ist Vater bei Ihnen?

GINA *gleichzeitig:* Ist er dort?

RELLING: Jawohl, er ist dort.

HEDWIG: Und Sie sagen uns nichts davon?

RELLING: Ja, ich bin eine Bestie. Doch zuerst hatte ich die andere Bestie zu bändigen; den Dämonischen, natürlich; und nachher schlief ich so fest, daß –

GINA: Was sagt Ekdal heute?

RELLING: Er sagt kein Sterbenswort.

HEDWIG: Redet er gar nicht?

RELLING: Nicht eine Silbe.

GREGOR: Ja, ja, das kann ich sehr gut verstehn.

GINA: Aber was macht er denn?

RELLING: Er liegt auf dem Sofa und schnarcht.

GINA: Ja, Ekdal schnarcht sehr.

HEDWIG: Schläft er? Kann er schlafen?

RELLING: Es scheint wenigstens so.

GREGOR: Begreiflich; nach dem Seelenkampfe, der ihn aufgerieben hat –

GINA: Und er, der nicht gewohnt ist, nachts draußen herumzuschwärmen.

HEDWIG: Es ist vielleicht gut, daß er schlafen kann, Mutter.

GINA: Das meine ich auch. Aber dann hat es auch keinen Zweck, ihn zu zeitig zu wecken. Ich danke Ihnen, Herr Relling. Jetzt aber erst das Haus ein wenig gereinigt und gesäubert, und dann –. Komm und hilf mir, Hedwig.

Gina und Hedwig gehn in die Wohnstube.

GREGOR *wendet sich zu Relling:* Können Sie mir den geistigen Prozeß, welcher jetzt in Hjalmar Ekdal vorgeht, erklären?

RELLING: Ich habe, meiner Seel, nicht bemerkt, daß überhaupt ein geistiger Prozeß in ihm vorgeht.

GREGOR: Was! An einem solchen Wendepunkte, wo sein ganzes Leben eine neue Grundlage erhalten hat –? Wie können Sie sich denken, daß eine Persönlichkeit wie Hjalmar –?

RELLING: Ach, Persönlichkeit – er! Falls er jemals einen Ansatz zu der Art Abnormität, welche Sie Persönlichkeit zu nennen belieben, gehabt hat, so sind ihm sowohl die Wurzeln als auch die Triebe dazu schon in den Jugendjahren gründlich exstirpiert worden; dessen kann ich Sie versichern.

GREGOR: Das wäre doch merkwürdig – bei der liebevollen Erziehung, welche er genossen hat.

RELLING: Von den verschrobenen, hysterischen alten Jungfern, den Tanten, meinen Sie?

GREGOR: Ich will Ihnen nur sagen, es waren Frauen, welche niemals die ideale Forderung in Vergessenheit geraten ließen; ja – nun werden Sie mich wohl wieder zum besten haben.

RELLING: Nein, ich bin dazu nicht aufgelegt. Übrigens bin ich ganz gut informiert; er hat nämlich schon verschiedene Rhetorik von diesen seinen „zwei Seelenmüttern" von sich gegeben. Aber ich glaube nicht, daß er so besondere Ursache hat, ihnen dafür dankbar zu sein. Ekdals Unglück ist, daß er in seinem Kreise stets für ein großes Lumen gehalten worden ist –

GREGOR: Und ist er das etwa nicht? An Tiefe des Gemütes, meine ich?

RELLING: Ich habe davon niemals etwas bemerkt. Daß sein Vater es glaubte – mag hingehn; denn der alte Leutnant ist ja all sein Lebtag ein Dummkopf gewesen.

GREGOR: Er ist all sein Lebtag ein Mann mit kindlichem Gemüt gewesen; aber das verstehen Sie nicht.

RELLING: Ja, doch! Als der liebe, süße Hjalmar so mit Müh und Not Student geworden war, galt er auch unter seinen Kameraden gleich als das große Zukunftslicht. Hübsch war er ja, das zog – rot und weiß – so wie die Backfische die jungen Herren am liebsten haben; und da er nun dieses leicht gerührte Gemüt und den herzgewinnenden Ton in der Stimme hatte und es so brillant verstand, anderer Verse und Gedanken vorzudeklamieren –

GREGOR *erbittert:* Sprechen Sie wirklich von Hjalmar Ekdal?

RELLING: Ja, mit Ihrer Erlaubnis; denn so sieht das Götterbild, vor dem Sie im Staube liegen, inwendig aus.

GREGOR: Ich glaubte doch nicht, so ganz blind zu sein.

RELLING: O doch, nicht weit davon; denn Sie sind ein kranker Mann; Sie auch, sehen Sie.

GREGOR: Darin haben Sie recht.

RELLING: Jawohl. Sie leiden an einem komplizierten Fall. Zuerst dieses gichtische Rechtschaffenheitsfieber; und dann, was schlimmer ist – phantasieren Sie sich immer in ein Anbetungsdelirium hinein; immer wollen Sie etwas außer Ihren eigenen Angelegenheiten zu bewundern haben.

GREGOR: Außerhalb meiner eigenen muß ich es allerdings suchen.

RELLING: Aber Sie täuschen sich so schmählich in den großen Wundertieren, welche Sie um sich zu sehen und zu hören glauben. Sie sind mit Ihrer idealen Forderung wieder einmal nur in eine Hütte gekommen; in diesem Hause wohnen keine zahlungsfähigen Leute.

GREGOR: Wenn Sie von Hjalmar Ekdal keine bessere Meinung haben als diese, wie können Sie daran Freude finden, stets und beständig mit ihm zusammenzusein?

RELLING: Lieber Gott, ich soll ja, mit Respekt zu sagen, eine Art Doktor sein; so muß ich mich doch der armen Kranken, mit denen ich im Hause zusammenwohne, annehmen.

GREGOR: Was Sie sagen! Ist Hjalmar Ekdal krank?

RELLING: Die Menschen sind leider so ziemlich sämtlich krank.

GREGOR: Und welche Kur wenden Sie für Hjalmar an?

RELLING: Meine gewöhnliche. Ich sorge dafür, die Lebenslüge in ihm aufrechtzuerhalten.

GREGOR: Lebens-Lüge? Ich hörte wohl nicht recht –?

RELLING: Ja, ich sagte die Lebenslüge; denn die Lebenslüge ist das stimulierende Prinzip, sehen Sie.

GREGOR: Darf ich fragen, mit was für einer Lebenslüge Hjalmar behaftet ist?

RELLING: Nein, danke; ich verrate solche Geheimnisse nicht an Quacksalber. Sie wären imstande, ihn noch mehr für mich zu verpfuschen. Aber die Methode ist probat. Ich habe sie auch bei Molvig angewendet. Ihn habe ich „dämonisch" gemacht. Das ist die Fontanelle, die ich ihm in den Nacken setzen mußte.

GREGOR: Ist er denn nicht dämonisch?

RELLING: Was, zum Teufel, soll das heißen, dämonisch? Natürlich nur dummes Zeug, das ich erfunden habe, um ihn am Leben zu erhalten. Hätte ich es nicht getan, so wäre der arme, gutherzige Mensch schon vor vielen Jahren in Selbstverachtung und Verzweiflung untergegangen. Ferner der alte Leutnant! Aber der hat freilich seine Kur selbst erfunden.

GREGOR: Leutnant Ekdal? Was ist mit ihm?

RELLING: Ja, was meinen Sie wohl, daß er, der Bärenjäger, dort drinnen auf dem dunkeln Bodenraum auf die Kaninchenjagd geht? Es gibt in der Welt keinen glücklicheren Schützen als ihn, den alten Mann, wenn er sich zwischen all dem Gerümpel tummeln kann. Die vier bis fünf vertrockneten Weihnachtsbäume, welche er sich aufbewahrt hat, sind für ihn dasselbe wie der ganze große, frische Hochtalswald; der Hahn und die Hühner sind für ihn Auerhähne in den Kiefernwipfeln; und die Kaninchen, welche auf dem Boden herumspringen, das sind die Bären, mit denen er es aufnimmt, er, der mutige Mann der freien Luft.

GREGOR: Der unglückliche alte Leutnant Ekdal hat freilich auf seine Jugendideale Verzicht leisten müssen.

RELLING: Apropos, Herr Werle junior – gebrauchen Sie doch nicht das Fremdwort „Ideale". Wir haben ja das schöne deutsche Wort: „Lügen".

GREGOR: Meinen Sie, die beiden seien miteinander verwandt?

RELLING: Ungefähr wie Typhus und Faulfieber.

GREGOR: Herr Doktor, ich beruhige mich nicht eher, als bis ich Hjalmar aus Ihren Händen errettet habe!

RELLING: Das dürfte am schlimmsten für ihn werden. Nehmen sie einem Durchschnittsmenschen die Lebenslüge, so nehmen Sie ihm gleichzeitig das Glück. *Zu Hedwig, die aus der Wohnstube kommt:* Nun, kleine Wildenten-Mutter, jetzt gehe ich hinunter und sehe, ob Vater noch liegt und über der merkwürdigen Erfindung brütet. *Geht zur Korridortür hinaus.*

GREGOR *nähert sich Hedwig:* Ich kann es Ihnen ansehn, es ist noch nicht geschehen.

HEDWIG: Was? Ach das mit der Wildente. Nein.

GREGOR: Die Geistesstärke ließ Sie im Stiche, als es zur Tat werden sollte, nicht wahr?

HEDWIG: Nein, das nicht. Aber als ich heute früh erwachte und an das dachte, wovon wir gesprochen hatten, kam es mir so wunderlich vor.

GREGOR: Wunderlich?

HEDWIG: Ja, ich weiß nicht. – Gestern abend, gleich darnach, fand ich etwas so Schönes darin; aber als ich geschlafen hatte und darüber wieder nachdachte, fand ich weiter nichts darin.

GREGOR: Allerdings sind Sie hier nicht aufgewachsen, ohne daß etwas in Ihnen verlorengegangen ist.

HEDWIG: Darum kümmere ich mich nicht; wenn nur Vater heraufkommen wollte –

GREGOR: Ach hätten Sie nur so recht die Augen aufgetan für das, was dem Leben Wert verleiht – besäßen Sie den wahren, freudigen, mutigen Opfersinn, dann sollten Sie sehen, wie er zu Ihnen heraufkäme. Doch ich hoffe noch auf Sie, Hedwig.

Er geht zur Korridortür hinaus. Hedwig geht auf der Bühne hin und her; darauf will sie in die Küche gehen; gleichzeitig wird von drinnen an die Bodentür geklopft. Hedwig geht hin und öffnet ein wenig. Der alte Ekdal kommt heraus; er schiebt die Tür wieder zu.

EKDAL: Hm, ein mäßiges Vergnügen, die Morgenpartie allein zu machen.

HEDWIG: Hattest du keine Lust, auf die Jagd zu gehen, Großvater?

EKDAL: Ist heute kein Jagdwetter. So dunkel da; man kann kaum die Hand vor Augen sehen.

HEDWIG: Hast du niemals Lust, etwas anderes als die Kaninchen zu schießen?

EKDAL: Sind die Kaninchen etwa nicht gut genug?

HEDWIG: Ja, aber die Wildente, zum Beispiel?

EKDAL: Ha ha; fürchtest du, ich werde dir deine Wildente totschießen? Niemals im Leben, du, niemals.

HEDWIG: Nein, du könntest es wohl nicht; es soll schwer sein, Wildenten zu schießen.

EKDAL: Könnte nicht? Sollte wohl meinen.

HEDWIG: Wie würdest du es wohl anfangen, Großvater – ich meine nicht mit meiner Wildente, sondern mit andern?

EKDAL: Würde sehn, ihnen einen Schuß unter der Brust beizubringen, siehst du; das ist das sicherste. Und dann muß man gegen die Federn schießen, nicht mit den Federn.

HEDWIG: Sterben sie dann, Großvater?

EKDAL: Ja, gewiß sterben sie – wenn man nur richtig schießt. Nun; muß wohl hinein und mich putzen. Hm – verstehe schon – hm.

Er geht in sein Zimmer hinein. Hedwig wartet ein wenig, verstohlene Blicke auf die Stubentür werfend, geht dann zum Regal hin, stellt sich auf die Zehen, nimmt die doppelläufige Pistole vom Brett herab und sieht sie an. Gina, mit Besen und Staublappen, kommt aus der Stubentür. Hedwig legt schnell und unbemerkt die Pistole fort.

GINA: Steh da nicht und wühle in Vaters Sachen herum, Hedwig.

HEDWIG *geht vom Regal fort:* Ich wollte nur ein wenig aufräumen.

GINA: Geh lieber in die Küche und sieh, ob der Kaffee auch warm bleibt; ich will ihn mitnehmen, wenn ich zu ihm hinuntergehe.

Hedwig geht hinaus; Gina fängt an im Atelier auszufegen und rein zu machen. Einen Augenblick später wird die

Korridortür zögernd geöffnet, und Hjalmar Ekdal sieht herein; er hat den Überzieher an, ist aber ohne Hut, ungewaschen und mit zerzaustem, ungekämmtem Haar; die Augen blöde und matt.

GINA *bleibt mit dem Besen in der Hand stehen und sieht ihn an.* Ach wirklich, Ekdal – kommst du doch?

HJALMAR *tritt ein und antwortet mit dumpfer Stimme:* Ich komme – um in demselben Moment zu verschwinden.

GINA: Ja, ja; kann mir schon denken. Aber Jesus – wie siehst du denn aus!

HJALMAR: Wie ich aussehe?

GINA: Und dein schöner Winterrock! Na, der hat den Rest bekommen.

HEDWIG *in der Küchentür:* Mutter, soll ich nicht –? *Sieht Hjalmar, schreit vor Freude laut auf und läuft ihm entgegen.* O Vater, Vater!

HJALMAR *wendet sich ab und streckt die Hände abwehrend aus:* Fort, fort, fort! *Zu Gina:* Nimm sie von mir weg, sage ich!

GINA *halblaut:* Geh in die Wohnstube, Hedwig.

Hedwig geht still hinaus.

HJALMAR *geschäftig, zieht die Tischschublade heraus:* Ich muß meine Bücher mit mir haben. Wo sind meine Bücher?

GINA: Welche Bücher?

HJALMAR: Meine wissenschaftlichen Werke, natürlich – die technischen Zeitschriften, welche ich zu der Erfindung brauche.

GINA *sucht im Regal:* Sind es diese hier ohne Deckel?

HJALMAR: Ja, gewiß.

GINA *legt einen Haufen Hefte auf den Tisch:* Soll Hedwig sie dir nicht aufschneiden?

HJALMAR: Brauchen für mich nicht aufgeschnitten zu werden.

Kurze Pause.

GINA: Es bleibt also dabei, du ziehst von uns, Ekdal?

HJALMAR *wühlt unter den Büchern:* Das versteht sich doch von selbst, scheint mir.

GINA: Jawohl!

HJALMAR *heftig:* Ich kann doch nicht hier sein und mein Herz jede Stunde durchbohren lassen.

GINA: Gott verzeihe dir, daß du etwas so Schlechtes von mir glaubst.

HJALMAR: Beweise –

GINA: Mir scheint, du solltest beweisen.

HJALMAR: Nach einer Vergangenheit wie die deine? Es gibt gewisse Forderungen – ich könnte versucht sein, sie ideale Forderungen zu nennen.

GINA: Und Großvater dort? Was denn soll aus dem Armen werden?

HJALMAR: Ich kenne meine Pflicht; der Hilflose zieht mit mir. Ich will hinaus in die Stadt und Anstalten treffen – hm – *Zögernd:* Hat jemand vielleicht meinen Hut auf der Treppe gefunden?

GINA: Nein. Hast du den Hut verloren?

HJALMAR: Ich hatte ihn natürlich auf, als ich heute nacht nach Hause kam; das unterliegt keinem Zweifel, aber heute morgen konnte ich ihn nicht finden.

GINA: Jesus, wo bist du denn nur mit den beiden Nachtschwärmern gewesen?

HJALMAR: Ach, frage mich nicht nach unwesentlichen Dingen. Glaubst du, ich sei in der Stimmung, mich der Einzelheiten zu erinnern?

GINA: Wenn du dich nur nicht erkältet hast, Ekdal!

Geht in die Küche.

HJALMAR *spricht halblaut und verbittert mit sich, während er die Tischschublade auskramt:* Du bist ein Schurke, Relling! – Ein Spitzbube bist du! – O schändlicher Verführer! – Könnte ich wahrlich nur jemand finden, der dich meuchlings umbrächte! –

Er legt einige alte Briefe beiseite, findet das zerrissene Papier von gestern, nimmt es und sieht die Stücke näher an; da er Gina kommen hört, legt er sie schnell beiseite.

GINA *stellt ein besetztes Kaffeebrett auf den Tisch:* Hier ist ein Tropfen Warmes, wenn du Lust haben solltest. Und hier sind Butterbrote und etwas Pökelfleisch.

HJALMAR *das Brett verstohlen anblickend:* Pökelfleisch? Keinen Bissen mehr unter diesem Dach! Freilich habe ich in bald vierundzwanzig Stunden keine kompakten Nahrungsmittel genossen – doch das kann gleich sein. – Meine Aufzeichnungen! Meine angefangenen Lebenserinnerungen! Wo finde ich mein Tagebuch und meine wichtigen Papiere? *Öffnet die Stubentür und weicht zurück.* Dort ist sie auch!

GINA: Lieber Gott, irgendwo muß das Kind doch sein.

HJALMAR: Geh hinaus. *Er macht Platz. Hedwig kommt erschreckt ins Atelier. Hjalmar legt die Hand auf den Türdrücker und sagt zu Gina:* Die letzten Augenblicke, welche ich in meinem ehemaligen Hause zubringe, wünsche ich von Fremden verschont zu bleiben. –

Geht in die Stube hinein.

HEDWIG *mit einem Sprunge zur Mutter, fragt leise und bebend:* Bin ich das?

GINA: Halte dich in der Küche auf, Hedwig; oder nein – gehe lieber in deine Kammer. *Sagt zu Hjalmar, indem sie zu ihm hineingeht:* Wart ein wenig, Ekdal; wühle nicht so in der Kommode; ich weiß, wo all die Sachen liegen.

HEDWIG *steht einen Augenblick unbeweglich, in Angst und Unschlüssigkeit, und beißt die Lippen zusammen, um das Weinen zu unterdrücken; dann ballt sie krampfhaft die Hände und sagt leise:* Die Wildente!

Sie schleicht zum Regal hin und nimmt die Pistole vom Brett, öffnet die Bodentür ein wenig, schmiegt sich hindurch und zieht die Tür hinter sich zu. Hjalmar und Gina fangen drinnen in der Wohnstube an zu disputieren.

HJALMAR *kommt mit einigen beschriebenen Blättern und alten losen Papieren, die er auf den Tisch legt:* Ach, was kann der Reisesack nützen! Ich muß ja tausenderlei Dinge mitschleppen.

GINA *ihm mit dem Reisesack folgend:* Aber laß doch all das andere solange liegen und nimm nur ein Hemd und ein paar Unterhosen mit.

HJALMAR: Puh – diese anstrengenden Vorbereitungen –!

Zieht den Überzieher aus und wirft ihn aufs Sofa.

GINA: Und da steht der Kaffee und wird auch kalt.

HJALMAR: Hm.

Er trinkt unwillkürlich einen Schluck und darauf wieder einen.

GINA *wischt die Stuhllehnen ab:* Am schlimmsten wird es nun für dich sein, solch einen großen Bodenraum für die Kaninchen zu finden.

HJALMAR: Was! Soll ich etwa all die Kaninchen auch mit mir schleppen?

GINA: Ja, ich denke doch, Großvater kann nicht ohne die Kaninchen sein.

HJALMAR: Daran wird er sich doch gewöhnen müssen. I c h muß auf höhere Lebensgüter Verzicht leisten als auf Kaninchen.

GINA *staubt im Regal ab:* Soll ich dir auch die Flöte in den Reisesack legen?

HJALMAR: Nein. Keine Flöte mehr. Aber gib mir die Pistole.

GINA: Willst du die Pigstole mitnehmen?

HJALMAR: Ja, meine geladene Pistole.

GINA *sucht sie:* Sie ist fort. Er muß sie mit sich hineingenommen haben.

HJALMAR: Ist er auf dem Bodenraum?

GINA: Gewiß ist er dort.

HJALMAR: Hm – der einsame Greis.

Er nimmt ein Stück Butterbrot, ißt es und trinkt die Kaffeetasse aus.

GINA: Hätten wir nur nicht das Zimmer vermietet, so hättest du da einziehen können.

HJALMAR: Ich sollte unter demselben Dache wohnen, welches –. Niemals – niemals!

GINA: Aber könntest du dich nicht einen Tag oder zwei in der Wohnstube aufhalten? Da hättest du alles für dich allein.

HJALMAR: Niemals innerhalb dieser Mauern!

GINA: Aber unten bei Relling und Molvig?

HJALMAR: Nenne nicht die Namen dieser Menschen! Mir vergeht der Appetit, wenn ich nur an sie denke. – O nein, ich muß hinaus in den Sturm und das Schneegestöber – von Haus zu Haus gehen und Obdach suchen für Vater und mich.

GINA: Aber du hast ja keinen Hut, Ekdal! Du hast ja deinen Hut verloren.

HJALMAR: O die beiden Verworfenen, so reich an allen Lastern! Ein Hut muß herbeigeschafft werden. *Nimmt ein zweites Stück Butterbrot.* Es müssen Anstalten getroffen werden. Denn ich habe nicht Lust, mein Leben aufs Spiel zu setzen. *Sucht etwas auf dem Kaffeebrett.*

GINA: Was suchst du?

HJALMAR: Butter.

GINA: Werde sie gleich holen. *Ab in die Küche.*

HJALMAR *ruft ihr nach:* Es ist nicht nötig; ich kann ebensogut trockenes Brot essen.

GINA *bringt eine Butterdose:* Hier, sie ist ganz frisch.

Sie schenkt ihm eine neue Tasse Kaffee ein; er setzt sich aufs Sofa, streicht mehr Butter auf das Brot, ißt und trinkt einen Augenblick schweigend.

HJALMAR: Würde ich, ohne von jemand, wer es auch sei, belästigt zu werden – da drinnen in der Stube einen oder zwei Tage wohnen können?

GINA: Ja, sehr gut, wenn du nur wolltest.

HJALMAR: Denn ich sehe keine Möglichkeit, Vaters sämtliche Sachen so auf einmal fortzuschaffen.

GINA: Auch kommt noch hinzu, daß du ihm doch erst sagen mußt, du wolltest nicht länger mit uns andern zusammenbleiben.

HJALMAR *schiebt die Tasse von sich:* Das auch, ja; alle diese verwickelten Verhältnisse wieder aufzurühren. – Ich muß mich sammeln; etwas Ruhe haben; ich kann mir alle diese Lasten nicht an einem einzigen Tage aufladen.

GINA: Und noch dazu in solch einem scheußlichen Wetter, wie es heute ist.

HJALMAR *den Brief des Großhändlers wegschiebend:* Das Papier treibt sich hier auch noch umher.

GINA: I c h habe es nicht angerührt.

HJALMAR: Mich geht doch der Fetzen nichts an –

GINA: Nun, i c h denke wahrhaftig auch nicht daran, Nutzen daraus zu ziehen.

HJALMAR: – aber er braucht auch nicht in den Kehricht zu kommen; wenn ich umziehe, könnte er in all dem Wirrwarr ja so leicht –

GINA: Ich werde schon auf ihn achtgeben, Ekdal.

HJALMAR: Der Schenkungsbrief gehört vor allen Dingen dem Vater; und es ist lediglich seine Sache, ob er davon Gebrauch machen will.

GINA *seufzt:* Ach, der arme, alte Vater!

HJALMAR: Der Sicherheit wegen – wo finde ich etwas Kleister?

GINA *geht zum Regal:* Hier steht der Kleistertopf.

HJALMAR: Und einen Pinsel?

GINA: Hier ist auch der Pinsel. *Bringt ihm die Sachen.*

HJALMAR *nimmt eine Schere:* Nur einen Papierstreifen auf die Rückseite – *Schneidet und kleistert.* Es sei fern von mir, mich an fremdem Eigentum zu vergreifen – am wenigsten an dem eines unvermögenden Greises. Und auch nicht an dem – eines andern. So. Laß es dort eine Weile liegen. Und wenn es trocken geworden ist, nimm es fort. Ich will das Aktenstück nicht mehr vor Augen sehen. Niemals!

Gregor Werle kommt vom Korridor herein.

GREGOR *etwas verwundert:* Was – du sitzest hier, Hjalmar?

HJALMAR *steht schnell auf:* Ich war vor Mattigkeit niedergesunken.

GREGOR: Du hast auch gefrühstückt, wie ich sehe.

HJALMAR: Auch der Körper macht zuweilen seine Rechte geltend.

GREGOR: Wozu hast du dich denn entschlossen?

HJALMAR: Für einen Mann wie mich gibt es nur einen Weg. Ich bin im Begriff, meine wichtigsten Sachen zusammenzusuchen. Aber das erfordert Zeit, kannst dir denken.

GINA *etwas ungeduldig:* Soll ich denn die Stube für dich in Ordnung bringen oder soll ich den Reisesack packen?

HJALMAR *nach einem ärgerlichen Seitenblick auf Gregor:* Packe – und bringe in Ordnung!

GINA *nimmt den Reisesack:* Ja, ja, so werde ich denn das Hemd und die andern Sachen hier hineintun.

Sie geht in die Stube und zieht die Tür hinter sich zu.

GREGOR *nach einer kurzen Pause:* Niemals hätte ich mir gedacht, daß es ein solches Ende nehmen würde. Ist es dir wirklich eine Notwendigkeit, Haus und Heim zu verlassen?

HJALMAR *wandert unruhig auf und ab:* Was meinst du denn, daß ich tun sollte? Ich bin nicht dazu geschaffen, unglücklich zu sein, Gregor. Ich muß es gut, ruhig und friedlich um mich haben.

GREGOR: Aber kannst du es denn nicht? Versuche es nur. Jetzt scheint mir hier doch fester Grund zu sein, um darauf zu bauen – fange denn von vorn an. Und denke daran, daß du auch für deine Erfindung zu leben hast.

HJALMAR: Ach, rede mir nicht von der Erfindung. Sie steht wohl noch in weitem Felde.

GREGOR: So?

HJALMAR: Ja, lieber Gott, was soll ich denn auch eigentlich erfinden? Die andern haben mir ja das meiste schon vorweggenommen. Es wird von Tag zu Tag schwieriger –

GREGOR: Und du, der eine so große Arbeit darauf verwendet hat.

HJALMAR: Ach! Es war dieser wüste Relling, der mich darauf brachte.

GREGOR: Relling?

HJALMAR: Ja, er war es, welcher mich zuerst auf meine Anlagen für irgendeine Erfindung in der Fotografie aufmerksam machte.

GREGOR: Aha – also Relling.

HJALMAR: Ach, ich bin darüber so von Herzen glücklich gewesen. Nicht so sehr über die Erfindung an und für sich; sondern weil Hedwig daran glaubte – glaubte mit der ganzen Macht und Stärke ihres Kindergemütes. – Das heißt – ich Tor habe mir immer eingebildet, daß sie daran glaubte.

GREGOR: Kannst du dir wirklich vorstellen, Hedwig wäre falsch gegen dich gewesen?

HJALMAR: Nun weiß ich, was es ist. Hedwig ist mir im Wege. Sie nimmt mir die Sonne von meinem ganzen Leben.

GREGOR: Hedwig! Wirklich Hedwig? Wie sollte sie dir die Sonne nehmen?

HJALMAR *ohne zu antworten:* Wie unsäglich habe ich nicht das Kind geliebt, wie unsäglich glücklich fühlte ich mich jedesmal, wenn ich in meine arme Wohnung heimkam und sie mir entgegenflog mit ihren lieben, blinzelnden Augen. O ich vertrauensseliger Tor! Ich liebte sie unendlich. Und so dichtete und träumte ich mich in die Einbildung hinein, sie liebe mich auch ebenso unendlich.

GREGOR: Wäre das wirklich nichts als eine Einbildung!

HJALMAR: Wie kann ich das wissen? Von Gina bekomme ich nichts heraus. Und ihr fehlt außerdem ganz der Sinn für die ideale Seite der Konflikte. Aber dir gegenüber habe ich das Bedürfnis, mein Herz zu öffnen, Gregor. Immer dieser fürchterliche Zweifel –; vielleicht hat Hedwig mich niemals aufrichtig geliebt.

GREGOR: Davon könntest du doch vielleicht Beweise erhalten. *Lauscht.* Aber was ist das? Schreit die Wildente nicht?

HJALMAR: Sie schnattert. Vater ist auf dem Boden.

GREGOR: Ist er's! *Freude leuchtet aus seinen Augen.* Ich sage, du könntest doch wohl den Beweis erhalten, daß die arme, verkannte Hedwig dich wirklich liebt.

HJALMAR: Ach, welchen Beweis kann sie mir geben! Ich glaube keiner Versicherung von der Seite mehr.

GREGOR: Hedwig weiß von keiner Täuschung.

HJALMAR: O Gregor, gerade dessen bin ich nicht sicher. Wie oft mögen nicht Gina und diese Frau Sörby hier gesessen und was alles miteinander gezischelt und geflüstert haben? Und Hedwig pflegt die Ohren offenzuhalten. Vielleicht kam der Schenkungsbrief gar nicht so unerwartet. Es schien mir fast so, als ob ich etwas derartiges bemerkte.

GREGOR: Was für ein Geist ist nur in dich gefahren?

HJALMAR: Mir sind die Augen geöffnet worden. Paß nur auf – du sollst sehen, der Schenkungsbrief ist nur der Anfang. Frau Sörby hat immer für Hedwig so viel übriggehabt; und nun hat sie ja die Macht, für das Kind zu tun, was sie eben will. Sie kann es von mir nehmen, wann und wie es ihr beliebt.

GREGOR: Niemals geht Hedwig von dir.

HJALMAR: Verlaß dich nicht so sicher darauf. Wenn d i e nun dastehn und ihr mit vollen Händen winken –? Ach ich, der ich sie so unsäglich geliebt habe! Ich, der ich mein höchstes Glück darin gefunden hätte, sie behutsam bei der Hand zu fassen und wie ein Kind, das sich im Dunkeln fürchtet, durch einen weiten, öden Raum zu führen! Nun fühle ich nichts als die quälende Gewißheit – der arme Fotograf oben in der Dachwohnung ist niemals etwas Ganzes und Volles für sie gewesen. Sie hat nur schlau dafür gesorgt, sich so lange mit ihm gutzustehen, bis die Zeit kommen würde.

GREGOR: Das glaubst du doch wohl selber nicht, Hjalmar.

HJALMAR: Das ist ja gerade das Entsetzliche, daß ich nicht weiß, was ich glauben soll – daß ich es niemals wissen werde. Zweifelst du denn wirklich, daß es so sei, wie ich sage? Haha, du verläßt dich zu sehr auf die ideale Forderung, mein guter Gregor. Wenn die andern kämen, ich meine die mit den vollen Händen, und dem Kinde zuriefen: gehe von ihm; bei uns wirst du das Leben genießen –

GREGOR *schnell:* Was glaubst du, daß dann geschähe?

HJALMAR: Wenn ich sie dann fragte: Hedwig, bist du bereit, für mich das Leben zu lassen? *Lacht spöttisch.* Ja, danke schön – du solltest schon hören, welche Antwort ich bekäme!

Man hört draußen auf dem Bodenraum einen Pistolenschuß.

GREGOR *laut, freudig:* Hjalmar!

HJALMAR: Sieh da; er geht wieder auf die Jagd.

GINA *kommt herein:* Ach, Ekdal, ich glaube, Großvater rumort da allein auf dem Boden.

HJALMAR: Ich will hineinsehn –

GREGOR *lebhaft, ergriffen:* Warte ein wenig, weißt du, was das war?

HJALMAR: Ja, gewiß weiß ich es.

GREGOR: Nein, du weißt es nicht. Aber ich weiß es. Das war der Beweis.

HJALMAR: Welcher Beweis?

GREGOR: Eine kindliche Opfertat. Sie hat deinen Vater veranlaßt, die Wildente zu erschießen.

HJALMAR: Die Wildente zu erschießen!

GINA: Denke –

HJALMAR: Aber zu welchem Zweck?

GREGOR: Sie wollte dir das Beste, was sie auf der Welt besaß, opfern; denn dann, meinte sie, würdest du sie wieder liebgewinnen.

HJALMAR *sanft, bewegt:* O das liebe Kind!

GINA: Worauf d i e alles kommt!

GREGOR: Sie wollte nur deine Liebe wiederhaben, Hjalmar; sie glaubte, ohne dieselbe nicht leben zu können.

GINA *kämpft mit den Tränen:* Da kannst du es selbst sehen, Ekdal.

HJALMAR: Gina, wo ist sie?

GINA *schluchzt:* Die Arme, sie sitzt wohl draußen in der Küche.

HJALMAR *geht hin, reißt die Küchentür auf und sagt:* Hedwig – komm! Komm zu mir her! *Sieht sich um.* Hier ist sie nicht.

GINA: Dann ist sie in ihrer Kammer.

HJALMAR *von draußen:* Nein, hier ist sie auch nicht. *Kommt herein.* Sie muß ausgegangen sein.

GINA: Du wolltest sie ja nirgends im Hause dulden.

HJALMAR: Ach, wenn sie doch nur bald wieder nach Hause käme – daß ich es ihr sagen könnte. – Nun wird alles wieder gut, Gregor, nun glaube ich auch, wir können ein neues Leben beginnen.

GREGOR *ruhig:* Ich wußte es; durch das Kind würde die Wiederaufrichtung erfolgen.

Der alte Ekdal erscheint in der Tür seines Zimmers; er ist in voller Uniform und damit beschäftigt, sich den Säbel umzuschnallen.

HJALMAR *erstaunt:* Vater! Du bist dort?!

GINA: Schossest du in der Kammer?

EKDAL *zornig, nähert sich:* So, du gehst also allein auf die Jagd, Hjalmar?

HJALMAR *gespannt, verwirrt:* Du warst es also nicht, der auf dem Boden schoß?

EKDAL: Schoß ich? Hm!

GREGOR *ruft Hjalmar zu:* Sie hat selbst die Wildente erschossen!

HJALMAR: Was ist das! *Eilt zur Bodentür, schiebt sie zur Seite, sieht hinein und schreit laut auf:* Hedwig!

GINA *läuft zur Tür:* Jesus, was ist das!

HJALMAR *geht hinein:* Sie liegt am Boden!

GREGOR: Liegt! *Eilt zu Hjalmar hinein.*

GINA *gleichzeitig:* Hedwig! *Hinein auf den Boden.* Nein, nein, nein!

EKDAL: Haha; legt sie sich auch aufs Schießen?

Hjalmar, Gina und Gregor schleppen Hedwig ins Atelier; in der niederhängenden rechten Hand hält sie die Pistole fest zwischen die Finger geklemmt.

HJALMAR *verstört:* Die Pistole ist losgegangen. Sie hat sich selbst getroffen. Rufe um Hilfe! Hilfe!

GINA *läuft auf den Korridor hinaus und ruft hinunter:* Relling! Relling! Doktor Relling! Kommen Sie herauf, so schnell Sie können!

Hjalmar und Gregor legen Hedwig aufs Sofa.

EKDAL *leise:* Der Wald rächt sich!

HJALMAR *auf den Knien bei ihr:* Nun kommt sie bald zu sich. Nun kommt sie bald zu sich –; ja, ja, ja.

GINA *die wieder hereingekommen ist:* Wo hat sie sich getroffen? Ich sehe nichts.

Relling kommt schnell und gleich nach ihm Molvig. Der letztere ist ohne Weste und Halstuch, mit offenem Leibrock.

RELLING: Was ist hier los?

GINA: Sie sagen, Hedwig hat sich erschossen.

HJALMAR: Komm her und hilf!

RELLING: Sich erschossen!

Er schiebt den Tisch zu Seite und untersucht sie.

HJALMAR *liegt und sieht ihn angstvoll an:* Es kann doch nicht gefährlich sein? Was, Relling? Sie blutet ja fast gar nicht. Das kann doch nicht gefährlich sein?

RELLING: Wie ging das zu?

HJALMAR: Ach, was weiß ich –!

GINA: Sie wollte die Wildente erschießen.

RELLING: Die Wildente?

HJALMAR: Die Pistole muß losgegangen sein.

RELLING: Hm, so.

EKDAL: Der Wald rächt sich. Aber ich habe doch keine Furcht.

Er geht auf den Boden und schließt hinter sich.

HJALMAR: Nun, Relling – weshalb sagst du kein Wort?

RELLING: Die Kugel ist in die Brust gegangen.

HJALMAR: Ja, aber sie wird doch zu sich kommen.

RELLING: Du siehst wohl, daß Hedwig nicht mehr lebt.

GINA *bricht in Tränen aus:* Oh, das Kind, das Kind!

GREGOR *heiser:* In der Tiefe des Meeres –

HJALMAR *aufspringend:* Nein, nein, sie m u ß leben! Oh, Gott segne dich, Relling – nur einen Augenblick – nur so lange, daß ich ihr sagen kann, wie unsäglich ich sie die ganze Zeit über geliebt habe!

RELLING: Das Herz ist getroffen. Innere Verblutung. Sie starb auf der Stelle.

HJALMAR: Und ich, der ich sie von mir jagte wie ein Tier.

Und sie flüchtete sich erschreckt hinein auf den Boden und starb in Liebe für mich. *Schluchzend:* Das niemals wiedergutmachen können! Niemals ihr sagen können –! *Ballt die Fäuste und schreit empor:* O du dort droben –! – Wenn du dort b i s t! Warum tatest du mir das!

GINA: Still, still, maße dir nicht so Gräßliches an. Wir hatten wohl kein Recht, sie zu behalten, meine ich.

MOLVIG: Das Kind ist nicht tot, es schläft.

RELLING: Unsinn!

HJALMAR *wird ruhig, geht zum Sofa und sieht mit gekreuzten Armen auf Hedwig:* Dort liegt sie, stumm und starr.

RELLING *sucht die Pistole zu lösen:* Sie sitzt so fest, so fest.

GINA: Nein, nein, Relling, zerbrechen Sie ihr nicht die Finger; lassen Sie die Pistole darin.

HJALMAR: Sie soll sie mit sich nehmen.

GINA: Ja, lassen Sie sie ihr. Aber das Kind soll nicht hier liegen und paradieren. Sie soll hinein, zu sich, in ihre Kammer. Dahinein soll sie. Faß mit an, Ekdal.

Hjalmar und Gina nehmen Hedwig zwischen sich.

HJALMAR *während sie tragen:* O Gina, Gina, hältst du das aus?

GINA: Einer muß dem andern helfen; jetzt haben wir sie jeder zur Hälfte, das weiß ich.

MOLVIG *streckt die Arme aus und murmelt:* Der Herr sei gelobt; zu Erde sollst du werden; zu Erde sollst du werden –

RELLING *flüstert:* Halt das Maul, Mensch; du bist ja betrunken. *Hjalmar und Gina tragen die Leiche zur Küchentür hinaus. Relling schließt hinter ihnen. Molvig schleicht auf den Korridor hinaus. Relling geht zu Gregor und sagt:* Niemals wird man mir aufbinden, daß das ein zufälliger Schuß war.

GREGOR *der starr vor Schreck in krampfhaftem Schauder dagestanden hatte:* Niemand kann sagen, wie das Entsetzliche zugegangen ist.

RELLING: Die Ladung hat die Taille versengt. Sie muß die Pistole gerade gegen die Brust gehalten und abgefeuert haben.

GREGOR: Hedwig ist nicht vergeblich gestorben. Sahen Sie, wie der Schmerz alles Erhabene in ihm freimachte?

RELLING: Erhaben werden die meisten Menschen, wenn sie voll Schmerz an einer Leiche stehn. Aber wie lange, glauben Sie, wird bei ihm die Herrlichkeit währen?

GREGOR: Sollte sie nicht dauern und wachsen für das Leben!

RELLING: In dreiviertel Jahren ist die kleine Hedwig für ihn nichts als ein schönes Deklamationsthema.

GREGOR: Und das dürfen Sie von Hjalmar Ekdal sagen!

RELLING: Wir werden uns sprechen, wenn das erste Gras auf ihrem Grabe verwelkt ist. Da können Sie ihn aufschluchzen hören um „das dem Vaterherzen zu früh entrissene Kind“. Da werden Sie ihn sehn, wie er sich in Rührung und Selbstbewunderung und Selbstbedauern einbalsamiert. Passen Sie auf!

GREGOR: Wenn S i e recht haben und i c h unrecht, dann ist das Leben nicht mehr des Lebens wert.

RELLING: Oh, das Leben könnte schon ganz gut sein, wenn wir nur vor diesen lieben Gläubigern verschont blieben, die uns Armen das Haus einlaufen mit ihrer idealen Forderung.

GREGOR *vor sich hin:* Dann bin ich froh, daß meine Bestimmung ist, was sie ist.

RELLING: Mit Verlaub – was ist denn Ihre Bestimmung?

GREGOR *im Begriff zu gehen:* Der Dreizehnte bei Tische zu sein.

RELLING: Ei, der Teufel glaub's.

ROSMERSHOLM

SCHAUSPIEL IN VIER AUFZÜGEN

PERSONEN

Johannes Rosmer, Besitzer von Rosmersholm, ehemaliger Pfarrer
Rebekka West, im Hause bei Johannes Rosmer
Rektor Kroll, Rosmers Schwager
Ulrik Brendel
Peter Mortensgård
Frau Helseth, Haushälterin auf Rosmersholm

Die Handlung spielt auf Rosmersholm, einem alten Herrensitz in der Nähe einer kleinen Fjordstadt im westlichen Norwegen

ERSTER AUFZUG

Geräumiges, altmodisch und behaglich eingerichtetes Wohnzimmer auf Rosmersholm.
Rechts vorn an der Wand ein Ofen, der mit Birkenreisern und wilden Blumen geschmückt ist; weiter hinten eine Tür. An der Rückwand eine Flügeltür, die ins Vorzimmer führt. Links an der Wand ein Fenster, vor dem sich ein Ständer mit Blumen und Pflanzen befindet. Nahe beim Ofen ein Tisch mit Sofa und Fauteuils. Ringsumher an den Wänden ältere und neuere Porträts von Predigern, Offizieren und Beamten in Uniform. Das Fenster ist geöffnet, Vorzimmer, und die äußere Haustür ebenfalls. Man sieht die großen, alten Bäume einer Allee, die auf das Wohnhaus zuführt. Sommerabend. Nach Sonnenuntergang.
Rebekka West, in einem Lehnstuhl am Fenster, häkelt an einem großen, weißen Wollschal, der beinahe fertig ist. Von Zeit zu Zeit blickt sie spähend zwischen den Blumentöpfen hindurch aus dem Fenster. Gleich darauf Frau Helseth von rechts.

FRAU HELSETH: Fräulein, jetzt wäre es wohl das beste, wenn ich so nach und nach anfinge, den Tisch zum Abendbrot zu decken?

REBEKKA: Ja, tun Sie das nur, der Herr Pastor muß ja bald kommen.

FRAU HELSETH: Zieht es dort nicht, wo Sie sitzen?

REBEKKA: Ja, ein wenig. Bitte, schließen Sie doch Tür und Fenster.

Frau Helseth schließt die Vorzimmertür, dann ans Fenster.

FRAU HELSETH *hinausblickend, indem sie schließen will:* Ist das nicht der Herr Pastor, der dort drüben geht?

REBEKKA *schnell:* Wo? *Steht auf.* Ja, das ist er. *Hinter dem Fenstervorhang:* Gehen Sie beiseite. Er darf uns nicht sehen.

FRAU HELSETH *mitten im Zimmer:* Nein, Fräulein, denken Sie nur, jetzt fängt er wieder an, den Mühlweg zu gehen.

REBEKKA: Den Mühlenweg ist er auch vorgestern gegangen. *Zwischen Vorhang und Fensterumrahmung hinaussehend:* Jetzt wollen wir aber doch sehen –

FRAU HELSETH: Wagt er sich über den Steg?

REBEKKA: Das ist gerade, was ich sehen will. *Nach kurzer Pause:* Nein, er kehrt um. Auch heute geht er oben herum. *Vom Fenster fortgehend:* Großer Umweg!

FRAU HELSETH: Ja, du lieber Gott, über den Steg zu gehen, mag dem Herrn Pastor wohl schwer werden. Da, wo sowas passiert ist, da –

REBEKKA *die Häkelarbeit zusammenlegend:* Hier auf Rosmersholm hängt man lange an den Toten!

FRAU HELSETH: Fräulein, ich glaube, es sind die Toten, die so lange an Rosmersholm hängen.

REBEKKA *sie anblickend:* Die Toten?

FRAU HELSETH: Ja; es ist beinahe, als könnten sie nicht ganz fort von denen, die sie hier zurückgelassen haben.

REBEKKA: Wie kommen Sie auf diesen Einfall?

FRAU HELSETH: Meines Wissens würde sonst doch wohl nicht das weiße Pferd kommen.

REBEKKA: Was für eine Bewandtnis hat es denn nun eigentlich mit dem weißen Pferd, liebe Frau Helseth?

FRAU HELSETH: Ach, es ist nicht wert, darüber zu reden. Sie glauben ja doch nicht an dergleichen.

REBEKKA: Glauben Sie denn daran?

FRAU HELSETH *das Fenster schließend:* Oh, Fräulein, ich werde mich vor Ihnen nicht lächerlich machen! *Zum Fenster hinaussehend:* Nein, ist das nicht schon wieder der Herr Pastor auf dem Mühlweg?

REBEKKA *hinaussehend:* Der Mann dort? *Ans Fenster tretend:* Das ist ja der Rektor.

FRAU HELSETH: Ja, wirklich, das ist der Rektor!

REBEKKA: Nein, das ist prächtig! Sie sollen sehen, er kommt hierher.

FRAU HELSETH: Wahrhaftig, er geht geradenwegs über den Steg! Und es war doch seine leibliche Schwester. Fräulein, jetzt will ich aber hinein und den Abendtisch decken. *Rechts ab.*

Rebekka steht während einiger Augenblicke am Fenster; darauf grüßt sie und nickt lächelnd hinaus. Es fängt an dunkel zu werden.

REBEKKA *durch die Tür zur Rechten sprechend:* Liebe Frau Helseth, Sie sorgen wohl, daß etwas recht Gutes auf den Tisch kommt, Sie wissen ja, was der Rektor gern ißt.

FRAU HELSETH *draußen:* Gewiß, Fräulein, werde es besorgen.

REBEKKA *die Tür zum Vorzimmer öffnend:* Also endlich einmal! Herzlich willkommen, lieber Rektor!

REKTOR KROLL *im Vorzimmer den Stock hinstellend:* Danke! Ich komme Ihnen also nicht ungelegen?

REBEKKA: Sie? Schämen Sie sich!

KROLL *ins Zimmer tretend:* Immer liebenswürdig! *Umherblickend:* Rosmer ist wohl auf seinem Zimmer?

REBEKKA: Nein, er geht spazieren, doch bleibt er länger aus als sonst. Jetzt muß er aber bald kommen. *Auf das Sofa zeigend:* Nehmen Sie aber einstweilen Platz.

KROLL *den Hut beiseite legend:* Vielen Dank! *Setzt sich und blickt im Zimmer umher.* Wie hübsch und behaglich Sie das alte Zimmer gemacht haben. Überall Blumen!

REBEKKA: Rosmer hat gern frische Blumen um sich.

KROLL: Und Sie doch auch?

REBEKKA: Ja, ich finde, sie duften so angenehm betäubend. Früher mußten wir dieses Vergnügen entbehren.

KROLL *traurig nickend:* Die arme Beate konnte den Duft nicht vertragen.

REBEKKA: Die Farben auch nicht, sie verursachten ihr Schwindel.

KROLL: Ich erinnere mich dessen nur zu wohl. *Leichter:* Nun, wie geht es hier denn sonst?

REBEKKA: Es geht hier alles seinen stillen, gewöhnlichen Gang; ein Tag ist wie der andere. – Und wie geht es Ihnen in der Stadt? Ihrer Frau?

KROLL: Liebes Fräulein, sprechen wir nicht davon. In einer Familie gibt es immer etwas, das nicht geht, wie es sollte. Besonders in einer Zeit wie der heutigen.

REBEKKA *nach kurzer Pause, setzt sich in einen Lehnstuhl neben dem Sofa:* Weshalb sind Sie denn während der Ferien nicht ein einziges Mal herausgekommen?

KROLL: Man kann die Leute ja doch nicht so überfallen –

REBEKKA: Wenn Sie wüßten, wie wir Sie vermißt haben.

KROLL: – und dann war ich ja auch verreist –

REBEKKA: Doch nur während einiger Wochen. Sie haben ja Volksversammlungen besucht.

KROLL *nickt:* Ja, was sagen Sie dazu? Hätten Sie jemals geglaubt, daß ich auf meine alten Tage noch politischer Agitator werden würde? Wie?

REBEKKA *lächelnd:* Ein bißchen haben Sie ja immer agitiert, Rektor Kroll.

KROLL: Na ja, so zu meinem Privatvergnügen. Jetzt aber soll Ernst daraus werden. – Lesen Sie bisweilen radikale Blätter?

REBEKKA: Ja, lieber Rektor, ich kann nicht leugnen –

KROLL: Liebes Fräulein, dagegen sage ich auch nichts. Nichts, soweit es Sie betrifft.

REBEKKA: Das finde ich auch. Ich muß doch mitfolgen können, von allem Bescheid wissen.

KROLL: Unter allen Umständen verlange ich ja auch nicht von Ihnen, einer Frau, daß Sie entschieden Stellung nehmen sollen in dem Bürgerzwist – Bürgerkrieg wäre man fast versucht zu sagen, der hier tobt. Jedenfalls haben Sie doch gelesen, wie diese Herren vom „Volke" es für gut befunden haben, mir zu begegnen? Welche Infamien sie sich herausgenommen haben?

REBEKKA: Mir scheint, Sie haben ihnen auch tüchtig die Zähne gezeigt.

KROLL: Allerdings habe ich das getan, das muß ich zugeben, denn jetzt habe ich einmal Geschmack daran gefunden. Und sehen sollen sie, daß ich nicht der Mann bin, der sich das gutwillig bieten läßt. *Sich unterbrechend:* Nein, kommen wir heute abend nicht auf dies empörend traurige Thema.

REBEKKA: Lassen wir's also, lieber Rektor.

KROLL: Sagen Sie mir lieber, wie es Ihnen hier auf Rosmersholm geht, seitdem Sie allein sind. Seitdem unsere unglückliche Beate –

REBEKKA: Nun ja, es geht mir ganz gut. Allerdings verspüre ich in mancher Beziehung eine große Leere und Sehnsucht und Trauer. Das ist ja so natürlich. Sonst aber –

KROLL: Beabsichtigen Sie hierzubleiben, ich meine für immer?

REBEKKA: Ach, lieber Rektor, ich beabsichtige wirklich gar nichts. Ich fühle mich hier so zu Hause, daß mir beinahe ist, als gehörte ich hierher.

KROLL: Das sollte ich auch meinen.

REBEKKA: Und ich bleibe gern hier, wenn Herr Rosmer findet, daß ich etwas zu seinem Wohlergehen beitragen kann.

KROLL *sie ergriffen anblickend:* In der Tat – es ist etwas Erhabenes um ein Weib, das andern seine ganze Jugend zum Opfer bringt.

REBEKKA: Ach, wofür hätte ich denn sonst leben sollen!

KROLL: Erst hatten Sie nur die ewige Plage mit Ihrem lahmen, unerträglichen Pflegevater –

REBEKKA: Glauben Sie nur nicht, daß Doktor West oben in Finnmarken so unerträglich gewesen. Die fürchterlichen Seereisen haben ihn gebrochen. Als wir dann hierhergezogen waren, da kamen allerdings noch ein paar schwere Jahre, bevor er ausgelitten hatte.

KROLL: Und sind die Jahre, die dann kamen, nicht noch schwerer für Sie gewesen?

REBEKKA: Nein, wie können Sie das nur glauben! Ich habe Beate ja so herzlich lieb gehabt. Die Arme bedurfte der sorglichen Pflege und des liebevollen Umgangs so sehr.

KROLL: Wie dankbar bin ich Ihnen, daß Sie von ihr mit so viel schonender Güte sprechen.

REBEKKA *ihm näherrückend:* Lieber Rektor, Sie sagen das so herzlich, daß ich überzeugt bin, es liegt keine Verstimmung auf dem Grunde Ihrer Seele.

KROLL: Verstimmung? Was wollen Sie damit sagen?

REBEKKA: Nun, wäre es denn so wunderlich, wenn es Sie unangenehm berührte, eine Fremde auf Rosmersholm gebieten zu sehen?

KROLL: Wie, in aller Welt –!

REBEKKA: Dem ist also nicht so? *Ihm die Hand reichend:* Ich danke Ihnen herzlich, lieber Rektor.

KROLL: Wie in aller Welt konnte Ihnen nur ein solcher Gedanke kommen?

REBEKKA: Ich fing an, es zu fürchten, weil Sie so selten zu uns kamen.

KROLL: Da sind Sie aber wirklich in einem Irrtum befangen gewesen, Fräulein West. Und übrigens ist ja an der Sache selbst nichts geändert. Sie allein waren es, die hier während der ganzen letzten, unglücklichen Lebensjahre der armen Beate alles im Hause führte.

REBEKKA: Das war nur eine Art von Regentschaft im Namen der Frau.

KROLL: Dem sei nun, wie ihm wolle. – Wissen Sie, Fräulein West, ich hätte nichts dagegen, wenn Sie – aber es geht wohl nicht, daß man von so etwas spricht.

REBEKKA: Was meinen Sie?

KROLL: Wenn es sich so machte, daß Sie die leere Stelle einnähmen.

REBEKKA: Ich habe die Stelle, die ich wünsche, Herr Rektor.

KROLL: Die Tätigkeit allerdings, aber die –

REBEKKA *ihn ernst unterbrechend:* Schämen Sie sich, Rektor Kroll. Wie können Sie nur über so ernste Dinge scherzen!

KROLL: Ja, ja, unser guter Johannes Rosmer mag wohl der Ansicht sein, daß er mehr als genug von der Ehe hat; aber trotzdem –

REBEKKA: Wissen Sie, beinahe könnte ich über Sie lachen.

KROLL: Trotzdem – sagen Sie mir einmal, Fräulein West – wenn man fragen darf – wie alt sind Sie eigentlich?

REBEKKA: Ich schäme mich, es zu sagen – neunundzwanzig Jahre, Herr Rektor, ich gehe in mein dreißigstes.

KROLL: Ja, ja – und Rosmer? wie alt mag er sein? Lassen Sie mich mal sehen. Er ist fünf Jahre jünger als ich. Da zählt er also wenigstens dreiundvierzig. Ich finde, das würde sehr gut passen.

REBEKKA *aufstehend:* Ja gewiß. Es würde ausgezeichnet passen. – Trinken Sie heute abend eine Tasse Tee mit uns?

KROLL: Das nehme ich dankend an. Es war meine Absicht, mich hier ein wenig aufzuhalten, denn ich habe eine Sache von Wichtigkeit mit unserm guten Freunde zu besprechen. Und damit Sie nicht wieder auf närrische Gedanken kommen, Fräulein West, will ich wieder, wie früher, recht oft herauskommen.

REBEKKA: Ja, tun Sie das. *Ihm die Hände schüttelnd:* Ich danke Ihnen! Sie sind wirklich ein guter Mensch.

KROLL *etwas verdrießlich brummend:* So? bin ich das? Das ist wahrhaftig mehr, als ich zu Hause zu hören bekomme.

Johannes Rosmer tritt von rechts ein.

REBEKKA: Herr Rosmer, sehen Sie, wer hier sitzt?

ROSMER: Frau Helseth hat es mir schon gesagt.

Rektor Kroll ist aufgestanden.

ROSMER *mild und gedämpft, ihm die Hände drückend:* Sei wieder willkommen in meinem Hause, lieber Kroll. *Ihm die Hände auf die Schultern legend und ihm in die Augen sehend:* Lieber, alter Freund! Ich habe wohl gewußt, daß es noch einmal wieder zwischen uns werden müsse wie in früherer Zeit.

KROLL: Aber bester Mensch, hast du denn auch den wahnsinnigen Gedanken gehabt, daß irgend etwas zwischen uns stände?

REBEKKA *zu Rosmer:* Ja, denken Sie, wie gut, daß es nur Einbildung war.

ROSMER: War's das wirklich? Weshalb zogst du dich denn so ganz und gar von uns zurück?

KROLL *ernst und leise:* Weil ich nicht immer als lebende Erinnerung an deine unglücklichen Jahre zu dir kommen wollte, als Erinnerung an die, welche ihr Ende im Mühlbach fand.

ROSMER: Das war zart empfunden von dir. Du bist ja immer so rücksichtsvoll. Aber aus dem Grunde fortzubleiben, war nicht nötig. – Komm, setzen wir uns aufs Sofa. *Setzen sich.* Nein, es ist mir wahrhaftig keine Qual, an Beate zu denken. Wir sprechen täglich von ihr. Für uns gehört sie gleichsam immer noch zum Hause.

KROLL: Wirklich?

REBEKKA *die Lampe anzündend:* Ja, wahrhaftig.

ROSMER: Das ist ja auch so natürlich. Wir beide liebten sie so innig. Und sowohl Rebek – Fräulein West wie ich sind uns bewußt, daß wir für die arme Heimgesuchte alles taten, was wir vermochten. Wir haben uns nichts vorzuwerfen. Daher liegt für mich auch etwas Mildes und Weiches darin, an Beate zu denken.

KROLL: Ihr lieben, prächtigen Menschen. Von jetzt an komme ich jeden Tag zu euch.

REBEKKA *sich in einen Lehnstuhl setzend:* Ja, lassen Sie uns jetzt nur sehen, daß Sie Wort halten.

ROSMER *etwas zögernd:* Du, Kroll, ich hätte herzlich gewünscht, daß der Umgang zwischen uns niemals unterbrochen wäre. Seitdem wir uns kennen, warst du mein beständiger Ratgeber. Schon seit meiner Studienzeit.

KROLL: Nun ja; und das ist mir immer außerordentlich wert gewesen. – Ist es jetzt vielleicht etwas ganz Besonderes?

ROSMER: Es ist mancherlei, das ich gern ohne Rückhalt mit dir besprechen möchte. So recht vom Herzen weg!

REBEKKA: Ja, nicht wahr, Herr Rosmer? Ich meine, es muß so gut sein – zwischen alten Freunden.

KROLL: Und du kannst wahrhaftig glauben, daß ich noch mehr mit dir zu besprechen habe, denn jetzt bin ich aktiver Politiker geworden, wie du wohl weißt.

ROSMER: Ja, das bist du. Wie ging das eigentlich zu?

KROLL: Ich mußte. Mußte, wie ungern ich auch wollte. Man kann unmöglich noch länger als müßiger Zuschauer dastehen. Jetzt, wo die Radikalen leider zur Macht gelangt sind – jetzt ist es hohe Zeit. Daher habe ich auch unseren kleinen Freundeskreis in der Stadt dazu bewogen, sich enger aneinanderzuschließen. Es ist hohe Zeit, sage ich!

REBEKKA *leicht lächelnd:* Ist es nicht eigentlich schon ein wenig spät?

KROLL: Ich kann nicht leugnen, daß es besser gewesen wäre, wenn wir dem Strom schon früher Einhalt getan hätten. Aber wer konnte denn voraussehen, was da kommen würde? Ich auf alle Fälle nicht. *Sich erhebend und umhergehend:* Jetzt sind mir aber die Augen wahrhaftig aufgegangen; denn nun ist der Geist des Aufruhrs selbst in die Schule gedrungen.

ROSMER: In die Schule? Doch wohl nicht in deine Schule?

KROLL: Das ist er wirklich. In meine eigene Schule. Wie dünkt dich das? Ich habe entdeckt, daß die Knaben in der obersten Klasse – das heißt ein Teil der Knaben – nun schon über ein halbes Jahr einen heimlichen Verein haben und dort Mortensgårds Zeitung halten!

REBEKKA: Ah, der „Leuchtturm"!

KROLL: Ja, dünkt Sie das nicht eine gesunde Geistesnahrung für künftige Beamte? Aber das Traurigste an der Sache ist, daß es alle die begabtesten Jungen in der Klasse sind, die sich zusammengerottet und diese Verschwörung gegen mich angezettelt haben. Es sind nur die Stümper und Nachsitzer, die sich ferngehalten haben.

REBEKKA: Geht Ihnen dies denn so nahe ans Herz, Rektor?

KROLL: Ob es das tut! Mich so in meiner Lebensarbeit gehemmt zu sehen. *Leiser:* Aber ich hätte beinahe gesagt, daß dies noch sein möge, wie es nun einmal ist. Aber jetzt kommt das Allerschlimmste. *Sieht sich um.* Hier ist doch wohl niemand, der an den Türen horcht?

REBEKKA: O durchaus nicht.

KROLL: So sollt ihr denn wissen, daß die Zwietracht und der Aufruhr in mein eigenes Haus gedrungen sind. In mein eigenes, ruhiges Heim. Sie haben den Frieden meines Familienlebens gestört.

ROSMER *aufstehend:* Was sagst du? Zu Hause, bei dir –?

REBEKKA *zum Rektor tretend:* Aber teurer Freund, was ist denn geschehen?

KROLL: Wollen Sie glauben, daß meine eigenen Kinder –. Kurz und gut – Laurits ist Obmann des Schulkomplotts. Und Hilda hat eine rote Mappe gestickt, um den „Leuchtturm" darin zu verwahren.

ROSMER: Das hätte ich mir nimmermehr träumen lassen – daß bei dir – in deinem Hause –

KROLL: Nein, wer hätte sich wohl derartiges träumen lassen? In meinem Hause, wo immer Gehorsam und Ordnung geherrscht haben – wo bis jetzt nur ein einziger einträchtiger Wille gewaltet hat –

REBEKKA: Wie nimmt Ihre Frau alles dies auf?

KROLL: Sehen Sie, das ist nun von allem das Unglaublichste. Sie, die zeit ihres Lebens sowohl im großen wie im kleinen meine Ansichten geteilt und meine Anschauungen gebilligt hat, sie neigt jetzt sogar in manchen Stücken auf die Seite der Kinder. Und dann gibt sie mir die Schuld für das, was geschehen ist. Sie sagt, ich wirke unterdrückend auf die Jugend. Gerade, als ob das nicht notwendig wäre. Nun, so habe ich denn Unfrieden im Hause. Aber ich spreche natürlich so wenig wie möglich davon. So unterdrückt man am besten. *Umhergehend:* Ach ja, ja, ja.

Stellt sich mit den Händen auf dem Rücken ans Fenster und sieht hinaus.

REBEKKA *hat sich Rosmer genähert und sagt leise, schnell und vom Rektor unbemerkt:* Tu es!

ROSMER *ebenso:* Nicht heute abend.

REBEKKA *wie zuvor:* Ja, gerade!

Macht sich mit der Lampe zu schaffen.

KROLL *wieder nach vorn kommend:* Ja, mein lieber Rosmer, nun weißt du also, wie der Zeitgeist seine Schatten sowohl auf mein häusliches Leben wie auf meine Berufstätigkeit geworfen hat. Und diesen verderblichen, zerstörenden und auflösenden Zeitgeist sollte ich nicht mit allen Waffen bekämpfen, die ich nur erlangen kann? Ja, das beabsichtige ich wahrlich zu tun. Und das sowohl in Schrift wie in Wort.

ROSMER: Hast du denn auch Hoffnung, auf diese Weise etwas auszurichten?

KROLL: Ich will auf alle Fälle meine staatsbürgerliche Wehrpflicht ausüben, und ich meine, daß jeder patriotisch gesinnte und um die gute Sache bekümmerte Mann die Schuldigkeit hat, dasselbe zu tun. Siehst du – deshalb bin ich heute abend hauptsächlich zu dir herausgekommen.

ROSMER: Aber, teurer Freund, was meinst du –? Was soll ich –?

KROLL: Du sollst deinen alten Freunden helfen. Tun wie wir andern. Hand mitanlegen, so gut, wie es geht.

REBEKKA: Aber Rektor Kroll, Sie kennen ja Herrn Rosmers Unlust zu solchen Sachen.

KROLL: Die Unlust muß er jetzt zu überwinden suchen. Du folgst nicht genug den Ereignissen, Rosmer. Du sitzest hier und mauerst dich mit deinen historischen Sammlungen ein. Gott bewahre – allen Respekt vor Stammbäumen und allem, was dazugehört. Aber die Zeit eignet sich leider nicht für solche Beschäftigungen. Du machst dir keine Vorstellung, welch ein Zustand im ganzen Lande herrscht. Ich hätte beinahe gesagt, jeder Begriff ist auf den Kopf gestellt. Es wird eine Riesenarbeit, all diese Irrtümer wieder auszurotten.

ROSMER: Das glaube ich auch. Aber Arbeit dieser Art paßt durchaus nicht für mich.

REBEKKA: Und dann glaube ich, daß Herr Rosmer dahingekommen ist, die Dinge im Leben mit offeneren Augen als früher anzusehen.

KROLL *stutzend:* Offeneren Augen?

REBEKKA: Ja, oder freier, unparteiischer.

KROLL: Was soll das heißen, Rosmer? Du kannst doch wohl nimmermehr schwach genug sein, um dich von einer solchen Zufälligkeit täuschen zu lassen wie die, daß die Massenanführer einen einstweiligen Sieg gewonnen haben!

ROSMER: Lieber Freund, du weißt ja, wie wenig ich mich auf Politik verstehe. Aber ich finde wirklich, daß in den letzten Jahren gewissermaßen mehr Selbständigkeit in die Denkweise des einzelnen gekommen ist.

KROLL: Nun, und das betrachtest du so ohne weiteres wie etwas Gutes! Übrigens irrst du dich bedeutend, mein Freund. Schau dich nur um, was es für Meinungen sind, die ihren Kurs unter den Radikalen haben, sowohl hier draußen wie in der Stadt. Sie sind nicht im geringsten anders als die Weisheit, welche im „Leuchtturm" verkündet wird.

REBEKKA: Ja, Mortensgård hat große Macht über viele Leute hier in der Gegend.

KROLL: Ja, sich dies vorstellen zu müssen! Ein Mann mit einer so schmutzigen Vergangenheit! Ein Mensch, der eines unsittlichen Verhältnisses wegen seines Lehramts entsetzt wurde – ! Solch einer legt sich darauf, als Volksführer zu agieren! Und es geht! Es geht wirklich! Wie ich höre, will er jetzt sein Blatt vergrößern. Ich weiß aus sicherer Quelle, daß er einen gewandten Mitarbeiter sucht.

REBEKKA: Mir scheint es nur sonderbar, daß Sie und Ihre Freunde ihm nichts entgegenstellen.

KROLL: Das ist es gerade, was wir jetzt tun wollen. Heute haben wir die „Amtszeitung" gekauft. Die Geldfrage bot keine Schwierigkeiten. Aber – *wendet sich zu Rosmer:* jetzt bin ich bei meinem eigentlichen Anliegen angekommen. Es ist die Leitung – die journalistische Leitung, mit der es schwerhält. Sag mir, Rosmer, solltest du dich um der guten Sache willen nicht veranlaßt fühlen, diese zu übernehmen?

ROSMER *beinahe erschrocken:* Ich!

REBEKKA: Nein, wie können Sie nur an so etwas denken!

KROLL: Daß du vor den Volksversammlungen zurückschreckst und dich den Süßigkeiten nicht aussetzen willst, die dort für dich abfallen – nun, das ist ja ganz vernünftig. Aber die zurückgezogene Tätigkeit eines Redakteurs oder besser gesagt –

ROSMER: Nein, nein, lieber Freund, das darfst du nicht von mir verlangen.

KROLL: Ich selbst möchte mich ja auch so herzlich gern in dieser Richtung versuchen. Aber es würde meine Kräfte übersteigen. Ich bin schon im voraus mit einer Unzahl von Geschäften überbürdet. – Du hingegen bist durch keine Amtstätigkeit mehr gehindert. – Wir andern würden dir natürlich helfen, so gut wir können.

ROSMER: Ich kann nicht, Kroll, ich tauge nicht dazu.

KROLL: Du taugst nicht dazu? Dasselbe sagtest du, als dein Vater dir das Amt verschaffte.

ROSMER: Ich hatte recht. Deshalb ging ich auch meiner Wege.

KROLL: Oh, werde nur ein ebenso geschickter Redakteur, wie du Prediger warst, und wir werden zufrieden sein.

ROSMER: Lieber Kroll – nun sage ich dir ein für allemal – ich tue es nicht.

KROLL: Nun, so borgst du uns auf alle Fälle deinen Namen.

ROSMER: Meinen Namen?

KROLL: Ja, schon der Name Johannes Rosmer wird ein Gewinn für das Blatt sein. Wir andern gelten ja für ausgeprägte Parteimänner. Wie ich höre, bin ich selbst als arger Fanatiker verschrien. Deshalb können wir nicht darauf rechnen, dem Blatte unter unserem eigenen Namen einen besonderen Eingang bei den irregeführten Massen zu verschaffen. Du hingegen hast dich immer von dem Streite ferngehalten. Deine milde, redliche Sinnesart – deine feine Denkweise – deine unantastbare Ehrenhaftigkeit: dies alles ist weit und breit bekannt und geschätzt. Und dann die Achtung und der Respekt, womit deine frühere priesterliche Stellung dich umkleidet. Und endlich die Ehrwürdigkeit des Familiennamens.

ROSMER: Oh, der Familienname –

KROLL *zeigt auf die Porträts:* Die Rosmers auf Rosmersholm – Priester und Offiziere. Hochgestellte Beamte. Korrekte Ehrenmänner alle zusammen – ein Geschlecht, das nun bald seit ein paar Jahrhunderten als das erste hier im Distrikt ansässig gewesen ist. *Ihm die Hand auf die Schulter legend:* Rosmer, du bist es dir selbst und den Traditionen deines Geschlechts schuldig, mit dabeizusein und das zu schützen, was bis jetzt in unserer Gesellschaft als gut anerkannt worden. *Sich umdrehend:* Nun, was sagen S i e, Fräulein West?

REBEKKA *leicht und still lachend:* Lieber Rektor, für mich ist es so unsäglich komisch, dies mitanzuhören.

KROLL: Was?! Komisch?

REBEKKA: Ja! Denn jetzt will ich Ihnen geradeheraus sagen –

ROSMER: Nein, nein, laß das! Jetzt nicht!

KROLL *sieht sie abwechselnd an:* Aber was in aller Welt, liebe Freunde – ? *Unterbricht sich:* Hm!

Frau Helseth kommt von rechts.

FRAU HELSETH: Im Küchengang steht ein Mann. Er sagt, er will den Herrn Pastor begrüßen.

ROSMER *erleichtert:* Ach so. Ich lass' ihn bitten, näherzutreten.

FRAU HELSETH: Hier ins Zimmer?

ROSMER: Jawohl.

FRAU HELSETH: Aber er sieht wirklich nicht so aus, daß man ihn ins Zimmer lassen kann.

REBEKKA: Wie sieht er denn aus, Frau Helseth?

FRAU HELSETH: Oh, es ist weiter nichts, Fräulein.

ROSMER: Sagt er nicht, wie er heißt?

FRAU HELSETH: Ja, mich dünkt, er sagt, er heißt Hekmann oder sowas.

ROSMER: Ich kenne niemanden dieses Namens.

FRAU HELSETH: Und dann sagt er, er hieß' auch Uldrik.

ROSMER *stutzend:* Ulrik – Hetman! War's so?

FRAU HELSETH: Ja, Hetmann war's.

KROLL: Den Namen hab' ich gewiß schon gehört –

REBEKKA: Es war ja der Name, den er zu unterschreiben pflegte, er, jener wunderliche –

ROSMER *zu Kroll:* Das ist Ulrik Brendels Schriftstellername.

KROLL: Der verlorene Ulrik Brendel! Richtig.

REBEKKA: Er ist also noch am Leben?

ROSMER: Ich glaubte, er reise mit einer Theatergesellschaft umher.

KROLL: Das letzte, was ich von ihm gehört habe, war, daß er in der Arbeitsanstalt säße.

ROSMER: Bitten Sie ihn einzutreten, Frau Helseth.

FRAU HELSETH: Ja, ja. *Geht.*

KROLL: Willst du jenen Menschen wirklich in deinem Zimmer dulden?

ROSMER: Oh, du weißt ja, daß er eine Zeitlang mein Lehrer war.

KROLL: Ja, ich weiß, daß er dir den Kopf mit aufrührerischen Ansichten vollpfropfte und daß dein Vater ihn mit der Reitpeitsche zum Hause hinausjagte.

ROSMER *etwas bitter:* Vater war auch in seinem Hause Major.

KROLL: Sei ihm noch im Grabe dankbar dafür, mein lieber Rosmer. Na, also!

Frau Helseth öffnet Ulrik Brendel die Tür rechts, geht wieder und schließt sie hinter sich. Er ist eine stattliche, etwas abgezehrte, aber rührige und gewandte Figur mit grauem Haar und Bart. Er ist wie ein gewöhnlicher Landstreicher gekleidet. Fadenscheiniger Rock, schlechtes Schuhwerk; das Hemd sieht man nicht. Er trägt alte, schwarze Handschuhe, einen weichen schmutzigen Hut zusammengeklappt unter dem Arm, in der Hand einen Spazierstock.

BRENDEL *zuerst unsicher, geht dann schnell auf den Rektor zu und bietet ihm die Hand:* Guten Abend, Johannes!

KROLL: Entschuldigen Sie –

BRENDEL: Hast du erwartet, mich noch einmal wiederzusehen? Und das innerhalb dieser verhaßten Mauern?

KROLL: Entschuldigen Sie – *Zeigend:* Dort –

BRENDEL *dreht sich um:* Richtig. Da haben wir ihn. Johannes – mein Junge – du, den ich am meisten geliebt –!

ROSMER *ihm die Hand reichend:* Mein alter Lehrer.

BRENDEL: Trotz gewisser Erinnerungen wollte ich Rosmersholm doch nicht passieren, ohne eine flüchtige Visite zu machen.

ROSMER: Hier sind Sie nun herzlich willkommen. Dessen können Sie sicher sein.

BRENDEL: Ah, diese anziehende Dame –? *Verbeugt sich.* Natürlich Frau Probstin.

ROSMER: Fräulein West.

BRENDEL: Vermutlich eine nahe Verwandte. Und jener Unbekannte –? Wie ich sehe, ein Amtsbruder.

ROSMER: Rektor Kroll.

BRENDEL: Kroll? Kroll? Warte ein wenig. Haben Sie in Ihren jungen Tagen Philologie studiert?

KROLL: Ja, selbstverständlich.

BRENDEL: Aber, parbleu, dann habe ich dich ja gekannt!

KROLL: Entschuldigen Sie –

BRENDEL: Warst du nicht –

KROLL: Entschuldigen Sie –

BRENDEL: – einer jener Tugendtrabanten, die mich aus dem Diskussionsverein ausstießen?

KROLL: Das kann gern sein. Aber ich protestiere gegen jede nähere Bekanntschaft.

BRENDEL: Na, na! Nach Belieben, Herr Doktor. Das kommt auf eins heraus. Ulrik Brendel bleibt trotzdem der Mann, der er ist.

REBEKKA: Sie gedenken wohl in die Stadt zu gehen, Herr Brendel?

BRENDEL: Frau Pastorin haben es getroffen. In gewissen Zwischenräumen bin ich gezwungen, eine Schlacht ums Dasein zu kämpfen. Ich tue es nicht gern; aber – enfin – die zwingende Notwendigkeit –

ROSMER: Oh, aber lieber Herr Brendel, wollen Sie mir denn nicht erlauben, Ihnen mit irgend etwas zu helfen? Auf irgendeine Weise, denke ich –

BRENDEL: Ha, ein solcher Vorschlag! Wolltest du das reine Band entweihen, das uns verknüpft? Nimmermehr, Johannes, nimmermehr.

ROSMER: Was gedenken Sie denn in der Stadt vorzunehmen? Sie können glauben, daß es Ihnen nicht so leichtfallen wird –

BRENDEL: Das überlaß mir, mein Junge. Die Würfel sind gefallen. So, wie ich hier vor dir stehe, bin ich auf einer umfassenden Reise begriffen. Umfassender als alle meine früheren Streifzüge zusammen. *Zu Rektor Kroll:* Darf ich den Herrn Professor fragen – entre nous –, ob es in Ihrer geachteten Stadt ein einigermaßen anständiges, respektables und geräumiges Versammlungslokal gibt?

KROLL: Das geräumigste ist der Saal des Arbeitervereins.

BRENDEL: Hat der Herr Dozent irgendeinen qualifizierten Einfluß in diesem gewiß sehr nützlichen Verein?

KROLL: Ich habe nichts mit ihm zu schaffen.

REBEKKA *zu Brendel:* Sie sollten sich an Peter Mortensgård wenden.

BRENDEL: Pardon, Madame, was ist das für ein Idiot?

ROSMER: Weshalb glauben Sie denn gerade, daß er ein Idiot ist?

BRENDEL: Hör' ich es nicht flugs dem Namen an, daß ein Idiot ihn trägt?

KROLL: Diese Antwort hätte ich nicht erwartet.

BRENDEL: Aber ich will mich überwinden. Es ist kein anderer Rat. Wenn man – so wie ich – an einem Wendepunkt seines Lebens steht –. Es ist abgemacht.

Ich setze mich mit dem Menschen in Verbindung – leite direkte Unterhandlungen ein –

ROSMER: Stehen Sie wirklich im Ernst an einem Wendepunkte?

BRENDEL: Weiß mein einziger Junge denn nicht, daß Ulrik Brendel stets im Ernst steht, wo er steht? – Ja, du, jetzt werde ich einen neuen Menschen anziehen. Heraustreten aus der reservierten Zurückhaltung, die ich bis jetzt beobachtet habe.

ROSMER: Wie?

BRENDEL: Ich will ins Leben eingreifen mit kräftiger Hand. Hervortreten. Auftreten. Es ist eine sturmbewegte Zeit der Sonnenwende, in der wir atmen. – Jetzt will ich mein Scherflein auf den Altar der Befreiung legen.

KROLL: Wollen S i e auch –?

BRENDEL *zu allen:* Hat das Publikum hier genauere Kenntnis von meinen verbreiteten Schriften?

KROLL: Nein, ich muß aufrichtig gestehen, daß –

REBEKKA: Ich habe verschiedene gelesen. Denn mein Pflegevater besaß sie.

BRENDEL: Schöne Hausfrau – da haben Sie Ihre Zeit vergeudet, das ist elender Plunder, will ich Ihnen sagen.

REBEKKA: So?

BRENDEL: Was Sie gelesen haben, ja. Meine bedeutungsvollsten Werke kennt weder Mann noch Weib. Niemand – außer mir selbst.

REBEKKA: Wie geht d a s zu?

BRENDEL: Weil sie nicht geschrieben sind.

ROSMER: Aber lieber Herr Brendel –

BRENDEL: Du weißt, mein Johannes, daß ich so ein Stück Sybarit bin. Ein Gourmand. Bin es zeit meines Lebens gewesen. Ich liebe es, in Einsamkeit zu schwelgen. Denn dann schwelge ich doppelt. Zehnmal doppelt. Siehst du, wenn goldene Träume sich auf mich herabsenkten – mich umnebelten – wenn neue schwindelnde, weitziehende Gedanken in mir geboren wurden – mich mit kräftigen Flügeln umfächelten – dann formte ich sie um in Dichtung, in Visionen, in Bilder. – So in großen Umrissen, verstehst du?

ROSMER: Ja, ja.

BRENDEL: O wie ich genossen und geschwelgt habe! Die rätselhafte Seligkeit der Gestaltung – so in großen Umrissen, wie gesagt – der Beifall, der Dank, die Berühmtheit, die Lorbeerkrone – alles habe ich mit vollen, vor Freude bebenden Händen einkassiert. Mich in meinen geheimen Vorstellungen mit einer Freude gesättigt – so schwindelnd groß –!

KROLL: Hm –

ROSMER: Es aber niemals niedergeschrieben?

BRENDEL: Nicht ein Wort. Dieses platte Schreiberhandwerk hat stets eine ekle Unlust in mir erweckt. Und weshalb sollte ich denn auch meine eigenen Ideale profanieren, wenn ich sie in Reinheit und für mich selbst genießen konnte? Aber jetzt sollen sie geopfert werden. Wahrhaftig – mir ist dabei zumute wie einer Mutter, die die jungen Töchter in die Arme des Ehemannes legt. Aber ich opfere sie trotzdem, opfere sie auf dem Altar der Befreiung. Eine Reihe gutformierter Vorträge – im ganzen Lande –!

REBEKKA *lebhaft:* Das ist groß von Ihnen, Herr Brendel! Sie geben das Teuerste, was Sie haben.

ROSMER: Das einzige.

REBEKKA *sieht bedeutungsvoll auf Rosmer:* Wie viele gibt es wohl, die das tun? Die es w a g e n?

ROSMER *erwidert den Blick:* Wer weiß?

BRENDEL: Die Versammlung ist bewegt. Das erfrischt mein Herz – und stärkt den Willen. Und damit schreite ich also zum Handeln. Doch noch e i n e Sache. *Zum Rektor:* Können Sie mir sagen, Herr Präzeptor – gibt es einen Mäßigkeitsverein in der Stadt? einen totalen Mäßigkeitsverein? Den gibt es natürlich.

KROLL: Ja, zu dienen. Ich selbst bin Obmann.

BRENDEL: Habe ich Ihnen das nicht angesehen! Na, da ist es nicht unmöglich, daß ich zu Ihnen komme und mich für eine Woche einschreibe.

KROLL: Entschuldigen Sie – wir nehmen wochenweise keine Mitglieder auf.

BRENDEL: À la bonheur, Herr Pädagoge, Ulrik Brendel hat dieser Art von Vereinen niemals die Türen eingerannt. *Sich umwendend:* Aber ich darf meinen Aufenthalt in diesem Hause, das so reich an Erinnerungen ist, nicht verlängern. Ich muß in die Stadt und mir ein passendes Logis wählen. Ich will doch hoffen, daß es dort ein ordentliches Hotel gibt.

REBEKKA: Wollen Sie nicht etwas Warmes trinken, ehe Sie gehen?

BRENDEL: Von welcher Art, meine Gnädige?

REBEKKA: Eine Tasse Tee oder –

BRENDEL: Ich danke der freigebigen Wirtin dieses Hauses, aber ich lege nicht gern Beschlag auf die private Gastfreundschaft. *Macht eine grüßende Bewegung mit der Hand.* Leben Sie wohl, meine Herrschaften! *Geht zur Tür, wendet sich aber dort um.* Ach, das ist wahr – Johannes – Pastor Rosmer – willst du deinem früheren Lehrer um alter Freundschaft willen einen Dienst leisten?

ROSMER: Ja, herzlich gern.

BRENDEL: Gut. So leihe mir – für einen oder zwei Tage – ein gebügeltes Manschettenhemd.

ROSMER: Ist das alles?

BRENDEL: Denn siehst du, ich reise zu Fuß – diesmal. Mein Koffer wird mir nachgeschickt.

ROSMER: Jawohl. Brauchen Sie sonst nichts?

BRENDEL: Ja, weißt du – vielleicht könntest du einen älteren, getragenen Sommerrock entbehren?

ROSMER: Ja, ja. Das kann ich, natürlich.

BRENDEL: Und weil ein Paar anständige Stiefel zum Rock gehören –

ROSMER: Auch dazu wird Rat werden. Sobald wir die Adresse erfahren, werden wir die Sachen hineinschicken.

BRENDEL: Unter gar keinen Umständen. Keine Ungelegenheiten um meinetwillen! Ich nehme die Bagatellen mit.

ROSMER: Gut, gut. Wollen Sie also mit mir hinaufkommen?

REBEKKA: Lassen Sie mich lieber. Ich und Frau Helseth werden das schon besorgen.

BRENDEL: Niemals werde ich zugeben, daß diese distinguierte Dame – !

REBEKKA: Ach was! Kommen Sie nur, Herr Brendel!

Rechts abgehend.

ROSMER *hält ihn zurück:* Sagen Sie mir – kann ich Ihnen nicht noch mit etwas anderem dienen?

BRENDEL: Ich weiß in Wahrheit nicht, was das sein könnte. Ja, Tod und Hölle – wenn ich mir's überlege – ! Johannes – hast du zufällig acht Kronen bei dir?

ROSMER: Wir wollen sehen. *Öffnet das Portemonnaie.* Hier habe ich zwei Zehnkronenscheine.

BRENDEL: Ja, ja, das ist einerlei, ich kann sie nehmen. Bekomme sie in der Stadt immer gewechselt. Dank dir inzwischen. Vergiß nicht, daß ich zwei Zehner bekommen habe. Gute Nacht, du mein einzig lieber Junge! Gute Nacht, mein geachteter Herr!

Geht nach rechts, wo Johannes Rosmer Abschied von ihm nimmt und die Tür hinter ihm schließt.

KROLL: Barmherziger Gott! – Das war also der Ulrik Brendel, von dem die Leute einmal glaubten, daß er etwas Großes auf dieser Welt werden müsse.

ROSMER *leise:* Auf alle Fälle hat er den Mut gehabt, das Leben nach seinem eigenen Kopf zu leben. Mich dünkt, das ist doch auch nichts Geringes.

KROLL: Was? Solch ein Leben wie das seine! Ich glaube beinahe, er wäre gerade der Mann dazu, deine Begriffe noch einmal zu verwirren.

ROSMER: O nein! Jetzt bin ich in jeder Beziehung mit mir ins klare gekommen.

KROLL: Ich wollte, es wäre so, lieber Rosmer. Denn du bist so außerordentlich empfänglich für äußere Eindrücke.

ROSMER: Setzen wir uns, und dann will ich mit dir reden.

KROLL: Ja, tun wir das.

Setzen sich auf das Sofa.

ROSMER *nach kurzem Schweigen:* Dünkt dich nicht, daß es hier hübsch und behaglich ist?

KROLL: Ja, jetzt ist es hier hübsch und behaglich – und friedlich geworden. Du hast jetzt ein Heim, Rosmer. Und ich habe das meine verloren.

ROSMER: Lieber Freund, sprich nicht so. Was jetzt zerspaltet ist, wird noch einmal wieder heil.

KROLL: Nimmermehr. Der Keim wird zurückbleiben. Es kann niemals wieder werden wie früher.

ROSMER: Hör mich an, Kroll. Wir beide sind uns seit so vielen, vielen Jahren nahegestanden. Hältst du es für denkbar, daß unsere Freundschaft sich zerschlagen könnte?

KROLL: Ich weiß nichts auf der Welt, das uns trennen könnte. Wie kommst du auf so etwas?

ROSMER: Weil du ein so entschiedenes Gewicht auf Übereinstimmung in Meinungen und Anschauungsweise legst.

KROLL: Nun ja, wir beide sind aber doch so ungefähr einig. In den großen Kernfragen auf alle Fälle.

ROSMER *leise:* Nein. Jetzt nicht mehr.

KROLL *will aufspringen:* Was ist das?

ROSMER *hält ihn fest:* Nein, du mußt sitzen bleiben, ich bitte dich, Kroll.

KROLL: Was soll das bedeuten? Ich verstehe dich nicht. Sprich doch gerade heraus!

ROSMER: Ein neuer Sommer ist über mein Gemüt gekommen. Eine neue jugendliche Anschauungsweise. Und deshalb stehe ich jetzt dort –

KROLL: Wo? – Wo stehst du?

ROSMER: Dort, wo deine Kinder stehen.

KROLL: Du? Du! Das ist doch wohl unmöglich! Wo sagst du, daß du stehst?

ROSMER: Auf derselben Seite wie Laurits und Hilda.

KROLL *senkt den Kopf:* Abtrünnig! Johannes Rosmer abtrünnig –

ROSMER: Ich wäre so froh – so innig glücklich in dem gewesen, was du abtrünnig nennst. Aber trotzdem habe ich so qualvoll gelitten. Denn ich wußte wohl, daß es dir einen bittern Kummer verursachen würde.

KROLL: Rosmer – Rosmer! Dies überwinde ich niemals! *Blickt ihn traurig an.* Oh, daß auch du mit dabeisein und die Hand zum Werke des Verderbens in diesem unglücklichen Lande bieten willst!

ROSMER: Es ist das Werk der Befreiung, an dem ich mitarbeite.

KROLL: Ja, ich weiß es wohl. So nennen es sowohl die Verführer wie die Irregeführten. Aber glaubst du denn, daß eine Befreiung durch den Geist zu erwarten ist, der jetzt im Begriffe steht, unser ganzes gesellschaftliches Leben zu vergiften?

ROSMER: Ich schließe mich nicht an den Geist, welcher hier herrscht. An keine der streitenden Parteien. Ich will versuchen, von allen Seiten Menschen zu sammeln. So viele und so eindringlich, wie ich es irgend vermag. Ich will leben und all meine Lebenskräfte für dies eine einsetzen – das wahre Volksurteil im Lande zu begründen.

KROLL: Dich dünkt also nicht, daß wir Volksurteil genug haben! Ich meinerseits finde, daß wir alle auf dem besten Wege sind, in den Kot hinabgezogen zu werden, in dem sich sonst nur der gemeine Mann wohlzufühlen pflegt.

ROSMER: Gerade deshalb stelle ich dem Volksurteil die wahre Aufgabe.

KROLL: Welche Aufgabe?

ROSMER: Alle Menschen im Lande zu Adelsmenschen zu machen.

KROLL: Alle Menschen – !

ROSMER: So viele Menschen wie möglich auf alle Fälle.

KROLL: Durch welche Mittel?

ROSMER: Indem ich ihren Geist frei mache und ihren Willen läutere, denke ich.

KROLL: Du bist ein Träumer, Rosmer. Willst du sie befreien? Willst du sie läutern?

ROSMER: Nein, teurer Freund – ich will nur versuchen, sie dazu zu wecken. Tun müssen sie es selbst.

KROLL: Und du glaubst, daß sie es können?

ROSMER: Ja.

KROLL: Durch eigene Kraft also?

ROSMER: Ja, gerade durch eigene Kraft. Es gibt keine andere.

KROLL *steht auf:* Heißt dies sprechen, wie's einem Geistlichen ziemt?

ROSMER: Ich bin kein Geistlicher mehr.

KROLL: Ja, aber – dein Kinderglaube –?

ROSMER: Den habe ich nicht mehr.

KROLL: Du hast ihn nicht mehr –!

ROSMER *aufstehend:* Ich habe ihn aufgegeben, ich mußte ihn aufgeben, Kroll.

KROLL *erschüttert, aber beherrscht:* So. – Ja, ja, ja. Das eine folgt wohl aus dem andern. – Bist du deshalb vielleicht aus dem Dienst der Kirche getreten?

ROSMER: Ja. Als ich über mich selbst klar wurde – als ich volle Gewißheit darüber erhielt, daß es keine vorübergehende Anfechtung sei, sondern etwas, wovon ich mich nie wieder würde losmachen können noch wollen – da bin ich gegangen.

KROLL: So lange hat es also in dir gegärt? Und wir – deine Freunde – haben nichts davon gewußt. Rosmer – Rosmer – wie konntest du uns die traurige Wahrheit verbergen!

ROSMER: Weil ich fand, daß es eine Sache sei, die nur mich anging. Und dann wollte ich dir und den andern Freunden auch keinen unnötigen Schmerz verursachen. Ich glaubte, ich würde hier weiter leben wie bisher: still und froh und glücklich. Ich wollte lesen und mich in all die Werke vertiefen, die bis dahin verschlossene Bücher für mich gewesen. Mich so recht hineinleben in die große Welt der Wahrheit und Freiheit, welche mir jetzt offenbart worden.

KROLL: Abtrünnig! Jedes Wort beweist es. Aber weshalb bekennst du denn diesen deinen heimlichen Abfall trotzdem? Und weshalb gerade jetzt?

ROSMER: Du selbst hast mich dazu gezwungen, Kroll.

KROLL: Ich? Habe ich dich gezwungen –!

ROSMER: Als ich von deinem gewalttätigen Treiben auf den Volksversammlungen hörte – als ich von all den lieblosen Reden las, die du dort führtest – von all deinen gehässigen Ausfällen gegen die, welche auf der andern Seite stehen – von deinem höhnischen Verdammungsurteil über deine Widersacher – o Kroll – daß du, du so werden konntest! Da stand meine Pflicht unabweisbar vor mir. Die Menschen werden schlecht in dem Streit, der jetzt entfacht ist. Friede, Freude und Versöhnung müssen wieder in die Gemüter einziehen. Deshalb trete ich jetzt hervor und bekenne offen, was ich bin. Und nun will auch ich meine Kräfte prüfen. Könntest nicht du – deinerseits – mit dabeisein, Kroll?

KROLL: Niemals im Leben schließe ich einen Vergleich mit den vernichtenden Kräften in der Gesellschaft.

ROSMER: So laß uns wenigstens mit adeligen Waffen kämpfen, wenn wir nun einmal müssen.

KROLL: Wer in den entscheidenden Lebensfragen nicht mit mir geht, den kenne ich nicht mehr. Und dem bin ich keine Rücksicht schuldig.

ROSMER: Gilt das auch für mich?

KROLL: Du selbst hast mit mir gebrochen, Rosmer.

ROSMER: Aber ist denn dies ein Bruch?!

KROLL: Dies! Es ist ein Bruch mit allen denen, die dir bis jetzt nahestanden. Nun mußt du die Folgen tragen.

Rebekka West von rechts, macht die Tür weit auf.

REBEKKA: So, nun ist er auf dem Wege zu seinem großen Opferfest. Und jetzt können wir zu Tisch gehen. Seien Sie so gut, Herr Rektor.

KROLL *seinen Hut nehmend:* Gute Nacht, Fräulein West. Ich habe hier nichts mehr zu suchen.

REBEKKA *gespannt:* Was bedeutet dies? *Schließt die Tür und kommt näher.* Haben Sie gesprochen?

ROSMER: Jetzt weiß er es.

KROLL: Wir lassen dich nicht, Rosmer, wir werden dich zu uns zurückzwingen.

ROSMER: Dahin komme ich nie wieder.

KROLL: Wir werden sehen – du bist nicht der Mann, der es erträgt, einsam dazustehen.

ROSMER: Ich werde nicht so ganz einsam sein. – Wir sind zwei, die Einsamkeit hier zu ertragen.

KROLL: Ah –! *Ein Verdacht steigt in ihm auf.* Dies auch noch! Beates Worte –!

ROSMER: Beate –?

KROLL *den Gedanken von sich weisend:* Nein, nein – das war garstig –. Verzeih mir.

ROSMER: Was?

KROLL: Nichts mehr davon. Pfui! Vergib mir. Leb wohl!

Geht an die Vorzimmertür.

ROSMER *geht ihm nach:* Kroll! So darf es nicht zwischen uns zu Ende sein. Morgen komme ich zu dir.

KROLL *im Vorzimmer, wendet sich um:* Nicht mit deinem Fuß in mein Haus! *Nimmt den Stock und geht.*

ROSMER *steht einen Augenblick in der offenen Tür; darauf schließt er sie und geht an den Tisch:* Das tut nichts, Rebekka. Wir werden es wohl ertragen. Wir beiden Freunde. Du und ich.

REBEKKA: Was meinte er wohl, als er „pfui" sagte?

ROSMER: Teure, kümmere dich darum nicht. Er glaubte selbst nicht, was er meinte. Aber morgen will ich zu ihm hinein. Gute Nacht!

REBEKKA: Gehst du auch heute abend so früh hinauf? Nach all diesem?

ROSMER: Heute abend so wie sonst. Mir ist so leicht, nachdem es vorüber. Du siehst es – ich bin ganz ruhig, liebe Rebekka. Nimm du es auch mit Ruhe. Gute Nacht!

REBEKKA: Gute Nacht, teurer Freund! Schlaf wohl!

Rosmer geht durch die Vorzimmertür; dann hört man ihn die Treppe hinaufsteigen. Rebekka geht und zieht den Glockenstrang in der Nähe des Ofens. Gleich darauf Frau Helseth von rechts.

REBEKKA: Sie können den Tisch nun wieder abdecken, Frau Helseth. Denn der Pastor will nichts – und der Rektor ist nach Hause gegangen.

FRAU HELSETH: Der Rektor ist gegangen? Was war denn mit dem Rektor los?

REBEKKA *nimmt ihr Häkelzeug:* Er prophezeite, daß ein schweres Unwetter heraufziehen würde –

FRAU HELSETH: Das ist doch sonderbar. Denn es ist heute abend nicht ein Wolkenfleck am Himmel.

REBEKKA: Wenn er nur nicht dem weißen Pferde begegnet. Denn mir ist bange, wir werden bald von irgend solchem Spuk hören.

FRAU HELSETH: Gott verzeihe Ihnen, Fräulein! Reden Sie doch nicht so garstig.

REBEKKA: Na, na, na –

FRAU HELSETH *leiser:* Glauben Sie denn wirklich, Fräulein, daß hier jemand ist, der bald fort muß?

REBEKKA: Nein, das glaube ich wahrlich nicht. Aber es gibt so viele Arten weißer Pferde auf dieser Welt, Frau Helseth. – Ja, also gute Nacht. Ich gehe jetzt auf mein Zimmer.

FRAU HELSETH: Gute Nacht, Fräulein!

Rebekka geht mit der Häkelarbeit rechts ab.

FRAU HELSETH *schraubt die Lampe aus, schüttelt den Kopf und brummt vor sich hin:* Jesus – Jesus. Dies Fräulein West. Wie die manchmal redet!

ZWEITER AUFZUG

Johannes Rosmers Arbeitszimmer.

An der Wand zur Linken befindet sich die Eingangstür. Im Hintergrund eine Türöffnung mit zurückgezogenem Vorhang, die ins Schlafzimmer führt. Rechts ein Fenster und vor demselben ein Schreibtisch, mit Büchern und Papieren bedeckt. Bücherbretter und Schränke an den Wänden. Bescheidene Möbel. Vorn links ein altmodisches Kanapee, vor dem ein Tisch steht.

Johannes Rosmer, im Hausrock, sitzt am Schreibtisch in einem Stuhl mit hoher Lehne. Er schneidet eine Broschüre auf, blättert und liest hier und da in derselben. Es klopft an der Tür links.

ROSMER *ohne sich umzudrehen:* Komm nur herein.

Rebekka West, im Morgenanzug, tritt ein.

REBEKKA: Guten Morgen.

ROSMER *blättert in der Schrift:* Guten Morgen, Liebe. Willst du irgend etwas?

REBEKKA: Ich wollte nur hören, ob du gut geschlafen hast.

ROSMER: Ah, ich habe so ruhig und schön geschlafen. Keine Träume –. *Dreht sich um.* Und du –?

REBEKKA: Danke. So gegen Morgen –

ROSMER: Ich weiß die Zeit nicht mehr, wo mir so leicht ums Herz gewesen wäre wie jetzt. Ach, es war wahrhaftig gut, daß ich es gesagt habe.

REBEKKA: Ja, du hättest nicht so lange schweigen sollen, Rosmer.

ROSMER: Ich begreife selbst nicht, daß ich so feige sein konnte.

REBEKKA: Nun, es war ja eigentlich nicht aus Feigheit –

ROSMER: O ja, ja, du – wenn ich auf den Grund sehe, so war auch etwas Feigheit dabei.

REBEKKA: Desto mutiger, daß du den Knoten zerhiebst. – *Setzt sich auf einen Stuhl am Schreibtisch.* Aber jetzt will ich dir etwas erzählen, das ich getan habe – worüber du dich nicht ärgern darfst.

ROSMER: Ärgern? Aber Liebste, wie kannst du glauben –?

REBEKKA: Ja, denn es war vielleicht etwas eigenmächtig von mir, aber –

ROSMER: Nun, so laß mich hören.

REBEKKA: Gestern abend, als jener Ulrik Brendel gehen wollte – gab ich ihm zwei, drei Zeilen an Mortensgård mit.

ROSMER *etwas bedenklich:* Aber liebe Rebekka – nun, was schriebst du denn?

REBEKKA: Ich schrieb, daß er dir einen guten Dienst erweisen würde, wenn er sich des unglücklichen Menschen ein wenig annehmen und ihm helfen wolle, wo er könne.

ROSMER: Das hättest du nicht tun sollen, Teuerste. Du hast Brendel nur damit geschadet. Und Mortensgård ist ein Mann, den ich mir vom Leibe zu halten wünsche. Du weißt ja, was ich einmal mit ihm gehabt habe.

REBEKKA: Aber glaubst du denn nicht, daß es ganz gut wäre, wenn du wieder auf besserem Fuß mit ihm ständest?

ROSMER: Ich – mit Mortensgård? Weshalb meinst du das?

REBEKKA: Weil du eigentlich nicht ganz ruhig sein kannst – seitdem dies zwischen dich und die Freunde gekommen ist –

ROSMER *sieht sie an und schüttelt den Kopf:* Hast du wirklich glauben können, daß Kroll oder einer der andern sich rächen würde –? Daß sie imstande wären zu –?

REBEKKA: In der ersten Hitze, mein Lieber – niemand kann das so sicher wissen. Ich meine – nach der Art, wie der Rektor es aufnahm –

ROSMER: Oh, du müßtest ihn doch besser kennen. Kroll ist durch und durch ein Ehrenmann. Heute nachmittag gehe ich zu ihm hinein in die Stadt und spreche mit ihm. Ich will mit allen sprechen. Oh, du sollst sehen, wie leicht das geht –

Frau Helseth kommt durch die Tür links.

REBEKKA *steht auf:* Was wollen Sie, Frau Helseth?

FRAU HELSETH: Rektor Kroll steht unten im Vorzimmer.

ROSMER *steht hastig auf:* Kroll!

REBEKKA: Der Rektor! Nein, denke nur –!

FRAU HELSETH: Er fragt, ob er heraufkommen und mit dem Herrn Pastor sprechen kann.

ROSMER *zu Rebekka:* Was habe ich gesagt! – Ja gewiß kann er das. *Geht an die Tür und ruft die Treppe hinunter:* Komm nur herauf, lieber Freund! Herzlich willkommen sollst du mir sein!

Rosmer steht und hält die Tür offen. Frau Helseth geht. Rebekka zieht den Vorhang vor die Türöffnung, dann ordnet sie dies und jenes. Rektor Kroll, mit dem Hut in der Hand, tritt ein.

ROSMER *leise und bewegt:* Ich wußte wohl, daß es nicht das letztemal gewesen –

KROLL: Heute sehe ich die Sachen in einem ganz andern Licht als gestern.

ROSMER: Ja, nicht wahr, Kroll? Tust du das nicht? Jetzt, wo du hast überlegen können –

KROLL: Du mißverstehst mich gänzlich. *Legt seinen Hut auf den Tisch am Kanapee.* Es ist mir wichtig, mit dir unter vier Augen zu sprechen.

ROSMER: Weshalb kann Fräulein West nicht –?

REBEKKA: Nein, nein, Herr Rosmer. Ich gehe schon.

KROLL *sie mit den Blicken messend:* Und dann muß ich das Fräulein auch um Entschuldigung bitten, daß ich so früh am Tage hierherkomme. Daß ich sie überrasche, ehe sie Zeit gehabt –

REBEKKA *stutzend:* Wie? Finden Sie es nicht passend, daß ich hier im Hause im Morgenanzuge gehe?

KROLL: Gott behüte! Ich weiß durchaus nicht, was auf Rosmersholm Schick und Brauch geworden ist.

ROSMER: Aber Kroll – du bist heute ja ganz umgewandelt!

REBEKKA: Ich empfehle mich, Herr Rektor. *Links ab.*

KROLL: Mit deiner Erlaubnis –

Setzt sich aufs Kanapee.

ROSMER: Ja, lieber Freund, setzen wir uns vertraulich hin und reden miteinander.

Setzt sich auf einen Stuhl dem Rektor gegenüber.

KROLL: Ich habe seit gestern kein Auge schließen können. Ich habe die ganze Nacht gelegen und nachgedacht.

ROSMER: Und was sagst du heute?

KROLL: Das wird lang, Rosmer. Laß mich mit einer Art Einleitung anfangen. Ich kann dir einiges von Ulrik Brendel erzählen.

ROSMER: Ist er bei dir gewesen?

KROLL: Nein. Er ließ sich in einer Spelunke nieder, in der gemeinsten Gesellschaft natürlich. Trank und traktierte so lange, wie er etwas hatte. Dann schimpfte er die ganze Kompanie Pack und Pöbel. Darin hatte er nun übrigens recht. Aber dann bekam er Prügel und wurde in die Gosse geworfen.

ROSMER: So ist er wohl trotzdem unverbesserlich.

KROLL: Den Rock hatte er auch versetzt. Aber der soll ihm wieder eingelöst worden sein. Kannst du raten von wem?

ROSMER: Von dir selbst vielleicht?

KROLL: Nein. Von jenem noblen Herrn Mortensgård.

ROSMER: Ach so.

KROLL: Ich habe mir erzählen lassen, daß Herrn Brendels erste Visite dem Idioten und Plebejer gegolten hat.

ROSMER: Das war ja recht glücklich für ihn –.

KROLL: Gewiß war es das. *Lehnt sich Rosmer entgegen über den Tisch.* Aber jetzt sind wir bei einer Sache angekommen, vor der ich dich um unserer alten – um unserer f r ü h e r e n Freundschaft willen zu warnen verpflichtet bin.

ROSMER: Lieber Freund, was kann denn das sein?

KROLL: Es ist, daß jemand hier im Hause hinter deinem Rücken sein Spiel mit dir treibt.

ROSMER: Wie kannst du das glauben? Ist es Rebek – ist es Fräulein West, auf die du anspielst?

KROLL: Ja eben. Von ihrer Seite kann ich es sehr gut begreifen. Sie ist hier ja so lange die Gebieterin gewesen. Aber trotzdem –

ROSMER: Lieber Kroll, da irrst du dich vollständig. Sie und ich verheimlichen einander nichts auf der Welt.

KROLL: Hat sie dir auch gestanden, daß sie mit dem Redakteur des „Leuchtturms" in Briefwechsel getreten ist?

ROSMER: Ach, du spielst wohl auf die paar Zeilen an, die sie Ulrik Brendel mitgegeben hat?

KROLL: Du bist also dahintergekommen? – Und billigst du, daß sie auf diese Weise Verbindungen mit jenem Skandalschreiber einleitet, der es jede Woche versucht, mich sowohl in meiner Schultätigkeit wie in meinem öffentlichen Auftreten an den Pranger zu stellen?

ROSMER: An diese Seite der Angelegenheit hat sie gewiß nicht einmal gedacht. Und übrigens hat sie natürlich ihre volle Freiheit des Handelns, wie ich die meine.

KROLL: So? Ja, das gehört wohl zu der neuen Richtung, die du jetzt eingeschlagen hast –? Denn da, wo du stehst, steht auch wohl Fräulein West.

ROSMER: Allerdings tut sie das. Wir beide haben uns zusammen getreulich durchgearbeitet.

KROLL *sieht ihn an und schüttelt langsam den Kopf:* O du blinder, betörter Mann!

ROSMER: Ich –? Wie kommst du darauf?

KROLL: Weil ich das Schlimmste nicht zu denken wage, nicht denken will. Nein, nein, laß mich zu Ende reden. – Meine Freundschaft ist dir wirklich wert, Rosmer? Und meine Achtung auch? Nicht wahr?

ROSMER: Die Frage brauche ich wohl nicht zu beantworten.

KROLL: Nun, aber da sind noch andere Dinge, die eine Antwort verlangen – eine volle Erklärung von deiner Seite. – Willst du dich darein finden, daß ich eine Art Verhör mit dir anstelle?

ROSMER: Verhör?

KROLL: Ja, daß ich dich über dies und jenes ausfrage, woran erinnert zu werden dir peinlich sein mag. Siehst du, dein Abfall – nun, deine Befreiung, wie du es ja nennst, hängt mit so vielem andern zusammen, worüber du mir um deiner selbst willen Rechenschaft geben mußt.

ROSMER: Lieber Freund, frag, was du willst. Ich habe nichts zu verheimlichen.

KROLL: So sag mir also – was hältst du eigentlich für den tiefsten Grund, daß Beate ihrem Leben ein Ende machte?

ROSMER: Kannst du darüber im Zweifel sein? Oder richtiger gesagt, kann man nach Gründen fragen für das, was eine unglückliche, kranke Unzurechnungsfähige tut?

KROLL: Bist du sicher, daß Beate so ganz unzurechnungsfähig war? Jedenfalls meinten die Ärzte, daß es nicht so ganz entschieden sei.

ROSMER: Wenn die Ärzte sie jemals so gesehen hätten, wie ich sie bei Tag und bei Nacht so oft sah, so würden sie nicht gezweifelt haben.

KROLL: Auch ich zweifelte damals nicht.

ROSMER: Ach nein, es war ja leider unmöglich zu zweifeln. Ich habe dir von ihrer zügellosen, wilden Leidenschaftlichkeit erzählt, von der sie verlangte, daß ich sie teilen sollte. Ah, der Schrecken, den sie mir einflößte! Und dann während der letzten Jahre ihre grundlosen, verzehrenden Selbstanklagen.

KROLL: Ja, als sie erfahren hatte, daß sie für ihr ganzes Leben kinderlos bleiben müsse.

ROSMER: Nun denk dir also – diese jagende, grauenvolle Qual über etwas ganz Unverschuldetes –! Und sie sollte zurechnungsfähig gewesen sein?

KROLL: Hm –. Entsinnst du dich, ob du damals Bücher im Hause hattest, welche von dem Zwecke der Ehe handelten – nach der fortgeschrittenen Auffassung unserer Zeit?

ROSMER: Ich entsinne mich, daß Fräulein West mir ein solches Werk geliehen hat. Denn sie erbte ja die Büchersammlung des Doktors, wie du weißt. Aber lieber Kroll, du glaubst doch wohl nimmermehr, daß wir so unvorsichtig gewesen, die arme Kranke in solche Dinge einzuweihen? Ich kann dir hoch und teuer versichern, daß wir keine Schuld haben. Es waren ihre eigenen zerrütteten Gehirnnerven, welche sie auf diese pfadlosen Abwege gejagt haben.

KROLL: Eins kann ich dir jetzt auf alle Fälle erzählen. Und das ist, daß die arme, vergrämte und überspannte Beate ihrem eigenen Leben ein Ende machte, damit du glücklich leben könntest – frei leben könntest – nach deinem Behagen.

ROSMER *ist halb vom Stuhl aufgefahren:* Was willst du damit sagen?

KROLL: Du mußt mich jetzt ruhig anhören, Rosmer. Denn jetzt kann ich darüber sprechen, Rosmer. In ihrem letzten Lebensjahr war sie zweimal bei mir in der Stadt, um mir ihre Angst und Verzweiflung zu klagen.

ROSMER: Über diesen selben Gegenstand?

KROLL: Nein. Das erstemal kam sie und behauptete, daß du auf dem Wege seiest, abtrünnig zu werden. Daß du mit dem Glauben deiner Väter brechen wolltest.

ROSMER *eifrig:* Was du da sagst, ist unmöglich, Kroll! Rein unmöglich! Darin mußt du dich irren.

KROLL: Weshalb das?

ROSMER: Ja, weil ich noch in Zweifel und Kampf umherging, solange Beate lebte. Und den Kampf kämpfte ich allein und in tiefster Stille mit mir selbst. Ich glaube nicht einmal, daß Rebekka –

KROLL: Rebekka?

ROSMER: Nun ja – Fräulein West. Der Kürze halber nenne ich sie Rebekka.

KROLL: Das habe ich bemerkt.

ROSMER: Deshalb ist es mir so unbegreiflich, wie Beate auf den Gedanken kommen konnte. Und weshalb sprach sie nicht mit mir selbst darüber? Das hat sie niemals getan. Niemals mit einem einzigen Wort.

KROLL: Die Arme – sie bat und flehte mich an, daß ich mit dir sprechen möge.

ROSMER: Und weshalb hast du's denn nicht getan?

KROLL: Konnte ich damals einen Augenblick daran zweifeln, daß sie geisteskrank sei? Eine solche Anklage gegen einen Mann wie du! – Und dann kam sie wieder – wohl einen Monat darauf. Äußerlich war sie ruhiger, aber als sie ging, sagte sie: Jetzt können sie bald das weiße Pferd auf Rosmersholm erwarten.

ROSMER: Ja, ja. Das weiße Pferd – von dem sprach sie so oft.

KROLL: Und als ich dann versuchte, ihr die traurigen Gedanken auszureden, sagte sie nur: Ich habe nicht mehr viel Zeit. Denn jetzt muß Johannes sich gleich mit Rebekka verheiraten.

ROSMER *beinahe sprachlos:* Was sagst du da? Ich mich verheiraten mit –!

KROLL: Das war an einem Donnerstagnachmittag. – Am Sonnabend abends warf sie sich vom Steg hinunter in den Mühlbach.

ROSMER: Und du, der du uns nicht gewarnt hast –!

KROLL: Du weißt ja selbst, wie oft sie Andeutungen fallenließ, daß sie gewiß bald sterben müsse.

ROSMER: Das weiß ich wohl. Aber trotzdem – du hättest uns warnen müssen!

KROLL: Daran dachte ich auch. Aber dann war es zu spät.

ROSMER: Aber weshalb hast du dann nicht später –? Weshalb hast du dies alles verschwiegen?

KROLL: Wozu sollte es dienen, hierherzukommen und dich zu quälen und die alten Wunden wieder aufzureißen? Ich habe dies alles ja für nichts als leere und wilde Einbildungen gehalten. – Bis zum gestrigen Abend.

ROSMER: Jetzt also nicht mehr?

KROLL: Sah Beate nicht sehr klar, als sie behauptete, du würdest von deinem Kinderglauben abfallen?

ROSMER *starrt vor sich hin:* Ja, das verstehe ich nicht. Das ist mir das Allerunbegreiflichste.

KROLL: Unbegreiflich oder nicht – es ist nun einmal so. Und jetzt frage ich dich, Rosmer – wieviel Wahrheit liegt in ihrer zweiten Beschuldigung? In der letzten, meine ich.

ROSMER: Beschuldigung? War das denn eine Beschuldigung?

KROLL: Du hast vielleicht nicht bemerkt, wie die Worte lauteten. Sie wolle fortgehen, sagte sie –. Weshalb? Nun?

ROSMER: Ja, damit ich mich mit Rebekka verheiraten könne –!

KROLL: Ganz so lauteten die Worte nicht. Beate drückte sich anders aus. Sie sagte: Ich habe nicht mehr viel Zeit. Denn jetzt muß Johannes sich gleich mit Rebekka verheiraten.

ROSMER *sieht ihn eine Zeitlang an, dann steht er auf:* Jetzt verstehe ich dich, Kroll.

KROLL: Nun? Welche Antwort hast du?

ROSMER *immer ruhig und beherrscht:* Auf etwas so Unerhörtes –? Die einzig richtige Antwort wäre, nach der Tür zu zeigen.

KROLL *steht auf:* Es ist gut.

ROSMER *stellt sich vor ihn:* Hör mich jetzt. Seit über Jahr und Tag – seitdem Beate fortging – haben Rebekka West und ich hier auf Rosmersholm allein gelebt. In all der Zeit hast du Beates Beschuldigung gegen uns gekannt. Aber nicht einen Augenblick habe ich bemerkt, daß du Anstoß an unserm Zusammenleben hier nahmst.

KROLL: Ich erfuhr erst gestern abend, daß es ein abtrünniger Mann und ein – freigewordenes Weib seien, die dieses Zusammenleben führten.

ROSMER: Ah –! Du glaubst also nicht, daß es bei abtrünnigen und freigewordenen Menschen Reinheitssinn geben kann? Du glaubst nicht, daß sie Sittlichkeitsgefühl wie einen Naturtrieb in sich tragen?!

KROLL: Ich baue nicht stark auf die Art von Sittlichkeit, die ihre Wurzeln nicht im Glauben der Kirche hat.

ROSMER: Und dies läßt du auch von Rebekka und mir gelten? Von meinem und Rebekkas Verhältnis?

KROLL: Ich kann zu euren Gunsten nicht von der Meinung abweichen, daß es keine große Kluft zwischen dem freien Gedanken und – hm.

ROSMER: Und was –?

KROLL: – und der freien Liebe gibt – da du es durchaus hören willst.

ROSMER *leise:* Und du schämst dich nicht, mir das zu sagen! Du, der du mich seit meiner frühesten Jugend gekannt hast.

KROLL: Gerade deshalb. Ich weiß, wie leicht du dich von den Menschen beeinflussen läßt, mit denen du verkehrst. Und diese deine Rebekka – nun, dies Fräulein West – sie kennen wir ja eigentlich gar nicht weiter. Kurz und gut, Rosmer – ich gebe dich nicht auf. Und du selbst – du mußt versuchen, dich beizeiten zu retten.

ROSMER: Mich retten? Wovor –? *Frau Helseth sieht durch die Tür links.* Was wollen Sie?

FRAU HELSETH: Ich wollte das Fräulein bitten, hinunterzukommen.

ROSMER: Das Fräulein ist nicht hier oben.

FRAU HELSETH: So? *Sieht sich um.* Das ist doch sonderbar. *Ab.*

ROSMER: Du sagtest –?

KROLL: Hör mich jetzt an. Was hier im geheimen vor sich gegangen ist, während Beate lebte – und was hier noch jetzt vor sich geht –, das will ich nicht genauer untersuchen. Du warst ja tief unglücklich in deiner Ehe. Und das muß man wohl mit zu deiner Entschuldigung sprechen lassen –

ROSMER: O wie wenig du mich im Grunde doch kennst –!

KROLL: Unterbrich mich nicht. Was ich sagen wollte, ist dies – daß, wenn dies Zusammenleben mit Fräulein West fortgesetzt werden muß – es durchaus notwendig ist – daß du den Umschlag – den traurigen Abfall, zu dem sie dich verleitet hat – verheimlichst. Laß mich sprechen! Laß mich sprechen! Ich sage, daß, wenn es durchaus sein muß, du in Gottes Namen glauben und denken und meinen kannst, was du willst – sowohl nach der einen Richtung hin wie nach der andern. Aber behalte deine Ansichten wenigstens für dich. Das ist ja eine rein persönliche Sache. Es ist ja gar nicht notwendig, daß so etwas über das ganze Land ausgeschrien wird.

ROSMER: Es ist notwendig für mich, aus einer falschen und zweideutigen Stellung zu kommen.

KROLL: Aber du hast eine Pflicht gegen die Traditionen deines Geschlechts, Rosmer! Vergiß das nicht! Rosmersholm ist seit undenklichen Zeiten ein Ausgangspunkt für Zucht und Ordnung gewesen – für respektvolle Achtung vor dem, was die Besten unserer Gesellschaft anerkennen und behaupten. Die ganze Gegend hat ihr Gepräge von Rosmersholm bekommen. Es würde eine unselige, eine nicht wiedergutzumachende Verwirrung hervorrufen, wenn es ruchbar würde, daß du selbst mit dem gebrochen hast, was ich den Rosmerschen Familiengedanken nennen will.

ROSMER: Lieber Kroll – so kann ich die Sache nicht ansehen. Ich finde, daß es eine unabweisliche Pflicht für mich ist, hier ein wenig Licht und Freude zu schaffen, wo das Geschlecht der Rosmers während all der langen, langen Zeit nur Dunkelheit und Bedrückung geschaffen hat.

KROLL *sieht ihn strenge an:* Ja, das wäre eine würdige Tat für den Mann, mit welchem der Stamm erlischt. Das laß nur. Das ist keine passende Arbeit für dich. Du bist nur für das Leben eines stillen Forschers geschaffen.

ROSMER: Ja, das mag sein. Aber ich will nun einmal auch mit hinein in den Lebenskampf.

KROLL: Der Lebenskampf – weißt du, was der für dich werden wird? Ein Kampf auf Leben und Tod mit all deinen Freunden.

ROSMER *leise:* Sie sind doch wohl nicht alle so fanatisch wie du.

KROLL: Du bist eine arglose Seele, Rosmer. Eine unerfahrene Seele bist du. Du ahnst nicht, wie gewaltig das Unwetter sich über dir entladen wird.

Frau Helseth sieht zur Tür links herein.

FRAU HELSETH: Ich sollte fragen vom Fräulein –

ROSMER: Was ist's?

FRAU HELSETH: Da unten ist einer, der gern ein Wort mit dem Herrn Pastor sprechen möchte.

ROSMER: Ist es vielleicht derselbe, der gestern abend hier war?

FRAU HELSETH: Nein, es ist der Mortensgård!

ROSMER: Mortensgård!

KROLL: Aha! So weit sind wir also! So weit schon.

ROSMER: Was will er von mir? Weshalb ließen Sie ihn nicht wieder gehen?

FRAU HELSETH: Das Fräulein sagte, ich solle nur fragen, ob er heraufkommen dürfe.

ROSMER: Sagen Sie ihm, daß jemand hier –

KROLL *zu Frau Helseth:* Lassen Sie ihn nur heraufkommen. *Frau Helseth ab. – Seinen Hut nehmend:* Ich räume das Feld – vorläufig. Aber die Hauptschlacht ist noch nicht geschlagen.

ROSMER: So wahr ich lebe, Kroll – ich habe nichts mit Mortensgård zu schaffen.

KROLL: Ich glaube dir nicht mehr. In keinem Punkt. Von jetzt an glaube ich dir in keiner Beziehung mehr. Jetzt gibt es einen Kampf aufs Messer. Wir wollen doch versuchen, ob wir dich nicht unschädlich machen können.

ROSMER: O Kroll – wie tief, wie niedrig stehst du jetzt.

KROLL: Ich –? Und das sagt mir so einer wie du? Denk an Beate!

ROSMER: Kommst du wieder d a r a u f zurück!

KROLL: Nein. Das Rätsel des Mühlbaches mußt du nach deinem Gewissen zu lösen suchen – wenn du noch etwas von der Art hast.

Peter Mortensgård kommt leise und still durch die Mitte links. Er ist ein kleiner, magerer Mann mit dünnem, rötlichem Haar und Bart.

KROLL *mit einem gehässigen Blick:* Nun, der „Leuchtturm" also – auf Rosmersholm angezündet. Ja, nun kann ich nicht länger im Zweifel drüber sein, welchen Kurs ich steuern muß.

MORTENSGÅRD *friedfertig:* Der „Leuchtturm" wird immer brennen, wenn es gilt, dem Herrn Rektor heimzuleuchten.

KROLL: Ja, Sie haben lange Ihren guten Willen gezeigt. Es gibt allerdings ein Gebot, das sagt, wir sollen nicht falsch Zeugnis ablegen wider unsern Nächsten –

MORTENSGÅRD: Der Herr Rektor brauchen mich nicht über die Gebote zu belehren.

KROLL: Auch nicht über das sechste?

ROSMER: Kroll –!

MORTENSGÅRD: Wenn es nötig ist, so ist wohl der Herr Pastor der Berufenste dazu.

KROLL *mit verstecktem Hohn:* Der Pastor? Ja, unleugbar ist Pastor Rosmer der Berufenste in d i e s e r Sache. – Viel Vergnügen, meine Herren!

Er geht und schlägt die Tür hinter sich zu.

ROSMER *fährt fort nach der Tür zu sehen und sagt vor sich hin:* Ja, ja – mag's drum sein. *Dreht sich um.* Herr Mortensgård, wollen Sie mir sagen, was Sie zu mir herausgeführt hat?

MORTENSGÅRD: Eigentlich suchte ich Fräulein West. Ich meinte, ich müsse ihr für den guten Brief danken, den ich gestern von ihr erhielt.

ROSMER: Ich weiß, daß sie ihn geschrieben hat. Haben Sie mit ihr gesprochen?

MORTENSGÅRD: Ja, ein wenig. *Mit einem schwachen Lächeln:* Ich höre, daß die Ansichten sich hier auf Rosmersholm in diesem und jenem geändert haben.

ROSMER: Meine Ansichten haben sich in mancherlei geändert. Ich kann beinahe sagen – in allem.

MORTENSGÅRD: Das Fräulein sagte das. Und deshalb meinte sie, ich solle heraufgehen und es ein wenig mit dem Herrn Pastor besprechen.

ROSMER: Was, Herr Mortensgård?

MORTENSGÅRD: Darf ich im „Leuchtturm" erzählen, daß Sie auf andere Gedanken gekommen sind – und daß Sie sich der Sache des Freisinns und des Fortschritts anschließen?

ROSMER: Das dürfen Sie. Ich bitte Sie sogar, es zu erzählen.

MORTENSGÅRD: Dann soll es morgen früh drinstehen. Es wird eine große und wichtige Neuigkeit, daß Pastor Rosmer auf Rosmersholm meint, er könne für die Sache der Aufklärung auch in d e r Bedeutung kämpfen.

ROSMER: Ich verstehe Sie nicht recht.

MORTENSGÅRD: Ich sage nämlich, daß es unserer Partei jedesmal eine starke moralische Stütze gibt, wenn wir einen ernsten, christlich gesinnten Anhänger gewinnen.

ROSMER *etwas verwundert:* Sie wissen also nicht –? Hat Fräulein West Ihnen auch nicht das gesagt?

MORTENSGÅRD: Was, Herr Pastor? Das Fräulein hatte es sehr eilig. Sie sagte, ich solle nur heraufgehen, und das übrige würde ich schon von Ihnen erfahren.

ROSMER: Nun, dann will ich Ihnen sagen, daß ich mich vollständig freigemacht habe. Nach allen Seiten. Ich stehe jetzt in gar keiner Beziehung mehr zu den Lehrsätzen der Kirche. Von jetzt an kümmern diese Dinge mich nicht im geringsten mehr.

MORTENSGÅRD *sieht ihn betroffen an:* Nein, wenn der Mond jetzt herabgefallen wäre, so hätte ich mich nicht mehr –! Der Pastor selbst sagt sich los –!

ROSMER: Ja, ich stehe jetzt da, wo Sie selbst schon so lange stehen. Das können Sie also morgen im „Leuchtturm" mitteilen.

MORTENSGÅRD: Das auch? Nein, lieber Herr Pastor – entschuldigen Sie – aber es lohnt nicht, diese Seite der Sache zu berühren.

ROSMER: Sie nicht berühren?

MORTENSGÅRD: Jetzt noch nicht, meine ich.

ROSMER: Aber ich begreife nicht –

MORTENSGÅRD: Ja, sehen Sie, Herr Pastor – ich glaube, Sie kennen nicht alle Verhältnisse so wie ich. Aber wenn Sie zu der freisinnigen Richtung übergegangen sind – und wenn Sie – wie Fräulein West sagt – teilnehmen wollen an der Bewegung – so tun Sie es wohl mit dem Wunsch, sowohl der Richtung wie der Bewegung so nützlich zu sein, wie Sie nur irgend können.

ROSMER: Ja, das möchte ich so herzlich gern.

MORTENSGÅRD: Na, dann will ich Sie nur wissen lassen, Herr Pastor, daß, wenn Sie offenbar mit Ihrem Abfall von der Kirche hervortreten, Sie sich die Hände schon von Anfang an binden.

ROSMER: Glauben Sie das?

MORTENSGÅRD: Ja, Sie können sicher sein, daß Ihnen dann hier nicht mehr viel auszurichten bleibt. Und außerdem, Herr Pastor – Freidenker haben wir schon im voraus genug. Ich hätte beinahe gesagt – wir haben allzu viele von dieser Art. Das, was die Partei braucht, sind christliche Elemente, etwas, das jedermann respektieren muß. Das ist es, woran es uns so sehr gebricht. Darum ist es am ratsamsten, wenn Sie reinen Mund halten über alles, was das Publikum nicht kümmert. Sehen Sie, das ist nun meine Meinung.

ROSMER: So. Sie haben also nicht den Mut, sich mit mir einzulassen, wenn ich offen meinen Abfall bekenne?

MORTENSGÅRD *schüttelt den Kopf:* Ich tue es ungern, Herr Pastor. Seit einiger Zeit habe ich es mir zur Regel gemacht, niemand und nichts mehr zu stützen, was den kirchlichen Angelegenheiten zu Leibe will.

ROSMER: Sind Sie selbst denn in letzter Zeit wieder zur Kirche zurückgekehrt?

MORTENSGÅRD: Lassen wir d i e Sache unberührt.

ROSMER: Nun, so steht es also. Ja, dann verstehe ich Sie.

MORTENSGÅRD: Herr Pastor – Sie sollten sich erinnern, daß ich – besonders ich – nicht volle Freiheit zu handeln habe.

ROSMER: Was bindet Sie denn?

MORTENSGÅRD: Ich bin ein gezeichneter Mann – das bindet mich.

ROSMER: Ah so!

MORTENSGÅRD: Ein gezeichneter Mann, Herr Pastor. Das sollten besonders Sie nicht vergessen. Denn Sie waren es ja, der mir zuerst das Zeichen aufdrückte.

ROSMER: Hätte ich damals gestanden, wo ich jetzt stehe, so hätte ich Ihr Versehen mit behutsamerer Hand berührt.

MORTENSGÅRD: Das denke ich auch. Aber jetzt ist es zu spät. Sie haben mich ein für allemal gezeichnet. Mich fürs ganze Leben gezeichnet. Na, Sie begreifen wohl nicht ganz, was so etwas auf sich hat. Aber jetzt können Sie den Schmerz bald selbst fühlen, Herr Pastor.

ROSMER: Ich?

MORTENSGÅRD: Ja. Denn Sie glauben doch wohl nicht, daß Rektor Kroll und sein Kreis Vergebung der Sünden für ein Verbrechen hat wie das Ihre? Und es heißt, daß die „Amtszeitung" jetzt sehr blutig wird. Es kann schon geschehen, daß Sie auch ein gezeichneter Mann werden.

ROSMER: Ich fühle mich unverletzlich auf jedem persönlichen Gebiet, Herr Mortensgård. Mein Wandel läßt sich nicht angreifen.

MORTENSGÅRD *mit ruhigem Lächeln:* Das war ein großes Wort, Herr Pastor.

ROSMER: Kann sein. Aber ich habe ein Recht, ein so großes Wort zu gebrauchen.

MORTENSGÅRD: Auch wenn Sie Ihren Wandel so gründlich untersuchten, wie Sie einmal den meinen untersucht haben?

ROSMER: Sie sagen das so sonderbar. Was ist es, worauf Sie anspielen? Irgend etwas Bestimmtes?

MORTENSGÅRD: Ja, es ist e i n e bestimmte Sache. Nur eine einzige. Aber die könnte schlimm genug werden, wenn boshafte Widersacher sie in Erfahrung brächten.

ROSMER: Wollen Sie mich gütigst hören lassen, was das sein soll.

MORTENSGÅRD: Können der Herr Pastor das nicht selbst erraten?

ROSMER: Nein, durchaus nicht. Auf keine Weise.

MORTENSGÅRD: Ja, ja, da muß ich wohl damit herausrücken. – Ich habe einen seltsamen Brief in meinem Besitz, der hier auf Rosmersholm geschrieben ist.

ROSMER: Fräulein Wests Brief meinen Sie? Ist der so seltsam?

MORTENSGÅRD: Nein, d e r Brief ist nicht seltsam. Aber ich habe einmal einen andern Brief hier vom Hofe bekommen.

ROSMER: Auch von Fräulein West?

MORTENSGÅRD: Nein, Herr Pastor.

ROSMER: Nun, von wem denn? Von wem?

MORTENSGÅRD: Von der seligen Frau.

ROSMER: Von meiner Frau! Haben Sie einen Brief von meiner Frau erhalten?

MORTENSGÅRD: Ja, das habe ich.

ROSMER: Wann?

MORTENSGÅRD: Es war in der letzten Lebenszeit der seligen Frau. Es können jetzt wohl so anderthalb Jahre her sein. Und d i e s e r Brief ist so seltsam.

ROSMER: Sie wissen wohl, daß meine Frau zu jener Zeit gemütskrank war.

MORTENSGÅRD: Ja, ich weiß, daß viele es geglaubt haben. Aber ich finde, daß man es dem Brief nicht anmerken kann. Wenn ich sage, daß der Brief wunderlich ist, so meine ich das in anderer Weise.

ROSMER: Und was in aller Welt kann meine arme Frau Ihnen zu schreiben gehabt haben?

MORTENSGÅRD: Ich habe den Brief zu Hause. Sie fängt ungefähr so an, daß sie in großem Schrecken und Grauen lebt. Denn es seien hier so viele böse Menschen in der Gegend, schreibt sie. Und die Menschen denken nur daran, Ihnen Ärger und Schaden zuzufügen.

ROSMER: Mir?

MORTENSGÅRD: Ja, so heißt es drin. Und nun kommt das Seltsamste. Soll ich es sagen, Herr Pastor?

ROSMER: Ja, gewiß! Alles. Ohne Vorbehalt.

MORTENSGÅRD: Die selige Frau bittet und fleht mich an, hochherzig zu sein. Sie weiß, sagt sie, daß es der Herr

Pastor war, der mich von meinem Lehramt absetzen ließ. Und dann bittet sie so herzlich, daß ich mich nicht rächen möge.

ROSMER: Wie dachte sie denn, daß Sie sich rächen könnten?

MORTENSGÅRD: Im Briefe steht, daß, wenn ich von Gerüchten hören sollte, daß sündige Dinge auf Rosmersholm vorgingen, ich ihnen keinen Glauben schenken möge; denn es seien nur schlechte Menschen, die diese verbreiteten, um Sie unglücklich zu machen.

ROSMER: Steht das im Briefe?

MORTENSGÅRD: Herr Pastor können ihn selbst bei Gelegenheit lesen.

ROSMER: Aber ich begreife nicht –! Was glaubte sie denn, daß die bösen Gerüchte bezweckten?

MORTENSGÅRD: Erstens, daß der Herr Pastor von seinem Kinderglauben abgefallen sei. Das leugnete die Frau ganz bestimmt – damals. Und dann – hm –

ROSMER: Dann?

MORTENSGÅRD: Und dann schreibt sie – und das ist ziemlich verworren –, daß sie von keinem sündigen Verhältnis auf Rosmersholm wisse. Daß niemals ein Unrecht gegen sie verübt worden. Und wenn Gerüchte dieser Art umgehen sollten, so fleht sie mich an, diese im „Leuchtturm" nicht zu berühren.

ROSMER: Wird kein Name genannt?

MORTENSGÅRD: Nein.

ROSMER: Wer brachte Ihnen den Brief?

MORTENSGÅRD: Ich habe gelobt, es nicht zu sagen. Er wurde mir eines Abends in der Dämmerstunde gebracht.

ROSMER: Hätten Sie gleich nachgefragt, so würden Sie erfahren haben, daß meine arme, unglückliche Gattin nicht ganz zurechnungsfähig war.

MORTENSGÅRD: Ich habe auch gefragt, Herr Pastor. Aber ich muß sagen, daß ich den Eindruck nicht so recht empfing.

ROSMER: Nicht? Aber weshalb klären Sie mich jetzt eigentlich über diesen alten verworrenen Brief auf?

MORTENSGÅRD: Um Ihnen den Rat zu geben, äußerst vorsichtig zu sein, Pastor Rosmer.

ROSMER: In meinem Lebenswandel, meinen Sie?

MORTENSGÅRD: Ja. Sie müssen stets bedenken, daß Sie von jetzt an kein geweihter Mann mehr sind.

ROSMER: Sie bleiben also dabei, daß es hier etwas zu verheimlichen gibt?

MORTENSGÅRD: Ich weiß nicht, weshalb ein freigewordener Mann unterlassen sollte, das Leben so voll zu genießen wie möglich. Aber seien Sie nur vorsichtig von heute an! Sollte dies oder jenes Gerücht auftauchen, das den Vorurteilen zuwiderläuft, so können Sie überzeugt sein, daß die ganze freie Geistesrichtung Böses dafür anhören muß. – Leben Sie wohl, Pastor Rosmer!

ROSMER: Leben Sie wohl.

MORTENSGÅRD: Und jetzt gehe ich direkt in die Druckerei und setze die große Neuigkeit in den „Leuchtturm".

ROSMER: Setzen Sie alles hinein.

MORTENSGÅRD: Ich setze alles hinein, was die guten Leute zu wissen brauchen.

Er grüßt und geht. Während er die Treppe hinuntergeht, bleibt Rosmer an der Tür stehen. Man hört die Haustür schließen.

ROSMER *in der Tür, ruft mit gedämpfter Stimme:* Rebekka! Re –. Hm. *Laut:* Frau Helseth – ist Fräulein West da unten?

FRAU HELSETH *die man vom Vorzimmer her hört:* Nein, Herr Pastor, hier ist sie nicht.

Der Vorhang im Hintergrund wird zur Seite gezogen. Rebekka erscheint in der Türöffnung.

REBEKKA: Rosmer!

ROSMER *sich umdrehend:* Was! Warst du in meinem Schlafzimmer! Teuerste, was hast du da gemacht?

REBEKKA *zu ihm gehend:* Ich habe gehorcht.

ROSMER: Aber Rebekka, wie konntest du das!

REBEKKA: Ja, ich konnte es. Er sagte das so garstig – das von meinem Morgenkleid –

ROSMER: Ah, du warst also auch da drin, als Kroll –?

REBEKKA: Ja. Ich wollte wissen, was eigentlich hinter seinen Worten steckte.

ROSMER: Das hätte ich dir ja erzählt.

REBEKKA: Du hättest mir wohl kaum alles erzählt. Und gewiß nicht mit seinen eigenen Worten.

ROSMER: Hast du denn alles gehört?

REBEKKA: Ich glaube wohl das meiste. Ich mußte einen Augenblick hinunter, als Mortensgård kam.

ROSMER: Und dann kamst du wieder herauf –

REBEKKA: Sei mir deshalb nicht böse, teurer Freund.

ROSMER: Tu alles, was du für recht hältst. Du hast ja deine volle Freiheit. – Aber was sagst du jetzt, Rebekka? Oh, mich dünkt, daß ich deiner niemals so sehr bedurft habe wie jetzt.

REBEKKA: Wir waren doch beide auf das vorbereitet, was einmal kommen würde.

ROSMER: Nein, nein – hierauf nicht.

REBEKKA: Hierauf nicht?

ROSMER: Ich dachte mir wohl, daß unser schönes, reines Freundschaftsverhältnis einmal beschmutzt und verdächtigt werden könnte. Aber nicht von Kroll. Von ihm hätte ich dies niemals gedacht. Aber von der großen Masse mit den rohen Sinnen und den unedlen Augen. Ach ja, du – ich hatte wohl meine Gründe, wenn ich unsern Bund so eifersüchtig mit einem Schleier bedeckte. Es war ein gefährliches Geheimnis.

REBEKKA: Ach weshalb sich um das Urteil anderer kümmern! Wir selbst wissen ja, daß wir ohne Schuld sind.

ROSMER: Ich? Ohne Schuld? Ja, das glaubte ich allerdings – bis heute. Aber jetzt – jetzt, Rebekka –

REBEKKA: Ja, und jetzt –?

ROSMER: Wie soll ich mir Beates entsetzliche Anklage erklären?

REBEKKA *heftig:* O sprich nicht von Beate! Denk nicht mehr an Beate! Jetzt warst du ja endlich über ihren Tod hinweggekommen.

ROSMER: Seitdem ich dies erfahren, ist sie gleichsam wieder unheimlich lebendig geworden.

REBEKKA: O nein – du darfst nicht, Rosmer –! Du darfst nicht –!

ROSMER: Ja, sage ich dir. Wir müssen versuchen, der Sache auf den Grund zu kommen. Wie kann sie sich zu dieser unglückseligen Mißdeutung verirrt haben?

REBEKKA: Du fängst doch wohl nicht an zu zweifeln, daß sie beinahe wahnsinnig war?

ROSMER: Ach ja, das ist es ja gerade, dessen ich nicht mehr sicher bin. Und außerdem – wenn es so wäre –

REBEKKA: Wenn es so wäre? Was dann?

ROSMER: Ich meine, wo sollen wir dann den nächsten Grund suchen, daß der Wahnsinn sich ihres kranken Gemüts bemächtigte?

REBEKKA: Ach, was kann es denn nützen, daß du dich in solche Grübeleien verlierst!

ROSMER: Ich kann nicht anders, Rebekka. Ich kann diese nagenden Zweifel nicht fahren lassen, wenn ich auch noch so gern wollte.

REBEKKA: Dies eine Schwere so fortwährend zu umkreisen, kann ja gefährlich werden.

ROSMER *geht unruhig und gedankenvoll umher:* Ich muß mich auf irgendeine Weise verraten haben. Sie muß bemerkt haben, wie glücklich ich wurde von dem Tage an, da d u zu uns kamst.

REBEKKA: Ja, aber teuerster Freund, wenn es nun auch so wäre –!

ROSMER: Du sollst sehen – sie hat bemerkt, daß wir dieselben Bücher lasen. Daß wir einander suchten und von all den neuen Dingen sprachen. Aber ich begreife es nicht! Denn ich war ja so fürsorglich bemüht, sie zu schonen. Wenn ich zurückdenke, so scheint es mir, ich sei wie um mein Leben besorgt gewesen, sie von all unsern Angelegenheiten fernzuhalten. Oder war ich das nicht, Rebekka?

REBEKKA: Ja, ja, das warst du wahrhaftig.

ROSMER: Und du auch. Und trotzdem –! Ah, es ist fürchterlich, daran zu denken! Nun hat sie in ihrer kranken Liebe geschwiegen und geschwiegen – uns beobachtet – alles bemerkt und – und alles mißdeutet.

REBEKKA *preßt die Hände zusammen:* Oh, ich hätte niemals nach Rosmersholm kommen sollen!

ROSMER: O wenn ich mir denke, was sie schweigend gelitten hat! All das Grauenhafte, was sie glaubte, in ihrem kranken Hirn aufbauen und zusammenstellen zu können. – Sprach sie niemals mit dir über irgend etwas, das dich auf die Spur bringen könnte?

REBEKKA *wie gehetzt:* Mit mir! Glaubst du, daß ich dann noch einen Tag länger hiergeblieben wäre?

ROSMER: Nein, nein, selbstverständlich. – Oh, welchen Kampf muß sie gekämpft haben. Und allein gekämpft, Rebekka. Verzweifelt und ganz allein. – Und dann zuletzt dieser ergreifende – anklagende Sieg – im Mühlbach!

Er wirft sich in einen Stuhl am Schreibtisch, stützt die Ellenbogen auf den Tisch und bedeckt das Gesicht mit den Händen.

REBEKKA *sich ihm vorsichtig von hinten nähernd:* Jetzt hör mich an, Rosmer. Wenn es in deiner Macht stände, Beate zurückzurufen – zu dir – nach Rosmersholm –, würdest du es dann tun?

ROSMER: Ach, was weiß ich, was ich tun oder nicht tun würde. Ich habe für nichts anderes Gedanken als für dies eine – das unwiderruflich ist.

REBEKKA: Jetzt hättest du anfangen sollen zu leben, Rosmer. Du h a t t e s t schon angefangen. Du hattest dich gänzlich freigemacht – nach allen Seiten. Du fühltest dich so froh und so leicht –

ROSMER: Ach ja, das tat ich wahrhaftig. Und jetzt kommt dies erdrückend Schwere.

REBEKKA *die Arme auf der Stuhllehne, hinter ihm:* Wie reizend war es, wenn wir in der Dämmerung unten im Zimmer saßen. Und einander dann halfen, die neuen Lebenspläne zurechtzulegen. Du wollest in das lebendige Leben eingreifen, in das lebendige Leben des Tages, sagtest du. Wie ein befreiender Gast wollest du von einem Herd zum andern gehen. Den Geist und den Willen für dich erobern. Adelsmenschen schaffen rundumher – in weiteren und immer weiteren Kreisen. Adelsmenschen.

ROSMER: Frohe Adelsmenschen.

REBEKKA: Ja, frohe.

ROSMER: Denn es ist die Freude, welche die Seelen adelt, Rebekka.

REBEKKA: Glaubst du nicht auch – der Schmerz? Der große Schmerz?

ROSMER: Ja – wenn man über ihn fortkommen könnte. Weit fort.

REBEKKA: Das ist's, was du m u ß t.

ROSMER *schwermütig den Kopf schüttelnd:* Darüber hinweg komm' ich niemals – ganz. Immer wird ein Zweifel zurückbleiben. Eine Frage. Niemals werde ich wieder in dem schwelgen können, was das Leben so köstlich schön macht.

REBEKKA *leiser, über die Stuhllehne sprechend:* Was meinst du damit, Rosmer?

ROSMER *zu ihr aufblickend:* Die stille, freudige Schuldlosigkeit.

REBEKKA *einen Schritt zurückweichend:* Ja. Die Schuldlosigkeit.

Kurzes Schweigen.

ROSMER *die Ellenbogen auf den Tisch stützend, den Kopf in der Hand, vor sich hinsehend:* Und wie sie es verstanden hat zu kombinieren. Wie systematisch sie alles zusammengestellt hat. Zuerst steigen in ihr Bedenken an meine Rechtgläubigkeit auf –. Wie konnte sie damals d a r a u f verfallen? Aber sie verfiel darauf. Und dann wurden diese Bedenken zur Gewißheit. Und dann – ja, dann war es ja leicht, auch alles andere für bedenklich zu halten. *Richtet sich im Stuhl auf und fährt mit den Händen durchs Haar.* Oh, alle diese wilden Einbildungen! Sie kehren immer wieder. Ich fühle es wohl. Ich weiß es. In jedem Augenblick kommen sie dahergejagt und erinnern mich an die Tote.

REBEKKA: Wie das weiße Pferd auf Rosmersholm.

ROSMER: Ja, ebenso. Sie sausen im Dunkel daher. In aller Stille.

REBEKKA: Und um dieses unseligen Hirngespinstes willen läßt du das lebendige Leben, das du schon erfaßt hattest?

ROSMER: Du hast recht, es ist hart. Hart, Rebekka. Aber es steht mir nicht mehr frei, eine Wahl zu treffen. Wie sollte ich wohl darüber hinwegkönnen!

REBEKKA *hinter dem Stuhl:* Indem du dir neue Verhältnisse schaffst.

ROSMER *blickt stutzend auf:* Neue Verhältnisse!

REBEKKA: Ja, neue Verhältnisse der Welt gegenüber. Lebe, wirke, handle. Sitz nicht hier und grüble und brüte über unlösliche Rätsel.

ROSMER *sich erhebend:* Neue Verhältnisse? *Geht auf und ab, bleibt an der Tür stehen und kommt dann zurück.* Eine Frage fällt mir ein. Hast du dir nicht auch diese Frage gestellt, Rebekka?

REBEKKA *mühsam atmend:* Laß mich – wissen – was es ist.

ROSMER: Wie soll sich deiner Ansicht nach u n s e r Verhältnis von heute an gestalten?

REBEKKA: Ich glaube wohl, daß unsere Freundschaft aushalten kann – wie es auch kommen mag.

ROSMER: Ja, so habe ich es gerade nicht gemeint. Aber das, was uns beide von Anfang an zusammengeführt hat – das, was uns so fest aneinanderkettet – unser gemeinsamer Glaube an ein reines Zusammenleben zwischen Mann und Weib –

REBEKKA: Ja, ja – was weiter?

ROSMER: Ich meine also, ob ein Verhältnis wie das unsere sich nicht am meisten zu einem Leben im stillen, glücklichen Frieden eignet –?

REBEKKA: Was weiter?

ROSMER: Aber jetzt eröffnet sich mir die Aussicht auf ein Leben voll Kampf und Unruhe und starken Gemütsbewegungen. Denn ich w i l l mein Leben leben, Rebekka! Ich will mich nicht von unheimlichen Möglichkeiten besiegen lassen. Ich lasse mir meinen Lebenslauf nicht vorschreiben, weder von Lebenden noch von – andern.

REBEKKA: Nein, nein – tu's nicht! Sei ganz und gar ein freier Mann, Rosmer!

ROSMER: Aber weißt du, woran ich dann denke? Weißt du es nicht? Siehst du nicht, wie ich am besten Befreiung von all diesen quälenden Erinnerungen – von der ganzen traurigen Vergangenheit erlangen kann?

REBEKKA: Nun?

ROSMER: Indem ich dem allem eine neue lebende Wirklichkeit entgegenstelle.

REBEKKA *nach der Stuhllehne tastend:* Eine lebende –? Was heißt – das?

ROSMER *nähertretend:* Rebekka – wenn ich dich jetzt fragte, willst du meine zweite Frau werden?

REBEKKA *einen Augenblick sprachlos, dann freudig aufschreiend:* Deine Frau! Dein –! Ich!

ROSMER: Gut. Versuchen wir es. Wir beide wollen eins sein. Der leere Platz der Toten muß jetzt ausgefüllt werden.

REBEKKA: Ich – an Beates Stelle –!

ROSMER: Dann ist sie aus dem Buche meines Lebens gelöscht. Ganz und gar. Für alle Zeiten.

REBEKKA *leise und bebend:* Glaubst du das, Rosmer?

ROSMER: Es muß geschehen! Es muß! Ich kann nicht, ich will nicht mit einer Leiche auf dem Rücken durchs Leben gehen. Hilf mir sie abwerfen, Rebekka. Und dann laß uns alle Erinnerungen in Freiheit, in Freudigkeit, in Leidenschaft ersticken. Du sollst für mich die einzige Gattin sein, die ich je besessen.

REBEKKA *beherrscht:* Sprich nie wieder davon. Ich werde nimmermehr deine Gattin.

ROSMER: Wie! Nimmermehr? Oh, glaubst du denn nicht, daß du mich lieben könntest? Birgt unsere Freundschaft denn nicht schon einen Tropfen Liebe?

REBEKKA *sich wie erschreckt die Ohren zuhaltend:* Sprich nicht so, Rosmer! Wiederhol es nicht!

ROSMER *ihren Arm packend:* Ja, ja – in unserem Verhältnis k e i m t eine Möglichkeit. Oh, ich sehe es dir an, daß du ebenso fühlst. Tust du es nicht, Rebekka?

REBEKKA *wieder fest und entschlossen:* Hör mich an – ich sage dir, wenn du so fortfährst, so reise ich ab.

ROSMER: Reisen! Du! Das kannst du nicht. Das ist unmöglich.

REBEKKA: Und noch unmöglicher ist es, daß ich dein Weib werde. Ich kann es nimmermehr werden.

ROSMER *blickt sie stutzend an:* Du sagst „kann". Und das sagst du so wunderlich. Weshalb kannst du nicht?

REBEKKA *seine beiden Hände ergreifend:* Teurer Freund – sowohl um meinet- wie um deinetwillen – frag nicht weshalb. – *Ihn loslassend:* Und weiter kein Wort, Rosmer. *Geht an die Tür zur Linken.*

ROSMER: Von jetzt an habe ich keine andere Frage mehr als – weshalb?

REBEKKA *dreht sich um und sieht ihn an:* Dann ist es zu Ende.

ROSMER: Zwischen uns?

REBEKKA: Ja.

ROSMER: Zwischen uns beiden ist es niemals zu Ende. Niemals verläßt du Rosmersholm.

REBEKKA *mit der Hand auf der Türklinke:* Nein, das tue ich wohl nicht. Aber wenn du weiter fragst – so ist es trotzdem zu Ende.

ROSMER: Trotzdem zu Ende? Wie –?

REBEKKA: Ja. Denn d a n n gehe ich den Weg, den Beate ging. Jetzt weißt du es, Rosmer.

ROSMER: Rebekka –!

REBEKKA *in der Tür langsam nickend:* Jetzt weißt du es!

Ab.

ROSMER *versunken auf die verschlossene Tür starrend, spricht dann vor sich hin:* Was – ist – das?

DRITTER AUFZUG

Wohnzimmer in Rosmersholm.
Fenster und Vorzimmertür sind geöffnet. Die Vormittagssonne scheint draußen.
Rebekka West, ebenso gekleidet wie im ersten Aufzug, steht am Fenster, begießt die Blumen und beschäftigt sich mit denselben. Ihr Häkelzeug liegt im Lehnstuhl. Frau Helseth geht mit dem Federwisch umher und staubt die Möbel ab.

REBEKKA *nach kurzem Schweigen:* Es ist sonderbar, daß der Pastor heute so lange oben bleibt.

FRAU HELSETH: Ach, das tut er ja so oft. Aber nun kommt er doch wohl bald herunter, sollt' ich denken.

REBEKKA: Haben Sie was von ihm gesehen?

FRAU HELSETH: Als ich mit dem Kaffee hinaufging, war er gerade soweit, daß er in seine Schlafkammer ging, um sich anzuziehen.

REBEKKA: Ich frage, weil er gestern nicht recht wohl war.

FRAU HELSETH: So sah er auch aus. Und dann soll mich doch auch wundern, ob zwischen ihm und seinem Schwager nicht was passiert ist.

REBEKKA: Und was glauben Sie, daß das sein könnte?

FRAU HELSETH: Ich kann es nicht wissen. Vielleicht ist es dieser Mortensgård, der die beiden verhetzt hat.

REBEKKA: Das ist wohl möglich. – Kennen Sie diesen Peter Mortensgård denn?

FRAU HELSETH: Aber nein, Fräulein. Wie können Sie nur sowas denken? So einen wie den!

REBEKKA: Meinen Sie, weil er diese abscheuliche Zeitung herausgibt?

FRAU HELSETH: Oh, das ist nicht deshalb allein. – Fräulein haben doch wohl gehört, daß er ein Kind mit einer verheirateten Frau gehabt hat, wo der Mann fortgelaufen war?

REBEKKA: Das habe ich sagen hören. Aber das war wohl lange, ehe ich hierherkam.

FRAU HELSETH: Ja, Gott behüte, er war damals ja noch sehr jung. Und sie hätte mehr Verstand haben sollen als er. Heiraten wollte er sie ja auch. Aber dazu konnte er nicht die Erlaubnis bekommen. Und dann hat er's gar arg büßen müssen. – Aber meiner Treu, seitdem ist Mortensgård gewaltig gestiegen. Es gibt manche, die den Mann suchen.

REBEKKA: Die Mehrzahl der geringen Leute geht am liebsten zu ihm, wenn sie irgendeinen Rat brauchen.

FRAU HELSETH: Oh, es gibt auch noch andere als geringe Leute –

REBEKKA *blickt verstohlen zu ihr hinüber:* So?

FRAU HELSETH *am Sofa, emsig kehrend und abstaubend:* Ja, Fräulein, und gerade solche, von denen man es am wenigsten denkt.

REBEKKA *mit den Blumen beschäftigt:* Ja, das ist doch nur etwas, was Sie vermuten, Frau Helseth. Denn bestimmt können Sie das doch nicht wissen.

FRAU HELSETH: Das könnt' ich nicht wissen, meinen Fräulein? Ja, wahrhaftig, ich kann es doch. Denn – wenn ich doch nun einmal damit heraus soll, so bin ich selbst einmal mit einem Brief zu Mortensgård gegangen.

REBEKKA *sich umdrehend:* Nein – Sie – wirklich?

FRAU HELSETH: Ja, ich war wahrhaftig da. Und der Brief war allerdings hier auf Rosmersholm geschrieben.

REBEKKA: Wirklich, Frau Helseth?

FRAU HELSETH: Ja, meiner Treu, so war es. Und auf feinem Papier war er geschrieben. Und ein feines, rotes Siegel saß drauf.

REBEKKA: Und Sie beauftragte man damit, ihn hinzutragen? Ja, liebe Frau Helseth, dann ist es ja auch nicht schwer zu wissen, von wem er war.

FRAU HELSETH: So?

REBEKKA: Natürlich war es irgend etwas, das die arme Frau Rosmer in ihrer Kränklichkeit –

FRAU HELSETH: Fräulein West haben das gesagt, und nicht ich.

REBEKKA: Aber was stand denn nun eigentlich in dem Brief? Aber es ist ja wahr – das können Sie nicht wissen.

FRAU HELSETH: Hm, könnte es denn nicht sein, daß ich es trotzdem wüßte?

REBEKKA: Hat sie Ihnen gesagt, über was sie geschrieben?

FRAU HELSETH: Nein, das hat sie nicht gerade getan. Aber als er, der Mortensgård, ihn gelesen hatte, fing er an, mich derartig kreuz und quer auszufragen, daß ich wohl begreifen konnte, was drinstand.

REBEKKA: Was meinen Sie denn, daß darin stand? O liebe, gute Frau Helseth, sagen Sie mir's doch!

FRAU HELSETH: Aber nein, Fräulein. Ich sage es nicht, und wenn Sie mir alle Schätze der Welt böten.

REBEKKA: Oh, mir können Sie es wohl sagen. Wir zwei sind doch so gute Freunde.

FRAU HELSETH: Gott soll mich schützen, daß ich Ihnen etwas davon sage, Fräulein. Ich kann nichts anderes sagen, als daß es etwas Abscheuliches war, das man der armen, kranken Frau eingebildet hatte.

REBEKKA: Wer hatte es ihr eingebildet?

FRAU HELSETH: Böse Menschen, Fräulein West. Böse Menschen.

REBEKKA: Böse –?

FRAU HELSETH: Ja, das sage ich zweimal. Recht böse Menschen müssen es gewesen sein.

REBEKKA: Und wer glauben Sie denn, der es gewesen sein könnte?

FRAU HELSETH: Oh, ich weiß wohl, was ich glaube. Aber

Gott schütze m e i n e n Mund. Da drinnen in der Stadt geht eine gewisse Frau herum – hm!

REBEKKA: Ich sehe Ihnen an, daß Sie Frau Kroll meinen.

FRAU HELSETH: Ja, das ist mir so die Richtige. Mir gegenüber macht sie sich immer so breit. Und auf Sie hat sie auch kein gutes Auge gehabt.

REBEKKA: Glauben Sie, daß Frau Rosmer bei vollem Verstand gewesen, als sie den Brief an Mortensgård schrieb?

FRAU HELSETH: Das ist so etwas Eigenes mit dem Verstand, Fräulein. So ganz von Sinnen ist sie doch wohl nicht gewesen.

REBEKKA: Aber sie wurde doch ganz verwirrt, als sie erfuhr, daß sie keine Kinder haben könne. Damals brach ja der Wahnsinn aus.

FRAU HELSETH: Ja, d a s hat die arme Frau arg mitgenommen.

REBEKKA *nimmt die Häkelei und setzt sich in den Stuhl am Fenster:* Übrigens, Frau Helseth, glauben Sie nicht eigentlich auch, daß es ein Glück für den Pastor war?

FRAU HELSETH: Was, Fräulein?

REBEKKA: Daß sie keine Kinder bekamen. Nicht wahr?

FRAU HELSETH: Hm, ich weiß nicht recht, was ich dazu sagen soll.

REBEKKA: Nein, Sie können mir's wirklich glauben. Für ihn war's das beste. Pastor Rosmer ist nicht dazu geschaffen, Kindergeschrei mitanzuhören.

FRAU HELSETH: Fräulein, die kleinen Kinder auf Rosmersholm schreien niemals.

REBEKKA *sie ansehend:* Sie schreien niemals?

FRAU HELSETH: Nein. Seit Menschengedenken haben die kleinen Kinder hier auf dem Hofe nicht geschrien.

REBEKKA: Das ist doch sonderbar.

FRAU HELSETH: Ja, nicht wahr? Aber das liegt so in der Familie. Und was noch sonderbarer ist – wenn sie größer werden, lachen sie niemals. Lachen niemals, solange sie leben.

REBEKKA: Das ist doch zu seltsam –

FRAU HELSETH: Haben Fräulein den Herrn Pastor denn auch nur ein einziges Mal lachen gesehen?

REBEKKA: Nein – wenn ich mir's überlege, so glaube ich beinahe, daß Sie recht haben. Aber ich finde, daß die Menschen in dieser Gegend überhaupt nicht viel lachen.

FRAU HELSETH: Nein, das tun sie nicht. Die Leute sagen, daß es auf Rosmersholm angefangen hat. Und dann glaube ich, ist es wohl so wie eine Art ansteckende Krankheit weitergegangen.

REBEKKA: Frau Helseth, Sie sind eine gescheite Frau.

FRAU HELSETH: Ach, Fräulein, Sie müssen nicht über mich lachen – *Horchend:* Still, still – jetzt kommt der Herr Pastor herunter. Er mag die Kehrbürste hier nicht im Zimmer sehen.

Ab durch die Tür zur Rechten. Johannes Rosmer, mit Hut und Stock in der Hand, tritt durch die Tür des Vorzimmers ein.

ROSMER: Guten Morgen, Rebekka.

REBEKKA: Guten Morgen, mein Teurer. *Häkelnd, nach kurzer Pause:* Gehst du aus?

ROSMER: Ja.

REBEKKA: Das Wetter ist ja auch so schön.

ROSMER: Heute morgen bist du nicht zu mir gekommen.

REBEKKA: Nein – das tat ich nicht. Heute nicht.

ROSMER: Und wirst du es auch künftighin nicht tun?

REBEKKA: Das weiß ich noch nicht.

ROSMER: Ist etwas für mich gekommen?

REBEKKA: Ja, die „Amtszeitung".

ROSMER: Die „Amtszeitung" –!

REBEKKA: Sie liegt da auf dem Tische.

ROSMER *Hut und Stock fortstellend:* Steht da schon etwas?

REBEKKA: Ja.

ROSMER: Und dann schickst du sie mir nicht hinauf?

REBEKKA: Du liest sie ja noch immer zeitig genug.

ROSMER: Ach so. *Nimmt das Blatt und liest am Tische stehend.* – Was! – – „Man kann nicht genug vor charakterlosen Überläufern warnen" – *Sie ansehend:* Rebekka, sie nennen mich einen Überläufer.

REBEKKA: Sie nennen keinen Namen.

ROSMER: Das tut nichts zur Sache. *Weiterlesend:* – „Heimliche Verräter an der guten Sache" – – „Judasnaturen, die ihren Abfall frech bekennen, sobald sie glauben, daß der passende und – lohnende Zeitpunkt gekommen ist." – „Schändliches Attentat auf das ruhmreiche Andenken ehrwürdiger Vorfahren" – – „In der sicheren Erwartung, daß die Machthaber des Augenblicks mit einer würdigen Belohnung nicht kargen werden." *Die Zeitung auf den Tisch legend:* Und das schreiben sie über mich. Diese Menschen, die mich schon so lange und genau kennen. Dies, woran sie selbst nicht einmal glauben. Dies, wovon sie wissen, daß kein wahres Wort daran ist – dies schreiben sie trotzdem.

REBEKKA: Da steht noch mehr.

ROSMER *die Zeitung wieder aufnehmend:* – „Einzige Entschuldigung die ungeübte Urteilskraft" – – „Unheilvoller Einfluß – der sich möglicherweise sogar auf Gebiete erstreckt, die wir vorläufig nicht zum Gegenstand öffentlicher Besprechungen und Erörterungen machen wollen" – *Sie anblickend:* Was bedeutet das?

REBEKKA: Das geht auf mich, wie du siehst.

ROSMER *die Zeitung fortlegend:* Rebekka, dies ist nicht das Tun ehrenhafter Männer.

REBEKKA: Ja, mich dünkt, daß die sich nicht über Mortensgård zu überheben brauchen.

ROSMER *umhergehend:* Hier muß Rettung geschafft werden. Alles, was gut ist im Menschen, geht zugrunde, wenn dies noch länger dauert. Aber das soll es nicht! Oh, wie froh – wie froh würde ich mich fühlen, wenn ich ein wenig Licht in all diese finstern Greuel bringen könnte.

REBEKKA *sich erhebend:* Ja, nicht wahr? Und hier hast du nun etwas Großes und Herrliches, wofür du leben kannst.

ROSMER: Denk nur, wenn ich sie zur Selbsterkenntnis erwecken könnte. Wenn ich sie zur Reue und Scham über sich selbst führen könnte. Wenn ich sie dahin bringen könnte, sich einander in Verträglichkeit – in Liebe zu nähern.

REBEKKA: Ja, setz nur all deine Kräfte daran, und du sollst sehen, daß du siegst.

ROSMER: Mich dünkt, daß es gelingen müßte. Oh! welche Freude wäre dann dies Leben. Keinen gehässigen Streit mehr. Nur Wettstreit. Alle Augen auf dasselbe Ziel gerichtet. Jedes Streben, jeder Sinn vorwärtssteuernd – aufwärts – jeder auf seinem eigenen natürlichen Wege. Glück für alle – geschaffen durch alle. *Blickt hinaus ins Freie, zuckt zusammen und sagt schwermütig:* Ah! Nicht durch mich.

REBEKKA: Nicht –? Nicht durch dich?

ROSMER: Und auch nicht für mich.

REBEKKA: O Rosmer, laß solchen Zweifel nicht in dir aufkommen.

ROSMER: Glück – teure Rebekka –, Glück ist zuerst und vor allem das stille, frohe, sichere Bewußtsein der Schuldlosigkeit.

REBEKKA *vor sich hinblickend:* Ja, die Schuld –

ROSMER: Ach, das kannst du ja nicht beurteilen. Aber ich –

REBEKKA: Du am allerwenigsten!

ROSMER *zum Fenster hinausdeutend:* Der Mühlbach.

REBEKKA: O Rosmer –!

FRAU HELSETH *durch die Tür zur Rechten hereinsehend:* Fräulein!

REBEKKA: Gleich, gleich. Jetzt nicht.

FRAU HELSETH: Nur auf ein Wort, Fräulein.

Rebekka geht an die Tür, Frau Helseth sagt ihr etwas. Sie flüstern einen Augenblick miteinander. Frau Helseth nickt und geht.

ROSMER *unruhig:* Irgend etwas für mich?

REBEKKA: Nein, nur Wirtschaftsangelegenheiten. – Jetzt solltest du aber ins Freie gehen, lieber Rosmer. Geh recht weit!

ROSMER *nimmt den Hut:* Ja, komm mit. Dann gehen wir zusammen.

REBEKKA: Nein, Teuerster, jetzt kann ich nicht. Du mußt allein gehen. Aber versprich mir, daß du all die bösen Gedanken von dir schüttelst.

ROSMER: Die – fürchte ich, werde ich niemals wieder abschütteln können.

REBEKKA: Daß etwas so Grundloses dich mit solcher Gewalt packen kann –!

ROSMER: Es ist nicht so grundlos – leider. Die ganze Nacht habe ich darüber gegrübelt. Beate hat vielleicht klargesehen.

REBEKKA: Worin meinst du?

ROSMER: Klargesehen, als sie glaubte, daß ich dich liebe.

REBEKKA: Darin klargesehen!

ROSMER *den Hut auf den Tisch legend:* Unablässig bestürmt mich die Frage – ob wir beide uns nicht fortwährend selbst getäuscht haben – als wir unser Verhältnis Freundschaft nannten.

REBEKKA: Willst du damit sagen, daß wir es ebensogut hätten –?

ROSMER: – Liebesverhältnis nennen können. Ja. Noch, als Beate lebte, gehörten dir alle meine Gedanken. Nur nach dir sehnte ich mich. Nur bei dir empfand ich stille, frohe, wunschlose Glückseligkeit. Wenn wir zurückdenken, Rebekka, so begann unser Zusammenleben wie eine süße, heimliche Kinderliebe. Ohne Verlangen und ohne Traum. Empfandest du nicht ebenso? Sag mir's.

REBEKKA *mit sich selbst kämpfend:* Ach – ich weiß nicht, wie ich dir antworten soll.

ROSMER: Und dieses innige Leben ineinander und füreinander haben wir für Freundschaft gehalten. Nein, unser Verhältnis ist eine geistige Ehe gewesen, vielleicht schon von Anfang an. Deshalb liegt auf meiner Seite das Verbrechen. Ich hatte kein Recht dazu – um Beates willen.

REBEKKA: Du hattest kein Recht, im Glück zu leben? Glaubst du das, Rosmer?

ROSMER: Sie sah auf unser Verhältnis mit den Augen ihrer Liebe. Beurteilte unser Verhältnis nach der Art ihrer Liebe. Natürlich. Beate konnte nicht anders urteilen, als sie es tat.

REBEKKA: Aber wie kannst du dich anklagen wegen Beates Selbsttäuschung!

ROSMER: In ihrer Liebe zu mir – in ihrer Weise – ging sie in den Mühlbach. Diese Tat steht fest, Rebekka. Darüber kann ich nicht fort.

REBEKKA: O denk an nichts anderes als an die große, schöne Aufgabe, für welche du dein Leben eingesetzt hast!

ROSMER *den Kopf schüttelnd:* Die wird sich gewiß nimmermehr durchführen lassen. Nicht durch mich. Nicht nach dem, was ich jetzt weiß.

REBEKKA: Und weshalb nicht durch dich?

ROSMER: Weil man niemals einen Sieg erringen kann für eine Sache, die ihren Ursprung im Verbrechen hat.

REBEKKA *im Affekt:* Oh, dies sind vererbte Zweifel – vererbte Angst – vererbte Gewissensbisse. Man erzählt sich hier, daß die Toten als jagende weiße Pferde zurückkommen. Ich sehe, dies ist etwas Ähnliches.

ROSMER: Laß es sein, was es will. Was hilft es, wenn ich nicht darüber fortkommen kann? Und du kannst mir glauben, Rebekka, es ist, wie ich sage. Die Sache, die zum dauernden Siege geführt werden soll – die muß von einem glücklichen, schuldlosen Manne getragen werden.

REBEKKA: Ist die Freude denn so ganz unentbehrlich für dich, Rosmer?

ROSMER: Die Freude? Ja, das ist sie.

REBEKKA: Für dich, der du niemals lachst?

ROSMER: Trotzdem. Du kannst mir glauben, ich habe große Anlagen, fröhlich zu sein.

REBEKKA: Jetzt mußt du gehen, Teuerster. Weit – so

recht weit. Hörst du? Sieh, hier ist dein Hut. Und da hast du auch den Stock.

ROSMER *nimmt beides:* Dank dir. Gehst du wirklich nicht mit?

REBEKKA: Nein, nein. Ich kann jetzt nicht.

ROSMER: Nun, meinetwegen. Du bist trotzdem bei mir.

Er geht durch das Vorzimmer hinaus. Gleich darauf blickt Rebekka, hinter der geöffneten Tür stehend, hinaus. Darauf geht sie an die Tür zur Rechten.

REBEKKA *öffnet diese und sagt halblaut:* So, Frau Helseth. Jetzt können Sie ihn hereinlassen.

Tritt ans Fenster. Kurz darauf tritt Rektor Kroll von rechts ein. Er grüßt schweigend und abgemessen und behält den Hut in der Hand.

KROLL: Er ist also fort?

REBEKKA: Ja.

KROLL: Pflegt er lange fortzubleiben?

REBEKKA: O ja. Aber heute ist das gar nicht zu berechnen. Und wenn Sie nicht mit ihm zusammentreffen wollen –

KROLL: Nein, nein. Sie sind es, mit der ich zu sprechen wünsche. Und ganz allein.

REBEKKA: Dann ist es am besten, wenn wir die Zeit benutzen. Setzen Sie sich, Herr Rektor.

Sie setzt sich in den Lehnstuhl am Fenster. Rektor Kroll setzt sich auf einen Stuhl neben sie.

KROLL: Fräulein West – Sie können sich wohl kaum vorstellen, wie tief er mir zu Herzen geht – dieser Umschlag, der mit Johannes Rosmer vorgegangen ist.

REBEKKA: Wir waren darauf vorbereitet, daß es so sein würde – im Anfang wenigstens.

KROLL: Nur im Anfang?

REBEKKA: Rosmer hatte die sichere Hoffnung, daß Sie früher oder später doch mit ihm gehen würden.

KROLL: Ich!

REBEKKA: Sie und all seine andern Freunde!

KROLL: Ja, da sehen Sie es! So schwach ist nun seine Urteilskraft, wenn es Menschen und Verhältnisse im täglichen Leben gilt.

REBEKKA: Übrigens – wenn er nun das Bedürfnis empfindet, sich nach allen Seiten hin freizumachen –

KROLL: Ja, aber sehen Sie doch – das ist es gerade, was ich nicht glaube.

REBEKKA: Was glauben Sie denn?

KROLL: Ich glaube, daß Sie hinter dem Ganzen stekken.

REBEKKA: Das haben Sie von Ihrer Frau, Rektor Kroll.

KROLL: Es ist gleichgültig, von wem ich es habe. Aber eins ist gewiß. Starke Zweifel – außerordentlich starke Zweifel, sage ich – bemächtigen sich meiner, wenn ich zurückdenke und Ihr ganzes Tun und Treiben zusammenstelle von dem Augenblick an, wo Sie hierherkamen.

REBEKKA *ihn anblickend:* Mir schwebt vor, als sei einmal eine Zeit gewesen, wo Sie einen außerordentlich starken G l a u b e n zu mir hegten, lieber Rektor. Ich hätte beinahe gesagt, einen innigen Glauben.

KROLL *mit gedämpfter Stimme:* Wen behexen Sie nicht, wenn Sie es darauf anlegen?

REBEKKA: Hatte ich es darauf angelegt –?

KROLL: Ja, das hatten Sie. Jetzt bin ich nicht mehr so dumm, mir einzubilden, daß irgendein Gefühl mit im Spiel gewesen. Sie wollten sich ganz einfach Zutritt in Rosmersholm verschaffen. Sich hier festsetzen. Und das war es, wozu ich Ihnen verhelfen sollte. Jetzt sehe ich es wohl ein.

REBEKKA: Sie haben also ganz vergessen, daß es Beate war, die mich bat und quälte, hier herauszuziehen.

KROLL: Ja, nachdem Sie sie auch behext hatten. Oder kann man das Freundschaft nennen, was sie für Sie hegte? Es ging über in Abgötterei, in Anbetung. Es artete aus in eine Art verzweifelter Verliebtheit, wenn ich mich so ausdrücken darf. Ja, das ist das rechte Wort.

REBEKKA: Wollen Sie sich gütigst an den Zustand Ihrer Schwester erinnern. Was mich betrifft, so kann man mir wohl nicht nachsagen, daß ich irgendwie überspannt bin.

KROLL: Nein, das sind Sie wahrlich nicht. Aber desto gefährlicher werden Sie für die Menschen, über welche Sie Macht erringen wollen. Ihnen wird es leicht, mit Überlegung und voller, richtiger Berechnung zu handeln – weil Sie ein kaltes Herz haben.

REBEKKA: Ein kaltes Herz? Sind Sie dessen gewiß?

KROLL: Jetzt bin ich dessen gewiß. Wie hätten Sie sonst jahrelang umhergehen können und Ihr Ziel so unverrückbar im Auge behalten? Ja, ja, Sie haben erreicht, was Sie wollten. Sie haben ihn und das Ganze in Ihrer Hand. Aber um alles dies durchzusetzen, haben Sie sich nicht gescheut, ihn unglücklich zu machen.

REBEKKA: Das ist nicht wahr. Ich bin es nicht gewesen. Sie selbst haben ihn unglücklich gemacht.

KROLL: Ich!

REBEKKA: Ja, als Sie ihn glauben machten, daß er schuld sei an dem entsetzlichen Ende, das Beate fand.

KROLL: Das hat ihn also doch noch tief ergriffen?

REBEKKA: Das können Sie sich wohl denken. Ein so zartes Gemüt wie das seine –

KROLL: Ich glaubte, daß ein sogenannter freier Mann sich über alle Skrupel fortzusetzen verstände. – Da haben wir's also! O ja – eigentlich wußte ich es ja. Ein Sprößling der Männer, die hier auf uns herabsehen – vielleicht bleibt es ihm doch noch erspart, sich von allem loszureißen, was sich von Geschlecht zu Geschlecht auf ihn vererbt hat.

REBEKKA *gedankenvoll vor sich niederblickend:* Johannes Rosmer wurzelt tief in seinem Geschlecht. Das ist gewiß und wahr.

KROLL: Ja, und darauf hätten Sie Rücksicht nehmen müssen, wenn Sie treue Gesinnungen für ihn hegten. Aber solche Art von Rücksichten konnten Sie wohl nicht nehmen. Ihre Voraussetzungen sind ja so himmelweit verschieden von den seinen.

REBEKKA: Welche Voraussetzungen meinen Sie?

KROLL: Ich meine die Voraussetzungen der Herkunft – Fräulein West.

REBEKKA: So – ja, das ist sehr wahr – ich bin sehr geringen Verhältnissen entsprossen. Aber trotz alledem –

KROLL: Ich rede hier nicht von Stand und Stellung. Ich denke an die moralischen Voraussetzungen.

REBEKKA: Voraussetzungen –? Für was?

KROLL: Für Ihre Menschwerdung überhaupt.

REBEKKA: Was sagen Sie da?

KROLL: Ich sage das nur, weil d i e Ihr ganzes Gebaren erklärt.

REBEKKA: Das verstehe ich nicht. Ich will klaren Bescheid!

KROLL: Ich glaubte wahrhaftig, daß Sie vollauf Bescheid wüßten. Es wäre sonst doch sonderbar gewesen, daß Sie sich von Doktor West adoptieren ließen –

REBEKKA *aufstehend:* Ah so! Jetzt verstehe ich.

KROLL: – daß Sie seinen Namen angenommen. Der Name Ihrer Mutter war Gamvik.

REBEKKA *hin und her gehend:* Meines Vaters Name war Gamvik, Herr Rektor.

KROLL: Der Beruf Ihrer Mutter mußte Sie ja unaufhörlich mit dem Bezirksarzt zusammenbringen.

REBEKKA: Darin haben Sie recht.

KROLL: Und gleich nachdem Ihre Mutter gestorben, nimmt er Sie zu sich. Er behandelt Sie schroff. Und doch bleiben Sie bei ihm. Sie wissen, daß er Ihnen nicht einen roten Heller hinterlassen wird. Sie bekamen ja nur eine Kiste mit Büchern. Und doch harren Sie bei ihm aus. Haben Nachsicht mit ihm. Pflegen ihn bis zum letzten Atemzuge.

REBEKKA *am Tisch stehend, ihn höhnisch ansehend:* Und daß ich alles dies tat, erklären Sie damit, daß an meiner Geburt etwas Unsittliches, etwas Verbrecherisches haftet!

KROLL: Was Sie für ihn getan, leite ich aus einem natürlichen, kindlichen Instinkt her. Ihr sonstiges Gebaren halte ich für eine Folge Ihrer Herkunft.

REBEKKA *heftig:* Aber es ist nicht ein einzig wahres Wort an allem, was Sie da sagen! Und das kann ich beweisen! Denn Doktor West war zur Zeit meiner Geburt noch gar nicht in Finnmarken.

KROLL: Verzeihen Sie, Fräulein, er kam schon ein Jahr vorher nach Fort. Das habe ich in Erfahrung gebracht.

REBEKKA: Sie irren sich, sage ich! Sie irren sich durchaus!

KROLL: Vorgestern sagten Sie erst, daß Sie neunundzwanzig Jahre alt seien und daß Sie in Ihr dreißigstes träten.

REBEKKA: So? Habe ich das gesagt?

KROLL: Ja, das haben Sie gesagt. Und danach kann ich doch ausrechnen –

REBEKKA: Halt! Da hilft Ihnen das Rechnen nichts. Denn ich kann es Ihnen nur gleich sagen, ich gebe mich für ein Jahr jünger aus, als ich bin.

KROLL *ungläubig lächelnd:* Wirklich? Das ist wieder etwas Neues. Wie ist das gekommen?

REBEKKA: Als ich fünfundzwanzig Jahre alt geworden, fand ich – unverheiratet wie ich war –, daß ich zu alt würde. Und da fing ich an, ein Jahr abzulügen.

KROLL: Sie? Ein freigewordenes Weib! Hegen Sie denn Vorurteile in bezug auf das Heiratsalter?

REBEKKA: Ja, es war zu dumm – und lächerlich dazu. Aber es bleibt doch immer noch eins oder das andere hängen, wovon man sich nicht freimachen kann. Wir Menschen sind nun einmal so.

KROLL: Dem sei, wie ihm wolle. Aber mein Exempel kann doch richtig sein. Denn ein Jahr, bevor Doktor West dort oben angestellt wurde, machte er einen flüchtigen Besuch in Finnmarken.

REBEKKA *heftig erregt:* Das ist nicht wahr!

KROLL: Nicht wahr?

REBEKKA: Nein! Meine Mutter hat niemals davon gesprochen.

KROLL: Niemals davon gesprochen?

REBEKKA: Nein, niemals. Und Doktor West ebenfalls nicht. Nie mit einem einzigen Wort.

KROLL: Kann das nicht gewesen sein, weil beide triftigen Grund hatten, ein Jahr zu überspringen? Geradeso, wie S i e es gemacht haben, Fräulein West. Vielleicht ist das eine Eigentümlichkeit Ihrer Familie.

REBEKKA *geht händeringend umher:* Das ist unmöglich. Das wollen Sie mir nur einbilden. Es ist nimmermehr wahr! K a n n nicht wahr sein! Nie und nimmer –

KROLL *aufstehend:* Aber meine Teure – weshalb in Gottes Namen nehmen Sie sich das so zu Herzen? Sie erschrecken mich förmlich! Was soll ich denken und glauben –!

REBEKKA: Nichts. Sie sollen weder etwas denken noch glauben.

KROLL: Dann müssen Sie mir wahrhaftig erklären, weshalb Ihnen diese Sache – diese Möglichkeit so nahe ans Herz geht.

REBEKKA *sich fassend:* Das ist doch klar, Rektor Kroll. Ich habe nicht Lust, für ein uneheliches Kind zu gelten.

KROLL: Nun meinetwegen. Ja, ja, beruhigen wir uns vorläufig mit dieser Erklärung. Aber Sie haben also auch in diesem Punkt ein gewisses – Vorurteil behalten?

REBEKKA: Ja, das habe ich.

KROLL: Nun, ich denke, so wird es auch mit dem größten Teil von dem bestellt sein, was Sie Ihr „Freigewordensein" nennen. Sie haben sich eine Unzahl neuer Gedanken und Meinungen herangelesen. Sie wissen ein wenig Bescheid über Forschungen auf verschiedenen Gebieten – Forschungen, die manches von dem umzustoßen scheinen, was bis jetzt bei uns als unumstößlich und unangreifbar gegolten hat. Aber alles dies ist bei Ihnen nur zum Wissen geworden, Fräulein West. Zur Wissenschaft. Es ist Ihnen nicht ins Blut gegangen.

REBEKKA *bedenklich:* Kann sein, daß Sie darin recht haben.

KROLL: Ja, prüfen Sie sich selbst, so werden Sie sehen! Und wenn es so um Sie steht, so kann man wohl wissen, wie es mit Johannes Rosmer bestellt ist. Es ist ja der reine, ausgesprochene Wahnsinn – es hieße mit geschlossenen Augen ins Verderben rennen, wenn er hervortreten und offen seinen Abfall bekennen wollte! Denken Sie sich, ihn, mit der Schüchternheit der Seele! Denken Sie sich, ihn verstoßen – verfolgt von dem Kreise, zu dem er bis jetzt gehört. Den rücksichtslosen Angriffen der Besten unserer Gemeinschaft ausgesetzt. Er ist nimmermehr der Mann, der das erträgt.

REBEKKA: Er muß es ertragen! Es ist zu spät, er kann nicht mehr zurück.

KROLL: Keineswegs zu spät. In keiner Beziehung. Was geschehen ist, kann totgeschwiegen werden, oder es kann als vorübergehende, wenn auch sehr beklagenswerte Verirrung ausgelegt werden. Aber – eine Verhaltensmaßregel ist unumgänglich notwendig.

REBEKKA: Was für eine wäre das?

KROLL: Sie müssen ihn dazu bringen, das Verhältnis zu einem gesetzlichen zu machen, Fräulein West.

REBEKKA: Das Verhältnis, in dem wir zueinander stehen?

KROLL: Ja. Sie müssen sehen, ihn dahin zu bringen.

REBEKKA: Sie können sich also durchaus nicht von dem Glauben freimachen, daß unser Verhältnis es erheischt, zu einem gesetzlichen gemacht zu werden, wie Sie es nennen?

KROLL: Ich will nicht näher auf die Sache selbst eingehen. Aber ich glaube doch die Wahrnehmung gemacht zu haben, daß man am leichtesten mit den sogenannten Vorurteilen bricht – wenn, hm.

REBEKKA: Wenn es sich um das Verhältnis zwischen Mann und Weib handelt, wollen Sie sagen.

KROLL: Ja – aufrichtig gesagt, glaube ich das.

REBEKKA *geht langsam ans Fenster und blickt hinaus:* Ich hätte beinahe gesagt – ich wollte, daß Sie recht hätten, Rektor Kroll.

KROLL: Was wollen Sie damit sagen? Sie sagen das so seltsam.

REBEKKA: Ach was! Sprechen wir nicht mehr von diesen Dingen. Ah – da kommt er.

KROLL: Schon! Da muß ich gehen.

REBEKKA *zu ihm gehend:* Nein, bleiben Sie hier. Jetzt sollen Sie etwas hören.

KROLL: Jetzt nicht. Ich glaube, ich ertrage es nicht, ihn zu sehen.

REBEKKA: Ich bitte Sie – bleiben Sie. Tun Sie es, oder Sie werden es später einmal bereuen. Es ist das letztemal, daß ich Sie um etwas bitte.

KROLL *sie verwundert ansehend, indem er den Hut wieder hinlegt:* Nun, Fräulein West – meinetwegen.

Kurzes Schweigen, dann tritt Johannes Rosmer durch das Vorzimmer ein.

ROSMER *bleibt in der Tür stehen, als er den Rektor erblickt:* Was! Du hier!

REBEKKA: Er wollte nicht mit dir zusammentreffen, Rosmer.

KROLL *unwillkürlich:* Du!

REBEKKA: Ja, Herr Rektor. Wir nennen einander du – Rosmer und ich. Das Verhältnis zwischen uns hat es mit sich geführt.

KROLL: War es das, wovon Sie mir versprachen, daß ich es erfahren sollte?

REBEKKA: Dies – und noch etwas.

ROSMER *zu ihm tretend:* Welche Absicht verbindest du mit deinem heutigen Besuch?

KROLL: Ich wollte noch einmal versuchen, dir Stillstand zu gebieten und dich zurückzugewinnen.

ROSMER *auf die Zeitung deutend:* Nach dem, was dort geschrieben steht?

KROLL: Ich habe es nicht geschrieben.

ROSMER: Tatest du einen Schritt, um es zurückzuhalten?

KROLL: Das würde unverantwortlich gegen die Sache gewesen sein, der ich diene. Und außerdem lag es nicht in meiner Macht.

REBEKKA *die Zeitung in Stücke reißend, die Überbleibsel zerknitternd und hinter den Ofen werfend:* So. Nun ist es uns aus den Augen. Und laßt es auch aus dem Sinne sein. Denn von der Art wird nichts mehr kommen, Rosmer.

KROLL: Ach ja, könnten Sie es doch dahin bringen.

REBEKKA: Setzen wir uns. Alle drei. Ich werde jetzt alles sagen.

ROSMER *sich unwillkürlich setzend:* Rebekka, was ist über dich gekommen? Diese unheimliche Ruhe – was soll das bedeuten?

REBEKKA: Die Ruhe des Entschlusses. *Sich setzend:* Setzen Sie sich doch auch, Herr Rektor.

Rektor Kroll nimmt auf dem Sofa Platz.

ROSMER: Des Entschlusses sagst du? Welches Entschlusses?

REBEKKA: Ich will dir zurückgeben, was du brauchst, um das Leben zu leben. Du sollst deine frohe Schuldlosigkeit wieder haben, teurer Freund.

ROSMER: Aber was bedeutet dies alles?!

REBEKKA: Ich will nur erzählen. Das ist alles, was nötig ist.

ROSMER: Nun!

REBEKKA: Als ich von Finnmarken hierherkam – zusammen mit Doktor West –, so schien es mir, als öffnete sich gleichsam eine neue, große Welt vor meinen Augen. Der Doktor hatte mich dies und jenes gelehrt. All das unzusammenhängende Wissen, das ich damals über die Dinge des Lebens besaß, kam von ihm. *Kaum hörbar und mit sich kämpfend:* Und dann –

KROLL: Und dann?

ROSMER: Aber Rebekka – dies alles weiß ich ja.

REBEKKA *sich zusammennehmend:* Ja, ja – du hast eigentlich recht. Davon weißt du genug.

KROLL *sie fixierend:* Vielleicht ist es besser, wenn ich gehe.

REBEKKA: Nein, bleiben Sie sitzen, lieber Rektor. *Zu Rosmer:* Ja, das war es also, siehst du – ich wollte mit dabeisein in der neuen Zeit, die anbrach. Wollte mitsein in all den neuen Gedanken. – Rektor Kroll hatte mir einmal erzählt, daß Ulrik Brendel einst große

Macht über dich besessen hat, als du noch ein Knabe gewesen. Ich meinte, dasselbe müsse auch mir gelingen können.

ROSMER: Kamst du mit einer geheimen Absicht hierher –!

REBEKKA: Ich wollte, daß wir beide zusammen vorwärtsstreben sollten in der Freiheit. Immer weiter. Weiter bis ans Äußerste. – Aber nun stand jene schwarze, unübersteigliche Mauer zwischen dir und der ganzen, vollen Befreiung.

ROSMER: Welche Mauer meinst du?

REBEKKA: Ich meine, Rosmer, daß du nur im klaren Sonnenschein zur Freiheit emporwachsen könntest. Aber du kränkeltest und siechtest in der Düsterheit einer solchen Ehe.

ROSMER: Du sprichst heute zum erstenmal in diesem Ton von meiner Ehe.

REBEKKA: Weil ich es nicht wagte. Weil es dich erschreckt haben würde.

KROLL *Rosmer ein Zeichen machend:* Jetzt hörst du es!

REBEKKA *fortfahrend:* Aber ich begriff wohl, wo die Erlösung für dich zu finden sei. Die einzige Erlösung. Und darnach handelte ich.

ROSMER: Was für Handlungen meinst du?

KROLL: Wollen Sie damit sagen, daß –!

REBEKKA: Ja, Rosmer – *aufstehend:* bleib nur sitzen. Auch Sie, Rektor Kroll. Aber jetzt muß es heraus. Nicht du warst es, Rosmer. Du bist ohne Schuld. Ich bin es gewesen, ich – die Beate auf jenen Weg des Wahnsinns gelockt hat –

ROSMER *aufspringend:* Rebekka!

KROLL *vom Sofa auffahrend:* – auf die Wege des Wahnsinns!

REBEKKA: Auf die Wege – die zum Mühlbach führten. Nun wißt ihr es beide.

ROSMER *wie betäubt:* Aber ich verstehe nicht – was sagt sie eigentlich? Ich verstehe nicht ein Wort.

KROLL: O ja. Ich fange an zu begreifen.

ROSMER: Aber was hast du getan! Was hast du ihr denn sagen können? Es gab ja nichts. Gar nichts!

REBEKKA: Ich ließ sie wissen, daß du damit umgingst, dich aus all den alten Vorurteilen herauszuwinden.

ROSMER: Ja, aber das tat ich damals doch noch gar nicht.

REBEKKA: Aber ich wußte, daß du bald dahin gelangen würdest.

KROLL *Rosmer zunickend:* So, so!

ROSMER: Und dann –? Was weiter? Jetzt will ich auch das übrige wissen.

REBEKKA: Einige Zeit darauf – bat und quälte ich sie, mich von hier reisen zu lassen.

ROSMER: Weshalb wolltest du denn damals reisen?

REBEKKA: Ich wollte gar nicht reisen. Ich wollte hierbleiben. Aber ich sagte ihr, daß es für alle Teile das beste sei – wenn ich beizeiten fortkäme. Ich ließ durchblicken, daß, wenn ich länger bliebe, irgend etwas – irgend etwas sich zutragen könne.

ROSMER: Das also hast du gesagt und getan.

REBEKKA: Ja, Rosmer.

ROSMER: Das also nanntest du handeln?

REBEKKA *mit gebrochener Stimme:* Ja. – So nannte ich es.

ROSMER *etwas später:* Hast du jetzt alles gebeichtet, Rebekka?

REBEKKA: Ja.

KROLL: Nicht alles.

REBEKKA *ihn erschrocken anblickend:* Was sollte es denn sonst noch sein?

KROLL: Ließen Sie Beate nicht schließlich auch noch glauben, daß es n o t w e n d i g sei – nicht nur das beste –, sondern daß es notwendig sei aus Rücksicht für Sie und Rosmer, wenn Sie so schnell wie möglich an einen andern Ort reisten? Wie?

REBEKKA *leise und undeutlich:* Vielleicht habe ich auch so etwas gesagt.

ROSMER *in den Lehnstuhl am Fenster sinkend:* Und an dieses Gewebe von Lüge und Betrug hat die unglücklich Kranke geglaubt! Fest geglaubt! So unerschütterlich! *Zu Rebekka aufblickend:* Und niemals hat sie sich an mich gewandt. Nicht mit einem Wort! O Rebekka – ich sehe es dir an – d u rietst ihr davon ab!

REBEKKA: Sie hat es sich ja in den Kopf gesetzt, daß sie, die kinderlose Gattin, kein Recht dazu habe, hierzusein. Und dann bildete sie sich ein, daß es Pflicht gegen dich sei, vom Platz zu weichen.

ROSMER: Und du – du tatest nichts, um ihr diese Einbildung auszureden?

REBEKKA: Nein.

KROLL: Sie bestärkten sie vielleicht noch darin? Antworten Sie! Haben Sie das nicht getan?

REBEKKA: Sie faßte es wohl so auf.

ROSMER: Ja, ja – und um deinetwillen unterwarf sie sich allem. Und endlich machte sie dir Platz. *Aufspringend:* Wie konntest du – wie konntest du dieses furchtbare Spiel treiben!

REBEKKA: Ich war der Ansicht, daß hier zwischen zwei Leben zu wählen sei, Rosmer.

KROLL *streng und gebieterisch:* Sie hatten kein Recht, eine solche Wahl zu treffen.

REBEKKA *heftig:* Aber glaubt ihr denn, daß ich umherging und mit kalter und klügelnder Berechnung handelte?! Ich war damals noch nicht, was ich jetzt bin, wo ich hier stehe und es euch erzähle. Und dann gibt es auch wohl zweierlei Willen im Menschen, sollte ich meinen! Ich wollte Beate weghaben. So oder so. Aber trotzdem glaubte ich nicht, daß es jemals geschehen würde. Bei jedem Schritt, den es mich vorwärts lockte und reizte, schien etwas in mir zu schreien: jetzt nicht weiter! Nicht einen Schritt weiter! Und dann k o n n t e ich es doch nicht lassen. Ich m u ß t e noch um ein kleinwinziges Etwas weiter. Nur noch ein klein wenig. Und dann noch etwas – und immer noch etwas – und so ist es gekommen. – Auf diese Weise geschieht so etwas stets.

Kurze Pause.

ROSMER *zu Rebekka:* Und wie glaubst du, daß es jetzt mit dir gehen wird? Nach all diesem?

REBEKKA: Mir mag es gehen, wie es will. Darauf kommt es nicht so genau an.

KROLL: Nicht ein einziges Wort, das auf Reue deutet. Empfinden Sie vielleicht keine?

REBEKKA *kalt abweisend:* Entschuldigen Sie, Herr Rektor – das ist etwas, das keinen andern kümmert. Das werde ich schon allein mit mir abmachen.

KROLL *zu Rosmer:* Und mit diesem Weibe lebst du zusammen unter einem Dache. In einem vertrauten Verhältnis sogar. *Blickt umher auf die Porträts.* Oh – die Verstorbenen – sie sollten jetzt nur herabsehen!

ROSMER: Gehst du in die Stadt?

KROLL *seinen Hut nehmend:* Ja. Je schneller, desto besser.

ROSMER *ebenfalls seinen Hut nehmend:* Dann gehe ich mit dir.

KROLL: Das willst du? Ja, ich dachte es mir wohl, daß wir dich noch nicht ganz verloren hätten.

ROSMER: Also komm, Kroll! Komm!

Beide gehen durch das Vorzimmer ab, ohne Rebekka anzusehen. Gleich darauf geht Rebekka vorsichtig an das Fenster und blickt zwischen den Blumentöpfen durch hinaus.

REBEKKA *halblaut, mit sich selbst redend:* Auch heute nicht über den Steg! Sie machen den Umweg. Er kommt nie über den Mühlbach fort. Nie. *Vom Fenster fortgehend:* Ach ja, ja!

Geht und zieht an dem Glockenzug. Gleich darauf tritt Frau Helseth von rechts ein.

FRAU HELSETH: Was gibt es, Fräulein?

REBEKKA: Frau Helseth, wollen Sie so gut sein und meinen Reisekoffer vom Boden herunterschaffen lassen?

FRAU HELSETH: Ihren Reisekoffer?

REBEKKA: Ja. Den braunen Seehundsfellkoffer, den Sie ja kennen.

FRAU HELSETH: Jawohl. Aber Gott behüte – Fräulein, wollen Sie denn verreisen?

REBEKKA: Ja, Frau Helseth – jetzt will ich reisen.

FRAU HELSETH: Und das auf der Stelle?

REBEKKA: Sobald ich gepackt habe.

FRAU HELSETH: Sowas habe ich doch noch nicht gehört! Aber Fräulein kommen doch bald wieder, sollt' ich meinen.

REBEKKA: Ich komme nie wieder.

FRAU HELSETH: Nie! Aber Herrgott, wie soll es denn hier auf Rosmersholm werden, wenn Fräulein West nicht mehr hier sind? Jetzt war es nun endlich hübsch und gemütlich für den armen Herrn Pastor geworden.

REBEKKA: Ja, aber heute ist mir bange geworden, Frau Helseth.

FRAU HELSETH: Bange! Jesus – weshalb denn?

REBEKKA: Mir war, als hätte ich einen Schimmer von den weißen Pferden gesehen.

FRAU HELSETH: Von den weißen Pferden! Am hellen Mittag!

REBEKKA: Ach, die weißen Pferde auf Rosmersholm gehen zu allen Tageszeiten um. – *Übergehend:* Also den Reisekoffer, Frau Helseth.

FRAU HELSETH: Jawohl, den Reisekoffer.

Beide gehen rechts ab.

VIERTER AUFZUG

Wohnzimmer in Rosmersholm.

Später Abend. Die von einem Schirm beschattete Lampe steht brennend auf dem Tisch.

Rebekka West steht am Tisch und packt einige Kleinigkeiten in eine Reisetasche. Ihr Mantel, ihr Hut und das weiße, gehäkelte Tuch liegen auf der Sofalehne. Frau Helseth tritt von rechts ein.

FRAU HELSETH *spricht in gedämpftem Ton und scheint zurückhaltend:* Fräulein, jetzt sind alle Sachen hinausgetragen. Sie stehen im Küchengang.

REBEKKA: Gut. – Sie haben dem Kutscher doch auch wohl Bescheid gesagt?

FRAU HELSETH: Ja. Er fragt, wann der Wagen hiersein soll.

REBEKKA: So ungefähr gegen elf Uhr. Der Dampfer geht um Mitternacht.

FRAU HELSETH *ein wenig zögernd:* Aber der Herr Pastor? Wenn er nun bis dahin nicht nach Hause kommt?

REBEKKA: Ich reise doch. Sollte ich ihn nicht mehr sehen, können Sie ihm sagen, daß ich ihm einen langen Brief schreiben werde. Vergessen Sie das nicht.

FRAU HELSETH: Ja, das mag ja alles recht gut sein – das mit dem Schreiben. Aber – Sie Arme, mich dünkt, Sie sollten doch noch einmal versuchen, mit ihm zu reden.

REBEKKA: Vielleicht. Aber vielleicht ist es auch besser, wenn ich es unterlasse.

FRAU HELSETH: Nein – daß ich so etwas erleben mußte – das hätte ich doch nimmermehr gedacht!

REBEKKA: Was haben Sie sich denn gedacht, Frau Helseth?

FRAU HELSETH: Na, ich habe wirklich gedacht, daß Pastor Rosmer es ehrlicher meine als so.

REBEKKA: Ehrlicher?

FRAU HELSETH: Ja, meiner Treu, das sage ich nochmal.

REBEKKA: Aber liebe Frau Helseth, was meinen Sie damit?

FRAU HELSETH: Ich meine nur, was recht und billig ist, Fräulein. Auf d i e s e Weise sollte er nicht versuchen, davon loszukommen; nein.

REBEKKA *sie ansehend:* Hören Sie, Frau Helseth. Sagen Sie mir ganz ehrlich und offen, weshalb Sie denn eigentlich glauben, daß ich reise.

FRAU HELSETH: Du lieber Gott, es ist am Ende notwendig, Fräulein. Ach ja, ja, ja! Aber ich finde es wirklich nicht schön vom Herrn Pastor. Mortensgård, na ja, der war am Ende noch entschuldigt. Denn ihr Mann lebte ja noch. Also die beiden konnten sich beim besten Willen nicht heiraten. Aber der Pastor – nein, sehen Sie, der – hm!

REBEKKA *mit schwachem Lächeln:* Also das konnten Sie von mir und Pastor Rosmer glauben?

FRAU HELSETH: Nein, behüte, nie und nimmer. Ja, ich wollt' sagen, bis zum heutigen Tage nicht.

REBEKKA: Aber von heute an – ?

FRAU HELSETH: Na – nach all dem Abscheulichen, was vom Pastor in den Zeitungen steht, wie die Leute sagen –

REBEKKA: Ach so!

FRAU HELSETH: Ja, mich dünkt nämlich, daß man von dem Mann, der zu dem Mortensgård seiner Religion übergehen kann, Gott weiß was alles glauben kann.

REBEKKA: O ja, dem mag schon so sein. Aber ich? Was sagen Sie von mir?

FRAU HELSETH: Behüte, Fräulein – mich dünkt, gegen Sie ist nicht viel zu sagen. Es mag ja auch schwer sein für ein lediges Frauenzimmer, standzuhalten. Wir sind ja alle nur schwache Menschen, Fräulein West.

REBEKKA: Das ist ein wahres Wort, Frau Helseth. Wir sind alle nur schwache Menschen. – Worauf horchen Sie denn?

FRAU HELSETH *leise:* Ach Jesus, ich glaube, da kommt er just noch zur Zeit.

REBEKKA *erschreckend:* Also doch! *Entschlossen:* Nun ja. Mag's drum sein.

Johannes Rosmer tritt durch das Vorzimmer ein.

ROSMER *sieht die Reisevorbereitungen, wendet sich zu Rebekka und fragt:* Was soll dies bedeuten?

REBEKKA: Ich reise.

ROSMER: Auf der Stelle?

REBEKKA: Ja. *Zu Frau Helseth gewendet:* Also um elf Uhr.

FRAU HELSETH: Schon gut, Fräulein. *Geht rechts ab.*

ROSMER *nach kurzem Schweigen:* Wohin reist du, Rebekka?

REBEKKA: Mit dem Dampfschiff nach Norden.

ROSMER: Nach Norden? Was willst du da?

REBEKKA: Ich bin ja von da gekommen.

ROSMER: Aber da oben hast du jetzt nichts mehr zu tun.

REBEKKA: Das habe ich hier unten auch nicht.

ROSMER: Was willst du denn beginnen?

REBEKKA: Ich weiß nicht. Ich will nur sehen, dem Ganzen ein Ende zu machen.

ROSMER: Ein Ende machen?

REBEKKA: Rosmersholm hat mich gebrochen.

ROSMER *aufmerksam werdend:* Das sagst du?

REBEKKA: Gänzlich zermalmt. – Als ich kam, hatte ich einen so frischen, mutigen Willen. Jetzt hat ein fremdes Gesetz mich unterjocht. – Ich glaube nicht, daß ich mich künftighin noch an irgendeine Sache zu wagen vermag.

ROSMER: Warum nicht? Was für ein Gesetz ist es, von dem du sagst, daß es dich – ?

REBEKKA: Ach Liebster, laß uns jetzt nicht davon sprechen. – Was geschah denn mit dir und dem Rektor?

ROSMER: Wir haben Frieden geschlossen.

REBEKKA: So. Das ist also geschehen.

ROSMER: Er versammelte unsern ganzen alten Freundeskreis in seinem Hause. Ihre Vorstellungen haben es mir einleuchtend gemacht, daß es keine Arbeit für m i c h ist, die Sinne adeln zu wollen. – Und außerdem ist es auch etwas so Hoffnungsloses an und für sich. – Ich verzichte darauf.

REBEKKA: Ja, ja – das ist auch vielleicht das beste.

ROSMER: Sprichst du jetzt s o? Ist d a s jetzt deine Meinung?

REBEKKA: Es ist meine Meinung g e w o r d e n. Seit den letzten Tagen.

ROSMER: Du lügst, Rebekka.

REBEKKA: Ich lüge – !

ROSMER: Ja, du lügst. Niemals hast du an mich geglaubt. Niemals hast du geglaubt, daß ich der Mann sei, um der Sache irgendeinen Sieg zu erkämpfen.

REBEKKA: Ich habe geglaubt, daß wir beide zusammen es könnten.

ROSMER: Das ist nicht wahr. Du hast geglaubt, du selbst würdest etwas Großes im Leben ausrichten. Du glaubtest, du würdest mich brauchen können zu dem, was du erstrebtest. Ich sollte dir zu deinen Zwecken dienen. D a s hast du geglaubt.

REBEKKA: Rosmer, hör mich an –

ROSMER *sich aufs Sofa setzend:* Ach, laß nur. Ich sehe jetzt bis auf den Grund. Ich bin wie ein Handschuh in deinen Händen gewesen.

REBEKKA: Rosmer, hör mich an. Laß uns darüber sprechen. Zum letztenmal. *Sich auf einen Stuhl neben dem Sofa setzend:* Ich wollte dir eigentlich über dies alles schreiben – sobald ich wieder im Norden angekommen. Aber es ist wohl besser, daß du es jetzt schon hörst.

ROSMER: Hast du noch mehr zu gestehen?

REBEKKA: Das Größte bleibt noch.

ROSMER: Das Größte – ?

REBEKKA: Das, was du nicht einmal geahnt hast. Das, was allem übrigen Licht und Schatten gibt.

ROSMER *den Kopf schüttelnd:* Von alldem verstehe ich nichts.

REBEKKA: Es ist wohl wahr, daß ich Schlingen legte, um Zutritt hier auf Rosmersholm zu erhalten. Denn ich war der Ansicht, daß ich hier wohl mein Glück machen könne. Auf diese oder jene Weise – verstehst du?

ROSMER: Du führtest ja auch durch – was du gewollt.

REBEKKA: Ich glaube, ich hätte alles durchgeführt, was es auch gewesen wäre – d a m a l s. Denn da hatte ich noch meinen mutigen, freigeborenen Willen. Ich verstand nicht, was Rücksichtnehmen hieß. Kein Verhältnis, vor dem ich gewichen wäre. – Aber dann kam der

Anfang von dem, was den Willen in mir geknickt – mich fürs ganze Leben so jämmerlich geschreckt hat.

ROSMER: Was kam? Sprich so, daß ich dich verstehen kann.

REBEKKA: Da kam es über mich – dieses wilde, unbezwingliche Begehren –. O Rosmer –!

ROSMER: Begehren? Du –! Wonach?

REBEKKA: Nach dir!

ROSMER *will aufspringen:* Was heißt das!

REBEKKA *ihn niederhaltend:* Bleib sitzen, Teurer. Jetzt sollst du weiter hören.

ROSMER: Und du willst sagen – daß du mich geliebt hast – auf solche Weise!

REBEKKA: Ich meinte, dies müsse lieben heißen – damals. Daß es Liebe sei, glaubte ich. Aber das war es nicht. Es war, wie ich dir sage. Es war ein wildes, unbezwingliches Begehren.

ROSMER *mühsam sprechend:* Rebekka – bist du es wirklich selbst – du – du selbst, von der du dies alles hier erzählst?

REBEKKA: Ja, was meinst du dazu, Rosmer?

ROSMER: Und hieraus – dieser Gewalt entsprang also das, was du – handeln nennst?

REBEKKA: Es war über mir wie ein Sturm auf dem Meer. Es war wie einer jener Stürme, die wir zuweilen da oben im Norden um die Winterszeit haben. Es faßt einen – und trägt einen mit sich, so weit es will. Kein Gedanke an Widerstand.

ROSMER: Und dann fegte es die unglückliche Beate in den Mühlbach.

REBEKKA: Ja, zu jener Zeit war es zwischen mir und Beate wie ein Kampf auf dem Bootskiel.

ROSMER: Du warst wahrlich die Stärkste auf Rosmersholm. Stärker als Beate und ich zusammen.

REBEKKA: Ich kannte dich soweit, daß ich wußte – es gebe keinen fahrbaren Weg zu dir, bevor du nicht freigeworden sowohl in deinen Verhältnissen wie in deinem Geist.

ROSMER: Aber ich begreife dich nicht, Rebekka. Du, du selbst – dein ganzes Tun ist mir ein unlösbares Rätsel. Jetzt bin ich ja frei, im Geiste wie in den Verhältnissen. Du stehst jetzt ganz nahe an dem Ziel, welches du dir von Anfang an gesteckt hattest. Und jetzt trotzdem –!

REBEKKA: Niemals stand ich weiter vom Ziele als in diesem Augenblick.

ROSMER: – und trotzdem sage ich – als ich dich gestern fragte – dich bat: Werde meine Gattin – da schriest du auf wie im Schrecken und sagtest, daß es nimmermehr geschehen könne.

REBEKKA: Da schrie ich auf in Verzweiflung.

ROSMER: Weshalb?

REBEKKA: Weil Rosmersholm mich kraftlos gemacht hat. Hier ist mein eigener, mutiger Wille geschwächt und gebrochen! Für mich ist die Zeit vorüber, wo ich selbst das Äußerste gewagt hätte. Ich habe die Fähigkeit verloren, handeln zu können, Rosmer.

ROSMER: Sag mir, wie dies gekommen ist.

REBEKKA: Es ist durch das Zusammensein mit dir gekommen.

ROSMER: Aber wie? Wie?

REBEKKA: Als ich allein mit dir zurückgeblieben war und als du du selbst geworden –

ROSMER: Ja, ja –?

REBEKKA: – denn du warst niemals ganz du selbst, solange Beate lebte –

ROSMER: Leider, darin hast du ganz recht.

REBEKKA: Aber als ich dann hier zusammen mit dir leben durfte – in Zurückgezogenheit – in Einsamkeit – als du mir ohne Rückhalt all deine Gedanken gabst – jede Stimmung, so zart und weich, wie du sie empfandest – da ging die große Veränderung mit mir vor. Ganz allmählich, begreifst du. Beinahe unmerkbar, aber so übermächtig zum Schluß. Bis auf den Grund meines Herzens.

ROSMER: O Rebekka, was ist dies doch!

REBEKKA: All das andere – das häßliche, sinnliche Begehren, es blieb so weit, so weit hinter mir zurück. All diese tobenden Mächte versanken in Ruhe und Schweigen. Eine Geistesruhe kam über mich – eine Ruhe wie auf einem Vogelberg dort oben bei uns unter der Mitternachtssonne.

ROSMER: Sag mir mehr davon. Alles, was du zu sagen weißt.

REBEKKA: Es bleibt nicht mehr viel übrig. Nur dies eine noch – daß die Liebe in mir erstand. Die große, entsagende Liebe, die zufrieden ist mit dem Zusammensein, so wie es zwischen uns gewesen.

ROSMER: Oh, wenn ich nur eine leise Ahnung von all diesem gehabt hätte!

REBEKKA: Besser so, wie es ist. Gestern, als du mich fragtest, ob ich deine Gattin sein wolle – da jubelte es auf in mir –

ROSMER: Ja, nicht wahr, Rebekka! Mir war, als dürfe ich es so verstehen.

REBEKKA: Einen Augenblick, ja. Im Selbstvergessen. Denn es war mein früherer, unerschrockener Wille, der sich wieder freimachen wollte. Aber er hat jetzt keine Kraft mehr – keine dauernde Kraft.

ROSMER: Wie erklärst du, was dir widerfahren ist?

REBEKKA: Es ist die Lebensanschauung des Geschlechts der Rosmers – oder eigentlich deine Lebensanschauung –, die meinen Willen angesteckt hat.

ROSMER: Angesteckt?

REBEKKA: Und ihn krank gemacht hat. Ihn geknechtet hat durch Gesetze, die früher nicht für mich galten. Du und das Zusammenleben mit dir haben meinen Sinn geadelt –

ROSMER: Ah, wenn ich es in Wahrheit glauben dürfte!

REBEKKA: Du kannst es sicher glauben. Die Lebensanschauung der Rosmers adelt. Aber – *den Kopf schüttelnd:* aber – aber –

ROSMER: Aber –? Weiter?

REBEKKA: – aber sie tötet das Glück.

ROSMER: Was sagst du, Rebekka?

REBEKKA: Das meine wenigstens hat sie getötet.

ROSMER: Aber weißt du das so gewiß? Wenn ich dich nun wieder fragte – dich so innig bäte –

REBEKKA: O Teurer – komm hierauf nimmermehr zurück! Das ist unmöglich –! Denn du sollst noch eins erfahren – hinter mir liegt eine Vergangenheit.

ROSMER: Noch mehr als das, was du bereits erzählt?

REBEKKA: Ja. Noch etwas anderes und noch mehr.

ROSMER *mit müdem Lächeln:* Ist es nicht sonderbar, Rebekka, daß zuweilen eine Ahnung von derartigem in mir aufgestiegen ist?

REBEKKA: In der Tat? Und doch? Und trotzdem?

ROSMER: Ich glaubte niemals daran. Ich spielte nur so in meinen Gedanken damit.

REBEKKA: Wenn du es von mir verlangst, so will ich dir auch dies jetzt erzählen.

ROSMER *abwehrend:* Nein, nein! Nicht ein Wort will ich davon wissen. Was es auch ist – ich habe Vergessen dafür.

REBEKKA: Aber ich nicht.

ROSMER: O Rebekka!

REBEKKA: Ja – das ist ja das Furchtbare, daß jetzt, wo alles Glück des Lebens mir mit vollen Händen geboten wird, ich so geworden bin, daß meine eigene Vergangenheit sich dazwischenstellt.

ROSMER: Deine Vergangenheit ist tot, Rebekka. Sie hat keine Gewalt mehr über dich. Keinen Zusammenhang mit dir – so wie du jetzt bist.

REBEKKA: O Teurer, das sind wohl nur Redensarten. Und was wird dann aus der Schuldlosigkeit? Woher soll ich die nehmen?

ROSMER *traurig:* Ja, ja, die Schuldlosigkeit.

REBEKKA: Die Schuldlosigkeit. In ihr ist Glück und Freude! Es war ja diese Lehre, die du in all jenen werdenden frohen Adelsmenschen lebendigmachen wolltest –

ROSMER: Oh, erinnere mich daran nicht! Das war nur ein unausgeträumter Traum, Rebekka. Eine übereilte Eingebung, an die ich selbst nicht mehr glaube. Die Menschen lassen sich wohl nicht von außen her adeln.

REBEKKA *leise:* Auch nicht durch die reine Liebe, glaubst du?

ROSMER *gedankenvoll:* Ja, das ist es – das wäre das Größte. Beinahe das Herrlichste im ganzen Leben. – – Wenn es so sein könnte. *Mit unruhiger Bewegung:* Aber wie soll ich mit dieser Frage ins reine kommen? Wie auf den Grund?

REBEKKA: Glaubst du mir nicht, Rosmer?

ROSMER: O Rebekka – wie kann ich mich ganz auf dich verlassen? Auf dich, die du so unsäglich viel verheimlicht und verhehlt hast! – Jetzt kommst du hiermit. Liegt irgendeine Absicht darin – so sage es mir offen. Willst du vielleicht das eine oder andere damit erreichen? Ich will ja so gern alles für dich tun, was ich kann.

REBEKKA *die Hände ringend:* O dieser tötende Zweifel –! Rosmer – Rosmer!

ROSMER: Ja, ist dies nicht fürchterlich? Aber ich kann nicht dafür. Ich werde mich nie von dem Zweifel losmachen können. Niemals gewiß wissen, daß du mein bist in ganzer und reiner Liebe.

REBEKKA: Aber gibt es denn nichts in deiner innersten Seele, was davon zeugt, daß eine Umwandlung mit mir geschehen ist? Und daß die Umwandlung durch dich geschehen ist – durch dich allein!

ROSMER: Ach, ich glaube nicht mehr an meine Macht, Menschen umwandeln zu können. Ich glaube in keiner Sache an mich selbst. Ich glaube weder an mich noch an dich.

REBEKKA *ihn finster anblickend:* Wie willst du dann das Leben leben?

ROSMER: Ja, das verstehe ich selbst nicht. Ich begreife es nicht. Ich glaube nicht, daß ich es leben kann. Und weiß auch auf der ganzen weiten Welt nichts, wofür es wert wäre zu leben.

REBEKKA: O das Leben – das hat Erneuerung in sich. Daran laß uns festhalten. Wir kommen früh genug hinaus.

ROSMER *unruhig aufspringend:* So gib mir den Glauben wieder! Den Glauben an dich, Rebekka. Den Glauben an deine Liebe. Ein Zeugnis! Ein Zeugnis will ich haben!

REBEKKA: Zeugnis? Wie kann ich Zeugnis davon ablegen –!

ROSMER: Du mußt! *Hin und her gehend:* Ich ertrage diese öde – diese fürchterliche Leere nicht – diese – diese –

Es klopft stark an der Vorzimmertür.

REBEKKA *vom Stuhl auffahrend:* Oh – hast du gehört!

Die Tür wird geöffnet, Ulrik Brendel tritt herein. Er trägt ein gebügeltes Herrenhemd, schwarzen Rock und gute Stiefel über den Beinkleidern. Im übrigen ist er gekleidet wie im ersten Aufzug. Er sieht verstört aus.

ROSMER: Ah, sind Sie es, Herr Brendel!

BRENDEL: Johannes, mein Knabe – ich grüße dich – fahr wohl!

ROSMER: Wohin wollen Sie so spät?

BRENDEL: Den Berg hinab.

ROSMER: Wie?

BRENDEL: Ich gehe jetzt heimwärts, mein teurer Jünger. Ich habe Heimweh nach dem großen Nichts.

ROSMER: Ihnen ist irgend etwas begegnet, Herr Brendel, was ist es?

BRENDEL: Du observierst also die Umwandlung? Ja – du mußt es wohl. Als ich das letztemal diesen Saal betrat, da stand ich vor dir als ein Mann des Wohlstands und schlug auf meine Brusttasche.

ROSMER: Ja! Aber jetzt verstehe ich nicht ganz –

BRENDEL: Wie du mich aber in dieser Nacht siehst, bin ich ein abgesetzter König auf dem Aschenhaufen meines abgebrannten Schlosses.

ROSMER: Wenn es irgend etwas ist, womit ich Ihnen helfen kann –

BRENDEL: Du hast dir dein Kinderherz konserviert, Johannes. Kannst du mir ein Darlehen geben?

ROSMER: Ja, ja, und wie gern!

BRENDEL: Kannst du ein oder zwei Ideale entbehren?

ROSMER: Was soll ich entbehren können?

BRENDEL: Ein paar abgelegte Ideale. Damit tust du etwas Gutes. Denn jetzt habe ich nichts mehr. Bin blank und bar.

REBEKKA: Haben Sie Ihre Vorträge nicht gehalten?

BRENDEL: Nein, liebreizende Dame. Was sagen Sie dazu! Gerade als ich parat stand, das Füllhorn zu leeren, mache ich die penible Entdeckung, daß ich bankrott bin.

REBEKKA: Und alle Ihre ungeschriebenen Werke?

BRENDEL: Während fünfundzwanzig Jahren saß ich da wie der Knauser vor seinem verschlossenen Geldkasten. Und nun gestern – als ich ihn öffnen und den Schatz hervorholen will – ist keiner da. Der Zeitenzahn hat ihn zu Staub zernagt. Der war niente und nichts von dem ganzen Staat übrig.

ROSMER: Aber wissen Sie denn das so ganz gewiß?

BRENDEL: Hier ist kein Raum für Zweifel mehr, mein Liebling. Der Präsident hat mich überzeugt.

ROSMER: Der Präsident?

BRENDEL: Nun ja – oder die Exzellenz meinetwegen. Comme vous voulez.

ROSMER: Wen meinen Sie denn damit?

BRENDEL: Peter Mortensgård natürlich.

ROSMER: Wie?

BRENDEL *geheimnisvoll:* Pst, pst, pst! Peter Mortensgård ist der Häuptling und Herr der Zukunft. Ich habe niemals vor dem Antlitz eines Größeren gestanden. Peter Mortensgård hat die Kraft zur Allmacht in sich. Er vollbringt alles, was er will.

ROSMER: Ach, glauben Sie das doch nicht!

BRENDEL: Ja, ja, mein Junge! Denn Peter Mortensgård will nie mehr, als er kann. Peter Mortensgård ist kapabel, das Leben ohne Ideale zu leben. Und siehst du – das ist ja das große Geheimnis des Handelns und des Siegens. Das ist die Summe aller Weltweisheit. Und damit basta.

ROSMER *leise:* Jetzt begreife ich, daß Sie ärmer gehen, als Sie gekommen sind.

BRENDEL: Bien! Nimm dir ein Exempel an deinem alten Lehrer. Streich alles aus, was er dir eingeprägt hat. Bau deine Burg nicht auf unsichern Sand. Hüte dich wohl und erprobe es genau – ehe du auf das anmutige Geschöpft baust, das dir dein Leben verschönert.

REBEKKA: Meinen Sie mich damit?

BRENDEL: Ja, meine reizende Meerfrau.

REBEKKA: Weshalb kann man auf mich nicht bauen?

BRENDEL *nähertretend:* Ich habe mir sagen lassen, daß mein ehemaliger Jünger einer Lebenssache zum Siege verhelfen will.

REBEKKA: Und nun?

BRENDEL: Der Sieg ist ihm sicher. Aber – bitte wohl zu merken – nur unter einer unumstößlichen Bedingung.

REBEKKA: Welche?

BRENDEL *ihr Handgelenk zart umfassend:* Daß das Weib, welches ihn liebt, frohen Muts hinaus in die Küche geht und sich ihren feinen, kleinen, rosenweißen Finger abhackt – hier, gerade hier am Mittelglied. Item, daß selbiges liebendes Weib – ebenso frohen Muts – sich ihr superbes linkes Ohr abschneidet. *Läßt sie los und wendet sich zu Rosmer:* Leb wohl, mein siegender Johannes.

ROSMER: Wollen Sie jetzt fort? In düstrer Nacht?

BRENDEL: In düsterer Nacht ist es am besten. Friede sei mit euch. *Ab.*

Während einiger Augenblicke herrscht tiefes Schweigen im Zimmer.

REBEKKA *schwer atmend:* Oh, es ist so drückend und schwül hier!

Geht ans Fenster, öffnet dasselbe und bleibt davor stehen.

ROSMER *sinkt in den Lehnstuhl am Ofen:* Es gibt doch wohl keinen andern Ausweg, Rebekka. Ich sehe es, du mußt fort.

REBEKKA: Ja, mir bleibt keine Wahl.

ROSMER: Laß uns die letzten Augenblicke benützen. Komm und setz dich zu mir.

REBEKKA *sich aufs Sofa setzend:* Was hast du mir zu sagen, Rosmer?

ROSMER: Vor allem will ich dir sagen, daß du nicht nötig hast, Sorge um deine Zukunft zu hegen.

REBEKKA *matt lächelnd:* Meine Zukunft!

ROSMER: Ich habe alle Möglichkeiten vorgesehen. Seit langem schon. Was auch geschieht, so ist für dich gesorgt.

REBEKKA: Auch das, du Teurer!

ROSMER: Das hättest du doch wissen müssen.

REBEKKA: Jahr und Tag sind vergangen, seitdem ich an dergleichen dachte.

ROSMER: Ja, ja – du meintest wohl, daß es immer so bleiben müsse, wie es war?

REBEKKA: Ja, das meinte ich.

ROSMER: Auch ich. Aber wenn ich nun abgerufen würde –

REBEKKA: Ach, Rosmer – du wirst ja länger leben als ich.

ROSMER: Über mein elendes Leben werde ich wohl selbst verfügen können.

REBEKKA: Was bedeutet das! Du denkst doch wohl nicht daran!

ROSMER: Würdest du das so sonderbar finden? Nach der erbärmlichen, jämmerlichen Niederlage, die ich erlebt! Ich, der ich meiner Lebenssache zum Siege verhelfen wollte – und nun bin ich fahnenflüchtig geworden – bevor die Schlacht noch recht begonnen!

REBEKKA: Nimm den Kampf wieder auf, Rosmer! Du sollst sehen, daß du siegst – wenn du es versuchst. Du wirst Hunderte – Tausende von Seelen adeln. Versuch es doch nur!

ROSMER: O Rebekka, ich glaube ja nicht mehr an meine eigene Lebenssache!

REBEKKA: Aber deine Sache hat ja schon ihre Probe bestanden. Ein Geschöpf wenigstens hast du geadelt. Mich, für mein ganzes Leben.

ROSMER: Ach, wenn ich dir hierin glauben dürfte.

REBEKKA *die Hände ringend:* Rosmer, weißt du nichts – nichts, das dich glauben machen könnte?

ROSMER *zusammenschreckend, wie in Angst:* Geh nicht hierauf ein! Nicht näher, Rebekka! Nicht ein Wort mehr davon!

REBEKKA: Ja, wir müssen gerade darauf eingehen. Weißt du etwas, das deinen Zweifel töten könnte? Ich weiß nichts mehr.

ROSMER: Ein Glück für dich, daß du nichts weißt. Ein Glück für uns beide.

REBEKKA: Nein, nein, nein – hiermit beruhige ich mich nicht! Weißt du etwas, das mich in deinen Augen freisprechen kann, so verlange ich, daß du es nennst.

ROSMER *gleichsam unwillkürlich, wie gegen seinen eigenen Willen:* Laß uns also sehen. Du sagst, daß die große Liebe in dir ist. Daß durch mich deine Seele geadelt worden. Verhält es sich so? Hast du richtig durchgerechnet? Wollen wir die Probe der Rechenaufgabe machen?

REBEKKA: Ich bin bereit.

ROSMER: Wann soll es sein?

REBEKKA: Wann du willst. Je früher, desto besser.

ROSMER: So laß mich denn sehen, Rebekka – ob du – mir zuliebe – heute abend noch – *Sich unterbrechend:* O nein, nein, nein!

REBEKKA: Doch, Rosmer! Doch, doch! Sag es und du wirst sehen.

ROSMER: Hast du Mut dazu – bist du willig – frohen Muts, wie Ulrich Brendel sagt – mir zuliebe – frohen Muts – den Weg zu gehen – den Beate gegangen?

REBEKKA *langsam aufstehend, fast tonlos:* Rosmer –!

ROSMER: Ja, dies ist die Frage, von der ich nimmermehr loskommen kann – wenn du gereist sein wirst. Jede Stunde des Tages werde ich darauf zurückkommen. Mich dünkt, ich sehe dich leibhaftig vor mir. Du stehst mitten auf dem Steg. Jetzt beugst du dich über das Geländer! Taumelst mit einem Ruck hinab in den Strom! – Nein. Du weichst. Du wagst nicht – was sie gewagt.

REBEKKA: Aber wenn ich nun den Mut hätte? Und den frohen Willen? Was dann?

ROSMER: Dann müßte ich dir glauben. Dann müßte ich auch den Glauben an meine Lebensaufgabe wiederbekommen. Den Glauben an eine Macht, die Menschenseele adeln zu können. Den Glauben, daß die Menschenseele sich adeln läßt.

REBEKKA *langsam ihr Tuch nehmend und es über den Kopf schlagend, entschlossen:* Den Glauben sollst du wieder haben.

ROSMER: Rebekka, du hast den Mut und den Willen – dazu?

REBEKKA: Das sollst du morgen beurteilen – oder dann – wenn sie mich herausfischen.

ROSMER *sich an die Stirne fassend:* Es liegt ein grauenvoller Reiz darin!

REBEKKA: Denn ich will dort unten nicht liegenbleiben. Du mußt dafür sorgen, daß man mich auffindet.

ROSMER *aufspringend:* Aber dies alles – ist ja Wahnwitz. Reise – oder bleib! Auch diesmal will ich noch deinem bloßen Wort glauben.

REBEKKA: Leere Worte, Rosmer. Jetzt nicht schon wieder Feigheit und Ausflüchte! Wie kannst du denn nach diesem Tage noch meinem Worte glauben?

ROSMER: Ich will deine Niederlage nicht sehen!

REBEKKA: Es wird keine Niederlage sein.

ROSMER: Das wird es doch. Du bist nicht von der Art, Beates Weg gehen zu können.

REBEKKA: Glaubst du?

ROSMER: Du kannst es nimmermehr. Du bist nicht wie Beate. Du stehst nicht unter der Macht einer falschen Lebensanschauung.

REBEKKA: Aber ich stehe unter der Macht der Rosmersholmschen Lebensanschauung – jetzt. Es gehört sich, daß ich sühne, was ich verbrochen habe.

ROSMER *sie unverwandt anblickend:* Dahin bist du gelangt?

REBEKKA: Ja.

ROSMER *entschlossen:* Nun gut. Dann stehe ich unter der Macht unserer freigewordenen Lebensanschauung, Rebekka. Es gibt keinen Richter über uns. Und deshalb müssen wir sehen, daß wir selbst Justiz üben.

REBEKKA *seine Worte mißdeutend:* Ja, ja. Mein Tod wird das Größte und Beste in dir befreien.

ROSMER: Ach, in mir gibt es nichts mehr zu befreien.

REBEKKA: Das gibt es doch. Aber ich – ich würde von jetzt an nichts weiter sein als ein böser Meergeist, der auf dem Schiffe, das dich weitertragen soll, umgeht und es aufhält. Oder soll ich vielleicht an meinem verpfuschten Leben weiterschleppen? Sinnen und grübeln über das Glück, das ich mir durch meine Vergangenheit verscherzt habe? Ich muß aus dem Spiel, Rosmer.

ROSMER: Wenn du gehst – gehe ich mit.

REBEKKA *fast unmerklich lächelnd, ihn ansehend, leise:* Ja, komm nur – du sollst Zeuge sein –

ROSMER: Ich gehe mit dir, sage ich.

REBEKKA: Ja, bis zum Steg. Du wagst dich ja doch nie hinauf.

ROSMER: Du hast es bemerkt?

REBEKKA *traurig, wie gebrochen:* Ja, und dadurch wurde meine Liebe hoffnungslos.

ROSMER: Rebekka – hier lege ich meine Hand auf deinen Kopf. *Tut es.* Und mache dich zu meinem rechtmäßigen Weibe.

REBEKKA *seine beiden Hände fassend, das Haupt an seine Brust lehnend:* Dank, Rosmer. *Ihn loslassend:* Und jetzt gehe ich – frohen Muts.

ROSMER: Mann und Weib müssen zusammen gehen.

REBEKKA: Nur bis an den Steg.

ROSMER: Und über denselben auch. Ich gehe mit – so weit du gehst. Denn jetzt darf ich es.

REBEKKA: Weißt du so unverbrüchlich sicher – daß dieser Weg für dich der beste ist?

ROSMER: Er ist der einzige, das weiß ich.

REBEKKA: Und wenn du dich darüber täuschtest? Wenn es nur ein Irrtum wäre? Eins jener weißen Pferde von Rosmersholm?

ROSMER: Mag sein. Denen entkommen wir nicht – wir hier auf dem Hofe.

REBEKKA: Dann bleib zurück, Rosmer!

ROSMER: Der Mann soll mit seinem Weibe gehen wie das Weib mit seinem Mann.

REBEKKA: Ja, aber vorher sag mir noch eins. Gehst du mit mir oder gehe ich mit dir?

ROSMER: Der Frage werden wir nie auf den Grund kommen.

REBEKKA: Und ich wüßte es doch so gern.

ROSMER: Wir folgen einander, Rebekka. Ich dir und du mir.

REBEKKA: So ist es auch wohl.

ROSMER: Denn jetzt sind wir beide eins.

REBEKKA: Ja. Nun sind wir eins. Komm! Wir gehen frohen Muts.

Hand in Hand durch das Vorzimmer ab, man sieht sie sich nach links wenden. Die Tür bleibt offen. Die Bühne bleibt einige Augenblicke leer, darauf öffnet Frau Helseth die Tür rechts.

FRAU HELSETH: Fräulein – der Wagen ist – *Umhersehend:* Nicht im Zimmer? Zusammen draußen um diese Zeit? Na, na – ich muß wirklich sagen –! Hm. *Ins Vorzimmer, sich dort umsehend, kommt wieder zurück:* Auf der Bank auch nicht. Nein, nein. *Ans Fenster gehend und hinausblickend:* Jesus, ja! Da das Weiße! Sie stehen meiner Treu beide auf dem Steg! Gott sei den armen Sündern gnädig! Schlingen sie nicht die Arme umeinander! *Laut aufschreiend:* Ach – hinüber – die beiden! In den Bach hinein. Hilfe! Hilfe! *Hält sich mit zitternden Knien an einer Stuhllehne, mühsam sprechend:* Nein. Keine Hilfe hier. – Die verstorbene Frau hat sie geholt.

HEDDA GABLER

SCHAUSPIEL IN VIER AUFZÜGEN

PERSONEN

Jörgen Tesman, Privatdozent der Kulturgeschichte
Frau Hedda Tesman, seine Gattin
Fräulein Juliane Tesman, seine Tante
Frau Elvsted
Gerichtsrat Brack
Ejlert Lövborg
Berte, Dienstmädchen bei Tesman

Die Handlung spielt in Tesmans Villa im westlichen Teil der Stadt

Rechts und links vom Schauspieler

ERSTER AUFZUG

Ein geräumiges, hübsch und geschmackvoll eingerichtetes, in dunklen Farben gehaltenes Gesellschaftszimmer. An der Wand des Hintergrunds befindet sich eine breite Türöffnung mit zurückgeschlagenen Portieren. Diese Öffnung führt in ein kleines Zimmer, das in demselben Stil gehalten ist wie das Gesellschaftszimmer. An der rechten Wand dieses Raums eine Tür, die in das Vorzimmer hinausführt. Links an der gegenüberliegenden Wand eine Glastür, ebenfalls mit zurückgeschlagenem Vorhang; durch die Scheiben sieht man einen Teil einer davorliegenden, überdachten Veranda und Bäume in Herbstlaub. Im Vordergrund steht ein ovaler, mit einer Decke belegter Tisch, um ihn herum Stühle. Rechts vorn an der Wand ein breiter, dunkler Majolikaofen, ein Lehnstuhl mit hoher Rückenlehne, ein Fußschemel mit Kissen und zwei Hocker. Rechts in der Ecke ein Ecksofa und ein kleiner, runder Tisch. Links vorn, ein wenig von der Wand entfernt, ein Sofa. Neben der Glastür ein Klavier. Zu beiden Seiten der Türöffnung im Hintergrund stehen Etageren mit Terrakotta- und Majolikagegenständen. An der Rückwand des inneren Zimmers sieht man ein Sofa, einen Tisch und ein paar Stühle. Über diesem Sofa hängt das Bild eines schönen, älteren Mannes in Generalsuniform. Über dem Tisch eine Hängelampe mit mattgeschliffener Milchglasglocke. Im Gesellschaftszimmer stehen überall Buketts in Vasen und Gläsern umher. Auf den Stühlen liegen ebenfalls einige. Beide Zimmer sind mit dicken Teppichen belegt. Morgenbeleuchtung. Das Sonnenlicht fällt durch die Glastür.
Rechts und links vom Schauspieler.

Erster Auftritt

Juliane Tesman, eine Dame von angenehmem, gutmütigem Äußern, ungefähr fünfundsechzig Jahre alt, in einer sauberen, einfachen Straßentoilette, kommt mit Hut und Sonnenschirm durch das Vorzimmer. Berte, ein ziemlich bejahrtes Dienstmädchen von schlichtem, ländlichem Aussehen, die ein in Papier gehülltes Bukett trägt, folgt ihr.

FRL. TESMAN *bleibt in der Tür stehen, lauschend, gedämpft:* Nein, ich glaube wahrhaftig, die sind noch nicht auf den Beinen!

BERTE *ebenfalls gedämpft:* Das hab' ich ja gesagt, Fräulein. Bedenken Sie nur, wie spät nachts das Dampfschiff angekommen ist. Und nun erst nachher! Du liebe Zeit – was die junge Frau alles noch auszupacken hatte, ehe sie zur Ruhe kam.

FRL. TESMAN: Ja, ja – laß sie sich nur ordentlich ausruhen. Aber frische Morgenluft sollen sie hier haben, wenn sie kommen.

Sie geht an die Glastür und macht diese weit auf.

BERTE *steht mit dem Bukett in der Hand unschlüssig am Tisch:* Nein, meiner Treu, hier ist nicht e i n ordentlicher Platz mehr. Ich glaube, Fräulein, ich stelle es hierher. *Sie stellt das Bukett aufs Klavier.*

FRL. TESMAN: Jetzt hast du also eine neue Herrschaft, meine liebe Berte. Weiß Gott, es ist mir schwerer als schwer geworden, dich ziehen zu lassen.

BERTE *dem Weinen nahe:* Und mir erst, Fräulein! Was soll i c h wohl sagen? Ich war doch so manches liebe Jahr bei Ihnen in Lohn und Brot gewesen.

FRL. TESMAN: Wir müssen uns dreinfinden, Berte. Es hilft nichts. Sieh mal, Jörgen m u ß dich im Hause haben. Er m u ß. Du bist ja daran gewöhnt gewesen, ihn zu bedienen, seitdem er ein kleiner Junge war.

BERTE: Ach ja, Fräulein, aber ich muß immerzu an die denken, die zu Hause liegt. Die Ärmste, die so ganz hilflos ist. Und nun erst mit dem neuen Mädchen! D i e lernt doch im ganzen Leben nicht, es der armen Kranken recht zu machen.

FRL. TESMAN: Oh, ich werde sie schon anlernen. Und das meiste besorge ich ja selbst, mußt du wissen. Um meine arme Schwester brauchst du nicht so besorgt zu sein, meine liebe Berte.

BERTE: Ja – aber es ist noch was anderes, Fräulein. Ich habe große Angst, daß ich es der jungen Frau nicht zu Dank machen werde.

FRL. TESMAN: Nun, Herrgott – anfangs mag ja wohl dies oder jenes vorkommen –

BERTE: Denn sie hält gewiß mächtig aufs Feine.

FRL. TESMAN: Das kann man sich ja denken. General Gablers Tochter. Wie die es gewohnt war, solange der General lebte! Kannst du dich noch darauf besinnen, wenn sie mit ihrem Vater vorüberritt? In dem langen, schwarzen Tuchkleid? Und mit Federn auf dem Hut?

BERTE: Ja, ja – das sollt' ich meinen! – Aber meiner Treu, wenn ich mir damals gedacht hätte, daß aus ihr und dem Herrn Kandidaten ein Paar werden würde!

FRL. TESMAN: Ich hätte es auch nicht gedacht. Aber, ehe ich's vergesse, Berte: von jetzt an darfst du Jörgen nicht mehr Kandidat nennen. Du mußt „Herr Doktor" sagen.

BERTE: Die junge Frau hat das auch gesagt – heut nacht – kaum daß sie in die Tür kamen. Ist das denn so, Fräulein?

FRL. TESMAN: Allerdings. Denk dir mal, Berte – sie haben ihn zum Doktor im Ausland gemacht. Jetzt auf der Reise, weißt du! Ich wußte kein Sterbenswort davon, erst unten an der Landungsbrücke hat er es mir erzählt.

BERTE: Ja, ja, er kann es noch zu allem möglichen bringen. So klug wie der ist. Daß er sich aber noch damit abgeben würde, an den Leuten herumzukurieren, hätte ich mir doch nie gedacht.

FRL. TESMAN: Nein, solch ein Doktor ist er ja nicht geworden. *Sie nickt bedeutungsvoll.* Übrigens wirst du ihm bald einen noch stattlicheren Titel geben können.

BERTE: Nein, wirklich?! Was für einen, Fräulein?

FRL. TESMAN *lächelt:* Ihm – ja, wenn du das erst wüßtest! *Gerührt:* O mein Gott – wenn der selige Jochum aus dem Grabe aufblicken und sehen könnte, was aus seinem kleinen Jungen geworden ist! *Sie sieht sich um.* Aber hör mal, Berte, wozu das? Weshalb hast du von allen Möbeln die Überzüge abgenommen?

BERTE: Die junge Frau hat es so angeordnet. Sie sagt, sie kann keine Überzüge auf den Möbeln leiden.

FRL. TESMAN: Wollen sie sich denn immer hier aufhalten – für alle Tage auch?

BERTE: Es scheint so. Nach dem, was die junge Frau sagte. Er selbst – der Doktor – hat nichts gesagt.

Zweiter Auftritt

Die Vorigen. Jörgen Tesman kommt trällernd von rechts ins Hinterzimmer; er ist ein jugendlich aussehender Mann von dreiunddreißig Jahren, mittelgroß, ziemlich voll, mit offenem, rundem, fröhlichem Gesicht, blondem Kopf- und Barthaar, trägt eine Brille, einen bequemen, ein wenig nachlässigen Hausanzug, in der Hand einen leeren, offenen Handkoffer.

FRL. TESMAN: Guten Morgen, guten Morgen, Jörgen!

TESMAN *in der Tür:* Tante Jule! Liebe Tante Jule! *Er tritt zu ihr und schüttelt ihre Hand.* So weit bis zu uns heraus – schon so früh am Tage! Wie?

FRL. TESMAN: Du kannst dir doch wohl denken, daß ich ein bißchen bei euch eingucken wollte!

TESMAN: Und obendrein hast du nicht einmal deine ordentliche Nachtruhe gehabt!

FRL. TESMAN: Oh, das tut mir gar nichts.

TESMAN: Nun, du bist doch gut von der Landungsbrücke nach Hause gekommen? Wie?

FRL. TESMAN: Allerdings, Gott sei Dank! Der Herr Rat war so liebenswürdig und begleitete mich bis an meine Haustür.

TESMAN: Wir bedauerten, daß wir dich nicht mit in den Wagen nehmen konnten. Aber du hast ja selbst gesehen – Hedda hatte so viele Schachteln, die mit mußten.

FRL. TESMAN: Ja, sie hatte freilich eine Unmenge von Schachteln mit.

BERTE *zu Tesman:* Kann ich vielleicht hineingehen und die gnädige Frau fragen, ob ich ihr bei irgend etwas helfen kann?

TESMAN: Nein danke, Berte, das hat keinen Zweck. Sie sagte, sie würde klingeln, wenn sie dich braucht.

BERTE *geht nach rechts:* Gut.

TESMAN: Aber weißt du – nimm diesen Koffer mit.

BERTE *nimmt ihn:* Ich trage ihn auf den Boden.

Ab durch die Tür zum Vorzimmer.

Dritter Auftritt

Die Vorigen ohne Berte.

TESMAN: Denk dir mal, Tante – den ganzen Koffer hatte ich vollgepfropft mit lauter Abschriften. Es ist ganz unglaublich, was ich in all den Archiven gesammelt habe. Alte, merkwürdige Sachen, von denen kein Mensch Bescheid gewußt –

FRL. TESMAN: Ja, ja, Jörgen, du hast deine Zeit auf der Hochzeitsreise nicht vergeudet.

TESMAN: Nein, das darf ich wohl sagen. Aber nimm doch den Hut ab, Tante. Komm, laß mich die Schleife aufmachen. Wie?

FRL. TESMAN *während er dies tut:* Ach Gott, es ist noch gradeso, als ob du bei uns zu Hause wärst.

TESMAN *dreht und wendet den Hut in der Hand:* Nein – was für einen hübschen, feinen Hut du dir zugelegt hast!

FRL. TESMAN: Den hab' ich mir Heddas wegen angeschafft.

TESMAN: Heddas wegen? Wie?

FRL. TESMAN: Damit Hedda sich nicht zu schämen braucht, wenn wir zusammen auf der Straße gehen.

TESMAN *streichelt ihr die Wange:* Du denkst aber auch an alles, Tante Jule! *Er legt den Hut auf einen Stuhl am Tisch.* Und jetzt – weißt du – setzen wir uns hier aufs Sofa und plaudern miteinander, bis Hedda kommt.

Sie setzen sich.

FRL. TESMAN *lehnt ihren Sonnenschirm gegen die Sofaecke, nimmt Jörgens beide Hände und sieht ihm ins Gesicht:* Wie innig wohl mir's tut, dich wieder leibhaftig vor Augen zu haben, Jörgen. Du einziger Junge meines seligen Jochum!

TESMAN: Und mir erst, dich wiederzusehen, Tante Jule, die du Vater- und Mutterstelle bei mir vertreten hast.

FRL. TESMAN: Ja, ich weiß wohl, daß du deine alten Tanten immer liebbehalten wirst.

TESMAN: Also durchaus gar keine Besserung mit Tante Rina. Wie?

FRL. TESMAN: Ach nein – für die Arme ist auch wohl keine Besserung mehr zu erwarten. Sie liegt da, wie sie seit all den Jahren gelegen. Aber wenn unser Herrgott sie mir nur noch eine Zeitlang lassen wollte! Sonst wüßte ich mir keinen Rat mehr, Jörgen. Besonders jetzt, weißt du, wo ich auch für dich nichts mehr zu tun habe.

TESMAN *klopft sie auf den Rücken:* So – so – so!

FRL. TESMAN *plötzlich in einen anderen Ton übergehend:* Aber wenn ich bedenke, daß du jetzt Ehemann bist, Jörgen! Und daß du derjenige warst, der Hedda Gabler bekommen hat. Denk nur! Sie, die stets von so vielen Kavalieren umringt war!

TESMAN *trällert ein wenig und lächelt zufrieden:* Ich glaube allerdings, daß ich etliche gute Freunde in der Stadt habe, die mich beneiden. Wie?

FRL. TESMAN: Und daß du eine so lange Hochzeitsreise machen konntest! Über fünf – beinahe sechs Monate –

TESMAN: Na, für mich ist es ja auch eine Art Studienreise gewesen. All die Archive, die ich durchstöbern mußte. Und die vielen Bücher, die ich durchlesen mußte!

FRL. TESMAN: Ja, das mag wohl sein! *Vertraulich und ein wenig gedämpfter:* Aber hör mal, Jörgen – hast du mir denn gar nichts – gar nichts Besonderes zu erzählen?

TESMAN: Von der Reise?

FRL. TESMAN: Ja.

TESMAN: Nein, ich weiß nichts anderes als das, wovon ich dir in meinen Briefen schrieb. Daß ich dort unten den Doktor gemacht, das habe ich dir ja gestern erzählt.

FRL. TESMAN: Ja, das schon. Aber ich meine – ob du keine – gar keine – Aussichten hast?

TESMAN: Aussichten?

FRL. TESMAN: Mein Gott, Jörgen – ich bin doch deine alte Tante!

TESMAN: Gewiß hab' ich Aussichten – ja!

FRL. TESMAN: Nun also!

TESMAN: Ich habe ja die allerbesten Aussichten, nächster Tage Professor zu werden.

FRL. TESMAN: Ja, Professor – ja –

TESMAN: Oder – ich darf wohl sagen, ich habe die Gewißheit, es zu werden. Aber liebe Tante Jule – das weißt du doch selbst!

FRL. TESMAN *lächelnd:* Allerdings weiß ich das. Da hast du recht. *In einen andern Ton übergehend:* Aber wir sprachen ja von der Reise. Die muß ein tüchtiges Stück Geld gekostet haben, Jörgen?

TESMAN: Na, lieber Gott, das große Stipendium hat gehörig mitgeholfen.

FRL. TESMAN: Ich begreife nur nicht, wie du es angefangen hast, daß es für zwei reichte.

TESMAN: Nein, nein, das ist auch nicht so einfach. Wie?

FRL. TESMAN: Und dann kommt noch dazu, daß man mit einer Dame reist. Das soll ja unendlich viel teurer kommen, hab' ich mir sagen lassen.

TESMAN: Ja, das versteht sich, etwas teurer kommt es allerdings. Aber Hedda mußte diese Reise machen, Tante! Wirklich, sie mußte. Es hätte sich gar nicht anders gepaßt –

FRL. TESMAN: Nein, nein, das mag schon sein. Denn heutzutage gehört eine Hochzeitsreise ja mit dazu. Aber sag mir mal – hast du dich schon ordentlich in der Wohnung umgesehen?

TESMAN: Das kannst du dir wohl denken. Ich bin schon seit Tagesanbruch auf den Beinen.

FRL. TESMAN: Wie gefällt dir denn das Ganze?

TESMAN: Ausgezeichnet! Ganz ausgezeichnet! Ich kann nur das eine nicht recht begreifen, was wir mit den zwei leeren Zimmern anfangen sollen, die zwischen der Hinterstube und Heddas Schlafzimmer liegen.

FRL. TESMAN *lächelt:* O mein lieber Jörgen, für die werdet ihr auch noch Verwendung finden – so mit der Zeit.

TESMAN: Darin hast du wirklich recht, Tante Jule! Denn wenn ich so allmählich meine Büchersammlung vergrößere, so –. Wie?

FRL. TESMAN: Richtig, mein guter Junge. An die Büchersammlung dachte ich auch grade.

TESMAN: Am meisten freue ich mich Heddas wegen. Bevor wir uns verlobten, hat sie so oft gesagt, sie möchte nirgend anderswo wohnen als in der Villa der Staatsrätin Falk.

FRL. TESMAN: Ja, denk mal – und dann hat es sich so getroffen, daß sie zu verkaufen war. Gleich nachdem ihr abgereist wart.

TESMAN: Ja, Tante Jule, wir haben wirklich Glück gehabt. Wie?

FRL. TESMAN: Aber teuer, lieber Jörgen! Teuer wird es dich kommen – alles dies hier.

TESMAN *sieht sie ein wenig verzagt an:* Das wird es am Ende! Was, Tante?

FRL. TESMAN: Ja, du lieber Gott!

TESMAN: Wieviel glaubst du wohl? So ungefähr? Wie?

FRL. TESMAN: Das kann ich unmöglich wissen, bevor all die Rechnungen kommen.

TESMAN: Na, glücklicherweise hat Gerichtsrat Brack ziemlich mäßige Bedingungen für mich ausgemacht. Das schrieb er selbst an Hedda.

FRL. TESMAN: Darum ängstige dich nur nicht, mein Junge. Für die Möbel und all die Teppiche hab' ich überdies Sicherheit gegeben.

TESMAN: Sicherheit? Du? Liebe Tante Jule, was für Sicherheit hast du denn geben können?

FRL. TESMAN: Ich habe eine Anweisung auf die Rente gegeben.

TESMAN *springt auf:* Wie! Auf deine – und Tante Rinas Rente?

FRL. TESMAN: Ja, sieh mal, ich wußte keinen anderen Ausweg.

TESMAN *tritt vor sie:* Aber bist du denn ganz wahnsinnig, Tante! Die Rente – das ist ja das einzige, wovon du mit Tante Rina lebst.

FRL. TESMAN: Na, na, nimm dir's nicht so zu Herzen. Das Ganze ist ja nur Formsache, weißt du. Das hat Gerichtsrat Brack auch gesagt. Denn er war so liebenswürdig, alles für mich zu ordnen. Nur Formsache, sagte er.

TESMAN: Ja, das mag ja sein. Aber trotzdem –

FRL. TESMAN: Jetzt bekommst du ja dein eigenes Gehalt, von dem du abbezahlen kannst. Und, lieber Gott, wenn wir nun auch wirklich ein klein bißchen blechen müssen –? Im Anfang ein wenig zuschießen –? Das wäre für uns doch nur ein Glück.

TESMAN: Ach, Tante, du wirst nie müde, dich für mich zu opfern!

FRL. TESMAN *steht auf und legt ihm die Hände auf die Schultern:* Habe ich denn eine andere Freude auf der Welt, als dir den Weg zu ebnen, mein lieber Junge? Du hast weder Vater noch Mutter gehabt, an die du dich hättest halten können. Und jetzt sind wir am Ziel! Zuweilen hat es düster genug ausgesehen. Aber Gott sei Dank, Jörgen, jetzt bist du obenauf!

TESMAN: Ja, es ist eigentlich seltsam, wie sich alles gefügt hat.

FRL. TESMAN: Ja – und alle, die gegen dich waren – und dir den Weg versperren wollten –, die unterliegen jetzt. Sie sind gefallen, Jörgen! Der dir am gefährlichsten war – der fiel am tiefsten. Und jetzt liegt er, wie er sich gebettet hat, der arme, verirrte Mensch.

TESMAN: Hast du was von Ejlert gehört? Seit meiner Abreise, meine ich.

FRL. TESMAN: Nichts weiter, als daß ein neues Buch von ihm erschienen sein soll.

TESMAN: Was ist das! Ejlert Lövborg? Jetzt kürzlich? Wie?

FRL. TESMAN: Ja, es heißt so. Weiß Gott, ob viel dran ist! Nein, wenn dein neues Buch kommt – das wird was anderes, Jörgen! Wovon wird es handeln?

TESMAN: Es wird von der Brabanter Hausindustrie im Mittelalter handeln.

FRL. TESMAN: Denk mal – daß du auch über sowas schreiben kannst!

TESMAN: Übrigens kann es mit dem Buch noch lange dauern. Ich muß vorher noch diese umfangreichen Sammlungen ordnen, will ich dir sagen.

FRL. TESMAN: Ja, ordnen und sammeln – darauf verstehst du dich wirklich. Du bist nicht umsonst der Sohn des seligen Jochum.

TESMAN: Ich freue mich auch so riesig drauf, damit anzufangen. Besonders jetzt, wo ich mein gemütliches Haus und Heim habe, wo ich arbeiten kann.

FRL. TESMAN: Und vor allen Dingen, wo du die hast, die dein Herz begehrte, lieber Jörgen.

TESMAN *umarmt sie:* Ach ja, ja, Tante Jule! Hedda – die ist doch das Schönste von allem! *Er sieht nach der Türöffnung.* Ich glaube, da kommt sie. Wie?

Vierter Auftritt

Die Vorigen. Hedda, eine Dame von neunundzwanzig Jahren, Gesicht und Gestalt edel und vornehm geformt, mattbleiche Hautfarbe; die Augen sind stahlgrau und drücken kalte, klare Ruhe aus; das Haar ist von schöner, mittelbrauner Farbe, aber nicht besonders dick; sie trägt einen geschmackvollen, etwas lose anschließenden Morgenanzug und kommt von links durch das Hinterzimmer.

FRL. TESMAN *geht Hedda entgegen:* Guten Morgen, liebe Hedda! Schön guten Morgen!

HEDDA *reicht ihr die Hand:* Guten Morgen, liebes Fräulein Tesman! So früh schon auf Besuch? Das ist sehr freundlich.

FRL. TESMAN *scheint ein wenig verlegen:* Nun, hat die junge Frau gut geschlafen in ihrem neuen Heim?

HEDDA: O ja, danke! So ziemlich.

TESMAN *lacht:* Ziemlich! Nein, du bist wirklich köstlich, Hedda! Du schliefst doch wie ein Stein, als ich aufstand.

HEDDA: Glücklicherweise. Übrigens muß man sich an alles Neue erst gewöhnen, Fräulein Tesman. So nach und nach. *Sie sieht nach links.* Uh! – Da hat das Dienstmädchen die Altantür aufgemacht. Hier strömt ja ein ganzes Meer von Sonne herein.

FRL. TESMAN *geht nach der Tür:* Nun, dann machen wir sie zu.

HEDDA: Nein, nein, das nicht! Lieber Tesman, zieh die Vorhänge zusammen. Das gibt ein milderes Licht.

TESMAN *an der Tür:* Jawohl – jawohl. *Er tut es.* So, Hedda, nun hast du Schatten und frische Luft zugleich.

HEDDA: Ja, frische Luft tut hier wirklich not. All diese dummen Blumen. Aber Beste – wollen Sie nicht Platz nehmen, Fräulein Tesman?

FRL. TESMAN: Nein, besten Dank. Jetzt weiß ich ja, daß hier alles gut steht, gottlob! Und nun muß ich machen, daß ich wieder nach Hause komme. Zu ihr, die daliegt und so sehnsüchtig wartet, die Ärmste.

TESMAN: Grüß sie auch ja viele, viele Male von mir, Tante. Und sag ihr, daß ich später am Tage noch zu ihr komme.

FRL. TESMAN: Das werde ich gewiß tun. Aber, es ist ja wahr, Jörgen. *Sie sucht in ihrer Tasche.* Das hätte ich beinahe vergessen. Hier habe ich dir was mitgebracht.

TESMAN: Was ist das, Tante? Wie?

FRL. TESMAN *zieht ein flaches, in Zeitungspapier gewikkeltes Paket hervor und reicht ihm das:* Hier, mein lieber Junge.

TESMAN *macht es auf:* Nein, Gott im Himmel, die hast du für mich aufbewahrt, Tante Jule? Hedda! Das ist wirklich rührend! Wie?

HEDDA *rechts an der Etagere:* Was ist es denn, Liebster?

TESMAN: Meine alten Morgenschuhe! Die Pantoffeln!

HEDDA: Ach so! Ich besinne mich, auf der Reise sprachst du oft davon.

TESMAN: Ja, ich habe sie so sehr vermißt. *Er geht zu ihr.* Jetzt sieh sie dir mal an, Hedda!

HEDDA *geht nach dem Ofen:* Nein, danke, das interessiert mich wirklich nicht.

TESMAN: Denk dir nur – die hat Tante Rina im Bett für mich gestickt. So krank, wie sie war. Oh, du kannst dir nicht denken, wie viele Erinnerungen sich daran knüpfen.

HEDDA *am Tisch:* Für mich doch nicht.

FRL. TESMAN: Darin hat Hedda wohl recht, Jörgen.

TESMAN: Ja, aber mich dünkt, jetzt, wo sie zur Familie gehört –

HEDDA *unterbricht ihn:* Mit dem Dienstmädchen wird kein Auskommen sein, Tesman.

FRL. TESMAN: Mit Berte kein Auskommen?

TESMAN: Liebste – wie kommst du darauf? Wie?

HEDDA *zeigt:* Sieh dort! Da hat sie ihren alten Hut auf dem Stuhl liegenlassen.

TESMAN *erschrickt und läßt die Morgenschuhe zu Boden fallen:* Aber Hedda –!

HEDDA: Denk nur, wenn jemand käme und das sähe.

TESMAN: Aber Hedda – das ist ja Tante Jules Hut!

HEDDA: So?

FRL. TESMAN *nimmt den Hut:* Ja, gewiß ist das meiner. Und alt ist er übrigens auch nicht, liebe Frau Hedda.

HEDDA: Ich habe ihn wirklich nicht so genau angesehen, Fräulein Tesman.

FRL. TESMAN *setzt den Hut auf und bindet ihn zu:* Ich habe ihn wahrhaftig zum erstenmal auf. Ja, weiß Gott.

TESMAN: Und fein ist er auch. Wirklich prachtvoll!

FRL. TESMAN: Oh, das hält sich, mein lieber Jörgen. *Sie sieht umher.* Mein Sonnenschirm? – Ach, hier. *Sie nimmt ihn.* Denn der gehört auch mir. *Murmelt:* Und nicht Berte.

TESMAN: Neuer Hut und neuer Sonnenschirm! Denk dir mal, Hedda!

HEDDA: Hübsch und niedlich.

TESMAN: Nicht wahr? Wie? Aber Tante, sieh dir Hedda ordentlich an, bevor du gehst. Sieh, wie hübsch und niedlich s i e ist!

FRL. TESMAN: Ach, Liebster, d a s ist doch nichts Neues. Hedda ist ja ihr Leben lang hübsch gewesen.

Sie nickt und geht nach rechts.

TESMAN *geht ihr nach:* Ja, aber hast du gemerkt, wie voll und üppig sie geworden ist? Wie sie sich auf der Reise herausgemacht hat?

HEDDA *geht durchs Zimmer:* Ach, laß doch –!

FRL. TESMAN *ist stehengeblieben und dreht sich um:* Herausgemacht?

TESMAN: Ja, Tante Jule, du kannst es nicht recht sehen, wenn sie dieses Kleid anhat. I c h jedoch, der ich Gelegenheit habe, zu –

HEDDA *an der Glastür, ungeduldig:* Ach, du hast ja zu gar nichts Gelegenheit!

TESMAN: Das muß die Bergluft da unten in Tirol sein –

HEDDA *ihn kurz abbrechend:* Ich bin genauso wie vor der Reise.

TESMAN: Ja, das behauptest d u. Aber das bist du wahrhaftig nicht. Findest du es nicht auch, Tante?

FRL. TESMAN *hat die Hände gefaltet und starrt sie an:* Lieblich – lieblich ist Hedda. *Sie geht zu ihr, zieht mit beiden Händen ihren Kopf herunter und küßt sie aufs Haar.* Gott segne und behüte Hedda Tesman. Um Jörgens willen.

HEDDA *macht sich vorsichtig los:* Ach –! Lassen Sie mich doch los.

FRL. TESMAN *in stiller Bewegung:* Jeden Tag, den Gott werden läßt, komme ich zu euch.

TESMAN: Ja, tu das auch wirklich, Tante! Wie?

FRL. TESMAN: Adieu – adieu!

Sie geht durch das Vorzimmer ab. Tesman begleitet sie hinaus; die Tür bleibt halb offen stehen; man hört Tesman seine Grüße an Tante Rina wiederholen und für die Morgenschuhe danken. Hedda geht gleichzeitig im Zimmer umher, streckt die Arme empor und ballt die Fäuste wie in Wut; dann schlägt sie die Vorhänge vor der Glastür zurück, bleibt stehen und sieht hinaus.

Fünfter Auftritt

Hedda, Tesman.

TESMAN *kommt wieder zurück, macht die Tür hinter sich zu und nimmt die Morgenschuhe vom Boden auf:* Wonach siehst du dort, Hedda?

HEDDA *wieder ruhig und beherrscht:* Ich sehe nur das Laub an. Es ist so gelb. Und so welk.

TESMAN *packt die Schuhe wieder zusammen und legt sie auf den Tisch:* Wir sind jetzt ja auch schon im September.

HEDDA *wieder unruhig:* Ja, denk nur – wir sind jetzt schon im – im September.

TESMAN: Fandest du Tante Jule nicht sonderbar? Beinahe feierlich? Begreifst du, was ihr war? Wie?

HEDDA: Ich kenne sie ja beinahe nicht. Pflegt sie nicht öfter so zu sein?

TESMAN: Nein, so wie heute nicht.

HEDDA *entfernt sich von der Glastür:* Glaubst du, daß sie das mit dem Hut übelgenommen hat?

TESMAN: Oh, nicht ernstlich. Vielleicht ein bißchen im ersten Augenblick –

HEDDA: Aber was ist das auch für eine Manier, seinen Hut hier im Salon herumtreiben zu lassen! Das tut man nicht.

TESMAN: Na, du kannst dich darauf verlassen, Tante Jule tut das nicht wieder.

HEDDA: Übrigens werde ich es schon wieder bei ihr gutmachen.

TESMAN: Ja, liebe, gute Hedda, wenn du das tun wolltest!

HEDDA: Wenn du später am Tage zu ihnen gehst, kannst du sie ja für heute abend einladen.

TESMAN: Ja, das will ich wirklich tun. Und noch eins, womit du sie so ungeheuer erfreuen könntest.

HEDDA: Nun?

TESMAN: Wenn du dich nur überwinden wolltest, sie zu duzen. Mir zuliebe, Hedda. Wie?

HEDDA: Nein, nein, Tesman – das kannst du weiß Gott nicht von mir verlangen. Ich habe es dir schon einmal gesagt. Ich will versuchen, sie Tante zu nennen. Und damit muß es genug sein.

TESMAN: Nun ja. Aber mich dünkt nur, daß jetzt, wo du zur Familie gehörst –

HEDDA: Hm – ich weiß allerdings nicht –

Sie geht durch das Zimmer nach der Tür.

TESMAN *nach kurzer Pause:* Ist dir etwas, Hedda? Wie?

HEDDA: Ich sehe nur mein altes Klavier an. Es paßt nicht recht zu all dem anderen.

TESMAN: Wenn ich mein erstes Gehalt behebe, wollen wir sehen, daß wir es umtauschen.

HEDDA: Nein, nein – nicht umtauschen. Ich gebe es nicht her. Wir können es lieber ins Hinterzimmer stellen. Und dann wollen wir hier ein anderes hernehmen. So bei Gelegenheit, meine ich.

TESMAN *ein wenig verzagt:* Ja – das können wir auch tun.

HEDDA *nimmt das Bukett vom Klavier:* Diese Blumen waren nicht hier, als wir über Nacht ankamen.

TESMAN: Tante Jule hat sie dir heute gewiß mitgebracht.

HEDDA *sieht ins Bukett:* Eine Visitenkarte. *Sie nimmt sie heraus und liest:* „Komme später am Tage wieder." Kannst du erraten, von wem sie ist?

TESMAN: Nein. Von wem denn? Wie?

HEDDA: Hier steht „Frau Landrichter Elvsted".

TESMAN: Nein, wirklich? Frau Elvsted! Fräulein Rysing, wie sie früher hieß.

HEDDA: Ja, die ist es. Die mit dem irritierenden Haar, mit dem sie überall Aufsehen machte. Deine alte Flamme, wie ich gehört habe.

TESMAN *lacht:* Na, das hielt nicht lange an. Und dann war es auch, bevor ich dich kannte, Hedda. Aber denk mal – daß die in der Stadt ist.

HEDDA: Seltsam, daß sie uns einen Besuch macht. Ich kenne sie ja beinahe nur vom Institut.

TESMAN: Ich habe sie wirklich auch seit Gott weiß wie lange nicht gesehen. Daß sie es dort oben in dem entlegenen Winkel aushält. Wie?

HEDDA *denkt nach und sagt dann plötzlich:* Hör mal, Tesman – ist es nicht da oben irgendwo, wo er sich aufhält – er – Ejlert Lövborg?

TESMAN: Ja, grade in jener Gegend.

Sechster Auftritt

Die Vorigen. Berte.

BERTE *kommt durch die Vorzimmertür:* Gnädige Frau, jetzt ist sie wieder da, die Dame, die schon einmal hier war und die Blumen abgegeben hat. *Hinzeigend:* Die, die Sie da in der Hand haben, gnädige Frau.

HEDDA: Ah! Sie ist's? Lassen Sie sie nur hereinkommen.

Berte öffnet Frau Elvsted die Tür und entfernt sich nach dort.

Siebenter Auftritt

Hedda, Tesman. Frau Elvsted, eine zarte Gestalt mit hübschen, weichen Gesichtsformen; die Augen sind hellblau, groß, rund und ein wenig hervorstehend mit erschreckt fragendem Ausdruck; ihr Haar ist auffallend hell, beinahe weißgelb und ungewöhnlich stark und wellig; sie ist ein paar Jahre jünger als Hedda; ihre Kleidung besteht in einem dunklen Besuchskleid, das geschmackvoll, aber nicht ganz nach der neuesten Mode ist.

HEDDA *geht ihr freundlich entgegen:* Guten Tag, beste Frau Elvsted. Es freut mich, Sie einmal wiederzusehen.

FRAU ELVSTED *nervös, sucht sich zu beherrschen:* Ja, es ist sehr lange her, daß wir uns gesehen haben.

TESMAN *reicht ihr die Hand:* Und wir beiden auch. Wie?

HEDDA: Dank für Ihre reizenden Blumen –

FRAU ELVSTED: O bitte! – Ich wäre gestern nachmittag schon hiergewesen. Aber da erfuhr ich, daß Sie noch auf der Reise seien.

TESMAN: Sind Sie erst kürzlich angekommen? Wie?

FRAU ELVSTED: Ich kam gestern um die Mittagszeit. Oh, und ich war ganz verzweifelt, als ich hörte, daß Sie nicht zu Hause seien.

HEDDA: Verzweifelt! Weshalb denn?

TESMAN: Aber liebste, beste Frau Rysing – Frau Elvsted wollte ich sagen –

HEDDA: Es ist doch nichts passiert?

FRAU ELVSTED: Doch. Und ich weiß hier sonst keine menschliche Seele, an die ich mich wenden könnte.

HEDDA *legt das Bukett auf den Tisch:* Kommen Sie – setzen wir uns hier aufs Sofa –

FRAU ELVSTED: Ach, ich habe weder Ruh noch Rast zum Sitzen!

HEDDA: O doch. Kommen Sie her.

Sie zieht Frau Elvsted aufs Sofa und setzt sich neben sie.

TESMAN: Nun? Und jetzt, Frau – ?

HEDDA: Ist oben bei Ihnen was Besonderes vorgefallen?

FRAU ELVSTED: Ja – und nein. Ach – ich möchte nur, daß Sie mich nicht mißverständen –

Hedda: Dann wäre es am besten, Sie sprächen geradeheraus, Frau Elvsted.

Tesman: Deshalb sind Sie doch wohl gekommen? Wie?

Frau Elvsted: Ja, ja – das ist eben die Sache. Ich muß Ihnen also sagen – wenn Sie es nicht schon wissen – daß Ejlert Lövborg in der Stadt ist.

Hedda: Lövborg –!

Tesman: Nein, ist Ejlert Lövborg wieder hier? Denk mal, Hedda!

Hedda: Herrgott, ich höre es ja.

Frau Elvsted: Er ist schon seit einer Woche hier. Sich das vorzustellen – eine ganze Woche! In dieser gefährlichen Stadt. Allein! Bei all der schlechten Gesellschaft, die es hier gibt.

Hedda: Aber beste Frau Elvsted – was kümmert er Sie eigentlich?

Frau Elvsted *sieht sie erschrocken an und sagt schnell:* Er war Lehrer bei den Kindern.

Hedda: Bei Ihren Kindern?

Frau Elvsted: Bei denen meines Mannes. Ich habe keine.

Hedda: Also bei Ihren Stiefkindern.

Frau Elvsted: Ja.

Tesman *ein wenig unsicher:* War er denn soweit – ich weiß nicht, wie ich mich ausdrücken soll – soweit regelmäßig im Lebenswandel, daß man ihm das anvertrauen konnte? Wie?

Frau Elvsted: Während der letzten paar Jahre war ihm nichts nachzusagen.

Tesman: Wirklich nicht? Denk mal, Hedda!

Hedda: Ich höre es.

Frau Elvsted: Nicht das geringste, das kann ich Sie versichern! In keiner Beziehung. Aber trotzdem – jetzt, wo ich ihn hier weiß – in der großen Stadt – und mit dem vielen Geld in Händen. Jetzt bin ich in tödlicher Angst um ihn.

Tesman: Warum ist er denn nicht lieber da oben geblieben, wo er war? Bei Ihnen und Ihrem Manne? Wie?

Frau Elvsted: Als das Buch erschienen war, hatte er oben bei uns keine Ruh und Rast mehr.

Tesman: Es ist ja wahr – Tante Jule sagte, es sei ein neues Buch von ihm erschienen.

Frau Elvsted: Ja, ein großes, neues Buch, das vom Gang der Kultur handelt – im großen ganzen. Das sind jetzt vierzehn Tage her. Und als es so viel gekauft und gelesen wurde – und so ungeheures Aufsehen machte –

Tesman: Das hat es also gemacht? Dann muß es wohl etwas sein, das er noch aus seiner guten Zeit liegen hatte.

Frau Elvsted: Von früher, meinen Sie?

Tesman: Jawohl.

Frau Elvsted: Nein, er hat das Ganze oben bei uns geschrieben. Jetzt – im letzten Jahr.

Tesman: Das ist ja erfreulich zu hören, Hedda! Denk mal!

Frau Elvsted: Ach ja, wenn es nur anhalten möchte!

Hedda: Haben Sie ihn hier schon getroffen?

Frau Elvsted: Nein, noch nicht. Ich hatte die größte Mühe, seine Adresse auszukundschaften. Aber heute früh habe ich sie endlich bekommen.

Hedda *sieht sie forschend an:* Im Grunde genommen finde ich es etwas seltsam von Ihrem Manne – hm –

Frau Elvsted *schrickt nervös zusammen:* Von meinem Manne? Was?

Hedda: Daß er Sie mit solch einem Auftrag nach der Stadt schickt. Daß er nicht selbst herreist und sich nach seinem Freunde umsieht.

Frau Elvsted: O nein, nein – mein Mann hat keine Zeit dazu. Und dann wollte ich auch – einige Einkäufe machen.

Hedda *lächelt leicht:* Nun, das ist etwas anderes.

Frau Elvsted *steht schnell und unruhig auf:* Und nun bitte ich Sie flehentlich, Herr Tesman, nehmen Sie Ejlert Lövborg gütig auf, wenn er zu Ihnen kommt! Und das tut er sicherlich. Mein Gott, Sie waren früher ja so gute Freunde. Und dann betreiben Sie beide ja das gleiche Studium. Die gleichen Wissenschaften – soweit ich es beurteilen kann.

Tesman: Das war wenigstens früher der Fall.

Frau Elvsted: Ja, und deshalb bitte ich Sie inständigst, daß Sie jedenfalls – Sie auch – ein waches Auge auf ihn haben. Oh, nicht wahr, Herr Tesman, Sie versprechen mir das doch?

Tesman: Ja, herzlich gern, Frau Rysing –

Hedda: Elvsted.

Tesman: Ich werde gewiß für Ejlert alles tun, was in meiner Macht steht. Darauf können Sie sich verlassen.

Frau Elvsted: Oh, wie innig gut das von Ihnen ist! *Sie drückt ihm die Hände.* Danke, danke, danke! *Erschrocken:* Mein Mann hält nämlich so viel von ihm!

Hedda *steht auf:* Du solltest ihm schreiben, Tesman. Vielleicht kommt er unaufgefordert nicht zu dir.

Tesman: Das wäre am Ende das richtigste, Hedda? Wie?

Hedda: Und je früher, je besser. Jetzt gleich, dünkt mich.

Frau Elvsted *flehentlich:* Ach ja, wenn Sie das täten!

Tesman: Ich schreibe im Augenblick. Haben Sie seine Adresse, Frau – Frau Elvsted?

Frau Elvsted: Ja. *Sie holt einen kleinen Zettel aus der Tasche und gibt ihn Tesman.* Hier steht sie.

Tesman: Gut, gut. Ich gehe also hinüber. *Er sieht umher.* Das ist ja wahr – die Pantoffeln? Na hier.

Er nimmt das Paket und will gehen.

Hedda: Schreib ihm ja recht warm und freundschaftlich. Und recht lang obendrein.

Tesman: Das tue ich schon.

Frau Elvsted: Aber nur kein Wort davon, daß ich für ihn gebeten habe!

Tesman: Nein, das versteht sich von selbst. Wie?

Er geht durch das Hinterzimmer rechts ab.

Achter Auftritt

Hedda, Frau Elvsted.

HEDDA *tritt zu Frau Elvsted, lächelt und sagt gedämpft:* So! Da haben wir zwei Fliegen mit einem Schlag getroffen.

FRAU ELVSTED: Wie meinen Sie das?

HEDDA: Haben Sie nicht begriffen, daß ich ihn forthaben wollte?

FRAU ELVSTED: Damit er den Brief schrieb –

HEDDA: Und ich allein mit Ihnen reden konnte.

FRAU ELVSTED *verwirrt:* Über denselben Gegenstand?

HEDDA: Ja, über denselben.

FRAU ELVSTED *angstvoll:* Aber es ist nichts weiter, Frau Tesman! Wirklich nichts weiter!

HEDDA: O doch, es ist noch viel mehr. Bedeutend mehr. So viel habe ich schon begriffen. Kommen Sie – setzen wir uns recht vertraulich zueinander.

Sie zwingt Frau Elvsted in den Lehnstuhl am Ofen und setzt sich selbst auf einen der Hocker.

FRAU ELVSTED *ängstlich, sieht auf ihre Uhr:* Aber liebste, beste Frau – ich wollte jetzt eigentlich gehen.

HEDDA: Das hat doch wohl keine Eile. Nun? Erzählen Sie mir jetzt ein wenig, wie es Ihnen zu Hause geht?

FRAU ELVSTED: Oh, das ist es grade, was ich am allerwenigsten berühren möchte.

HEDDA: Aber mir gegenüber, Beste? Lieber Gott, wir waren ja zusammen im Institut.

FRAU ELVSTED: Ja, aber Sie saßen eine Klasse über mir. Oh, welche grauenhafte Angst hatte ich damals vor Ihnen!

HEDDA: Sie hatten Angst vor mir?

FRAU ELVSTED: Ja. Grauenhafte Angst. Denn Sie pflegten mich immer am Haar zu reißen, wenn wir uns auf der Treppe begegneten.

HEDDA: Das hätte ich getan?

FRAU ELVSTED: Ja, und einmal sagten Sie, Sie würden es mir absengen.

HEDDA: Sie können doch denken, daß das nur Unsinn war.

FRAU ELVSTED: Ja, aber ich war damals so dumm. – Und später sind wir doch jedenfalls – so weit – weit auseinandergekommen. Unsere Kreise waren ja so ganz verschiedene.

HEDDA: Nun, dann wollen wir versuchen, einander wieder näherzukommen. Hören Sie! Im Institut haben wir uns doch geduzt. Und uns beim Vornamen genannt –

FRAU ELVSTED: Nein, da irren Sie sich bestimmt.

HEDDA: Nein, ich irre mich nicht! Ich besinne mich ganz deutlich. Und deshalb wollen wir vertraulich miteinander sein wie in alten Tagen. *Sie rückt mit dem Hocker näher.* So! *Sie küßt Frau Elvsted auf die Wange.* Jetzt sagst du „du" und nennst mich Hedda.

FRAU ELVSTED *drückt und streichelt ihre Hände:* Oh, so viel Güte und Freundlichkeit –! Das ist etwas, woran ich gar nicht gewöhnt bin.

HEDDA: So! So! So! Und ich sage „du" zu dir wie früher und nenne dich meine liebe Thora.

FRAU ELVSTED: Thea heiße ich.

HEDDA: Ja, richtig. Natürlich. Thea meinte ich. *Sie sieht sie teilnehmend an.* Du bist also wenig an Güte und Freundlichkeit gewöhnt, Thea? In deinem eigenen Heim?

FRAU ELVSTED: Oh, wenn ich ein Heim hätte! Aber ich habe keins. Habe niemals eins gehabt.

HEDDA *sieht sie ein wenig an:* Mir ahnte, daß es so etwas sein müsse.

FRAU ELVSTED *starrt hilflos vor sich hin:* Ja – ja – ja!

HEDDA: Ich erinnere mich nicht genau. Aber gingst du nicht ursprünglich als Hausdame hinauf zum Landrichter?

FRAU ELVSTED: Eigentlich sollte ich Gouvernante sein. Aber seine Frau – die damals – sie war schwächlich – und meistens bettlägerig. Daher mußte ich mich auch des Haushalts annehmen.

HEDDA: Aber dann – schließlich – wurdest du die Frau vom Hause.

FRAU ELVSTED *schwermütig:* Ja, dann wurde ich es.

HEDDA: Laß sehen – wie lange ist es jetzt ungefähr her?

FRAU ELVSTED: Daß ich mich verheiratet habe?

HEDDA: Ja.

FRAU ELVSTED: Das sind jetzt fünf Jahre her.

HEDDA: Ja, richtig; so lange muß es sein.

FRAU ELVSTED: O diese fünf Jahre –! Oder vielmehr die zwei, drei letzten. Oh, wenn Sie sich vorstellen könnten –

HEDDA *versetzt ihr einen leichten Schlag auf die Hand:* Sie! Pfui, Thea!

FRAU ELVSTED: Nein, nein, ich will es versuchen. Ja, wenn – du nur ahnen und verstehen könntest –

HEDDA *leichthin:* Ejlert Lövborg war ja auch so ungefähr drei Jahre da oben, glaube ich.

FRAU ELVSTED *blickt sie unsicher an:* Ejlert Lövborg? Ja – allerdings.

HEDDA: Kanntest du ihn schon von der Stadt her?

FRAU ELVSTED: Beinahe gar nicht. Ja, das heißt – dem Namen nach natürlich.

HEDDA: Aber dort oben – kam er also zu euch ins Haus?

FRAU ELVSTED: Ja, er kam täglich zu uns herüber. Er unterrichtete ja die Kinder. Denn auf die Dauer konnte ich nicht alles allein bewältigen.

HEDDA: Nein, das ist begreiflich. – Und dein Mann –? Er ist wohl viel auf Reisen?

FRAU ELVSTED: Ja. Sie – du weißt, daß er als Landrichter viel im Distrikt herumreisen muß.

HEDDA *lehnt sich an die Stuhllehne:* Thea – arme, süße Thea – jetzt mußt du mir alles erzählen – so wie es ist.

FRAU ELVSTED: Dann mußt du fragen.

HEDDA: Wie ist dein Mann eigentlich, Thea? Ich meine – so – im Umgang. Ist er gut gegen dich?

FRAU ELVSTED *ausweichend:* Er selbst glaubt gewiß, sein Bestes zu tun.

HEDDA: Mich dünkt nur, daß er viel zu alt für dich sein muß. Gewiß über zwanzig Jahr älter?

FRAU ELVSTED *irritiert:* Das auch. Es kommt alles zusammen. Alles an ihm ist mir widerlich! Wir haben nicht einen gemeinsamen Gedanken. Nichts auf der Welt – er und ich.

HEDDA: Aber hat er dich nicht trotzdem lieb? So auf seine Art?

FRAU ELVSTED: Ich weiß nicht, ob er das tut. Ich bin ihm gewiß nur nützlich. Und dann kostet es auch nicht viel, mich zu erhalten. Ich bin billig.

HEDDA: Das ist dumm von dir.

FRAU ELVSTED *schüttelt den Kopf:* Kann nicht anders sein. Mit ihm nicht. Er hat gewiß niemand weiter lieb als sich selbst. Und vielleicht die Kinder ein wenig.

HEDDA: Und dann Ejlert Lövborg, Thea.

FRAU ELVSTED: Ejlert Lövborg! Wie kommst du darauf?

HEDDA: Aber Liebste – mich dünkt, wenn er dich ihm hier bis in die Stadt nachschickt. *Sie lächelt beinahe unmerklich.* Außerdem hast du selbst es Tesman gesagt.

FRAU ELVSTED *mit nervösem Zucken:* So? Ja, das habe ich wohl getan. *In gedämpftem Ton ausbrechend:* Nein – ich kann es dir ebensogut gleich sagen! Denn es kommt ja doch an den Tag.

HEDDA: Aber, meine liebe Thea –?

FRAU ELVSTED: Nun, also kurz und gut! Mein Mann wußte gar nichts von meiner Reise.

HEDDA: Wie! Dein Mann wußte nichts davon!

FRAU ELVSTED: Natürlich nicht. Er war außerdem nicht zu Hause. Ebenfalls auf der Reise. Oh, ich konnte es nicht länger aushalten, Hedda! Ganz unmöglich! So einsam, wie ich von jetzt an dort oben sein werde.

HEDDA: Nun? Und dann?

FRAU ELVSTED: Dann packte ich einige von meinen Sachen zusammen. Das Notwendigste. So in aller Stille. Und darauf ging ich von Hause fort.

HEDDA: So ohne weiteres?

FRAU ELVSTED: Ja, und reiste dann direkt mit der Eisenbahn her.

HEDDA: Aber, meine liebe, gute Thea – daß du das gewagt hast!

FRAU ELVSTED *steht auf und geht durchs Zimmer:* Ja, was hätte ich sonst in aller Welt wohl tun sollen?

HEDDA: Was wird dein Mann aber sagen, wenn du wieder nach Hause kommst?

FRAU ELVSTED *steht am Tisch und sieht sie an:* Da hinauf zu ihm?

HEDDA: Jawohl – jawohl?

FRAU ELVSTED: Hinauf zu ihm gehe ich nie wieder.

HEDDA *steht auf und geht näher zu ihr:* Du bist also – in vollem Ernst – auf und davon gegangen?

FRAU ELVSTED: Ja. Mir war, als bliebe nichts anderes übrig.

HEDDA: Und dann – daß du so ganz offenkundig gegangen bist.

FRAU ELVSTED: Ach, so etwas läßt sich ja doch nicht verheimlichen.

HEDDA: Was glaubst du aber, daß die Leute von dir sagen werden, Thea?

FRAU ELVSTED: Die mögen in Gottes Namen sagen, was sie wollen. *Sie setzt sich müde und schwermütig aufs Sofa.* Denn ich habe nur getan, was ich tun mußte.

HEDDA *nach kurzer Pause:* Was gedenkest du jetzt zu beginnen? Was willst du anfangen?

FRAU ELVSTED: Das weiß ich noch nicht. Ich weiß nur, daß ich hier leben muß, wo Ejlert Lövborg lebt. Wenn ich überhaupt leben soll.

HEDDA *zieht einen Stuhl näher zu ihr heran, setzt sich zu ihr und streichelt ihre Hand:* Sag Thea – wie entstand dies – dies Freundschaftsverhältnis – zwischen dir und – Ejlert Lövborg?

FRAU ELVSTED: Ach, es entstand so nach und nach. Ich bekam gewissermaßen eine Art Gewalt über ihn.

HEDDA: So?

FRAU ELVSTED: Er legte seine alten Gewohnheiten ab. Nicht, daß ich ihn darum gebeten hätte. Denn das wagte ich nie zu tun. Aber er merkte wohl, daß dergleichen mir widerlich war. Und so ließ er davon ab.

HEDDA *verbirgt ein unwillkürliches Hohnlächeln:* Du hast ihn also wieder emporgezogen – wie man zu sagen pflegt – du, kleine Thea.

FRAU ELVSTED: Er selbst sagt das wenigstens. Und er – seinerseits – hat einen wirklichen Menschen aus mir gemacht. Hat mich denken gelehrt – und dies und jenes verstehen.

HEDDA: Hat er dich auch vielleicht unterrichtet?

FRAU ELVSTED: Nein, unterrichtet nicht gerade. Aber er sprach mit mir. Sprach über so unendlich vieles. Und dann kam die schöne, glückliche Zeit, wo ich an seiner Arbeit teilnahm – ihm helfen durfte!

HEDDA: Das durftest du?

FRAU ELVSTED: Ja! Wenn er etwas schrieb, so machten wir das immer zusammen.

HEDDA: Wie zwei gute Kameraden also.

FRAU ELVSTED *lebhaft:* Kameraden! Ja, denk nur, Hedda – so nannte er es auch! Oh, ich hätte ja so innig froh sein müssen. Aber auch das kann ich nicht. Denn ich weiß ja nicht, ob es von Dauer sein wird.

HEDDA: Sicherer bist du seiner nicht?

FRAU ELVSTED *schwermütig:* Der Schatten einer Frau steht zwischen Ejlert Lövborg und mir.

HEDDA *sieht sie voll Spannung an:* Wer kann das sein?

FRAU ELVSTED: Weiß nicht. Irgendeine aus – aus seiner Vergangenheit. Eine, die er gewiß nie vergessen hat.

HEDDA: Was hat er – darüber gesagt?

FRAU ELVSTED: Er hat nur ein einziges Mal – so flüchtig – darauf hingedeutet.

HEDDA: Nun? Und was sagte er da?

FRAU ELVSTED: Er sagte, als sie sich trennten, hätte sie mit einer Pistole auf ihn schießen wollen.

HEDDA *kalt und beherrscht:* Ach was! So etwas tut man hierzulande doch nicht!

FRAU ELVSTED: Nein. Und deshalb glaube ich, es muß die rothaarige Sängerin gewesen sein, die er eine Zeitlang –

HEDDA: Ja, das mag wohl sein.

FRAU ELVSTED: Denn ich erinnere mich, daß von ihr gesagt wurde, sie gehe mit geladenen Schießwaffen umher.

HEDDA: Na, dann ist sie es natürlich.

FRAU ELVSTED *ringt die Hände:* Ja, aber denk nur, Hedda – jetzt höre ich, daß die Sängerin – sie ist wieder in der Stadt! Oh – ich bin rein verzweifelt.

HEDDA *sieht verstohlen nach dem Hinterzimmer:* Sst! Da kommt Tesman. *Sie steht auf und flüstert:* Thea – dies alles muß zwischen dir und mir bleiben.

FRAU ELVSTED *springt auf:* O ja – ja! Um Gottes willen – !

Neunter Auftritt

Die Vorigen. Tesman kommt mit einem Brief in der Hand rechts aus dem Hinterzimmer.

TESMAN: So – nun ist die Epistel fix und fertig.

HEDDA: Das ist gut. Aber ich glaube, Frau Elvsted will schon gehen. Wart ein wenig. Ich begleite sie bis an die Gartentür.

TESMAN: Hedda, hör mal – könnte Berte es vielleicht besorgen?

HEDDA *nimmt den Brief:* Ich will ihr Bescheid sagen.

Zehnter Auftritt

Die Vorigen. Berte kommt vom Vorzimmer herein.

BERTE: Herr Gerichtsrat Brack ist draußen und möchte der Herrschaft seinen Besuch machen.

HEDDA: Ich lasse den Herrn Gerichtsrat bitten, hereinzukommen. Und dann – hören Sie mal – werfen Sie diesen Brief in den Kasten.

BERTE *nimmt den Brief:* Sehr wohl, gnädige Frau.

Sie öffnet dem Gerichtsrat die Tür und entfernt sich nach dort.

Elfter Auftritt

Hedda, Frau Elvsted, Tesman. Gerichtsrat Brack, ein Herr von fünfundvierzig Jahren, untersetzt, aber gut gewachsen, mit elastischen Bewegungen; das Gesicht rund, mit edlem Profil, das Haar kurz geschnitten, beinahe noch ganz schwarz und sorgsam frisiert; die Augen lebhaft, funkelnd, dicke Augenbrauen; der Schnurrbart ebenso mit gestutzten Enden; er trägt einen eleganten Straßenanzug, der jedoch ein wenig zu jugendlich für sein Alter erscheint; er gebraucht einen Kneifer, den er dann und wann fallen läßt.

BRACK *grüßt mit dem Hut in der Hand:* Darf man schon so früh am Morgen seinen Besuch machen?

HEDDA: Allerdings darf man.

TESMAN *drückt ihm die Hand:* Sie sind stets willkommen. *Er stellt vor:* Gerichtsrat Brack, Fräulein Rysing.

HEDDA: Aber – !

BRACK *verbeugt sich:* Ah, es freut mich ganz außerordentlich –

HEDDA *sieht ihn an und lacht:* Es ist wirklich ergötzlich, Sie bei Tageslicht zu betrachten, Herr Gerichtsrat!

BRACK: Verändert – etwa?

HEDDA: Ja, ein wenig verjüngt, dünkt mich.

BRACK: Danke verbindlichst.

TESMAN: Was sagen Sie aber zu Hedda! Wie? Sieht sie nicht blühend aus? Sie geht förmlich –

HEDDA: Oh, laß mich doch nur aus dem Spiel. Danke lieber dem Herrn Gerichtsrat für all die Mühe, die er gehabt –

BRACK: Ach was, das war mir nur ein Vergnügen –

HEDDA: Sie sind eine treue Seele. Aber meine Freundin brennt vor Ungeduld fortzukommen. Auf Wiedersehen, Herr Gerichtsrat. Ich bin gleich wieder hier.

Gegenseitige Verabschiedung. Frau Elvsted und Hedda gehen durch die Vorzimmertür ab.

Zwölfter Auftritt

Brack, Tesman.

BRACK: Nun, ist Ihre Frau einigermaßen zufrieden?

TESMAN: Wir können Ihnen nicht genug danken. Das heißt – einige kleine Abänderungen hier und da werden noch nötig sein, wie ich höre. Und dann fehlt auch noch dies und jenes. Wir werden noch verschiedene Kleinigkeiten anschaffen müssen.

BRACK: So? Wirklich?

TESMAN: Davon sollen Sie jedoch keine Mühe haben. Hedda sagt, daß sie selbst für das sorgen will, was noch fehlt. Aber wollen wir uns nicht setzen? Wie?

BRACK: Danke, einen kurzen Augenblick. *Er setzt sich an den Tisch.* Ich möchte etwas mit Ihnen besprechen, lieber Tesman.

TESMAN: So? Ah, verstehe! *Er setzt sich.* Jetzt kommt wohl der ernste Teil des Festes an die Reihe. Wie?

BRACK: Oh, die Geldangelegenheiten haben noch keine so große Eile. Im übrigen wäre es mir allerdings erwünscht gewesen, wenn wir uns ein bißchen einfacher eingerichtet hätten.

TESMAN: Aber das wäre ja nicht gegangen! Denken Sie nur an Hedda, Bester! Sie kennen sie ja so genau. Ich hätte ihr doch unmöglich eine kleinbürgerliche Umgebung bieten können!

BRACK: Nein, nein – da sitzt eben der Knoten.

TESMAN: Und dann kann es – glücklicherweise – nicht mehr lange dauern, bis ich die Ernennung bekomme.

BRACK: Oh, sehen Sie – sowas kann sich oft sehr in die Länge ziehen.

TESMAN: Haben Sie vielleicht etwas Näheres gehört? Wie?

BRACK: Nichts ganz Bestimmtes. *Er bricht ab:* Aber es ist ja wahr, eine Neuigkeit kann ich Ihnen mitteilen.

TESMAN: Nun?

BRACK: Ihr alter Freund, Ejlert Lövborg, ist wieder in der Stadt.

TESMAN: Das weiß ich schon.

BRACK: So? Woher haben Sie es erfahren?

TESMAN: Die Dame erzählte es, die eben mit Hedda fortging.

BRACK: Ach so. Wie heißt sie doch? Ich habe nicht recht gehört –

TESMAN: Frau Elvsted.

BRACK: Aha – also die Frau vom Landrichter. Ja – dort oben bei denen hat er sich ja aufgehalten.

TESMAN: Und denken Sie mal – jetzt höre ich zu meiner großen Freude, daß er wieder ein ganz ordentlicher Mensch geworden ist!

BRACK: Ja, man will es behaupten.

TESMAN: Und dann soll auch ein neues Buch von ihm erschienen sein. Wie?

BRACK: Ja, nehmen Sie nur an!

TESMAN: Es soll sogar Aufsehen gemacht haben!

BRACK: Ein ganz außergewöhnliches Aufsehen hat es gemacht.

TESMAN: Denken Sie mal – ist das nicht erfreulich zu hören? Der mit seiner merkwürdigen Begabung. Ich war so traurig überzeugt, daß er für ständig zugrunde gegangen sei.

BRACK: Das war auch die allgemeine Ansicht über ihn.

TESMAN: Aber ich begreife nur nicht, was er jetzt anfangen will! Woher in aller Welt will er die Mittel zum Leben nehmen? Wie?

Hedda ist während der letzten Worte durchs Vorzimmer eingetreten.

Dreizehnter Auftritt

Die Vorigen. Hedda.

HEDDA *höhnisch lächelnd zu Brack:* Immer geht Tesman umher und macht sich Sorgen, woher man die Mittel zum Leben nehmen soll.

TESMAN: Herrgott, wir sprechen von dem armen Ejlert Lövborg, Hedda.

HEDDA *mit raschem Blick auf ihn:* So? *Sie setzt sich in den Lehnstuhl am Ofen und fragt gleichgültig:* Was ist denn mit ihm los?

TESMAN: Nun, sein Erbteil hat er doch gewiß schon längst vertan. Und ein neues Buch kann er auch nicht jedes Jahr schreiben. Wie? Na – und nun frage ich wirklich, was aus ihm werden soll.

BRACK: Darüber könnte ich Ihnen vielleicht ein wenig erzählen.

TESMAN: Nun?

BRACK: Sie müssen bedenken, daß er Verwandte mit nicht geringem Einfluß hat.

TESMAN: O leider – die Verwandten haben sich ja längst gänzlich von ihm zurückgezogen.

BRACK: Früher nannten sie ihn doch die Hoffnung der Familie.

TESMAN: Früher, ja! Aber das hat er selbst verscherzt.

HEDDA: Wer weiß? *Sie lächelt leicht.* Dort oben beim Landrichter Elvsted hat man ihn wieder gehoben.

BRACK: Und dazu das Buch, das erschienen –

TESMAN: Ja, Gott gebe, daß dies ihm zu irgend etwas verhelfe. Ich habe gerade an ihn geschrieben. Hedda, ich bat ihn, uns heute abend zu besuchen.

BRACK: Aber bester Freund, Sie sollten ja heute abend zu meinem Junggesellenfest kommen. Das haben Sie schon heute nacht auf der Landungsbrücke versprochen.

HEDDA: Hattest du das vergessen, Tesman?

TESMAN: Ja, wahrhaftig.

BRACK: Sie können sich übrigens beruhigen. Er kommt nicht.

TESMAN: Weshalb glauben Sie das? Wie?

BRACK *ein wenig zögernd, steht auf und stützt die Hände auf die Stuhllehne:* Lieber Tesman – und auch Sie, gnädige Frau – ich kann es nicht verantworten, Sie in Unkenntnis über etwas zu lassen, das – das –

TESMAN: Etwas, das Ejlert angeht – ?

BRACK: Sowohl ihn wie Sie.

TESMAN: Aber, bester Gerichtsrat, so sagen Sie es doch!

BRACK: Sie müssen sich darauf gefaßt machen, daß Ihre Ernennung vielleicht nicht ganz so schnell erfolgt, wie Sie wünschen und erwarten.

TESMAN *springt unruhig auf:* Ist etwas dazwischengekommen? Wie?

BRACK: Die Besetzung der Stelle dürfte vielleicht von einem Wettbewerb abhängig gemacht werden –

TESMAN: Wettbewerb? Denk mal, Hedda!

HEDDA *lehnt sich tiefer in den Stuhl zurück:* Ah, sieh – sieh!

TESMAN: Aber zwischen wem denn? Doch wohl nie und nimmermehr zwischen –

BRACK: Ja grade. Zwischen Ejlert Lövborg und Ihnen.

TESMAN *schlägt die Hände zusammen:* Nein, nein – das ist ganz undenkbar! Wie?

BRACK: Hm – wir können es dennoch erleben.

TESMAN: Aber nein, Herr Gerichtsrat, das wäre ja die unglaublichste Rücksichtslosigkeit gegen mich! *Mit den Armen fechtend:* Ja, denn – denken Sie mal – ich bin ja ein verheirateter Mann! Auf diese Aussichten hin haben Hedda und ich uns ja verheiratet. Haben eine schwere Menge Schulden gemacht. Sogar von Tante Jule Geld geborgt. Denn, lieber Gott – die Stelle war mir ja so gut wie versprochen. Wie?

BRACK: Na, na, na – die Stellung werden Sie auch wohl bekommen. Aber erst nach einem Wettstreit.

HEDDA *unbeweglich im Lehnstuhl:* Denk nur, Tesman – das wird gewissermaßen eine Art Sport.

TESMAN: Aber, liebste Hedda, wie kannst du dies nur so gleichgültig aufnehmen!

HEDDA *wie oben:* Das tue ich durchaus nicht. Ich bin wirklich auf den Ausgang gespannt.

BRACK: Für alle Fälle ist es gut, Frau Tesman, daß Sie nun wissen, wie die Sachen stehen. Ich meine – bevor

Sie an die kleinen Einkäufe gehen, mit denen Sie, wie ich höre, drohen.

HEDDA: Das wird nichts daran ändern.

BRACK: So? Das ist etwas anderes. Leben Sie wohl. *Zu Tesman:* Wenn ich meinen Nachmittagsspaziergang mache, komme ich heran und hole Sie ab.

TESMAN: O ja, ja – ich weiß nicht aus noch ein.

HEDDA *im Stuhl liegend, streckt ihm die Hand hin:* Adieu, Herr Rat. Lassen Sie sich bald wieder sehen.

BRACK: Besten Dank. Adieu, adieu.

TESMAN *begleitet ihn an die Tür:* Adieu, lieber Rat! Sie müssen mich wirklich entschuldigen. –

Brack durch das Vorzimmer ab.

Vierzehnter Auftritt

Hedda, Tesman.

TESMAN *geht durchs Zimmer:* O Hedda – man sollte sich doch nie ins Abenteuerland wagen. Wie?

HEDDA *sieht ihn an und lacht:* Tust du das?

TESMAN: Ja, Hedda – es läßt sich nicht leugnen – es war abenteuerlich, sich auf nichts als Aussichten hin zu verheiraten und einzurichten.

HEDDA: Darin magst du recht haben.

TESMAN: Nun, Hedda – unser behagliches Heim haben wir jedenfalls! Denk mal – das Heim, von dem wir beide träumten. Schwärmten, möchte ich beinahe sagen. Wie?

HEDDA *steht langsam und müde auf:* Die Verabredung war, daß wir gesellig leben würden. Ein Haus machen.

TESMAN: Ja, mein Gott, wie ich mich darauf gefreut hatte! Denk mal – dich als Wirtin zu sehen, in einem auserwählten Kreise! Wie? Ja, ja, ja – vorläufig müssen wir beiden also in Einsamkeit zusammenhalten, Hedda. Nur dann und wann Tante Jule bei uns sehen. Und du, die du es so ganz – ganz anders haben solltest –!

HEDDA: Den Livreediener bekomme ich natürlich jetzt fürs erste nicht.

TESMAN: Nein, leider nicht. Einen Diener halten, davon, siehst du, kann unmöglich die Rede sein.

HEDDA: Und das Reitpferd, das ich haben sollte –

TESMAN *erschrocken:* Das Reitpferd!

HEDDA: An das darf ich jetzt wohl nicht einmal denken.

TESMAN: Nein, Gott bewahre mich – das ist doch selbstverständlich!

HEDDA *geht durchs Zimmer:* Nun – eines habe ich doch auf jeden Fall, woran ich mich inzwischen erheitern kann.

TESMAN *freudestrahlend:* Gott sei Lob und Dank! Und was ist denn das, Hedda? Wie?

HEDDA *in der Tür, sieht ihn mit unterdrücktem Hohn an:* Meine Pistolen – Jörgen.

TESMAN *in Angst:* Die Pistolen?

HEDDA *mit kaltem Blick:* General Gablers Pistolen.

Durch das Hinterzimmer links ab.

TESMAN *eilt an die Tür und ruft ihr nach:* Gott erbarme sich, liebste Hedda – rühr doch die gefährlichen Dinger nicht an! Mir zuliebe, Hedda! Wie?

ZWEITER AUFZUG

Zimmer bei Tesmans wie im ersten Aufzug. Das Klavier ist entfernt, und an seiner Stelle steht ein eleganter, kleiner Schreibtisch mit Bücherbrett. Neben dem Sofa links befindet sich ein kleinerer Tisch, auf dem in einem offenen Pistolenkasten ein Revolver liegt. Von den vielen Blumenbuketts steht nur noch das von Frau Elvsted vorn auf dem größeren Tisch. Es ist Nachmittag.

Erster Auftritt

Hedda, umgekleidet und in Empfangstoilette, steht an der offenen Glastür und lädt einen Revolver, demjenigen gleich, der in dem Pistolenkasten auf dem Schreibtisch liegt. Später Gerichtsrat Brack.

HEDDA *sieht in den Garten hinunter und ruft:* Noch mal guten Tag, Herr Rat!

BRACK *aus einiger Entfernung von unten:* Gleichfalls, Frau Tesman!

HEDDA *hebt die Pistole und zielt:* Jetzt erschieße ich Sie, Herr Rat!

BRACK *ruft von unten:* Nein, nein, nein! Zielen Sie doch nicht gerade auf mich!

HEDDA: Das kommt davon, wenn man hintenherum geht. *Sie schießt.*

BRACK *näher:* Sind Sie ganz von Sinnen –!

HEDDA: Mein Gott – habe ich Sie vielleicht getroffen?

BRACK *immer noch draußen:* Lassen Sie doch die Narrenpossen!

HEDDA: Kommen Sie doch herein, Herr Rat!

BRACK *wie zu einer Herrengesellschaft umgekleidet, über dem Arm einen leichten Paletot, tritt durch die Glastür ein:* Zum Teufel – treiben Sie den Sport noch immer? Auf was schießen Sie denn eigentlich?

HEDDA: Ach, ich schieße nur so in die Luft.

BRACK *nimmt ihr den Revolver vorsichtig aus der Hand:* Erlauben Sie, gnädige Frau. *Er sieht sich den Revolver an.* Ach der hier – den kenne ich wohl. *Er blickt umher.* Wo haben wir den Kasten? Na, hier! *Er tritt an den kleinen Tisch links, legt den Revolver in den Kasten und macht ihn zu.* Denn heute haben wir genug von dem Spaß.

HEDDA: Ja, in Gottes Namen, womit wollen Sie denn, daß ich mich beschäftigen soll?

BRACK: Haben Sie gar keine Besuche gehabt?

HEDDA *schließt die Glastür:* Nicht einen einzigen. Alle unsere Intimen sind wohl noch auf dem Lande.

BRACK: Und Tesman ist vielleicht auch nicht zu Hause?

HEDDA *schließt den Pistolenkasten in die Schreibtisch-*

lade: Nein. Gleich nach dem Speisen ist er zu den Tanten gelaufen. Er hat Sie nicht so früh erwartet.

BRACK: Hm – das hätte ich mir denken können. Das war dumm von mir.

HEDDA *wendet den Kopf und sieht ihn an:* Weshalb dumm?

BRACK: Ja, dann wäre ich noch – früher gekommen.

HEDDA *geht durchs Zimmer:* Dann hätten Sie überhaupt niemand getroffen. Denn nach dem Mittagessen war ich in meinem Zimmer und kleidete mich um.

BRACK: Und da ist auch gar keine kleinwinzige Türspalte, durch die man hätte verhandeln können?

HEDDA: Sie haben ja vergessen, eine machen zu lassen.

BRACK: Das war ebenfalls dumm von mir.

HEDDA: Nun, dann müssen wir uns also hier niederlassen – und warten. Denn Tesman kommt gewiß noch nicht so bald.

BRACK: Ja, ja, du lieber Gott, ich will geduldig sein.

Hedda setzt sich in die Sofaecke. Brack legt seinen Paletot über die Lehne des nächsten Stuhls und setzt sich, den Hut in der Hand behaltend. Kurze Pause. Beide sehen einander an.

HEDDA: Nun?

BRACK *in demselben Ton:* Nun?

HEDDA: Ich habe zuerst gefragt.

BRACK *beugt sich ein wenig vor:* Lassen Sie uns gemütlich miteinander plaudern, Frau Hedda.

HEDDA *lehnt sich weiter zurück:* Dünkt es Sie nicht eine ganze Ewigkeit, seitdem wir zuletzt miteinander gesprochen? Das bißchen von gestern abend und heute früh – rechne ich für nichts.

BRACK: Aber so unter uns? Unter vier Augen meinen Sie?

HEDDA: Ja, so ungefähr.

BRACK: Jeden einzigen Tag habe ich gewünscht, daß Sie nur erst wieder glücklich zu Hause wären.

HEDDA: Und ich habe wahrlich während der ganzen Zeit dasselbe gewünscht.

BRACK: Sie? Wirklich, Frau Hedda? Und ich, der ich glaubte, daß Sie sich so prächtig auf der Reise amüsierten!

HEDDA: Ja, das können Sie glauben!

BRACK: Aber das schrieb Tesman doch beständig.

HEDDA: Er? Ja, er findet nun einmal, daß man sich nichts Schöneres denken kann, als in Büchersammlungen herumzustöbern – und alte Pergamentblätter abzuschreiben – und was es sonst sein mag.

BRACK *ein wenig boshaft:* Na, das ist ja sein Beruf auf dieser Welt. Zum Teil wenigstens.

HEDDA: Das ist es allerdings. Und da kann man schon –. Aber ich! Ach nein, lieber Rat, ich habe mich gräßlich gelangweilt.

BRACK *teilnehmend:* Ist dem wirklich so? In vollem Ernst?

HEDDA: Ja, das können Sie sich doch denken! So ein ganzes halbes Jahr keinen Menschen zu treffen, der auch nur ein bißchen was von unserem Kreise weiß. Mit dem man über die eigenen Angelegenheiten reden kann.

BRACK: Nein, nein – das würde auch ich als Entbehrung empfinden.

HEDDA: Und was das allerunerträglichste ist –

BRACK: Nun?

HEDDA: Immer und ewig mit – ein und demselben zusammensein zu müssen –

BRACK *nickt beifällig:* Früh und spät – ja. Denken Sie – zu allen möglichen Zeiten.

HEDDA: Ich sage: immer und ewig.

BRACK: Mag sein. Aber mit unserm braven Tesman dünkt mich doch, daß man –

HEDDA: Tesman ist – ein Fachmensch, Bester.

BRACK: Das ist nicht zu leugnen.

HEDDA: Und mit Fachmenschen reisen ist absolut kein Vergnügen. Auf die Dauer wenigstens nicht.

BRACK: Nicht einmal – mit dem Fachmenschen, den man liebt?

HEDDA: Uh! – Gebrauchen Sie doch nicht das fade Wort!

BRACK *stutzt:* Was nun, Frau Hedda!

HEDDA *halb lachend, halb ärgerlich:* Ja, Sie sollten es nur selbst versuchen! Früh und spät von Kulturgeschichte reden hören –

BRACK: Immer und ewig.

HEDDA: Ja, ja, ja! Und dann das mit der Hausindustrie im Mittelalter! Das ist nun das allergräßlichste!

BRACK *sieht sie forschend an:* Aber sagen Sie mir – wie soll ich denn eigentlich verstehen, daß – ? Hm –

HEDDA: Daß Jörgen Tesman und ich ein Paar geworden sind, wollen Sie sagen?

BRACK: Nun ja, drücken wir uns so aus.

HEDDA: Mein Gott, finden Sie das denn so seltsam?

BRACK: Ja – und nein, Frau Hedda.

HEDDA: Ich hatte mich wirklich müde getanzt, lieber Brack. Meine Zeit war um. *Sie fährt leicht zusammen.* Uh nein – das will ich doch nicht sagen. Nicht einmal denken!

BRACK: Dazu haben Sie auch wahrlich keinen Grund.

HEDDA: Oh – Grund. *Sie sieht ihn gewissermaßen forschend an.* Und Jörgen Tesman – man muß ihm doch lassen, daß er in jeder Beziehung ein korrekter Mensch ist.

BRACK: Korrekt sowohl als solide. Versteht sich.

HEDDA: Und etwas eigentlich Komisches kann ich auch nicht an ihm finden. Finden Sie das?

BRACK: Komisch? Nei-n – das will ich nicht grade sagen –

HEDDA: Nun? – Aber jedenfalls ist er doch ein außerordentlich fleißiger Sammler! Es kann daher leicht sein, daß er es trotzdem mit der Zeit noch weit bringt.

BRACK *sieht sie ein wenig ungewiß an:* Ich glaubte, Sie meinten wie die andern, daß ein besonders hervorragender Mann aus ihm würde.

HEDDA *mit müdem Ausdruck:* Ja, das tat ich auch. – Und als er dann so mit aller Gewalt darauf ausging, mich durchaus versorgen zu wollen – ich weiß nicht, weshalb ich es nicht hätte annehmen sollen?

BRACK: Nein, nein. Wenn man es von der Seite betrachtet –

HEDDA: Das war wirklich mehr, als wozu meine anderen Anbeter bereit waren, lieber Brack.

BRACK *lacht:* Ja, allerdings kann ich für all die anderen nicht bürgen. Was mich selbst aber betrifft, so wissen Sie wohl, daß ich stets einen – einen gewissen Respekt vor den Ehebanden gehegt habe. So im allgemeinen, Frau Hedda.

HEDDA *scherzend:* Oh, ich habe mir in bezug auf Sie wahrhaftig niemals Hoffnungen gemacht.

BRACK: Alles, was ich verlange, ist ein guter, vertrauter Umgangskreis, wo ich mit Rat und Tat zu Diensten stehen kann und aus und ein gehen darf wie – wie ein erprobter Freund –

HEDDA: Vom Ehemann, meinen Sie?

BRACK *verbeugt sich:* Aufrichtig gesagt – lieber von der Frau. Aber demnächst auch vom Manne, versteht sich. Wissen Sie – solch ein – sagen wir dreieckiges Verhältnis – ist im Grunde genommen eine große Annehmlichkeit für alle Teile.

HEDDA: Ja, ich habe manches liebe Mal einen dritten Mann auf der Reise vermißt. Uh – so zu zweien im Coupé sitzen –!

BRACK: Zum Glück ist die Hochzeitsreise jetzt überstanden –

HEDDA *schüttelt den Kopf:* Die Reise kann noch lang – sehr lang werden. Ich bin nur unterwegs an einer Haltestelle angekommen.

BRACK: Nun, da springt man heraus – und macht sich ein wenig Bewegung, Frau Hedda.

HEDDA: Ich springe nie hinaus.

BRACK: Wirklich nicht?

HEDDA: Nein, denn es ist immer irgend jemand da, der –

BRACK *lachend:* Der einem auf die Beine sieht, wollen Sie sagen?

HEDDA: Ja, allerdings.

BRACK: Na, aber mein Gott –

HEDDA *mit einer abwehrenden Handbewegung:* Hab' ich nicht gern. Dann bleibe ich lieber sitzen, wo ich nun einmal bin. Zu zweien.

BRACK: Nun, aber dann steigt der dritte Mann zu dem Paar ein.

HEDDA: Ja, sehen Sie – das ist etwas ganz anderes!

BRACK: Ein erprobter, verständnisvoller Freund –

HEDDA: Unterhaltend auf allen möglichen anregenden Gebieten –

BRACK: Und nicht eine Spur von Fachmensch!

HEDDA *atmet hörbar:* Das ist freilich eine Erleichterung.

BRACK *hört die Eingangstür öffnen und sieht verstohlen hin:* Das Dreieck ist geschlossen.

HEDDA *halblaut:* Und der Zug fährt weiter.

Zweiter Auftritt

Die Vorigen. Tesman kommt im grauen Straßenanzug und mit weichem Filzhut durch das Vorzimmer, eine Menge ungebundener Bücher unter dem Arm und in den Taschen.

TESMAN *geht an den Tisch vor dem Ecksofa:* Puh, es hat mich ordentlich heiß gemacht, das alles zu schleppen. *Er legt die Bücher von sich.* Ich schwitze förmlich, Hedda. Nein, sieh doch! Sind Sie schon da, lieber Rat? Wie? Davon hat Berte gar nichts gesagt.

BRACK *steht auf:* Ich bin durch den Garten gekommen.

HEDDA: Was bringst du da für Bücher?

TESMAN *blättert darin:* Einige neue Fachschriften, die ich notwendig brauche.

HEDDA: Fachschriften?

BRACK: Aha, Fachschriften, Frau Tesman.

Hedda und Brack wechseln ein verständnisvolles Lächeln.

HEDDA: Brauchst du noch mehr Fachschriften?

TESMAN: Ja, liebe Hedda, davon kann man nie genug haben. Man muß alles verfolgen, was geschrieben und gedruckt wird.

HEDDA: Ja, das muß man wohl.

TESMAN *stöbert zwischen den Büchern herum:* Sieh mal – hier habe ich mir auch Ejlert Lövborgs neues Buch besorgt. *Er reicht es hin.* Hast du vielleicht Lust, hineinzusehen, Hedda? Wie?

HEDDA: Nein, ich danke. Oder – doch später vielleicht.

TESMAN: Ich habe unterwegs ein bißchen darin geblättert.

BRACK: Nun, was meinen Sie denn – als Fachmann?

TESMAN: Mich dünkt, es ist merkwürdig ruhig gehalten. Früher hat er niemals so geschrieben. *Er sammelt die Bücher zusammen.* Jetzt aber will ich das alles hineintragen. Es wird eine wahre Wonne, das aufzuschneiden! Und dann muß ich mich ein wenig umkleiden. *Zu Brack:* Wir brauchen doch noch nicht gleich zu gehen? Wie?

BRACK: O bewahre, das hat noch lange keine Eile.

TESMAN: Dann lasse ich mir also Zeit. *Er wendet sich mit den Büchern zum Abgang, bleibt jedoch in der Tür stehen und dreht sich um.* Es ist ja wahr, Hedda – Tante Jule kommt heute abend nicht zu dir.

HEDDA: Nicht? Vielleicht wegen der Geschichte mit dem Hut?

TESMAN: Ach, weit entfernt. Wie kannst du so etwas von Tante Jule glauben? Denk mal –! Aber mit Tante Rina geht es so sehr schlecht, weißt du.

HEDDA: Das tut es ja immer.

TESMAN: Ja, aber heute steht es besonders schlecht mit ihr, der Ärmsten.

HEDDA: Dann ist es ganz in der Ordnung, daß die andere bei ihr bleibt. Ich muß mich dareinfinden.

TESMAN: Und du kannst dir nicht denken, wie seelensfroh Tante Jule trotzdem war – weil du auf der Reise so voll und üppig geworden!

HEDDA *steht auf, halblaut:* Ach, diese ewigen Tanten!

TESMAN: Wie?

HEDDA *geht an die Glastür:* Nichts.

TESMAN: Nun ja.

Er geht durch das Hinterzimmer rechts ab.

Dritter Auftritt

Hedda, Gerichtsrat Brack.

BRACK: Was war das für ein Hut, von dem Sie sprachen?

HEDDA: Ach, etwas mit Fräulein Tesman heute morgen. Sie hatte ihren Hut dort auf den Stuhl gelegt. *Sie sieht Brack an und lächelt.* Und da stellte ich mich, als ob ich glaubte, er gehörte dem Dienstmädchen.

BRACK *schüttelt den Kopf:* Aber, liebe Frau Hedda, wie konnten Sie das tun? Der lieben, alten Dame gegenüber!

HEDDA *nervös, geht durchs Zimmer:* Ja, wissen Sie, dergleichen kommt über mich, ehe ich mich's versehe. Und dann k a n n ich es nicht lassen. *Sie wirft sich in den Lehnstuhl am Ofen.* Ach, ich weiß selbst nicht, wie ich das erklären soll.

BRACK *hinter dem Lehnstuhl:* Sie sind eigentlich nicht glücklich – das ist wohl die Sache.

HEDDA *sieht vor sich hin:* Ich weiß auch nicht, weshalb ich – glücklich sein sollte. Oder können Sie es mir sagen?

BRACK: Ja – unter anderm, weil Sie grade das Heim bekommen haben, wie Sie es sich wünschten.

HEDDA *sieht zu ihm auf und lacht:* Glauben auch Sie an diese Wunschgeschichte?

BRACK: Ist denn nichts Wahres daran?

HEDDA: Ja freilich, etwas ist daran.

BRACK: Nun?

HEDDA: D a s ist dran, daß Tesman mich im vorigen Sommer aus den Gesellschaften nach Hause zu begleiten pflegte –

BRACK: Leider, ich hatte ja einen ganz anderen Weg.

HEDDA: Das ist wahr. Sie gingen im vorigen Sommer allerdings andere Wege.

BRACK *lacht:* Schämen Sie sich, Frau Hedda! Nun – Sie und Tesman also – ?

HEDDA: Da kamen wir eines Abends hier vorüber. Und Tesman, der Ärmste, drehte und wandte sich. Denn er wußte nicht, wovon er reden sollte. Da tat es mir leid um den gelehrten Menschen –

BRACK *lächelt zweifelnd:* I h n e n leid? Hm –

HEDDA: Ja, gewiß tat es mir leid. Und da – um ihm aus der Bedrängnis zu helfen – fiel es mir leichtsinnigerweise ein zu sagen, daß ich hier in dieser Villa wohnen möchte.

BRACK: Sonst nichts?

HEDDA: An d i e s e m Abend nichts.

BRACK: Nachher also?

HEDDA: Ja. Mein Leichtsinn hatte Folgen, lieber Brack.

BRACK: Leider – hat unser Leichtsinn das nur allzuoft, Frau Hedda.

HEDDA: Danke! Doch in dieser Schwärmerei für die Villa der Staatsrätin Falk begegneten Jörgen Tesman und ich uns in Verständnis, sehen Sie! Das zog Verlobung und Heirat und Hochzeitsreise und alles andere nach sich. Ja, ja, Herr Rat – wie man sich bettet, so liegt man – hätte ich beinahe gesagt.

BRACK: Das ist kostbar! Und im Grunde machten Sie sich vielleicht nicht das mindeste aus dem Ganzen?

HEDDA: Nein, das tat ich weiß Gott nicht.

BRACK: Aber jetzt doch? Wo wir Ihnen alles so heimisch eingerichtet haben?

HEDDA: Uh! Mich dünkt, es riecht hier in allen Zimmern nach Lavendel und getrockneten Rosen. Aber den Geruch hat vielleicht Tante Jule mitgebracht.

BRACK *lacht:* Nein, dann glaube ich eher, daß er noch von der seligen Staatsrätin her ist.

HEDDA: Ja, etwas Welkes ist dran. Es erinnert an Ballblumen – am Tage nachher. *Sie verschränkt die Hände im Nacken, lehnt sich in den Stuhl zurück und sieht ihn an.* Ach, lieber Brack, Sie können sich nicht vorstellen, wie gräßlich ich mich hier draußen langweilen werde.

BRACK: Sollte das Leben denn nicht auch Ihnen irgendeine Aufgabe zu bieten haben, Frau Hedda?

HEDDA: Eine Aufgabe – die etwas Verlockendes haben könnte?

BRACK: Das natürlich am liebsten.

HEDDA: Gott mag wissen, was für eine Aufgabe das sein müßte. Oft denke ich, ob – *Sie bricht ab:* Aber das wird auch nicht gehen.

BRACK: Wer weiß? Lassen Sie mich nur hören.

HEDDA: Wenn ich Tesman dahin bringen könnte, sich auf die Politik zu werfen, meinte ich.

BRACK *lacht:* Tesman! Nein, wissen Sie – so etwas wie Politik liegt ihm nun schon – absolut nicht.

HEDDA: Nein, das will ich wohl glauben. Wenn ich ihn nun aber doch dazu bringen könnte?

BRACK: Ja – welche Genugtuung hätten Sie davon? Wenn er nun nicht dazu taugt? Weshalb ihn dann dazu bringen?

HEDDA: Weil ich mich langweile, damit Sie's wissen. *Nach kurzer Pause:* Halten Sie es also für durchaus unmöglich, daß Tesman Staatsminister werden könnte?

BRACK: Hm – sehen Sie, liebe Frau Hedda, um d a s zu werden, müßte er in erster Linie ein ziemlich reicher Mann sein.

HEDDA *erhebt sich ungeduldig:* Ja, da haben wir's! Diese ärmlichen Verhältnisse, in die ich hineingekommen! *Sie geht durchs Zimmer.* D i e sind es, die das Leben so jämmerlich machen! So gradezu lächerlich! – Denn so i s t es!

BRACK: Ich meinerseits glaube, daß die Schuld anderswo liegt.

HEDDA: Wo denn?

BRACK: Sie haben niemals etwas so recht Erweckendes erlebt.

HEDDA: Nichts Ernstes, meinen Sie?

BRACK: Ja, man kann es auch so nennen. Jetzt aber könnte es vielleicht kommen.

HEDDA *wirft den Kopf in den Nacken:* Ah, Sie spielen auf die Unannehmlichkeiten mit dieser jammervollen Professur an! Aber das ist allein Tesmans Sache. Daran verschwende ich wahrlich auch nicht einen Gedanken.

BRACK: Nein, nein, davon reden wir nicht. Wenn nun aber das an Sie gestellt würde – was man – so im höheren Stil – ernste und – und verantwortungsvolle Forderungen nennte? *Er lächelt.* Neue Forderungen, liebe Frau Hedda?

HEDDA *ärgerlich:* Schweigen Sie! Etwas derartiges werden Sie nicht erleben!

BRACK *vorsichtig:* Übers Jahr – allerspätestens – wollen wir wieder darüber reden.

HEDDA: Zu dergleichen habe ich keine Anlage, Herr Rat. Mir soll man nicht mit Anforderungen kommen.

BRACK: Sollten Sie nicht, wie die meisten anderen Frauen, Anlagen zu einem Beruf haben, wie –?

HEDDA *an der Glastür:* Ach, schweigen Sie, sage ich! Manchmal dünkt mich, daß ich nur zu etwas auf der Welt Anlage habe.

BRACK *tritt näher zu ihr:* Und das wäre, wenn ich fragen darf?

HEDDA *indem sie hinausblickt:* Mich totzulangweilen. Jetzt wissen Sie's! *Sie dreht sich um, sieht nach dem Hinterzimmer und lacht.* Richtig! Da haben wir den Professor.

BRACK *leise, warnend:* Na, na, na, Frau Hedda!

Vierter Auftritt

Die Vorigen. Tesman kommt im Gesellschaftsanzug, mit Handschuhen und Hut in der Hand von rechts durch das Hinterzimmer.

TESMAN: Hedda, ist keine Absage von Ejlert Lövborg gekommen? Wie?

HEDDA: Nein.

TESMAN: Na, dann wirst du sehen, daß wir ihn wirklich binnen kurzem hierhaben.

BRACK: Glauben Sie in der Tat, daß er kommt?

TESMAN: Ja, davon bin ich beinahe überzeugt. Denn das, was Sie heute vormittag erzählten, sind wohl nur leere Gerüchte.

BRACK: So?

TESMAN: Ja; wenigstens hat Tante Jule gesagt, sie glaube nimmermehr, daß er mir künftighin in den Weg treten werde. Denken Sie mal!

BRACK: Na, dann ist ja alles schön und gut.

TESMAN *legt den Hut mit den Handschuhen rechts auf einen Stuhl:* Ich muß aber doch solange wie möglich auf ihn warten.

BRACK: Dazu haben wir auch reichlich Zeit. Vor sieben – halb acht kommt doch niemand zu mir.

TESMAN: Nun, dann können wir ja Hedda solange Gesellschaft leisten. Und es drauf ankommen lassen. Wie?

HEDDA *trägt Bracks Überrock und Hut nach dem Ecksofa:* Und im schlimmsten Fall kann ja Herr Lövborg hier bei mir bleiben.

BRACK *will selbst die Sachen nehmen:* Ah, bitte, gnädige Frau – was meinen Sie mit schlimmsten Fall?

HEDDA: Wenn er nicht mit Ihnen und Tesman gehen will.

TESMAN *sieht sie unschlüssig an:* Aber, liebe Hedda – meinst du, daß es sich paßt, wenn er hier bei dir bleibt? Wie? Bedenk, daß Tante Jule nicht kommen kann.

HEDDA: Frau Elvsted kommt aber. Und dann trinken wir drei zusammen den Tee.

TESMAN: Nun ja, dann geht es!

BRACK *lächelt:* Das dürfte vielleicht auch das gesündeste für ihn sein.

HEDDA: Weshalb das?

BRACK: Mein Gott, gnädige Frau, Sie haben ja oft genug auf meine kleinen Junggesellenabende angespielt. Sie meinten, die eigneten sich nur für ganz prinzipienfeste Männer.

HEDDA: Herr Lövborg wird jetzt wohl genügend prinzipienfest sein. Ein bekehrter Sünder –

Fünfter Auftritt

Die Vorigen. Berte.

BERTE *durchs Vorzimmer:* Gnädige Frau, draußen ist ein Herr, der gern herein möchte –

HEDDA: Laß ihn eintreten.

TESMAN *leise:* Ich bin überzeugt, das ist er! Denk mal!

Berte läßt Lövborg durchs Vorzimmer eintreten und entfernt sich nach dort.

Sechster Auftritt

Hedda, Tesman, Brack. Ejlert Lövborg, schlank und mager, in demselben Alter wie Tesman, jedoch älter und etwas verlebt aussehend, Haar und Bart schwarzbraun, das Gesicht länglich, bleich, mit ein paar rötlichen Flecken auf den Backen, trägt einen eleganten, schwarzen, ganz neuen Besuchsanzug, dunkle Handschuhe und Zylinderhut in der Hand, tritt etwas verlegen durchs Vorzimmer ein, bleibt in der Nähe der Tür stehen und verbeugt sich hastig. Später Berte.

TESMAN *geht ihm entgegen und schüttelt ihm die Hand:* Nein, lieber Ejlert, treffen wir uns endlich einmal wieder!

LÖVBORG *spricht mit leiser Stimme:* Danke dir für deinen Brief. *Er nähert sich Hedda.* Darf ich auch Ihnen die Hand geben, Frau Tesman?

HEDDA *nimmt seine Hand:* Willkommen, Herr Lövborg. *Mit einer Handbewegung:* Ich weiß nicht, ob die beiden Herren –?

LÖVBORG *verbeugt sich leicht:* Gerichtsrat Brack, wenn ich nicht irre –

BRACK *ebenso:* Allerdings. Vor etlichen Jahren –

TESMAN *zu Lövborg, indem er ihm die Hände auf die Schultern legt:* Und jetzt mußt du ganz so tun, als ob du zu Hause wärst, Ejlert! Nicht wahr, Hedda? Denn wie ich höre, willst du dich wieder hier in der Stadt niederlassen. Wie?

LÖVBORG: Ich habe die Absicht.

TESMAN: Na, das ist sehr vernünftig. Hör mal, du – ich habe mir dein neues Buch besorgt. Aber bis jetzt habe ich wahrhaftig noch nicht Zeit gehabt, es zu lesen.

LÖVBORG: Das kannst du dir auch ebensogut sparen.

TESMAN: Warum meinst du das?

LÖVBORG: Es ist nicht viel dran.

TESMAN: Ach, denk mal – was du sagst!

BRACK: Aber wie ich höre, wird es doch so außerordentlich gelobt.

LÖVBORG: Das wollte ich gerade. Darum schrieb ich das Buch so, daß niemand etwas dawiderhaben konnte.

BRACK: Sehr vernünftig.

TESMAN: Aber lieber Ejlert –!

LÖVBORG: Denn ich will versuchen, mir wieder eine Stellung zu gründen, wieder von vorn anfangen.

TESMAN *etwas verlegen:* Ja, das willst du vielleicht? Wie?

LÖVBORG *lächelt, stellt den Hut fort und zieht ein in Papier gewickeltes Paket aus der Rocktasche:* Aber wenn dies hier kommt – Jörgen Tesman – das mußt du lesen. Denn das ist erst das Wahre. Das, in dem ich selbst bin.

TESMAN: So? Was ist es denn eigentlich?

LÖVBORG: Die Fortsetzung.

TESMAN: Die Fortsetzung? Wovon?

LÖVBORG: Von dem Buch.

TESMAN: Von dem neuen?

LÖVBORG: Versteht sich.

TESMAN: Aber lieber Ejlert – das reicht ja schon bis auf unsere Zeit!

LÖVBORG: Allerdings. Und dies hier handelt von der Zukunft.

TESMAN: Von der Zukunft! Aber, lieber Gott, von der wissen wir ja gar nichts!

LÖVBORG: Nein. Aber trotzdem läßt sich dies und jenes darüber sagen. *Er öffnet das Paket.* Hier wirst du sehen –

TESMAN: Das ist ja nicht deine Handschrift.

LÖVBORG: Ich habe diktiert. *Er blättert in den Papieren.* Es teilt sich in zwei Abschnitte. Der erste handelt von den Kulturmächten der Zukunft. Und der zweite hier – *er blättert weiter nach hinten:* der handelt vom Kulturgang der Zukunft.

TESMAN: Merkwürdig! Es würde mir nie einfallen, über dergleichen zu schreiben.

HEDDA *an der Glastür, trommelt gegen die Scheiben:* Hm – nein, nein.

LÖVBORG *schiebt die Papiere in den Umschlag und legt das Paket auf den Tisch:* Ich nahm es mit, weil ich beabsichtigte, dir heute abend ein bißchen daraus vorzulesen.

TESMAN: Das ist sehr gütig von dir. Aber heute abend –? *Er sieht nach Brack hin.* Ich weiß nicht recht, wie sich das wird machen lassen –

LÖVBORG: Na, dann ein andermal. Es hat ja keine Eile.

BRACK: Ich will Ihnen sagen, Herr Lövborg – ich habe heute abend ein kleines Fest bei mir. Hauptsächlich für Tesman, verstehen Sie –

LÖVBORG *blickt nach seinem Hut:* Na, dann will ich nicht länger –

BRACK: Nein, hören Sie mal. Wollen Sie mir nicht das Vergnügen machen, mitzukommen?

LÖVBORG *kurz und bestimmt:* Nein, das kann ich nicht. Ich danke Ihnen bestens.

BRACK: Ach was! Tun Sie's doch! Wir sind ein kleiner, auserwählter Kreis. Und glauben Sie nur, es wird „lustig" zugehen, wie Frau Hed– wie Frau Tesman sagt.

LÖVBORG: Daran zweifle ich gar nicht. Aber trotzdem –

BRACK: Dann könnten Sie Ihr Manuskript mitnehmen und Tesman bei mir daraus vorlesen. Ich habe Zimmer genug.

TESMAN: Ja, denk mal, Ejlert – das könntest du doch tun! Wie?

HEDDA *tritt dazwischen:* Aber, Bester, wenn Herr Lövborg nun durchaus nicht will! Ich bin überzeugt, daß Herr Lövborg viel mehr Lust hat, hierzubleiben und mit mir zu Abend zu essen.

LÖVBORG *sieht nach ihr hin:* Mit Ihnen, gnädige Frau!

HEDDA: Und mit Frau Elvsted.

LÖVBORG: Ah! *Leichthin:* Die habe ich heute flüchtig getroffen.

HEDDA: Wirklich? Ja, sie kommt heraus. Und daher ist es beinahe notwendig, daß Sie bleiben, Herr Lövborg. Denn sonst hat sie niemand, der sie nach Hause begleitet.

LÖVBORG: Das ist wahr. Ja, besten Dank, gnädige Frau – dann bleibe ich.

HEDDA: Ich will dann nur dem Mädchen Bescheid sagen.

Sie geht an die Tür zum Vorzimmer und läutet. Berte kommt. Hedda spricht leise mit ihr und zeigt nach dem Hintergrund. Berte nickt und geht wieder ab.

TESMAN *gleichzeitig zu Lövborg:* Hör mal, Ejlert – ist dies der neue Gegenstand – der von der Zukunft –, über den du Vorträge halten willst?

LÖVBORG: Ja.

TESMAN: Ich hörte nämlich heute beim Buchhändler, du wolltest hier im Herbst eine Reihe von Vorträgen halten.

LÖVBORG: Das will ich. Das darfst du mir nicht verdenken, Tesman.

TESMAN: Nein, Gott bewahre! Aber –?

LÖVBORG: Ich sehe wohl ein, daß es dir ein wenig in die Quere kommt.

TESMAN *verzagt:* Ach, meinetwegen kann ich ja nicht verlangen, daß du –

LÖVBORG: Aber ich warte, bis du deine Ernennung hast.

TESMAN: Du wartest! Ja aber – aber – willst du denn nicht mit mir konkurrieren? Wie?

LÖVBORG: Nein. Ich will nur den Sieg über dich davontragen. In der Meinung der Leute.

TESMAN: Aber mein Gott – dann hatte Tante Jule ja

doch recht! O ja – das wußte ich wohl! Hedda! Denk mal, Ejlert Lövborg will uns durchaus nicht in den Weg treten!

HEDDA *kurz:* Uns? Mich laß doch aus dem Spiel.

Berte kommt. Hedda geht nach dem Hinterzimmer. Berte stellt ein Präsentierbrett mit Karaffen und Gläsern auf den Tisch. Hedda nickt beifällig und kommt dann wieder nach vorn. Berte ab.

TESMAN *gleichzeitig:* Und Sie, Herr Rat, was sagen Sie denn dazu. Wie?

BRACK: Ja, ich sage, daß Ehre und Sieg – hm – ganz außerordentlich schöne Dinge sein mögen –

TESMAN: Ja, freilich sind sie das. Aber trotzdem –

HEDDA *sieht Tesman kalt lächelnd an:* Ich finde, du stehst da, als wärst du vom Blitz getroffen.

TESMAN: Ja, so ungefähr – glaube ich fast –

BRACK: Es war ja auch ein Gewitter, das über uns hinzog, gnädige Frau.

HEDDA *zeigt nach dem Hinterzimmer:* Wollen die Herren nicht hineingehen und ein Glas kalten Punsch trinken?

BRACK *sieht auf seine Uhr:* Einen Abschiedstrunk? Ja, das wäre nicht zu verachten.

TESMAN: Ausgezeichnet, Hedda! Ganz ausgezeichnet! In so freier Stimmung, wie ich jetzt bin –

HEDDA: Bitte, Sie auch, Herr Lövborg.

LÖVBORG *abwehrend:* Nein, besten Dank. Für mich nicht.

BRACK: Aber, mein Gott, kalter Punsch ist doch kein Gift, soviel ich weiß.

LÖVBORG: Vielleicht nicht für alle.

HEDDA: Ich werde Herrn Lövborg solange Gesellschaft leisten.

TESMAN: Ja, ja, liebe Hedda, tu das.

Brack und Tesman gehen ins Hinterzimmer, setzen sich, trinken Punsch, rauchen Zigaretten und sprechen während des Folgenden lebhaft miteinander. Lövborg bleibt am Ofen stehen.

HEDDA *geht an den Schreibtisch, mit ein wenig erhobener Stimme:* Ich will Ihnen einige Fotografien zeigen, wenn es Ihnen Vergnügen macht. Denn Tesman und ich – haben auf der Heimreise einen kleinen Abstecher durch Tirol gemacht.

Sie nähert sich mit einem Album, das sie auf den Tisch am Sofa legt, und setzt sich in die obere Ecke desselben. Lövborg tritt näher, bleibt stehen und sieht sie an; darauf nimmt er einen Stuhl, setzt sich ihr zur Linken und dreht dem Hinterzimmer den Rücken zu.

HEDDA *schlägt das Album auf:* Sehen Sie hier, diese Felsenpartie, Herr Lövborg? Das ist die Ortlergruppe. Tesman hat es daruntergeschrieben. Hier steht es: Ortlergruppe bei Meran.

LÖVBORG *hat sie unverwandt angesehen und sagt nun leise und langsam:* Hedda Gabler!

HEDDA *sieht hastig und verstohlen nach ihm hin:* Aber! Still!

LÖVBORG *wiederholt leise:* Hedda Gabler!

HEDDA *sieht ins Album:* Ja, so hieß ich einmal! Damals – als wir einander kannten.

LÖVBORG: Und von jetzt an – und fürs ganze Leben – muß ich mir's also abgewöhnen zu sagen: Hedda Gabler.

HEDDA *blättert weiter:* Ja, das müssen Sie. Und mich dünkt, Sie sollten sich beizeiten üben. Je früher, je besser, dünkt mich.

LÖVBORG *erbittert:* Hedda Gabler verheiratet! Und zwar mit – Jörgen Tesman!

HEDDA: Ja – so geht es.

LÖVBORG: O Hedda, Hedda – wie hast du dich so wegwerfen können!

HEDDA *sieht ihn scharf an:* Nun?? Nichts davon!

LÖVBORG: Wovon, meinst du?

Tesman kommt und nähert sich dem Sofa.

HEDDA *hört ihn kommen und sagt gleichgültig:* Und dies, Herr Lövborg, ist da unten aus dem Ampezzotal. Sehen Sie nur diese Bergspitzen. *Sie blickt freundlich zu Tesman auf:* Wie heißen diese wunderlichen Bergspitzen doch nur gleich?

TESMAN: Laß sehen. Oh, das sind die Dolomiten.

HEDDA: Richtig, ja! Das sind die Dolomiten, Herr Lövborg.

TESMAN: Hör mal, Hedda, ich wollte nur fragen, ob wir nicht doch etwas Punsch hereinbringen sollen? Für dich wenigstens. Wie?

HEDDA: Ja, danke. Und vielleicht auch ein paar Kuchen.

TESMAN: Keine Zigaretten?

HEDDA: Nein.

TESMAN: Gut.

Er geht ins Hinterzimmer und rechts ab. Brack sitzt im Hinterzimmer und beobachtet Lövborg und Hedda dann und wann.

Siebenter Auftritt

Die Vorigen ohne Tesman.

LÖVBORG *gedämpft wie oben:* Antworte mir jetzt, Hedda – wie hast du es tun können?

HEDDA *augenscheinlich ins Album vertieft:* Wenn Sie fortfahren, mich du zu nennen, so spreche ich nicht mehr mit Ihnen.

LÖVBORG: Darf ich auch nicht du sagen, wenn wir allein sind?

HEDDA: Nein. Sie mögen es sich meinetwegen denken. Aber sagen dürfen Sie es nicht.

LÖVBORG: Ah, ich verstehe. Das beleidigt Ihre Liebe – zu Jörgen Tesman.

HEDDA *sieht ihn verstohlen an und lächelt:* Liebe? Nein, jetzt sind Sie köstlich!

LÖVBORG: Also nicht Liebe?

HEDDA: Aber – ebensowenig etwas wie Untreue! Davon will ich nichts hören!

LÖVBORG: Hedda – beantworten Sie mir nur eines –

HEDDA: Still!

Achter Auftritt

Die Vorigen.

Tesman kommt mit einem Präsentierbrett aus dem Hinterzimmer, dann Berte.

TESMAN: So! Hier kommen die guten Sachen.

Er stellt das Brett auf den Tisch.

HEDDA: Weshalb servierst du selbst?

TESMAN *schenkt in die Gläser:* Es macht mir so viel Freude, dich zu bedienen, Hedda.

HEDDA: Jetzt hast du aber in beide geschenkt. Und Herr Lövborg will ja nicht –

TESMAN: Aber Frau Elvsted wird wohl bald kommen.

HEDDA: Das ist ja wahr – Frau Elvsted –

TESMAN: Hattest du sie vergessen? Wie?

HEDDA: Wir sind hier ganz vertieft. *Sie zeigt ihm ein Bild:* Erinnerst du dich noch an dies kleine Dorf?

TESMAN: Ach, das unterm Brennerpaß. Dort, wo wir übernachteten –

HEDDA: Und all die lustigen Sommerfrischler trafen –

TESMAN: Freilich – das war dort. Denk mal, wenn wir dich hätten mithaben können, Ejlert! Wie?

Er geht wieder zu Brack hinein.

LÖVBORG: Beantworten Sie mir nur das eine, Hedda –

HEDDA: Nun?

LÖVBORG: War denn auch in dem Verhältnis zu mir keine Liebe? Nicht ein Hauch – auch darin nicht ein Schimmer von Liebe?

HEDDA: Ja, ob es das eigentlich war? Mir ist, als wären wir zwei gute Kameraden gewesen. Zwei recht vertraute Freunde. *Sie lächelt.* Sie waren besonders offenherzig.

LÖVBORG: Sie wollten es ja so haben.

HEDDA: Wenn ich daran zurückdenke, so lag doch etwas Schönes, etwas Lockendes – etwas Mutiges, dünkt mich, in – in dieser heimlichen Vertraulichkeit – dieser Kameradschaft, von der keine Menschenseele eine Ahnung hatte.

LÖVBORG: Nicht wahr, Hedda? War es nicht so? Wenn ich so nachmittags zu Ihrem Vater hinaufkam und der General da hinten am Fenster saß und die Zeitungen las, uns den Rücken zugekehrt –

HEDDA: Und wir beide auf dem Ecksofa –

LÖVBORG: Immer dasselbe illustrierte Blatt vor uns –

HEDDA: In Ermangelung eines Albums.

LÖVBORG: Ja, Hedda – und wenn ich Ihnen dann beichtete! Ihnen von mir das erzählte, was von den andern damals keiner wußte – dasaß und Ihnen gestand, daß ich Tage und Nächte gerast und nicht zu Hause gewesen. Tagaus, tagein gerast hatte. O Hedda, was war es denn für eine Macht in Ihnen, die mich zwang, Ihnen das zu bekennen?

HEDDA: Glauben Sie, daß es eine Macht in mir war?

LÖVBORG: Ja, wie soll ich es mir sonst erklären? Und all jene – jene verhüllten Fragen, die Sie an mich stellten –

HEDDA: Und die Sie so ausgezeichnet verstanden –

LÖVBORG: Daß Sie so zu fragen vermochten! Ganz unbefangen!

HEDDA: Verhüllt, wenn ich bitten darf.

LÖVBORG: Ja, aber trotzdem unbefangen. Mich auszufragen nach – nach all dergleichen Dingen!

HEDDA: Und daß Sie antworten konnten, Herr Lövborg!

LÖVBORG: Das ist es ja grade, was ich nicht begreife – jetzt nachträglich. Aber sagen Sie mir jetzt, Hedda – lag nicht Liebe diesem Verhältnis zugrunde? War es Ihrerseits nicht, als ob Sie mich gleichsam reinwaschen wollten – wenn ich mit meinem Bekenntnis zu Ihnen flüchtete? War es nicht so?

HEDDA: Nein, nicht ganz so.

LÖVBORG: Was trieb Sie sonst dazu?

HEDDA: Finden Sie es so ganz unerklärlich, daß ein junges Mädchen – wenn es in dieser Weise geschehen kann – heimlich –

LÖVBORG: Nun?

HEDDA: Daß man ein wenig hineingucken möchte in eine Welt, von der –

LÖVBORG: Von der – ?

HEDDA: Von der man nichts wissen darf?

LÖVBORG: Das war es also?

HEDDA: Das auch. Das auch – glaube ich beinahe.

LÖVBORG: Kameradschaft im Lebensverlangen. Aber weshalb konnte das nicht wenigstens von Dauer sein?

HEDDA: Daran waren Sie selbst schuld.

LÖVBORG: Sie haben mit mir gebrochen.

HEDDA: Ja, als drohende Gefahr war, daß Wirklichkeit in dies Verhältnis kommen könne. Schämen Sie sich, Ejlert Lövborg, wie konnten Sie sich nur vergreifen wollen an – an Ihrem unbefangenen Kameraden!

LÖVBORG *preßt die Hände zusammen:* Ach, weshalb machten Sie nicht Ernst! Weshalb schossen Sie mich nicht nieder, wie Sie drohten!

HEDDA: Solche Angst habe ich vor dem Skandal.

LÖVBORG: Ja, Hedda, im Grunde genommen sind Sie feige.

HEDDA: Fürchterlich feige. *In einen andern Ton übergehend:* Aber es war ja ein Glück für Sie. Und jetzt haben Sie sich da oben bei Elvsteds so schön getröstet.

LÖVBORG: Ich weiß, was Thea Ihnen anvertraut hat.

HEDDA: Und Sie haben ihr vielleicht etwas von uns beiden anvertraut?

LÖVBORG: Nicht ein Wort. Sie ist zu dumm, um dergleichen zu verstehen.

HEDDA: Dumm?

LÖVBORG: In solchen Dingen ist sie dumm.

HEDDA: Und ich bin feige. *Sie beugt sich näher zu ihm, ohne ihm in die Augen zu sehen und sagt leiser:* Jetzt aber will ich Ihnen etwas anvertrauen.

LÖVBORG *gespannt:* Nun?

HEDDA: Daß ich nicht den Mut hatte, Sie niederzuschießen –

LÖVBORG: Ja?!

HEDDA: Das war nicht meine größte Feigheit – an jenem Abend.

LÖVBORG *sieht sie einen Augenblick an, versteht sie, flüstert leidenschaftlich:* O Hedda! Hedda Gabler! Jetzt schimmert mir ein verborgener Grund aus der Kameradschaft entgegen! Du und ich – ! Das war d o c h der Lebensdrang in dir –

HEDDA *leise, mit scharfem Blick:* Hüten Sie sich! Glauben Sie so etwas nicht!

Es beginnt dunkel zu werden. Berte öffnet von außen die Vorzimmertür und läßt Frau Elvsted eintreten.

HEDDA *klappt das Album zu und ruft lächelnd:* Na endlich! Liebste Thea – komm doch herein!

Berte ab.

Neunter Auftritt

Die Vorigen. Frau Elvsted in Gesellschaftstoilette kommt vom Vorzimmer herein, dann Berte.

HEDDA *auf dem Sofa, streckt ihr die Arme entgegen:* Liebste Thea, du kannst dir nicht vorstellen, wie ich auf dich gewartet habe.

Frau Elvsted wechselt im Vorübergehen einen leichten Gruß mit den Herren im Hinterzimmer, geht dann an den Tisch und reicht Hedda die Hand. Lövborg ist aufgestanden. Lövborg und Frau Elvsted begrüßen sich mit stummem Nicken.

FRAU ELVSTED: Soll ich nicht hineingehen und ein paar Worte mit deinem Manne reden?

HEDDA: Durchaus nicht. Laß die beiden nur sitzen. Die gehen bald.

FRAU ELVSTED: Sie gehen?

HEDDA: Ja, zu einem Zechgelage.

FRAU ELVSTED *schnell zu Lövborg:* S i e doch wohl nicht?

LÖVBORG: Nein.

HEDDA: Herr Lövborg – bleibt hier bei uns.

FRAU ELVSTED *nimmt einen Stuhl und will sich neben ihn setzen:* Oh, hier ist gut sein!

HEDDA: Nein, meine liebe Thea! Nicht dort! Du kommst hübsch hier herüber zu mir. Ich will zwischen euch sitzen.

FRAU ELVSTED: Ganz wie du willst.

Sie geht um den Tisch herum und setzt sich rechts von Hedda aufs Sofa.

LÖVBORG *setzt sich wieder auf den Stuhl; nach kurzer Pause zu Hedda:* Ist sie nicht reizend anzusehen?

HEDDA *streicht ihr leicht übers Haar:* Nur anzusehen?

LÖVBORG: Ja. Denn w i r beide – sie und ich – w i r sind zwei wirkliche Kameraden. Wir glauben unbedingt aneinander. Und dann können wir so unbefangen miteinander reden –

HEDDA: Unverhüllt, Herr Lövborg?

LÖVBORG: Nun –

FRAU ELVSTED *leise, schmiegt sich an Hedda:* Wie glücklich ich bin, Hedda! Denn denk dir – er sagt, daß ich ihn auch begeistert habe.

HEDDA *sieht sie lächelnd an:* Nein, sagt er das wirklich, Liebste?

LÖVBORG: Und den Mut der Tat, den sie besitzt, Frau Tesman!

FRAU ELVSTED: O Gott – i c h und Mut!

LÖVBORG: Ungeheuren Mut – wenn es den Kameraden betrifft.

HEDDA: Ja, M u t – ja! Wer d e n doch hätte!

LÖVBORG: Was wäre dann, glauben Sie?

HEDDA: Dann vermöchte man vielleicht doch sein Leben zu leben. *In plötzlichem Übergang:* Jetzt aber, meine teuerste Thea – jetzt mußt du ein Glas guten kalten Punsch trinken.

FRAU ELVSTED: Nein, danke – dergleichen trinke ich nie.

HEDDA: Aber S i e doch, Herr Lövborg.

LÖVBORG: Danke, ich auch nicht.

FRAU ELVSTED: Nein, er auch nicht!

HEDDA *sieht ihn fest an:* Wenn ich es nun aber will?

LÖVBORG: Hilft nichts.

HEDDA *lacht:* Ich Ärmste habe also gar keine Macht über Sie?

LÖVBORG: Auf d i e s e m Gebiete nicht.

HEDDA: Aber im Ernst, mich dünkt, Sie sollten es trotzdem tun. Um Ihrer selbst willen.

FRAU ELVSTED: Aber Hedda – !

LÖVBORG: Wie das?

HEDDA: Oder besser gesagt, um der Leute willen.

LÖVBORG: So?

HEDDA: Die Leute könnten sonst leicht auf den Gedanken kommen, daß Sie sich – so im Grunde genommen – nicht recht frei fühlen – Ihrer selbst nicht ganz sicher.

FRAU ELVSTED *leise:* Aber nicht doch, Hedda –

LÖVBORG: Die Leute mögen glauben, was sie wollen – bis auf weiteres.

FRAU ELVSTED *fröhlich:* Ja, nicht wahr!

HEDDA: Ich habe es Gerichtsrat Brack erst vorhin so deutlich angesehen.

LÖVBORG: Was haben Sie ihm angesehen?

HEDDA: Er lächelte so höhnisch, als Sie sich nicht mit hinein an den Tisch getrauten.

LÖVBORG: Mich nicht getraute? Ich wollte natürlich lieber hierbleiben und mit I h n e n reden.

FRAU ELVSTED: Das war doch ganz begreiflich, Hedda!

HEDDA: Das konnte Brack aber doch nicht ahnen. Und ich sah auch, daß er den Mund verzog und verstohlen nach Tesman hinsah, weil Sie sich nicht mit in diese einfache kleine Gesellschaft getrauen.

LÖVBORG: Getrauen! Sie sagen, daß ich mich nicht getraue?

HEDDA: I c h nicht. Aber Gerichtsrat Brack hat es so aufgefaßt.

LÖVBORG: Lassen Sie ihn nur.

HEDDA: Sie gehen also nicht mit?

LÖVBORG: Ich bleibe bei Ihnen und Thea.

FRAU ELVSTED: Ja, Hedda – das kannst du dir doch denken.

HEDDA *lächelt und nickt Lövborg beifällig zu:* Also unerschütterlich? Prinzipienfest für alle Zeiten? Seht, so soll ein Mann sein! *Sie wendet sich zu Frau Elvsted und streichelt sie.* Nun, habe ich dir nicht gesagt, als du heute morgen ganz verstört ankamst –

LÖVBORG *stutzt:* Verstört?

FRAU ELVSTED *erschrocken:* Hedda – aber Hedda –!

HEDDA: Siehst du's nun! Es ist durchaus nicht notwendig, daß du in solcher tödlichen Angst umhergehst. *Sie bricht ab:* So! Nun können wir alle drei vergnügt sein!

LÖVBORG *ist zusammengefahren:* Ah – was ist dies, Frau Tesman!

FRAU ELVSTED: O Gott, o Gott, Hedda! Was sagst du da? Was tust du?

HEDDA: Sei nur ruhig! Der widerliche Gerichtsrat beobachtet dich.

LÖVBORG: In Todesangst also? Um meinetwillen!

FRAU ELVSTED *leise, jammernd:* O Hedda – jetzt hast du mich tief unglücklich gemacht!

LÖVBORG *sieht sie einen Augenblick unverwandt an; seine Züge sind verzerrt:* Das war also des Kameraden mutiger Glaube an mich.

FRAU ELVSTED *flehend:* O liebster Freund – du mußt doch zuvor hören –!

LÖVBORG *nimmt das eine gefüllte Punschglas, erhebt es und sagt leise mit heiserer Stimme:* Dein Wohl, Thea!

Er leert das Glas, setzt es hin und nimmt das zweite.

FRAU ELVSTED: O Hedda, Hedda – wie konntest du das wollen!

HEDDA: Wollen? Ich? Bist du von Sinnen?

LÖVBORG: Und auch Ihr Wohl, Frau Tesman. Ich danke Ihnen für die Wahrheit! Sie lebe hoch.

Er trinkt aus und füllt das Glas von neuem.

HEDDA *legt die Hand auf seinen Arm:* So, so – nicht mehr für den Augenblick. Bedenken Sie – Sie sollen mit aufs Fest.

FRAU ELVSTED: Nein, nein, nein!

HEDDA: Still! Sie sehen dich an.

LÖVBORG *stellt das Glas hin:* Du, Thea – sei jetzt aufrichtig –

FRAU ELVSTED: Ja!

LÖVBORG: Wußte der Landrichter darum, daß du mir nachreistest?

FRAU ELVSTED *ringt die Hände:* O Hedda – hörst du, was er fragt!

LÖVBORG: War es eine Verabredung zwischen dir und ihm, daß du nach der Stadt reisen und auf mich aufpassen solltest? Hat vielleicht der Landrichter selbst dich dazu beredet? Thea, du – er brauchte mich wohl wieder im Büro? Oder vermißte er mich am Kartentisch?

FRAU ELVSTED *leise jammernd:* O Lövborg, Lövborg –!

LÖVBORG *ergreift ein Glas und will es füllen:* Es lebe der alte Landrichter!

HEDDA *abwehrend:* Jetzt nichts mehr. Bedenken Sie, daß Sie mitgehen und Tesman etwas vorlesen sollen.

LÖVBORG *ruhig, setzt das Glas hin:* Das war dumm von mir, Thea. Es so aufzufassen, meine ich. Sei deshalb nicht böse auf mich, du lieber, lieber Kamerad. Du sollst sehen – du und die andern –, daß, wenn ich auch noch einmal fiel, so – jetzt habe ich mich wieder erhoben! Mit d e i n e r Hilfe, Thea.

FRAU ELVSTED *freudestrahlend:* O Gott sei Dank –!

Brack hat inzwischen auf seine Uhr gesehen und erhebt sich mit Tesman. Brack und Tesman kommen in den Salon.

BRACK *nimmt Hut und Überrock:* Frau Tesman – unsere Stunde hat geschlagen.

HEDDA: Das hat sie wohl.

LÖVBORG *steht auf:* Auch die meine, Herr Rat.

FRAU ELVSTED *leise und bittend:* O Lövborg – tu's nicht!

HEDDA *kneift sie in den Arm:* Sie hören dich!

FRAU ELVSTED *mit schwachem Aufschrei:* Au!

LÖVBORG *zu Brack:* Sie waren so freundlich, mich ebenfalls einzuladen.

BRACK: Na, Sie kommen also doch mit?

LÖVBORG: Ja, wenn Sie gestatten –

BRACK: Freut mich besonders –

LÖVBORG *steckt das Paket zu sich und sagt zu Tesman:* Ich möchte dir gern noch verschiedenes zeigen, bevor ich's abliefere.

TESMAN: Nein, denk mal – das wird nett! Aber, liebe Hedda, wie willst du denn Frau Elvsted nach Hause schaffen? Wie?

HEDDA: Oh, das wird sich schon finden.

LÖVBORG *sieht nach den Damen hin:* Frau Elvsted? Ich komme natürlich wieder und hole sie. *Er tritt zu ihr.* So gegen zehn, Frau Tesman? Ist Ihnen das recht?

HEDDA: Gewiß, sehr recht.

TESMAN: Na, dann ist ja alles in bester Ordnung. Mich darfst du aber nicht so früh erwarten, Hedda.

HEDDA: O Liebster, bleib du so lange – solange du magst.

FRAU ELVSTED *in heimlicher Angst:* Herr Lövborg – ich warte also hier, bis Sie kommen.

LÖVBORG *mit dem Hut in der Hand:* Selbstverständlich, gnädige Frau.

BRACK: Und nun geht der Vergnügungszug ab, meine Herren! Ich hoffe, es wird lustig werden, wie eine gewisse schöne Frau sagt.

HEDDA: Ach, wenn die schöne Frau doch unsichtbar zugegen sein könnte –!

BRACK: Weshalb unsichtbar?

HEDDA: Um einige von Ihren unverfälschten Lustigkeiten mitanhören zu können, Herr Rat.

BRACK *lacht:* Das möchte ich der schönen Frau doch nicht raten.

TESMAN *lacht ebenfalls:* Nein, du bist wirklich kostbar, Hedda! Denk mal!

BRACK: Nun adieu, adieu, meine Damen!

LÖVBORG *verneigt sich zum Abschied:* Gegen zehn also.

Brack, Lövborg und Tesman durch die Vorzimmertür ab. Berte kommt zu gleicher Zeit mit einer brennenden Lampe aus dem Hinterzimmer, stellt sie auf den Salontisch und geht auf demselben Wege wieder ab.

Zehnter Auftritt

Hedda, Frau Elvsted.

FRAU ELVSTED *ist aufgestanden und geht unruhig im Zimmer umher:* Hedda! Hedda! was soll hieraus werden!

HEDDA: Um zehn – kommt er also. Ich sehe ihn vor mir. Mit Weinlaub im Haar. Heiß und keck –

FRAU ELVSTED: Ja, wenn es nur so käme.

HEDDA: Und dann, siehst du – dann hat er die Macht über sich wieder errungen. Dann ist er ein freier Mann fürs ganze Leben.

FRAU ELVSTED: O Gott ja – käme er doch, wie du ihn siehst!

HEDDA: So wird er kommen, und nicht anders. *Sie steht auf und geht zu ihr.* Zweifle an ihm, solange du willst. Ich glaube an ihn. Und nun wollen wir's probieren –

FRAU ELVSTED: Es steckt etwas dahinter mit dir, Hedda!

HEDDA: Ja, du hast recht. Ich will ein einziges Mal in meinem Leben Macht haben über ein Menschenschicksal.

FRAU ELVSTED: Hast du denn das nicht?

HEDDA: Ich habe es nicht – und habe es nie gehabt.

FRAU ELVSTED: Über deinen Mann doch?

HEDDA: Ja, das wäre der Mühe wert! Oh, wenn du begreifen könntest, wie arm ich bin. Und du sollst so reich sein dürfen. *Sie umschlingt sie leidenschaftlich.* Ich glaube, ich senge dir das Haar doch noch ab.

FRAU ELVSTED: Laß mich los! Laß mich los! Ich habe Angst vor dir, Hedda!

Elfter Auftritt

Die Vorigen. Berte.

BERTE *in der Tür:* Der Teetisch ist im Speisezimmer gedeckt, gnädige Frau.

HEDDA: Gut. Wir kommen.

FRAU ELVSTED: Nein, nein, nein. Ich gehe lieber allein nach Hause! Jetzt gleich!

HEDDA: Unsinn! Erst trinkst du Tee, du kleine Törin. Und dann – um zehn – kommt Ejlert Lövborg – mit Weinlaub im Haar.

Sie zieht Frau Elvsted beinahe mit Gewalt nach der Tür.

DRITTER AUFZUG

Dasselbe Zimmer bei Tesman. Die Vorhänge vor der Tür sind zugezogen, ebenso die vor der Glastür; die Lampe mit Schirm brennt herabgeschraubt auf dem Tisch; im Ofen, dessen Tür offensteht, war Feuer, das jetzt beinahe ausgebrannt ist.

Erster Auftritt

Frau Elvsted, Hedda, dann Berte.

Frau Elvsted sitzt, in ein großes Tuch gehüllt, dicht am Ofen; ihre Füße ruhen auf einem Schemel; sie ist in den Lehnstuhl zurückgesunken. Hedda liegt angekleidet schlafend auf dem Sofa; sie ist mit einer Decke bedeckt.

FRAU ELVSTED *richtet sich nach einer Pause hastig im Stuhl auf und lauscht gespannt; darauf sinkt sie wieder müde zurück und jammert leise:* Noch nicht! – O Gott – o Gott – noch immer nicht! *Berte kommt, einen Brief in der Hand, vorsichtig durch die Vorzimmertür geschlichen. Frau Elvsted dreht sich um und flüstert gespannt:* Nun – war jemand da?

BERTE *leise:* Ja, jetzt eben hat ein Mädchen diesen Brief gebracht.

FRAU ELVSTED *schnell, streckt die Hand aus:* Einen Brief? Geben Sie her!

BERTE: Nein, der ist für den Herrn Doktor, gnädige Frau.

FRAU ELVSTED: Ach so.

BERTE: Es war das Mädchen von Fräulein Tesman, das ihn gebracht hat. Ich lege ihn hier auf den Tisch.

FRAU ELVSTED: Tun Sie das.

BERTE *legt den Brief hin:* Es ist wohl am besten, wenn ich die Lampe ausdrehe. Sie qualmt.

FRAU ELVSTED: Löschen Sie sie nur aus. Es wird wohl bald hell.

BERTE *löscht die Lampe aus:* Es ist schon hell, gnädige Frau.

FRAU ELVSTED: Ja, heller Tag! Und noch nicht zurück –!

BERTE: O mein Gott – ich hab' mir gleich gedacht, daß es so kommen würde.

FRAU ELVSTED: Sie haben sich's gleich gedacht?

BERTE: Ja, als ich sah, daß eine gewisse Mannsperson wieder in der Stadt ist, da – und mit ihnen abzog. Von dem Herrn hat man ja früher schon genug gehört.

FRAU ELVSTED: Sprechen Sie nicht so laut. Sie wecken Frau Tesman.

BERTE *sieht nach dem Sofa und seufzt:* Lieber Gott – sie soll nur schlafen, die Ärmste. Soll ich nicht ein bißchen nachlegen?

FRAU ELVSTED: Nein, danke. Meinetwegen nicht.

BERTE: Na, schon gut.

Leise ab durch die Vorzimmertür.

Zweiter Auftritt

Frau Elvsted, Hedda.

HEDDA *wacht durch das Schließen der Tür auf und sieht umher:* Was gibt's – ?

FRAU ELVSTED: Es war nur das Mädchen.

HEDDA *sieht sich um:* Ach hier – ! Ja, jetzt besinne ich mich – *Sie richtet sich auf, sitzt auf dem Sofa, streckt sich und reibt sich die Augen.* Wie spät ist es, Thea?

FRAU ELVSTED *sieht auf ihre Uhr:* Über sieben.

HEDDA: Wann ist Tesman gekommen?

FRAU ELVSTED: Noch gar nicht.

HEDDA: Noch nicht nach Hause gekommen?

FRAU ELVSTED *sieht auf:* Es ist noch niemand gekommen.

HEDDA: Und wir wachen und warten bis vier Uhr?

FRAU ELVSTED *händeringend:* Und wie ich auf ihn gewartet habe!

HEDDA *gähnt und sagt mit der Hand vor dem Mund:* Ach ja – das hätten wir uns sparen können.

FRAU ELVSTED: Hast du denn noch ein wenig geschlafen?

HEDDA: O ja. Ich glaube, ich habe ganz gut geschlafen! Du nicht?

FRAU ELVSTED: Nicht einen Augenblick. Ich konnte nicht, Hedda! Es war mir rein unmöglich.

HEDDA *steht auf und geht zu ihr:* So, so, so. Das ist doch nichts zum Ängstigen. Ich sehe schon, wie es zusammenhängt.

FRAU ELVSTED: Was glaubst du denn? Kannst du mir das sagen!

HEDDA: Na, beim Gerichtsrat hat es sich natürlich furchtbar in die Länge gezogen –

FRAU ELVSTED: Ach Gott, ja – gewiß. Aber trotzdem –

HEDDA: Und dann, weißt du, hat Tesman nicht nach Hause kommen und klingeln und Lärm machen wollen mitten in der Nacht. *Sie lacht.* Vielleicht hat er sich auch nicht gern zeigen wollen – so gleich nach einem lustigen Gelage.

FRAU ELVSTED: Aber Liebste – wo sollte er denn hingegangen sein?

HEDDA: Natürlich zu den Tanten, um dort zu schlafen. Sie haben ja noch sein altes Zimmer frei.

FRAU ELVSTED: Nein, bei denen kann er nicht sein. Denn eben ist ein Brief von Fräulein Tesman an ihn gekommen. Dort liegt er.

HEDDA: So? *Sie sieht die Adresse an.* Ja, der ist wirklich eigenhändig von Tante Jule. Na, dann ist er also beim Gerichtsrat geblieben. Und Ejlert Lövborg sitzt – mit Weinlaub im Haar und liest vor.

FRAU ELVSTED: Ach Hedda, du sagst Dinge, die du selbst nicht glaubst.

HEDDA: Du bist wirklich ein kleiner Dummkopf, Thea.

FRAU ELVSTED: Ach ja, leider, das bin ich wohl.

HEDDA: Und so todmüde, wie du aussiehst.

FRAU ELVSTED: Ich bin auch todmüde.

HEDDA: Nun, deshalb sollst du tun, wie ich sage. Du sollst in mein Zimmer gehen und dich ein wenig aufs Bett legen.

FRAU ELVSTED: O nein, nein – ich kann doch nicht schlafen.

HEDDA: Gewiß kannst du es.

FRAU ELVSTED: Aber dein Mann muß jetzt doch bald nach Hause kommen. Und dann muß ich sofort wissen –

HEDDA: Ich werde es dir schon sagen, wenn er kommt.

FRAU ELVSTED: Versprichst du mir das, Hedda?

HEDDA: Ja, du kannst dich drauf verlassen. Geh nur hin und schlaf solange.

FRAU ELVSTED: Danke. Dann will ich es versuchen.

Sie geht durch das Hinterzimmer ab. Hedda geht an die Glastür und zieht die Vorhänge zurück, daß das volle Tageslicht ins Zimmer fällt; darauf nimmt sie vom Schreibtisch einen kleinen Handspiegel, sieht hinein und ordnet sich das Haar; dann geht sie an die Vorzimmertür und drückt auf den Knopf der Klingel.

Dritter Auftritt

Hedda, Berte.

BERTE *tritt ein:* Wünschen Sie etwas, gnädige Frau?

HEDDA: Ja, Sie müssen noch nachlegen. Mich friert.

BERTE: Jesus, ja – im Augenblick soll es warm sein. *Sie scharrt die Glut zusammen und legt ein Holzscheit nach; dann unterbricht sie sich und horcht.* Jetzt hat es an der Haustür geläutet, gnädige Frau.

HEDDA: Dann gehen Sie hinaus und machen Sie auf. Ich werde selbst nach dem Ofen sehen.

BERTE: Es wird gleich anbrennen.

Sie geht durch die Vorzimmertür ab. Hedda kniet auf dem Fußschemel und legt mehrere Scheite in den Ofen.

Vierter Auftritt

Hedda. Tesman kommt nach kurzer Pause müde und ziemlich ernst durch das Vorzimmer, schleicht auf den Fußspitzen an die Tür und will zwischen den Vorhängen durchschlüpfen.

HEDDA *am Ofen, ohne aufzusehen:* Guten Morgen.

TESMAN *dreht sich um:* Hedda! *Er kommt näher.* Aber wie in aller Welt – bist du schon so früh auf! Wie?

HEDDA: Ja, ich bin heute außerordentlich früh aufgewesen.

TESMAN: Und ich war so sicher, daß du noch schliefst! Denk mal, Hedda!

HEDDA: Sprich nicht so laut. Frau Elvsted liegt in meinem Zimmer und schläft.

TESMAN: Ist Frau Elvsted hiergeblieben über Nacht?

HEDDA: Es kam ja niemand, um sie zu holen.

TESMAN: Dem ist wohl so.

HEDDA *schließt die Ofentür und erhebt sich:* Nun, habt ihr euch unterhalten beim Rat?

TESMAN: Hast du dich um mich geängstigt? Wie?

HEDDA: Nein, das konnte mir gar nicht einfallen. Aber ich fragte, ob du dich unterhalten hast.

TESMAN: Warum nicht? Für einmal, da – aber besonders im Anfang, deucht mir. Da las Ejlert mir nämlich vor. Wir kamen über eine Stunde zu früh – denk mal! Und Brack hatte noch vieles zu ordnen. Aber da las Ejlert mir vor.

HEDDA *setzt sich an die rechte Ecke des Tisches:* Nun? Laß mich also hören –

TESMAN *setzt sich auf einen Hocker am Ofen:* Nein, Hedda, du kannst gar nicht glauben, was für ein Werk das wird! Das ist mit das Merkwürdigste, das je geschrieben. Denk mal!

HEDDA: Ja, ja, das interessiert mich nicht.

TESMAN: Ich will dir etwas gestehen, Hedda. Als er gelesen hatte – überkam mich etwas Garstiges.

HEDDA: Etwas Garstiges?

TESMAN: Ich beneidete Ejlert, weil er etwas derartiges zu schreiben vermocht. Denk mal, Hedda!

HEDDA: Ja, ja, ich denke mir's!

TESMAN: Und dann zu wissen, daß er – mit solchen Fähigkeiten, wie er sie hat – leider trotzdem ganz unverbesserlich ist.

HEDDA: Du meinst wohl, daß er mehr Lebensmut hat als die andern?

TESMAN: Nun, mein Gott – er kann im Genießen absolut nicht maßhalten, weißt du.

HEDDA: Und was wurde denn draus – zum Schluß?

TESMAN: Ja, mich dünkt beinahe, das, was man ein Bacchanal nennt, Hedda.

HEDDA: Hatte er Weinlaub im Haar?

TESMAN: Weinlaub? Nein, davon habe ich nichts gesehen. Aber er hielt eine lange, wirre Rede auf das Weib, das ihn während der Arbeit begeistert hatte. Ja, so drückte er sich aus.

HEDDA: Hat er sie genannt?

TESMAN: Nein, das hat er nicht. Aber ich kann mir nicht anders denken, als daß es Frau Elvsted sein muß. Paß nur auf!

HEDDA: Nun – wo trenntest du dich denn von ihm?

TESMAN: Auf dem Herwege. Wir brachen zugleich auf – als die letzten. Und Brack ging ebenfalls mit, um ein wenig frische Luft zu schöpfen. Und da, weißt du, kamen wir überein, Ejlert nach Hause zu begleiten. Denn er hatte entschieden des Guten zuviel!

HEDDA: Das mag schon sein.

TESMAN: Jetzt aber kommt das Merkwürdige, Hedda! Oder das Traurige, sollte ich lieber sagen. Oh – ich schäme mich beinahe – Ejlerts wegen –, es zu erzählen.

HEDDA: Nun, was also?

TESMAN: Als wir so nach Hause gingen, weißt du, blieb ich zufällig etwas zurück. Nur ein paar Minuten – denk mal!

HEDDA: Ja, mein Gott, aber – ?

TESMAN: Und als ich nun den andern nacheile – weißt du, was ich da auf dem Wege finde? Wie?

HEDDA: Nein, wie kann ich das wissen!

TESMAN: Sag es nur niemand, Hedda. Hörst du! Versprich es mir um Ejlerts willen. *Er zieht ein Paket in Papierumschlag aus der Rocktasche.* Denk mal – dies fand ich.

HEDDA: Ist das nicht das Paket, das er gestern mit hier hatte?

TESMAN: Ja, Hedda, das ist sein ganzes kostbares, unersetzliches Manuskript! Und das hatte er verloren – ohne daß er es gemerkt. Denk dir nur, Hedda! Wie traurig –

HEDDA: Aber weshalb hast du ihm das Paket nicht gleich wiedergegeben?

TESMAN: Nein, das wagte ich nicht – die Verfassung, in der er war –

HEDDA: Hast du auch keinem der andern erzählt, daß du es gefunden?

TESMAN: Keineswegs. Das wollte ich Ejlerts wegen nicht tun, wie du dir wohl denken kannst.

HEDDA: Es weiß also niemand, daß du Ejlert Lövborgs Papiere hast?

TESMAN: Nein. Und es darf es auch niemand erfahren.

HEDDA: Über was sprachst du denn später noch mit ihm?

TESMAN: Ich kam gar nicht mehr dazu, mit ihm zu sprechen. Denn als wir in die Straßen kamen, da war er mit zwei oder drei andern rein wie verschwunden. Denk mal!

HEDDA: So? Die haben ihn dann wohl nach Hause gebracht.

TESMAN: Ja, das haben sie wohl, wie es scheint. Und Brack ging auch seiner Wege.

HEDDA: Und wo hast du dich seitdem herumgetrieben?

TESMAN: Ich und ein paar andere sind mit einem der lustigen Burschen in seine Wohnung gegangen und haben dort unseren Morgenkaffee getrunken. Oder eigentlich muß man wohl Nachtkaffee sagen. Wie? Aber wenn ich mich jetzt nur ein wenig ausgeruht habe – und dann annehmen kann, daß Ejlert, der arme Junge, ausgeschlafen hat, muß ich gleich zu ihm hinein und ihm dies hier bringen.

HEDDA *streckt die Hand nach dem Paket aus:* Nein – laß es nicht aus der Hand! Nicht sofort, meine ich. Laß mich es zuvor lesen.

TESMAN: Nein, liebe, gute Hedda, das darf ich bei Gott nicht.

HEDDA: Du darfst nicht?

TESMAN: Nein – denn du kannst dir doch wohl denken, wie verzweifelt er sein wird, wenn er aufwacht und das Manuskript vermißt. Denn er hat keine Abschrift davon, mußt du nämlich wissen. Das hat er mir selbst gesagt.

HEDDA *sieht ihn gleichsam forschend an:* Läßt sich so etwas nicht noch einmal schreiben? Zum zweitenmal?

TESMAN: Nein, das wird nicht gehen, glaube ich. Denn die Eingebung, weißt du –

HEDDA: Ja, ja – daran liegt es wohl. *Obenhin:* Aber es ist ja wahr – hier liegt ein Brief an dich.

TESMAN: Nein, denk mal – !

HEDDA *reicht ihm den Brief:* Er kam schon früh am Morgen.

TESMAN: Von Tante Jule! Was kann das sein? *Er legt das Paket auf den anderen Hocker, öffnet den Brief, durchfliegt ihn und springt auf.* O Hedda – sie schreibt, daß die arme Tante Rina im Sterben liegt!

HEDDA: Das war ja zu erwarten.

TESMAN: Und daß ich mich beeilen muß, wenn ich sie noch einmal sehen will. Ich laufe augenblicklich hinein.

HEDDA *unterdrückt ein Lächeln:* Auch noch l a u f e n?

TESMAN: O liebste Hedda – wenn du dich überwinden und mitkommen wolltest! Denk mal!

HEDDA *steht auf und sagt müde und abweisend:* Nein, nein, bitte mich nicht um so etwas. Ich mag nichts sehen von Krankheit und Sterben. Verschone mich mit allem, was widerwärtig ist.

TESMAN: Ja, mein Gott, ja! *Er fährt umher:* Mein Hut –? Mein Überrock –? Na, im Vorzimmer. Ich will nur hoffen, daß ich nicht zu spät komme, Hedda! Wie?

HEDDA: Oh, lauf nur, so –

Fünfter Auftritt

Die Vorigen. Berte erscheint in der Tür zum Vorzimmer.

BERTE: Herr Gerichtsrat Brack ist draußen und fragt, ob er eintreten darf.

TESMAN: Um diese Zeit? Nein, jetzt kann ich ihn unmöglich empfangen.

HEDDA: Aber ich kann es. *Zu Berte:* Ich lasse den Herrn Rat bitten. *Berte ab. Hastig flüsternd:* Das Paket, Tesman! *Sie reißt es vom Hocker.*

TESMAN: Ja, gib es mir!

HEDDA: Nein, nein, ich bewahre es dir inzwischen auf.

Sie geht an den Schreibtisch und schiebt es ins Bücherbrett. Tesman ist in Eile und kann die Handschuhe nicht anbekommen.

Sechster Auftritt

Die Vorigen. Gerichtsrat Brack.

Brack kommt durch das Vorzimmer herein.

HEDDA *nickt ihm zu:* Na, Sie sind der richtige Morgenvogel.

BRACK: Ja, nicht wahr? *Zu Tesman:* Wollen Sie auch schon wieder fort?

TESMAN: Ja, ich muß notwendig hinein zu meinen Tanten. Denken Sie mal – die Kranke, sie liegt im Sterben, die Ärmste!

BRACK: Ach mein Gott, wirklich? Dann lassen Sie sich aber durch mich nicht abhalten. In einem so ernsten Augenblick –

TESMAN: Ja, ich muß in der Tat laufen – adieu! adieu! *Er eilt durch die Vorzimmertür ab.*

Siebenter Auftritt

Hedda, Gerichtsrat Brack.

HEDDA *nähert sich Brack:* Es ist diese Nacht mehr als lustig bei Ihnen zugegangen, Herr Rat.

BRACK: Ich bin wirklich nicht aus den Kleidern gekommen, Frau Hedda.

HEDDA: Sie auch nicht?

BRACK: Nein, wie Sie sehen. Aber was hat Tesman von den Erlebnissen der Nacht erzählt?

HEDDA: Ach, nur Langweiliges. Weiter nichts, als daß sie irgendwo Kaffee getrunken haben.

BRACK: Von dem Kaffeegelage habe ich schon erfahren. Aber ich glaube, Ejlert Lövborg war nicht mit dabei?

HEDDA: Nein, den hatten sie vorher nach Hause gebracht.

BRACK: Tesman mit?

HEDDA: Nein, ein paar andere, wie er sagt.

BRACK *lächelt:* Jörgen Tesman ist wirklich eine arglose Seele, Frau Hedda.

HEDDA: Ja, das weiß Gott. Aber steckt etwas dahinter?

BRACK: Es ist nicht ganz ohne.

HEDDA: Nun, so setzen wir uns, lieber Rat. Dann können Sie besser erzählen. *Sie setzt sich an die linke Seite des Tisches, Brack ebenso an die Langseite in ihrer Nähe.* Also?

BRACK: Ich hatte besondere Gründe, den Wegen meiner Gäste – oder besser gesagt, eines Teils meiner Gäste über Nacht nachzuspüren.

HEDDA: Und war unter ihnen vielleicht auch Ejlert Lövborg?

BRACK: Ich muß gestehen – dem war so.

HEDDA: Jetzt machen Sie mich wirklich begierig –

BRACK: Wissen Sie, wo er und ein paar andere den Rest der Nacht zubrachten, Frau Hedda?

HEDDA: Wenn es sich überhaupt erzählen läßt, dann tun Sie's.

BRACK: Bewahre, das kann man ganz gut erzählen. Na, sie begaben sich auf eine höchst animierte Soiree.

HEDDA: Eine von der lustigen Sorte?

BRACK: Von der allerlustigsten.

HEDDA: Näheres darüber, Herr Rat –

BRACK: Lövborg hatte schon vorher eine Einladung erhalten. Ich wußte bestimmt darum. Da hatte er aber abgelehnt zu kommen. Denn wie Sie wissen, hat er jetzt einen neuen Menschen angezogen.

HEDDA: Oben beim Landrichter Elvsted, jawohl. Aber er ging dann doch?

BRACK: Nun, sehen Sie, Frau Hedda – da kommt heute abend bei mir unglücklicherweise der Geist über ihn –

HEDDA: Ja, da wurde er begeistert, wie ich höre.

BRACK: Ziemlich gewaltsam begeistert. Na, da vermute ich denn, daß er auf andere Gedanken kam. Denn wir Mannsleute sind ja leider nicht immer so prinzipienfest, wie wir sein sollten.

HEDDA: Oh, S i e bilden doch gewiß eine Ausnahme, Herr Rat. Also Lövborg –?

BRACK: Ja, kurz und gut, das Ende war, daß er in Fräulein Dianas Salon landete.
HEDDA: Fräulein Dianas Salon?
BRACK: Fräulein Diana gab nämlich die Soiree. Für einen auserwählten Kreis von Freundinnen und Verehrern.
HEDDA: Ist das so eine Rothaarige?
BRACK: Allerdings.
HEDDA: Eine Art – Sängerin?
BRACK: Oh, ja – das auch. Und obendrein eine gewaltige Jägerin – vor den Herren – Frau Hedda. Sie haben gewiß schon von ihr gehört. Ejlert Lövborg war einer ihrer eifrigsten Beschützer – in seinen guten Tagen.
HEDDA: Und wie endigte die Sache?
BRACK: Weniger freundschaftlich, wie es scheint. Fräulein Diana soll vom zärtlichsten Empfang zu Handgreiflichkeiten übergegangen sein –
HEDDA: Gegen Lövborg?
BRACK: Ja. Er beschuldigte sie oder die Freundinnen, ihn bestohlen zu haben. Er behauptete, seine Brieftasche sei ihm verschwunden. Und noch andere Dinge. Kurz und gut, er soll wieder einen mörderischen Spektakel gemacht haben.
HEDDA: Wozu hat das geführt?
BRACK: Wahrhaftig zum allgemeinen Hahnenkampf zwischen den Damen sowohl wie den Herren. Glücklicherweise kam schließlich die Polizei.
HEDDA: Die Polizei auch?
BRACK: Ja. Aber das wird noch ein teurer Spaß für Ejlert Lövborg, den verrückten Kerl.
HEDDA: So!
BRACK: Er soll gewaltsamen Widerstand geleistet haben. Soll einem der Konstabler eine Ohrfeige gegeben und ihm den Rock zerrissen haben. Da mußte er denn noch mit auf die Wache.
HEDDA: Woher wissen Sie dies alles schon?
BRACK: Von der Polizei selbst.
HEDDA *sieht vor sich hin:* So hat es sich also zugetragen? Dann hat er kein Weinlaub im Haar gehabt.
BRACK: Weinlaub, Frau Hedda?
HEDDA *geht in einen anderen Ton über:* Aber jetzt sagen Sie mir, Herr Rat – weshalb spähen und spionieren Sie Ejlert Lövborg so nach?
BRACK: Erstens kann es mir nicht ganz gleichgültig sein, wenn durch das Verhör aufgeklärt wird, daß er gradewegs von mir herkam.
HEDDA: Es wird also auch zum Verhör kommen?
BRACK: Selbstverständlich. Übrigens, dem mag sein, wie ihm wolle. Aber mich dünkt, daß ich als Freund des Hauses verpflichtet bin, Ihnen und Tesman volle Aufklärung über sein nächtliches Treiben zu geben.
HEDDA: Weshalb das, Brack?
BRACK: Weil ich lebhaften Argwohn hege, daß er Sie wie eine Art Schirmwand gebrauchen will.
HEDDA: Nein, wie kommen Sie nur auf so etwas!
BRACK: Mein Gott, wir sind doch nicht blind, Frau Hedda. Passen Sie nur auf! Jene Frau Elvsted wird nicht so bald wieder abreisen.
HEDDA: Nun, wenn die beiden etwas miteinander haben, so gibt es noch viele andere Orte, wo sie sich treffen können.
BRACK: Aber nicht bei einer Familie. Jedes anständige Haus wird sich von jetzt an wieder vor Ejlert Lövborg verschließen.
HEDDA: Auch das meine, denken Sie?
BRACK: Ja. Ich gestehe, es würde mir mehr als peinlich sein, wenn dieser Herr hier Zutritt hätte. Wenn er als Überflüssiger – und Fremder – sich eindrängen sollte in –
HEDDA: In das Dreieck?
BRACK: Richtig. Für mich wäre es gleichbedeutend mit Heimatloswerden.
HEDDA *sieht ihn lächelnd an:* Also – einziger Hahn im Korbe sein – das ist Ihr Ziel.
BRACK *nickt langsam und spricht leiser:* Ja, das ist mein Ziel. Und für dieses Ziel werde ich kämpfen – mit allen Mitteln, die mir zu Gebote stehen.
HEDDA *ihr Lächeln weicht:* Sie sind wohl ein gefährlicher Mensch – wenn es zur Sache kommt.
BRACK: Glauben Sie?
HEDDA: Ja, ich fange jetzt an, es zu glauben. Und ich bin herzensfroh – daß Sie in keiner Weise Hals- und Handrecht über mich haben.
BRACK *lacht zweideutig:* Ja, ja, Frau Hedda, Sie mögen recht haben. Wer weiß, ob ich in solchem Falle nicht der Mann wäre, auf dies und jenes zu verfallen.
HEDDA: Nein, hören Sie, Herr Rat! Das klingt ja beinahe wie eine Drohung.
BRACK *steht auf:* Oh, weit entfernt! Das Dreieck, wissen Sie – das sollte nur freiwillig befestigt und verteidigt werden.
HEDDA: Der Ansicht bin ich auch.
BRACK: Jetzt habe ich also gesagt, was ich sagen wollte. Und nun muß ich machen, daß ich wieder nach Hause komme. Leben Sie wohl, Frau Hedda!

Er geht nach der Glastür.

HEDDA *steht auf:* Gehen Sie durch den Garten?
BRACK: Der Weg ist kürzer.
HEDDA: Ja, und dann führt er ja auch durch eine Hintertür.
BRACK: Sehr wahr. Ich habe gar nichts gegen Hintertüren. Die können manchmal recht pikant sein.
HEDDA: Wenn scharf geschossen wird, meinen Sie?
BRACK *in der Tür, lacht ihr zu:* Na, man schießt doch nicht auf seine zahmen Hähne im Korbe!
HEDDA *lacht ebenfalls:* Ach nein, wenn man nur den einen hat, so –

Beide nicken sich lachend zum Abschied zu. Brack geht. Hedda schließt die Tür hinter ihm, steht eine Zeitlang ernst da und blickt hinaus; dann sieht sie durch den Vorhang ins Hinterzimmer, geht darauf an den Schreibtisch, nimmt Lövborgs Paket vom Bücherbrett und will in den Papieren blättern. Bertes Stimme wird vom Vorzimmer her hörbar. Hedda wendet sich um und lauscht, schließt dann hastig das Paket in die Schublade und legt den Schlüssel auf das Schreibzeug. Lövborg, verwirrt und erhitzt, im Überrock, den Hut in der Hand, reißt die Vorzimmertür auf.

Achter Auftritt

Ejlert Lövborg, Hedda.

LÖVBORG *spricht ins Vorzimmer:* Und ich sage Ihnen, ich will und muß hinein! – So!

Er schließt die Tür, dreht sich um, gewahrt Hedda, beherrscht sich sofort und grüßt.

HEDDA *am Schreibtisch:* Nun, Herr Lövborg, Sie kommen ziemlich spät, um Thea zu holen.

LÖVBORG: Oder ziemlich früh zu Ihnen. Ich bitte um Entschuldigung.

HEDDA: Woher wissen Sie, daß sie noch bei mir ist?

LÖVBORG: In ihrer Wohnung wurde mir gesagt, daß sie die ganze Nacht nicht nach Hause gekommen sei.

HEDDA *geht an den Salontisch:* Konnten Sie den Leuten etwas anmerken, als sie Ihnen das sagten?

LÖVBORG *sieht sie fragend an:* Etwas anmerken?

HEDDA: Ich meine, ob es schien, als wenn sie sich irgendwas dabei dachten?

LÖVBORG *versteht sie plötzlich:* Ach, das ist ja auch wahr! Ich ziehe sie mit hinab! Übrigens habe ich nichts gemerkt! – Tesman ist wohl noch nicht auf?

HEDDA: Nein – ich glaube nicht –

LÖVBORG: Wann kam er nach Hause?

HEDDA: Sehr, sehr spät.

LÖVBORG: Hat er Ihnen etwas erzählt?

HEDDA: Ja, ich hörte, daß es bei Brack außerordentlich munter zugegangen sei.

LÖVBORG: Sonst nichts?

HEDDA: Nein, ich glaube nicht. Überdies war ich so furchtbar müde –

Frau Elvsted tritt zwischen den Vorhängen aus dem Hinterzimmer heraus.

Neunter Auftritt

Die Vorigen. Frau Elvsted.

FRAU ELVSTED *geht ihm entgegen:* O Lövborg! Endlich!

LÖVBORG: Ja, endlich. Und zu spät.

FRAU ELVSTED *sieht ihn angsterfüllt an:* Was ist zu spät?

LÖVBORG: Alles ist jetzt zu spät. Mit mir ist es aus.

FRAU ELVSTED: O nein, nein – sag das doch nicht!

LÖVBORG: Du wirst dasselbe sagen, wenn du gehört hast –

FRAU ELVSTED: Ich will nichts hören!

HEDDA: Sie möchten vielleicht am liebsten mit ihr allein sprechen. Dann gehe ich.

LÖVBORG: Nein, bleiben Sie – Sie auch. Ich bitte Sie darum.

FRAU ELVSTED: Aber ich will nichts hören, sage ich!

LÖVBORG: Nicht von dem Abenteuer der Nacht will ich sprechen.

FRAU ELVSTED: Wovon sonst – ?

LÖVBORG: Davon, daß unsere Wege sich jetzt trennen müssen.

FRAU ELVSTED: Trennen?

HEDDA *unwillkürlich:* Ich hab' es gewußt.

LÖVBORG: Denn ich brauche dich nicht mehr, Thea.

FRAU ELVSTED: Und das kannst du mir sagen! Mich nicht mehr brauchen! Ich werde dir jetzt doch helfen wie früher? Wir werden doch fortfahren, zusammen zu arbeiten?

LÖVBORG: Ich beabsichtige von jetzt an nicht mehr zu arbeiten.

FRAU ELVSTED *sich selbst aufgebend:* Was soll ich dann mit meinem Leben anfangen?

LÖVBORG: Du mußt versuchen, weiterzuleben, als ob du mich nie gekannt hättest.

FRAU ELVSTED: Aber das kann ich ja nicht!

LÖVBORG: Versuch, ob du es kannst, Thea. Du mußt wieder nach Hause reisen –

FRAU ELVSTED *aufs höchste erregt:* Nie und nimmer! Wo du bist, will auch ich sein! Ich lasse mich nicht auf solche Weise fortjagen! Ich will hier an Ort und Stelle bleiben! Mit dir zusammensein, wenn das Buch erscheint.

HEDDA *halblaut, gespannt:* Ah, das Buch – ja!

LÖVBORG *sieht sie an:* Mein Buch und Theas. Denn d a s ist es.

FRAU ELVSTED: Ja, ich fühle, daß es das ist. Und daher habe ich auch das Recht, bei dir zu sein, wenn es erscheint! Ich will es mitansehen, wenn man dir wieder Achtung und Ehre zollt. Und die Freude – die Freude will ich mit dir teilen.

LÖVBORG: Thea – unser Buch wird niemals erscheinen.

HEDDA: Ah!

FRAU ELVSTED: Niemals erscheinen?

LÖVBORG: Es kann nicht erscheinen.

FRAU ELVSTED *in angsterfüllter Ahnung:* Lövborg – was hast du mit den Heften gemacht!

HEDDA *sieht ihn gespannt an:* Ja, die Hefte – ?

FRAU ELVSTED: Wo hast du sie?

LÖVBORG: O Thea – frag mich lieber nicht danach.

FRAU ELVSTED: Doch, doch, ich will es wissen. Ich habe ein Recht, es augenblicklich zu erfahren.

LÖVBORG: Die Hefte – nun wohlan – die Hefte – habe ich in tausend Stücke zerrissen.

FRAU ELVSTED *schreit auf:* O nein, nein!

HEDDA *unwillkürlich:* Aber das ist ja gar nicht –

LÖVBORG *sieht sie an:* Gar nicht wahr, meinen Sie?

HEDDA *faßt sich:* Doch wohl. Natürlich. Wenn Sie selbst es sagen. Aber es klang so unfaßlich –

LÖVBORG: Aber dennoch wahr!

FRAU ELVSTED *ringt die Hände:* O Gott – o Gott, Hedda, sein eigenes Werk zerrissen!

LÖVBORG: Ich habe mein eigenes Leben zerrissen. Dann konnte ich mein Lebenswerk doch auch zerreißen –

FRAU ELVSTED: Das hast du also heute nacht getan!

LÖVBORG: Ja, du hörst es. In tausend Stücke. Und sie hinausgestreut in den Fjord. Weit hinaus. Dort ist wenigstens frisches Meerwasser. Laß sie darin treiben. In Strom und Wind treiben. Und nach einer Weile sinken sie. Tiefer und immer tiefer. So wie ich, Thea.

FRAU ELVSTED: Weißt du wohl, Lövborg, daß dies mit dem Buch – mein Leben lang wird es mir sein, als hättest du ein kleines Kind getötet.

LÖVBORG: Da hast du recht. Es ist auch eine Art Kindesmord.

FRAU ELVSTED: Aber wie konntest du denn –! Ich hatte doch auch ein Recht an das Kind.

HEDDA *beinahe lautlos:* Ah, das Kind!

FRAU ELVSTED *atmet schwer:* Vorbei also. Ja, ja, jetzt gehe ich, Hedda.

HEDDA: Aber du reist doch wohl nicht?

FRAU ELVSTED: Ach, ich weiß selbst nicht, was ich tue. Vor mir liegt jetzt alles im Dunkel.

Sie geht durchs Vorzimmer ab.

Zehnter Auftritt

Hedda, Lövborg.

HEDDA *macht eine kurze Pause:* Sie wollen sie also nicht nach Hause begleiten, Herr Lövborg?

LÖVBORG: Ich? Durch die Straßen? Sollen die Leute vielleicht sehen, daß sie mit mir geht?

HEDDA: Ich weiß ja nicht, was diese Nacht sonst noch passiert ist. Aber ist es denn nie wiedergutzumachen?

LÖVBORG: Es bleibt nicht allein bei dieser Nacht. Ich weiß es sicher. Aber nun kommt noch das dazu, daß ich solch ein Leben nicht mehr leben mag. Nicht von neuem. Den Lebensmut und den Lebenstrotz hat sie in mir geknickt.

HEDDA *sieht vor sich hin:* Die süße, kleine Närrin hat ihre Finger an einem Menschenschicksal gehabt. *Sie sieht ihn an.* Aber dennoch, daß Sie so herzlos gegen sie sein konnten?

LÖVBORG: Oh, sagen Sie nicht, daß es herzlos war.

HEDDA: Das zu zerstören, was ihr den Sinn seit langer, langer Zeit erfüllt hat! Das nennen Sie nicht herzlos!

LÖVBORG: Ihnen kann ich die Wahrheit sagen, Hedda.

HEDDA: Die Wahrheit?

LÖVBORG: Versprechen Sie mir zuvor – geben Sie mir Ihr Wort darauf, daß Thea nie erfahren wird, was ich Ihnen jetzt anvertraue.

HEDDA: Darauf haben Sie mein Wort.

LÖVBORG: Gut. So will ich Ihnen denn sagen, daß das, was ich hier erzählt habe, nicht wahr ist.

HEDDA: Das mit den Heften?

LÖVBORG: Ja. Ich habe sie nicht zerrissen. Sie auch nicht in den Fjord geworfen.

HEDDA: Nein, nein – aber – wo sind sie denn?

LÖVBORG: Ich habe sie trotzdem zerstört. In Grund und Boden, Hedda!

HEDDA: Dies verstehe ich nicht.

LÖVBORG: Thea sagte, was ich getan, sei für sie wie ein Kindesmord.

HEDDA: Ja – das sagte sie.

LÖVBORG: Aber sein Kind töten – ist noch nicht das Schlimmste, was ein Vater ihm antun kann.

HEDDA: Das noch nicht das Schlimmste?

LÖVBORG: Nehmen Sie an, Hedda, daß ein Mann – so gegen Morgen – nach einer wilden, durchschwärmten Nacht zur Mutter seines Kindes heimkehrte und sagte: hör mich an – ich bin da und da gewesen. An den und den Orten. Und ich habe unser Kind mitgehabt. An den und den Orten. Nun ist das Kind verschwunden. Gänzlich verschwunden. Weiß der Teufel, wem es in die Hände gefallen ist. Wer alles es angetastet hat.

HEDDA: Ah – aber am Ende – war dies doch nur ein Buch –

LÖVBORG: Theas reine Seele war in dem Buche.

HEDDA: Ja, das begreife ich.

LÖVBORG: Und dann begreifen Sie auch wohl, daß vor ihr und mir keine Zukunft mehr liegt.

HEDDA: Welchen Weg wollen Sie jetzt gehen?

LÖVBORG: Keinen. Nur sehen, allem ein Ende zu machen. Je schneller, desto besser.

HEDDA *geht einen Schritt näher:* Ejlert Lövborg – hören Sie mich an – könnten Sie nicht darauf sehen, daß – daß es in Schönheit geschähe?

LÖVBORG: In Schönheit? *Er lächelt.* Mit Weinlaub im Haar, wie Sie sich früher dachten, daß –

HEDDA: O nein. Das Weinlaub – an das glaube ich nicht mehr. Aber gleichwohl in Schönheit! Dies einzige Mal! – Leben Sie wohl! Jetzt müssen Sie gehen. Und nicht wiederkommen.

LÖVBORG: Leben Sie wohl, gnädige Frau. Und grüßen Sie Jörgen Tesman von mir. *Er will gehen.*

HEDDA: Nein, warten Sie! Ein Andenken an mich sollen Sie doch mitnehmen.

Sie geht an den Schreibtisch, öffnet die Schublade und den Pistolenkasten und geht dann mit einer der Pistolen zu Lövborg.

LÖVBORG *sieht sie an:* Dies hier? Dies ist das Andenken?

HEDDA *nickt langsam:* Kennen Sie sie wieder? Sie war einmal gegen Sie gerichtet.

LÖVBORG: Sie hätten sie damals gebrauchen sollen.

HEDDA: Da! Gebrauchen Sie sie jetzt.

LÖVBORG *steckt die Pistole in die Brusttasche:* Danke!

HEDDA: Und nur in Schönheit, Ejlert Lövborg. Versprechen Sie mir das nur!

LÖVBORG: Fahr wohl, Hedda Gabler.

Er geht durch das Vorzimmer ab.

HEDDA *lauscht einen Augenblick an der Tür, darauf geht sie an den Schreibtisch und holt das Paket mit dem Manuskript hervor, blickt in den Umschlag, zieht einige Blätter halb heraus und sieht sie an; dann nimmt sie das Ganze und setzt sich in den Lehnstuhl am Ofen, das Paket auf dem Schoß. Nach einer kurzen Pause öffnet sie die Ofentür und darauf das Paket, wirft eins der Hefte ins Feuer und flüstert vor sich hin:* Jetzt verbrenne ich dein Kind, Thea! – Du mit deinem Kraushaar! *Sie wirft noch ein paar Hefte in den Ofen.* Dein und Ejlert Lövborgs Kind. *Sie wirft das übrige hinein.* Jetzt verbrenne – jetzt verbrenne ich das Kind.

VIERTER AUFZUG

Dasselbe Zimmer bei Tesman. Das Gesellschaftszimmer liegt im Dunkel; das Hinterzimmer ist durch die Hängelampe über dem Tisch beleuchtet; die Vorhänge vor der Glastür sind zugezogen. Es ist Abend.

Erster Auftritt

Hedda, Berte, Fräulein Tesman.

Hedda, in schwarzer Kleidung, geht im dunklen Zimmer umher, tritt dann ins Hinterzimmer, wendet sich nach links hinüber, und von dort hört man einige Akkorde auf dem Klavier; dann kommt sie wieder heraus und geht ins Gesellschaftszimmer. Berte kommt mit verweinten Augen, an der Haube schwarze Bänder, eine brennende Lampe in der Hand, von rechts aus dem Hinterzimmer, stellt die Lampe im Salon auf den Tisch vor dem Ecksofa und entfernt sich leise und behutsam nach rechts. Hedda geht an die Glastür, hebt den Vorhang ein wenig zur Seite und sieht hinaus in die Dunkelheit. Fräulein Tesman kommt bald darauf in Trauerkleidung mit Hut und Schleier vom Vorzimmer herein. Hedda geht ihr entgegen und gibt ihr die Hand.

FRL. TESMAN: Ja, Hedda, ich komme in den Farben der Trauer. Denn nun hat meine arme Schwester endlich ausgerungen.

HEDDA: Ich weiß es schon, wie Sie wohl sehen. Tesman hat mir eine Karte geschickt.

FRL. TESMAN: Er versprach, es zu tun. Mir schien aber doch, als müßte ich hier zu Hedda – hier in das Haus des Lebens – selbst gehen und den Tod melden.

HEDDA: Das ist sehr lieb von Ihnen.

FRL. TESMAN: Oh – Rina hätte nur nicht fortgehen sollen, grade j e t z t. Heddas Haus sollte zu dieser Zeit nicht Trauer haben.

HEDDA *ablenkend:* Sie starb ja ganz ruhig, Fräulein Tesman?

FRL. TESMAN: Ach, so schön, so friedlich kam die Auflösung. Und dann das unsägliche Glück, daß sie Jörgen noch einmal sehen konnte. Abschied von ihm nehmen konnte. Ist er vielleicht noch nicht nach Hause gekommen?

HEDDA: Nein. Er schrieb, ich solle ihn noch nicht so bald erwarten. Aber nehmen Sie doch Platz.

FRL. TESMAN: Nein, danke – liebe, geliebte Hedda. Ich täte es gern. Aber ich habe so wenig Zeit. Sie soll so schön gebettet und geschmückt werden, wie ich nur kann. Ordentlich sauber soll sie ins Grab kommen.

HEDDA: Kann ich nicht mit irgend etwas helfen?

FRL. TESMAN: Gar nicht dran zu denken! Bei dergleichen darf Hedda Tesman nicht Hand anlegen. Auch nicht einmal ihre Gedanken daran heften. Nicht in dieser Zeit, nein!

HEDDA: Oh, die Gedanken – die lassen sich nicht so meistern –

FRL. TESMAN *fortfahrend:* Ja, du lieber Gott, so geht es in der Welt. Zu Hause bei mir werden wir jetzt das Linnen für Rina nähen. Und hier wird es wohl auch bald zu nähen geben, kann ich mir denken. Aber d a s wird anderer Art sein – Gott sei Dank!

Zweiter Auftritt

Die Vorigen. Tesman kommt vom Vorzimmer herein.

HEDDA: Na, gut, daß du endlich kommst.

TESMAN: Du bist hier, Tante Jule? Bei Hedda? Denk mal!

FRL. TESMAN: Ich war gerade im Begriff zu gehen, mein lieber Junge. Nun, hast du alles besorgt, was du mir versprochen?

TESMAN: Nein, ich fürchte wirklich, daß ich die Hälfte vergessen habe. Ich komme morgen wieder bei dir angelaufen. Denn heute bin ich ganz verwirrt im Kopf. Ich kann die Gedanken nicht zusammenhalten.

FRL. TESMAN: Aber, guter Jörgen, du mußt es nicht auf diese Weise nehmen.

TESMAN: So? Wie meinst du sonst?

FRL. TESMAN: Du sollst im Schmerz froh sein. Froh über das, was geschehen ist. Wie ich es bin.

TESMAN: Ach ja, ja. D u denkst an Tante Rina.

HEDDA: Sie werden jetzt sehr einsam sein, Fräulein Tesman.

FRL. TESMAN: Während der ersten Tage wohl. Aber ich will hoffen, daß es nicht zu lange anhält. Die kleine Stube der seligen Rina wird nicht lange leerstehen, mein' ich!

TESMAN: So? Wen willst du denn da hinein haben? Wie?

FRL. TESMAN: Ach, es gibt leider Gottes immer irgendeinen armen Kranken, der Wartung und Pflege braucht.

HEDDA: Wollen Sie wirklich ein solches Kreuz wieder auf sich nehmen?

FRL. TESMAN: Kreuz! Gott verzeihe Ihnen, Kind – das ist doch kein Kreuz für mich gewesen.

HEDDA: Wenn nun aber irgendeine ganz fremde Person käme, so –

FRL. TESMAN: Ach, mit kranken Menschen ist man bald Freund. Und ich brauche doch so notwendig jemand, für den ich leben kann – den brauche ich. Na, Gott Lob und Dank, hier im Hause wird es doch auch dies und jenes geben, wobei eine alte Tante Hand anlegen kann.

HEDDA: Ach, sprechen Sie doch nicht von uns.

TESMAN: Ja, denk mal, wie gut wir drei es zusammen hätten, wenn –

HEDDA: Wenn – ?

TESMAN *unruhig:* Ach nichts. Das wird sich schon machen. Hoffen wir's. Wie?

FRL. TESMAN: Ja, ja. Ihr beiden habt wohl was miteinander zu besprechen, kann ich mir denken. *Sie lächelt.* Und Hedda hat dir vielleicht auch etwas zu erzählen, Jörgen. Lebt wohl! Nun muß ich nach Hause zu Rina. *Sie wendet sich in der Tür um.* Mein Gott, wie seltsam, sich das vorzustellen! Jetzt ist Rina zugleich bei mir und beim seligen Jochum.

TESMAN: Ja, denk mal, Tante Jule! Wie?

Fräulein Tesman geht durchs Vorzimmer ab.

Dritter Auftritt

Hedda, Tesman.

HEDDA *folgt Tesman kalt und forschend mit den Augen:* Ich glaube beinahe, der Todesfall geht dir mehr zu Herzen als ihr.

TESMAN: Oh, es ist nicht der Todesfall allein. Um Ejlert bin ich so sehr besorgt.

HEDDA *schnell:* Ist irgend etwas Neues mit ihm?

TESMAN: Ich bin heute nachmittag zu ihm hinaufgelaufen, um ihm zu sagen, daß das Manuskript gut aufgehoben sei.

HEDDA: Nun? Hast du ihn nicht getroffen?

TESMAN: Nein, er war nicht zu Hause. Aber später begegnete ich Frau Elvsted, und die erzählte mir, daß er heute früh hiergewesen sei.

HEDDA: Ja, gleich nachdem du fort warst.

TESMAN: Und er soll ja gesagt haben, daß er das Manuskript zerrissen habe. Wie?

HEDDA: Ja, er behauptete es.

TESMAN: Aber mein Gott, dann muß er ja ganz von Sinnen gewesen sein. Und da wagtest du wohl auch nicht, es ihm zurückzugeben, Hedda?

HEDDA: Nein, er hat es nicht bekommen.

TESMAN: Du hast ihm aber doch wohl gesagt, daß wir es haben?

HEDDA: Nein. *Schnell:* Hast du es vielleicht Frau Elvsted gesagt?

TESMAN: Nein, das wollte ich nicht. Ihm selbst hättest du es aber sagen sollen. Denk mal, wenn er sich in der Verzweiflung ein Leid antut! Gib mir das Manuskript, Hedda! Ich will gleich damit zu ihm laufen. Wo hast du das Paket?

HEDDA *kalt und unbeweglich, an den Lehnstuhl gestützt:* Ich habe es nicht mehr!

TESMAN: Du hast es nicht mehr! Was in aller Welt soll das heißen!

HEDDA: Ich habe es verbrannt – alles.

TESMAN *fährt erschrocken auf:* Verbrannt! Ejlerts Manuskript verbrannt!

HEDDA: Schrei nicht so. Das Dienstmädchen könnte dich sonst hören.

TESMAN: Verbrannt! Aber du gütiger Gott –! Nein, nein, nein – das ist ganz unmöglich!

HEDDA: Ja, es ist nun trotzdem so.

TESMAN: Aber weißt du denn selbst, was du da getan hast, Hedda! Das ist ja Fundunterschlagung. Denk mal! Ja, frag nur den Gerichtsrat, dann wirst du schon hören.

HEDDA: Es wird am ratsamsten sein, wenn du nicht darüber sprichst – weder mit dem Gerichtsrat noch mit jemand anderem.

TESMAN: Wie konntest du nur etwas so Unerhörtes tun! Wie konnte dir so etwas einfallen? Wie ist das über dich gekommen? Antworte mir hierauf. Wie?

HEDDA *unterdrückt ein beinahe unmerkliches Lachen:* Ich tat es deinetwegen, Jörgen.

TESMAN: Meinetwegen!

HEDDA: Als du heute morgen nach Hause kamst und erzähltest, er hätte dir vorgelesen –

TESMAN: Ja, ja, was dann?

HEDDA: Da gabst du zu, daß du ihn um dieses Werk beneidetest.

TESMAN: O mein Gott, das war doch nicht so buchstäblich gemeint.

HEDDA: Trotzdem. Ich konnte den Gedanken nicht ertragen, daß ein anderer dich in den Schatten stellen sollte.

TESMAN *ruft zwischen Freude und Zweifel aus:* Hedda – oh – ist es wahr, was du sagst?! – Ja – aber – ja – aber – in dieser Weise habe ich deine Liebe früher nie gespürt. Denk mal!

HEDDA: Nun, dann ist es am besten, wenn du erfährst – daß grade in dieser Zeit – *Heftig abbrechend:* Nein, nein – du kannst dich bei Tante Jule erkundigen. Sie wird dir schon Bescheid geben.

TESMAN: Oh, ich glaube beinahe, ich verstehe dich, Hedda! *Er schlägt die Hände zusammen.* Nein, du mein Gott – wäre das möglich! Wie?

HEDDA: Schrei doch nicht so. Das Mädchen kann dich hören.

TESMAN *lacht in übergroßer Freude:* Das Mädchen! Nein, du bist wirklich köstlich, Hedda! Das Mädchen – das ist ja Berte! Ich will selbst hinaus und es Berte erzählen.

HEDDA *preßt die Hände wie in Verzweiflung zusammen:* Oh, ich vergehe – ich vergehe in alldem!

TESMAN: Worin denn, Hedda? Wie?

HEDDA *kalt, beherrscht:* In all diesem – komischen – Jörgen.

TESMAN: Komisch? Daß ich so herzensfroh bin. Aber trotzdem – vielleicht hat es keinen Zweck, daß ich Berte etwas sage.

HEDDA: O doch – weshalb nicht auch das noch?

TESMAN: Nein, nein, noch nicht. Aber Tante Jule muß es entschieden erfahren. Und das auch – daß du anfängst, mich Jörgen zu nennen! Denk mal! O Tante Jule, sie wird so glücklich sein – so glücklich!

HEDDA: Wenn sie hört, daß ich Ejlert Lövborgs Papiere verbrannt habe – um deinetwillen.

TESMAN: Nein, das ist ja auch wahr! Das mit den Papieren, das darf natürlich niemand erfahren. Aber daß du für mich brennst, Hedda – das soll Tante Jule wahrhaftig wissen! Übrigens möchte ich wissen, ob so etwas bei jungen Frauen gewöhnlich ist? Wie?

HEDDA: Mich dünkt, du solltest Tante Jule auch danach fragen.

TESMAN: Ja, das will ich bei Gelegenheit auch wirklich tun. *Er sieht wieder unruhig und bedenklich aus.* Nein, aber – nein, das Manuskript! Herrgott, es ist ja furchtbar, trotzdem, wenn man an den armen Ejlert denkt.

Vierter Auftritt

Die Vorigen. Frau Elvsted tritt durch das Vorzimmer ein.

FRAU ELVSTED *wie bei ihrem ersten Besuch im Straßenanzug, grüßt hastig und sagt in großer Erregung:* O liebe Hedda, nimm nicht übel, daß ich wiederkomme.

HEDDA: Was ist dir passiert, Thea?

TESMAN: Wieder irgend etwas mit Ejlert Lövborg? Wie?

FRAU ELVSTED: Ach ja – ich habe furchtbare Angst, daß ihm ein Unglück zugestoßen ist.

HEDDA *packt ihren Arm:* Ah – glaubst du?

TESMAN: Nein, aber großer Gott – wie kommen Sie nur auf so etwas, Frau Elvsted?

FRAU ELVSTED: Ja, ich hörte in der Pension, daß sie von ihm sprachen – grade als ich eintrat. Oh – heute gehen in der Stadt die unglaublichsten Gerüchte über ihn.

TESMAN: Ja, denken Sie mal, die hörte ich auch! Und dabei kann ich bezeugen, daß er direkt nach Hause ging und sich schlafen legte. Denken Sie mal!

HEDDA: Nun – was sagten sie in der Pension?

FRAU ELVSTED: Oh, ich konnte nichts herausbringen. Entweder wußten sie nichts Näheres oder –. Als sie mich sahen, waren sie still. Und zu fragen wagte ich nicht.

TESMAN *geht unruhig im Zimmer umher:* Wir wollen hoffen – wir wollen hoffen, daß Sie sich verhört haben, Frau Elvsted!

FRAU ELVSTED: Nein, nein, ich bin sicher, daß sie von ihm sprachen. Und dann hörte ich so etwas wie Krankenhaus oder –

TESMAN: Krankenhaus?

HEDDA: Nein, das ist doch wohl unmöglich!

FRAU ELVSTED: Ach, ich bekam eine so tödliche Angst um ihn. Und da ging ich hinauf in seine Wohnung und fragte dort nach ihm.

HEDDA: Dazu konntest du dich verstehen, Thea!

FRAU ELVSTED: Ja, was sollte ich sonst wohl tun? Mir war, als könne ich die Ungewißheit nicht länger ertragen.

TESMAN: Aber Sie haben ihn auch wohl nicht getroffen? Wie?

FRAU ELVSTED: Nein. Und die Leute konnten keine Auskunft über ihn geben. Er sei seit gestern nachmittag nicht zu Hause gewesen, sagten sie.

TESMAN: Gestern! Denken Sie mal, das zu sagen!

FRAU ELVSTED: Oh, mich dünkt, es ist gar nicht anders möglich, als daß ihm etwas Schlimmes widerfahren ist!

TESMAN: Hör mal, Hedda – wenn ich nun in die Stadt ginge und an verschiedenen Orten nachfragte –?

HEDDA: Nein, nein, misch du dich nur nicht da hinein.

Fünfter Auftritt

Die Vorigen. Gerichtsrat Brack, Berte.

Brack kommt mit dem Hut in der Hand durch die Tür des Vorzimmers; er sieht ernst aus und grüßt schweigend. Berte öffnet und schließt hinter ihm.

TESMAN: Ah, sind Sie es, lieber Rat? Wie?

BRACK: Ja, ich mußte durchaus noch heute abend zu Ihnen heraus.

TESMAN: Ich sehe es Ihnen an, daß Sie die Nachricht von Tante Jule erhalten haben.

BRACK: Die habe ich ebenfalls erhalten, ja.

TESMAN: Ist es nicht traurig, Brack? Wie?

BRACK: Nun, lieber Tesman, wie man's nehmen will.

TESMAN *sieht ihn unsicher an:* Ist sonst vielleicht noch etwas passiert?

BRACK: Allerdings.

HEDDA *gespannt:* Etwas Trauriges, Herr Rat?

BRACK: Ebenfalls wie man's nehmen will, gnädige Frau.

FRAU ELVSTED *ruft unwillkürlich aus:* Oh, das ist irgend etwas mit Ejlert Lövborg!

BRACK *sieht sie flüchtig an:* Wie kommen Sie darauf, gnädige Frau? Wissen Sie vielleicht schon etwas –?

FRAU ELVSTED *verwirrt:* Nein, nein, durchaus nicht; aber –

TESMAN: Aber in Gottes Namen, so reden Sie doch!

BRACK *zuckt die Achseln:* Nun – leider – Ejlert Lövborg ist ins Krankenhaus gebracht. Er liegt wohl schon im Sterben.

FRAU ELVSTED *schreit auf:* O Gott, o Gott!

TESMAN: Im Krankenhaus! Und schon im Sterben!

HEDDA *unwillkürlich:* So schnell also –?

FRAU ELVSTED *jammert:* Und wir sind unversöhnt geschieden, Hedda!

HEDDA *flüstert:* Aber, Thea – Thea, so –

FRAU ELVSTED *ohne auf sie zu achten:* Ich muß zu ihm! Ich muß ihn noch lebend sehen!

BRACK: Das nützt Ihnen nichts, gnädige Frau. Niemand wird zu ihm gelassen.

FRAU ELVSTED: Aber so sagen Sie mir nur, was mit ihm geschehen ist! Was ist es?

TESMAN: Er wird doch nimmermehr selbst –! Wie?

HEDDA: Ja, das hat er, dessen bin ich gewiß.

TESMAN: Hedda – wie kannst du nur –!

BRACK *der sie unverwandt im Auge behalten hat:* Sie haben leider richtig geraten, Frau Tesman.

FRAU ELVSTED: O wie furchtbar!

TESMAN: Selbst also. Denk mal!

HEDDA: Erschossen!

BRACK: Ebenfalls richtig erraten, gnädige Frau.

FRAU ELVSTED *versucht sich zu fassen:* Wann ist es geschehen, Herr Rat?

BRACK: Heute nachmittag. Zwischen drei und vier.

TESMAN: Aber, mein Gott, wo hat er es denn ausgeführt? Wie?

BRACK *etwas unsicher:* Wo? Ja, mein Bester, wohl in seiner Wohnung.

FRAU ELVSTED: Nein, das kann nicht sein. Denn dort war ich zwischen sechs und sieben.

BRACK: Nun, dann anderswo. Das weiß ich nicht so genau. Ich weiß nur, daß man ihn gefunden hat. Er hatte sich erschossen – durch die Brust.

FRAU ELVSTED: O wie grauenhaft, sich das vorzustellen! Daß er so enden mußte!

HEDDA *zu Brack:* Durch die Brust?

BRACK: Ja, wie ich sage.

HEDDA: Also nicht durch die Schläfe?

BRACK: Durch die Brust, Frau Tesman.

HEDDA: Ja, ja – die Brust ist auch gut.

BRACK: Wie, gnädige Frau?

HEDDA *abweisend:* Nein – nichts.

TESMAN: Und Sie sagen, die Wunde sei lebensgefährlich? Wie?

BRACK: Die Wunde ist absolut tödlich. Wahrscheinlich ist es schon mit ihm zu Ende.

FRAU ELVSTED: Ja, ja, das ahnt mir! Es ist zu Ende! Zu Ende! O Hedda – !

TESMAN: Aber sagen Sie mir nur, woher haben Sie das alles erfahren?

BRACK *kurz:* Durch einen von der Polizei. Mit dem ich zu sprechen hatte.

HEDDA *laut:* Endlich einmal eine Tat!

TESMAN *erschrocken:* Gott bewahre mich! Was sagst du da, Hedda!

HEDDA: Ich sage, daß hierin Schönheit liegt.

BRACK: Hm, Frau Tesman –

TESMAN: Schönheit! Nein, denk mal!

FRAU ELVSTED: O Hedda, wie kannst du bei dergleichen von Schönheit reden!

HEDDA: Ejlert Lövborg hat die Rechnung mit sich abgeschlossen. Er hat den Mut gehabt, das zu tun, was – was getan werden mußte.

FRAU ELVSTED: O nein, glaub nimmermehr, daß es so zugegangen ist! Was er getan, das hat er im Wahnsinn getan.

TESMAN: In der Verzweiflung hat er es getan!

HEDDA: Das hat er nicht, davon bin ich überzeugt.

FRAU ELVSTED: Doch! Im Wahnsinn! Gradeso, wie er da unsere Hefte zerrissen hat.

BRACK *stutzt:* Die Hefte? Das Manuskript, meinen Sie? Das hat er zerrissen?

FRAU ELVSTED: Ja, über Nacht tat er das.

TESMAN *flüstert leise:* O Hedda, darüber kommen wir niemals fort.

BRACK: Hm, das ist doch seltsam.

TESMAN *geht durchs Zimmer:* Sich zu denken, daß Ejlert Lövborg so aus der Welt gehen muß! Und ohne das zu hinterlassen, was seinen Namen bleibend erhalten hätte –

FRAU ELVSTED: Oh, wenn es doch wieder zusammengesetzt werden könnte!

TESMAN: Ja, denken Sie mal, wenn man das könnte! Ich weiß nicht, was ich darum gäbe –

FRAU ELVSTED: Vielleicht kann man es, Herr Tesman.

TESMAN: Was meinen Sie?

FRAU ELVSTED *sucht in der Kleidertasche:* Sehen Sie hier. Ich habe die losen Papierfetzen aufbewahrt, die er mit hatte, wenn er diktierte.

HEDDA *tritt einen Schritt näher:* Ah!

TESMAN: Die haben Sie aufbewahrt, Frau Elvsted! Wie?

FRAU ELVSTED: Ja, hier habe ich sie. Ich nahm sie mit, als ich reiste. Seitdem blieben sie in der Tasche –

TESMAN: Ach, lassen Sie mich nur sehen!

FRAU ELVSTED *reicht ihm ein Bündel kleiner Zettel:* Aber es ist so verworren. Vollständig durcheinander.

TESMAN: Denken Sie mal, wenn wir uns doch dazwischen zurechtfinden könnten! Vielleicht, wenn wir einander hülfen?

FRAU ELVSTED: O ja, versuchen wir es wenigstens.

TESMAN: Es soll gehen! Es muß gehen! Ich setze mein Leben dafür ein!

HEDDA: Du, Jörgen? Dein Leben?

TESMAN: Ja, oder besser gesagt, die ganze Zeit, die mir zu Gebote steht. Meine eigenen Sammlungen mögen inzwischen ruhen. Hedda, du verstehst mich? Wie? Das ist etwas, das ich Ejlerts Andenken schuldig bin.

HEDDA: Vielleicht!

TESMAN: Und nun, liebe Frau Elvsted, wollen wir uns zusammennehmen. Mein Gott, es nützt nichts, über das zu brüten, was geschehen ist. Wie? Wir wollen versuchen, so weit zur Gemütsruhe zu kommen, daß –

FRAU ELVSTED: Ja, ja, Herr Tesman, ich will es versuchen, so gut ich kann.

TESMAN: Nun, so kommen Sie. Wir müssen die Notizen sofort ansehen. Wo wollen wir uns setzen? Hier? Nein, lieber dort im Hinterzimmer. Verzeihen Sie, lieber Rat! Kommen Sie mit, Frau Elvsted.

FRAU ELVSTED: O Gott, wenn es sich doch machen ließe!

Tesman und Frau Elvsted gehen in das Hinterzimmer. Frau Elvsted nimmt Hut und Mantel ab. Tesman und Frau Elvsted setzen sich an den Tisch unter der Hängelampe und vertiefen sich eifrig in die Prüfung der Papiere. Hedda geht nach dem Ofen und setzt sich in den Lehnsessel. Brack tritt gleich darauf zu ihr.

HEDDA *halblaut:* O Herr Rat – welche Befreiung in dieser Sache mit Ejlert Lövborg!

BRACK: Befreiung, Frau Hedda? Ja, für ihn ist es allerdings eine Befreiung –

HEDDA: Ich meine für mich. Eine Befreiung, zu wissen, daß wirklich doch noch etwas freiwillig Mutiges in der Welt geschehen kann. Etwas, worauf ein Glanz unwillkürlicher Schönheit fällt.

BRACK *lächelt:* Hm – liebe Frau Hedda –

HEDDA: Oh, ich weiß schon, was Sie sagen wollen. Denn Sie sind trotzdem auch eine Art Fachmensch, ganz wie – na!

BRACK *sieht sie fest an:* Ejlert Lövborg ist Ihnen mehr gewesen, als Sie sich selbst vielleicht eingestehen wollen. Oder sollte ich mich darin irren?

HEDDA: Auf dergleichen antworte ich Ihnen nicht. Ich weiß nur, daß Ejlert Lövborg den Mut gehabt hat, das Leben nach seinem eigenen Sinne zu leben. Und nun jetzt – das Große! Das, worüber Schönheit liegt. Daß er Kraft und Willen hatte, vom Gastmahl des Lebens aufzubrechen – so früh.

BRACK: Es tut mir leid, Frau Hedda – aber ich muß Ihnen einen schönen Wahn nehmen.

HEDDA: Wahn?

BRACK: Aus dem Sie ohnehin bald aufgerüttelt worden wären.

HEDDA: Und worin besteht er?

BRACK: Er hat sich nicht – freiwillig erschossen.

HEDDA: Nicht freiwillig!

BRACK: Nein, die Sache Ejlert Lövborg hängt nicht ganz so zusammen, wie ich erzählte.

HEDDA *gespannt:* Haben Sie etwas verschwiegen? Was ist es?

BRACK: Um der armen Frau Elvsted willen gebrauchte ich ein paar kleine Umschreibungen.

HEDDA: Welche denn?

BRACK: Erstens ist er wirklich schon tot.

HEDDA: Im Krankenhause.

BRACK: Ja. Und ohne wieder zum Bewußtsein zu kommen.

HEDDA: Was haben Sie sonst noch verschwiegen?

BRACK: Daß die Sache sich nicht auf seinem Zimmer zugetragen hat.

HEDDA: Nun, das kann doch ziemlich gleichgültig sein.

BRACK: Nicht so ganz. Denn ich will Ihnen sagen – Ejlert Lövborg wurde erschossen in – in Fräulein Dianas Boudoir gefunden.

HEDDA *will aufspringen, sinkt aber wieder zurück:* Das ist unmöglich, Brack! D o r t kann er heute nicht noch einmal gewesen sein!

BRACK: Er ist heute nachmittag dortgewesen. Er ist gekommen und hat etwas verlangt, das sie ihm genommen haben sollten, wie er sagte. Hat ganz verworren von einem Kinde gesprochen, das verschwunden –

HEDDA: Ah – deshalb also –

BRACK: Ich dachte mir, das könnte vielleicht sein Manuskript gewesen sein. Aber ich höre, daß er es selbst vernichtet hat. Dann muß es doch wohl die Brieftasche gewesen sein.

HEDDA: Das muß es wohl. – Und dort – dort wurde er also gefunden.

BRACK: Ja, dort. Mit einer abgefeuerten Pistole in der Brusttasche. Der Schuß hatte ihn tödlich getroffen.

HEDDA: In die Brust – ja.

BRACK: Nein – er traf ihn in den Unterleib.

HEDDA *sieht mit einem Ausdruck des Ekels zu ihm auf:* Auch das noch! Oh, das Lächerliche und das Gemeine, das sich wie ein Fluch auf alles legt, was ich nur berühre.

BRACK: Es kommt noch etwas dazu, Frau Hedda, etwas, das auch unter das Gemeine gehört.

HEDDA: Und was ist das?

BRACK: Die Pistole, die er bei sich hatte –

HEDDA *atemlos:* Nun! Was damit?

BRACK: Die muß er gestohlen haben.

HEDDA *springt auf:* Gestohlen! Das ist nicht wahr! Das hat er nicht!

BRACK: Es ist unmöglich anders. Er m u ß sie gestohlen haben. – Still!

Tesman und Frau Elvsted sind vom Tisch im Hinterzimmer aufgestanden und kommen in den Salon.

TESMAN *mit den Papieren in den Händen:* Du, Hedda – es ist mir beinahe nicht möglich, da drinnen unter der Hängelampe zu sehen. Denk mal!

HEDDA: Ja, ich denke.

TESMAN: Vielleicht dürfen wir uns an deinen Schreibtisch setzen. Wie?

HEDDA: Meinetwegen. *Schnell:* Nein, warte! Zuvor muß ich abräumen.

TESMAN: Das ist gar nicht nötig, Hedda. Da ist Platz genug.

HEDDA: Nein, nein, laß mich nur abräumen, sage ich. Das nur solange da drinnen aufs Klavier legen. So!

Sie hat einen mit Notenblättern verdeckten Gegenstand unter dem Bücherbrett hervorgezogen, legt noch einige Blätter darauf und trägt das Ganze links ins Hinterzimmer. Tesman legt die Papierfetzen auf den Schreibtisch, trägt die Lampe vom Ecktisch dorthin und beginnt die Arbeit mit Frau Elvsted von neuem.

HEDDA *kommt zurück hinter Frau Elvsteds Stuhl, fährt ihr weich durchs Haar:* Nun, süße Thea, geht es denn mit Ejlert Lövborgs Denkmal?

FRAU ELVSTED *blickt mutlos zu ihr auf:* O Gott – es wird gewiß ungeheuer schwer, sich da durchzufinden.

TESMAN: Es m u ß gehen. Da hilft nichts. Und dann, die Papiere anderer zu ordnen – das ist grade etwas für mich.

Hedda geht an den Ofen und setzt sich auf einen Hocker. Brack beugt sich auf den Lehnstuhl gestützt über sie.

HEDDA *flüstert:* Was sagten Sie von der Pistole?

BRACK *leise:* Daß er sie gestohlen haben muß.

HEDDA: Weshalb grade gestohlen?

BRACK: Weil jede andere Erklärung unmöglich sein m u ß, Frau Hedda.

HEDDA: In der Tat?

BRACK *sieht sie an:* Ejlert Lövborg ist natürlich heute morgen hiergewesen. Nicht wahr?

HEDDA: Allerdings.

BRACK: Waren Sie allein mit ihm?

HEDDA: Ja, eine kleine Weile.

BRACK: Haben Sie das Zimmer nicht verlassen, solange er hier war?

HEDDA: Nein.

BRACK: Besinnen Sie sich. Waren Sie keinen Augenblick draußen?

HEDDA: Doch, vielleicht einen kurzen Augenblick – im Vorzimmer.

BRACK: Und wo hatten Sie inzwischen Ihren Pistolenkasten?

HEDDA: Den hatte ich unten in –

BRACK: Nun, Frau Hedda?

HEDDA: Der Kasten stand da drüben auf dem Schreibtisch.

BRACK: Haben Sie seitdem nachgesehen, ob beide Pistolen da sind?

HEDDA: Nein.

BRACK: Ist auch nicht nötig. Ich sah die Pistole, die Lövborg bei sich gehabt. Und ich kannte sie gleich wieder von gestern. Und von früher ebenfalls.

HEDDA: Haben Sie sie vielleicht?

BRACK: Nein, die Polizei hat sie.

HEDDA: Was will die Polizei mit der Pistole?

BRACK: Versuchen, dem Eigentümer auf die Spur zu kommen.

HEDDA: Glauben Sie, daß der entdeckt werden kann?

BRACK *beugt sich über sie und flüstert:* Nein, Hedda Gabler – solange ich schweige, nicht.

HEDDA *blickt ihn scheu an:* Und wenn Sie n i c h t schweigen – was dann?

BRACK *zuckt die Achseln:* Dann bleibt ja immer noch die Ausrede, daß die Pistole gestohlen wurde.

HEDDA *fest:* Lieber sterben!

BRACK *lächelt:* Dergleichen s a g t man wohl. Aber man t u t es nicht.

HEDDA *ohne zu antworten:* Und wenn nun die Pistole n i c h t gestohlen wurde? Und der Eigentümer entdeckt wird? Was kommt dann?

BRACK: Ja, Hedda – dann kommt der Skandal.

HEDDA: Der Skandal!

BRACK: Der Skandal, ja – vor dem Sie eine solche tödliche Angst haben. Sie müssen natürlich vor Gericht. Sie sowohl wie Fräulein Diana. Sie muß ja erklären, wie die Sache zusammenhängt. Ob es ein zufälliger Schuß war oder Mord. Hat er die Pistole aus der Tasche ziehen wollen, um sie zu bedrohen? Und ist der Schuß dabei losgegangen? Oder hat sie ihm die Pistole aus der Hand gerissen, ihn erschossen und sie ihm dann wieder in die Tasche gesteckt? Das sähe ihr schon ähnlich. Denn sie ist ein handfestes Mädchen, dieses Fräulein Diana.

HEDDA: Aber all dies Widerliche geht m i c h doch nichts an.

BRACK: Nein. Aber Sie müssen die Frage beantworten: Weshalb gaben Sie Ejlert Lövborg die Pistole? Und welche Schlußfolgerungen wird man aus der Tatsache ziehen, daß Sie sie ihm gegeben?

HEDDA *senkt das Haupt:* Das ist wahr. Das habe ich nicht bedacht.

BRACK: Na, glücklicherweise ist keine Gefahr, solange ich schweige.

HEDDA *sieht zu ihm auf:* Ich bin also in Ihrer Macht. Von nun an haben Sie Hals- und Handrecht über mich.

BRACK *flüstert noch leiser:* Liebste Hedda – glauben Sie mir – ich werde diese Stellung nicht mißbrauchen.

HEDDA: Nichtsdestoweniger in Ihrer Macht. Abhängig von Ihrem Wunsch und Willen. Unfrei. Unfrei also. *Sie steht heftig auf.* Nein – den Gedanken ertrage ich nicht! Nimmermehr.

BRACK *sieht sie halb spöttisch an:* Man pflegt sich sonst in das Unvermeidliche zu fügen.

HEDDA *erwidert den Blick:* Ja, kann sein. *Sie geht an den Schreibtisch, unterdrückt ein unwillkürliches Lächeln und ahmt Tesmans Tonfall nach:* Na? Wird es glücken, Jörgen? Wie?

TESMAN: Das mag Gott wissen. Auf jeden Fall wird dies eine Arbeit für lange Monate.

HEDDA *wie oben:* Nein, denk mal! *Sie fährt mit den Händen leicht durch Frau Elvsteds Haar.* Kommt es dir nicht seltsam vor, Thea? Jetzt sitzt du hier zusammen mit Tesman – gradeso, wie du früher mit Ejlert Lövborg gesessen.

FRAU ELVSTED: O Gott, wenn ich deinen Mann doch auch nur begeistern könnte.

HEDDA: Oh, das kommt noch – mit der Zeit.

TESMAN: Ja, weißt du was, Hedda – mich dünkt wirklich, ich fange schon an, etwas derartiges zu merken. Aber setz du dich wieder zum Rat.

HEDDA: Könnt ihr beiden mich hier zu nichts brauchen?

TESMAN: Nein, zu gar nichts. *Er dreht den Kopf fort.* Von jetzt an müssen S i e so gütig sein und Hedda Gesellschaft leisten, lieber Rat!

BRACK *mit einem Blick auf Hedda:* Wird mir ein außerordentliches Vergnügen sein.

HEDDA: Danke. Aber heute abend bin ich müde. Ich will mich da drinnen aufs Sofa legen.

TESMAN: Ja, tu das, Liebste. Wie?

Hedda geht in das Hinterzimmer und zieht die Vorhänge hinter sich zusammen. Kurze Pause. Plötzlich hört man sie eine wilde Tanzweise auf dem Klavier spielen.

FRAU ELVSTED *fährt vom Stuhl auf:* Uh – was ist das!

TESMAN *eilt an die Türöffnung:* Aber, liebste Hedda – spiel doch heute abend nicht zum Tanz auf! Denk doch an Tante Rina! Und auch an Ejlert!

HEDDA *steckt den Kopf durch die Vorhänge:* Und an Tante Jule! Und an alle! Künftighin werde ich still sein. *Sie zieht die Vorhänge wieder zusammen.*

TESMAN *am Schreibtisch:* Es ist ihr gewiß nicht gut, uns bei dieser traurigen Arbeit zu sehen. Wissen Sie was, Frau Elvsted – Sie müssen zu Tante Jule ziehen. Ich komme dann des Abends hinauf. Dann können wir dort arbeiten. Wie?

FRAU ELVSTED: Ja, das wäre vielleicht das beste!

HEDDA *im Hinterzimmer:* Ich höre wohl, was du sagst, Tesman. Aber womit soll ich mir dann die Abende hier draußen vertreiben?

TESMAN *blättert in den Papieren:* Oh – der Rat ist dann so gütig und kommt zu dir heraus.

BRACK *im Lehnstuhl, ruft munter:* Meinetwegen jeden Abend, Frau Tesman! Wir beide werden uns schon amüsieren!

HEDDA *klar und laut:* Ja, die Hoffnung hegen Sie wohl, Herr Rat? Sie, als einziger Hahn im Korbe –

Im Hinterzimmer ertönt ein Schuß. Tesman, Frau Elvsted und Brack fahren in die Höhe.

TESMAN: Ach, da macht sie sich wieder mit den Pistolen zu schaffen!

Er schlägt die Vorhänge beiseite und läuft hinein. Frau Elvsted folgt ihm. Hedda liegt leblos auf dem Sofa ausgestreckt. Verwirrung und Geschrei. Berte kommt verstört von rechts.

TESMAN *schreit Brack entgegen:* Erschossen! In die Schläfe geschossen! Denken Sie mal!

BRACK *halb ohnmächtig im Lehnstuhl:* Aber Gott erbarme sich – sowas tut man doch nicht!

Baumeister Solness

Schauspiel in drei Aufzügen

PERSONEN

Baumeister Halvard Solness
Frau Aline Solness, seine Gattin
Dr. Herdal, Hausarzt
Knut Brovik, ehemals Architekt, jetzt Assistent bei Solness
Ragnar Brovik, sein Sohn, Zeichner
Kaja Fosli, seine Nichte, Buchhalterin
Fräulein Hilde Wangel

Einige Damen, Volksmenge auf der Straße

Ort der Handlung: das Haus des Baumeisters Solness

Rechts und links vom Schauspieler

Erster Aufzug

Ein einfach ausgestattetes Arbeitszimmer beim Baumeister Solness.
Eine Flügeltür an der Wand links führt zum Vorzimmer. Rechts ist die Tür zu den inneren Räumen des Hauses. An der Hinterwand eine offene Tür zum Zeichenzimmer. Im Vordergrund links ein Pult mit Büchern, Briefschaften und Schreibmaterialien. Neben der Tür ein Ofen. In der Ecke rechts ein Sofa mit Tisch und ein paar Stühlen; auf dem Tisch Wasserkaraffe und Glas. Ein kleinerer Tisch mit Schaukelstuhl und Lehnstuhl im Vordergrund rechts. Angezündete Arbeitslampen auf dem Tisch im Zeichenzimmer, auf dem Tisch in der Ecke und auf dem Pult.
Rechts und links vom Schauspieler.

Erster Auftritt

Knut Brovik und sein Sohn Ragnar sitzen im Zeichenzimmer, mit Konstruktionen und Berechnungen beschäftigt. Knut Brovik ist ein schmächtiger alter Mann mit weißem Haar und Bart; er trägt einen etwas fadenscheinigen, aber saubergehaltenen schwarzen Rock, eine Brille und eine weiße, etwas vergilbte Halsbinde. Ragnar Brovik ist in den Dreißigerjahren, gutgekleidet, blond, mit leicht vornübergebeugter Haltung. Kaja Fosli steht im Arbeitszimmer am Pult, im Hauptbuch eintragend; sie ist ein zartgebautes junges Mädchen von einigen zwanzig Jahren, aber von kränklichem Aussehen; ein grüner Schirm schützt ihre Augen. Alle drei arbeiten eine Weile schweigend.

KNUT BROVIK *erhebt sich plötzlich, wie von Angst getrieben, vom Zeichentisch, atmet tief und mit Mühe, indem er zur Türöffnung vorgeht:* Nein, jetzt halt' ich es bald nicht länger aus.

KAJA *geht zu ihm hin:* Es ist dir gewiß recht schlecht heut abend, Onkel?

BROVIK: Ach, mir scheint, es wird schlimmer von Tag zu Tag.

RAGNAR *hat sich erhoben und kommt näher:* Du solltest lieber heimgehen, Vater. Versuchen, ein wenig zu schlafen –

BROVIK *ungeduldig:* Zu Bett gehen vielleicht? Willst du denn, daß ich rein ersticke!

KAJA: Aber dann mach doch einen kleinen Spaziergang.

RAGNAR: Ja, tu das. Ich begleite dich.

BROVIK *heftig:* Ich geh' nicht, ehe er kommt! Heut abend red' ich grad heraus mit – *in verbissener Wut:* mit ihm – dem Prinzipal.

KAJA *angstvoll:* Ach nein, Onkel – warte doch ja damit!

RAGNAR: Ja, lieber warten, Vater.

BROVIK *holt mühsam Atem:* Ha – ha –! Ich hab' wohl keine Zeit, recht lange zu warten.

KAJA *horchend:* Still! Da hör' ich ihn unten auf der Treppe!

Alle drei gehen wieder an ihre Arbeit. Kurze Pause. Baumeister Halvard Solness tritt durch die Vorzimmertür ein; er ist ein etwas älterer Mann, gesund und kräftig, mit kurzgehaltenem, krausem Haar, dunklem Schnurrbart und dunklen, dichten Augenbrauen, trägt eine graugrüne, zugeknöpfte Jacke mit Stehkragen und breiten Aufschlägen, einen weichen, grauen Filzhut und unter dem Arm ein paar Mappen.

Zweiter Auftritt

Die Vorigen. Solness.

BAUMEISTER SOLNESS *an der Tür, weist gegen das Zeichenzimmer hin und fragt flüsternd:* Sind sie fort?

KAJA *leise, schüttelt den Kopf:* Nein.

Sie legt den Augenschirm ab. Solness geht durchs Zimmer, wirft seinen Hut auf einen Stuhl, legt die Mappen auf den Sofatisch und nähert sich dann wieder dem Pult. Kaja schreibt ununterbrochen, scheint aber nervös und unruhig.

SOLNESS *laut:* Was tragen Sie denn da ein, Fräulein?

KAJA *zusammenfahrend:* Oh, es ist nur etwas, das –

SOLNESS: Lassen Sie mich sehen, Fräulein. *Er beugt sich über sie, tut, als ob er im Hauptbuch nachsähe, und flüstert:* Kaja?

KAJA *schreibend, leise:* Ja?

SOLNESS: Warum nehmen Sie denn immer den Schirm da ab, wenn ich komme?

KAJA *wie oben:* Ich sehe ja so häßlich aus damit.

SOLNESS *lächelnd:* Und das wollen Sie nicht, Kaja?

KAJA *blickt halb zu ihm auf:* Nicht um alles in der Welt. Nicht in I h r e n Augen.

SOLNESS *fährt ihr leicht über das Haar:* Arme, arme kleine Kaja –

KAJA *senkt den Kopf:* Still – sie könnten Sie hören!

SOLNESS *geht nachlässigen Schrittes nach rechts, kehrt um und bleibt an der Tür des Zeichenzimmers stehen:* War jemand da, der nach mir gefragt hat?

RAGNAR *erhebt sich:* Ja, die jungen Leute, die die Villa gebaut haben wollen draußen bei Lövstrand.

SOLNESS *brummend:* Ach d i e? Ja, die müssen warten. Ich bin mit mir selber noch nicht im reinen über den Plan.

RAGNAR *näher, etwas zögernd:* Es wäre ihnen so sehr daran gelegen, die Zeichnungen bald zu bekommen.

SOLNESS *wie oben:* Ja, das versteht sich – das wollen sie ja alle miteinander!

BROVIK *aufblickend:* Sie sehnten sich nämlich so über alle Maßen danach, ihr eigenes Haus zu beziehen, sagten sie.

SOLNESS: Jawohl, jawohl! Man kennt das! Und dann nehmen sie's so, wie es sich gerade trifft. Schaffen sich so 'ne – 'ne Wohnung. Eine Art von Zufluchtsort bloß. Aber kein Heim. Nein, ich danke! Mögen sie sich dann lieber an einen andern wenden. Sagen Sie ihnen das, wenn sie wiederkommen.

BROVIK *schiebt die Brille auf die Stirn hinauf und sieht ihn stutzend an:* An einen andern? Würden Sie die Arbeit abgeben?

SOLNESS *ungeduldig:* Ja, ja doch, zum Teufel! Wenn's durchaus sein m u ß, dann –. Lieber das, als so ins Blaue hineinbauen. *Herausplatzend:* Denn ich kenne ja die Leute noch so wenig!

BROVIK: Die Leute sind solid genug. Ragnar kennt sie. Er geht mit der Familie um. Sehr solide Leute.

SOLNESS: Ach, solid – solid! Das ist's ja gar nicht, was ich meine. Du lieber Gott – verstehen auch S i e mich jetzt nicht mehr? *Heftig:* Ich will mit den fremden Menschen nichts zu schaffen haben. Mögen sie sich meinetwegen wenden, an wen sie wollen.

BROVIK *erhebt sich:* Ist das Ihr Ernst?

SOLNESS *mürrisch:* Jawohl. – Für dies eine Mal.

Er geht durchs Zimmer. Brovik wechselt einen Blick mit Ragnar. Ragnar macht eine warnende Gebärde.

BROVIK *geht ins Vorderzimmer hinein:* Gestatten Sie mir, ein paar Worte mit Ihnen zu reden?

SOLNESS: Sehr gern.

BROVIK *zu Kaja:* Geh da hinein derweile, du.

KAJA *unruhig:* Ach, aber Onkel –

BROVIK: Tu, wie ich dir sage, Kind. Und schließ die Türe hinter dir zu.

Kaja geht zögernd ins Zeichenzimmer hinein, wirft verstohlen Solness einen ängstlich bittenden Blick zu und schließt die Tür.

BROVIK *etwas gedämpft:* Ich will nicht, daß die armen Kinder erfahren, wie schlecht es mit mir steht.

SOLNESS: Sie sehen auch wirklich recht elend aus in diesen Tagen.

BROVIK: Mit mir ist's bald vorbei. Die Kräfte nehmen ab – von einem Tag zum andern.

SOLNESS: Setzen Sie sich ein wenig.

BROVIK: Wenn Sie erlauben?

SOLNESS *rückt den Lehnstuhl ein wenig zurecht:* Da, bitte. – Nun?

BROVIK *hat mit Mühe Platz genommen:* Ja, es handelt sich also um das da mit Ragnar. D a s ist das allerschwerste. Was soll mit ihm werden?

SOLNESS: Ihr Sohn, der bleibt natürlich hier bei mir, so lange er nur will.

BROVIK: Aber das ist's ja eben, was er nicht will. Nicht so recht mehr k a n n – wie ihm scheint.

SOLNESS: Nun, er wird denn doch ganz gut bezahlt, sollt' ich meinen. Sollte er aber mehr verlangen, wäre ich nicht abgeneigt, ihm –

BROVIK: Nein, nein! Das ist's durchaus nicht. *Ungeduldig:* Aber er muß doch a u c h einmal Gelegenheit bekommen, auf eigene Hand zu arbeiten.

SOLNESS *ohne ihn anzusehen:* Glauben Sie, daß Ragnar dazu alle die rechten Anlagen hat?

BROVIK: Nein, sehen Sie, das ist ja eben das Entsetzliche, daß ich angefangen habe, an dem Jungen zu zweifeln. Denn Sie sagten ja nie soviel wie – wie ein ermunterndes Wort über ihn. Aber dann scheint's mir wieder, es ist unmöglich anders. Er m u ß die Anlagen haben.

SOLNESS: Nun ja, er hat aber doch nichts gelernt – recht gründlich. Außer dem Zeichnen, versteht sich.

BROVIK *blickt ihn mit geheimem Haß an und sagt mit heiserer Stimme:* S i e hatten auch nicht recht viel vom Fach gelernt, damals, als Sie bei mir im Dienste standen. Aber S i e machten sich dennoch auf den Weg. *Er holt mühselig Atem.* Und kamen vorwärts. Und überholten sowohl mich wie – wie so viele andere.

SOLNESS: Ja, sehen Sie, das fügte sich nun so für m i c h.

BROVIK: Darin haben Sie recht. Alles fügte sich für Sie. Dann können Sie's aber auch nicht übers Herz bringen, mich ins Grab gehen zu lassen – ehe ich sehe, wozu Ragnar taugt. Und dann möchte ich die zwei ja auch gern verheiratet sehen – ehe ich scheide.

SOLNESS *unwirsch:* Ist sie es, die's so haben will?

BROVIK: Kaja nicht so sehr. Aber Ragnar geht herum und redet jeden Tag davon. *Bittend:* Sie müssen – Sie müssen ihm jetzt zu irgendeiner selbständigen Arbeit verhelfen. Ich muß etwas zu sehen bekommen, was der Junge gemacht hat. Hören Sie?

SOLNESS *gereizt:* Aber ich kann doch, zum Teufel, keine Bestellungen für ihn vom Mond herunterholen!

BROVIK: Er kann eine hübsche Bestellung bekommen, gerade jetzt. Eine große Arbeit.

SOLNESS *unruhig, stutzend:* Er?

BROVIK: Wenn Sie Ihre Zustimmung geben wollten.

SOLNESS: Was ist denn das für eine Arbeit?

BROVIK *etwas zögernd:* Er könnte die Villa zu bauen bekommen draußen bei Lövstrand.

SOLNESS: Die! Aber die soll ich ja selber bauen!

BROVIK: Ach, Sie haben ja keine besondere Lust dazu.

SOLNESS *auffahrend:* Keine Lust! Ich! Wer darf das sagen?

BROVIK: Das sagten Sie ja selbst in diesem Augenblicke.

SOLNESS: Ach was, achten Sie nie auf das, was ich so – sage. – Kann Ragnar die Villa zu bauen bekommen?

BROVIK: Jawohl. Er kennt ja die Familie. Und dann hat er – nur so zum Spaß – Zeichnungen gemacht und Überschläge und alles miteinander –

SOLNESS: Und die Zeichnungen, mit denen sind sie zufrieden? Die Leute, die da wohnen sollen?

BROVIK: Gewiß. Wenn bloß Sie sie durchsehen wollten und sie gutheißen, dann –

SOLNESS: Dann würden sie Ragnar ihr Heim bauen lassen?

BROVIK: Es gefiel ihnen so ausnehmend gut, das, was er draus machen wollte. Es schiene ihnen so etwas durchaus Neues, sagten sie.

SOLNESS: Aha! Neues! Kein so altmodischer Plunder, wie ich ihn zu bauen pflege!

BROVIK: Es schien ihnen etwas anderes.

SOLNESS *in unterdrückter Erbitterung:* Ragnar war's also, zu dem sie kamen, hier – während ich fort war!

BROVIK: Sie kamen, um Sie zu sprechen. Und dann um zu fragen, ob Sie vielleicht geneigt wären zurückzutreten –

SOLNESS: Zurücktreten! Ich!

BROVIK: Im Falle Sie fänden, daß Ragnars Zeichnungen –

SOLNESS: Ich! Zurücktreten vor Ihrem Sohn!

BROVIK: Von der Verabredung zurücktreten, meinten sie.

SOLNESS: Ach was, das kommt ja auf eins hinaus. *Er lacht erbittert.* So, so! Halvard Solness – der soll jetzt anfangen zurückzutreten! Platz machen denen, die da jünger sind. Den Allerjüngsten vielleicht! Nur Platz machen! Platz! Platz!

BROVIK: Du lieber Gott, da ist doch wohl Platz genug für mehr als einen einzigen.

SOLNESS: Oh, so reichlicher Platz ist denn doch nicht da. Na, dem mag nun sein, wie ihm will. Aber ich trete niemals zurück! Weiche niemals vor irgend jemand! Niemals freiwillig! Niemals bei meinen Lebzeiten tu' ich sowas!

BROVIK *erhebt sich mühsam:* Soll ich denn aus dem Leben gehen ohne Zuversicht? Ohne Freude? Ohne Glauben und Vertrauen in Ragnar? Ohne ein einziges Werk von ihm zu sehen? Soll ich das?

SOLNESS *wendet sich halb zur Seite und murmelt:* Hm – fragen Sie doch jetzt nicht mehr.

BROVIK: Doch. Antworten Sie mir darauf. Soll ich so ganz in Armut aus dem Leben gehen?

SOLNESS *scheint mit sich selbst zu kämpfen; endlich sagt er mit gedämpfter, aber fester Stimme:* Sie müssen aus dem Leben gehen, wie Sie's am besten wissen und können.

BROVIK: Mag's denn so sein. *Er geht durchs Zimmer.*

SOLNESS *ihm nachgehend, halb verzweifelt:* Ja, ich kann ja doch nicht anders, verstehen Sie! Ich bin nun einmal so, wie ich bin! Und umschaffen kann ich mich doch auch nicht!

BROVIK: Nein, nein – das können Sie wohl nicht. *Er schwankt und bleibt am Sofatisch stehen.* Gestatten Sie, daß ich ein Glas Wasser trinke?

SOLNESS: Bitte sehr.

Er schenkt ein und reicht ihm das Glas.

BROVIK: Ich danke.

Er trinkt und stellt das Glas wieder hin.

SOLNESS *geht zur Tür des Zeichenzimmers und öffnet sie:* Ragnar – Sie müssen Ihren Vater nach Hause begleiten.

Ragnar erhebt sich rasch. Ragnar und Kaja gehen ins Arbeitszimmer.

RAGNAR: Was gibt's, Vater?

BROVIK: Reich mir den Arm. Und jetzt gehen wir.

RAGNAR: Jawohl. Mach du dich auch fertig, Kaja.

SOLNESS: Fräulein Fosli muß zurückbleiben. Nur einen kleinen Augenblick. Ich habe einen Brief, der geschrieben werden muß.

BROVIK *mit einem Blick auf Solness:* Gute Nacht. Schlafen Sie wohl – wenn Sie können.

SOLNESS: Gute Nacht.

Brovnik und Ragnar ab durch die Vorzimmertür.

Dritter Auftritt

Solness, Kaja.

Kaja geht an das Pult hin. Solness steht mit gesenktem Kopf rechts am Lehnstuhl.

KAJA *unsicher:* Ist's ein Brief?

SOLNESS *kurz:* Ach, keine Spur. *Er blickt sie rauh an.* Kaja!

KAJA *angstvoll, leise:* Ja?

SOLNESS *weist befehlend mit dem Finger auf den Fußboden:* Herkommen! Gleich!

KAJA *zögernd:* Ja.

SOLNESS *wie oben:* Näher!

KAJA *gehorcht:* Was wollen Sie von mir?

SOLNESS *blickt sie eine Weile an:* Sind Sie's, der ich die Geschichte zu verdanken habe?

KAJA: Nein, nein, glauben Sie das ja nicht!

SOLNESS: Aber heiraten – das wollen Sie ja jetzt.

KAJA *leise:* Ragnar und ich sind schon vier – fünf Jahre verlobt, und da –

SOLNESS: Und da meinen Sie, es muß ein Ende nehmen. Ist's nicht so?

KAJA: Ragnar und der Onkel sagen, ich s o l l. Und da muß ich mich ja fügen.

SOLNESS *in sanfterem Tone:* Kaja, sind Sie nicht auch, im Grunde genommen, Ragnar ein bißchen gut?

KAJA: Ich war Ragnar sehr, sehr gut – einmal. – Ehe ich hierherkam zu Ihnen.

SOLNESS: Aber jetzt nicht mehr? Gar nicht mehr?

KAJA *leidenschaftlich, faltet die Hände gegen ihn:* Ach, Sie wissen es ja, jetzt bin ich bloß einem einzigen gut! Keinem andern in der ganzen Welt! Kann nie einem andern gut werden!

SOLNESS: Ja, so sagen Sie. Und da gehen Sie trotzdem von mir fort. Lassen mich hier mit allem allein.

KAJA: Aber dürfte ich denn nicht bei Ihnen bleiben, wenn auch Ragnar – ?

SOLNESS *abweisend:* Nein, nein, das läßt sich durchaus nicht machen. Geht Ragnar weg und fängt er an, auf eigene Hand zu arbeiten, dann hat er Sie ja selber nötig.

KAJA *ringt die Hände:* Ach, mir kommt's vor, ich k a n n mich von Ihnen nicht trennen! Das ist doch so rein, rein unmöglich, kommt's mir vor!

SOLNESS: Dann sehen Sie zu, daß Sie Ragnar die dummen Einfälle da aus dem Kopfe bringen. Heiraten Sie ihn, soviel Sie wollen – *Er verändert den Ton:* Ja, das heißt – reden Sie ihm zu, daß er hierbleibt in seiner guten Stellung bei mir. Dann kann ich ja auch Sie behalten, liebe Kaja.

KAJA: Ach ja, wie wunderschön wär's, wenn sich's so machen ließe!

SOLNESS *legt ihr beide Hände um den Kopf und flüstert:* Denn ich k a n n's ohne Sie nicht aushalten, begreifen Sie. Ich muß Sie um mich haben, tagaus, tagein.

KAJA *nervös hingerissen:* Ach Gott! Ach Gott!

SOLNESS *drückt ihr einen Kuß aufs Haar:* Kaja – Kaja!

KAJA *sinkt vor ihm nieder:* O wie gut sind Sie gegen mich! Wie unsäglich gut sind Sie!

SOLNESS *heftig:* Stehen Sie auf! So stehen Sie doch auf, zum – ! Mir scheint, ich höre jemand!

Er hilft ihr auf. Kaja wankt ans Pult hin. Frau Solness erscheint in der Tür rechts; sie ist mager und sieht abgehärmt aus, zeigt aber Spuren einstiger Schönheit; sie trägt blonde Hängelocken, ist elegant, vollständig schwarz gekleidet; sie spricht etwas langsam und mit klagender Stimme.

Vierter Auftritt

Die Vorigen. Frau Solness.

FRAU SOLNESS *in der Türöffnung:* Halvard!

SOLNESS *dreht sich um:* Ach, du bist's, liebe – ?

FRAU SOLNESS *mit einem Blick auf Kaja:* Ich komme gewiß recht ungelegen, kann ich mir denken.

SOLNESS: Durchaus nicht. Fräulein Fosli hat nur einen kleinen Brief zu schreiben.

FRAU SOLNESS: Jawohl, das sehe ich.

SOLNESS: Was wolltest du denn von mir, Aline?

FRAU SOLNESS: Ich wollte nur sagen, daß Doktor Herdal im Eckzimmer drinnen ist. Kommst du vielleicht auch herein, Halvard?

SOLNESS *blickt sie mißtrauisch an:* Hm – muß mich denn der Doktor so notwendig sprechen?

FRAU SOLNESS: Nein, so notwendig gerade nicht. Er kam, mir einen Besuch zu machen. Und dann möchte er natürlich dich auch begrüßen.

SOLNESS *lacht leise:* Kann mir's denken, jawohl. Na, dann mußt du ihn bitten, sich ein wenig zu gedulden.

FRAU SOLNESS: So kommst du also zu ihm herein nachher?

SOLNESS: Vielleicht. Nachher – nachher, liebe Aline. Nach einer kleinen Weile.

FRAU SOLNESS *wieder mit einem Blick auf Kaja:* Gut, vergiß es aber ja nicht, Halvard.

Sie zieht sich zurück und schließt die Tür.

Fünfter Auftritt

Solness, Kaja.

KAJA *leise:* Ach Gott, ach Gott – die gnädige Frau denkt gewiß etwas Schlechtes von mir!

SOLNESS: Ach was, keinen Schein. Nicht mehr als gewöhnlich wenigstens. Es ist aber doch am besten, wenn Sie jetzt gehen, Kaja.

KAJA: Ja, ja, jetzt m u ß ich gehen.

SOLNESS *streng:* Und dann bringen Sie also die andere Geschichte da in Ordnung für mich. Hören Sie!

KAJA: Ach, gebe Gott, daß es nur auf mich ankäme, dann –

SOLNESS: Ich w i l l's geordnet wissen, sage ich! Und morgen soll's geschehen!

KAJA *angstvoll:* Geht's auf andere Weise nicht, will ich gern mit ihm ein Ende machen.

SOLNESS *auffahrend:* Ein Ende machen! Sind Sie rein toll geworden! Wollen Sie ein Ende machen?

KAJA *verzweifelt:* Lieber noch das. Denn ich m u ß – ich m u ß bei Ihnen bleiben dürfen! Ich k a n n nicht von Ihnen gehen! Es wäre ja rein – rein unmöglich!

SOLNESS *platzt heraus:* Aber zum Teufel – was wird's mit Ragnar! Es ist ja eben Ragnar, den ich –

KAJA *sieht ihn mit erschreckten Augen an:* Ist's hauptsächlich wegen Ragnar, daß – daß Sie –?

SOLNESS *faßt sich:* Ach nein, keine Spur, gewiß nicht! Sie begreifen aber auch gar nichts. *Sanft und leise:* S i e sind's natürlich, die ich dahaben will. Allererst Sie, Kaja. Aber gerade darum müssen Sie Ragnar zureden, daß e r auch in seiner Stellung bleibt. Na, lassen Sie es gut sein – und jetzt gehen Sie nach Hause.

KAJA: Nun ja, gute Nacht also.

SOLNESS: Gute Nacht. *Während sie sich zum Gehen anschickt:* Ach, hören Sie mal! Sind Ragnars Zeichnungen drinnen?

KAJA: Ich glaube. Wenigstens bemerkte ich nicht, daß er sie mitnahm.

SOLNESS: Dann gehen Sie hinein – und holen Sie sie mir. Ich könnte sie vielleicht doch ein bißchen ansehen.

KAJA *erfreut:* Ach, tun Sie das doch, ja!

SOLNESS: Um Ihretwillen, liebe Kaja. Na, holen Sie sie mir also geschwind, hören Sie!

KAJA *eilt ins Zeichenzimmer hinein, wühlt ängstlich in der Schublade herum, holt eine Mappe hervor und bringt sie:* Da sind alle die Zeichnungen.

SOLNESS: Schön. Legen Sie sie dorthin auf den Tisch.

KAJA *legt die Mappe von sich:* Gute Nacht also – *bittend:* und denken Sie gut und lieb von mir.

SOLNESS: Ach, das tue ich ja immer. Gute Nacht, liebe kleine Kaja. *Er blickt verstohlen nach rechts.* So gehen Sie doch!

Frau Solness und Doktor Herdal kommen durch die Tür rechts; Herdal ist ein älterer, wohlbeleibter Herr mit rundem, zufriedenem Gesicht, bartlos, hat dünnes, helles Haar und trägt eine goldene Brille.

Sechster Auftritt

Die Vorigen. Frau Solness, Doktor Herdal.

FRAU SOLNESS *noch in der Türöffnung:* Halvard, jetzt kann ich den Doktor nicht länger halten.

SOLNESS: Na, kommen Sie nur herein.

FRAU SOLNESS *zu Kaja:* Schon fertig mit dem Brief, Fräulein?

KAJA *die die Pultlampe herunterschraubt, verwirrt:* Der Brief –?

SOLNESS: Es war nur ein ganz kurzer Brief.

FRAU SOLNESS: Recht kurz muß er gewesen sein.

SOLNESS: Bitte, gehen Sie nur, Fräulein Fosli. Und dann sind Sie morgen zu rechter Zeit wieder da.

KAJA: Gewiß. – Gute Nacht, gnädige Frau.

Ab durch die Vorzimmertür.

FRAU SOLNESS: Du kannst recht froh sein, Halvard, daß du das Fräulein da bekommen hast.

SOLNESS: Ja freilich. Die läßt sich zu vielerlei Dingen verwenden.

FRAU SOLNESS: Es scheint so.

HERDAL: Tüchtig in der Buchführung nebenbei?

SOLNESS: Na – einige Übung hat sie sich immerhin angeeignet in den zwei Jahren. Und dann ist sie gutmütig und willig zu allem, was man von ihr verlangt.

FRAU SOLNESS: Das muß allerdings eine große Annehmlichkeit sein –

SOLNESS: Das ist's auch. Besonders wenn man nicht verwöhnt ist in dieser Beziehung.

FRAU SOLNESS *mit mildem Vorwurf:* Kannst du d a s behaupten, Halvard?

SOLNESS: Ach nein, nein, liebe Aline. Ich bitte um Verzeihung.

FRAU SOLNESS: Keine Ursache. – Also, Doktor, Sie kommen nachher wieder und trinken den Tee mit uns?

HERDAL: Sobald ich den Krankenbesuch da gemacht habe, komme ich.

FRAU SOLNESS: Sehr liebenswürdig.

Ab durch die Tür rechts.

Siebenter Auftritt

Solness, Doktor Herdal.

SOLNESS: Haben Sie Eile, Doktor?

HERDAL: Durchaus nicht.

SOLNESS: Wir können also ein wenig miteinander plaudern?

HERDAL: Wird mir sehr angenehm sein.

SOLNESS: Dann setzen wir uns. *Er weist dem Doktor den Platz im Schaukelstuhl an und setzt sich selbst in den Lehnstuhl; mit einem forschenden Blick:* Sagen Sie mir – merkten Sie Aline etwas an?

HERDAL: Soeben, während sie hier war, meinen Sie?

SOLNESS: Ja. Mir gegenüber. Merkten Sie etwas?

HERDAL *lächelnd:* Na, hören Sie mal – das m u ß t e man ja wohl merken, daß Ihre Frau – hm –

SOLNESS: Nun?

HERDAL: Daß Ihre Frau keine besondere Vorliebe hat für dieses Fräulein Fosli.

SOLNESS: Weiter nichts? D a s habe ich schon selber bemerkt.

HERDAL: Und ein Wunder ist es ja eigentlich nicht.

SOLNESS: Was denn?

HERDAL: Daß sie es nicht gerade gern sieht, wenn Sie da tagtäglich ein anderes Frauenzimmer um sich haben.

SOLNESS: Nun, darin können Sie recht haben. Und Aline auch. Aber d a s – das kann nun einmal nicht anders sein.

HERDAL: Könnten Sie sich denn nicht einen Buchhalter anschaffen?

SOLNESS: Den ersten besten Kerl? Nein, da dank' ich – damit ist mir nicht gedient.

HERDAL: Aber wenn nun Ihre Frau –? So schwach, wie

sie ist – wenn sie's nun nicht aushält, die Sache mitanzusehen?

SOLNESS: Na, dann mag's in Gottes Namen so sein – hätt' ich beinahe gesagt. Ich muß Kaja Fosli behalten. Kann niemand anderen brauchen als gerade die.

HERDAL: Niemand anderen?

SOLNESS: Nein, niemand anderen.

HERDAL *seinen Stuhl näherrückend:* Jetzt hören Sie mal, lieber Herr Solness. Erlauben Sie mir eine Frage ganz im Vertrauen?

SOLNESS: Bitte.

HERDAL: Frauenzimmer, sehen Sie – die haben in gewissen Dingen einen verflucht feinen Spürsinn –

SOLNESS: Den haben sie. Das ist so wahr wie nur irgend etwas. Aber –?

HERDAL: Nun gut. Hören Sie weiter. Wenn nun Ihre Frau diese Kaja Fosli schlechterdings nicht ausstehen kann –?

SOLNESS: Nun, was dann?

HERDAL: Hat sie dann nicht so 'nen – 'nen ganz winzig kleinen Grund zu dieser unwillkürlichen Abneigung?

SOLNESS *blickt ihn an und erhebt sich:* Oho!

HERDAL: Nehmen Sie mir's nicht übel. Aber h a t sie das nicht?

SOLNESS *kurz und bestimmt:* Nein.

HERDAL: Nicht den allermindesten Grund also?

SOLNESS: Keinen anderen Grund als ihr eigenes Mißtrauen.

HERDAL: Ich weiß, daß Sie in Ihrem Leben verschiedene Frauen gekannt haben.

SOLNESS: Das leugne ich nicht.

HERDAL: Und auch, daß Sie einzelne davon ganz gern gehabt haben.

SOLNESS: O ja, das auch.

HERDAL: Aber in dieser Sache mit Fräulein Fosli –? Hier ist also nichts derartiges mit im Spiele?

SOLNESS: Nein. Absolut nichts – m e i n e r s e i t s.

HERDAL: Aber von der andern Seite?

SOLNESS: Danach, scheint mir, haben Sie kein Recht zu fragen, Doktor.

HERDAL: Es war der Spürsinn Ihrer Frau, von dem wir ausgingen.

SOLNESS: Richtig. Und insofern – *Er senkt die Stimme:* Alines Spürsinn, wie Sie's nennen – der hat sich denn auch gewissermaßen erprobt.

HERDAL: Na – sehen Sie wohl!

SOLNESS *setzt sich:* Doktor Herdal – jetzt will ich Ihnen eine sonderbare Geschichte erzählen. Wenn Sie sie anhören wollen, heißt das.

HERDAL: Sonderbare Geschichten höre ich immer gern.

SOLNESS: Nun gut. Sie entsinnen sich jedenfalls, daß ich Knut Brovik und seinen Sohn in meinen Dienst nahm – damals, als es mit dem Alten so sehr bergab gegangen war.

HERDAL: Das ist mir so ziemlich bekannt, jawohl.

SOLNESS: Denn sie sind im Grunde ein paar tüchtige Kerle, die beiden, wissen Sie. Sie haben Anlagen, jeder auf seine Art. Da bekam aber der Sohn den Einfall, sich zu verloben. Und nun, natürlich, wollte er auch heiraten – und anfangen selber zu baumeistern. Denn alle miteinander denken sie nun einmal an solche Geschichten, die jungen Leute.

HERDAL *lachend:* Sie haben in der Tat die üble Gewohnheit, daß sie gern einander kriegen wollen.

SOLNESS: Gut. Damit konnte aber m i r nicht gedient sein. Denn Ragnar hatte ich ja selber nötig. Und den Alten auch. Der ist nämlich ausgezeichnet zu verwenden bei Berechnungen von Tragfähigkeit und Kubikinhalt – und all dem Teufelszeug, wissen Sie.

HERDAL: Nun ja, das gehört wohl auch mit dazu.

SOLNESS: Allerdings. Aber Ragnar, der wollte auf eigene Hand beginnen um jeden Preis. Da war alles Reden umsonst.

HERDAL: Dann blieb er ja aber trotzdem bei Ihnen.

SOLNESS: Jetzt passen Sie nur auf. Eines Tages also, da kommt diese Kaja Fosli zu ihnen herauf, um etwas auszurichten. War früher nie hiergewesen. Und als ich sah, wie herzlich die zwei ineinander vergafft waren, da kam mir plötzlich der Gedanke: hätte ich nur das Mädchen hier im Büro, dann bliebe vielleicht Ragnar auch bei mir sitzen.

HERDAL: Das war ein ganz erklärlicher Gedanke.

SOLNESS: Gewiß. Damals aber ließ ich keine Silbe von so etwas fallen. Ich stand nur da und sah sie an – und wünschte so recht beharrlich, ich hätte sie hier. Dann sagte ich ihr ein paar freundliche Worte – sprach von ganz gleichgültigen Dingen. Und darauf ging sie.

HERDAL: Nun?

SOLNESS: Den nächsten Tag aber, zur Abendzeit, als der alte Brovik und Ragnar heimgegangen waren, da kam sie wieder her zu mir und benahm sich, als hätte ich mit ihr eine Abrede getroffen.

HERDAL: Eine Abrede? Worüber?

SOLNESS: Genau über das, was ich mir nur so gewünscht hatte. Wovon mir aber kein einziges Wort entschlüpft war.

HERDAL: Das war recht merkwürdig.

SOLNESS: Ja, nicht wahr? Und nun wollte sie wissen, was sie hier zu tun bekäme. Ob sie den folgenden Morgen gleich anfangen dürfte. Und dergleichen mehr.

HERDAL: Glauben Sie nicht, daß sie es tat, um mit ihrem Bräutigam beisammenzusein?

SOLNESS: Anfangs war das auch m e i n e Idee. Aber nein, so verhielt sich's nicht. I h m entglitt sie, sozusagen vollständig – als sie erst hierhergekommen war zu mir.

HERDAL: Da glitt sie wohl zu Ihnen hinüber?

SOLNESS: Ganz und gar. Ich merke, daß sie es fühlt, wenn ich hinter ihr bin und sie ansehe. Sie bebt und sie zittert, sooft ich nur in ihre Nähe komme. Was halten Sie davon?

HERDAL: Hm – das läßt sich schon erklären.

SOLNESS: Nun gut, aber dann das andere? Daß sie glaubte, ich hätte ihr gesagt, was ich bloß gewünscht und gewollt hatte – so in aller Stille. Inwendig. Ganz für mich. Was sagen Sie d a z u? Können Sie mir so etwas erklären, Herr Doktor?

HERDAL: Nein, darauf lasse ich mich nicht ein.

SOLNESS: Das dachte ich mir im voraus. Darum habe ich bisher auch nie davon reden wollen. Aber auf die Dauer fällt mir die Sache verdammt lästig, begreifen Sie wohl. Da muß ich tagtäglich herumgehen und tun, als ob ich –. Und es ist ja eine Sünde gegen das arme Ding. *Heftig:* Aber ich k a n n nicht anders. Denn rennt sie von mir fort – so macht sich auch Ragnar auf den Weg.

HERDAL: Und Ihrer Frau haben Sie diesen ganzen Zusammenhang nie erzählt?

SOLNESS: Nein.

HERDAL: Du lieber Gott, warum tun Sie denn das nicht?

SOLNESS *sieht ihn fest an und sagt gedämpft:* Weil's mir vorkommt wie – wie so eine Art wohltuende Selbstquälerei, wenn ich mir von Aline Unrecht geschehen lasse.

HERDAL *schüttelt den Kopf:* Davon verstehe ich kein Sterbenswörtchen.

SOLNESS: Ja, sehen Sie – so trage ich doch gleichsam ein bißchen ab von einer bodenlosen, ungeheuern Schuld –

HERDAL: Ihrer Frau gegenüber?

SOLNESS: Jawohl. Und das erleichtert ja immerhin das Gemüt ein wenig. Dann kann man eine Weile freier aufatmen, wissen Sie.

HERDAL: Nein, da begreif' ich, weiß Gott, kein Wort –

SOLNESS *kurz abbrechend, indem er sich aufs neue erhebt:* Schon gut – reden wir nicht mehr davon. *Er geht nachlässigen Schrittes durchs Zimmer, kehrt um, bleibt am Tisch stehen und blickt den Doktor mit einem launigen Lächeln an.* Jetzt, Doktor, meinen Sie wohl, daß Sie mich recht schön aufs Glatteis geführt haben?

HERDAL *etwas ärgerlich:* Aufs Glatteis? Davon fasse ich a u c h nicht ein Tüpfelchen, Herr Solness.

SOLNESS: Ach, sagen Sie's nur rein heraus. Ich hab's ja doch sehr wohl bemerkt, hören Sie!

HERDAL: W a s haben Sie bemerkt?

SOLNESS *gedämpft, langsam:* Daß Sie da so ganz harmlos herumgehen und mich im Auge behalten.

HERDAL: Ich täte das? Du lieber Himmel, warum sollte ich denn d a s tun?

SOLNESS: Weil Sie glauben, daß ich – *Aufbrausend:* Na, zum Teufel – weil S i e von mir dasselbe glauben, was Aline glaubt!

HERDAL: Und was glaubt denn Ihre Frau von Ihnen?

SOLNESS *sich wieder beherrschend:* Sie hat angefangen zu glauben, ich wäre so – wie soll ich sagen – krank.

HERDAL: Krank! Sie! Davon hat sie mir nie eine Silbe gesagt. Und was sollte Ihnen denn fehlen, bester Herr Solness?

SOLNESS *beugt sich über die Stuhllehne und flüstert:* Aline geht mit der Idee herum, ich wäre verrückt. Das ist's, was sie glaubt.

HERDAL: Aber liebster, bester Herr Solness –!

SOLNESS: So wahr ich lebe, sie tut's –! So ist es. Und das hat sie auch Ihnen eingeredet. Oh, ich versichere Sie, Doktor – ich merke es Ihnen nur zu deutlich an. Ich laß mich nämlich nicht so leicht hinters Licht führen, will ich Ihnen sagen.

HERDAL *ihn verwundert anblickend:* Niemals, Herr Solness – niemals ist mir der leiseste Gedanke an so etwas gekommen.

SOLNESS *mit einem ungläubigen Lächeln:* So? Wirklich nicht?

HERDAL: Nein, niemals! Und Ihrer Frau gewiß auch nie. Darauf, glaub' ich, könnte ich getrost einen Eid ablegen.

SOLNESS: Na, das sollen Sie doch lieber bleibenlassen. Denn gewissermaßen, sehen Sie, da – da könnte sie wohl auch Grund haben, sowas zu denken.

HERDAL: Nein, da muß ich gestehen –!

SOLNESS *ihn unterbrechend, macht eine Handbewegung:* Schon gut, lieber Doktor – gehen wir auf die Sache nicht näher ein. Mag jeder seine Ansicht für sich behalten. *Er geht zu einer stillen Leutseligkeit über:* Aber hören Sie mal, Doktor – hm –

HERDAL: Nun?

SOLNESS: Wenn Sie nun also nicht glauben, daß ich – so – krank bin – und verrückt – und toll und so weiter –

HERDAL: Was dann, meinen Sie?

SOLNESS: Dann bilden Sie sich natürlich ein, ich wäre ein außerordentlich glücklicher Mann?

HERDAL: Sollte das nur eine Einbildung sein?

SOLNESS *lachend:* I Gott bewahre, wo wollen Sie denn hin! Denken Sie nur – der Baumeister Solness zu sein! Halvard Solness! Alle Achtung!

HERDAL: Nun, ich muß gestehen, m i r kommt's vor, als hätten Sie ganz unglaubliches Glück gehabt.

SOLNESS *unterdrückt ein schwermütiges Lächeln:* Das hab' ich auch. In d e r Beziehung kann ich mich nicht beklagen.

HERDAL: Gleich anfangs, da brannte Ihnen ja die garstige alte Räuberburg nieder. Und das war doch wirklich eine große Chance.

SOLNESS *ernst:* Es war Alines Elternhaus, das da niederbrannte. Vergessen Sie d a s nicht.

HERDAL: Für Ihre Frau muß es allerdings recht traurig gewesen sein.

SOLNESS: Sie hat's heute noch nicht verwunden. In all den dreizehn, vierzehn Jahren nicht.

HERDAL: Das, was hinterherkam, das war wohl der schwerste Schlag für sie.

SOLNESS: Beides miteinander.

HERDAL: Aber Sie – Sie selbst – Sie schwangen sich dabei empor. Da hatten Sie angefangen wie ein armer Bursch vom Lande – und jetzt stehen Sie da als der Erste in Ihrem Fach. Wissen Sie was, Herr Solness, S i e haben wahrhaftig Glück gehabt.

SOLNESS *mit einem scheuen Blick auf ihn:* Jawohl; aber das ist's ja eben, wovor mir so entsetzlich graut.

HERDAL: Es graut Ihnen? Darum, weil Sie Glück haben?

SOLNESS: Früh und spät ist mir angst und bang. Denn einmal muß doch wohl der Umschwung kommen, verstehen Sie.

HERDAL: Ach was! Woher sollte der Umschwung kommen?

SOLNESS *fest und sicher:* Der kommt von der Jugend.

HERDAL: Pah! Die Jugend! Sie sind doch wohl nicht abgenutzt, sollt' ich meinen. O nein – Sie stehen jetzt so festgemauert da wie vielleicht niemals zuvor.

SOLNESS: Der Umschwung kommt. Ich ahne ihn. Und ich fühle, daß er näherrückt. Irgendeiner drängt sich heran mit der Forderung: Tritt zurück vor mir! Und alle die andern stürmen ihm nach und drohen und schreien: Platz gemacht – Platz – Platz! Jawohl, passen Sie nur auf, Doktor. Eines Tages, da kommt die Jugend hierher und klopft an die Tür –

HERDAL *lachend:* Na, du lieber Gott, was dann?

SOLNESS: Was dann? Ja, dann ist's aus mit dem Baumeister Solness. *Es klopft an die Tür links. – Zusammenfahrend:* Was ist denn das? Hörten Sie etwas?

HERDAL: Es klopfte jemand.

SOLNESS *laut:* Herein!

Hilde Wangel tritt durch die Vorzimmertür ein; sie ist von mittlerer Größe, geschmeidig, fein gebaut, von der Sonne ein wenig gebräunt; Touristenanzug, das Kleid ein bißchen aufgeschürzt, umgeschlagener Matrosenkragen, ein Seemannshütchen auf dem Kopf, Ranzen auf dem Rücken, Plaid in einem Riemen und mit einem langen Bergstock.

Achter Auftritt

Die Vorigen. Hilde Wangel.

HILDE WANGEL *geht mit freudefunkelnden Augen auf Solness zu:* Guten Abend!

SOLNESS *sieht sie ungewiß an:* Guten Abend –

HILDE *lachend:* Ich glaube fast, Sie erkennen mich nicht wieder!

SOLNESS: Ich muß allerdings gestehen – so im Augenblick –

HERDAL *nähert sich:* Aber ich erkenne Sie wieder, Fräulein –

HILDE *vergnügt:* Ach, Sie sind's –!

HERDAL: Ja freilich bin ich's. *Zu Solness:* Wir trafen uns diesen Sommer im Hochgebirge. *Zu Hilde:* Was wurde denn später aus den übrigen Damen?

HILDE: Ach die, die gingen nachher westwärts.

HERDAL: Denen war's gewiß nicht recht, daß wir abends den vielen Unsinn trieben.

HILDE: Nein, recht wird's ihnen kaum gewesen sein.

HERDAL *mit dem Finger drohend:* Und leugnen können Sie's auch nicht, daß Sie ein bißchen mit uns kokettierten.

HILDE: Das war doch wohl amüsanter als dazusitzen und Strümpfe zu stricken mit all den Weibern.

HERDAL *lachend:* Darin bin ich mit Ihnen vollkommen einig.

SOLNESS: Sind Sie diesen Abend angekommen?

HILDE: Jawohl, soeben kam ich an.

HERDAL: Ganz allein, Fräulein Wangel?

HILDE: Gewiß.

SOLNESS: Wangel? Heißen Sie Wangel?

HILDE *sieht ihn lustig-verwundert an:* Ja freilich tu' ich das.

SOLNESS: Dann sind Sie vielleicht eine Tochter vom Bezirksarzt oben in Lysanger?

HILDE *wie oben:* Ja, von wem sollte ich denn sonst die Tochter sein?

SOLNESS: Nun, dann haben wir uns also da oben getroffen. Den Sommer, als ich dort war und den Turm baute für die alte Kirche.

HILDE *etwas ernster:* Ja freilich war's damals.

SOLNESS: Nun, das ist lange her.

HILDE *sieht ihn fest an:* Genau zehn Jahre ist's her.

SOLNESS: Und damals waren Sie wohl ein reines Kind, mein' ich.

HILDE *leicht hinwerfend:* Immerhin so zwölf, dreizehn Jahre alt.

HERDAL: Ist's das erstemal, daß Sie hier in der Stadt sind, Fräulein Wangel?

HILDE: Jawohl.

SOLNESS: Und Sie kennen vielleicht niemand hier?

HILDE: Niemand außer Ihnen. Und dann Ihre Frau.

SOLNESS: So, die kennen Sie auch?

HILDE: Ein klein wenig nur. Wir waren einige Tage zusammen im Kurort –

SOLNESS: Ach, im Hochgebirge.

HILDE: Sie sagte, ich könnte sie besuchen, wenn ich einmal nach der Stadt käme. *Lächelnd:* Das hätte sie übrigens nicht nötig gehabt.

SOLNESS: Daß sie davon gar nicht gesprochen hat –

Hilde stellt den Bergstock an den Ofen hin, schnallt den Ranzen ab und legt ihn mit dem Plaid aufs Sofa. Herdal will ihr behilflich sein. Solness steht da und sieht sie an.

HILDE *auf ihn zugehend:* Nun, da bitt' ich also darum, diese Nacht hierbleiben zu dürfen.

SOLNESS: Das läßt sich gewiß sehr wohl machen.

HILDE: Ich habe nämlich keine anderen Kleider als die, in denen ich gehe. Das heißt, etwas Wäsche im Ranzen habe ich auch. Die muß aber gewaschen werden; denn sie ist so sehr schmutzig.

SOLNESS: Ach, da kann schon Abhilfe geschafft werden. Jetzt will ich nur gleich meiner Frau –

HERDAL: Dann mache ich meinen Krankenbesuch derweile.

SOLNESS: Tun Sie das. Und später kommen Sie doch wieder.

HERDAL *lustig, mit einem Blick auf Hilde:* Na, darauf können Sie Ihren Kopf zum Pfand geben! *Lachend:* Sie prophezeiten dennoch richtig, Herr Solness!

SOLNESS: Wieso?

HERDAL: Die Jugend kam also doch und klopfte bei Ihnen an.

SOLNESS *aufgeräumt:* Aber freilich auf andere Art.

HERDAL: Allerdings. Ist nicht zu leugnen!

Ab durch die Vorzimmertür.

Neunter Auftritt

Solness, Hilde, Wangel, dann Frau Solness.

SOLNESS *öffnet die Tür rechts und spricht ins Seitenzimmer hinein:* Aline! Sei so gut und komm herein. Es ist ein Fräulein Wangel da, die du kennst.

FRAU SOLNESS *erscheint in der Türöffnung:* Wer ist da, sagst du? *Sie erblickt Hilde.* Ach, Sie sind es, Fräulein? *Sie nähert sich und reicht ihr die Hand.* So sind Sie dennoch nach der Stadt gekommen.

SOLNESS: Fräulein Wangel ist soeben angekommen. Und da möchte sie gern die Nacht über hierbleiben.

FRAU SOLNESS: Hier bei uns? Mit Vergnügen.

SOLNESS: Um ihre Sachen ein wenig auszubessern, verstehst du.

FRAU SOLNESS *zu Hilde:* Ich werde mich Ihrer annehmen, so gut ich kann. Das ist ja nur meine Pflicht. Ihr Koffer kommt wohl nach?

HILDE: Ich habe keinen Koffer.

FRAU SOLNESS: Nun, das läßt sich schon ordnen, will ich hoffen. Jetzt müssen Sie aber hier bei meinem Mann vorliebnehmen solange. Dann sorge ich inzwischen dafür, daß Ihnen ein Zimmer etwas behaglich hergerichtet wird.

SOLNESS: Könnten wir nicht eine von den Kinderstuben nehmen? Die sind ja vollständig bereit.

FRAU SOLNESS: Das ginge wohl an. Dort haben wir mehr als genug Platz. *Zu Hilde:* Setzen Sie sich doch und ruhen Sie sich ein bißchen aus.

Ab nach rechts.

Zehnter Auftritt

Solness, Hilde Wangel.

Hilde schlendert, die Hände auf dem Rücken, im Zimmer herum und sieht bald dieses, bald jenes an. Solness steht vorn am Tisch, ebenfalls die Hände auf dem Rücken, und folgt ihr mit den Augen.

HILDE *bleibt stehen und sieht ihn an:* Haben denn Sie mehrere Kinderstuben?

SOLNESS: Drei Kinderstuben sind im Hause.

HILDE: Ist's möglich? Dann haben Sie wohl schrecklich viele Kinder?

SOLNESS: Nein, wir haben keine Kinder. Aber jetzt können ja Sie hier das Kind sein einstweilen.

HILDE: Für diese Nacht, ja. Ich werde nicht schreien. Ich will versuchen zu schlafen wie ein Stein.

SOLNESS: Sie müssen in der Tat sehr müde sein, denk' ich mir.

HILDE: O nein! Aber trotzdem – es ist nämlich so furchtbar schön, so dazuliegen und zu träumen.

SOLNESS: Träumen Sie oft so in der Nacht?

HILDE: Jawohl! Fast immer.

SOLNESS: Wovon träumen Sie denn meistens?

HILDE: Das sag' ich heut abend nicht. Ein andermal – vielleicht.

Sie schlendert wieder durchs Zimmer, bleibt am Pult stehen und wühlt ein wenig in den Büchern und Papieren herum.

SOLNESS *nähert sich:* Suchen Sie etwas?

HILDE: Nein, ich sehe mir nur das alles an. *Sie dreht sich um.* Es ist vielleicht nicht erlaubt?

SOLNESS: O bitte.

HILDE: Sind Sie's, der in dem großen Protokollbuch schreibt?

SOLNESS: Nein, das tut die Buchhalterin.

HILDE: Ein Frauenzimmer?

SOLNESS *lächelnd:* Ja freilich.

HILDE: So eine, die Sie hier bei sich haben?

SOLNESS: Gewiß.

HILDE: Ist die verheiratet?

SOLNESS: Nein, es ist ein Fräulein.

HILDE: Ah so.

SOLNESS: Aber jetzt heiratet sie wahrscheinlich bald.

HILDE: Um so besser für das Fräulein.

SOLNESS: Aber nicht eigentlich für mich. Dann hab' ich nämlich niemand da, um mir zu helfen.

HILDE: Könnten Sie denn keine andere finden, die ebenso gut wäre?

SOLNESS: Vielleicht möchten Sie hierbleiben und – und ins Protokollbuch schreiben?

HILDE *sieht ihn von oben bis unten an:* Da kommen Sie schön an! Nein, ich danke – davon wollen wir nichts wissen. *Sie schlendert wieder durchs Zimmer und setzt sich in den Schaukelstuhl. Solness geht ebenfalls an den Tisch heran. – Gleichsam fortfahrend:* Denn hier kann man sich wohl auf andere Art zu schaffen machen als mit so etwas. *Sie sieht ihn lächelnd an.* Meinen Sie nicht auch?

SOLNESS: Versteht sich. Vor allem wollen Sie natürlich Einkäufe machen und sich recht schön herausputzen.

HILDE *lustig:* Nein, das, glaub' ich, laß ich lieber bleiben.

SOLNESS: So?

HILDE: Jawohl; ich habe nämlich mein ganzes Geld durchgebracht, müssen Sie wissen.

SOLNESS *lachend:* Weder Koffer noch Geld also!

HILDE: Keines von beiden. Aber ich pfeif' drauf – mir kann's jetzt gleich sein.

SOLNESS: Sehen Sie, das gefällt mir so recht an Ihnen.

HILDE: Nur das?

SOLNESS: Das eine mit dem andern. *Er setzt sich in den Lehnstuhl.* Lebt Ihr Vater noch?

HILDE: Jawohl, der Vater lebt.

SOLNESS: Und jetzt gedenken Sie vielleicht hier zu studieren?

HILDE: Nein, die Idee ist mir nicht gekommen.

SOLNESS: Aber Sie bleiben doch hier einige Zeit, hoffe ich?

HILDE: Das hängt von den Umständen ab. *Sie sitzt eine Weile da und blickt ihn, während sie sich schaukelt, halb ernsthaft, halb mit unterdrücktem Lächeln an; darauf nimmt sie den Hut ab und legt ihn vor sich auf den Tisch.* Baumeister?

SOLNESS: Ja?

HILDE: Sind etwa Sie sehr vergeßlich?

SOLNESS: Vergeßlich? Nicht daß ich wüßte.

HILDE: Aber wollen Sie denn gar nicht mit mir reden von dem, was da droben vorfiel?

SOLNESS *einen Augenblick stutzig:* Da droben in Lysanger? *Gleichgültig:* Nun, darüber ist doch nicht viel zu reden, scheint mir.

HILDE *sieht ihn vorwurfsvoll an:* Wie können Sie nur sowas sagen!

SOLNESS: Nun, dann reden Sie zu mir darüber.

HILDE: Als der Turm fertig war, da hatten wir eine große Feier in der Stadt.

SOLNESS: Ja, den Tag vergesse ich nicht so leicht.

HILDE *lächelnd:* Nicht? Das ist aber schön von Ihnen!

SOLNESS: Schön?

HILDE: Auf dem Kirchplatz gab's Musik. Und viele, viele hundert Menschen. Wir Schulmädchen waren weiß gekleidet. Und alle miteinander hatten wir Fahnen.

SOLNESS: Ach ja, die Fahnen – deren erinnere ich mich nur zu gut!

HILDE: Dann stiegen Sie geradewegs am Gerüst empor. Direkt hinauf bis zur allerobersten Stelle. Und einen großen Kranz hatten Sie mit. Und den hängten Sie auf, ganz oben am Wetterhahn.

SOLNESS *kurz abbrechend:* Ich war's damals so gewohnt. Das ist nämlich ein alter Brauch.

HILDE: Es war so wundervoll spannend, da unten zu stehen und zu Ihnen hinaufzublicken. Denkt nur, wenn er jetzt abstürzte! Er – der Baumeister selber!

SOLNESS *gleichsam ablenkend:* Na, das hätte auch leicht geschehen können. Denn eine von den weißgekleideten Teufelsmädchen da – die gebärdete sich so wild und schrie so zu mir hinauf –

HILDE *freudestrahlend:* „Es lebe der Baumeister Solness!" Jawohl!

SOLNESS: Und schwenkte ihre Fahne so unsinnig hin und her – daß mir ganz wirr im Kopfe wurde vom Ansehen.

HILDE *leiser, ernsthaft:* Das Teufelsmädel – das war ich!

SOLNESS *richtet die Augen starr auf sie:* Davon bin ich jetzt überzeugt. Das müssen Sie gewesen sein.

HILDE *wieder lebhaft:* Es war ja so entsetzlich schön und spannend. Ich konnte mir nicht denken, daß es in der ganzen Welt einen Baumeister gebe, der einen so ungeheuer hohen Turm bauen könnte. Und dann, daß Sie selber droben standen, an der allerobersten Spitze! Ein wirklicher lebendiger Mensch! Und daß Ihnen gar nicht ein bißchen schwindlig wurde! Das war's eigentlich, wovor einem am allermeisten – so – schwindelte.

SOLNESS: Woher wußten Sie denn so sicher, daß mir nicht –

HILDE *abwehrend:* O nein! Pfui! Das sagte mir mein Inneres. Denn sonst hätten Sie ja oben nicht singen können.

SOLNESS *sie verwundert anblickend:* Singen? Ich hätte gesungen?

HILDE: Ja, das taten Sie doch wirklich.

SOLNESS *schüttelt den Kopf:* Ich habe nie einen Ton gesungen in meinem Leben.

HILDE: Doch. Damals sangen Sie. Es hörte sich an wie Harfen hoch oben.

SOLNESS *gedankenvoll:* Es ist doch etwas recht Wunderliches – diese ganze Geschichte.

HILDE *schweigt eine Weile, sieht ihn an und sagt gedämpft:* Aber dann – nachher – da kam ja das Richtige.

SOLNESS: Das Richtige?

HILDE *funkelnd, lebhaft:* Ja, daran brauch' ich Sie wohl nicht zu erinnern?

SOLNESS: O doch, erinnern Sie mich daran auch ein wenig.

HILDE: Entsinnen Sie sich nicht, daß für Sie ein großes Diner war im Klub?

SOLNESS: Gewiß. Das muß denselben Nachmittag gewesen sein. Denn den Morgen darauf reiste ich ab.

HILDE: Und vom Klub her waren Sie zu uns für den Abend geladen.

SOLNESS: Das ist ganz richtig, Fräulein Wangel. Merkwürdig, wie gut Sie sich alle die Kleinigkeiten eingeprägt haben.

HILDE: Kleinigkeiten! Sie sind aber köstlich! War das auch vielleicht eine Kleinigkeit, daß ich allein war in der Stube, als Sie kamen?

SOLNESS: Waren Sie das also?

HILDE *ohne ihm zu antworten:* Damals nannten Sie mich nicht Teufelsmädel.

SOLNESS: Nein, das tat ich hoffentlich nicht.

HILDE: Sie sagten, ich wäre wunderschön in dem weißen Kleide. Und daß ich aussähe wie eine kleine Prinzessin.

SOLNESS: Das taten Sie gewiß auch, Fräulein Wangel. Und nebenbei – so leicht und frei, wie ich mich an dem Tage fühlte –

HILDE: Und dann sagten Sie, wenn ich erst groß wäre, sollte ich Ihre Prinzessin sein.

SOLNESS *lacht ein wenig:* Ei, ei – sagte ich das auch?

HILDE: Jawohl, das taten Sie. Und als ich dann fragte, wie lange ich warten sollte, da sagten Sie, Sie kämen in zehn Jahren wieder – wie ein Unhold – und entführten mich. Nach Spanien oder irgend so einem Lande. Und dort würden Sie mir ein Königreich kaufen, versprachen Sie.

SOLNESS *wie oben:* Ja, nach einem guten Diner geht man immer sehr flott mit dem Gelde um. Aber sagte ich denn das alles?

HILDE *lacht leise:* Freilich. Und Sie sagten auch, wie das Königreich heißen sollte.

SOLNESS: Nun – ?

HILDE: Es sollte das Königreich Apfelsinia heißen.

SOLNESS: Nun, das war ja ein appetitlicher Name.

HILDE: Mir gefiel er aber gar nicht. Denn es war ja, als ob Sie sich über mich lustig machen wollten.

SOLNESS: Das war aber doch gewiß nicht meine Absicht.

HILDE: Nein, das war ja allerdings auch nicht anzunehmen. Nach dem, was Sie darauf taten, da –

SOLNESS: Was um Himmels willen tat ich denn darauf?

HILDE: Na, das fehlte gerade, daß Sie das auch vergessen hätten! Denn so etwas muß einer doch behalten, sollt' ich meinen.

SOLNESS: Bringen Sie mich nur ein wenig darauf, dann wird's vielleicht. – Nun?

HILDE *blickt ihn fest an:* Sie küßten mich, Baumeister!

SOLNESS *erhebt sich mit offenem Mund:* Ich tat das?

HILDE: Jawohl, das taten Sie. Sie faßten mich mit beiden Armen und bogen mir den Kopf zurück und küßten mich. Vielmal nacheinander.

SOLNESS: Aber ich bitte Sie, Fräulein Wangel – !

HILDE *erhebt sich:* Sie wollen es doch nicht leugnen?

SOLNESS: Doch – das leugne ich entschieden!

HILDE *sieht ihn geringschätzig an:* Ah so!

Sie dreht sich um und geht langsamen Schrittes dicht an den Ofen hin; dort bleibt sie stehen, den Blick abgewandt, regungslos, die Hände auf dem Rücken. Kurze Pause.

SOLNESS *nähert sich behutsam und bleibt hinter ihr stehen:* Fräulein Wangel – ? *Hilde schweigt, rührt sich nicht.* Stehen Sie doch nicht da wie eine Salzsäule. Was Sie da erzählten, das muß Ihnen geträumt haben. *Er legt die Hand auf ihren Arm.* Hören Sie nur – *Hilde macht mit dem Arm eine ungeduldige Bewegung. – Als ob ein Gedanke in ihm aufblitzte:* Oder sollte – ! Warten Sie ein wenig – ! Da steckt etwas Tieferes dahinter, glauben Sie mir! *Hilde rührt sich nicht. – Gedämpft, aber mit Nachdruck:* Ich muß an das alles gedacht haben. Ich muß es gewollt haben. Es gewünscht, dazu Lust gehabt. Und da – sollte es nicht so zusammenhängen? *Hilde schweigt noch immer. – Ungeduldig:* Na ja, zum Kuckuck – dann hab' ich's getan!

HILDE *dreht den Kopf ein wenig zur Seite, jedoch ohne ihn anzusehen:* Sie gestehen also?

SOLNESS: Jawohl. Alles, was Sie wollen.

HILDE: Daß Sie die Arme um mich schlangen?

SOLNESS: Jawohl!

HILDE: Und mir den Kopf zurückbogen?

SOLNESS: Sehr weit zurück.

HILDE: Und mich küßten?

SOLNESS: Ja, das tat ich.

HILDE: Vielmal nacheinander?

SOLNESS: Soviel Sie nur wollen.

HILDE *dreht sich rasch zu ihm um und hat von neuem den freudefunkelnden Ausdruck in den Augen:* Nun, sehen Sie, da hab' ich's doch aus Ihnen herausgelockt!

SOLNESS *verzieht den Mund zu einem kleinen Lächeln:* Ja, denken Sie nur – daß ich sowas vergessen konnte.

HILDE *wieder ein wenig schmollend, geht von ihm weg:* Ach, Sie haben wohl so viele in Ihrem Leben geküßt, kann ich mir vorstellen.

SOLNESS: Nein, das müssen Sie doch nicht von mir glauben. *Hilde setzt sich in den Lehnstuhl. Solness bleibt stehen, indem er sich auf den Schaukelstuhl stützt und blickt sie spähend an:* Fräulein Wangel?

HILDE: Ja?

SOLNESS: Wie war das doch? Was geschah denn weiter – zwischen uns beiden, mein' ich?

HILDE: Da geschah ja gar nichts mehr. Das wissen Sie doch wohl. Denn dann kamen ja die andern Fremden, und dann – Prost Mahlzeit!

SOLNESS: Richtig! Die andern kamen. Daß ich auch das vergessen konnte.

HILDE: Ach, Sie haben wahrhaftig nichts vergessen. Sie haben sich nur ein bißchen geschämt. Sowas vergißt einer doch nicht, sollt' ich meinen.

SOLNESS: Nein, das sollte man ja annehmen.

HILDE *wieder lebhaft, sieht ihn an:* Oder haben Sie etwa auch vergessen, an welchem Tag es war?

SOLNESS: An welchem Tag – ?

HILDE: Jawohl. An welchem Tag hängten Sie den Kranz auf den Turm? Nun? Sagen Sie's gleich!

SOLNESS: Hm – das Datum hab' ich weiß Gott vergessen. Ich kann nur sagen, daß es vor zehn Jahren war. So zur Herbstzeit.

HILDE *nickt mehrmals langsam mit dem Kopf:* Es war vor zehn Jahren. Am neunzehnten September.

SOLNESS: Das wird's gewesen sein. So – so, das haben Sie auch noch behalten! *Er hält inne.* Aber warten Sie ein wenig – ! Gewiß – heute haben wir auch den neunzehnten September.

HILDE: Jawohl. Und die zehn Jahre sind um. Und Sie kamen nicht – wie Sie mir's versprochen hatten.

SOLNESS: Versprochen? Womit ich Ihnen angst gemacht hatte, meinen Sie wohl?

HILDE: Es scheint mir nicht, daß das etwas zum Angstmachen war.

SOLNESS: Nun, dann war's also etwas, womit ich mich lustig machte?

HILDE: Nur das wollten Sie? Sich über mich lustig machen?

SOLNESS: Na, oder sagen wir: ein wenig mit Ihnen scherzen. Ich weiß es, Gott verzeih mir, nicht mehr. Aber irgend sowas ist es wohl gewesen. Denn Sie waren ja nur ein Kind damals.

HILDE: Oh, ein pures Kind war ich denn doch nicht. Nicht so ein angehender Backfisch, wie Sie glauben.

SOLNESS *sieht sie forschend an:* Haben Sie die ganze Zeit wirklich in vollem Ernst gedacht, ich würde wiederkommen?

HILDE *verhehlt ein halb neckisches Lächeln:* Freilich! Das hatte ich mir von Ihnen erwartet.

SOLNESS: Daß ich ins Haus kommen würde zu den Ihrigen und Sie mitnehmen?

HILDE: Genau wie ein Unhold, jawohl.

SOLNESS: Und Sie zur Prinzessin machen?

HILDE: Das versprachen Sie mir ja.

SOLNESS: Und Ihnen ein Königreich geben noch dazu?

HILDE *blickt zur Decke empor:* Warum denn nicht? Es brauchte ja nicht gerade so ein gewöhnliches richtiges Königreich zu sein.

SOLNESS: Aber etwas anderes, was ebensogut wäre?

HILDE: Mindestens ebensogut. *Sie sieht ihn ein wenig an.* Konnten Sie die höchsten Kirchtürme der Welt bauen, da mußten Sie wohl auch für sowas wie ein Königreich Rat schaffen können – dachte ich mir.

SOLNESS *schüttelt den Kopf:* Ich kann aus Ihnen nicht recht klug werden, Fräulein Wangel.

HILDE: Nicht? Mir kommt das Ding so einfach vor.

SOLNESS: Nein, ich kann nicht herausbringen, ob Sie das alles meinen, was Sie sagen. Oder ob Sie nur dasitzen und Unsinn treiben –

HILDE *lächelnd:* Mich lustig machen etwa? Wie damals Sie?

SOLNESS: Ganz recht. Daß Sie sich lustig machen. Über uns beide. *Mit einem Blick auf sie:* Haben Sie lange gewußt, daß ich verheiratet bin?

HILDE: Freilich, das habe ich die ganze Zeit gewußt. Warum fragen Sie danach?

SOLNESS *leicht hinwerfend:* Ach, es fiel mir nur so ein. *Er sieht sie ernst an und sagt gedämpft:* Warum sind Sie hergekommen?

HILDE: Weil ich mein Königreich haben will. Jetzt ist ja die Frist um.

SOLNESS *lacht unwillkürlich:* Sie sind kostbar!

HILDE *lustig:* Heraus mit meinem Königreich, Baumeister! *Mit dem Finger klopfend:* Das Königreich auf den Tisch!

SOLNESS *rückt den Schaukelstuhl näher und setzt sich:* Ernsthaft gesprochen – warum sind Sie hergekommen? Was wollen Sie eigentlich hier tun?

HILDE: Nun, fürs erste will ich herumgehen und mir alles ansehen, was Sie gebaut haben.

SOLNESS: Da können Sie lange herumlaufen.

HILDE: Freilich, Sie haben ja so furchtbar viel gebaut.

SOLNESS: Das hab' ich. Meist in den letzten Jahren.

HILDE: Viele Kirchtürme auch? Solch ungeheuer hohe?

SOLNESS: Nein. Ich baue jetzt keine Kirchtürme mehr. Und auch keine Kirchen.

HILDE: Was bauen Sie denn j e t z t?

SOLNESS: Heimstätten für Menschen.

HILDE *nachdenklich:* Könnten Sie nicht auch über den Heimstätten da so 'n wenig – so Kirchtürme machen?

SOLNESS *stutzt:* Was meinen Sie d a mit?

HILDE: Ich meine – etwas, was emporzeigt – frei in die Luft hinauf. Mit dem Wetterhahn in schwindelnder Höhe.

SOLNESS *grübelt ein wenig:* Merkwürdig genug, daß Sie das sagen. Denn das ist's ja eben, was ich am allerliebsten möchte.

HILDE *ungeduldig:* Aber warum tun Sie's dann nicht?

SOLNESS *schüttelt den Kopf:* Die Menschen wollen's nicht so haben.

HILDE: Denken Sie nur – daß die das nicht wollen!

SOLNESS *in leichterem Ton:* Jetzt baue ich mir aber ein neues Heim. Hier gerade gegenüber.

HILDE: Für Sie selber?

SOLNESS: Jawohl. Es ist beinahe fertig. Und auf d e m ist ein Turm.

HILDE: Ein hoher Turm?

SOLNESS: Jawohl.

HILDE: S e h r hoch?

SOLNESS: Die Leute werden gewiß sagen, daß er zu hoch ist. Für ein Wohnhaus wenigstens.

HILDE: Den Turm da will ich mir ansehen, gleich morgen früh.

SOLNESS *sitzt da, das Kinn auf die Hand gestützt, und starrt sie an:* Sagen Sie mir, Fräulein Wangel – wie heißen Sie? Mit dem Vornamen, meine ich.

HILDE: Ich heiße ja Hilde.

SOLNESS *wie oben:* Hilde? So?

HILDE: Haben Sie denn d a s nicht behalten? Sie nannten mich ja selber Hilde. Den Tag, da Sie ungezogen waren.

SOLNESS: D a s tat ich auch?

HILDE: Damals sagten Sie aber: k l e i n e Hilde. Und das gefiel mir nicht.

SOLNESS: So, das gefiel Ihnen nicht, Fräulein Hilde?

HILDE: Nein. Bei d e r Gelegenheit nicht. Übrigens – „Prinzessin Hilde" – das wird sich ganz gut ausnehmen, scheint mir.

SOLNESS: Gewiß. Prinzessin Hilde von – von – wie hieß nur gleich das Königreich?

HILDE: Ach was! Von d e m dummen Königreich will ich nichts wissen. Ich wünsche mir ein ganz anderes!

SOLNESS *hat sich zurückgelehnt und blickt sie immer noch unverwandt an:* Ist's nicht sonderbar –? Je mehr ich jetzt darüber nachdenke – da kommt's mir vor, als wäre ich lange Jahre herumgegangen und hätte mich damit abgequält – hm –

HILDE: Womit?

SOLNESS: Auf etwas zu kommen – so etwas E r l e b t e s, von dem ich meinte, ich müßte es vergessen haben. Aber nie fand ich heraus, was das sein könnte.

HILDE: Sie hätten einen Knoten ins Taschentuch machen sollen, Baumeister.

SOLNESS: Dann hätte ich nur daran herumgegrübelt, was wohl der Knoten zu bedeuten hätte.

HILDE: Ja ja, es gibt wohl auch s o l c h e Unholde in der Welt.

SOLNESS *steht langsam auf:* Es war ein großes Glück, daß S i e jetzt kamen.

HILDE *blickt ihn tief an:* W a r's ein Glück?

SOLNESS: Denn ich saß hier so allein. Und starrte so ganz

hilflos auf alle die Dinge. *Leiser:* Ich will Ihnen sagen – ich habe angefangen, solche Angst zu bekommen – so entsetzliche Angst vor der Jugend.

HILDE *wegwerfend:* Pah – vor der Jugend brauchen Sie doch keine Angst zu haben!

SOLNESS: Doch; gerade vor der. Darum hab' ich mich auch eingeschlossen und eingeriegelt. *Geheimnisvoll:* Sie müssen nämlich wissen, daß die Jugend herkommen wird und an die Türe donnern. Daß sie zu mir hereinstürmen wird.

HILDE: Dann, meine ich, sollten Sie einfach hinausgehen und der Jugend aufmachen.

SOLNESS: Aufmachen?

HILDE: Freilich. So daß die Jugend zu Ihnen hineindürfte. So in aller Güte.

SOLNESS: Nein, nein! Die Jugend – sehen Sie – die ist die Wiedervergeltung. Sie geht dem Umschwung voran. Wie unter einer neuen Fahne.

HILDE *erhebt sich, blickt ihn an und sagt, indem es um ihre Mundwinkel zuckt:* Können Sie mich zu etwas brauchen, Baumeister?

SOLNESS: Ja, jetzt kann ich's wahrhaftig! Denn Sie kommen auch – gleichsam unter einer neuen Fahne, scheint es mir. Jugend gegen Jugend also –!

Doktor Herdal kommt durch die Vorzimmertür herein.

Elfter Auftritt

Die Vorigen.
Doktor Herdal.

HERDAL: Nun – Sie und das Fräulein sind noch immer hier?

SOLNESS: Wir beide haben vielerlei zu reden gehabt.

HILDE: Altes und Neues.

HERDAL: Wirklich?

HILDE: Oh, das ist sehr amüsant gewesen. Der Baumeister – der hat nämlich ein ganz unglaubliches Gedächtnis. Alle möglichen Kleinigkeiten, deren entsinnt er sich auf der Stelle.

Frau Solness kommt durch die Tür rechts herein.

Zwölfter Auftritt

Die Vorigen.
Frau Solness.

FRAU SOLNESS: So, Fräulein Wangel, jetzt ist das Zimmer für Sie in Ordnung.

HILDE: Ach, wie lieb Sie gegen mich sind!

SOLNESS *zu seiner Frau:* Die Kinderstube?

FRAU SOLNESS: Jawohl, die mittlere. Aber zuerst wollen wir wohl zu Tisch gehen.

SOLNESS *nickt Hilde zu:* Hilde, die soll in der Kinderstube schlafen.

FRAU SOLNESS *sieht ihn an:* Hilde?

SOLNESS: Fräulein Wangel heißt nämlich Hilde. Ich habe sie gekannt, als sie noch ein Kind war.

FRAU SOLNESS: Ei, was du sagst, Halvard. Also bitte, meine Herrschaften. Der Tisch ist gedeckt.

Sie nimmt den Arm des Doktors und geht mit ihm nach rechts hinaus.

HILDE *hat inzwischen ihre Reiseeffekten zusammengerafft; leise und schnell zu Solness:* Ist das wahr, was Sie da sagten? Können Sie mich zu etwas brauchen?

SOLNESS *nimmt ihr die Sachen weg:* Sie sind die, die ich am schwersten vermißt habe.

HILDE *blickt ihn mit froh erstaunten Augen an und schlägt die Hände zusammen:* Aber mein Gott –!

SOLNESS *gespannt:* Nun?

HILDE: Dann hab' ich ja das Königreich!

SOLNESS *unwillkürlich:* Hilde –!

HILDE *indem es wieder um ihre Mundwinkel zuckt:* Beinahe – hätt' ich fast gesagt.

Sie geht nach rechts hinaus. Solness folgt ihr.

ZWEITER AUFZUG

Ein hübsch ausgestatteter kleiner Salon beim Baumeister Solness.

An der Hinterwand eine Glastür auf die Veranda und den Garten hinaus. Rechts eine stumpfe Ecke mit Erker, worin Blumenzierat angebracht ist, und ein großes Fenster. Links ebenfalls eine stumpfe Ecke; an dieser eine kleine Tapetentür. An jeder Seitenwand eine gewöhnliche Tür. Rechts vorn Konsoltisch mit großem Spiegel. Blumen und Pflanzen in reicher Aufstellung. Links vorn Sofa mit Tisch und Stühlen. Weiter zurück ein Bücherschrank. Vor dem Erker ein Tischchen und ein paar Stühle. Es ist früh vormittags.

Erster Auftritt

Solness, Frau Solness, dann Kaja Fosli.

Solness sitzt am Tischchen, die Mappe Ragnar Broviks vor sich aufgeschlagen; er blättert in den Zeichnungen und sieht einzelne genau an. Frau Solness geht mit einer kleinen Wasserkanne unhörbaren Schrittes herum und macht sich mit den Blumen zu schaffen; sie ist schwarz gekleidet wie zuvor; ihr Hut, Mantel und Sonnenschirm liegen auf einem Stuhl am Spiegel. Solness folgt ihr ein paarmal unvermerkt mit den Augen. Keiner von beiden redet. Kaja Fosli erscheint, leise auftretend, in der Tür links.

SOLNESS *wendet den Kopf zu ihr hin und sagt in gleichgültigem Ton:* Ach, Sie sind's?

KAJA: Ich wollte nur melden, daß ich da wäre.

SOLNESS: Schon gut. Ist Ragnar auch da?

KAJA: Nein, noch nicht. Er mußte noch ein wenig zu Hause bleiben und auf den Arzt warten. Aber nachher, da wollte er herkommen und sich erkundigen –

SOLNESS: Wie steht's mit dem Alten heute?

KAJA: Schlecht. Er läßt sich recht sehr entschuldigen, daß er den Tag über liegen bleiben müßte.

SOLNESS: Ach was, entschuldigen. Der soll nur ruhig liegen bleiben. So, jetzt gehen Sie an Ihre Arbeit.

KAJA: Jawohl. *Sie bleibt an der Tür stehen.* Wollen Sie vielleicht mit Ragnar reden, wenn er kommt?

SOLNESS: Nein – ich wüßte nichts Besonderes.

Kaja nach links ab.

Zweiter Auftritt

Solness, Frau Solness.

Solness blättert in den Zeitungen weiter.

FRAU SOLNESS *bei den Pflanzen:* Ich möchte doch wissen, ob er nicht auch stirbt.

SOLNESS *blickt zu ihr hin:* Der auch? Wer denn noch?

FRAU SOLNESS *ohne zu antworten:* Ja, ja, der alte Brovik – der stirbt jetzt wohl auch, Halvard. Paß nur auf.

SOLNESS: Liebe Aline, möchtest du nicht ausgehen und dir ein wenig Bewegung machen?

FRAU SOLNESS: Ja, das sollte ich wohl eigentlich tun.

Sie macht sich fortdauernd mit den Blumen zu schaffen.

SOLNESS *über die Zeichnungen gebeugt:* Schläft sie noch?

FRAU SOLNESS *sieht ihn an:* Ist es Fräulein Wangel, an die du da denkst?

SOLNESS *gleichgültig:* Sie kam mir so zufällig in den Sinn.

FRAU SOLNESS: Fräulein Wangel ist schon lange auf.

SOLNESS: So – so.

FRAU SOLNESS: Als ich drinnen war, da war sie damit beschäftigt, ihre Sachen auszubessern.

Sie stellt sich vor den Spiegel hin und setzt langsam den Hut auf.

SOLNESS *nach einer kurzen Pause:* So konnten wir dennoch von einer Kinderstube Gebrauch machen, Aline?

FRAU SOLNESS: Allerdings.

SOLNESS: Und das ist ja immerhin besser, als daß alles leersteht.

FRAU SOLNESS: Diese Leere ist entsetzlich. Darin hast du recht.

SOLNESS *macht die Mappe zu, steht auf und nähert sich ihr:* Du wirst schon sehen, Aline, daß es hernach besser für uns wird. Viel gemütlicher. Leichter zu leben. – Besonders für dich.

FRAU SOLNESS *sieht ihn an:* Hernach?

SOLNESS: Ja, glaub mir, Aline –

FRAU SOLNESS: Meinst du – weil sie hergekommen ist?

SOLNESS *bezwingt sich:* Ich meine natürlich – wenn wir erst ins neue Haus eingezogen sind.

FRAU SOLNESS *nimmt ihren Mantel:* Ja, glaubst du das, Halvard? Daß es dann besser wird?

SOLNESS: Ich kann mir's nicht anders denken. Und das glaubst doch jedenfalls du auch?

FRAU SOLNESS: Ich glaube gar nichts von dem neuen Hause.

SOLNESS *verstimmt:* Das ist allerdings für mich verdrießlich zu hören. Denn ich habe es doch wohl hauptsächlich um deinetwillen gebaut.

Er will ihr beim Anziehen des Mantels behilflich sein.

FRAU SOLNESS *indem sie sich seiner Hilfe entzieht:* Im Grunde tust du doch vielzuviel um meinetwillen.

SOLNESS *mit einer gewissen Heftigkeit:* Nein, nein, sowas darfst du durchaus nicht sagen, Aline! Ich ertrage es nicht, solche Dinge von dir zu hören!

FRAU SOLNESS: Nun, dann will ich es nicht mehr sagen, Halvard.

SOLNESS: Aber ich bleib' bei meiner Meinung. Du wirst schon sehen, wie gut du dich zurechtfinden wirst da drüben im neuen Hause.

FRAU SOLNESS: Ach Gott – ich mich zurechtfinden –!

SOLNESS *eifrig:* Doch, doch! Darauf kannst du dich verlassen! Denn dort, siehst du – dort ist so unglaublich viel, was dich an dein eigenes Heim erinnern wird.

FRAU SOLNESS: An das, wo der Vater und die Mutter drin gewohnt hatten. – Und das dann abbrannte – alles miteinander.

SOLNESS *gedämpft:* Ja, ja, du arme Aline. Das war für dich ein furchtbar harter Schlag.

FRAU SOLNESS *in Klagen ausbrechend:* Du magst bauen, soviel und solange du nur willst, Halvard – mir baust du niemals ein richtiges Heim mehr auf!

SOLNESS *im Zimmer umhergehend:* Nun, dann reden wir in Gottes Namen nicht mehr von alledem.

FRAU SOLNESS: Wir pflegen ja sonst auch nie davon zu reden. Denn du schiebst es nur von dir –

SOLNESS *bleibt plötzlich stehen und sieht sie an:* Ich? Und warum sollt' ich denn das tun? Es von mir schieben?

FRAU SOLNESS: Ach, ich verstehe dich ja so wohl, Halvard. Du willst mich ja so gern schonen. Und mich entschuldigen auch. Alles – was du nur kannst.

SOLNESS *sie erstaunt anblickend:* Dich! Dich entschuldigen! Von dir selber redest du, Aline!

FRAU SOLNESS: Ja, da muß doch wohl von mir die Rede sein.

SOLNESS *unwillkürlich vor sich hin:* Das auch noch!

FRAU SOLNESS: Denn mit dem alten Hause – mit dem mochte es noch gehen, wie es wollte. Du lieber Gott – wenn das Unglück nun einmal da war, dann –

SOLNESS: Darin hast du recht. Fürs Unglück kann man nicht – wie die Leute sagen.

FRAU SOLNESS: Aber das Entsetzliche, das der Brand nach sich zog –! Das ist es! Das ist es!

SOLNESS *heftig:* Nur nicht daran denken, Aline!

FRAU SOLNESS: Doch, gerade daran muß ich denken. Und endlich einmal davon herausreden auch. Denn es kommt mir vor, als könnte ich es nicht länger ertragen! Und dann, daß ich mir niemals selber verzeihen darf –!

SOLNESS *mit einem Ausbruch:* Dir selber –!

FRAU SOLNESS: Ich hatte ja doch Pflichten nach zwei Seiten hin. Sowohl gegen dich wie gegen die Kleinen. Ich hätte mich unempfindlich machen sollen. Nicht den Schrecken so über mich Herr werden lassen. Auch nicht den Kummer darüber, daß mir das Heim abgebrannt war. *Sie ringt die Hände.* Ach, hätte ich nur gekonnt, Halvard!

SOLNESS *nähert sich, erschüttert, leise:* Aline – du mußt mir versprechen, daß du solchen Gedanken nie mehr nachgehen wirst. Versprich mir das ja!

FRAU SOLNESS: Ach Gott – versprechen! Versprechen! Man kann ja alles mögliche versprechen –

SOLNESS *preßt die Hände zusammen und geht im Zimmer umher:* Ach, es ist doch zum Verzweifeln! Niemals ein Sonnenstrahl! Nie soviel wie nur ein Streiflicht ins Heim hinein!

FRAU SOLNESS: Hier ist ja kein Heim, Halvard.

SOLNESS: Ach nein, das ist nur zu wahr. *Schwermütig:* Und Gott weiß, ob du nicht darin recht behältst, daß es im neuen Hause auch nicht besser für uns wird!

FRAU SOLNESS: Das wird es nie werden. Ebenso leer. Ebenso öde. Dort wie hier.

SOLNESS *heftig:* Aber ums Himmels willen, warum haben wir's dann erst gebaut? Kannst du mir das erklären?

FRAU SOLNESS: Nein, darauf mußt du dir selber Antwort geben.

SOLNESS *blickt mißtrauisch zu ihr hin:* Was meinst du damit, Aline?

FRAU SOLNESS: Was ich meine?

SOLNESS: Ja doch, zum Teufel –! Du sagtest es so sonderbar. Als ob du dabei einen verborgenen Gedanken hättest.

FRAU SOLNESS: Nein, da kann ich dir wahrhaftig versichern –

SOLNESS *nähert sich ihr:* Ist gar nicht nötig – ich weiß schon, was ich weiß. Und sehen und hören tu' ich auch, Aline. Darauf kannst du dich verlassen!

FRAU SOLNESS: Was denn aber? Was denn?

SOLNESS *stellt sich vor sie hin:* Witterst du etwa nicht einen tückischen versteckten Sinn in dem unschuldigsten Wort, das ich nur sage?

FRAU SOLNESS: Ich, sagst du! Tue ich das?

SOLNESS *lacht:* Hahaha! Das ist ja kein Wunder, Aline! Wenn du dich mit einem kranken Mann im Hause abquälen mußt, dann –

FRAU SOLNESS *angstvoll:* Krank! Bist du krank, Halvard?

SOLNESS *herausplatzend:* Oder ein halbtoller Mann! Ein verrückter Mann! Nenn mich, wie du willst!

FRAU SOLNESS *greift nach der Stuhllehne und setzt sich:* Halvard – ums Himmels willen –!

SOLNESS: Aber ihr irrt euch beide. Sowohl du als der Doktor. So steht's nicht mit mir. *Er geht auf und ab. Frau Solness folgt ihm ängstlich mit den Augen. Solness geht zu ihr hin, ruhig:* Im Grunde fehlt mir nicht das geringste.

FRAU SOLNESS: Nein, nicht wahr! Aber was hast du dann?

SOLNESS: Die Sache ist die, daß ich manchmal fast zusammenbreche unter dieser entsetzlichen Schuldenlast –

FRAU SOLNESS: Schulden, sagst du! Aber du bist ja niemand etwas schuldig, Halvard!

SOLNESS *leise, bewegt:* Doch – ich bin in bodenloser Schuld – dir gegenüber, Aline.

FRAU SOLNESS *erhebt sich langsam:* Was steckt hier dahinter? Sag es lieber gleich.

SOLNESS: Aber es steckt ja nichts dahinter! Ich habe dir nie etwas Böses zugefügt. Jedenfalls nicht mit Wissen und Willen. Und trotzdem habe ich die Empfindung, als ob eine erdrückende Schuld fortwährend auf mir lastete.

FRAU SOLNESS: Eine Schuld mir gegenüber?

SOLNESS: Am meisten dir gegenüber.

FRAU SOLNESS: Dann bist du dennoch – krank, Halvard.

SOLNESS *schwermütig:* Das wird's wohl sein. Oder etwas Ähnliches. *Er blickt nach der Tür rechts, die sich öffnet.* Da! Jetzt wird's wieder hell.

Hilde Wangel kommt herein; sie hat an ihrem Anzug einzelnes geändert; das Kleid ist herabgelassen.

Dritter Auftritt

Die Vorigen. Hilde Wangel.

HILDE: Guten Morgen, Baumeister!

SOLNESS *nickt ihr zu:* Gut geschlafen?

HILDE: Wundervoll! Wie in einer Wiege. Oh – ich habe dagelegen und mich gestreckt wie – wie eine Prinzessin.

SOLNESS *lächelt ein wenig:* Wohlauf und munter also.

HILDE: Das sollt' ich meinen.

SOLNESS: Jedenfalls auch geträumt?

HILDE: Freilich. Das war aber unheimlich.

SOLNESS: So?

HILDE: Mir träumte nämlich, ich stürzte von einer ungeheuer hohen, steilen Felswand hinab. Träumen denn Sie nie sowas?

SOLNESS: O ja – zuweilen, da –

HILDE: Es ist so entsetzlich spannend – wenn einer so fällt und fällt.

SOLNESS: Es ist so ein eisiges Gefühl, scheint's mir.

HILDE: Ziehen Sie die Beine in die Höhe, wenn's kommt?

SOLNESS: So weit hinauf, wie ich nur kann.

HILDE: Das tu' ich auch.

FRAU SOLNESS *nimmt ihren Sonnenschirm:* Jetzt muß ich wohl in die Stadt, Halvard. *Zu Hilde:* Und dann bring' ich verschiedenes mit nach Hause, was Sie nötig haben können.

HILDE *will ihr um den Hals fallen:* Ach, liebste reizende Frau Solness! Sie sind aber doch zu lieb gegen mich! Furchtbar lieb –

FRAU SOLNESS *abwehrend, sich losmachend:* Ach, durchaus nicht. Das ist ja einfach meine Pflicht. Und darum tue ich es so gern.

HILDE *verdrossen, spitzt die Lippen:* Übrigens meine ich, daß ich mich ganz gut auf der Straße zeigen könnte – so hübsch, wie ich's jetzt zurechtgebracht habe. Oder kann ich das etwa nicht?

FRAU SOLNESS: Aufrichtig gesprochen, glaube ich schon, daß Ihnen die Leute ein wenig nachblicken würden.

HILDE *geringschätzig:* Pah! Weiter nichts? Das ist ja nur spaßhaft.

SOLNESS *übler Laune, die er zu verhehlen sucht:* Ja, sehen Sie, die Leute könnten aber auf die Idee kommen, Sie wären auch verrückt.

HILDE: Verrückt? Gibt's denn so viele Verrückte in der Stadt?

SOLNESS *zeigt auf seine Stirn:* Da sehen Sie wenigstens einen von ihnen.

HILDE: Sie – Baumeister!

FRAU SOLNESS: Aber bester Halvard!

SOLNESS: Haben Sie denn das noch nicht bemerkt?

HILDE: Nein, das hab' ich allerdings nicht bemerkt. *Sie besinnt sich und lacht ein wenig:* Oder doch – in einem einzigen Punkt vielleicht.

SOLNESS: Nun, hörst du wohl, Aline?

FRAU SOLNESS: Was ist denn das für ein Punkt, Fräulein Wangel?

HILDE: Nein, das sag' ich nicht.

SOLNESS: Ach, sagen Sie's doch!

HILDE: O nein – so verrückt bin ich nicht.

FRAU SOLNESS: Wenn du mit Fräulein Wangel allein bist, dann sagt sie es schon, Halvard.

SOLNESS: So – glaubst du?

FRAU SOLNESS: Ei gewiß. Du kennst sie ja doch so gut von früher. Von der Zeit, da sie noch ein Kind war – sagtest du. *Ab durch die Tür links.*

Vierter Auftritt

Solness, Hilde Wangel.

HILDE *nach einer kleinen Pause:* Ihre Frau – kann denn die mich gar nicht leiden?

SOLNESS: Kam es Ihnen vor, als ob ihr so etwas anzumerken war?

HILDE: Merkten Sie's denn selber nicht?

SOLNESS *ausweichend:* Aline ist so menschenscheu geworden in den letzten Jahren.

HILDE: Das auch noch?

SOLNESS: Aber wenn Sie sie erst recht kennenlernten – sie ist nämlich so treu – und gut – und brav, im Grunde genommen –

HILDE *ungeduldig:* Aber wenn sie das alles ist – warum redet sie denn dann von Pflicht?

SOLNESS: Von Pflicht?

HILDE: Sie sagte ja, sie wollte in die Stadt und mir etwas kaufen. Weil es ihre Pflicht wäre – sagte sie. Oh, ich kann das häßliche, garstige Wort nicht ausstehen!

SOLNESS: Warum denn nicht?

HILDE: Es hört sich so kalt und spitzig und stechend an. Pflicht – Pflicht – Pflicht. Finden Sie das nicht auch? Daß es einen gleichsam sticht?

SOLNESS: Hm – hab' drüber so genau nicht nachgedacht.

HILDE: Doch! Und wenn sie so gut ist – wie Sie von ihr behaupten –, warum brauchte sie denn sowas zu sagen?

SOLNESS: Du lieber Gott, was hätte sie denn sagen sollen?

HILDE: Sie hätte ja sagen können, daß sie es täte, weil sie mich so furchtbar gern hätte. Sowas hätte sie sagen können. Irgend etwas recht Warmes und Herzliches, wissen Sie.

SOLNESS *sieht sie an:* Auf die Art wollen Sie's also haben?

HILDE: Ja, just auf die Art. *Sie schlendert im Zimmer umher, bleibt am Bücherschrank stehen und sieht sich die Bücher an.* Sie haben aber viele Bücher.

SOLNESS: 's geht an. Ich hab' mir hin und wieder einige angeschafft.

HILDE: Lesen Sie auch in all den Büchern?

SOLNESS: Früher probierte ich's. Lesen Sie?

HILDE: O nein! Jetzt nie mehr. Denn den Zusammenhang find' ich doch nie heraus.

SOLNESS: Geradeso geht's mir auch.

HILDE *geht wieder ein wenig herum, bleibt an dem Tischchen stehen, öffnet die Mappe und blättert darin:* Haben Sie das alles gezeichnet?

SOLNESS: Nein, das ist von einem jungen Mann, der bei mir angestellt ist.

HILDE: Einer, den Sie selber ausgebildet haben?

SOLNESS: Nun, er hat jedenfalls auch von mir etwas gelernt.

HILDE *setzt sich:* Dann ist er wohl sehr tüchtig? *Sie sieht sich eine Zeichnung ein wenig an:* Ist er das nicht?

SOLNESS: Nicht übel. Für meinen Gebrauch da –

HILDE: Doch, doch! Der ist gewiß ungeheuer tüchtig.

SOLNESS: Meinen Sie das den Zeichnungen ansehen zu können?

HILDE: Ach, was kümmere ich mich um den Plunder! Aber wenn er bei Ihnen in der Lehre gewesen ist, dann –

SOLNESS: Ach, was das betrifft – da gibt's viele, die von mir gelernt haben. Aber weiter bringen sie's darum doch nicht.

HILDE *sieht ihn kopfschüttelnd an:* Nein, wie Sie dumm sein können, das geht doch über meinen Verstand.

SOLNESS: Dumm? Komme ich Ihnen denn so sehr dumm vor?

HILDE: Ja, wahrhaftig. Wenn Sie sich dazu hergeben, alle die Kerle auszubilden, dann –

SOLNESS *stutzt:* Nun? Und warum denn das nicht?

HILDE *steht auf, halb im Ernst, halb lachend:* Ach nein, Baumeister! Wozu denn das! Kein anderer als Sie sollte bauen dürfen. Sie ganz allein. Alles sollten Sie selber machen. Jetzt wissen Sie's.

SOLNESS *unwillkürlich:* Hilde –!

HILDE: Nun?

SOLNESS: Wie können Sie nur auf die Idee gekommen sein?

HILDE: Halten Sie sie denn für so ganz verkehrt?

SOLNESS: So war's nicht gemeint. Jetzt will ich Ihnen aber etwas sagen.

HILDE: Nun also?

SOLNESS: Da hab' ich mich unablässig – in der Stille

und Einsamkeit – mit dem nämlichen Gedanken herumgebalgt.

HILDE: Nun, das ist ja ganz natürlich, scheint mir.

SOLNESS *sieht sie forschend an:* Und das haben Sie jedenfalls schon bemerkt.

HILDE: Nein, das habe ich gar nicht bemerkt.

SOLNESS: Aber vorhin – als Sie sagten, Sie hielten mich für – verdreht? So in e i n e m Punkt – ?

HILDE: Ach, da dachte ich an etwas ganz anderes.

SOLNESS: Und was war denn das andere?

HILDE: Das kann Ihnen ja gleich sein, Baumeister.

SOLNESS *entfernt sich:* Na – wie Sie wollen. *Er bleibt am Erker stehen.* Kommen Sie hierher, da zeige ich Ihnen etwas.

HILDE *nähert sich:* Was denn?

SOLNESS: Sehen Sie – da drüben im Garten – ?

HILDE: Ja?

SOLNESS *zeigt hinaus:* Gerade über dem großen Steinbruch – ?

HILDE: Das neue Haus, meinen Sie?

SOLNESS: An dem gebaut wird, jawohl. Fast ganz fertig.

HILDE: Es hat einen sehr hohen Turm, kommt's mir vor.

SOLNESS: Das Gerüst ist noch dran.

HILDE: Ist das Ihr neues Haus?

SOLNESS: Jawohl.

HILDE: Das Haus, in das Sie bald einziehen werden?

SOLNESS: Jawohl.

HILDE *sieht ihn an:* Sind in dem Haus auch Kinderstuben?

SOLNESS: Drei, ebenso wie hier.

HILDE: Und keine Kinder.

SOLNESS: Kommen auch keine.

HILDE *mit einem halben Lächeln:* Ja, hatt' ich da nicht recht – ?

SOLNESS: Worin – ?

HILDE: Darin, daß Sie d o c h so – ein wenig verrückt sind.

SOLNESS: D a r a n dachten Sie also?

HILDE: Ja, an all die leeren Kinderstuben. Da, wo ich drin schlief.

SOLNESS *gedämpft:* Wir h a b e n Kinder gehabt – Aline und ich.

HILDE *blickt ihn gespannt an:* Haben S i e – !

SOLNESS: Zwei kleine Jungen. Beide waren – gleich alt.

HILDE: Zwillinge also.

SOLNESS: Ja, Zwillinge. Es ist jetzt elf oder zwölf Jahre her.

HILDE *behutsam:* Und beide sind also – ? Die Zwillinge haben Sie also jetzt nicht mehr?

SOLNESS *still bewegt:* Wir behielten sie nur so drei Wochen. Oder nicht einmal so lange. *Mit einem Ausbruch:* Ach, Hilde, wie unglaublich gut ist es für mich, daß Sie kamen! Jetzt habe ich doch endlich jemand, mit dem ich reden kann.

HILDE: Können Sie denn das nicht auch mit – mit i h r?

SOLNESS: Nicht von d e m da. Nicht so, wie ich will und muß. *Schwermütig:* Und auch nicht von so vielem andern.

HILDE *gedämpft:* War's nur d a s, worauf Sie anspielten, als Sie sagten, Sie brauchten mich?

SOLNESS: D a s war's wohl am ehesten. Gestern jedenfalls. Denn heute weiß ich nicht mehr so recht – *Abbrechend:* Setzen wir uns doch, Hilde. Setzen Sie sich da aufs Sofa – so daß Sie den Garten vor Augen haben. *Hilde setzt sich in die Sofaecke. Solness rückt einen Stuhl näher.* Haben Sie Lust, mich anzuhören?

HILDE: Ja, ich höre Sie sehr, sehr gern an.

SOLNESS *setzt sich:* Dann will ich Ihnen also alles sagen.

HILDE: Jetzt habe ich sowohl den Garten als Sie vor Augen, Baumeister. So, nun erzählen Sie! Gleich!

SOLNESS *zeigt gegen das Erkerfenster hin:* Da draußen auf der Anhöhe – wo Sie also das neue Haus sehen –

HILDE: Ja?

SOLNESS: Dort wohnten Aline und ich in den ersten Jahren. Da droben lag nämlich damals ein altes Haus, das ihrer Mutter gehört hatte. Und das bekamen wir nach ihr. Und den ganzen großen Garten, den bekamen wir dazu.

HILDE: War auf d e m Hause auch ein Turm?

SOLNESS: Keine Spur von so etwas. Von außen nahm es sich aus wie ein großer, häßlicher, dunkler Holzkasten. Aber inwendig war's doch ganz nett und gemütlich.

HILDE: Rissen Sie dann die alte Bude nieder?

SOLNESS: Nein. Sie brannte ab.

HILDE: Alles miteinander?

SOLNESS: Jawohl.

HILDE: War das für Sie ein rechtes Unglück?

SOLNESS: Je nachdem man's nimmt. Als Baumeister kam ich auf den Brand hin in die Höhe –

HILDE: Aber – ?

SOLNESS: Die zwei kleinen Jungen waren damals gerade geboren –

HILDE: Richtig – die armen Zwillinge.

SOLNESS: Sie kamen so gesund und kräftig zur Welt. Und wachsen taten sie, so daß man's förmlich sehen konnte von Tag zu Tag.

HILDE: Kleine Kinder wachsen sehr rasch in den ersten Tagen.

SOLNESS: Es war der herzigste Anblick, den einer sich nur gönnen konnte, Aline mit den beiden daliegen zu sehen. – Da kam aber die Brandnacht –

HILDE *gespannt:* Was geschah? Sagen Sie's doch! Kam jemand um?

SOLNESS: Das nicht. Alle wurden wohlbehalten aus dem Hause gerettet –

HILDE: Nun, aber was weiter – ?

SOLNESS: Der Schrecken hatte Aline so entsetzlich erschüttert. Der Feuerlärm – der Auszug aus dem Hause – Hals über Kopf – und das noch dazu in der eisigen Nachtkälte – denn sie mußten ja hinausgetragen werden, so wie sie dalagen. Sowohl sie als die Kleinen.

HILDE: Und die vertrugen's nicht?

SOLNESS: Doch – die vertrugen's schon. Aber Aline bekam das Fieber. Und das ging in die Milch über. Selber ihre Amme sein, das hatte sie ja durchaus gewollt. Denn das wäre ihre Pflicht, sagte sie. Und unsere beiden Kleinen, die – *er preßt die Hände zusammen:* die – oh!

HILDE: Das überstanden sie nicht?

SOLNESS: Nein, das überstanden sie nicht. Das war's, was sie uns wegriß.

HILDE: Das muß furchtbar hart für Sie gewesen sein.

SOLNESS: Hart genug für mich. Aber zehnmal härter für Aline. *Er ballt die Fäuste in verhaltener Wut.* Oh, daß so etwas vorfallen darf in dieser Welt! Seit dem Tage, da ich sie verlor, baute ich ungern Kirchen.

HILDE: Vielleicht auch nicht gern den Kirchturm droben bei uns?

SOLNESS: Gern nicht. Ich weiß noch, wie froh und leicht mir zumute war, als der Turm da fertig war.

HILDE: Das weiß ich auch.

SOLNESS: Und jetzt baue ich nie – nie mehr so etwas! Weder Kirchen noch Kirchtürme.

HILDE *nickt langsam:* Nur Häuser, wo Leute drin wohnen können.

SOLNESS: Heimstätten für Menschen, Hilde.

HILDE: Aber Heimstätten mit hohen Türmen und Spitzen.

SOLNESS: Das am liebsten. *Er geht zu einem leichteren Ton über:* Ja, sehen Sie – wie gesagt – der Brand, der brachte mich empor. Als Baumeister, heißt das.

HILDE: Warum nennen Sie sich nicht Architekt wie die andern?

SOLNESS: Hab' dazu nicht gründlich genug gelernt. Was ich kann, hab' ich meistenteils selber ausgeheckt.

HILDE: Aber in die Höhe kamen Sie trotzdem, Baumeister.

SOLNESS: Nach dem Brande, ja. Fast den ganzen Garten zerstückelte ich in Bauplätze für Villen. Und dort durfte ich bauen, wie ich's selber haben wollte. Und da ging's ja reißend schnell mit mir vorwärts.

HILDE *sieht ihn forschend an:* Sie sind gewiß ein sehr glücklicher Mann. So, wie's Ihnen geht.

SOLNESS *finster:* Glücklich? Sagen Sie das auch? Wie alle die andern.

HILDE: Das müssen Sie doch sein, mein' ich. Wenn Sie nur aufhören könnten, an die zwei kleinen Kinder zu denken, dann –

SOLNESS *langsam:* Die zwei kleinen Kinder – von denen ist es nicht so leicht loszukommen, Hilde.

HILDE *ein wenig unsicher:* Sind sie immer noch ein so großes Hindernis? So lange, lange Zeit nachher?

SOLNESS *sieht sie fest an, ohne zu antworten:* Ein glücklicher Mann, sagten Sie –

HILDE: Ja, aber sind Sie denn das nicht – im übrigen?

SOLNESS *sieht sie fortdauernd an:* Als ich Ihnen die Geschichte vom Brande erzählte – hm –

HILDE: Nun!

SOLNESS: Kam Ihnen da nicht ein bestimmter Gedanke, der sich Ihnen – so ganz besonders aufdrängte?

HILDE *besinnt sich vergebens:* Nein. Was sollte denn das für ein Gedanke sein?

SOLNESS *mit gedämpftem Nachdruck:* Einzig und allein durch den Brand konnte ich dazu kommen, Heimstätten für Menschen zu bauen. Behagliche, trauliche, helle Heimstätten, wo Vater und Mutter und die ganze Kinderschar leben könnten in dem sichern und frohen Gefühl, daß es ein recht glückliches Los ist, dazusein in dieser Welt. Und am glücklichsten, einander anzugehören – im großen und im kleinen.

HILDE *eifrig:* Jawohl, ist denn aber das nicht für Sie ein rechtes Glück, daß Sie solche reizenden Heimstätten schaffen können?

SOLNESS: Der Preis, Hilde! Der entsetzliche Preis, den ich bezahlen mußte, um dazu zu kommen!

HILDE: Werden Sie sich denn darüber nie hinwegsetzen können?

SOLNESS: Nein. Um dazu zu kommen, Heimstätten zu bauen für andere, mußte ich verzichten – für alle Zeiten darauf verzichten, selber ein Heim zu haben. Ich meine ein Heim für die Kinderschar. Und für Vater und Mutter auch.

HILDE *behutsam:* Aber mußten Sie denn das? Für alle Zeiten, sagen Sie?

SOLNESS *nickt langsam:* Das war der Preis für dieses Glück, von dem die Leute so viel reden. *Er atmet schwer.* Das Glück da – hm – das Glück war nicht billiger zu erkaufen, Hilde.

HILDE *wie oben:* Aber kann's mit dem nicht doch noch wieder gut werden?

SOLNESS: Nie. Niemals. Das ist auch eine Folge vom Brande. Und von Alines Krankheit darauf.

HILDE *sieht ihn mit einem unbestimmbaren Ausdruck an:* Und doch bauen Sie immer noch alle die Kinderstuben.

SOLNESS *ernst:* Haben Sie nie gemerkt, Hilde, daß das Unmögliche – daß das einen gleichsam lockt und ruft?

HILDE *denkt nach:* Das Unmögliche? *Lebhaft:* Gewiß! Haben Sie's auch auf die Art?

SOLNESS: Ja, so hab' ich's.

HILDE: Dann ist wohl auch in Ihnen so – so etwas vom Unhold?

SOLNESS: Warum gerade Unhold?

HILDE: Nun, wie wollen denn Sie sowas nennen?

SOLNESS *erhebt sich:* Mag sein, daß Sie recht haben. *Heftig:* Aber muß ich denn nicht zum Unhold werden – so wie's mir immer und ewig in allem geht? In allem!

HILDE: Wie meinen Sie das?

SOLNESS *gedämpft, in innerer Erregung:* Achten Sie auf das, was ich Ihnen sage, Hilde. Alles, was mir vergönnt wurde zu wirken, zu bauen, zu schaffen, Schönes, Trauliches – Erhabenes auch – *Er ballt die Fäuste:* Oh, es ist doch ein entsetzlicher Gedanke –!

HILDE: Was ist so entsetzlich?

SOLNESS: Daß ich das alles unaufhörlich aufwägen muß. Dafür bezahlen. Nicht mit Geld. Aber mit Menschenglück. Und nicht mit meinem Glück allein. Mit dem Glück anderer auch. Ja, da sehen Sie's, Hilde! Den Preis hat mich mein Künstlerplatz gekostet – mich und andere. Und Tag für Tag muß ich ansehen, wie der Preis aufs neue für mich bezahlt wird. Wieder und wieder – und immer wieder!

HILDE *erhebt sich und blickt ihn unverwandt an:* Jetzt denken Sie gewiß an – an sie.

SOLNESS: Ja. Meist an Aline. Denn Aline – die hatte auch ihren Beruf im Leben. Ebensowohl wie ich den meinigen. *Mit bebender Stimme:* Aber ihr Beruf, der mußte verpfuscht, erdrückt, zermalmt werden – damit meiner mich vorwärtsbringen könnte zu – zu dem, was aussieht wie ein großer Sieg. Denn das müssen Sie wissen: Aline – die hatte auch ihre Anlagen zum Bauen.

HILDE: Sie? Zum Bauen?

SOLNESS *schüttelt den Kopf:* Keine Häuser und Türme und Pfeiler – nichts von dem, was ich selber treibe –

HILDE: Nun, aber was denn?

SOLNESS *weich und bewegt:* Kleine Kinderseelen aufzubauen, Hilde. Kinderseelen aufzubauen, so daß sie groß werden in Gleichgewicht und in schönen edlen Formen. So daß sie sich erheben zu geraden, erwachsenen Menschenseelen. Das war's, wozu Aline Anlagen hatte. Und das alles, das liegt jetzt da. Ungebraucht – und unbrauchbar für immer. Und ohne das mindeste zu nützen. Genau wie die Schutthaufen nach einem Brande.

HILDE: Nun – wenn's aber auch so wäre –

SOLNESS: Es ist so. Es ist so. Ich weiß es.

HILDE: Nun gut, aber Sie sind doch jedenfalls nicht schuld daran.

SOLNESS *richtet den Blick auf sie und nickt langsam:* Ja, wissen Sie, das ist eben die große entsetzliche Frage. Das ist der Zweifel, der an mir nagt – früh und spät.

HILDE: Das?

SOLNESS: Ja, setzen Sie mal den Fall, ich wäre schuld daran. Gewissermaßen wenigstens.

HILDE: Sie! An dem Brand!

SOLNESS: An allem. Alles miteinander. – Und dann vielleicht – ganz unschuldig trotzdem.

HILDE *sieht ihn besorgt an:* Ach, Baumeister – wenn Sie so etwas sagen können – dann sind Sie ja dennoch – krank.

SOLNESS: Hm – werd' wohl mein Leben lang auch nie recht gesund werden in dem Stück.

Ragnar Brovik öffnet behutsam die kleine Tür in der Ecke links.

Fünfter Auftritt

Die Vorigen. Ragnar Brovik.

Hilde macht einige Schritte.

RAGNAR *Hilde erblickend:* Oh – entschuldigen Sie, Herr Solness – *Er will sich zurückziehen.*

SOLNESS: Nein, nein, bleiben Sie nur. Dann ist's getan.

RAGNAR: Ach ja – wär's nur soweit!

SOLNESS: Ihrem Vater geht's ja nicht besser, wie ich höre.

RAGNAR: Mit dem Vater geht's rasch abwärts. Und darum bitte ich Sie recht inständig – geben Sie mir ein paar gute Worte auf einem von den Blättern! Etwas, was der Vater zu lesen bekommen kann, ehe er –

SOLNESS *heftig:* Sie dürfen mir von Ihren Zeichnungen nicht mehr reden!

RAGNAR: Haben Sie sie angesehen?

SOLNESS: Ja – das hab' ich.

RAGNAR: Und sie taugen nicht? Und ich tauge wohl auch nicht?

SOLNESS *ausweichend:* Bleiben Sie hier bei mir, Ragnar. Sie sollen's bekommen, wie Sie's selber haben wollen. Dann können Sie Kaja heiraten. Sorgenfrei leben. Glücklich vielleicht auch. Nur denken Sie nie daran, auf eigene Hand zu bauen.

RAGNAR: Ja, da muß ich also heimgehen und das dem Vater sagen. Denn das versprach ich ihm. – Soll ich das dem Vater sagen – ehe er stirbt?

SOLNESS *mit sich selber ringend:* Ach, sagen Sie ihm – sagen Sie ihm meinetwegen, was Sie wollen. Das beste ist, Sie sagen ihm gar nichts! Ich kann nicht anders handeln, als wie ich tue, Ragnar!

RAGNAR: Darf ich also die Zeichnungen mitnehmen?

SOLNESS: Ja, nehmen Sie sie – nehmen Sie sie nur! Sie liegen dort auf dem Tisch.

RAGNAR *geht hin:* Ich bin so frei.

HILDE *legt die Hand auf die Mappen:* Nein, nein, lassen Sie sie liegen.

SOLNESS: Warum denn?

HILDE: Ich will sie nämlich auch ansehen.

SOLNESS: Aber Sie haben sie ja – *Zu Ragnar:* Nun, lassen Sie sie also hier liegen.

RAGNAR: Sehr gern.

SOLNESS: Und dann gehen Sie gleich heim zu Ihrem Vater.

RAGNAR: Ja, das muß ich wohl.

SOLNESS *wie verzweifelt:* Ragnar – Sie dürfen von mir nicht etwas verlangen, was ich nicht kann! Hören Sie, Ragnar! Sie dürfen das nicht!

RAGNAR: Nein, nein. Entschuldigen Sie –

Er verbeugt sich und geht zur Ecktür hinaus.

Sechster Auftritt

Solness, Hilde Wangel.

HILDE *sieht Solness zornig an:* Das war recht häßlich von Ihnen.
SOLNESS: Meinen Sie das auch?
HILDE: Ja, furchtbar häßlich war's. Und hart und böse und grausam noch dazu.
SOLNESS: Ach, Sie begreifen nicht, was in mir vorgeht.
HILDE: Und doch – nein, Sie sollen nicht so sein.
SOLNESS: Sie sagten ja selbst eben erst, nur ich sollte bauen dürfen.
HILDE: Sowas kann ich sagen. Aber Sie dürfen's nicht.
SOLNESS: Ich wohl am meisten. So teuer, wie ich meinen Platz erkauft habe.
HILDE: Nun ja – mit etwas, was Sie häusliches Behagen nennen – und dergleichen.
SOLNESS: Und mit meinem Seelenfrieden obendrein.
HILDE *erhebt sich:* Seelenfrieden! *Innig:* Ja, darin haben Sie recht! Armer Baumeister – Sie bilden sich ja ein, daß –
SOLNESS *von einem stillen Lachen geschüttelt:* Setzen Sie sich nur wieder, Hilde. Da erzähle ich Ihnen etwas Spaßhaftes.
HILDE *gespannt, setzt sich:* Nun also?
SOLNESS: Es nimmt sich aus wie ein lächerlich kleines Ding. Denn die ganze Geschichte dreht sich bloß um eine Ritze in einer Schornsteinröhre.
HILDE: Weiter nichts?
SOLNESS: Anfangs war's weiter nichts.

Er rückt einen Stuhl an den Hildes näher heran und setzt sich.

HILDE *ungeduldig, klopft sich aufs Knie:* Die Ritze in der Schornsteinröhre also!
SOLNESS: Ich hatte die Ritze in der Röhre bemerkt, lange bevor das Feuer ausbrach. Jedesmal, wenn ich auf dem Dachboden droben war, sah ich nach, ob sie noch da wäre.
HILDE: Und das war sie?
SOLNESS: Jawohl. Denn niemand anders wußte darum.
HILDE: Und Sie sagten nichts?
SOLNESS: Gar nichts.
HILDE: Dachten auch nicht daran, die Röhre ausbessern zu lassen?
SOLNESS: Dachte schon daran – kam aber nie weiter. Jedesmal, wenn ich mich dranmachen wollte, war's mir gerade, als ob sich eine Hand dazwischenlegte. Heute nicht, dachte ich. Morgen. Es wurde nie was daraus.
HILDE: Ja, warum waren Sie denn so eine Schlafmütze?
SOLNESS: Weil mir allerlei im Kopf herumging. *Langsam und gedämpft:* Durch die kleine schwarze Ritze in der Schornsteinröhre könnte ich mich vielleicht emporschwingen – als Baumeister.
HILDE *blickt vor sich hin:* Das muß spannend gewesen sein.
SOLNESS: Unwiderstehlich fast. Ganz unwiderstehlich. Denn damals kam mir alles so leicht und so einfach vor. Ich wollte, es sollte so mitten im Winter sein. Ein wenig vor der Mittagsstunde. Ich sollte draußen sein und Aline im Schlitten spazierenfahren. Die Dienstboten zu Hause, die sollten stark geheizt haben.
HILDE: Jawohl, denn an dem Tage sollte es wohl furchtbar kalt sein?
SOLNESS: Schneidend kalt. Und da wollten sie's natürlich für Aline recht warm und gemütlich herrichten, bis sie heimkäme.
HILDE: Denn die friert gewiß leicht.
SOLNESS: Ja, das tut sie. Und dann, auf dem Heimwege, sollten wir den Rauch sehen.
HILDE: Bloß den Rauch?
SOLNESS: Zuerst den Rauch. Aber wenn wir das Gartentor erreicht hätten, dann sollte der ganze alte Holzkasten von lodernden Feuermassen umhüllt sein. – Auf die Art wollte ich's haben, sehen Sie.
HILDE: Aber du lieber Gott, daß es so nicht kommen konnte!
SOLNESS: Ja, das können Sie schon sagen, Hilde.
HILDE: Jetzt hören Sie aber, Baumeister. Wissen Sie denn auch ganz bestimmt, daß das Feuer von der kleinen Ritze im Schornstein herrührte?
SOLNESS: Im Gegenteil. Ich weiß ganz bestimmt, daß die Ritze im Schornstein insofern mit dem Feuer gar nichts zu tun hatte.
HILDE: Was!
SOLNESS: Es ist völlig erwiesen, daß das Feuer in einer Kleiderkammer ausbrach – in einem ganz andern Teil des Hauses.
HILDE: Ja, was faseln Sie denn dann immerfort von der ewigen Ritze im Schornstein!
SOLNESS: Darf ich noch ein wenig mit Ihnen weiterreden, Hilde?
HILDE: Ja, wenn Sie nur vernünftig reden wollen –
SOLNESS: Ich will's versuchen.

Er rückt seinen Stuhl näher.

HILDE: Also heraus mit der Sprache, Baumeister.
SOLNESS *vertraulich:* Glauben Sie nicht auch, Hilde, daß es einzelne auserkorene, auserwählte Menschen gibt, denen die Gnade verliehen wurde und die Macht und die Fähigkeit, etwas zu wünschen, etwas zu begehren, etwas zu wollen – so beharrlich und so – so unerbittlich –, daß sie es zuletzt bekommen müssen. Glauben Sie das nicht?
HILDE *mit einem unbestimmbaren Ausdruck in den Augen:* Wenn das der Fall ist, dann werden wir schon einmal sehen – ob ich zu den Auserkorenen gehöre.
SOLNESS: Allein wirkt einer so große Dinge nicht. O nein – die Helfer und die Diener – die müssen schon auch dabeisein, wenn's zu was werden soll. Aber die kommen nie von selber. Man muß sie recht beharrlich rufen. So inwendig, verstehen Sie.
HILDE: Was sind denn das für Helfer und Diener?
SOLNESS: Ach, davon können wir ein andermal reden. Bleiben wir jetzt bei der Geschichte mit dem Brand.

Hilde: Glauben Sie nicht, daß der Brand trotzdem gekommen wäre – wenn Sie ihn auch nicht herbeigewünscht hätten?

Solness: Hätte das Haus dem alten Knut Brovik gehört, dem wär's gar nie so gelegen abgebrannt. Davon bin ich überzeugt. Denn der versteht nicht die Helfenden zu rufen und die Dienenden auch nicht. *Unruhig, steht auf:* Sehen Sie, Hilde – ich bin's also doch, der daran schuld ist, daß die zwei Kleinen das Leben einbüßen mußten. Und bin ich nicht auch etwa daran schuld, daß Aline nicht zu dem geworden ist, was sie werden sollte und konnte? Und was sie am liebsten wollte?

Hilde: Ja, wenn es nun aber bloß diese Helfer und Diener sind, dann –?

Solness: Wer rief die Helfer und Diener? Das tat ich! Und da kamen sie und unterwarfen sich meinem Willen. *In steigender Erregung:* Das ist's, was die Leute „Glück haben" nennen. Aber ich will Ihnen sagen, wie das Glück empfunden wird! Es wird empfunden wie eine große hautlose Stelle hier auf der Brust. Und die Helfer und Diener nehmen Hautfetzen von andern Menschen, um meine Wunde zu schließen! Aber die Wunde heilt doch nicht zu. Nie – niemals! Ach, wenn Sie wüßten, wie das zuweilen saugt und brennt.

Hilde *sieht ihn aufmerksam an:* Sie sind krank, Baumeister. Schwer krank, glaub' ich fast.

Solness: Sagen Sie verrückt, denn das meinen Sie ja.

Hilde: Nein, am Verstande, glaub' ich, fehlt Ihnen weiter nichts.

Solness: Wo fehlt's mir denn? Heraus damit!

Hilde: Ob die Sache nicht die ist, daß Sie mit einem kränklichen Gewissen zur Welt gekommen sind?!

Solness: Mit einem kränklichen Gewissen? Was ist denn das für ein Teufelszeug?

Hilde: Ich meine, daß das Gewissen bei Ihnen recht schwächlich ist. So – zart gebaut. Daß es keinen Stoß verträgt. Daß es das, was schwer ist, nicht heben noch tragen kann.

Solness *brummend:* Hm! Wie sollte dann das Gewissen sein, wenn ich fragen darf?

Hilde: Bei Ihnen möchte ich am liebsten, daß das Gewissen so – so recht robust wäre.

Solness: So? Robust? Na! Haben Sie vielleicht ein robustes Gewissen?

Hilde: Ich glaube schon. Ich habe wenigstens nichts anderes gemerkt.

Solness: Ist wohl auch nicht sonderlich auf die Probe gestellt worden, denk' ich mir.

Hilde *indem es um ihre Mundwinkel zuckt:* Nun, so leicht war's doch nicht, vom Vater fortzugehen, den ich so ungeheuer gern habe.

Solness: Ach was! Für einen Monat oder zwei –

Hilde: Ich komme gewiß niemals wieder heim.

Solness: Niemals? Warum gingen Sie denn von ihm fort?

Hilde *halb im Ernst, halb neckisch:* Haben Sie schon wieder vergessen, daß die zehn Jahre um sind?

Solness: Ach, Unsinn. War zu Hause irgend etwas los? Nun?

Hilde *ernst:* Es war dieses Etwas in meinem Innern, was mich herjagte und mich herpeitschte. Und was mich lockte und anzog zu gleicher Zeit.

Solness *eifrig:* Da haben wir's! Da haben wir's, Hilde! Auch in Ihnen wohnt ein Unhold. Wie in mir. Denn es ist der Unhold in einem, sehen Sie – der ist es, der die Mächte herbeiruft. Und dann muß man nachgeben – man mag wollen oder nicht.

Hilde: Ich glaube beinahe, Sie haben recht, Baumeister.

Solness *geht im Zimmer umher:* Oh, es gibt in der Welt so erstaunlich viele Teufelchen, die einer nicht sieht, Hilde.

Hilde: Teufelchen auch noch?

Solness *bleibt stehen:* Gutmütige Teufelchen und bösartige Teufelchen. Blondhaarige Teufelchen und schwarzhaarige. Wenn man nur immer wüßte, ob's die blonden sind oder die schwarzen, die einen in ihrer Gewalt haben! *Er schlendert herum.* Ja, dann wäre das Ding ganz einfach!

Hilde *folgt ihm mit den Augen:* Oder wenn man ein recht kräftiges, von Gesundheit strotzendes Gewissen hätte. So daß man sich das getraute, was man am liebsten möchte.

Solness *bleibt am Konsoltisch stehen:* Ich meinerseits glaube, daß die meisten in dem Punkt ebensogroße Schwächlinge sind wie ich selber.

Hilde: Mag schon sein.

Solness *lehnt sich an den Tisch:* In den Sagenbüchern – haben Sie von den alten Sagenbüchern etwas gelesen?

Hilde: Freilich! Zu der Zeit, da ich noch Bücher las –

Solness: In den Sagenbüchern wird von Wikingern berichtet, die nach fremden Ländern segelten und plünderten und Häuser in Brand steckten und Männer totschlugen –

Hilde: Und Weiber gefangennahmen –

Solness: Und sie bei sich behielten –

Hilde: Und auf den Schiffen mit nach Hause nahmen –

Solness: Und mit ihnen verfuhren wie – wie die schlimmsten Unholde.

Hilde *sieht mit einem halbverschleierten Blick vor sich hin:* Mir scheint, das mußte spannend sein.

Solness *mit einem kurzen brummenden Lachen:* Weiber zu fangen? Jawohl.

Hilde: Gefangen zu werden.

Solness *sieht sie einen Augenblick an:* Ach so.

Hilde *gleichsam abbrechend:* Aber wo wollen Sie denn mit den Wikingern hinaus, Baumeister?

Solness: Ja, sehen Sie, die Kerle hatten ein robustes Gewissen! Wenn die wieder heimkamen, dann konnten sie fressen und saufen, als wenn nichts geschehen wäre. Und lustig wie Kinder waren sie auch noch. Und dann die Weiber! Die wollten manchmal gar nicht wieder von ihnen fort. Können Sie sowas begreifen, Hilde?

Hilde: Die Weiber begreife ich ausgezeichnet.

SOLNESS: Oho! Könnten Sie etwa selber ebenso handeln?

HILDE: Warum denn nicht?

SOLNESS: Mit so einem – Gewalttäter zusammenleben – freiwillig?

HILDE: Wenn's ein Gewalttäter wäre, den ich recht liebgewonnen hätte, dann –

SOLNESS: Könnten Sie denn so einen Menschen liebgewinnen?

HILDE: Ach Gott, das steht doch nicht bei einem selber, wen man liebgewinnen soll.

SOLNESS *sieht sie nachdenklich an:* Ach nein – d a s entscheidet wohl der Unhold, der in einem wohnt.

HILDE *mit einem halben Lachen:* Und dann alle diese merkwürdigen Teufelchen, mit denen Sie so gut bekannt sind. Sowohl die blondhaarigen als die schwarzhaarigen.

SOLNESS *mit Wärme, in gedämpftem Ton:* Dann wünsche ich Ihnen, daß die Teufelchen mit Schonung für Sie wählen, Hilde.

HILDE: Für mich h a b e n sie schon gewählt. Ein für allemal.

SOLNESS *blickt sie tief an:* Hilde – Sie sind wie ein wilder Waldvogel.

HILDE: Durchaus nicht. Ich verstecke mich nicht im Gebüsch.

SOLNESS: Nein, das tun Sie wohl nicht. Da sind Sie eher noch einem Raubvogel ähnlich.

HILDE: Das noch eher – vielleicht. *Mit großer Heftigkeit:* Und warum kein Raubvogel? Warum sollte ich nicht auch auf Raub ausgehen? Die Beute an mich reißen, zu der ich Lust habe? Wenn ich sie nur packen kann mit meinen Krallen. Und die Oberhand behalten.

SOLNESS: Hilde – wissen Sie, was Sie sind?

HILDE: Ja, ich bin gewiß so ein sonderbarer Vogel.

SOLNESS: Nein; Sie sind wie ein anbrechender Tag. Wenn ich Sie ansehe – dann ist's mir, als blickte ich gegen Sonnenaufgang.

HILDE: Sagen Sie mir, Baumeister – wissen Sie bestimmt, daß Sie mich nie gerufen haben? So inwendig?

SOLNESS *leise und langsam:* Ich glaube fast, ich muß es getan haben.

HILDE: Was wollten Sie von mir?

SOLNESS: S i e sind die Jugend, Hilde.

HILDE *lächelnd:* Die Jugend, vor der Sie solche Angst haben?

SOLNESS *nickt langsam:* Und die ich doch im Grunde so sehnlich herbeiwünsche.

HILDE *erhebt sich, geht zum Tischchen hin, holt die Mappe Ragnar Broviks, hält ihm die Mappe hin:* Die Zeichnungen also –

SOLNESS *kurz, abweisend:* Legen Sie das Zeug weg! Ich habe es lange genug angesehen.

HILDE: Aber Sie sollten ja etwas für ihn daraufschreiben.

SOLNESS: Daraufschreiben! In meinem Leben tu' ich's nicht.

HILDE: Aber wenn nun der arme alte Mann im Sterben liegt! Könnten Sie da nicht ihm und dem Sohn eine Freude machen, ehe sie sich trennen? Und vielleicht könnte er dann auch dazu kommen, nach den Zeichnungen zu bauen.

SOLNESS: Ja, das ist's ja eben, was er kann. Das wird er sich schon gesichert haben, der – der Monsieur.

HILDE: Aber du lieber Gott – wenn sich's so verhält – können Sie dann nicht ein klein bißchen lügen?

SOLNESS: Lügen? *Wütend:* Hilde – gehen Sie weg von mir mit Ihren Teufelszeichnungen!

HILDE *zieht die Mappe ein wenig zurück:* Nanu – beißen Sie mich doch nicht. – S i e reden von Unholden. Mir kommt's vor, Sie betragen sich selber wie ein Unhold. *Sie sieht sich um.* Wo haben Sie Feder und Tinte?

SOLNESS: Gibt's nicht hier im Zimmer.

HILDE *will hinaus:* Aber draußen beim Fräulein haben Sie doch –

SOLNESS: Bleiben Sie, wo Sie sind, Hilde! – Ich sollte lügen, sagten Sie. Nun ja, seinem alten Vater zuliebe könnte ich das immerhin tun. Denn den habe ich einmal erdrückt. Über den Haufen geworfen.

HILDE: Den auch?

SOLNESS: Ich brauchte Platz für mich selber. Aber dieser Ragnar – der darf um keinen Preis in die Höhe kommen.

HILDE: Das wird er wohl auch nie, der arme Kerl. Wenn er nichts taugt, dann –

SOLNESS *näher, sieht sie an und flüstert:* Kommt Ragnar Brovik in die Höhe, dann schlägt er m i c h zu Boden. Erdrückt mich – wie ich's mit seinem Vater tat.

HILDE: Erdrückt er S i e? Taugt er denn?

SOLNESS: Ja, darauf können Sie sich verlassen, daß d e r taugt! D e r ist die Jugend, die bereitsteht, bei mir anzuklopfen. Und dem ganzen Baumeister Solness den Garaus zu machen.

HILDE *sieht ihn mit stillem Vorwurf an:* Und trotzdem wollen Sie ihm den Weg versperren. Pfui, Baumeister!

SOLNESS: Er hat Herzblut genug gekostet, der Kampf, den ich durchgemacht habe. – Und dann habe ich Angst, daß die Helfer und Diener mir nicht mehr gehorchen.

HILDE: Dann müssen Sie's auf eigene Faust versuchen. Da ist nichts anderes zu tun.

SOLNESS: Hoffnungslos, Hilde. Der Umschwung kommt. Etwas früher oder etwas später. Denn die Wiedervergeltung, die ist unerbittlich.

HILDE *angstvoll, hält sich die Ohren zu:* Reden Sie doch nicht so! Wollen Sie mir das Leben nehmen? Mir das nehmen, was mir mehr ist als das Leben!

SOLNESS: Und was ist denn d a s?

HILDE: Sie groß zu sehen. Sie zu sehen mit einem Kranz in der Hand. Hoch, hoch oben auf einem Kirchturm. *Wieder ruhig:* Nun, jetzt heraus mit dem Bleistift. Denn einen Bleistift haben Sie doch bei sich?

SOLNESS *nimmt seine Brieftasche heraus:* Da habe ich einen.

HILDE *legt die Mappe auf den Sofatisch:* Gut. Und jetzt, Baumeister, setzen wir uns, wir zwei. *Solness setzt sich an den Tisch. Hilde hinter ihm, beugt sich über die Stuhllehne:* Und jetzt schreiben wir etwas auf die Zeichnungen hinauf. Etwas recht, recht Liebes und Warmes schreiben wir. Für diesen häßlichen Roar – oder wie er nun heißt.

SOLNESS *schreibt einige Zeilen, wendet den Kopf und blickt zu ihr auf:* Ich möchte etwas wissen, Hilde.

HILDE: Nun?

SOLNESS: Wenn Sie also volle zehn Jahre auf mich gewartet haben –

HILDE: Was dann?

SOLNESS: Warum schrieben Sie mir nie? Dann hätte ich Ihnen antworten können.

HILDE *schnell:* Nein, nein! Das war's gerade, was ich nicht haben wollte.

SOLNESS: Warum nicht?

HILDE: Ich fürchtete, das Ganze könnte mir dabei unter den Händen zusammenbrechen. – Aber wir sollten ja auf die Zeichnungen etwas hinaufschreiben, Baumeister.

SOLNESS: Ja freilich.

HILDE *beugt sich vornüber und sieht zu, während er schreibt:* Wie warm und gut und herzig. Oh, wie ich ihn hasse – wie ich ihn hasse, diesen Roald –

SOLNESS *schreibend:* Haben Sie nie jemand so recht gern gehabt, Hilde?

HILDE *hart:* Was sagten Sie?

SOLNESS: Ob Sie nie jemand recht gern gehabt haben?

HILDE: Jemand anderen, meinen Sie wohl?

SOLNESS *blickt zu ihr auf:* Jemand anderen, jawohl. Haben Sie das nie? In diesen zehn Jahren? Niemals?

HILDE: O ja, dann und wann. Wenn ich recht wild auf Sie war, weil Sie nicht kamen.

SOLNESS: Da hatten Sie andere auch gern?

HILDE: Ein klein wenig. Eine Woche oder zwei. Du lieber Gott, Baumeister, Sie wissen ja doch, wie sich's mit sowas verhält.

SOLNESS: Hilde – in welcher Absicht sind Sie hergekommen?

HILDE: Verlieren Sie doch die Zeit nicht mit dem vielen Reden. Der arme alte Mann ist vielleicht schon am Sterben.

SOLNESS: Antworten Sie mir, Hilde. Was wollen Sie von mir?

HILDE: Ich will mein Königreich haben.

SOLNESS: Hm –

Er blickt flüchtig nach der Tür links und fährt zu schreiben fort. Frau Solness erscheint gleichzeitig; sie trägt einige Pakete.

Siebenter Auftritt

Die Vorigen.
Frau Solness.

FRAU SOLNESS: Da habe ich einige Kleinigkeiten für Sie mitgebracht, Fräulein Wangel. Die großen Pakete werden später nachgeschickt.

HILDE: Oh, das war aber d o c h lieb von Ihnen!

FRAU SOLNESS: Einfach meine Pflicht. Weiter gar nichts.

SOLNESS *liest das, was er geschrieben hat, durch:* Aline!

FRAU SOLNESS: Ja?

SOLNESS: Sahst du, ob sie – die Buchhalterin draußen war?

FRAU SOLNESS: Ja natürlich war d i e da.

SOLNESS *legt die Zeichnungen in die Mappe hinein:* Hm –

FRAU SOLNESS: Sie stand am Pulte, wie sie immer tut – wenn i c h durchs Zimmer gehe.

SOLNESS *steht auf:* Dann will ich's ihr also geben. Und ihr sagen, daß –

HILDE *nimmt ihm die Mappe weg:* Ach nein, gönnen Sie doch mir die Freude! *Sie geht zur Tür, dreht sich aber dann um:* Wie heißt sie?

SOLNESS: Sie heißt Fräulein Fosli.

HILDE: Ach, das hört sich ja so frostig an! Mit dem Vornamen, meine ich?

SOLNESS: Kaja – glaube ich.

HILDE *öffnet die Tür und ruft hinaus:* Kaja! Kommen Sie herein. Schnell! Der Baumeister will mit Ihnen reden.

Kaja Fosli kommt herein und bleibt an der Tür stehen.

Achter Auftritt

Die Vorigen.
Kaja Fosli.

KAJA *sieht ihn verschüchtert an:* Da bin ich –?

HILDE *reicht ihr die Mappe:* Da, Kaja! Sie können die Sachen mitnehmen. Denn jetzt hat der Baumeister daraufgeschrieben.

KAJA: Ach, endlich!

SOLNESS: Geben Sie's dem Alten so rasch wie möglich.

KAJA: Ich gehe gleich damit nach Hause.

SOLNESS: Tun Sie das. Und jetzt kann ja Ragnar dazu kommen, zu bauen.

KAJA: Ach, darf er herkommen, um Ihnen zu danken für alles, was –

SOLNESS *hart:* Ich mag keinen Dank! Sagen Sie ihm das von mir.

KAJA: Jawohl, das werde ich –

SOLNESS: Und sagen Sie ihm zugleich, daß ich ihn hernach nicht mehr nötig habe. Und Sie auch nicht.

KAJA *leise, mit bebender Stimme:* Mich auch nicht!

SOLNESS: Von nun an werden Sie sich ja um andere Dinge kümmern müssen. Und das ist ja nur in der Ordnung. Na, jetzt gehen Sie also mit den Zeichnungen nach Hause, Fräulein Fosli. Schnell! Hören Sie!

KAJA *wie oben:* Jawohl, Herr Solness. *Ab.*

Neunter Auftritt

Solness, Frau Solness, Hilde Wangel.

FRAU SOLNESS: Gott, hat die tückische Augen.

SOLNESS: Die! Das arme dumme Gänschen.

FRAU SOLNESS: Oh – mir macht sie nichts weis, Halvard. – Kündigst du ihnen wirklich?

SOLNESS: Gewiß.

FRAU SOLNESS: Ihr auch?

SOLNESS: Wolltest du's nicht selber so haben?

FRAU SOLNESS: Daß du aber die entbehren kannst –? Na, du wirst schon eine in der Hinterhand haben, Halvard.

HILDE *lustig:* Ja, ich tauge jedenfalls nicht dazu, am Schreibpult zu stehen.

SOLNESS: Na, laß gut sein, Aline – das wird sich schon finden. Jetzt sollst du nur daran denken, ins neue Heim einzuziehen – so schnell wie's geht. Heut abend hängen wir den Kranz hinauf, *zu Hilde:* ganz oben auf die Turmspitze. Was sagen Sie dazu, Fräulein Hilde?

HILDE *starrt ihn mit funkelnden Augen an:* Das wird entsetzlich schön sein, Sie wieder so hoch oben zu sehen.

SOLNESS: Mich!

FRAU SOLNESS: Ach Gott, Fräulein Wangel, stellen Sie sich doch nicht so etwas vor. Mein Mann – so schwindelig, wie der ist!

HILDE: Schwindelig! Nein, das ist er doch wahrhaftig nicht!

FRAU SOLNESS: O doch, das ist er.

HILDE: Ich habe ihn ja aber selber ganz oben auf einem hohen Kirchturm gesehen!

FRAU SOLNESS: Davon habe ich allerdings die Leute reden hören. Aber das ist rein unmöglich –

SOLNESS *heftig:* Unmöglich – unmöglich, jawohl! Ich stand aber doch droben!

FRAU SOLNESS: Wie kannst du nur sowas sagen, Halvard? Du verträgst es ja nicht einmal, auf den Balkon hinauszugehen, droben im ersten Stock. So bist du ja immer gewesen.

SOLNESS: Du könntest vielleicht heut abend etwas anderes erleben.

FRAU SOLNESS *angstvoll:* Nein, nein! Das werde ich doch mit Gottes Hilfe niemals erleben. Gleich schreibe ich dem Doktor. Der wird dich schon davon abbringen.

SOLNESS: Aber Aline –!

FRAU SOLNESS: Ja, du bist ja doch krank, Halvard! Das kann ja nichts anderes sein! Ach Gott – ach Gott! *Sie eilt nach rechts ab.*

Zehnter Auftritt

Solness, Hilde Wangel.

HILDE *sieht ihn gespannt an:* Ist es wahr?

SOLNESS: Daß ich schwindelig bin?

HILDE: Daß mein Baumeister sich nicht getraut – nicht so hoch steigen kann, wie er selber baut?

SOLNESS: Sehen Sie das Ding von der Seite an?

HILDE: Ja.

SOLNESS: Ich glaube, es ist bald kein Winkelchen in mir, das vor Ihnen sicher sein kann.

HILDE *blickt zum Erkerfenster hin:* Da oben also. Ganz oben –

SOLNESS *näher:* In der obersten Turmkammer könnten Sie wohnen, Hilde. – Könnten's dort haben wie eine Prinzessin.

HILDE *mit einem unbestimmbaren Gemisch von Ernst und Scherz:* Ja, das haben Sie mir ja versprochen.

SOLNESS: Hab' ich das eigentlich?

HILDE: Pfui, Baumeister! Sie sagten, ich sollte Prinzessin werden. Und daß ich von Ihnen ein Königreich bekommen sollte. Und dann faßten Sie – na, mehr sag' ich nicht!

SOLNESS *behutsam:* Sind Sie ganz gewiß, daß es nicht so ein Traum war – eine Einbildung, die sich bei Ihnen festgesetzt hat?

HILDE *unwirsch:* Sie taten's am Ende gar nicht?

SOLNESS: Weiß es kaum selber. *Leiser:* Aber das weiß ich jetzt allerdings, daß ich –

HILDE: Daß Sie –? Sagen Sie's gleich!

SOLNESS: Daß ich's hätte tun sollen.

HILDE *mit kühner Zuversicht:* Sie waren in Ihrem Leben nie schwindelig!

SOLNESS: Heut abend hängen wir also den Kranz hinauf – Prinzessin Hilde.

HILDE *mit einem bittern Zug um den Mund:* Über Ihr neues Heim, jawohl.

SOLNESS: Über das neue Haus. Das niemals ein Heim wird für mich. *Ab durch die Verandatür.*

HILDE *sieht mit einem verschleierten Blick ins Leere hinaus und flüstert vor sich hin; man hört nur die Worte:* Entsetzlich spannend – –

DRITTER AUFZUG

Eine große breite Veranda vor dem Wohnhaus des Baumeisters Solness.

Ein Teil des Hauses mit einem Ausgang zur Veranda ist links sichtbar; vor dieser rechts ein Geländer. Rückwärts, an der schmalen Seite der Veranda, führt eine Treppe hinunter zum tiefergelegenen Garten. Große alte Bäume im Garten strecken ihre Äste über die Veranda gegen das Haus hin aus. Ganz rechts, zwischen den Bäumen, erblickt man den untersten Teil der neuen Villa, um dessen Turmbau das Gerüst noch steht. Im Hintergrund ist der Garten von einem alten Steckenzaun begrenzt. Außerhalb des Zauns eine Straße mit niedrigen, verfallenen Häuschen. Auf der Veranda eine Gartenbank längs der Hauswand und vor der Bank ein länglicher Tisch; an der anderen Seite des Tisches ein Lehnstuhl und einige Hocker. Alle Möbel sind geflochten. Abendhimmel mit sonnenbeleuchteten Wolken.

Erster Auftritt

Frau Solness, Hilde Wangel.

Frau Solness, die in einen großen weißen Kreppschal gehüllt ist, ruht im Lehnstuhl und starrt nach rechts hinüber. Hilde Wangel kommt nach einer Weile die Gartentreppe herauf; sie ist gekleidet wie letzthin und hat ihr Hütchen auf; an der Brust trägt sie ein Sträußchen von gewöhnlichen Wiesenblumen.

FRAU SOLNESS *wendet den Kopf ein wenig:* Sind Sie im Garten herumgewesen, Fräulein Wangel?

HILDE: Jawohl, ich habe mich da unten umgesehen.

FRAU SOLNESS: Auch Blumen gefunden, wie ich sehe.

HILDE: Freilich, von denen ist ja mehr als genug da. Zwischen den Büschen drin.

FRAU SOLNESS: Wirklich? So spät im Jahre? Ich komme ja fast nie hinunter.

HILDE *kommt näher:* Was Sie sagen! Laufen Sie denn nicht jeden Tag in den Garten hinunter?

FRAU SOLNESS *mit einem matten Lächeln:* Ich „laufe" nirgends mehr hin. Jetzt nicht mehr.

HILDE: Aber gehen Sie denn nicht dann und wann hinunter, um all der Herrlichkeit einen Besuch zu machen?

FRAU SOLNESS: Es ist mir alles so fremd geworden. Ich fürchte mich beinahe davor, es wiederzusehen.

HILDE: Ihren eigenen Garten!

FRAU SOLNESS: Es kommt mir vor, als ob er nicht mehr mein wäre.

HILDE: Ach, was ist denn das für –!

FRAU SOLNESS: Nein, nein, das ist er nicht. Es ist nicht wie damals, als der Vater und die Mutter noch lebten. Es ist jammerschade, wieviel sie vom Garten weggenommen haben. Denken Sie nur – da haben sie ihn zerstückelt – und Häuser gebaut für fremde Menschen. Leute, die ich nicht kenne. Und die können mich von ihren Fenstern aus beobachten.

HILDE *mit einem hellen Ausdruck im Gesicht:* Frau Solness?

FRAU SOLNESS: Ja?

HILDE: Darf ich ein bißchen bei Ihnen bleiben?

FRAU SOLNESS: Sehr gern, wenn Sie nur Lust dazu haben.

HILDE *rückt einen Hocker zum Lehnstuhl hin und setzt sich:* Ah – hier kann man sich sonnen, so recht wie eine Katze.

FRAU SOLNESS *legt die Hand leicht auf ihren Nacken:* Das ist schön von Ihnen, daß Sie bei mir sitzen wollen. Ich dachte, Sie wollten zu meinem Mann hinein.

HILDE: Was sollte ich bei ihm tun?

FRAU SOLNESS: Ihm helfen, dachte ich mir.

HILDE: O nein. Übrigens ist er nicht drinnen. Er ist da drüben bei den Arbeitsleuten. Er sah aber so grimmig aus, daß ich mich nicht getraute, ihn anzureden.

FRAU SOLNESS: Ach, im Grunde hat er ein so mildes und weiches Gemüt.

HILDE: Der!

FRAU SOLNESS: Sie kennen ihn eben noch nicht recht, Fräulein Wangel.

HILDE *sieht sie mit Wärme an:* Sind Sie jetzt froh, daß Sie ins neue Haus hinüberziehen sollen?

FRAU SOLNESS: Ich sollte froh sein. Denn Halvard will es ja so haben –

HILDE: Oh, nicht gerade aus dem Grunde, scheint mir.

FRAU SOLNESS: Doch, doch, Fräulein Wangel. Denn das ist ja nur meine Pflicht, mich ihm zu unterwerfen. Aber manchmal fällt es so schwer, den Sinn zum Gehorsam zu zwingen.

HILDE: Ja, das muß gewiß schwerfallen.

FRAU SOLNESS: Das können Sie mir glauben. Wenn man nicht ein besserer Mensch ist als ich, dann –

HILDE: Wenn man soviel Schweres durchgemacht hat wie Sie –

FRAU SOLNESS: Woher wissen Sie das?

HILDE: Ihr Mann sagte es.

FRAU SOLNESS: Mir gegenüber berührt er die Dinge so selten. – Ja, das können Sie mir glauben, Fräulein Wangel, ich habe mehr als genug durchgemacht in meinem Leben.

HILDE *blickt sie teilnehmend an und nickt langsam:* Arme Frau Solness. Zuerst hatten Sie ja den Brand –

FRAU SOLNESS *mit einem Seufzer:* Ach ja. All das Meinige ging dabei zugrunde.

HILDE: Und dann kam ja etwas noch Schlimmeres.

FRAU SOLNESS *sieht sie fragend an:* Noch schlimmer?

HILDE: Das Allerschlimmste.

FRAU SOLNESS: Was meinen Sie?

HILDE *leise:* Sie verloren ja die beiden Kleinen.

FRAU SOLNESS: Ach, die. Ja, sehen Sie, das war aber etwas ganz anderes. Das war ja eine höhere Fügung. Und wenn so etwas kommt, da muß man sich unterwerfen. Und Gott danken obendrein.

HILDE: Tun Sie denn das?

FRAU SOLNESS: Nicht immer, leider. Ich weiß ja sehr wohl, daß es meine Pflicht wäre. Aber ich kann es trotzdem nicht.

HILDE: Nein, das kommt mir auch ganz natürlich vor.

FRAU SOLNESS: Und oftmals muß ich ja mir selber sagen, daß es eine gerechte Strafe war –

HILDE: Warum denn?

FRAU SOLNESS: Weil ich nicht standhaft genug war im Unglück.

HILDE: Aber ich begreife nicht, wie –

FRAU SOLNESS: Ach nein, Fräulein Wangel – reden wir nicht mehr von den zwei Kleinen. Über die sollen wir uns bloß freuen. Die haben es ja jetzt so gut, wie man es nur wünschen kann. Nein, es sind die kleinen Verluste im Leben, die einem wehe tun bis in die Seele hinein. Wenn man das alles verliert, was andere Leute fast für gar nichts achten.

HILDE *legt die Arme auf ihre Knie und blickt mit warmem Mitgefühl zu ihr auf:* Liebste Frau Solness – erzählen Sie mir davon.

FRAU SOLNESS: Wie ich Ihnen sagte. Lauter Kleinigkeiten. Da verbrannten zum Beispiel alle die alten Porträts an den Wänden. Und alle die alten seidenen Kleider, die der Familie Gott weiß wie lange gehört hatten. Und die Spitzen der Mutter und der Großmutter – die verbrannten auch. Und denken Sie nur – die Schmucksachen! *Schwermütig:* Und dann alle die Puppen.

HILDE: Die Puppen?

FRAU SOLNESS *mit tränenerstickter Stimme:* Ich hatte neun wunderschöne Puppen.

HILDE: Und die verbrannten auch?

FRAU SOLNESS: Alle miteinander. Ach, wie ich mir das zu Herzen nahm.

HILDE: Hatten Sie denn alle die Puppen aufgehoben von der Zeit an, da Sie klein waren?

FRAU SOLNESS: Aufgehoben, nein. Ich und die Puppen, wir blieben immer beisammen.

HILDE: Nachdem Sie erwachsen waren?

FRAU SOLNESS: Ja, lange nachher.

HILDE: Auch nachdem Sie verheiratet waren?

FRAU SOLNESS: O ja. Wenn e r nicht dabei war, da –. Dann verbrannten sie ja aber, die armen Dinger. D i e zu retten, da dachte niemand dran. Ach, das ist ein trauriger Gedanke. Sie dürfen mich deshalb nicht auslachen, Fräulein Wangel.

HILDE: Ich lache durchaus nicht.

FRAU SOLNESS: Auf ihre Art waren d i e ja auch lebendige Wesen, sozusagen. Ich trug sie unter dem Herzen. Wie ungeborene kleine Kinder.

Doktor Herdal, den Hut in der Hand, erscheint in der Verandatür und erblickt Frau Solness und Hilde.

Zweiter Auftritt

Die Vorigen. Doktor Herdal.

HERDAL: Na, Sie sitzen so im Freien und holen sich eine Erkältung, gnädige Frau?

FRAU SOLNESS: Die Luft ist heut so herrlich mild.

HERDAL: ’s geht an. Aber ist hier im Hause etwas los? Ich bekam ein Briefchen von Ihnen.

FRAU SOLNESS *erhebt sich:* Jawohl, es ist etwas, worüber ich notwendig mit Ihnen reden muß.

HERDAL: Gut. Dann gehen wir vielleicht hinein. *Zu Hilde:* Heute auch in Gebirgsuniform, Fräulein?

HILDE *steht auf, lustig:* Freilich! In vollem Wichs! Heut will ich aber nicht in die Höhe, um mir’s Genick zu brechen. Wir beide, Doktor, wir bleiben hübsch da und sehen uns das Ding von unten an.

HERDAL: W a s sollen wir uns ansehen?

FRAU SOLNESS *erschrocken, leise zu Hilde:* Still, still – um Gottes willen! Da kommt er. Sehen Sie doch zu, daß Sie ihn von dem Einfall abbringen. Und seien wir Freundinnen, Fräulein Wangel. Können wir das nicht sein?

HILDE *fällt ihr stürmisch um den Hals:* Ach, könnten wir das nur!

FRAU SOLNESS *macht sich gelinde los:* So – lassen Sie es nur gut sein! Da kommt er, Doktor! Ich möchte mit Ihnen reden.

HERDAL: Betrifft es i h n?

FRAU SOLNESS: Ja freilich betrifft es i h n. Gehen wir nur hinein.

Frau Solness und Doktor Herdal gehen ins Haus hinein. Baumeister Solness kommt fast gleichzeitig die Gartentreppe herauf.

Dritter Auftritt

Solness, Hilde Wangel.

Hilde nimmt einen ernsten Ausdruck an.

SOLNESS *mit einem Blick auf die Tür, die behutsam von innen zugemacht wird:* Haben Sie bemerkt, Hilde, daß sie weggeht, sobald ich komme?

HILDE: Ich habe bemerkt, daß Sie sie weg s c h e u c h e n, sobald Sie kommen.

SOLNESS: Mag sein. Dafür kann ich aber nichts. *Er sieht sie aufmerksam an.* Frieren Sie, Hilde? Sie sehen wenigstens so aus.

HILDE: Ich kam soeben von einem Grabgewölbe herauf.

SOLNESS: Was soll das heißen?

HILDE: Daß es mich frostig angeweht hat, Baumeister.

SOLNESS *langsam:* Ich glaube, ich verstehe –

HILDE: Weswegen sind Sie jetzt hier?

SOLNESS: Ich sah da drüben, daß Sie hier waren.

HILDE: Dann sahen Sie aber auch s i e?

SOLNESS: Ich wußte, daß sie gleich gehen würde, wenn ich käme.

HILDE: Tut Ihnen das recht leid, daß sie Ihnen so aus dem Wege geht?

SOLNESS: Gewissermaßen empfinde ich es auch als eine Erleichterung.

HILDE: Daß Sie sie nicht unmittelbar vor Augen haben?

SOLNESS: Jawohl.

HILDE: Daß Sie nicht immer wieder sehen, wie sie sich die Geschichte mit den Kleinen zu Herzen nimmt?

SOLNESS: Ja. Darum am meisten. *Hilde geht, die Hände auf dem Rücken, zum Geländer hin, bleibt dort stehen und blickt über den Garten hinaus. – Nach einer kurzen Pause:* Sprachen Sie lange mit ihr? *Hilde steht unbeweglich da, ohne zu antworten.* L a n g e, frag’ ich? *Hilde schweigt.* Wovon redete sie denn, Hilde? *Hilde schweigt noch immer.* Die arme Aline! Es wird wohl von den Kleinen gewesen sein. *Hilde wird von einem nervösen Zucken durchfahren, dann nickt sie schnell ein paarmal hintereinander.* Sie verwindet es niemals. Ihr Lebtag verwindet sie’s nicht. *Er nähert sich Hilde.* Jetzt stehen Sie wieder da wie eine Salzsäule. So standen Sie gestern abend auch da.

HILDE *dreht sich um und sieht ihn mit großen Augen an:* Ich reise ab.

SOLNESS *in scharfem Ton:* Sie reisen ab!

HILDE: Ja.

SOLNESS: Das erlaube ich aber nicht!

HILDE: Was soll ich jetzt noch h i e r?

SOLNESS: Nur daß Sie d a sind, Hilde!

HILDE *mißt ihn mit dem Blick:* Wär' nicht übel. Dabei würde es wohl kaum sein Bewenden haben.

SOLNESS *unüberlegt:* Um so besser!

HILDE *heftig:* Ich k a n n nichts Böses vorhaben gegen eine, die ich k e n n e! Ich kann ihr nichts nehmen, was ihr gehört.

SOLNESS: Wer sagt denn, daß Sie das sollen?

HILDE *ohne zu antworten:* Bei einer Fremden, ja! Das ist etwas ganz anderes. Wenn's eine wäre, die ich in meinem Leben nie gesehen hätte. Aber bei einer, der ich nahegekommen bin –! Nein! O nein! Pfui!

SOLNESS: Ja, aber etwas anderes habe ich ja auch nicht gesagt!

HILDE: Ach, Baumeister, Sie wissen recht gut, wie's gehen würde. Und darum reise ich auch ab.

SOLNESS: Und was soll aus m i r werden, wenn Sie fort sind? Wofür habe ich nachher noch zu leben?

HILDE *mit dem unbestimmbaren Ausdruck in den Augen:* Mit I h n e n hat's jedenfalls keine Not. Sie haben ja Ihre Pflichten ihr gegenüber. Leben Sie doch für die Pflichten.

SOLNESS: Zu spät. Diese Mächte – diese – diese –

HILDE: Teufelchen –

SOLNESS: Jawohl, die Teufelchen! Und der Unhold in mir auch. Die haben ihr alles Lebensblut abgezapft. *Er lacht in Verzweiflung.* M e i n e m G l ü c k zulieb taten sie es! Ja freilich! *Schwermütig:* Und jetzt ist sie tot – um meinetwillen. Und ich bin bei lebendigem Leibe an die Tote gekettet. *In wilder Angst:* I c h – i c h, der ein freudeloses Leben nicht tragen k a n n!

HILDE *geht auf die andere Seite des Tisches hinüber und setzt sich auf die Bank; die Ellbogen auf der Tischplatte ruhend, den Kopf auf die Hände gestützt, sieht sie ihn eine Weile schweigend an:* Was werden Sie denn das nächste Mal bauen?

SOLNESS *schüttelt den Kopf:* Glaub' nicht, daß es was Rechtes mehr wird.

HILDE: Keine so trauliche glückliche Heimstätten für Mutter und Vater? Und für die Kinderschar?

SOLNESS: Möchte wissen, ob sowas vonnöten sein wird hernach.

HILDE: Armer Baumeister! Und da haben Sie volle zehn Jahre daran gearbeitet – das Leben sozusagen darauf eingesetzt – nur darauf.

SOLNESS: Da haben Sie recht, Hilde.

HILDE *platzt heraus:* Ach, wie kommt mir doch das alles so albern vor! Wirklich so albern –!

SOLNESS: Was meinen Sie?

HILDE: Daß einer nach seinem eigenen Glück nicht greifen darf. Nach seinem eigenen Leben nicht! Bloß weil jemand dazwischensteht, den man kennt!

SOLNESS: Jemand, an dem man nicht vorbeidarf.

HILDE: Ich möchte wissen, ob man das im Grunde nicht d ü r f t e. Aber trotzdem –. Ach, wenn man doch die ganze Geschichte verschlafen könnte!

Sie legt die Arme flach auf den Tisch, läßt die linke Seite des Kopfes auf den Händen ruhen und schließt die Augen.

SOLNESS *dreht den Lehnstuhl um und setzt sich an den Tisch:* Haben S i e ein trauliches glückliches Heim, Hilde – droben bei Ihrem Vater?

HILDE *unbeweglich, antwortet gleichsam halb schlafend:* Nur einen Käfig hatte ich.

SOLNESS: Und Sie wollen durchaus nicht wieder hinein?

HILDE *wie oben:* Der Waldvogel will nie hinein in den Käfig.

SOLNESS: Lieber jagen in freier Luft –

HILDE *noch immer wie oben:* Der Raubvogel jagt am liebsten.

SOLNESS *läßt den Blick auf ihr ruhen:* Wer doch Wikingertrotz im Leibe hätte –

HILDE *mit ihrer gewöhnlichen Stimme, indem sie die Augen aufschlägt, sich aber nicht rührt:* Und das andere? Nennen Sie's!

SOLNESS: Ein robustes Gewissen.

HILDE *richtet sich lebhaft auf der Bank empor; ihre Augen haben aufs neue den freudefunkelnden Ausdruck; sie nickt ihm zu:* I c h weiß, was Sie das nächste Mal bauen werden!

SOLNESS: Da wissen Sie mehr als ich selber, Hilde.

HILDE: Ja, die Baumeister, die sind ja so dumm.

SOLNESS: Und was wird's denn werden?

HILDE *nickt wieder:* Das Schloß.

SOLNESS: Was für ein Schloß?

HILDE: M e i n Schloß natürlich.

SOLNESS: Jetzt wollen Sie gar ein Schloß haben?

HILDE: Sind Sie mir nicht ein Königreich schuldig, wenn ich fragen darf?

SOLNESS: Das behaupten Sie wenigstens.

HILDE: Schön. Das Königreich sind Sie mir also schuldig. Und zu einem Königreich gehört doch wohl ein Schloß, soviel ich weiß.

SOLNESS *immer aufgeräumter:* Ja, das pflegt ja sonst der Fall zu sein.

HILDE: Gut, dann bauen Sie mir's also! Gleich!

SOLNESS *lachend:* So auf der Stelle? – Das auch noch?

HILDE: Freilich! Denn jetzt sind sie um – die zehn Jahre. Und ich will nicht länger warten. Also – heraus mit dem Schloß, Baumeister!

SOLNESS: Es ist kein Spaß, Ihnen etwas schuldig zu sein, Hilde.

HILDE: Das hätten Sie früher bedenken sollen. Jetzt ist es zu spät. Also – *sie klopft auf die Tischplatte:* das Schloß auf den Tisch! Es ist m e i n Schloß! G l e i c h will ich's haben!

SOLNESS *mehr im Ernst, beugt sich näher zu ihr hinüber, die Arme auf dem Tisch:* Wie haben Sie sich denn eigentlich das Schloß vorgestellt, Hilde?

HILDE *deren Blick sich allmählich verschleiert, starrt gleichsam in sich selbst hinein:* Mein Schloß soll hoch oben liegen. Sehr hoch soll es liegen. Und frei nach allen Seiten hin. So daß ich weit hinausblicken kann – weit hinaus.

SOLNESS: Und ein hoher Turm soll wohl dazugehören?

HILDE: Ein ungeheuer hoher Turm. Und ganz oben auf dem Turm ein Söller. Und auf dem will ich stehen –

SOLNESS *greift sich unwillkürlich an die Stirn:* Daß Sie daran Gefallen finden können, in so schwindelerregender Höhe zu stehen –

HILDE: O gewiß! Gerade dort oben will ich stehen und die andern ansehen – die, die Kirchen bauen. Und Heimstätten für Mutter und Vater und die Kinderschar. Und Sie dürfen auch hinaufkommen und sich's ansehen.

SOLNESS *gedämpft:* Darf der Baumeister zur Prinzessin hinaufkommen?

HILDE: Wenn der Baumeister will.

SOLNESS *noch leiser:* Dann, glaube ich, kommt der Baumeister.

HILDE *nickt:* Der Baumeister – der kommt.

SOLNESS: Wird aber nie mehr bauen – der arme Baumeister.

HILDE *lebhaft:* Doch! Zu zweien werden wir sein. Und dann bauen wir das Herrlichste – das Allerherrlichste, was es auf Erden gibt.

SOLNESS *gespannt:* Hilde – sagen Sie mir, was das ist!

HILDE *sieht ihn lächelnd an, schüttelt den Kopf ein wenig, spitzt die Lippen und spricht wie zu einem Kinde:* Die Baumeister – die sind sehr – sehr dumme Leute.

SOLNESS: Ja freilich sind sie dumm. Aber jetzt sagen Sie mir, was das ist! Das, was Sie das Herrlichste auf Erden nennen. Und was wir zwei miteinander bauen sollen?

HILDE *schweigt eine Weile, dann sagt sie mit einem unbestimmbaren Ausdruck in den Augen:* Luftschlösser.

SOLNESS: Luftschlösser?

HILDE *nickt:* Luftschlösser, jawohl! Wissen Sie, was so ein Luftschloß für ein Ding ist?

SOLNESS: Sie sagen ja, es ist das Herrlichste auf Erden.

HILDE *erhebt sich heftig und macht eine wegwerfende Handbewegung:* Ja, versteht sich! Luftschlösser – die sind ja so bequeme Zufluchtsorte. Und auch so bequem zu bauen – *sie sieht ihn höhnisch an:* besonders für die Baumeister, die ein – schwindliges Gewissen haben.

SOLNESS *erhebt sich:* Von heute an bauen wir zwei miteinander, Hilde.

HILDE *mit einem halb zweifelnden Lächeln:* So 'n richtiges Luftschloß?

SOLNESS: Jawohl. Mit einer Grundmauer darunter.

Ragnar Brovik kommt aus dem Haus heraus; er trägt einen großen grünen Kranz, der mit Blumen und Seidenbändern geschmückt ist.

Vierter Auftritt

Die Vorigen. Ragnar Brovik.

HILDE *mit einem Freudenausbruch:* Der Kranz! Oh, das wird entsetzlich schön werden!

SOLNESS *verwundert:* Kommen denn Sie mit dem Kranz, Ragnar?

RAGNAR: Ich hatte es dem Werkmeister versprochen.

SOLNESS *erleichtert:* Nun, dann geht's jedenfalls Ihrem Vater besser?

RAGNAR: Nein.

SOLNESS: Ermunterte ihn das nicht, was ich geschrieben hatte?

RAGNAR: Es kam zu spät.

SOLNESS: Zu spät!

RAGNAR: Als sie es mitbrachte, war er nicht mehr bei Besinnung. Er hatte einen Schlaganfall gehabt.

SOLNESS: Aber so gehen Sie doch zu ihm heim! Seien Sie doch bei Ihrem Vater!

RAGNAR: Er braucht mich nicht mehr.

SOLNESS: Aber Sie müssen doch wohl bei ihm sein.

RAGNAR: Sie sitzt an seinem Bett.

SOLNESS *etwas unsicher:* Kaja?

RAGNAR *blickt ihn finster an:* Kaja – jawohl.

SOLNESS: Gehen Sie nach Hause, Ragnar. Zu ihr sowohl als zu ihm. Geben Sie mir den Kranz.

RAGNAR *unterdrückt ein spöttisches Lächeln:* Sie wollen doch nicht selber – ?

SOLNESS: Ich will selber damit hinübergehen. *Er nimmt ihm den Kranz ab.* Und jetzt gehen Sie nach Hause. Wir haben Sie heute nicht nötig.

RAGNAR: Ich weiß, daß Sie mich hernach nicht nötig haben. Aber heute bleibe ich da.

SOLNESS: Na, bleiben Sie da, wenn Sie's durchaus wollen.

HILDE *am Geländer:* Baumeister – hier will ich mich hinstellen, um Ihnen zuzusehen.

SOLNESS: Mir!

HILDE: Das wird entsetzlich spannend werden.

SOLNESS *gedämpft:* Davon reden wir zwei später, Hilde.

Er geht mit dem Kranz fort, die Treppe hinab und durch den Garten hin.

Fünfter Auftritt

Ragnar Brovik, Hilde Wangel.

HILDE *blickt Solness nach; darauf wendet sie sich zu Ragnar:* Mir scheint, Sie hätten ihm schon mit ein paar Worten danken können.

RAGNAR: Ihm danken? Dem hätte ich danken sollen?

HILDE: Ja, das hätten Sie doch wahrhaftig tun sollen!

RAGNAR: Da müßte ich wohl eher noch Ihnen danken.

HILDE: Wie können Sie sowas sagen?

RAGNAR *ohne ihr zu antworten:* Aber nehmen Sie sich nur in acht, Fräulein! Denn den kennen Sie noch nicht recht.

HILDE *feurig:* Oh, ich kenne ihn am allerbesten!

RAGNAR *lacht erbittert:* Ihm danken, der mich jahrelang

niedergehalten hat! Der den Vater dazu gebracht hat, an mir zu zweifeln. Der mich selber dazu gebracht hat – und das alles nur um –!

HILDE *wie von einer Ahnung durchzuckt:* Um –? Sagen Sie mir's gleich!

RAGNAR: Um sie bei sich behalten zu können.

HILDE *springt auf ihn zu:* Das Fräulein am Pult?

RAGNAR: Ja.

HILDE *drohend, mit geballten Händen:* Es ist nicht wahr! Sie verleumden ihn!

RAGNAR: Ich wollte es auch nicht glauben bis heute – als sie's selber sagte.

HILDE *wie außer sich:* W a s sagte sie?! Ich will's wissen! Gleich! Gleich!

RAGNAR: Sie sagte, er beherrschte ihr ganzes Sinnen und Trachten. Alle ihre Gedanken gehörten nur ihm allein. Sie sagt, daß sie niemals von ihm lassen kann. Daß sie hierbleiben will, wo e r ist

HILDE *mit sprühenden Augen:* Das darf sie nicht!

RAGNAR *gleichsam forschend:* Wer wird sie daran hindern?

HILDE *schnell:* Er will's a u c h nicht haben!

RAGNAR: Nein, natürlich nicht. Jetzt verstehe ich ja die ganze Geschichte. Hernach würde sie wohl nur – lästigfallen.

HILDE: Gar nichts verstehen Sie – wenn Sie sowas reden können! Nein, i c h will Ihnen sagen, warum er das Fräulein festhielt.

RAGNAR: Und warum denn?

HILDE: Um S i e behalten zu können.

RAGNAR: Hat er Ihnen das gesagt?

HILDE: Nein, es ist aber so! Es m u ß so sein! *Ungestüm:* Ich will – ich w i l l, daß es so sein soll!

RAGNAR: Und gerade als S i e kamen – da ließ er sie fahren.

HILDE: S i e – Sie selber sind's, den er hat fahren lassen! Was, glauben Sie wohl, kümmert der sich um fremde Fräulein?

RAGNAR *nachdenklich:* Sollte er mich denn die ganze Zeit insgeheim gefürchtet haben?

HILDE: D e r sich fürchten! So eingebildet sollten Sie denn doch nicht sein.

RAGNAR: Oh, er muß doch schon lange gemerkt haben, daß i c h auch was tauge. Übrigens – furchtsam – das ist er nun einmal von Natur, wissen Sie.

HILDE: E r! Das machen Sie andern weis!

RAGNAR: Gewissermaßen i s t er furchtsam. Er, der große Baumeister. Andere Leute um ihr Lebensglück zu bringen – wie er's meinem Vater und mir getan hat –, davor hat er keine Furcht. Aber bloß ein armseliges Gerüst hinaufzuklettern – Gott bewahre ihn vor so einem Wagestück!

HILDE: Oh, Sie hätten ihn nur so hoch oben sehen sollen – so himmelhoch, wie ich ihn einmal gesehen habe!

RAGNAR: Das hätten Sie gesehen?

HILDE: Ja, das kann ich Ihnen versichern. Und wie frei und kühn er dastand, als er den Kranz an der Wetterfahne befestigte!

RAGNAR: Ich weiß, daß er es e i n m a l in seinem Leben gewagt hat. Ein einziges Mal. Wir Jüngeren haben so oft davon gesprochen. Aber keine Macht der Welt wird ihn dazu bewegen, das Ding zu wiederholen.

HILDE: Heute wiederholt er es!

RAGNAR *höhnisch:* Glauben Sie doch das nicht.

HILDE: Wir werden's schon erleben!

RAGNAR: Das werden weder Sie noch ich erleben.

HILDE *unbändig:* Ich w i l l es erleben! Ich will und muß es erleben!

RAGNAR: Er tut's aber nicht. Er getraut sich's einfach nicht. Denn die Schwäche hat er nun einmal – er, der große Baumeister.

Frau Solness kommt aus dem Hause auf die Veranda hinaus.

Sechster Auftritt

Die Vorigen. Frau Solness.

FRAU SOLNESS *sieht sich um:* Ist er nicht da? Wo ist er hingegangen?

RAGNAR: Herr Solness ist drüben bei den Arbeitern.

HILDE: Er ging mit dem Kranze hin.

FRAU SOLNESS *angstvoll:* Mit dem Kranze! Ach Gott – ach Gott! Herr Brovik – Sie müssen zu ihm hinüber! Sorgen Sie dafür, daß er wieder herkommt!

RAGNAR: Soll ich ihm sagen, daß die gnädige Frau ihn zu sprechen wünschen?

FRAU SOLNESS: Ach ja, tun Sie das, bitte. – Nein, nein – sagen Sie ihm nichts von m i r. Sagen Sie nur, es wäre jemand da. Und daß er gleich kommen müßte.

RAGNAR: Sehr wohl. Ich werde es ihm ausrichten, gnädige Frau.

Er geht fort, die Treppe hinab durch den Garten.

Siebenter Auftritt

Frau Solness, Hilde Wangel.

FRAU SOLNESS: Ach, Fräulein Wangel, Sie können sich nicht vorstellen, welche Angst ich seinetwegen ausstehe.

HILDE: Ist denn die Sache gar so gefährlich?

FRAU SOLNESS: Oh, das begreifen Sie doch. Denken Sie nur – wenn es sein Ernst wäre! Wenn er nun wirklich auf das Gerüst hinaufstiege!

HILDE *gespannt:* Glauben Sie, daß er's tut?

FRAU SOLNESS: Ach, man kann ja nicht wissen, was ihm einfällt. Der könnte zu allem fähig sein.

HILDE: Aha, S i e glauben vielleicht auch, daß er nicht so – so recht –?

FRAU SOLNESS: Ja, ich weiß wahrhaftig nicht mehr, was ich von ihm glauben soll. Der Doktor hat mir nämlich so vielerlei erzählt. Und wenn ich außerdem an gewisse Dinge denke, die ich ihn habe sagen hören –

Doktor Herdal steckt den Kopf durch die Tür.

Achter Auftritt

Die Vorigen. Doktor Herdal.

HERDAL: Kommt er nicht bald?

FRAU SOLNESS: Ich glaube doch. Ich habe wenigstens nach ihm geschickt.

HERDAL *näher:* Sie werden aber wohl hineingehen müssen, gnädige Frau –

FRAU SOLNESS: Nein, nein. Ich bleibe hier, um Halvard zu erwarten.

HERDAL: Es sind aber einige Damen gekommen –

FRAU SOLNESS: Ach Gott, das auch noch! Und gerade jetzt!

HERDAL: Sie möchten nämlich gar zu gern die Feierlichkeit mitansehen.

FRAU SOLNESS: Ja, dann muß ich wohl doch zu ihnen hineingehen. Denn das ist ja meine Pflicht.

HILDE: Könnten Sie sich denn nicht bei den Damen entschuldigen lassen?

FRAU SOLNESS: Nein, das geht durchaus nicht an. Da sie nun einmal gekommen sind, ist es ja meine Pflicht, sie zu empfangen. Bleiben aber Sie draußen derweile – und reden Sie mit ihm, wenn er kommt.

HERDAL: Und halten Sie ihn durch Gespräch auf, solange es nur möglich ist.

FRAU SOLNESS: Tun Sie das ja, liebes Fräulein Wangel. Halten Sie ihn so fest, wie Sie nur können.

HILDE: Wäre es nicht besser, wenn Sie das selber täten?

FRAU SOLNESS: Du lieber Gott – meine Pflicht wäre es ja eigentlich. Wenn man aber Pflichten hat nach so vielen Seiten hin –

HERDAL *in den Garten hinausblickend:* Da kommt er!

FRAU SOLNESS: Und in dem Augenblick muß ich gerade hinein.

HERDAL *zu Hilde:* Sagen Sie ihm nichts davon, daß ich da bin.

HILDE: O nein! Ich werde schon etwas anderes ausfindig machen, worüber ich mit dem Baumeister schwatzen kann.

FRAU SOLNESS: Und halten Sie ihn ja fest. Ich glaube, Sie können das am besten.

Frau Solness und Doktor Herdal gehen ins Haus hinein. Hilde bleibt auf der Veranda stehen. Baumeister Solness kommt die Gartentreppe herauf.

Neunter Auftritt

Solness, Hilde Wangel.

SOLNESS: Es soll jemand da sein, höre ich, der mich sprechen will.

HILDE: Jawohl, das bin ich, Baumeister.

SOLNESS: So, Sie sind's, Hilde. Ich fürchtete schon, es könnten Aline und der Doktor sein.

HILDE: Sie sind gewiß überhaupt recht furchtsam!

SOLNESS: Glauben Sie?

HILDE: Die Leute sagen, Sie fürchten sich davor, auf den Gerüsten herumzukrabbeln.

SOLNESS: Nun, mit dem Ding hat's so seine eigene Bewandtnis.

HILDE: Aber sich davor fürchten – das tun Sie also?

SOLNESS: Ja, das tue ich.

HILDE: Fürchten Sie, daß Sie herunterfallen könnten und sich's Genick brechen?

SOLNESS: Nein, das nicht.

HILDE: Was denn aber?

SOLNESS: Ich fürchte die Wiedervergeltung, Hilde.

HILDE: Die Wiedervergeltung? *Sie schüttelt den Kopf.* Das verstehe ich nicht.

SOLNESS: Setzen Sie sich. Dann werde ich Ihnen etwas erzählen.

HILDE: Ja, tun Sie das! Gleich!

Sie setzt sich auf einen Hocker am Geländer und blickt ihn erwartungsvoll an.

SOLNESS *wirft seinen Hut auf den Tisch:* Sie wissen ja – das erste, womit ich anfing, das waren Kirchenbauten.

HILDE *nickt:* Das weiß ich.

SOLNESS: Denn, sehen Sie, als Junge war ich in einem frommen Hause auf dem Lande aufgewachsen. Und da meinte ich denn, es könnte für mich gar nichts Höheres geben als diese Kirchenbauerei.

HILDE: Ja, warum denn nicht?

SOLNESS: Und das darf ich schon sagen – ich baute diese kleinen ärmlichen Kirchen mit einem so ehrlichen und warmen und innigen Gemüt, daß – daß –

HILDE: Daß –? Nun?

SOLNESS: Daß ich meine, er hätte wohl mit mir zufrieden sein können.

HILDE: Er? Welcher er?

SOLNESS: Er, für den die Kirchen bestimmt waren, natürlich! Er, dem zum Ruhm und zu Ehren sie gebaut waren.

HILDE: Ach so! Aber wissen Sie denn so bestimmt, daß – daß er nicht – so – mit Ihnen zufrieden war?

SOLNESS *höhnisch:* Er mit mir zufrieden! Wie können Sie nur so reden, Hilde? Er, der es zuließ, daß der Unhold in mir herumrumorte nach eigenem Gutdünken. Er, der ihnen gebot, an Ort und Stelle zu sein Tag und Nacht, um mir zu dienen – all diesen – diesen –

HILDE: Teufelchen –

SOLNESS: Jawohl, von allen Arten. O nein, das bekam ich schon zu fühlen, daß er mit mir nicht zufrieden war. *Geheimnisvoll:* Das, sehen Sie, war eigentlich der Grund, weshalb er das alte Haus niederbrennen ließ.

HILDE: War das der Grund?

SOLNESS: Ja, begreifen Sie denn das nicht? Er wollte mir Gelegenheit bieten, ein ganzer Meister zu werden in meinem Fach – ihm um so ruhmvollere Kirchen zu bauen. Anfangs verstand ich nicht, wo er hinauswollte. Aber dann, auf einmal, ging mir ein Licht auf.

HILDE: Wann war das?

SOLNESS: Es war, als ich den Kirchturm baute droben in Lysanger.

HILDE: Das dachte ich mir.

SOLNESS: Denn, sehen Sie, Hilde, droben in dem fremden Städtchen, dort konnte ich meinen Grübeleien ungestört nachhängen. Und da sah ich's denn so klar, warum er mir meine Kleinen genommen hatte. Er hatte es getan, damit ich von nichts anderem gebunden wäre. Nicht von sowas wie Liebe und Glück, verstehen Sie. Ich sollte nur Baumeister sein. Nichts anderes. Und mein ganzes Leben sollte ich damit zubringen, für ihn zu bauen. *Er lacht.* Aber daraus wurde freilich nichts.

HILDE: Was taten Sie denn?

SOLNESS: Zuerst erforschte und prüfte ich mich selbst –

HILDE: Und dann?

SOLNESS: Dann tat ich das Unmögliche. Ich wie er!

HILDE: Das Unmögliche?

SOLNESS: Ich hatte es niemals zuvor vertragen, hoch und frei hinaufzusteigen. Aber an dem Tage konnte ich es.

HILDE *springt auf:* Ja, ja, das konnten Sie!

SOLNESS: Und als ich ganz oben stand und den Kranz an die Wetterfahne hängte, da sprach ich zu ihm: jetzt höre mich an, du Mächtiger! Von heute an will ich auch freier Baumeister sein. Auf meinem Gebiet. Wie du auf dem deinigen. Nie mehr will ich Kirchen für dich bauen. Nur Heimstätten für Menschen.

HILDE *mit großen funkelnden Augen:* Das war der Gesang, den ich hoch oben hörte.

SOLNESS: Aber nachher bekam er Wasser auf seine Mühle.

HILDE: Was meinen Sie damit?

SOLNESS *sieht sie mißmutig an:* Heimstätten für Menschen zu bauen – das ist keine fünf Pfennig wert, Hilde.

HILDE: So urteilen Sie jetzt?

SOLNESS: Jetzt sehe ich's nämlich ein. Die Menschen haben die Heimstätten da gar nicht nötig. Jedenfalls nicht, um glücklich zu sein. Und ich hätte auch so ein Heim nicht nötig gehabt. Wenn ich eins besessen hätte, heißt das. *Mit einem leisen erbitterten Lachen:* Sehen Sie, das ist der ganze Abschluß, soweit ich zurückblicke. Nichts gebaut, im Grunde genommen. Und auch nichts geopfert, um zum Bauen zu kommen. Nichts, gar nichts – alles miteinander.

HILDE: Und niemals wollen Sie etwas Neues bauen hernach.

SOLNESS *lebhaft:* Doch, gerade jetzt will ich anfangen!

HILDE: Was denn? Was denn? Sagen Sie mir's gleich!

SOLNESS: Das einzige, von dem ich glaube, daß Menschenglück darin wohnen kann – das will ich jetzt bauen.

HILDE *sieht ihn fest an:* Baumeister – jetzt denken Sie an unsere Luftschlösser.

SOLNESS: An die Luftschlösser, jawohl.

HILDE: Ich fürchte, es würde Ihnen schwindelig werden, ehe wir halbwegs kämen.

SOLNESS: Nein, nicht wenn ich mit Ihnen Hand in Hand gehe, Hilde.

HILDE *mit einem Anflug von unterdrücktem Zorn:* Nur mit mir? Sollen denn nicht noch andere mit dabeisein?

SOLNESS: Wer denn sonst noch, meinen Sie?

HILDE: Oh – zum Beispiel diese Kaja da am Pult. Das arme Ding – wollen Sie nicht die auch mitnehmen?

SOLNESS: Aha. War sie's, von der Aline vorhin mit Ihnen redete?

HILDE: Ist es wahr oder nicht?

SOLNESS *heftig:* Auf sowas antworte ich Ihnen nicht! Ganz und unbedingt sollen Sie an mich glauben!

HILDE: Zehn Jahre lang habe ich so felsenfest an Sie geglaubt.

SOLNESS: Sie sollen fortfahren, an mich zu glauben!

HILDE: Ja, wenn ich Sie wieder oben sehe, hoch und frei!

SOLNESS *schwermütig:* Ach, Hilde – so stehe ich nicht im Alltagsleben da.

HILDE *leidenschaftlich:* Ich will es! Ich will es! *Bittend:* Nur noch ein einziges Mal, Baumeister! Tun Sie das Unmögliche noch einmal!

SOLNESS *blickt sie tief an:* Wenn ich es versuche, Hilde, dann will ich oben zu ihm sprechen, wie ich's damals tat.

HILDE *in steigender Spannung:* Was wollen Sie ihm sagen?

SOLNESS: Ich will ihm sagen: höre mich, großmächtiger Herr – du magst nun über mich urteilen nach eigenem Ermessen. Aber hernach baue ich bloß das Herrlichste auf Erden –

HILDE *hingerissen:* Ja – ja!

SOLNESS: Baue es mit einer Prinzessin zusammen, die ich liebhabe –

HILDE: Ja, sagen Sie ihm das! Sagen Sie ihm das!

SOLNESS: Gewiß. Und dann will ich ihm sagen: jetzt gehe ich hinunter und umschlinge sie mit den Armen und küsse sie –

HILDE: Viele Male! Sagen Sie's!

SOLNESS: Viele, viele Male, werde ich sagen.

HILDE: Und dann –?

SOLNESS: Dann schwenke ich meinen Hut und steige wieder hinunter auf die Erde – und tue, wie ich ihm sagte.

HILDE *mit ausgestreckten Armen:* Jetzt sehe ich Sie wieder so wie damals, als ich Gesang hörte hoch oben!

SOLNESS *sieht sie mit gesenktem Kopf an:* Wie sind Sie zu dem geworden, was Sie sind, Hilde?

HILDE: Wie haben Sie mich zu dem gemacht, was ich bin?

SOLNESS *kurz und fest:* Die Prinzessin soll ihr Schloß bekommen.

HILDE *jubelnd, in die Hände klatschend:* Ach, Baumeister –! Mein wunder– wunderschönes Schloß! Unser Luftschloß!

SOLNESS: Mit einer Grundmauer darunter.

Eine Menschenmenge, die nur undeutlich zwischen den Bäumen erblickt wird, hat sich auf der Straße versammelt. In der Ferne, hinter dem neuen Hause, ertönt Musik von Blasinstrumenten. Frau Solness, die einen

Pelzkragen umhat, Doktor Herdal, der ihren weißen Schal auf dem Arm trägt, und einige Damen kommen auf die Veranda heraus. Ragnar Brovik kommt gleichzeitig vom Garten herauf.

Zehnter Auftritt

Die Vorigen. Frau Solness, Doktor Herdal, Ragnar Brovik, einige Damen.

FRAU SOLNESS: Soll es auch Musik geben?

RAGNAR: Jawohl, gnädige Frau. Es ist der Verein der Bauarbeiter. *Zu Solness:* Der Werkführer läßt sagen, er wäre jetzt bereit, mit dem Kranze hinaufzugehen.

SOLNESS *nimmt seinen Hut:* Gut. Ich gehe selber hinüber.

FRAU SOLNESS *angstvoll:* Was willst du drüben, Halvard?

SOLNESS *kurz:* Ich muß drunten sein bei den Leuten.

FRAU SOLNESS: Ja, drunten, nicht wahr? Nur drunten.

SOLNESS: Ich bin's ja so gewohnt. So im Alltagsleben. *Er geht fort, die Treppe hinab, durch den Garten.*

Elfter Auftritt

Die Vorigen ohne Solness.

FRAU SOLNESS *am Geländer, ruft ihm nach:* Bitte aber doch ja den Mann, recht vorsichtig zu sein, wenn er hinauf soll! Versprich mir das, Halvard.

HERDAL *zu Frau Solness:* Sehen Sie nun, daß ich recht hatte? Er denkt nicht mehr an das tolle Zeug.

FRAU SOLNESS: Ach, wie ist mir's leicht ums Herz. Zweimal sind uns jetzt Leute heruntergefallen. Und beide waren auf der Stelle tot. *Sie wendet sich zu Hilde:* Herzlichen Dank, Fräulein Wangel, daß Sie ihn so gut festhielten. Ich hätte ihn sicher nie herumgebracht.

HERDAL *lustig:* Ja – ja, Fräulein Wangel, Sie verstehen schon einen festzuhalten, wenn Sie den Vorsatz haben!

Frau Solness und Doktor Herdal gehen zu den Damen hin, die näher der Treppe stehen und über den Garten hinausblicken. Hilde bleibt am Geländer im Vordergrund stehen.

RAGNAR *geht zu ihr hin; mit unterdrücktem Lachen, halblaut:* Fräulein – sehen Sie alle die jungen Leute draußen auf der Straße?

HILDE: Gewiß.

RAGNAR: Es sind die Kameraden, die gekommen sind, um sich den Meister anzusehen.

HILDE: Warum wollen sie ihn denn ansehen?

RAGNAR: Sie wollen mitansehen, wie er sich nicht getraut, auf sein eigenes Haus hinaufzusteigen.

HILDE: So, das wollen die grünen Jungen!

RAGNAR *mit höhnischem Grollen:* Der hat uns jetzt so lange unten gehalten. Nun wollen wir uns ansehen, wie er auch einmal gefälligst unten bleibt.

HILDE: Das bekommen Sie nicht zu sehen. Diesmal nicht.

RAGNAR *lächelt:* So? Wo bekommen wir ihn denn zu sehen?

HILDE: Hoch – hoch oben an der Wetterfahne werden Sie ihn sehen!

RAGNAR *lacht:* Der! Wer's glaubt, wird selig!

HILDE: Er will auf die Turmspitze, und folglich werden Sie ihn dort auch sehen.

RAGNAR: Er will, jawohl! Das glaub' ich sehr gern. Er kann aber einfach nicht. Es würde ihm wirr im Kopfe werden, lange bevor er halbwegs käme. Er müßte herunterkriechen auf allen vieren!

HERDAL *hinüberzeigend:* Sehen Sie! Da klimmt der Werkführer die Leitern hinauf.

FRAU SOLNESS: Und dann hat er wohl auch noch den Kranz zu tragen. Ach, wenn er sich doch jetzt nur in acht nähme!

RAGNAR *starrt ungläubig hin und ruft:* Aber das ist ja –!

HILDE *in Jubel ausbrechend:* Es ist der Baumeister selber!

FRAU SOLNESS *schreit entsetzt auf:* Ja, es ist Halvard! Ach! du lieber Gott –! Halvard! Halvard!

HERDAL: Still! Rufen Sie ihn nicht!

FRAU SOLNESS *halb von Sinnen:* Ich will zu ihm hin! Er muß herunterkommen!

HERDAL *hält sie fest:* Niemand darf sich rühren! Keinen Laut!

HILDE *unbeweglich, folgt Solness mit den Augen:* Er steigt, steigt. Immer höher. Immer höher. Sehen Sie! Sehen Sie nur!

RAGNAR *in atemloser Spannung:* Jetzt muß er umkehren. Da ist nichts anderes möglich.

HILDE: Er steigt, steigt. Jetzt ist er bald oben.

FRAU SOLNESS: Oh, ich vergehe vor Angst. Ich halte den Anblick nicht aus!

HERDAL: Dann sehen Sie doch nicht hin.

HILDE: Da steht er auf den obersten Brettern! Ganz oben!

HERDAL: Niemand darf sich rühren. Hören Sie!

HILDE *jubelt in stiller Innigkeit:* Endlich! Endlich! Jetzt sehe ich ihn wieder groß und frei!

RAGNAR *fast sprachlos:* Aber das ist ja –

HILDE: So habe ich ihn vor mir gesehen alle die zehn Jahre lang. Wie sicher er dasteht! Entsetzlich spannend ist es trotzdem. Sehen Sie! Jetzt hängt er den Kranz um die Turmspitze!

RAGNAR: Das ist, wie wenn man etwas ganz Unmögliches mitansähe.

HILDE: Ja, das ist ja eben das Unmögliche, was er jetzt tut! *Mit unbestimmbarem Ausdruck in den Augen:* Sehen Sie jemand anderen bei ihm droben?

RAGNAR: Es ist kein anderer da.

HILDE: Doch, da ist einer, mit dem er Worte wechselt.

RAGNAR: Sie irren sich.

HILDE: Und den Gesang hoch oben, den hören Sie auch nicht?

RAGNAR: Es muß der Wind in den Baumwipfeln sein.

HILDE: Ich höre den Gesang. Einen gewaltigen Gesang! *Sie ruft in wildem Jubel:* Da, da! Jetzt schwenkt er den Hut! Er grüßt herunter! Ach, so grüßt ihn doch wieder! Denn jetzt, jetzt ist es vollbracht! *Sie entreißt dem*

Doktor den weißen Schal, schwenkt ihn und schreit aufwärts: Es lebe der Baumeister Solness!

HERDAL: Hören Sie auf! Hören Sie auf! Um Gottes willen –!

Die Damen auf der Veranda schwenken die Taschentücher. Von der Straße her ertönen Hochrufe; plötzlich verstummen sie, und die Volksmenge bricht in einen Schrei des Entsetzens aus; zwischen den Bäumen sieht man deutlich, wie ein Menschenkörper mit Brettern und Holzstücken zusammen herunterstürzt.

FRAU SOLNESS und die DAMEN *gleichzeitig:* Er fällt! Er fällt!

Frau Solness schwankt, sinkt ohnmächtig nach rückwärts und wird unter allgemeinem Rufen und Wirrwarr von den Damen aufgefangen. Die Menschenmenge auf der Straße durchbricht den Zaun und stürmt in den Garten hinein. Herdal eilt gleichfalls hinunter. Kurze Pause.

HILDE *starrt unverwandt aufwärts und sagt wie versteinert:* M e i n Baumeister.

RAGNAR *hält sich zitternd am Geländer fest:* Er muß zerschmettert sein. Auf der Stelle getötet.

EINE DAME *während Frau Solness in das Haus hineingetragen wird:* Laufen Sie zum Doktor hinunter –

RAGNAR: Kann kein Glied rühren –

EINE ANDERE DAME: Dann rufen Sie doch wenigstens jemandem zu!

RAGNAR *versucht zu rufen:* Wie steht's? Ist er am Leben?

EINE STIMME *vom Garten her:* Der Baumeister ist tot!

ANDERE STIMMEN *näher:* Der ganze Kopf zerschmettert. Gerade in den Steinbruch heruntergefallen.

HILDE *wendet sich zu Ragnar und sagt leise:* Jetzt kann ich ihn droben nicht sehen.

RAGNAR: Entsetzlich war das. Er vermochte es also doch nicht.

HILDE *wie in stillem, irrem Triumph:* Aber bis zur Spitze kam er. Und ich h ö r t e Harfen hoch oben. *Sie schwenkt den Schal aufwärts und schreit mit wilder Innigkeit:* M e i n – m e i n Baumeister!

Hinweise zu Entstehung und Veröffentlichung der Werke

FRAU INGER AUF ÖSTROT

Übersetzung: M. von Borch

Die Uraufführung dieses von nationalromantischem Interesse geprägten Historiendramas fand am 2. Januar 1855 am Norwegischen Theater in Bergen statt, an dem Ibsen seit 1851 als Dramaturg tätig war. 1874 veröffentlichte er eine überarbeitete Fassung.
Die Titelheldin ist eine historische Gestalt aus der Reformationszeit, in der sich Norwegen unter dänischer Gewaltherrschaft befand. Frau Inger ist sich der auf sie gerichteten Erwartungen bewußt, vermag sie aber nicht mit ihrem Selbstverständnis als Mutter in Einklang zu bringen. Das Opfer ihres Seelenkonfliktes wird ihr über alles geliebter Sohn.
Zwar zeigt das Jugendwerk noch traditionelle dramaturgische Elemente der Schicksals- und Verwechslungstragödie, doch läßt die Charakterzeichnung der Titelheldin schon Ibsens eigenständigen Weg erkennen. Eine englische Kritikerin brachte ihre Anerkennung dadurch zum Ausdruck, daß sie Frau Inger als „weiblichen Hamlet" bewertete.

NORDISCHE HEERFAHRT

Hærmændene paa Helgeland

Die Helden auf Helgeland

Übersetzung: M. von Borch

Schauspiel in vier Akten, erschienen 1858 in Christiania (Oslo) und am 24. November desselben Jahres am „Norske Teater" in Christiania uraufgeführt.
Der Schauplatz dieses „Bildes vom Leben in der Sagazeit" (Ibsen) ist der Hof des Lehnsmannes Gunnar im nordnorwegischen Helgeland zur Zeit des Königs Erik Blutaxt. Im Mittelpunkt steht Hjördis, die Ehefrau Gunnars, die dieser vor Jahren mit der Hilfe seines Waffenbruders Sigurd bei einer Heerfahrt nach Island geraubt hat; auch Sigurd hat seine Ehefrau Dagny bei diesem Kriegszug gewonnen. Die Handlung wird durch die Ankunft von Hjördis' Pflegevater Örnulf in Norwegen in Gang gesetzt, der sich mit Gunnar und Sigurd wegen des Frauenraubes aussöhnen will. Die Tragödie entwickelt sich aus der Tatsache, daß Hjördis und Sigurd, ohne dies voneinander zu wissen, in wechselseitiger Liebe verbunden sind.
Von besonderer Bedeutung ist die Tatsache, daß Ibsen seinen den nordischen Familiensagas entnommenen Stoff auf eine Weise vermenschlicht hat, die den Erwartungen seiner Zeitgenossen widersprach.

DIE KOMÖDIE DER LIEBE

Kjærlighedens Komedie

Übersetzung: Philipp Schweitzer

Einem Prosaentwurf des ersten Aktes aus dem Jahr 1860 folgte 1862 die Niederschrift als Versdrama. Die Buchausgabe erschien nach dem Abdruck im „Illustreret Nyhedsblad" 1862.
Thema des Stückes ist die Frage nach den Grundlagen der Institution Ehe. Zur Vertreterin der Vernunftehe wird Schwanhild, indem sie sich von dem Dichter Falk löst, um den wohlhabenden Kaufmann Goldstadt zu heiraten. Sie entzieht sich damit dem Wunsch Falks, durch sie einen neuen Aufschwung seiner dichterischen Fähigkeiten zu erleben; den Bruch bewirkt Falks Eingeständnis, die Beständigkeit seiner Empfindungen nicht garantieren zu können.
Über die Zurückweisung, die sein Stück beim Publikum erfahren hat, berichtete Ibsen in einem Brief: „Dieses Buch gab in Norwegen Anlaß zu viel Tratsch; man zog meine persönlichen Verhältnisse in die Debatte, und ich verlor sehr in der öffentlichen Meinung. Die einzige, die damals das Buch guthieß, war meine Frau. Sie ist ein Charakter, wie ich ihn brauche, gerade – unlogisch, doch mit einem starken poetischen Instinkt, einer großzügigen Denkart und einem fast leidenschaftlichen Haß auf alle kleinlichen Rücksichten. All das begriffen meine Landsleute nicht, und ich unterließ es, den Burschen zu beichten. So brach man denn über mich den Stab; alle waren gegen mich."

BRAND

Übersetzung: L. Passarge

Versdrama in fünf Akten, entstanden 1865 in Ariccia. Die erste Buchausgabe ist 1866 in Kopenhagen erschienen und erlebte in rascher Folge mehrere Neuauflagen; die erste Übersetzung ins Deutsche stammt von P. F. Siebold (Kassel 1872). Seine Uraufführung erlebte das Stück am 24. März 1885 am „Nya Teatern" in Stockholm.
Der Titelheld Pfarrer Brand folgt unnachgiebig seinem Wahlspruch „alles oder nichts", mit dem er gegen die Halbheiten und Kompromißbereitschaft seiner Umgebung ankämpft. Opfer seines Rigorismus werden die Mutter, der Sohn und die Ehefrau. Zwar gelingt es ihm, seine Gemeinde zum Aufbruch ins Gebirge zu bewegen, um dort eine ideale Lebensgemeinschaft aufzubauen, doch wird die Menge von der Aussicht auf ungewöhnliche Verdienstmöglichkeiten zur Umkehr veranlaßt. Der im Gebirge umherirrende, allen Versuchungen widerstehende Geistliche findet den Tod durch eine Lawine. Zugrunde liegen Ibsens Bekanntschaft mit dem Gründer einer freireligiösen Gemeinschaft, G. Lammers, und die Beschäftigung mit den kirchen- und sozialkritischen Schriften Sören Kierkegaards.

PEER GYNT

Übersetzung: L. Passarge

Versdrama in fünf Akten, entstanden 1867 in Italien und in demselben Jahr in Kopenhagen erschienen; die Uraufführung mit der Bühnenmusik von Edvard Grieg erfolgte

am 24. Februar 1876 in Christiania (Oslo). Erste deutschsprachige Ausgabe 1881 in der Übersetzung von L. Passarge.
Im Mittelpunkt steht der Phantast und Herumtreiber Peer Gynt, der gleich zu Beginn des Stückes von seiner Mutter Aase als Lügner gescholten wird. Einzig Solveig, die Tochter eines armen Häuslerpaares, kann ihn innerlich an sich binden. Sein Weg führt vom Rande der Gesellschaft in den dämonisch-mythischen Bereich des „Dovrealten", dem er auf den Thron folgen soll. Zwar wird der Spuk der Trolle aufgehoben, doch wird Peer Gynt erneut in den Bann einer mythischen, von allegorischen Gestalten bevölkerten Welt gezogen. Der vierte Akt spielt in Nordafrika. Peer Gynt ist durch Sklavenhandel und den Verkauf von Götterbildern nach China zu Reichtum gelangt und strebt nach höchsten Ehren, die er schließlich dadurch erlangt, daß ihn die Insassen des Irrenhauses von Kairo zum Kaiser der Selbstsucht krönen. Peer definiert das „Gyntsche Ich" als „das Heer von Wünschen, Lüsten und Begehr ..., von Forderungen, Phantasien". Die schon in der Welt der Trolle enthaltene erotische Sphäre gewinnt ihre Verdichtung in der Gestalt Anitras, der Tochter des Häuptlings eines Wüstenstammes. Die Rückkehr Peer Gynts nach Norwegen führt ihn zu der Einsicht, daß er allein bei Solveig sein „Kaisertum" gefunden hätte. Sie ist es, die ihm angesichts der erneuten Attacken mythischer Gestalten (der „Knäuel", die ihn fesseln, der „Knopfgießer", die ihn „umgießen" wollen) Schutz und Zuflucht bietet.
Die zeitgenössische Kritik bemängelte inhaltlich das angebliche Ziel Ibsens, norwegische Nationaleigenschaften wie „Eigenliebe, Engstirnigkeit und Selbstzufriedenheit" darzustellen, und formal einen Mangel an Poesie. Die positive Aufnahme setzte voraus, daß ein „negativer Held" auf der Bühne akzeptiert wurde. Von da an trat zunehmend die Modernität des Stückes vor Augen, bezogen etwa auf die rein literarische, einer Ausdeutung letztlich entzogene Realität der Bühnengestalten.

KAISER UND GALILÄER
Kejser og Galilæer

Übersetzung: Ernst Brausewetter

„Welthistorisches Schauspiel", erschienen 1873 in Kopenhagen und am 20. März 1903 am Nationaltheater in Christiania (Oslo) uraufgeführt. Die erste deutschsprachige Ausgabe ist 1888 erschienen (Übersetzung: P. Herrmann); in der Bearbeitung von Leopold Adler kam das Werk erstmals am 5. Dezember 1896 in Leipzig zur Aufführung.
Die Entstehungszeit reicht bis in die sechziger Jahre zurück, in denen Ibsen in Rom ein intensives Quellenstudium zur Gestalt des spätrömischen Kaisers Julian (er regierte 361 bis 363) betrieben hat. Dessen historische Bedeutung liegt in dem Versuch, ein halbes Jahrhundert nach der Anerkennung des Christentums durch Konstantin den Großen die heidnische Antike zu neuem Leben zu erwecken, ausgehend von der Kritik an den schon früh eingetretenen Widersprüchen zwischen frühchristlicher Lehre und der „staatserhaltenden" Funktion der christlichen Kirche.
Ibsen plante zunächst eine Trilogie, gegliedert in die Teile „Julian und die Weisheitsfreunde", „Julians Abfall" und „Kaiser Julian". Die endgültige Fassung besteht aus zwei Teilen mit je fünf Akten: „Cäsars Abfall" und „Kaiser Julian". Die „welthistorische" Bedeutung des Stoffes entwickelte Ibsen durch die Einbeziehung des Drei-Reiche-Modells, wie es ihm in der Geschichtsdialektik des deutschen Idealismus (Schelling, Hegel) begegnet ist. Die Lehre von den drei Reichen wird im ersten Teil durch den orientalischen Mystiker Maximos vertreten, der den Anbruch des „Reiches des großen Geheimnisses" vorhersagt, das „auf dem Baum der Erkenntnis und dem des Kreuzes zusammen gegründet werden soll". Die auf Julian bezogene Prophezeiung, er solle das Reich „grundfæste", bleibt mehrdeutig, da sie einerseits verstanden werden kann, er müsse das (dritte) Reich „begründen", oder aber, er müsse das (zweite, christliche) Reich „befestigen". Diese für Julian selbst unauflösbare Mehrdeutigkeit erhält am Ende ihre Klärung dadurch, daß der zum erbitterten Christenverfolger gewandelte Kaiser sich als „Zuchtrute", als „Werkzeug des Herrn" (nämlich Christi, des „Galiläers") zur Befestigung des Christentums erweist.

DIE STÜTZEN DER GESELLSCHAFT
Samfundets støtter

Übersetzung: Wilhelm Lange

Schauspiel in vier Akten, entstanden in München 1875 bis 1877, erschienen in Kopenhagen 1877; Uraufführung am 14. November 1877 am „Theatret i Odense" in Odense, gefolgt von der norwegischen Erstaufführung am 30. November 1877 am „Norske Teater" in Bergen. Die erste deutschsprachige Ausgabe in der Übersetzung von E. Jonas ist 1878 erschienen.
Mit diesem Stück hat Ibsen einen Typus des modernen „Gesellschaftsdramas" geprägt, das inhaltlich durch die Sozial- und Gesellschaftskritik, dramaturgisch durch die analytische Aufhellung der Vergangenheit in der Gegenwart gekennzeichnet ist.
Der Titel bezieht sich auf den reichen Schiffsreeder Konsul Bernick und dessen Geschäftsfreunde; er erfährt am Ende seine Umdeutung, indem „der Geist der Wahrheit und der Geist der Freiheit" als die wahren Stützen der Gesellschaft postuliert werden. Eine tragische Konsequenz der im Laufe der Handlung sich einstellenden Enthüllungen hat Ibsen in diesem Stück noch vermieden. Vielmehr erhält Bernick die Möglichkeit, seinen Mitbürgern die früheren Verfehlungen einzugestehen und um deren Vertrauen zu bitten. Dies erklärt sich vor allem daraus, daß Ibsen in sein Stück frühere Lustspielpläne einbezogen hat.

NORA ODER EIN PUPPENHEIM

Et dukkehjem

Übersetzung: Wilhelm Lange

Schauspiel in drei Akten, erstmals veröffentlicht 1879 in Kopenhagen und am 21. Dezember desselben Jahres am dortigen „Königlichen Theater" uraufgeführt. Die erste deutschsprachige Ausgabe ist 1880 erschienen (Übersetzung: W. Lange); die deutsche Erstaufführung fand am 3. März 1880 im Münchner „Residenztheater" statt.
Dieses nach „Die Stützen der Gesellschaft" zweite bedeutende Gesellschaftsdrama Ibsens ist dem Thema der Emanzipation der auf ihre Funktionen als Hausfrau, Gattin und Mutter eingeschränkten Frau gewidmet, wobei die Forderung nach Freiheit der persönlichen Entfaltung generelle Bedeutung gewinnt. Anregungen empfing Ibsen durch das Eheschicksal der ihm bekannten Schriftstellerin Laura Kieler, durch eine Streitschrift zur Frauenemanzipation von Camilla Collet sowie die Auseinandersetzung um die Gleichstellung der Frauen im „Skandinavischen Verein" in Rom, an denen Ibsen teilnahm. Dramaturgisch ist das Stück durch die Komprimierung des Bühnengeschehens auf zwei Tage gekennzeichnet, in denen das Vergangene zur Wirkung gelangt. Hierbei geht es vor allem um die Enthüllung der Tatsache, daß Noras Ehemann Robert Helmer vor Jahren seine Gesundheit nur dadurch wiedererlangen konnte, daß Nora durch Betrug die notwendigen Gelder beschaffte. Indem sie nun erkennen muß, daß Helmer sein öffentliches Ansehen über alle anderen Werte stellt, findet Nora die Kraft, die ihr zugewiesene Rolle als schutzbedürftige „Lerche" aufzugeben und ihre Familie zu verlassen. Eine nach der Premiere entstandene Bearbeitung des Schlusses (Nora bleibt um ihrer Kinder willen) wurde von Ibsen bald wieder rückgängig gemacht.

GESPENSTER

Gengangere

Übersetzung: M. von Borch

Schauspiel („Familiendrama") in drei Akten, erschienen 1881 in Kopenhagen und am 20. Mai 1882 in der „Aurora Turner Hall" in Chicago uraufgeführt. Die skandinavische Erstaufführung fand am 22. August durch ein Wandertheater in Helsingborg statt. Der ersten deutschsprachigen Ausgabe (1884, Übersetzung: M. von Borch) folgte am 14. April 1886 am Augsburger Stadttheater die deutsche Erstaufführung.
Im Mittelpunkt steht wie in „Die Wildente" die Enthüllung der „Lebenslüge", die sich unter der Herrschaft der Konventionen (der „Gespenster") einstellt. Dramaturgisch gewinnt die Enthüllung vergangener Ereignisse in der Gegenwart des Bühnengeschehens dadurch ihre aktuelle Handlungskraft, daß die Beteiligten und Betroffenen erst jetzt Einsicht in die Zusammenhänge erhalten und somit das Vergangene im Gegenwärtigen zur Wirkung gelangt durch den schrittweisen Abbau idealer Masken und Kulissen, die lediglich den Mut zur Wahrhaftigkeit kaschierten. Empörung rief das Stück vor allem dadurch hervor, daß es die tabuisierten Themen des Inzests und der Geschlechtskrankheit einbezieht. Andererseits wurde schon früh erkannt, daß Ibsens analytische Dramentechnik an die antike Tragödie anknüpft. Ibsen selbst kennzeichnete die Intention des Stückes durch die Frage: „Soll denn das Werk der Befreiung bei uns nur auf dem Feld der Politik erlaubt sein? Sind es denn nicht die Geister, die Befreiung brauchen?"

EIN VOLKSFEIND

En folkefiende

Übersetzung: Wilhelm Lange

Schauspiel in fünf Akten, erschienen 1882 in Kopenhagen und uraufgeführt am 12. Januar 1883 am „Christiania Teater" in Christiania (Oslo). Aus demselben Jahr stammt die erste deutschsprachige Ausgabe (Übersetzung: W. Lange).
Der Titel nennt die Bewertung, die der Kurarzt Otto Stockmann durch seine Mitbürger erfährt, indem er gegen den Betrug ankämpft, dem die Heilungsuchenden zum Opfer fallen. Er hat nämlich entdeckt, daß die Wasserleitungen des Kurorts verseucht sind. In seinem Kampf gegen die Vertuschungsversuche muß er erkennen, daß nicht allein das Kurbad, sondern ebenso das öffentliche Leben auf „verpestetem Grund" aufbaut, so daß sich sein Kampf gegen die „lügenhafte Gesellschaft" richtet. Die Alternative zur „verfluchten, kompakten Majorität" sieht Stockmann in „freien vornehmen" Charakteren, deren Erziehung er sich gemeinsam mit seiner Tochter Petra durch die Gründung einer Schule widmen will.
Innerhalb der Gesellschaftsdramen Ibsens nimmt der „Folkefiende" insofern eine Ausnahmestellung ein, als hier die gesellschaftskritische Intention unmittelbar zum Ausdruck kommt. Dies bedeutet dramaturgisch, daß der Rahmen des „Familiendramas" gesprengt und die Technik der schrittweisen Enthüllung vergangener Ereignisse aufgegeben ist zugunsten einer breitgefächerten Darstellung gesellschaftlicher Praktiken und sozialer Verhaltensweisen, wobei Ibsen eine sonst unübliche Massenszene (Stockmanns Auftritt in einer Volksversammlung) einbezieht.

DIE WILDENTE

Vildanden

Übersetzung: Ernst Brausewetter

Schauspiel in fünf Akten, erschienen 1884 in Kopenhagen. Die norwegische Uraufführung fand am 9. Januar 1885 in Bergen, die deutschsprachige Erstaufführung im April 1888 am Berliner „Residenztheater" statt. Die erste deutschsprachige Ausgabe in der Übersetzung von Ernst Brausewetter ist 1887 erschienen.

Das Stück bildet einen Höhepunkt in Ibsens Anwendung der analytischen Dramentechnik und thematisiert zugleich die Enthüllung der „Lebenslüge". Dies geschieht durch die Gestalt des „Idealisten" Gregor Werle, der es sich zum Ziel gesetzt hat, die mysteriösen Familienverhältnisse der Ekdals ans Tageslicht zu bringen. Sein Gegenspieler ist der in seine Erfindungen versponnene Phantast Hjalmar Ekdal, sein Opfer die junge Hedwig Ekdal. Der Titel bezieht sich auf deren Lieblingstier, eine flügellahme Wildente, die auf dem Dachboden (dem „Jagdrevier" Hjalmar Ekdals und seines Vaters) vegetiert. Sie wird zum Sinnbild des Problems von Schein und Wirklichkeit, Künstlichkeit und Natur.
Zu den Mißverständnissen, denen das Stück zunächst ausgesetzt war, gehört die Annahme, hinter dem rigorosen Wahrheitsfanatiker Gregor Werle verberge sich der Autor.

ROSMERSHOLM

Übersetzung: A. Zinck

Schauspiel in vier Akten, erschienen 1886 in Kopenhagen und am 17. Januar 1887 in Bergen uraufgeführt. Die deutsche Erstaufführung fand am 6. April 1887 in Augsburg statt; aus demselben Jahr stammen die ersten beiden deutschsprachigen Ausgaben in der Übersetzung von M. von Borch und A. Zinck.
Im Mittelpunkt steht der Versuch des ehemaligen Pfarrers Johannes Rosmer, dessen Ehefrau sich das Leben genommen hat und der nun mit deren ehemaliger Gesellschafterin Rebekka West auf Rosmersholm lebt, seinen Standort als „Adelsmensch" gegen alle gesellschaftlichen Einflüsse und Bindungen abzusichern. Tatsächlich kann er jedoch den an ihn gestellten Erwartungen nicht entrinnen. Vor allem ist es aber die Bindung an die Vergangenheit, die sich als übermächtig erweist. In diesem Zusammenhang steht die (ursprünglich für den Titel vorgesehene) Erscheinung der weißen Pferde als Todessymbol. Innerhalb der Entwicklung im dramatischen Schaffen Ibsens setzt „Rosmersholm" die schon in der „Wildente" enthaltene Symbolisierung fort. Sie tritt in Konkurrenz zur Realistik der sozial- und gesellschaftskritischen Szenen, in denen scharfe Angriffe auf die Zustände in der Lokalpolitik enthalten sind. Durch diese Konkurrenz erscheint die Gesellschaft zunehmend als reine Gegenmacht zum Individuum, dessen seelische Konflikte für Ibsen zum wesentlichen Thema werden.

HEDDA GABLER

Übersetzung: M. von Borch

Schauspiel in vier Akten, erschienen 1890 in Kopenhagen. Die Uraufführung fand am 31. Januar 1891 am Hoftheater in München statt, gefolgt von den ersten beiden deutschsprachigen Ausgaben in den Übersetzungen von E. Klingenfeld und M. von Borch.
Die Titelheldin, verheiratet mit dem durch und durch spießbürgerlichen Wissenschaftler Jörgen Tesman, erscheint als der Inbegriff einer Frau, die zur Gefangenen „gewisser gültiger sozialer Verhältnisse und Anschauungen" (Ibsen) geworden ist und durch Gefühlskälte und Brutalität reagiert. Der Triumph, den sie zuletzt in der Auseinandersetzung mit dem genialen, aber verkommenen Ejlert Lövborg erringt, besteht darin, daß sie den Lövborg zugedachten „Tod in Schönheit" an sich selbst verübt.
„Hedda Gabler" läßt die Kontinuität bestimmter Charaktere und Fragestellungen innerhalb von Ibsens Gesamtwerk besonders deutlich erkennen. So ist der Typus Hedda Gablers zurückzuverfolgen bis zur Gestalt der Hjördis in der „Nordischen Heerfahrt"; Ejlert Lövborg erscheint als eine Variante Julians, wobei das Sinnbild des bacchantischen Weinlaubs nicht nur ein äußerliches Zeichen solcher Bezüge bildet.

BAUMEISTER SOLNESS

Bygmester Solness

Übersetzung: Sigurd Ibsen

Schauspiel in drei Akten, als Buch erstmals 1892 in Kopenhagen veröffentlicht, uraufgeführt am 7. Dezember 1892 am „Haymarket" in London. Im folgenden Jahr sind die ersten beiden deutschsprachigen Ausgaben in der Übersetzung von Sigurd Ibsen und P. Herrmann erschienen.
Im Mittelpunkt steht der beruflich überaus erfolgreiche, jedoch von der Furcht vor dem Altern gequälte Baumeister Halvard Solness, den Ibsen mit Wesenszügen der eigenen Persönlichkeit ausgestattet hat. Die Herausforderung durch die Jugend tritt ihm in Gestalt der 22jährigen Hilde Wangel entgegen: vor zehn Jahren war sie Zeuge, wie Solness beim Richtfest einer von ihm erbauten Kirche eigenhändig den Festkranz auf dem Turm befestigt hat; nun bewegt sie ihn zur Wiederholung dieses Wagnisses und führt damit seinen Tod herbei.
Eine zweite Jugend-Gestalt ist Ragnar Brovik, der bei Solness beschäftigte Sohn seines ehemaligen Arbeitgebers. In Ragnar läßt sich die Gestalt Knut Hamsuns erkennen, der 1891 in einer Vortragsreihe die etablierten Vertreter der norwegischen Literatur in scharfer Form angegriffen hat. Dieser „Aufstand" des jungen Schriftstellers gehört somit zu den Anlässen des Stückes. Weltanschaulich zeigt es den Einfluß der Philosophie Friedrich Nietzsches, vor allem in Gestalt des „Herrenmenschen" Solness. Innerhalb der Entwicklung von Ibsens Schaffen bezeichnet der „Bygmester Solness" den endgültigen Übergang vom Gesellschaftsdrama zur Gestaltung persönlicher Konflikte, die nicht mehr aus Milieu und sozialen Normen abgeleitet, sondern im seelischen Bereich angesiedelt sind.
Diese letzte Schaffensperiode verbindet Ibsen mit dem Symbolismus.